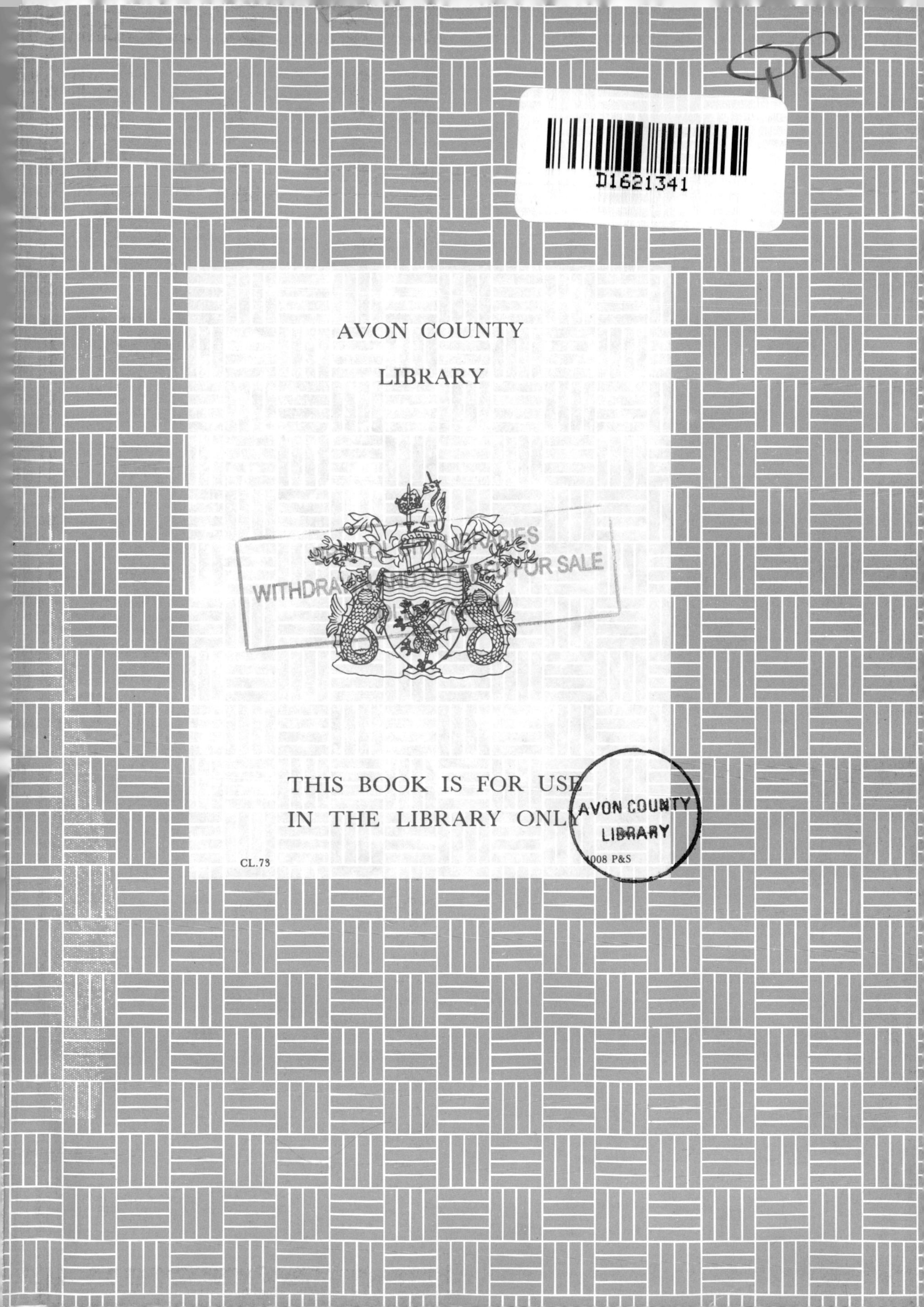

QR
D1621341
AVON COUNTY
LIBRARY
WITHDRAWN AND OFFERED FOR SALE
THIS BOOK IS FOR USE
IN THE LIBRARY ONLY
AVON COUNTY
LIBRARY
CL.73
1008 P&S

Universal-Wörterbuch der Technik Englisch

German Technical Dictionary

Routledge Universal-Wörterbuch der Technik Englisch
German Technical Dictionary

Band/Volume 2

ENGLISCH – DEUTSCH
ENGLISH – GERMAN

London and New York

First published 1996
by Routledge
11 New Fetter Lane, London EC4P 4EE

A division of International Thomson Publishing Inc.
The ITP is a trademark under licence.

Simultaneously published in the USA and Canada
by Routledge
29 West 35th Street, New York, NY 10001

Conversion tables adapted from *Dictionary of Scientific Units*, H. G. Jerrard and D. B. McNeill, London: Chapman & Hall, 1992.

Typeset in Monotype Times, Helvetica 55 and Bauer Bodoni
by Routledge

Printed in Great Britain by TJ Press (Padstow), Cornwall

Printed on acid-free paper

British Library Cataloguing-in-Publication Data
A catalogue record for this book is available from the British Library

Library of Congress Cataloging-in-Publication Data
Applied for

ISBNs:
Vol 1 German–English 0-415-11209-5
Vol 2 English–German 0-415-11210-9
2-volume set 0-415-09392-9

Inhalt/Contents

Universal-Wörterbuch der Technik Englisch
German Technical Dictionary

Projektmanagement/Project Manager
Susanne Jordans

Programmleitung/Programme Manager
Elizabeth White

Redaktionsleitung/Managing Editor
Sinda López

Lektorat/Editorial
Martin Barr   Gemma Marren
Lisa Carden

Marketing
Rachel Miller   Judith Watts

Datenbanksystem/Systems
Simon Thompson

Verwaltung/Administration
Kristoffer Blegvad   Jessica Ramage
Amanda Brindley

Herstellung/Production
Abigail Carter   Maureen James
Susan Hayes   Nigel Marsh

Mitarbeit/Contributors

Gerta K. Badde
Prof. Klaus Bethge
Hans Bokx
Dr. Jan C. Bongaerts
Martina Ebeling
Claus Eberhard
Dr G. M. Ettinger
Thomas D. Feise
Henry Freeman
Sabine Gerwin
Günter Glass
Prof. L. Göttsching
Rosemarie Hagenkordt-Hafner
Prof. Helmut Herminghaus
Annegret Hoyer
Dr. Hans-Dieter Junge
Barbara Ketzer
Dagmar Kiefer
Dr. Thomas B. Koch
Dr. Armin Kohl
Dr. Harald Krüger
Verena Krüpe
Petra Labonte
Dr. Erich Lück
Dr. Klaus Magdlung
Astrid I. Mangold
Bärbel McCloskey
Günter Merboth
Marion Meunier-Geske
Amy Newland
Karl Heinz Peters
Frank Petzold
Dr. Jens Peter Rehahn
Prof. Karl G. Roesner
Margit Röntgen-Bick
Peter A.W. Rosenthal
Petra Schaaf
Christian Schmidt
Renate Schreiber
Ulrike Seeberger
H.J. Stellbrink
Dorothy Thierstein
Günter Thierstein
Klaus G. Viermann
Otto Vollnhals

Die englische Stichwortliste folgt inhaltlich der bereits für das *Routledge French Technical Dictionary* zusammengetragenen Datenbank (1994). Für diese englische Ursprungsterminologie danken wir:

The English term list is based on our database of terminology first published in the *Routledge French Technical Dictionary*, 1994. We gratefully acknowledge the original contribution of the following:

Yves Arden, Réjane Amery, Josephine Bacon, John P. Bryon, Michael Carpenter, Anna Cordon, Maguy Couette, Elisabeth Coyne, P.J. Doyle, J.V. Drazil, Bill Duffin, James Dunster, Christopher Freeland, Crispin Geoghegan, Susan Green, Freda Klipstein, C.A. Lagall, David Larcher, Virginia Lester, Pamela Mayorcas, James Millard, Charles Polley, Michael Rawson, Louis Rioual, Tom Williams, Stephen Wilson, Stewart Wittering

Lexikographie/Lexicographers

Stephen Curtis
Charles Denroche
Monika Lee
Amy Newland
Ute Reusch
Robin Sawers

Korrekturlesung/Proofreaders

Jane Bainbridge
Marilyn Cameron
Patrick Cunningham
Yvonne Dixon
Susan Dunsmore
Keith Hammond
Julia Harding
Petra Kopp
Anke Kornmüller
Gunhild Prowe
Frances Reynolds
Christine Shuttleworth
Mary Starkey
Miranda Timewell
Daphne Williams
Rita Winter

Datenerfassung/Keyboarders

Katrin Bohl
Matthew Darlison
Suzanne Dent
Carole Duell
Sara Fenby
Uli Greco
Susannah Kingston
Marianne Pendray
Alisa Salamon
Bettina Schmitt
Silke Strickrodt
Meike Ziervogel
Faraz Kermani

Danksagung/Acknowledgements

Wir möchten ebenfalls Flavia Hodges und Wendy Morris unseren Dank für ihren wertvollen Beitrag in der Frühphase des Projektes ausdrücken.

We also wish to acknowledge the valuable contribution of Flavia Hodges and Wendy Morris during the early stages of the project.

Wir bedanken uns besonders bei Henry Freeman, der die deutschen Fachgebietsnamen auswählte, Ulrike Seeberger, die Titelei und Anhang Deutsch erarbeitete und Thomas D. Feise, der in allen Stadien des Projektes die Redaktion bei Terminologiefragen unterstützte.

We are also particularly grateful to Henry Freeman for providing us with the German subject-area names; Ulrike Seeberger for supplying the German front and back matter; and Thomas D. Feise for continual feedback on terminology queries throughout the project.

Einträge in amerikanischem Englisch stammen von Frank Abate und seinem Team.

American terms supplied by Frank Abate and his team.

Vorwort/Preface

Dieses Wörterbuch ist nach dem *French Technical Dictionary*, das im Oktober 1994 erschien, das zweite im Rahmen des neuen zweisprachigen Fachwörterbuchprogramms von Routledge.

Zwei Faktoren haben es uns ermöglicht, ein völlig neues zweisprachiges Technikwörterbuch zu schaffen, das für sein Feld neue Maßstäbe setzt: die Benutzung eines Datenbanksystems und eine neuartige Methode bei der Zusammenstellung der Wortliste.

Es wäre ohne den Einsatz einer hochkomplexen und für unsere Bedürfnisse speziell zugeschnittenen Datenbank unmöglich gewesen, dieses Wörterbuch innerhalb einer realistischen Zeitspanne und in der vorliegenden Qualität zusammenzustellen.

Die herausragendste Eigenschaft der Datenbank ist, daß sie als relationale Datenbank konzipiert wurde: die Datensätze zu den einzelnen Stichwörtern sind für jede Sprache in einer separaten Datei untergebracht, während gesonderte Dateien nur Datensätze enthalten, die die Verbindungen zwischen Ausgangs- und Zielsprache herstellen. Diese Verbindungen zwischen den Sprachen stellen die Übersetzungen dar, sie schaffen die Möglichkeit, komplexe und sehr unterschiedliche Verknüpfungen herzustellen: von einem Ausgangswort zu mehreren Übersetzungen oder auch von mehreren Ausgangswörtern zu einer gemeinsamen Übersetzung. Innerhalb der einsprachigen Dateien lassen sich ebenfalls Verknüpfungen schaffen, nämlich Querverweise verschiedener Art wie auf Synonyme, abweichende Schreibweisen, geographische Varianten und Abkürzungen.

Der Inhalt der Datenbank für dieses Wörterbuch wurde in drei Stufen zusammengestellt. Nach der Veröffentlichung des *French Technical Dictionary* konnten wir bereits auf eine erhebliche Anzahl von englischen Stichwörtern zurückgreifen. Eine Gruppe von Berufsübersetzern, die über praktische Erfahrung in eng umrissenen technischen Teilgebieten verfügt und ein ausgeprägtes Interesse an Fachterminologie und ihrer Verbreitung zeigt, wurde dann um die deutschen Übersetzungen gebeten. Auf

This is the second dictionary to be published from Routledge's new programme of bilingual specialist and technical dictionaries: the first was the *French Technical Dictionary* in October 1994.

The two factors that have enabled us to create such completely new bilingual technical dictionaries that set new standards in their field are the database system and the method of compilation.

It would not have been possible to compile this dictionary within a realistic timescale, and to the standard achieved, without the use of a highly sophisticated, custom-designed database.

The database's most significant feature is that it is designed as a relational database: term records for each language are held in separate files, with further files consisting only of link records. Links between terms in different language files represent translations which enable us to handle, in a complex way, various types of one-to-many and many-to-one translation equivalences. Links between terms within a single language file represent cross-references, themselves of a wide variety of types: synonyms, spelling variants, geographical variants and abbreviations.

The content of the database for this dictionary was created in three principal phases. A considerable proportion of the English term list was already available following the publication of our *French Technical Dictionary*. The German terminology was then solicited from specialist translators with current practical experience of a narrowly defined specialist subject area and an interest in the collection and dissemination of technology. The specialist translators targeted the coverage to the German market. The terms in each language were then vetted by native-speaker subject specialists working at the leading edge of the respective technology in order to ensure their currency, the accuracy of explanations, and the adequacy of coverage. Finally, each language file was reviewed by editors to ensure coverage of North-American terms and spelling variants;

diese Weise wurde die Terminologie den Erwartungen des deutschsprachigen Marktes angeglichen. Die Wortlisten in den einzelnen Sprachen wurden dann von Muttersprachlern überprüft, die als Fachleute in den jeweiligen Gebieten arbeiten und auf dem technisch neuesten Stand sind. So wurde sichergestellt, daß die Wortliste höchste Aktualität hat, daß die Worterklärungen präzise sind und daß wirklich das in Fachkreisen geläufigste Vokabular behandelt wird. Schließlich wurde noch jede einzelne Sprachdatei von Redakteuren überprüft, um eine internationale Terminologieabdeckung zu gewährleisten. Varianten in britischem und nordamerikanischem Englisch werden so unterschieden und sind entsprechend markiert.

Die Erstellung der Datenbankgrundlage war jedoch nur der erste Schritt bei der Herstellung dieses Wörterbuches. Innerhalb einer Datenbank erübrigt sich die Unterscheidung zwischen Ausgangs- und Zielsprache im Grunde, aber für das vorliegende Wörterbuch mußten natürlich die Daten so bearbeitet werden, daß separate Bände für Deutsch–Englisch und Englisch–Deutsch entstehen konnten. Mit Hilfe eines weiteren Softwaremoduls wurden zwei alphabetische Listen erstellt, eine deutsche Stichwortliste mit englischen Übersetzungen und umgekehrt. Dabei wurden mit Hilfe eines komplexen Algorithmus zusammengesetzte Begriffe in Blöcken aufgeführt, Übersetzungen in sinnvoller Reihenfolge angeordnet und verschiedene Arten von Querverweisen hergestellt.

Dann wurde der formatierte Text von einem Team erfahrener deutscher und englischer Lexikographen redigiert; ihre Aufgabe war es, Doppelnennungen und Unstimmigkeiten auszumerzen, die zum Wortzusammenhang gegebenen Informationen zu bearbeiten und all die Stichwörter zu streichen, die zu allgemeinsprachlich oder zu speziell für ein allgemein technisches Wörterbuch sind. Diese stufenweise Arbeitsmethode gab uns die Möglichkeit, äußerst hohe Qualitätsmaßstäbe zu setzen.

Das Redaktionsteam

these are clearly labelled and distinguished.

The creation and editing of the database of terms was, however, only the first stage in the making of the dictionary. Within the database the distinction between source and target languages is not meaningful, but for this printed dictionary it has been necessary to format the data to produce separate German–English and English–German volumes. The data was processed by a further software module to produce two alphabetic sequences, of German headwords with English translations and vice versa, each displaying the nesting of compounds, ordering of translations, style for cross-references of different types, and other features according to a complex algorithm.

At this stage the formatted text was edited by a team of experienced German and English lexicographers whose task it was to eliminate duplication or inconsistency; edit the contextual information and explanations; and remove terms that were on the one hand too general, or on the other, too specialized for inclusion in a general technical dictionary. This phased method of working has enabled us to set extremely high standards of quality control.

The editorial team

Aufbau und Anordnung der Einträge/ Features of the dictionary

Das folgende Textbeispiel illustriert Aufbau und Anordnung der Einträge. Weitere Erläuterungen und Hinweise zur Benutzung befinden sich auf den Seiten xv–xviii.

The main features of the dictionary are highlighted in the text extracts on the opposite page. For a more detailed explanation of each of these features and information on how to get the most out of the dictionary, see pages xix–xxi.

mizzen *n* WATER TRANS *sail* Besan *m*; **~ mast** *n* WATER TRANS *sail* Besanmast *m*

MKSA: **~ system** *n* *(meter-kilogram-second-ampere system AmE, metre-kilogram-second-ampere system BrE)* METROL MKSA-System *nt*

Sachgebietskürzel in alphabetischer Reihenfolge helfen beim Finden der korrekten Übersetzung

MLD *abbr (mean lethal dose)* RAD PHYS mittlere letale Dosis *f*

Subject-area labels given in alphabetical order show appropriate translation

mmf *abbr (magnetomotive force)* ELECT, FLUID PHYS, PHYS MMK *(magnetomotorische Kraft)*

MMI *abbr (man-machine interface)* COMP & DP MMI *(Mensch-Maschine-Interface)*, CONTROL, SPACE MMI *(Mensch-Maschine-Schnittstelle)*

Sowohl für den deutschen wie den englischen Eintrag werden bei Abkürzungen Querverweise auf die entsprechende Vollform gegeben

Cross-references for abbreviations are shown for both the German and the English term

mn *abbr (neutron mass)* NUC TECH, PART PHYS, RAD PHYS mn *(Neutronenmasse)*

Mn *(manganese)* CHEMISTRY Mn *(Mangan)*

MN *abbr (nuclear mass)* NUC TECH MN *(Kernmasse)*

mnemonic[1] *adj* ART INT, COMP & DP mnemonisch, mnemotechnisch

Zusammengesetzte Begriffe werden alphabetisch hinter dem ersten Element angeordnet

Compound forms are nested alphabetically at the first element

mnemonic:[2] **~ code** *n* COMP & DP Buchstabencode *m*, mnemonischer Code *m*; **~ name** *n* COMP & DP mnemonischer Name *m*; **~ symbol** *n* COMP & DP mnemonisches Symbol *nt*

mnemonics *n* ART INT, COMP & DP Mnemonik *f*

m-o[1] *abbr (magneto-optic, magneto-optical)* OPT magneto-optisch

m-o:[2] **~ disc** *n BrE* OPT magneto-optische Platte *f*; **~ disk** *n AmE see m-o disc BrE*

Mo *(molybdenum)* CHEMISTRY Mo *(Molybdän)*

mobile[1] *adj* TELECOM beweglich, mobil **~-originated** *adj* TELECOM vom Funkteilnehmer abgehend

Bei deutschen Substantiven wird das grammatikalische Geschlecht angegeben

Genders are indicated at German noun translations

mobile:[2] **~ camera** *n* TELEV mobile Kamera *f*; **~ component** *n* POLL bewegliche Komponente *f*; **~ control unit** *n* TELEV Übertragungswagen *m*; **~ crane** *n* CONST Autokran *m*; **~ crusher** *n* COAL TECH bewegliches Brechwerk *nt*; **~ fire extinguisher** *n* SAFETY mobiler Feuerlöscher *m*; **~ home** *n* AUTO Wohnwagen *m*; **~ hose reel** *n* SAFETY *fire-fighting equipment* Schlauchhaspel auf Wagen *f*; **~ installation** *n* TELECOM bewegliche Einrichtung *f*; **~ jack** *n* TRANS fahrbarer Wagenheber *m*; **~ location registration** *n* TELECOM Einbuchen des Teilnehmer-Aufenthaltsortes *nt*; **~ radio channel** *n* RAD TECH, TELECOM Mobilfunkkanal *m*; **~ radio station** *n* RAD TECH, TELECOM Mobilfunkstelle *f*; **~ satellite communications** *n pl* SPACE mobiler Satellitenfunk *m*; **~ satellite service** *n* SPACE beweglicher Satellitenfunkdienst *m*; **~ station** *n (MS)* TELECOM Mobilstation *f*, bewegliche Funkstelle *f*; **~ switching center** *n AmE*, **~ switching centre** *n BrE (MSC)* TELECOM Funkvermittlungsstelle *f (MSC)*; **~ telephone service** *n* TELECOM Mobiltelefondienst *m*; **~-to-base relay** *n* TELECOM Relaisstelle Mobilteilnehmer-Basisstation *f*

Britische und amerikanische Übersetzungsvarianten werden voll ausgeschrieben und entsprechend gekennzeichnet

British-English and American-English spelling variants are given in full and are labelled accordingly

mobility *n* PHYS Beweglichkeit *f*

Möbius: **~ strip** *n* GEOM *topology* Möbiusband *nt*

mock[1] *adj* TEXT Schein- *pref*

Die Angabe von Zusammenhängen ergänzt die gegebenen Informationen und unterstützt die Suche nach dem passenden Übersetzungsäquivalent

Contexts give supplementary information to help locate the right translation

mock:[2] **~ cake** *n* TEXT Färbewickel *m*; **~-up** *n* PRINT *of finished book* Blindband *m*, WATER TRANS *ship design* Attrappe *f*

modacrylic *n* TEXT Modacryl *nt*

modal: **~ dispersion** *n* OPT Modendispersion *f*; **~ distortion** *n* TELECOM Modendispersion *f*; **~ noise** *n* OPT, TELECOM Modenrauschen *nt*; **~ notes** *n pl* ACOUSTICS Modalnoten *f pl*

modality *n* ERGON Modalität *f*

mode *n* ACOUSTICS Schwingungsart *f*, COMP & DP Betriebsart *f*, Modus *m*, Welle *f*, Wellentyp *m*, ELECTRON

Hinweise für die Benutzung des Wörterbuches

Umfang des Wörterbuches

Sie haben einen Band (Englisch-Deutsch) eines allgemeinen Technikwörterbuches vor sich, das alle Bereiche der modernen Technik und des zugrundeliegenden naturwissenschaftlichen Wissens abdeckt. Zusätzlich zu einer breiten Grundlage technischer Ausdrücke aus traditionellen Bereichen wie etwa Maschinenbau, Bauindustrie, Elektrotechnik und Elektronik enthält dieses Wörterbuch auch Vokabular aus neuen und hochaktuellen Sachgebieten wie etwa nichtfossile Energiequellen, Sicherheitstechnik und Qualitätssicherung.

Auswahl der Stichwörter

Wir haben uns das Ziel gesetzt, aus jedem Fachgebiet das Basisvokabular aufzunehmen; hierzu wurde die Stichwortliste sowohl im Deutschen wie im Englischen von führenden Experten in den einzelnen Fachgebieten auf Genauigkeit, Richtigkeit und Vollständigkeit überprüft.

Es wurde sorgfältig darauf geachtet, daß nur echtes technisches Vokabular und kein Allgemeinvokabular ohne technisches Interesse aufgenommen wurde. Gleichzeitig waren wir aber auch darauf bedacht, das wichtigste technische Grundvokabular vollständig aufzunehmen, auch wenn einige Einträge bereits in allgemeinsprachlichen Wörterbüchern zu finden sind. Obwohl manchmal in bestimmten Fachgebieten auch andere Übersetzungsvarianten möglich wären, haben wir stets den in der Fachwelt gängigsten Terminus angegeben.

Die einzelnen Fachgebiete sind proportional zu ihrer Anwendungshäufigkeit vertreten, so daß also ein etabliertes und umfangreiches Gebiet wie der Maschinenbau mit etwa 8 000 Stichwörtern vertreten ist, während ein Gebiet, in dem sich das Vokabular im Augenblick noch stark in der Entwicklung befindet, wie etwa nichtfossile Energiequellen, dagegen deutlich weniger Stichwörter aufweist.

Reihenfolge der Anordnung

Alle Einträge sind alphabetisch angeordnet. Zusammengesetzte Einträge erscheinen unter ihrem Basiswort. Dies gilt auch für Zusammensetzungen mit Bindestrich. Zusammengesetzte Einträge werden nicht unter ihrem zweiten oder dritten Element aufgeführt, auch wenn dies in einigen Fällen aus semantischen Gründen vertretbar wäre.

Stoppliste

Englische zusammengesetzte Einträge sind nicht unter den folgenden Elementen aufgeführt:

a, all, an, any, anybody, anyone, anything, anywhere, are, be, by, during, each, every, everybody, everyone, everything, everywhere, for, from, here, if, in, is, it, no, nobody, no one, nor, not, nothing, nowhere, of, off, on, or, out, over, so, some, somebody, someone, something, somewhere, the, that, then, there, they, thing, this, to, too, under, very, where, while, who, with

Zusammengesetzte Einträge werden unter ihrem Basiswort aufgeführt. Im sich anschließenden Artikel ersetzt die Tilde (~) das erste Element. Zum Beispiel:

abbreviated: **~ designation** *n* ENG DRAW Kurzbezeichnung *f*; **~ number** *n* TELECOM Kurznummer *f*, Kurzrufnummer *f*; **~ precision approach path indicator** *n* AIR TRANS verkürzte Präzisionsanflugswinkelbefeuerung *f*; **~ visual approach slope indicator system** *n* AIR TRANS verkürzte Gleitwinkelbefeuerung *f*

Zusammengesetzte Stichwörter, deren Basiswort ein eigenes Stichwort mit mindestens einer technischen Bedeutung darstellt, sind in alphabetischer Reihenfolge unter diesem Basiswort aufgeführt. Zum Beispiel:

back^2 *n* CONST *arch* Gewölberückenfläche *f*, MECHAN ENG *of saw* Rücken *m*, PACK *of ticket* Etikettrückseite *f*, PAPER Rückseite *f*, PHOTO *of camera* Rückwand *f*, PRINT *of book* Rücken *m*; **-- and-forth motion** *n* MECHAN ENG Vorwärts-Rückwärtsbewegung *f*; **~ axle** *n* AUTO Hinterachse *f*; **~ azimuth guidance** *n* AIR TRANS *navigation* azimutale Führung *f*; **~ beam** *n* TEXT Scherbaum *m*, Vorbaum *m*; **~ center** *n AmE*, **~ centre** *n BrE* MECHAN ENG *of lathe* Reitstockspitze *f*; **~ chaining** *n*

Zusammengesetzten Stichwörtern mit nicht übersetztem Basiswort geht ein Doppelpunkt voraus.
Zum Beispiel:

cabal: ~ **glass** *n* CER & GLAS Cabalglas *nt*

In Einträgen mit zusammengesetzten Stichwörtern spielen folgende Wörter bei der alphabetischen Reihenfolge keine Rolle: bestimmte und unbestimmte Artikel (*a*, *an* und *the*) sowie die Präpositionen *of* und *on*.
Zum Beispiel:

end^2 *n* COMP & DP Ende *nt*, MECHAN ENG *face* Stirn *f*, Stirnseite *f*, *of belt* Riementrum *nt*, *of connecting rod* Pleuelende *nt*, *of rope* Trum *nt*, PAPER Ende *nt*, PROD ENG Achsrichtung *f*, Schmalseite *f*, Stirnfläche *f*, TEXT Kettfaden *m*; ~ **of address** *n* COMP & DP Adressenende *nt*; ~**-and-end lease** *n* TEXT einfaches Kreuz *nt*; ~ **bearing** *n* MECHAN ENG Endlager *nt*; ~ **of block** *n* *(EOB)* COMP & DP Blockende *nt (EOB)*; ~ **block** *n* PROD ENG Parallelendmaß *nt*; ~ **cap** *n* ELEC ENG Abschlußkappe *f*; ~ **cleat** *n* COAL TECH Endkeil *m*

Verweise innerhalb des Wörterbuchtextes erleichtern die Suche nach einem Eintrag bei sehr langen Artikeln.
Zum Beispiel:

frequency^2 *n (f)* ACOUSTICS, COMP & DP, ELECTRON, PHYS, RAD TECH Frequenz *f*, Periodenzahl *f*, Schwingungszahl *f*, RECORD Frequenz *f*, Periodenzahl *f*, Schwingungszahl *f (f)*;

~ a ~ **adjustment** *n* ELECTRON, RAD TECH, TELECOM, TELEV Frequenzabgleich *m*, Frequenzeinstellung *f*; ~ **agility** *n* ELECTRON, RAD TECH, TELECOM, TELEV Frequenzagilität *f*; ~ **alignment** *n* ELECTRON, RAD TECH, TELECOM, TELEV Frequenzabgleich *m*; ~ **allocation** *n* ELECTRON Frequenzzuweisung *f*, RAD TECH *bandplan*, TELECOM Frequenzzuteilung *f*, TELEV Frequenzzuweisung *f*;

~ b ~ **band** *n* ACOUSTICS Frequenzbereich *m*, ELECTRON, RAD TECH Frequenzband *nt*, Frequenzbereich *m*, RECORD Frequenzbereich *m*, TELECOM, TELEV Frequenzband *nt*, Frequenzbereich *m*;

~ c ~ **calibrator** *n* ELECTRON, TELEV Frequenzeicher *m*; ~ **change** *n* ELECTRON Frequenzwechsel *m*; ~ **changer** *n* COMP & DP Frequenzumformer *m*, ELECTRON Frequenzwechsler *m*; ~ **characteristic** *n* TELECOM Frequenzcharakteristik *f*; ~ **compensation** *n* ELECTRON, RECORD Frequenzkompensation *f*, Schwingungsausgleich *m*; ~ **component** *n* ELECTRON, RECORD Frequenzkomponente *f*; ~ **compressive feed**

Kleingeschriebene Abkürzungen und großgeschriebene Abkürzungen werden separat aufgelistet.
Zum Beispiel:

g *abbr* CHEMISTRY *(gram)*, METROL *(gram)* g *(Gramm)*, NUC TECH *(gyromagnetic ratio)* g *(gyromagnetisches Verhältnis)*, PHYS *(gram)* g *(Gramm)*, PHYS *(gyromagnetic ratio)* g *(gyromagnetisches Verhältnis)*, PHYS *(statistical weight)* g *(statistisches Gewicht)*, SPACE *(gravitational acceleration)* g *(Erdbeschleunigung)*

G *abbr* ELECT *(gauss)* G *(Gauß)*, ELECTRON *(gain)*, ERGON *(gain)* G *(Gewinn)*, MECHAN ENG *(shear modulus)* G *(Schermodul)*, METROL *(giga)* G *(Giga-)*, PHYS *(Gibbs function)* G *(Gibbssche Funktion)*, PHYS *(shear modulus)* G *(Schermodul)*, RAD TECH *(gain)* G *(Gewinn)*, RECORD *(gauss)* G *(Gauß)*, SPACE *(gain)*, TELECOM *(gain)*, TELEV *(gain)* G *(Gewinn)*, THERMODYN *(Gibbs function)* G *(Gibbssche Funktion)*

Ga *(gallium)* CHEMISTRY Ga *(Gallium)*

GA *abbr (acoustic conductance)* ACOUSTICS AL *(akustischer Leitwert)*

Einträge, die Zahlen oder Symbole beinhalten, werden an der Stelle angeführt, an der die ausgeschriebene Variante der entsprechenden Zahlen oder Symbole erscheinen würde.
Zum Beispiel:

aflatoxin *n* FOOD TECH *phytopathology* Aflatoxin *nt*

afloat *adv* WATER TRANS flott, schwimmend

A4: ~ **size** *n* PAPER A4- Format *nt*

A-frame *n* CONST A-Rahmen *m*

AFS *abbr (aeronautical fixed service BrE)* AIR TRANS AFS *(fester Flugfunkdienst)*

Homographen

Alle Einträge sind mit einem Label versehen, das die Wortklassenzugehörigkeit angibt. Eine vollständige Liste dieser Labels befindet sich auf Seite xxiii.

Einträge mit gemeinsamem Basiswort jedoch unterschiedlicher Wortklassenzugehörigkeit erhalten für jede Wortklasse einen eigenen Eintrag. Eine unmittelbar dem Eintrag folgende hochgestellte Zahl verweist auf die unterschiedliche Wortklasse. Dies gilt auch für Zusammensetzungen mit Basiswort als Blindeintrag. Die Einträge sind in der Reihenfolge Adjektiv, Adverb, Substantiv, Verb aufgeführt. Dem schließen sich weniger häufig vorkommende grammatikalische Einheiten an.
Zum Beispiel:

half:^{1} ~**-duplex** *adj (HDX)* COMP & DP halbduplex *(HD)*; ~**-integer** *adj* PROD ENG halbzählig; ~ **wave** *adj* ELECT Einweg- *pref*, Halbwelle *f*; ~**-wave** *adj* AUTO, CER & GLAS, FOOD TECH, HEAT & REFRIG, PACK, PHYS, SAFETY, TRANS, WASTE Einweg- *pref*

half:^{2} ~ **ahead** *adv* WATER TRANS halbe Fahrt voraus; ~ **astern** *adv* WATER TRANS halbe Fahrt zurück; ~**-mast** *adv* WATER TRANS *flags* halbmast

half:^{3} ~**-adder** *n* COMP & DP, ELECTRON Halbaddierer *m*; ~ **beam** *n* TEXT *for warp knitting* Halbbaum *m*, WATER TRANS *shipbuilding* halber Balken *m*; ~**-bound** *n* PRINT Halbfranzband *nt*; ~**-breadth plan** *n* WATER TRANS *architecture* Wasserlinienriß *m*; ~**-bridge** *n* ELEC ENG

Halbrücke *f*; **~-bridge arrangement** *n* ELEC ENG Halbrücken-Anordnung *f*; **~-bushing** *n* MECHAN ENG Lagerschalenhälfte *f*; **~-coupling** *n* MECHAN ENG

Reihenfolge der Übersetzungen

Auf jedes Stichwort der Ausgangssprache folgen ein oder mehrere Labels, die das technische Fachgebiet angeben, in dem das Wort benutzt wird. Eine vollständige Liste dieser Labels mit Erklärungen befindet sich auf den Seiten xxiii–xxiv.

Wenn dasselbe Stichwort in mehr als einem technischen Fachgebiet benutzt wird, so werden entsprechend mehrere Labels angegeben. Sie werden stets in alphabetischer Reihenfolge aufgeführt.

Falls die angegebene Übersetzung in mehr als einem Fachgebiet benutzt wird, so folgt die Übersetzung jeweils im Anschluß an die entsprechenden Labels.
Zum Beispiel:

dB *abbr (decibel)* ACOUSTICS, ELECTRON, PHYS, POLL, RAD PHYS, RAD TECH, RECORD dB *(Dezibel)*

Hat ein Stichwort verschiedene, von seinen jeweiligen Fachgebieten abhängige Übersetzungen, so ist die zutreffende Übersetzung jeweils nach dem entsprechenden Kürzel zu finden.
Zum Beispiel:

nose *n* CER & GLAS Nabel m CONST Bolzenverbindung *f*, Vorsprung *m*, MECHAN ENG *of cutting edge* Ecke *f*, *of mandrel, of drilling spindle* Spitze *f*, *of shaft* Ansatz *m*

Zusatzinformationen

Deutsche Substantive sind mit Geschlechtsangabe versehen. In vielen Fällen wird über das Stichwort noch zusätzliche Information gegeben, die über die Benutzung des Wortes Aufschluß gibt. Solche Informationen zum Benutzungszusammenhang können verschiedene Formen annehmen:

(a) bei einem Verb ein typisches Subjekt oder Objekt:

coil[2] *vt* PROD ENG wickeln; **~ up** *vt* WATER TRANS *ropes* aufschießen

(b) typische Substantive, die mit einem bestimmten Adjektiv verwendet werden:

gain:[1] **~-controlled** *adj* ELECTRON *laser* gewinngeführt

(c) Wörter, die für Substantive einen typischen Bezug erläutern:

bending[2] *n* CER & GLAS *flat glass* Biegen *nt*, *of tubing* Biegen *nt*, CONST Biegen *nt*, Durchbiegen *nt*, Durchbiegung *f*, Falzen *nt*, MECHANICS Krümmen *nt*, METALL Biegen *nt*, PAPER Durchbiegung *f*, PROD ENG Falzen *nt*; **~ die** *n* MECHAN ENG *press tools* Biegestempel *m*; **~ in two planes** *n* PROD ENG schiefe Biegung *f*; **~ loss** *n* ELEC ENG *fibre optics* Biegungsverlust *m*

(d) Informationen, die das Fachgebiet noch weiter eingrenzen:

laterite *n* CONST *geology* Laterit *m*
latex *n* PLAS *rubber*, TEXT Latex *m*; **~ backing** *n* TEXT Latexuntergrund *m*; **~ foam** *n* PLAS *rubber* Latexschaum *m*

(e) Umschreibungen oder ungefähre Äquivalente:

headphones *n* RECORD, TELECOM *earphones* Kopfhörer *m*

Wenn in einem Fachgebiet verschiedene Übersetzungen für ein Stichwort möglich sind, so soll hier die zusätzliche Information anzeigen, welches im jeweiligen Zusammenhang die korrekte Übersetzung ist.
Zum Beispiel:

follower *n* COAL TECH Verlängerungsstößel *m*, MECHAN ENG *cam follower* Kurvenrolle *f*, *driven pulley* angetriebene Scheibe *f*, *gearing* angetriebenes Zahnrad *nt*, *of machine tools* Kopierstift *m*, PROD ENG Antriebsglied *nt*, Hubglied *nt*, Tastnase *f*

Querverweise

Einträge werden sowohl in britischem als auch amerikanischem Englisch aufgeführt und sind entsprechend mit geographischen Kürzeln gekennzeichnet. Bei allen lexikalischen Unterscheidungen werden Übersetzungen und Querverweise für beide Englischvarianten gegeben.
Zum Beispiel:

railroad *n AmE (cf railway BrE)* RAIL Eisenbahn *f*; **~ bridge** *n AmE (cf railway bridge BrE)* RAIL Eisenbahnbrücke *f*; **~ car** *n AmE (cf railway carriage BrE)* RAIL Eisenbahnwaggon *m*, Reisezugwagen *m*

railway *n BrE (cf railroad AmE)* RAIL Eisenbahn *f*; **~ bridge** *n BrE (cf railroad bridge AmE)* RAIL Eisenbahnbrücke *f*; **~ carriage** *n BrE (cf railroad car AmE)* RAIL Eisenbahnwaggon *m*, Reisezugwagen *m*

Im Hauptteil des Wörterbuches sind auch Abkürzungen und ihre ausgeschriebenen Formen in streng alphabetischer Reihenfolge angeordnet. Bei jedem Eintrag wird die vollständige Information – inklusive Übersetzungen und Querverweisen zur Vollform

respektive Abkürzung – aufgeführt.
Also:

VAN *abbr (value-added network)* COMP & DP, TELECOM VAN *(Mehrwertdienstnetz)*

computer[2] *n* **~-aided design and manufacturing** *n* *(CADCAM)* COMP & DP computergestützte Konstruktion und Anfertigung *f* *(CADCAM)*

Außerdem sind Abkürzungen im Anhang des Bandes als separate Liste aufgeführt. Dies erleichtert die Suche, wenn die genaue Form einer Abkürzung nicht bekannt ist.

Using the dictionary

Range of coverage

This is one volume (the English–German volume) of a general technical dictionary that covers the whole range of modern technology and the scientific knowledge that underlies it. It contains a broad base of terminology drawn from traditional areas of technology such as mechanical engineering, construction industry, electrical engineering and electronics, but also includes the vocabulary of newly prominent subject areas such as fuelless energy sources, safety engineering and quality assurance.

Selection of terms

We have aimed to include the essential vocabulary of each subject area, and the material has been checked by leading subject experts to ensure that both the German and the English terms are accurate and current, that the translations are valid equivalents, and that there are no gaps in coverage.

We have been careful about including only genuine technical terms and not allowing general vocabulary with no technical value. At the same time, we have entered the core vocabulary of technical discourse in its totality, although some of these items may also be found in general dictionaries. Although other variant translations would often be permissible in a particular subject area, we have given the term most widely preferred by specialists in the area.

Coverage of the subject areas is given proportionally so that an established and wide-ranging area such as mechanical engineering has a count of around 8,000 terms whereas a new area in which terminology is still developing, such as fuelless energy sources, will have considerably fewer terms.

Placement of terms

All terms are ordered alphabetically at their first element. This is also the policy for hyphenated compounds. Compound terms are never entered under their second or third element, regardless of the semantic structure of the unit.

Stoplists

Terms in English are not entered under the following elements:

> a, all, an, any, anybody, anyone, anything, anywhere, are, be, by, during, each, every, everybody, everyone, everything, everywhere, for, from, here, if, in, is, it, no, nobody, no one, nor, not, nothing, nowhere, of, off, on, or, out, over, so, some, somebody, someone, something, somewhere, the, that, then, there, they, thing, this, to, too, under, very, where, while, who, with

Compounds are listed at their first element. In these nested listings, the simple form is replaced by a swung dash (~). For example:

abbreviated: ~ **designation** *n* ENG DRAW Kurzbezeichnung *f*; ~ **number** *n* TELECOM Kurznummer *f*, Kurzrufnummer *f*; ~ **precision approach path indicator** *n* AIR TRANS verkürzte Präzisionsanflugswinkelbefeuerung *f*; ~ **visual approach slope indicator system** *n* AIR TRANS verkürzte Gleitwinkelbefeuerung *f*

When the first element is itself a headword with one or more technical senses, compounds follow the simple form in alphabetical order.
For example:

back[2] *n* CONST *arch* Gewölberückenfläche *f*, MECHAN ENG *of saw* Rücken *m*, PACK *of ticket* Etikettrückseite *f*, PAPER Rückseite *f*, PHOTO *of camera* Rückwand *f*, PRINT *of book* Rücken *m*; **~- and-forth motion** *n* MECHAN ENG Vorwärts-Rückwärtsbewegung *f*; ~ **axle** *n* AUTO Hinterachse *f*; ~ **azimuth guidance** *n* AIR TRANS *navigation* azimutale Führung *f*; ~ **beam** *n* TEXT Scherbaum *m*, Vorbaum *m*; ~ **center** *n AmE*, ~ **centre** *n BrE* MECHAN ENG *of lathe* Reitstockspitze *f*; ~ **chaining** *n*

If the first element is not itself translated, a colon precedes the compounds. For example:

cabal: ~ **glass** *n* CER & GLAS Cabalglas *nt*

Articles (*a*, *an*, and, *the*), and the prepositions *of* and *on* are ignored in determining the sequence of nested compounds. For example:

end[2] *n* COMP & DP Ende *nt*, MECHAN ENG *face* Stirn *f*, Stirnseite *f*, *of belt* Riementrum *nt*, *of connecting rod* Pleuelende *nt*, *of rope* Trum *nt*, PAPER Ende *nt*, PROD ENG Achsrichtung *f*, Schmalseite *f*, Stirnfläche *f*, TEXT Kettfaden *m*; ~ **of address** *n* COMP & DP Adressenende *nt*; **~-and-end lease** *n* TEXT einfaches Kreuz *nt*; ~ **bearing** *n* MECHAN ENG Endlager *nt*; ~ **of block** *n*

(EOB) COMP & DP Blockende *nt (EOB)*; **~ block** *n* PROD ENG Parallelendmaß *nt*; **~ cap** *n* ELEC ENG Abschlußkappe *f*; **~ cleat** *n* COAL TECH Endkeil *m*

In the case of very long compound nests, marginal markers have been used to make it easy to find a term more quickly. For example:

frequency[2] *n (f)* ACOUSTICS, COMP & DP, ELECTRON, PHYS, RAD TECH Frequenz *f*, Periodenzahl *f*, Schwingungszahl *f*, RECORD Frequenz *f*, Periodenzahl *f*, Schwingungszahl *f (f)*;

~ a **~ adjustment** *n* ELECTRON, RAD TECH, TELECOM, TELEV Frequenzabgleich *m*, Frequenzeinstellung *f*; **~ agility** *n* ELECTRON, RAD TECH, TELECOM, TELEV Frequenzagilität *f*; **~ alignment** *n* ELECTRON, RAD TECH, TELECOM, TELEV Frequenzabgleich *m*; **~ allocation** *n* ELECTRON Frequenzzuweisung *f*, RAD TECH *bandplan*, TELECOM Frequenzzuteilung *f*, TELEV Frequenzzuweisung *f*;

~ b **~ band** *n* ACOUSTICS Frequenzbereich *m*, ELECTRON, RAD TECH Frequenzband *nt*, Frequenzbereich *m*, RECORD Frequenzbereich *m*, TELECOM, TELEV Frequenzband *nt*, Frequenzbereich *m*;

~ c **~ calibrator** *n* ELECTRON, TELEV Frequenzeicher *m*; **~ change** *n* ELECTRON Frequenzwechsel *m*; **~ changer** *n* COMP & DP Frequenzumformer *m*, ELECTRON Frequenzwechsler *m*; **~ characteristic** *n* TELECOM Frequenzcharakteristik *f*; **~ compensation** *n* ELECTRON, RECORD Frequenzkompensation *f*, Schwingungsausgleich *m*; **~ component** *n* ELECTRON, RECORD Frequenzkomponente *f*; **~ compressive feed**

Abbreviations and acronyms written in upper case appear separately from vocabulary words of the same form written in lower case:

g *abbr* CHEMISTRY *(gram)*, METROL *(gram)* g *(Gramm)*, NUC TECH *(gyromagnetic ratio)* g *(gyromagnetisches Verhältnis)*, PHYS *(gram)* g *(Gramm)*, PHYS *(gyromagnetic ratio)* g *(gyromagnetisches Verhältnis)*, PHYS *(statistical weight)* g *(statistisches Gewicht)*, SPACE *(gravitational acceleration)* g *(Erdbeschleunigung)*

G *abbr* ELECT *(gauss)* G *(Gauß)*, ELECTRON *(gain)*, ERGON *(gain)* G *(Gewinn)*, MECHAN ENG *(shear modulus)* G *(Schermodul)*, METROL *(giga)* G *(Giga-)*, PHYS *(Gibbs function)* G *(Gibbssche Funktion)*, PHYS *(shear modulus)* G *(Schermodul)*, RAD TECH *(gain)* G *(Gewinn)*, RECORD *(gauss)* G *(Gauß)*, SPACE *(gain)*, TELECOM *(gain)*, TELEV *(gain)* G *(Gewinn)*, THERMODYN *(Gibbs function)* G *(Gibbssche Funktion)*

Ga *(gallium)* CHEMISTRY Ga *(Gallium)*

GA *abbr (acoustic conductance)* ACOUSTICS AL *(akustischer Leitwert)*

Terms containing figures and symbols are alphabetized according to the usual expansion when written out in full:

aflatoxin *n* FOOD TECH *phytopathology* Aflatoxin *nt*
afloat *adv* WATER TRANS flott, schwimmend
A4: **~ size** *n* PAPER A4-Format *nt*
A-frame *n* CONST A-Rahmen *m*
AFS *abbr (aeronautical fixed service BrE)* AIR TRANS AFS *(fester Flugfunkdienst)*

Homographs

Every term is accompanied by a label indicating its part of speech. For a complete list of these labels and their expansions, please see page xxiii.

When terms beginning with the same element fall into two or more part-of-speech categories, the different nests will be distinguished by a raised number immediately following the head of that nest, whether the head has technical senses of its own or is a dummy. The sequence is abbreviation, adjective, adverb, noun and verb followed by less frequent parts of speech. For example:

half:[1] **~-duplex** *adj (HDX)* COMP & DP halbduplex *(HD)*; **~-integer** *adj* PROD ENG halbzählig; **~ wave** *adj* ELECT Einweg- *pref*, Halbwelle *f*; **~-wave** *adj* AUTO, CER & GLAS, FOOD TECH, HEAT & REFRIG, PACK, PHYS, SAFETY, TRANS, WASTE Einweg- *pref*

half:[2] **~ ahead** *adv* WATER TRANS halbe Fahrt voraus; **~ astern** *adv* WATER TRANS halbe Fahrt zurück; **~-mast** *adv* WATER TRANS *flags* halbmast

half:[3] **~-adder** *n* COMP & DP, ELECTRON Halbaddierer *m*; **~ beam** *n* TEXT *for warp knitting* Halbbaum *m*, WATER TRANS *shipbuilding* halber Balken *m*; **~-bound** *n* PRINT Halbfranzband *nt*; **~-breadth plan** *n* WATER TRANS *architecture* Wasserlinienriß *m*; **~-bridge** *n* ELEC ENG Halbrücke *f*; **~-bridge arrangement** *n* ELEC ENG Halbrücken-Anordnung *f*; **~-bushing** *n* MECHAN ENG Lagerschalenhälfte *f*; **~-coupling** *n* MECHAN ENG

Ordering of translations

Every term is accompanied by one or more labels indicating the technological area in which it is used. For a complete list of these labels and their expansions, please see pages xxiii–xxiv.

Where the same term is used in more than one technological area, multiple labels are given as appropriate. These labels appear in alphabetical order.

Where a term has the same translation in more than one technological area, this translation is given after the sequence of labels. For example:

dB *abbr (decibel)* ACOUSTICS, ELECTRON, PHYS, POLL, RAD PHYS, RAD TECH, RECORD dB *(Dezibel)*

When a term has different translations according to the technological area in which it is used, the appropriate translation is given after each label or set of labels. For example:

nose *n* CER & GLAS Nabel m CONST Bolzenverbindung *f*, Vorsprung *m*, MECHAN ENG *of cutting edge* Ecke *f*, *of mandrel, of drilling spindle* Spitze *f*, *of shaft* Ansatz *m*

Supplementary information

In many cases additional data is given about a term in order to show how it is used. Such contextual information can be:

(a) the typical subject or object of a verb, for example:

coil[2] *vt* PROD ENG wickeln; ~ **up** *vt* WATER TRANS *ropes* aufschießen

(b) typical nouns used with an adjective, for example:

gain:[1] ~**-controlled** *adj* ELECTRON *laser* gewinngeführt

(c) words indicating the reference of a noun, for example:

bending[2] *n* CER & GLAS *flat glass* Biegen *nt*, *of tubing* Biegen *nt*, CONST Biegen *nt*, Durchbiegen *nt*, Durchbiegung *f*, Falzen *nt*, MECHANICS Krümmen *nt*, METALL Biegen *nt*, PAPER Durchbiegung *f*, PROD ENG Falzen *nt*; ~ **die** *n* MECHAN ENG *press tools* Biegestempel *m*; ~ **in two planes** *n* PROD ENG schiefe Biegung *f*; ~ **loss** *n* ELEC ENG *fibre optics* Biegungsverlust *m*

(d) information which supplements the subject-area label, for example:

laterite *n* CONST *geology* Laterit *m*
latex *n* PLAS *rubber*, TEXT Latex *m*; ~ **backing** *n* TEXT Latexuntergrund *m*; ~ **foam** *n* PLAS *rubber* Latexschaum *m*

(e) a paraphrase or broad equivalent, for example:

headphones *n* RECORD, TELECOM *earphones* Kopfhörer *m*

When various different translations apply in the same subject area, contextual information is also used to show which translation is appropriate in different circumstances. For example:

follower *n* COAL TECH Verlängerungsstößel *m*, MECHAN ENG *cam follower* Kurvenrolle *f*, *driven pulley* angetriebene Scheibe *f*, *gearing* angetriebenes Zahnrad *nt*, *of machine tools* Kopierstift *m*, PROD ENG Antriebsglied *nt*, Hubglied *nt*, Tastnase *f*

Cross-references

Both British and North-American terms are covered, and these are differentiated by regional labels. In the case of lexical variants, full information – including translations and cross-references to the other form – is given at each entry. For example:

railroad *n AmE (cf railway BrE)* RAIL Eisenbahn *f*; ~ **bridge** *n AmE (cf railway bridge BrE)* RAIL Eisenbahnbrücke *f*; ~ **car** *n AmE (cf railway carriage BrE)* RAIL Eisenbahnwaggon *m*, Reisezugwagen *m*

railway *n BrE (cf railroad AmE)* RAIL Eisenbahn *f*; ~ **bridge** *n BrE (cf railroad bridge AmE)* RAIL Eisenbahnbrücke *f*; ~ **carriage** *n BrE (cf railroad car AmE)* RAIL Eisenbahnwaggon *m*, Reisezugwagen *m*

Both abbreviations and their full forms are entered in the main body of the dictionary in alphabetical sequence. Full information – including translations and cross-references to the full form or abbreviation as appropriate – is given at each entry. For example:

VAN *abbr (value-added network)* COMP & DP, TELECOM VAN *(Mehrwertdienstnetz)*

computer[2] *n* ~**-aided design and manufacturing** *n (CADCAM)* COMP & DP computergestützte Konstruktion und Anfertigung *f (CADCAM)*

Abbreviations are also listed in a separate alphabetical sequence at the back of this volume to allow browsing in cases where the exact form of the abbreviation is not known.

Im Wörterbuch verwendete Abkürzungen/ Abbreviations used in this dictionary

Wortarten/Parts of speech

abbr	abbreviation	Abkürzung
adj	adjective	Adjektiv
adv	adverb	Adverb
f	feminine	Femininum
f pl	feminine plural	Femininum Plural
m	masculine	Maskulinum
m pl	masculine plural	Maskulinum Plural
n	noun	Substantiv
n pl	noun plural	Substantiv Plural
nt	neuter	Neutrum
nt pl	neuter plural	Neutrum Plural
phr	phrase	fachsprachliche Redewendung
pref	prefix; base form in compounds	Präfix; Grundwort bei Komposita
prep	preposition	Präposition
vi	intransitive verb	intransitives Verb
v refl	reflexive verb	reflexives Verb
vt	transitive verb	transitives Verb
vti	transitive and intransitive verb	transitives und intransitives Verb

Geographische Kürzel/Geographic codes

AmE	American English	Amerikanisches Englisch
BrE	British English	Britisches Englisch

Fachgebietskürzel/Subject-area labels

ACOUSTICS	Acoustics	Akustik
AIR TRANS	Air Transportation	Lufttransport
ART INT	Artificial Intelligence	Künstliche Intelligenz
AUTO	Automotive Engineering	Kraftfahrzeugtechnik
CER & GLAS	Ceramics & Glass	Keramik & Glas
CHEM ENG	Chemical Engineering	Chemotechnik
CHEMISTRY	Chemistry	Chemie
COAL TECH	Coal Technology	Kohlentechnik
COATINGS	Coatings Technology	Anstrichtechnik
COMP & DP	Computer Technology & Data Processing	Computertechnik & Datenverarbeitung

CONST	Construction	Bauwesen
CONTROL	Control technology	Kontrolltechnik
ELEC ENG	Electrical Engineering	Elektrotechnik
ELECT	Electricity	Elektrizität
ELECTRON	Electronics	Elektronik
ENG DRAW	Engineering Drawing	Konstruktionszeichnung
ERGON	Ergonomics	Ergonomie
FLUID PHYS	Fluid Physics	Strömungsphysik
FOOD TECH	Food Technology	Lebensmitteltechnik
FUELLESS	Fuelless Energy Sources	Nichtfossile Energiequellen
GEOM	Geometry	Geometrie
HEAT & REFRIG	Heating & Refrigeration	Heizungs- & Kältetechnik
HYD EQUIP	Hydraulic Equipment	Hydraulische Anlagen
IND PROCESS	Industrial Process Measurement & Control	Regelungs- & Steuerungstechnik
INSTR EQUIP	Instrumentation	Geräte & Instrumente
LAB	Laboratory Equipment	Laboreinrichtungen
MAR POLL	Marine Pollution	Meeresverschmutzung
MATH	Mathematics	Mathematik
MECHAN ENG	Mechanical Engineering	Maschinenbau
MECHANICS	Mechanics	Mechanik
METALL	Metallurgy	Metallurgie
METROL	Metrology	Metrologie
NUC TECH	Nuclear Technology	Kerntechnik
OPT	Optics	Optik
PACK	Packaging	Verpackungstechnik
PAPER	Paper & Board	Papier & Pappe
PART PHYS	Particle Physics	Teilchenphysik
PAT	Patents & Trademarks	Patente & Warenzeichen
PET TECH	Petroleum Technology	Erdöltechnologie
PHOTO	Photography	Fotografie
PHYS	Physics	Physik
PLAS	Plastics	Kunstoffindustrie
POLL	Pollution	Umweltverschmutzung
PRINT	Printing	Druckereiwesen
PROD ENG	Production Engineering	Fertigungstechnik
QUAL ASS	Quality Assurance	Qualitätssicherung
RAD PHYS	Radiation Physics	Strahlenphysik
RAD TECH	Radio Technology & Radar	Radiotechnik & Radar
RAIL	Railway Engineering	Eisenbahnbau
RECORD	Recording Engineering	Aufnahmetechnik
SAFETY	Safety Engineering	Sicherheitstechnik
SPACE	Space Technology	Raumfahrttechnik
TELECOM	Telecommunications	Telekommunikation
TELEV	Television	Fernsehtechnik
TEST	Testing of Materials	Werkstoffprüfung
TEXT	Textiles	Textiltechnik
THERMODYN	Thermodynamics	Thermodynamik
TRANS	Transportation	Transportwesen
WASTE	Waste Management	Abfallwirtschaft
WATER SUP	Water Supply Engineering	Wasserversorgungstechnik
WATER TRANS	Water Transportation	Wassertransport
WAVE PHYS	Wave Physics	Wellenphysik

Warenzeichen

Bei der Kennzeichnung von Wörtern, die nach Kenntnis der Redaktion eingetragene Warenzeichen darstellen, wurde mit größter Sorgfalt verfahren. Diese Wörter sind mit ® gekennzeichnet. Weder das Vorhandensein noch das Fehlen solcher Kennzeichnungen berührt die Rechtslage hinsichtlich eingetragener Warenzeichen.

Trademarks

Every effort has been made to label terms which we believe constitute trademarks. These are designated by the symbol ®. The legal status of these, however, remains unchanged by the presence or absence of any such symbol.

A

a *abbr* ACOUSTICS *(total acoustic absorption)* a *(akustische Absorption)*, METROL *(are)* a *(Ar)*

A *abbr* ACOUSTICS *(amplitude)* A *(Amplitude)*, CHEMISTRY *(affinity)* A *(Affinität)*, COMP & DP *(amplitude)* A *(Amplitude)*, ELEC ENG *(ampere)* A *(Ampere)*, ELEC ENG *(anode)* A *(Anode)*, ELECT *(ampere)* A *(Ampere)*, ELECT *(amplitude)* A *(Amplitude)*, ELECT *(linear current density)* A *(lineare Stromdichte)*, ELECT *(amplification)* V *(Verstärkung)*, ELECTRON *(amplitude)* A *(Amplitude)*, ELECTRON *(amplification)* V *(Verstärkung)*, METROL *(ampere)* A *(Ampere)*, METROL *(amplification)* V *(Verstärkung)*, NUC TECH *(activity)* A *(Aktivität)*, NUC TECH *(mass number)* A *(Massenzahl)*, OPT *(amplification)* V *(Verstärkung)*, PART PHYS *(mass number)* A *(Massenzahl)*, PHYS *(activity)* A *(Aktivität)*, PHYS *(ampere)* A *(Ampere)*, PHYS *(amplitude)* A *(Amplitude)*, PHYS *(anode)* A *(Anode)*, PHYS *(mass number)* A *(Massenzahl)*, PROD ENG *(ampere)*, RAD TECH *(ampere)* A *(Ampere)*, RAD TECH *(amplitude)* A *(Amplitude)*, RAD TECH *(anode)* A *(Anode)*, RAD TECH *(amplification)* V *(Verstärkung)*, RECORD *(amplitude)* A *(Amplitude)*, RECORD *(amplification)* V *(Verstärkung)*, TELEV *(anode)* A *(Anode)*, WATER TRANS *(amplitude)* A *(Amplitude)*, WATER TRANS *(anode)* A *(Anode)*, WAVE PHYS *(amplitude)* A *(Amplitude)*

Å *abbr (angstrom)* METROL Å *(Angström)*

a_0 *abbr (Bohr radius)* PHYS a_0 *(Bohrscher Radius)*

AA *abbr (author's alterations)* PRINT Autorenkorrektur *f*

AACS *abbr (airways and air communications service)* SPACE AACS *(Luftfahrtfunkdienst)*

AADT *abbr (annual average daily traffic)* TRANS AADT *(durchschnittliches Tagesverkehrsaufkommen pro Jahr)*

AB: **~ cut mixer** *n* TV AB-Schnittmischer

aback *vi* WATER TRANS *sailing* backstehen

abaft[1] *adv* WATER TRANS *aft* achteraus, achtern

abaft[2] *prep* WATER TRANS achterlich

abandon[1] *vt* PAT *application* fallenlassen, zurücknehmen

abandon:[2] **~ ship** *vi* WATER TRANS *emergency* Schiff aufgeben

abate *vi* WATER TRANS *wind* nachlassen, sich bessern

abattoir: **~ waste** *n* WASTE Schlachthausabfall *m*

abaxial *adj* PROD ENG achsfern

Abbe: **~ coefficient** *n* CER & GLAS Abbesche Zahl *f*; **~ number** *n* PHYS *constringence* Abbesche Zahl *f*; **~ refractometer** *n* PHYS Abbesches Refraktometer *nt*; **~ theory** *n* PHYS *image formation* Abbesche Theorie *f*

abbreviated: **~ designation** *n* ENG DRAW Kurzbezeichnung *f*; **~ number** *n* TELECOM Kurznummer *f*, Kurzrufnummer *f*; **~ precision approach path indicator** *n* AIR TRANS verkürzte Präzisionsanflugswinkelbefeuerung *f*; **~ visual approach slope indicator system** *n* AIR TRANS verkürzte Gleitwinkelbefeuerung *f*

abbreviation *n* PROD ENG *plastic valves* Zeichenerklärung *f*

ABC[1] *abbr (automatic brightness control)* TELEV ABC *(automatische Helligkeitsregelung)*

ABC:[2] **~ helicopter** *n (advanced blade concept helicopter)* AIR TRANS ABC-Hubschrauber *m*

abduction *n* ERGON Abduktion *f*

abeam *adv* SPACE *spacecraft* leitstrahlgeführt, WATER TRANS dwars, querab

abend *vt* COMP & DP vorzeitig beenden

aberration *n* METALL Aberration *f*, OPT Aberration *f*, Linsenfehler *m*, PHYS Abbildungsfehler *m*, WAVE PHYS Aberration *f*

abietate *n* CHEMISTRY Abietan *nt*

abietic: **~ acid** *n* PAPER Abietinsäure *f*

ability *n* ERGON Fähigkeit *f*; **~ test** *n* ERGON Eignungstest *m*

ablated: **~ ion** *n* NUC TECH Ablationsion *nt*

ablating *n* PHYS Abschmelzen *nt*, Abtragen *nt*; **~ cone** *n* SPACE *spacecraft* Abschmelzbug *m*; **~ momentum** *n* NUC TECH Ablationsimpuls *m*

ablation *n* COMP & DP, NUC TECH Ablation *f*; **~ shield** *n* SPACE *spacecraft* Ablationsschild *m*, Schmelzschutzschild *m*

ablative[1] *adj* SPACE *spacecraft* ablativ

ablative:[2] **~ cooling** *n* SPACE *spacecraft* Ablationskühlung *f*; **~ method** *n* OPT Abtragemethode *f*

ABn *abbr (aerodrome beacon BrE, airdrome beacon AmE)* AIR TRANS, SPACE FB *(Flughafenbake)*

abnormal: **~ occurrence** *n* NUC TECH Störfall *m*; **~ steel** *n* PROD ENG sonderberuhigter Stahl *m*; **~ structure** *n* METALL anormale Struktur *f*; **~ termination** *n* COMP & DP abnormale Beendigung *f*, vorzeitige Beendigung *f*

aboard *adv* WATER TRANS an Bord

abort[1] *n* COMP & DP Abbruch *m*

abort[2] *vt* COMP & DP abbrechen, vorzeitig beenden, CONTROL, SPACE *spacecraft* abbrechen

aborted: **~ takeoff** *n* AIR TRANS Startabbruch *m*

above:[1] **~ ground** *adv* COAL TECH übertage

above:[2] **~ sea level** *n (asl)* WATER TRANS über Normalnull *nt*, über dem Meeresspiegel *nt (üNN)*

abradant[1] *adj* PAPER abreibend

abradant[2] *n* COAL TECH Schleifmittel *nt*

abrade *vt* MECHAN ENG, MECHANICS, PAPER abreiben, abschleifen

abraded: **~ particle** *n* PROD ENG Abtriebsteilchen *nt*; **~ yarn** *n* TEXT angekräuseltes Garn *nt*, angeriebenes Garn *nt*

abrader *n* PAPER Abriebprüfmaschine *f*

abrading *n* PROD ENG Abschleifen *nt*; **~ capacity** *n* PROD ENG Schleifvermögen *nt*; **~ medium** *n* PROD ENG Schleifmittel *nt*

Abraham: **~ momentum** *n* NUC TECH Abrahamscher Impuls *m*

abrase *vt* MECHAN ENG, MECHANICS, PAPER abreiben, abschleifen

abrasion:[1] **~-proof** *adj* MECHANICS abriebfest; **~-resistant** *adj* PRINT abriebfest

abrasion[2] *n* COAL TECH Abrasion *f*, COATINGS Abrasion *f*, Abrieb *m*, Schleifen *nt*, ELEC ENG, INSTR Schleif- *pref*, MECHAN ENG Abrieb *m*, Schleif- *pref*, MECHANICS Abnutzung *f*, Abrieb *m*, Verschleiß *m*, PAPER, PLAS, PRINT, PROD ENG Abrieb *m*; **~ factor** *n* MECHANICS Abnutzungsfaktor *m*, Verschleißfaktor *m*; **~-fretting corrosion** *n* MECHANICS Reibkorrosion durch Abrieb *f*, korrosiver Abnutzungsverschleiß *m*; **~ resistance** *n* COATINGS Abrasionswiderstand *m*, Abriebfestigkeit *f*, CONST Abriebfestigkeit *f*, Verschleißfestigkeit *f*, MECHAN ENG, MECHANICS Abriebfestigkeit *f*, PAPER Abriebbeständigkeit *f*, PLAS Abriebfestigkeit *f*, Verschleißfestigkeit *f*, Verschleißwiderstand *m*, PROD ENG Verschleißfestigkeit *f*; **~ resistance index** *n* PLAS Verschleißfestigkeitskennzahl *f*; **~ test** *n* MECHAN ENG Abriebprüfung *f*, PROD ENG Ritzhärteprüfung *f*, Schleifversuch *m*; **~ tester** *n* MECHANICS Verschleißprüfmaschine *f*, PAPER, PLAS Abriebprüfmaschine *f*

abrasive[1] *adj* MECHANICS abschleifend, PAPER schleifend, PROD ENG verschleißend

abrasive[2] *n* COATING Schleifmittel *nt*, abtragende Oberfläche *f*, abtragendes Mittel *nt*, MECHAN ENG Schleifmittel *nt*, MECHANICS Scheuermittel *nt*, Schleifmittel *nt*, PROD ENG Schmirgel *m*; **~ band grinding machine** *n* PROD ENG Bandschleifmaschine *f*; **~ belt** *n* CER & GLAS *for grinding glass*, MECHAN ENG Schleifband *nt*; **~ belt grinder** *n* MECHAN ENG Bandschleifmaschine *f*; **~ cloth** *n* MECHAN ENG Schleifleinen *nt*; **~ cutting** *n* MECHAN ENG Trennschleifen *nt*; **~ disc** *n BrE* MECHAN ENG Schleifscheibe *f*; **~ disk** *n AmE see abrasive disc BrE* **~ flap wheel** *n* MECHAN ENG Lamellenschleifscheibe *f*; **~ friction cutting** *n* PROD ENG Trennschleifen *nt*; **~ grain for blasting** *n* PROD ENG Strahlmittelkorn *nt*; **~ jet drilling** *n* PROD ENG Flüssigkeitsstrahlbohren *nt*; **~ material** *n* PAPER Schleifmittel *nt*; **~ paper** *n* ELECT Sandpapier *nt*, Schmirgelpapier *nt*, MECHANICS Schleifpapier *nt*, Schmirgelpapier *nt*; **~ powder** *n* MECHANICS Schmirgelpulver *nt*; **~ sheet** *n* MECHAN ENG Schleifpapier *nt*; **~ surface** *n* COATINGS Schleifmittel *nt*, abtragende Oberfläche *f*, abtragendes Mittel *nt*; **~ wear** *n* CONST Abriebverschleiß *m*, MECHAN ENG abrasiver Verschleiß *m*, PLAS Ver-schleiß *m*; **~ wheel** *n* MECHANICS Schleifrad *nt*, Schleifscheibe *f*, PROD ENG Schleifscheibe *f*, SAFETY Polierscheibe *f*, Schleifscheibe *f*; **~ wheel cutting-off** *n* PROD ENG Trennschleifen *nt*; **~ wheel cutting-off machine** *n* PROD ENG Trennschleifmaschine *f*; **~ wheels regulations** *n pl* SAFETY Vorschriften zu Polierscheiben *f pl*, Vorschriften zu Schleifscheiben *f pl*

abrasiveness *n* PAPER Abriebeigenschaften *f pl*

abreast *adv* WATER TRANS auf gleicher Höhe

abridged: **~ edition** *n* PRINT Kurzfassung *f*, gekürzte Fassung *f*

abrupt: **~ junction** *n* ELECTRON *semiconductor* plötzlicher Übergang *m*

ABS[1] *abbr* AUTO *(antiblocking system, antiskid braking system)* ABS *(Antiblockiersystem)*, PLAS *(acrylonitrile butadiene styrene)* ABS *(Acrylnitril-Butatien-Styrol)*

ABS:[2] **~ copolymer** *n* ELECT ABS-Copolymer *nt*; **~ plastic** *n* PACK ABS-Kunststoff *m*

abscissa *n* COMP & DP, ELECT, MATH Abszisse *f*, PROD ENG Abszisse *f*, Auftragslinie *f*

absence: **~ of convection** *n* SPACE *spacecraft* Konvektionsabriß *m*, Konvektionsmangel *m*; **~ of current** *n* INSTR Stromlosigkeit *f*; **~ of feedback** *n* INSTR Rückwirkungsfreiheit *f*; **~ of interaction** *n* INSTR Wechselwirkungsfreiheit *f*; **~ of lag** *n* IND PROCESS Verzögerungsfreiheit *f*; **~ of undercutting** *n* PROD ENG Freiheit von Einbrandkerben *f*, Unterschnittsfreiheit *f*; **~ of voltage** *n* INSTR Spannungslosigkeit *f*

absent: **~ subscriber service** *n* TELECOM Fernsprechauftragsdienst *m*

absolute[1] *adj* COMP & DP absolut, INSTR, MATH, PHYS Absolut- *pref*

absolute:[2] **~ address** *n* COMP & DP absolute Adresse *f*; **~ capacity** *n* TRANS absolute Kapazität *f*; **~ code** *n* COMP & DP absoluter Code *m*; **~ error** *n* COMP & DP absoluter Fehler *m*; **~ humidity** *n* HEAT & REFRIG, PHYS absolute Feuchte *f*; **~ instruction** *n* COMP & DP absolute Instruktion *f*; **~ measure system** *n* INSTR *numerical control* Absolutmaßsystem *nt*, Bezugsmaßsystem *nt*; **~ measuring system** *n* ELECTRON Absolutmeßsystem *nt*; **~ motion** *n* PHYS Absolutbewegung *f*; **~ permeability** *n* ELEC ENG, ELECT absolute Permeabilität *f*; **~ permittivity** *n* ELEC ENG, ELECT absolute Dielektrizitätskonstante *f*; **~ pressure** *n* HEAT & REFRIG Absolutdruck *m*, absoluter Druck *m*; **~ pressure gage** *n AmE*, **~ pressure gauge** *n BrE* INSTR Absolutdruck-Manometer *nt*; **~ refractive index** *n* PHYS absoluter Brechungsindex *m*; **~ speed variation** *n* ELECT absolute Geschwindigkeitsänderung *f*; **~ stability** *n* TELECOM *frequency, time* absolute Konstanz *f*; **~ system** *n* TEST absolutes Maßsystem *nt*; **~ temperature** *n* FOOD TECH Kelvintemperatur *f*, absolute Temperatur *f*, HEAT & REFRIG absolute Temperatur *f*, HYD EQUIP (θ) absolute Temperatur *f*, thermodynamische Temperatur *f* (θ), METROL *(T)* absolute Temperatur *f (T)*, PHYS absolute Temperatur *f*, thermodynamische Temperatur *f*, THERMODYN (θ) absolute Temperatur *f*, thermodynamische Temperatur *f* (θ); **~ threshold of luminance** *n* TELEV absoluter Helligkeitsschwellwert *m*; **~ vacuum** *n* HEAT & REFRIG absolutes Vakuum *nt*; **~ value** *n* COMP & DP absoluter Wert *m*, HEAT & REFRIG Absolutwert *m*, MATH *real numbers* Absolutwert *m*, absoluter Betrag *m*; **~ viscosity** *n* PROD ENG dynamische Viskosität *f*; **~ zero** *n* HEAT & REFRIG, PHYS, THERMODYN absoluter Nullpunkt *m*

absorb *vt* COAL TECH absorbieren, MECHAN ENG absorbieren, dämpfen, verzehren, PAPER absorbieren, SAFETY absorbieren, aufnehmen, dämpfen

absorbability *n* PROD ENG Dämpfungsfähigkeit *f*, Tilgungsfähigkeit *f*

absorbable *adj* PAPER absorbierbar

absorbance *n* PHYS, RAD PHYS dekadische Extinktion *f*

absorbed: **~ dose** *n (D)* NUC TECH Absorptionsdosis *f (D)*, RAD PHYS absorbierte Dosis *f (D)*; **~ dose of ionizing radiation** *n* PHYS, RAD PHYS Energiedosis *f*; **~ dose rate** *n* RAD PHYS absorbierte Dosisrate *f*; **~ energy** *n* METALL, RAD PHYS absorbierte Energie *f*

absorbency *n* PACK Absorptionsfähigkeit *f*, Saugfähigkeit *f*, PAPER Absorptionsvermögen *nt*; **~ value** *n* PAPER Saugfähigkeitswert *m*

absorbent[1] *adj* CHEMISTRY absorptionsfähig, saugfähig

absorbent[2] *n* COAL TECH Absorptionsmittel *nt*, MECHANICS Absaugmittel *nt*, PAPER, POLL Absorptionsmittel *nt*; **~ belt skimmer** *n* POLL absorbierendes Förderband *nt*; **~ paper** *n* PRINT Saugpapier *nt*

absorbents *n pl* PACK *meat punnets* Trennpapier *nt*

absorber *n* CHEM ENG Absorptionsmittel *nt*, HEAT & REFRIG *liquid refrigerant* Absorber *m*, PAPER Absorptionsgefäß *nt*; ~ **column** *n* CHEM ENG Absorptionskolonne *f*, Absorptionssäule *f*; ~ **element** *n* HEAT & REFRIG, NUC TECH Absorberelement *nt*; ~ **element bundle** *n* NUC TECH Bündel von Absorberelementen *nt*; ~ **member** *n* NUC TECH Absorberglied *nt*; ~ **plate** *n* NUC TECH Absorberplatte *f*; ~ **rod** *n* NUC TECH Regelstab *m*, Stellstab *m*; ~ **trap** *n* CHEM ENG Absorptionsfalle *f*; ~ **tube** *n* CHEM ENG Absorptionsrohr *nt*

absorbing: ~ **capacity** *n* MECHANICS Absorptionswert *m*

absorptance *n* OPT Absorptionsgrad *m*, Absorptionsvermögen *nt*, PHYS Absorptionsvermögen *nt*

absorptiometry *n* INSTR Absorptionsmeßtechnik *f*, NUC TECH Absorptionsmessung *f*

absorption *n* CHEM ENG Aufziehen *nt*, COAL TECH Absorption *f*, CONST *of impacts* Dämpfung *f*, *of sound* Schlucken *nt*, ELEC ENG Absorption *f*, Ansaugen *nt*, Aufnahme *f*, Aufsaugen *nt*, Dämpfung *f*, Schwächung *f*, FOOD TECH Absorption *f*, Aufnahme *f*, Aufsaugen *nt*, HEAT & REFRIG Absorption *f*, MECHAN ENG *of energy* Dämpfung *f*, Verzehrung *f*, OPT, PAPER, PLAS, RAD PHYS Absorption *f*, RAD TECH Absorption *f*, Dämpfung *f*, THERMODYN, WATER SUP *soil* Absorption *f*; ~ **band** *n* PHYS, RAD PHYS Absorptionsband *nt*; ~ **capacity** *n* WATER SUP Absorptionsvermögen *nt*, Aufnahmefähigkeit *f*; ~ **cell** *n* CHEM ENG Absorptionsküvette *f*, Absorptionsbehälter *m*; ~ **circuit** *n* ELECT Absorptionsschaltung *f*; ~ **coefficient** *n* ACOUSTICS (α) Absorptionskoeffizient *m* (α), MECHAN ENG Absorptionszahl *f*, PHYS (α), RAD PHYS (α), RAD TECH (α) Absorptionskoeffizient *m* (α); ~ **column** *n* PAPER Absorptionssäule *f*, PET TECH Absorptionskolonne *f*; ~ **cooling** *n* FUELLESS Absorptionskühlung *f*; ~ **cross-section** *n* NUC TECH, RAD PHYS *of atom* Absorptionsquerschnitt *m*; ~ **current** *n* ELECT Absorptionsstrom *m*; ~ **dynamometer** *n* INSTR Absorptionsdynamometer *nt*, Bremsdynamometer *nt*, MECHAN ENG Bremsdynamometer *nt*; ~ **edge** *n* NUC TECH, RAD PHYS Absorptionskante *f*; ~ **factor** *n* OPT (α) Absorptionsfaktor *m* (α), PAPER, TELECOM Absorptionsgrad *m*; ~ **filtering** *n* RECORD Absorptionsfiltern *nt*; ~ **flame photometry** *n* INSTR Flammenabsorptionsfotometrie *f*; ~ **frequency meter** *n* INSTR Absorptionsfrequenzmeßgerät *nt*; ~ **of gases** *n* PET TECH Gasabsorption *f*; ~ **hygrometer** *n* INSTR Absorptions-Hygrometer *nt*; ~ **of ionizing radiation** *n* RAD PHYS Absorption ionisierender Strahlung *f*; ~ **of light** *n* RAD PHYS Lichtabsorption *f*; ~ **line** *n* PHYS Absorptionslinie *f*; ~ **loss** *n* ELEC ENG, RAD TECH, TELEV Absorptionsverlust *m*; ~ **muffler** *n AmE* (*cf absorption silencer BrE*) SAFETY *noise* Absorberschalldämpfer *m*; ~ **peak** *n* ELEC ENG Absorptionsmaximum *nt*; ~ **plant** *n* PET TECH Absorptionsanlage *f*, SAFETY Absorptionseinrichtung *f*; ~ **plate** *n* FUELLESS Absorptionsplatte *f*; ~ **pump** *n* PHYS Absorptionspumpe *f*; ~ **of radiation** *n* WAVE PHYS Strahlungsabsorption *f*; ~ **refrigerating cycle** *n* HEAT & REFRIG Absorptionskältekreislauf *m*; ~ **refrigeration machine** *n* HEAT & REFRIG Absorptionskältemaschine *f*; ~ **refrigeration system** *n* HEAT & REFRIG Absorptionskälteanlage *f*; ~ **refrigerator** *n* HEAT & REFRIG Absorptionskühlschrank *m*; ~ **silencer** *n BrE* (*cf absorption muffler AmE*) SAFETY Absorberschalldämpfer *m*; ~ **spectroanalysis** *n* RAD PHYS Absorptions-Spektralanalyse *f*; ~ **spectrometer** *n* LAB EQUIP Absorptions-Spektrometer *nt*; ~ **spectrometry** *n* TELECOM Absorptions-Spektrometrie *f*; ~ **spectrophotometer** *n* RAD PHYS Absorptions-Spektrofotometer *nt*; ~ **spectroscopy** *n* PHYS, RAD PHYS Absorptions-Spektroskopie *f*; ~ **spectrum** *n* OPT, PAPER, PHYS, RAD PHYS, SPACE *spacecraft* Absorptionsspektrum· *nt*; ~ **tower** *n* CHEM ENG Absorptionsturm *m*, COAL TECH Absorptionssäule *f*, Absorptionsturm *m*, FOOD TECH Absorptionsturm *m*, PAPER Säureturm *m*, PET TECH Absorptionsturm *m*; ~ **tube** *n* LAB EQUIP Absorptionsrohr *nt*, Absorptionsröhrchen *nt*; ~**-type refrigerator** *n* THERMODYN Absorptionskältemaschine *f*; ~ **vessel** *n* CHEM ENG Absorptionsgefäß *nt*; ~ **wavemeter** *n* RAD TECH Resonanzwellenmesser *m*

absorptionmeter *n* PAPER Absorptionsmeßgerät *nt*

absorptive[1] *adj* PAPER saugfähig

absorptive:[2] ~ **attenuator** *n* ELECTRON Absorptionsdämpfungsglied *nt*, Dämpfungsglied *nt*, TELECOM *microwaves* Absorptionsabschwächer *m*; ~ **capacity** *n* PACK Porenvolumen *nt*, PAPER Saugfähigkeit *f*; ~ **dielectric** *n* ELECT verlustreiches Dielektrikum *nt*; ~ **modulator** *n* ELECTRON Absorptionsmodulator *m*

absorptiveness *n* PAPER Aufnahmefähigkeit *f*

absorptivity *n* HEAT & REFRIG Absorptionsvermögen *nt*, TELEV Absorptionszahl *f*

abstract[1] *adj* COMP & DP abstrakt

abstract[2] *n* COMP & DP Kurzdarstellung *f*, PAT, PRINT *of scientific paper* Zusammenfassung *f*; ~ **symbol** *n* COMP & DP abstraktes Symbol *nt*

abstract[3] *vt* CHEMISTRY absondern, extrahieren, COMP & DP zusammenfassen, ELECT entnehmen

abstraction *n* COMP & DP Abstraktion *f*

abundance *n* PHYS Häufigkeit *f*; ~ **ratio of isotopes** *n* NUC TECH Isotopenhäufigkeitsverhältnis *nt*

aburton *adv* WATER TRANS querschiffs

abuse *n* PAT Mißbrauch *m*

abut *vt* CONST angrenzen, anstoßen

abutment *n* CONST *architecture* Endauflager *nt*, Stoß *m*, Widerlager *nt*, *carpentry* Holzschwelle *f*, Stützpfeiler *m*, PROD ENG Widerlager *nt*; ~ **pressure** *n* PROD ENG Widerlagerdruck *m*

abutting: ~ **edge** *n* PROD ENG Stoßkante *f*; ~ **end** *n* PROD ENG Stoßfläche *f*; ~ **joint** *n* CONST *carpentry* gestoßene Verbindung *f*, *welding* Stumpfstoß *m*, PET TECH Stoßnaht *f*, PROD ENG Stumpfstoß *m*; ~ **piece** *n* PROD ENG Anlage *f*, Vorlagestück *nt*; ~ **surface** *n* MECHAN ENG, PROD ENG Stoßfläche *f*

AC[1] *abbr* ACOUSTICS (*acoustic capacitance*) AK (*akustische Kapazität*), ELEC ENG (*alternating current*) AC, WS (*Wechselstrom*), ELEC ENG (*adaptive control*) Adaptivsteuerung *f*, Bestwertsteuerung *f*, PROD ENG (*adaptive control*) AC (*Adaptivsteuerung*)

AC:[2] ~**-coupled** *adj* CONTROL AC-gekoppelt, WS-gekoppelt, wechselstromgekoppelt

AC:[3] ~ **adaptor** *n* ELEC ENG AC-Adapter *m*, WS-Adapter *m*; ~ **amplifier** *n* ELEC ENG AC-Verstärker *m*, WS-Verstärker *m*; ~ **animeter** *n* ELEC ENG AC-Animeter *nt*, WS-Animeter *nt*; ~ **arc** *n* ELEC ENG AC-Lichtbogen *m*, WS-Lichtbogen *m*; ~ **arc welding** *n* ELEC ENG AC-Lichtbogenschweißen *nt*, WS-Lichtbogenschweißen *nt*; ~ **armature relay** *n* ELEC ENG AC-Relais *nt*, WS-Relais *nt*; ~ **bed coating** *n* CHEM ENG AC-Beschichten *nt*, WS-Beschichten *nt*; ~ **bias** *n* RECORD AC-Vorspannung *f*, WS-Vorspannung *f*; ~ **bridge** *n* ELEC ENG

AC-Brücke *f*, WS-Brücke *f*, ELECT AC-Meßbrücke *f*, WS-Meßbrücke *f*; ~ **capacitor** *n* ELEC ENG AC-Kondensator *m*, WS-Kondensator *m*; ~ **circuit** *n* ELEC ENG AC-Schaltkreis *m*, WS-Schaltkreis *m*, ELECT AC-Kreis *m*, WS-Kreis *m*; ~ **component** *n* ELECT AC-Komponente *f*, WS-Komponente *f*; ~ **coupler** *n* TELECOM AC-Koppler *m*, WS-Koppler *m*; ~ **current generation** *n* ELEC ENG AC-Erzeugung *f*, WS-Erzeugung *f*; ~ **current source** *n* ELEC ENG AC-Quelle *f*, AC-Versorgung *f*, WS-Quelle *f*, WS-Versorgung *f*; ~ **discharge** *n* ELEC ENG AC-Entladung *f*, WS-Entladung *f*; ~ **electromotive force** *n* ELEC ENG AC-Kraft *f*, WS-Kraft *f*; ~ **excitation** *n* ELEC ENG AC-Erregung *f*, WS-Erregung *f*; ~ **field** *n* ELECT AC-Feld *nt*, WS-Feld *nt*; ~ **generation** *n* ELEC ENG AC-Erzeugung *f*, WS-Erzeugung *f*; ~ **generator** *n* ELECT, PHYS AC-Gene-rator *m*, WS-Generator *m*; ~ **input** *n* ELEC ENG AC-Eingang *m*, WS-Eingang *m*; ~ **Josephson effect** *n* ELECTRON AC-Josephson-Effekt *m*, WS-Josephson-Effekt *m*; ~ **line** *n* ELEC ENG AC-Leitung *f*, WS-Leitung *f*; ~ **load** *n* ELEC ENG AC-Last *f*, WS-Last *f*; ~ **machine** *n* ELEC ENG AC-Maschine *f*, WS-Maschine *f*; ~ **magnetic biasing** *n* TELEV magnetische Wechselvorspannung *f*; ~ **marker** *n* *(anticollision marker)* WATER TRANS *radar* AC-Marker *m*, WS-Marker *m*; ~ **meter** *n* ELECT AC-Meßinstrument *nt*, WS-Meßinstrument *nt*; ~ **motor** *n* ELEC ENG, ELECT, PHYS, PROD ENG AC-Motor *m*, WS-Motor *m*; ~ **network** *n* ELEC ENG AC-Netz *nt*, WS-Netz *nt*, ELECT AC-Kreis *m*, AC-Netz *nt*, WS-Kreis *m*, WS-Netz *nt*; ~ **operation** *n* ELEC ENG AC-Betrieb *m*, WS-Betrieb *m*; ~ **output** *n* ELEC ENG AC-Ausgang *m*, WS-Ausgang *m*; ~ **potentiometer** *n* ELECT *measuring* AC-Kompensator *m*, WS-Kompensator *m*; ~ **power** *n* ELEC ENG AC-Leistung *f*, WS-Leistung *f*; ~ **power failure** *n* ELEC ENG AC-Netzausfall *m*, WS-Netzausfall *m*; ~ **power line** *n* ELEC ENG AC-Netz *nt*, AC-Netzleitung *f*, WS-Netz *nt*, WS-Netzleitung *f*; ~ **power system** *n* SPACE *spacecraft* AC-Versorgungssystem *nt*, WS-Versorgungssystem *nt*; ~ **relay** *n* ELEC ENG, ELECT AC-Relais *nt*, WS-Relais *nt*; ~ **resistance** *n* ELEC ENG AC-Widerstand *m*, WS-Widerstand *m*; ~ **servomotor** *n* ELEC ENG AC-Servomotor *m*, AC-Stellmotor *m*, WS-Servomotor *m*, WS-Stellmotor *m*; ~ **supply** *n* ELECT AC-Versorgung *f*, WS-Versorgung *f*; ~ **switching** *n* ELEC ENG AC-Schaltung *f*, Netzschaltung *f*, WS-Schaltung *f*; ~ **thick-film electroluminescent display** *n* ELECTRON AC-Dickfilm-Elektrolumineszenzanzeige *f*, WS-Dickfilm-Elektrolumineszenzanzeige *f*; ~ **transmission line** *n* ELECT AC-Übertragungsleitung *f*, WS-Übertragungsleitung *f*; ~ **voltage** *n* ELECT AC-Spannung *f*, WS-Spannung *f*; ~ **voltmeter** *n* ELEC ENG, ELECT AC-Voltmeter *nt*, WS-Voltmeter *nt*; ~ **welding arc** *n* PROD ENG AC-Schweißlichtbogen *m*, WS-Schweißlichtbogen *m*

ACC *abbr (automatic chrominance control)* TELEV ACC *(automatische Chrominanzregelung)*

accelerant *adj* PAPER beschleunigend

accelerate:[1] **~-stop distance** *n* AIR TRANS Startabbruchstrecke *f*, AUTO Beschleunigungsabbruchstrecke *f*; **~-stop distance available** *n* AIR TRANS verfügbare Startabbruchstrecke *f*; **~-stop distance required** *n* AIR TRANS benötigte Startabbruchstrecke *f*

accelerate[2] *vt* PAPER beschleunigen

accelerate[3] *vi* PHYS beschleunigen

accelerated[1] *adj* PHYS beschleunigt; ~ **freeze-dried** *adj* FOOD TECH schnell gefriergetrocknet, schnell lyophilisiert

accelerated:[2] ~ **ageing test** *n BrE* PLAS Kurzzeitalterungsversuch *m*, Schnellalterungsprüfung *f*, PROD ENG Schnellalterungsprüfung *f*; ~ **aging test** *n AmE see accelerated ageing test BrE* ~ **commutation** *n* ELECT beschleunigte Kommutation *f*; ~ **composting** *n* WASTE beschleunigte Kompostierung *f*; ~ **creep** *n* METALL beschleunigtes Kriechen *nt*; ~ **filtration** *n* CHEM ENG beschleunigte Filtration *f*, FOOD TECH Schnellfiltration *f*; ~ **freeze-drying** *n (AFD)* FOOD TECH schnelle Gefriertrocknung *f*, schnelle Lyophilisation *f*; ~ **life test** *n* INSTR beschleunigte Lebensdauerprüfung *f*, TEST Lebensdauerschnelltest *m*; ~ **motion** *n* MECHANICS beschleunigte Bewegung *f*; ~ **scram rod** *n* NUC TECH beschleunigter Abschaltstab *m*; ~ **test** *n* MECHAN ENG beschleunigter Test *m*, QUAL Kurzversuch *m*, Kurzzeitversuch *m*, beschleunigte Prüfung *f*, zeitraffende Prüfung *f*; ~ **testing** *n* TEST Schnellversuch *m*, beschleunigte Prüfung *f*, zeitraffende Prüfung *f*; ~ **weathering test** *n* PLAS Kurzbewitterungsversuch *m*, Schnellbewitterung *f*

accelerating: ~ **anode** *n* ELEC ENG, RAD PHYS Beschleunigungsanode *f*; ~ **chamber** *n* NUC TECH Beschleunigungskammer *f*; ~ **electrode** *n* NUC TECH, RAD PHYS Beschleunigungselektrode *f*; ~ **force** *n* RAD PHYS beschleunigende Kraft *f*; ~ **power** *n* AUTO Beschleunigungsleistung *f*; ~ **pump** *n* AUTO Beschleunigerpumpe *f*; ~ **tube** *n* CHEM ENG Beschleunigungsröhre *f*; ~ **voltage** *n* ELEC ENG, ELECT Beschleunigungsspannung *f*

acceleration *n* AUTO Beschleunigung *f*, MECHANICS Erdbeschleunigung *f*, PAPER Beschleunigung *f*, PHYS Erdbeschleunigung *f*; ~ **control unit** *n* AIR TRANS Beschleunigungssteuereinheit *f*; ~ **detector** *n* AIR TRANS Beschleunigungsanzeiger *m*; ~ **device** *n* TRANS Beschleunigungsvorrichtung *f*; ~ **distance** *n* AUTO Beschleunigungsweg *m*; ~ **factor** *n* QUAL Zeitraffungsfaktor *m*; ~ **force** *n* ERGON Beschleunigungskraft *f*; ~ **jet** *n* AUTO Beschleunigungsdüse *f*, Pumpendüse *f*; ~ **lane** *n* CONST *roads* Überholspur *f*, TRANS Beschleunigungsspur *f*; ~ **pick-up** *n* ERGON Beschleunigungsaufnehmer *m*, INSTR Beschleunigungssensor *m*; ~ **relay** *n* ELECT Beschleunigungsrelais *nt*; ~ **rocket** *n* SPACE *spacecraft* Beschleunigungsrakete *f*; ~ **sensor** *n* HEAT & REFRIG Beschleunigungsaufnehmer *m*; ~ **stop** *n* AUTO Beschleunigungsabbruch *m*; ~ **time** *n* COMP & DP Beschleunigungszeit *f*, Startzeit *f*, PAPER Beschleunigungszeit *f*

accelerative *adj* PAPER beschleunigend

accelerator *n* AUTO *BrE (cf gas pedal AmE) carburettor* Fahrpedal *nt*, Gasdrossel *f*, Gaspedal *nt*, CHEM ENG, CONST *concrete* Abbindebeschleuniger *m*, Beschleuniger *m*, ELEC ENG, FOOD TECH, MECHANICS Beschleuniger *m*, NUC TECH Teilchenbeschleuniger *m*, PAPER, PART PHYS, PLAS Beschleuniger *m*, TELECOM Beschleunigungselektrode *f*, WATER TRANS *shipbuilding* Beschleuniger *m*; ~ **breeder** *n* NUC TECH Schnellbrutreaktor *m*, schneller Brutreaktor *m*, schneller Brüter *m*, PHYS schneller Brüter *m*; ~ **cavity** *n* PART PHYS Beschleuniger-Hohlraumresonator *m*; **~-driven light-water reactor** *n* NUC TECH beschleunigter Leichtwasserreaktor *m*; ~ **jet** *n* AUTO *carburettor* Beschleunigerdüse *f*; ~ **linkage** *n* AUTO *carburettor* Gasgestänge *nt*; ~ **molten-salt breeder** *n* NUC TECH beschleunigter Salzschmelzenbrüter *m*; ~ **pedal** *n*

AUTO *carburettor* Gaspedal *nt*; **~ pump** *n* AUTO *carburettor* Beschleunigerpumpe *f*
accelerograph *n* INSTR Beschleunigungsschreiber *m*
accelerometer *n* AIR TRANS, ELEC ENG, ERGON Beschleunigungsmesser *m*, INSTR Beschleunigungsmeßgerät *nt*, MECHANICS Beschleunigungsmesser *m*, PAPER, PHYS Beschleunigungsmeßgerät *nt*
accent *n* PRINT Akzent *m*
accented: **~ letter** *n* PRINT Akzentbuchstabe *m*
accept[1] *vt* QUAL abnehmen, annehmen
accept:[2] **~ as is** *phr* QUAL Belassung *f*
acceptability *n* QUAL Annahmetauglichkeit *f*
acceptable[1] *adj* QUAL annahmetauglich
acceptable:[2] **~ daily intake** *n (ADI)* FOOD TECH duldbare tägliche Aufnahmemenge *f (ADI)*; **~ quality level** *n (AQL)* QUAL akzeptabler Qualitätspegel *m*, annehmbare Qualitätsgrenzlage *f*, annehmbare Qualitätslage *f (AQL)*; **~ reliability level** *n (ARL)* QUAL akzeptabler Zuverlässigkeitspegel *m (ARL)*
acceptance *n* MECHANICS Abnahme *f*, Annahme *f*, Übernahme *f*, QUAL Annahme *f*, SPACE, TELECOM Akzeptanz *f*; **~ angle** *n* ELEC ENG Einfallswinkel *m*, ELECTRON Eintrittswinkel *m*, Öffnungswinkel *m*, TELECOM Akzeptanzwinkel *m*; **~ angle of beam** *n* NUC TECH Öffnungswinkel eines Strahls *m*; **~ by an authorized inspector** *n* QUAL Sachverständigenabnahme *f*; **~ certificate** *n* QUAL Abnahmebescheinigung *f*, Abnahmeprotokoll *nt*; **~ criterion** *n* SPACE *spacecraft* Abnahmekriterium *nt*, Akzeptanzkriterium *nt*; **~ drawing** *n* HEAT & REFRIG, QUAL Abnahmezeichnung *f*; **~ firing test** *n* SPACE Abnahmeprobebrand *m*; **~ flight** *n* AIR TRANS Abnahmeprobeflug *m*; **~ inspection** *n* INSTR Annahmeprüfung *f*, Attributprüfung *f*, MECHAN ENG Abnahmetest *m*, QUAL Abnahmeprüfung *f*; **~ number** *n* QUAL Annahmezahl *f*; **~ procedure** *n* QUAL Abnahmeverfahren *nt*, Annahmeverfahren *nt*; **~ and rejection criteria** *n pl* QUAL Annahme- und Rückweisungskriterien *nt pl*; **~ report** *n* MECHANICS Abnahmebericht *m*, QUAL Abnahmeprotokoll *nt*; **~ sampling inspection** *n* QUAL Annahmestichprobenprüfung *f*; **~ sampling plan** *n* QUAL Annahmestichprobenplan *m*; **~ of tender** *n* CONST Zuschlag *m*; **~ test** *n* COAL TECH, COMP & DP, QUAL Abnahmeprüfung *f*, TELECOM Abnahmeprüfung *f*, Abnahmetest *m*; **~ test certificate** *n* QUAL Abnahmeprüfzeugnis *nt*; **~ testing** *n* MECHANICS Abnahmetest *m*; **~ test specification** *n* TELECOM Abnahmevor-schriften *f pl*; **~ trials** *n pl* WATER TRANS Abnahmeprüfungen *f pl*
accepted: **~ stock** *n* PACK Eingangsbestand *m*, eingegangener Bestand *m*, PAPER Gutstoff *m*
acceptor *n* COMP & DP *semiconductors* Akzeptor *m*, ELECT *bandpass filter* Saugkreis *m*, ELECTRON *semiconductors* Akzeptor *m*; **~ atom** *n* ELECTRON, PHYS Akzeptoratom *nt*; **~ circuit** *n* ELECT *bandpass filter*, RAD TECH Saugkreis *m*; **~ impurity** *n* ELECTRON Akzeptorverunreinigung *f*; **~ level** *n* ELECTRON *semiconductors* Akzeptorniveau *nt*; **~ resonance circuit** *n* ELECT *tuning* Serienresonanzkreis *m*
access[1] *n* COAL TECH Zugang *m*, COMP & DP Zugang *m*, Zugriff *m*, RAD TECH Zugriff *m*, SPACE *spacecraft* Luke *f*, Zugang *m*, TELECOM Anschluß *m*, Zugang *m*, Zugriff *m*; **~ arm** *n* COMP & DP Plattenzugriffsarm *m*; **~ authority** *n* COMP & DP Zugriffsautorisierung *f*, Zugriffsbefugnis *f*; **~ burst signal** *n* TELECOM Zugangsburstzeichen *nt*; **~ category** *n* COMP & DP Benutzerklasse *f*; **~ channel** *n* TELECOM Zugangskanal *m*; **~ charge rate** *n* TELECOM Zugangsgebühr *f*; **~ circuit** *n* TELECOM Zugangsleitung *f*; **~ concentrator** *n* TELECOM Zugangskonzentrator *m*; **~ door** *n* AIR TRANS Zugangstür *f*; **~ exchange** *n* TELECOM TVSt, Teilnehmervermittlungsstelle *f*; **~ hole** *n* MECHAN ENG Einsteigöffnung *f*, Einstiegloch *nt*; **~ key** *n* COMP & DP Zugriffsschlüssel *m*; **~ list** *n* COMP & DP Zugriffsliste *f*; **~ matrix** *n* TELECOM Anschaltekoppler *m*; **~ method** *n* COMP & DP Zugriffsmethode *f*; **~ mode** *n* COMP & DP Zugriffsart *f*, TELECOM *transmission* Zugriffsart *f*, Zugriffsverfahren *nt*; **~ network** *n* TELECOM Zugangsnetz *nt*; **~ number** *n* TELECOM Zugangsnummer *f*; **~ panel** *n* AIR TRANS Abdeckplatte *f*, SPACE *spacecraft* Zugangstafel *f*, Zugriffstafel *f*; **~ path** *n* COMP & DP Zugriffspfad *m*; **~ port** *n* NUC TECH *refuelling machine* Zugriffsöffnung *f*, TELECOM Zugangspunkt *m*; **~ ramp** *n* CONST, TRANS Zufahrtsrampe *f*; **~ road** *n* CONST Zufahrtstraße *f*; **~ speed** *n* ELEC ENG Zugriffsgeschwindigkeit *f*; **~ time** *n* COMP & DP, ELEC ENG, OPT, PRINT Zugriffszeit *f*; **~ via switched lines** *n* TELECOM *packet network* Einwählvorgang *m*
access[2] *vt* COMP & DP zugreifen auf
accessibility *n* MECHANICS Zugänglichkeit *f*
accessible: **~ resource base** *n* FUELLESS zugängliche Reservenquelle *f*
accessory: **~ drive** *n* AIR TRANS Hilfsantrieb *m*, Zusatzantrieb *m*; **~ gearbox** *n* AIR TRANS Getriebe für Hilfseinrichtungen *nt*; **~ shoe** *n* PHOTO Steckschuh *m*
accident:[1] **~-prone** *adj* SAFETY unfallanfällig
accident[2] *n* TRANS Unfall *m*; **~ advisory sign** *n* TRANS Unfallwarnsignal *nt*, Unfallwarnzeichen *nt*; **~ analysis** *n* QUAL Störfallanalyse *f*; **~ at work** *n* CONST Arbeitsunfall *m*; **~ condition** *n* QUAL Störfall *m*; **~ data reporting** *n* TRANS Unfalldatenmeldung *f*; **~ detector** *n* TRANS Unfalldetektor *m*; **~ prevention** *n* SAFETY Unfallverhütung *f*; **~ prevention advertising sign** *n* SAFETY Werbeplakat zur Unfallverhütung *nt*; **~ proneness** *n* ERGON Unfallneigung *f*; **~ reporting** *n* SAFETY Unfallberichterstattung *f*
accidental: **~ braking** *n* TRANS unbeabsichtigtes Bremsen *nt*; **~ discharge** *n* POLL zufälliger Ausfluß *m*, *of oils, chemicals* havariebedingter Ausfluß *m*; **~ inflection** *n* ACOUSTICS Zufallsmodulation *f*; **~ signal** *n* INSTR zufallsabhängiges Signal *nt*
acclimatization *n* ERGON Akklimatisation *f*, HEAT & REFRIG Anpassung *f*, Eingewöhnung *f*
accommodation *n* ERGON Akkomodation *f*, MECHAN ENG *of workpiece* Aufnahme *f*, WATER TRANS Wohnraum *m*; **~ ladder** *n* WATER TRANS Fallreepstreppe *f*; **~ plan** *n* WATER TRANS Unterbringungsplan *m*; **~ platform** *n* PET TECH Wohnplattform *f*
accompanying: **~ papers** *n pl* QUAL Arbeitsbegleitpapiere *nt pl*
accomplishment: **~ of task** *n* ERGON Aufgabenerfüllung *f*
accordance *n* MECHAN ENG Übereinstimmung *f*
accordion: **~ fold** *n* PAPER Leporellofalzung *f*
accountability *n* QUAL Verantwortlichkeit *f*, Verantwortung *f*
accountable *adj* QUAL rechenschaftspflichtig, verantwortlich
accounting[1] *adj* COMP & DP Abrechnung *f*
accounting:[2] **~ file** *n* COMP & DP Abrechnungsdatei *f*
accretion *n* WATER SUP Ablagerung *f*, Zuwachs *m*
accumulated: **~ dose** *n* NUC TECH akkumulierte Energiedosis *f*; **~ error** *n* INSTR akkumulierter Fehler *m*,

aufgelaufener Fehler *m*
accumulating: ~ **counter** *n* ELECTRON summierender Zähler *m*, INSTR Additionszähler *m*, kumulierender Zähler *m*
accumulation: ~ **of particles** *n* PROD ENG Pulverraupe *f*
accumulator *n* AUTO, COMP & DP, ELEC ENG, ELECT, HEAT & REFRIG, HYD EQUIP, PAPER, PHYS, RAD TECH *rechargeable battery*, TELEV Akku *m*, Akkubatterie *f*, Akkumulator *m*; ~ **battery** *n* AUTO, ELEC ENG, TELECOM Akkumulatorbatterie *f*; ~ **box** *n* PAPER Akkumulatorkasten *m*; ~ **capacity indicator** *n* PAPER Akkumulatorleistungsanzeige *f*; ~ **cell** *n* AUTO Batteriezelle *f*, ELECT Akkumulatorzelle *f*, Sammlerzelle *f*; ~ **charge** *n* ELECT Akkumulatorladung *f*; ~ **discharge** *n* ELECT Akkumulatorentladung *f*; ~ **driver** *n* PROD ENG Batterieantrieb *m*; ~ **plate** *n* ELECT Akkuplatte *f*, Akkumulatorplatte *f*; ~ **railcar** *n* TRANS Akkumulatortriebwagen *m*; ~ **register** *n* COMP & DP Akkumulatorregister *nt*; ~ **tank** *n* PET TECH Sammeltank *m*; ~ **vehicle** *n* TRANS Akkumulatorfahrzeug *nt*
accuracy *n* COMP & DP Genauigkeit *f*, Präzision *f*, MECHAN ENG, MECHANICS, METROL, PHYS, QUAL, WATER TRANS *of ship's position* Genauigkeit *f*; ~ **of adjustment** *n* INSTR Einstellgenauigkeit *f*; ~ **of a balance** *n* METROL Waagengenauigkeit *f*; ~ **of calibration** *n* INSTR Eichgenauigkeit *f*; ~ **of indexing** *n* PROD ENG Schaltgenauigkeit *f*, Teilgenauigkeit *f*; ~ **of indication** *n* INSTR Anzeigegenauigkeit *f*; ~ **in hole positioning** *n* PROD ENG Lagegenauigkeit der Bohrung *f*; ~ **of the mean** *n* QUAL Treffgenauigkeit *f*; ~ **of measurement** *n* METROL Meßgenauigkeit *f*; ~ **test** *n* MECHAN ENG Genauigkeitsprüfung *f*; ~ **to gage** *n AmE*, ~ **to gauge** *n BrE* PROD ENG *plastic valves* Maßhaltigkeit *f*
accurate[1] *adj* MECHANICS exakt, genau, METROL genau, PHYS exakt, genau
accurate:[2] ~ **map** *n* METROL genaue Karte *f*; ~ **print registration** *n* PACK genaue Druckmarkierung *f*, genaue Registrierung *f*; ~ **reproduction** *n* PHOTO genaue Wiedergabe *f*
ACD *abbr (automatic call distributor)* TELECOM automatischer Anrufverteiler *m*
AC-DC[1] *abbr (alternating current-direct current)* ELEC ENG AC-GS, WS-GS (Wechselstrom-Gleichstrom)
AC-DC:[2] ~ **conversion** *n* ELEC ENG AC-GS-Umsetzung *f*, AC-GS-Wandlung *f*, WS-GS-Umsetzung *f*, WS-GS-Wandlung *f*; ~ **converter** *n* ELEC ENG AC-GS-Umsetzer *m*, AC-GS-Wandler *m*, WS-GS-Umsetzer *m*, WS-GS-Wandler *m*
acetal *n* FOOD TECH, PLAS Acetal *nt*
acetaldehyde *n* FOOD TECH Acetaldehyd *m*, Ethanal *nt*, Ethylaldehyd *m*
acetaldol *n* CHEMISTRY Acetaldol *nt*, Aldol *nt*
acetate *n* CHEMISTRY Acetat *nt*, Essigsäureester *m*, FOOD TECH Acetat *nt*, PLAS *(CA)* Acetylcellulose *f*, Celluloseacetat *nt (CA)*, TEXT Acetat *nt*, Acetatfaser *f*, Acetatfaserstoff *m*, Celluloseacetat *nt*; ~ **adhesive** *n* PACK Acetatkleber *m*; ~ **film** *n* PACK Acetatfolie *f*; ~ **glue** *n* PACK Acetatkleber *m*; ~ **laminate** *n* PACK Acetatlaminat *nt*, Acetatverbundmaterial *nt*
acetic[1] *adj* CHEMISTRY essigartig
acetic:[2] ~ **acid** *n* FOOD TECH Essigsäure *f*, Ethansäure *f*, PLAS, PROD ENG *plastic valves* Essigsäure *f*; ~ **anhydride** *n* FOOD TECH Acetanhydrid *nt*, Essigsäureanhydrid *nt*; ~ **bacteria** *n* FOOD TECH Essigsäurebakterien *f pl*; ~ **ether** *n* FOOD TECH Essigsäureethylester *m*; ~ **fermentation** *n* FOOD TECH Essigsäuregärung *f*
acetification *n* CHEMISTRY Essigsäurebildung *f*
acetifier *n* FOOD TECH Schnellessigbereiter *m*
acetin *n* FOOD TECH Acetin *nt*, Glycerinacetat *nt*
acetobacter *n* FOOD TECH Essigsäurebacterium *nt*
acetoglyceride *n* FOOD TECH Acetoglycerid *nt*
acetolysis *n* FOOD TECH Acetolyse *f*
acetone *n* CHEMISTRY Aceton *nt*, Dimethylketon *nt*, Propanon *nt*, PLAS *solvent*, PRINT Aceton *nt*; ~ **extraction** *n* PLAS *test* Acetonextraktion *f*; ~ **resin** *n* PACK, PLAS, PROD ENG Acetonharz *nt*
acetonitrile *n* CHEMISTRY Acetonitril *nt*, Ethannitril *nt*, Methylcyanid *nt*
acetophenone *n* CHEMISTRY Acetophenon *nt*, Methylphenylketon *nt*
acetous *adj* CHEMISTRY essigartig, essigsauer
acetoxy: ~ **group** *n* FOOD TECH Acetoxygruppe *f*
acetyl *n* PAPER Azetyl *nt*; ~ **benzoyl peroxide** *n* FOOD TECH Azetozon *nt*; ~ **group** *n* FOOD TECH Azetylgruppe *f*; ~ **value** *n* PLAS Azetylzahl *f*
acetylate *vt* PAPER azetylieren
acetylation *n* FOOD TECH, PAPER Azetylierung *f*
acetylene *n* CHEMISTRY Azetylen *nt*, Ethin *nt*, CONST, MECHANICS, PROD ENG Azetylen *nt*; ~ **blowpipe** *n* CONST Azetylenbrenner *m*, Schweißbrenner *m*, Azetylenschweißbrenner *m*; ~ **cutter** *n* PROD ENG Azetylenbrennschneider *m*; ~ **cutting** *n* MECHAN ENG, MECHANICS Brennschneiden *nt*, PROD ENG Azetylenbrennschneiden *nt*; ~ **cylinder** *n* MECHAN ENG, MECHANICS Azetylenflasche *f*, PROD ENG Azetylenflasche *f*, Azetylenstahlflasche *f*, Dissousgasflasche *f*, SAFETY Azetylenflasche *f*; ~ **excess** *n* PROD ENG Azetylenüberschuß *m*; ~ **flame** *n* PROD ENG Azetylenflamme *f*; ~ **gas** *n* CHEMISTRY Azetylengas *nt*, PROD ENG Azetylen *nt*; ~ **gas generating plant** *n* PROD ENG Azetylenerzeugungsanlage *f*; ~ **generation** *n* PROD ENG Azetylenerzeugung *f*; ~ **generator** *n* CHEM ENG Azetylenentwickler *m*, Azetylenerzeuger *m*, CONST, MECHAN ENG, PROD ENG Azetylenentwickler *m*; ~ **generator station** *n* PROD ENG Azetylenerzeugungsanlage *f*; ~ **hose** *n* PROD ENG Azetylenschlauch *m*; ~ **line** *n* PROD ENG Azetylenleitung *f*; ~**-oxygen torch** *n* MECHANICS Autogenschweißbrenner *m*; ~ **pressure** *n* PROD ENG Azetylendruck *m*; ~ **pressure regulator** *n* PROD ENG Azetylendruckminderer *m*; ~ **producing plant** *n* PROD ENG Azetylenerzeugungsanlage *f*; ~ **regulator** *n* PROD ENG Azetylendruckminderer *m*; ~ **valve** *n* PROD ENG Azetylenventil *nt*; ~ **welding** *n* PROD ENG Azetylenschweißen *nt*
acetylenic *adj* CHEMISTRY azetylenisch
acetylide *n* CHEMISTRY Azetylid *nt*
acetylsalicylic *adj* CHEMISTRY Azetylsalicyl- *pref*
achievable: ~ **burn-up** *n* NUC TECH machbarer Abbrand *m*, realisierbarer Abbrand *m*
achieved: ~**-measuring value** *n* INSTR erreichter Meßwert *m*, erreichter Wert *m*
achromatic[1] *adj* ERGON, OPT, PHYS achromatisch
achromatic:[2] ~ **doublet** *n* PHYS achromatisches Dublett *nt*; ~ **fringes** *n pl* PHYS achromatische Ringe *m pl*, achromatische Streifen *m pl*; ~ **lens** *n* OPT Achromat *m*, achromatisches Objektiv *nt*, PHOTO, PRINT Achromat *m*, achromatische Linse *f*
achromatism *n* OPT Achromatismus *m*
achromatization *n* OPT Achromatisierung *f*
achromatize *vt* OPT achromatisieren

ACI *abbr* ACOUSTICS *(acoustic comfort index)* AAP *(akustischer Akzeptanzpegel)*, AUTO *(automatic car identification)* automatische KFZ-Identifizierung *f* *(automatische Kraftfahrzeug-Identifizierung)*, TRANS *(automatic car identification AmE, automatic wagon identification BrE)* automatische Waggonidentifikation *f*

ACIA[1] *abbr (asynchronous communications interface adaptor)* CONTROL ACIA *(Asynchron-Übertragungs-Schnittstellenanpasser)*

ACIA:[2] ~ **switching circuit** *n* CONTROL ACIA-Schaltkreis *m*

acicular *adj* METALL, PROD ENG nadelförmig

acid:[1] **~-forming** *adj* PROD ENG säurebildend; **~-free** *adj* PAPER säurefrei; **~-lined** *adj* PROD ENG sauer zugestellt; **~-proof** *adj* PAPER, POLL, PROD ENG säurebeständig; **~-resistant** *adj* PACK säurebeständig, säureecht, POLL, PROD ENG säurebeständig; **~-stressed** *adj* POLL durch Säure belastet

acid[2] *n* AUTO Batteriesäuredichte *f*, FOOD TECH, PAPER, TEXT Säure *f*; ~ **acceptor** *n* PLAS Säureakzeptor *m*; ~ **aerosol** *n* POLL saures Aerosol *nt*; ~ **amide** *n* FOOD TECH Säureamid *nt*; ~ **badging** *n* CER & GLAS Säurekennzeichnen *nt*; ~ **base balance** *n* FOOD TECH Säure-Basen-Gleichgewicht *nt*; ~ **bath** *n* PAPER Säurebad *nt*, PHOTO saures Bad *nt*; ~ **Bessemer converter** *n* PROD ENG Bessemerbirne *f*; ~ **Bessemer pig** *n* PROD ENG Bessemerroheisen *nt*; ~ **Bessemer process** *n* PROD ENG Bessemerverfahren *nt*; ~ **Bessemer steel** *n* PROD ENG Bessemerstahl *m*;~ **blow case** *n* PET TECH Säuredruckbehälter *m*; ~ **bottom and lining** *n* PROD ENG saure Ausmauerung *f*; ~ **brittleness** *n* PROD ENG Beizbrüchigkeit *f*; ~ **catalyst** *n* PROD ENG Säurehärter *m*; ~ **chloride** *n* FOOD TECH Säurechlorid *nt*; ~ **concentration** *n* POLL *activity* Eindampfen einer Säure *nt*, *state* Säurekonzentration *f*; ~ **content** *n* PACK Säuregehalt *m*; ~ **converter** *n* PROD ENG Bessemerbirne *f*; ~ **converter process** *n* PROD ENG Bessemerverfahren *nt*; ~ **converter steel** *n* PROD ENG Bessemerstahl *m*; ~ **cure** *n* PROD ENG Kaltvulkanisation *f*; ~ **decantation drum** *n* PET TECH Säureabscheidebehälter *m*; ~ **density meter** *n* INSTR Säuredichtemeßgerät *nt*; ~ **deposit** *n* POLL saure Ablagerung *f*; ~ **determination** *n* PAPER Säurebestimmung *f*;~ **dipping** *n* CHEM ENG Säuretauchbad *nt*; ~ **dye** *n* CHEMISTRY, TEXT Säurefarbstoff *m*; ~ **earth** *n* POLL saure Erde *f*; ~ **elevator** *n* CHEM ENG Montejus *m*, Säuredruckvorlage *f*; ~ **embossing** *n* CER & GLAS Säureprägen *nt*; ~ **ester** *n* FOOD TECH Säureester *m*; **~-etched frosted glass** *n* CER & GLAS säuremattiertes Milchglas *nt*; ~ **etching** *n* CER & GLAS Säuremattierung *f*, MECHAN ENG Säureätzung *f*; ~ **fallout** *n* POLL saurer Niederschlag *m*, saurer Regen *m*; ~ **fixing bath** *n* CHEM ENG, PHOTO saures Fixierbad *nt*; ~ **fog** *n* POLL Säurenebel *m*; ~ **former** *n* PROD ENG Säurebildner *m*; **~-free glue** *n* PHOTO säurefreier Kleber *m*; **~-free paper** *n* PACK, PRINT säurefreies Papier *nt*; ~ **halide exposure** *n* COATINGS Aussetzen gegen saure Halogenide *nt*; ~ **hardening** *n* PROD ENG Säurehärter *m*; **~-hardening bath** *n* PHOTO härtendes Säurebad *nt*; ~ **heat test** *n* PAPER, PET TECH Säureerhitzungsprobe *f*; ~ **lake** *n* POLL saurer See *m*; ~ **leach** *n* PROD ENG Säureauslaugung *m*; ~ **level** *n* AUTO Elektrolytstand *m*, Säurespiegel *m*; ~ **lining** *n* PROD ENG saure Ausmauerung *f*, saures Futter *nt*; ~ **loading** *n* POLL Säurebelastung *f*; ~ **mark** *n* CER & GLAS Säuremarke *f*; ~ **neutralizing** *n* POLL Säureneutralisation *f*; **~-neutralizing capacity** *n* POLL Säureneutralisierungsvermögen *nt*; ~ **number** *n* PET TECH Säurezahl *f*; ~ **open-hearth furnace** *n* PROD ENG sauer zugestellter SM-Ofen *m*; ~ **particle** *n* POLL saures Teilchen *nt*; ~ **pickling** *n* NUC TECH Säurebeizung *f*; ~ **pig** *n* PROD ENG Bessemerroheisen *nt*; ~ **plant** *n* PAPER Kochsäureanlage *f*; ~ **polishing** *n* CER & GLAS Säurepolitur *f*; ~ **pollution** *n* POLL saure Umweltverschmutzung *f*; ~ **precipitation** *n* POLL Säurefällung *f*; ~ **pre-pickling** *n* NUC TECH Säurevorbeizung *f*; ~ **process** *n* PAPER saures Verfahren *nt*; **~-proof cement** *n* PROD ENG Säurekitt *m*; **~-proof paper** *n* PRINT säurefestes Papier *nt*; **~-proof protective gloves** *n pl* SAFETY säurebeständige Schutzhandschuhe *m pl*; **~-proof varnish** *n* PACK säurefester Lack *m*; ~ **radical** *n* FOOD TECH Säureradikal *nt*, Säurerest *m*; ~ **rain** *n* COATINGS saurer Regen *m*, POLL saurer Niederschlag *m*, saurer Regen *m*; ~ **recovery** *n* PROD ENG Säurerückgewinnung *f*; ~ **recovery plant** *n* PET TECH Säurerückgewinnungsanlage *f*; ~ **reservoir** *n* PROD ENG Säurebehälter *m*; ~ **resistance** *n* PLAS, POLL Säurebeständigkeit *f*; **~-resisting floor and wall covering** *n* SAFETY säureresistenter Wand- und Fußbodenbelag *m*; **~-resisting paint** *n* CONST säurefeste Farbe *f*; ~ **runoff** *n* POLL saurer Abfluß *m*; ~ **salt** *n* FOOD TECH Hydrogensalz *nt*, saures Salz *nt*; ~ **shock** *n* POLL Säureschock *m*; ~ **snow** *n* POLL saurer Schnee *m*; ~ **soil** *n* POLL saurer Boden *m*; ~ **solution** *n* FOOD TECH saure Lösung *f*; ~ **stress** *n* POLL Säurebelastung *f*; ~ **tester** *n* PAPER Säureprüfer *m*; ~ **tolerance** *n* POLL Säureverträglichkeit *f*, Säurewiderstandsfähigkeit *f*; ~ **value** *n* CHEMISTRY *(AV)* Säurewert *m* *(AV)*, FOOD TECH SZ, Säurezahl *f*, PAPER Säuregrad *m*, PLAS SZ, Säurezahl *f*; ~ **washing** *n* PAPER Säurewäsche *f*; ~ **waste gas** *n* WASTE saures Abgas *nt*; ~ **water** *n* POLL saures Wasser *nt*

acidic[1] *adj* CHEMISTRY azid, säurebildend, PET TECH säurehaltig

acidic:[2] ~ **area** *n* POLL angesäuerte Bodenfläche *f*; ~ **particle** *n* POLL saures Teilchen *nt*; ~ **precursor** *n* POLL Säurenvorstufe *f*; ~ **rain** *n* POLL saurer Niederschlag *m*, saurer Regen *m*

acidiferous *adj* CHEMISTRY, PAPER säurehaltig

acidifiable *adj* CHEMISTRY ansäuerbar, säuerungsfähig, PAPER säuerungsfähig

acidification *n* PAPER Säuerung *f*, POLL Ansäuerung *f*, *agriculture* Versauerung *f*

acidified: ~ **lake** *n* POLL saurer See *m*

acidifier *n* CHEMISTRY Säuerungsmittel *nt*, PAPER Säurebildner *m*

acidify[1] *vt* CHEMISTRY, COATINGS, FOOD TECH, PAPER, POLL, TEXT ansäuern, säuern

acidify[2] *vi* CHEMISTRY versauern, POLL sauer werden

acidifying[1] *adj* PAPER säuernd, POLL ansäuernd

acidifying:[2] ~ **agent** *n* TEXT Säuerungsmittel *nt*

acidimeter *n* CHEM ENG Acidimeter *nt*, Acidometer *nt*, Säuregehaltsprüfer *m*, CHEMISTRY Acidimeter *nt*, Acidometer *nt*, FOOD TECH Acidimeter *nt*, Säuregradmesser *m*, PAPER Säuremesser *m*

acidimetric *adj* CHEMISTRY, PAPER acidimetrisch

acidimetry *n* CHEM ENG, CHEMISTRY, FOOD TECH Acidimetrie *f*, Säuregradmessung *f*, PAPER Acidimetrie *f*

acidity *n* CHEMISTRY Acidität *f*, PAPER, POLL Säuregehalt *m*, PRINT Azidität *f*; ~ **level** *n* POLL Säuregrad *m*

acidization *n* PET TECH Säuerung *f*

acidize *vt* PAPER mit Säure behandeln

acidizer *n* PET TECH Säurer *m*

acidless *adj* PACK säurefrei
acidolysis *n* FOOD TECH Acidolyse *f*, Säurespaltung *f*
acidometer *n* CHEMISTRY Acidimeter *nt*, Acidometer *nt*
acidulate *vt* FOOD TECH ansäuern
acidulating *n* CHEMISTRY Säuern *nt*
acidulous *adj* CHEMISTRY angesäuert, säuerlich
acierage *n* METALL Verstählen *nt*, PROD ENG Aufkohlen *nt*, Verstählen *nt*
acierate *vt* METALL verstählen
acieration *n* METALL Verwandlung in Stahl *f*
aci-form *n* CHEMISTRY aci-Form *f*
ACK *abbr (acknowledgement)* COMP & DP Bestätigung *f*, Quittung *f*, Rückmeldung *f*, PRINT Danksagung *f*, TELECOM Bestätigung *f*, Quittung *f*, Rückmeldung *f*
acknowledge *vt* COMP & DP *receipt* quittieren, *recognize* bestätigen, NUC TECH *emergency shutdown* bestätigen
acknowledgement *n (ACK)* COMP & DP Bestätigung *f*, Quittung *f*, Rückmeldung *f*, PRINT Danksagung *f*, TELECOM Bestätigung *f*, Quittung *f*, Rückmeldung *f*; **~ character** *n* COMP & DP Empfangsbestätigungszeichen *nt*; **~ signal** *n* TELECOM Quittungszeichen *nt*
acme: **~ standard screw thread** *n* PROD ENG Acmetrapezgewinde *nt*; **~ thread** *n* MECHAN ENG Trapezgewinde *nt*; **~ thread tap** *n* MECHAN ENG Trapezgewindeschneider *m*, PROD ENG Gewindebohrer *m*
ACN *abbr (automatic celestial navigation)* SPACE ACN *(automatische Himmelsnavigation)*
ACNA *abbr (analog computer for net adjustment)* COMP & DP ACNA *(Analogrechner für Netzabgleich)*
ACO *abbr (adaptive control optimization)* IND PROCESS ACO *(Anpassungssteuerung mit Optimierung)*
aconitase *n* CHEMISTRY Aconitase *f*
aconitate *n* CHEMISTRY Aconitat *nt*
aconitic *adj* CHEMISTRY Aconit- *pref*
aconitine *n* FOOD TECH Aconitin *nt*
acorn: **~ nut** *n* AIR TRANS, PROD ENG Hutmutter *f*; **~ tube** *n* ELECTRON Kleinströhre *f*
acouphony *n* ACOUSTICS Akuphonie *f*
acoustic[1] *adj* PET TECH, PHYS, RECORD akustisch
acoustic:[2] **~ absorption** *n* RECORD akustische Absorption *f*; **~ absorption coefficient** *n* PHYS akustischer Absorptionskoeffizient *m*; **~ absorption loss** *n* RECORD akustischer Absorptionsverlust *m*; **~ admittance** *n (YA)* ACOUSTICS, ELEC ENG akustische Admittanz *f (YA)*; **~ alarm device** *n* INSTR Hörmelder *m*; **~ amplifier** *n* RECORD Akustikverstärker *m*; **~ attenuation** *n* ELECTRON Schalldämpfung *f*, Schallschwächung *f*; **~ attenuation constant** *n* ELECTRON Schalldämpfungskonstante *f*; **~ board** *n* SAFETY Schalldämmplatte *f*; **~ branch** *n* PHYS *solid state theory* akustischer Zweig *m*; **~ capacitance** *n (AC)* ACOUSTICS akustische Kapazität *f (AK)*; **~ carrier** *n* ELECTRON akustischer Träger *m*; **~ coloring** *n AmE*, **~ colouring** *n BrE* RECORD Raumfärbung *f*; **~ comfort index** *n (ACI)* ACOUSTICS akustischer Akzeptanzpegel *m (AAP)*; **~ compliance** *n* RECORD akustische Federung *f*; **~ conductance** *n (GA)* ACOUSTICS akustischer Leitwert *m (AL)*; **~ coupler** *n* COMP & DP, ELECTRON Akustikkoppler *m*; **~ coupling** *n* ELECTRON akustische Kopplung *f*; **~ damping** *n* ELECTRON akustische Dämpfung *f*; **~ delay** *n* ELECTRON Schallverzögerung *f*; **~ delay line** *n* COMP & DP akustische Verzögerungsleitung *f*, ELECTRON akustische Verzögerungsstrecke *f*, akustischer Speicher *m*; **~ diffraction** *n* ACOUSTICS akustische Beugung *f*, akustische Diffraktion *f*; **~ dispersion** *n* ACOUSTICS akustische Dispersion *f*, akustische Streuung *f*; **~ efficiency** *n* RECORD akustischer Wirkungsgrad *m*; **~ emission** *n* NUC TECH Lärmemission *f*, akustische Emission *f*; **~ energy** *n* ELEC ENG akustische Energie *f*; **~ engineering** *n* MECHAN ENG Tontechnik *f*; **~ feedback** *n* RECORD Schallrückkopplung *f*, akustische Rückkopplung *f*; **~ fencing** *n* CONST Lärmschutzzaun *m*; **~ filter** *n* ACOUSTICS Schallfilter *nt*, akustisches Filter *nt*, ELECTRON, MECHAN ENG, RECORD akustisches Filter *nt*; **~ flat** *n* RECORD Schallschluckdekor *m*; **~ frequency** *n* ACOUSTICS, ELECTRON, RECORD Hörfrequenz *f*; **~ generator** *n* MECHAN ENG Schallgenerator *m*; **~ impedance** *n (ZA)* ACOUSTICS, ELEC ENG, PHYS, RECORD Schallimpedanz *f*, Schallwellenwiderstand *m*, akustische Impedanz *f*, akustischer Scheinwiderstand *m (AI)*; **~ inertance** *n* PHYS akustische Masse *f*; **~ insulating materials** *n* POLL Schallisolationsmaterial *nt*; **~ interferometer** *n* ACOUSTICS akustisches Interferometer *nt*; **~ log** *n* PET TECH Akustiklog *nt*; **~ mass** *n (AM)* ACOUSTICS akustische Masse *f (AM)*; **~ memory** *n* COMP & DP akustischer Speicher *m*; **~ mobility** *n* ACOUSTICS akustische Mobilität *f*; **~ perspective** *n* RECORD akustische Perspektive *f*; **~ pick-up** *n* RECORD akustischer Tonabnehmer *m*; **~ power** *n* ACOUSTICS Schalleistung *f*; **~ pressure** *n (p)* ACOUSTICS, PHYS, RECORD, SPACE *spacecraft* Schalldruck *m (p)*; **~ processor** *n* ART INT Akustikprozessor *m*; **~ propagation constant** *n* ACOUSTICS akustische Ausbreitungskonstante *f*; **~ pulse** *n* ELECTRON Schallimpuls *m*; **~ radiometer** *n* ACOUSTICS akustisches Radiometer *nt*; **~ reactance** *n* ACOUSTICS, ELEC ENG akustische Reaktanz *f*, akustischer Blindwiderstand *m*, PHYS akustischer Blindwiderstand *m*; **~ resistance** *n* ACOUSTICS akustische Resistanz *f*, akustischer Widerstand *m*; **~ resonator** *n* ELECTRON Schallkörper *m*, akustischer Resonator *m*; **~ scattering** *n* RECORD akustische Streuung *f*; **~ screen** *n* RECORD akustische Abschirmung *f*; **~ sensor** *n* ACOUST Schallaufnehmer *m*, Schallfühler *m*, Schallsensor *m*; **~ shielding** *n* RECORD akustische Abschirmung *f*; **~ signal** *n* ELECTRON, MECHAN ENG akustisches Signal *nt*; **~ spectrum** *n* RECORD Akustikspektrum *nt*; **~ stiffness** *n* ACOUSTICS Schallhärte *f*, akustische Steifheit *f*, PHYS akustische Steifheit *f*; **~ stimulus** *n* ACOUSTICS Schallreiz *m*; **~ store** *n* COMP & DP akustischer Speicher *m*; **~ susceptance** *n (BA)* ACOUSTICS akustische Suszeptanz *f*, akustischer Blindleitwert *m (AB)*; **~ system** *n* ACOUSTICS akustisches System *nt*; **~ testing room** *n* MECHAN ENG Schallraum *m*; **~ tile** *n* RECORD Dämmplatte *f*; **~ transmission line** *n* ELEC ENG Schalltransmissionslinie *f*, akustische Übertragungslinie *f*; **~ trauma** *n* ACOUSTICS Akustiktrauma *nt*, Knalltrauma *nt*; **~ vault** *n* RECORD Schallgewölbe *nt*; **~ velocity level** *n* ACOUSTICS Schallschnellepegel *m*; **~ velocity log** *n* FUELLESS Schallgeschwindigkeitsprofil *nt*; **~ velocity meter** *n* ACOUSTICS Schallschnellemesser *m*; **~ vibration** *n* ACOUSTICS Schallschwingung *f*; **~ wave** *n* ACOUSTICS, ELEC ENG Schallwelle *f*, ELECTRON Welle im Hörbereich *f*; **~-wave filter** *n* ELECTRON akustisches Filter *nt*; **~-wave propagation** *n* ELEC ENG Ausbreitung von Schallwellen *f*, Fortpflanzung von Schallwellen *f*, Verbreitung von Schallwellen *f*; **~ well logging** *n* PET TECH echometrische Messung *f*
acoustical: **~ absorption coefficient** *n* ACOUSTICS Schallschluckgrad *m*; **~ design** *n* RECORD Akustik-

entwurf *m*; ~ **field** *n* ACOUSTICS Schallfeld *nt*; ~ **spectrum** *n* ACOUSTICS Schallspektrum *nt*; ~ **test** *n* SAFETY Akustiktest *m*

acoustics *n* ACOUSTICS Schalltechnik *f*, Schallehre *f*, ERGON, PHYS, RAD TECH, RECORD Akustik *f*

acousto: **~-optic effect** *n* OPT akustooptischer Effekt *m*; **~-optic modulation** *n* ELECTRON akustooptische Modulation *f*; **~-optic modulator** *n* ELECTRON, OPT akustooptischer Modulator *m*; **~-optic processor** *n* ELECTRON akustooptischer Prozessor *m*

acquisition *n* ART INT *of knowledge* Akquisition *f*, Erwerb *m*, SPACE *spacecraft* Erhalten *nt*, Erreichen *nt*; ~ **of attitude** *n* SPACE *spacecraft* Erreichen der Fluglage *nt*; ~ **of measured data** *n* INSTR Meßdatenerfassung *f*; ~ **of normal mode** *n* SPACE *spacecraft* Erreichen des Normalmodus *nt*; ~ **of orbit** *n* SPACE *spacecraft* Erreichen der Umlaufbahn *nt*

ACR *abbr (approach control radar)* SPACE ACR *(Anflugradar)*

acremeter *n* METROL Hektarzähler *m*

acrid: ~ **odor** *n AmE*, ~ **odour** *n BrE* POLL beißender Geruch *m*

acronym *n* COMP & DP Akronym *nt*, Kurzwort *nt*

across:[1] ~ **the bow** *adv* WATER TRANS vor dem Bug; ~ **the fiber grain** *adv AmE*, ~ **the fibre grain** *adv BrE* PROD ENG quer zur Faserrichtung

across:[2] **~-corner dimension** *n* MECHAN ENG Übereckmaß *nt*; **~-flats dimension** *n* MECHAN ENG *of screws* Schlüsselweite *f*; **~-flats dimensions** *n* PROD ENG Schlüsselweite *f*; **~-the-line motor** *n* ELECT direkt netzbetriebener Motor *m*; **~-track error** *n* SPACE *spacecraft* Querabweichung *f*

acrylate *n* PLAS Acrylat *nt*

acrylic[1] *adj* COATINGS Acryl- *pref*

acrylic[2] *n* TEXT Acrylfaserstoff *m*, Acrylgewebe *nt*, Acrylstoff *m*, Polyacryl *nt*, Polyacrylnitril *nt*; ~ **paint** *n* CONST Acrylfarbe *f*, PLAS Acryllack *m*; ~ **plastic** *n* PACK Acrylglas *nt*, Plexiglas *nt*, PROD ENG Acrylkunststoff *m*; ~ **resin** *n* MECHANICS, PACK, PLAS, PROD ENG Acrylharz *nt*; ~ **rubber** *n* PACK Acrylkautschuk *m*; ~ **size** *n* TEXT Acrylschlichte *f*; ~ **tester** *n* PACK Testmaterial für Acryl *nt*

acrylonitrile: ~ **butadiene styrene** *n (ABS)* ELECT *insulation* Acrylnitril-Butatien-Styrol *nt*, PLAS *copolymer* Acrylnitril-Butatien-Styrol *nt (ABS)*; ~ **rubber** *n* MECHANICS Acrylnitrilgummi *m*, PLAS Acrylnitrilkautschuk *m*

ACSS *abbr (amplitude-compandered single sideband)* RAD TECH ACSR *(Einseitenband mit kompandierter Amplitude)*

act[1] *n* SAFETY Gesetz *nt*; ~ **of God** *n* TRANS *insurance* höhere Gewalt *f*

act:[2] ~ **upon** *vt* PHYS einwirken auf

ACT *abbr (air-cooled triode)* ELECTRON LKT *(luftgekühlte Triode)*

actin *n* FOOD TECH Actin *nt*

actinic[1] *adj* PHOTO aktinisch, PHYS chemisch wirksam, lichtchemisch

actinic:[2] ~ **effect** *n* PRINT Aktinität *f*; ~ **light** *n* RAD PHYS fotochemische Strahlung *f*; ~ **rays** *n pl* PHOTO aktinische Strahlen *m pl*, fotochemisch wirksame Strahlen *m pl*

actinide *n* PHYS Actinidenelement *nt*; ~ **element** *n* RAD PHYS Actinidenelement *nt*, Element der Actinidenreihe *nt*; ~ **series** *n* RAD PHYS Actinidenreihe *f*

actinism *n* PHYS Lichtempfindlichkeit *f*

actinium: ~ **emanation** *n* RAD PHYS Aktiniumemanation *f*; ~ **series** *n* RAD PHYS Actinidenreihe *f*

actinoid *n pl* RAD PHYS Actinidenelement *nt*

actinometer *n* PHYS Strahlungsmesser *m*, RAD PHYS Strahlenmeßgerät *nt*

actinometry *n* PHYS, RAD PHYS Aktinometrie *f*, Strahlungsmessung *f*

action:[1] **out of** ~ *adj* MECHAN ENG außer Betrieb

action[2] *n* AUTO Aktion *f*, COMP & DP Aktion *f*, ERGON Aktion *f*, Handlung *f*, MECHAN ENG *of machine* Funktion *f*, Gang *m*, Lauf *m*, Wirkungsweise *f*, MECHANICS Wirkung *f*, QUAL Maßnahme *f*; ~ **entry** *n* COMP & DP Aktionseintrag *m*; ~ **limit** *n* QUAL Eingriffsgrenze *f*; **~-oriented consideration** *n* IND PROCESS wirkungsmäßige Betrachtung *f*; ~ **potential** *n* ERGON Aktionspotential *nt*; **~-related dependence** *n* IND PROCESS *signals* wirkungsmäßige Abhängigkeit *f*; ~ **turbine** *n* HYD EQUIP Aktionsturbine *f*, Gleichdruckturbine *f*; ~ **of viscosity** *n* FLUID PHYS Zähigkeitswirkung *f*

activate *vt* COAL TECH aktivieren, CONTROL aktivieren, in Betrieb setzen, in Kraft setzen, PAPER aktivieren

activated: ~ **alumina** *n* FOOD TECH aktivierte Tonerde *f*, aktiviertes Aluminiumoxid *nt*; ~ **carbon** *n* CHEMISTRY, COAL TECH A-Kohle *f*, Aktivkohle *f*, FOOD TECH A-Kohle *f*, Aktivkohle *f*, aktivierte Kohle *f*, PAPER, PLAS, WATER SUP A-Kohle *f*, Aktivkohle *f*; ~ **carbon black** *n* PLAS *pigment, filler* Aktivruß *m*; ~ **carbon filter** *n* NUC TECH Aktivkohlefilter *nt*; ~ **carbon treatment** *n* WASTE Aktivkohlebehandlung *f*; ~ **charcoal** *n* CHEMISTRY, COAL TECH A-Kohle *f*, Aktivkohle *f*, FOOD TECH A-Kohle *f*, Aktivkohle *f*, aktivierte Holzkohle *f*, PAPER, PLAS, WATER SUP A-Kohle *f*, Aktivkohle *f*; ~ **charcoal bed** *n* NUC TECH Aktivkohlebett *nt*; ~ **complex** *n* METALL aktivierter Komplex *m*; ~ **molecule** *n* RAD PHYS aktiviertes Molekül *nt*; ~ **sludge** *n* POLL, WASTE Belebtschlamm *m*; ~ **sludge plant** *n* WASTE Belebtschlammanlage *f*; ~ **sludge process** *n* WASTE Belebtschlammverfahren *nt*, WATER SUP Schlammbelebungsverfahren *nt*; ~ **sludge tank** *n* WASTE Belebtschlammbecken *nt*, Belüftungsbecken *nt*; ~ **state** *n* METALL aktivierter Zustand *m*

activating: ~ **agent** *n* COAL TECH Aktivator *m*

activation *n* ART INT *of neurons* Aktivation *f*, Aktivierung *f*, COAL TECH Aktivierung *f*, METALL Aktivierung *f*, Nutzbarmachung *f*, NUC TECH Aktivierung *f*, Aktivierungsenergie *f*, PAPER, RAD PHYS, TELECOM *alarms* Aktivierung *f*; ~ **analysis** *n* PHYS, RAD PHYS Aktivierungsanalyse *f*; ~ **area** *n* METALL Aktivierungsbereich *m*; ~ **energy** *n* METALL, RAD PHYS Aktivierungsenergie *f*; ~ **entropy** *n* METALL Aktivierungsentropie *f*; ~ **log** *n* PET TECH Aktivierungslog *nt*; ~ **parameter** *n* METALL Aktivierungsparameter *nt*; ~ **of sludge** *n* WASTE Schlammbelebung *f*

activator *n* COAL TECH Aktivator *m*, ELEC ENG Aktivator *m*, Beschleuniger *m*, PAPER Aktivierungsmittel *nt*, PLAS Aktivator *m*

active[1] *adj* COMP & DP Aktiv- *pref*, aktiv, wirksam, ELEC ENG Aktiv- *pref*, aktiv, in Betrieb befindlich, spannungsführend, stromführend, unter Last, wirkend, wirksam, ELECT wirksam, PROD ENG Aktiv- *pref*, aktiv, angreifend, wirksam; **on** ~ *adj* ELEC ENG *transistor* aktiviert, eingeschaltet

active:[2] ~ **band-pass filter** *n* ELECTRON aktiver Bandpaß *m*, aktives Bandpaßfilter *nt*; ~ **band-stop filter** *n* ELECTRON Bandsperre *f*, Bandsperrfilter *nt*; ~ **beacon**

collision avoidance system *n* AIR TRANS aktives Leuchtfeuer-Kollisionswarnsystem *nt*; ~ **carbon** *n* CHEMISTRY A-Kohle *f*, Adsorptionskohle *f*, Aktivkohle *f*, COAL TECH A-Kohle *f*, Aktivkohle *f*, FOOD TECH A-Kohle *f*, Aktivkohle *f*, aktivierte Kohle *f*, PAPER, PLAS, WATER SUP A-Kohle *f*, Aktivkohle *f*; ~ **carbon absorption** *n* POLL Aktivkohle-Absorption *f*; ~ **circuit** *n* PHYS aktiver Schaltkreis *m*; ~ **coil** *n* PROD ENG federnde Windung *f*, wirksame Windung *f*; ~ **component** *n* ELEC ENG Wirkkomponente *f*, aktives Bauelement *nt*, *of current* spannungsführende Komponente *f*, stromführende Komponente *f*, ELECT aktives Bauelement *nt*, *AC power* Leistungskomponente *f*, TELECOM Wirkanteil *m*, Wirkkomponente *f*; ~ **control** *n* SPACE *spacecraft* aktive Steuerung *f*; ~ **current** *n* ELECT Nutzenergie *f*, Wirkstrom *m*, PHYS Wirkstrom *m*; ~**-cutting edge** *n* PROD ENG Hauptschneide *f*; ~ **dipole** *n* ELEC ENG aktiver Dipol *m*; ~ **earth pressure** *n* COAL TECH aktiver Erddruck *m*; ~ **effluent hold-up tank** *n* NUC TECH Speichertank für Aktivabfälle *m*; ~ **effluent system** *n* NUC TECH System für Aktivabfälle *nt*; ~ **element** *n* ELEC ENG aktives Element *nt*, IND PROCESS Stellglied *nt*, aktives Glied *nt*; ~ **emanation** *n* NUC TECH aktive Emanation *f*; ~ **energy** *n* ELECT Wirkenergie *f*; ~ **energy meter** *n* ELECT Leistungsmeßgerät *nt*, INSTR Wattstundenzähler *m*; ~ **equalizer** *n* RECORD aktiver Equalizer *m*; ~ **field period** *n* TELEV aktive Feldzeit *f*; ~ **file** *n* COMP & DP aktive Datei *f*; ~ **filler** *n* PLAS aktiver Füllstoff *m*; ~ **filter** *n* ELECTRON, TELECOM aktives Filter *nt*; ~ **filtering** *n* ELECTRON aktives Filtern *nt*; ~ **force** *n* PROD ENG Belastungskraft *f*, eingeprägte Kraft *f*; ~ **guidance** *n* SPACE *spacecraft* aktive Führung *f*; ~ **impedance** *n* ELECT wirksamer Widerstand *m*; ~ **infrared detector** *n* TRANS aktiver Infrarotdetektor *m*; ~ **integrator** *n* ELECTRON aktives I-Element *nt*, aktives Integrierglied *nt*; ~ **laser medium** *n* OPT, TELECOM aktives Lasermedium *nt*; ~ **lattice** *n* NUC TECH Reaktorgitter *nt*; ~ **layer** *n* ELECTRON aktive Schicht *f*; ~ **length** *n* NUC TECH *of fuel element* aktive Länge *f*; ~ **line** *n* ELECTRON, TELEV aktive Leitung *f*; ~ **load** *n* ELEC ENG Wirklast *f*, ELECT Nutzlast *f*, Wirklast *f*; ~ **maintenance time** *n* QUAL Instandhaltungsdauer *f*; ~ **material** *n* ELEC ENG radioaktives Material *nt*; ~ **microwave integrated circuit** *n* ELECTRON aktive integrierte Mikrowellenschaltung *f*; ~ **mine heading** *n* COAL TECH aktiver Richtstollen *m*; ~ **mirror** *n* NUC TECH *plasma physics* aktive Spiegelmaschine *f*, aktiver Spiegel *m*; ~ **motor vehicle safety** *n* TRANS aktive Fahrzeugsicherheit *f*; ~ **network** *n* ELEC ENG aktives Netzwerk *nt*; ~ **notch filter** *n* ELECTRON aktives Bandpaßfilter *nt*; ~ **portion** *n* PROD ENG Schneidenteil *m*; ~ **potential** *n* ELECT Wirkspannung *f*; ~ **power** *n* ELEC ENG *a.c. circuit* Wirkleistung *f*, *semiconductors* Wirkleistung *f*, ELECT Wirkleistung *f*, wirksame Leistung *f*, INSTR, PHYS Wirkleistung *f*;~ **power meter** *n* ELECT Wirkverbrauchszähler *m*; ~ **power relay** *n* ELECT Wirkverbrauchsrelais *nt*, INSTR Wirkleistungsrelais *nt*; ~ **pressure** *n* MECHANICS wirksamer Druck *m*; ~ **preventive maintenance time** *n* QUAL Wartungsdauer *f*; ~ **processor** *n* TELECOM aktiver Prozessor *m*; ~ **profile** *n* PROD ENG *kinematics* aktive Flanke *f*, tragende Zahnflanke *f*; ~ **pull-up device** *n* ELECTRON Ziehvorrichtung *f*; ~ **quadripole** *n* ELEC ENG aktiver Vierpol *m*; ~ **region** *n* ELECTRON *semiconductors* aktiver Bereich *m*; ~ **solar system** *n* FUELLESS aktives Sonnensystem *nt*; ~ **solvent** *n* PACK aktives Lösungsmittel *nt*, PLAS *paint* aktives Lösemittel *nt*; ~ **star** *n* COMP & DP *networks* sternförmiges Netzwerk *nt*; ~ **system** *n* ACOUSTICS aktives System *nt*; ~ **test loop** *n* NUC TECH aktiver Kreislauftest *m*; ~ **transducer** *n* ELEC ENG, ELECT aktiver Transducer *m*, aktiver Wandler *m*; ~ **voltage** *n* ELEC ENG, ELECT, PHYS Wirkspannung *f*; ~ **water** *n* WATER SUP aktives Wasser *nt*

activities: ~ **affecting quality** *n pl* QUAL qualitätsbeeinflussende Tätigkeiten *f pl*

activity *n (A)* COMP & DP, NUC TECH, PHYS Aktivität *f (A)*; ~ **analysis** *n* ERGON Handlungsanalyse *f*; ~ **coefficient** *n* PHYS Aktivitätskoeffizient *m*; ~ **factor** *n* SPACE *communications* Aktivitätsbeiwert *m*; ~ **inventory** *n* NUC TECH Aktivitätsverzeichnis *nt*, Brennstoffinventar *nt*; ~ **overvoltage** *n* SPACE *spacecraft* Aktivitätsüberspannung *f*; ~ **threshold** *n* NUC TECH Aktivitätsgrenzwerte *m pl*

actomyosin *n* FOOD TECH Actomyosin *nt*

actor *n* ART INT Aktor *m*, Handlungsträger *m*

actual[1] *adj* TEXT Ist- *pref*, echt, tatsächlich

actual:[2] ~ **chuck jaw** *n* PROD ENG Grundbacke *f*; ~ **current** *n* INSTR Iststrom *m*; ~ **deviation** *n* INSTR Istabweichung *f*, PROD ENG Istabmaß *nt*; ~ **feed rate** *n* PROD ENG Istvorschub *m*; ~ **flight path** *n* AIR TRANS tatsächlicher Flugweg *m*, wirklicher Flugweg *m*; ~**-grinding time** *n* PROD ENG Hauptzeit beim Schleifen *f*; ~ **horsepower** *n* MECHANICS Effektivleistung in PS *f*, Effektivleistung in Pferdestärke *f*; ~ **horsepower hour** *n* MECHANICS effektive PS-Stunde *f*, effektive Pferdestärke-Stunde *f*; ~ **indication** *n* INSTR Istwertanzeige *f*; ~ **key** *n* COMP & DP *COBOL* aktueller Adreßschlüssel *nt*; ~ **parameter** *n* COMP & DP tatsächlicher Parameter *m*; ~ **power** *n* MECHANICS effektive Leistung *f*; ~ **running speed** *n* MECHANICS tatsächliche Fahrgeschwindigkeit *f*, tatsächliche Umlaufgeschwindigkeit *f*; ~ **size** *n* MECHAN ENG *of component* Fertigmaß *nt*, Istmaß *nt*, PROD ENG Istdurchmesser *m*; ~ **state** *n* NUC TECH tatsächlicher Zustand *m*; ~ **throat of fillet weld** *n* PROD ENG Nahthöhe *f*; ~ **tooth spacing on pitch circle** *n* PROD ENG Istwert der Teilkreisteilung *m*; ~ **value** *n* MECHAN ENG Istwert *m*

actuate *vt* MECHAN ENG betätigen, MECHANICS, PHYS anregen, antreiben, aufschalten

actuated: ~ **ball valve** *n* PROD ENG *plastic valves* automatisierter Kugelhahn *m*

actuating: ~ **arm** *n* PROD ENG Schalthebel *m*; ~ **piston** *n* PROD ENG Steuerkolben *m*; ~ **plate** *n* AIR TRANS Betätigungsplatte *f*; ~ **rod** *n* AIR TRANS Betätigungsstange *f*, PROD ENG Schaltstange *f*; ~ **screw** *n* PROD ENG Betätigungsspindel *f*; ~ **signal** *n* NUC TECH Auslösesignal *nt*, Regelabweichungssignal *nt*; ~ **voltage** *n* ELECT Betätigungsspannung *f*

actuation *n* AIR TRANS Ingangsetzen *nt*, MECHAN ENG Betätigung *f*, PROD ENG Antrieb *m*, Schaltung *f*, *plastic valves* Stellbewegung *f*

actuator *n* AIR TRANS Bedienelement *nt*, Kraftschalter *m*, COMP & DP Aktor *m*, Betätigungselement *nt*, Zugriffsarm *m*, CONTROL Stellantrieb *m*, Stellglied *nt*, ELEC ENG Betätigungselement *nt*, Betätigungsglied *nt*, Stellglied *nt*, ELECT *transducer* Aktuator *m*, MECHAN ENG Betätigungselement *nt*, MECHANICS Antrieb *m*, Kraftschalter *m*, Stellmotor *m*, PROD ENG *plastic valves* Betätigungsbügel *m*, AUTO, ELEC ENG Drehzahlregler *m*, Stellglied *nt*; ~ **attachment** *n* MECHAN ENG Betätigungseinrichtung *f*; ~ **control**

valve *n* AIR TRANS Regelventil *nt*, Steuerschaltventil *nt*; **~ disc** *n BrE* AIR TRANS Wirbelscheibe *f*; **~ disk** *n AmE see actuator disc BrE* **~ housing** *n* PROD ENG *plastic valves* Antriebsgehäuse *nt*; **~ shaft** *n* PROD ENG *plastic valves* Antriebsachse *f*; **~ unit** *n* PROD ENG *plastic valves* Stellantrieb *m*

ACU *abbr (automatic calling unit)* SPACE, TELECOM ACU *(automatisches Rufgerät)*

acuity *n* ERGON Schärfe *f*; **~ of color perception** *n AmE*, **~ of colour perception** *n BrE* ERGON Farbtüchtigkeit *f*

acutance *n* PHOTO Konturenschärfe *f*

acute[1] *adj* METROL *angle* spitz; **~-angled** *adj* GEOM, PROD ENG spitzwinklig; **~-angular** *adj* GEOM spitzwinklig

acute:[2] **~ accent** *n* PRINT Akut *m*; **~ angle** *n* GEOM spitzer Winkel *m*; **~ angle bevel gear** *n* PROD ENG Kegelradgetriebe mit Achsenwinkel Z *nt*; **~ angle die** *n* PROD ENG spitzwinkeliges V- förmiges Unterwerkzeug *nt*; **~ effect** *n* POLL akute Wirkung *f*; **~ triangle** *n* GEOM spitzwinkliges Dreieck *nt*

acuteness *n* GEOM Spitzigkeit *f*, *of angle* Spitzheit *f*

ACV *abbr (air cushion vehicle)* TRANS LKF *(Luftkissenfahrzeug)*

acyclic *adj* CHEMISTRY acyclisch, aliphatisch

acyl *n* CHEMISTRY Acyl *nt*

acylate *vt* CHEMISTRY acylieren

ad: **~ face** *n* PRINT Anzeigenschrift *f*; **~ galley** *n* PRINT Anzeigenfahne *f*

A/D[1] *abbr (analog-digital)* ELECTRON, PROD ENG, TELEV *(Analog-Digital-)* A/D

A/D:[2] **~ conversion** *n* COMP & DP, ELECT, ELECTRON, PROD ENG, RECORD A/D-Umsetzung *f*, A/D-Wandlung *f*; **~ converter** *n* COMP & DP, ELECT, ELECTRON, INSTR, PHYS, PROD ENG, TELECOM A/D-Umsetzer *m*, A/D-Wandler *m*

adamantine[1] *adj* PROD ENG diamanthart

adamantine:[2] **~ luster** *n AmE*, **~ lustre** *n BrE* PROD ENG Diamantglanz *m*

adapt *vi* SPACE *to space conditions* sich anpassen

adaptation *n* ERGON Adaption *f*, Anpassung *f*, IND PROCESS Angleichung *f*, PRINT *of play* Bearbeitung *f*; **~ level** *n* ERGON Adaptationsniveau *nt*

adaptive[1] *adj* ART INT *program, system* adaptiv, anpassungsfähig, COMP & DP adaptiv, lernfähig, MECHANICS, PHYS adaptiv

adaptive:[2] **~ antenna** *n* TELECOM adaptive Antenne *f*; **~ channel allocation** *n* COMP & DP adaptive Kanalzuordnung *f*; **~ coding** *n* TELECOM adaptive Codierung *f*; **~ control** *n (AC)* ELEC ENG, PROD ENG Adaptivsteuerung *f*, Bestwertsteuerung *f*; **~ control optimization** *n (ACO)* IND PROCESS Anpassungssteuerung mit Optimierung *f (ACO)*; **~ control system** *n* COMP & DP selbstanpassendes Regelsystem *nt*, ELEC ENG adaptives Regelungssystem *nt*, selbstregelndes System *nt*, MECHANICS, PHYS adaptives Regelungssystem *nt*; **~ differential pulse code modulation** *n (ADPCM)* TELECOM adaptive Differenz-Pulscodemodulation *f (ADPCM)*; **~ equalization** *n* ELEC ENG adaptive Entzerrung *f*; **~ equalizer** *n* ELECTRON adaptiver Entzerrer *m*; **~ filter** *n* ELECTRON, TELECOM adaptives Filter *nt*; **~ filtering** *n* COMP & DP adaptives Filtern *nt*; **~ process** *n* COMP & DP adaptiver Prozeß *m*; **~ sampling** *n* INSTR adaptive Abtastung *f*, selbstanpassende Abtastung *f*; **~ signal processing** *n* ELECTRON adaptive Signalverarbeitung *f*; **~ sweep** *n* ELECTRON adaptives Kippen *nt*; **~ system** *n* COMP & DP anpassungsfähiges System *nt*; **~ tuning** *n* ELECTRON adaptive Abstimmung *f*

adaptor *n* COMP & DP, ELEC ENG, ELECT, LAB EQUIP, MECHAN ENG, MECHANICS, PHYS, PROD ENG *plastic valves*, RAD TECH, TELECOM, TEXT Adapter *m*, Paßstück *nt*, Zwischenstück *nt*; **~ bearing** *n* PROD ENG Spannhülsenlager *nt*; **~ bushing** *n* PROD ENG Führungsbuchse *f*; **~ plate** *n* MECHAN ENG Adapterplatte *f*, Aufspannplatte *f*; **~ sleeve** *n* PROD ENG Spannhülse *f*; **~ union** *n* PROD ENG *plastic valves* Übergangsverschraubung *f*

ADC *abbr (analog-digital converter)* COMP & DP, ELECTRON, PROD ENG, TELEV ADU *(Analog-Digital-Umsetzer)*

Adcock: **~ direction finder** *n* RAD TECH Adcock-Peiler *m*

add *vt* COMP & DP hinzufügen

add-and-divide: **~ principle** *n* ELECTRON Prinzip von Addition und Teilen *nt*

added:[1] **no ~ sugar** *adj* FOOD TECH ohne Zuckerzusatz

added:[2] **~-on component** *n* SPACE *spacecraft* Zusatzbauteil *nt*; **~ feature telephone** *n* TELECOM Komforttelefon *nt*

addend *n* COMP & DP Summand *m*

addendum *n* MECHAN ENG *height* Kopfhöhe *f*, Zahnkopfhöhe *f*, MECHANICS Kopfhöhe *f*, Zahnkopf *m*, PRINT Addendum *nt*, PROD ENG *kinematics* Kopfhöhe *f*, Zahnkopfhöhe *f*; **~ angle** *n* PROD ENG Zahnkopfwinkel *m*; **~ circle** *n* MECHAN ENG Kopfkreis *m*, Kopfkreisdurchmesser *m*, PROD ENG Kopfkreis *m*; **~ coefficient** *n* PROD ENG Profilverschiebungsfaktor *m*; **~-corrected gear** *n* PROD ENG Zahnkopf mit Stumpfverzahnung *m*, Zahnkopf mit Zahnkopfkorrektur *m*; **~ correction** *n* PROD ENG Profilverschiebung *f*; **~ cylinder** *n* PROD ENG Kopfkreiszylinder *m*; **~ line** *n* MECHAN ENG, PROD ENG Kopfkreis *m*; **~ modification** *n* PROD ENG Profilverschiebung *f*; **~ modification coefficient** *n* PROD ENG Profilverschiebungsfaktor *m*; **~ reduction** *n* PROD ENG Kopfkürzung *f*, Zahnhöhenkürzung *f*; **~ shift** *n* PROD ENG Profilverschiebung *f*

adder *n* COMP & DP Addiereinrichtung *f*, ELECTRON *circuit engineering* Addierschaltung *f*, Summierglied *nt*, MATH Adder *m*, Addierschaltkreis *m*, Addierer *m*, TELEV Mischer *m*

adding[1] *adj* COMP & DP, ELECT, MATH Addier- *pref*

adding:[2] **~ counter** *n* ELECTRON Addierzähler *m*; **~ machine** *n* COMP & DP Addiermaschine *f*, MATH Addiermaschine *f*, Addierer *m*; **~ network** *n* ELECT Addierschaltung *f*

addition *n* MATH Addition *f*, MECHAN ENG Zusatz *m*, METALL Zusatzstoff *m*, Zuschlag *m*; **~ polymer** *n* PLAS Additionspolymer *nt*, Additionspolymerisat *nt*; **~ polymerization** *n* PLAS Additionspolymerisation *f*

additional[1] *adj* MECHAN ENG zusätzlich

additional:[2] **~ feature** *n* PAT zusätzliches Merkmal *nt*; **~ keyboard** *n* PRINT Zusatztastatur *f*; **~ resistor** *n* INSTR Vorwiderstand *m*, Zusatzwiderstand *m*; **~ tank** *n* SPACE *spacecraft* Zusatztank *m*; **~ winding** *n* INSTR Zusatzwicklung *f*, zusätzliche Wicklung *f*

additive[1] *adj* MATH additiv; **~-free** *adj* FOOD TECH zusatzstoffrei

additive[2] *n* FOOD TECH Zusatzstoff *m*, MECHAN ENG Additiv *nt*, MECHANICS Zusatz *m*, PLAS Additiv *nt*, PRINT Additiv *nt*, Zusatz *m*, WASTE Additiv *nt*, Zuschlagstoff *m*; **~ method** *n* ELECTRON *image separation* Spreizverfahren *nt*; **~ mixing** *n* ELECTRON *radio engineering* additive Mischung *f*; **~ noise** *n* TELECOM additives Rauschen *nt*; **~ process** *n* ELECTRON Additionsvorgang *m*; ~ **synthesis** *n* PHOTO Additivsynthese *f*

add-on[1] *adj* CONTROL Nachrüst-*pref*

add-on:[2] ~ **block** *n* ENG DRAW Aufbaufeld *nt*; ~ **edit** *n* TELEV Zusatz-Edit *nt*; ~ **memory** *n* COMP & DP Zusatzspeicher *m*

address[1] *n* COMP & DP Adresse *f*, Adreß-*pref*, RAD TECH Adresse *f*; ~ **bus** *n* COMP & DP Adreßbus *m*; ~ **file** *n* TELECOM *switching* Adressendatei *f*; ~ **format** *n* COMP & DP Adressenformat *nt*; ~ **generation** *n* COMP & DP Adressengenerierung *f*; ~ **highway** *n* COMP & DP Adressenvielfachleitung *f*; ~ **label** *n* PACK Adressenschild *nt*; ~ **mapping** *n* COMP & DP Adreßabbildung *f*; ~ **modification** *n* COMP & DP Adreßmodifikation *f*; ~ **position** *n* COMP & DP Adreßposition *f*; ~ **register** *n* COMP & DP Adressenregister *nt*; ~ **space** *n* COMP & DP Adreßraum *m*; ~ **stencil** *n* PACK Adressenmatrize *f*

address[2] *vt* COMP & DP adressieren

addressable[1] *adj* COMP & DP adressierbar

addressable:[2] ~ **location** *n* COMP & DP adressierbare Speicherstelle *f*

addressee *n* COMP & DP Empfänger *m*

addressing *n* COMP & DP, TELECOM Adressierung *f*; ~ **mode** *n* COMP & DP Adressierungsart *f*; ~ **system** *n* COMP & DP Adressiersystem *nt*

adduction *n* CHEMISTRY, ERGON Adduktion *f*

adenine *n* CHEMISTRY Adenin *nt*, Aminopurin *nt*, FOOD TECH Adenin *nt*

adenosine *n* CHEMISTRY Adenosin *nt*; ~ **triphosphate** *n* *(ATP)* FOOD TECH Adenosintriphosphat *nt (ATP)*

ADF *abbr (automatic direction finder)* AIR TRANS *radio navigation*, RAD TECH ADF *(Funkpeilgerät)*, TELECOM ADF *(automatischer Funkkompaß)*

adhere *vi* PACK, PAPER, PLAS haften, kleben

adherence *n* PACK Adhäsionskraft *f*, Haftfestigkeit *f*, PAPER Haftvermögen *nt*

adherend *n* PAPER Klebefläche *f*, PLAS Klebfläche *f*, Klebfügeteil *nt*

adherent *adj* PAPER haftend

adhering: ~ **slag** *n* PROD ENG Schlackenanhang *m*

adherometer *n* PLAS Adhäsiometer *nt*, Adhäsionsmesser *m*

adhesion *n* COAL TECH Haftung *f*, CONST Haftung *f*, Haftvermögen *nt*, PLAS Adhäsion *f*, Haftung *f*; ~ **coefficient** *n* AUTO Haftwert *m*, Kraftschlußbeiwert *m*; ~ **locomotive** *n* RAIL Reibungslokomotive *f*; ~ **promoter** *n* PLAS Adhäsionsverbesserer *m*, Haftverstärker *m*; ~ **railcar** *n* RAIL Reibungstriebwagen *m*; ~ **railroad** *n AmE (cf adhesion railway BrE)* RAIL Adhäsionseisenbahn *f*, Reibungsbahn *f*; ~ **railway** *n BrE (cf adhesion railroad AmE)* RAIL Adhäsionseisenbahn *f*, Reibungsbahn *f*; ~ **strength test** *n* MECHAN ENG Haftfestigkeitsversuch *m*; ~ **system** *n* TRANS Adhäsionssystem *nt*; ~ **test** *n* PLAS Haftfestigkeitsprüfung *f*

adhesive[1] *adj* PAPER klebend; **~-resistant** *adj* PAPER klebstoffbeständig

adhesive[2] *n* MECHANICS Klebstoff *m*, PLAS, RAD TECH Kleber *m*, Klebstoff *m*, SAFETY Kleber *m*; ~ **applicator** *n* PACK Auftragwalze für Klebstoff *f*; **~-bonded joint** *n* PROD ENG Klebeverbindung *f*; ~ **disc** *n BrE* PACK Haftscheibe *f*; ~ **disk** *n AmE see adhesive disc BrE* ~ **film** *n* PACK Klebefolie *f*, Klebfilm *m*, Klebstoffschicht *f*; ~ **glue** *n* PACK Klebstoff *m*; ~ **insulating tape** *n* ELEC ENG selbstklebendes Isolierband *nt*; ~ **machine** *n* PACK Klebemaschine *f*; ~ **paste** *n* PRINT Klebepaste *f*; ~ **shear strength** *n* PLAS Kohäsionsfestigkeit *f*, Spaltfestigkeit *f*; ~ **side** *n* PACK Klebeseite *f*; ~ **strength** *n* PLAS Adhäsionsfestigkeit *f*, Haftfestigkeit *f*; ~ **tape** *n* ELEC ENG, MECHANICS, PACK Klebeband *nt*, PLAS Klebeband *nt*, Klebestreifen *m*

adhesiveness *n* PAPER Haftfähigkeit *f*

ADI *abbr (acceptable daily intake)* FOOD TECH ADI *(duldbare tägliche Aufnahmemenge)*

adiabatic[1] *adj* FLUID PHYS, MECHANICS, PHYS, THERMODYN adiabatisch

adiabatic:[2] ~ **change** *n* FLUID PHYS, THERMODYN adiabatische Zustandsänderung *f*, adiabatische Änderung *f*; ~ **coefficient** *n* FLUID PHYS, THERMODYN adiabatischer Beiwert *m*; ~ **compression** *n* FLUID PHYS, THERMODYN adiabatische Kompression *f*; ~ **curve** *n* FLUID PHYS, THERMODYN adiabatischer Beiwert *m*; ~ **demagnetization** *n* FLUID PHYS, THERMODYN adiabatische Entmagnetisierung *f*; ~ **efficiency** *n* FLUID PHYS, THERMODYN adiabatischer Wirkungsgrad *m*; ~ **expansion** *n* FLUID PHYS, THERMODYN adiabatische Ausdehnung *f*; ~ **invariant** *n* FLUID PHYS, THERMODYN adiabatische Invariante *f*; ~ **lapse rate** *n* THERMODYN adiabatischer vertikaler Gradient *m*, adiabatisches Temperaturgefälle *nt*; ~ **pressure drop** *n* FLUID PHYS, THERMODYN adiabatischer Druckabfall *m*; ~ **process** *n* FLUID PHYS, THERMODYN adiabatischer Prozeß *m*; ~ **shock wave** *n* FLUID PHYS, THERMODYN adiabatische Stoßwelle *f*; ~ **sound waves** *n pl* FLUID PHYS, THERMODYN adiabatische Schallwellen *f pl*; ~ **system** *n* FLUID PHYS, THERMODYN adiabatisches System *nt*; ~ **temperature gradient** *n* FLUID PHYS, THERMODYN adiabatischer Temperaturgradient *m*; ~ **transformation** *n* FLUID PHYS, THERMODYN adiabatische Transformation *f*; ~ **wall** *n* FLUID PHYS, THERMODYN adiabatische Wand *f*

adiabatically *adv* FLUID PHYS, THERMODYN adiabatisch

adiabatism *n* FLUID PHYS, THERMODYN adiabatisches Verhalten *nt*

adipic: ~ **ester** *n* PLAS Adipinsäureester *m*

adipocerite *n* PHYS Hatchettin *m*

adit *n* COAL TECH Strecke *f*, CONST *tunnel* Zugangsstollen *m*

adjacency *n* GEOM Adjazenz *f*, Angrenzen *nt*, *of two sides* Angrenzen *nt*

adjacent[1] *adj* GEOM angrenzend, anliegend, TELECOM, TELEV Nachbar- *pref*

adjacent:[2] ~ **angles** *n pl* GEOM anstoßende Winkel *m pl*; ~ **channel** *n* TELEV Nachbarkanal *m*; ~ **channel interference** *n* RECORD Störung durch Nachbarkanal *f*; ~ **channel rejection** *n* TELECOM Nachbarkanalunterdrückung *f*; ~ **channel selectivity** *n* TELECOM Nachbarkanalselektion *f*; ~ **coil** *n* ELECT nahebei angeordnete Spule *f*; ~ **sides** *n pl* GEOM anliegende Seiten *f pl*

adjust *vt* CONST einstellen, regulieren, MECHANICS anpassen, regeln, METROL *microscope* einstellen, PAPER einstellen, *colour, shade* abstimmen

adjustable[1] *adj* CONTROL einstellbar, MECHAN ENG Verstell- *pref*, einstellbar, regulierbar, verstellbar, MECHANICS anpassungsfähig, regelbar, PAPER verstellbar, PROD ENG Verstell-*pref*; ~ **at will** *adj* MECHAN ENG beliebig verstellbar, frei verstellbar

adjustable:[2] ~ **aperture** *n* PHYS justierbare Blende *f*; ~ **arm** *n* PROD ENG Spindellagerarm *m*, Verstellarm *m*, verstellbare Spindel *f*; ~ **bed press** *n* PROD ENG Presse mit verstellbarem Tisch *f*; ~ **blade reamer** *n* MECHAN

ENG Reibahle mit verstellbaren Messern *f*, PROD ENG Reibahle mit Messereinstellung *f*; ~ **blades** *n pl* MECHAN ENG *of turbine* verstellbare Schaufeln *f pl*; ~ **capacitor** *n* ELEC ENG Trimmer *m*; ~ **centre head** *n* PROD ENG Bohrkopf mit verstellbarem Bohrbild *m*; ~ **ceramic capacitor** *n* ELEC ENG Keramiktrimmer *m*, justierbarer Keramikkondensator *m*; ~ **contact thermometer** *n* INSTR einstellbares Kontaktthermometer *nt*; ~ **core** *n* ELEC ENG justierbarer Kern *m*; ~ **curtain wall** *n* CER & GLAS verstellbare Vorhangwand *f*; ~ **eyepiece** *n* PHOTO verstellbares Okular *nt*; ~ **gib** *n* MECHAN ENG Stelleiste *f*, PROD ENG Nachstelleiste *f*; ~ **hacksaw frame** *n* MECHAN ENG verstellbarer Metallsägebogen *m*; ~ **inductance** *n* ELECT verstellbare Spule *f*; ~ **inductance coil** *n* ELECT verstellbare Spule *f*; ~ **nozzle** *n* MECHAN ENG verstellbare Düse *f*; ~ **pitch propeller** *n* TRANS Einstellschraube *f*; ~ **potentiometer** *n* INSTR Stellpotentiometer *nt*; ~ **radial drilling machine** *n* PROD ENG Radialbohrmaschine mit Höhenverstellung *f*; ~ **reamer** *n* MECHAN ENG verstellbare Reibahle *f*; ~ **rear-view mirror** *n* AUTO verstellbarer Innenspiegel *m*; ~ **resistor** *n* ELEC ENG Abgleichwiderstand *m*, Einstellwiderstand *m*, Regelwiderstand *m*, ELECT Potentiometer *nt*, einstellbarer Widerstand *m*, INSTR Stellwiderstand *m*; ~ **screw** *n* INSTR Justierschraube *f*, Stellschraube *f*; ~ **short** *n* ELEC ENG Blindleitung *f*, Kurzschlußleitung *f*, Reaktanzleitung *f*; ~ **short-circuit bridge** *n* PHYS einstellbare Kurzschlußbrücke *f*; ~ **spanner** *n BrE (cf adjustable wrench)* AUTO *tool* Universalschlüssel *m*, MECHAN ENG Rollgabelschlüssel *m*, verstellbarer Schraubenschlüssel *m*, MECHANICS einstellbarer Schraubenschlüssel *m*; ~ **speed motor** *n* ELECT Motor mit stellbarer Geschwindigkeit *m*, MECHANICS regelbarer Motor *m*; ~ **stop** *n* MECHAN ENG verstellbarer Anschlag *m*, verstellbarer Tiefenanschlag *m*, MECHANICS Einstellanschlag *m*; ~ **strap** *n* INSTR verstellbare Schelle *f*, verstellbarer Abgriff *m*; ~ **submersion weir** *n* POLL regulierbares Grundwehr *nt*; ~ **tap wrench** *n* MECHAN ENG verstellbares Windeisen *nt*; ~ **thermostatic switch** *n* HEAT & REFRIG einstellbarer Thermoschalter *m*; ~ **transformer** *n* ELECT verstellbarer Transformator *m*; ~ **tripod** *n* LAB EQUIP verstellbarer Dreifuß *m*, METROL *surveying* verstellbares Stativ *nt*; ~ **varying speed motor** *n* ELECT Motor mit einstellbarer Drehzahl *m*; ~ **voltage divider** *n* ELECT Potentiometer *nt*, einstellbarer Spannungsteiler *m*; ~ **waveguide** *n* RAD TECH einstellbarer Wellenleiter *m*; ~ **wrench** *n (cf adjustable spanner BrE)* AUTO Universalschlüßel *m*, MECHAN ENG Rollgabelschlüßel *m*, verstellbarrer Schraubenschlüßel *m* AUTO, MECHAN ENG, MECHANICS einstellbarer Schraubenschlüssel *m*

adjusted *adj* PAPER eingestellt

adjuster *n* PAPER Einstellvorrichtung *f*

adjusting[1] *adj* MECHAN ENG Einstell- *pref*, Justier- *pref*, Stell- *pref*

adjusting[2] *n* PAPER Einstellung *f*; ~ **cam** *n* PROD ENG *plastic valves* Stellnocke *f*; ~ **collar** *n* PROD ENG Klemmring *m*; ~ **element** *n* INSTR Abgleichelement *nt*, Einstellglied *nt*, Justierglied *nt*; ~ **knob** *n* INSTR Justierknopf *m*, MECHANICS Einstellknopf *m*, Justierknopf *m*; ~ **mechanism** *n* INSTR Stellmechanismus *m*; ~ **nut** *n* MECHAN ENG Stellmutter *f*; ~ **operations** *n pl* QUAL Abgleicharbeiten *f pl*; ~ **potentiometer** *n* AIR TRANS Potentiometer *nt*, Regelkompensator *m*; ~ **ring** *n* MECHAN ENG Stellring *m*; ~ **rod** *n* MECHAN ENG Verstellstange *f*; ~ **screw** *n* MECHAN ENG Einstellschraube *f*, Justierschraube *f*, Regulierschraube *f*, Stellschraube *f*, MECHANICS Einstellschraube *f*, Justierschraube *f*; ~ **sleeve** *n* AUTO Einstellhülse *f*; ~ **voltage** *n* ELECT Einstellspannung *f*, Justierspannung *f*

adjustment *n* ELEC ENG Regulierung *f*, ELECTRON Einstellung *f*, Justierung *f*, ERGON Anpassung *f*, MECHAN ENG Einstellung *f*, Justierung *f*, METROL Anpassung *f*, Einstellung *f*, Justieren *nt*, PAPER Einstellung *f*, PRINT Justierung *f*, RAD TECH Anpassung *f*, Einstellung *f*, Justierung *f*; ~ **dial** *n* PROD ENG *plastic valves* Einstellscheibe *f*; ~ **knob** *n* INSTR Stellknopf *m*; ~ **ring** *n* INSTR Justierring *m*, Stellring *m*

adjuvant *n* COAL TECH Hilfsmittel *nt*

administration: ~ **and data server** *n* TELECOM Betriebs- und Datenserver *m*

administrative: ~ **area** *n* CONST Verwaltungsbereich *m*; ~ **processor** *n* TELECOM Leitprozessor *m*

admissible: ~ **claim** *n* PAT zulässiger Patentanspruch *m*; ~ **interrupting current** *n* ELECT Nennabschaltstrom *m*

admission *n* MECHAN ENG *in steam engine* Füllung *f*, *inlet* Einlaß *m*; ~ **valve** *n* MECHAN ENG Einlaßventil *nt*

admit *vt* WATER TRANS erteilen

admits: ~ **of scrap** *n* PROD ENG Schrottzusatz *m*

admittance *n* ACOUSTICS Admittanz *f*, ELEC ENG, PHYS Admittanz *f*, Leitwert *m*, Scheinleitwert *m*, Wellenleitwert *m*

admix *n* CER & GLAS Beimengung *f*, Zusatz *m*

admixture *n* CONST Beimischung *f*, Zusatzmittel *nt*, PLAS Beimengung *f*, Beimischung *f*, PROD ENG *plastic valves* Zusatzstoff *m*, TEXT Beimischung *f*

adobe *n* CER & GLAS Luftziegel *m*, Ton *m*

ADP *abbr (automatic data processing)* COMP & DP ADV *(automatische Datenverarbeitung)*

ADPCM *abbr (adaptive differential pulse code modulation)* TELECOM ADPCM *(adaptive Differenz-Pulscodemodulation)*

adrift *adj* WATER TRANS *ship* treibend

adsorb *vt* COAL TECH adsorbieren

adsorbable *adj* CHEMISTRY adsorbierbar

adsorbent *n* CHEMISTRY Adsorbens *nt*, FOOD TECH Adsorptionsmittel *nt*

adsorption *n* COAL TECH, FOOD TECH, PLAS Adsorption *f*; ~ **efficiency** *n* WASTE Adsorptionswirkung *f*; ~ **heat** *n* NUC TECH Adsorptionswärme *f*; ~ **isotherm** *n* NUC TECH Adsorptionsisotherme *f*; ~ **trap** *n* NUC TECH Adsorptionsfalle *f*

ADT *abbr (average daily traffic)* TRANS durchschnittliches Tagesverkehrsaufkommen *nt*

adulterant *n* FOOD TECH Streckmittel *nt*, Verfälschungsmittel *nt*

adulterate *vt* FOOD TECH panschen, verfälschen, verschneiden

advance[1] *n* AUTO *ignition* Frühzündung *f*, Vorentflammung *f*, Vorzündung *f*, COAL TECH Vortrieb *m*, ELECT *phase* Voreilung *f*, HEAT & REFRIG Vorlauf *m*, MECHAN ENG Voreilung *f*, Vorlauf *m*, PHYS *of perihelion* Periheldrehung *f*; ~ **angle** *n* ELECT Voreilwinkel *m*; ~ **ball** *n* ACOUSTICS Polierkugel *f*; ~ **booking** *n* TELECOM *of connection* Vorbestellung *f*; ~ **booking charter** *n* AIR TRANS Charterbuchung im voraus *f*; ~ **classification track** *n* RAIL Sammelgleis für Rangieren *nt*; ~ **copy** *n* PRINT Vorausexemplar *nt*; ~ **diameter ratio** *n* AIR TRANS *propeller* Steigungsverhältnis *nt*; ~ **direction**

sign *n* TRANS Vorankündigungszeichen *nt*; ~ **information** *n* TRANS Vorankündigung *f*; ~ **mechanism** *n* AUTO *ignition* Zündversteller *m*, PROD ENG Vorschubmechanismus *m*; ~ **pulse** *n* INSTR Weiterschaltimpuls *m*; ~ **purchase excursion fare** *n (APEX)* AIR TRANS im voraus bezahlter Sondertarif *m (APEX)*; ~ **of the spindle** *n* PROD ENG Spindelvorlauf *m*
advance[2] *vt* ELECT *brushes* vorschieben
advance[3] *vi* MECHAN ENG voreilen; ~ **throttle** *vi* AIR TRANS Gas geben, Triebwerkschub erhöhen
advanced: ~ **airborne fire support system** *n* AIR TRANS *military* fortschrittliche Luftunterstützung *f*; ~ **blade concept helicopter** *n (ABC helicopter)* AIR TRANS ABC-Hubschrauber *m*; ~ **component** *n* INSTR modernes Bauelement *nt*; ~ **fuel cycle** *n* NUC TECH verbesserter Brennstoffkreislauf *m*; ~ **gas-cooled reactor** *n (AGR)* NUC TECH fortgeschrittener Gas-Graphit-Reaktor *m (AGR)*; ~ **ignition** *n* AUTO Frühzündung *f*, Vorzündung *f*; ~ **passenger train** *n BrE (APT)* RAIL Hochgeschwindigkeitszug *m*; ~ **potential** *n* PHYS erwartetes Potential *nt*; ~ **signal processing** *n* ELECTRON moderne Signalverarbeitung *f*; ~ **solid logic technology** *n (ASLT)* ELECTRON fortschrittliche Festkörperlogik *f (ASLT)*; ~ **technology** *n (AT)* COMP & DP fortschrittliche Technologie *f (AT)*
advancing: ~ **blade** *n* AIR TRANS vorwärtslaufendes Blatt *nt*; ~ **blade concept** *n* AIR TRANS *aircraft* System der vorlaufenden Luftschraubenblätter *nt*
advantage *n* COMP & DP, FOOD TECH, PROD ENG, QUAL, SPACE Vorzug *m*; ~ **factor** *n* NUC TECH Zuwachsfaktor *m*, Überhöhungsfaktor *m*
advection *n* FLUID PHYS, PHYS Advektion *f*, horizontale Luftströmung *f*
adverse: ~ **gradient** *n* FLUID PHYS entgegengerichteter Gradient *m*
advertise *vi* PRINT werben
advertisement *n* PRINT Annonce *f*, Anzeige *f*, Inserat *nt*; ~ **composing room** *n* PRINT Anzeigensetzerei *f*, Inseratensetzerei *f*; ~ **layout** *n* PRINT Anzeigenlayout *nt*; ~ **page** *n* PRINT Anzeigenseite *f*; ~ **setter** *n* PRINT Anzeigensetzer *m*
advertising: ~ **department** *n* PRINT Anzeigenabteilung *f*, Inseratenabteilung *f*; ~ **photography** *n* PHOTO Werbefotografie *f*; ~ **slot** *n* TELEV Werbeblock *m*
advisory: ~ **diversion** *n* TRANS Umleitungsempfehlung *f*; ~ **message** *n* TRANS Empfehlung *f*; ~ **route** *n* AIR TRANS *traffic control* Luftweg *m*; ~ **speed** *n* TRANS Richtgeschwindigkeit *f*; ~ **system** *n* ART INT Beratungssystem *nt*
adz *n AmE see adze BrE*
adze[1] *n* CONST *BrE* Breitbeil *nt*, RAIL Dechsel *f*
adze[2] *vt* CONST *carpentry* behauen, PROD ENG einblatten
AEC *abbr AmE (Atomic Energy Commission)* NUC TECH AEC *(Amerikanischer Atomenergieverband)*
aelotropy *n* PROD ENG Richtungsabhängigkeit *f*
aerate *vt* COAL TECH bewettern, CONST *concrete* belüften, schäumen, FOOD TECH carbonisieren, lockern, PROD ENG auflockern, mit Kohlensäure versetzen
aerated: ~ **lagoon** *n* WASTE Oxidationsteich *m*; ~ **mud** *n* PET TECH belüfteter Bohrschlamm *m*
aeration *n* CHEMISTRY Anreicherung mit Sauerstoff *f*, COAL TECH Bewetterung *f*, CONST Belüftung *f*, Luftzufuhr *f*, PACK Belüftung *f*; ~ **basin** *n* WATER SUP Belebungsbecken *nt*, Belüftungsbecken *nt*, Belüftungsbehälter *m*; ~ **tank** *n* WASTE Belebtschlammbecken *nt*, Belüftungsbecken *nt*
aerator *n* AIR TRANS Belüftungseinrichtung *f*, Durchlüfter *m*, WASTE Belüfter *m*; ~ **muffler** *n AmE (cf aerator silencer BrE)* AIR TRANS Schalldämpfer *m*; ~ **silencer** *n BrE (cf aerator muffler AmE)* AIR TRANS Schalldämpfer *m*
aerial[1] *adj* TELECOM Freileitungs- *pref*
aerial[2] *n* AUTO, ELEC ENG, PHYS, RAD TECH, SPACE, TELECOM, TELEV Antenne *f*; ~ **cable** *n* ELEC ENG Antennenkabel *nt*, TELECOM Freileitungskabel *nt*, Luftkabel *nt*; ~ **collision** *n* AIR TRANS Zusammenstoß in der Luft *m*; ~ **directivity** *n* TELEV Antennenrichtwirkung *f*; ~ **efficiency** *n* TELEV Antennenwirkungsgrad *m*; ~ **gain** *n* PHYS Antennengewinn *m*, Antennenverstärkung *f*, RAD TECH, TELEV Antennengewinn *m*; ~ **guideway** *n* TRANS Luftführungsbahn *f*; ~ **lead** *n* TELEV Antennenzuleitung *f*; ~ **line** *n* ELECT Antennenleitung *f*, Freileitung *f*; ~ **loading coil** *n* RAD TECH Antennenverlängerungsspule *f*; ~ **mapping camera** *n* PHOTO Luftbildkamera *f*, Luftbildmeßkamera *f*; ~ **mast** *n* TELECOM, TELEV, WATER TRANS *communications* Antennenmast *m*; ~ **matching** *n* TELECOM Antennenanpassung *f*; ~ **motion picture survey** *n* AIR TRANS Luftermessung *f*; ~ **photography** *n* PHOTO Luftfotografie *f*; ~ **radiation resistance** *n* RAD TECH Antennenstrahlungswiderstand *m*; ~ **reconnaissance** *n* MAR POLL Luftaufklärung *f*; ~ **resistance** *n* PHYS Antennenwirkwiderstand *m*; ~ **surveillance** *n* MAR POLL Luftüberwachung *f*; ~ **survey** *n* AIR TRANS Luftbildvermessung *f*, Luftbildwesen *nt*; ~ **terminal** *n* TELEV Antennenanschluß *m*; ~ **timetable** *n* AIR TRANS Flugplan *m*, Luftkursbuch *nt*; ~**-tuning capacitor** *n (ATC)* RAD TECH kapazitive Antennenanpassung *f (ATC)*; ~**-tuning inductance** *n (ATI)* RAD TECH Antennenabstimmspule *f (ATI)*; ~**-tuning unit** *n (ATU)* RAD TECH Antennenanpaßgerät *nt*, Antennenanpassung *f (ATU)*
aeriform *adj* CHEMISTRY luftartig, luftförmig
aero: ~**-thermodynamic duct** *n* AIR TRANS Staustrahltriebwerk *nt*
aerobe *n* FOOD TECH Aerobier *m*
aerobic[1] *adj* ERGON, FOOD TECH aerob
aerobic:[2] ~ **bacteria** *n pl* WASTE aerobe Bakterien *f pl*; ~ **decomposition** *n* WASTE aerobe Zersetzung *f*; ~ **degradation** *n* WASTE aerober Abbau *m*; ~ **fermentation** *n* FOOD TECH, WASTE aerobe Gärung *f*; ~ **metabolism** *n* ERGON aerober Metabolismus *m*; ~ **sewage treatment** *n* WASTE Abwasserbehandlung mittels aerober Reinigung *f*; ~ **sludge digestion** *n* WATER SUP aerobe Schlammfaulung *f*; ~ **sludge stabilization** *n* WASTE aerobe Schlammstabilisierung *f*; ~ **treatment process** *n* WASTE aerobes Behandlungsverfahren *nt*
aerobically: ~ **digested sludge** *n* WASTE aerob stabilisierter Schlamm *m*
aerobrake *vi* SPACE *spacecraft* luftbremsen
aerobridge *n* AIR TRANS Fluggastbrücke *f*
aerobus *n* AIR TRANS Aerobus *m*, Schwebebus *m*
aerodrome *n ABn* AIR TRANS Flughafen *m*, Flugplatz *m*; ~ **beacon** *n BrE* AIR TRANS, SPACE Flughafenbake *f (FB)*; ~ **vehicle operations** *n pl BrE* AIR TRANS Fahrzeugverkehr *m*
aerodynamic[1] *adj* MECHAN ENG, PHYS, TRANS aerodynamisch
aerodynamic:[2] ~ **balance** *n* AIR TRANS Gleichgewicht *nt*, aerodynamische Waage *f*; ~ **braking** *n* SPACE *spacecraft* aerodynamisches Bremsen *nt*; ~ **center** *n AmE*, ~

centre *n BrE* AIR TRANS aerodynamischer Mittelpunkt *m*; ~ **coefficient** *n* SPACE *spacecraft* Aerodynamikkoeffizient *m*; ~ **drag** *n* TRANS Luftwiderstand *m*; ~ **drag factor** *n* TRANS Luftwiderstandsbeiwert *m*; ~ **efficiency** *n* AIR TRANS aerodynamischer Wirkungsgrad *m*; ~ **factor** *n* AIR TRANS aerodynamischer Faktor *m*; ~ **lag** *n* AIR TRANS aerodynamische Verzögerung *f*; ~ **levitation** *n* TRANS aerodynamisches Schweben *nt*; ~ **lift** *n* AIR TRANS aerodynamischer Auftrieb *m*; ~ **load** *n* AIR TRANS aerodynamische Last *f*; ~ **noise** *n* AIR TRANS Strahllärm *m*, aerodynamische Geräusche *nt pl*, HEAT & REFRIG Luftgeräusch *nt*; ~ **power** *n* FUELLESS aerodynamische Kraft *f*; ~ **pressure** *n* AIR TRANS aerodynamischer Druck *m*; ~ **shape** *n* AUTO *body* aerodynamische Form *f*; ~ **stabilizing fin** *n* SPACE aerodynamische Stabilisierungsflosse *f*; ~ **twist** *n* AIR TRANS aerodynamische Verwindung *f*; ~**-type air cushion vehicle** *n* TRANS aerodynamisches Luftkissenfahrzeug *nt*

aerodynamics *n* MECHAN ENG, PHYS, TRANS Aerodynamik *f*

aeroelasticity *n* FUELLESS, NUC TECH Aeroelastizität *f*

aerofoil *n BrE* AIR TRANS Tragflügel *m*, FUELLESS Tragfläche *f*, WATER TRANS Tragflügel *m*; ~ **chord** *n BrE* AIR TRANS Profilsehne *f*, Tragflügel *m*, Tragfläche *f*; ~ **de-icing** *n BrE* AIR TRANS Tragflügelenteisung *f*, Tragflügelentfrostung *f*; ~ **de-icing valve** *n BrE* AIR TRANS Tragflügelenteisungsklappe *f*; ~ **hull** *n BrE* WATER TRANS Tragflügelrumpf *m*

aeroglide *n* TRANS Luftkissentransportrinne *f*

aerograph *n* CER & GLAS Aerograph *m*, PRINT Aerograph *m*, Luftpinsel *m*

aerography *n* CER & GLAS, PRINT Aerographie *f*

aerogyro *n* AIR TRANS Druckluftkreisel *m*

aerolite *n* SPACE *spacecraft* Steinmeteorit *m*

aeromagnetic: ~ **train** *n* RAIL aeromagnetischer Zug *m*

aerometer *n* METROL, PAPER, PHYS Aerometer *nt*, Luftdichtemeßgerät *nt*

aerometric *adj* PAPER aerometrisch

aerometry *n* PAPER, PHYS Aerometrie *f*

aeromobile *n AmE* TRANS LKF, Luftkissenfahrzeug *nt*

aeronautical: ~ **chart** *n BrE (cf sectional chart AmE)* AIR TRANS Luftnavigationskarte *f*; ~**-fixed circuit** *n* AIR TRANS feste Flugmeldeverbindung *f*; ~**-fixed network** *n AmE (cf aeronautical-fixed service BrE)* AIR TRANS fester Flugfunkdienst *m*; ~**-fixed service** *n BrE (AFS, aeronautical-fixed network AmE, aeronautical-fixed system AmE)* AIR TRANS *ground radio stations* fester Flugfunkdienst *m (AFS)*; ~**-fixed station** *n* AIR TRANS feste Flugfunkstelle *f*; ~**-fixed system** *n AmE (cf aeronautical-fixed service BrE)* AIR TRANS fester Flugfunkdienst *m*; ~**-fixed telecommunication network** *n (AFTN)* AIR TRANS festes Flugfunknetz *nt (AFTN)*; ~ **industry** *n* TRANS Luftfahrtindustrie *f*; ~ **information circular** *n* AIR TRANS FS-Nachrichtenblatt *nt*; ~ **information service** *n* AIR TRANS FS-Nachrichtendienst *m*, SPACE *(AIS)* aeronautischer Informationsdienst *m (AIS)*; ~ **material standard** *n (AMS)* SPACE aeronautische Werkstoffnorm *f (AMS)*; ~ **meteorological station** *n* AIR TRANS Flugwetterwarte *f*; ~ **mobile satellite service** *n* SPACE *communications* beweglicher Flugfunksatellitendienst *m*, TELECOM beweglicher Flugfunkdienst über Satelliten *m*; ~ **radio navigation service** *n* AIR TRANS Flugnavigationsfunkdienst *m*; ~ **register** *n* AIR TRANS Luftfahrtregister *nt*; ~ **route chart** *n* AIR TRANS Luftwegnavigationskarte *f*; ~ **standards group** *n (ASG)* SPACE Flugnormengruppe *f (ASG)*

aeronautics *n* AIR TRANS Luftfahrt *f*

aeroplane *n BrE* AIR TRANS Flugzeug *nt*; ~ **tow launch** *n BrE* AIR TRANS Flugzeugschleppstart *m*

aeropulse *n* TRANS Stoßbrenner *m*, Verpuffungsstrahlrohr *nt*

aerosol *n* PACK Aerosol *nt*, Sprühbehälter *m*, PHYS, POLL, SAFETY Aerosol *nt*; ~ **cap** *n* PACK Aerosolverschluß *m*; ~ **container** *n* MECHAN ENG Aerosolbehälter *m*, PACK Aerosoldose *f*, Spraydose *f*, Sprühbehälter *m*; ~ **dispenser** *n* WASTE Aerosolpackung *f*; ~ **propellant** *n* PET TECH Aerosoltreibgas *nt*; ~ **spray container** *n* MECHAN ENG Aerosolsprühdose *f*; ~ **valve** *n* PACK Aerosolventil *nt*

aerospace *n* SPACE Luft und Raumfahrt *f*; ~ **medicine** *n* SPACE Luft- und Raumfahrtmedizin *f*

Aerospace: ~ **Industries Association** *n (AIA)* SPACE Amerikanischer Luft- und Raumfahrtverband *m (AIA)*

aerostatic: ~**-type air cushion vehicle** *n* TRANS aerostatisches Luftkissenfahrzeug *nt*

aerostatics *n* MECHAN ENG Aerostatik *f*

aerotechnics *n AmE* AIR TRANS Luftfahrttechnik *f*

aerotow *n* AIR TRANS Schleppflug *m*

aerotrain *n* RAIL Luftkissenzug *m*

aerugo *n* PROD ENG Rost *m*

AES *abbr (Auger electron spectroscopy)* PHYS, RAD PHYS AES *(Augersche Elektronenspektroskopie)*

aesculin *n* CHEMISTRY Aesculin *nt*

aesthetics *n pl* TEST Erscheinungsbild *nt*

AF[1] *abbr (audio frequency)* COMP & DV, ELECTRON, RAD TECH, RECORD, TELEV Nf *(Niederfrequenz)*, Tf *(Tonfrequenz)*

AF:[2] ~ **oscillator** *n* ELECTRON Nf-Generator *m*; ~ **signal generator** *n* ELECTRON Nf-Signalgenerator *m*

AFC *abbr (automatic frequency control)* ELECTRON, RAD TECH, TELEV AFR *(automatische Frequenzregelung)*

AFD *abbr (accelerated freeze-drying)* FOOD TECH schnelle Gefriertrocknung *f*, schnelle Lyophilisation *f*

afferent: ~ **nerve** *n* ERGON afferenter Nerv *m*

affine: ~ **geometry** *n* GEOM affine Geometrie *f*; ~ **transformation** *n* METALL Affintransformation *f*

affinity *n (A)* CHEMISTRY Affinität *f (A)*

AFGC *abbr (automatic frequency and gain control)* ELECTRON, RAD TECH, TELEV AFGC *(automatische Frequenz- und Verstärkungsregelung)*

AFI *abbr (audio-frequency interference)* ELECTRON, RAD TECH, TELECOM Nf-Störung *f*, *(Niederfrequenzstörung)*, Tf-Störung *f* (Tonfrequenzstörung)

aflatoxin *n* FOOD TECH *phytopathology* Aflatoxin *nt*

afloat *adv* WATER TRANS flott, schwimmend

A4: ~ **size** *n* PAPER A4-Format *nt*

A-frame *n* CONST A-Rahmen *m*

AFS *abbr (aeronautical fixed service BrE)* AIR TRANS AFS *(fester Flugfunkdienst)*

aft[1] *adj* SPACE achtern WATER TRANS Achter- *pref*, achtern

aft[2] *adv* WATER TRANS nach achtern

aft:[3] ~ **bay race** *n* WATER SUP Unterwasserkanal *m*; ~ **frame section** *n* SPACE *spacecraft* hinterer Zellenring *m*; ~ **gate** *n* WATER SUP *canal* Ebbetor *nt*, Niedertor *nt*, Untertor *nt*; ~ **perpendicular** *n* WATER TRANS *ship* *design* hinteres Lot *nt*; ~ **rake** *n* WATER TRANS *ship design* Hecküberhang *m*; ~ **section** *n* WATER TRANS Achterschiff *nt*; ~ **skirt** *n* SPACE *spacecraft* hinterer Verkleidungskonus *m*; ~ **stay** *n* WATER TRANS Achterstag *nt*

AFT *abbr (automatic fine tuning)* RAD TECH AFT *(automatische Scharfabstimmung)*

after: ~ **cooler** *n* HEAT & REFRIG Nachkühler *m*; **~-sales service** *n* CONST Kundendienst *m*; ~ **shrinkage** *n* PACK Schrumpfung *f*; ~ **use** *n* WASTE Folgenutzung *f*

afterbake *n* PROD ENG Nachhärten *nt*

afterbody *n* SPACE *spacecraft* Heck *nt*

afterburner *n* AIR TRANS, AUTO *engine*, MECHAN ENG Nachbrenner *m*, NUC TECH *incinerator* Nachverbrenner *m*, THERMODYN Nachbrenner *m*; ~ **chamber** *n* MECHAN ENG Nachbrennkammer *f*, zweiter Brennraum *m*, WASTE Nachbrennkammer *f*

afterburning *n* THERMODYN Nachverbrennung *f*

afterdeck *n* WATER TRANS Achterdeck *nt*

afterdryer *n* PAPER Nachtrockner *m*

aftereffect *n* RAD PHYS Nachwirkung *f*

afterglow *n* COMP & DP Nachleuchtdauer *f*, ELECTRON Nachleuchten *nt*, METALL Nachbrennen *nt*, RAD PHYS Nachbrennen *nt*, Nachglimmen *nt*, Nachleuchten *nt*, SPACE *spacecraft* Nachglühen *nt*, TELEV Nachleuchten *nt*, THERMODYN Nachbrennen *nt*, Nachglimmen *nt*, Nachleuchten *nt*, WATER TRANS *radar* Nachleuchten *nt*

afterheat *n* AIR TRANS, NUC TECH Nachwärme *f*; ~ **release** *n* NUC TECH Abfuhr der Nachwärme *f*

afterimage *n* ERGON, TELEV Nachbild *nt*

aftersensation *n* ERGON Nachempfindung *f*

aftertaste *n* FOOD TECH Nachgeschmack *m*

AFTN *abbr (aeronautical-fixed telecommunication network)* AIR TRANS AFTN *(festes Flugfunknetz)*

Ag *(silver)* CHEMISTRY Ag *(Silber)*

AG *abbr (American gage AmE, American gauge BrE)* MECHAN ENG AG *(amerikanisches Maß)*

agalite *n* PAPER *asbestos* Faserkalk *m*

agar *n* FOOD TECH Agar *nt*; **~-agar** *n* FOOD TECH Agar-Agar *nt*; ~ **slant** *n* FOOD TECH Schrägagarkultur *f*

agate *n* CER & GLAS Achat *m*; ~ **line** *n* PRINT Agatlinie *f*; ~ **ware** *n* CER & GLAS Achatsteingut *nt*

AGC *abbr (automatic gain control)* ELECTRON, RAD TECH, TELECOM AVR *(automatische Verstärkungsregelung)*

AGCA *abbr (automatic ground-controlled approach)* SPACE AGCA *(automatische Anflugsteuerung vom Boden)*

AGCL *abbr (automatic ground-controlled landing)* SPACE AGCL *(automatische Landesteuerung vom Boden)*

age:[1] **~-hardenable** *adj* PROD ENG alterungsfähig, aushärtungsfähig

age:[2] **~-hardenability** *n* PROD ENG Alterungsfähigkeit *f*, Aushärtungsfähigkeit *f*; **~-hardening** *n* METALL Aushärten *nt*, Ausscheidungshärten *nt*, PLAS Nachhärten *nt*, PROD ENG Altern *nt*, Alterung *f*, Ausscheidungshärten *nt*

age[3] *vt* METALL vergüten, PROD ENG anlagern, nachhärten; ~ **artificially** *vt* PROD ENG warmaushärten; ~ **at room temperature** *vt* PROD ENG kaltaushärten; **~-harden** *vt* PROD ENG altern; ~ **with increased temperature** *vt* PROD ENG warmaushärten

age[4] *vi* PAPER altern, vergilben; ~ **artificially** *vi* THERMODYN künstlich altern

AGE *abbr (allyl glycidyl ether)* PLAS AGE *(Allylglycidether)*

aged *adj* THERMODYN gealtert

ageing:[1] **~-resistant** *adj BrE* PACK alterungsbeständig

ageing[2] *n BrE* CONST *metal* Veredelung *f*, Vergütung *f*, FOOD TECH Alterung *f*, Reifung *f*, PACK, PAPER, PLAS Alterung *f*, PROD ENG Anlagerung *f*, Ausscheidungshärten *nt*, Vergütung *f*, TELECOM Alterung *f*; ~ **studies** *n BrE* SPACE Alterungsuntersuchung *f*; ~ **test** *n BrE* PACK Alterungstest *m*

agency *n* AIR TRANS Tätigkeit *f*, Wirksamkeit *f*, TEXT Triebkraft *f*, wirkende Kraft *f*

agene *n* FOOD TECH Agene *nt*

agent *n* CHEMISTRY Agens *nt*, Medium *nt*, COAL TECH Mittel *nt*, MECHAN ENG Wirkstoff *m*, PROD ENG *plastic valves* Medium *nt*, TEXT Wirkstoff *m*, wirksames Mittel *nt*

agglomerant *n* PROD ENG Bindemittel *nt*

agglomerate[1] *n* PROD ENG Agglomerat *nt*, Sintererzeugnis *nt*

agglomerate[2] *vt* COAL TECH zusammenballen, PAPER verdichten, PROD ENG zusammensintern

agglomerate[3] *vi* CHEM ENG agglomerieren

agglomerated *adj* PAPER verdichtet

agglomeration *n* CHEM ENG Agglomeratbildung *f*, Agglomeration *f*, PAPER Verdichtung *f*, PLAS Agglomeration *f*

agglomerative *adj* PAPER verdichtend

agglutinant[1] *adj* CHEM ENG klebend, CHEMISTRY agglutinierend, klebend

agglutinant[2] *n* CHEMISTRY, PROD ENG Bindemittel *nt*, Klebemittel *nt*

agglutinate *vt* CHEM ENG zusammenkleben, zusammenklumpen, PROD ENG verbinden, zusammenkleben, zusammenklumpen

agglutination *n* CHEM ENG Agglutination *f*, Verklebung *f*, Zusammenkleben *nt*, FOOD TECH Agglutination *f*, Verklumpung *f*

agglutinative *adj* CHEM ENG backend

agglutinin *n* FOOD TECH Agglutinin *nt*

aggradation *n* WATER SUP Aggradation *f*, Sedimentzuwachs *m*

aggradational: ~ **deposit** *n* WATER SUP Flußablagerung *f*

aggregate *n* CER & GLAS Sinterkuchen *m*, COAL TECH Aggregat *nt*, CONST *concrete* Anhäufung *f*, Menge *f*, Zuschlagstoff *m*, METALL Aggregat *nt*, PROD ENG Aggregat *nt*, Zuschlagstoff *m*; ~ **abrasion value** *n* CONST *rock* Zuschlagsabnutzungswert *m*; ~ **crushing value** *n* CONST Zuschlagdruckfestigkeit *f*; ~ **heating surface** *n* HEAT & REFRIG Gesamtheizfläche *f*; ~ **scraper** *n* TRANS Aggregatkratzer *m*, Aggregatschrappförderer *m*; ~ **signal** *n* TELECOM Summensignal *nt*; ~ **stripping** *n* CONST Zuschlagablösung *f*; ~ **stripping test** *n* CONST *bitumen* Zuschlagablöseversuch *m*

aggressive: ~ **water** *n* WATER SUP aggressives Wasser *nt*

aging:[1] **~-resistant** *adj AmE see ageing-resistant BrE*

aging[2] *n AmE see ageing BrE*

agitate *vt* CHEM ENG aufrühren, quirlen, COATINGS schlagen, vermischen, verrühren, PAPER rühren, PHOTO *bath* in Bewegung halten

agitating: ~ **machine** *n* CHEM ENG Rührmaschine *f*; ~ **mixer** *n* CHEM ENG Mischrührwerk *nt*; ~ **vessel** *n* CHEM ENG Rührwerkskessel *m*

agitator *n* CHEM ENG Mischwerk *nt*, Rührapparat *m*, Rührer *m*, FOOD TECH Quirl *m*, Rührer *m*, MECHAN ENG Rührmaschine *f*, Rührwerk *nt*, PAPER, PET TECH,

PROD ENG, WASTE Rührwerk *nt*

AGR *abbr (advanced gas-cooled reactor)* NUC TECH AGR *(fortgeschrittener Gas-Graphit-Reaktor)*

agricultural: **~ waste** *n* WASTE landwirtschaftlicher Abfall *m*

agrobusiness *n* FOOD TECH *EEC* Agrobusiness *nt*

aground *adv* WATER TRANS *ship* auf Grund, aufgelaufen

AH: **~ unit** *n (air-handling unit)* HEAT & REFRIG Lüftungseinheit *nt*

ahead *adv* WATER TRANS voraus

ahull *adj* WATER TRANS *ship* beigedreht

AI: **~ programing language** *n AmE*, **~ programming language** *n BrE* ART INT KI-Programmiersprache *f*; **~ system** *n* ART INT KI-System *nt*

AIA *abbr (Aerospace Industries Association)* SPACE AIA *(Amerikanischer Luft- und Raumfahrtverband)*

aileron *n* AIR TRANS Querruder *nt*; **~ control** *n* AIR TRANS Querrudersteuerung *f*; **~ control wheel** *n* AIR TRANS Querrudersteuerungsrad *nt*; **~ deflection** *n* AIR TRANS Querruderausschlag *m*; **~ follow-up** *n* AIR TRANS Querrudernachsteuerung *f*; **~ position indicator** *n* AIR TRANS Querruderstellungsanzeiger *m*

A-index *n* RAD TECH A-Index *m*

air:[1] **~-actuated** *adj* PROD ENG pneumatisch; **~-bearinged** *adj* PROD ENG luftgelagert; **~-conditioned** *adj* PROD ENG mit Klimaanlage; **~-cooled** *adj* ELECT, HEAT & REFRIG, MECHAN ENG, PAPER, PROD ENG, THERMODYN luftgekühlt; **~-dielectric** *adj* ELECT mit Luft als Dielektrikum ausgestattet; **~-dried** *adj* FOOD TECH, PACK luftgetrocknet, PROD ENG luftgekühlt; **~-dry** *adj* PAPER lufttrocken; **~-drying** *adj* PROD ENG physikalisch trocknend, selbsterstarrend; **~-hydraulic** *adj* PROD ENG lufthydraulisch; **~-lubricated** *adj* PROD ENG luftgeschmiert; **~-operated** *adj* PROD ENG pneumatisch; **~-patented** *adj* PROD ENG luftpatentiert; **~-proof** *adj* PAPER luftdicht

air[2] *n* MECHAN ENG, PET TECH, PHYS, PROD ENG Preßluft *f*;

~ a **~ accumulator** *n* PROD ENG Druckluftspeicher *m*; **~-actuated chuck** *n* PROD ENG Druckluftfutter *nt*; **~ admission** *n* PROD ENG Luftzutritt *m*, Lufteinlaß *m*;

~ b **~ baffle plate** *n* HEAT & REFRIG Luftführungsblech *nt*, Luftleitblech *nt*; **~ bag** *n* AUTO Airbag *m*, Luftkissen *nt*; **~ bag restraint system** *n* AUTO Airbag-Haltesystem *nt*; **~ base** *n* TRANS Flugstützpunkt *m*; **~ bearing** *n* PROD ENG Luftlager *nt*; **~ bell** *n* CER & GLAS Gasblase *f*; **~ blade** *n* PAPER Luftmesser *nt*; **~ blast** *n* COAL TECH Luftstoß *m*, PROD ENG Druckluftstrom *m*; **~ blast breaker** *n* ELECT Druckluftschalter *m*; **~ blast circuit breaker** *n* ELEC ENG Druckluftleistungsschalter *m*, Luftstromschalter *m*; **~ blast cleaning** *n* PROD ENG Druckluft-Putzstrahlen *nt*; **~ blast cleaning unit** *n* PROD ENG Druckfreistrahlgebläse zum Gußputzen *nt*; **~ blast cooling** *n* HEAT & REFRIG Anblaskühlung *f*, Fremdkühlung mit Luft *f*; **~ blast freezer** *n* HEAT & REFRIG Luftgefrierapparat *m*; **~ blast freezing** *n* HEAT & REFRIG Luftgefrieren *nt*; **~ blasting** *n* PROD ENG Blasen *nt*, Druckluftgußputzen *nt*; **~-blast labeling** *n AmE*, **~-blast labelling** *n BrE* PACK Etikettieren mit Druckluft *nt*; **~ blast switch** *n* ELECT Druckluftschalter *m*; **~ blast transformer** *n* ELECT druckluftgekühlter Transformator *m*; **~ bleeder** *n* HEAT & REFRIG Entlüfter *m*; **~ bleed valve** *n* AIR TRANS Entlüftungsventil *nt*, Zapfluftventil *nt*, FOOD TECH Entlüftungsventil *nt*; **~ blowing** *n* MECHAN ENG Lufteinblasen *nt*; **~ bottle** *n* HEAT & REFRIG, PROD ENG Druckluftflasche *f*; **~ box** *n* MECHAN ENG Luftbehälter *m*, PET TECH Luftkasten *m*, PROD ENG Windkasten *m*; **~ brake** *n* AIR TRANS Luftbremse *f*, AUTO, MECHAN ENG, MECHANICS, PHYS Druckluftbremse *f*; **~ brake hose** *n* MECHAN ENG Bremsschlauch der Druckluftbremse *m*, PLAS *rubber* Druckluftbremsschlauch *m*; **~ breaker** *n* ELECT Druckluftschalter *m*, Expansionsschalter *m*, Preßluftschalter *m*; **~ break switch** *n* ELEC ENG Luftschalter *m*, ELECT Lufttrennschalter *m*, Stromschutz *m*, Trennschalter *m*; **~ breathing engine** *n* AIR TRANS Luftstrahltriebwerk *nt*; **~ bridge** *n* AIR TRANS Fluggastbrücke *f*; **~ brush** *n* PAPER, PLAS Luftbürste *f*; **~ bubble** *n* MECHANICS, PHYS Luftblase *f*, PROD ENG Libellenblase *f*; **~ bubble boom** *n* MAR POLL Luftsperre *f*; **~ bubble cushioning** *n* PACK Wattierung *f*; **~ bubble density meter** *n* INSTR pneumatisches Dichtemeßgerät *nt*; **~ bubble wrap** *n* PACK Blasenverpackung *f*; **~ buffer** *n* PROD ENG Luftpuffer *m*;

~ c **~ capacitor** *n* ELECT luftisolierter Kondensator *m*, MECHANICS, PHYS Luftkondensator *m*; **~ cargo** *n* PACK Luftfracht *f*; **~ cavity** *n* PROD ENG Lufteinschluß *m*; **~ cell** *n* ELEC ENG Luftsauerstoffelement *nt*, Luftsauerstoffzelle *f*; **~ cell diesel engine** *n* AUTO Luftspeicherdieselmotor *m*; **~ changes** *n pl* HEAT & REFRIG Luftwechsel *m pl*; **~-charging valve** *n* AIR TRANS Lufteinlaßventil *nt*; **~ check** *n* TELEV Sendeprüfung *f*; **~ check tape** *n* TELEV Sendeüberwachungsband *nt*; **~ chipper** *n* PROD ENG Luftdruckmeißel *m*; **~ choke** *n* PROD ENG Luftklappe *f*, Luftventil *nt*; **~ chuck** *n* MECHAN ENG Druckluftfutter *nt*, PROD ENG Preßluftfutter *nt*; **~ chucking** *n* PROD ENG Druckluftspannung *f*; **~-circulating furnace** *n* PROD ENG Luftumwälzofen *m*; **~ circulation** *n* HEAT & REFRIG, PROD ENG Luftumwälzung *f*; **~ clamp** *n* PROD ENG druckluftbetätigte Spanneinrichtung *f*; **~ classification** *n* FOOD TECH Windsichten *nt*, PROD ENG Sortierung im Druckluftstrom *f*; **~ classifier** *n* WASTE Luftklassierer *m*, Luftsortierer *m*, Windsichter *m*; **~ cleaner** *n* AUTO *carburettor* Luftfilter *nt*, COAL TECH Luftreiniger *m*, MECHAN ENG Luftfilter *nt*; **~ cleaning** *n* COAL TECH Luftreinigung *f*, PROD ENG Luftfilterung *f*; **~ cock** *n* PROD ENG Lufthahn *m*; **~ column loudspeaker** *n* RECORD Luftsäulenlautsprecher *m*; **~ compression** *n* PROD ENG Luftverdichtung *f*; **~ compressor** *n* AUTO Luftkompressor *m*, HYD EQUIP Luftkompressor *m*, Luftverdichter *m*, LAB EQUIP, MECHAN ENG Luftkompressor *m*; **~ conditioner** *n* AUTO *interior* Klimaanlage *f*, HEAT & REFRIG Klimaaggregat *nt*, Klimagerät *nt*, MECHAN ENG Klimgerät *nt*; **~ conditioning** *n* HEAT & REFRIG Klimaregelung *f*, Klimatechnik *f*, Klimatisierung *f*, PAPER Klimatisierung *f*; **~-conditioning plant** *n* HEAT & REFRIG, PROD ENG, SAFETY Klimaanlage *f*; **~-conditioning system** *n* HEAT & REFRIG Klimaanlage *f*; **~ conduction** *n* ACOUSTICS Luftleitung *f*; **~ conduit** *n* MECHAN ENG, PROD ENG Luftkanal *m*; **~ consumption** *n* MECHAN ENG Luftbedarf *m*, Luftverbrauch *m*; **~ coolant** *n* HEAT & REFRIG Kühlluft *f*, NUC TECH Luftkühlmittel *nt*; **~-cooled condenser** *n* HEAT & REFRIG luftgekühlter Kondensator *m*; **~-cooled engine** *n* AUTO, MECHAN ENG luftgekühlter Motor *m*; **~-cooled system** *n* MECHAN ENG luftgekühltes System *nt*; **~-cooled transformer** *n* ELECT luftgekühlter Transformator *m*; **~-cooled triode** *n (ACT)* ELECTRON luftgekühlte Triode *f (LKT)*; **~-cooled tube** *n* ELECTRON luftgekühlte Röhre *f*; **~ cooler** *n* HEAT & REFRIG

Luftkühlapparat *m*, Luftkühler *m*, NUC TECH Luftkühler *m*; ~ **cooling** *n* AUTO, ELEC ENG, MECHAN ENG Luftkühlung *f*; ~-**cooling installation** *n* MECHAN ENG Luftkühlungssystem *nt*; ~ **core** *n* ELEC ENG Luftkern *m*, eisenlos, ohne Eisenkern; ~ **core coil** *n* ELECT Luftkernspule *f*; ~-**cored transformer** *n* ELECT Luftkerntransformator *m*, Lufttransformator *m*; ~ **core transformer** *n* ELEC ENG Lufttrafo *m*, Lufttransformator *m*, ELECT Luftkerntransformator *m*; ~ **core winding** *n* SPACE *spacecraft* freitragende Windung *f*; ~ **correction jet** *n* AUTO Ausgleichluftdüse *f*, Luftkorrekturdüse *f*; ~ **corridor** *n* AIR TRANS Luftkorridor *m*; ~ **course** *n* WATER TRANS *shipbuilding* Luftgang *m*, Luftloch *nt*; ~ **cross bleed valve** *n* AIR TRANS Dreiwegezapfluftventil *nt*; ~ **cure** *n* PLAS *rubber* Luftvulkanisation *f*; ~ **curtain** *n* AUTO Luftgardine *f*, HEAT & REFRIG Kaltluftvorhang *m*; ~ **curtain installation for open doors** *n* SAFETY Luftschleiertür *f*; ~ **cushion** *n* MECHAN ENG Luftkissen *nt*, PROD ENG pneumatisches Ziehkissen *nt*, TRANS Luftkissen *nt*; ~ **cushion levitation** *n* TRANS Luftkissenschwebesystem *nt*, schwereloses Schweben *nt*; ~ **cushion restraint system** *n* TRANS Luftkissenhaltesystem *nt*; ~ **cushion vehicle** *n* *(ACV)* TRANS Luftkissenfahrzeug *nt (LKF)*; ~ **cylinder** *n* MECHANICS, PHYS Druckluftflasche *f*, Druckluftzylinder *m*, Windkessel *m*;

~ d ~ **damper** *n* HEAT & REFRIG Luftklappe *f*; ~ **damping** *n* INSTR Luftdämpfung *f*; ~ **dashpot** *n* AIR TRANS Luftpuffer *m*, Luftkissen *nt*; ~ **data computer** *n* AIR TRANS Flugwerterechner *m*; ~ **date** *n* TELEV Sendedatum *nt*; ~ **dehumidifier** *n* SAFETY Luftentfeuchter *m*; ~ **density** *n* HEAT & REFRIG Luftdichte *f*; ~ **depolarized battery** *n* ELEC ENG Luftsauerstoffbatterie *f*; ~ **diffuser** *n* HEAT & REFRIG Luftdiffusor *m*, Luftverteiler *m*; ~ **discharge** *n* HEAT & REFRIG Luftauslaß *m*, Luftaustritt *m*, MECHANICS, PHYS Luftabfluß *m*, Luftauslaß *m*; ~ **discharge grille** *n* HEAT & REFRIG Luftaustrittsgitter *nt*; ~ **discharge nozzle** *n* MECHANICS, PHYS Luftauslaßdüse *f*; ~ **doctor** *n* PAPER Luftrakel *f*; ~ **doctor dampening system** *n* PRINT Luftrakelfeuchtsystem *nt*; ~ **dome** *n* PROD ENG Windkessel *m*; ~ **drain** *n* NUC TECH *of pressure vessel*, PROD ENG Entlüftung *f*; ~ **drain petcock** *n* PROD ENG Entlüftungshahn *m*; ~ **drain valve** *n* NUC TECH *of pressure vessel*, PROD ENG Entlüftungsventil *nt*; ~ **draught** *n* WATER TRANS *ship design* Brückendurchfahrtshöhe *f*; ~-**dried paper** *n* PRINT lufttrockenes Papier *nt*; ~-**dried strength** *n* PROD ENG Standfestigkeit *f*; ~ **drill** *n* MECHAN ENG Druckluftbohrer *m*, MECHANICS, PHYS Druckluftbohrer *m*, Preßluftbohrer *m*, PROD ENG Preßluftbohrer *m*; ~ **drilling** *n* PET TECH Luftbohren *nt*; ~ **drying** *n* PRINT Lufttrocknen *nt*; ~-**dry paper** *n* PRINT lufttrockenes Papier *nt*; ~ **duct** *n* COAL TECH Luftkanal *m*, HEAT & REFRIG Luftkanal *m*, Luftschacht *m*, Luftschlitz *m*; ~ **ducting** *n* MECHAN ENG Luftleitungen *f pl*;

~ e ~ **emergency** *n* AIR TRANS Flugrettung *f*; ~ **engine** *n* MECHAN ENG Druckluftmotor *m*; ~-**entrained concrete** *n* CONST Luftporenbeton *m*; ~-**entraining admixture** *n* CONST *concrete* Luftporenbildner *m*; ~ **escape** *n* PROD ENG Entlüftung *f*; ~ **escape valve** *n* PROD ENG Luftabzugventil *nt*; ~ **exchanger** *n* PAPER Luftwechsler *m*; ~ **exhaust** *n* PET TECH Entlüfter *m*, Luftauslaß *m*, PROD ENG Luftabzug *m*;

~ f ~-**filed flight plan** *n* AIR TRANS eingereichter Flugplan *m*; ~ **film system** *n* WATER TRANS Luftfilmsystem *nt*; ~ **filter** *n* AUTO *carburettor* Luftfilter *nt*, CHEM ENG Luftfilter *nt*, Schwebstoff-Filter *nt*, COAL TECH, HEAT & REFRIG, MECHANICS, PHYS Luftfilter *nt*; ~ **float dryer** *n* PAPER Luftumlauftrockner *m*; ~ **flooding** *n* PET TECH Druckluftbohren *nt*, Preßluftbohren *nt*; ~ **flotation** *n* POLL Luftblasenflotation *f*; ~ **flow** *n* CONST Luftstrom *m*, HEAT & REFRIG Luftströmung *f*; ~ **freight** *n* AIR TRANS, PACK Luftfracht *f*; ~ **friction** *n* SPACE *spacecraft* Luftreibung *f*; ~ **friction heating** *n* SPACE *spacecraft* Erhitzung durch Luftreibung *f*; ~-**fuel ratio** *n* TRANS Luft-Brennstoff-Verhältnis *nt*; ~ **furnace** *n* HEAT & REFRIG Flammofen *m*, METALL einfacher Flammofen *m*, PROD ENG Flammofen *m*;

~ g ~ **gage** *n AmE see air gauge BrE* ~ **gap** *n* ELEC ENG *magnetic, electric circuit* Luftspalt *m*, ELECT Luftspalt *m*, Luftstrecke *f*, PET TECH, PHYS *electromagnetism* Luftspalt *m*, TRANS Luftspalt *m*, Luftzwischenraum *m*; ~ **gap coil** *n* ELECT Magnetspule mit Luftspaltkern *f*; ~ **gap induction coil** *n* ELECT Induktionsspule mit Luftspaltkern *f*; ~ **gap protector** *n* SAFETY Blitzschutz mittels Luftstrecke *m*; ~ **gauge** *n BrE* MECHAN ENG pneumatische Meßvorrichtung *f*, METROL Luftdruckmesser *m*, pneumatischer Bohrungsmeßdorn *m*, pneumatischer Feinzeiger *m*, PROD ENG pneumatischer Bohrungsmeßdorn *m*, pneumatischer Feinzeiger *m*;

~ h ~ **hammer** *n* MECHANICS, PHYS, PROD ENG Preßlufthammer *m*; ~-**handling ceiling** *n* HEAT & REFRIG Klimadecke *f*; ~-**handling luminaire** *n* HEAT & REFRIG Klimaleuchte *f*; ~-**handling system** *n* HEAT & REFRIG Lüftungsanlage *f*; ~-**handling unit** *n (AH unit)* HEAT & REFRIG Lüftungseinheit *nt*; ~-**hardening steel** *n* METALL Lufthärtestahl *m*, Lufthärtungsstahl *m*; ~ **hardening steel** *n* PROD ENG Lufthärtestahl *m*, Lufthärtungsstahl *m*; ~ **heater** *n* HEAT & REFRIG, MECHAN ENG Lufterhitzer *m*, PAPER Luftvorwärmer *m*, PROD ENG Lufterhitzer *m*; ~ **hoist** *n* MECHAN ENG Druckluftheber *m*, PET TECH Luftschlauch *m*; ~ **hose** *n* CONST *compressed air*, MECHAN ENG, MECHANICS, PHYS Luftschlauch *m*; ~ **humidifier** *n* SAFETY Luftbefeuchter *m*; ~ **humidity** *n* PACK Luftfeuchtigkeit *f*; ~ **humidity meter** *n* INSTR Luftfeuchtemeßgerät *nt*; ~ **humidity recorder** *n* INSTR Luftfeuchteschreiber *m*; ~ **hydraulic accumulator** *n* PROD ENG Druckluftspeicher *m*; ~ **hydraulic unit** *n* PROD ENG Preßlufteinrichtung *f*;

~ i ~ **injection reactor** *n (AIR)* TRANS Reaktor mit Lufteinblasung *m*; ~ **injector** *n* MECHAN ENG Luftinjektor *m*; ~ **inlet** *n* CER & GLAS Lufteinlaß *m*, HEAT & REFRIG Lufteinlaß *m*, Lufteintritt *m*, MECHAN ENG Luftzuführung *f*, *of blower* Lufteinlaß *m*; ~ **inlet cock** *n* MECHAN ENG, PROD ENG Lufteinlaßhahn *m*; ~ **inlet nozzle** *n* MECHAN ENG Lufteinlaßdüse *f*; ~ **inlet pipe** *n* MECHAN ENG Luftzuführungsrohr *nt*, Zuluftrohr *nt*; ~ **input well** *n* PET TECH Lufteinpreßbohrung *f*; ~ **insulation** *n* ELEC ENG Luftisolation *f*, Luftisolierung *f*, ELECT Luftisolierung *f*; ~ **intake** *n* COAL TECH Wettereinzugstrecke *f*, HEAT & REFRIG Lufteinlaß *m*, Lufteintritt *m*, MECHAN ENG Luftzufuhr *f*, Lufteinlaß *m*, PROD ENG Luftansaugung *f*, Luftsaugrohr *nt*, Lufteinlaß *m*, WATER TRANS Lufteinlaß *m*; ~ **intake pressure** *n* AIR TRANS Lufteintrittsdruck *m*; ~ **intake valve** *n* AIR TRANS Lufteintrittsventil *nt*; ~ **interrupter** *n* ELECT *circuit breaker* Stromkreisunterbrecher *m*, Stromschutz *m*, Unterbrecher *m*;

~ j ~ **jet** *n* PROD ENG Luftstrahl *m*; ~ **jet coater** *n* PAPER Luftdüsenstreichmaschine *f*; ~ **jet labeling** *n AmE*, ~ **jet labelling** *n BrE* PACK Etikettieren mit

Luftdruck *nt*; ~ **jig** *n* COAL TECH Luftsetzmaschine *f*;

~ k ~ **knife** *n* PAPER Luftmesser *nt*, PLAS *coating equipment* Luftmesser *nt*, Luftrakel *f*, PROD ENG Luftbürste *f*, Luftmesser *nt*; ~ **knife coater** *n* PAPER Luftmesserstreichmaschine *f*;

~ l ~ **lance** *n* PROD ENG Druckluftgebläse *nt*; ~ **leak** *n* AUTO Falschluft *f*, Nebenluft *f*; ~ **level** *n* CONST Wasserwaage *f*, PROD ENG Röhrenlibelle *f*; **~-loaded accumulator with piston** *n* PROD ENG Druckluft-Kolbenakkumulator *m*; ~ **lubrication** *n* PROD ENG Luftschmierung *f*;

~ m ~ **main** *n* MECHAN ENG Luftleitung *f*; ~ **mass** *n* FUELLESS atmosphärische Masse *f*; ~ **meter** *n* MECHAN ENG Luftdurchflußzähler *m*; ~ **moisture** *n* COAL TECH Luftfeuchtigkeit *f*; ~ **monitor** *n* TELEV Sendemonitor *m*; ~ **motor** *n* AIR TRANS Luftdruckmotor *m*, MECHAN ENG Druckluftmotor *m*; ~ **movement** *n* HEAT & REFRIG Luftbewegung *f*;

~ n ~ **noise** *n* HEAT & REFRIG Luftschall *m*; ~ **nozzle** *n* COAL TECH Wetterdüse *f*, MECHAN ENG Luftdüse *f*;

~ o **~-operated chuck** *n* MECHAN ENG Druckluftfutter *nt*, PROD ENG Preßluftfutter *nt*; **~-operated gage** *n* *AmE*, **~-operated gauge** *n* *BrE* METROL luftbetriebenes Meßgerät *nt*; **~-operated squeezer** *n* PROD ENG Druckluft-Preßformmaschine *f*; ~ **outlet** *n* HEAT & REFRIG Luftauslaß *m*, Luftaustritt *m*, MECHAN ENG *of blower* Luftauslaß *m*; ~ **oven** *n* PLAS Heißluftofen *m*;

~ p ~ **passage** *n* MECHAN ENG Luftdurchgang *m*; ~ **patenting** *n* PROD ENG Luftpatentieren *nt*; ~ **permeability** *n* HEAT & REFRIG Luftdurchlässigkeit *f*; ~ **photo interpretation** *n* COAL TECH Luftbildauswertung *f*; ~ **pipe** *n* MECHAN ENG Luftrohr *nt*; ~ **pipeline** *n* MECHAN ENG Luftleitung *f*; ~ **piston** *n* PRINT *monotype machine* Luftstift *m*; ~ **poisoning** *n* POLL Luftvergiftung *f*; ~ **pollutant** *n* POLL Luftschadstoff *m*; **~-polluting substance** *n* POLL luftverunreinigender Stoff *m*; ~ **pollution** *n* POLL Luftverunreinigung *f*, Luftverschmutzung *f*; ~ **pollution control** *n* POLL Lufthygiene *f*; ~ **pollution emission** *n* POLL Luftverunreinigungsemission *f*; ~ **pollution episode** *n* POLL Luftverunreinigungsgefahrensituation *f*; ~ **pollution forecast** *n* POLL Luftverschmutzungsvorhersage *f*; ~ **pollution incident** *n* POLL Luftverunreinigungsereignis *nt*; ~ **preheater** *n* MECHAN ENG Luftvorwärmer *m*; ~ **pressure** *n* MECHAN ENG, PROD ENG Luftdruck *m*; ~ **pressure brake** *n* AUTO Druckluftbremse *f*; **~-pressure-controlled vacuum brake** *n* RAIL druckluftgesteuerte Vakuumbremse *f*; ~ **pressure gage** *n* *AmE*, ~ **pressure gauge** *n* *BrE* PET TECH Luftdruckmeßgerät *nt*; ~ **pressure system** *n* AIR TRANS Druckluftsystem *nt*; ~ **propelled hovercraft** *n* TRANS Luftkissenfahrzeug mit Luftschraubenantrieb *nt*; ~ **propeller** *n* TRANS Luftschraube *f*; ~ **pump** *n* MECHAN ENG, MECHANICS, PHYS Luftpumpe *f*; ~ **purger** *n* PACK Luftreiniger *m*; ~ **purification and deodorization equipment** *n* SAFETY Luftreinigungs- und Deodorisierungsgerät *nt*; ~ **purity** *n* POLL Luftreinheit *f*;

~ q ~ **quality** *n* SAFETY Luftqualität *f*, TELEV Sendequalität *f*; ~ **quality data** *n pl* POLL Luftqualitätsdaten *nt pl*; ~ **quality measurement** *n* POLL Messung der Luftqualität *f*;

~ r ~ **ratio** *n* AUTO Luftverhältnis *nt*, Luftzahl *f*; ~ **reactor** *n* ELECT Luftspule *f*; ~ **receiver** *n* MECHAN ENG *of air compressor* Luftbehälter *m*; ~ **refractive index** *n* MECHANICS, PHYS Brechungsindex der Luft *m*; ~ **refrigeration cycle** *n* HEAT & REFRIG Luftkühlkreislauf *m*; ~ **regulator** *n* COAL TECH Wetterdrosseltür *f*, MECHAN ENG *of gas burner* Luftregulierung *f*; ~ **relief valve** *n* PROD ENG Entlüftungsventil *nt*; ~ **renewal** *n* AIR TRANS Luftwechsel *m*, Lüftung *f*; ~ **repressuring** *n* PET TECH Druckluftteinbringung *f*; ~ **roll** *n* PAPER Luftwalze *f*; ~ **route facilities** *n pl* AIR TRANS Flugstreckeneinrichtungen *f pl*; ~ **route surveillance radar** *n (ARSR)* SPACE Flugüberwachungsradar *nt (ARSR)*;

~ s **~-sampling technique** *n* SAFETY Luftprobenahmetechnik *f*; ~ **scoop** *n* AIR TRANS Belüftungshaube *f*; ~ **and sea forces** *n pl* WATER TRANS *navy* Luft- und Seestreitkräfte *f pl*; ~ **search radar** *n* WATER TRANS *navy* Luftraumüberwachungsradar *nt*; ~ **separation** *n* CHEM ENG Luftabscheidung *f*, Luftzerlegung *f*, FOOD TECH Luftzerlegung *f*, Windsichten *nt*; ~ **separation plant** *n* WASTE Luftklassierer *m*, Luftsortierer *m*, Windsichter *m*; ~ **separator** *n* MECHAN ENG Luftabscheider *m*, WASTE Luftabscheider *m*, Luftsortierer *m*, Windsichter *m*; ~ **shed** *n* POLL Luftausfällung *f*; ~ **shower** *n* PAPER Luftdusche *f*; ~ **shuttle** *n* TRANS Pendelverkehr zwischen Flughäfen *m*; **~-slaked lime** *n* CHEMISTRY luftgelöschter Kalk *m*; **~-snifting valve** *n* MECHAN ENG Schnarchventil *nt*; ~ **stairs** *n pl* AIR TRANS Flugzeugtreppe *f*; ~ **standard efficiency** *n (ase)* SPACE Flugnormwirkungsgrad *m (ase)*; ~ **starter** *n* MECHAN ENG Luftanlasser *m*; ~ **start ignition switch** *n* AIR TRANS Luftstartanlaßschalter *m*; ~ **stripping** *n* WASTE Ausstrippen mit Luft *nt*; ~ **supply** *n* AIR TRANS Luftversorgung *f*, Luftzufuhr *f*, MECHAN ENG Luftzufuhr *f*; ~ **supply gage** *n* *AmE*, ~ **supply gauge** *n* *BrE* INSTR Versorgungsluft-Manometer *nt*;

~ t ~ **tank** *n* PET TECH Luftbehälter *m*, Lufttank *m*, WATER TRANS *shipbuilding* Luftkasten *m*; ~ **terminal** *n* AIR TRANS Flughalle *f*, Großflughafen *m*, TRANS Flughafenabfertigungsgebäude *nt*; **~-to-air heat exchanger** *n* HEAT & REFRIG, MECHAN ENG Luft-Luft-Wärmetauscher *m*; ~ **tool** *n pl* MECHAN ENG Druckluftwerkzeug *nt*; **~-to-water heat exchanger** *n* HEAT & REFRIG Luft-Wasser-Wärmetauscher *m*; ~ **traffic** *n* AIR TRANS Flugverkehr *m*, Luftverkehr *m*; ~ **traffic control** *n (ATC)* AIR TRANS Flugsicherung *f (FS)*; ~ **traffic control center** *n* *AmE*, ~ **traffic control centre** *n* *BrE* AIR TRANS Flugsicherungszentrale *f*, Luftverkehrszentrale *f*; ~ **traffic control clearance** *n* AIR TRANS Freigabe durch die Flugsicherung *f*; ~ **traffic controller** *n* AIR TRANS Fluglotse *m*; ~ **traffic control service** *n* AIR TRANS Luftverkehrskontrolle *f*; ~ **traffic pattern** *n* AIR TRANS Luftverkehrsschema *nt*; ~ **transformer** *n* ELECT Luftkerntransformator *m*, Lufttransformator *m*; ~ **transport** *n* AIR TRANS Lufttransport *m*; ~ **trimmer capacitor** *n* ELEC ENG Luftabgleichkondensator *m*; ~ **turbine** *n* MECHAN ENG Druckluftturbine *f*;

~ v ~ **valve** *n* FUELLESS Luftventil *nt*, MECHAN ENG Luftklappe *f*, Schnarchventil *nt*, Sicherheitsventil *nt*, *of tyre* Ventil *nt*, PROD ENG Luftklappe *f*; ~ **variable capacitor** *n* ELEC ENG Luftdrehkondensator *m*; ~ **velocity** *n* HEAT & REFRIG Luftgeschwindigkeit *f*; ~ **vent** *n* MECHAN ENG Lüftungsöffnung *f*, NUC TECH *of pressure vessel* Entlüftungsklappe *f*, PET TECH Entlüftung *f*, PRINT Düse *f*, PROD ENG Entlüftungsbohrung *f*, WATER TRANS Luftauslaß *m*, Luftabzug *m*; ~ **vent valve** *n* AIR TRANS Entlüftungshaubenventil *nt*, MECHAN ENG Entlüftungsventil *nt*; ~ **volume** *n* HEAT & REFRIG Luftmenge *f*;

~ w ~ **waybill** *n* AIR TRANS Luftfrachtbrief *m*

air[3] *vt* SAFETY *workshop* belüften, TELEV senden, TRANS lüften; **~-condition** *vt* CONST, HEAT & REFRIG klimatisieren; **~-cool** *vt* THERMODYN mit Luft kühlen

AIR *abbr (air injection reactor)* TRANS Reaktor mit Lufteinblasung *m*

airborne[1] *adj* AIR TRANS auf dem Luftweg, PROD ENG luftübertragen

airborne:[2] ~ **acoustical noise** *n* SAFETY durch die Luft verbreiteter akustischer Lärm *m*; ~ **collision avoidance system** *n* AIR TRANS Bordkollisionswarnsystem *nt*, luftgestütztes Kollisionswarnsystem *nt*; ~ **dust** *n* SAFETY Staub in der Luft *m*; ~ **dust concentration** *n* SAFETY Staubkonzentration in der Luft *f*; ~ **noise emitted** *n* MECHAN ENG Luftschallemission *f*, SAFETY *by machine tools* durch die Luft verbreiteter Lärm *m*; ~ **proximity warning indicator** *n* AIR TRANS Bordabstandswarnanzeiger *m*, luftgestützter Abstandswarnanzeiger *m*; ~ **radar** *n* ELECTRON Bordradar *nt*, Flugradar *nt*, TELECOM Flugzeugradar *nt*, Luftfahrzeugradar *nt*; ~ **remote sensing** *n* MAR POLL Luftbildfernerkundung *f*; ~ **television** *n* TELEV Luftfernsehen *nt*; ~ **warning and control system** *n (AWACS)* AIR TRANS Überwachungs- und Leitsystem im Flugzeug *nt (AWACS)*

airbrush *n* PACK Spritzpistole *f*, PHOTO Spritzapparat *m*; ~ **coater** *n* PAPER Luftbürstenstreichmaschine *f*

airbrushing *n* PRINT Spritzverfahren *nt*

airbus *n* AIR TRANS Airbus *m*

aircraft *n* AIR TRANS Flugzeug *nt*; ~ **axis** *n* AIR TRANS Flugzeugachse *f*; ~ **balance** *n* AIR TRANS Flugzeuggleichgewicht *nt*, Flugzeugschwerpunkt *m*; ~ **call signal** *n* AIR TRANS Luftfahrzeugrufzeichen *nt*; ~ **carrier** *n* WATER TRANS *navy* Flugzeugträger *m*; ~ **category** *n* AIR TRANS Flugzeugkategorie *f*; ~ **classification** *n* AIR TRANS Luftfahrzeugklasse *f*; ~ **effectivity** *n* AIR TRANS Flugzeugnutzleistung *f*; ~ **engine emissions** *n pl* AIR TRANS Flugzeugtriebwerksemissionen *f pl*; ~ **equipment** *n* AIR TRANS Flugzeugausrüstung *f*; ~ **icing indicator** *n* AIR TRANS Flugzeugvereisungsanzeiger *m*; ~ **identification** *n* AIR TRANS Flugzeugkennung *f*; ~ **interception** *n* AIR TRANS Abfangen eines Flugzeugs *nt*; ~ **kilometre performed** *n* AIR TRANS vom Luftfahrzeug zurückgelegter Kilometer *m*; ~ **lateral field** *n* AIR TRANS *magnetic field* Flugzeugquerfeld *nt*; ~ **lift** *n* AIR TRANS *carrier* Flugzeugaufzug *m*; ~ **light** *n* AIR TRANS Flugzeugbeleuchtung *f*; ~ **longitudinal field** *n* AIR TRANS *magnetic field* Flugzeuglängsfeld *nt*; ~ **mains** *n* AIR TRANS Luftfahrzeugstromversorgung *f*, Luftfahrzeugverteilernetz *nt*; ~ **maintenance rating** *n* AIR TRANS Flugzeugwartungsdaten *nt pl*; ~ **movement** *n* AIR TRANS Flugbewegung *f*; ~ **overhaul rating** *n* AIR TRANS Flugzeugüberholungsdaten *nt pl*; **~-parking position** *n* AIR TRANS *airport* Flugzeugabstellplatz *m*; ~ **tail unit** *n* AIR TRANS Luftfahrzeugleitwerk *nt*; ~ **tractor** *n* TRANS Flugzeugschlepper *m*; ~ **tug** *n* AIR TRANS Flugzeugschlepper *m*; ~ **waste gas** *n* POLL Flugzeugabgas *nt*

airdrome *n AmE see aerodrome BrE*

airdrop *vt* AIR TRANS mit Fallschirm abwerfen

airfield *n* AIR TRANS Flugfeld *nt*, Rollfeld *nt*

airflow *n* AIR TRANS Luftstrom *m*, Luftströmung *f*, FLUID PHYS Luftströmung *f* ~ **indicator** *n* HEAT & REFRIG Luftströmungsmelder *m*; ~ **monitor** *n* HEAT & REFRIG Luftströmungswächter *m*; ~ **proving switch** *n* HEAT & REFRIG Luftströmungswächter *m*; ~ **rate** *n* HEAT & REFRIG Luftdurchflußmenge *f*, Luftleistung *f*; ~ **sensor** *n* AIR TRANS Luftmengenmesser *m*

airfoil *n AmE see aerofoil BrE*

airframe *n* AIR TRANS Flugwerk *nt* ~ **bonding lead** *n* AIR TRANS Verbindungsleitung *f*; ~ **noise** *n* AIR TRANS Strahllärm *m*, aerodynamische Geräusche *nt pl*; ~ **reference plane** *n* AIR TRANS Flugwerksleitebene *f*

airing *n* CONST Belüftung *f*, Entlüftung *f*, MECHAN ENG Lüftung *f*

airlift *n* AIR TRANS Luftbrücke *f*, Lufttransport *m*, PROD ENG Druckluftanhebung *f*; ~ **pump** *n* CHEM ENG Drucklufttheber *m*

airline *n* AIR TRANS Fluggesellschaft *f*, Luftverkehrsgesellschaft *f*, CER & GLAS, MECHAN ENG *piping*, PAPER Luftleitung *f*

airliner *n* AIR TRANS Linienflugzeug *nt*, Passagiergroßflugzeug *nt*

airlock *n* AIR TRANS Luftschleuse *f*, FLUID PHYS *pipes* Lufteinschluß *m*, HEAT & REFRIG, SAFETY, SPACE *spacecraft*, WATER SUP Luftschleuse *f*; ~ **feeder** *n* PAPER Einspeiseschleuse *f*; ~ **system** *n* NUC TECH Luftschleusensystem *nt*

airmail: ~ **paper** *n* PAPER, PRINT Luftpostpapier *nt*

airphone *n AmE* TELECOM öffentlicher Telefonanschluß im Flugzeug *m*

airplane *n AmE see aeroplane BrE*

airport *n* AIR TRANS Flughafen *m* ~ **of arrival** *n* AIR TRANS Ankunftsflughafen *m*; ~ **beacon** *n* AIR TRANS Flughafenleuchtfeuer *nt*, SPACE Flughafenbake *f*; ~ **of departure** *n* AIR TRANS Abflugflughafen *m*; ~ **of entry** *n* AIR TRANS Eingangsflughafen *m*, Zollflughafen *m*; ~ **fee** *n* AIR TRANS Flughafengebühr *f*; ~ **surveillance radar** *n (ASR)* AIR TRANS Flughafenüberwachungsradar *nt (ASR)*

airscrew *n* AIR TRANS Luftschraube *f*, Propeller *m*

airspace: ~ **insulation** *n* HEAT & REFRIG Luftisolierung *f*; ~ **restriction** *n* AIR TRANS Luftraumbeschränkung *f*

airspeed *n* AIR TRANS Eigengeschwindigkeit *f*, Fluggeschwindigkeit *f*; ~ **indicator** *n (ASI)* AIR TRANS Eigengeschwindigkeitsanzeiger *m*, Geschwindigkeitsmesser *m (ASI)*, SPACE Geschwindigkeitsanzeiger *m (ASI)*

airstream: ~ **separation** *n* AIR TRANS Luftstromscheider *m*, Trennung des Luftstroms *f*; ~ **sorting** *n* WASTE Windsichtung *f*

airtight *adj* FOOD TECH luftdicht, HEAT & REFRIG hermetisch abgeschlossen, MECHAN ENG luftdicht, MECHANICS hermetisch abgeschlossen, luftdicht, PACK, PAPER, PET TECH luftdicht, PHYS hermetisch abgeschlossen, luftdicht, WATER TRANS luftdicht

airtime *n* TELECOM Sendezeit *f*, Sprechzeit *f*, TELEV Sendezeit *f*

airway *n* AIR TRANS Luftkanal *m*, Luftweg *m*

airways: ~ **and air communications service** *n (AACS)* SPACE Luftfahrtfunkdienst *m (AACS)*; ~ **terminal** *n* AIR TRANS Air-Terminal *m*, Flughalle einer Luftverkehrsgesellschaft *f*

airworthiness *n* AIR TRANS Lufttüchtigkeit *f*

airworthy *adj* AIR TRANS lufttüchtig

Airy: ~ **disc** *n BrE* PHYS Airy-Scheibchen *nt*; ~ **disk** *n AmE see Airy disc BrE*

AIS *abbr (aeronautical information service)* SPACE AIS *(aeronautischer Informationsdienst)*

Al *(aluminium BrE, aluminum AmE)* CHEMISTRY Al *(Aluminium)*

alabaster: **~ glass** *n* CER & GLAS Alabasterglas *nt*
alanine *n* CHEMISTRY Alanin *nt*
alant: **~ starch** *n* CHEMISTRY Alantstärke *f*
alantin *n* CHEMISTRY Alantin *nt*, Alantstärke *f*, Inulin *nt*
alarm *n* MECHAN ENG Alarm *m*, Warnsignal *nt*, *indicator* Warnanzeige *f*, NUC TECH Alarm *m*, Alarmsignal *nt*, SAFETY Alarm *m*, Einbruchsalarm *m*; **~ annunciator** *n* INSTR Alarmmelder *m*; **~ bell** *n* ELECT Alarmglocke *f*, Notglocke *f*, PAPER, SAFETY Alarmglocke *f*; **~ call** *n* TELECOM Alarmruf *m*; **~ card** *n* TELECOM Alarmschaltungskarte *f*; **~ circuit** *n* TELECOM Alarmleitung *f*; **~ clock** *n* LAB EQUIP Weckeruhr *f*; **~ flashing light** *n* SAFETY Alarmblinker *m*; **~ float** *n* PAPER Alarmschwimmer *m*; **~ fuse** *n* ELECT Alarmsicherung *f*, Sicherung mit Alarm und Signalgeber *f*; **~ indication lamp** *n* TELECOM Alarmmeldelampe *f*; **~ print-out facility** *n* TELECOM Alarmdrucker *m*; **~ relay** *n* ELECT Alarmrelais *nt*, Alarmschütz *nt*, Warnrelais *nt*; **~ setting** *n* TELECOM Alarmeinstellung *f*; **~ signal** *n* MECHAN ENG Alarmsignal *nt*, Warnsignal *nt*, WATER TRANS *emergency* Alarmsignal *nt*; **~ switch** *n* INSTR Alarmschalter *m*; **~ system** *n* SAFETY Alarmsystem *nt*; **~ thermometer** *n* MECHAN ENG Warnthermometer *nt*; **~ unit** *n* IND PROCESS Gefahrmeldeeinrichtung *f*; **~ whistle** *n* MECHAN ENG Signalpfeife *f*
alarming *adj* AUTO, ELEC ENG, SAFETY Warn- *pref*
alban *n* CHEMISTRY Alban *nt*
albedo *n* SPACE Albedo *f*
albite *n* CER & GLAS Albit *m*
albumen *n* FOOD TECH Eiweiß *nt*; **~ process** *n* PHOTO Albuminverfahren *nt*
albumenized: **~ paper** *n* PAPER, PRINT Albuminpapier *nt*
albumin *n* FOOD TECH Albumin *nt*
albuminate *n* CHEMISTRY, FOOD TECH Albuminat *nt*
albuminoid[1] *adj* CHEMISTRY albuminartig
albuminoid[2] *n* FOOD TECH Gerüsteiweißstoff *m*, Skleroprotein *nt*
albuminous *adj* CHEMISTRY albuminartig
albumose *n* FOOD TECH Albumose *f*
ALC *abbr (automatic level control)* AUTO ALC *(automatischer Niveauausgleich)*, RAD TECH ALC *(automatische Pegelregelung)*
alcohol *n* CHEMISTRY, FOOD TECH Alkohol *m*; **~ thermometer** *n* HEAT & REFRIG Alkoholthermometer *nt*
alcoholate *n* CHEMISTRY, FOOD TECH Alkoholat *nt*
alcoholic[1] *adj* CHEMISTRY, FOOD TECH alkoholisch
alcoholic:[2] **~ fermentation** *n* CHEMISTRY, FOOD TECH alkoholische Gärung *f*
aldehyde *n* CHEMISTRY, FOOD TECH, PLAS Aldehyd *m*; **~ acid** *n* FOOD TECH Aldehydsäure *f*
aldehydic *adj* CHEMISTRY aldehydhaltig, aldehydisch
aldohexose *n* CHEMISTRY, FOOD TECH Aldohexose *f*
aldol *n* FOOD TECH Acetaldol *nt*, Aldol *nt*
aldose *n* FOOD TECH Aldose *f*
aldosterone *n* FOOD TECH Aldosteron *nt*
aleatoric *adj* MATH aleatorisch, gewürfelt
aleatory[1] *adj* MATH aleatorisch
aleatory:[2] **~ series** *n* MATH aleatorische Reihe *f*
alee *adv* WATER TRANS leewärts
alerting *n* TELECOM Alarmierung *f*; **~ tone** *n* TELECOM Hinweiston *m*
alertness *n* ERGON Vorsicht *f*, Wachsamkeit *f*
algebra *n* COMP & DP, MATH Algebra *f*
algebraic[1] *adj* MATH algebraisch
algebraic:[2] **~ expression** *n* MATH algebraischer Ausdruck *m*; **~ geometry** *n* GEOM algebraische Geometrie *f*; **~ number** *n* MATH algebraische Zahl *f*; **~ symbol** *n* MATH algebraisches Symbol *nt*, algebraisches Zeichen *nt*
alginate *n* PLAS Alginat *nt*
alginic: **~ acid** *n* FOOD TECH Alginsäure *f*
algorithm *n* COMP & DP, ERGON, MATH Algorithmus *m*
algorithmic[1] *adj* COMP & DP algorithmisch
algorithmic:[2] **~ language** *n* COMP & DP algorithmische Sprache *f*
algorithmics *n pl* COMP & DP Algorithmik *f*
alias *n* COMP & DP Alias *m*, Alternativname *m*
aliased: **~ frequency** *n* ELECTRON Aliasing-Frequenz *f*, Rückfaltungsfrequenz *f*; **~ signal** *n* ELECTRON rückgefaltetes Signal *nt*
aliasing *n* COMP & DP *graphics* Faltungsfrequenz *f*, ELECTRON Alias-Effekt *m*
alidade *n* WATER TRANS Alhidade *f*
align *vt* CONST ausrichten, fluchten, MECHAN ENG, PHOTO *projector* ausrichten, PROD ENG achsgerade einstellen, RAD TECH abgleichen
aligning *n* PROD ENG Einfangen *nt*, Fluchten *nt*; **~ plug** *n* ELEC ENG Führungszapfen *m*, Nase *f*
alignment *n* CONST Ausfluchtung *f*, Ausrichtung *f*, Bauflucht *f*, MECHAN ENG *of parts* Fluchten *nt*, MECHANICS Ausrichtung *f*, Fluchtlinie *f*, PRINT Ausrichtung *f*, PROD ENG Axialität *f*, Einfangen *nt*, Flucht *f*, RAD TECH Abgleichen *nt*, TELECOM *frame* Synchronisierung *f*, TELEV *of video heads* Abgleich *m*; **~ bearing** *n* WATER TRANS Deckpeilung *f*; **~ error** *n* MECHAN ENG Fluchtungsfehler *m*; **~ fault** *n* TELECOM *electrical* Abgleichfehler *m*, Ausrichtungsfehler *m*, Justierfehler *m*; **~ pin** *n* MECHAN ENG Fixierstift *m*, Paßstift *m*, MECHANICS Einstellstift *m*, Führungsstift *m*, Paßstift *m*; **~ tape** *n* TELEV Abgleichband *nt*; **~ tool** *n* RAD TECH Abstimmschraubendreher *m*; **~ tool set** *n* INSTR Abgleichbesteck *nt*
aliphatic[1] *adj* CHEMISTRY, PET TECH aliphatisch
aliphatic:[2] **~ hydrocarbon** *n* PLAS aliphatischer Kohlenwasserstoff *m*, offenkettiger Kohlenwasserstoff *m*; **~ polyamine** *n* PLAS aliphatisches Polyamin *nt*; **~ solvent** *n* PET TECH aliphatisches Lösungsmittel *nt*, aliphatisches Solvent *nt*
alitize *vt* PROD ENG alitieren
alitizing *n* PROD ENG Alitieren *nt*
alive[1] *adj* ELEC ENG spannungführend, stromführend, unter Spannung stehend, unter Strom, ELECT *circuit* spannungsführend
alive:[2] **~ matter** *n* PRINT Stehsatz *m*
alkalescence *n* CHEMISTRY Alkalinität *f*
alkali:[1] **~-proof** *adj* PAPER alkalibeständig
alkali[2] *n* CHEMISTRY Alkali *nt*, Lauge *f*, Laugensalz *nt*, COAL TECH, PAPER, PET TECH, TEXT Alkali *nt*; **~ cellulose** *n* PAPER Alkalicellulose *f*; **~ metal** *n* METALL, PROD ENG Alkalimetall *nt*; **~-proof paper** *n* PACK alkalibeständiges Papier *nt*; **~ resistance** *n* PLAS Alkalibeständigkeit *f*, Laugenfestigkeit *f*
alkalimeter *n* FOOD TECH Alkalimesser *m*, Laugenmesser *m*, PAPER Alkalimeter *nt*
alkalimetry *n* CHEMISTRY Alkalimessung *f*, Alkalimetrie *f*, Laugenmessung *f*
alkaline[1] *adj* CHEMISTRY alkalihaltig, alkalisch, basisch, COATINGS, RAD TECH alkalisch
alkaline:[2] **~ accumulator** *n* PAPER Alkali-Akkumulator *m*; **~ battery** *n* ELEC ENG alkalische Batterie *f*; **~ cell** *n* ELEC ENG alkalische Zelle *f*, PHOTO Alkalibatterie *f*,

Alkalizelle *f*; ~ **fermentation** *n* WASTE Methangärung *f*; ~ **medium-level radioactive waste** *n* NUC TECH mittelaktive alkalische radioaktive Abfälle *m pl*; ~**-resistant lining for industrial plants** *n* SAFETY gegen Basen resistente Bespannung für Industriezwecke *f*; ~ **storage battery** *n* ELEC ENG alkalischer Akkumulator *m*, alkalischer Sammler *m*, ELECT alkalischer Akkumulator *m*; ~ **storage cell** *n* ELEC ENG alkalische Zelle *f*; ~ **tester** *n* INSTR Laugenprüfer *m*

alkalinity *n* CHEMISTRY *soil* Alkaligehalt *m*, Alkalinität *f*, Basengehalt *m*, FOOD TECH, POLL Alkalität *f*

alkalization *n* CHEMISTRY Alkalisierung *f*

alkaloid *n* CHEMISTRY Alkaloid *nt*

alkane *n* CHEMISTRY Alkan *nt*, Paraffinkohlenwasserstoff *m*, PET TECH Alkan *nt*, Paraffinkohlenwasserstoff *m*, gesättigter Kohlenwasserstoff *m*

alkaptonuria *n* CHEMISTRY Alkaptonurie *f*

alkene *n* CHEMISTRY Alken *nt*, Ethylenkohlenwasserstoff *m*, Olefin *nt*, PET TECH Alken *nt*, Olefin *nt*, ungesättigter Kohlenwasserstoff *m*

alkyd *n* CHEMISTRY Alkyd *nt*, Alkydharz *nt*; ~ **resin** *n* CHEMISTRY Alkyd *nt*, Alkydharz *nt*, PLAS *paint*, PROD ENG Alkydharz *nt*

alkyl *n* CHEMISTRY, PET TECH Alkyl *nt*; ~ **aromatics** *nt pl* PET TECH Alkylaromaten *nt pl*

alkynes *n pl* PET TECH Alkine *nt pl*

Allan: ~ **valve** *n* MECHAN ENG Trickschieber *m*

allantoin *n* CHEMISTRY Allantoin *nt*, Glyoxyldiureid *nt*, Ureidohydantoin *nt*

all-black: ~ **malleable cast iron** *n* PROD ENG Schwarzguß *m*

all-burnt: ~ **velocity** *n* SPACE Endgeschwindigkeit *f*

all-cargo: ~ **aircraft** *n* AIR TRANS Nur-Frachtflugzeug *nt*, reines Frachttransportflugzeug *nt*; ~ **carrier** *n* AIR TRANS Nur-Frachtfluglinie *f*, reine Frachtfluglinie *f*; ~ **charter flight** *n* AIR TRANS Nur-Frachtcharterflug *m*, reiner Frachtcharterflug *m*; ~ **load factor** *n* AIR TRANS Nur-Frachtlastfaktor *m*, reiner Frachtlastfaktor *m*; ~ **service** *n* AIR TRANS Nur-Frachtdienst *m*, reiner Frachtdienst *m*

all-current: ~ **motor** *n AmE (cf all-mains motor BrE)* ELECT Allstrommotor *m*, Universalmotor *m*

all-digital *adj* ELECTRON insgesamt digital

allelotropic *adj* CHEMISTRY allelotrop

Allen: ~ **key** *n BrE (cf Allen wrench AmE)* MECHAN ENG Inbusschlüssel *m*, Innensechskantschlüssel *m*; ~ **screw** *n* MECHAN ENG Inbusschraube *f*, Innensechskantschraube *f*; ~ **wrench** *n AmE (cf Allen key BrE)* MECHAN ENG Inbusschlüssel *m*, Innensechskantschlüssel *m*

allene *n* CHEMISTRY Allen *nt*, Propadien *nt*

Allen's: ~ **loop test** *n* ELECT *cable testing* Allensche Schleifenmethode *f*, Allensche Stromschlingenprüfung *f*

alleviating: ~ **factor** *n* AIR TRANS Verlustfaktor *m*

alleviator *n* PROD ENG Druckschwankungs-Ausgleichsakkumulator *m*

alleyway *n* WATER TRANS *shipbuilding* Laufgang *m*

all-freight *n* AIR TRANS reiner Frachtdienst *m*; ~ **service** *n* AIR TRANS Nur-Frachtdienst *m*, reiner Frachtdienst *m*

all-glass: ~ **fiber** *n AmE*, ~ **fibre** *n BrE* OPT Allglasfaser *f*, TELECOM Ganzglasfaser *f*; ~ **optical fiber** *n AmE*, ~ **optical fibre** *n BrE* ELEC ENG Allglasfaser *f*, optische Faser aus Allglas *f*

alligator *n* MECHAN ENG Alligator- *pref*; ~ **clip** *n* ELEC ENG, ELECT, MECHAN ENG Krokodilklemme *f*; ~ **shears** *n pl* MECHAN ENG Alligatorschere *f*; ~ **wrench** *n* MECHAN ENG Rohrschlüssel mit Zähnen *m*

alligatoring *n* AIR TRANS Schuppenbildung *f*, PLAS *rubber* Bewitterungshaut *f*, Elefantenhaut *f*

all-in: ~ **ballast** *n* CONST unklassifizierte Zuschlagstoffe *m pl*; ~ **resistance** *n* ELECT Gesamtwiderstand *m*; ~ **tariff** *n* TELECOM Pauschaltarif *m*

all-insulated: ~ **switch** *n* ELECT vollisolierter Schalter *m*

all-mail: ~ **service** *n* AIR TRANS Nur-Postdienst *m*, reiner Postdienst *m*

all-mains: ~ **motor** *n BrE (cf all-current motor AmE)* ELECT Allstrommotor *m*, Universalmotor *m*

allocate *vt* COMP & DP zuordnen, zuteilen, zuweisen

allocated: ~ **frequency** *n* TELEV zugewiesene Frequenz *f*

allocation *n* COMP & DP, ELEC ENG, RAD TECH *frequency band* Zuordnung *f*, Zuteilung *f*, Zuweisung *f*

allochthonous: ~ **matter** *n* POLL bodenfremde Substanz *f*

all-or-none: ~ **response** *n* ERGON Alles-oder-Nichts-Reaktion *f*

all-or-nothing: ~ **relay** *n* ELEC ENG Hilfsrelais *nt*; ~ **response** *n* ERGON Alles-oder-Nichts-Reaktion *f*

allotriomorphic *adj* PROD ENG allotriomorph

allotrope *n* PROD ENG Modifikation *f*

allotropic *adj* CHEMISTRY, PROD ENG allotropisch

allotropism *n* CHEMISTRY Allomorphie *f*, Allotropie *f*

allotropy *n* CHEMISTRY Allotropie *f*, PROD ENG Allotropie *f*, Isomerismus *f*

allow: ~ **to stand** *vt* METALL stehenlassen

allowable: ~ **landing mass** *n* AIR TRANS zulässige Landemasse *f*, zulässige Startmasse *f*; ~ **load** *n* ELECT Nennlast *f*, zulässige Last *f*

allowance *n* HEAT & REFRIG Aufmaß *nt*, Zulage *f*, Zuschlag *m*, MECHAN ENG *machining* Zugabe *f*, *of fit* Spiel *nt*, *tolerance* Toleranz *f*, MECHANICS Toleranz *f*; ~ **for machining** *n* PROD ENG Bearbeitungszugabe *f*

allowed: ~ **electron dipole transition** *n* RAD PHYS erlaubter Elektrondipolübergang *m*; ~ **energy band** *n* RAD PHYS erlaubtes Energieband *nt*; ~ **spectrum** *n* NUC TECH zulässiges Spektrum *nt*; ~ **transition** *n* RAD PHYS erlaubter Übergang *m*

alloy:[1] ~**-faced** *adj* PROD ENG mit Hartlegierungsauflage

alloy[2] *n* COATINGS, METALL, PAPER Legierung *f*; ~ **addition** *n* PROD ENG Legierungszusatz *m*; ~ **carbide** *n* METALL legiertes Karbid *nt*; ~ **cast iron** *n* PROD ENG legierter Grauguß *m*; ~ **cladding** *n* PROD ENG Legierungsplattierschicht *f*; ~ **component** *n* PROD ENG Legierungsbestandteil *m*; ~ **content** *n* PROD ENG Legierungsgehalt *m*; ~ **diagram** *n* PROD ENG Zustandsschaubild *nt*; ~ **diode** *n* ELECTRON legierte Diode *f*; ~ **facing** *n* PROD ENG Hartlegierungsauflage *f*; ~ **junction** *n* ELECTRON *semiconductor* legierter Übergang *m*; ~ **matrix** *n* PROD ENG Legierungsgrundgefüge *nt*; ~ **steel** *n* METALL, PROD ENG legierter Stahl *m*

alloy[3] *vt* METALL legieren, mischen, PROD ENG legieren

alloyability *n* PROD ENG Legierbarkeit *f*, Mischbarkeit *f*

alloyable *adj* PROD ENG legierbar, mischbar

alloyage *n* METALL Legieren *nt*, Legierung *f*

alloyed: ~ **junction** *n* ELECTRON *semiconductor* legierter Zonenübergang *m*; ~ **junction transistor** *n* ELECTRON *microelectronics* Legierungstransistor *m*; ~ **steel** *n* COAL TECH legierter Stahl *m*

alloying *n* METALL Legieren *nt*, Legierung *f*; ~ **method** *n* ELECTRON Legierungsmethode *f*

all-pass: ~ **filter** *n* ELECTRON Allpaß *m*, Allpaßfilter *nt*

all-plastic: ~ **fiber** *n AmE*, ~ **fibre** *n BrE* OPT Allplastfaser *f*, TELECOM Kunststoffaser *f*, Plastikfaser *f*; ~ **optical fiber** *n AmE*, ~ **optical fibre** *n BrE* ELEC ENG optische Faser in Vollplastausführung *f*

all-purpose: ~ **adhesive** *n* PACK Alleskleber *m*; ~ **trailer** *n* AUTO Mehrzweckanhänger *m*; ~ **wrench** *n* MECHAN ENG Kombizange *f*

all-rag: ~ **paper** *n* PAPER Hadernpapier *nt*, PRINT Reinhadernpapier *nt*

all-round: ~ **dumping wagon** *n* AUTO Universalselbstentlader *m*; ~ **light** *n* WATER TRANS *signal* Rundumlicht *nt*; ~ **swing crane** *n BrE* CONST Drehkran *m*

all-scrap: ~ **process** *n* PROD ENG Schrottschmelzverfahren *nt*

all-silica: ~ **fiber** *n AmE*, ~ **fibre** *n BrE* OPT, TELECOM Quarzglasfaser *f*, Silikatglasfaser *f*

all-solid: ~ **state** *adj* ELECTRON vollständig in Halbleiter-Technik

all-speed: ~ **aileron** *n* AIR TRANS Allgeschwindigkeitsquerruder *nt*

all-tantalum: ~ **capacitor** *n* ELEC ENG All-Tantal-Kondensator *m*

all-terrain: ~ **vehicle** *n* AUTO Geländefahrzeug *nt*

all-up: ~ **weight** *n (AUW)* AIR TRANS Gesamtfluggewicht *nt*, Gesamtflugmasse *f*

alluvial: ~ **bed** *n* WATER SUP Alluvialschicht *f*; ~ **cone** *n* WATER SUP Schwemmkegel *m*; ~ **deposit** *n* WATER SUP Alluvium *nt*, Anlandung *f*; ~ **deposits** *n pl* WASTE Schlammablagerungen *f pl*; ~ **plain** *n* WATER SUP Schwemmlandebene *f*

alluviation *n* CONST Ablagerung *f*, Anschwemmung *f*

alluvium *n* CONST Alluvium *nt*, Schwemmland *nt*

all-weather[1] *adj* AIR TRANS Allwetter- *pref*

all-weather:[2] ~ **helicopter** *n* AIR TRANS Allwetterhubschrauber *m*; ~ **operations** *n pl* AIR TRANS Allwetterflüge *m pl*

all-year: ~ **air conditioning** *n* HEAT & REFRIG ganzjährige Klimatisierung *f*

allyl *n* CHEMISTRY Allyl *nt*; ~ **alcohol** *n* CHEMISTRY Allylalkohol *m*; ~ **glycidyl ether** *n (AGE)* PLAS Allylglycidether *m (AGE)*

allylene *n* CHEMISTRY Allylen *nt*, Methylethin *nt*, Propin *nt*

allylmethylenedioxybenzene *n* CHEMISTRY Allylmethylendioxybenzen *nt*, Safrol *nt*

aloetic: ~ **gum** *n* CHEMISTRY Aloebitter *m*, Aloebitterstoff *m*

ALOHA: ~ **system** *n* TELECOM *multiple access* ALOHA-Verfahren *nt*

aloin *n* CHEMISTRY Aloebitter *m*, Aloebitterstoff *m*, Aloin *nt*, Barbaloin *nt*

along: ~-**track error** *n* SPACE Längsfehler *m*

alongshore *adv* WATER TRANS *mooring* längs der Küste

alongside[1] *adv* WATER TRANS *mooring* längsseits

alongside[2] *prep* WATER TRANS *mooring* längsseits

alpha *n* (α) MATH Alpha *nt* (α); ~ **cellulose** *n* PAPER Alpha-Cellulose *f*; ~ **decay** *n* NUC TECH, PART PHYS, PHYS, RAD PHYS Alpha-Zerfall *m*; ~ **disintegration energy** *n* PART PHYS, PHYS, RAD PHYS Alpha-Zerfallsenergie *f*; ~ **emitter** *n* NUC TECH, PART PHYS, PHYS, RAD PHYS Alpha-Strahler *m*; ~ **ionization gas analysis** *n* NUC TECH Alpha-Ionisierungsgasanalyse *f*; ~ **particle** *n* ELECT, PART PHYS, PHYS, RAD PHYS Alpha-Teilchen *nt*; ~ **profile** *n* OPT Alpha-Profil *nt*; ~ **rays** *n pl* ELECT, OPT, PART PHYS, PHYS, RAD PHYS Alpha-Strahlen *m pl*; ~ **ray spectrometry** *n* PART PHYS, PHYS, RAD PHYS Alpha-Spektrometrie *f*; ~ **rhythm** *n* ERGON Alpha-Rhythmus *m*; ~ **wrap** *n* TELEV Alphaablauf *m*

α *abbr* ACOUSTICS *(absorption coefficient)* α *(Absorptionskoeffizient)*, MATH *(alpha)* α *(Alpha)*, MECHANICS *(angular acceleration)* α *(Winkelbeschleunigung)*, OPT *(absorption factor)* α *(Absorptionsfaktor)*, OPT *(angle of optical rotation)* α *(optischer Drehwinkel)*, PHYS *(absorption coefficient)*, RAD PHYS *(absorption coefficient)*, RAD TECH *(absorption coefficient)* α *(Absorptionskoeffizient)*

alphabet *n* COMP & DP Alphabet *nt*

alphabetic[1] *adj* COMP & DP alphabetisch

alphabetic:[2] ~ **code** *n* COMP & DP alphabetischer Code *m*, alphabetischer Schlüssel *m*

alphageometric: ~ **display** *n* TELECOM alphageometrische Anzeige *f*, alphageometrisches Bildschirmgerät *nt*

alphamosaic: ~ **mode** *n* COMP & DP Alphamosaik-Verfahren *nt*

alphanumeric[1] *adj* COMP & DP alphanumerisch

alphanumeric:[2] ~ **character** *n* COMP & DP alphanumerisches Zeichen *nt*; ~ **code** *n* COMP & DP alphanumerischer Code *m*; ~ **display** *n* TELECOM alphanumerische Anzeige *f*, alphanumerisches Bildschirmgerät *nt*; ~ **pager** *n* TELECOM Funkrufempfänger mit alphanumerischer Anzeige *m*; ~ **sort** *n* COMP & DP alphanumerische Sortierung *f*

alterable: ~ **optical medium** *n* OPT austauschbares optisches Medium *nt*

alteration *n* ACOUSTICS Wandel *m*, Änderung *f*; ~ **of course** *n* SPACE, WATER TRANS Kursänderung *f*

alternate[1] *adj* AIR TRANS, RAIL, SPACE, WATER TRANS Ausweich- *pref*

alternate:[2] ~ **action switch** *n* ELEC ENG Wechselschalter *m*; ~ **airport** *n* AIR TRANS Ausweichflughafen *m*; ~ **angle side and face cutter** *n* PROD ENG Kreuzzahnscheibenfräser *m*; ~ **exterior angles** *n pl* GEOM äußere Wechselwinkel *m pl*; ~ **gash plain mill** *n* PROD ENG kreuzverzahnter Walzenfräser *m*; ~ **helical tooth cutter** *n* PROD ENG kreuzverzahnter Fräser *m*; ~ **interior angles** *n pl* GEOM innere Wechselwinkel *m pl*; ~ **landing** *n* SPACE Ausweichlandung *f*; ~ **mark inversion** *n (AMI)* TELECOM bipolare Schrittinversion *f (AMI)*; ~ **mode** *n* ELECTRON alternative Betriebsart *f*; ~ **strength** *n* PROD ENG Wechselfestigkeit *f*; ~ **strength testing machine** *n* PROD ENG Dauerfestigkeitsprüfmaschine *f*; ~ **stress** *n* PROD ENG Wechselspannung *f*; ~ **torsional strength** *n* PROD ENG Drehwechselfestigkeit *f*

alternating[1] *adj* ELECT alternierend, wechselnd, MECHAN ENG abwechselnd, alternierend, wechselweise

alternating:[2] ~ **between call keys** *n* TELECOM Makeln zwischen Abfrageorganen *nt*; ~ **burst** *n* TELEV Wechselburst *m*; ~ **colored lights** *n AmE*, ~ **coloured lights** *n pl BrE* WATER TRANS *signal* Wechselfeuer *nt*; ~ **component** *n* ELECT alternierende Komponente *f*; ~ **current** *n (AC)* ELEC ENG Wechselstrom *m (WS)*; ~-**current generator** *n* ELECT Alternator *m*; ~-**current supply** *n* ELECT Wechselstromversorgung *f*; ~ **electric field** *n* ELEC ENG elektrisches Wechselfeld *nt*; ~ **field** *n* ELEC ENG Wechselfeld *nt*; ~ **flux** *n* ELECT Wechselfluß *m*, alternierender Fluß *m*; ~ **magnetic field** *n* ELEC ENG Magnetfeld wechselnder Richtung *nt*, magnetisches Wechselfeld *nt*; ~ **motion** *n* MECHAN ENG Hin- und Herbewegung *f*, alternierende Bewegung *f*; ~ **saw** *n*

MECHAN ENG Stichsäge *f*; ~ **series** *n* MATH alternierende Reihe *f*; ~ **stress** *n* TEST Wechselbeanspruchung *f*; ~ **voltage** *n* ELEC ENG Wechselspannung *f*

alternation *n* CONST, ELEC ENG Wechsel *m*, MECHAN ENG Alternieren *nt*, PROD ENG, TELEV, TEST Wechsel *m*; ~ **of a movement** *n* MECHAN ENG alternierende Bewegung *f*; ~ **of stress** *n* PROD ENG Lastwechsel *m*

alternative[1] *adj* MECHAN ENG, TELECOM Alternativ- *pref*

alternative:[2] ~ **material** *n* MECHAN ENG Alternativmaterial *nt*, Austauschwerkstoff *m*; ~ **route** *n* TELECOM Ersatzleitweg *m*, Ersatzweg *m*; ~ **routing** *n* TELECOM Umleitung *f*, Umweglenkung *f*, alternative Leitweglenkung *f*, alternative Verkehrslenkung *f*; ~ **test method** *n* OPT wahlweise anwendbare Prüfmethode *f*, TELECOM alternative Prüfmethode *f*

alternator *n* AUTO Drehstromlichtmaschine *f*, Wechselstromlichtmaschine *f*, ELEC ENG, ELECT Alternator *m*, Drehstromgenerator *m*, Wechselstromgenerator *m*, FUELLESS Drehstromlichtmaschine *f*, Wechselstrommaschine *f*, PHYS Alternator *m*, Drehstromgenerator *m*, Wechselstromgenerator *m*, RAD TECH Zerhacker *m*; ~ **field voltage** *n* ELECT Alternatorfeldspannung *f*

altimeter *n* INSTR Höhenmeßgerät *nt*, PHYS Höhenmesser *m*, TRANS Altimeter *nt*, Höhenmesser *m*; ~ **setting** *n* TRANS Höhenmessereinstellung *f*

altitude *n* GEOM, PHYS Höhe *f*, SPACE Flughöhe *f*, WATER TRANS *celestial navigation* Höhe *f*; ~ **controller** *n* AIR TRANS Höhensteuerung *f*

altocumulus *n* AIR TRANS *meteorology* Altocumulus *m*

altostratus *n* AIR TRANS *meteorology* Altostratus *m*

ALU *abbr (arithmetic logic unit)* COMP & DP Rechenwerk *nt*

alum *n* CHEMISTRY Alaun *m*, FOOD TECH, PAPER Alaun *m*, Aluminiumsulfat *nt*

alumetizing *n* PROD ENG Alumetierung *f*

alumina *n* CHEMISTRY Alaunerde *f*, Aluminiumoxid *nt*, PAPER Aluminiumoxid *nt*, PROD ENG Aluminiumoxid *nt*, Tonerde *f*; ~ **abrasive** *n* COATINGS Schleifmittel aus Aluminiumoxid *nt*, Tonerdeschleifmittel *nt*; ~ **content** *n* COAL TECH Aluminiumoxidgehalt *m*

aluminate[1] *n* CHEMISTRY Aluminat *nt*

aluminate[2] *vt* CHEMISTRY alaunen, PAPER aluminieren

alumination *n* PAPER Aluminierung *f*

aluminic *adj* CHEMISTRY Alumino- *pref*

aluminiferous *adj* CHEMISTRY alaunhaltig, aluminiumhaltig, PAPER tonerdehaltig

aluminite: ~ **process** *n AmE* PROD ENG Eloxalverfahren *nt*

aluminium:[1] **~-filled** *adj BrE* COATINGS aluminiumangereichert; **~-killed** *adj BrE* PROD ENG aluminiumbehandelt

aluminium[2] *n BrE (Al)* CHEMISTRY Aluminium *nt (Al)*; ~ **alloy** *n BrE* MECHAN ENG Aluminiumlegierung *f*; ~ **anode** *n BrE* ELEC ENG Aluminiumanode *f*; ~ **brass** *n BrE* METALL Aluminiummessing *nt*; ~ **bronze** *n BrE* MECHANICS, METALL Aluminiumbronze *f*; ~ **can** *n BrE* NUC TECH Aluminiumhülse *f*; ~ **ceramic** *n BrE* COATINGS Aluminium-Keramik *f*; ~ **coating by spraying** *n BrE* PROD ENG Alumetieren *nt*; ~ **conductor** *n BrE* ELECT Aluminiumleiter *m*; ~ **electrolytic capacitor** *n BrE* ELEC ENG Aluminiumelektrolytkondensator *m*; **~-filled chromate/phosphate coat** *n BrE* COATINGS aluminiumangereicherte Chromat-Phosphat-Beschichtung *f*; ~ **foil** *n BrE* FOOD TECH Alufolie *f*, Aluminiumfolie *f*, METALL Aluminiumfolie *f*; ~ **gate** *n BrE* ELECTRON Aluminiumgatter *nt*; ~ **hydroxide** *n BrE* PLAS *filler* Aluminiumhydroxid *nt*; ~ **impregnation** *n BrE* PROD ENG Kalorisieren *nt*; ~ **oxide** *n BrE* CHEMISTRY, PROD ENG Aluminiumoxid *nt*; ~ **oxide tool tip** *n BrE* PROD ENG Aluminiumoxidschneide *f*; ~ **pellet** *n BrE* NUC TECH Aluminiumpellet *nt*; ~ **scrap** *n BrE* WASTE Aluminiumschrott *m*; ~ **sheet** *n BrE* PROD ENG Aluminiumblech *nt*; ~ **silicate fibre** *n BrE* HEAT & REFRIG Aluminiumsilikatfaser *f*; ~ **solder** *n BrE* METALL Aluminiumlot *nt*; ~ **steel** *n BrE* METALL Aluminiumstahl *m*

aluminium:[3] **~-coat** *vt BrE* PROD ENG aluminieren; **~-impregnate** *vt BrE* PROD ENG kalorisieren; **~-plate** *vt BrE* PROD ENG aluminieren

aluminization *n* METALL Aluminisieren *nt*

aluminize *vt* ART INT aluminisieren, METALL aluminieren, aluminisieren, PROD ENG alitieren, aluminieren

aluminized: ~ **screen** *n* ELECTRON aluminiumverspiegelter Bildschirm *m*; ~ **Teflon®** *n* SPACE aluminiumüberzogenes Teflon® *nt*

aluminizing *n* PROD ENG Alitieren *nt*, Aluminieren *nt*

alumino- *pref* CHEMISTRY Alumino- *pref*

aluminothermic[1] *adj* PROD ENG aluminothermisch

aluminothermic:[2] ~ **fusion welding** *n* PROD ENG Thermitschmelzschweißen *nt*; ~ **welding** *n* MECHANICS Thermitschweißen *nt*, PROD ENG *(AT welding)* Thermitschweißen *nt*, aluminothermisches Schweißen *nt (AT-Schweißen)*

aluminum:[1] **~-filled** *adj AmE see aluminium-filled BrE* **~-killed** *adj AmE see aluminium-killed BrE*

aluminum[2] *n AmE see aluminium BrE*

aluminum:[3] **~-coat** *vt AmE see aluminium-coat BrE* **~-impregnate** *vt AmE see aluminium-impregnate BrE* **~-plate** *vt AmE see aluminium-plate BrE*

a.m.: ~ **peak** *n* TRANS *traffic* Vormittagsspitze *f*

AM[1] *abbr* ACOUSTICS *(acoustic mass)* AM *(akustische Masse)*, COMP & DP *(amplitude modulation)*, ELECT *(amplitude modulation)*, ELECTRON *(amplitude modulation)*, PHYS *(amplitude modulation)*, RAD TECH *(amplitude modulation)*, RECORD *(amplitude modulation)*, TELECOM *(amplitude modulation)*, TELEV *(amplitude modulation)*, WAVE PHYS *(amplitude modulation)* AM *(Amplitudenmodulation)*

AM:[2] ~ **carrier** *n* ELECTRON AM-Träger *m*; ~ **noise** *n* ELECTRON, RECORD AM-Rauschen *nt*; ~ **response** *n* ELECTRON AM-Gang *m*; ~ **signal** *n* ELECTRON AM-Signal *nt*

amalgam *n* COAL TECH, METALL, PROD ENG Amalgam *nt*

amalgamate *vt* COAL TECH, PROD ENG amalgamieren

amalgamating: ~ **table** *n* COAL TECH Amalgamierstisch *m*

amalgamation *n* CHEMISTRY Amalgambildung *f*, COAL TECH, METALL Amalgamierung *f*, PROD ENG Amalgamation *f*; ~ **plate** *n* COAL TECH Amalgamationsplatte *f*, Amalgamierplatte *f*

amalgamator *n* MECHAN ENG Amalgamator *m*

amarine *n* CHEMISTRY Amarin *nt*

amateur *n* TELECOM, TELEV Amateur *m*; ~ **radio service** *n* TELECOM Amateurfunkdienst *m*; ~ **television** *n (ATV)* TELEV Amateurfernsehen *nt (ATV)*

ambidexterity *n* ERGON Beidhändigkeit *f*

ambient[1] *adj* HEAT & REFRIG Raum- *pref*, Umgebungs- *pref*, umgebend

ambient:[2] ~ **air** *n* HEAT & REFRIG Umgebungsluft *f*, POLL umgebende Luft *f*; ~ **air emission standard** *n* POLL

Immissionsgrenzwert der Luft *m*; ~ **air quality standard** *n* POLL Immissionsgrenzwert der Luft *m*; ~ **humidity** *n* INSTR Umgebungsluftfeuchte *f*; ~ **noise** *n* ERGON Umgebungslärm *m*, RECORD Nebengeräusch *nt*, TELECOM Umgebungsgeräusch *nt*; ~ **noise level** *n* INSTR Umgebungsgeräuschpegel *m*; ~ **pollutant concentration** *n* POLL Konzentration der Umweltschadstoffe *f*; ~ **temperature** *n* CONTROL Umgebungstemperatur *f*, HEAT & REFRIG, METALL Raumtemperatur *f*, Umgebungstemperatur *f*, METROL, PHYS, PROD ENG *plastic valves*, THERMODYN Umgebungstemperatur *f*

ambiguity: ~ **resolution** *n* SPACE Ungenauigkeitsauflösung *f*

ambulance *n* TRANS Ambulanzwagen *m*

amend *vt* MECHAN ENG ändern

amendment *n* MECHAN ENG, PAT Änderung *f*; ~ **of drawing** *n* ENG DRAW Zeichnungsänderung *f*; ~ **file** *n* COMP & DP Änderungsdatei *f*; ~ **record** *n* COMP & DP Änderungssatz *m*

American: ~ **gage** *n AmE*, ~ **gauge** *n BrE (AG)* MECHAN ENG amerikanisches Maß *nt (AG)*; ~ **National Pipe Taper** *n (American NPT)* MECHAN ENG *thread* Amerikanisches NPT-Rohrgewinde *nt*; ~ **NPT** *n (American National Pipe Taper)* MECHAN ENG *thread* Amerikanisches NPT-Rohrgewinde *nt*; ~ **Petroleum Institute** *n (API)* PET TECH Amerikanisches Erdölinstitut *nt (API)*; ~ **Radio Relay League** *n (ARRL)* RAD TECH Amerikanischer Amateurdachverband *m (ARRL)*; ~ **Society for Testing Materials** *n (ASTM)* MECHAN ENG, QUAL Amerikanische Gesellschaft für Werkstoffprüfung *f (ASTM)*; ~ **Society of Mechanical Engineers** *n (ASME)* QUAL Amerikanische Gesellschaft der Maschinenbau-Ingenieure *f (ASME)*; ~ **Standard Code for Information Interchange** *n (ASCII)* COMP & DP, PRINT Amerikanische Datenübertragungs-Codenorm *f (ASCII)*; ~ **wire gage** *n AmE*, ~ **wire gauge** *n BrE (AWG)* METROL *American unit of wire* Amerikanische Einheit für Drahtdurchmesser *f (AWG)*

AMI *abbr (alternate mark inversion)* TELECOM AMI *(bipolare Schrittinversion)*

Amici: ~ **prism** *n* PHYS Amici-Prisma *nt*, Dachprisma *nt*, Durchsichtprisma *nt*, Geradsichtprisma *nt*

amide *n* PLAS Amid *nt*; ~ **hardener** *n* PLAS amidischer Härter *m*

amido:[1] ~-**sulfuric** *adj AmE*, ~-**sulphuric** *adj BrE* CHEMISTRY Amidoschwefel *m*

amido:[2] ~ **group** *n* CHEMISTRY Amidogruppe *f*

amidogen *n* CHEMISTRY Amidogen *nt*

amidships *adv* WATER TRANS mittschiffs

amination *n* CHEMISTRY Aminierung *f*

amine *n* PLAS Amin *nt*; ~ **cured epoxy** *n* PLAS aminisch gehärtetes Epoxidharz *nt*; ~ **curing agent** *n* PLAS aminischer Härter *m*

amino[1] *adj* CHEMISTRY Amino- *pref*

amino:[2] ~ **acid** *n* CHEMISTRY Aminocarbonsäure *f*, Aminosäure *f*, FOOD TECH Aminosäure *f*; ~-**plast** *n* PROD ENG Aminoplast *m*; ~-**plastic** *n* PROD ENG Aminoplast *m*; ~ **resin** *n* PLAS Aminoharz *nt*

aminoarene *n* CHEMISTRY Arylamin *nt*

aminoazo *adj* CHEMISTRY Aminoazo- *pref*

aminobenzene *n* CHEMISTRY Aminobenzol *nt*, Anilin *nt*

aminodeoxy-D-galactose *n* CHEMISTRY Galactosamin *nt*

aminodimethylbenzene *n* CHEMISTRY Aminodimethylbenzol *nt*

aminoethane *n* CHEMISTRY Aminoethan *nt*, Ethylamin *nt*, Monoethylamin *nt*

aminoethionic: ~ **acid** *n* CHEMISTRY Taurin *nt*

aminohypoxanthine *n (cf guanine)* CHEMISTRY Imidoxanthin *nt*

aminomethane *n* CHEMISTRY Aminomethan *nt*, Methylamin *nt*, Monomethylamin *nt*

aminomethyipentanoic: ~ **acid** *n* CHEMISTRY Isoleucin *nt*

aminopentanoic: ~ **acid** *n* CHEMISTRY Norvalin *nt*

aminopropane *n* CHEMISTRY Propanamin *nt*, Propylamin *nt*

aminopurine *n* CHEMISTRY Adenin *nt*, Aminopurin *nt*

aminotoluene *n* CHEMISTRY Aminotoluol *nt*, Toluidin *nt*

aminoureidovaleric: ~ **acid** *n* CHEMISTRY Citrullin *nt*

ammeter *n* AUTO *electrical system* Amperemeter *nt*, ELEC ENG Amperemeter *nt*, Strommesser *m*, ELECT Amperemeter *nt*, INSTR Amperemeter *nt*, Strommeßgerät *nt*, LAB EQUIP Amperemeter *nt*, Strommesser *m*, PHYS, RAD TECH, TELEV Amperemeter *nt*

ammine *n* CHEMISTRY Ammin *nt*, Amminverbindung *f*

ammonal *n* CHEMISTRY Ammonal *nt*

ammonia *n* CHEMISTRY, ELECTRON *liquid*, PAPER, POLL, PROD ENG, SPACE Ammoniak *nt*; ~ **alum** *n* CHEMISTRY Aluminiumammoniumsulfat *nt*; ~ **dynamite** *n* CHEMISTRY Ammonit *nt*, PA-Sprengstoff *m*; ~ **hydrate** *n* PAPER Ammoniumhydrat *nt*; ~ **liquor** *n* PAPER Ammoniakwasser *nt*; ~ **maser** *n* ELECTRON Ammoniak-Maser *f*

ammoniacal *adj* CHEMISTRY ammoniakalisch, ammoniakhaltig

ammonial: ~ **alum** *n* PAPER Ammonalaun *m*

ammonite *n* CHEMISTRY Ammonit *nt*

ammonium *n* CHEMISTRY Ammonium *nt*, Ammoniumgruppe *f*; ~ **chloride** *n* CHEMISTRY, FOOD TECH Ammoniumchlorid *nt*, PROD ENG *plastic valves* Salmiak *m*; ~ **chromic sulfate** *n AmE* CHEMISTRY Chromalaun *m*; ~ **chromic sulphate** *n BrE* CHEMISTRY Chromalaun *m*; ~ **hexachlorostannate** *n* CHEMISTRY Ammoniumhexachlorostannat *nt*; ~ **hydroxide** *n* PET TECH Ammoniumhydroxid *nt*; ~ **perchlorate** *n* SPACE *spacecraft* Ammoniumperchlorat *nt*; ~ **radical** *n* CHEMISTRY Ammoniumgruppe *f*; ~ **residue** *n* CHEMISTRY Ammoniumgruppe *f*

amorphous[1] *adj* COAL TECH amorph, COATINGS amorph, formlos, PROD ENG amorph, unkristallin

amorphous:[2] ~ **layer** *n* ELECTRON amorphe Schicht *f*; ~ **semiconductor** *n* ELECTRON Glashalbleiter *m*, amorpher Halbleiter *m*; ~ **silicon** *n* ELECTRON amorphes Silizium *nt*; ~ **structure** *n* PLAS amorphes Gefüge *nt*; ~ **substrate** *n* ELECTRON amorphes Trägermaterial *nt*

amount *n* MATH Gesamtsumme *f*, Menge *f*, Quantität *f*; ~ **of axial freedom** *n* PROD ENG Axialspiel *nt*; ~ **of chip space** *n* PROD ENG Größe des Spanraums *f*; ~ **of heat** *n* THERMODYN Wärmemenge *f*; ~ **of heat to be dissipated** *n* HEAT & REFRIG abzuführende Verlustleistung *f*, abzuführende Wärmemenge *f*; ~ **of inspection** *n* QUAL Prüfumfang *m*; ~ **of overbalance** *n* PROD ENG Überwucht *f*, Überwuchtmasse *f*; ~ **of substance** *n* PHYS *fund quality* Stoffmenge *f*; ~ **of taper** *n* PROD ENG Kegelverjüngung *f*, Konizität *f*; ~ **of unbalance** *n* PROD ENG Wuchtfehler *m*; ~ **of variation permitted** *n* PROD

ENG zulässige Maßabweichung *f*; ~ **of wear** *n* PROD ENG Verschleißfortschritt *m*

amperage *n* ELEC ENG, ELECT Amperezahl *f*, Stromstärke *f*

ampere *n (A)* ELEC ENG, ELECT *unit*, METROL, PHYS, PROD ENG, RAD TECH Ampere *nt (A)*; ~ **balance** *n* ELECT, INSTR Stromwaage *f*; ~ **conductor** *n* ELECT Leiter für hohe Stromstärken *m*; ~ **density** *n* ELECT Stromdichte *f*; ~**-hour** *n* ELECT *unit*, METROL, PHYS Amperestunde *f*; ~**-hour capacity** *n* PHOTO *battery* Kapazität *f*; ~**-hour meter** *n* INSTR Amperestundenzähler *m*; ~**-second** *n* ELECT *unit* Amperesekunde *f*; ~**-turn** *n* ELECT Amperewindungszahl *f*, Amperewindung *f*, PHYS Amperewindung *f*

Ampere-Laplace: ~ **theorem** *n* ELECT Ampere-Laplace-Satz *m*

amperemeter *n* ELEC ENG, ELECT Amperemeter *nt*, INSTR Amperemeter *nt*, Strommeßgerät *nt*

Ampere's: ~ **law** *n* ELECT, PHYS Ampereschs Gesetz *nt*; ~ **rule** *n* ELECT Amperesche Schwimmerregel *f*; ~ **theorem** *n* ELECT Amperesches Gesetz *nt*

amperian: ~ **currents** *n pl* PHYS Amperesche Molekularströme *m pl*

ampersand *n* PRINT Und-Zeichen *nt*

amphibian[1] *adj* WATER TRANS Amphibien- *pref*, amphibisch

amphibian:[2] ~ **vehicle** *n* WATER TRANS Amphibienfahrzeug *nt*

amphibole *n* PROD ENG Amphibolasbest *m*

amplidyne *n* ELEC ENG, ELECTRON Amplidyne *f*

amplification *n (A)* ELECT, ELECTRON, METROL, OPT, RAD TECH, RECORD Verstärkung *f (V)*; ~ **factor** *n* ELECTRON Verstärkungsfaktor *m*, RAD TECH *electron tube* Verstärkung *f*, RECORD Verstärkungsfaktor *m*; ~ **ratio** *n* RECORD Verstärkungsverhältnis *nt*

amplificatory *adj* OPT verstärkend

amplified: ~ **circuit** *n* TELECOM Leitung mit Verstärker *f*; ~ **handset** *n* TELECOM Hörer mit Verstärker *m*

amplifier *n* COMP & DP, ELECT, ELECTRON, PHYS, RAD TECH, RECORD, TELECOM, WAVE PHYS Verstärker *m*; ~ **chip** *n* ELECTRON Verstärker-Chip *m*; ~ **circuit** *n* ELECTRON Verstärkerschaltung *f*; ~ **class** *n* ELECTRON Verstärkerklasse *f*; ~ **class C** *n* ELECTRON C-Verstärker *m*; ~ **gain** *n* ELECTRON, PHYS Verstärkungsfaktor *m*; ~ **module** *n* ELECTRON Verstärkerbaugruppe *f*; ~ **noise** *n* ELECTRON Verstärkerrauschen *nt*; ~ **stage** *n* ELECTRON Verstärkerstufe *f*; ~ **tube** *n* ELECTRON Verstärkerröhre *f*

amplify *vt* COMP & DP, ELECTRON, OPT, WAVE PHYS verstärken

amplifying[1] *adj* ELECT, OPT verstärkend

amplifying:[2] ~ **circuit** *n* ELECTRON Verstärkungsschaltung *f*; ~ **stage** *n* RECORD Verstärkerstufe *f*; ~ **transistor** *n* ELECTRON Verstärkungstransistor *m*

amplitron *n* ELECTRON *electronic tubes*, PHYS Amplitron *nt*

amplitude:[1] ~**-modulated** *adj* ELECTRON amplitudenmoduliert

amplitude[2] *n (A)* ACOUSTICS, COMP & DP, ELECT, ELECTRON, PHYS, RAD TECH, RECORD, WATER TRANS *of celestial body*, WAVE PHYS Amplitude *f (A)*; ~ **adjustment** *n* ELECTRON Amplitudenjustierung *f*; ~**-amplitude distortion** *n* ELECTRON Amplituden-Amplituden-Verzerrung *f*; ~**-amplitude response** *n* ELECTRON Amplituden-Amplitudengang *m*; ~**-amplitude response curve** *n* ELECTRON Amplitudengangkurve *f*; ~ **calibration** *n* ELECTRON Amplitudeneichung *f*; ~**-compandered single sideband** *n (ACSS)* RAD TECH Einseitenband mit kompandierter Amplitude *nt (ACSS)*; ~ **control** *n* PHYS, WAVE PHYS Amplitudensteuerung *f*; ~ **corrector** *n* TELEV Amplitudenkorrigierung *f*; ~ **of deflection** *n* INSTR Ablenkamplitude *f*; ~ **demodulation** *n* ELECTRON Amplitudendemodulation *f*; ~ **distortion** *n* ELECTRON, PHYS Amplitudenverzerrung *f*, RECORD nicht lineare Amplitudenverzerrung *f*, TELECOM, WAVE PHYS Amplitudenverzerrung *f*; ~ **division** *n* PHYS Amplitudenteilung *f*; ~ **equalizer** *n* TELECOM Amplitudenentzerrer *m*; ~ **filter** *n* ELECTRON Amplitudenfilter *nt*; ~**-frequency distortion** *n* ELECTRON, TELECOM Amplitudenfrequenzverzerrung *f*, lineare Amplitudenverzerrung *f*; ~**-frequency response** *n* ELECTRON Amplitudenfrequenzgang *m*; ~**-frequency response curve** *n* ELECTRON Amplitudenfrequenzgangkurve *f*; ~ **gate** *n* ELECTRON doppelseitiger Amplitudenbegrenzer *m*; ~ **grid** *n* ELECTRON Amplitudenraster *m*; ~ **information** *n* ELECTRON Amplitudeninformation *f*; ~ **keying** *n* TELECOM Amplitudentastung *f*; ~ **limiter** *n* ELECTRON Amplitudenbegrenzer *m*; ~ **limiter circuit** *n* TELEV Amplitudenbegrenzerschaltung *f*; ~**-modulated carrier** *n* ELECTRON amplitudenmodulierter Träger *m*; ~ **modulation** *n (AM)* COMP & DP, ELECT, ELECTRON, PHYS, RAD TECH, RECORD, TELECOM, TELEV, WAVE PHYS Amplitudenmodulation *f (AM)*; ~ **modulation carrier** *n* ELECTRON Amplitudenmodulationsträger *m*; ~ **modulation noise** *n* ELECTRON, RECORD Amplitudenmodulationsrauschen *nt*; ~ **modulation response** *n* ELECTRON Amplitudenmodulationsgang *m*; ~ **modulation signal** *n* ELECTRON amplitudenmoduliertes Signal *nt*; ~ **modulator** *n* ELECTRON Amplitudenmodulator *m*; ~ **of movement** *n* INSTR Bewegungsamplitude *f*, Zeigerausschlag *m*; ~ **probability distribution** *n* TELECOM Amplitudenwahrscheinlichkeitsverteilung *f*; ~ **resonance** *n* PHYS, WAVE PHYS Amplitudenresonanz *f*; ~ **response** *n* ELECTRON Amplitudengang *m*; ~**-shift keying** *n (ASK)* ELECTRON Amplitudenumtastung *f (ASK)*; ~ **spectrum** *n* PHYS, WAVE PHYS Amplitudenspektrum *nt*; ~ **threshold** *n* ELECTRON Amplitudenschwelle *f*; ~ **of vibration** *n* FUELLESS Schwingstärke *f*, Schwingungsweite *f*

AM-PM: ~ **conversion coefficient** *n* SPACE AM-PM Umwandlungskoeffizient *m*; ~ **transfer coefficient** *n* SPACE AM-PM Übertragungskoeffizient *m*

ampoule *n BrE* CER & GLAS, LAB EQUIP, PACK Ampulle *f*

ampule *n AmE see ampoule BrE*

AMS *abbr (aeronautical materials standard)* SPACE AMS *(aeronautische Werkstoffnorm)*

amu *abbr (atomic mass unit)* NUC TECH amu *(atomare Masseneinheit)*

amygdalose *n* CHEMISTRY Amygdalose *f*

amyl[1] *adj* CHEMISTRY Amyl- *pref*, Pentyl- *pref*

amyl[2] *n* PAPER Amyl *nt* ~ **acetate** *n* PAPER, PLAS *solvent* Amylacetat *nt*; ~ **alcohol** *n* CHEMISTRY Amylalkohol *m*, Pentanol *nt*, PAPER Amylalkohol *m*

amylaceous *adj* PAPER stärkehaltig

amylase *n* CHEMISTRY Amylase *f*

amylene *n* CHEMISTRY Amylen *nt*, Penten *nt*

amylic *adj* PAPER Amyl- *pref*

amylin *n* CHEMISTRY Amylin *nt*, Dextrin *nt*

amylopectin *n* TEXT Amylopektin *nt*, Stärkegranulose *f*

amylum *n* PROD ENG Stärke *f*
anachromatic: ~ **lens** *n* PHOTO anachromatisches Objektiv *nt*
anacoustic: ~ **zone** *n* RECORD anakustische Zone *f*
anaerobe *n* FOOD TECH Anaerobier *m*
anaerobic[1] *adj* ERGON, FOOD TECH anaerob
anaerobic:[2] ~ **adhesive** *n* PLAS anaerob härtender Klebstoff *m*; ~ **digestion** *n* WASTE anaerobe Faulung *f*, anaerobe Gärung *f*; ~ **fermentation** *n* WASTE anaerobe Gärung *f*; ~ **lagoon** *n* WASTE Faulteich *m*, anaerober Teich *m*
anallactic *adj* OPT anallaktisch
anallactism *n* OPT Anallaktismus *m*
analog[1] *adj* COMP & DV, ELECTRON, INSTR, RADIO, TELECOM Analog- *pref* analog; **~-digital** *adj (A/D)* ELECTRON, PROD ENG, TV Analog-Digital- *pref (A/D)*
analog:[2] ~ **actuator** *n* ELEC ENG Analogstellglied *nt*; ~ **ammeter** *n* ELEC ENG Analog-Amperemeter *nt*, Analogstrommesser *m*; ~ **bipolar integrated circuit** *n* ELECTRON analoge Bipolarschaltung *f*; ~ **board** *n* ELECTRON Analogkarte *f*; ~ **calculation** *n* COMP & DP Analogrechnung *f*; ~ **call processor** *n* TELECOM analoger Vermittlungsprozessor *m*; ~ **carrier system** *n* COMP & DP analoges Trägerfrequenzsystem *nt*; ~ **channel** *n* COMP & DP Analogkanal *m*; ~ **chip** *n* ELECTRON Analogchip *m*; ~ **circuit** *n* ELEC ENG Analogkreis *m*, Ersatzkreis *m*, Ersatzschaltung *f*, ELECTRON Analogschaltung *f*, TELECOM *telephony* Analogleitung *f*, Analogschaltung *f*, Analogverbindung *f*; ~ **circuit design** *n* ELECTRON Auslegung einer Analogschaltung *f*; ~ **comparator** *n* ELECTRON analoger Vergleicher *m*; ~ **computer** *n* COMP & DP Analogrechner *m*; ~ **computer for net adjustment** *n (ACNA)* COMP & DP Analogrechner für Netzabgleich *m (ACNA)*; ~ **data** *n pl* ELECTRON Analogdaten *nt pl*; ~ **data recorder** *n* INSTR Analogschreiber *m*, Analogwertschreiber *m*; ~ **delay line** *n* TELEV analoge Verzögerungsleitung *f*; ~ **device** *n* TELECOM Analoggerät *nt*; **~-digital conversion** *n* COMP & DV, ELECT, ELECTRON, PROD ENG, RECORD Analog-Digital-Wandlung *f*; **~-digital conversion equipment** *n* PROD ENG Analog-Digital-Umsetzerausrüstung *f*, Analog-Digital-Wandlerausrüstung *f*; **~-digital converter** *n (ADC)* COMP & DV, ELECTRON Analog-Digital-Umsetzer *m*, Analog-Digital-Wandler *m*, PROD ENG, TELEV Analog-Digital-Umsetzer *m*, Analog-Digital-Wandler *m (ADU)*; **~-digital counter-type converter** *n* INSTR nach Zählmethode arbeitender Analog-Digital-Umsetzer *m*; ~ **filter** *n* ELECTRON analoges Filter *nt*; ~ **filtering** *n* ELECTRON analoges Filtern *nt*; ~ **gate** *n* ELECTRON analoges Gatter *nt*; ~ **instrument** *n* INSTR Analoginstrument *nt*, Analogmeßgerät *nt*, analog arbeitendes Meßgerät *nt*; ~ **integrated circuit** *n* ELECTRON analoge integrierte Schaltung *f*; ~ **interface** *n* TELECOM Analogschnittstelle *f*; ~ **line driver** *n* COMP & DP analoger Leitungsverstärker *m*; ~ **matched filter** *n* ELECTRON *radar* Optimalfilter *nt*; ~ **measuring instrument** *n* ELECT Analogmeßinstrument *nt*, INSTR Analogmeßgerät *nt*, METROL Analogmeßinstrument *nt*; ~ **measuring system** *n* COMP & DP Analogmeßsystem *nt*; ~ **meter** *n* ELEC ENG Analogmeßgerät *nt*; ~ **modulation** *n* ELECTRON, PHYS Analogmodulation *f*; ~ **output instrument** *n* INSTR Meßgerät mit Analogausgang *nt*; ~ **point** *n* INSTR Meßstelle mit analoger Meßdatenerfassung *f*; ~ **private wire** *n* TELECOM analoge Mietleitung *f*; ~ **quantity** *n* COMP & DP Analogmenge *f*, Analogwert *m*, analoger Wert *m*; ~ **read-out** *n* INSTR Analoganzeige *f*, analoge Anzeige *f*; ~ **recording** *n* TELECOM Analogaufzeichnung *f*; ~ **shift register** *n* COMP & DP analoges Schieberegister *nt*; ~ **signal** *n* COMP & DV, ELECTRON, PHYS, TELECOM Analogsignal *nt*; ~ **signal generator** *n* ELECTRON Analogsignalgenerator *m*; ~ **signal processing** *n* ELECTRON Analogsignalverarbeitung *f*; ~ **switching system** *n* TELECOM analoges Vermittlungssystem *nt*; ~ **system** *n* TELECOM Analogsystem *nt*; ~ **transmission** *n* TELECOM Analogübertragung *f*; ~ **voltmeter** *n* ELEC ENG Analogspannungsmeßgerät *nt*, Analogvoltmeter *nt*
analogue *adj BrE see analog*
analyser *n BrE* COMP & DP, ELECT, ELECTRON Analysator *m*, INSTR Analysemeßgerät *nt*, METALL, PHYS Analysator *m*, TELECOM Analysator *m*, Analysegerät *nt*; ~ **circuit** *n BrE* ELECTRON Analysatorschaltung *f*
analysis *n* ART INT *of images* Analyse *f*, COATINGS Analyse *f*, Aufspaltung *f*, Untersuchung *f*, MECHAN ENG Analyse *f*, TEXT Analyse *f*, Gehalt *m*, Zusammensetzung *f*, WATER SUP Analyse *f*; ~ **error** *n* COAL TECH Analysefehler *m*; ~ **measuring equipment** *n* INSTR Analysemeßeinrichtung *f*; ~ **sample** *n* COAL TECH, QUAL Analyseprobe *f*; ~ **of variance** *n* COMP & DP Abweichungsanalyse *f*
analytical: ~ **balance** *n* INSTR, PHYS Analysewaage *f*; ~ **geometry** *n* GEOM, MATH analytische Geometrie *f*; ~ **instrument** *n* INSTR Analysegerät *nt*, Analysemeßgerät *nt*; ~ **kit** *n* LAB EQUIP Analyseausrüstung *f*; ~ **measurement** *n* INSTR Analysemessung *f*; ~ **mechanics** *n* MECHANICS, PHYS analytische Mechanik *f*
analyzer *n AmE see analyser BrE*
anamorphosis *n* TELECOM anamorphotisches Verfahren *nt*
anamorphotic: ~ **lens** *n* PHOTO Objektiv mit Vorsatz-Anamorphot *nt*
anastigmat *n* PHOTO, PHYS Anastigmat *m*; ~ **lens** *n* PHOTO Anastigmatlinse *f*
anastigmatic: ~ **folding magnifier** *n* PROD ENG anastigmatische Einschlaglupe *f*; ~ **lens** *n* PHOTO Anastigmatlinse *f*, anastigmatisches Objektiv *nt*
anatomical: ~ **axes** *n pl* ERGON anatomische Achsen *f pl*; ~ **waste** *n* WASTE infektiöser Abfall *m*, pathogener Abfall *m*
anatto *n* FOOD TECH Anattofarbstoff *m*, Bixin *nt*, Orlean *m*
ancestor *n* COMP & DP Vorgänger *m*; ~ **node** *n* ART INT *semantic networks* Vorfahre *m*, Vorgänger *m*, Vorgängerknoten *m*
anchor[1] *n* CONST *building* Mauerwerksanker *m*, ELECT Glühdrahthalterung *f*, MECHANICS, WATER TRANS Anker *m*; ~ **arm** *n* WATER TRANS Ankerarm *m*; ~ **bar** *n* CONST Ankerstab *m*, Zugstange *f*; ~ **bearing** *n* WATER TRANS Ankerpeilung *f*; ~ **bill** *n* WATER TRANS Ankerflügelspitze *f*; ~ **bolt** *n* CONST Ankerschraube *f*, Fundamentanker *m*, MECHAN ENG Ankerschraube *f*, Verankerungsbolzen *m*, MECHANICS Ankerbolzen *m*; ~ **bolt tube** *n* PROD ENG Ankerschraubenrohr *nt*; ~ **boss** *n* WATER TRANS Ankerwulst *m*; ~ **buoy** *n* WATER TRANS Ankerboje *f*; ~ **cable attachment** *n* WATER TRANS Ankerkettenbefestigung *f*; ~ **chain** *n* WATER TRANS Ankerkette *f*; ~ **crown** *n* WATER TRANS Ankerhals *m*, Ankerkrone *f*; ~ **deck** *n* WATER TRANS *ship* Ankerdeck *nt*; ~ **fluke** *n* WATER TRANS Ankerflunke *f*, Ankerflügel *m*; ~ **light** *n* WATER TRANS *signal* Ankerlaterne *f*, Ankerlicht *nt*; ~ **plate** *n* COAL TECH

Ankerplatte *f*; **~ pocket** *n* WATER TRANS Ankertasche *f*; **~ ring** *n* WATER TRANS Ankerring *m*; **~ rod** *n* COAL TECH Ankerstab *m*; **~ stock** *n* WATER TRANS Ankerstock *m*

anchor[2] *vt* CONST abspannen, befestigen, verankern, SPACE *spacecraft* verankern, WATER TRANS ankern, vor Anker legen

anchor[3] *vi* WATER TRANS vor Anker gehen; **~ in the roads** *vi* WATER TRANS auf Reede vor Anker liegen

anchorage *n* CONST Ankervorrichtung *f*, Verankerung *f*, WATER TRANS Ankerplatz *m*, Verankerung *f*; **~ block** *n* CONST Dübelstein *m*; **~ system** *n* NUC TECH Verankerungssystem *nt*

anchoring *n* CONST Abspannen *nt*, Verankern *nt*, SPACE *spacecraft* Verankerung *f*; **~ ground** *n* WATER TRANS Ankergrund *m*; **~ plate** *n* CONST Ankerplatte *f*, Verankerungsplatte *f*; **~ tower** *n* ELECT Verankerungsmast *m*

ancillary[1] *adj* CONTROL, SPACE *spacecraft* Zusatz- *pref*

ancillary:[2] **~ equipment** *n* MECHANICS Hilfseinrichtung *f*, Zusatzausrüstung *f*, PROD ENG Hilfsausrüstung *f*, Zusatzgeräte *nt pl*

AND: **~ circuit** *n* COMP & DP, ELECTRON, PHYS UND-Schaltung *f*; **~ gate** *n* COMP & DP, ELECTRON *logic* UND-Glied *nt*, UND-Schaltung *f*, PHYS UND-Gatter *nt*, UND-Schaltung *f*; **~ node** *n* ART INT UND-Knoten *m*; **~ operation** *n* COMP & DP UND-Verknüpfung *f*

Anderson: **~ Bridge** *n* ELECT *measuring* Andersonsche Meßbrücke *f*

AND/OR: **~ graph** *n* ART INT UND/ODER-Graph *m*

anechoic: **~ room** *n* ACOUSTICS, PHYS reflexionsfreier Raum *m*, schalltoter Raum *m*

anelasticity *n* METALL unvollkommene Elastizität *f*, PHYS Anelastizität *f*

anemometer *n* FUELLESS Anemometer *nt*, Windmesser *m*, INSTR Anemometer *nt*, Strömungsgeschwindigkeitmeßgerät *nt*, LAB EQUIP Anemometer *nt*, Windmesser *m*, PAPER Anemometer *nt*, PHYS Luftströmungsmesser *m*, Windgeschwindigkeitsmesser *m*, WATER TRANS Anemometer *nt*, Windmesser *m*

anemometric *adj* PAPER anemometrisch

anemometry *n* PHYS Windgeschwindigkeitsmessung *f*

aneroid: **~ altimeter** *n* AIR TRANS Kapselhöhenmesser *m*; **~ barometer** *n* AIR TRANS Dosenbarometer *nt*, LAB EQUIP Aneroidbarometer *nt*, Dosenbarometer *nt*, PHYS Aneroidbarometer *nt*; **~ flowmeter** *n* INSTR Durchflußmeßgerät *nt*, Kapselfederwirkdrucksensor *m*

anethole *n* CHEMISTRY Anethol *nt*, p-Methoxypropenylbenzol *nt*

aneurin *n* CHEMISTRY Aneurin *nt*, Thiamin *nt*

angle[1] *n* GEOM, PAPER, PHYS Winkel *m*, WATER TRANS *shipbuilding* Kniestück *nt*, Winkel *m*; **~ of acceptance of ions** *n* NUC TECH Ionenöffnungswinkel *m*; **~ of advance** *n* AUTO, MECHAN ENG Voreilwinkel *m*; **~ advance** *n* PROD ENG Winkelvoreilung *f*; **~ of approach** *n* PROD ENG Eingriffswinkel *m*, Spanumfangswinkel *m*; **~ of arrival** *n* TELECOM Einfallswinkel *m*; **~ of attack** *n* PHYS Anblaswinkel *m*; **~ of attack indicator** *n* AIR TRANS Anstellwinkelanzeiger *m*; **~ bar** *n* CONST L-Eisen *nt*, Winkeleisen *nt*, PROD ENG Eckschiene *f*, Winkelstrahl *m*, RAIL Winkeleisen *nt*; **~ of bend** *n* MECHAN ENG, PROD ENG Abkantwinkel *m*, Biegewinkel *m*, winkelige Biegung *f*; **~ of bevel** *n* MECHAN ENG Abfasungswinkel *m*, Fasenwinkel *m*; **~ brace** *n* CONST Bugholz *nt*, Kopfband *nt*, Winkelband *nt*, PROD ENG Winkelband *nt*; **~ bracket** *n* CONST Anschlußwinkel *m*, Befestigungswinkel *m*, Winkelkonsole *f*, Winkelstütze *f*, MECHAN ENG Befestigungswinkel *m*, Stützwinkel *m*, MECHANICS Wandarm *m*, Winkelkonsole *f*, Winkeleisen *nt*, PROD ENG Winkelverstärkung *f*; **~ of brush lag** *n* ELECT Bürstennacheilwinkel *m*; **~ of chamfer** *n* PROD ENG Anschnittwinkel *m*; **~ of contact** *n* PHYS Eintrittswinkel *m*, PROD ENG *kinematics* Greifwinkel *m*, Randwinkel *m*, Umschlingungswinkel *m*; **~ cut** *n* PAPER Winkelschnitt *m*, PROD ENG Schrägschnitt *m*; **~ cutter** *n* MECHAN ENG Winkelfräser *m*, MECHANICS Diagonalschneidemaschine *f*, Winkelfräser *m*, PROD ENG Winkelfräser *m*; **~-cutting machine** *n* PROD ENG Schrägschneidemaschine *f*; **~ of deflection** *n* PROD ENG Beugungswinkel *m*; **~ dependence** *n* PROD ENG Winkelabhängigkeit *f*; **~ of deviation** *n* PHYS Ablenkwinkel *m*; **~ of dip** *n* PHYS Inklinationswinkel *m*; **~-dressing fixture** *n* PROD ENG Winkelabrichteeinrichtung *f*; **~ drive** *n* MECHANICS Winkelantrieb *m*; **~ of elevation** *n* GEOM Steigungswinkel *m*; **~ error** *n* INSTR Winkelfehler *m*, METROL Mißweisung *f*, Winkelfehler *m*; **~ fishplate** *n* PROD ENG, RAIL *BrE (cf applying of angle joint bar AmE)* Winkellasche *f*; **~ of friction** *n* COAL TECH, CONST, MECHAN ENG Reibungswinkel *m*, PHYS Ruhewinkel *m*, Schüttwinkel *m*; **~ gage** *n AmE*, **~ gauge** *n BrE* METROL Winkellehre *f*, Winkelendmaß *nt*, PROD ENG Winkellehre *f*; **~ grinder** *n* PROD ENG Winkelschleifer *m*; **~ head grinding machine** *n* PROD ENG Schrägeinstechschleifmaschine *f*; **~ of heel** *n* WATER TRANS *ship design* Krängungswinkel *m*; **~ of incidence** *n* AIR TRANS Anströmwinkel *m*, Einfallswinkel *m*, FUELLESS Erhebungswinkel *m*, Erhöhungswinkel *m*, Höhenwinkel *m*, OPT, PHYS, PROD ENG, WAVE PHYS Einfallswinkel *m*; **~ of inclination** *n* GEOM, PROD ENG *of cutting edge* Neigungswinkel *m*; **~ of injection** *n* NUC TECH Injektionswinkel *m*; **~ iron** *n* CONST, MECHAN ENG Winkeleisen *nt*; **~ iron joint** *n* CONST Winkeleisengelenk *nt*; **~ joint** *n* CONST Winkelstoß *m*, Winkelgelenk *nt*; **~ of lag** *n* ELECT Nacheilwinkel *m*, Verzögerungswinkel *m*, MECHAN ENG Nacheilwinkel *m*; **~ of lead** *n* ELECT Phasenführungswinkel *m*, Phasenvoreilwinkel *m*, MECHAN ENG Voreilwinkel *m*; **~ of lead of brushes** *n* ELECT Bürstenvoreilung *f*, Bürstenvoreilwinkel *m*; **~ of loll** *n* WATER TRANS *ship design* Anfangskrängungswinkel *m*; **~ of magnetic declination** *n* PHYS Deklinationsabweichung *f*, Mißweisungswinkel *m*; **~ of magnetic inclination** *n* PHYS Winkel der magnetischen Inklination *m*; **~ measurement** *n* METROL Winkelmessung *f*; **~ meter** *n* METROL Winkelmesser *nt*; **~ milling** *n* MECHAN ENG Winkelfräsen *nt*, PROD ENG Fräsen schräger Flächen *nt*; **~ modulation** *n* ELECTRON Winkelmodulation *f*; **~ of nip** *n* COAL TECH Bißwinkel *m*, PROD ENG Greifwinkel *m*; **~ of obliquity** *n* MECHAN ENG *teeth* Eingriffswinkel *m*; **~ of obliquity of action** *n* PROD ENG *kinematics* Eingreifswinkel *m*; **~ of optical rotation** *n* (α) OPT optischer Drehwinkel *m* (α); **~ of overlap** *n* ELECT Überdeckungswinkel *m*; **~ pass** *n* PROD ENG *material* Winkelkaliber *nt*; **~-peeling test** *n* PLAS Winkelschälversuch *m*; **~ of phase difference** *n* ELEC ENG Phasenverschiebungswinkel *m*, ELECT Phasendifferenzwinkel *m*; **~ pin** *n* MECHAN ENG *die-casting* Schrägstift *m*; **~ of pitch** *n* CER & GLAS Neigungswinkel *m*, Steigungswinkel *m*, WATER TRANS Stampfwinkel *m*; **~ plate** *n* MECHAN ENG Winkelplatte *f*, *clamping* Aufspannwinkel *m*, METROL Aufspannwinkel *m*; **~ of point** *n* PROD ENG Querschneidewinkel *m*, Spitzenwinkel *m*; ~ **of polarization** *n* OPT Polarisationswinkel *m*; ~ **of precession** *n* FUELLESS Präzessionswinkel *m*; ~ **of pressure** *n* MECHAN ENG *teeth* Eingriffswinkel *m*; ~ **of a prism** *n* PHYS brechender Winkel *m*; ~ **rafter** *n* CONST Gratsparren *m*; ~ **of rake** *n* MECHAN ENG *cutting tool* Spanwinkel *m*; ~ **of reflection** *n* OPT Reflexionswinkel *m*, PHYS, WAVE PHYS Ausfallwinkel *m*, Reflexionswinkel *m*; ~ **of refraction** *n* *(r)* OPT Brechungswinkel *m*, Refraktionswinkel *m* *(r)*, PHYS Brechungswinkel *m (r)*; ~ **of repose** *n* CONST Ruhewinkel *m*, natürlicher Böschungswinkel *m*; ~ **of rotation** *n* INSTR, PROD ENG *plastic valves* Drehwinkel *m*; ~ **seat check valve** *n* PROD ENG *plastic valves* Schrägsitzrückschlagventil *nt*; ~ **seat valve** *n* PROD ENG *plastic valves* Schrägsitzventil *nt*; ~ **section** *n* MECHANICS Winkelprofil *nt*; ~ **of sight** *n* TELECOM Sehwinkel *m*, Sichtlinienwinkel *m*; ~ **spread roll** *n* PAPER Winkelstreichwalze *f*; ~ **of stall** *n* AIR TRANS kritischer Anstellwinkel *m*; ~ **steel** *n* MECHANICS Winkelstahl *m*; ~ **of taper** *n* MECHAN ENG Kegelwinkel *m*; ~ **tie** *n* CONST Bugholz *nt*, Kopfband *nt*, Winkelband *nt*, PROD ENG Winkelband *nt*; ~ **of the tooth helix** *n* PROD ENG Drallwinkel *m*;~ **of torsion** *n* MECHAN ENG Torsionswinkel *m*; ~ **of total reflection** *n* OPT Grenzwinkel der Totalreflexion *m*, Totalreflexionswinkel *m*, Winkel der Totalreflexion *m*; ~ **of traction** *n* MECHANICS Zugwinkel *m*; ~ **transmission** *n* AUTO Umlaufgetriebe *nt*, Winkelgetriebe *nt*, MECHAN ENG Winkelgetriebe *nt*; ~ **of twist** *n* MECHAN ENG Drehwinkel *m*, Verdrehungswinkel *m*, MECHANICS Drallwinkel *m*; ~ **valve** *n* MECHAN ENG Eckventil *nt*; ~ **velocity of precession** *n* PROD ENG Präzessionswinkelgeschwindigkeit *f*; ~ **of wing setting** *n* AIR TRANS Achssturzwinkel *m*

angle[2] *vt* PAPER umbiegen

angled[1] *adj* MECHAN ENG, PAPER, PROD ENG winkelig

angled:[2] ~ **bending** *n* PROD ENG Winkligbiegen *nt*; ~ **column** *n* PHOTO *enlarger* Winkelsäule *f*; ~ **reamer** *n* MECHAN ENG Winkelreibahle *f*

angledozer *n* CONST Böschungserdhobel *m*, Schwenkschildplanierraupe *f*

angstrom *n (Å)* METROL Angström *nt (Å)*; ~ **unit** *n* FOOD TECH Angström-Einheit *f*

angular[1] *adj* GEOM Winkel- *pref*

angular:[2] ~ **acceleration** *n* (α) MECHANICS Winkelbeschleunigung *f* (α); ~ **acceptance** *n* NUC TECH Öffnungswinkel *m*; ~ **ball bearing** *n* MECHANICS Kugeltraglager *nt*; ~ **contact ball bearing** *n* MECHAN ENG Schrägkugellager *nt*; ~ **contact bearing** *n* MECHAN ENG Schräglager *nt*; ~ **deviation** *n* ELEC ENG Winkelabweichung *f*; ~ **diameter** *n* SPACE *spacecraft* Winkeldurchmesser *m*; ~ **dimension** *n* ENG DRAW Winkelmaß *nt*; ~ **displacement** *n* ACOUSTICS Winkelverdrängung *f*, AIR TRANS, ELECT, INSTR Winkelverschiebung *f*; ~ **displacement sensitivity** *n* AIR TRANS Winkelverschiebungsanfälligkeit *f*; ~ **frequency** *n* ACOUSTICS, ELECTRON, PHYS Kreisfrequenz *f*, Winkelfrequenz *f*; ~ **grooved-and-tongued joint** *n* CONST Winkelstoß mit Nut und Feder *m*; ~ **magnification** *n* PHYS Winkelvergrößerung *f*; ~ **meshing** *n* MECHANICS, PROD ENG Schrägeingriff *m*; ~ **milling cutter** *n* MECHAN ENG Winkelfräser *m*, MECHANICS Lückenfräser *m*, Winkelfräser *m*, PROD ENG Winkelfräser *m*; ~ **misalignment loss** *n* OPT Winkelversatzverlust *m*, TELECOM Dämpfung durch Ausrichtungsfehler *f*; ~ **momentum** *n* AIR TRANS Impulsmoment *nt*, Massenträgheitsmoment *nt*, MECHANICS Drehmoment *nt*, MECHANICS *(L)* Lagrangesche Funktion *f (L)*, PART PHYS, PHYS Drehimpuls *m*; ~ **pitch rate** *n* AIR TRANS Teilwinkelverhältnis *nt*; ~ **position measuring system** *n* INSTR Winkelmeßsystem *nt*; ~ **roller bearing** *n* MECHANICS Rollentraglager *nt*; ~ **roll rate** *n* AIR TRANS Drehwinkelrate *f*; ~ **rotor speed** *n* AIR TRANS Winkelrotorgeschwindigkeit *f*; ~ **screwdriver** *n* MECHAN ENG Winkelschraubendreher *m*; ~ **separation** *n* TELECOM Winkelabstand *m*; ~ **spacing** *n* ENG DRAW Gradeinteilung *f*; ~ **thread screw** *n* MECHANICS Schraube mit scharfgängigem Gewinde *f*; ~ **three-axis rate sensor** *n* AIR TRANS Dreiachs-Winkeldrehsensor *m*; ~ **velocity** *n* ELEC ENG Kreisfrequenz *f*, Kreisgeschwindigkeit *f*, Winkelgeschwindigkeit *f*, FUELLESS Kreisfrequenz *f*, Winkelgeschwindigkeit *f*, MECHAN ENG, PHYS, PROD ENG, SPACE *spacecraft* Winkelgeschwindigkeit *f*; ~ **velocity of precession** *n* FUELLESS Winkelgeschwindigkeit der Präzession *f*; ~ **velocity rate sensor** *n* AIR TRANS Meßwertgeber *m*; ~ **yaw rate** *n* AIR TRANS Gierwinkelgeschwindigkeit *f*

angulometer *n* METROL *crystallometry* Goniometer *nt*

anhydration *n* PAPER Wasserentzug *m*

anhydride *n* CHEMISTRY, PAPER Anhydrid *nt*; ~ **hardener** *n* PLAS anhydridischer Härter *m*

anhydrite *n* PET TECH Anhydrit *nt*

anhydrous[1] *adj* CHEMISTRY anhydrisch, entwässert, kristallwasserfrei, wasserfrei, FOOD TECH, PAPER wasserfrei, PET TECH entwässert, wasserfrei

anhydrous:[2] ~ **ammonia** *n* PET TECH trockenes Ammoniak *nt*, wasserfreies Ammoniak *nt*

ANI *abbr (authorized nuclear inspector)* QUAL kerntechnischer Prüfsachverständiger *m*

aniline *n* CHEMISTRY Aminobenzol *nt*, Anilin *nt*, PAPER Anilin *nt*; ~ **color** *n AmE (cf aniline colour BrE)* CHEMISTRY Anilinfarbstoff *m*; ~ **colour** *n BrE (cf aniline color AmE)* CHEMISTRY Anilinfarbstoff *m*; ~ **dye** *n* PHOTO Anilinfarbstoff *m*; ~ **formaldehyde resin** *n* PROD ENG Anilinformaldehydharz *nt*, Anilinharz *nt*; ~ **ink** *n* PRINT Anilinfarbe *f*; ~ **point** *n* PLAS Anilinpunkt *m*; ~ **print** *n* PRINT *flexography* Flexodruck *m*; ~ **resin** *n* PROD ENG Anilinformaldehydharz *nt*, Anilinharz *nt*; ~ **rubber-plate printing** *n* PRINT Anilingummidruck *m*

animal: ~ **charcoal** *n* COAL TECH Knochenkohle *f*; ~ **fat** *n* FOOD TECH tierisches Fett *nt*; ~ **glue** *n* PAPER, PLAS Tierleim *m*; ~ **starch** *n* FOOD TECH Glykogen *nt*, Leberstärke *f*, tierische Stärke *f*; ~ **waste** *n* WASTE tierischer Abfall *m*

anion *n* COAL TECH, ELEC ENG, ELECT, FOOD TECH, PET TECH, PHYS, RAD PHYS Anion *nt*; ~ **exchanger** *n* COAL TECH Anionenaustauscher *m*

anionic *adj* COAL TECH anionisch

anionotropy *n* CHEMISTRY Anionotropie *f*

ANIS *abbr (authorized nuclear inspector supervisor)* NUC TECH kerntechnische Prüfaufsicht *f*

anisaldehyde *n* CHEMISTRY Anisaldehyd *nt*, Methoxybenzaldehyd *nt*

anisentropic *adj* THERMODYN anisentropisch

anisidine *n* CHEMISTRY Aminoanisol *nt*, Aminophenylmethylether *m*, Anisidin *nt*

anisochronous[1] *adj* COMP & DP anisochron

anisochronous:[2] ~ **transmission** *n* COMP & DP anisochrone Übertragung *f*

anisoelastic[1] *adj* SPACE *gyroscopes* anisoelastisch, zurück zur Ausgangsgröße

anisoelastic:[2] ~ **drift** *n* SPACE *gyroscopes* anisoelastische

Verschiebung *f*

anisoelasticity: **~ factor** *n* SPACE *gyroscopes* Anisoelastizitätsfaktor *m*

anisole *n* CHEMISTRY Anisol *nt*, Methoxybenzen *nt*, Methylphenylether *m*, FOOD TECH Anisol *nt*, Methylphenylether *m*

anisotropic *adj* MECHANICS, OPT, PLAS *polymer*, TELECOM anisotrop

anisotropy *n* PLAS Anisotropie *f*, PROD ENG Richtungsabhängigkeit *f*; **~ of turbulence** *n* FLUID PHYS Anisotropie der Turbulenz *f*

ANL *abbr (automatic noise limiter)* RAD TECH ARU *(automatische Rauschunterdrückung)*

ANN *abbr (artificial neural net, artificial neural network)* ART INT KNN *(künstliches neuronales Netzwerk)*

annatto *n* FOOD TECH Annattofarbstoff *m*, Bixin *nt*, Orlean *m*

anneal[1] *n* ELECTRON Tempern *nt*, THERMODYN *glass* Vergüten *nt*, *steel* Ausglühen *nt*

anneal[2] *vt* CER & GLAS kühlen, MECHANICS ausglühen, ausheilen, tempern, METALL ausglühen, PHYS ausglühen, ausheilen, tempern, THERMODYN *glass* vergüten, *steel* ausglühen

annealed[1] *adj* METALL geglüht, THERMODYN *glass* vergütet, *semiconductor* ausgeheilt, *steel* geglüht

annealed:[2] **~ steel** *n* PAPER vergüteter Stahl *m*

annealing *n* CER & GLAS Kühlen *nt*, ELECTRON, HEAT & REFRIG, METALL Ausglühen *nt*, PROD ENG Glüh- *pref*, Spannungsfreimachen *nt*, THERMODYN Ausglühen *nt*, Ausheilen *nt*, Glüh- *pref*; **~ bath** *n* PROD ENG, THERMODYN Glühbad *nt*; **~ bell** *n* PROD ENG Glühhaube *f*; **~ furnace** *n* CER & GLAS Kühlofen *m*, MECHANICS Temperofen *m*, METALL, NUC TECH, PROD ENG Glühofen *m*, THERMODYN Kühlofen *m*; **~ kiln** *n* CER & GLAS Kühlofen *m*; **~ lehr** *n* CER & GLAS Kühlofen *m*; **~ lehr with rollers** *n* CER & GLAS *flat glass* Rollenkühlofen *m*; **~ plant** *n* METALL Glühanlage *f*; **~ point** *n (AP)* METALL Glühpunkt *m (GP)*; **~ range** *n* CER & GLAS Kühlbereich *m*; **~ schedule** *n* CER & GLAS Kühlplan *m*; **~ under gas** *n* THERMODYN Schutzgasflammen *nt*, Schutzgasglühen *nt*

annihilation *n* PART PHYS Annihilation *f*, Vernichtung *f*, Zerstrahlung *f*; **~ photon** *n* RAD PHYS Paarvernichtungsfoton *nt*, Zerstrahlungsfoton *nt*; **~ radiation** *n* RAD PHYS Paarvernichtungsstrahlung *f*, Vernichtungsstrahlung *f*

annotation *n* COMP & DP Anmerkung *f*, Beschriftung *f*

announcement *n* TELECOM Ansage *f*; **~ machine** *n* TELECOM Ansagemaschine *f*

annual[1] *adj* WATER SUP Jahres- *pref*

annual:[2] **~ average daily traffic** *n (AADT)* TRANS durchschnittliches Tagesverkehrsaufkommen pro Jahr *nt (AADT)*; **~ capacity factor** *n* FUELLESS jährlicher Kapazitätsfaktor *m*; **~ drainage** *n* WATER SUP jährliche Entwässerung *f*; **~ evaporation** *n* WATER SUP jährliche Evaporation *f*; **~ flood** *n* WATER SUP Jahreshochwasser *nt*; **~ flow** *n* WATER SUP Jahresdurchfluß *m*; **~ load** *n* WATER SUP jährliche Last *f*; **~ mean water level** *n* WATER SUP jährlicher Mittelwasserstand *m*; **~ runoff** *n* WATER SUP Jahresabfluß *m*

annular[1] *adj* MECHANICS, PROD ENG, SPACE *spacecraft* ringförmig

annular:[2] **~ air gap** *n* NUC TECH ringförmiger Luftspalt *m*; **~ bit** *n* PET TECH Kernbohrmeißel *m*; **~ bushing** *n* CER & GLAS ringförmige Ziehwanne *f*; **~ channel** *n* NUC TECH Ringkanal *m*; **~ clearance** *n* PROD ENG Ringspalt *m*; **~ core** *n* NUC TECH *of reactor* ringförmige Spaltzone *f*, zylindrische Spaltzone *f*; **~ crack** *n* CER & GLAS *bottle finish* ringförmiger Riß *m*; **~ film boiling** *n* NUC TECH ringförmiges Filmsieden *nt*; **~ fuel element** *n* NUC TECH ringförmiges Brennelement *nt*; **~ gap** *n* NUC TECH ringförmiger Spalt *m*; **~ gear** *n* MECHAN ENG Zahnring *m*; **~ groove** *n* PROD ENG Ringnut *f*; **~ kiln** *n* CER & GLAS, PROD ENG Ringofen *m*; **~ magnet** *n* PHYS, TELEV Ringmagnet *m*; **~ measuring chamber** *n* INSTR Ringmeßkammer *f*; **~ momentum** *n* AIR TRANS radiales Moment *nt*; **~ resonator** *n* ELECTRON *microwaves* ringförmiger Resonator *m*; **~ rib** *n* SPACE Ringspant *m*; **~ saw** *n* MECHAN ENG Kreissäge *f*; **~ slide valve** *n* MECHAN ENG, PROD ENG Ringschieber *m*; **~ space** *n* PET TECH Ringraum *m*; **~ spring** *n* MECHAN ENG Ringfeder *f*; **~ table** *n* PROD ENG Ringtisch *m*; **~ valve** *n* MECHAN ENG Ringventil *nt*

annulus *n* AIR TRANS Kreisring *m*, AUTO Außenrad *nt*, Hohlrad *nt*, GEOM Kreisring *m*, PET TECH Ring *m*, Ringspalt *m*, PROD ENG Kreisring *m*, SPACE Ring *m*

annunciator *n* ELEC ENG Fallklappentafel *f*, Melder *m*, Signaltafel *f*, INSTR Melder *m*, Schauzeichen *nt*, Sichtmelder *m*, Sichttafel *f*, Signallampe *f*, SPACE Sichtzeichengeber *m*

anode *n (A)* ELEC ENG, PHYS, RAD TECH, TELEV, WATER TRANS Anode *f (A)*; **~ characteristic** *n* ELEC ENG Anodenkennlinie *f*; **~ circuit** *n* ELEC ENG Anodenkreis *m*; **~ current** *n* ELEC ENG Anodenstrom *m*; **~ modulation** *n* ELECTRON Anodenmodulation *f*; **~ rays** *n pl* ELEC ENG, RAD PHYS Anodenstrahlen *m pl*; **~ saturation** *n* ELEC ENG Anodensättigung *f*; **~ voltage** *n* ELEC ENG Anodenspannung *f*

anodic *adj* ELECT *electrochemistry* anodisch

anodization *n* PROD ENG Eloxierung *f*

anodize *vt* CHEMISTRY anodisieren, eloxieren, PROD ENG eloxieren, WATER TRANS *metal* elektrolytisch behandeln, eloxieren

anodized: **~ aluminium** *n BrE* HEAT & REFRIG Eloxalaluminium *nt*; **~ aluminum** *n AmE see anodized aluminium BrE*

anodizing *n* METALL Anodisieren *nt*, Eloxalverfahren *nt* **~ quality** *n* METALL Eloxalqualität *f*

anomalous: **~ dispersion** *n* PHYS anomale Dispersion *f*; **~ Zeeman effect** *n* PHYS anomaler Zeeman-Effekt *m*

anomaly *n* THERMODYN *of water* Anomalie *f*

anorganic *adj* COATINGS anorganisch

anorthite *n* CER & GLAS Anorthit *m*

answer:[1] **~-back** *n* TELECOM Kennung *f*; **~-back signal** *n* PROD ENG *plastic valves* Rückmeldung *f*; **~ signal** *n* TELECOM Antwortsignal *nt*, Beginnzeichen *nt*, Meldesignal *nt*

answer[2] *vt* TELECOM *call* entgegennehmen

answering: **~ delay** *n* TELECOM Meldeverzug *m*; **~ machine** *n* TELECOM Anrufbeantworter *m*, Telefonanrufbeantworter *m*; **~ pennant** *n* WATER TRANS *signal* Antwortwimpel *m*; **~ service** *n* TELECOM Abfragedienst *m*; **~ time** *n* INSTR Ansprechzeit *f*

antagonistic: **~ torque** *n* AIR TRANS gegenwirkende Drehkraft *f*

antecedent: **~ node** *n* ART INT *semantic networks* Vorfahre *m*, Vorgänger *m*, Vorgängerknoten *m*

antechamber *n* AUTO Teilverbrennungsraum *m*, Vorkammer *f*

antenna *n* AUTO, ELEC ENG, PHYS, RAD TECH, SPACE, TELECOM, TELEV Antenne *f*; **~ booster** *n* ELECTRON

Antennenverstärker *m*; ~ **gain** *n* SPACE Antennengewinn *m*; ~ **matching device** *n* RAD TECH Antennenanpassung *f*; ~ **pattern** *n* RAD TECH Strahlungsdiagramm *nt*; ~**-pointing loss** *n* TELECOM Verlust durch Antennenausrichtungsfehler *m*; ~ **system** *n* SPACE Antennensystem *nt*; ~**-tuning capacitor** *n* *(ATC)* RAD TECH kapazitive Antennenanpassung *f* *(ATC)*; ~**-tuning inductance** *n* *(ATI)* RAD TECH Antennenabstimmspule *f (ATI)*

anthracene *n* CHEMISTRY Anthracen *nt*; ~ **dye** *n* CHEMISTRY Anthracenfarbstoff *m*; ~ **oil** *n* CHEMISTRY Anthracenöl *nt*

anthracite *n* COAL TECH Anthrazit *m*; ~ **coal** *n* COAL TECH Anthrazitkohle *f*

anthragallol *n* CHEMISTRY Anthragallol *nt*

anthropogenic: ~ **acidification** *n* POLL anthropogene bedingte Übersäuerung *f*, menschlich bedingte Übersäuerung *f*

anthropology *n* ERGON Anthropologie *f*

anthropometry *n* ERGON Anthropometrie *f*

anthropomorphic: ~ **robot** *n* ART INT anthropomorpher Roboter *m*

anthropotechnical *adj* ERGON anthropotechnisch

anti- *pref* AIR TRANS, AUTO, CHEMISTRY, FOOD TECH, MECHAN ENG, PHYS, PLAS, RAD PHYS Anti- *pref*

anti-ager:[1] ~ **friction-bearing** *adj* PROD ENG wälzgelagert; ~ **scale** *adj* PROD ENG kesselsteinverhütend, zunderverhütend

anti-ager:[2] ~ **oxidant** *n* PROD ENG oxydationshemmendes Mittel *nt*

anti-ager-parallel: ~ **four-bar** *n* PROD ENG Antiparallelgelenkviereck *nt*

anti-albumose *n* FOOD TECH Antialbumose *f*

anti-aliasing *n* COMP & DP Konturenausgleich *m*, ELECTRON Antialiasing *f*, TELEV Entfälschung *f*; ~ **filter** *n* ELECTRON Antialiasing-Filter *nt*; ~ **filtering** *n* ELECTRON Antialiasing-Filterung *f*

antibaryon *n* PART PHYS Antibaryon *nt*

antiblocking: ~ **agent** *n* PLAS Antiblockmittel *nt*; ~ **system** *n* *(ABS)* AUTO Antiblockiersystem *nt*, Blockierregler *m*, elektronische Bremsschlupfregelung *f*

antibonding[1] *adj* RAD PHYS Antibindungs- *pref*

antibonding:[2] ~ **atomic orbital** *n* RAD PHYS Antibindungsbahn *f*; ~ **electrons** *n pl* RAD PHYS Antibindungselektronen *nt pl*

anticaking: ~ **agent** *n* FOOD TECH Antibackmittel *nt*, Rieselhilfsmittel *nt*

anticapacitance *n* INSTR kapazitätsarm

anticapillary: ~ **course** *n* CONST *road* kapillarbrechende Schicht *f*

anticathode *n* ELECT, PHYS Antikathode *f*

antichlor *n* CHEMISTRY, PAPER Antichlor *nt*

anticipated: ~ **operating conditions** *n pl* AIR TRANS erwartete Betriebsbedingungen *f pl*

anticlinal: ~ **trap** *n* PET TECH antiklinale Falle *f*

anticline *n* PET TECH Antiklinale *f*

anticlockwise: ~ **rotation** *n* MECHANICS Rotation im Gegenuhrzeigersinn *f*

anticlutter: ~ **control** *n* WATER TRANS *radar* Enttrübung *f*

anticoincidence *n* ELECTRON Antivalenz *f*, INSTR, RAD PHYS Antikoinzidenz *f*; ~ **circuit** *n* PHYS Antikoinzidenzschaltung *f*; ~ **counter** *n* INSTR Antikoinzidenzzähler *m*

anticollision: ~ **light** *n* AIR TRANS Antikollisionslicht *nt*; ~ **marker** *n* *(AC marker)* WATER TRANS Kollisionswarner *m*

anticondensation: ~ **heater** *n* HEAT & REFRIG Kondenswasserheizung *f*, Stillstandsheizung *f*

anticorrosion: ~ **additive** *n* PET TECH Korrosionsinhibitor *m*; ~ **coating** *n* NUC TECH Korrosionsschutzbeschichtung *f*

anticorrosive[1] *adj* MECHANICS korrosionsgeschützt, rostgeschützt, rostverhindernd

anticorrosive:[2] ~ **agent** *n* PAPER Korrosionsschutzmittel *nt*; ~ **coating** *n* PLAS *paint* Korrosionsschutzanstrich *m*

anticyclone *n* WATER TRANS Antizyklone *f*

anticyclonic: ~ **generation** *n* METROL antizyklonale Generation *f*

antidazzle: ~ **glass** *n* CER & GLAS Blendschutzglas *nt*; ~ **visor** *n* AUTO *accessory* Blendschutzvisier *nt*, Sonnenblende *f*

antidazzling *adj* TRANS blendungsfrei

antideflection: ~ **roll** *n* PAPER Stützwalze *f*

antidive: ~ **fork** *n* AUTO *motorcycle* Gabel mit Bremsnickausgleich *f*

antidote *n* CHEMISTRY Antidot *nt*, Gegengift *nt*

anti-enzyme *n* FOOD TECH Antienzym *nt*, Enzyminhibitor *m*

antiferromagnetic *adj* PHYS antiferromagnetisch

antiferromagnetism *n* ELECT *diamagnetism*, PHYS Antiferromagnetismus *m*

antiflooding: ~ **agent** *n* PLAS *paint* Antiausschwimmittel *nt*

antifoam *n* PAPER Antischaummittel *nt*; ~ **agent** *n* PET TECH Antischaummittel *nt*

antifoaming: ~ **agent** *n* COAL TECH Antischaummittel *nt*, MECHAN ENG Antischäummittel *nt*, Schaumverhinderungszusatz *m*, PLAS Antischaummittel *nt*, Schaumverhütungsmittel *nt*

antifogging: ~ **agent** *n* PHOTO Antischleiermittel *nt*

antifouling: ~ **paint** *n* PLAS Antifouling-Anstrichfarbe *nt*, WATER TRANS *ship maintenance* bewuchsverhindernde Farbe *f*

antifreeze *n* AUTO Frostschutzmittel *nt*, *cooling system* Frostschutz *m*, CONST Frostschutz *m*; ~ **agent** *n* HEAT & REFRIG Frostschutzmittel *nt*, Gefrierschutzmittel *nt*; ~ **detector** *n* HEAT & REFRIG Frostschutzwächter *m*; ~ **paper** *n* PAPER Frostschutzpapier *nt*

antifreezing *adj* AIR TRANS, HEAT & REFRIG gefrierfest, kältebeständig

antifret: ~ **plate** *n* SPACE *spacecraft* Schrammschutzplatte *f*

antifriction[1] *adj* MECHAN ENG reibungsverhindernd, MECHANICS Gleit- *pref*; ~**-bearing** *adj* PROD ENG wälzgelagert

antifriction[2] *n* PAPER Antifriktionsmittel *nt*; ~ **bearing** *n* MECHAN ENG Wälzlager *nt*; ~ **layer** *n* MECHAN ENG *bearing* Gleitschicht *f*, Laufschicht *f*; ~ **lining** *n* MECHAN ENG *bearing* Ausguß *m*; ~ **metal** *n* METALL Weißmetall *nt*

antifrictionning *n* METALL Weißmetallausguß *m*

antifroth *n* PAPER Antischaummittel *nt*

anti-g *adj (antigravity)* SPACE Antischwerkraft *f*

antigen *n* CHEMISTRY Antigen *nt*

antiglare: ~ **coating** *n* TELECOM Blendschutzschicht *f*

antigravity *adj (anti-g)* SPACE Antischwerkraft *f*

antihalation: ~ **backing** *n* PHOTO Antilichthofbelag *m*

antihalo: ~ **layer** *n* PHOTO Lichthofschutzschicht *f*

anti-icing *n* SPACE Enteisung *f*; ~ **system** *n* SPACE Enteisungssystem *nt*

anti-incrustant *n* CHEMISTRY Kesselsteinmittel *nt*
anti-interference *adj* ELECT entstörend
antiknock *n* PET TECH Antiklopfmittel *nt*; ~ **additive** *n* AUTO, POLL Antiklopfmittel *nt*; ~ **agent** *n* AUTO Antiklopfmittel *nt*, Kraftstoffzusatz gegen Klopfen *m*; ~ **mixture** *n* AUTO klopffeste Mischung *f*; ~ **resistance** *n* AUTO Klopffestigkeit *f*
antilock: ~ **system** *n (ALS)* AUTO *braking* Antiblockiersystem *nt (ABS)*
antilogarithm *n* MATH Numerus *m*
antimagnetic *adj* CHEMISTRY antimagnetisch
antimatter *n* PHYS Antimaterie *f*
antimonial[1] *adj* CHEMISTRY antimonartig, antimonhaltig
antimonial:[2] ~ **lead** *n* PROD ENG Hartblei *nt*
antimoniate *n* CHEMISTRY Antimonat *nt*
antimonic *adj* CHEMISTRY Antimon *nt*
antimonide *n* CHEMISTRY Antimonid *nt*
antimonite *n* CHEMISTRY Antimonat *nt*, Antimonglanz *m*, Antimonit *m*
antimonous *adj* CHEMISTRY Antimon *nt*
antimony *n (Sb)* CHEMISTRY Antimon *nt (Sb)*; ~ **glance** *n* CHEMISTRY Antimonglanz *m*, Antimonit *m*; ~ **tetroxide** *n* CHEMISTRY Antimontetroxid *nt*
antineutrino *n* PHYS Antineutrino *nt*
antineutron *n* PHYS Antineutron *nt*
antinodal: ~ **line** *n* ACOUSTICS Schwingungslinie *f*
antinode *n* ACOUSTICS Bauch *m*, Schwingungsbauch *m*, ELEC ENG Schwingungsbauch *m*, Spannungsbauch *m*, Wellenbauch *m*, ELECT, PROD ENG Schwingungsbauch *m*, WAVE PHYS Bauch *m*, Wellenbauch *m*; ~ **of oscillation** *n* ACOUSTICS Schwingungsbauch *m*; ~ **of a stationary wave** *n* WAVE PHYS Schwingungsbauch einer stehenden Welle *m*; ~ **of vibration** *n* ACOUSTICS Schwingungsbauch *m*
antinoise[1] *adj* ACOUSTICS geräuschdämpfend
antinoise:[2] ~ **soft rubber lining** *n* SAFETY schalldämmende Weichgummibespannung *f*
antioxidant *n* FOOD TECH Antioxidans *nt*, Antioxidationsmittel *nt*, PLAS Antioxidans *nt*, Antioxidationsmittel *nt*, Oxidationsschutzmittel *nt*, Antioxidationswirkstoff *m*
antiparallax: ~ **mirror** *n* INSTR parallaxenfreier Spiegel *m*
antiparallel[1] *adj* ELEC ENG Antiparallel- *pref*, GEOM Antiparallel- *pref*, antiparallel
antiparallel:[2] ~ **arrangement** *n* ELEC ENG antiparallele Anordnung *f*; ~ **four-bar** *n* PROD ENG Antiparallelgelenkviereck *nt*
antiparticle *n* PART PHYS, PHYS Antiteilchen *nt*
antiphase *adv* TELEV gegenphasig
antipodal: ~ **points** *n pl* GEOM *of sphere* Antipodenpunkte *m pl*
antipollution *adj* MECHANICS gegen Luftverschmutzung
antiproton *n* PART PHYS, PHYS Antiproton *nt*
antiquark *n* PART PHYS, PHYS Antiquark *nt*
antique: ~ **book paper** *n* PRINT Romandruckpapier *nt*; ~ **drawn glass** *n* CER & GLAS maschinengezogenes Antikglas *nt*; ~ **glass** *n* CER & GLAS Antikglas *nt*
antireactivity *n* NUC TECH Antireaktivität *f*
antireflection: ~ **coating** *n* CER & GLAS Antireflexbelag *m*, OPT Antireflexionsüberzug *m*, SPACE Reflektionsabschirmung *f*, Reflektionsbeschichtung *f*, TELECOM Antireflexbelag *m*
antireflective: ~ **coating** *n* TELECOM reflexmindernde Beschichtung *f*
antiresonance *n* ACOUSTICS Antiresonanz *f*, Parallelresonanz *f*, ELECTRON Antiresonanz *f*
antiresonant: ~ **circuit** *n* AIR TRANS Entkoppelungskreis *m*, Entzerrungskreis *m*, ELECTRON Parallelschwingkreis *m*, PHYS Parallelresonanzkreis *m*, RAD TECH Antiresonanzkreis *m*; ~ **frequency** *n (fA)* ACOUSTICS Antiresonanzfrequenz *f*, Parallelschwingfrequenz *f*, ELECTRON Antiresonanzfrequenz *f*, Parallelschwingfrequenz *f (fA)*
antiroll: ~ **bar** *n* AUTO Diagonalstrebe *f*, Querstabilisator *m*, Querstrebe *f*, *suspension* Drehstabstabilisator *m*
anti-rolling: ~ **device** *n* WATER TRANS *ship* Schlingerdämpfungsanlage *f*
antirust[1] *adj* MECHANICS rostgeschützt
antirust:[2] ~ **agent** *n* PAPER Rostschutzmittel *nt*; ~ **coating** *n* PLAS *paint* Rostschutzanstrich *m*
antisatellite: ~ **laser** *n* ELECTRON Antisatellit-Laser *m*
antiscorching: ~ **agent** *n* PLAS Anvulkanisationsverhinderer *m*, Vulkanisationsverzögerer *m*
antiseize *adj* MECHANICS das Fressen verhindernd, vor Anfressen schützend
antisettling: ~ **agent** *adj* PLAS Schwebemittel *nt*
antishrink: ~ **treatment** *n* TEXT Antischrumpfbehandlung *f*
antishrinkage: ~ **admixture** *n* CONST Schwindschutzzusatz *m*
antisidetone[1] *adj* TELECOM rückhördämpfend
antisidetone:[2] ~ **circuit** *n* TELECOM Rückhördämpfungsschaltung *f*
antiskating *n* ACOUSTICS Gleithemmung *f*
antiskid: ~ **braking system** *n (ABS)* AUTO Antiblockiersystem *nt*, Blockierregler *m*, elektronische Bremsschlupfregelung *f*; ~ **device** *n (ASD)* AUTO *brake system* Rutschsicherung *f (ASD)*; ~ **unit** *n* AIR TRANS Antiblockiersystem *nt*, Antiskidsystem *nt*, Blockierverhinderer *m*
antiskinning: ~ **agent** *n* PLAS *paint* Antihautmittel *nt*, Hautverhütungsmittel *nt*
antislip: ~ **device** *n (ASD)* AUTO *brake system* Rutschsicherung *f (ASD)*; ~ **floor covering** *n* SAFETY rutschsicherer Bodenbelag *m*
antislosh: ~ **baffles** *n pl* SPACE Antischwappdämpfer *m pl*
antispattering: ~ **agent** *n* FOOD TECH Antispritzmittel *nt*
antisplash: ~ **head** *n* LAB EQUIP *distillation* Spritzschutzhaube *f*
antistaling: ~ **agent** *n* FOOD TECH Frischhaltemittel *nt*
antistatic[1] *adj* ELECT antistatisch, MECHAN ENG Antistatik *f*, antistatisch, PHOTO antistatisch, PROD ENG, TEXT Antistatik *f*
antistatic:[2] ~ **agent** *n* PLAS Antistatikum *nt*, PROD ENG Antistatikmittel *nt*, TEXT Antistatikmittel *nt*, Antistatikum *nt*; ~ **backing** *n* PHOTO antistatischer Belag *m*; ~ **footwear** *n* SAFETY Antistatikschuhe *m pl*; ~ **mat** *n* COMP & DP antistatische Matte *f*; ~ **material** *n* SAFETY antistatisches Material *nt*; ~ **protection** *n* MECHAN ENG Antistatikausrüstung *f*; ~ **protective clothing** *n* SAFETY antistatische Schutzkleidung *f*; ~ **spray** *n* COMP & DP Antistatikspray *nt*
antistiction: ~ **oscillator** *n* ELECTRON haftreibungsfreier Oszillator *m*
antistorm: ~ **glazing** *n* CER & GLAS Sturmschutzverglasung *f*
antisubmarine: ~ **defence** *n BrE* WATER TRANS *navy* U-Boot-Abwehr *f*; ~ **defense** *n AmE see antisubmarine defence BrE* ~ **helicopter** *n* AIR TRANS

U-Boot-Bekämpfungshubschrauber *m*

antisurge: ~ **baffle** *n* AIR TRANS Druckstoßdrossel *f*, thermostatische Drossel *f*; ~ **valve** *n* AIR TRANS Druckstoßventil *nt*, Umgehungsventil *nt*

antisymmetric: ~ **tensor** *n* FLUID PHYS antisymmetrischer Tensor *m*; ~ **wave function** *n* PHYS antisymmetrische Wellenfunktion *f*

antitarnish: ~ **paper** *n* PAPER Korrosionsschutzpapier *nt*

antitheft: ~ **ignition lock** *n* AUTO Diebstahlsicherung mit Trickschaltung *f*

antitorque: ~ **device** *n* AIR TRANS Drehmomentausgleichsvorrichtung *f*, Schleuderschutzeinrichtung *f*; ~ **propeller** *n* AIR TRANS Drehmomentausgleichspropeller *m*; ~ **rotor** *n* AIR TRANS Drehmomentausgleichsluftschraube *f*

antitrades *n pl* WATER TRANS *type of wind* Antipassat *m*, Gegenpassat *m*

antitransmit: ~-**receive tube** *n* (*ATR-tube*) ELECTRON Sendersperröhre *f*

antiturn: ~ **washer** *n* MECHAN ENG Zahnscheibe *f*

antivacuum: ~ **valve** *n* FUELLESS Gegenvakuumventil *nt*

antivibration: ~ **mounting** *n* HEAT & REFRIG schwingungsfreie Befestigung *f*; ~ **table** *n* LAB EQUIP schwingungsfreier Tisch *m*

antonite *n* NUC TECH Antonit *m*

anvil *n* MECHAN ENG *micrometer*, MECHANICS Amboß *m*; ~ **bed** *n* MECHAN ENG Amboßbett *nt*, Schabotte *f*, Unteramboß *m*; ~ **block** *n* MECHAN ENG Amboßblock *m*; ~ **chisel** *n* MECHAN ENG Abschrot *m*; ~ **cutter** *n* MECHAN ENG, PROD ENG Abschrot *m*; ~ **dross** *n* METALL Amboßschlacke *f*; ~ **hardie hole** *n* PROD ENG Amboßvierkantloch *nt*; ~ **pallet** *n* PROD ENG Untersattel *m*, auswechselbare Amboßbahn *f*; ~ **pallet face** *n* PROD ENG Amboßhahn *m*; ~ **ratio** *n* PROD ENG Verhältnisschabotte *f*; ~ **stake** *n* PROD ENG Stöckel *m*; ~ **top tool** *n* PROD ENG Hilfshammer *m*

AOCS *abbr* (*attitude and orbit control system*) SPACE AOCS (*Fluglage- und Umlaufbahnkontrollsystem*)

A-1: ~ **level** *n* CONST Nivellierinstrument *nt*

AOQ *abbr* (*average outgoing quality*) QUAL AOQ (*durchschnittliche Fertigproduktqualität*)

AOQL *abbr* (*average outgoing quality limit*) QUAL AOQL (*durchschnittlicher Fertigproduktqualitätsgrenzwert*)

AOS *abbr* (*automatic over signal*) TELECOM AOS (*automatisches Signal zur Mikrofonübergabe*)

AP *abbr* (*annealing point*) METALL GP (*Glühpunkt*)

apatite *n* CHEMISTRY Apatit *m*

APC *abbr* (*automatic phase control*) ELECTRON APR (*automatische Phasenregelung*), TELEV APR (*automatische Phasensteuerung*)

APD *abbr* (*avalanche photodiode*) ELECTRON, OPT APD (*Avalanchefotodiode*)

aperiodic[1] *adj* PHYS aperiodisch

aperiodic:[2] ~ **circuit** *n* COMP & DP aperiodischer Stromkreis *m*, ELECTRON aperiodische Schaltung *f*; ~ **filter** *n* RAD TECH aperiodisches Filter *nt*; ~ **galvanometer** *n* ELECT aperiodisches Galvanometer *nt*; ~ **instrument** *n* METROL aperiodisch gedämpftes Instrument *nt*

aperture *n* COAL TECH Öffnung *f*, COMP & DP Apertur *f*, Blendenöffnung *f*, MECHAN ENG *sieve* Maschenweite *f*, MECHANICS Apertur *f*, Öffnung *f*, PAPER Schlitz *m*, PHOTO *lens* Blende *f*, Öffnung *f*, PHYS Ausschnitt *m*, Blende *f*, PROD ENG Düse *f*, TELECOM *aerial* Apertur *f*, Öffnung *f*, TELEV Blende *f*; ~ **antenna** *n* TELECOM Aperturantenne *f*; ~ **card** *n* COMP & DP Mikrofilmlochkarte *f*; ~ **diaphragm** *n* METALL Aperturblende *f*; ~ **distortion** *n* TELECOM Aperturverzerrung *f*; ~ **grill** *n* *AmE*, ~ **grille** *n* *BrE* ELECTRON Aperturgitter *nt*; ~ **mask** *n* ELECTRON Maskenöffnung *f*, TELEV Lochmaske *f*; ~ **priority camera** *n* PHOTO Blendenvorwähler *m*, Kamera mit Zeitautomatik *f*; ~ **ring** *n* PHOTO Blendenring *m*; ~ **scale** *n* PHOTO Blendenskale *f*; ~ **setting knob** *n* PHOTO Blendeneinstellknopf *m*; ~ **setting ring** *n* PHOTO Blendeneinstellring *m*; ~ **stop** *n* PHOTO Blendeneinstellung *f*, PHYS Aperturblende *f*

apex *n* COAL TECH anstehende Ader *f*, GEOM Spitze *f*, *of cone* Spitze *f*, PROD ENG Scheitel *m*, Spitze *f*, SPACE Scheitel *m*

APEX *abbr* (*advance purchase excursion fare*) AIR TRANS APEX (*im voraus bezahlter Sondertarif*)

aphelion *n* PHYS Aphel *nt*, Sonnenferne *f*

API[1] *abbr* (*American Petroleum Institute*) PET TECH API (*Amerikanisches Erdölinstitut*)

API:[2] ~ **gravity** *n* PET TECH API-Dichte *f*

apionol *n* CHEMISTRY Apionol *nt*

aplanat *n* OPT Aplanat *m*

aplanatic: ~ **lens** *n* PHOTO Aplanat *m*

aplanatism *n* OPT Aplanasie *f*

apochromatic[1] *adj* OPT apochromatisch

apochromatic:[2] ~ **correction** *n* PHOTO apochromatische Korrektur *f*; ~ **lens** *n* PHOTO, PROD ENG Apochromat *m*

apochromatism *n* OPT Apochromasie *f*

apogee *n* PHYS, SPACE Apogäum *nt*; ~ **maneuver** *n* *AmE*, ~ **manoeuvre** *n* *BrE* SPACE *spacecraft* Apogäumsmanöver *nt*; ~ **motor** *n* SPACE *spacecraft* Apogäumstriebwerk *nt*

apostilb *n* (*asb*) OPT Apostilb *nt* (*asb*)

apothem *n* GEOM *of polygon* Inkreisradius *m*

apparatus *n* LAB EQUIP Apparat *m*, MECHAN ENG Apparat *m*, Instrument *nt*, Vorrichtung *f*, PAPER Apparat *m*, PHOTO Ausrüstung *f*

apparel *n* TEXT Bekleidung *f*, Kleidung *f*

apparent: ~ **altitude** *n* WATER TRANS *navigation* scheinbare Höhe *f*; ~ **density** *n* COAL TECH Rohdichte *f*, Schüttdichte *f*, PLAS Schüttdichte *f*; ~ **energy** *n* ELECT Scheinenergie *f*, wattlose Energie *f*; ~ **energy meter** *n* ELECT VAR-Meter *nt*; ~ **porosity** *n* CER & GLAS Oberflächenporen *f pl*; ~ **power** *n* ELEC ENG, ELECT, PHYS Scheinleistung *f*; ~-**power meter** *n* ELECT Scheinleistungsmeßgerät *nt*; ~ **specific gravity** *n* PAPER Rohgewicht *nt*; ~ **water table** *n* WATER SUP Nebengrundwasserspiegel *m*; ~ **wind** *n* WATER TRANS *navigation* scheinbarer Wind *m*

appeal *n* PAT Beschwerde *f*

appearance *n* PAPER *of paper* Oberflächenbeschaffenheit *f*, TEST Aussehen *nt*

appendix *n* PRINT Anhang *m*

Applegate: ~ **diagram** *n* ELECTRON *klystrons* Elektronenfahrplan *m*

Appleton: ~ **layer** *n* PHYS Appleton-Schicht *f*, F-Schicht *f*

appliance *n* FOOD TECH Gerät *nt*, MECHAN ENG Gerät *nt*, Vorrichtung *f*, TEXT Gerät *nt*, Hilfsmittel *nt*, Vorrichtung *f*, Werkzeug *nt*, Zubehör *nt*; ~ **parts** *n pl* TEXT Zubehörteile *nt pl*

applicability *n* QUAL *of normal, tightened or reduced inspection* Auswahl *f*, Prüfschärfe *f*

applicant *n* PAT Anmelder *m*

application[1] *n* COATINGS Anwendung *f*, Aufstrich *m*, Auftragung *f*, COMP & DP Anwendung *f*, Anwendungsprogramm *nt*, MECHANICS Anwendung *f*, PAT

Anmeldung *f*, PROD ENG *plastic valves* Einsatz *m*, RAIL *of joint bars* Verspannung *f*; ~ **entity** *n* TELECOM Anwendungsinstanz *f*; ~ **layer** *n* COMP & DP Anwendungsschicht *f*, TELECOM Anwendungsschicht *f*, Verarbeitungsschicht *f*; ~ **level gateway** *n* TELECOM Netzkoppler auf Anwendungsebene *m*; ~ **manual** *n* COMP & DP Anwendungshandbuch *nt*; **~-oriented language** *n* COMP & DP anwendungsbezogene Sprache *f*; ~ **package** *n* COMP & DP Anwendungsprogrammpaket *nt*; ~ **program** *n* COMP & DP Anwendungsprogramm *nt*; ~ **rate** *n* CONST Auftragmenge *f*; ~ **software** *n* COMP & DP Anwendungsprogramm *nt*; **~-specific integrated circuits** *n pl* COMP & DP integrierte Schaltkreise für bestimmte Funktionen *f pl*

application:[2] ~ **is pending** *phr* PAT Anmeldung ist anhängig

applications: ~ **processor** *n* TELECOM Spezialprozessor *m*

applicator: ~ **roll** *n* PAPER Auftragswalze *f*

applied: ~ **emf** *n* PHYS angelegte EMK *f*; ~ **mathematics** *n* MATH angewandte Mathematik *f*; ~ **research** *n* POLL Zweckforschung *f*; ~ **stress** *n* METALL aufgedrückte Spannung *f*; ~ **thermodynamics** *n* MECHAN ENG angewandte Thermodynamik *f*; ~ **thread** *n* CER & GLAS Fadenauflage *f*

apply[1] *vt* COATINGS aufbringen, aufstreichen, auftragen, MECHANICS anwenden; ~ **for** *vt* MECHANICS anmelden, beantragen, sich wenden an; ~ **power to** *vt* ELEC ENG unter Strom setzen; ~ **vacuum to** *vt* PAPER unter Vakuum setzen; ~ **a voltage to** *vt* ELEC ENG unter Spannung setzen

apply:[2] ~ **the brake** *vi* AUTO bremsen; ~ **a voltage** *vi* ELEC ENG Spannung anlegen

applying: ~ **of angle joint bar** *n AmE (cf angle fishplate BrE)* RAIL Winkellasche *f*

appoint *vt* QUAL beauftragen, berufen

apportionment *n* PAT Verteilung *f*

appraisal: ~ **drawing** *n* ENG DRAW Prüfzeichnung *f*; ~ **drilling** *n* PET TECH Erweiterungsbohren *nt*; ~ **well** *n* PET TECH Erwartungsbohrung *f*

approach[1] *n* AIR TRANS Anflug *m*, CONST Zufahrt *f*, Zugang *m*, MECHAN ENG *machine tool* Vorlauf *m*, WATER TRANS Annäherung *f*, Ansteuerung *f*; ~ **channel** *n* WATER TRANS *navigation* Zufahrtsrinne *f*; ~ **chart** *n* AIR TRANS Anflugnavigationskarte *f*; ~ **clearance** *n* AIR TRANS Anflugfreigabe *f*; ~ **control** *n* AIR TRANS Anflugkontrolle *f*; ~ **control office** *n* AIR TRANS Anflugkontrollstelle *f*; ~ **control radar** *n (ACR)* SPACE Anflugradar *m (ACR)*; ~ **control rating** *n* AIR TRANS Anflugkontrollstufe *f*; ~ **control service** *n* AIR TRANS Anflugkontrolldienst *m*; ~ **elevation guidance** *n* AIR TRANS Vertikalanflugsführung *f*; ~ **end of runway** *n* AIR TRANS Anflug auf Startbahnende *m*, Anflugende der Landebahn *nt*; ~ **fix** *n* AIR TRANS Anflugposition *f*; ~ **flow** *n* PAPER Stoffverteilung *f*; ~ **guidance** *n* SPACE Anflugführung *f*; ~ **idling conditions** *n pl* AIR TRANS Leerlaufbetriebszustand beim Anflug *m*; ~ **light beacon** *n* AIR TRANS Anflugleitstrahl *m*; ~ **lighting system** *n* AIR TRANS Anflugbefeuerung *f*; ~ **locking** *n* AIR TRANS Annäherungsverschluß *m*; ~ **noise measurement point** *n* AIR TRANS Anfluglärmmeßpunkt *m*; ~ **path** *n* AIR TRANS Anflugbahn *f*, Anflugleitwinkel *m*; ~ **phase** *n* AIR TRANS Anflugphase *f*; ~ **procedure** *n* SPACE Anflugverfahren *nt*; ~ **radar rating** *n* AIR TRANS Anflugradareinstufung *f*, Anflugradarstufe *f*; ~ **reference noise measurement point** *n* AIR TRANS Bezugspunkt für die Messung des Anfluglärms *m*; ~ **sequence** *n* AIR TRANS Anflugfolge *f*; ~ **speed** *n* AIR TRANS, SPACE Anfluggeschwindigkeit *f*, TRANS Annäherungsgeschwindigkeit *f*; ~ **surveillance radar rating** *n* AIR TRANS Anflugpräzisionsradarstufe *f*, Anflugüberwachungsradareinstufung *f*; ~ **time** *n* AIR TRANS Anflugzeit *f*

approach[2] *vt* WATER TRANS ansteuern

approach[3] *vi* WATER TRANS sich nähern

appropriate[1] *adj* QUAL zuständig

appropriate:[2] ~ **airworthiness requirement** *n* AIR TRANS entsprechende Lufttüchtigkeitsanforderung *f*

approval *n* ELECT Genehmigung *f*, Zulassung *f*, QUAL Anerkennung *f*, Genehmigung *f*, Zulassung *f*, TRANS Bewilligung *f*, Genehmigung *f*, Zulassung *f*; ~ **certificate** *n* TRANS Zulassungsbescheinigung *f*; ~ **drawing** *n* HEAT & REFRIG Genehmigungszeichnung *f*; ~ **sign** *n* METROL *calibration* Maximal-Eichungskennzeichen *nt*; ~ **test** *n* TEST Zulassungsprüfung *f*

approve *vt* QUAL genehmigen, zulassen, SAFETY freigeben, genehmigen, prüfen

approved[1] *adj* SAFETY genehmigt, sicherheitsgeprüft, TRANS zugelassen

approved:[2] ~ **safety area** *n* SAFETY geprüfter Sicherheitsbereich *m*; ~ **safety lamp** *n* COAL TECH zugelassene Sicherheitslampe *f*; ~ **vendors list** *n* QUAL Liste qualifizierter Lieferanten *f*

approximate[1] *adj* MATH genähert, ungefähr

approximate:[2] ~ **dimension** *n* ENG DRAW Ungefährmaß *nt*

approximate[3] *vt* CONTROL annähern, MATH *evaluate by approximation* nähern; ~ **to** *vt* MATH sich nähern

approximating: ~ **pick-up** *n* INSTR Annäherungsschalter *m*, Initiator *m*, Näherungsschalter *m*

approximation *n* MATH Approximation *f*, Näherung *f*, Zahl *f*; ~ **error** *n* INSTR Approximationsfehler *m*

approximative: ~ **error** *n* INSTR durch Näherung auftretender Fehler *m*

apron *n* MECHAN ENG *of lathe* Schloßkasten *m*, PAPER Schürze *f*, Siebleder *nt*, PROD ENG Abdeckplatte *f*, Meißelhalter mit Klappe und Klappenträger *m*, Querschlitten des Tisches *m*, SAFETY Schürze *f*, TRANS *aeroplane* Vorfeld *nt*, WATER TRANS *shipbuilding* Binnenvorsteven *m*; ~ **applicator** *n* CER & GLAS Plattenapplikator *m*; ~ **board** *n* PAPER Siebledererbrett *nt*; **~-clamping bolt** *n* PROD ENG Klappenträgerklemmschraube *f*; ~ **conveyor** *n* MECHAN ENG, PROD ENG Plattenbandförderer *m*, TRANS Gliederbandförderer *m*, Plattenförderband *nt*; ~ **floodlight** *n* ELECT Landebahnscheinwerfer *m*; ~ **housing** *n* PROD ENG Schloßkasten *m*; ~ **lip** *n* PAPER Siebledererlippe *f*; ~ **management service** *n* AIR TRANS Leitung der Vorfelddienstleistungen *f*, Vorfelddienst *m*; ~ **taxiway** *n* AIR TRANS, TRANS Vorfeldrollbahn *f*

aprotic: ~ **solvent** *n* CHEMISTRY aprotisches Lösemittel *nt*, indifferentes Lösemittel *nt*

APT *abbr* COMP & DP *(automatically programmed tools)* APT *(programmierte Werkzeuge)*, PROD ENG *(aspiration point temperature)* Haltepunkt bei Abkühlung *m*, RAIL *BrE (advanced passenger train BrE)* Hochgeschwindigkeitszug *m*

aptitude *n* ERGON Eignung *f*; ~ **test** *n* ERGON Eignungstest *m*

apyrous *adj* CHEMISTRY apyrisch

AQL *abbr (acceptable quality level)* QUAL AQL *(akzeptabler Qualitätspegel)*

aqua: ~ **fortis** *n* CHEMISTRY Gelbbrennsäure *f*, konzentrierte Salpetersäure *f*

aquaplaning *n* AUTO Aquaplaning *nt*, Aufschwimmen *nt*, Wasserglätte *f*

aquatic: ~ **acidification** *n* POLL Übersäuerung des Wassers *f*; ~ **pollutant** *n* WATER SUP marine Verschmutzung *f*; ~ **system** *n* WATER SUP Lebensraum im Wasser *m*, aquatisches System *nt*

aqueduct *n* CONST Aquädukt *m*, Wasserleitung *f*, FUELLESS, WATER SUP Aquädukt *m*

aqueous[1] *adj* CHEMISTRY wasserhaltig, wässerig, FLUID PHYS wässerig, PAPER, PET TECH wasserhaltig, PROD ENG *plastic valves*, WATER SUP wässerig; **~-based** *adj* COATINGS wasserbasiert, wassergelöst

aqueous:[2] ~ **effluent** *n* POLL wäßriger Ausfluß *m*; ~ **phase** *n* COAL TECH wäßrige Phase *f*

aquiclude *n* WATER SUP Aquiclude *f*, geringpermeabler Grundwasserleiter *m*

aquiculture *n* WATER SUP Aquakultur *f*

aquifer *n* FUELLESS Aquifer *m*, Wasserschicht *f*, WATER SUP Aquifer *m*, Grundwasserleiter *m*

aquiferous *adj* WATER SUP wasserführend

aquifier *n* WATER TRANS Wasserschicht *f*

aquifuge *n* WATER SUP Grundwasserstauer *m*

aquinite *n* CHEMISTRY Chlorpikrin *nt*

aquitard *n* WATER SUP geringpermeabler Grundwasserleiter *m*

Ar:[1] ~ **point** *n* PROD ENG Haltepunkt bei Abkühlung *m*

Ar[2] *(argon)* CHEMISTRY Ar *(Argon)*

arabic: ~ **numerals** *n pl* MATH arabische Zahlen *f pl*, arabische Ziffern *f pl*

arabinose *n* CHEMISTRY Arabinose *f*, Pektinose *f*

arabitol *n* CHEMISTRY Arabit *m*, Arabitol *f*

arachic[1] *adj* CHEMISTRY Arachin- *pref*

arachic:[2] ~ **alcohol** *n* CHEMISTRY Arachinalkohol *m*

arachidonic: ~ **acid** *n* FOOD TECH Arachidonsäure *f*

araeometry *n* PHYS Aräometrie *f*

aramid *n* PLAS Aramid *nt*

arbitrary: ~ **constant** *n* PHYS willkürliche Konstante *f*

arbor *n* MECHAN ENG Welle *f*, *spindle* Dorn *m*, PROD ENG Halter *m*, Spanndorn *m*, Stützdorn *m*; ~ **brace** *n* PROD ENG Gegenhalterschere *f*; ~ **bracket** *n* PROD ENG Dorntraglager *nt*; ~ **clamp** *n* PROD ENG Dornschraubzwinge *f*; ~ **cutter** *n* PROD ENG Aufsteckfräser *m*; ~ **diameter** *n* PROD ENG Dorndurchmesser *m*; **~-mounted counterbore** *n* MECHAN ENG Aufstecksenker *m*; ~ **nut** *n* PROD ENG Fräsdornmutter *f*; ~ **press** MECHAN ENG Dornpresse *f*; ~ **shank** *n* PROD ENG Dornschaft *m*; ~ **support** *n* MECHAN ENG *milling machine* Fräsdorntraglager *nt*, PROD ENG Fräsdaornstützlager *nt*; **~-supporting bracket** *n* PROD ENG Fräsdorntraglager *nt*; **~-type cutter** *nt* MECHAN ENG Lochfräser *m*; **~-type mill** *n* PROD ENG Aufsteckfräser *m*; ~ **yoke** *n* PROD ENG Fräsdorntraglager *nt*

arborless: ~ **wheel** *n* PROD ENG Vollscheibe *f*

arc:[1] **~-resistant** *adj* PROD ENG lichtbogenbeständig

arc[2] *n* ART INT *graph* Bogen *m*, Kante *f*, Verbindung *f*, ELECT *discharge* Lichtbogen *m*; ~ **of action** *n* PROD ENG *kinematics* Eingriffsbogen vor dem Wälzpunkt *m*; ~ **arrester** *n* ELECT *circuit breaker* Lichtbogenableiter *m*; ~ **back** *n* ELEC ENG Bogenrückschlag *m*, Rückzündung *f*; ~ **blow** *n* PROD ENG Blaswirkung *f*; ~ **breaker** *n* ELEC ENG Lichtbogenleistungsschalter *m*, ELECT Lichtbogentrennschalter *m*; ~ **characteristic** *n* PROD ENG Lichtbogenkennlinie *f*; ~ **of a circle** *n* GEOM Kreisbogen *m*; ~ **of conduct** *n* PROD ENG Berührungsbogen *m*, Umschlingungsbogen *m*; ~ **of contact** *n* AIR TRANS *of belt* Eingriffsbogen *m*; ~ **current** *n* ELECT Lichtbogenstrom *m*; ~ **cutter** *n* MECHAN ENG Lichtbogenbrennschneider *m*; ~ **cutting** *n* CONST Lichtbogenschneiden *nt*, PROD ENG Lichtbogenbrennschneiden *nt*; ~ **discharge** *n* ELEC ENG Lichtbogenentladung *f*, ELECT Bogenentladung *f*; ~ **discharge tube** *n* ELEC ENG Bogenentladungsröhre *f*; ~ **duration** *n* ELECT Lichtbogendauer *f*; ~ **extinction** *n* ELECT Lichtbogenlöschung *f*; ~ **flux** *n* PROD ENG Flußmittel zum Lichtbogenschweißen *nt*; ~ **fume** *n* PROD ENG Lichtbogenschweißrauch *m*; ~ **furnace** *n* HEAT & REFRIG, MECHAN ENG, PROD ENG Lichtbogenofen *m*; ~ **gap** *n* PROD ENG Luftspalt zwischen Elektrode und Werkstück *m*; ~ **heater** *n* MECHAN ENG Lichtbogenheizgerät *nt*; ~ **ignition** *n* ELEC ENG, ELECT Lichtbogenzündung *f*; ~ **lamp** *n* ELECT Bogenlampe *f*, Lichtbogenlampe *f*; ~ **lamp carbon** *n* MECHAN ENG Bogenlampenkohle *f*; ~ **light** *n* ELECT Bogenlicht *nt*, Lichtbogenleuchte *f*; ~ **minute** *n* PHYS Bogenminute *f*; **~-over** *n* ELEC ENG Funkenüberschlag *m*, Überschlag *m*; ELECT Lichtbogenüberschlag *m*; ~ **quench chamber** *n* ELEC ENG Lichtbogenlöschkammer *f*; ~ **quenching** *n* ELEC ENG Lichtbogenlöschung *f*; ~ **rectifier** *n* ELEC ENG Lichtbogengleichrichter *m*, Lichtbogenstromrichter *m*, ELECT Lichtbogengleichrichter *m*; ~ **regulator** *n* ELECT Lichtbogenregler *m*; ~ **second** *n* PHYS Bogensekunde *f*; ~ **spectrum** *n* PHYS Bogenspektrum *nt*; ~ **spring** *n* PROD ENG Rahmenfederung *f*; ~ **striking** *n* ELECT Lichtbogenüberschlag *m*; ~ **suppression** *n* ELEC ENG Lichtbogenunterdrückung *f*; ~ **suppression coil** *n* ELEC ENG Erdschlußlöschspule *f*, ELECT Lichtbogenunterdrückungsspule *f*; ~ **thickness** *n* PROD ENG *kinematics* Zahndicke als Bogen *f*; ~ **weld** *n* CONST Lichtbogenschweißen *nt*; ~ **welder** *n* MECHANICS Elektroschweißer *m*; ~ **welding** *n* CONST, ELECT Lichtbogenschweißen *nt*, MECHANICS Bogenschweißen *nt*, Elektroschweißen *nt*, PROD ENG Lichtbogenschweißen *nt*; **~-welding electrode** *n* ELECT Lichtbogenschweißelektrode *f*, Lichtbogenschweißstab *m*; **~-welding machine** *n* MECHANICS Elektroschweißmaschine *f*

arcade *n* CONST Arkade *f*, Bogengang *m*

arch *n* CER & GLAS *of glass-making pot* Gewölbe *nt*, CONST Wölbung *f*, *of bridge* Brückenbogen *m*, *structure* Bogen *m*, PAPER Wölbung *f*; ~ **bond** *n* CONST Bogenverband *m*; ~ **brick** *n* CONST Bogenziegel *m*; ~ **dam** *n* CONST Bogenstaumauer *f*, Gewölbesperrmauer *f*, WATER SUP Bogenmauer *f*, Bogenstaumauer *f*; ~ **of discharge** *n* CONST *conveying* Ablaufbogen *m*; ~ **press** *n* MECHAN ENG Zweiständerpresse *f*; ~ **stone** *n* CONST Gewölbestein *m*, Keilstein *m*

arched[1] *adj* CONST gebogen, gewölbt

arched:[2] ~ **beam bridge** *n* CONST Bogenbrücke *f*; ~ **tile** *n* CONST Bogenstein *m*; ~ **vault** *n* CONST Bogengewölbe *nt*

Archimedean: ~ **drill** *n* MECHAN ENG Drillbohrer *m*; ~ **screw** *n* HYD EQUIP Archimedische Schraube *f*, Förderschnecke *f*; ~ **solid** *n* GEOM Archimedischer Körper *m*

Archimedes': ~ **principle** *n* PHYS Archimedisches Prinzip *nt*

archipelago *n* WATER TRANS *geography* Archipel *m*, Inselgruppe *f*

architecture *n* COMP & DP Architektur *f*, Aufbau *m*

archive[1] *n* COMP & DP Archiv *nt*

archive[2] *vt* COMP & DP archivieren
archived: **~ file** *n* COMP & DP Archivdatei *f*
archiving *n* COMP & DP Archivieren *nt*
arcing *n* ELEC ENG Lichtbogenbildung *f*, PROD ENG Bogenbildung *f*, Überschlag *m*; **~ contacts** *n pl* ELECT Lichtbogenkontakte *m pl*, bogenziehende Kontakte *m pl*; **~ end** *n* PROD ENG Brennfleck *m*; **~ ring** *n* PROD ENG Lichtbogenschutzring *m*; **~ shield** *n* PROD ENG Lichtbogenschutzarmatur *f*
are *n (a)* METROL Ar *nt (a)*
area *n* COATINGS Bereich *m*, Fläche *f*, COMP & DP Bereich *m*, Speicherbereich *m*, CONST Bereich *m*, Flächeninhalt *m*, Gebiet *nt*, Grundfläche *f*, GEOM Fläche *f*, Flächeninhalt *m*, MATH *under curve*, PAPER, PHYS Fläche *f*; **~ code** *n* TELECOM Bereichskennzahl *f*, Funkbereichskennzahl *f*, ONKz, Ortsnetzkennzahl *f*; **~ coverage** *n* TELECOM Gebietsüberdeckung *f*; **~ of deep weathering** *n* CONST Verwitterungsfläche *f*; **~ of drilling** *n* PROD ENG Bohrrechteck *nt*; **~ emission source** *n* POLL Emissionsquelle in einem Gebiet *f*; **~ of influence** *n* WATER SUP Einflußgebiet *nt*, Wirkungszone *f*; **~ mass measurement** *n* INSTR Flächenmassenmessung *f*; **~ of pure air** *n* POLL Reinluftgebiet *nt*; **~ rule** *n* AIR TRANS Flächenregel *f*; **~ scanner** *n* INSTR Flächenabtaster *m*; **~ traffic information** *n* TRANS regionale Verkehrsinformationen *f pl*; **~ of a circle** *n* GEOM Fläche eines Kreises *f*, Kreisfläche *f*
arecaine *n* CHEMISTRY Arecain *nt*
arenaceous *adj* FUELLESS sandhaltig, sandig
areometer *n* INSTR Aräometer *nt*, Flüssigkeitsdichtemeßgerät *nt*, PHYS Aräometer *nt*
areotow: **~ flight** *n* AIR TRANS Schleppflug *m*
argentan *n* METALL Argentan *nt*
argentite *n* CHEMISTRY Argentit *m*, Argyrit *m*
argil *n* CONST Ton *m*
argillaceous *adj* FUELLESS tonartig, tonhaltig, tonig
arginase *n* CHEMISTRY Arginase *f*
arginine *n* CHEMISTRY Arginin *nt*
argon *n (Ar)* CHEMISTRY Argon *nt (Ar)*; **~ gas blanket** *n* NUC TECH Argonschutzgas *nt*; **~ gas laser** *n* RAD PHYS Argongaslaser *m*; **~ laser** *n* ELECTRON Argonlaser *m*
ARGOS *abbr (Automatic Remote Geomagnetic Observatory System)* WATER TRANS ARGOS *(automatische Satellitenerfassung von geomagnetischen Daten)*
argument *n* COMP & DP Argument *nt*, MATH Argument *nt*, Winkel mit der reellen Achse *m*
arithmetic[1] *adj* MATH arithmetisch
arithmetic[2] *n* COMP & DP, MATH Arithmetik *f*, Rechen- *pref*; **~ average height** *n* MECHAN ENG *of surface* arithmetischer Mittelrauhwert *m*; **~ check** *n* COMP & DP Rechenprüfung *f*; **~ circuit** *n* ELECTRON Rechenschaltung *f*; **~ instruction** *n* COMP & DP Rechenbefehl *m*; **~ and logic unit** *n* COMP & DP Rechenwerk *nt*; **~ logic unit** *n (ALU)* COMP & DP Rechenwerk *nt*; **~ mean** *n* COMP & DP arithmetisches Mittel *nt*, MATH, QUAL arithmetischer Mittelwert *m*, arithmetisches Mittel *nt*; **~ operation** *n* COMP & DP Rechenoperation *f*; **~ operations** *n pl* MATH Rechenarten *f pl*, arithmetische Operationen *f pl*; **~ operator** *n* COMP & DP Rechenzeichen *nt*, arithmetischer Operator *m*; **~ progression** *n* MATH Kettenbruchentwicklung *f*, arithmetische Reihe *f*, PROD ENG arithmetische Folge *f*; **~ series** *n* MATH arithmetische Reihe *f*; **~ shift** *n* COMP & DP arithmetische Stellenverschiebung *f*; **~ unit** *n* COMP & DP Rechenwerk *nt*
Arkansas *n* CONST Arkansas- *pref*; **~ oilstone** *n* CONST Arkansas-Abziehstein *m*, Arkansas-Polierstein *m*
arkose *n* CER & GLAS Arkose *f*
ARL *abbr (acceptable reliability level)* QUAL ARL *(akzeptabler Zuverlässigkeitspegel)*
arm *n* MECHAN ENG Zeiger *m*, *of epicyclic train* Träger *m*, *of flywheel* Speiche *f*, PAPER Arm *m*, PROD ENG Arm *m*, Ausleger *m*, Schenkel *m*; **~ clamping** *n* PROD ENG Auslegerklemmung *f*; **~-clamping mechanism** *n* PROD ENG Auslegerklemmung *f*; **~ elevator** *n* PAPER Tragkettenförderer *m*
armament *n* WATER TRANS *navy* Bewaffnung *f*
armature *n* ELEC ENG *dynamo, alternator*, ELECT *electrical machine, relay, motor, generator*, PHYS *electromotor* Anker *m*; **~ bar** *n* ELEC ENG Ankerstab *m*, ELECT Ankerstab *m*, Ankerstange *f*; **~ casing** *n* ELEC ENG Ankergehäuse *nt*; **~ circuit** *n* ELECT Ankerkreis *m*; **~ coil** *n* ELEC ENG Ankerspule *f*, ELECT *machine* Ankerwicklung *f*; **~ conductor** *n* ELECT Ankerleiter *m*; **~ control** *n* ELECT Ankerregelung *f*; **~-controlled motor** *n* ELECT ankergesteuerter Motor *m*; **~ core** *n* ELEC ENG Ankerkern *m*, ELECT Ankerblechpaket *nt*, Ankerkern *m*; **~ current** *n* ELEC ENG, ELECT Ankerstrom *m*; **~ end connections** *n pl* ELECT *machine* Ankerschildanschlüsse *m pl*, Ankerschildklemmen *f pl*; **~ end plate** *n* ELECT *machine* Ankerschild *m*; **~ field** *n* ELECT *machine* Ankerfeld *nt*; **~ induction** *n* ELECT *machine* Ankerinduktion *f*; **~ iron** *n* ELEC ENG Ankereisen *nt*; **~ reactance** *n* ELECT *machine* Ankerblindwiderstand *f*, Ankerreaktanz *f*; **~ reaction** *n* ELEC ENG, ELECT *machine* Ankergegenwirkung *f*, Ankerrückwirkung *f*; **~ reaction compensation** *n* ELEC ENG Ankerrückwirkungsausgleich *m*; **~-reaction-excited machine** *n* ELECT ankergegenwirkungserregte Maschine *f*; **~ relay** *n* ELEC ENG Ankerrelais *nt*; **~ resistance** *n* ELEC ENG, ELECT Ankerwiderstand *m*; **~ shaft** *n* ELECT Ankerwelle *f*; **~ spider** *n* ELEC ENG Ankerstern *m*, ELECT *machine* Ankerbuchse *f*, Ankerstern *m*; **~ tester** *n* ELECT Ankerprüfgerät *nt*; **~ tooth** *n* ELECT *machine* Ankerzahn *m*; **~ winding** *n* ELEC ENG Ankerwicklung *f*, ELECT Ankerspule *f*, Ankerwicklung *f*
armor *n AmE see armour BrE*
armored[1] *adj AmE see armoured BrE*
armored:[2] **~ battery** *n AmE see armoured battery BrE* **~ cable** *n AmE see armoured cable BrE* **~ glass** *n AmE see armoured glass BrE* **~ hose** *n AmE see armoured hose BrE* **~ transport vehicle** *n AmE see armoured transport vehicle BrE* **~ valve** *n AmE see armoured valve BrE*
armour *n BrE* ELEC ENG Panzerung *f*, *of cable* Armierung *f*, Bewehrung *f*, Panzer *m*, ELECT *cable* Armierung *f*, Kabelschutz *m* **~ clamp** *n BrE* ELECT *cable* Armierungsschelle *f*, Kabelklemme *f*, Schutzklemme *f*; **~ plate** *n BrE* CONST Panzerblech *nt*, MECHANICS Panzerplatte *f*; **~-plate mill** *n BrE* PROD ENG Panzerplattenwalzwerk *nt*; **~ wire** *n BrE* OPT *cable* Bewehrungsdraht *m*
armoured[1] *adj BrE* ELECT *cable* armiert, TELECOM *cable* armiert, bewehrt; **~ clad** *adj BrE* ELEC ENG bewehrt, gepanzert
armoured:[2] **~ battery** *n BrE* TRANS *nautical* Panzerbatterie *f*; **~ cable** *n BrE* ELEC ENG Panzerkabel *nt*, armiertes Kabel *nt*, bewehrtes Kabel *nt*, ELECT armiertes Kabel *nt*, MECHAN ENG, TELECOM Panzerkabel *nt*, armiertes Kabel *nt*, bewehrtes Kabel *nt*; **~ glass** *n BrE* CER & GLAS, CONST Drahtglas *nt*; **~ hose** *n BrE* CONST armierter Schlauch *m*; **~ transport vehicle**

n BrE (AT vehicle) TRANS gepanzertes Transportfahrzeug *nt*; ~ **valve** *n BrE* MECHAN ENG Panzerventil *nt*

armrest *n* AUTO Armlehne *f*

Army: ~ **Navy Performance Number System** *n (ANPN)* TRANS *fuel rating* ANPN-System *nt*

aromatic: ~ **compound** *n* FOOD TECH aromatische Verbindung *f*; ~ **compounds** *n pl* CHEMISTRY Aromaten *nt pl*; ~ **hydrocarbon** *n* CHEMISTRY, PLAS aromatischer Kohlenwasserstoff *m*

aromatics *n pl* CHEMISTRY Aromaten *nt pl*

arousal *n* ERGON Erregung *f*

ARPA *abbr (automatic radar plotting aid)* WATER TRANS ARPA *(automatische Radaraufnahmehilfe)*

ARQ *abbr (automatic repeat request)* RAD TECH, TELECOM ARQ *(automatische Wiederholanforderung)*

arrangement *n* ELEC ENG, MECHAN ENG Anordnung *f*; ~ **drawing** *n* ENG DRAW Anordnungszeichnung *f*

array *n* COMP & DP Anordnung *f*, Bereich *m*, Feldgruppe *f*, MATH *matrix* Matrix *f*, RAD TECH *aerials* Gruppe *f*, TELECOM Anordnung *f*, Feld *nt*, Gruppe *f*; ~ **antenna** *n* TELECOM Gruppenantenne *f*; ~ **blanket** *n* FUELLESS Solarzellenlaken *nt*; ~ **element** *n* COMP & DP Feldgruppenelement *nt*; ~ **processor** *n* COMP & DP Vektorprozessor *m*, Vektorrechner *m*

arrest *n* WATER TRANS Arrest *m*, Beschlagnahme *f*

arrester *n* ELEC ENG Blitzschutz *m*, Blitzableiter *m*, Überspannungsableiter *m*

arris *n* CER & GLAS scharfe Kante *f*

arrissed: ~ **edge** *n* CER & GLAS Facette *f*

ARRL *abbr (American Radio Relay League)* RAD TECH ARRL *(Amerikanischer Amateurdachverband)*

arrow *n* CONST *surveying* Markierungsstab *m*, MATH *symbol* Pfeil *m*; ~**-headed drill** *n* MECHAN ENG Pfeilspitzenbohrer *m*; ~ **line** *n* ENG DRAW Pfeillinie *f*

arrowhead *n* CONST *surveying* Maßpfeil *m*, ENG DRAW Pfeil *m*, PACK Keil *m*; ~ **drill** *n* MECHAN ENG Pfeilspitzenbohrer *m*; ~ **wing** *n* AIR TRANS Pfeilflügel *m*

arrowroot *n* FOOD TECH Arrowrootstärke *f*, Marantastärke *f*, Pfeilwurzelmehl *nt*

arsane *n* CHEMISTRY Arsin *nt*

arsenate *n* CHEMISTRY Arsenat *nt*, Ester der Arsensäure *m*

arsenic *n (As)* CHEMISTRY Arsen *nt (As)*; ~ **implantation** *n* ELECTRON Arsen-Implantation *f*; ~ **oxide** *n* CHEMISTRY Arsen-Oxid *nt*, Arsentrioxid *nt*, Arsenigsäureanhydrid *nt*; ~ **trioxide** *n* CER & GLAS weißes Arsenik *nt*, CHEMISTRY Arsen-Oxid *nt*, Arsentrioxid *nt*, Arsenigsäureanhydrid *nt*

arsenide *n* CHEMISTRY Arsenid *nt*

arsenite *n* CHEMISTRY Arsenat *nt*

arson *n* THERMODYN Brandstiftung *f*

Arsonval: **d'~ galvanometer** *n* ELEC ENG d'Arsonval-Galvanometer *nt*

arsphenamine *n* CHEMISTRY Arsphenamin *nt*, Salvarsan *nt*

ARSR *abbr (air route surveillance radar)* SPACE ARSR *(Flugüberwachungsradar)*

art: ~ **metal work** *n* CONST Metallzierarbeiten *f pl*; ~ **paper** *n* PAPER, PRINT Kunstdruckpapier *nt*; ~ **pottery** *n* CER & GLAS Kunsttöpferwaren *f pl*; ~ **of printing** *n* PRINT Druckerkunst *f*; ~ **work** *n* PRINT Grafik *f*, Grafikvorlage *f*

artboard *n* PRINT Kunstdruckkarton *m*

arterial: ~ **highway** *n AmE (cf arterial motorway BrE)* TRANS Hauptverkehrsstraße *f*; ~ **motorway** *n BrE (cf arterial highway AmE)* TRANS Hauptverkehrsstraße *f*; ~ **railroad** *n AmE (cf arterial railway BrE)* RAIL Hauptstrecke *f*; ~ **railway** *n BrE (cf arterial railroad AmE)* RAIL Hauptstrecke *f*; ~ **road** *n* TRANS Hauptverkehrsstraße *f*; ~ **safety road** *n* TRANS Überlandstraße *f*; ~ **system** *n* WATER SUP *distribution* Verästelungsrohrnetz *nt*, verästeltes Wasserleitungsnetz *nt*

artesian[1] *adj* PET TECH, WATER SUP artesisch

artesian:[2] ~ **spring** *n* WATER SUP artesische Quelle *f*; ~ **water** *n* COAL TECH artesisches Wasser *nt*; ~ **well** *n* WATER SUP artesischer Brunnen *m*

articulated[1] *adj* MECHANICS angelenkt, mit Gelenk verbunden, TRANS Gelenk- *pref*

articulated:[2] ~ **absorber** *n* NUC TECH Absorberelement mit Gelenkverbindung *nt*; ~ **arm** *n* PROD ENG Gelenkarm *m*; ~ **blade** *n* AIR TRANS *helicopter* Gelenkflügel der Luftschraube *m*; ~ **bus** *n* TRANS Gelenkbus *m*; ~ **car** *n* AUTO Gelenkwagen *m*; ~ **coupling** *n* TRANS Gelenkkupplung *f*; ~ **lorry** *n BrE (cf articulated truck AmE)* AUTO Gelenkwagen *m*, Lastzug *m*, Sattelschlepper *m*, Sattelschlepperzug *m*; ~ **railcar** *n* RAIL Gelenkschienenfahrzeug *nt*; ~ **rotor** *n* AIR TRANS *helicopter* Gelenkrotor *m*; ~ **ship** *n* WATER TRANS Gliederschiff *nt*; ~ **streetcar** *n AmE* AUTO Gelenktriebwagen *m*; ~ **train** *n* RAIL Gliederzug *m*, Sattelzug *m*; ~ **tramcar** *n BrE* AUTO Gelenktriebwagen *m*; ~ **tramway** *n* AUTO Gelenkstraßenbahn *f*; ~ **trolleybus** *n* AUTO Gelenkoberleitungsbus *m*; ~ **truck** *n AmE (cf articulated lorry BrE)* AUTO Gelenkwagen *m*, Lastzug *m*, Sattelschlepper *m*, Sattelschlepperzug *m*; ~**-type moving pavement** *n BrE (cf articulated-type moving sidewalk AmE)* TRANS Gelenkfahrsteig *m*; ~**-type moving sidewalk** *n AmE (cf articulated-type moving pavement BrE)* TRANS Gelenkfahrsteig *m*; ~ **vehicle** *n* AUTO Gelenkfahrzeug *nt*, Sattelschlepper *m*, Sattelzug *m*

articulation *n* ERGON Artikulation *f*, Gelenkverbindung *f*, MECHAN ENG Gelenkverbindung *f*, PROD ENG Scharnier *nt*; ~ **index** *n* ACOUSTICS, TELECOM Verständlichkeitsfaktor *m*

artifact *n* ERGON Artefakt *nt*

artificial[1] *adj* ART INT künstlich, PACK Kunst- *pref*, PAPER Kunst- *pref*, künstlich, PHOTO, PRINT, PROD ENG Kunst- *pref*

artificial:[2] ~ **acidification** *n* POLL künstliche Übersäuerung *f*; ~ **ageing** *n BrE* THERMODYN, WASTE künstliche Alterung *f*; ~ **aging** *n AmE see artificial ageing BrE* ~ **cotton** *n* CHEMISTRY Zellstoffwatte *f*; ~ **delay system** *n* RECORD System für künstliche Verzögerung *nt*; ~ **ear** *n* ACOUSTICS künstliches Ohr *nt*, ERGON Hörgerät *nt*, Hörhilfe *f*, künstliches Ohr *nt*; ~ **feel failure detector** *n* AIR TRANS Steuerkräfteausfallanzeiger *m*; ~ **hand** *n* ERGON Handnachbildung *f*; ~ **harbour** *n* WATER TRANS künstlicher Hafen *m*; ~ **horizon** *n* AIR TRANS Kreiselhorizont *m*, künstlicher Horizont *m*, SPACE *spacecraft* künstlicher Horizont *m*, TRANS Kreiselhorizont *m*, künstlicher Horizont *m*; ~ **intelligence** *n (AI)* COMP & DP künstliche Intelligenz *f*; ~ **intelligence system** *n* ART INT System mit künstlicher Intelligenz *nt*; ~ **lake** *n* WATER SUP Stausee *m*; ~ **larynx** *n* ACOUSTICS künstlicher Kehlkopf *m*; ~ **leather** *n* PLAS Kunstleder *nt*; ~ **light color film** *n AmE*, ~ **light colour film** *n BrE* PHOTO Kunstlichtfarbfilm *m*; ~ **light photography** *n* PHOTO Kunstlichtfotografie *f*; ~ **mouth** *n* ACOUSTICS künstlicher Mund *m*; ~ **neural net** *n (ANN)* ART INT künstliches neuronales Netzwerk *nt (KNN)*; ~ **neural**

network *n (ANN)* ART INT künstliches neuronales Netzwerk *nt (KNN)*; ~ **noise** *n* TELECOM künstliches Geräusch *nt*; ~ **nuclear reaction** *n* NUC TECH induzierte Kernreaktion *f*; ~ **port** *n* WATER TRANS künstlicher Hafen *m*; ~ **radioactivity** *n* RAD PHYS künstlich erzeugte Radioaktivität *f*, künstliche Radioaktivität *f*; ~ **roughening** *n* NUC TECH *surfaces* künstliches Aufrauhen *nt*; ~ **satellite** *n* TELECOM künstlicher Satellit *m*; ~ **ventilation** *n* SAFETY künstliche Belüftung *f*; ~ **voice** *n* ACOUSTICS, ERGON künstliche Stimme *f*; ~ **weathering** *n* PLAS *test* künstliche Bewitterung *f*

artificially: ~**-aged** *adj* THERMODYN künstlich gealtert

artistic: ~ **porcelain** *n* CER & GLAS Kunstporzellan *nt*

ARU *abbr (audio response unit)* COMP & DP ARU *(Sprachausgabe-Einheit)*

aryl *n* CHEMISTRY Aryl- *pref*

arylamine *n* CHEMISTRY Arylamin *nt*

As *(arsenic)* CHEMISTRY As *(Arsen)*

asb *abbr (apostilb)* OPT asb *(Apostilb)*

asbestine *n* PAPER Asbestin *nt*

asbestos *n* CER & GLAS, MECHANICS, PAPER, PLAS *filler*, PROD ENG, *plastic valves*, SAFETY, TEXT Asbest *m*; ~ **apron** *n* PROD ENG *welding* Asbestschürze *f*; ~ **cement** *n* CONST, PAPER Asbestzement *m*; ~ **cement sheeting** *n* CONST Asbestzementplatten *f pl*; ~ **exposure limit** *n* SAFETY Asbestbelastungsgrenzwert *m*; ~**-free insulating plate** *n* SAFETY asbestfreie Isolierplatte *f*; ~**-free protective clothing** *n* SAFETY asbestfreie Schutzkleidung *f*; ~ **gasket** *n* PROD ENG Asbestdichtung *f*; ~ **millboard** *n* CONST Asbestpappe *f*; ~**-plaited packing** *n* CONST Asbesteinlage *f*; ~ **roll disc** *n BrE* CER & GLAS Asbestwalzenscheibe *f*; ~ **roll disk** *n AmE see asbestos roll disc BrE* ~ **sheet** *n* PAPER, PROD ENG Asbestplatte *f*; ~ **string** *n* CONST Asbestschnur *f*; ~ **thread** *n* CONST Asbestfaser *f*; ~ **twine** *n* CONST Asbestzwirn *m*; ~ **washer** *n* MECHAN ENG Asbestscheibe *f*; ~ **wool** *n* NUC TECH Asbestfaser *f*

as-built: ~ **drawing** *n* HEAT & REFRIG, QUAL Ausführungszeichnung *f*

as-cast *adj* PROD ENG in gegossenem Zustand

ascending: ~ **letter** *n* PRINT Buchstabe mit Oberlänge *m*; ~ **main** *n* PROD ENG Steigleitung *f*; ~ **mode** *n* SPACE Aufstiegsmodus *m*; ~ **sort** *n* COMP & DP aufsteigende Sortierung *f*

ascent: ~ **stage** *n* SPACE *spacecraft* Aufstiegsstufe *f*

asceptic: ~ **area conditions** *n pl* SAFETY staubfreie Konditionen *f pl*; ~ **room clothing** *n* SAFETY Kleidung für die keimfreie Zelle *f*, Kleidung für die staubfreie Zelle *f*

ASCII *abbr (American Standard Code for Information Interchange)* COMP & DP, PRINT ASCII *(Amerikanische Datenübertragungs-Codenorm)*

ascorbic *adj* CHEMISTRY Ascorbin- *pref*

ASD *abbr (antiskid device, antislip device)* AUTO ASD *(Rutschsicherung)*

as-delivered: ~ **condition** *n* QUAL Ablieferungszeichnung *f*, Lieferzeichnung *f*

as-deposited *adj* PROD ENG im galvanisierten Zustand

ase *abbr (air standard efficiency)* SPACE ase *(Flugnormwirkungsgrad)*

ASE *abbr (automatic stabilizing equipment)* TRANS ASE *(Selbststabilisierungsgerät)*

aseptic[1] *adj* FOOD TECH aseptisch, keimfrei, steril, PACK aseptisch

aseptic:[2] ~ **engineering** *n* SAFETY Keimfreitechnologie *f*; ~ **filling** *n* FOOD TECH aseptische Abfüllung *f*

as-found: ~ **test** *n* QUAL Befundprüfung *f*

ASG *abbr (aeronautical standards group)* SPACE ASG *(Flugnormengruppe)*

ash:[1] ~**-free** *adj* POLL aschefrei

ash[2] *n* PAPER, PLAS, POLL Asche *f*; ~ **box** *n* HEAT & REFRIG Aschenkasten *m*; ~ **and combustion residue** *n* POLL Asche- und Verbrennungsrückstand *m*; ~ **content** *n* FOOD TECH, PAPER Aschegehalt *m*; ~ **residue** *n* MECHAN ENG Ascherückstand *m*

ashes *n pl* THERMODYN Asche *f*

ashless[1] *adj* PAPER aschefrei

ashless:[2] ~ **filter paper** *n* FOOD TECH aschefreies Filterpapier *nt*, LAB EQUIP aschearmes Filterpapier *nt*

ashore *adv* WATER TRANS an Land

ASI *abbr (airspeed indicator)* AIR TRANS ASI *(Eigengeschwindigkeitsanzeiger)*, SPACE ASI *(Geschwindigkeitsanzeiger)*

ASK *abbr (amplitude-shift keying)* ELECTRON ASK *(Amplitudenumtastung)*

Askarel *n* ELEC ENG Askarel *nt*

asl *abbr (above sea level)* WATER TRANS üNN *(über Normalnull)*

ASL *abbr (atomic safety line)* NUC TECH ASL *(atomare Sicherheitslinie)*

ASLT *abbr (advanced solid logic technology)* ELECTRON ASLT *(fortschrittliche Festkörperlogik)*

ASME[1] *abbr (American Society of Mechanical Engineers)* QUAL ASME *(Amerikanische Gesellschaft der Maschinenbau-Ingenieure)*

ASME:[2] ~ **code** *n* MECHANICS ASME-Code *m*

aspartame *n* FOOD TECH *sweetener* Aspartam *nt*

aspartic[1] *adj* CHEMISTRY Asparagin- *pref*

aspartic:[2] ~ **acid** *n* FOOD TECH Asparaginsäure *f*

aspect: ~ **ratio** *n* AIR TRANS *aerofoil* Flügelstreckung *f*, COMP & DP Längen- und Seitenverhältnis *nt*, ELEC ENG Geometrieverhältnis *nt*, Verhältnis Länge/Breite *nt*, MECHANICS Längenverhältnis *nt*, Seitenverhältnis *nt*, PHYS Aspektverhältnis *nt*, Bildformat *nt*, PRINT *illustration* Höhen- und Breitenverhältnis *nt*; ~**-ratio adjustment** *n* TELEV Bildseitenverhältniseinstellung *f*

asphalt[1] *n* CONST Asphalt *m*, PET TECH Bitumen *nt*; ~ **boiler** *n* CONST Asphaltkocher *m*; ~ **concrete** *n* CONST Asphaltbeton *m*, Bitumenbeton *m*; ~ **plant** *n* CONST Asphaltwerk *nt*; ~ **surfacing** *n* CONST Asphaltdecke *f*, Deckasphaltschicht *f*; ~ **tanking** *n* CONST wasserdichte Bitumenisolierung eines Kellergeschosses *f*

asphalt[2] *vt* CONST asphaltieren

asphalting *n* CONST Asphaltieren *nt*

aspheric: ~ **corrector plate** *n* TELEV asphärische Korrekturplatte *f*

aspirate *vt* HEAT & REFRIG ansaugen, aufsaugen, einsaugen

aspiration *n* HYD EQUIP Aspiration *f*, PAPER Ansaugung *f*, Aspiration *f*; ~ **point temperature** *n (APT)* PROD ENG Haltepunkt bei Abkühlung *m*; ~ **porosimeter** *n* PAPER Aspirations-Porosimeter *nt*; ~ **porosity tester** *n* PAPER Aspirationsporositätsprüfer *m*; ~ **psychrometer** *n* INSTR Aspirations-Psychrometer *nt*, Aßmannsches Psychrometer *nt*, PAPER Aspirations-Psychrometer *nt*; ~ **pump** *n* HYD EQUIP Absaugpumpe *f*, Aspirationspumpe *f*, Saugpumpe *f*, MECHAN ENG Saugpumpe *f*

aspirator *n* LAB EQUIP Absauger *m*, Aspirator *m*, Sauggebläse *nt*

aspiring: ~ **pump** *n* HYD EQUIP Absaugpumpe *f*, Saugpumpe *f*

ASR *abbr* AIR TRANS *(airport surveillance radar)* ASR *(Flughafen-Überwachungsradar)*, ART INT *(automatic speech recognition)* ASE *(automatische Spracherkennung)*, COMP & DP *(automatic send-receive)* ASR *(automatischer Sender-Empfänger)*

as-received: **~ condition** *n* QUAL Anlieferungszustand *m*

as-rolled[1] *adj* PROD ENG walzhart

as-rolled:[2] **~ end** *n* MECHAN ENG *of screw* Ende ohne Kuppe *nt*

assay *n* COAL TECH Prüfung *f*, Untersuchung *f*; **~ furnace** *n* HEAT & REFRIG Kapellenofen *m*, Probierofen *m*; **~ grade** *n* COAL TECH Prüfungsklasse *f*; **~ office** *n* COAL TECH Laboratorium *nt*; **~ value** *n* COAL TECH Prüfungswert *m*

assemble:[1] **~ edit** *n* TELEV Zusammensetz-Edit *nt*

assemble[2] *vt* COMP & DP umwandeln, zusammensetzen, CONST montieren, zusammenbauen, PAPER montieren

assembled: **~ drawing** *n* ENG DRAW montierte Zeichnung *f*

assembler *n* COMP & DP Assembler *m*, Assemblerprogramm *nt*, Assemblierer *m*, MECHAN ENG Monteur *m*; **~ directive** *n* COMP & DP Assemblerinstruktion *f*; **~ instruction** *n* COMP & DP Assemblerinstruktion *f*

assembling *n* PAPER Montage *f*; **~ bolt** *n* MECHAN ENG Montageschraube *f*; **~ position** *n* PROD ENG Einbaulage *f*

assembly *n* COMP & DP Assemblier- *pref*, CONST Aufbau *m*, Baugruppe *f*, Montage *f*, ELECT Baueinheit *f*, Baugruppe *f*, MECHAN ENG Aggregat *nt*, Montage *f*, Zusammenbau *m*, MECHANICS Aufbau *m*, Baugruppe *f*, Montage *f*, Zusammenbau *m*, PROD ENG *plastic valves* Aufbau *m*, QUAL, RAD TECH Baugruppe *f*, TRANS Montage *f*; **~ area** *n* TRANS *emergency* Sammelpunkt *m*; **~ bolts** *n pl* PROD ENG *plastic valves* Schraubenverbindung *f*; **~ dimensions** *n pl* PROD ENG *plastic valves* Montagemaße *nt pl*; **~ drawing** *n* ENG DRAW, MECHAN ENG Zusammenbauzeichnung *f*, MECHANICS Montagezeichnung *f*, Zusammenbauzeichnung *f*; **~ hall** *n* WATER TRANS *shipbuilding* Montagehalle *f*; **~ jig** *n* MECHAN ENG Montagebock *m*; **~ language** *n* COMP & DP Assemblersprache *f*; **~ line** *n* MECHAN ENG Fließbandstraße *f*, MECHANICS Fließband *nt*, Montagestraße *f*; **~ machine** *n* MECHAN ENG Montagegerät *nt*; **~ plan** *n* NUC TECH Bauplan *m*; **~ plant** *n* MECHAN ENG Montagebetrieb *m*; **~ point** *n* TRANS Montagepunkt *m*; **~ robot** *n* MECHANICS Fertigungsroboter *m*, Montageroboter *m*; **~ shop** *n* MECHANICS Montagehalle *f*, Montagewerkstatt *f*; **~ tools** *n pl* MECHAN ENG Montagewerkzeuge *nt pl*, Zusammenbauwerkzeuge *nt pl*; **~ of unit parts** *n* PROD ENG *plastic valves* Baukastenprinzip *nt*

assess *vt* TEXT bewerten, schätzen, veranschlagen

assessed: **~ mean active maintenance time** *n* QUAL vorausberechnete mittlere Instandhaltungsdauer *f*; **~ mean life** *n* QUAL Vertrauensgrenze der mittleren Lebensdauer *f*; **~ mean time between failures** *n* QUAL mittlere veranschlagte Zeit zwischen zwei Ausfällen *f*; **~ Q-percentile life** *n* QUAL Vertrauensgrenze eines Lebensdauer-Perzentils Q *f*; **~ reliability** *n* QUAL Vertrauensgrenze der Erfolgswahrscheinlichkeit *f*

assessment *n* MECHAN ENG Abschätzung *f*, Bewertung *f*; **~ level** *n* QUAL Gütebestätigungsstufe *f*

assign *vt* COMP & DP zuordnen, zuweisen

assigned: **~ flight path** *n* AIR TRANS vorgegebene Flugbahn *f*; **~ frequency** *n* COMP & DP zugeordnete Frequenz *f*

assignee *n* PAT Abtretungsempfänger *m*

assignment *n* PAT rechtsgeschäftliche Übertragung *f*, SPACE *communications* Auftrag *m*; **~ statement** *n* COMP & DP Zuordnungsanweisung *f*, Zuweisungsanweisung *f*

assignor *n* PAT Abtretender *m*

assimilative: **~ capacity** *n* WASTE Selbstreinigungskraft *f*

assistance *n* SAFETY Unterstützung *f*

Assmann: **~ psychrometer** *n* INSTR Aspirations-Psychrometer *nt*, Aßmannsches Psychrometer *nt*

associated: **~ gain** *n* ELECTRON zugehörige Verstärkung *f*; **~ gas** *n AmE (cf associated petrol BrE)* PET TECH Erdölgas *nt*, Erdölbegleitgas *nt*; **~ liquids** *n pl* PET TECH flüssiges Begleitprodukt *nt*; **~ mark** *n* PAT Serienmarke *f*, Serienzeichen *nt*; **~ petrol** *n BrE (cf associated gas AmE)* PET TECH Erdölgas *nt*, Erdölbegleitgas *nt*; **~ signaling** *n AmE*, **~ signalling** *n BrE* TELECOM assoziierte Zeichengabe *f*

association *n* ERGON Assoziation *f*; **~ list** *n* ART INT Assoziationsliste *f*

Association: **~ of German Electrical Engineers** *n* ELECT VDE, Verein Deutscher Elektrotechniker *m*; **~ of German Engineers** *n* ELECT VDI, Verein Deutscher Ingenieure *m*

associative[1] *adj* ART INT *search* assoziativ, COMP & DP, MATH Assoziativ- *pref*

associative:[2] **~ addressing** *n* COMP & DP Assoziativadressierung *f*; **~ law** *n* MATH *arithmetic* Assoziativgesetz *nt*; **~ memory** *n (AM)* ART INT, COMP & DP Assoziativspeicher *m*, inhaltsadressierbarer Speicher *m (CAM)*; **~ processor** *n* TELECOM assoziative Zentraleinheit *f*; **~ storage** *n AmE (cf associative store BrE)* COMP & DP Assoziativspeicher *m*; **~ store** *n BrE (cf associative storage AmE)* COMP & DP Assoziativspeicher *m*

astable: **~ circuit** *n* ELECTRON astabile Schaltung *f*; **~ multivibrator** *n* ELECTRON astabile Kippschaltung *f*

A-stage: **~ resin** *n* PLAS Harz im A-Zustand *nt*, Harz im Resolzustand *nt*, Resol *nt*

astatic[1] *adj* ELECT *galvanometer*, PHYS astatisch

astatic:[2] **~ ammeter** *n* ELECT astatisches Amperemeter *nt*; **~ galvanometer** *n* ELEC ENG, PHYS astatisches Galvanometer *nt*; **~ microphone** *n* RECORD Allrichtungsmikrofon *nt*, nicht gerichtetes Mikrofon *nt*; **~ voltmeter** *n* ELECT astatisches Spannungsmeßgerät *nt*

astern *adv* WATER TRANS achteraus, achtern, zurück

asteroid *n* SPACE Asteroid *m*

asthma: **~ paper** *n* PAPER Asthma-Papier *nt*

astigmatic *adj* OPT, PHYS, PROD ENG astigmatisch

astigmatism *n* OPT, PHYS, TELEV Astigmatismus *m*

ASTM *abbr (American Society for Testing Materials)* MECHAN ENG, QUAL ASTM *(Amerikanische Gesellschaft für Werkstoffprüfung)*

astragal *n* CONST Rundstab *m*, Viertelstab *m*

astro: **~ fix** *n* SPACE Astrofixierung *f*, Sternpeilung *f*

astro- *pref* SPACE Astro- *pref*

astrocompass *n* SPACE Astrokompaß *m*, Sternkompaß *m*

astrodrome *n* SPACE Raumfahrtzentrum *nt*

astrodynamics *n* SPACE Astrodynamik *f*

astrometry *n* SPACE Astrometrie *f*

astronavigation *n* WATER TRANS Astronavigation *f*, astronomische Navigation *f*

astronomical: **~ camera** *n* PHOTO astronomische Kamera *f*; ~ **navigation** *n* WATER TRANS Astronavigation *f*, astronomische Navigation *f*; ~ **position** *n* WATER TRANS astronomisches Besteck *nt*; ~ **telescope** *n* PHYS astronomisches Fernrohr *nt*; ~ **unit** *n (AU)* METROL astronomische Einheit *f (AE)*

astrophysics *n* SPACE Astrophysik *f*

asymmetric[1] *adj* COMP & DP, GEOM, MATH asymmetrisch

asymmetric:[2] ~ **circuit** *n* ELECT asymmetrische Schaltung *f*; ~ **deflection** *n* TELEV asymmetrische Ablenkung *f*; ~ **thread** *n* MECHAN ENG asymmetrisches Gewinde *nt*; ~ **trapezoidal screwthread** *n* MECHAN ENG asymmetrisches Trapezgewinde *nt*; ~ **twin feed** *n* RAD TECH asymmetrische Doppelleiterspeisung *f*

asymmetrical *adj* GEOM asymmetrisch, unsymmetrisch, MATH asymmetrisch

asymmetry *n* ERGON Aufmerksamkeit *f*, MATH Asymmetrie *f*

asymptomatic: ~ **approximation** *n* TELECOM asymptotische Näherung *f*

asymptote *n* MATH Asymptote *f*

asymptotic[1] *adj* GEOM asymptotisch

asymptotic:[2] ~ **behavior** *n AmE*, ~ **behaviour** *n BrE* INSTR asymptotisches Verhalten *nt*

asynchronism *n* PHYS Ungleichlauf *m*

asynchronous[1] *adj* COMP & DP, ELECT *motor* Asynchron- *pref*, asynchron, PHYS asynchron, ungleichlaufend, RAD TECH *satellites, orbits*, RAIL asynchron, TELECOM Asynchron- *pref*, TELEV asynchron

asynchronous:[2] ~ **alternator** *n* ELEC ENG Asynchrongenerator *m*; ~ **circuit** *n* COMP & DP asynchrone Schaltung *f*; ~ **communication** *n* COMP & DP asynchrone Übertragung *f*; ~ **communications interface adaptor** *n (ACIA)* CONTROL Asynchronübertragungs-Schnittstellenanpasser *m*, asynchronischer Übertragungs-Schnittstellenanpasser *m (ACIA)*; ~ **generator** *n* ELECT Asynchrongenerator *m*; ~ **linear induction motor** *n* TRANS Asynchronlinearmotor *m*; ~ **link** *n* ELECT *power network* asynchrone Verbindung *f*; ~ **machine** *n* ELEC ENG Asynchronmaschine *f*; ~ **mode** *n* COMP & DP asynchrone Übertragung *f*, TELECOM Asynchronbetrieb *m*; ~ **modem** *n* ELECTRON Asynchronmodem *nt*; ~ **motor** *n* ELEC ENG, ELECT, TRANS Asynchronmotor *m*; ~ **network** *n* TELECOM asynchrones Netz *nt*; ~ **operation** *n* ELECT *power network* asynchroner Betrieb *m*; ~ **running** *n* ELECT *motor* asynchroner Betrieb *m*; ~ **time-division multiplexing** *n (ATDM)* TELECOM asynchrones Zeitmultiplexverfahren *nt*; ~ **transmission** *n* COMP & DP, TELECOM asynchrone Übertragung *f*

aT *abbr (thermal diffusion constant)* PHYS aT *(Thermodiffusionskonstante)*

AT[1] *abbr (advanced technology)* COMP & DP AT *(fortschrittliche Technologie)*

AT:[2] ~ **vehicle** *n (armored transport vehicle AmE, armoured transport vehicle BrE)* TRANS gepanzertes Transportfahrzeug *nt*; ~ **welding** *n (aluminothermic welding)* PROD ENG AT-Schweißen *nt (aluminothermisches Schweißen)*

atactic: ~ **polymer** *n* PLAS ataktisches Polymer *nt*

ATB *abbr (all trunks busy)* TELECOM alle Leitungen belegt

ATC *abbr* AIR TRANS *(air traffic control)* FS *(Flugsicherung)*, COMP & DP *(authorization to copy)* Kopiergenehmigung *f*, METALL *(automatic tool changer)* ATC *(automatischer Werkzeugwechsler)*, RAD TECH *(aerial-tuning capacitor, antenna-tuning capacitor)* ATC *(kapazitive Antennenanpassung)*, RAIL *(automatic train control)* ATC *(automatische Zugsteuerung)*

ATDM *abbr (asynchronous time-division multiplexing)* TELECOM asynchrones Zeitmultiplexverfahren *nt*

ATE *abbr (automatic test equipment)* COMP & DP ATE *(automatische Prüfeinrichtung)*

atebrin *n* CHEMISTRY Atebrin *nt*, Chinacrin *nt*, Mepacrin *nt*

ATF *abbr (automatic transmission fluid)* AUTO ATF *(Automatikgetriebeöl)*

athermal *adj* CHEMISTRY anisotherm, athermisch

athermancy *n* PHYS Wärmeundurchlässigkeit *f*

athodyd *n* AIR TRANS Athodyd *nt*, Lorinmaschine *f*, Pulsostrahltriebwerk *nt*, Pulsotriebwerk *nt*

athwartships *adv* WATER TRANS dwarsschiffs, querschiffs

ATI *abbr (aerial-tuning inductance, antenna-tuning inductance)* RAD TECH ATI *(Antennenabstimmspule)*

ATK *abbr (aviation turbine kerosene)* PET TECH Flugturbinenkerosin *nt*

ATM *abbr* COMP & DP *(automatic teller machine)* Geldausgabeautomat *m*, OPT *(azimuthal transversal mode) optical fibres* ATM *(Azimutal-Transversal-Mode)*

atmolysis *n* CHEMISTRY Atmolyse *f*

atmos: ~ **track** *n* RECORD ATMOS-Spur *f*

atmosphere *n* PHYS Atmosphäre *f*

atmospheric[1] *adj* PHYS atmosphärisch

atmospheric:[2] ~ **absorption** *n* RAD PHYS atmosphärische Absorption *f*; ~ **acidity** *n* POLL atmosphärische Säurekapazität *f*; ~ **agent** *n* PET TECH Luftagens *nt*; ~ **brake** *n* MECHAN ENG Saugluftbremse *f*; ~ **burner** *n* THERMODYN Gasbrenner ohne Gebläse *m*; ~ **chemical process** *n* POLL chemischer Prozeß in der Atmosphäre *m*; ~ **chemistry** *n* POLL Luftchemie *f*; ~ **concentration** *n* POLL Konzentration in der Atmosphäre *f*; ~ **conditions** *n pl* POLL Witterungsverhältnisse *nt pl*, WATER TRANS *meteorology* Wetterlage *f*; ~ **disturbance** *n* WATER TRANS *meteorology* atmosphärische Störung *f*; ~ **duct** *n* RAD TECH Ausbreitungsschlauch in der Atmosphäre *m*; ~ **fallout** *n* POLL atmosphärischer Niederschlag *m*; ~ **haze** *n* PHOTO Dunst *m*; ~ **inversion** *n* POLL Inversionsschicht *f*; ~ **lifetime** *n* POLL Lebensdauer der Atmosphäre *f*; ~ **line** *n* PHYS atmosphärisch bedingte Spektrallinie *f*, luftdruckbedingte Spektrallinie *f*; ~ **loading** *n* POLL atmosphärische Luftbelastung *f*; ~ **noise** *n* ELECTRON atmosphärische Störung *f*, RECORD atmosphärisches Rauschen *nt*, atmosphärische Störung *f*; ~ **obscurity** *n* POLL atmosphärische Verdunklung *f*; ~ **phenomenon** *n* POLL atmosphärische Erscheinung *f*; ~ **pollution** *n* POLL Luftverschmutzung *f*; ~ **pollution measurement** *n* INSTR Messung der Luftverschmutzung *f*; ~ **precipitation** *n* POLL atmosphärischer Niederschlag *m*; ~ **pressure** *n* PHYS Luftdruck *m*, WATER TRANS *meteorology* Luftdruck *m*, atmosphärischer Druck *m*; ~ **re-entry** *n* SPACE Wiedereintritt in die Atmosphäre *m*; ~ **refiner** *n* PAPER druckloser Refiner *m*; ~ **scrubbing** *n* POLL atmosphärischer Auswaschvorgang *m*; ~ **sulfur** *n AmE*, ~ **sulphur** *n BrE* POLL atmosphärischer Schwefel *m*; ~ **turbulence** *n* SPACE Luftturbulenzen *f pl*; ~ **window** *n* PHYS, RAD PHYS Fenster der Atmosphäre *nt*, Frequenzfenster in Erdatmosphäre *nt*

atmospherics *n pl* ELEC ENG atmosphärische Störung *f*, atmosphärisches Rauschen *nt*, luftelektrische Störung *f*

ATO *abbr (automatic train operation)* RAIL ATC *(automatische Zugsteuerung)*

atoll *n* WATER TRANS *geography* Atoll *nt*

atom *n* COMP & DP, PART PHYS, PHYS Atom *nt*; **~-atom collision** *n* NUC TECH interatomarer Stoß *m*

atomic[1] *adj* PART PHYS, PHYS atomar

atomic:[2] **~ absorption analysis** *n* NUC TECH, PHYS, RAD PHYS atomare Absorptionsanalyse *f*; **~ absorption spectrometer** *n* LAB EQUIP Atomabsorptions-Spektrometer *nt*; **~ absorption spectrophotometer** *n* NUC TECH, PHYS, RAD PHYS atomares Absorptions-Spektrofotometer *nt*; **~ absorption spectroscopy** *n* NUC TECH, PHYS, RAD PHYS Atomabsorptions-Spektroskopie *f*; **~ beam** *n* NUC TECH, PHYS, RAD PHYS Atomstrahl *m*; **~ beam diffraction** *n* NUC TECH, PHYS, RAD PHYS Beugung von Atomstrahlen *f*; **~ beam frequency standard** *n* NUC TECH Normalfrequenz des Atomstrahls *f*; **~ clock** *n* NUC TECH, PHYS, RAD PHYS, TELECOM Atomuhr *f*; **~ core** *n* NUC TECH, PHYS, RAD PHYS Atomkern *m*; **~ cross-section** *n* NUC TECH, PHYS, RAD PHYS atomarer Querschnitt *m*; **~ displacement** *n* METALL Atomverschiebung *f*; **~ electron shell** *n* NUC TECH, PHYS, RAD PHYS Atomhülle *f*; **~ energy level** *n* NUC TECH, PHYS, RAD PHYS atomares Energieniveau *nt*; **~ fluorescence analysis** *n* NUC TECH *spectrometry*, PHYS *spectrometry*, RAD PHYS *spectrometry* atomare Fluoreszenzanalyse *f*; **~ gas laser** *n* ELECTRON Atomgas-Laser *m*; **~ heat** *n* THERMODYN Atomwärme *f*; **~ heat capacity** *n* NUC TECH, PHYS, RAD PHYS Atomwärme *f*, atomare Wärmekapazität *f*; **~ hydrogen maser** *n* ELECTRON atomarer Wasserstoffmaser *m*; **~ interspace** *n* NUC TECH, PHYS, RAD PHYS atomarer Zwischenraum *m*; **~ mass** *n* NUC TECH Atommasse *f*, PHYS, RAD PHYS Atomgewicht *nt*; **~ mass unit** *n (amu)* NUC TECH atomare Masseneinheit *f (amu)*; **~ nucleus** *n* NUC TECH, PHYS, RAD PHYS Atomkern *m*; **~ number** *n* NUC TECH Kernladungszahl *f*, Ordnungszahl *f*, NUC TECH *(Z)* Atomzahl *f (Z)*, PHYS, RAD PHYS Kernladungszahl *f*, Ordnungszahl *f*; **~ orbital** *n* NUC TECH, PHYS, RAD PHYS atomare Elektronenumlaufbahn *f*; **~ physics** *n* PHYS Atomphysik *f*, Kernphysik *f*; **~ pile** *n* NUC TECH, PHYS, RAD PHYS Kernreaktor *m*; **~ polarization** *n* NUC TECH, PHYS, RAD PHYS atomare Polarisation *f*; **~ radiation** *n* NUC TECH, PHYS, RAD PHYS atomare Strahlung *f*; **~ radius** *n* NUC TECH, PHYS, RAD PHYS Atomradius *m*; **~ research** *n* NUC TECH Atomforschung *f*, Kernforschung *f*, RAD PHYS Kernforschung *f*; **~ rocket** *n* NUC TECH, SPACE Atomrakete *f*; **~ safety line** *n (ASL)* NUC TECH atomare Sicherheitslinie *f (ASL)*; **~ scattering** *n* NUC TECH, PHYS, RAD PHYS atomare Streuung *f*; **~ shuffling** *n* METALL Atomumordnen *nt*; **~ spectroscopy** *n* NUC TECH, PHYS, RAD PHYS Atomspektroskopie *f*; **~ spectrum** *n* NUC TECH, PHYS, RAD PHYS Atomspektrum *nt*; **~ state** *n* NUC TECH, PHYS, RAD PHYS Energiezustand eines Atoms *m*; **~ structure** *n* NUC TECH, PHYS, RAD PHYS Atomstruktur *f*; **~ trunk** *n* NUC TECH Rumpfatom *nt*; **~ uranium vapor** *n AmE*, **~ uranium vapour** *n BrE* NUC TECH atomarer Urandampf *m*; **~ vapor method** *n AmE*, **~ vapour method** *n BrE* NUC TECH *isotope separation* Verdampfungsmethode *f*; **~ volume** *n* NUC TECH, PHYS, RAD PHYS Atomvolumen *nt*, Äquivalentvolumen *nt*; **~ weight** *n* MECHAN ENG Atomgewicht *nt*, NUC TECH, PHYS, RAD PHYS Atomgewicht *nt*, relative Atommasse *f*; **~ weight unit** *n (AWU)* NUC TECH Atomgewichtseinheit *f*, Atommasseneinheit *f (AME)*

Atomic: **~ Energy Commission** *n AmE (AEC AmE)* NUC TECH Amerikanischer Atomenergieverband *m (AEC)*

ATOMIC *abbr (automatic train operation by mini computer)* RAIL automatische Zugsteuerung per Minicomputer *f*

atomicity *n* COMP & DP Atomizität *f*, PHYS Atomistik *f*

atomistic: **~ structure** *n* NUC TECH atomare Struktur *f*

atomization *n* PET TECH Zerstäubung *f*

atomize *vt* PAPER zerstäuben

atomizer *n* CHEM ENG Atomisator *m*, Sprüher *m*, LAB EQUIP Versprüher *m*, Zerstäuber *m*, PAPER Zerstäuber *m*; **~ nozzle** *n* CHEM ENG Sprühdüse *f*, Zerstäuberdüse *f*

atomizing: **~ burner** *n* HEAT & REFRIG, THERMODYN Zerstäubungsbrenner *m*; **~ nozzle** *n* FOOD TECH Zerstäuberdüse *f*; **~ oil burner** *n* HEAT & REFRIG Ölzerstäubungsbrenner *m*

ATP *abbr* FOOD TECH *(adenosine triphosphate)* ATP *(Adenosintriphosphat)*, RAIL *BrE (automatic train protection)* automatische Zugdeckung *f*

ATR: **~-tube** *n (antitransmit-receive tube)* ELECTRON Sendersperröhre *f*

atropic *adj* CHEMISTRY Atropa- *pref*

attach *vt* COMP & DP anschließen, MECHAN ENG anbringen, ankuppeln, *trailer* anhängen, PAPER befestigen

attached: **~ eddies** *n pl* FLUID PHYS anliegende Wirbel *m pl*

attaching: **~ part** *n* MECHAN ENG Anbauteil *nt*; **~ screw** *n* MECHAN ENG Befestigungsschraube *f*

attachment *n* COAL TECH Halterung *f*, Zusatzgerät *nt*, COMP & DP Anschluß *m*, INSTR Zubehör *nt*, MECHAN ENG *additional tool* Vorsatz *m*, Vorsatzgerät *nt*, *coupling* Kupplung *f*, *fixing* Befestigung *f*, Halterung *f*, *machine tools* Zusatzgerät *nt*, PAPER Befestigung *f*, TEXT Aufziehen *nt*; **~ fitting** *n* MECHAN ENG Befestigungsstück *nt*; **~ link** *n* MECHAN ENG Befestigungsglied *nt*

attack[1] *n* ACOUSTICS Anhall *m*, Anschlag *m*, Einsatz *m*, CHEMISTRY Ätzen *nt*, COAL TECH Angriff *m*; **~ angle** *n* AIR TRANS Anstellwinkel *m*; **~ time** *n* RECORD *of amplifier* Anstiegszeit *f*, *of limiter* Ansprechzeit *f*

attack[2] *vt* CHEMISTRY ätzen; **~-polish** *vt* METALL ätzpolieren

attapulgite *n* PET TECH Attapulgit *nt*, Palygorskit *nt*

attemperator *n* HEAT & REFRIG Temperaturregler *m*

attend: **~ to** *vt* CONST bedienen, pflegen, überwachen

attended: **~ operation** *n* COMP & DP überwachter Betrieb *m*, überwachter Ablauf *m*

attention: **~ interrupt** *n* COMP & DP Abrufunterbrechung *f*; **~ key** *n* COMP & DP Abruftaste *f*, Unterbrechungstaste *f*

attenuate *vt* ERGON abschwächen, dämpfen, RECORD dämpfen

attenuated: **~ system** *n* INSTR gedämpftes System *nt*

attenuating: **~ element** *n* ELECTRON dämpfendes Element *nt*, INSTR Dämpfungselement *nt*, Dämpfungsglied *nt*; **~ filter** *n* RECORD Dämpfungsfilter *nt*

attenuation *n* CER & GLAS Verdünnung *f*, ELECTRON, OPT Dämpfung *f*, PHYS Abschwächung *f*, Dämpfung *f*, Schwächung *f*, RAD TECH, RECORD, SPACE *communications* Dämpfung *f*, TELECOM Dämpfung *f*, Leistungsabfall *m*, Leistungsverlust *m*, TELEV Dämpfung *f*, WAVE PHYS Abschwächung *f*, Dämpfung *f*,

Schwächung *f*; ~ **band** *n* ELECTRON *filter* Dämpfungsband *nt*; ~ **coefficient** *n* ACOUSTICS Dämpfungskoeffizient *m*, Dämpfungsziffer *f*, ELECTRON Schwächungskoeffizient *m*, OPT Dämpfungskoeffizient *m*, PHYS linearer Dämpfungskoeffizient *m*, TELECOM Dämpfungsbelag *m*, Dämpfungskonstante *f*, spezifische Dämpfung *f*; ~ **constant** *n* ELECTRON, PHYS, TELECOM Dämpfungskonstante *f*; ~ **contour** *n* ELECTRON Dämpfungskontur *f*; ~ **distortion** *n* PHYS *frequency*, RECORD Dämpfungsverzerrung *f*; ~ **factor** *n* RECORD Dämpfungsfaktor *m*; ~**-limited operation** *n* OPT dämpfungsbegrenzter Vorgang *m*, TELECOM dämpfungsbegrenzter Betrieb *m*; ~ **ratio** *n* INSTR Dämpfungsgrad *m*, Dämpfungsmaß *nt*

attenuator *n* ACOUSTICS, ELECTRON, ERGON Dämpfungsglied *nt*, HEAT & REFRIG Dämpfer *m*, Schalldämpfer *m*, RAD TECH Dämpfungsglied *nt*, RECORD Schwächungsglied *nt*, TELECOM Dämpfungsglied *nt*; ~ **diode** *n* ELECTRON *microwave* Dämpfungsdiode *f*; ~ **pad** *n* INSTR Dämpfungsglied *nt*

Atterberg: ~ **limits** *n pl* CONST *civil engineering* Atterbergsche Konsistenzgrenzen *f pl*

attitude *n* ERGON Einstellung *f*, Haltung *f*, SPACE Fluglage *f*; ~ **change** *n* ERGON Einstellungsänderung *f*; ~ **control rocket** *n* SPACE Lageregelungsrakete *f*; ~ **control unit** *n* SPACE Fluglagekontrollsystem *nt*; ~ **and orbit control system** *n* *(AOCS)* SPACE Fluglage- und Umlaufbahnkontrollsystem *nt (AOCS)*; ~ **reference unit** *n* SPACE Fluglagebezugsystem *nt*; ~ **scales** *n pl* ERGON Einstellungsskalen *f pl*

attract[1] *vt* PHYS anziehen

attract:[2] ~ **each other** *vi* PHYS sich gegenseitig anziehen

attraction *n* PHYS Anziehung *f*

attractive[1] *adj* PHYS anziehend

attractive:[2] ~ **effect** *n* TRANS Anziehungseffekt *m*; ~ **force** *n* ELECT, PHYS Anziehungskraft *f*

attribute *n* ART INT *of object* Attribut *nt*, COMP & DP Attribut *nt*, Ergänzung *f*, Merkmal *nt*, QUAL Attribut *nt*, qualitatives Merkmal *nt*; ~ **sampling system** *n* QUAL Stichprobensystem nach einem quantitativen Merkmal *nt*

attrite *adj* PROD ENG abgeschliffen, ausgelaufen

attrition *n* CER & GLAS Abrieb *m*, COAL TECH Zerreiben *nt*, CONST Abrieb *m*, Verschleiß *m*, MECHAN ENG Abrieb *m*, Reibungsverschleiß *m*, PAPER Zerreiben *nt*; ~ **mill** *n* PAPER Reibungsmühle *f*; ~ **test** *n* MECHAN ENG Abriebtest *m*

ATU *abbr (aerial-tuning unit)* RAD TECH ATU *(Antennenanpassung)*

ATV *abbr (amateur television)* TELEV ATV *(Amateurfernsehen)*

Atwater: ~ **factors** *n pl* FOOD TECH Atwater-Faktoren *m pl*; ~ **table** *n* FOOD TECH Atwater-Tabelle *f*

Atwood's: ~ **machine** *n* PHYS Atwoodsche Fallmaschine *f*

AU *abbr (astronomical unit)* METROL AE *(astronomische Einheit)*

audibility: ~ **meter** *n* RECORD Hörbarkeitsmesser *m*

audible[1] *adj* ERGON hörbar

audible:[2] ~ **alarm** *n* TELECOM akustischer Alarm *m*; ~ **alarm device** *n* INSTR Hörmelder *m*; ~ **emergency evacuation signal** *n* SAFETY Sirene für die Räumung in Notfällen *f*; ~ **frequency range** *n* ACOUSTICS hörbarer Frequenzbereich *m*; ~ **limits** *n pl* ERGON Hörgrenzen *f pl*; ~ **machmeter** *n* AIR TRANS Schallmachmeter *nt*; ~ **range** *n* ERGON, RECORD Hörbereich *m*; ~ **signal** *n* RECORD hörbares Signal *nt*, TELECOM akustisches Rufzeichen *nt*; ~ **spectrum** *n* RECORD Tonfrequenzspektrum *nt*

audience: ~ **rating** *n* TELEV Zuschauerzahlen *f pl*

audio[1] *adj* ACOUSTICS Audio-*pref*, COMP & DP Hör-*pref*, Ton-*pref*, ELECTRON tonfrequent, RAD TECH Ton-*pref*, RECORD Audio- *pref*, Ton- *pref*; ~**-frequency** *adj* RECORD hörfrequent

audio[2] *n* ACOUSTICS Gehör *nt*; ~ **alarm system** *n* INSTR Tonwarnanlage *f*, akustische Warnanlage *f*; ~ **amp** *n* ELECTRON Tonfrequenzverstärker *m*; ~ **amplifier** *n* RECORD Tonverstärker *m*; ~ **attenuator** *n* ELECTRON Tonabschwächer *m*; ~ **band** *n* RECORD Tonfrequenzband *nt*; ~ **bearer service** *n* TELECOM Tonträgerdienst *m*; ~ **CD player** *n* OPT CD-Spieler für Ton *m*; ~ **channel** *n* RECORD Tonfrequenzkanal *m*; ~ **compact disc** *n BrE* OPT Audio-CD *f*; ~ **compact disc player** *n BrE* OPT Audio-CD-Spieler *m*; ~ **compact disk** *n AmE see audio compact disc BrE* ~ **compact disk player** *n AmE see audio compact disc player BrE* ~ **console** *n* RECORD Tonregiesystem *nt*; ~ **control engineer** *n* RECORD Toningenieur *m*; ~ **control room** *n* RECORD Tonstudio *nt*; ~ **cue** *n* RECORD Achtungssignal *nt*; ~ **dropouts** *n pl* RECORD Tonausfall *m*; ~ **equipment interference** *n* RAD TECH Störung in Niederfrequenzgeräten *f*; ~ **feedback** *n* RECORD Tonfrequenz-Rückkopplung *f*; ~ **feedback circuit** *n* TELEV Tonrückkoppelungskreis *m*; ~ **filter** *n* ELECTRON Tonfilter *nt*; ~ **frequency** *n (AF)* ACOUSTICS Hörfrequenz *f*, ELECTRON, RAD TECH, RECORD, TELEV Niederfrequenz *f (Nf)*, Tonfrequenz *f (Tf)*; ~**-frequency amplifier** *n* ELECTRON Niederfrequenzverstärker *m*, RECORD Niederfrequenzverstärker *m*, Tonfrequenzverstärker *m*; ~**-frequency interference** *n (AFI)* ELECTRON, RAD TECH, TELECOM Niederfrequenzstörung *f (Nf-Störung)*, Tonfrequenzstörung *f (Tf-Störung)*; ~**-frequency oscillator** *n* ELECTRON, RAD TECH Niederfrequenzgenerator *m*, Tonfrequenzgenerator *m*; ~**-frequency signal** *n* ELECTRON, RAD TECH Niederfrequenzsignal *nt*, Tonfrequenzsignal *nt*; ~**-frequency signal generator** *n* ELECTRON, RAD TECH Niederfrequenzsignalgenerator *m*, Tonfrequenz-Signalgenerator *m*; ~**-frequency spectrometer** *n* INSTR Niederfrequenz-Spektrometer *nt*, Tonfrequenz-Spektrometer *nt*; ~**-frequency splitter** *n (AFS)* TELECOM Nf-Weiche *f*, Niederfrequenzweiche *f*; ~ **head** *n* RECORD *video* Tonkopf *m*; ~ **input** *n* RECORD Audio-Eingang *m*; ~**-level meter** *n* RECORD Tonfrequenzmesser *m*; ~ **modulation** *n* ELECTRON Tonmodulation *f*; ~ **oscillator** *n* ELECTRON Tonfrequenzgenerator *m*, RAD PHYS akustischer Oszillator *m*; ~ **output** *n* ELECTRON Sprachausgabe *f*; ~ **playback** *n* TELEV Playback *nt*; ~ **power amplifier** *n* ELECTRON Tonfrequenz-Leistungsverstärker *m*; ~ **range** *n* RAD PHYS Audiofrequenzbereich *m*, akustischer Frequenzbereich *m*; ~ **record** *n* TELEV Schallplatte *f*; ~ **response unit** *n (ARU)* COMP & DP Sprachausgabe-Einheit *f (ARU)*; ~ **signal** *n* ACOUSTICS Schallsignal *nt*, Tonsignal *nt*, ELECTRON Audiosignal *nt*, Schallsignal *nt*, Tonsignal *nt*, RAD TECH, TELECOM, TELEV Tonsignal *nt*; ~ **signal input level** *n* RECORD Eingangspegel für Tonfrequenzsignal *m*; ~ **tape machine** *n* TELEV Tonbandgerät *nt*; ~ **track** *n* TELEV Tonspur *f*; ~ **videotext** *n* TELECOM Audio-Videotext *m*

audiogram *n* ACOUSTICS, ERGON Audiogramm *nt*; ~ **masking** *n* ACOUSTICS Audiogramm-Maskierung *f*
audiometer *n* ACOUSTICS Audiometer *nt*, Gehörempfindlichkeitsmeßgerät *nt*, Hörschwellenmeßgerät *nt*, ERGON Audiometer *nt*, INSTR Audiometer *nt*, Hörschwellenmeßgerät *nt*, RAD PHYS Hörfrequenzmesser *m*, RECORD Gehörmesser *m*
audiometric: ~ **booth** *n* RECORD Gehörprüfkabine *f*, audiometrische Kabine *f*; ~ **test room** *n* ACOUSTICS Gehörtestraum *m*
audiometry *n* ACOUSTICS Audiometrie *f*, Gehörschärfemessung *f*, Gehörempfindlichkeitsmessung *f*, ERGON, RECORD Audiometrie *f*
audit[1] *n* MECHANICS Buchführung *f*, Revision *f*, QUAL Audit *nt*; ~ **plan** *n* QUAL Auditplan *m*; ~ **procedure** *n* METROL Prüfverfahren *nt*; ~ **trail** *n* COMP & DP Prüfliste *f*, Prüfprotokoll *nt*, Prüfpfad *m*, CONTROL Prüffolgeweg *m*, Prüfweg *m*
audit[2] *vt* QUAL auditieren
audition *n* ERGON Gehör *nt*, Hörvermögen *nt*
auditor *n* QUAL Auditor *m*
auditorium *n* RECORD Hörsaal *m*
auditory *n* ACOUSTICS Gehör *nt*; ~ **acuity** *n* ACOUSTICS Hörschärfe *f*; ~ **canal** *n* ACOUSTICS Gehörgang *m*; ~ **perspective** *n* RECORD Raumeffekt *m*; ~ **prosthesis** *n* ERGON Hörprothese *f*; ~ **sensation** *n* ACOUSTICS Gehörempfindung *f*, Schallwahrnehmung *f*; ~ **sensation area** *n* ACOUSTICS Hörfeld *f*, Hörfläche *f*; ~ **signal** *n* SAFETY Alarmsirene *f*
augend *n* COMP & DP erster Summand *m*
auger *n* COAL TECH Schappenbohrer *m*, CONST Erdbohrer *m*, Schnecke *f*; ~ **bit** *n* MECHAN ENG Stangenbohrer *m*; ~ **gimlet** *n* CONST Frettbohrer *m*
Auger: ~ **effect** *n* PHYS, RAD PHYS Auger-Effekt *m*; ~ **electron** *n* PHYS, RAD PHYS Auger-Elektron *nt*; ~ **electron spectroscopy** *n* *(AES)* PHYS, RAD PHYS Augersche Elektronenspektroskopie *f (AES)*; ~ **yield** *n* PHYS, RAD PHYS Auger-Ausbeute *f*
aural[1] *adj* ACOUSTICS Hör- *pref*
aural:[2] ~ **dazzling** *n* ACOUSTICS akustische Blendung *f*; ~ **flutter** *n* ACOUSTICS Gehörschwankungen *f pl*; ~ **harmonic** *n* ACOUSTICS Ohrharmonische *f*; ~ **masking** *n* ACOUSTICS Tonmaskierung *f*; ~ **null loop** *n AmE* TRANS Peilantenne *f*; ~ **resolving power** *n* ACOUSTICS Auflösungsvermögen des Ohres *nt*; ~ **sensation scale** *n* ACOUSTICS Gehörempfindlichkeitsskale *f*; ~ **sensitivity** *n* ACOUSTICS Gehörempfindlichkeit *f*; ~ **threshold** *n* ACOUSTICS Hörschwelle *f*
auric: ~ **chloride** *n* CHEMISTRY Aurichlorid *nt*
aurora: ~ **australis** *n* WATER TRANS *meteorology* Südlicht *nt*; ~ **borealis** *n* WATER TRANS *meteorology* Nordlicht *nt*; ~ **polaris** *n* WATER TRANS *meteorology* Polarlicht *nt*
auroral: ~ **zone** *n* RAD TECH Polarlichtzone *f*
austempering *n* PROD ENG Warmbadhärten *nt*
austenic: ~ **steel** *n* METALL Austenitstahl *m*
austenite *n* METALL, PROD ENG Austenit *m*
austenitic[1] *adj* MECHANICS, PROD ENG austenitisch
austenitic:[2] ~ **stainless steel tube** *n* MECHAN ENG Austenitstahlrohr *nt*; ~ **steel** *n* MECHANICS austenitischer Stahl *m*
austenitize *vt* PROD ENG austenitisieren
austenizing *n* PROD ENG Austenitisierung *f*
authentication *n* COMP & DP Authentifizierung *f*, Bestätigung *f*; ~ **code** *n* COMP & DP Identifikationscode *m*; ~ **procedure** *n* TELECOM Authentifizierungsprozedur *f*
authority *n* PAT Behörde *f*, QUAL Verantwortung *f*, Vollmacht *f*
authorization *n* COMP & DP Berechtigung *f*, PAT Vollmacht *f*; ~ **to copy** *n (ATC)* COMP & DP Kopiergenehmigung *f*
authorized: ~ **inspection agency** *n* QUAL Abnahmegesellschaft *f*; ~ **inspector** *n* QUAL Prüfsachverständiger *m*; ~ **jurisdictional inspector** *n* QUAL bevollmächtigter gesetzlicher Vertreter *m*; ~ **nuclear inspector** *n (ANI)* QUAL kerntechnischer Prüfsachverständiger *m*; ~ **nuclear inspector supervisor** *n (ANIS)* NUC TECH kerntechnische Prüfaufsicht *f*; ~ **person for hazardous goods** *n* POLL Gefahrgutbeauftragter *m*
author's: ~ **alterations** *n pl (AA)* PRINT Autorenkorrektur *f*, Verfasserkorrektur *f*
auto *n (automobile)* AUTO Auto *nt (Automobil)*
autoanalyser *n BrE* INSTR Analyseautomat *m*
autoanalyzer *n AmE see autoanalyser BrE*
autobalance *n* INSTR Selbstabgleich *m*
autocatalytic[1] *adj* NUC TECH autokatalytisch
autocatalytic:[2] ~ **effect** *n* METALL autokatalytische Wirkung *f*
autochthonous: ~ **matter** *n* POLL eigenständige Substanz *f*
autoclave *n* CER & GLAS, CHEMISTRY, COAL TECH Autoklav *m*, FOOD TECH Autoklav *m*, Drucksterilisator *m*, Schnellkochtopf *m*, LAB EQUIP Dampfdrucksterilisator *m*, Druckgefäß *nt*
autocollimator *n* METROL Autokollimationsfernrohr *nt*
autocorrelation *n* ELECTRON Autokorrelation *f*, Eigenkorrelation *f*, TELECOM Autokorrelation *f*; ~ **analysis** *n* INSTR Autokorrelationsanalyse *f*
autocue *n* TELEV Autocue *nt*
autodyne *n* ELECTRON Autodyn *nt*, Selbstüberlagerer *m*, RAD TECH Selbstüberlagerer *m*
autoediting *n* TELEV Autoedieren *nt*
autoequalization *n* TELEV Autoequalizer *m*
autofeathering *n* AIR TRANS *propeller* automatische Verstellung *f*
autogenous[1] *adj* COAL TECH, MECHAN ENG *welding* Autogen- *pref*, autogen
autogenous:[2] ~ **mill** *n* COAL TECH Autogenmühle *f*; ~ **milling** *n* COAL TECH autogenes Mahlen *nt*; ~ **welding** *n* MECHAN ENG Autogenschweißen *nt*, autogene Schweißung *f*
autogyro *n* AIR TRANS *aircraft* Autogiro *nt*, Kreiselsteuergerät *nt*, Tragschrauber *m*
autoignition *n* AIR TRANS automatische Zündung *f*, AUTO *engine* Selbstzündung *f*
autoionization *n* PHYS, RAD PHYS Autoionisation *f*, Eigenionisierung *f*, Selbstionisierung *f*
autokinesis *n* ERGON Autokinese *f*
autoland *n* AIR TRANS vollautomatische Landung *f*; ~ **system** *n* TRANS vollautomatisches Landesystem *nt*
autoload *n* COMP & DP automatisches Laden *nt*
autolysis *n* FOOD TECH Autolyse *f*
automanual: ~ **switchboard** *n* TELECOM halbautomatischer Vermittlungsschrank *m*
automate *vt* COMP & DP, CONST automatisieren
automated: ~ **decision-making** *n* ART INT automatisiertes Entscheiden *nt*; ~ **personal rapid transit** *n* TRANS automatischer Personenschnellverkehr *m*; ~ **programming of machine tools** *n (AUTOPROMT)* MECHAN ENG automatisierte Maschinenwerkzeugprogrammierung *f (AUTOPROMT)*; ~ **system for positioning tools** *n (AUTOSPOT)* PROD ENG automatisierte Werkzeugpositionierung *f (AUTOSPOT)*;

~ **tap bonding** *n* ELEC ENG automatische Abgriffverbindung *f*

automatic[1] *adj* COMP & DP, MECHANICS, RAD TECH automatisch

automatic[2] *n* MECHAN ENG Automat *m*;

~ a ~ **ADC** *n* TELECOM automatischer Analog-Digital-Wandler *m*; ~ **adjustment** *n* INSTR Eigenjustierung *f*, Selbsteinstellung *f*; ~ **approach control** *n* AIR TRANS *navigation* automatische Anflugkontrolle *f*; ~ **arc-welding machine** *n* MECHAN ENG Lichtbogenschweißautomat *m*; ~ **assembly machine** *n* MECHAN ENG Montageautomat *m*;

~ b ~ **blade-folding system** *n* AIR TRANS *helicopter* automatisches Zurückklappen der Luftschraubenblätter *nt*; ~ **brake** *n* AUTO automatische Bremse *f*; ~ **brightness control** *n (ABC)* TELEV automatische Helligkeitsregelung *f*, automatische Helligkeitssteuerung *f (ABC)*; ~ **burette** *n* LAB EQUIP automatische Bürette *f*;

~ c ~ **call distributor** *n (ACD)* TELECOM automatischer Anrufverteiler *m*; ~ **calling unit** *n (ACU)* SPACE, TELECOM automatisches Rufgerät *nt (ACU)*; ~ **call transfer** *n* TELECOM automatische Anrufumlegung *f*, automatische Gesprächsumlegung *f*; ~ **car identification** *n (ACI)* AUTO *AmE* automatische Kraftfahrzeug-Identifizierung *f (automatische KFZ-Identifizierung)*, TRANS *AmE (cf automatic wagon identification BrE)* automatische Waggonidentifikation *f*; ~ **celestial navigation** *n (ACN)* SPACE automatische Himmelsnavigation *f (ACN)*; ~ **center punch** *n AmE*, ~ **centre punch** *n BrE* PROD ENG Federdruckkörper *m*; ~ **change-over** *n* TELECOM *stand-by operation* automatische Ersatzschaltung *f*, automatische Umschaltung *f*, automatische Verkehrsumschaltung *f*; ~ **change-over switching** *n* ELECT automatische Umschaltung *f*; ~ **check** *n* COMP & DP Selbstprüfung *f*, automatische Prüfung *f*; ~ **choke** *n* AUTO Startautomatik *f*; ~ **chrominance control** *n (ACC)* TELEV automatische Chrominanzsteuerung *f*; ~ **chucking lathe** *n* MECHAN ENG Futterautomat *m*; ~ **circuit recloser** *n* ELECT *switch* selbsttätiger Leistungsschalter *m*; ~ **closed-loop control** *n* IND PROCESS selbsttätige Regelung *f*; ~ **clutch** *n* AUTO selbsttätige Kupplung *f*; ~ **collation** *n* PACK automatische Zusammentragung *f*; ~ **control** *n* CONST automatische Steuerung *f*, ELECT automatische Regelung *f*, automatische Steuerung *f*, MECHAN ENG automatische Steuerung *f*, PACK Automatik *f*, automatische Steuerung *f*, PET TECH automatische Steuerung *f*; ~ **control assembly** *n* NUC TECH Trimm-Nachfolgesteuerung *f*, Trimm-Nachfolge-Element *nt*, automatisches Steuerelement *nt*; ~ **control of headway** *n* AUTO automatische Abstandskontrolle *f*; ~ **control switch** *n* ELECT automatischer Steuerschalter *m*, IND PROCESS Automatikschalter *m*; ~ **copying lathe** *n* MECHAN ENG automatische Kopierdrehmaschine *f*, automatische Nachformdrehmaschine *f*; ~ **coupling** *n* AUTO, RAIL selbsttätige Kupplung *f*; ~ **credit card service** *n* TELECOM automatischer Kreditkartendienst *m*; ~ **current controller** *n* ELECT automatischer Stromregler *m*; ~ **cut-off switch** *n* ELECT automatischer Trennschalter *m*; ~ **cutter** *n* CER & GLAS automatische Schneidvorrichtung *f*;

~ d ~ **data conversion** *n* COMP & DP automatische Datenumwandlung *f*, automatische Datenkonvertierung *f*; ~ **data processing** *n (ADP)* COMP & DP automatische Datenverarbeitung *f (ADV)*; ~ **decurling** *n* PACK Selbstglättung *f*; ~ **device** *n* TELECOM automatische Vorrichtung *f*; ~ **diagnosis** *n* ART INT automatische Diagnose *f*; ~ **dialing** *n AmE*, ~ **dialling** *n BrE* TELECOM Selbstwahl *f*; ~ **die-casting machine** *n* PROD ENG Druckgußautomat *m*; ~ **direction finder** *n (ADF)* AIR TRANS Funkpeilgerät *nt*, automatischer Funkkompaß *m*, automatischer Peilempfänger *m*, automatischer Radiokompaß *m*, automatischer Richtungsfinder *m*, automatisches Zielfluggerät *nt (ADF)*, SPACE, TELECOM Funkpeilgerät *nt*, automatischer Funkkompaß *m (ADF)*; ~ **down-feed** *n* MECHAN ENG *machine tool* automatische Zustellung *f*;

~ e ~ **editing** *n* TELEV Autoedit *nt*; ~ **electric timer** *n* INSTR elektrische Schaltuhr *f*; ~ **enlarger** *n* PHOTO automatischer Vergrößerer *m*; ~ **error correction** *n* AIR TRANS automatische Fehlerberichtigung *f*, TELECOM automatische Fehlerkorrektur *f*; ~ **error detection** *n* COMP & DP automatische Fehlererkennung *f*; ~ **expansion gear** *n* MECHAN ENG automatische Expansionsvorrichtung *f*; ~ **exposure** *n* PHOTO Belichtungsautomatik *f*; ~ **exposure timer** *n* INSTR Belichtungsautomat *m*, Belichtungszeitautomat *m*;

~ f ~ **feed** *n* MECHAN ENG *machine tool* Selbstzustellung *f*, automatische Zustellung *f*, *supply of material* automatische Zuführung *f*, PET TECH automatische Zuführung *f*; ~ **feeding** *n* CER & GLAS automatisches Speisen *nt*; ~ **feeding system** *n* PACK automatische Zuführung *f*; ~ **fine tuning** *n (AFT)* RAD TECH automatische Scharfabstimmung *f (AFT)*; ~ **fire alarm** *n* CONST automatische Brandmeldeanlage *f*, SAFETY automatischer Feueralarm *m*; ~ **fire detection system** *n* SAFETY automatischer Feuermelder *m*; ~ **fire-fighting system** *n* SAFETY automatischer Wassersprühnebel-Feuerlöscher *m*; ~ **flashing light signals** *n pl* RAIL automatische Haltlichtanlage *f*; ~ **flat-die thread-rolling machine** *n* PROD ENG Gewindewalzautomat mit Backen *m*; ~ **flexible-bag-filling machine** *n* PACK automatische Schlauchbeutelfüllanlage *f*; ~ **flight-control system** *n* AIR TRANS automatisches Kurssteuerungssystem *nt*; ~ **focusing** *n* PHOTO automatische Scharfeinstellung *f*; ~ **forming** *n* CER & GLAS automatisches Formen *nt*; ~ **frequency control** *n (AFC)* ELECTRON automatische Frequenzregelung *f*, automatische Scharfabstimmung *f (AFR)*, RAD TECH automatische Frequenzregelung *f*, automatische Scharfabstimmung *f*, TELEV *receiver* automatische Frequenzregelung *f*, automatische Scharfabstimmung *f (AFR)*; ~ **frequency and gain control** *n (AFGC)* ELECTRON, RAD TECH, TELEV automatische Frequenz- und Verstärkungsregelung *f (AFGC)*; ~ **frequency shift keying** *n (AFSK)* ELECTRON *teletype*, RAD TECH *teletype*, TELEV *teletype* automatische Frequenzumtastung *f*;

~ g ~ **gain control** *n (AGC)* ELECTRON, RAD TECH, TELECOM automatische Amplitudenregelung *f*, automatische Verstärkungsregelung *f*; ~ **gas-firing unit** *n* HEAT & REFRIG Gasfeuerungsautomat *m*; ~ **gear change** *n* AUTO *gearbox* Schaltautomatik *f*; ~ **governor** *n* FUELLESS automatischer Fliehkraftregler *m*, automatischer Zentrifugalregler *m*; ~ **ground-controlled approach** *n (AGCA)* SPACE automatische Anflugsteuerung vom Boden *f (AGCA)*; ~ **ground-controlled landing** *n (AGCL)* SPACE automatische Landesteuerung vom Boden *f (AGCL)*; ~ **guidance system** *n* ELEC ENG automatisches

Leitsystem *nt*;
~ h ~ handoff *n* TELECOM *land mobile* Gesprächsweiterleitung *f*; **~ handwriting recognition** *n* ART INT automatische Handschrifterkennung *f*; **~ header** *n* PROD ENG Stauchautomat *m*; **~ highway** *n AmE (cf automatic motorway BrE)* TRANS automatische Autobahn *f*; **~ hyphenation** *n* PRINT automatische Silbentrennung *f*; **~ hypoid generator** *n* PROD ENG Hypoidwälzfräsautomat *m*;
~ i ~ infringement recorder *n* TRANS Gerät zur automatischen Aufzeichnung von Verkehrsverstößen *nt*; **~ intercept system** *n* TELECOM *switching* automatisches Abfangen *nt*; **~ interlock** *n* PROD ENG Selbstsperrung *f*;
~ l ~ lathe *n* MECHAN ENG Drehautomat *m*, MECHANICS Mehrspindelstangenautomat *m*, automatische Drehbank *f*; **~ level control** *n (ALC)* AUTO automatischer Niveauausgleich *m (ALC)*, RAD TECH automatische Pegelregelung *f (ALC)*; **~ level crossing safety installation** *n* RAIL zugbediente Wegübergangssicherungsanlage *f*; **~ loading system** *n* PHOTO automatisches Ladesystem *nt*; **~ load transfer** *n* ELECT automatische Lastübergabe *f*; **~ location-registration** *n* TELECOM *of ships* automatische Ortung und Registrierung *f*; **~ lock** *n* TELEV Autolock *nt*;
~ m ~ machine tool *n* MECHAN ENG automatische Werkzeugmaschine *f*; **~ message switching center** *n AmE*, **~ message switching centre** *n BrE* TELECOM automatische Nachrichten-Speichervermittlungsstelle *f*; **~ motorway** *n BrE (cf automatic highway AmE)* TRANS automatische Autobahn *f*;
~ n ~ noise limiter *n (ANL)* RAD TECH automatische Rauschunterdrückung *f*, automatischer Rauschbegrenzer *m (ARU)*;
~ o ~ operation *n* CONST automatischer Betrieb *m*; **~ over signal** *n (AOS)* RAD TECH *radiotelephony* automatisches Signal zur Mikrofonübergabe *nt*, automatisches Tonsignal *nt (AOS)*;
~ p ~ packing *n* PROD ENG durch Flüssigkeitsdruck angepreßte Dichtung *f*; **~ page numbering** *n* COMP & DP automatische Seitennumerierung *f*; **~ peak limiter** *n* TELEV automatischer Spitzenbegrenzer *m*; **~ phase control** *n (APC)* ELECTRON automatische Phasenregelung *f (APR)*, TELEV automatische Phasensteuerung *f (APR)*; **~ pilot** *n* AIR TRANS Autopilot *m*; **~ pirn change** *n* TEXT automatischer Schußspulenwechsel *m*; **~ potentiometer** *n* INSTR Autokompensator *m*, automatischer Kompensator *m*; **~ pressing** *n* CER & GLAS automatisches Pressen *nt*; **~ printer** *n* PHOTO automatische Kopiermaschine *f*; **~ programming tool** *n* COMP & DP automatisches Programmentwicklungssystem *nt*; **~ proportioner** *n* INSTR Dosierautomat *m*; **~ punch** *n* COMP & DP automatische Lochung *f*;
~ r ~ radar plotting aid *n (ARPA)* WATER TRANS automatische Radaraufnahmehilfe *f (ARPA)*; **~ ranging** *n* INSTR Bereichsumschaltung *f*, Bereichswahl *f*, Meßbereichswahl *f*, automatische Meßbereichsumschaltung *f*; **~ recall** *n* TELECOM *data* automatischer Abruf *m*; **~ recording-level control** *n* RECORD automatische Aufnahmeaussteuerung *f*; **~ regulator** *n* MECHAN ENG Selbstregler *m*, automatischer Regler *m*; **~ release** *n* MECHAN ENG *connection* automatisches Lösen *nt*, automatisches Trennen *nt*, NUC TECH automatische Auslösung *f*; **~ repair** *n* TEXT automatische Reparatur *f*; **~ repeat request** *n (ARQ)* RAD TECH *error correction*, TELECOM automatische Wiederholanforderung *f (ARQ)*; **~ reset** *n* CONTROL automatische Nullstellung *f*, ELECT automatische Rückstellung *f*, automatische Zurückstellung *f*; **~ rewinder** *n* PHOTO automatische Rückspulvorrichtung *f*; **~ roaming** *n* TELECOM *land mobile* automatische Erfassung der Ortsveränderungen *f*; **~ routing** *n* TELECOM Leitweglenkung *f*; **~ running and braking control** *n* TRANS automatische Fahr- und Bremssteuerung *f*;
~ s ~ sampler *n* COAL TECH automatischer Prober *m*; **~ sampling device** *n* LAB EQUIP automatische Probeentnahmevorrichtung *f*; **~ screen printing** *n* TEXT automatischer Filmdruck *m*; **~ screw machine** *n* MECHAN ENG Schraubenautomat *m*, automatische Schraubendrehbank *f*, MECHANICS automatische Schraubendrehbank *f*; **~ send-receive** *n* COMP & DP automatisches Senden-Empfangen *nt*, COMP & DP automatischer Sender-Empfänger *m*; **~ shutoff valve** *n* PET TECH Rohrbruchsicherung *f*, automatische Absperrarmatur *f*; **~ side and bottom loading machine** *n* PACK Boden- und Seitenbeladungsanlage *f*; **~ slide changer** *n* PHOTO automatischer Diawechsler *m*; **~ sorting** *n* WASTE mechanische Trennung *f*; **~ speech processing** *n* ART INT automatische Sprachverarbeitung *f*; **~ speech recognition** *n (ASR)* ART INT automatische Spracherkennung *f (ASE)*; **~ speed control** *n* AUTO automatische Drehzahlregelung *f*, TRANS automatische Fahr- und Bremssteuerung *f*, automatische Geschwindigkeitssteuerung *f*; **~ spur-gear-cutting machine** *n* MECHAN ENG automatische Stirnradfräsmaschine *f*; **~ stabilization equipment** *n* AIR TRANS Selbststabilisierungsgerät *nt*; **~ stabilizing equipment** *n (ASE)* TRANS Selbststabilisierungsgerät *nt (ASE)*; **~ starting unit** *n* AIR TRANS Selbststarter *m*; **~ stop** *n* RECORD automatische Ausschaltung *f*; **~ switch** *n* ELEC ENG automatischer Schalter *m*, ELECT automatischer Ausschalter *m*, RAIL fernbediente Weiche *f*; **~ switchboard** *n* TELECOM Wählvermittlungsstelle *f*, automatische Vermittlungsstelle *f*; **~ switching** *n* TRANS automatisches Schalten *nt*; **~ system** *n* SPACE Automatiksystem *nt*;
~ t ~ tape *n* COMP & DP automatische Lochung *f*; **~ telephone exchange** *n* TELECOM automatische Telefonzentrale *f*; **~ telephone switch** *n* ELEC ENG automatischer Telefonumschalter *m*; **~ teller machine** *n (ATM)* COMP & DP Geldausgabeautomat *m*; **~ test equipment** *n (ATE)* COMP & DP automatische Prüfeinrichtung *f (ATE)*; **~ thermoforming** *n* PACK *from the reel* automatische Thermoformung *f*; **~ throwing out of action** *n* MECHAN ENG automatisches Ausrücken *nt*; **~ timer** *n* PHOTO Belichtungsautomatik *f*; **~ titration** *n* LAB EQUIP automatische Titration *f*; **~ tool changer** *n (ATC)* METALL automatischer Werkzeugwechsler *m (ATC)*; **~ torque limiting device** *n* PROD ENG Drehmomentminderer *m*; **~ tracking** *n* WATER TRANS *radar* automatische Zielverfolgung *f*; **~ train control** *n (ATC)* RAIL automatische Zugsteuerung *f (ATC)*; **~ train monitoring** *n* RAIL automatische Zugüberwachung *f*; **~ train operation** *n (ATO)* RAIL automatische Zugsteuerung *f (ATC)*; **~ train operation by mini computer** *n (ATOMIC)* RAIL automatische Zugsteuerung per Minicomputer *f*; **~ train protection** *n (ATP BrE)* RAIL automatische Zugdeckung *f*; **~ transmission** *n* AUTO *transmission* Automatikgetriebe *nt*, MECHAN ENG Getriebeautomatik *f*, automatisches Getriebe *nt*, MECHANICS automatische Kraftübertragung *f*, TELECOM *telegraphy* Maschinensendung *f*; ~

transmission fluid *n (ATF)* AUTO Automatikgetriebeöl *nt (ATF)*; ~ **transportation system** *n* TRANS automatisches Transportsystem *nt*; ~ **transverse movement** *n* MECHAN ENG *of tool* automatische Querbewegung *f*; ~ **trunk dialing** *n AmE*, ~ **trunk dialling** *n BrE* TELECOM automatische Fernwahl *f*; ~ **trunk working** *n* TELECOM Selbstwählfernbetrieb *m*, automatischer Fernbetrieb *m*;

~ v ~ **vacuum brake** *n* MECHAN ENG automatische Vakuumbremse *f*; ~ **valve** *n* PET TECH automatisch arbeitende Armatur *f*; ~ **vehicle identification** *n (AVI)* TRANS automatische Fahrzeugidentifikation *f (AFI)*; ~ **vehicle location** *n (AVL)* TRANS automatische Fahrzeugortung *f (AFO)*; ~ **voltage control** *n* ELECT automatische Spannungsregelung *f*; ~ **volume compression** *n* RECORD automatische Dynamikdrängung *f*; ~ **volume control** *n (AVC)* ELEC ENG Fadingregelung *f*, Schwundausgleich *m*, automatische Lautstärkeregelung *f*, MECHANICS, RAD TECH, TELEV automatische Lautstärkeregelung *f (ALR)*;

~ w ~ **wagon identification** *n* TRANS *BrE (cf automatic car identification AmE)* automatische Waggonidentifikation *f*; ~ **weather station** *n* WATER TRANS automatische Wetterstation *f*; ~ **welding** *n* MECHAN ENG automatische Schweißung *f*; ~ **white balance** *n* TELEV automatischer Weißabgleich *m*; ~ **writing recognition** *n* ART INT automatische Schrifterkennung *f*

Automatic: ~ **Remote Geomagnetic Observatory System** *n (ARGOS)* WATER TRANS automatische Satellitenerfassung von geomagnetischen Daten *f (ARGOS)*

automatically: ~ **programmed tools** *n (APT)* COMP & DP programmierte Werkzeuge *nt pl (APT)*

automation *n* COMP & DP, CONST, ERGON, MECHAN ENG, SPACE Automation *f*, Automatisierung *f*

automatize *vt* CONST automatisieren

automaton *n* ELECT Automat *m*

autometamorphism *n* FUELLESS Autometamorphismus *m*

automobile[1] *adj* AUTO selbstfahrend

automobile[2] *n (auto)* AUTO Automobil *nt*, Kraftfahrzeug *nt*

automodulation *n* TELECOM Eigenmodulation *f*

automotive[1] *adj* AUTO mit Eigenantrieb, selbstfahrend

automotive:[2] ~ **clutch** *n* MECHAN ENG Kraftwagenkupplung *f*

autonomous[1] *adj* CONTROL autonom, selbständig arbeitend

autonomous:[2] ~ **work group** *n* ERGON autonome Arbeitsgruppe *f*

autopatch *n* RAD TECH Koppelung des Funkempfängers und -senders mit Telefonnetzen *f*

autopilot *n* AIR TRANS Autopilot *m*, Kreiselsteuergerät *nt*, SPACE, WATER TRANS Autopilot *m*, Selbststeueranlage *f*; ~ **pitch sensitivity system** *n* AIR TRANS Autopilot-Steigungsfeineinstellung *f*; ~ **turn knob** *n* AIR TRANS Autopilot-Drehknopf *m*

AUTOPROMT *abbr (automated programming of machine tools)* PROD ENG AUTOPROMT *(automatisierte Maschinenwerkzeugprogrammierung)*

autoradiography *n* PHYS, RAD PHYS Autoradiographie *f*

autoradiolysis *n* PHYS, RAD PHYS Autoradiolyse *f*

autoranging *n* INSTR Hilfsgerät *nt*

autorotation: ~ **flight** *n* AIR TRANS Autorotationsflug *m*; ~ **transition time** *n* AIR TRANS Autorotationsübergangszeit *f*

autorotative: ~ **flight** *n* AIR TRANS *helicopter* Autorotationsflug *m*

autoservo: ~ **mode** *n* TELEV Autoservobetrieb *m*

AUTOSPOT *abbr (automated system for positioning tools)* PROD ENG AUTOSPOT *(automatisierte Werkzeugpositionierung)*

autosynchronization *n* TELECOM Eigensynchronisierung *f*

autotension *n* TELEV Autobandspanner *m*

autothermic: ~ **piston** *n* AUTO Autothermikkolben *m*, Stahlstreifenkolben *m*

autothrottle *n* AIR TRANS automatische Schubsteuerung *f*

autotracking *n* SPACE automatische Nachführung *f*, TELECOM *satellite* Eigennachführung *f*, TELEV Autospurlageeinstellung *f*

autotransformer *n* ELEC ENG Autotransformator *m*, Spartrafo *m*, PHYS Spartransformator *m*; ~ **starter** *n* ELECT Anlaßspartransformator *m*

autotroph *n* FOOD TECH autotropher Mikroorganismus *m*

autotrophy *n* FOOD TECH Autotrophie *f*, autotrophe Ernährung *f*

autoxidation *n* FOOD TECH Autoxidation *f*, selbsttätige Oxidation *f*

AUW *abbr (all-up weight)* AIR TRANS Gesamtfluggewicht *nt*, Gesamtflugmasse *f*

auxiliary[1] *adj* MECHAN ENG Hilfs- *pref*

auxiliary:[2] ~ **arc** *n* ENG DRAW Hilfskreisbogen *m*; ~ **boiler** *n* HEAT & REFRIG Hilfskessel *m*; ~ **boiler feeder** *n* HYD EQUIP Kesselersatzspeisepumpe *f*, Kesselhilfsspeisepumpe *f*; ~ **connecting rod** *n* PROD ENG Nebenpleuelstange *f*; ~ **contact** *n* ELEC ENG Hilfskontakt *m*, Zusatzkontakt *m*, ELECT *relay* Hilfskontakt *m*; ~ **control** *n* PROD ENG *plastic valves* Hilfsschalter *m*; ~ **coordinate system** *n* GEOM Hilfskoordinatensystem *nt*; ~ **cut** *n* CER & GLAS Hilfsschnitt *m*; ~ **device** *n* INSTR Hilfsgerät *nt*; ~ **dimension** *n* ENG DRAW Hilfsmaß *nt*; ~ **disk** *n* COMP & DP Zusatzplatte *f*; ~ **electrode** *n* CER & GLAS Hilfselektrode *f*; ~ **engine** *n* MECHAN ENG Hilfsmotor *m*, WATER TRANS *propulsion* Hilfsmaschine *f*, Hilfsmotor *m*; ~ **engine sailing ship** *n* WATER TRANS Motorsegler *m*; ~ **housing** *n* PROD ENG Hilfsständer *m*; ~ **jet** *n* AUTO *carburettor* Zusatzdüse *f*; ~ **machinery** *n* WATER TRANS Hilfsmaschinen *f pl*; ~ **memory** *n* COMP & DP Zusatzspeicher *m*; ~ **mirror** *n* PHOTO Zusatzspiegel *m*; ~ **motor** *n* ELECT Hilfsmotor *m*; ~ **operation** *n* COMP & DP Hilfsoperation *f*; ~ **parachute bay** *n* SPACE Raum für Hilfsfallschirme *m*; ~ **power unit** *n* AIR TRANS Hilfstriebwerk *nt*; ~ **processor** *n* COMP & DP Hilfsprozessor *m*; ~ **rotor** *n* AIR TRANS *helicopter* Hilfsrotor *m*; ~ **route** *n* TRANS Hilfsfahrstraße *f*; ~ **scale** *n* INSTR Hilfsmaßstab *m*, Hilfsskale *f*; ~ **section** *n* ENG DRAW Ausbruch *m*; ~ **service position** *n* TELECOM Hilfsdienstplatz *m*; ~ **servo control** *n* MECHAN ENG Hilfsservosteuerung *f*; ~ **shoe** *n* PHOTO Zusatzschuh *m*; ~ **storage** *n AmE (cf auxiliary store BrE)* COMP & DP Zusatzspeicher *m*; ~ **store** *n BrE (cf auxiliary storage AmE)* COMP & DP Zusatzspeicher *m*; ~ **switch** *n* ELECT, TELECOM Hilfsschalter *m*; ~ **switching point** *n* TELECOM Hilfskoppelstelle *f*; ~ **switching unit** *n* TELECOM Hilfskoppelgruppe *f*; ~ **transformer** *n* ELECT Hilfstransformator *m*, Zusatztransformator *m*; ~ **valve** *n* MECHAN ENG Hilfsventil *nt*; ~ **vessel** *n* WATER TRANS Hilfsfahrzeug *nt*; ~ **work** *n* CONST zusätzliche Leistungen *f pl*

auxochrome *n* CHEMISTRY Auxochrom *nt*, auxochrome Gruppe *f*
AV *abbr (acid value)* CHEMISTRY AV *(Säurewert)*
availability *n* COMP & DP, QUAL Verfügbarkeit *f*, SPACE Bereitschaft *f*, Verfügbarkeit *f*; **~ concept** *n* QUAL Verfügbarkeitskonzept *nt*
available[1] *adj* PROD ENG *plastic valves* lieferbar
available:[2] **~ choice** *n* COMP & DP Auswahlmöglichkeit *f*; **~ heat** *n* THERMODYN Nutzwärme *f*; **~ list** *n* COMP & DP Liste freier Speicherplätze *f*; **~ power** *n* ELECT nutzbare Leistung *f*, verfügbare Leistung *f*, FUELLESS Arbeitsvermögen *nt*, MECHAN ENG, RECORD *of amplifier*, TELECOM verfügbare Leistung *f*; **~ power gain** *n* RECORD verfügbare Leistungsverstärkung *f*; **~ time** *n* COMP & DP verfügbare Benutzerzeit *f*
avalanche *n* ELEC ENG Lawine *f*, ELECT, PHYS Avalanche- *pref*; **~ breakdown** *n* ELECT *semiconductors junction* Avalanchedurchbruch *m*, Lawinendurchbruch *m*, ELECTRON *microelectronics* Lawinendurchbruch *m*; **~ diode** *n* ELECTRON Lawinendiode *f*, PHYS Avalanchediode *f*, Lawinendiode *f*; **~ gain** *n* ELECTRON Lawinenverstärkung *f*; **~ photodiode** *n (APD)* ELECTRON Avalanchefotodiode *f*, Lawinenfotodiode *f (APD)*, OPT Avalanchefotodiode *f*, Lawinenfotodiode *f*; **~ voltage** *n* ELECT *semiconductors junction* Avalanchedurchbruchspannung *f*, Lawinendurchbruchspannung *f*
avalent *adj* CHEMISTRY nullwertig
AVC *abbr (automatic volume control)* ELEC ENG, MECHANICS, RAD TECH, TELEV ALR *(automatische Lautstärkeregelung)*
avenin *n* CHEMISTRY Avenin *nt*
aventurine *n* CER & GLAS Aventurin *m*
average[1] *adj* FUELLESS, MECHAN ENG, NUC TECH, PHYS, QUAL, TRANS durchschnittlich
average[2] *n* MATH Mittelwert *m*, NUC TECH Havarie *f*, PHYS Mittelwert *m*, WATER TRANS Havarie *f*; **~ adjuster** *n* WATER TRANS *insurance* Havariekommissar *m*; **~ amount of inspection** *n* QUAL mittlerer Prüfumfang *m*; **~ availability** *n* IND PROCESS mittlere Verfügbarkeit *f*; **~ cladding diameter** *n* OPT *optical fibre*, TELECOM mittlerer Manteldurchmesser *m*; **~ core diameter** *n* OPT *optical fibre*, TELECOM mittlerer Kerndurchmesser *m*; **~ crossing rate** *n* TELECOM mittlere Durchgangsrate *f*; **~ daily output** *n* FUELLESS durchschnittliche Tagesleitung *f*; **~ daily traffic** *n (ADT)* TRANS durchschnittliches Tagesverkehrsaufkommen *nt*; **~ delay** *n* TRANS mittlere Wartezeit *f*; **~ density** *n* TRANS Durchschnittsdichte *f*; **~ depth** *n* MECHAN ENG *of surface* mittlere Rauhtiefe *f*; **~ energy** *n (W)* NUC TECH *per ion pair* durchschnittliche Energie *f (W)*; **~ error** *n* INSTR mittlerer Fehler *m*; **~ journey time** *n* TRANS durchschnittliche Reisezeit *f*; **~ life** *n* PHYS mittlere Lebensdauer *f*; **~ load** *n* ELECT mittlere Belastung *f*, TRANS Mittellast *f*; **~ mean temperature** *n* HEAT & REFRIG durchschnittliche mittlere Temperatur *f*; **~ molecular kinetic energy** *n* (ε) PHYS durchschnittliche kinetische Molekularenergie *f* (ε); **~ monthly dose** *n* POLL mittlere Monatsdosis *f*; **~ of an oil tanker** *n* POLL Öltankerhaverie *f*; **~ outgoing quality** *n* QUAL Durchschlupf *m*, QUAL *(AOQ)* durchschnittliche Fertigproduktqualität *f (AOQ)*; **~ outgoing quality limit** *n* QUAL größter Durchschlupf *m*, maximaler Durchschlupf *m*, QUAL *(AOQL)* durchschnittlicher Fertigproduktqualitätsgrenzwert *m (AOQL)*; **~ output** *n* PHYS Durchschnittsleistung *f*; **~ overall travel speed** *n* TRANS durchschnittliche Reisegeschwindigkeit *f*; **~ power** *n* TELECOM mittlere Leistung *f*; **~ quality protection** *n* QUAL Sicherung der mittleren Qualität *f*; **~ reference surface diameter** *n* OPT mittlerer Durchmesser für Bezugsoberfläche *m*; **~ running speed** *n* TRANS Durchschnittsgeschwindigkeit *f*; **~ sample** *n* QUAL Durchschnittsprobe *f*; **~ sample number** *n* QUAL durchschnittliche Stichprobengröße *f*, durchschnittlicher Stichprobenumfang *m*; **~ sample number curve** *n* QUAL Kurve für den mittleren Stichprobenumfang *f*; **~ speech power** *n* ACOUSTICS mittlere Schallausstrahlung *f*, mittlere Sprachleistung *f*; **~ spot speed** *n* TRANS durchschnittliche Momentgeschwindigkeit *f*; **~ stopped time** *n* TRANS durchschnittliche Anhaltezeit *f*; **~ time interval** *n* TRANS Durchschnittszeitintervall *nt*; **~ total inspection** *n* QUAL durchschnittliche Anzahl der geprüften Einheiten je Los *f*, durchschnittlicher Gesamtprüfumfang *m*; **~ value** *n* ELECT, PHYS Mittelwert *m*; **~ vehicle length** *n* TRANS durchschnittliche Fahrzeuglänge *f*; **~ wind speed** *n* FUELLESS durchschnittliche Windgeschwindigkeit *f*
average[3] *vt* INSTR Mittelwert bilden, mitteln; **~ out** *vt* CONST ausgleichen
averaging *n* FLUID PHYS *in turbulent flow* Mittelung *f*
AVI *abbr (automatic vehicle identification)* TRANS AFI *(automatische Fahrzeugidentifikation)*
aviation: **~ fuel** *n BrE (cf aviation gasoline AmE)* AIR TRANS Flugbenzin *nt*; **~ gasoline** *n AmE (cf aviation fuel BrE, aviation petrol BrE)* PET TECH Flugbenzin *nt*; **~ petrol** *n BrE (cf aviation gasoline AmE)* PET TECH Flugbenzin *nt*; **~ turbine kerosene** *n (ATK)* PET TECH Flugturbinenkerosin *nt*
avionics *n* AIR TRANS Avionik *f*, Luft- und Raumfahrtelektronik *f*; **~ console** *n* SPACE Avionikkonsole *f*
AVL *abbr (automatic vehicle location)* TRANS AFO *(automatische Fahrzeugortung)*
Avogadro's: **~ constant** *n* PHYS, THERMODYN Avogadrosche Konstante *f*; **~ hypothesis** *n* PHYS, THERMODYN Avogadrosches Gesetz *nt*; **~ number** *n* (N_A) PHYS, THERMODYN Avogadrosche Zahl *f* (N_A)
avoidance: **~ of emissions** *n* POLL Emissionsvermeidung *f*
avoirdupois: **~ weight** *n* METROL Avoirdupois-Gewicht *nt*
AWACS *abbr (airborne warning and control system)* AIR TRANS AWACS *(Überwachungs- und Leitsystem im Flugzeug)*
awarding: **~ of costs** *n* PAT Kostenfestsetzung *f*
awash *adv* WATER TRANS überspült
AWG *abbr (American wire gage AmE, American wire gauge BrE)* METROL AWG *(Amerikanische Einheit für Drahtdurchmesser)*
awning *n* WATER TRANS Sonnensegel *nt*
AWU *abbr (atomic weight unit)* NUC TECH AME *(Atommasseneinheit)*
ax *n AmE see axe BrE*
axe[1] *n BrE* CONST Axt *f*, Beil *nt*
axe[2] *vt* CONST behauen
axial[1] *adj* CER & GLAS, ELECT Axial- *pref*, GEOM Achsen- *pref*, axial, MECHAN ENG, OPT Axial- *pref*, PAPER axial, PROD ENG, TELECOM Axial- *pref*
axial:[2] **~ actuator** *n* SPACE *spacecraft* Axialstellglied *nt*; **~ armature** *n* ELECT Axialanker *m*, Längsanker *m*; **~ blower** *n* SAFETY Axiallüfter *m*; **~ centrifugal compressor** *n* MECHAN ENG Axial-Radial-Verdichter *m*; **~ clearance** *n* MECHANICS Axialspiel *nt*; **~ compressor** *n*

AIR TRANS axialer Turboverdichter *m*, MECHANICS Axialkompressor *m*; ~ **cylindrical roller bearing** *n* MECHAN ENG Axialzylinderrollenlager *nt*; ~ **deposition** *n* CER & GLAS Axialablagerung *f*; ~ **displacement** *n* TELEV Axialversatz *m*; ~ **eccentricity** *n* MECHAN ENG Axialschlag *m*; ~ **fan** *n* ELECT Axialventilator *m*, MECHAN ENG Axialgebläse *nt*; ~ **feed** *n* MECHAN ENG Axialvorschub *m*, axialer Vorschub *m*; ~ **flow** *n* AIR TRANS Axialstrom *m*, AUTO *engine*, MECHAN ENG Axialströmung *f*; ~ **flow fan** *n* HEAT & REFRIG Axiallüfter *m*; ~ **flow lift fan** *n* AIR TRANS Axialströmungshubgebläse *nt*; ~ **flow pump** *n* MECHAN ENG Axialpumpe *f*; ~ **flow turbine** *n* HYD EQUIP Axialturbine *f*; ~ **flow wheel** *n* MECHAN ENG *turbine* Axialrad *nt*; ~ **interference microscopy** *n* OPT Axialinterferenzmikroskopie *f*, TELECOM axiale Interferenzmikroskopie *f*; ~ **load** *n* MECHAN ENG Axialbeanspruchung *f*, METALL Axiallast *f*; ~ **magnification** *n* MECHANICS Axialvergrößerung *f*; ~ **period** *n* SPACE Axialdauer *f*; ~ **piston pump** *n* MECHANICS Axialkolbenpumpe *f*; ~ **pitch** *n* MECHAN ENG *gearwheel* Axialteilung *f*; ~ **plasma deposition** *n* TELECOM axiales Plasma-Abscheideverfahren *nt*; ~ **propagation coefficient** *n* OPT axialer Ausbreitungskoeffizient *m*, TELECOM axiale Ausbreitungskonstante *f*; ~ **pump** *n* MECHAN ENG Axialpumpe *f*; ~ **ratio** *n* SPACE Axialverhältnis *nt*; ~ **ray** *n* OPT Axialstrahl *m*, axialer Strahl *m*, TELECOM axialer Strahl *m*; ~ **scanning** *n* OPT axiale Abtastung *f*; ~ **seal** *n* PROD ENG *plastic valves* Achsdichtung *f*; ~ **sensitivity** *n* ACOUSTICS Axialempfindlichkeit *f*; ~ **shield** *n* NUC TECH Axialabschirmung *f*; ~ **shuffling** *n* NUC TECH *fuel assemblies* axiales Austauschen *nt*; ~ **slab interferometry** *n* OPT Mach-Zehender-Interferometrie *f*, axiale Platteninterferometrie *f*; ~ **strain** *n* MECHAN ENG Axialbeanspruchung *f*; ~ **symmetry** *n* GEOM Achsensymmetrie *f*; ~ **temperature distribution** *n* NUC TECH axiale Temperaturverteilung *f*; ~ **thrust** *n* MECHAN ENG Axialschub *m*, PROD ENG Axialdruck *m*, Axialschub *m*; ~ **thrust bearing** *n* MECHAN ENG Achsdrucklager *nt*, Axialdrucklager *nt*; ~ **velocity** *n* FUELLESS Axialgeschwindigkeit *f*; ~ **velocity sensor** *n* SPACE Axialgeschwindigkeitsmelder *m*; ~ **ventilator** *n* SAFETY Axialventilator *m*

axially: ~ **collapsing steering column** *n* TRANS axial zusammenschiebbare Lenksäule *f*

axiom *n* GEOM, MATH Axiom *nt*

axiomatic *adj* GEOM axiomatisch

axis *n* GEOM, MECHANICS *of pulley or couple*, PAPER, PHYS Achse *f*; ~ **of inertia** *n* MECHANICS, PHYS Trägheitsachse *f*; ~ **of oscillation** *n* MECHANICS, PHYS Schwingungsachse *f*; ~ **of refraction** *n* OPT Brechungsachse *f*; ~ **of revolution** *n* MECHANICS, PHYS Drehachse *f*; ~ **of rotation** *n* MECHAN ENG Drehachse *f*, Rotationsachse *f*, MECHANICS, PHYS Rotationsachse *f*; ~ **of symmetry** *n* GEOM Symmetrieachse *f*; ~ **of a wheel** *n* MECHANICS, PHYS Radachse *f*

axle *n* AUTO, CONST Achse *f*, Welle *f*, MECHAN ENG Achse *f*, PAPER Welle *f*; ~ **box** *n BrE (cf journal box AmE)* RAIL Achslager *nt*, Zapfenlager *nt*, TRANS *of wagon, carriage* Achslager *nt*; ~ **box bearing** *n* AUTO Achslager *nt*; ~ **box cellar** *n* AUTO Achsgehäuse-Entwässerungsbehälter *m*; ~ **box cover** *n* AUTO Achsgehäusedeckel *m*; ~ **box guide** *n* AUTO Achsbuchsenführung *f*; ~ **box lid** *n* AUTO Achsgehäusedeckel *m*; ~ **box sponge-box** *n* AUTO Achsgehäuse-Entwässerungsbehälter *m*; ~ **bush** *n* AUTO Achslaufbuchse *f*; ~ **bushing** *n* AUTO Achslaufbuchse *f*; ~ **cap** *n* AUTO Achskappe *f*; ~ **casing** *n* AUTO Achsgehäuse *nt*; ~ **center** *n AmE*, ~ **centre** *n BrE* AUTO Achsmitte *f*; ~ **flange** *n* AUTO *wheels* Achsflansch *m*; ~ **guard** *n* AUTO Achsgabel *f*; ~ **guide** *n* AUTO Achsbuchsenführung *f*, Achslenker *m*; ~ **guide stay** *n* AUTO Achshaltersteg *m*; ~ **lathe** *n* MECHAN ENG Achsendrehmaschine *f*; ~ **load** *n* CONST Achsdruck *m*, Achslast *f*; ~ **nut** *n* AUTO Achsmutter *f*; ~ **peeling lathe** *n* PROD ENG Achsschälmaschine *f*; ~ **pin** *n* AUTO Achsbolzen *m*; ~ **pulley** *n* CONST *hardware* Achsscheibe *f*; ~ **ratio** *n* AUTO Achsübersetzungsverhältnis *nt*; ~ **seat** *n* MECHAN ENG Achssitz *m*; ~ **shaft** *n* AUTO Achswelle *f*, Antriebswelle *f*; ~ **weight** *n* MECHAN ENG Achslast *f*

axletree *n* AUTO Achsbaum *m*, Radachse *f*

axonometric: ~ **projection** *n* ENG DRAW axonometrische Projektion *f*

axonometry *n* GEOM Axonometrie *f*

Az-El: ~ **mount** *n* SPACE Azimutalbefestigung *f*

azelaic *adj* CHEMISTRY Azelain- *pref*

azeotrope *n* CHEMISTRY Azeotrop *nt*, azeotropes Gemisch *nt*

azeotropic[1] *adj* CHEMISTRY azeotrop

azeotropic:[2] ~ **distillation** *n* FOOD TECH azeotrope Destillation *f*; ~ **mixture** *n* FOOD TECH azeotropes Gemisch *nt*

azide *n* CHEMISTRY Azid *nt*

azimino[1] *adj* CHEMISTRY Azimino- *pref*

azimino:[2] ~ **compound** *n* CHEMISTRY Aziminoverbindung *f*

azimuth *n* CONST *surveillance* Azimut *m*, Richtungswinkel *m*, PHYS, RAD TECH, SPACE, TELEV, WATER TRANS *navigation* Azimut *m*; ~ **adjustment** *n* TELEV Azimuteinstellung *f*; ~ **angle** *n* FUELLESS Seitenwinkel *m*; ~ **compass** *n* WATER TRANS *navigation* Peilkompaß *m*; ~ **deviation** *n* RECORD Azimutabweichung *f*; ~ **distortion** *n* TELEV Azimutalverzeichnung *f*; ~ **gyro** *n* SPACE Azimutkreisel *m*; ~ **loss** *n* TELEV Azimutalverlust *m*; ~ **stabilization** *n* WATER TRANS *radar* Kreiselkompaßkoppelung *f*; ~ **thrust** *n* SPACE Azimutalschub *m*

azimuthal: ~ **control** *n* AIR TRANS azimutales Steuerwerk *nt*; ~ **equidistant projection** *n* RAD TECH *mapmaking* längentreue Azimutalprojektion *f*; ~ **quantum number** *n* PHYS azimutale Quantenzahl *f*; ~ **transversal mode** *n (ATM)* OPT Azimutal-Transversal-Mode *f (ATM)*

azo: ~ **compound** *n* CHEMISTRY Azoverbindung *f*; ~ **derivative** *n* CHEMISTRY Azoverbindung *f*

azobenzene *n* CHEMISTRY Azobenzol *nt*

azoic: ~ **dye** *n* TEXT Azofarbstoff *m*

azophenylene *n* CHEMISTRY Azophenylen *nt*, Phenazin *nt*

azotometer *n* CHEMISTRY Azotometer *nt*, Nitrometer *nt*

azulene *n* CHEMISTRY Azulen *nt*

azulmin *n* CHEMISTRY Azulminsäure *f*

azurite *n* CHEMISTRY Azurit *nt*

B

b *abbr* COAL TECH *(bar)* b *(Bar)*, METROL *(bar) air pressure* b *(Bar)*, SPACE *(galactic latitude)* b *(Raumbreite)*

B[1] *abbr* ACOUSTICS *(bel)*, ELEC ENG *(bel)* B *(Bel)*, ELEC ENG *(magnetic induction)*, ELECT *(magnetic induction)* B *(Magnetinduktion)*, NUC TECH *(binding energy)*, PART PHYS *(binding energy)* B *(Bindungsenergie)*, PHYS *(bel)* B *(Bel)*, PHYS *(magnetic induction)* B *(Magnetinduktion)*, RAD PHYS *(binding energy)* B *(Bindungsenergie)*, RECORD *(magnetic induction)* B *(magnetischer Scheinwiderstand)*, TELECOM *(magnetic induction)* B *(Magnetinduktion)*, THERMODYN *(modulus of volume elasticity)* B *(Volumenelastizitätsmodul)*

B[2] *(boron)* CHEMISTRY B *(Bor)*

Ba *(barium)* CHEMISTRY Ba *(Barium)*

BA[1] *abbr (acoustic susceptance)* ACOUSTICS AB *(akustischer Blindleitwert)*

BA:[2] **~ screw thread** *n (British Association screw thread)* MECHAN ENG Britisches BA-Gewinde *nt*

babbitt *n* PROD ENG Babbitmetall *nt*, Lagerweißmetall *nt*; **~-lined bearing** *n* PROD ENG Weißmetallfutterlager *nt*; **~ metal** *n* MECHAN ENG Weißmetall *nt*, METALL Lagermetall *nt*

babbitted: **~ bearing** *n* MECHAN ENG Lager mit Weißmetallausguß *nt*

babbitting *n* PROD ENG Weißmetall-Lagerausguß *m*

Babinet: **~ compensator** *n* PHYS Babinetscher Kompensator *m*

Babinet's: **~ principle** *n* PHYS Babinetsches Prinzip *nt*, Babinetsches Theorem *nt*

baby: **~ Bessemer converter** *n* PROD ENG Kleinkonverter *m*; **~ dryer** *n* PAPER Vortrockenzylinder *m*; **~ press** *n* PAPER Vorpresse *f*

bacat: **~ ship** *n (barge-aboard catamaran-ship)* TRANS Katamaran-Trägerschiff *nt*

bacillus *n* FOOD TECH Stäbchenbakterie *f*

back:[1] **~-to-back** *adj* CONST aufeinanderfolgend, PRINT doppelseitig; **~-to-back connected** *adj* ELECT *diodes* gegeneinandergeschaltet

back[2] *n* CONST *arch* Gewölberückenfläche *f*, MECHAN ENG *of saw* Rücken *m*, PACK *of ticket* Etikettrückseite *f*, PAPER Rückseite *f*, PHOTO *of camera* Rückwand *f*, PRINT *of book* Rücken *m*; **~-and-forth motion** *n* MECHAN ENG Vorwärts-Rückwärtsbewegung *f*; **~ axle** *n* AUTO Hinterachse *f*; ~ azimuth guidance *n* AIR TRANS *navigation* azimutale Führung *f*; **~ beam** *n* TEXT Scherbaum *m*, Vorbaum *m*; **~ center** *n AmE*, **~ centre** *n BrE* MECHAN ENG *of lathe* Reitstockspitze *f*; **~ chaining** *n* ART INT Rückwärtsverkettung *f*; **~ contact** *n* ELECT *of relay contact set* hinterer Kontakt *m*; **~ diffusion** *n* NUC TECH Rückdiffusion *f*; **~ diffusion loss** *n* NUC TECH Verlust durch Rückdiffusion *m*; **~ electromotive force** *n (bemf)* AIR TRANS, ELEC ENG, ELECT gegenelektromotorische Kraft *f (Gegen-EMK)*, RAIL elektromotorische Gegenkraft *f*, gegenelektromotorische Kraft *f (Gegen-EMK)*; **~ emf** *n* PHYS Rück-EMK *nt*; **~-end plate** *n* MECHAN ENG Hinterwand *f*; **~ extrusion** *n* MECHAN ENG Rückwärtsfließpressen *nt*; **~ filler** *n* TRANS Grabenverfüllgerät *nt*; **~ fold** *n* PRINT Bundfalz *m*; **~ freight** *n* WATER TRANS *cargo* Rückfracht *f*; **~ gap** *n* ACOUSTICS, RECORD hinterer Spalt *m*, TELEV Rücklauflücke *f*; **~-gate metal-oxide semiconductor field-effect transistor** *n (BMOSFET)* ELECTRON Halbleiter-Feldeffekttransistor mit Rückgatter *m (BMOSFET)*; **~ gear** *n* MECHAN ENG Zahnradvorgelege *nt*, PROD ENG Rädervorgelege *nt*, Spindelvorgelege *nt*; **~ gearing** *n* MECHAN ENG Zahnradvorgelege *nt*; **~ head** *n* MECHAN ENG Reitstock *m*; **~ indication** *n* INSTR Rückanzeige *f*, Rückmeldung *f*; **~ label** *n* PACK Rückenetikett *nt*; **~ lining** *n* PRINT *of book* Rückeneinlage *f*; **~ observation** *n* CONST *surveying* Rückkontrolle *f*; **~-off clearance** *n* PROD ENG Freiwinkel *m*, Hinterschliff *m*; **~ pilot** *n* PROD ENG Führungsschaft *m*; **~ pin** *n* PROD ENG rückwärtiger Raststift *m*; **~ pitch** *n* PROD ENG Nietreihenabstand *m*; **~ plate** *n* MECHAN ENG *for mounting lathe chucks* Futterplatte *f*, PROD ENG Futterscheibe *f*; **~ porch** *n* TELEV Schwarzschulter *f*, hintere Schwarzschulter *f*; **~-porch clamping** *n* TELEV Schwarzschulterklammerung *f*; **~ pressure** *n* CER & GLAS Staudruck *m*, HYD EQUIP Gegendruck *m*, Rückdruck *m*, MECHAN ENG, PAPER Gegendruck *m*, PLAS Staudruck *m*; **~-pressure turbine** *n* MECHAN ENG Gegendruckturbine *f*; **~-pressure valve** *n* HYD EQUIP Gegendruckventil *nt*, Rückdruckventil *nt*, Rückschlagventil *nt*; **~ puppet** *n* MECHAN ENG Reitstock *m*; **~ reaction** *n* NUC TECH Rückreaktion *f*; **~ rest** *n* MECHAN ENG *grinding machine* Lünette *f*, *lathe* Gegenständer *m*, Setzstock *m*, PROD ENG Lünette *f*, Stützlager *nt*; **~ run** *n* TELEV Rücklauf *m*; **~ shunt** *n* RAIL Spitzkehre *f*; **~ sight** *n* CONST *surveying* Rückblick *m*; **~ signal** *n* ELECTRON Rücksignal *nt*; **~ splice** *n* WATER TRANS spanischer Takling *m*; **~ standard adjustment** *n* PHOTO *bellows unit* Standarteneinstellung *f*; **~ stay** *n* MECHAN ENG *grinding machine* Lünette *f*; **~ stop** *n* CONST Anschlag *m*, Rücklaufsperre *f*; **~ stress** *n* METALL Rückenspannung *f*; **~ stroke** *n* HYD EQUIP Rücklauf *m*, Rückschlag *m*, Rückstoß *m*, Rückwärtshub *m*; **~ surface** *n* CER & GLAS *of drawn glass sheet* Rückseite *f*; **~-swept wing** *n* AIR TRANS gepfeilter Flügel *m*, pfeilförmiger Flügel *m*; **~ taper** *n* MECHAN ENG *of drill* Verjüngung *f*; **~ tension** *n* RECORD *tape* hintere Spannung *f*; **~ timing** *n* TELEV Rücklaufzeitsteuerung *f*; **~ titration** *n* CHEMISTRY Rücktitration *f*; **~-to-back arrangement** *n* ELEC ENG *capacitors* antiparallele Anordnung *f*, *diodes* gegeneinandergeschaltete Anordnung *f*; **~-to-back commercials** *n pl* TELEV Dauerwerbung *f*; **~-to-back printing** *n* PRINT doppelseitiges Bedrucken*nt*; **~ tweel** *n* CER & GLAS hinterer Verschlußstein *m*; **~-up tape** *n* COMP & DP Sicherungskopie *f*; **~ window** *n* AUTO Heckscheibe *f*

back[3] *vt* CONST unterstützen, PRINT *book* mit Rücken versehen, WATER TRANS *anchor* verkatten, *sail* backholen; **~ off** *vt* MECHAN ENG hinterarbeiten, *by turning* hinterdrehen; ~ **up** *vt* COMP & DP sichern, CONST hintermauern

backbone *n* COMP & DP Zentralverbindung *f*; ~ **radio relay** *n* TELECOM Weitverkehrsrichtfunk *m*

backcoating *n* TEXT Rückenbeschichtung *f*

backed: ~**-off teeth** *n pl* MECHAN ENG *of gear or rack* hinterdrehte Zähne *m pl*

backfall *n* PAPER Kropf *m*

backfill[1] *n* COAL TECH Anschüttung *f*, Hinterfüllung *f*, CONST Hinterfüllung *f*, Verfüllung *f*, POLL Auffüllung *f*, Verfüllboden *m*; ~ **material** *n* PROD ENG *plastic valves* Erdlast *f*

backfill[2] *vt* CONST hinterfüllen

backfilling *n* WASTE Verfüllung *f*

backfire *n* AUTO Fehlzündung *f*, Flammenrückschlag *m*, Rückzündung *f*, CONST *welding* Flammenrückschlag *m*

backfiring *n* HEAT & REFRIG Abknallen *nt*

backflow *n* HYD EQUIP Rücklauf *m*, Rückstrom *m*, Rückwasser *nt*, WATER SUP Rückfluß *m*, Rücklauf *m*, Wiedergewinnung *f*

backflushing *n* NUC TECH Spülen *nt*

background *n* COMP & DP Hintergrund *m*, PART PHYS *detector signals* Untergrund *m*, PHOTO Hintergrund *m*, PHYS Untergrund *m*, PRINT Hintergrund *m*, RAD PHYS Untergrund *m*; ~ **absorption** *n* PART PHYS, PHYS, RAD PHYS *spectrometry* Hintergrundabsorption *f*; ~ **art** *n* PAT bisheriger Stand der Technik *m*; ~ **blur** *n* PHOTO unscharfer Hintergrund *m*; ~ **concentration** *n* POLL Grundkonzentration *f*; ~ **display** *n* COMP & DP Anzeigehintergrund *m*; ~ **level** *n* POLL Störrauschpegel *m*, natürliche Grundbelastung *f*; ~ **music** *n* RECORD Hintergrundmusik *f*; ~ **noise** *n* ACOUSTICS Hintergrundgeräusch *nt*, Hintergrundrauschen *nt*, ELECTRON Hintergrundrauschen *nt*, PHYS Untergrundrauschen *nt*, RECORD Hintergrundgeräusch *nt*, SPACE Hintergrundrauschen *nt*, TELECOM Grundrauschen *nt*, TEST Grundgeräusch *nt*, Hintergrundgeräusch *nt*; ~ **pollution** *n* POLL grundlegende Verschmutzung *f*; ~ **processing** *n* COMP & DP Hintergrundverarbeitung *f*, nachrangige Verarbeitung *f*; ~ **program** *n* COMP & DP Hintergrundprogramm *nt*; ~ **radiation** *n* PART PHYS, PHYS, RAD PHYS Hintergrundstrahlung *f*; ~ **vorticity** *n* FLUID PHYS Rauschen der Wirbelstärke *nt*

backhand: ~ **welding** *n* MECHANICS Rückwärtsschweißen *nt*

backhoe *n* MAR POLL Löffeltiefbagger *m*, Tiefbagger *m*, Tieflöffelbagger *m*; ~ **loader** *n* TRANS Tieflöffelbagger *m*

backing *n* AIR TRANS *of seat* versteifende Ausfütterung *f*, AUTO Rücksetzen *nt*, CONST Hintermauerungsmaterial *nt*, Unterlage *f*, MECHAN ENG Versteifung *f*, Verstärkung *f*, PACK Unterlage *f*, Verstärkung *f*, PAPER Verstärkung *f*, TEXT Grundgewebe *nt*, Rückenappretur *f*, Rückenbeschichtungsmaterial *nt*, Teppichgrund *m*, Unterlage *f*, Verstärkung *f*, WATER TRANS *of wind* Krimpen *nt*, Rückdrehen *nt*; ~ **bar** *n* AIR TRANS Stützstange *f*, Unterlage *f*; ~ **bead** *n* PROD ENG Kapplage *f*;~ **fabric** *n* TEXT Grundgewebe *nt*,Trägergewebe *nt*, rückenverstärkendes Gewebe *nt*; ~ **flange** *n* PROD ENG *plastic valves* loser Flansch *m*; ~ **for carpet** *n* TEXT Teppichgrundgewebe *nt*, Träger *m*; ~**-off** *n* MECHAN ENG *relief, clearance* Hinterarbeiten *nt*, Hinterdrehen *nt*, Hinterschleifen *nt*, PROD ENG Hinterarbeiten *nt*; ~**-off boring** *n* MECHAN ENG Hinterbohren *nt*; ~**-off lathe** *n* MECHAN ENG Hinterdrehmaschine *f*; ~ **paper** *n* PHOTO *roll* film Schutzpapier *nt*; ~ **plate** *n* AUTO *brakes* Grundplatte *f*, MECHAN ENG *machine tools* Aufspannplatte *f*; ~ **roll** *n* PAPER Stützwalze *f*; ~ **seal** *n* PROD ENG *plastic valves* Hinterlagedichtung *f*; ~ **signal** *n* RAIL Abdrücksignal *nt*; ~ **storage** *n AmE (cf backing store BrE)* COMP & DP Sicherungsspeicher *m*, peripherer Speicher *m*; ~ **store** *n BrE (cf backing storage AmE)* COMP & DP Sicherungsspeicher *m*, peripherer Speicher *m*; ~ **up** *n* HYD EQUIP Verstärkung *f*, PRINT Registerhaltigkeit *f*, Registerhaltung *f*; ~ **wire** *n* PAPER Armkreuzring *m*

backlash:[1] ~**-free** *adj* INSTR spielfrei

backlash[2] *n* AUTO *transmission* Spiel *nt*, Totgang *m*, Zahnspiel *nt*, MECHANENG Lose *f*, *thread* Luft *f*, Spiel *nt*, MECHANICS Flankenspiel *nt*, Schlupf *m*, Spiel *nt*, Totgang *m*, PROD ENG Flankenspiel *nt*, SPACE Rückschlag *m*; ~ **error** *n* AIR TRANS *altimeter* Losefehler *m*

backlight *vt* PHOTO im Gegenlicht beleuchten

backlighted: ~ **photo** *n* PHOTO Gegenlichtaufnahme *f*

backlighting *n* ELEC ENG Hintergrundbeleuchtung *f*

backlit *adj* PHOTO im Gegenlicht

backlog *n* MECHANICS Rückhalt *m*

backplane *n* ELECTRON Rückwand *f*

backplate *n* CONST Unterlagsblech *nt*, Verbindungslasche *f*, ELECTRON *camera tubes* Rückwand *f*, Sockel *m*, TELEV Trägerplatte *f*

backrest *n* AUTO Rückenlehne *f*, ERGON Rückenlehne *f*, Rückenstütze *f*

backsaw *n* CONST Bogensäge *f*

backscatter[1] *n* RAD TECH, SPACE Rückstreuung *f*; ~ **effect** *n* NUC TECH Rückstreueffekt *m*; ~ **error** *n* NUC TECH Rückstreufehler *m*; ~ **gage** *n AmE*, ~ **gauge** *n BrE* NUC TECH *density or thickness* Rückstreumesser *m*; ~ **peak** *n* RAD PHYS Backscatter-Peak *m*, Rückstreupeak *m*

backscatter[2] *vt* OPT rückstreuen

backscatterer *n* NUC TECH rückstreuendes Material *nt*

backscattering *n* ELECTRON, OPT, RAD PHYS, TELECOM Rückstreuung *f*; ~ **technique** *n* OPT Rückstreuverfahren *nt*, TELECOM Rückstreumethode *f*

backset *n* HYD EQUIP Rückströmung *f*

backside *n* PAPER ungeglättete Seite *f*

backspace: ~ **character** *n* COMP & DP Rücksetzzeichen *nt*

backstay *n* WATER TRANS *rope* Pardune *f*

backtrack *vi* AIR TRANS zurückrollen

backtracking *n* COMP & DP Zurückverfolgung *f*

backup *n* COMP & DP Datensicherung *f*, Sicherung *f*, Sicherungskopie *f*, ELEC ENG Backup *nt*, Datensicherung *f*, Sicherung *f*, PET TECH Reserve *f*, Rückstau *m*, Stau *m*, Verstärkung *f*, PRINT Widerdruck *m*, RAD TECH *power supply* Reserve *f*, TRANS Rückstau *m*; ~ **bearing** *n* SPACE Reservepeilung *f*; ~ **brickwork** *n* PROD ENG *casting* Schablonenkern *m*; ~ **light** *n AmE (cf reversing light BrE)* AUTO Rückfahrleuchte *f*, Rückfahrscheinwerfer *m*; ~ **line** *n* PET TECH Reserveseil *nt*, Verstärkungsseil *nt*; ~ **post** *n* PET TECH Verstärkungspfosten *m*, Verstärkungsstütze *f*; ~ **power supply** *n* ELEC ENG,TELECOM Notstromversorgung *f*; ~ **reactor** *n* NUC TECH Reservereaktor *m*; ~ **roll** *n* CER & GLAS Andruckwalze *f*; ~ **service** *n* TRANS Stauinformationen *f pl*; ~ **supervisor** *n* COMP & DP, TELECOM Reserveablaufteil *nt*; ~ **tape** COMP & DV Sicherungskopie *f*; ~ **train** *n* RAIL geschobener Zug *m*

backward[1] *adj* AUTO, ELECTRON, MECHAN ENG, RAIL

Rückwärts- *pref*

backward:[2] **~-and-forward motion** *n* MECHAN ENG Vorwärts- und Rückwärtsbewegung *f*; **~ chaining** *n* ART INT Rückwärtsverkettung *f*; **~ counter** *n* INSTR Rückwärtszähler *m*; **~ diode** *n* ELECTRON Rückwärtsdiode *f*; **~ extrusion** *n* MECHAN ENG Rückwärtsfließpressen *nt*; **~ flight** *n* AIR TRANS Rückwärtsflug *m*; **~ indicator** *n* TELECOM *switching* Rückwärtsindikatorbit *nt*; **~ motion** *n* MECHAN ENG Rückwärtsbewegung *f*; **~ movement** *n* MECHAN ENG Rückwärtsbewegung *f*; **~ search** *n* ART INT Rückwärtssuche *f*, Suche in Rückwärtsrichtung *f*, COMP & DP Rückwärtssuchlauf *m*; **~ signal** *n* TELECOM Rückwärtszeichen *nt*; **~ sort** *n* COMP & DP Rückwärtssortierung *f*; **~ takeoff** *n* AIR TRANS *helicopter* Rückwärtsstart *m*; ~ wave *n* ELEC ENG *transmission lines travelling-wave tubes* TELECOM Rückwärtswelle *f*; **~-wave amplifier** *n (BWA)* ELECTRON Rückwärtswellenverstärker *m*; **~-wave oscillator** *n (BWO)* ELECTRON, PHYS Karzinotron *nt*, Rückwärtswellenoszillator *m*, TELECOM Rückwärtswellenoszillator *m (RWO)*; **~-wave tube** *n* ELECTRON *(BWT)* Rückwärtswellenoszillatorröhre *f*, PHYS Rückwärtswellenröhre *f*; **~ welding** *n* PROD ENG Drahtnachlaufschweißen *nt*

backwash: **~ tank** *n* NUC TECH *fuel regeneration* Rückextraktionstank *m*; **~ water** *n* WATER SUP Rückwärtsspülungswasser *nt*

backwater *n* PAPER Rückwasser *nt*, WATER SUP Rückstau *m*, Rückstauwasser *nt*, Stau *m*, *canal* Rückwasser *nt*, Stauwasser *nt*; **~ effect** *n* FUELLESS Rückstauwirkung *f*

bacteria[1] *n* CHEMISTRY, FOOD TECH, POLL Bakterien *f pl*

bacteria:[2] **~ bed** *n* WATER SUP biologischer Rasen *m*; **~ propagation tank** *n* FOOD TECH Bakterienvermehrungsgefäß *nt*, Bakterienzuchtbehälter *m*

bacterial: **~ contamination** *n* POLL Bakterienverseuchung *f*; **~ count** *n* WATER SUP Bakterienzahl *f*; **~ toxin** *n* CHEMISTRY Bakterientoxin *nt*

bactericide *n* CHEMISTRY, FOOD TECH Bakterizid *nt*

bacteriological: **~ oven** *n* LAB EQUIP bakteriologischer Trockenschrank *m*; **~ purification** *n* WASTE bakteriologische Reinigung *f*; **~ treatment** *n* WASTE bakteriologische Reinigung *f*

bacteriolysis *n* FOOD TECH Bakteriolyse *f*

bacteriophage *n* FOOD TECH Bakteriophage *m*

bacteriostat *n* FOOD TECH Bakteriostatikum *nt*, bakteriostatisches Mittel *nt*

bacteriotoxin *n* CHEMISTRY Bakterientoxin *nt*

bad: **~ annealing** *n* CER & GLAS schlechte Kühlung *f*; **~ contact** *n* ELEC ENG Fehlkontakt *m*, schlechter Kontakt *m*; **~ ground** *n* CONST weicher Boden *m*

badge *n* CER & GLAS Kennzeichen *nt*, COMP & DP Ausweis *m*; **~ reader** *n* COMP & DP Ausweisleser *m*

badging *n* CER & GLAS Kennzeichnen *nt*

baffle[1] *n* ACOUSTICS Resonanzwand *f*, Schallwand *f*, AUTO *silencer* Ablenkblech *nt*, CER & GLAS Ablenkblech *nt*, Vorformdeckel *m*, CHEM ENG Ablenkplatte *f*, Baffle *nt*, Schikane *f*, CONST Ablenk- *pref*, Leitblech *nt*, Prellplatte *f*, Zwischenwand *f*, MECHAN ENG Ablenkblech *nt*, Ablenkplatte *f*, *of turbine* Leitblech *nt*, PROD ENG Trennwand *f*, RECORD Schallwand *f*; **~ board** *n* CONST Schutzbrett *nt*, PROD ENG Ablenkplatte *f*; **~ breaker** *n* PROD ENG Prallblech *nt*; **~ brick** *n* CONST Abweisstein *m*; **~ collector** *n* POLL Schallschirm *m*; **~ disc flow meter** *n BrE* INSTR Stauscheibendurchflußmesser *m*; **~ disk flow meter** *n AmE see baffle disc flow meter BrE* **~ hole** *n* CER & GLAS Vorformspeiseöffnung *f*; **~ mark** *n* CER & GLAS Vorformabdruck *m*; **~ muffler** *n AmE (cf baffle silencer BrE)* AUTO Reflexionsschalldämpfer *m*; **~ plate** *n* CER & GLAS Ablenkplatte *f*, CHEM ENG Leitblech *nt*, Prallschirm *m*, Staublech *nt*, CONST Ablenkblech *nt*, Umlenkblech *nt*, Umlenkplatte *f*, HEAT & REFRIG Leitblech *nt*, MECHAN ENG Prallblech *nt*, PROD ENG Leitblech *nt*, Stauscheibe *f*; **~ ring** *n* PET TECH Leitblechring *m*, Prallblechring *m*; **~ sheet** *n* PROD ENG Stauscheibe *f*, Trennungsblech *nt*; **~ silencer** *n BrE (cf baffle muffler AmE)* AUTO Reflexionsschalldämpfer *m*; **~ wire** *n* PAPER Ablenksieb *nt*

baffle[2] *vt* CHEM ENG abschirmen, mit Prallblechen ausstatten, PROD ENG mit Leitblech versehen, stauen

baffling: **~ winds** *n pl* WATER TRANS umspringende Winde *m pl*

bag[1] *n* COAL TECH, PAPER Sack *m*, POLL Schlauch *m*; **~ conveyor** *n* TRANS Gepäckfördereinrichtung *f*, Sackförderer *m*, Steilförderer *m*; **~ filling** *n* PACK Sackabfüllung *f*; **~-filling machine** *n* PACK Beutelabfüllanlage *f*; **~-filling scale** *n* INSTR Abfüllwaage *f*; **~ filter** *n* COAL TECH Beutelfilter *nt*, Sackfilter *nt*; **~ holder** *n* PACK Beutelhalter *m*; **~-in-a-box packaging** *n* PACK Abfüllung in Kartons *f*; **~-in-a-can** *n* PACK Innenbeutel *m*; **~-loading machine** *n* PACK Beutelpackmaschine *f*; **~ opener** *n* PACK Beutelöffnungsmaschine *f*; **~ packaging** *n* PACK Beutelverpackung *f*; **~ paper** *n* PACK Beutelpapier *nt*; **~-placing system** *n* PACK Beutelpositioniersystem *nt*; **~ reel** *n* PACK Beutelrollenhülse *f*; **~-sealing equipment** *n* PACK Beutelverschließmaschine *f*; **~-stitching machine** *n* PACK Tütennähmaschine *f*

bag[2] *vt* FOOD TECH, PACK einsacken, in Tüten verpacken

bagasse: **~ roller** *n* FOOD TECH Bagassenwalze *f*, Zuckerrohrabfallwalze *f*

baggage *n* RAIL Gepäck *nt*; **~ car** *n AmE (cf luggage van BrE)* RAIL Gepäckwagen *m*; **~ claim belt** *n* AIR TRANS Gepäckausgabeband *nt*; **~ compartment** *n* RAIL Gepäckabteil *nt*; **~ loader** *n* AIR TRANS Gepäcklader *m*; **~ retrieval** *n* AIR TRANS Wiederauffindung von Gepäck *f*; **~ room** *n AmE* RAIL Gepäckabteil *nt*; **~ terminal** *n* TRANS Gepäckterminal *nt*

bagging *n* PAPER Einsacken *nt*; **~ machine** *n* PACK Einsackapparat *m*

baghouse *n* COAL TECH Sackraum *m*, POLL Sackkammer *f*

bagmaker *n* PACK Beutelhersteller *m*

bail[1] *vt* WATER TRANS ausschöpfen, ösen; **~ out** *vt* FLUID PHYS abtrennen

bail:[2] **~ out** *vi* SPACE abspringen

Bailey: **~ bridge** *n* CONST Bailey-Behelfsbrücke *f*

bainite *n* METALL, PROD ENG Bainit *m*, Zwischenstufengefüge *nt*

bainitic: **~ ferrite** *n* METALL Bainitferrit *m*

bait *n* CER & GLAS Fangeisen *nt*

bake:[1] **~ and UV-irradiation test** *n* CER & GLAS Hitze- und UV-Bestrahlungstest *m*

bake[2] *vt* CER & GLAS *clay* brennen, COAL TECH backen, CONST *paint* einbrennen, *wood* trocknen, FOOD TECH backen, PROD ENG einbrennen, sintern, TEXT brennen, festbrennen, THERMODYN *ceramics* brennen, *steel* glühen

bakelite *n* PROD ENG Bakelit *nt*

baking *n* AUTO Backen *nt*, CER & GLAS Brand *m*, MECHAN ENG, METALL Backen *nt*, PLAS *paint* Einbrennen *nt*,

TEXT Hitzebehandlung *f*, Härten *nt*, thermische Behandlung *f*; ~ **fault** *n* FOOD TECH Gebäckfehler *m*; ~ **quality** *n* FOOD TECH *bakery, milling* Backeigenschaft *f*; ~ **soda** *n* FOOD TECH Natriumbicarbonat *nt*, Natriumhydrogencarbonat *nt*, Natron *nt*; ~ **stove** *n* TEXT Einbrennofen *m*, Trockenofen *m*; ~ **varnish** *n* CONST Einbrennlack *m*, Emaillelack *m*

balance:[1] **out of ~** *adj* MECHAN ENG unwuchtig, METROL aus dem Gleichgewicht

balance[2] *n* ELECT Ausgleich *m*, Waage *f*, LAB EQUIP Präzisionswaage *f*, *scales* Waage *f*, METROL, PAPER Gleichgewicht *nt*, Waage *f*, PHYS *instrument* Waage *f*, *state* Gleichgewicht *nt*, PROD ENG Auswuchtung *f*, Wuchtzustand *m*, RECORD Ausgewogenheit *f*, Balance *f*; ~ **arm** *n* AIR TRANS Waagebalken *m*; ~ **bar** *n* WATER SUP *of lock gate* selbsttätig schließende Schleuse *f*; ~ **beam** *n* INSTR, METROL Waagebalken *m*; ~ **bridge** *n* CONST Klappbrücke *f*; ~ **brush** *n* LAB EQUIP Waagebürste *f*; ~ **control** *n* RECORD Balanceregelung *f*; ~ **gear** *n* MECHAN ENG Ausgleichgetriebe *nt*; ~ **horn** *n* AIR TRANS Hornausgleich *m*; ~ **indicator** *n* INSTR Nullanzeigeinstrument *nt*; ~ **lever** *n* MECHAN ENG Ausgleichhebel *m*; ~ **meter** *n* INSTR Nullinstrument *nt*; ~ **piston** *n* MECHAN ENG Ausgleichkolben *m*; ~ **point** *n* AIR TRANS Ausgleichpunkt *m*, INSTR Abgleichpunkt *m*, Gleichgewichtspunkt *m*; ~ **step** *n* CONST ausgeglichene Trittstufenfläche *f*; ~ **tab** *n* AIR TRANS Ausgleichfläche am Ruder *f*, Ausgleichruder *nt*; ~ **time** *n* INSTR Einstellzeit *f*; ~ **washer** *n* AIR TRANS Ausgleichunterlegscheibe *f*; ~ **weight** *n* AIR TRANS Auswuchtgewicht *nt*, Gegengewicht *nt*, MECHAN ENG Ausgleichgewicht *nt*, Gegengewicht *nt*, MECHANICS Gegengewicht *nt*

balance[3] *vt* HEAT & REFRIG auswuchten, PAPER ausgleichen, PROD ENG auswuchten; ~ **statically and dynamically** *vt* HEAT & REFRIG statisch und dynamisch auswuchten

balanced[1] *adj* PROD ENG ausgewuchtet, halbberuhigt, schlagfrei

balanced:[2] ~ **aileron** *n* AIR TRANS ausgeglichenes Querruder *nt*, entlastetes Querruder *nt*; ~ **amplifier** *n* ELECTRON, RECORD Gegentaktverstärker *m*; **~-armature loudspeaker** *n* RECORD vierpoliger magnetischer Lautsprecher *m*; ~ **circuit** *n* RECORD symmetrische Schaltung *f*; ~ **control surface** *n* AIR TRANS Ausgleichruder *nt*; ~ **currents** *n pl* ELEC ENG symmetrische Ströme *m pl*; ~ **disc valve** *n BrE* FUELLESS Ausgleichscheibenventil *nt*, Ausgleichstellerventil *nt*; **disk valve** *n AmE see balanced disc valve BrE* ~ **error** *n* COMP & DP symmetrischer Fehler *m*; ~ **field length** *n* AIR TRANS abgestimmte Pistenlänge *f*; ~ **grading group** *n* TELECOM *traffic* symmetrische Teilgruppe *f*; ~ **input** *n* ELEC ENG, INSTR symmetrischer Eingang *m*; ~ **line** *n* ELEC ENG symmetrische Leitung *f*, ELECT abgeglichene Leitung *f*, symmetrische Leitung *f*, RECORD symmetrische Leitung *f*; ~ **load** *n* ELEC ENG symmetrische Belastung *f*; ~ **measuring line** *n* INSTR symmetrische Meßleitung *f*; ~ **mixer** *n* ELEC ENG Brükkenmischer *m*, ELECTRON Gegentaktmischer *m*; ~ **mode** *n* TELECOM *data communications* gleichberechtigter Spontanbetrieb *m*; ~ **modulator** *n* ELECTRON Gegentaktmodulator *m*; ~ **network** *n* ELEC ENG symmetrisches Netzwerk *nt*, ELECT *electric supply* symmetrische Schaltung *f*; ~ **pressure** *n* HEAT & REFRIG Gleichdruck *m*; ~ **rudder** *n* WATER TRANS Balanceruder *nt*; ~ **slide valve** *n* MECHAN ENG entlasteter Schieber *m*; ~ **to earth** *n* ELEC ENG erdsymmetrisch, symmetrisch gegen Erde, symmetrisch gegen Masse; ~ **valve** *n* HYD EQUIP Druckausgleichventil *nt*, druckentlastetes Ventil *nt*

balancer *n* ELEC ENG Ausgleichsystem *nt*, Entzerrer *m*

balancing *n* AIR TRANS Auswucht- *pref*, MECHAN ENG Auswucht- *pref*, *wheels* Auswuchten *nt*, Wuchten *nt*, NUC TECH Herstellung des Gleichgewichtes *f*, PAPER Ausgleichen *nt*, PHYS *measuring bridge* Abgleich *m*, TELECOM Abgleichen *nt*, Nachbildung *f*; ~ **coil** *n* ELECT abgeglichene Leitung *f*, symmetrische Leitung *f*; ~ **machine** *n* MECHAN ENG Auswuchtmaschine *f*, Wuchtmaschine *f*; ~ **magnetic stripe** *n* TELEV Ausgleichmagnetstreifen *m*; ~ **mechanism** *n* INSTR Abgleichmechanismus *m*; ~ **of moments** *n* MECHAN ENG Momentenausgleich *m*; ~ **network** *n* ELEC ENG Entzerrungsschaltung *f*; ~ **piston** *n* HYD EQUIP Ausgleichkolben *m*, Druckausgleichkolben *m*; ~ **resistor** *n* ELECT, INSTR Abgleichwiderstand *m*; ~ **weight** *n* MECHANICS Schiebegewicht *nt*; ~ **weights** *n pl* MECHAN ENG Wuchtgewichte *nt pl*

balata *n* PLAS *natural resin*, PROD ENG Balata *f*; ~ **belt** *n* MECHAN ENG Balatariemen *m*

bald: ~ **tire** *n AmE*, **~tyre** *n BrE* AUTO Reifen ohne Profil *m*, abgefahrener Reifen *m*

bale[1] *n* PACK, PAPER, TEXT Ballen *m*; ~ **hoop** *n* PACK Ballenumreifung *f*, Verpackungsband für Ballen *nt*; ~ **loader** *n* TRANS Ballenlader *m*; ~ **pulper** *n* PAPER Ballen-Pulper *m*

bale[2] *vt* PACK ballen, in Ballen verpacken

baling: ~ **press** *n* PACK Ballenpresse *f*, Schrottpaketierpresse *f*, PAPER Ballenpresse *f*

ball:[1] **~-bearing** *adj* PROD ENG kugelgelagert; **ball-jointed** *adj* Kugelgelenk- *pref*

ball[2] *n* COAL TECH, CONST Kugel *f*, LAB EQUIP *camera* Ball *m*, MECHAN ENG *of float, bearing* Kugel *f*, Schwungkugel *f*, PROD ENG Gehänge *nt*, Kugel *f*, Luppe *f*, *plastic valves* Kugel *f*; **~-and-socket bearing** *n* PROD ENG Kugelgelenklager *nt*; **~-and-socket head** *n* MECHAN ENG, PHOTO Kugelgelenkkopf *m*; **~-and-socket joint** *n* MECHAN ENG Kugelgelenk *nt*, MECHANICS Gelenklager *nt*, Kugelgelenk *nt*, PHOTO, PROD ENG Kugelgelenk *nt*; ~ **bearing** *n* AUTO, MECHAN ENG, MECHANICS Kugellager *nt*; **~-bearing cage** *n* MECHAN ENG Kugellagerkäfig *m*; **~-bearing grease** *n* MECHAN ENG Kugellagerfett *nt*; **~-bearing guideway** *n* MECHAN ENG Kugellagerführung *f*; **~-bearing inner race** *n* PROD ENG Kugellagerinnenring *m*; **~-bearing outer race** *n* PROD ENG Kugellageraußenring *m*; **~-bearing race** *n* AUTO Kugellagerring *m*; ~ **cage** *n* MECHAN ENG Kugelkäfig *m*; ~ **check valve** *n* MECHAN ENG Kugelrückschlagventil *nt*, Kugelventil *nt*, NUC TECH Kugelventil *nt*, PROD ENG Kugelrückschlagventil *nt*, *plastic valves* Kugelrückschlagventil *nt*; ~ **clay** *n* PET-TECH Töpferton *m*; ~ **cock** *n* CONST Kugelhahn *m*, MECHAN ENG Schwimmerhahn *m*; ~ **coupling** *n* NUC TECH Klöppelverbindung *f*; ~ **crusher** *n* PROD ENG Kugelmühle *f*; ~ **cup** *n* MECHAN ENG Kugelschale *f*, PROD ENG Kugelpfanne *f*; **~-ended linkage** *n* MECHAN ENG Kugelkopfverbindung *f*; ~ **gage** *n AmE*, ~ **gauge** *n BrE* METROL, PROD ENG Kugellehre *f*; ~ **governor** *n* MECHAN ENG Schwungkugelregler *m* ~ **groove** *n* PROD ENG Kugellaufrille *f*; ~ **handle** *n* MECHAN ENG, PROD ENG Kegelgriff *m*; ~ **handle crank** *n* PROD ENG Handkurbel *f*; **~-impact hardness testing** *n* PROD ENG Kugelschlaghärteprüfung *f*; ~ **impression** *n* PROD ENG

Eindruckkalotte *f*; ~ **impression hardness** *n* PROD ENG Kugeldruckhärte *f*; ~ **indentation hardness** *n* TEST *plastics* Kugeleindruckhärte *f*; ~ **indentation** test *n* PROD ENG Brinellhärteprüfung *f*; ~ **inner race** *n* MECHAN ENG innerer Laufring *m*; ~ **iron** *n* PROD ENG Luppeneisen *nt*; ~ **joint** *n* AUTO, MECHAN ENG, PROD ENG Kugelgelenk *nt*; ~ **joint cage** *n* MECHAN ENG Kugelgelenkgehäuse *nt*; ~ **journal** *n* PROD ENG Kugelzapfen *m*; ~ **knob** *n* MECHAN ENG Ballengriff *m*; ~**-lapping** machine *n* PROD ENG Kugelläppmaschine *f*; ~ **lock** *n* MECHAN ENG *tools* Kugelsperre *f*, Kugelverschluß *m*; ~ **manipulator** *n* NUC TECH Kugelmanipulator *m*; ~ **mill** *n* CER & GLAS, CHEM ENG, COAL TECH, FOOD TECH, LAB EQUIP, MECHAN ENG, PAPER, PLAS Kugelmühle *f*; ~ **milling** *n* COAL TECH Kugelmahlen *nt*; ~ **nut** *n* NUC TECH Kugelmutter *f*; ~ **pane** *n* MECHAN ENG *of hammer* Kugelfinne *f*; ~**-pane hammer** *n* MECHAN ENG Hammer mit Kugelfinne *m*; ~ **peen** *n* MECHAN ENG *of hammer* Kugelfinne *f*; ~**-peen hammer** *n* MECHAN ENG Hammer mit Kugelfinne *m*; ~ **penetrator** *n* PROD ENG Brinellkugel *f*; ~ **point** *n* PROD ENG Kugelkuppe *f*; ~ **prover flow measuring device** *n* IND PROCESS Hubkolbenzähler *m*; ~ **race** *n* MECHAN ENG *of ball bearing* Laufrille *f*, Laufrolle *f*; ~ **retainer** *n* PROD ENG *plastic valves* Kugeldichtung *f*; ~ **ring** *n* MECHAN ENG Laufrille *f*, Laufrolle *f*; ~ **screw** *n* MECHAN ENG Kugelumlaufspindel *f*; ~ **and socket** *n* MECHAN ENG Kugelzapfen *m*; ~ **socket seat** *n* MECHAN ENG Kugelschalensitz *m*; ~ **stop** *n* MECHAN ENG Kgelarretierung *f*; ~ **test** *n* METALL Fallhärteprüfung *f*, Kugelschlagprüfung *f*, Kugeldruckprüfung *f*; ~ **thrust bearing** *n* MECHAN ENG, MECHANICS Kugeldrucklager *nt*; ~ **track** *n* MECHAN ENG Kugellaufbahn *f*, PROD ENG Kugellagerlaufbahn *f*; ~**-turning lathe** *n* PROD ENG Kugeldrehmaschine *f*; ~**-turning rest** *n* PROD ENG Kugeldrehsupport *m*; ~ **valve** *n* CONST Kugelventil *nt*, MECHAN ENG Kugelabsperrhahn *m*, Kugelhahn *m*, Kugelventil *nt*, MECHANICS, PAPER Kugelventil *nt*, PROD ENG *plastic valves* Kugelhahn *m*

ball[3] *vt* COAL TECH ballen; ~**-test** *vt* METALL Kugeldruck prüfen; ~ **up** *vt* METALL *wire* zusammenballen

ballast:[1] **in** ~ *adv* WATER TRANS *ship* in Ballast

ballast[2] *n* CONST Bettung *f*, Kiesschotter *m*, Unterlage *f*, ELEC ENG Ballast *m*, Stabilisierungsvorrichtung *f*, Vorschaltgerät *nt*, TRANS Ballast *m*, Bettung *f*, Schotter *m*, Steinschotter *m*; ~ **condition** *n* WATER TRANS Ballastzustand *m*; ~ **keel** *n* WATER TRANS *shipbuilding* Ballastkiel *m*; ~ residue *n* RAIL Bettungsrückstand *m*; ~ **resistor** *n* ELEC ENG Ballastwiderstand *m*, Stabilisierungswiderstand *m*, Vorschaltwiderstand *m*, ELECT Ballastwiderstand *m*, Barretter *m*; ~ **screening** *n* RAIL Bettungsreinigung *f*; ~ **tank** *n* WATER TRANS *ship Ballasttank m*, *submarine* Tauchzelle *f*; ~ **wagon** *n* RAIL Schotterwagen *m*

ballasting: ~ **circuit** *n* ELEC ENG Ballastkreis *m*; ~ **material** *n* CONST Grobzuschlagstoffe *m pl*

ballastless: ~ **track** *n* RAIL bettungslose Schiene *f*

balled: ~ **iron** *n* METALL Luppe *f*

balling *n* COAL TECH, METALL Zusammenballen *nt*; ~ **drum** *n* COAL TECH Kugeltrommel *f*; ~ **furnace** *n* METALL Schweißofen *m*

ballistic[1] *adj* SPACE ballistisch

ballistic:[2] ~ **factor** *n* INSTR Überschwingfaktor *m*; ~ **galvanometer** *n* ELECT Stoßgalvanometer *nt*, ballistisches Galvanometer *nt*, INSTR, PHYS ballistisches Galvanometer *nt*; ~ **missile** *n* SPACE ballistische Rakete *f*; ~ **path** *n* SPACE ballistische Bahn *f*; ~ **separation** *n* WASTE Schleudertrennung *f*, ballistische Sichtung *f*; ~ **sorter** *n* WASTE ballistische Auslesevorrichtung *f*; ~ **sorting** *n* WASTE ballistische Sortierung *f*; ~ **trajectory** *n* SPACE ballistische Flugbahn *f*

ballizing *n* PROD ENG Kugelweiten *nt*

balloon: ~ **tire** *n AmE*, ~tyre *n BrE* AUTO Ballonreifen *m*

ballooning *n* NUC TECH Ausbuchten *nt*; ~ **instability** *n* NUC TECH instabiles Ausbuchten *nt*

Balmer: ~ **series** *n pl* PART PHYS, PHYS Balmersche Serie *f*

Balmer's: ~ **formula** *n* PHYS Balmersche Gleichung *f*

balun *n* RAD TECH Balun *m*

baluster *n* CONST Baluster *m*, Geländerpfosten *m*

balustrade *n* CONST Brüstung *f*, Geländer *nt*

bamboo *n* CER & GLAS Bambus *m*; ~ **effect** *n* NUC TECH *ridge formation* Bambuseffekt *m*

banal: ~ **slip** *n* METALL geringfügiges Gleiten *nt*

banana[1] *adj* ELEC ENG, NUC TECH Bananen- *pref*

banana:[2] ~ **jack** *n* ELEC ENG Bananenbuchse *f*; ~ **orbit** *n* NUC TECH Bananenumlaufbahn *f*; ~ **plug** *n* ELEC ENG, PHOTO Bananenstecker *m*; ~ **trajectory** *n* NUC TECH Bananenbahn *f*

Banbury: ~ **mixer** *n* PLAS Banbury-Innenmischer *m*

band[1] *n* ACOUSTICS Band *nt*, Bandbreite *f*, Bereich *m*, CONST Band *nt*, *chimney* Fallrohr *nt*, MECHAN ENG Band *nt*, Riemen *m*, *strap* Gurt *m*, PHYS Band *nt*, Bande *f*, PROD ENG Blatt *nt*, Zeile *f*, RAD TECH *frequency*, TELEV Band *nt*; ~ **brake** *n* MECHAN ENG, MECHANICS Bandbremse *f*; ~ **chain** *n* CONST *surveying* Meßkette *f*; ~ **chart** *n* QUAL Banddiagramm *nt*; ~ **clutch** *n* MECHAN ENG Bandkupplung *f*; ~ **conveyor** *n* MECH Förderband *nt*, MECHAN ENG Bandförderer *m*, Gurtbandförderer *m*, Förderband *nt*, PACK Förderband *nt*, Transportband *nt*, TRANS, WASTE Förderband *nt*; ~ **coupling** *n* MECHAN ENG Bandkupplung *f*; ~ **deflection** *n* PROD ENG Krümmung der Interferenzstreifen *f*; ~ **deviation** *n* PROD ENG Streifenauslenkung *f*; ~ **efficiency** *n* TELECOM Bandausnutzung *f*; ~ **iron** *n* MECHAN ENG, PACK Bandeisen *nt*; ~ **label** *n* PACK Banderole *f*; ~ **life** *n* PROD ENG Schleifbandstandzeit *f*; ~**-limited signal** *n* ELECTRON bandbegrenztes Signal *nt*; ~ **model** *n* METALL Zeilenmodell *nt*; **out-~ signaling** *n AmE*, **out-~ signalling** *n BrE* TELECOM Außerband-Zeichengabe *f*; ~**-pass** *n* RAD TECH Bandpaß *m*; ~**-pass amplifier** *n* ELECTRON, RECORD Bandpaßverstärker *m*; ~**-pass filter** *n (BPF)* ELECTRON, PHYS, RAD TECH, RECORD, TELECOM, TELEV Bandpaßfilter *nt (BPF)*; ~**-pass filter shaping** *n* ELECTRON Bandpaßformung *f*; ~ **pressure level** *n* RECORD Bandschalldruckpegel *m*; ~ **printer** *n* COMP & DP Banddrucker *m*, Metallbanddrucker *m*; ~ **pulley** *n* MECHAN ENG Riemenscheibe *f*; ~**-rejection filter** *n* COMP & DP Bandsperrfilter *nt*, Bereichsentstörungsfilter *nt*, Frequenzbandentstörungsfilter *nt*, SPACE *communications* Bandsperrfilter *nt*; ~ **sander** *n* PROD ENG Bandholzschleifmaschine *f*; ~ **saw** *n* MECHAN ENG Bandsäge *f*; ~**-sawing machine** *n* MECHAN ENG Bandsägemaschine *f*; ~ **sealer** *n* PACK Dichtstreifen *m*; ~ **sealing** *n* PACK Abdeckbanddichtung *f*; ~ **separation** *n* ELECTRON Weiche *f*; ~ **spectrum** *n* PHYS, RAD PHYS Bandenspektrum *nt*; ~ **splitting** *n* TELECOM Unterteilung in Teilbänder *f*; ~**-stop filter** *n* COMP & DP Bandsperrfilter *nt*, Bereichssperrfilter *nt*, Frequenzbandsperrfilter *nt*, ELECTRON, RECORD Bandsperrfilter *nt*; ~**-stop filtering** *n* ELECTRON Bandsperrfilterung *f*; ~ **theory** *n* PHYS, RAD PHYS

Bändermodell *nt*; **~ theory of solids** *n* PHYS, RAD PHYS Bandmodell *nt*, Bändermodell *nt*; **~ wheel** *n* MECHAN ENG Bandscheibe *f*

band[2] *vt* MECHAN ENG zusammenbinden; **~-limit** *vt* ELECTRON Band begrenzen

banded: **~ structure** *n* METALL Zeilengefüge *nt*

banderole *n* PACK Banderole *f*

banding *n* CER & GLAS Streifenbildung *f*, PACK Banderolieren *nt*, TELEV Streifenbildung *f*; **~ on hue** *n* TELEV Farbschattierungsstreifenbildung *f*; **~ on noise** *n* TELEV Rauschstreifenbildung *f*; **~ on saturation** *n* TELEV Sättigungsstreifenbildung *f*

bandoliered: **~ components** *n pl* ELEC ENG bandolierte Bauteile *nt pl*, bandolierte Komponenten *f pl*

bandplan *n* RAD TECH *frequency allocations* Bandplan *m*

bands *n pl* WAVE PHYS *due to interference* Bänder *nt pl*; **~ of the spectrum** *n pl* WAVE PHYS Spektralbänder *nt pl*

bandspread *n* PHYS, RAD PHYS, RAD TECH Bandspreizung *f*

bandwidth *n (BW)* COMP & DP, ELECTRON, OPT *wavelength*, RAD TECH, RECORD *of recorded signal*, TELECOM, TELEV Bandbreite *f*, Bandweite *f (BW)*; **~ compression** *n* ELECTRON Bandbreitenbegrenzung *f*, TELEV Bandbreitenreduzierung *f*; **~ expansion** *n* ELECTRON Banddehnung *f*; **~-limited operation** *n* OPT bandbreitenbegrenzter Vorgang *m*, TELECOM bandbreitenbegrenzter Betrieb *m*

banger *n* PAPER Kegelaufschläger *m*

banjo: **~ bolt** *n* MECHAN ENG Hohlschraube *f*; **~ fitting** *n* PROD ENG Hohlschraubenverbindung *f*; **~-type housing** *n* AUTO *rear axle* Banjogehäuse *nt*; **~ union** *n* MECHAN ENG Hohlschraubenverbindung *f*

bank[1] *n* AIR TRANS Querlage *f*, Schräglage *f*, Seitenneigung *f*, COAL TECH Streb *m*, CONST *earth* Erddamm *m*, *of canal, road, railway, cut* Böschung *f*, Straßendamm *m*, Ufer *nt*, *sand, rock* Bank *f*, ELEC ENG *buttons, contacts* Bank *f*, Gruppe *f*, *of capacitors* Bank *f*, Gruppe *f*, PROD ENG Aggragat *nt*, Zwischenlager *nt*, RAIL Berme *f*, WATER TRANS *sandbank* Bank *f*; **~-and-pitch indicator** *n BrE (cf turn-and-bank indicator AmE)* AIR TRANS kombinierter Querneigungs- und Steigungsanzeiger *m*; **~ of capacitors** *n* ELEC ENG Kondensatorgruppe *f*, Kondensatorreihe *f*; **~ contact** *n* TELECOM Kontaktbahn *f*, Kontaktsatz *m*; **~ of filters** *n* ELECTRON Filtergruppe *f*; **~ of lights** *n* PHOTO Lampenbrett *nt*, Rampenbeleuchtung *f*; **~ of oscillators** *n* ELECTRON Oszillatorbatterie *f*; **~ paper** *n* PRINT Bankpostpapier *nt*; **~ of RAMs** *n* ELEC ENG RAM-Bank *f*

bank[2] *vt* CONST aufhäufen, überhöhen, SPACE in Kurve legen, rollen; **~ up** *vt* CONST andämmen, anschütten, aufdämmen, aufschütten

banked:[1] **~-up** *adj* THERMODYN eingedämmt, gedämpft

banked:[2] **~ configuration** *n* NUC TECH *fuel rods* Bündelanordnung *f*; **~ winding** *n* ELEC ENG verschachtelte Wicklung *f*

banking *n* RAIL Schieben *nt*, TRANS *road* Kurvenlage *f*, Querneigung *f*, Schräglage *f*; **~ locomotive** *n BrE (cf pusher locomotive AmE)* RAIL Schubmaschine *f*

banknote: **~ paper** *n BrE (cf onionskin paper AmE)* PAPER Banknotenpapier *nt*

banquette *n* CONST Bankett *nt*, Gehweg *m*

BAPTA *abbr (bearing and power transfer assembly)* SPACE Baugruppe zur Peilung und Kraftübertragung *f*

bar[1] *n* COAL TECH *(b) Bar nt (b)*, COAL TECH Stab *m*, CONST Riegel *m*, Stab *m*, MATH *as indication of average* Querstrich *m*, *of fraction* Bruchstrich *m*, MECHAN ENG Stab *m*, Stange *f*, *foundry* Block *m*, METALL *pile* Stabhalterung *f*, PAPER Schieber *m*, PET TECH Stange *f*, PHYS *air pressure (b)* Bar *nt (b)*, PROD ENG Dornstange *f*, Schiene *f*, TEXT Schußstreifen *m*, WATER TRANS Barre *f*; **~ armature** *n* ELECT *electrical machine* Stabanker *m*; **~ automatic lathe** *n* MECHAN ENG Stangenautomat *m*; **~ bolt** *n* CONST Stangenriegel *m*; **~ chart** *n* COMP & DP, INSTR, MATH *statistics* Balkendiagramm *nt*; **~ coach** *n BrE* RAIL Barwagen *m*; **~ coater** *n* PLAS Vorstreichmaschine *f*; **~ code** *n* COMP & DP Strichcode *m*, CONTROL Balkencode *m*, PACK Barcode *m*, Strichmarkierung *f*, Strichcode *m*, TELECOM Strichcode *m*; **~ code labeling system** *n AmE*, **~ code labelling system** *n BrE* PACK Strichmarkierungssystem *nt*; **~ code label printer** *n* PACK Strichcode-Markendrucker *m*; **~ code reader** *n* COMP & DP Barcodeleser *m*, PACK Barcodelesegerät *nt*, Strichcode-Lesegerät *nt*; **~ code scanner** *n* COMP & DP Strichcode-Leser *m*, optischer Abtaster *m*; **~ code scanner and decoder logic** *n* PACK Barcode-Scanner- und Decoder-Logik *f*; **~ code slot reader** *n* COMP & DP Strichcode-Leser *m*; **~ feed** *n* MECHAN ENG Stangenvorschub *m*, PROD ENG Werkstoffvorschub *m*; **~ feed mechanism** *n* MECHAN ENG Stangenvorschubvorrichtung *f*; **~ generator** *n* TELEV Balkengenerator *m*; **~ graph** *n* COMP & DP Balkendiagramm *nt*; **~ graph display** *n* INSTR Balkenanzeige *f*, Leuchtbalkenanzeige *f*; **~ iron** *n* METALL Barreneisen *nt*; **~ linkage** *n* MECHAN ENG Gestänge *nt*; **~ magazine** *n* PROD ENG Stangenmagazin *nt*; **~ magnet** *n* PHYS Stabmagnet *m*; **~ mill** *n* MECHAN ENG Stabmühle *f*; **~ pattern** *n* TELEV Balkenmuster *nt*; **~ screen** *n* MECHAN ENG Stangenrost *m*; **~-shearing machine** *n* MECHAN ENG Stabstahlschere *f*; **~ shears** *n pl* MECHAN ENG Stabschere *f*; **~ stock** *n* MECHAN ENG Stabstahl *m*, Stangenmaterial *nt*, PROD ENG Werkstückstange *f*; **~ tin** *n* METALL Barrenzinn *nt*; **~ turning** *n* MECHAN ENG Drehen von der Stange *nt*; **~-turning tool** *n* MECHAN ENG *machine tools* Werkzeug zum Drehen von der Stange *nt*; **~-type pick-up base** *n* NUC TECH traversenartiges Aufnahmegestell *nt*; **~-type transformer** *n* ELECT Stabtransformator *m*; **~ weir** *n* WATER SUP bewegliches Wehr *nt*; **~ winding** *n* ELECT *motor armature* Stabwicklung *f*

bar[2] *vt* HYD EQUIP *steam engine* blockieren

barb *n* MECHAN ENG Widerhaken *m*

barbaloin *n* CHEMISTRY Aloin *nt*, Barbaloin *nt*

barbed: **~ bolt** *n* CONST Widerhakenbolzen *m*

barbiturate *n* CHEMISTRY Barbiturat *nt*

barbituric *adj* CHEMISTRY Barbitur- *pref*

Bardeen-Cooper-Schrieffer-Theory *n (BCS theory)* PHYS Bardeen-Cooper-Schrieffer-Theorie *f (BCS-Theorie)*

bare[1] *adj* CONST, ELEC ENG, PROD ENG blank, nackt

bare:[2] **~ aluminium wire** *n BrE (BAW)* ELEC ENG blanker Aluminiumdraht *m*; **~ aluminum wire** *n AmE see bare aluminium wire BrE* **~ conductor** *n* ELECT nicht isolierter Leiter *m*; **~ fuselage** *n* AIR TRANS Rumpf ohne Zubehör *m*; **~ hull** *n* AIR TRANS Rumpf ohne Zubehör *m*; **~ particle** *n* NUC TECH nacktes Teilchen *nt*; **~ reactor** *n* NUC TECH nackter Reaktor *m*; **~ wire** *n* ELEC ENG blanker Leitungsdraht *m*, TELECOM Blankdraht *m*, blanker Draht *m*

bareboat: ~ **charter** *n* PET TECH Bootcharter *f*, WATER TRANS Bareboat-Charter *f*, Charter eines bloßen Schiffes *f*

barge *n* WATER TRANS *type of ship* Leichter *m*, Prahm *m*, Schute *f*; **~-aboard catamaran-ship** *n (bacat ship)* TRANS Katamaran-Trägerschiff *nt*; ~ **carrier** *n* WATER TRANS *type of ship* Schutenträger *m*, Trägerschiff *nt*; **~-carrying ship** *n* WATER TRANS Känguruh-Frachter *m*; ~ **container** *n* TRANS Lastkahncontainer *m*

bargee *n BrE (cf bargeman AmE)* WATER TRANS Leichterführer *m*

bargeman *n AmE (cf bargee BrE)* WATER TRANS Leichterführer *m*

baring *n* PAPER Ausspülung *f*

BARITT: ~ **diode** *n (barrier injection transit-time diode)* PHYS BARITT-Diode *f*

barium *n (Ba)* CHEMISTRY Barium *nt (Ba)*; ~ **monosulfide** *n AmE*, ~ **monosulphide** *n BrE* PRINT Bariummonosulfid *nt*

bariumoxide *n* CHEMISTRY Bariumoxid *nt*

bark *n* PAPER Rinde *f*, PROD ENG Weichhaut *f*, entkohlte Schicht *f*; ~ **boiler** *n* PAPER Rindenkessel *m*; ~ **press** *n* PAPER Rindenpresse *f*

barked: ~ **timber** *n* CONST Schälholz *nt*

barker *n* PAPER Rindenschälmaschine *f*

Barkhausen: ~ **effect** *n* PHYS Barkhausen-Effekt *m*

barking *n* PAPER Entrinden *nt*; ~ **drum** *n* PAPER Entrindungstrommel *f*

Barlow's: ~ **wheel** *n* PHYS Barlow-Rad *nt*

barn *n* PART PHYS *unit of cross section*, PHYS *unit of cross section* Barn *nt*

Barnett: ~ **effect** *n* PHYS Barnett-Effekt *m*

barodiffusion *n* NUC TECH Barodiffusion *f*

barograph *n* INSTR, LAB EQUIP *air pressure* Barograph *m*, Luftdruckschreiber *m*, PHYS Barograph *m*, *recording barometer* Höhenschreiber *m*, WATER TRANS Barograph *m*, Luftdruckschreiber *m*

barometer *n* LAB EQUIP Barometer *nt*, Luftdruckmesser *m*, PHYS, WATER TRANS Barometer *nt*; ~ **reading** *n* INSTR, WATER TRANS Barometerstand *m*

barometric[1] *adj* PHYS barometrisch

barometric:[2] ~ **altitude controller** *n* AIR TRANS barometrischer Druckhöhenregler *m*; ~ **controller** *n* AIR TRANS barometrische Steuerung *f*; ~ **pressure** *n* AIR TRANS Luftdruck *m*; ~ **switch** *n* AIR TRANS Luftdruckschalter *m*

baroscope *n* PHYS Baroskop *nt*

barostat *n* AIR TRANS Druckregler *m*

barothermograph *n* PHYS Druck-Temperatur-Schreiber *m*

barotrauma *n* ACOUSTICS Barotrauma *nt*

barotropic: ~ **fluid** *n* FLUID PHYS barotrope Flüssigkeit *f*

barque: ~ **schooner** *n BrE* TRANS Dreimastmarssegelschoner *m*

barrack *n* CONST Baracke *f*

barracks *n pl* CONST Kaserne *f*

barrage *n* CONST Sperrmauer *f*, Stauwehr *nt*, WATER SUP Staudamm *m*, Stauanlage *f*, Talsperre *f*

barred *adj* TELECOM *ingoing and outgoing calls* gesperrt, *station* gesperrt

barrel *n* COAL TECH Faß *nt*, CONST Faß *nt*, *of lock* Hülse *f*, *of roller* Rolle *f*, FOOD TECH Faß *nt*, Tonne *f*, HYD EQUIP Zylinder *m*, LAB EQUIP *syringe* Hahnhülse *f*, Spritzgehäuse *nt*, MECHAN ENG *capstan* Trommel *f*, *lathe* Oberteil des Spindelkastens *nt*, *pump* Stiefel *m*, *winch* Trommel *f*, MECHANICS, PHYS Faß *nt*, Kanone *f*, Tonne *f*, PROD ENG Bund *m*, Schafthülse *f*, Stiefel *m*, Zylinder *m*, TRANS Faß *nt*, Tonne *f*; ~ **bolt** *n* CONST Torschließbolzen *m*; ~ **bore** *n* PROD ENG Laufbohrung *f*; ~ **buoy** *n* WATER TRANS *navigation* Faßtonne *f*; ~ **cam** *n* MECHAN ENG *machine tools* Mantelkurve *f*, PROD ENG Kurventrommel *f*, Mantelkurve *f*; ~ **deburring** *n* PROD ENG Abgraten in Trommelmaschine *nt*; ~ **distortion** *n* MECHANICS Tonnenverzeichnung *f*, OPT, PHOTO, PHYS tonnenförmige Verzeichnung *f*; ~ **length** *n* PROD ENG Ballenlänge *f*; ~ **mixer** *n* FOOD TECH Trommelmischer *m*; ~ **nipple** *n* MECHAN ENG *pipe fitting* Rohrnippel *m*; ~ **printer** *n BrE (cf drum printer AmE)* COMP & DP Drucker mit Typenradwalze *m*, Typenraddrucker *m*, Trommeldrucker *m*, Typenwalzendrucker *m*; ~ **roller bearing** *n* MECHAN ENG Tonnenlager *nt*; **~-shaped distortion** *n (cf pincushion distortion BrE)* OPT *of lens*, PHOTO *of lens*, PHYS tonnenförmige Verzeichnung *f*; **~-shaped roller bearing** *n* MECHAN ENG Tonnenlager *nt*; ~ **spring** *n* MECHAN ENG Tonnenfeder *f*; ~ **support** *n* PROD ENG Zylinderauflager *nt*; ~ **vault** *n* CONST Tonnengewölbe *nt*

barrels: ~ **per calendar day** *n (BCD)* PET TECH Barrel pro Tag *nt pl (B/d)*

barren[1] *adj* COAL TECH *ore* ausgelaugt

barren:[2] ~ **gangue** *n* COAL TECH ausgelaugtes Gangerz *nt*; ~ **solution** *n* COAL TECH Laugflüssigkeit *f*

barrette: ~ **file** *n* MECHAN ENG barettförmige Feile *f*

barretter *n* ELEC ENG Barretter *m*, Eisenwasserstoffröhre *f*, Eisenwasserstoffwiderstand *m*, Stromregler *m*, ELECT Ballastwiderstand *m*, Barretter *m*, PHYS Barretter *m*

barricade[1] *n* CONST Barrikade *f*, Hindernis *nt*, Sperre *f*, SAFETY Absperrung *f*, Barrikade *f*, Sperre *f*

barricade[2] *vt* CONST versperren

barrier *n* CONST Abdichtungslage *f*, Sperrschicht *f*, *road* Absperrung *f*, ELECTRON Sperr- *pref*, HEAT & REFRIG *against fire* Absperrvorrichtung *f*, MECHAN ENG, PROD ENG Sperr- *pref*; ~ **coating** *n* COATINGS Sperrbeschichtung *f*; ~ **film** *n* PACK Sperrschichtfolie *f*; ~ **grid** *n* ELECTRON Sperrgitter *nt*; ~ **grid storage tube** *n* ELECTRON Sperrgitter-Speicherröhre *f*; ~ **injection transit-time diode** *n (BARITT diode)* PHYS BARITT-Diode *f*; ~ **layer** *n* ELECTRON Sperrschicht *f*, OPT Grenzschicht *f*, Randschicht *f*, POLL Sperrschicht *f*, TELECOM *semiconductor* Randschicht *f*, Sperrschicht *f*; ~ **layer cell** *n* ELEC ENG Sperrschichtzelle *f*; ~ **material** *n* PACK Sperrschichtstoffe *m pl*; ~ **packaging** *n* PACK Sicherheitsverpackung *f*, Sperrschichtverpackung *f*; ~ **resin** *n* PLAS Sperrschichtpolymer *nt*

barriness: ~ **in the weft** *n* TEXT Bandstreifigkeit *f*, Ringligkeit *f*, Streifigkeit *f*

barring: ~ **facility** *n* TELECOM Sperreinrichtung *f*

barrow *n* CONST Schubkarren *m*, TRANS Gepäckkarren *m*, Schubkarren *m*

Bartlett: ~ **force** *n* NUC TECH Bartlett-Kraft *f*

barycenter *n AmE*, **barycentre** *n BrE* SPACE *spacecraft* Baryzentrum *nt*

baryon *n* PART PHYS, PHYS Baryon *nt*; ~ **number** *n* PART PHYS *quantum number conserved in strong interaction processes* PHYS Baryonenzahl *f*

baryta *n* CHEMISTRY Bariumoxid *nt*, Baryterde *f*

baryte *n* CER & GLAS Baryt *m*, PET TECH Schwerspat *m*, PLAS *pigment* Baryt *m*, Schwerspat *m*

basal: ~ **plane** *n* METALL Grundfläche *f*, PROD ENG Grundebene *f*; ~ **slip** *n* METALL Grundflächengleiten *nt*

basalt *n* CONST, FUELLESS Basalt *m*

bascule *n* MECHAN ENG *of bridge* Klappe *f*; ~ **bridge** *n* CONST Klappbrücke *f*

base[1] *adj* PROD ENG unedel

base[2] *n* CHEMISTRY Base *f*, Basis *f*, COMP & DP Basis *f*, CONST Fundament *nt*, Fußleiste *f*, Trägerschicht *f*, Unterlage *f*, *surveying* Grundlinie *f*, ELEC ENG *electrode* Basis *f*, Sockel von Elektronenröhren *m*, Trägermaterial *nt*, ELECTRON Basis *f*, Bodenplatte *f*, *electronic tubes* Sockel *m*, GEOM *of geometric figure* Basis *f*, Grundlinie *f*, MECHAN ENG *of machine* Basis *f*, *of plummer block* Basis *f*, Fuß *m*, PRINT *of letter* Fuß *m*, PROD ENG Auftragefläche *f*, Untergestell *nt*, *plastic valves* Unterlage *f*, RAD TECH *transistor*, RECORD *tape* Basis *f*, TELECOM Basis *f*, Fußpunkt *m*; ~ **address** *n* COMP & DP Basisadresse *f*, Bezugsadresse *f*; ~ **address register** *n* COMP & DP Basisadressenregister *nt*; ~ **band** *n* TELEV Basisband *nt*; ~ **board** *n* CONST Fußleiste *f*; ~ **cation** *n* POLL Basenkation *nt*; ~ **circle** *n* GEOM Basiskreis *m*, MECHAN ENG *involute gear* Grundkreis *m*; ~ **coat** *n* COATINGS Grundschicht *f*, Grundierung *f*, PLAS Base-Coat *f*; ~ **cone** *n* MECHAN ENG Grundkegel *m*; ~ **contact** *n* ELEC ENG Basisanschluß *m*; ~ **course** *n* CONST Binderlage *f*, Tragschicht *f*, Unterbau *m*, *civil engineering* Sauberkeitsschicht *f*; ~ **cup** *n* PACK Bodentasse *m*; ~ **design** *n* NUC TECH Grunddesign *nt*; ~ **diffusion** *n* ELECTRON *transistors* Basisdiffusion *f*; ~ **displacement address** *n* COMP & DP Adressierung über Basisadresse *f*; ~ **doping** *n* ELECTRON *transistors* Basis-Dotierung *f*; ~ **drive signal** *n* ELECTRON steuerndes Basissignal *nt*; ~ **electrode** *n* ELEC ENG Basiselektrode *f*; ~ **failure** *n* COAL TECH Sohlenversagen *nt*, CONST Grundbruch *m*; ~ **film** *n* TELEV Basisschicht *f*; ~ **fog** *n* PHOTO Grundschleier *m*; ~ **frame** *n* NUC TECH Grundrahmen *m*; ~ **glass** *n* CER & GLAS Rohglas *nt*; ~ **impurities** *n pl* ELECTRON Basisstörstelle *f*; ~ **line** *n* WATER TRANS *navigation* Basislinie *f*; ~ **load boiler** *n* NUC TECH Grundlastkessel *m*; ~ **material** *n* CONST *roads* Grundwerkstoff *m*, Tragschichtmaterial *nt*; ~ **metal** *n* MECHAN ENG Grundmetall *nt*, METALL Grundmetall *nt*, unedles Metall *nt*, PROD ENG unedles Metall *nt*; ~**-metal thermocouple** *n* INSTR unedles Thermoelement *nt*; ~ **modulation** *n* ELECTRON Basismodulation *f*; ~ **of neck** *n* CER & GLAS Sohle des Ofenmunds *f*; ~ **ore** *n* METALL basisches Erz *nt*; ~ **paper** *n* PAPER Rohpapier *nt*; ~ **plate** *n* CONST Fundament *nt*, Lastverteilungsplatte *f*, Sohlplatte *f*, MECHAN ENG Auflageplatte *f*, Grundplatte *f*, Tragplatte *f*, MECHANICS Abdeckblech *nt*, Grundplatte *f*, PAPER Tragplatte *f*; ~ **power** *n* NUC TECH Grundleistung *f*; ~ **region** *n* ELECTRON Basisraum *m*, Basisbereich *m*; ~ **register** *n* COMP & DP Basisregister *nt*; ~ **resistance** *n* ELEC ENG Basiswiderstand *m*; ~ **scratch** *n* PHOTO Kratzer auf dem Schichtträger *m*; ~ **sealing** *n* WASTE Basisabdichtung *f*; ~ **station** *n* TELECOM *land mobile* Basisstation *f*, Funkfeststation *f*, Funkkonzentrator *m*, ortsfeste Landfunkstelle *f*; ~ **station controller** *n* TELECOM Basisstationssteuerung *f*; ~ **thickness one** *n* ELECTRON Basisbreite *f*; ~ **thickness two** *n* ELECTRON Basisweite *f*; ~**-to-mobile relay** *n* TELECOM Relaisstelle Basisstation-Mobilteilnehmer *f*; ~ **unit** *n* (*BU*) TELECOM Basiseinheit *f* (*BE*); ~ **volume** *n* TRANS Basisvolumen *nt*; ~ **wall** *n* CONST Grundmauer *f*; ~ **widening** *n* ELECTRON Basiserweiterung *f*; ~ **width** *n* ELECTRON Basisweite *f*; ~ **zone thickness** *n* ELECTRON Basisbreite *f*

baseband *n* COMP & DP Basisband *nt*, ELEC ENG (*BB*) Basisband *nt* (*BB*), TELECOM Basisband *nt*; ~ **modem** *n* COMP & DP Gleichstromdatenübertragungseinrichtung *f*, TELECOM Basisbandmodem *nt*; ~ **response function** *n* OPT Übertragungsfunktion für das Grundfrequenzband *f*, TELECOM Basisbandcharakteristik *f*; ~ **signal** *n* ELECTRON Basisbandsignal *nt*; ~ **transfer function** *n* OPT Übertragungsfunktion für das Grundfrequenzband *f*, TELECOM Basisbandübertragungsfunktion *f*

baseboard *n* CONST *AmE* (*cf skirting board BrE*) Fußleiste *f*, Scheuerleiste *f*, PHOTO Laufboden *m*

baseline *n* CONST *surveying* Grundlinie *f*, PRINT Grundlinie *f*, Schriftlinie *f*; ~ **inspection** *n* MECHANICS Grundlinienkontrolle *f*

basement *n* PAPER Fundament *nt*; ~ **wall** *n* CONST Kellergeschoßwand *f*

bases: ~ **of an axiomatic system** *n pl* GEOM Grundlagen eines Axiomensystems *f pl*

basic[1] *adj* CHEMISTRY basisch

basic:[2] ~ **access** *n* TELECOM Basiskanal *m*; ~ **acetate** *n* CHEMISTRY basisches Acetat *nt*; ~ **amplifier circuit** *n* ELECTRON Verstärkergrundschaltung *f*; ~ **Bessemer converter** *n* PROD ENG Thomasbirne *f*; ~ **Bessemer pig** *n* PROD ENG Thomasroheisen *nt*; ~ **Bessemer process** *n* PROD ENG Thomasverfahren *nt*; ~ **Bessemer steel** *n* METALL Bessemerstahl *m*, Thomasstahl *m*, PROD ENG Thomasstahl *m*; ~ **bit rate** *n* TELECOM Grundbitrate *f*; ~ **bore** *n* MECHAN ENG, PROD ENG Einheitsbohrung *f*; ~ **call charge** *n* TELECOM *telephone* Grundfernsprechgebühr *f*, Grundgebühr *f*; ~ **capacity** *n* TRANS grundlegende Leistungsfähigkeit *f*; ~ **carbonate** *n* CHEMISTRY basisches Carbonat *nt*; ~ **channel** *n* TELECOM *ISDN* Basiskanal *m*; ~ **chloride** *n* CHEMISTRY basisches Chlorid *nt*; ~ **circuit diagram** *n* NUC TECH Grundschaltbild *nt*; ~ **coding** *n* COMP & DP Grundcodierung *f*; ~ **converter** *n* PROD ENG Thomasbirne *f*; ~ **converter steel** *n* PROD ENG Thomasstahl *m*; ~ **dye** *n* PAPER Grundfarbstoff *m*, TEXT basischer Farbstoff *m*, kationischer Farbstoff *m*; ~ **failure** *n* AIR TRANS Hauptausfall *m*; ~ **fiber** *n AmE*, ~ **fibre** *n BrE* CER & GLAS Rohfaser *f*; ~ **fold** *n* ENG DRAW Grundfalte *f*; ~ **fraction** *n* MATH gekürzter Bruch *m*; ~ **frequency** *n* (*BF*) ELECTRON, RAD TECH, TELECOM, TELEV Grundfrequenz *f*; ~ **group** *n* ELEC ENG Grundgruppe *f*, TELECOM GPG, Grundgruppe *f*, Grundprimärgruppe *f*; ~ **instruction** *n* COMP & DP Grundbefehl *m*; ~ **instrument** *n* INSTR Grundgerät *nt*; ~ **instrument flight trainer** *n* AIR TRANS Instrumentenflugsimulator für die Grundschulung *m*; ~ **knowledge** *n* ART INT Basiswissen *nt*; ~ **lead carbonate** *n* CHEMISTRY basisches Bleicarbonat *nt*; ~ **linkage** *n* COMP & DP Grundverbindung *f*; ~ **load** *n* TRANS Grundlast *f*; ~ **machine time** *n* COMP & DP Grundzyklus *m*, elementare Rechenzeit *f*; ~ **module** *n* ELECT Grundbaustein *m*; ~ **nitrate** *n* CHEMISTRY basisches Nitrat *nt*; ~ **noise** *n* ELECTRON *telephone* Grundgeräusch *nt*, INSTR Grundrauschen *nt*; ~ **openhearth furnace** *n* CER & GLAS basischer Martinofen *m*; ~ **oxygen steel** *n* METALL Sauerstoffblasstahl *m*; ~ **petrochemicals** *n pl* PET TECH Grundpetrochemikalien *f pl*; ~ **rack** *n* MECHAN ENG *gears* Bezugszahnstange *f*; ~ **rate access** *n* (*BRA*) TELECOM Anschluß zum Grundtarif *m*; ~ **rate service** *n* TELECOM Dienst zum Grundtarif *m*; ~ **safety rules** *n pl* SAFETY grundsätzliche Sicherheitsvorschriften *f pl*; ~ **salt** *n* CHEMISTRY basisches Salz *nt*; ~ **shaft** *n*

MECHAN ENG Einheitswelle *f*; ~ **shapes** *n pl* GEOM Grundformen *f pl*; ~ **sheet** *n* ENG DRAW Rohblatt *nt*; ~ **size** *n* QUAL Bezugsmenge *f*, Nennmaß *nt*; ~ **speed** *n* CONTROL Grundgeschwindigkeit *f*; ~ **state** *n* RAD PHYS Grundzustand *m*; ~ **state frequency** *n* ELECTRON, RAD TECH, TELEV Frequenz des Grundzustandes *f*; ~ **steel** *n* METALL basischer Stahl *m*; ~ **title block** *n* ENG DRAW Grundschriftfeld *nt*

Basic: ~ **Input/Output System** *n (BIOS)* COMP & DP Basic Input/Output System *nt (BIOS)*

BASIC *abbr (beginner's all-purpose symbolic instruction code)* PRINT *programming language* BASIC *(Beginner's All-purpose Symbolic Instruction Code)*

basify *vt* CHEMISTRY basisch stellen

basin *n* COAL TECH Becken *nt*, LAB EQUIP Becken *nt*, Behälter *m*, Schale *f*, PET TECH Becken *nt*, PROD ENG Mulde *f*, WATER SUP Becken *nt*, WATER TRANS Hafenbecken *nt*

basis *n* CHEMISTRY Basis *f*; ~ **metal** *n* METALL Grundmetall *nt*; ~ **vector** *n* PHYS Basisvektor *m*; ~ **weight** *n* PAPER Flächengewicht *nt*

Baskerville *n* PRINT *typeface* Baskerville *f*

basket *n* CONST, ELEC ENG, FOOD TECH Korb *m*; ~ **centrifuge** *n* COAL TECH Siebtrommelzentrifuge *f*; ~ **coil** *n* ELEC ENG Korbbodenspule *f*, Korbspule *f*; ~ **handle arch** *n* CONST Korbbogen *m*; ~ **winding** *n* ELEC ENG Kettenwicklung *f*, Korbbodenwicklung *f*

basketweave: ~ **packing** *n* CER & GLAS Korbgeflechtpackung *f*

Basov: ~ **diagram** *n* NUC TECH Basov-Diagramm *nt*

bass *n* ACOUSTICS Baß *m*, Baßstimme *f*; ~ **boost** *n* ELECTRON Baßanhebung *f*; ~ **compensation** *n* RECORD *radio* Baßanhebung *f*; ~ **control** *n* RECORD Baßregelung *f*; ~ **cut** *n* RECORD Tiefensperre *f*; ~-**cut filter** *n* RECORD Baßfilter *nt*, Tiefensperrfilter *nt*; ~-**reflex enclosure** *n* RECORD Baßreflexgehäuse *nt*; ~ **response** *n* RECORD Baßwiedergabe *f*

bastard[1] *adj* MECH Bastard- *pref*, MECHAN ENG Bastard- *pref*, nicht normkonform

bastard:[2] ~ **cut** *n* MECHAN ENG *of files, rasps* Bastardhieb *m*, Mittelhieb *m*; ~-**cut file** *n* MECHAN ENG Bastardfeile *f*; ~ **file** *n* MECHAN ENG, MECHANICS Bastardfeile *f*

bat: ~ **bolt** *n* CONST Verbindungsbolzen *m*

batardeau *n* CONST Fangdamm *m*

batch:[1] ~-**free** *adj* CER & GLAS gemengefrei

batch[2] *n* CER & GLAS *bricks* Ziegelbrand *m*, *glass making* Gemenge *nt*, COATINGS Charge *f*, COMP & DP Stapel *m*, FOOD TECH Charge *f*, Ladung *f*, Satz *m*, Schub *m*, MECHANICS Ansatz *m*, Füllung *f*, Masse *f*, Mischtrommel *f*, PAPER Charge *f*, Schicht *f*, PLAS Batch *nt*, Vormischung *f*, PROD ENG Gicht *f*, kleine Stückzahl *f*, *plastic valves* Los *nt*, QUAL Menge *f*, Partie *f*, SPACE *spacecraft* Ladung *f*, TELECOM *production* Charge *f*, TEXT Beschickung *f*, Charge *f*, Docke *f*, Einsatz *m*, TRANS Ladung *f*; ~ **charger** *n* CER & GLAS Gemengespeiser *m*; ~ **charge without cullet** *n* CER & GLAS Gemengecharge ohne Scherben *f*; ~ **code** *n* PACK Seriencode *m*; ~ **crust** *n* CER & GLAS Gemengehaut *f*; ~ **digester** *n* PAPER diskontinuierlicher Kocher *m*; ~ **distillation** *n* NUC TECH Batchdestillation *f*, Blasendestillation *f*; ~ **dust** *n* CER & GLAS Gemengestaub *m*; ~ **extraction** *n* NUC TECH Chargenentladung *f*; ~ **formula** *n* CER & GLAS Glassatz *m*; ~ **freezer** *n* FOOD TECH diskontinuierlicher Speiseeisbereiter *m*; ~ **fuel loading** *n* NUC TECH *of reactor* Chargenbeschickung *f*; ~ **furnace** *n* CHEM ENG Chargenofen *m*, Einsatzofen *m*, THERMODYN Kammerofen *m*, Ruhofen *m*; ~ **house** *n* CER & GLAS Gemengehaus *nt*; ~ **inspection by samples** *n* QUAL Partiekontrolle durch Stichproben *f*; ~-**melting line** *n AmE (cf silica scum line BrE)* CER & GLAS Gemengeschmelzgrenze *f*, Silikaschaumgrenze *f*; ~ **mix** *n* CONST Chargenmischung *f*; ~ **mixer** *n* CER & GLAS Chargenmischer *m*, CHEM ENG Chargenmischer *m*, diskontinuierlicher Mischer *m*, CONST *concrete* Betonmischer *m*, FOOD TECH Chargenmischer *m*, Periodenmischer *m*; ~ **mixing** *n* CER & GLAS Gemengemischung *f*; ~ **mode** *n* COMP & DP Stapelverarbeitungsmodus *m*; ~ **number** *n* PACK Auflagennummer *f*, Seriennummer *f*; ~ **pile** *n* CER & GLAS Gemengesatz *m*; ~ **plant** *n* CONST Betonmischanlage *f*, Dosieranlage *f*; ~ **processing** *n* CHEM ENG Chargenbetrieb *m*, Satzbetrieb *m*, diskontinuierliche Arbeitsweise *f*, COMP & DP Stapelverarbeitung *f*, PAPER Chargenverarbeitung *f*; ~ **pulper** *n* PAPER diskontinuierlicher Pulper *m*; ~ **reactor** *n* NUC TECH Reaktor im Chargenbetrieb *m*; ~ **size** *n* QUAL Chargenumfang *m*; ~ **still** *n* PET TECH Blasendestillationsanlage *f*; ~ **stone** *n* CER & GLAS Gemengestein *m*; ~ **tabbing** *n* PACK Kleinserien mit Laschen versehen; ~ **test** *n* QUAL Serienprüfung *f*, Stichprobenprüfung *f*; ~ **total** *n* COMP & DP Zwischensumme *f*, Zwischensumme pro Stapel *f*; ~ **tower** *n* CER & GLAS Gemengeturm *m*; ~-**type freezer** *n* HEAT & REFRIG periodisch arbeitendes Gefriergerät *nt*; ~-**type pasteurization** *n* FOOD TECH Dauererhitzung *f*; ~ **variation** *n* QUAL Chargenstreuung *f*, Partienstreuung *f*; ~ **wetting** *n* CER & GLAS Anfeuchten des Gemenges *nt*

batch[3] *vt* CONST bemessen, dosieren, PAPER einweichen

batcher *n* PROD ENG Dosiervorrichtung *f*

batching: ~ **counter** *n* INSTR Dosierzähler *m*, Vorwahlzähler *m*; ~ **tank** *n* NUC TECH Dosiertank *m*

batchwise: ~ **operation** *n* CHEM ENG, FOOD TECH Satzbetrieb *m*

bath *n* CER & GLAS *glass tank furnace* Wanne *f*, METALL Bad *nt*, TEXT Bad *nt*, Flotte *f*, Färbebad *nt*; ~ **atmosphere** *n* CER & GLAS Wannenatmosphäre *f*

bathometer *n* PHYS Tiefenmesser *m*

bathymetric: ~ **chart** *n* WATER TRANS *navigation* Tiefenkarte *f*

bathymetry *n* FUELLESS Bathymetrie *f*, Tiefenmessung *f*, WATER TRANS *navigation* Tiefenmeßlehre *f*

batten[1] *n* CONST Bohle *f*, Dachlatte *f*, Deckleiste *f*, Leiste *f*, Richtlatte *f*, Zierleiste *f*, MECHAN ENG Latte *f*, WATER TRANS *sailing* Schalkleiste *f*, Segellatte *f*; ~ **pocket** *n* WATER TRANS *sailing* Lattentasche *f*

batten[2] *vt* CONST befestigen, verschalen; ~ **down** *vt* WATER TRANS *hatches* verschalken

battening *n* CONST Holzverlattung *f*

batter[1] *n* CONST Neigung *f*, Schräge *f*, *of embankment* Böschungsneigung *f*; ~ **board** *n* CONST *surveying* Schnurgerüst *nt*; ~ **level** *n* CONST *surveying* Neigungsmesser *m*; ~ **wall** *n* CONST Schrägwand *f*

batter[2] *vt* CONST abböschen, verjüngen, MECHAN ENG aushämmern

battery:[1] ~-**powered** *adj* ELEC ENG batteriebetrieben, batteriegespeist

battery[2] *n* AUTO Batterie *f*, Stromspeicheraggregat *nt*, ELEC ENG *single cell* Batterie *f*, *storage cell* Batterie *f*, ELECT Batterie *f*, Zelle *f*, MECHAN ENG Batterie *f*, Gruppe *f*, PHOTO, PHYS, RAD TECH, TELECOM Batterie *f*, WATER TRANS Batterie *f*, Stromspeicheraggregat *nt*; ~ **acid** *n* CHEMISTRY Batteriesäure *f*, ELEC ENG Akkumulatorsäure *f*; ~ **backup** *n* ELEC ENG Notstromumschaltung *f*, RAD TECH Netzausfallreserve mit Batterie *f*; ~ **box** *n* AUTO Batteriegehäuse *nt*, Batteriekasten *m*, ELECT Batteriekasten *m*; ~ **bus** *n* TRANS elektrischer Bus *m*; ~ **cell** *n* ELEC ENG Batteriezelle *f*, ELECT Batterieelement *nt*, SPACE *spacecraft* Batteriezelle *f*; ~ **chamber** *n* PHOTO Batteriefach *nt*, Batteriekammer *f*; ~ **change-over relay** *n* AUTO Batterieumschaltrelais *nt*; ~ **charge** *n* ELEC ENG Batterieladung *f*; ~ **charger** *n* ELEC ENG Batterieladegerät *nt*; ~ **clip** *n* ELEC ENG Batterieklemme *f*; ~ **condition** *n* TELECOM Batteriezustand *m*; ~ **cradle** *n* AUTO Batteriegestell *nt*; ~ **drain** *n* SPACE *spacecraft* Belastung *f*, konstant geringe Batterieentladung *f*; ~ **electrode** *n* ELECT Akkumulatorelektrode *f*, Batterieelektrode *f*, Gitterplatte *f*; ~ **exchange point** *n* AUTO Batteriewechselstelle *f*; ~ **frame** *n* ELECT Batteriegestell *nt*; ~ **framework** *n* ELECT Batteriegestell *nt*; ~ **grip** *n* PHOTO Batterieklemme *f*; ~ **ignition** *n* AUTO Batteriezündung *f*; ~ **jar** *n* CER & GLAS Batterieglas *nt*; ~ **loading point** *n* AUTO Batterieladestelle *f*; ~ **master switch** *n* AUTO Batteriehauptschalter *m*; ~ **operation** *n* ELEC ENG Batteriebetrieb *m*; ~ **pack** *n* PHOTO *flash unit* Batterieteil *nt*, RAD TECH Batteriepackung *f*; ~ **plate** *n* AUTO, ELEC ENG Batterieplatte *f*, ELECT Akkumulatorplatte *f*, Gitterplatte *f*; ~**-powered electric vehicle** *n* TRANS batteriebetriebenes Elektrofahrzeug *nt*; ~**-powered flash unit** *n* PHOTO Batterieblitzlicht *nt*; ~ **switch** *n* PHOTO Batterieschutzschalter *m*; ~ **terminal** *n* AUTO Batterieanschlußklemme *f*, Batteriepol *m*, ELEC ENG Batterieanschluß *m*, Batteriepol *m*, ELECT Batterieanschluß *m*, Batterieklemme *f*, PHOTO Batteriekontakt *m*; ~ **transfer bus** *n* SPACE *spacecraft* Batteriesammelschiene *f*, batteriegepufferter Transferbus *m*; ~ **truck** *n* TRANS batteriebetriebener Lastkraftwagen *m*; ~ **vehicle** *n* ELEC ENG Batteriefahrzeug *nt*, Elektrofahrzeug *nt*; ~ **viewer** *n* PHOTO batteriebetriebener Diabetrachter *m*

batting *n* TEXT Watte in Lagen *f*; ~ **down** *n* TELEV Abwickeln *nt*

battle: ~ **cruiser** *n* WATER TRANS *navy* Schlachtkreuzer *m*

battledore *n* CER & GLAS Plätteisen *nt*

baud *n* COMP & DP, PRINT Baud *nt*; ~ **rate** *n* COMP & DP Baudrate *f*, Datenübertragungsgeschwindigkeit *f*

Baudot *n* RAD TECH Baudot *m*; ~ **Code** *n* RAD TECH Baudot-Code *m*

baulk *n BrE* CONST Balken *m*

Baum: ~ **box** *n* COAL TECH luftgesteuerte Setzmaschine *f*; ~ **jig** *n* COAL TECH luftgesteuerte Setzmaschine *f*

Baumé: ~ **scale** *n* FOOD TECH Baumé-Skale *f*

bauxite *n* CER & GLAS, PROD ENG Bauxit *m*

BAW *abbr (bare aluminium wire BrE, bare aluminum wire AmE)* ELEC ENG blanker Aluminiumdraht *m*

bay *n* CONST Schiff *nt*, *machine shop* Abteilung *f*, Feld *nt*, FUELLESS Bai *f*, MECHANICS Abteilung *f*, Fach *nt*, TELECOM Fach *nt*, Gestell *nt*, Rahmen *m*, WATER TRANS Bucht *f*; ~ **platform** *n* RAIL Kopfplattform *f*; ~ **system** *n* CONST Rastersystem *nt*; ~ **window** *n* CONST Erkerfenster *nt*

Bayard-Alpert: ~ **ionization gage** *n AmE* ~ **ionization gauge** *n BrE* NUC TECH Ionisationsmeßgerät nach Bayard-Alpert *nt*

baying: ~ **aerials** *n pl* RAD TECH gestockte Antennengruppen *f pl*

bayonet *n* ELEC ENG Bajonett *nt*; ~ **base** *n* ELEC ENG, PHOTO Bajonettsockel *m*; ~ **cap** *n* ELECT *light bulb* Bajonettsockel *m*, Stiftsockel *m*, *of incandescent lamp* Bajonettsockel *m*; ~ **cap finish** *n* CER & GLAS Bajonettverschluß *m*; ~ **catch** *n* PACK Bajonettverschluß *m*; ~ **closure** *n* NUC TECH *of coolant channel* Bajonettverschluß *m*; ~ **coupling** *n* ELEC ENG Bajonettkupplung *f*; ~ **fastening** *n* PROD ENG *plastic valves* Bajonettverschluß *m*; ~ **fitting** *n* CONST Bajonettfassung *f*; ~ **holder** *n* ELECT *for incandescent electric lamps* Bajonettfassung *f*; ~ **joint** *n* ELECT Bajonettverbindung *f*; ~ **lamp holder** *n* ELECT Bajonett-Lampenfassung *f*, Stiftlampenfassung *f*; ~ **locking** *n* MECHANICS Bajonettverschluß *m*; ~ **mount** *n* PHOTO Bajonettfassung *f*; ~ **nut connector** *n (BNC)* ELECTRON Bajonettsteckverbinder mit Überwurfmutter *m (BNC-Stecker)*; ~ **socket** *n* ELECT *electric light* Bajonettfassung *f*, Stiftfassung *f*, *for incandescent electric lamps* Bajonettfassung *f*, MECHAN ENG Bajonettfassung *f*, PHOTO *BrE (cf quarter-turn fastener AmE)* Bajonettverschluß *m*

Bazin's: ~ **formula** *n* HYD EQUIP Bazin-Formel *f*, Bazinsche Formel *f*

bazooka: ~ **balun** *n* RAD TECH *antenna* Bazooka-Balun *m*

bb *abbr (bulletin board)* COMP & DP *E-mail* M-box

BB *abbr (baseband)* ELEC ENG BB *(Basisband)*

BBD *abbr (bucket brigade device)* ELEC ENG, TELECOM BBD *(Eimerkettenschaltung)*

BBL *abbr (beacons and blind landing)* SPACE BBL *(Blindlandung mit Bakeunterstützung)*

BC *abbr (bit change)* PET TECH Bohrmeißelwechsel *m*

BCC *abbr (block check character)* TELECOM BCC *(Blockprüfzeichen)*

BCD *abbr* COMP & DP *(binary-coded decimal)* BCD *(binärcodierte Dezimalzahl)*, PET TECH *(barrels per calendar day)* B/d *(Barrel pro Tag)*, RAD TECH *(binary-coded decimal)* BCD *(binärcodierte Dezimalzahl)*

B-channel *n* TELECOM *ISDN* B-Kanal *m*; ~ **virtual circuit service** *n* TELECOM virtueller Verbindungsdienst des B-Kanals *m*

BCI *abbr (broadcast interference)* RAD TECH BCI *(Rundfunkstörung)*

BCS[1] *abbr (British Computer Society)* COMP & DP BCS *(Britischer Computerverband)*

BCS:[2] ~ **theory** *n (Bardeen-Cooper-Schrieffer-Theory)* PHYS BCS-Theorie *f (Bardeen-Cooper-Schrieffer-Theorie)*

BDC *abbr (bottom dead center AmE, bottom dead centre BrE)* MECHANICS unterer Totpunkt *m*

BDP *abbr (bonded double paper)* PAPER BDP *(Verbundpapier)*

BDV *abbr (breakdown voltage)* ELECTRON UZ *(Zenerspannung)*

Be *(beryllium)* CHEMISTRY Be *(Beryllium)*

BE *abbr (electric susceptance)* ELECT BE *(elektrischer Blindleitwert)*

beach *vt* WATER TRANS auflaufen

beaching: ~ **keel** *n* WATER TRANS *shipbuilding* Kiel zum Auflaufen auf Land *m*

beacon[1] *n* AIR TRANS Funkfeuer *nt*, Leuchtfeuer *nt*, CONST *surveying* Signal *nt*, RAD TECH Bake *f*, SPACE Bake *f*, Bakensignal *nt*, Leitstrahl *m*, WATER TRANS *navigation marks* Bake *f*; ~ **generator** *n* SPACE *spacecraft* Bake *f*, Leitstrahlerzeuger *m*

beacon[2] *vt* CONST markieren

beacons: **~ and blind landing** *n (BBL)* SPACE Blindlandung mit Bakeunterstützung *f (BBL)*

bead[1] *n* AUTO *tyre* Wulst *m*, CER & GLAS Glaskugel *f*, *bottle* Wulst *m*, *of glass* Glasperle *f*, CONST Sicke *f*, Wulst *m*, *joinery* Rundstab *m*, *metal* Verfalzung *f*, MECHAN ENG Sicke *f*, Wulst *m*, *in welding* Schweißraupe *f*, MECHANICS Bördelrand *m*, Schweißraupe *f*, PROD ENG Randwulst *f*, Schweißraupe *f*; **~ core** *n* AUTO Wulstkern *m*; **~ down** *n* CER & GLAS Rändern *nt*

bead[2] *vt* CONST falzen, MECHAN ENG sicken; **~ over** *vt* CONST umbördeln

beaded: **~ bevel** *n* CER & GLAS Wulstfacette *f*; **~ chain** *n* MECHAN ENG Erbsenkette *f*; **~ screen** *n* PHOTO Kristallperlwand *f*

beading *n* MECHAN ENG Sicken *nt*

beak *n* MECHAN ENG *of anvil*, PROD ENG Horn *nt*; **~ iron** *n* MECHAN ENG Amboßhorn *nt*

beaker *n* CER & GLAS Becherglas *nt*, FOOD TECH, LAB EQUIP Becher *m*, PAPER Kochbecher *m*; **~ holder** *n* LAB EQUIP Becherhalter *m*; **~ with spout** *n* LAB EQUIP Becher mit Schnabel *m*

beam[1] *n* CONST Balkenträger *m*, Riegel *m*, Unterzug *m*, *girder* Profileisenträger *m*, ELECTRON *unidirectional flux* Strahlenbündel *nt*, MECHAN ENG *support* Tragebalken *m*, Träger *m*, METROL *balance* Waagebalken *m*, *radar* Meßstrahl *m*, PAPER Ausleger *m*, PART PHYS, PHYS Lichtstrahl *m*, PROD ENG Führungsschiene *f*, Strahlenbündel *nt*, RAD TECH *directional aerial*, SPACE Richtstrahl *m*, TELECOM Strahlenbündel *nt*, TELEV Lichtstrahl *m*, TEXT Baum *m*, Färbebaum *m*, Kettbaum *m*, Webbaum *m*, WATER TRANS Dwars- *pref*, *shipbuilding* Deckbalken *m*, Schiffsbreite *f*, *signal* Lichtstrahl *m*; **~ aerial** *n* ELECTRON *directional antenna*, RAD TECH Richtantenne *f*; **~ alignment** *n* TELEV Strahlausrichtung *f*; **~ angle** *n* ELECTRON Strahlwinkel *m*, Öffnungswinkel *m*; **~ antenna** *n* ELECTRON, RAD TECH Richtantenne *f*; **~ attenuation** *n* ELECTRON Strahlabschwächung *f*; **~ attenuator** *n* ELECTRON Strahlabschwächer *m*; **~ balance** *n* METROL Balkenwaage *f*; **~ bending** *n* CONST Balkenbiegung *f*; **~ blank** *n* PROD ENG Vorblock *m*; **~ blanking** *n* ELECTRON *cathode ray tubes* Strahlverdunkelung *f*, TELEV Strahlaustastung *f*; **~ bracket** *n* WATER TRANS *shipbuilding* Deckbalkenknieblech *nt*; **~ caliper** *n AmE see beam calliper BrE* **~ caliper gage** *n AmE see beam calliper gauge BrE* **~ calliper** *n BrE* METROL Balkenlehre *f*; **~ calliper gauge** *n BrE* METROL Balkenlehre *f*; **~ compasses** *n pl* METROL Stangenzirkel *m*; **~ compasses with adjusting screw** *n pl* METROL Stangenzirkel mit Stellschraube *m*; **~ cut-off** *n* TELEV Strahlabschaltung *f*; **~ diameter** *n* OPT Strahldurchmesser *m*; **~ divergence** *n* OPT Strahldivergenz *f*, TELECOM Strahlverbreiterung *f*, Strahldivergenz *f*; **~ dyeing** *n* TEXT Baumfärben *nt*, Baumfärbung *f*, Kettbaumfärben *nt*, Kettbaumfärbung *f*; **~-dyeing machine** *n* TEXT Baumfärbeapparat *m*, Kettbaumfärbeapparat *m*; **~ engine** *n* MECHAN ENG Balanciermaschine *f*; **~ focusing** *n* ELECTRON Strahlenbündelung *f*, TELEV Strahlfokussierung *f*; **~ foil** *n* RAD PHYS Bestrahlungsfolie *f*; **~ following** *n* AIR TRANS Leitstrahllenkung *f*; **~ forming** *n* ELECTRON Strahlenbündelung *f*, Strahlenkonzentration *f*; **~-forming plate** *n* TELEV Bündelungselektrode *f*; **~ hole** *n* NUC TECH *reactor* Strahlrohr *nt*; **~ impact point** *n* TELEV Leuchtpunkt *m*; **~ injection** *n* NUC TECH Strahlzufuhr *f*; **~ interception** *n* AIR TRANS Ansteuerung eines Leitstrahls *f*, Auffangen eines Leitstrahls *nt*; **~ jitter** *n* TELEV Strahlzittern *nt*; **~ knee** *n* WATER TRANS *shipbuilding* Balkenknie *nt*; **~ lead** *n* ELECTRON *chips* Balkenleiter *m*, Beam-Lead- *pref*; **~ lead chip** *n* ELECTRON *microelectronics* Beam-Lead-Chip *m*; **~ lead device** *n* ELECTRON Balkenleitergerät *nt*; **~ lead technique** *n* ELECTRON Balkenleitertechnik *f*, Beam-Lead-Technik *f*; **~ loading** *n* TELEV Strahlenladen *nt*; **~ of particles** *n* PART PHYS Teilchenstrahl *m*; **~ pattern** *n* TELEV Strahlungsdiagramm *nt*; **~-plasma interaction** *n* NUC TECH Wechselwirkung zwischen Strahl und Plasma *f*; **~-positioning magnet** *n* TELEV Positioniermagnet *m*; **~-positioning system** *n* TELEV Strahlpositioniersystem *nt*; **~ power** *n* ELECTRON Strahlstärke *f*; **~ power density** *n* ELECTRON Strahlbündeldichte *f*; **~ power tube** *n* ELECTRON Endtetrode mit Elektronenbündelung *f*, Strahltetrode *f*; **~ pulser** *n* NUC TECH *for bursts of photons* Strahlpulser *m*; **~ reactor** *n* NUC TECH Neutronenstrahlreaktor *m*; **~ return** *n* TELEV Strahlrücklauf *m*; **~-reversing lens** *n* TELEV Umkehrlinse *f*; **~ and scales** *n* METROL Balkenwaage *f*; **~ scales** *n pl* METROL Balkenwaage *f*; **~ scanning** *n* ELECTRON Strahlabtastung *f*; **~ sea** *n* WATER TRANS Dwarssee *f*, Quersee *f*; **~ shaping** *n* ELECTRON Strahlenformung *f*; **~ sharpening** *n* ELECTRON Strahlschärfung *f*; **~ signal** *n* ELECTRON Strahlsignal *nt*; **~ splitter** *n* OPT Strahlteiler *m*, Strahlaufteiler *m*, TELEV Strahlteiler *m*; **~ splitting** *n* ELECTRON Strahlaufspaltung *f*; **~ support** *n* METROL Balkenauflage *f*; **~ switching** *n* SPACE *space communications* Richtstrahlumschaltung *f*; **~ test** *n* PROD ENG Biegeversuch *m*; **~ tilt** *n* TELEV Strahltilt *nt*; **~-to-beam sizing** *n* TEXT Schlichten von Baum zu Baum *nt*; **~ trammel** *n* PROD ENG Stangenzirkel *m*; **~-type scale** *n* INSTR Balkenwaage *f*; **~ well** *n* PET TECH Schwengelbohrloch *nt*

beam[2] *vt* ELECTRON *emit*, RAD TECH mit Richtstrahler entsenden

beamed: **~ yarn** *n* CER & GLAS aufgewickeltes Garn *nt*

beamer *n* TEXT Bäummaschine *f*, Kettenanschärer *m*

beaming *n* TEXT Aufbäumung *f*, Bäumen *nt*, Zetteln *nt*

beampencil: **~ of light** *n* OPT Strahlenbündel *nt*, Strahlenbüschel *nt*

beams *n pl* CONST Gebälk *nt*

beamwidth *n* ELECTRON Keulenbreite *f*, Strahlbreite *f*, OPT Bündelbreite *f*, Strahlbreite *f*, Strahlöffnung *f*, RAD TECH Abstrahlkeulenbreite *f*

bear[1] *n* CER & GLAS Ofenbär *m*

bear[2] *vt* CONST stützen, tragen, MECHAN ENG tragen; **~ down** *vt* WATER TRANS in den Wind drehen

bear:[3] **~ away** *vi* WATER TRANS abfallen

beard *n* PRINT *of type* Fleisch *nt*

bearded: **~ needle frame** *n* TEXT Spitzennadelkamm *m*

bearding *n* TELEV Verbindung *f*

bearer *n* CONST Podestträger *m*, Unterzug *m*, MECHAN ENG *rolling mill* Walzenständer *m*, PROD ENG Wange *f*; **~ service** *n* TELECOM Trägerdienst *m*, Übermittlungsdienst *m*

bearing[1] *adj* CONST, MECHAN ENG tragend

bearing[2] *n* CONST Auflager *m*, Lager *nt*, Richtungswinkel *m*, ELECT *electrical machine* Buchse *f*, Lager *nt*, Ständer *m*, MECHAN ENG *lined with antifriction metal* Gleitlager *nt*, *mechanical components* Lager *nt*, *method* Lagerung *f*, MECHANICS, PAPER Lager *nt*, PROD ENG Führungsbahn *f*, Zahnanlage *f*, TRANS Auflager *m*, Lager *nt*, WATER TRANS *navigation* Peilung *f*; ~ **alloy** *n* MECHAN ENG Lagermetall *nt*; ~ **area** *n* CONST Auflagefläche *f*; ~ **bed** *n* CONST Tragschicht *f*; ~ **block** *n* MECHAN ENG Lagerbock *m*; ~ **bush** *n* MECHAN ENG Lagerhülse *f*, Lagerbüchse *f*, Lagerschale *f*; ~ **bushing** *n* MECHAN ENG Lagerhülse *f*, Lagerbüchse *f*; ~ **cage** *n* MECHAN ENG Lagerkäfig *m*; ~ **cap** *n* AUTO, MECHAN ENG Lagerdeckel *m*; ~ **capacity** *n* COAL TECH, CONST Tragfähigkeit *f*; ~ **clearance** *n* MECHAN ENG Lagerluft *f*, Lagerspiel *nt*; ~ **end** *n* MECHAN ENG *of shaft* Lagerseite *f*; ~ **friction** *n* MECHAN ENG Lagerreibung *f*; ~ **housing** *n* MECHAN ENG, PAPER Lagergehäuse *nt*; ~ **instrument** *n* INSTR Peilgerät *nt*; ~ **journal** *n* MECHAN ENG Lagerzapfen *m*; ~ **lining** *n* MECHANICS Lagerausguß *m*; ~ **load** *n* CONST Bodenpressung *f*, Bodendruck *m*; ~ **lubrication** *n* PROD ENG Lagerschmierung *f*; ~ **marker** *n* WATER TRANS *radar* Peilscheibe *f*; ~ **materials** *n pl* MECHAN ENG Lagerwerkstoffe *m pl*; ~ **metal** *n* MECHAN ENG Lagermetall *nt*, METALL Lagermetall *nt*, Weißmetall *nt*; ~ **pad** *n* MECHANICS Auflagekonsole *f*, Auflagepuffer *m*; ~ **plate** *n* CONST Ankerplatte *f*, Auflagerplatte *f*, MECHAN ENG Lagerschild *nt*, RAIL Randplatte *f*; ~ **point** *n* MECHAN ENG *of piece* Einspannstelle *f*; ~ **and power transfer assembly** *n (BAPTA)* SPACE Baugruppe zur Peilung und Kraftübertragung *f*; ~ **pressure** *n* CONST Sohldruck *m*, Stützkraft *f*; ~ **race** *n* MECHAN ENG Laufrolle *f*; ~ **rail** *n* TRANS Auflageschiene *f*; ~ **shell** *n* MECHAN ENG Lagerschale *f*; ~ **slackness** *n* MECHAN ENG Luft *f*; ~ **strength** *n* COAL TECH Tragfestigkeit *f*; ~ **surface** *n* MECHAN ENG Tragfläche *f*, *of screw* Auflagefläche *f*, TRANS Auflagefläche *f*; ~ **test** *n* CONST Tragfähigkeitsversuch *m*; ~ **wall** *n* CONST tragende Wand *f*

bearings *n pl* METROL *navigation* Kurs *m*, *of a balance* Waagelagerung *f*

beat[1] *n* ACOUSTICS Schwebung *f*, Takt *m*, AUTO Klopfen *nt*, PHYS Schwebung *f*; ~ **frequency** *n* ELECTRON *heterodyne*, PHYS, RAD TECH Schwebungsfrequenz *f*; ~ **frequency oscillator** *n (BFO)* ELECTRON, PHYS, RAD TECH *radiotelegraphy* Schwebungsfrequenzoszillator *m (BFO)*; ~ **note detector** *n* ELECTRON Schwebungstondetektor *m*; ~**-up** *n* TEXT Ladenanschlag *m*, Schußanschlag *m*, Schußdichte *f*

beat[2] *vt* CONST hämmern, klopfen, schlagen, PAPER mahlen

beat[3] *vi* RAD TECH sich überlagern

beatability *n* PAPER Mahlbarkeit *f*

beaten *adj* PAPER gemahlen

beater *n* CONST Schlegel *m*, PAPER Mahlholländer *m*; ~ **bar** *n* PAPER Holländermesser *nt*; ~ **roll** *n* PAPER Holländerwalze *f*

beating *n* ELECTRON Schwebung *f*, PAPER Mahlen *nt*; ~ **hammer** *n* MECHAN ENG Treibhammer *m*

Beaufort: ~ **scale** *n* WATER TRANS Beaufort-Skale *f*

Beaume: ~ **scale** *n* PHYS *hydrometry* Beaumé-Skale *f*

beaumontage *n* PROD ENG Füllkit *m*

beauty *n* PART PHYS *quark flavour* Schönheit *f*

becket *n* WATER TRANS *rope* Seilöse *f*; ~ **bend** *n* WATER TRANS *knot* Schotstek *m*

Beckmann: ~ **thermometer** *n* PHYS Beckmannsches Flüssigkeitsthermometer *nt*

become: ~ **effective** *vi* MECHAN ENG wirksam werden; ~ **entangled** *vi* SAFETY sich verfangen; ~ **zero** *vi* PHYS zu Null werden

becquerel *n (Bq)* METROL *unit*, PHYS *unit* Becquerel *nt (Bq)*

Becquerel: ~ **cell** *n* ELECT Becquerelzelle *f*; ~ **effect** *n* ELECT Becquereleffekt *m*

bed[1] *n* COAL TECH Schicht *f*, CONST Bettung *f*, Lagerfläche *f*, Unterfütterung *f*, Unterlage *f*, MECHAN ENG *machine tool* Bett *nt*, *of furnace* Sohle *f*, *of lathe* Bett *nt*, METALL *furnace* Sohle *f*, PET TECH Schicht *f*, PRINT *printing press* Fundament *nt*, PROD ENG Sohle *f*, Tisch *m*; ~ **carriage** *n* MECHAN ENG *of lathe* Bettschlitten *m*; ~ **knife** *n* PAPER Untermesser *nt*; ~ **pig** *n* METALL Massenform *f*; ~ **plate** *n* CONST Auflagerplatte *f*, Bodenplatte *f*, Grundplatte *f*, MECHAN ENG *engine* Fundamentplatte *f*, Grundplatte *f*, PAPER Grundwerk *nt*, PET TECH Grundplatte *f*, Sohlenplatte *f*, Standplatte *f*, PROD ENG *metal cutting* Auflagerplatte *f*, RAIL, WATER TRANS *of machine* Grundplatte *f*; ~ **plate box** *n* PAPER Grundwerkkasten *m*; ~ **roll** *n* PAPER Grundwerkwalze *f*; ~ **sequence** *n* COAL TECH Schichtenfolge *f*; ~ **slide** *n* MECHAN ENG Bettschlitten *m*

bed:[2] ~ **in** *vt* CONST einbetten; ~ **out** *vt* CONST auspflanzen

bedding *n* ELECT Einbettung *f*, PET TECH Schichtung *f*; ~ **course** *n* CONST Bettungsmörtelschicht *f*; ~ **mortar** *n* CONST Bettungsmörtel *m*; ~ **putty** *n* CONST Fensterkitt *m*; ~ **surface** *n* CONST Auflagerfläche *f*

bedrock *n* PET TECH Muttergestein *nt*, WATER SUP Grundgestein *nt*, unterlagerndes Gestein *nt*

bedspread *n* TEXT Bettdecke *f*

beehive: ~ **kiln** *n* CER & GLAS Rundofen *m*

beep: ~ **switch** *n* AIR TRANS *on cycle stick, helicopter* Piepschalter *m*

beetle *n* CONST *paving* Holzhammer *m*, Steinramme *f*; ~ **head** *n* CONST Rammbär *m*

before: ~ **-and-after study** *n* TRANS Vorher-Nachher-Untersuchung *f*

beginner's: ~ **all-purpose symbolic instruction code** *n (BASIC)* PRINT Beginner's All-purpose Symbolic Instruction Code *m (BASIC)*

beginning: ~ **of life** *n* NUC TECH *of reactor core* erstes Anfahren *nt*; ~**-of-tape marker** *n* COMP & DP Bandanfangsmarke *f*; ~ **of stress** *n* QUAL Beanspruchungsbeginn *m*; ~ **of tape** *n (BOT)* COMP & DP Bandanfang *m (BOT)*

behavior *n AmE see behaviour BrE*

behaviour *n BrE* CONST, ERGON, MAR POLL Verhalten *nt* ~ **pattern** *n BrE* ERGON Verhaltensmuster *nt*

beheaded: ~ **river** *n* WATER SUP angezapfter Fluß *m*

behenic *adj* CHEMISTRY Behen- *pref*

Beijing: ~ **Electron Positron Collider** *n (BEPC)* PART PHYS Beijing Electron Positron Collider *m (BEPC)*

bel *n (B)* ACOUSTICS, ELEC ENG, PHYS Bel *nt (B)*

belay *vt* WATER TRANS *ropes* belegen

belaying: ~ **cleat** *n* WATER TRANS *deck equipment* Belegklampe *f*; ~ **pin** *n* WATER TRANS *deck equipment* Belegnagel *m*

bell *n* ELEC ENG Klingel *f*, ELECT Glocke *f*, PROD ENG Gichtglocke *f*, Haube *f*, Muffe *f*, trichterförmige Ausweitung *f*; ~ **battery** *n* ELECT Glockenbatterie *f*, Trockenbatterie für Glocke *f*; ~ **buoy** *n* WATER TRANS *navigation* Glockentonne *f*; ~ **cap** *n* PET TECH Glokkenkappe *f*; ~**-centering punch** *n AmE*, ~**-centring punch** *n BrE* MECHAN ENG Glockenzentriervorrichtung *f*; ~ **character** *n* COMP & DP Klingel *f*; ~ **chuck** *n* MECHAN ENG *of lathe* Vierschraubenfutter *nt*; ~ **communication** *n* RAIL Verständigung durch Läuterwerk *f*; ~ **cone** *n* CER & GLAS Glockenkegel *m*; ~ **crank** *n* AIR TRANS *helicopter* Kniehebel *m*, MECHAN ENG Winkelkurbel *f*; ~ **crank lever** *n* MECHAN ENG Winkelhebel *m*; ~ **crank system** *n* MECHANICS Winkelhebelsystem *nt*; ~ **flowmeter** *n* INSTR Durchflußmesser mit Tauchglockenwirkdruckgeber *m*, Tauchglockendurchflußmesser *m*; ~ **and hopper** *n* PROD ENG Gichtverschluß *m*; ~ **housing** *n* AUTO Kupplungsgehäuse *nt*; ~ **jar** *n* CER & GLAS *clock* Glasglocke *f*, CHEMISTRY Rezipientenglocke *f*, LAB EQUIP Glasglocke *f*; ~ **metal** *n* METALL Glockengut *nt*, Glockenmetall *nt*; ~ **mouth** *n* MECHAN ENG trompetenförmige Ausweitung *f*, SPACE glockenförmiger Aufnahmestutzen *m*; ~ **plunger** *n* METALL Tauchglocke *f*; ~ **pressure gage** *n AmE*, ~ **pressure gauge** *n BrE* INSTR Tauchglocken-Manometer *nt*; ~-**shaped curve** *n* GEOM Glockenkurve *f*, glockenförmige Kurve *f*, MATH Gaußsche Glockenkurve *f*, Glockenkurve *f*; ~-**shaped insulator** *n* ELEC ENG Glockenisolator *m*; ~-**shaped valve** *n* MECHAN ENG Glockenventil *nt*; ~ **transformer** *n* ELEC ENG Klingeltrafo *m*, Klingeltransformator *m*, ELECT Glockentransformator *m*; ~-**type difference pressure transmitter** *n* INSTR Tauchglockenwirkdruckgeber *m*; ~-**type manometer** *n* INSTR Glockenmanometer *nt*, Tauchglocken-Manometer *nt*; ~ **valve** *n* HYD EQUIP Glockenventil *nt*; ~ **wire** *n* ELEC ENG Klingeldraht *m*

Belleville: ~ **spring** *n* MECHAN ENG Belleville-Feder *f*

bellow: ~ **expansion joints** *n pl* MECHAN ENG Ausdehnungsrohrverbindungen *f pl*

bellows *n pl* MECHAN ENG Balg *m*, Balgen *m*, Faltenbalg *m*, MECHANICS Blasebalg *m*, Faltenbalg *m*, PHOTO Balgen *m*, PROD ENG Blasebalg *m*, SPACE Membrandruckdose *f*; ~ **attachment** *n* PHOTO Balgenansatz *m*; ~ **camera** *n* PHOTO Balgenkamera *f*; ~ **covering** *n* PHOTO Balgendichtung *f*; ~ **extension** *n* PHOTO Balgenauszug *m*; ~ **flowmeter** *n* INSTR Balgfederdurchflußmeßgerät *nt*, Durchflußmeßgerät mit Balgfeder als Wirkdruckgeber *nt*; ~ **frame** *n* PHOTO Balgenrahmen *m*; ~ **gage** *n AmE*, ~ **gauge** *n BrE* INSTR Aneroidbarometer *nt*, Balgfedermanometer *nt*, Wellrohrmanometer *nt*; ~ **pump** *n* LAB EQUIP Blasebalgpumpe *f*; ~ **seal** *n* SPACE Membrandichtung *f*; ~ **shutter** *n* PHOTO Balgenverschluß *m*; ~-**type folding camera** *n* PHOTO Balgenklappkamera *f*; ~ **valve** *n* MECHAN ENG Glockenventil *nt*

belly[1] *n* CER & GLAS *shaft furnace* Rast *f*, CONST Ausbauchung *f*, PROD ENG Kohlensack *m*, WATER TRANS *of sail, boat* Bauch *m*, Bauchigkeit *f*; ~ **landing** *n* AIR TRANS Bauchlandung *f*

belly:[2] ~ **out** *vi* CONST anschwellen

below[1] *adv* WATER TRANS nach unten, unter Deck; ~ **deck** *adv* WATER TRANS unter Deck; ~ **decks** *adv* WATER TRANS unter Deck; ~ **grade** *adv* CONST unter Planungshöhe; ~ **the waist** *adv* TEXT unterhalb der Taille

below:[2] ~-**cloud scavenging** *n* POLL Reinigungsfällung *f*

belshazzar *n* CER & GLAS Belsazzar *m*

belt:[1] ~-**driven** *adj* PROD ENG riemengetrieben

belt[2] *n* AUTO *for cooling fan* Gürtel *m*, Riemen *m*, MECHAN ENG Antriebsriemen *m*, Treibriemen *m*, Riemen *m*, MECHANICS, PAPER Riemen *m*, PROD ENG Anker *m*; ~ **balance** *n* INSTR Förderbandwaage *f*; ~ **conveyor** *n* MECH Förderband *nt*, MECHAN ENG Förderband *nt*, Gurtbandförderer *m*, PACK Förderband *nt*, Transportband *nt*, PAPER, PROD ENG Bandförderer *m*, TRANS, WASTE Förderband *nt*; ~ **creep** *n* PROD ENG Riemendehnschlupf *m*; ~ **drier** *n see belt dryer* ~ **drive** *n* HEAT & REFRIG Riemenantrieb *m*, Riementrieb *m*, MECHAN ENG Bandtrieb *m*, Riementrieb *m*, MECHANICS, PAPER Riemenantrieb *m*, PROD ENG Riemengetriebe *nt*; ~ **drum** *n* PROD ENG Bandwalze *f*; ~ **dryer** *n* CHEM ENG Bandtrockner *m*, Förderbandtrockner *m*; ~ **fastener** *n* PAPER Riemenschloß *nt*, PROD ENG Gurttrommel *f*; ~ **feed** *n* CHEM ENG Bandzuführer *m*, Gurtzuführer *m*; ~ **fork** *n* PROD ENG Riemengabel *f*; ~ **friction** *n* MECHAN ENG Riemenreibung *f*; ~ **grease** *n* MECHAN ENG Riemenfett *nt*; ~ **grinder** *n* MECHAN ENG Bandschleifmaschine *f*; ~ **grinding** *n* MECHAN ENG Bandschleifen *nt*; ~ **guard** *n* MECHAN ENG *machine tools* Riemenschutz *m*, SAFETY *machine tools* Treibriemenabdeckung *f*; ~ **idler** *n* AUTO, PROD ENG Leitrolle *f*, Spannrolle *f*; ~ **lacer** *n* PROD ENG Riemenverbinder *m*; ~ **marks** *n pl* CER & GLAS Kühlbandeindrücke *m pl*; ~ **mounter** *n* PROD ENG Riemenaufleger *m*; ~ **printer** *n* COMP & DP Banddrucker *m*, Metallbanddrucker *m*; ~ **pulley** *n* PROD ENG Riemenscheibe *f*; ~ **rivet** *n* PROD ENG Riemenniet *m*; ~ **separator** *n* COAL TECH Bandscheider *m*; ~ **skimmer** *n* MAR POLL, POLL Förderband zur Ölaufnahme *nt*; ~ **slip** *n* MECHAN ENG Riemenschlupf *m*; ~ **stress** *n* MECHAN ENG Riemenbeanspruchung *f*; ~ **stretch** *n* PROD ENG Riemendehnung *f*; ~ **tension** *n* MECHAN ENG Riemenspannung *f*, PROD ENG Bandspannung *f*, Riemenzug *m*; ~ **transmission** *n* PROD ENG Riemengetriebe *nt*; ~-**type moving pavement** *n BrE (cf belt-type moving sidewalk AmE)* TRANS Bandfahrsteig *m*; ~-**type moving sidewalk** *n AmE (cf belt-type moving pavement BrE)* TRANS Bandfahrsteig *m*; ~-**type sling** *n* SAFETY Riemenschlaufe *f*

belting *n* PLAS *rubber* Gurtwerkstoff *m*, Riemenwerkstoff *m*, PROD ENG Riementrieb *m*; ~-**in** *n* AIR TRANS Durchdrehen *nt*; ~-**in run** *n* AIR TRANS Fremdantrieb *m*

Beltrami: ~ **flows** *n pl* FLUID PHYS Beltramiströmungen *f pl*

bemf *abbr (back electromotive force)* AIR TRANS, ELEC ENG, ELECT, RAIL Gegen-EMK *f (gegenelektromotorische Kraft)*

bench[1] *n* CONST Absatz *m*, Bankett *nt*, Werkbank *f*, LAB EQUIP Bank *f*, Bedingungsbühne *f*, MECHAN ENG, PROD ENG Werkbank *f*; ~ **cloth** *n* CER & GLAS Ofenherdgewebe *nt*; ~ **drill** *n* MECHAN ENG Tischbohrer *m*, MECHANICS Tischbohrmaschine *f*; ~ **drilling machine** *n* MECHAN ENG, PROD ENG Tischbohrmaschine *f*; ~ **drill with vice** *n BrE* MECHAN ENG Tischbohrer mit Schraubstock *m*; ~ **drill with vise** *n AmE see bench drill with vice BrE* ~ **grinder** *n* MECHAN ENG Schleifbock *m*; ~ **lathe** *n* CONST Tischdrehbank *f*, MECHAN ENG Mechanikerdrehmaschine *f*, MECHANICS Tischdrehbank *f*; ~-**mounted machine** *n* PROD ENG Tischmaschine *f*; ~ **pillar drilling machine** *n* MECHAN ENG Tischbohrmaschine mit Rundsäule *f*; ~ **plane** *n* CONST Tischhobel *m*; ~ **saw** *n* PROD ENG Sägemaschine *f*; ~ **screw** *n* CONST Bankschraube *f*; ~ **seat** *n* AUTO Sitzbank *f*; ~ **shears** *n pl* CONST Bockschere *f*; ~ **stop** *n* CONST *carpentry* Haltestock *m*; ~ **test** *n* CONST, FOOD TECH Laborversuch *m*; ~-**type shaping machine** *n* MECHAN ENG Werkbank-Waagrechtstoßmaschine *f*; ~ **vice** *n BrE* CONST Bankschraubstock *m*; ~ **vise** *n AmE see bench vice BrE*

bench[2] *vt* CONST abtreppen

benchboard *n* NUC TECH Schalttafel mit Steuerpult *f*

benched *adj* CONST abgetreppt

benchmark[1] *n* COMP & DP Bestmarke *f*, Vergleichspunkt *m*, Testprogramm *nt*, CONST *surveying* Festpunkt *m*, MECHANICS Bodenpunkt *m*, Fixpunkt *m*, Höhenmarke *f* ~ **program** *n* COMP & DP Bewertungsprogramm *nt*; ~ **system** *n* ERGON Bezugssystem *nt*, Vergleichssystem *nt*

benchmark[2] *vt* COMP & DP Vergleichstest durchführen, mit Referenzprogramm testen

benchmarks *n pl* QUAL Ausgangswerte *m pl*

bend[1] *n* CER & GLAS Biegen *nt*, CONST Knierohr *nt*, Krümmer *m*, Kurve *f*, *reinforcement* Aufbiegung *f*, ELEC ENG *fibre optics* Biegung *f*, *waveguides* Biegung *f*, Krümmung *f*, MECHAN ENG Biegung *f*, Bogen *m*, *of tube* Krümmer *m*, MECHANICS Biegung *f*, Knierohr *nt*, Krümmung *f*, Krümmer *m*, WATER TRANS *of river, channel, pipe* Biegung *f*, Ellbogen *m*; ~ **coupling** *n* MECHAN ENG *pipe fitting* Verbindungsbogen *m*; ~ **radius** *n* MECHAN ENG Biegeradius *m*; ~ **test** *n* MECHAN ENG Biegeversuch *m*, METALL *plates, bars* Faltversuch *m*, *tubes* Biegeversuch *m*, Krümmungsversuch *m*; ~ **test piece** *n* METALL Biegeprobe *f*, Biegeprüfstab *m*

bend[2] *vt* CONST biegen, falzen, flechten, krümmen, METALL biegen, verformen, PAPER biegen, PROD ENG falzen, WATER TRANS anschlagen; ~ **at right angles** *vt* CONST abkanten; ~ **down** *vt* CONST abbiegen; ~ **on edge** *vt* CONST hochkantbiegen; ~ **out of line** *vt* CONST verkanten; ~ **up** *vt* CONST aufbiegen

bending[1] *adj* METALL, PLAS, WATER TRANS Biege- *pref*

bending[2] *n* CER & GLAS *flat glass* Biegen *nt*, *of tubing* Biegen *nt*, CONST Biegen *nt*, Durchbiegen *nt*, Durchbiegung *f*, Falzen *nt*, MECHANICS Krümmen *nt*, METALL Biegen *nt*, PAPER Durchbiegung *f*, PROD ENG Falzen *nt*; ~ **die** *n* MECHAN ENG *press tools* Biegestempel *m*; ~ **in two planes** *n* PROD ENG schiefe Biegung *f*; ~ **loss** *n* ELEC ENG *fibre optics* Biegungsverlust *m*, Krümmungsverlust *m*; ~ **machine** *n* MECHAN ENG, MECHANICS Biegemaschine *f*; ~ **mold** *n AmE see bending mould BrE* ~ **moment** *n* MECHAN ENG, MECHANICS, WATER TRANS *ship design* Biegemoment *nt*; ~ **mould** *n BrE* CER & GLAS Biegeform *f*; ~ **pliers** *n* PROD ENG Biegezange *f*; ~ **press** *n* MECHAN ENG Biegemaschine *f*, PROD ENG Biegepresse *f*; ~ **property** *n* MECHAN ENG Biegeeigenschaft *f*; ~ **radius** *n* MECHANICS Biegeradius *m*; ~ **roll** *n* MECHAN ENG Biegewalze *f*, PROD ENG Walzenbiegemaschine *f*; ~ **roller** *n* CER & GLAS *Libbey-Owens process* Umlenkwalze *f*; ~ **rollers** *n pl* MECHAN ENG Biegewalze *f*, Biegewalzmaschine *f*; ~ **stiffness tester** *n* PAPER Biegesteifigkeitsprüfer *m*; ~ **strength** *n* MECHAN ENG Biegesteifigkeit *f*, PAPER Biegefestigkeit *f*; ~ **stress** *n* MECHAN ENG Biegespannung *f*, MECHANICS Biegebelastung *f*, METALL Biegebeanspruchung *f*, PLAS, WATER TRANS Biegebeanspruchung *f*, Biegespannung *f*; ~ **test** *n* MECHAN ENG, TEST Biegeversuch *m*; ~ **tester** *n* INSTR Biegeprüfmaschine *f*, PLAS Biegeprüfgerät *nt*; ~ **tool** *n* MECHAN ENG Biegewerkzeug *nt*

Bendix® *n* AUTO Bendix®- *pref*; ~ **starter** *n* AUTO *engine* Bendixanlasser *m*; **~-type starter** *n* AUTO Bendixanlasser *m*, Bendixantrieb *m*, Schraubtriebanlasser *m*

Bendix-type *adj* AUTO Bendix- *pref*

bends *n* WATER TRANS Taucherkrankheit *f*

beneficiation *n* CER & GLAS Aufbereitung *f*, PROD ENG Veredlung *f*

benefit: ~ **building society** *n* CONST Baugenossenschaft *f*

Benioff: ~ **zone** *n* FUELLESS Benioff-Zone *f*

bent[1] *adj* CER & GLAS, METALL gebogen

bent:[2] ~ **finish** *n* CER & GLAS Biegeverschluß *m*; ~ **glass** *n* CER & GLAS Profilglas *nt*; ~ **lever** *n* METALL Winkelhebel *m*; **~-lever balance** *n* METALL Zeigerwaage *f*; ~ **neck** *n* CER & GLAS gekrümmter Flaschenhals *m*; **~-nose pliers** *n* MECHAN ENG Zange mit gebogenem Kopf *f*; ~ **pipe** *n* METALL Schenkelrohr *nt*; ~ **rod** *n* METALL verformter Stab *m*; ~ **section** *n* METALL gebogener Abschnitt *m*; ~ **spanner** *n BrE* MECHAN ENG gekröpfter Schraubenschlüssel *m*; **~-tail lathe dog** *n* MECHAN ENG gekröpftes Drehherz *nt*; ~ **tool** *n* MECHAN ENG gekröpftes Werkzeug *nt*

bentonite *n* COAL TECH, PET TECH, PROD ENG Bentonit *m*

benzal *n* CHEMISTRY Benzal *nt*

benzaldehyde *n* CHEMISTRY Benzaldehyd *m*; ~ **oxime** *n* CHEMISTRY Benzaldoxim *nt*

benzaldoxime *n* CHEMISTRY Benzaldoxim *nt*

benzamide *n* CHEMISTRY Benzamid *nt*

benzanilide *n* CHEMISTRY Benzanilid *nt*

benzene *n* CHEMISTRY Benzen *nt*, Benzol *nt*, PET TECH, PROD ENG Benzol *nt*; ~ **hexachloride** *n* FOOD TECH Benzolhexachlorid *nt*

benzenoid *adj* CHEMISTRY benzoid

benzidine *n* CHEMISTRY Benzidin *nt*

benzil *n* CHEMISTRY Benzil *nt*, Diphenylglyoxal *nt*

benzin *n* CHEMISTRY Benzin *nt*

benzo- *pref* CHEMISTRY Benzo- *pref*

benzoate *n* CHEMISTRY Benzoat *nt*, Benzoesäuresalz *nt*

benzocarbonitrile *n* CHEMISTRY Benzocarbonitril *nt*

benzoic[1] *adj* CHEMISTRY benzoehaltig

benzoic:[2] ~ **acid** *n* FOOD TECH Benzoesäure *f*

benzoin *n* CHEMISTRY Benzoin *nt*

benzonaphthol *n* CHEMISTRY Benzonaphthol *nt*, Naphtylbenzoylester *m*

benzonitrile *n* CHEMISTRY Benzonitril *nt*, Benzocarbonitril *nt*

benzophenone *n* CHEMISTRY Benzophenon *nt*, Benzoylbenzol *nt*, Diphenylketon *nt*

benzopyrene *n* CHEMISTRY Benzopyren *nt*

benzopyridine *n* CHEMISTRY Benzopyridin *nt*

benzopyrone *n* CHEMISTRY Cumarin *nt*, Cumarinsäureanhydrid *nt*

benzoquinone *n* CHEMISTRY Benzochinon *nt*

benzothiophene *n* CHEMISTRY Benzothiophen *nt*, Thionaphthen *nt*

benzoyl: ~ **peroxide** *n* FOOD TECH, PLAS *polyesters* Benzoylperoxid *nt*

benzoylsalicin *n* CHEMISTRY Benzoylsalicin *nt*, Populin *nt*

benzyl *n* CHEMISTRY Benzyl *nt*; ~ **alcohol** *n* CHEMISTRY Benzylalkohol *m*; ~ **cellulose** *n* PROD ENG Benzylzellulose *f*; ~ **cinnamate** *n* FOOD TECH Benzylcinnamat *nt*, Zimtsäurebenzylester *m*

benzylidene *n* CHEMISTRY Benzyliden *nt*

BEPC *abbr (Beijing Electron Positron Collider)* PART PHYS BEPC *(Beijing Electron Positron Collider)*

BER *abbr (binary error rate, bit error rate)* COMP & DP BER *(Bitfehlerrate)*

beriberi *n* FOOD TECH Beriberi *f*

berkelium *n (Bk)* CHEMISTRY Berkelium *nt (Bk)*

berm *n* COAL TECH Berme *f*, CONST *civil engineering* Absatz *m*, Bankett *nt*, Berme *f*; ~ **ditch** *n* WATER SUP Entwässerungsgraben mit Böschung *m*

Berne: ~ **key** *n* RAIL Berner Vierkantschlüssel *m*; ~ **rectangle** *n* RAIL freier Raum für den Kuppler *m*

Bernoulli's: ~ **equation** *n* FLUID PHYS, PHYS *speed and pressure variation along streamline* Bernoullische

Gleichung *f*; ~ **theorem** *n* FLUID PHYS, PHYS Bernoullisches Theorem *f*

berth[1] *n* WATER TRANS Koje *f*, Liegeplatz *m*

berth[2] *vt* WATER TRANS an seinen Liegeplatz bringen

berth[3] *vi* WATER TRANS anlegen

beryl *n* CER & GLAS Beryll *m*

beryllia *n* CER & GLAS Beryllerde *f*

beryllium *n (Be)* CHEMISTRY Beryllium *nt (Be)*; ~ **content meter** *n* NUC TECH Meßgerät zur Bestimmung des Berylliumgehaltes *nt*; ~**-moderated reactor** *n* NUC TECH berylliummoderierter Reaktor *m*; ~ **prospecting meter** *n* NUC TECH Meßgerät zur Bestimmung des Berylliumgehaltes *nt*; ~**-reflected reactor** *n* NUC TECH Reaktor mit Beryllium-Reflektor *m*

Bessemer *n* MECHAN ENG, PROD ENG Bessemer; ~ **afterblow** *n* PROD ENG Nachblasen *nt*; ~ **blow** *n* PROD ENG Blasen im Konverter *nt*; ~ **converter** *n* MECHAN ENG Bessemerbirne *f*, PROD ENG Birne *f*; ~ **pig** *n* PROD ENG Roheisen für das Windfrischverfahren *nt*; ~ **process** *n* PROD ENG Windfrischverfahren *nt*; ~ **steel** *n (BS)* MECHAN ENG Bessemerstahl *m (BS)*, PROD ENG Windfrischstahl *m (BS)*

bessemerize *vt* PROD ENG windfrischen

best:[1] ~ **before** *prep* PACK haltbar bis zum

best:[2] ~ **before date** *n* FOOD TECH Mindesthaltbarkeitsdatum *nt*; ~ **coal** *n* COAL TECH Stückkohle *f*; ~**-first search** *n* ART INT Best-First-Suche *f*, Bestensuche *f*

beta *n* (β) MATH Beta *nt* (β); ~**-amylase** *n* FOOD TECH Betaamylase *f*, Saccharogenamylase *f*; ~ **backscatter gage** *n AmE*, ~ **backscatter gauge** *n BrE* NUC TECH Betarückstreumesser *m*; ~ **brass** *n* PROD ENG Betamessing *nt*; ~ **decay** *n* PART PHYS *of atomic nucleus or neutron by emission of electron*, PHYS, RAD PHYS Betazerfall *m*; ~ **density gage** *n AmE*, ~ **density gauge** *n BrE* NUC TECH Betadichtemesser *m*; ~ **disintegration energy** *n* PART PHYS, PHYS, RAD PHYS Betazerfallsenergie *f*; ~ **emission** *n* PART PHYS, PHYS, RAD PHYS Betastrahlung *f*; ~ **emitter** *n* PART PHYS, PHYS, RAD PHYS Betastrahler *m*; ~ **particle** *n* ELECT, PART PHYS, PHYS, RAD PHYS Betateilchen *nt*; ~ **particle absorption analysis** *n* PART PHYS, PHYS, RAD PHYS Betaabsorptionsanalyse *f*; ~ **particle backscattering analysis** *n* PART PHYS, PHYS, RAD PHYS Betarückstreuanalyse *f*; ~ **radiation** *n* PART PHYS, PHYS, RAD PHYS Betastrahlen *m pl*, Betastrahlung *f*; ~ **rays** *n pl* ELECT, PART PHYS, PHYS, RAD PHYS Betastrahlen *m pl*; ~ **ray spectrum** *n* PART PHYS, PHYS, RAD PHYS Betaspektrum *nt*, Betastrahlenspektrum *nt*; ~ **stability island** *n* NUC TECH Betastabilitätsinsel *f*; ~ **test** *n* COMP & DP Betatest *m*

β *abbr* ACOUSTICS *(phase constant)*, ELECT *(phase constant)* β *(Phasenkonstante)*, MATH *(beta)* β *(Beta)*

betatron *n* PHYS, RAD PHYS Betatron *nt*; ~ **motion** *n* PHYS Betatronbewegung *f*

Bethe-Goldstone: ~ **equation** *n* NUC TECH Bethe-Goldstone-Gleichung *f*

between: ~ **deck** *n* WATER TRANS *ship* Zwischendeck *nt*; ~ **the lens shutter** *n* PHOTO Zwischenlinsenverschluß *m*

betweendecks *adv* WATER TRANS *ship* im Zwischendeck

bevel[1] *adj* PROD ENG schräg

bevel[2] *n* ACOUSTICS Konus *m*, CER & GLAS Abschrägung *f*, CONST Abschrägung *f*, Gehrung *f*, MECHAN ENG Abfasung *f*, Abschrägung *f*, MECHANICS Neigung *f*, Neigungswinkel *m*, METROL Gehrungswinkel *m*, Schräge *f*, PRINT *of type* Konus *m*, PROD ENG Abschrägung *f*, Ausschärfung *f*, Fase *f*, Gehrungswinkel *m*, RECORD Konus *m*; ~ **cut** *n* MECHAN ENG Schrägschnitt *m*; ~ **edge** *n* MECHAN ENG abgefaste Kante *f*, abgeschrägte Kante *f*; ~ **epicyclic train** *n* PROD ENG Kegelradumlaufgetriebe *nt*; ~ **gear** *n* AIR TRANS, AUTO, MECHAN ENG Kegelrad *nt*, MECHANICS, PROD ENG Kegelzahnrad *nt*, Kegelrad *nt*; ~ **gear cutting machine** *n* PROD ENG Kegelradfräsmaschine *f*; ~ **gear drive** *n* MECHAN ENG, PROD ENG, RAIL Kegelradantrieb *m*; ~**-gear-formed cutter** *n* PROD ENG Kegelradformfräser *m*; ~ **gear generating machine** *n* PROD ENG Kegelradwälzfräsmaschine *f*; ~ **gear housing** *n* AIR TRANS *helicopter* Kegelradgetriebegehäuse *nt*; ~ **gearing** *n* AUTO, MECHAN ENG Kegelradverzahnung *f*; ~ **gear pinion** *n* PROD ENG Kegelritzel *nt*; ~ **gear planing machine** *n* PROD ENG Kegelradhobelmaschine *f*; ~ **gears** *n pl* MECHAN ENG Kegelradgetriebe *nt*; ~ **gear set** *n* AUTO *rear axle* Kegelradgetriebe *nt*; ~**-headed bolt** *n* CONST Schrägkopfriegel *m*; ~ **joint** *n* CONST Schrägfuge *f*, schräge Verbindung *f*, MECHAN ENG schräge Verbindung *f*; ~ **protractor** *n* METROL Anlegewinkelmesser *m*, Universal-Winkelmesser *m*; ~ **ring** *n* MECHAN ENG Fasenring *m*; ~ **ring-flared stub shaft** *n* AIR TRANS fasenringartig nach außen erweiterte Stummelwelle *f*; ~ **square** *n* METROL Winkelmaß *nt*; ~ **wheel** *n* MECHAN ENG Kegelrad *nt*

bevel[3] *vt* CONST abschrägen

beveled *adj AmE see bevelled BrE*

beveling *n AmE see bevelling BrE*

bevelled[1] *adj BrE* CONST schräg, verjüngt

bevelled:[2] ~ **chisel** *n BrE* MECHAN ENG abgeschrägter Meißel *m*; ~ **edge** *n BrE* MECHAN ENG abgefaste Kante *f*, abgeschrägte Kante *f*; ~**-edge chisel** *n BrE* MECHAN ENG Meißel mit abgeschrägter Kante *m*; ~ **washer** *n BrE* MECHAN ENG abgefaste Scheibe *f*

bevelling *n BrE* CER & GLAS Abschrägen *nt*, CONST Abfasen *nt*, Abschrägen *nt*; ~ **shear** *n BrE* PROD ENG Gehrungsschere *f*

beverage: ~ **container** *n* WASTE Getränkeverpackung *f*

Beverage: ~ **aerial**® *n* RAD TECH *wave antenna* Beverage Antenne® *f*, Wellenantenne *f*

BF *abbr (basic frequency)* ELECTRON, RAD TECH, TELECOM, TELEV Grundfrequenz *f*

BFO *abbr (beat frequency oscillator)* ELECTRON, PHYS, RAD TECH BFO *(Schwebungsfrequenzoszillator)*

B-format: ~ **video recorder** *n* TELEV B-Format Videorecorder *m*

Bg *abbr (geometric buckling)* NUC Bg, Flußdichtewölbung *f (geometrisches Buckling)*

B/H: ~ **loop** *n* ELECT *magnetism* B/H Schleife *f*, Hystereseschleife *f*, Magnetisierungsschleife *f*

BHA *abbr* FOOD TECH *(butylated hydroxyanisole)* BHA *(Butylhydroxyanisol)*, PET TECH *(bottom hole assembly)* BSA *(Bohrlochsohlenausrüstung)*

BHCA *abbr (busy hour call attempts)* TELECOM Anrufversuche zur Hauptverkehrsstunde *m pl*

BHN *abbr (Brinell hardness number)* MECHAN ENG Brinellhärte *f*

BHP *abbr (brake horsepower)* AUTO, MECHANICS, PROD ENG BPS *(Bremspferdestärke)*

BHT *abbr (butylated hydroxytoluene)* FOOD TECH BHT *(Butylhydroxytoluol)*

Bi *(bismuth)* CHEMISTRY Bi *(Bismut)*

biannual *adj* MATH halbjährlich

bias *n* COAL TECH *mechanical* Vorbelastung *f*, COMP & DP Vormagnetisierung *f*, ELEC ENG Gittervorspannung *f*, Vorbelastung *f*, Vormagnetisierung *f*, Vorspannung *f*,

Vorspannungsbatterie *f*, asymmetrischer Fehlerbereich *m*, systematischer Fehler *m*, PROD ENG Vormagnetisierung *f*, Vorspannung *f*, QUAL Verzerrung *f*, RAD TECH *transistor voltages* Vorspannung *f*, RECORD Vormagnetisierung *f*, TELEV Vorspannung *f*; ~ **circuit** *n* ELEC ENG Vorspannungskreis *m*; ~ **error** *n* INSTR systematischer Fehler *m*; ~ **frequency** *n* RECORD Vormagnetisierungsfrequenz *f*; ~ **generator** *n* ELEC ENG Generator für die Gittervorspannung *m*; ~ **oscillator** *n* ELECTRON *tape recorders*, RECORD Vormagnetisierungsoszillator *m*; ~ **ply tire** *n AmE*, ~ **ply tyre** *n BrE* AUTO Diagonalreifen *m*; ~ **resistance** *n* RAD TECH Vorwiderstand *m*; ~ **resistor** *n* ELEC ENG Vorspannungswiderstand *m*, PHYS Gittervorwiderstand *m*; ~ **of result** *n* QUAL systematische Ergebnisabweichung *f*; ~ **source** *n* ELEC ENG Vormagnetisierungsquelle *f*; ~ **trap** *n* RECORD Verzerrungsfalle *f*; ~ **voltage** *n* PHYS Vorspannung *f*; ~ **winding** *n* ELEC ENG Vorspannungswicklung *f*

biased[1] *adj* PHYS vorgespannt

biased:[2] ~ **exponent** *n* COMP & DP *floating point notation* codierter Exponent *m*; ~ **relay** *n* ELEC ENG Prozentrelais *nt*, ELECT elektrisch vorgespanntes Relais *nt*

biasing *n* RECORD Vormagnetisierung *f*, TELEV Steuerung *f*; ~ **current** *n* TELEV Vorspannungsstrom *m*

biatomic *adj* CHEMISTRY doppelatomig, zweiatomig

biaxial[1] *adj* METALL biaxial, zweiachsig

biaxial:[2] ~ **loading** *n* METALL biaxiale Belastung *f*; ~ **orientation** *n* PLAS *plastic film* biaxiale Orientierung *f*

biaxially: ~ **oriented film** *n* PLAS biaxial orientierte Folie *f*, biorientierte Folie *f*

bib: ~ **tap** *n* MECHAN ENG Wasserhahn *m*

bibasic *adj* CHEMISTRY doppelbasisch

bibcock *n* CONST Ablaß *m*, Wasserhahn *m*, MECHAN ENG Wasserhahn *m*

bibenzoyl *n* CHEMISTRY Diphenylglyoxal *nt*

bibliometer *n* PAPER Saughöhenprüfgerät *nt*

bicarbonate: ~ **of soda** *n* FOOD TECH *bakery* Natriumbicarbonat *nt*, Natriumhydrogencarbonat *nt*

bichloride *n* CHEMISTRY Dichlorid *nt*, Doppelchlorid *nt*

bichromate *n* CHEMISTRY Dichromat *nt*

biclodecane *n* CHEMISTRY Bicyclo-Decan *nt*

BiCMOS: ~ **transistor** *n* COMP & DP Bi-CMOS-Transistor *m*

biconcave[1] *adj* OPT bikonkav

biconcave:[2] ~ **lens** *n* OPT, PHYS Bikonkavlinse *f*

biconical: ~ **antenna** *n* TELECOM Doppelkonusantenne *f*

biconvex[1] *adj* OPT bikonvex

biconvex:[2] ~ **lens** *n* OPT, PHYS Bikonvexlinse *f*

bicubic *adj* GEOM bikubisch

bicycle: ~ **ergometer** *n* ERGON Fahrradergometer *nt*; ~ **pump** *n* MECHAN ENG Fahrradpumpe *f*; ~ **tools** *n pl* MECHAN ENG Fahrradwerkzeuge *nt pl*; ~ **valve** *n* MECHAN ENG Fahrradventil *nt*

bid[1] *n* COMP & DP Senderechtanforderung *f*, CONST Bauangebot *nt*, MECHANICS Angebot *nt*, TELECOM Belegungsversuch *m*; ~ **bond** *n* CONST Angebotsbürgschaft *f*

bid[2] *vi* COMP & DP Senderecht anfordern

bidding *n* CONST Ausschreibung *f*; ~ **documents** *n pl* CONST Ausschreibungsunterlagen *f pl*

bidirectional[1] *adj* COMP & DP bidirektional, in zwei Richtungen arbeitend, TELECOM Zweirichtungs- *pref*, bidirektional

bidirectional:[2] ~ **bus** *n* COMP & DP bidirektionaler Übertragungsweg *m*; ~ **counter** *n* ELECTRON Vor-Rückwärtszähler *m*, INSTR Vorwärts-Rückwärtszähler *m*, Zweirichtungszähler *m*; ~ **coupler** *n* ELEC ENG bidirektionaler Koppler *m*, zweiseitiger Koppler *m*; ~ **fan** *n* HEAT & REFRIG Lüfter für zwei Richtungen *m*, drehrichtungsunabhängiger Lüfter *m*; ~ **flow** *n* COMP & DP bidirektionaler Datenfluß *m*, zweiseitig gerichteter Datenfluß *m*; ~ **microphone** *n* ACOUSTICS bidirektionales Mikrofon *nt*, zweiseitig gerichtetes Mikrofon *nt*, RECORD zweiseitig gerichtetes Mikrofon *nt*; ~ **network** *n* ELEC ENG bidirektionales Netzwerk *nt*; ~ **read-out** *n* INSTR Zweirichtungsanzeige *f*; ~ **refueling** *n AmE*, ~ **refuelling** *n BrE* NUC TECH zweiseitige Brennstoffbeschickung *f*; ~ **search** *n* ART INT *forward and backward* Vor- und Rückwärtssuche *f*, bidirektionale Suche *f*; ~ **switch** *n* ELEC ENG bidirektionaler Schalter *m*; ~ **transducer** *n* ELEC ENG bidirektionaler Transducer *m*, bidirektionaler Wandler *m*

bi-drum: ~ **boiler** *n* HEAT & REFRIG Doppeltrommelkessel *m*

biennial *adj* MATH zweijährlich

bi-ergol: ~ **technology** *n* SPACE Bi-Ergol-Technologie *f*

bifilar[1] *adj* ELECT Bifilar- *pref*, bifilar, doppelfädig, PHYS bifilar, doppelfädig, RAD TECH bifilar, doppeladrig

bifilar:[2] ~ **electrometer** *n* ELECT *electrostatic instrument* doppelfädiges Elektrometer *nt*; ~ **suspension** *n* ELECT, PHYS Doppelfadenaufhängung *f*; ~ **winding** *n* ELECT Bifilardrahtwicklung *f*, Bifilarwicklung *f*

bifocal: ~ **lens** *n* CER & GLAS Bifokalglas *nt*, OPT *with round insert* Bifokuslinse *f*

bifurcated: ~ **rivet** *n* MECHAN ENG Spaltniet *m*, PROD ENG Zweispitzniet *m*

bifurcation *n* TRANS *road* Straßengabelung *f*

big: ~ **bang theory** *n* PHYS Urknalltheorie *f*; ~ **end** *n* AUTO kurbelwellenseitiges Pleuelende *nt*, *of connecting rod* Pleuelstangenfuß *m*, MECHAN ENG *of connecting rod* kurbelwellenseitiger Pleuelkopf *m*; ~ **end bearing** *n* AUTO Pleuellager *nt*, *of connecting rod* Pleuelfußlager *nt*; ~ **hole** *n* PET TECH großes Bohrloch *nt*

BIGFET *abbr (bipolar-insulated gate field-effect transistor)* ELECTRON BIGFET *(Feldeffekttransistor mit bipolarisoliertem Gatter)*

bight *n* WATER TRANS *bay, rope* Bucht *f*

biguanide *n* CHEMISTRY Biguanid *nt*, Guanylguanidin *nt*

bihexyl *n* CHEMISTRY Dodecan *nt*

bijective *adj* GEOM bijektiv, umkehrbar eindeutig

bilateral: ~ **amplifier** *n* ELECTRON zweiseitiger Verstärker *m*; ~ **transducer** *n* ELEC ENG bilateraler Transducer *m*, bilateraler Wandler *m*

bilevel: ~ **operation** *n* ELEC ENG Betrieb auf zwei Ebenen *m*, Funktion auf zwei Ebenen *f*, zweistufige Funktion *f*, zweistufiger Betrieb *m*

bilge *n* WATER TRANS *shipbuilding* Bilge *f*; ~ **blower** *n* WATER TRANS Bilgegebläse *nt*; ~ **keel** *n* WATER TRANS Schlingerkiel *m*; ~ **plate** *n* WATER TRANS Kimmplatte *f*; ~ **plating** *n* WATER TRANS Kimmbeplattung *f*; ~ **pump** *n* WATER TRANS Lenzpumpe *f*; ~ **shore** *n* WATER TRANS Kimmstütze *f*; ~ **strake** *n* WATER TRANS Kimmgang *m*; ~ **stringer** *n* WATER TRANS Kimmstringer *m*; ~ **water** *n* WATER TRANS Bilgewasser *nt*

bilirubin *n* CHEMISTRY Bilirubin *nt*

bill: ~ **of health** *n* WATER TRANS *documents* Gesundheitspaß *m*; ~ **of lading** *n* PET TECH, WATER TRANS *documents* Konnossement *nt*

billet *n* MECHANICS, METALL Knüppel *m*, PROD ENG

Knüppel *m*, Scheit *nt*, Walzpuppe *f*; ~ **buggy** *n* PROD ENG Knüppelschlepper *m*; ~ **cradle** *n* PROD ENG Knüppeltasche *f*; ~ **drilling** *n* PROD ENG Bohren von Rohknüppeln *nt*; ~-**drilling machine** *n* PROD ENG Knüppelbohrmaschine *f*; ~ **finishing** *n* PROD ENG Knüppelfertigwalzen *nt*; ~ **mill** *n* PROD ENG Knüppelwalzwerk *nt*; ~ **pusher** *n* PROD ENG *pushout* Knüppelausstoßer *m*; ~ **roll** *n* PROD ENG Knüppelwalze *f*; ~ **shears** *n pl* MECHAN ENG Blockschere *f*, Knüppelschere *f*

billeting: ~ **roll** *n pl* MECHAN ENG Knüppelwalze *f*

Billet's: ~ **split lens** *n* PHYS Billetsche Halblinse *f*

billiard: ~ **ball collision** *n* NUC TECH vollelastischer Stoß *m*

billing *n* TELECOM Gebührenverrechnung *f*; ~ **center** *n AmE*, ~ **centre** *n BrE* TELECOM Gebührenstelle *f*

billion *n* MATH *one thousand million* Milliarde *f*, *BrE dated, one million million* Billion *f*

billow *n* WATER TRANS *sea state* hohe Welle *f*

bimetal *n* PROD ENG Bimetall *nt*; ~ **piston** *n* AUTO Bimetallkolben *m*

bimetallic[1] *adj* METALL Bimetall-*pref*, bimetallisch

bimetallic:[2] ~ **contact** *n* ELEC ENG Bimetallkontakt *m*; ~ **instrument** *n* INSTR Bimetallinstrument *nt*; ~ **strip** *n* ELECT, METALL, PHYS, THERMODYN Bimetallstreifen *m*; ~ **strip thermometer** *n* THERMODYN Bimetallthermometer *nt*; ~ **switch** *n* ELECT Bimetallschalter *m*, Bimetallstreifen *m*; ~ **thermometer** *n* INSTR Bimetallthermometer *nt*; ~ **wire** *n* ELEC ENG Bimetalldraht *m*, Manteldraht *m*

bimodal: ~ **bus** *n* TRANS Straßenschienenbus *m*; ~ **probability distribution** *n* QUAL bimodale Wahrscheinlichkeitsverteilung *f*

bimolecular *adj* CHEMISTRY bimolekular, dimolekular

bin *n* PACK Lagerregal *nt*, Vorratsbehälter *m*, PROD ENG Silo *nt*; ~ **level meter** *n* INSTR Bunkerfüllstandsmesser *m*; ~ **liner** *n* PACK Beutel *m*

binaphthyl *n* CHEMISTRY Binaphthalin *nt*

binary[1] *adj* AUTO Zweistoff-*pref*, CHEMISTRY Zweistoff-*pref*, binär, COMP & DP Binär- *pref*, binär, ELECT binär, ELECTRON Binär- *pref*, Dual- *pref*, MATH binär, METALL Zweistoff-*pref*, binär, TELECOM Dual-*pref*

binary[2] *n* ELECT binäre Legierung *f*, MATH Binärzahl *f*; ~ **adder** *n* ELECTRON Binäraddierer *m*; ~ **addition** *n* ELECTRON binäre Addition *f*; ~ **alloy** *n* METALL Zweistofflegierung *f*; ~ **arithmetic** *n* COMP & DP, ELECTRON Binärarithmetik *f*; ~ **character** *n* COMP & DP Binärzeichen *nt*; ~ **circuit** *n* COMP & DP Untersetzer *m*; ~ **code** *n* COMP & DP Binärcode *m*; ~-**coded decimal** *n* *(BCD)* COMP & DP binärcodierte Dezimalzahl *f*, binärcodierte Drehzahl *f (BCD)*, RAD TECH binärcodierte Dezimalzahl *f (BCD)*; ~-**coded signal** *n* ELECTRON binärcodiertes Signal *nt*; ~ **coding** *n* TELECOM Binärcodierung *f*; ~ **column** *n* COMP & DP Binärspalte *f*; ~ **combinational element** *n* IND PROCESS binäres Verknüpfungsglied *nt*; ~ **counter** *n* COMP & DP Binärzähler *m*, ELECTRON Binärzähler *m*, Frequenzhalbierschaltung *f*, INSTR Binärzähler *m*, Dualzähler *m*; ~ **de-energizing circuit** *n* IND PROCESS binärer Abschaltkreis *m*; ~ **delay line** *n* TELEV binäre Verzögerungsleitung *f*; ~ **digit** *n* COMP & DP Binärziffer *f*, Bit *nt*; ~ **divider** *n* ELECTRON Binärdividierer *m*, Dualdividierer *m*; ~ **division** *n* ELECTRON binäre Division *f*; ~ **dump** *n* COMP & DP binärer Speicherauszug *m*; ~ **error rate** *n (BER)* COMP & DP Bitfehlerquote *f*, Bitfehlerrate *f (BER)*; ~ **exponent** *n* COMP & DP Binärexponent *m*; ~ **image** *n* TELECOM *punched card* duales Kartenbild *nt*; ~ **loader** *n* COMP & DP binäres Ladeprogramm *nt*; ~ **logic** *n* COMP & DP Binärlogik *f*; ~ **modulation** *n* TELECOM zweiwertige Modulation *f*; ~ **multiplication** *n* ELECTRON binäre Multiplikation *f*; ~ **multiplier** *n* ELECTRON, TELECOM Dualmultiplizierer *m*; ~ **notation** *n* COMP & DP Binärschreibweise *f*; ~ **number** *n* COMP & DP Binärzahl *f*; ~ **operation** *n* COMP & DP Binäroperation *f*; ~ **phase shift keying** *n (BPSK)* TELECOM Zweiphasenumtastung *f*, binäre Phasenumtastung *f (BPSK)*; ~ **point** *n* COMP & DP Binärpunkt *m*; ~ **representation** *n* COMP & DP Binärschreibweise *f*; ~ **scaler** *n* ELECTRON Binäruntersetzer *m*; ~ **search** *n* COMP & DP binäre Suche *f*; ~ **search procedure** *n* TELECOM Halbierungssuchverfahren *nt*; ~ **search tree** *n* ART INT binärer Suchbaum *m*; ~ **sequence** *n* COMP & DP Binärsequenz *f*, TELECOM Binärfolge *f*, Binärzeichenfolge *f*; ~ **signal** *n* COMP & DP Binärsignal *nt*, binäres Signal *nt*, ELECTRON binäres Signal *nt*, TELECOM Binärsignal *nt*; ~ **sort** *n* COMP & DP binäres Sortieren *nt*; ~ **subtraction** *n* ELECTRON binäre Subtraktion *f*; ~ **subtractor** *n* ELECTRON Dualsubtrahierer *m*; ~ **switching chain** *n* IND PROCESS binäre Schaltkette *f*; ~ **synchronous communication** *n (BSC)* COMP & DP binärsynchrone Übertragung *f (BSC-Übertragung)*; ~ **system** *n* COMP & DP Binärsystem *nt*; ~ **tree** *n* COMP & DP binärer Baum *m*

binaural[1] *adj* ACOUSTICS beidohrig, doppelhörig, zweiohrig, ERGON binaural

binaural:[2] ~ **audition** *n* ACOUSTICS zweiohriges Hören *nt*; ~ **effect** *n* ACOUSTICS Raumtoneffekt *m*; ~ **sound system** *n* RECORD Raumklangsystem *nt*

bind *vt* COMP & DP *programs* verbinden, verknüpfen, CONST *cement* binden, PACK zusammenschnüren, PRINT *book* binden, PROD ENG *steel, screws* einhaken, festfressen

binder *n* CER & GLAS Bindemittel *nt*, COATINGS Binder *m*, CONST Bindemittel *nt*, Binder *m*, *masonry* Strecker *m*, *road construction* Binderschicht *f*, PACK Ringbuch *nt*, PLAS *paint* Bindemittel *nt*, PROD ENG Harzmittel *nt*, RECORD *of particles on tape* Bindemittel *nt*, SPACE Verbinder *m*, TELEV Kabelbinder *m*, WASTE Bindemittel *nt*; ~ **course** *n* CONST Asphaltbinderschicht *f*; ~ **heater** *n* CONST Teer- und Bitumenkocher *m*; ~ **lever** *n* PROD ENG Klemmhebel *m*; ~ **soil** *n* CONST bindiges Erdmaterial *nt*

bindery *n* PRINT Binderei *f*, Buchbinderei *f*

binding *n* ART INT *of variable* Belegung *f*, Binden *nt*, Bindung *f*, COAL TECH Binden *nt*, METALL Binde-*pref*, PROD ENG Einhaken *nt*; ~ **agent** *n* FOOD TECH Bindemittel *nt*, MAR POLL Bindemittel *nt*, Binder *m*, METALL, WASTE Bindemittel *nt*; ~ **beam** *n* CONST Binderbalken *m*, Streckbalken *m*; ~ **closure** *n* PACK Klebverschluß *m*; ~ **edge** *n* PRINT Einheftkante *f*; ~ **energy** *n (B)* NUC TECH Bindungsenergie *f (B)*, PART PHYS *of nucleon*, RAD PHYS *of nucleon* Bindungsenergie *f*, *of nucleus* Kernbindungsenergie *f (B)*; ~ **energy curve** *n* NUC TECH Bindungsenergiekurve *f*; ~ **machine** *n* PACK Klebemaschine *f*; ~ **margin** *n* ENG DRAW *of drawing* Heftrand *m*; ~ **post** *n* ELEC ENG Anschlußklemme *f*, Klemmschraube *f*, Polklemme *f*, Verbindungsklemme *f*; ~ **screw** *n* MECHAN ENG Klemmschraube *f*; ~ **stone** *n* CONST *masonry* Binderstein *m*; ~ **thread** *n* PRINT Heftfaden *m*

binitrotoluene *n* CHEMISTRY Dinitrotoluol *nt*

binnacle *n* WATER TRANS Kompaßgehäuse *nt*; ~ **cover** *n*

WATER TRANS Kompaßhaube *f*, Kompaßhausdeckel *m*

binocular[1] *adj* ERGON binokular, OPT, PHYS beidäugig, binokular

binocular:[2] **~ microscope** *n* LAB EQUIP Binokular-Mikroskop *nt*; **~ rivalry** *n* ERGON binokulare Konkurrenz *f*, binokulare Rivalität *f*

binoculars *n pl* PHYS, WATER TRANS Fernglas *nt*

binomial *n* MATH Binom *nt*, PHYS, QUAL Binomial- *pref*; **~ distribution** *n* PHYS Binomialverteilung *f*; **~ theorem** *n* MATH binomischer Lehrsatz *m*

binominal: **~ distribution** *n* QUAL Binominalverteilung *f*; **~ population** *n* QUAL binominale Grundgesamtheit *f*; **~ probability** *n* QUAL Binominalwahrscheinlichkeit *f*

bio: **~-aeration** *n* WASTE Belüftung *f*

biochemical: **~ tracer** *n* POLL biochemischer Indikator *m*

biocoenosis *n* POLL Biozönose *f*

biodegradability *n* POLL biologische Abbaubarkeit *f*

biodegradable[1] *adj* COATINGS, POLL biologisch abbaubar

biodegradable:[2] **~ substance** *n* POLL biologisch abbaubare Substanz *f*; **~ waste** *n* WASTE biologisch abbaubarer Abfall *m*

biodegradation *n* MAR POLL biologische Zersetzung *f*, biologischer Abbau *m*, PACK Bioabbaubarkeit *f*, biologischer Abbau *m*, POLL biologischer Abbau *m*

biodynamics *n* ERGON Biodynamik *f*

bioengineering *n* ERGON Bioengineering *nt*

biofilter *n* POLL Biofilter *nt*

biogas *n* WASTE Biogas *nt*, Faulgas *nt*

biogenic *adj* PET TECH biogen, biogenetisch

bioglass *n* CER & GLAS Bioglas *nt*

bioindicator *n* POLL Bioindikator *m*

biological[1] *pref* POLL Bio- *pref*

biological:[2] **~ affinity** *n* NUC TECH *of radioactive isotopes* biologische Affinität *f*; **~ agent** *n* POLL biologisches Agens *nt*; **~ clarification plant** *n* POLL biologische Kläranlage *f*; **~ degradation** *n* MAR POLL biologische Zersetzung *f*, biologischer Abbau *m*, POLL biologischer Abbau *m*; **~ effect of ionizing radiation** *n* RAD PHYS biologischer Effekt ionisierender Strahlung *m*; **~ energy conversion** *n* WASTE biologische Umwandlung *f*; **~ equilibrium** *n* POLL biologisches Gleichgewicht *nt*; **~ filter** *n* CHEM ENG Biofilter *nt*, Tropfkörperanlage *f*, biologischer Körper *m*, biologischer Rasen *m*, WASTE biologisches Filter *nt*; **~ hazard** *n* SAFETY biologische Gefahr *f*; **~ indicator** *n* POLL Bioindikator *m*; **~ oxygen demand** *n (BOD)* FOOD TECH, POLL, WASTE biologischer Sauerstoffbedarf *m (BSB)*; **~ protection cooling system** *n* NUC TECH biologisch-schützendes Kühlsystem *nt*; **~ shield** *n* NUC TECH *as material* biologische Abschirmung *f*, biologischer Schild *m*; **~ treatment** *n* POLL biologische Behandlung *f*; **~ warfare** *n* POLL biologische Kriegsführung *f*; **~ waste** *n* POLL Bioabfall *m*; **~ waste composting** *n* POLL Biomüllkompostierung *f*; **~ water treatment** *n* WATER SUP *of waste water* biologische Abwasserreinigung *f*

biomass *n* FUELLESS Biomasse *f*, Lebendmasse *f*

biomechanics *n* ERGON Biomechanik *f*

biometry *n* ERGON Biometrie *f*

biophysics *n* PHYS Biophysik *f*

biose *n* CHEMISTRY Biose *f*

biosocial *adj* ERGON biosozial

biosphere *n* POLL Biosphäre *f*

biostabilizer *n* WASTE Biostabilisator *m*

biotechnology *n* FOOD TECH Biotechnologie *f*

biotin *n* FOOD TECH Biotin *nt*, Vitamin B7 *nt*, Vitamin H *nt*

biotite *n* CER & GLAS Biotit *m*

Biot-Savart: **~ law** *n* PHYS Biot-Savartsches Gesetz *nt*

biowaste: **~ compost** *n* POLL Biomüllkompost *m*

bipartite *adj* PROD ENG zweiteilig

biphase[1] *adj* ELECT doppelphasig, zweiphasig

biphase:[2] **~ current** *n* ELECT zweiphasiger Strom *m*

biphenyl *n* CHEMISTRY Biphenyl *nt*

biplug *n* PROD ENG Doppelstecker *m*

bipod[1] *adj* PROD ENG Zweibein- *pref*

bipod[2] *n* PROD ENG Zweibein *nt*

bipolar[1] *adj* COMP & DP Bipolar- *pref*, bipolar, ELECT *motor* zweipolig, ELECTRON Bipolar- *pref*, PHYS, RAD TECH Bipolar- *pref*, bipolar

bipolar:[2] **~ amplifier** *n* ELECTRON zweipoliger Verstärker *m*; **~ code** *n* TELECOM Bipolarcode *m*; **~ diode** *n* ELECTRON bipolare Diode *f*; **~ electrode** *n* ELECT doppelpolige Elektrode *f*; **~-insulated gate field-effect transistor** *n (BIGFET)* ELECTRON Feldeffekttransistor mit bipolarisoliertem Gatter *m (BIGFET)*; **~ integrated circuit** *n* COMP & DP bipolar integrierte Schaltung *f*; **~ line** *n* ELECT doppelpolige Leitung *f*; **~ logic** *n* ELECTRON bipolare Logik *f*; **~ machine** *n* ELECT zweipolige Maschine *f*; **~ power supply** *n* ELEC ENG bipolare Stromversorgung *f*, zweipolige Stromversorgung *f*; **~ power transistor** *n* ELECTRON bipolarer Leistungstransistor *m*; **~ signal** *n* TELECOM bipolares Signal *nt*; **~ technology** *n* ELECTRON Bipolar-Technologie *f*; **~ transistor** *n* COMP & DP bipolarer Transistor *m*, ELECTRON, PHYS, TELECOM Bipolartransistor *m*; **~ winding** *n* ELECT Doppelpolwicklung *f*, Zweipolwicklung *f*

biprism *n* OPT Biprisma *nt*, Doppelprisma *nt*, PROD ENG Biprisma *nt*

bipropellant *n* SPACE Zweikomponententreibstoff *m*

biquinary[1] *adj* COMP & DP biquinär

biquinary:[2] **~ code** *n* COMP & DP Biquinärcode *m*; **~ number** *n* COMP & DP biquinäre Zahl *f*

bird: **~ strike hazard** *n* AIR TRANS Vogelschlaggefahr *f*

birdcage *n* CER & GLAS Schneider *m*; **~ aerial** *n* RAD TECH Vogelkäfigantenne *f*

bird's: **~ nest** *n* CER & GLAS Vogelnest *nt*

birefringence *n* OPT, RAD PHYS Doppelbrechung *f*

birefringent[1] *adj* OPT doppelbrechend

birefringent:[2] **~ medium** *n* OPT doppelbrechendes Medium *nt*

Birmingham: **~ Wire Gauge** *n (BWG)* PROD ENG Schraubzwinge *f*

bis: **~-azo dye** *n* CHEMISTRY Bisazofarbstoff *m*, Disazofarbstoff *m*

biscuit *n* CER & GLAS Biskuit- *pref*; **~-baked porcelain** *n* CER & GLAS Biskuitporzellan *nt*; **~ dipper** *n* CER & GLAS Biskuiteintauchvorrichtung *f*; **~ ware** *n* CER & GLAS Biskuitware *f*, Schrühware *f*

BISDN: **~ service** *n (Broadband Integrated Services Digital Network)* TELECOM ISDN-Breitbanddienst *m*

bisect[1] *vt* GEOM *angle* halbieren

bisect[2] *vi* PROD ENG gabeln

bisecting *adj* GEOM halbierend

bisection *n* GEOM *of angle* Halbierung *f*

bisector *n* GEOM *of line* Halbierungslinie *f*

bisectrix *n* GEOM *of angle* Winkelhalbierende *f*

bisilicate *n* CHEMISTRY Doppelsilicat *nt*, Trioxosilicat *nt*

bismuth *n (Bi)* CHEMISTRY Bismut *nt (Bi)*; ~ **solder** *n* PROD ENG Wismutlot *nt*; ~ **wire** *n* PROD ENG Wismutdraht *m*
bisphenol: ~ **A** *n* PLAS *raw material* Bisphenol A *nt*
bistability *n* TELECOM Bistabilität *f*
bistable[1] *adj* COMP & DP, ELECTRON, RAD TECH bistabil
bistable[2] *n* ELECTRON Kippglied *nt*; ~ **amplifier** *n* ELECTRON Kippverstärker *m*; ~ **circuit** *n* ELECTRON bistabiles Kippglied *nt*; ~ **multivibrator** *n* ELECTRON bistabiler Multivibrator *m*; ~ **relay** *n* ELEC ENG bistabiles Relais *nt*
bisulfite *n AmE*, **bisulphite** *n BrE* CHEMISTRY Bisulfit *nt*
bit *n* COMP & DP *binary digit* Binärzeichen *nt*, Bit *nt*, CONST Bohrer *m*, Bohrereinsatz *m*, Meißel *m*, *of key* Schlüsselbart *m*, ELECTRON *binary digit* Bit *nt*, MECHAN ENG *of cutting tool* Schneide *f*, *of drill* Spitze *f*, *of soldering iron* Spitze *f*, PET TECH Bohrmeißel *m*, PROD ENG Bit *nt*, Bohrmesser *nt*, Lötkolben *m*, Schneidenkopf *m*, TELECOM *binary digit* Bit *nt*; ~ **brace** *n* MECHAN ENG Bohrkurbel *f*, PROD ENG Bohrwinde *f*, Windenbohrer *m*; ~ **breaker** *n* PET TECH Bohrmeißelbrecher *m*; ~**-by-bit encoding** *n* TELECOM Bit-für-Bit-Codierung *f*; ~ **change** *n (BC)* PET TECH Bohrmeißelwechsel *m*; ~ **density** *n* COMP & DP Speicherdichte *f*, Zeichendichte *f*; ~ **error rate** *n (BER)* COMP & DP Bitfehlerquote *f*, Bitfehlerrate *f (BER)*; ~ **group** *n* TELECOM Bitgruppe *f*; ~ **handling** *n* COMP & DP Bitbearbeitung *f*; ~ **holder** *n* MECHAN ENG Bohrspitzenhalter *m*; ~ **insert** *n* PROD ENG Einsatzmeißel *m*; ~ **manipulation** *n* COMP & DP Bitverarbeitung *f*; ~ **mapping** *n* ELECTRON *memory-conforming screen representation* Bitmapping *nt*; ~**-parallel transfer** *n* COMP & DP bitparallele Übertragung *f*; ~ **pattern** *n* COMP & DP Binärmuster *nt*, Bitmuster *nt*, CONTROL Bitmuster *nt*; ~ **plane** *n* COMP & DP Bitebene *f*; ~ **rate** *n* COMP & DP Datenübertragungsgeschwindigkeit *f*, Übertragungsgeschwindigkeit *f*, Übertragungsrate *f*, TELECOM Bitrate *f*, Bitfolgefrequenz *f*, Datenrate *f*; ~**-serial transfer** *n* COMP & DP bit-serielle Übertragung *f*; ~ **size** *n* PROD ENG Wegschrittgröße *f*; ~ **slice** *n* ELECTRON Bit-Slice *m*, Bitelement *nt*; ~ **slice processor** *n* ELECTRON Bit-Slice-Prozessor *m*; ~ **stock** *n* MECHAN ENG Bohrkurbel *f*; ~ **stock drill** *n* MECHAN ENG Kurbelbohrer *m*; ~ **stream** *n* COMP & DP Bitreihe *f*; ~ **string** *n* COMP & DP, ELECTRON Bitkette *f*; ~ **switch** *n* TELECOM Bitratenumschalter *m*; ~ **wear** *n* PET TECH Bohrmeißelabnutzung *f*, Bohrmeißelverschleiß *m*
bite[1] *n* PROD ENG Greifvermögen *nt*, Ätzung *f*
bite[2] *vt* CONST ätzen, PROD ENG anlösen, fassen
bite[3] *vi* CONST *screw*, MECHAN ENG *file*, WATER TRANS greifen
biting *n* MECHAN ENG Greifen *nt*; ~ **of the rolls** *n* MECHAN ENG *of rolling mill* Greifen der Walzen *nt*
bitmap *n* COMP & DP Bitabbildung *f*, Bitmap *f*
bi-tones *n pl* PRINT Zweitonvorlagen *f pl*
bits: ~ **per inch** *n pl (bpi)* COMP & DP Bits pro Zoll *nt pl (bpi)*; ~ **per second** *n pl (bps)* COMP & DP Bits pro Sekunde *nt pl (bps)*
bitter: ~ **earth** *n* CHEMISTRY Magnesia *f*, Magnesiumoxid *nt*; ~ **end** *n* WATER TRANS *ropes* das äußerste Ende *nt*
Bitter: ~ **magnet** *n* PHYS Bitter-Magnet *m*; ~ **pattern** *n* PHYS Bitter-Streifen *m*
bittering: ~ **value** *n* FOOD TECH Bitterwert *m*
bittern *n* CHEMISTRY Bitterstoff *m*, Salzmutterlauge *f*
bitts *n pl* WATER TRANS Doppelpoller *m*
bitumen *n* CONST Asphalt *m*, Bitumen *nt*, PET TECH, PLAS *raw material* Bitumen *nt*; ~**-coated paper** *n* PACK bituminiertes Papier *nt*; ~ **emulsion** *n* CONST Bitumenemulsion *f*, MECHAN ENG Asphaltemulsion *f*; ~ **pipe coating** *n* MECHAN ENG Rohrkorrosionsschutz aus Bitumen *m*; ~ **varnish** *n* PROD ENG Bitumenlack *m*
bituminization *n* CONST Asphaltieren *nt*, Bituminieren *nt*
bituminize *vt* CONST asphaltieren, bituminieren
bituminized[1] *adj* CONST asphaltiert
bituminized:[2] ~ **paper** *n* CONST Bitumenpappe *f*
bituminous[1] *adj* CONST bitumenhaltig, bituminös
bituminous:[2] ~ **base course** *n* CONST Asphalttragschicht *f*; ~ **membrane** *n* CONST Bitumenmembran *f*, Bitumenfolie *f*; ~ **paint** *n* PLAS *paint* Bitumenanstrichfarbe *f*, PROD ENG Bitumenanstrich *m*
bivalence *n* CHEMISTRY Bivalenz *f*, Zweiwertigkeit *f*
bivalent *adj* CHEMISTRY bivalent
bivinyl *n* CHEMISTRY Bivinyl *nt*, Diethen *nt*, Diethylen *nt*, Divinyl *nt*; ~ **rubber** *n* PROD ENG Butadienkautschuk *m*
bixin *n* FOOD TECH *red colour used in cheese making* Anattofarbstoff *m*, Bixin *nt*, Orlean *m*
Bk *(berkelium)* CHEMISTRY Bk *(Berkelium)*
black:[1] ~ **red** *adj* METALL schwarzrot; ~ **and white** *adj* PRINT Schwarzweiß- *pref*
black[2] *n* PRINT Schwarz *nt*, Schwärze *f*; ~ **absorber rod** *n* NUC TECH schwarzer Regelstab *m*; ~ **annealing** *n* METALL Schwarzglühen *nt*; ~ **body** *n* PHYS, RAD PHYS, SPACE, TELEV, THERMODYN schwarzer Körper *m*; ~ **body radiation** *n* PHYS, RAD PHYS, THERMODYN Strahlung des schwarzen Körpers *f*; ~ **body radiator** *n* PHYS, RAD PHYS, THERMODYN schwarzer Strahler *m*; ~ **body temperature** *n* PHYS, RAD PHYS, THERMODYN Temperatur des schwarzen Körpers *f*; ~ **bolt** *n* PROD ENG Rohschraube *f*; ~ **box** *n* AIR TRANS Blackbox *f*, Flugschreiber *m*, COMP & DP Blackbox *f*; ~ **clipper** *n* TELEV Schwarzklipper *m*; ~ **compression** *n* TELEV Schwarzwertunterdrückung *f*; ~ **copper** *n* CHEMISTRY Konvertkupfer *nt*, Kupferschwärze *f*; ~ **crush** *n* TELEV Grauwertstauchung *f*; ~ **finishing** *n* PROD ENG Brünieren *nt*; ~ **hole** *n* PHYS, SPACE schwarzes Loch *nt*; ~ **iron oxide** *n* METALL Eisenoxid *nt*; ~ **iron plate** *n* METALL Schwarzblech *nt*; ~ **level** *n* TELEV Schwarzwertpegel *m*; ~ **level frequency** *n* TELEV Schwarzwertfrequenz *f*; ~ **lift** *n* TELEV Schwarzwertanhebung *f*; ~ **light** *n* OPT, PRINT Schwarzlicht *nt*; ~ **oil** *n* PROD ENG Rohschmieröl *nt*; ~ **peak** *n* TELEV Schwarzwertspitze *f*; ~ **plate** *n* PROD ENG Schwarzblech *nt*; ~ **screen** *n* TELEV Grauglasscheibe *f*; ~ **shading** *n* TELEV Grauschatten *m*; ~ **sheet** *n* METALL Schwarzblech *nt*; ~ **speck** *n* CER & GLAS schwarzer Fleck *m*; ~ **stain** *n* CER & GLAS Schwarzlot *nt*; ~ **staining** *n* CER & GLAS Schwarzfärbung *f*; ~ **tide** *n* POLL Ölpest *f*; ~ **wash** *n* PROD ENG Schwärze *f*; ~ **water** *n* POLL öliges Wasser *nt*; ~**-white monitoring** *n* TELEV Schwarzweiß-Überwachung *f*; ~ **and white television** *n* TELEV Schwarzweiß-Fernsehen *nt*
black:[3] ~**-finish** *vt* PROD ENG brünieren; ~**-wash** *vt* PROD ENG schwärzen
blackboard *n* ART INT Blackboard *nt*, Tafel *f*, Wandtafel *f*
blacken *vt* THERMODYN schwärzen
blackened[1] *adj* THERMODYN geschwärzt
blackened:[2] ~ **arrowhead** *n* ENG DRAW vollschwarzer Pfeil *m*

blackening *n* ELECT *of bulb of lamp* Schwärzung *f*, PROD ENG Brünieren *nt*, Gießereiformschwärze *f*

blackout *n* SPACE Ausfall *m*, Signalausfall *m*; ~ **curtain** *n* TEXT Verdunklungsvorhang *m*

blacksmith *n* MECHAN ENG, METALL Schmied *m*

blacksmith's: ~ **bellows** *n pl* MECHAN ENG Schmiedebalg *m*; ~ **forge** *n* MECHAN ENG Schmiedeherd *m*; ~ **hammer** *n* MECHAN ENG Schmiedehammer *m*; ~ **shop** *n* MECHAN ENG Schmiede *f*; ~ **tongs** *n pl* MECHAN ENG Schmiedezange *f*

blackwall: ~ **hitch** *n* WATER TRANS Hakenschlag *m*

bladder *n* PLAS *rubber* Heizbalg *m*, PROD ENG Speicherblase *f*; ~ **flapping angle** *n* AIR TRANS *helicopter* Luftschraubenblattschlagwinkel *m*; ~ **tank** *n* AIR TRANS *flexible, not part of airframe* Sacktank *m*

blade *n* AIR TRANS *of helicopter* Blatt der Luftschraube *nt*, CONST Blatt *nt*, Schaufel *f*, Schneide *f*, HEAT & REFRIG *of fan* Flügel *m*, Schaufel *f*, HYD EQUIP *of turbine* Turbinenblatt *nt*, Turbinenschaufel *f*, MECHAN ENG Klinge *f*, *cutting tool* Schneidemesser *nt*, *of saw* Blatt *nt*, Sägeblatt *nt*, *of turbine* Schaufel *f*, *of ventilating fan* Flügel *m*, *propelling element of ventilating fan or turbine* Flügel *m*, MECHANIK, PAPER Messer *nt*, PROD ENG Blatt *nt*, Flügel *m*, Klinge *f*, Schaufel *f*, Zunge *f*, fester Schenkel *m*; ~ **aerodynamic center** *n AmE*, ~ **aerodynamic centre** *n BrE* AIR TRANS aerodynamischer Mittelpunkt des Blattes *m*; ~ **angle** *n* AIR TRANS *helicopter* Einstellwinkel der Luftschraube *m*, Einstellwinkel des Blattes *m*, *propulsion* Anstellwinkel *m*; ~ **angle check gage** *n AmE*, ~ **angle check gauge** *n BrE* AIR TRANS *helicopter* Anzeige des Blatteinstellwinkels *f*; ~ **aspect ratio** *n* AIR TRANS Längenverhältnis des Luftschraubenblattes *nt*; ~ **attachment fitting** *n* AIR TRANS *helicopter* Holmbeschlag des Luftschraubenblattes *m*; ~ **attack angle** *n* AIR TRANS Anstellwinkel des Luftschraubenblattes *m*; ~ **balance** *n* AIR TRANS *helicopter* Gleichgewicht des Luftschraubenblattes *nt*, Schwerpunkt des Luftschraubenblattes *m*; ~ **balance weight** *n* AIR TRANS *helicopter* Gegengewicht des Luftschraubenblattes *nt*, Gewichtsausgleich des Luftschraubenblattes *m*, Massenausgleich am Luftschraubenblatt *m*; ~ **bit** *n* PET TECH Flügelbohrmeißel *m*; ~ **center of pressure** *n AmE*, ~ **centre of pressure** *n BrE* AIR TRANS *helicopter* Druckmittelpunkt des Blattes der Luftschraube *m*; ~ **chord** *n* AIR TRANS *helicopter* Luftschraubenblattsehne *f*; ~ **coater** *n* PAPER Rakelstreichmaschine *f*; ~ **coating** *n* PAPER Rakelstreichverfahren *nt*; ~ **control system** *n* AIR TRANS *helicopter* Luftschraubenblattsteuersystem *nt*; ~ **cross section** *n* AIR TRANS *helicopter* Querschnitt des Luftschraubenblattes *m*; ~ **cuff** *n* AIR TRANS Luftschraubenblattmanschette *f*; ~ **depth** *n* AIR TRANS *helicopter* Dicke des Luftschraubenblattes *f*; ~ **distortion** *n* AIR TRANS *helicopter* Verformung des Blattes *f*; ~ **duct** *n* AIR TRANS *helicopter* Kabelkanal des Luftschraubenblattes *m*; ~ **efficiency factor** *n* AIR TRANS *helicopter* Wirkungsgrad des Blattes *m*; ~ **folder** *n* PRINT Schwertfalzmaschine *f*; ~ **folding** *n* AIR TRANS *helicopter* Zurückklappen des Luftschraubenblattes *nt*, Zurückschwenken des Luftschraubenblattes *nt*; ~-**folding hinge** *n* AIR TRANS *helicopter* Klappgelenk des Luftschraubenblattes *nt*, Schwenkgelenk des Luftschraubenblattes *nt*; ~ **holder** *n* MECHAN ENG Messerhalter *m*; ~ **leading edge** *n* AIR TRANS *helicopter* Vorderkante des Luftschraubenblattes *f*; ~ **lift** *n* AIR TRANS *helicopter* Auftrieb am Luftschraubenblatt *m*; ~ **lift coefficient** *n* AIR TRANS *helicopter* Luftschraubenblattsteigungskoeffizient *m*; ~ **loading** *n* AIR TRANS *helicopter* Blattbelastung *f*, Luftschraubenblattbelastung *f*; ~ **lower surface** *n* AIR TRANS *helicopter* Unterseite des Luftschraubenblattes *f*; ~ **materials** *n* FUELLESS Blattwerkstoffe *m pl*, Schaufelwerkstoffe *m pl*; ~ **moment of inertia** *n* AIR TRANS *helicopter* Trägheitsmoment des Blattes *nt*; ~ **pitch** *n* FUELLESS Schaufelteilung *f*; ~ **pitch angle** *n* AIR TRANS *helicopter* Blattanstellwinkel *m*; ~ **pitch change hinge** *n* AIR TRANS *helicopter* Drehgelenk *nt*; ~ **pitch change rod** *n* AIR TRANS *helicopter* Verstellungsgestänge *nt*; ~ **pitch control compensator** *n* AIR TRANS *helicopter* Steigungssteuerungskompensator des Luftschraubenblattes *m*; ~ **pitch indicator** *n* AIR TRANS *helicopter* Längsneigungsmesser des Luftschraubenblattes *m*, Steigungsanzeiger für die Luftschraube *m*; ~ **pitch reversal** *n* AIR TRANS rückwärtslaufender Propeller *m*; ~ **pitch setting** *n* AIR TRANS *helicopter* Luftschraubensteigungseinstellung *f*; ~ **pitch transmitter** *n* AIR TRANS *helicopter* Blattanstellwinkel-Übertragungsgerät *nt*; ~ **pitch variation** *n* AIR TRANS *helicopter* Steigungsänderung des Luftschraubenblattes *f*; ~ **pocket** *n* AIR TRANS *helicopter* Luftschraubenblattachse *f*; ~ **profile** *n* AIR TRANS *helicopter* Luftschraubenblattprofil *nt*; ~ **quantity** *n* FUELLESS Schaufelmenge *f*; ~ **radius** *n* AIR TRANS *helicopter* Luftschraubenblattradius *m*; ~ **retention strap** *n* AIR TRANS *helicopter* Halteschelle am Luftschraubenblatt *f*; ~ **ring** *n* MECHAN ENG Schaufelkranz *m*; ~ **root** *n* AIR TRANS *helicopter* Luftschraubenansatz *m*; ~ **setting** *n* AIR TRANS *helicopter* Einstellen des Luftschraubenblattes *nt*, Feststellen des Luftschraubenblattes *nt*; ~-**setting angle** *n* AIR TRANS *helicopter* Einstellwinkel des Luftschraubenblattes *m*; ~ **shank** *n* AIR TRANS *helicopter* Luftschraubenblattfuß *m*, Luftschraubenblattschaft *m*; ~ **slap** *n* AIR TRANS *helicopter* Blattspitzengeräusch *nt*; ~ **sleeve** *n* AIR TRANS *helicopter* Führung für Luftschraubenblatt *f*, Luftschraubenblatthülle *f*; ~ **and slot drive** *n* AIR TRANS Luftschraubenblatt- und Spaltflügelantrieb *m*; ~ **spacing system** *n* AIR TRANS *helicopter* Luftschraubenblattzeilung *f*, Schaufelzeilung *f*; ~ **span axis** *n* AIR TRANS *helicopter* Spannweitenachse des Luftschraubenblattes *f*; ~ **speed** *n* FUELLESS Schaufelgeschwindigkeit *f*; ~ **spindle** *n* AIR TRANS *helicopter* Spindel des Luftschraubenblattes *f*; ~ **spring** *n* MECHAN ENG Lamellenfeder *f*; ~ **stall** *n* AIR TRANS *helicopter* Stall am Luftschraubenblatt *m*, Strömungsabriß am Luftschraubenblatt *m*; ~ **sweep** *n* AIR TRANS *helicopter* Luftschraubenblattpfeilung *f*; ~ **taper ratio** *n* AIR TRANS *helicopter* Schaufelverjüngungsverhältnis *nt*, Schrägungsverhältnis am Luftschraubenblatt *nt*; ~ **tilt** *n* AIR TRANS *helicopter* V-Stellung des Blattes *f*; ~ **tip** *n* AIR TRANS *helicopter* Luftschraubenblattspitze *f*; ~ **tip cap** *n* AIR TRANS *helicopter* Luftschraubenblattspitzenhütchen *nt*; ~ **tip fairing** *n* AIR TRANS *helicopter* Verkleidung der Luftschraubenblattspitze *f*; ~ **tip loss factor** *n* AIR TRANS *helicopter* Blattspitzenverlustfaktor *m*; ~ **tip nozzle** *n* AIR TRANS *helicopter* Düse an der Spitze des Luftschraubenblattes *f*; ~ **tip stall** *n* AIR TRANS *helicopter* Stall an der Luftschraubenblattspitze *m*, Strömungsabriß an der Luftschraubenblattspitze *m*; ~ **tip vortex** *n* AIR TRANS *helicopter* Randwirbel am

Luftschraubenblatt *m*, Spitzenwirbel am Luftschraubenblatt *m*; **~ tracking** *n* AIR TRANS *helicopter* Blattspurprüfung *f*; **~ trailing edge** *n* AIR TRANS *helicopter* Hinterkante des Luftschraubenblattes *f*; **~ trim tab** *n* AIR TRANS *helicopter* Trimmruder des Luftschraubenblattes *nt*; **~ twisting moment** *n* AIR TRANS *helicopter* Verdrehmoment des Luftschraubenblattes *nt*; **~ upper surface** *n* AIR TRANS *helicopter* Luftschraubenblattoberseite *f*; **~ width ratio** *n* AIR TRANS *helicopter* Luftschraubenblattbreitenverhältnis *nt*

blades *n pl* MECHAN ENG *of turbine* Beschaufelung *f*, Schaufeln *f pl*

blading *n* MECHANICS Beschaufelung *f*

blanch *vt* FOOD TECH blanchieren

blank[1] *adj* COMP & DP leer, unbeschriftet, CONST, MECHAN ENG Blind- *pref*

blank[2] *n* CER & GLAS Hubel *m*, Külbel *m*, Vorform *f*, COMP & DP Leerschritt *m*, Leerstelle *f*, MECHAN ENG *of sheet metal* Ausschnitt *m*, Schnitteil *nt*, *workpiece* Rohling *m*, unbearbeitetes Teil *nt*, MECHANICS Rohteil *nt*, PROD ENG Blechzuschnitt *m*, Platine *f*, Rohteil *nt*; **~-burst mode** *n* TELECOM Zeitschlitzeinblendung *f*; **~ cracking** *n* CER & GLAS teilweises Öffnen der Vorform *nt*; **~ door** *n* CONST Blindtür *f*; **~ flange** *n* MECHAN ENG Abschlußflansch *m*, Blindflansch *m*; **~ groove** *n* ACOUSTICS unmodulierte Rille *f*; **~ holder** *n* PROD ENG Blechhalter *m*, Faltenhalter *m*; **~-holder force** *n* PROD ENG Faltenhalterkraft *f*; **~ key** *n* COMP & DP Leertaste *f*; **~ magnetic tape** *n* TELEV leeres Magnetband *nt*; **~ medium** *n* COMP & DP leerer Datenträger *m*, unbeschrifteter Datenträger *m*; **~ mold turnover** *n AmE*, **~ mould turnover** *n BrE* CER & GLAS Wenden der Vorform *nt*; **~ seam** *n* CER & GLAS Glaskappe *f*; **~ table** *n* CER & GLAS Vorformtisch *m*; **~ tear** *n* CER & GLAS Vorformriß *m*; **~ ticket** *n* PACK Leerschein *m*; **~ transfer** *n* CER & GLAS Külbelübertragung aus der Vorform in die Fertigform *f*; **~ wall** *n* CONST durchgehendes Mauerwerk *nt*; **~ washer** *n* MECHAN ENG rohe Unterlegscheibe *f*, unbearbeitete Scheibe *f*; **~ window** *n* CONST Blindfenster *nt*

blank[3] *vt* PROD ENG ausstanzen

blanked: **~ beam** *n* ELECTRON unterdrückter Strahl *m*; **~ channel** *n* TELECOM freigeschalteter Kanal *m*

blanker *n* PROD ENG Vorschmiedegesenk *nt*

blanket[1] *n* CER & GLAS Preßmatte *f*, PRINT *printing rollers* Bezug *m*, Filz *m*, TEXT Bettdecke *f*, Decke *f*, Druckdecke *f*, Drucktuch *nt*; **~ charger** *n* CER & GLAS Preßmattenspeiser *m*; **~ cylinder** *n* PRINT Gummizylinder *m*; **~ feed** *n* CER & GLAS Preßmattenzuführung *f*; **~ gas** *n* NUC TECH Schutzgas *nt*; **~ insulator** *n* PROD ENG flexible Isolierplatte *f*; **~-reprocessing circuit** *n* NUC TECH Kreislauf zur Wiederaufbereitung des Schutzgases *m*; **~ separation plant** *n* NUC TECH Schutzgastrennanlage *f*

blanket[2] *vt* NUC TECH abdecken

blanketing *n* PET TECH Inertisierung *f*

blanking *n* ELECTRON Austast- *pref*, Dunkelsteuerung *f*, Überlagerung *f*, INSTR Austasten *nt*, Strahlaustastung *f*, MECHAN ENG *of sheet metal* Ausschnitt *m*, Schnitteil *nt*, PROD ENG Ausschnitt *m*, Stanzen *nt*, TELEV Austast- *pref*, Austastung *f*; **~ amplifier** *n* ELECTRON Austastverstärker *m*; **~ circuit** *n* TELEV Austastkreis *m*; **~ cover** *n* AIR TRANS Schließdeckel *m*; **~ cover for air-cooling-unit outlet** *n* AIR TRANS Schließdeckel für Kühlluftauslaß *m*; **~ cover for fin air scoop** *n* AIR TRANS Belüftungshaubenabdeckung für Seitenflosse *f*; **~ die** *n* MECHAN ENG Stanzwerkzeug *nt*, *press tools* Schnittplatte *f*; **~ effect** *n* AIR TRANS Schließeffekt *m*; **~ generator** *n* ELECTRON Austastgenerator *m*; **~ interval** *n* TELEV Austastlücke *f*; **~ level** *n* TELEV Austastpegel *m*; **~ plate** *n* AIR TRANS Sperrscheibe *f*; **~ press** *n* MECHAN ENG Stanze *f*, Stanzpresse *f*, PROD ENG Schnittpresse *f*; **~ pulse** *n* TELEV Austastimpuls *m*; **~ signal** *n* ELECTRON Austastsignal *nt*, Dunkelsteuerungssignal *nt*, TELEV Austastsignal *nt*; **~ and sync signal** *n* TELEV Austast- und Synchronisiersignal *nt*; **~ and sync signal mixer** *n* TELEV Austast- und Synchronisiersignalmischer *m*; **~ voltage** *n* TELEV Austastspannung *f*

blast[1] *n* AIR TRANS Luftbewegung *f*, Luftdruckwirkung *f*, Stoß *m*, Windstoß *m*, SPACE Schub *m*, Start *m*; **~ box** *n* MECHAN ENG *of blast engine* Windkasten *m*; **~ cabinet** *n* COATINGS Strahlkabine *f*; **~ cupola** *n* PROD ENG Gebläsekupolofen *m*; **~ engine** *n* MECHAN ENG Gebläse *nt*, Gebläsemaschine *f*; **~ fence** *n* AIR TRANS *barrier* Düsenstrahlschutzwand *f*; **~ freezing** *n* FOOD TECH Kaltluftgefrieren *nt*; **~ furnace** *n* CER & GLAS, COAL TECH Hochofen *m*, HEAT & REFRIG Gebläseofen *m*, MECHAN ENG, PROD ENG Hochofen *m*, THERMODYN Gebläseofen *m*, Hochofen *m*; **~ furnace cement** *n* CONST Hochofenzement *m*; **~ furnace gas** *n* PROD ENG Gichtgas *nt*, Hochofengas *nt*; **~ furnace lining** *n* PROD ENG Hochofenausmauerung *f*; **~ medium** *n* COATINGS Strahlmittel *nt*; **~ preheater** *n* HEAT & REFRIG, THERMODYN Winderhitzer *m*; **~ pressure** *n* PROD ENG Windpressung *f*; **~ shelter** *n* COAL TECH Schutzort *m*

blast[2] *vt* COAL TECH sprengen, COATINGS strahlen, CONST sprengen; **~ by heating** *vt* COAL TECH sprengen durch Erhitzung

blasted: **~ stone** *n* COAL TECH gesprengtes Gestein *nt*

blaster *n* COAL TECH Schießhauer *m*

blasting *n* COAL TECH Sprengen *nt*, CONST Sandstrahlen *nt*, Sprengung *f*; **~ foreman** *n* CONST Sprengführer *m*; **~ from the bottom** *n* COAL TECH Sohlenschuß *m*

blaze[1] *n* THERMODYN *flame* helle Flamme *f*, *light* heller Lichtschein *m*

blaze[2] *vt* TEXT aufglühen, fackeln

blaze:[3] **~ up** *vi* THERMODYN auflodern

blazed: **~ grating** *n* PHYS Glanzwinkelgitter *nt*

blazing *adj* TEXT Flamm- *pref*, flammend, THERMODYN flammend, lodernd

bleach[1] *n* PHOTO Bleich- *pref*; **~ bath** *n* PHOTO Bleichbad *nt*

bleach[2] *vt* FOOD TECH, PAPER bleichen, TEXT bleichen, entfärben; **~ out** *vt* PHOTO ausbleichen

bleached: **~ flour** *n* FOOD TECH gebleichtes Mehl *nt*; **~ pulp** *n* PACK gebleichter Papierbrei *m*, gebleichter Zellstoff *m*

bleaching *n* CER & GLAS Bleich- *pref*, FOOD TECH Bleichen *nt*, PAPER Bleich- *pref*, Bleichverfahren *nt*; **~ agent** *n* FOOD TECH Bleichmittel *nt*; **~ chest** *n* PAPER Bleichbütte *f*; **~ clay** *n* CER & GLAS Bleicherde *f*; **~ engine** *n* PAPER Bleichholländer *m*; **~ liquor** *n* PAPER Bleichlösung *f*; **~ powder** *n* FOOD TECH Bleichpulver *nt*, Chlorkalk *m*, PAPER Bleichpulver *nt*, TEXT Bleichkalk *m*, Bleichpulver *nt*, Chlorkalk *m*, Entfärbungspulver *nt*; **~ tower** *n* PAPER Bleichturm *m*

bled: **~ ingot** *n* METALL ausgelaufener Block *m*

bleed[1] *n* PRINT *illustrations* Überstand *m*; **~ plug** *n* MECHAN ENG Entlüftungsstopfen *m*; **~ valve** *n* AUTO, MECHAN ENG Entlüftungsventil *nt*, PET TECH Entlüftungsarmatur *f*

bleed[2] *vt* CONST anzapfen MECHAN ENG *air*, PROD ENG *air* entlüften, *liquid* ablassen, abzapfen

bleed[3] *vi* CONST *concrete* Wasser absondern, PLAS *paint defect* ausbluten, auslaufen, durchschlagen, PRINT *illustration* über die Druckfläche hinausgehen, überstehen; **~ off** *vi* COAL TECH auslaufen TEXT ausbluten, auslaufen

bleeder *n* ELEC ENG Ableitwiderstand *m*, Schutzwiderstand *m*, PROD ENG Abblasventil *nt*, Ölstandhahn *m*; **~ resistance** *n* RAD TECH Entladungswiderstand *m*; **~ resistor** *n* ELEC ENG Ableitwiderstand *m*, Parallelwiderstand *m*, Vorbelastungswiderstand *m*; **~ screw** *n* AUTO, MECHAN ENG Entlüftungsschraube *f*

bleeding *n* AUTO, MECHAN ENG Entlüftung *f*, MECHANICS, NUC TECH Ablassen *nt*, PET TECH Entlüften *nt*; **~ cock** *n* WATER SUP Lufteinlaßhahn *m*; **~ valve** *n* WATER SUP Lufteinlaßventil *nt*; **~ whites** *n pl* TELEV verlaufendes Weiß *nt*

blemish *n* FOOD TECH Fehler *m*

blend[1] *n* PAPER Mischung *f*, PLAS Gemisch *nt*, Mischung *f*, TEXT Melange *f*, Mischgarn *nt*, Mischung *f*, Verschnitt *m*; **~ ratio** *n* TEXT Mischungsverhältnis *nt*

blend[2] *vt* CONST vermischen, MECHAN ENG, PAPER, PLAS mischen, PROD ENG verschneiden, TEXT melieren, mischen, vermengen, vermischen, verschneiden

blend[3] *vi* PROD ENG übergehen

blender *n* CER & GLAS, PAPER, PLAS Mischer *m*

blending *n* FOOD TECH Mischen *nt*, Verschneiden *nt*; **~ chest** *n* PAPER Mischbütte *f*

blibe *n* CER & GLAS gestreckte kleine Blase *f*

blind[1] *adj* AIR TRANS, CONST Blind- *pref*, PROD ENG gestopft

blind[2] *n* AUTO *radiator* Abdeckung *f*, Verglasung *f*, MECHANICS Verschluß *m*; **~ angle** *n* AIR TRANS toter Winkel *m*; **~ arch** *n* CONST *architecture* Bogenblende *f*; **~ auction** *n* PET TECH Vergabe gegen Höchstgebot *f*; **~ axle** *n* RAIL Blindachse *f*; **~ blocking** *n* PRINT Blindprägung *f*, Prägedruck ohne Farbe *m*; **~ bore** *n* PROD ENG Grundbohrung *f*; **~ door** *n* CONST Blindtür *f*; **~ drainage area** *n* WATER SUP Einzugsgebiet mit Binnenentwässerung *nt*, abflußloses Einzugsgebiet *nt*; **~-drill roll** *n* PAPER blindgebohrte Welze *f*; **~ embossing** *n* PRINT Blindprägung *f*, Prägedruck ohne Farbe *m*; **~ flange** *n* MECHAN ENG Abschlußflansch *m*, Blindflansch *m*; **~ flight** *n* AIR TRANS Blindflug *m*; **~ folio** *n* PRINT ohne Paginierung; **~ hole** *n* CONST Blindbohrung *f*, *drilling* Sackloch *nt*, MECHAN ENG Grundloch *nt*, PROD ENG Grundbohrung *f*; **~-hole reaming** *n* PROD ENG Ausreiben von Grundbohrungen *nt*; **~ landing** *n* AIR TRANS Blindfluglandung *f*; **~ navigation** *n* SPACE Blindflug *m*; **~ pass** *n* PROD ENG Blindstich *m*; **~ pit** *n* CONST *mining* Blindschacht *m*; **~ riser** *n* PROD ENG Massel *f*; **~ rivet** *n* MECHAN ENG Blindniet *m*; **~ sector** *n* AIR TRANS *without traffic rights* Schattensektor *m*; **~ shaft** *n* CONST Blindschacht *m*; **~ stud bolt** *n* MECHAN ENG blinder Gewindebolzen *m*; **~ wall** *n* CONST durchgehendes Mauerwerk *nt*; **~ window** *n* CONST Blindfenster *nt*

blind[3] *vt* WATER SUP verdecken, verschlämmen

blind[4] *vi* CONST *glass* matt werden

blinding: **~ concrete** *n* CONST Unterbeton *m*

blink *vi* COMP & DP *graphic display* blinken

blinking *n* COMP & DP Blinken *nt*; **~ light** *n* SPACE Blitzfeuer *nt*

blip *n* TELECOM Echoimpuls *m*

blister[1] *n* AIR TRANS *helicopter* Antennenkuppel *f*, Radarnase *f*, Radom *nt*, CER & GLAS Blatter *f*, METALL Blase *f*, PACK Blister- *pref*, PLAS *paint, plastics defect* Blase *f*, PROD ENG Gasblase *f*, Gußblase *f*, TEST, WATER TRANS Blase *f*; **~ card** *n* PACK Blisterkarte *f*; **~ edge and foil machine** *n* PACK Blisterrand- und Klarsichtfolienverpackungsmaschine *f*; **~ pack** *n* PACK Blisterpackung *f*, Durchdrückverpackung *f*, Schrumpffolienverpackung *f*, Skinpackung *f*, PRINT Einschweißfolie *f*; **~ packaging machine** *n* PACK Blisterpackautomat *m*; **~ sealer** *n* PACK Schrumpffolien-Siegelmaschine *f*; **~ steel** *n* METALL Blasenstahl *m*, Zementstahl *m*

blister[2] *vi* TEST Blasen werfen

blistering *n* PAPER Bildung von Oberflächenerhebungen *f*

bloach *n* CER & GLAS Schleiffehler *m*

bloating *n* PAPER Quellen *nt*

block[1] *n* CER & GLAS Urform *f*, COAL TECH Klotz *m*, COMP & DP Block *m*, CONST Blockstein *m*, Häuserblock *m*, Stadtviertel *nt*, ENG DRAW Feld *nt*, MECHAN ENG *of anvil* Block *m*, PET TECH Block *m*, Feld *nt*, PRINT Druckstock *m*, Klischee *nt*, PROD ENG Anlage *f*, Klemmstück *nt*, Parallelendmaß *nt*, WATER TRANS Block *m*; **~ of an anvil** *n* MECHAN ENG Amboßblock *m*; **~ brake** *n* MECHAN ENG, RAIL Klotzbremse *f*; **~ carriage** *n* MECHAN ENG *of overhead travelling crane* Blockwagen *m*; **~ chain** *n* MECHAN ENG Blockkette *f*; **~ check character** *n (BCC)* TELECOM Blockprüfzeichen *nt (BCC)*; **~ compaction** *n* COMP & DP Blockverdichtung *f*; **~ copolymer** *n* PLAS Block-Copolymer *nt*; **~ diagram** *n* COMP & DP, ELEC ENG Blockdiagramm *nt*, Blockschaltbild *nt*, MATH Blockdiagramm *nt*, MECHAN ENG Blockdiagramm *nt*, Blockschaltbild *nt*, TELECOM Blockschaltbild *nt*, Blockschema *nt*; **~ error rate** *n* COMP & DP Blockfehlerrate *f*; **~ filter** *n* RAD TECH Sperrfilter *nt*; **~ grease** *n* MECHAN ENG Brikettfett *nt*; **~ length** *n* COMP & DP Blocklänge *f*; **~ number** *n* PET TECH Blocknummer *f*; **~ printing** *n* TEXT Blockdruck *m*, Klotzdruck *m*, Modelldruck *m*; **~ printing machine** *n* PRINT Modelldruckmaschine *f*; **~ and pulley** *n* MECHAN ENG Flaschenzug *m*; **~ quantization** *n* TELECOM Blockquantisierung *f*; **~ reactance** *n* ELEC ENG Blockreaktanz *f*; **~ retrieval** *n* COMP & DP Blockzugriff *m*; **~-shaped fuel element** *n* NUC TECH Bündelelement *nt*; **~ signal interlocking** *n* RAIL Blockverschluß *m*; **~ size** *n* COMP & DP Blockgröße *f*, Blocklänge *f*; **~ sort** *n* COMP & DP Blocksortierung *f*; **~ speed** *n* AIR TRANS, TRANS Blockgeschwindigkeit *f*; **~ statement** *n* COMP & DP Blockanweisung *m*; **~ structure** *n* COMP & DP Blockstruktur *f*; **~-structured language** *n* COMP & DP Sprache mit Blockstruktur *f*; **~ subdivision** *n* ENG DRAW Feldeinteilung *f*; **~ system** *n* RAIL Streckenblock *m*; **~ and tackle** *n* MECHAN ENG, PROD ENG Flaschenzug *m*; **~ terminal** *n* TELECOM Anschlußklemme *f*, Endverzweiger *m*; **~ train** *n* RAIL geschlossener Zug *m*; **~ transfer** *n* COMP & DP Blockübertragung *f*; **~ transmission** *n* TELECOM Blockübertragung *f*; **~ truer** *n* PROD ENG Abrichtrolle *f*; **~-type element-fueled high temperature reactor** *n AmE*, **~-type element-fuelled high temperature reactor** *n BrE* NUC TECH Hochtemperaturreaktor mit Bündelelementen *m*; **~-type reamer** *n* PROD ENG Einbaureibahle *f*; **~ valve** *n* PROD ENG *plastic valves* Absperrventil *nt*

block[2] *vt* CONST verkeilen, verriegeln, verstopfen, CON-

TROL sperren, verriegeln, PRINT im Blocksatz setzen; ~ **off** *vt* WATER SUP *water* abdämmen, WATER TRANS *navigation, ports* absperren, blockieren; ~ **out** *vt* CONST *concrete* aussparen

blockade[1] *n* WATER TRANS Blockade *f*

blockade[2] *vt* WATER TRANS *navigation, port* blockieren, sperren

blockage: ~ **effects** *n pl* TELECOM Blockierungseffekte *m pl*

blocked[1] *adj* MECHAN ENG blockiert

blocked:[2] ~ **electrical impedance** *n* ACOUSTICS Leerlaufimpedanz *f*, Sperrscheinwiderstand *m*; ~ **impedance** *n* ELEC ENG Leerlaufimpedanz *f*, Sperrscheinwiderstand *m*

blocker *n* PROD ENG Vorschmiedegesenk *nt*

blocking *n* AIR TRANS Blockier- *pref*, COAL TECH Pfänden *nt*, ELEC ENG *of conduction* Blockier- *pref*, Blockierung *f*, Sperrung *f*, MECHAN ENG Blockieren *nt*, PLAS *unwanted adhesion* Blocken *nt*, Blocking *nt*, PRINT Prägedruck *m*, PROD ENG Vorschlichten *nt*, Vorschmieden *nt*, TELECOM Blocken *nt*, Blockierung *f*, Sperren *nt*, TELEV Sperren *nt*, WATER SUP Abriegelung *f*; ~ **capacitor** *n* ELEC ENG Blockkondensator *m*, Koppelkondensator *m*, Sperrkondensator *m*, Trennkondensator *m*, ELECT Sperrkondensator *m*, Trennkondensator *m*, PHYS Koppelkondensator *m*; ~ **device** *n* ELEC ENG Sperrvorrichtung *f*, MECHAN ENG Feststellvorrichtung *f*, Sperrvorrichtung *f*; ~ **die** *n* MECHAN ENG, PROD ENG Vorschmiedegesenk *nt*; ~ **effect** *n* PHYS Blockingeffekt *m*, Emissionsverhinderung *f*; ~ **factor** *n* COMP & DP Blockungsfaktor *m*; ~ **loss** *n* SPACE *communications* Sperrverlust *m*; ~ **network** *n* ELEC ENG Bandsperre *f*, Sperrfilter *nt*, TELECOM Sperrfilter *nt*; ~ **oscillator** *n* ELECTRON, PHYS Sperrschwinger *m*; ~ **period** *n* ELEC ENG Sperrzeit bei positiver Anodenspannung *f*, Zündwinkel *m*; ~ **state** *n* ELECTRON Sperrzustand *m*; ~ **voltage** *n* PHYS Sperrspannung *f*

blockmaking *n* PRINT Druckstockherstellung *f*, Klischeeherstellung *f*

blockmark *n* PROD ENG Endemarke *f*

blood *n* FOOD TECH, INSTR Blut- *pref*; ~ **albumin** *n* FOOD TECH Blutserumalbumin *nt*; ~ **black** *n* FOOD TECH Blutschwarz *nt*; ~ **pressure meter** *n* INSTR Blutdruckmeßgerät *nt*; ~ **red heat** *n* METALL dunkle Rothitze *f*; ~ **transfusion equipment** *n* SAFETY Bluttransfusionsgerät *nt*

bloom[1] *n* CER & GLAS *due to formation of sulphate during annealing* Ausblühung *f*, *stain* Beschlag *m*, FOOD TECH Belag *m*, Bräunung *f*, Fettreif *m*, Reif *m*, METALL Vorblock *m*, Walzblock *m*, PROD ENG Luppe *f*, Rohblock *m*; ~ **roll** *n* PROD ENG Vorwalze *f*; ~ **shears** *n pl* MECHAN ENG, PROD ENG Blockschere *f*; ~ **yard** *n* METALL Vorblock-Putzerei *f*

bloom[2] *vt* PROD ENG auswalzen, vorblocken

bloomed[1] *adj* CER & GLAS entspiegelt

bloomed:[2] ~ **lens** *n* PHOTO, PHYS vergütete Linse *f*

bloomery: ~ **hearth** *n* METALL Rennherd *m*

blooming *n* CER & GLAS Oberflächenvergütung *f*, METALL Grobwalzen *nt*, Vorwalzen *nt*, PHOTO Entspiegelung *f*, Überstrahlung *f*, PLAS Ausblühen *nt*; **~-down** *n* PROD ENG Auswalzen *nt*; ~ **mill** *n* MECHAN ENG Grobwalzwerk *nt*, Vorwalzwerk *nt*, PROD ENG Blockwalzwerk *nt*; ~ **pass** *n* PROD ENG Blockkaliber *nt*; ~ **roll** *n* MECHAN ENG Knüppelwalze *f*, Vorwalze *f*, PROD ENG Blockwalze *f*; ~ **stand** *n* PROD ENG Blockgerüst *nt*; ~ **train** *n* PROD ENG Grobstraße *f*

bloop *n* RECORD Klebestellengeräusch *nt*; ~ **lamp** *n* RECORD Bloop-Lampe *f*; ~ **punch** *n* RECORD Klebestellenvertiefung *f*

blooping *n* RECORD Klebestellengeräusch *nt*; ~ **patch** *n* RECORD Tonklebestelle *f*; ~ **tape** *n* RECORD Tonband mit Klebestellengeräusch *nt*

blotch *n* TEXT Boden *m*, Fleck *m*, Fond *m*, Stoffgrund *m*

blotter: ~ **material** *n* CONST *road construction* Abstreusplitt *m*, Decksplitt *m*; ~ **powder** *n* PROD ENG Haftpulver *nt*

blotting: **~-paper washer** *n* PROD ENG Löschpapierzwischenlage *f*

blow[1] *n* CER & GLAS, PACK Blas- *pref*, PROD ENG Hub *m*, Schmelze *f*; **~-and-blow process** *n* CER & GLAS Blas-Blas-Verfahren *nt*; ~ **back** *n* CER & GLAS Vorblasen *nt*; ~ **bending test** *n* MECHAN ENG Schlagbiegeprüfung *f*; ~ **die** *n* PROD ENG Blasform *f*; **~-down pressurization** *n* SPACE Blow-Down Druckbeaufschlagung *f*; ~ **fill seal system** *n* PACK Blas-, Abfüll- und Verschließsystem *nt*; ~ **gun** *n* PROD ENG Spritzpistole *f*; ~ **head** *n* CER & GLAS Blaskopf *m*; ~ **hole** *n* METALL Blase *f*, Lunker *m*; ~ **mold** *n AmE see blow mould BrE* ~ **molding** *n AmE see blow moulding BrE* **~-molding process** *n AmE see blow-moulding process BrE* ~ **mould** *n BrE* MECHAN ENG *for plastics* Blasform *f*; ~ **moulding** *n BrE* PLAS Blasformen *nt*; **~-moulding process** *n BrE* PACK Blasformverfahren *nt*; **~-off** *n* COAL TECH Ablaß *m*; ~ **roll** *n* PAPER Blaswalze *f*; ~ **table** *n* CER & GLAS Blastisch *m*; ~ **valve** *n* HYD EQUIP Abblasventil *nt*, Ausblaseventil *nt*, Schnüffelventil *nt*

blow:[2] ~ **down** *vt* ELECT, HEAT & REFRIG ausblasen, WATER SUP abschlämmen; ~ **off** *vt* NUC TECH *steam, polluted air* abblasen, WATER SUP entleeren, spülen; ~ **out** *vt* ELECT, HEAT & REFRIG ausblasen; ~ **up** *vt* PHOTO vergrößern, SPACE sprengen

blow[3] *vi* ELECT blasen, *fuse* durchbrennen, schmelzen, PAPER, SPACE *spacecraft* blasen; ~ **out** *vi* ELECT *arc* verlöschen

blowback *n* AUTO Rückschlagzündung *f*, Vergaserknallen *nt*, Vergaserpatschen *nt*

blowdown *n* WATER SUP Abschlämmen *nt*; ~ **accident** *n* NUC TECH Druckangleichsunfall *m*

blower *n* AUTO *cooling system* Gebläse *nt*, CER & GLAS Glasbläser *m*, FOOD TECH Gebläse *nt*, Lüfter *m*, Ventilator *m*, HEAT & REFRIG Lüfter *m*, MECHAN ENG, MECHANICS, PAPER Gebläse *nt*, RAD TECH Lüfter *m*; ~ **brush** *n* PHOTO Gebläsebürste *f*; ~ **wheel** *n* MECHAN ENG Gebläselaufrad *nt*

blowing *n* CER & GLAS Glasblasen *nt*, ELECT *of fuse* Durchbrennen *nt*, FOOD TECH *of tins or cans* Bombieren *nt*; ~ **agent** *n* PLAS Treibmittel *nt*; ~ **down** *n* ELECT, HEAT & REFRIG Ausblasen *nt*; ~ **out** *n* ELECT *of arc discharge* Ausblasen *nt*, Löschen *nt*, *of fuse* Durchbrennen *nt*, HEAT & REFRIG Ausblasen *nt*; ~ **ring** *n* CER & GLAS Blasring *m*

blowlamp *n BrE (cf blowtorch AmE)* CONST Gebläsebrenner *m*, Lötlampe *f*, MECHAN ENG, PROD ENG Lötlampe *f*

blown:[1] **not ~ up** *adj* CER & GLAS nicht aufgeblasen

blown:[2] ~ **bottle** *n* PACK Blasflasche *f*; ~ **film** *n* PLAS Blasfolie *f*; ~ **flap** *n* AIR TRANS *boundary layer control* angeblasene Klappe *f*; **~-flap system** *n* TRANS Luftklappensystem *nt*; ~ **fuse** *n* ELEC ENG durchgebrannte Sicherung *f*; **~-glass tube** *n* LAB EQUIP geblasene Glasröhre *f*, geblasenes Glasrohr *nt*; **~ metal** *n* PROD ENG Windfrischstahl *m*; **~ oil** *n* MECHAN ENG *ships* Blasöl *nt*; **~ sheet** *n AmE (cf cylinder glass BrE)* CER & GLAS Zylinderglas *nt*, geblasenes Tafelglas *nt*

blowout *n* PET TECH Ausbruch *m*, Blowout *m*, Eruption *f*, POLL Blowout *m*; **~ coil** *n* ELEC ENG Blasspule *f*, Funkenlöschspule *f*, Löschspule *f*; **~ fuse** *n* ELEC ENG Schmelzsicherung *f*; **~ preventer** *n (BOP)* PET TECH Ausbruchsicherung *f*, Blow-out-Preventer *m (BOP)*

blowpipe *n* CONST Brenner *m*, Schweißbrenner *m*, MECH, MECHAN ENG, PROD ENG Brenner *m*; **~ nozzle** *n* PROD ENG Brennerdüse *f*

blowtorch *n AmE (cf blowlamp BrE)* CONST, Gebläsebrenner *m*, Lötlampe *f* MECHAN ENG Lötlampe *f*

blue[1] *adj* METALL, PROD ENG, TELEV Blau- *pref*; **~-brittle** *adj* PROD ENG blaubrüchig; **~-short** *adj* PROD ENG blauspröde

blue:[2] **~ adder** *n* TELEV Blaumischer *m*; **~ annealing** *n* METALL Blauglühen *nt*; **~ beam** *n* TELEV Blaustrahl *m*; **~-beam magnet** *n* TELEV Blaustrahlmagnet *m*; **~-black level** *n* TELEV Blau-Schwarz-Pegel *m*; **~-brittleness** *n* METALL Blaubrüchigkeit *f*, Blausprödigkeit *f*; **~-brittle range** *n* PROD ENG Blaubruchgebiet *nt*; **~ clay** *n* CER & GLAS Blauton *m*; **~-green laser** *n* ELECTRON blaugrüner Laser *m*; **~ gun** *n* TELEV Blaukanone *f*; **~ heat** *n* PROD ENG Blauwärme *f*; **~ hyaline-quartz** *n* CHEMISTRY Blauglasquarz *nt*; **~ peak level** *n* TELEV Blauwertspitze *f*; **~ peter** *n* WATER TRANS *flag* blauer Peter *m*; **~ primary** *n* TELEV Primärblau *nt*; **~ quark** *n* PHYS Quark mit Farbladung Blau *nt*; **~ screen-grid** *n* TELEV Blaugitter *nt*; **~-shortness** *n* PROD ENG Blausprödigkeit *f*; **~ signal** *n* ELECTRON *communications transmission* Alarmmeldesignal *nt*; **~ silica gel** *n* PACK Silikagel *nt*, blaues Kieselgel *nt*; **~ vitriol** *n* CHEMISTRY Blaustein *m*, Blauvitriol *nt*, Chalkanthit *m*, Kupfersulfat *nt*, Kupfervitriol *nt*

blue[3] *vt* PROD ENG brünieren

blued[1] *adj* METALL geblaut

blued:[2] **~ sheet** *n* METALL gebläutes Blech *nt*

blueprint *n* CONST, MECHAN ENG, PRINT Blaupause *f*, TEXT Blaudruck *m*

bluestone *n* CHEMISTRY Blaustein *m*, Chalkanthit *m*, Kupfervitriol *nt*

bluff:[1] **~-bowed** *adj* WATER TRANS mit vollem Bug

bluff[2] *n* WATER TRANS *bank* Steilufer *nt*, schroffe Klippe *f*

bluing: **~ of iron** *n* METALL Braunbeizen *nt*

blunt[1] *adj* MECHAN ENG stumpf

blunt:[2] **~ saw file** *n* MECHAN ENG Stumpfsägenfeile *f*; **~ start** *n* MECHAN ENG *of screw* Kegelkuppe *f*, Linsenkuppe *f*

blunt[3] *vt* MECHAN ENG, PRINT abstumpfen

blunt[4] *vi* MECHAN ENG abstumpfen, stumpf werden

blurb *n* PRINT Klappentext *m*

blurred[1] *adj* CER & GLAS unscharf

blurred:[2] **~ image** *n* PHYS verschwommenes Bild *nt*

blushing *n* PLAS *paint defect* Anlaufen *nt*, Weißanlaufen *nt*

B-modulation *n* ELECTRON B-Modulation *f*

BMOSFET *abbr (back-gate metal-oxide semiconductor field-effect transistor)* ELECTRON BMOSFET *(Halbleiter-Feldeffekttransistor mit Rückgatter)*

BNC *abbr (bayonet nut connector)* ELECTRON BNC-Stecker *m (Bajonettsteckverbinder mit Überwurfmutter)*

board:[1] **off ~** *adj* ELECTRON außerhalb der Leiterplatte gelegen; **on ~** *adj* ELECTRON auf der Leiterplatte

board:[2] **on ~** *adv* WATER TRANS an Bord

board[3] *n* COMP & DP Platine *f*, CONST Bohle *f*, Brett *nt*, PACK Pappe *f*, PAPER Karton *m*, Pappe *f*, PRINT Pappe *f*, TELECOM *switchboard* Modum *m*, Steckkarte *f*, Vermittlungsschrank *m*, WATER TRANS *ship* Bord *m*; **~ felt** *n* PAPER Pappenfilz *m*; **~-level modem** *n* ELECTRON Modem auf Leiterplattenebene *nt*; **~ machine** *n* PAPER Kartonmaschine *f*; **~ mill** *n* PACK Fabrik *f*, Papierfabrik *f*; **~-mounted instrument** *n* INSTR Schalttafelinstrument *nt*

board[4] *vt* CONST verkleiden, verschalen, WATER TRANS entern

board[5] *vi* WATER TRANS an Bord gehen

boarding *n* CONST Bretterverkleidung *f*, Schalbretter *nt pl*, TEXT Aufformziehen *nt*, Fixieren *nt*, Formung *f*, Strumpfformen *nt*, WATER TRANS *passengers, cargo* Anbordnahme *f*, Einschiffung *f*; **~ bridge** *n* AIR TRANS Fluggastbrücke *f*; **~ party** *n* WATER TRANS *inspection, pirates* Entermannschaft *f*, Prisenkommando *nt*; **~ platform** *n* RAIL Einsteigeplattform *f*

boat *n* LAB EQUIP *analysis* Kahn *m*, WATER TRANS Boot *nt*, Schiff *nt*, Wasserfahrzeug *nt*; **~ carriage** *n* WATER TRANS Bootstransport *m*; **~ chock** *n* WATER TRANS *deck equipment* Bootsklampe *f*; **~ deck** *n* WATER TRANS Bootsdeck *nt*; **~ drill** *n* WATER TRANS Rettungsbootsübung *f*; **~ elevator** *n* WATER TRANS Bootslift *m*; **~ fall** *n* WATER TRANS *deck equipment* Bootstaljenläufer *m*; **~ house** *n* WATER TRANS Bootshaus *nt*; **~-launching crane** *n* TRANS Slipkran *m*; **~ lift** *n* WATER TRANS Bootslift *m*; **~ load** *n* WATER TRANS *cargo* Bootsladung *f*; **~ scaffold** *n* CONST Hängebaugerüst *nt*; **~ sling** *n* WATER TRANS Bootshißstropp *m*; **~ stations bill** *n* WATER TRANS *emergency* Bootsrolle *f*; **~ tank** *n* WATER TRANS Bootstank *m*; **~ trailer** *n* WATER TRANS Bootsanhänger *m*

boathook *n* WATER TRANS Bootshaken *m*

boat's: **~ heading** *n* WATER TRANS Bootskurs *m*

boatsman *n* WATER TRANS Bootsführer *m*

boatswain *n* WATER TRANS Bootsmann *m*

boatswain's: **~ chair** *n* WATER TRANS Bootsmannsstuhl *m*

bob *n* CONST Lot *nt*, Senkblei *nt*, METROL Senkblei *nt*, PROD ENG Lot *nt*, Polierscheibe *f*

bobbin *n* CER & GLAS Spule *f*, ELEC ENG Spule *f*, Spulenkörper *m*, TEXT Bobine *f*, Garnträger *m*, Hülse *f*, Spule *f*

bobstay *n* WATER TRANS *rope* Wasserstag *nt*

BOD *abbr (biological oxygen demand)* FOOD TECH, POLL, WASTE BSB *(biologischer Sauerstoffbedarf)*

bodkin *n* PRINT Ahle *f*

body[1] *n* AUTO Karosserie *f*, CER & GLAS Scherben *m*, GEOM, MECHAN ENG, MECHANICS Körper *m*, PRINT *type* Kegel *m*, Schriftkegel *m*, PROD ENG Ballen *m*, Schneidenschaft *m*, Schneidenteil und Hals *m*, Stammblatt *nt*, Stock *m*, Struktur *f*, Stößelführung *f*, Karosserie *f*, *plastic valves* Gehäuse *nt*, Unterteil *nt*, RAIL Wagenkasten *m*, WATER SUP Körper *m*; **~ at rest** *n* MECHANICS Körper in Ruhe *m*; **~ cap** *n* PHOTO Gehäusedeckel *m*; **~ centrode** *n* PROD ENG *kinematics* Rastpolbahn *f*; **~ clearance** *n* PROD ENG Freifläche am Umfang *f*; **~ dimensions** *n pl* ERGON Körpermaße *f pl*; **~ drag** *n* PROD ENG Formwiderstand *m*; **~ drag press** *n* PROD ENG Karosserieziehpresse *f*; **~ of the fabric** *n* TEXT Substanz *f*; **~ filler** *n* AUTO *body* Spachtelmasse für Karosseriereparaturen *f*; **~ force** *n* METALL Kraft der Masse *f*, PROD ENG Volumenkraft *f*; ~ **forming** *n* PROD ENG Zargenrundung *f*; ~ **in motion** *n* MECHANICS Körper in Bewegung *m*; ~ **in white** *n* AUTO grundierte Rohkarosserie *f*; ~ **length** *n* PROD ENG Ballenlänge *f*, Schneidschaftlänge *f*; ~ **maker** *n* PROD ENG Karosseriehersteller *m*; ~ **matter** *n* PRINT Fließsatz *m*; ~ **mold** *n AmE*, ~ **mould** *n BrE* CER & GLAS Rohform *f*; ~ **plan** *n* WATER TRANS *ship design* Spantenriß *m*; ~ **seal** *n* PROD ENG *plastic valves* Gehäusedichtung *f*; ~ **shell** *n* AUTO Rohkarosserie *f*; ~ **stock** *n* PROD ENG Zargenblech *nt*; ~ **support** *n* ERGON Körperabstützung *f*; ~**-transmitted vibration hazard** *n* SAFETY *vehicles, machine shop floors* vom Körper übertragene Vibrationsgefahr *f*; ~ **tube** *n* OPT *of lens* Objektivrohr *nt*; ~ **type** *n* ERGON Konstitutionstyp *m*, PRINT Brotschrift *f*, Gebrauchsschrift *f*, Werkschrift *f*

body[2] *vt* PROD ENG eindicken; ~ **up** *vt* PROD ENG eindicken

bodying *n* PROD ENG Eindickung *f*; ~ **speed** *n* FOOD TECH Geschwindigkeit des Anwachsens der Viskosität *f*

boehmite *n* CER & GLAS Böhmit *nt*

bog *n* COAL TECH Sumpf *m*; ~ **peat** *n* COAL TECH Sumpftorf *m*

boggy *adj* COAL TECH sumpfig

boghead: ~ **coal** *n* COAL TECH Bogheadkohle *f*

bogie *n* AUTO *BrE (cf trailer AmE, truck AmE) trailer* Anhänger *m*, Bogie *m*, Fahrgestell *nt*, Wohnwagenanhänger *m*, CONST *BrE (cf trailer AmE)* Anhänger *m*, Sattelschlepper *m*, Untergestell *nt*, MECHAN ENG Fahrgestell *nt*, Laufgestell *nt*, PROD ENG Fahrgestell *nt*, RAIL *BrE (cf trailer AmE)* Achsaggregat *nt*, Anhänger *m*, Bogie *m*, Drehgestell *nt*, TRANS *BrE (cf bogie truck AmE, trailer AmE, truck BrE)* Fahrgestell *nt*, Laufgestell *nt*; ~ **assembly** *n* MECHAN ENG Fahrwerk *nt*; ~ **bolster** *n* RAIL Wiege des Drehgestells *f*; ~ **car** *n* MECHAN ENG Drehgestellwagen *m*; ~ **casting** *n* PROD ENG Wagenguß *m*; ~ **frame** *n* RAIL Drehgestellrahmen *m*; ~ **furnace** *n* PROD ENG Wagenherdofen *m*; ~ **open self-discharge wagon** *n* AUTO offener Selbstentlade-Drehgestellgüterwagen *m*; ~ **pin** *n BrE (cf truck pin AmE)* AUTO *trailer* Drehzapfen *m*; ~ **pivot** *n BrE* AUTO *trailer* Drehpfanne *f*; ~ **truck** *n AmE (cf bogie BrE)* TRANS *crane* Fahrgestell *nt*, Laufgestell *nt*; ~ **wagon** *n* AUTO *with swivelling roof* Drehgestellgüterwagen *m*

Bohr: ~ **magneton** *n* PHYS Bohrsches Magneton *nt*; ~ **radius** *n* (a_0) PHYS Bohrscher Radius *m* (a_0)

Bohr-Sommerfeld: ~ **model** *n* PHYS Bohr-Sommerfeld-Modell *nt*

boil:[1] ~ **down** *vt* FOOD TECH eindicken, einkochen

boil:[2] ~ **away** *vi* THERMODYN abdampfen; ~ **fast** *vi* THERMODYN sprudelnd kochen; ~ **over** *vi* THERMODYN überkochen; ~ **slowly** *vi* THERMODYN gelinde kochen, schwach sieden

boil[3] *vti* THERMODYN kochen, sieden

boiled: ~ **linseed oil** *n* CHEMISTRY Leinölfirnis *m*; ~ **oil** *n* PROD ENG Firnis *m*; ~ **starch** *n* FOOD TECH gekochte Stärke *f*

boiler *n* COAL TECH, FOOD TECH Kessel *m*, HYD EQUIP Dampferzeuger *m*, MECHAN ENG Kessel *m*, MECHANICS Boiler *m*, Dampferzeuger *m*, Kessel *m*, RAIL Kessel *m*, THERMODYN Dampferzeuger *m*, Kessel *m*, *of central heating, plant* Boiler *m*, WATER TRANS *propulsion* Kessel *m*; ~ **alarm** *n* HYD EQUIP Kesselalarm *m*; ~ **barrel** *n* PROD ENG Kesselmantel *m*; ~ **bedding** *n* PROD ENG Kessellagerung *f*; ~ **capacity** *n* HEAT & REFRIG Kesselleistung *f*; ~**-cleaning compound** *n* HEAT & REFRIG Kesselsteinlösemittel *nt*; ~ **coal** *n* COAL TECH Kesselkohle *f*; ~ **efficiency** *n* HEAT & REFRIG Kesselwirkungsgrad *m*; ~ **emergency float** *n* HYD EQUIP Kesselalarmschwimmer *m*; ~ **engineering** *n* HEAT & REFRIG Kesselbau *m*; ~ **explosion** *n* HYD EQUIP, SAFETY Kesselexplosion *f*; ~ **feed** *n* HEAT & REFRIG Dampfkesselspeisung *f*; ~ **feeder** *n* HEAT & REFRIG Kesselspeisepumpe *f*; ~ **feeding** *n* HYD EQUIP Kesselbeschickung *f*, Kesselspeisung *f*; ~ **feed pump** *n* HEAT & REFRIG Kesselspeisepumpe *f*; ~ **feed water** *n* PET TECH Kesselspeisewasser *nt*; ~ **fittings** *n* HYD EQUIP Kesselarmaturen *f pl*, Kesselausrüstung *f*; ~ **float** *n* HYD EQUIP Kesselschwimmer *m*; ~ **flue** *n* HYD EQUIP Kesselzug *m*, Kesselflammrohr *nt*, Kesselfuchs *m*, Kesselrauchgaskanal *m*; ~ **front** *n* HYD EQUIP Kesselfront *f*; ~ **furnace** *n* HEAT & REFRIG Kesselfeuerraum *m*, HYD EQUIP Kesselfeuerraum *m*, Kesselfeuerung *f*; ~ **gage** *n AmE*, ~ **gauge** *n BrE* INSTR Dampfkesselmanometer *nt*, Kesselmanometer *nt*, Manometer für Kessel *nt*; ~ **grate** *n* HEAT & REFRIG Kesselrost *m*; ~ **house** *n* HEAT & REFRIG, HYD EQUIP Kesselhaus *nt*; ~ **inspection** *n* SAFETY Kesselüberprüfung *f*; ~ **jacket** *n* HYD EQUIP Kesselverkleidung *f*, Kesselmantel *m*; ~ **jacketing** *n* HYD EQUIP Kesselummantelung *f*, Kesselmantel *m*; ~ **lagging** *n* HYD EQUIP Kesselverkleidung *f*; ~ **operation** *n* HEAT & REFRIG Kesselführung *f*; ~ **output** *n* HEAT & REFRIG Kesselleistung *f*; ~ **pipe shaping mandrel** *n* HYD EQUIP Rohrformdorn *nt*; ~ **plant** *n* HEAT & REFRIG Kesselanlage *f*; ~ **plate** *n* HYD EQUIP Kesselblech *nt*; ~ **pressure** *n* MECHAN ENG Kesseldruck *m*; ~ **rivet** *n* HYD EQUIP Kesselniet *nt*; ~ **room** *n* HEAT & REFRIG Heizraum *m*, HYD EQUIP Kesselraum *m*; ~ **scale** *n* HYD EQUIP, PROD ENG, RAIL Kesselstein *m*; ~ **scale formation** *n* FOOD TECH Kesselsteinablagerung *f*, WATER SUP Kesselsteinablagerung *f*, Kesselsteinbildung *f*; ~**-scaling hammer** *n* HYD EQUIP Kesselhammer *m*; ~ **shell** *n* HYD EQUIP Kesselmantel *m*; ~ **slag** *n* MECHANICS Kesselschlacke *f*; ~ **smith** *n* HYD EQUIP Kesselschmied *m*; ~ **stay screwing tap** *n* MECHAN ENG Stehbolzengewindebohrer *m*; ~ **tap** *n* PROD ENG Stehbolzengewindebohrer *m*; ~ **temperature meter** *n* INSTR Kesseltemperaturmeßgerät *nt*; ~ **test plate** *n* HYD EQUIP Kesselprüfblech *nt*; ~ **tube** *n* MECHAN ENG Kesselrohr *nt*; ~ **tube expander** *n* HYD EQUIP Kesselrohrwalze *f*, Siederrohrwalze *f*; ~ **water purification** *n* HEAT & REFRIG Kesselwasserbehandlung *f*, Kesselwasserreinigung *f*; ~ **water treatment** *n* HEAT & REFRIG Kesselwasserbehandlung *f*, Kesselwasserreinigung *f*; ~ **weld** *n* PROD ENG Kesselnaht *f*; ~ **welder** *n* PROD ENG Kesselschweißer *m*; ~ **welding** *n* PROD ENG Kesselschweißen *nt*; ~ **works** *n* HYD EQUIP Kesselwerk *nt*

boilermaker *n* HYD EQUIP Kesselbauer *m*, Kesselhersteller *m*

boilermaking *n* HEAT & REFRIG, HYD EQUIP Kesselherstellung *f*

boiling[1] *adj* CHEM ENG, FOOD TECH, NUC TECH kochend, THERMODYN kochend, siedend

boiling[2] *n* CHEM ENG Aufkochen *nt*, Aufwallen *nt*, FOOD TECH, THERMODYN Kochen *nt*, Sieden *nt*; ~ **bed** *n* NUC TECH kochendes Fließbett *nt*; ~ **fermentation** *n* CHEM ENG, FOOD TECH kochende Gärung *f*; ~ **flask** *n* CHEM ENG Kochflasche *f*, Kochkolben *m*; ~ **light water moderated reactor** *n* NUC TECH, PHYS Siedewasserreaktor *m*; ~ **plate** *n* CHEM ENG Kochplatte *f*, Siedeblech *nt*; ~ **point** *n* FOOD TECH Kochpunkt *m*, Siedepunkt *m*,

MECHAN ENG, PHYS, PLAS *solvent*, THERMODYN Siedepunkt *m*; ~ **point elevation** *n* MECHAN ENG Siedepunktserhöhung *f*; ~ **range** *n* PET TECH, PLAS *solvent* Siedebereich *m*; ~ **reactor** *n* NUC TECH Siedereaktor *m*; ~ **water reactor** *n (BWR)* NUC TECH, PHYS Siedewasserreaktor *m (SWR)*

bold[1] *adj* PRINT *typeface* fett

bold:[2] ~ **face** *n* COMP & DP Fettdruck *m*, PRINT Fettdruck *m*, fetter Druck *m*; ~ **print** *n* COMP & DP Fettdruck *m*

bollard *n* WATER TRANS Poller *m*, Schiffspoller *m*

bolometer *n* ELEC ENG Bolometer *nt*, Thermoumformer *m*, ELECT, HEAT & REFRIG, PHYS, PROD ENG Bolometer *nt*, SPACE Bolometer *nt*, Strahlungsmeßgerät *nt*, THERMODYN Bolometer *nt*

bolometric[1] *adj* PROD ENG bolometrisch

bolometric:[2] ~ **instrument** *n* INSTR Bolometer *nt*, bolometrisches Meßinstrument *nt*

bolster *n* MECHAN ENG Unterlage *f*, PROD ENG Aufspannplatte *f*, Lochring *m*, RAIL Wiege *f*; ~ **plate** *n* MECHAN ENG *of press* Spannplatte *f*

bolt[1] *n* AUTO Bolzen *m*, Schraube *f*, CONST Dorn *m*, Türriegel *m*, MECHAN ENG Bolzen *m*, Bolzenschraube *f*, Schraube *f*, Schraubenbolzen *m*, PROD ENG Bolzen *m*, Durchsteckschraube *f*, *plastic valves* Schraube *f*, Zylinderschraube *f*; ~ **circle** *n* PROD ENG Schraubenlochkreis *m*; ~ **clipper** *n* MECHAN ENG Bolzenschere *f*, PROD ENG Gewindebolzenabschneider *m*; ~ **coupling** *n* MECHAN ENG Bolzenkupplung *f*; ~ **cropper** *n* MECHAN ENG Bolzenschneider *m*; ~ **cutter** *n* AUTO, MECHAN ENG, MECHANICS Bolzenschneider *m*, PROD ENG Außengewindeschneidmaschine *f*; ~ **die head** *n* PROD ENG Gewindeschneidkopf für Außengewinde *m*; ~ **fastening** *n* MECHAN ENG Bolzenverbindung *f*; ~**-forging machine** *n* PROD ENG Schraubenkopfstauchmaschine *f*; ~ **head** *n* MECHAN ENG Bolzenkopf *m*, Schraubenkopf *m*, MECHANICS Schraubenkopf *m*; ~ **heading** *n* PROD ENG Schraubenkopfanstauchen *nt*; ~ **hole** *n* MECHAN ENG Bolzenloch *nt*; ~ **joint** *n* PROD ENG Schraubenverbindung *f*; ~ **and nut** *n* CONST Durchsteckschraube *f*, Mutterschraube *f*; ~ **rope** *n* WATER TRANS Liektau *nt*; ~ **thread** *n* PROD ENG Schraubengewinde *nt*

bolt[2] *vt* CONST festschrauben, verriegeln, MECHANICS verbolzen, verriegeln, PROD ENG verschrauben

bolted: ~ **connection** *n* MECHAN ENG, PROD ENG Schraubenverbindung *f*, SPACE Bolzenverbindung *f*; ~ **joint** *n* MECHAN ENG Schraubenverbindung *f*, Verschraubung *f*; ~ **pipe joint** *n* MECHAN ENG Rohrverschraubung mit Bolzen *f*; ~ **union** *n* PROD ENG Bolzenverbindung *f*, Schraubenverbindung *f*

bolthead *n* LAB EQUIP *analysis* Siebkopf *m*; ~ **flask** *n BrE (cf matrass AmE)* LAB EQUIP Siebkopfkolben *m*

bolting *n* CONST Verschraubung *f*, MECHAN ENG Anschrauben *nt*, Schrauben *nt*, Verbolzung *f*, Verschraubung *f*, SAFETY Verbolzung *f*, Verschraubung *f*; ~ **cloth** *n* CER & GLAS Siebtuch *nt*; ~ **fabric** *n* TEXT Filtertuch *nt*, Siebtuch *nt*

Boltzmann: ~ **constant** *n (k)* PHYS, THERMODYN Boltzmannsche Konstante *f*, Boltzmannsche Zahl *f (k)*; ~ **equation** *n* PHYS, THERMODYN Boltzmannsche Gleichung *f*; ~ **equation of particle conservation** *n* PHYS, THERMODYN Boltzmannsche Gleichung *f*; ~ **function** *n* PHYS, THERMODYN Boltzmannsche Funktion *f*

bomb: ~ **calorimeter** *n* INSTR Bombenkalorimeter *nt*, kalorimetrische Bombe *f*, PHYS Bombenkalorimeter *nt*

bond[1] *n* CER & GLAS Bindung *f*, COATINGS Haftung *f*, CONST Haftung *f*, Verbund *m*, *masonry* Verband *m*, MECHAN ENG *of abrasive wheel* Bindung *f*, NUC TECH *of fuel and can* Verbindung *f*, PET TECH Bindung *f*, PLAS Klebverbindung *f*, Verklebung *f*; ~ **energy** *n* METALL Haftenergie *f*; ~ **strength** *n* COATINGS Haftfestigkeit *f*, PLAS Haftfestigkeit *f*, Klebfestigkeit *f*, Trennfestigkeit *f*

bond[2] *vt* CONST im Verband legen, verbinden, verleimen, MECHANICS verleimen, zusammenkitten, PROD ENG kleben, platieren; ~ **to** *vt* PACK verbinden

bonded[1] *adj* CER & GLAS gebunden, SPACE *spacecraft* Verbund- *pref*

bonded:[2] ~ **abrasive products** *n pl* MECHAN ENG gebundene Schleifmittel *f pl*; ~ **area** *n* WATER TRANS *port* Zollfreizone *f*; ~ **double paper** *n (BDP)* PAPER Verbundpapier *nt (BDP)*; ~ **glass cloth** *n* CER & GLAS geklebtes Glasleinen *nt*; ~ **goods** *n pl* PET TECH Zollgut *nt*, WATER TRANS *customs* Waren unter Zollverschluß *f pl*; ~ **masonry** *n* CONST verbundenes Mauerwerk *nt*; ~ **mat** *n* CER & GLAS gebundenes Glasfaservlies *nt*; ~ **seal** *n* PACK aufgeklebte Dichtung *f*; ~ **steel plate** *n* CONST Stahlverbundplatte *f*; ~ **warehouse** *n* WATER TRANS *customs* Freilager *nt*, Zollspeicher *m*

bonder *n* CONST Binderziegel *m*

bonding *n* COMP & DP Verbund *m*, CONST Haftung *f*, Verbund *m*, Verkleben *nt*, Verleimen *nt*, MECHANICS Verklebung *f*, Verleimung *f*, PLAS Verkleben *nt*, PROD ENG Kleben *nt*, Platierung *f*, SPACE *spacecraft* Verbund *m*, WATER TRANS *shipbuilding* Verbindung *f*; ~ **agent** *n* PACK Klebstoff *m*, PLAS Haftmittel *nt*, SPACE *spacecraft* Haftstoff *m*; ~ **jumper** *n* ELEC ENG Kurzschlußbrücke *f*, Verbindungsbrücke *f*; ~ **layer** *n* COATINGS Haftschicht *f*; ~ **material** *n* NUC TECH Verbindungsmaterial *nt*; ~ **pad** *n* ELECTRON Anschlußfleck *m*; ~ **strap** *n* SPACE *spacecraft* Verbindungsband *nt*; ~ **strength** *n* NUC TECH Haftfestigkeit *f*, Verbundfestigkeit *f*; ~ **test** *n* PACK Haftprüfung *f*

bondstone *n* CONST Binderziegel *m*

bone:[1] ~**-dry** *adj* PAPER ofentrocken, TEXT vollkommen trocken

bone[2] *n* ACOUSTICS, CER & GLAS, CHEMISTRY, COAL TECH, TEXT Knochen *m*; ~ **ash** *n* CER & GLAS Knochenasche *f*; ~ **china** *n* CER & GLAS Knochenporzellan *nt*; ~ **coal** *n* COAL TECH Knochenkohle *f*; ~ **conduction** *n* ACOUSTICS Knochenleitung *f*; ~ **glue** *n* TEXT Knochenleim *m*; ~ **vibrator** *n* ACOUSTICS Knochenvibrator *m*

bone:[3] ~ **in** *vt* METROL nivellieren

boning *n* CONST *surveying* Ausrichten *nt*, Nivellieren *nt*; ~ **rod** *n* CONST *surveying* Visiertafel *f*

bonnet *n BrE (cf hood AmE)* AUTO Motorhaube *f*, Verdeck *nt*, MECHAN ENG *of engine* Haube *f*; ~ **assembly** *n* PROD ENG *plastic valves* Oberteilkomplett *nt*; ~ **catch** *n BrE (cf hood catch AmE)* AUTO Haubenschloß *nt*, Motorhaubenverriegelung *f*

bonneted *adj* CONST gewölbt

book[1] *n* PRINT Buch *nt*; ~ **case** *n* PRINT *bookbinding* Buchdecke *f*; ~ **composition** *n* PRINT Buchsatz *m*, Werksatz *m*

book:[2] ~ **a call** *vi* TELECOM ein Gespräch anmelden

bookbinder *n* PRINT Buchbinder *m*

bookbinder's: ~ **brass** *n* PRINT Buchbinderstempel *m*; ~ **needle** *n* PRINT Buchbindernadel *f*

bookbinding *n* PRINT Binden *nt*, Buchbinden *nt*, Buchbinderei *f*

booked: ~ **call** *n* TELECOM Gespräch mit Voranmeldung *nt*
bookmark *n* PRINT Buchzeichen *nt*, Lesezeichen *nt*
Boolean: ~ **algebra** *n* COMP & DP, MATH Boolesche Algebra *f*; ~ **logic** *n* COMP & DP Boolesche Algebra *f*; ~ **operator** *n* COMP & DP Boolescher Operator *m*; ~ **primary** *n* COMP & DP Boolescher Primärausdruck *m*; ~ **ring** *n* COMP & DP Boolescher Ring *m*; ~ **secondary** *n* COMP & DP Boolescher Sekundärausdruck *m*; ~ **term** *n* IND PROCESS Boolesche Verknüpfung *f*; ~ **value** *n* COMP & DP Boolescher Wert *m*; ~ **variable** *n* COMP & DP Boolesche Variable *f*
boom[1] *n* CONST Flansch *m*, Gurt *m*, *of crane* Ausleger *m*, MAR POLL Sperre *f*, MECHAN ENG *of crane* Ausleger *m*, MECHANICS Holm *m*, Ladebaum *m*, NUC TECH *of pressure vessel* Versteifung *f*, PET TECH Ausleger *m*, PROD ENG Ausleger *m*, Baum *m*, SPACE *spacecraft* Ausleger *m*, Baum *m*, Detonationsknall *m*, WATER TRANS Baum *m*, Hafensperre *f*; ~ **guy** *n* WATER TRANS Baumgei *f*; ~-**laying configuration** *n* MAR POLL Sperrenausbringkonfiguration *f*; ~ **pack** *n* MAR POLL Sperrengebinde *nt*, Ölsperrengebinde *nt*; ~ **plate** *n* CONST Gurtblech *nt*; ~ **retrieval** *n* MAR POLL Sperrenrückgewinnung *f*; ~ **towing** *n* MAR POLL Sperrenschleppe *f*; ~ **vang** *n* WATER TRANS *sailing* Baumniederhalter *m*, Bullentalje *f*
boom:[2] ~ **out** *vt* WATER TRANS *sailing* ausbäumen
boomerang *n* FLUID PHYS Bumerang *m*
boost:[1] ~ **charge** *n* TRANS *battery* Schnelladung *f*; ~ **pressure** *n* AIR TRANS *excess pressure* Ladedruck *m*, Schubdruck *m*, AUTO Ladedruck *m*, SPACE *spacecraft* Schubdruck *m*; ~ **pump** *n* SPACE Druckerhöhungspumpe *f*, Kraftstofförderpumpe *f*
boost[2] *vt* ELEC ENG aufladen, steigern, verstärken, ELECTRON verstärken, MECHANICS unterstützen, SPACE Schubdruck ausüben, TEXT aktivieren
booster *n* ELEC ENG *positive, negative* Spannungsverstärker *m*, Verstärker *m*, ELECT *transformer* Verstärker *m*, ELECTRON Antennenverstärker *m*, MECHAN ENG Booster *m*, PROD ENG Aufladegebläse *nt*, SPACE *spacecraft* Schubtriebwerk *nt*, Zusatzrakete *f*; ~ **amplifier** *n* ELECTRON Nf-Zwischenverstärker *m*, Niederfrequenz-Zwischenverstärker *m*; ~ **battery** *n* AUTO Zusatzbatterie *f*; ~ **coil** *n* AUTO Anlaßspule *f*; ~ **control** *n* AUTO Servoantrieb *m*; ~ **dynamo** *n* ELECT Hilfsdynamo *m*, Zusatzdynamo *m*; ~ **element** *n* NUC TECH Reaktivitätselement *nt*; ~ **generator** *n* ELECT Zusatzgenerator *m*; ~ **heating system** *n* FUELLESS Zusatzheizungssystem *nt*; ~ **locomotive** *n* RAIL Schiebelok *f*, Schiebelokomotive *f*; ~ **mill** *n* FUELLESS Hilfsmühle *f*, Zusatzmühle *f*; ~ **platform** *n* PET TECH Zwischenverdichterplattform *f*; ~ **pump** *n* AIR TRANS Überdruckpumpe für Kraftstoff *f*, MECHAN ENG Boosterpumpe *f*, Zwischenpumpe *f*, MECHANICS Druckverstärkerpumpe *f*, Hilfspumpe *f*, PET TECH Druckerhöhungspumpe *f*, PROD ENG Öldruckverstärkerpumpe *f*; ~ **rod** *n* NUC TECH Reaktivitätsstab *m*; ~ **station** *n* TELEV Füllsender *m*, Verstärkerstation *f*; ~ **transformer** *n* ELEC ENG *negative* Zusatztransformator *m*, *positive* Zusatztransformator *m*, ELECT Zusatztransformator *m*; ~ **voltage** *n* TELEV Treiberspannung *f*
boosting: ~ **regulator** *n* SPACE Schubsteuerung *f*
boot[1] *n* AIR TRANS *BrE (cf trunk AmE)* Schutzmanschette *f*, AUTO Parkkralle *f*, Radblockierer *m*, Schutzkappe *f*, AUTO *BrE (cf trunk AmE)* Kofferraum *m*, CER & GLAS Stiefel *m*, CONST Schutzkappe *f*; ~ **retainer** *n* AIR TRANS Schutzmanschettenhalter *m*; ~ **topping** *n* WATER TRANS Wassergang *m*, Wasserpaß *m*; ~-**up** *n* COMP & DP Booten *nt*
boot[2] *vt* COMP & DP laden
bootleg *n* TELEV Schwarzsender *m*
bootstrap[1] *n* COMP & DP Urladeprogramm *nt*, TELEV Bootstrap *m*
bootstrap[2] *vt* COMP & DP urladen
bootstrapping *n* COMP & DP Urladen *nt*
BOP *abbr (blowout preventer)* PET TECH BOP *(Blowout-Preventer)*
boracic *adj* CHEMISTRY Bor- *pref*
boral *n* NUC TECH Boral *nt*
borane *n* CHEMISTRY Boran *nt*, Borhydrid *nt*
borate *n* CHEMISTRY Borat *nt*
borax *n* CER & GLAS Borax *m*, CHEMISTRY Borax *m*, Dinatriumtetraborat-Dekahydrat *nt*; ~ **bead** *n* CONST Boraxperle *f*; ~ **bead test** *n* CHEMISTRY Boraxperlenversuch *m*, METALL Boraxperlprüfung *f*
Borda: ~ **mouthpiece** *n* HYD EQUIP Borda-Mündung *f*, Borda-Mundstück *nt*
border[1] *n* PRINT Bordüre *f*, Leiste *f*, Randleiste *f*, Umrandung *f*; ~ **irrigation** *n* WATER SUP Berieselung *f*, Streifenberieselung *f*
border[2] *vt* CONST begrenzen, einfassen, PROD ENG bördeln
bordering: ~ **tool** *n* PROD ENG Bördeleisen *nt*
bore[1] *n* AUTO Zylinderbohrung *f*, *engine, cylinder* Bohrung *f*, CER & GLAS *BrE (cf corkage AmE)* Bohrung *f*, Verkorkung *f*, FUELLESS Bohrung *f*, MECHAN ENG Bohrloch *nt*, *diameter of cylindrical hole* Bohrung *f*, Bohrungsdurchmesser *m*, *internal diameter of gun* Kaliber *nt*, SPACE *spacecraft* Bohrung *f*, Durchflußquerschnitt *m*, WATER SUP Bohrloch *nt*, *for water* Wasserbohrung *f*, WATER TRANS *river* Bore *f*; ~ **bit** *n* CONST Bohrmeißel *m*; ~ **gage** *n AmE*, ~ **gauge** *n BrE* METROL Bohrungsmeßgerät *nt*, Innenmeßgerät *nt*; ~ **rod** *n* CONST Bohrstange *f*; ~ **size** *n* PROD ENG lichte Weite *f*
bore[2] *vt* CONST abteufen, bohren, MECHAN ENG, MECHANICS bohren, PROD ENG innendrehen
bore[3] *vi* PET TECH *for oil, petroleum* bohren
bored: ~ **well** *n* WATER SUP Bohrbrunnen *m*
borehole *n* COAL TECH, CONST Bohrloch *nt*, MECHAN ENG Bohrloch *nt*, Bohrung *f*, WATER SUP Bohrloch *nt*; ~ **pump** *n* CONST Bohrlochpumpe *f*, WATER SUP Abteufpumpe *f*, Bohrlochpumpe *f*
boreholing *n* CONST Lochbohrung *f*
borer *n* COAL TECH Bohrer *m*, FOOD TECH *phytopathology* Bohrkäfer *m*; ~ **bit** *n* PET TECH Aufbohrmeißel *m*
boric[1] *adj* CHEMISTRY Bor- *pref*, borartig
boric:[2] ~ **acid** *n* CER & GLAS Borsäure *f*, CHEMISTRY Borsäure *f*, Orthoborsäure *f*, Trioxoborsäure *f*; ~ **acid blender** *n* NUC TECH Borsäuremischpumpe *f*; ~ **oxide** *n* CER & GLAS Bortrioxid *nt*
boride *n* CHEMISTRY Borid *nt*
boring[1] *adj* PROD ENG Bohr- *pref*
boring[2] *n* CONST Bohren *nt*, Lochen *nt*, MECH Bohren *nt*, MECHAN ENG Bohren *nt*, *turning* Ausdreh- *pref*, Ausdrehen *nt*, *widening* Aufbohren *nt*, Ausbohren *nt*, PET TECH Bohren *nt*, WATER SUP *for water* Wasserbohrung *f*; ~ **bar** *n* MECHAN ENG Bohrstange *f*, Bohrwelle *f*; ~-**bar cutter** *n* PROD ENG Einsteckmeißel *m*; ~-**bar steady bracket** *n* PROD ENG Lünette *f*; ~ **bench** *n* MECHAN ENG Bohrbank *f*; ~ **with the bit** *n* CONST

Meißelbohren *nt*; ~ **bit** *n* CONST Bohrmeißel *m*; ~ **by percussion** *n* CONST Schlagbohren *nt*; ~ **by percussion with rods** *n* CONST Vollgestängebohren *nt*; ~ **by shot drills** *n* CONST Schrotbohren *nt*; ~ **contractor** *n* CONST Bohrunternehmer *m*; ~ **cutter** *n* MECHAN ENG Ausdrehschneidstahl *m*; ~ **and facing lathe** *n* PROD ENG Bohr- und Plandrehmaschine *f*; ~ **and facing mill** *n* PROD ENG Ausbohr- und Stirnmaschine *f*; ~ **head** *n* MECHAN ENG Bohrkopf *m*, PROD ENG *for finishing cuts* Fertigbohrkopf *m*; ~ **machine** *n* MECHAN ENG, MECHANICS Bohrmaschine *f*; ~ **mill** *n* MECHAN ENG, MECHANICS Bohrwerk *nt*; ~-**mill column** *n* MECHAN ENG Bohrwerkständer *m*; ~ **and milling machine** *n* MECHAN ENG Bohr- und Fräsmaschine *f*; ~ **rod** *n* CONST Bohrstange *f*; ~ **site** *n* CONST Bohrstelle *f*, Bohransatzpunkt *m*; ~ **sleeve** *n* MECHAN ENG Bohrhülse *f*; ~ **spindle** *n* MECHAN ENG, MECHANICS Bohrspindel *f*; ~ **stay** *n* PROD ENG Lünettenständer *m*; ~ **tool** *n* MECHAN ENG Bohrmeißel *m*, *for roughing* Ausbohrmeißel *m*, *for finishing* Ausdrehmeißel *m*, Innendrehmeißel *m*; ~ **and turning mill** *n* MECHAN ENG Bohr- und Drehwerk *nt*

borizing *n AmE* PROD ENG Feinbohren *nt*

borneol *n* CHEMISTRY Borneocampher *m*, Borneol *nt*, Bornylalkohol *m*

bornyl *n* CHEMISTRY Bornyl- *pref*; ~ **acetate** *n* CHEMISTRY Borneolacetat *nt*, Bornylacetat *nt*; ~ **alcohol** *n* CHEMISTRY Bornylalkohol *m*

borofluoride *n* CHEMISTRY Fluoroborat *nt*

boron *n (B)* CHEMISTRY Bor *nt (B)*; ~ **steel** *n* METALL Borstahl *m*

boronated: ~ **steel absorber** *n* NUC TECH *in spent fuel pit* Borstahlabsorber *m*

borosilicate *n* CHEMISTRY Borosilikat *nt*; ~ **glass** *n* CER & GLAS, LAB EQUIP Borosilikatglas *nt*

borrow *n* CONST Entnahmematerial *nt*, Massenentnahme *f*; ~ **pit** *n* COAL TECH Materialgrube *f*, CONST Entnahmestelle *f*

bort *n* PROD ENG Bort *m*

Bose-Einstein: ~ **condensation** *n* PHYS Bose-Einsteinsche-Kondensation *f*; ~ **distribution** *n* PHYS Bose-Einsteinsche-Verteilung *f*; ~ **statistics** *n* PHYS Bose-Einsteinsche-Statistik *f*

bosh *n* CER & GLAS Ofenrast *f*, PROD ENG Löschtrog *m*, Rast *f*

boson *n* PART PHYS, PHYS Boson *nt*

boss[1] *n* AUTO *of wheel hub* Wulst *m*, MECHAN ENG Bosse *f*, Buckel *m*, Nabe *f*, *on flange* Vorsprung *m*, PROD ENG Lochplatte *f*, Nabe *f*

boss[2] *vt* PROD ENG aufrauhen, aussenken

bosshead *n* LAB EQUIP *clamp* Doppelmuffe *f*

bossing: ~ **mallet** *n* CONST Holzschlaghammer *m*

BOT[1] *abbr (beginning of tape)* COMP & DP BOT *(Bandanfang)*

BOT:[2] ~ **marker** *n* COMP & DP Bandanfangsmarke *f*

both: ~-**way circuit** *n* TELECOM doppeltgerichtete Leitung *f*, gemischt betriebene Leitung *f*; ~-**way group** *n* TELECOM doppeltgerichtetes Bündel *nt*; ~-**way line** *n* TELECOM doppeltgerichtete Leitung *f*

bott *n* PROD ENG Stopfen *m*

bottle:[1] ~ **bank** *n* WASTE Altglascontainer *m*, Glasbehälter *m*, Glascontainer *m*; ~ **cap** *n* PACK Flaschenverschlußkappe *f*; ~-**capping machine** *n* PACK Flaschenkappenaufsetzer *m*; ~ **capsule** *n* PACK Flaschenkapsel *f*; ~ **carrier** *n* PACK Flaschenträger *m*; ~-**casing machine** *n* CER & GLAS Flaschenummantelungsmaschine *f*; ~-**closing machine** *n* PACK Flaschenverschließmaschine *f*; ~ **closure** *n* PACK Flaschenverschluß *m*; ~-**corking machine** *n* PACK Flaschenkorkmaschine *f*; ~ **counter** *n* INSTR Flaschenzähler *m*, Flaschenzählgerät *nt*; ~ **crate** *n* PACK Flaschenkasten *m*; ~ **deposit** *n* PACK Flaschenpfand *m*; ~ **filler** *n* FOOD TECH Flaschenfüllapparat *m*; ~ **glass** *n* CER & GLAS Flaschenglas *nt*; ~ **industry** *n* CER & GLAS Flaschenindustrie *f*; ~ **jack** *n* MECHAN ENG Flaschenwinde *f*; ~ **jacket** *n* PACK Flaschenhülle *f*; ~ **kiln** *n* CER & GLAS *ceramics* Flaschenbrennofen *m*; ~ **leak detector** *n* PACK Flaschenlecksensor *m*; ~ **with molded neck** *n AmE*, ~ **with moulded neck** *n BrE* LAB EQUIP Flasche mit formgepreßtem Hals *f*; ~-**packing machine** *n* PACK Flaschenabpackungsanlage *f*; ~-**rinsing machine** *n* PACK Flaschenwaschmaschine *f*; ~ **screw** *n* WATER TRANS *rigging, fittings* Topfschraube *f*; ~-**sealing machine** *n* PACK Flaschenverschließmaschine *f*; ~ **sleeve** *n* PACK Flaschenhülse *f*; ~ **stopper** *n* PACK Flaschenstopfen *m*; ~ **unscrambler** *n* PACK Flaschenausrichter *m*; ~ **washer** *n* FOOD TECH Flaschenspülmaschine *f*; ~-**washing machine** *n* PACK Flaschenwaschmaschine *f*

bottle[2] *vt* FOOD TECH auf Flaschen abfüllen, einkochen, einwecken, in Gläser einmachen

bottled[1] *adj* FOOD TECH in Flaschen abgefüllt

bottled:[2] ~ **gas** *n* THERMODYN Flaschengas *nt*

bottleneck *n* FOOD TECH Flaschenhals *m*, MECHANICS Engpaß *m*, Flaschenhals *m*, TRANS *traffic* Engpaß *m*

bottling: ~ **machine** *n* FOOD TECH Flaschenabfüllmaschine *f*, PACK Abfüllautomat *m*; ~ **tank** *n* FOOD TECH Abfüllbehälter *m*

bottom:[1] ~-**hole** *adj* PET TECH grundsohlig

bottom[2] *n* CONST *of hill* Fuß *m*, *of valley* Bodenplatte *f*, Sohlplatte *f*, Talsohle *f*, WATER TRANS Schiffsboden *m*; ~ **bank** *n* PROD ENG Herdwanderung *f*; ~ **block** *n* CER & GLAS Bodenstein *m*; ~ **brass** *n* MECHAN ENG Grundbüchse *f*; ~ **casting** *n* PROD ENG Steigendgießen *nt*; ~ **cementing plug** *n* PET TECH Bohrlochsohlen-Zementstopfen *m*; ~ **clearance** *n* PROD ENG *kinematics* Kopfspiel *nt*; ~ **of a coal seam** *n* COAL TECH Kohlenschichtboden *m*; ~ **coder** *n* PACK Bodencodierer *m*; ~ **culvert** *n* WATER SUP Bodenabzugskanal *m*; ~ **current** *n* WATER SUP Bodenströmung *f*; ~ **dead center** *n AmE*, ~ **dead centre** *n* AUTO *BrE motor*, MECHANICS *BrE (BDC)* unterer Totpunkt *m*; ~ **deposit** *n* WATER SUP Bodenschicht *f*; ~ **die** *n* MECHAN ENG, PROD ENG Untergesenk *nt*; ~ **filling** *n* PACK Bodenfüllung *f*; ~ **fitting** *n* NUC TECH *nozzle* unterer Anschluß *m*; ~ **flange** *n* CONST Unterflansch *m*, Untergurt *m*; ~ **flap** *n* PACK Bodenklappe *f*; ~ **flow** *n* WATER SUP Bodenströmung *f*; ~ **flue** *n* HEAT & REFRIG Unterzug *m*; ~ **fold** *n* PACK Bodenfalz *m*; ~ **folding and seaming machine** *n* PACK Bodenfalz- und Nähmaschine *f*; ~ **glass** *n* CER & GLAS Bodenglas *nt*; ~ **heat** *n* CER & GLAS Unterhitze *f*; ~ **hole** *n* MECHAN ENG Grundloch *nt*, PET TECH Bohrlochsohle *f*; ~ **hole assembly** *n (BHA)* PET TECH Bohrlochsohlenausrüstung *f (BSA)*; ~ **hole conditions** *n pl* PET TECH Bohrlochsohlenbedingungen *f pl*; ~ **land** *n* MECHAN ENG *of gearwheel* Zahnlückengrund *m*; ~ **millstone** *n* FOOD TECH unterer Mühlstein *m*; ~ **outlet** *n* WATER SUP Grundablaß *m*; ~ **pallet** *n* PROD ENG Untersattel *m*; ~ **paving** *n* CER & GLAS Bodenbelag *m*; ~ **plate** *n* CONST Fundamentplatte *f*, PROD ENG Gespannplatte *f*; ~ **plating** *n* WATER TRANS Bodenbeplattung *f*; ~-**pouring plate** *n* PROD ENG Gespannplatte *f*; ~ **quark** *n* PHYS Quark mit Eigenschaft Bottom *nt*; ~ **rail** *n* CONST Fußholz *nt*, unterer Querfries *m*; ~ **roller** *n* PROD ENG Lagerrolle *f*; ~ **sealing** *n* WASTE Basisabdichtung *f*, Untergrundabdichtung *f*; ~ **stroke** *n* PROD ENG Hubende *nt*; ~ **structure** *n* AIR TRANS Struktur der Flügeldruckseite *f*, Struktur der Flügelunterseite *f*, *helicopter* Struktur der Blattunterseite *f*; ~ **swage** *n* PROD ENG Untergesenk *nt*; ~ **tear** *n* CER & GLAS Bodenriß *m*; **~-up strategy** *n* ART INT Bottom-Up-Strategie *f*; ~ **valve** *n* MECHAN ENG Bodenventil *nt*; ~ **yeast** *n* FOOD TECH untergärige Hefe *f*

bottoming: ~ **die** *n* PROD ENG Fertigschneideeisen *nt*; ~ **reamer** *n* MECHAN ENG Grundlochreibahle *f*, PROD ENG Stirnreibahle *f*; ~ **tap** *n* MECHAN ENG Grundlochgewindebohrer *m*

bottomonium *n* PART PHYS Bottomonium *nt*

bottoms *n pl* FOOD TECH Niederschlag *m*, Rückstände *m pl*, PET TECH Rückstände *m pl*

botulinus *n* FOOD TECH Botulinus *m*

botulism *n* FOOD TECH Botulismus *m*, Wurstvergiftung *f*

boulder *n* COAL TECH Geschiebe *nt*, CONST Geröllblock *m*; ~ **clay** *n* COAL TECH Geschiebelehm *m*; ~ **soil** *n* COAL TECH Geschiebeboden *m*

bound: ~ **book** *n* PRINT gebundenes Buch *nt*; ~ **electron** *n* PART PHYS gebundenes Elektron *nt*; ~ **mode** *n* OPT Randmode *f*, TELECOM geführter Modus *m*; ~ **variable** *n (cf free variable)* ART INT gebundene Variable *f*; ~ **water** *n* FOOD TECH gebundenes Wasser *nt*

boundary *n* CONST Grenze *f*, Rand *m*, GEOM *of figure* Begrenzung *f*, Rand *m*, METALL Grenze *f*; ~ **condition** *n* ERGON Randbedingung *f*, MATH *of system of equations* Grenzbedingung *f*, Randbedingung *f*; ~ **dimensions** *n pl* MECHAN ENG *overall size* Grenzmaß *nt*; ~ **fence** *n* CONST Einfriedung *f*, Umzäunung *f*; ~ **friction** *n* MECHAN ENG Grenzreibung *f*; ~ **layer** *n* AIR TRANS Grenzfläche *f*, FLUID PHYS *next to wall of fluid container or channel*, FUELLESS Grenzschicht *f*, HEAT & REFRIG Grenzfläche *f*, Grenzschicht *f*, MECHAN ENG, MECHANICS *next to wall of fluid container or channel*, PHYS *next to wall of fluid container or channel*, PROD ENG Grenzschicht *f*; ~ **layer control** *n* FLUID PHYS, TRANS Grenzschichtbeeinflussung *f*; ~ **layer effect** *n* FLUID PHYS Grenzschichteinfluß *m*; ~ **layer equation** *n* FLUID PHYS Grenzschichtgleichung *f*; ~ **layer formation** *n* FLUID PHYS Ausbildung einer Grenzschicht *f*; ~ **layer momentum thickness** *n* HYD EQUIP Grenzschichtdicke *f*; ~ **layer separation** *n* FLUID PHYS Grenzschichtablösung *f*; ~ **layer stability** *n* FLUID PHYS Stabilität einer Grenzschicht *f*; ~ **layer thickness** *n* FLUID PHYS Grenzschichtdicke *f*; ~ **light** *n* AIR TRANS Randfeuer *nt*; ~ **line** *n* CONST Begrenzungslinie *f*; ~ **lubrication** *n* AIR TRANS Grenzschichtschmierung *f*, MECHAN ENG Grenzschmierung *f*; ~ **mark** *n* CONST Grenzmarkierung *f*; ~ **post** *n* CONST Grenzpfosten *m*; ~ **stone** *n* CONST Grenzstein *m*; ~ **tube gage** *n AmE*, ~ **tube gauge** *n BrE* INSTR Bourdonsches Manometer *nt*, Rohrfedermanometer *nt*; ~ **value** *n* MATH *of set of equations* Randwert *m*; ~ **wall** *n* FLUID PHYS Berandung *f*

Bourdon: ~ **gage** *n AmE*, ~ **gauge** *n BrE* PET TECH Bourdonische Röhre *f*, Rohrfedermanometer *nt*, Röhrenfedermanometer *nt*, PHYS Bourdon-Rohr *nt*, Bourdonsches Manometer *nt*; ~ **tube gage** *n AmE*, ~ **tube gauge** *n BrE* INSTR Bourdonsches Manometer *nt*, Rohrfedermanometer *nt*

bow *n* CONST Bogen *m*, Bügel *m*, MECHAN ENG Bogen *m*, *of saw* Bügel *m*, WATER TRANS Bug *m*; ~ **anchor** *n* WATER TRANS Buganker *m*; ~ **calipers** *n pl AmE*, ~ **callipers** *n pl BrE* CONST Bogendickenmesser *m*; ~ **chock** *n* WATER TRANS Bugaufklotzung *f*; ~ **compass** *n* CONST Bogenzirkel *m*, MECHAN ENG Nullenzirkel *m*; ~ **door** *n* WATER TRANS Bugklappe *f*, Bugpforte *f*; ~ **drill** *n* MECHAN ENG Fiedelbohrer *m*; ~ **fender** *n* WATER TRANS *deck equipment* Bugfender *m*; ~ **instrument** *n* PROD ENG Nullenzirkel *m*; ~ **line** *n* WATER TRANS Brailtau *nt*; ~ **saw** *n* MECHAN ENG Bogensäge *f*; ~ **shock** *n* SPACE Bugdruckwelle *f*, Bugverdichtungsstoß *m*; ~ **spring** *n* MECHAN ENG Bogenfeder *f*, WATER TRANS Vorspring *f*; ~ **spring compasses** *n pl* CONST Bogenfederzirkel *m*; ~ **stopper** *n* WATER TRANS *deck equipment* Bugkettenstopper *m*; ~ **suspension** *n* RAIL Wippenfederung *f*; ~ **thruster** *n* WATER TRANS *propulsion* Bugstrahlruder *nt*; ~ **and warp** *n AmE (cf warped sheet BrE)* CER & GLAS Krümmung und Verdrehung *f*, gewölbtes Tafelglas *nt*; ~ **wave** *n* AIR TRANS Bugwelle *f*, Nasenwelle *f*, WATER TRANS Bugsee *f*, Bugwelle *f*

Bowden: ~ **cable** *n* AUTO *clutch, brake*, MECHANICS Bowdenzug *m*

bower: ~ **anchor** *n* WATER TRANS Buganker *m*

bowl *n* COAL TECH Schüssel *f*, METROL Kessel *m*, Schüssel *f*, PAPER Kalanderwalze *f*; ~ **centrifuge** *n* COAL TECH Vollmantelkorb *m*; ~ **classifier** *n* COAL TECH Schüsselklassierer *m*; ~ **mill crusher** *n* COAL TECH Walzenschüsselmühle *f*

bowline *n* WATER TRANS *rope, knot* Buline *f*, Palstek *m*

bowsprit *n* WATER TRANS *shipbuilding* Bugspriet *nt*

bowstring: ~ **bridge** *n* CONST Bogenbrücke mit Zugband *f*; ~ **girder** *n* CONST Bogenträger mit Zugband *m*

box[1] *n* CONST *keeper of lock bolt* Kasten *m*, Schließblech *nt*, MECHAN ENG *housing* Gehäuse *nt*, Kasten *m*, PACK Box-*pref*, Karton *m*, PHOTO Box-*pref*, PRINT *separate text* Kasten *m*, PROD ENG Kasten *m*, Kiste *f*, Meißelklappenträger *m*, SAFETY Karton *m*, TRANS Kiste *f*, Wagenkasten *m*; ~ **angle plate** *n* PROD ENG Anreißkasten *m*; ~ **annealing** *n* PROD ENG Kistenglühen *nt*; ~ **camera** *n* PHOTO Boxkamera *f*, Fotobox *f*; ~ **casting** *n* MECHAN ENG Kastenguß *m*; ~ **column** *n* PROD ENG Kastenständer *m*; **~-column drilling machine** *n* PROD ENG Kastenständerbohrmaschine *f*; ~ **coupling** *n* MECHAN ENG Muffenkupplung *f*; ~ **culvert** *n* CONST Kastendurchlaß *m*; ~ **drill jig** *n* PROD ENG Bohrkasten *m*; **~-form frame** *n* MECHAN ENG Kastenrahmen *m*; ~ **frame** *n* MECHAN ENG Kastenrahmen *m*; ~ **furnace** *n* HEAT & REFRIG Kammerofen *m*; ~ **girder** *n* CONST Hohlträger *m*, Kastenträger *m*; ~ **girder bridge** *n* CONST Hohlträgerbrücke *f*; ~ **groove** *n* PROD ENG Kastenkaliber *nt*; ~ **gutter** *n* CONST Kastenrinne *f*; ~ **hook** *n* MECHAN ENG *lifting tool* Kistenheber *m*; ~ **kiln** *n* HEAT & REFRIG Kastenofen *m*; ~ **lock** *n* CONST Kastenschloß *nt*; ~ **nut** *n* MECHAN ENG Überwurfmutter *f*; ~ **pallet** *n* TRANS Kistenpalette *f*; ~ **pallet with mesh** *n* TRANS Kistenpalette mit Gittergeflecht *f*; ~ **pallet with sidewalls** *n* PACK Boxpalette *f*, Gitterboxpalette *f*; ~ **pass** *n* PROD ENG Kastenkalibrierung *f*, Kastenvorkalibrierung *f*; ~ **pin** *n* MECHAN ENG Führungsstift *m*; ~ **rule** *n* PRINT Randleiste *f*, Umrahmungsleiste *f*; **~-section frame** *n* MECHAN ENG Kastenrahmen *m*; **~-section track girder** *n* TRANS kastenförmiger Fahrbalken *m*; ~ **spanner** *n BrE (cf* *box wrench)* AUTO Ringschlüssel *m*, MECHAN ENG Ringschlüssel *m*, Steckschlüssel *m*, MECHANICS Hohlschlüssel *m*, Ringschlüssel *m*, Steckschlüssel *m*; **~ staple** *n* CONST Schließklappe *f*, Schloßkasten *m*; **~ table** *n* MECHAN ENG Kastentisch *m*; **~-type chassis** *n* AUTO *motor* Kastenrahmen *m*; **~-type frame** *n* AUTO *motor* Kastenrahmen *m*; **~-type stiffener** *n* AIR TRANS Bedienungshandgriff *m*, kastenförmige Stabilisierung *f*, kastenförmige Versteifung *f*; **~-type structure** *n* AIR TRANS kastenförmige Struktur *f*; **~ wrench** *n (cf box spanner BrE)* AUTO Ringschlüssel *m*, MECHAN ENG Ringschlüssel *m*, Steckschlüssel *m*, MECHANICS Hohlschlüssel *m*, Ringschlüssel *m*, Steckschlüssel *m*

box[2] *vt* CONST einmanteln; **~ out** *vt* CONST aussparen; **~ up** *vt* CONST *wood* verkleiden

boxcar *n AmE* RAIL gedeckter Güterwagen *m*; **~ oscilloscope** *n* INSTR Boxcar-Oszilloskop *nt*

boxed: **~ head** *n* PRINT Tabellenkopf *m*

boxes *n pl* SAFETY Kartons *m pl*

boxing *n* CONST Schotterschüttung *f*; **~ machine** *n* PACK Kartoniermaschine *f*, Verpackungsmaschine *f*

boxmetal *n* METALL Kastenmetall *nt*

boxspun: **~ yarn** *n* TEXT Zentrifugengarn *nt*

Boyle: **~ temperature** *n* PHYS Boylesche Temperatur *f*

Boyle's: **~ law** *n* PHYS, THERMODYN Boyle-Mariottesches Gesetz *nt*

BPF *abbr (band-pass filter)* ELECTRON, PHYS, RAD TECH, RECORD, TELECOM, TELEV BPF *(Bandpaßfilter)*

bpi *abbr (bits per inch)* COMP & DP bpi *(Bits pro Zoll)*

bps *abbr (bits per second)* COMP & DP bps *(Bits pro Sekunde)*

BPSK *abbr (binary phase shift keying)* TELECOM BPSK *(binäre Phasenumtastung)*

Bq *abbr (becquerel)* METROL, PHYS Bq *(Becquerel)*

Br *(bromine)* CHEMISTRY Br *(Brom)*

BRA *abbr (basic rate access)* TELECOM Anschluß zum Grundtarif *m*

brace[1] *n* AIR TRANS Abstützstrebe *f*, Gurt *m*, COAL TECH Stützbalken *m*, CONST Strebe *f*, Zange *f*, *bit stock* Bohrwinde *f*, *diagonal member in iron roof truss* Diagonalstab *m*, *diagonal member in lattice truss* Kreuzlatte *f*, HYD EQUIP Strebe *f*, Verstrebung *f*, MECHAN ENG Strebe *f*, Verstrebung *f*, *of milling machine* Schere *f*, MECHANICS Strebe *f*, Stütze *f*, PROD ENG Gegenhalterschere *f*, SPACE *spacecraft* Klammer *f*, WATER TRANS *ropes* Brasse *f*, Braß *f*; **~ bit** *n* MECHAN ENG Bohrer für Bohrwinden *m*; **~ strut** *n* MECHAN ENG Verankerungsstrebe *f*

brace[2] *vt* COAL TECH verankern, CONST abspprießen, absteifen, verstreben, verstärken, MECHAN ENG *strengthen* aussteifen, versteifen, *strut* verstreben

braces *n pl* MATH *used in set notation* geschweifte Klammern *f pl*

bracing *n* CER & GLAS *of tank blocks*, COAL TECH Verankerung *f*

bracket[1] *n* COMP & DP eckige Klammer *f*, CONST Konsole *f*, Tragarm *m*, ELEC ENG *for electric light* Arm *m*, HYD EQUIP Stütze *f*, Träger *m*, MECHAN ENG Arm *m*, Stütze *f*, *angular* Konsole *f*, Stützwinkel *m*, Winkelstück *nt*, MECHANICS Gabel *f*, Lagerbock *m*, Stütze *f*, Träger *m*, PROD ENG Arm *m*, *plastic valves* Halterung *f*, WATER TRANS *ship* Knieblech *nt*

bracket[2] *vt* PRINT einklammern; **~ together** *vt* MATH in Klammer setzen, zusammenklammern

brackets *n pl* MATH *for mathematical terms* Klammern *nt*, PRINT Klammern *f pl*

Brackett: **~ series** *n* PHYS Brackettsche Serie *f*

brackish[1] *adj* FOOD TECH brackig, leicht salzig

brackish:[2] **~ water** *n* CONST, WATER SUP Brackwasser *nt*

brad *n* CONST Drahtnagel *m*, Stift *m*

bradawl *n* CONST Dübelbohrer *m*

bradenhead *n* PET TECH Verrohrungskopf *m*

Bradford: **~ breaker** *n* COAL TECH Bradford-Brecher *m*

Bragg: **~ angle** *n* PHYS Braggscher Winkel *m*; **~ cell** *n* ELEC ENG Braggsche Zelle *f*; **~ rule** *n* PHYS Braggsche Regel *f*

braid *n* CER & GLAS Borte *f*, ELEC ENG *copper-wire shielding* Geflecht *nt*, *insulation of electric wire* Geflecht *nt*, TEXT Borte *f*, Einfaßborte *f*, Flechte *f*, Litze *f*, Tresse *f*

braided[1] *adj* ELECT umflochten

braided:[2] **~ hose** *n* PLAS *rubber* umflochtener Schlauch *m*; **~ wire** *n* ELEC ENG Flechtdraht *m*, ELECT Litzendraht *m*, umflochtene Leitung *f*

braiding *n* PROD ENG Beflechtung *f*, Umklöppelung *f*, TEXT Borte *f*, Flechten *nt*, Litze *f*, Litzenbesatz *m*, Umklöppelung *f*; **~ machine** *n* PLAS Schlauchumflechtmaschine *f*; **~ technique** *n* TEXT Flechttechnik *f*

brailer: **~ boom** *n* WATER TRANS *fishing* Schöpfbaum *m*

brake[1] *n* AUTO Brems- *pref*, Bremse *f*, MECHAN ENG Bremse *f*, MECHANICS Brems- *pref*, Bremse *f*, PROD ENG Abkantpresse *f*, Brems- *pref*; **~ anchor plate** *n* AUTO Bremsträger *m*, Bremsankerplatte *f*; **~ application** *n* AUTO Bremsbetätigung *f*; **~ area** *n* AUTO Bremsbereich *m*; **~ assembly** *n* AUTO Bremsbaugruppe *f*, komplette Bremse *f*; **~ band** *n* AUTO *clutch*, MECHANICS Bremsband *nt*; **~ bar** *n* AUTO Bremsnocken *m*; **~ bleeder unit** *n* AUTO Bremsentlüftungsgerät *nt*; **~ blending** *n* RAIL Bremskombination *f*; **~-blending valve** *n* RAIL Gemischtbremsventil *nt*; **~ block** *n* MECHAN ENG, RAIL Bremsklotz *m*; **~ cable** *n* AUTO, MECHAN ENG Bremsseil *nt*; **~ caliper** *n AmE*, **~ calliper** *n BrE* AUTO Bremssattel *m*; **~ cam** *n* AUTO, MECHANICS Bremsnocken *m*; **~ carrier plate** *n* AUTO Bremsschild *nt*, Bremsträgerplatte *f*, Bremsankerplatte *f*; **~ clearance** *n* AUTO Bremsspiel *nt*; **~ compensator** *n* AUTO Bremsausgleichgestänge *nt*; **~ connecting rod** *n* AUTO Bremszugstange *f*; **~ control** *n* MECHANICS Bremssteuerung *f*; **~ coupling** *n* MECHANICS Bremskupplung *f*; **~ cylinder** *n* AUTO, MECHAN ENG Bremszylinder *m*; **~ disc** *n BrE* AUTO, MECHAN ENG, MECHANICS Bremsscheibe *f*; **~ disc alignment** *n BrE* AUTO Zentrierung der Bremsscheibe *f*; **~ disc alignment jig** *n BrE* AUTO Bremsscheibenzentriervorrichtung *f*; **~ disk** *n AmE* *see brake disc BrE* **~ disk alignment** *n AmE* *see brake disc alignment BrE* **~ disk alignment jig** *n AmE* *see brake disc alignment jig BrE* **~ drum** *n* AUTO, MECHANICS Bremstrommel *f*; **~ dynamo** *n* ELECT Bremsdynamo *m*; **~ effort** *n* AUTO Bremskraft *f*; **~ fade** *n* AUTO *brake pads, linings* Bremsfading *nt*, Bremsschwund *m*; **~ failure** *n* AUTO Bremsversagen *nt*; **~ flange** *n* RAIL Bremsspurkranz *m*; **~ fluid** *n* AUTO, MECHAN ENG Bremsflüssigkeit *f*; **~-fluid reservoir** *n* AUTO Bremsflüssigkeitsbehälter *m*; **~-fluid tank** *n* MECHAN ENG Bremsflüssigkeitsbehälter *m*; **~ friction pad** *n* AUTO Bremsbelag *m*; **~ horsepower** *n (BHP)* AUTO, MECHANICS, PROD ENG Bremsleistung *f*, Bremspferdestärke *f (BPS)*; **~ hose** *n* AUTO Bremsschlauch *m*; **~ jaw** *n* MECHAN ENG Bremsbacke *f*; **~ lever** *n* MECHAN ENG Bremshebel *m*, RAIL Bremsbetätigungshebel *m*; **~ line** *n* AUTO Bremsleitung *f*; **~ lining** *n* AUTO,

CER & GLAS, MECHAN ENG Bremsbelag *m*, MECHANICS Bremsfutter *nt*, Bremsbelag *m*; ~ **lining wear indicator** *n* AUTO Bremsbelagverschleißanzeige *f*; ~ **linkage** *n* AUTO, MECHAN ENG Bremsgestänge *nt*; ~ **load** *n* MECHANICS Bremsaggregat *nt*, Bremsbelastung *f*; ~ **master cylinder** *n* AUTO Hauptbremszylinder *m*; ~ **mean effective pressure** *n* AIR TRANS mittlere Bremsleistung *f*; ~ **motor** *n* ELECT Bremsmaschine *f*, Bremsmotor *m*, MECHAN ENG Bremsmotor *m*, *of crane* Bremslüfter *m*; ~ **pad** *n* AUTO Bremsbelag *m*, Bremsklotz *m*, MECHANICS Bremskissen *nt*; ~ **parachute** *n* AIR TRANS Bremsfallschirm *m*, Bremsschirm *m*; ~ **pedal** *n* AUTO Bremspedal *nt*, Fußbremse *f*; ~-**pipe connection** *n* RAIL Bremsleitungsverbindung *f*; ~ **pitch** *n* AIR TRANS Bremsstellung *f*; ~ **plate** *n* AUTO *automatic transmission* Bremsring *m*; ~ **power** *n* MECHAN ENG Bremskraft *f*; ~-**power control facility** *n* MECHAN ENG Bremskraftregler *m*; ~-**power distributor** *n* AUTO Bremskraftverteiler *m*; ~ **pressure** *n* AUTO Bremsdruck *m*; ~ **pressure regulator** *n* MECHAN ENG Bremsdruckregler *m*; ~ **reaction** *n* TRANS Bremsreaktion *f*; ~ **release spring** *n* AUTO Bremsbackenrückzugfeder *f*; ~ **rigging** *n* RAIL Bremsgestänge *nt*; ~ **ring** *n* MECHAN ENG Bremsring *m*; ~ **rod** *n* AUTO Bremsstange *f*; ~ **servo** *n* AUTO Bremskraftverstärker *m*; ~ **shaft** *n* AUTO, MECHAN ENG Bremswelle *f*; ~ **shield** *n* AUTO Bremsschild *nt*, Bremsträger *m*, Bremsankerplatte *f*; ~ **shoe** *n* AUTO, MECHAN ENG Bremsbacke *f*, MECHANICS Bremsschuh *m*, Bremsbacke *f*, PROD ENG Bremsbacke *f*; ~ **state** *n* MECHANICS Bremszustand *m*; ~ **system** *n* AUTO Bremsanlage *f*, MECHAN ENG, MECHANICS Bremssystem *nt*; ~ **test** *n* MECHAN ENG Bremstest *m*, Bremsversuch *m*; ~ **testing** *n* CONST Bremsprobe *f*; ~-**test stand** *n* MECHANICS Bremsprüfstand *m*; ~ **torque** *n* AUTO Bremsdrehkraft *f*, Bremsdrehmoment *nt*, MECHAN ENG Bremsmoment *nt*; ~ **valve** *n* AUTO, RAIL Bremsventil *nt*; ~ **van** *n* RAIL Bremswagen *m*; ~ **wagon** *n* RAIL Bremswagen *m*; ~-**warning light** *n* AUTO Bremskontrolleuchte *f*; ~ **wedge** *n* AUTO Bremskeil *m*; ~ **weight** *n* RAIL Bremsmasse *f*; ~ **wheel** *n* MECHANICS Bremsrad *nt*

brake[2] *vi* AUTO bremsen

brakescrew: ~ **support** *n* RAIL Bremsspindelstütze *f*

braking *n* MECHAN ENG Bremsen *nt*, MECHANICS Bremsung *f*, Verzögerung *f*, TRANS Bremsen *nt*, Bremsung *f*; ~ **airscrew** *n* TRANS Bremsluftschraube *f*; ~ **chain** *n* MECHAN ENG Bremskette *f*; ~ **deceleration** *n* TRANS Bremsverzögerung *f*; ~ **distance** *n* AUTO Bremsstrecke *f*, Bremsweg *m*, Fahrzeugbremsweg *m*; ~ **distance less brake lag distance** *n* TRANS Bremsbacken-Bremsweg *m*, Bremsweg ohne Bremsverzögerungsabstand *m*; ~ **fading** *n* AUTO Bremsschwund *m*, Bremswirkungsverlust *m*; ~ **governor** *n* TRANS Bremsregler *m*; ~ **moment** *n* MECHAN ENG Bremsmoment *nt*; ~ **pitch** *n* AIR TRANS *helicopter* Bremsstellung *f*; ~ **power** *n* TRANS Bremsleistung *f*, Bremskraft *f*; ~ **resistance** *n* TRANS Bremswiderstand *m*; ~ **switchgroup** *n* RAIL Fahrtwender *m*; ~ **system** *n* MECHAN ENG Bremssystem *nt*; ~ **time** *n* TRANS Bremszeit *f*; ~ **to a stop** *n* RAIL Bremsung auf Halt *f*

brale *n* PROD ENG *penetrator* Diamantkegel *m*

bran: ~ **finisher** *n* FOOD TECH Kleiebürste *f*

branch[1] *n* COMP & DP Abzweigleitung *f*, Programmverzweigung *f*, Sprung *m*, CONST *plumbing* Abzweigung *f*, ELEC ENG Zweig *m*, Zweigleitung *f*, ELECT Abzweig *m*, Abzweigung *f*, Zweig *m*, ELECTRON *in program execution* Programmzweig *m*, *of circuit* Abzweigung *f*, GEOM *of curve* Ast *m*, MECHANICS, PHYS Abzweig *m*, Abzweigung *f*, Zweig *m*, PROD ENG Abzweigrohr *nt*; ~ **box** *n* CONST *electrical* Abzweigkasten *m*, Hausanschlußkasten *m*, ELECT Abzweigkasten *m*, Abzweigdose *f*; ~ **cable** *n* CONST Stichkabel *nt*; ~ **instruction** *n* COMP & DP Sprunganweisung *f*; ~ **line** *n* CONST Gebäudeanschlußleitung *f*, Zweigleitung *f*, ELECT *of electrical supply network* Abzweigleitung *f*, Zweigleitung *f*, RAIL Anschlußlinie *f*, Nebenlinie *f*; ~ **pipe** *n* CONST, MECHAN ENG, MECHANICS Abzweigrohr *nt*, WATER SUP *for fire-extinguishing* Abzweigrohr *nt*, Zweigleitung *f*; ~ **point** *n* COMP & DP Verzweigungspunkt *m*, ELECTRON *in circuit* Abzweigpunkt *m*, *in program* Programmverzweigungspunkt *m*; ~ **sewer** *n* WATER SUP Nebensammler *m*; ~ **T** *n* MECHAN ENG *of tube* Rohrabzweigung *f*; ~ **tee** *n* PROD ENG Abzweigmuffe *f*, T-Stück *nt*; ~ **terminal** *n* ELECT Abzweigklemme *f*

branch[2] *vt* COMP & DP springen, verzweigen, CONST abzweigen; ~ **off** *vt* CONST abzweigen

branch[3] *vi* CONST sich verzweigen; ~ **off** *vi* CONST abzweigen

branched: ~ **polymer** *n* PLAS verzweigtes Polymer *nt*

branching *n* PHYS Verzweigung *f*, WATER SUP Abzweigung *f*; ~ **device** *n* OPT Abzweigelement *nt*; ~ **filter** *n* ELECTRON *in program* Verzweigungsfilter *nt*, *radio relay systems* Richtungsweiche *f*, Sende-Empfangs-Weiche *f*; ~ **ratio** *n* PHYS Verzweigungsverhältnis *nt*

branchpipe *n* WATER SUP *for fire-extinguishing* Abzweigrohr *nt*, Zweigleitung *f*

branding: ~ **iron** *n* PACK Brenneisen *nt*, Brennstempel *m*

brasque *n* METALL Gestübbe *nt*

brass[1] *n* ELECT Messing *nt*, MECHAN ENG Lagerbuchse *f*, Lagerschale *f*, *metal* Messing *nt*, METALL, PROD ENG Messing *nt*; ~ **foundry** *n* CONST Messinggießerei *f*; ~ **rod** *n* FUELLESS Messingstab *m*; ~ **round-head wood screw** *n* CONST Messingrundkopfschraube *f*; ~ **screw** *n* MECHAN ENG Messingschraube *f*; ~ **smith** *n* CONST Messingschmied *m*; ~ **solder** *n* CONST, MECHAN ENG Messinglot *nt*; ~ **type** *n* PRINT Messingtype *f*; ~ **wire** *n* CONST Messingdraht *m*; ~ **works** *n* CONST Messingarbeiten *f pl*

brass[2] *vt* METALL, PROD ENG vermessingen

braze[1] *n* PROD ENG Hartlötung *f*; ~ **welding** *n* CONST Lötschweißung *f*

braze[2] *vt* MECHAN ENG hartlöten, MECHANICS *solder with brass* hartlöten, mit Messing löten, PROD ENG hartlöten, THERMODYN *solder with brass* hartlöten, mit Messing löten

brazed[1] *adj* PROD ENG, THERMODYN hartgelötet

brazed:[2] ~-**on tip** *n* PROD ENG hart aufgelötetes Plättchen *nt*

brazier *n* PROD ENG Lötofen *m*

brazing *n* MECHAN ENG, PROD ENG, SAFETY Hartlötung *f*, THERMODYN Hartlöten *nt*; ~ **blowpipe** *n* CONST Hartlötbrenner *m*; ~ **flux** *n* CONST Hartlötflußmittel *nt*; ~ **hazard** *n* SAFETY Verlötungsgefahr *f*; ~ **solder** *n* MECHAN ENG Hartlot *nt*

breach *n* WATER SUP Riß *m*, Sprung *m*; ~ **of safety rules** *n* SAFETY Verletzung der Sicherheitsvorschriften *f*

bread *n* FOOD TECH Brot *nt*; ~ **texture** *n* FOOD TECH Krumenbeschaffenheit *f*

breadboard *n* COMP & DP Versuchsaufbau *m*; ~ **model** *n* ELEC ENG Brettschaltungsmodell *nt*, Versuchsaufbau eines Schaltungsmodells *m*

breadth *n* PAPER Breite *f*, WATER TRANS Schiffsbreite *f*; **~-first search** *n (cf depth-first search)* ART INT Breadth-First-Suchverfahren *nt*, Breitensuche *f*

break:[1] **~-free** *adj* TELECOM *power supply* unterbrechungslos

break[2] *n* COAL TECH Bruch *m*, COMP & DP Unterbrechung *f*, CONST Brechpunkt *m*, Dachknick *m*, *wall* Vorsprung *m*, *wood* Riß *m*, ELEC ENG Trennstelle *f*, Unterbrecher *m*, Unterbrechung *f*, Öffnung *f*, PAPER Bruch *m*, PRINT Absatz *m*, TEXT Bruch *m*, Riß *m*; **~-before-make switch** *n* TELEV Wechselschalter mit Unterbrechung *m*; **~-break contact** *n* ELECT *of relay* Doppel-Öffner-Kontakt *m*; **~ bulk** *n* TRANS Stückgut *nt*; **~ bulkhead** *n* TRANS Frontschott *nt*; **~ bulk ship** *n* WATER TRANS Stückgutfrachtschiff *nt*; **~ contact** *n* ELEC ENG Ruhekontakt *m*, Trennkontakt *m*, Unterbrecherkontakt *m*, Öffnungskontakt *m*, ELECT *relay contact* Relaiskontakt *m*; **~ distance** *n* ELEC ENG Kontaktabstand *m*; **~ edges** *n pl* MECHANICS Bruchkanten *f pl*; **~-in** *n* RAD TECH *radiotelephony* Unterbrechung *f*; **~-induced current** *n* ELEC ENG trenninduzierter Strom *m*; **~ joint** *n* CONST *facade* Sprung *m*, Versatz *m*; **~ lathe** *n* MECHAN ENG Drehmaschine mit Brücke *f*; **~ line** *n* ENG DRAW Bruchlinie *f*, PRINT Ausgangszeile *f*; **~ roller** *n* FOOD TECH Schrotwalze *f*; **~ tailings** *n pl* FOOD TECH Kleie *f*, Schrotrückstände *m pl*; **~ time** *n* ELECT *of relay* Öffnungszeit *f*; **~-up price** *n* MECHAN ENG *of machinery* Einzelpreis *m*

break[3] *vt* AUTO *axle, coupling* trennen, CONST abbinden, brechen, aufbrechen, zerbrechen, zerreißen, ELEC ENG *circuit* unterbrechen, öffnen, PAPER, WATER TRANS brechen; **~ down** *vt* CONST abreißen, zerlegen, zusammenbrechen; **~ off** *vt BrE* CER & GLAS abbrechen, abschneiden; **~ open** *vt* CONST aufreißen, *door* aufbrechen, aufreißen, SAFETY aufbrechen; **~ through** *vt* CONST durchbrechen, *masonry* durchbrechen; **~ up** *vt* CONST auseinanderbrechen, zerbrechen

break[4] *vi* WATER TRANS brechen; **~ away** *vi* AUTO *trucks* ausbrechen; **~ coal** *vi* COAL TECH abkohlen; **~ down** *vi* AUTO *motor* eine Panne haben, CONST versagen, zusammenbrechen, PHYS *failure* aussetzen, versagen; **~ out** *vi* SAFETY ausbrechen; **~ out again** *vi* SAFETY wiederausbrechen

breakage *n* TEXT Bruch *m*, Kettfadenbruch *m*, Riß *m*; **~ rate** *n* PAPER Abrißhäufigkeit *f*

breakaway *n* AUTO *of trucks* Ausbrechen *nt*; **~ starting current** *n* ELECT Abreißstartstrom *m*; **~ torque** *n* MECHAN ENG *of engine* Losbrechmoment *nt*

breakdown *n* CHEMISTRY Abbau *m*, Aufspaltung *f*, Spaltung *f*, COMP & DP Ausfall *m*, CONST Abbinden *nt*, Störung *f*, Aufgliederung *f*, Ausfall *m*, Zusammenbruch *m*, ELEC ENG Ausfall *m*, *of insulator of p-n junction* Durchschlag *m*, ELECT Ausfall *m*, *dielectric* Durchbruch *m*, Durchschlag *m*, Zusammenbruch *m*, ELECTRON *of gas tubes* Durchschlag *m*, MECH, MECHAN ENG, NUC TECH Ausfall *m*, PHYS Zusammenbruch *m*, *decomposition* Zerlegung *f*, *interruption of supply* Unterbrechung *f*, *of insulation* Überschlag *m*, PLAS Durchschlag *m*, RAD TECH, SAFETY *of machine* Ausfall *m*, TELECOM Ausfall *m*, Panne *f*, Versagen *nt*, TELEV Ausfall *m*, TEXT Abbau *m*, TRANS Panne *f*; **~ car** *n AmE (cf breakdown wagon BrE)* RAIL Hilfszug *m*; **~ gang** *n* CONST Abbruchkolonne *f*; **~ train** *n* RAIL Hilfszug *m*; **~ voltage** *n* ELEC ENG *gas* Durchschlagspannung *f*, *insulator p-n junction* Durchschlagspannung *f*, *oil tube* Durchschlagspannung *f*, ELECT Durchbruchspannung *f*, Durchschlagspannung *f*, ELECTRON Zenerspannung *f*, MECHAN ENG Durchschlagspannung *f*, PHYS Durchbruchspannung *f*, TELECOM Durchbruchspannung *f*, Durchschlagspannung *f*; **~ wagon** *n BrE (cf breakdown car AmE)* RAIL Hilfszug *m*

breaker *n* AUTO Batteriezündunterbrecher *m*, Kontaktunterbrecher *m*, Unterbrecher *m*, COAL TECH Brechwalzwerk *nt*, Brecher *m*, Formenbrecher *m*, MECHAN ENG Brecher *m*, PAPER Halbzeugholländer *m*, WATER TRANS *sea state* Brecher *m*, Sturzwelle *f*; **~ ball** *n* CONST Fallbirne *f*; **~ board** *n* MAR POLL Oberflächenbrecher *m*; **~ contact** *n* AUTO *ignition* Unterbrecherkontakt *m*; **~ jaw** *n* PROD ENG Brechbacke *f*; **~ plate** *n* PROD ENG Spanbrecherplatte *f*; **~ point** *n* CONST Abbrennbürste *f*; **~ spring** *n* AUTO Unterbrecherfeder *f*; **~ stack** *n* PAPER Feuchtglättwerk *nt*; **~ triggering** *n* AUTO Unterbrecherkontaktsteuerung *f*

breakerless: **~ triggering** *n* AUTO kontaktlose Steuerung *f*

breakers *n pl* WATER TRANS *sea* Brandung *f*

breaking *n* CHEM ENG Abbrechen *nt*, Aufbereitung *f*, Demulgierung *f*, ELEC ENG *of circuit* Trennen *nt*, Öffnen *nt*, PAPER Grobzerkleinerung *f*; **~ arc** *n* ELEC ENG Schaltbogen *m*; **~ capacity** *n* ELEC ENG Schaltleistung *f*, ELECT *switch, fuse* Abschaltstrom *m*; **~ current** *n* ELECT Abschaltstrom *m*; **~ down** *n* PROD ENG Durchmesserreduktion *f*; **~ down coal** *n* COAL TECH Kohlenachbrechen *nt*; **~-down pass** *n* PROD ENG *rolling* Vorstrich *m*; **~-down roll** *n* MECHAN ENG Grobwalze *f*, Vorwalze *f*; **~ in** *n* MECHANICS Einbruch *m*; **~ length** *n* PLAS Reißlänge *f*, TEXT Feinheitsfestigkeit *f*; **~ load** *n* COAL TECH, CONST, MECHAN ENG, MECHANICS Bruchlast *f*, PACK Bruchbelastung *f*, Bruchlast *f*, PAPER Bruchbelastung *f*, PLAS Bruchlast *f*, WATER TRANS Bruchlast *f*, Reißfestigkeit *f*; **~ member** *n* MECHAN ENG Sollbruchelement *nt*; **~-off of base** *n* CER & GLAS Abbrechen des Flaschenbodens *nt*; **~ pattern** *n* MECHANICS Bruchbild *nt*, Muster der Bruchfläche *nt*; **~ point** *n* MECHAN ENG Sollbruchstelle *f*, *materials testing* Bruchgrenze *f*, MECHANICS Festigkeitsgrenze *f*, Zerreißgrenze *f*; **~ strain** *n* PROD ENG *plastic valves* Bruchfestigkeit *f*, WATER TRANS Bruchgrenze *f*; **~ strength** *n* MECHANICS Bruchfestigkeit *f*, Zerreißfestigkeit *f*, PLAS Bruchfestigkeit *f*, TEXT Bruchfestigkeit *f*, Reißfestigkeit *f*; **~ strength tester** *n* PAPER Reißlängenprüfgerät *nt*; **~ stress** *n* CONST Bruchspannung *f*, MECHAN ENG Bruchbeanspruchung *f*, Bruchspannung *f*, MECHANICS Bruchbeanspruchung *f*, Bruchspannung *f*, Knickspannung *f*; **~ test** *n* CONST Bruchversuch *m*, MECHANICS Bruchtest *m*, Knickversuch *m*, Zerreißprobe *f*, TEST Zerreißprüfung *f*; **~ up** *n* MECHANICS Aufbrechen *nt*

breakout *n* PET TECH Ausbruch *m*, Eruption *f*

breakpoint *n* COMP & DP Unterbrechungspunkt *m*, CONST Brechpunkt *m*, Dachknick *m*, Durchbruch *m*, CONTROL Breakpoint *m*, Haltepunkt *m*; **~ operation** *n* CONTROL Breakpointbetrieb *m*, Unterbrechungspunktbetrieb *m*; **~ switch** *n* CONTROL Breakpointschalter *m*

breakthrough *n* CONST Durchbruch *m*, TELECOM Störeinbruch *m*, TEXT Durchbruch *m*; **~ point** *n* COAL TECH Durchbruchstelle *f*

breakwater *n* CONST Hafendamm *m*, Mole *f*, Wellenbrecher *m*, WATER SUP Buhne *f*, Wellenbrecher *m*, WATER TRANS Wellenbrecher *m*

breast *n* COAL TECH Strebfront *f*, MECHAN ENG, PROD ENG Brust *f*, WATER TRANS Dwars- *pref*; **~ brace** MECHAN ENG Bohrkurbel *f*; **~ drill** *n* MECHAN ENG Brustbohrer *m*, Brustbohrmaschine *f*, Brustleier *f*, PROD ENG Brustleier *f*; **~ drill brace** *n* MECHAN ENG Bohrkurbel *f*; **~ line** *n* WATER TRANS Dwarsfeste *f*; **~ plate** *n* MECHAN ENG Frontplatte *f*, *for breast drills* Brustplatte *f*; **~ roll** *n* PAPER Brustwalze *f*; **~ wall** *n* CER & GLAS Stützmauer *f*, CONST Brüstungsmauer *f*, Stützmauer *f*; **~ wheel** *n* HYD EQUIP Kopfrad *nt*, mittelschlächtiges Wasserrad *nt*

breasting: **~ parapet** *n* HYD EQUIP Brüstungsgeländer *nt*

breastsummer *n* CONST Rähmstück *nt*, langer Sturzbalken *m*

breathability *n* PLAS Atmungsaktivität *f*

breathable[1] *adj* PLAS atmungsaktiv

breathable:[2] **~ air** *n* SAFETY Atemluft *f*

breather *n* AUTO Entlüfter *m*, Entlüftungsrohr *nt*, *engine crankcase* Entlüfter *m*, MECHAN ENG Atemventil *nt*, PROD ENG Entlüftungsventil *nt*

breathing *n* POLL, SAFETY Atem *m*; **~ apparatus** *n* COAL TECH Atmungsapparat *m*, PET TECH Beatmungsgerät *nt*, SAFETY Atemgerät *nt*, Druckluftatemgerät *nt*; **~ capacity** *n* POLL Atemgrenzwert *m*; **~ protection system** *n* POLL Atemschutzsystem *nt*

breeches: **~ buoy** *n* WATER TRANS *emergency* Hosenboje *f*; **~ pipe** *n* MECHAN ENG, MECHANICS Hosenrohr *nt*

breeder: **~ reactor** *n* NUC TECH, PHYS Brüterreaktor *m*

breeding[1] *adj* NUC TECH Brut *f*

breeding:[2] **~ blanket** *n* NUC TECH Blanket *nt*, Brutmantel *m*; **~ cycle** *n* NUC TECH Brutkreislauf *m*, Brutzyklus *m*; **~ gain** *n* NUC TECH Brutgewinn *m*; **~ process** *n* NUC TECH Brutverfahren *nt*, Brutvorgang *m*; **~ process efficiency** *n* NUC TECH Brutvorgangswirkungsgrad *m*; **~ reactor** *n* NUC TECH Brutreaktor *m*, Brüter *m*; **~ section** *n* NUC TECH *of fuel rod* Brutabschnitt *m*

breeze *n* COAL TECH Kohlenklein *nt*

breezeway *n* TELEV Horizontalsynchronisierimpuls *m*

breezing *n* CER & GLAS Sandbelag auf Herdbank *m*

Breit-Wigner: **~ resonance** *n* NUC TECH Breit-Wigner-Resonanz *f*

bremsstrahlung *n* PART PHYS, PHYS, RAD PHYS *electromagnetic radiation emitted by a charged particle when hitting matter* Bremsstrahlung *f*; **~ source** *n* NUC TECH Bremsstrahlungsquelle *f*

bressumer *n* CONST Sturzbalken *m*

brewer's: **~ grain** *n* FOOD TECH Biertreber *m pl*

brewing *n* FOOD TECH Brau- *pref*, Brauen *nt*; **~ industry** *n* FOOD TECH Brauindustrie *f*; **~ liquor** *n* FOOD TECH Brauwasser *nt*

Brewster: **~ angle** *n* OPT, PHYS Brewsterscher Winkel *m*; **~ effect** *n* RAD TECH Brewsterscher Effekt *m*; **~ incidence** *n* PHYS Brewsterscher Einfallswinkel *m*

brick[1] *n* CER & GLAS Ziegelstein *m*, CONST Mauerziegel *m*, Ziegelstein *m*; **~ arch** *n* CONST Ziegelbogen *m*; **~ clay** *n* CONST Ziegelton *m*; **~ earth** *n* CONST Ziegelerde *f*; **~ kiln** *n* CONST Ziegelofen *m*; **~ molding machine** *n AmE*, **~ moulding machine** *n BrE* CER & GLAS Ziegelpresse *f*; **~ pavement** *n BrE* (*cf brick sidewalk AmE*) CONST Ziegelpflaster *nt*; **~ paving** *n* CONST Ziegelpflasterung *f*; **~ sidewalk** *n AmE* (*cf brick pavement BrE*) CONST Ziegelpflaster *nt*; **~ and tile machine** *n* CER & GLAS Ziegelherstellungsmaschine *f*; **~ trowel** *n* CONST Maurerkelle *f*; **~ wall** *n* CONST Ziegelwand *f*, Ziegelmauer *f*; **~ works** *n* CER & GLAS Ziegelei *f*

brick[2] *vt* CONST mauern, mit Ziegeln mauern, verblenden; **~ in** *vt* CONST einmauern; **~ up** *vt* CONST aufmauern

bricklayer *n* CONST Maurer *m*

brickwork *n* CER & GLAS Mauerwerk *nt*, CONST Ziegelmauerwerk *nt*

bridge[1] *n* CER & GLAS, COMP & DP Brücke *f*, CONST Brücke *f*, *of travelling crane* Brücke *f*, ELEC ENG Brücke *f*, Meßbrücke *f*, ELECT *electrical measuring bridge* Meßbrücke *f*, INSTR Brücke *f*, Meßbrücke *f*, MECHAN ENG Brücke *f*, Steg *m*, *of milling machine* Portal *nt*, PROD ENG Portal *nt*, RAD TECH *circuit* Brücke *f*, RAIL Bahnüberführung *f*, TELECOM *between similar local networks* Bridge *f*, WATER TRANS *ship* Brücke *f*; **~ amplifier** *n* ELECTRON Brückenverstärker *m*; **~ arm** *n* ELECT Brückenarm *m*; **~ balance** *n* INSTR Brückenausgleich *m*, Brückengleichgewicht *nt*; **~ balancing** *n* ELEC ENG Brückenabgleich *m*; **~ circuit** *n* ELEC ENG, ELECT Brückenschaltung *f*; **~ connection** *n* ELECT *electric measuring circuit* Brückenschaltung *f*; **~ crane** *n* CONST Brückenkran *m*; **~ deck** *n* CONST Brückenfahrbahn *f*, Brückenüberbau *m*, WATER TRANS *shipbuilding* Brückendeck *nt*; **~ house** *n* WATER TRANS *shipbuilding* Brückenhaus *nt*; **~ keeper** *n* WATER TRANS *river* Brückenwärter *m*; **~ measurement** *n* INSTR Brükkenmessung *f*; **~ plate** *n* CONST Brückenblech *nt*; **~ railing** *n* CONST Brückengeländer *nt*; **~ reamer** *n* MECHAN ENG Nietlochreibahle *f*; **~ rectification** *n* ELECT Doppelweggleichrichten *nt*; **~ rectifier** *n* ELEC ENG Brückengleichrichter *m*, Gleichrichter als Brücke geschaltet *m*, Gleichrichterbrücke *f*, ELECT Brückengleichrichter *m*, Doppelweggleichrichter *m*, Grätzgleichrichter *m*; **~ resistance** *n* ELECT *electrical measuring circuit* Brückenwiderstand *m*; **~ resistor** *n* ELECT *element* Brückenwiderstand *m*; **~ superstructure** *n* WATER TRANS *shipbuilding* Brückenaufbau *m*; **~ survey** *n* RAIL Brückenaufnahme *f*; **~ truss** *n* CONST Brückenfachwerkträger *m*

bridge[2] *vt* CONST überbrücken, *valley* überspannen; **~ over** *vt* RAIL überbrücken

bridged-H: **~ network** *n* ELEC ENG *quadripole* überbrücktes H Netzwerk *nt*

bridged-T: **~ network** *n* ELEC ENG *quadripole* überbrücktes T Netzwerk *nt*

bridging *n* CONST Spreizen zwischen Querbalken *nt*, Überbrückung *f*; **~ amplifier** *n* RECORD *monitoring amplifier* Kontrollverstärker *m*; **~ contact** *n* ELEC ENG Überbrückungskontakt *m*; **~ piece** *n* CONST Unterzugbalken *m*

bridle *n* WATER TRANS *ropes* Hahnepot *f*

bridleroad *n* TRANS Treidelweg *m*

bridletrack *n* TRANS Treidelroute *f*

bridleway *n* TRANS Treidelweg *m*

Brigg's: **~ pipe thread** *n* MECHAN ENG Briggs-Gewinde *nt*

bright[1] *adj* MECHAN ENG *tools* blank, PROD ENG Blank- *pref*, TEXT glänzend, hell, klar, lebhaft, leuchtend; **~-annealed** *adj* PROD ENG blankgeglüht; **~-finished** *adj* PROD ENG blank; **~ red** *adj* METALL hochrot, tiefrot

bright:[2] **~-annealed wire** *n* MECHAN ENG blankgeglühter Draht *m*; **~ annealing** *n* METALL Blankglühen *nt*; **~ bolt** *n* MECHAN ENG blanke Schraube *f*; **~ chain** *n* METALL blanke Kette *f*; **~ dip finishing** *n* PROD ENG Blankbrennen *nt*; **~ edge** *n* PHYS helle Kante *f*; **~ field** *n* METALL

Hellfeld nt; **~ field illumination** n PHYS Hellfeldbeleuchtung f; **~ gold** n CER & GLAS Glanzgold nt; **~ level** n TELEV Helligkeitspegel m; **~-line spectrum** n SPACE Linienspektrum nt; **~ red heat** n METALL Hellrotglühhitze f; **~ silver** n CER & GLAS Glanzsilber nt; **~ steel** n METALL blanker Stahl m; **~ steel wire** n METALL blanker Stahldraht m; **~ wire** n METALL Blankdraht m

brightdrawing n PROD ENG Blankziehen nt

brighten vt METALL blicken, blinken

brightness n ELECTRON *TV*, ERGON Helligkeit f, METALL Glanz m, OPT Flächenhelligkeit f, Helligkeit f, Leuchtdichte f, Helligkeit f, Leuchtdichte f, PHYS Beleuchtungsstärke f, Helligkeit f, RAD PHYS Beleuchtungstärke f, Helligkeit f, TELEV Helligkeit f; **~ control** n TELEV Helligkeitsregler m; **~ curve** n TELEV Helligkeitskurve f; **~ meter** n INSTR Flächenhelligkeitsmesser m, Helligkeitsmeßgerät nt; **~ modulation** n ELECTRON Helligkeitssteuerung f; **~ range** n PHOTO Helligkeitsumfang m; **~ ratio** n PHYS, RAD PHYS, TELEV Helligkeitsverhältnis nt; **~ theorem** n OPT Leuchtdichtetheorem nt; **~ value** n TELEV Helligkeitswert m

brilliance n ELECTRON *TV* Brillanz f, METALL Brillanz f, Glanz m

brilliancy n ELECTRON, METALL Brillanz f

brilliant: **~ cutting** n CER & GLAS Brillantschliff m

Brillouin: **~ zone** n PHYS Brillouinsche Zone f

brim: **~ capacity** n CER & GLAS Randkapazität f

brine n NUC TECH Sole f; **~ cooling** n FOOD TECH Solekühlung f; **~ cooling system** n NUC TECH Solenkühlsystem nt; **~ droplet** n NUC TECH Soletröpfchen nt

Brinell n MECHAN ENG, PROD ENG Brinell- *pref*; **~ ball test** n MECHAN ENG Brinellkugelprüfung f; **~ effect** n MECHAN ENG Brinelleffekt m; **~ hardness** n MECHANICS, PROD ENG Brinellhärte f; **~ hardness number** n *(BHN)* MECHAN ENG, PROD ENG Brinellhärte f; **~ hardness testing machine** n MECHAN ENG Brinellhärtetest m; **~ test** n MECHAN ENG Brinellprüfung f

brinelling n MECHAN ENG Brinellieren nt, PROD ENG Einkerben nt

bring: **~ into production** vt PET TECH die Förderung aufnehmen; **~ under control** vt PET TECH unter Kontrolle bringen; **~ up** vt RECORD *sound* hochfahren; **~ up to an anchor** vt WATER TRANS vor Anker legen; **~ up to date** vt MECHAN ENG aktualisieren, auf den neuesten Stand bringen

briquette n CER & GLAS Formling m, COAL TECH Brikett nt, Preßkohle f

Britannia n METALL Britanniametall nt; **~ metal** n METALL Britanniametall nt

British: **~ Association screw thread** n *(BA screw thread)* MECHAN ENG BA-Gewinde nt; **~ Computer Society** n *(BCS)* COMP & DP Britischer Computerverband m; **~ standard fine screw thread** n *(BSF)* MECHAN ENG Feinschraubengewinde nach britischem Standard nt, Gewinde nach britischem Standard nt *(BSF-Gewinde)*; **~ standard fine thread** n MECHAN ENG Britisches SF-Gewinde nt; **~ standard pipe thread** n *(BSP)* MECHAN ENG Gewinde nach britischem Standard nt *(BSP-Gewinde)*; **~ Standard Specification** n *(BSS)* MECHAN ENG Britische Normenspezifikation f, Britische Normvorschrift f *(BSS)*; **~ standard Whitworth thread** n *(BSW thread)* MECHAN ENG Whitworth-Gewinde nt; **~ thermal unit** n *(BThU, BrE, BTU, AmE)* LAB EQUIP, MECHAN ENG Britische Wärmeeinheit f *(BThU, BTU)*

brittle[1] adj COATINGS brüchig, MECHANICS brüchig, spröde, METALL, PAPER spröde, PLAS brüchig, spröde

brittle:[2] **~ crack** n NUC TECH *of pressure vessel* Sprödriß m; **~-ductile transition** n NUC TECH *of pressure vessel* spröder-duktiler Übergang m; **~ failure** n NUC TECH *of pressure vessel* Sprödbruch m, Sprödigkeitsbruch m; **~ fracture** n MECHANICS, METALL Sprödbruch m; **~ fracture resistance** n METALL Sprödbruchbeständigkeit f; **~ lacquer** n PROD ENG Reißlack m; **~ point** n PROD ENG Sprödigkeitstemperatur f

brittleness n CER & GLAS Sprödigkeit f, MECHANICS Sprödigkeit f, Zerbrechlichkeit f, METALL Sprödigkeit f, PLAS Brüchigkeit f, Sprödigkeit f

Brix: **~ scale** n FOOD TECH Brix-Skala f

broach[1] n CONST Dorn m, MECHAN ENG Räumnadel f, *machine tools* Räumwerkzeug nt, MECHANICS Räumnadel f, Räumwerkzeug nt, PROD ENG Räummaschine f; **~-handling slide** n PROD ENG Anhebeschlitten m; **~ milling** n MECHAN ENG Räumfräsen nt; **~ ram** n PROD ENG Räumschlitten m; **~ slide** n PROD ENG Räumschlitten m

broach[2] vt MECHAN ENG räumen, PROD ENG kalteinsenken

broach[3] vi WATER TRANS die Oberfläche durchbrechen; **~ to** vi WATER TRANS *sailing* eine Eule fangen

broaching n MECHAN ENG *machine tools* Räumen nt, MECHANICS Locheisen nt, Stecheisen nt; **~ machine** n MECHAN ENG Räummaschine f, MECHANICS Räumnadelziehmaschine f; **~ pass** n MECHAN ENG Räumzug m; **~ tool** n MECHAN ENG Räumwerkzeug nt, MECHANICS Räumnadel f, Räumwerkzeug nt

broad[1] adj CONST Breit- *pref*, IND PROCESS, PHOTO Weit- *pref*, PROD ENG Breit- *pref*, TELECOM Weit- *pref*

broad:[2] **~-crested weir** n WATER SUP breitkantiges Wehr nt; **~-finishing tool** n PROD ENG Breitschlichtmeißel m; **~-flange girder** n CONST Breitflanschträger m; **~ irrigation** n WATER SUP Abwasserverrieselung f; **~-nose machine** n PROD ENG Breitschlichtmaschine f; **~ pulse** n TELEV Breitbandimpuls m

broadband[1] adj TELECOM breitbandig

broadband[2] n COMP & DP, TELECOM, TELEV Breitband nt; **~ aerial** n TELEV Breitbandantenne f; **~ amplifier** n ELECTRON Breitbandverstärker m; **~ crosspoint** n TELECOM Breitbandkoppelpunkt m; **~ ISDN** n TELECOM Breitband-ISDN nt; **~ ISDN service** n TELECOM B-ISDN-Dienst m, Breitband-ISDN-Dienst m; **~ noise** n RECORD Breitbandrauschen nt, TELECOM breitbandiges Rauschen nt; **~ switch** n TELECOM Breitbandkoppler m; **~ switching network** n TELECOM Breitbandkoppelfeld nt

Broadband: **~ Integrated Services Digital Network** n *(BISDN service)* TELECOM ISDN-Breitbanddienst m

broadcast[1] n COMP & DP Rundspruch m; **~ interference** n *(BCI)* RAD TECH Rundfunkstörung f *(BCI)*; **~ mode** n COMP & DP Rundspruchmodus m; **~ quality** n TELEV Rundfunkqualität f; **~ receiver interference** n RAD TECH Störung im Rundfunkempfänger f; **~ standard** n TELEV Rundfunknorm f; **~ transmitter** n TELECOM Rundfunksender m; **~ videographics** n pl TELEV Rundfunkvideografik f

broadcast[2] vt RAD TECH als Rundfunksendung ausstrahlen, senden, RAD durch Rundfunk verbreiten, verbreiten, TELEV senden

broadcast[3] vi RAD TECH senden

broadcasting n RAD TECH Rundfunk m, TELECOM Rundfunkübertragung f, TELEV Rundfunk m; **~ net-**

work *n* TELEV Rundfunknetz *nt*; ~ **right** *n* TELEV Senderecht *nt*; ~ **satellite** *n* TELEV Rundfunksatellit *m*; ~ **satellite service** *n* SPACE Rundfunksatellitendienst *m*; ~ **station** *n* TELEV Rundfunksender *m*; ~ **time** *n* TELEV Sendezeit *f*

broadgage *n AmE*, **broadgauge** *n BrE* RAIL Breitspur *f*

broadloom: ~ **carpet** *n* TEXT Breitstuhlteppich *m*, breit hergestellter Teppich *m*

broadside: ~ **antenna** *n* SPACE phasengleiche Antenne *f*; ~ **array** *n* RAD TECH Breitstrahler *m*, TELECOM *antenna* Querstrahler *m*; ~ **page** *n* PRINT Planoformat *nt*

brocade *n* TEXT Brokat *m*, Brokatgewebe *nt*

brochure *n* PROD ENG *plastic valves* Prospekt *m*

broke *n* PAPER, PRINT Ausschuß *m*

broken[1] *adj* TELECOM *conductor* unterbrochen; **~-backed** *adj* WATER TRANS *ship* kielbrüchig

broken:[2] ~ **circuit** *n* ELEC ENG getrennte Schaltung *f*, getrennter Stromkreis *m*, geöffnete Schaltung *f*; ~ **end** *n* TEXT Fadenbruch *m*, gerissener Faden *m*; ~ **ice** *n* HEAT & REFRIG Eisstücke *nt pl*; ~ **joint** *n* CONST versetzte Fuge *f*; ~ **line** *n* GEOM gebrochene Linie *f*, unterbrochene Linie *f*; ~ **rocks** *n* COAL TECH Brechberge *m pl*; ~ **seed** *n* CER & GLAS gerissene Blase *f*; ~ **stone** *n* CONST Bruchstein *m*, Schotter *m*; ~ **types** *n pl* PRINT defekte Lettern *f pl*; ~ **white line** *n* CONST *road marking* durchbrochene weiße Linie *f*; ~ **working** *n* COAL TECH Zubruchbauen des Hangenden *nt*

broker's: ~ **call** *n* TELECOM Makeln *nt*

bromal *n* CHEMISTRY Bromal *nt*, Tribromacetaldehyd *nt*, Tribromethanal *nt*

bromelin *n* FOOD TECH Bromelin *nt*

bromic *adj* CHEMISTRY Brom- *pref*

bromide *n* CHEMISTRY Bromsalz *nt*, Bromid *nt*, PRINT Bromsilberdruck *m*; ~ **paper** *n* PHOTO Bromsilberpapier *nt*, PRINT Bromsilberpapier *nt*, Fotopapier *nt*; ~ **print** *n* PRINT Bromsilberdruck *m*

bromine *n (Br)* CHEMISTRY Brom *nt (Br)*

bromoacetone *n* CHEMISTRY Bromaceton *nt*

bromobenzene *n* CHEMISTRY Brombenzol *nt*

bromoform *n* CHEMISTRY Bromoform *nt*, Tribrommethan *nt*

bromoil: ~ **print** *n* PHOTO Bromölabzug *m*

bromophenol *n* CHEMISTRY Bromphenol *nt*

bronze: ~ **guide bush** *n* MECHAN ENG Bronzeführungsbuchse *f*; ~ **welding** *n* CONST Bronzeschweißen *nt*

bronzing *n* METALL Bronzierung *f*, Brünieren *nt*

Brookfield: ~ **viscosity** *n* PLAS Brookfield-Viskosität *f*

brow *n* CONST Rand *m*

brown[1] *n* CHEMISTRY, COAL TECH Braun- *pref*; ~ **coal** *n* COAL TECH, THERMODYN Braunkohle *f*; ~ **haematite** *n BrE* CHEMISTRY Brauneisen *nt*, Limonit *m*; ~ **hematite** *n AmE see brown haematite BrE* ~ **iron ore** *n* CHEMISTRY Brauneisen *nt*, Limonit *m*; ~ **mechanical pulp board** *n* PAPER Braunschliffpappe *f*; **~-out** *n* ELEC ENG Bürstenfeuer *nt*, Büschelentladung *f*, Sprühentladung *f*

brown[2] *vt* PROD ENG brünieren

Brown: ~ **and Sharpe taper** *n (BS taper)* PROD ENG Brown-und-Sharpe-Kegel *m*

Brownian: ~ **molecular movement** *n* PHYS, RAD PHYS, THERMODYN Brownsche Molekularbewegung *f*; ~ **motion** *n* PHYS, RAD PHYS, THERMODYN Brownsche Molekularbewegung *f*; ~ **movement** *n* PHYS, RAD PHYS, THERMODYN Brownsche Molekularbewegung *f*

browpiece *n* CONST Türsturz *m*

browse *vti* COMP & DP blättern, durchsuchen

browsing *n* COMP & DP *through data* Blättern *nt*, Durchblättern *nt*, Suchlauf *m*

brucine *n* FOOD TECH Brucin *nt*

bruise[1] *n* CER & GLAS Unebenheit *f*

bruise[2] *vt* FOOD TECH schroten, zerquetschen

bruiser *n* FOOD TECH Quetschmühle *f*, Schrotmühle *f*

brush *n* AUTO Schleifkohle *f*, ELECT *of electrical machine*, MECHANICS, PAPER Bürste *f*; ~ **angle** *n* ELECT *of electrical machine* Bürstenwinkel *m*; ~ **coating** *n* PAPER Bürstenstreichverfahren *nt*; ~ **contact resistance** *n* ELECT *of electrical machine* Bürstenkontaktwiderstand *m*, Bürstenverlustwiderstand *m*; ~ **discharge** *n* ELEC ENG Bürstenfeuer *nt*, Büschelentladung *f*, Sprühentladung *f*, ELECT Bürstenentladung *f*, Büschelentladung *f*, Sprühentladung *f*, PHYS Bürstenfeuer *nt*, Büschelentladung *f*, Sprühentladung *f*; ~ **glazing** *n* PAPER Bürstensatinage *f*; ~ **holder** *n* ELEC ENG Bürstenhalter *m*, ELECT *of electrical machine* Bürstenhalter *m*, Bürstenträger *m*; ~ **lifting device** *n* ELECT *electrical machine* Bürstenabheber *m*; ~ **lines** *n pl* CER & GLAS Bürstenstriche *m pl*; ~ **marks** *n pl* CER & GLAS senkrechte Falten *f pl*; ~ **polishing machine** *n* PAPER Bürstenglättmaschine *f*; ~ **position** *n* ELEC ENG Bürstenstellung *f*; ~ **rocker** *n* ELEC ENG Bürstenbrücke *f*; ~ **rod** *n* ELEC ENG Bürstenhalterarm *m*, Kontaktarmträger *m*; ~ **roller** *n* PAPER Bürstenwalze *f*; ~ **selector** *n* ELECT Bürstenwähler *m*; ~ **sparking** *n* ELECT *electrical machine* Bürstensprühen *nt*; **~-type DC motor** *n* ELEC ENG GS-Motor mit Bürsten *m*, Gleichstrommotor in Bürstenbauweise *m*; ~ **washer** *n* TEXT Bürstenwaschmaschine *f*; ~ **yoke** *n* ELECT *motor, generator* Bürstenjoch *nt*

brushed *adj* AUTO, CER & GLAS, ELEC ENG, MECHANICS gebürstet

brushing *n* AUTO, CER & GLAS, ELEC ENG, TEXT Bürsten *nt*, Rauhen *nt*

brushless: ~ **generator motor** *n* ELECT bürstenloser Motor *m*, bürstenloser Generator *m*

BS[1] *abbr (Bessemer steel)* MECHAN ENG BS *(Bessemerstahl)*, PROD ENG BS *(Windfrischstahl)*

BS:[2] ~ **taper** *n (Brown and Sharpe taper)* PROD ENG Brown-und- Sharpe-Kegel *m*

BSC *abbr (binary synchronous communication)* COMP & DP BSC-Übertragung *f (binärsynchrone Übertragung)*

BSF *n (British standard fine screw thread)* MECHAN ENG BSF-Gewinde *nt (Gewinde nach britischem Standard)*

B-size *n* PRINT B-Papierformat *nt*

BSP[1] *abbr (British standard pipe thread)* MECHAN ENG BSP-Gewinde *nt (Gewinde nach britischem Standard)*

BSP:[2] ~ **parallel female thread** *n* PROD ENG *plastic valves* Gasrohr-Innengewinde *nt*; ~ **parallel thread** *n* PROD ENG *plastic valves* zylindrisches Rohr-Innengewinde *nt*

BSS *abbr (British Standard Specification)* MECHAN ENG BSS *(Britische Normenspezifikation)*

B-stage: ~ **resin** *n* PLAS Harz im B-Zustand *nt*, Resitol *nt*; ~ **time** *n* PLAS B-Zeit *f*

BSW: ~ **thread** *n (British standard Whitworth thread)* MECHAN ENG Whitworth-Gewinde *nt*

BThU *abbr (British thermal unit)* LAB EQUIP, MECHAN ENG BThU *(Britische Wärmeeinheit)*

BTU *abbr* AmE *(British Thermal unit)*, LAB EQUIP, MECHAN ENG BTU *(Britische Wärmeeinheit)*

BU *abbr (base unit)* TELECOM BE *(Basiseinheit)*

bubble[1] *n* CER & GLAS Gasblase *f*, CHEM ENG Blase *f*, Glocke *f*, COAL TECH Blase *f*, OPT Bläschen *nt*, PAPER, PHYS, PLAS *paint defect* Blase *f*; ~ **cap** *n* FOOD TECH *distillation* Blasenglocke *f*, NUC TECH Glockenboden *m*, PET TECH Glocke *f*; ~-**cap tower** *n* PET TECH Glokkenbodenkolonne *f*; ~-**cap tray column** *n* CHEM ENG Glockenbodenkolonne *f*; ~ **chamber** *n* NUC TECH, PART PHYS, PHYS, RAD PHYS *liquid-filled chamber* Blasenkammer *f*; ~ **film** *n* PACK Blasenfolie *f*; ~ **flow meter** *n* INSTR Perlrohrdurchflußmeßgerät *nt*, LAB EQUIP *flow of gases* Gasblasendurchflußmesser *m*, Mengenstrommesser von Gasblasen *m*; ~ **gage** *n* *AmE*, ~ **gauge** *n* *BrE* CHEM ENG Blasenzähler *m*, Gasblasenströmungsmesser *m*; ~ **hood** *n* NUC TECH *of pressure vessel* Glockenhaube *f*; ~-**jet printer** *n* PRINT Bubble Jet Drucker *m*; ~ **level** *n* MECHANICS Libelle *f*; ~ **memory** *n* COMP & DP Blasenspeicher *m*; ~ **model** *n* METALL Blasenmodell *nt*; ~ **pack** *n* PACK Blasenverpackung *f*; ~ **pipe level meter** *n* INSTR Perlrohrfüllstandsmeßgerät *nt*, Sprudelrohrfüllstandsmeßgerät *nt*; ~ **sort** *n* COMP & DP Bubblesort *nt*; ~ **test** *n* PAPER Blasenprobe *f*; ~ **tray** *n* CHEM ENG, PET TECH Glockenboden *m*; ~-**type density meter** *n* INSTR Sprudeldichtemeßgerät *nt*; ~-**type level indicator** *n* INSTR Perlrohrfüllstandsanzeigegerät *nt*

bubble[2] *vi* PAPER Blasen bilden; ~ **through** *vi* PHYS durchperlen

bubbler *n* CER & GLAS Rührer *m*, PHYS Waschflasche *f*

bubbling *n* CER & GLAS Bubbling *nt*, PAPER Blasenbildung *f*, PHYS Aufwallung *f*, Brodeln *nt*

Büchner: ~ **flask** *n* LAB EQUIP *filtration* Büchnerscher Kolben *m*; ~ **funnel** *n* LAB EQUIP *filtration* Büchnersche Nutsche *f*, Büchnerscher Trichter *m*, Filternutsche nach Büchner *f*

buck *n* CER & GLAS *AmE (cf dot BrE, point bar BrE)* Brennstütze *f*, CONST *AmE* Sägebock *m*, *door buck* Türzarge *f*; ~-**boost regulator** *n* SPACE Stoßschubregler *m*

bucket *n* COMP & DP Protokollbereich *m*, CONST Baggerschaufel *f*, Kübel *m*, Eimer *m*, FUELLESS Schaufel *f*, HYD EQUIP Klappenkolben *m*, Ventilkolben *m*, LAB EQUIP Behälter *m*, Eimer *m*, MAR POLL Dispersantbehälter *m*, MECHAN ENG *of bucket wheel excavator* Schaufel *f*, MECHANICS Eimer *m*, Schaufel *f*, WATER SUP *of water wheel* Schaufel *f*, WATER TRANS Eimer *m*, Pütze *f*; ~ **angle** *n* FUELLESS Schaufelschrägstellung *f*; ~ **brigade device** *n (BBD)* ELEC ENG Eimerkettenspeicher *m (BBD)*, TELECOM *shift register* Eimerkettenschaltung *f (BBD)*; ~ **chain** *n* CONST Baggerkette *f*, WATER TRANS *dredging* Eimerkette *f*; ~ **conveyor** *n* CONST Kübelfördergerät *nt*; ~ **dredge** *n* WATER TRANS Eimerbagger *m*; ~ **dredger** *n* CONST, WATER SUP Schaufelbagger *m*, WATER TRANS Eimerbagger *m*; ~ **elevator** *n* CONST Becherwerk *nt*, Eimerkettenaufzug *m*; ~ **excavator** *n* CONST Eimerkettenbagger *m*; ~ **ladder** *n* CONST Becherleiter *f*; ~ **pump** *n* HYD EQUIP Klappenkolbenpumpe *f*, Ventilkolbenpumpe *f*; ~ **seat** *n* AUTO Kübelsitz *m*, Schalensitz *m*; ~ **velocity** *n* FUELLESS Schaufelgeschwindigkeit *f*; ~ **wheel** *n* CONST, MECHAN ENG *of excavator* Schaufelrad *nt*; ~ **wheel excavator** *n* MECHAN ENG Schaufelradbagger *m*

bucking: ~ **circuit** *n* ELECT Gegenschaltung *f*, TELEV Kompensationskreis *m*; ~ **coil** *n* ELEC ENG, RECORD Kompensationsspule *f*; ~ **regulator** *n* SPACE Stoßregler *m*

buckle[1] *n* CER & GLAS Welle *f*, MECHAN ENG *clasp* Schnalle *f*, *distortion* Einbeulung *f*, *of leaf spring* Bride *f*, PROD ENG Angel *f*; ~ **folder machine** *n* PRINT Stauchfalzmaschine *f*; ~ **strap** *n* MECHAN ENG Schnallenriemen *m*

buckle[2] *vt* CONST ausbeulen, MECHAN ENG ausbeulen, knicken, PROD ENG ausbeulen, PROD ENG *AmE* ausknicken

buckle[3] *vi* MECHANICS beulen

buckled: ~ **wheel** *n* TRANS achtförmig verbogenes Rad *nt*, verwundenes Rad *nt*

buckling *n* CONST Ausbeulen *nt*, MECHAN ENG Ausbeulen *nt*, Beulen *nt*, Knicken *nt*, Knickung *f*, MECHANICS Erbeulen *nt*, NUC TECH *of neutron flux* Flußwölbung *f*, *of rod or fuel cladding* Ausbeulung *f*, Verbeulung *f*, PHOTO *of photographic emulsions* Aufwerfen *nt*, Werfen *nt*, PROD ENG Ausbeulen *nt*; ~ **load** *n* MECHAN ENG Knicklast *f*, MECHANICS Beullast *f*, TRANS Knickbelastung *f*; ~ **resistance** *n* MECHAN ENG Knickfestigkeit *f*

buckram *n* PRINT Buckram *m*, Doppelleinen *nt*

buckstay *n* CER & GLAS Ankersäule *f*

buff *n* MECHAN ENG Polierscheibe *f*, Schwabbelscheibe *f*, PROD ENG Schwabbelscheibe *f*

buffer[1] *n* COMP & DP *memory* Puffer *m*, Pufferspeicher *m*, ELEC ENG Puffer *m*, Trennstufe *f*, MECHAN ENG Puffer *m*, MECHANICS Polierscheibe *f*, PLAS *pH control*, PROD ENG, RAD TECH Puffer *m*, RAIL Prellbock *m*, Puffer *m*, TELEV Puffer *m*; ~ **amplifier** *n* ELECTRON, RAD TECH Pufferverstärker *m*, RECORD Trennverstärker *m*; ~ **battery** *n* ELEC ENG, RAIL Pufferbatterie *f*; ~ **beam** *n* RAIL Pufferträger *m*; ~ **circuit** *n* ELECTRON Pufferschaltung *f*; ~ **contact** *n* RAIL Pufferberührung *f*; ~ **dynamo** *n* ELECT Pufferdynamo *m*; ~ **fiber** *n* *AmE*, ~ **fibre** *n* *BrE* OPT Pufferfaser *f*; ~ **memory** *n* ELEC ENG Pufferspeicher *m*, TELECOM Pufferspeicher *m*, Zwischenspeicher *m*; ~ **register** *n* COMP & DP Pufferregister *nt*; ~ **solution** *n* FOOD TECH Pufferlösung *f*; ~ **stop** *n* RAIL Pufferanschlag *m*; ~ **stop block** *n* RAIL Prellblock *m*; ~ **tube** *n* OPT *optical cable* Pufferrohr *nt*

buffer[2] *vt* COMP & DP puffern, zwischenspeichern, RAD TECH puffern

buffered: ~ **input/output** *n* COMP & DP zwischengespeicherte Eingabe/Ausgabe *f*

buffering *n* COMP & DP Puffern *nt*, Zwischenspeichern *nt*, OPT *optical fibre* Puffern *nt*; ~ **agent** *n* FOOD TECH Puffersubstanz *f*

buffet *n* SPACE *spacecraft* Schütteln *nt*

buffeting *n* AIR TRANS Flattern *nt*, Schütteln *nt*

buffing *n* MECHAN ENG Polieren *nt*, Schwabbeln *nt*; ~ **gear** *n* RAIL Stoßvorrichtung *f*; ~ **wheel** *n* PROD ENG Schwabbelscheibe *f*

bufotoxine *n* CHEMISTRY Bufotoxin *nt*

bug[1] *n* COMP & DP Programmfehler *m*

bug[2] *vt* RAD TECH anzapfen

build:[1] ~-**up factor** *n* NUC TECH Aufbaufaktor *m*, Zuwachsfaktor *m*; ~-**up welding** *n* MECHAN ENG Auftragschweißung *f*

build:[2] ~ **in** *vt* CONST einbauen; ~ **up** *vt* CONST aufbauen, zusammensetzen

builder *n* CONST Baufachmann *m*, Bautechniker *m*, Bauunternehmer *m*

builder's: ~ **certificate** *n* WATER TRANS Zertifikat der Werft *nt*; ~ **diary** *n* CONST Bautagebuch *nt*; ~ **hardware** *n* CONST Baubeschläge *m pl*; ~ **timber** *n* CONST Bauholz *nt*

building: ~ **area** *n* CONST bebaute Fläche *f*; ~ **berth** *n* WATER TRANS Helling *f*; ~-**block construction** *n AmE* PROD ENG Baukastenprinzip *nt*; ~ **construction** *n* CONST Baukonstruktion *f*, Bauausführung *f*, Hochbau *m*; ~ **contractor** *n* CONST Bauunternehmer *m*; ~ **expert** *n* CONST Bausachverständiger *m*; ~ **inspector** *n* CONST Bauaufsichtsbeauftragter *m*; ~ **in wood** *n* CONST Holzbau *m*; ~ **line** *n* CONST Baugrenzlinie *f*, Gebäudeleitung *f*; ~ **penetration loss** *n* TELECOM Durchgangsdämpfung im Gebäude *f*; ~ **permit** *n* CONST Baugenehmigung *f*; ~ **regulations** *n pl* CONST Bauvorschriften *f pl*; ~ **restriction** *n* CONST Baubeschränkung *f*; ~ **services** *n* CONST technische Gebäudeausrüstung *f*; ~ **slip** *n* WATER TRANS Helling *f*, Slipanlage *f*; ~ **stone** *n* CONST Naturbaustein *m*; ~ **trade** *n* CONST Bauhandwerk *nt*

built:[1] ~-**in** *adj* ELEC ENG, MECHAN ENG, MECHANICS eingebaut

built:[2] ~-**in burner** *n* HEAT & REFRIG Einbaubrenner *m*; ~-**in charger** *n* TRANS eingebautes Ladegerät *nt*; ~-**in exposure meter** *n* PHOTO eingebauter Belichtungsmesser *m*; ~-**in function** *n* COMP & DP eingebaute Standardfunktion *f*; ~-**in microphone** *n* RECORD Einbaumikrofon *nt*; ~-**in modem** *n* COMP & DP Einbaumodem *nt*; ~-**in motor** *n* ELEC ENG Einbaumotor *m*, eingebauter Motor *m*; ~-**in obsolescence** *n* WASTE eingebaute Alterung *f*; ~-**in reactivity** *n* NUC TECH anfängliche Überschußreaktivität *f*; ~-**in tank** *n* MECHAN ENG Einbautank *m*; ~-**in test equipment** *n* INSTR eingebaute Prüfeinrichtung *f*; ~-**up crank** *n* MECHAN ENG zusammengesetzte Kurbelwelle *f*; ~-**up edge** *n* MECHAN ENG Aufbauschneide *f*; ~-**up girder** *n* CONST Verbundträger *m*

bulb *n* CER & GLAS Glaskolben *m*, ELEC ENG Kolben *m*, Röhrenkolben *m*, *lamp* Glühbirne *f*, Röhre *f*, ELECT *electric light bulb* Glühbirne *f*, Lampenkolben *m*, *of incandescent electric lamp or tube* Kolben *m*, *of thermometer* Kolben *m*, LAB EQUIP *blowing ball* Ballon *m*, MECHAN ENG *of lamp* Kolben *m*, METALL, WATER TRANS Wulst *m*; ~ **edge** *n* CER & GLAS Wulstkante *f*; ~ **iron** *n* METALL Wulsteisen *nt*; ~ **plate** *n* METALL Tränenblech *nt*, Wulstblech *nt*

bulbous: ~ **bow** *n* WATER TRANS Wulstbug *m*

bulge[1] *n* CONST Ausbauchung *f*, Wulst *m*, MECHAN ENG Ausbeulung *f*, Beule *f*, TEXT Ausbuchtung des Kötzers *f*

bulge[2] *vt* CONST aufweiten, ausbeulen, MECHAN ENG, PROD ENG ausbeulen

bulge[3] *vi* CONST anschwellen, MECHAN ENG sich bauchen, sich beulen

bulged: ~ **finish** *n* CER & GLAS gewölbter Verschluß *m*; ~ **wall** *n* CONST gekrümmte Wand *f*

bulk:[1] **in** ~ *adv* COAL TECH unverpackt

bulk[2] *n* CONST Rohdichte *f*, große Menge *f*, MECHANICS Raumbedarf *m*, Umfang *m*, Volumen *nt*, PHYS Hauptmenge *f*, Masse *f*, TEXT Bausch *m*, Bauschvermögen *nt*, Fülligkeit *f*, Masse *f*, Volumen *nt*; ~ **acoustic wave** *n* ELEC ENG Volumenschallwelle *f*; ~ **cargo** *n* WATER TRANS Massengut *nt*, Schüttgut *nt*; ~ **carrier** *n* WATER TRANS Großraumfrachter *m*, Massengutfrachter *m*; ~ **cement** *n* CONST loser Zement *m*; ~ **channel** *n* ELECTRON *transistors* Minoritätsträgerkanal *m*; ~ **collection** *n* WASTE Sperrmüllabfuhr *f*, Sperrmüllsammlung *f*; ~ **container with gravity discharge** *n* WATER TRANS Schüttgutbehälter mit Gravitätsentladung *m*; ~ **container with pressure discharge** *n* WATER TRANS Schüttgutbehälter mit pneumatischer Entladung *m*; ~ **density** *n* CER & GLAS Raummasse *f*, COAL TECH Bodendichte *f*, Fülldichte *f*, CONST Rohdichte *f*, PET TECH, PHYS, PLAS Schüttdichte *f*; ~ **density meter** *n* INSTR Schüttdichtemeßgerät *nt*; ~ **deposition** *n* POLL lose Ablagerung *f*; ~ **eraser** *n* RECORD Löschspule *f*, TELEV Blocklöscher *m*, Löschdrossel *f*; ~ **film** *n* PHOTO Meterware *f*; ~ **film loader** *n* PHOTO Filmladegerät *nt*; ~ **flotation** *n* COAL TECH Mischkonzentrat-Flotation *f*; ~ **goods** *n* PACK Schüttgut *nt*; ~ **index** *n* PRINT *several volumes* kumulierter Index *m*; ~ **lifetime** *n* ELECTRON *buried channel, transistors* Lebensdauer des Minoritätsträgers *f*; ~ **material** *n* COAL TECH Schüttgut *nt*, CONST Massengut *nt*, Schüttgut *nt*; ~ **memory** *n* COMP & DP Massenspeicher *m*; ~ **modulus** *n* PHYS Elastizitätsmodul *m*; ~ **modulus of compression** *n (K)* HYD EQUIP Kompressionsmodul *nt (K)*; ~ **modulus of elasticity** *n (K)* HYD EQUIP Elastizitätsmodul *m (K)*; ~ **properties** *n* ELECTRON *microelectronics* Bahneigenschaften *f pl*; ~ **resistivity** *n* ELEC ENG spezifischer Volumenwiderstand *m*; ~ **semiconductor** *n* ELECTRON Bahn-Halbleiter *m*; ~ **ship train** *n* WATER TRANS Schiffszug *m*; ~ **transport** *n* PACK loser Transport *m*; ~ **wafer** *n* ELECTRON Bahnscheibe *f*; ~-**wave oscillator** *n* ELECTRON *microwave* Volumenoszillator *m*; ~-**wave resonator** *n* ELECTRON Volumenwellen-Resonator *m*

bulk[3] *vt* WATER SUP schwellen

bulkhead *n* MECHAN ENG Trennwand *f*, MECHANICS Bohlwand *f*, Querwand *f*, Schott *nt*, SPACE *spacecraft*, WATER TRANS *shipbuilding* Schott *nt*; ~ **plate** *n* WATER TRANS *shipbuilding* Schottplatte *f*; ~ **stiffener** *n* WATER TRANS *shipbuilding* Schottversteifung *f*

bulking *n* CONST Quellvolumen *nt*; ~ **paper** *n* PAPER Dickdruckpapier *nt*

bulky[1] *adj* PAPER voluminös

bulky:[2] ~ **waste** *n* WASTE Sperrmüll *m*

bull: ~ **block** *n* MECHAN ENG *wire drawing* Scheibenbank *f*; ~ **gear** *n* MECHAN ENG Kulissenrad *nt*; ~-**headed rail** *n* RAIL Doppelkopfschiene *f*, Stuhlschiene *f*; ~ **ladle** *n* MECHAN ENG *foundry* Stielpfanne *f*

bullbar *n* AUTO Abschleppstange *f*

bulldozer *n* CONST Bulldozer *m*, Planierraupe *f*, TRANS Bulldozer *m*, Planierraupe *f*, Schürfraupe *f*

bulletin: ~ **board** *n (bb)* COMP & DP *E-mail* schwarzes Brett *nt*

bullhead: ~ **rivet** *n* CONST Doppelkopfniete *f*

bullion *n* CER & GLAS, MECHAN ENG Barren *m*

bulwark *n* WATER TRANS *shipbuilding* Schanzkleid *nt*; ~ **rail** *n* WATER TRANS *shipbuilding* Schanzkleidreling *f*

bump: ~ **up** *vt* TELEV *audience ratings* erhöhen

bumper *n* AUTO *BrE (cf fender AmE) body* Stoßstange *f*, MECHAN ENG *BrE (cf fender AmE)* Puffer *m*, PROD ENG *BrE* Rüttelformmaschine *f*, RAIL *BrE (cf fender AmE)* Dämpfer *m*, Prellbock *m*, Puffer *m*, Stoßstange *f*, WATER TRANS *BrE* Fender *m*; ~ **rod** *n* MECHAN ENG *die-casting die* Abstandsleiste *f*

bumpkin *n* WATER TRANS *shipbuilding* Butenluv *m*

bunch *n* PHYS Bündel *nt*, Teilchenpaket *nt*; ~ **decoupling** *n* PHYS Bündelentkopplung *f*

bunched: ~ **cable** *n BrE (cf bundled cable AmE)* ELEC ENG Bündelkabel *nt*, ELEC ENG, ELECT Kabelbündel *nt*; ~ **conductor** *n BrE (cf bundled conductor AmE)* ELECT Leiterbündel *nt*

buncher: ~ **resonator** *n* ELECTRON *causing velocity* *modulation* Eingangsresonator *m*; ~ **space** *n* ELECTRON *klystron* Einkoppelstrecke *f*

bunching *n* AIR TRANS *air-traffic control* Ballung *f*, Bündelung *f*, ELECTRON *klystron* Ballung *f*, Impulsbildung *f*; ~ **space** *n* ELECTRON *klystron* Ballungsraum *m*

bundle[1] *n* CER & GLAS Bündel *nt*, OPT Büschel *nt*, PACK, PAPER Bündel *nt*, PROD ENG Ring *m*, TELECOM *fibre* Bündel *nt*; ~ **corner rod** *n* NUC TECH Eckstab eines Brennelementbündels *m*; ~ **of rails** *n* RAIL Schienenbündel *nt*; ~**-tying machine** *n* PACK Bindemaschine *f*, Bündelmaschine *f*, Paketieranlage *f*; ~ **wire** *n* PROD ENG Ringdraht *m*

bundle[2] *vt* PAPER bündeln

bundled: ~ **cable** *n AmE (cf bunched cable BrE)* ELEC ENG Bündelkabel *nt*, ELEC ENG, ELECT Kabelbündel *nt*; ~ **conductor** *n AmE (cf bunched conductor BrE)* ELECT Leiterbündel *nt*

bundling: ~ **machine** *n* PACK Paketiermaschine *f*; ~ **press** *n* PAPER Packpresse *f*

bung *n* FOOD TECH Pfropfen *m*, Spund *m*, LAB EQUIP Stöpsel *m*; ~ **of saggers** *n* CER & GLAS Brennkapselstapel *m*

bunghole *n* FOOD TECH Spundloch *nt*

bunk *n* WATER TRANS Schlafkoje *f*

bunker[1] *n* AIR TRANS Bunker *m*, CONST Bunker *m*, Silo *nt*, PET TECH, WATER TRANS Bunker *m*; ~ **coal** *n* COAL TECH Bunkerkohle *f*; ~ **oil** *n pl* AIR TRANS, WATER TRANS Bunkeröle *nt pl*; ~ **tank** *n* POLL Bunkertank *m*

bunker[2] *vt* WATER TRANS bebunkern

bunkers *n pl* MAR POLL Treiböl *nt*

Bunsen *n* ELECT, LAB EQUIP Bunsen- *pref*; ~ **burner** *n* LAB EQUIP Bunsenbrenner *m*; ~ **cell** *n* ELECT Bunsenelement *nt*

bunt *n* FOOD TECH *phytopathology* Stinkbrand *m*, Weizensteinbrand *m*

bunter *n* PET TECH Buntsandstein *m*

buoy[1] *n* WATER TRANS *navigation marks* Boje *f*, Tonne *f*; ~ **rope** *n* WATER TRANS Bojenreep *nt*; ~ **tender** *n* WATER TRANS *navigation marks* Seezeichentender *m*

buoy[2] *vt* WATER TRANS *navigation marks* betonnen

buoyage *n* WATER TRANS *navigation* Betonnung *f*

buoyancy *n* AIR TRANS, FLUID PHYS Auftrieb *m*, HYD EQUIP Auftrieb *m*, Schwebefähigkeit *f*, PHYS *of fluid* Auftrieb *m*, WATER TRANS Auftrieb *m*, Schwimmfähigkeit *f*; ~ **curve** *n* WATER TRANS *ship design* Auftriebskurve *f*; ~ **force** *n* FLUID PHYS, PHYS Auftriebskraft *f*; ~ **gas balance** *n* INSTR Gasdichtewaage *f*; ~ **parameter** *n* FLUID PHYS, PHYS Auftriebsparameter *m*; ~ **probe** *n* INSTR Schwimmerfüllstandsmeßgerät *nt*; ~ **tank** *n* WATER TRANS Schwimmkammer *f*

buoyant *adj* WATER TRANS schwimmfähig

burden *n* METALL Möller *m*

burette *n* LAB EQUIP Bürette *f*; ~ **stand** *n* LAB EQUIP Bürettenständer *m*

burgee *n* CER & GLAS kleine Kohlensorte *f*, WATER TRANS *flags* Stander *m*

burglar: ~**-proof** *adj* SAFETY einbruchssicher

burgundy: ~ **bottle** *n* CER & GLAS Burgunderflasche *f*

burial *n* PET TECH Erdverlegung *f*

buried: ~ **channel** *n* ELECTRON versenkter Kanal *m*, *transistors* versenkter Kanal *m*; ~ **loop** *n* TRANS *traffic* erdverlegte Schleife *f*

burn[1] *n* SAFETY Verbrennung *f*, TELEV Brennen *nt*; ~ **mark** *n* CER & GLAS Brandmarke *f*

burn[2] *vt* THERMODYN verbrennen; ~ **in** *vt* TELEV einbrennen; ~ **off** *vt* THERMODYN *gas, oil* abfackeln

burn:[3] ~ **away** *vi* METALL verbrennen

burned *adj* THERMODYN verbrannt

burner *n* CONST, MECH, MECHAN ENG, TELECOM, THERMODYN Brenner *m*; ~ **block** *n* CER & GLAS Düsenstein *m*; ~ **head** *n* HEAT & REFRIG Brennerdüse *f*, Brennerkopf *m*, PROD ENG Brennermundstück *nt*; ~ **liner** *n* HEAT & REFRIG Brennkammerauskleidung *f*; ~ **mouth** *n* HEAT & REFRIG Brennerdüse *f*; ~ **nozzle** *n* MECHAN ENG Brennerdüse *f*

burning[1] *adj* CER & GLAS, HEAT & REFRIG, METALL, THERMODYN brennend

burning[2] *n* CER & GLAS Brand *m*, METALL Verbrennung *f*, PROD ENG Brandfleck *m*, THERMODYN Verbrennung *f*; ~ **agent** *n* MAR POLL Verbrennungsmittel *nt*; ~ **behavior** *n AmE*, ~ **behaviour** *n BrE* SAFETY *of textiles and textile products* Brandverhalten *nt*; ~ **coal** *n* COAL TECH brennende Kohle *f*; ~ **heat** *n* THERMODYN Glut *f*, Hitze *f*, Verbrennungswärme *f*; ~**-in** *n* PRINT Einbrennen *nt*; ~**-off** *n* CER & GLAS Absprengen *nt*; ~**-off and edge-melting machine** *n BrE (cf remelting machine AmE)* CER & GLAS Abspreng- und Kantenschmelzmaschine *f*, Umschmelzmaschine *f*

burnish[1] *n* METALL Glanz *m*

burnish[2] *vt* CER & GLAS polieren, COATINGS hochglanzpolieren, METALL glätten, polieren

burnisher *n* CER & GLAS Polierstahl *m*, METALL Polierer *m*

burnishing *n* CER & GLAS Politur *f*, MECHAN ENG Glätten *nt*, MECHANICS Glättung *f*, Polierung *f*, METALL Glätten *nt*, Polieren *nt*; ~ **gold** *n* CER & GLAS Glanzgold *nt*; ~ **silver** *n* CER & GLAS Glanzsilber *nt*; ~ **tool** *n* MECHAN ENG Glättwerkzeug *nt*; ~ **tooth** *n* MECHAN ENG *of broach* Glättzahn *m*

burnout *n* NUC TECH Abbrand *m*, Ratenüberschreitung *f*, kritische Wärmestromdichte *f*, SPACE *spacecraft* Brennschluß *m*

burnt[1] *adj* METALL, THERMODYN verbrannt

burnt:[2] ~ **brick** *n* CONST gebrannter Ziegel *m*; ~ **clay** *n* CER & GLAS gebrannter Ton *m*; ~ **contact** *n* AUTO *ignition system* durchgebrannter Kontakt *m*; ~ **earthenware** *n* CER & GLAS gebranntes Steingut *nt*; ~**-in time code** *n* TELEV eingebrannter Zeitcode *m*; ~ **iron** *n* METALL gebranntes Eisen *nt*; ~ **mold** *n AmE*, ~ **mould** *n BrE* CER & GLAS gebrannte Form *f*; ~ **valve** *n* AUTO *engine* eingebranntes Ventil *nt*

burr *n* MECHAN ENG *foundry* Gußnaht *f*, *rough edge* Grat *m*, *tool* Senker *m*, MECHANICS Grat *m*, Walzbart *m*, PROD ENG Gußnaht *f*; ~ **remover** *n* MECHAN ENG Entgratwerkzeug *nt*

burred *adj* MECH, MECHAN ENG, PROD ENG mit Grat

burring: ~ **reamer** *n* MECHAN ENG Rohrfräser *m*

Burrus: ~ **diode** *n* OPT, TELECOM Burrus-Diode *f*

burst[1] *adj* TELEV Burst- *pref*

burst[2] *n* COMP & DP *errors* Fehlerhäufung *f*, ELECT *of pulses* Burst *m*, PAPER Bersten *nt*, TELECOM Burst *m*, Bündel *nt*, Farbsynchronsignal *nt*, TELEV Burst *m*, TEXT Bruch *m*, Riß *m*; ~ **amplifier** *n* ELECTRON Stoßverstärker *m*, TELEV Burstverstärker *m*; ~ **can** *n* NUC TECH geplatztes Brennelement *nt*; ~ **error-correcting capability** *n* TELECOM Fähigkeit zur Korrektur von Fehlerbursts *f*; ~ **gate** *n* TELEV Farbsynchrongatter *nt*; ~ **level** *n* ACOUSTICS Impulspegel *m*; ~**-locked oscillator** *n* TELEV Burstoszillator *m*; ~ **mode** *n* COMP & DP Stoßbetrieb *m*; ~ **phase** *n* TELEV Farbsynchronphase *f*; ~ **ratio** *n* PAPER Berstindex *m*; ~ **separator** *n* TELEV Farbsynchrontrennung *f*; ~ **slug** *n* NUC TECH geplatztes Brennelement *nt*

burst[3] *vt* CONST bersten, platzen, PAPER bersten

burst[4] *vi* COMP & DP impulsartig rauschen, MECHAN ENG platzen

burster *n* COMP & DP, MECH Trennautomat *m*

bursting[1] *adj* PACK, PAPER, PLAS, TEXT Berst- *pref*

bursting:[2] ~ **disc** *n BrE* MECHAN ENG Berstscheibe *f*, MECHANICS Berstscheibe *f*, Bruchplatte *f*, PROD ENG Sprengscheibe *f*; ~ **disk** *n AmE see bursting disc BrE* ~**-off** *n* CER & GLAS Abtrennen der Blaskappe *nt*; ~ **pressure** *n* CER & GLAS, PACK, PAPER, PROD ENG *plastic valves* Berstdruck *m*; ~ **strength** *n* PACK Berstfestigkeit *f*, Reißfestigkeit *f*, PAPER, PLAS, TEXT Berstfestigkeit *f*; ~**-strength tester** *n* PAPER Berstfestigkeitsprüfer *m*

bury: ~ **barge** *n* PET TECH Einspülschiff *nt*

bus *n* COMP & DP *BrE (cf trunk AmE)* Bus *m*, Multiplexleitung *f*, Vielfachleitung *f*, Übertragungsweg *m*, CONTROL Datenbus *m*, ELEC ENG Bus *m*, Hauptleitung *f*, Sammelschiene *f*, Stromschiene *f*, Verteilerschiene *f*, SPACE *spacecraft* Datenbus *m*; ~ **arbitrator** *n* TELECOM Buszuteiler *m*; ~ **bay** *n* TRANS Haltebucht *f*; ~ **board** *n* COMP & DP Busplatine *f*; ~ **collision** *n* COMP & DP Buskollision *f*; ~ **configuration** *n* TELECOM Buskonfiguration *f*; ~ **coupler switch** *n* ELECT Sammelleitungsschalter *m*; ~ **interface** *n* COMP & DP Busschnittstelle *f*; ~ **lane** *n* TRANS Busspur *f*; ~ **lane equipped with guiding device** *n* TRANS Busspur mit Leitsystem *f*; ~ **line** *n* ELECT Sammelleitung *f*, TRANS Buslinie *f*; ~ **master** *n* COMP & DP Bus-Master *m*; ~**-mouse adaptor** *n* COMP & DP Bus-Maus-Adapter *m*; ~ **network** *n* COMP & DP Busnetz *nt*, Busnetzwerk *nt*; ~ **with pressurized natural gas** *n* TRANS Naturgasbus *m*; ~ **on railroad tracks** *n AmE (cf bus on railway tracks BrE)* TRANS Bus auf Eisenbahngleisen *m*; ~ **on railroad wagon** *n AmE (cf bus on railway wagon BrE)* TRANS Bus auf Eisenbahnwaggon *m*; ~ **on railway tracks** *n BrE (cf bus on railroad tracks AmE)* TRANS Bus auf Eisenbahngleisen *m*; ~ **on railway wagon** *n BrE (cf bus on railroad wagon AmE)* TRANS Bus auf Eisenbahnwaggon *m*; ~ **slave** *n* COMP & DP untergeordnetes Bussystem *nt*; ~ **stopping lane** *n* TRANS Haltefahrstreifen für Busse *m*; ~ **terminator** *n* COMP & DP Busabschlußstecker *m*; ~ **topology** *n* COMP & DP Bustopologie *f*

busbar *n* COMP & DP Hauptverbindung *f*, Sammelschiene *f*, ELEC ENG Sammelschiene *f*, Stromschiene *f*, ELECT, MECHAN ENG Sammelschiene *f*, TELECOM *power engineering* Sammelschiene *f*, Stromschiene *f*; ~ **coupler** *n* ELECT Sammelschienenverbinder *m*; ~**-sectionalizing switch** *n* ELECT Sammelschienen-T rennschalter *m*; ~ **system** *n* ELECT Sammelschienensystem *nt*

bush[1] *n* MECHAN ENG Buchse *f*, Hülse *f*; ~ **chain** *n* MECHAN ENG Buchsenkette *f*; ~ **extractor** *n* MECHAN ENG Buchsenzieher *m*; ~ **metal** *n* MECHAN ENG Ausgußmetall *nt*; ~**-roller chain** *n* MECHAN ENG Rollenkette *f*

bush[2] *vt* MECHAN ENG, PROD ENG ausbuchsen, ausgießen

bushed: ~ **bearing** *n* MECHAN ENG ungeteiltes Lager *nt*; ~ **roller chain** *n* MECHAN ENG Hülsenkette *f*

bushel *n* FOOD TECH *BrE* britischer Bushel *m*, *AmE* amerikanischer Bushel *m*, METROL Bushel *m*

bushing *n* CER & GLAS Lochscheibe *f*, MECHAN ENG Büchse *f*, Lagerbüchse *f*, *act* Ausbüchsen *nt*, *mechanical component* Buchse *f*, *of bearing* Laufbüchse *f*, *of chain* Buchse *f*, Hülse *f*, MECHANICS Buchse *f*, Lagerbuchse *f*, RAIL Laufbuchse *f*; ~ **assembly** *n* CER & GLAS Ziehwanne *f*; ~ **blower** *n* CER & GLAS Ziehwannengebläse *nt*; ~ **metal** *n* MECHAN ENG Ausgußmetall *nt*

business *n* AIR TRANS Geschäft *nt*, ERGON Gewerbe *nt*, PAPER, PRINT Geschäft *nt*, TRANS Beruf *m*, WASTE Gewerbe *nt*; ~ **aircraft** *n* AIR TRANS Geschäftsflugzeug *nt*; ~ **communication system** *n* TELECOM Geschäftskommunikationssystem *nt*; ~ **services** *n pl* SPACE gewerbliche Funkdienste *m pl*; ~ **stationery** *n* PRINT Geschäftsdrucksachen *f pl*; ~ **system** *n* TELECOM Geschäftsnetz *nt*; ~ **traffic** *n* TRANS Berufsverkehr *m*

bustle:[1] ~ **pipe** *n* PROD ENG Windringleitung *f*

bustle:[2] ~**-joint** *vt* PROD ENG stumpf stoßen

busway: ~ **for rapid transit** *n* TRANS Schnellverkehrsbusspur *f*

busy[1] *adj* COMP & DP, TELECOM Besetzt- *pref*

busy:[2] ~ **hour** *n* TELECOM HVStd, Hauptverkehrsstunde *f*; ~ **hour call attempts** *n pl (BHCA)* TELECOM Anrufversuche zur Hauptverkehrsstunde *m pl*; ~ **line** *n AmE (cf engaged line BrE)* CONTROL besetzte Leitung *f*, besetzte Signalleitung *f*; ~ **number** *n AmE (cf engaged tone BrE)* TELECOM besetzte Rufnummer *f*; ~ **period** *n* TELECOM Hauptverkehrszeit *f*; ~ **signal** *n AmE (cf engaged signal BrE)* COMP & DP Besetztzeichen *nt*; ~ **state** *n* TELECOM Besetztzustand *m*; ~ **status** *n* TELECOM Besetztstatus *m*

butadiene *n* CHEMISTRY, PET TECH Butadien *nt*; ~ **acrylonitrile rubber** *n* PLAS Butadien-Acrylnitril-Kautschuk *m*; ~ **rubber** *n* PLAS Butadienkautschuk *m*; ~**-styrene copolymer** *n* PET TECH Butadien-Styrol-Copolymerisat *nt*

butane *n* PET TECH Butan *nt*; ~ **carrier** *n* PET TECH Butan-Tankwagen *m*, WATER TRANS Butangastanker *m*; ~ **gas tanker** *n* WATER TRANS *type of ship* Butangastanker *m*; ~ **tanker** *n* PET TECH Butan-Tanker *m*, Butan-Tankschiff *nt*

butanedione *n* CHEMISTRY Butandion *nt*

butenyl *adj* CHEMISTRY Crotyl *nt*

Butler: ~ **oscillator** *n* RAD TECH Butler-Oszillator *m*

butt[1] *n* CONST Stoß *m*, stumpfes Ende *nt*, PROD ENG Endstück *nt*, WATER TRANS *shipbuilding* Verbindungsstoß *m*; ~ **contact** *n* ELECT Parallelleitung *f*, Überbrückung *f*; ~ **coupling** *n* MECHAN ENG Muffenkupplung *f*; ~ **end** *n* CONST Stirnfläche *f*; ~ **fusion jointing** *n* PROD ENG *plastic valves* Stumpfschweißen *nt*; ~ **hinge** *n* CONST Scharnierband *nt*; ~ **joint** *n* CONST Stoßfuge *f*, Stumpfstoß *m*, MECHAN ENG stumpfer Stoß *m*, PROD ENG Laschenverbindung *f*; ~ **plate** *n* MECHANICS Kolbenplatte *f*, Stoßplatte *f*; ~ **seam** *n* MECHAN ENG *welding* Stumpfnaht *f*; ~ **strap** *n* MECHAN ENG Stoßlasche *f*; ~**-strap riveting** *n* MECHAN ENG Laschennietung *f*; ~ **welding** *n* CONST, MECHAN ENG Stumpfschweißen *nt*, MECHANICS Stoßschweißen *nt*, Stumpfschweißen *nt*, METALL Stumpfschweißen *nt*

butt:[2] ~**-joint** *vt* CONST stumpfstoßen

Butten: ~ **furnace** *n* CER & GLAS Büttenofen *m*

butterfly *n* AUTO Regelklappe *f*; ~ **cock** *n* FUELLESS Flügelhahn *m*; ~ **damper** *n* HEAT & REFRIG Absperrklappe *f*, Drosselklappe *f*; ~ **nut** *n* AUTO, CONST, MECHAN ENG Flügelmutter *f*; ~ **screw** *n* CONST, MECHAN ENG, PROD ENG Flügelschraube *f*; ~ **throttle-valve** *n* HYD EQUIP Drosselklappenventil *nt*; ~ **valve** *n* FUELLESS Flügelhahn *m*, HYD EQUIP Drosselventil *nt*, Klappenventil *nt*, MECHAN ENG Drosselventil *nt*, Drosselklappe *f*, PROD ENG *plastic valves* Absperrklappe *f*

Butterworth: **~ filter** *n* ELECTRON Butterworth-Filter *nt*

buttock *n* WATER TRANS *shipbuilding* Längsschnittlinie *f*; **~ lines** *n pl* WATER TRANS *ship design* Sentenriß *m*

button:[1] **~-shaped** *adj* CONTROL, ELEC ENG, ELECT, TELECOM knopfförmig

button[2] *n* COMP & DP Taste *f*, CONTROL Druckknopf *m*, Tastenknopf *m*, ELEC ENG Druckknopf *m*, *push-button of an electric bell or switch* Knopf *m*, ELECT *electrical contact* Halbrundkopf *m*, METALL Pfannenbär *m*, *defect* Warze *f*, PROD ENG Glättzahn *m*, TELECOM Druckknopf *m*, Kapsel *f*, Taste *f*; **~-head bolt** *n* CONST Rundkopfbolzen *m*; **~-headed rivet** *n* PROD ENG Halbrundniet *m*; **~-headed screw** *n* *AmE* MECHAN ENG Halbrundkopfschraube *f*, Halbrundschraube *f*; **~ rope** *n* TRANS *cableway* Knotenseil *nt*

buttress[1] *n* CONST Strebepfeiler *m*, Stützpfeiler *m*; **~ dam** *n* CONST Pfeilerstaumauer *f*; **~ screwthread** *n* MECHAN ENG Sägengewinde *nt*, Sägezahngewinde *nt*, PROD ENG Sägengewinde *nt*; **~ thread** *n* CONST Sägezahngewinde *nt*, PROD ENG Sägengewinde *nt*

buttress[2] *vt* CONST, MECH, PROD ENG aussteifen, stützen

butyl *n* FOOD TECH, PLAS Butyl- *pref*; **~ acetate** *n* PLAS *solvent* Butylacetat *nt*; **~ ether** *n* FOOD TECH Butylether *m*; **~ phthalate** *n* PLAS *plasticizer* Butylphthalat *nt*; **~ rubber** *n* PLAS, PROD ENG *plastic valves* Butylkautschuk *m*

butylated[1] *adj* FOOD TECH, PLAS Butyl- *pref*

butylated:[2] **~ hydroxyanisole** *n* *(BHA)* FOOD TECH Butylhydroxyanisol *nt* *(BHA)*; **~ hydroxytoluene** *n* *(BHT)* FOOD TECH BHT, Butylhydroxytoluol *nt*, Butylkresol *nt*

butyrate *n* CHEMISTRY Butyrat *nt*

butyric[1] *adj* CHEMISTRY Butter- *pref*, Buttersäure *f*

butyric:[2] **~ acid** *n* FOOD TECH Buttersäure *f*

butyrin *n* CHEMISTRY Butyrin *nt*

buzz *n* AIR TRANS Vibrationsgeräusch *nt*; **~ track** *n* RECORD *tape* Geräuschspur *f*

buzzer *n* ELEC ENG, ELECT, TELECOM, TRANS Summer *m*

BW *abbr (bandwidth)* COMP & DP, ELECTRON, OPT, RAD TECH BW *(Bandbreite)*, RECORD BW *(Bandweite)*, TELECOM, TELEV BW *(Bandbreite)*

BWA *abbr (backward-wave amplifier)* ELECTRON Rückwärtswellenverstärker *m*

BWG *abbr (Birmingham Wire Gauge)* PROD ENG Schraubzwinge *f*

BWO *abbr (backward-wave oscillator)* ELECTRON, PHYS, TELECOM RWO *(Rückwärtswellenoszillator)*

BWR *abbr (boiling water reactor)* NUC TECH, PHYS SWR *(Siedewasserreaktor)*

BWT *abbr (backward-wave tube)* ELECTRON Rückwärtswellenoszillatorröhre *f*

B-Y: **~ axis** *n* TELEV B-Y Achse *f*; **~ signal** *n* TELEV B-Y Signal *nt*

bypass[1] *n* COAL TECH Umfahrungsstrecke *f*, CONST Umfahrung *f*, Umgehung *f*, Umgehungsstraße *f*, Umleitung *f*, *road* Umleitung *f*, HYD EQUIP Bypass *m*, Umgehung *f*, Umgehungsleitung *f*, MECHAN ENG Umgehungsleitung *f*, PET TECH Bypass *m*, Umgangsleitung *f*, TRANS *road* Umleitung *f*; **~ air** *n* SPACE Nebenstromluft *f*; **~ anode** *n* ELEC ENG Nebenweganode *f*; **~ bore** *n* AUTO Bypass-Bohrung *f*, Übergangsbohrung *f*; **~ capacitor** *n* INSTR Nebenschlußkondensator *m*, Parallelkondensator *m*, Überbrückungskondensator *m*, PHYS Parallelkondensator *m*, Überbrückungskondensator *m*; **~ engine** *n* AIR TRANS Bypass-Triebwerk *nt*, Mantelstromstrahltriebwerk *nt*, Zweistromtriebwerk *nt*, THERMODYN Bypass-Triebwerk *nt*, Zweikreis-TL-Triebwerk *nt*; **~ filter** *n* MECHAN ENG Bypass-Filter *nt*; **~ line** *n* RAIL Entlastungsstrecke *f*; **~ oil cleaner** *n* AUTO Nebenstromölfilter *nt*; **~ ratio** *n* AIR TRANS *turbojet or turbofan* Bypass-Verhältnis *nt*; **~ road** *n* TRANS Umgehungsstraße *f*; **~ switch** *n* ELECT Bypass-Schalter *m*, Überbrückungsschalter *m*; **~ valve** *n* LAB EQUIP Umführungsventil *nt*, MECHAN ENG Umgehungsventil *nt*

bypass[2] *vt* AUTO, CONTROL, ELECT, INSTR umgehen, umleiten, PHYS überbrücken

bypassable: **~ traffic** *n* TRANS Durchgangsverkehr *m*

bypassing *n* AUTO, ELECT, INSTR, PHYS, RAD TECH Überbrückung *f*

by-product *n* COAL TECH Nebenprodukt *nt*, MECHAN ENG Abfallprodukt *nt*, Nebenprodukt *nt*, PET TECH, POLL Nebenprodukt *nt*; **~ recovery** *n* WASTE Koppelproduktverwertung *f*

byroad *n* CONST Nebenstraße *f*, Seitenstraße *f*

byte:[1] **~-by-byte** *adj* TELECOM byteweise

byte[2] *n* COMP & DP Bitgruppe *f*, Byte *nt*; **~ machine** *n* COMP & DP Rechner mit variabler Wortlänge *m*; **~ switch** *n* TELECOM Byte-Umschalter *m*

byway *n* CONST Nebenstraße *f*, Seitenstraße *f*

C

c *abbr* COAL TECH *(concentration)*, ELECT *(concentration)*, ELECTRON *(concentration)* c *(Konzentration)*, HYD EQUIP *(wave celerity)* c *(Wellenausbreitungsgeschwindigkeit)*, METROL *(velocity of light)* c *(Lichtgeschwindigkeit)*, METROL *(centi)* c *(Zenti-)*, OPT *(speed of light in empty space)* c *(Lichtgeschwindigkeit)*, PHYS *(speed of sound)* c *(Schallgeschwindigkeit)*, PHYS *(specific heat capacity)* c *(spezifische Wärme)*, PLAS *(concentration)*, POLL *(concentration)*, TELECOM *(concentration)* c *(Konzentration)*, THERMODYN *(specific heat capacity)* c *(spezifische Wärmekapazität)*

C[1] *abbr* CONST *(capacitance, capacity)* C *(Kapazität)*, ELEC ENG *(coulomb)* C *(Coulomb)*, ELEC ENG *(capacitance, capacity)* C *(Kapazität)*, ELECT *(coulomb)* C *(Coulomb)*, ELECT *(capacitance, capacity)* C *(Kapazität)*, FUELLESS *(discharge coefficient)* C *(Schüttkoeffizient)*, HEAT & REFRIG *(capacitance, capacity)* C *(Kapazität)*, HYD EQUIP *(discharge coefficient)* C *(Ausflußkoeffizient)*, HYD EQUIP *(Cauchy coefficient)* C *(Cauchysche Zahl)*, HYD EQUIP *(Chezy coefficient)* C *(Chezy-Koeffizient)*, METROL *(centigrade)* C *(Celsius)*,METROL *(coulomb)* C *(Coulomb)*, PET TECH *(capacitance, capacity)* C *(Kapazität)*, PHYS *(coulomb)* C *(Coulomb)*, PHYS *(capacitance, capacity)*, RAD TECH *(capacitance)*, RAD TECH *(capacity)*, TELECOM *(capacitance, capacity)* C *(Kapazität)*

C:[2] ~ **format videotape recorder** *n* TELEV C-Format-Videorecorder *m*; ~ **spring** *n* MECHAN ENG C-Feder *f*

C[3] *(carbon)* CHEMISTRY C *(Kohlenstoff)*

Ca *(calcium)* CHEMISTRY, FOOD TECH Ca *(Calcium)*

CA *abbr* HEAT & REFRIG, PACK *(controlled atmosphere)* *CA (kontrollierte Atmosphäre)* PLAS *(acetate, cellulose acetate)*, TEXT *(cellulose acetate)* CA *(Celluloseacetat)*

cab *n* AUTO Kraftdroschke *f*, *body* Fahrerhaus *nt*, Führerstand *m*, RAIL Fahrerhaus *nt*, Führerstand *m*; ~ **over engine** *n* AUTO *body* Frontlenker *m*; ~ **signaling** *n AmE*, ~ **signalling** *n BrE* RAIL Führerstandssignal *nt*

cabal: ~ **glass** *n* CER & GLAS Cabalglas *nt*

cabin *n* CONST Kranführerhaus *nt*, SPACE Druckkabine *f*, WATER TRANS Kabine *f*, Kajüte *f*; ~ **altimeter** *n* AIR TRANS Kabinenhöhenmesser *m*; ~ **altitude** *n* AIR TRANS Kabinenhöhe *f*; ~ **conveyer** *n* AIR TRANS Kabinenförderband *nt*; ~ **cruiser** *n* WATER TRANS Kabinenkreuzer *m*; ~ **headroom** *n* WATER TRANS *shipbuilding* Kabinenstehhöhe *f*; ~ **pressure** *n* AIR TRANS, SPACE Kabinendruck *m*; ~ **pulley cradle** *n* TRANS Kabinenschwebekorb *m*; ~ **roof** *n* WATER TRANS *shipbuilding* Kajütenaufbau *m*; ~ **sole** *n* WATER TRANS *shipbuilding* Kajütsboden *m*; ~ **system on rail** *n* RAIL Schienenkabinensystem *nt*; ~-**type moving pavement** *n BrE (cf cabin-type moving sidewalk AmE)* AIR TRANS Kabinenbandrollsteig *m*; ~-**type moving sidewalk** *n AmE (cf cabin-type moving pavement BrE)* AIR TRANS Kabinenbandrollsteig *m*

cabinet *n* PLAS Kammer *f*, TELECOM Gehäuse *nt*; ~ **loudspeaker** *n* RECORD Einbaulautsprecher *m*; ~-**maker** *n* CONST Möbelschreiner *m*; ~-**making** *n* CONST Kunsttischlerei *f*, Möbeltischlerei *f*; ~ **projection** *n* ENG DRAW Kabinettprojektion *f*; ~ **radiation** *n* TELECOM Gehäuseabstrahlung *f*

cable:[1] ~-**laid** *adj* WATER TRANS *ropes* kabelgeschlagen

cable[2] *n* AUTO Kabel *nt*, Leitung *f*, COMP & DP Kabel *nt*, ELEC ENG, ELECT Kabel *nt*, Leitung *f*, MECHAN ENG, MECHANICS, PACK, PLAS, PROD ENG, RAD TECH, RECORD,TELECOM, TELEV, TRANS Kabel *nt*, WATER TRANS Ankerkette *f*, Trosse *f*, Kabel *nt*, Kabellänge *f*, *communication* Überseetelegramm *nt*; ~ **armoring** *n AmE*, ~ **armouring** *n BrE* PROD ENG Kabelbewehrung *f*; ~ **assembly** *n* OPT Kabel *nt*,TELECOM Kabelmontage *f*; ~ **box** *n* ELEC ENG Kabelkasten *m*, ELECT Kabeldose *f*, Kabelendverschluß *m*; ~ **bundle** *n* ELEC ENG, ELECT Kabelbündel *nt*; ~ **chain** *n* WATER TRANS *mooring* Ankerkette *f*, Kabelkette *f*; ~ **clamp** *n* ELEC ENG Kabelklemme *f*, Kabelschelle *f*, ELECT Kabelschelle *f*, MECHANICS Kabelklemme *f*; ~ **clinch** *n* WATER TRANS *mooring* Ankerstich *m*; ~ **clip** *n* AUTO *electrical* Kabelklemme *f*, ELEC ENG Kabelschelle *f*, ELECT Kabelklemme *f*, Kabelschelle *f*;~ **communication** *n* TELECOM Kabelverbindung *f*; ~ **compensation circuits** *n pl* TELEV Leitungskompensation *f*; ~ **conduit** *n* ELEC ENG Kabelführung *f*, Kabelkanal *m*, Kabelschutzrohr *nt*; ~ **connection** *n* PROD ENG *plastic valves* Kabelverschraubung *f*; ~ **connector** *n* ELEC ENG Kabelverbinder *m*, Leitungsverbinder *m*, ELECT Kabelverbinder *m*; ~ **conveyor** *n* PAPER Bandförderer mit Zugseil *m*; ~**core** *n* ELEC ENG Kabelader *f*, Kabelseele *f*, PLAS Kabelseele *f*; ~ **coupling** *n* ELEC ENG Kabelverbindung *f*; ~ **covering** *n* ELEC ENG, ELECT Kabelisolierung *f*, PLAS Kabelummantelung *f*; ~ **cutter** *n* SPACE Kabelmesser *nt*, Seitenschneider *m*; ~ **defect** *n* ELEC ENG Kabeldefekt *m*; ~ **detector** *n* ELECT Kabelortungsgerät *nt*, Kabelsuchgerät *nt*; ~ **distribution point** *n* ELEC ENG Kabelverzweigung *f*, Kabelverzweigungspunkt *m*; ~ **distributor** *n* ELEC ENG Kabelverzweiger *m*; ~ **drilling** *n* COAL TECH Seilschlagbohren *nt*; ~ **drilling bit** *n* PET TECH Schlagmeißel *m*; ~ **drum** *n* CONST, ELEC ENG, ELECT, PACK Kabeltrommel *f*; ~ **duct** *n* ELEC ENG Kabelführung *f*, Kabelkanal *m*; ~ **end** *n* ELEC ENG Kabelstumpf *m*; ~ **end piece** *n* ELECT Kabelendstück *nt*; ~ **entry** *n* HEAT & REFRIG Kabeleinführung *f*; ~ **fault detector** *n* ELECT Kabelfehlernachweisgerät *nt*; ~ **ferry** *n* WATER TRANS Seilfähre *f*; ~ **fitting** *n* ELEC ENG Kabelarmatur *f*, Kabelmuffe *f*, Kabelverbinder *m*, ELECT Kabelverbinder *m*; ~ **form** *n* ELEC ENG ausgeformtes Kabelende *nt*; ~ **gage** *n AmE*, ~ **gauge** *n BrE* ELEC ENG Kabellehre *f*; ~ **grease** *n* ELEC ENG Kabelfett *nt*; ~ **guide** *n* AUTO *electrical* Kabelführung *f*; ~ **harness** *n* ELEC ENG Kabelbaum *m*; ~ **head** *n* ELEC ENG Kabelabschluß *m*, Kabelkopf *m*; ~ **insulation** *n* ELEC ENG, ELECT Kabelisolierung *f*; ~ **insulator** *n* ELEC ENG Kabelisolator *m*, Kabelisolierer *m*; ~ **isolator** *n* ELEC ENG Kabelisolator *m*, Kabelisolierer *m*; ~ **joint** *n* ELECT Kabelspleißung *f*,

TELECOM Kabelspleißung *f*, Kabelverbindung *f*, Verbindungsmuffe *f*; ~ **joint box** *n* CONST, ELEC ENG, ELECT Kabelmuffe *f*; ~ **jointer** *n* TELECOM Kabellöter *m*; ~**junction** *n* ELEC ENG Kabelverteiler *m*, Kabelverteilpunkt *m*; ~ **junction box** *n* ELECT Kabelabzweigdose *f*, Kabelabzweigkasten *m*; ~ **laying** *n* ELEC ENG, ELECT, TELECOM Kabelverlegung *f*; ~ **length** *n* WATER TRANS Kabellänge *f*; ~ **link** *n* TELEV Kabelverbindung *f*; ~ **locator** *n* ELECT Kabelortungsgerät *nt*; ~ **locker** *n* WATER TRANS *mooring* Kettenkasten *m*; ~ **loss** *n* ELEC ENG Kabeldämpfung *f*; ~ **lug** *n* ELEC ENG Kabelklemme *f*, Kabelschuh *m*, Kabelöse *f*; ~ **manhole** *n* ELECT Kabeleinstieg *m*, TELECOM Kabelschacht *m*; ~ **network** *n* ELEC ENG, TELEV Kabelnetz *nt*; ~ **pair** *n* COMP & DP Kabelpaar *nt*, ELEC ENG Kabeladernpaar *nt*; ~ **plug** *n* PROD ENG *plastic valves* Kabelkopf *m*; ~ **pull box** *n* ELECT Kabeleinziehvorrichtung *f*; ~rack *n* ELEC ENG Kabelgestell *nt*, Kabelrost *m*; ~ **railroad** *n AmE (cf cable railway BrE)* TRANS Drahtseilbahn *f*, Kabelbahn *f*, Seilbahn *f*, *funicular* Standseilbahn *f*; ~ **railway** *n BrE (cf cable railroad AmE)* TRANS Drahtseilbahn *f*, Kabelbahn *f*, Seilbahn *f*, *funicular* Standseilbahn *f*; ~ **reel** *n* PACK Seiltrommel *f*; ~ **release** *n* PHOTO Drahtauslöser *m*; ~ **release socket** *n* PHOTO Drahtauslösernippel *m*; ~ **repeater** *n* ELEC ENG Kabelrepeater *m*, Kabelverstärker *m*; ~ **road** *n* TRANS Drahtseilbahn *f*; ~ **run** *n* ELECT Kabellauf *m*, Kabelweg *m*; ~ **screen** *n* ELECT Kabelschirm *m*; ~ **section** *n* ELEC ENG Kabelabschnitt *m*, Kabelstück *nt*; ~ **shaft** *n* ELEC ENG Kabelschacht *m*; ~ **sheath** *n* ELEC ENG Kabelmantel *m*; ~ **sheathing** *n* PLAS Kabelummantelung *f*; ~ **ship** *n* AUTO Kabelleger *m*, TELECOM Kabellegeschiff *nt*; ~ **splicing** *n* ELECT Kabelspleißung *f*; ~ **stayed bridge** *n* CONST Hängebrücke *f*; ~ **support** *n* AUTO Kabelaufhängung *f*, Kabelhalterung *f*, ELEC ENG Kabelaufhängung *f*; ~ **support rack** *n* ELECT, TELECOM Kabelendgestell *nt*; ~ **suspension wire** *n* ELEC ENG Kabelaufhängungsdraht *m*; ~ **television** *n* TELEV Kabelfernsehen *nt*; ~ **television interference** *n (CATVI)* RAD TECH Kabelfernsehstörung *f*, störende Beeinflussung des Kabelfernsehdienstes *f (CATVI)*; ~ **television network** *n* TELECOM, TELEV Kabelfernsehnetz *nt*; ~ **television system** *n* TELECOM Kabelfernsehanlage *f*; ~ **tensioner** *n* ELEC ENG Kabelspanner *m*; ~ **termination** *n* ELECT Kabelabschluß *m*; ~ **transmission** *n* TELEV Kabelsendung *f*; ~trench *n* ELEC ENG, ELECT Kabelgraben *m*; ~ **trough** *n* ELEC ENG, ELECT Kabelgraben *m*; ~ **TV** *n* TELEV Kabelfernsehen *nt*; ~ **weight** *n* AIR TRANS Gewicht des Seils *nt*; ~ **winch** *n* ELEC ENG Kabelwinde *f*, Seilwinde *f*, MECHAN ENG, TRANS Seilwinde *f*

cablecast *n* TELEV Kabelfunk *m*

cabled: ~ **home** *n* TELEV verkabelter Haushalt *m*; ~ **network** *n* ELEC ENG, TELEV Kabelnetz *nt*

cablegram *n* ELEC ENG Depesche *f*, Drahtnachricht *f*, Kabelnachricht *f*, Telegramm *nt*

cableway *n* TRANS Kabelkran *m*, Schwebebahn *f*, Seilbahn *f*, Seilförderanlage *f*

cabling *n* ELEC ENG Kabellegung *f*, Verkabelung *f*, ELECT Verkabelung *f*, PROD ENG Verseilen *nt*, TELECOM Verkabelung *f*

caboose *n AmE (cf guard's van BrE)* RAIL Schlußpackwagen *m*

cabotage *n* WATER TRANS Küstenschiffahrt *f*

cabriolet *n* AUTO Cabrio *nt*, Sportwagen mit offenem Verdeck *m*

cache *n* COMP & DP Cache *m*; ~ **memory** *n* COMP & DP Cache-Speicher *m*, schneller Pufferspeicher *m*

Cachia: ~ **attenuator** *n* RAD TECH Cachia-Dämpfungsschaltung *f*

CAD *abbr (computer-aided design)* COMP & DP CAD *(computergestützter Entwurf)*, CONTROL, ELECT, MECHANICS CAD *(computergestützte Konstruktion)*, TELECOM CAD *(computergestützter Entwurf)*, TRANS CAD *(computergestützte Konstruktion)*

cadastral: ~ **survey** *n* CONST Katasteraufnahme *f*

cadaverin *n* CHEMISTRY Cadaverin *nt*

CADCAM *abbr (computer-aided design and manufacturing)* COMP & DP CADCAM *(computergestützte Konstruktion und Anfertigung)*

cadmia *n* METALL Ofenbruch *m*

cadmium:[1] ~-**plated** *adj* MECHANICS kadmium-beschichtet

cadmium[2] *n (Cd)* CHEMISTRY Kadmium *nt (Cd)*; ~ **cell** *n* ELECT Kadmiumzelle *f*, Kadmiumbatterie *f*, PROD ENG Kadmiumelement *nt*; ~ **plating** *n* METALL Kadmieren *nt*; ~ **sulfide cell** *n AmE*, ~ **sulphide cell** *n BrE* ELECT Kadmiumsulfidzelle *f*

caesium *n BrE (Cs)* CHEMISTRY Cäsium *nt*, Zäsium *nt*; ~-**beam resonator** *n BrE* ELECTRON Zäsiumstrahlresonator *m*; ~ **cathode** *n BrE* ELEC ENG Zäsiumkathode *f*; ~ **clock** *n BrE* SPACE *communications* Zäsiumuhr *f*; ~-**doped glass** *n BrE* SPACE *spacecraft* zäsiumdotiertes Glas *nt*; ~ **phototube** *n BrE* ELECTRON Zäsiumfotoröhre *f*

cage *n* ELEC ENG, ELECT Käfig *m*, MECHAN ENG *of roller bearing* Gehäuse *nt*, Käfig *m*, PROD ENG Läppkäfig *m*; ~ **armature** *n* ELECT *generator, motor* Käfigläufer *m*; ~ **relay** *n* ELEC ENG Käfigrelais *nt*; ~ **rotor** *n* ELEC ENG Käfiganker *m*, Käfigläufer *m*

CAI *abbr (computer-aided instruction, computer-assisted instruction)* COMP & DP CAL *(computergestützter Unterricht)*

caisson *n* CONST Kassette *f*, Kasten *m*, Senkschacht *m*, MECHAN ENG, WATER SUP Senkkasten *m*, WATER TRANS Caisson *m*, Munitionskasten *m*, Torschiff *nt*; ~ **disease** *n* WATER TRANS Caissonkrankheit *f*

cake:[1] ~-**dyed** *adj* TEXT spinnkuchengefärbt

cake[2] *n* CER & GLAS *manufacture*, TEXT Spinnkuchen *m*; ~ **of carbide** *n* PROD ENG brikettiertes Karbid *nt*

cake[3] *vt* CHEM ENG festbacken, sintern

cake[4] *vi* FOOD TECH klumpen, zusammenbacken

caking[1] *adj* COAL TECH backend

caking[2] *n* FOOD TECH Klumpen *nt*, Zusammenbacken *nt*, PLAS Zusammenbacken *nt*, PROD ENG Backen *nt*, Sinterung *f*; ~ **coal** *n* COAL TECH backende Kohle *f*

cal *abbr (calorie)* ERGON, FOOD TECH, METROL Kalorie *f*

CAL *abbr (computer-aided learning, computer-assisted learning)* COMP & DP CAL *(computergestütztes Lernen)*

calabarine *n* CHEMISTRY Calabarin *nt*

calandria *n* NUC TECH Kalandria *f*, Kalandriagefäß *nt*; ~ **tube** *n* NUC TECH Trennrohr *nt*

calciferol *n* CHEMISTRY Calciferol *nt*

calcification *n* METALL Verkalkung *f*

calcified *adj* METALL verkalkt

calcify *vt* CHEMISTRY calcifizieren

calcinate *vt* PROD ENG kalzinieren

calcination *n* COAL TECH Brennen *nt*, METALL Kalzinieren *nt*, PROD ENG Rösten *nt*, WASTE Kalzinierung *f*

calcine *vt* CHEMISTRY calcinieren, COAL TECH kalzi-

nieren, PROD ENG rösten
calcined[1] *adj* METALL kalziniert
calcined:[2] ~ **magnesia** *n* PLAS Magnesiumoxid *nt*
calciner *n* PROD ENG Röstofen *m*
calcining: ~ **kiln** *n* COAL TECH Kalzinierofen *m*
calcium *n (Ca)* CHEMISTRY, FOOD TECH Calcium *nt (Ca)*; ~ **acetylide** *n* CHEMISTRY Calciumacetylid *nt*, Calciumcarbid *nt*; ~ **carbide** *n* CHEMISTRY Calciumacetylid *nt*, Calciumcarbid *nt*, Calciumcyanamid *nt*; ~ **carbonate** *n* FOOD TECH Calciumcarbonat *nt*, Kalkstein *m*, kohlensaures Calcium *nt*; ~ **chloride** *n* CHEMISTRY, FOOD TECH Calciumchlorid *nt*; ~ **cyanamide** *n* CHEMISTRY Calciumcyanamid *nt*; ~ **hydroxide** *n* CHEMISTRY, FOOD TECH Calciumhydroxid *nt*; ~ **naphthenate** *n* PLAS *paints, polyesters* Calciumnaphthenat *nt*; ~ **pantothenate** *n* FOOD TECH Calciumpantothenat *nt*; ~ **phosphate** *n* FOOD TECH Calciumphosphat *nt*; ~ **sulfate** *n AmE*, ~ **sulphate** *n BrE* FOOD TECH Anhydrit *nt*, Calciumsulfat *nt*
calculable: ~ **capacitor** *n* PHYS berechenbarer Kondensator *m*
calculate *vt* MATH ausrechnen, berechnen
calculating: ~ **machine** *n* COMP & DP Rechenmaschine *f*
calculation *n* MATH Berechnung *f*, Kalkulation *f*
calculator *n* COMP & DP Taschenrechner *m*, ELECTRON Rechner *m*
calculus *n* MATH Analysis *f*, Infinitesimalrechnung *f*
calefaction *n* CHEMISTRY Erhitzung *f*
calender[1] *n* PAPER, PLAS Kalander *m*, TEXT Kalander *m*, Mangel *m*; ~ **roll** *n* PAPER Kalanderwalze *f*; ~ **stack** *n* PAPER Kalanderwalzensatz *m*; ~ **water box** *n* PAPER Kalanderwasserkasten *m*
calender[2] *vt* PLAS kalandrieren
calendered: ~ **film** *n* PLAS Kalanderfolie *f*
calendering *n* PAPER, PLAS Kalandrieren *nt*
caliber *n AmE see calibre BrE*
calibrate *vt* ELECT eichen, kalibrieren, INSTR kalibrieren, LAB EQUIP eichen, kalibrieren, MECHAN ENG *spring*, PAPER kalibrieren, PHYS, RAD PHYS eichen
calibrated[1] *adj* MECHAN ENG kalibriert
calibrated:[2] ~ **airspeed** *n* AIR TRANS berichtigte angezeigte Eigengeschwindigkeit *f*, nicht amtlich geeichte Eigengeschwindigkeit *f*; ~ **orifice** *n* PROD ENG Meßblende *f*; ~ **spacer** *n* MECHAN ENG geeichte Unterlegscheibe *f*; ~ **watershed** *n* POLL geeichtes Wasserrückhaltebecken *nt*
calibrating: ~ **transformer** *n* NUC TECH Eichtrafo *m*, Eichtransformator *m*
calibration *n* AIR TRANS Eichung *f*, Tarieren *nt*, Kalibrierung *f*, COAL TECH Eichung *f*, COMP & DP Eichung *f*, Gradeinteilung *f*, Kalibrierung *f*, ELECT *instrument* Eichung *f*, Kalibrierung *f*, ELECTRON *measuring device* Justierung *f*, Kalibrierung *f*, *not measuring device* Eichung *f*, LAB EQUIP Eichung *f*, Kalibrieren *nt*, MECHAN ENG *of spring* Kalibrierung *f*, METROL Eichung *f*, Einmessen *nt*, Kalibrieren *nt*, NUC TECH Eichung *f*, Kalibrierung *f*, PAPER, PET TECH Kalibrieren *nt*, PHYS Eichung *f*, Kalibrierung *f*, PROD ENG Eichung *f*, RAD PHYS Eichung *f*, Kalibrierung *f*, RECORD *of microphone* Eichung *f*, WAVE PHYS Kalibrierung *f*; ~ **equipment** *n* ELECTRON Kalibriereinrichtung *f*, INSTR Abgleicheinrichtung *f*, Eicheinrichtung *f*, Justiereinrichtung *f*, Kalibriereinrichtung *f*, Prüfeinrichtung *f*; ~ **flight** *n* AIR TRANS Eichflug *m*; ~ **flume** *n* WATER SUP Strömungskanal *m*; ~ **instrument** *n* INSTR Eichgerät *nt*, Eichinstrument *nt*, Prüfgerät *nt*, Prüfinstrument *nt*, MECH Eichinstrument *nt*; ~ **limit** *n* INSTR Eichfehlergrenze *f*; ~ **module** *n* AIR TRANS Kalibriermeßeinheit *f*, Kalibriermodul *nt*; ~ **pip** *n* ELECTRON *radar* Eichimpuls *m*; ~ **pressure** *n* AIR TRANS Kalibrierdruck *m*; ~ **ring** *n* WATER TRANS *radar* Abstandsring *m*, Entfernungsring *m*; ~ **service** *n* METROL Eichamt *nt*; ~ **set-up** *n* INSTR Eichanordnung *f*, Prüfanordnung *f*; ~ **signal** *n* ELECTRON *data communications* Eichsignal *nt*; ~ **standard** *n* QUAL Kalibriernormal *nt*; ~ **tag** *n* QUAL Kalibrierplakette *f*; ~ **test** *n* MECHAN ENG Eichversuch *m*; ~ **traceability** *n* IND PROCESS, QUAL Nachvollziehbarkeit der Kalibrierung *f*; ~ **value** *n* INSTR Eichwert *m*; ~ **weight** *n* LAB EQUIP Eichgewicht *nt*
calibrator *n* ELECTRON Kalibriereinrichtung *f*, HEAT & REFRIG Kalibrator *m*, INSTR Kalibriereinrichtung *f*, RAD TECH Eichgerät *nt*
calibre *n BrE* MECHAN ENG, PET TECH Kaliber *nt*; ~ **log** *n BrE* PET TECH Kaliberlog *nt*
California: ~ **Bearing Ratio** *n* CONST CBR-Wert *m*
californium *n (Cf)* CHEMISTRY Californium *nt (Cf)*
caliper[1] *n AmE see calliper BrE*
caliper[2] *vt AmE see calliper BrE*
calipering *n AmE see callipering BrE*
calipers *n pl AmE see callipers BrE*
call[1] *n* COMP & DP Aufruf *m*, TELECOM Anruf *m*, Gesprächsverbindung *f*, Ruf *m*, Telefongespräch *nt* ~ **acceptance signal** *n* TELECOM Rufannahmezeichen *nt*; ~-**accounting system** *n* TELECOM Gebührenabrechnungssystem *nt*; ~ **attempt** *n* TELECOM Anrufversuch *m*, Verbindungsversuch *m*; ~ **barring** *n* TELECOM Sperren von Anrufen *nt*; ~ **barring equipment** *n* TELECOM Anrufsperreinrichtung *f*; ~ **bell** *n* ELEC ENG Anrufglocke *f*; ~ **button** *n* ELEC ENG *electric bell* Anruftaste *f*; ~ **by name** *n* COMP & DP Namensaufruf *m*; ~ **by reference** *n* COMP & DP Referenzaufruf *m*; ~ **by value** *n* COMP & DP Wertaufruf *m*; ~ **charge** *n* TELECOM *telephone* Fernsprechgebühr *f*, Gebühr *f*, Gesprächsgebühr *f*; ~ **charge rate** *n* TELECOM Tarif für Telefondienst *m*; ~ **charges** *n pl* TELECOM Kosten *f pl*; ~-**charging equipment** *n* TELECOM Gebührenzähler *m*, Gesprächsgebührenzähler *m*; ~ **distributor** *n* TELECOM Anrufverteiler *m*; ~ **diversion** *n* TELECOM Anrufumleitung *f*; ~ **diverter** *n* TELECOM Anrufumleiter *m*; ~ **down** *n* CER & GLAS Abruf *m*; ~ **duration** *n* TELECOM Gesprächsdauer *f*, Verbindungsdauer *f*; ~ **flow** *n* TELECOM Verbindungsablauf *m*; ~ **for help** *n* SAFETY Hilferuf *m*; ~ **handling** *n* TELECOM Gesprächsabwicklung *f*, Rufabwicklung *f*, Verbindungsbearbeitung *f*; ~ **held** *n* TELECOM gehaltene Verbindung *f*; ~ **hold** *n* TELECOM Anrufwarteschleife *f*, Halten einer Verbindung *nt*; ~ **holding** *n* TELECOM Warteschlangenbetrieb *m*; ~-**identification** *n* TELECOM Rufkennung *f*; ~-**indicating device** *n* TELECOM Rufnummernanzeige *f*; ~-**in-progress cost information** *n* TELECOM Gebühreninformation im laufenden Gespräch *f*; ~ **instruction** *n* COMP & DP Aufrufbefehl *m*; ~ **interception** *n* TELECOM Fangen *nt*; ~ **logging** *n* TELECOM Gesprächsdatenerfassung *f*; ~ **metering** *n* TELECOM Gebührenerfassung *f*; ~ **origin** *n* TELECOM Verbindungsursprung *m*; **anywhere** ~ **pickup** *n* TELECOM *land mobile* netzweite Erreichbarkeit *f*; ~ **point** *n* QUAL rufpflichtiger Punkt *m*; ~ **portability** *n* TELECOM Rufportabilität *f*; ~ **processing** *n* TELECOM

Anrufverarbeitung *f*, Vermittlungsablauf *m*; ~ **queue** *n* TELECOM Anruf in Warteschleife *m*; ~ **queueing** *n* TELECOM Warteschlangenbetrieb *m*; ~ **queueing facility** *n* TELECOM Wartesystem *nt*; ~ **retrieval** *n* TELECOM *diverted call* Rückholen *nt*; ~ **sender** *n* TELECOM Nummerngeber *m*; ~ **sequence** *n* TELECOM Verbindungsablauf *m*; ~ **set-up** *n* TELECOM Verbindungsaufbau *m*; ~ **set-up delay** *n* TELECOM Verbindungsaufbauverzug *m*; ~ **set-up phase** *n* TELECOM Verbindungsaufbauphase *f*; ~ **set-up time** *n* TELECOM Verbindungsaufbaudauer *f*; ~ **sign** *n* RAD TECH, WATER TRANS Rufzeichen *nt*; ~ **store** *n* TELECOM Warteordner *m*; ~ **success rate** *n* TELECOM Anteil erfolgreich abgewickelter Anrufe *m*; ~ **trace** *n* TELECOM Fangen *nt*; ~ **transfer** *n* TELECOM Anrufweiterschaltung *f*, Gesprächsweiterverbindung *f*; ~ **waiting** *n* TELECOM Anklopf- *pref*; ~ **waiting indication** *n* TELECOM Anklopfanzeige *f*; ~ **waiting signal** *n* TELECOM Anklopfzeichen *nt*

call:[2] ~ **for help** *vi* SAFETY nach Hilfe rufen

called: ~ **number display** *n* TELECOM Anzeige der gerufenen Nummer *f*; ~ **party** *n* TELECOM gerufener Teilnehmer *m*; ~ **telephone** *n* TELECOM gerufener Fernsprecher *m*, gerufenes Telefon *nt*

caller *n* TELECOM Anrufer *m*, rufender Teilnehmer *m*

calling: ~ **channel** *n* TELECOM *land mobile* Rufkanal *m*; ~ **lamp** *n* TELECOM Ruflampe *f*; ~ **line** *n* TELECOM rufende Leitung *f*; ~ **line identification** *n (CLI)* TELECOM Identifizierung des rufenden Anschlusses *f*; ~ **line identification display** *n (CLID)* TELECOM Anzeige der rufenden Leitung *f*; ~ **line identification presentation** *n (CLIP)* TELECOM Anzeige der Nummer des rufenden Teilnehmers *f*; ~ **line identification rectification** *n (CLIR)* TELECOM Berichtigung der Anzeige der rufenden Nummer *f*; ~ **signal** *n* TELECOM Anrufsignal *nt*, Rufzeichen *nt*; ~ **telephone** *n* TELECOM rufender Fernsprecher *m*, rufendes Telefon *nt*

calliper[1] *n BrE* AUTO Bremssattel *m*, *brake* Bremssattel der Scheibenbremse *m*, MECHAN ENG, MECHANICS Tastlehre *f*, METROL Dickenmeßlehre *f*, Greifzirkel *m*, Meßlehre *f*, Meßschieber *m*, Taster *m*, PAPER Dicke *f*; ~ **compasses** *n pl BrE* MECHAN ENG Tastzirkel *m*, METROL Tasterzirkel *m*; ~ **gauge** *n BrE* MECHAN ENG Rachenlehre *f*, *female* Bohrungslehre *f*, METROL Gabellehre *f*, Rachenlehre *f*, verstellbares Strichmaß *nt*; ~ **square** *n BrE* MECHAN ENG Meßschieber *m*, *sliding* Schieblehre *f*, Schublehre *f*

calliper[2] *vt BrE* MECHAN ENG abgreifen, abtasten

callipering *n BrE* MECHAN ENG Abgreifen *nt*, Abtasten *nt*

callipers *n pl BrE* LAB EQUIP Mikrometerschraube *f*, Taster *m*, MECHAN ENG Tastzirkel *m*, Taster *m*

calm[1] *n* PROD ENG *kinematics* Keil *m*, Kurve *f*, WATER TRANS *weather* Flaute *f*, Windstille *f*; ~ **mechanism** *n* PROD ENG *kinematics* Kurvenmechanismus *m*; ~ **pin** *n* PROD ENG Exzenterstift *m*; ~ **throw** *n* PROD ENG *kinematics* Kurvenhub *m*

calm:[2] ~ **down** *vi* WATER TRANS *wind* abflauen

calomel *n* CHEMISTRY Kalomel *nt*, Quecksilber-Chlorid *nt*, ELECT Kalomel *nt*; ~ **electrode** *n* ELECT Kalomelelektrode *f*

caloric[1] *adj* THERMODYN Wärme- *pref*

caloric:[2] ~ **conductibility** *n* THERMODYN Wärmeleitung *f*, Wärmeleitfähigkeit *f*; ~ **content** *n* THERMODYN Wärmegehalt *m*; ~ **engine** *n* MECHAN ENG Heißluftmaschine *f*; ~ **expenditure** *n* FOOD TECH Kalorienverbrauch *m*; ~ **intake** *n* ERGON Kalorienzufuhr *f*; ~ **power** *n* THERMODYN Wärmeleistung *f*

calorie *n (cal)* ERGON, FOOD TECH *large*, METROL *small* Kalorie *f*

calorific[1] *adj* PHYS, THERMODYN kalorisch

calorific:[2] ~ **balance** *n* PHYS, THERMODYN Wärmehaushalt *m*; ~ **output** *n* PHYS, THERMODYN Heizleistung *f*, Wärmeausstoß *m*; ~ **power** *n* PHYS, THERMODYN Heizleistung *f*; ~ **value** *n* FOOD TECH Brennwert *m*, HEAT & REFRIG Heizwert *m*, PET TECH Wärmewert *m*, PHYS Brennwert *m*, Heizwert *m*, PROD ENG Heizwert *m*, THERMODYN Brennwert *m*, Heizwert *m*, Wärmewert *m*, WASTE Heizwert *m*

calorifier *n* HEAT & REFRIG Heizschlange *f*, Warmwasserboiler der Heizung *m*

calorimeter *n* HEAT & REFRIG Wärmemesser *m*, INSTR, LAB EQUIP Kalorimeter *nt*, MECHAN ENG Heizwertmesser *m*, Kalorimeter *nt*, PHYS, THERMODYN Kalorimeter *nt*

calorimetric[1] *adj* CHEMISTRY kalorimetrisch

calorimetric:[2] ~ **bomb** *n* LAB EQUIP *for heat measurement* Kalorimeterbombe *f*; ~ **meter** *n* HEAT & REFRIG Wärmemengenzähler *m*, Wärmeverbrauchszähler *m*; ~ **thermometer** *n* THERMODYN kalorimetrisches Thermometer *nt*

calorimetry *n* HEAT & REFRIG Wärmemessung *f*, PHYS, THERMODYN Kalorimetrie *f*

calorizing *n* PROD ENG Alitieren *nt*

calotte *n* PROD ENG Kugelkalotte *f*

cam:[1] ~**-lock** *adj* PROD ENG nockenverriegelt; ~**-operated** *adj* MECHAN ENG nockenbetätigt

cam[2] *n* AUTO Nocke *f*, Nocken *m*, MECHAN ENG Nocken *m*, MECHANICS, PROD ENG *plastic valves* Nocke *f*; ~ **action** *n* MECHAN ENG Nockenwirkung *f*; ~ **angle** *n* AUTO Nockenschließwinkel *m*; ~ **cleat** *n* WATER TRANS *fittings* Curryklemme *f*, Schotklemme *f*; ~ **contour** *n* AIR TRANS Kurvenform *f*, Nockenform *f*; ~ **control** *n* PROD ENG Kurvensteuerung *f*, Nockensteuerung *f*; ~ **copy miller** *n* MECHAN ENG Kurvenfräsmaschine *f*; ~ **follower** *n* AIR TRANS Nockenstößel *m*; ~ **and follower** *n* MECHAN ENG Nocken und Stößel *m*; ~ **follower** *n* MECHAN ENG Nockenstößel *m*, MECHANICS Nockenstößel *m*, Ventilstößel *m*, PROD ENG *kinematics* Kurvenstößel *m*, Nockenstößel *m*; ~ **following** *n* AUTO Nockenstößel *m*; ~ **gear** *n* PROD ENG Daumensteuerung *f*, Nockensteuerung *f*; ~ **grinder** *n* MECHAN ENG Nockenschleifmaschine *f*; ~ **lobe** *n* AIR TRANS Nockenscheibe *f*, AUTO Nockenerhebung *f*, Nockenvorsprung *m*, PROD ENG *kinematics* Nockenerhebung *f*; ~**-measuring equipment** *n* METROL Kurvenmeßgerät *nt*; ~ **mechanism** *n* MECHAN ENG Kurvengetriebe *nt*; ~**-milling attachment** *n* PROD ENG Kurvenfräseinrichtung *f*; ~**-milling machine** *n* MECHAN ENG Kurvenfräsmaschine *f*, PROD ENG Kurvenfräsmaschine *f*, Nockenfräsmaschine *f*; ~ **plate** *n* MECHAN ENG Kurvenscheibe *f*; ~ **profile** *n* AUTO Nokkenprofil *nt*, MECHAN ENG Nockenform *f*; ~ **roller** *n* MECHAN ENG Kurvenrolle *f*, Nockenstößel *m*; ~ **shape** *n* MECHANICS Nockenform *f*; ~ **switch** *n* ELECT Nokkenschalter *m*; ~ **turning** *n* MECHAN ENG Nockendrehen *nt*, Unrunddrehen *nt*; ~ **wheel** *n* MECHAN ENG Kurvenscheibe *f*

CAM *abbr* COMP & DP *(content-addressable memory)* CAM *(Assoziativspeicher)*, COMP & DP *(computer-aided manufacturing)* CAM *(computergestützte Fertigung)*, ELECT *(computer-aided manufacturing)*

CAM *(computergestützte Produktion)*

camber[1] *n* ACOUSTICS Krümmung *f*, Überhöhung *f*, AIR TRANS *runway* Krümmung *f*, AUTO *road* Neigungswinkel *m*, Sturz eines Rades *m*, CONST Aufwölbung *f*, Durchbiegung *f*, Quergefälle *nt*, Stich *m*, MECHAN ENG Balligkeit *f*, Wölbung *f*, PAPER Bombierung *f*, PROD ENG Wölbung *f*, WATER TRANS *shipbuilding* Balkenbucht *f*, Decksbucht *f*; ~ **angle** *n* AUTO Radsturzwinkel *m*, Sturzwinkel *m*; ~ **bar** *n* PAPER Bombierungsstange *f*

camber[2] *vt* CONST biegen, krümmen, PROD ENG wölben

camber[3] *vi* CONST sich wölben

cambered: ~ **deck** *n* WATER TRANS gewölbtes Deck *nt*; ~ **suction box** *n* PAPER bombierter Siebsauger *m*

camcorder *n* TELEV Camcorder *m*, Videokamera mit Bandaufzeichnung *f*

camel *n* WATER TRANS Hebeponton *m*

cameo *n* CER & GLAS Kamee *f*

camera *n* ELECTRON Kamera *f*, PHOTO Fotoapparat *m*, Kamera *f*, RAD TECH, TELEV Kamera *f*; ~ **body** *n* PHOTO Kameragehäuse *nt*; ~ **chain** *n* TELEV Kamerakette *f*; ~ **channel** *n* TELEV Kamerakanal *m*; ~ **with collapsible mount** *n* PHOTO Kamera mit versenkbarer Objektivfassung *f*; ~ **control unit** *n* TELEV Kamerasteuerung *f*; ~ **with coupled exposure meter** *n* PHOTO Kamera mit gekoppeltem Belichtungsmesser *f*; ~ **with coupled rangefinder** *n* PHOTO Kamera mit gekoppeltem Entfernungsmesser *f*; ~ **with detachable reflex viewfinder** *n* PHOTO Kamera mit abnehmbaren Mattscheibensucher *f*; ~ **with diaphragm shutter** *n* PHOTO Kamera mit Blendenverschluß *f*; ~ **extension** *n* PHOTO Kameraauszug *m*; ~ **front** *n* PHOTO Objektivträger *m*, Standarte *f*; ~ **housing** *n* PHOTO Kameragehäuse *nt*; ~ **with interchangeable lens** *n* PHOTO Kamera mit auswechselbarem Objektiv *f*; ~ **with large bellows extension** *n* PHOTO Kamera mit großem Balgenauszug *f*; ~ **line up** *n* TELEV Kameraaufstellung *f*; ~ **lucida** *n* PHOTO Camera-Lucida *f*; ~ **matching** *n* TELEV Kameraanpassung *f*; ~ **with mirror reflex focusing** *n* PHOTO Kamera mit Spiegelreflex-Fokussierung *f*; ~ **monitor** *n* TELEV Kameramonitor *m*; ~ **mount** *n* PHOTO Kamerafassung *f*; ~ **prompting system** *n* TELEV Kamerakommandosystem *nt*; ~ **ready copy** *n (CRC)* PRINT druckreife Vorlage *f*, reprofähige Vorlage *f*; ~ **with rising and swinging front** *n* PHOTO Kamera mit verstellbarer und schwenkbarer Standarte *f*; ~ **with short bellows extension** *n* PHOTO Kamera mit kurzem Balgenauszug *f*; ~ **signal** *n* TELEV Kamerasignal *nt*; ~ **stand** *n* PHOTO Kamerastativ *nt*; ~ **switching** *n* TELEV Kameraumschaltung *f*; ~ **tube** *n* TELEV Kameraröhre *f*, TV Bildfängerröhre *f*, Bildaufnahmeröhre *f*

cameraman *n* TELEV Kameramann *m*

camp: ~-**on call** *n* TELECOM Gespräch in Wartestellung *nt*

campaign *n* CER & GLAS *of glass furnace* Glasofenreise *f*, COAL TECH *furnace* Reise *f*

Campbell-Stokes: ~ **recorder** *n* FUELLESS Campbell-Stokes-Aufzeichner *m*

camper *n AmE (cf caravan BrE, motor caravan BrE)* AUTO Camper *m*, Caravan *m*, Wohnmobil *nt*

camphene *n* CHEMISTRY Camphen *nt*

camphol *n* CHEMISTRY Borneol *nt*

camphorate *n* CHEMISTRY Camphorat *nt*

camshaft *n* AUTO Nockenwelle *f*, Steuerwelle *f*, MECHAN ENG, MECHANICS Nockenwelle *f*; ~ **box** *n* MECHAN ENG Nockenwellengehäuse *nt*; ~ **bushing** *n* AUTO Nockenwellenbuchse *f*, Nockenwellenhülse *f*; ~ **clearance** *n* AUTO Nockenwellenspiel *nt*; ~ **controller** *n* ELECT Nockenwellenschalter *m*; ~ **drive** *n* AUTO Nockenwellenantrieb *m*; ~ **drive chain** *n* AUTO Antriebskette der Nockenwelle *f*, Nockenwellenantrieb *m*; ~ **gears** *n pl* MECHAN ENG Nockenwellenräder *nt pl*; ~ **grinding machine** *n* MECHAN ENG Nockenwellenschleifmaschine *f*

can *n AmE (cf tin BrE)* PACK Büchse *f*, Dose *f*, WASTE Konservenbüchse *f*; ~ **body** *n AmE (cf tin body BrE)* PROD ENG Zarge *f*; ~ **buoy** *n* WATER TRANS *navigation sign* Stumpftonne *f*; ~-**closing machine** *n AmE (cf tin-closing machine BrE)* PACK Dosenverschließmaschine *f*; ~ **delabeling** *n AmE (cf tin delabelling BrE)* PACK Dosenhüllenentfernung *f*; ~-**filling line** *n AmE (cf tin-filling line BrE)* PACK Dosenabfüllinie *f*; ~-**filling machine** *n AmE (cf tin-filling machine BrE)* PACK Dosenabfüllautomat *m*; ~-**packing machine** *n AmE (cf tin-packing machine BrE)* PACK Dosenverpackungsmaschine *f*; ~ **relabeling** *n AmE (cf tin relabelling BrE)* PACK Dosenneuetikettierung *f*; ~-**sealing compound** *n AmE (cf tin-sealing compound BrE)* PACK Dosendichtungsmasse *f*

canal *n* CER & GLAS *of sheet glass tank furnace*, WATER TRANS *artificial* Kanal *m*; ~ **boat** *n* WATER TRANS Binnenschiff *nt*, Kanalboot *nt*; ~ **bottom** *n* WATER TRANS Kanalsohle *f*; ~ **entrance** *n* WATER TRANS Kanaleinfahrt *f*; ~ **lock** *n* WATER SUP Kanalschleuse *f*; ~ **lock gate** *n* WATER SUP Kanalschleusentor *nt*; ~ **ray** *n* NUC TECH, PHYS Kanalstrahl *m*; ~-**ray analysis** *n* NUC TECH Kanalstrahlenanalyse *f*; ~-**ray discharge** *n* NUC TECH Kanalstrahlentladung *f*, hülsenloses Brennelement *nt*; ~ **transport** *n* WATER TRANS Kanalschiffahrt *f*

canalization *n* WATER SUP Abwasserleitung *f*, Kanalbau *m*, Kanalisation *f*, *system of pipes* Kanalisationsnetz *nt*, Kanalisationssystem *nt*

canalize *vt* WATER SUP kanalisieren

canard: ~ **wing aircraft** *n* AIR TRANS Entenflugzeug *nt*, kopfgesteuertes Flugzeug *nt*

cancel[1] *n* COMP & DP Abbruch *m*

cancel[2] *vt* COMP & DP abbrechen, RAD TECH löschen, streichen

cancelation *n AmE see cancellation BrE*

cancellation[1] *n BrE*, PAT *of contract* Auflösung *f*, PAT *of registration* Löschung *f*; ~ **method** *n* ACOUSTICS Kompensationsmethode *f*

cancellation:[2] ~ **completed** *phr* TELECOM Löschungsvollzug *m*

candela *n (cd)* ELEC ENG, METROL, OPT, PHYS Candela *f (cd)*

candidate: ~ **cells** *n pl* TELECOM *land mobile* andere in Frage kommenden Funkzonen *f pl*

candle: ~ **power** *n* PHOTO Lichtstärke *f*

cane: ~ **juice** *n* FOOD TECH *sugar-refining* Zuckerrohrsaft *m*

canned[1] *adj AmE (cf tinned BrE)* CHEMISTRY eingedost, verzinnt, FOOD TECH in Büchsen, in Dosen konserviert, verzinnt

canned:[2] ~ **food** *n AmE (cf tinned food BrE)* PACK Konserven *f pl*; ~ **motor** *n* MECHANICS gekapselter Motor *m*

cannel: ~ **coal** *n* COAL TECH Kannelkohle *f*

cannibalizing *n* AUTO *of car* Ausschlachten *nt*

canning *n* FOOD TECH Eindosen *nt*, Konservenherstellung *f*; ~ **jar** *n AmE* CER & GLAS Einmachglas *nt*, Konservenglas *nt*

cannon: ~ **metal** *n* METALL Gußzinnbronze *f*, Rotguß *m*

canonical: ~ **distribution** *n* PHYS kanonische Verteilung *f*; ~ **ensemble** *n* PHYS kanonische Gesamtheit *f*; ~ **equation** *n* PHYS kanonische Gleichung *f*; ~ **variable** *n* PHYS kanonische Variable *f*

canopy *n* AIR TRANS Kanzel *f*, transparentes Kabinendach *nt*, CONST Vordach *nt*, WATER TRANS Bootsverdeck *nt*

cant[1] *n* CONST Abschrägung *f*, Schräge *f*, MECHAN ENG geneigte Fläche *f*, RAIL Überhöhung *f*; ~ **file** *n* MECHAN ENG Messerfeile *f*

cant[2] *vt* WATER TRANS in Schräglage bringen, wenden

cant:[3] ~ **over** *vi* WATER TRANS *ship* sich überlegen

cantharidine *n* CHEMISTRY Cantharidin *nt*

cantilever *n* CONST Auskragung *f*, Ausleger *m*, Kragarm *m*, MECHAN ENG, PAPER, PHYS Ausleger *m*, PROD ENG Kragarm *m*, RAIL Ausleger *m*; ~ **beam** *n* CONST Auslegerbalken *m*, Kragträger *m*, PHYS Auslegerbalken *m*, PROD ENG Freiträger *m*; ~ **bridge** *n* CONST Auslegerbrücke *f*; ~ **foudrinier** *n* PAPER Cantilever-Langsieb *nt*; ~ **load** *n* CONST Kraglast *f*; ~ **retaining wall** *n* CONST Winkelstützmauer *f*; ~ **support** *n* PROD ENG fliegende Lagerung *f*; ~ **wing** *n* AIR TRANS verspannungsloser Flügel *m*

cantilevered[1] *adj* MECHANICS freischwebend

cantilevered:[2] ~ **wall** *n* CONST Winkelstützmauer *f*, freitragende Wand *f*

canvas *n* CONST Segeltuch *nt*, Zeltstoff *m*, TEXT Blachenstoff *m*, Kanvas *m*, Leinenkanevas *m*, Markisenstoff *m*, Segelleinwand *f*, Segeltuch *nt*, Stramin *m*, Zeltleinwand *f*, WATER TRANS *sailing* Segeltuch *nt*

canyon *n* NUC TECH *for irradiated fuel treatment* Leistungsvermögen *nt*, Leistungsfähigkeit *f*

caoutchouc *n* CHEMISTRY, PRINT Kautschuk *m*

cap[1] *n* CONST Abdeckplatte *f*, Glocke *f*, Kopfplatte *f*, Rammhaube *f*, ELEC ENG Deckel *m*, Haube *f*, Kappe *f*, Kapsel *f*, *electric lamp* Sockel *m*, HYD EQUIP Deckel *m*, Kappe *f*, MECHAN ENG Kappe *f*, Klappe *f*, *fitting* Verschlußstück *nt*, MECHANICS Haube *f*, Kappe *f*, Kapsel *f*, PROD ENG Halter *m*, *plastic valves* Stopfen *m*; ~-**and-pin insulator** *n* ELEC ENG Kappenisolator *m*, Stützisolator *m*; ~-**and-rod insulator** *n* ELEC ENG Kappenisolator *m*; ~ **bearing** *n* MECHAN ENG Deckellager *nt*; ~ **bolt** *n* MECHAN ENG Hutschraube *f*; ~ **line** *n* PRINT Oberlinie *f*; ~ **nut** *n* MECHAN ENG Hutmutter *f*, MECHANICS Hutmutter *f*, Kappenmutter *f*, Kapselmutter *f*; ~ **rock** *n* FUELLESS Deckgebirge *nt*, Deckgestein *nt*, PET TECH Abdeckung *f*, Deckschicht *f*; ~ **sealing** *n* PACK Deckelversiegelung *f*, Kappensiegelung *f*; ~-**sealing compound** *n* PACK Deckelpackstoff *m*, Kappendichtmasse *f*; ~-**sealing equipment** *n* PACK Kappenversiegelungsmaschine *f*; ~ **sill** *n* WATER SUP *of sluice-gate* Kappe *f*; ~-**spinning frame** *n* TEXT Glokkenspinnmaschine *f*; ~ **of a valve** *n* HYD EQUIP Ventilaufsatz *m*, Ventildeckel *m*, Ventilkappe *f*

cap[2] *vt* CER & GLAS abbrechen, abschneiden, CONST verschließen

CAP *abbr* PACK *(controlled-atmosphere packaging)* CA-Verpackung *f* *(Verpackung in geregelter Atmosphäre)*, PRINT *(computer-aided publishing)* CAP *(computergestütztes Publizieren)*

capabilities *n pl* COMP & DP Fähigkeiten *f pl*

capacitance[1] *adj* ELEC ENG, INSTR, PHYS, RAD TECH, TELECOM kapazitiv

capacitance[2] *n (C)* CONST Fassungsvermögen *nt*, Kapazität *f*, Leistungsfähigkeit *f*, Tragfähigkeit *f*, ELEC ENG Kapazitanz *f*, Kapazität *f*, ELECT Fassungsvermögen *nt*, Kapazität *f*, Leistung *f*, HEAT & REFRIG Kapazitanz *f*, Leistung *f*, PET TECH, PHYS, RAD TECH, TELECOM Kapazität *f (C)*; ~ **box** *n* ELEC ENG Batterie von Meßkondensatoren *f*, Kapazitätskasten *m*; ~ **bridge** *n* ELECT Kapazitätsbrücke *f*, INSTR Kapazitätsbrücke *f*, Kapazitätsmeßbrücke *f*; ~ **coefficient** *n* PHYS Kapazitätskoeffizient *m*; ~ **coupling** *n* ELEC ENG kapazitive Kopplung *f*; ~ **diode** *n* PHYS Kapazitätsdiode *f*; ~ **disc** *n BrE* OPT Kapazitätsscheibe *f*; ~ **disk** *n AmE see capacitance disc BrE* ~ **electronic disc** *n BrE* OPT Scheibenkondensator *m*; ~ **electronic disk** *n AmE see capacitance electronic disc BrE* ~ **measuring instrument** *n* INSTR Kapazitätsmeßgerät *nt*; ~ **meter** *n* ELEC ENG Kapazitätsmeßgerät *nt*; ~ **relay** *n* ELECT Kapazitätsrelais *nt*; ~ **sensing** *n* OPT Kapazitätsmessung *f*

capacitive[1] *adj* ELEC ENG, ELECT kapazitiv

capacitive:[2] ~ **component** *n* ELECT kapazitive Komponente *f*; ~ **coupling** *n* ELECT, TELECOM kapazitive Kopplung *f*; ~ **feedback** *n* ELEC ENG kapazitive Rückkopplung *f*, kapazitives Feedback *nt*; ~ **load** *n* ELEC ENG kapazitive Belastung *f*, kapazitive Last *f*, kapazitiver Abschluß *m*, ELECT kapazitive Last *f*, TELECOM kapazitive Belastung *f*; ~ **pressure transducer** *n (CPT)* PHYS kapazitiver Druckwandler *m*; ~ **reactance** *n* ELEC ENG, ELECT *(XC)*, PHYS kapazitive Reaktanz *f*, kapazitiver Blindwiderstand *m*; ~ **resistance** *n* ELEC ENG kapazitiver Widerstand *m*; ~ **starting motor** *n* ELECT Kondensatormotor *m*; ~ **strain gage** *n AmE*, ~ **strain gauge** *n BrE* INSTR kapazitiver Dehnungsmeßstreifen *m*; ~ **thickness gage** *n AmE*, ~ **thickness gauge** *n BrE* INSTR kapazitives Dickenmeßgerät *nt*; ~ **voltage divider** *n* ELEC ENG kapazitiver Spannungsteiler *m*

capacitor *n* AUTO *ignition*, COMP & DP, ELEC ENG, ELECT, LAB EQUIP, MECHAN ENG *electrical component*, PAPER, PHYS, RAD TECH, TELECOM, TELEV Kondensator *m*; ~ **bank** *n* ELEC ENG Kondensatorenblock *m*, Kondensatorenreihe *f*, Mehrfachfestkondensator *m*; ~ **discharge** *n* ELEC ENG Kondensatorentladung *f*; ~ **film** *n* ELECT Folienkondensator *m*; ~ **ignition** *n* AUTO Kondensatorzündung *f*; ~ **input filter** *n* RAD TECH Eingangskondensatorfilter *nt*; ~ **leakage current** *n* ELEC ENG Kondensatorreststrom *m*; ~ **microphone** *n* RECORD Kondensatormikrofon *nt*; ~ **motor** *n* ELEC ENG Kondensatormotor *m*; ~ **plate** *n* ELECT, PHYS Kondensatorplatte *f*; ~-**start motor** *n* ELEC ENG Einphasenmotor mit Anlaufkondensator *m*; ~ **start-run motor** *n* ELEC ENG Motor mit Kondensator für Anlauf und Betrieb *m*; ~ **store** *n* COMP & DP Kondensatorspeicher *m*

capacity *n* AUTO *engine* Hubraum *m*, COMP & DP Leistungsvermögen *nt*, CONST *of pump* Förderleistung *f*, CONST *(C)* Fassungsvermögen *nt*, Kapazität *f*, Leistungsfähigkeit *f*, ELEC ENG *(C)* Kapazität *f*, Leistungsfähigkeit *f*, ELECT *(C)* Fassungsvermögen *nt*, Kapazität *f*, Leistung *f*, ERGON Leistungsfähigkeit *f*, HEAT & REFRIG *(C)* Kapazität *f*, Leistung *f*, MECHAN ENG Fassungsvermögen *nt*, Volumen *nt*, PET TECH Leistung *f*, maximale Fördermenge *f*, PET TECH *(C)*, PHYS *(C)*, RAD TECH *(C)*, TELECOM *(C)* Kapazität *f (C)*, WATER SUP *of pump* Fördermenge *f*; ~ **bridge** *n* ELECT Kapazitätsmeßbrücke *f*; ~ **clause** *n* AIR TRANS Kapazitätsklausel *f*; ~ **control** *n* AIR TRANS Kapazitätskontrolle *f*; ~ **of a cylinder** *n* MECHAN ENG

Zylinderinhalt *m*; **~ of an engine** *n* MECHAN ENG Motorhubraum *m*; **~ plan** *n* WATER TRANS *cargo* Ladeplan *m*; **~ of a road** *n* TRANS Kapazität einer Straße *f*; **~ under prevailing conditions** *n* TRANS Kapazität unter vorherrschenden Bedingungen *f*; **~ utilization** *n* HEAT & REFRIG Auslastung *f*

cape *n* WATER TRANS *geography* Kap *nt*; **~ chisel** *n* PROD ENG Nutenmeißel *m*

capillarimeter *n* COAL TECH Kapillarimeter *nt*

capillarity *n* COAL TECH Kapillarität *f*, CONST Kapillarwirkung *f*, FLUID PHYS Kapillarwirkung *f*, Kapillarität *f*, MECHAN ENG Kapillarwirkung *f*, PHYS, PROD ENG Kapillarität *f*; **~ breaking layer** *n* COAL TECH Kapillaritätsbruchschicht *f*

capillary[1] *adj* COAL TECH, FLUID PHYS, MECHAN ENG, PROD ENG kapillar

capillary[2] *n* FLUID PHYS Kapillare *f*; **~ action** *n* CONST, FLUID PHYS, MECHAN ENG Kapillarwirkung *f*, PET TECH, PHYS Kapillareffekt *m*; **~ column** *n* INSTR Kapillarsäule *f*, Trennsäule *f*; **~ flowmeter** *n* LAB EQUIP Kapillar-Mengenstrommesser *m*; **~ force** *n* FLUID PHYS Kapillarkraft *f*; **~ fusion** *n* NUC TECH Kapillarfusion *f*; **~ number** *n* FLUID PHYS Kapillaritätszahl *f*; **~ pressure** *n* FLUID PHYS Kapillardruck *m*; **~ rheometer** *n* INSTR Kapillar-Rheometer *nt*; **~ rise** *n* COAL TECH Saughöhe *f*; **~ tube** *n* FLUID PHYS Kapillarröhrchen *nt*, HEAT & REFRIG Kapillarrohr *nt*, LAB EQUIP Kapillarröhrchen *nt*, PET TECH, PHYS Kapillare *f*; **~ viscometer** *n* CHEM ENG, LAB EQUIP Kapillar-Viskosimeter *nt*; **~ viscosimeter** *n* INSTR Kapillar-Viskosimeter *nt*; **~ water** *n* COAL TECH kapillares Wasser *nt*; **~ waves** *n pl* FLUID PHYS Kapillarwellen *f pl*

capilliary: **~ crack** *n* NUC TECH *of pressure vessel* Haarriß *m*

capital: **~ height** *n* PRINT Versalhöhe *f*

capitalization *n* PRINT Großschreibung *f*

capper *n* CER & GLAS *AmE* Schneidvorrichtung *f*, PACK Kappenaufsetzer *m*

capping *n* PACK Aufsetzen von Verschlußkappen *nt*, WATER SUP Beckschicht *f*; **~ press** *n* PACK Deckelstanze *f*, Kappenpresse *f*

capric *adj* CHEMISTRY Decan- *pref*

caproic *adj* CHEMISTRY Hexan- *pref*

caproin *n* CHEMISTRY Caproin *nt*

caprolactam *n* CHEMISTRY Caprolactam *nt*

capryl *n* CHEMISTRY Hexyl- *pref*

caprylidene *n* CHEMISTRY Capryliden *nt*, Octin *nt*

caps: **all ~** *phr* PRINT alles in Großbuchstaben

capsaicin *n* CHEMISTRY Capsaicin *nt*

capsicin *n* CHEMISTRY Capsicin *nt*

capsize[1] *vt* WATER TRANS *ship* zum Kentern bringen

capsize[2] *vi* WATER TRANS *ship* kentern

capstan *n* ACOUSTICS Bandantriebswelle *f*, Tonrolle *f*, Tonwelle *f*, COMP & DP Antriebsrolle *f*, Bandantrieb *m*, ELEC ENG Antriebswelle *f*, Bandtransportrolle *f*, Bandantriebsachse *f*, MECHAN ENG *hoist* Winde *f*, *turret-head of lathe* Revolver *m*, MECHANICS Ankerwinde *f*, Schiffswinde *f*, Spill *nt*, PROD ENG Drehkreuz *nt*, RECORD Bandantriebsachse *f*, Bandtransportrolle *f*, TELEV Bandantriebswelle *f*, Tonrolle *f*, WATER TRANS *ship equipment* Spill *nt*; **~ drive** *n* RECORD Bandantrieb *m*, TELEV Tonrollenantrieb *m*; **~ drum** *n* WATER TRANS *ship equipment* Spilltrommel *f*; **~-headed screw** *n* CONST Knebelschraube *f*; **~ lathe** *n* MECHAN ENG Sattelrevolverdrehmaschine *f*, MECHANICS Revolverdrehbank *f*, PROD ENG Revolverdrehmaschine *f*; **~ nut** *n* MECHAN ENG Kreuzlochmutter *f*; **~ screw** *n* CONST Kreuzlochschraube *f*; **~ servo** *n* RECORD Bandantrieb *m*; **~ tool head** *n* MECHAN ENG Revolverkopf *m*; **~ turning** *n* MECHAN ENG Revolverdrehen *nt*; **~ wheel** *n* MECHAN ENG Drehkreuz *nt*

capstone *n* CONST Abdeckstein *m*, *vault* Schlußstein *m*

capsule *n* INSTR, METROL Kapsel *f*

captain *n* WATER TRANS *crew* Kapitän *m*; **~ call** *n* AIR TRANS Kapitänsruf *m*

captaincy *n* WATER TRANS Kapitänsrang *m*

captation: **~ drag** *n* TRANS Strömungswiderstand *m*

caption *n* PACK Bildunterschrift *f*, Bildüberschrift *f*, PRINT Bildlegende *f*, Bildtext *m*, Bildunterschrift *f*, *of article* Überschrift *f*; **~ generator** *n* TELEV Untertitelgenerator *m*; **~ scanner** *n* TELEV Untertitelscanner *m*; **~ stand** *n* TELEV Neger *m*

captive[1] *adj* MECHANICS gefesselt

captive:[2] **~ flight** *n* SPACE Fesselflug *m*; **~ nut** *n* MECHAN ENG unverlierbare Mutter *f*; **~ screw** *n* MECHAN ENG unverlierbare Schraube *f*

capture[1] *n* ELECTRON Fang- *pref*, NUC TECH Einfang *m*, SPACE *of satellite in spacecraft* Einfangen *nt*; **~ area** *n* ELECTRON *effective aperture* Antennenwirkfläche *f*, RAD TECH Einzugsbereich *m*; **~ effect** *n* ELECTRON *transmitter* Übertönen *nt*, TELECOM Capture-Effekt *m*, Mitnahmeeffekt *m*; **~ of ground water** *n* WATER SUP Grundwasserschließung *f*; **~ radiation** *n* NUC TECH Einfangstrahlung *f*; **~ range** *n* ELECTRON Fangbereich *m*

capture[2] *vt* SPACE *spacecraft* einfangen

capture:[3] **~ a beam** *vi* AIR TRANS *aviation* einen Leitstrahl erfassen

car *n* AUTO Auto *nt*, Automobil *nt*, Fahrzeug *nt*, PKW, Personenkraftwagen *m*, Wagen *m*, MECHANICS Ballonkorb *m*, Kraftwagen *m*, Wagen *m*, RAIL *AmE (cf carriage BrE, coach BrE)* Wagen *m*, TRANS *of passenger lift* Fahrkorb *m*, Kabine *f*; **~ accessories** *n pl* AUTO Autozubehör *nt*, Fahrzeugausstattung *f*; **~ body** *n* AUTO *motor*, MECHANICS Karosserie *f*; **~ body tooling** *n* MECHAN ENG Karosseriewerkzeuge *nt pl*; **~ deck** *n* WATER TRANS Wagendeck *nt*; **~ distribution** *n* RAIL Wagenverfügung *f*; **~ dumper** *n* RAIL Waggonkippanlage *f*; **~ fragmentation plant** *n* WASTE Autoverschrottungsanlage *f*; **~ heater** *n* HEAT & REFRIG Autoheizung *f*; **~ load** *n AmE (cf wagon load BrE)* RAIL Wagenladung *f*; **~-mounting version** *n* TELECOM Ausführung für Fahrzeugeinbau *f*; **~ with pendulum suspension** *n* AUTO Wagen mit Pendelaufhängung *m*; **~ phone** *n* TELECOM Autotelefon *nt*; **~ pool** *n* TRANS Fahrgemeinschaft *f*; **~ pooling** *n* TRANS Bilden einer Fahrgemeinschaft *m*; **~ shop** *n* AUTO Wagenausbesserungswerkstatt *f*; **~ sleeper train** *n* RAIL Autoreisezug *m*; **~ telephone** *n* TRANS Autotelefon *nt*; **~ and truck carrier** *n* WATER TRANS *ship* reines Auto- und LKW-Transportschiff *nt*

CAR *abbr (Civil Air Regulations)* SPACE CAR *(Zivilflugvorschriften)*

carat *n* METALL *BrE*, METROL *gems*, METROL *BrE precious metals* Karat *nt*; **~ fine** *n* METROL *precious metals* Karat *nt*

caratage *n* METROL Karatgewicht *nt*

caravan *n* AUTO *BrE (cf camper AmE, motor caravan BrE)* Camper *m*, Wohnmobil *nt*, AUTO *BrE (cf mobile home AmE, trailer AmE)* Caravan *m*, Wohnwagen *m*, Wohnwagenanhänger *m*

carbamate *n* CHEMISTRY Carbamat *nt*

carbamic *adj* CHEMISTRY Carbamid- *pref*
carbamide *n* CHEMISTRY Carbamid *nt*, Harnstoff *m*, Kohlensäurediamid *nt*
carbamoyl *n* CHEMISTRY Carbamoyl *nt*
carbanil *n* CHEMISTRY Carbanil *nt*, Phenylisocyanat *nt*
carbanilide *n* CHEMISTRY Carbanilid *nt*, Diphenylharnstoff *m*
carbanion *n* CHEMISTRY Carbanion *nt*, Carbeniat-Anion *nt*
carbazide *n* CHEMISTRY Carbazid *nt*, Carbonohydrazid *nt*
carbazole *n* CHEMISTRY Carbazol *nt*, Dibenzopyrrol *nt*, Diphenylenimid *nt*, Diphenylimid *nt*
carbene *n* CHEMISTRY Carben *nt*
carbide:[1] **~-tipped** *adj* MECHAN ENG *tool* hartmetallbestückt
carbide[2] *n* CHEMISTRY Carbid *nt*, MECHANICS, METALL Karbid *nt*, PROD ENG Hartmetall *nt*, Kalziumkarbid *nt*, Karbid *nt*; **~ band** *n* PROD ENG Karbidzelle *f*; **~ carbon** *n* CHEMISTRY Carbidkohle *f*; **~ cracking** *n* METALL Karbidrißbildung *f*; **~ die** *n* PROD ENG Hartmetallgesenk *nt*; **~ formation** *n* METALL Karbidentstehung *f*; **~ former** *n* PROD ENG karbidbildender Zusatz *m*; **~ of iron** *n* CHEMISTRY Zementit *m*; **~ tip** *n* MECHAN ENG Hartmetallschneidplättchen *nt*, PROD ENG Hartmetallscheibe *f*; **~-tipped tool** *n* MECHAN ENG hartmetallbestückter Meißel *m*, MECHANICS Werkzeug mit Hartmetallschneide *nt*; **~ tool** *n* MECHAN ENG, PROD ENG Hartmetallmeißel *m*
carbocyclic *adj* CHEMISTRY carbocyclisch, homocyclisch, homozyklisch
carbohydrase *n* CHEMISTRY Glycosidase *f*, FOOD TECH Carbohydrase *f*
carbohydrate *n* CHEMISTRY Kohlenhydrat *nt*, FOOD TECH Kohlehydrat *nt*, Kohlenhydrat *nt*
carbolic *adj* CHEMISTRY Carbol- *pref*
carbolinium *n* PROD ENG Karbolinium *nt*
carbon:[1] **~-free** *adj* METALL kohlenstoffrei
carbon[2] *n (C)* CHEMISTRY Kohlenstoff *m (C)*; **~ arc** *n* ELEC ENG, ELECT, MECHAN ENG, PROD ENG Kohlelichtbogen *m*; **~ arc cutting** *n* MECHAN ENG, PROD ENG Kohlelichtbogenschneiden *nt*; **~ arc lamp** *n* ELECT Kohlelichtbogenlampe *f*; **~ arc welding** *n* PROD ENG Kohlelichtbogenschweißen *nt*; **~ black** *n* PET TECH Rußschwarz *nt*, PLAS *pigment, filler* Ruß *m*; **~ brush** *n* AUTO, ELEC ENG, ELECT *motor, generator*, MECHAN ENG Kohlebürste *f*; **~ burning** *n* NUC TECH Kohleverbrennung *f*; **~ case hardening** *n* PROD ENG Einsatzhärten *nt*; **~ composition resistor** *n* ELEC ENG Kohlemassewiderstand *m*; **~ contact** *n* ELEC ENG Kohlekontakt *m*; **~ cycle** *n* FOOD TECH Kohlenstoffkreislauf *m*; **~ dioxide** *n* CHEMISTRY Kohlendioxid *nt*, Kohlenstoffdioxid *nt*, COAL TECH, ELECTRON, MECHAN ENG, POLL Kohlendioxid *nt*, PROD ENG *plastic valves* Kohlensäure *f*; **~ dioxide fire extinguisher** *n* SAFETY Kohlenstoffeuerlöscher *m*, Kohlensäurefeuerlöscher *m*, Kohlensäurelöscher *m*; **~ dioxide greenhouse effect** *n* POLL Kohlendioxidtreibhauseffekt *m*; **~ dioxide laser** *n* (CO_2 laser) ELECTRON Kohlendioxidlaser *m* (CO_2-Laser); **~ dioxide snow** *n* HEAT & REFRIG Trockeneis *nt*; **~ disulfide** *n AmE*, **~ disulphide** *n BrE* CHEMISTRY Kohlendisulfid *nt*, Kohlenstoffdisulfid *nt*, Schwefelkohlenstoff *m*; **~ electrode** *n* CHEMISTRY, ELEC ENG Kohleelektrode *f*, ELECT *in battery* Kohlenelektrode *f*; **~ fiber** *n AmE see carbon fibre BrE* **~ fiber felt** *n AmE see carbon fibre felt BrE* **~ fibre** *n BrE* PLAS Kohlefaser *f*, Kohlenstoffaser *f*, SPACE *spacecraft* Kohlenfaserverbundstoff *m*; **~ fibre felt** *n BrE* SPACE *spacecraft* Kohlenfaserfilz *m*; **~ filament lamp** *n* ELEC ENG Kohlefadenlampe *f*; **~ film** *n* ELEC ENG Kohleschicht *f*; **~ film resistor** *n* ELEC ENG Kohleschichtwiderstand *m*; **~ holder lamp** *n* ELEC ENG Kohlehalterlampe *f*; **~ mass transfer** *n* NUC TECH Kohlenstoffmassentransport *m*; **~ microphone** *n* ACOUSTICS Kohlemikrofon *nt*, RECORD Kohlenstaubmikrofon *nt*; **~ monoxide** *n* AUTO Kohlenmonoxid *nt*, CHEMISTRY Kohlenmonoxid *nt*, Kohlenoxid *nt*, COAL TECH, ELECTRON, MECHAN ENG, POLL, SAFETY Kohlenmonoxid *nt*; **~ monoxide filter** *n* SAFETY Kohlenmonoxidfilter *nt*; **~ monoxide filter for self-rescue** *n* SAFETY Selbstschutzkohlenmonoxidfilter *nt*; **~ monoxide laser** *n* ELECTRON Kohlenmonoxidlaser *m*; **~ replica method** *n* NUC TECH *in electron microscopy* Kohleaufdampfverfahren *nt*; **~ resistor** *n* ELEC ENG, ELECT, PHYS *composition* Kohlewiderstand *m*; **~ steel** *n* COAL TECH Kohlenstoffstahl *m*, unlegierter Stahl *m*, COATINGS C-Stahl *m*, Kohlenstoffstahl *m*, MECHAN ENG gekohlter Stahl *m*, MECHANICS Diamantstahl *m*, Kohlenstoffstahl *m*, METALL, NUC TECH Kohlenstoffstahl *m*; **~ steel dust** *n* COAL TECH Kohlenstoffstahlstaub *m*; **~ steel tool** *n* MECHAN ENG Werkzeug aus gekohltem Stahl *nt*; **~ tetrachloride** *n* CHEMISTRY Kohlenstofftetrachlorid *nt*, Tetrachlormethan *nt*
carbonaceous *adj* CHEMISTRY kohleartig, kohlenstoffhaltig
carbonatation *n* CHEMISTRY Karbonatation *f*, Kohlensäuresättigung *f*
carbonated *adj* FOOD TECH kohlensäurehaltig
carbonation *n* CHEMISTRY Carbonatation *f*, Carboxylation *f*
carbonic: **~ acid** *n* PROD ENG *plastic valves* Kohlensäure *f*
carboniferous *n* PET TECH Karbon *nt*
carbonitriting *n* PROD ENG Karbonitrieren *nt*
carbonization *n* COAL TECH Karbonisation *f*, Verkohlen *nt*, Verkokung *f*
carbonize *vt* COAL TECH durchkohlen, inkohlen, karbonisieren, verkoken, METALL karbonisieren, THERMODYN durchkohlen, verkoken
carbonized *adj* COAL TECH verkohlt
carbonohydrazide *n* CHEMISTRY Carbonohydrazid *nt*
carbonyl: **~ dichloride** *n* CHEMISTRY Carbonylchlorid *nt*; **~ sulfide** *n AmE*; **~ sulphide** *n BrE* POLL Carbonylsulfid *nt*
Carborundum® *n* CHEMISTRY Carborundum® *nt*, Siliziumkarbid *nt*, MECHAN ENG Karborund *nt*, PROD ENG Karborund *nt*, Karborundum *nt*; **~ wheel** *n* PROD ENG Karborundschleifscheibe *f*
carbostyril *n* CHEMISTRY Carbostyril *nt*
carboxyl *n* CHEMISTRY Carboxyl *nt*
carboxylated: **~ polymer** *n* PLAS carboxyliertes Polymer *nt*
carboxymethylcellulose *n (CMC)* FOOD TECH CM-Cellulose *f*, Carboxymethylcellulose *f*, Celluloseglykolsäure *f (CMC)*, PLAS Carboxymethylcellulose *f (CMC)*
carboy *n* CER & GLAS Glasballon *m*, FOOD TECH Ballon *m*, LAB EQUIP Glasballon *m*
carbro: **~ color print** *n AmE*, **~ colour print** *n BrE* PHOTO Carbroabzug *m*; **~ printing** *n* PHOTO Carbrodrucken *nt*
carburation *n* METALL Karburierung *f*

carburet *vt* CHEMISTRY, METALL karburieren
carbureted *adj AmE see carburetted BrE*
carbureting[1] *adj AmE see carburetting BrE*
carbureting[2] *n AmE see carburetting BrE*
carburetor *n AmE see carburettor BrE*
carburetors: ~ **for motorcycles** *n pl AmE see carburettors for motorcycles BrE*
carburetted *adj BrE* METALL karburiert
carburetting[1] *adj BrE* METALL karburierend
carburetting[2] *n BrE* METALL Karburierung *f*
carburettor *n BrE* AUTO, CER & GLAS, MECHAN ENG, MECHANICS, WATER TRANS Vergaser *m* ~ **barrel** *n BrE* AUTO Vergasermischkammer *f*, Vergasersaugkanal *m*; ~ **control cable** *n BrE* AUTO Gaszug *m*, Vergaserseilzug *m*; ~ **engine** *n BrE* AUTO Vergasermotor *m*; ~ **float** *n BrE* AUTO Schwimmer *m*, Vergaserschwimmer *m*; ~ **float chamber** *n BrE* AUTO Schwimmerkammer *f*, Schwimmergehäuse *nt*; ~ **jacket** *n BrE* AUTO Vergaserheizmantel *m*; ~ **linkage** *n BrE* AUTO Vergasergestänge *nt*; ~ **needle** *n BrE* AUTO Vergasernadel *f*
carburettors: ~ **for motorcycles** *n pl BrE* AUTO Motorradvergaser *m*
carburization *n* METALL Karbonisierung *f*, PROD ENG Aufkohlung *f*, Einsatzhärtung *f*, RAD TECH Aufkohlung *f*
carburize *vt* COAL TECH, METALL karbonisieren, PROD ENG aufkohlen, einsatzhärten
carburizer *n* PROD ENG Aufkohlungsmittel *nt*
carburizing *n* MECHAN ENG Aufkohlen *nt*; ~ **furnace** *n* MECHAN ENG Einsatzhärteofen *m*
carbylamine *n* CHEMISTRY Isocyanid *nt*
carcass *n* CONST Rohbau *m*, ELEC ENG *of electric motor* Rumpf *m*, TEXT Karkasse *f*, Reifengrundgewebe *nt*; ~ **dressing percentage** *n* FOOD TECH *butchery* Schlachtausbeute *f*; ~ **yield** *n* FOOD TECH *butchery* Schlachtausbeute *f*
carcinogen *n* FOOD TECH Karzinogen *nt*, Krebserreger *m*
carcinogenic: ~ **substance** *n* SAFETY Karzinogen *nt*, krebserzeugender Stoff *m*
carcinotron *n* ELECTRON Karzinotron *nt*, *in measurement and radio engineering* Rückwärtswellenoszillator *m*, PHYS *M-type oscillator* Karzinotron *nt*, TELECOM Karzinotron *nt*, Rückwärtswellenoszillator *m*
card[1] *n* COMP & DP Karte *f*, ELECTRON Magnetkarte *f*, TEXT Karde *f*, Karte *f*, Kratze *f*, Krempel *f*; ~ **bed** *n* COMP & DP Kartenführung *f*; ~ **cage** *n* COMP & DP Kartenkäfig *m*; ~ **channel** *n* COMP & DP Kartenbahn *f*; ~ **clothing** *n* TEXT Kardenbeschlag *m*, Kardengarnitur *f*, Kratzenbeschlag *m*, Krempelbeschlag *m*; ~ **code** *n* COMP & DP Kartencode *m*; ~ **column** *n* COMP & DP Lochspalte *f*; ~ **cutting** *n* TEXT Kartenlochen *nt*, Kartenschlagen *nt*, Kartenstanzen *nt*;~ **deck** *n* COMP & DP Kartensatz *m*; ~ **feed** *n* COMP & DP Kartenzuführung *f*; ~ **hopper** *n* COMP & DP Kartenmagazin *nt*; ~ **jam** *n* COMP & DP Kartenstau *m*; ~ **module** *n* ELECTRON Einschubmodul *nt*; ~**-operated payphone** *n* TELECOM Geldkartentelefon *nt*; ~ **phone** *n* TELECOM Kartentelefon *nt*; ~ **punch** *n* COMP & DP Kartenlocher *m*, Lochkartenstanzer *m*; ~ **reader** *n* COMP & DP, TELECOM Kartenleser *m*; ~ **record** *n* COMP & DP Kartensatz *m*; ~ **reverser** *n* ELECTRON *computer peripherals* Kartenwender *m*; ~ **room** *n* TEXT Kardensaal *m*, Karderie *f*, Krempelei *f*, Krempelsaal *m*; ~ **sensing** *n* COMP & DP Kartenabtastung *f*; ~ **slot** *n* COMP & DP Steckkartenplatz *m*
card[2] *vt* TEXT karden, kardieren, krempeln, rauhen
cardamom: ~ **oil** *n* FOOD TECH Kardamomöl *nt*
cardan *n* AIR TRANS Gelenk *nt*, PROD ENG Kardan- *pref*; ~ **drive** *n* PROD ENG Kardanantrieb *m*; ~ **joint** *n* MECHAN ENG Kardangelenk *nt*, Kreuzgelenk *nt*, MECHANICS, PROD ENG Kardangelenk *nt*; ~ **shaft** *n* AUTO Kardanwelle *f*, MECHANICS Gelenkwelle *f*, PROD ENG Kardanwelle *f*
cardanic: ~ **suspension** *n* MECHAN ENG kardanische Aufhängung *f*
cardboard *n* PACK Karton *m*, Pappe *f*, PAPER Pappe *f*, PRINT Karton *m*, Pappe *f*; ~ **backing** *n* PACK Kartoneinlage *f*, Kartonversteifung *f*; ~ **machine** *n* PACK Kartonagenmaschine *f*; ~ **packaging** *n* PACK Kartonverpackung *f*, Kartonage *f*; ~ **tray** *n* PACK Papptablett *nt*; ~ **tube** *n* PACK Kartonröhre *f*
carded: ~ **packaging** *n* PACK Kleinware auf Kartonunterlagen *f pl*, kardierte Produkte *nt pl*
Cardew: ~ **voltmeter** *n* ELECT Cardew-Spannungsmeßgerät *nt*
cardinal[1] *adj* MATH, PROD ENG, WATER TRANS Kardinal- *pref*
cardinal:[2] ~ **number** *n* MATH Kardinalzahl *f*; ~ **points** *n pl* OPT Hauptpunkte *m pl*, WATER TRANS *compass* Kardinalpunkte *m pl*, Kardinalstriche *m pl*; ~ **system** *n* WATER TRANS *navigation* Kardinalsystem *nt*
carding *n* TEXT Kardieren *nt*, Kratzen *nt*, Krempeln *nt*, Streichen *nt*
cardiograph *n* ERGON Kardiograph *m*
cardioid *n* MECHAN ENG Herzkurve *f*; ~ **diagram** *n* RECORD Herzkurve *f*; ~ **microphone** *n* ACOUSTICS Kardioidmikrofon *nt*, Mikrofon mit herzförmiger Charakteristik *nt*, RECORD Mikrofon mit herzförmiger Charakteristik *nt*; ~ **pattern** *n* RAD TECH Nierencharakteristik *f*
cardiotachometer *n* ERGON Kardiotachometer *nt*
care *n* SAFETY Aufmerksamkeit *f*, Beachtung *f*, Beauftragung *f*, Verantwortung *f*; ~ **of inflammable stores** *n* SAFETY Verantwortung für Lager mit Brennbarem *f*; ~ **labeling** *n AmE*, ~ **labelling** *n BrE* TEXT Pflegekennzeichnung durch Etikett *f*
careen *vt* WATER TRANS *maintenance* kielholen
careening: ~ **grid** *n* WATER TRANS *maintenance* Kielbank *f*
carene *n* CHEMISTRY Isodipren *nt*
caret *n* PRINT Auslassungszeichen *nt*
cargo *n* AIR TRANS Cargo *m*, Ladung *f*, SPACE Ladung *f*, Nutzlast *f*, WATER TRANS Fracht *f*, Ladung *f*, Schiffsladung *f*; ~ **barge** *n* WATER TRANS Frachtkahn *m*; ~ **bay** *n* SPACE Ladebucht *f*; ~ **boom** *n* WATER TRANS Ladebaum *m*; ~ **capacity** *n* WATER TRANS *ship design* Ladefähigkeit *f*; ~ **carrier support** *n* AIR TRANS *helicopter* Träger für Frachtbehälter *m*; ~ **compartment** *n* AIR TRANS Frachtkabine *f*; ~ **compartment door** *n* AIR TRANS Frachtkabinentür *f*; ~ **compartment equipment** *n* AIR TRANS Frachtkabineneinrichtung *f*; ~ **crane** *n* WATER TRANS Ladekran *m*; ~ **derrick** *n* WATER TRANS Ladebaum *m*; ~ **gear** *n* WATER TRANS Ladegeschirr *nt*; ~ **handling** *n* AIR TRANS Frachtabfertigung *f*, WATER TRANS Ladungsumschlag *m*; ~**-handling berth** *n* AIR TRANS, WATER TRANS Frachtumschlagplatz *m*; ~ **hatch** *n* SPACE, WATER TRANS Ladeluke *f*; ~ **hatchway** *n* WATER TRANS *ship* Ladeluke *f*; ~ **helicopter** *n* AIR TRANS Frachthubschrauber *m*; ~ **hold** *n* AUTO *truck* Laderaum *m*, SPACE *spacecraft cargo department*

Frachtraum *m*, WATER TRANS Laderaum *m*; **~ hook** *n* WATER TRANS Ladehaken *m*; **~ manifest** *n* AIR TRANS Ladungsmanifest *nt*, WATER TRANS *document* Ladeliste *f*, Ladungsmanifest *nt*; **~ and passenger ship** *n* WATER TRANS Fracht- und Passagierschiff *nt*; **~ plan** *n* WATER TRANS Ladeplan *m*; **~ plane** *n* AIR TRANS Frachtflugzeug *nt*; **~ post** *n* WATER TRANS Ladepfosten *m*; **~ pump** *n* MAR POLL, WATER TRANS Ladepumpe *f*; **~ release hook** *n* AIR TRANS *helicopter* Entladehaken *m*, Haken zum Lösen der Fracht *m*; **~ ship** *n* TRANS, WATER TRANS Frachtschiff *nt*; **~ sling** *n* AIR TRANS *helicopter* Frachtschlinge *f*; **~ space** *n* TRANS *truck* Laderaum *m*; **~ swing** *n* AIR TRANS *helicopter* Ausbrechen der Ladung *nt*; **~ tank** *n* POLL Ladetank *m*; **~ terminal** *n* AIR TRANS Abfertigungsterminal *nt*, Frachtabfertigungsterminal *nt*, Frachtterminal *nt*; **~ vehicle** *n* SPACE Versorgungsraumfahrzeug *nt*; **~ winch** *n* WATER TRANS Ladewinde *f*

carinated: **~ propeller** *n* TRANS Düsenpropeller *m*

carload *n AmE (cf wagonload BrE)* TRANS Frachtgutwagenladung *f*

carmine *n* CHEMISTRY Carmin *nt*, FOOD TECH Carminfarbe *f*

carnauba: **~ wax** *n* FOOD TECH Karnaubawachs *nt*

carnitine *n* CHEMISTRY Carnitin *nt*, Novain *nt*

Carnot: **~ cycle** *n* PHYS, THERMODYN Carnotscher Kreisprozeß *m*; **~ engine** *n* PHYS, THERMODYN Carnotsche Maschine *f*

carnotite *n* NUC TECH Karnotit *m*

Carnot's: **~ theorem** *n* PHYS Carnotsches Theorem *nt*

carone *n* CHEMISTRY Caron *nt*

carotene *n* CHEMISTRY Caroten *nt*, FOOD TECH Carotin *nt*

carpenter *n* CONST Zimmermann *m*

carpenter's: **~ bench** *n* CONST Hobelbank *f*; **~ gage** *n AmE*, **~ gauge** *n BrE* CONST Zollstock *m*

carpentry *n* CONST Zimmerei *f*, Zimmerhandwerk *nt*

carpet *n* CONST Straßendeckenbelag *m*; **~ yarn** *n* TEXT Teppichgarn *nt*

carrageen *n* FOOD TECH Carrageen *nt*, Irisches Moos *nt*, Karrageen *nt*

carriage *n* AUTO Fuhrwerk *nt*, COMP & DP Vorschub *m*, MECHAN ENG Laufwerk *nt*, Schlitten *m*, Werkzeugschlitten *m*, MECHANICS Fahrgestell *nt*, Werkzeugschlitten *m*, PRINT *in printing press* Druckformträger *m*, Karren *m*, *of printer, typewriter* Wagen *m*, PROD ENG Meßwagen *m*, RAIL *rail chair* Schlitten *m*, RAIL *BrE (cf car AmE)* Wagen *m*, TRANS Beförderung *f*, Fracht *f*, *charge for carrying* Frachtgeld *nt*, *running gear of carriage or vehicle* Fahrgestell *nt*; **~ A containing the motor** *n* AUTO Fahrgestell-A mit Motor *nt*, Wagen-A mit Motor *m*; **~ by sea** *n* PACK Schiffsfracht *f*, Seeverladung *f*; **~ control** *n* COMP & DP Vorschubsteuerung *f*; **~ return** *n* TELECOM Wagenrücklauf *m*; **~-type drafting machine** *n* ENG DRAW Laufwagenzeichenmaschine *f*

carrick: **~ bend** *n* WATER TRANS *knots* Kreuzknoten *m*

carrier *n* AIR TRANS Flugzeugträger *m*, COMP & DP Träger *m*, Trägerschwingung *f*, CONST Rahmen *m*, Untergestell *nt*, ELECT Ladungsträger *m*, ELECTRON Träger *m*, MECHAN ENG Mitnehmer *m*, PHYS Grundwelle *f*, Ladungsträger *m*, PROD ENG Trommel *f*, RAD TECH, RECORD, SPACE *communications*, TELECOM, TELEV Träger *m*, TEXT Carrier *m*, Fadenführer *m*, Färbebeschleuniger *m*, TRANS *of machine* Mitnehmer *m*, Schlitten *m*, *of ropeway* Seilbahnwagen *m*, *person* Bote *m*, Überbringer *m*, WATER TRANS *nautical* Verfrachter *m*, WAVE PHYS Grundwelle *f*; **~ acquisition** *n* ELECTRON Trägererfassung *f*; **~ amplifier** *n* TELECOM Trägerverstärker *m*; **~ analysis** *n* NUC TECH Trägeranalyse *f*; **~ bag** *n* PACK Tragbeutel *m*, Tragetasche *f*; **~ balance** *n* TELEV Trägerabgleich *m*; **~ bandwidth** *n* ELECTRON Trägerbandbreite *f*; **~-borne helicopter** *n* AIR TRANS Deckhubschrauber *m*; **~ box** *n* PACK Transportkiste *f*; **~ car** *n AmE (cf carrier wagon BrE)* CONST Transportwagen *m*; **~ detection** *n (CD)* COMP & DP, ELECTRON, TELECOM Trägerdetektion *f*, Trägererkennung *f (CD)*; **~ difference system** *n* TELEV Trägerdifferenzsystem *nt*; **~ frequency** *n (CF)* ELECTRON, RAD TECH, RECORD, TELEV Trägerfrequenz *f (Tf)*; **~ frequency offset** *n* ELECTRON, RAD TECH, TELEV Trägerfrequenzoffset *nt*, Trägerfrequenzversatz *m*; **~ frequency oscillator** *n* ELECTRON, RAD TECH, TELEV Trägerfrequenzerzeuger *m*; **~ gas** *n* NUC TECH, POLL Trägergas *nt*; **~ generation** *n* ELECTRON Trägererzeugung *f*; **~ insertion oscillator** *n* RAD TECH Trägereinspeisungsoszillator *m*; **~ level** *n* ELECTRON Trägerfrequenzpegel *m*; **~ mobility** *n* ELECT, PHYS Ladungsträgerbeweglichkeit *f*; **~ modulation** *n* ELECTRON Trägermodulation *f*; **~ multiplication** *n* ELECTRON *microelectronics* Ladungsträgervervielfachung *f*; **~ noise** *n* ELECTRON Trägerrauschen *nt*; **~ noise test set** *n* ELECTRON Träger-Rauschprüfgerätschaft *f*; **~ offset** *n* ELECTRON Offset-Betrieb *m*; **~ power** *n* RAD TECH Trägerleistung *f*; **~ reinsertion operator** *n* ELECTRON Trägerwiederbelegungsoperator *m*; **~ repeater** *n* ELECTRON Trägerfrequenzverstärker *m*; **~ replenishment** *n* ELECTRON Trägerauffüllung *f*; **~ rope** *n* TRANS Tragseil *nt*; **~ sense** *n (CS)* ELECTRON Trägerabfrage *f*; **~ sense multiple access** *n (CSMA)* COMP & DP Mehrfachzugriff durch Trägerprüfung *m (CSMA)*; **~ sense multiple access with collision detection** *n (CSMA/CD)* COMP & DP CSMA/CD-Verfahren *nt (CSMA/CD)*; **~ sense signal** *n* TELECOM Trägerabfragesignal *nt*, Trägerabtastsignal *nt*; **~ sense system** *n* TELECOM Verfahren mit Trägerabtastung *nt*; **~ signal** *n* COMP & DP Trägersignal *nt*; **~ suppression** *n* ELECTRON, TELECOM Trägerunterdrückung *f*; **~ system** *n* COMP & DP Trägerfrequenzsystem *nt*; **~-to-noise density ratio** *n* TELECOM Träger-Geräuschabstand *m*; **~-to-noise ratio** *n* RECORD Träger-Rauschverhältnis *nt*; **~ wagon** *n BrE (cf carrier car AmE)* CONST Transportwagen *m*; **~ wave** *n (cw)* PHYS, RAD TECH, TELEV, WAVE PHYS Trägerwelle *f*; **~-wave generator** *n* PHYS, WAVE PHYS Trägerwellengenerator *m*; **~-wave modulation** *n* PHYS, WAVE PHYS Trägerwellenmodulation *f*

carry[1] *n* COMP & DP *arithmetic*, ELECTRON *arithmetic* Übertrag *m*, TRANS befördern, fahren; **~ back** *n* COMP & DP Rückübertrag *m*; **~ digit** *n* COMP & DP Übertragungsziffer *f*; **~-in** *n* CER & GLAS manuelle Kühlofenbeschickung *f*; **~ lookahead** *n* COMP & DP Parallelübertrag *m*; **~-off of corrosion products** *n* NUC TECH Abtransport von Korrosionsprodukten *m*; **~-over** *n* CER & GLAS Überführung *f*

carry[2] *vt* COMP & DP *arithmetic* übertragen, CONST leiten, stützen, tragen, MATH *calculation* übertragen, PAPER tragen, TELECOM *traffic* abwickeln, TEXT befördern, tragen, transportieren; **~ off** *vt* CONST abführen, ableiten; **~ out** *vt* PAT ausführen, durchführen

carry:[3] **~ a canal as far as the sea** *vi* WATER SUP bis zum

Meer kanalisieren; ~ **weather helm** *vi* WATER TRANS *sailing* luvgierig sein

carrying[1] *adj* TEXT Trag- *pref*

carrying:[2] ~ **agent** *n* PROD ENG Trägerflüssigkeit *f*; ~ **axle** *n* MECHAN ENG tragende Achse *f*; ~ **bar** *n* PAPER Tragbalken *m*; ~ **block** *n* TRANS *ropeway* Tragblock *m*; ~ **bracket** *n* PROD ENG Stützhülse *f*; ~ **capacity** *n* FUELLESS Tragvermögen *nt*, Tragfähigkeit *f*, MECHAN ENG Tragfähigkeit *f*, *of conveyor* Förderleistung *f*, MECHANICS Belastungsfähigkeit *f*, Tragfähigkeit *f*, PACK Förderleistung *f*, Kapazitätsbelastung *f*, Tragvermögen *nt*; ~ **handle** *n* MECHANICS Traggriff *m*, PACK Schlaufe *f*, Traggriff *m*; ~ **idler** *n* MECHAN ENG *of conveyor* obere Tragrolle *f*; ~**-in fork** *n* CER & GLAS Eintraggabel *f*; ~ **out** *n* PAT Ausführung *f*, Durchführung *f*; ~ **roll** *n* CER & GLAS Tragwalze *f*; ~ **roller** *n* CER & GLAS Tragrolle *f*; ~ **rope** *n* TRANS Tragseil *nt*; ~ **sleeve** *n* PROD ENG Traghülse *f*

CARS *abbr (coherent anti-Stokes Raman scattering)* RAD PHYS, WAVE PHYS KARS *(kohärente Antistokes-Raman-Streuung)*

Carson's: ~ **rule bandwidth** *n* SPACE *communications* Bandbreite nach Carson *f*

cart *n AmE (cf truck BrE)* TRANS Förderwagen *m*, Lastfuhrwerk *nt*; ~ **load** *n* TRANS Wagenladung *f*

cartage *n* TRANS Fuhrlohn *m*, Rollgeld *nt*; ~ **contractor** *n* TRANS Lkw-Transportunternehmen *nt*; ~ **service** *n* TRANS Lkw-Dienst *m*

Cartesian: ~ **coordinates** *n pl* CONST, ENG DRAW, GEOM, MATH, PHYS kartesische Koordinaten *f pl*; ~ **coordinate system** *n* ELECTRON kartesisches Koordinatensystem *nt*; ~ **geometry** *n* GEOM kartesische Geometrie *f*; ~ **product** *n* COMP & DP, MATH *of sets* kartesisches Produkt *nt*

carton *n* PACK Karton *m*, Kasten *m*, Kiste *f*, Schachtel *f*; ~**-dosing machine** *n* PACK Kartondosiermaschine *f*; ~**-erecting machine** *n* PACK Kartonaufrichtmaschine *f*; ~ **erector and closer** *n* PACK Kartonaufricht- und verschließmaschine *f*; ~ **filler** *n* PACK Kartonabfüllanlage *f*; ~**-filling machine** *n* PACK Kartonabfüllmaschine *f*; ~**-making machine** *n* PACK Kartonautomat *m*

cartoner *n* PACK Kartoniereinrichtung *f*

cartoning: ~ **equipment** *n* PACK Kartoniereinrichtung *f*; ~ **machine** *n* PACK Kartoniermaschine *f*

cartridge *n* AUTO Kartusche *f*, COMP & DP Kassette *f*, ELEC ENG Patrone *f*, PACK Kartusche *f*, PHOTO *35mm camera* Filmpatrone *f*, Patrone *f*, PRINT *toner* Kartusche *f*, TELEV Kassette *f*; ~ **drive** *n* COMP & DP Magnetbandkassettenlaufwerk *nt*; ~ **filter** *n* AUTO *lubrication* Kartuschenfilter *nt*, Patronenfilter *nt*, MECHAN ENG Filterpatrone *f*; ~ **font** *n* COMP & DP Schriftkassette *f*; ~ **fuse** *n* ELECT Patronensicherung *f*, Stöpselsicherung *f*; ~ **mounting** *n* COMP & DP Kassettenhalterung *f*; ~ **paper** *n* PACK Kartuschenpapier *nt*; ~ **tape** *n* RECORD Kassette *f*; ~**-type filter** *n* HEAT & REFRIG Einsatzfilter *nt*

carvel: ~**-built** *adj* WATER TRANS *shipbuilding* karweelgebaut

cascade[1] *n* ELEC ENG *series-connection* Kaskade *f*; ~ **amplifier** *n* ELECTRON Kaskadenverstärker *m*; ~ **arrangement** *n* ELEC ENG Kaskadenanordnung *f*; ~ **blades** *n pl* AIR TRANS Gitterluftschraubenblätter *nt pl*; ~ **connection** *n* ELEC ENG *series-connection* Kaskadenschaltung *f*, NUC TECH *networks & electronics* Kaskadenverbindung *f*; ~ **furnace** *n* HEAT & REFRIG Kaskadenofen *m*; ~ **mill** *n* COAL TECH Kaskadenmühle *f*; ~ **process** *n* RAD PHYS Kaskadenprozeß *f*; ~ **set** *n* ELEC ENG Kaskade *f*, Maschinensatz *m*; ~ **transformer** *n* NUC TECH Kaskadenwandler *m*; ~ **vanes** *n pl* AIR TRANS Gitterluftschraubenblätter *nt pl*, Gitterschaufeln *f pl*; ~ **washing** *n* PHOTO *prints* Kaskadenwässerung *f*

cascade[2] *vt* COMP & DP überlappend anordnen, ELEC ENG in Kaskade schalten, PROD ENG Kaskadenfolge schweißen

cascaded: ~ **carry** *n* ELECTRON *computer* Kaskadenübertrag *m*

cascading *n* COAL TECH Kaskadieren *nt*

cascode *n* RAD TECH Kascode *f*

case[1] *n* AIR TRANS Gehäuse *nt*, Ummantelung *f*, Verkleidung *f*, CONST *of lock* Schloßkasten *m*, MECHAN ENG Gehäuse *nt*, MECHANICS Behälter *m*, Gehäuse *nt*, METROL Fall *m*, PACK Kasten *m*, PRINT Schriftkasten *m*, *book binding* Buchdecke *f*, PROD ENG Einsatz *m*, Kapsel *f*, SPACE Hülle *f*; ~ **of box spanners** *n BrE (cf case of box wrenches)* AUTO Steckschlüsselsatz im Kasten *m*; ~ **of box wrenches** *n (cf case of box spanners BrE)* AUTO Steckschlüsselsatz im Kasten *m*; ~ **depth** *n* MECHAN ENG Einsatztiefe *f*; ~ **erecting, filling and closing machine** *n* PACK Kastenaufricht-, Abfüll- und Verschließmaschine *f*; ~**-hardened steel** *n* MECHANICS einsatzgehärteter Stahl *m*, oberflächengehärteter Stahl *m*, METALL eingesetzter Stahl *m*; ~ **hardening** *n* MECHAN ENG Einsatzhärten *nt*, MECHANICS Oberflächenhärtung *f*, METALL Einsatzhärtung *f*; ~**-lining paper** *n* PACK Papiereinlage *f*, Papierauskleidung *f*; ~ **loader** *n* PACK Beschickungs-maschine *f*; ~ **packing** *n* PACK Kistenabfüllung *f*; ~ **packing and unpacking** *n* PACK *of ampoules machine* Verpackungs- und Entpackungsmaschine *f*; ~ **study** *n* ART INT, ERGON Fallstudie *f*

case[2] *vt* CONST ummanteln, PROD ENG kapseln; ~**-harden** *vt* METALL einsetzen, PROD ENG einsatzhärten; ~ **in** *vt* PRINT *book* einhängen

case:[3] **in ~ of fire, break glass** *phr* SAFETY *fire-alarm instruction* im Brandfall Glas einschlagen

CASE *abbr (computer-aided software engineering)* COMP & DP CASE *(computergestützte Softwareentwicklung)*

casebound: ~ **book** *n* PRINT Buch mit festem Einband *nt*

cased: ~ **beam** *n* CONST verkleideter Träger *m*; ~ **book** *n* PRINT Buch mit festem Einband *nt*; ~ **hollow ware** *n* CER & GLAS ummanteltes Hohlglas *nt*

casein *n* CHEMISTRY, FOOD TECH Kasein *nt*, PLAS Casein *nt*; ~ **glue** *n* FOOD TECH Kaseinleim *m*; ~ **hydrolysate** *n* FOOD TECH Kaseinhydrolysat *nt*

caseinate: ~ **gum** *n* FOOD TECH Kaseinatgummi *nt*

casement *n* CER & GLAS, CONST Fensterflügel *m*; ~ **cloth** *n* TEXT durchsichtiger Vorhangstoff *m*; ~ **fastener** *n* CONST Schiebefensterverschluß *m*, Vorreiber *m*; ~ **window** *n* CONST Flügelfenster *nt*

cash: ~ **discount** *n (CD)* COMP & DP Skonto *m*

cashew: ~**-nut shell oil** *n* PLAS *paint binder* Cashewnußschalenöl *nt*

cashey: ~ **box** *n* CER & GLAS Cashey-Kasten *m*

casing *n* AUTO *engine, transmission* Gehäuse *nt*, CER & GLAS Ummantelung *f*, CONST Einrahmung *f*, Gehäuse *nt*, Mantelrohr *nt*, ELECT, HYD EQUIP Gehäuse *nt*, MECHAN ENG Gehäuse *nt*, *of flexible tube* Schutzschlauch *m*, MECHANICS Gehäuse *nt*, Ummantelung *f*, Verkleidung *f*, PET TECH Casing *nt*, Futterrohr *nt*,

PROD ENG Hüllengewebe *nt*, SPACE *spacecraft* Umhüllung *f*, WATER SUP *well-boring* Bohrlochwandung *f*, WATER TRANS Gehäuse *nt*; ~ **clamp** *n* CONST Rohrschelle *f*, PET TECH Rohrklammer *f*, Rohrschelle *f*; ~ **clamps** *n pl* CONST Schalklemme *f*; ~ **cover** *n* MECHAN ENG Gehäusedeckel *m*; ~ **cutter** *n* CONST Rohrschneider *m*; ~ **elevator** *n* CONST Rohrelevator *m*; ~ **expander** *n* CONST Rohrdichter *m*; ~ **head** *n* CONST Rohrkopf *m*; ~**-in machine** *n* PRINT Einhängemaschine *f*; ~ **line** *n* CONST Verrohrungsseil *nt*; ~ **perforation** *n* PET TECH Perforation *f*; ~ **pipe** *n* CONST Schalrohr *nt*, WATER SUP Bohrrohr *nt*; ~ **spears** *n pl* CONST Backenfänger *m*

Cassegrain: ~ **aerial** *n* PHYS, SPACE *BrE communications* Cassegrainsche Antenne *f*; ~ **antenna** *n AmE see Cassegrain aerial BrE* ~ **telescope** *n* PHYS Cassegrainsches Teleskop *nt*

cassette *n* COMP & DP Kassette *f*, PHOTO Filmkassette *f*, RECORD, TELEV Kassette *f*; ~ **compartment** *n* RECORD Kassettenfach *nt*; ~ **tape recorder** *n* RECORD Kassettenrecorder *m*

cassia: ~ **oil** *n* FOOD TECH Kassiaöl *nt*, Zimtblütenöl *nt*

cast[1] *adj* PROD ENG gelotet; ~**-iron** *adj* METALL Guß- *pref*, gußeisern

cast:[2] ~ **brass** *n* METALL Gußmessing *nt*, Messingguß *m*; ~ **bronze** *n* MECHANICS Gußbronze *f*; ~ **coating** *n* PAPER Streichgießverfahren *nt*, PROD ENG Plattieren *nt*; ~ **film** *n* PLAS Gießfolie *f*; ~ **gate** *n* PROD ENG Gießtrichter *m*; ~ **glass** *n* CER & GLAS Gußglas *nt*; ~ **hole** *n* MECHAN ENG gegossenes Loch *nt*; ~**-in-place pile** *n* COAL TECH Ortbetonpfahl *m*; ~ **iron** *n* MECHAN ENG, MECHANICS, METALL, PAPER Gußeisen *nt*, PROD ENG Gußeisen *nt*, *plastic valves* Grauguß *m*; ~**-iron elbow** *n* CONST gußeiserner Krümmer *m*; ~**-iron joint** *n* CONST Gußeisengelenk *nt*; ~**-iron pipe** *n* CONST Gußeisenrohr *nt*; ~**-iron pipeline** *n* MECHAN ENG Gußrohrleitung *f*; ~ **plate glass** *n* CER & GLAS Gußspiegelglas *nt*; ~ **stainless steel** *n* PROD ENG *plastic valves* rostfreier Stahlguß *m*; ~ **steel** *n* MECHANICS Gußstahl *m*, METALL, PAPER, PROD ENG Stahlguß *m*

cast[3] *vt* MECHAN ENG, PAPER, PRINT *a character* gießen; ~ **off** *vt* PRINT Umfang eines Werks berechnen, WATER TRANS *rope* loswerfen

cast:[4] ~ **about** *vi* WATER TRANS umherlavieren; ~ **anchor** *vi* WATER TRANS den Anker fallen lassen; ~ **off** *vi* WATER TRANS ablegen

castable *n* CER & GLAS Feuerfestbetonerzeugnis *nt*

castellated: ~ **nut** *n* CONST, MECHAN ENG, PROD ENG Kronenmutter *f*

caster *n* AUTO Radnachlauf *m*, MECHAN ENG Lenkrolle *f*, Rolle *f*, Transportrolle *f*, PRINT Gießmaschine *f*, PROD ENG Schwenkrolle *f*; ~ **action** *n* AUTO *of wheel* Nachlauf *m*; ~**-equipped container** *n* WASTE Abfallcontainer *m*

casting *n* CER & GLAS *of plate glass* Gießen *nt*, *of refractories* Gieß- *pref*, Gießen *nt*, MECHAN ENG Gieß- *pref*, Gießen *nt*, MECHANICS Gießen *nt*, METALL Abguß *m*, Gießen *nt*, Guß *m*, Gußstück *nt*, PAPER Guß *m*, PLAS Gießverfahren *nt*, Gießen *nt*, *article* Gießteil *nt*, PRINT Gieß- *pref*, PROD ENG Gießen *nt*, Gußteil *nt*; ~ **box** *n* PAPER Gießkasten *m*; ~ **chamber** *n* PROD ENG Druckkammer *f*; ~ **crane** *n* CER & GLAS Gießereikran *m*; ~ **lip** *n* CER & GLAS Gießlippe *f*; ~ **machine** *n* PAPER, PRINT Gießmaschine *f*; ~ **mold** *n AmE*, ~ **mould** *n BrE* MECHAN ENG, PRINT Gießform *f*; ~ **pattern** *n* MECHANICS Gußmodell *nt*; ~ **rollers** *n pl* CER & GLAS Gießwalzen *f pl*; ~ **scar** *n* CER & GLAS Gießansatz *m*; ~ **slip** *n* CER & GLAS Gießschlicker *m*; ~ **steel** *n* METALL Gußstahl *m*; ~ **table** *n* CER & GLAS Gießtisch *m*; ~ **template** *n* PAPER Gußschablone *f*; ~ **unit** *n* CER & GLAS Gießmaschine *f*

castle: ~ **nut** *n* CONST, MECHAN ENG, PROD ENG Kronenmutter *f*

castor *n see caster*

castorin *n* CHEMISTRY Castorin *nt*

cat: ~ **cracker** *n* PET TECH Cat-Cracker *m*, Katkracker *m*; ~ **head** *n* MECHAN ENG Katzenkopf *m*, Zwischenfutter *nt*

CAT *abbr* AIR TRANS *(cold air turbulence)* CAT *(Kaltluftturbulenzen)*, COMP & DP *(computer-assisted translation)* CAT *(computerunterstützte Übersetzung)*, ELECTRON *(cooled-anode transmitting valve)* CAT *(Senderöhre mit gekühlter Anode)*

catadioptric *adj* PHYS katadioptrisch

catalase *n* CHEMISTRY, FOOD TECH Katalase *f*

catalog[1] *n AmE see catalogue BrE*

catalog[2] *vt AmE see catalogue BrE*

catalogue[1] *n BrE* COMP & DP Katalog *m*, Verzeichnis *nt*

catalogue[2] *vt BrE* COMP & DP katalogisieren

catalyse *vt BrE* PLAS *polymers, elastomers* katalysieren

catalysed: ~ **deuterium reaction** *n* NUC TECH katalysatorinduzierte Deuteriumreaktion *f*, katalysierte Deuteriumreaktion *f*

catalysis *n* CHEMISTRY, FOOD TECH Katalyse *f*

catalyst *n* AUTO *exhaust system*, PET TECH, PLAS, TEXT, WATER SUP Katalysator *m*, WATER TRANS *shipbuilding* Beschleuniger *m*; ~ **bed** *n* NUC TECH Katalysatorbett *nt*; ~ **poison** *n* POLL Kontaktgift *nt*

catalytic: ~ **bomb** *n* CHEM ENG Kontaktbombe *f*; ~ **converter** *n* AUTO *BrE (cf catalytic muffler AmE)* Abgaskatalysator *m*, Katalysator *m*, POLL *BrE (cf catalytic muffler AmE)* Katalysator *m*, katalytischer Umformer *m*; ~ **cracking** *n* PET TECH katalytische Spaltung *f*, katalytisches Kracken *nt*; ~ **cracking plant** *n* PET TECH katalytische Krackanlage *f*; ~ **muffler** *n AmE (cf catalytic converter BrE, catalytic silencer BrE)* AUTO Abgaskatalysator *m*, Katalysator *m*, POLL Katalysator *m*, katalytischer Umformer *m*; ~ **poison** *n* CHEM ENG Katalysatorgift *nt*, katalytischer Inhibitor *m*; ~ **process** *n* POLL katalytisches Reduktionsverfahren *nt*; ~ **reactor** *n* CHEM ENG katalytischer Reaktor *m*; ~ **reforming** *n* CHEMISTRY katalytische Reformierung *f*, PET TECH katalytische Reformierung *f*, katalytisches Reformieren *nt*; ~ **silencer** *n* AUTO *BrE (cf catalytic muffler AmE)* Abgaskatalysator *m*, Katalysator *m*, POLL *BrE (cf catalytic muffler AmE)* Katalysator *m*, katalytischer Umformer *m*

catalyze *vt AmE see catalyse*

catamaran *n* WATER TRANS *boat* Doppelrumpfboot *nt*, Katamaran *m*; ~ **dredge** *n* WATER SUP Katamaran *m*; ~ **ship** *n* WATER TRANS Katamaran *m*

cataract *n* COAL TECH Katarakt *m*, WATER SUP Katarakt *m*, großer Wasserfall *m*

catastrophic: ~ **failure** *n* ELEC ENG plötzlicher Ausfall *m*, QUAL sprunghaft auftretender Vollausfall *m*

catch *n* CONST Schnappschloß *nt*, Sperrklinke *f*, MECHAN ENG Mitnehmer *m*, Nase *f*, *locking device* Klinke *f*, Sperrvorrichtung *f*, Sperre *f*, MECHANICS Klinke *f*, Raste *f*, Sperrklinke *f*, PROD ENG Arretierhebel *m*, Haspen *m*, Mitnehmer *m*, Nase *f*; ~ **basin** *n* WATER SUP Sperrbecken *nt*, Staubecken *nt*; ~**-feeder** *n* WATER SUP Berieselungskanal *m*, Bewässerungsgraben *m*; ~ **pan** *n* CER & GLAS Schmutzfänger *m*; ~ **pin** *n* MECHAN ENG Sperrstift *m*, RAIL Anhaltestift *m*; ~ **plate** *n* MECHAN ENG Mitnehmerscheibe *f*; ~ **points** *n pl* RAIL Entgleisungsweichen *f pl*, Schutzweiche *f*; ~ **spring** *n* MECHAN ENG Schnappfeder *f*

catcher *n* ELECTRON Auskoppel- *pref*; ~ **cavity** *n* ELECTRON *klystron* Auskoppelraum *m*; ~ **space** *n* ELECTRON *output gap* Auskoppelspalt *m*

catching *n* WATER SUP Stauen *nt*

catchline *n* PRINT Schlagzeile *f*

catchment *n* WATER SUP *hydraulics* Staumenge *f*; ~ **area** *n* CONST, FUELLESS Einzugsgebiet *nt*, WATER SUP Einzugsgebiet *nt*, Niederschlagsgebiet *nt*; ~ **basin** *n* WATER SUP Sperrbecken *nt*, Staubecken *nt*

catchpit *n* CONST Auffangbecken *nt*, Sammelgrube *f*

catchpot *n* PET TECH Abscheider *m*

catechinic: ~ **acid** *n* CHEMISTRY Catechin *nt*

catecholamine *n* CHEMISTRY Catecholamin *nt*

catechutannic *adj* CHEMISTRY Catechugerb- *pref*

category *n* PAT Kategorie *f*

catenary *n* GEOM, MECHAN ENG Kettenlinie *f*, MECHANICS, PHYS Fahrleitung *f*, Kettenlinie *f*, RAIL Kettenfahrleitung *f*, WATER TRANS Kettenlinie *f*; ~ **support** *n* RAIL Fahrleitungsmast *m*

catenoid *n* GEOM Katenoid *nt*, Kettenfläche *f*

caterpillar: ~ **bulldozer** *n* TRANS Caterpillar-Planierraupe *m*; ~ **grinder** *n* PAPER Raupenschleifmaschine *f*; ~**-hauling scraper** *n* TRANS Gleiskettenschrappwagen *m*

catforming *n* CHEMISTRY *petrol* Catforming *nt*, katalytische Reformierung *f*

cathedral: ~ **glass** *n* CER & GLAS Kathedralglas *nt*

cathepsin *n* CHEMISTRY Kathepsin *nt*

cathetometer *n* LAB EQUIP *for measuring length*, PHYS Kathetometer *nt*

cathode *n* ELEC ENG Kathode *f*, Minuspol *m*, negative Elektrode *f*, negativer Pol *m*, ELECT, ELECTRON, METALL, PHYS, RAD TECH, TELEV Kathode *f*; ~ **circuit** *n* ELEC ENG Kathodenschaltung *f*; ~ **dark space** *n* ELEC ENG Kathodendunkelraum *m*; ~ **follower** *n* ELEC ENG Anodenbasisschaltung *f*, Anodenbasisverstärker *m*, Kathodenverstärker *m*, PHYS Kathodenfolger *m*; ~ **glow** *n* PHYS Kathodenglimmlicht *nt*; ~ **modulation** *n* ELECTRON Kathodenmodulation *f*; ~ **ray** *n* COMP & DP, ELECT, ELECTRON, PRINT, RAD PHYS, RAD TECH, TELECOM, TELEV Kathodenstrahl *m*; ~**-ray direction finder** *n* TELECOM Sichtfunkpeiler *m*; ~**-ray display** *n* CONTROL Kathodenstrahlanzeigegerät *nt*, Kathodenstrahldisplay *nt*; ~**-ray oscillograph** *n* ELECTRON Kathodenstrahloszillograph *m*, Oszilloskop *nt*; ~**-ray oscilloscope** *n* ELECTRON Elektrodenstrahloszilloskop *nt*, PHYS, RAD PHYS Kathodenstrahloszilloskop *nt*; ~**-ray pencil** *n* ELECT Kathodenstrahlbündel *nt*; ~ **rays** *n pl* ELECTRON, PHYS, RAD PHYS, TELEV Kathodenstrahlen *m pl* kathodenstrahlung f; ~**-ray screen** *n* TELECOM Kathodenstrahlbildschirm *m*; ~**-ray tube** *n (CRT)* COMP & DP, ELECT, ELECTRON, PRINT, RAD TECH, TELEV Braunsche Röhre *f*, Kathodenstrahlröhre *f*; ~ **screen** *n* TELEV Kathodengitter *nt*; ~ **spot** *n* ELEC ENG Kathodenfleck *m*; ~ **sputtering** *n* ELEC ENG, METALL Kathodenzerstäubung *f*

cathodic: ~ **protection** *n* COAL TECH kathodischer Schutz *m*

cathodoluminescence *n* ELEC ENG, PHYS Kathodolumineszenz *f*

cation *n (cf anion)* COAL TECH, ELEC ENG, ELECT, FOOD TECH, PET TECH, PHYS, RAD PHYS Kation *nt*; ~ **denudation rate** *n* POLL Kationendenudationsrate *f*; ~ **exchange capacity** *n* PET TECH, POLL *soil* Kationenaustauschkapazität *f*; ~ **exchanger** *n* COAL TECH, POLL Kationenaustauscher *m*

cationic *adj* COAL TECH kationisch

cat's: ~ **eye** *n* CER & GLAS Blase mit eingeschlossenem Fremdkörper *f*; ~ **paw** *n* WATER TRANS *knots* kurze Trompete *f*

cats': ~ **eyes** *n pl* CONST Katzenauge *nt*

cattle: ~ **car** *n AmE* RAIL Viehwagen *m*; ~ **truck** *n* RAIL Viehwagen *m*; ~ **wagon** *n BrE* Viehwagen *m*

CATV *abbr (community antenna television system)* TELEV CATV *(Fernsehen über Gemeinschaftsantenne)*

CATVI *abbr (cable television interference)* RAD TECH CATVI *(störende Beeinflussung des Kabelfernsehdienstes)*, TELEV CATVI *(Kabelfernsehstörung)*

catwalk *n* CONST Laufsteg *m*, MECHANICS Laufgang *m*, Laufsteg *m*, NUC TECH Montagesteg *m*, Steg *m*

Cauchy: ~ **coefficient** *n (C)* HYD EQUIP Cauchysche Zahl *f (C)*

Cauchy-Green: ~ **strain tensor** *n* FLUID PHYS Cauchy-Greenscher Verzerrungstensor *m*

Cauer: ~ **filter** *n* PHYS Cauer-Filter *nt*

caulk:[1] ~ **weld** *n* PROD ENG Stemmnaht *f*

caulk[2] *vt* CONST abdichten, stopfen, MECHAN ENG verstemmen, WATER TRANS *shipbuilding* kalfatern

caulked: ~ **joint** *n* WATER TRANS *shipbuilding* Kalfaterung *f*, Stemmnaht *f*

caulker *n* WATER TRANS Kalfaterer *m*

caulking *n* MECHAN ENG Verstemmen *nt*, MECHANICS Einstemmen *nt*, PROD ENG Dichtschweißen *nt*, Einstemmen *nt*, Verstemmen *nt*; ~ **hammer** *n* MECHAN ENG Verstemmhammer *m*

causal: ~ **graph** *n* ART INT Kausalgraph *m*; ~ **knowledge** *n* ART INT kausales Wissen *nt*

causeway *n* CONST Dammstraße *f*, WATER TRANS erhöhter Fußweg *m*

caustic[1] *adj* CHEMISTRY beizend, kaustisch, PHYS Brenn- *pref*

caustic[2] *n* CHEMISTRY *corrosive* Beize *f*, Kaustik *f*, Ätz- *pref*, OPT Brennfläche *f*, Brennkurve *f*, Brennlinie *f*, PHYS Brennebene *f*, Kaustik *f*; ~ **by reflection** *n* OPT Reflexions-Brennkurve *f*; ~ **by refraction** *n* OPT Brechungsbrennkurve *f*; ~ **curve** *n* OPT Fokallinie *f*; ~ **embrittlement** *n* PROD ENG Laugensprödigkeit *f*, interkristalline Spannungsrißkorrosion *f*; ~ **soda** *n* CHEMISTRY Ätznatron *nt*, PROD ENG *plastic valves* Natronlauge *f*; ~ **solution resistance** *n* TEST *glass* Laugenbeständigkeit *f*; ~ **surface** *n* PHYS Fokalfläche *f*; ~ **water** *n* CHEMISTRY Ätzwasser *nt*

causticity *n* CHEMISTRY Beizkraft *f*, Kaustizität *f*, Ätzkraft *f*

causticize *vt* CHEMISTRY kaustifizieren

caution: ~ **label** *n* PACK Warnschild *nt*; ~ **signal** *n* RAIL Warnsignal *nt*

cavalier: ~ **projection** *n* ENG DRAW Kavalier-Projektion *f*

Cavendish: ~ **experiment** *n* PHYS Cavendish-Experiment *nt*

caving *n* PET TECH Einbruch *m*, Einsturz *m*

cavitating *adj* MECHANICS kavitierend

cavitation *n* CONST, FLUID PHYS, FUELLESS Hohlraumbildung *f*, Kavitation *f*, HYD EQUIP unvollständige Füllung *f*, MECHANICS, METALL Hohlraumbildung *f*, Kavitation *f*, PET TECH Kavitation *f*, PHYS Hohlraumbildung *f*, Kavitation *f*, PROD ENG Verschleiß *m*; ~ **failure** *n* METALL Kavitationsversagen *nt*; ~ **number** *n* FLUID PHYS, PHYS Kavitationszahl *f*

cavity *n* COAL TECH Hohlraum *m*, Schlotte *f*, Weite *f*, Weitung *f*, CONST Hohlraum *m*, Kammer *f*, ELECTRON, FLUID PHYS Hohlraum *m*, MECHAN ENG Höhlung *f*, Vertiefung *f*, MECHANICS, METALL Hohlraum *m*, NUC TECH *of pressure vessel* Hohlraum *m*, Innenraum *m*, PHYS Hohlraum *m*, PROD ENG Hohlraum *m*, Luftblase *f*, RAD TECH Hohlraum *m*, SPACE *communications* Hohlraumbildung *f*, Kavitation *f*, Topfkreis *m*; ~ **magnetron** *n* ELECTRON Hohlraummagnetron *nt*, PHYS Radmagnetron *nt*; ~ **oscillator** *n* ELECTRON Hohlraumresonator *m*; ~ **resonance** *n* ELECTRON Hohlraumresonanz *f*; ~ **resonance effect** *n* RECORD Hohlraumresonanzeffekt *m*; ~ **resonator** *n* ELECTRON, PART PHYS, PHYS, TELECOM Hohlraumresonator *m*, TELEV Topfkreis *m*

CAW *abbr (channel address word)* COMP & DP KAW *(Kanaladreßwort)*

Cb *(columbium AmE)* CHEMISTRY Nb *(Niobium)*

CB *abbr (CB radio, citizens' band radio)* RAD TECH, TELECOM CB-Funk *m*, Jedermann-Funk *m*

cc *abbr (cubic centimeter AmE, cubic centimetre BrE)* METROL Kubikzentimeter *m*

CCD[1] *abbr (charge-coupled device)* ELECTRON CCD *(ladungsgekoppeltes Bauelement)*, PHYS, TELECOM CCD *(Ladungsverschiebeelement)*

CCD:[2] ~ **camera** *n* PACK ladungsgekoppelte Kamera *f*; ~ **diode** *n (charge-storage diode)* ELECTRON Ladungsspeicherdiode *f*; ~ **filter** *n* ELECTRON CCD-Filter *nt*; ~ **imager** *n* TELEV CCD-Bildwandler *m*; ~ **signal processing** *n* ELECTRON CCD-Signalverarbeitung *f*

CCITT *abbr (International Telegraph and Telephone Consultative Committee)* TELECOM CCITT *(Internationaler Fernmeldeberatungsausschuß)*

C-clamp *n* MECHAN ENG, PROD ENG Schraubzwinge *f*

C-compiler *n* COMP & DP C-Compiler *m*

CCTV *abbr (closed-circuit TV, closed-circuit television)* TELEV CCTV *(Kabelfernsehen zu Überwachungszwecken)*

ccw *abbr (counterclockwise)* INSTR gegen den Uhrzeigersinn, linksdrehend

cd *abbr (candela)* ELEC ENG, METROL, OPT, PHYS cd *(Candela)*

Cd *(cadmium)* CHEMISTRY Cd *(Kadmium)*

CD[1] *abbr* ART INT *(conceptual dependency)* Begriffsabhängigkeit *f*, konzeptuelle Dependenz *f*, AUTO *(center distance AmE, centre distance BrE)* MA *(Mittabstand)*, COMP & DP *(compact disk)* CD *(Compact Disk)*, COMP & DP *(collision detection)* CD *(Kollisionserkennung)*, COMP & DP *(carrier detection)* CD *(Trägererkennung)*, COMP & DP *(cash discount)* Skonto *m*, ELECTRON *(carrier detection)* CD *(Trägererkennung)*, MECHAN ENG *(center distance AmE, centre distance BrE)* MA *(Mittabstand)*, OPT *(compact disc BrE, compact disk AmE)* CD *(Compact Disk)*, PROD ENG *(center distance AmE, centre distance BrE)* MA *(Mittabstand)*, TELECOM *(collision detection)* CD *(Kollisionserkennung)*, TELECOM *(carrier detection)* CD *(Trägerdetektion)*

CD:[2] ~ **audio disc** *n BrE* OPT Musik-CD *f*; ~ **audio disk** *n AmE see CD audio disc* ~ **audio player** *n* OPT Musik-CD-Spieler *m*; ~ **player** *n* OPT CD-Spieler *m*

CDF *abbr (combined distribution frame)* TELECOM KV *(kombinierter Verteiler)*

CD-I *abbr (compact disc-interactive BrE, compact disk-interactive AmE)* OPT CD-i *(beschreibbare CD)*

CDM *abbr* TELECOM *(code-division multiplexing)* C-Multiplex *m (Codemultiplex)*, TELECOM *(companded delta modulation)* CDM *(kompandierte Deltamodulation)*

CDO *abbr (community dial office)* TELECOM kleines unbemanntes Wählamt *nt*

CD-ROM[1] *abbr* COMP & DP *(compact disk read-only memory)* CD-ROM *(Compact-Disk ohne Schreibmöglichkeit)*, OPT *(compact disc read-only memory BrE, compact disk read-only memory AmE)* CD-ROM *(Compact-Disk-Speicher ohne Schreibmöglichkeit)*

CD-ROM:[2] ~ **disk drive** *n* COMP & DP CD-ROM-Diskettenlaufwerk *nt*; ~ **hard disk drive** *n* COMP & DP CD-ROM-Festplattenlaufwerk *nt*; ~ **player** *n* OPT CD-ROM-Spieler *m*

CDU *abbr (control and display unit)* SPACE Steuer- und Anzeigegerät *nt*

Ce *(cerium)* CHEMISTRY Ce *(Cerium)*

CE *abbr (electric capacitance)* ACOUSTICS CE *(elektrische Kapazität)*

ceased: ~ **subscriber** *n* TELECOM stillgelegter Teilnehmer *m*

CEB *abbr (consecutive error block)* TELECOM aufeinanderfolgender Fehlerblock *m*

CEBAF *abbr (continuous electron beam facility)* PART PHYS CEBAF *(Gleichstromelektronenbeschleuniger)*

cedrene *n* CHEMISTRY Cedren *nt*

cedrol *n* CHEMISTRY Cedrol *nt*

ceil *vt* CONST Decke einziehen, täfeln

ceiling *n* SPACE maximale Höhe *f*; ~ **baffle** *n* RECORD Deckenschallplatte *f*; ~ **coil** *n* HEAT & REFRIG Deckenkühlschlange *f*; ~ **countershaft** *n* MECHAN ENG Deckenvorgelegewelle *f*; ~ **fan** *n* MECHAN ENG Deckenventilator *m*; ~ **fitting** *n* ELECT *for light* Deckenleuchte *f*; ~**-hung equipment** *n* HEAT & REFRIG Deckengeräte *nt pl*; ~ **joist** *n* CONST Deckenbalken *m*; ~**-mounted ducting** *n* HEAT & REFRIG Deckenkanalsystem *nt*; ~ **rose** *n* ELEC ENG *light fitting* Deckenrose *f*; ~ **temperature** *n* PLAS Ceiling-Temperatur *f*

ceilograph *n* AIR TRANS Wolkenhöhenmesser *m*

ceilometer *n* AIR TRANS Wolkenhöhenmesser *m*

celestial: ~ **guidance** *n* SPACE Astrolenkung *f*; ~ **mechanics** *n* SPACE Astromechanik *f*; ~ **navigation** *n* AIR TRANS, WATER TRANS astronomische Navigation *f*

cell *n* COAL TECH Hohlraum *m*, Zelle *f*, COMP & DP Zelle *f*, ELEC ENG Element *nt*, Schaltzelle *f*, Speicherzelle *f*, *battery* Zelle *f*, LAB EQUIP Kammer *f*, Zelle *f*, TELECOM Zelle *f*, Zone *f*; ~ **boundary** *n* TELECOM Funkzonengrenze *f*, Zellgrenze *f*; ~ **change** *n* TELECOM *land mobile* Funkzonenwechsel *m*; ~ **change request** *n* TELECOM *land mobile* Umbuchantrag *m*; ~ **charge** *n* RAD TECH Zellenladung *f*; ~ **method** *n* WASTE Fächermethode *f*, Polderverfahren *nt*; ~ **polarization** *n* ELEC ENG Zellenpolarisation *f*

cellophane *n* PACK Klarsichtfolie *f*, Zellophan *nt*

cellular[1] *adj* AIR TRANS tragzellenförmig, ELECTRON zellular

cellular:[2] ~ **array** *n* ELECTRON Schaltelementmatrix *f*; ~ **container ship** *n* WATER TRANS Schiff mit Zellcontainern *m*; ~ **double bottom** *n* WATER TRANS *shipbuilding* Zellendoppelboden *m*; ~ **glass** *n* HEAT & REFRIG Schaumglas *nt*; ~ **network** *n* TELECOM zellulares Netz *nt*; ~ **plastic** *n* HEAT & REFRIG Schaumstoff *m*, PLAS

Schaumkunststoff *m*; ~ **radiotelephone** *n* TELECOM zellulares Funktelefon *nt*; ~ **rubber** *n* HEAT & REFRIG Zellgummi *nt*; ~ **sheet** *n* PLAS Hohlkammerplatte *f*, Stegplatten *f pl*; ~ **structure** *n* TELECOM zellulare Struktur *f*; ~ **system** *n* TELECOM Zellularsystem *nt*; ~ **technique** *n* TELECOM Zellularverfahren *nt*

celluloid *n* CHEMISTRY Celluloid *nt*, PACK Zellhorn *nt*, Zelluloid *nt*

cellulose *n* FOOD TECH Cellulose *f*, PACK Zellstoff *m*, Zellulose *f*, PLAS *natural polymer* Cellulose *f*; ~ **acetate** *n (CA)* PLAS Acetylcellulose *f*, Celluloseacetat *nt*, TEXT Acetat *nt*, Acetatfaser *f*, Acetatfaserstoff *m*, Celluloseacetat *nt (CA)*; ~ **acetate film** *n* PACK Azetylzellulosefilm *m*; ~ **acetobutyrate** *n* PLAS Celluloseacetobutyrat *nt*; ~ **casing** *n* FOOD TECH Schäldarm *m*; ~ **fibers** *n pl AmE*, ~ **fibres** *n pl BrE* WASTE Zellulosefasern *f pl*; ~ **film** *n* PLAS Zellglas *nt*; ~ **nitrate** *n* CHEMISTRY Cellulosenitrat *nt*, PLAS Cellulosenitrat *nt*, Nitratcellulose *f*; ~ **paint** *n* PLAS Celluloseanstrichfarbe *f*; ~ **proprionate** *n (CP)* PLAS Celluloseproprionat *nt*; ~ **triacetate** *n (CTA)* PLAS Cellulosetriacetat *nt (CTA)*; ~ **waste** *n* WASTE zellulosehaltiger Abfall *m*

cellulosic *adj* TEXT zellulosisch

CELP *abbr (codebook-excited linear predictive coder)* TELECOM linearer Prädiktionscodierer mit Codebuch-Erregung *m*

cement[1] *n* CER & GLAS Zement *m*, CONST Bindemittel *nt*, Zement *m*, METALL Bindemittel *nt*, PLAS Klebzement *m*, Zement *m*; ~ **bond log** *n* PET TECH Zementabbindungslog *nt*; ~ **concrete** *n* CONST Zementbeton *m*; ~ **copper** *n* METALL Zementkupfer *nt*; ~ **dust** *n* CONST Zementstaub *m*; ~ **injection** *n* CONST Zementverpressung *f*; ~ **kiln** *n* CER & GLAS Zementschachtofen *m*; ~ **mill** *n* CONST Zementwerk *nt*; ~ **plant** *n* CONST Zementwerk *nt*; ~ **plug** *n* PET TECH Zementstopfen *m*, Zementverdämmung *f*; ~ **slurry** *n* CONST Zementmilch *f*, Zementschlämme *f*; ~ **stabilization** *n* CONST Vermörtelung *f*, Zementverfestigung *f*; ~ **steel** *n* METALL Zementstahl *m*; ~ **works** *n* CER & GLAS Zementbrennerei *f*, CONST Zementwerk *nt*

cement[2] *vt* CER & GLAS kitten, CONST verkitten, verkleben, zementieren, METALL aufkohlen, zementieren, PROD ENG einsatzhärten

cementation *n* CONST Bodenstabilisierung *f*, Zementierung *f*, METALL Aufkohlen *nt*, Zementation *f*, NUC TECH *of pressure vessel* Zementierung *f*; ~ **furnace** *n* METALL Zementierofen *m*; ~ **steel** *n* METALL Zementstahl *m*; ~ **zone** *n* METALL Zementationszone *f*

cementatory *adj* METALL Zement- *pref*

cemented: ~ **carbide** *n* PROD ENG Hartmetall *nt*; ~ **glass** *n* CER & GLAS verkittetes Glas *nt*; ~ **lenses** *n pl* CER & GLAS verkittete Linsen *f pl*; ~ **steel** *n* METALL Zementstahl *m*

cementing[1] *adj* METALL zementierend

cementing[2] *n* CONST Binde- *pref*, Verkleben *nt*, Zementierung *f*, PET TECH Zementation *f*, Zementierung *f*, PROD ENG *plastic valves* Klebung *f*; ~ **furnace** *n* METALL Zementierofen *m*; ~ **material** *n* CONST Bindemittel *nt*, Kleber *m*; ~ **plug** *n* PET TECH Zementstopfen *m*, Zementverdämmung *f*; ~ **string** *n* PET TECH Zementierstrang *m*, Zementiertour *f*

cementite[1] *n* CHEMISTRY Zementit *m*, METALL Eisenkarbid *nt*

cementite[2] *vt* PROD ENG aufkohlen

cemf *abbr (counter electromotive force)* AIR TRANS, ELEC ENG, ELECT, RAIL Gegen-EMK *f (gegenelektromotorische Kraft)*

center:[1] **from ~ to center** *adv AmE see from centre to centre BrE*

center[2] *n AmE see centre BrE*

center[3] *vt AmE see centre BrE*

centerboard *n AmE see centreboard BrE*

centered: ~ **system** *n AmE see centred system BrE*

centering *n AmE see centring BrE*

centerless[1] *adj AmE see centreless BrE*

centerless:[2] ~ **grinder** *n AmE see centreless grinder BrE*

centesimal: ~ **degree** *n* PROD ENG Neugrad *m*

centi *adj (c)* METROL Zenti- *pref (c)*

centiare *n* METROL Quadratmeter *m*

centigrade[1] *adj* MECHANICS in Grad Celsius geteilt, in Hundertstel unterteilt

centigrade[2] *n* METROL Celsius *nt*, PHYS Celsius-Grad *m*, Celsius-Temperaturskale *f*, THERMODYN Celsius-Grad *m*

centigram *n* METROL Zentigramm *nt*

centiliter *n AmE*, **centilitre** *n BrE* METROL Zentiliter *m*

centimeter *n AmE*, **centimetre** *n BrE* METROL Zentimeter *m* ~**-gram-second system** *n (CGS system)* METROL Zentimeter-Gramm-Sekunde-System *nt (CGS-System)*; ~ **waves** *n pl BrE* PHYS Zentimeterwellen *f pl*

central: ~ **battery switchboard** *n* TELECOM Fernsprechvermittlung mit ZB-Betrieb *f*; ~ **buffer coupling** *n* RAIL Mittelpufferkupplung *f*; ~ **charging equipment** *n* TELECOM *battery* zentrale Ladevorrichtung *f*; ~ **column of a tripod** *n* PHOTO Mittelsäule eines Stativs *f*; ~ **control** *n* TELECOM zentrale Steuerung *f*; ~ **control room** *n* TELEV Hauptregieraum *m*; ~ **exchange** *n* TELECOM Hauptamt *nt*; ~ **exchange trunk** *n BrE (cf central office trunk AmE)* TELECOM Amtsleitung *f*; ~ **force** *n* MECHAN ENG, PHYS Zentralkraft *f*; ~ **gangway** *n* RAIL Mittelgang *m*; ~ **gear** *n* MECHAN ENG Sonnenrad *nt*; ~ **heating** *n* CONST, HEAT & REFRIG, THERMODYN Zentralheizung *f*; ~ **heating boiler** *n* HEAT & REFRIG Zentralheizungskessel *m*; ~ **load-bearing element** *n* OPT *cable* Seele *f*, zentrales lasttragendes Element *nt*; ~ **locking** *n* AUTO *doors* Zentralverriegelung *f*; ~ **lubrication** *n* MECHAN ENG Zentralschmierung *f*; ~ **memory** *n (CM)* COMP & DP Hauptspeicher *m*, Zentralspeicher *m*; ~ **nervous system** *n* ERGON Zentralnervensystem *nt*; ~ **office switch** *n AmE* TELECOM Vermittlungsamt *nt*; ~ **office trunk** *n AmE (cf central exchange trunk BrE)* TELECOM Amtsleitung *f*; ~ **power plant** *n* ELEC ENG Kraftzentrale *f*, Maschinenzentrale *f*; ~ **processing unit** *n (CPU)* COMP & DP, TELECOM Zentraleinheit *f*, zentrale Rechnereinheit *f (CPU)*; ~ **processor** *n* COMP & DP, TELECOM Zentralprozessor *m*, Zentraleinheit *f*; ~ **projection** *n* GEOM Zentralprojektion *f*; ~ **pulse distributor** *n* TELECOM Impulszentrale *f*; ~ **splitter edge** *n* FUELLESS Mittelschneidkante *f*; ~ **strength member** *n* OPT *cable* zentrales tragendes Glied *nt*; ~ **switching unit** *n* TELECOM Zentralvermittlungsstelle *f*; ~ **tendency** *n* ERGON zentrale Tendenz *f*; ~ **terminal** *n* COMP & DP Hauptterminal *nt*; ~ **vacuum cleaning system** *n* SAFETY zentrales Staubsaugersystem *nt*; ~**-zero instrument** *n* INSTR Meßgerät mit Nullpunkt in der Skalenmitte *nt*, Nullinstrument *nt*

centralized[1] *adj* COMP & DP zentral, zentralisiert

centralized:[2] ~ **control** *n* TELECOM zentrale Steuerung *f*; ~ **control system** *n* TELECOM zentrales Steuersystem *nt*; ~ **lubricating system** *n* MECHAN ENG Zentralschmierung *f*; ~ **lubrication** *n* AUTO, MECHAN ENG Zentralschmierung *f*; ~ **operation** *n* COMP & DP zentrale Operation *f*; ~ **system** *n* TELECOM zentralisiertes System *nt*; ~ **traffic-division system** *n* TELECOM zentralisiertes Verkehrsaufteilungssystem *nt*

centralizer *n* PET TECH Zentrierer *m*, Zentriervorrichtung *f*

centre:[1] **from ~ to centre** *adv BrE* MECHAN ENG von Mitte zu Mitte, *truck* von Achse zu Achse

centre[2] *n BrE* COAL TECH Mittel- *pref*, CONST Lehrgerüst *nt*, Mittel- *pref*, ELECT, FOOD TECH Mittel- *pref*, MECHAN ENG Mitte *f*, Mittel- *pref*, Mittelpunkt *m*, *of lathe* Körnerspitze *f*, METALL, PHOTO Mittel- *pref*, PROD ENG Kernstück *nt*, Mittel- *pref*, RAIL Mittel- *pref*, TELECOM Mittelpunkt *m*, Zentrum *nt*; ~ **bearing** *n BrE* AUTO Mittellager *nt*; ~ **bit** *n BrE* MECHAN ENG Zentrumsbohrer *m*; ~ **of buoyancy** *n BrE* WATER TRANS *shipbuilding* Verdrängungsschwerpunkt *m*; ~ **casting** *n BrE* RAIL untere Drehpfanne *f*; ~ **of curvature** *n BrE* GEOM Krümmungsmittelpunkt *m*, PHYS, RAD PHYS Krümmungsmittelpunkt *m*, Krümmungszentrum *nt*; ~ **distance** *n BrE (CD)* AUTO, MECHAN ENG, PROD ENG Achsabstand *m*, Mittabstand *m (MA)*; ~ **drill** *n BrE* MECHAN ENG, PROD ENG Zentrierbohrer *m*; ~ **drilling** *n BrE* MECHAN ENG Zentrierbohren *nt*; ~ **engine** *n BrE* AUTO Mittelmotor *m*; **~-fed horizontal wire** *n BrE* RAD TECH mittengespeister Horizontaldraht *m*; ~ **of flotation** *n BrE* WATER TRANS *ship design* Wasserlinienschwerpunkt *m*; **~-folding tubing** *n BrE* PACK Mittelfalzhülse *f*; ~ **frequency** *n BrE* ELECTRON, RAD TECH, TELEV Mittenfrequenz *f*; ~ **gauge** *n BrE* METROL Gewindelehre *f*; ~ **girder** *n BrE* WATER TRANS *shipbuilding* Mittelkiel *m*; ~ **of gravity** *n BrE* CONST Gleichgewichtspunkt *m*, Schwerpunkt *m*, MECHANICS, PHYS, SPACE Schwerpunkt *m*, WATER TRANS *ship design* Gewichtsschwerpunkt *m*; ~ **grinder** *n BrE* PROD ENG Spitzenschleifapparat *m*; ~ **height** *n BrE* MECHAN ENG *of lathe* Spitzenhöhe *f*; ~ **hole** *n BrE* MECHAN ENG Mittenloch *nt*, PROD ENG Zentrierbohrung *f*; **~-hung window** *n BrE* CONST *horizontally or vertically* Drehkippfenster *nt*; ~ **of impact** *n BrE* MECHANICS, PHYS Einschlagszentrum *nt*; ~ **of inertia** *n BrE* MECHANICS, PHYS Trägheitsmittelpunkt *m*, Trägheitszentrum *nt*; ~ **key** *n BrE* MECHAN ENG *for loosening and removing taper-shank drills from sockets* Austreiber *m*; ~ **of lateral resistance** *n BrE* WATER TRANS *ship design* Lateralschwerpunkt *m*; ~ **lathe** *n BrE* MECHAN ENG, PROD ENG Spitzendrehmaschine *f*; ~ **line** *n BrE* MECHAN ENG, MECHANICS, SPACE Mittellinie *f*, WATER TRANS *ship design* Mittschiffslinie *f*; ~ **line average height** *n BrE (CLA height)* MECHAN ENG arithmetischer Mittelrauhwert *m*; **~-line bulkhead** *n BrE* WATER TRANS *ship design* Mittellängsschott *nt*; ~ **line cross** *n BrE* ENG DRAW Mittellinienkreuz *nt*; ~ **link** *n BrE* AUTO *steering* Lenkzwischenstange *f*; ~ **mark** *n BrE* MECHAN ENG Körnermarke *f*;~ **of mass** *n BrE* MECHANICS Massenmittelpunkt *m*, PART PHYS Schwerpunkt *m*, PHYS Massenmittelpunkt *m*; ~ **of mass coordinates** *n BrE* MECHANICS, PHYS Massenmittelpunktskoordinaten *f pl*; **~-of-mass system** *n BrE (CMS)* MECHANICS, PHYS Schwerpunktsystem *nt*; ~ **of motion** *n BrE* MECHANICS, PHYS Bewegungsmittelpunkt *m*, Drehpunkt *m*; ~ **of oscillation** *n BrE* MECHANICS, PHYS Schwingungsmittelpunkt *m*; ~ **panel** *n BrE* AIR TRANS Mittelfeld *nt*; ~ **of percussion** *n BrE* MECHANICS, PHYS Stoßmittelpunkt *m*; ~ **plane** *n BrE* WATER TRANS *shipbuilding* Mittschiffsebene *f*; ~ **plate** *n BrE* RAIL Drehzapfenlager *nt*; ~ **point** *n BrE* MECHAN ENG *of bit* Zentrierspitze *f*;~ **of pressure** *n BrE* AIR TRANS *aerodynamics* Druckmittelpunkt *m*, MECHAN ENG Druckzentrum *nt*, PHYS Druckmittelpunkt *m*; ~ **punch** *n BrE* MECHAN ENG, MECHANICS Ankörner *m*, Körner *m*; ~ **punch mark** *n BrE* PROD ENG Körnermarke *f*; ~ **rail** *n BrE* RAIL Mittelschiene *f*; **~-reading instrument** *n BrE* INSTR Instrument mit Nullpunkt in der Skalenmitte *nt*, Nullinstrument *nt*; ~ **rest** *n BrE* MECHAN ENG *of lathe* Lünette *f*; ~ **of revolution** *n BrE* MECHAN ENG Drehpol *m*; ~ **stable relay** *n BrE* ELECT Relais mit mittlerer Ruhelage *nt*; ~ **of symmetry** *n BrE* GEOM Symmetriezentrum *nt*; ~ **tap** *n BrE* ELECT *transformer* Mittelanzapfung *f*; ~ **of thrust** *n BrE* SPACE Schubzentrum *nt*; ~ **track** *n BrE* RECORD Mittelspur *f*; ~ **track time code** *n BrE* RECORD Zeitcode der Mittelspur *m*;~ **of waterplane** *n BrE* WATER TRANS *ship design* Schwerpunkt der Wasserlinienfläche *m*; ~ **winding** *n BrE* PAPER Zentrumswicklung *f*; ~ **of wind pressure** *n BrE* WATER TRANS *ship design* Winddruckschwerpunkt *m*; ~ **wind reel** *n BrE* PAPER Zentrumswicklerrolle *f*; ~ **of wing section** *n BrE* AIR TRANS Tragflügelmittelstück *nt*; ~ **zero ammeter** *n BrE* INSTR Nullpunkt-Amperemeter *nt*

centre[3] *vt BrE* MECHAN ENG zentrieren; **~-drill** *vt BrE* MECHAN ENG zentrierbohren; **~-punch** *vt BrE* MECHAN ENG, MECHANICS körnen

centreboard *n BrE* WATER TRANS *shipbuilding* Schwert *nt*

centred: ~ **system** *n BrE* OPT zentriertes System *nt*

centreless[1] *adj BrE* MECHAN ENG, MECHANICS spitzenlos

centreless:[2] ~ **grinder** *n BrE* MECHANICS spitzenlose Rundschleifmaschine *f*

Centrex: ~ **system**® *n* TELECOM Centrex-Vermittlung® *f*

centrifugal[1] *adj* CHEM ENG Fliehkraft- *pref*, Zentrifugal- *pref*, MECHANICS, PHYS zentrifugal

centrifugal[2] *n* CHEM ENG Zentrifuge *f*; ~ **acceleration** *n* AIR TRANS Fliehkraftbeschleunigung *f*, Zentripetalbeschleunigung *f*; ~ **advance mechanism** *n* AUTO Fliehkraftzündversteller *m*, *ignition* Fliehkraftversteller *m*; ~ **casting** *n* CER & GLAS, METALL Schleuderguß *m*, PROD ENG Schleudergußstück *nt*; ~ **cleaner** *n* CHEM ENG Fliehkraftreiniger *m*, Zentrifugalreiniger *m*; ~ **clutch** *n* AUTO Fliehkraftkupplung *f*, MECHAN ENG Anlaufkupplung *f*, Fliehkraftkupplung *f*; ~ **compressor** *n* MECHAN ENG Zentrifugalkompressor *m*; ~ **drawing** *n* CER & GLAS Schleuderziehverfahren *nt*; ~ **drier** *n see centrifugal dryer* ~ **dryer** *n* CHEM ENG Trockenschleuder *f*, Trokkenzentrifuge *f*, COAL TECH, PROD ENG Trockenschleuder *f*; ~ **extractor** *n* NUC TECH Fliehkraftabsauggebläse *nt*, Zentrifugalextraktor *m*; ~ **fan** *n* HEAT & REFRIG Fliehkraftlüfter *m*; ~ **filter** *n* COAL TECH Zentrifugalfilter *nt*; ~ **flow lift fan** *n* AIR TRANS Zentrifugalhubgebläse *nt*; ~ **force** *n* CHEM ENG, FLUID PHYS, MECHAN ENG, PHYS, POLL, SPACE Fliehkraft *f*, Zentrifugalkraft *f*; ~ **hydroextractor** *n* CHEM ENG Schleudertrockner *m*; ~ **lubrication** *n* MECHAN ENG Fliehkraftschmierung *f*; ~ **machine** *n* CHEM ENG Schleudermaschine *f*; ~ **mass** *n* NUC TECH *of pressure vessel* Schwungmasse *f*; ~ **pump** *n* CHEM ENG Kreiselpumpe *f*, Schleuderpumpe *f*, Zentrifugalpumpe *f*,

HEAT & REFRIG Kreiselpumpe *f*, MAR POLL, MECHAN ENG Kreiselpumpe *f*, Zentrifugalpumpe *f*, PROD ENG Kreiselpumpe *f*, *plastic valves* Kreiselpumpe *f*; **~ separator** *n* CHEM ENG Fliehkraftabscheider *m*, Separatorzentrifuge *f*; **~ skimmer** *n* MAR POLL Zentrifugalabschöpfgerät *nt*; **~ supercharger** *n* AUTO Fliehkraftgebläse *nt*, Kreisellader *m*, Turboverdichter *m*; **~ switch** *n* MECHAN ENG Fliehkraftschalter *m*; **~ and vacuum governor** *n* AIR TRANS Fliehkraft- und Vakuumregler *m*; **~ weight** *n* MECHAN ENG Fliehgewicht *nt*

centrifugally: **~-operated blade pitch control** *n* FUELLESS zentrifugisch kontrollierte Schaufelteilung *f*

centrifugation *n* CHEM ENG Schleudern *nt*, Zentrifugation *f*, WASTE Zentrifugieren *nt*, WATER SUP Zentrifugierung *f*

centrifuge[1] *n* CHEM ENG Ausschleudermaschine *f*, Trennschleuder *f*, Zentrifuge *f*, LAB EQUIP, MECHANICS, PHYS Zentrifuge *f*, PLAS Schleuder *f*, Zentrifuge *f*; **~ mill** *n* CHEM ENG Schleudermühle *f*; **~ rotor** *n* LAB EQUIP Zentrifugentrommel *f*; **~ tube** *n* LAB EQUIP Zentrifugenglas *nt*

centrifuge[2] *vt* CHEM ENG abschleudern, ausschleudern, zentrifugieren, COAL TECH, PLAS schleudern, zentrifugieren, PROD ENG schleuderformgießen

centrifuged: **~ latex** *n* PLAS *rubber* zentrifugierter Latex *m*

centrifuging *n* COAL TECH Schleudern *nt*, Zentrifugieren *nt*, WASTE Zentrifugieren *nt*

centring *n BrE* MECHAN ENG Zentrieren *nt*, MECHANICS Zentrierung *f*; **~ bush** *n BrE* MECHAN ENG Zentrierbuchse *f*; **~ control** *n BrE* TELEV Mittenabgleich *m*; **~ drill** *n BrE* MECHAN ENG Zentrierbohrer *m*; **~ hole** *n BrE* MECHAN ENG Zentrierbohrung *f*; **~ lathe** *n BrE* MECHAN ENG Zentriermaschine *f*; **~ lens with ruled cross** *n BrE* CER & GLAS Zentrierlinse mit Fadenkreuz *f*; **~ machine** *n BrE* MECHAN ENG Ankörnmaschine *f*; **~ nut** *n BrE* MECHAN ENG Zentriermutter *f*; **~ pin** *n BrE* MECHAN ENG, MECHANICS Zentrierstift *m*; **~ ring** *n BrE* TELEV Zentrierring *m*; **~ screw** *n BrE* MECHAN ENG Zentrierschraube *f*; **~ sleeve** *n BrE* MECHAN ENG Zentrierbuchse *f*

centripetal[1] *adj* PHYS zentripetal

centripetal:[2] **~ acceleration** *n* AIR TRANS, PROD ENG Zentripetalbeschleunigung *f*; **~ force** *n* MECHAN ENG, PHYS Zentripetalkraft *f*

centrispinning *n* PROD ENG Schleuderguß *m*

centrode *n* PROD ENG *kinematics* Polbahn *f*

centroid *n* PHYS Flächenschwerpunkt *m*, PROD ENG Schwerpunkt *m*

Centronics: **~ interface®** *n* PRINT *by computer* Centronics-Schnittstelle® *f*

cephalosporin *n* CHEMISTRY Cephalosporin *nt*

ceramal *n* CER & GLAS, COATINGS Kerametall *nt*

ceramic[1] *adj* COATINGS, ELEC ENG, ELECT keramisch

ceramic[2] *n* CER & GLAS *article*, CONST, MECHANICS, NUC TECH Keramik *f*; **~ art** *n* CER & GLAS Keramikkunst *f*; **~ capacitor** *n* ELEC ENG Keramikkondensator *m*, keramischer Kondensator *m*, ELECT Keramikkondensator *m*, PHYS keramischer Kondensator *m*, TELECOM Keramikkondensator *m*; **~ chip capacitor** *n* ELEC ENG keramischer Plättchenkondensator *m*; **~ fiber** *n AmE*, **~ fibre** *n BrE* HEAT & REFRIG Keramikfaser *f*; **~ fuel** *n* NUC TECH keramischer Brennstoff *m*; **~ glaze** *n* CER & GLAS Keramikglasur *f*; **~ industry** *n* CER & GLAS Keramikindustrie *f*; **~ insulating material** *n* ELEC ENG keramisches Isoliermaterial *nt*; **~ insulator** *n* ELECT keramischer Isolator *m*; **~ kiln** *n* CER & GLAS Keramikbrennofen *m*; **~ machine** *n* CER & GLAS Keramikmaschine *f*; **~ pavement slab** *n BrE (cf ceramic sidewalk slab AmE)* CER & GLAS Keramikpflasterstein *m*; **~ sidewalk slab** *n AmE (cf ceramic pavement slab BrE)* CER & GLAS Keramikpflasterstein *m*; **~ transfer** *n* CER & GLAS einbrennbares Abziehbild *nt*; **~ wall tile** *n* CER & GLAS Keramikwandfliese *f*

cerane *n* CHEMISTRY Ceran *nt*, Hexacosan *nt*

Cerenkov: **~ counter** *n* PART PHYS, RAD PHYS Cerenkovscher Zähler *m*, Tscherenkowscher Zähler *m*; **~ detector** *n* PART PHYS, RAD PHYS Cerenkovscher Detektor *m*, Tscherenkowscher Detektor *m*; **~ effect** *n* PART PHYS, RAD PHYS Cerenkovscher Effekt *m*, Tscherenkowscher Effekt *m*; **~ radiation** *n* PART PHYS, RAD PHYS Cerenkovsche Strahlung *f*, Tscherenkowsche Strahlung *f*

ceri: **~-rouge** *n* CER & GLAS Zer-Polierrot *nt*

ceric *adj* CHEMISTRY Cer- *pref*

cerium[1] *adj* CHEMISTRY Cer- *pref*

cerium[2] *n (Ce)* CHEMISTRY Cerium *nt (Ce)*

cermet *n* CER & GLAS, COATINGS Kerametall *nt*, NUC TECH Cermet *nt*; **~ coating** *n* COATINGS Kerametall-Beschichtung *f*

CERN *abbr (European Organization for Nuclear Research)* PART PHYS CERN *(Europäisches Kernforschungszentrum)*

certainty: **~ factor** *n (CF)* ART INT Gewißheitsfaktor *m*, Konfidenzfaktor *m (KF)*

certificate *n* MECHAN ENG, PAT Bescheinigung *f*, QUAL Beglaubigung *f*; **~ of acceptance** *n* QUAL Abnahmeprüfprotokoll *nt*; **~ of accredition** *n* QUAL Zulassungsbescheinigung *f*; **~ of airworthiness** *n* AIR TRANS Luftfahrzeugszulassungsbescheinigung *f*, Lufttüchtigkeitszeugnis *nt*; **~ of approval** *n* QUAL Beglaubigungsschein *m*; **~ of authorization** *n* QUAL Ermächtigungsbescheinigung *f*; **~ of compliance** *n (COC)* QUAL Konformitätsbescheinigung *f*; **~ of compliance with order** *n* QUAL Werksbescheinigung *f*; **~ of conformance** *n* QUAL Konformitätsbescheinigung *f*; **~ of conformity** *n* MECHAN ENG Konformitätsbescheinigung *f*, QUAL Konformitätszertifikat *nt*; **~ of pratique** *n* WATER TRANS *document* Praktikum *nt*; **~ of registration** *n* AIR TRANS Zulassungsbescheinigung *f*, WATER TRANS *document* Registerbrief *m*; **~ of registry** *n* WATER TRANS *document* Registerbrief *m*; **~ of seaworthiness** *n* WATER TRANS *document* Seefähigkeitszeugnis *nt*

certification *n* AUTO *regulations* Betriebserlaubnis *f*, Zulassung *f*, COMP & DP Kennzeichnung *f*, Zertifizierung *f*, QUAL Bestätigung *f*, Zertifizierung *f*; **~ body** *n* QUAL Zertifizierungsstelle *f*; **~ mark** *n* PAT Gewährleistungsmarke *f*, Gütezeichen *nt*, QUAL Beglaubigungszeichen *nt*, Zulassungszeichen *nt*; **~ review** *n* QUAL Zulassungsüberwachung *f*; **~ system** *n* QUAL Zertifizierungssystem *nt*; **~ test** *n* AIR TRANS Lufttauglichkeitsprüfung *f*, Normtest *m*; **~ weight** *n* AIR TRANS Abriebsprotektor *m*

certified: **~ material test report** *n (CMTR)* QUAL bescheinigter Werkstoff-Prüfbericht *m*; **~ milk** *n* FOOD TECH Vorzugsmilch *f*

certify: **~ as airworthy** *vt* AIR TRANS Lufttüchtigkeit bescheinigen

ceruleum *n* CHEMISTRY Coeruleum *nt*

ceruse *n* CHEMISTRY Cerussa *nt*, basisches Bleicarbonat *nt*
cerussa *n* CHEMISTRY Cerussa *nt*, basisches Bleicarbonat *nt*
CES *abbr (coast earth station)* SPACE Erdfunkstelle *f*
cesium *n AmE see caesium BrE*
cess: ~ **pit** *n* WATER SUP Absetzgrube *f*, Klärgrube *f*, Senkgrube *f*; ~ **pool** *n* WATER SUP Absetzgrube *f*, Klärgrube *f*, Senkgrube *f*
cetene *n* CHEMISTRY Hexadecylen *nt*
cetyl *n* CHEMISTRY Hexadecyl *nt*
cevadine *n* CHEMISTRY Cevadin *nt*, Sabadillalkaloid *nt*, Veracevin *nt*, Veratrin *nt*
cevine *n* CHEMISTRY Cevin *nt*
Cf *(californium)* CHEMISTRY Cf *(Californium)*
CF[1] *abbr* ART INT *(certainty factor, confidence factor)* KF *(Konfidenzfaktor)*, ELECTRON *(carrier frequency)*, RAD TECH *(carrier frequency)*, RECORD *(carrier frequency)*, TELEV *(carrier frequency)* Tf *(Trägerfrequenz)*
CF:[2] ~ **grammar** *n* ART INT kontextfreie Grammatik *f*
CFC *abbr (chlorofluorocarbon)* PACK, POLL FCKW *(Fluorchlorokohlenwasserstoff)*
C-frame *n* PROD ENG Bügel *m*, C-förmiges Gestell *nt*; ~ **press** *n* PLAS *rubber* Maulpresse *f*
CFS: ~**-processed waste** *n* WASTE Umsetzungsprodukt *nt*, Verfestigungsprodukt *nt*; ~**-treated waste** *n* WASTE Umsetzungsprodukt *nt*, Verfestigungsprodukt *nt*
CGA *abbr (color graphics adaptor AmE, colour graphics adaptor BrE)* COMP & DP CGA *(Farbgrafikadapter)*
CGS: ~ **system** *n (centimeter-gram-second system)* METROL CGS-System *nt (Zentimeter-Gramm-Sekunde-System)*
chad *n* COMP & DP Stanzabfall *m*
chafer *n* TEXT Wulstband *nt*
chaff *n* FOOD TECH Spreu *f*
chafing *n* NUC TECH *friction* Durchreiben *nt*, WATER TRANS Durchscheuern *nt*, Schamfilen *nt*; ~ **plate** *n* MECHAN ENG Scheuerblech *nt*; ~ **strip** *n* AIR TRANS Abriebsprotektor *m*
chain:[1] ~**-driven** *adj* MECHAN ENG kettengetrieben
chain[2] *n* AUTO *timing, transmission* Kette *f*, Steuerkette *f*, COMP & DP Kette *f*, Kettenbefehl *m*, CONST *surveying* Kette *f*, Meßkette *f*, ENG DRAW, MECHAN ENG, MECHANICS Kette *f*, METROL *surveying* Meßkette *f*, PAPER Kette *f*, TEXT Kette *f*, Zahnkette *f*, WATER TRANS Kette *f*; ~ **block** *n* MECHAN ENG Kettenflaschenzug *m*, MECHANICS Flaschenzug *m*, Kettenblock *m*; ~ **bridge** *n* CONST Kettenbrücke *f*; ~ **cable** *n* MECHAN ENG Kabelkette *f*, WATER TRANS Ankerkette *f*; ~ **case** *n* AUTO *transmission on motorcycle* Kettengehäuse *nt*, SAFETY Kettenkasten *m*; ~ **conveyor** *n* MECHAN ENG Kettenförderer *m*; ~ **coupling** *n* MECHAN ENG Kettenkupplung *f*; ~ **dimensioning** *n* ENG DRAW Kettenbemaßung *f*, Maßkette *f*; ~ **drive** *n* AUTO *transmission on motorcycle*, MECHAN ENG, MECHANICS Kettenantrieb *m*; ~ **drum** *n* MECHAN ENG Kettentrommel *f*; ~ **elevator** *n AmE* MECHAN ENG Kettenbecherwerk *nt*; ~ **explosion** *n* RAD PHYS Kettenreaktion *f*; ~ **ferry** *n* WATER TRANS Kettenfähre *f*; ~ **gear** *n* MECHAN ENG Kettengetriebe *nt*; ~ **gearing** *n* MECHAN ENG Kettengetriebe *nt*; ~ **grab** *n* WATER TRANS Kettengreifer *m*; ~ **grate** *n* MECHAN ENG Kettenrost *m*; ~ **grinder** *n* PAPER Kettenschleifer *m*; ~ **guard** *n* MECHAN ENG Kettenschutz *m*; ~ **guide** *n* AUTO *engine*, MECHAN ENG *of pulley block* Kettenführung *f*; ~ **haulage** *n* COAL TECH Kettenförderung *f*; ~ **hoist** *n* MECHAN ENG Kettenflaschenzug *m*; ~ **length** *n* PLAS *polymers* Kettenlänge *f*; ~ **lever** *n* MECHAN ENG Kettenhebel *m*; ~ **lift** *n BrE* MECHAN ENG Kettenbecherwerk *nt*; ~**-like circle** *n* ENG DRAW strichpunktierter Kreis *m*; ~ **line** *n* ENG DRAW Strichpunktlinie *f*; ~ **link** *n* AUTO *transmission on motorcycle*, MECHAN ENG Kettenglied *nt*; ~ **locker** *n* WATER TRANS Kettenkasten *m*; ~ **molecule** *n* CHEMISTRY Kettenmolekül *nt*; ~ **pipe wrench** *n* MECHAN ENG Kettenschlüssel *m*; ~ **pitch** *n* MECHAN ENG, PROD ENG Kettenteilung *f*; ~ **plate** *n* WATER TRANS *sailing* Pütting *nt*, Rüsteisen *nt*; ~ **printer** *n AmE (cf train printer BrE)* COMP & DP Kettendrucker *m*; ~ **pulley block** *n* MECHAN ENG Kettenflaschenzug *m*; ~ **pump** *n* MECHAN ENG, WATER SUP Kettenpumpe *f*; ~**-reacting amount** *n* NUC TECH Kettenreaktionsausmaß *nt*; ~ **reaction** *n* MECHAN ENG, NUC TECH, PHYS Kettenreaktion *f*; ~ **reaction of neutrons in nuclear fission** *n* NUC TECH, RAD PHYS Kettenreaktion von Neutronen bei der Kernspaltung *f*; ~ **rule** *n* MATH Kettenregel *f*; ~ **saw** *n* MECHAN ENG *for wood*, PROD ENG Kettensäge *f*; ~ **sheave** *n* MECHAN ENG Kettenrad *nt*; ~ **sling** *n* MECHAN ENG Kettenschlinge *f*, SAFETY Kettenschlaufe *f*; ~ **sprocket** *n* MECHAN ENG Kettennuß *f*, Kettenrolle *f*; ~ **and sprocket wheel drive** *n* AUTO, MECHAN ENG Kettentrieb *m*; ~ **structure** *n* IND PROCESS Kettenstruktur *f*; ~ **tensioner** *n* AUTO *transmission on motorcycle* Kettenspanner *m*; ~ **tightener** *n* PAPER Kettenspanner *m*; ~ **transmission** *n* MECHAN ENG Kettenantrieb *m*; ~ **wheel** *n* MECHAN ENG, PROD ENG Kettenrad *nt*; ~ **wrench** *n* MECHAN ENG Kettenrohrzange *f*
chained: ~ **file** *n* COMP & DP gekettete Datei *f*; ~ **list** *n* COMP & DP gekettete Liste *f*
chainguard *n* AUTO *transmission on motorcycle* Kettenschutz *m*
chaining *n* ART INT Kettung *f*, Verkettung *f*, COMP & DP Ketten *nt*, CONST Entfernungsmessen mit einer Kette *nt*; ~ **search** *n* COMP & DP Suche in verknüpfter Liste *f*
chainmail: ~ **garment** *n* SAFETY Schutzkleidung aus Kettenringen *f*
chair *n* CER & GLAS Glasmacherstuhl *m*, RAIL Schienenstuhl *m*; ~ **arm** *n* CER & GLAS Armlehne *f*; ~ **lift** *n* TRANS Sesselliftbahn *f*
chalcanthite *n* CHEMISTRY Chalkanthit *m*
chalcogenide: ~ **glass** *n* CER & GLAS Chalkogenidglas *nt*
chalcone *n* CHEMISTRY Benzalacetophenon *nt*, Chalcon *nt*
chalk *n* CER & GLAS Kreide *f*; ~ **formation** *n* WATER SUP Kreideformation *f*; ~ **marl** *n* CONST Kreidemergel *m*; ~ **stratum** *n* CONST Kreideschicht *f*
chalking *n* PLAS Abkreiden *nt*, Auskreiden *nt*, Auskreidung *f*, Kreiden *nt*
chalky: ~ **clay** *n* WATER SUP kalkhaltiger Ton *m*
chamber *n* CHEM ENG, MECHAN ENG *of injector* Kammer *f*, MECHANICS Kammer *f*, Raum *m*, WASTE Kammer *f*, WATER SUP *of canal-lock* Behälterkammer *f*; ~ **acid** *n* CHEM ENG Kammersäure *f*; ~ **ascent** *n* AIR TRANS Höhenkammeraufstieg *m*; ~ **crystals** *n pl* CHEM ENG Bleikammerkristalle *m pl*; ~ **filter press** *n* WASTE Kammerfilterpresse *f*; ~ **process** *n* CHEM ENG Bleikammerverfahren *nt*; ~**-type vacuum sealing** *n* PACK Dichtung durch luftleeren Raum *f*
chambray *n* TEXT Chambray *m*
chamfer[1] *n* CONST Abkantung *f*, Abschrägung *f*, Fase *f*, PROD ENG *plastic valves* Anschrägen *nt*; ~ **edge** *n* PROD

ENG Anschnitt *m*; ~ **stop** *n* CONST *joinery* Stechfase *f*
chamfer[2] *vt* CONST abfasen, schrägen, MECHAN ENG abfasen, abschrägen, anfasen, PROD ENG abschrägen, fasen
chamfered: ~ **edge** *n* MECHAN ENG abgefaste Kante *f*; ~ **joint** *n* CONST Schrägfuge *f*
chamfering: ~ **tool** *n* MECHAN ENG Anfaswerkzeug *nt*
chamotte *n* CER & GLAS Schamotte *f*, feuerfester Ton *m*
chance: ~ **causes** *n pl* QUAL Zufallseinflüsse *m pl*; ~ **variation** *n* QUAL Zufallsstreuung *f*
chandelier *n* ELECT Armleuchter *m*
channeling *n AmE see channelling BrE*
change[1] *n* QUAL Änderung *f* ~ **of course** *n* WATER TRANS *navigation* Kurswechsel *m*, Kursänderung *f*; ~ **dump** *n* COMP & DP Speicherauszug der Änderungen *m*; ~-**feed box** *n* MECHAN ENG *machine tools* Getriebe für die Schaltung des Vorschubs *nt*; ~ **file** *n* COMP & DP Änderungsdatei *f*; ~ **gear** *n* MECHAN ENG Wechselgetriebe *nt*, *gearwheel* Wechselrad *nt*; ~ **gear box** *n* MECHAN ENG Wechselräderkasten *m*; ~ **gear drive** *n* MECHAN ENG Wechselrädergetriebe *nt*; ~ **gear wheel** *n* MECHAN ENG *gearing* Wechselrad *nt*; ~ **in range** *n* INSTR Bereichsänderung *f*, Meßbereichsänderung *f*; ~-**of-gage station** *n AmE*, ~-**of-gauge station** *n BrE* RAIL Spurwechselbahnhof *m*; ~-**over** *n* TELEV Wechseln *nt*; ~-**over cue** *n* TELEV Übergabesignal *nt*; ~-**over damper** *n* HEAT & REFRIG Umschaltklappe *f*; ~-**over gate** *n* IND PROCESS Umschalttor *nt*; ~-**over relay** *n* ELEC ENG, ELECT Umschaltrelais *nt*, Wechselrelais *nt*; ~-**over switch** *n* ELEC ENG Umschalter *m*, ELECT Wechselschalter *m*, WATER TRANS *electrics* Umschalter *m*; ~-**over to stand-by** *n* TELECOM Umschaltung auf Bereitschaft *f*, Umschaltung auf Reserve *f*; ~ **record** *n* COMP & DP Änderungssatz *m*; ~-**speed gear** *n* MECHAN ENG Wechselgetriebe *nt*; ~ **of state** *n* PHYS, THERMODYN Zustandsänderung *f*
change[2] *vt* PROD ENG umstecken
changeable *adj* WATER TRANS *weather* veränderlich
changed: ~-**number interception** *n* TELECOM Bescheiddienst *m*
changeover: ~ **procedure** *n* PACK Umstellungsverfahren *nt*
changing *n* PROD ENG Umstecken *nt*; ~ **bag** *n* PHOTO Wechselsack *m*; ~ **room** *n* CONST Umkleideraum *m*
channel[1] *n* COAL TECH Kanal *m*, COMP & DP Kanal *m*, Übertragungsweg *m*, CONST Kanal *m*, Rinne *f*, U-Profil *nt*, CONTROL Kanal *m*, ELEC ENG Fernsehkanal *m*, Frequenzkanal *m*, Kanal *m*, Nachrichtenkanal *m*, Sprechweg *m*, ELECTRON, FLUID PHYS, FUELLESS, MECHAN ENG, MECHANICS Kanal *m*, PROD ENG Gang *m*, Rinne *f*, Spur *f*, RAD TECH, RECORD Kanal *m*, TELECOM Übertragungsweg *m*, TELEV Kanal *m*, WATER TRANS *natural* Kanal *m*, *navigation* Fahrrinne *f*, Fahrwasser *nt*; ~ **adaptor** *n* COMP & DP Kanaladapter *m*; ~ **address word** *n (CAW)* COMP & DP Kanaladreßwort *nt (KAW)*; ~ **allocation** *n* TELEV Kanalzuweisung *f*; ~ **allocation time** *n* TELECOM Kanalzuweisungszeit *f*; ~ **amplifier** *n* TELEV Kanalverstärker *m*; ~ **balancing** *n* RECORD Kanalkompensation *f*; ~ **bandwidth** *n* TELEV Kanalbandbreite *f*; ~ **bed** *n* WATER SUP Kanalsohle *f*; ~ **bending** *n* PROD ENG Herstellen U-förmiger Biegeteile *nt*; ~ **black** *n* PLAS Gasruß *m*, Kanalruß *m*; ~ **bottom** *n* WATER TRANS Kanalsohle *f*; ~ **branching filter** *n* TELECOM Kanalweiche *f*; ~ **capacity** *n* COMP & DP, TELECOM Kanalkapazität *f*; ~ **coal** *n* COAL TECH Kanalkohle *f*; ~ **command word** *n* COMP & DP Kanalbefehlswort *nt*; ~ **control** *n* TELECOM Kanalsteuerung *f*; ~ **doping** *n* ELECTRON Kanaldotierung *f*; ~ **efficiency** *n* TELECOM Kanalausnutzung *f*; ~ **equipment** *n* TELECOM Kanaleinrichtung *f*; ~ **filter** *n* ELECTRON Kanalfilter *nt*, Kanaltrennfilter *nt*; ~ **flow** *n* FLUID PHYS Kanalströmung *f*; ~ **induction furnace** *n* HEAT & REFRIG Induktionsrinnenofen *m*; ~ **iron** *n* CONST U-Eisen *nt*; ~ **loading** *n* TELECOM Kanalbelastung *f*; ~ **markings** *n pl* WATER TRANS Fahrwassermarkierungen *f pl*; ~ **marks** *n pl* WATER TRANS Kanallandmarken *f pl*; ~ **modulation** *n* ELECTRON Kanalumsetzung *f*; ~ **noise** *n* ELECTRON Kanalrauschen *nt*; ~ **occupancy** *n* TELECOM Kanalbelegung *f*; ~ **phasing** *n* RECORD Kanalabgleich *m*; ~ **sample** *n* COAL TECH Schlitzprobe *f*; ~ **section** *n* MECHAN ENG *steel section* U-Stahl *m*, METALL U-Formstahl *m*; ~ **selector** *n* TELECOM, TELEV Kanalwähler *m*; ~ **selector switch** *n* RECORD Kanalwählschalter *m*; ~ **separation** *n* RECORD Kanaltrennung *f*; ~ **spacing** *n* COMP & DP Kanalabstand *m*, Kanalzwischenraum *m*, TELEV Kanalabstand *m*; ~ **status table** *n* COMP & DP Kanalstatustabelle *f*; ~ **status word** *n* COMP & DP Kanalstatuswort *nt*; ~ **stopper** *n* ELEC ENG Kanalstopper *m*; ~ **track** *n* WATER TRANS Kanalroute *f*; ~ **using lower sideband** *n* TELEV Unterseitenbandkanal *m*; ~ **using upper sideband** *n* TELEV Oberseitenbandkanal *m*; ~ **vocoder** *n* TELECOM Kanalvocoder *m*
channel[2] *vt* CONST auskehlen, nuten, FUELLESS lenken
channeling *n AmE see channelling BrE*
channelization *n* WATER TRANS Verkehrslenkung *f*
channelling *n BrE* FUELLESS Kanalbildung *f*, PROD ENG Auskehlung *f*, Riffeln *nt*, TELECOM Kanalaufteilung *f*
chaos *n* FLUID PHYS *stability* Chaos *nt*
chaotic: ~ **motion** *n* FLUID PHYS chaotische Bewegung *f*
chaplet *n* PROD ENG Kernnagel *m*, WATER SUP Kernbock *m*
Chapman: ~ **layer** *n* RAD TECH Chapman-Schicht *f*
chaps *n pl* MECHAN ENG *of vice* Maul *nt*
chaptalization *n* FOOD TECH Chaptalisierung *f*
char *vt* COAL TECH verbrennen, versengen
character:[1] ~-**oriented** *adj* COMP & DP zeichenorientiert
character[2] *n* COMP & DP, CONTROL Zeichen *nt*; ~ **assignment** *n* COMP & DP Zeichenzuordnung *f*; ~ **code** *n* COMP & DP Zeichencode *m*; ~ **density** *n* COMP & DP Zeichendichte *f*; ~ **error rate** *n* TELECOM Zeichenfehlerhäufigkeit *f*; ~ **generator** *n* COMP & DP, ELECTRON Zeichengenerator *m*, TELEV Buchstabengenerator *m*; ~ **height** *n* ENG DRAW Schriftgröße *f*; ~ **outline** *n* COMP & DP Randlinie eines Zeichens *f*, Zeichenumriß *m*; ~ **output reduction** *n (COR)* COMP & DP Druckausgabeverkleinerung *f (COR)*; ~ **pitch** *n* PRINT Zeichenabstand *m*; ~ **printer** *n* COMP & DP Zeichendrucker *m*; ~ **reader** *n* COMP & DP Klarschriftleser *m*; ~-**reading vision system** *n* PACK visuelles Zeichenlesesystem *nt*; ~ **recognition** *n* COMP & DP Zeichenerkennung *f*; ~ **repertoire** *n* COMP & DP Zeichenvorrat *m*; ~ **set** *n* COMP & DP Zeichensatz *m*, PRINT Zeichensatz *m*, Zeichenvorrat *m*; ~ **string** *n* COMP & DP Zeichenfolge *f*; ~ **subset** *n* COMP & DP Zeichenteilmenge *f*; ~ **switch** *n* TELECOM Zeichenumschalter *m*; ~ **type** *n* COMP & DP Zeichenart *f*, Zeichentyp *m*; ~ **width** *n* PRINT Zeichenbreite *f*, Zeichendichte *f*
characteristic[1] *adj* RAD TECH charakteristisch
characteristic[2] *n* COMP & DP Merkmal *nt*, ELECT Charak-

teristik *f*, Kennlinie *f*, *curve* Charakteristik *f*, Kennlinie *f*, ELECTRON Merkmal *nt*, MATH Charakteristik *f*, Kennwert *m*, MECHAN ENG Charakteristik *f*, QUAL Merkmal *nt*, RAD TECH Kennkurve *f*, TELECOM Kennwert *m*; ~ **admittance** *n* ELECT *AC circuit* Wellenwiderstand *m*; ~ **curve** *n* ACOUSTICS, ELECTRON, INSTR Kennlinie *f*, PHOTO Schwärzungskurve *f*, PHYS Kennlinie *f*, SPACE Kennkurve *f*; ~ **equation** *n* SPACE Kenngleichung *f*; ~ **frequency** *n* ELECTRON, RAD TECH, TELEV Eigenfrequenz *f*, charakteristische Frequenz *f*; ~ **impedance** *n* ELEC ENG, PHYS Wellenwiderstand *m*, charakteristischer Leitungswiderstand *m*; ~ **sensitivity** *n* ACOUSTICS Eigenempfindlichkeit *f*, charakteristische Empfindlichkeit *f*; ~ **vacuum impedance** *n* PHYS Wellenwiderstand im Vakuum *m*; ~ **X-ray spectrum** *n* RAD PHYS charakteristisches Röntgenspektrum *nt*

characteristics *n pl* TELECOM Eigenschaften *f pl*, Kenndaten *nt pl*

characters: ~ **per hour** *n (cph)* PRINT Zeichen pro Stunde *nt pl (Z/Std)*; ~ **per inch** *n (cpi)* PRINT Zeichen pro Zoll *nt pl*; ~ **per second** *n pl (cps)* COMP & DP, PRINT Zeichen pro Sekunde *nt pl (Z/sek)*

charcoal *n* CHEMISTRY künstliche Kohle *f*, COAL TECH, PROD ENG Holzkohle *f*; ~ **duff** *n* COAL TECH Kohlenklein *nt*; ~ **filter** *n* LAB EQUIP Holzkohlefilter *nt*

charge[1] *n* ELEC ENG Aufladung *f*, Charge *f*, Füllung *f*, Ladung *f*, ELECT *on capacitor*, PART PHYS, PHYS, RAD PHYS, RAD TECH Ladung *f*, TELECOM Gebühr *f*, Kosten *f pl*, Ladung *f*; ~ **amplifier** *n* ELECTRON Ladungsverstärker *m*; ~ **area** *n* NUC TECH Beladezone *f*, Beschickungszone *f*; ~ **buildup** *n* ELEC ENG Ladungsaufbau *m*; ~ **carrier** *n* ELEC ENG, SPACE Ladungsträger *m*; ~ **cloud** *n* PART PHYS, PHYS, RAD PHYS Ladungswolke *f*; ~ **conjugation parity operation time reversal theorem** *n (CPT theorem)* PHYS CPT-Theorem *nt*; ~**-coupled device** *n (CCD)* ELECTRON Ladungsverschiebeelement *nt*, ladungsgekoppeltes Bauelement *nt (CCD)*, PHYS, TELECOM Ladungsverschiebeelement *nt (CCD)*; ~**-coupled device camera** *n* PACK ladungsgekoppelte Kamera *f*; ~ **density** *n* ELECT, PART PHYS, PHYS, RAD PHYS Ladungsdichte *f*; ~ **density of particle** *n* PART PHYS, PHYS, RAD PHYS Ladungsdichte eines Teilchens *f*; ~**-discharge cycle** *n* WATER TRANS Lade-Entladezyklus *m*; ~ **face** *n* NUC TECH *loading face* Beladeseite *f*; ~ **indicator** *n* WATER TRANS *electronics* Ladeanzeige *f*, Spannungsanzeiger *m*; ~ **leakage** *n* ELECT Ladungsleckstrom *m*, Ladungsverluststrom *m*; ~**-mass ratio** *n* PART PHYS, PHYS, RAD PHYS Ladungsmassenverhältnis *nt*, spezifische Ladung *f*; ~ **multiplet** *n* PART PHYS, PHYS, RAD PHYS Isospin-Multiplett *nt*, Ladungsmultiplett *nt*; ~ **neutralization** *n* ELECT *of electrostatic charge* Ladungskompensierung *f*; ~**-parity symmetry** *n* PART PHYS, PHYS, RAD PHYS Ladungsparitätssymmetrie *f*; ~ **pump** *n* ELEC ENG Ladungspumpe *f*; ~ **rate** *n* TELECOM Tarif *m*; ~ **rate meter** *n* INSTR Ladestrommeßgerät *nt*; ~ **storage** *n* ELEC ENG Ladungsspeicher *m*; ~**-storage diode** *n (CCD diode)* ELECTRON Ladungsspeicherdiode *f*; ~**-storage tube** *n* ELECTRON Ladungsspeicherröhre *f*; ~ **stratification** *n* WATER TRANS Schichtung der Ladung *f*; ~ **transfer** *n* NUC TECH, PART PHYS, RAD PHYS Ladungsübertragung *f*; ~ **transfer band** *n* NUC TECH, PART PHYS, RAD PHYS Ladungsverschiebeband *nt*; ~ **transfer device** *n (CTD)* ELEC ENG Ladungsverschiebeschaltung *f (CTD)*, PHYS ladungsgekoppeltes Bauelement *nt (CTD)*, SPACE Ladungsübertragungsgerät *nt (CTD)*, TELECOM Ladungstransferelement *nt (CTD)*

charge[2] *vt* PROD ENG belegen, RAD TECH laden, TELECOM *call* in Rechnung stellen, THERMODYN *furnace* beladen; ~ **by friction** *vt* PHYS durch Reibung aufladen

chargecard *n* TELECOM Chargecard *f*

charged: ~ **particle** *n* ELEC ENG, ELECTRON, NUC TECH, PART PHYS geladenes Teilchen *nt*, POLL physikalisch geladenes Teilchen *nt*, RAD PHYS geladenes Teilchen *nt*; ~**-particle activation analysis** *n* NUC TECH, PART PHYS, RAD PHYS Aktivierungsanalyse mit Hilfe geladener Teilchen *f*; ~**-particle beam** *n* ELECTRON Ladungsträgerstrahl *m*; ~**-particle radiography** *n* NUC TECH *industrial radiography*, PART PHYS *industrial radiography*, RAD PHYS *industrial radiography* Sekundärteilchenradiographie *f*

charger *n* PHOTO, RAD TECH Ladegerät *nt*, TRANS *for battery-driven transport* Aufladevorrichtung *f*; ~ **at parking meter** *n* TRANS *for battery-driven transport* Parkuhrladegerät *nt*

charging[1] *n* CER & GLAS Einlegen *nt*, ELEC ENG Auflade- *pref*, Aufladung *f*, Laden *nt*, PROD ENG Belegung *f*; ~ **area** *n* TELECOM Gebührenzone *f*; ~ **chamber** *n* WASTE Beschickungskammer *f*; ~ **circuit** *n* ELECT *for accumulator* Akkuladeschaltung *f*, Ladeschaltung *f*; ~ **current** *n* ELECT *for accumulator* Ladestrom *m*; ~ **door** *n* PROD ENG Beschicktür *f*, Beschickungstür *f*; ~ **end** *n* CER & GLAS Einlegeende *nt*; ~ **equipment** *n* TELECOM Ladevorrichtung *f*; ~ **facility** *n* WASTE Beschickungseinrichtung *f*; ~ **information** *n* TELECOM Gebührenangabe *f*; ~ **platform** *n* PROD ENG Gichtbühne *f*; ~ **point** *n* TRANS *for battery-driven transport* Aufladestelle *f*; ~ **rectifier** *n* ELECT *for battery charger* Gleichrichter zur Batterieladung *m*; ~ **regulator** *n* SPACE Laderegler *m*; ~ **station** *n* ELEC ENG *for accumulator* Ladestation *f*; ~ **voltage** *n* ELECT *for accumulator* Ladespannung *f*

charging:[2] ~ **cullet only** *phr* CER & GLAS nur Scherben einlegen

Charles's: ~ **law** *n* PHYS Charles-Gesetz *nt*

charm *n* PART PHYS *quarks*, PHYS *quarks* Charm *m*, Eigenschaft der Quarks *f*, Elementarteilchen *nt*

charmed: ~ **quark** *n* PART PHYS Elementarteilchen *nt*, PHYS Elementarteilchen *nt*, Quark mit Eigenschaft Charm *nt*

charmeuse *n* TEXT Charmeuse *f*

charmonium *n* PHYS Charmonium *nt*

Charpy: ~ **impact test** *n* COATINGS Charpyscher Pendelschlagversuch *m*, MECHANICS Charpyscher Rundkerbversuch *m*, METALL Charpyscher Kerbschlagbiegeversuch *m*, TEST Charpyscher Kerbschlagversuch *m*; ~ **impact tester** *n* PLAS Charpysches Schlagzähigkeitsprüfgerät *nt*; ~ **test** *n* PHYS Charpyscher Kerbschlagversuch *m*; ~ **V-notch test** *n* MECHANICS Charpyscher Rundkerbversuch *m*, Charpyscher V-Kerbtest *m*, NUC TECH Charpysche Spitzkerbprobe *f*

charring *n* CHEMISTRY Carbonisierung *f*, Verschwelung *f*, CONST Scharrieren *nt*

chart[1] *n* INSTR Diagrammstreifen *m*, Registrierstreifen *m*, Streifen *m*, PHYS Karte *f*, Plan *m*, Tabelle *f*, Tafel *f*, WATER TRANS *navigation* Karte *f*; ~ **correction** *n* WATER TRANS *navigation* Kartenberichtigung *f*; ~ **datum** *n* WATER TRANS *navigation, tides* Kartennull *f*; ~ **display** *n* WATER TRANS *navigation* Kartenbildschirm *m*; ~

drum *n* INSTR Diagrammtrommel *f*, Registrierstreifenwalze *f*, Streifenwalze *f*; ~ **feed** *n* INSTR Streifentransport *m*, Streifenvorschub *m*, Streifenzuführung *f*; ~ **motor** *n* INSTR Diagrammantriebsmotor *m*, Registrierstreifenantriebsmotor *m*, Streifenantriebsmotor *m*; ~ **paper tear-off bar** *n* INSTR Abreißstab für Schreiberstreifen *m*, Diagrammabreißstab *m*, Streifenabreißstab *m*; ~ **recorder** *n* LAB EQUIP Bandschreiber *m*, Schaubildaufzeichner *m*; ~ **scale** *n* WATER TRANS *navigation* Kartenmaßstab *m*; ~ **table** *n* WATER TRANS *navigation* Kartentisch *m*; ~ **transport** *n* INSTR Diagrammtransport *m*, Papierstreifentransport *m*, Registrierstreifentransport *m*, Streifentransport *m*

chart[2] *vt* WATER TRANS *navigation* auf Karte eintragen

charted: ~ **depth** *n* WATER TRANS *navigation* Kartenwassertiefe *f*

charter[1] *n* WATER TRANS *ship* Charter *f*, Schiffsvermietung *f*; ~ **party** *n* PET TECH Charterpartie *f*, Chartervertrag *m*, WATER TRANS *sea trade, document* Charterpartie *f*

charter[2] *vt* WATER TRANS *ship* chartern, mieten; ~ **to** *vt* WATER TRANS *ship* vermieten an

charterage *n* WATER TRANS *sea trade* Befrachtung *f*

charterer *n* WATER TRANS *sea trade* Befrachter *m*, Charterer *m*

chartering *n* WATER TRANS *sea trade* Befrachtung *f*, Charterung *f*; ~ **broker** *n* WATER TRANS *sea trade* Befrachtungsmakler *m*

charterworthiness *n* AIR TRANS Chartertüchtigkeit *f*

chase[1] *n* PRINT Rahmen *m*, Schließrahmen *m*, PROD ENG Form *f*, Werkzeug *nt*

chase[2] *vt* MECHAN ENG *screw cutting* strehlen, PROD ENG gewindestrehlen, hämmern

chaser *n* MECHAN ENG *screw cutting* Strehler *m*, PROD ENG Gewindeschneidbacke *f*; ~ **die stock** *n* MECHAN ENG Strehlerkluppe *f*

chasing *n* ENG DRAW Ziselierung *f*, MECHAN ENG *screw cutting* Strehlen *nt*; ~ **lathe** *n* MECHAN ENG Strehlmaschine *f*; ~ **machine** *n* MECHAN ENG Strehlmaschine *f*

chassis *n* AUTO *body* Chassis *nt*, Fahrgestell *nt*; ~**-cab** *n* AUTO *truck* Fahrgestell mit Kabine *nt*; ~ **member** *n* AUTO *body* Chassislängsträger *m*, Rahmenlängsträger *m*

chat: ~ **roller** *n* COAL TECH Quetschwalzwerk *nt*

chatter[1] *n* MECHAN ENG Rattern *nt*, PROD ENG Rattern *nt*, Schlagen *nt*

chatter[2] *vt* CER & GLAS, PROD ENG rattern

chatter[3] *vi* MECHAN ENG rattern, *of valves* flattern, PROD ENG schlagen

chaulmoogra: ~ **oil** *n* CHEMISTRY *pharmaceutics* Chaulmoograöl *nt*

chavibetol *n* CHEMISTRY Chavibetol *nt*

chavicol *n* CHEMISTRY Chavicol *nt*

cheap: ~ **call** *n* TELECOM Gespräch mit ermäßigter Gebühr *nt*; ~ **call rate** *n* TELECOM ermäßigte Gesprächsgebühr *f*

Chebyshev: ~ **filter** *n* ELECTRON polfreies Filter *nt*, PHYS Tschebyscheffsches Filter *nt*

check[1] *n* CER & GLAS Riß *m*, COMP & DP Kontrolle *f*, Prüfung *f*, MECHAN ENG Stopp *m*, Unterbrechung *f*, PACK Kontrolle *f*, Prüf- *pref*, Überprüfung *f*, PROD ENG Arretierfeder *f*; ~**-back position indicator** *n* PROD ENG *plastic valves* Rückmelder *m*; ~ **bit** *n* COMP & DP, ELECTRON Prüfbit *nt*; ~ **character** *n* COMP & DP, TELECOM Prüfzeichen *nt*; ~ **digit** *n* COMP & DP Prüfziffer *f*; ~**-in** *n* AIR TRANS Abfertigung *f*; ~ **list** *n* QUAL Checkliste *f*, Prüfliste *f*; ~ **note** *n* ENG DRAW Prüfvermerk *m*; ~ **nut** *n* MECHAN ENG Stellmutter *f*; ~ **rail** *n* CONST Leitschiene *f*, Schutzschiene *f*, RAIL Schutzschiene *f*; ~ **report** *n* QUAL Kontrollbericht *m*; ~ **sample** *n* COAL TECH Gegenprobe *f*; ~ **station** *n* INSTR Meßmaschine *f*; ~ **switch** *n* TELECOM Kontrollumschalter *m*; ~ **test** *n* QUAL Kontrollprüfung *f*, Nachprüfung *f*; ~ **valve** *n* AUTO Regulierventil *nt*, Rückschlagventil *nt*, *lubrication* Rückschlagventil *nt*, CONST, FUELLESS Absperrventil *nt*, MECHAN ENG Absperrventil *nt*, Rückschlagventil *nt*, MECHANICS Absperrventil *nt*, Reglerventil *nt*, Rückschlagventil *nt*, PAPER Absperrventil *nt*, PROD ENG Absperrventil *nt*, *plastic valves* Absperrventil *nt*, Rückschlagventil *nt*, SPACE Absperrventil *nt*, Rückschlagventil *nt*, Sperrventil *nt*, WATER SUP Absperrventil *nt*, Rückschlagventil *nt*, WATER TRANS Absperrventil *nt*

check[2] *vt* PACK kontrollieren, überprüfen WATER TRANS *ropes* abstoppen; ~ **weigh** *vt* PACK kontrollwiegen

check:[3] ~ **the measurements made** *vi* METROL nachmessen

checked: ~ **finish** *n* CER & GLAS gerissene Oberfläche *f*

checker[1] *n* ENG DRAW *of drawing* Prüfer *m*; ~ **brick** *n* CER & GLAS, PROD ENG Gitterstein *m*; ~ **chamber** *n* CER & GLAS Gitterkammer *f*; ~ **pattern** *n* CER & GLAS Schachbrettmuster *nt*

checker[2] *vt AmE see chequer BrE*

checkering *n AmE see chequering BrE*

checkers *n pl* CER & GLAS Gittermauerwerk *nt*

checking: ~ **apparatus** *n* PACK Kontrollvorrichtung *f*; ~ **instrument** *n* INSTR Kontrollmeßgerät *nt*, Prüfgerät *nt*, Prüfinstrument *nt*; ~ **nut** *n* MECHAN ENG Stellmutter *f*

checkout *n* NUC TECH *of nuclear power plant* Ausprüfen *nt*, Check-out *nt*

checkpoint *n* COMP & DP Prüfpunkt *m*, bedingter Programmstopp *m*, GEOM *of curve* Stützpunkt *m*; ~ **recovery** *n* COMP & DP Wiederaufnahme nach Programmstopp *f*

checks *n pl* TEXT karierte Waren *f pl*

checkshot *n* PET TECH Kontrollschuß *m*

checksum *n* COMP & DP Kontrollsumme *f*, Prüfsumme *f*, ELECTRON Prüfsumme *f*

checkweigher *n* PACK Kontrollwaage *f*

checkweighing: ~ **machine** *n* PACK Abfüllwaage *f*, Wägemaschine *f*

cheek *n* CONST Seitenfläche *f*, Wange *f*, MECHAN ENG Backe *f*, Wange *f*, PROD ENG Mittelkasten *m*, Wange *f*, WATER TRANS *deck equipment* Backe *f*; ~ **block** *n* WATER TRANS *deck equipment* Scheibenklampe *f*

cheese *n* TEXT Kreuzspule *f*, Kreuzwickel *m*, zylindrische Kreuzspule *f*; ~ **curd** *n* FOOD TECH Käsebruch *m*; ~ **head** *n* MECHAN ENG *of screw* Zylinderkopf *m*; ~**-head rivet** *n* CONST Zylinderkopfniete *f*; ~**-head screw** *n* CONST Linsenkopfschraube *f*, MECHAN ENG Zylinderschraube *f*, Zylinderkopfschraube *f*, MECHANICS Rundkopfschraube *f*, PROD ENG Zylinderschraube *f*; ~ **tube** *n* TEXT Kreuzwickelhülse *f*

chelate[1] *n* CHEMISTRY Chelat *nt*

chelate[2] *vt* CHEMISTRY Chelate bilden, chelatisieren

chelating: ~ **agent** *n* CHEMISTRY Chelatbildner *m*, Komplexbildner *m*

chelation *n* CHEMISTRY Chelatbildung *f*, Komplexbildung *f*, NUC TECH Chelatbildung *f*

CHEMFIX: ~ **process** *n* WASTE CHEMFIX-Verfahren *nt*

chemical[1] *adj* TEXT chemisch

chemical:[2] ~ **agent** *n* POLL chemischer Wirkstoff *m*; ~ **analysis** *n* COAL TECH chemische Analyse *f*; ~ **atomic mass unit** *n* NUC TECH chemisch-atomare Masseneinheit *f*; ~ **balance** *n* LAB EQUIP Analysewaage *f*, chemische Waage *f*, PHYS chemisches Gleichgewicht *nt*; ~ **bond** *n* PET TECH chemische Bindung *f*; ~ **burn** *n* SAFETY Verbrennung durch Chemikalien *f*; ~ **coal cleaning** *n* POLL chemische Kohlereinigung *f*; ~ **coating** *n* NUC TECH chemische Beschichtung *f*; ~ **decanning** *n* NUC TECH chemisches Enthülsen *nt*; ~ **decladding** *n* NUC TECH chemisches Enthülsen *nt*; ~ **development** *n* PHOTO chemische Entwicklung *f*; ~ **dosimetry** *n* RAD PHYS *of radioactivity* chemische Dosimetrie *f*; ~ **drains** *n pl* NUC TECH *residues* chemische Rückstände *m pl*; ~ **durability** *n* CER & GLAS chemische Beständigkeit *f*; ~ **hardening** *n* METALL chemisches Härten *nt*; ~ **hazard** *n* SAFETY chemische Gefahr *f*; ~ **intensification** *n* PHOTO chemische Verstärkung *f*; ~ **laser** *n* ELECTRON chemischer Laser *m*; ~ **leavening** *n* FOOD TECH chemisches Treibmittel *nt*; ~ **machining** *n* MECHANICS chemische Oberflächenbearbeitung *f*; ~ **milling** *n* PROD ENG Konturätzen *nt*; ~ **oxygen demand** *n (COD)* POLL chemischer Sauerstoffbedarf *m (CSB)*; ~ **polishing** *n* METALL chemisches Polieren *nt*; ~ **potential** *n* PHYS chemisches Potential *nt*; ~ **precipitation** *n* WASTE chemische Fällung *f*; ~ **pulp** *n* PAPER, PRINT Zellstoff *m*, WASTE chemische Pulpe *f*; ~ **reprocessing plant** *n* NUC TECH chemische Wiederaufbereitungsanlage *f*; ~ **resistance** *n* PLAS chemische Beständigkeit *f*; ~ **rocket engine** *n* MECHAN ENG chemisches Raketentriebwerk *nt*; ~ **shimming** *n* NUC TECH chemische Trimmung *f*; ~ **stability** *n* COAL TECH chemische Beständigkeit *f*; ~ **treatment** *n* COAL TECH chemische Aufbereitung *f*, chemische Behandlung *f*; ~ **vapor deposition** *n AmE see chemical vapour deposition BrE*; ~ **vapor deposition technique** *n AmE see chemical vapour deposition technique BrE* ~ **vapour deposition** *n BrE (CVD)* ELECTRON, TELECOM Gasphasenabscheidung *f (CVD)*; ~ **vapour deposition technique** *n BrE* ELECTRON chemisches Bedampfungsverfahren *nt*, TELECOM chemische Abscheidung aus der Dampfphase *f*; ~ **waste** *n* WASTE chemische Abfälle *m*; ~ **water treatment** *n* WATER SUP chemische Abwasserreinigung *f*; ~ **wood pulp** *n* PRINT Holzzellstoff *m*

chemically:[1] ~ **inert** *adj* COATINGS chemisch träge; ~ **resistant** *adj* PACK chemiebeständig, chemisch resistent

chemically:[2] ~ **neutral oil** *n* PET TECH chemisch neutrales Öl *nt*, säurefreies Öl *nt*; ~-**resistant glass** *n* CER & GLAS chemisch widerstandsfähiges Glas *nt*

chemicals *n pl* PAPER Chemikalien *f pl*

chemiluminescence *n* PHYS, RAD PHYS Chemilumineszenz *f*

chemonuclear: ~ **fuel reactor** *n* NUC TECH Chemiereaktor *m*

chemoreceptors *n pl* ERGON Chemorezeptoren *m pl*

chenille: ~ **yarn** *n* TEXT Chenillegarn *nt*

chequer *vt BrE* PROD ENG karieren, riffeln

chequering *n BrE* ENG DRAW Riffelung *f*

cherry *n* PROD ENG Gesenkfräser *m*, Kugelfräser *m*; ~ **coal** *n* COAL TECH Sinterkohle *f*; ~-**red heat** *n* METALL Kirschrotglut *f*

cherrying *n* PROD ENG Kugelfräsen *nt*; ~ **attachment** *n* MECHAN ENG *machine tools* Kugelfräseeinrichtung *f*

chert *n* PET TECH Hornstein *nt*

chessylite *n* CHEMISTRY Azurit *nt*, Chessylith *m*

chest *n* CER & GLAS Behälter *m*, MECHAN ENG Brust *f*, PAPER Bütte *f*; ~ **drill** *n* MECHAN ENG Brustbohrer *m*, Brustbohrmaschine *f*, Brustleier *f*; ~ **freezer** *n* HEAT & REFRIG Gefriertruhe *f*, Tiefkühltruhe *f*

chevron *n* MATH *is greater than or equal to* Größergleichzeichen *nt*, *is greater than* Größerzeichen *nt*, *is less than or equal to* Kleinergleichzeichen *nt*, *is less than* Kleinerzeichen *nt*, *to compare mathematical values* Ungleichheitszeichen *nt*; ~ **notch** *n* NUC TECH Zickzackkerbe *f*; ~-**type seal** *n* MECHAN ENG Nutringmanschette *f*

Chezy: ~ **coefficient** *n (C)* HYD EQUIP Chezy-Koeffizient *m (C)*

chief: ~ **engineer** *n* WATER TRANS *crew* erster Ingenieur *m*; ~ **factor** *n* TEXT Hauptfaktor *m*; ~ **mate** *n* WATER TRANS *merchant navy* erster Offizier *m*, leitender Offizier *m*; ~ **petty officer** *n* WATER TRANS *navy* Portepee-Unteroffizier *m*

child: ~-**resistant closure** *n (CRC)* PACK Kindersicherungsverschluß *m*; ~-**resistant packaging** *n* PACK kindersichere Verpackung *f*

childproof: ~ **finish** *n* CER & GLAS kindersicherer Verschluß *m*

chill[1] *n* MECHANICS Schalengußform *f*, PROD ENG *casting* Kokille *f*, Kühlnagel *m*; ~ **casting** *n* METALL Kokillenguß *m*, Schalenhartguß *m*, PROD ENG Kokillenguß *m*; ~ **cast shot** *n* METALL Hartgußstrahlmittel *nt*; ~ **mark** *n BrE (cf chill wrinkle AmE)* CER & GLAS Kühlfalte *f*, runzelige Oberfläche durch ungleichmäßige Kühlung *f*; ~ **permanent adhesive** *n* PACK Kokillenkleber *m*; ~ **roll** *n* HEAT & REFRIG, PLAS Kühlwalze *f*; ~ **roll coextrusion** *n* PLAS Chill-Roll-Coextrusion *f*; ~ **roll extrusion** *n* PLAS Chill-Roll-Extrusion *f*; ~ **room** *n* HEAT & REFRIG Gefrierraum *m*, Kühlraum *m*, Kältelagerraum *m*, THERMODYN Kühlraum *m*; ~ **wrinkle** *n AmE (cf chill mark BrE)* CER & GLAS Kühlfalte *f*, runzelige Oberfläche durch ungleichmäßige Kühlung *f*

chill[2] *vt* HEAT & REFRIG, MECHANICS abkühlen, abschrecken, kühlen, PROD ENG in Kokillen gießen, THERMODYN abkühlen, abschrecken, kühlen

chilled[1] *adj* FOOD TECH, THERMODYN gekühlt

chilled:[2] ~ **cast iron** *n* PROD ENG Schalenhartguß *m*; ~ **goods** *n pl* PACK Kühlwaren *f pl*; ~ **roll iron** *n* METALL Walzengußeisen *nt*; ~ **water** *n* HEAT & REFRIG Kühlwasser *nt*

chiller *n* HEAT & REFRIG Kühler *m*, Kältekompressor *m*

chilling *n* CER & GLAS Abschrecken *nt*, HEAT & REFRIG Abkühlung *f*, Kühlung *f*, PLAS Abkühlen *nt*, Kühlen *nt*, PROD ENG Kokillenguß *m*, THERMODYN Kühlen *nt*; ~ **layer** *n* PROD ENG Schreckschicht *f*

chimney *n* CONST Schornstein *m*, HEAT & REFRIG Rauchabzug *m*, Schornstein *m*; ~ **effect** *n* HEAT & REFRIG Kaminwirkung *f*; ~ **flue** *n* CONST Schornsteinzug *m*, HEAT & REFRIG Kamin *m*; ~ **netting** *n* RAIL Funkensieb *nt*; ~ **stack** *n* CONST Schlot *m*

china *n* CER & GLAS Porzellan *nt*; ~ **borer** *n* CER & GLAS Porzellanbohrer *m*; ~ **caster** *n* CER & GLAS Porzellangießmaschine *f*; ~ **clay** *n* CER & GLAS, PLAS Kaolin *nt*; ~ **clay quarry** *n* CER & GLAS Kaolinsteinbruch *m*; ~ **clay washing** *n* CER & GLAS Kaolinschlämmen *nt*; ~ **decoration** *n* CER & GLAS Porzellandekor *nt*; ~ **insulator** *n* CER & GLAS Porzellanisolator *m*; ~ **ornamentation** *n* CER & GLAS Porzellanverzierung *f*; ~ **painting** *n* CER & GLAS

Porzellanmalerei *f*; ~ **thrower** *n* CER & GLAS Porzellandreher *m*

China: ~ **blue** *n* CER & GLAS China-Blau *nt*

chine *n* AIR TRANS *seaplane* Gleitflosse *f*, Kimme *f*; ~ **tire** *n AmE*, ~ **tyre** *n BrE* AIR TRANS *motor* Laufradmantel *m*

chinicine *n* CHEMISTRY Chinicin *nt*

chinidine *n* CHEMISTRY Cinchonidin *nt*

chinovin *n* CHEMISTRY Chinovabitter *nt*, Chinovin *nt*

chip:[1] **off** ~ *adj* ELECTRON außerhalb des Chips gelegen, nicht auf dem Chip befindlich

chip[2] *n* ACOUSTICS, COMP & DP Chip *m*, CONST *of stone* Splitt *m*, ELEC ENG elektronisches Bauelement *nt*, ELECT Chip *m*, MECHAN ENG Span *m*, MECHANICS Span *m*, Splitter *m*, PAPER Hackschnitzel *m*, PROD ENG Ausbruch *m*, Span *m*, TELECOM Chip *m*, Element *nt*, TELEV Chip *m*; ~ **area** *n* ELECTRON Chip-Fläche *f*; ~ **breaker** *n* MECHAN ENG Spanbrecher *m*; ~ **card** *n* COMP & DP Chipkarte *f*; ~**-card reader** *n* TELECOM Chipkartenleser *m*; ~ **carrier** *n* ELECTRON Chipträger *m*; ~ **complexity** *n* ELECTRON Chipkomplexität *f*; ~ **design** *n* ELECTRON Chipentwurf *m*; ~ **layout** *n* ELECTRON Chipauslegung *f*; ~ **rate** *n* TELECOM Chiprate *f*; ~ **removal** *n* MECHAN ENG Spanabnahme *f*, Spanen *nt*; ~ **set** *n* ELECTRON Chipsatz *m*; ~ **thickness** *n* MECHAN ENG Spandicke *f*

chip[3] *vt* CER & GLAS abplatzen, CONST abgraten, meißeln, PROD ENG ausbrechen, meißeln, schroten

chip[4] *vi* CONST abblättern

chipboard *n* PACK Holzspanplatte *f*

chipped: ~ **corner** *n* CER & GLAS abgeplatzte Ecke *f*; ~ **edge** *n* CER & GLAS abgeplatzte Kante *f*

chipper *n* CONST Meißelhammer *m*, PAPER Hackmaschine *f*; ~ **knife** *n* PAPER Hackmesser *nt*

chipping *n* CER & GLAS Abplatzen *nt*; ~ **hammer** *n* MECHAN ENG Schrotmeißel *m*; ~ **tool** *n* CER & GLAS Glaszange *f*; ~ **to the weight** *n* CER & GLAS Spanen auf Gewicht *nt*

chippings *n pl* CER & GLAS Splitter *m*, COAL TECH Splitt *m*

chips: ~ **exhaust installation for milling machines** *n* SAFETY Spanabzug für Mühlen *m*

chirp *n* RAD TECH *CW* Zwitschern *nt*; ~ **modulation** *n* SPACE *communications* Zwitschern *nt*

chirping *n* OPT Zirpen *nt*, TELECOM *laser pulse* Chirpen *nt*, Chirping *nt*

chisel[1] *n* CONST Meißel *m*, Stemmeisen *nt*, MECHANICS Beitel *m*, Stechbeitel *m*, Stemmeisen *nt*, PROD ENG Meißel *m*; ~ **bit** *n* PET TECH Meißelbohrer *m*; ~ **edge** *n* PROD ENG Querschneide *f*

chisel[2] *vt* CONST meißeln, stemmen

chiseling *n AmE*, **chiselling** *n BrE* MECHAN ENG Meißeln *nt*, PROD ENG Meißeln *nt*, Stemmen *nt*

chitosamine *n* CHEMISTRY Chitosamin *nt*

chloracetic *adj* CHEMISTRY Chloressig- *pref*

chloral[1] *adj* CHEMISTRY Chloral- *pref*

chloral:[2] ~ **formamide** *n* CHEMISTRY Chloralformamid *nt*

chloralose *n* CHEMISTRY Chloralose *f*

chloranil *n* CHEMISTRY Chloranil *nt*

chlorate *n* CHEMISTRY Chlorat *nt*

chloric[1] *adj* CHEMISTRY chlorsauer

chloric:[2] ~ **acid** *n* FOOD TECH Chlorsäure *f*

chloride *n* CHEMISTRY Chlorid *nt*; ~ **glass** *n* CER & GLAS Chloridglas *nt*; ~ **oxide** *n* CHEMISTRY Oxidchlorid *nt*; ~ **paper** *n* PHOTO Chloridpapier *nt*

chlorinate *vt* CHEMISTRY chloren, chlorieren

chlorinated: ~ **lime** *n* FOOD TECH Bleichpulver *nt*, Chlorkalk *m*; ~ **polyethylene** *n (CPE)* PLAS chloriertes Polyethylen *nt (PEC)*; ~ **polyvinyl chloride** *n (CPVC)* PLAS chloriertes Polyvinylchlorid *nt (PVC-C)*; ~ **rubber** *n* PLAS Chlorkautschuk *m*

chlorination *n* CHEMISTRY Chlorierung *f*, Chlorung *f*, WASTE Chlorierung *f*

chlorine *n (Cl)* CHEMISTRY Chlor *nt (Cl)*; ~ **hydrate** *n* CHEMISTRY Chlorhydrat *nt*

chlorite *n* CHEMISTRY, COAL TECH, PET TECH Chlorit *nt*

chloroacetate *n* CHEMISTRY Chloracetat *nt*

chlorofibers *n pl AmE*, **chlorofibres** *n pl BrE* TEXT Chlorfasern *f pl*

chlorofluorocarbon *n (CFC)* PACK, POLL Fluorchlorokohlenwasserstoff *m (FCKW)*

chlorohydrin *n* CHEMISTRY Chlorhydrin *nt*

chlorophenol *n* CHEMISTRY Chlorphenol *nt*

chloropicrin *n* CHEMISTRY Nitrochloroform *nt*, Trichlornitromethan *nt*

chloroprene *n* CHEMISTRY Chloropren *nt*; ~ **rubber** *n (CR)* PLAS Chloroprenkautschuk *m (CPK)*

chlorosulfonyl: ~ **isocyanate** *n (CSI)* POLL Chlorschwefelisocyanat *nt (CSI)*

chlorous *adj* CHEMISTRY chlorig

chock[1] *n* MECHANICS Bremsklotz *m*, PROD ENG Keil *m*, WATER TRANS *shipbuilding* Aufklotzung *f*

chock[2] *vt* PROD ENG verkeilen

chocolate: ~ **mousse** *n* MAR POLL Schokoladenschaum *m*, Ölschlamm *m*

choice: ~ **reaction** *n* ERGON Wahlreaktion *f*

choke[1] *n* AUTO Choke *m*, Kaltstartzug *m*, *carburettor* Luftklappe *f*, Starterklappe *f*, Vordrossel *f*, CER & GLAS verengter Flaschenhals *m*, ELEC ENG Drossel *f*, Drosselspule *f*, *waveguides* Sperre *f*, ELECT Drossel *f*, MECHANICS Choke *m*, Drosselluftklappe des Vergasers *f*, Luftdüse *f*, Vergaserluftdüse *f*, PET TECH Drossel *f*, PROD ENG Drosselklappe *f*, RAD TECH Drossel *f*, TELECOM Drossel *f*, Drosselspule *f*; ~ **circuit** *n* ELECT Drosselschaltung *f*; ~ **coil** *n* ELEC ENG, ELECT Drosselspule *f*; ~ **feed** *n* ELECT Drosselspeisung *f*; ~ **flange** *n* ELEC ENG Sperrfilterflansch *nt*; ~**-input filter** *n* ELEC ENG Filter mit induktivem Eingang *nt*, RAD TECH Eingangsfilter mit Drossel *nt*; ~ **plunger** *n* ELEC ENG Drosselkolben *m*, kapazitiver Kurzschlußkolben *m*

choke[2] *vt* AUTO drosseln, PROD ENG festklemmen

choked[1] *adj* HEAT & REFRIG verstopft

choked:[2] ~ **nozzle** *n* AIR TRANS verstopfte Düse *f*

choker: ~ **plate** *n* AUTO Starterklappe *f*, Vergaserluftklappe *f*; ~ **valve** *n* COAL TECH Drosselventil *nt*

choking *n* AIR TRANS Drosseln *nt*, Drosselung *f*, PROD ENG Einschnürung *f*, Verstopfen *nt*

cholate *n* CHEMISTRY Cholsäureester *m*

cholestene: ~**-ß-ol** *n* CHEMISTRY Cholesten *nt*, Cholesterin *nt*

cholesterase *n* CHEMISTRY Cholinesterase *f*

cholesterol *n* CHEMISTRY Cholesten *nt*, Cholesterin *nt*, FOOD TECH Cholesterin *nt*

cholic *adj* CHEMISTRY Chol- *pref*

choline *n* FOOD TECH Cholin *nt*; ~ **esterase** *n* CHEMISTRY Cholinesterase *f*

chondrin *n* CHEMISTRY Chondrin *nt*

chooseable: ~ **wiring** *n* ELECTRON *wafer* wählbare Leiterbahn *f*

chop[1] *n* MECHAN ENG *of joiner's vice* bewegliche Backe *f*

chop[2] *vt* PROD ENG abschroten

chopped: **~-light photometer** *n* INSTR Wechsellichtfotometer *nt*; **~ mode** *n* ELECTRON Zerhackermodus *m*; **~ signal** *n* ELECTRON zerhacktes Signal *nt*; **~ strand** *n* CER & GLAS Stapelglasseide *f*; **~-strand mat** *n* CER & GLAS Glasfaservlies *nt*, PLAS Faserschnittmatte *f*, Kurzfaservlies *nt*, Schnittmatte *f*, WATER TRANS *shipbuilding* Glasseidenmatte *f*

chopper *n* ELECTRON Zerhacker *m*, PAPER Häcksler *m*; **~ amplifier** *n* ELECTRON Chopper-Verstärker *m*, Zerhakkerverstärker *m*; **~ bar controller** *n* INSTR Druckbügelregler *m*, Fallbügelregler *m*, Tastbügelregler *m*; **~ bar dot recorder** *n* INSTR Fallbügelpunktschreiber *m*; **~ circuitry** *n* SPACE *spacecraft* Zerhackerschaltung *f*; **~ stabilized amplifier** *n* ELECTRON chopperstabilisierter Verstärker *m*

chopping *n* ELECTRON *of direct current* Zerhacken *nt*

choppy: **~ sea** *n* WATER TRANS kabbelige See *f*

chord *n* ACOUSTICS Akkord *m*, Saite *f*, AIR TRANS Flügeltiefe *f*, Profilsehne *f*, FUELLESS Gurt *m*, Sehne *f*, GEOM *of curve*, MATH Sehne *f*; **~ length** *n* FUELLESS Flügeltiefe *f*, Sehnenlänge *f*; **~ member of a truss** *n* AIR TRANS Profilsehnenteil des Fachwerks *nt*; **~ ratio** *n* AIR TRANS Profiltiefe *f*, relative Profiltiefe *f*

chordal: **~ thickness** *n* AIR TRANS *gear* Zahndicke *f*

CHPS *abbr (combined heat and power station)* THERMODYN Heizkraftwerk *nt*

chroma *n* TELEV Farbe *f*; **~ control** *n* TELEV Farbsteuerung *f*; **~ delay** *n* TELEV Farbnachlauf *m*; **~ flutter** *n* TELEV Farbschwankung *f*; **~ pilot** *n* TELEV Farbsteuerung *f*

chromakey *n AmE (cf colour separation overlay BrE)* TELEV Farbschlüssel *m*, Farbauszugsüberlagerung *f*

chromate[1] *adj* COATINGS farbkundlich

chromate[2] *n* CHEMISTRY Chromsäuresalz *nt*, Chromat *nt*

chromate[3] *vt* METALL chromatieren

chromatic[1] *adj* OPT chromatisch

chromatic:[2] **~ aberration** *n* OPT Farbfehler *m*, chromatische Aberration *f*, PHOTO chromatische Abweichung *f*, RAD PHYS Farbfehler *m*, chromatische Aberration *f*, TELEV Farbfehler *m*, chromatischer Abbildungsfehler *m*; **~ balance** *n* TELEV Farbgleichgewicht *nt*; **~ component** *n* TELEV Farbkomponente *f*; **~ coordinates** *n pl* PHYS Farbkoordinaten *f pl*; **~ dispersion** *n* OPT Farbzerlegung *f*, chromatische Dispersion *f*, chromatische Zerlegung *f*; **~ distortion** *n* OPT Farbfehler *m*, chromatische Verzeichnung *f*, chromatischer Fehler *m*, TELECOM chromatische Verzerrung *f*; **~ flicker** *n* TELEV Farbflimmern *nt*; **~ resolving power** *n* PHYS Farbauflösungsvermögen *nt*; **~ scale** *n* ACOUSTICS chromatische Tonleiter *f*; **~ semitone** *n* ACOUSTICS chromatischer Halbton *m*; **~ spectrum** *n* PHOTO Farbenspektrum *nt*; **~ splitting** *n* TELEV Farbsplitten *nt*

chromaticity *n* TELEV Farbmaßzahl *f*, Farbton *m*; **~ aberration** *n* TELEV Farbabweichung *f*; **~ coordinates** *n pl* PHYS Farbkoordinaten *f pl*; **~ diagram** *n* TELEV Farbtafel *f*

chromatograph *n* INSTR Chromatograph *m*

chromatography *n* CHEMISTRY Chromatographie *f*; **~ column** *n* LAB EQUIP Chromatographiesäule *f*; **~ papers** *n pl* LAB EQUIP Chromatographiepapiere *nt pl*; **~ tank** *n* LAB EQUIP Chromattank *m*

chrome:[1] **~ green** *adj* CER & GLAS chromgrün

chrome:[2] **~ alum** *n* CHEMISTRY Kaliumchromalaun *m*, Kaliumchromsulfat *nt*; **~ dioxide tape** *n* TELEV Chromdioxidband *nt*; **~ intensifier** *n* PHOTO Chromverstärker *m*; **~ ore** *n* CER & GLAS Chromerz *nt*; **~ steel** *n* METALL Chromstahl *m*; **~ strip** *n* AUTO *body* Zierleiste *f*; **~ vanadium steel** *n* METALL Chromvanadiumstahl *m*

chromel *n* METALL Chromel *nt*

chromic: **~ oxide** *n* CER & GLAS Chromoxid *nt*

chrominance *n* ELECTRON Chrominanz *f*, Farbwert *m*; **~ amplifier** *n* ELECTRON Chrominanzverstärker *m*; **~ bandwidth** *n* TELEV Chrominanzbandbreite *f*; **~ carrier output** *n* TELEV Chrominanzträgerleistung *f*; **~ components** *n pl* TELEV Farbanteile *m pl*; **~ demodulator** *n* TELEV Chrominanzdemodulator *m*; **~ phase** *n* TELEV Farbphase *f*; **~ signal** *n* ELECTRON, SPACE *communications*, TELEV Chrominanzsignal *nt*; **~ subcarrier** *n* TELEV Chrominanzunterträger *m*, TV Chrominanzträger *m*, Farbträger *m*; **~ subcarrier demodulation** *n* ELECTRON Farbträger-Demodulation *f*; **~ subcarrier demodulator** *n* ELECTRON Farbträger-Demodulator *m*; **~ subcarrier modulation** *n* ELECTRON Farbträger-Modulation *f*; **~ subcarrier modulator** *n* ELECTRON Farbträger-Modulator *m*; **~ subcarrier oscillator** *n* ELECTRON Farboszillator *m*; **~ subcarrier reference** *n* TELEV Farbhilfsträgerbezug *m*; **~ subcarrier signal** *n* TELEV Chrominanzhilfsträgersignal *nt*

chromite *n* CER & GLAS Chromit *m*

chromium[1] *adj* CHEMISTRY Chrom- *pref*

chromium[2] *n (Cr)* CHEMISTRY Chrom *nt*, Chromium *nt (Cr)*; **~ plating** *n* AUTO, METALL Verchromung *f*; **~ steel** *n* METALL Chromstahl *m*

chromodynamics *n* PART PHYS Chromodynamik *f*

chromogen *n* CHEMISTRY Chromogen *nt*

chromosphere *n* RAD TECH, SPACE Chromosphäre *f*

chromotropic *adj* CHEMISTRY Chromotrop- *pref*

chromous *adj* CHEMISTRY Chrom- *pref*

chronic: **~ effect** *n* POLL chronische Wirkung *f*

chronology: **~ of launching** *n* SPACE Zeitablauf beim Start *m*

chronometer *n* INSTR Chronometer *nt*, Zeitmeßgerät *nt*, LAB EQUIP Zeitmesser *m*, PHYS Chronometer *nt*, Uhr *f*, WATER TRANS *navigation* Chronometer *nt*; **~ rate** *n* WATER TRANS *navigation* Chronometergang *m*

chrysene *n* CHEMISTRY Benzophenanthren *nt*, Chrysen *nt*

chrysoidine *n* CHEMISTRY Chrysoidin *nt*, Diaminoazobenzol *nt*

chrysophanic *adj* CHEMISTRY Chrysophan- *pref*

chuck[1] *n* MECHAN ENG Futter *nt*, Spannfutter *nt*, Spannzeug *nt*, *of lathe* Aufspannvorrichtung *f*, MECHANICS Bohrmaschinenfutter *nt*, Einspannfutter *nt*, Spannfutter *nt*, PROD ENG Einbaustück *nt*, Modell *nt*, Spannfutter *nt*; **~ block** *n* CER & GLAS Klemmblock *m*; **~ guard** *n* MECHAN ENG Futterschutz *m*; **~ jaw** *n* MECHAN ENG Spannbacke *f*; **~ plate** *n* MECHAN ENG Futterplatte *f*

chuck[2] *vt* MECHAN ENG aufspannen, einspannen, PROD ENG *metal cutting* einspannen

chucker *n* MECHAN ENG Futterautomat *m*

chucking *n* MECHAN ENG Aufspann- *pref*, MECHANICS Einspannen *nt*, PROD ENG *metal cutting* Futterspannung *f*; **~ automatic lathe** *n* MECHAN ENG Futterautomat *m*; **~ device** *n* MECHAN ENG Aufspannvorrichtung *f*, Einspannvorrichtung *f*, Spannzeug *nt*; **~ reamer** *n* MECHAN ENG Maschinenreibahle *f*

chuffing *n* SPACE instabiler Abbrand *m*

chunk *n* CER & GLAS Klumpen *m*; **~ glass** *n* CER & GLAS Klumpenglas *nt*

churn:[1] **~ drill** *n* PET TECH Schlagmeißel für Seilschlagbohren *m*; **~ loss** *n* PROD ENG *kinematics* Planschverlust *m*

churn[2] *vt* FOOD TECH buttern, PROD ENG *kinematics* in Öl wirbeln

churning *n* FOOD TECH Butterherstellung *f*, Buttern *nt*, Kirnen *nt*

chute *n* CER & GLAS Rutsche *f*, COAL TECH Rollschacht *m*, CONST Abwurfschacht *m*, Rutsche *f*, MECHAN ENG Förderrutsche *f*, Rutsche *f*, MECHANICS Fallrinne *f*, Rinne *f*, Rutsche *f*, Schacht *m*, PROD ENG Schrägrinne *f*; **~ spillway** *n* FUELLESS Stromschnelle-Überlauf *m*

chyme *n* FOOD TECH Speisebrei *m*

Ci *abbr (curie)* PHYS, RAD PHYS Ci *(Curie)*

cibetone *n* CHEMISTRY Zibeton *nt*

cigar: **~ antenna** *n* SPACE *coaxial aerial* Zigarrenantenne *f*

cim *abbr (cubic inches per minute)* METROL cim *(Kubikzoll pro Minute)*

CIM *abbr* COMP & DP *(CompuServe Information manager)* CIM *(CompuServe Information Manager)*, COMP & DP *(computer-integrated manufacture)* CIM *(computerintegrierte Fertigung)*

ciminite *n* PET TECH Ciminit *nt*

Cimmerian: **~ orogeny** *n* PET TECH kimmerische Gebirgsbildung *f*, kimmerische Orogenese *f*; **~ unconformity** *n* PET TECH kimmerische Schichtenkontinuitätsstörung *f*

cinch *n* TELEV *plug* Cinch-Stecker *m*

cinching *n* TELEV Bandlängsschlupf *m*

cinchona: **~ bark** *n* CHEMISTRY Chinarinde *f*

cinchonidine *n* CHEMISTRY Cinchonidin *nt*

cinchonine *n* CHEMISTRY Cinchonin *nt*

cinder *n* PROD ENG Schlacke *f*, Zunder *m*

cineole *n* CHEMISTRY Cineol *nt*

cineolic *adj* CHEMISTRY Cineol- *pref*

cinescope *n* ELECTRON Kineskop *nt*

cinnamyl *n* CHEMISTRY Cinnamyl- *pref*

cinnoline *n* CHEMISTRY Cinnolin *nt*

CIP *abbr (cleaning in place)* FOOD TECH Umlaufreinigung *f*, automatische Anlagen *f*

cipher *n* MATH *Arabic number* arabische Zahl *f*

circle *n* GEOM Kreis *m*; **~ of aberration** *n* OPT Aberrationskreis *m*; **~ of confusion** *n* PHOTO Zerstreuungskreis *m*; **~ of contact** *n* MECHAN ENG *of gearwheel* Wälzkreis *m*; **~ of curvature** *n* GEOM Krümmungskreis *m*; **~ of declination** *n* OPT Abweichungskreis *m*; **~ diameter** *n* PROD ENG *plastic valves* Teilkreisdurchmesser *m*; **~ formula** *n* GEOM Kreisformel *f*; **~ of least confusion** *n* PHOTO am wenigsten wahrnehmbares Zerstreuungsscheibchen *nt*

circling: **~ approach** *n* AIR TRANS Platzrundenanflug *m*; **~ guidance light** *n* AIR TRANS Platzrundenführungsbefeuerung *f*

circlip *n* AUTO *engine* Seegerring *m*, Sicherungsbügel *m*, Sicherungsring *m*, MECHAN ENG Benzingsicherung *f*, Benzingsicherungsring *m*, Sicherungsring *m*, MECHANICS Sprengring *m*, PROD ENG Ringfeder *f*, Seegersicherung *f*, Sprengring *m*; **~ pliers** *n pl* MECHAN ENG Zange für Sicherungsringe *f*; **~ ring** *n* MECHAN ENG Seegersicherungsring *m*

circuit:[1] **in ~** *adj* ELECT im Stromkreis

circuit[2] *n* COMP & DP Schaltung *f*, ELEC ENG Kreis *m*, ELECT Schaltung *f*, Stromkreis *m*, ELECTRON Schaltkreis *m*, HEAT & REFRIG Leitungskreis *m*, PHYS Schaltkreis *m*, Schaltung *f*, PROD ENG *electrical* Netz *nt*, RAD TECH Kreis *m*, Schaltkreis *m*; **~ analysis** *n* ELEC ENG Schaltkreisanalyse *f*, Schaltungsanalyse *f*; **~ availability** *n* TELECOM *maritime satellite* Sprechkreisverfügbarkeit *f*; **~ breaker** *n* CONST Trennschalter *m*, ELEC ENG Leistungsschalter *m*, Schalter *m*, Stromunterbrecher *m*, Unterbrecher *m*, ELECT Stromunterbrecher *m*, Trennschalter *m*; **~ closer** *n* ELEC ENG Einschalter *m*, Stromschließer *m*; **~ continuity tester** *n* INSTR Durchgangsprüfer *m*, Leitungsdurchgangsprüfer *m*, Leitungsprüfer *m*; **~ delay** *n* ELECTRON Schaltkreisverzögerung *f*; **~ design** *n* ELEC ENG Schaltungsaufbau *m*, ELECT Schaltungsentwurf *m*, ELECTRON Schaltkreisentwurf *m*; **~ diagram** *n* CONTROL Schaltplan *m*, ELEC ENG Schaltbild *nt*, Schaltplan *m*, Schaltschema *nt*, Stromlauf *m*, ELECT Schaltbild *nt*, Stromflußplan *m*, TELEV Schaltbild *nt*; **~ element** *n* ELEC ENG, ELECTRON Schaltelement *nt*; **~ group** *n* TELECOM Satzgruppe *f*, Sprechkreisbündel *nt*; **~ integration** *n* ELECTRON Schaltkreisintegration *f*; **~-mode bearer service** *n* TELECOM leitungsvermittelter Trägerdienst *m*; **~ noise** *n* ELECTRON Leitungsrauschen *nt*; **~ switch** *n* TELECOM Durchschaltevermittlung *f*; **~-switched exchange** *n* TELECOM Amt mit Leitungsvermittlung *nt*; **~-switched network** *n (CSN)* COMP & DP Durchschalte-Vermittlungsnetz *nt*, leitungsvermitteltes Netz *nt*, TELECOM Durchschalte-Vermittlungsnetz *nt*, leitungsvermitteltes Netz *nt (CSN)*; **~-switched public data network** *n (CSPDN)* TELECOM öffentliches Datenpaketvermittlungsnetz *nt (CSPDN)*; **~ switching** *n (CS)* COMP & DP, TELECOM Durchschaltevermittlung *f*, Leitungsvermittlung *f (CS)*; **~ switching center** *n AmE*, **~ switching centre** *n BrE* TELECOM leitungsvermittelndes Amt *nt*; **~ switching system** *n* TELECOM Durchschaltesystem *nt*, Leitungsvermittlung *f*; **~ switching unit** *n* TELECOM Durchschalte-Vermittlungseinrichtung *f*; **~ theory** *n* ELEC ENG Schaltungsbeschreibung *f*

circular[1] *adj* CONST Rund- *pref*, ELECTRON Rund- *pref*, kreisförmig, GEOM kreisförmig, zirkulär, MECH, MECHAN ENG, PHYS, PROD ENG, TELECOM Rund- *pref*

circular:[2] **~ aperture** *n* PHYS Kreisblende *f*; **~ arc** *n* GEOM Kreisbogen *m*; **~ broom** *n* WASTE Tellerbürste *f*; **~ chart diagram** *n* INSTR Kreisblattdiagramm *nt*; **~ chart recorder** *n* INSTR Kreisblattschreiber *m*; **~ combing machine** *n* TEXT Rundkammstuhl *m*, Rundkämmaschine *f*; **~-cut file** *n* MECHAN ENG Feilscheibe *f*; **~ flight** *n* SPACE Raumflug auf Umlaufbahnen *m*; **~ horn feed** *n* RAD TECH zirkularpolarisierte Hornspeisung *f*; **~ knitted fabric** *n* TEXT Strickschlauch *m*; **~ measure** *n* GEOM *by radians* Bogenmaß *nt*; **~ milling** *n* MECHAN ENG Rundfräsen *nt*; **~ milling attachment** *n* MECHAN ENG Rundfräseinrichtung *f*; **~ milling machine** *n* MECHAN ENG Rundfräsmaschine *f*; **~ motion** *n* MECHAN ENG, PHYS Kreisbewegung *f*; **~ orbit** *n* SPACE Kreisumlaufbahn *f*; **~ pitch** *n (CP)* MECHAN ENG *gearing* Circular-Pitch *m*, Zahnteilung im Teilkreis *f*, MECHANICS Kreisneigung *f*, Kreisstellung *f*, Umfangsteilung *f*, Zahnkreisteilung *f*; **~ planing** *n* MECHAN ENG Rundhobeln *nt*; **~ polarization** *n* PHYS Zirkularpolarisation *f*, RAD TECH Zirkularpolarisierung *f*, TELECOM Kreispolarisation *f*, Zirkularpolarisation *f*; **~ polarization of light** *n* RAD PHYS Zirkularpolarisation des Lichtes *f*; **~-polarized wave** *n* PHYS zirkular polarisierte Welle *f*; **~ route** *n*

SPACE Kreisbahn *f*; **~ saw** *n* MECHAN ENG Kreissäge *f*; **~ saw blade** *n* MECHAN ENG Kreissägeblatt *nt*; **~ scan** *n* ELECTRON kreisförmige Abtastung *f*; **~ shift** *n* COMP & DP Ringschieben *nt*, ELECTRON *data processing* Kreisverschiebung *f*; **~ slide rule** *n* MATH Rechenscheibe *f*; **~ slide-valve** *n* HYD EQUIP Rundschieber *m*; **~ thickness** *n* MECHAN ENG *gears* Zahndicke im Teilkreis *f*; **~-vibrating screen** *n* COAL TECH Kreisschwingsieb *nt*; **~ waveguide** *n* ELEC ENG Rundhohlleiter *m*, runder Hohlleiter *m*, PHYS, TELECOM Rundhohlleiter *m*; **~ waves** *n pl* WAVE PHYS zirkular polarisierte Wellen *f pl*

circularization: **~ of orbit** *n* SPACE Zirkularisierung der Umlaufbahn *f*

circularize *vt* SPACE *orbit* zirkularisieren

circularly: **~-polarized wave** *n* ACOUSTICS zirkular polarisierte Welle *f*

circulate *vt* HEAT & REFRIG umlaufen, umwälzen, *air* umwälzen

circulating: **~ air** *n* HEAT & REFRIG Umluft *f*; **~ air unit** *n* HEAT & REFRIG Umluftgerät *nt*; **~ ball spindle** *n* MECHAN ENG Kugelumlaufspindel *f*; **~ boiler** *n* HYD EQUIP Umlaufkessel *m*, Zirkulationskessel *m*; **~ pump** *n* FOOD TECH Umwälzpumpe *f*, HYD EQUIP Umwälzpumpe *f*, Zirkulationspumpe *f*, PROD ENG Umwälzpumpe *f*; **~ system** *n* MECHAN ENG Umlaufsystem *nt*

circulation *n* HEAT & REFRIG Kühlmittelbewegung *f*, MECHAN ENG, PET TECH Umlauf *m*, Zirkulation *f*, PHYS *vector field* Umlaufintegral *nt*, PROD ENG Umwälzung *f*, WATER SUP Umströmung *f*; **~ of the air** *n* COAL TECH Wetterwechsel *m*; **~ lubrication** *n* PROD ENG Umlaufschmierung *f*; **~ pump** *n* FOOD TECH Umwälzpumpe *f*, HEAT & REFRIG Umlaufpumpe *f*, Umwälzpumpe *f*, PROD ENG Umwälzpumpe *f*

circulator *n* SPACE *communications* Umlaufsystem *nt*, TELECOM *waveguide* Zirkulator *m*

circumaural: **~ earphone** *n* ACOUSTICS Kopfhörer *m*

circumcenter *n AmE*, **circumcentre** *n BrE* GEOM *of triangle or circumcircle*, PROD ENG Umkreismittelpunkt *m*

circumcircle *n* GEOM Umkreis *m*, umgeschriebener Kreis *m*

circumference *n* GEOM Umfang *m*

circumferential: **~ backlash** *n* PROD ENG *kinematics* Verdrehflankenspiel *nt*; **~ edge** *n* ENG DRAW umlaufende Kante *f*; **~ seam** *n* PROD ENG Rundnaht *f*; **~ speed** *n* AIR TRANS Umfangsgeschwindigkeit *f*; **~ stress** *n* METALL Umfangsbeanspruchung *f*, PROD ENG *plastic valves* Umfangsspannung *f*

circumnavigation *n* WATER TRANS Erdumsegelung *f*

circumscribe *vt* GEOM umschreiben

circumscribed: **~ circle** *n* GEOM umgeschriebener Kreis *m*, umschriebener Kreis *m*

cis *adj* CHEMISTRY cis-ständig; **~-trans** *adj* CHEMISTRY Cis-Trans-*pref*

CISC *abbr (complex instruction set computer)* COMP & DP CISC *(Prozessor mit komplettem Befehlssatz)*

cissing *n* PLAS Kriechen *nt*

cistern *n* WATER SUP Tank *m*, Wasserbehälter *m*, Zisterne *f*

citation *n* PAT Zitieren *nt*

cite *vt* PAT zitieren

citizens': **~ band radio** *n (CB) for private radio communications* RAD TECH, TELECOM, CB-Funk *m*, Jedermann-Funk *m*

citral *n* CHEMISTRY Citral *nt*, Geraniumaldehyd *nt*, Lemonal *nt*

citrate *n* CHEMISTRY Citrat *nt*

citric: **~ acid** *n* FOOD TECH Zitronensäure *f*

citronella *n* FOOD TECH Citronell *nt*; **~ oil** *n* CHEMISTRY Citronellaöl *nt*, FOOD TECH Citronellöl *nt*

citronellal *n* CHEMISTRY Citronellal *nt*, Citronellaldehyd *m*, Dimethyloctenal *nt*

citronyl *n* CHEMISTRY Citronellaöl *nt*

citrulline *n* CHEMISTRY Citrullin *nt*,

civetone *n* CHEMISTRY Cycloheptadecenon *nt*, Zibeton *nt*

civil: **~ engineer** *n* CONST Bauingenieur *m*, Tiefbauingenieur *m*

Civil: **~ Air Regulations** *n pl (CAR)* SPACE Zivilflugvorschriften *f pl (CAR)*

cl *abbr (velocity of longitudinal waves)* ACOUSTICS cl *(Geschwindigkeit von Längswellen)*

Cl *(chlorine)* CHEMISTRY Cl *(Chlor)*

CL *abbr* AIR TRANS *(lift coefficient)* CL *(Auftriebszahl)*, COMP & DP *(command language)* CL *(Befehlssprache)*, COMP & DP *(control language)* Steuersprache *f*, FUELLESS *(lift coefficient)*, HYD EQUIP *(lift coefficient)* CL *(Auftriebszahl)*, PHYS *(lift coefficient)* CL *(Auftriebsbeiwert)*, WATER TRANS *(lift coefficient)* CL *(Auftriebszahl)*

CLA: **~ height** *n (center line average height AmE, centre line average height BrE)* MECHAN ENG arithmetischer Mittelrauhwert *m*

clack *n* MECHAN ENG Klappe *f*; **~ valve** *n* HYD EQUIP, MECHAN ENG Schnellschlußklappenventil *nt*

clad:[1] **~-fuel clearance** *n* NUC TECH Abstand zwischen Brennstoff und Hülse *m*; **~ plate** *n* PROD ENG Plattierschicht *f*

clad[2] *vt* CONST umhüllen, verkleiden, PROD ENG plattieren, umhüllen

cladding *n* MECHAN ENG Plattieren *nt*, Überziehen *nt*, MECHANICS metallischer Überzug *m*, NUC TECH Hülse *f*, Umhüllung *f*, OPT *optical fibre* Mantel *m*, PHYS *optical fibre* Beschichten *nt*, Überziehen *nt*, SPACE *spacecraft* Verkleidung *f*, TELECOM *optical fibre* Mantel *m*; **~ center** *n AmE*, **~ centre** *n BrE* OPT *optical fibre* Mantelmitte *f*, TELECOM Mantelmittelpunkt *m*; **~ diameter** *n* OPT *optical fibre* Manteldurchmesser *m*; **~ diameter tolerance** *n* OPT *optical fibre* Toleranz des Manteldurchmessers *f*; **~ material** *n* NUC TECH Hüllmaterial *nt*; **~ mode** *n* OPT Mantelmode *f*, TELECOM Mantelmodus *m*; **~ mode stripper** *n* OPT Mantelmodenstripper *m*, TELECOM Modenabstreifer *m*, Modenstripper *m*; **~ monitoring** *n* NUC TECH Hülsenüberwachung *f*; **~ temperature limit** *n* NUC TECH Hülltemperaturgrenze *f*; **~ tolerance field** *n* OPT, TELECOM Manteltoleranzfeld *nt*

claim[1] *n* PAT Anspruch *m*, Patentanspruch *m*

claim[2] *vt* PAT beanspruchen, in Anspruch nehmen

claiming *n* PAT Inanspruchnahme *f*

claims: **~ incurring fees** *n pl* PAT gebührenpflichtige Ansprüche *m pl*; **~ in different categories** *n pl* PAT Ansprüche verschiedener Kategorien *m pl*; **~ in the same category** *n pl* PAT Ansprüche der gleichen Kategorie *m pl*

Claisen: **~ flask** *n* CHEM ENG Claisen-Destillierkolben *m*, Claisen-Kolben *m*

clam: **~ pack** *n* PACK Schalenpackung *f*

clamp[1] *n* AUTO Klemme *f*, Parkkralle *f*, CONST *levelling instrument* Klemmung *f*, ELECT *for cable fixing* Kabelklemme *f*, LAB EQUIP Klemmvorrichtung *f*, Zwinge *f*,

MECHAN ENG Klammer *f*, *fixing device* Klemme *f*, Zwinge *f*, *for flexible tubes* Schelle *f*, *of levelling instrument* Klemmbügel *m*, MECHANICS Halter *m*, Klemme *f*, Muffe *f*, Schelle *f*, Zwinge *f*, PHOTO Klemme *f*, PROD ENG Klemmschraube *f*, Spanneisen *nt*, Zange *f*, *plastic valves* Spannbügel *m*; ~ **with jaws** *n* LAB EQUIP Backenklemmvorrichtung *f*; ~ **pulse generator** *n* TELEV Klammerpulsgenerator *m*; ~ **ring** *n* MECHAN ENG Klemmring *m*

clamp[2] *vt* CONST einspannen, festklemmen, MECHAN ENG einspannen, festspannen, MECHANICS klemmen

clamped: ~ **capacitance** *n* RECORD gesperrte Kapazität *f*; ~ **pipe connections** *n pl* MECHAN ENG Klammerverbindungen für Rohre *f pl*; ~ **tube flange** *n* MECHAN ENG Klammerflansch *m*

clamping *n* ELECTRON Klemmung *f*, MECHAN ENG Aufspann- *pref*, MECHANICS Anschellen *nt*, Befestigung *f*, Einspannung *f*, RECORD Pegelhaltung *f*, TELEV Klammerung *f*; ~ **band** *n* MECHAN ENG Klammer *f*; ~ **bolt** *n* PROD ENG Klemmschraube *f*, Spannbolzen *m*; ~ **circuit** *n* ELECTRON *circuit engineering* Klemmschaltung *f*, TELEV Klammerungsschaltung *f*; ~ **collar** *n* PROD ENG *plastic valves* Klemmnabe *f*; ~ **device** *n* MECHAN ENG Einspannvorrichtung *f*, PROD ENG Spanner *m*; ~ **diode** *n* ELECTRON *levels pulse peaks*, PHYS Klemmdiode *f*; ~ **fixture** *n* MECHAN ENG Einspannvorrichtung *f*; ~ **force** *n* PACK Spannkraft *f*; ~ **handle** *n* MECHAN ENG *lathe* Klemmkopf *m*; ~ **lever** *n* MECHAN ENG Kegelgriff *m*, PROD ENG Klemmgriff *m*, Klemmhebel *m*; ~ **mechanism** *n* MECHAN ENG Klemmechanismus *m*; ~ **nut** *n* PROD ENG Druckschraube *f*, Überwurfmutter *f*; ~ **pulses** *n pl* TELEV Klammerimpulse *m pl*; ~ **reflector** *n* PHOTO Klemmreflektor *m*; ~ **ring** *n* MECHAN ENG Klemmring *m*; ~ **screw** *n* MECHAN ENG Klemmschraube *f*, Spannschraube *f*, PROD ENG Spannschraube *f*, *plastic valves* Klemmschraube *f*; ~ **sleeve** *n* MECHAN ENG Klemmhülse *f*, Spannhülse *f*; ~ **surface** *n* MECHAN ENG Aufspannfläche *f*

clamshell *n* PACK Muschelschale *f*; ~ **blister** *n* PACK muschelförmige Blisterpackung *f*

clap: ~ **sill** *n* WATER SUP Drempel *m*, Schleusenschwelle *f*

Clapeyron's: ~ **equation** *n* PHYS Clausius-Clapeyronsche Gleichung *f*

clapper *n* MECHAN ENG Meißelklappe *f*, PROD ENG Klöppel *m*, Meißelklappe *f*, RECORD Synchronklappe *f*; ~ **box** *n* PROD ENG Klappenträger *m*; ~ **valve** *n* HYD EQUIP Klappenventil *nt*

clarification *n* CHEMISTRY Abklärung *f*, Abschlämmen *nt*, Feinfiltration *f*, COAL TECH Reinigung *f*; ~ **basin** *n* WASTE Klärbecken *nt*, Kreisbecken *nt*, WATER TRANS Klärbecken *nt*; ~ **plant** *n* WASTE Abwasserbehandlungsanlage *f*, Abwasserkläranlage *f*, Kläranlage *f*, Klärwerk *nt*, WATER SUP Klärwerk *nt*; ~ **tank** *n* WASTE, WATER TRANS Klärbecken *nt*

clarifier *n* CHEMISTRY Klarifikator *m*, Klärapparat *m*, FOOD TECH Klärmittel *nt*, Klärvorrichtung *f*; ~ **basin** *n* PET TECH Klärbecken *nt*

clarify *vt* CHEM ENG abklären, klären, raffinieren, CHEMISTRY abklären, abschlämmen, COAL TECH reinigen, CONST klären, reinigen, FOOD TECH klären

clarity *n* TELECOM Deutlichkeit *f*

clashing *n* TELECOM *land mobile* Verbindungszusammenstoß *m*

clasp[1] *n* MECHAN ENG Klammer *f*, Schnalle *f*; ~ **brake** *n* *AmE* RAIL Doppelbackenbremse *f*, Zangenbremse *f*; ~ **nut** *n* MECHAN ENG Schloßmutter *f*

clasp[2] *vt* MECHAN ENG festhaken, zuhaken

class *n* COMP & DP Klasse *f*, INSTR Fehlerklasse *f*, Genauigkeitsklasse *f*, Güteklasse *f*, Klasse *f*, MECHAN ENG Klasse *f*; ~ **A amplifier** *n* PHYS A-Verstärker *m*; ~ **AB-amplifier** *n* ELECTRON Klasse-AB-Verstärker *m*; ~ **AB mode** *n* ELECTRON AB-Betrieb *m*; ~ **of accuracy** *n* METROL Präzisionsgrad *m*; ~ **boundary** *n* QUAL Klassengrenze *f*; ~ **interval** *n* QUAL Klassenbreite *f*; ~ **limit** *n* QUAL Klassengrenze *f*; ~ **of service** *n* TELECOM Benutzerklasse *f*, Teilnehmerbetriebsklasse *f*

CLASS *abbr (containerized lighter aboard ship system)* TRANS Containerleichter-Mutterschiff-System *nt*

classic: ~ **thermodynamics** *n* THERMODYN klassische Thermodynamik *f*

classical: ~ **radius of the electron** *n* PHYS klassischer Elektronenradius *m*

classification *n* RAIL Rangieren *nt*, WATER TRANS *merchant navy* Klassifikation *f*; ~ **detector** *n* RAIL Rangieranzeigevorrichtung *f*; ~ **of nonconformance** *n* QUAL Fehlerklassifizierung *f*; ~ **of nonconformities** *n* QUAL Fehlerklassifizierung *f*; ~ **siding** *n* RAIL Ausweichrangiergleis *nt*; ~ **track** *n BrE* RAIL Rangiergleis *nt*; ~ **yard** *n* RAIL Rangierbahnhof *m*, Verschiebebahnhof *m*; ~ **yard with hump** *n* RAIL Ablaufbahnhof *m*; ~ **yard line** *n* RAIL Rangierbahngleis *nt*, Verschiebegleis *nt*; ~ **yard tower** *n AmE* RAIL Stellwerk des Rangierbahnhofs *nt*

classifier *n* CER & GLAS Sichter *m*, CHEM ENG Klassierapparat *m*, Klassierer *m*, COAL TECH Klassierer *m*, Klassierfachmann *m*

classify *vt* CHEM ENG klassieren, sichten, COAL TECH naßklassieren

clause *n* ART INT Clause *f*, Klausel *f*; ~ **of bill of lading** *n* WATER TRANS *document* Konnossementsbedingung *f*, Konnossementsvorbehalt *m*

Clausius: ~ **statement** *n* PHYS *of second law of thermodynamics* Clausiussche Formulierung *f*

Clausius-Mosotti: ~ **formula** *n* PHYS Clausius-Mosottische Gleichung *f*

claw[1] *n* CONST Kralle *f*, MECHAN ENG Klaue *f*, Kralle *f*, MECHANICS Klaue *f*, PROD ENG Biegezange *f*; ~ **bar** *n* CONST Brechstange *f*; ~ **clutch** *n* MECHAN ENG Klauenkupplung *f*; ~ **hammer** *n* CONST Zimmermannshammer *m*

claw:[2] ~ **off** *vi* WATER TRANS *sailing* sich freikreuzen

clay *n* CER & GLAS Ton *m*, COAL TECH Lehm *m*, Ton *m*, CONST Letten *m*, Ton *m*; ~ **barrier** *n* WASTE Lehmwall *m*; ~**-base mud** *n* PET TECH tonhaltiger Bohrschlamm *m*; ~ **brick** *n* CER & GLAS Tonziegel *m*; ~ **composition** *n* CER & GLAS Tonzusammensetzung *f*; ~ **content** *n* COAL TECH Lehmgehalt *m*, Tongehalt *m*; ~ **crucible** *n* CER & GLAS Tontiegel *m*; ~ **cutter** *n* CER & GLAS Tonhobel *m*; ~ **dust** *n* CER & GLAS Tonstaub *m*; ~ **industry** *n* CER & GLAS Tonindustrie *f*; ~ **kneader** *n* CER & GLAS Tonkneter *m*; ~**-kneading machine** *n* CER & GLAS Tonknetmaschine *f*; ~ **loam** *n* CONST Tonlehm *m*; ~ **marl** *n* WATER SUP Tonmergel *m*; ~ **mass** *n* CER & GLAS Tonmasse *f*; ~ **mill** *n* CER & GLAS Tonmühle *f*; ~ **mineral** *n* COAL TECH Tonmineral *nt*; ~ **mixer** *n* CER & GLAS Tonmischer *m*; ~**-mixing machine** *n* CER & GLAS Tonmischmaschine *f*; ~ **mortar** *n* CER & GLAS Lehmmörtel *m*; ~ **pipe** *n* CER & GLAS Tonrohr *nt*; ~ **plate press** *n* CER & GLAS Tonplattenpresse *f*; ~ **press** *n* CER & GLAS Filterpresse *f*; ~ **rollers** *n pl* CER & GLAS Tonwalzen *f pl*; ~ **silt** *n* WATER SUP Tonschlamm *m*; ~ **suspension** *n* WATER SUP Tonlosung *f*, Tonsuspension *f*; ~ **wetting** *n* CER & GLAS Anfeuchten von Ton *nt*; **~-working machine** *n* CER & GLAS Tongewinnungsmaschine *f*; ~ **works** *n pl* CER & GLAS Tongrube *f*

claying: ~ **bar** *n* PET TECH Lettenbohrer *m*, Trockenbohrer *m*

clean[1] *adj* SAFETY nicht verunreinigt, sauber

clean:[2] ~ **air car** *n* AUTO umweltfreundliches Auto *nt*; ~ **air device** *n* SAFETY Luftreinigung *f*; ~ **bill of lading** *n* WATER TRANS *document* reines Konnossement *nt*; ~ **coal** *n* COAL TECH Reinkohle *f*, Waschprodukte *nt pl*; ~ **configuration** *n* AIR TRANS klare Konfiguration *f*; ~ **cut** *n* CER & GLAS sauberer Schnitt *m*; ~ **proof** *n* PRINT korrigierter Abzug *m*, sauberer Abzug *m*; ~ **rain** *n* POLL Reinregen *m*; ~ **room** *n* ELECTRON Reinraum *m*, HEAT & REFRIG Reinraum *m*, staubfreier Raum *m*, LAB EQUIP Reinigungskammer *f*, PACK Reinraum *m*, SAFETY staubfreier Raum *m*; **~-room technology** *n* HEAT & REFRIG Reinraumtechnik *f*; ~ **situation** *n* HEAT & REFRIG saubere Umgebung *f*; ~ **snow** *n* POLL sauberer Schnee *m*; ~ **technology** *n* WASTE abfallarme Technologie *f*, saubere Technologie *f*, umweltfreundliche Technologie *f*; **~-up** *n* MAR POLL Reinigung *f*, Säuberung *f*; **~-up technique** *n* MAR POLL Säuberungsmethode *f*, Säuberungsverfahren *nt*; ~ **water** *n* WATER SUP Reinwasser *nt*

clean[3] *vt* COAL TECH waschen, PAPER reinigen; ~ **up** *vt* WATER SUP *sluices* reinigen

Clean: ~ **Air Act** *n* POLL Gesetz zur Reinhaltung der Luft *nt*; ~ **Water Act** *n* MAR POLL Gesetz zur Wasserreinhaltung *nt*

cleaned[1] *adj* POLL, PRINT, PROD ENG, WASTE Rein- *pref*

cleaned:[2] ~ **coal** *n* COAL TECH gewaschene Kohle *f*; ~ **gas** *n* WASTE Abluft *f*, Reingas *nt*

cleaner *n* PAPER Zentrifugalreiniger *m*, SAFETY Reiniger *m*, Reinigung *f*; ~ **cell** *n* COAL TECH Reinigerzelle *f*; ~ **jig** *n* COAL TECH Nachsetzmaschine *f*; **~-up** *n* WATER SUP *in boring* Bohrkratzer *m*

cleaning *n* PAPER Reinigen *nt*; ~ **brush** *n* PRINT Reinigungsbürste *f*; ~ **in place** *n (CIP)* FOOD TECH Umlaufreinigung *f*, automatische Anlagenreinigung *f*; ~ **out** *n* WATER SUP Ausspülen *nt*

cleans *n pl* COAL TECH Reinkohle *f*, Waschprodukte *nt pl*

cleanse *vt* WATER SUP reinigen, *river* ausschlämmen, reinigen

cleansing *n* WATER SUP Reinigung *f*; ~ **agent** *n* PROD ENG *plastic valves* Spülmittel *nt*

clear[1] *adj* OPT, RAIL, WATER TRANS klar; **~-to-send** *adj* COMP & DP sendebereit; **~-to-zero** *adj* COMP & DP löschbereit

clear:[2] ~ **channel** *n* TELECOM freier Kanal *m*; ~ **etching** *n* CER & GLAS Blankätzen *nt*; ~ **etching bath** *n* CER & GLAS Blankätzbad *nt*; ~ **frit** *n* CER & GLAS Klarfritte *f*; ~ **glass** *n* CER & GLAS Klarglas *nt*; ~ **image** *n* OPT klare Abbildung *f*; ~ **pond** *n* COAL TECH Klärteich *m*; ~ **request** *n* COMP & DP Auslöseanforderung *f*; **~-request packet** *n* TELECOM Auslösungsanforderungspaket *nt*; ~ **signal** *n* RAIL, WATER TRANS Fahrtsignal *nt*; ~ **speech** *n* TELECOM offene Sprache *f*, unverschlüsselte Sprache *f*; ~ **spot** *n* CER & GLAS durchsichtiger Fleck *m*; ~ **transmission** *n* TELECOM Übertragung im Klartext *f*; **~-view screen** *n* WATER TRANS Klarsichtscheibe *f*; ~ **water** *n* WATER SUP Klarwasser *nt*; ~ **weather** *n* RAIL, WATER TRANS sichtiges Wetter *nt*

clear[3] *vt* COMP & DP Bildschirminhalt löschen, löschen, CONST abräumen, roden, PROD ENG abheben, hinterarbeiten, RAIL klar passieren, klarieren, TELECOM *connection* abbauen, WATER TRANS klar passieren, klarieren; ~ **away** *vt* CONST wegräumen; ~ **out** *vt* CONST *soil* abtragen

clear:[4] ~ **the line** *vi* RAIL, WATER TRANS freie Fahrt geben

clearance *n* AIR TRANS Zollabfertigung *f*, *of propeller, wing* Abstand *m*, Sicherheitsabstand *m*, Zwischenraum *m*, *permission* Freigabe *f*, COMP & DP *security* Berechtigung *f*, ELEC ENG Abstand *m*, Luft *f*, Spielraum *m*, lichte Höhe *f*, lichte Weite *f*, HYD EQUIP Spalt *m*, Spielraum *m*, Zwischenraum *m*, MECHAN ENG Aussparung *f*, Spiel *nt*, *distance* Abstand *m*, *gearing* Kopfspiel *nt*, Luft *f*, MECHANICS Abstand *m*, Aussparung *f*, Spalt *m*, Spielraum *m*, NUC TECH *of fuel rod* Abstand *m*, Spiel *nt*, PROD ENG Abführung *f*, Kopfspiel *nt*, TELECOM Luft *f*, WATER TRANS Abstand *m*, Sicherheitsabstand *m*, Zwischenraum *m*, *customs* Zollabfertigung *f*, *permission* Freigabe *f*; ~ **angle** *n* MECHAN ENG *machine tool*, PROD ENG Freiwinkel *m*; ~ **fit** *n* MECHAN ENG Spielpassung *f*; ~height *n* MECHAN ENG lichte Höhe *f*; ~ **hole** *n* MECHAN ENG *for threaded bolt* Durchgangsbohrung *f*; ~ **level** *n* COMP & DP Berechtigungsebene *f*; ~ **period** *n* AIR TRANS, WATER TRANS Freigabedauer *f*

clearback: ~ **signal** *n* TELECOM Schlußzeichen *nt*

cleardown *n* TELECOM *switching* Auslösung *f*

cleared: ~ **for takeoff** *adj* AIR TRANS zum Start freigegeben

clearing *n* AIR TRANS *airport* Hindernisbeseitigung *f*, CONTROL Löschung *f*; ~ **and grubbing** *n* CONST Freimachung der Baustelle *f*; ~ **operations** *n pl* CONST Schaffung der Baufreiheit *f*; ~ **procedure** *n* TELECOM Auslöseprozedur *f*

clearness *n* OPT *of image*, WATER SUP *of water* Klarheit *f*

clearscan *n* WATER TRANS *radar* Clearscan-Verfahren *nt*

clearway *n* AIR TRANS *airport* Freifläche *f*

cleat *n* CONST Holzleiste *f*, MECHAN ENG *on tyre* Stollen *m*, WATER TRANS *deck equipment* Belegklampe *f*

cleavage *n* METALL Spaltung *f*; ~ **crack** *n* METALL Sprödbruch *m*, Trennbruch *m*; ~ **facet** *n* METALL Spaltungsfläche *f*; ~ **test** *n* TEST Spaltversuch *m*

cleaved: ~ **glass** *n* CER & GLAS Spaltglas *nt*

cleaver *n* CONST Spalthammer *m*

cleaving *n* CONST Spalten *nt*; ~ **saw** *n* CONST Spaltsäge *f*

cleft: ~ **water** *n* COAL TECH Spaltwasser *nt*; ~ **weld** *n* PROD ENG Gabelschweißung *f*, Keilschweißung *f*

clerestory *n* RAIL Oberlichtaufbau *m*

cleveite *n* NUC TECH Cleveit *m*

clevis *n* MECHAN ENG Lastöse *f*, U-förmiger Zughaken *m*, MECHANICS Bügel *m*, Gabelkopf *m*, U-Klammer *f*; ~ **bolt** *n* MECHAN ENG Schäkelbolzen *m*; ~ **pin** *n* MECHAN ENG Lastösenbolzen *m*

clew *n* WATER TRANS *sailing* Schothorn *nt*

CLI *abbr (calling line identification)* TELECOM Identifizierung des rufenden Anschlusses *f*

click *n* ACOUSTICS Knack *m*, Knackgeräusch *nt*; ~ **filter** *n* TELECOM *telephone* Knackfilter *nt*; ~ **stop** *n* PHOTO Rastblende *f*; ~ **track** *n* RECORD Klickspur *f*; ~ **wheel** *n* MECHAN ENG Sperrädchen *nt*

CLID *abbr (calling line identification display)* TELECOM Anzeige der rufenden Leitung *f*

client: **~-server system** *n* COMP & DP Client/Server-System *nt*

cliff *n* WATER TRANS Klippe *f*

climate *n* CONST, HEAT & REFRIG, SAFETY Klima *nt*

climatic: ~ **chamber** *n* ERGON, HEAT & REFRIG Klimakammer *f*, PACK Klimakammer *f*, Klimaraum *m*, TEST Klimakammer *f*; ~ **conditions** *n pl* PACK klimatische Bedingungen *f pl*; ~ **detector** *n* TRANS Klimadetektor *m*; ~ **hazard** *n* SAFETY Klimagefahr *f*; ~ **protection** *n* SAFETY Klimaschutz *m*; ~ **test** *n* PACK Klimaversuch *m*, TEST Klimaprüfung *f*

climatization *n* HEAT & REFRIG Klimatisierung *f*

climb[1] *n* AIR TRANS Steigflug *m*; ~ **angle** *n* AIR TRANS Steigungswinkel *m*; ~ **corridor** *n* AIR TRANS Steigflugkorridor *m*; ~ **cruise** *n* AIR TRANS Steigflug *m*; ~ **gradient** *n* AIR TRANS Steiggradient *m*; ~ **hobbing** *n* PROD ENG Wälzfräsen im Gleichlauf *nt*; ~ **out** *n* AIR TRANS Steigflugbeginn *m*; ~ **performance** *n* AIR TRANS Steigleistung *f*; ~ **phase** *n* AIR TRANS Steigflugphase *f*; ~ **rate** *n* SPACE *spacecraft* Steiggeschwindigkeit *f*; ~ **setting** *n* AIR TRANS Steigungseinstellung *f*; ~ **speed** *n* AIR TRANS Steigfluggeschwindigkeit *f*; ~ **turn** *n* AIR TRANS Steigflugkurve *f*

climb[2] *vi* SPACE *spacecraft* steigen

climbing: ~ **film evaporator** *n* FOOD TECH Kletterfilmverdampfer *m*, Steigfilmverdampfer *m*; ~ **lane** *n* CONST Kriechspur *f*

clinch[1] *n* WATER TRANS *knot* Ankerstich *m*, Klinsch *m*

clinch[2] *vt* PROD ENG bördeln, kalt nieten, stülpen, WATER TRANS *ropes* mit Ankerstich befestigen

cling: ~ **film** *n* PACK Frischhaltefolie *f*, Klarsichtfolie *f*

clinker *n* CER & GLAS Klinker *m*, CONST Kesselschlacke *f*, Klinker *m*, WASTE Müllschlacke *f*, Schlacke *f*; ~ **brick** *n* CER & GLAS, CONST Klinker *m*; ~ **cement** *n* CER & GLAS, CONST Klinkerkitt *m*

clinometer *n* COAL TECH Inklinationsmesser *m*, Neigungsmesser *m*, CONST Neigungsmesser *m*, METROL Gefällewinkelmesser *m*, Neigungsmesser *m*

clip[1] *n* INSTR Aufsteck- *pref*, MECHAN ENG Lasche *f*, *for tubes* Rohrschelle *f*, Schelle *f*, MECHANICS Klammer *f*, Klemme *f*, Schelle *f*, Spange *f*, PROD ENG Spannbügel *m*, TEXT Schur *f*; ~ **band** *n* PACK Befestigungsband *nt*; ~ **frame** *n* TEXT Kluppenrahmen *m*; ~ **hooks** *n pl* MECHAN ENG Doppelhaken *m*; ~ **with jaws** *n* TRANS *haulage* Backenklemme *f*; ~ **of microscope stage** *n* LAB EQUIP Halteklemme für Mikroskopstellung *f*; ~**-on carrier** *n* PACK angeklammerte Halterung *f*; ~**-on instrument** *n* ELECT Clip-On-Meßinstrument *nt*, Meßzange *f*; ~**-on refrigerating machine** *n* HEAT & REFRIG Clip-On-Kältesatz *m*; ~**on scale** *n* INSTR Aufsteckskale *f*; ~ **pulley** *n* TRANS *haulage* Greiferscheibe *f*, Greiferseilscheibe *f*; ~ **stenter** *n* TEXT Kluppenspannrahmen *m*

clip[2] *vt* ELEC ENG *signal* begrenzen, beschneiden, verstümmeln, METALL scheren, PROD ENG abgraten; ~ **to** *vt* PACK anklammern, befestigen

CLIP *abbr (calling line identification presentation)* TELECOM Anzeige der Nummer des rufenden Teilnehmers *f*

clipped: ~ **wing** *n* AIR TRANS gestutzte Tragfläche *f*

clipper *n* AIR TRANS Clipper *m*, ELECTRON Begrenzerschaltung *f*, Clipper *m*, RAD TECH *radiotelephony* Begrenzer *m*, RECORD Amplitudensieb *nt*, TELECOM *land mobile* Clipper *m*, TELEV Klipper *m*; ~ **amplifier** *n* ELECTRON Clipperverstärker *m*, TELEV Klipperverstärker *m*; ~ **circuit** *n* ELECTRON Begrenzerschaltung *f*; ~diode *n* ELECTRON Begrenzerdiode *f*

clipping *n* COMP & DP Abschneiden *nt*, RECORD Verstümmelung *f*; ~ **level** *n* ELECTRON Begrenzungswert *m*, TELEV Klippegel *m*

CLIR *abbr (calling line identification rectification)* TELECOM Berichtigung der Anzeige der rufenden Nummer *f*

clock[1] *n* COMP & DP Taktgeber *m*, Uhr *f*, CONTROL Takt *m*, Taktgeber *m*, ELECTRON Takt *m*, TELECOM *electronics* Taktgeber *m*, Zeittakt *m*; ~ **changeover** *n* CONTROL Taktumschaltung *f*; ~ **cycle** *n* COMP & DP, CONTROL, ELECTRON, INSTR Taktzyklus *m*; ~ **device** *n* COMP & DP interne Uhr *f*; ~ **extraction** *n* TELECOM Taktableitung *f*; ~ **frequency** *n* ELECTRON, RAD TECH, TELEV Taktfrequenz *f*; ~ **generator** *n* COMP & DP, CONTROL, TELECOM Taktgeber *m*; ~ **period** *n* ELECTRON Taktintervall *nt*; ~ **pulse** *n* COMP & DP Taktimpuls *m*, Taktsignal *nt*, CONTROL, ELECTRON Taktimpuls *m*; ~ **rate** *n* COMP & DP Taktrate *f*, INSTR Taktfrequenz *f*, Taktgebermaß *nt*, Taktrate *f*, Zeitmaß *nt*; ~ **recovery** *n* SPACE *communications* Borduhrrücksetzung *f*; ~ **register** *n* COMP & DP Zeitgeber *m*; ~ **relay** *n* ELECT Taktrelais *nt*, INSTR Schaltuhr *f*, Zeitschalter *m*, Zeitschaltrelais *nt*; ~ **signal** *n* COMP & DP, ELECTRON Taktsignal *nt*; ~ **signal skew** *n* ELECTRON Taktsignalverzögerung *f*; ~ **speed** *n* COMP & DP Taktgeschwindigkeit *f*; ~ **track** *n* COMP & DP, RECORD Taktspur *f*

clock[2] *vt* COMP & DP takten, ELECTRON Zeit nehmen, INSTR nach Zeittakt steuern, takten, taktsteuern, PROD ENG takten

clocked: ~ **circuit** *n* ELECTRON getaktete Schaltung *f*; ~ **flip-flop** *n* ELECTRON taktgesteuertes Flipflop *nt*; ~ **signal** *n* COMP & DP Synchronsignal *nt*; ~ **system** *n* CONTROL getaktetes System *nt*

clocking *n* CONTROL Taktgabe *f*; ~ **error** *n* ELECTRON Gleichlauffehler *m*; ~ **pulse** *n* ELECTRON Gleichlaufimpuls *m*; ~ **sequence** *n* ELECTRON Taktfolge *f*

clockwise:[1] ~**-rotating** *adj* FOOD TECH im Uhrzeigersinn drehend, rechtsdrehend

clockwise:[2] ~ **rotation** *n* MECHANICS Rotation im Uhrzeigersinn *f*

clockwork *n* MECHANICS Federspannmotor *m*, Uhrwerk *nt*

clod *n* CONST Erdklumpen *m*

clog[1] *vt* MECHAN ENG, PAPER, PROD ENG, WATER SUP verstopfen

clog[2] *vi* PROD ENG sich festhaken

clogged[1] *adj* MECHAN ENG verstopft, zugesetzt

clogged:[2] ~ **felt** *n* CER & GLAS verstopfter Filz *m*; ~ **head** *n* TELEV verschmierter Kopf *m*

clogging *n* COAL TECH Verstopfung *f*, MECHAN ENG Verstopfen *nt*, PAPER, WATER SUP Verstopfung *f*

clone *n* COMP & DP Clon *m*, Klon *m*

close[1] *adj* PROD ENG kleinporig; ~**-coupled** *adj* COMP & DP direktgekoppelt, direktgekuppelt, ELECT *inductive circuit* fest gekoppelt; ~**-grained** *adj* METALL feinkörnig; ~**-tolerance** *adj* MECHAN ENG engtoleriert

close:[2] ~**-hauled** *adv* WATER TRANS *sailing* dicht am Wind, dicht angeholt

close:[3] ~**-burning coal** *n* COAL TECH magere Steinkohle *f*; ~**-coil spring** *n* MECHAN ENG Feder mit geschlossener Wicklung *f*; ~ **coupling** *n* COMP & DP Direktkopplung *f*, ELECT *inductive circuit* feste Kopplung *f*; ~ **fit** *n* MECHAN ENG engePassung *f*; ~**-frequency signal** *n* ELECTRON, RAD TECH, TELEV Nahfrequenzsignal *nt*; ~ **grain** *n* METALL Feinkorn *nt*; ~**-packed lattice** *n* METALL dichtgepacktes Gitter *nt*; ~ **pass** *n* PROD ENG *rolling* geschlossenes Kaliber *nt*; ~**-sliding fit** *n* MECHAN ENG, MECHANICS Gleitsitz *m*, SS, Schiebesitz *m*; **~-spaced array** *n* RAD TECH Richtantennengruppe mit kleinen Elementabständen *f*; **~-spaced characters** *n pl* ENG DRAW Engschrift *f*; **~-spaced lettering** *n* ENG DRAW Engschrift *f*; **~ statement** *n* COMP & DP *COBOL* Abschlußanweisung *f*; **~ supervision** *n* SAFETY strenge Überwachung *f*; **~-talking microphone** *n* RECORD Nachsprechmikrofon *nt*; **~-talking sensitivity** *n* ACOUSTICS Nahbesprechungs-Empfindlichkeit *f*; **~ tolerance** *n* MECHAN ENG enge Toleranz *f*; **~-up** *n* PHOTO Großaufnahme *f*, SPACE *spacecraft* Nahaufnahme *f*; **~-up attachment** *n* PHOTO Naheinstellansatz *m*; **~-up range** *n* ENG DRAW Nahbereich *m*

close[4] *vt* CONST absperren, schließen; **~ up** *vt* PRINT Zwischenraum herausnehmen, enger ausschließen

close:[5] **~ a circuit** *vi* ELEC ENG einen Stromkreis einschalten, einen Stromkreis schließen

closed: **~ box girder** *n* TRANS geschlossener Hohlkastenträger *m*; **~ cell** *n* PLAS geschlossene Zelle *f*; **~-cell cellular plastic** *n* PLAS geschlossenzelliger Schaumkunststoff *m*; **~-cell foam** *n* PACK geschlossenzelliger Schaumstoff *m*; **~-cell foamed plastic** *n* HEAT & REFRIG geschlossenzelliger Schaumstoff *m*; **~ chain** *n* CHEMISTRY cyclische Kette *f*; **~ chain dimension** *n* ENG DRAW geschlossene Maßkette *f*; **~ chain dimensioning** *n* ENG DRAW geschlossene Maßkette *f*; **~ circuit** *n* ELEC ENG eingeschalteter Stromkreis *m*, geschlossener Stromkreis *m*, ELECT geschlossener Stromkreis *m*, MECHAN ENG geschlossener Kreislauf *m*, PHYS Kurzschluß *m*; **~-circuit grinding** *n* COAL TECH Mahlen im geschlossenen Kreislauf *nt*; **~-circuit television** *n* *(CCTV)* TELEV Kabelfernsehen zu Überwachungszwecken *nt (CCTV)*; **~-circuit TV** *n (CCTV)* TELEV Überwachungsfernsehen *nt (CCTV)*; **~-circuit voltage** *n* ELEC ENG Arbeitsspannung *f*, Spannung unter Last *f*, Zellspannung *f*; **~-coil armature** *n* ELECT *generator, motor* Kurzschlußanker *m*; **~ container** *n* TRANS geschlossener Container *m*; **~-cup flash point** *n* PLAS *test* im geschlossenen Raum bestimmter Flammpunkt *m*; **~ curve** *n* GEOM, MATH geschlossene Kurve *f*; **~-cycle cooling system** *n* NUC TECH geschlossener Kühlkreislauf *m*; **~-cycle gas turbine** *n* TRANS Gasturbine mit geschlossenem Kreislauf *f*; **~-cycle hot-air turbine** *n* TRANS Heißluftturbine mit geschlossenem Kreislauf *f*; **~ diaphragm** *n* ACOUSTICS geschlossene Membran *f*; **~ die** *n* MECHAN ENG geschlossenes Gesenk *nt*; **~ fuel cycle** *n* NUC TECH geschlossener Brennstoffkreislauf *m*; **~ interval** *n* MATH abgeschlossenes Intervall *nt*; **~ locker** *n* WATER TRANS geschlossener Spind *m*; **~ loop** *n* AIR TRANS geschlossener Kreislauf *m*, geschlossenes Regelsystem *nt*, volle Schleife *f*, CONTROL geschlossene Schleife *f*, ELECT Regelkreis *m*, geschlossener Regelkreis *m*, ELECTRON *control engineering* geschlossener Regelkreis *m*, MECHAN ENG geschlossener Kreislauf *m*; **~-loop control** *n* ELECTRON, IND PROCESS *process* Regelung *f*; **~-loop controlled system** *n* IND PROCESS Regelstrecke *f*; **~-loop controller** *n* IND PROCESS Regeleinrichtung *f*; **~-loop control system** *n* ELECTRON Regelungssystem *nt*; **~-loop device** *n* IND PROCESS Regelung *f*; **~-loop drive** *n* RECORD Endlosantrieb *m*; **~-loop gain** *n* INSTR *control engineering* Verstärkung des geschlossenen Regelkreises *f*; **~-loop servo system** *n* CONTROL Servosystem mit Rückführung *nt*; **~-loop structure** *n* IND PROCESS Kreisstruktur *f*; **~-loop traffic control system** *n* AIR TRANS Closed-Loop-Verkehrsregelung *f*, Verkehrsregelung mit geschlossener Schleife *f*; **~ motor** *n* ELECT gekapselter Motor *m*; **~ polygon** *n* GEOM geschlossenes Polygon *nt*; **~ port** *n* CER & GLAS gedeckter Hafen *m*; **~ position** *n* ELECT geschlossene Stellung *f*; **~ and sealed cooling system** *n* AUTO geschlossenes Kühlsystem *nt*; **~ shell** *n* NUC TECH *atom* abgeschlossene Schale *f*; **~ shop operation** *n* COMP & DP geschlossener Betrieb *m*; **~-slot armature** *n* ELECT *generator, motor* Anker mit geschlossenen Nuten *m*; **~ system** *n* THERMODYN geschlossenes System *nt*; **~-throat wind tunnel** *n* PHYS Windkanal mit geschlossener Meßstrecke *m*; **~-type heating system** *n* HEAT & REFRIG geschlossene Heizungsanlage *f*; **~ user group** *n (CUG)* COMP & DP, TELECOM geschlossene Benutzergruppe *f*, geschlossener Benutzerkreis *m (CUG)*; **~ vessel** *n* LAB EQUIP abgeschlossener Behälter *m*, geschlossenes Gefäß *nt*

closedown *n* COMP & DP Abschluß *m*, Systemabschluß *m*

closely: **~-packed** *adj* COATINGS dicht gepackt

closest: **~ approach** *n* WATER TRANS *navigation* Annäherung auf geringsten Abstand *f*; **~ point of approach** *n* WATER TRANS *navigation* Punkt größter Annäherung *m*

closing: **~ contact** *n* ELECT Öffner *m*; **~ element** *n* MECHANENG *of valve* Schließelement *nt*; **~ machine** *n* PACK Verschließmaschine *f*; **~ operation** *n* ELECT Schließvorgang *m*; **~ speed** *n* ELECT Schließgeschwindigkeit *f*, WATER TRANS *navigation* Annäherungsgeschwindigkeit *f*; **~ time** *n* ELECT Schließzeit *f*

closure *n* ELEC ENG *of electric circuit* Einschalten *nt*, Schließen *nt*, PACK Verschluß *m*, RAIL Schließen *nt*; **~ for bottles** *n* CER & GLAS Flaschenverschluß *m*; **~ production line** *n* PACK Verschlüssel-Fertigungslinie *f*

clot[1] *vt* PAPER Klumpen bilden

clot[2] *vi* CHEMISTRY ausflocken, koagulieren

cloth *n* SPACE *spacecraft* Stoffbespannung *f*, TEXT Gewebe *nt*, Stoff *m*, Tuch *nt*; **~ with diazo coating** *n* ENG DRAW Gewebe mit Lichtpausschicht *nt*; **~ polisher** *n* CER & GLAS Tuchpolierer *m*

clothing *n* HYD EQUIP Bekleidung *f*, Isolierung *f*, Verkleidung *f*, PAPER Bespannung *f*, SAFETY Kleidung *f*; **~ plate** *n* HYD EQUIP Isolierblech *nt*, Verkleidungsblech *nt*

clotting *n* CHEMISTRY Gerinnen *nt*, Koagulation *f*, Koagulieren *nt*

cloud: **~ base** *n* AIR TRANS, WATER TRANS Wolkenuntergrenze *f*; **~ chamber** *n* PART PHYS, WAVE PHYS *for detecting radiation* Nebelkammer *f*; **~ point** *n* HEAT & REFRIG Trübungspunkt *m*; **~ pulse** *n* ELEC ENG *charge-storage tubes* Raumladungsimpuls *m*

cloudburst *n* WATER TRANS Wolkenbruch *m*

cloudifier *n* FOOD TECH Trübungsmittel *nt*

cloudiness *n* TEXT Trübheit *f*, Trübung *f*

clouding *n* TELEV Schattenbildung *f*

clout:[1] **~ nail** *n* MECHAN ENG Nagel mit runder Kuppe *m*

clout[2] *vt* PROD ENG beschlagen, schienen

clove: **~ hitch** *n* WATER TRANS *knots* Webleinenstek *m*

cloverleaf *n* RAD TECH *antenna* Kleeblatt *nt*

club:[1] **~ car** *n* RAIL Salonwagen *m*; **~ hammer** *n* MECHAN ENG Fäustel *m*; **~ handle** *n* MECHAN ENG Keulengriff *m*

club[2] *vi* WATER TRANS *mooring* Anker über Grund schleifen

clump *n* PRINT Reglette *f*

clupein *n* CHEMISTRY Clupein *nt*

cluster *n* AIR TRANS Mehrfachfallschirm *m*, COMP & DP Cluster *m*, Gruppe *f*, Gerätegruppe *f*, CONTROL Cluster *m*, Geräteverbundgruppe *f*, MECHAN ENG *of similar devices* Gruppe *f*, NUC TECH Cluster *m*, TELECOM Funkzonengruppe *f*, Zellenbündel *nt*, TEXT Büschel *nt*, WATER TRANS Trosse *f*; **~ controller** *n* COMP & DP Gruppensteuereinheit *f*; **~ of gearwheels** *n* MECHAN ENG Räderblock *m*; ~model *n* NUC TECH *atomic nucleus* Clustermodell *nt*

clustering *n* METALL Bündelung *f*

clutch *n* AUTO Ausrück- *pref*, Kupplung *f*, MECHAN ENG Ausrück- *pref*, Schaltkupplung *f*, schaltbare Kupplung *f*, *coupling* Kupplung *f*, *gripping device* Greifer *m*, MECHANICS Kupplung *f*, WATER TRANS *engine* Schaltkupplung *f*; **~ cable** *n* AUTO Kupplungsseilzug *m*, Kupplungsseil *nt*; **~ casing** *n* AUTO Kupplungsgehäuse *nt*; **~ clearance** *n* AUTO Kupplungsspiel *nt*; **~ collar** *n* MECHAN ENG Kupplungsmuffe *f*; **~ coupling** *n* MECHAN ENG Kupplungsgelenk *nt*; **~ disc** *n BrE* AUTO Kupplungsscheibe *f*; **~ disk** *n AmE see clutch disc BrE* **~ drive plate** *n* AUTO Kupplungstreibscheibe *f*; **~ drum** *n* AUTO Kupplungsgehäuse *nt*; **~ fork** *n* AUTO Kupplungsausrückgabel *f*, MECHAN ENG Ausrückgabel *f*; **~ gear** *n* AUTO Antriebszahnrad der Antriebswelle *nt*; **~ housing** *n* AUTO, MECHAN ENG Kupplungsgehäuse *nt*; **~ lining** *n* AUTO, MECHAN ENG, MECHANICS Kupplungsbelag *m*; **~ linkage** *n* AUTO Kupplungsgestänge *nt*; **~ output cylinder** *n* AUTO Kupplungsnehmerzylinder *m*; **~ pedal** *n* AUTO, MECHAN ENG Kupplungspedal *nt*; **~ pedal clearance** *n* AUTO Kupplungspedalspiel *nt*; **~ pedal push-rod** *n* AUTO Kupplungsgestänge *nt*; **~ pedal release lever** *n* AUTO Kupplungspedalausrückhebel *m*; **~ pick-off** *n* AUTO Kupplungsaufnahme *f*; **~ plate** *n* AUTO Kupplungsring *m*, Kupplungsscheibe *f*; **~ pressure plate** *n* MECHAN ENG Kupplungsdruckplatte *f*; **~ release bearing** *n* AUTO Ausrücklager *nt*; **~ release fork** *n* AUTO Ausrückgabel *f*; **~ release stop** *n* AUTO Kupplungsausrücklager *nt*; **~ rod** *n* AUTO Kupplungsstange *f*; **~ shaft** *n* AUTO Kupplungswelle *f*; **~ sleeve** *n* AUTO Kupplungshülse *f*, Kupplungsmuffe *f*; **~ slip** *n* AUTO Durchrutschen *nt*, Kupplungsschlupf *m*; **~ spring** *n* AUTO Kupplungsfeder *f*, MECHAN ENG Ausrückfeder *f*; **~ throwout** *n* AUTO Auskuppeln *nt*

clutter *n* ELECTRON *radar* Störfleck *m*, TELECOM Störecho *nt*, WATER TRANS *radar* Trübung *f*; **~ filter** *n* ELECTRON *radar* Engel *m pl*, Störungsfilter *nt*

Cm *(curium)* CHEMISTRY Cm *(Curium)*

CM *abbr* ACOUSTICS *(mechanical compliance)* CM *(mechanische Auslenkung)*, COMP & DP *(central memory)* Zentralspeicher *m*

CMC *abbr (carboxymethylcellulose)* FOOD TECH, PLAS CMC *(Carboxymethylcellulose)*

CMD: **~ player** *n* OPT CMD-Spieler *m*

CMOS[1] *abbr (complementary metal oxide semiconductor)* COMP & DP CMOS *(komplementärer Metalloxid-Halbleiter)*, ELECTRON CMOS *(Komplementär-Metalloxid-Halbleiter)*

CMOS:[2] **~ crosspoint** *n* TELECOM CMOS-Koppelpunkt *m*; **~logic** *n* ELECTRON CMOS-Logik *f*; **~ semiconductor** COMP & DP CMOS-Halbleiterelement *nt*; **~ transistors** *n pl* ELECTRON CMOS-Transistoren *m pl*

CMS *abbr (center-of-mass system AmE, centre-of-mass system BrE)* MECHANICS, PHYS Schwerpunktsystem *nt*

CMTR *abbr (certified material test report)* QUAL bescheinigter Werkstoff-Prüfbericht *m*

CNC *abbr (computerized numeric control)* MECHAN ENG CNC *(computernumerische Steuerung)*

Co *(cobalt)* CHEMISTRY Co *(Kobalt)*

CO_2: **~ laser** *n (carbon dioxide laser)* ELECTRON CO_2-Laser *m (Kohlendioxidlaser)*

coacervate *n* CHEMISTRY Koazervat *nt*

coacervation *n* CHEMISTRY Koazervation *f*, Koazervierung *f*

coach *n* AUTO Karosserie *f*, AUTO *AmE* zweitürige Limousine *f*, RAIL *BrE (cf car AmE)* Wagen *m*; **~ bolt** *n* MECHAN ENG Schloßschraube *f*; **~screw** *n* CONST Vierkantkopfschraube *f*; **~ wrench** *n* MECHAN ENG Engländer *m*, verstellbarer Schraubenschlüssel *m*

coagulant *n* WASTE Flockungsmittel *nt*, Fällmittel *nt*

coagulate[1] *vt* CHEM ENG gerinnen lassen, zur Ausflokkung bringen

coagulate[2] *vi* CHEM ENG ausflocken, gelieren, gerinnen

coagulated *adj* CHEM ENG geronnen, koaguliert

coagulating *n* FOOD TECH Gerinnung *f*, Koagulieren *nt*; **~ agent** *n* PLAS *rubber* Koagulans *nt*, Koagulationsmittel *nt*; **~ bath** *n* CHEM ENG Erstarrungsbad *nt*, Koagulationsbad *nt*

coagulation *n* CHEM ENG, CHEMISTRY, PLAS *rubber* Koagulation *f*, WASTE Ausfällung *f*; **~ liquid** *n* CHEM ENG Erstarrungsflüssigkeit *f*, Koagulierungsflüssigkeit *f*

coagulator *n* CHEM ENG Ausflockungsmittel *nt*, Gerinnungsmittel *nt*, Koaguliermittel *nt*

coagulum *n* PLAS *rubber* Koagulum *nt*

coal:[1] **~-bearing** *adj* COAL TECH kohlehaltig; **~-fired** *adj* COAL TECH kohlebefeuert

coal[2] *n* COAL TECH Kohle *f*, Steinkohle *f*; **~ ash** *n* COAL TECH Steinkohlenasche *f*; **~ backing** *n* COAL TECH Kohlenauffüllung *f*; **~ basin** *n* COAL TECH Kohlebecken *nt*; **~ basket** *n* COAL TECH Kohlenkorb *m*, Kohlenkübel *m*; **~ beans** *n pl* COAL TECH Kohlengrus *m*; **~ bed** *n* COAL TECH Steinkohlenflöz *nt*, Steinkohlenschicht *f*; **~ belt** *n* COAL TECH Kohlenfließband *nt*, Kohlenförderband *nt*; **~ breaker** *n* COAL TECH Kohlenhauer *m*; **~ bunker** *n* COAL TECH Kohlenbunker *m*, Kohlensilo *m*; **~ chute** *n* COAL TECH Kohlenrutsche *f*, Kohlenschurre *f*; **~ cracker** *n* COAL TECH Kohlenschrämmaschine *f*; **~ cutter** *n* COAL TECH Kohlenschrämmaschine *f*; **~ deposit** *n* COAL TECH Kohlevorkommen *nt*; **~ dressing** *n* COAL TECH Steinkohlenaufbereitung *f*; **~ drift** *n* COAL TECH Abbaustrecke *f*; **~ drill** *n* COAL TECH Kohlenbohrer *m*; **~ dust** *n* POLL Kohlenstaub *m*; **~ extraction** *n* COAL TECH Kohleförderung *f*; **~-fired boiler** *n* HEAT & REFRIG kohlegeheizter Kessel *m*; **~ formation** *n* COAL TECH Kohlenformation *f*; **~ gas** *n* COAL TECH Steinkohlengas *nt*; **~ gasification** *n* PET TECH, THERMODYN Kohlevergasung *f*; **~-handling plant** *n* COAL TECH Bekohlungsvorrichtung *f*; **~ liquefaction** *n* PET TECH Kohleverflüssigung *f*; **~ mine** *n* COAL TECH Kohlenbergwerk *nt*, Kohlengrube *f*, Kohlenschacht *m*, Kohlenzeche *f*; **~ mining** *n* COAL TECH Kohlenabbau *m*, Kohlenbergbau *m*; **~-mining explosive** *n* COAL TECH Kohlenbergwerksprengstoff *m*; **~ naphtha** *n* COAL TECH Steinkohlennaphtha *f*; **~ pick** *n* COAL TECH Doppelspitzhacke *f*, Kohlenhacke *f*; **~ pit** *n* COAL TECH Kohlenbergwerk *nt*, Kohlengrube *f*, Kohlenzeche *f*; **~ powder** *n* COAL TECH Kohlenpulver *nt*, Kohlenstaub *m*; **~ road** *n* COAL TECH Kohlenstraße *f*; **~ seam** *n* COAL TECH Kohlenflöz *nt*, Kohlenschicht *f*; **~-seam floor** *n* COAL TECH Kohlenflözsohle *f*; **~ ship** *n* COAL TECH, WATER TRANS Kohlenschiff *nt*; **~ slake** *n* COAL TECH zerbröckelte Kohle *f*; ~ **sludge** *n* COAL TECH Kohlenschlamm *m*, Schlammkohle *f*; ~ **tar** *n* COAL TECH Steinkohlenteer *m*; ~**-tar dye** *n* CHEMISTRY Anilinfarbstoff *m*; ~**-tar naphtha** *n* COAL TECH Steinkohlenteernaphtha *f*; ~**-tar pitch** *n* COAL TECH Teerpech *nt*; ~ **wall** *n* COAL TECH Kohlenwand *f*; ~ **washer** *n* COAL TECH Kohlenwaschanlage *f*; ~ **wharf** *n* RAIL, WATER TRANS Kohlenladeplatz *m*; ~ **works** *n pl* COAL TECH Kohlenbergwerk *nt*; ~ **yard** *n* COAL TECH Kohlenhalde *f*, Kohlenlagerplatz *m*

coal[3] *vt* COAL TECH bekohlen, verkohlen

coaldust *n* COAL TECH Kohlenstaub *m*

coalesce[1] *vt* PROD ENG Kugeln bilden, sintern, verschmelzen

coalesce[2] *vi* CHEMISTRY ineinanderfließen, koaleszieren, koalisieren, sich verbinden

coalescence *n* PROD ENG Schmelzfluß *m*, Sinterung *f*

coalescing: ~ **agent** *n* PLAS *paints* Verlaufhilfsmittel *nt*, Verlaufmittel *nt*

coalface *n* COAL TECH Kohlenstoß *m*; ~ **cleat** *n* COAL TECH Kohlenstoßpflock *m*

coalfield *n* COAL TECH Kohlenbecken *nt*, Kohlenfeld *nt*

coaming *n* AIR TRANS Süllrahmen *m*, WATER TRANS *shipbuilding* Süll *nt*

Coanda: ~ **effect** *n* FLUID PHYS *flow behaviour* Coandascher Effekt *m*

coarse[1] *adj* MECHAN ENG grob; ~**-grained** *adj* METALL grobkörnig; ~**-pitch** *adj* PROD ENG mit grober Zahnteilung, steilgängig

coarse:[2] ~ **adjustment** *n* ELECT, PROD ENG Grobeinstellung *f*; ~ **adjustment by rack and pinion** *n* OPT Grobeinstellung mittels Gestell und Zahnrad *f*; ~ **aggregate** *n* CONST Grobzuschlagstoff *m*; ~ **balance** *n* INSTR Grobabgleich *m*; ~**-count** *n* TEXT Grob- *pref*; ~ **crusher** *n* COAL TECH Grobzerkleiner *m*; ~ **crushing** *n* COAL TECH Grobzerkleinung *f*, PROD ENG Grobbrechen *nt*; ~ **crushing mill** *n* CHEM ENG Grobzerkleinerungsmaschine *f*; ~**cut** *n* PROD ENG *metal cutting* Grobhieb *m*; ~**-cut file** *n* PROD ENG Schruppfeile *f*; ~ **feed** *n* MECHAN ENG *machine tools* Grobverstellung *f*, PROD ENG Grobvorschub *m*; ~**-feed series** *n* PROD ENG Grobvorschubreihe *f*; ~ **file** *n* MECHAN ENG Grobfeile *f*; ~ **filter** *n* MECHAN ENG Grobfilter *nt*, WATER SUP grobes Filter *nt*; ~**-fine adjustment** *n* INSTR Grob-Fein-Einstellung *f*; ~ **grain** *n* METALL, PROD ENG Grobkorn *nt*; ~**-grain annealing** *n* PROD ENG Grobkornglühen *nt*; ~**-grain grinding** *n* PROD ENG Schleifen mit grobkörnigem Schleifkörper *nt*; ~**-grain image** *n* PHOTO grobkörniges Bild *nt*; ~ **gravelly sand** *n* CONST grobkiesiger Sand *m*; ~ **grinding** *n* COAL TECH Grobzerkleinung *f*; ~ **pitch** *n* AIR TRANS *of propeller* große Steigung *f*; ~**-pitch** *n* MECHAN ENG grobe Teilung *f*; ~**-pitch blade** *n* PROD ENG Sägeblatt mit grober Zahnteilung *nt*; ~**-pitch cutter** *n* PROD ENG Fräser mit grober Zahnteilung *m*; ~**-pitch screw** *n* CONST grobgängige Schraube *f*; ~ **pottery** *n* CER & GLAS Töpfergeschirr *nt*; ~ **scanning** *n* TELEV Grobabtastung *f*; ~**screen** *n* PRINT Grobraster *nt*, WASTE Grobrechen *m*; ~ **soil** *n* COAL TECH grobkörnige Erde *f*; ~ **thread** *n* MECHAN ENG Grobgewinde *nt*; ~ **vacuum** *n* PHYS Grobvakuum *nt*; ~ **washer** *n* MECHAN ENG grobe Unterlegscheibe *f*; ~ **yarn** *n* TEXT Grobgarn *nt*

coarsen *vt* PROD ENG vergröbern

coarseness *n* PROD ENG Hiebteilung *f*

coarser: ~ **woven fabric** *n* TEXT groberes Gewebe *nt*

coast[1] *n* WATER TRANS Küste *f*; ~ **earth station** *n* *(CES)* SPACE Erdfunkstelle *f*

coast[2] *vi* AUTO im Leerlauf fahren, WATER TRANS *sea trade* Küstenschiffahrt betreiben, die Küste entlangsegeln

coastal[1] *adj* WATER TRANS Küsten- *pref*

coastal:[2] ~ **chart** *n* WATER TRANS *navigation* Küstenkarte *f*; ~ **cruiser** *n* WATER TRANS Küstenkreuzer *m*; ~ **defence** *n BrE* WATER TRANS *navy* Küstenverteidigung *f*; ~ **defense** *n AmE see coastal defence BrE* ~ **deposit** *n* WATER SUP Küstenschlamm *m*, Küstenschlick *m*; ~ **navigation** *n* WATER TRANS *merchant navy* Küstennavigation *f*, Küstenschiffahrt *f*; ~ **quick release anchor** *n (CQR anchor)* WATER TRANS Danford-Anker *m (CQR-Anker)*; ~ **ring road** *n* CONST Küstenringstraße *f*; ~ **river** *n* WATER SUP Küstenfluß *m*; ~ **station** *n* RAD TECH Küstenfunkstelle *f*, TELECOM *maritime radio* Küstenfunkstelle *f*, Küstenstation *f*; ~ **station identity** *n* TELECOM Kennung der Küstenfunkstelle *f*; ~ **trade** *n* WATER TRANS Küstenfahrt *f*, Küstenschiffahrt *f*; ~ **vessel** *n* WATER TRANS Küstenschiff *nt*; ~ **waters** *n pl* WATER TRANS Küstengewässer *nt pl*

coaster *n* WATER TRANS Küstenfahrzeug *nt*

coastguard *n* WATER TRANS Küstenwache *f*; ~ **cutter** *n* WATER TRANS Küstenwachkutter *m*

coasting: ~ **trade** *n* WATER TRANS *merchant navy* Küstenfahrt *f*; ~ **vessel** *n* WATER TRANS Küstenfahrzeug *nt*, Küstenschiff *nt*

coastline *n* WATER TRANS Küstenlinie *f*

coastwise: ~ **trade** *n* WATER TRANS *merchant navy* Küstenfahrt *f*

coat[1] *n* CONST *of road* Straßendeckenbelag *m*, PAPER Anstrich *m*, PROD ENG Überform *f*

coat[2] *vt* CONST beschichten, streichen, umhüllen, FOOD TECH beschichten, überziehen, PACK kaschieren, PLAS auftragen, beschichten, kaschieren, überziehen, PROD ENG belegen, umhüllen

coated[1] *adj* PROD ENG *plastic valves* beschichtet, ummantelt

coated:[2] ~ **fabric** *n* PLAS beschichtetes Gewebe *nt*, gummiertes Gewebe *nt*, kaschiertes Gewebe *nt*; ~ **glass** *n* CER & GLAS entspiegeltes Glas *nt*; ~ **lens** *n* PHOTO vergütete Linse *f*, PHYS vergütete Linse *f*, vergütetes Objektiv *nt*; ~ **paper** *n* PACK gestrichenes Papier *nt*, PAPER Kunstdruckpapier *nt*, gestrichenes Papier *nt*, PRINT Kunstdruckpapier *nt*; ~ **rod electrode** *n* ELECT *arc welding* umhüllte Stabelektrode *f*; ~ **synthetic paper** *n* PACK beschichtetes Kunstdruckpapier *nt*; ~ **tape** *n* RECORD Schichtband *nt*

coater *n* PAPER Streichmaschine *f*

coating *n* CONST Auskleidung *f*, Beschichtung *f*, Schutzschicht *f*, Umhüllen *nt*, Verputzen *nt*, PACK Beschichten *nt*, Kaschieren *nt*, PAPER Streichen *nt*, PHOTO Vergütung *f*, PHYS *optical fibre* Beschichtung *f*, Vergütung *f*, PLAS Auftragen *nt*, Beschichten *nt*, Kaschieren *nt*, Überziehen *nt*, TEXT Beschichtung *f*; ~ **base paper** *n* PAPER Streichrohpapier *nt*; ~ **color** *n AmE*, ~ **colour** *n BrE* PAPER Streichmasse *f*; ~ **compound** *n* PACK Streichmasse *f*, Überzugsmaterial *nt*; ~ **machine** *n* PACK Auftragsmaschine *f*, Lackiermaschine *f*, Streichanlage *f*, PAPER Streichmaschine *f*, PLAS Auftragsmaschine *f*, Beschichtungsmaschine *f*, Streichmaschine *f*; ~ **material** *n* MECHAN ENG Überzugsmaterial *nt*; ~ **mixture** *n* PAPER Streichmasse *f*; ~ **process** *n* COATINGS Beschichtungsverfahren *nt*; ~ **system** *n* COATINGS Beschichtungssystem *nt*; ~ **thick-**

ness *n* PACK Überzugsdicke *f*, PLAS *paints, adhesives* Schichtdicke *f*; **~-thickness measurement** *n* METROL Messen der Beschichtungsdicke *nt*

coax *n* RAD TECH Koax

coaxial[1] *adj* AIR TRANS, ELEC ENG, ELECTRON, RAD TECH, RECORD, TELECOM koaxial, Koaxial- *pref*

coaxial:[2] **~ antenna** *n* TELECOM Koaxialantenne *f*; **~ attenuator** *n* ELECTRON koaxiales Dämpfungsglied *nt*; **~ cable** *n* COMP & DP Koaxialkabel *nt*, ELEC ENG Koaxialkabel *nt*, Koaxkabel *nt*, ELECT, PHYS, RECORD, TELECOM, TELEV Koaxialkabel *nt*; **~ cavity** *n* ELECTRON Koaxialtopfkreis *m*; **~ connector** *n* ELEC ENG Koaxialstecker *m*; **~ diode** *n* ELECTRON Koaxialdiode *f*; **~ filter** *n* TELECOM Koaxialfilter *nt*; **~-fixed load** *n* ELEC ENG koaxiale Festlast *f*; **~ line** *n* ELEC ENG, PHYS Koaxialleitung *f*, RECORD koaxiale Leitung *f*, TELECOM Koaxialleitung *f*; **~-line system** *n* TELECOM Koaxialleitungssystem *nt*; **~ load** *n* ELEC ENG Koaxiallast *f*; **~ loudspeaker** *n* ACOUSTICS, RECORD Koaxiallautsprecher *m*; **~ magnetron** *n* ELECTRON Koaxialmagnetron *nt*; **~ pair** *n* ELEC ENG koaxiale Doppelleitung *f*; **~-pair cable** *n* ELEC ENG koaxiale Doppelleitung *f*; **~ phase shifter** *n* ELEC ENG koaxialer Phasenregler *m*, koaxialer Phasenschieber *m*, koaxialer Phasensteller *m*; **~ propeller** *n* AIR TRANS gleichachsiger gegenläufiger Propeller *m*; **~ resonator** *n* ELECTRON Topfkreis *m*; **~-type helicopter** *n* AIR TRANS koaxialer Hubschraubertyp *m*

cob[1] *n* COAL TECH Pfeiler *m*; **~ brick** *n* CER & GLAS Ziegelrohling *m*; **~ coal** *n* COAL TECH mittlere Steinkohle *f*

cob[2] *vt* COAL TECH klauben

cobalamin *n* CHEMISTRY Cobalamin *nt*, FOOD TECH Vitamin B12 *nt*

cobalt[1] *adj* CHEMISTRY Cobalt- *pref*

cobalt[2] *n* CHEMISTRY Cobalt *nt*, Kobalt *nt*; **~ alloy** *n* COATINGS Kobaltlegierung *f*; **~ bomb** *n* NUC TECH Kobaltbombe *f*; **~ bottle** *n* CER & GLAS Kobaltglasflasche *f*; **~ chloride** *n* CER & GLAS Kobaltchlorid *nt*; **~ naphthenate** *n* PLAS *paints, polyesters* Kobaltnaphthenat *nt*; **~ 60** *n* CHEMISTRY NUC TECH Kobalt 60 *nt*, **~ 60 gamma irradiation** *n* NUC TECH Bestrahlung mit Kobalt 60 *f*; **~ 60 irradiation plant** *n* NUC TECH Kobalt 60 Bestrahlungsanlage *f*

cobaltammine *n* CHEMISTRY Cobaltammin *nt*, Cobaltiak *nt*

cobble *n* PROD ENG Walzfehler *m*

COBOL *abbr (common business oriented language)* COMP & DP COBOL *(problemorientierte Programmiersprache für Geschäftsbetrieb)*

COC *abbr (certificate of compliance)* QUAL Konformitätsbescheinigung *f*

co-channel[1] *adj* TELECOM Gleichkanal- *pref*

co-channel:[2] **~ interference** *n* RECORD, TELECOM Gleichkanalstörung *f*, TELEV Gleichbarkanalstörung *f*; **~ protection** ratio *n* TELECOM Gleichkanalschutzabstand *m*; **~ reuse distance** *n* TELECOM Gleichkanalwiederholabstand *m*

cochineal *n* FOOD TECH Cochenille *m*

cochlear: **~ microphonic effect** *n* ACOUSTICS Mikrofonie-Effekt in der Cochlear *m*

cock[1] *n* CONST Hahn *m*, Ventil *nt*, LAB EQUIP Hahnventil *nt*, MECHAN ENG Hahn *m*, MECHANICS Hahn *m*, Hahnventil *nt*, PROD ENG Absperrorgan *nt*, WATER TRANS Hahn *m*, kleines Beiboot *nt*; **~ key** *n* CONST Ventilschlüssel *m*; **~ with square head** *n* CONST Vierkantventil *nt*; **~valve** *n* MECHAN ENG Hahnventil *nt*

cock[2] *vt* PHOTO spannen

cocking: **~ lever** *n* PHOTO Spannhebel *m*; **~ ring** *n* PHOTO Spannring *m*

cockled: **~ surface** *n* CER & GLAS runzelige Oberfläche *f*

cockpit *n* AIR TRANS Besatzungsraum *m*, Cockpit *nt*, Kanzel *f*, AUTO Cockpit *nt*, Fahrerbereich *m*, WATER TRANS *ship* Cockpit *nt*, Plicht *f*; **~ drainage** *n* WATER TRANS Lenzvorrichtung der Plicht *f*; **~ voice recorder** *n* AIR TRANS Tonaufzeichnungsgerät im Cockpit *nt*

COD *abbr (chemical oxygen demand)* POLL CSB *(chemischer Sauerstoffbedarf)*

code:[1] **~-transparent** *adj* TELECOM codetransparent

code[2] *n* COMP & DP, ELECTRON Code *m*, TELECOM Code *m*, Nummer *f*; **~ area** *n* COMP & DP Codebereich *m*; **~ class** *n* QUAL Codeklasse *f*; **~ conversion** *n* COMP & DP Codeumsetzung *f*; **~ converter** *n* ELEC ENG Codekonverter *m*, Codeumsetzer *m*, Codewandler *m*; **~-decode system** *n* TRANS Codiersystem *nt*; **~-division multiplexing** *n (CDM)* TELECOM Codemultiplex *m (C-Multiplex)*; **~ editions** *n pl* QUAL Codeausgaben *f pl*; **~ element** *n* COMP & DP Code-Element *nt*; **~ extension character** *n* COMP & DP Codesteuerzeichen *nt*; **~ field** *n* COMP & DP Codierungsfeld *nt*; **~ flag** *n* WATER TRANS Signalbuchflagge *f*; **~ key** *n* COMP & DP Codetaste *f*; **~ letter** *n* COMP & DP Kennbuchstabe *m*; **~ of practice** *n* CONST bautechnische Richtlinien *f pl*; **~ symbol stamp** *n* QUAL Codestempel *m*

code[3] *vt* TELEV codieren

codebook: **~-excited linear predictive coder** *n (CELP)* TELECOM linearer Prädiktionscodierer mit Codebuch-Erregung *m*

codec *n (coder-decoder)* COMP & DP, ELECTRON, TELECOM Codec *m (Codierer-Decodierer)*

coded[1] *adj* TELECOM codiert

coded:[2] **~ stereo** *n* RECORD codierte Stereophonie *f*; **~ transmission** *n* TELECOM codierte Übertragung *f*

codeine *n* CHEMISTRY Codein *nt*, Methylmorphin *nt*

codeposition *n* WASTE gemischte Ablagerung *f*

coder *n* ELECTRON, TELECOM, TELEV Codierer *m*; **~-decoder** *n (codec)* COMP & DP, ELECTRON, TELECOM Codierer-Decodierer *m (Codec)*

coding *n* COMP & DP Codieren *nt*, CONTROL Codier- *pref*, ELECTRON Codier- *pref*, Codieren *nt*, Codierung *f*, TELECOM Codier- *pref*, Codieren *nt*, Codierung *f*, Verschlüsselung *f*, TELEV Codier- *pref*; **~ device** *n* TRANS Codierer *m*; **~ error** *n* COMP & DP, ELECTRON Codierfehler *m*; **~ scheme** *n* ELECTRON Verschlüsselungsschema *nt*; **~ sheet** *n* COMP & DP Codierblatt *nt*; **~ single-head coding system** *n* PACK Codiersystem mit Einzelkopf *nt*; **~ table** *n* COMP & DP Codiertabelle *f*; **~ theory** *n* COMP & DP Codiertheorie *f*; **~ four-head coding system** *n* PACK Codiersystem mit vier Köpfe *nt*

codisposal *n* WASTE gemischte Ablagerung *f*; **~ landfill** *n* WASTE Mischdeponie *f*

coefficient *n* ELECT, HYD EQUIP, MATH, MECHANICS, PHYS Koeffizient *m*; **~ of absorption** *n* PHYS Absorptionsgrad *m*; **~ of abundance** *n* WATER SUP Häufigkeitskoeffizient *m*; **~ of compressibility** *n* PHYS Kompressionskoeffizient *m*; **~ of contraction** *n (Cc)* HYD EQUIP Kontraktionsziffer *f*, Schwindung *f*; **~ of coupling** *n* ELECT *of* coil Kopplungsfaktor *m*; **~ of cubic expansion** *n* MECHANICS, PHYS kubischer Ausdehnungskoeffizient *m*; **~ of drag** *n* AIR TRANS, FLUID PHYS Widerstandsbeiwert *m*, FUELLESS Luftwiderstandsbeiwert *m*, Widerstandsbeiwert *m*, HYD EQUIP

Strömungswiderstand *m*, WATER TRANS Widerstandsbeiwert *m*; **~ of efficiency** *n* MECHANICS, PHYS Wirkungsgrad *m*; **~ of efflux** *n* HYD EQUIP Ausflußkoeffizient *m*; **~ of elasticity** *n* METALL, PLAS Elastizitätskoeffizient *m*; **~ of expansion** *n* CONST Ausdehnungszahl *f*, PLAS Ausdehnungskoeffizient *m*; **~ of fineness** *n* WATER TRANS *ship design* Völligkeitsgrad *m*; **~ of friction** *n* CONST, ERGON Reibungsbeiwert *m*, MECHAN ENG Reibbeiwert *m*, Reibungskoeffizient *m*, Reibungszahl *f*, MECHANICS, METROL, PHYS Reibungskoeffizient *m*, PLAS Reibzahl *f*, Reibungskoeffizient *m*, WATER TRANS *ship design* Reibungskoeffizient *m*, Reibungszahl *f*; **~ of haze** *n* POLL Dunstkoeffizient *m*; **~ of induction** *n pl* PHYS Induktionskoeffizient *m*; **~ of linear expansion** *n* PHYS Koeffizient der linearen Ausdehnung *m*, Koeffizient der linearen Wärmedehnzahl *m*, PLAS Längenausdehnungskoeffizient *m*; **~ of magnetic dispersion** *n* ELECT magnetische Streuzahl *f*, magnetischer Streufaktor *m*; **~ of mutual inductance** *n* ELEC ENG, ELECT Gegeninduktionskoeffizient *m*; **~ of permeability** *n* WASTE Durchlässigkeitskoeffizient *m*, Durchlässigkeitswert *m*, Kf-Wert *m*; **~ of restitution** *n* MECHANICS, PHYS Rückkehrkoeffizient *m*; **~ of rolling friction** *n* MECHANICS, PHYS Rollreibungszahl *f*; **~ of sliding friction** *n* MECHANICS, PHYS Gleitreibungszahl *f*; **~ of thermal conduction** *n* MECHANICS Wärmeleitfähigkeitskoeffizient *m*; **~ of thermal expansion** *n* MECHANICS, PHYS thermischer Ausdehnungskoeffizient *m*; **~ of thermal insulation** *n* PHYS Wärmedämmfaktor *m*; **~ of torque** *n* FUELLESS Drehmomentskoeffizient *m*; **~ of variation** *n* QUAL Variationskoeffizient *m*; **~ of viscosity** *n* FLUID PHYS, PHYS Viskositätskoeffizient *m*, Zähigkeitskoeffizient *m*

coefficients: **~ of potential** *n pl* PHYS Potentialkoeffizienten *m pl*

coenzyme *n* FOOD TECH Coenzym *nt*

coercive: **~ field strength** *n* ELECT *magnetic materials* Koerzitivfeldstärke *f*; **~ force** *n* ELECT *magnetic materials* Koerzitivfeldstärke *f*, PHYS Koerzitivkraft *f*

coercivity *n* PHYS, RECORD Koerzitivkraft *f*, TELEV Koerzitivfeldstärke *f*, Koerzitivkraft *f*

coextruded: **~ film** *n* PACK gemeinschaftlich stranggepreßte Folie *f*

coffer *n* WATER SUP Fangdamm *m*, Kammer *f*

cofferdam *n* CONST Fangdamm *m*, WATER SUP Fangdamm *m*, Kofferdamm *m*

coffering *n* WATER SUP Wasserdichtmachen *nt*

cog[1] *n* MECHAN ENG Daumen *m*, Zahn *m*, MECHANICS Zahn *m*, Zapfen *m*, PROD ENG Daumen *m*, Nase *f*, eingesetzter Zahn *m*; **~ belt** *n* AUTO *timing*, MECHAN ENG Zahnriemen *m*; **~ railroad** *n AmE (cf cog railway BrE)* RAIL Zahnradbahn *f*; **~ railway** *n BrE (cf cog railroad AmE)* RAIL Zahnradbahn *f*

cog[2] *vt* MECHAN ENG mit Zähnen versehen, PROD ENG herunterwalzen, verschmieden

cogeneration *n* ELECT Kraft-Wärme-Kopplung *f*

cogged[1] *adj* MECHANICS gezahnt, verzapft

cogged:[2] **~ belt** *n* AUTO *timing*, MECHAN ENG Zahnriemen *m*; **~ belt timing** *n* AUTO Zahnriemeneinstellung *f*; **~ ingot** *n* PROD ENG vorgewalzter Block *m*; **~ V belt** *n* MECHAN ENG gezahnter Keilriemen *m*

cogging: **~-down roll** *n* PROD ENG Streckwalze *f*, Vorwalze *f*; **~-down stand** *n* PROD ENG Vorwalzgerüst *nt*; **~ mill** *n* PROD ENG Blockwalzwerk *nt*, Vorwalzwerk *nt*; **~ pass** *n* PROD ENG Blockkaliber *nt*, Vorstrich *m*; **~ roll** *n* PROD ENG Blockwalze *f*, Streckwalze *f*; **~ stand** *n* PROD ENG Blockwalzgerüst *nt*; **~ train** *n* PROD ENG Blockstraße *f*

cognition *n* ERGON Erkennen *nt*, Wahrnehmung *f*, Wissen *nt*

cognitive[1] *adj* ERGON kognitiv

cognitive:[2] **~ map** *n* ERGON kognitives Abbild *nt*

cogwheel *n* MECHAN ENG Zahnrad *nt*

coherence *n* ELECTRON, OPT, PHYS, TELECOM Kohärenz *f*; **~ area** *n* OPT Kohärenzbereich *m*; **~ bandwidth** *n* TELECOM *land mobile* Kohärenzbandbreite *f*; **~ length** *n* OPT, PHYS, TELECOM Kohärenzlänge *f*; **~ time** *n* OPT, PHYS, TELECOM Kohärenzzeit *f*

coherency *n* WAVE PHYS Kohärenz *f*; **~ of a laser beam** *n* WAVE PHYS Kohärenz eines Laserstrahls *f*

coherent[1] *adj* ELECTRON, METALL, OPT, RAD PHYS, RECORD, TELECOM, WAVE PHYS kohärent

coherent[2] *n* ELECT kohärent; **~ anti-Stokes Raman scattering** *n (CARS)* RAD PHYS, WAVE PHYS kohärente Antistokes-Raman-Streuung *f (KARS)*; **~ area** *n* TELECOM kohärenter Bereich *m*; **~ beam** *n* ELECTRON kohärenter Strahl *m*; **~ boundary** *n* METALL kohärente Grenze *f*; **~ cw** *n* RAD TECH kohärente Morsetastung *f*; **~ deduction** *n* ELECTRON kohärente Ableitung *f*; **~ interface** *n* METALL kohärente Grenzfläche *f*; **~ light** *n* ELECTRON *as emitted by laser*, RAD PHYS, TELECOM, WAVE PHYS kohärentes Licht *nt*; **~ monochromatic beam** *n* RAD PHYS *as developed in laser* kohärenter monochromatischer Lichtstrahl *m*; **~ noise** *n* RECORD kohärentes Rauschen *nt*; **~ oscillator** *n* ELECTRON *radar* Kohärenzoszillator *m*; **~ particle** *n* METALL kohärentes Teilchen *nt*; **~ phase shift keying** *n (CPSK)* TELECOM kohärente Phasenumtastung *f*; **~ pulse radar** *n* ELECTRON kohärenter Impulsradar *m*, RAD PHYS kohärenter Impulsradarstrahl *m*; **~ radiation** *n* OPT, TELECOM kohärente Strahlung *f*; **~ signal processing** *n* ELECTRON kohärente Signalverarbeitung *f*; **~ sound** *n* ACOUSTICS kohärenter Schall *m*; **~ transmission** *n* TELECOM kohärente Übertragung *f*; **~ waves** *n pl* RAD PHYS, WAVE PHYS kohärente Wellen *f pl*

cohesion *n* COAL TECH Bindigkeit *f*, CONST Bindigkeit *f*, Haltekraft *f*, Kohäsion *f*, METALL, PHYS Kohäsion *f*; **~ strength** *n* COAL TECH Bindigkeit *f*

cohesive[1] *adj* CONST bindig

cohesive:[2] **~ energy** *n* METALL Kohäsionsenergie *f*; **~ force** *n* PHYS Kohäsionskraft *f*; **~ resistance** *n* MECHAN ENG Scherwiderstand *m*, PROD ENG Scherwiderstand *m*, Trennwiderstand *m*; **~ soil** *n* COAL TECH bindiger Boden *m*

cohobate *vt* CHEMISTRY *distillation* kohobieren

coil[1] *n* AUTO *ignition* Spule *f*, Zündspule *f*, CONST Heizrohrschlange *f*, Schlangenrohr *nt*, ELEC ENG, ELECT Spule *f*, HEAT & REFRIG Heizschlange *f*, Kühlschlange *f*, MECHAN ENG *of spring* Windung *f*, *of tube* Schlange *f*, MECHANICS Gewinde *nt*, Spule *f*, Wendel *f*, Wicklung *f*, PACK Bandring *m*, Coil *nt*, PAPER Spule *f*, PROD ENG Windung *f*, *plastic valves* Wicklung *f*, RAD TECH Spule *f*, WATER TRANS *ropes* Rolle *f*; **~ clutch** *n* MECHAN ENG Federbandkupplung *f*; **~ coating** *n* PLAS Bandstahlbeschichtung *f*, Coil-Coating *nt*; **~ core** *n* ELECT Spulenkern *m*; **~ form** *n* ELEC ENG Spulenkörper *m*, Spulenrahmen *m*; **~ former** *n* ELECT *bobbin* Spulenkörper *m*; **~-loaded cable** *n* ELEC ENG Pupinkabel *nt*; **~ loading** *n* ELEC ENG Belastung mit Spulen *f*, Bespulung *f*, Pupinisierung *f*; **~ pitch** *n* ELECT Windungsabstand *m*; **~ Q-factor** *n* ELECT Gütefaktor einer Spule *m*; ~ **spring** *n* AUTO Schraubenfeder *f*, Spiralfeder *f*, MECHAN ENG Spiralfeder *f*, Wickelfeder *f*, MECHANICS Schneckenfeder *f*, Schraubenfeder *f*, Spiralfeder *f*; ~**-spring clutch** *n* AUTO Schraubenfederkupplung *f*; ~**-to-coil insulation** *n* ELECT *transformer* Isolierung zwischen Wicklungen *f*; ~ **winding** *n* ELECT Spulenwickeln *nt*

coil[2] *vt* PROD ENG wickeln; ~ **up** *vt* WATER TRANS *ropes* aufschießen

coil[3] *vi* MECHAN ENG sich winden

coiled: ~ **coil** *n* ELECT Doppelwendel *f*; ~ **coil filament** *n* ELECT *in electric light bulb* Doppelwendelfaden *m*, Doppelwendelglühfaden *m*; ~ **coil lamp** *n* ELECT Doppelwendellampe *f*; ~ **spring** *n* MECHAN ENG Wickelfeder *f*

coin: ~ **box relay** *n* ELECT Münzrelais *nt*; ~**-operated payphone** *n* TELECOM Münzfernsprecher *m*

coincidence *n* ELECTRON, PHYS Koinzidenz *f*, PROD ENG Decklage *f*, RAD PHYS, RECORD Koinzidenz *f*; ~ **circuit** *n* ELECTRON *exclusive NOR circuit*, PHYS, RAD PHYS *for measurement* Koinzidenzschaltung *f*; ~ **effect** *n* RECORD Koinzidenzeffekt *m*

coining *n* MECHAN ENG Prägen *nt*; ~ **die** *n* MECHAN ENG Prägeform *f*, Prägestempel *m*

coir *n* WATER TRANS *ropes* Kokosbast *m*

coke[1] *n* CER & GLAS, COAL TECH, MECHAN ENG, METALL Koks *m*; ~ **basket** *n* COAL TECH Kokskorb *m*; ~ **bed** *n* COAL TECH Füllkoksäule *f*; ~ **breaker** *n* COAL TECH Koksbrechanlage *f*; ~ **column** *n* COAL TECH Kokssäule *f*; ~ **dust** *n* COAL TECH Koksstaub *m*; ~ **fork** *n* COAL TECH Koksgabel *f*; ~ **iron** *n* METALL Koksroheisen *nt*, *wrought* Koksschmiedeeisen *nt*; ~ **mill** *n* COAL TECH Koksmühle *f*; ~ **oven** *n* CER & GLAS, HEAT & REFRIG Koksofen *m*; ~ **pig** *n* METALL Koksroheisen *nt*

coke[2] *vt* COAL TECH inkohlen, verkoken

coking[1] *adj* COAL TECH verkokbar

coking[2] *n* COAL TECH Verkoken *nt*; ~ **coal** *n* COAL TECH Kokskohle *f*; ~ **cracking** *n* COAL TECH Koksbrechen *nt*; ~ **duff** *n* COAL TECH Koksgrus *m*

colchicine *n* CHEMISTRY Colchicin *nt*

colcothar *n* CHEMISTRY Colcothar *m*

cold[1] *adj* COAL TECH kalt, COATINGS Kalt- *pref*, kalt, ELEC ENG, HEAT & REFRIG kalt, MECH, MECHAN ENG Kalt- *pref*, METALL, NUC TECH, PLAS, THERMODYN kalt; ~**-cured** *adj* THERMODYN *rubber* kaltvulkanisiert; ~**-drawn** *adj* THERMODYN *steel* hartgezogen, kalt gezogen; ~**-forged** *adj* THERMODYN kalt verformt; ~**-rolled** *adj* THERMODYN kaltgewalzt; ~**-rolled and annealed** *adj (CRCA)* METALL kalt gewalzt und ausgeglüht *(CRCA)*

cold[2] *n* HEAT & REFRIG, THERMODYN Kälte *f*; ~ **air turbulence** *n (CAT)* AIR TRANS Kaltluftturbulenzen *f pl (CAT)*; ~ **bending** *n* MECHANICS Kaltbiegen *nt*; ~**-bending test** *n* MECHAN ENG Kaltbiegeprobe *f*; ~ **bend test** *n* METALL Faltversuch *m*, kalter Biegeversuch *m*; ~ **bond** *n* THERMODYN Kaltklebestelle *f*; ~ **bonding** *n* THERMODYN Kaltkleben *nt*; ~ **brittleness** *n* THERMODYN Kaltbrüchigkeit *f*, Kaltsprödigkeit *f*; ~ **casting** *n* THERMODYN Kaltgießen *nt*; ~ **cathode** *n* ELEC ENG kalte Kathode *f*; ~ **cathode counter tube** *n* ELECTRON Zählröhre mit kalter Kathode *f*; ~ **cathode tube** *n* ELECTRON Kaltkathodenröhre *f*; ~ **chain** *n* HEAT & REFRIG Kühlkette *f*; ~ **chamber** *n* HEAT & REFRIG Kälteraum *m*, Kälteschrank *m*; ~ **chisel** *n* MECHAN ENG Kaltmeißel *m*; ~ **content** *n* COAL TECH kalter Gehalt *m*; ~ **crack** *n* TEST Kaltriß *m*; ~ **cracking risk** *n* TEST Kaltrißanfälligkeit *f*; ~ **creep** *n* THERMODYN kalter Fluß *m*; ~ **curing** *n* THERMODYN *of rubber* Kaltvulkanisieren *nt*; ~ **die** *n* MECHAN ENG Kaltgesenk *nt*; ~ **drawing** *n* MECHAN ENG Kaltziehen *nt*, MECHANICS Autofrettage *f*, Kaltrecken *nt*, Kaltziehen *nt*, METALL, THERMODYN Kaltziehen *nt*; ~**-draw steel wire** *n* METALL kaltgezogener Stahldraht *m*; ~ **emission** *n* ELEC ENG Feldemission *f*; ~**-end coating** *n* CER & GLAS Kaltendvergütung *f*; ~ **flow** *n* MECHANICS Fließvermögen bei Kälte *nt*, Kaltfließvermögen *nt*, Kaltfluß *m*, PLAS Kaltfließen *nt*, Nachfließen *nt*, kaltes Fließen *nt*; ~ **forging** *n* MECHAN ENG Kaltpressen *nt*; ~ **front** *n* WATER TRANS *weather* Kaltfront *f*; ~ **gas thrust system** *n* SPACE *spacecraft* Kaltgasschubsystem *nt*; ~ **glueing system** *n* PACK Kaltleimsystem *nt*; ~ **hammering** *n* METALL Kalthämmern *nt*; ~ **junction** *n* ELEC ENG Kaltlötstelle *f*, ELECT *of thermocouple*, INSTR kalte Verbindungsstelle *f*; ~ **mix** *n* CONST Asphaltkaltgemisch *nt*; ~ **mold** *n AmE see cold mould BrE* ~**-molded wood** *n AmE see cold-moulded wood BrE* ~ **molding** *n AmE see cold moulding BrE* ~ **mould** *n BrE* CER & GLAS Kaltform *f*; ~**-moulded wood** *n BrE* WATER TRANS *shipbuilding* kaltgeformtes Holz *nt*; ~ **moulding** *n BrE* PLAS Kaltformen *nt*, Kaltpressen *nt*; ~ **pressure welding** *n* CONST, MECHAN ENG, MECHANICS Kaltpreßschweißen *nt*; ~ **reactor** *n* NUC TECH inaktiver Reaktor *m*, kalter Reaktor *m*; ~ **resistance** *n* ELEC ENG Kaltwiderstand *m*; ~**-rolled joist** *n* THERMODYN kaltgewalzter Träger *m*; ~ **rolling** *n* METALL, THERMODYN Kaltwalzen *nt*; ~ **room** *n* HEAT & REFRIG Kälteraum *m*; ~ **rubber** *n* PLAS Kaltkautschuk *m*; ~ **runner mold** *n AmE*, ~ **runner mould** *n BrE* PLAS Kaltkanalwerkzeug *nt*; ~ **saw** *n* MECHAN ENG Kaltsäge *f*; ~ **section** *n* AIR TRANS *of jet engine* kalter Bereich *m*; ~ **setting** *n* PLAS Kalthärten *nt*; ~ **setting adhesive** *n* PLAS kaltabbindender Klebstoff *m*, kalthärtender Klebstoff *m*; ~ **shears** *n pl* MECHAN ENG Kaltschere *f*; ~**-short iron** *n* METALL kaltbrüchiges Eisen *nt*; ~ **shut** *n* PROD ENG Walzgrat *m*, Überlappung *f*; ~ **smoke** *n* FOOD TECH Kaltrauch *m*; ~ **source** *n* NUC TECH kalte Quelle *f*; ~ **start** *n* AUTO, COMP & DP, ELECT, MECHAN ENG, THERMODYN Kaltstart *m*; ~**-start device** *n* AUTO *engine* Kaltstartvorrichtung *f*; ~**-start lamp** *n* ELECT Kaltstartlampe *f*; ~ **storage** *n* FOOD TECH Kaltlagerung *f*, Kühlraumlagerung *f*, HEAT & REFRIG *activity* Zwischenlagerung in Kühlanlagen *f*; ~ **storage car** *n* HEAT & REFRIG Kühlwagen *m*; ~ **storage injury** *n* FOOD TECH Kaltlagerungsschaden *m*; ~ **storage protective clothing** *n* SAFETY Schutzkleidung für Kühlräume *f*; ~ **storage room** *n* HEAT & REFRIG Kühlraum *m*; ~ **storage ship** *n* WATER TRANS *ship* Kühlschiff *nt*; ~ **store** *n* HEAT & REFRIG Kühlhalle *f*, Kühlhaus *nt*; ~ **strength** *n* THERMODYN Kälte *f*; ~ **trap** *n* CHEM ENG, HEAT & REFRIG Kühlfalle *f*; ~ **type** *n* PRINT Kaltsatz *m*; ~ **work** *n* COATINGS Kaltbearbeitung *f*; ~ **working** *n* MECHANICS Kaltrecken *nt*, Kaltverfestigung *f*, PROD ENG Kaltformen *nt*

cold:[3] ~**-bond** *vt* THERMODYN kaltkleben; ~**-cure** *vt* THERMODYN *rubber* kaltvulkanisieren; ~**-draw** *vt* METALL, THERMODYN kaltziehen; ~**-forge** *vt* THERMODYN kalt verformen; ~**-hammer** *vt* METALL kaltrecken; ~**-harden** *vt* THERMODYN kalt härten; ~**-roll** *vt* METALL, THERMODYN kaltwalzen; ~**-shear** *vt* MECHAN ENG kalt abtrennen; ~**-stamp** *vt* METALL kaltprägen

coldness *n* THERMODYN Kälte *f*

coliform: ~ **bacteria** *n pl* FOOD TECH Coliforme *nt pl*

collagen *n* FOOD TECH Kollagen *nt*, Leimgewebe *nt*

collapse[1] *n* CONST Einsturz *m*; **~ load** *n* PROD ENG Bruchlast *f*, Traglast *f*; **~ test** *n* PROD ENG Druckversuch an Rohren *m*

collapse[2] *vt BrE* PROD ENG ausknicken

collapsible[1] *adj* CONST demontierbar, zusammenklappbar, MECHAN ENG faltbar, zusammenlegbar

collapsible:[2] **~ antenna** *n* SPACE *communications* Faltantenne *f*; **~ bit** *n* PET TECH ausziehbarer Bohrmeißel *m*; **~ boat** *n* WATER TRANS Faltboot *nt*; **~ bottle** *n* PHOTO *for developer* zusammenlegbare Faltflasche *f*; **~ case** *n* PACK Faltkarton *m*; **~ freight container** *n* WATER TRANS zusammenlegbarer Frachtcontainer *m*; **~ and reusable packaging system** *n* PACK faltbares und wiederzuverwertendes Verpackungssystem *nt*; **~ section** *n* TRANS zusammenlegbares Teil *nt*; **~ steering column** *n* AUTO zusammenschiebbare Lenksäule *f*; **~ tube** *n* PACK Quetschtube *f*; **~ viewfinder** *n* PHOTO Klappsucher *m*

collar *n* CER & GLAS *of mandrel in Danner tube drawing process* Schamottemanschette *f*, CONST Manschette *f*, Wulst *m*, HEAT & REFRIG Stutzen *m*, MECHAN ENG Bund *m*, Hals *m*, *of axle* Schulter *f*, *of collar nut* Bund *m*, *of pipe* Muffe *f*, *of screw* Bund *m*, *packing* Manschette *f*, *pipe connection* Überschiebmuffe *f*, *sleeve* Hülse *f*, *tool* Zwinge *f*, MECHANICS Bund *m*, Hülse *f*, Manschette *f*, Stellring *m*; **~ beam** *n* CONST Kehlbalken *m*; **~ beam truss** *n* CONST Kehlbalkenbinder *m*; **~ bearing** *n* MECHAN ENG Halslager *nt*; **~ cover** *n* PROD ENG *plastic valves* Nabendeckel *m*; **~ joint** *n* MECHAN ENG Kragendichtung *f*; **~ nut** *n* MECHAN ENG Bundmutter *f*; **~ roof** *n* CONST Kehlbalkendach *nt*; **~ screw** *n* MECHAN ENG Bundschraube *f*, Schraube mit Bund *f*

collared: **~ pin** *n* MECHAN ENG Stift mit Bund *m*

collargol *n* CHEMISTRY Collargol *nt*, Kollargol *nt*

collate *vt* COMP & DP sortieren, PRINT kollationieren

collating: **~ machine** *n* PRINT Kollationiermaschine *f*; **~ marks** *n pl* PRINT Kollationiermarken *f pl*; **~ sequence** *n* COMP & DP Sortierfolge *f*; **~ system** *n* PACK Sortier- und Sammelsystem *nt*; **~ table** *n* PRINT Kollationiertisch *m*; **~ transit tray** *n* PACK Sortiersteige für den Transport *f*

collation *n* COMP & DP Sortierfolge *f*, Sortieren *nt*, Sortierung *f*

collator *n* COMP & DP Kartenmischer *m*, Lochkartenmischer *m*, Sortierer *m*

collect:[1] **~ call** *n AmE (cf reverse charge call BrE)* TELECOM R-Gespräch *nt*

collect[2] *vt* MAR POLL auffangen

collecting: **~ agent** *n* COAL TECH Sammler *m*; **~ ditch** *n* WATER SUP Sammelgraben *m*; **~ electrode** *n* POLL, WASTE Niederschlagselektrode *f*; **~ pit** *n* CONST Sammelgrube *f*; **~ reagent** *n* COAL TECH Sammelreagens *nt*

collection *n* ELEC ENG *of electrons, current* Ansammlung *f*, Sammlung *f*, MAR POLL Auffang *m*, Auffangen *nt*, WASTE Abfuhr *f*, Abholen *nt*, Einsammeln *nt*; **~ body** *n* WASTE Müllfahrzeug *nt*, Müllwagen *m*; **~ by tatters** *n* WASTE Lumpensammlung *f*; **~ device** *n* MAR POLL Auffangeinrichtung *f*; **~ drawing** *n* ENG DRAW Sammelzeichnung *f*; **~ service** *n* WASTE Müllabfuhr *f*; **~ tank** *n* WASTE Sammeltank *m*; **~ vehicle** *n* WASTE Müllfahrzeug *nt*, Müllsammelfahrzeug *nt*, Müllwagen *m*; **~ of waste oil** *n* WASTE Einsammeln von Altöl *nt*; **~ of waste paper** *n* WASTE Altpapiersammlung *f*

collective: **~ aerial** *n* TELECOM Gemeinschaftsantenne *f*; **~ antenna** *n* TELECOM Gemeinschaftsantenne *f*; **~ bell-crank** *n* AIR TRANS *helicopter* Kollektivkniehebelsystem *nt*; **~ excitation in particle interaction** *n* RAD PHYS kollektive Anregung bei Teilchenwechselwirkung *f*; **~ line** *n* TELECOM Sammelanschluß *m*; **~ mark** *n* PAT Kollektivmarke *f*; **~ model** *n* NUC TECH Kollektivmodell *nt*; **~ pitch** *n* AIR TRANS *helicopter* Kollektivsteigung *f*, nicht periodische Steigung *f*; **~ pitch angle** *n* AIR TRANS *helicopter* konstanter Steigungswinkel *m*, nicht periodischer Nickwinkel *m*, nicht periodischer Steigungswinkel *m*; **~ pitch anticipator** *n* AIR TRANS *helicopter* nicht periodische Steigungsvoreinstellung *f*; **~ pitch control** *n* AIR TRANS *helicopter* Kollektivsteigungssteuerung *f*, nicht periodische Steigungssteuerung *f*; **~ pitch follow-up** *n* AIR TRANS *helicopter* nicht periodische Steigungsservosteuerung *f*; **~ pitch indicator** *n* AIR TRANS *helicopter* Kollektivsteigungsanzeiger *m*, nicht periodischer Steigungsanzeiger *m*; **~ pitch lever** *n* AIR TRANS *helicopter* nicht periodischer Steigungseinstellhebel *m*; **~ pitch switch** *n* AIR TRANS *helicopter* nicht periodischer Steigungsschalter *m*; **~ pitch synchronizer** *n* AIR TRANS *helicopter* Kollektivsteigungssynchronisierung *f*, nicht periodische Steigungssynchronisierung *f*; **~ of users** *n* ERGON Anwenderkollektiv *nt*

collector *n* COAL TECH Sammler *m*, ELEC ENG *dynamo-electric machine* Kollektor *m*, Stromwender *m*, ELECTRON, FUELLESS, PHYS *transistor*, TELECOM Kollektor *m*, TRANS Kassierer *m*, WASTE Müllabfuhrunternehmen *nt*; **~ contact** *n* ELEC ENG Kollektorkontakt *m*; **~ cover plate** *n* FUELLESS Kollektorabdeckplatte *f*; **~ doping** *n* ELECTRON Kollektoranreicherung *f*; **~ efficiency** *n* FUELLESS Kollektorleistungsvermögen *nt*; **~ electrode** *n* ELEC ENG Kollektorelektrode *f*, Sammelelektrode *f*; **~ motor** *n* ELEC ENG Kollektormotor *m*, Stromwendermotor *m*; **~ region** *n* ELEC ENG Kollektorgebiet *nt*, Kollektorzone *f*; **~ ring** *n* ELEC ENG Kollektorring *m*, ELECT Stromsammlerring *m*; **~ road** *n* TRANS Zubringerstraße *f*; **~ shoe** *n* RAIL Kontaktschuh *m*, Stromsammlerschuh *m*; **~ tilt angle** *n* FUELLESS Kollektortiltwinkel *m*

collet *n* AUTO *engine, valve* Ventilführung *f*, Ventilschaftführung *f*, MECHAN ENG Hülse *f*, Zwinge *f*, *machine tools* Patrone *f*, PROD ENG Klemmhülse *f*, Vorschubpatrone *f*; **~ chuck** *n* MECHAN ENG *machine tools* Spannzange *f*, Zangenfutter *nt*

collico *n* TRANS *ship* Kolliko *nt*

collide[1] *vt* WATER TRANS *with ship* kollidieren; **~ with** *vt* TRANS kollidieren mit, zusammenstoßen mit

collide[2] *vi* TRANS kollidieren

collider *n* PART PHYS Collider *m*

collier *n* COAL TECH Grubenarbeiter *m*, WATER TRANS *ship* Kohlenschiff *nt*

colliery: **~ waste** *n* WASTE Zechenabraum *m*

colligative *adj* CHEMISTRY kolligativ

collimate *vt* ELECTRON *rays* parallel richten

collimated: **~ beam** *n* ELECTRON gebündelter Strahl *m*; **~ lens** *n* PHOTO Kollimatorlinse *f*; **~ light** *n* FUELLESS Kollimationslicht *nt*; **~ point source** *n* NUC TECH kollimierte Punktquelle *f*

collimating: **~ fault** *n* PHOTO Kollimatorfehler *m*

collimation *n* ELECTRON Bündelung *f*, Kollimation *f*, FUELLESS, OPT, PROD ENG Kollimation *f*

collimator *n* PHOTO Kollimator *m*, PHYS Bündeler *m*, Kollimator *m*, PROD ENG, TELECOM Kollimator *m*

collinear[1] *adj* GEOM *points* auf der selben Geraden liegend, kollinear

collinear:[2] **~ array** *n* RAD TECH lineare Dipolgruppe *f*; **~ laser spectroscopy** *n* RAD PHYS kollineare Laserspektroskopie *f*

collision *n* AUTO, COAL TECH Zusammenstoß *m*, COMP & DP, PART PHYS Kollision *f*, PHYS Stoß *m*, Zusammenstoß *m*, RAIL Kollision *f*, Zusammenstoß *m*, SAFETY Zusammenstoß *m*, SPACE *spacecraft* Kollision *f*, Zusammenstoß *m*, TELECOM Kollision *f*, WATER TRANS Kollision *f*, Zusammenstoß *m*; **~ avoidance aids** *n pl* WATER TRANS *radar* Kollisionsverhütungshilfen *f*; **~ course** *n* SPACE *spacecraft*, WATER TRANS *navigation* Kollisionskurs *m*; **~ density** *n* RAD PHYS Stoßdichte *f*, Stoßratendichte *f*; **~ detection** *n (CD)* COMP & DP, TELECOM Kollisionserkennung *f (CD)*; **~ energy** *n* PART PHYS Kollisionsenergie *f*, Schwerpunktsenergie *f*; **~ experiment** *n* PART PHYS Stoßexperiment *nt*; **~ integral** *n* RAD PHYS *in Boltzmann equation* Stoßintegral *nt*; **~ test** *n* AUTO Aufprallversuch *m*; **~ warning system** *n* SPACE *spacecraft* Kollisionswarnsystem *nt*

collisional: **~ destruction** *n* RAD PHYS Zerstörung durch Stoß *f*

collodion *n* CHEMISTRY Collodium *nt*, PHOTO, PRINT Kollodium *nt*; **~ plate** *n* PHOTO Kollodiumplatte *f*

colloid *n* CER & GLAS, COAL TECH, FOOD TECH, PLAS *physical state* Kolloid *nt*; **~ mill** *n* FOOD TECH Kolloidmühle *f*; **~ propulsion** *n* SPACE *spacecraft* Kolloidantrieb *m*

colloidal[1] *adj* CHEMISTRY Kolloid- *pref*, kolloidal

colloidal:[2] **~ mud** *n* PET TECH gallertartiger Bohrschlamm *m*, kolloidaler Bohrschlamm *m*

colloide: **~ disperse system** *n* POLL kolloiddisperses System *nt*

collotype: **~ plate** *n* PRINT Lichtdruckplatte *f*

colloxylin *n* CHEMISTRY Collodinlösung *f*, Colloxylin *nt*

co-located: **~ concentrator** *n* TELECOM nicht abgesetzter Konzentrator *m*

colophene *n* CHEMISTRY Colophen *nt*

colophony *n* CHEMISTRY Colophonium *nt*

color[1] *n AmE see colour BrE*

color[2] *vt AmE see colour BrE*

color[3] *vi AmE see colour BrE*

Colorado: **~ beetle** *n* FOOD TECH *phytopathology* Kartoffelkäfer *m*

colored[1] *adj AmE see coloured BrE*

colored:[2] **~ clay** *n AmE see coloured clay BrE* **~ edges** *n pl AmE see coloured edges BrE* **~ glass** *n AmE see coloured glass BrE* **~ pigment** *n AmE see coloured pigment BrE* **~ strapping** *n AmE see coloured strapping BrE*

colorfast *adj AmE see colourfast BrE*

colorimeter *n* ERGON, LAB EQUIP, PAPER Kolorimeter *nt*, PHYS Farbenmesser *m*, Kolorimeter *nt*, PLAS, RAD PHYS Kolorimeter *nt*

colorimetric: **~ pyrometer** *n* THERMODYN Farbpyrometer *nt*

colorimetry *n* ERGON Kolorimetrie *f*, PHYS, RAD PHYS Farbenmessung *f*, Kolorimetrie *f*, WATER SUP Farbmessung

coloring *n AmE see colouring BrE*

colorless[1] *adj AmE see colourless BrE*

colorless:[2] **~ flux** *n AmE see colourless flux BrE*; **~ glass** *n AmE see colourless glass BrE*

colors *n AmE see colours BrE*

colorwork *n AmE see colourwork BrE*

colour[1] *n BrE* COATINGS Farb- *pref*, FOOD TECH, PAPER, PART PHYS *of quark*, PRINT, TELECOM Farbe *f*, TELEV Farb- *pref*, TEXT Farbe *f* **~ adaptor** *n BrE* COMP & DP Farbadapter *m*; **~ analyser** *n BrE* PHOTO Farbanalysator *m*; **~ analysis** *n BrE* TELEV Farbenanalyse *f*; **~ artefact** *n BrE* ELECTRON *information technology* Farbfehler *m*; **~ automatic time-base corrector** *n BrE* TELEV automatisch getaktete Farbkorrekturschaltung *f*; **~ background generator** *n BrE* TELEV Farbhintergrundgenerator *m*; **~ balance** *n BrE* COMP & DP Farbabstimmung *f*, PHOTO Farbgleichgewicht *nt*; **~ bar generator** *n BrE* TELEV Farbbalkengenerator *m*; **~ bars** *n pl BrE* TELEV Farbbalken *m pl*; **~ bar test pattern** *n BrE* TELEV Farbtestbild mit Balken *nt*; **~ break-up** *n BrE* TELEV Farbenzerlegung *f*; **~ burst** *n BrE* TELEV Farbburst *m*; **~ cast** *n BrE* PHOTO Farbstich *m*; **~ change** *n BrE* CER & GLAS Farbveränderung *f*; **~ chart** *n BrE* TELEV Farbtafel *f*; **~ collotype** *n BrE* PRINT Farbenlichtdruck *m*; **~ coordinates** *n pl BrE* RAD PHYS Farbkoordinaten *f pl*; **~-corrected lens** *n BrE* PHOTO farbkorrigiertes Objektiv *nt*; **~ correction** *n BrE* TELEV Farbkorrektur *f*; **~ correction filter** *n BrE* ELECTRON Farbkorrekturfilter *nt*; **~ decoder** *n BrE* COMP & DP Farbdecodierer *m*, TELEV Farbdecoder *m*; **~ densitometer** *n BrE* PAPER Farbdichtemesser *m*; **~ developer** *n BrE* PHOTO Farbentwickler *m*; **~ development** *n BrE* PHOTO Farbentwicklung *f*; **~ difference** *n BrE* TELEV Farbdifferenz *f*; **~ difference signal** *n BrE* TELEV Farbdifferenzsignal *nt*; **~ discrimination** *n BrE* ERGON Farbunterscheidung *f*, Farbunterscheidungsvermögen *nt*; **~ display** *n BrE* COMP & DP Farbanzeige *f*, Farbbildschirm *m*; **~ error** *n BrE* TELEV Farbfehler *m*; **~ fastness** *n BrE* PLAS Farbechtheit *f*, Farbbeständigkeit *f*; **~ field** *n BrE* TELEV Farbfeld *nt*; **~ field corrector** *n BrE* TELEV Farbfeldkorrektur *f*; **~ form** *n BrE* PRINT Farbenform *f*; **~ framing** *n BrE* TELEV Farbrahmen *m*; **~ fringing** *n BrE* TELEV Farbumrandung *f*; **~ graphics** *n pl BrE* COMP & DP Farbgrafik *f*; **~ graphics adaptor** *n BrE (CGA)* COMP & DP Farbgrafikadapter *m (CGA)*; **~ grid** *n BrE* TELEV Farbsteuergitter *nt*; **~ gun** *n BrE* ELECTRON Elektronenstrahlsystem *nt*; **~ head** *n BrE* PHOTO Farbaufsatz *m*; **~ kill** *n BrE* TELEV Farbträger-Unterdrückung *f*; **~ light signal** *n BrE* RAIL Lichtsignal *nt*; **~ lock** *n BrE* TELEV Farbsynchronisierung *f*; **~ map** *n BrE* COMP & DP Farbzuordnungstabelle *f*; **~ matching** *n BrE* ERGON Farbabgleichung *f*, PRINT Farbabgleich *m*, Farbabmusterung *f*; **~ metallography** *n BrE* METALL Farbmetallographie *f*; **~ mix** *n BrE* CER & GLAS Farbmischung *f*; **~ modulator** *n BrE* TELEV Farbmodulator *m*; **~ monitor** *n BrE* COMP & DP Farbmonitor *m*, Farbbildschirm *m*; **~ noise** *n BrE* TELEV Farbrauschen *nt*; **~ palette** *n BrE* COMP & DP Farbpalette *f*; **~ phase** *n BrE* TELEV Farbenphase *f*; **~ phase diagram** *n BrE* TELEV Farbphasendiagramm *nt*; **~ photography** *n BrE* PHOTO Farbfotografie *f*; **~ picture** *n BrE* PHOTO Farbaufnahme *f*; **~ print** *n BrE* PHOTO Farbabzug *m*; **~ printing** *n BrE* PRINT Farbdruck *m*, Farbendruck *m*; **~ printing machine** *n BrE* PRINT Farbendruckmaschine *f*; **~ printing process** *n BrE* PHOTO Farbfotoverfahren *nt*; **~ processing chemicals** *n pl BrE* PHOTO Farbverfahrenchemikalien *f pl*; **~ pyrometer** *n BrE* RAD PHYS Farbpyrometer *nt*; **~ reference signal** *n BrE* TELEV Farbbezugssignal *nt*; **~ reversal film** *n BrE* PHOTO Farbumkehrfilm *m*; **~ reversal process** *n BrE* PHOTO Farbumkehrentwicklung *f*; **~ sampling** *n BrE* RECORD Farbschaltung *f*; **~ sampling**

rate *n BrE* TELEV Farbschaltungsgeschwindigkeit *f*; **~ sampling sequence** *n BrE* TELEV Farbschaltungsabfolge *f*; **~ saturation** *n BrE* TV Farbsättigung *f*; **~ screen** *n BrE* PHOTO, PRINT Farbraster *nt*; **~ separation** *n BrE* PRINT Farbtrennverfahren *nt*, Farbauszugverfahren *nt*, TELEV Farbentrennung *f*; **~ separation filter** *n BrE* PHOTO Auszugsfilter *nt*, Farbauszugsfilter *nt*; **~ separation negative** *n BrE* PHOTO Farbauszugsnegativ *nt*; **~ separation overlay** *n BrE (cf chromakey AmE)* TELEV Farbschlüssel *m*, Farbauszugsüberlagerung *f*; **~ shift** *n BrE* COMP & DP Farbverschiebung *f*; **~ signal** *n BrE* TELEV Farbsignal *nt*; **~ streaks** *n pl BrE* CER & GLAS Farbschlieren *f pl*; **~ strength** *n BrE* PLAS *paint* Farbstärke *f*; **~ striking** *n BrE* CER & GLAS Farbstoffherstellung *f*; **~ subcarrier** *n BrE* TELEV Farbträger *m*; **~ sync signal** *n BrE* TELEV Farbsynchronisierungssignal *nt*; **~ synthesizer** *n BrE* TELEV Farbsynthesizer *m*; **~ temperature meter** *n BrE* PHOTO Farbtemperaturmeßgerät *nt*; **~ threshold** *n BrE* TELEV Farbschwellwert *m*; **~ tone** *n BrE* PLAS *paint* Farbton *m*, Farbtönung *f*; **~ triangle** *n BrE* PHYS Farbdreieck *nt*; **~ vision** *n BrE* ERGON Farbensehen *nt*, Farbensinn *m*; **~ wheel** *n BrE* OPT Farbrad *nt*

colour[2] *vt BrE* CONST einfärben, PRINT colorieren, kolorieren

colour[3] *vi BrE* CONST sich verfärben

coloured[1] *adj BrE* PLAS Bunt- *pref*, TELECOM farbig, gefärbt

coloured:[2] **~ clay** *n BrE* CER & GLAS Angußfarbe *f*; **~ edges** *n pl BrE* PRINT farbige Ränder *m pl*; **~ glass** *n BrE* CER & GLAS Farbglas *nt*; **~ pigment** *n BrE* PLAS Buntpigment *nt*; **~ strapping** *n BrE* PACK farbiges Paketband *nt*, farbiges Umführungsband *nt*

colourfast *adj BrE* PACK farbecht

colouring *n BrE* FOOD TECH Färbung *f*; **~ agent** *n BrE* CER & GLAS Farbstoff *m*; **~ matter** *n BrE* PRINT Farbstoff *m*

colourless[1] *adj BrE* FOOD TECH farblos

colourless:[2] **~ flux** *n BrE* CER & GLAS farblose Masse *f*; **~ glass** *n BrE* CER & GLAS farbloses Glas *nt*

colours *n pl BrE* WATER TRANS Flagge *f*; **~ of the spectrum** *n pl BrE* RAD PHYS Spektralfarben *f pl*

colourwork *n BrE* PRINT Farbdruck *m*, Farbendruck *m*

Colpitts: **~ oscillator** *n* ELECTRON Colpitts-Oszillator *m*

columbite *n* CHEMISTRY Columbit *m*

columbium *n AmE (cf Cb, niobium BrE)* CHEMISTRY Niobium *nt*

column *n* CHEMISTRY Kolonne *f*, COMP & DP Spalte *f*, MECHAN ENG Gestell *nt*, Ständer *m*, Säule *f*, *of milling machine* Ständer *m*, PRINT Druckspalte *f*, Kolumne *f*, Kolonne *f*, *in advertisements* Rubrik *f*, Spalte *f*, PROD ENG Innensäule *f*, Knickstab *m*, Vertikalstab *m*; **~ guideway** *n* MECHAN ENG *of milling machine* Ständerführung *f*; **~ heading panel** *n* ENG DRAW Kopfleiste *f*; **~ loudspeaker** *n* RECORD Lautsprechersäule *f*; **~-type drilling machine** *n* MECHAN ENG Ständerbohrmaschine *f*, Säulenbohrmaschine *f*

columnar: **~ crystal** *n* METALL Stabkristall *nt*, Stengelkristall *m*

colza: **~ oil** *n* FOOD TECH Rapsöl *nt*

coma *n* ELECTRON, OPT Koma *nt*, PHYS Asymmetriefehler *m*

comb[1] *n* TEXT Hacker *m*, Kamm *m*; **~ filter** *n* ELECTRON *microwave* Kammfilter *nt*; **~ filtering** *n* ELECTRON Kammfilterung *f*; **~-shaped electrode** *n* SPACE *spacecraft* Kammelektrode *f*

comb[2] *vt* TEXT kämmen

combat: **~ helicopter** *n* AIR TRANS Kampfhubschrauber *m*

combed[1] *adj* TEXT gekämmt

combed:[2] **~ top** *n* TEXT Wollkammzug *m*; **~ yarn** *n* TEXT Kammgarn *nt*

combination *n* ACOUSTICS, AIR TRANS *helicopter*, COMP & DP, CONST, MECHAN ENG, RECORD Kombination *f*; **~ bulk carrier** *n* WATER TRANS Erz-Bulk-Öl-Frachter *m*, Kombimassengutfrachter *m*; **~ chuck** *n* MECHAN ENG Kombinationsfutter *nt*, Universalfutter *nt*; **~ die** *n pl* MECHAN ENG *press tools* Komplettschnitt *m*; **~ drill** *n* MECHAN ENG Zentrierbohrer *m*; **~ lathe** *n* MECHAN ENG Schlittenrevolverdrehmaschine *f*; **~ lock** *n* CONST Kombinationsschloß *nt*; **~ microphone** *n* RECORD Kombinationsmikrofon *nt*; **~ pliers** *n pl* MECHAN ENG Kombizange *f*; **~ sound** *n* ACOUSTICS Klang *m*, zusammengesetzter Schall *m*, RECORD Klang *m*; **~ tone** *n* ACOUSTICS Kombinationston *m*; **~ tool** *n* MECHAN ENG Kombiwerkzeug *nt*

combinational: **~ circuit** *n AmE (cf combinatorial circuit BrE)* COMP & DP Kombischaltung *f*, Schaltnetz *nt*, ELECTRON Schaltnetz *nt*; **~ mathematics** *n* MATH kombinatorische Mathematik *f*

combinatorial[1] *adj* ART INT, ELECTRON, MATH kombinatorisch

combinatorial:[2] **~ analysis** *n* MATH kombinatorische Analyse *f*; **~ circuit** *n BrE (cf combinational circuit AmE)* COMP & DP Kombischaltung *f*, Schaltnetz *nt*, ELECTRON Schaltnetz *nt*; **~ explosion** *n* ART INT kombinatorische Explosion *f*; **~ logic** *n* ART INT, ELECTRON kombinatorische Logik *f*

combine *vt* COMP & DP kombinieren, verbinden, verknüpfen

combined *n* AUTO Kombi *m*; **~ cargo and passenger liner** *n* WATER TRANS Überseefracht- und Fahrgastschiff *nt*; **~ distribution frame** *n (CDF)* TELECOM kombinierter Verteiler *m (KV)*; **~ flow turbine** *n* HYD EQUIP kombinierte Axial-Radialturbine *f*; **~ hauling and carrying rope** *n* WATER TRANS kombiniertes Förder- und Tragseil *nt*; **~ heat and power station** *n* ELECT Kombiwerk *nt*, THERMODYN Heizkraftwerk *nt*; **~ local/toll system** *n* TELECOM System mit einfachem Anruf *nt*; **~ packaging** *n* PACK kombinierte Verpackung *f*; **~ sewerage system** *n* WASTE Mischkanalisation *f*; **~ sewer system** *n* WATER SUP Mischentwässerung *f*, Mischkanalisation *f*, Mischventil *nt*; **~ sulfur** *n AmE*, **~ sulphur** *n BrE* PLAS *rubber* gebundener Schwefel *m*; **~ vessel** *n* WATER TRANS Kombischiff *nt*; **~ water** *n* WATER SUP Konstitutionswasser *nt*, chemisch gebundenes Wasser *nt*

combiner *n* TELECOM Kombinator *m*, Sendeweiche *f*, TELEV Antennenweiche *f*; **~ circuit** *n* TELEV Verknüpfungsschaltung *f*

combing *n* TEXT Kämmen *nt*; **~ machine** *n* TEXT Kämmmaschine *f*

combining: **~ circuit** *n* TELECOM *diversity receiving* Ablöseschaltung *f*; **~ cone** *n* MECHAN ENG *of injector* Mischrohr *nt*; **~ nozzle** *n* MECHAN ENG *of injector* Mischrohr *nt*; **~ tube** *n* MECHAN ENG *of injector* Mischrohr *nt*

combustibility *n* PACK Brennbarkeit *f*, Flammbarkeit *f*, SAFETY Brennbarkeit *f*, THERMODYN Brennbarkeit *f*, Entzündlichkeit *f*

combustible[1] *adj* CHEMISTRY, PROD ENG, THERMODYN brennbar, entzündbar

combustible:[2] **~ fossil fuels** *n pl* POLL fossile Brennstoffe *m pl*; ~ **fossils** *n pl* POLL fossile Brennstoffe *m pl*; ~ **material** *n* POLL brennbares Material *nt*, SAFETY brennbarer Stoff *m*; ~ **waste** *n* POLL brennbarer Abfall *m*

combustion *n* CHEMISTRY Verbrennen *nt*, Verbrennung *f*, MECHAN ENG, PLAS, PROD ENG, SAFETY Verbrennung *f*, THERMODYN Verbrennen *nt*, Verbrennung *f*; ~ **air** *n* THERMODYN Verbrennungsluft *f*; ~ **analysis** *n* THERMODYN Verbrennungsanalyse *f*; ~ **boat** *n* LAB EQUIP Glühschiffchen *nt*, Verbrennungsschiffchen *nt*; ~ **chamber** *n* AIR TRANS, AUTO *engine* Brennraum *m*, Verbrennungskammer *f*, HEAT & REFRIG Feuerraum *m*, Heizraum *m*, HYD EQUIP Feuerraum *m*, Verbrennungskammer *f*, SPACE *spacecraft* Brennkammer *f*, THERMODYN, WATER TRANS Brennraum *m*, Verbrennungskammer *f*; ~ **chamber annular case** *n* AIR TRANS, AUTO, WATER TRANS Ringgehäuse der Brennkammer *nt*; ~ **control** *n* WATER TRANS *engine* Verbrennungssteuerung *f*; ~ **deposits** *n pl* THERMODYN Verbrennungsrückstände *m pl*; ~ **efficiency** *n* SPACE *spacecraft* Verbrennungswirkungsgrad *m*, THERMODYN Wirkungsgrad der Verbrennung *m*; ~ **energy** *n* THERMODYN Verbrennungsenergie *f*; ~ **engine** *n* AIR TRANS, AUTO Brennkraftmaschine *f*, Verbrennungsmotor *m*, MECHAN ENG Verbrennungsmotor *m*, TRANS Brennkraftmaschine *f*, Verbrennungskraftmaschine *f*, WATER TRANS Brennkraftmaschine *f*, Verbrennungsmotor *m*; ~ **engineering** *n* THERMODYN Verbrennungstechnik *f*; ~ **furnace** *n* MECHAN ENG Verbrennungsofen *m*; ~ **gas** *n* SPACE *spacecraft* Verbrennungsgas *nt*; ~ **heat** *n* MECHAN ENG, THERMODYN Verbrennungswärme *f*; ~ **index** *n* THERMODYN Verbrennungszahl *f*; ~ **instability** *n* THERMODYN Verbrennungsinstabilität *f*; ~ **prechamber** *n* AIR TRANS, AUTO, WATER TRANS Vorverbrennungskammer *f*; ~ **residue** *n* WASTE Verbrennungsrückstand *m*; ~ **speed** *n* MECHAN ENG Verbrennungsgeschwindigkeit *f*; ~ **starter** *n* AIR TRANS, AUTO, WATER TRANS Patronenanlasser *m*; ~ **zone** *n* METALL Verbrennungszone *f*

combustor *n* SPACE *spacecraft* Brennkammer *f*

come:[1] ~ **into collision with** *vt* WATER TRANS *ship* zusammenstoßen mit

come:[2] ~ **apart** *vi* MECHAN ENG zerfallen; ~ **into gear** *vi* MECHAN ENG in Eingriff kommen; ~ **to** *vi* WATER TRANS *shiphandling* umspringen, wenden; ~ **to a standstill** *vi* MECHAN ENG zum Stillstand kommen

comeback *n* THERMODYN *furnace* Wiederaufheizzeit *f*

comenic *adj* CHEMISTRY Comen- *pref*

comet: ~ **core** *n* SPACE *spacecraft* Kometenkern *m*

comfort *n* ERGON Behaglichkeit *f*; ~ **air-conditioning plant** *n* HEAT & REFRIG Komfortklimaanlage *f*

comforter *n* TEXT Steppdecke *f*

comingle: ~ **yarn** *n* TEXT verwirbeltes Garn *nt*

comma *n* ACOUSTICS, PRINT Komma *nt*

command *n* COMP & DP, CONTROL Befehl *m*, SPACE *spacecraft* Kommando *nt*; ~ **action** *n* IND PROCESS Führungsverhalten *nt*; ~**-and-control center** *n AmE*, ~**-and-control centre** *n BrE* WATER TRANS *ship* Kommandozentrale *f*; ~**-and-control system** *n* COMP & DP Befehls- und Steuersystem *nt*; ~ **channel** *n* SPACE Kommandokanal *m*; ~**-driven interface** *n* COMP & DP befehlsgesteuerte Schnittstelle *f*; ~ **earth station** *n* SPACE Erdkommandostation *f*; ~ **language** *n (CL)* COMP & DP Befehlssprache *f*, Betriebssprache *f (CL)*; ~ **line** *n* COMP & DP Befehlszeile *f*; ~ **link** *n* SPACE Kommandoverbindung *f*; ~ **module** *n* SPACE Kommandokapsel *f*, Kommandomodul *nt*; ~ **receiver** *n* SPACE Kommandoempfänger *m*; ~ **ship** *n* WATER TRANS *navy* Führungsschiff *nt*; ~ **system** *n* COMP & DP Befehlssystem *nt*; ~ **and service module** *n (CSM)* SPACE *spacecraft* Kommando- und Servicemodul *nt (CSM)*

commander *n* SPACE, WATER TRANS *navy* Kommandant *m*

commensurable *adj* MATH kommensurabel, vergleichbar

comment[1] *n* COMP & DP Bemerkung *f*, Kommentar *m*

comment[2] *vt* COMP & DP auf Kommentar setzen, kommentieren

commentary: ~ **track** *n* RECORD Kommentarspur *f*

commercial *n* TELEV Werbung *f*; ~ **amplifier** *n* ELECTRON handelsüblicher Verstärker *m*; ~ **art** *n* PRINT Gebrauchsgrafik *f*; ~ **coal** *n* COAL TECH Endprodukt *nt*; ~ **computing** *n* COMP & DP kommerzielle Datenverarbeitung *f*; ~ **electric vehicle** *n* AUTO Elektronutzfahrzeug *nt*; ~ **field** *n* PET TECH wirtschaftlich abbaubare Lagerstätte *f*; ~ **life** *n* SPACE Gerätelebenserwartung *f*; ~ **photography** *n* PHOTO Industriefotografie *f*; ~ **port** *n* WATER TRANS Handelshafen *m*; ~ **power frequency** *n* ELEC ENG Netzfrequenz *f*; ~ **refrigerator** *n* HEAT & REFRIG Gewerbekühlschrank *m*; ~ **traffic** *n* TRANS gewerblicher Verkehr *m*; ~ **TV** *n* TELEV Privatfernsehen *nt*; ~ **vehicle** *n* AUTO Nutzfahrzeug *nt*; ~ **waste** *n* WASTE gewerblicher Abfall *m*

comminution *n* NUC TECH Feinstvermahlung *f*, Vermahlung *f*

comminutor *n* WASTE Rotationszerkleinerer *m*, Rotationszerkleinerer mit Brechrollen *m*

commission:[1] **in** ~ *adj* WATER TRANS *ship* in Dienst befindlich

commission[2] *vt* WATER TRANS *ship* in Dienst stellen

commissioning *n* MECHANICS Inbetriebnahme *f*, Indienststellung *f*, WATER TRANS *ship* Indienststellung *f*; ~ **test** *n* TELECOM Inbetriebnahmeprüfung *f*

commit: ~ **to silicon** *vt* ELECTRON im Siliziumbauelement einspeichern

commode: ~ **step** *n* CONST verzogene Antrittsstufe *f*

commodity *n* QUAL Gut *nt*, Ware *f*; ~ **group** *n* PACK Warengruppe *f*

commodore *n* WATER TRANS *navy* Kommodore *m*

common: ~ **aerial** *n* TELECOM Gemeinschaftsantenne *f*; ~ **air interface** *n* TELECOM gemeinsame Luftschnittstelle *f*; ~ **anode connection** *n* ELEC ENG gemeinsamer Anodenanschluß *m*; ~ **area** *n* COMP & DP gemeinsamer Bereich *m*; ~**-base amplifier** *n* ELECTRON Verstärker in Basisschaltung *m*; ~**-base connection** *n* ELEC ENG Basisschaltung *f*; ~**-base transistor** *n* ELECTRON Transistor in Basisschaltung *m*; ~ **battery switchboard** *n* TELECOM ZB-Vermittlungsschrank *m*; ~ **branch** *n* ELEC ENG gemeinsamer Zweig *m*, ELECT *supply network* gemeinsame Zweigleitung *f*; ~ **business oriented language** *n (COBOL)* COMP & DP problemorientierte Programmiersprache für Geschäftsbetrieb *f (COBOL)*; ~ **carrier** *n* TELEV gemeinsamer Träger *m*, TRANS Transportunternehmen *nt*, WATER TRANS *satellite communications* Netzträger *m*; ~ **cathode** *n* ELEC ENG Zentralkathode *f*, gemeinsame Kathode *f*; ~ **channel signaling** *n AmE*, ~ **channel signalling** *n BrE* TELECOM Zeichengabe mit gemeinsamem Zeichenkanal *f*, Zentralkanalzeichengabe *f*; ~ **clay** *n* CER & GLAS Ziegelton *m*; ~ **collector amplifier** *n* ELECTRON Verstärker in Kollektorschaltung *m*; **~ collector connection** *n* ELEC ENG Kollektoranschluß *m*; **~ control equipment** *n* TELECOM zentralgesteuerte Einrichtung *f*; **~ control switching system** *n* TELECOM Vermittlungssystem mit Zentralsteuerung *f*, zentralgesteuertes Vermittlungssystem *nt*; **~ control system** *n* TELECOM System mit Zentralsteuerung *nt*; **~ crossing** *n* RAIL einfache Gleiskreuzung *f*; **~ denominator** *n* MATH gemeinsamer Nenner *m*; **~ difference** *n* MATH konstante Differenz *f*; **~-drain transistor** *n* ELECTRON Transistor in Drainschaltung *m*; **~-emitter amplifier** *n* ELECTRON Emitterverstärker *m*; **~-emitter connection** *n* ELEC ENG Emitterschaltung *f*; **~-emitter transistor** *n* ELECTRON Transistor in Emitterschaltung *m*; **~ equipment** *n* TELECOM Gemeinschaftseinrichtung *f*; **~ factor** *n* MATH gemeinsamer Teiler *m*; **~ fraction** *n* MATH ganzzahliger Bruch *m*, gemeiner Bruch *m*; **~-gate amplifier** *n* ELECTRON Gateverstärker *m*; **~-gate connection** *n* ELEC ENG Gate-Schaltung *f*; **~-gate FET amplifier** *n* RAD TECH FET-Verstärker in Gateschaltung *m*; **~-gate transistor** *n* ELECTRON Transistor in Gateschaltung *m*; **~ highway** *n* TELECOM gemeinsame Busleitung *f*, gemeinsamer Highway *m*; **~ logarithm** *n* COMP & DP Zehnerlogarithmus *m*; **~ mode** *n* ELECTRON *differential amplifier* Gleichtakt *m*; **~-mode gain** *n* ELECTRON Gleichtaktverstärkung *f*; **~-mode rejection** *n* ELECTRON, TELECOM Gleichtaktunterdrückung *f*; **~-mode rejection ratio** *n* ELECTRON Gleichtaktunterdrückungsverhältnis *nt*; **~-mode signal** *n* ELECTRON Gleichtaktsignal *nt*; **~-mode voltage** *n* ELEC ENG Gleichtaktspannung *f*; **~ properties** *n pl* RAD PHYS *electromagnetic waves* gemeinsame Eigenschaften *f pl*; **~ rafter** *n* CONST Bindersparren *m*, Zwischensparren *m*; **~ ratio** *n* MATH gemeinsamer Teiler *m*, konstanter Faktor *m*; **~ repair tool** *n* MECHAN ENG übliches Reparaturwerkzeug *nt*; **~ return** *n* RAIL gemeinsame Rückleitung *f*; **~ signaling channel** *n AmE*, **~ signalling channel** *n BrE* TELECOM zentraler Zeichengabekanal *m*; **~ source amplifier** *n* ELECTRON Source-Verstärker *m*; **~ source transistor** *n* ELECTRON Transistor in Source-Schaltung *m*; **~ store** *n* TELECOM gemeinsamer Speicher *m*

commonsense: **~ rule** *n* ART INT Regel des gesunden Menschenverstands *f*

communicating: **~ vessels** *n pl* LAB EQUIP Verbindungsgefäße *nt pl*

communication *n* COMP & DP Datenübertragung *f*, Kommunikation *f*, CONTROL Kommunikation *f*, ELECTRON Datenübertragung *f*, PAT Mitteilung *f*, TELECOM Kommunikation *f*; **~ channel** *n* COMP & DP Übertragungskanal *m*; **~ interface** *n* ART INT Kommunikationsschnittstelle *f*; **~ line** *n* COMP & DP Übertragungsleitung *f*; **~ link** *n* COMP & DP DFV-Verbindung *f*; **~ medium** *n* COMP & DP Kommunikationsmedium *nt*; **~ network** *n* COMP & DP Nachrichtennetz *nt*, CONTROL Kommunikationsnetz *nt*, Übertragungsnetzwerk *nt*; **~ protocol** *n* TELECOM Kommunikationsprotokoll *nt*; **~ satellite** *n (comsat)* SPACE Nachrichtensatellit *m (ComSat)*, TELECOM Fernmeldesatellit *m (ComSat)*; **~ server** *n* COMP & DP Übertragungsserver *m*; **~ software** *n* COMP & DP Kommunikationssoftware *f*; **~ system** *n* COMP & DP Kommunikationssystem *nt*, Übermittlungssystem *nt*; **~ theory** *n* COMP & DP Kommunikationstheorie *f*

communications: **~ circuit** *n* TELECOM Fernmeldeschaltung *f*; **~ filter** *n* ELECTRON Kommunikationsfilter *nt*; **~ line** *n* ELEC ENG Nachrichtenleitung *f*; **~ processor** *n* TELECOM Prozessor für Datenfernübertragung *m*; **~ signal** *n* ELECTRON Datenübertragungssignal *nt*

community *n* TELECOM Gemeinschaft *f*; **~ aerial** *n* TELECOM Gemeinschaftsantenne *f*; **~ antenna** *n* TELEV Gemeinschaftsantenne *f*; **~ antenna television system** *n (CATV)* TELEV Fernsehen über Gemeinschaftsantenne *nt (CATV)*; **~ broadcasting** *n* TELEV lokaler Rundfunk *m*; **~ dial office** *n (CDO)* TELECOM kleines unbemanntes Wählamt *nt*; **~ sewage works** *n* WATER SUP Gemeinschaftskläranlage *f*

commutating: **~ pole** *n* ELECT *machine* Kommutierpol *m*, Wendepol *m*; **~ winding** *n* ELECT *machine* Kommutierwicklung *f*

commutation *n* ELEC ENG, ELECT *machine* Kommutation *f*, MATH Kommutation *f*, Vertauschung *f*

commutative[1] *adj* MATH kommutativ

commutative:[2] **~ law** *n* MATH Kommutativgesetz *nt*

commutator *n* AUTO Kommutator *m*, ELEC ENG Kollektor *m*, Kommutator *m*, Stromwender *m*, ELECT Kollektor *m*, *machine* Kommutator *m*; **~ bar** *n* ELEC ENG Kollektorstab *m*, Kommutatorlamelle *f*, ELECT Kommutatorstab *m*; **~ brush** *n* AUTO Kommutatorbürste *f*, ELECT Kollektorbürste *f*; **~ dc motor** *n* ELEC ENG Kommutatorgleichstrommotor *m*; **~ motor** *n* AUTO Stromwendermotor *m*, ELEC ENG, ELECT Kommutatormotor *m*; **~ ring** *n* ELECT Kommutatorring *m*; **~ segment** *n* ELEC ENG Kommutatorlamelle *f*, Kommutatorsteg *m*, ELECT Kommutatorlamelle *f*; **~ sparking** *n* ELECT *machine* Kommutatorsprühen *nt*; **~ switch** *n* ELECT Kommutatorrichtungsschalter *m*

commuter: **~ rail system** *n* RAIL Vorortpendlerzug *m*; **~ traffic** *n* TRANS Pendlerverkehr *m*

compact[1] *adj* AUTO, COATINGS, ELECT, MECHAN ENG kompakt, PROD ENG geschlossen, RECORD kompakt; **~ disc-interactive** *adj BrE* OPT interaktiv; **~ disk-interactive** *adj AmE see compact disc-interactive BrE*

compact[2] *n* PROD ENG Formteil *nt*, Pulverpreßteil *nt* **~ audio disc** *n BrE* OPT Musik-CD *f*; **~ audio disk** *n AmE see compact audio disc BrE*; **~ cassette** *n* RECORD Kompaktkassette *f*; **~ disc** *n BrE (CD)* OPT Compact Disk *f (CD)*; **~ disc-interactive** *n BrE (CD-I)* OPT beschreibbare CD *f (CD-i)*; **~ disc read-only memory** *n BrE (CD-ROM)* OPT Compact-Disk-Speicher ohne Schreibmöglichkeit *m (CD-ROM)*; **~ disk** *n AmE see compact disc BrE*, COMP & DP Compact Disk *f (CD)*; **~ disk-interactive** *n AmE see compact disc-interactive BrE*, COMP & DP Compact Disk *f (CD)*; **~ disk read-only memory** *n AmE see compact disc read-only memory BrE* **~ ore** *n* COAL TECH dichtes Erz *nt*

compact[3] *vt* CONST verdichten

compacted: **~ conductor** *n* ELECT Kompaktleiter *m*

compactibility *n* CONST, PROD ENG Verdichtbarkeit *f*

compacting: **~ machine** *n* WASTE Verdichtungsanlage *f*

compaction *n* COAL TECH Verdichtung *f*, COMP & DP Kompression *f*, Verdichtung *f*, CONST Verdichtung *f*, Verfestigung *f*, ELECTRON, HEAT & REFRIG, HYD EQUIP, NUC TECH Verdichtung *f*, PET TECH Setzung *f*, Verdichtung *f*, PHYS, PLAS, PROD ENG, THERMODYN Verdichtung *f*, WASTE Kompaktierung *f*, Kompression *f*, Müllverdichtung *f*, Verdichtung *f*; **~ trend** *n* PET TECH Verdichtungstrend *m*

compactness *n* CONST *geology* Lagerungsdichte *f*

compactor *n* CONST Straßenwalze *f*, Verdichtungsgerät *nt*; **~ vehicle** *n* WASTE Preßmüllwagen *m*, fahrbarer Verdichter *m*

companded: ~ **delta modulation** *n (CDM)* TELECOM kompandierte Deltamodulation *f (CDM)*; ~ **signal** *n* ELECTRON Kompandersignal *nt*

compander *n* COMP & DP, ELECTRON *compressor and expander* Kompander *m*, RECORD Dynamikpresser und -dehner *m*, SPACE Kompander *m*

companding *n* ELECTRON, RAD TECH Kompandierung *f*, SPACE Signalkomprimierungsausdehnung *f*, TELECOM Dynamikregelung *f*, Kompandierung *f*

companion: ~ **chip** *n* ELECTRON Anschlußchip *m*; ~ **source** *n* ELECTRON Nebenquelle *f*

companionway *n* WATER TRANS *shipbuilding* Niedergang *m*; ~ **hatch** *n* WATER TRANS *shipbuilding* Niedergangsluke *f*; ~ **ladder** *n* WATER TRANS *shipbuilding* Niedergangstreppe *f*; ~ **post** *n* WATER TRANS *shipbuilding* Niedergangspfosten *m*

comparative: ~ **length** *n* ENG DRAW Vergleichsstrecke *f*; ~ **measurement** *n* INSTR Vergleichsmessung *f*; ~ **test** *n* PHYS vergleichender Versuch *m*

comparator *n* COMP & DP, CONTROL, ELECTRON Komparator *m*, Vergleicher *m*, METROL Komparator *m*, Vergleicher *m*, Vergleichsmesser *m*, Vergleichseinrichtung *f*, PHYS Gleichheitsprüfer *m*, Vergleichseinrichtung *f*, TELECOM Komparator *m*, Vergleicher *m*; ~ **circuit** *n* ELECTRON Komparatorschaltung *f*

compare *vt* COMP & DP vergleichen

comparing: ~ **element** *n* INSTR Mischglied *nt*, Signalvergleicher *m*, Vergleichsglied *nt*

comparison: ~ **circuit** *n* TELECOM Vergleichsschaltung *f*; ~ **junction** *n* INSTR Vergleichsstelle *f*; ~ **measurement** *n* INSTR Vergleichsmessung *f*; ~ **values** *n pl* ACOUSTICS Vergleichswerte *m pl*

compartment *n* COAL TECH Zwischenraum *m*, MECHAN ENG Fach *nt*; ~ **case** *n* PACK Fächerkasten *m*; ~ **pebble mill** *n* COAL TECH Mehrkammerverbundrohrmühle *f*

compartmental: ~ **model** *n* TELECOM *data security* Bereichsmodell *nt*

compartmentalization *n* COMP & DP Separierung *f*

compartmentation *n* WATER TRANS *naval architecture* Unterteilung eines Schiffes in wasserdichte Abteilungen *f*

compartmented: ~ **insert** *n* PACK einsetzbares Fach *nt*; ~ **tray** *n* PACK Einschub *m*

compass *n* AIR TRANS Kompaß *m*, CONST, GEOM *drawing instrument*, MECHAN ENG Zirkel *m*; ~ **bearing** *n* AIR TRANS, WATER TRANS *navigation* Kompaßpeilung *f*; ~ **bowl** *n* PHYS Kompaßbüchse *f*, Kompaßgefäß *nt*; ~ **card** *n* AIR TRANS, WATER TRANS Kompaßrose *f*; ~ **compensating** *n* AIR TRANS, WATER TRANS Kompaßberichtigung *f*; ~ **compensation base** *n* AIR TRANS, WATER TRANS Kompaßkompensierscheibe *f*; ~ **dial** *n* AIR TRANS, WATER TRANS Kompaßrose *f*; ~ **error** *n* AIR TRANS, WATER TRANS *navigation* Fehlweisung *f*; ~ **heading** *n* AIR TRANS, WATER TRANS *navigation* Kompaßkurs *m*, Steuerkurs *m*; ~ **input** *n* AIR TRANS, WATER TRANS *radar* Kompaßeingang *m*; ~ **lens** *n* CER & GLAS Bussolenlinse *f*; ~ **locator** *n* AIR TRANS, WATER TRANS Hilfsansteuerungsfunkfeuer *nt*; ~ **needle** *n* PHYS Kompaßnadel *f*; ~ **plane** *n* CONST Rundhobel *m*; ~ **repeater** *n* AIR TRANS, WATER TRANS Tochterkompaß *m*; ~ **repeater indicator** *n* AIR TRANS, WATER TRANS Tochterkompaß *m*; ~ **saw** *n* CONST, MECHAN ENG Stichsäge *f*; ~ **variation** *n* AIR TRANS, WATER TRANS Kompaßmißweisung *f*

compatibility *n* ACOUSTICS Verträglichkeit *f*, COMP & DP, ERGON Kompatibilität *f*, MECHAN ENG Kompatibilität *f*, Verträglichkeit *f*, PLAS Verträglichkeit *f*, TELEV Kompatibilität *f*

compatible[1] *adj* COMP & DP kompatibel

compatible:[2] ~ **logic** *n* ELECTRON austauschbare Logik *f*

compensate[1] *vt* COAL TECH, PHYS ausgleichen, kompensieren, SAFETY entschädigen, *for injuries received* entschädigen, WATER TRANS *compass* kompensieren

compensate:[2] ~ **for damage** *vi* PAT Schaden ersetzen; ~ **for wear** *vi* MECHANICS Verschleiß ausgleichen, Verschleiß kompensieren

compensated: ~ **amplifier** *n* ELECTRON Kompensationsverstärker *m*; ~ **induction motor** *n* ELECT Asynchronmotor mit Kompensationswicklung *m*; ~ **motor** *n* ELECT Motor mit Kompensationswicklung *m*; ~ **pendulum** *n* PHYS Kompensationspendel *nt*; ~ **semiconductor** *n* ELEC ENG Kompensationshalbleiter *m*; ~ **voltmeter** *n* INSTR Kompensations-Voltmeter *nt*

compensating *n* ELECT, NUC TECH Kompensation *f*; ~ **circuit** *n* ELECT Kompensationsschaltung *f*, INSTR Ausgleichschaltung *f*, Kompensationsschaltung *f*; ~ **coupling** *n* MECHAN ENG Ausgleichkupplung *f*; ~ **current** *n* ELECT Kompensationsstrom *m*; ~ **developer** *n* PHOTO Kompensationsentwickler *m*, Luftwiderstandsdämpfer *m*; ~ **filter** *n* PHOTO Kompensationsfilter *nt*; ~ **gear** *n* MECHAN ENG Ausgleichrad *nt*; ~ **instrument** *n* INSTR Kompensationsmeßgerät *nt*; ~ **jet** *n* AUTO *carburettor* Ausgleichsdüse *f*; ~ **magnet** *n* WATER TRANS *compass* Kompensationsmagnet *m*; ~ **recorder** *n* INSTR Kompensationsschreiber *m*, kompensierendes Registriergerät *nt*; ~ **rod** *n* NUC TECH Kompensationsstab *m*; ~ **strip chart recorder** *n* INSTR Kompensationsbandschreiber *m*; ~ **voltage** *n* ELECT Kompensationsspannung *f*

compensation *n* ELEC ENG, ELECTRON, PHYS Ausgleich *m*, Kompensation *f*, SAFETY Entschädigung *f*, TELECOM Kompensation *f*; ~ **circuit** *n* TELECOM Kompensationsschaltung *f*; ~ **for wear** *n* MECHANICS Verschleiß *m*, Verschleißausgleich *m*; ~ **of parallax** *n* INSTR Ausgleich des Parallaxenfehlers *m*, Parallaxenausgleich *m*; ~ **theorem** *n* ELECT Kompensationstheorem *nt*; ~ **time** *n* IND PROCESS Ausgleichzeit *f*; ~ **value** *n* IND PROCESS Ausgleichwert *m*; ~ **winding** *n* ELEC ENG Kompensationswicklung *f*

compensator *n* ELEC ENG Entzerrer *m*, Kompensator *m*, ELECT *a.c. power* Blindstrommaschine *f*, Kompensatormaschine *f*, ELECTRON Kompensator *m*, Potentiometer *nt*, INSTR Kompensator *m*, PET TECH Dehnungsangleicher *m*, PHYS Ausgleicheinrichtung *f*, Kompensator *m*, Potentiometer *nt*; ~ **reservoir** *n* WATER SUP Ausgleichbehälter *m*

competition *n* COMP & DP, METALL Konkurrenz *f*; ~ **growth** *n* METALL Konkurrenzwachstum *nt*

compilation *n* COMP & DP Kompilierung *f*; ~ **error** *n* COMP & DP Kompilierfehler *m*; ~ **time** *n* COMP & DP Kompilierzeit *f*

compile *vt* COMP & DP kompilieren, übersetzen

compiler *n* COMP & DP, TELECOM Kompilierer *m*; ~ **directive** *n* COMP & DP Kompilierbefehl *m*; ~ **generator** *n* COMP & DP kompilierendes Programm *nt*

complement *n* COMP & DP Komplement *nt*, ELECTRON *to represent negative values* Kehrwert *m*, Komplement *nt*

complementarity *n* PART PHYS, PHYS Komplementarität *f*

complementary: ~ **angles** *n pl* GEOM Komplementärwinkel *m*; ~ **color** *n AmE*, ~ **colour** *n BrE* PHOTO, PHYS Komplementärfarbe *f*; ~ **metal oxide semiconductor** *n (CMOS)* COMP & DP komplementärer Metalloxid-Halbleiter *m (CMOS)*, ELECTRON Komplementär-Metalloxid-Halbleiter *m (CMOS)*; ~ **outputs** *n pl* ELECTRON Komplementärausgaben *f pl*; ~ **pair** *n* ELECTRON *transistors* komplementäres Paar *nt*; ~ **set** *n* MATH Komplementmenge *f*; ~**-symmetrical metal oxide semiconductor** *n (COSMOS)* ELECTRON Komplementär-Symmetrischer Metalloxid-Halbleiter *m (COSMOS)*; ~ **transistors** *n pl* ELECTRON Komplementärtransistoren *m pl*

complete: ~ **diversion** *n* TRANS vollständige Verkehrsverlagerung *f*; ~ **fill** *n* WASTE abgeschlossene Deponie *f*, verfüllte Deponie *f*; ~ **purification** *n* NUC TECH vollständige Reinigung *f*; ~ **track load** *n* RAIL Vollsperrung *f*

completed: ~ **call** *n* TELECOM zustandegekommener Anruf *m*

completely: ~ **restricted extension** *n* TELECOM nicht amtsberechtigte Nebenstelle *f*

completion *n* CONST Ausbau *m*, Fertigstellung *f*, PET TECH Komplettierung *f*; ~ **date** *n* CONST Fertigstellungsdatum *nt*; ~ **list** *n* CONST Mängelliste *f*

complex[1] *adj* COMP & DP, CONTROL, ELEC ENG, ELECT, MATH, PHYS komplex

complex:[2] ~ **admittance** *n* ELECT komplexe Admittanz *f*, PHYS komplexer Wirkleitwert *m*; ~ **control factor** *n* IND PROCESS komplexer Regelfaktor *m*; ~ **fraction** *n* MATH Doppelbruch *m*, Mehrfachbruch *m*; ~ **impedance** *n* ELEC ENG komplexer Scheinwiderstand *m*, ELECT *of a.c. circuit* komplexe Impedanz *f*, PHYS komplexer Widerstand *m*; ~ **instruction set computer** *n (CISC)* COMP & DP Prozessor mit komplettem Befehlssatz *m*, konventioneller Rechner *m (CISC)*; ~ **loop chain** *n* IND PROCESS komplexe Kreisverstärkung *f*; ~ **number** *n* COMP & DP, MATH komplexe Zahl *f*; ~ **ore** *n* COAL TECH Komplexerz *nt*; ~ **permeability** *n* ELECT *magnetism* komplexe Permeabilität *f*; ~ **power** *n* ELECT komplexe Leistung *f*; ~ **refractive index** *n* PHYS komplexer Brechungsindex *m*; ~ **signal** *n* ELECTRON komplexes Signal *nt*; ~ **sound** *n* ACOUSTICS Tongemisch *nt*, zusammengesetzter Klang *m*; ~ **tone** *n* ACOUSTICS Kombinationston *m*, Tongemisch *nt*, zusammengesetzter Ton *m*; ~ **variable** *n* COMP & DP komplexe Variable *f*; ~ **wave** *n* TELECOM zusammengesetzte Welle *f*; ~ **waveform** *n* ELECT komplexe Wellenform *f*

complexing *n* CHEMISTRY Komplexbildung *f*; ~ **agent** *n* CHEMISTRY, NUC TECH *pressure vessel* Komplexbildner *m*

complexity *n* CHEMISTRY, COMP & DP Komplexität *f*

compliance *n* ACOUSTICS reziproke Steifigkeit *f*, QUAL Konformität *f*

component *n* COAL TECH Komponente *f*, COATINGS Bestandteil *m*, ELECT Komponente *f*, *of force, current* Anteil *m*, ELECTRON Einzelteil *nt*, *element of functional set* Komponente *f*, ENG DRAW *in drawing* Einzelteil *nt*, MATH *of vector* Komponente *f*, MECHAN ENG Bauteil *nt*, Einzelteil *nt*, Komponente *f*, MECHANICS Anteil *m*, Bestandteil *m*, Komponente *f*, Teil *nt*, Zubehör *nt*, NUC TECH *of sub-system* Komponente *f*, TELECOM Bauelement *nt*, Bauteil *nt*, Komponente *f*; ~ **color** *n AmE*, ~ **colour** *n BrE* RAD TECH Bauteilfarbe *f*; ~ **cooling filter** *n* NUC TECH *of pressure vessel* Kühlfiltersystem *nt*; ~ **density** *n* ELECTRON *packaging* Packungsdichte *f*; ~ **drawing** *n* ENG DRAW Einzelteilzeichnung *f*; ~ **level** *n* ELECTRON Bauelementebene *f*; ~ **manufacture** *n* PROD ENG Teileherstellung *f*; ~ **part** *n* PROD ENG *plastic valves* Einzelteil *nt*; ~ **procurement** *n* SPACE *spacecraft* Bauteilbeschaffung *f*; ~ **selection** *n* SPACE *spacecraft* Bauteilauswahl *f*; ~ **side** *n* TELECOM *printed board* Bauelementeseite *f*; ~ **testing** *n* TEST Bauteileprüfung *f*; ~ **of vector** *n* PHYS Vektorkomponente *f*

compose *vt* PRINT setzen

composing: ~ **machine** *n* PRINT Setzmaschine *f*; ~ **stick** *n* PRINT Winkelhaken *m*

composite[1] *adj* COATINGS Verbund- *pref*, METALL zusammengesetzt

composite[2] *n* PACK Verbundstoff *m*, PLAS Verbundstoff *m*, Verbundwerkstoff *m*, PROD ENG Verbundstoff *m*; ~ **absorber** *n* NUC TECH *pressure vessel* zusammengesetzter Absorber *m*; ~ **aircraft** *n* AIR TRANS Doppelflugzeug *nt*, Zwillingsflugzeug *nt*; ~ **assembly drawing** *n* ENG DRAW Verbundgruppenbezeichnung *f*; ~ **bearing** *n* MECHAN ENG Verbundlager *nt*; ~ **cable** *n* ELEC ENG gemischtadriges Kabel *nt*, gemischtpaariges Kabel *nt*, kombiniertes Kabel *nt*; ~ **carbide** *n* METALL Mischkarbid *nt*; ~ **color signal** *n AmE*, ~ **colour signal** *n BrE* TELEV zusammengesetztes Farbsignal *nt*; ~ **container** *n* PACK Verbundstoffbehälter *m*; ~ **engine** *n* MECHAN ENG Verbundmotor *m*; ~ **filter** *n* RECORD Wellenparameterfilter *nt*; ~ **girder** *n* CONST Verbundträger *m*; ~ **graph** *n* ART INT zusammengesetzter Graph *m*; ~ **lens** *n* PHOTO mehrlinsiges Objektiv *nt*; ~ **loudspeaker** *n* RECORD Lautsprecherkombination *f*; ~ **mark** *n* PAT zusammengesetztes Zeichen *nt*; ~ **material** *n* SPACE *spacecraft* Verbundwerkstoff *m*; ~ **number** *n* MATH Nichtprimzahl *f*, teilbare Zahl *f*, zusammengesetzte Zahl *f*; ~ **packaging** *n* WASTE Verbundverpackung *f*; ~ **passband** *n* ELECTRON im Bietriebs-Durchlaßbereich *m*; ~ **pile** *n* COAL TECH Verbundpfahl *m*; ~ **sample** *n* COAL TECH Mischprobe *f*; ~ **signal** *n* ELECTRON, TELEV zusammengesetztes Signal *nt*; ~ **signal coding** *n* TELECOM Bildsignalcodierung *f*; ~ **sync signal** *n* TELEV zusammengesetztes Synchronisierungssignal *nt*; ~ **video signal** *n* TELEV zusammengesetztes Videosignal *nt*; ~ **wave** *n* TELECOM zusammengesetzte Welle *f*

composition *n* NUC TECH Zusammensetzung *f*, PRINT Satz *m*, Setzen *nt*, PROD ENG Gattierung *f*; ~ **caster** *n* PRINT *person* Gießer *m*; ~ **deviation transmitter** *n* IND PROCESS Einheitsmeßumformer für Mischungsabweichungen *m*; ~ **of forces** *n* MECHANICS Zusammensetzen von Kräften *nt*; ~ **sizes** *n pl* PRINT *type* Werkschrift *f*

compositor *n* PRINT Schriftsetzer *m*, Setzer *m*

compost *n* WASTE Kompost *m*; ~ **aeration** *n* WASTE Kompostbelüftung *f*; ~ **maturing** *n* WASTE Kompostreifung *f*; ~ **ripening** *n* WASTE Kompostreifung *f*

compostable: ~ **waste** *n* WASTE kompostierbarer Abfall *m*

composting *n* WASTE Kompostbereitung *f*, *of domestic refuse* Kompostierung *f*; ~ **drum** *n* WASTE Rottezelle *f*; ~ **plant** *n* WASTE Kompostaufbereitungsanlage *f*, Kompostaufbetrieb *m*, Kompostierungsanlage *f*, Kompostwerk *nt*; ~ **residue** *n* WASTE Kompostierungsrückstand *m*; ~ **technique** *n* WASTE Kompostierungstechnik *f*

compound[1] *n* COATINGS Verbindung *f*, PLAS Compound *nt*, Verbindung *f*, *rubber* Mischung *f*, PROD ENG Vergußmasse *f*; ~ **bearing** *n* MECHAN ENG Mehrstofflager *nt*; ~ **compressor** *n* NUC TECH Verbundkompressor *m*; ~ **crystal** *n* METALL Verbindungskristall *m*; ~ **die** *n pl* MECHAN ENG *press tools* Komplettschnitt *m*; ~ **engine** *n* MECHAN ENG Verbundmaschine *f*; ~ **expansion engine** *n* MECHAN ENG Mehrfachexpansionsmaschine *f*; ~ **eyepiece** *n* OPT zusammengesetztes Okular *nt*; ~ **girder** *n* CONST Verbundträger *m*; ~ **glass fiber** *n AmE*, ~ **glass fibre** *n BrE* OPT Mantelfaser *f*; ~ **helicopter** *n* AIR TRANS Verbundhubschrauber *m*, Wandelflugzeug *nt*; ~ **lens** *n* OPT zusammengesetztes Objektiv *nt*; ~ **lever** *n* MECHAN ENG Hebelwerk *nt*; ~ **logical element** *n* COMP & DP zusammengesetztes logisches Element *nt*; ~ **magnet** *n* PHYS Blättermagnet *m*, Lamellenmagnet *m*; ~ **microscope** *n* PHYS zusammengesetztes Mikroskop *nt*; ~ **modulation** *n* ELECTRON Doppelmodulation *f*; ~ **motion** *n* MECHANICS zusammengesetzte Bewegung *f*; ~ **motor** *n* ELEC ENG Doppelschlußmotor *m*, Kompoundmotor *m*, Verbundmotor *m*, ELECT Kompoundmotor *m*, Motor mit Kompensationswicklung *m*, Verbundmotor *m*; ~ **nucleus** *n* NUC TECH Compoundkern *m*, Zwischenkern *m*, PHYS Compoundkern *m*, Verbundkern *m*, RAD PHYS Compoundkern *m*; ~ **number** *n* MATH zusammengesetzte Zahl *f*; ~ **pendulum** *n* PHYS physikalisches Pendel *nt*; ~ **pressure-and-vacuum gauge** *n* INSTR Barovakuum-Meter *nt*; ~ **rest** *n* MECHAN ENG Kreuzschlitten *m*; ~ **screw** *n* MECHAN ENG Differentialschraube *f*; ~ **slide rest** *n* MECHAN ENG Kreuzschlitten *m*; ~ **state** *n* NUC TECH Compound-Zustand *m*; ~ **statement** *n* COMP & DP zusammengesetzte Anweisung *f*; ~ **table** *n* MECHAN ENG *drilling machine* Kreuztisch *m*; ~ **winding** *n* ELEC ENG Doppelschlußwicklung *f*, Verbundwicklung *f*, ELECT *dc machine* Verbundwicklung *f*; ~**-winding motor** *n* ELEC ENG Motor mit Doppelschlußwicklung *m*; ~**-wound motor** *n* ELECT Motor mit Kompensationswicklung *m*, Verbundmotor *m*

compound[2] *vt* COATINGS vermischen

compounding *n* ELEC ENG Kompoundierung *f*

comprehensive: ~ **water treatment plant** *n* WATER SUP mehrstufige Behandlungsanlage *f*

compress *vt* COMP & DP *data* komprimieren, verdichten

compressed[1] *adj* ELECTRON, NUC TECH, PACK komprimiert, PROD ENG Druck- *pref*, mit Vorspannung, TELECOM, TELEV komprimiert

compressed:[2] ~ **air** *n* COATINGS, MECHAN ENG Druckluft *f*; ~ **air blast cleaning** *n* PROD ENG Druckluft-Putzstrahlen *nt*; ~ **air brake** *n* MECHAN ENG Druckluftbremse *f*; ~ **air braking system** *n* MECHAN ENG Druckluftbremssystem *nt*; ~ **air cylinder** *n* MECHAN ENG Druckluftzylinder *m*; ~ **air drill** *n* MECHAN ENG Druckluftbohrer *m*; ~ **air engine** *n* MECHAN ENG Druckluftmotor *m*; ~ **air equipment** *n* MECHAN ENG Druckluftgeräte *nt pl*; ~ **air hose** *n* CONST, MECHAN ENG, MECHANICS, PHYS, PROD ENG Druckluftschlauch *m*; ~ **air line** *n* MECHAN ENG Druckluftleitung *f*; ~ **air socket** *n* MECHAN ENG Druckluftstutzen *m*; ~ **air system** *n* MECHAN ENG Druckluftsystem *nt*; ~ **digital transmission** *n* TELECOM komprimierte Digitalübertragung *f*; ~**-helium bottle** *n* SPACE *spacecraft* Druckflasche für Helium *f*, Helium-Gasflasche *f*; ~ **nuclear matter** *n* NUC TECH komprimiertes Kernmaterial *nt*; ~ **pulse width** *n* ELECTRON verdichtete Impulsbreite *f*; ~ **signal** *n* ELECTRON komprimiertes Signal *nt*; ~ **speech** *n* ELECTRON komprimierte Sprachinformationen *f pl*; ~ **video level** *n* TELEV komprimierter Videopegel *m*

compressibility *n* AIR TRANS, FLUID PHYS Kompressibilität *f*, HEAT & REFRIG Verdichtbarkeit *f*, METALL, PAPER, PHYS, THERMODYN *gas* Kompressibilität *f*; ~ **coefficient** *n* COAL TECH Steifezahl *m*; ~ **curve** *n* THERMODYN Verdichtungskurve *f*; ~ **drag** *n* AIR TRANS Kompressibilitätswiderstand *m*; ~ **effects** *n pl* AIR TRANS Kompressibilitätseffekte *m pl*; ~ **factor** *n (z)* THERMODYN Kompressibilitätsfaktor *m (z)*; ~ **modulus** *n* COAL TECH Verformungsmodul *m*

compressible: ~ **flow** *n* FLUID PHYS kompressible Strömung *f*; ~ **waste** *n* WASTE komprimierbarer Abfall *m*, verdichtbarer Abfall *m*

compression:[1] ~**-proof** *adj* TEST druckbeständig, druckfest

compression[2] *n* AUTO Kompression *f*, COAL TECH Verdichtung *f*, COMP & DP Komprimierung *f*, Verdichtung *f*, CONST Verdichtung *f*, ELECTRON Kompression *f*, Komprimierung *f*, Verdichtung *f*, HEAT & REFRIG Verdichtung *f*, HYD EQUIP Kompression *f*, Verdichtung *f*, Kompression *f*, MECHAN ENG *seal* Pressung *f*, *spring* Zusammendrücken *nt*, NUC TECH *plasma* Verdichtung *f*, PAPER Kompression *f*, PET TECH, PHYS Kompression *f*, Verdichtung *f*, PLAS Kompression *f*, Stauchung *f*, Verdichtung *f*, Zusammendrücken *nt*, PROD ENG Verdichtung, RECORD Dynamikpressung *f*, Kompression *f*, THERMODYN Kompression *f*, Verdichtung *f*, WASTE Verdichtung *f*, WAVE PHYS Kompression *f*, Verdichtung *f*; ~ **chamber** *n* AUTO Kompressionsraum *m*, Verdichtungsraum *m*, COAL TECH, HYD EQUIP, PET TECH Kompressionskammer *f*; ~ **cock** *n* HYD EQUIP Kompressionshahn *m*; ~ **curve** *n* COAL TECH Drucklinie *f*, Verdichtungslinie *f*; ~ **damage** *n* PACK Druckverformung *f*; ~ **driver** *n* RECORD Kompressionstreiber *m*; ~ **filter** *n* ELECTRON Kompressionsfilter *nt*; ~ **ignition** *n* AUTO Eigenzündung *f*, Selbstzündung *f*; ~**-ignition engine** *n* AUTO Dieselmotor *m*, Motor mit Selbstzündung *m*, Selbstzünder *m*, MECHAN ENG Dieselmotor *m*; ~ **index** *n* COAL TECH Kompressionsbeiwert *m*; ~ **load** *n* PACK Druckbeanspruchung *f*; ~ **member** *n* PROD ENG Druckstab *m*; ~ **mold** *n AmE see compression mould BrE* ~ **molding** *n AmE see compression moulding BrE* ~**-molding machine** *n AmE see compression-moulding machine BrE* ~ **mould** *n BrE* MECHAN ENG Preßform *f*; ~ **moulding** *n BrE* CER & GLAS, PACK, PLAS, PROD ENG Formpressen *nt*, Pressen *nt*; ~**-moulding machine** *n BrE* PLAS Formpresse *f*; ~ **period** *n* HYD EQUIP Kompressionsperiode *f*, Kompressionszeitraum *m*; ~ **plant** *n* THERMODYN Kompressionskältemaschine *f*; ~ **point** *n* HYD EQUIP Kompressionspunkt *m*; ~ **pump** *n* HYD EQUIP Kompressionspumpe *f*; ~ **ratio** *n* AUTO *engine*, ELECTRON *microwave*, HEAT & REFRIG, MECHAN ENG, RECORD, THERMODYN Kompressionsverhältnis *nt*, Verdichtungsverhältnis *nt*; ~ **refrigeration** *n* HEAT & REFRIG Kompressionskühlung *f*, MECHAN ENG Druckkühlung *f*; ~ **refrigerator** *n* THERMODYN Kompressionskältemaschine *f*; ~ **ring** *n* AUTO *engine, piston* Kompressionsring *m*, Verdichtungsring *m*; ~ **riveter** *n* PROD ENG Preßnietmaschine *f*; ~ **set** *n* PLAS Druckverformungsrest *m*; ~ **spring** *n* HYD EQUIP Kompressionsfeder *f*, MECHAN ENG Druckfeder *f*; ~ **stage** *n* MECHAN ENG *engine* Kompressionsstufe *f*, Verdichtungsstufe *f*; ~ **strength** *n* MECHAN ENG Druckfestigkeit *f*, MECHANICS Druckkraftfestigkeit *f*,

PACK Druckfestigkeit *f*; ~ **stress** *n* MECHAN ENG, MECHANICS, METALL Druckbeanspruchung *f*; ~ **stroke** *n* AUTO *engine* Kompressionshub *m*, Verdichtungshub *m*, Verdichtungstakt *m*, THERMODYN Verdichtungstakt *m*; ~ **test** *n* COAL TECH Druckversuch *m*, MECHAN ENG Druckversuch *m*, MECHANICS Stauchversuch *m*, METALL Druckversuch *m*, PACK Druckversuch *m*, PROD ENG Druckversuch *m*, TEST Druckprüfung *f*; ~ **test machine** *n* PACK Druckprüfmaschine *f*; ~ **vehicle** *n* WASTE Preßmüllwagen *m*, fahrbarer Verdichter *m*; ~ **work** *n* MECHAN ENG Kompressionsarbeit *f*

compressional: ~ **wave** *n* ACOUSTICS Druckwelle *f*, Verdichtungswelle *f*, RECORD Druckwelle *f*

compressive: ~ **force** *n* MECHAN ENG Druckkraft *f*; ~ **modulus** *n* PLAS Druckmodul *m*; ~ **strain** *n* MECHANICS Stauchung *f*; ~ **strength** *n* CONST, PLAS Druckfestigkeit *f*, TEST Druckbeanspruchung *f*

compressometer *n* COAL TECH Druckmesser *m*, PAPER Kompressionsmesser *m*

compressor *n* AUTO *engine* Kompressor *m*, Verdichter *m*, CONST, HEAT & REFRIG Verdichter *m*, LAB EQUIP Kompressor *m*, MECHAN ENG Kompressor *m*, Verdichter *m*, MECHANICS, PAPER Kompressor *m*, PET TECH Kompressor *m*, Verdichter *m*, PROD ENG Kompressor *m*, *plastic valves* Druckstück *nt*, RECORD Presser *m*, TELECOM Datenverdichter *m*, Kompressor *m*; ~ **blade** *n* AIR TRANS Leitschaufel *f*, Richtungsschaufel *f*, Verdichterschaufel *f*; **~-expander** *n* TELECOM Kompander *m*, Kompandierer *m*; ~ **plant** *n* MECHAN ENG Kompressoranlage *f*; ~ **rating** *n* HEAT & REFRIG Verdichterleistung *f*; ~ **rotor** *n* AIR TRANS *helicopter* Verdichterrotor *m*; ~ **stall** *n* AIR TRANS *turbine engine* Ablösung der Verdichterströmung *f*, Abriß der Verdichterströmung *m*; ~ **stator** *n* AIR TRANS Verdichterleitrad *nt*

Compton: ~ **continuum** *n* PART PHYS, PHYS, RAD PHYS Comptonsches Kontinuum *nt*; ~ **effect** *n* PART PHYS, PHYS, RAD PHYS Comptonscher Effekt *m*; ~ **scattering** *n* PART PHYS, PHYS, RAD PHYS Comptonsche Streuung *f*; ~ **spectrometer** *n* PART PHYS, PHYS, RAD PHYS Comptonsches Spektrometer *nt*; ~ **wavelength** *n* NUC TECH, PART PHYS, PHYS, RAD PHYS Comptonsche Wellenlänge *f*

compulsion *n* HEAT & REFRIG, HYD EQUIP, NUC TECH Zwang *m*

compulsory: ~ **licence** *n BrE* PAT Zwangslizenz *f*; ~ **license** *n AmE see compulsory licence BrE*

Compur: ~ **shutter** *n* PHOTO Compurverschluß *m*

CompuServe®: ~ **Information manager** *n (CIM)* COMP & DP CompuServe® Information Manager *m (CIM)*

computation *n* AIR TRANS *centre of gravity* Berechnung *f*, COMP & DP Berechnung *f*, Verarbeitung *f*, MATH Berechnung *f*

computational: ~ **fluid dynamics** *n* FLUID PHYS numerische Strömungsmechanik *f*

computer:[1] **--aided** *adj* COMP & DP, CONTROL computergestützt; **--assisted** *adj* COMP & DP computergestützt; **--controlled** *adj* TELECOM computergesteuert

computer[2] *n* COMP & DP, ELECT Computer *m*, Rechner *m*, WATER TRANS Bordrechner *m*, Computer *m*; **--aided design** *n (CAD)* COMP & DP, CONTROL, ELECT, MECHANICS, TELECOM, TRANS *naval architecture* computergestützte Konstruktion *f*, computergestützter Entwurf *m (CAD)*; **--aided design and manufacturing** *n (CADCAM)* COMP & DP computergestützte Konstruktion und Anfertigung *f (CADCAM)*; **--aided instruction** *n (CAI)* COMP & DP computergestützter Unterricht *m (CAL)*; **--aided learning** *n (CAL)* COMP & DP computergestütztes Lernen *nt (CAL)*; **--aided manufacturing** *n (CAM)* COMP & DP, ELECT computergestützte Fertigung *f*, computergestützte Produktion *f (CAM)*; **--aided problem solving** *n* ART INT computerunterstütztes Problemlösen *nt*; **--aided publishing** *n (CAP)* PRINT computergestütztes Publizieren *nt (CAP)*; **--aided software engineering** *n (CASE)* COMP & DP computergestützte Softwareentwicklung *f (CASE)*; **--aided vision** *n (CAV)* ART INT computerunterstütztes Sehen *nt (CAV)*; ~ **animation** *n* COMP & DP, TELEV Computeranimation *f*; ~ **art** *n* COMP & DP Computerkunst *f*; **--assisted instruction** *n (CAI)* COMP & DP computergestützter Unterricht *m (CAL)*; **--assisted learning** *n (CAL)* COMP & DP computergestütztes Lernen *nt (CAL)*; **--assisted translation** *n (CAT)* COMP & DP computerunterstützte Übersetzung *f (CAT)*; **--based training** *n* TELECOM computergestütztes Training *nt*; **--controlled interlocking** *n* RAIL Rechnerstellwerk *nt*; ~ **data base** *n* COMP & DP Datenbank *f*; ~ **family** *n* COMP & DP Rechnerfamilie *f*; ~ **graphics** *n pl* COMP & DP, TELEV Computergrafik *f*; **--integrated manufacture** *n (CIM)* COMP & DP computerintegrierte Fertigung *f (CIM)*; ~ **interface** *n* TELECOM Computerschnittstelle *f*, Rechnerschnittstelle *f*; ~ **literacy** *n* COMP & DP Computerfachkenntnis *f*, Computerkenntnisse *f pl*; ~ **logic** *n* COMP & DP Computerlogik *f*; ~ **network** *n* COMP & DP, TELECOM Computernetz *nt*, Rechnernetz *nt*, Rechnerverbund *m*; ~ **network** architecture *n* COMP & DP Computernetzarchitektur *f*; ~ **operator** *n* COMP & DP Computerbediener *m*; ~ **output on microfilm** *n* COMP & DP Datenausgabe auf Mikrofilm *f*; **--PBX interface** *n (CPI)* TELECOM Schnittstelle Rechner-Nebenstellenanlage *f*; ~ **route setting** *n* RAIL Fahrstraßeneinstellung durch Rechner *f*; ~ **science** *n* COMP & DP Informatik *f*; ~ **security** *n* COMP & DP Computersicherheit *f*, Rechnersicherheit *f*; ~ **setting** *n* COMP & DP Computersatz *m*, Einstellung *f*; ~ **system** *n* COMP & DP Computersystem *nt*, Rechnersystem *nt*, ELECT Computersystem *nt*; ~ **technology** *n* COMP & DP Computertechnik *f*; ~ **vision** *n* ART INT Computervision *f*, künstliches Sehen *nt*; ~ **word** *n* COMP & DP Maschinenwort *nt*

computerized: ~ **management** *n* SPACE computergestützte Abwicklung *f*; ~ **numeric control** *n (CNC)* MECHAN ENG computernumerische Steuerung *f (CNC)*

computing *n* COMP & DP Computerwesen *nt*, Rechen- *pref*; ~ **center** *n AmE*, ~ **centre** *n BrE* COMP & DP Rechenzentrum *nt*; ~ **device** *n* COMP & DP Rechner *m*; ~ **facility** *n* COMP & DP Rechner *m*; ~ **power** *n* COMP & DP Rechenleistung *f*; ~ **speed** *n* COMP & DP Rechengeschwindigkeit *f*; ~ **synchro** *n* INSTR Rechendrehmelder *m*

comsat *n (communication satellite)* SPACE ComSat *m (Nachrichtensatellit)*, WATER TRANS ComSat *m (Fernmeldesatellit)*

con *vt* WATER TRANS *ship* führen

concatenate *vt* COMP & DP verketten, verknüpfen, CONTROL verketten

concatenated: ~ **data sets** *n pl* COMP & DP verkettete Dateien *f pl*, verknüpfte Dateien *f pl*

concatenation *n* COMP & DP Verkettung *f*, Verknüpfung

f, ELEC ENG Konkatenation *f*, Verkettung *f*, ELECTRON Verkettung *f*, TELECOM Verketten *nt*, Verkettung *f*

concave[1] *adj* CER & GLAS, GEOM, OPT konkav, PROD ENG verkehrt bombiert

concave[2] *n* COAL TECH Rundhöhlung *f*; ~ **bow** *n* CER & GLAS konkave Krümmung *f*; ~ **grating of Rowland** *n* PHYS Konkavgitter von Rowland *nt*; ~ **lens** *n* PHOTO Konkavlinse *f*, Negativlinse *f*; ~ **mirror** *n* PHYS Hohlspiegel *m*, Konkavspiegel *m*; ~ **optical tool** *n* CER & GLAS konkaves Optikwerkzeug *nt*; ~ **surface** *n* GEOM konkave Fläche *f*; ~ **weld** *n* NUC TECH leichte Schweißnaht *f*

concavity *n* OPT Konkavität *f*, PROD ENG Punktlast *f*, punktförmig angreifende Einzellast *f*

concavo: ~-**convex** *adj* OPT konkavkonvex

conceal *vt* CONST unter Putz legen, verdecken

concentrate[1] *n* COAL TECH Konzentrat *nt*, FOOD TECH Aufbereitungsprodukt *nt*, Konzentrat *nt*

concentrate[2] *vt* CHEM ENG anreichern, aufbereiten, COAL TECH konzentrieren

concentrated[1] *adj* FOOD TECH konzentriert

concentrated:[2] ~ **load** *n* PROD ENG Punktlast *f*, punktförmig angreifende Einzellast *f*; ~ **mass** *n* PROD ENG Punktlast *f*; ~ **sludge** *n* COAL TECH Schlammkonzentrat *nt*

concentrating: ~ **table** *n* COAL TECH Konzentrationstabelle *f*

concentration *n* COAL TECH Konzentrierung *f*, COAL TECH, ELECT, ELECTRON, PLAS, POLL, TELECOM *switching* Konzentration *f*; ~ **cell** *n* ELECT Konzentrationszelle *f*; ~ **column** *n* CHEM ENG Verstärkersäule *f*; ~ **network** *n* TELECOM Konzentrationskoppelfeld *nt*; ~ **overvoltage** *n* SPACE *spacecraft* Konzentrationsüberspannung *f*; ~ **ratio** *n* COAL TECH, FUELLESS Konzentrationsverhältnis *nt*; ~ **stage** *n* TELECOM Konzentrationsstufe *f*

concentrator *n* ELECTRON, FUELLESS, HEAT & REFRIG Konzentrator *m*, PAPER Eindickzylinder *m*, TELECOM *telephone network* Konzentrator *m*, Wählsterneinrichtung *f*

concentric[1] *adj* ELECT, GEOM, MECHAN ENG, MECHANICS, OPT konzentrisch

concentric:[2] ~ **chuck** *n* MECHAN ENG selbstzentrierendes Spannfutter *nt*; ~ **circles** *n pl* GEOM konzentrische Kreise *m pl*; ~ **conductor** *n* ELECT konzentrischer Leiter *m*; ~ **groove** *n* RECORD *phone* Auslaufrille *f*; ~ **load** *n* CONST *structure* mittige Last *f*; ~ **optical cable** *n* OPT konzentrischer Mantellichtleiter *m*; ~ **windings** *n pl* ELECT *machine, transformer* konzentrische Wicklungen *f pl*

concentrically: ~-**stranded circular conductor** *n* ELECT konzentrisch verdrillter Leiter *m*

concentricity *n* MECHANICS Konzentrizität *f*, Mittenrichtigkeit *f*, Rundheit *f*, PROD ENG Rundlauf *m*; ~ **tolerance** *n* MECHANICS Toleranz der Mittenabweichung *f*

concept: ~ **formation** *n* ERGON Konzeptbildung *f*

conceptual[1] *adj* COMP & DP konzeptionell

conceptual:[2] ~ **dependency** *n (CD)* ART INT Begriffsabhängigkeit *f*, konzeptuelle Dependenz *f*

concertina: ~ **fold** *n* PRINT Leporellofalzung *f*

concession *n* PET TECH Konzession *f*

conche[1] *n* FOOD TECH Conche *f*, Längsreibemaschine *f*

conche[2] *vt* FOOD TECH conchieren

conchinine *n* CHEMISTRY Chinidin *nt*, Conchinin *nt*

conchoidal: ~ **fracture** *n* CER & GLAS muscheliger Bruch *m*

conclusive: ~ **evidence** *n* PAT schlüssiger Beweis *m*

concord *n* ACOUSTICS Anklang *m*, Einklang *m*, konsonanter Akkord *m*

concrete[1] *n* CER & GLAS, CONST Beton *m*; ~-**batching plant** *n* CONST Betondosieranlage *f*; ~ **block** *n* CER & GLAS Betonstein *m*, CONST Betonblockstein *m*; ~ **breaker** *n* CONST Betonaufbruchhammer *m*; ~ **durability** *n* CONST Betonhaltbarkeit *f*; ~ **floor** *n* HEAT & REFRIG Betonsohle *f*; ~ **lining** *n* CONST Betonauskleidung *f*; ~ **masonry** *n* CONST Betonmauerwerk *nt*; ~ **mixer** *n* CONST Betonmischer *m*; ~ **mixing plant** *n* CONST Betonmischanlage *f*; ~ **pavement** *n BrE (cf concrete sidewalk AmE)* CONST *road* Betondecke *f*; ~ **pile** *n* COAL TECH Betonpfahl *m*; ~ **pipe** *n* CONST Betonrohr *nt*; ~ **platform** *n* PET TECH Betonplattform *f*; ~ **ring** *n* CONST Betonring *m*; ~ **roofing tile** *n* CONST Betondachziegel *m*; ~ **saw** *n* CONST Betonsäge *f*; ~ **scrap** *n* TRANS Betonschutt *m*; ~ **scraper** *n* TRANS Betonschrapper *m*; ~ **sidewalk** *n AmE (cf concrete pavement BrE)* CONST *road* Betondecke *f*; ~ **sleeper** *n BrE (cf concrete tie AmE)* CONST Betonschwelle *f*; ~ **sleeper layer** *n BrE (cf concrete tie layer AmE)* CONST Betonschwellenverlegegerät *nt*; ~ **sleeper prestressing** *n BrE (cf concrete tie prestressing AmE)* CONST Betonschwellenvorspannung *f*; ~ **structure** *n* CONST Betonbau *m*; ~ **tie** *n AmE (cf concrete sleeper BrE)* CONST Betonschwelle *f*; ~ **tie layer** *n AmE (cf concrete sleeper layer BrE)* CONST Betonschwellenverlegegerät *nt*; ~ **tie prestressing** *n AmE (cf concrete sleeper prestressing BrE)* CONST Betonschwellenvorspannung *f*; ~ **work** *n* CONST Betonarbeiten *f pl*

concrete[2] *vt* CONST betonieren, verbinden

concreting *n* CONST Betonieren *nt*

concurrent[1] *adj* COMP & DP gleichzeitig ablaufend, CONTROL gleichlaufend existent

concurrent:[2] ~ **execution** *n* COMP & DP gleichzeitige Ausführung *f*; ~ **lines** *n pl* GEOM durch denselben Punkt gehende Linien *f pl*; ~ **operation** *n* COMP & DP Parallelbetrieb *m*; ~ **processing** *n* COMP & DP gleichzeitige Verarbeitung *f*, ELECTRON verzahnte Verarbeitung *f*

concussion: ~ **table** *n* MECHAN ENG Rütteltisch *m*

condensable *adj* PHYS kondensierbar

condensate *n* CHEM ENG Kondensat *nt*, Kondensationsprodukt *nt*, Kondenswasser *nt*, HEAT & REFRIG Kondensat *nt*, Kondenswasser *nt*, Schwitzwasser *nt*, Tauwasser *nt*, MECHAN ENG, PET TECH, THERMODYN Kondensat *nt*; ~ **drain** *n* HEAT & REFRIG Kondenswasserablauf *m*; ~ **permeation** *n* PROD ENG *plastic valves* Kondensatdurchdringung *f*; ~ **pump** *n* CHEM ENG Kondensatpumpe *f*, Kondenswasserpumpe *f*

condensation *n* CER & GLAS *of double glazing*, CHEM ENG *by surface cooling* Kondensation *f*, CONST *gases* Verdichtung *f*, Verflüssigung *f*, HEAT & REFRIG Kondensation *f*, Verflüssigung *f*, LAB EQUIP Kondensation *f*, MECHAN ENG, PACK Kondensation *f*, Kondensierung *f*, PHYS, POLL, PROD ENG *plastic valves*, THERMODYN Kondensation *f*; ~ **column** *n* CHEM ENG Kondensationssäule *f*; ~ **heat** *n* THERMODYN Kondensationswärme *f*, Kondensierungswärme *f*; ~ **nucleus** *n* POLL, THERMODYN Kondensationskern *m*; ~ **nucleus counter** *n* POLL Kondensationskernzähler *m*; ~ **polymer** *n* PLAS Kondensationspolymer *nt*; ~ **polymerization** *n* PLAS Kondensationspolymerisation *f*; ~ **trail** *n* AIR TRANS Kondensfahne *f*, Kondensstreifen *m*;

~ **trap** *n* CHEM ENG Kondensatsammelgefäß *nt*, Kühlfalle *f*, HEAT & REFRIG Kühlfalle *f*

condense[1] *vt* CHEM ENG eindicken, kondensieren, PACK kondensieren, verdichten, THERMODYN kondensieren

condense[2] *vi* CHEM ENG eindicken, kondensieren, THERMODYN *liquid* kondensieren, sich niederschlagen

condensed[1] *adj* CHEM ENG, THERMODYN kondensiert

condensed:[2] ~ **face** *n* PRINT Kompreßschrift *f*; ~ **milk** *n* FOOD TECH Kondensmilch *f*; ~ **system** *n* CHEM ENG kondensiertes System *nt*

condenser *n* ACOUSTICS, AUTO, CHEM ENG Kondensator *m*, CHEMISTRY Kondensatabscheider *m*, Kondenser *m*, COAL TECH, ELEC ENG, ELECT Kondensator *m*, HEAT & REFRIG Verflüssiger *m*, LAB EQUIP Kondensator *m*, *lens system* Kondensor *m*, MECHAN ENG Kondensator *m*, OPT Kondensor *m*, PAPER Kondensator *m*, Verdichter *m*, PET TECH Kondensator *m*, PHOTO Kondensor *m*, RECORD, WATER TRANS Kondensator *m*; ~ **circulating pump** *n* HEAT & REFRIG Kondensatorkühlwasserpumpe *f*; ~ **cooler** *n* CHEM ENG Kondensatabscheider *m*, Kondensatorkühler *m*; ~ **lamp** *n* PHOTO Kondensorlampe *f*; ~ **microphone** *n* ACOUSTICS Kondensatormikrofon *nt*, elektrostatisches Mikrofon *nt*, RAD TECH Kondensatormikrofon *nt*, RECORD Kondensatormikrofon *nt*, elektrostatisches Mikrofon *nt*; ~ **system** *n* PHOTO *as in enlargers* Kondensorsystem *nt*; ~ **tube** *n* MECHAN ENG Kondensatorrohr *nt*

condensing *n* TELECOM *information* Verdichten *nt*; ~ **coil** *n* HEAT & REFRIG Kühlschlange *f*; ~ **lens** *n* PHOTO Kondensorlinse *f*; ~ **plant** *n* CHEM ENG Kondensationsanlage *f*; ~ **set** *n* HEAT & REFRIG Kondensationssatz *m*; ~ **set with reheat** *n* HEAT & REFRIG Kondensationssatz mit Zwischenüberhitzung *m*; ~ **trap** *n* LAB EQUIP Kondensationsauffanggefäß *nt*; ~ **turbine** *n* HEAT & REFRIG Kondensationsturbine *f*

condition[1] *n* COMP & DP Bedingung *f*, Zustand *m*

condition[2] *vt* COAL TECH aufbereiten, CONST abbinden, härten

conditional[1] *adj* COMP & DP, CONTROL bedingt

conditional:[2] ~ **branch** *n* COMP & DP bedingte Verzweigung *f*; ~ **expression** *n* COMP & DP Bedingungsausdruck *m*; ~ **instruction** *n* COMP & DP bedingte Anweisung *f*, bedingter Befehl *m*; ~ **jump** *n* COMP & DP bedingter Sprungbefehl *m*; ~ **protection** *n* PAT bedingter Schutz *m*

conditioned[1] *adj* TEXT konditioniert

conditioned:[2] ~ **air** *n* HEAT & REFRIG klimatisierte Raumluft *f*

conditioning *n* CER & GLAS Absteh- *pref*, Abstehen *nt*, COAL TECH Aufbereitung *f*, ERGON Konditionierung *f*, Reizung *f*, PAPER Konditionieren *nt*, PLAS Konditionieren *nt*, Konditionierung *f*, Vorbehandlung *f*; ~ **process** *n* WASTE Aufbereitungsverfahren *nt*; ~ **tank** *n* COAL TECH Aufbereitungsbehälter *m*; ~ **of waste** *n* POLL Müllaufbereitung *f*; ~ **zone** *n* CER & GLAS Abstehzone *f*

conditions: ~ **of the bid** *n pl* CONST Ausschreibungsbedingungen *f pl*

conduct: ~ **a survey** *vi* CONST aufnehmen

conductance *n* ELEC ENG, ELECT, PHYS, TELECOM Konduktanz *f*, Leitfähigkeit *f*, Leitwert *m*; ~ **bridge** *n* ELECT *measuring* Konduktanzbrücke *f*, INSTR Leitwertbrücke *f*; ~ **cell** *n* LAB EQUIP Leitfähigkeitszelle *f*

conducted: ~ **interference** *n* TELECOM leitungsgebundene Störung *f*; ~ **spurious emission** *n* TELECOM leitungsgebundene Störstrahlung *f*

conductibility *n* ELECT Leitfähigkeit *f*

conductible *adj* COATINGS leitend, ELECT leitend, leitfähig

conducting[1] *adj* COATINGS leitend, ELECT leitend, leitfähig

conducting:[2] ~ **screen** *n* ELECT leitende Abschirmung *f*; ~ **state** *n* ELECTRON *semiconductor* Durchlaßzustand *m*; ~ **zone** *n* ELEC ENG Durchlaßbereich *m*

conduction *n* ELEC ENG Leitung *f*, Stromleitung *f*, HEAT & REFRIG, PHYS Leitung *f*; ~ **angle** *n* ELEC ENG Durchlaßzeit *f*; ~ **band** *n* PHYS, RAD PHYS Leitungsband *nt*; ~ **charges** *n pl* PHYS wahre Ladungen *f pl*; ~ **current** *n* ELECT Konduktionsstrom *m*, elektrischer Strom *m*, PHYS Leitungsstrom *m*; ~**-of-heat gas analyser** *n BrE* INSTR Gasanalysengerät mit Wärmeleitfähigkeitszelle *nt*; ~**-of-heat gas analyzer** *n AmE see conduction-of-heat gas analyser BrE* ~ **pump** *n* ELEC ENG Leitungspumpe *f*; ~ **test** *n* INSTR Durchgangskontrolle *f*, Durchgangsprüfung *f*

conductive[1] *adj* COATINGS leitend, ELECT leitend, leitfähig

conductive:[2] ~ **grease** *n* SPACE *spacecraft* leitfähiges Fett *nt*; ~ **rubber** *n* PLAS Leitgummi *m*, leitfähiger Gummi *m*

conductivity *n* COATINGS Leitfähigkeit *f*, ELEC ENG Leitfähigkeit *f*, Leitvermögen *nt*, spezifische elektrische Leitfähigkeit *f*, ELECT Leitfähigkeit *f*, spezifischer Leitwert *m*, PHYS, PLAS, RECORD, TELECOM, WATER SUP Leitfähigkeit *f*; ~ **cell** *n* INSTR Leitfähigkeitsmeßzelle *f*, Leitfähigkeitszelle *f*; ~ **measuring instrument** *n* INSTR Leitfähigkeitsmeßgerät *nt*; ~ **meter** *n* LAB EQUIP Leitfähigkeitsmesser *m*; ~ **modulation** *n* ELECTRON Leitfähigkeitsmodulation *f*; ~ **recorder** *n* INSTR Leitfähigkeitsschreiber *m*, Leitwertschreiber *m*

conductometric: ~ **instrument** *n* INSTR Leitfähigkeitsmeßgerät *nt*

conductor *n* ELEC ENG Ader *f*, Leiter *m*, Stromleiter *m*, ELECT *multicore cable* Ader *f*, Leiter *m*, PET TECH Leiter *m*, PHYS Ader *f*, Leiter *m*, TELECOM Leiter *m*; ~ **rail** *n* ELEC ENG Stromschiene *f*, ELECT Stromleiterschiene *f*, Stromschiene *f*, RAIL Stromschiene *f*; ~ **screen** *n* ELECT leitende Abschirmung *f*; ~ **wire** *n* ELEC ENG Leitungsdraht *m*, Stromleiterdraht *m*

conduit *n* CONST Installationsrohr *nt*, Rohrleitung *f*, Schutzrohr *nt*, ELEC ENG Isolierrohr *nt*, Kabelrohr *nt*, Rohrleitung *f*, Röhre *f*, Schutzrohr *nt*, ELECT Führung *f*, FUELLESS Isolierrohr *nt*, Kanal *m*, Leitungsrohr *nt*, Rohrleitung *f*, Vulkanschlot *m*, PROD ENG Meßstrecke *f*, Rohr *nt*, WATER SUP Rohrleitung *f*, Wasserleitung *f*; ~ **box** *n* ELEC ENG Abzweigdose *f*, Klemmkasten *m*, Verteilerdose *f*, Verteilerkasten *m*, ELECT, SPACE Verteilerdose *f*; ~ **pipe** *n* CONST Leitungsrohr *nt*

cone *n* ACOUSTICS, AUTO, CER & GLAS Konus *m*, COAL TECH Kegel *m*, ELECTRON *of cathode-ray tube* Kolben *m*, GEOM, MECHAN ENG Kegel *m*, Konus *m*, PET TECH, PRINT, RECORD Konus *m*, TELEV Kegel *m*, TEXT Cone *f*, konische Kreuzspule *f*; ~**-and-socket joint** *n* LAB EQUIP Kegelschliff-Verbindungsstück *nt*; ~ **angle** *n* GEOM Kegelwinkel *m*; ~ **bearing** *n* MECHAN ENG Kegellager *nt*; ~ **bit** *n* PET TECH Konusbohrer *m*, Konusbohrmeißel *m*; ~ **brake** *n* MECHAN ENG Kegelbremse *f*; ~ **classifier** *n* COAL TECH Kegelsieb *nt*, Klassiertrichter *m*; ~ **clutch** *n* AUTO, MECHAN ENG Kegelkupplung *f*, Konuskupplung *f*, PROD ENG Konuskupplung *f*; ~ **countersink** *n* MECHAN ENG

Kegelsenker *m*; ~ **crusher** *n* COAL TECH Kegelbrecher *m*; ~ **drive** *n* MECHAN ENG Kegelscheibenantrieb *m*; ~ **friction clutch** *n* PROD ENG Kegelreibungskupplung *f*; ~ **gear** *n* MECHAN ENG Kegelscheibenantrieb *m*; ~ **head** *n* MECHAN ENG *of rivet* Kegelkopf *m*; ~ **head rivet** *n* CONST Kegelkopfniet *m*, PROD ENG Kegelniet *m*; ~ **light** *n* ELECT Kegelleuchte *f*; ~ **loudspeaker** *n* RECORD Konuslautsprecher *m*; ~ **point** *n* PROD ENG mit scharfer Spitze; ~ **pulley** *n* MECHAN ENG Stufenscheibe *f*; ~ **pulley drive** *n* MECHAN ENG Stufenscheibenantrieb *m*; ~ **of rays** *n* OPT Lichtkegel *m*, Strahlkegel *m*; ~ **resonance** *n* RECORD Konusresonanz *f*; ~ **of revolution** *n* GEOM Rotationskegel *m*, Umdrehungskegel *m*; ~ **sampler** *n* COAL TECH Kegelprober *m*; ~ **separator** *n* COAL TECH Kegelseparator *m*; ~ **sheave** *n* MECHAN ENG Stufenscheibe *f*; ~ **tolerance** *n* MECHAN ENG Kegeltoleranz *f*; ~ **tube** *n* TEXT Färbehülse *f*; ~**-type bearing** *n* MECHAN ENG Konuslager *nt*; ~ **valve** *n* HYD EQUIP, MECHAN ENG, PROD ENG Kegelventil *nt*; ~ **wheel** *n* MECHAN ENG Stufenscheibe *f*

conference *n* TELECOM, TELEV Konferenz *f*; ~ **bridge** *n* TELECOM Konferenzbridge *f*; ~ **call** *n* TELECOM Konferenzverbindung *f*; ~ **call chairman** *n* TELECOM Vorsitzender der Konferenzverbindung *m*; ~ **network** *n* TELEV Konferenzschaltung *f*

confidence *n* QUAL Vertrauen *nt*, statistische Sicherheit *f*; ~ **coefficient** *n* QUAL Vertrauensniveau *nt*; ~ **factor** *n* *(CF)* ART INT Gewißheitsfaktor *m*; ~ **interval** *n* QUAL Vertrauensbereich *m*; ~ **level** *n* COMP & DP statistische Sicherheit *f*, QUAL Vertrauensniveau *nt*; ~ **limit** *n* QUAL Vertrauensgrenze *f*; ~ **range** *n* QUAL Vertrauensbereich *m*; ~ **region** *n* QUAL Vertrauensbereich *m*

configuration *n* COMP & DP, ELECTRON, METALL, PHYS Konfiguration *f*, TELECOM Gestaltung *f*, Konfiguration *f*; ~ **management** *n* COMP & DP Konfigurationsmanagement *nt*; ~ **setting** *n* COMP & DP Konfigurationseinstellung *f*; ~ **space** *n* PHYS Konfigurationsraum *m*

configurational: ~ **entropy** *n* METALL Konfigurationsentropie *f*

configure *vt* COMP & DP konfigurieren, CONTROL aufbauen, konfigurieren

configured: ~**-in** *adj* COMP & DP konfiguriert; ~**-out** *adj* COMP & DP nicht konfiguriert

confined: ~ **aquifer** *n* WATER SUP gespannter Grundwasserleiter *m*; ~ **ground water** *n* COAL TECH, WATER SUP gespanntes Grundwasser *nt*; ~ **space** *n* SAFETY beschränkter Platz *m*

confinement *n* PART PHYS Confinement *nt*, Einschluß *m*, PET TECH Begrenzung *f*, PHYS Confinement *nt*, Einschluß *m*

conflict: ~ **point** *n* TRANS *traffic* Konfliktstelle *f*; ~ **resolution** *n* ART INT Konfliktauflösung *f*, Konfliktlösung *f*

conflicting: ~ **traffic flows** *n pl* TRANS Konfliktverkehrsströme *m pl*

confluence *n* WATER SUP Zusammenfluß *m*

conformal: ~ **coating** *n* PLAS konturgetreuer Überzug *m*

conformance *n* COMP & DP Übereinstimmung *f*

conforming:[1] ~ **to standards** *adj* ENG DRAW normgerecht

conforming:[2] ~ **item** *n* QUAL fehlerfreie Einheit *f*

conformity *n* PET TECH *geology* Konkordanz *f*, QUAL Konformität *f*; ~ **certificate** *n* QUAL Konformitätsbescheinigung *f*

confused: ~ **sea** *n* WATER TRANS wilde See *f*

confusion: ~ **cone** *n* AIR TRANS Verwaschungsdüse *f*

congeal *vi* PROD ENG erstarren, gerinnen

congealing: ~ **point** *n* FLUID PHYS Erstarrungspunkt *m*

congestion *n* COAL TECH Stauung *f*, TELECOM Gassenbesetztzustand *m*, Wegebesetzt-Zustand *m*, Überbelegung *f*, Überlastung *f*; ~**-warning system** *n* TRANS Stauwarnsystem *nt*

conglomerate *n* CONST verfestigtes Kieselgeröll *nt*, FUELLESS Konglomerat *nt*

congruence *n* GEOM Deckungsgleichheit *f*, Kongruenz *f*; ~ **arithmetic** *n* MATH Restklassenrechnung *f*

congruent[1] *adj* GEOM, MATH kongruent

congruent:[2] ~ **numbers** *n pl* MATH kongruente Zahlen *f pl*; ~ **triangles** *n pl* GEOM deckungsgleiche Dreiecke *nt pl*, kongruente Dreiecke *nt pl*

conic[1] *adj* TEXT konisch

conic:[2] ~ **projection** *n* GEOM Kegelprojektion *f*; ~ **section** *n* GEOM Kegelschnitt *m*

conical[1] *adj* ACOUSTICS, CER & GLAS konisch, GEOM Kegel- *pref*, konisch, LAB EQUIP konisch

conical:[2] ~ **beaker** *n* LAB EQUIP konischer Becher *m*; ~ **buoy** *n* WATER TRANS *navigation* Spitztonne *f*; ~ **clamping connection** *n* MECHAN ENG *pipe fitting* konische Klemmverbindung *f*; ~ **clutch** *n* AUTO, MECHAN ENG, PROD ENG Konuskupplung *f*; ~ **diaphragm** *n* ACOUSTICS Konusmembran *f*; ~ **flask** *n* LAB EQUIP Erlenmeyer-Kolben *m*; ~ **gear** *n* MECHAN ENG Kegelrad *nt*; ~ **ground glass point** *n* LAB EQUIP konische Schliffverbindung *f*; ~ **horn** *n* ACOUSTICS Konustrichter *m*, kegelförmiger Trichter *m*, konisches Horn *nt*; ~ **mill** *n* COAL TECH Trichtermühle *f*; ~ **reinforced rim** *n* CER & GLAS konischer verstärkter Rand *m*; ~ **seat** *n* MECHAN ENG Kegelsitz *m*; ~ **shaft end** *n* MECHAN ENG konisches Wellenende *nt*; ~ **shell** *n* PROD ENG Kegelschale *f*, SPACE *spacecraft* konische Hülle *f*; ~ **sieve** *n* FOOD TECH kegelförmiges Sieb *nt*; ~ **spring** *n* MECHAN ENG Kegelfeder *f*; ~ **turning** *n* MECHAN ENG Konischdrehen *nt*; ~ **worm** *n* MECHAN ENG Kegelschnecke *f*

conicine *n* CHEMISTRY Koniin *nt*, Propylpiperidin *nt*

conicity *n* PROD ENG Verjüngung *f*

conics *n* GEOM Lehre von den Kegelschnitten *f*

coniferin *n* CHEMISTRY Abietin *nt*, Coniferin *nt*, Koniferosid *nt*, Larizin *nt*

coniine *n* CHEMISTRY Koniin *nt*, Propylpiperidin *nt*

coning *n* AIR TRANS *helicopter* nach oben gestellte Rotorblätter *nt pl*; ~ **angle** *n* AIR TRANS *helicopter* nach oben gerichtete Winkelstellung der Rotorblätter *f*

conjoined: ~ **pitches** *n pl* ACOUSTICS überlappende Tonhöhen *f pl*

conjugate[1] *adj* GEOM konjugiert, MATH *complex numbers* konjugiert-komplex, METALL, PHYS konjugiert; ~**-complex** *adj* MATH konjugiert-komplex

conjugate[2] *n* MATH *multiplication* Kehrwert *m*, reziproker Wert *m*; ~ **angle** *n* MATH Ergänzungswinkel *m*; ~ **branches** *n pl* ELEC ENG konjugierte Zweige *m pl*; ~ **diameter** *n* METALL konjugierter Durchmesser *m*; ~ **impedances** *n pl* ACOUSTICS konjugiert-komplexe Scheinwiderstände *m pl*; ~ **plane** *n* METALL konjugierte Ebene *f*; ~ **points** *n pl* PHYS Schnittweiten *f pl*, konjugierte Punkte *m pl*; ~ **radii** *n pl* GEOM konjugierte Halbmesser *m pl*; ~ **slip** *n* METALL konjugiertes Gleiten *nt*

conjunction *n* COMP & DP UND-Verknüpfung *f*, *AND operation* UND-Funktion *f*, ELECTRON *circuit engineering* Verknüpfung *f*

connect:[1] ~ **and disconnect signaling** *n AmE*, ~ **and disconnect signalling** *n BrE* TELECOM Verbindungs-

und Trennungszeichengabe *f*; ~ **time** *n* COMP & DP Verbindungsdauer *f*

connect[2] *vt* COMP & DP anschließen, einschalten, verbinden, zuschalten, CONST anschließen, verbinden, ELEC ENG schalten, *device* anschließen, *several components* anschließen, PHYS verbinden, TELECOM anschließen, verbinden; ~ **in parallel** *vt* ELEC ENG parallel schalten; ~ **in series** *vt* ELEC ENG in Reihe schalten; ~ **together non-detachably** *vt* ENG DRAW *components* unlösbar verbinden; ~ **up** *vt* ELEC ENG, TELECOM anschließen

connected[1] *adj* ELECT verbunden, MECHAN ENG gekoppelt, verbunden, PHYS verbunden; ~ **in parallel** *adj* INSTR, PHYS parallelgeschaltet; ~ **in series** *adj* PHYS in Serie geschaltet; ~ **to earth** *adj BrE (cf connected to ground AmE)* ELEC ENG an Erde gelegt, an Masse gelegt, mit Erde verbunden; ~ **to the electrical network** *adj AmE (cf connected to the mains BrE)* ELECT Netzanschluß *m*, netzgekoppelt; ~ **to ground** *adj AmE (cf connected to earth BrE)* ELEC ENG an Erde gelegt, an Masse gelegt, mit Erde verbunden; ~ **to the mains** *adj BrE (cf connected to the electrical network AmE)* ELECT Netzanschluß *m*, netzgekoppelt

connected:[2] ~**-line identification presentation** *n* TELECOM Anzeige der Nummer des gerufenen Teilnehmers *f*; ~**-line identification restriction** *n* TELECOM Unterdrückung der Nummernanzeige des gerufenen Teilnehmers *f*; ~ **networks** *n pl* ELECT verbundene Netze *nt pl*, vermaschte Netze *nt pl*

connecting: ~ **cable** *n* ELEC ENG Anschlußkabel *nt*, Verbindungskabel *nt*; ~ **cord** *n* PHOTO Verbindungsschnur *f*; ~ **delay** *n* TELECOM Verbindungsaufbaudauer *f*; ~ **dimension** *n* MECHAN ENG Anschlußmaß *nt*; ~ **flange** *n* MECHAN ENG Anschlußflansch *m*, Verbindungsflansch *m*, SPACE *spacecraft* Verbindungsflansch *m*; ~ **lead** *n* ELEC ENG Anschlußleitung *f*; ~ **link** *n* MECHAN ENG *of chain* Verbindungsglied *nt*; ~ **rod** *n* AIR TRANS Lenker *m*, Pleuel *nt*, Verbindungsstange *f*, AUTO Kurbelstange *f*, Pleuelstange *f*, MECHAN ENG Pleuel *nt*, Pleuelstange *f*, Schubstange *f*, MECHANICS Kurbelstange *f*, Pleuel *nt*, Schubstange *f*, Zuganker *m*, RAIL Treibstange *f*, WATER TRANS *propulsion* Pleuelstange *f*; ~ **rod bearing** *n* AUTO Pleuellager *nt*; ~ **rod big end** *n* AUTO Pleuelfuß *m*, großes Pleuelauge *nt*, kurbelwellenseitiges Pleuelende *nt*, unteres Pleuelauge *nt*, MECHAN ENG kurbelwellenseitiger Pleuelstangenkopf *m*, kurbelwellenseitiger Pleuelkopf *m*; ~ **rod cap** *n* AUTO Pleueldeckel *m*; ~ **rod with fork end** *n* MECHAN ENG Gabelpleuelstange *f*; ~ **rod shank** *n* AUTO Pleuelschaft *m*; ~ **rod small end** *n* AUTO Pleuelkopf *m*, kleines Pleuelauge *nt*, kolbenseitiger Pleuelstangenkopf *m*, oberes Pleuelauge *nt*, MECHAN ENG kolbenbolzenseitiger Pleuelkopf *m*; ~ **screw** *n* MECHAN ENG Verbindungsschraube *f*; ~ **shaft** *n* AIR TRANS Transmissionswelle *f*; ~ **skirt** *n* SPACE *spacecraft* Verbindungsschürze *f*; ~ **terminal** *n* ELECT Anschlußklemme *f*; ~ **train** *n* RAIL Anschlußzug *m*; ~ **tunnel** *n* SPACE *spacecraft* Verbindungstunnel *m*; ~ **twin yoke** *n* AIR TRANS Verbindungsdoppelbrücke *f*, Verbindungsdoppelgabel *f*; ~ **wire** *n* ELEC ENG Verbindungsdraht *m*

connection *n* CONST Anschluß *m*, Verbindung *f*, ELEC ENG Verkettung *f*, Verknüpfung *f*, *conductors* Anschluß *m*, Verbindung *f*, ELECT Anschluß *m*, MECHAN ENG Verbindung *f*, *pipes* Stutzen *m*, PHYS Ladungserhaltung *f*, PROD ENG Anschluß *m*, Zusammenschaltung *f*, TELECOM *call* Verbindung *f*; ~ **between two shafts** *n* MECHAN ENG Wellenverbindung *f*; ~ **box** *n* ELEC ENG Anschlußdose *f*, Klemmdose *f*; ~ **diagram** *n* ELEC ENG Schaltbild *nt*, Schaltplan *m*; ~ **gas** *n* PET TECH Anschlußgas *nt*, Verbundgas *nt*; ~ **set-up** *n* TELECOM Verbindungsaufbau *m*; ~ **strip** *n* TELECOM Anschlußleiste *f*, Klemmenleiste *f*; ~ **tear-down** *n* TELECOM Verbindungsabbau *m*; ~ **to earth** *n BrE (cf connection to ground AmE)* ELEC ENG Masseanschluß *m*; ~ **to ground** *n AmE (cf connection to earth BrE)* ELEC ENG Masseanschluß *m*; ~ **to mains** *n BrE (cf connection to electrical network AmE)* ELECT Netzkopplung *f*; ~ **voltage** *n* INSTR Anschlußspannung *f*

connectionless: ~ **bearer service** *n* TELECOM verbindungsloser Trägerdienst *m*

connective *n* COMP & DP Bindewort *nt*

connectivity *n* COMP & DP Konnektivität *f*, Verknüpfbarkeit *f*, TELECOM Anschließbarkeit *f*, Anschlußmöglichkeit *f*, Verknüpfbarkeit *f*

connector *n* COMP & DP Anschluß *m*, Anschlußbuchse *f*, Anschlußstecker *m*, ELEC ENG Anschlußstück *nt*, Anschlußteil *nt*, Gerätestecker *m*, Konnektor *m*, Leitungsverbinder *m*, Stecker *m*, Steckverbinder *m*, Verbinder *m*, LAB EQUIP Verbindungsstück *nt*, MECHAN ENG *for tubes* Verbindungsmuffe *f*, PROD ENG Klemme *f*, Schlauchtülle *f*, Stecker *m*, RAD TECH Anschlußteil *nt*, TELECOM Flansch *m*, Leitungswähler *m*, Stecker *m*, Steckverbinder *m*; ~ **socket** *n* ELEC ENG Anschlußbuchse *f*, Steckdose *f*, ELECT *trailer* Anschlußbuchse *f*; ~ **type for coaxial cables** *n* RAD TECH Steckertyp für Koaxkabeln *m*

conning: ~ **tower** *n* WATER TRANS *submarine* Turm *m*

conode *n* PROD ENG Konode *f*

conrod *n* AUTO, PROD ENG Pleuelstange *f*

consecutive[1] *adj* COMP & DP aufeinanderfolgend

consecutive:[2] ~ **error block** *n (CEB)* TELECOM aufeinanderfolgender Fehlerblock *m*

consequential: ~ **damage** *n* NUC TECH Folgeschäden *m pl*

conservation *n* FLUID PHYS Erhaltung *f*, Konservation *f*, FOOD TECH Konservierung *f*, OPT Beibehaltung *f*, PACK Konservierung *f*, PET TECH, PHYS, THERMODYN Erhaltung *f*, Konservierung *f*; ~ **of brightness** *n* OPT Beibehaltung der Helligkeit *f*; ~ **of charge** *n* PHYS Ladungserhaltung *f*; ~ **of energy** *n* PHYS Energieerhaltung *f*; ~ **laws** *n pl* THERMODYN Erhaltungsstützen *f pl*; ~ **of mass** *n* FLUID PHYS, PHYS Massenerhaltung *f*; ~ **of momentum** *n* PHYS Impulserhaltung *f*; ~ **of parity** *n* PHYS Paritätserhaltung *f*; ~ **of radiance** *n* OPT Beibehaltung der Strahlungsintensität *f*, TELECOM Erhaltung der Strahlungsdichte *f*

conservative: ~ **force** *n* PHYS konservative Kraft *f*

consignee *n* TRANS *person* Adressat *m*, Empfänger *m*

consignment *n* QUAL Lieferung *f*, TRANS *goods* Lieferposten *m*, Versendung *f*; ~ **appraisal** *n* QUAL Lieferungsbeurteilung *f*

consignor *n* TRANS *person* Konsignant *m*, Übersender *m*

consistency *n* ART INT, COAL TECH, COMP & DP Konsistenz *f*, FOOD TECH Festigkeit *f*, Konsistenz *f*, PAPER Stoffdichte *f*, PROD ENG Formänderungswiderstand *m*, QUAL Widerspruchsfreiheit *f*; ~ **check** *n* ART INT Konsistenzprüfung *f*; ~ **index** *n* COAL TECH Konsistenzzahl *f*; ~ **regulator** *n* PAPER Stoffdichteregler *m*

console *n* AIR TRANS Bedienpult *nt*, Instrumentenbrett *nt*, Steuerpult *nt*, COMP & DP Konsole *f*, CONTROL Konsole *f*, Pult *nt*, Steuerpult *nt*, ELECT Steuerpult *nt*,

Steuerwarte *f*, INSTR Bedienpult *nt*, Bedienungspult *nt*, Konsole *f*, Steuerpult *nt*, Steuerschrank *m*, WATER TRANS *electronic equipment* Konsole *f*, Steuerpult *nt*; ~ **input** *n* CONTROL Eingabe am Steuerpult *f*

consolidation *n* COAL TECH Konsolidierung *f*, PROD ENG Schrumpfung *f*, TRANS Gruppierung *f*; ~ **test** *n* COAL TECH Konsolidierungsprüfung *f*

consonance *n* ACOUSTICS Einklang *m*, Gleichklang *m*, Wohlklang *m*

consonant *n* ACOUSTICS Konsonant *m*, Mitlaut *m*

constant[1] *adj* AIR TRANS konstant, ELECT Konstant- *pref*, konstant, ELECTRON Konstant- *pref*, MATH *term, function* konstant, MECHAN ENG Konstant- *pref*, PHOTO, PHYS, PRINT, RAD TECH konstant, TELECOM *transmission rate* Konstant- *pref*, konstant, TRANS *speed* konstant; ~-**flow** *adj* PROD ENG mit gleichbleibender Fördermenge, nicht verstellbar

constant[2] *n* COMP & DP, INSTR *of meter*, MATH, PHYS, RAD TECH Konstante *f*; ~-**amplitude mechanical reading** *n* ACOUSTICS mechanisches Auslesen mit konstanter Amplitude *nt*; ~-**amplitude modulation** *n* ELECTRON Modulation mit konstanter Amplitude *f*; ~ **angular velocity** *n* COMP & DP *of disc rotation*, INSTR konstante Winkelgeschwindigkeit *f*, OPT konstante Drehzahl *f*, konstante Winkelgeschwindigkeit *f*; ~-**angular-velocity disc** *n BrE* OPT Scheibe mit konstanter Drehzahl *f*, Scheibe mit konstanter Winkelgeschwindigkeit *f*; ~-**angular-velocity disk** *n AmE see constant-angular-velocity disc BrE* ~ **availability** *n* TELECOM konstante Erreichbarkeit *f*; ~-**capacity motor** *n* PROD ENG Motor mit gleichbleibendem Schluckvolumen *m*; ~ **current** *n* ELEC ENG Dauerstrom *m*, Konstantstrom *m*, ELECT, INSTR Konstantstrom *m*; ~-**current dynamo** *n* ELECT Konstantstromdynamo *m*; ~-**current modulation** *n* ELECTRON Konstantstrom-Modulation *f*; ~-**current oscillator** *n* ELECTRON Konstantstromoszillator *m*; ~-**current source** *n* INSTR Konstantstromquelle *f*; ~-**current transformer** *n* ELEC ENG Konstantstromtransformator *m*, Streutransformator *m*; ~ **delay line** *n* ELECTRON Verzögerungskette mit konstanter Laufzeit *f*; ~ **differential pressure** *n* AIR TRANS gleichbleibender Differenzialdruck *m*; ~ **duty** *n* ELECT Dauerleistung *f*; ~ **field** *n* ELECT konstantes Feld *nt*; ~ **flow pump** *n* MECHAN ENG Pumpe mit konstanter Fördermenge *f*; ~-**force spring** *n* PROD ENG Feder mit gleichbleibender Federkraft *f*; ~-**k filter** *n* RAD TECH Grundkettenfilter *nt*; ~ **length field** *n* COMP & DP Datenfeld mit konstanter Länge *nt*; ~ **level device** *n* INSTR Niveaukonstanthalter *m*; ~ **level regulator** *n* WATER SUP *instrument* Wasserstandsregler *m*; ~ **linear velocity** *n* COMP & DP, OPT konstante Lineargeschwindigkeit *f*; ~-**linear-velocity disc** *n BrE* OPT Scheibe mit konstanter Lineargeschwindigkeit *f*; ~-**linear-velocity disk** *n AmE see constant-linear-velocity disc BrE* ~ **line number operation** *n* TELEV Konstantzeilenbetrieb *m*; ~ **lithography** *n* ELECTRON Konstantlithografie *f*; ~ **load** *n* ELECT Dauerlast *f*, Konstantlast *f*; ~ **mesh** *n* AUTO *gearbox* Synchrongetriebe *nt*; ~-**mesh gears** *n pl* AUTO Schubklauengetriebe *nt*; ~-**percentage bandwidth filter** *n* ELECTRON Filter für relativ konstante Bandbreite *nt*, Relativfilter *nt*; ~-**pressure operation** *n* SPACE *spacecraft* Betrieb bei konstantem Druck *m*; ~-**speed drive** *n* MECHAN ENG Antrieb mit konstanter Drehzahl *m*; ~-**speed propeller** *n* AIR TRANS Propeller mit konstanter Drehzahl *m*; ~-**temperature oven** *n* LAB EQUIP Trockenschrank mit gleichbleibender Temperatur *m*; ~-**velocity mechanical reading** *n* ACOUSTICS mechanisches Auslesen mit konstanter Geschwindigkeit *nt*; ~-**velocity recording** *n* RECORD Aufnahme *f*; ~-**velocity universal joint** *n* AUTO *drive shaft* Doppelgelenk *nt*, Gleichlaufgelenk *nt*; ~ **voltage** *n* ELEC ENG Dauerspannung *f*, Konstantspannung *f*, ELECT, INSTR Konstantspannung *f*; ~-**voltage dynamo** *n* ELECT Dynamo mit konstanter Spannung *m*; ~-**voltage source** *n* ELEC ENG Konstantspannungsquelle *f*, Urspannungsquelle *f*, ELECT Konstantspannungsquelle *f*, Referenzspannungsquelle *f*, INSTR Konstantspannungsquelle *f*; ~ **volume sampling** *n (CVS)* POLL Probeentnahmen gleicher Menge *f* Teilstromentnahme nach Verdünnung *f (CVS)*

constantan *n* ELECT Konstantan *nt*

constitute: ~ **infringement** *vi* PAT Verletzung darstellen

constraining: ~ **force** *n* MECHAN ENG Zwangskraft *f*

constraint *n* ART INT Beschränkung *f*, Constraint *m*, Einschränkung *f*, COMP & DP Bedingung *f*, Randbedingung *f*, PROD ENG Einspannung *f*, kinematischer Zwang *m*

constricted: ~ **node** *n* METALL eingeengter Sattelpunkt *m*

constriction *n* METALL Kontraktion *f*; ~ **energy** *n* METALL Energieverengung *f*

constringence *n* PHYS *Abbe number* Beschränkung *f*, Konstringenz *f*

construct *vt* CONST bauen, errichten, konstruieren, GEOM *geometrical figure* konstruieren

construction *n* CONST Bau *m*, Bauweise *f*, Bauwerk *nt*, Bauausführung *f*, GEOM *of geometrical figure* Konstruktion *f*; ~ **joint** *n* CONST *concrete* Arbeitsfuge *f*; ~ **plan** *n* CONST Bauentwurf *m*, Bauplan *m*, WATER TRANS *shipbuilding* Konstruktionsplan *m*, Konstruktionsriß *m*; ~ **program** *n AmE*, ~ **programme** *n BrE* CONST Bauprogramm *nt*; ~ **project** *n* CONST Bauvorhaben *nt*; ~ **schedule** *n* CONST Bauablaufplan *m*; ~ **site** *n* CONST Bauplatz *m*, Baustelle *f*; ~ **time** *n* CONST Bauzeit *f*; ~ **waste** *n* WASTE Bauschutt *m*, Baustellenabfall *m*; ~ **work** *n* CONST Bauarbeiten *f pl*; ~ **yard** *n* WATER TRANS *shipbuilding* Bauwerft *f*

constructional: ~ **defect** *n* CONST Baumangel *m*; ~ **feature** *n* PROD ENG, WATER TRANS *shipbuilding* Konstruktionsmerkmal *nt*

constructive: ~ **interference** *n* PHYS, WAVE PHYS konstruktive Interferenz *f*; ~ **solid geometry** *n (CSG)* GEOM Festkörpergeometrie *f*, Volumengeometrie *f*

consultation: ~ **call** *n* TELECOM Rückfrage *f*; ~ **tool** *n* ART INT Befragungswerkzeug *nt*

consum: ~ **chart** *n* QUAL Kontrollkarte für kumulierte Werte *f*

consumable: ~ **welding** *n* CONST abschmelzende Schweißelektrode *f*

consumer: ~ **electronic device** *n* RAD TECH Gerät der Konsumelektronik *nt*; ~ **electronic equipment** *n* ELEC ENG Geräte der Unterhaltungselektronik *nt pl*; ~ **electronics** *n* ELEC ENG Unterhaltungselektronik *f*; ~ **goods** *n pl* PACK Konsumgüter *nt pl*; ~ **meter** *n* INSTR Abnehmerzähler *m*; ~ **waste** *n* POLL, WASTE Hausmüll *m*

consumer's: ~ **risk** *n* QUAL Abnehmerrisiko *nt*, Bestellerrisiko *nt*

consumption *n* AUTO Kraftstoffverbrauch *m*, Verbrauch *m*, MECHANICS Verbrauch *m*; ~ **peak** *n* ELECT Verbrauchsspitze *f*; ~ **of smoke** *n* COAL TECH Rauchverbrauch *m*; ~ **water** *n* WATER SUP zum Verbrauch bestimmtes Wasser *nt*

contact *n* AUTO, COMP & DP Kontakt *m*, ELEC ENG Anschluß *m*, Kontakt *m*, Kontaktelement *nt*, Kontaktstück *nt*, Schaltstück *nt*, ELECT Kontakt *m*, MECHAN ENG Kontakt *m*, *gearwheels* Eingriff *m*, PACK, PHOTO Kontakt *m*, PROD ENG Eingriff *m*, Umschlingung *f*, *plastic valves* Kontakt *m*, TRANS Kontakt *m*; **~ adhesive** *n* PACK Kontakthaftmittel *nt*, Kontaktkleber *m*, PLAS Kontaktkleber *m*, Kontaktklebstoff *m*; **~ angle** *n* COAL TECH Kontaktwinkel *m*, PROD ENG Randwinkel *m*, Umschlingungswinkel *m*; **~ area** *n* MECHAN ENG Berührungsfläche *f*; **~ arrangement** *n* ELEC ENG Kontaktanordnung *f*, Schaltanordnung *f*; **~ blade** *n* ELECT Kontaktarm *m*, Kontaktfeder *f*; **~ block** *n* ELEC ENG Schaltblock *m*; **~ bounce** *n* ELECT Kontaktprellen *nt*; **~ breaker** *n* AUTO *motor* Unterbrecher *m*, Zündunterbrecher *m*; **~ breaker point** *n BrE (cf points)* AUTO Zündunterbrecherkontakt *m*; **~ button** *n* ELEC ENG Schaltknopf *m*, Schalttaste *f*; **~ cam** *n* PROD ENG *plastic valves* Schaltnocke *f*; **~ chatter** *n* AUTO Kontaktflattern *nt*, Kontaktprellen *nt*; **~ detector** *n* TRANS Kontaktdetektor *m*; **~ emf** *n* ELEC ENG, PHYS Kontakt-EMK *m*; **~ fault** *n* ELEC ENG Kontaktfehler *m*, Schaltfehler *m*; **~ flight** *n* AIR TRANS Sichtflug *m*; **~ freezer** *n* HEAT & REFRIG Kontaktfroster *m*; **~ freezing** *n* HEAT & REFRIG Kontaktgefrieren *nt*; **~ gap** *n* AUTO Kontaktabstand *m*, ELECT Kontaktabstand *m*, Kontaktspalt *m*; **~ head** *n* INSTR Berührungsmeßkopf *m*; **~ lens** *n* CER & GLAS Kontaktlinse *f*; **~ log** *n* PET TECH Kontaktlog *nt*; **~ making** *n* ELECTRON Kontakt herstellen; **~ mask** *n* ELECTRON *graphics* Kontaktmaske *f*; **~ masking** *n* ELECTRON Kontaktmaskierung *f*; **~-measuring instrument** *n* INSTR Berührungsmeßgerät *nt*, Kontaktmeßinstrument *nt*; **~ microphone** *n* ACOUSTICS, RECORD Kontaktmikrofon *nt*; **~ molding** *n AmE*, **~ moulding** *n BrE* CER & GLAS Kontaktpressen *nt*; **~ negative** *n* PHOTO Kontaktnegativ *nt*; **~ pattern** *n* MECHAN ENG *gearwheels* Tragbild *nt*; **~ pin** *n* ELEC ENG Kontaktstift *m*, Steckerstift *m*; **~ point** *n* AIR TRANS Kontaktpunkt *m*, MECHAN ENG Angriffspunkt *m*; **~ potential** *n* ELECT Kontaktspannung *f*, Thermospannung *f*; **~ pressure** *n* MECHAN ENG Anpreßdruck *m*; **~ print** *n* PHOTO Kontaktabzug *m*, Kontaktkopie *f*, PRINT Kontaktkopie *f*; **~ printer** *n* PHOTO Kontaktkopiergerät *nt*; **~ printing** *n* PHOTO Kontaktkopieren *nt*; **~-printing frame** *n* PHOTO Kontaktkopierrahmen *m*; **~ rail** *n* RAIL Stromschiene *f*; **~ rating** *n* ELEC ENG Kontaktbemessung *f*, zulässige Kontaktbelastung *f*; **~ resistance** *n* ELEC ENG, ELECT Kontaktwiderstand *m*; **~ scanning** *n* COMP & DP Kontaktabtasten *nt*; **~ sensor** *n* INSTR Berührungsfühler *m*, Berührungssensor *m*, berührender Fühler *m*, berührender Sensor *m*; **~ set** *n* AUTO *ignition*, ELECT Kontaktsatz *m*; **~ spring** *n* ELECT, MECHAN ENG Kontaktfeder *f*, WATER SUP Kontaktfeder *f*, Schichtquelle *f*; **~ surface** *n* MECHAN ENG Kontaktfläche *f*; **~ thermometer** *n* INSTR Anlegethermometer *nt*, Berührungsthermometer *nt*, Kontakt-Thermometer *nt*, Oberflächenthermometer *nt*; **~ wear** *n* ELECT Kontaktverschleiß *m*; **~ window** *n* ELEC ENG Kontaktfenster *nt*

contactless[1] *adj* ELECT berührungsfrei

contactless:[2] **~ pick-up** *n* ELECT berührungsfreier Abnehmer *m*; **~ support vehicle** *n* AUTO berührungsfreies Trägerfahrzeug *nt*; **~ surface thermometer** *n* INSTR berührungsloses Oberflächenthermometer *nt*; **~-transistorized ignition** *n* AUTO kontaktlose Transistorzündung *f*

contactor *n* ELEC ENG Dauerstrom *m*, ELECT Schütz *nt*; **~ starter** *n* ELECT Schützanlasser *m*

container *n* COAL TECH Behälter *m*, Container *m*, PACK, TRANS Container *m*, Transportbehälter *m*; **~ berth** *n* TRANS Containerstandplatz *m*; **~ board box** *n* PACK Karton aus Kistenpappe *m*, Vollpappenkiste *f*; **~ capsule** *n* TRANS Containerkapsel *f*; **~ car** *n BrE (cf container truck AmE)* RAIL Containertragwagen *m*, TRANS Containerwagen *m*; **~ carrier lorry** *n BrE (cf container carrier truck AmE)* TRANS Container-LKW *m*; **~ carrier truck** *n AmE (cf container carrier lorry BrE)* TRANS Container-LKW *m*; **~ destuffing** *n* TRANS Containerentladung *f*; **~ with fixed wheels** *n* TRANS Container mit festen Rädern *m*; **~ glass** *n* CER & GLAS Behälterglas *nt*; **~ lighter** *n* WATER TRANS Containerleichter *m*; **~ with opening top** *n* TRANS Container mit zu öffnender Oberseite *m*; **~ rinsing equipment** *n* PACK Containerspülanlage *f*; **~ ship** *n (CTS)* WATER TRANS Containerschiff *nt (CTS)*; **~ station** *n* TRANS Containerumschlagplatz *m*; **~ stripping** *n* TRANS Containerentladung *f*; **~ terminal** *n* TRANS Containerstation *f*; **~ transport ship** *n* WATER TRANS Containertransportschiff *nt*; **~ truck** *n AmE (cf container car BrE)* RAIL Containertragwagen *m*, TRANS Containerwagen *m*; **~ unpacking** *n* TRANS Containerentladung *f*; **~ wharf** *n* WATER TRANS Containerkai *m*

containerization *n* PACK Containerisierung *f*, TRANS Containerisierung *f*, Großbehälterumschlag *m*

containerize *vt* TRANS containerisieren

containerized: **~ lighter aboard ship system** *n (CLASS)* TRANS Containerleichter-Mutterschiff-System *nt*

containment *n* NUC TECH Einschließen *nt*, Einschließung *f*, PHYS Einschluß *m*, PROD ENG Kapselung *f*; **~ boom** *n* PET TECH Sicherheitsausleger *m*

contaminant *n* COATINGS Fremdstoff *m*, Verunreinigung *f*, WASTE Schadstoff *m*, Verunreinigungssubstanz *f*

contaminate *vt* COAL TECH verschmutzen, verunreinigen, COATINGS verunreinigen, NUC TECH kontaminieren, verseuchen, SAFETY verseuchen

contaminated: **~ mud** *n* PET TECH verunreinigter Bohrschlamm *m*; **~ site** *n* WASTE kontaminierter Standort *m*; **~ water** *n* POLL radioaktiv kontaminiertes Wasser *nt*

contamination *n* CHEMISTRY Kontamination *f*, Verunreinigung *f*, COAL TECH Kontamination *f*, Verschmutzung *f*, Verunreinigung *f*, INSTR Kontamination *f*, NUC TECH Kontaminierung *f*, Verseuchung *f*, POLL, SAFETY, SPACE *spacecraft* Verseuchung *f*; **~ fallout** *n* POLL Fremdstoffniederschlag *m*; **~ meter** *n* PART PHYS, PHYS, POLL, PROD ENG, RAD PHYS Geigerzähler *m*, SAFETY Verseuchungsmesser *m*; **~ monitoring** *n* INSTR Kontaminationsüberwachung *f*, Verschmutzungsüberwachung *f*

content *n* COAL TECH, COATINGS Gehalt *m*, Inhalt *m*, COMP & DP Inhalt *m*, CONST Rauminhalt *m*, METALL, PAPER Gehalt *m*, PAT *of abstract* Inhalt *m*, PLAS Anteil *m*, Gehalt *m*, TEXT Gehalt *m*; **~-addressable file** *n* COMP & DP Assoziativdatei *f*; **~-addressable memory** *n (CAM)* ART INT, COMP & DP Assoziativspeicher *m*, inhaltsadressierbarer Speicher *m (CAM)*; **~-addressable storage** *n AmE (cf content-addressable store BrE)* COMP & DP Assoziativspeicher *m*; **~-ad-**

dressable store *n BrE (cf content-addressable storage AmE)* COMP & DP Assoziativspeicher *m*

contention *n* COMP & DP Konkurrenzsituation *f*, TELECOM *land mobile* Konflikt *m*; **~ control** *n* TELECOM *land mobile* Konfliktauflösung *f*; **~ delay** *n* COMP & DP Verzögerung durch Konkurrenzbetrieb *f*; **~ mode** *n* COMP & DP Konkurrenzbetrieb *m*

contents: **~ declaration** *n* PACK Inhaltsangabe *f*; **~ directory** *n* COMP & DP Inhaltsverzeichnis *nt*; **~ gage** *n AmE*, **~ gauge** *n BrE* PROD ENG Ölstandanzeiger *m*

context:[1] **~-free** *adj* COMP & DP kontextfrei; **~-sensitive** *adj* COMP & DP kontextabhängig

context[2] *n* COMP & DP Kontext *m*, Zusammenhang *m*; **~-free grammar** *n (CFG)* ART INT kontextfreie Grammatik *f (kfG)*; **~-sensitive grammar** *n (CSG)* ART INT kontextsensitive Grammatik *f (ksG)*

contextual *n* COMP & DP kontextabhängig

contiguous[1] *adj* COMP & DP angrenzend, zusammenhängend, GEOM anstoßend

contiguous:[2] **~ angles** *n pl* GEOM angrenzende Winkel *m pl*; **~ files** *n pl* COMP & DP angrenzende Dateien *f pl*; **~ graphics** *n pl* COMP & DP zusammenhängende Grafiken *f pl*

continental: **~ quilt** *n* TEXT Steppdecke *f*; **~ shelf** *n* PET TECH Festlandsockel *m*, Kontinentalschelf *nt*, WATER TRANS *geography* Festlandsockel *m*; **~ slope** *n* PET TECH Kontinentalabfall *m*, Kontinentalböschung *f*

contingency: **~ plan** *n* MAR POLL, TRANS Vorsorgeplanung *f*

continual: **~ mechanical twinning** *n* METALL kontinuierliche mechanische Zwillingsnachbildung *f*; **~ relight** *n* AUTO wiederholter Zündversuch *m*

continuation: **~ sheet** *n* ENG DRAW Folgeblatt *nt*, PRINT Fortsetzungsblatt *nt*

continuity *n* FLUID PHYS Kontinuität *f*, MATH *of function* Stetigkeit *f*, PHYS, TELEV, TEST Kontinuität *f*; **~ control** *n* TELEV Kontinuitätssteuerung *f*; **~-discontinuity** *n* TEST Kontinuitätdiskontinuität *f*; **~ equation** *n* FLUID PHYS, PHYS Kontinuitätsgleichung *f*; **~ fault** *n* TELECOM Durchgangsunterbrechung *f*; **~ log** *n* TELEV Kontinuitätsschleife *f*; **~ studio** *n* RECORD Sprecherstudio *nt*; **~ switch** *n* ELECT Durchgangsschalter *m*; **~ test** *n* ELECT elektrische Durchgangsprüfung *f*; **~ tester** *n* ELECT Durchgangsprüfer *m*, INSTR Durchgangsprüfer *m*, Leitungsprüfer *m*

continuous[1] *adj* ACOUSTICS, AUTO, COMP & DP kontinuierlich, CONTROL dauernd, kontinuierlich, ELECTRON kontinuierlich, MATH *function* stetig, METALL, PHYS, RAD PHYS, TRANS kontinuierlich

continuous:[2] **~ access public transport system** *n* TRANS öffentliches Transportsystem mit ständigem Zugang *nt*; **~ action controller** *n* ELECTRON *control engineering* stetiger Regler *m*; **~ adjustment** *n* ELECTRON stufenlose Einstellung *f*; **~ annealing** *n* PROD ENG Durchlaufglühen *nt*; **~ automatic train control** *n* RAIL Linienzugbeeinflussung *f*; **~ beam** *n* CONST Durchlaufbalkenträger *m*, ELECTRON Dauerstrahl *m*, stetiger Regler *m*, durchlaufender Träger *m*, ununterbrochener Strahl *m*, PROD ENG Durchlaufträger *m*; **~ beam modulation** *n* TELEV kontinuierliche Strahlmodulation *f*; **~ casting** *n* CER & GLAS kontinuierliches Walzen von Gußglas *nt*, MECHANICS Stranggießen *nt*; **~ characteristic** *n* QUAL stetiges Merkmal *nt*; **~ chart recorder** *n* INSTR Bandschreiber *m*; **~ chip** *n* MECHAN ENG Fließspan *m*; **~-controlled squelch system** *n* TELECOM kontinuierlich gesteuerte Geräuschsperre *f*; **~ controlling system** *n* IND PROCESS stetig wirkende Regeleinrichtung *f*, stetige Regeleinrichtung *f*; **~ cooker** *n* FOOD TECH Durchlaufkochanlage *f*; **~ counting station** *n* TRANS Dauerzählstelle *f*; **~ current** *n* ELEC ENG Dauerstrom *m*; **~ curve** *n* GEOM stetige Kurve *f*; **~ cycling** *n* PROD ENG Dauerablauf *m*; **~ diagram** *n* INSTR Diagrammstreifen *m*, Registrierstreifen *m*, Schreiberstreifen *m*; **~ digester** *n* PAPER kontinuierlicher Kocher *m*; **~ dimension line** *n* ENG DRAW durchgezogene Maßlinie *f*; **~-drawing process** *n* CER & GLAS Endlosverfahren *nt*; **~ duty** *n* CONTROL Dauerleistung *f*, ELECT Dauerbeanspruchung *f*; **~ electron beam facility** *n (CEBAF)* PART PHYS Gleichstromelektronenbeschleuniger *m (CEBAF)*; **~ feed** *n* COMP & DP Endlospapiereinzug *m*; **~-feed paper** *n AmE (cf continuous stationery BrE)* COMP & DP, PRINT Endlospapier *nt*; **~ fiber** *n AmE*, **~ fibre** *n BrE* METALL Endlosfaser *f*; **~ filament** *n* CER & GLAS Endlosspinnfaden *m*; **~ flow calorimeter** *n* THERMODYN Durchflußkalorimeter *nt*, Junkers-Kalorimeter *nt*; **~ flow cell** *n* INSTR Durchflußmeßzelle *f*; **~ flow conveyor** *n* MECHAN ENG Stetigförderer *m*; **~ flow density analyser** *n BrE* INSTR Durchflußdichtemeßgerät *nt*; **~ flow density analyzer** *n AmE see continuous flow density analyser BrE* **~ flow refractometer** *n* INSTR Durchflußrefraktometer *nt*; **~ forms** *n pl AmE (cf continuous stationery BrE)* COMP & DP, PRINT Endlospapier *nt*; **~ gradient** *n* RAIL durchgehende Neigung *f*; **~ grinder** *n* PAPER Stetigschleifer *m*; **~ grinder and polisher** *n* CER & GLAS Stetigschleifer und -polierer *m*; **~ injection system** *n* AUTO K-Jetronic-Einspritzanlage *f*; **~ irregular line** *n* ENG DRAW Freihandlinie *f*; **~ kiln** *n* HEAT & REFRIG Durchlaufofen *m*; **~ laser** *n* ELECTRON kontinuierlicher Laser *m*; **~ laser action** *n* ELECTRON kontinuierliches Lasern *nt*; **~ laser beam** *n* ELECTRON kontinuierlicher Laserstrahl *m*; **~-light photometer** *n* INSTR Gleichlichtfotometer *nt*; **~ line** *n* ENG DRAW Vollinie *f*; **~ load** *n* ELECT Dauerlast *f*; **~ loading** *n* ELEC ENG Krarupisierung *f*; **~ motion weight filling** *n* PACK kontinuierlich arbeitende Gewichtsdosierung *f*; **~ oscillation** *n* ELECTRON ungedämpfte Schwingung *f*; **~ output** *n* ELECT Dauerleistung *f*; **~ phase frequency shift keying** *n (CPFSK)* ELECTRON, RAD TECH, TELECOM phasenkontinuierliche Frequenzumtastung *f (CPFSK)*; **~ polisher** *n* CER & GLAS Stetigpoliermaschine *f*; **~ power output** *n* RECORD Dauerleistung *f*; **~ precipitation** *n* METALL kontinuierliche Aushärtung *f*; **~ presence detector** *n* TRANS ständiger Belegungsdetektor *m*; **~ printer** *n* PACK Durchlaufbelichter *m*; **~ processing machine** *n* PHOTO Durchlauf-Entwicklungsmaschine *f*; **~ production line** *n* PACK Fließfertigung *f*; **~ rating** *n* ELECT Dauer-Nennleistung *f*; **~ recirculation lehr** *n* CER & GLAS kontinuierlicher Umlaufkühlofen *m*; **~ ringing** *n* ELEC ENG *bell* Dauerruf *m*; **~ signal** *n* ELECTRON Dauersignal *nt*; **~ slab** *n* CONST Durchlaufplatte *f*, Mehrfeldplatte *f*; **~ spectrum** *n* ACOUSTICS, ELECTRON, PHYS, RAD PHYS kontinuierliches Spektrum *nt*, SPACE Dauerbetrieb *m*; **~ speech recognition** *n* ART INT Erkennen kontinuierlicher Sprechsprache *nt*; **~ speed** *n* MECHAN ENG Dauerdrehzahl *f*; **~ spun yarn** *n* TEXT Kontinue-Garn *nt*; **~ stationery** *n BrE (cf continuous forms AmE, continuous-feed paper AmE)* COMP & DP, PRINT Endlospapier *nt*; **~ strand mat** *n* CER & GLAS Glasseidenvlies *nt*, PLAS Endlosfasermatte *f*, Endlosmatte *f*; **~ stroking** *n* PROD ENG Dauerhub *m*; **~ thread**

cap *n* PACK Schraubdeckel *m*; **~ thread closure** *n* PACK Schraubverschluß *m*; **~ tone** *n* PRINT Halbton *m*; **~ tone-coded squelch system** *n* *(CTCSS)* RAD TECH Hilfsträgergeräuschsperre *f* *(CTCSS)*; **~ transport** *n* TRANS kontinuierlicher Transport *m*; **~ transportation system** *n* TRANS Nonstop-Transportsystem *nt*; **~ tuner** *n* ELECTRON Spiraltuner *m*; **~ tuning** *n* ELECTRON kontinuierliche Abstimmung *f*; **~ vulcanization** *n* PLAS Durchlaufvernetzung *f*; **~ wave** *n* *(CW)* ELEC ENG, ELECTRON, RECORD, TELEV Dauerstrich *m*, ungedämpfte Welle *f* *(CW)*; **~-wave beam** *n* ELECTRON Dauerstrichlaserstrahl *m*; **~-wave laser** *n* ELECTRON Dauerstrichgaslaser *m*, WAVE PHYS Dauerstrichlaser *m*; **~-wave mode** *n* PART PHYS Dauerstrichbetrieb *m*; **~-wave radar** *n* WATER TRANS Dauerstrichradar *nt*; **~-wave radar detector** *n* TRANS Dauerstrichradardetektor *m*; **~-wave signal** *n* ELEC ENG Gleichwellensignal *nt*; **~-wave ultrasonic detector** *n* TRANS Dauerstrichultraschalldetektor *m*; **~-welded rail** *n* RAIL Langschienen *f pl*, durchgehend geschweißte Schienen *f pl*; **~ white line** *n* TRANS *road marking* durchgehende weiße Linie *f*; **~ yarn** *n* TEXT Kontinue-Garn *nt*

continuously:[1] **~-adjustable** *adj* ELECTRON stufenlos einstellbar; **~-tunable** *adj* INSTR stetig durchstimmbar

continuously:[2] **~-acting element** *n* IND PROCESS stetig wirkendes Glied *nt*; **~-loaded cable** *n* ELEC ENG *telephony* Krarupleitung *f*; **~-tunable filter** *n* RECORD kontinuierlich abstimmbares Filter *nt*; **~-tunable oscillator** *n* ELECTRON stufenlos abstimmbarer Oszillator *m*; **~-variable attenuator** *n* ELECTRON stufenlos einstellbares Dämpfungsglied *nt*

continuum *n* MATH Kontinuum *nt*

contour[1] *n* CONST Höhenlinie *f*, Umriß *m*, PROD ENG Außenlinie *f*, Umriß *m*; **~ effect** *n* ACOUSTICS Kontureffekt *m*; **~ follower** *n* MECHAN ENG Nachformrolle *f*; **~ fringes** *n pl* PHYS Kontourringe *m pl*; **~ lathe** *n* MECHAN ENG Nachformdrehmaschine *f*; **~ line** *n* CONST Höhenlinie *f*; **~ map** *n* CONST Höhenplan *m*, Schichtenkarte *f*; **~-measuring equipment** *n* METROL Kontourenmeßgerät *nt*; **~ milling** *n* MECHAN ENG Umrißfräsen *nt*

contour[2] *vt* PROD ENG im Umriß fräsen, zweidimensional nachformen

contoured *adj* PROD ENG *plastic valves* anatomisch gestaltet

contouring *n* MECHAN ENG Formdrehen *nt*

contract[1] *n* CONST, PAT Vertrag *m*; **~ blister packaging service** *n* PACK Schrumpfverpackungsdienst *m*; **~ modification** *n* CONST Vertragsänderung *f*; **~ packaging** *n* PACK Schrumpfverpackung *f*

contract[2] *vt* MECHAN ENG zusammenschnüren, PHYS verkürzen, zusammenziehen

contract[3] *vi* CONST schwinden, PROD ENG sich verjüngen, TEXT eingehen

contractancy *n* COAL TECH Zusammenziehung *f*

contractant: **~ soil** *n* COAL TECH zusammenziehbarer Boden *m*

contracted: **~ section** *n* HYD EQUIP geschrumpfter Abschnitt *m*, kontrahierter Abschnitt *m*

contractile *adj* TEXT zusammenziehbar

contracting: **~ state** *n* PAT Vertragsstaat *m*

contraction *n* MECHAN ENG Kontraktion *f*, *of cross-section* Verengung *f*, PHYS Verkürzung *f*, Zusammenziehung *f*, PROD ENG *plastic valves* Schrumpfung *f*, TEXT Einarbeitung *f*; **~ coefficient** *n* FUELLESS Zusammenziehungskoeffizient *m*, HYD EQUIP Kontraktionskoeffizient *m*; **~ crack** *n* PROD ENG Schrumpfriß *m*; **~ due to cold** *n* THERMODYN Kälteschrumpfung *f*, thermische Kontraktion *f*; **~ joint** *n* CONST Dehnfuge *f*, Schwindfuge *f*; **~ rule** *n* PROD ENG Schwindmaßstab *m*; **~ strain** *n* MECHAN ENG Schrumpfspannung *f*

contractor *n* CONST Auftragnehmer *m*, Bauunternehmer *m*

contrariwise *adv* TEXT umgekehrt

contrast *n* PHYS Kontrast *m*; **~ control** *n* TELEV Kontrastregler *m*; **~ effect** *n* TELEV Kontrasteffekt *m*; **~ ratio** *n* PAPER, TELEV Kontrastverhältnis *nt*; **~ reduction** *n* PHOTO Kontrastabschwächung *f*; **~ threshold** *n* ERGON Kontrastschwelle *f*

contrasting: **~ phase microscope** *n* LAB EQUIP, PHYS Phasenkontrastmikroskop *nt*

contravene *vt* SAFETY *regulations* zuwiderhandeln

contrivance *n* MECHAN ENG Vorrichtung *f*

control[1] *n* AIR TRANS Bedien- *pref*, Kontroll- *pref*, Kontrolle *f*, AUTO Kontrolle *f*, Regelung *f*, Steuerung *f*, Überwachung *f*, COAL TECH Steuer- *pref*, COMP & DP Kontrolle *f*, Steuer- *pref*, Steuerung *f*, CONTROL Steuer- *pref*, Steuerung *f*, ELECT Regelung *f*, Steuer- *pref*, Steuerung *f*, ELECTRON *of trigger* Ansteuerung *f*, Regelung *f*, Steuerung *f*, ERGON Bedienteil *nt*, Stellteil *nt*, HEAT & REFRIG Steuer- *pref*, MECHAN ENG Bedienung *f*, Betätigung *f*, Kontroll- *pref*, Steuerung *f*, *governing* Regelung *f*, NUC TECH Steuer- *pref*, RAIL Kontroll- *pref*, RECORD Abhör- *pref*, Kontroll- *pref*, SAFETY Kontroll- *pref*, SPACE Regler *m*, Steuerung *f*, Steuer- *pref*, TELECOM Bedienung *f*, Kontrolle *f*, Regler *m*, Steuerung *f*;

~ a **~ accuracy** *n* CONTROL Regelgenauigkeit *f*; **~ action** *n* CONTROL Regelvorgang *m*, Steuervorgang *m*; **~ algorithm** *n* CONTROL Regelalgorithmus *m*, Steueralgorithmus *m*; **~ arm** *n* AUTO *suspension* Achsschenkel *m*, radführender Lenker *m*, TELEV Steuerarm *m*; **~ assay** *n* COAL TECH Kontrollprobe *f*;

~ b **~ barrier** *n* CONST Kontrollschranke *f*; **~ bit** *n* COMP & DP Steuerbit *nt*, RAD TECH Kontrollbit *nt*; **~ block** *n* COMP & DP Steuerblock *m*; **~ board** *n* ELECT Bedienungstafel *f*, Steuertafel *f*; **~ box** *n* MECHAN ENG Steuergehäuse *nt*, RAIL Steuerschrank *m*; **~ bus** *n* COMP & DP Steuerbus *m*; **~ button** *n* INSTR Betätigungsknopf *m*, Steuerknopf *m*;

~ c **~ cable** *n* MECHAN ENG Steuerseil *nt*; **~ center** *n* *AmE*, **~ centre** *n* *BrE* TELEV Steuerzentrale *f*; **~ character** *n* COMP & DP Steuerzeichen *nt*; **~ characteristic** *n* ELEC ENG Regelcharakteristik *f*, Regelkennlinie *f*, Steuerkennlinie *f*; **~ chart** *n* QUAL Qualitätsregelkarte *f*; **~ circuit** *n* COMP & DP Steuerkreis *m*, ELECT Steuerschaltung *f*, TELECOM Meldeleitung *f*, Steuerkreis *m*, Steuerleitung *f*; **~ codes** *n pl* COMP & DP Steuercodes *m pl*; **~ column** *n* AIR TRANS Steuerknüppel *m*; **~ column boss** *n* AIR TRANS Nabenwulst am Steuerknüppel *m*; **~ column whipping** *n* AIR TRANS Steuerknüppelbesatz *m*, Steuerknüppelumwicklung *f*; **~ command** *n* COMP & DP Steuerbefehl *m*; **~ console** *n* CONTROL, ELECT, TELEV Steuerpult *nt*; **~ cubicle** *n* RECORD Abhörkabine *f*;

~ d **~ damper** *n* AIR TRANS Dämpfungsregler *m*, Steuerungsdämpfer *m*; **~ data** *n* COMP & DP Steuerdaten *nt pl*; **~ deck** *n* TELEV Steuerbandgerät *nt*; **~ desk** *n* RAIL Bedienungspult *nt*, Steuerpult *nt*; **~ device** *n* MECHAN ENG Regelorgan *nt*; **~ diaphragm** *n* PROD ENG *plastic valves* Steuermembrane *f*; **~ and display unit** *n (CDU)* SPACE Steuer- und Anzeigegerät *nt*; **~ driving** *n* COAL TECH Steuerantrieb *m*; **~ dynamo** *n* ELECT Reglerdynamo *m*;

~ e **~ electrode** *n* ELEC ENG Steuerelektrode *f*; **~ element** *n* MECHAN ENG Stellglied *nt*; **~ engineering** *n* IND PROCESS Steuerungstechnik *f*; **~ equipment** *n* TELECOM Steuereinrichtung *f*; **~ of exposure to fumes** *n* SAFETY Beschränkung der Dämpfe *f*;

~ f **~ field** *n* COMP & DP Kontrollfeld *nt*, Steuerfeld *nt*; **~ flow** *n* COMP & DP Steuerfluß *m*; **~ of flow** *n* TRANS Verkehrssteuerung *f*; **~ frequency** *n* ELECTRON, RAD TECH, TELEV Steuerfrequenz *f*;

~ g **~ gear** *n* ELEC ENG Regelvorrichtung *f*, Stellgetriebe *nt*, Steuergerät *nt*, Steuergetriebe *nt*, Vorschaltgerät *nt*, ELECT Steueranlage *f*; **~ gearing ratio** *n* AIR TRANS Übersetzungsverhältnis der Steuerung *nt*; **~ grid** *n* ELEC ENG Steuergitter *nt*; **~ gyro** *n* AIR TRANS *helicopter* Steuerkreisel *m*;

~ h **~ hierarchy** *n* CONTROL Regelungshierarchie *f*, Steuerungshierarchie *f*, IND PROCESS Hierarchie einer Regelung *f*, Hierarchie einer Steuerung *f*; **~ housing** *n* RAIL Steuergehäuse *nt*;

~ i **~ of inspection, measuring and test equipment** *n* QUAL Prüfmittelüberwachung *f*, Überwachung von Prüf- und Meßmitteln *f*; **~ instruction** *n* COMP & DP, CONTROL Steuerbefehl *m*;

~ k **~ key** *n (Ctrl key)* COMP & DP Steuertaste *f (Strg-Taste)*; **~ knob** *n* ELECT Einstellknopf *m*;

~ l **~ language** *n (CL)* COMP & DP Steuersprache *f*; **~ lever** *n* AIR TRANS Bedienhebel *m*, Schalthebel *m*; **~ lever quadrant** *n* AIR TRANS Steuerhebelquadrant *m*; **~ limit** *n* QUAL Kontrollgrenze *f*; **~ loudspeaker** *n* RECORD Abhörlautsprecher *m*;

~ m **~ memory** *n* TELECOM Haltespeicher *m*; **~ meter** *n* INSTR Meßwerkregler *m*; **~ of minimum headway** *n* TRANS Mindestabstandskontrolle *f*; **~ mode** *n* COMP & DP Steuermodus *m*;

~ n **~ of non-conforming items** *n* QUAL Behandlung fehlerhafter Einheiten *f*;

~ p **~ panel** *n* AIR TRANS Schaltpult *nt*, Steuerpult *nt*, COMP & DP Bedienerkonsole *f*, Steuerkonsole *f*, CONST, CONTROL Schalttafel *f*, Steuerpult *nt*, MECHANICS Bedienungspult *nt*, Schaltbrett *nt*, SPACE, TEXT Schalttafel *f*, WATER TRANS *electrics* Bedienungstafel *f*; **~ pedestal** *n* AIR TRANS Bedienpodest *nt*, Steuerpodest *nt*; **~ piston** *n* MECHAN ENG Steuerkolben *m*; **~ plane** *n* AIR TRANS Steuerebene *f*; **~ point** *n* IND PROCESS Stellort *m*; **~ points** *n pl* GEOM *of curve* Bestimmungspunkte *m pl*, Kontrollpunkte *m pl*, Leitpunkte *m pl*; **~ potentiometer** *n* ELEC ENG Regelpotentiometer *nt*; **~ pressure** *n* PROD ENG *plastic valves* Steuerdruck *m*; **~ of processes** *n* QUAL Überwachung von Verfahren *f*; **~ program** *n AmE*, **~ programme** *n BrE* TRANS Steuerprogramm *nt*;

~ q **~ of quality measures** *n* QUAL Überwachung von Qualitätsmaßnahmen *f*;

~ r **~ range** *n* IND PROCESS Regelbereich *m*, PROD ENG *plastic valves* Stellbereich *m*; **~ register** *n* COMP & DP Steuerregister *nt*; **~ relay** *n* ELECT Steuerrelais *nt*; **~ reversal** *n* AIR TRANS Umkehrung des Steuerungsmomentes *f*; **~ rocket** *n* SPACE Steuerrakete *f*; **~ rod** *n* AIR TRANS Steuerstange *f*, AUTO Regelstange *f*, NUC TECH Regelstab *m*, PHYS Steuerstab *m*; **~ rod resonance** *n* AIR TRANS *helicopter* Steuerstangenresonanz *f*; **~ room** *n* ELECT Schaltzentrale *f*, Steuerzentrale *f*, HEAT & REFRIG Schaltwarte *f*, NUC TECH Schaltwarte *f*, Steuerwarte *f*, RECORD Überwachungsraum *m*, TELEV Regieraum *m*, WATER TRANS *ship* Zentrale *f*; **~ room window** *n* TELEV Regieraumfenster *nt*; **~ rotor** *n* AIR TRANS Steuerrotor *m*; **~ routine** *n* COMP & DP Steuerprogramm *nt*, Steuerroutine *f*;

~ s **~ and safety device** *n* HEAT & REFRIG Steuer- und Sicherheitseinrichtung *f*; **~ sector** *n* AIR TRANS *air traffic* Kontrollzone *f*; **~ sequence** *n* COMP & DP Steuercode *m*, CONTROL Steuerungsabfolge *f*, Steuerungsfolge *f*; **~ signal** *n* ELECTRON Regelsignal *nt*, Steuersignal *nt*, TELEV Steuersignal *nt*; **~ size** *n* COAL TECH Vergleichsgröße *f*; **~ stage** *n* AIR TRANS Steuerstufe *f*; ~statement *n* COMP & DP Steueranweisung *f*; **~ stick** *n* AIR TRANS Steuerknüppel *m*; **~ of substances hazardous to health** *n (COSHH)* SAFETY Vorschriften zur Überwachung von gesundheitsgefährdenden Stoffen *f pl*, Überwachung von gesundheitsgefährdenden Stoffen *f*; **~ surface** *n* AIR TRANS Seitenruder *nt*, Steuerfläche *f*, PHYS Ruder *nt*, Steuerfläche *f*; **~ surface angle** *n* AIR TRANS Seitenruderausschlag *m*; **~ surface locking** *n* AIR TRANS Seitenruderblockierung *f*, Seitenruderverriegelung *f*; **~ switch** *n* ELEC ENG Regelschalter *m*, Steuerschalter *m*, ELECT Steuerschalter *m*; **~ system** *n* AIR TRANS Regelkreis *m*, Steuerung *f*, Steuerungsart *f*, CONTROL Regelungssystem *nt*, Steuerungssystem *nt*, ELECT Steuersystem *nt*, TELECOM Kontrollsystem *nt*, Steuersystem *nt*, TEXT Überwachungsanlage *f*;

~ t **~ tag** *n* PACK Kontrollzettel zum Aufkleben *m*, Prüfetikett *nt*; **~ tape** *n* COMP & DP Steuerlochband *nt*, Vorschublochband *nt*; **~ task** *n* ERGON Stellaufgabe *f*; **~ technology** *n* CONTROL Regeltechnik *f*; **~ terminal** *n* COMP & DP Leitstation *f*; **~ time** *n* PROD ENG *plastic valves* Stellzeit *f*; **~ tower** *n* AIR TRANS Kontrollturm *m*; **~ of toxicity** *n* SAFETY *at work* Beschränkung der Giftigkeit *f*; **~ track** *n* ACOUSTICS Steuerspur *f*, Steuerstreifen *m*, RECORD *film*, TELEV Steuerspur *f*; **~ track signal** *n* RECORD, TELEV Steuerspursignal *nt*; **~ track time code** *n* RECORD, TELEV Steuerspurzeitcode *m*; **~ transfer** *n* CONTROL Steuerungsübergabe *f*; **~ transformer** *n* ELEC ENG Regeltransformator *m*; **~ tweel** *n* CER & GLAS Steuerverschlußstein *m*;

~ u **~ unit** *n* COMP & DP Steuereinheit *f*, ELEC ENG Regelgerät *nt*, Regelvorrichtung *f*, Regler *m*, Steuereinheit *f*, Steuerwerk *nt*, Steuerung *f*, ELECT Steuergerät *nt*, MECHAN ENG Steuerungseinheit *f*, *governor* Regeleinrichtung *f*, Regler *m*, PROD ENG *plastic valves* Steuerteil *m*, TELECOM *computer* Leitwerk *nt*, Steuereinheit *f*, Steuerwerk *nt*;

~ v **~ valve** *n* CONTROL Regelventil *nt*, Steuerventil *nt*, HYD EQUIP Kontrollventil *nt*, Regelventil *nt*, Steuerventil *nt*, MECHAN ENG Regelventil *nt*, Steuerventil *nt*, MECHANICS Steuerventil *nt*, Strömungsregler *m*; **~ variable** *n* MECHAN ENG Stellgröße *f*;

~ w **~ word** *n* COMP & DP Steuerwort *nt*

control[2] *vt* COMP & DP, CONTROL steuern, SPACE regeln, TELECOM kontrollieren, regeln; **~ finely** *vt* HEAT & REFRIG feinregeln

controllability *n* AIR TRANS Steuerbarkeit *f*, Steuerverhalten *nt*

controllable: **~-pitch propeller** *n* WATER TRANS Verstellpropeller *m*

controlled: **~ airspace** *n* AIR TRANS kontrollierter Luftraum *m*; **~ atmosphere** *n (CA)* HEAT & REFRIG kontrollierte Atmosphäre *f (CA)*, PACK kontrollierte Atmosphäre *f*; **~-atmosphere packaging** *n (CAP)* PACK Verpackung in geregelter Atmosphäre *f (CA-Verpackung)*; **~-atmosphere storage** *n* FOOD TECH CA-Lagerung *f*; **~ carrier modulation** *n* ELECTRON Trägersteuerungsmodulation *f*; **~ combustion system** *n* AIR TRANS geregeltes Verbrennungssystem *nt*; **~ delay lock** *n* TELEV gesteuerte Verzögerungsschaltung *f*; **~ dumping** *n* POLL kontrolliertes Abladen von Schutt *nt*, überwachtes Abladen von Schutt *nt*, WASTE geordnete Deponie *f*, kontrollierte Müllablagerung *f*; **~ emptying** *n* WASTE staubfreie Müllabfuhr *f*; **~ environment storage system** *n* PACK Lagersystem in geregelter Umgebung *nt*; **~ fermentation** *n* WASTE kontrollierte Gärung *f*; **~ flight** *n* AIR TRANS kontrollierter Flug *m*; **~ oscillator** *n* ELECTRON gesteuerter Oszillator *m*; **~ pressure** *n* MECHAN ENG geregelter Druck *m*; **~ process** *n* QUAL beherrschter Prozeß *m*; **~ routing** *n* TELECOM gesteuerte Leitwegumlenkung *f*; **~ slip differential** *n* MECHANICS Differential mit regelbarem Schlupf *nt*; **~ spillway** *n* WATER SUP kontrollierter Abflußkanal *m*; **~ spin** *n* AIR TRANS kontrolliertes Trudeln *nt*; **~ temperature** *n* HEAT & REFRIG geregelte Temperatur *f*; **~ thermonuclear reactor** *n (CTR)* NUC TECH gesteuerter Thermonuklearreaktor *m (TNR)*; **~ tipping** *n* WASTE geordnete Deponie *f*, kontrollierte Müllablagerung *f*; **~ variable** *n* ELEC ENG, MECHAN ENG Regelgröße *f*

controller *n* COMP & DP Controller *m*, Steuereinheit *f*, CONTROL Regler *m*, Steuerung *f*, ELEC ENG Regler *m*, Steuergerät *nt*, Steuerschalter *m*, OPT *optical disc* Drehzahlregler *m*, PROD ENG Schaltwalze *f*, Steuerwalze *f*, RAD TECH Steuereinheit *f*

controls: **~ and indicating devices** *n pl* AIR TRANS Steuerungs- und Anzeigegeräte *nt pl*

convected: **~ heat** *n* THERMODYN übertragene Wärme *f*

convection *n* CER & GLAS Konvektion *f*, CONST Wärmeübertragung *f*, ELEC ENG Konvektion *f*, FLUID PHYS, HEAT & REFRIG, PET TECH, PHYS Konvektion *f*, Wärmetransport *m*, SPACE Konvektion *f*, THERMODYN Konvektion *f*, Wärmetransport *m*; **~ coefficient** *n* HEAT & REFRIG, PHYS, THERMODYN Konvektionszahl *f*; **~ cooler** *n* HEAT & REFRIG, PHYS, THERMODYN Konvektionskühler *m*; **~ cooling** *n* HEAT & REFRIG, PHYS, THERMODYN Konvektionskühlung *f*; **~ current** *n* CER & GLAS, ELEC ENG Konvektionsstrom *m*, HEAT & REFRIG Konvektionsströmung *f*, PHYS Konvektionsstrom *m*, THERMODYN Konvektionsströmung *f*; **~ dryer** *n* HEAT & REFRIG, PHYS, THERMODYN Konvektionstrockner *m*; **~ drying** *n* HEAT & REFRIG, PHYS, THERMODYN Konvektionstrocknen *nt*; **~ heat** *n* HEAT & REFRIG, PHYS, THERMODYN Konvektionswärme *f*; **~ oven** *n* HEAT & REFRIG, PHYS, THERMODYN Konvektionsofen *m*; **~ superheater** *n* HEAT & REFRIG, PHYS, THERMODYN Konvektionsüberhitzer *m*

convective[1] *adj* AIR TRANS, HEAT & REFRIG, PHYS, RAD PHYS, THERMODYN konvektiv

convective:[2] **~ flows** *n pl* FLUID PHYS konvektive Strömungen *f pl*; **~ turbulence** *n* AIR TRANS konvektive Turbulenz *f*, konvektive Verwirbelung *f*

convector *n* THERMODYN Konvektor *m*; **~ heater** *n* THERMODYN Konvektor *m*

convenience: **~ food** *n* FOOD TECH vorverarbeitete Lebensmittel *nt pl*

conveniently: **~-placed** *adj* MECHAN ENG *lever* gut erreichbar

conventional: **~ cable** *n* OPT konventionelle Leitung *f*; **~ cut** *n* PROD ENG Gegenlauffrässchnitt *m*; **~ milling** *n* MECHAN ENG, PROD ENG Gegenlauffräsen *nt*; **~ takeoff and landing aircraft** *n (CTOL aircraft)* AIR TRANS konventionell startendes und landendes Flugzeug *nt (CTOL-Flugzeug)*; **~ transportable pallet** *n* PACK konventionelle Transportpalette *f*

converge *vi* MATH konvergieren

convergence *n* GEOM, MATH, TELEV Konvergenz *f*; **~ assembly** *n* TELEV Konvergenzbaugruppe *f*; **~ circuits** *n pl* TELEV Konvergenzkreise *m pl*; **~ errors** *n pl* TELEV Konvergenzfehler *m*

convergent[1] *adj* GEOM, MATH, OPT konvergent

convergent:[2] **~ beam** *n* OPT konvergenter Strahl *m*; **~ lines** *n pl* GEOM konvergente Geraden *f pl*; **~ series** *n* MATH konvergente Reihe *f*

converging: **~ lens** *n* PHYS, WAVE PHYS Sammellinse *f*; **~ power** *n* PHYS *of lens*, WAVE PHYS *of lens* Brechkraft *f*

conversational: **~ communication** *n* COMP & DP Dialogkommunikation *f*; **~ frequencies** *n pl* ACOUSTICS Sprachfrequenzen *f pl*; **~ mode** *n* COMP & DP Dialogbetrieb *m*, Gesprächsmodus *m*

converse *adj* MECHAN ENG reziprok

conversion *n* COMP & DP Konvertierung *f*, Umsetzung *f*, *of character codes* Umwandlung *f*, ELEC ENG Konversion *f*, ELECT Stromwandlung *f*, ELECTRON Konversion *f*, MECHAN ENG Umbau *m*, Umrüstung *f*, NUC TECH *of nuclear fuel* Konversion *f*, Umwandlung *f*, PET TECH Konversion *f*, PROD ENG *plastic valves* Umrechnung *f*, RAD TECH Umwandlung *f*, TRANS Konversion *f*; **~ conductance** *n* ELEC ENG Mischsteilheit *f*; **~ degree** *n* TRANS Konversionsgrad *m*; **~ electrons** *n pl* RAD PHYS Konversionselektronen *nt pl*; **~ factor** *n* NUC TECH Konversionsfaktor *m*; **~ frequency** *n* ELECTRON, RAD TECH, TELEV Konversionsfrequenz *f*; **~ gain** *n* ELECTRON Brutgewinn *m*, Konversionsgewinn *m*, Mischverstärkung *f*; **~ kit** *n* MECHAN ENG Umbausatz *m*, Umrüstsatz *m*; **~ machinery** *n* PACK Umrüstanlage *f*; **~ oil** *n* PET TECH Konversionsöl *nt*, Umwandlungsöl *nt*; **~ oscillator** *n* ELECTRON Umwandlungsoszillator *m*; **~ plant** *n* NUC TECH Konversionsanlage *f*; **~ program** *n* COMP & DP Konvertierungsprogramm *nt*; **~ rate** *n* ELECTRON *analog-digital converter* Meßfolgegeschwindigkeit *f*; **~ table** *n* MATH Umrechnungstabelle *f*; **~ transducer** *n* ELEC ENG Konversionswandler *m*; **~ voltage gain** *n* ELEC ENG Konversionsspannungsverstärkung *f*

convert *vt* COMP & DP konvertieren, umsetzen, umwandeln, ELEC ENG umformen, umsetzen, umwandeln, PAPER veredeln; **~ to diesel** *vt* AUTO auf Diesel umstellen

converted: **~ top** *n* TEXT Konverterkammzug *m*

converter *n* AUTO *transmission* Drehmomentwandler *m*, Wandler *m*, COMP & DP Umsetzer *m*, CONTROL Umformer *m*, ELEC ENG Konverter *m*, Mischstufe *f*, Signalwandler *m*, Umformer *m*, Umrichter *m*, Wandler *m*, selbstschwingende Mischröhre *f*, ELECT Umformer *m*, Wandler *m*, ELECTRON Konverter *m*, Umformer *m*, selbstschwingende Mischröhre *f*, HEAT & REFRIG Konverter *m*, INSTR Meßgrößenwandler *m*, Umformer *m*, Umsetzer *m*, Wandler *m*, MECHAN ENG Konverter *m*, Wandler *m*, METALL Birne *f*, Konverter *m*, PAPER Konverter *m*, PHYS Wandler *m*, PROD ENG, RAD TECH Konverter *m*, TELECOM Konverter *m*, Umsetzer *m*; **~ cabinet** *n* TELECOM Umsetzergehäuse *nt*; **~ charge** *n* PROD ENG Konvertereinsatz *m*; **~ chip** *n* ELEC-

TRON Umsetzerchip *m*; ~ **lining** *n* PROD ENG Konverterfutter *nt*; ~ **reactor** *n* NUC TECH Konverter *m*; ~ **set** *n* ELEC ENG Konvertersatz *m*; ~ **station** *n* ELECT Umformstation *f*, Umformwerk *nt*; ~ **steel** *n* PROD ENG Konverterstahl *m*; ~ **tilting** *n* PROD ENG Konverterkippung *f*

convertible *n* AUTO *car* Cabrio *nt*, Sportwagen mit offenem Verdeck *m*

converting *n* PAPER Umwandlung *f*, Veredelung *f*, PROD ENG Windfrischen *nt*, Zementieren *nt*; ~ **station** *n* ELECT Umformstation *f*, Umformwerk *nt*

convertiplane *n* AIR TRANS Verwandlungshubschrauber *m*, Wandelflugzeug *nt*

convex[1] *adj* CER & GLAS, CONST, GEOM, OPT, PHYS konvex

convex:[2] ~ **bow** *n* CER & GLAS konvexe Krümmung *f*; ~ **lens** *n* PHOTO Konvexlinse *f*, Sammellinse *f*; ~ **mirror** *n* PHYS konvexer Spiegel *m*; ~ **optical tool** *n* CER & GLAS konvexes Optikwerkzeug *nt*; ~ **surface** *n* CER & GLAS *of lens*, GEOM konvexe Fläche *f*

convexity *n* OPT Konvexität *f*

convexo: ~**-concave** *adj* OPT konvexkonkav; ~**-convex** *adj* OPT bikonvex; ~**-plane** *adj* OPT plankonvex

convey *vt* MECHAN ENG *power* übertragen

conveyance *n* TRANS Beförderung *f*, Transport *m*

conveying *n* TRANS An- und Abfuhr *f*; ~ **belt** *n* MECHAN ENG, MECHANICS, PACK, TRANS, WASTE Förderband *nt*; ~ **plant** *n* TRANS Förderanlage *f*, Transportanlage *f*

conveyor *n* CONST Fördergerät *nt*, Förderer *m*, Ladeband *nt*, NUC TECH Förderanlage *f*, PACK Förderer *m*, PAPER Fördervorrichtung *f*, TRANS Beförderer *m*, Förderapparat *m*; ~ **belt** *n* MECHANICS Transportband *nt*; ~ **belting** *n* TEXT Förderbandwerkstoff *m*; ~ **belt lehr** *n* CER & GLAS Bandkühlofen *m*; ~ **belt skimmer** *n* POLL Förderbandskimmer *m*; ~ **chain** *n* MECHAN ENG Förderkette *f*, Transportkette *f*; ~ **for silvering** *n* CER & GLAS Versilberungsförderband *nt*; ~ **handling system** *n* PACK Warentransportsystem *nt*; ~ **line** *n* MECHAN ENG Fließband *nt*; ~ **system** *n* CONST Förderanlage *f*; ~ **way** *n* PACK Rollenbahn *f*, Rollenförderer *m*, Schwerkraftförderer *m*

convolution *n* ELECTRON *winding* Faltungsoperation *f*, Umgang *m*, MECHAN ENG Schraubengang *m*; ~ **code** *n* TELECOM Faltungscode *m*, Konvolutionscode *m*; ~ **product** *n* ELECTRON Faltungsprodukt *nt*

convolutional: ~ **code** *n* TELECOM Faltungscode *m*, Konvolutionscode *m*; ~ **filter** *n* ELECTRON konvolutionelles Filter *nt*; ~ **filtering** *n* ELECTRON konvolutionelles Filtern *nt*

convolutive: ~ **code** *n* TELECOM Faltungscode *m*, Konvolutionscode *m*

convolver *n* ELECTRON *military communications* Convolver *m*

convolvulin *n* CHEMISTRY Convolvulin *nt*, Rhodeorhetin *nt*

convoy[1] *n* WATER TRANS *navy* Geleitzug *m*, Konvoi *m*

convoy[2] *vt* WATER TRANS *ship* geleiten

cool[1] *adj* COATINGS kalt, HEAT & REFRIG, THERMODYN kühl

cool[2] *vt* COATINGS, HEAT & REFRIG, PAPER kühlen, TEXT abkühlen, THERMODYN kühlen; ~ **down** *vt* CER & GLAS abkühlen

coolant *n* AUTO *for engine* Kühlmittel *nt*, HEAT & REFRIG Kühlmedium *nt*, Kühlmittel *nt*, MECHAN ENG *liquid* Kühlflüssigkeit *f*, PHYS Kühlmittel *nt*, PROD ENG Schneidflüssigkeit *f*, Wärmeträger *m*, THERMODYN Kühlflüssigkeit *f*; ~ **circulation** *n* HEAT & REFRIG Kühlmittelbewegung *f*, Kühlmittelumlauf *m*, Kühlmittelumwälzung *f*; ~ **feed line** *n* SPACE Kühlleitung *f*; ~ **mist** *n* HEAT & REFRIG Kühlnebel *m*; ~ **supply** *n* MECHAN ENG Kühlmittelzufuhr *f*; ~ **temperature** *n* HEAT & REFRIG Kühlmitteltemperatur *f*

cooled[1] *adj* THERMODYN gekühlt

cooled:[2] ~**-anode transmitting valve** *n (CAT)* ELECTRON Senderöhre mit gekühlter Anode *f (CAT)*; ~**-down radioactivity** *n* RAD PHYS abgeklungene Radioaktivität *f*, abgekühlte Radioaktivität *f*

cooler *n* HEAT & REFRIG Kühleinrichtung *f*, Kühler *m*, NUC TECH Kühlanlage *f*, PAPER Kühlvorrichtung *f*, PET TECH, THERMODYN Kühler *m*; ~ **element** *n* HEAT & REFRIG Kühlerelement *nt*

cooling *n* CER & GLAS, MECHAN ENG Kühlung *f*, NUC TECH *reactor* Abklingen *nt*, PACK Abkühlung *f*, Kühlung *f*, PART PHYS Strahlkühlung *f*, RAD TECH Kühlung *f*, TEXT Abkühlung *f*; ~ **agent** *n* HEAT & REFRIG Kühlmedium *nt*, Kühlmittel *nt*; ~ **air** *n* HEAT & REFRIG Kühlluft *f*; ~ **air duct** *n* HEAT & REFRIG Kühlschlitz *m*, Kühlluftkanal *m*; ~ **air fan** *n* HEAT & REFRIG Kühlluftgebläse *nt*; ~ **air passage** *n* HEAT & REFRIG Kühlluftweg *m*; ~ **by relative displacement** *n* HEAT & REFRIG Verdrängungskühlung *f*; ~ **capacity** *n* HEAT & REFRIG Kühlleistung *f*; ~ **cavity** *n* NUC TECH Kühlraum *m*; ~ **channel** *n* NUC TECH Kühlkanal *m*; ~ **circuit** *n* HEAT & REFRIG Kühlkreis *m*, Kühlkreislauf *m*; ~ **coefficient** *n* HEAT & REFRIG Kühlzahl *f*; ~ **coil** *n* HEAT & REFRIG, NUC TECH Kühlschlange *f*; ~ **curve** *n* METALL Abkühlungskurve *f*; ~ **cylinder** *n* PAPER Kühlwalze *f*; ~**-down period** *n* CER & GLAS Abkühlphase *f*, NUC TECH *of radioactive material* Abklingzeit *f*, Abkühlzeit *f*; ~ **duct** *n* MECHAN ENG Kühlleitung *f*; ~ **equipment** *n* MECHAN ENG Kühlanlage *f*, TEXT Kühleinrichtung *f*; ~ **fan** *n* AUTO Kühlgebläse *nt*, Lüfter *m*, Ventilator *m*; ~ **fin** *n* HEAT & REFRIG, MECHAN ENG, NUC TECH Kühlrippe *f*; ~ **flap** *n* AIR TRANS Kühlluftklappe *f*; ~ **jacket** *n* AUTO, HEAT & REFRIG Kühlmantel *m*; ~ **liquid** *n* MECHAN ENG Kühlflüssigkeit *f*, PROD ENG *plastic valves* Kühlsole *f*, THERMODYN Kühlflüssigkeit *f*; ~ **load** *n* HEAT & REFRIG Kühllast *f*; ~ **medium** *n* HEAT & REFRIG Kühlmedium *nt*, POLL Kühlmittel *nt*; ~ **oil** *n* MECHAN ENG Kühlöl *nt*; ~ **plant** *n* HEAT & REFRIG Kühlanlage *f*; ~ **pond** *n* WATER SUP Kühlbecken *nt*, Kühlteich *m*; ~ **range** *n* HEAT & REFRIG *of liquid* Kühlzonenbreite *f*; ~ **rate** *n* HEAT & REFRIG Abkühlungsgeschwindigkeit *f*; ~ **rib** *n* HEAT & REFRIG Kühlrippe *f*; ~ **section** *n* FOOD TECH Kühlzone *f*; ~ **spiral** *n* MECHAN ENG *injection mould* Kühlspirale *f*; ~ **system** *n* AUTO Kühlsystem *nt*, CONST Kühlanlage *f*, ELECT Kühlsystem *nt*, HEAT & REFRIG Kühlanlage *f*, Kühleinrichtung *f*, Kühlsystem *nt*, POLL, TEXT Kühlsystem *nt*; ~ **tower** *n* CHEM ENG Kondensationsturm *m*, Kühlturm *m*, HEAT & REFRIG, MECHAN ENG, TEXT, THERMODYN Kühlturm *m*; ~ **tube** *n* MECHAN ENG Kühlrohr *nt*; ~ **tunnel** *n* FOOD TECH Kühltunnel *m*; ~ **water** *n* HEAT & REFRIG Kühlwasser *nt*; ~**-water pipe** *n* MECHAN ENG Kühlwasserrohr *nt*; ~ **zone** *n* CER & GLAS Kühlzone *f*

coolness *n* THERMODYN Kühle *f*

Cooper: ~ **pairs** *n pl* PHYS Cooper-Paare *nt pl*

cooperative: ~ **emission** *n* METALL kooperative Emission *f*; ~ **phenomenon** *n* PHYS gemeinsames Phänomen *nt*

coordinate[1] *n* COMP & DP, CONST, CONTROL, ENG DRAW,

GEOM, MATH, MECHAN ENG, METROL, PHYS Koordinate *f*; ~ **axes** *n pl* GEOM Koordinatenachsen *f pl*; ~ **boring and drilling machine** *n* MECHAN ENG Koordinatenbohrmaschine *f*; ~ **dimensioning** *n* ENG DRAW Koordinatenbemaßung *f*; ~ **displacement** *n* CONTROL Koordinatenverschiebung *f*; ~ **geometry** *n* GEOM Koordinatengeometrie *f*; ~ **linkage** *n* METALL koordinierte Verbindung *f*; **~-measuring machine** *n* METROL Koordinatenmeßgerät *nt*; **~-milling machine** *n* MECHAN ENG Koordinatenfräsmaschine *f*; ~ **system** *n* GEOM, MATH, PHYS Koordinatensystem *nt*; ~ **transformation** *n* CONTROL Koordinatentransformation *f*, ELECTRON Koordinatenwandlung *f*

coordinate[2] *vt* CONST koordinieren

coordinates *n pl* CONST *surveying* Koordinaten *f pl*

coordination *n* ERGON, METALL, PLAS Koordination *f*; ~ **number** *n* METALL Koordinationszahl *f*; ~ **sheet** *n* PROD ENG *plastic valves* Koordinationsblatt *nt*

cop *n* CER & GLAS Kops *m*

cope[1] *n* PROD ENG Oberkasten *m*

cope[2] *vt* CONST abdecken, ausklinken, aufmauern, bedecken, PROD ENG ausklinken, bedecken

copier *n* MECHAN ENG *machine tool* Nachformmaschine *f*

coping *n* CONST Abdecken *nt*, Aufmauern *nt*, Haube *f*, Mauerabdeckung *f*, PROD ENG Ausklinken *nt*, Bedecken *nt*, Deckplatte *f*, WATER SUP *of lock* Abdeckung *f*, Mauerabdeckung *f*

coplanar[1] *adj* GEOM in der selben Ebene liegend, koplanar, PHYS koplanar, PROD ENG eben, komplan

coplanar:[2] ~ **forces** *n pl* PHYS Kräfte in einer Ebene *f pl*; ~ **waveguide** *n* PHYS koplanarer Lichtleiter *m*, koplanarer Wellenleiter *m*

copolar: ~ **attenuation** *n* SPACE *communications* kopolare Dämpfung *f*

copolymer *n* CHEMISTRY, PET TECH, PLAS, TEXT Copolymer *nt*, Copolymerisat *nt*, Mischpolymerisat *nt*

copolymerization *n* PLAS Copolymerisation *f*, Mischpolymerisation *f*

copper:[1] **~-clad** *adj* ELECT *cable* kupferbedeckt, kupferkaschiert; **~-plated** *adj* METALL verkupfert

copper[2] *n (Cu)* CHEMISTRY Kupfer *nt (Cu)*; ~ **alloy** *n* MECHAN ENG Kupferlegierung *f*; ~ **alloy bush** *n* MECHAN ENG Buchse aus Kupferlegierung *f*; ~ **asbestos gasket** *n* AUTO, MECHAN ENG Kupferasbestdichtung *f*; ~ **bit** *n* PROD ENG Lötkolben *m*; ~ **braid** *n* PROD ENG Kupferlitze *f*; **~-braid shielding** *n* ELECT Kupferlitzenabschirmung *f*; ~ **cable** *n* TELECOM Kupferkabel *nt*; ~ **conductor** *n* ELECT Kupferleiter *m*; ~ **ingot** *n* METALL Kupferblock *m*; ~ **light** *n* CER & GLAS Elektrolytglas *nt*; ~ **loss** *n* ELEC ENG Kupferverlust *m*, ELECT Joule-Verlust *m*, PHYS Kupferverlust *m*; ~ **matte** *n* METALL Kupferrohstein *m*; ~ **oxide rectifier** *n* ELEC ENG Kupferoxydul-Gleichrichter *m*, Kuproxgleichrichter *m*; **~-plated cylinder** *n* PRINT Kupferzylinder *m*; **~-plating** *n* CER & GLAS, METALL Verkupferung *f*; **~-refining furnace** *n* METALL Kupfergarherd *m*; ~ **rivet** *n* CONST Kupferniet *m*; ~ **sheet** *n* CONST Kupferblech *nt*; ~ **staining** *n* CER & GLAS Kupferbeizen *nt*; ~ **sulfate** *n AmE*, ~ **sulphate** *n BrE* CHEMISTRY Blauvitriol *nt*, blaues Vitriol *nt*, PHOTO Kupfersulfat *nt*; ~ **tetraoxosulfate** *n AmE*, ~ **tetraoxosulphate** *n BrE* CHEMISTRY Kupfersulfat *nt*; ~ **uranite** *n* NUC TECH Kupferuranit *nt*; ~ **vitriol** *n* CHEMISTRY Blaustein *m*; ~ **wire** *n* CONST, ELECT Kupferdraht *m*

copperas *n* CHEMISTRY Eisenvitriol *nt*, Melanterit *m*

coppered *adj* CONST verkupfert

coppering *n* CER & GLAS, METALL Verkupferung *f*

copperplate *n* PRINT Kupferplatte *f*; ~ **printing** *n* PRINT Kupfertiefdruck *m*, Kupferdruck *m*; **~-printing paper** *n* PRINT Kupferdruckpapier *nt*; **~-printing press** *n* PRINT Kupferdruckpresse *f*

copperweld: ~ **wire** *n* RAD TECH Stakuleiter *m*

coprecipitation *n* NUC TECH Kopräzipitation *f*, Mitfällung *f*

coprocessor *n* COMP & DP Coprozessor *m*

copy[1] *n* COMP & DP Kopie *f*, MECHAN ENG *for copy milling* Modell *nt*, Muster *nt*, PRINT Exemplar *nt*, Kopie *f*, *manuscript* Manuskript *nt*, TELEV Kopie *f*; ~ **camera** *n* PHOTO Reprokamera *f*; **~-in** *n* COMP & DP Übertragung in den Speicher *f*; ~ **milling** *n* MECHAN ENG, PROD ENG Kopierfräsen *nt*, Nachformfräsen *nt*; **~-milling machine** *n* MECHAN ENG Kopierfräsmaschine *f*; **~-out** *n* COMP & DP Übertragung aus dem Speicher *f*; ~ **planing** *n* PROD ENG Nachformhobeln *nt*; ~ **protection** *n* COMP & DP Kopierschutz *m*; ~ **stand** *n* PHOTO Tisch-Reproduktionsgerät *nt*; ~ **turning** *n* MECHAN ENG Kopierfräsen *nt*, Kopierdrehen *nt*, Nachformdrehen *nt*

copy[2] *vt* COMP & DP kopieren, MECHAN ENG *with machine tool* kopieren, nachformen, PRINT kopieren

copyable: ~ **drawing** *n* ENG DRAW kopierfähige Zeichnung *f*

copyholder *n* MECHAN ENG Modelltisch *m*

copying[1] *adj* MECHAN ENG, PHOTO, PROD ENG, RECORD Kopier- *pref*

copying[2] *n* MECHAN ENG Kopieren *nt*, Nachformen *nt*; ~ **attachment** *n* MECHAN ENG *machine tools*, PROD ENG Kopiervorrichtung *f*; ~ **lathe** *n* MECHAN ENG Kopierdrehmaschine *f*, Nachformdrehmaschine *f*; ~ **lathe tool** *n* MECHAN ENG Kopierdrehmeißel *m*; ~ **machine** *n* MECHAN ENG *machine tool* Kopiermaschine *f*, Nachformmaschine *f*; ~ **master** *n* PROD ENG Kopierbezugsstück *nt*; ~ **stand** *n* PHOTO Reprostativ *nt*

copypod *n* PHOTO Reprostativ *nt*

copyright: ~ **notice** *n* PRINT Copyright-Vermerk *m*

coquille *n* CER & GLAS Brillenglas mit 3½" Wölbungsradius *nt*

COR *abbr (character output reduction)* COMP & DP COR *(Druckausgabeverkleinerung)*

coracite *n* NUC TECH Coracit *m*

corbel *n* CER & GLAS treppenförmige Steinanordnung im Ofen *f*, CONST Konsole *f*

cord *n* ELECT, MECHAN ENG Schnur *f*, METROL *AmE wood* amerikanische Holzvolumeneinheit *f*, TELECOM Leitungsschnur *f*, Verbindungsschnur *f*, TEXT Bindfaden *m*, Kordel *f*; ~ **circuit** *n* TELECOM Schnurstromkreis *m*; ~ **switchbord** *n* TELECOM Handvermittlungsschrank *m*

cordage *n* WATER TRANS *ropes* Tauwerk *nt*

cordierite *n* CER & GLAS Cordierit *m*

cordless: ~ **switchboard** *n* TELECOM schnurloser Fernsprechschrank *m*, schnurloser Klappenschrank *m*, schnurloser Vermittlungsschrank *m*; ~ **telephone** *n* TELECOM schnurloses Telefon *nt*

cordon: ~ **line** *n* TRANS Grenzlinie *f*; ~ **line survey** *n* TRANS Grenzlinienübersicht *f*

cords *n pl* CER & GLAS Schlieren *f pl*

cordy *adj* CER & GLAS schlierig

core[1] *n* COMP & DP Kern *m*, CONST Betonkern *m*, Bohrkern *m*, Einlage *f*, Kern *m*, Lochung *f*,

Hohlraum *m*, ELEC ENG *of fibre-optic cable* Leiter *m*, *of magnetic relay* Kern *m*, Spulenkern *m*, *of wire rope, cable* Ader *f*, Leiter *m*, Seele *f*, ELECT Ader *f*, Seele *f*, *transformer* Kern *m*, MECHANICS Kern *m*, NUC TECH *of flow* Kern *m*, *reactor* Reaktorkern *m*, Spaltzone *f*, OPT *optical fibre* Kern *m*, PAPER Hülse *f*, Kern *m*, PET TECH Bohrkern *m*, Kern *m*, PHYS *magnet* Magnetkern *m*, PROD ENG Bohrkern *m*, Düsendorn *m*, Seele *f*, Zugorgan *nt*, RAD TECH, SPACE Kern *m*, TELECOM Ader *f*, Kern *m*, Seele *f*,Spulenkern *m*, TEXT Kern *m*, WATER TRANS *rope* Seele *f*; ~ **analysis** *n* PET TECH Bohrkernanalyse *f*, Kernanalyse *f*; ~ **area** *n* OPT Kernquerschnitt *m*, TELECOM Kernzone *f*; ~ **average burn-up** *n* NUC TECH mittlerer Kernabbrand *m*; ~ **bar** *n* PROD ENG Dorn *m*, Kerndrehbank *f*; ~ **barrel** *n* PET TECH Bohrkernrohr *nt*, Kernrohr *nt*; ~ **bit** *n* PET TECH Kernbohrer *m*, Kernbohrmeißel *m*; ~**-blowing machine** *n* MECHAN ENG Kernblasmaschine *f*; ~ **board** *n* PROD ENG *casting* Kernbrett *nt*, Kernschablone *f*; ~ **box** *n* PROD ENG *casting* Kernkasten *m*; ~ **casting** *n* PROD ENG Kernguß *m*; ~ **catcher** *n* NUC TECH Kernfänger *m*; ~ **center** *n AmE*, ~ **centre** *n BrE* OPT *optical cable* Kernmitte *f*, TELECOM Kernmittelpunkt *m*; ~**-cladding concentricity error** *n* OPT Exzentrizität *f*, TELECOM Kern-Mantel-Exzentrizität *f*, Konzentrizitätsfehler zwischen Kern und Mantel *m*; ~**-cladding interface** *n* OPT Grenzfläche *f*; ~**-cladding ratio** *n* TELECOM Verhältnis Kern-Mantel *nt*; ~ **coolant flow rate** *n* NUC TECH Flußgeschwindigkeit des Reaktorkernkühlmittels *f*; ~ **diameter** *n* MECHAN ENG *of thread*, OPT, PROD ENG Kerndurchmesser *m*; ~ **diameter tolerance** *n* OPT Toleranz des Kerndurchmessers *f*, TELECOM Kerndurchmessertoleranz *f*; ~ **drill** *n* MECHAN ENG Kernbohrmaschine *f*, PET TECH Kernbohrer *m*, PROD ENG *metal cutting* Aufbohrer für vorgegossene Löcher *m*; ~ **drilling** *n* CONST Kernbohrung *f*, MECHAN ENG, PET TECH Kernbohren *nt*; ~**-flooding train** *n* NUC TECH Kernflutsystem *nt*; ~ **grid** *n* PROD ENG *casting* Kernstahlgerippe *nt*; ~ **grid structure** *n* NUC TECH Rasterstruktur der Spaltzone *f*; ~ **head plug unit** *n* NUC TECH Kernkopfverankerungseinheit *f*; ~ **hole** *n* MECHAN ENG Kernlochdurchmesser *m*; ~ **iron** *n* PROD ENG *casting* Kerneisen *nt*; ~ **lamination** *n* ELEC ENG Transformatorblech *nt*, gestanztes Trafoblech *nt*; ~ **losses** *n pl* ELECT, PHYS Eisenverluste *m pl*, Kernverluste *m pl*; ~ **nail** *n* CONST Kernnagel *m*; ~ **plate** *n* ELEC ENG Kernblech *nt*, PROD ENG *casting* Trockenschale *f*; ~ **print** *n* PROD ENG *casting* Kernmarke *f*; ~**-reference surface concentricity error** *n* OPT, TELECOM Konzentrizitätsfehler Kern-Bezugsfläche *f*; ~ **sample** *n* COAL TECH Bodenprobe *f*, CONST Kernprobe *f*; ~ **sand** *n* PROD ENG *casting* Kernsand *m*; ~ **screen** *n* ELECT Adernabschirmung *f*; ~ **of spool** *n* PACK Rollenhülse *f*;~ **storage** *n AmE (cf core store BrE)* COMP & DP Kernspeicher *m*; ~ **store** *n BrE (cf core storage AmE)* COMP & DP Kernspeicher *m*; ~ **stove** *n* PROD ENG *casting* Kerntrockenkammer *f*; ~ **test** *n* ELECT *machine* Kernprüfung *f*; ~ **tolerance field** *n* OPT *optical cable* Kerntoleranzfeld *nt*, TELECOM Kerntoleranzbereich *m*; ~ **transformer** *n* ELEC ENG, ELECT Kerntransformator *m*; ~**-type transformer** *n* ELEC ENG, ELECT Kerntransformator *m*

core[2] *vt* PROD ENG Bohrung vorgießen

cored: ~ **solder** *n* ELECT flußmittelgefülltes Lot *nt*

coreless: ~ **armature** *n* ELECT kernloser Anker *m*; ~ **induction furnace** *n* HEAT & REFRIG kernloser Induktionsofen *m*

coremaking *n* PROD ENG Kernformung *f*

corer *n* PET TECH Entkerner *m*

coring *n* PET TECH Kernerbohrung *f*, Kerngewinnung *f*, PROD ENG Kernformen *nt*, Kristallseigerung *f*, Vorgießen von Bohrungen *nt*; ~ **tool** *n* PET TECH Kernbohrwerkzeug *nt*

Coriolis: ~ **acceleration** *n* MECHANICS, SPACE Coriolis-Beschleunigung *f*; ~ **effect** *n* FLUID PHYS *on rotating fluids* Wirkung der Corioliskraft *f*; ~ **force** *n* FLUID PHYS, PHYS, SPACE Coriolis-Kraft *f*

cork *n* CER & GLAS, CONST Kork *m*, LAB EQUIP Kork *m*, Korkverschluß *m*, MECHAN ENG Kork *m*; ~ **borer** *n* LAB EQUIP Korkbohrer *m*; ~ **finish** *n* CER & GLAS Korkverschluß *m*; ~ **polishing** *n* CER & GLAS Korkradpolitur *f*; ~ **washer** *n* MECHAN ENG Korkscheibe *f*

corkage *n AmE (cf bore BrE)* CER & GLAS Bohrung *f*, Verkorkung *f*

corking: ~ **machine** *n* PACK Verkorkungsmaschine *f*; ~ **plug** *n* PACK Korkstopfen *m*

corkscrew: ~ **antenna** *n* TELECOM Wendelantenne *f*; ~ **rule** *n* ELEC ENG, ELECT, PHYS Korkenzieherregel *f*, Rechte-Hand-Regel *f*; ~ **stairs** *n pl* CONST Wendeltreppe *f*

corner *n* CONST Ecke *f*, Kante *f*, GEOM *of figure* Ecke *f*; ~ **band** *n* CONST Eckband *nt*; ~ **block** *n* CER & GLAS Eckstein *m*; ~ **cutting** *n* NUC TECH Abschattung *f*; ~ **detail** *n* TELEV Randdetail *nt*; ~ **loss** *n* TELECOM *microwaves* Winkeldämpfung *f*; ~ **loudspeaker** *n* RECORD Ecklautsprecher *m*; ~ **mounts** *n pl* PHOTO *for prints* Fotoecken *f pl*; ~ **pillar** *n* CONST Eckpfeiler *m*; ~ **post** *n* CONST Eckpfosten *m*; ~ **reflector aerial** *n* RAD TECH Winkelreflektorantenne *f*; ~reinforcement *n* PACK Eckenversteifung *f*; ~ **rod** *n* NUC TECH Eckstab *m*; ~**-rounding cutters** *n pl* MECHAN ENG Viertelkreisfräser *m*; ~ **stapling** *n* PACK Eckenheftung *f*; ~ **stapling machine** *n* PACK Eckenheftmaschine *f*; ~ **weld** *n* PROD ENG Ecknaht *f*

cornet *n* METALL Kornett *nt*

cornice *n* CONST Gesims *nt*

corollary *n* MATH Folgesatz *m*, Korollar *nt*

corona *n* ELEC ENG, ELECT, PHYS, PLAS, RAD PHYS, RAD TECH Korona *f*; ~ **discharge** *n* ELEC ENG Koronaentladung *f*, ELECT Glimmentladung *f*, Koronaentladung *f*, Sprühentladung *f*, PHYS, PLAS, SPACE *communications* Koronaentladung *f*; ~ **effect** *n* ELEC ENG Koronaentladung *f*, ELECT Koronaeffekt *m*; ~ **resistance** *n* PLAS Koronafestigkeit *f*

coronal: ~ **emission lines** *n pl* RAD PHYS *solar* Koronallinien *f pl*

coronene *n* CHEMISTRY Coronen *nt*

corposant *n* WATER TRANS *meteorology* Elmsfeuer *nt*

corpus *n* COMP & DP Ausgangstext *m*

corpuscular: ~ **radiation** *n* RAD PHYS Korpuskularstrahlung *f*, Teilchenstrahlung *f*

corral *vt* MAR POLL eingrenzen

correct:[1] **in** ~ **positional arrangement** *adj* ENG DRAW lagerichtig

correct:[2] ~ **manual lifting techniques** *n pl* SAFETY richtiges Heben von Hand *nt*

correct[3] *vt* QUAL *deficiencies* beheben

corrected: ~ **result** *n* METROL korrigiertes Ergebnis *nt*

correcting: ~ **flow calculator** *n* INSTR Durchflußkorrekturrechner *m*; ~ **lens** *n* PHOTO Korrekturlinse *f*; ~ **optics** *n* OPT Korrekturlinse *f*

correction *n* MECHAN ENG, METROL Korrektur *f*, PAT Berichtigung *f*, PROD ENG Entzerrung *f*, Profilverschiebung *f*; ~ **factor** *n* AIR TRANS *for induced drag* Berichtigungsfaktor *m*, METROL Korrekturfaktor *m*; ~ **filter** *n* PHOTO Korrektionsfilter *nt*; ~ **lens** *n* PHOTO Korrekturlinse *f*; ~ **maneuver** *n AmE*, ~ **manoeuvre** *n BrE* SPACE Korrekturmanöver *nt*

corrective: ~ **action** *n* QUAL Abhilfemaßnahme *f*; ~ **maintenance** *n* QUAL Instandsetzung *f*, TELECOM Bedarfswartung *f*; ~ **measure** *n* TELECOM Abhilfe *f*; ~ **measures** *n pl* QUAL Korrekturmaßnahmen *f pl*; ~ **protective properties** *n pl* SAFETY korrigierende Schutzeigenschaften *f pl*, nachträgliche Schutzeigenschaften *f pl*

correctness *n* METROL Richtigkeit *f*

corrector: ~ **circuit** *n* TELEV Korrekturschaltung *f*

correlated *adj* MATH korreliert

correlation *n* COMP & DP, ELECTRON, FLUID PHYS, INSTR, MATH, PHYS, TELECOM Korrelation *f*; ~ **coefficient** *n* COMP & DP, FLUID PHYS, PHYS Korrelationskoeffizient *m*; ~ **function** *n* ELECTRON Korrelationsfunktion *f*; ~ **in space** *n* ENG DRAW räumliche Zuordnung *f*; ~ **interval** *n* INSTR Korrelationsdauer *f*, Korrelationsintervall *nt*; ~**-measuring procedure** *n* INSTR Korrelationsmeßverfahren *nt*

correlative: ~ **phase shift keying** *n* TELECOM Korrelationsphasenumtastung *f*

correlator *n* ELECTRON, TELECOM Korrelator *m*

correspondence: ~ **principle** *n* PHYS Korrespondenzprinzip *nt*

corresponding: ~ **angles** *n pl* GEOM Gegenwinkel *m pl*, korrespondierende Winkel *m pl*

corridor: ~ **control** *n* AIR TRANS Kontrolle des Luftkorridors *f*

corrodent *n* CHEMISTRY Korrosionsmedium *nt*, COATINGS Korrosion verursachender Stoff *m*

corrodibility *n* NUC TECH Korrosionsanfälligkeit *f*

corrodible *adj* CHEMISTRY korrodierbar, korrosionsanfällig

corrosion:[1] ~**-resistant** *adj* CHEMISTRY korrosionsbeständig, COATINGS korrosionsresistent, nicht rostend, MECHAN ENG korrosionsbeständig, PROD ENG *plastic valves* korrosionssicher

corrosion[2] *n* AUTO, CER & GLAS, CHEMISTRY, COAL TECH Korrosion *f*, COATINGS Korrosion *f*, Oxidation *f*, CONST, MECHAN ENG, MECHANICS, METALL Korrosion *f*, NUC TECH Einfressung *f*, Korrosion *f*, PACK, PET TECH, PLAS, RAD TECH Korrosion *f*; ~ **cell** *n* PROD ENG Korrosionselement *nt*; ~ **fatigue** *n* METALL Korrosionsermüdung *f*; ~ **fatigue crack** *n* NUC TECH Korrosionsriß *m*; ~ **inhibitor** *n* AUTO Korrosionshemmer *m*, Korrosionsschutzmittel *nt*, SPACE Korrosionshemmer *m*; ~ nodule *n* NUC TECH Korrosionsknoten *m*; ~ **pickling** *n* NUC TECH Korrosionsbeizen *nt*; ~ **preventative paper** *n* PACK Korrosionsschutzpapier *nt*; ~ **prevention** *n* ELECT, PACK Korrosionsschutz *m*; ~ **preventive** *n* PACK Korrosionshemmstoff *m*; ~ **resistance** *n* CONST, PLAS Korrosionsbeständigkeit *f*; ~**-resistant stainless steel** *n* MECHAN ENG korrosionsbeständiger Edelstahl *m*

corrosive[1] *adj* PROD ENG *plastic valves* aggressiv

corrosive:[2] ~ **media** *n pl* HEAT & REFRIG aggressive Mittel *nt pl*; ~ **substance** *n* SAFETY korrodierender Stoff *m*; ~ **water** *n* WATER SUP korrosives Wasser *nt*; ~ **wear** *n* MECHAN ENG Korrosionsverschleiß *m*

corrosiveness *n* CHEMISTRY Ätzkraft *f*

corrugated[1] *adj* C&G Well- *pref*, MECHAN ENG gewellt, PACK Well- *pref*, PAPER Well- *pref*, gewellt, PROD ENG geriffelt, gewellt

corrugated:[2] ~ **board** *n* PACK, PAPER Wellpappe *f*; ~ **board box** *n* PACK Wellpappenkarton *m*; ~ **cardboard** *n* PACK, PAPER Wellpappe *f*; ~ **expansion joint** *n* NUC TECH gewellte Ausdehnungsverbindung *f*; ~ **fiber board** *n AmE*, ~ **fibre board** *n BrE* PACK Wellfaserplatte *f*; ~ **glass** *n* CER & GLAS Wellenglas *nt*, Wellglas *nt*; ~ **iron** *n* CONST, MECHAN ENG Wellblech *nt*; ~ **paper** *n* PACK Wellpapier *nt*; ~ **pipe** *n* MECHAN ENG Wellrohr *nt*; ~ **product** *n* PACK Wellpappenprodukt *nt*; ~ **sheet iron** *n* CONST, MECHAN ENG Wellblech *nt*; ~ **spring washer** *n* MECHAN ENG gewellte Federscheibe *f*; ~ **tube compensator** *n* NUC TECH gewellter Rohrausgleicher *m*; ~ **washer** *n* MECHAN ENG gewellte Scheibe *f*; ~**-wired glass** *n* CER & GLAS Wellendrahtglas *nt*

corrugation *n* CER & GLAS, PAPER Wellung *f*, PROD ENG Riffelung *f*, Wellung *f*

corrugator *n* PAPER Wellpappenmaschine *f*

corrupt[1] *adj* COMP & DP fehlerhaft

corrupt:[2] ~ **file** *n* COMP & DP fehlerhafte Datei *f*

corrupt[3] *vt* COMP & DP verfälschen

corruption *n* COMP & DP Verfälschung *f*, Verfälschung *f*, Verstümmelung *f*

corticoid *n* CHEMISTRY Corticoid *nt*, Corticosteroid *nt*

corticosteroid *n* CHEMISTRY Corticoid *nt*, Corticosteroid *nt*

corticosterone *n* CHEMISTRY Corticosteron *nt*

corticotrophin *n* CHEMISTRY Adrenocorticotropin *nt*, Corticotropin *nt*

corundum *n* CER & GLAS Korund *m*

cosecant *n* GEOM Kosekans *m*, Kosekante *f*

COSHH *abbr (control of substances hazardous to health)* SAFETY Vorschriften zur Überwachung von gesundheitsgefährdenden Stoffen *f pl*, Überwachung von gesundheitsgefährdenden Stoffen *f*

cosine *n* COMP & DP, CONST, GEOM, TELECOM, TELEV Kosinus *m*; ~ **emission law** *n* OPT Cos-Austrittsgesetz *nt*; ~ **equalizer** *n* TELEV Kosinusequalizer *m*; ~ **rule** *n* GEOM Kosinussatz *m*

cosmetic: ~ **jar** *n* CER & GLAS Kosmetikfläschchen *nt*

cosmic[1] *adj* SPACE kosmisch

cosmic:[2] ~ **background radiation** *n* PHYS *microwaves* kosmische Hintergrundstrahlung *f*; ~ **radiation** *n* SPACE kosmische Strahlung *f*; ~ **ray background** *n* RAD PHYS Höhenstrahlung *f*; ~ **rays** *n pl* PHYS Höhenstrahlung *f*; ~ **shower** *n* SPACE kosmischer Schauer *m*; ~ **space** *n* SPACE Kosmos *m*; ~ **velocity** *n* SPACE kosmische Geschwindigkeit *f*

cosmodrome *n* SPACE Kosmodrom *m*

cosmogony *n* SPACE Kosmogonie *f*, Weltentstehungslehre *f*

cosmography *n* SPACE Kosmographie *f*, Weltraumbeschreibung *f*

cosmology *n* SPACE Kosmologie *f*, Lehre der Weltentstehung *f*

cosmonaut *n* SPACE Kosmonaut *m*, Weltraumfahrer *m*

COSMOS *abbr (complementary-symmetrical metal oxide semiconductor)* ELECTRON COSMOS *(Komplementär-Symmetrischer Metalloxid-Halbleiter)*

cost: ~ **bearer** *n* PROD ENG *plastic valves* Kostenträger *m*; ~ **center** *n AmE*, ~ **centre** *n BrE* PROD ENG *plastic valves* Kostenstelle *f*; ~ **function** *n* QUAL Kostenfunktion *f*; ~ **price** *n* PROD ENG *excluding transport and customs* Zulieferpreis *m*, *including transport and cus-*

toms Einstandspreis *m*; **~ of space** *n* PACK Lagerraumkosten *pl*
Costas: **~ loop** *n* TELECOM Costas-Schleife *f*
costs *n pl* PAT Kosten *f pl*
cot *abbr (cotangent)* GEOM cot *(Kotangens)*
cotangent *n (cot)* GEOM *of angle* Kotangens *m (cot)*
cotangential: **~ orbit** *n* SPACE *spacecraft* kotangentiale Umlaufbahn *f*
cotter[1] *n* MECHAN ENG Keil *m*, Querkeil *m*, PROD ENG Querkeil *m*, Splint *m*, *plastic valves* Kegel *m*; **~ bolt** *n* MECHAN ENG Splintbolzen *m*, PROD ENG Bolzen mit Splint *m*, Vorsteckbolzen *m*; **~ pin** *n* MECHAN ENG Splint *m*, MECHANICS Keil *m*, Schließbolzen *m*, Splint *m*, WATER TRANS Splint *m*; **~ pin extractor** *n* MECHAN ENG Splintzieher *m*; **~ pin hole** *n* MECHAN ENG Splintloch *nt*; **~ slot** *n* MECHAN ENG Keilloch *nt*
cotter[2] *vt* MECHAN ENG verkeilen, versplinten
cottered: **~ joint** *n* CONST, MECHAN ENG Splintverbindung *f*
cottering *n* MECHAN ENG Versplinten *nt*
cotton:[1] **~-covered** *adj* ELEC ENG *wire* baumwollisoliert
cotton[2] *n* ELEC ENG Baumwoll- *pref*, TEXT Baumwoll- *pref*, Baumwolle *f*, Baumwollgarn *nt*; **~ braid** *n* ELEC ENG Baumwollgeflecht *nt*; **~ condenser spinning** *n* TEXT Zweizylinderspinnerei *f*; **~ count** *n* TEXT Baumwollnumerierung *f*; **~ insulation** *n* ELECT *wire* Baumwollisolierung *f*; **~ linters** *n pl* PLAS *filler* Streubaumwolle *f*; **~ spinning** *n* TEXT Baumwollspinnerei *f*
Cotton: **~ balance** *n* PHYS Cottonsche Waage *f*
Cotton-Mouton: **~ effect** *n* PHYS Cotton-Moutonscher Effekt *m*
cottonseed: **~ oil** *n* FOOD TECH Baumwollsaatöl *nt*
couch:[1] **~ press** *n* PAPER Gautschpresse *f*; **~ roll** *n* PAPER Gautschwalze *f*; **~ roll jacket** *n* PAPER Gautschwalzenbezug *m*
couch[2] *vt* PAPER gautschen
Couette: **~ flow** *n* FLUID PHYS Couettesche Strömung *f*
coulomb *n (C)* ELEC ENG, ELECT, METROL, PHYS Coulomb *nt (C)*
Coulomb: **~ barrier** *n* RAD PHYS Coulombsche Barriere *f*; **~ energy** *n* RAD PHYS *electron interaction* Coulombsche Energie *f*; **~ gage** *n AmE*, **~ gauge** *n BrE* PHYS Coulombsche Waage *f*; **~ repulsion** *n* PHYS Coulombsche Abstoßung *f*
coulombmeter *n see coulometer*
Coulomb's: **~ law** *n* ELECT *electrostatics*, PHYS Coulombsches Gesetz *nt*; **~ theorem** *n* PHYS Coulombsche Fließbedingung *f*; **~ torsion balance** *n* PHYS Coulombsche Torsionswaage *f*
coulometer *n* CHEMISTRY Coulometer *nt*, ELEC ENG Coulometer *nt*, Ladungsmengenmesser *m*, Voltameter *nt*, ELECT Ladungsmeßgerät *nt*, PHYS Coulometer *nt*, Voltameter *nt*
coumalic *adj* CHEMISTRY Cumalin- *pref*
coumalin *n* CHEMISTRY Cumalin *nt*
coumaran *n* CHEMISTRY Cumaran *nt*
coumaric *adj* CHEMISTRY Cumar- *pref*
coumarin *n* CHEMISTRY Cumarin *nt*, Cumarinsäureanhydrid *nt*
coumarone: **~ resin** *n* PLAS Coumaronharz *nt*
count *n* INSTR Anzahl *f*, Zählerstand *m*, Zählimpuls *m*, Zählschritt *m*, Zählung *f*, Zählvorgang *m*, gezählter Impuls *m*, TEXT Titer *m*; **~-down counter** *n* INSTR Rückwärtszähler *m*; **~ rate meter** *n* INSTR Zählgeschwindigkeitsmesser *m*; **~-up counter** *n* INSTR Vorwärtszähler *m*
countdown *n* SPACE Countdown *m*
counter *n* COMP & DP, CONTROL Zähler *m*, ELECT Zähler *m*, Zählwerk *nt*, ELECTRON Zähler *m*, *circuit engineering* Zählschaltung *f*, *register* Zählwerk *nt*, INSTR Frequenzzähler *m*, Zahlenrollenwerk *nt*, Zähler *m*, Zählregister *nt*, Zählwerk *nt*, digitaler Frequenzzähler *m*, digitales Drehzahlmeßgerät *nt*, MECHAN ENG Zähler *m*, PROD ENG Drehzähler *m*, Zählwerk *nt*, RAD TECH Zähler *m*, TELECOM *desk* Schaltertisch *m*, *register* Zähler *m*, Zählwerk *nt*, WATER TRANS *shipbuilding* Gillung *f*; **~ circuit** *n* ELECTRON Zählerschaltung *f*; **~ electromotive force** *n (cemf)* AIR TRANS, ELEC ENG, ELECT, RAIL gegenelektromotorische Kraft *f (Gegen-EMK)*; **~ flange** *n* MECHAN ENG, NUC TECH Gegenflansch *m*; **~ frequency meter** *n* INSTR Zählfrequenzmeßgerät *nt*; **~ mechanism** *n* INSTR Zählwerk *nt*; **~-revolving axial fan** *n* AIR TRANS gegenläufiger Axiallüfter *m*; **~-rotating propellers** *n pl* AIR TRANS gegenläufige Propeller *m pl*; **~ stern** *n* WATER TRANS *shipbuilding* Gillungsheck *nt*, Jachtheck *nt*; **~ streamline** *n* HYD EQUIP Gegenstromlinie *f*; **~ top machine** *n* PACK Kasse *f*; **~ tube** *n* ELECTRON, INSTR Zählrohr *nt*; **~ tube probe** *n* NUC TECH Zählrohrsonde *f*
counteracting: **~ force** *n* MECHAN ENG Gegenkraft *f*
counterbalance *n* AIR TRANS, MECHAN ENG Gegengewicht *nt*, MECHANICS Bremsgewicht *nt*, Gegengewicht *nt*, Massenausgleich *m*
counterbalancing *n* MECHAN ENG *wheels* Auswuchten *nt*, Wuchten *nt*
counterbore[1] *n* MECHAN ENG Aufbohrung *f*, Einsenkung *f*, Senkung *f*, *tool* Senker *m*, Stirnsenker *m*
counterbore[2] *vt* MECHAN ENG aufbohren, ausbohren
counterboring *n* MECHAN ENG Aufbohren *nt*, Ausbohren *nt*, MECHANICS Versenken *nt*
counterclockwise[1] *adj (ccw)* INSTR linksdrehend
counterclockwise[2] *adv (ccw)* INSTR gegen den Uhrzeigersinn
counterclockwise:[3] **~ rotation** *n* MECHANICS Rotation im Gegenuhrzeigersinn *f*
countercurrent *n* ELEC ENG Gegenstrom *m*; **~ classifier** *n* COAL TECH Gegenstromklassierer *m*; **~ diffusion plant** *n* NUC TECH Gegenstromdiffusionsanlage *f*
counterflooding *n* WATER TRANS Gegenflutung *f*
counterflow *n* COAL TECH, MECHAN ENG Gegenstrom *m*; **~ condensation** *n* HEAT & REFRIG Gegenstromkondensation *f*; **~ cooling** *n* HEAT & REFRIG Gegenstromkühlung *f*; **~-cooling tower** *n* HEAT & REFRIG Gegenstromkühlturm *m*; **~ heat exchanger** *n* FOOD TECH, HEAT & REFRIG Gegenstromwärmeaustauscher *m*
countergear *n* MECHAN ENG Vorgelegerad *nt*
counterlath *n* CONST Putzleiste *f*
counterpoise *n* RAD TECH Gegengewicht *nt*; **~ bridge** *n* CONST Klappbrücke *f*
counterpunch *n* MECHAN ENG Gegenstempel *m*
countershaft *n* AUTO, MECHAN ENG Vorgelegewelle *f*; **~ gear** *n* AUTO Vorgelegewelle *f*
countershafting *n* MECHAN ENG Vorgelege *nt*
countersink[1] *n* MECHAN ENG Kegelsenker *m*, Senker *m*, Spitzsenker *m*
countersink[2] *vt* MECHANICS ansenken
countersinking *n* MECHAN ENG Kegeligsenken *nt*, Senken *nt*, Spitzsenken *nt*
countersunk: **~ button-head rivet** *n* CONST Senkkopfniet

nt; ~ **head** *n* MECHAN ENG *of screw* Senkkopf *m*; ~ **head-bolt** *n* CONST Bolzen mit versenktem Kopf *m*; ~**-head rivet** *n* MECHAN ENG Senkniet *m*; ~**-head screw** *n* MECHAN ENG Senkkopfschraube *f*, Senkschraube *f*, MECHANICS Senkschraube *f*; ~ **mount** *n* PHOTO *camera lens* versenkte Fassung *f*; ~ **nut** *n* NUC TECH Senkschraubenmutter *f*; ~ **rivet** *n* MECHAN ENG Senkniet *m*; ~ **riveting** *n* CONST Senkkopfvernietung *f*; ~ **screw** *n* MECHAN ENG Senkschraube *f*; ~ **setting** *n* PHOTO *camera lens* versenkte Fassung *f*

countertest *n* MECHAN ENG Gegenprobe *f*

counterweight *n* CONST Ausgleichgewicht *nt*, Gegengewicht *nt*, MECHAN ENG, MECHANICS, RECORD *of record player arm* Gegengewicht *nt*

counting: ~ **coder** *n* INSTR Zählcodierer *m*; ~ **device** *n* PACK Zählautomat *m*; ~ **instrument** *n* INSTR Zählgerät *nt*, elektrisches Zählgerät *nt*; ~ **pulse generator** *n* INSTR Zählimpulsgeber *m*; ~ **rate** *n* ELECTRON Zählgeschwindigkeit *f*; ~ **result** *n* INSTR Zählergebnis *nt*; ~ **station** *n* TRANS Zählstelle *f*; ~ **tube** *n* RAD PHYS Zählrohr *nt*

country: ~ **code** *n* TELECOM Landeskennzahl *f*

couple[1] *n* ELEC ENG Paar *nt*, Plattenpaar *nt*, MECHAN ENG Paar *nt*, PHYS Thermopaar *nt*; ~ **close roof** *n* CONST Satteldach *nt*

couple[2] *vt* MECHAN ENG *shafts*, PROD ENG kuppeln, RAIL ankuppeln; ~ **in parallel** *vt* ELEC ENG paarweise parallel schalten

coupleable *adj* RAIL koppelbar

coupled[1] *adj* ELEC ENG gekoppelt, verbunden, MECHAN ENG gekuppelt

coupled:[2] ~ **circuits** *n pl* ELEC ENG angekoppelte Stromkreise *m pl*, ELECT gekoppelte Stromkreise *m pl*; ~ **lid-base bottle tray** *n* PACK kombinierter Deckel-Böden-Flaschenkarton *m*; ~ **modes** *n pl* OPT, TELECOM gekoppelte Moden *f pl*; ~ **oscillators** *n pl* PHYS gekoppelte Oszillatoren *m pl*; ~ **rangefinder** *n* PHOTO gekoppelter Entfernungsmesser *m*; ~ **speed and F-stop setting** *n* PHOTO gekoppelte Verschluß- und Blendeneinstellung *f*; ~ **systems** *n pl* PHYS gekoppelte Systeme *nt pl*

coupler *n* ACOUSTICS Koppler *m*, Kopplungsspule *f*, COMP & DP Koppler *m*, ELEC ENG Gerätesteckvorrichtung *f*, Koppler *m*, Kopplung *f*, Kopplungsspule *f*, Stecker *m*, Steckvorrichtung *f*, ELECT *plug and socket connection* Steckverbindung *f*, MECHAN ENG Koppel *f*, OPT Koppelelement *nt*, Koppler *m*, PROD ENG *kinematics* Kupplung *f*, RAD TECH, TELECOM Koppler *m*; ~ **connector** *n* ELECT Anschlußstecker *m*; ~ **coordination** *n* PROD ENG *kinematics* Koppelzuordnung *f*; ~ **curve** *n* PROD ENG *kinematics* Koppelkurve *f*; ~ **link** *n* PROD ENG *kinematics* Koppelmittellinie *f*; ~ **loss** *n* OPT Kopplerverlust *m*, Verlust im Koppelelement *m*, TELECOM Verlust im Koppler *m*; ~ **plane** *n* PROD ENG *kinematics* Koppelebene *f*

coupling *n* AIR TRANS Kopplung *f*, Kupplung *f*, AUTO, COMP & DP Kopplung *f*, ELEC ENG Anschlußstück *nt*, Kupplungsstück *nt*, Verbindungsstück *nt*, Flansch *m*, ELECT Induktionskopplung *f*, Kopplung *f*, INSTR Kopplung *f*, MECHAN ENG *connection* nicht schaltbare Kupplung *f*, *device* Kuppelvorrichtung *f*, *piece* Kupplungsstück *nt*, MECHANICS, PHYS Kopplung *f*, Kupplung *f*, Verbindung *f*, PROD ENG Kopplung *f*, *plastic valves* Anschluß *m*, RAIL Kupplung *f*, TELECOM *waveguide* Flansch *m*, Kopplung *f*, WATER TRANS *engine* Kupplung *f*; ~ **agent** *n* PLAS Haftvermittler *m*; ~ **box** *n* MECHAN ENG Kupplungsmuffe *f*; ~ **buffer** *n* AIR TRANS Kupplungsdämpfer *m*, Kupplungspuffer *m*; ~ **capacitor** *n* ELECT, PHYS Kopplungskondensator *m*; ~ **coefficient** *n (k)* ELECT, PHYS Kopplungskoeffizient *m (k)*; ~ **coil** *n* ELECT Kopplungsspule *f*; ~ **constant** *n* MECHANICS, NUC TECH *of interaction*, PHYS Kopplungskonstante *f*; ~ **cover** *n* AIR TRANS *helicopter* Kupplungsgehäuse *nt*; ~ **efficiency** *n* OPT Ankoppelungswirkungsgrad *m*, Koppelwirkungsgrad *m*, TELECOM Koppelwirkungsgrad *m*; ~ **flange** *n* MECHAN ENG Kupplungsflansch *m*, MECHANICS, PHYS Anschlußflansch *m*; ~ **hook** *n* MECHAN ENG, RAIL Kupplungshaken *m*; ~ **hose** *n* RAIL Kuppelschlauch *m*; ~ **impedance** *n* ELECT Kopplungsimpedanz *f*, Übertragungswiderstand *m*; ~ **joint** *n* MECHAN ENG Kupplungsgelenk *nt*; ~ **link** *n* MECHAN ENG Verbindungsglied *nt*; ~ **loop** *n* ELEC ENG Kopplungsschleife *f*; ~ **loss** *n* OPT Ankoppelungsverlust *m*, Koppelverlust *m*, TELECOM Koppeldämpfung *f*, Koppelverlust *m*; ~ **network** *n* INSTR Ankoppelschaltung *f*, Koppelnetzwerk *nt*, Koppelschaltung *f*, Kopplungsnetz *nt*; ~ **nut** *n* MECHAN ENG Spannmutter *f*; ~ **pin** *n* MECHAN ENG Kupplungsbolzen *m*; ~ **resistance** *n* ELECT Kopplungswiderstand *m*; ~ **ring** *n* MECHAN ENG Zugöse *f*; ~ **rod** *n* RAIL Kuppelstange *f*; ~ **sleeve** *n* MECHAN ENG Muffe *f*, *pipe fitting* Kupplungsmuffe *f*, Verbindungsmuffe *f*, MECHANICS, PHYS Kupplungshülse *f*; ~ **transformer** *n* ELEC ENG Koppelspule *f*, Kopplungstrafo *m*, Kopplungstransformator *m*, Kopplungsübertrager *m*, ELECT Kopplungstransformator *m*

course:[1] **on** ~ *adj* WATER TRANS *navigation* auf Kurs

course[2] *n* CER & GLAS *of bricks, blocks* Lage *f*, Schicht *f*, CONST Schicht *f*, Verlauf *m*, PHYS *experiment* Ablauf *m*, PROD ENG Schicht *f*, TEXT Reihe *f*, WATER TRANS *navigation* Kurs *m*; ~ **alignment** *n* AIR TRANS *instrument landing system* Kurseinstellung *f*; ~ **analysis** *n* ERGON Kursanalyse *f*; ~ **angle** *n* AIR TRANS Kurswinkel *m*; ~**-blip pulse** *n* TELECOM Kurs-Blip-Impuls *m*; ~ **of the function** *n* IND PROCESS Funktionsverlauf *m*; ~ **indicator** *n* AIR TRANS, WATER TRANS *navigation* Kursanzeiger *m*; ~ **indicator selector** *n* AIR TRANS kursanzeigender Kurswähler *m*; ~ **line** *n* AIR TRANS *instrument landing system* Kurslinie *f*; ~ **made good** *n* WATER TRANS *navigation* Kurs über Grund *m*; ~ **selector** *n* AIR TRANS Kursgeber *m*; ~ **to steer** *n* WATER TRANS Kurs durch Wasser *m*; ~ **tracer** *n* AIR TRANS Kursindikator *m*; ~ **of training for rescue work** *n* SAFETY Lebensrettungskurs *m*

courseware *n* COMP & DP Kursmaterial *nt*

coursing *n* COAL TECH Schichtenanordnung *f*

courtesy: ~ **ensign** *n* WATER TRANS *flags* Gastlandflagge *f*; ~ **flag** *n* WATER TRANS *flags* Gastlandflagge *f*

covalence *n* NUC TECH Bindungswertigkeit *f*, Kovalenz *f*

covalency *n* NUC TECH Kovalenz *f*, kovalente Bindung *f*

covalent: ~ **bond** *n* METALL kovalente Bindung *f*

covariance *n* COMP & DP Kovarianz *f*

cover *n* AUTO *of tyre* Laufdecke *f*, Mantel *m*, CONST Abdeckung *f*, Belag *m*, HYD EQUIP Deckel *m*, MECHANICS Hülle *f*, Schutzhaube *f*, Verschlußdeckel *m*, PRINT *of book* Einband *m*, PROD ENG Abdeckplatte *f*, SAFETY Abdeckung *f*, Haube *f*, *gear case* Schutzabdeckung *f*, TEXT Fadenschluß *m*; ~ **cap** *n* NUC TECH Abdeckung *f*; ~ **coat** *n* CER & GLAS Deckmasse *f*; ~ **gas** *n* NUC TECH Schutzgas *nt*; ~ **gas discharge line** *n* NUC

TECH Abdeckplatte *f*, Schutzgasabfuhrleitung *f*; ~ **glass** *n* CER & GLAS, LAB EQUIP Deckglas *nt*; ~ **glass gage** *n AmE*, ~ **glass gauge** *n BrE* CER & GLAS Deckmeßglas *nt*; ~ **plate** *n* PROD ENG Lasche *f*; ~ **slab** *n* NUC TECH Abdeckplatte *f*; ~ **slip** *n* LAB EQUIP Deckglas *nt*; ~ **strip** *n* MECHAN ENG Deckleiste *f*; ~ **strip of root rib** *n* AIR TRANS Abdeckung für Schaftrippe *f*; ~ **tile** *n* CER & GLAS *BrE (cf spout cover AmE)* Deckziegel *m*, Abdeckplatte *f*

coverage *n* INSTR Erfassungsbereich *m*, Reichweite *f*, Überdeckung *f*, PROD ENG Bereich der Überstreichung *m*, RAD TECH Bedeckung *f*, Versorgung *f*, TELECOM Bedeckung *f*, Flächendeckung *f*, Funkversorgung *f*, Reichweite *f*, räumliche Ausdehnung *f*; ~ **area** *n* RAD TECH Versorgungsbereich *m*

coverall *n* TEXT Schlaf- und Strampelanzug *m*

covered[1] *adj* ELEC ENG umflochten, umhüllt, ELECT bedeckt, umhüllt

covered:[2] ~ **car** *n AmE (cf covered wagon BrE)* RAIL gedeckter Wagen *m*; ~ **container** *n* TRANS geschlossener Container *m*; ~ **drain** *n* WASTE überdeckter Abzugsgraben *m*; ~ **electrode** *n* CONST Mantelelektrode *f*; ~ **wagon** *n BrE (cf covered car AmE)* RAIL gedeckter Wagen *m*; ~ **yarn** *n* TEXT Umwindungsgarn *nt*, umzwirntes Garn *nt*

covering *n* AUTO *of car seat* Sitzbezug *m*, CONST Abdeckung *f*, Deckschicht *f*, PHOTO *of camera* Kamerahülle *f*; ~ **board** *n* WATER TRANS *shipbuilding* Schandeckel *m*; ~ **layer** *n* WASTE Deckschicht *f*; ~ **material** *n* WASTE Abdeckmaterial *nt*; ~ **paint** *n* PLAS Deckfarbe *f*; ~ **power** *n* PLAS *paint* Deckkraft *f*, Deckvermögen *nt*

covibrate *vt* PROD ENG mitschwingen

cow: ~ **catcher** *n* RAIL Schienenräumer *m*

cowl *n* AIR TRANS *motor* Abdeckhaube *f*, CONST Schachtabdeckung *f*, Schornsteinaufsatz *m*, HEAT & REFRIG Lüfterkragen *m*, Lüfterhaube *f*, Schornsteinaufsatz *m*, MECHANICS Aufsatz *m*, Haubenverkleidung *f*; ~ **flap** *n* AIR TRANS *engine* Kühlluftregulierklappe *f*

cowling *n* AIR TRANS Motorverkleidung *f*, Triebwerkverkleidung *f*

Cowper: ~ **stove** *n* CER & GLAS Cowperscher Winderhitzer *m*, HEAT & REFRIG, THERMODYN Winderhitzer *m*

coxswain *n* WATER TRANS *crew* Bootsführer *m*

Cp *abbr (heat capacity at constant pressure)* METROL Cp *(Wärmekapazität bei konstantem Druck)*

CP *abbr* MECHAN ENG *(circular pitch)* Circular-Pitch *m*, Zahnteilung im Teilkreis *f*, PLAS *(cellulose proprionate)* Celluloseproprionat *nt*

CPE *abbr (chlorinated polyethylene)* PLAS PE-C *(chloriertes Polyethylen)*

CPFSK *abbr (continuous phase frequency shift keying)* ELECTRON, RAD TECH, TELECOM CPFSK *(phasenkontinuierliche Frequenzumtastung)*

cph *abbr (characters per hour)* PRINT Z/Std *(Zeichen pro Stunde)*

cpi *abbr (characters per inch)* PRINT Zeichen pro Zoll *nt pl*

CPM *abbr (critical path method)* COMP & DP CPM *(Methode des kritischen Weges)*

C-process *n* PROD ENG Formmaskenverfahren *nt*

cps *abbr (characters per second)* COMP & DP, PRINT Z/Sek *(Zeichen pro Sekunde)*

CPSK *abbr (coherent phase shift keying)* TELECOM kohärente Phasenumtastung *f*

CPT[1] *abbr (capacitive pressure transducer)* PHYS kapazitiver Druckwandler *m*

CPT:[2] ~ **theorem** *n (charge conjugation parity operation time reversal theorem)* PHYS CPT-Theorem *nt*

CPU *abbr (central processing unit)* COMP & DP CPU *(zentrale Rechnereinheit)*, TELECOM CPU *(Zentraleinheit)*

cpvc *abbr (critical pigment volume concentration)* PLAS KPK *(kritische Pigmentvolumenkonzentration)*

CPVC *abbr (chlorinated polyvinyl chloride)* PLAS PVC-C *(chloriertes Polyvinylchlorid)*

CQR: ~ **anchor** *n (Danford anchor, coastal quick release anchor)* WATER TRANS CQR-Anker *nt (Danford-Anker)*

Cr *(chromium)* CHEMISTRY Cr *(Chrom)*

CR *abbr* ACOUSTICS *(rotational compliance)* CR *(Rotationsauslenkung)*, PLAS *(chloroprene rubber)* CPK *(Chloroprenkautschuk)*

crab *n* CONST *of crane*, NUC TECH *of pressure vessel*, PROD ENG Laufkatze *f*; ~ **angle** *n* AIR TRANS Schiebewinkel *m*

crack[1] *n* COAL TECH Bruch *m*, Riß *m*, Spalte *f*, COATINGS Riß *m*, Spalte *f*, Öffnung *f*, CONST *geology* Riß *m*, Spalt *m*, MECHANICS Bruch *m*, Riß *m*, METALL Bruch *m*, Riß *m*, Spalt *m*, TEXT Streifen *m*; ~**-arrest temperature** *n* METALL Rißauffangtemperatur *f*; ~ **branching** *n* METALL Rißverzweigung *f*; ~ **detector** *n* MECHAN ENG Rißsucher *m*, NUC TECH Rißsucher *m*, Rißsuchgerät *nt*; ~ **extension force** *n* METALL Rißausdehnungskraft *f*; ~ **formation** *n* METALL Rißbildung *f*; ~ **initiation** *n* METALL Rißingangsetzung *f*; ~ **leakage flux** *n* PROD ENG Streufluß über der Fehlstelle *m*; ~ **nucleation** *n* METALL Rißkernbildung *f*; ~**-off** *n* CER & GLAS Absprеng- *pref*; ~**-off iron** *n AmE (cf wetting-off iron BrE)* CER & GLAS Absprenghaken *m*, Streicheisen *nt*; ~**-opening displacement** *n* NUC TECH Rißöffnungsverschiebung *f*; ~**-opening stretch** *n* NUC TECH Rißerweiterung *f*; ~ **propagation rate** *n* NUC TECH Rißausbreitungsgeschwindigkeit *f*; ~ **resistance** *n* PLAS Rißbeständigkeit *f*; ~ **tip** *n* METALL Rißspitze *f*; ~ **velocity** *n* METALL Rißgeschwindigkeit *f*

crack[2] *vt* COATINGS einreißen, reißen

cracked *adj* MECHANICS gerissen, gesprungen

cracker *n* COAL TECH Brechwalze *f*

cracking *n* CONST Rißbildung *f*, MECHANICS Anriß *m*, Aufspalten *nt*, Rißbildung *f*, PET TECH Cracken *nt*, Kracken *nt*, PLAS Rißbildung *f*, TEST Reißen *nt*, Springen *nt*; ~ **coal** *n* CER & GLAS Spaltkohle *f*; ~**-off** *n* CER & GLAS Absprengen *nt*; ~ **ring** *n* CER & GLAS Absprengring *m*; ~ **tool** *n* CER & GLAS Absprengwerkzeug *nt*

crackle *n* ACOUSTICS Knacken *nt*, Knistern *nt*, Prasseln *nt*, RECORD Knistern *nt*

cradle *n* CONST Hängebühne *f*, MECHAN ENG Gestell *nt*, *tooling* Schlitten *m*, MECHANICS Gestell *nt*, Lagerstuhl *m*, Rohrwiege *f*, Schlitten *m*, PROD ENG *metal cutting* Wälztrommel *f*, WATER TRANS Bootslagerung *f*, Slipwagen *m*; ~ **dynamo** *n* ELECT Dynamo mit englischer Rahmenmontierung *m*; ~ **machine** *n* CONST Reinigungswagen *m*; ~ **switch** *n* TELECOM Gabelumschalter *m*

craft *n* WATER TRANS Fahrzeug *nt*

cramp[1] *n* MECHAN ENG Klammer *f*, Krampe *f*, Zwinge *f*

cramp[2] *vt* MECHAN ENG anklammern, PROD ENG verklammern

cramping *n* TELEV Klammern *nt*

crane *n* MECHAN ENG, MECHANICS, WATER TRANS Kran *m*; **~ barge** *n* PET TECH Kranschiff *nt*; **~ helicopter** *n* AIR TRANS Schwerlasthubschrauber *m*; **~ hook** *n* CONST Kranlasthaken *m*; **~ jib** *n* MECHANICS Kranauslegearm *m*, Kranausleger *m*, Krandreharm *m*; **~ ladle** *n* PROD ENG *kinematics* Kranpfanne *f*; **~ leg** *n* CONST Kranbein *nt*; **~ operator** *n* CONST, WATER TRANS Kranführer *m*; **~ post** *n* MECHAN ENG Kransäule *f*; **~ rail** *n* CONST Kranschiene *f*

craneway *n* CONST Kranlaufbahn *f*

crank[1] *n* AUTO *engine*, MECHAN ENG Kurbel *f*, MECHANICS Handkurbel *f*, PROD ENG Kulisse *f*, Kurbel *f*; **~ arm** *n* MECHAN ENG Kurbelwange *f*; **~ bearing** *n* MECHAN ENG Kurbellager *nt*; **~ brace** *n* MECHAN ENG Bohrkurbel *f*, Handbohrmaschine *f*; **~ cheek** *n* MECHAN ENG Kurbelwange *f*; **~ drive** *n* MECHAN ENG Kurbeltrieb *m*; **~-end dead-center** *n AmE*, **~-end dead-centre** *n BrE* MECHAN ENG kurbelwellenseitiger Totpunkt *m*; **~ handle** *n* MECHAN ENG Kurbel *f*, Kurbelgriff *m*; **~ mechanism** *n* MECHAN ENG Kurbelgetriebe *nt*, Kurbeltrieb *m*; **~ press** *n* MECHAN ENG Kurbelpresse *f*; ~ switch *n* AIR TRANS Anlasserkurbel *f*, Triebwerkstarter *m*; **~ web** *n* AUTO, MECHAN ENG Kurbelwange *f*; **~ wheel** *n* MECHAN ENG Kurbelrad *nt*

crank[2] *vt* AIR TRANS ankurbeln, anlassen, MECHAN ENG kröpfen, PROD ENG ankurbeln, kröpfen

crankcase *n* AUTO Kurbelgehäuse *nt*, Motorgehäuse *nt*, MECHANICS Kurbelgehäuse *nt*, PROD ENG Kurbelwanne *f*, Kurbelgehäuse *nt*; **~ bottom half** *n* AUTO Kurbelwannensumpf *m*, Kurbelgehäuseunterteil *nt*; **~ breather** *n* AUTO Kurbelgehäuseentlüfter *m*; **~ top half** *n* AUTO Kurbelgehäuseoberteil *nt*; **~ ventilation** *n* AUTO Kurbelgehäusebelüftung *f*; **~ ventilator** *n* AUTO Kurbelgehäuseentlüfter *m*

cranked[1] *adj* MECHAN ENG gekröpft

cranked:[2] **~ tool** *n* MECHAN ENG *metal turning* Seitenstahl *m*, gebogener Meißel *m*

cranking *n* AIR TRANS *piston engine* Anlassen *nt*, MECHAN ENG Kröpfen *nt*

crankpin *n* AUTO Kurbelwellenzapfen *m*, Zapfen der Kurbelwelle *m*, Kurbelzapfen *m*, MECHAN ENG *engine* Kurbelzapfen *m*, MECHANICS Kurbelgriff *m*, Kurbelzapfen *m*, PROD ENG Hubzapfen *m*, Kurbelzapfen *m*

crankshaft *n* AUTO, MECHAN ENG, PROD ENG, WATER TRANS Kurbelwelle *f*; **~ bearing** *n* AUTO *engine*, MECHAN ENG Kurbelwellenlager *nt*; **~ drill** *n* MECHAN ENG Kurbelwellenbohrer *m*; **~ drive** *n* AUTO Kurbeltrieb *m*; **~ front end** *n* AUTO Vorderzapfen der Kurbelwelle *m*; **~ lathe** *n* MECHAN ENG Kurbelwellendrehmaschine *f*

crash[1] *n* COMP & DP Absturz *m*, Programmabsturz *m*; **~ barrier** *n* SAFETY, TRANS *BrE road* Leitplanke *f*; **~ switch** *n* AIR TRANS Notschalter *m*

crash:[2] **~ into** *vt* SAFETY krachen

crash[3] *vi* COMP & DP abstürzen

crate *n* PACK Flaschenkasten *m*; **~ liners** *n pl* PAPER Gitterkisteneinlage *f*; **~ pallet** *n* TRANS Gitterboxpalette *f*

crater[1] *n* MECHAN ENG *cutting tool* Kolk *m*, *surface* Auskolkung *f*, PLAS *paint* Krater *m*, PROD ENG Auskohlung *f*, Kolkung *f*, Schweißkrater *m*, Kolk *m*; **~ drip** *n BrE* CER & GLAS Einfallstellentropfen *nt*; **~ wear** *n* MECHAN ENG Kolkverschleiß *m*, PROD ENG Auskolkung *f*

crater[2] *vt* PROD ENG Krater bilden, auskohlen

cratering *n* PROD ENG Kolkbildung *f*, Kraterbildung *f*

crawler *n* MECHAN ENG Raupenkette *f*, MECHANICS Kettenlaufwerk *nt*, Raupe *f*; **~ track** *n* MECHAN ENG Raupenkette *f*; **~ vehicle** *n* MECHAN ENG Raupenfahrzeug *nt*

crawling *n* ELEC ENG Schleichen *nt*, PLAS *paint* Kraterbildung *f*; **~ current** *n* TELEV Kriechstrom *m*

craze[1] *n* TEXT Haarriß *m*

craze[2] *vi* CER & GLAS reißen

crazing *n* CER & GLAS *on tiles, glass* Haarrißbildung *f*, CONST Netzrißbildung *f*, PLAS Craze-Bildung *f*, Fließzonenbildung *f*, *rubber* Bewitterungshaut *f*, Crazing-Effekt *m*, Elefantenhaut *f*, PROD ENG *casting* Brandriß *m*, Haarrißbildung *f*

CRC *abbr* COMP & DP *(cyclic redundancy check)*, ELECTRON *(cyclic redundancy check)*, IND PROCESS *(cyclic redundancy check)* CRC *(zyklische Blockprüfung)*, PACK *(child-resistant closure)* Kindersicherungsverschluß *m*, PRINT *(camera ready copy)* druckreife Vorlage *f*, reprofähige Vorlage *f*, TELECOM *(cyclic redundancy check)* CRC *(zyklische Blocksicherung)*

CRCA *abbr (cold-rolled and annealed)* METALL CRCA *(kalt gewalzt und ausgeglüht)*

cream: **~ separator** *n* FOOD TECH Entrahmungszentrifuge *f*, Milchschleuder *f*; **~ of tartar** *n* FOOD TECH Weinstein *m*

creamed: **~ latex** *n* PLAS *rubber* aufgerahmter Latex *m*

creaming *n* PLAS Aufrahmen *nt*, Aufrahmung *f*; **~ agent** *n* PLAS *rubber* Aufrahmmittel *nt*

crease[1] *n* PAPER Kniff *m*, PROD ENG Sicke *f*, TEXT Falte *f*, Knitter *m*; **~ and glueing machine** *n* PACK Falz- und Anleimmaschine *f*; **~ recovery** *n* TEXT Knittererholung *f*; **~ resistance** *n* TEXT Knitterfestigkeit *f*; **~-resist finish** *n* TEXT Knitterfestausrüstung *f*

crease[2] *vt* PACK falzen, PROD ENG falten, sicken, TEXT knittern

create *vt* COMP & DP anlegen, erstellen

creation *n* COMP & DP Erstellung *f*

credit: **~ card call** *n* TELECOM Kreditkartenanruf *m*

creek *n* WATER TRANS *AmE geography* Flüßchen *nt*, kleiner Wasserlauf *m*, WATER TRANS *BrE geography* schmale Meeresbucht *f*

creel *n* TEXT Aufsteckgatter *nt*, Spulengatter *nt*

creep *n* COAL TECH Kriechen *nt*, CONST Fließen *nt*, Kriechen *nt*, MECHANICS, METALL, PET TECH Kriechen *nt*, PLAS Kaltfließen *nt*, Kriechen *nt*, PROD ENG Dehnschlupf *m*; **~ curve** *n* PLAS Zeitdehnlinie *f*; **~ loading** *n* TEST Kriechbeanspruchung *f*; **~ properties** *n pl* MECHANICS Kriecheigenschaften *f pl*, Kriechverhalten *nt*; **~ resistance** *n* PLAS Kriechfestigkeit *f*; **~ rupture elongation** *n* METALL Kriechbruchdehnung *f*; **~ strain** *n* MECHAN ENG Kriechdehnung *f*; **~ strain limit** *n* METALL Zeitdehngrenze *f*; **~ strength** *n* COAL TECH Dauerstandkriechgrenze *f*, METALL Dauerdehngrenze *f*, Dauerstandkriechgrenze *f*, PLAS Zeitstandfestigkeit *f*; **~ stress** *n* PLAS Zeitdehnspannung *f*; **~ test** *n* METALL Standversuch *m*, PLAS Zeitstandversuch *m*, TEST Kriechversuch *m*, Zeitstandversuch *m*

creeping *n* MECHAN ENG Kriechen *nt*; **~ motion** *n* FLUID PHYS Kriechbewegung *f*, schleichende Bewegung *f*

creosote *n* CHEMISTRY Kreosot *nt*

crepe *n* TEXT Crêpe *m*; **~ bandage** *n* TEXT Kreppverband *m*; **~ paper** *n* PACK, PAPER Kreppapier *nt*; **~ rubber** *n* PLAS Crêpe-Kautschuk *m*

creped *adj* PAPER gekreppt

creping *n* PAPER Kreppen *nt*
crescent:[1] **--shaped** *adj* GEOM halbmondförmig
crescent[2] *n* PROD ENG sichelförmiges Widerlager *nt*
cresol: **~ resin** *n* PLAS Cresolharz *nt*
crest *n* CONST Dachfirst *m*, *of dam* Dammkrone *f*, Kuppe *f*, FUELLESS Kamm *m*, PROD ENG Scheitel *m*, Schwingungsbauch *m*, Spitze *f*, Zahnkopf *m*, WATER SUP *of dam* Dammkrone *f*; **~ clearance** *n* PROD ENG *kinematics* Kopfspiel *nt*, Spitzenspiel *nt*; **~ factor** *n* ELEC ENG Crestfaktor *m*; **~ height** *n* FUELLESS Kammhöhe *f*; **~ tile** *n* CONST Firstziegel *m*; **~ track** *n* MECHAN ENG *gearwheel* Kopfbahn *f*; **~ truncation** *n* PROD ENG Gewindespitzenabrundung *f*; **~ value** *n* INSTR Maximalwert *m*, Scheitelwert *m*, Spitzenwert *m*, maximaler Wert *m*; **~ of a weir** *n* WATER SUP Wehrkrone *f*
cretaceous: **~ period** *n* PET TECH Kreide *f*
crevice *n* COAL TECH Mauerspalt *m*, PROD ENG Riß *m*
crew *n* AIR TRANS Besatzung *f*, Servicepersonal *nt*, PET TECH Mannschaft *f*, WATER TRANS Besatzung *f*, Mannschaft *f*; **~ compartment** *n* AIR TRANS Besatzungskabine *f*, Personalabteil *nt*; **~ entry tunnel** *n* SPACE *spacecraft* Mannschaftsschleuse *f*; **~ list** *n* WATER TRANS Mannschaftsliste *f*; **~ operating manual** *n* AIR TRANS Betriebsanleitung für die Besatzung *f*
crew's: **~ quarters** *n pl* WATER TRANS Mannschaftsräume *m pl*
cribbing *n* WATER TRANS *shipbuilding* Kielstapelung *f*
cribble *n* COAL TECH Rätter *m*
crime: **~ prevention device** *n* SAFETY Verbrechensverhütung *f*
crimp[1] *n* CER & GLAS Falte *f*, TEXT Kräuselung *f*; **--on closure** *n* PACK seitlich angepreßter Verschluß *m*; **~ paper cup** *n* PACK gebördelter Papierbecher *m*
crimp[2] *vt* ELEC ENG quetschen, MECHAN ENG sicken, MECHANICS bördeln, falzen, umbiegen, RAD TECH quetschen, TEXT kräuseln
crimped[1] *adj* TEXT gekräuselt
crimped:[2] **~ connection** *n* ELEC ENG Quetschverbindung *f*; **~ fiber** *n AmE*, **~ fibre** *n BrE* TEXT Kräuselfaser *f*; **~ yarn** *n* TEXT Kräuselgarn *nt*
crimper *n* CER & GLAS Riffelwalze *f*
crimping *n* MECHAN ENG Bördel- *pref*, Sicken *nt*, Bördeln *nt*; **~ machine** *n* MECHAN ENG Bördelpresse *f*; **~ pliers** *n pl* MECHAN ENG Bördelzange *f*; **~ tool** *n* ELECT Krimpwerkzeug *nt*, MECHAN ENG Bördelwerkzeug *nt*, MECHANICS Kröpfmaschine *f*
cringle *n* WATER TRANS *sailing* Legel *m*
crinkle: **~ washer** *n* MECHAN ENG gewellte Federscheibe *f*
cripple *vt* CONST, MECHAN ENG, PROD ENG ausbeulen
crippling *n* CONST, MECHAN ENG Ausbeulen *nt*, PROD ENG Ausbeulen *nt*, Ausknicken *nt*, Ausscheren *nt*
crisp[1] *adj* TEXT kernig, nervig
crisp:[2] **~ handle** *n* TEXT kerniger Griff *m*
criterion *n* COMP & DP Kriterium *nt*; **~ of failure** *n* MECHANICS Versagenskriterium *nt*
critical[1] *adj* CONTROL kritisch
critical:[2] **~ altitude** *n* AIR TRANS Abbruchhöhe *f*, kritische Höhe *f*; **~ amount** *n* NUC TECH kritische Masse *f*, kritische Menge *f*; **~ angle** *n* OPT, PHYS, PROD ENG, TELECOM Grenzwinkel *m*, kritischer Winkel *m*; **~ assembly** *n* NUC TECH kritische Anordnung *f*, kritischer Aufbau *m*; **~ band** *n* ACOUSTICS Frequenzgruppe *f*, RECORD kritisches Frequenzband *nt*; **~ band intensity** *n* ACOUSTICS Frequenzgruppenintensität *f*; **~ band level** *n* ACOUSTICS Anregungspegel *m*, Frequenzgruppenpegel *m*; **~ band rate** *n* ACOUSTICS Tonheit *f*; **~ band-rate pattern** *n* ACOUSTICS Tonheitsmuster *nt*; **~ band-rate time pattern** *n* ACOUSTICS Tonheitszeitmuster *nt*; **~ band width** *n* ACOUSTICS Frequenzgruppenbreite *f*; **~ compressive force** *n* PROD ENG Knickkraft *f*; **~ concentration** *n* PLAS *polymer* Grenzkonzentration *f*; **~ crack length** *n* METALL kritische Rißlänge *f*; **~ damping** *n* ELEC ENG, PHYS kritische Dämpfung *f*; **~ defect** *n* QUAL kritischer Fehler *m*; **~ density** *n* TRANS *traffic* kritische Dichte *f*; **~ duration** *n* ACOUSTICS Grenzdauer *f*; **~ engine** *n* AIR TRANS *airworthiness* kritisches Triebwerk *nt*; **~ field** *n* ELEC ENG *magnetron* kritisches Feld *nt*; **~ flicker frequency** *n* ELECTRON, RAD TECH, TELEV kritische Flackerfrequenz *f*; **~ fracture stress** *n* METALL kritische Bruchspannung *f*; **~ frequency** *n* ELECTRON, RAD TECH, TELECOM *microwave mode*, TELEV kritische Frequenz *f*; **~ heat flow** *n* NUC TECH kritische Wärmestromdichte *f*; **~ incident** *n* ERGON kritisches Ereignis *nt*; **~ load** *n* MECHAN ENG kritische Last *f*; **~ mass** *n* PHYS kritische Masse *f*; **~ non-conformance** *n* QUAL kritischer Fehler *m*; **~ path** *n* COMP & DP kritischer Pfad *m*, CONST kritischer Weg *m*; **~ path analysis** *n* TEXT Netzplantechnik *f*; **~ path method** *n (CPM)* COMP & DP Methode des kritischen Weges *f (CPM)*; **~ pigment volume concentration** *n (cpvc)* PLAS kritische Pigmentvolumenkonzentration *f (KPK)*; **~ point** *n* MECHAN ENG, PHYS, THERMODYN kritischer Punkt *m*; **~ power unit** *n* AIR TRANS *airworthiness* kritischer Kraftverstärker *m*; **~ pressure** *n* HEAT & REFRIG, PHYS, THERMODYN kritischer Druck *m*; **~ reaction** *n* PHYS, THERMODYN kritische Reaktion *f*; **~ reactor** *n* NUC TECH kritischer Reaktor *m*; **~ resistance** *n* ELECT kritischer Widerstand *m*; **~ resource** *n* COMP & DP kritische Betriebsmittel *nt pl*; **~ section** *n* COMP & DP kritischer Abschnitt *m*; **~ shear strain** *n* METALL kritische Schubspannung *f*; **~ speed** *n* MECHANICS, PHYS kritische Geschwindigkeit *f*; **~ stress** *n* METALL kritische Spannung *f*; **~ temperature** *n* HEAT & REFRIG Ansprechtemperatur *f*, kritische Temperatur *f*, PET TECH, PHYS, THERMODYN kritische Temperatur *f*; **~ temperature curve** *n* PHYS, THERMODYN Temperaturgefahrenkurve *f*, kritische Temperaturkurve *f*; **~ temperature range** *n* PHYS, THERMODYN kritischer Temperaturbereich *m*; **~ voltage** *n* ELEC ENG Grenzspannung *f*, kritische Spannung *f*, ELECT kritische Spannung *f*; **~ water level** *n* WATER SUP kritische Wasserlinie *f*, kritischer Wasserstand *m*; **~ wavelength** *n* PHYS *waveguide* kritische Wellenlänge *f*; **~ wing** *n* AIR TRANS *airworthiness* kritische Tragfläche *f*
crizzle *n* CER & GLAS Kaltriß *m*
crizzled: **~ finish** *n* CER & GLAS gerissene Oberfläche *f*
crocein *n* CHEMISTRY Crocein- *pref*
crochet *n* PROD ENG Haken *m*
crocin *n* CHEMISTRY Crocin *nt*
crockery: **~ maker** *n* CER & GLAS Töpfer *m*; **~ ware** *n* CER & GLAS Haushaltkeramik *f*
crocodile *n* ELECT Alligator- *pref*, RAIL elektrische Mittelführerstandlok mit langen und flachen Aufbauten *f*; **~ clip** *n* ELEC ENG Krokodilklemme *f*, ELECT Alligatorklemme *f*, Krokodilklemme *f*, MECHAN ENG Krokodilklemme *f*; **~ shears** *n pl* MECHAN ENG Handhebelschere *f*
croconic *adj* CHEMISTRY Krokon- *pref*
crocus: **~ cloth** *n* MECHAN ENG Polierleinwand *f*

Crookes: ~ **dark space** *n* ELECTRON Hittorfscher Dunkelraum *m*, PHYS Crookesscher Dunkelraum *m*; ~ **glass** *n* CER & GLAS Crookesglas *nt*; ~ **tube** *n* ELECTRON Crookessche Röhre *f*

crop:[1] ~ **end** *n* PROD ENG Abtrennende *nt*, Schopf *m*; ~ **load** *n* COAL TECH Ausbißbelastung *f*; ~ **waste** *n* WASTE Ernteabfall *m*

crop[2] *vt* PROD ENG schopfen, TEXT scheren

cropping *n* PROD ENG Abschneiden *nt*, Schopfen *nt*, TELEV Beschneiden *nt*, TEXT Tuchscheren *nt*; ~ **shear** *n* PROD ENG Schopfmaschine *f*

cross[1] *n* CER & GLAS, COMP & DP Kreuz *nt*, CONST Kreuzmaß *nt*, Kreuzrohrstück *nt*, PART PHYS, PHYS, RAD PHYS Kreuz *nt*; ~ **assembler** *n* COMP & DP Kreuzassemblierer *m*; ~ **assembly** *n* COMP & DP Kreuzumwandlung *f*; ~ **bevel** *n* CER & GLAS Kreuzanschnitt *m*; ~ **bit** *n* PET TECH Kreuzbohrmeißel *m*; ~ **bombardment** *n* PART PHYS, PHYS, RAD PHYS Kreuzbeschuß *m*; ~**-border systems** *n pl* TELECOM *land mobile* grenzübergreifende Systeme *nt pl*; ~ **brace** *n* WATER TRANS *shipbuilding* Querverstrebung *f*; ~ **break** *n* CER & GLAS Querbruch *m*; ~**-color noise** *n AmE*, ~**-colour noise** *n BrE* TELEV Farbrauschen *nt*; ~ **compilation** *n* COMP & DP Kreuzkompilierung *f*; ~ **compiler** *n* COMP & DP Kreuzkompilierer *m*; ~**-connect cabinet** *n* TELECOM Kabelverzweigerkasten *m*; ~**-connect multiplexer** *n* TELECOM Schaltmultiplexer *m*; ~**-connect unit** *n* TELECOM Rangiereinrichtung *f*; ~ **correlation** *n* TELECOM Kreuzkorrelation *f*; ~**-correlation function** *n* ELECTRON Kreuzkorrelationsfunktion *f*; ~ **correlator** *n* ELECTRON Kreuzkorrelator *m*; ~**-country lorry** *n BrE (cf cross-country truck AmE)* AUTO geländegängiger LKW *m*; ~**-country motorcycle** *n* AUTO Geländemotorrad *nt*; ~**-country road** *n* TRANS Nebenstraße *f*; ~**-country truck** *n AmE (cf cross-country lorry BrE)* AUTO geländegängiger LKW *m*; ~ **coupling** *n* ELEC ENG *of waves* Kreuzkopplung *f*, *symmetric assemblies* Crossbar-Selektor *m*, Koordinatenwähler *m*, Kreuzschienenwähler *m*; ~**-curves** *n pl* WATER TRANS *ship design* Pantokarenen *f pl*; ~ **direction** *n* PAPER Querrichtung *f*; ~ **feed** *n* MECHAN ENG *machine tools* Planvorschub *m*; ~**-feed line** *n* AIR TRANS Quervorschubleitung *f*; ~**-field bias** *n* RECORD Querfeldvorspannung *f*; ~**-fired furnace** *n* CER & GLAS Querstromofen *m*; ~ **fitting** *n* MECHAN ENG Kreuzstück *nt*; ~ **flow** *n* AUTO *air cushion* Querströmung *f*, *engine* Querstrom *m*; ~**-flow fan** *n* HEAT & REFRIG Querstromlüfter *m*, MECHAN ENG Querstromventilator *m*; ~**-flow heat exchanger** *n* HEAT & REFRIG Querstromwärmeaustauscher *m*; ~**-flow radiator** *n* AUTO Querstromkühler *m*; ~ **folding** *n* ENG DRAW Querfaltung *f*; ~**-garnet hinge** *n* CONST Zungenband *nt*, gerades Band *nt*; ~ **girder** *n* MECHAN ENG Querträger *m*; ~ **girth** *n* MECHAN ENG *lathe bed* Querhaupt *nt*; ~ **handle** *n* MECHAN ENG Kreuzgriff *m*; ~ **hatch** *n* PROD ENG Kreuzschliff *m*; ~ **hole** *n* MECHAN ENG Kreuzloch *nt*; ~ **knurling** *n* MECHAN ENG Kordeln *nt*, Kreuzrändeln *nt*; ~ **link** *n* PLAS Querverbindung *f*, Vernetzungsstelle *f*; ~**-linked polyethylene** *n (XPE)* PLAS vernetztes Polyethylen *nt (VPE)*; ~**-linking** *n* PLAS Vernetzung *f*, vernetzen; ~**-linking agent** *n* PLAS Vernetzer *m*, Vernetzungsmittel *nt*; ~**-magnetizing effect** *n* ELECT Quermagnetisierungseffekt *m*; ~ **member** *n* AUTO *body* Querträger *m*, Rahmenquerträger *m*, MECHAN ENG Querbalken *m*, Querträger *m*; ~ **modulation** *n* ELECTRON, RAD TECH, TELEV Kreuzmodulation *f*; ~**-peen hammer** *n* CONST Querschlaghammer *m*; ~**-peen sledge hammer** *n* CONST Kreuzschlaghammer *m*; ~**-plugging** *n* RECORD Vertauschen der Stecker über Kreuz *nt*; ~ **ply tire** *n AmE*, ~ **ply tyre** *n BrE* AUTO Diagonalreifen *m*; ~ **power spectrum** *n* INSTR Kreuzleistungsspektrum *nt*; ~ **product** *n* MATH *of vector* Kreuzprodukt *nt*, Vektorprodukt *nt*; ~ **rail** *n* AUTO *frame* Querverbindung *f*, Rahmenquerträger *m*; ~ **recess** *n* MECHAN ENG *screw* Kreuzschlitz *m*; ~ **reeded glass** *n* CER & GLAS Querrippenglas *nt*; ~ **section** *n* CONST Querprofil *nt*, Querschnitt *m*, MECHAN ENG, METALL, PAPER Querschnitt *m*, PART PHYS Wirkungsquerschnitt *m*, PHYS Wirkungsquerschnitt *m*, *scattering* Streuquerschnitt *m*, RAD PHYS Wirkungsquerschnitt *m*, TEXT Querschnitt *m*, WATER SUP *channel, stream* Wasserquerschnitt *m*, WATER TRANS *shipbuilding* Querschnitt *m*; ~**-sectional drawing** *n* WATER TRANS *ship design* Querschnittszeichnung *f*; ~**-sectional study** *n* ERGON Querschnittsuntersuchung *f*; ~**-section density** *n* NUC TECH makroskopischer Querschnitt *m*; ~**-section drawing** *n* MECHAN ENG Querschnittszeichnung *f*; ~**-sensory matching** *n* ERGON Vergleich über verschiedene Sinnesorgane *m pl*; ~ **slide** *n* MECHAN ENG *machine tools* Planschlitten *m*, Querschlitten *m*, Quersupport *m*; ~ **slip** *n* METALL Quergleiten *nt*; ~ **spring** *n* WATER TRANS *mooring* Kreuzspring *f*; ~ **staff** *n* CONST *surveying* Winkelkreuz *nt*; ~**-staff head** *n* CONST Kreuzscheibe *f*, Winkelkopf *m*; ~ **tie** *n* RAIL *AmE (cf sleeper BrE, tie AmE)* Eisenbahnschwelle *f*, Schwelle *f*, WATER TRANS *shipbuilding* Traverse *f*; ~**-track error** *n* WATER TRANS *satellite navigation* Cross-Track-Error *m*; ~ **track recording** *n* RECORD Querspur-Aufzeichnung *f*; ~ **traverse** *n* PROD ENG Planzug *m*; ~ **tube boiler** *n* HEAT & REFRIG Quersieder *m*, Quersiederrohrkessel *m*; ~ **union** *n* MECHAN ENG *pipes* Kreuzverschraubung *f*; ~ **wall** *n* CONST Querwand *f*, Querstrebe *f*, Schotte *f*

cross[2] *vt* CONST, WATER TRANS kreuzen; ~**-dye** *vt* TEXT nachdecken, überfärben; ~**-fade** *vt* COMP & DP überblenden; ~**-link** *vt* PLAS vernetzen; ~**-roll** *vt* MECHAN ENG friemeln

crossbar *n* AIR TRANS *approach lighting* Leuchthorizont *m*, Querbalken *m*, CONST Querträger *m*, Traverse *f*, PROD ENG Spanneisen *nt*, RAIL Querschiene *f*; ~ **distributor** *n* TELECOM Kreuzschienenverteiler *m*; ~ **exchange** *n* TELECOM Koordinatenschaltervermittlungsstelle *f*; ~ **selector** *n* ELEC ENG Crossbar-Selektor *m*, Koordinatenwähler *m*, Kreuzschienenwähler *m*; ~ **system** *n* TELECOM Crossbar-System *nt*, Koordinatenschaltersystem *nt*

crossbeam *n* CONST Querbalken *m*, Traverse *f*, MECHAN ENG Querträger *m*, Traverse *f*, WATER TRANS *shipbuilding* Dwarsbalken *m*

crossbed *n* MECHAN ENG Kreuzbett *nt*; ~**-milling machine** *n* MECHAN ENG Kreuzbettfräsmaschine *f*

crossbond *n* RAIL Kreuzverband *m*

crosscut *n* PROD ENG Querschnitt *m*; ~ **chisel** *n* PROD ENG Kreuzmeißel *m*; ~ **file** *n* MECHAN ENG, PROD ENG Kreuzhiebfeile *f*; ~ **saw** *n* PROD ENG Quersäge *f*; ~ **saw hazards** *n pl* SAFETY Gefahren beim Querschnittsägen *f pl*, Gefahren beim Quersägen *f pl*

crossed[1] *adj* MECHAN ENG gekreuzt

crossed:[2] ~ **coil instrument** *n* INSTR Kreuzspulinstrument *nt*; ~ **coil movement** *n* INSTR Kreuzspulmeßwerk *nt*; ~ **field** *n* ELECTRON, TELECOM Kreuzfeld *nt*; ~ **field amplifier** *n* ELECTRON, TELECOM Kreuzfeldverstärker *m*; ~ **field tube** *n* ELECTRON Kreuzfeldröhre *f*, PHYS Kreuzfeldröhren *f pl*; ~ **Nicols** *n pl* PHYS gekreuzte Nicol-Prismen *nt pl*; ~ **Yagi array** *n* ELECTRON Kreuz-Yagi-Antenne *f*

crossfall *n* CONST Querneigung *f*

crosshair *n* COMP & DP Fadenkreuz *nt*

crosshead *n* MECHAN ENG Traverse *f*, *of press* Preßbalken *m*, *steam engine* Kreuzkopf *m*, PHYS *tensile test machine* Kreuzkopf *m*, Querträger *m*, PROD ENG Traverse *f*, WATER TRANS Kreuzkopf *m*; ~ **displacement rate** *n* PHYS Kreuzkopfverschiebungsgeschwindigkeit *f*; ~ **engine** *n* WATER TRANS Dieselmotor in Kreuzkopfbauart *m*, Kreuzkopfdieselmotor *m*; ~ **guide** *n* MECHAN ENG Gleitschiene *f*; ~ **pin** *n* MECHAN ENG Kreuzkopfzapfen *m*; ~ **shoe** *n* MECHAN ENG Gleitschuh *m*

crossing *n* WATER TRANS *navigation* Überfahrt *f*; ~ **the line** *n* WATER TRANS Äquatorüberquerung *f*; ~ **the line ceremony** *n* WATER TRANS Äquatortaufe *f*; ~ **station** *n* RAIL Kreuzungsbahnhof *m*; ~ **time** *n* WATER TRANS Dauer der Überfahrt *f*

crossover *n* RAIL Gleisverbindung *f*, Umsteigen *nt*, Übergang *m*, *of tracks* Gleisverschlingungen *f pl*, TELEV Bündelknoten *m*, Fokussierpunkt *m*; ~ **area** *n* ELECTRON Überkreuzungsbereich *m*; ~ **distortion** *n* RECORD Überkreuzverzerrung *f*; ~ **frequency** *n* ELECTRON, RAD TECH, TELEV Überschneidungsfrequenz *f*; ~ **network** *n* RECORD Frequenzweiche *f*

crosspiece *n* CONST Kreuzstück *nt*, WATER SUP *of lock gate* Riegel *m*, WATER TRANS *shipbuilding* Dwarsbalken *m*

crosspoint *n* TELECOM Kreuzungspunkt *m*

crosstalk *n* ACOUSTICS Nebensprechen *nt*, Übersprechdämpfung *f*, Übersprechen *nt*, COMP & DP Nebensprechen *nt*, Übersprechen *nt*, PHYS Übersprechen *nt*, RECORD Nebensprechen *nt*, Übersprechen *nt*, TELECOM Nebensprechen *nt*, TELEV Nebensprechen *nt*, Übersprechen *nt*; ~ **attenuation** *n* TELECOM Nebensprechdämpfung *f*; ~ **meter** *n* RECORD Nebensprechdämpfungsmesser *m*; ~ **rejection** *n* RECORD Nebensprechdämpfung *f*; ~ **unit** *n* RECORD Nebensprecheinheit *f*

crosstree *n* WATER TRANS *rigging* Saling *f*

crosswind *n* AIR TRANS Seitenwind *m*; ~ **landing** *n* AIR TRANS Schiebelandung *f*

crosswise: ~ **ribs** *n pl* TEXT Querrippen *f pl*

crotonaldehyde *n* CHEMISTRY Crotonaldehyd *m*, Methylacrolein *nt*

crotonic *adj* CHEMISTRY Croton- *pref*

crotyl *adj* CHEMISTRY Crotyl *nt*

crowbar *n* CONST Brecheisen *nt*, ELEC ENG Brecheisen *nt*, Brechstange *f*, MECHANICS Brechstange *f*, Kuhfuß *m*, Stemmeisen *nt*, PROD ENG Brecheisen *nt*

crown[1] *n* CER & GLAS Ofenkuppel *f*, CONST *of arch* Mauerkrone *f*, Scheitel *m*, MECHANICS Kopf *m*, PAPER Crown *nt*, Deckplatte *f*, PET TECH Bohrturmkopf *m*, PROD ENG Feuerungsdecke *f*; ~ **bit** *n* PET TECH Kronenbohrmeißel *m*; ~ **block** *n* PET TECH Turmseilrollenblock *m*; ~ **closure** *n* PACK Kronenkapsel *f*; ~ **cork** *n* PACK Kronenkorken *m*; ~ **cup** *n* PACK Kronenbecher *m*; ~**-face pulley** *n* PROD ENG ballige Riemenscheibe *f*; ~ **gate** *n* WATER SUP *of canal lock* Obertor *nt*; ~ **gear** *n* MECHAN ENG Planrad *nt*; ~ **gearing** *n* MECHAN ENG Planverzahnung *f*; ~ **glass** *n* CER & GLAS Kronglas *nt*; ~ **glass drop** *n* CER & GLAS Kronglastropfen *m*; ~ **glass lens** *n* CER & GLAS Kronglaslinse *f*; ~ **and pinion** *n* AUTO *transmission* Kegelrad und Tellerrad *nt*; ~ **post** *n* CONST Firstpfosten *m*; ~ **tile** *n* CONST Firststein *m*; ~ **wheel** *n* AUTO *transmission*, MECHAN ENG Tellerrad *nt*

crown[2] *vt* PROD ENG ballig bearbeiten, wölben

crowning *n* CONST Wölbung *f*, PROD ENG Balligkeit *f*, Bombieren *nt*, Herstellung balligtragender Flächen *f*, Wölbung *f*

CRT[1] *abbr (cathode-ray tube)* COMP & DP, ELECT, ELECTRON, PRINT, RAD TECH, TELEV KSR *(Kathodenstrahlröhre)*

CRT:[2] ~ **controller** *n* ELECTRON Bildschirmregler *m*; ~**-equipped public phone** *n* ELECTRON öffentliches Bildschirmtelefon *nt*; ~**-lag** *n* ELECTRON Kurzzeitnachleuchten *nt*

crucible *n* LAB EQUIP, PROD ENG Tiegel *m*, THERMODYN Schmelztiegel *m*, Tiegel *m*; ~ **furnace** *n* LAB EQUIP, PROD ENG Tiegelofen *m*, THERMODYN Muldenofen *m*, Tiegelofen *m*; ~ **tongs** *n pl* LAB EQUIP Tiegelzange *f*

crude[1] *adj* COAL TECH, CONST, ENG DRAW, FOOD TECH, PET TECH, PLAS, TELEV, WASTE, WATER SUP Roh- *pref*

crude[2] *n* COAL TECH, MAR POLL Rohöl *nt*, PET TECH Erdöl *nt*, Rohöl *nt*, POLL Rohöl *nt*; ~ **assay** *n* PET TECH Erdölanalyse *f*, Rohölanalyse *f*; ~ **carrier** *n* POLL Öltanker *m*, WATER TRANS *ship type* Rohöltanker *m*; ~ **fiber** *n AmE*, ~ **fibre** *n BrE* FOOD TECH Ballaststoffe *m pl*, Rohfaser *f*; ~ **oil** *n* COAL TECH, MAR POLL Rohöl *nt*, PET TECH Erdöl *nt*, Rohöl *nt*, POLL Rohöl *nt*; ~ **oil analysis** *n* PET TECH Erdölanalyse *f*, Rohölanalyse *f*; ~ **oil tanker** *n* PET TECH Öltanker *m*; ~ **ore** *n* COAL TECH Fördererz *nt*, Roherz *nt*; ~ **protein** *n* FOOD TECH Rohprotein *nt*; ~ **pulp** *n* WASTE Rohbrei *m*; ~ **refuse** *n* WASTE Rohmüll *m*; ~ **rubber** *n* PLAS Rohkautschuk *m*; ~ **steel** *n* METALL Rohstahl *m*

cruise[1] *n* WATER TRANS Kreuzfahrt *f*; ~ **climb** *n* AIR TRANS *drift up* Steigflug mit Reisefluggeschwindgkeit *m*; ~ **control** *n* AUTO Fahrtregler *m*; ~ **control device** *n* AUTO Tempomat *m*; ~ **descent** *n* AIR TRANS *drift down* Sinkflug mit Reisefluggeschwindigkeit *m*; ~ **liner** *n* WATER TRANS *ship type* Kreuzfahrtschiff *nt*; ~ **missile** *n* SPACE, WATER TRANS *navy* Marschflugkörper *m*; ~ **ship** *n* WATER TRANS *ship type* Kreuzfahrtschiff *nt*

cruise[2] *vi* WATER TRANS *navy* kreuzen

cruiser *n* WATER TRANS Kreuzer *m*, Kreuzerjacht *f*; ~ **stern** *n* WATER TRANS *shipbuilding* Kreuzerheck *nt*

cruising: ~ **altitude** *n* AIR TRANS Reiseflughöhe *f*; ~ **power** *n* AIR TRANS Reiseflugleistung *f*, Triebwerkleistung *f*; ~ **range** *n* AUTO *electric* Aktionsradius *m*, Reichweite *f*; ~ **speed** *n* AIR TRANS Reisefluggeschwindigkeit *f*, WATER TRANS Marschgeschwindigkeit *f*, Reisegeschwindigkeit *f*

crumb *n* FOOD TECH Krume *f*; ~ **elasticity** *n* FOOD TECH Krumenelastizität *f*; ~ **firmness** *n* FOOD TECH Krumenfestigkeit *f*; ~ **formation** *n* FOOD TECH Krumenbildung *f*; ~ **texture** *n* FOOD TECH Krumenbeschaffenheit *f*

crumble: ~ **away** *vt* CONST abbröckeln

crumple:[1] ~ **zone** *n* AUTO Knautschzone *f*

crumple[2] *vt* PAPER zerknittern

crumpled *adj* PAPER zerknittert

crumpling *n* PAPER Knitter *m*

crush:[1] ~ **barrier** *n* SAFETY Absperrung *f*; ~ **dressing** *n* PROD ENG Abrichten durch Profilrolle *nt*; ~**-proof safety bonnet** *n BrE (cf crush-proof safety hood AmE)* AUTO aufprallsichere Motorhaube *f*; ~**-proof safety hood** *n AmE (cf crush-proof safety bonnet BrE)*

AUTO aufprallsichere Motorhaube *f*; ~ **resistance** *n* TEXT Knitterfestigkeit *f*

crush[2] *vt* COAL TECH zermalmen, CONST zerdrücken, zerkleinern, FOOD TECH zerdrücken, zermahlen, PAPER stauchen, zerdrücken, PROD ENG einrollen, TEXT knittern, WASTE zerkleinern

crush[3] *vi* COAL TECH zerbrechen

crushed: ~ **aggregate** *n* COAL TECH Splittzuschlag *m*; ~ **material** *n* CONST Brechgut *nt*; ~ **stone** *n* CONST Schotter *m*, Splitt *m*; ~ **waste** *n* WASTE zerkleinerter Abfall *m*

crusher *n* COAL TECH Brecher *m*, Crusher *m*, Brechwerk *nt*, CONST Steinbrecher *m*, MECHAN ENG, PROD ENG Brecher *m*, WASTE Zerkleinerer *m*; ~ **gage** *n AmE*, ~ **gauge** *n BrE* MECHANICS Druckdose *f*; ~ **jaw** *n* CHEM ENG Brechbacke *f*; ~ **roll** *n* COAL TECH Brechwalze *f*, PROD ENG Profilrolle mit ausgearbeitetem Profil *f*; ~ **unit** *n* WASTE Zerkleinerungsanlage *f*, Zerkleinerungswerk *nt*

crushing *n* CHEMISTRY Brech- *pref*, COAL TECH Brech- *pref*, Brechen *nt*, Zerkleinern *nt*, CONST, MECHAN ENG Quetsch-*pref*, PAPER Zerkleinern *nt*, PLAS Zerkleinern *nt*, Zerkleinerung *f*, PROD ENG Abrollabrichten *nt*, Bruch *m*, Quetsch- *pref*, SAFETY *machinery hazard* Quetsch- *pref*, Quetschung *f*, TEXT Knittern *nt*, Quetsch- *pref*, WASTE Zerkleinerung *f*, Zerreißen *nt*, Zerstückeln *nt*; ~ **efficiency** *n* COAL TECH Brechwirkungsgrad *m*; ~ **machine** *n* CHEM ENG Brecher *m*, Zerkleinerungsmaschine *f*, MECHAN ENG Zerkleinerungsmaschine *f*; ~ **mill** *n* COAL TECH Brechwalzwerk *nt*, Brecher *m*; ~ **plant** *n* CHEM ENG Brechanlage *f*, Zerkleinerungsanlage *f*, COAL TECH Brechanlage *f*; ~ **power** *n* SAFETY *of machine* Quetschleistung *f*; ~ **resistance** *n* PAPER Stauchwiderstand *m*; ~ **roll** *n* COAL TECH Brechwalze *f*, MECHAN ENG Brechwalzwerk *nt*; ~ **system** *n* WASTE Zerkleinerungsverfahren *nt*; ~ **test** *n* CONST Druckfestigkeitsversuch *m*, TEST Quetschversuch *m*, Stauchdruckprüfung *f*; ~ **yield point** *n* MECHAN ENG Quetschgrenze *f*

crutch *n* WATER TRANS *sailing* Gaffelklaue *f*

cryochemistry *n* HEAT & REFRIG Kryochemie *f*, Kältechemie *f*, Tieftemperaturchemie *f*

cryoconcentration *n* HEAT & REFRIG Tiefkühlkonzentration *f*

cryoengineering *n* HEAT & REFRIG Kryotechnik *f*, Tiefkühltechnik *f*

cryogen *n* HEAT & REFRIG Kryoflüssigkeit *f*, Kältemittel *nt*

cryogenic[1] *adj* PHYS kältetechnisch, SPACE *spacecraft* kryogen, THERMODYN Kryo- *pref*

cryogenic:[2] ~ **bath** *n* HEAT & REFRIG Kältebad *nt*; ~ **fluid** *n* HEAT & REFRIG Kryoflüssigkeit *f*, Kältemittel *nt*; ~ **fuel** *n* SPACE *spacecraft* kryogener Brennstoff *m*; ~ **memory** *n* COMP & DP supraleitender Speicher *m*; ~ **process** *n* WASTE Tiefkühlzerkleinerung *f*, Tieftemperaturzerkleinerung *f*; ~ **propellant** *n* SPACE kryogener Treibstoff *m*; ~ **stage** *n* SPACE kryogene Stufe *f*; ~ **tank** *n* SPACE kryogener Tank *m*

cryogenics *n* COMP & DP, HEAT & REFRIG, PHYS, SPACE, THERMODYN Kältetechnik *f*, Tieftemperaturtechnik *f*

cryogrinding *n* WASTE Inchscrap-Verfahren *nt*, Tieftemperaturzerkleinerung *f*

cryolite *n* CER & GLAS Kryolit *m*

cryophysics *n* HEAT & REFRIG Kryophysik *f*, Tieftemperaturphysik *f*

cryopump *n* SPACE Kryopumpe *f*

cryoscopy *n* THERMODYN Kryoskopie *f*

cryostat *n* LAB EQUIP, PHYS, SPACE Kryostat *m*

cryotrap *n* CHEM ENG, HEAT & REFRIG Kühlfalle *f*

cryotron *n* ELEC ENG Cryotron *nt*, Kryotron *nt*

cryptographic[1] *adj* SPACE *communications* verschlüsselt

cryptographic:[2] ~ **system** *n* COMP & DP Schlüsselsystem *nt*

cryptography *n* COMP & DP Kryptographie *f*, SPACE Kryptographie *f*, Verschlüsselung *f*

cryptosteady: ~ **pressure exchanger** *n* AIR TRANS teilweise konstanter Druckveränderer *m*

crystal:[1] ~-**controlled** *adj* ELECTRON quarzgesteuert

crystal[2] *n* CER & GLAS, CHEMISTRY Kristall *m*, ELECTRON Kristall *m*, Quarz *m*, RAD PHYS Kristall *m*; ~ **calibrator** *n* RAD TECH Quarzeichoszillator *m*; ~ **control** *n* AIR TRANS, RECORD Quarzsteuerung *f*; ~ **diode** *n* ELECTRON Kristalldiode *f*; ~ **filter** *n* ELECTRON Quarzfilter *nt*, RAD PHYS Kristallfilter *nt*, Quarzfilter *nt*, TELECOM Quarzfilter *nt*; ~ **frequency** *n* ELECTRON, RAD TECH, TELEV Kristallfrequenz *f*; ~ **frequency drift** *n* ELECTRON Kristallfrequenzwanderung *f*; ~ **glass** *n* CER & GLAS Kristallglas *nt*; ~ **growth** *n* METALL Kristallwachstum *nt*; ~ **gum** *n* FOOD TECH Karayagummi *nt*; ~ **holder** *n* ELECTRON Kristallhalter *m*, Quarzhalter *m*; ~ **ladder filter** *n* ELECTRON Kristallkettenfilter *nt*; ~ **laser** *n* ELECTRON Kristall-Laser *m*; ~ **lattice** *n* CHEMISTRY Kristallgitter *nt*; ~ **lattice filter** *n* ELECTRON Kristallgitter-Filter *nt*; ~ **microphone** *n* RECORD Kristallmikrofon *nt*; ~ **oscillator** *n* ELECT, ELECTRON Quarzoszillator *m*, RAD PHYS Kristalloszillator *m*, Quarzschwinger *m*; ~ **oven** *n* RAD TECH Quarzthermostat *m*; ~ **plasticity** *n* METALL Kristallplastizität *f*; ~ **resonator** *n* ELECTRON Schwingquarz *m*; ~ **sheet glass** *n AmE (cf thick sheet glass BrE)* CER & GLAS Dicktafelglas *nt*, Kristalltafelglas *nt*; ~ **spectrometer** *n* RAD PHYS Kristallspektrometer *nt*; ~ **structure** *n* COAL TECH Gefügeausbildung *f*, METALL Kristallstruktur *f*; ~ **time base** *n* ELECTRON Quarzzeitbasis *f*

crystalline: ~ **fracture** *n* METALL kristallinischer Bruch *m*; ~ **silica dust** *n* SAFETY kristalliner Kieselerdestaub *m*

crystallization *n* CHEMISTRY Kristallisation *f*; ~ **point** *n* CHEM ENG Kristallisationsbeginn *m*

crystallize: ~ **out** *vi* CHEM ENG auskristallisieren

crystallizer *n* CHEM ENG Kristallisationsgefäß *nt*

crystallizing: ~ **dish** *n* LAB EQUIP Kristallisierschale *f*; ~ **pond** *n* CHEM ENG Kristallisierbecken *nt*

crystallographic: ~ **slip** *n* METALL kristallographisches Gleiten *nt*

crystallography *n* METALL Kristallographie *f*

Cs *(caesium BrE, cesium AmE)* CHEMISTRY Cs *(Cäsium)*

CS *abbr* COMP & DP *(circuit switching)* CS *(Durchschaltevermittlung)*, ELECTRON *(carrier sense)* Trägerabfrage *f*, TELECOM *(circuit switching)* CS *(Durchschaltevermittlung)*

CSG *abbr (constructive solid geometry)* GEOM Festkörpergeometrie *f*, Volumengeometrie *f*

CSI *abbr (chlorosulfonyl isocyanate)* POLL CSI *(Chlorschwefelisocyanat)*

CSM *abbr (command and service module)* SPACE CSM *(Kommando- und Servicemodul)*

CSMA *abbr (carrier sense multiple access)* COMP & DP CSMA *(Mehrfachzugriff durch Trägerprüfung)*

CSMA/CD *abbr (carrier sense multiple access with colli-*

sion detection) COMP & DP CSMA/CD *(CSMA/CD-Verfahren)*

CSN *abbr (circuit-switched network)* COMP & DP, TELECOM CSN *(Durchschalte-Vermittlungsnetz)*

C-spacer *n* MECHAN ENG offene Unterlegscheibe *f*

CSPDN *abbr (circuit-switched public data network)* TELECOM CSPDN *(öffentliches Datenpaketvermittlungsnetz)*

C-stage: **~ resin** *n* PLAS Harz im C-Zustand *nt*, Resit *nt*

ct *abbr (velocity of transversal waves)* METROL ct *(Geschwindigkeit von Transversalwellen)*

CTA *abbr (cellulose triacetate)* PLAS CTA *(Cellulosetriacetat)*

CTCSS *abbr (continuous tone-coded squelch system)* RAD TECH CTCSS *(Hilfsträgergeräuschsperre)*

CTD *abbr (charge transfer device)* ELEC ENG CTD *(Ladungsverschiebeschaltung)*, PHYS CTD *(ladungsgekoppeltes Bauelement)*, SPACE CTD *(Ladungsübertragungsgerät)*, TELECOM CTD *(Ladungstransferelement)*

CTOL: **~ aircraft** *n (conventional takeoff and landing aircraft)* AIR TRANS CTOL-Flugzeug *nt (konventionell startendes und landendes Flugzeug)*

CTR *abbr (controlled thermonuclear reactor)* NUC TECH TNR *(gesteuerter Thermonuklearreaktor)*

Ctrl: **~ key** *n (control key)* COMP & DP Strg-Taste *f (Steuertaste)*

CTS *abbr (container ship)* WATER TRANS CTS *(Containerschiff)*

Cu *(copper)* CHEMISTRY, Cu *(Kupfer)*

cubage *n* COAL TECH Kubikmaß *nt*, METROL Volumen *nt*

cube[1] *n* GEOM *solid figure* Kubus *m*, Würfel *m*, MATH *power of three*, PROD ENG dritte Potenz *f*; **~ root** *n* MATH Kubikwurzel *f*, dritte Wurzel *f*

cube[2] *vt* MATH hoch drei nehmen, in dritte Potenz erheben

cubebin *n* CHEMISTRY Cubebin *nt*

cubic[1] *adj* GEOM kubisch, MATH *function, equation* dritten Grades, kubisch, *metre, centimetre* Kubik- *pref*, MECHANICS, METALL, PHYS kubisch

cubic[2] *n* MATH *function* Funktion dritten Grades *f*; **~ capacity** *n* MECHANICS, PHYS Hubraum *m*, Rauminhalt *m*, WATER TRANS *cargo* Rauminhalt *m*; **~ centimeter** *n AmE*, **~ centimetre** *n BrE (cc)* METROL Kubikzentimeter *m*; **~ decimeter** *n AmE*, **~ decimetre** *n BrE* METROL Kubikdezimeter *m*; **~ dilatation** *n* METALL kubische Dilation *f*; **~ distortion** *n* METALL kubische Verzerrung *f*; **~ equation** *n* MATH Gleichung dritten Grades *f*, kubische Gleichung *f*, PROD ENG Gleichung dritten Grades *f*; **~ expansivity** *n* MECHANICS, PHYS räumliche Ausdehnung *f*; **~ inch** *n* METROL Kubikzoll *m*; **~ inches per minute** *n (cim)* METROL Kubikzoll pro Minute *m (cim)*; **~ measure** *n* METROL Kubikmaß *nt*, Volumen *nt*; **~ measurement** *n* METROL Volumenmessung *f*; **~ meter** *n AmE*, **~ metre** *n BrE (cu.m.)* METROL Kubikmeter *m*; **~ octahedron** *n* GEOM Kubooktaeder *nt*; **~ parabola** *n* GEOM Parabel dritten Grades *f*; **~ system** *n* METALL kubisches System *nt*; **~ yard** *n* METROL Kubik-Yard *nt*

cubical: **~ quad** *n* RAD TECH *antenna* Quad-Antenne *f*

cuboid *n* GEOM Quader *m*

cue[1] *n* RECORD Regiezeichen *nt*, TELEV Regiesignal *nt*; **~ dot** *n* RECORD Merkpunkt *m*; **~ light** *n* TELEV Signalleuchte *f*; **~ mark** *n* RECORD Merkmarke *f*; **~ mike** *n* RECORD Stichwortmikrofon *nt*; **~ screen** *n* TELEV Regiesignalschirm *m*; **~ sheet** *n* TELEV Regieplan *m*; **~ track** *n* TELEV Regiespur *f*; **~ track address code** *n* TELEV Regiespur-Zugriffscode *m*

cue[2] *vt* RECORD Stichwort geben

cuer *n* TELEV Regieeinrichtung *f*

CUG *abbr (closed user group)* COMP & DP CUG *(geschlossener Benutzerkreis)*, TELECOM CUG *(geschlossene Benutzergruppe)*

cull *vt* COAL TECH auslesen

cullet *n* CER & GLAS Glasscherben *f pl*, Scherbe *f*, WASTE Glasbruch *m*, Glasscherben *f pl*; **~ catcher** *n* CER & GLAS Scherbenfänger *m*; **~ chute** *n* CER & GLAS Scherbenrutsche *f*; **~ crush** *n* CER & GLAS Scherbenzerkleinerung *f*; **~ crusher** *n* CER & GLAS Scherbenbrechwerk *nt*

culling *n* COAL TECH Scheidearbeit *f*

culm *n* CER & GLAS Kohlengrus *m*, COAL TECH Feinkohle *f*

culture: **~ plate** *n* LAB EQUIP *bacteriology* Kulturplatte *f*

culvert *n* CONST Düker *m*

cu.m. *abbr (cubic meter AmE, cubic metre BrE)* METROL Kubikmeter *m*

cumarin *n* CHEMISTRY Cumarin *nt*, Cumarinsäureanhydrid *nt*

cumene *n* CHEMISTRY Cumol *nt*, Isopropylbenzol *nt*, Phenylpropan *nt*

cumic[1] *adj* CHEMISTRY Cumin- *pref*

cumic:[2] **~ aldehyde** *n* CHEMISTRY Cuminaldehyd *m*

cumol *n* CHEMISTRY Cumol *nt*, Phenylpropan *nt*

cumulative: **~ curve** *n* QUAL Summenkurve *f*; **~ discharge** *n* FUELLESS kumulativer Ausfluß *m*; **~ distribution** *n* QUAL Summenverteilung *f*; **~ dose** *n* NUC TECH akkumulierte Energiedosis *f*; **~ error** *n* INSTR integrierender Fehler *m*, kumulativer Fehler *m*; **~ frequency** *n* QUAL Summenhäufigkeit *f*; **~ frequency polygon** *n* QUAL Summenhäufigkeitspolygon *nt*, Summenlinie *f*; **~ probability** *n* QUAL Summenwahrscheinlichkeit *f*, kumulative Wahrscheinlichkeit *f*; **~ toxic effect** *n* POLL toxische Gesamtwirkung *f*

cumulus *n* AIR TRANS, WATER TRANS *cloud* Haufenwolke *f*, Kumulus *m*

cumyl *pref* CHEMISTRY Cumyl- *pref*

cup *n* LAB EQUIP *of barometer* Anzeigesäule *f*, Säule *f*, MECHAN ENG Dichtmanschette *f*, Dichtungsmanschette *f*, PLAS *paints* Auslaufbecher *m*, PROD ENG Außenring *m*, Krater *m*, konische Hohlform *f*; **~ anemometer** *n* INSTR Schalenkreuzanemometer *nt*; **~ chuck** *n* MECHAN ENG Vierschraubenfutter *nt*; **~-closing time** *n* PLAS Becherschließzeit *f*; **~ and cone fracture** *n* METALL Becherbruch *m*; **~ head** *n* MECHAN ENG Halbrundkopf *m*; **~ head bolt** *n* MECHAN ENG Halbrundkopfschraube *f*, Halbrundschraube *f*; **~ head rivet** *n* CONST Flachrundkopfniet *m*; **~ seal** *n* PROD ENG *plastic valves* Rollmembrane *f*; **~ wheel** *n* PROD ENG Topfschleifscheibe *f*

cupel *n* CHEMISTRY Kupelle *f*, PROD ENG Probetiegel *m*, Treibofen *m*

cupellation *n* METALL Kupellieren *nt*; **~ furnace** *n* METALL Kupellierofen *m*, PROD ENG Treibofen *m*

cupola *n* CER & GLAS Kupolofen *m*, COAL TECH Kupolofen *m*, Kuppel *f*, CONST Kuppel *f*, PROD ENG, RAIL Kupolofen *m*, Kuppel *f*; **~ furnace** *n* CER & GLAS, COAL TECH, PROD ENG Kupolofen *m*

cupolette *n* PROD ENG kleiner Kupolofen *m*

cupping *n* PROD ENG Auskolken *nt*, Kümpeln *nt*,

Reißkegelbildung *f*, Ziehen von Blechgefäßen *nt*, RECORD *of tape* Tiefziehen *nt*; ~ **ductility value** *n* PROD ENG Tiefungswert *m*; ~ **glass** *n* CER & GLAS Schröpfglas *nt*; ~ **operation** *n* PROD ENG Anschlag *m*; ~ **test** *n* PROD ENG Näpfchenziehversuch *m*, Tiefziehversuch *m*; ~ **tool** *n* PROD ENG Ziehwerkzeug *nt*

cuprammonium *n* TEXT Kupferoxidammoniak *m*

cuprate *n* CHEMISTRY Cuprat *nt*

cupreous *adj* CHEMISTRY kupferartig, kupferhaltig

cupric: ~ **acetate** *n* PROD ENG Kupferacetat *nt*

cuprite *n* CHEMISTRY Cuprit *m*

cupromanganese *n* CHEMISTRY Cupromangan *nt*, Mangankupfer *nt*

curb *n* CER & GLAS Mauerfuß *m*, CONST *AmE (cf kerb)* Aufsatzkranz *m*, Bordstein *m*, Dachknick *m*, Randstein *m*; ~ **roof** *n* CONST Mansardenwalmdach *nt*

curbstone *n AmE (cf kerbstone)* CONST Bordstein *m* Schramme *f*

curcumin *n* CHEMISTRY Curcumin *nt*

curd *n* FOOD TECH *cheesemaking* Käsebruch *m*, geronnene Milch *f*

cure[1] *n* PLAS *polymers, elastomers, rubbers* Vernetzen *nt*; ~ **period** *n* CONST Abbindzeit *f*, Nachbehandlungszeit *f*; ~ **rate** *n* PLAS Härtegeschwindigkeit *f*, Vernetzungsgeschwindigkeit *f*; ~ **temperature** *n* COATINGS Aushärtungstemperatur *f*

cure[2] *vt* COATINGS aushärten, heilen, CONST *bitumen, glue* abbinden, *concrete* nachbehandeln, *deficiencies* beseitigen, FOOD TECH darren, einsalzen, haltbar machen, pökeln, PLAS aushärten, *polymers, elastomers, rubbers* härten, vernetzen

cure[3] *vi* COATINGS altern

cured: ~ **malt** *n* FOOD TECH *distillation, fermentation* Darrmalz *nt*

curie *n (Ci)* PHYS, RAD PHYS *unit of radioactivity* Curie *nt (Ci)*

Curie: ~ **constant** *n* PHYS, RAD PHYS Curiesche Konstante *f*; ~ **point** *n* ELECT Curiescher Punkt *m*, PHYS, RAD PHYS Curiesche Temperatur *f*, Curiescher Punkt *m*; ~ **temperature** *n* PHYS, RAD PHYS Curiesche Temperatur *f*, Curiescher Punkt *m*

Curie's: ~ **law** *n* PHYS, RAD PHYS Curiesches Gesetz *nt*

Curie-Weiss: ~ **law** *n* PHYS, RAD PHYS Curie-Weiss-Gesetz *nt*

curing *n* COATINGS Altern *nt*, Aushärten *nt*, MECHANICS Nachbehandlung *f*, PLAS Härtung *f*, Vernetzung *f*, TEXT Fixierung *f*, WATER TRANS *shipbuilding* Aushärtung *f*; ~ **agent** *n* PLAS Vernetzer *m*, Vernetzungsmittel *nt*; ~ **compound** *n* CONST Dichtungsmittel *nt*; ~ **membrane** *n* CONST Nachbehandlungsfilm *m*, Sprayschicht *f*; ~ **oven** *n* TEXT Polymerisationskammer *f*; ~ **time** *n* PLAS Härtezeit *f*; ~ **tunnel** *n* CONST Nachbehandlungstunnel *m*

curium *n (Cm)* CHEMISTRY Curium *nt (Cm)*; ~ **series** *n* RAD PHYS Curium-Reihe *f*

curl[1] *n* ELECTRON *of vector*, FLUID PHYS Rotation *f*, PACK Rollneigung *f*, PHYS *vector field* Rot *nt*, PROD ENG Rollbord *nt*, RECORD *of tape* Schlinge *f*, TEXT Kräuselung *f*

curl[2] *vt* TEXT einrollen, kräuseln

curl[3] *vi* PAPER sich kräuseln

curled: ~ **edge** *n* CER & GLAS gewellte Kante *f*

curling[1] *adj* TEXT Kräusel- *pref*

curling[2] *n* PAPER Kräuselung *f*

current:[1] ~-**fed** *adj* RAD TECH im Strombauch gespeist

current[2] *n* ELEC ENG Fluß *m*, Strom *m*, Stromstärke *f*, ELECT, PHYS Strom *m*, WATER TRANS *navigation* Strom *m*, Strömung *f*; ~ **amplification** *n* ELECTRON, RECORD Stromverstärkung *f*; ~ **amplifier** *n* ELECT, ELECTRON Stromverstärker *m*; ~ **antinode** *n* ELEC ENG Strombauch *m*; ~ **balance** *n* ELECT, PHYS Stromwaage *f*; ~ **balance relay** *n* ELECT Stromwaage-Relais *nt*; ~ **base drive** *n* ELECTRON *transistor* steuernder Basisstrom *m*; ~-**carrying capacity** *n* ELECT Stromführungskapazität *f*; ~-**carrying coil** *n* PHYS stromführende Spule *f*; ~ **chart** *n* WATER TRANS *navigation* Stromkarte *f*; ~-**collecting brush** *n* ELEC ENG Stromaufnahmebürste *f*; ~ **collector** *n* ELEC ENG Stromabnehmer *m*, RAIL Schienenstromabnehmer *m*; ~ **compensator** *n* INSTR Stromkompensator *m*; ~ **control** *n* ELEC ENG Stromregelung *f*; ~-**controlled device** *n* ELEC ENG stromgesteuerte Vorrichtung *f*; ~-**controlled oscillator** *n* ELECTRON stromgesteuerter Oszillator *m*; ~ **density** *n* ELEC ENG, ELECT, METALL, PHYS Stromdichte *f*; ~ **differential protection** *n* ELECT Stromdifferenzsschutz *m*; ~ **direction** *n* ELEC ENG Stromrichtung *f*; ~ **distribution** *n* ELECT Stromverteilung *f*; ~ **divider** *n* ELECT Stromteiler *m*; ~ **drift** *n* TELECOM Stromauswanderung *f*; ~ **element** *n* PHYS Stromelement *nt*; ~ **feedback** *n* ELEC ENG Stromrückkopplung *f*; ~ **fluctuation** *n* ELECT Stromschwankung *f*; ~ **gain** *n* ELECTRON, PHYS Stromverstärkung *f*; ~ **generator** *n* ELEC ENG Stromerzeuger *m*, PHYS Stromgenerator *m*; ~ **input** *n* ELEC ENG Stromeingang *m*; ~ **intensity** *n* ELEC ENG Stromdichte *f*, Stromstärke *f*; ~ **lead** *n* ELEC ENG Stromzuleitung *f*; ~ **limiter** *n* ELEC ENG, ELECT Strombegrenzer *m*; ~ **limiting** *n* ELEC ENG Strombegrenzung *f*; ~-**limiting circuit breaker** *n* ELECT strombegrenzender Unterbrecher *m*; ~-**limiting fuse link** *n* ELECT strombegrenzende Schmelzsicherung *f*; ~-**limiting inductor** *n* ELECT Strombegrenzungsdrossel *f*; ~-**limiting reactor** *n* ELEC ENG Kurzschlußdrossel *f*, Strombegrenzungsdrossel *f*, strombegrenzende Drosselspule *f*, ELECT Strombegrenzungsreaktanz *f*, Strombegrenzungsspule *f*; ~ **loop** *n* PHYS, RAD TECH Stromschleife *f*; ~-**measuring instrument** *n* INSTR Strommeßgerät *nt*, Strommeßinstrument *nt*; ~ **meter** *n* FUELLESS Strommesser *m*, HYD EQUIP Strömungsmeßgerät *nt*, WATER SUP, WATER TRANS *oceanography* Strommesser *m*; ~ **mode logic** *n* ELEC ENG Strombetriebslogik *f*; ~ **modulation** *n* ELECTRON Strommodulation *f*; ~ **noise** *n* RECORD Netzgeräusch *nt*, Stromrauschen *nt*; ~ **output** *n* ELEC ENG Stromabgabe *f*; ~ **path** *n* ELEC ENG Strombahn *f*, Strompfad *m*, Stromweg *m*; ~ **peak** *n* ELECT Stromspitze *f*; ~ **probe** *n* INSTR Stromzange *f*, Zangenstromwandler *m*; ~ **pulse** *n* ELEC ENG Stromimpuls *m*, Stromstoß *m*; ~ **range** *n* INSTR Strombereich *m*, Strommeßbereich *m*; ~ **rate** *n* WATER TRANS *sea* Stromgeschwindigkeit *f*, Strömungsgeschwindigkeit *f*; ~ **reading** *n* INSTR Stromanzeige *f*, Stromanzeigewert *m*; ~ **recorder** *n* INSTR Stromschrei-ber *m*; ~ **regulation** *n* ELEC ENG, ELECT Stromregelung *f*; ~ **regulator** *n* ELEC ENG, ELECT Stromregler *m*; ~ **relay** *n* ELEC ENG Stromrelais *nt*, Stromwächter *m*, ELECT Stromrelais *nt*; ~ **reverser** *n* ELECT Stromwender *m*; ~ **ripple** *n* ELEC ENG Oberwellenstrom *f*, Stromwelle *f*; ~ **saturation** *n* ELECTRON Stromsättigung *f*; ~ **sensing** *n* ELEC ENG Strommessung *f*; ~-**sensing resistor** *n* ELEC ENG Strommeßwiderstand *m*; ~ **set** *n* WATER TRANS *navigation* Stromversetzung *f*; ~sink *n* ELEC ENG Stromkörper *m*; ~ **source** *n* ELEC ENG, PHYS Stromquelle *f*; ~ **state of the art** *n* TELECOM augenblicklicher

Stand der Technik *m*; ~ **strength** *n* ELEC ENG Stromstärke *f*; ~ **surge** *n* ELEC ENG Stromstoß *m*; ~ **telemetering** *n* INSTR Stromfernmessung *f*; ~ **transformation ratio** *n* ELECT Stromtransformationsverhältnis *nt*; ~ **transformer** *n AmE (cf mains transformer BrE)* ELEC ENG Netztransformator *m*, Stromtransformator *m*, Stromwandler *m*, ELECT Meßumformer *m*, Netztransformator *m*, Stromtransformator *m*; ~ **version** *n* COMP & DP *of program* neueste Version *f*; ~**-voltage characteristic** *n* ELEC ENG Strom-Spannungs-Charakteristik *f*, Strom-Spannungs-Kennlinie *f*, Strom-Spannungs-Kurve *f*, SPACE *spacecraft* Strom-Spannungs- Kennlinie *f*

cursor *n* COMP & DP Cursor *m*, Positionsanzeiger *m*, MATH *of instrument* Gleitzeiger *m*, Läufer *m*, Zunge *f*, PRINT Cursor *m*, Schreibmarke *f*; ~ **home** *n* COMP & DP Cursorausgangsstellung *f*; ~ **key** *n* COMP & DP Cursortaste *f*, Pfeiltaste *f*

curtailed: ~ **inspection** *n* QUAL abgebrochene Prüfung *f*

curtain *n* CER & GLAS *Fourcault process* Vorhang *m*, RAD TECH *antenna* Vorhangantenne *f*, TEXT Gardine *f*; ~ **boom** *n* MAR POLL Schürzensperre *f*; ~ **coater** *n* PLAS Curtain-Coater *m*, Vorhangbeschichter *m*; ~ **coating** *n* CER & GLAS Vorhangbeschichtung *f*; ~**-sided container** *n* RAIL Container mit Seitenwandvorhang *m*; ~ **wall** *n* CONST vorgehängte Wand *f*

curtaining *n* PLAS *paint* Ablaufen *nt*, Läuferbildung *f*, Vorhangbildung *f*

curvature *n* GEOM, PHYS Krümmung *f*; ~**-and-twisting test** *n* TEST Krümmungs- und Torsionsprüfung *f*; ~ **of the field** *n* PHYS Feldkrümmung *f*; ~ **of surfaces** *n* GEOM Flächenkrümmung *f*, Krümmung von Flächen *f*

curve *n* CONST Krümmung *f*, Kurve *f*, GEOM Kurve *f*, MATH *of function* Funktionskurve *f*, Kurve *f*, PROD ENG Kurvenlineal *nt*; ~ **factor** *n* FUELLESS Kurvenfaktor *m*; ~ **fitting** *n* MATH Anpassen einer Kurve *nt*; ~ **parameter** *n* IND PROCESS Kurvenparameter *m*; ~ **plotter** *n* INSTR Kurvenschreiber *m*; ~ **widening** *n* CONST Kurvenverbreiterung *f*

curved[1] *adj* MATH gebogen

curved:[2] ~ **approach** *n* AIR TRANS Kurvenanflug *m*; ~ **azimuth approach path** *n* AIR TRANS *microwave landing system* Funkseitenpeilung *f*, azimutaler Kurvenanflug *m*; ~ **common crossing** *n* RAIL Bogenherzstück *nt*; ~ **line** *n* ENG DRAW Bogenlinie *f*, GEOM gebogene Linie *f*, gekrümmte Linie *f*; ~ **spanner** *n BrE (cf curved wrench)* MECHAN ENG gebogener Schraubenschlüssel *m*; ~ **spring washer** *n* MECHAN ENG gewölbte Federscheibe *f*; ~**-tooth gear coupling** *n* MECHAN ENG Bogenzahnkupplung *f*; ~ **vane** *n* HYD EQUIP gekrümmtes Schaufelblatt *nt*; ~ **wrench** *n (cf curved spanner BrE)* MECHAN ENG gebogener Schraubenschlüssel *m*

curvilinear[1] *adj* GEOM, PHYS, PROD ENG krummlinig

curvilinear:[2] ~ **coordinate** *n* GEOM, PHYS krummlinige Koordinate *f*

cushion:[1] ~**-borne** *adj* TRANS luftkissenbefördert

cushion[2] *n* HYD EQUIP Dämpfer *m*, PROD ENG Ziehkissen *nt*; ~ **car** *n AmE (cf cushion wagon BrE)* RAIL stoßgeschützter Wagen *m*; ~ **spring** *n* AUTO *clutch* Balgfeder *f*, Pufferfeder *f*; ~ **wagon** *n BrE (cf cushion car AmE)* RAIL stoßgeschützter Wagen *m*

cushion[3] *vt* HYD EQUIP, MECHAN ENG dämpfen

cushioning *n* PROD ENG Federung *f*; ~ **product** *n* PACK Polsterung *f*, Zwischenlagen *f pl*

cusp *n* METALL Spitze *f*, Umkehrpunkt *m*

custom:[1] ~**-built** *adj* COMP & DP kundenspezifisch; ~**-designed** *adj* ELECTRON kundenspezifisch, maßgeschneidert, kundenspezifisch ausgeführt; ~**-made** *adj* COMP & DP nach Kundenspezifikation hergestellt, HEAT & REFRIG speziell angefertigt, PACK auf Bestellung angefertigt, nach Kundenangaben angefertigt

custom:[2] ~ **calling service** *n* TELECOM Telefonsonderdienst *m*; ~ **chip** *n* COMP & DP, ELECTRON kundenspezifischer Chip *m*; ~ **LSI** *n* ELECTRON kundenspezifische Großintegration *f*

customization *n* ELECTRON Kundenanpassungsentwicklung *f*, kundenspezifische Anpassung *f*

customized *adj* ELECTRON kundenspezifisch ausgeführt

customs *n* TRANS Zoll *m*; ~ **clearance** *n* TRANS Zollabfertigung *f*; ~ **patrol boat** *n* WATER TRANS Zollstreifenboot *nt*

cusum: ~ **chart** *n* QUAL Qualitätsregelkarte für kumulierte Werte *f*

cut[1] *n* CER & GLAS Schliff *m*, COAL TECH Kerb *m*, Ritze *f*, CONST *soil* Abtrag *m*, ENG DRAW Teilausschnitt *m*, MECHAN ENG Schnitt *m*, Spantiefe *f*, *of file* Feilenhieb *m*, Hieb *m*, MECHANICS Schnitt *m*; ~**-and-cover method** *n* CONST *tunnels* offene Tunnelbauweise *f*; ~ **back** *n* CONST *bitumen* Verschnittbitumen *nt*; ~ **and cover** *n* CONST *lines* Leitungsverlegung *f*; ~ **film** *n* PHOTO Planfilm *m*; ~ **glass** *n* CER & GLAS geschliffenes Glas *nt*; ~**-in wind speed** *n* FUELLESS einschaltende Windgeschwindigkeit *f*; ~**-off man** *n BrE* CER & GLAS Schneidvorrichtung *f*; ~ **oil** *n* PET TECH Schneidöl *nt*; **out-~ milling** *n* PROD ENG Gegenlauffräsen *nt*; ~ **sizes** *n pl* CER & GLAS Tafelglaszuschnitte *m pl*; ~ **slide** *n* TELEV Überblendbild *nt*; ~ **staple** *n* TEXT geschnittene Viskose-Filamentfasern *f pl*; ~ **stone** *n* CONST Werkstein *m*; ~ **stone quarry** *n* CONST Steinbruch *m*; ~ **stringer** *n* CONST Sattelwange *f*; ~ **surface** *n* MECHAN ENG Schnittfläche *f*

cut[2] *vt* CONST schneiden, sägen, *soil* abtragen, ausheben, MECHANICS schneiden, PRINT *paper* beschneiden, schneiden, PROD ENG behauen, schleifen, ziehen; ~ **with a jig** *vt* SAFETY *routing* mit Spannung schneiden; ~ **off** *vt* CER & GLAS *glass* abschleifen, HYD EQUIP absperren, PROD ENG abheben; ~ **out** *vt* MECHAN ENG ausschneiden

cut[3] *vi* MECHAN ENG schneiden

cutaway: ~ **model** *n* PROD ENG *plastic valves* Schnitt-Modell *nt*; ~ **view** *n* MECHAN ENG Schnittansicht *f*

cutback *n* TELECOM Abschneide- *pref*; ~ **technique** *n* OPT Rückschneidemethode *f*, TELECOM Abschneidemethode *f*, Rückschneidemethode *f*

cutoff[1] *adj* COAL TECH geschnitten

cutoff[2] *n* CONST Abspeer- *pref*, Absperr- *pref*, ELEC ENG Abschaltung *f*, Ausschalt- *pref*, Ausschaltung *f*, Trennung *f*, Unterbrechung *f*, *conduction* Sperrung *f*, HYD EQUIP Abschaltung *f*, Absperrung *f*, LAB EQUIP Absperr- *pref*, MECHAN ENG Absperr- *pref*, Abstech- *pref*, PROD ENG Formtrennfuge *f*, Wellentrennlänge *f*, TELECOM Trennung *f*, TELEV Abschaltung *f*, Trennung *f*, Unterbrechen *nt*; ~ **cock** *n* CONST Absperrhahn *m*; ~ **current** *n* ELECT *circuit breaker* Abschaltstrom *m*; ~ **device** *n* HYD EQUIP Abschaltvorrichtung *f*, Absperrvorrichtung *f*; ~ **ditch** *n* CONST Dichtungsgraben *m*; ~ **frequency** *n* ELECTRON, RAD TECH Grenzfrequenz *f*, TELECOM *waveguide mode* kritische Frequenz *f*, TELEV Grenzfrequenz *f*; ~ **machine** *n* MECHAN ENG Abstechdrehmaschine *f*; ~ **plate** *n* HYD EQUIP Absperrplatte *f*; ~ **point** *n* HYD EQUIP Grenzpunkt *m*; ~ **relay** *n* ELECT Abschaltrelais *nt*, Abschaltschütz *nt*; ~ **tool** *n* MECHAN ENG Stechmeißel *m*; ~ **wall** *n* WATER SUP *dam* Dichtungsschleier *m*; ~ **wavelength** *n* OPT *of mode* Grenzwellenlänge *f*, *optical fibre* Grenzwellenlänge *f*, PHYS Grenzwellenlänge *f*, TELECOM *waveguide mode* Grenzwellenlänge *f*, kritische Wellenlänge *f*; ~ **wheel** *n* MECHAN ENG Trennscheibe *f*

cutout *n* CER & GLAS Ausschnitt *m*, CONST Öffnung *f*, ELEC ENG Ausschalter *m*, Ausschnitt *m*, Unterbrecher *m*, Unterbrechung *f*, Öffnung *f*, MECHAN ENG *machining*, MECHANICS Ausschnitt *m*; ~ **device** *n* SAFETY *electrical safety* Unterbrecher *m*; ~ **photograph** *n* PHOTO Ausschnittsvergrößerung *f*; ~ **switch** *n* ELECT automatischer Ausschalter *m*, RAIL Sicherheitsausschalter *m*; ~ **wind speed** *n* FUELLESS ausschaltende Windgeschwindigkeit *f*

cutstring: ~ **staircase** *n* CONST aufgesattelte Treppe *f*

cutter *n* ACOUSTICS Tonschneider *m*, CONST Fräser *m*, Schneidemaschine *f*, MECHAN ENG Fräswerkzeug *nt*, Schneider *m*, Schneidmaschine *f*, Schnittwerkzeug *nt*, Schneidwerkzeug *nt*, *for gearwheels* Schneidrad *nt*, *gear-cutting machine* Zahnradfräser *m*, MECHANICS Schneidwerkzeug *nt*, WATER TRANS *ship* Kutter *m*; ~ **arbor** *n* MECHAN ENG *milling machine* Fräsdorn *m*; ~ **arm** *n* COAL TECH Bohrarm *m*; ~ **bar** *n* MECHAN ENG *machine tool* Werkzeughalter *m*; ~ **blade** *n* CER & GLAS Fräsermesser *nt*; ~ **chain** *n* COAL TECH Bohrkette *f*; ~ **cradle** *n* PROD ENG Fräserwiege *f*; ~ **dredge** *n* WATER TRANS Schneidkopfbagger *m*; ~ **dredger** *n* WATER TRANS Schneidkopfbagger *m*; ~ **grinder** *n* MECHAN ENG Fräserschleifmaschine *f*; ~ **head** *n* CONST *tunnelling* Schneidkopf *m*, MECHAN ENG Schneidkopf *m*, *of drill* Bohrkopf *m*, Fräskopf *m*, *of milling machine* Messerkopf *m*, PROD ENG Frässpindelstock *m*; ~ **life** *n* PROD ENG Fräserstandzeit *f*; ~ **lift** *n* PROD ENG Fräserabhebung *f*; ~ **mandrel** *n* MECHAN ENG Frässpindel *f*; ~ **relief** *n* PROD ENG Fräserabhebung *f*; ~ **shank** *n* PROD ENG Fräserschaft *f*; ~ **spindle** *n* MECHAN ENG, PROD ENG Frässpindel *f*; ~ **wheel** *n* MECHAN ENG Messerwalze *f*, Trennscheibe *f*; ~ **wound** *n* SAFETY Schnittwunde *f*

cutter's: ~ **bay** *n* CER & GLAS Schleiferei *f*; ~ **lathe** *n* CER & GLAS Schneidemaschinenbank *f*; ~ **pliers** *n* CER & GLAS Glasschneidezange *f*; ~ **table** *n* CER & GLAS Glasschneidertisch *m*; ~ **table ruler** *n* CER & GLAS Glasschneidertischlineal *nt*

cutting *n* CER & GLAS Schleifen *nt*, MECHAN ENG Schneiden *nt*, *files* Hauen *nt*, *machining* spanabhebende Bearbeitung *f*, PROD ENG Spanen *nt*, Zerspanung *f*, TEXT Abschnitt *m*, Zuschnitt *m*; ~ **angle** *n* FOOD TECH Schnittwinkel *m*, MECHAN ENG *machine tool* Schneidwerkzeugwinkel *m*, PROD ENG Schnittwinkel *m*; ~ **bit** *n* COAL TECH Bohrmeißel *m*; ~ **blowpipe** *n* CONST, PROD ENG Schneidbrenner *m*; ~ **capacity** *n* MECHAN ENG Schnittleistung *f*, PROD ENG Spanleistung *f*; ~ **condition** *n* PROD ENG Zerspanungsbedingung *f*; ~ **diamond** *n* CER & GLAS Glasschneiderdiamant *m*; ~ **edge** *n* CER & GLAS *of diamond* Schneidkante *f*, CONST Schneide *f*, Schneidkante *f*, CONST *AmE (cf keen edge BrE)* scharfe Kante *f*, MECHAN ENG *of tool* Schneidkante *f*, MECHANICS schneidende Kante *f*, PRINT Schnittkante *f*, TEXT Schneide *f*; ~-**edge life** *n* PROD ENG Standzeit *f*; ~ **efficiency** *n* PROD ENG Zerspanungsleistung *f*; ~ **fluid** *n* MECHAN ENG Schneidflüssigkeit *f*, PROD ENG Schneidöl *nt*; ~ **force** *n* MECHAN ENG Schnittkraft *f*, *machining* Zerspankraft *f*; ~ **frame** *n* CER & GLAS Schneidrahmen *m*; ~ **gage** *n AmE*, ~ **gauge** *n BrE* CONST einstellbares Schneidmesser *nt*; ~ **lip** *n* MECHAN ENG Schneidlippe *f*, PROD ENG Schneide *f*; ~ **loss** *n* CER & GLAS Schleifverlust *m*; ~ **machine** *n* MECHAN ENG Schneidemaschine *f*; ~-**off** *n* CER & GLAS *edge*, CONST Abschneiden *nt*, HYD EQUIP Absperrung *f*, MECHAN ENG Abstech- *pref*; ~-**off and forming lathe** *n* MECHAN ENG Abstech- und Formdrehmaschine *f*; ~-**off lathe** *n* MECHAN ENG Abstechdrehmaschine *f*; ~-**off machine** *n* MECHAN ENG Abstechmaschine *f*, PROD ENG Trennmaschine *f*; ~-**off slide** *n* MECHAN ENG Abstechschlitten *m*; ~-**off tool** *n* MECHAN ENG *lathe* Abstechmeißel *m*, Abstechwerkzeug *nt*; ~-**off tool holder** *n* MECHAN ENG *lathe* Abstechmeißelhalter *m*; ~-**off wheel** *n* MECHAN ENG *grinding* Trennscheibe *f*; ~ **oil** *n* MECHAN ENG Schneidöl *nt*, WASTE Kühlschmierstoffe *m pl*, Kühlöl *nt*; ~ **pliers** *n pl* CONST Schneidzange *f*; ~ **punch** *n* PROD ENG Schnittstempel *m*; ~ **shop** *n* CER & GLAS Schleiferei *f*; ~ **speed** *n* MECHAN ENG Schnittgeschwindigkeit *f*; ~ **stroke** *n* MECHAN ENG *machine tool* Arbeitsgang *m*, Schnittbewegung *f*, Schnittgang *m*; ~ **stylus** *n* ACOUSTICS Schneidestichel *m*; ~ **teeth** *n pl* CONST Grabzähne *m pl*, Schneidzähne *m pl*; ~ **tool** *n* MECHAN ENG, MECHANICS Schneidwerkzeug *nt*; ~ **torch** *n* MECHAN ENG Schneidbrenner *m*; ~ **variable** *n* PROD ENG Zerspangröße *f*; ~ **wheel** *n* CER & GLAS Schleifrad *nt*, MECHAN ENG Trennscheibe *f*

cuttings *n pl* COAL TECH Abschnitt *m*, PET TECH Bohrgut *nt*, Bohrklein *nt*; ~ **dropping out** *n* PET TECH Bohrkleinausfall *m*; ~ **gas** *n* PET TECH Bohrkleingas *nt*

cutwater *n* CONST *bridge* Pfeilkerkopf *m*

CVD *abbr (chemical vapor deposition AmE, chemical vapour deposition BrE)* ELECTRON, TELECOM CVD *(Gasphasenabscheidung)*

CVS *abbr (constant volume sampling)* POLL *motor vehicles* CVS *(Teilstromentnahme nach Verdünnung)*

cw *abbr (carrier wave)* PHYS, RAD TECH, TELEV, WAVE PHYS Trägerwelle *f*

CW[1] *abbr (continuous wave)* ELEC ENG, ELECTRON, RECORD, TELEV CW *(ungedämpfte Welle)*

CW:[2] ~ **gas laser** *n* ELECTRON Dauerstrichgaslaser *m*; ~ **laser** *n* ELECTRON, WAVE PHYS Dauerstrichlaser *m*; ~ **laser beam** *n* ELECTRON Dauerstrichlaserstrahl *m*; ~ **mode** *n* PART PHYS CW-Betrieb *m*; ~ **radar** *n* WATER TRANS CW-Radar *nt*; ~ **radar detector** *n* TRANS Dauerstrichradardetektor *m*; ~ **signal** *n* ELEC ENG Gleichwellensignal *nt*; ~ **ultrasonic detector** *n* TRANS Dauerstrichultraschalldetektor *m*

cwt *abbr (hundredweight)* METROL Zentner *m*

cyan: ~ **filter adjustment** *n* PHOTO Cyaneinstellung *f*

cyanamide *n* CHEMISTRY Cyanamid *nt*

cyanate *n* CHEMISTRY Cyanat *nt*

cyanic *adj* CHEMISTRY Cyan- *pref*

cyanidation *n* CHEMISTRY Cyanisierung *f*

cyanide *n* CHEMISTRY Cyanid *nt*; ~ **hardening** *n* METALL Cyanhärtung *f*; ~ **lixiviation process** *n* CHEMISTRY Cyanidlaugerei *f*

cyanogen *n* CHEMISTRY Dicyan *nt*, Ethandinitril *nt*

cyanotoluene *n* CHEMISTRY Cyantoluol *nt*, Tolunitril *nt*

cybernetics *n* COMP & DP, PROD ENG, SPACE *spacecraft* Kybernetik *f*

cyclane *n* CHEMISTRY Cycloalkan *nt*, Naphthen *nt*

cycle *n* ACOUSTICS Periodendauer *f*, Schwingung *f*,

Zyklus *m*, COMP & DP, CONTROL Zyklus *m*, ELEC ENG Kreis *m*, Periode *f*, Schwingungsperiode *f*, Zyklus *m*, ELECT Zyklus *m*, MECHAN ENG Zyklus *m*, *of engine* Arbeitsspiel *nt*, PLAS Takt *m*, Zyklus *m*, PROD ENG Doppelhub *m*; ~ **counter** *n* INSTR Periodenzähler *m*, Zykluszähler *m*; ~ **of intervals** *n* ACOUSTICS Zyklus von Intervallen *m*; ~ **path** *n* TRANS Radfahrweg *m*; ~ **split adjustment** *n* TRANS *traffic control* Taktunterbrechungseinstellung *f*; ~ **stealing** *n* COMP & DP Zyklenteilverfahren *nt*; ~ **time** *n* COMP & DP Zykluszeit *f*; ~ **track** *n* CONST Radfahrweg *m*

cyclic *n* PET TECH cyclisch, periodisch; ~ **accelerator** *n* PART PHYS Kreisbeschleuniger *m*; ~ **block codes** *n pl* TELECOM zyklische Blockcodes *m pl*; ~ **codes** *n pl* TELECOM zyklische Codes *m pl*; ~ **control pitch stick** *n* AIR TRANS *helicopter* Steuerknüppel für periodische Steigungssteuerung *m*, Steuerknüppel für die zyklische Blattverstellung *m*; ~ **control step** *n* AIR TRANS *helicopter* periodische Steuerstufe *f*, zyklische Steuerstufe *f*; ~ **flapping angle** *n* AIR TRANS *helicopter* periodischer Schlagwinkel *m*, zyklischer Konuswinkel *m*, zyklischer Schlagwinkel *m*; ~ **graph** *n* ART INT zyklischer Graph *m*; ~ **loading** *n* TEST Wechselbeanspruchung *f*; ~ **noise** *n* ACOUSTICS peridisches Rauschen *nt*; ~ **pitch** *n* AIR TRANS *helicopter* periodische Steigung *f*, zyklischer Einstellwinkel *m*; ~ **pitch control** *n* AIR TRANS *helicopter* periodische Blattverstellung *f*, zyklische Blattverstellung *f*; ~ **pitch servo trim** *n* AIR TRANS *helicopter* periodische Hilfstrimmeinrichtung *f*, zyklische Hilfstrimmeinrichtung *f*; ~ **pitch stick** *n* AIR TRANS *helicopter* Steuerknüppel für zyklische Blattverstellung *m*; ~ **redundancy check** *n* *(CRC)* COMP & DP, ELECTRON, IND PROCESS, TELECOM zyklische Blockprüfung *f*, zyklische Blocksicherung *f* *(CRC)*; ~ **shift** *n* COMP & DP zyklische Bitverschiebung *f*, zyklische Stellenverschiebung *f*; ~ stick *n* AIR TRANS *helicopter* zyklischer Steuerknüppel *m*

cyclical: ~ **erosion** *n* COATINGS zyklische Abtragung *f*, zyklische Erosion *f*

cycling *n* AIR TRANS *helicopter* Pendelung *f*, PROD ENG Dauerschwingbeanspruchung *f*

cyclized: ~ **rubber** *n* PLAS Cyclokautschuk *m*

cycloaliphatic: ~ **amine** *n* PLAS *curing agent* cycloaliphatisches Amin *nt*

cycloalkane *n* CHEMISTRY Cycloalkan *nt*, Naphthen *nt*, PET TECH Cycloalkan *nt*

cyclobutane *n* CHEMISTRY Cyclobutan *nt*

cyclogyro *n* AIR TRANS Radflügelflugzeug *nt*, Schaufelflügler *m*

cycloheptadecenone *n* CHEMISTRY Cycloheptadecenon *nt*

cycloheptanone *n* CHEMISTRY Cycloheptanon *nt*, Suberon *nt*

cyclohexadiene *n* CHEMISTRY Cyclohexadien *nt*, Dihydrobenzol *nt*

cyclohexane *n* CHEMISTRY, PET TECH Cyclohexan *nt*

cyclohexanediol *n* CHEMISTRY Chinit *m*, Cyclohexandiol *nt*

cycloid *n* GEOM Radkurve *f*, Zykloide *f*, PROD ENG Zykloide *f*

cycloidal: ~ **gear** *n* MECHANICS Zahnrad mit Zykloidenverzahnung *nt*; ~ **gear teeth** *n* PROD ENG *kinematics* Zykloidenverzahnung *f*; ~**-profile teeth** *n* PROD ENG *kinematics* Zykloidenverzahnung *f*; ~ **teeth** *n* PROD ENG *kinematics* Zykloidenverzahnung *f*

cyclone *n* COAL TECH Zyklon *m*, FOOD TECH Abscheiderzyklon *m*, PET TECH Fliehkraftabschneider *m*, Zyklon *m*, Zyklonabschneider *m*, POLL Zyklon *m*, Zyklonentstauber *m*, WASTE Zyklonabscheidung *f*, WATER TRANS *tropical cloud gale* Zyklon *m*, Zyklone *f*; ~ **filter** *n* MECHAN ENG Zyklonfilter *nt*; ~ **furnace** *n* CER & GLAS Zyklonofen *m*; ~**-recovery skimmer** *n* POLL Fliehkraftabscheider *m*; ~ **separation** *n* WASTE Zyklonabscheidung *f*; ~ **separator** *n* MECHAN ENG Zyklonabscheider *m*

cyclonite *n* CHEMISTRY Cyclonit *nt*, Hexogen *nt*

cycloolefin *n* PET TECH Cycloolefin *nt*

cycloparaffin *n* PET TECH Cycloparaffin *nt*

cyclopean: ~ **concrete** *n* CONST Beton mit Steineinlagen *m*, Zyklopenbeton *m*

cyclopentane *n* CHEMISTRY Cyclopentan *nt*, Pentamethylen *nt*

cyclopic: ~ **barrage** *n* WATER SUP zykloper Staudamm *m*

cyclopropane *n* CHEMISTRY Cyclopropan *nt*, Trimethylen *nt*

cyclotron *n* ELEC ENG, PART PHYS, PHYS, RAD PHYS Zyklotron *nt*; ~ **frequency** *n* PART PHYS, RAD PHYS Zyklotronfrequenz *f*; ~ **radiation** *n* PART PHYS, PHYS, RAD PHYS Zyklotronstrahlung *f*; ~ **safety** *n* PART PHYS, PHYS, RAD PHYS Zyklotronsicherheit *f*

cyclotronic: ~ **resonance** *n* TELECOM *nucleonics* Zyklotronresonanz *f*

cylinder *n* AUTO *engine*, CER & GLAS *rolled plate*, COMP & DP *disk drive*, GEOM *shape*, MECHAN ENG, MECHANICS Zylinder *m*, PAPER Rundsieb *nt*, Zylinder *m*, PLAS *press* Walze *f*, Zylinder *m*, PRINT Druckzylinder *m*, Walze *f*, Zylinder *m*, PROD ENG Kolbenbohrung *f*, Walze *f*, WATER TRANS *engine* Zylinder *m*; ~ **bank angling** *n* AUTO Zylinder-V-Winkel *m*; ~ **barrel** *n* AUTO *engine* Zylinderlaufbahn *f*, MECHAN ENG Zylinderkörper *m*, PROD ENG Zylindermantel *m*; ~ **bit** *n* PROD ENG Genauigkeitsspiralbohrer *m*, Kanonenbohrer *m*; ~ **block** *n* AUTO *motor* Zylinderblock *m*; ~ **boiler** *n* HYD EQUIP Trommelkessel *m*; ~ **bore** *n* MECHAN ENG Zylinderbohrung *f*; ~ **boring mill** *n* MECHAN ENG, PROD ENG Zylinderbohrwerk *nt*; ~ **broom** *n* WASTE Kehrwalze *f*; ~ **cam** *n* PROD ENG Kurventrommel *f*, Mantelkurve *f*; ~ **capacity** *n* AUTO Zylindervolumen *nt*, Zylinderinhalt *m*; ~ **cover** *n* HYD EQUIP Zylinderdeckel *m*; ~ **drawing process** *n* CER & GLAS Zylinderziehverfahren *nt*; ~ **drying machine** *n* TEXT Zylindertrockenmaschine *f*, Zylindertrockner *m*; ~ **flange** *n* AUTO *engine* Zylinderflansch *m*; ~ **glass** *n* *BrE (cf blown sheet AmE)* CER & GLAS Zylinderglas *nt*, geblasenes Tafelglas *nt*; ~ **head** *n* AUTO *engine*, HYD EQUIP, MECHAN ENG, RAIL, WATER TRANS *engine* Zylinderdeckel *m*, Zylinderkopf *m*; ~ **head bolt** *n* AUTO Zylinderkopfschraube *f*; ~ **head gasket** *n* AUTO *engine* Zylinderkopfdichtung *f*, *motor* Zylinderkopfdichtung *f*, MECHAN ENG Zylinderkopfdichtung *f*; ~ **liner** *n* AUTO *motor* Zylinderlaufbuchse *f*, Zylinderbuchse *f*, MECHANICS Zylinderlaufbuchse *f*; ~ **lock** *n* CONST, MECHAN ENG Zylinderschloß *nt*; ~ **machine** *n* PAPER Rundsiebpapiermaschine *f*; ~ **printing** *n* PRINT Walzendruck *m*; ~ **printing machine** *n* PRINT Walzendruckmaschine *f*; ~ **process** *n* CER & GLAS Zylinderverfahren *nt*; ~ **ring** *n* AUTO *motor* Zylinderring *m*; ~**-sizing machine** *n* TEXT Zylindertrockenschlichtmaschine *f*; ~ **sleeve** *n* AUTO Zylinderlaufbuchse *f*; ~ **surface** *n* GEOM Zylinderfläche *f*; ~ **wall** *n* AUTO *engine* Zylinderwand *f*, Zylinderwandung *f*, MECHAN ENG Zylinderwand *f*

cylindrical: ~ **axle guide** *n* RAIL Achsführung *f*; ~ **bal-**

anced valve *n* FUELLESS zylindrisches Ausgleichsventil *nt*; ~ **bore** *n* MECHAN ENG zylindrische Bohrung *f*; ~ **capacitor** *n* PHYS Zylinderkondensator *m*; ~ **coordinates** *n pl* PHYS Zylinderkoordinaten *f pl*; ~ **cutter** *n* PROD ENG Walzenfräser *m*; ~ **flue boiler** *n* HYD EQUIP zylindrischer Flammrohrkessel *m*; ~ **gear** *n* MECHAN ENG Stirnrad *nt*; ~ **gear pair** *n* AUTO Stirnradgetriebe *nt*, MECHAN ENG Stirnradpaar *nt*; ~ **grinder** *n* MECHANICS Rundschleifmaschine *f*; ~ **grinding** *n* MECHAN ENG Außenrundschleifen *nt*, Rundschleifen *nt*, MECHANICS Rundschleifen *nt*; ~ **helical spring** *n* MECHAN ENG zylindrische Schraubenfeder *f*; ~ **irradiator** *n* NUC TECH zylindrische Strahlungsquelle *f*; ~ **lap** *n* PROD ENG Läppdorn *m*; ~ **mouthpiece** *n* HYD EQUIP zylindrisches Mundstück *nt*; ~ **pin** *n* MECHAN ENG Zylinderstift *m*; ~ **reflecting antenna** *n* TELECOM Zylinderreflektorantenne *f*; ~ **roller bearing** *n* MECHAN ENG Zylinderrollenlager *nt*; ~ **shell** *n* SPACE *spacecraft* zylindrische Hülle *f*; ~ **solid of revolution** *n* GEOM *shape* Rotationszylinder *m*, zylindrischer Rotationskörper *m*; ~ **wave** *n* ACOUSTICS Zylinderwelle *f*; ~ **winding** *n* ELECT Röhrenwicklung *f*, Zylinderwicklung *f*; ~ **worm** *n* MECHAN ENG Zylinderschnecke *f*

cyrillic: ~ **letter** *n* ENG DRAW kyrillisches Zeichen *nt*

cyrogenic: ~ **crushing** *n* WASTE *solid* Tieftemperaturbrechen *nt*, Tieftemperaturzerkleinern *nt*

cytisine *n* CHEMISTRY Laburnin *nt*, Sophorin *nt*, Ulexin *nt*

D

d *abbr* CHEMISTRY *(deuteron)* d *(Deuteron)*, HYD EQUIP *(depth)* t *(Tiefe)*, METROL *(deci-)* d *(Dezi-)*, PART PHYS *(deuteron)*, PHYS *(deuteron)* d *(Deuteron)*

D[1] *abbr* ACOUSTICS *(optical density)* D *(Schwärzung)*, ELECT *(displacement)* D *(Verschiebung)*, ELECTRON *(diffusion coefficient)* D *(Diffusionskoeffizient)*, GEOM *(diameter)*, MECHAN ENG *(diameter)* D *(Durchmesser)*, NUC TECH *(absorbed dose)* D *(Absorptionsdosis)*, OPT *(optical density)* D *(optische Dichte)*, PHYS *(diffusion coefficient)* D *(Diffusionskoeffizient)*, PHYS *(displacement)* D *(Versetzung)*, PROD ENG *(diameter)* D *(Durchmesser)*, PROD ENG *(displacement)* D *(Versetzung)*, RAD PHYS *(absorbed dose)* D *(absorbierte Dosis)*, RAD TECH *(diffusion coefficient)* D *(Diffusionskoeffizient)*, THERMODYN *(fourth virial coefficient)* D *(vierter Virialkoeffizient)*

D[2] *(deuterium)* CHEMISTRY D *(Deuterium)*

da *abbr (deca-)* METROL da *(Deka-)*

D/A[1] *abbr (digital-analog)* COMP & DP, ELECTRON, INSTR, RECORD, TELECOM, TELEV D/A *(Digital-Analog-)*

D/A:[2] ~ **conversion** *n* COMP & DP, ELECTRON, RECORD, TELECOM D/A-Umsetzung *f*, D/A-Wandlung *f*; ~ **converter** *n* COMP & DP, ELECTRON, TELECOM D/A-Umsetzer *m*, D/A-Wandler *m*

DA *abbr (direct access)* COMP & DP DA *(direkter Zugriff)*

DAC *abbr (digital-analog converter)* COMP & DP, ELECTRON, TELECOM, TELEV DAU *(Digital-Analog-Umsetzer)*

Dacron® *n AmE (cf Terylene®* BrE) CHEMISTRY Terylene® *nt*, WATER TRANS *sailing* Dacron® *nt*, Terylene® *nt*

daggerboard *n* WATER TRANS *ship* Steckschwert *nt*

daguerreotype *n* PHOTO Daguerreotypie *f*

dahlin *n* CHEMISTRY Alantin *nt*, Dahlin *nt*, Inulin *nt*

daily: ~ **base rate** *n* ELECT *power consumption* Tagesrükkenlast *f*; ~ **consumption** *n* WATER SUP Tagesverbrauch *m*; ~ **cover** *n* WASTE arbeitstägliche Abdeckung *f*; ~ **water flow** *n* WATER SUP Tageswasserfluß *m*

daisy: ~ **chain** *n* ELECTRON Prioritätverkettung *f*; ~ **chain bus** *n* COMP & DP verkettete Busstruktur *f*; ~ **chain device priority** *n* IND PROCESS Rangreihenfolge für Unterbrechungen *f*

daisywheel *n* COMP & DP, PRINT Typenrad *nt*; ~ **printer** *n* COMP & DP, PRINT Typenraddrucker *m*

Dalton's: ~ **law** *n* PHYS, THERMODYN *of partial pressures* Daltonsches Partialdruckgesetz *nt*

dam[1] *n* MAR POLL, POLL Wehr *nt*, WATER SUP Wehr *nt*, *across shallow water* Staudamm *m*, *for reservoir* Sperrmauer *f*, Talsperre *f*

dam[2] *vt* WATER SUP dämmen, stauen

DAMA *abbr (demand-assigned multiple access)* TELECOM DAMA *(bedarfsgesteuerter Vielfachzugriff)*

damage *n* PAT Schaden *m*; ~ **assessment** *n* WATER TRANS *insurance* Schadenfeststellung *f*; ~ **by sea** *n* WATER TRANS *ship* Havarie *f*, Seeschaden *m*; ~ **control** *n* WATER TRANS Lecksicherung *f*; ~ **curve** *n* PROD ENG Schadenlinie *f*

damaged[1] *adj* TELECOM beschädigt, schadhaft

damaged:[2] ~ **car** *n AmE (cf damaged wagon BrE)* RAIL beschädigter Wagen *m*; ~ **fuel assembly** *n* NUC TECH beschädigtes Brennelement *nt*; ~ **wagon** *n BrE (cf damaged car AmE)* RAIL beschädigter Wagen *m*; ~ **yarn** *n* CER & GLAS beschädigtes Garn *nt*

Damköhler: ~ **numbers** *n pl* FLUID PHYS Damköhlerzahlen *f pl*

damming: ~**-up** *n* WATER SUP Speicherung *f*, Stau *m*

damp[1] *adj* CONST, PAPER feucht; ~**-proof** *adj* CONST, PACK feuchtigkeitsfest

damp[2] *n* ELEC ENG Dunst *m*, Feuchtigkeit *f*; ~ **location** *n* HEAT & REFRIG Feuchtraum *m*; ~**-proof course** *n (dpc)* CONST Feuchtigkeitsdämmschicht *f*, Sperrschicht *f*

damp[3] *vt* CONST *sound* anfeuchten, dämpfen, ELECT *oscillations* abschwächen, dämpfen, ELECTRON dämpfen

damped[1] *adj* PHYS gedämpft

damped:[2] ~ **oscillation** *n* ELECTRON, RECORD gedämpfte Schwingung *f*; ~ **periodic instrument** *n* INSTR gedämpft schwingendes Instrument *nt*; ~ **sinusoidal quantity** *n* ELEC ENG gedämpfte Sinusgröße *f*; ~ **vibrations** *n pl* WAVE PHYS gedämpfte Schwingungen *f pl*

dampen *vt* CONST anfeuchten

dampener *n* PAPER Feuchter *m*

dampening *n* PAPER Anfeuchten *nt*

damper *n* ACOUSTICS Dämpfer *m*, Schalldämpfer *m*, AUTO Schwingungsdämpfer *m*, Stoßdämpfer *m*, CONST Drosselklappe *f*, Schieber *m*, Schalldämpfer *m*, ELEC ENG Dämpfer *m*, Dämpfungseinrichtung *f*, HEAT & REFRIG Klappe *f*, PROD ENG Anfeuchter *m*, Drossel *f*, RAIL Dämpfer *m*; ~ **blade** *n* HEAT & REFRIG Klappenflügel *m*; ~ **flap** *n* HEAT & REFRIG Drosselklappe *f*; ~ **slide** *n* HEAT & REFRIG Drosselschieber *m*

damping *n* COMP & DP, ELEC ENG, ERGON, INSTR, METALL, PHYS Dämpfung *f*, TELEV Abklingen *nt*; ~ **attenuation** *n* COMP & DP Abschwächung *f*, Dämpfung *f*, ELECT Dämpfung *f*; ~ **capacitor** *n* ELEC ENG Dämpfungskondensator *m*; ~ **coefficient** *n* PHYS Dämpfungskoeffizient *m*; ~ **coil** *n* ELEC ENG Dämpferspule *f*, ELECT Dämpfungswicklung *f*; ~ **device** *n* MECHAN ENG Dämpfungsvorrichtung *f*; ~ **factor** *n* ELECT, PHYS Dämpfungsfaktor *m*; ~ **moment** *n* AIR TRANS Dämpfungsmoment *nt*; ~ **period** *n* INSTR Beruhigungszeit *f*, Einschwingzeit *f*; ~ **ratio** *n* ERGON Dämpfungsverhältnis *nt*; ~ **resistance** *n* ELECT, PHYS Dämpfungswiderstand *m*; ~ **resistor** *n* ELECT *element* Dämpfungsnetzwerk *nt*, Dämpfungswiderstand *m*; ~ **roll** *n* PACK Feuchtwalze *f*; ~ **spring** *n* MECHAN ENG Pufferfeder *f*; ~ **stretch** *n* PAPER Naßdehnung *f*; ~ **time constant** *n* INSTR Abklingzeitkonstante *f*, Dämpfungszeitkonstante *f*

danaide *n* HYD EQUIP Danait *nt*, Kobalt-Arsen-Kies *m*

dancing: ~ **seat** *n* HYD EQUIP beweglicher Sitz *m*; ~ **sleeper** *n BrE (cf dancing tie AmE)* RAIL lose Querschwelle *f*; ~ **step** *n* CONST verzogene Stufe *f*; ~ **tie** *n AmE (cf dancing sleeper BrE)* RAIL lose Querschwelle *f*

dandy: **~ roll** *n* PACK Dandyroller *m*, Egoutteur *m*, PAPER Egoutteur *m*, PRINT *paper-making* Vordruckwalze *f*

Danford: **~ anchor** *n (CQR anchor)* WATER TRANS Danford-Anker *m (CQR-Anker)*

danger:[1] **~ area** *n* SAFETY Gefahrenbereich *m*; **~ point** *n* SAFETY Gefahrenpunkt *m*; **~ signal** *n* RAIL Alarmsignal *nt*, Notsignal *nt*, SAFETY Gefahrensignal *nt*; **~ zone** *n* SAFETY Gefahrenbereich *m*

danger:[2] **be a ~ to** *vt* SAFETY gefährden

dangerous: **~ goods** *n pl* AIR TRANS gefährliche Frachtgüter *nt pl*, PACK Gefahrgüter *nt pl*; **~ loads** *n pl* PACK gefährliche Ladungen *f pl*; **~ machine** *n* SAFETY gefährliche Maschine *f*; **~ material** *n* SAFETY gefährlicher Stoff *m*; **~ substance** *n* SAFETY Gefahrstoff *m*

danny: **~ neck** *n* CER & GLAS Daumenglashals *m*

Dano: **~ biostabilization process** *n* WASTE Dano-Biostabilisator-Verfahren *nt*

daphnetin *n* CHEMISTRY Daphnetin *nt*

daphnin *n* CHEMISTRY Daphnin *nt*

dark[1] *adj* ELEC ENG, ELECTRON, ERGON, PHYS, PROD ENG Dunkel- *pref*

dark:[2] **~ adaptation** *n* ERGON Dunkeladaptation *f*; **~ conduction** *n* ELEC ENG Dunkelleitung *f*; **~ current** *n* ELEC ENG, OPT, PHYS, TELECOM Dunkelstrom *m*; **~ field illumination** *n* PHYS, PROD ENG Dunkelfeldbeleuchtung *f*; **~ fringe** *n* PHYS dunkle Interferenzringe *m pl*, dunkler Interferenzstreifen *m*; **~ glass** *n* CER & GLAS Sonnenschutzglas *nt*; **~ ground illumination** *n* PHYS Dunkelfeldbeleuchtung *f*; **~ line spectrum** *n* SPACE *spacecraft* Dunkellinienspektrum *nt*; **~ red heat** *n* METALL dunkelste Rotglühhitze *f*; **~ resistance** *n* ELEC ENG, NUC TECH *of photocell* Dunkelwiderstand *m*; **~ slide** *n* PHOTO Plattenkassette *f*; **~ trace screen** *n* ELECTRON Dunkelschriftschirm *m*

darkening *n* CER & GLAS Schwärzung *f*; **~ index** *n* CER & GLAS Schwärzungsindex *m*

darkness: **~ setting** *n* PRINT Schwärzungseinstellung *f*

darkroom *n* PHOTO Dunkelkammer *f*; **~ timer** *n* PHOTO Belichtungsschaltuhr *f*

darn[1] *n* TEXT Stopfstelle *f*

darn[2] *vt* TEXT stopfen

darning *n* TEXT Stopfen *nt*; **~ needle** *n* TEXT Stopfnadel *f*; **~ stitch** *n* TEXT Stopfstich *m*; **~ wool** *n* TEXT Stopfwolle *f*

dart: **~ impact test** *n* CER & GLAS Stichflammentest *m*

darting: **~ flame** *n* THERMODYN Stichflamme *f*

dash *n* AUTO Armaturenbrett *nt*, Instrumententafel *f*, Schaltbrett *nt*

dashboard *n* AUTO Armaturenbrett *nt*, Instrumententafel *f*, Schaltbrett *nt*

dashed: **~ line** *n* PROD ENG Strichlinie *f*

dashing: **~ vessel** *n* NUC TECH Stoßbremse *f*, Stoßdämpfer *m*

dashpot *n* AUTO Schließdämpfer *m*, hydraulischer Stoßdämpfer *m*, MECHAN ENG Stoßdämpfer *m*, MECHANICS Dämpfer *m*, NUC TECH Stoßbremse *f*, Stoßdämpfer *m*, PROD ENG Bremszylinder *m*, Windkessel *m*; **~ valve** *n* MECHAN ENG Dämpfungsventil *nt*

DAT[1] *abbr (digital audio tape)* RECORD DAT *(Digital-Audio-Tape)*

DAT:[2] **~ cassette** *n* RECORD DAT-Cassette *f*

data *n* COMP & DP, ELEC ENG, ELECTRON, INSTR, NUC TECH, QUAL, SPACE *communications*, TELECOM Daten *nt pl*

~ a **~ abstraction** *n* COMP & DP Datenabstraktion *f*; **~ acquisition** *n* COMP & DP, ELECTRON, INSTR Datenerfassung *f*; **~ aggregate** *n* COMP & DP Datenaggregat *nt*, Datengruppierung *f*; **~ amplifier** *n* ELECTRON Datenverstärker *m*, INSTR Meßdatenverstärker *m*, Meßwertverstärker *m*;

~ b **~ back** *n* PHOTO Datenrückwand *f*; **~ bank** *n* COMP & DP, ELECTRON Datenbank *f*; **~ break** *n* COMP & DP Datenunterbrechung *f*; **~ burst** *n* SPACE Datenschub *m*; **~ bus** *n* COMP & DP Datenbus *m*, Datenübertragungsweg *m*, SPACE *communications* Datenbus *m*;

~ c **~ capture** *n* COMP & DP Datenerfassung *f*; **~ carrier** *n* COMP & DP Datenträger *m*; **~ carrier detector** *n (DCD)* TELECOM Datenträgerdetektor *m (DCD)*; **~ carrier failure detector** *n* TELECOM Ausfallerkennung des Datenträgers *f*; **~ cartridge** *n* COMP & DP Datenkassette *f*; **~ chaining** *n* COMP & DP Datenadressenkettung *f*; **~ channel** *n* COMP & DP Datenkanal *m*; **~ channel multiplexer** *n* COMP & DP Datenkanalverteiler *m*; **~ check** *n* COMP & DP, INSTR Datenprüfung *f*; **~ checking** *n* INSTR Meßwertprüfung *f*; **~ circuit terminating equipment** *n (DCE)* TELECOM Datenübertragungseinrichtung *f (DÜE)*; **~ cleaning** *n* COMP & DP Datenkorrektur *f*; **~ collection** *n* COMP & DP, TELECOM Datenerfassung *f*; **~ collection platform** *n* COMP & DP Datenerfassungsstation *f*; **~ communication** *n* COMP & DP, ELECTRON, RAD TECH, TELECOM Datenaustausch *m*, Datenfernübertragung *f*, Datenkommunikation *f*, Datenübermittlung *f*, Datenübertragung *f*; **~ communication channel** *n (DCC)* TELECOM Datenübermittlungskanal *m (DCC)*; **~ communication link** *n* COMP & DP, ELECTRON Datenübermittlungsabschnitt *m*, Datenübertragungsabschnitt *m*; **~ communication network** *n* COMP & DP Datenkommunikationsnetz *nt*; **~ communication terminal** *n* COMP & DP Datenkommunikationsstation *f*; **~ communication terminating equipment** *n (DCE)* COMP & DP Datenübertragungseinrichtung *f (DÜE)*; **~ compaction** *n* COMP & DP Datenkompression *f*, Datenverdichtung *f*; **~ compression** *n* COMP & DP Datenkompression *f*, Datenverdichtung *f*; **~ concentrator** *n* COMP & DP Datenkonzentrator *m*; **~ control** *n* COMP & DP Datenverwaltung *f*; **~ convention** *n* AIR TRANS Normenfestlegung *f*; **~ conversion** *n* ELECTRON Datenumsetzung *f*, Datenwandlung *f*, *of format* Datenkonvertierung *f*, INSTR Datenkonvertierung *f*, Meßdatenumformung *f*, Meßdatenumsetzung *f*, Meßwertumformung *f*; **~ converter** *n* ELECTRON *hardware, software* Datenkonverter *m*, INSTR Datenwandler *m*, Meßdatenumsetzer *m*, Meßwertumsetzer *m*;

~ d **~ declaration** *n* COMP & DP Datenvereinbarung *f*; **~ definition** *n* COMP & DP Datendefinition *f*; **~ description** *n* COMP & DP Datenbeschreibung *f*; **~ description language** *n* COMP & DP Datenbeschreibungssprache *f*; **~ dictionary** *n* COMP & DP Datenverzeichnis *nt*, Datenwörterbuch *nt*; **~ directory** *n* COMP & DP Datenverzeichnis *nt*; **~ display terminal** *n* TELEV Datensichtgerät *nt*; **~ display unit** *n* INSTR Datensichtgerät *nt*, Meßdatensichtgerät *nt*; **~ division** *n* COMP & DP Datenteil *nt*; **~ domain** *n* ELECTRON Datenbereich *m*; **~-driven system** *n* ART INT datengesteuertes System *nt*, datengetriebenes System *nt*;

~ e **~ element** *n* COMP & DP, ELECTRON Datenelement

nt; ~ **encryption** *n* COMP & DP Datenverschlüsselung *f*; ~ **entry** *n* COMP & DP Dateneingabe *f*, Datenerfassung *f*, ELECTRON Dateneintrag *m*; ~ **error** *n* COMP & DP Datenfehler *m*; ~ **extraction** *n* ELECTRON Datenextraktion *f*;

~ f ~ **field** *n* COMP & DP Datenfeld *nt*; ~ **file** *n* COMP & DP Datei *f*; ~ **flow** *n* COMP & DP Datenfluß *m*; ~ **flow chart** *n* COMP & DP Datenflußplan *m*; ~ **flow diagram** *n* COMP & DP Datenflußdiagramm *nt*; ~ **format** *n* COMP & DP Datenformat *nt*;

~ g ~ **gathering** *n* COMP & DP Datenerfassung *f*, Datensammlung *f*;

~ h ~ **hierarchy** *n* COMP & DP Datenhierarchie *f*; ~ **highway** *n* COMP & DP Datenvielfachleitung *f*, Datenübertragungsweg *m*, CONTROL Datenbus *m*, Datenübertragungskanal *m*;

~ i ~ **independence** *n* COMP & DP Datenunabhängigkeit *f*; ~ **input** *n* COMP & DP Dateneingabe *f*; ~ **integrity** *n* COMP & DP Datenintegrität *f*; ~ **item** *n* COMP & DP Datenelement *nt*, Datenfeld *nt*;

~ j ~ **jack** *n* COMP & DP Modembuchse *f*;

~ l ~ **line** *n* COMP & DP p-Aminophenylsulfonamid *nt*; ~ **link** *n* AIR TRANS Datenleitung *f*, Datenübertragungssystemsteuerung *f*, COMP & DP Kommunikationsverbindung *f*, SPACE Datenübertragungsverbindung *f*; ~ **link control** *n* COMP & DP Datenleitungssteuerung *f*, Datenübertragungssteuerung *f*; ~ **link control protocol** *n* COMP & DP Datenleitungs-Steuerungsprotokoll *nt*; ~ **link escape** *n* COMP & DP Datenübertragungsumschaltung *f*; ~ **link layer** *n* COMP & DP Datensicherungsschicht *f*, TELECOM Datensicherungsschicht *f*, Sicherungsschicht *f*, Übermittlungsschicht *f*; ~ **link level** *n* COMP & DP Datenübertragungsebene *f*; ~ **logger** *n* COMP & DP Datenerfassungssystem *nt*, Datenprotokollfunktion *f*; ~ **logging** *n* COMP & DP Datenerfassung *f*, Datenprotokollierung *f*, INSTR Meßdatenerfassung *f*, Meßdatenregistrierung *f*, Meßwerterfassung *f*, Meßwertregistrierung *f*, NUC TECH Datenaufzeichnung *f*, Datenerfassung *f*;

~ m ~ **management** *n* COMP & DP Datenpflege *f*, Datenverwaltung *f*; ~ **manipulation language** *n* COMP & DP Datenbehandlungssprache *f*; ~ **medium** *n* COMP & DP Datenträger *m*; ~ **memory** *n* COMP & DP Datenspeicher *m*; ~ **migration** *n* COMP & DP Datenmigration *f*, Datenumlagerung *f*; ~ **mode** *n* COMP & DP Datenbetrieb *m*, Datenmodus *m*; ~ **model** *n* COMP & DP Datenmodell *nt*; ~ **modulation** *n* TELECOM Datenmodulation *f*; ~ **multiplexer** *n* COMP & DP Datenmultiplexor *m*, Datenmultiplexer *m*, ELECTRON, TELECOM, TRANS Datenmultiplexer *m*, Datenmultiplexor *m*; ~ **multiplexing** *n* ELECTRON Datenmultiplexing *nt*;

~ n ~ **name** *n* COMP & DP Datenname *m*; ~ **network** *n* COMP & DP, TELECOM Datennetz *nt*; ~ **network identification code** *n* *(DNIC)* TELECOM Datennetzkennzahl *f*;

~ o ~ **origin** *n* COMP & DP Datenursprung *m*; ~ **origination** *n* COMP & DP Datenerstellung *f*;

~ p ~ **packet** *n* ELEC ENG, TELECOM Datenpaket *nt*; ~ **path** *n* COMP & DP Datenpfad *m*, ELECTRON Datenweg *m*; ~ **phase** *n* TELECOM Datenphase *f*, Datenübertragungsphase *f*; ~ **phone** *n* COMP & DP Datenfernsprecher *m*, ELECTRON *by modem or network* Datentelefon *nt*; ~ **port** *n* TELECOM Zugang *m*, Zugangspunkt *m*; ~ **position** *n* IND PROCESS Datenstelle *f*; ~ **preparation** *n* COMP & DP Datenvorbereitung *f*; ~ **privacy** *n* *BrE (cf data security AmE)* COMP & DP Datenschutz *m*, Datensicherheit *f*; ~ **private wire** *n* TELECOM private Datenleitung *f*; ~ **processing** *n* *(DP)* COMP & DP, CONTROL, ELECTRON *of analog or digital data*, TELECOM Datenverarbeitung *f* *(DV)*; ~ **processing center** *n* *AmE*, ~ **processing centre** *n* *BrE* *(DPC)* COMP & DP, TELECOM Rechenzentrum *nt*; ~ **processing system** *n* COMP & DP, NUC TECH Datenverarbeitungssystem *nt*, TELECOM Datenverarbeitungssystem *nt*, Rechensystem *nt*; ~ **protection** *n* COMP & DP Datenschutz *m*, Datensicherung *f*;

~ q ~ **query** *n* COMP & DP Datenabfrage *f*; ~ **queue** *n* COMP & DP Datenwarteschlange *f*;

~ r ~ **rate** *n* COMP & DP Datenübertragungsgeschwindigkeit *f*, Übertragungsgeschwindigkeit *f*; ~ **record** *n* COMP & DP Datensatz *m*; ~ **recorder** *n* COMP & DP Datenaufzeichnungsgerät *nt*, ELECT Datenrecorder *m*, INSTR Datenrecorder *m*, Datenregistriergerät *nt*; ~ **recording** *n* COMP & DP Datenaufzeichnung *f*, TELECOM Datenaufzeichnung *f*, Datenspeichern *nt*; ~ **recording medium** *n* INSTR Datenaufzeichnungsmedium *nt*; ~ **recovery system** *n* RAD PHYS Datenwiederauffindesystem *nt*; ~ **reduction** *n* COMP & DP Datenkompression *f*, Datenverdichtung *f*; ~ **register** *n* COMP & DP Datenregister *nt*; ~ **reliability** *n* COMP & DP Datensicherheit *f*; ~ **report** *n* QUAL Datenbericht *m*; ~ **representation** *n* COMP & DP Datendarstellung *f*; ~ **resolution** *n* COMP & DP Datenauflösung *f*; ~ **retrieval** *n* COMP & DP Datenabfrage *f*, Datenabruf *m*;

~ s ~ **sampling** *n* INSTR Abtasten *nt*, Meßdatenabtastung *f*, Meßwertabtastung *f*; ~ **security** *n* *AmE (cf data privacy BrE)* COMP & DP Datenschutz *m*, Datensicherheit *f*; ~ **set** *n* COMP & DP, CONTROL Datensatz *m*; ~ **set definition** *n* COMP & DP Dateidefinition *f*, Datensatzdefinition *f*; ~ **set document** *n* COMP & DP Datei *f*, geordnete Datenmenge *f*; ~ **sheet** *n* COMP & DP, TRANS Datenblatt *nt*; ~ **signaling rate** *n* *AmE*, ~ **signalling rate** *n* *BrE* TELECOM Übertragungsgeschwindigkeit *f*; ~ **sink** *n* ELEC ENG Datenempfänger *m*, Datensenke *f*, TELECOM Datensenke *f*; ~ **source** *n* COMP & DP Datenquelle *f*, ELEC ENG Datenquelle *f*, Datensender *m*; ~ **station** *n* COMP & DP Datenstation *f*; ~ **storage** *n* COMP & DP Datenspeicher *m*, Informationsspeicher *m*, ELEC ENG Datenspeicher *m*, NUC TECH Datenspeicherung *f*; ~ **stream** *n* COMP & DP Datenstrom *m*, ELEC ENG Datenfluß *m*, Datenstrom *m*, TELECOM Datenstrom *m*; ~ **structure** *n* COMP & DP Datenstruktur *f*; ~ **surface** *n* COMP & DP Datenträgeroberfläche *f*; ~ **switch** *n* TELECOM Datenvermittlungsstelle *f*; ~ **switching** *n* TELECOM Datenvermittlung *f*; ~ **switching exchange** *n* *(DSE)* COMP & DP Datenaustauschvermittlung *f*, TELECOM Datenvermittlungsstelle *f*;

~ t ~ **tablet** *n* COMP & DP Tablett *nt*, *grahics* Eingabetablett *nt*; ~ **terminal** *n* COMP & DP Datenstation *f*, TELECOM Datenendgerät *nt*; ~ **terminal equipment** *n* *(DTE)* COMP & DP, TELECOM Datenendeinrichtung *f* *(DEE)*; ~ **track** *n* COMP & DP Datenspur *f*; ~ **transfer** *n* COMP & DP Datenübertragung *f*; ~ **transfer rate** *n* COMP & DP, OPT Datenübertragungsgeschwindigkeit *f*, TELECOM Datentransfergeschwindigkeit *f*; ~ **transfer request** *n* TELECOM Anforderung nach Datentransfer *f*; ~ **transfer system** *n* TELECOM Datentransfersystem *nt*; ~ **transmission** *n* COMP & DP, INSTR, TELECOM Datenübertragung *f*; ~ **transmission channel** *n* COMP & DP Datenübertragungskanal *m*; ~ **transmission sys-**

tem *n* INSTR Datenübertragungssystem *nt*, Meßdatenübertragungssystem *nt*, Meßwertübertragungssystem *nt*; ~ **transport network** *n* TELECOM Datentransportnetz *nt*; ~ **type** *n* COMP & DP Datentyp *m*;

~ v ~ **validation** *n* COMP & DP, INSTR Datenprüfung *f*; ~ **verification** *n* COMP & DP, INSTR Datenprüfung *f*;

~ w ~ **word** *n* COMP & DP Datenwort *nt*

database *n* COMP & DP, ELECTRON Datenbank *f*, TELECOM Datenbasis *f*; ~ **administrator** *n (DBA)* COMP & DP Datenbankadministrator *m*, Datenbankverwalter *m (DBA)*; ~ **language** *n* COMP & DP Datenbanksprache *f*; ~ **management** *n (DBM)* COMP & DP Datenbankverwaltung *nt*; ~ **management system** *n* COMP & DP Datenbankverwaltungssystem *nt*, TELECOM Datenbasisverwaltungssystem *nt*; ~ **mapping** *n* COMP & DP Datenbankaufgliederung *f*; ~ **network** *n* COMP & DP Datenbanknetz *nt*; ~ **query** *n* COMP & DP Datenbankabfrage *f*; ~ **query language** *n* COMP & DP Datenbankabfragesprache *f*; ~ **services** *n pl* COMP & DP Datenbankservice *m*

datagram *n* COMP & DP, TELECOM *packet switching* Datagramm *nt*

Datarom® *n* OPT Datarom® *nt*

date: ~ **code** *n* PACK Datumscodierung *f*, Datumsstempel *m*; ~ **of filing** *n* PAT Anmeldetag *m*; ~ **line** *n* WATER TRANS Datumsgrenze *f*; ~ **of manufacture** *n* PACK Herstellungsdatum *nt*; ~ **of registration** *n* PAT Anmeldetag *m*

dater *n* COMP & DP Terminplaner *m*

datex: ~ **network** *n* TELECOM Datexnetz *nt*

dating *n* PHYS Datierung *f*, Zeitbestimmung *f*; ~ **by uranium daughters** *n* NUC TECH Altersbestimmung mit Hilfe von Urantochternukliden *f*; ~ **program** *n* COMP & DP Terminprogramm *nt*

datiscin *n* CHEMISTRY Datiscagelb *nt*, Datiscin *nt*

datisosid *n* CHEMISTRY Datiscagelb *nt*

datum *n* COMP & DP Bezugsgröße *f*, gegebene Größe *f*, Bezugspunkt *m*, CONST *surveying* Bezugshöhe *f*, Festpunkt *m*, MATH Datum *nt*; ~ **block** *n* PROD ENG Bezugsklotz *m*; ~ **dimension** *n* ENG DRAW Bezugsmaß *nt*; ~ **edge** *n* PROD ENG Bezugskante *f*; ~ **level** *n* CONST Bezugshöhe *f*, Marke *f*; ~ **line** *n* CONST, MECHAN ENG Bezugslinie *f*, MECHANICS Bezugshorizont *m*, Horizontale *f*, SPACE *spacecraft* Datumsgrenze *f*; ~ **plane** *n* CONST Bezugsebene *f*, PROD ENG Zahnstangenteilebene *f*; ~ **point** *n* CONST Bezugspunkt *m*

daughter[1] *adj* RAD PHYS Tochter- *pref*

daughter:[2] ~ **board** *n* ELECTRON Zusatzleiterplatte *f*; ~ **nucleus** *n* RAD PHYS Tochterkern *m*; ~ **product** *n* RAD PHYS Tochterprodukt *nt*

davit *n* MECHANICS, WATER TRANS Davit *m*

Davy: ~ **lamp** *n* COAL TECH Grubenlampe *f*, Sicherheitslampe *f*

day *n* AIR TRANS, ELECT, ERGON, PHOTO, PLAS Tag *m*; ~ **cruiser** *n* WATER TRANS *ship* Daycruiser *m*; ~ **range** *n* AIR TRANS Tagesreichweite *f*; ~ **tank** *n* CER & GLAS Tageswanne *f*; ~ **traffic** *n* TRANS Tagesverkehr *m*

Day-Glo: ~ **paint®** *n* PLAS Tagesleuchtfarbe *f*

daylight *n* MECHAN ENG *clearance* lichte Höhe *f*, *of press* Hub *m*, Weg *m*, PLAS *press* Etagenhöhe *f*; ~ **colliery** *n* COAL TECH Tagebaubergwerk *nt*; ~ **exposure** *n* PHOTO Tageslichtaufnahme *f*; ~ **factor** *n* ERGON Tageslichtquotient *m*; ~ **loading tank** *n* PHOTO Tageslichttank *m*; ~ **photography** *n* PHOTO Tageslichtfotografie *f*; ~ **press** *n* PLAS Etagenpresse *f*

dayworks *n pl* CONST Stundenlohnarbeiten *f pl*

dazzling: ~ **white** *n* METALL Grellweiß *nt*

dB *abbr (decibel)* ACOUSTICS, ELECTRON, PHYS, POLL, RAD PHYS, RAD TECH, RECORD dB *(Dezibel)*

DBA *abbr (database administrator)* COMP & DP DBA *(Datenbankverwalter)*

dBi *abbr (decibels over isotropic)* RAD PHYS dBi *(Dezibel über Isotropstrahler)*

DBM *abbr (database management)* COMP & DP Datenbankverwaltung *f*

DBS *abbr (delayed blanking signal)* TELEV verzögertes Austastsignal *nt*

dc: ~ **insertion** *n* TELEV Gleichstromprüfzeile *f*

DC[1] *abbr* COMP & DP *(direct current)* GS *(Gleichstrom)*, COMP & DP *(device controller)* Gerätesteuerung *f*, ELEC ENG *(direct current)*, ELECT *(direct current)* GS *(Gleichstrom)*, MECHAN ENG *(direct control)* Direktsteuerung *f*, PHYS *(direct current)*, PROD ENG *(direct current)*, RAD TECH *(direct current)*, RAIL *(direct current)*, RECORD *(direct current)*, TELECOM *(direct current)* GS *(Gleichstrom)*, TELECOM *(device controller)* Gerätesteuerung *f*, TELEV *(direct current)* GS *(Gleichstrom)*

DC:[2] **~-isolated** *adj* ELECT *opto-isolator* galvanisch getrennt

DC:[3] ~ **ammeter** *n* ELEC ENG Gleichstromamperemeter *nt*; ~ **amplification** *n* ELECTRON Gleichstromverstärkung *f*; ~ **amplifier** *n* ELECTRON Gleichstromverstärker *m*; ~ **bias** *n* RECORD GS-Vormagnetisierung *f*; ~ **biasing** *n* TELEV Gleichstromvorspannung *f*; ~ **bridge** *n* ELEC ENG Gleichstrombrücke *f*; ~ **centering** *n AmE*, ~ **centring** *n BrE* TELEV Gleichstrommittenabgleich *m*; ~ **circuit** *n* ELEC ENG Gleichstromkreis *m*; ~ **clamp diode** *n* TELEV Schwarzsteuerdiode *f*; ~ **component** *n* ELECT, TELECOM Gleichstromkomponente *f*; ~ **converter** *n* ELECT Gleichstromumformer *m*; **~-coupled amplifier** *n* ELECTRON galvanisch gekoppelter Verstärker *m*; ~ **current gain** *n* ELECTRON Gleichstromverstärkung *f*; ~ **erase head** *n* RECORD GS-Löschkopf *m*, Gleichstromlöschkopf *m*; ~ **generation** *n* ELEC ENG Gleichstromerzeugung *f*; ~ **generator** *n* ELEC ENG Gleichstromerzeuger *m*, Gleichstromgenerator *m*, ELECT, PHYS Gleichstromgenerator *m*; ~ **high-tension power transmission** *n* ELEC ENG Hochspannungsgleichstrom-Kraftübertragung *f*; ~ **input** *n* ELEC ENG Eingangsgleichstrom *m*; ~ **isolation** *n* ELEC ENG Gleichstromisolation *f*; ~ **Josephson effect** *n* ELEC ENG DC-Josephson-Effekt *m*, PHYS Gleichstrom-Josephson-Effekt *m*; ~ **level** *n* TELEV Gleichstrompegel *m*; ~ **machine** *n* ELEC ENG Gleichstrommaschine *f*; ~ **meter** *n* ELECT Gleichstrommesser *m*; ~ **motor** *n* ELEC ENG, ELECT, PHYS, PROD ENG Gleichstrommotor *m*; ~ **network** *n* ELEC ENG Gleichstromnetz *nt*, Gleichstromnetzwerk *nt*, ELECT Gleichstromnetz *nt*; ~ **noise** *n* RECORD Gleichstromrauschen *nt*; ~ **output** *n* ELEC ENG Ausgangsgleichstrom *m*; ~ **potentiometer** *n* ELECT Gleichspannungsteiler *m*, Gleichstromkompensator *m*, Gleichstrompotentiometer *nt*; ~ **regulation** *n* ELECT Gleichstromregelung *f*; ~ **relay** *n* ELEC ENG, ELECT Gleichstromrelais *nt*; ~ **resistance** *n* ELEC ENG Gleichstromwiderstand *m*, ohmscher Widerstand *m*; ~ **servometer** *n* ELEC ENG Gleichstromservometer *nt*; ~ **signaling** *n AmE*, ~ **signalling** *n BrE* ELECTRON Gleichstromsignalisierung *f*; ~ **supply** *n* ELEC ENG Gleichstromquelle *f*, Gleichstromversorgung *f*, ELECT

Gleichstromversorgung *f*; **~ switching** *n* ELEC ENG Gleichstromschaltvorrichtung *f*; **~ transducer** *n* ELEC ENG DC-Transducer *m*, Gleichstromwandler *m*; **~ transformer** *n* ELEC ENG Gleichstromtrafo *m*, Gleichstromtransformator *m*; **~ voltage** *n* ELEC ENG Gleichspannung *f*; **~ voltage source** *n* ELEC ENG Gleichspannungsquelle *f*; **~ voltmeter** *n* ELEC ENG Gleichspannungsmesser *m*, Gleichstromvoltmeter *nt*; **~ welding** *n* PROD ENG Gleichstromlichtbogenschweißen *nt*, Gleichstromschweißen *nt*

DC-AC: **~ conversion** *n* ELEC ENG DC-AC-Spannungswandlung *f*, Spannungswandlung Gleichstrom-Wechselstrom *f*, PHYS GS-WS-Wandlung *f*; **~ converter** *n* ELEC ENG DC-AC-Spannungswandler *m*, Spannungswandler Gleichstrom-Wechselstrom *m*, PHYS GS-WS-Wandler *m*, SPACE *spacecraft* Gleichstromwandler *m*, Zerhacker *m*

DCC *abbr* ELECT *(double-cotton-covered)* doppelt mit Baumwolle umhüllt, TELECOM *(data communication channel)* DCC *(Datenübermittlungskanal)*, TELECOM *(direct-current coupler)* Gleichstromkoppler *m*

DCD *abbr (data carrier detector)* TELECOM DCD *(Datenträgerdetektor)*

DC-DC: **~ conversion** *n* ELEC ENG Gleichspannungswandlung *f*; **~ converter** *n* ELEC ENG Gleichspannungswandler *m*

DCE *abbr* COMP & DP *(data communication terminating equipment)*, TELECOM *(data circuit terminating equipment)* DÜE *(Datenübertragungseinrichtung)*

D-channel *n* TELECOM *ISDN* D-Kanal *m*; **~ virtual circuit** *n* TELECOM virtuelle Verbindung des D-Kanals *f*

DCS *abbr (digital command signal)* TELECOM digitales Befehlszeichen *nt*

DCTL *abbr (direct-coupled transistor logic)* ELECTRON DCTL *(direktgekoppelte Transistorlogik)*

DD *abbr* COMP & DP *(double density)* doppelte Schreibdichte *f*, FUELLESS *(coefficient of drag)* DD *(Luftwiderstandsbeiwert)*, HYD EQUIP *(coefficient of drag)* DD *(Strömungswiderstand)*

DDD *abbr AmE (direct distance dialing)* TELECOM SWFD *(Selbstwählferndienst)*

DDE *abbr (direct data entry)* COMP & DP DDE *(direkte Dateneingabe)*

DDI *abbr BrE (direct dialling-in)* TELECOM direkte Einwahl *f*

DDP *abbr* COMP & DP *(distributed data processing)* verteilte Datenverarbeitung *f*, ELECTRON *(double diode pentode)* DDP *(Doppeldiodenpentode)*

DDT *abbr (dichlordiphenyltrichlorproethane)* CHEMISTRY DDT *(Dichlordiphenyltrichlorproäthan)*

de: **~ Broglie wave** *n* ELEC ENG, PHYS, RAD PHYS Materiewelle *f*, de Brogliesche Welle *f*; **~ Dion axle** *n* AUTO Halbschwingachse *f*, de Dion-Achse *f*

deactivate *vt* COAL TECH stillegen, MECHAN ENG deaktivieren

deactivation *n* CHEMISTRY Deaktivierung *f*

dead[1] *adj* INSTR spannungslos, stromlos, PHYS Tot- *pref*, PROD ENG aperiodisch, beruhigt, THERMODYN, WATER TRANS Tot- *pref*; **~ beat** *adj* RECORD aperiodisch gedämpft; **~ burned** *adj* THERMODYN totgebrannt

dead:[2] **~ ahead** *adv* WATER TRANS genau voraus; **~ astern** *adv* WATER TRANS genau achteraus; **~ slow ahead** *adv* WATER TRANS ganz langsam voraus; **~ slow astern** *adv* WATER TRANS ganz langsam zurück

dead:[3] **~ anneal** *n* THERMODYN Weichglühen *nt*; **~ axle** *n* MECHAN ENG feststehende Achse *f*; **~ band** *n* ELEC ENG *regulator* tote Zone *f*; **~ band error** *n* IND PROCESS Unempfindlichkeitsfehler *m*; **~ beam axle** *n* AUTO Koppellenkerachse *f*, Verbundlenkerachse *f*; **~ beat galvanometer** *n* ELECT aperiodisch gedämpftes Galvanometer *nt*, kritisch gedämpftes Galvanometer *nt*; **~ calm** *n* WATER TRANS *wind* Totenflaute *f*, völlige Windstille *f*; **~ center** *n AmE*, **~ centre** *n BrE* MECHAN ENG *of lathe* Reitstockspitze *f*, feste Spitze *f*, MECHANICS Ruhepunkt *m*, Totpunkt *m*, genaue Mitte *f*, PROD ENG Querschneide *f*, Umkehrpunkt *m*, feste Spitze *f*; **~ dike** *n AmE*, **~ dyke** *n BrE* FUELLESS ungenutzte Stauung *f*; **~ end** *n* MECHAN ENG *of pipe* totes Ende *nt*, RECORD *of room* schalltote Wand *f*; **~-end station** *n* RAIL Kopfbahnhof *m*; **~-end tower** *n* ELECT *power transmission line* Abspannmast *m*; **~ freight** *n* PET TECH Fantfracht *f*, Leerfracht *f*; **~-front connector** *n* ELEC ENG Steckverbinder ohne spannungsführende Teile auf der Vorderseite *m*; **~ halt** *n* COMP & DP Unterbrechungshalt *m*; **~ key** *n* COMP & DP Funktionstaste *f*; **~ line anchor** *n* PET TECH Totseilanker *m*; **~ load** *n* CONST Eigenlast *f*; **~ man** *n* WATER TRANS *deck equipment* Einholtau *nt*; **~ man's control** *n* TRANS Totmannsteuerung *f*; **~ matter** *n* PRINT Ablegesatz *m*, abgelegter Satz *m*; **~ oil** *n* PET TECH entgastes Öl *nt*; **~ pass** *n* PROD ENG Blindstich *m*; **~ pulley** *n* MECHAN ENG lose Riemenscheibe *f*; **~ reckoning** *n* AIR TRANS, WATER TRANS *navigation* Koppeln *nt*; **~-reckoning position** *n* WATER TRANS *navigation* Koppelort *m*, gegißtes Besteck *nt*; **~ roasting** *n* METALL Totrösten *nt*; **~ room** *n* ACOUSTICS, ERGON schalltoter Raum *m*, PHYS reflexionsfreier Raum *m*, schalltoter Raum *m*, RECORD schalltoter Raum *m*; **~-section warning signal** *n* RAIL Schutzstreckensignal *nt*; **~ short** *n* ELEC ENG Vollkurzschluß *m*; **~ smooth cut file** *n* PROD ENG Doppelschlichtfeile *f*; **~ soft anneal** *n* THERMODYN Totweichglühen *nt*; **~ soft steel** *n* METALL totweicher Stahl *m*; **~ spot** *n* INSTR Empfangslücke *f*, Schalthysterese *f*, Schwingloch *nt*, Umkehrspanne *f*; **~ steam** *n* FOOD TECH, HYD EQUIP, MECHAN ENG Abdampf *m*, THERMODYN Auspuffdampf *m*; **~ stick landing** *n* AIR TRANS Landung mit ausgefallenem Triebwerk *f*; **~ time** *n* COMP & DP Totzeit *f*, Verlustzeit *f*, CONTROL Totzeit *f*, ELECTRON *retardation* Totzeit *f*, Verzugszeit *f*, PHYS Totzeit *f*; **~ type** *n* PRINT Ablegesatz *m*, abgelegter Satz *m*; **~ weight** *n* MECHANICS Leergewicht *nt*, PET TECH Tragfähigkeit *f*, PROD ENG *plastic valves* Eigengewicht *nt*, WATER TRANS *ship design* Tragfähigkeit *f*; **~-weight gage** *n AmE*, **~-weight gauge** *n BrE* INSTR Manometer mit Druckkompensation *nt*, Manometer mit Kraftvergleich *nt*, gewichtsbelastetes Manometer *nt*; **~-weight pressure gage** *n AmE*, **~-weight pressure gauge** *n BrE* PHYS Manometer mit Druckkompensation *nt*, Manometer mit Kraftvergleich *nt*; **~-weight scale** *n* WATER TRANS *ship design* Lastenmaßstab *m*; **~-weight tons** *n pl* WATER TRANS Tonnentragfähigkeit *f*; **~ zone** *n* COMP & DP gesperrter Eingabebereich *m*, tote Zone *f*, RECORD *of a room* schalltote Zone *f*

deadbolt *n* CONST Schloßriegel *m*, *lock* Absteller *m*

deaden *vt* MECHAN ENG *diminish force of* abschwächen, dämpfen

deadening *n* CONST Anrauhen *nt*, Mattieren *nt*

deadhead *n* MECHAN ENG Reitstock *m*, TRANS Leerrückfahrt *f*

deadlight *n* RAIL Türgitter *nt*, WATER TRANS *shipbuild-*

ing Fensterblende gegen Seeschlag *f*, festes Bullauge *nt*

deadline *n* PRINT Redaktionsschluß *m*, TELEV Termin *m*

deadlock *n* COMP & DP Systemblockade *f*, Systemverklemmung *f*, gegenseitiges Sperren *nt*, CONST Einriegelschloß *nt*, Schloß ohne Klinke *nt*, CONTROL gegenseitige Blockierung *f*

deadly: ~ **embrace** *n* COMP & DP gegenseitiges Sperren *nt*

deadplate *n* CER & GLAS Feuerplatte *f*

deadrise *n* WATER TRANS *ship design* Aufkimmung *f*

deadwood *n* WATER TRANS *shipbuilding* Totholz *nt*

deadworks *n pl* WATER TRANS *ship design* totes Werk *nt*

deaerator *n* AIR TRANS Luftabscheider *m*, PET TECH Entgaser *m*

deaf: ~**-muteness** *n* ACOUSTICS Taubstummheit *f*

deafness *n* ACOUSTICS Taubheit *f*

deal *n* CONST Bohle *f*

dealkalization *n* CER & GLAS Auslaugung *f*

Dean: ~ **and Stark apparatus** *n* LAB EQUIP Dean und Stark-Apparat *m*

deballasting: ~ **water** *n* POLL entlastendes Wasser *nt*

debiteuse *n* CER & GLAS Ziehdüse *f*; ~ **bubble** *n* CER & GLAS Ziehdüsenblase *f*

debituminization *n* COAL TECH Entbituminieren *nt*

deblock *vt* COMP & DP entblocken

deblocking *n* COMP & DP Entblocken *nt*

debogging *n* TRANS *car out of sludge* Abschleppen *nt*, Freiziehen *nt*

debriefing *n* SPACE Nachbesprechung *f*

debris *n* METALL Aufschüttung *f*

debug *vt* COMP & DP bereinigen, korrigieren

debugger *n* COMP & DP Debugger *m*, Fehlersuchprogramm *nt*

debugging *n* COMP & DP Fehlerbeseitigung *f*

debunching *n* ELECTRON *tubes* Entbündeln *nt*, Zerstreuen von Elektronenballungen *nt*

deburr *vt* MECHAN ENG, MECHANICS entgraten, PROD ENG entgraten, *plastic valves* entgraten

deburring *n* CER & GLAS, MECHAN ENG Entgraten *nt*; ~ **and chamfering machine** *n* PROD ENG Entgrat- und Abfasmaschine *f*

Debye: ~ **frequency** *n* PHYS Debyesche Frequenz *f*; ~ **model** *n* PHYS *solids* Debyesches Modell *nt*; ~ **temperature** *n* (θD) PHYS, THERMODYN Debyesche Temperatur *f* (θD)

deca- *pref (da)* METROL Deka- *pref (da)*

decade: ~ **attenuator** *n* ELECTRON Dekadendämpfer *m*; ~ **box** *n* AIR TRANS Dekadengehäuse *nt*, Dekadenkasten *m*, ELEC ENG dekadische Einstellung *f*; ~ **capacitor** *n* ELEC ENG dekadisch einstellbarer Kondensator *m*; ~ **inductance box** *n* ELEC ENG dekadisch einstellbare Selbstinduktivität *f*; ~ **oscillator** *n* ELECTRON dekadischer Oszillator *m*; ~ **resistor** *n* ELEC ENG dekadisch einstellbarer Widerstand *m*; ~ **scaler** *n* ELECTRON Dezimalteiler *m*

decaffeinated *adj* FOOD TECH entkoffeiniert

decagon *n* GEOM Dekagon *nt*, Zehneck *nt*

decagonal *adj* GEOM dekagonal, zehnflächig

decagram *n* METROL Dekagramm *nt*

decahedral *adj* GEOM zehnflächig

decahedron *n* GEOM Dekaeder *nt*, Zehnflächner *m*

decahydronaphthalene *n* CHEMISTRY Bicyclo-Decan *nt*, Decahydronaphthalin *nt*, Decalin *nt*, Naphthan *nt*

decal *n AmE (cf transfer BrE)* CER & GLAS Abziehbild *nt*, Transfer *m*

decalcify *vt* CHEMISTRY Calcium entziehen, entkalken

decalescence: ~ **point** *n* PROD ENG Haltepunkt bei Erwärmung *m*

decalin *n* CHEMISTRY Decahydronaphthalin *nt*, Decalin *nt*, Naphthan *nt*

decaliter *n AmE*, **decalitre** *n BrE* METROL Dekaliter *m*

decameter *n AmE*, **decametre** *n BrE* METROL Dekameter *m*

decane *n* CHEMISTRY Decan *nt*

decanning *n* NUC TECH *of fuel elements* Enthülsen *nt*

decanol *n* CHEMISTRY Decanol *nt*, Decylalkohol *m*

decant *vt* CHEM ENG dekantieren, umgießen, CHEMISTRY abgießen, dekantieren, POLL dekantieren

decantation *n* CHEM ENG, FOOD TECH Abgießen *nt*, Dekantieren *nt*, Klärung *f*, PET TECH Dekantieren *nt*, Klärung *f*, WASTE Absetzklärung *f*; ~ **glass** *n* CHEM ENG Dekantiergefäß *nt*; ~ **vessel** *n* CHEM ENG Abklärgefäß *nt*, Dekantiergefäß *nt*

decanter *n* CHEM ENG, POLL Abklärgefäß *nt*, Dekanter *m*

decanting: ~ **glass** *n* CHEM ENG Abklärgefäß *nt*, Dekantierglas *nt*; ~ **machine** *n* CHEM ENG Schlämmaschine *f*; ~ **pit** *n* PET TECH Klärgrube *f*; ~ **trunk** *n* PET TECH Klärleitung *f*

decarbonate *vt* CHEMISTRY entkarbonisieren, COAL TECH Kohlensäure entziehen, entkarbonisieren

decarbonization *n* CHEMISTRY Decarbonisierung *f*, Entkarbonisieren *nt*, COAL TECH Kohlenstoffentziehung *f*, THERMODYN Entkohlung *f*

decarbonize *vt* THERMODYN entkohlen

decarboxylase *n* CHEMISTRY Carbolyase *f*, Decarboxylase *f*

decarburization *n* PROD ENG Entkohlung *f*

decarburize *vt* PROD ENG entkohlen, frischen

decatize *vt* TEXT dekatieren

decatizing *n* TEXT Dekatur *f*; ~ **machine** *n* TEXT Dekatiermaschine *f*

decay[1] *n* COMP & DP Signalabfall *m*, ELEC ENG Abklingen *nt*, Ausschwing- *pref*, NUC TECH *of radioactive material* Abklingen *nt*, Zerfall *m*, PART PHYS, PHYS Zerfall *m*, RAD PHYS *of radioactive material* Abklingen *nt*, Zerfall *m*, RECORD Ausschwing- *pref*, Ausschwingen *nt*, TELEV Abfallen *nt*, Abklingen *nt*; ~ **cavity** *n* NUC TECH Zerfallshohlraum *m*; ~ **chain** *n* NUC TECH, PART PHYS, PHYS, RAD PHYS Zerfallskette *f*; ~ **characteristic** *n* ELEC ENG Abklingcharakteristik *f*, Nachleuchtcharakteristik *f*; ~ **constant** *n* NUC TECH Zerfallskonstante *f*, Zerfallswahrscheinlichkeit *f*, PART PHYS, PHYS, RAD PHYS *disintegration constant* Abklingkonstante *f*, Zerfallskonstante *f*; ~ **curve** *n* PART PHYS, PHYS, RAD PHYS Zerfallskurve *f*, RECORD Ausschwingkurve *f*; ~ **date** *n* SPACE *spacecraft* Verfalldatum *nt*; ~ **factor** *n* ELEC ENG Abklingfaktor *m*, Dämpfungsfaktor *m*, RECORD *of tuned circuits* Dämpfungskonstante *f*; ~ **modes** *n pl* NUC TECH, PART PHYS, PHYS, RAD PHYS Zerfallsarten *f pl*; ~ **particle** *n* NUC TECH, PART PHYS, PHYS, RAD PHYS *emerging from decay process* Zerfallsteilchen *nt*; ~ **rate** *n* ACOUSTICS Abklingrate *f*, NUC TECH, PART PHYS, PHYS, RAD PHYS Zerfallsgeschwindigkeit *f*, Zerfallsrate *f*, TELEV Abfallrate *f*; ~ **time** *n* COMP & DP Signalabfallzeit *f*, ELEC ENG Abfallzeit *f*, Abklingzeit *f*, Zerfallszeit *f*, *device dial* Ausschwingzeit *f*, ELECTRON *gas tube* Abklingzeit *f*, *of cathode-ray tube brightness* Nachleuchtzeit *f*, *of pulse* Abfallzeit *f*, *storage tube* Speicherzeit *f*, PHYS *of pulse* Abklingzeit *f*

decay[2] *vi* COMP & DP abfallen, abnehmen, RAD PHYS abklingen

decaying: ~ **wave** *n* PHYS abklingende Welle *f*

decelerate *vi* MECHANICS bremsen, PHYS abbremsen

decelerated *adj* PHYS abbremsend

deceleration *n* AUTO *of engine* Geschwindigkeitsabnahme *f*, Verzögerung *f*, ERGON Bremsung *f*, MECHAN ENG Verzögerung *f*, MECHANICS Abbremsung *f*, Bremsung *f*, PHYS Abbremsung *f*, SPACE *spacecraft* Verlangsamung *f*; ~ **device** *n* TRANS Bremsvorrichtung *f*, Verlangsamungsvorrichtung *f*, Verzögerungsvorrichtung *f*; ~ **lane** *n* CONST Verzögerungsspur *f*; ~ **parachute** *n* AIR TRANS Bremsfallschirm *m*; ~ **time** *n* COMP & DP Verzögerungszeit *f*

decelerometer *n* SPACE *spacecraft* Verlangsamungsmesser *m*

decentralized[1] *adj* COMP & DP dezentralisiert, TELECOM dezentral

decentralized:[2] ~ **system** *n* TELECOM dezentrales System *nt*

deception: ~ **signal** *n* ELECTRON, RAD TECH Täuschungssignal *nt*

deceptive: ~ **packaging** *n* PACK Tarnverpackung *f*

deci- *pref (d)* METROL Dezi- *pref (d)*

decibel *n (dB)* ACOUSTICS, ELECTRON, PHYS, POLL, RAD PHYS, RAD TECH, RECORD Dezibel *nt (dB)*; ~ **meter** *n* INSTR Dämpfungsmeßgerät *nt*, Pegelmeßgerät *nt*; ~ **scale** *n* RECORD Dezibelskale *f*

decibels: ~ **over isotropic** *n (dBi)* RAD PHYS Dezibel über Isotropstrahler *nt pl (dBi)*

decigram *n* METROL Dezigramm *nt*

deciliter *n AmE*, **decilitre** *n BrE (dl)* METROL Deziliter *m (dl)*

decimal[1] *adj* COMP & DP Dezimal- *pref*, dezimal, ELECTRON, INSTR, MATH Dezimal- *pref*

decimal[2] *n* MATH Dezimalzahl *f*; ~ **balance** *n* INSTR Dezimalwaage *f*; ~ **fraction** *n* MATH Dezimalbruch *m*; ~ **notation** *n* COMP & DP, MATH Dezimalschreibweise *f*; ~ **place** *n* MATH Dezimalstelle *f*; ~ **point** *n* COMP & DP Dezimalkomma *nt*, Dezimalstelle *f*, MATH Dezimalkomma *nt*; ~ **scale** *n* INSTR Dezimalskale *f*; ~ **series** *n* MATH Dezimalbruchentwicklung *f*; ~ **system** *n* MATH Dezimalsystem *nt*; ~**-to-binary conversion** *n* ELECTRON, INSTR Dezimal-Binär-Umsetzung *f*; ~**-to-binary converter** *n* ELECTRON, INSTR Dezimal-Binär-Umsetzer *m*, Dezimal-Dual-Umsetzer *m*

decimeter *n AmE*, **decimetre** *n BrE* METROL Dezimeter *m*

decimetric: ~ **wave** *n* WAVE PHYS Dezimeterwelle *f*

decineper *n* ACOUSTICS Dezineper *nt*

decipher *vt* ELECTRON dechiffrieren, entschlüsseln

deciphering *n* ELECTRON Entschlüsselung *f*

decision *n* COMP & DP Entscheidung *f*; ~ **box** *n* COMP & DP Entscheidungssymbol *nt*; ~ **content** *n* COMP & DP Entscheidungsgehalt *m*; ~ **graph** *n* ART INT Entscheidungsgraph *m*; ~ **height** *n* AIR TRANS Entscheidungshöhe *f*; ~ **instruction** *n* COMP & DP logische Entscheidung *f*; ~ **speed** *n* AIR TRANS Entscheidungsgeschwindigkeit *f*; ~**-support system** *n* ART INT Entscheidungshilfesystem *nt*, entscheidungsunterstützendes System *nt*; ~ **table** *n* ART INT, COMP & DP Entscheidungstabelle *f*; ~ **tree** *n* COMP & DP Entscheidungsbaum *m*

deck *n* CONST Bedielung *f*, Ladebrücke *f*, WATER TRANS *shipbuilding* Deck *nt*; ~ **beam** *n* WATER TRANS *shipbuilding* Decksbalken *m*; ~ **bridge** *n* CONST Brücke mit obenliegender Fahrbahn *f*; ~ **cargo** *n* WATER TRANS *cargo* Decksfracht *f*, Decksladung *f*; ~ **crane** *n* WATER TRANS *cargo* Deckskran *m*; ~ **fittings** *n pl* WATER TRANS Decksbeschläge *m pl*; ~ **girder** *n* WATER TRANS *shipbuilding* Deckstráger *m*, Decksunterzug *m*; ~ **hand** *n* WATER TRANS *crew* Decksmann *m*; ~ **hands** *n pl* WATER TRANS *crew* Decksmannschaft *f*; ~**-hull bonding** *n* WATER TRANS *shipbuilding* Verklebung des Bootskörpers mit dem Deck *f*; ~ **line** *n* WATER TRANS *shipbuilding* Deckstrak *m*; ~ **longitudinal** *n* WATER TRANS *shipbuilding* Deckslängsbalken *m*; ~ **officer** *n* WATER TRANS *crew* Decksoffizier *m*; ~ **pillar** *n* WATER TRANS *shipbuilding* Decksstütze *f*; ~ **plan** *n* WATER TRANS *ship design* Decksplan *m*; ~ **plate** *n* WATER TRANS *deck fittings* Decksplatte *f*; ~ **plating** *n* WATER TRANS *shipbuilding* Decksbeplattung *f*; ~ **superstructure** *n* WATER TRANS *shipbuilding* Decksaufbau *m*; ~ **switch** *n* ELEC ENG Laufwerksschalter *m*, Schalter auf Schalterdeck *m*; ~ **transverse structure** *n* WATER TRANS *shipbuilding* Decksquerverband *m*

decked *adj* WATER TRANS *shipbuilding* gedeckt

deckhead *n* WATER TRANS Decke *f*; ~ **light** *n* WATER TRANS Deckenleuchte *f*

decking *n* CONST Bodenbelag *m*, Decklage *f*, Flachdach *nt*, WATER TRANS *shipbuilding* Decksbelag *m*

deckle[1] *n* PAPER Schöpfrahmen *m*; ~ **board** *n* PAPER Formatleiste *f*; ~ **edge** *n* PAPER Büttenrand *m*; ~ **strap** *n* PAPER Formdeckel *m*

deckle[2] *vt* PACK mit Büttenrand versehen

decladding *n* NUC TECH Enthülsen *nt*

declaration *n* COMP & DP Vereinbarung *f*

declarative *n* COMP & DP Vereinbarung *f*; ~ **knowledge** *n* ART INT deklaratives Wissen *nt*; ~ **section** *n* COMP & DP Prozedurvereinbarungsteil *m*; ~ **sentence** *n* COMP & DP Prozedurvereinbarungssatz *m*; ~ **statement** *n* COMP & DP Prozedurvereinbarungsanweisung *f*, Vereinbarung *f*

declare *vt* COMP & DP benennen, deklarieren, festlegen

declination *n* AIR TRANS Deklination *f*, FUELLESS Abweichung *f*, Deklination *f*, Neigung *f*, PHYS, WATER TRANS *celestial navigation* Abweichung *f*, Deklination *f*; ~ **angle** *n* AIR TRANS *navigation* Abweichungswinkel *m*, Deklinationswinkel *m*; ~ **circle** *n* PHYS Deklinationskreis *m*

declinometer *n* PHYS Deklinationsmesser *m*

declutch[1] *vt* MECHAN ENG auskuppeln

declutch[2] *vi* AUTO Kupplung ausrücken, auskuppeln

declutching *n* AUTO Auskuppeln *nt*, Ausrücken der Kupplung *nt*

decoction *n* FOOD TECH Abkochung *f*

decode *vt* COMP & DP entschlüsseln, ELECTRON, TELECOM decodieren; ~**-encode** *vt* TELEV decodieren-codieren

decoder *n* COMP & DP, CONTROL, ELECTRON, TELECOM, TELEV Decoder *m*, Decodierer *m*

decoding *n* COMP & DP Entschlüsselung *f*, ELECTRON Decodieren *nt*, RAD TECH Decodierung *f*, SPACE *communications* Decodierung *f*, Entschlüsselung *f*, TELECOM, TELEV Decodierung *f*; ~ **device** *n* TRANS Dechiffriervorrichtung *f*, Decodiervorrichtung *f*; ~ **matrix** *n* TELEV Decodiermatrix *f*

decohesion *n* METALL Entfrittung *f*

decoiler *n* PROD ENG Abwickeleinrichtung *f*

decoiling *adj* MECHAN ENG, PROD ENG Abwickel- *pref*

decollate *vt* COMP & DP trennen

decollator *n* COMP & DP Trennautomat *m*
decolorizer *n AmE,* **decolourizer** *n BrE* CER & GLAS Entfärber *m*
decommissioned *adj* WATER TRANS *ship* außer Dienst gestellt
decommissioning *n* NUC TECH Beseitigung *f,* Stillegung *f*
decommutation *n* ELECTRON Dekommutation *f*
decommutator *n* ELECTRON Dekommutator *m*
decompose *vt* MECHAN ENG zerlegen
decomposing: ~ **agent** *n* CHEMISTRY Zersetzungsmittel *nt*
decomposition *n* CHEMISTRY Abbau *m,* Auflösung *f,* Vermoderung *f,* Zersetzung *f,* COMP & DP, FOOD TECH Zersetzung *f,* PET TECH Verwitterung *f,* Zerfall *m*; ~ **by heat** *n* THERMODYN thermische Zersetzung *f*; ~ **temperature** *n* PACK, PLAS Zersetzungstemperatur *f*; ~ **zone** *n* PROD ENG *plastic valves* Zersetzungsbereich *m*
decompression: ~ **chamber** *n* PET TECH, WATER TRANS Dekompressionskammer *f*
deconfining: ~ **momentum** *n* NUC TECH Deconfinement-Impuls *m*
decontaminate *vt* NUC TECH dekontaminieren, entseuchen, SAFETY entseuchen
decontamination *n* CHEM ENG Dekontamination *f,* CHEMISTRY Dekontamination *f,* Dekontaminierung *f,* NUC TECH Dekontaminierung *f,* Entgiftung *f,* Entseuchung *f,* POLL Dekontaminierung *f,* RAD PHYS Dekontaminierung *f,* Entgiftung *f,* SAFETY Entseuchung *f*; ~ **factor** *n* RAD PHYS Dekontaminationsfaktor *m*; ~ **fluid** *n* COATINGS Reinigungsflüssigkeit *f*; ~ **system** *n* NUC TECH Dekontaminierungssystem *nt*
deconvolution *n* ELECTRON *winding* Umlaufabwicklung *f,* NUC TECH *of pressure vessel* Ausrichten *nt,* TELECOM Entfaltung *f*
decorating: ~ **kiln** *n* CER & GLAS Einbrennofen *m*; ~ **lehr** *n* CER & GLAS Einbrennmuffel *f*
decoration: ~ **during production** *n* CER & GLAS Dekoration bei Herstellung *f*
decorative: ~ **cutting** *n* CER & GLAS Dekorschliff *m*; ~ **varnish** *n* PLAS Dekorationslack *m*
decorrelation *n* TELECOM Dekorrelation *f*
decorticator *n* FOOD TECH Schälmaschine *f*
decoupled *adj* COMP & DP entkoppelt
decoupling *n* ELEC ENG, RAD TECH Entkopplung *f,* SPACE *communications* Ausklinken *nt,* Entkopplung *f,* TELECOM Entkopplung *f*; ~ **capacitor** *n* ELEC ENG, ELECT Entkopplungskondensator *m,* Entstörkondensator *m*; ~ **condenser** *n* ELEC ENG, ELECT Entkopplungskondensator *m,* Entstörkondensator *m*; ~ **filter** *n* ELECTRON Entkopplungsfilter *nt*
decrab *vt* AIR TRANS in den Wind drehen
decrease: ~ **in definition** *n* PHOTO Schärfeabfall *m*
decrement[1] *n* ELECTRON *counter* Zählschritt rückwärts *m,* PHYS Dekrement *nt,* Dämpfungsverhältnis *nt*; ~ **in reactivity** *n* NUC TECH Reaktivitätsabnahme *f*
decrement[2] *vt* COMP & DP vermindern, verringern
decremeter *n* ELEC ENG Dämpfungsmesser *m*
decrepitation: ~ **test** *n* CER & GLAS Dekrepitationsprüfung *f*
decrypt *vt* ELECTRON entschlüsseln
decryption *n* COMP & DP Entschlüsselung *f*
decyl *n* CHEMISTRY Decyl- *pref*
dedendum *n* MECHAN ENG Fußhöhe *f,* Zahnfußhöhe *f,* Zahnfuß *m,* MECHANICS Zahnfuß *m,* PROD ENG *kinematics* Fußhöhe *f,* Zahnfuß *m*; ~ **circle** *n* MECHAN ENG Fußkreisdurchmesser *m*; ~ **line** *n* MECHAN ENG Fußkreislinie *f*
dedicated[1] *adj* COMP & DP ausschließlich zugeordnet, dediziert
dedicated:[2] ~ **channel** *n* COMP & DP dedizierter Kanal *m,* TELECOM festgeschalteter Kanal *m,* TELEV zugewiesener Kanal *m*; ~ **chip** *n* ELECTRON zweckgebundener Chip *m*; ~ **circuit data network** *n* TELECOM Datenfestnetz *nt*; ~ **computer** *n* COMP & DP dedizierter Computer *m*; ~ **environment** *n* COMP & DP dedizierte Umgebung *f*; ~ **food grade film plant** *n* PACK zweckbestimmte Anlage für Klarsichtfolie *f*; ~ **frequency** *n* TELECOM fest zugeordnete Frequenz *f*; ~ **line** *n* COMP & DP, TELECOM Standleitung *f,* festgeschaltete Leitung *f*; ~ **mode** *n* COMP & DP dedizierter Modus *m*; ~ **port** *n* TELECOM festgeschalteter Anschluß *m*; ~ **signaling channel** *n AmE,* ~ **signalling channel** *n BrE* TELECOM festgeschalteter Zeichengabekanal *m*; ~ **software** *n* COMP & DP, WATER TRANS Spezialsoftware *f*
deductive: ~ **reasoning** *n* MATH Deduktion *f,* deduktive Argumentationsführung *f*
dedust *vt* COAL TECH entstauben
dedusting: ~ **unit** *n* CONST Entstaubungsgerät *nt*
dee *n* PHYS *cyclotron* D-Elektrode *f*
de-embrittle *vt* COATINGS Versprödung beseitigen
de-emphasis *n* ACOUSTICS Entzerrung *f,* ELECTRON Rückentzerrung *f,* RECORD Nachentzerrung *f,* SPACE *communications* Abschwächung *f,* TELEV Nachentzerrung *f*
de-emulsifying: ~ **agent** *n* FOOD TECH Emulsionsspalter *m*
de-energization *n* ELEC ENG Abschaltung *f*
de-energize[1] *vt* ELEC ENG Energie abschalten, abschalten, außer Strom setzen
de-energize[2] *vi* PHYS entregen
de-energized: ~ **closed** *adj* PROD ENG *plastic valves* stromlos geschlossen
de-energizing: ~ **circuit** *n* IND PROCESS Abschaltkreis *m*
deep:[1] **~-drawn** *adj* PROD ENG tiefgezogen; **~-frozen** *adj* FOOD TECH tiefgekühlt, THERMODYN tiefgefroren; **~-sea** *adj* WATER TRANS Hochsee- *pref*
deep:[2] ~ **adit** *n* WATER SUP tiefer Wasserstollen *m*; ~ **color tone** *n AmE,* ~ **colour tone** *n BrE* PLAS kräftiger Farbton *m*; ~ **cut** *n* CER & GLAS Tiefschnitt *m*; ~ **depletion** *n* ELEC ENG Tiefentladung *f*; ~ **drawing** *n* MECHAN ENG, MECHANICS, PROD ENG Tiefziehen *nt*; **~-drawing die** *n* MECHAN ENG Tiefziehwerkzeug *nt*; **~-drawing film** *n* PACK tiefgezogene Klarsichtfolie *f*; **~-drawing foil** *n* PACK tiefgezogene Folie *f*; **~-drawing machine** *n* PACK Tiefziehstanze *f*; **~-drawing punch** *n* PROD ENG Ziehstempel *m*; **~-drawing sheet** *n* PROD ENG Tiefziehblech *nt*; **~-drawn packaging** *n* PACK Ziehverpackung *f*; **~-etching bath** *n* CER & GLAS Tiefätzbad *nt*; **~-etching paste** *n* CER & GLAS Tiefätzpaste *f*; ~ **fading** *n* ELECTRON *radio engineering* tiefer Spannungseinbruch *m*; ~ **foundation** *n* COAL TECH Tiefgründung *f*; ~ **freeze** *n* FOOD TECH Gefrierschrank *m,* THERMODYN Tiefkühlruhe *f*; ~ **freeze packaging** *n* PACK Gefrierverpackung *f*; **~-freezing** *n* HEAT & REFRIG Tiefgefrieren *nt,* Tiefkühlen *nt,* PACK Einfrieren *nt,* THERMODYN Tiefgefrieren *nt,* Tiefkühlen *nt*; **~-frozen food** *n* PACK Gefrierkost *f,* Tiefkühlkost *f*; **~-groove ball bearing** *n* MECHAN ENG Rillenkugellager *nt*; **~-groove ball thrust bearing** *n* MECHAN ENG Axialrillenkugellager *nt*; ~ **groundwater** *n* WATER SUP tiefes Grundwasser *nt*; **~-hole boring** *n* MECHAN ENG Tief-

lochbohren *nt*, PROD ENG Aufbohren tiefer Bohrungen *nt*; **~-hole drill** *n* PROD ENG Tieflochbohrer *m*; **~-hole drilling** *n* MECHAN ENG, PROD ENG Tieflochbohren *nt*; **~ inelastic collision** *n* NUC TECH tiefinelastischer Stoß *m*; **~-mining coal** *n* COAL TECH Tiefbaukohle *f*; **~-penetration electrode** *n* PROD ENG *welding* Tiefeinbrandelektode *f*; **~ rejection trap** *n* ELECTRON *sorting device* tiefes Fehlerfach *nt*; **~-sea** *n* WATER TRANS Tiefsee *f*; **~-sea cable** *n* WATER TRANS Tiefseekabel *nt*; **~-sea diver** *n* WATER TRANS Tiefseetaucher *m*; **~-sea fishing** *n* WATER TRANS Hochseefischerei *f*; **~-sea navigation** *n* WATER TRANS Hochseeschiffahrt *f*; **~ sleek** *n* CER & GLAS tiefer Polierkratzer *m*; **~ space** *n* SPACE tiefer kosmischer Raum *m*; **~-space mission** *n* SPACE Mission in den tiefen Weltraum *f*; **~-space probe** *n* SPACE Weltraumsonde *f*; **~-space transponder** *n* SPACE Weltraumtransponder *m*; **~ stabilization** *n* COAL TECH Tiefstabilisierung *f*; **~ tank** *n* TRANS *ship*, WATER TRANS Hochtank *m*; **~ ultraviolet radiation** *n* ELEC ENG tief ultraviolette Strahlung *f*; **~-water dock** *n* CONST Tiefseedock *nt*; **~-water harbor** *n AmE*, **~-water harbour** *n BrE* WATER TRANS *port* Seehafen *m*; **~-waterline** *n* WATER TRANS *ship* Tiefladelinie *f*; **~-water waves** *n pl* PHYS Tiefseewellen *f pl*; **~ well** *n* WATER SUP Tiefbrunnen *m*

deep:[3] **~-bore** *vt* PROD ENG tiefbohren; **~-etch** *vt* PROD ENG tiefätzen; **~-freeze** *vt* THERMODYN tiefgefrieren, tiefkühlen

deepen *vt* CONST vertiefen

deepest: **~ draught** *n* WATER TRANS *ship design* Maximaltiefgang *m*

default[1] *adj* COMP & DP Vorgabe- *pref*

default[2] *n* COMP & DP Standard *m*, Vorgabe *f*; **~ drive** *n* COMP & DP Standardlaufwerk *nt*; **~ menu** *n* COMP & DP Standardmenü *nt*; **~ value** *n* COMP & DP Vorgabewert *m*

defecation *n* CHEM ENG Kalkung *f*, Klären *nt*, Reinigung *f*, FOOD TECH Kalkung *f*, Klärung *f*, Scheidung *f*

defect *n* CER & GLAS Fehler *m*, ELEC ENG Defekt *m*, Fehler *m*, Störstelle *f*, METALL, NUC TECH *of material* Defekt *m*, Fehler *m*, QUAL Fehler *m*, Mängel *m pl*; **~ annealing** *n* ELECTRON Fehlerkorrektur *f*; **~ conduction** *n* ELEC ENG Störstellenleitung *f*; **~ density** *n* ELECTRON Fehlerdichte *f*, Störstellendichte *f*; **~ in distribution** *n* CER & GLAS Verteilungsfehler *m*; **~ of material** *n* QUAL Materialfehler *m*; **~ note** *n* QUAL Fehlerbericht *m*, Fehlermeldung *f*; **~ scattering** *n* NUC TECH Fehlstellenstreuung *f*; **~ structure** *n* METALL Defektstruktur *f*

defective *adj* NUC TECH *fuel rod* beschädigt, QUAL *material* fehlerhaft

defects: **~ per unit** *n pl* QUAL Fehleranzahl pro Einheit *f*

deferred[1] *adj* CONTROL verzögert, zeitversetzt

deferred:[2] **~ addressing** *n* COMP & DP ausgesetzte Adressierung *f*, indirekte Adressierung *f*, verzögerte Adressierung *f*

deferrization *n* WASTE Enteisenung *f*

deficiency *n* QUAL Mängel *m pl*, Störung *f*

deficit: **~ reactivity** *n* NUC TECH Reaktivitätsdefizit *nt*, Unterreaktivität *f*

define *vt* MATH definieren

definite: **~ integral** *n* MATH bestimmtes Integral *nt*

definition *n* COMP & DP *graphics*, ELECT Auflösung *f*, ELECTRON, MATH Definition *f*, PHOTO Bildschärfe *f*; **~ test pattern** *n* TELEV Definitionstestbild *nt*

definitive: **~-time relay** *n* ELECT Festzeitrelais *nt*

deflagrate[1] *vt* SAFETY verpuffen

deflagrate[2] *vi* CHEMISTRY abbrennen, deflagrieren

deflaker *n* PAPER Entstipper *m*

deflash *vt* PLAS, PROD ENG entgraten

deflate *vt* MECHAN ENG *tyre* ablassen

deflation *n* AUTO *of tyre* Ablassen der Luft *nt*, Druckverlust *m*

deflect[1] *vt* INSTR ablenken, MECHAN ENG ablenken, *needle on dial* ausschlagen lassen, TELEV ablenken, WATER SUP *stream* umleiten

deflect[2] *vi* INSTR ausschlagen

deflected: **~ beam** *n* TELEV angelenkter Strahl *m*

deflecting[1] *adj* INSTR Ablenk- *pref*

deflecting:[2] **~ coil** *n* NUC TECH *of cathode ray tube*, PHYS Ablenkspule *f*; **~ electrode** *n* ELEC ENG Ablenkelektrode *f*, INSTR Ablenkelektrode *f*, Ablenkplatte *f*, NUC TECH *of mass spectrometer* Ablenkelektrode *f*; **~ magnet** *n* PART PHYS Ablenkmagnet *m*; **~ valve** *n* HYD EQUIP Ablenkventil *nt*

deflection *n* AIR TRANS Umlenkung *f*, AUTO *of tyre* Ausbruch *m*, Auslenkung *f*, CONST Durchbiegung *f*, INSTR Ablenk- *pref*, Ausschlag- *pref*, MECHAN ENG Ablenkung *f*, *of spring* Durchbiegung *f*, Weg *m*, MECHANICS Ablenkung *f*, METALL, NUC TECH Biegung *f*, OPT Ablenkung *f*, *of light* Lichtablenkung *f*, RAD PHYS *by electric field, by magnetic field*, SPACE Ablenkung *f*; **~ amplifier** *n* ELECTRON Ablenkverstärker *m*; **~ angle** *n* INSTR Ausschlagwinkel *m*, TELEV Ablenkwinkel *m*; **~ of beams** *n* MECHAN ENG Strahlablenkung *f*; **~ beam valve** *n* RAD TECH Strahlablenkungsröhre *f*; **~ coil** *n* ELEC ENG Ablenkspule *f*; **~ electrode** *n* ELEC ENG, INSTR, NUC TECH Ablenkelektrode *f*; **~ factor** *n* ELECTRON Ablenkfaktor *m*; **~ magnet** *n* TELEV Ablenkmagnet *m*; **~ method** *n* INSTR Ausschlagmethode *f*; **~ plate** *n* ELECTRON *beam catcher*, RAD PHYS, SPACE *spacecraft*, TELEV Ablenkplatte *f*; **~ sensitivity** *n* ELECTRON Ablenkempfindlichkeit *f*; **~ system** *n* TELEV Ablenksystem *nt*; **~ tube** *n* RAD PHYS Ablenkrohr *nt*; **~ under load** *n* MECHAN ENG Durchbiegung unter Last *f*; **~ yoke** *n* ELECTRON *cathode ray tube*, TELEV Ablenkjoch *nt*

deflector *n* AIR TRANS Ablenkblech *nt*, Abschirm- *pref*, Abschirmblech *nt*, Deflektor *m*, CER & GLAS Umlenkrinne *f*, CHEM ENG Ablenkblech *nt*, Deflektor *m*, FUELLESS Deflektor *m*, MECHAN ENG Ablenkvorrichtung *f*, PROD ENG Ablenker *m*, Leitblech *nt*, TELECOM Ablenkvorrichtung *f*, Deflektor *m*; **~ chute** *n* CER & GLAS Umlenkrinne *f*; **~ plate** *n* AIR TRANS Deflektorplatte *f*, CHEM ENG Abweiseplatte *f*, HEAT & REFRIG Ablenkblech *nt*, Ablenkplatte *f*, MECHAN ENG Ablenkblech *nt*, Leitplatte *f*, Leitblech *nt*

deflocculant *n* CHEMISTRY Dispergens *nt*, Dispergiermittel *nt*

deflocculate *vt* CHEMISTRY dispergieren

deflocculating: **~ agent** *n* PLAS *paints* Dispergator *m*, Dispergiermittel *nt*

deflocculation *n* CHEMISTRY Dispergierung *f*, Entflocken *nt*, Zerteilung *f*

defoamer *n* PAPER Entschäumer *m*

defoaming: **~ agent** *n* CHEMISTRY Antischaummittel *nt*, FOOD TECH Entschäumer *m*, PET TECH Schaumbildungshemmer *m*

defocusing *n* ELECTRON Defokussierung *f*

defogging: **~ fan** *n* AIR TRANS Entnebelungsventilator *m*, Gebläse *nt*

defoliant *n* CHEMISTRY Defoliationsmittel *nt*, Defoliator *m*, Entblätterungsmittel *nt*

deform *vt* MECHANICS verbiegen, verformen

deformable: **~ front section** *n* AUTO verformbarer Frontbereich *m*; **~ rear section** *n* AUTO verformbarer Heckbereich *m*; **~ zone** *n* AUTO Knautschzone *f*

deformation *n* COAL TECH Verformung *f*, MECHAN ENG Deformation *f*, Formänderung *f*, Verformung *f*, MECHANICS Deformation *f*, Verformung *f*, METALL Verformung *f*, NUC TECH, PHYS, PLAS, RAD PHYS *of atomic nuclei* Deformation *f*, Verformung *f*; **~ gradient** *n* PHYS Deformationsgradient *m*; **~ modulus** *n* COAL TECH Verformungsmodul *m*; **~ point** *n* CER & GLAS Erweichungspunkt *m*; **~ work** *n* MECHAN ENG Formänderungsarbeit *f*

defrost *vt* FOOD TECH abtauen, HEAT & REFRIG auftauen, entfrosten

defroster *n* AUTO *accessory* Entfroster *m*

defrosting *n* FOOD TECH Abtauen *nt*, Auftauen *nt*, HEAT & REFRIG, MECHAN ENG Entfrosten *nt*; **~ test** *n* HEAT & REFRIG, MECHAN ENG *refrigerated cabinets* Auftauversuch *m*

degas *vt* CHEM ENG, ELECTRON *electronic valve* entgasen

degasification *n* WASTE Entgasung *f*

degasify *vt* WASTE entgasen

degasifying *n* COAL TECH Ausgasung *f*

degasser *n* HEAT & REFRIG Entgaser *m*

degassing *n* CHEM ENG, ELECTRON *electronic valve*, PLAS Entgasen *nt*, WASTE Entgasung *f*

degauss *vti* COMP & DP, MECHAN ENG, RECORD, TELEV entmagnetisieren

degausser *n* COMP & DP Entmagnetisierungsgerät *nt*, RECORD Entmagnetisierer *m*, TELEV Entmagnetisiergerät *nt*

degaussing *n* COMP & DP, MECHAN ENG, TELEV Entmagnetisieren *nt*, Entmagnetisierung *f*; **~ coil** *n* TELEV Entmagnetisierspule *f*

degeneracy *n* ELECTRON, PHYS Entartung *f*

degenerate[1] *adj* ELECTRON, METALL, PHYS entartet

degenerate:[2] **~ electron gas** *n* RAD PHYS entartetes Elektronengas *nt*; **~ semiconductor** *n* ELECTRON entarteter Halbleiter *m*

degeneration *n* ELECTRON, RAD PHYS *of energy levels* Entartung *f*

degradable *adj* WASTE abbaubar

degradation *n* COMP & DP Verschlechterung *f*, NUC TECH *of particles* Entartung *f*, PLAS Abbau *m*, Zersetzung *f*, TELEV Verrauschtsein *nt*; **~ of energy** *n* PHYS Energieverlust *m*; **~ of quality** *n* QUAL Qualitätsminderung *f*

degraded: **~ minute** *n* TELECOM Minute mit verminderter Dienstgüte *f*; **~ operating conditions** *n pl* SPACE *spacecraft* verschlechterte Betriebsbedingungen *f pl*; **~ signal** *n* TELEV verrauschtes Signal *nt*; **~ sync** *n* TELEV verrauschte Synchronisierung *f*

degrease *vt* CONST, ELECT, MECHAN ENG, MECHANICS entfetten, entölen

degreaser *n* COATINGS Entfetter *m*, Ölentferner *m*, ELECT Entfettungseinrichtung *f*, WASTE Ölabscheider *m*

degreasing *n* CER & GLAS Entfettung *f*, CONST Entfettung *f*, Entölung *f*, MECHAN ENG, MECHANICS Entfetten *nt*; **~ agent** *n* MECHANICS Entfettungsmittel *nt*; **~ compound** *n* PACK Entfettungsmittel *nt*; **~ tank** *n* FOOD TECH Entfettungsbehälter *m*

degree *n* GEOM *angular measure*, PHYS, THERMODYN Grad *m*; **~ Celsius** *n* METROL Grad Celsius *m*; **~ of coherence** *n* OPT, TELECOM Kohärenzgrad *m*; **~ of compaction** *n* COAL TECH, CONST Verdichtungsgrad *m*; **~ of compliance** *n* TRANS Übereinstimmungsgrad *m*; **~ of consolidation** *n* COAL TECH Verfestigungsgrad *m*; **~ of coverage** *n* TELECOM Versorgungsgrad *m*; **~ of crimp** *n* TEXT Kräuselungsgrad *m*; **~ of decontamination** *n* NUC TECH Entseuchungsgrad *m*; **~ of drying** *n* CONST Trocknungsgrad *m*; **~ of freedom** *n* ERGON, MECHAN ENG, PHYS, QUAL, THERMODYN Freiheitsgrad *m*; **~ of heat** *n* PHYS, THERMODYN Wärmegrad *m*; **~ of inspection** *n* QUAL Prüfschärfe *f*, Prüfungsgrad *m*; **~ Kelvin** *n* THERMODYN Grad Kelvin *m*; **~ of mobility** *n* MECHAN ENG Beweglichkeitsgrad *m*; **~ of pollution** *n* POLL Verschmutzungsgrad *m*; **~ of polymerization** *n* PLAS Polymerisationsgrad *m*; **~ of purification** *n* WATER SUP Reinigungsgrad *m*; **~ of saturation** *n* COAL TECH, MECHAN ENG, TRANS Sättigungsgrad *m*; **~ of submergence** *n* HYD EQUIP *of submerged weirs* Unterwasserhöhe *f*; **~ of temperature** *n* PHYS, THERMODYN Temperaturgrad *m*; **~ of utilization** *n* TRANS Benutzungsgrad *m*

degumming *n* FOOD TECH Entschleimung *f*

dehumidification *n* HEAT & REFRIG Entfeuchtung *f*

dehumidifier *n* HEAT & REFRIG Entfeuchtungsgerät *nt*, NUC TECH *material, of evaporator* Trockenmittel *nt*, *mechanism, of evaporator* Entfeuchter *m*

dehumidify *vt* HEAT & REFRIG Feuchtigkeit entziehen, entfeuchten

dehydrate *vt* CHEMISTRY Wasser entziehen, dehydratisieren, HEAT & REFRIG, PROD ENG dehydratisieren, entwässern

dehydrated[1] *adj* CHEMISTRY dehydriert, entwässert

dehydrated:[2] **~ alcohol** *n* FOOD TECH absoluter wasserfreier Alkohol *m*

dehydrating: **~ agent** *n* CHEM ENG Trockenmittel *nt*, Wasser entziehendes Mittel *nt*; **~ breather** *n* HEAT & REFRIG Luftentfeuchter *m*

dehydration *n* CHEM ENG Absolutierung *f*, Dehydratation *f*, Dehydratisierung *f*, CHEMISTRY Dehydratation *f*, Entwässerung *f*, Wasserabspaltung *f*, Dehydratisierung *f*, HEAT & REFRIG Dehydratisierung *f*, Wasserentziehung *f*, PET TECH Trocknung *f*; **~ of sludge** *n* WASTE Schlammentwässerung *f*, Schlammverdickung *f*

dehydrator *n* CHEM ENG Entwässerungsmittel *nt*, Trockenmittel *nt*, HEAT & REFRIG Entfeuchter *m*, Entwässerungsmittel *nt*

dehydrofreezing *n* FOOD TECH Gefriertrocknung *f*, HEAT & REFRIG Dehydro-Gefrieren *nt*

dehydrogenase *n* FOOD TECH Dehydrogenase *f*

dehydrogenate *vt* CHEMISTRY Wasserstoff abspalten, dehydrieren

dehydrogenation *n* CHEMISTRY Wasserstoffabspaltung *f*

dehydrogenize *vt* CHEMISTRY dehydrieren

de-ice *vt* HEAT & REFRIG enteisen, entfrosten, SPACE *spacecraft* enteisen

de-icer *n* AIR TRANS, AUTO, SPACE Enteiser *m*; **~ boot** *n* AIR TRANS Enteiserhaube *f*, SPACE Enteisungsstiefel *m*

de-icing *n* HEAT & REFRIG Enteisung *f*, Entfrostung *f*, SPACE Enteisung *f*; **~ air** *n* AIR TRANS Enteisungsluft *f*; **~ air outlet** *n* AIR TRANS Enteiserluftauslaß *m*; **~ air temperature indicator** *n* AIR TRANS Lufttemperaturanzeige des Enteisers *f*; **~ duct** *n* AIR TRANS Enteiserleitung *f*; **~ fluid** *n* COATINGS Enteisungsflüssigkeit *f*; **~ pump** *n* AIR TRANS Enteiserpumpe *f*

de-inked: **~ paper stock** *n* PAPER deinkter Faserstoff *m*

de-inking *n* PAPER Deinking *nt*, WASTE Entschwärzen von Schlamm *nt*; ~ **by flotation** *n* WASTE Deinking durch Flotation *nt*; ~ **unit** *n* WASTE Deinkinganlage *f*
de-interleave *vt* COMP & DP, ELECTRON Verzahnung auflösen
de-interleaving *n* ELECTRON Auflösung der Verzahnung *f*
de-ionized: ~ **water** *n* ELECT entionisiertes Wasser *nt*
de-ionizer *n* LAB EQUIP *for water* Entionisierungsmittel *nt*
de-ionizing: ~ **grid** *n* ELECTRON Entionisierungsgitter *nt*
de-ironing *n* CER & GLAS Enteisenung *f*
delaminate *vti* PLAS delaminieren
delamination *n* CER & GLAS Schichtspaltung *f*, PLAS Delaminierung *f*, Schichtenspaltung *f*, Schichtentrennung *f*, PROD ENG Schichtentrennung *f*
delay[1] *n* COMP & DP, CONTROL, ELEC ENG *in opening or closure of relay contacts*, ELECT *in relay*, ELECTRON, INSTR, NUC TECH *of appointed time*, RAD TECH Verzögerung *f*, TELECOM *step function* Einschwingverzögerung *f*, Laufzeit *f*, Verzögerung *f*, Wartezeit *f*, TELEV Verzögerung *f*, TRANS *traffic* Verzögerung *f*, Zeitverlust *m*; ~ **cable** *n* TELEV Verzögerungskabel *nt*; ~ **circuit** *n* ELECT, ELECTRON Verzögerungsschaltung *f*, TELECOM Laufzeitkette *f*, Verzögerungsleitung *f*, TELEV Verzögerungsschaltkreis *m*; ~ **component** *n* ELECTRON, NUC TECH Verzögerungskomponente *f*; ~ **distortion** *n* CONTROL, ELECTRON, RECORD Laufzeitverzerrung *f*, TELEV Verzögerungsverzeichnung *f*; ~ **equalizer** *n* ELECTRON Laufzeitentzerrer *m*; ~ **generator** *n* ELECTRON Laufzeitgenerator *m*; ~ **line** *n* COMP & DP Verzögerungsleitung *f*, ELECTRON Laufzeitleitung *f*, PHYS, TELEV Verzögerungsleitung *f*; ~ **line storage** *n* NUC TECH *memory* Laufzeitspeicher *m*, dynamischer Speicher *m*; ~ **lock loop** *n* TELECOM verzögerte Regelschleife *f*; ~ **mode relay** *n* TELECOM verzögertes Relais *nt*; ~ **multivibrator** *n* ELECTRON Verzögerungsmultivibrator *m*; ~ **network** *n* INSTR Laufzeitkette *f*, Verzögerungskette *f*, Verzögerungsschaltung *f*; ~ **relay** *n* ELEC ENG, ELECT Verzögerungsrelais *nt*; ~ **switch** *n* ELECT Verzögerungsschalter *m*; ~ **tank** *n* NUC TECH Verweiltank *m*, Verzögerungstank *m*; ~ **time** *n* ELECT Verzögerungszeit *f*, Wartezeit *f*, TELECOM Verzögerungszeit *f*; ~ **unit** *n* NUC TECH *element* Verzögerungskomponente *f*; ~ **valve** *n* MECHAN ENG Verzögerungsventil *nt*
delay[2] *vt* CONTROL, ELECT *relay, switch*, ELECTRON *in execution order*, RAD TECH verzögern
delay[3] *vi* ELECT warten
delayed: ~-**action circuit breaking** *n* ELEC ENG Schaltung mit verzögerter Auslösung *f*; ~-**action fuse** *n* ELEC ENG träge Sicherung *f*; ~ **automatic gain control** *n* ELECTRON verzögerte selbsttätige Verstärkungsregelung *f*, RECORD verzögerte automatische Verstärkungsregelung *f*; ~ **blanking signal** *n (DBS)* TELEV verzögertes Austastsignal *nt*; ~ **broadcast** *n* TELEV verspätete Ausstrahlung *f*; ~ **call** *n* TELECOM verzögerte Belegung *f*; ~ **coincidence spectra** *n pl* RAD PHYS *atomic transitions* verzögerte Koinzidenzspektren *nt pl*; ~ **coking** *n* THERMODYN verzögertes Verkoken *nt*; ~ **critical reactor** *n* NUC TECH verzögert-kritischer Reaktor *m*; ~ **emission** *n* NUC TECH verzögerte Strahlung *f*; ~ **flux** *n* NUC TECH verzögerter Fluß *m*; ~ **fracture** *n* METALL verzögertes Brechen *nt*; ~ **hardening** *n* THERMODYN verzögertes Härten *nt*; ~ **modified phase shift keying** *n* ELECTRON verzögerte modifizierte Phasenumtastung *f*; ~ **neutron** *n* NUC TECH, PHYS, RAD PHYS verzögertes Neutron *nt*; ~ **scanning** *n* TELEV verzögerte Abtastung *f*
delaying: ~ **sweep** *n* ELECTRON verzögernde Zeitablenkung *f*, verzögerter Kippvorgang *m*; ~ **time base** *n* ELECTRON verzögernde Zeitbasis *f*
delete:[1] ~ **character** *n* COMP & DP Löschzeichen *nt*; ~ **key** *n (DEL key)* COMP & DP Entfernungstaste *f*, Taste-Entf *f (Entfernungstaste)*
delete[2] *vt* COMP & DP streichen, *characters* löschen
deletion *n* COMP & DP Löschen *nt*, Streichung *f*, TELECOM Löschen *nt*, Löschung *f*; ~ **mark** *n* PRINT Deleaturzeichen *nt*, Tilgungszeichen *nt*; ~ **record** *n* COMP & DP Löschsatz *m*
delimiter *n* COMP & DP Begrenzungssymbol *nt*, Begrenzungszeichen *nt*
deliquesce *vi* CHEMISTRY wegschmelzen, zerfließen
deliquescence *n* CHEMISTRY Zerfließen *nt*, Zerschmelzen *nt*, FOOD TECH Zerfließbarkeit *f*
deliquescent *adj* CHEMISTRY zerfließend
deliver *vt* MECHAN ENG liefern
delivered: ~ **site** *n* CONST freie Baustelle *f*
deliverer *n* PACK Lieferant *m*, Lieferer *m*
delivery *n* FOOD TECH Lieferung *f*, MECHAN ENG *action of pump* Fördern *nt*, Förderung *f*, *volume of pump* Fördermenge *f*, Fördervolumen *nt*, NUC TECH *of goods* Lieferung *f*, PROD ENG Förderstrom *m*, QUAL Ablieferung *f*, WATER SUP *of pump* Förderleistung *f*; ~ **channel** *n* WATER SUP Abzugskanal *m*; ~ **date** *n* PACK Lieferdatum *nt*, Liefertermin *m*; ~ **delay** *n* PACK Lieferverzögerung *f*; ~ **head** *n* HEAT & REFRIG, NUC TECH *of pump*, WATER SUP Förderhöhe *f*; ~ **into the mains** *n* NUC TECH *of electricity* Stromlieferung ans Verbrauchernetz *f*; ~ **lift** *n* WATER SUP Förderhöhe *f*; ~ **main** *n* WATER SUP Hauptwasserleitung *f*; ~ **pipe** *n* AUTO Druckleitung *f*, Einspritzleitung *f*, WATER SUP Ablaufrohr *nt*, Ausgußröhre *f*, Druckleitung *f*; ~ **pressure** *n* HEAT & REFRIG, WATER SUP Förderdruck *m*; ~ **price** *n* PROD ENG *plastic valves* Lieferpreis *m*; ~ **quality** *n* QUAL Lieferqualität *f*; ~ **race** *n* WATER SUP Versorgungskanal *m*; ~ **rate** *n* HEAT & REFRIG, MECHAN ENG Förderleistung *f*; ~ **side** *n* NUC TECH *of pump, blower* Ausflußseite *f*; ~ **truck** *n* AUTO Lieferwagen *m*; ~ **valve** *n* HYD EQUIP Auslaßventil *nt*, MECHAN ENG *of pump* Druckventil *nt*
Dellinger: ~ **fade out** *n* RAD TECH Dellinger-Schwund *m*
delorenzite *n* NUC TECH *uranium-bearing mineral* Delorenzit *m*
Delphi: ~ **detector** *n* PART PHYS Delphi-Detektor *m*
delphinin *n* CHEMISTRY *anthocyanin* Delphinin *nt*
delphinine *n* CHEMISTRY Staphisagrin *nt*
delta *n* ELEC ENG Delta *nt*, Dreieck *nt*, PET TECH Delta *nt*, Flußdelta *nt*; ~ **connection** *n* ELEC ENG Dreieckschaltung *f*, ELECT Deltaschaltung *f*, Dreieckschaltung *f*, PHYS Dreiecksschaltung *f*; ~ **iron** *n* METALL Delta-Eisen *nt*; ~ **loop** *n* RAD TECH *aerial* Deltaschleife *f*; ~ **match** *n* RAD TECH *antenna impedance matching* Delta-Anpassung *f*; ~ **metal** *n* METALL Deltametall *nt*; ~ **modulation** *n (DM)* ELECTRON, SPACE *communications*, TELECOM Deltamodulation *f (DM)*; ~ **network** *n* ELEC ENG Masche *f*; ~ **rays** *n pl* RAD PHYS Deltastrahlen *m pl*, Deltastrahlung *f*; ~ **star connection** *n* ELECT Delta-Sternschaltung *f*, Dreieck-Sternschaltung *f*; ~-**to-star conversion** *n* ELECT Delta-Sternumformung *f*, Dreieck-Sternumformung

f; ~ **wing** *n* AIR TRANS Deltaflügel *m*; ~ **x** *n* MATH Delta x *nt*

deltaic *n* PET TECH deltaförmig

delustre *vt* TEXT mattieren

demagnetization *n* ELECT, MECHANICS, PHYS, RECORD, TELEV Entmagnetisierung *f*; ~ **loss** *n* RECORD Entmagnetisierungsverlust *m*

demagnetize *vti* COAL TECH, MECHAN ENG, PHYS, TELECOM, TELEV entmagnetisieren

demagnetizer *n* MECHAN ENG Entmagnetisiergerät *nt*

demagnetizing: ~ **field** *n* ELECT, PHYS Entmagnetisierungsfeld *nt*

demand:[1] ~-**responsive** *adj* COMP & DP bedarfsgesteuert

demand[2] *n* COMP & DP Anforderung *f*, Aufforderung *f*; ~-**assigned multiple access** *n (DAMA)* TELECOM bedarfsgesteuerter Vielfachzugriff *m (DAMA)*; ~-**assigned single-channel-per-carrier system** *n* TELECOM SCPC-System mit bedarfsorientierter Zuteilung *nt*; ~ **assignment** *n* SPACE *communications* Zuordnung nach Anforderung *f*; ~ **fetching** *n* COMP & DP Abruf auf Aufforderung *m*; ~ **meter** *n* ELEC ENG Höchstverbrauchszähler *m*, Leistungsmesser *m*, Maximumzähler *m*, Spitzenzähler *m*, INSTR Verbrauchszähler *m*; ~ **paging** *n* COMP & DP Seitenabrufmethode *f*, Seitenwechsel auf Anforderung *m*; ~ **processing** *n* COMP & DP unmittelbare Verarbeitung *f*; ~ **reliability** *n* QUAL Anforderungszuverlässigkeit *f*; ~-**responsive system** *n* TRANS bedarfsgesteuertes System *nt*; ~-**scheduled bus service** *n* TRANS Abrufbusdienst *m*; ~ **staging** *n* COMP & DP bedarfsmäßiges Einspeichern *nt*

demesh *vt* PROD ENG ausrücken

demethylate *vt* CHEMISTRY demethylieren

demethylation *n* CHEMISTRY Demethylation *f*

demineralization *n* CHEM ENG Entmineralisierung *f*

demineralize *vt* CHEM ENG entmineralisieren, mineralische Substanzen entfernen

demineralizing *n* CHEM ENG Demineralisierung *f*, Entsalzung *f*; ~ **plant** *n* NUC TECH Entmineralisierungsanlage *f*

demister *n* AIR TRANS Demister *m*, Entnebeler *m*, AUTO Entfroster *m*; ~ **system** *n* AUTO *accessory* Windschutzscheibengebläse *nt*; ~ **unit** *n* WASTE Tropfenabscheider *m*

demodulate *vt* ELECTRON, RAD TECH, TELECOM, TELEV demodulieren

demodulated: ~ **signal** *n* ELECTRON demoduliertes Signal *nt*

demodulation *n* COMP & DP, ELECTRON Demodulation *f*, PHYS Demodulation *f*, Empfangsgleichrichtung *f*, RAD TECH, SPACE *communications*, TELECOM, TELEV Demodulation *f*

demodulator *n* ACOUSTICS, COMP & DP, ELECTRON, PHYS, RAD TECH, SPACE *communications*, TELECOM, TELEV Demodulator *m*

demolding *n AmE see demoulding BrE*

demolish *vt* CONST *building* abbrechen, abreißen

demolition: ~ **waste** *n* CONST, WASTE Abbruchabfall *m*, Abbruchmaterial *nt*, Bauschutt *m*

demoulding *n BrE* PLAS Entformen *nt*

demulsifier *n* FOOD TECH Entemulgator *m*, MAR POLL Demulgator *m*, Emulsionsspalter *m*

demulsifying: ~ **product** *n* POLL Demulgierprodukt *nt*

demultiplex *vt* ELECTRON demultiplexen, TELECOM demultiplexieren

demultiplexer *n* COMP & DP, ELECTRON, TELECOM Demultiplexer *m*

demultiplexing *n* COMP & DP Demultiplexing *nt*, ELECTRON Demultiplexen *nt*, TELECOM Demultiplexieren *nt*

demultiplication *n* MECHAN ENG *of gears* Untersetzung *f*

demurrage *n* WATER TRANS Überliegegeld *nt*

demux *n* TELECOM Demultiplexer *m*, Demux *m*

denatured: ~ **alcohol** *n* CHEMISTRY, FOOD TECH denaturierter Alkohol *m*

dendrite *n* METALL Dendrit *m*, PROD ENG Dendrit *m*, Kristallskelett *nt*

dendritic *adj* METALL, PROD ENG dendritisch

denesting: ~ **machine** *n* PACK Maschine zum Auseinanderschachteln *f*

denickelfication *n* PROD ENG Entnickelung *f*

denier *n* TEXT Denier *nt*

denitrification *n* POLL Denitrifikation *f*

denominator *n* MATH Nenner *m*

dense: ~ **crown** *n* CER & GLAS Schwerkronglas *nt*; ~ **flint** *n* CER & GLAS Schwerflintglas *nt*; ~ **liquid** *n* COAL TECH Schwerflüssigkeit *f*; ~ **medium** *n* COAL TECH Schwerstoff *m*

densimeter *n* FOOD TECH Aräometer *nt*, Senkwaage *f*, INSTR, METROL, PAPER Dichtemesser *m*, PET TECH Dichtemeßgerät *nt*, PHYS Dichtemesser *m*, Dichtemeßgerät *nt*

densimetry *n* FOOD TECH, INSTR, METROL, PHYS Dichtemessung *f*

densitometer *n* INSTR, METROL, OPT, PHOTO, PHYS Densitometer *nt*

densitometry *n* INSTR, METROL, OPT, PHOTO, PHYS Densitometrie *f*

density *n* CHEMISTRY Dichte *f*, COAL TECH Dichte *f*, Dichtigkeit *f*, COMP & DP Dichte *f*, Speicherkapazität *f*, CONST Dichte *f*, Raumdichte *f*, MECHANICS, PET TECH Dichte *f*, PHYS Dichte *f*, *film* Schwärzung *f*, PLAS, RAD PHYS, TEXT Dichte *f*; ~ **balance** *n* INSTR Dichtewaage *f*; ~ **bottle** *n* LAB EQUIP Pyknometer *nt*, Wägefläschchen *nt*; ~-**filling machine** *n* PACK Füllmaschine bis zur Dichtheitsgrenze *f*; ~ **level** *n* ACOUSTICS Dichtepegel *m*; ~ **log** *n* PET TECH Dichtelog *nt*; ~ **measurement** *n* INSTR, LAB EQUIP, METROL, PHYS Dichtemessung *f*; ~ **modifier** *n* FOOD TECH Dichtemodifikator *m*; ~ **modulation** *n* ELECTRON *microwave* Dichtemodulation *f*; ~ **of pile** *n* TEXT Flordichte *f*; ~ **probe** *n* INSTR Dichtefühler *m*, Dichtemeßfühler *m*; ~ **test** *n* CONST Dichtprüfung *f*; ~ **of traffic** *n* TRANS Verkehrsdichte *f*; ~ **variation** *n* FLUID PHYS *in flows* Dichteänderung *f*

dent[1] *n* MECHAN ENG Einkerbung *f*, Kerbe *f*, MECHANICS Beule *f*

dent[2] *vt* MECHANICS einbeulen, zahnen

dental: ~ **ceramic** *n* CER & GLAS Dentalkeramik *f*

denudation *n* METALL Denudation *f*, Entblößung *f*

denuded: ~ **zone** *n* METALL denudierte Zone *f*

deodorant *n* PLAS Desodoriermittel *nt*, geruchsverbessernder Stoff *m*

de-oiling *n* WASTE Ölabscheidung *f*

deoxidization *n* CHEMISTRY Desoxidation *f*, Desoxidieren *nt*

deoxidizer *n* CHEMISTRY Desoxidationsmittel *nt*

depacketizer *n* TELECOM Depaketierer *m*

depalletization *n* PACK Palettenentnahme *f*

depalletizer *n* PACK Entpalettisiermaschine *f*, Palettenentnehmer *m*, Palettenentlader *m*

departure *n* AIR TRANS Abflug *m*; ~ **from nuclear boiling** *n* NUC TECH beginnende kritische Wärmestromdichte *f*, kritische Überhitzung *f*; ~ **terminal** *n* AIR TRANS Abflugstation *f*

dependent[1] *adj* PAT abhängig

dependent:[2] ~ **claim** *n* PAT abhängiger Patentanspruch *m*; ~ **equations** *n pl* MATH abhängige Gleichungen *f pl*; ~ **exchange** *n* TELECOM Seitenamt *nt*, Unteramt *nt*; ~ **patent** *n* PAT abhängiges Patent *nt*; ~ **variable** *n* MATH *in function* abhängige Variable *f*

dephased *adj* ELECT phasenverschoben

dephlegmate *vt* CHEMISTRY mit Dephlegmator behandeln

dephlegmator *n* CHEMISTRY Dephlegmator *m*, Dephlegmiersäule *f*, NUC TECH Entwässerer *m*

dephosphorization *n* CHEMISTRY Entphosphoren *nt*

dephosphorizing: ~ **process** *n* METALL Entphosphorungsverfahren *nt*

deplete *vt* NUC TECH abreichern, verarmen

depleted: ~ **nuclear fuel** *n* NUC TECH abgereicherter Kernbrennstoff *m*, erschöpfter Kernbrennstoff *m*, verarmter Kernbrennstoff *m*

depletion *n* ELECTRON *microelectronics* Verarmung *f*, NUC TECH *of nuclear fuel* Abreicherung *f*, Verarmung *f*, WATER SUP Entleerung *f*, Erschöpfung *f*; ~ **layer** *n* ELECTRON Sperrschicht *f*, PHYS Verarmungszone *f*, RAD TECH Verarmungsschicht *f*; ~ **layer photodiode** *n* ELECTRON Sperrschichtfotodiode *f*; ~ **mode** *n* ELECTRON Verarmungstyp *m*; ~ **mode FET** *n* ELECTRON Feldeffekttransistor mit Verarmungsschicht *m*; ~ **rate** *n* PET TECH Abbaurate *f*

deployable: ~ **aerial** *n* SPACE aussetzbare Antenne *f*, verbreiterbare Antenne *f*; ~ **antenna** *n* SPACE aussetzbare Antenne *f*, verbreiterbare Antenne *f*

depoisoning *n* NUC TECH Entgiftung *f*

depolarization *n* CHEMISTRY, ELEC ENG Depolarisation *f*, SPACE *communications* Depolarisierung *f*

depolarize *vt* CHEMISTRY, ELEC ENG, SPACE depolarisieren

depolarizer *n* CHEMISTRY Depolarisator *m*, Depolarisierer *m*

depolarizing: ~ **agent** *n* ELECT Depolarisierungsmittel *nt*; ~ **field** *n* PHYS depolarisierendes Feld *nt*, RECORD Depolarisationsfeld *nt*

depolluted: ~ **water** *n* POLL gereinigtes Wasser *nt*

depolluting: ~ **ship** *n* POLL Gewässerreinigungsschiff *nt*

depolymerization *n* CHEMISTRY Depolymerisation *f*, Depolymerisierung *f*, PACK Entpolymerisation *f*, PLAS Depolymerisation *f*

deposit[1] *n* CHEMISTRY Ablagerung *f*, Abscheidung *f*, Niederschlag *m*, COAL TECH Lager *nt*, CONST Ablagerung *f*, Ansatz *m*, Bodensatz *m*, PACK Ablage *f*, Anzahlung *f*, Bodensatz *m*, Flaschenpfand *m*, PAT Hinterlegung *f*, PROD ENG Ablagerung *f*, Aufschlag *m*, Niederschlag *m*, WATER SUP Ablagerung *f*; ~ **bottle** *n* PACK Pfandflasche *f*, Rückgabeflasche *f*, WASTE Mehrwegflasche *f*, Pfandflasche *f*

deposit[2] *vt* CONST auftragen, PROD ENG aufschweißen, niederschlagen

deposited: ~ **layer** *n* ELECTRON aufgebrachte Schicht *f*; ~ **matter** *n* POLL Sinkgut *nt*, Sinkstoff *m*; ~ **metal** *n* PROD ENG Auftragsmetall *nt*, Deckmetall *nt*, Schweißraupe *f*

deposition *n* ELECTRON *printed circuit board* Aufbringen *nt*, PACK *of cardboard* Ablagern *nt*, POLL Ablagerung *f*, Sedimentablagerung *f*, PROD ENG Aufschweißung *f*; ~ **by sputtering** *n* PROD ENG Aufstäuben *nt*; ~ **efficiency** *n* PROD ENG *welding* Schweißgutausbringung *f*; ~ **rate** *n* POLL, PROD ENG *welding* Abschmelzleistung *f*; ~ **of silt** *n* WASTE Schlickablagerung *f*; ~ **value** *n* POLL Ablagerungswert *m*; ~ **velocity** *n* POLL Ablagerungsgeschwindigkeit *f*

depreciation *n* PROD ENG Abschreibung *f*

depress *vt* COAL TECH absenken

depressed: ~ **cladding** *n* OPT eingedrückter Mantel *m*; ~ **thread** *n* CER & GLAS eingesenkter Faden *m*

depression *n* AUTO Unterdruck *m*, MECHAN ENG *indent* Vertiefung *f*, *vacuum* Unterdruck *m*, PHYS Unterdruck *m*, WATER TRANS *area of low pressure* Depression *f*; ~ **bar** *n* CER & GLAS Senkstange *f*; ~ **cone** *n* WATER SUP Senkungskegel *m*; ~ **of freezing point** *n* THERMODYN Gefrierpunktserniedrigung *f*; ~ **spring** *n* WATER SUP Senkungsquelle *f*; ~ **of track** *n* RAIL Gleissenkung *f*

depressurization *n* MECHAN ENG Druckminderung *f*, Druckverringerung *f*, SPACE *spacecraft* Druckabbau *m*; ~ **accident** *n* NUC TECH Dekompressionsunfall *m*; ~ **valve** *n* MECHAN ENG Druckminderventil *nt*

depressurize *vt* NUC TECH auf normal en Druck bringen

depth *n* HYD EQUIP *(d)* Tiefe *f (t)*, MECHAN ENG *of gearwheels* Eingriffstiefe *f*, WATER TRANS *naval architecture* Seitenhöhe *f*, Tiefe *f*; ~ **below pitch line** *n* MECHAN ENG *dedendum* Zahnfußhöhe *f*; ~ **of body clearance** *n* PROD ENG Fasenhöhe *f*; ~ **control** *n* PROD ENG Bohrtiefenbegrenzung *f*; ~-**control limit switch** *n* PROD ENG Endschalter *m*; ~-**control stop** *n* PROD ENG Tiefenanschlag *m*; ~ **of cut** *n* MECHAN ENG *of machine tools* Schnittiefe *f*, Spantiefe *f*, MECHANICS Schnittiefe *f*, PROD ENG Spantiefe *f*, Zahnhöhe *f*; ~ **dial** *n* PROD ENG Tiefenskale *f*; ~ **dose** *n* RAD PHYS Tiefendosis *f*; ~ **of the drawbar** *n* CER & GLAS Dicke des Ziehbalkens *f*; ~ **of engagement** *n* PROD ENG *kinematics* gemeinsame Zahnhöhe *f*; ~ **of field** *n* METALL Schärfentiefe *f*, PHOTO Tiefenschärfe *f*, TELEV Bildtiefe *f*; ~-**first search** *n (cf breadth-first search)* ART INT Depth-First-Suchverfahren *nt*, Tiefensuche *f*; ~ **of focus** *n* PHOTO Tiefenschärfe *f*, PHYS Schärfentiefe *f*, TELEV Tiefenschärfe *f*; ~ **for freeboard** *n* WATER TRANS *ship design* Freibordhöhe *f*; ~ **of fusion** *n* PROD ENG Einschmelztiefe *f*; ~ **gage** *n AmE*, ~ **gauge** *n BrE* MECHAN ENG Tiefenlehre *f*, MECHANICS Tiefenlehre *f*, Tiefenmeßapparat *m*, METROL Tiefenmaß *nt*, Tiefenmessung *f*, Tiefentaster *m*, PROD ENG Tiefenmaß *nt*; ~ **of immersion** *n* WATER TRANS Eintauchtiefe *f*; ~ **measurement** *n* INSTR Tiefenmessung *f*; ~-**of-field scale** *n* PHOTO Tiefenschärfenskale *f*; ~-**of-focus scale** *n* PHOTO Tiefenschärfenskale *f*; ~ **perception** *n* ERGON Tiefensehen *nt*, Tiefenwahrnehmung *f*; ~ **of shade** *n* TEXT Farbtiefe *f*; ~ **sounder** *n* WATER TRANS *navigation* Tiefenlot *nt*, Tiefenmesser *m*; ~ **stop** *n* MECHAN ENG Tiefenanschlag *m*; ~ **of thread** *m* CONST, PROD ENG gewindetiefe *f*; ~-**to-draft ratio** *n AmE*, ~-**to-draught ratio** *n BrE* WATER TRANS *ship design* Verhältnis von Seitenhöhe zu Tiefgang *nt*; ~ **trip** *n* PROD ENG Tiefenauslösung *f*

depulping: ~ **screen** *n* COAL TECH Entschlämmsieb *nt*

depurination *n* CHEMISTRY Guanidinabspaltung *f*

derail *vt* RAIL entgleisen

derailing *n* RAIL Abgleisen *nt*; ~ **points** *n pl BrE (cf derailing switch AmE)* RAIL Entgleisungsweichen *f pl*; ~ **switch** *n AmE (cf derailing points BrE)* RAIL Entgleisungsweichen *f pl*

derailment *n* RAIL Entgleisung *f*

derating *n* ELEC ENG Derating *nt*, Lastminderung *f*, Unterlastung *f*, QUAL Unterlastung *f*; **~ factor** *n* QUAL Unterlastungsgrad *m*

deresinify *vt* PROD ENG entharzen

derivative *n* MATH Ableitung *f*, *of function* Ableitung *f*; **~ action** *n* IND PROCESS differenzierendes Verhalten *nt*; **~ action coefficient** *n* IND PROCESS D-Beiwert *m*, Differenzierbeiwert *m*; **~ action gain** *n* IND PROCESS Vorhaltverstärkung *f*; **~ action time** *n* IND PROCESS Differenzierzeit *f*; **~ control** *n* ELECT D-Steuerung *f*, Differentialsteuerung *f*, PID-Steuerung *f*, IND PROCESS differenzierende Regelung *f*; **~ control system** *n* IND PROCESS D-Regeleinrichtung *f*; **~ element** *n* IND PROCESS D-Glied *nt*, differenzierendes Glied *nt*; **~ unit** *n* IND PROCESS Differenzierer *m*

derived: **~ circuit** *n* ELEC ENG Abzweigkreis *m*, Abzweigstromkreis *m*, ELECT abgeleitete Schaltung *f*; **~ current** *n* ELECT abgeleiteter Strom *m*; **~ energy** *n* PET TECH Sekundärenergie *f*; **~ fuel** *n* PET TECH Sekundärbrennstoff *m*; **~ gust velocity** *n* AIR TRANS abgeleitete Anströmgeschwindigkeit *f*; **~ unit** *n* MECHAN ENG, PHYS abgeleitete Einheit *f*

derrick *n* AIR TRANS *helicopter* Derrickkran *m*, CONST Bohrturm *m*, Mastenkran *m*, Derrickkran *m*, MECHANICS Auslegerkran *m*, Bohrturm *m*, Ladebaum *m*, PET TECH Bohrturm *m*, WATER TRANS *cargo* Ladebaum *m*; **~ boom** *n* CONST, TRANS Mastausleger *m*, WATER TRANS *cargo* Ladebaum *m*; **~ cellar** *n* PET TECH Bohrturmkeller *m*, Bohrvorschacht *m*; **~ crane** *n* CONST Derrickkran *m*, PET TECH Bohrturmkran *m*; **~ crown** *n* PET TECH Bohrturmkopf *m*; **~ floor** *n* PET TECH Bohrturmsohle *f*; **~ girt** *n* CONST Turmverbindung *f*; **~ man** *n* PET TECH Bohrarbeiter *m*; **~ mast** *n* WATER TRANS Doppelmast *m*; **~ post** *n* CONST Derrickmast *m*

derrin *n* CHEMISTRY Derrin *nt*, Derriswurzelextrakt *m*, Rotenon *nt*

derusting *n* MECHAN ENG Entrosten *nt*

desalinate *vt* CHEM ENG, WATER SUP entsalzen

desalination *n* CHEM ENG Entsalzen *nt*, Entsalzung *f*, PROD ENG *plastic valves*, WATER SUP Entsalzung *f*; **~ plant** *n* CHEM ENG, CONST, WATER SUP Entsalzungsanlage *f*, Entsalzung *f*; **~ reactor** *n* NUC TECH Entsalzungsreaktor *m*

desalinization *n* see desalination

desalinize *vt* CHEM ENG, WATER SUP entsalzen

desalt *vt* CHEM ENG entsalzen

desalting *n* CHEM ENG Entsalzen *nt*, MECHAN ENG Entsalzung *f*

desaminase *n* CHEMISTRY Desaminase *f*

desander *n* PET TECH Entsander *m*, Sandfang *m*

desaturate *vt* TELEV entsättigen

desaturated: **~ colors** *n pl AmE*, **~ colours** *n pl BrE* TELEV entsättigte Farben *f pl*

descale *vt* MECHANICS entkrusten, entzundern, PROD ENG Kesselstein entfernen, entzundern

descaler *n* METALL Entzunderer *m*

descaling *n* PROD ENG Entzundern *nt*

descendant *n* COMP & DP *tree* Nachfolger *m*, absteigender Ast *m*

descenders *n pl* PRINT Unterlängen *f pl*

descent *n* SPACE *spacecraft* Abstieg *m*, Landeanflug *m*; **~ engine** *n* SPACE *spacecraft* Abstiegstriebwerk *nt*; **~ orbit** *n* SPACE *spacecraft* Landeumlaufbahn *f*; **~ path** *n* SPACE *spacecraft* Anflugstraße *f*, Landeanflug *m*; **~ stage** *n* SPACE *spacecraft* Landestufe *f*

descramble *vt* TELECOM entwürfeln

descrambler *n* SPACE Enthacker *m*, TELECOM Descrambler *m*, Entwürfler *m*

descrambling *n* SPACE *communications* Dechiffrieren *nt*, Enthacken *nt*, TELECOM Entwürfeln *nt*

description *n* PAT Beschreibung *f*; **~ and measurement of environmental noise** *n* SAFETY Beschreibung und Messung von Umweltlärm *f*

descriptive[1] *adj* PAT beschreibend

descriptive:[2] **~ geometry** *n* GEOM darstellende Geometrie *f*; **~ model** *n* ERGON beschreibendes Modell *nt*, deskriptives Modell *nt*

descriptor *n* COMP & DP Beschreiber *m*, Deskriptor *m*

desensitization *n* PHOTO, TELECOM Desensibilisierung *f*

desensitizer *n* PHOTO Desensibilisator *m*

desensitizing: **~ bath** *n* PHOTO Desensibilisierungsbad *nt*

desiccant *n* CHEMISTRY Sikkativ *nt*, Trockenmedium *nt*, FOOD TECH Entfeuchtungsmittel *nt*, Trocknungsmittel *nt*, HEAT & REFRIG Trocknungsmittel *nt*, PACK Trockenmittel *nt*, THERMODYN Sikkativ *nt*, Trockenmittel *nt*; **~ bag** *n* PACK Antikondensationsbeutel *m*, Trockenmittelbeutel *m*

desiccate *vt* CHEMISTRY dehydratisieren, trocknen, FOOD TECH, HEAT & REFRIG, THERMODYN trocknen

desiccated *adj* FOOD TECH getrocknet, wasserfrei, THERMODYN getrocknet

desiccation *n* CHEM ENG Ablagerung *f*, Trocknung *f*, CHEMISTRY Austrocknung *f*, Trocknen *nt*, FOOD TECH Trocknung *f*, PACK, PET TECH, THERMODYN Trocknen *nt*, Trocknung *f*

desiccative *n* CHEM ENG Sikkativ *nt*, Trockenmittel *nt*

desiccator *n* CHEM ENG, CHEMISTRY Entfeuchter *m*, Exsikkator *m*, FOOD TECH Exsikkator *m*, HEAT & REFRIG Trockner *m*, LAB EQUIP Exsikkator *m*

design[1] *n* COMP & DP Entwurf *m*, Konstruktion *f*, CONST Ausführung *f*, Bauweise *f*, Berechnung *f*, ERGON Gestaltung *f*, HEAT & REFRIG Bemessung *f*, Entwurf *m*, MECHAN ENG *construction* Auslegung *f*, Bauform *f*, Konstruktion *f*, *form* Design *nt*, Formgebung *f*, Gestaltung *f*, PAT *industrial* Muster *nt*, PRINT Design *nt*, Gestaltung *f*; **~ aid** *n* COMP & DP Entwurfsprogramm *nt*, Konstruktionsprogramm *nt*; **~ airspeed** *n* AIR TRANS errechnete Fluggeschwindigkeit *f*; **~ assurance** *n* QUAL Qualitätssicherung in Entwurf und Konstruktion *f*; **~ automation** *n* COMP & DP Entwurfsautomatisierung *f*; **~ basis accident** *n* NUC TECH Auslegungsstörfall *m*; **~ basis event** *n* NUC TECH Auslegungsstörfall *m*; **~ burnup** *n* NUC TECH Auslegungsabbrand *m*; **~ criterion** *n* NUC TECH Auslegungskriterium *nt*; **~-cruising speed** *n* AIR TRANS errechnete Reisefluggeschwindigkeit *f*; **~ department** *n* WATER TRANS Konstruktionsbüro *nt*; **~-diving speed** *n* AIR TRANS Rechnungssturzfluggeschwindigkeit *f*, errechnete Sturzfluggeschwindigkeit *f*; **~ drawing** *n* ENG DRAW Konstruktionszeichnung *f*; **~ engineer** *n* CONST, ERGON, PROD ENG Konstrukteur *m*; **~ feature** *n* MECHAN ENG, WATER TRANS Konstruktionsmerkmal *nt*; **~ flap speed** *n* AIR TRANS *airworthiness* errechnete Landeklappengeschwindigkeit *f*; **~ flight weight** *n* AIR TRANS errechnetes Fluggewicht *nt*; **~ input** *n* QUAL Konstruktionsvorgaben *f pl*; **~ irradiation level** *n* NUC TECH Auslegungsstrahlenpegel *m*; **~-landing speed** *n* AIR TRANS errechnete Landegeschwindigkeit *f*; **~-landing weight** *n* AIR TRANS errechnetes Landegewicht *nt*; **~ limits** *n pl* QUAL Auslegungsgrenzen *f pl*; **~ load** *n*

AIR TRANS errechnete Last *f*, PROD ENG Lastannahme *f*, zulässige Last *f*; **~ loadings** *n pl* QUAL Lastannahmen *f pl*; **~-maneuvering speed** *n AmE*, **~-manoeuvring speed** *n BrE* AIR TRANS Manövriergeschwindigkeit *f*; **~ office** *n* CONST Entwurfbüro *nt*; **~ parameter** *n* ERGON Geschicklichkeit *f*; **~ parts list** *n* ENG DRAW Konstruktionsstückliste *f*; **~ pressure** *n* HEAT & REFRIG Auslegungsdruck *m*, Berechnungsdruck *m*, QUAL Auslegungsdruck *m*; **~-related defect** *n* NUC TECH *of fuel element* konstruktionsbedingter Defekt *m*; **~ report** *n* QUAL Auslegungsbericht *m*; **~ review** *n* QUAL Entwurfsprüfung *f*, Konstruktionsüberprüfung *f*; **~ specifications** *n pl* QUAL Auslegungsbestimmungen *f pl*; **~ speed** *n* TRANS *road* Auslegungsgeschwindigkeit *f*; **~ speed for maximum gust intensity** *n* AIR TRANS *airworthiness* errechnete Geschwindigkeit bei größter Böenintensität *f*; **~ system** *n* COMP & DP Konstruktionssystem *nt*; **~ takeoff mass** *n* AIR TRANS errechnete Startmasse *f*; **~ taxi weight** *n* AIR TRANS errechnetes Rollgewicht *nt*; **~ temperature** *n* HEAT & REFRIG Bemessungstemperatur *f*, Berechnungstemperatur *f*; **~ to breaking strength** *n* SPACE *spacecraft* Grenzwertdesign *nt*; **~ to buckling strength** *n* SPACE *spacecraft* Bruchwertdesign *nt*; **~ to yield point** *n* SPACE *spacecraft* Schwachpunktdesign *nt*; **~ volume** *n* TRANS Bemessungsverkehrsstärke *f*; **~ waterline** *n* WATER TRANS *ship design* Konstruktionswasserlinie *f*; **~ waterplane** *n* WATER TRANS *ship design* Konstruktionswasser-Linienebene *f*; **~ water rate** *n* HEAT & REFRIG Nenndurchsatz *m*; **~ weight** *n* AIR TRANS errechnetes Gewicht *nt*; **~ wheel load** *n* AIR TRANS errechnete Radbelastung *f*, errechneter Raddruck *m*; **~ wing area** *n* AIR TRANS errechnete Tragflügelfläche *f*, errechnete Flügelfläche *f*

design[2] *vt* CONST bemessen, berechnen, konstruieren, MECHANICS auslegen, berechnen, entwerfen

designated: **~ frequency** *n* TELECOM bezeichnete Frequenz *f*; **~ office** *n* PAT Bestimmungsamt *nt*

designation *n* ACOUSTICS Ansprache *f*, Bezeichnung *f*, PAT *of contracting state* Benennung *f*, *of subject matter of invention* Bezeichnung *f*; **~ of the inventor** *n* PAT Erfindernennung *f*

designed: **~ power required output** *n* NUC TECH Auslegungsleistungsabgabe *f*

designer *n* CONST Konstrukteur *m*, Planer *m*, ERGON, MECHAN ENG Konstrukteur *m*; **~ draftsman** *n AmE*, **~ draughtsman** *n BrE* MECHANICS Konstruktionszeichner *m*; **~ handbook** *n* TELECOM Entwurfshandbuch *nt*

desilter *n* PET TECH Abschlämmer *m*, Entschlammer *m*

desilver *vt* METALL entsilbern

desilverization *n* METALL Entsilberung *f*

desire: **~ line** *n* TRANS Belastungsbild einer Verbindung *nt*

desired: **~ condition** *n* INSTR Sollzustand *m*; **~ level** *n* INSTR Sollpegel *m*; **~ range** *n* INSTR Sollbereich *m*, Sollwertbereich *m*; **~ signal** *n* TELECOM Nutzsignal *nt*; **~ value** *n* INSTR, NUC TECH *of pressure vessel* Sollwert *m*

desize *vt* TEXT entschlichten

desizing *n* CER & GLAS Entschlichtung *f*, TEXT Entschlichten *nt*, Entschlichtung *f*

desk *n* INSTR Pult *nt*, Schaltpult *nt*

desktop: **~ computer** *n* COMP & DP Tischcomputer *m*, Tischgerät *nt*, Tischrechner *m*; **~ publishing** *n (DTP)* COMP & DP, PRINT Desktop-Publishing *nt (DTP)*

deslagging *n* PROD ENG Abschlacken *nt*

deslating *n* PET TECH Entschieferung *f*, Enttonung *f*

desliming: **~ screen** *n* COAL TECH Entschlämmsieb *nt*

deslurry *vt* COAL TECH entschlammen

deslurrying *n* COAL TECH Entschlämmung *f*

desmotropy *n* CHEMISTRY Desmotropie *f*

desorb *vt* CHEMISTRY desorbieren

desorption *n* CHEMISTRY Desorption *f*, COAL TECH Entbasung *f*

despiking: **~ circuit** *n* ELEC ENG Schaltkreis zur Verhinderung von Stromspitzen *m*

despin:[1] **~ system** *n* SPACE *spacecraft* Stabilisierungssystem *nt*

despin[2] *vt* SPACE *spacecraft* stabilisieren

despun *adj* SPACE *spacecraft* stabilisiert

destacking *n* PACK *of pallets* Abstapeln *nt*

destination: **~ exchange** *n* TELECOM Zielvermittlungsstelle *f*; **~ point code** *n* TELECOM Code der Zielvermittlungsstelle *m*

destroy: **~ by fire** *vt* THERMODYN niederbrennen, verbrennen

destruction: **~ process** *n* PACK Abbauprozeß *m*; **~ resistance** *n* ELECT *due to electromagnetic radiation* Zerstörfestigkeit *f*

destructive: **~ addition** *n* COMP & DP Überschreibung *f*; **~ breakdown** *n* ELECTRON Ausfall mit Zerstörung *m*; **~ cursor** *n* COMP & DP löschender Cursor *m*; **~ hydrostatic test** *n* PROD ENG Innendruckversuch *m*; **~ interference** *n* ELEC ENG Interferenz mit Datenverlust *f*, Interferenz mit Informationsverlust *f*, PHYS, WAVE PHYS destruktive Interferenz *f*; **~ read** *n* COMP & DP löschendes Lesen *nt*; **~ test** *n* MECHAN ENG, TEST zerstörender Versuch *m*; **~ testing** *n* TEST zerstörendes Prüfverfahren *nt*

destructor *n* THERMODYN *for refuse* Müllverbrennungsofen *m*

desulfonation *n AmE see desulphonation BrE*

desulfuration *n AmE see desulphuration BrE*

desulfurization *n AmE see desulphurization BrE*

desulfurize *vt AmE see desulphurize BrE*

desulphonation *n BrE* CHEMISTRY Desulfonierung *f*

desulphuration *n BrE* COAL TECH Entschwefelung *f*

desulphurization *n BrE* CHEMISTRY Abschwefelung *f*, Desulfurierung *f*, COAL TECH, POLL Entschwefelung *f*

desulphurize *vt BrE* CHEMISTRY abschwefeln

desuperheat *vi* HEAT & REFRIG Überhitzungswärme abführen

desuperheater *n* HEAT & REFRIG Enthitzer *m*, Heißdampfkühler *m*

DESY *abbr* PART PHYS *Hamburg* DESY, Deutsches Elektronensynchroton *nt*

detachable[1] *adj* MECHAN ENG *connection* lösbar, *part* abnehmbar, OPT, PHOTO abnehmbar

detachable:[2] **~ handle** *n* MECHAN ENG abnehmbarer Griff *m*; **~ jaws** *n pl* MECHAN ENG *of vice* abnehmbare Backen *f pl*; **~ keyboard** *n* COMP & DP abnehmbare Tastatur *f*; **~ nose cone** *n* AIR TRANS abtrennbarer Nasenkegel *m*; **~ pod** *n* AIR TRANS *helicopter* abtrennbares Düsenaggregat *nt*; **~ pressure plate** *n* PHOTO abnehmbare Andruckplatte *f*; **~ union** *n* MECHAN ENG *pipe fitting* lösbare Verbindung *f*

detail *n* PRINT Detail *nt*, PROD ENG Element *nt*, TELEV Detail *nt*; **~ drawing** *n* ENG DRAW Teilzeichnung *f*; **~ rendition** *n* TELEV Detailwiedergabe *f*

detailed: **~ billing** *n* TELECOM Einzelberechnung *f*, detaillierte Gebührenberechnung *f*; **~ procedure** *n* QUAL Einzelverfahren *nt*; **~ representation** *n* ENG DRAW aus-

führliche Darstellung *f*
detailer *n* PROD ENG Teilkonstrukteur *m*
detect *vt* ELECTRON erkennen
detected: ~ **signal** *n* ELECTRON erkanntes Signal *nt*
detecting: ~ **agent** *n* PROD ENG Anzeigemittel *nt*; ~ **relay** *n* INSTR Meßrelais *nt*, messendes Relais *nt*
detection *n* ACOUSTICS Aufnahme *f*, Demodulation *f*, Gleichrichtung *f*, ELECTRON Erkennung *f*, RAD PHYS *of radioactivity* Nachweis *m*, SPACE *communications* Demodulation *f*, Erkennen *nt*, Gleichrichtung *f*, TELECOM Detektion *f*; ~ **limit** *n* INSTR Nachweisgrenze *f*, untere Nachweisgrenze *f*; ~ **loop** *n* TRANS Detektorschleife *f*; ~ **system** *n* AUTO Erfassungssystem *nt*; ~ **threshold** *n* OPT Nachweisschwelle *f*, Nachweisgrenze *f*, TELECOM Detektionsschwelle *f*; ~ **time** *n* INSTR Meßzeit *f*, Nachweiszeit *f*
detectivity *n* OPT Nachweisbarkeit *f*, TELECOM Detektionsempfindlichkeit *f*, Nachweisvermögen *nt*
detector *n* CER & GLAS, ELEC ENG, ELECT Detektor *m*, ELECTRON Detektor *m*, Gleichrichter *m*, Melder *m*, MECHAN ENG Sensor *m*, NUC TECH Detektor *m*, OPT Detektor *m*, Fühler *m*, Meßfühler *m*, PHYS Detektor *m*, Gleichrichter *m*, RAD TECH, TELECOM, TRANS Detektor *m*; ~ **cell** *n* INSTR Meßzelle *f*; ~ **circuit** *n* ELECTRON Detektorschaltung *f*; ~ **diode** *n* ELECTRON Detektordiode *f*; ~ **noise** *n* ELECTRON Gleichrichterrauschen *nt*; ~ **signal** *n* ELECTRON Detektorsignal *nt*; ~ **tube for short-term sampling** *n* SAFETY Detektorröhre für Kurzzeitprobenentnahme *f*
detent *n* MECHAN ENG Arretierung *f*, Sperrung *f*, PROD ENG Arretierung *f*, Auslöser *m*, Sperrklinke *f*; ~ **pawl** *n* MECHAN ENG Sperrklinke *f*
detention: ~ **basin** *n* WATER SUP Rückhaltebecken *nt*; ~ **reservoir** *n* WATER SUP Rückhaltebecken *nt*
detergency *n* CHEMISTRY Reinigungskraft *f*
detergent *n* PET TECH Detergens *nt*, TEXT Reinigungsmittel *nt*, Waschmittel *nt*; ~ **additive** *n* MECHAN ENG Detergentzusatz *m*; ~ **oil** *n* AUTO *lubrication* Detergensöl *nt*
deteriorate *vi* PACK sich verschlechtern
deterioration *n* PACK Verschlechterung *f*, Zersetzung *f*, PLAS Qualitätsverlust *m*, QUAL Güteminderung *f*
determinant *n* COMP & DP, MATH Determinante *f*
determination *n* SAFETY *of gaseous acid air pollution*, THERMODYN *of calorific value* Bestimmung *f*
deterministic *adj* ART INT deterministisch
detinning *n* METALL, PROD ENG Entzinnen *nt*, WASTE Entzinnung *f*
detonatable *adj* THERMODYN explosiv
detonate *vt* THERMODYN bersten, detonieren, explodieren
detonation *n* THERMODYN Detonation *f*, Explosion *f*
detonator *n* PROD ENG Zünder *m*, RAIL Detonator *m*, Knallvorrichtung *f*, SPACE *spacecraft*, THERMODYN Sprengzünder *m*
detract: ~ **from the clarity of** *vt* ENG DRAW *representation* undeutlich machen
detritor *n* WASTE Sandfanganlage *f*, Sandfänger *m*
detune *vt* ELECTRON verstimmen
detuning *n* ELECTRON Verstimmung *f*
deuterium *n (D)* CHEMISTRY Deuterium *nt (D)*, schwerer Wasserstoff *m*; ~ **oxide** *n* (D_2O) CHEMISTRY Deuteriumoxid *nt* (D_2O)
deuteron *n (d)* CHEMISTRY, PART PHYS, PHYS Deuteron *nt (d)*
develop *vt* COATINGS entwickeln, CONST entwickeln, erschließen, gestalten, GEOM *solid figure* abwickeln, HEAT & REFRIG *pressure* erzeugen, MECHAN ENG entwickeln
developed: ~ **luminosity** *n* RAD PHYS *in radiative experiments* entstandene Helligkeit *f*; ~ **picture** *n* PHOTO entwickeltes Bild *nt*; ~ **view** *n* ENG DRAW gestreckte Länge *f*
developer *n* COATINGS Entwickler *m*, PHOTO Entwickler *m*, Entwicklerflüssigkeit *f*
developing: ~ **bath** *n* PHOTO Entwicklungsbad *nt*; ~ **clip** *n* PHOTO Entwicklungsklammer *f*; ~ **frame** *n* PHOTO Entwicklungsrahmen *m*; ~ **spiral** *n* PHOTO Entwicklungsspirale *f*; ~ **tank** *n* PHOTO Entwicklungstank *m*; ~ **tank thermometer** *n* PHOTO Entwicklungstankthermometer *nt*; ~ **tongs** *n pl* PHOTO Entwicklungszange *f*
development *n* CONST Abwicklung *f*, Ausbau *m*, Entwicklung *f*, Erweiterung *f*, Erschließung *f*, GEOM *of surface* Abwicklung *f*, MECHAN ENG Entwicklung *f*, PET TECH Erschließung *f*; ~ **of heat** *n* THERMODYN Wärmeentwicklung *f*; ~ **phase** *n* PET TECH Erschließungsphase *f*; ~ **project** *n* PET TECH Erschließungsvorhaben *nt*; ~ **tool** *n* ART INT Entwicklungswerkzeug *nt*; ~ **well** *n* PET TECH Entwicklungsbohrung *f*, erweiterte Bohrung *f*
deviated: ~ **drilling** *n* PET TECH abgelenktes Bohren *nt*; ~ **well** *n* PET TECH abgelenkte Bohrung *f*
deviation *n* AIR TRANS Deviation *f*, MATH Abweichung *f*, MECHAN ENG Abweichung *f*, *in size* Abmaß *nt*, PHYS *of light rays* Ablenkung *f*, PROD ENG Positionierfehler *m*, Verlaufen *nt*, QUAL Abmaß *nt*, Abweichung *f*, RAD TECH Abweichung *f*, SPACE *communications* Abweichung *f*, Frequenzhub *m*, TELECOM Ablenkung *f*, Abweichung *f*, TELEV Abweichung *f*, WATER TRANS *compass* Ablenkung *f*, Deviation *f*; ~ **detector** *n* AIR TRANS Deviationsgeber *m*, Mißweisungsgeber *m*; ~ **from criticality** *n* NUC TECH *of reactor* Kritikalitätsabweichung *f*; ~ **from the desired set point** *n* IND PROCESS Sollwertabweichung *f*; ~ **indication** *n* INSTR Abweichungsanzeige *f*; ~ **indicator** *n* AIR TRANS Deviationsanzeige *f*; ~ **measurement** *n* TELECOM *frequency modulation* Hubmessung *f*; ~ **prism** *n* TELECOM Umlenkprisma *nt*; ~ **ratio** *n* ELECTRON *modulation* Hubverhältnis *nt*; ~ **signal** *n* AIR TRANS Deviationssignal *nt*
device:[1] ~-**related** *adj* IND PROCESS gerätetechnisch
device[2] *n* COMP & DP Einheit *f*, Gerät *nt*, CONTROL Gerät *nt*, MAR POLL Einrichtung *f*, Gerät *nt*, Vorrichtung *f*, MECHAN ENG Vorrichtung *f*, *appliance* Gerät *nt*, TELECOM Einrichtung *f*, Gerät *nt*, Vorrichtung *f*; ~ **code** *n* COMP & DP Einheitencode *m*, Gerätekennung *f*; ~ **control** *n* COMP & DP Einheitensteuerung *f*; ~ **control character** *n* COMP & DP Einheitensteuerzeichen *nt*; ~ **controller** *n (DC)* COMP & DP, TELECOM Gerätesteuerung *f*; ~ **driver** *n* COMP & DP Gerätetreiber *m*; ~ **flag** *n* COMP & DP Gerätekennung *f*; ~ **for signal input** *n* IND PROCESS Gerät zur Signaleingabe *nt*; ~ **under test** *n* QUAL Meßobjekt *nt*, Prüfobjekt *nt*, Prüfling *m*
devil *n* PROD ENG tragbarer Lötofen *m*
devitrification *n* CER & GLAS Entglasung *f*; ~ **stone** *n* CER & GLAS Entglasungssteinchen *nt*
devitrify *vt* CER & GLAS entglasen
dew *n* PAPER Tau *m*; ~ **point** *n* AIR TRANS, FOOD TECH, HEAT & REFRIG, MECHAN ENG, PAPER, PHYS Taupunkt *m*; ~-**point hygrometer** *n* THERMODYN Taupunkt-Hygrometer *nt*; ~-**point measurement** *n* CER & GLAS Taupunktmessung *f*; ~-**point temperature** *n* HEAT &

REFRIG, NUC TECH, THERMODYN Taupunkttemperatur *f*; ~ **retting** *n* TEXT Tauröste *f*
Dewar: ~ **flask** *n* CHEM ENG, LAB EQUIP *insulation* Dewar-Gefäß *nt*, Weinhold-Dewarsches Gefäß *nt*, Weinholdsches gefäß *nt*, THERMODYN Dewar-Gefäß *nt*; ~ **vessel** *n* THERMODYN Dewar-Gefäß *nt*
dewater *vt* HYD EQUIP *pump*, TEXT entwässern
dewatered: ~ **sludge** *n* WASTE entwässerter Schlamm *m*; ~ **waste** *n* NUC TECH *liquid, slurry*, WASTE entwässerter Abfall *m*
dewatering *n* CONST Entwässerung *f*, *civil engineering* Entwässerung *f*, Trockenlegen *nt*, PET TECH Wasserfreimachung *f*, TEXT Entwässern *nt*; ~ **press** *n* PAPER Entwässerungspresse *f*; ~ **roll** *n* PAPER Entwässerungswalze *f*
dewdrop: ~ **glass** *n* CER & GLAS Tautropfenglas *nt*
dextrality *n* ERGON Rechtshändigkeit *f*
dextran *n* CHEMISTRY Dextran *nt*
dextrin *n* CHEMISTRY, FOOD TECH Dextrin *nt*, Stärkegummi *nt*, PLAS Dextrin *nt*
dextrorotary *adj* FOOD TECH rechtsdrehen
dextrorotatory *adj* PHYS rechtsdrehend
dextrose *n* FOOD TECH Dextrose *f*
dezincification *n* PROD ENG Entzinkung *f*
dezincify *vt* CHEMISTRY entzinken
DF: ~ **receiver** *n* *(direction-finding receiver)* RAD TECH, TELECOM, WATER TRANS Peilempfänger *m*
DFT *abbr (discrete Fourier transform)* ELECTRON DFT *(diskrete Fourier-Transformation)*
D-glucosamine *n* CHEMISTRY D-Glucosamin *nt*
DGPS *abbr (differential global positioning system)* WATER TRANS *satellite navigation* DGPS *(Differential-GPS)*
D-handle *n* CONST *of shovel* Schaufelstiel *m*
Di *abbr (directivity index)* ACOUSTICS Di *(Richtwirkungsindex)*
diac *abbr (diode alternating-current switch)* ELECTRON, RAD TECH Diac *(bidirektionale Triggerdiode)*
diacaustic[1] *adj* OPT diakaustisch
diacaustic[2] *n* OPT Diakaustik *f*
diacetic *adj* CHEMISTRY Acetessig- *pref*
diacetyl *n* CHEMISTRY Butandion *nt*, Diacetyl *nt*
diacetylene *n* CHEMISTRY Diacetylen *nt*
diacidic *adj* CHEMISTRY zweisäurig
diacritical[1] *adj* COMP & DP, ENG DRAW, PRINT diakritisch
diacritical:[2] ~ **marks** *n pl* PRINT diakritische Zeichen *nt pl*; ~ **sign** *n* ENG DRAW diakritisches Zeichen *nt*
diagenesis *n* FUELLESS, PET TECH Diagenese *f*
diagenetic *adj* FUELLESS, PET TECH diagenetisch
diagnosis *n* COMP & DP Diagnose *f*
diagnostic: ~ **aid** *n* TELECOM Diagnosehilfe *f*; ~ **expert system** *n* ART INT Diagnoseexpertensystem *nt*; ~ **program** *n* COMP & DP Diagnoseprogramm *nt*; ~ **test** *n* COMP & DP Diagnosetest *m*
diagnostics *n* COMP & DP Diagnostik *f*
diagonal[1] *adj* AUTO, ENG DRAW Diagonal- *pref*, GEOM, MATH diagonal, NUC TECH Diagonal- *pref*, diagonal
diagonal[2] *n* MATH Diagonale *f*, NUC TECH *brace* Diagonalstrebe *f*; ~ **brace** *n* WATER SUP *of lock gate* Diagonalverstrebung *f*; ~ **bracing** *n* CONST Diagonalverband *m*; ~ **cross** *n* ENG DRAW Diagonalkreuz *nt*; ~**-cutting nippers** *n pl* MECHAN ENG Seitenschneider *m*; ~ **line** *n* WATER TRANS Diagonale *f*; ~ **member rod** *n* NUC TECH *steel* diagonale Strebe *f*; ~ **ply tire** *n AmE*, ~ **ply tyre** *n BrE* PLAS *rubber* Diagonalreifen *m*; ~ **stay** *n* HYD EQUIP Diagonalstrebe *f*, Diagonalstütze *f*
diagonally *adv* GEOM diagonal
diagram *n* COMP & DP, MECHAN ENG, TELECOM Diagramm *nt*
diagrammatic: ~ **circuit** *n* PROD ENG Schaltbild *nt*
dial[1] *n* AUTO Rundskale *f*, CONTROL Anzeigeskale *f*, ELECT Scheibe *f*, Skale *f*, INSTR Skale *f*, MECHAN ENG Ziffernblatt *nt*, *of measuring instrument* Skalenscheibe *f*, RAD TECH Anzeigeskale *f*, Wählscheibe *f*, TELECOM Nummernschalter *m*, Nummernscheibe *f*, Wählscheibe *f*; ~ **adjustment** *n* INSTR Skalenjustierung *f*; ~ **gage** *n AmE*, ~ **gauge** *n BrE* MECHAN ENG Meßuhr *f*; ~ **indicating gage** *n AmE*, ~ **indicating gauge** *n BrE* METROL Fühluhr *f*, Meßuhr *f*, Meßgerät mit Zeigeranzeige *nt*; ~ **indicating micrometer** *n* METROL Mikrometermeßuhr *f*; ~ **indicator** *n* MECHAN ENG Meßuhr *f*, Meßanzeige *f*; ~ **plate** *n* MECHAN ENG *of watch* Ziffernblatt *nt*; ~ **pointer** *n* INSTR Skalenzeiger *m*; ~ **scale** *n* INSTR Kreisskale *f*, Skalenscheibe *f*; ~ **telephone** *n* TELECOM Telefon für Wählbetrieb *nt*; ~ **thermometer** *n* HEAT & REFRIG Zeigerthermometer *nt*; ~ **tone delay** *n* TELECOM Wähltonverzug *m*; ~**-up port** *n* TELECOM Wählanschluß *m*
dial[2] *vi* TELECOM wählen
dialin *n* CHEMISTRY Dialin *nt*, Dihydronaphthalin *nt*
dialing *n AmE see dialling BrE*
dialkene *n* CHEMISTRY Diolefin *nt*
dialling *n BrE* COMP&DP Wähl- *pref*, TELECOM *automatic telephony* Wahl *f*, Wähl- *pref*, Wählen *nt* ~ **code** *n BrE* TELECOM Wählcode *m*; ~ **error** *n BrE* TELECOM Verwählen *nt*, Wählfehler *m*; ~ **period** *n BrE* TELECOM Wählzeit *f*
diallylphthalate *n* PLAS Diallylphthalat- *pref*; ~ **molding compound** *n AmE*, ~ **moulding compound** *n BrE* PLAS Diallylphthalat-Formmasse *f*, Diallylphthalat-Preßmasse *f*
dialog:[1] ~**-oriented** *adj AmE see dialogue-oriented BrE*
dialog[2] *n AmE see dialogue BrE*
dialogue:[1] ~**-oriented** *adj BrE* ART INT dialogorientiert
dialogue[2] *n BrE* COMP & DP Dialog *m*, Interaktion *f*; ~ **equalizer** *n BrE* RECORD Dialogentzerrer *m*; ~ **track** *n BrE* TELEV Dialogspur *f*
dialuric: ~ **acid** *n* CHEMISTRY Dialursäure *f*, Hydroxybarbitursäure *f*, Tartronylharnstoff *m*
dialysis *n* CHEMISTRY Dialyse *f*
dialytic *adj* CHEMISTRY dialytisch
dialytical *adj* CHEMISTRY dialytisch
dialyzate *n* CHEMISTRY Dialysat *nt*
dialyze *vt* CHEMISTRY dialysieren, durch Dialyse trennen
diamagnetic[1] *adj* ELECT, PHYS, RAD PHYS diamagnetisch
diamagnetic:[2] ~ **anisotropy** *n* RAD PHYS diamagnetische Anisotropie *f*; ~ **material** *n* ELECT diamagnetischer Stoff *m*; ~ **shielding** *of nucleus* *n* RAD PHYS diamagnetische Abschirmung *f*
diamagnetics *n* RAD PHYS Diamagnetismus *m*
diamagnetism *n* CHEMISTRY, ELEC ENG, ELECT, PHYS, RAD PHYS Diamagnetismus *m*
diameter *n (D)* GEOM, MECHAN ENG, PROD ENG Durchmesser *m (D)*; ~ **across flats** *n* MECHAN ENG *of screws* Schlüsselweite *f*; ~ **decrease** *n* PROD ENG *kinematics* negative Profilverschiebung *f*; ~ **enlargement** *n* PROD ENG *kinematics* positive Profilverschiebung *f*; ~ **increment** *n* PROD ENG *kinematics* Profilverschiebung eines Diameters *f*; ~ **of molecule** *n* PHYS Moleküldurchmesser *m*; ~ **of projection** *n* PROD ENG *welding* Warzendurchmesser *m*; ~ **symbol** *n* ENG DRAW Durch-

messerzeichen *nt*
diametral: ~ **capacity** *n* PROD ENG *metal cutting* Durchgangsdurchmesser *m*; ~ **clearance** *n* PROD ENG Freifläche am Umfang *f*, Lagerspiel *nt*; ~ **dimension** *n* ENG DRAW Durchmessermaß *nt*; ~ **pitch** *n* MECHAN ENG Diametral-Pitch *m*, Durchmesserteilung *f*, PROD ENG Modulkehrwert *m*
diametric[1] *adj* GEOM diametral
diametric:[2] ~ **projection** *n* ENG DRAW diametrische Projektion *f*
diametrical[1] *adj* GEOM diametral
diametrical:[2] ~ **winding** *n* ELECT Gegenüberwicklung *f*
diametrically: ~ **opposed** *adv* GEOM diametral entgegengesetzt
diamide *n* CHEMISTRY Diamid *nt*, Hydrazin *nt*
diamine *n* CHEMISTRY Diamin *nt*
diaminoazobenzene *n* CHEMISTRY Chrysoidin *nt*
diaminodiphenylmethane *n* PLAS *curing agent* Diaminodiphenylmethan *nt*
diamond:[1] ~**-scribed** *adj* PROD ENG durch Diamant gerissen
diamond[2] *n* MECHAN ENG, MECHANICS Diamant *m*, PRINT *lozenge*, PROD ENG Raute *f*; ~ **bit** *n* PET TECH Diamantbohrmeißel *m*; ~ **boring** *n* PROD ENG Fertigbohren mit Diamanten *nt*; ~ **core drill** *n* PET TECH Diamanthohlbohrmeißel *m*; ~ **crossing** *n* RAIL Doppelherzstück *nt*, schräge Bahnkreuzung *f*; ~ **cut pattern** *n* CER & GLAS Rautenschnitt *m*; ~ **dresser** *n* PROD ENG Abrichtdiamant *m*; ~ **drilling** *n* PET TECH mit Diamantkronen bohren; ~ **for glass cutting** *n* CER & GLAS Glasschneidediamant *m*; ~ **grinding wheel** *n* MECHAN ENG Diamantschleifscheibe *f*; ~ **held with firm grip** *n* CER & GLAS mit festem Griff gehaltener Diamant *m*; ~ **held trailing** *n* CER & GLAS locker gehaltener Diamant *m*; ~ **held upright** *n* CER & GLAS aufrecht gehaltener Diamant *m*; ~ **knurling** *n* MECHAN ENG Kordeln *nt*, Kreuzrändeln *nt*, PROD ENG Kordeln *nt*; ~ **lattice** *n* METALL Diamantgitter *nt*; ~ **nose chisel** *n* MECHAN ENG Diamantmeißel *m*; ~ **pass** *n* PROD ENG *rolling* Rautenvorkaliber *nt*; ~ **paste** *n* MECHAN ENG *for grinding*, METALL Diamantpaste *f*; ~ **pencil** *n* CER & GLAS, CONST Glaserdiamant *m*; ~ **point** *n* CONST, MECHAN ENG Diamantspitze *f*; ~ **point chisel** *n* MECHAN ENG Diamantmeißel *m*; ~ **point engraving** *n* CER & GLAS Diamantpunktierung *f*; ~**-pyramid hardness** *n* PROD ENG *rolling* Vickershärte *f*; ~**-pyramid hardness number** *n* PROD ENG *rolling* Vickershärte *f*; ~ **riffle** *n* WATER SUP *sluices* Diamontriffelung *f*; ~ **saw** *n* MECHAN ENG Diamantsäge *f*; ~ **slitting wheel** *n* CER & GLAS Diamantschneidrad *nt*; ~ **stylus** *n* RECORD Diamantnadel *f*; ~**-tipped pen** *n* LAB EQUIP Diamantmarkierungsstift *m*; ~ **tool** *n* MECHANICS Diamantwerkzeug *nt*; ~ **winding** *n* ELEC ENG Gleichspulenwicklung *f*, ELECT *in electrical machine* Rhombuswicklung *f*; ~ **wire lattice** *n* CONST Rautendrahtgitter *nt*
diaper *n* TEXT Diaper *m*, Gänseaugenstoff *m*
diaphasic: ~ **jet** *n* AIR TRANS Zweiphasen-Jet *m*
diaphone *n* WATER TRANS *navigation* Diaphon *nt*
diaphragm *n* ACOUST, MECHAN ENG *of pump* Membran *f*, MECHANICS Blende *f*, Membran *f*, Scheidewand *f*, Zwischenplatte *f*, PHOTO Blende *f*, RADIO, RECORD Membran *f*; ~ **clutch** *n* AUTO Membranfederkupplung *f*, Scheibenfederkupplung *f*, Tellerfederkupplung *f*; ~ **compressor** *n* MECHAN ENG Membranverdichter *m*; ~ **disc** *n BrE* MECHAN ENG Membranscheibe *f*; ~ **disc valve** *n BrE* PROD ENG *plastic valves* Membranklappe *f*; ~ **disk** *n AmE see diaphragm disc BrE* ~ **disk valve** *n AmE see diaphragm disc valve BrE* ~ **fuel pump** *n* AUTO *fuel supply system* Membrankraftstoffpumpe *f*; ~ **gate** *n* PLAS Scheibenanguß *m*, Schirmanguß *m*; ~ **movement** *n* INSTR Membranmeßwerk *nt*; ~ **pressure element** *n* INSTR Kapselfederdruckmeßglied *nt*; ~ **pump** *n* MAR POLL, MECHAN ENG Membranpumpe *f*, WATER SUP Diaphragmapumpe *f*, Membranpumpe *f*; ~ **sealing** *n* PACK Membranversiegelung *f*; ~ **spring** *n* MECHAN ENG Membranfeder *f*; ~**-type washbox** *n* COAL TECH Membransetzkasten *m*; ~ **valve** *n* MECHAN ENG, PROD ENG *plastic valves* Membranventil *nt*
diapir *n* PET TECH Diapir *m*
diarsenate *n* CHEMISTRY Diarsenat *nt*
diastase *n* CHEMISTRY Amylase *f*, FOOD TECH Diastase *f*
diastereomer *n* CHEMISTRY Diastereomer *nt*
diathermal: ~ **wall** *n* PHYS wärmedurchlässige Wand *f*
diathermanous *adj* THERMODYN diathermisch
diathermic *adj* THERMODYN diathermisch
diatomaceous: ~ **earth** *n* FOOD TECH Kieselgur *f*
diatomic[1] *adj* CHEMISTRY doppelatomig, zweiatomig
diatomic:[2] ~ **gas** *n* PHYS zweiatomiges Gas *nt*; ~ **molecule** *n* PHYS, RAD PHYS zweiatomiges Molekül *nt*
diatonic: ~ **scale** *n* ACOUSTICS diatonische Tonleiter *f*; ~ **semitone** *n* ACOUSTICS diatonischer Halbton *m*; ~ **tetrachord** *n* ACOUSTICS diatonischer Vierklang *m*
diazane *n* CHEMISTRY Diamid *nt*, Diamin *nt*, Diazan *nt*, Hydrazin *nt*
diazo *adj* CHEMISTRY *compound*, PRINT Diazo- *pref*; ~ **coating** *n* ENG DRAW Lichtpausschicht *f*, PRINT Diazoschicht *f*
diazoacetic *adj* CHEMISTRY Diazoessig- *pref*
diazobenzene *n* CHEMISTRY Diazobenzol *nt*
diazoimide *n* CHEMISTRY Diazoimid *nt*, Hydrogenazid *nt*
diazole *n* CHEMISTRY Diazol *nt*
diazonium *n* CHEMISTRY Diazonium- *pref*
diazotize *vt* CHEMISTRY diazotieren
diazo-type: ~ **film** *n* ENG DRAW Lichtpausfilm *m*; ~ **material** *n* ENG DRAW Lichtpausmaterial *nt*
dibasic *adj* CHEMISTRY doppelbasisch
dibenzanthracene *n* CHEMISTRY Dibenzanthracen *nt*, Naphthophenantren *nt*
dibenzopyrazine *n* CHEMISTRY Dibenzoparadiazin *nt*, Dibenzopyrazin *nt*, Phenazin *nt*
dibenzopyrrole *n* CHEMISTRY Carbazol *nt*
dibenzoyl *adj* CHEMISTRY Dibenzoyl- *pref*
dibenzylamine *n* CHEMISTRY Dibenzylamin *nt*
dibromo *pref* CHEMISTRY Dibrom- *pref*
dibromobenzene *n* CHEMISTRY Dibrombenzol *nt*
dibromohydrin *n* CHEMISTRY Dibromhydrin *nt*
dibutylphthalate *n* PLAS *plasticizer* Dibutylphthalat *nt*
dibutyrin *n* CHEMISTRY Glycerindibutyrat *nt*
dice *vt* FOOD TECH würfeln
dichlordiphenyltrichlorproethane *n (DDT)* CHEMISTRY Dichlordiphenyltrichlorproäthan *nt (DDT)*
dichloride *n* CHEMISTRY Dichlorid *nt*, Doppelchlorid *nt*
dichloro *pref* CHEMISTRY Dichlor- *pref*
dichloroacetic *adj* CHEMISTRY Dichloressig- *pref*
dichloroacetone *n* CHEMISTRY Dichloraceton *nt*
dichlorobenzene *n* CHEMISTRY Dichlorbenzol *nt*
dichotomizing: ~ **search** *n* COMP & DP Halbierungssuchverfahren *nt*, binäres Suchen *nt*
dichroic[1] *adj* OPT, PHOTO, PHYS, TELECOM dichroitisch
dichroic:[2] ~ **filter** *n* ELECTRON, OPT Zweifarbenfilter *nt*; ~

fog *n* PHOTO dichroitischer Schleier *m*; ~ **glass** *n* CER & GLAS zweifarbiges Glas *nt*; ~ **LCD** *n* ELECTRON frequenzselektive Flüssigkristallanzeige *f*; ~ **liquid crystals** *n pl* ELECTRON zweifarbige Flüssigkristalle *nt pl*; ~ **mirror** *n* OPT Zweifarbenspiegel *m*, dichroitischer Spiegel *m*

dichroism *n* PHYS Dichroismus *m*

dichromate *n* CHEMISTRY Dichromat *nt*

dicing: ~ **machine** *n* PROD ENG Plättchenschneidemaschine *f*

dicroism *n* CHEMISTRY Dichroismus *m*, Doppelfarbigkeit *f*

dictation: ~ **machine** *n* RECORD Diktiergerät *nt*

dictionary *n* COMP & DP Verzeichnis *nt*

dicyanoaurate *n* CHEMISTRY Cyanoaurat *nt*

Didot: ~ **system** *n* PRINT Didotsystem *nt*

Didyme: ~ **comma** *n* ACOUSTICS ditonisches Komma *nt*

didymium *n* CHEMISTRY Didymium *nt*

die:[1] ~**-cast** *adj* MECHANICS aus Spritzguß, PROD ENG druckgegossen, spritzgegossen; ~**-stamping** *adj* PRINT Stahlstichprägung *f*

die[2] *n* CER & GLAS Mundstück *nt*, MECHAN ENG Schneidbacke *f*, Schneideisen *nt*, Schneidwerkzeug *nt*, *for forging* Gesenk *nt*, *of press* Preßstempel *m*, Stempel *m*, MECHANICS Gesenk *nt*, Schneidbacke *f*, Ziehtrichter *m*, PROD ENG Form *f*, Gesenk *nt*, Schneideisen *nt*, Werkzeug *nt*, Ziehring *m*; ~**-actuating mechanism** *n* PROD ENG *casting* Formbetätigungseinrichtung *f*; ~ **bed** *n* PROD ENG Grundplatte *f*; ~**-casting** *n* MECHAN ENG Druckguß *m*, PROD ENG Druckguß *m*, Kokillenguß *m*; ~**-casting alloy** *n* PROD ENG Druckgußlegierung *f*; ~**-casting die** *n* MECHAN ENG Druckgußform *f*, PROD ENG Druckgießform *f*; ~**-casting machine** *n* MECHAN ENG Druckgußmaschine *f*, PROD ENG Spritzgußmaschine *f*; ~ **clearance** *n* PROD ENG Spalt *m*; ~ **cushion** *n* PROD ENG Ziehkissen *nt*; ~**-forging** *n* PROD ENG Gesenkschmieden *nt*; ~ **head** *n* MECHAN ENG Gewindeschneidkopf *m*, PROD ENG Gewindeschneidkopf *m*, Setzkopf *m*, Strangpreßwerkzeug *nt*; ~ **holder** *n* PROD ENG Matrizenhalter *m*, MECHAN ENG *for threading* Schneideisenhalter *m*; ~ **plate** *n* PROD ENG Rollbacken *m*, Ziehdüse *f*, Zieheisen *nt*; ~ **set** *n* MECHAN ENG *for stamping and punching* Führungsgestell *nt*, PROD ENG Schnitt *m*, Säulenführung *f*, Werkzeugführung *f*; ~ **shoe** *n* PROD ENG Grundplatte *f*, Schnittplatte *f*; ~**-sinking** *n* MECHAN ENG, PROD ENG Gesenkfräsen *nt*; ~**-sinking machine** *n* MECHAN ENG Gesenkfräsmaschine *f*; ~**-stamping** *n* MECHANICS Gesenkformen *nt*, Stahlstichdruck *m*, PROD ENG Gesenkschmieden *nt*; ~ **steel** *n* PROD ENG Matrizenstahl *m*; ~ **stock** *n* MECHAN ENG Gewindeschneidkopf *m*, PROD ENG Schneidkluppe *f*; ~ **stock holder** *n* MECHAN ENG Schneideisenhalter *m*; ~ **swell** *n* PLAS Strangaufweitung *f*

die:[3] ~**-cast** *vt* MECHAN ENG druckgießen

dieldrin *n* CHEMISTRY, FOOD TECH Dieldrin *nt*

dielectric[1] *adj* CHEMISTRY dielektrisch, nicht leitend, ELEC ENG, ELECT, MECHAN ENG, PHYS, RAD TECH, SPACE, TELECOM dielektrisch

dielectric[2] *n* ELEC ENG, ELECT, PHYS, RAD TECH, TELECOM Dielektrikum *nt*; ~ **absorption** *n* ELEC ENG dielektrische Absorption *f*; ~ **antenna** *n* SPACE *communications*, TELECOM dielektrische Antenne *f*; ~ **breakdown** *n* ELECT dielektrischer Durchbruch *m*; ~ **charge** *n* TELECOM dielektrische Ladung *f*; ~ **constant** *n* ELEC ENG Dielektrizitätskonstante *f*, absolute Dielektrizitätskonstante *f*, PHYS *relative permittivity* relative Dielektrizitätskonstante *f*, PLAS Dielektrizitätskonstante *f*; ~ **heating** *n* ELEC ENG dielektrische Erwärmung *f*, ELECT Hochfrequenzinduktionserwärmung *f*, dielektrische Erwärmung *f*, HEAT & REFRIG dielektrische Erwärmung *f*, PLAS Hochfrequenzerwärmung *f*, dielektrische Erwärmung *f*; ~ **hysteresis** *n* ELEC ENG, ELECT dielektrische Hysterese *f*; ~ **isolation** *n* ELEC ENG dielektrische Isolierung *f*; ~ **leakage resistance** *n* ELECT Verlustwiderstand eines Dielektrikums *m*; ~ **loss** *n* ELEC ENG, ELECT, PHYS dielektrischer Verlust *m*; ~ **loss angle** *n* ELECT dielektrischer Verlustwinkel *m*; ~ **material** *n* ELEC ENG dielektrischer Stoff *m*; ~ **medium** *n* ELEC ENG dielektrisches Medium *nt*; ~ **polarization** *n* ELEC ENG dielektrische Polarisation *f*; ~ **properties** *n pl* ELECT dielektrische Eigenschaften *f pl*; ~ **resonator** *n* SPACE, TELECOM dielektrischer Resonator *m*; ~ **resonator filter** *n* SPACE *communications* dielektrisches Resonanzfilter *nt*; ~ **strength** *n* ELEC ENG, ELECT dielektrische Stärke *f*, PHYS Durchschlagfestigkeit *f*; ~ **susceptibility** *n* ELECT dielektrische Suszeptibilität *f*; ~ **swelling** *n* NUC TECH dielektrisches Anschwellen *nt*; ~ **test** *n* ELEC ENG dielektrische Prüfung *f*

dielectricity *n* ELEC ENG Dielektrizität *f*

diene *n* CHEMISTRY Dien *nt*, Diolefin *nt*

dies *n pl* MECHAN ENG *for extruding* Düsen *f pl*

diesel:[1] ~**-powered** *adj* MECHAN ENG mit Dieselmotor

diesel:[2] ~**-driven generating set** *n* ELEC ENG Dieselaggregat *nt*; ~**-electric drive** *n* AUTO Dieselelektroantrieb *m*; ~**-electric engine** *n* AUTO dieselelektrischer Motor *m*; ~ **electric locomotive** *n* RAIL dieselelektrische Lokomotive *f*; ~**-electric power station** *n* ELEC ENG Dieselkraftwerk *nt*, dieselelektrisches Kraftwerk *nt*; ~**-electric railcar** *n* RAIL dieselelektrischer Triebwagen *m*; ~**-electric shunting motor tractor** *n* RAIL dieselelektrische Rangierkleinlokomotive *f*; ~ **engine** *n* AUTO, MECHAN ENG, WATER TRANS Dieselmotor *m*; ~ **fuel** *n* AUTO Dieselkraftstoff *m*, Dieselöl *nt*, PET TECH Dieselöl *nt*, Dieselkraftstoff *m*; ~ **generator standby power plant** *n* NUC TECH dieselbetriebenes Notstromaggregat *nt*; ~ **generator unit crew car** *n* RAIL Dieselmannschaftswagen *m*; ~ **hammer** *n* COAL TECH Dieselhammer *m*; ~**-hydraulic engine** *n* MECHAN ENG dieselhydraulischer Motor *m*; ~**-hydraulic locomotive** *n* RAIL dieselhydraulische Lokomotive *f*; ~**-hydromechanical locomotive** *n* RAIL hydromechanische Diesellokomotive *f*; ~ **locomotive** *n* RAIL Diesellokomotive *f*; ~ **motorcoach** *n* RAIL Dieseltriebwagenzug *m*; ~ **oil** *n* AUTO, PET TECH, RAIL Dieselöl *nt*

dieseling *n* AUTO Nachdieseln *nt*, Nachlaufen *nt*

diet *n* FOOD TECH Diät- *f*

dietary: ~ **change** *n* FOOD TECH Ernährungsumstellung *f*; ~ **fiber** *n AmE*, ~ **fibre** *n BrE* FOOD TECH Ballaststoffe *m pl*, Rohfaser *f*; ~ **sugar** *n* FOOD TECH Diätzucker *m*

diethene *n* CHEMISTRY Diethylen *nt*

diethylenediamine *n* CHEMISTRY Diethylendiamin *nt*, Hexahydropyrazin *nt*, Piperazin *nt*

difference *n* COMP & DP Unterschied *m*, MATH *result of subtraction* Differenz *f*; ~ **channel** *n* RECORD Differenzkanal *m*; ~ **frequency** *n* RAD TECH Differenzton *m*; ~ **in temperature** *n* THERMODYN Temperaturdifferenz *f*, Temperaturunterschied *m*; ~ **limen** *n* RECORD Unterschiedsschwelle *f*; ~ **note** *n* RECORD Differenznote *f*; ~ **signal** *n* ELECTRON Differenzsignal *nt*; ~ **tone** *n* ACOUSTICS Differenzton *m*

differential *n* AIR TRANS Differential *nt*, AUTO Ausgleichgetriebe *nt*, Differential *nt*, Differentialgetriebe *nt*, ELEC ENG, ELECT, ELECTRON, MATH, MECHAN ENG, MECHANICS, PLAS Differential *nt*, PROD ENG Ausgleichgetriebe *nt*, RECORD, TELEV, THERMODYN Differential *nt*; ~ **accumulator** *n* PROD ENG Druckluft-Differentialkolbenakkumulator *m*; ~ **ammeter** *n* ELECT Differential-Amperemeter *nt*; ~ **amplifier** *n* ELECTRON Differentialverstärker *m*, Differenzverstärker *m*, Umkehrverstärker *m*, MECHANICS Differentialverstärker *m*, RAD TECH, TELECOM Differenzverstärker *m*; ~ **bevel gear** *n* AUTO *transmission* Ausgleichkegelrad *nt*; ~ **braking** *n* AIR TRANS Differentialbremsung *f*; ~ **calculus** *n* MATH Differentialrechnung *f*; ~ **capacitor** *n* ELEC ENG Differentialkondensator *m*; ~ **case** *n* AUTO Differentialgehäuse *nt*; ~ **casing** *n* AUTO Ausgleichträger *m*, Hinterachsbrücke *f*; ~ **chain block** *n* MECHANICS, NUC TECH Differentialflaschenzug *m*; ~ **coefficient** *n* MATH *of function, symbol* Ableitung *f*, Differential *nt*, Differentialquotient *m*; ~ **coil** *n* ELECT Differentialspule *f*; ~ **comparator** *n* ELECTRON Differenzkomparator *m*; ~ **control rod** *n* NUC TECH Trimmstab mit Feinantrieb *m*; ~ **delay** *n* ELECTRON Differentialverzögerung *f*; ~ **derivative** *n* MATH *of function, symbol* Ableitung *f*, Differential *nt*; ~ **effect** *n* AIR TRANS Differentialwirkung *f*; ~ **equation** *n* MATH Differentialgleichung *f*; ~ **gain** *n* ELECTRON Differenzverstärkung *f*, TELEV Differentialgewinn *m*; ~ **galvanometer** *n* ELEC ENG Differential-Galvanometer *nt*; ~ **gap** *n* IND PROCESS Schaltdifferenz *f*; ~ **gear** *n* AUTO, MECHAN ENG Ausgleichgetriebe *nt*, Differentialgetriebe *nt*; ~ **global positioning system** *n* *(DGPS)* WATER TRANS Differential-GPS *f* *(DGPS)*; ~ **head** *n* FUELLESS Differenzdruckhöhe *f*; ~ **head pressure transducer** *n* INSTR Differenzdruck-Meßumformer *m*; ~ **indexing** *n* MECHAN ENG Differentialteilen *nt*; ~ **input** *n* ELECTRON Differenzeingang *m*; ~ **lock** *n* AUTO *transmission* Differentialsperre *f*; ~ **magnetometer** *n* ELECT differentiales Magnetometer *nt*; ~ **microphone** *n* ACOUSTICS Doppelkapselmikrofon *nt*, RECORD Differentialmikrofon *nt*; ~ **mode** *n* ELECTRON Differentialbetrieb *m*; ~ **mode attenuation** *n* OPT, TELECOM differentielle Modendämpfung *f*; ~ **mode delay** *n* OPT differentielle Modenverzögerung *f*, TELECOM Gruppenlaufzeitsdifferenz durch Modendispersion *f*; ~ **mode signal** *n* ELECTRON Differenzsignal *nt*; ~ **modulation** *n* ELECTRON Differenzmodulation *f*; ~ **phase** *n* ELECTRON Differentialphase *f*, RADIO, TELEV Differentialphase *f*; ~ **phase shift keying** *n* *(DPSK)* ELECTRON Phasendifferenzmodulation *f*, Phasendifferenzumtastung *f* *(DPSK)*; ~ **pinion** *n* AUTO Ausgleichkegelrad *nt*, Ausgleichritzel *nt*, Differentialzwischenrad *nt*; ~ **piston** *n* MECHAN ENG Stufenkolben *m*; ~ **pressure** *n* FUELLESS, HEAT & REFRIG Differenzdruck *m*, INSTR Differenzdruck *m*, Wirkdruck *m*, MECHAN ENG Wirkdruck *m*, MECHANICS, PET TECH Differenzdruck *m*; ~ **pressure cell** *n* INSTR Differenzdruck-Meßzelle *f*; ~ **pressure flowmeter** *n* INSTR Differenzdruck-Durchflußmesser *m*, Wirkdruckdurchflußmesser *m*; ~ **pressure gage** *n* *AmE*, ~ **pressure gauge** *n* *BrE* MECHANICS Differenzdruckmesser *m*; ~ **pressure transducer** *n* INSTR Differenzdruck-Meßumformer *m*, Differenzdruck-Meßwandler *m*, Wirkdruckmeßumformer *m*, Differenzdruckwandler *m*; ~ **protection relay** *n* ELECT Differentialschutzrelais *nt*; ~ **pulley** *n* MECHANICS Differentialflaschenzug *m*; ~ **pulse code modulation** *n* *(DPCM)* ELECTRON Differenz-Pulscodemodulation *f* *(DPCM)*; ~ **quantum efficiency** *n* OPT differentieller Quantenwirkungsgrad *m*, TELECOM differentielle Quantenausbeute *f*, differentieller Quantenwirkungsgrad *m*; ~ **ratio** *n* AUTO Differentialverhältnis *nt*; ~ **relay** *n* ELEC ENG, ELECT Differentialrelais *nt*; ~ **scanning calorimeter** *n* THERMODYN Differential-Kalorimeter *nt*, Differential-Scanning-Kalorimeter *nt*; ~ **scanning calorimetry** *n* PLAS *analysis* Differential-Scanning-Kalorimetrie *f*, THERMODYN Differential-Kalorimetrie *f*, Differential-Scanning-Kalorimetrie *f*; ~ **screw** *n* MECHAN ENG Differentialschraube *f*; ~ **settlement** *n* CONST Setzungsunterschied *m*, ungleichmäßige Setzung *f*; ~ **shaft** *n* AUTO Differentialwelle *f*; ~ **shrinkage** *n* TEXT selektiver Schrumpf *m*; ~ **side gear** *n* AUTO Achswellenkegelrad *nt*, Hinterachswellenrad *nt*; ~ **signal** *n* ELECTRON Differenzsignal *nt*; ~ **signal source** *n* ELECTRON Differenzsignalquelle *f*; ~ **spider** *n* AUTO Ausgleichstern *m*; ~ **spider pinion** *n* AUTO Ausgleichkegelrad *nt*; ~ **temperature** *n* PET TECH Differenztemperatur *f*; ~ **thermal analysis** *n* *(DTA)* PLAS Differenzthermoanalyse *f*, Differentialthermoanalyse *f* *(DTA)*, POLL Differentialthermoanalyse *f*, Differenzthermoanalyse *f* *(DTA)*, THERMODYN Differentialthermoanalyse *f* *(DTA)*; ~ **thermocouple** *n* THERMODYN Differenzthermoelement *nt*; ~ **thermometer** *n* THERMODYN Metallthermometer *nt*; ~ **threshold** *n* ACOUSTICS Unterschiedsschwelle *f*; ~ **threshold of frequency** *n* ACOUSTICS Tonhöhen-Unterschiedsschwelle *f*; ~ **threshold of sound pressure level** *n* ACOUSTICS Lautstärkeunterschiedsschwelle *f*; ~ **time** *n* ELECTRON Differentialzeit *f*; ~ **transducer** *n* ELEC ENG Differentialtransducer *m*, Differentialwandler *m*, INSTR Wirkdruckgeber *m*; ~ **transformer** *n* ELECT, IND PROCESS Differentialtransformator *m*; ~ **voltage** *n* ELEC ENG Differentialspannung *f*; ~ **voltmeter** *n* ELECT Differenzspannungsmeßgerät *nt*; ~ **winding** *n* ELEC ENG Differentialwicklung *f*

differentially: ~**-excited compound generator** *n* ELECT differentialerregter Doppelschlußgenerator *m*

differentiate *vt* MATH differenzieren

differentiated: ~ **signal** *n* ELECTRON differenziertes Signal *nt*

differentiating: ~ **circuit** *n* ELECTRON Differenzierschaltung *f*

differentiation *n* MATH Ableitung *f*, Differenzieren *nt*; ~ **of trigonometrical functions** *n* MATH Ableitung trigonometrischer Funktionen *f*

diffract *vt* PROD ENG beugen

diffracted: ~ **wave** *n* PHYS gebeugte Welle *f*

diffraction *n* ELEC ENG Beugung *f*, Diffraktion *f*, OPT, PHOTO, PROD ENG, RAD TECH Beugung *f*, TELECOM Beugung *f*, Diffraktion *f*, WAVE PHYS Beugung *f*; ~ **grating** *n* OPT Beugungsgitter *nt*, optisches Gitter *nt*, PHYS, TELECOM, WAVE PHYS Beugungsgitter *nt*; ~ **of light** *n* PHYS Lichtbeugung *f*; ~ **pattern** *n* METALL Beugungsbild *nt*; ~ **spectrograph** *n* NUC TECH Gitterspektrograph *m*; ~ **spectrum** *n* OPT, RAD PHYS Beugungsspektrum *nt*

diffractometry *n* PET TECH, PHYS Diffraktionstechnik *f*

diffuse:[1] ~ **density** *n* ACOUSTICS Durchlässigkeitsfaktor *m*; ~**-field method** *n* RECORD Streufeld-Methode *f*; ~ **nebula** *n* SPACE Sternhaufen *m*, diffuser Nebel *m*; ~

radiation *n* FUELLESS, SPACE *spacecraft* diffuse Strahlung *f*; **~ reflection** *n* ELEC ENG zerstreute Reflexion *f*, RAD PHYS diffuse Reflexion *f*; **~ scattering method** *n* NUC TECH *in X-ray crystallography* Diffusionsmethode *f*; **~ sound level** *n* ACOUSTICS diffuser Schallpegel *m*

diffuse[2] *vt* OPT, PHOTO zerstreuen, PROD ENG einwandern

diffused: **~ alloy transistor** *n* ELECTRON *processed by diffusion alloying* diffusionslegierter Transistor *m*; **~ emitter-collector transistor** *n* ELECTRON diffundierter Emitter-Kollektor-Transistor *m*; **~ junction** *n* ELECTRON *semiconductor* diffundierter Übergang *m*; **~ layer** *n* ELECTRON diffundierte Schicht *f*; **~ photodiode** *n* ELECTRON Diffusionsfotodiode *f*; **~ plating** *n* COATINGS Diffusionsgalvanisierung *f*

diffuser *n* CHEM ENG Belüfter *m*, Diffusionsapparat *m*, FUELLESS Diffusor *m*, HEAT & REFRIG Luftverteiler *m*, OPT Lichtdiffuser *m*, Streukörper *m*, lichtstreuender Körper *m*, SPACE *for gaseous oxygen* Diffusor *m*, TELECOM Diffusor *m*, Streukörper *m*; **~ cone** *n* HEAT & REFRIG *of fan* Abströmkegel *m*; **~ for incident measurement** *n* PHOTO Diffusor für Auflichtmessung *m*; **~ jet** *n* PROD ENG Zerstäuberdüse *f*; **~ scrim** *n* PHOTO Weichzeichner *m*

diffusing: **~ glass** *n* CER & GLAS Streuglas *nt*

diffusion *n* CHEM ENG, CHEMISTRY *of fluids*, COAL TECH Diffusion *f*, CONST Ausbreitung *f*, Diffusion *f*, ELECT, ELECTRON, MECHAN ENG, NUC TECH, PHYS Diffusion *f*, POLL Ausbreitung *f*, Diffusion *f*, PROD ENG Einwanderung *f*, RAD TECH Diffusion *f*; **~ across the magnetic field** *n* NUC TECH Diffusion im Magnetfeld *f*; **~ annealing** *n* CHEM ENG Diffusionsglühen *nt*; **~ apparatus** *n* CHEM ENG Diffusionsapparat *m*; **~ area** *n* HEAT & REFRIG Diffusionsfläche *f*; **~ cell** *n* CHEM ENG Diffusionsapparat *m*, Diffusionszelle *f*; **~ coefficient** *n (D)* ELECTRON, PHYS, RAD TECH Diffusionskoeffizient *m (D)*; **~ current** *n* ELECT Diffusionsstrom *m*; **~ defect** *n* ELECTRON Diffusionsfehlerstelle *f*; **~ doping** *n* ELECTRON Diffusionsdotierung *f*; **~ hardening** *n* NUC TECH *of neutron spectrum* Härtung durch Diffusion *f*; **~ kernel** *n* NUC TECH Diffusionskern *m*; **~ length** *n* ELECTRON Diffusionslänge *f*, NUC TECH Diffusionslänge *f*; **~ mean free path** *n* NUC TECH mittlere freie Diffusionsweglänge *f*; **~ oven** *n* ELECTRON Diffusionsofen *m*; **~ pump** *n* MECHAN ENG, PHYS Diffusionspumpe *f*

diffusionless: **~ reaction** *n* METALL diffusionslose Rückwirkung *f*

diffusivity *n* FLUID PHYS *in boundary layer* Temperaturleitfähigkeit *f*

digested: **~ sludge** *n* CHEMISTRY *sewage* Abwasserschlamm *m*, Faulschlamm *m*, CONST Faulschlamm *m*, Klärschlamm *m*, WASTE Faulschlamm *m*

digester *n* PAPER Zellstoffkocher *m*, THERMODYN Autoklav *m*, Dampfkochtopf *m*, WASTE Faulbehälter *m*; **~ gas** *n* THERMODYN Faulgas *nt*, Klärgas *nt*, WASTE Biogas *nt*, Faulgas *nt*

digestibility *n* FOOD TECH Verdaulichkeit *f*

digesting *adj* WASTE Faul- *pref*

digestion *n* PAPER Aufschluß *m*, Kochen *nt*, WASTE Aufschließen *nt*, Aufschluß *m*, Zersetzung *f*; **~ apparatus** *n* LAB EQUIP Aufschlußapparat *m*; **~ deposit** *n* WASTE Rottedeponie *f*; **~ sump** *n* WASTE Faulraum *m*, Faulbehälter *m*, Schlammfaulbehälter *m*; **~ tank** *n* THERMODYN Faulraum *m*, WASTE Faulraum *m*, Faulbehälter *m*

digestive: **~ enzyme** *n* FOOD TECH Verdauungsenzym *nt*

digger *n* COAL TECH, CONST Bagger *m*

digging *n* COAL TECH Baggern *nt*, CONST Ausbaggern *nt*, Ausschachten *nt*, Ausheben *nt*, Erdarbeit *f*, Graben *nt*; **~ bucket** *n* TRANS Baggereimer *m*; **~ bucket teeth** *n pl* TRANS Baggereimerzähne *m pl*

digit *n* COMP & DP Ziffer *f*, MATH Stelle *f*, Ziffer *f*; **~-at-a-time converter** *n* INSTR Stufenumsetzer *m*, Stufenverschlüßler *m*

digital[1] *adj* COMP & DP, ELECT, ELECTRON, INSTR, PHYS, RAD TECH, RECORD, SPACE, TELECOM, TELEV digital *adj*; **~-analog** *adj (D/A)* COMP & DP, ELECTRON, INSTR, RECORD, TELECOM, TELEV Digital-Analog *adj (D/A)*

digital:[2] **~ actuator** *n* ELEC ENG digitales Stellglied *nt*; **~ adder** *n* ELECTRON digitaler Addierer *m*; **~ ammeter** *n* ELECT Digitalstrommeßgerät *nt*; **~-analog conversion** *n* COMP & DP, ELECTRON, INSTR, RECORD, TELECOM Digital-Analog-Umsetzung *f*, Digital-Analog-Wandlung *f*; **~-analog converter** *n (DAC)* COMP & DP, ELECTRON, TELECOM Digital-Analog-Umsetzer *m*, Digital-Analog-Wandler *m (DAU)*, TELEV Digital-Analog-Umsetzer *m*, Digital-Analog-Wandler *m (Digital-Analog-Umsetzer)*; **~ attenuator** *n* ELECTRON digitales Dämpfungsglied *nt*; **~ audio tape** *n (DAT)* COMP & DP digitales Tonband *nt*, RECORD Digital-Audio-Tape *nt (DAT)*; **~ audio tape cassette** *n* RECORD digitale Audiocassette *f*;

~ c **~ camera** *n* TELEV Digitalkamera *f*; **~ carrier module** *n* TELECOM digitaler Trägerbaustein *m*; **~ cassette** *n* COMP & DP Digitalkassette *f*; **~ chip** *n* ELECTRON Digitalchip *m*; **~ circuit** *n* COMP & DP digitale Schaltung *f*, digitaler Stromkreis *m*, ELECTRON Digitalschaltung *f*, TELECOM digitale Leitung *f*, digitaler Übertragungsweg *m*; **~-circuit design** *n* ELECTRON als Digitalschaltung ausgelegte Konzeption *f*; **~ clock** *n* COMP & DP Digitaluhr *f*; **~ code** *n* ELECTRON Digitalcode *m*; **~ coding** *n* ELECTRON Digitalcodierung *f*, TELECOM Digitalcodierung *f*; **~ command signal** *n (DCS)* TELECOM digitales Befehlszeichen *nt*; **~ communication** *n* RAD TECH Datenfernübertragung *f*; **~ communications** *n pl* COMP & DP digitale Datenfernverarbeitung *f*; **~ computer** *n* COMP & DP Digitalrechner *m*, digitaler Computer *m*; **~ connection** *n* TELECOM DSV, Digitalsignalverbindung *f*; **~ control** *n* TELECOM, TELEV digitale Steuerung *f*; **~ control box** *n* AUTO Einspritz- und Zündungsrechner *m*, digitales Steuergerät *nt*; **~ converter** *n* ELECTRON Digitalumsetzer *m*, INSTR Digitalkonverter *m*, Digitalumsetzer *m*; **~ counter** *n* INSTR Digitalzähler *m*, digitaler Zähler *m*;

~ d **~ data** *n* ELECTRON Digitaldaten *nt pl*; **~ device** *n* ELECTRON digitales Gerät *nt*; **~-digital conversion** *n* INSTR Digital-Digital-Umsetzung *f*; **~ display** *n* ELECTRON Digitalanzeige *f*, INSTR Digitalanzeige *f*, Ziffernanzeige *f*; **~ distribution frame** *n* TELECOM Digitalsignalverteiler *m*; **~ domain** *n* ELECTRON Digitalbereich *m*;

~ e **~ error** *n* TELECOM Digitalfehler *m*; **~ exchange** *n* TELECOM digitale Vermittlungsstelle *f*;

~ f **~ feedback** *n* TELECOM digitale Rückkopplung *f*; **~ filling** *n* TELECOM digitale Auffüllung *f*; **~ filter** *n* ELECTRON, TELECOM Digitalfilter *m*; **~ filtering** *n* COMP & DP, ELECTRON digitales Filtern *nt*, TELECOM digitale Filterung *f*; **~ flight data recorder** *n* AIR TRANS digitaler Flugdatenschreiber *m*; **~ font** *n* PRINT digitale Schrift *f*; ~ **framer** *n* TELEV digitaler Halbbilderzeuger *m*; ~ **frame structure** *n* TELECOM digitale Rahmenstruktur *f*, digitaler Rahmenaufbau *m*;

~ h ~ **hierarchy** *n* TELECOM Digitalhierarchie *f*, digitale Hierarchie *f*;

~ i ~ **identification frame** *n* TELECOM digitaler Kennungsrahmen *m*; ~ **image** *n* ELECTRON digitalisiertes Bild *nt*; ~ **image processing** *n* ELECTRON digitale Bildverarbeitung *f*; ~ **input** *n* ELECTRON Digitaleingabe *f*; ~ **input signal** *n* ELECTRON, IND PROCESS digitales Eingangssignal *nt*; ~ **instantaneous frequency measurement** *n* ELECTRON digitale Momentanfrequenzmessung *f*; ~ **instrument** *n* ELECT digitales Instrument *nt*; ~ **integrated circuit** *n* ELECTRON digitale integrierte Schaltung *f*; ~ **integration** *n* ELECTRON digitale Integration *f*; ~ **integrator** *n* ELECTRON digitales Integrierglied *nt*; ~ **interface** *n* TELECOM digitale Schnittstelle *f*; ~ **interference** *n* TELECOM digitale Störung *f*;

~ l ~ **logic** *n* ELECTRON digitale Logik *f*;

~ m ~ **main network switching center** *n AmE*, ~ **main network switching centre** *n BrE (DMNSC)* TELECOM digitale Hauptvermittlungstelle *f*; ~**-matched filter** *n* ELECTRON digitales angepaßtes Filter *nt*; ~ **measuring instrument** *n* INSTR Digitalmeßgerät *nt*, digitales Meßgerät *nt*, digitales Meßinstrument *nt*; ~ **measuring step** *n* IND PROCESS digitaler Meßschritt *m*; ~ **modulation** *n* ELECTRON, PHYS, TELECOM digitale Modulation *f*; ~ **modulation link** *n* TELECOM Verbindung mit digitaler Modulation *f*; ~ **modulation system** *n* TELECOM System mit digitaler Modulation *nt*; ~ **multimeter** *n* ELEC ENG digitales Multimeter *nt*; ~ **multiplex** *n* ELECTRON Digital-Multiplexeinrichtung *f*; ~ **multiplexing** *n* ELECTRON digitales Multiplexverfahren *nt*; ~ **multiplication** *n* ELECTRON digitale Multiplikation *f*; ~ **multiplier** *n* ELECTRON digitaler Multiplizierer *m*;

~ o ~ **optical disc** *n BrE* OPT digitale CD *f*; ~ **optical disk** *n AmE see digital optical disc BrE* ~ **output** *n* COMP & DP Digitalausgabe *f*, ELECTRON Digitalausgang *m*; ~ **output signal** *n* ELECTRON digitales Ausgabesignal *nt*;

~ p ~ **pad** *n* TELECOM Digitalfüllzeichen *nt*; ~ **phase modulation** *n* COMP & DP, TELECOM digitale Phasenmodulation *f*; ~ **phase shifting** *n* ELECTRON digitale Phasenverschiebung *f*; ~ **plotter** *n* COMP & DP digitaler Plotter *m*; ~ **point** *n* INSTR Meßstelle mit digitaler Meßdatenerfassung *f*; ~ **process computer system** *n* NUC TECH digitales Computersystem *nt*; ~ **processing** *n* ELECTRON Digitalverarbeitung *f*, TELECOM digitale Verarbeitung *f*; ~ **pseudo noise sequence** *n* TELECOM digitale Pseudorauschfolge *f*; ~ **pulse stream** *n* TELECOM digitale Impulsfolge *f*;

~ r ~ **reading** *n* INSTR digitaler Meßwert *m*; ~ **readout** *n* COMP & DP digitale Sichtanzeige *f*, ELECT, INSTR Digitalanzeige *f*, Ziffernanzeige *f*, TELECOM Digitalanzeige *f*; ~ **read-out measuring instrument** *n* METROL digitales Meßinstrument *nt*; ~ **readout micrometer** *n* METROL Digitalmikrometer *nt*; ~ **recorder** *n* RECORD, NUC TECH digitales Aufzeichnungsgerät *nt*; ~ **recording** *n* RECORD, TELECOM, TELEV Digitalaufzeichnung *f*, digitale Aufzeichnung *f*; ~ **regeneration** *n* ELECTRON digitale Regenerierung *f*; ~ **regenerator** *n* ELECTRON digitaler Regenerator *m*; ~ **representation** *n* COMP & DP, ELECTRON digitale Darstellung *f*;

~ s ~ **selective calling** *n (DSC)* TELECOM digitaler Selektivruf *m*; ~ **signal** *n* COMP & DP, ELECTRON, PHYS, TELECOM Digitalsignal *nt*, digitales Signal *nt*; ~ **signal analyser** *n BrE* ELECTRON Digitalsignalanalysator *m*; ~ **signal analysis** *n* ELECTRON Digitalsignalanalyse *f*; ~ **signal analyzer** *n AmE see digital signal analyser BrE* ~ **signal processing** *n* COMP & DP, ELECTRON digitale Signalverarbeitung *f*; ~ **speech** *n* ELECTRON Digitalsprache *f*; ~ **speech interpolation** *n (DSI)* SPACE, TELECOM digitale Sprachinterpolation *f (DSI)*; ~ **speech synthesis** *n* ELECTRON digitale Sprachsynthese *f*; ~ **subscriber access unit** *n* TELECOM digitale Teilnehmeranschlußeinheit *f*; ~ **subtractor** *n* ELECTRON Digitalsubtrahierer *m*; ~ **switch** *n* TELECOM digitale Vermittlungsstelle *f*, digitales Vermittlungssystem *nt*; ~ **switching** *n* TELECOM Digitalvermittlung *f*, digitales Vermitteln *nt*; ~ **switching center** *n AmE*, ~ **switching centre** *n BrE* TELECOM digitale Vermittlungsstelle *f*; ~ **switching element** *n* TELECOM digitales Koppelelement *nt*; ~ **switching equipment** *n* ELEC ENG digitale Vermittlungsanlage *f*; ~ **switching matrix** *n* TELECOM digitale Koppelmatrix *f*, digitales Koppelvielfach *nt*; ~ **switching network** *n* TELECOM digitales Vermittlungsnetz *nt*; ~ **switching system** *n* TELECOM digitales Vermittlungssystem *nt*;

~ t ~ **television** *n* TELEV Digitalfernsehen *nt*; ~ **transit command** *n* TELECOM digitale Transitsteuerung *f*; ~ **transmission** *n* TELECOM Digitalübertragung *f*, digitale Übertragung *f*; ~ **trunk interface** *n (DTI)* TELECOM Schnittstelle der digitalen Verbindungsleitung *f*; ~ **tuning** *n* ELECTRON Digitalabstimmung *f*; ~ **TV receiver** *n* TELEV digitaler Fernseher *m*; ~ **typesetting** *n* PRINT digitaler Satz *m*;

~ v ~ **videodisc** *n BrE* OPT digitale Videoplatte *f*; ~ **videodisk** *n AmE see digital videodisc BrE* ~ **video effects** *n pl (DVE)* TELEV digitale Videoeffekte *m pl*; ~ **videotape recorder** *n (DVTR)* TELEV Digitalvideorecorder *m*, digitaler Videorecorder *m*; ~ **voltmeter** *n* ELEC ENG digitales Voltmeter *nt*, ELECT Digitalvoltmeter *nt*

digitalein *n* CHEMISTRY Digitalein *nt*

digitalin *n* CHEMISTRY, FOOD TECH Digitalin *nt*

digitalization *n* COMP & DP, NUC, TECH *of signal*, PHYS, TELECOM Digitalisierung *f*

digitalize *vt* INSTR *divide continuous range of variable into discrete intervals* in Digitale Darstellung umsetzen

digitalized *adj* PRINT *font* SPACE *communications* digitalisiert

digitally: ~**-encoded videodisc** *n BrE* OPT digital codierte Videoplatte *f*; ~**-encoded videodisk** *n AmE see digitally-encoded videodisc BrE*

digitization *n* COMP & DP, NUC TECH *of signal*, PHYS, TELECOM Digitalisierung *f*

digitize *vt* COMP & DP, ELECT digitalisieren, ELECTRON quantisieren, *signals* digital darstellen, MECHAN ENG *model*, PHYS, RECORD, TELEV digitalisieren

digitized[1] *adj* PRINT *font*, SPACE *communications* digitalisiert

digitized:[2] ~ **data** *n* ELECTRON, TELECOM digitalisierte Daten *nt pl*; ~ **image** *n* ELECTRON digitalisiertes Bild *nt*; ~ **signal** *n* ELECTRON digital umgesetztes Signal *nt*; ~ **speech** *n* TELECOM digitalisierte Sprache *f*

digitizer *n* COMP & DP Digitalisierer *m*, Digitalisiergerät *nt*, ELECTRON Digitalisierer *m*, RAD TECH Digitalisiergerät *nt*

digitizing *n* ELECTRON *of graphics* Digitalisierung *f*;

~ **rate** *n* ELECTRON Abtastfrequenz *f*; ~ **tablet** *n* COMP & DP, ELECTRON Digitalisiertablett *nt*, Digitalisierungstablett *nt*
diglycidyl: ~ **ether** *n* CHEMISTRY *epoxy resin* Diglycidether *m*, Diglycidylether *m*
diglycol: ~ **oleate** *n* FOOD TECH Diglykololeat *nt*
dihedral[1] *adj* GEOM, PROD ENG zweiflächig
dihedral[2] *n* AIR TRANS V-Form *f*, V-Stellung *f*; ~ **angle** *n* GEOM *made by two intersecting planes* von zwei Ebenen gebildeter Winkel *m*, METALL Raumwinkel *m*; ~ **antenna** *n* TELECOM zweiflächige Antenne *f*
dihedron *n* PROD ENG Zweiflach *nt*
dihexyl *n* CHEMISTRY Dodecan *nt*
dihydro- *pref* CHEMISTRY Dihydro- *pref*
dihydrobenzene *n* CHEMISTRY Cyclohexadien *nt*, Dihydrobenzol *nt*
dihydrodiketonaphthalene *n* CHEMISTRY Dihydrodioxonaphthalin *nt*, Naphthochinon *nt*
dihydroergotamine *n* CHEMISTRY Dihydroergotamin *nt*
dihydronaphthalene *n* CHEMISTRY Dialin *nt*, Dihydronaphthalin *nt*
dihydrostreptomycin *n* CHEMISTRY Dihydrostreptomycin *nt*
dihydrotachysterol *n* CHEMISTRY Dihydrotachysterin *nt*
dihydrothiazole *n* CHEMISTRY Dihydrothiazol *nt*, Thiazolin *nt*
dihydroxy: ~ α **carotene** *n* CHEMISTRY Dihydroxy α Carotin *nt*
dihydroxyacetone *n* CHEMISTRY Dihydroxyaceton *nt*, Dihydroxypropanon *nt*
dihydroxypurine *n* CHEMISTRY Xanthin *nt*
diiodomethane *n* CHEMISTRY Diiodmethan *nt*, Methyleniodid *nt*
diisopropylidene: ~ **acetone** *n* CHEMISTRY Diisopropylidenaceton *nt*, Phoron *nt*
dike *n AmE see dyke BrE*
dilatable *adj* COAL TECH durch Wärme dehnbar
dilatancy *n* COAL TECH Wärmedehnung *f*, PLAS Dilatanz *f*
dilatant: ~ **soil** *n* COAL TECH sich durch Wärme ausdehnende Erde *f*
dilation *n* GEOM Ausdehnung *f*
dilatometer *n* INSTR, PHYS Dehnungsmesser *m*
diluent *n* CHEMISTRY Abschwächungsmittel *nt*, Verschnittmittel *nt*, PAPER Verdünnungsmittel *nt*, PLAS Verdünner *m*, Verdünnungsmittel *nt*, *paint* Nichtlöser *m*, Verschnittmittel *nt*
dilute:[1] ~ **alloy** *n* METALL verdünnte Legierung *f*; ~ **solution** *n* METALL verdünnte Lösung *f*
dilute[2] *vt* CHEM ENG, COAL TECH, PAPER, PLAS verdünnen
diluting: ~ **agent** *n* CHEM ENG Streckmittel *nt*, Verdünnungsmittel *nt*
dilution *n* CHEM ENG Verdünnen *nt*, verdünnte Lösung *f*, CHEMISTRY Lösung *f*, Verdünnung *f*, PET TECH Verdünnung *f*; ~ **refrigerator** *n* PHYS Lösungs-und-Verdünnungs-Kältemaschine *f*
dim:[1] ~ **letters** *n pl* CER & GLAS mattierte Buchstaben *m pl*
dim[2] *vt* ELEC ENG abblenden
dimension[1] *n* COMP & DP, MATH Dimension *f*, MECHAN ENG Dimension *f*, Maß *nt*, PRINT Abmessung *f*, Dimension *f*, PROD ENG *plastic valves* Baumaß *nt*; ~ **gap** *n* ENG DRAW Maßlücke *f*; ~ **illustration** *n* ENG DRAW Maßbild *nt*; ~ **joint** *n* ENG DRAW Maßstelle *f*; ~ **letter** *n* ENG DRAW Maßbuchstabe *m*; ~ **line** *n* ENG DRAW, MECHAN ENG *drawings* Maßlinie *f*; ~ **line termination** *n* ENG DRAW Maßlinienbegrenzung *f*; ~ **of a quantity** *n* PHYS Dimension einer Größe *f*; ~ **representation** *n* ENG DRAW bemaßte Darstellung *f*; ~ **sheet** *n* ENG DRAW Maßblatt *nt*; ~ **unit** *n* ENG DRAW Maßeinheit *f*
dimension[2] *vt* COMP & DP bemaßen *f*
dimensional: ~ **characteristic** *n* ERGON Dimensionalität *f*; ~ **check** *n* QUAL Maßprüfung *f*; ~ **compatibility** *n* TELECOM Abmessungskompatibilität *f*; ~ **equation** *n* PHYS Dimensionsgleichung *f*; ~ **measuring instruments** *n pl* METROL Längenmeßgeräte *nt pl*; ~ **requirements** *n pl* SAFETY räumliche Anforderungen *f pl*; ~ **sketch** *n* PROD ENG Maßskizze *f*; ~ **stability** *n* NUC TECH *of fuel element* Formbeständigkeit *f*, PACK Dimensionierungsstabilität *f*, PLAS Dimensionsstabilität *f*, Maßhaltigkeit *f*, Maßbeständigkeit *f*, TEST Maßhaltigkeit *f*, Maßbeständigkeit *f*; ~ **tolerance** *n* MECHAN ENG Maßtoleranz *f*
dimensioned: ~ **representation** *n* ENG DRAW bemaßte Darstellung *f*
dimensioning *n* COMP & DP Bemaßen *nt*, Dimensionierung *f*, MECHAN ENG Bemaßung *f*, Dimensionierung *f*; ~ **of a sphere** *n* ENG DRAW Kugelbemaßung *f*
dimensionless: ~ **representation** *n* ENG DRAW dimensionslose Darstellung *f*
dimensions: ~ **at different locations** *n pl* ENG DRAW auseinanderliegende Maße *nt pl*
dimer *n* CHEMISTRY Dimer *nt*, Dimeres *nt*
dimeric *adj* CHEMISTRY dimer
dimethoxyphthalide *n* CHEMISTRY Dimethoxyphthalid *nt*, Meconin *nt*
dimethyl- *pref* CHEMISTRY Dimethyl- *pref*
dimethylacetic *adj* CHEMISTRY Dimethylessig- *pref*
dimethylamine *n* CHEMISTRY Dimethylamin *nt*
dimethylaniline *n* CHEMISTRY Aminoxylol *nt*, Aminodimethylbenzol *nt*, Dimethylanilin *nt*
dimethylarsane *n* CHEMISTRY Dimethylarsan *nt*, Dimethylarsin *nt*
dimethylbenzene *n* CHEMISTRY Dimethylbenzol *nt*, Xylol *nt*
dimethylbutanone *n* CHEMISTRY Dimethylbutanon *nt*
dimethylheptadienone *n* CHEMISTRY Phoron *nt*
dimethylmorphine *n* CHEMISTRY Dimethylmorphin *nt*, Thebain *nt*
dimethyloctadienol *n* CHEMISTRY Dimethyloctadienol *nt*, Nerol *nt*
dimethyloctenal *n* CHEMISTRY Citronellal *nt*, Citronellaldehyd *m*, Dimethyloctenal *nt*
dimethylxanthine *n* CHEMISTRY Dimethylxanthin *nt*, Theobromin *nt*
dimetric[1] *adj* GEOM dimetrisch
dimetric:[2] ~ **projection** *n* ENG DRAW, GEOM dimetrische Projektion *f*
diminished: ~ **arch** *n* CONST verkürzter Bogen *m*; ~ **interval** *n* ACOUSTICS vermindertes Intervall *nt*
diminishing: ~ **stop level** *n* CER & GLAS Verkleinerungsgrenze *f*
dimmed[1] *adj* AUTO, ELEC ENG Abblend- *pref*
dimmed:[2] ~ **headlight** *n BrE (cf dipped headlight AmE)* AUTO Abblendlicht *nt*
dimmer *n* AIR TRANS *lighting* Dimmer *m*, Lichtdämpfungssystem *nt*, Lichtregelsystem *nt*, ELEC ENG, ELECT *for controlling lamp intensity* Dimmer *m*; ~ **cap** *n* AIR TRANS Beleuchtungsdämpferabdeckung *f*, Dimmerabdeckung *f*; ~ **switch** *n* ELEC ENG Abblendschalter *m*, Dimmerschalter *m*, Helligkeitsregler *m*, ELECT Dim-

merschalter *m*

dimple *n* CER & GLAS Krater *m*, METALL Grübchen *nt*, PROD ENG Anbohrung *f*, Sicke *f*, Vertiefung *f*

dimpled: **~ hole** *n* MECHAN ENG Anbohrung *f*

DIN: **~ size** *n (Deutsche Industrie Norm)* PRINT DIN-Format *nt*, DIN-Größe *f*; **~ speed** *n* PHOTO Empfindlichkeit nach DIN *f*

dinas: **~ brick** *n* CER & GLAS Dinasstein *m*

dinghy *n* WATER TRANS *boat* Dingi *nt*, Jolle *f*

dinitro- *pref* CHEMISTRY Dinitro- *pref*

dinitrobenzene *n* CHEMISTRY Dinitrobenzol *nt*

dinitrogen: **~ monoxide** *n* CHEMISTRY Distickstoffmonoxid *nt*; **~ oxide** *n* CHEMISTRY Dinitrogenoxid *nt*

dinitronaphthalene *n* CHEMISTRY Dinitronaphthalin *nt*

dinitrophenol *n* CHEMISTRY Dinitrophenol *nt*, Hydroxydinitrobenzol *nt*

dinitrotoluene *n* CHEMISTRY Dinitrotoluol *nt*

dioctylphthalate *n (DOP)* PLAS Dioctylphthalat *nt (DOP)*

diode *n* AUTO *ignition*, COMP & DP, ELECT, ELECTRON, NUC TECH, PHYS, RAD TECH, TELECOM Diode *f*; **~ alternating-current switch** *n (diac)* ELECTRON Wechselstromdiodenschalter *m*, bidirektionale Triggerdiode *f (Diac)*, RAD TECH bidirektionale Triggerdiode *f (Diac)*; **~ amplifier** *n* ELECTRON Diodenverstärker *m*; **~ array** *n* TELECOM Diodenmatrix *f*; **~ characteristic** *n* ELECTRON Diodenkennlinie *f*; **~-connected transistor** *n* ELECTRON als Diode geschalteter Transistor *m*; **~-connected tube** *n* ELECTRON als Diode geschaltete Röhre *f*; **~ crosspoint** *n* TELECOM Diodenkoppelpunkt *m*; **~ frequency multiplier** *n* ELECTRON Diodenfrequenzvervielfacher *m*; **~ gate** *n* ELECTRON Diodengatter *nt*; **~ laser** *n* ELECTRON Diodenlaser *m*; **~ limiter** *n* ELECTRON Diodenbegrenzer *m*; **~ logic** *n* ELECTRON Diodenlogik *f*; **~ mixer** *n* ELECTRON Diodenmischer *m*; **~ modulation** *n* ELECTRON Diodenmodulation *f*; **~ modulator** *n* ELECTRON Diodenmodulator *m*, Diodenumsetzer *m*; **~ oscillator** *n* ELECTRON Oszillatordiode *f*; **~ phase shifter** *n* ELECTRON Diodenphasenschieber *m*; **~ rectifier** *n* ELECTRON Diodengleichrichter *m*; **~ string** *n* ELECTRON Diodenfolge *f*; **~ suppression** *n* ELECTRON Diodenentstörung *f*; **~ suppressor** *n* ELECTRON Dioden-Entstörbaugruppe *f*; **~ switch** *n* TELEV Diodenschalter *m*; **~ tester** *n* ELECTRON Diodenprüfgerät *nt*; **~ thyristor** *n* ELECTRON Thyristordiode *f*; **~ transistor logic** *n (DTL)* ELECTRON Dioden-Transistor-Logik *f (DTL)*; **~ triode** *n* ELECTRON Diode-Triode *f*; **~ tube** *n* ELECTRON, NUC TECH Röhrendiode *f*; **~ voltage** *n* ELECTRON Diodenspannung *f*

diolefin *n* CHEMISTRY, PET TECH Diolefin *nt*

diopter *n AmE*, **dioptre** *n BrE (dpt)* OPT Dioptrie *f (dpt)*

dioptrics *n* OPT Dioptrik *f*

dioxide *n* CHEMISTRY Dioxid *nt*

dioxoborate *n* CHEMISTRY Dioxoborat *nt*, Metaborat *nt*

dip[1] *adj* PLAS, PROD ENG, WATER TRANS Tauch- *pref*

dip[2] *n* CER & GLAS *of bait in making sheet glass* Eintauchen *nt*, CONST Durchhang *m*, FUELLESS Einfallen *nt*, PET TECH Einfallen *nt*, Fallen *nt*, TEXT Bad *nt*; **~ brazing** *n* CONST, PROD ENG Tauchlöten *nt*; **~ coating** *n* PACK Tauchstreichverfahren *nt*, PLAS Tauchbeschichten *nt*, Tauchbeschichtung *f*, PROD ENG Tauchbeschichten *nt*; **~ freezing** *n* PACK Schnelleinfrieren durch Eintauchen *nt*; **~ of horizon** *n* WATER TRANS *navigation* Kimmtiefe *f*; **~ pick-up** *n* TEXT Aufnahme des Imprägniermittels *f*; **~ selector switch** *n* ELECT *automotive* Scheinwerferabschwächungsschalter *m*; **~ soldering** *n* MECHAN ENG Tauchlötung *f*; **~ switch** *n* AUTO Abblendschalter *m*; **~ test technique** *n* METALL Tauchprobeverfahren *nt*

dip[3] *vt* METALL, PACK eintauchen, PAPER schöpfen, TEXT imprägnieren, tauchen, WATER TRANS *ensign* dippen

DIP: **~ battery** *n (dual-in-line package)* ELEC ENG DIP-Batterie *f*; **~ relay** *n* ELEC ENG DIP-Relais *nt*; **~ switch** *n* ELEC ENG, ELECT DIP-Schalter *m*

dipalmitin *n* CHEMISTRY Dipalmitin *nt*

diphase *adj* ELEC ENG zweiphasig

diphenyl: **~ ether** *n* CHEMISTRY Diphenylether *m*, Phenoxybenzol *nt*; **~ ketone** *n* CHEMISTRY Diphenylketon *nt*

diphenylmethane: **~ diisocyanate** *n (MDI)* PLAS Diphenylmethandiisocyanat *nt (MDI)*

diphthong *n* PRINT Diphthong *m*

dipicrylamin *n* CHEMISTRY Dipikrylamin *nt*, Hexanitrodiphenylamin *nt*

diplexer *n* TELECOM Diplexer *m*, Frequenzweiche *f*

dipole *n* ELEC ENG, ELECT, METALL Dipol *m*, RAD TECH Dipol *m*, TELECOM Dipol *m*; **~ aerial** *n* RADIO, TELECOM, TELEV, WATER TRANS Dipolantenne *f*; **~ antenna** *n* RADIO, TELECOM, TELEV, WATER TRANS Dipolantenne *f*; **~-dipole interaction** *n* RAD PHYS Dipol-Dipol-Wechselwirkung *f*; **~ moment** *n* ELEC ENG, PHYS Dipolmoment *nt*

dipped[1] *adj* AUTO, ELEC ENG Abblend- *pref*

dipped:[2] **~ beam** *n* AUTO Abblendlicht *nt*; **~ electrode** *n* PROD ENG Tauchelektrode *f*; **~ headlight** *n BrE (cf dimmer)* AUTO Abblendlicht *nt*, abgeblendeter Scheinwerfer *m*

dipper: **~ dredge** *n* WATER TRANS Löffelbagger *m*; **~ dredger** *n* WATER TRANS Löffelbagger *m*

dipping *n* PAPER Schöpfen *nt*, PET TECH Einfallen *nt*; **~ method** *n* CONST Tauchverfahren *nt*; **~ process** *n* PACK Tauchlackierung *f*

dipstick *n* AUTO *lubrication* Meßstab *m*, Ölmeßstab *m*

Dirac: **~ constant** *n* PHYS *h-bar* Dirac-Konstante *f*

direct[1] *adj* AIR TRANS, CER & GLAS, COMP & DP, ELECTRON, FUELLESS, NUC TECH, PHOTO, POLL, PROD ENG, RECORD, SPACE Direkt- *pref*, direkt, TELECOM Direkt- *pref*, direkt, unmittelbar, TRANS Direkt- *pref*, direkt, WATER SUP Direkt- *pref*, direkt, unmittelbar; **~-coupled** *adj* COMP & DP direktgekuppelt, ELECT direktgekoppelt, direktgekuppelt, gleichstromgekoppelt

direct:[2] **~ access** *n* COMP & DP Direktzugriff *m*, ELEC ENG Direktzugriff *m*; **~ access memory** *n* ELEC ENG Direktzugriffsspeicher *m*; **~ access storage** *n* COMP & DP Direktzugriffsspeicher *m*; **~ AC converter** *n* ELECT direkter AC-Umformer *m*; **~-acting overhead camshaft** *n* AUTO direktwirkende obenliegende Nockenwelle *f*; **~-acting overhead camshaft engine** *n (DOHC engine)* AUTO Querstromkopfmotor *m (DOHC-Motor)*; **~-acting pump** *n* WATER SUP direkt angetriebene Pumpe *f*; **~-action pump** *n* WATER SUP direkt angetriebene Pumpe *f*; **~ address** *n* COMP & DP absolute Adresse *f*, ELECTRON direkte Adresse *f*; **~ addressing** *n* COMP & DP direkte Adressierung *f*; **~ arc furnace** *n* PROD ENG direkter Lichtbogenofen *m*; **~ breakthrough** *n* NUC TECH direkter Durchbruch *m*; **~ broadcasting by satellite** *n* TELECOM direkte Rundfunkübertragung über Satellit *f*; **~ broadcast satellite** *n* SPACE *spacecraft* Rundfunksatellit für Direktempfang *m*; **~ broadcast satellite** *n* TELEV

Direktrundfunksatellit *m*; ~ **casting** *n* PROD ENG fallendes Gießen *nt*; ~ **cell** *n* AUTO direkte Brennstoffzelle *f*; ~ **cold hydrogen cell** *n* AUTO direkte Kaltwasserstoffbrennstoffzelle *f*; ~ **component** *n* ELECT direkte Komponente *f*; ~ **control** *n* *(DC)* MECHAN ENG Direktsteuerung *f*; ~ **conversion** *n* FUELLESS Direktumwandlung *f*; ~**-coupled amplifier** *n* ELECTRON galvanisch gekoppelter Verstärker *m*; ~**-coupled transistor logic** *n* *(DCTL)* ELECTRON direktgekoppelte Transistorlogik *f (DCTL)*; ~ **coupling** *n* ELEC ENG galvanische Kopplung *f*, ELECT Direktkopplung *f*, Gleichstromkopplung *f*, ELECTRON galvanische Kopplung *f*, FUELLESS direkte Kupplung *f*; ~ **current** *n* CER & GLAS *of flow of glass in furnace* Direktstrom *m*, COMP & DP *(DC)*, ELEC ENG *(DC)*, ELECT *(DC)*, PHYS *(DC)*, PROD ENG *(DC)*, RAD TECH *(DC)*, RAIL *(DC)*, RECORD *(DC)*, TELECOM *(DC)*, TELEV *(DC)* Gleichstrom *m (GS)*; ~**-current component** *n* ELECT, TELECOM Gleichstromkomponente *f*; ~**-current converter** *n* TELECOM Gleichspannungswandler *m*, Gleichstromkonverter *m*; ~**-current coupler** *n* *(DCC)* TELECOM Gleichstromkoppler *m*; ~**-current distortion** *n* NUC TECH Gleichstromverzerrung *f*; ~**-current generator** *n* ELECT Gleichstromdynamo *m*, Gleichstromgenerator *m*; ~**-current motor** *n* ELEC ENG, ELECT, PHYS, PROD ENG Gleichstrommotor *m*; ~**-current network** *n* ELEC ENG Gleichstromnetz *nt*, Gleichstromnetzwerk *nt*, ELECT Gleichstromnetz *nt*; ~**-current potentiometer** *n* ELECT Gleichstromkompensator *m*, Gleichstrompotentiometer *nt*; ~**-current relay** *n* ELEC ENG, ELECT Gleichstromrelais *nt*; ~**-current supply** *n* ELEC ENG Gleichstromquelle *f*, Gleichstromversorgung *f*, ELECT Gleichstromversorgung *f*; ~**-current traction motor** *n* TRANS Gleichstrom-Zugförderungsmotor *m*; ~**-current transformer** *n* ELECT Gleichstromwandler *m*; ~ **data entry** *n* *(DDE)* COMP & DP direkte Dateneingabe *f*, direkter Dateneintrag *m (DDE)*; ~ **dc converter** *n* ELECT Gleichstromdirektumformer *m*; ~**-debit payment** *n* TELECOM Zahlung im Einzugsverfahren *f*; ~ **dialling-in** *n BrE (cf direct inward dialing AmE) (DDI BrE)* TELECOM direkte Einwahl *f*; ~ **digital control** *n* COMP & DP direkte Digitalsteuerung *f*; ~ **distance dialing** *n AmE* (DDD AmE) (cf subscriber trunk dialling BrE) TELECOM Selbstwählferndienst *m (SWFD)*; ~ **distance-dialing access code** *n AmE (cf subscriber trunk-dialling access code BrE)* TELECOM Fernwahlzugangskennzahl *f*; ~ **drive** *n* AUTO *gearbox* Direktantrieb *m*, direkter Gang *m*, MECHAN ENG Direktantrieb *m*; ~ **drive propeller** *n* AIR TRANS direkt angetriebener Propeller *m*, direkt wirkender Propeller *m*; ~ **duplicating film** *n* PHOTO Direkt-Duplikatfilm *m*; ~ **dyestuff** *n* TEXT Direktfarbstoff *m*, Substantivfarbstoff *m*; ~ **electron beam writing** *n* ELECTRON direkte Elektronenstrahl-Belichtung *f*; ~ **energy conversion** *n* ELEC ENG direkte Energieumwandlung *f*; ~ **extrusion** *n* MECHAN ENG Vorwärtsfließpressen *nt*; ~ **file** *n* COMP & DP Datei für den Direktzugriff *f*, direkte Datei *f*; ~ **flight** *n* AIR TRANS Direktflug *m*; ~ **frequency modulation** *n* ELECTRON Direktfrequenzmodulation *f*; ~ **frequency synthesis** *n* ELECTRON Direktfrequenzsynthese *f*; ~ **frequency synthesizer** *n* ELECTRON Direktfrequenzgenerator *m*; ~ **hydrogen-oxygen cell** *n* TRANS direkte Wasserstoff-Sauerstoff-Brennstoffzelle *f*; ~ **injection** *n* AUTO, MECHAN ENG Direkteinspritzung *f*; ~ **injection engine** *n* TRANS Zylindereinspritzmotor *m*; ~ **input** *n* ELECTRON Direkteingabe *f*; ~ **interception** *n* POLL direktes Auffangen *nt*; ~ **inward dialing** *n AmE (cf direct distance dialling BrE)*, TELECOM direkte Einwahl *f*; ~ **light** *n* PHOTO direktes Licht *nt*; ~ **line** *n* TELECOM Direktleitung *f*; ~ **loudspeaker** *n* ACOUSTICS trichterloser Lautsprecher *m*; ~ **maintenance** *n* NUC TECH *by manual means* unmittelbare manuelle Wartung *f*; ~ **memory access** *n* *(DMA)* COMP & DP Direkt-Speicherzugriff *m*, direkter Speicherzugriff *m (DMA)*, RAD TECH Speicherdirektzugriff *m*; ~ **methanol air cell** *n* TRANS direktes Methylalkohol-Luftsauerstoffelement *nt*; ~ **modulation** *n* ELECTRON Direktmodulation *f*; ~ **orbit** *n* SPACE direkte Umlaufbahn *f*; ~ **output** *n* ELECTRON Direktausgabe *f*; ~ **outward dialing** *n AmE*, ~ **outward dialling** *n BrE* TELECOM Einwahl ins Netz *f*, Netzeinwahl *f*; ~ **overcurrent release** *n* ELECT direkte Überstromauslösung *f*; ~ **pattern generation** *n* ELECTRON Direktmustererzeugung *f*; ~ **photonuclear effect** *n* NUC TECH *reaction* direkter Kernfotoeffekt *m*, fotonuklearer Effekt *m*; ~ **piezoelectric effect** *n* ELEC ENG direkter Piezoeffekt *m*; ~ **poisoning** *n* POLL direkte Verseuchung *f*; ~ **radial** *n* OPT *ray passing through centre of aperture* Radialstrahl *m*; ~ **radiation** *n* FUELLESS direkte Strahlung *f*; ~ **rail fastening** *n* RAIL unmittelbare Schienenbefestigung *f*; ~ **read-after-write** *n* OPT Unmittelbar-Lese-nach-Schreib-Platte *f*; ~ **reading** *n* MECHAN ENG Direktablesung *f*; ~**-reading instrument** *n* ELECT direktanzeigendes Meßinstrument *nt*, INSTR direktanzeigendes Instrument *nt*, direktanzeigendes Meßgerät *nt*, direktanzeigendes Meßinstrument *nt*; ~ **recording** *n* RECORD unmittelbare Schallaufzeichnung *f*; ~ **roving** *n* CER & GLAS direktes Spinnen von Glasseidensträngen *nt*; ~ **satellite broadcasting** *n* TELEV Direktsatellitenrundfunk *m*; ~ **sound level** *n* RECORD direkter Schallpegel *m*; ~ **starting** *n* ELECT *electric motor* Direktanlassen *nt*; ~ **strand cable** *n* OPT unmittelbare Litzenleitung *f*; ~ **stress** *n* MECHAN ENG Normalspannung *f*; ~**-suction skimmer** *n* MAR POLL Saugabschöpfgerät *nt*; ~ **view storage tube** *n* ELECTRON Direktsichtbildröhre *f*; ~**-vision prism** *n* PHYS Amici-Prisma *nt*, Geradsichtprisma *nt*; ~**-voltage regulation** *n* ELECT Gleichstromregelung *f*; ~**-write electron beam** *n* ELECTRON Elektronenstrahl für Direktbelichtung *m*; ~ **writing** *n* ELECTRON Direktbelichtung *f*, Direktschreiben *nt*

direct[3] *vt* ELECTRON richten, TELECOM *traffic* lenken

directed: ~**-beam display** *n* ELECTRON Richtstrahlanzeige *f*; ~ **graph** *n* ART INT Digraph *m*, gerichteter Graph *m*

directing *n* ELECTRON *signals* Richten *nt*

direction *n* SAFETY *pulley* Richtung *f*; ~ **of action** *n* IND PROCESS Wirkungsrichtung *f*; ~ **of chip flow** *n* PROD ENG Spanabflußrichtung *f*; ~ **commutator** *n* ELECT Richtungskommutator *m*; ~ **finder** *n* *(DF)* AIR TRANS Peilgerät *nt*, WATER TRANS Funkpeiler *m*; ~ **finder antenna** *n* TRANS Peilantenne *f*; ~ **finding** *n* *(DF)* PHYS *radar* Richtungspeilung *f*, RAD TECH Peilen *nt*, TELECOM Peilung *f*; ~**-finding receiver** *n* RAD TECH, TELECOM, WATER TRANS Peilempfänger *m*; ~ **indicator** *n* AUTO Blinker *m*, Fahrtrichtungsanzeiger *m*; ~ **of lay** *n* ELECT *cable manufacture* Drallrichtung *f*; ~ **of motion** *n* MECHAN ENG Bewegungsrichtung *f*; ~ **of projection** *n* GEOM Projektionsrichtung *f*; ~ **sign** *n* CONST Richtungsschild *nt*; ~ **switch** *n* ELECT Richtungsschalter *m*; **~ of traffic** *n* RAIL Verkehrsrichtung *f*; **~ of twist** *n* TEXT Drallrichtung *f*

directional: **~ aids** *n pl* TRANS Spurbenutzungshilfen *f pl*; **~ antenna** *n* SPACE, TELECOM, TELEV Richtantenne *f*; **~ array** *n* RAD TECH *antenna* Richtantenne *f*; **~ beam** *n* ELECTRON, TELECOM Richtstrahl *m*; **~-beam transmitter** *n* TELEV Richtsender *m*; **~ census** *n* TRANS Spurbenutzungszählung *f*; **~ characteristic** *n* RECORD *of microphone* Aufnahmecharakteristik *f*; **~ coupler** *n* ELEC ENG Richtkoppler *m*, OPT Richtkoppler *m*, Richtungskoppler *m*, PHYS, TELECOM Richtkoppler *m*; **~ coupling** *n* ELEC ENG Richtkopplung *f*; **~ detector** *n* TRANS Richtfunkortungsgerät *nt*; **~ diagram** *n* INSTR Richtcharakteristik *f*; **~ drilling** *n* PET TECH Richtbohren *nt*; **~ element** *n* IND PROCESS gerichtetes Glied *nt*; **~ filter** *n* ELECTRON *branching filter*, TELECOM Richtungsweiche *f*; **~ gyro** *n* AIR TRANS Flugbahnkurskreisel *m*, TRANS Richtkreisel *m*; **~ loudspeaker** *n* ACOUSTICS Lautsprecher mit Richtwirkung *m*, gerichteter Lautsprecher *m*; **~ microphone** *n* ACOUSTICS, RECORD Richtmikrofon *nt*; **~ relay** *n* ELEC ENG Richtrelais *nt*, ELECT richtungsempfindliches Relais *nt*; **~ response** *n* ELECTRON Richtcharakteristik *f*; **~ selectivity** *n* TELEV Richtwirkung *f*; **~ stability** *n* AIR TRANS Kursstabilität *f*, SPACE *spacecraft* Richtungsstabilität *f*; **~ well** *n* PET TECH gerichtete Bohrung *f*

directionality *n* PROD ENG Anisotropie *f*, Richtwirkung *f*; **~ factor** *n* FUELLESS Bündelungsfaktor *m*

directions: **~ for use** *n pl* PACK Gebrauchsanweisungen *f pl*

directive *n* COMP & DP Anweisung *f*, Übersetzungsanweisung *f*; **~ array** *n* RAD TECH Antenne mit Richtwirkung *f*

directivity *n* RAD TECH, SPACE *communications* Richtwirkung *f*; **~ factor** *n* ACOUSTICS *(Di)* Richtfaktor *m*, Richtungsfaktor *m*; **~ index** *n* ACOUSTICS *(Di)* Richtungsmaß *(Di) nt*, ACOUSTICS *(Di)* Richtwirkungsindex *m (Di)*; **~ pattern** *n* ACOUSTICS Richtcharakteristik *f*, Richtdiagramm *nt*

directly:[1] **~-earthed** *adj* ELEC ENG direkt geerdet

directly:[2] **~-heated cathode** *n* ELEC ENG direktgeheizte Kathode *f*

director *n* SPACE *part of antenna* Direktor *m*, Richtantrieb *m*

directory *n* COMP & DP Verzeichnis *nt*; **~ control system** *n* TELECOM Verzeichnissteuersystem *nt*; **~ enquiries** *n pl* TELECOM Auskunftsdienste *m pl*, Fernsprechauskunft *f*; **~ number** *n* TELECOM Rufnummer *f*; **~ store** *n* TELECOM Verzeichnisspeicher *m*

dirt *n* AUTO, PROD ENG, WASTE Schmutz *m*

dirty: **~-water pump** *n* NUC TECH Schmutzwasserpumpe *f*

disability *n* ERGON Leistungsminderung *f*

disable:[1] **~ time** *n* NUC TECH Abschaltzeit *f*

disable[2] *vt* COMP & DP ausschalten, inaktivieren, sperren, ELEC ENG abschalten

disabled[1] *adj* CONTROL außer Kraft gesetzt, gesperrt, TELECOM *equipment* abgeschaltet, außer Betrieb

disabled:[2] **~ aircraft removal** *n* AIR TRANS *airport* Entfernung bewegungsunfähiger Lutfahrzeuge *f*

disambiguation *n* ART INT Vereindeutigung *f*

disappearing: **~ filament pyrometer** *n* PHYS Glühfadenpyrometer *nt*

disarmed: **~ state** *n* COMP & DP Inaktivierung *f*

disassemble *vt* MECHAN ENG demontieren, zerlegen

disassembler *n* COMP & DP Disassemblierer *m*, Rückassemblierer *m*

disassembly *n* MECHAN ENG Demontage *f*, Zerlegen *nt*

disc:[1] **~-cam-operated** *adj BrE* PROD ENG *kinematics* mit Kurvenscheibensteuerung, nockengesteuert

disc[2] *n BrE* MECHAN ENG Scheibe *f*, PROD ENG Scheibenrad *nt*, Stammblatt *nt*, *plastic valves* Platte *f*, RECORD *phone* Platte *f* **~ anode** *n BrE* TELEV Scheibenanode *f*; **~ antenna** *n BrE* TELECOM Scheibenantenne *f*; **~ area** *n BrE* AIR TRANS *helicopter* Rotorfläche *f*; **~ armature** *n BrE* ELEC ENG Scheibenanker *m*, Scheibenläufer *m*, ELECT *electrical machine* Scheibenanker *m*; **~ bit** *n BrE* PET TECH Scheibenbohrmeißel *m*; **~ blade** *n BrE* PROD ENG Schneidrad *nt*; **~ brake** *n* AUTO *BrE brake system*, MECHAN ENG *BrE*, MECHANICS *BrE* Scheibenbremse *f*, PROD ENG *BrE* Scheibenbremse *f*, Wirbelstrombremse *f*, RAIL *BrE* Scheibenbremse *f*; **~ brake calliper** *n BrE* RAIL Sattel der Scheibenbremse *m*; **~ brake pad** *n BrE* AUTO Scheibenbremsenbelag *m*; **~ braking system** *n BrE* CONST Scheibenbremsanlage *f*; **~ cam** *n BrE* MECHAN ENG Kurvenscheibe *f*, Nockenscheibe *f*, PROD ENG *kinematics* Kurvenscheibe *f*, Nocke *f*, Nutenscheibe *f*; **~ cam mechanism** *n BrE* PROD ENG *kinematics* Kurvenscheibengetriebe *nt*; **~-cam-operated screw machine** *n BrE* PROD ENG nockengesteuerter Automat *m*; **~ capacitor** *n BrE* ELEC ENG Plattenkondensator *m*, Scheibenkondensator *m*; **~ centre wheel** *n BrE* AUTO Scheibenrad *nt*; **~ clutch** *n BrE* AUTO, MECHAN ENG, MECHANICS, PROD ENG Scheibenkupplung *f*; **~ cutting** *n BrE* PROD ENG Trennen *nt*; **~-ended boiler** *n BrE* HYD EQUIP Kessel mit Klöpperböden *m*; **~ feeder** *n BrE* PROD ENG Tellerbeschicker *m*; **~ filter** *n BrE* COAL TECH Spaltölfilter *nt*; **~ grinder** *n BrE* CER & GLAS Trennschleifmaschine *f*, PROD ENG Schleifmaschine *f*; **~ grinding** *n BrE* CER & GLAS Trennschleifen *nt*; **~ loading** *n BrE* AIR TRANS Rotorflächenbelastung *f*; **~ mastering** *n BrE* OPT Mastern von Platten *nt*; **~ mill** *n BrE* COAL TECH Tellermühle *f*, FOOD TECH Scheibenmühle *f*; **~ piston** *n BrE* HYD EQUIP Scheibenkolben *m*; **~ polishing** *n BrE* CER & GLAS Scheibenpolieren *nt*; **~ recorder** *n BrE* ACOUSTICS Schallplattenaufnahmegerät *nt*, ELECT Plattenrecorder *m*, Scheibenrekorder *m*; **~ sanding machine** *n BrE* MECHAN ENG Scheibenschleifmaschine *f*, Tellerschleifer *m*; **~-seal tube** *n BrE* ELECTRON *lighthouse tube* Scheibentriode *f*; **~ and seating** *n BrE* PROD ENG *plastic valves* Ventilteller mit Dichtungsring *m*; **~ signal** *n BrE* RAIL Scheibensignal *nt*; **~ skimmer** *n BrE* MAR POLL Scheibenabschöpfgerät *nt*, POLL Scheibenabschöpfer *m*; **~ spring** *n BrE* MECHAN ENG Tellerfeder *f*; **~ tube** *n BrE* ELECTRON Scheibenröhre *f*; **~ valve** *n BrE* HYD EQUIP, MECHAN ENG Tellerventil *nt*; **~ wheel** *n BrE* MECHAN ENG Scheibenrad *nt*; **~ winding** *n BrE* ELEC ENG Scheibenwicklung *f*, ELECT Flachwicklung *f*; **~-wire-type mechanical filter** *n BrE* RECORD mechanisches Filter mit Scheibendraht *nt*

discard[1] *n* MECHANICS Ausschuß *m*

discard[2] *vt* MECHAN ENG verwerfen

discharge[1] *n* COAL TECH Austrag *m*, ELEC ENG, ELECT Entladung *f*, HEAT & REFRIG Auslaß *m*, Ausströmpref, Ausströmen *nt*, Austritt *m*, MAR POLL Einleiten *nt*, Einleitung *f*, MECHAN ENG *action of pump* Förderung *f*, *of material* Entnahme *f*, *output of pump* Förderleistung *f*, Fördermenge *f*, NUC TECH *of pump, compressor or blower* Ausstoß *m*, PHYS Entladung *f*, POLL *sewage* Einleitung *f*, PROD ENG Beaufschlagung *f*, Fördermenge *f*, TELECOM Entladung *f*, Überschlag *m*, WASTE Einleitung *f*, Freisetzung *f*, WATER SUP Einleiten *nt*, Einleitung *f*, *of stream, weir* Abfluß *m*, Ausfluß *m*, *volume flow rate* Abflußmenge *f*, Durchflußrate *f*; **~ at sea** *n* MAR POLL, POLL Verklappung auf See *f*; **~ canal** *n* WATER SUP Ableitungskanal *m*; **~ capacitor** *n* ELEC ENG Entladekondensator *m*; **~ capacity** *n* HEAT & REFRIG Förderleistung *f*; **~ circuit** *n* ELEC ENG Entladekreis *m*, Entladeschaltung *f*, Entladungskreis *m*; **~ coefficient** *n (C)* FUELLESS Schüttkoeffizient *m (C)*, HYD EQUIP Ausflußkoeffizient *m*, Durchflußkoeffizient *m (C)*; **~ current** *n* ELEC ENG Entladestrom *m*, ELECT Entladungsstrom *m*; **~ direction** *n* HEAT & REFRIG Förderrichtung *f*; **~ flume** *n* WATER SUP Entlastungsgerinne *nt*; **~ head** *n* MECHAN ENG Förderhöhe *f*, NUC TECH Austrittshöhe *f*, PROD ENG, WATER SUP *of pump* Förderhöhe *f*; **~ lamp** *n* ELEC ENG Entladungslampe *f*; **~ lift** *n* WATER SUP *pumping* Abflußrohr *nt*; **~ microphone** *n* RECORD Entladungsmikrofon *nt*; **~ nozzle** *n* NUC TECH *of pump, fan* Ausstoßdüse *f*; **~ pipe** *n* WATER SUP *of pump* Abflußrohr *nt*; **~ pond** *n* NUC TECH *for spent fuel elements* Abklingteich *m*; **~ pressure** *n* HEAT & REFRIG Ausströmdruck *m*, MECHAN ENG *of compressor* Verdichtungsdruck *m*; **~ printing** *n* TEXT Ätzdruck *m*; **~ regulator** *n* FUELLESS Abflußregler *m*, SPACE *spacecraft* Entladeregler *m*; **~ resistance** *n* ELECT *quantity* Entladungswiderstand *m*; **~ resistor** *n* ELECT *element* Entladungswiderstand *m*; **~ side** *n* MECHAN ENG Abgabeseite *f*, Förderseite *f*, PROD ENG Druckseite *f*, Förderseite *f*; **~ sluice** *n* WATER SUP Entlastungsschleuse *f*; **~ system** *n* WASTE Einleitungsanlage *f*; **~ temperature** *n* HEAT & REFRIG Auslaßtemperatur *f*, PHYS, THERMODYN Auslaßtemperatur *f*, Druckrohrtemperatur *f*; **~ tube** *n* ELECTRON *glow lamp*, PHYS Entladungsröhre *f*; **~ valve** *n* HEAT & REFRIG Auslaßventil *nt*, Druckventil *nt*, HYD EQUIP Ablaßventil *nt*, Ausflußventil *nt*, MECHAN ENG Auslaßventil *nt*

discharge[2] *vt* HEAT & REFRIG abfördern, ausströmen lassen, austreten lassen, MECHAN ENG entladen, liefern, POLL ablassen, WATER TRANS *cargo* löschen, *crew* abmustern

discharge[3] *vi* HEAT & REFRIG austreten

discharging: **~ arch** *n* CONST *masonry* Entlastungsbogen *m*; **~ station** *n* AIR TRANS Entladestation *f*

disclosure: **~ of the invention** *n* PAT Darstellung der Erfindung *f*, Offenbarung der Erfindung *f*

discoloration *n AmE*, **discolouration** *n BrE* CER & GLAS Mißfärbung *f*, PLAS *defect* Verfärbung *f*

discone *n* RAD TECH *antenna* Doppelkonusantenne *f*

disconnect:[1] **~ relay** *n* ELEC ENG Trennrelais *nt*; **~ rod** *n* NUC TECH *of control rod drive mechanism* Abkopplung *f*

disconnect[2] *vt* COMP & DP abschalten, abziehen, ausschalten, CONTROL abklemmen, abkoppeln, abtrennen, ELEC ENG abklemmen, abschalten, ausschalten, trennen, ELECT *from circuit*, MECHAN ENG trennen, TELECOM *equipment* abklemmen, abschalten, trennen

disconnecting *n* TRANS *uncoupling* Ausrücken *nt*; **~ switch** *n* ELEC ENG, ELECT Trennschalter *m*

disconnection *n* ELEC ENG Abschaltung *f*, Ausschaltung *f*, Trennung *f*, Unterbrechung *f*, MECHAN ENG Trennung *f*, TELECOM Abbruch *m*

discontinued: **~ approach** *n* AIR TRANS abgebrochener Anflug *m*

discontinuous: **~ amplifier** *n* ELECTRON unstetiger Verstärker *m*; **~ glide** *n* METALL nicht zusammenhängendes Gleiten *nt*; **~ spectrum** *n* RAD PHYS Linienspektrum *nt*

discordance *n* ACOUSTICS Dissonanz *f*, Mißklang *m*, RAD TECH Dissonanz *f*

discourse: **~ understanding** *n* ART INT Verstehen einer zusammenhängenden Rede *nt*

discrepancy *n* QUAL Abweichung *f*

discrete[1] *adj* COMP & DP, ELECTRON, QUAL, TELECOM diskret

discrete:[2] **~ amplifier** *n* ELECTRON diskreter Verstärker *m*; **~ bipolar transistor** *n* ELECTRON diskreter Bipolar-Transistor *m*; **~ capacitor** *n* ELEC ENG Einzelkondensator *m*; **~ channel** *n* TELECOM diskreter Kanal *m*; **~ characteristic** *n* QUAL diskretes Merkmal *nt*; **~ component** *n* ELEC ENG Einzelbauelement *nt*, TELECOM diskretes Bauelement *nt*; **~ filter** *n* ELECTRON diskretes Filter *m*; **~ Fourier transform** *n (DFT)* ELECTRON diskrete Fourier-Transform-Technik *f*, diskrete Fourier-Transformation *f*; **~ frequency** *n* ELECTRON definierte Frequenz *f*; **~ power component** *n* ELEC ENG Einzelstromelement *nt*; **~ resistor** *n* ELEC ENG Einzelwiderstand *m*; **~ semiconductor device** *n* ELECTRON diskretes Halbleiterbauelement *nt*; **~ signal** *n* ELECTRON Digitalsignal *nt*, diskretes Signal *nt*

discriminating: **~ circuit-breaking** *n* ELECT selektive Stromunterbrechung *f*; **~ protective system** *n* ELECT selektives Schutzsystem *nt*; **~ relay** *n* ELECT selektives Relais *nt*; **~ satellite exchange** *n* TELECOM Teilamt mit Überbrückungsverkehr *nt*

discrimination *n* ELECTRON *radio locating* Auflösungsvermögen *nt*, ERGON Diskrimination *f*, Unterscheidung *f*, Unterscheidungsvermögen *nt*; **~ loss** *n* ERGON Verlust des Unterscheidungsvermögens *m*

discriminator *n* ELECTRON *decision circuit*, RAD TECH *circuit*, TELECOM, TELEV Diskriminator *m*

disembark[1] *vt* WATER TRANS *passengers* ausschiffen

disembark[2] *vi* WATER TRANS *passengers* von Bord gehen

disembarkation *n* WATER TRANS *of passengers* Ausschiffung *f*

disengage *vt* MECHAN ENG lösen, MECHANICS abkuppeln, ausklinken, ausrücken, PROD ENG außer Eingriff bringen

disengagement *n* AUTO Auskuppeln *nt*

disengaging *n* MECHAN ENG Ausrück- *pref*; **~ lever** *n* MECHAN ENG *machine tool* Ausrückhebel *m*

dish[1] *n* CER & GLAS *for roller in manufacture of rolled plate*, PHOTO Schale *f*, RAD TECH *antenna reflector* Schüssel *f*; **~ aerial** *n* TELECOM Parabolantenne *f*; **~ antenna** *n* SPACE Antennenschüssel *f*; **~ heater** *n* PHOTO Schalenwärmer *m*; **~ rocker** *n* PHOTO Schalenschaukel *f*; **~ thermometer** *n* PHOTO Schalenthermometer *nt*

dish[2] *vt* PROD ENG durchpoltern, hohlschleifen, kümpeln, tiefziehen

dished[1] *adj* MECHAN ENG gewölbt, MECHANICS hohlgeschliffen, PROD ENG gekümpelt, hohlflächig, tiefgezogen

dished:[2] **~ bottom** *n* NUC TECH *of pressure vessel* gekümpelter Boden *m*; **~ head** *n* MECHANICS gewölbter Boden *m*

dishing *n* MECHAN ENG *of sheet metal* Kümpeln *nt*; **~ shallow depression** *n* NUC TECH *of fuel pellets* flache Kümpelvertiefung *f*

dishpan *n* TELEV Parabolreflektor *m*
disilane *n* CHEMISTRY Disilan *nt*, Disilicoethan *nt*
disilicate *n* CHEMISTRY Disilikat *nt*
disinfect *vt* SAFETY desinfizieren
disinfectant *n* SAFETY Desinfektionsmittel *nt*
disinfection *n* WATER SUP Desinfektion *f*
disinfest *vt* SAFETY entseuchen
disintegrate[1] *vt* PACK zersetzen
disintegrate[2] *vi* PACK zerfallen
disintegration: ~ **energy** *n (Q)* NUC TECH Zerfallsenergie *f (Q)*
disintegrator *n* FOOD TECH Desintegratormühle *f*, Schleudermühle *f*, Zerkleinerungsgerät *nt*
disinternment: ~ **of waste** *n* NUC TECH Abfallausgrabung *f*, Abfallrückholung *f*
disjoined: ~ **pitches** *n pl* ACOUSTICS nicht überlappende Tonhöhen *f pl*
disjoint:[1] ~ **sets** *n pl* MATH *having no common member* disjunkte Mengen *f pl*, elementfremde Mengen *f pl*
disjoint[2] *vt* MECHAN ENG trennen
disjunction *n* COMP & DP *OR operation* Disjunktion *f*
disk:[1] ~**-resident** *adj* COMP & DP plattenresident; ~**-cam-operated** *adj AmE, see disc-cam-operated BrE*
disk[2] *n AmE see disc BrE*
disk[3] *n* COMP & DP *floppy or fixed* Diskette *f*, Festplatte; ~ **cartridge** *n* COMP & DP *removable* Plattencassette *f*; ~ **drive** *n* COMP & DP *floppy or fixed* Laufwerk *nt*, Plattenlaufwerk *nt*; ~ **file** *n* COMP & DP *fixed* Plattendatei *f*; ~ **operating system**® *(DOS®)* n COMP & DP Plattenbetriebssystem *nt*; ~ **pack** *n* COMP & DP *removable* Plattencassette *f*; ~ **sector** *n* COMP & DP *fixed* Plattenbereich *m*, Plattensektor *m*; ~ **space** *n* COMP & DP *floppy or fixed* Plattenplatz *m*, Plattenspeicher *m*, *Diskettenplatz m*, Diskettenspeicher *m*; ~ **storage** *n* COMP & DP *floppy or fixed* Plattenplatz *m*, Plattenspeicher *m*, Diskettenplatz *m*, Diskettenspeicher *m*; ~ **store** *n* COMP & DP *floppy or fixed* Plattenplatz *m*, Plattenspeicher *m*, Diskettenplatz, *m*, Diskettenspeicher *m*; ~ **unit** *n* COMP & DP *hard disk* Plattenlaufwerk *nt*, Platteneinheit *f*
diskette *n* COMP & DP Diskette *f*, PRINT Diskette *f*, Floppy *f* ~ **drive** *n* COMP & DP Diskettenlaufwerk *nt*
dislocation: ~ **annihilation** *n* METALL Versetzungsannihilation *f*; ~ **core** *n* METALL Versetzungskern *m*; ~ **debris** *n* METALL Versetzungsschutt *m*; ~ **density** *n* METALL Versetzungsdichte *f*; ~ **junction** *n* METALL Versetzungsverbindung *f*; ~ **kink** *n* METALL Versetzungsknickung *f*; ~ **velocity** *n* METALL Versetzungsgeschwindigkeit *f*
dislodge *vt* CONST verrücken
dismantle *vt* CONST abbauen, abrüsten, demontieren, entschalen, MECHAN ENG *plant* demontieren, PROD ENG *plastic valves* ausbauen
dismantling *n* MECHAN ENG Demontage *f*, NUC TECH *of fuel assembly* Zerlegung *f*; ~ **chamber** *n* CONST Rückbaukammer *f*
dismast *vt* WATER TRANS *ship* entmasten
dismount *vt* MECHAN ENG abbauen, demontieren, zerlegen
disodium: ~ **tetraborate decahydrate** *n* CHEMISTRY Borax *m*, Dinatriumtetraborat-Dekahydrat *nt*
disorder *n* METALL Störung *f*, Unordnung *f*
disordered *adj* PROD ENG fehlgeordnet
disorientation *n* ERGON Desorientierheit *f*, Desorientierung *f*, Verwirrung *f*, METALL Desorientierheit *f*
disparaging: ~ **statements** *n pl* PAT herabsetzende Äußerungen *f pl*
dispatch: ~ **drawing** *n* ENG DRAW Versandzeichnung *f*
dispatcher *n* AUTO *oil*, COMP & DP Dispatcher *m*, RAIL Streckenfahrdienstleiter *m*
dispenser *n* FOOD TECH Abfüllvorrichtung *f*, Spender *m*, Verteiler *m*, LAB EQUIP Spender *m*, PACK Ausschankgerät *nt*, Spender *m*; ~ **cathode** *n* ELEC ENG Vorratskathode *f*
dispensing: ~ **glass** *n* CER & GLAS Vorratsglas *nt*; ~ **machine** *n* PACK Automat *m*; ~ **scale** *n* INSTR Abfüllwaage *f*
dispersant *n* MAR POLL Dispergator *m*, Dispergens *nt*, Dispersant *nt*, Dispersionsmittel *nt*, PET TECH Dispergens *nt*, PLAS Dispergiermittel *nt*, Dispersionsmittel *nt*, POLL Dispergens *nt*, Dispersant *nt*, PROD ENG Dispersant *nt*; ~ **spraying** *n* MAR POLL Versprühen *nt*
disperse: ~ **dyestuff** *n* TEXT Dispersionsfarbstoff *m*; ~ **phase** *n* POLL disperse Phase *f*
dispersed: ~ **system** *n* TELECOM verteiltes System *nt*
dispersing: ~ **agent** *n* COAL TECH Dispergierungsmittel *nt*, FOOD TECH Dispergiermittel *nt*, MAR POLL Dispergator *m*, Dispergens *nt*, Dispersant *nt*, Dispersionsmittel *nt*, PLAS *pigments, polymers* Dispergiermittel *nt*, Dispersionsmittel *nt*, POLL Dispergens *nt*, Dispersant *nt*; ~ **equipment** *n* MAR POLL Dispersionseinrichtung *f*
dispersion *n* CHEM ENG Dispersion *f*, Feinverteilen *nt*, COAL TECH Dispersion *f*, Zerstreuung *f*, COATINGS Dispersion *f*, Verteilung von festen Partikeln in der Flüssigkeit *f*, COMP & DP *variation*, ELECT *of light*, PHYS, PLAS Dispersion *f*, QUAL, RAD PHYS Streuung *f*, TELECOM Dispersion *f*, Streuung *f*, WAVE PHYS Dispersion *f*; ~ **agent** *n* NUC TECH Dispersionsmittel *nt*; ~ **coefficient** *n* CHEM ENG Streufaktor *m*; ~ **of colors** *n AmE*, ~ **of colours** *n BrE* PHYS, WAVE PHYS Dispersion von Farben *f*; ~**-cooled reactor** *n* NUC TECH *of pressure vessel* dispersionsgekühlter Reaktor *m*; ~ **equation** *n* PHYS, WAVE PHYS Dispersionsgleichung *f*; ~ **fuel** *n* NUC TECH *of pressure vessel* dispergierter Brennstoff *m*; ~ **hardening** *n* METALL Aushärtung *f*, Dispersionshärtung *f*; ~ **kneader** *n* CHEM ENG Dispersionskneter *m*; ~ **limit** *n* QUAL Streugrenze *f*; ~ **medium** *n* PHYS Dispersionsmedium *nt*; ~ **relation** *n* WAVE PHYS Dispersionsrelation *f*
dispersive: ~ **delay line** *n* ELECTRON, RAD TECH dispergierende Laufzeitkette *f*; ~ **medium** *n* CHEM ENG Dispergens *nt*, Dispergiermittel *nt*; ~ **power** *n* PHYS Streuvermögen *nt*, Zerstreuungsvermögen *nt*
dispersivity *n* CHEM ENG Dispersion *f*
dispersoid *n* CHEM ENG Dispersoid *nt*
displace *vt* CONST verdrängen, verschieben, ELEC ENG *brushes* verschieben, PROD ENG *plastic valves* verstellen
displaced: ~ **atom** *n* NUC TECH verschobenes Atom *nt*; ~ **threshold** *n* AIR TRANS *runway* versetzte Schwelle *f*; ~ **zero scale** *n* INSTR Skale mit versetztem Nullpunkt *f*
displacement *n* ACOUSTICS Weg *m*, Wegamplitude *f*, AUTO Hubraum *m*, COMP & DP *(D)*, CONTROL *(D)* Verschiebung *f (D)*, ELEC ENG *(D)* Verschiebung *f*, Versetzung *f (D)*, ELECT *(D)* Verschiebung *f (D)*, MECHAN ENG *of pump* Fördervolumen *nt*, *piston* Hub *m*, Hubraum *m*, *shaft* Versatz *m*, MECHAN ENG *(D) act* Verdrängung *f (D)*, PHYS *(D)* Verschiebung *f*, Versetzung *f (D)*, PROD ENG *plastic valves* Längenänderung *f*, PROD ENG *(D)* Elongation *f*, Versetzung *f*, verdrängtes Flüssigkeitsvolumen *nt (D)*, WATER SUP

(D) Verdrängung *f (D)*, WATER TRANS *(D) ship design* Deplacement *nt*, Verdrängung *f*; ~ **address** *n* COMP & DP Distanzadresse *f*; ~ **coefficient** *n* SPACE *spacecraft* Verdrängungsfaktor *m*; ~ **control** *n* ERGON Bewegungsbedienteil *nt*; ~ **current** *n* ELEC ENG Verschiebungsstrom *m*, ELECT *dielectric current* Verdrängungsstrom *m*, PHYS Verschiebungsstrom *m*; ~ **error** *n* AIR TRANS *instrument landing system* Verdrängungsfehler *m*; ~ **meter** *n* INSTR Verdrängungszähler *m*; ~ **of phase** *n* ELECT Phasenverschiebung *f*; ~ **piston** *n* MECHAN ENG Verdrängerkolben *m*; ~ **pump** *n* MECHAN ENG Verdrängungspumpe *f*; ~ **spike** *n* NUC TECH *in solid* Verschiebungsstörzone *f*; ~ **ton** *n* METROL *ships* Bruttoregistertonne *f*, Verdrängungstonne *f*

display[1] *n* COMP & DP Anzeige *f*, Bildschirm *m*, Datensichtgerät *nt*, CONTROL, ELECT Anzeige *f*, ENG DRAW Darstellung *f*, PACK Display *nt*, PRINT Anzeige *f*, Display *nt*, SPACE Anzeige *f*, TELECOM Anzeige *f*, Bildschirmanzeige *f*, Darstellung *f*, Schirmbild *nt*; ~ **adaptor** *n* COMP & DP Bildschirmadapter *m*, Bildschirmanschluß *m*; ~ **area** *n* ENG DRAW Darstellungsfeld *nt*; ~ **box** *n* PACK Präsentierkarton *m*, Schaukarton *m*; ~ **brilliance** *n* WATER TRANS *radar* Bildschirmhelligkeit *f*; ~ **case** *n* HEAT & REFRIG Gefriermöbel *nt*, Gefriertheke *f*; ~ **console** *n* COMP & DP Bildschirmkonsole *f*; ~ **controller** *n* COMP & DP Bildschirmsteuereinheit *f*, Bildschirmcontroller *m*; ~ **device** *n* COMP & DP Anzeigegerät *nt*, Sichtgerät *nt*, INSTR Anzeigeeinheit *f*, Anzeigegerät *nt*, Sichtgerät *nt*, graphisches Gerät *nt*; ~ **driver** *n* COMP & DP Bildschirmtreiber *m*; ~ **face** *n* PRINT Auszeichnungsschrift *f*, Titelschrift *f*; ~ **format** *n* COMP & DP, NUC TECH Anzeigeformat *nt*; ~ **line** *n* COMP & DP Bildzeile *f*; ~ **menu** *n* COMP & DP Bildschirmmenü *nt*; ~ **mode** *n* COMP & DP Anzeigemodus *m*; ~ **packaging** *n* PACK Schauverpackung *f*; ~ **processor** *n* COMP & DP Bildschirmprozessor *m*; ~ **register** *n* COMP & DP Anzeigeregister *nt*; ~ **resolution** *n* COMP & DP Bildschirmauflösung *f*; ~ **retention** *n* ELECTRON Festhalten der Darstellung *nt*; ~ **screen** *n* COMP & DP, ELECTRON, TELECOM Bildschirm *m*; ~ **setting** *n* COMP & DP Bildschirmeinstellung *f*; ~ **size** *n* COMP & DP Bildschirmgröße *f*; ~ **space** *n* COMP & DP Darstellungsfläche *f*; ~ **terminal** *n* SPACE *communications* Datenanzeigestation *f*; ~ **time** *n* INSTR Anzeigezeit *f*, Darstellzeit *f*; ~ **type** *n* PRINT Auszeichnungsschrift *f*, Titelschrift *f*; ~ **unit** *n* CONTROL Anzeigegerät *nt*, RAD TECH *radar* Sichtgerät *nt*

display[2] *vt* COMP & DP, CONTROL anzeigen, ELECTRON anzeigen, darstellen, oszillographieren, PRINT, SPACE anzeigen, TELECOM darstellen, *on screen* bildlich anzeigen, darstellen

displayed: ~ **speed system** *n* TRANS Drehzahlsichtanzeigesystem *nt*; ~ **waveform** *n* ELECTRON *oscilloscope* dargestellte Wellenform *f*

disposable: ~ **bottle** *n* PACK, WASTE Einwegflasche *f*; ~ **container** *n* WASTE Einwegverpackung *f*; ~ **filter** *n* HEAT & REFRIG Einwegfilter *nt*; ~ **protective clothing** *n* SAFETY Einwegschutzkleidung *f*; ~ **syringe** *n* LAB EQUIP Wegwerfspritze *f*

disposal *n* MAR POLL Beseitigung *f*, WASTE, WATER SUP Entsorgung *f*; ~ **route** *n* WASTE Entsorgungsweg *m*; ~ **site** *n* CONST Müllkippe *f*; ~ **tank** *n* SPACE *spacecraft* Entsorgungstank *m*; ~ **zone** *n* WASTE Endlager *nt*, Endlagerungsstätte *f*

disposition *n* QUAL Verfügung *f*

disrupt *vt* COATINGS einbrechen, stören, unterbrechen

disruption *n* COATINGS Störung *f*, Unterbrechung *f*, NUC TECH *chain reaction* Unterbrechung *f*

disruptive[1] *adj* ELEC ENG durchschlagend

disruptive:[2] ~ **discharge** *n* ELEC ENG Durchschlag *m*; ~ **strength** *n* ELEC ENG Durchbruchfeldstärke *f*; ~ **voltage** *n* ELEC ENG, ELECT Durchschlagspannung *f*

dissecting: ~ **scissors** *n pl* LAB EQUIP Sezierschere *f*; ~ **tray** *n* LAB EQUIP Sezierbehälter *m*

dissection: ~ **needle** *n* LAB EQUIP Präpariernadel *f*

dissector: ~ **tube** *n* TELEV Bildzerleger *m*

dissipate *vt* MECHAN ENG *energy* verbrauchen, verzehren

dissipated: ~ **power** *n* ELECT Wärmeverlustleistung *f*

dissipation *n* ELEC ENG Ableitung *f*, Verbrauch *m*, Verlustleistung *f*, Zerstreuung *f*, RAD TECH Dämpfung *f*, Verlustleistung *f*; ~ **coefficient** *n* RAD TECH Dämpfungskoeffizient *m*; ~ **factor** *n* ELECT Verlustfaktor *m*

dissipative: ~ **loss** *n* ELEC ENG Ableitungsverlust *m*; ~ **medium** *n* PHYS Verlustenergie zerstreuendes Medium *nt*, dissipatives Medium *nt*

dissociable *adj* CHEMISTRY dissoziierbar

dissociate *vt* CHEMISTRY dissoziieren

dissociation *n* CHEMISTRY Abtrennung *f*, Aufschluß *m*, Dissoziierung *f*, COAL TECH Dissoziation *f*

dissolubility *n* CHEMISTRY Auflösbarkeit *f*, Löslichkeit *f*

dissolution *n* CHEM ENG Auflösen *nt*, CHEMISTRY Auflösung *f*, Lösung *f*

dissolve[1] *n* ACOUSTICS Überblendung *f*

dissolve[2] *vt* PAPER lösen; ~ **away** *vt* CHEM ENG herauslösen; ~ **out** *vt* CHEM ENG herauslösen

dissolved[1] *adj* CHEM ENG aufgelöst, gelöst

dissolved:[2] ~ **inorganic carbon** *n* POLL gelöster anorganischer Kohlenstoff *m*; ~ **organic carbon** *n* POLL gelöster organischer Kohlenstoff *m*; ~ **organic matter** *n* POLL gelöste organische Substanz *f*; ~ **oxygen** *n* POLL gelöster Sauerstoff *m*

dissolvent *n* CHEM ENG Lösemittel *nt*, CHEMISTRY Auflösungsmittel *nt*, Lösemittel *nt*, Solvens *nt*

dissolver *n* CHEM ENG Auflösebehälter *m*, PAPER Lösungsmittel *nt*, Schmelzlöser *m*

dissolving *n* PAPER Schmelzlösen *nt*; ~ **pulp** *n* PAPER Chemiezellstoff *m*

dissonance *n* ACOUSTICS Dissonanz *f*, Mißklang *m*, RAD TECH Dissonanz *f*

dissymmetric *adj* GEOM dissymmetrisch, unsymmetrisch

dissymmetrical *adj* GEOM dissymmetrisch, unsymmetrisch

dissymmetry *n* CHEMISTRY, GEOM Dissymmetrie *f*, Unsymmetrie *f*, MATH Spiegelsymmetrie *f*

distal *adj* ERGON distal

distance *n* PHYS *spatial separation* räumliche Entfernung *f*, PROD ENG Distanz *f*, RAD TECH Entfernung *f*; ~ **bar** *n* MECHAN ENG Abstandsstange *f*; ~ **between axles** *n* MECHAN ENG Achsenabstand *m*; ~ **between centers** *n AmE*, ~ **between centres** *n BrE* MECHAN ENG Mittenabstand *m*, *lathe* Spitzenweite *f*; ~ **between rails** *n* RAIL Spurweite *f*; ~ **between sleepers** *n BrE (cf distance between ties AmE)* RAIL Schwellenfeld *nt*; ~ **between ties** *n AmE (cf distance between sleepers BrE)* RAIL Schwellenfeld *nt*; ~ **bush** *n* PROD ENG *plastic valves* Distanzbuchse *f*; ~ **covered** *n* AIR TRANS, TRANS Fahrstrecke *f*, Flugstrecke *f*, Weglänge *f*; ~ **finder** *n* WATER TRANS *navigation* Entfernungsmesser *m*; ~

from source *n (r)* ACOUSTICS Entfernung von der Schallquelle *f (r)*; ~ **logged** *n* WATER TRANS *navigation* geloggte Entfernung *f*; ~**-measuring equipment** *n (DME)* AIR TRANS, INSTR Entfernungsmeßeinrichtung *f*; ~**-measuring radio equipment** *n* AIR TRANS Funkentfernungsmeßausrüstung *f*; ~ **perpendicular to still water surface** *n* FUELLESS senkrechter Abstand zur stillen Wasseroberfläche *f*; ~ **piece** *n* CONST Abstandshalter *m*, MECHAN ENG Abstandsstück *nt*, PROD ENG *plastic valves* Distanzbuchse *f*; ~ **relay** *n* ELECT Streckenrelais *nt*; ~ **run** *n* WATER TRANS *navigation* Meilenfahrt *f*; ~ **scale** *n* PHOTO Entfernungsskale *f*; ~ **switch** *n* ELECT Streckenschalter *m*

distant: ~ **caution signal** *n* RAIL Ankündigungssignal *nt*; ~ **collision** *n* NUC TECH Fernordnungsstoß *m*, Fernstoß *m*; ~ **end** *n* TELECOM Gegenstelle *f*; ~ **field** *n* TELECOM Fernfeld *nt*; ~ **signal** *n* RAIL Ankündigungssignal *nt*, Vorsignal *nt*; ~ **source** *n* POLL entfernte Quelle *f*; ~ **water supply** *n* WATER SUP Fernwasserversorgung *f*

distemper *n* CONST Leimfarbe *f*, PLAS *paint* Kalkkaseinfarbe *f*, Leimfarbe *f*, Temperafarbe *f*

distil[1] *vt* THERMODYN abdestillieren, destillieren

distil:[2] ~ **off** *vi* CHEM ENG, THERMODYN abdestillieren

distillate *n* PET TECH, THERMODYN Destillat *nt*

distillation *n* PET TECH Destillation *f*, THERMODYN Destillation *f*, Destillieren *nt*; ~ **apparatus** *n* LAB EQUIP Destillierapparat *m*; ~ **by ascent** *n* THERMODYN aufsteigende Destillation *f*, gerade Destillation *f*; ~ **by descent** *n* THERMODYN abwärtsgehende Destillation *f*; ~ **column** *n* CHEM ENG Destillationskolonne *f*; ~ **flask** *n* CHEM ENG Fraktionierkolben *m*, THERMODYN Destillierkolben *m*; ~ **gas** *n* CHEM ENG, THERMODYN Destillationsgas *nt*; ~ **range** *n* THERMODYN Destillationsbereich *m*; ~ **tail** *n* THERMODYN Hochsiedendes *nt*; ~ **tower** *n* PET TECH, THERMODYN Destillationskolonne *f*

distilled: ~ **water** *n* AUTO *accumulator* destilliertes Wasser *nt*

distiller *n* CHEM ENG Destillationsapparat *m*, Destillationsgerät *nt*, CHEMISTRY, FOOD TECH Alkoholbrenner *m*

distillery *n* CHEM ENG Destillationsbetrieb *m*, Destillieranlage *f*, FOOD TECH Brennerei *f*, Destillieranlage *f*; ~ **residue** *n* FOOD TECH Destillationsrückstand *m*

distilling[1] *adj* CHEM ENG Brenn- *pref*

distilling:[2] ~ **apparatus** *n* CHEM ENG Brennapparat *m*, Destillationsapparat *m*, Destillationsgerät *nt*; ~ **column** *n* CHEM ENG Destillationskolonne *f*; ~ **flask** *n* CHEM ENG Destillationskolben *m*, Destillierkolben *m*, LAB EQUIP Destillationskolben *m*; ~ **tower** *n* CHEM ENG Destillationsturm *m*, Destillierkolonne *f*; ~ **tube** *n* CHEM ENG Destillationsrohr *nt*

distinctive *adj* PAT unterscheidend, unterscheidungskräftig

distinctiveness *n* PAT Unterscheidungskraft *f*

distorted: ~ **signal** *n* ELECTRON verzerrtes Signal *nt*; ~ **wave** *n* PHYS gestörte Welle *f*; ~ **wave method** *n* NUC TECH Störwellenmethode *f*, verzerrte Wellenmethode *f*

distorting: ~ **mirror** *n* CER & GLAS Zerrspiegel *m*

distortion:[1] ~**-free** *adj* ELECTRON verzerrungsfrei, PROD ENG verwindungsfrei

distortion[2] *n* ACOUSTICS Klirrfaktor *m*, Verzerrung *f*, COAL TECH Verformung *f*, ELECT, ELECTRON Verzerrung *f*, MECH Verformung *f*, MECHAN ENG *of materials* Verformung *f*, Verziehen *nt*, Verzug *m*, METALL, NUC TECH Verformung *f*, PHYS Störung *f*, Verzerrung *f*, Verformung *f*, PLAS, RAD PHYS Verformung *f*, RAD TECH Verzerrung *f*, RECORD Klirrfaktor *m*, TELECOM Verzerrung *f*, TELEV Verzeichnung *f*, Verzerrung *f*; ~ **analyser** *n BrE* INSTR Kurvenverzerrungsanalysator *m*, Verzerrungsanalysator *m*; ~ **analyzer** *n AmE see distortion analyser BrE* ~ **energy** *n* PROD ENG Gestaltänderungsenergie *f*; ~**-limited operation** *n* TELECOM verzerrungsbegrenzter Betrieb *m*; ~**-measuring bridge** *n* RECORD Klirrfaktor-Meßbrücke *f*; ~ **meter** *n* RECORD Klirrfaktormesser *m*; ~ **of the track** *n* RAIL Gleisverformung *f*, Gleisverwerfung *f*

distress: ~ **alert** *n* WATER TRANS Seenotalarm *m*; ~ **alerting** *n* TELECOM *maritime distress* Seenotalarm *m*; ~ **at sea** *n* WATER TRANS Seenot *f*; ~ **beacon** *n* SPACE *spacecraft* Notbake *f*, WATER TRANS Seenotfunkbake *f*; ~ **call** *n* AIR TRANS Notruf *m*; ~ **flare** *n* WATER TRANS Notsignalfeuer *nt*; ~ **radio call system** *n* TELECOM *maritime satellite* Funknotrufsystem *nt*; ~ **signal** *n* AIR TRANS Notsignal *nt*, WATER TRANS Seenotruf *m*, Seenotzeichen *nt*

distribute *vt* CONST verteilen, *paint* auftragen

distributed[1] *adj* COMP & DP dezentral, verteilt

distributed:[2] ~ **architecture** *n* COMP & DP dezentraler Aufbau *m*; ~ **array processor** *n* COMP & DP dezentraler Vektorenrechner *m*; ~ **capacitance** *n* ELEC ENG Eigenkapazität *f*, verteilte Kapazität *f*; ~ **control system** *n* TELECOM System mit verteilter Steuerung *nt*; ~ **database** *n* COMP & DP dezentrale Datenbank *f*, verteilte Datenbank *f*; ~ **data processing** *n (DDP)* COMP & DP verteilte Datenverarbeitung *f*; ~ **digital processing** *n* COMP & DP verteilte digitale Datenverarbeitung *f*, NUC TECH *of pressure vessel* Verteilerleitung *f*; ~**-element circuit** *n* ELEC ENG Kreis mit verteilten Elementen *m*; ~ **file system** *n* COMP & DP System für verteilte Dateien *nt*; ~ **inductance** *n* ELEC ENG verteilte Induktivität *f*; ~ **information system** *n* COMP & DP dezentrales Informationssystem *nt*; ~ **multi-antenna system** *n* TELECOM verteiltes Mehrfachantennensystem *nt*; ~ **network** *n* COMP & DP dezentrales Netz *nt*, verteiltes Netz *nt*; ~ **operating system** *n* COMP & DP verteiltes Betriebssystem *nt*; ~ **PBX** *n* TELECOM verteilte Nebenstellenanlage *f*; ~ **processes** *n pl* COMP & DP dezentrale Prozesse *m pl*; ~ **processing** *n* COMP & DP verteilte Verarbeitung *f*, verteilte Datenverarbeitung *f*; ~ **system** *n* COMP & DP Verbundsystem *nt*; ~ **systems** *n pl* COMP & DP verteilte Systeme *nt pl*

distributing: ~ **board** *n* ELECT Verteilertafel *f*; ~ **busbar** *n* ELECT Verteilerschiene *f*; ~ **canal** *n* WATER SUP Abflußkanal *m*; ~ **pipe** *n* WATER SUP Verteilerrohr *nt*; ~ **roller mechanism** *n* PRINT *for colour* Verreibwalze *f*

distribution:[1] ~**-free** *adj* QUAL verteilungsfrei

distribution[2] *n* AUTO *ignition* Verteilung *f*, Zündverteilung *f*, CER & GLAS, ELECT, HYD EQUIP, MECHAN ENG, QUAL Verteilung *f*; ~ **amplifier** *n* TELEV Verteilverstärker *m*; ~ **board** *n* ELEC ENG Verteilertafel *f*, TELECOM Verteiler *m*, Verteilungstafel *f*; ~ **box** *n* ELEC ENG Abzweigdose *f*, Verteilerdose *f*, Verteilerkasten *m*, ELECT Verteilerdose *f*, Verteilerkasten *m*, SPACE Verteilerdose *f*; ~ **bus** *n* ELECT Verteilerschiene *f*; ~ **cabinet** *n* ELEC ENG Kabelverzweiger *m*; ~ **cable** *n* ELEC ENG Verteilungskabel *nt*, Verzweigungskabel *nt*, ELECT Verteilerkabel *nt*; ~ **center** *n AmE*, ~ **centre** *n BrE* TELECOM Hauptverteilung *f*, Verteilerzentrale *f*, Verteilfernamt *nt*; ~ **chain** *n* PACK Verteilernetz *nt*, Verteilerservice *m*; ~ **curve** *n* MATH *statistics*, QUAL

Verteilungskurve *f*; ~ **diagram** *n* MECHAN ENG Steuerdiagramm *nt*; ~ **of electricity** *n* ELECT Stromverteilung *f*; ~ **frame** *n* TELECOM Verteiler *m*; ~ **function** *n* QUAL Verteilungsfunktion *f*; ~ **fuse board** *n* ELECT Verteilungssicherungskasten *m*; ~ **network** *n* CONST Verteilernetz *nt*, ELEC ENG Verteilungsnetz *nt*, ELECT ON, Ortsnetz *nt*, TELECOM Verteilungsnetz *nt*; ~ **ring** *n* NUC TECH Verteilerring *m*; ~ **stage** *n* TELECOM Verteilerstufe *f*; ~ **station** *n* ELEC ENG Umspannwerk *nt*; ~ **steel** *n* CONST Querbewehrungsstahl *m*; ~ **substation** *n* ELECT Verteilungsunterwerk *nt*; ~ **system** *n* ELEC ENG Verteilungsnetz *nt*, Verteilungssystem *nt*, ELECT Stromverteilungssystem *nt*, WATER SUP Verteilungsnetz *nt*; ~ **technique** *n* PACK Verteilertechnik *f*, Vertriebsmethoden *f pl*; ~ **valve** *n* MECHAN ENG Steuerventil *nt*

distributive: ~ **law** *n* MATH Distributivgesetz *nt*

distributor *n* AUTO, ELECT, MECHAN ENG, MECHANICS, PACK Verteiler *m*; ~ **arm** *n* AUTO *ignition* Verteilerläufer *m*; ~ **cam** *n* AUTO Zündunterbrechernocken *m*; ~ **cap** *n* AUTO Verteilerkappe *f*, Verteilerscheibe *f*; ~ **clamp bolt** *n* AUTO Verteilerklemmschraube *f*; ~ **drive** *n* AUTO *ignition* Verteilerantrieb *m*; ~ **finger** *n* AUTO Verteilerfinger *m*, Verteilerläufer *m*; ~ **injection pump** *n* AUTO Verteilereinspritzpumpe *f*; ~ **rotor** *n* AUTO Verteilerfinger *m*, Verteilerläufer *m*; ~ **shaft** *n* AUTO Verteilerwelle *f*; ~ **suppressor** *n* AUTO *ignition* Verteiler-Entstörstecker *m*

district: ~ **heating** *n* CONST Fernheizung *f*, HEAT & REFRIG Fernheizung *f*, Fernwärme *f*, THERMODYN Fernwärme *f*; ~**-heating station** *n* THERMODYN Fernheizwerk *nt*, Fernwärmekraftwerk *nt*

disturb *vt* CONST stören

disturbance *n* FLUID PHYS, NUC TECH Störung *f*; ~ **level** *n* INSTR Störpegel *m*; ~ **variable feedforward** *n* IND PROCESS Störgrößenaufschaltung *f*

disturbed: ~ **compass** *n* WATER TRANS *navigation* gestörter Kompaß *m*

disulfate *n AmE see disulphate BrE*

disulfide *n AmE see disulphide BrE*

disulfur: ~ **dichloride** *n AmE see disulphur dichloride BrE*

disulphate *n BrE* CHEMISTRY Disulfat *nt*

disulphide *n BrE* CHEMISTRY Disulfid *nt*

disulphur: ~ **dichloride** *n BrE* CHEMISTRY Schwefelmonochlorid *nt*

ditch[1] *n* COAL TECH, CONST *drainage*, WATER SUP Graben *m*; ~ **canal** *n* WATER SUP schleusenloser Kanal *m*; ~ **irrigation** *n* WATER SUP Grabenbewässerung *f*; ~ **line** *n* WATER SUP Graben *m*

ditch[2] *vi* AIR TRANS auf Wasser notlanden

ditching *n* AIR TRANS Notlandung *f*, Notwasserung *f*

dither *n* ELECTRON Zitterbewegung *f*; ~ **oscillator** *n* ELECTRON Zitteroszillator *m*

dithering *n* COMP & DP Farbmischung *f*

dithionate *n* CHEMISTRY Dithionat *nt*

dithionic *adj* CHEMISTRY Dithion- *pref*

dithionite *n* CHEMISTRY Dithionit *nt*

dithionous: ~ **acid** *n* CHEMISTRY dithionige Säure *f*

diurnal[1] *adj* ERGON diurnal, täglich, SPACE *spacecraft* täglich

diurnal:[2] ~ **tide** *n* WATER TRANS Eintagstide *f*; ~ **variation** *n* WATER TRANS *meteorology* tägliche Druckverteilung *f*, tägliche Änderung *f*

divalence *n* CHEMISTRY Bivalenz *f*, Zweiwertigkeit *f*

divalent *adj* CHEMISTRY bivalent

dive[1] *n* AIR TRANS Abkipp- *pref*, Abkippen *nt*, Sturzflug *m*, CONST Abkippen *nt*, SPACE *spacecraft* Eintauchen *nt*, Sturzflug *m*

dive[2] *vi* SPACE eintauchen, in Sturzflug übergehen, WATER TRANS tauchen

diver *n* WATER TRANS Taucher *m*

divergence *n* NUC TECH *of reactor, chain reaction* Kritischwerden *nt*, PHYS *vector field* Divergenz *f*

divergent[1] *adj* GEOM *lines* auseinanderlaufend, divergent, OPT divergent

divergent:[2] ~ **meniscus** *n* PHOTO negativer Meniskus *m*; ~ **nozzle** *n* PHYS *wind tunnel* divergente Düse *f*; ~ **series** *n* MATH divergente Reihe *f*, divergierende Reihe *f*

diverging *n* TRANS Trennung *f*; ~ **lens** *n* PHYS Zerstreuungslinse *f*; ~ **volume** *n* TRANS Stärke des ausfädelnden Verkehrs *f*

diversion *n* TRANS Umführungsstraße *f*, Umleitung *f*, Verkehrsumleitung *f*; ~ **canal** *n* WATER SUP Umgehungskanal *m*, Umleitungskanal *m*; ~ **of traffic** *n* TRANS Verkehrsumleitung *f*

diversity *n* TELECOM *receiving* Diversity *f*

divert *vt* TRANS *traffic* umleiten, PROD ENG verlaufen, TRANS *traffic* umleiten

diverter *n* PET TECH Verläufer *m*

diverting *n* WATER SUP *of river* Ableitung *f*

divide[1] *vt* MATH dividieren, teilen

divide[2] *vi* MATH dividieren

divided: ~ **beam** *n* METROL geteilter Balken *m*; ~ **dial** *n* MECHAN ENG geteilte Skala *f*; ~ **highway** *n AmE (cf dual carriageway BrE)* TRANS Schnellstraße mit Mittelstreifen *f*; ~ **pitch** *n* MECHAN ENG *of screws* Teilsteigung *f*

dividend *n* COMP & DP, MATH *number being divided* Dividend *m*

divider *n* ELECTRON *reducer* Untersetzer *m*, PROD ENG Stechzirkel *m*, Teilapparat *m*, TELECOM Teiler *m*

dividers *n pl* MATH *instrument* Stechzirkel *m*, Teilzirkel *m*, MECHAN ENG Teilzirkel *m*, METROL Stechzirkel *m*, Teilzirkel *m*, WATER TRANS *navigation* Stechzirkel *m*; ~ **with quadrant** *n pl* METROL Bogenspitzzirkel *m*

dividing *n* MECHAN ENG Teilen *nt*; ~ **apparatus** *n* MECHAN ENG Teilapparat *m*; ~ **box** *n* ELECT *cable accessory* Trennkasten *m*; ~ **circle** *n* MECHAN ENG *gearing* Teilkreis *m*; ~ **circuit** *n* ELECTRON Untersetzerschaltung *f*; ~ **head** *n* MECHAN ENG Teilkopf *m*; ~ **heads** *n pl* MECHAN ENG *for milling machine* Teilapparat *m*; ~ **machine** *n* MECHAN ENG Teilmaschine *f*; ~ **multivibrator** *n* ELECTRON untersetzender Multivibrator *m*; ~ **plate** *n* MECHAN ENG Teilscheibe *f*; ~ **screw** *n* MECHAN ENG Teilschnecke *f*; ~ **shears** *n pl* MECHAN ENG Teilschere *f*; ~ **wheel** *n* MECHAN ENG Teilrad *nt*

diving: ~ **bell** *n* PET TECH Tauchglocke *f*, WATER TRANS Taucherglocke *f*; ~ **brake** *n* AIR TRANS Sturzflugbremse *f*; ~ **rudder** *n* WATER TRANS *submarine* Tiefenruder *nt*

divinyl *n* CHEMISTRY Bivinyl *nt*, Divinyl *nt*, Vinylethen *nt*, Vinylethylen *nt*

divisible *adj* MATH teilbar

division *n* COMP & DP Division *f*, CONST Aufteilung *f*, Gliederung *f*, MATH Division *f*, PHYS *of wavefront* Teilung *f*; ~**-inserting equipment** *n* PACK Maschine zum Einsetzen von Fächern und Unterteilungen *f*; ~ **plate** *n* MECHAN ENG Teilscheibe *f*; ~ **point** *n* MECHAN ENG Teilpunkt *m*; ~ **wheel** *n* MECHAN ENG Teilrad *nt*

divisor *n* COMP & DP Divisor *m*, MATH *number by which dividend is divided* Divisor *m*, Teiler *m*

divorced: ~ **pearlite** *n* METALL getrennter Perlit *m*

dl *abbr (deciliter AmE, decilitre BrE)* METROL dl *(Deziliter)*
D-layer *n* PHYS D-Schicht *f*
D-link *n* RAIL Kupplungsbügel *m*
DM *abbr (delta modulation)* ELECTRON, SPACE, TELECOM DM *(Deltamodulation)*
DMA *abbr (direct memory access)* COMP & DP DMA *(Direkt-Speicherzugriff)*, RAD TECH Speicherdirektzugriff *m*
DMC *abbr (dough-molding compound AmE, dough-moulding compound BrE)* PLAS DMC *(kittartige Formmasse)*
DME *abbr (distance-measuring equipment)* AIR TRANS, INSTR Entfernungsmeßeinrichtung *f*
DMNSC *abbr (digital main network switching center AmE, digital main network switching centre BrE)* TELECOM digitale Hauptvermittlungstelle *f*
DNIC *abbr (data network identification code)* TELECOM Datennetzkennzahl *f*
D_2O *abbr (deuterium oxide)* CHEMISTRY D_2O *(Deuteriumoxid)*
dobby *n* TEXT Schaftmaschine *f*; **~ weave fabric** *n* TEXT Schaftgewebe *nt*
dock[1] *n* WATER TRANS Dock *nt*, Kai *m*; **~ warehouse** *n* WATER TRANS Hafenspeicher *m*
dock[2] *vt* WATER TRANS eindocken
dock[3] *vi* SPACE *spacecraft* andocken, WATER TRANS ins Dock gehen
dockage *n* FOOD TECH Besatz *m*, WATER TRANS Dockgeld *nt*, Dockmöglichkeiten *f pl*
docker *n* WATER TRANS *port* Hafenarbeiter *m*
docking *n* SPACE Andock- *pref*, Andocken *nt*, Docking *nt*, WATER TRANS *ship* Anlege- *pref*, Eindockung *f*; **~ adaptor** *n* SPACE Dockadaptor *m*; **~ guidance system** *n* AIR TRANS Ankoppelungsführung *f*; **~ maneuver** *n AmE*, **~ manoeuvre** *n BrE* WATER TRANS *port* Anlegemanöver *nt*; **~ piece** *n* SPACE Andockzwischenstück *nt*, Dockstück *nt*; **~ port** *n* SPACE Andocköffnung *f*, Docking-Fenster *nt*; **~ probe** *n* SPACE Docking-Stutzen *m*; **~ procedure** *n* AIR TRANS Koppelungsverfahren *nt*; **~ tunnel** *n* SPACE Docking-Tunnel *m*
dockyard *n* WATER TRANS Marinewerft *f*, Werft *f*
doctor *n* PAPER, PLAS *coating* Rakel *f*; **~ blade** *n* PACK Rakel *f*, PAPER Streichmesser *nt*, PRINT Rakel *f*, Rakelmesser *nt*; **~ roll** *n* PAPER Rakelwalze *f*
document *n* COMP & DP Beleg *m*, Dokument *nt*; **~ control** *n* QUAL Überwachung der Unterlagen *f*; **~ film** *n* PHOTO Dokumentenfilm *m*; **~ glass** *n* CER & GLAS Dokumentenglas *nt*; **~ processing** *n* COMP & DP Belegbearbeitung *f*; **~ reader** *n* COMP & DP Belegleser *m*; **~ reading** *n* COMP & DP Beleglesen *nt*; **~ recovery** *n* COMP & DP Belegwiederherstellung *f*; **~ retrieval** *n* COMP & DP Dokumentenabruf *m*; **~ sorter** *n* COMP & DP Belegsortierer *m*
documentation *n* COMP & DP Dokumentation *f*, Handbuch *nt*, Programmhandbuch *nt*; **~ and change control** *n* QUAL Überwachung der Unterlagen und ihrer Änderungen *f*
documented: **~ control** *n* QUAL schriftlich belegte Überwachung *f*; **~ verification of calibration** *n* QUAL Kalibriernachweis *m*
dodeca- *pref* MATH Dodeka- *pref*
dodecagon *n* GEOM Dodekagon *nt*, Zwölfeck *nt*
dodecagonal *adj* GEOM zwölfeckig
dodecahedral *adj* GEOM zwölfflächig
dodecahedron *n* GEOM Dodekaeder *nt*, Zwölfflächner *m*
dodecane *n* CHEMISTRY Dodecan *nt*
dodecyl *adj* CHEMISTRY Dodecyl- *pref*
dodge *vt* PHOTO abwedeln
doff *n* CER & GLAS Abnehmer *m*
doffer: **~ comb** *n* TEXT Hackerkamm *m*
doffing *n* TEXT Spulenabnahme *f*; **~ devices** *n pl* TEXT Abziehapparate *m pl*
dog *n* MECHAN ENG Klinke *f*, Mitnehmer *m*, *of dog clutch, pawl* Klaue *f*, *of lathe* Herz *nt*, MECHANICS Anschlag *m*, Klaue *f*, Klinke *f*, PROD ENG Blechzange *f*, Klaue *f*, Sperrklinke *f*; **~ bone** *n* AIR TRANS *helicopter* Ankerstange *f*, Zugstange *f*; **~ chuck** *n* MECHAN ENG *lathe* Backenfutter *nt*; **~ clutch** *n* AUTO *gearbox*, MECHAN ENG, PROD ENG Klauenkupplung *f*; **~ coupling** *n* MECHAN ENG Klauenkupplung *f*; **~ hook** *n* MECHAN ENG *sling-dog* Klammerhaken *m*; **~ house** *n* CER & GLAS Einlegevorbau *m*; **~ key** *n* PROD ENG Hakenkeil *m*; **~ spike** *n* RAIL Schienennagel *m*; **~ wheel** *n* MECHAN ENG Klinkenrad *nt*, Sperrad *nt*
dogleg *n* PET TECH Etagenbogen *m*; **~ stairs** *n pl* CONST gegenläufige Treppe *f*
DOHC: **~ engine** *n (direct-acting overhead camshaft engine)* AUTO DOHC-Motor *m (Querstromkopfmotor)*
doldrums *n pl* WATER TRANS *meteorology* Kalmen *f pl*, Mallungen *f pl*
doline *n* WATER SUP Doline *f*
dolly[1] *n* AUTO *for semi-trailer* Rangiergerät für Sattelanhänger *nt*, Transportwagen *m*, CER & GLAS Preßstempel *m*, MECHAN ENG *carriage* Montageroller *m*, MECHANICS Widerlager *nt*, PROD ENG Drehgestell *nt*, Gegengewicht *nt*, dämpfende Zwischenschicht *f*, TELEV Kamerawagen *m*
dolly[2] *vt* PROD ENG gegenhalten
dolomite *n* CER & GLAS, PET TECH Dolomit *m*; **~ brick** *n* CONST Dolomitstein *m*
dolphin *n* WATER TRANS *mooring* Dalbe *f*
domain *n* ART INT *of knowledge* Bereich *m*, Domäne *f*, Gebiet *nt*, ELECTRON Bereich *m*, MATH *of variable* Wertebereich *m*, PHYS Bereich *m*; **~ knowledge** *n* ART INT Domänenwissen *nt*, Fachbereichswissen *nt*, Sachgebietswissen *nt*; **~ structure** *n* METALL Bereichsstruktur *f*, PHYS Domänenstruktur *f*
dome *n* CER & GLAS, CONST Kuppel *f*, HYD EQUIP Dampfdom *m*, PROD ENG Einbeulung *f*; **~ nut** *n* MECHAN ENG Hutmutter *f*; **~ riveter** *n* HYD EQUIP Dampfdomnieter *m*; **~ roof** *n* CONST Kuppeldach *nt*
domestic[1] *adj* CONST Haus *nt*
domestic:[2] **~ appliance** *n* ELECT elektrisches Haushaltsgerät *nt*; **~ boiler** *n* HEAT & REFRIG, MECHAN ENG Haushaltboiler *m*; **~ coal** *n* COAL TECH Hausbrandkohle *f*; **~ consumer** *n* ELECT Haushaltverbraucher *m*; **~ electric installation** *n* ELEC ENG Haushaltnetzinstallation *f*, Wohnungsnetzinstallation *f*; **~ electronic equipment** *n* ELEC ENG Haushaltelektronik *f*, Unterhaltungselektronik *f*; **~ emissions** *n* POLL Inlands-oder Binnenemissionen *f pl*; **~ flight** *n* AIR TRANS Inlandsflug *m*; **~ freezer** *n* HEAT & REFRIG Tiefkühlgerät *nt*; **~ fuel oil** *n* PET TECH leichtes Heizöl *nt*; **~ gas appliance** *n* HEAT & REFRIG Haushaltgasgerät *nt*; **~ refrigerator** *n* HEAT & REFRIG Kühlschrank *m*, MECHAN ENG Haushaltkühlschrank *m*; **~ robot** *n* ART INT Haushaltroboter *m*, Heimroboter *m*; **~ service** *n* AIR TRANS Inlandsflugverkehr *m*; **~ waste** *n* POLL, WASTE Hausmüll *m*, WATER SUP Haushaltabfall *m*; **~**

waste water *n* WATER SUP Haushaltabwasser *nt*; **~ water** *n* WATER SUP Haushaltwasser *nt*; **~ water supply** *n* WATER SUP Haushaltwasserversorgung *f*

dominant *n* ACOUSTICS Dominante *f*; **~ anion** *n* POLL dominantes Anion *nt*; **~ cation** *n* POLL dominantes Kation *nt*; **~ mode** *n* ELEC ENG *waveguide* Grundschwingung *f*, Grundtyp *m*, Haupttyp *m*, PHYS *waveguide* Grundmodus *m*, Grundtyp *m*

donator *n* ELECTRON Donator *m*

donor *n* COMP & DP *chip manufacturing*, ELECTRON Donator *m*; **~ atom** *n* ELECTRON Donatoratom *nt*, PHYS Donatoratom *nt*, elektronenabgebendes Atom *nt*; **~ impurity** *n* ELECTRON Donatorverunreinigung *f*, Donatorverschmutzung *f*; **~ level** *n* ELECTRON Donatorniveau *nt*

do-nothing: **~ instruction** *n* COMP & DP Leerbefehl *m*, Nullbefehl *m*

door *n* AUTO Tür *f*, CONST Tür *f*, Türklinke *f*; **~ bar** *n* CONST Türstange *f*; **~ blocking** *n* RAIL Türblocken *nt*; **~ bolt** *n* CONST Türriegel *m*; **~ case** *n* CONST Türfutter *nt*, Türzarge *f*; **~ casing** *n* CONST Türzarge *f*; **~ catch** *n* AUTO Türfalle *f*; **~ frame** *n* CONST Türrahmen *m*, Türzarge *f*; **~ handle** *n* AUTO, CONST Türgriff *m*; **~ hinge** *n* AUTO Türscharnier *nt*, CONST Türband *nt*; **~ knob** *n* CONST Türknauf *m*; **~ lock** *n* AUTO Türschloß *nt*; **~ locking** *n* AUTO Türverriegelung *f*; **~-locking mechanism** *n* AUTO Türschließmechanismus *m*; **~ opener** *n* CONST Türdrücker *m*; **~ panel** *n* CONST Türfüllung *f*, Türverkleidung *f*; **~ pillar** *n* AUTO Türsäule *f*; **~ post** *n* CONST Türpfosten *m*; **~-to-door delivery** *n* AUTO Haus-zu-Hauslieferung *f*

doorsill *n* CONST Türschwelle *f*

doorway *n* CONST Türöffnung *f*

DOP *abbr (dioctylphthalate)* PLAS DOP *(Dioctylphthalat)*

dopamine *n* CHEMISTRY Dopamin *nt*

dopant *n* COMP & DP *chip manufacturing* Dotierungsstoff *m*, ELECTRON Dotierungsmaterial *nt*, OPT Dopans *nt*, PHYS Dotierstoff *m*, Dotierelement *nt*, TELECOM Dotierungssubstanz *f*

dope[1] *n* CHEMISTRY *mineral oil* Additiv *nt*, Zusatzmittel *nt*, PHYS Dotier- *pref*; **~ mark** *n* CER & GLAS Trennölfleck *m*

dope[2] *vt* OPT, PHYS, TELECOM dotieren

doped[1] *adj* COMP & DP *chip manufacturing*, ELECTRON, OPT, PHYS dotiert

doped:[2] **~ semiconductor** *n* ELECTRON, PHYS dotierter Halbleiter *m*; **~ silica fiber** *n AmE*, **~ silica fibre** *n BrE* OPT dotierte Silicafaser *f*

doping *n* ELECTRON, PHYS *semiconductor*, TELECOM Dotierung *f*; **~ agent** *n* ELECTRON Dotierungsmaterial *nt*; **~ compensation** *n* ELECTRON Dotierungsausgleich *m*; **~ level** *n* ELECTRON Dotierungsniveau *nt*; **~ profile** *n* ELECTRON *impurity concentration profile* Dotierungsprofil *nt*

Doppler: **~ bandwidth** *n* ELECTRON Doppler-Bandbreite *f*; **~ broadening** *n* RAD PHYS *spectral lines* Doppler-Verbreiterung *f*; **~ effect** *n* ACOUSTICS, ELECTRON, RAD TECH, WAVE PHYS Doppler-Effekt *m*; **~ filter** *n* ELECTRON Doppler-Filter *nt*; **~ filtering** *n* ELECTRON Doppler-Filterung *f*; **~ frequency** *n* ELECTRON Dopplersche Frequenz *f*; **~ inertial navigation** *n* SPACE Doppler-Trägheitsnavigation *f*; **~ modulation** *n* ELECTRON Doppler-Modulation *f*; **~ navigation** *n* SPACE *spacecraft* Doppler-Navigation *f*; **~ shift** *n* RAD TECH Frequenzverschiebung durch Dopplereffekt *f*, RECORD, SPACE Doppler-Verschiebung *f*; **~ width** *n* RAD PHYS *at optical frequencies* Doppler-Breite *f*

dormant: **~ lock** *n* CONST versenktes Schloß *nt*; **~ terminal** *n* COMP & DP Terminal im Ruhezustand *nt*, ruhende Station *f*

dorsal *adj* ERGON dorsal

DOS® *abbr (disk operating system®)* COMP & DP DOS®-Betriebssystem *nt*

dosage *n* COAL TECH Dosierung *f*

dose *n* RAD PHYS Dosis *f*; **~ accumulated by workers** *n* RAD PHYS *radiation dosimetry* von Strahlenarbeitern akkummulierte Dosis *f*; **~ color indicators** *n pl AmE*, **~ colour indicators** *n pl BrE* RAD PHYS *in radiation dosimetry* Farbanzeige für Strahlungsdosis *f*; **~ equivalent** *n* PHYS Äquivalentdosis *f*; **~ rate** *n (R)* NUC TECH Dosis *f (R)*, PHYS Strahlungsintensität *f*, RAD PHYS Dosisleistung *f*, Dosisrate *f*; **~ rate effect** *n* RAD PHYS Dosisleistungseffekt *m*; **~ recorded** *n* RAD PHYS aufgezeichnete Dosis *f*; **~ response** *n* ERGON Reaktion auf eine Dosis *f*, POLL Dosiswirkung *f*; **~ response relationship** *n* POLL Dosis-Wirkungsbeziehung *f*

dosemeter *n* INSTR, PHYS Dosismeßgerät *nt*

dosimeter *n* ERGON, RAD PHYS Dosimeter *nt*; **~ glass** *n* CER & GLAS Dosimeterglas *nt*

dosimetry *n* PHYS, RAD PHYS Dosimetrie *f*

dosing[1] *adj* PACK Dosier- *pref*

dosing:[2] **~ apparatus** *n* PACK Dosiervorrichtung *f*; **~ feeder** *n* PACK Dosierer *m*; **~ machine** *n* PACK Dosiermaschine *f*; **~ packing** *n* PACK Abfüllpackung *f*; **~ pump** *n* PACK Abmeßpumpe *f*, Dosierpumpe *f*

dot *n* CER & GLAS *BrE (cf buck AmE)* Brennstütze *f*, PAPER Punkt *m*; **~ generator** *n* ELECTRON TV Punktgenerator *m*; **~ grating** *n* TELEV Punktraster *nt*; **~ interlace scanning** *n* TELEV Punktsprungabtastung *f*; **~ leaders** *n pl* PRINT Führungspunkte *m pl*; **~ matrix** *n* COMP & DP, ELECTRON Punktmatrix *f*; **~ matrix printer** *n* COMP & DP Matrixdrucker *m*, Nadeldrucker *m*, PRINT Punktmatrixdrucker *m*

dotting *n* ENG DRAW Punktierung *f*

double[1] *adj* ACOUSTICS Doppel- *pref*, AUTO, CER & GLAS, ELECTRON Zweifach- *pref*, PRINT Doppel- *pref*; **~-acting** *adj* MECHAN ENG doppeltwirkend, zweifach wirkend, MECHANICS zweiseitig arbeitend, PROD ENG *plastic valves* doppeltwirkend; **~-cotton-covered** *adj (DCC)* ELECT *conductor* mit doppelter Baumwollumhüllung; **~-edge** *adj* MECHAN ENG *tool* zweischneidig; **~-edged** *adj* MECHAN ENG *tool* zweischneidig; **~-end** *adj* PROD ENG doppelmäulig; **~-faced** *adj* CONST, PACK doppelseitig; **~-pure-rubber-covered** *adj* ELECT *conductor* doppelt kautschukbedeckt; **~-sided** *adj* ELECTRON, PACK, TELECOM doppelseitig; **~-skin** *adj* HEAT & REFRIG *roll*, WATER TRANS *ship design* doppelwandig; **~-threaded** *adj* MECHAN ENG *screw* zweigängig; **~-tuned** *adj* ELECTRON Zweikreis- *pref*

double:[2]

~ a **~-acting compressor** *n* HEAT & REFRIG doppeltwirkender Kompressor *m*, doppeltwirkender Verdichter *m*; **~-acting cylinder** *n* MECHAN ENG doppeltwirkender Zylinder *m*; **~-acting press** *n* MECHAN ENG doppeltwirkende Presse *f*; **~-acting pump** *n* MECHAN ENG Druckpumpe *f*, Saugpumpe *f*, doppeltwirkende Pumpe *f*; **~-acting servomotor** *n* FUELLESS doppeltwirkender Servomotor *m*; **~-acting shock absorber** *n* AUTO doppeltwirkender Stoßdämpfer *m*; **~-armature relay** *n* ELECT Doppelankerrelais *nt*; **~ axle**

n MECHAN ENG Doppelachse *f*;

~ b **~-balanced mixer** *n* ELECTRON *high frequency engineering* doppeltabgestimmter Mischer *m*; **~ base diode** *n* ELECTRON Doppelbasisdiode *f*; **~-battened case** *n* PACK Doppellattenkiste *f*; **~-bended glass** *n* CER & GLAS Doppelprofilglas *nt*; **~ bevel** *n* CER & GLAS doppelter Anschnitt *m*; **~-beveled chisel** *n AmE*, **~-bevelled chisel** *n BrE* CONST V-Meißel *m*; **~ bituminous surface treatment** *n* CONST doppelte bituminöse Oberflächenbehandlung *f*; **~ bottom** *n* WATER TRANS *shipbuilding* Doppelboden *m*; **~ break switch** *n* ELECT Doppelöffnerschalter *m*; **~ bucket collector** *n* POLL Doppelschaufelabscheider *m*; **~ buffering** *n* COMP & DP doppelte Pufferung *f*; **~-button microphone** *n* RECORD Doppelmikrofon *nt*;

~ c **~ cable release** *n* PHOTO Doppelkabelauslöser *m*; **~ calipers** *n pl AmE*, **~ callipers** *n pl BrE* CONST Doppelzirkel *m*; **~ camera extension** *n* PHOTO doppelter Kameraauszug *m*; **~ casing** *n* MECHAN ENG Doppelgehäuse *nt*; **~-cavity mold** *n AmE*, **~-cavity mould** *n BrE* CER & GLAS Zweifachform *f*; **~-circuit brake** *n* AUTO Zweikreisbremse *f*; **~ click** *n* COMP & DP *with mouse* Doppelklicken *nt*; **~-column planing machine** *n* MECHAN ENG Zweiständerhobelmaschine *f*; **~ conversion** *n* ELECTRON, RAD TECH Doppelüberlagerung *f*; **~-cord switchboard** *n* TELECOM Zweischnurklappenschrank *m*; **~-core cable** *n* ELECT doppeladriges Kabel *nt*; **~-covered cotton wire** *n* ELECT baumwollisolierter Draht *m*; **~ crank** *n* MECHAN ENG Doppelkurbel *f*; **~-crank press** *n* MECHAN ENG Doppelkurbelpresse *f*; **~-crew operation** *n* AIR TRANS Flug mit doppelter Besatzung *m*; **~ crossover** *n* CONST doppelte Kreuzungsweiche *f*, RAIL Weichenkreuz *nt*, doppelte Gleisverbindung *f*; **~ crucible** *n* OPT Doppelkreuz *nt*; **~ crucible method** *n* OPT Doppelkreuzmethode *f*; **~ crucible technique** *n* OPT Doppelkreuzverfahren *nt*, TELECOM Doppeltiegelverfahren *nt*; **~ current operation** *n* TELECOM Doppelstrombetrieb *m*; **~-cut file** *n* MECHAN ENG doppelhiebige Feile *f*, PROD ENG Doppelhiebfeile *f*; **~-cutting planing machine** *n* MECHAN ENG Zweirichtungshobelmaschine *f*; **~-cylinder engine** *n* MECHAN ENG Zweizylindermotor *m*;

~ d **~-deck crown furnace** *n* CER & GLAS Zweietagen-Kuppelofen *m*; **~-decked pallet** *n* PACK Doppeldeckpalette *f*; **~ delta connection** *n* ELECT doppelte D-Schaltung *f*; **~ delta wing** *n* AIR TRANS Doppeldeltaflügel *m*; **~ density** *n (DD)* COMP & DP doppelte Schreibdichte *f*, doppelte Speicherkapazität *f*; **~-density recording** *n* COMP & DP Aufzeichnen mit doppelter Schreibdichte *nt*; **~ diamond crossing** *n* RAIL Doppelherzstück *nt*, schräge Bahnkreuzung *f*; **~-diffused transistor** *n* ELECTRON zweifach diffundierter Transistor *m*; **~ diffusion** *n* ELECTRON Zweifachdiffusion *f*; **~ diode pentode** *n (DDP)* ELECTRON Doppeldiodenpentode *f (DDP)*; **~ disc winding** *n BrE* ELECT doppelte Flachspule *f*; **~ disk winding** *n AmE see double disc winding BrE* **~-drum drier** *n see double-drum dryer* **~-drum dryer** *n* FOOD TECH Zweiwalz-Entrockner *m*; **~ dyeing** *n* TEXT Überfärbung *f*;

~ e **~-earth fault** *n BrE (cf double-ground fault AmE)* ELECT doppelter Erdfehler *m*, doppelter Erdschluß *m*; **~-edge grinder** *n* CER & GLAS Zweischneidenschleifmaschine *f*; **~-ended box spanner** *n BrE (cf double-ended box wrench)* MECHAN ENG Doppelringschlüssel *m*; **~-ended box wrench** *n (cf double-ended box spanner BrE)* MECHAN ENG Doppelringschlüssel *m*; **~-ended match plane** *n* CONST zweiseitiger Spundhobel *m*; **~-ended open-jaw spanner** *n BrE (cf double-ended open-jaw wrench)* MECHAN ENG Doppelringschlüssel *m*; **~-ended open-jaw wrench** *n (cf double-ended open-jaw spanner BrE)* MECHAN ENG Doppelringschlüssel *m*; **~-ended ring spanner** *n BrE (cf double-ended ring wrench)* MECHAN ENG Doppelringschlüssel *m*; **~-ended ring wrench** *n (cf double-ended ring spanner BrE)* MECHAN ENG Doppelringschlüssel *m*; **~-ended sledgehammer** *n* CONST zweiseitiger Pflasterhammer *m*; **~-ended spanner** *n BrE (cf double-ended wrench)* MECHAN ENG Doppelringschlüssel *m*; **~-ended ventilation** *n* HEAT & REFRIG beiderseitige Belüftung *f*, zweiseitige Belüftung *f*; **~-ended wrench** *n (cf double-ended spanner BrE)* MECHAN ENG Doppelringschlüssel *m*; **~-enveloping worm** *n* MECHAN ENG Globoidschnecke *f*; **~ equal angle cutter** *n* MECHAN ENG Prismenfräser *m*; **~ exposure** *n* PHOTO Doppelbelichtung *f*;

~ f **~-faced corrugated board** *n* PACK doppelseitige Wellpappe *f*; **~-faced crepe paper** *n* PACK, PAPER doppelseitiges Kreppapier *nt*; **~-faced wax paper** *n* PACK, PAPER doppelseitiges Wachspapier *nt*; **~-fed motor** *n* ELECT doppeltgespeister Motor *m*; **~ flat** *n* ACOUSTICS Doppel-b *nt*; **~ floor** *n* CONST Doppelboden *m*;

~ g **~-gap erase head** *n* RECORD Doppelspalt-Löschkopf *m*; **~ glazing** *n* CONST, HEAT & REFRIG Doppelverglasung *f*; **~ glazing unit** *n* CER & GLAS Doppelverglasungseinheit *f*; **~ gobbing** *n* CER & GLAS gleichzeitige Verarbeitung von zwei Kübeln *f*; **~-ground fault** *n AmE (cf double-earth fault BrE)* ELECT doppelter Erdfehler *m*, doppelter Erdschluß *m*; **~-gun tube** *n* TELEV Röhre mit Zwillingselektronenkanone *f*;

~ h **~-headed rail** *n* RAIL Doppelkopfschiene *f*; **~-headed shaping machine** *n* MECHAN ENG Waagrechtstoßmaschine mit zwei Supporten *f*; **~ helical gear** *n* MECHAN ENG Pfeilrad *nt*, pfeilverzahntes Rad *nt*, PROD ENG pfeilverzahntes Rad *nt*; **~ helical gearwheel** *n* MECHAN ENG Pfeilrad *nt*, pfeilverzahntes Rad *nt*; **~ helical pump** *n* PROD ENG Zahnradpumpe *f*; **~ helix** *n* MECHAN ENG Doppelwendel *f*; **~-housing planing machine** *n* MECHAN ENG Zweiständerhobelmaschine *f*; **~ hull** *n* WATER TRANS *shipbuilding* Doppelhülle *f*;

~ i **~ insulation** *n* ELEC ENG Doppelisolierung *f*; **~ insulator** *n* ELEC ENG Doppelisolator *m*;

~ j **~ jersey** *n* TEXT Doppeljersey *m*; **~ joint** *n* MECHAN ENG Doppelgelenk *nt*; **~ junction** *n* MECHAN ENG *fitting* Kreuzstück *nt*;

~ k **~ Kelvin bridge** *n* ELECT Kelvindoppelbrücke *f*;

~ l **~ layer coating** *n* TELECOM Doppelbeschichtung *f*; **~ layer winding** *n* ELECT Doppelschichtwicklung *f*; **~ letter** *n* PRINT Doppelbuchstabe *m*, Ligatur *f*; **~ lever handle** *n* PROD ENG *plastic valves* Doppelhebel *m*;

~ m **~ modulation** *n* ELECTRON Doppelmodulation *f*;

~ o **~ open-ended spanner** *n BrE (cf double open-ended wrench)* MECHAN ENG Doppelringschlüssel *m*; **~ open-ended wrench** *n (cf double open-ended spanner BrE)* MECHAN ENG Doppelringschlüssel *m*; **~ overhead camshaft** *n* AUTO *engine* doppelte obenliegende Nockenwelle *f*;

~ p **~-pass boiler** *n* HEAT & REFRIG zweiflutiger Kessel *m*; **~-pass heat exchanger** *n* HEAT & REFRIG zweiflutiger Kühler *m*; **~ piston** *n* AUTO, MECHAN ENG Doppelkolben *m*; **~-piston engine** *n* MECHAN ENG

Doppelkolbenmotor *m*; ~ **pitch roof** *n* CONST Mansardenwalmdach *nt*, abgewalmtes Mansardendach *nt*; ~-**plate dry clutch** *n* AUTO Zweischeibentrockenkupplung *f*; ~-**platform pallet** *n* PACK Doppelplattformpalette *f*; ~-**play tape** *n* RECORD Doppelspielband *nt*; ~-**pole double-throw** *n (DPDT)* ELEC ENG zweipoliger Umschalter *m*, zweipoliger Wechselschalter *m (DPDT)*; ~-**pole double-throw knife switch** *n* ELECT Doppelmesserumschalter *m*; ~-**pole double-throw relay** *n* ELECT zweipoliges Umschaltrelais *nt*, zweipoliges Wechselschaltrelais *nt*; ~-**pole single-throw** *n (DPST)* ELEC ENG zweipoliger Ein/Aus-Schalter *m (DPST)*; ~-**pole single-throw relay** *n* ELECT zweipoliges Ein/Aus-Schaltrelais *nt*; ~-**pole snap switch** *n* ELECT zweipoliger Kippschalter *m*; ~-**pole switch** *n* ELECT zweipoliger Schalter *m*; ~ **pump** *n* PROD ENG Mehrfachpumpe *f*;

~ r ~-**range instrument** *n* INSTR Zweibereichsinstrument *nt*, Zweibereichsmeßgerät *nt*; ~ **ratchet** *n* MECHAN ENG Doppelklinke *f*; ~-**reduction rear axle** *n* AUTO Hinterachse mit doppelter Untersetzung *f*; ~ **reflector antenna** *n* TELECOM Doppelreflektorantenne *f*; ~ **ridge waveguide** *n* ELEC ENG Doppelsteghohlleiter *m*; ~ **rocker** *n* MECHAN ENG Doppelschwinge *f*; ~ **roller chain** *n* AUTO Duplexkette *f*, Zweifachrollenkette *f*; ~-**row ball bearing** *n* MECHAN ENG zweireihiges Kugellager *nt*; ~ **rule** *n* PRINT Doppellinie *f*, Doppelstrich *m*, doppelte Linie *f*;

~ s ~ **sampling** *n* QUAL Doppelstichprobenentnahme *f*; ~-**sampling plan** *n* QUAL Doppelstichprobenprüfplan *m*; ~ **seizure** *n* TELECOM Doppelbelegung *f*; ~ **sharp** *n* ACOUSTICS Doppelkreuz *nt*; ~ **sideband** *n (DSB)* ELECTRON, RAD TECH *radiotelephony* Doppelseitenband *nt*, Zweiseitenband *nt*; ~-**sideband modulation** *n* ELECTRON Zweiseitenband-Modulation *f*; ~-**sideband modulator** *n* ELECTRON Zweiseitenband-Modulator *m*; ~-**sideband transmission** *n* TELEV Doppelseitenbandsendung *f*; ~-**sided disk** *n* COMP & DP beidseitig beschreibbarer Datenträger *m*; ~-**sided distribution frame** *n* TELECOM doppelseitiger Verteiler *m*; ~-**sided printed circuit** *n* ELECTRON zweiseitige Leiterplatte *f*; ~-**sided printed circuit board** *n* ELECTRON zweiseitige Leiterplatte *f*; ~-**sided substrate** *n* ELECTRON *for printed circuit boards* doppelseitiges Trägermaterial *nt*; ~-**sided tape** *n* PACK doppelseitig klebendes Band *nt*; ~-**skin design** *n* WATER TRANS *shipbuilding* Zweihüllendesign *nt*; ~-**speed motor** *n* ELECT Motor mit zwei Drehzahlen *m*; ~-**squirrel cage motor** *n* ELECT Doppelkäfigmotor *m*; ~-**squirrel cage winding** *n* ELEC ENG Doppelkäfigwicklung *f*; ~-**strand polymer** *n* PLAS Doppelstrangpolymer *nt*; ~-**strap butt joint** *n* MECHAN ENG Doppellaschennietung *f*; ~ **stroke** *n* MECHAN ENG Doppelhub *m*; ~ **super effect** *n* TELEV Doppelsupereffekt *m*;

~ t ~ **tee** *n* MECHAN ENG *fitting* Kreuzstück *nt*; ~-**tee joint** *n* PROD ENG Kreuzstoß *m*; ~ **tetrode** *n* RAD TECH *tube* Doppeltetrode *f*; ~ **Thomson bridge** *n* ELECT Thomsonsche Doppelbrücke *f*; ~ **thread** *n* MECHAN ENG zweigängiges Gewinde *nt*; ~-**threaded screw** *n* CONST Doppelgewindeschraube *f*, MECHAN ENG Schraube mit zweigängigem Gewinde *f*; ~-**throw contact** *n* ELEC ENG Umschaltkontakt *m*; ~-**throw knife switch** *n* ELECT Doppelmesserschalter *m*; ~-**throw switch** *n* ELEC ENG Umschalter *m*, Wechselschalter *m*, ELECT Hebelwechslerschalter *m*, PHYS Doppelumschalter *m*; ~ **triode** *n* ELECTRON Duotriode *f*; ~-**tuned amplifier** *n* ELECTRON Zweikreisverstärker *m*; ~-**tuned cavity** *n* ELECTRON Zweikreishohlraum *m*; ~-**tuned circuit** *n* ELECTRON Zweikreisfilter *nt*;

~ v ~-**V belt** *n* MECHAN ENG Doppelkeilriemen *m*; ~-**V butt joint** *n* PROD ENG *welding* X-Nahtverbindung *f*, X-Stoß *m*; ~ **velocity correlations** *n pl* FLUID PHYS *turbulence* Kreuzkorrelation der Geschwindigkeit *f*; ~-**V groove weld** *n* PROD ENG *welding* X-Naht *f*;

~ w ~-**wall corrugated fiberboard** *n AmE*, ~-**wall corrugated fibreboard** *n BrE* PACK doppelschichtige Wellfaserplatte *f*; ~-**weight paper** *n* PHOTO kartonstarkes Papier *nt*; ~ **Windom** *n* RAD TECH *antenna* Doppel-Windom-Antenne *f*; ~-**window fiber** *n AmE*, ~-**window fibre** *n BrE* OPT Doppelfensterfaser *f*; ~-**wire system** *n* ELECT Zweidrahtsystem *nt*; ~-**wishbone suspension** *n* AUTO Doppelquerlenkeraufhängung *f*, Trapezquerlenker-Radaufhängung *f*; ~-**wound armature** *n* ELECT Doppelwicklungsanker *m*; ~-**wound generator** *n* ELECT Generator mit Doppelwicklung *m*, doppelgewickelter Generator *m*; ~-**wound transformer** *n* ELEC ENG bifilar gewickelter Transformator *m*, ELECT Doppelwicklungstransformator *m*

double[3] *vt* PRINT verdoppeln, WATER TRANS doppeln, umschiffen

doubled: ~ **lens** *n* PHOTO Doppelobjektiv *nt*, Doublet *nt*

doublet *n* FUELLESS Dublett *nt*, OPT *spectral analysis* Doppellinie *f*, PHOTO Doublet *nt*, PHYS *spectroscopy* Dublett *nt*, PRINT Dublette *f*; ~ **lens** *n* PHOTO Doppelobjektiv *nt*; ~ **structure** *n* RAD PHYS *of spectral lines* Dublettstruktur *f*

doubling *n* ACOUSTICS Verdopplung *f*; ~-**over test** *n* METALL Faltversuch *m*

dough: ~ **mixer** *n* PLAS Kneter mit gegenläufigen Schaufeln *m*; ~ **molding** *n AmE see dough moulding BrE* ~-**molding compound** *n AmE see dough-moulding compound BrE* ~ **moulding** *n BrE* CER & GLAS Teigpreßverfahren *nt*; ~-**moulding compound** *n BrE (DMC)* PLAS kittartige Formmasse *f (DMC)*

Dove: ~ **prism** *n* OPT Dove-Prisma *nt*, Dovesches Umkehrprisma *nt*

dovetail[1] *n* CONST, MECHANICS Schwalbenschwanz *m*, PROD ENG Schwalbenschwanzführung *f*, Zinkung *f*; ~ **cutter** *n* MECHAN ENG Winkelfräser *m*, PROD ENG Schwalbenschwanznutenfräser *m*, Zinkenfräser *m*; ~ **groove** *n* MECHAN ENG Schwalbenschwanznut *f*; ~ **joint** *n* CONST, MECHANICS Schwalbenschwanzverbindung *f*; ~-**milling cutter** *n* MECHAN ENG Winkelfräser *m*

dovetail[2] *vt* CONST einschwalben

dowel[1] *n* CONST Dübel *m*, Stift *m*, PROD ENG Dübel *m*; ~ **hole** *n* CONST Dübelloch *nt*; ~ **pin** *n* CONST Dübel *m*, Paßstift *m*, MECHAN ENG Paßstift *m*, PROD ENG Dübel *m*, Stehbolzen *m*; ~ **screw** *n* MECHAN ENG Paßschraube *f*

dowel[2] *vt* CONST verdübeln, verstiften, MECHAN ENG verstiften; ~ **pin** *vt* PROD ENG dübeln, verstiften

down:[1] ~ **by the head** *adv* WATER TRANS *ship* vorlastig; ~ **by the stern** *adv* WATER TRANS *ship* achterlastig

down:[2] ~-**converter** *n* TELECOM *frequency changing circuit* Abwärtsmischer *m*, Abwärtsumsetzer *m*; ~ **counter** *n* ELECTRON Rückwärtszähler *m*; ~-**cut milling** *n* MECHAN ENG, PROD ENG Gleichlauffräsen *nt*; ~ **dip** *n* PET TECH Fallrichtung *f*; ~ **grinding** *n* PROD ENG Gleichlaufschleifen *nt*; ~ **gust** *n* AIR TRANS Fallwind *m*; ~ **line** *n* RAIL wegführendes Gleis *nt*; ~ **pulse** *n*

ELECTRON Rückwärtszählimpuls *m*; ~ **quark** *n* PHYS Quark mit Eigenschaft Down *nt*

downcomer *n* NUC TECH *of pressure vessel*, PET TECH Fallrohr *nt*

downdraft *n AmE see downdraught BrE*

downdraught *n BrE* AIR TRANS Abwind *m*, MECHAN ENG Fallstrom *m* ~ **carburettor** *n BrE* AUTO Fallstromvergaser *m*

downfeed: ~ **slide** *n* PROD ENG Meißelschlitten *m*

downhand: ~ **position** *n* PROD ENG *welding* Wannenposition *f*

downhaul *n* WATER TRANS *rope* Niederholer *m*

downhill: ~ **slope** *n* CONST Abhang *m*

downhole[1] *adj* PET TECH untertägig

downhole:[2] ~ **conditions** *n pl* PET TECH untertägige Bedingungen *f pl*; ~ **measurements** *n pl* PET TECH Bohrlochmessung *f*; ~ **safety valve** *n* PET TECH Untertage-Sicherheitsventil *nt*

downlink *n* RAD TECH *satellite communications* Abwärtsstrecke *f*; ~ **feeder link** *n* TELECOM *satellite* Abwärtsstrecke *f*, Abwärtsverbindung *f*

download *vt* CONTROL Daten aus Rechner aufrufen, Daten aus Speicher aufrufen

downpipe *n* CONST Regenfallrohr *nt*, WATER SUP Abflußrohr *nt*

downrange *vt* INSTR auf kleineren Meßbereich umschalten

downspout *n* CONST Fallrohr *nt*

downstream[1] *adj* FLUID PHYS in Stromrichtung, stromabwärts gelegen, HEAT & REFRIG nachgeordnet, nachgeschaltet, untergeordnet, MECHAN ENG *unit* nachgeschaltet, PHYS in Stromrichtung, stromabwärts gelegen

downstream[2] *adv* CONST flußabwärts, nachgeordnet, unterhalb, FLUID PHYS, MECHANICS, SPACE *spacecraft* stromabwärts, TELEV in Strahlrichtung, WATER TRANS stromabwärts

downstream[3] *n* TEXT Austrittsseite *f*; ~ **cutwater** *n* WATER SUP *of bridgepier* stromabwärteriger Pfeilerkopf *m*; ~ **keyer** *n* TELEV Abwärtstaster *m*

downstroke *n* AUTO *engine* Abwärtshub *m*, Niederhub *m*, abwärtsgehender Kolbenhub *m*, MECHAN ENG Abwärtshub *m*, MECHANICS Abwärts- *pref*, Abwärtsbewegung *f*, PROD ENG Abwärtshub *m*, Niedergang *m*; ~ **press** *n* PLAS Oberdruckpresse *f*

downtime *n* AIR TRANS Ausfallzeit *f*, Störungsdauer *f*, COMP & DP Ausfallzeit *f*, MECHANICS Abschaltzeit *f*, Totzeit *f*, PET TECH Ausfallzeit *f*, Stillstandzeit *f*, TELECOM Ausfallzeit *f*, Unterbrechungszeit *f*, TELEV Ausfallzeit *f*; ~ **cost** *n* PACK Kosten durch Ausfallzeit *f pl*

downward:[1] ~ **compatible** *adj* COMP & DP abwärtskompatibel

downward:[2] ~ **compatibility** *n* COMP & DP Abwärtskompatibilität *f*; ~ **gradient** *n* CONST Gefälle *nt*; ~ **modulation** *n* ELECTRON Abwärtsmodulation *f*

downwash *n* AIR TRANS Abwind *m*, Fallwind *m*

downwind[1] *adj* FUELLESS dem Wind abgekehrt

downwind[2] *adv* FUELLESS, POLL, WATER TRANS *sailing* mit dem Wind

downwind[3] *n* AIR TRANS Abwind *m*, Fallwind *m*; ~ **leg** *n* AIR TRANS Rückenwindanteil *m*; ~ **tacking** *n* WATER TRANS *sailing* Kreuzen vor dem Wind *nt*

dozen *n* MATH Dutzend *nt*

DP *abbr* COMP & DP *(data processing)*, CONTROL *(data processing)*, ELECTRON *(data processing)* DV *(Datenverarbeitung)*, MECHAN ENG *(diametral pitch)* DP *(Diametral-Pitch)*, TELECOM *(data processing)* DV *(Datenverarbeitung)*

dpc *abbr (damp-proof course)* CONST Feuchtigkeitsdämmschicht *f*, Sperrschicht *f*

DPC *abbr (data processing center AmE, data processing centre BrE)* COMP & DP, TELECOM Rechenzentrum *nt*

DPCM *abbr (differential pulse code modulation)* ELECTRON DPCM *(Differenz-Pulscodemodulation)*

DPDT *abbr (double-pole double-throw)* ELEC ENG DPDT *(zweipoliger Wechselschalter)*

DPSK *abbr (differential phase shift keying)* ELECTRON DPSK *(Phasendifferenzmodulation)*

DPST[1] *abbr (double-pole single-throw)* ELEC ENG DPST *(zweipoliger Ein/Aus-Schalter)*

DPST:[2] ~ **relay** *n* ELECT zweipoliges Ein/Aus-Schaltrelais *nt*

dpt *abbr (diopter AmE, dioptre BrE)* OPT dpt *(Dioptrie)*

dracone *n* MAR POLL Kunststoffbehälter *m*, schwimmender Kunstoffbehälter *m*

draft[1] *n AmE see draught BrE*

draft[2] *n* PROD ENG Schmiedekonus *m*, Schräge *f*, Verjüngung *f*, TEXT Einzug *m*, Verstreckung *f* ~ **drawing** *n* PRINT Entwurfszeichnung *f*; ~ **quality** *n* PRINT Konzeptqualität *f*; ~ **zone** *n* TEXT Streckbereich *m*

draft[3] *vt* TEXT patronieren

drafting *n* TEXT Verziehen *nt* ~ **system** *n* TEXT Streckwerk *nt*

draftsman *n AmE see draughtsman BrE*

drag[1] *n* AIR TRANS Luftwiderstand *m*, FLUID PHYS Widerstand *m*, FUELLESS Rücktrieb *m*, Widerstandskraft *f*, HEAT & REFRIG Luftwiderstand *m*, Strömungswiderstand *m*, MECHANICS Widerstand *m*, METALL Widerstandskraft *f*, PET TECH Schleppung *f*, PHYS *aerodynamics* Strömungswiderstand *m*, PROD ENG Riefennachlauf *m*, Unterkasten *m*, Widerstand von Körpern *m*, Zwischenschneide *f*, SPACE *spacecraft* Luftwiderstand *m*, Rückdruck *m*, WATER TRANS *ship design* Strömungswiderstand *m*; ~ **angle** *n* AIR TRANS Luftwiderstandswinkel *m*; ~ **axis** *n* AIR TRANS Widerstandsachse *f*; ~ **bit** *n* PET TECH Blattbohrmeißel *m*; ~ **brace** *n* AIR TRANS Luftwiderstandsstützstrebe *f*, Luftwiderstandsverspannung *f*; ~ **brake** *n* AUTO Schleppbremse *f*; ~ **chute** *n* AIR TRANS, SPACE *spacecraft* Bremsfallschirm *m*; ~ **chute cover** *n* AIR TRANS Bremsfallschirmhülle *f*; ~ **coefficient** *n* AIR TRANS Widerstandsbeiwert *m*, AUTO CW-Wert *m*, Luftwiderstandsbeiwert *m*, FLUID PHYS, FUELLESS, WATER TRANS *ship design* Widerstandsbeiwert *m*; ~ **damper** *n* AIR TRANS Luftwiderstandsdämpfer *m*; ~ **hinge pin** *n* AIR TRANS *helicopter* Schwenkgelenkbegrenzungsstift *m*; ~ **lift** *n* TRANS Schlepplift *m*; ~ **link** *n* AIR TRANS Schwenkgelenk *nt*; ~ **moment** *n* AIR TRANS Luftwiderstandsmoment *nt*; ~ **parachute** *n* AIR TRANS Bremsfallschirm *m*; ~ **reduction** *n* FLUID PHYS Widerstandsverminderung *f*; ~ **rod** *n* AUTO *steering* Lenkschubstange *f*, Lenkspurstange *f*; ~ **scraper** *n* PAPER Seilschrapper *m*; ~ **on a sphere** *n* FLUID PHYS *at low Reynolds numbers* Widerstand *m*

drag[2] *vt* PROD ENG drücken, WATER TRANS dreggen

drag[3] *vi* WATER TRANS mit einem Schleppnetz fischen; ~ **the anchor** *vi* WATER TRANS *mooring* vor Anker treiben

dragging *n* PROD ENG Drücken *nt*; ~ **ship** *n* WATER TRANS vor Anker treibendes Schiff *nt*

dragline *n* AIR TRANS Schleppkette *f*, Schleppseil *nt*; ~ **excavator** *n* CONST Schlepplöffelbagger *m*

drain[1] *n* COAL TECH Entwässerung *f*, CONST Entwässerungsgraben *m*, Entwässerungsrohr *nt*, ELEC ENG Anode *f*, Drain *m*, Kollektor *m*, ELECTRON Drain *m*, MECHAN ENG Abfluß *m*, Ablaß *m*, PET TECH Entleerung *f*, PHYS Drain *m*, RAD TECH *FET terminal* Drain *m*, WATER TRANS Abflußvorrichtung *f*, Entwässerungsvorrichtung *f*; ~ **amplifier** *n* ELECTRON Drainverstärker *m*; ~ **bias** *n* ELEC ENG Drainvorspannung *f*; ~ **cock** *n* AUTO *radiator*, CONST, MECHAN ENG, PROD ENG Ablaßhahn *m*; ~ **connection** *n* ELEC ENG Drainschaltung *f*; ~ **contact** *n* ELEC ENG Drainschalter *m*; ~ **current** *n* ELEC ENG Drainstrom *m*, Senkenstrom *m*; ~ **pan** *n* MECHAN ENG Abtropfblech *nt*; ~ **plug** *n* AUTO Ölablaßschraube *f*; ~ **system** *n* WASTE Kanalisation *f*; ~ **tap** *n* PET TECH Entleerungshahn *m*; ~ **terminal** *n* ELEC ENG Drainanschluß *m*; ~ **trap** *n* CONST Geruchsverschluß *m*; ~ **valve** *n* MECHAN ENG Ablaßventil *nt*, *for water* Entwässerungsventil *nt*, RAIL Entwässerungsventil *nt*, WATER TRANS Ablaßventil *nt*, Entwässerungsventil *nt*; ~ **water** *n* WASTE Abwasser *nt*, Schmutzwasser *nt*

drain[2] *vt* CONST entleeren, entwässern, MECHAN ENG *oil* ablassen, PAPER entwässern, WATER SUP entwässern, trockenlegen, *pond* entwässern, *pump* leerlaufen

drainable: ~ **unusable fuel** *n* AIR TRANS ablaßbarer unnutzbarer Treibstoff *m*, absaugbarer unnutzbarer Treibstoff *m*

drainage *n* MECHAN ENG, PAPER Entwässerung *f*, PET TECH Dränage *f*, PROD ENG *plastic valves* Auslauf *m*, Entleeren *nt*, WATER SUP Dränage *f*, Entwässerung *f*, Trockenlegen *nt*; ~ **area** *n* WATER SUP Einzugsgebiet *nt*, Niederschlagsgebiet *nt*; ~ **basin** *n* WATER SUP Einzugsgebiet *nt*, Niederschlagsgebiet *nt*; ~ **channel** *n* CONST Entwässerungsgerinne *nt*, Entwässerungsgraben *m*, WATER SUP Entwässerungskanal *m*; ~ **ditch** *n* WATER SUP Abzugsgraben *m*, Entwässerungsgraben *m*, Vorfluter *m*; ~ **layer** *n* WASTE Entwässerungsschicht *f*; ~ **pump** *n* WATER SUP Entwässerungspumpe *f*; ~ **structure** *n* CONST Entwässerungsbauwerk *nt*; ~ **system** *n* WATER TRANS Lenzanlage *f*; ~ **terrace** *n* AIR TRANS Entwässerungsgefällestufe *f*

drainer *n* PAPER Stoffkasten *m*

draining *n* LAB EQUIP Abtropf- *pref*, WATER SUP Entwässerung *f*; ~ **engine** *n* WATER SUP Entwässerungspumpe *f*; ~ **pump** *n* WATER SUP Entwässerungspumpe *f*; ~ **rack** *n* FOOD TECH Abtropfgestell *nt*, LAB EQUIP Abtropfgestell *nt*, Trockengestell *nt*; ~ **screen** *n* COAL TECH Entwässerungssieb *nt*

drainpipe *n* CONST Abflußrohr *nt*, Abwasserrohr *nt*

DRAM *abbr (dynamic random access memory)* COMP & DP DRAM *(dynamischer RAM)*

drape *vt* TEXT drapieren

draping *n* TEXT Drapierung *f*; ~ **properties** *n pl* TEXT Fall *m*

draught *n BrE* CONST Kaminzug *m*, Luftzug *m*, HEAT & REFRIG Zugluft *f*, MECHAN ENG *current of air* Luftzug *m*, Zug *m*, WATER TRANS *ship* Tiefgang *m*; ~ **bar** *n BrE* RAIL Zugstange *f*; ~ **box** *n BrE* HYD EQUIP Zugkasten *m*; ~ **marks** *n pl BrE* WATER TRANS *ship design* Ahminges *f pl*, Tiefgangsmarken *f pl*; ~ **regulator** *n BrE* HEAT & REFRIG Zugregler *m*; ~ **tube** *n BrE* FUELLESS Saugrohr *nt*

draughtsman *n BrE* CONST Zeichner *m*, ENG DRAW Ersteller *m*, WATER TRANS *ship design* Konstruktionszeichner *m*

draw[1] *n* OPT Zug *m*, PAPER Einziehen *nt*, Ziehen *nt*; ~ **head** *n* PROD ENG Ziehkopf *m*; ~ **hook** *n* RAIL Zughaken *m*; ~**-hook bar** *n* RAIL *coupling* Kupplungshaken *m*; ~**-in bolt** *n* PROD ENG Anzugschraube *f*; ~**-in collet** *n* MECHAN ENG *machine tools* Spannpatrone *f*; ~ **key** *n* MECHAN ENG Ziehkeil *m*; ~**-key transmission** *n* MECHAN ENG Ziehkeilgetriebe *nt*; ~**-off** *n* WATER SUP Wasserentnahme *f*; ~**-off tap** *n* MECHAN ENG Ablaßhahn *m*; ~ **rod** *n* CER & GLAS Ziehstab *m*; ~ **roll** *n* PAPER Zugwalze *f*; ~ **spike** *n* PROD ENG *casting* Modellspitze *f*; ~ **works** *n* PET TECH Hebewerk *nt*

draw[2] *vt* PAPER ziehen, PROD ENG abschneiden, anlassen, ausheben, zünden, TEXT recken, strecken, verstrecken, WATER SUP *water from well* saugen; ~ **down** *vt* WATER SUP absinken; ~ **in the mated condition** *vt* ENG DRAW ineinanderzeichnen; ~ **in shortened form** *vt* ENG DRAW gekürzt zeichnen; ~ **out** *vt* PROD ENG ausschmieden; ~ **separately** *vt* ENG DRAW *details* herauszeichnen; ~ **staggered** *vt* ENG DRAW *hatching lines* versetzt zeichnen; ~ **to a larger scale** *vt* ENG DRAW vergrößert zeichnen

draw[3] *vi* CONST abziehen, ziehen, WATER TRANS *ship: depth for floating* tiefgehen; ~ **alongside** *vi* WATER TRANS längsseits gehen; ~ **a continuous line** *vi* ENG DRAW eine Linie durchziehen

draw[4] *vti* WATER TRANS zeichnen

drawability *n* PROD ENG Ziehfähigkeit *f*

drawback[1] *adj* PROD ENG auf Zug wirkend

drawback:[2] ~ **spring** *n* MECHAN ENG Rückzugfeder *f*

drawbar *n* AUTO *trailer* Deichsel *f*, Zuggabel *f*, Zugstange *f*, MECHAN ENG Zugstange *f*, RAIL Kuppelstange *f*, Zugstange *f*; ~ **bolt** *n* AUTO *trailer* Deichselbolzen *m*, Zugstangenbolzen *m*; ~ **guide** *n* RAIL Zugstangenführung *f*

drawbridge *n* CONST Zugbrücke *f*

drawdown *n* PET TECH Absenkung *f*, WATER SUP Absinken *nt*; ~ **of water in aquifer** *n* FUELLESS Sinkgeschwindigkeit des Wasserspiegels in der Wasserschicht *f*

drawgate *n* WATER SUP Schleusen-Füll- und Entleersystem *nt*

drawgear: ~ **spring** *n* RAIL Zugstangenfeder *f*

drawing:[1] ~**-checked** *adj* ENG DRAW zeichnungsgeprüft

drawing[2] *n* CONST Herausziehen *nt*, Plan *m*, Reiß- *pref*, FOOD TECH Reiß- *pref*, GEOM *geometric*, MECHAN ENG *technical* Zeichnung *f*, PACK Reiß- *pref*, PLAS Ziehen *nt*, PROD ENG Anlassen *nt*, Ausheben *nt*, Zünden *nt*, TEXT Reiß- *pref*, Strecken *nt*, Verstrecken *nt*, WATER TRANS Reiß- *pref*; ~ **amendment service** *n* ENG DRAW Zeichnungsänderungsdienst *m*; ~ **area** *n* ENG DRAW Zeichenfläche *f*, Zeichnungsfeld *nt*; ~ **block** *n* PROD ENG Ziehtrommel *f*; ~ **board** *n* CONST, TEXT, WATER TRANS *architecture* Reißbrett *nt*, Zeichenbrett *nt*; ~ **board with free margin** *n* ENG DRAW Zeichenbrett mit Zusatzfläche *nt*; ~ **clamp** *n* PROD ENG Ziehstange *f*; ~ **compound** *n* PROD ENG Ziehmittel *nt*; ~ **containing preprinted representations** *n* ENG DRAW Zeichnung mit vorgedruckten Darstellungen *f*; ~ **dealing with oversize parts** *n* ENG DRAW Übermaßzeichnung *f*; ~ **dealing with wearing parts** *n* ENG DRAW Verschleißteilzeichnung *f*; ~ **die** *n* PROD ENG Ziehdüse *f*, Zieheisen *nt*; ~ **frame** *n* TEXT Streckmaschine *f*, Streckwerk *nt*; ~ **grease** *n* PROD ENG Ziehfett *nt*; ~ **ink** *n* PRINT Zeichentusche *f*; ~ **instrument** *n* ENG DRAW Zeichenmittel *nt*; ~ **limit** *n* PROD ENG Ziehgrenze *f*; ~ **machine** *n* CER & GLAS Ziehvorrichtung *f*; ~ **office** *n* CONST Zeichenbüro *nt*,

WATER TRANS *architecture* Konstruktionsbüro *nt*; **~-out** *n* PROD ENG Ausschmieden *nt*, Strecken *nt*; **~ panel** *n* ENG DRAW Zeichnungsfeld *nt*; **~ paper** *n* GEOM Zeichenpapier *nt*; **~ pen** *n* PROD ENG Reißfeder *f*; **~ petroleum** *n* PET TECH Erdölförderung *f*; **~ plate** *n* PROD ENG Zieheisen *nt*; **~ practice** *n* ENG DRAW Zeichnungswesen *nt*; **~ practice standard** *n* ENG DRAW Zeichnungsnorm *f*; **~ process** *n* TELECOM *optical fibre* Ziehvorgang *m*; **~ pump** *n* MECHAN ENG Saugpumpe *f*; **~ punch** *n* MECHAN ENG, PROD ENG Ziehstempel *m*; **~ ring** *n* PROD ENG Ziehring *m*; **~ sheet** *n* ENG DRAW Zeichnungsblatt *nt*; **~ of shell expansion** *n* WATER TRANS *architecture* Außenhautplan *m*; **~ tower** *n* CER & GLAS Ziehturm *m*; **~-up** *n* PAT Aufstellung *f*; **~ work** *n* ENG DRAW Zeichenarbeit *f*

drawn:[1] **~ from the wood** *adj* FOOD TECH frisch vom Faß gezapft; **~ out at end** *adj* CER & GLAS am Ende herausgezogen

drawn:[2] **~ glass** *n* CER & GLAS Ziehglas *nt*; **~ junction** *n* ELECTRON *semiconductor* gezogener Zonenübergang *m*; **~ stem** *n* CER & GLAS gezogener Stiel *m*; **~ wire** *n* MECHAN ENG gezogener Draht *m*

drawplate *n* PROD ENG Zieheisen *nt*

drawtube *n* OPT Zugrohr *nt*

dredge[1] *n* CONST, WATER TRANS Schwimmbagger *m*; **~ bucket** *n* WATER TRANS Baggereimer *m*; **~ net** *n* WATER TRANS *fishing* Dreggnetz *nt*, Schleppnetz *nt*; **~ pump** *n* WATER TRANS Baggerpumpe *f*

dredge[2] *vt* WATER TRANS ausbaggern

dredger *n* MAR POLL Naßbagger *m*, Schwimmbagger *m*, WATER TRANS Schwimmbagger *m*; **~ bucket** *n* WATER TRANS Saugbaggerlöffel *m*

dredging *n* WATER TRANS Ausbaggern *nt*, Schleppen *nt*; **~ operations** *n pl* WATER TRANS Baggerarbeiten *f pl*; **~ sand** *n* CONST Baggersand *m*

D-region *n* RAD TECH D-Schicht *f*

Dreschel: ~ gas-washing bottle *n* LAB EQUIP Gaswaschflasche nach Dreschel *f*

dress:[1] **~ materials** *n pl* TEXT Kleiderstoffe *m pl*

dress[2] *vt* MECHAN ENG *grinding wheel* abrichten, PROD ENG abdrehen, aufbereiten, putzen, schlichten

dressed[1] *adj* FOOD TECH angemacht, zubereitet

dressed:[2] **~ stone** *n* CONST behauener Naturstein *m*; **~ width of warp** *n* TEXT Bewicklungsbreite *f*

dresser *n* COAL TECH Wäscher *m*, MECHAN ENG Planierhammer *m*, PROD ENG Abrichter *m*

dressing *n* CER & GLAS Putzen *nt*, COAL TECH Wäsche *f*, CONST *stones* Behauen *nt*, *wood* Zurichten *nt*, MECHAN ENG *of grinding wheels* Abrichten *nt*, METALL Putzen *nt*, PROD ENG Abdrehen *nt*, Aufbereitung *f*, Formschlichte *f*, Kokillenausbruch *m*, Putzen *nt*, Putzerei *f*; **~ device** *n* MECHAN ENG Abrichtgerät *nt*; **~ equipment** *n* MECHAN ENG *for grinding wheels* Abrichtvorrichtung *f*

Drexon: ~ card *n* OPT Drexon-Karte *f*

dried[1] *adj* FOOD TECH, THERMODYN getrocknet

dried:[2] **~ milk** *n* FOOD TECH Trockenmilch *f*

drier *n see dryer*

drift[1] *n* ACOUSTICS Drift *f*, Schlupf *m*, AIR TRANS Abdrift *f*, CONST Lochstanze *f*, ELECT Drift *f*, Schwankung *f*, MAR POLL Abdrift *f*, MECHAN ENG *of drill* Verlaufen *nt*, *punch* Durchschlag *m*, Durchschläger *m*, MECHANICS Lochstanze *f*, PROD ENG Ausweitdorn *m*, Konustreiber *m*, Lochdorn *m*, Verlaufen *nt*, RAD TECH Verschiebung *f*, SPACE *spacecraft* Abdrift *f*, Abweichung *f*, Drift *f*, Verschiebung *f*, TELECOM Abweichung *f*, Auswanderung *f*, Drift *f*, WATER TRANS Drift *f*, Versetzung *f* **~ angle** *n* AIR TRANS Abdriftwinkel *m*, TRANS Kreuzungswinkel *m*; **~ bolt** *n* MECHAN ENG Austreiber *m*; **~ chamber** *n* PART PHYS *wire chamber with improved resolution* Driftkammer *f*; **~ compensation** *n* INSTR Driftkompensation *f*, Driftausgleich *m*; **~ current** *n* WATER TRANS Drift *f*, Driftströmung *f*; **~ error** *n* AIR TRANS *altimeter* Driftfehler *m*; **~ ice** *n* WATER TRANS Treibeis *nt*; **~ indicator** *n* AIR TRANS Driftanzeige *f*; **~ net** *n* WATER TRANS *fishing* Treibnetz *nt*; **~ orbit** *n* SPACE *spacecraft* schiefe Umlaufbahn *f*; **~ punch** *n* MECHAN ENG Durchschlag *m*, Durchtreiber *m*; **~ region** *n* ELECTRON Abdriftbereich *m*; **~ space** *n* ELECTRON Laufraum *m*, *klystron* Triftraum *m*; **~ tube** *n* ELECTRON Laufzeitröhre *f*, Triftröhre *f*; **~ tunnel** *n* ELECTRON Laufraumelektrode *f*; **~ velocity** *n* METALL Driftgeschwindigkeit *f*

drift[2] *vt* PROD ENG aufdornen, durchtreiben

drift[3] *vi* METROL driften, WATER TRANS treiben

drifter *n* WATER TRANS *boat* Logger *m*

drifting *n* CONST Driften *nt*, MECHAN ENG Aufdornen *nt*; **~ buoy** *n* WATER TRANS *meteorology* Treibboje *f*; **~ flight** *n* AIR TRANS windschiefer Flug *m*

driftlock *n* TELEV Driftstabilisierung *f*

driftmeter *n* AIR TRANS Abtriftmesser *m*

driftpin *n* MECHAN ENG *rivet drift* Splintentreiber *m*

driftwood *n* WATER TRANS Treibholz *nt*

drill[1] *n* COAL TECH Bohrmaschine *f*, MECHAN ENG *bit for drilling metal* Bohreinsatz *m*, *machine* Bohrmaschine *f*, *tool* Bohrwerkzeug *nt*, Bohrer *m*, MECHANICS Bohr- *pref*, Bohrmaschine *f*; **~ barge** *n* PET TECH Bohrschiff *nt*; **~ bit** *n* COAL TECH Bohrkrone *f*, PET TECH Bohrmeißel *m*, PROD ENG Bohrmeißel *m*, Tieflochbohrer *m*; **~ bit studs** *n pl* PET TECH Bohrkronenbolzen *m pl*, Bohrkronenzähne *m pl*; **~ bushing** *n* MECHAN ENG Bohrbuchse *f*, MECHANICS Bohrfutter *nt*; **~ chip** *n* PROD ENG Bohrspan *m*; **~ chuck** *n* MECHAN ENG, PROD ENG Bohrfutter *nt*; **~ collar** *n* PET TECH Schwerstange *f*; **~ cuttings** *n pl* PET TECH Bohrgut *nt*, Bohrklein *nt*; **~ depth** *n* MECHAN ENG Bohrtiefe *f*; **~ floor** *n* PET TECH Arbeitsbühne *f*; **~ gage** *n AmE*, **~ gauge** *n BrE* MECHAN ENG Bohrerlehre *f*; **~ grinder** *n* MECHAN ENG Bohrerschleifmaschine *f*; **~ head** *n* MECHAN ENG Bohrfutter *nt*; **~ holder** *n* MECHAN ENG *for metal-working drills* Bohrerhalter *m*; **~ pin** *n* CONST Bohrstift *m*; **~ pipe** *n* PET TECH Bohrrohr *nt*; **~ press** *n* MECHAN ENG Bohrmaschine *f*, MECHANICS Bohrbank *f*; **~ sharpener** *n* MECHAN ENG Bohrerschleifgerät *nt*; **~ ship** *n* PET TECH, WATER TRANS Bohrschiff *nt*; **~ socket** *n* MECHAN ENG Bohrerfutter *nt*; **~ spindle** *n* MECHAN ENG, PROD ENG Bohrspindel *f*; **~ steel** *n* MECHAN ENG *for metal-working drills* Bohrstahl *m*; **~ stem test** *n* FUELLESS Drillstem-Test *m*, PET TECH Bohrlochproduktivitätstest *m*; **~ string** *n* PET TECH Bohrgarnitur *f*; **~ template** *n* MECHAN ENG Bohrschablone *f*; **~ tip** *n* PROD ENG Schneidenkopf *m*

drill[2] *vt* CONST *borehole*, MECHAN ENG *in metal*, MECHANICS, PAPER bohren

drillability *n* PET TECH Bohrbarkeit *f*

drillable: ~ plug *n* PET TECH bohrbarer Stopfen *m*

driller *n* PET TECH Bohrarbeiter *m*, Bohrer *m*

drilling[1] *adj* PET TECH, PROD ENG Bohr- *pref*

drilling[2] *n* COAL TECH, CONST, MECH, MECHAN ENG *in metal*, PAPER, PETROL Bohren *nt*, Bohrung *f*; **~ attachment** *n* MECHAN ENG *machine tools* Bohreinrichtung *f*; **~ of blast holes** *n* COAL TECH Bohren von Sprenglöchern *nt*; ~ **conditions** *n pl* PET TECH Bohrbedingungen *f pl*; ~ **crew** *n* PET TECH Bohrmannschaft *f*; ~ **depth** *n* MECHAN ENG Bohrtiefe *f*; ~ **engineer** *n* PET TECH Bohringenieur *m*; ~ **feed** *n* PROD ENG Bearbeitungsvorschub *m*, Bohrvorschub *m*; ~ **head** *n* PROD ENG Bohrschlitten *m*, Bohrspindelkopf *m*; ~ **jig** *n* MECHAN ENG Bohrschablone *f*, Bohrvorrichtung *f*; ~ **line** *n* PET TECH Bohrstrang *m*; ~ **machine** *n* MECHAN ENG *metal drilling*, MECHANICS Bohrmaschine *f*; ~ **mud** *n* PET TECH Spülflüssigkeit *f*, Spülung *f*; ~ **operations** *n pl* PET TECH Bohrbetrieb *m*; ~ **pillar** *n* MECHAN ENG Bohrsäule *f*; ~ **platform** *n* PET TECH Bohrplattform *f*, WATER TRANS Bohrinsel *f*; ~ **program** *n AmE*, ~ **programme** *n BrE* PET TECH Bohrprogramm *nt*; ~ **rate** *n* CONST Bohrgeschwindigkeit *f*, PET TECH Bohrfortschritt *m*; ~ **rejects** *n pl* PROD ENG Bohrausschuß *m*; ~ **rig** *n* FUELLESS Bohrgestell *nt*, Bohrturm *m*, PET TECH Bohranlage *f*; ~ **spindle** *n* MECHAN ENG Bohrspindel *f*; ~ **table** *n* MECHAN ENG, PET TECH Bohrtisch *m*; ~ **template** *n* MECHAN ENG Bohrschablone *f*; ~ **tool** *n* CONST Bohrwerkzeug *nt*

drinking: ~ **water** *n* WATER SUP Trinkwasser *nt*; ~ **water quality** *n* WATER SUP Trinkwasserqualität *f*; ~ **water supply** *n* WATER SUP Trinkwasserversorgung *f*

drip:[1] ~-**dry** *adj* TEXT bügelfrei; ~-**proof** *adj* MECHAN ENG tropfwassergeschützt

drip[2] *n* CER & GLAS Tropf *m*, FOOD TECH Abtropfflüssigkeit *f*, HEAT & REFRIG Auffang *m*, LAB EQUIP Tropf *m*, MECHAN ENG Abtropf- *pref*; ~ **cock** *n* CONST Entwässerungshahn *m*; ~ **cup** *n* CONST Tropfbecher *m*, Tropfzylinder *m*; ~-**feed lubrication** *n* MECHAN ENG, PROD ENG Tropfölschmierung *f*; ~-**feed lubricator** *n* MECHAN ENG Tropföler *m*; ~ **irrigation** *n* PROD ENG *plastic valves* Tropfenbewässerung *f*; ~ **molding** *n AmE*, ~ **moulding** *n BrE* AUTO *motor* Dachzierleiste *f*; ~ **oiler** *n* PROD ENG Tropföler *m*; ~ **pan** *n* MECHAN ENG Abtropfschale *f*; ~ **plate** *n* MECHAN ENG Abtropfblech *nt*, Tropfblech *nt*; ~ **pump** *n* WATER SUP Fallkasten *m*; ~ **tray** *n* HEAT & REFRIG Auffangschale *f*, Tropfschale *f*, MECHAN ENG Abtropfschale *f*; ~ **water** *n* HEAT & REFRIG Tropfwasser *nt*

dripping *n* LAB EQUIP Abtropf- *pref*; ~ **moisture** *n* HEAT & REFRIG Tropfwasserbildung *f*; ~ **tube** *n* LAB EQUIP Abtropfröhrchen *nt*

drive[1] *n* AUTO *transmission* Antrieb *m*, COMP & DP Laufwerk *nt*, CONTROL *disks* Antrieb *m*, Treiber *m*, MECHAN ENG Antrieb *m*, *force* Stoßkraft *f*, MECHANICS, PAPER Antrieb *m*, PROD ENG Antriebswelle *f*, Mitnehmerbolzen *m*, TEXT Antrieb *m*; ~ **battery** *n* AUTO Antriebsbatterie *f*; ~ **belt** *n* MECHAN ENG Treibriemen *m*; ~ **chain** *n* AUTO *engine, transmission* Antriebskette *f*; ~ **coil** *n* ELEC ENG Antriebsspule *f*, Steuerspule *f*, Triebspule *f*; ~ **end** *n* ELEC ENG Antriebsseite *f*, Triebseite *f*; ~ **fit** *n* MECHAN ENG TS, Treibsitz *m*; ~ **line** *n* AUTO Kraftübertragung *f*; ~ **mechanism** *n* CONTROL Antriebsmechanismus *m*; ~ **motor** *n* ELECT, PHOTO, RECORD Antriebsmotor *m*; ~ **pin** *n* MECHAN ENG Treibzapfen *m*; ~ **pinion** *n* AUTO Anlasserritzel *nt*, Antriebskegelrad *nt*, Antriebsritzel *nt*; ~ **pinion shaft** *n* AUTO Anlasserritzelwelle *f*, Antriebsritzelwelle *f*; ~ **power** *n* MECHAN ENG Antriebskraft *f*; ~ **pulley** *n* AUTO *alternator* Antriebsriemenscheibe *f*, Treibscheibe *f*; ~ **shaft** *n* AUTO *transmission*, MECHAN ENG, PROD ENG *plastic valves* Antriebswelle *f*; ~ **side** *n* PAPER Antriebsseite *f*; ~ **slot** *n* PROD ENG Mitnehmernut *f*; ~ **spindle** *n* MECHAN ENG Antriebsspindel *f*; ~ **sprocket** *n* AUTO *chain drive* Kettenantriebsritzel *nt*, TELEV Antriebsrolle *f*; ~ **system** *n* MECHAN ENG, TEXT Antriebssystem *nt*; ~ **train** *n* AUTO *transmission* Triebstrang *m*; ~ **unit** *n* MECHAN ENG Antriebsaggregat *nt*; ~ **voltage** *n* TELEV Treiberspannung *f*; ~ **wheel** *n* AUTO *transmission* Antriebsrad *nt*

drive[2] *vt* CONST *screw* einschrauben, ziehen, MECHAN ENG *machine* antreiben, treiben, *nail* einschlagen, MECHANICS, PAPER antreiben, RAD TECH treiben, SPACE *spacecraft*, TEXT antreiben; ~ **in** *vt* CONST *nail* einrammen, einschlagen, MECHAN ENG *nail* einschlagen

driven: ~ **disc** *n BrE* MECHAN ENG getriebene Scheibe *f*; ~ **disk** *n AmE see driven disc BrE* ~ **element** *n* MECHAN ENG angetriebenes Element *nt*, RAD TECH *of antenna* Strahler *m*; ~ **plate** *n* AUTO Kupplungsscheibe *f*, Mitnehmerscheibe *f*, *of clutch* Druckplatte *f*, MECHAN ENG *of clutch* Kupplungsscheibe *f*; ~ **plate assembly** *n* AUTO Mitnehmerscheibeneinheit *f*; ~ **shaft** *n* MECHAN ENG angetriebene Welle *f*; ~ **wheel** *n* MECHAN ENG angetriebenes Rad *nt*

driver *n* ACOUSTICS Steuersender *m*, Treiber *m*, COMP & DP Treiber *m*, Treiberprogramm *nt*, MECHAN ENG *gear* Antriebsrad *nt*, *key drift* Splintentreiber *m*, *lathe dog or carrier* Drehherz *nt*, *rivet drift* Nietentreiber *m*, PROD ENG Antriebswelle *f*, Drehherz *nt*, Mitnehmerbolzen *m*, RAD TECH *transmitter stage* Treiber *m*, TRANS Fahrer *m*; ~ **chuck** *n* MECHAN ENG *lathe* Mitnehmerscheibe *f*; ~ **plate** *n* MECHAN ENG *lathe*, PROD ENG Mitnehmerscheibe *f*; ~ **pulley** *n* PROD ENG Antriebsscheibe *f*; ~ **stage** *n* AUTO, SPACE *communications* Treiberstufe *f*

driverless: ~ **single car** *n* AUTO Einzelfahrzeug ohne Fahrer *nt*

driver's: ~ **cab** *n* RAIL Führerstand *m*; ~ **licence** *n BrE*, ~ **license** *n AmE* AUTO *regulations* Fahrerlaubnis *f*, Führerschein *m*

driving[1] *adj* ELECT, MECHAN ENG treibend, TRANS Fahr- *pref*

driving[2] *n* PROD ENG Absenken *nt*, Einrammen *nt*; ~ **axle** *n* AUTO *transmission*, MECHAN ENG Antriebsachse *f*; ~ **belt** *n* MECHAN ENG *conveying motion* Transmissionsriemen *m*, Treibriemen *m*, *of machinery* Antriebsriemen *m*, PROD ENG Antriebsriemen *m*; ~ **chain** *n* MECHAN ENG Antriebskette *f*; ~ **crank** *n* PROD ENG Antriebskurbel *f*; ~ **crew** *n* AUTO Triebfahrzeugpersonal *nt*; ~ **desk** *n* RAIL Stelltisch *m*; ~ **disc** *n BrE* MECHAN ENG Antriebsscheibe *f*; ~ **disk** *n AmE see driving disc BrE* ~ **dog** *n* MECHAN ENG *machine tools*, PROD ENG Drehherz *nt*; ~ **drum** *n* AUTO Antriebstrommel *f*; ~ **element** *n* MECHAN ENG Antriebselement *nt*; ~ **end** *n* MECHAN ENG Antriebsseite *f*, MECHANICS straffes Trumm *nt*; ~ **fit** *n* MECHAN ENG Festsitz *m*; ~ **force** *n* METALL treibende Kraft *f*; ~ **free length** *n* PROD ENG Arbeitsraum *m*; ~ **gear** *n* MECHAN ENG Antriebsrad *nt*, Getriebe *nt*; ~ **grid** *n* ACOUSTICS Steuergitter *nt*; ~ **key** *n* PROD ENG Mitnehmerkeil *m*; ~ **link** *n* PROD ENG *kinematics* Antriebsglied *nt*; ~ **member** *n* MECHAN ENG Antriebsglied *nt*; ~ **mirror** *n* AUTO Innenspiegel *m*, Rückspiegel *m*; ~ **motor** *n* CONTROL Antriebsmotor *m*; ~ **motor car** *n* AUTO Steuertriebwagen *m*; ~ **package** *n* PROD ENG Antriebsaggregat *nt*; ~ **pinion** *n* MECHAN ENG Antriebsritzel *nt*; ~ **pin wheel** *n* PROD ENG Triebstock *m*; ~ **plate** *n* MECHAN ENG Mitnehmerscheibe *f*; ~ **potential** *n* ELEC ENG Antriebspotential *nt*; ~ **power** *n* MECHAN ENG Antriebsleistung *f*; ~ **propeller** *n* AIR

TRANS Antriebspropeller *m*; ~ **pulley** *n* MECHAN ENG Antriebsrolle *f*; ~ **pulse** *n* TELEV Treiberimpuls *m*; ~ **shaft** *n* MECHAN ENG, WATER TRANS *engine* Antriebswelle *f*; ~ **side** *n* PROD ENG Arbeitsraum *m*, Zugtrum *nt*; ~ **signals** *n pl* TELEV Treibersignale *nt pl*; ~ **sprocket** *n* PROD ENG Antriebskettenrad *nt*; ~ **trailer car** *n* RAIL Steuerwagen *m*; ~ **unit** *n* TRANS Steuereinheit *f*; ~ **wheel** *n* AUTO Antriebsrad *nt*, MECHAN ENG *communicating motion* Treibrad *nt*, *impelling machine* Antriebsrad *nt*

drogue *n* WATER TRANS *emergency* Seeanker *m*, Treibanker *m*

drone: ~ **helicopter** *n* AIR TRANS gelenkter unbemannter Hubschrauber *m*

droop *n* ELECTRON *proportional offset* Drift *f*, Proportionalabweichung *f*; ~ **flap** *n* AIR TRANS Nasenklappe *f*; ~ **nose** *n* AIR TRANS *Concorde* absenkbare Rumpfnase *f*; ~-**nose aircraft** *n* AIR TRANS Flugzeug mit absenkbarer Rumpfspitze *nt*; ~ **snoot** *n* AIR TRANS *Concorde* Droop-Snoot-Blatt *nt*

drooping: ~ **dipole** *n* RAD TECH geneigter Dipol *m*

drop:[1] ~-**forged** *adj* MECHAN ENG im Gesenk geschmiedet, PROD ENG gesenkgeschmiedet

drop[2] *n* CER & GLAS Tropfen *m*, CONST Schlüsselschild *nt*, ELEC ENG *voltage* Abfall *m*, FOOD TECH, PAPER Tropfen *m*, SPACE *spacecraft* Abwerfen *nt*, Abwurf *m*, Aussetzen *nt*; ~ **arm** *n* AIR TRANS Lenkhebel *m*, AUTO *steering* Lenkstockhebel *m*; ~ **bed frame** *n* AUTO *chassis* Tiefbettrahmen *m*; ~ **bottom** *n* AUTO Bodenklappe *f*; ~-**bottom bucket** *n* CONST Bodenentleererkübel *m*; ~ **box** *n* WATER SUP Fallkasten *m*; ~ **cable** *n* TELEV Fallkabel *nt*; ~ **center rim** *n AmE*, ~ **centre rim** *n BrE* AUTO *wheel* Tiefbettfelge *f*; ~ **counter** *n* PACK Tropfenzähler *m*; ~-**down** *n* COMP & DP Aktions- *pref*; ~-**down menu** *n* COMP & DP Aktionsfenster *nt*, Aufklappmenü *nt*, Rollmenü *nt*; ~-**forged steel** *n* METALL gesenkgeschmiedener Stahl *m*; ~ **forging** *n* MECHAN ENG, MECHANICS Gesenkschmieden *nt*, PROD ENG Gesenkschmiedeteil *nt*, Gesenkschmieden *nt*; ~ **formation** *n* FLUID PHYS Tropfenbildung *f*; ~-**frame** *n* TELEV Drop-Frame *nt*; ~-**frame indicator** *n* TELEV Drop-Frame-Anzeige *f*; ~-**frame mode** *n* TELEV Drop-Frame-Betrieb *m*; ~ **hammer** *n* COAL TECH, MECHAN ENG Fallhammer *m*; ~ **height** *n* COAL TECH, PACK Fallhöhe *f*; ~-**in** *n* COMP & DP, ELEC ENG Störsignal *nt*; ~-**in package** *n* ELEC ENG Störsignalpaket *nt*; ~ **keel** *n* WATER TRANS *ship* Steckschwert *nt*; ~ **leg** *n* PAPER Fallrohr *nt*; ~-**out** *n* COMP & DP Signalausfall *m*, ELEC ENG Signalausfall *m*, *mains* Ausfall *m*, *relay* Abfallen *nt*, RECORD *in signal* Signalausfall *m*; ~-**out current** *n* ELEC ENG, ELECT *of relay* Abfallstrom *m*; ~-**out time** *n* ELECT Abfallzeit *f*; ~-**out voltage** *n* ELEC ENG Abfallspannung *f*; ~ **pile hammer** *n* MECHANICS Zugramme *f*; ~ **point** *n* PROD ENG Tropfpunkt *m*; ~-**point apparatus** *n* LAB EQUIP *lubricating greases* Tropfpunktapparat *m*; ~ **of potential** *n* ELECT Spannungsabfall *m*; ~ **stamp** *n* PROD ENG Fallhammer *m*, Gesenkschmiedehammer *m*; ~ **test** *n* MECHAN ENG Fallprobe *f*, Fallversuch *m*, PACK Fallversuch *m*; ~ **valve** *n* HYD EQUIP Hängeventil *nt*, hängendes Ventil *nt*; ~ **valve gear** *n* HYD EQUIP Hängeventilsteuerung *f*; ~ **watermark** *n* PAPER Tropfenwasserzeichen *nt*; ~ **weight** *n* MECHAN ENG Fallgewicht *nt*; ~ **wire** *n* TEXT Kettfadenwächterlamelle *f*; ~ **worm** *n* PROD ENG Fallschnecke *f*; ~ **zone** *n* SPACE *spacecraft* Abwurfgebiet *nt*

drop[3] *vt* ELEC ENG *voltage* herabsetzen, senken, SPACE *spacecraft* ausklinken

drop[4] *vi* PAPER tropfen, WATER TRANS *wind* einschlafen, sich legen; ~ **anchor** *vi* WATER TRANS *mooring* ankern, den Anker fallen lassen

droplet *n* POLL Tröpfchen *nt*; ~ **of metal** *n* PROD ENG *welding* Metalltröpfchen *nt*

dropout *n* TELEV Aussetzen *nt*; ~ **colors** *n pl AmE*, ~ **colours** *n pl BrE* PRINT Blindfarben *f pl*; ~ **compensator** *n* TELEV Abfallkompensation *f*; ~ **switch signal** *n* TELEV Abfallschaltsignal *nt*

dropped: ~ **axle** *n* AUTO *transmission*, MECHAN ENG gekröpfte Achse *f*

dropper *n* LAB EQUIP Tropfenzähler *m*; ~ **tube** *n* LAB EQUIP Tropfenzählröhrchen *nt*

dropping: ~ **bottle** *n* LAB EQUIP Tropfflasche *f*, Tropfenzähler *m*; ~ **resistor** *n* ELEC ENG Reduzierwiderstand *m*, Vorwiderstand *m*; ~ **tube** *n* LAB EQUIP Tropfenzählröhrchen *nt*

dross *n* COAL TECH Förderguß *m*, PROD ENG Krätze *f*, Schlacke *f*

drowned: ~ **flow** *n* FLUID PHYS Überschwemmung *f*; ~ **turbine** *n* HYD EQUIP abgesoffene Turbine *f*, ersoffene Turbine *f*; ~ **weir** *n* HYD EQUIP Grundwehr *nt*, WATER SUP Grundwehr *nt*, Stauschwelle *f*

drum *n* COAL TECH Trommel *f*, Walze *f*, Zylinder *m*, COMP & DP Trommelspeicher *m*, Walze *f*, FOOD TECH Walze *f*, HYD EQUIP Behälter *m*, Trommel *f*, Radtrommel *f*, Walze *f*, Zylinder *m*, MAR POLL Trommel *f*, MECHAN ENG *for rope* Seiltrommel *f*, MECHANICS Spule *f*, Trommel *f*, Walze *f*, PACK Trommel *f*, Zylinder *m*, PAPER Trommel *f*, PLAS *container* Faß *nt*, PROD ENG Walze *f*, Zylinder *m*, RAD TECH *fax*, TELEV Trommel *f*; ~ **altimeter** *n* AIR TRANS Trommelhöhenmesser *m*; ~ **armature** *n* ELEC ENG, ELECT Trommelanker *m*; ~ **brake** *n* AUTO Trommelbremse *f*; ~ **cam** *n* PROD ENG Mantelkurve *f*, Trommelkurve *f*; ~ **chart diagram** *n* INSTR Trommelblattdiagramm *nt*; ~ **cobber** *n* COAL TECH Walzenscheider *m*; ~ **controller** *n* ELECT Trommelschalter *m*, Walzenschalter *m*; ~ **drier** *n see drum dryer* ~ **drive** *n* MECHAN ENG Trommelantrieb *m*; ~ **dryer** *n* COAL TECH, FOOD TECH Walzentrockner *m*, MECHAN ENG, THERMODYN Trommeltrockner *m*; ~ **filter** *n* COAL TECH Trommelfilter *nt*; ~ **gate** *n* FUELLESS Trommelschütze *f*, Walzenschütze *f*; ~ **kiln** *n* THERMODYN Trommelkiln *m*; ~ **milling machine** *n* MECHAN ENG Trommelfräsmaschine *f*; ~ **mixer** *n* CONST Trommelmischer *m*; ~ **plotter** *n* COMP & DP Trommelplotter *m*; ~ **printer** *n AmE (cf barrel printer BrE)* COMP & DP Drucker mit Typenradwalze *m*, Typenraddrucker *m*, Trommeldrucker *m*, Typenwalzendrucker *m*; ~ **scanner** *n* TELEV Trommelabtaster *m*; ~ **separator** *n* COAL TECH Trommelsieb *nt*; ~ **shaft** *n* MECHAN ENG Trommelwelle *f*; ~ **skimmer** *n* MAR POLL Trommelabschöpfgerät *nt*; ~ **speed** *n* RAD TECH *fax* Trommelgeschwindigkeit *f*; ~ **starter** *n* ELECT Trommelanlasser *m*, Walzenanlasser *m*; ~ **store** *n* TELECOM Trommelspeicher *m*; ~ **switch** *n* ELECT Trommelschalter *m*, Walzenschalter *m*; ~ **system** *n* WASTE zylindrisches System *nt*; ~ **turret** *n* MECHAN ENG *of machine tool* Trommelrevolver *m*; ~-**type drilling machine** *n* MECHAN ENG Trommelbohrmaschine *f*; ~ **washer** *n* CONST Trommelwascher *m*; ~ **winch** *n* MECHAN ENG Trommelwinde *f*; ~ **winding** *n* ELEC ENG Trommelwicklung *f*

drunken *adj* PROD ENG mit versetzter Bewegungsebene

dry[1] *adj* COATINGS Trocken- *pref*, trocken, HEAT & RE-

FRIG kalt, PAPER trocken, PRINT Trocken- *pref*, THERMODYN Trocken- *pref*, trocken

dry:[2] ~ **acid deposit** *n* POLL trocken saurer Fallout *m*; ~ **acidic fallout** *n* POLL trocken saurer Niederschlag *m*; ~ **adiabatic lapse rate** *n* POLL trockener adiabatischer Temperaturgradient *m*; ~ **battery** *n* ELEC ENG Trockenbatterie *f*; ~ **bearing** *n* MECHAN ENG Trockenlager *nt*; ~ **broke** *n* PAPER Trockenausschuß *m*; ~**-bulb temperature** *n* HEAT & REFRIG Trockentemperatur *f*; ~**-bulb thermometer** *n* HEAT & REFRIG, THERMODYN Trockenthermometer *nt*; ~**-bulk carrier** *n* WATER TRANS Trockenfrachter *m*; ~**-bulk container** *n* WATER TRANS Schüttgutcontainer *m*; ~**-cargo ship** *n* WATER TRANS Frachtschiff *nt*; ~ **cell** *n* ELEC ENG Trockenelement *nt*, Trockenzelle *f*, ELECT Trockenzelle *f*, PHYS Trockenbatterie *f*, Trockenzelle *f*; ~ **circuit** *n* ELEC ENG Trockenschaltkreis *m*; ~ **clutch** *n* AUTO, MECHAN ENG Trockenkupplung *f*; ~ **connection** *n* ELEC ENG Trockenanschluß *m*; ~ **connector** *n* ELEC ENG Trockenanschlußklemme *f*, Trockenverbinder *m*; ~ **construction** *n* CONST Montagebauweise *f*; ~ **content** *n* PAPER Trockengehalt *m*; ~ **crushing** *n* COAL TECH Trokkenvermahlung *f*; ~ **crust** *n* COAL TECH Trockenkruste *f*; ~**-cycle time** *n* PLAS Trockenlaufzeit *f*; ~ **density** *n* COAL TECH, CONST Trockenrohdichte *f*; ~ **deposition** *n* POLL nuklear ungefährlicher Niederschlag *m*, trokkene Deposition *f*; ~ **desulfurization process** *n AmE*, ~ **desulphurization process** *n BrE* POLL Trockenentschwefelungsprozess *m*; ~ **dock** *n* CONST, WATER TRANS Trockendock *nt*; ~ **drawing** *n* PROD ENG Trokkenziehen *nt*; ~**-dust removal installation** *n* SAFETY Trockenstaub-Beseitigungsanlage *f*; ~ **electrolyte** *n* ELEC ENG Trockenelektrolyt *nt*; ~ **engine** *n* AIR TRANS Triebwerk ohne Nachbrenner *nt*; ~ **felt** *n* PAPER Trokkenfilz *m*; ~ **filter** *n* MECHAN ENG Trockenfilter *nt*; ~ **flashover voltage** *n* ELECT Trocken-Überschlagspannung *f*; ~ **friction** *n* MECHAN ENG Trockenreibung *f*; ~**-fuelled rocket** *n* SPACE *spacecraft* Feststoffrakete *f*; ~ **gas cleaning** *n* WASTE trockene Abscheidung *f*; ~ **heat** *n* TEXT Trockenhitze *f*; ~ **hole** *n* PET TECH Fehlbohrung *f*; ~ **ice** *n* FOOD TECH, HEAT & REFRIG, THERMODYN Trockeneis *nt*; ~ **joint** *n* ELECT kalte Lötstelle *f*, schlechte Lötverbindung *f*, MECHAN ENG kalte Lötstelle *f*; ~ **mass** *n* SPACE *spacecraft* Trockenmasse *f*; ~ **mat** *n* PRINT Trockenmatte *f*; ~ **matter** *n* WASTE Trokkenmasse *f*, Trockensubstanz *f*; ~ **mount** *n* PHOTO Trockenaufziehen *nt*; ~ **mounting press** *n* PHOTO Trockenaufziehpresse *f*; ~ **mounting tissue** *n* PHOTO Trockenklebefolie *f*; ~ **mud** *n* PET TECH trockener Bohrschlamm *m*; ~ **natural gas** *n* PET TECH trockenes Erdgas *nt*; ~ **offset** *n* PRINT Trockenoffset *nt*; ~ **offset printing** *n* PACK Trockenoffsetdruck *m*; ~**-powder fire extinguisher** *n* SAFETY Trockenpulverfeuerlöscher *m*; ~ **power** *n* AIR TRANS *engine* Antrieb ohne Nachbrenner *m*; ~ **precipitation** *n* POLL Trockenelektroabscheidung *f*; ~ **precision grinding** *n* MECHAN ENG *machine tools* trockenes Präzisionsschleifen *nt*; ~ **quart** *n* METROL Quart *nt*; ~ **rot** *n* WATER TRANS Trokkenfäule *f*; ~ **run** *n* COMP & DP Probelauf *m*, Probelauf *m*, Schreibtischtest *m*; ~ **running** *n* MECHAN ENG Trokkenlaufen *nt*; ~**-running compressor** *n* MECHAN ENG Trockenlaufkompressor *m*; ~ **single-disc clutch** *n BrE* MECHAN ENG Einscheibentrockenkupplung *f*; ~ **single-disk clutch** *n AmE see dry single-disc clutch BrE* ~**-sludge disposal site** *n* POLL Trockenschlammdeponie *f*; ~ **solder joint** *n* MECHAN ENG kalte Lötstelle *f*; ~ **sorting** *n* WASTE Trockentrennung *f*; ~ **spray** *n* CER & GLAS Bestäuben *nt*; ~ **steam** *n* FUELLESS, HEAT & REFRIG Trockendampf *m*; ~**-stone wall** *n* CONST Trokkenmauer *f*, Trockenwand *f*; ~ **storage battery** *n* ELECT Trockenakku *m*, Trockenakkumulator *m*; ~ **sump** *n* AUTO *engine* Trockensumpf *m*; ~**-sump lubrication** *n* AUTO Trockensumpfschmierung *f*; ~ **tree** *n* PET TECH trockenes Eruptionskreuz *nt*; ~**-type power transformer** *n* ELEC ENG Trockennetztransformator *m*; ~**-type transformer** *n* ELECT Trockentransformator *m*; ~ **wall** *n* CONST Trockenmauer *f*; ~ **weight** *n* AIR TRANS *engine*, PACK, SPACE *spacecraft* Trockengewicht *nt*; ~ **well** *n* CONST Klärgrube *f*, WATER SUP Sickerbrunnen *m*

dry[3] *vt* COAL TECH, COATINGS trocknen, PROD ENG darren, THERMODYN trocknen; ~ **by cold air** *vt* THERMODYN kaltlufttrocknen; ~ **by heat** *vt* THERMODYN hitzetrocknen; ~**-clean** *vt* TEXT chemisch reinigen; ~**-heat-set** *vt* TEXT trockenhitzefixieren

dry:[4] ~ **out** *vti* CONST *wood*, THERMODYN austrocknen

drydock[1] *vt* WATER TRANS eindocken

drydock[2] *vi* WATER TRANS ins Trockendock gehen

dryer *n* COAL TECH, MECHAN ENG Trockner *m*, PLAS Sikkativ *nt*, Trockenmittel *nt*, TEXT Trockenmaschine *f*, Trockner *m*, THERMODYN Trockner *m*; ~ **cylinder** *n* PAPER Trockenzylinder *m*; ~**-glazer** *n* PHOTO Hochglanztrockenpresse *f*; ~ **mill** *n* COAL TECH Trockenmühle *f*; ~ **section** *n* PAPER Trockenpartie *f*

drying *n* COAL TECH, PAPER Trocknen *nt*, PET TECH Trocknung *f*, PLAS, TEXT Trocknen *nt*, Trocknung *f*, THERMODYN Trocknen *nt*; ~ **agent** *n* PACK Trockenmittel *nt*, PLAS *paint* Sikkativ *nt*, Trockenmittel *nt*, THERMODYN Trockenmittel *nt*; ~ **area** *n* FOOD TECH Trockenfläche *f*; ~ **bed** *n* WASTE Trockenbett *nt*; ~ **cabinet** *n* MECHAN ENG Trockenkammer *f*, PLAS Trokkenkammer *f*, Trockenraum *m*, Trockenschrank *m*; ~ **chamber** *n* THERMODYN Trockenkammer *f*, Trocknungskammer *f*; ~ **column** *n* LAB EQUIP Trockensäule *f*; ~ **cupboard** *n* FOOD TECH Darrschrank *m*; ~ **cylinder** *n* TEXT Trockenzylinder *m*; ~ **drum** *n* CONST Trockentrommel *f*; ~ **felt** *n* PRINT Trockenfilz *m*; ~ **frame** *n* PHOTO Trockengestell *nt*; ~ **furnace** *n* MECHAN ENG Trockenofen *m*; ~ **kiln** *n* COAL TECH Trockenhaus *nt*, FOOD TECH Darrofen *m*, Trockenofen *m*; ~ **machine** *n* PACK Trockenapparat *m*, Trockner *m*; ~ **meter** *n* PAPER Trocknungsmesser *m*; ~ **oil** *n* FOOD TECH trocknendes Öl *nt*, PLAS Trockenöl *nt*, schnelltrocknendes Öl *nt*; ~**-out** *n* THERMODYN Austrocknen *nt*; ~ **oven** *n* COAL TECH Trockenofen *m*, FOOD TECH Darrofen *m*, Trokkenofen *m*, PACK, PAPER, TEXT Trockenofen *m*; ~ **section** *n* FOOD TECH Trockenabteil *nt*; ~ **shrinkage** *n* CONST Trockenschrumpfung *f*, Trockenschwund *m*; ~ **stove** *n* PROD ENG *casting*, TEXT Trockenofen *m*; ~ **tower** *n* FOOD TECH Trockenturm *m*; ~ **tunnel** *n* FOOD TECH, PACK Trockentunnel *m*

dryness *n* COAL TECH, TEXT Trockenheit *f*; ~ **fraction of steam** *n* HEAT & REFRIG Trockendampfanteil *m*

DSB *abbr (double sideband)* ELECTRON, RAD TECH DSB *(Doppelseitenband)*

DSC *abbr (digital selective calling)* TELECOM digitaler Selektivruf *m*

DSE *abbr (data switching exchange)* COMP & DP Datenaustauschvermittlung *f*, TELECOM Datenvermittlungsstelle *f*

D-shackle *n* WATER TRANS *fittings* U-Schäkel *m*

DSI *abbr (digital speech interpolation)* SPACE, TELECOM DSI *(digitale Sprachinterpolation)*

DTA *abbr (differential thermal analysis)* PLAS, POLL, THERMODYN DTA *(Differentialthermoanalyse)*

DTE *abbr (data terminal equipment)* COMP & DP, TELECOM DEE *(Datenendeinrichtung)*

DTI *abbr (digital trunk interface)* TELECOM Schnittstelle der digitalen Verbindungsleitung *f*

DTL *abbr (diode transistor logic)* ELECTRON DTL *(Dioden-Transistor-Logik)*

DTMF *abbr (dual-tone multifrequency)* RAD TECH MFW *(Mehrfrequenzwahl)*

DTP *abbr (desktop publishing)* COMP & DP, PRINT DTP *(Desktop-Publishing)*

dual[1] *adj* COMP & DP Dual- *pref*; **~-current** *adj* AIR TRANS, RAIL Zweistrom- *pref*; **~-level** *adj* ELECT, TELECOM Zweistufen- *pref*

dual:[2] **~-beam cathode-ray tube** *n* ELECTRON Doppelstrahl-Kathodenstrahlröhre *f*, Zweistrahlkathodenstrahlröhre *f*; **~ capacitor motor** *n* ELECT Doppelkondensator-Motor *m*; **~ carburetor** *n AmE*, **~ carburettor** *n BrE* AUTO, MECHANICS Doppelvergaser *m*; **~ carriageway** *n BrE (cf divided highway AmE)* TRANS *road* Straße mit jeweils zwei Fahrbahnen getrennt in jeder Fahrtrichtung *f*, TRANS Schnellstraße mit Mittelstreifen *f*; **~-carrier transmission** *n* TELECOM Zweiträgerübertragung *f*; **~-carrier visual direction finding** *n* TELECOM Zweikanalsichtfunkpeilung *f*; **~-circuit brake** *n* AIR TRANS, AUTO Zweikreisbremse *f*; **~-coil latching relay** *n* ELEC ENG Stromstoßrelais mit Doppelspule *nt*; **~-conduit system** *n* HEAT & REFRIG Zweikanalanlage *f*; **~-cone loudspeaker** *n* RECORD Doppelkonuslautsprecher *m*; **~ control** *n* AIR TRANS Zweifachregler *m*; **~ counter** *n* INSTR Binärzähler *m*, Dualzähler *m*; **~-current locomotive** *n* RAIL Zweistromlokomotive *f*; **~ flight control system** *n* AIR TRANS Zwillingsflugssteuerungssystem *nt*; **~-flow jet engine** *n* AIR TRANS zweiflutiges Luftstrahltriebwerk *nt*; **~-format camera** *n* PHOTO Doppelformatkamera *f*; **~-fuel engine** *n* AIR TRANS, AUTO Zweistoffmotor *m*; **~-fuel pressure gage** *n AmE*, **~-fuel pressure gauge** *n BrE* AIR TRANS Doppeltreibstoffdruckmesser *m*; **~-fuel system** *n* AIR TRANS, AUTO Zweibrennstoffsystem *nt*; **~-ganged potentiometer** *n* ELECT Tandem-Potentiometer *nt*, gekoppeltes Potentiometerpaar *nt*; **~-in-line package** *n (DIP)* ELEC ENG, ELECTRON *electronic component*, RAD TECH Doppelreihenanschlußgehäuse *nt (DIL-Gehäuse)*; **~ input** *n* TELEV Dualinput *m*; **~ instruction** *n* AIR TRANS Doppelsteuerschulung *f*; **~-instruction time** *n* AIR TRANS Schulungszeit am Doppelsteuer *f*; **~ knife cutter** *n* PAPER Doppelmesserschneider *m*; **~-level plan** *n* TELECOM Zweistufenplan *m*; **~-mode bus** *n* AUTO bimodaler Bus *m*; **~ network** *n* PHYS duale Schaltung *f*; **~ party line** *n* TELECOM Zweieranschluß *m*; **~ platform** *n* AIR TRANS Doppelrampe *f*; **~ point breaker** *n* AUTO Doppelunterbrecher *m*; **~ port memory** *n* COMP & DP Dual-Port-Speicher *m*; **~ power supply** *n* ELEC ENG Doppelstromversorgung *f*; **~ pressure controller** *n* HEAT & REFRIG Doppeldruckregler *m*; **~-processor load-sharing system** *n* TELECOM Dualprozessor-Lastteilungssystem *nt*; **~-processor system** *n* TELECOM Dualprozessorsystem *nt*; **~-purpose vehicle** *n* AUTO Zweizweckfahrzeug *nt*; **~-range instrument** *n* INSTR Zweibereichsinstrument *nt*, Zweibereichsmeßgerät *nt*; **~ rod** *n* AIR TRANS Doppelsteuerstange *f*; **~-role helicopter** *n* AIR TRANS Hubschrauber mit Doppelfunktion *m*; **~-signaling telephone** *n AmE*, **~-signalling telephone** *n BrE* TELECOM Telefon für MFC- und Impulswahl *nt*; **~ spin satellite** *n* SPACE *spacecraft* Doppelspinsatellit *m*; **~ spin stabilization** *n* SPACE Doppelspinstabilisierung *f*; **~ standard monitor** *n* TELEV Doppelnormmonitor *m*; **~ supply voltage** *n* ELEC ENG Doppelnetzspannung *f*; **~ tandem helicopter** *n* AIR TRANS Tandemhubschrauber *m*; **~ tandem wheel undercarriage** *n* AIR TRANS doppeltes Tandemradfahrgestell *nt*; **~-tone multifrequency** *n (DTMF)* RAD TECH Mehrfrequenzwahl *f (MFW)*; **~ track** *n* ACOUSTICS Doppelspur *f*; **~ wheel** *n* AIR TRANS Doppelräder *f pl*, Radpaar *nt*

dub[1] *n* TELEV Synchronisierung *f*

dub[2] *vt* RECORD überspielen, TELEV synchronisieren; **~ up** *vt* TELEV mischen

dubbed: **~ corner** *n* CER & GLAS zugerichtete Ecke *f*

dubbing *n* ACOUSTICS Schnitt *m*, Tonmischung *f*, Überspielung *f*, RECORD Kopieren *nt*, TELEV Schnellkopie *f*, Synchronisation *f*; **~ console** *n* RECORD Tonmischpult *nt*; **~ cue sheet** *n* RECORD Regieanweisung für Tonmischung *f*; **~ room** *n* RECORD Tonmischraum *m*; **~ studio** *n* RECORD Tonmischstudio *nt*

ducite *n* CHEMISTRY Dulcit *nt*, Dulcitol *nt*

ducitol *n* CHEMISTRY Dulcit *nt*, Dulcitol *nt*

duck: **~ board** *n* CONST Bohlengang *m*, Laufbrett *nt*

duct:[1] HEAT & REFRIG Kanal *m*, Luftkanal *m*, Luftschlitz *m*, MECHAN ENG Kanal *m*, Leitung *f*, MECHANICS Durchführung *f*, Leitung *f*, Röhre *f*, PROD ENG Kanal *m*, *plastic valves* Durchführung *f*, RAD TECH Dukt *m*, TELECOM Dukt *m*, Kabelkanal *m*, Kanal *m*, Rohrzug *m*; **~ system** *n* HEAT & REFRIG Kanalsystem *nt*

duct:[2] **~ away** *vt* HEAT & REFRIG in Kanälen fortleiten

ducted: **~ cooling** *n* MECHAN ENG Zwangsluftkühlung *f*; **~ fan** *n* AIR TRANS Bypass-Triebwerk *nt*, Düsenfächer *m*, Mantelgebläse *nt*, MECHAN ENG *operating within casing* Mantelgebläse *nt*; **~-fan engine** *n* AIR TRANS Zweikreistriebwerk *nt*; **~-fan turbo engine** *n* AIR TRANS Zweikreis-TL-Triebwerk *nt*; **~ propeller** *n* AIR TRANS Mantelpropeller *m*, RAIL Düsenpropeller *m*

ductile[1] *adj* METALL bildsam, duktil, dehnbar, schmiedbar, PROD ENG zugverformbar

ductile:[2] **~-brittle transition temperature** *n* METALL Rißhaltetemperatur *f*; **~ crack** *n* METALL Verformungsriß *m*; **~ fracture** *n* METALL Verformungsbruch *m*

ductility *n* METALL Dehnbarkeit *f*, Hämmerbarkeit *f*, PROD ENG Dehnvermögen *nt*

ducting *n* HEAT & REFRIG Kanalsystem *nt*, Kanäle *m pl*, MECHAN ENG Röhrenleitungssystem *nt*

duff *n* COAL TECH Kohlengrus *m*, Siebdurchfall *m*, Siebereifeinkohle *f*

dulcin *n* CHEMISTRY Dulcin *nt*

dulcine *n* CHEMISTRY Dulcin *nt*

dull[1] *adj* CONST glanzlos, matt, MECHANICS abgestumpft, METALL matt

dull:[2] **~ bit** *n* PET TECH stumpfer Bohrmeißel *m*; **~ coal** *n* COAL TECH Mattkohle *f*; **~ finish** *n* TEXT Mattappretur *f*

DuLong: **~ and Petit's law** *n* PHYS Du-Long-Petitsches Gesetz *nt*

dumb: **~ barge** *n* WATER TRANS Leichter ohne Eigenantrieb *m*, Schleppkahn *m*, Schute *f*; **~ terminal** *n* COMP & DP nicht programmierbare Datenstation *f*

dumbbell *n* METALL Hantel *f*

dummy *n* ERGON Puppe *f*, PACK Packungsattrappe *f*, Schaupackung *f*, PROD ENG Gesenkschmiederohling *m*, vorgeformtes Material *nt*, vorgeschmiedetes Material *nt*; ~ **block** *n* PROD ENG Vorlegescheibe *f*; ~ **fiber** *n AmE*, ~ **fibre** *n BrE* TELECOM Blindfaser *f*; ~ **instruction** *n* COMP & DP leere Anweisung *f*; ~ **load** *n* RAD TECH künstliche Antenne *f*, TRANS Blindlast *f*; ~ **pass** *n* PROD ENG *rolling* Blindkaliber *nt*, Blindstich *m*; ~ **piston** *n* PROD ENG Ausgleichkolben *m*; ~ **rivet** *n* PROD ENG Heftniet *m*; ~ **variable** *n* COMP & DP Scheinvariable *f*

dump[1] *n* AUTO Kippvorrichtung *f*, COAL TECH Halde *f*, COMP & DP Speicherauszug *m*, NUC TECH *of moderator in homogenous reactor* Schnellablaß *m*; ~ **car** *n* AUTO Kipper *m*; ~ **check** *n* COMP & DP Speicherauszugsprüfung *f*; ~ **cooling** *n* SPACE *spacecraft* Ablaßkühlung *f*; ~ **data set** *n* COMP & DP Speicherauszugsdatei *f*; ~ **for bulky waste** *n* WASTE Sperrmüll *m*; ~ **ground** *n* POLL Müllabladeplatz *m*; ~ **site** *n* CONST Schuttabladeplatz *m*; ~ **skip** *n* CONST Abkippförderkorb *m*; ~ **truck** *n* AUTO Kipp-LKW *m*, Kipper *m*, Muldenkipper *m*; ~ **wagon** *n* AUTO Kippwagen *m*, Kipper *m*

dump[2] *vt* COAL TECH kippen, stürzen, COMP & DP Speicherauszug erstellen, CONST entladen, TRANS *fire* löschen, *wagon* auskippen, leeren

dumper *n* CONST Muldenkipper *m*, RAIL Wagenkipper *m*

dumping *n* AIR TRANS *fuel* Abkippen *nt*, Schnellablaß *m*, Schnellentleerung *f*, CONST Abkipp- *pref*, Auskippen *nt*, Ausschütten *nt*, Abkippen *nt*, POLL Müllabladen *nt*; ~ **bucket** *n* CONST, TRANS Kippkübel *m*; ~ **circuit** *n* TELEV Kippstufe *f*; ~ **station** *n* CONST Abladestation *f*

duo: ~-**clad** *adj* PROD ENG doppelseitig platiert

duodecimal: ~ **system** *n* MATH Duodezimalsystem *nt*

duodecimo *n* PRINT Duodezbogen *m*

duplex[1] *adj* TELECOM Duplex- *pref*

duplex[2] *n* COMP & DP Duplex *nt*, Duplexübertragung *f*, ELEC ENG Duplex *nt*, RAD TECH Duplexverkehr *m*; ~ **board** *n* PACK Duplexkarton *m*, Duplexpappe *f*; ~ **burner** *n* AIR TRANS Duplexbrenner *m*; ~ **cable** *n* ELECT Doppelkabel *nt*, Duplexkabel *nt*; ~ **chain** *n* AUTO *transmission* Zweifachkette *f*; ~ **compressor** *n* HYD EQUIP Doppelkolbenkompressor *m*, Duplexkompressor *m*; ~ **crank** *n* MECHAN ENG Doppelkurbel *f*; ~-**cylinder engine** *n* MECHAN ENG Zweizylindermotor *m*; ~ **grinder** *n* PROD ENG Zweischeibenschleifmaschine *f*; ~ **lathe** *n* MECHAN ENG Zweimeißeldrehmaschine *f*, PROD ENG Drehmaschine *f*; ~ **operation** *n* COMP & DP Duplexbetrieb *m*; ~ **process** *n* PROD ENG Duplexschmelzverfahren *nt*, Duplexverfahren *nt*; ~ **pump** *n* HYD EQUIP Doppelkolbenpumpe *f*, Duplexpumpe *f*

duplexer *n* TELECOM Duplexer *m*, Sende- und Empfangsweiche *f*

duplexing *n* COMP & DP Duplexbetrieb *m*, PROD ENG Duplexschmelzverfahren *nt*, Duplexverfahren *nt*

duplicate[1] *n* PHOTO Duplikat *nt*; ~ **supply** *n* ELECT doppelter Netzanschluß *m*

duplicate[2] *vt* COMP & DP kopieren, PHOTO kopieren, reproduzieren, TELEV kopieren

duplicating *n* ACOUSTICS Vervielfältigung *f*; ~ **film** *n* PHOTO Duplikatfilm *m*; ~ **trial** *n* ENG DRAW Vervielfältigungsversuch *m*

duplication *n* ACOUSTICS Vervielfältigung *f*, Wiederholung *f*

duplicator *n* MECHAN ENG *tool* Kopiermaschine *f*

durability *n* COATINGS Beständigkeit *f*, Dauerhaftigkeit *f*, Widerstandsfähigkeit *f*, MECHAN ENG Beständigkeit *f*, Haltbarkeit *f*, METROL Dauerhaftigkeit *f*, PLAS Beständigkeit *f*, Dauerhaftigkeit *f*, Dauerfestigkeit *f*, Haltbarkeit *f*, Langlebigkeit *f*, TEXT Dauerhaftigkeit *f*, Haltbarkeit *f*; ~ **test** *n* PACK Haltbarkeitstest *m*

duralumin *n* MECHANICS Duraluminium *nt*, METALL Duralumin *nt*

duration *n* HYD EQUIP Zeit *f*, Zeitdauer *f*; ~ **of steam** *n* HYD EQUIP Dampfausdehnungszeit *f*; ~ **of steam expansion** *n* HYD EQUIP Dampfentspannungszeit *f*

durene *n* CHEMISTRY Duren *nt*

durometer *n* LAB EQUIP *hardness* Härteprüfer *m*, Härtemesser *m*, PLAS Durometer *nt*, Härteprüfgerät *nt*, Härtemesser *m*

durum: ~ **wheat** *n* FOOD TECH Hartweizen *m*

dust:[1] ~-**laden** *adj* PROD ENG staubhaltig; ~-**tight** *adj* PACK, PROD ENG staubdicht

dust[2] *n* COAL TECH, POLL, SAFETY Staub *m*; ~ **aspirator** *n* PACK Staubsauggebläse *nt*; ~ **bag** *n* SAFETY *vacuum cleaner, fan* Staubfangbeutel *m*; ~ **boot** *n BrE (cf dust trunk AmE)* AUTO *gearshift lever* Staubschutzbalg *m*; ~ **cap** *n* MECHAN ENG Staubkappe *f*; ~ **cart** *n BrE (cf garbage truck AmE)* AUTO, WASTE Müllabfuhrwagen *m*, Müllfahrzeug *nt*, Müllwagen *m*; ~ **catcher** *n* CHEM ENG Exhaustor *m*, COAL TECH Staubfänger *m*; ~ **chamber** *n* COAL TECH Staubabscheider *m*; ~ **coal** *n* COAL TECH Staubkohle *f*; ~ **collector** *n* CHEM ENG Entstauber *m*, COAL TECH Entstauber *m*, Staubfilter *nt*, PLAS Entstaubungsanlage *f*, Staubabscheider *m*, WASTE Schmutzbehälter *m*; ~ **content** *n* POLL Staubanteil *m*; ~ **control** *n* CHEM ENG Staubbekämpfung *f*; ~ **cover** *n* MECHAN ENG Staubabdeckung *f*, PRINT Schutzumschlag *m*, SAFETY Staubschutzhaube *f*; ~ **exhaust fan** *n* COAL TECH Staubabsaugungsventilator *m*, SAFETY Staubabzug *m*; ~-**exhausting device** *n* PACK Staubabgabevorrichtung *f*, Staubaustritt *m*; ~ **explosion** *n* COAL TECH Staubexplosion *f*; ~ **filter** *n* COAL TECH Staubfilter *nt*; ~ **guard** *n* COAL TECH, PACK Staubschutz *m*; ~ **hood** *n* SAFETY Staubabzugshaube *f*; ~-**laden atmosphere** *n* COAL TECH staubgeladene Atmosphäre *f*, staubgeladene Umgebung *f*, SAFETY staubige Luft *f*; ~ **mask** *n* SAFETY Staubschutzmaske *f*; ~ **particle** *n* POLL Staubteilchen *nt*; ~-**removal plant for flue gas** *n* SAFETY Staubentsorgung für Essengase *f*; ~ **removal system** *n* PACK Entstaubungssystem *nt*; ~ **respirator** *n* PROD ENG Staubmaske *f*; ~ **seal** *n* AUTO Staubkappe *f*; ~ **separator** *n* SAFETY Staubtrenner *m*, WASTE Entstauber *m*, Staubabscheider *m*; ~ **and spray protective hood** *n* SAFETY Staub- und Sprühschutzhaube *f*; ~ **suppression system** *n* CONST Staubbindeanlage *f*; ~ **trunk** *n AmE (cf dust boot BrE)* AUTO *gearshift lever* Staubschutzbalg *m*

dust[3] *vt* FOOD TECH bestäuben

dusting *n* PROD ENG Aufstreuen *nt*; ~ **brush** *n* PHOTO Staubpinsel *m*

dustproof[1] *adj* ELECT staubdicht, MECHAN ENG staubgeschützt, PACK, SAFETY staubdicht

dustproof:[2] ~ **motor** *n* ELECT staubgeschützter Motor *m*

Dutch: ~ **drop** *n* CER & GLAS Dutch-Tropfen *m*, Holländertropfen *m*; ~ **roll** *n* AIR TRANS *swept-wing aircraft* Dutch-Roll *f*; ~ **tile** *n* CER & GLAS glasierte Ofenkachel *f*

Dutchman's: ~ **log** *n* WATER TRANS *navigation* Relingslog *nt*

duty: ~ **cycle** *n* CONTROL Betriebszyklus *m*, Nutzzyklus *m*, MECHAN ENG Arbeitszyklus *m*, MECHANICS Arbeitsspiel *nt*, PROD ENG *plastic valves* Einschaltdauer *f*, TELECOM *pulses* Tastverhältnis *nt*

D-valve *n* HYD EQUIP D-Ventil *nt*

DVE *abbr (digital video effects)* TELEV digitale Videoeffekte *m pl*

DVTR *n (digital videotape recorder)* TELEV Digitalvideorecorder *m*, digitaler Videorecorder *m*

dwarf: ~ **star** *n* SPACE Zwergstern *m*

dwell *n* MECHAN ENG Verweilzeit *f*, MECHANICS *of cam* Bereich der Nockenbahn ohne Berühren des Stößels *m*, PROD ENG *kinematics* Rast *f*, Stillstand *m*; ~ **angle** *n* AUTO Schließwinkel *m*, Unterbrecherschließwinkel *m*; ~ **mechanism** *n* PROD ENG *kinematics* Rastgetriebe *nt*, Stillstandsgetriebe *nt*; ~ **position** *n* PROD ENG *kinematics* Stillstandsstellung *f*; ~ **time** *n* CER & GLAS Verweilzeit *f*, MECHANICS Verweildauer *f*

dwelling *n* PROD ENG Stillstandspause *f*; ~ **time** *n* TEXT Verweildauer *f*

DX: ~ **stuffing signal** *n* TELECOM Duplex-Stopfzeichen *nt*

Dy *(dysprosium)* CHEMISTRY Dy *(Dysprosium)*

dye[1] *n* TEXT Farbe *f*, Farbstoff *m*; ~ **laser** *n* PHYS Farbstofflaser *m*; ~ **penetrant** *n* PROD ENG Farbstoff zur Flächenrißprüfung *m*; ~ **penetrant test** *n* MECHANICS Farbeindringprüfung *f*; ~**-transfer process** *n* PHOTO Kodachrome-Verfahren *nt*; ~ **uptake** *n* TEXT Farbstoffaufnahme *f*

dye[2] *vt* PHOTO färben, TEXT anfärben, färben; ~ **in the piece** *vt* TEXT in einem Stück färben; ~ **under pressure** *vt* TEXT druckfärben

dyed: ~ **yarn** *n* TEXT Farbgarn *nt*

dyeing *n* TEXT Anfärben *nt*, Anfärbung *f*, Färberei *f*; ~ **affinity** *n* TEXT Farbaffinität *f*; ~ **solution** *n* PROD ENG *plastic valves* Färbeflotte *f*

dyestuff *n* TEXT Farbstoff *m*

dyke *n BrE* CONST Deich *m*, FUELLESS Deich *m*, Entwässerungskanal *m*, Graben *m*, Stauung *f*, WATER SUP Damm *m*, Deich *m*

dyn *abbr (dyne)* METROL Dyn *nt*

dynamic[1] *adj* ACOUSTICS, AIR TRANS, COAL TECH, COMP & DP, CONST, ELEC ENG, ERGON, FLUID PHYS, FUELLESS, MAR POLL, MECHAN ENG, METALL, PET TECH, PLAS, PROD ENG, RAD PHYS, RAD TECH, RECORD, SPACE, TELECOM, TELEV, TEST, THERMODYN, WASTE dynamisch

dynamic:[2] ~ **address translation** *n* COMP & DP dynamische Adreßumsetzung *f*; ~ **allocation** *n* COMP & DP dynamische Zuordnung *f*, dynamische Zuweisung *f*; ~ **balance** *n* MECHAN ENG dynamisches Gleichgewicht *nt*; ~ **balancing** *n* AIR TRANS dynamischer Ausgleich *m*, dynamisches Auswuchten *nt*, PROD ENG dynamische Auswuchtung *f*; ~ **brake** *n* RAIL Widerstandsbremse *f*; ~ **braking** *n* RAIL generatorisches Bremsen *nt*; ~ **component** *n* AIR TRANS dynamische Komponente *f*; ~ **conditions** *n pl* ELEC ENG dynamische Bedingungen *f pl*; ~ **convergence** *n* TELEV Dynamikkonvergenz *f*; ~ **decoupling** *n* SPACE *spacecraft* dynamische Entkopplung *f*; ~ **distortion** *n* ACOUSTICS dynamische Verzerrung *f*; ~ **dump** *n* COMP & DP dynamischer Speicherauszug *m*; ~ **effort** *n* ERGON dynamische Arbeit *f*, dynamische Muskelarbeit *f*; ~ **focusing** *n* TELEV dynamische Fokussierung *f*; ~ **friction** *n* PHYS dynamische Reibung *f*; ~ **head** *n* PROD ENG Staudruck *m*, dynamischer Druck *m*; ~ **heating** *n* THERMODYN dynamische Erwärmung *f*; ~ **interaction** *n* METALL dynamische Wechselwirkung *f*; ~ **leaching test** *n* WASTE dynamischer Eluationstest *m*; ~ **load** *n* TEST Schwingbeanspruchung *f*, dynamische Belastung *f*; ~ **loading** *n* CONST Stoßlast *f*, dynamische Belastung *f*, dynamische Last *f*, METALL dynamische Belastung *f*; ~ **loudspeaker** *n* ACOUSTICS, RECORD dynamischer Lautsprecher *m*; ~ **memory** *n* COMP & DP dynamischer Speicher *m*; ~ **metamorphism** *n* FUELLESS Dynamometamorphose *f*; ~ **model** *n* SPACE *spacecraft* dynamisches Modell *nt*; ~ **movement detector** *n* AIR TRANS dynamischer Bewegungsdetektor *m*; ~ **noise suppressor** *n* RECORD dynamische Rauschunterdrükkung *f*; ~ **overvoltage** *n* ELEC ENG dynamische Überspannung *f*; ~ **parameter** *n* COMP & DP dynamischer Parameter *m*; ~ **positioning** *n* PET TECH dynamische Positionierung *f*; ~ **power consumption** *n* ELEC ENG dynamische Leistungsaufnahme *f*; ~ **presence detector** *n* AIR TRANS dynamischer Belegungsdetektor *m*; ~ **pressure** *n* AIR TRANS Staudruck *m*, dynamischer Druck *m*; ~ **programming** *n* COMP & DP dynamische Programmierung *f*; ~ **properties** *n pl* PLAS dynamische Eigenschaften *f pl*; ~ **random access memory** *n (DRAM)* COMP & DP dynamischer RAM *m (DRAM)*; ~ **range** *n* ACOUSTICS Lautstärkeumfang *m*, RAD PHYS dynamischer Bereich *m*, RAD TECH Dynamikbereich *m*, RECORD Lautstärkebereich *m*, TELEV Dynamikbereich *m*; ~ **recovery** *n* METALL dynamische Erholung *f*; ~ **resistance** *n* ELECT, RAD TECH dynamischer Widerstand *m*; ~ **response** *n* TELECOM dynamisches Ansprechverhalten *nt*; ~ **seal** *n* MECHAN ENG dynamische Dichtung *f*; ~ **similarity** *n* FLUID PHYS *of two flows* dynamische Ähnlichkeit *f*; ~ **skimmer** *n* MAR POLL dynamisches Abschöpfgerät *nt*; ~ **sounding** *n* COAL TECH dynamische Lotung *f*, dynamisches Loten *nt*; ~ **stability** *n* AIR TRANS, TELECOM dynamische Stabilität *f*; ~ **storage area** *n* COMP & DP dynamischer Speicherbereich *m*; ~ **strain testing system** *n* TEST Dehnwechselprüfanlage *f*; ~ **strength** *n* PROD ENG Schwingfestigkeit *f*; ~ **test** *n* METALL Prüfung bei Normalbetrieb *f*, TEST dynamische Prüfung *f*; ~ **toe angle** *n* AUTO *steering* dynamischer Spurwinkel *m*; ~ **trimming** *n* ELEC ENG dynamisches Trimmen *nt*; ~ **viscosity** *n* FLUID PHYS, FUELLESS, MECHAN ENG, PHYS, PLAS dynamische Viskosität *f*

dynamics *n* MECHAN ENG, MECHANICS, PHYS, RAD TECH, RECORD, TELEV Dynamik *f*

dynamo:[1] ~**-electric** *adj* ELEC ENG dynamoelektrisch

dynamo[2] *n* AUTO, ELEC ENG Dynamo *m*, ELECT Dynamo *m*, Gleichstromgenerator *m*, RAD TECH Dynamo *m*, Generator *m*, WATER TRANS *electrics* Dynamo *m*; ~ **effect** *n* SPACE *spacecraft* Dynamoeffekt *m*

dynamograph *n* MECHANICS Dynamograph *m*, Kraftschreiber *m*

dynamometer *n* ELECT Bremsdynamo *m*, Dynamometer *nt*, ERGON, LAB EQUIP *energy*, MECHAN ENG Dynamometer *nt*, MECHANICS Dynamometer *nt*, Kraftmesser *m*, PROD ENG Drehmomentmesser *m*; ~ **wattmeter** *n* ELECT Dynamometer-Leistungsmesser *m*

dynamometric: ~ **dynamo** *n* ELECT Bremsdynamo *m*

dynamotor *n* ELEC ENG Dynamotor *m*, ELECT rotierender Umformer *m*

dyne *n (dyn)* METROL Dyn *nt*

dynode *n* PHYS Dynode *f*

dysacusis *n* ERGON Dysakusis *f*, Schwerhörigkeit *f*

dysprosium *n (Dy)* CHEMISTRY Dysprosium *nt (Dy)*

E

e *abbr (electron)* ELEC ENG, PART PHYS, PHYS, RAD TECH e *(Elektron)*

E[1] *abbr* COAL TECH *(Young's modulus) of elasticity* E *(Youngscher Modul)*, ELEC ENG *(energy)* E *(Energie)*, ELEC ENG *(electric field vector)* E *(elektrischer Feldvektor)*, ELEC ENG *(electric field strength)* E *(elektrische Feldstärke)*, ELECT *(energy)* E *(Energie)*, ELECT *(electric field strength)* E *(elektrische Feldstärke)*, FUELLESS *(evaporation)*, HEAT & REFRIG *(evaporation)*, HYD EQUIP *(evaporation)* E *(Evaporation)*, HYD EQUIP *(Young's modulus) of elasticity* E *(Youngscher Modul)*, MECHAN ENG *(evaporation)* E *(Evaporation)*, MECHANICS *(energy)* E *(Energie)*, METALL *(Young's modulus) of elasticity* E *(Youngscher Modul)*, METROL *(energy)*, NUC TECH *(energy)* E *(Energie)*, PET TECH *(evaporation)* E *(Evaporation)*, PET TECH *(Young's modulus) of elasticity* E *(Youngscher Modul)*, PHYS *(energy)* E *(Energie)*, PHYS *(evaporation)* E *(Evaporation)*, PHYS *(electric field strength)* E *(elektrische Feldstärke)*, PHYS *(Young's modulus) of elasticity*, PLAS *(Young's modulus) of elasticity* E *(Youngscher Modul)*, PRINT *(evaporation)* E *(Verdampfung)*, THERMODYN *(energy)* E *(Energie)*, THERMODYN *(evaporation)* E *(Evaporation)*

E:[2] ~ **bend** *n* ELEC ENG *waveguides* E-Bogen *m*, E-Krümmer *m*; ~ **layer** *n* PHYS, RAD TECH E-Schicht *f*; ~ **mode** *n (transverse magnetic mode)* ELEC ENG, TELECOM E-Modus *m*, TM-Modus *m*; ~ **Mode** *n* OPT E-Modus *m*, TM-Modus *m*; ~ **plane** *n* ELEC ENG *waveguides* E-Bogen *m*, E-Krümmer *m*; ~ **wave** *n (electric wave)* ELEC ENG, PHYS, TELECOM E-Welle *f*, TM-Welle *f*

EAF *abbr (electric-arc furnace)* COAL TECH Lichtbogenofen *m*, ELECT elektrischer Lichtbogenschmelzofen *m*

ear *n* ACOUSTICS Ohr *nt*, MECHAN ENG *eye* Öhr *nt*, *lug* Öse *f*, PROD ENG Öse *f*; ~ **protection** *n* ACOUSTICS Gehörschutz *m*; ~ **protector** *n* ERGON Gehörschutz *m*, SAFETY Ohrenschutz *m*

earing *n* PROD ENG Zipfelziehen *nt*

earlier: ~ **application** *n* PAT frühere Anmeldung *f*; ~ **priority** *n* PAT frühere Priorität *f*

early: ~ **failure** *n* ELEC ENG Frühausfall *m*; ~-**finish audio** *n* TELEV Ausfallton *m*; ~-**finish video** *n* TELEV Ausfallbild *nt*; ~ **publication** *n* PAT frühe Veröffentlichung *f*; ~ **start** *n* TELEV Frühstart *m*; ~-**start audio** *n* TELEV Frühstartton *m*; ~-**start video** *n* TELEV Frühstartbild *nt*; ~-**warning radar** *n* WATER TRANS Frühwarnradar *nt*

Early: ~ **effect** *n* ELECTRON *transistors* Early-Effekt *m*

earmuff *n* SAFETY Ohrenschutz *m*

Earnshaw's: ~ **theorem** *n* PHYS Earnshawsches Theorem *nt*

earphone *n* ACOUSTICS *headphone* Kopfhörer *m*, RAD TECH Ohrhörer *m*

earpiece *n* TELECOM Hörmuschel *f*, Hörermuschel *f*

earplug *n* SAFETY Ohrenstopfen *m*

earth:[1] ~-**free** *adj* ELECT nicht geerdet; ~-**orbiting** *adj* SPACE im Erdorbit

earth[2] *n BrE (cf ground AmE)* AUTO Erdung *f*, Masse *f*, COAL TECH Boden *m*, Erdung *f*, CONST Erdung *f*, ELEC ENG Erdung *f*, Masse *f*, ELECT Erdanschluß *m*, Erdung *f*, Masse *f*, RAD TECH Erdung *f*, RAIL Erdung *f*, Masse *f*, TELECOM Erdboden *m*, Erdung *f*, WATER TRANS Erdung *f*, Masse *f*; ~ **address** *n BrE (cf ground address AmE)* TELECOM Bodenadresse *f*; ~ **bar** *n BrE (cf ground bar AmE)* ELECT Erdungsschiene *f*; ~ **bus** *n BrE (cf ground bus AmE)* ELECT Erdschiene *f*, Erdungsschiene *f*; ~ **cable** *n BrE (cf ground cable AmE)* AUTO, ELEC ENG, RAIL, WATER TRANS Erdungskabel *nt*, Massekabel *nt*; ~ **capture vehicle** *n* SPACE *spacecraft* Fahrzeug innerhalb der Erdgravitation *nt*; ~ **clamp** *n BrE (cf ground clamp AmE)* ELECT Erdklemme *f*, Erdschelle *f*; ~ **clip** *n BrE (cf ground clip AmE)* ELECT Erdklemme *f*; ~ **conductor** *n BrE (cf ground conductor AmE)* ELECT Erdleiter *m*; ~ **connection** *n BrE (cf ground connection AmE)* AUTO Masseanschluß *m*, ELECT Erdanschluß *m*, Masseanschluß *m*; ~ **connector** *n BrE (cf ground connector AmE)* AUTO, RAIL, WATER TRANS Erdungsanschluß *m*; ~ **current** *n BrE (cf ground current AmE)* ELECT Erdstrom *m*; ~ **curvature** *n* SPACE *spacecraft* Erdkrümmung *f*; ~ **dam** *n* WATER SUP Erdschüttdamm *m*, Erdstaudamm *m*; ~ **detector** *n BrE (cf ground detector AmE)* ELEC ENG Erdschlußprüfer *m*; ~ **drill** *n* COAL TECH Erdspiralbohrer *m*; ~ **electrode** *n BrE (cf ground electrode AmE)* AUTO Masseelektrode *f*, ELECT Erdungselektrode *f*, Erdungsstab *m*; ~ **escape stage** *n* SPACE *spacecraft* Erdfluchtstufe *f*; ~ **escape velocity** *n* SPACE *spacecraft* Erdfluchtgeschwindigkeit *f*; ~ **fault** *n BrE (cf ground fault AmE)* ELECT Erdfehler *m*, Erdschluß *m*; ~ **fault protection** *n BrE (cf ground fault protection AmE)* ELECT Erdfehlerschutz *m*, Erdfehlerschutzeinrichtung *f*, Erdschlußschutz *m*; ~ **fill** *n* CONST Erdaufschüttung *f*; ~ **indicator** *n BrE (cf ground indicator AmE)* ELEC ENG Erdschlußanzeiger *m*; ~ **lead** *n BrE (cf ground lead AmE)* ELEC ENG Erdkabel *nt*, Erdungskabel *nt*, Massekabel *nt*, ELECT Erdkabel *nt*; ~ **leakage** *n BrE (cf ground leakage AmE)* ELECT Erdschluß *m*, Kriechstrom zur Erde *m*; ~ **leakage circuit breaker** *n BrE (cf ground leakage circuit breaker AmE)* ELECT Erdschlußstromunterbrecher *m*; ~ **leakage current** *n BrE (cf ground leakage current AmE)* ELECT Erdkriechstrom *m*, Erdschlußstrom *m*; ~ **leakage detector** *n BrE (cf ground leakage detector AmE)* ELECT Erdschlußanzeiger *m*; ~ **leakage indicator** *n BrE (cf ground leakage indicator BrE)* ELEC ENG Erdschlußprüfer *m*, Isolationsprüfer *m*; ~ **leakage meter** *n BrE (cf ground leakage meter AmE)* ELECT Erdschlußmeßgerät *nt*, Erdwiderstand *m*; ~ **line** *n BrE (cf ground line AmE)* ELEC ENG Erdleiter *m*, Erdleitung *f*, Erdungsleitung *f*, Masseleitung *f*; ~ **loop** *n BrE (cf ground loop AmE)* ELECT Massenschlinge *f*; ~-**moon-earth communications** *n pl* RAD TECH Funkverbindung von Erdstationen mit Mondreflexion *f*; ~ **network** *n BrE (cf ground network*

AmE) TELECOM Erdnetz *nt*; ~ **observation satellite** *n* SPACE Erdbeobachtungssatellit *m*; ~ **orbit** *n* SPACE Erdumlaufbahn *f*; ~**-orbiting mission** *n* SPACE Auftrag im Erdumlauf *m*, Mission in Erdumlaufbahn *f*; ~ **orbit rendezvous** *n* SPACE Bahnrendezvous *nt*, Erdumlaufbahntreffen *nt*; ~**-parking orbit** *n* SPACE Erdfixpunktumlaufbahn *f*, Erdparkorbit *m*; ~ **plate** *n BrE (cf ground plate AmE)* PHYS Erdungsplatte *f*; ~ **potential** *n* ELECT Erdspannung *f*, SPACE *BrE (cf ground potential AmE)* Massepotential *nt*; ~ **pressure** *n* COAL TECH Bodendruck *m*, Erddruck *m*; ~ **pressure at rest** *n* COAL TECH Erdruhedruck *m*; ~ **pressure coefficient** *n* COAL TECH Erddruckbeiwert *m*; ~ **rammer** *n* CONST Erdstampfer *m*; ~ **receiver** *n* SPACE *communications* Erdempfänger *m*; ~ **reentry altitude** *n* SPACE Wiedereintrittshöhe *f*; ~ **remote-sensing satellite** *n* SPACE Erdsatellit zur Ferndatenaufnahme *m*; ~ **reservoir** *n* WATER SUP Erdbehälter *m*; ~ **resistance** *n BrE (cf ground resistance AmE)* ELECT Erdwiderstand *m*; ~ **resistance meter** *n BrE (cf ground resistance meter AmE)* ELECT Erdwiderstandsmeßgerät *nt*; ~ **rod** *n BrE (cf ground rod AmE)* ELECT Erdelektrode *f*, Erdstab *m*, Erdungselektrode *f*; ~ **satellite** *n* SPACE *resource research* Erdsatellit *m*; ~ **segment** *n* SPACE *communications* Erdungsabschnitt *m*; ~ **station** *n* SPACE Bodenstation *f*, Erdfunkstelle *f*, TELECOM Bodenfunkstelle *f*, Erdfunkstelle *f*, TELEV Bodenstation *f*; ~ **switch** *n* ELECT Erdschalter *m*; ~ **synchronous orbit** *n* SPACE erdsynchrone Umlaufbahn *f*; ~ **synchronous satellite** *n* SPACE erdsynchroner Satellit *m*; ~ **terminal** *n BrE (cf ground terminal AmE)* ELEC ENG Erdanschluß *m*, Masseanschluß *m*, ELECT Erdklemme *f*; ~ **terminal arrester** *n* ELECT Erdfunkenstrecke *f*; ~**-to-orbit shuttle** *n* SPACE *spacecraft* Zubringer Erde-Orbit *m*; ~ **wire** *n BrE (cf ground wire AmE)* ELEC ENG Erdleiter *m*, Erdungsleiter *m*, Massedraht *m*, Masseleiter *m*, TELEV Erdungsdraht *m*

earth[3] *vt BrE (cf ground AmE)* AIR TRANS Flugerlaubnis entziehen, sperren, ELEC ENG an Masse legen, erden, ELECT, TELECOM an Erde legen, erden

earthed[1] *adj BrE (cf grounded AmE)* ELEC ENG an Erde gelegt, geerdet, mit Erde verbunden, ELECT, TELECOM geerdet

earthed:[2] ~**-base connection** *n BrE (cf grounded-base connection AmE)* ELEC ENG Basisschaltung *f*; ~ **collector connection** *n BrE (cf grounded collector connection AmE)* ELEC ENG Kollektorschaltung *f*; ~**-emitter connection** *n BrE (cf grounded-emitter connection AmE)* ELEC ENG Emitterbasisanschluß *m*; ~**-neutral system** *n BrE (cf grounded-neutral system AmE)* ELECT Stromversorgungssystem mit geerdetem Nulleiter *nt*; ~ **switch** *n BrE (cf grounded switch AmE)* ELECT geerdeter Schalter *m*

earthenware *n* CER & GLAS Steingut *nt*; ~ **decorator** *n* CER & GLAS Steingutdekorationsmaler *m*; ~ **glazing** *n* CER & GLAS Steingutglasur *f*; ~ **jar** *n* CER & GLAS Tonkrug *m*; ~ **pipe** *n* CER & GLAS Tonröhre *f*, CONST Steingutrohr *nt*, Tonrohr *nt*; ~ **sieve** *n* CER & GLAS Tonsieb *nt*; ~ **slab** *n* CER & GLAS Tonplatte *f*; ~ **tank** *n* CER & GLAS Tonbehälter *m*

earthing *n BrE (cf grounding AmE)* AUTO, COAL TECH, CONST, ELEC ENG, ELECT, RAD TECH, RAIL, TELECOM Erdung *f*, WATER TRANS Aufgrundlaufen *nt*, Erdung *f*; ~ **bar** *n BrE (cf grounding bar AmE)* AIR TRANS Erdungsstange *f*; ~ **bus** *n BrE (cf grounding bus AmE)* ELECT Erdschiene *f*; ~ **clip** *n BrE (cf grounding clip AmE)* ELECT Erdungsklemme *f*, Erdungsschelle *f*; ~ **installation** *n* SAFETY Erdung *f*; ~ **position** *n BrE (cf grounding position AmE)* ELECT *switch on* Erdungseinstellung *f*; ~ **rod** *n BrE (cf grounding rod AmE)* ELECT Erdungselektrode *f*, Erdungsstab *m*, RAIL Staberder *m*; ~ **switch** *n BrE (cf grounding switch AmE)* ELECT Erdungsschalter *m*

earthmoving: ~ **machinery** *n* MECHAN ENG Erdbewegungsmaschinen *f pl*

earthquake *n* CONST Erdbeben *nt*; ~ **safety study** *n* TEST Erdbebensicherheitsuntersuchung *f*; ~ **simulator** *n* TEST Erdbebensimulator *m*

earth's: ~ **core** *n* FUELLESS Erdkern *m*; ~ **crust** *n* FUELLESS Erdkruste *f*, Lithosphäre *f*; ~ **magnetic field** *n* ELECT erdmagnetisches Feld *nt*, PHYS, SPACE Erdmagnetfeld *nt*

earthshine *n* SPACE Erdschein *m*

earthwork *n* CONST Bodenbewegung *f*, Erdbau *m*, Erdbauarbeiten *f pl*

earthworking: ~ **machinery** *n* CONST Erdbaumaschinen *f pl*

earthworks: ~ **cubature** *n* CONST Kubikberechnung im Erdbau *f*

EAS *abbr (equivalent airspeed)* AIR TRANS EAS *(äquivalente Fluggeschwindigkeit)*

ease:[1] ~ **of access** *n* MECHANICS Zugänglichkeit *f*; ~ **of machining** *n* MECHANICS leichte Bearbeitbarkeit *f*, leichte Behandelbarkeit *f*; ~ **of maintenance** *n* MECHANICS leichte Wartung *f*; ~ **of operation** *n* MECHANICS Bedienungsfreundlichkeit *f*

ease[2] *vt* CONST entlasten, erleichtern, *soil* lockern, lösen

east[1] *pref* WATER TRANS Ost- *pref*

east[2] *adj* WATER TRANS östlich

east[3] *adv* WATER TRANS ostwärts

east[4] *n* WATER TRANS *navigation* Osten *m*; ~ **longitude** *n (EL)* TRANS Ostlänge *f*

easterly[1] *adj* WATER TRANS östlich

easterly[2] *adv* WATER TRANS ostwärts

easy: ~**-glide region** *n* METALL Easy-Gleitbereich *m*; ~**-peel-off self-adhesive label** *n* PACK selbstklebendes Abziehschildchen *nt*

eaves *n pl* CONST Traufe *f*; ~ **board** *n* CONST Traufbohle *f*; ~ **course** *n* CER & GLAS Fußschicht *f*; ~ **gutter** *n* CONST Dachrinne *f*; ~ **trough** *n* CONST Dachrinne *f*

EB *abbr (electron beam, electronic beam)* COMP & DP, ELECT, ELECTRON, FLUID PHYS, NUC TECH, TELECOM, TELEV, WAVE PHYS ES *(Elektronenstrahl)*

ebb[1] *n* WATER TRANS *tides* Ebbe *f*, Niedrigwasser *nt*; ~ **generation** *n* FUELLESS Ebbekrafterzeugung *f*; ~ **stream** *n* WATER TRANS Ebbstrom *m*; ~ **tide** *n* FUELLESS Ebbeströmung *f*, Tideablauf *m*, WATER TRANS *tides* Ebbe *f*

ebb[2] *vi* WATER TRANS *tides* ebben

EBCDIC *abbr (extended binary-coded decimal interchange code)* COMP & DP, ELECTRON EBCDIC-Code *m (erweiterter Binärcode für Dezimalziffern)*

EBCS *abbr (European barge carrier system)* WATER TRANS EBCS-System *nt (europäisches Leichterträgersystem)*

Eberhard: ~ **effect** *n* PHOTO Kanteneffekt *m*

EBL *abbr (electronic bearing line)* WATER TRANS PS *(Peilstrahl)*

ebonite *n* PLAS Ebonit *nt*, Hartgummi *nt*, Hartkautschuk *m*

EC *abbr (ethyl cellulose)* PLAS EC *(Ethylcellulose)*

eccentric[1] *adj* MECHANICS exzentrisch

eccentric[2] *n* MECHAN ENG, TEXT Exzenter *m*; **~ anomaly** *n* SPACE *spacecraft* exzentrische Anomalie *f*; **~ bit** *n* PET TECH Erweiterungsbohrmeißel *m*, Exzenterbohrmeißel *m*; **~ bolt** *n* MECHAN ENG Exzenterbolzen *m*; **~ bore** *n* PROD ENG außermittige Bohrung *f*; **~ bush** *n* MECHAN ENG Exzenterbuchse *f*; **~ cam** *n* MECHAN ENG Exzenternocken *m*; **~ chuck** *n* MECHAN ENG *lathe* exzentrisches Futter *nt*; **~ chucking** *n* PROD ENG außermittiges Spannen *nt*; **~ disc** *n BrE* MECHAN ENG Exzenterscheibe *f*; **~ disk** *n AmE see eccentric disc BrE* **~ loading** *n* CONST exzentrische Belastung *f*; **~ pin** *n* MECHAN ENG Exzenterzapfen *m*; **~ press** *n* MECHAN ENG, PROD ENG Exzenterpresse *f*; **~ rod** *n* MECHANICS Exzenterstange *f*; **~ shaft** *n* MECHAN ENG, PROD ENG Exzenterwelle *f*; **~ sheave** *n* MECHAN ENG Exzenterscheibe *f*; **~ strap** *n* MECHAN ENG Exzenterbügel *m*; **~ turning** *n* MECHAN ENG Außermittigdrehen *nt*, PROD ENG Außermittigdrehen *nt*, Exzenterdrehen *nt*

eccentricity *n* ACOUSTICS Exzentrizität *f*, MECHAN ENG Exzentrizität *f*, *out-of-round* Rundlaufehler *m*, Schlag *m*, MECHANICS Exzentrizität *f*, PROD ENG Laufeigenschaften *f pl*, Schlag *m*, SPACE *spacecraft* Exzentrizität *f*

ECD *abbr* PET TECH *(equivalent circulating density)* äquivalente Zirkulationsdichte *f*, TELECOM *(error control device)* Fehlersicherungsgerät *nt*

ecdysone *n* CHEMISTRY Ecdyson *nt*, Häutungshormon *nt*

ecgonine *n* CHEMISTRY Ecgonin *nt*

echelette: **~ grating** *n* PHYS Echelette-Gitter *nt*, Stufengitter *nt*

echinochrome *n* CHEMISTRY Echinochrom *nt*

echo *n* ACOUSTICS, COMP & DP, ELECTRON, PHYS, RAD TECH, RECORD, WAVE PHYS Echo *nt*, Widerhall *m*; **~ canceler** *n AmE see echo canceller BrE* **~-canceling chip** *n AmE see echo-cancelling chip BrE* **~ cancellation** *n* ELECTRON Echokompensation *f*; **~ canceller** *n BrE* ELECTRON *supplying compensating signal* Echokompensator *m*; **~-cancelling chip** *n BrE* ELECTRON Echokompensator-Chip *m*; **~ chamber** *n* ACOUSTICS Hallraum *m*, RECORD schallharter Raum *m*; **~ check** *n* COMP & DP Echoprüfung *f*; **~ depth finder** *n* WATER TRANS *navigation* Echolot *nt*; **~ distortion** *n* ELECTRON Echoverzerrung *f*; **~ signal** *n* ELECTRON Echosignal *nt*; **~ sounder** *n* WATER TRANS, WAVE PHYS Echolot *nt*; **~ sounding** *n* WATER TRANS Echolot *nt*; **~ suppression** *n* ELECTRON Echounterdrückung *f*; **~ suppressor** *n* COMP & DP, ELECTRON Echosperre *f*, SPACE *communications* Echounterdrückungsschaltung *f*, TELECOM Echosperre *f*

echograph *n* PHYS Echoschreiber *m*

echoless: **~ chamber** *n* TELECOM reflexionsfreier Raum *m*

echolocation *n* ACOUSTICS Echoortung *f*

echoplex *n* COMP & DP Echoplex *nt*

ECL[1] *abbr (emitter-coupled logic)* COMP & DP, ELECTRON ECL *(emittergekoppelte Logik)*

ECL:[2] **~ gate array** *n* ELECTRON ECL-Gatteranordnung *f*

eclipse: **~ period** *n* SPACE Finsternisdauer *f*

ecliptic *n* SPACE Ekliptik *f*

ecological: **~ awareness** *n* POLL Umweltbewußtsein *nt*; **~ balance** *n* POLL ökologisches Gleichgewicht *nt*; **~ factor** *n* POLL Umweltfaktor *m*; **~ menace** *n* POLL Umweltgefahr *f*; **~ pyramid** *n* POLL ökologische Pyramide *f*

ecology *n* POLL Ökologie *f*; **~ cullet** *n* CER & GLAS Altglasscherben *f pl*

economic: **~ project** *n* PET TECH wirtschaftliches Projekt *nt*

economical: **~ speed** *n* WATER TRANS sparsame Fahrt *f*

economizer *n* HEAT & REFRIG Spargerät *nt*, Vorwärmer *m*, HYD EQUIP Speisewasservorwärmer *m*, PROD ENG Vorwärmer *m*; **~ jet** *n* AUTO *carburettor* Spardüse *f*

economy: **~-size pack** *n* PACK Familienpackung *f*, Sparpackung *f*; **~ of space** *n* PACK Platzsparen *nt*

ecosystem *n* POLL Ökosystem *nt*

eddy[1] *n* COAL TECH, ELECT, FLUID PHYS, LAB EQUIP, MECH, MECHAN ENG, NUC TECH, PHYS, RAIL, SPACE, TELEV, TEST Wirbel *m*, WATER TRANS *water, wind* Strudel *m*, Wirbel *m*; **~ current** *n* ELECT Foucault-Strom *m*, Wirbelstrom *m*, FLUID PHYS, PHYS, TELEV, TEST Wirbelstrom *m*; **~ current brake** *n* ELECT, MECHAN ENG, MECHANICS, RAIL, TELEV Wirbelstrombremse *f*; **~ current circuit** *n* ELECT Wirbelstromschaltung *f*; **~ current dynamometer** *n* TEST Wirbelstromleistungsbremse *nt*; **~ current flowmeter** *n* NUC TECH Wirbelstromdurchflußzähler *m*; **~ current heating** *n* ELECT Hochfrequenzinduktionserwärmung *f*; **~ current inspection** *n* RAIL Wirbelstromuntersuchung *f*; **~ current loss** *n* FLUID PHYS, PHYS, TELEV Wirbelstromverlust *m*; **~ current rail brake** *n* RAIL Wirbelstromgleisbremse *f*, elektrodynamische Gleisbremse *f*; **~ diffusion** *n* NUC TECH *vorticity* Wirbeldiffusion *f*; **~ flow** *n* COAL TECH Wirbelströmung *f*, HEAT & REFRIG Wirbelströmung *f*, turbulente Strömung *f*

eddy[2] *vi* WATER TRANS wirbeln

edestin *n* CHEMISTRY Edestin *nt*

edge:[1] **~-to-edge** *adj* MECHAN ENG von Kante zu Kante

edge[2] *n* ART INT *between nodes in graph* Bogen *m*, Kante *f*, Verbindung *f*, COMP & DP Kante *f*, Rand *m*, ENG DRAW Körperkante *f*, GEOM *of cube* Kante *f*, MECHAN ENG Kante *f*, Schneide *f*, Schneidkante *f*, MECHANICS Schweißnaht *f*, Stoßkante *f*, PACK Kante *f*, Rand *m*, PAPER Kante *f*, PHYS Ecke *f*, Kante *f*, PROD ENG Körperkante *f*, TEXT Kante *f*, Rand *m*; **~ as cut** *n* CER & GLAS Rohkante *f*; **~ bowl** *n* CER & GLAS Kantenwalze *f*; **~ box member** *n* AIR TRANS Endbogenstück *nt*; **~ chipping** *n* PROD ENG Ausbrechen der Schneide *nt*; **~ coal** *n* COAL TECH steil gelagerte Kohle *f*; **~ control assembly** *n* NUC TECH Ecksteuerelement *nt*; **~ control element** *n* NUC TECH Ecksteuerelement *nt*; **~ correction** *n* TELEV Flankenkorrektur *f*; **~ corrosion** *n* TEST Kantenkorrosion *f*; **~ crack** *n* CER & GLAS Kantenriß *m*; **~ creep** *n* CER & GLAS Kantenfließen *nt*; **~ cushion** *n* PACK Kantenschutz *m*; **~ cutters** *n pl* PAPER Kantenschneider *m*; **~ damping** *n* RECORD Randdämpfung *f*; **~ decarburization** *n* PROD ENG Randentkohlung *f*; **~ dislocation** *n* METALL Kantenversetzung *f*; **~ distance** *n* MECHAN ENG, PROD ENG *welding* Randabstand *m*; **~ effect** *n* PHOTO Kanteneffekt *m*; **~-emitting light-emitting diode** *n (ELED)* TELECOM Kantenemitter-Lumineszenzdiode *f*, kantenstrahlende Lumineszenzdiode *f (ELED)*; **~ enhancement** *n* TELEV Flankenverstärkung *f*; **~ filter** *n* MECHAN ENG Spaltfilter *nt*; **~ fine-grinding** *n* CER & GLAS Kantenfeinschleifen *nt*; **~ fracture** *n* CER & GLAS Kantenriß *m*; **~ guides** *n pl* CER & GLAS Bortenführungen *f pl*; **~-gumming machine** *n* PACK Kantengummiermaschine *f*; **~ holder** *n* CER & GLAS Bortenhalter *m*; **~ interpretation** *n* ART INT *in image* *understanding* Kanteninterpretation *f*; ~ **latching** *n* ELECTRON Flankenverriegelung *f*; ~ **life** *n* PROD ENG *metal cutting* Standzeit *f*; ~ **melting** *n* CER & GLAS Kantenschmelzen *nt*; ~ **mill** *n* PLAS Kollermühle *f*; ~ **peeling** *n* CER & GLAS Kantenabschälen *nt*; ~ **plate** *n* CONST Türkantenschoner *m*; ~ **preparation** *n* MECHANICS Kantenvorbereitung *f*, PROD ENG *welding* Fugenvorbereitung *f*; ~ **pressure** *n* MECHAN ENG Kantenpressung *f*; ~ **protection** *n* PACK Kantenschutz *m*; ~ **rate** *n* ELECTRON Flankenrate *f*; ~ **rolls** *n pl* CER & GLAS Kantenwalzen *f pl*; ~ **runner** *n* PAPER Kollergang *m*; ~ **runner mill** *n* CER & GLAS Kollermühle *f*; ~ **seam** *n* COAL TECH steiles Flöz *nt*; ~ **of the sheet** *n* CER & GLAS Borte der Glasscheibe *f*; ~ **spray** *n* PAPER Kantenfeuchter *m*; ~ **steepness** *n* ELECTRON Flankensteilheit *f*; ~ **of track banding** *n* TELEV Spurrandbegrenzung *f*; **~-triggered flip-flop** *n* ELECTRON flankengesteuerter Multivibrator *m*; ~ **water** *n* PET TECH Randwasser *nt*

edge[3] *vt* PROD ENG stauchen, vorschmieden; ~ **with a groove** *vt* CER & GLAS mit Rille versehen

edger *n* PROD ENG Besäumkreissäge *f*; ~ **block** *n* CER & GLAS Kantenstein *m*, CER & GLAS *AmE (cf jamb block BrE)* Stein mit runder Ecke *m*

edgewise: ~ **growth** *n* METALL hochkantiges Wachstum *nt*

edging[1] *adj* CONST Besäum- *pref*, MECHAN ENG Abkant- *pref*, PROD ENG Abkant- *pref*, Besäum- *pref*

edging[2] *n* CER & GLAS Kantenschliff *m*, MECHAN ENG Abkanten *nt*, PROD ENG Abkanten *nt*, Besäumen *nt*, Vorformen *nt*; ~ **machine** *n* MECHAN ENG, PROD ENG Abkantmaschine *f*; ~ **mill** *n* PROD ENG *rolling* Senkrechtgerüst *nt*; ~ **panel** *n* AIR TRANS Kantenplatte *f*; ~ **pass** *n* PROD ENG *rolling* Stauchkaliber *nt*; ~ **spray** *n* PAPER Kantenfeuchter *m*

edible: ~ **acid** *n* FOOD TECH Genußsäure *f*

Edison: ~ **cell** *n* ELECT Edison-Batterie *f*, Eisen-Nickel-Akkumulator *m*, Edison-Zelle *f*

edit:[1] **~-in** *n* TELEV Einfügen *nt*; ~ **mode** *n* TELEV Editbetrieb *m*; **~-out** *n* TELEV Herausschneiden *nt*; ~ **pulse** *n* TELEV Editimpuls *m*; ~ **sync** *n* TELEV editgesteuerte Synchronisierung *f*

edit[2] *vt* COMP & DP bearbeiten, editieren

editing *n* RECORD, TELEV Montage *f*; ~ **block** *n* RECORD Montageblock *m*; ~ **marks** *n pl* PRINT Korrekturzeichen *nt pl*; ~ **on original** *n* TELEV Originalbearbeitung *f*

editor *n* COMP & DP Editor *m*, TELEV Editor *m*, Redakteur *m*

editorial: ~ **newsroom** *n* TELEV Nachrichtenredaktion *f*

EDM *abbr (electro-discharge machining)* MECHAN ENG EEB *(elektroerosive Bearbeitung)*

EDP *abbr (electronic data processing)* COMP & DP, CONTROL, ELECT, ELECTRON EDV *(elektronische Datenverarbeitung)*

EDTV *abbr (extended definition television)* TELEV EDTV *(hochauflösendes Fernsehen)*

educational: ~ **broadcasting** *n* TELEV Schulfunk *m*

eduction *n* HEAT & REFRIG *of steam* Abführung *f*, Abzug *m*; ~ **port** *n* HYD EQUIP Dampfaustrittsöffnung *f*; ~ **valve** *n* HYD EQUIP Dampfeintrittsventil *nt*

eelworm *n* FOOD TECH *phytopathology* Nematode *f*, Älchen *nt*

EEPROM *abbr (electrically-erasable programmable read-only memory)* ELECTRON EEPROM *(elektrisch löschbarer programmierbarer Lesespeicher)*

EEROM *abbr (electronically erasable read-only memory)* COMP & DP EEROM *(elektronisch löschbarer Lesespeicher)*

EFA *abbr (essential fatty acid)* FOOD TECH EFS *(essentielle Fettsäure)*

effect *n* ELECT Effekt *m*, MECHANICS Auswirkung *f*, Leistung *f*, Wirkungsgrad *m*, TELECOM Effekt *m*, Wirkung *f*

effective[1] *adj* ACOUSTICS effektiv, MECHAN ENG wirksam, MECHANICS nutzbar, tatsächlich, wirkungsvoll, wirksam

effective:[2] ~ **acoustic center** *n AmE*, ~ **acoustic centre** *n BrE* ACOUSTICS akustisches Zentrum *nt*, RECORD nutzbares Akustikzentrum *nt*; ~ **address** *n* COMP & DP effektive Adresse *f*; ~ **aperture** *n* PHOTO Nennöffnung *f*; ~ **aperture of a lens** *n* PHOTO Nennöffnung eines Objektivs *f*; ~ **area** *n* SPACE *communications* Wirkungsbereich *m*; ~ **bandwidth** *n* RECORD Nutzbandbreite *f*; ~ **candle power** *n* PHOTO Nennlichtstärke *f*; ~ **cross-sectional area** *n* MECHANICS wirksame Querschnittsfläche *f*; ~ **data transfer rate** *n* COMP & DP effektive Datenübertragungsgeschwindigkeit *f*; ~ **diameter** *n* MECHAN ENG *of thread* Flankendurchmesser *m*; ~ **drop height** *n* COAL TECH effektive Fallhöhe *f*; ~ **electromotive force** *n* ELECT Effektiv-EMK *f*, Wirkspannung *f*; ~ **evaporation** *n* WATER SUP effektive Evaporation *f*, effektive Verdunstung *f*; ~ **gap length** *n* ACOUSTICS, RECORD effektive Spaltbreite *f*, TELEV effektive Lückenlänge *f*; ~ **grain size** *n* COAL TECH effektive Korngröße *f*; ~ **head** *n* FUELLESS Druckhöhe *f*, nutzbares Gefälle *nt*, HYD EQUIP effektive Druckhöhe *f*; ~ **heating surface** *n* THERMODYN Heizfläche *f*; ~ **horse-power** *n (EHP)* MECHAN ENG Nutzpferdestärke *f*; ~ **image field** *n* PHOTO brauchbares Bildfeld *nt*; ~ **instruction** *n* COMP & DP endgültiger Befehl *m*; ~ **isotropically-radiated power** *n (EIRP)* RAD TECH, SPACE *communications* äquivalente Isotropenstrahlungsleistung *f (EIRP)*; ~ **latent heat of fusion** *n* THERMODYN latente Schmelzwärme *f*; ~ **load** *n* PACK Nennlast *f*; ~ **mass** *n* ACOUSTICS effektive Masse *f*; ~ **mode volume** *n* OPT effektive Modenamplitude *f*, TELECOM effektives Modenvolumen *nt*; ~ **neutron lifetime** *n (l)* NUC TECH effektive Neutronenlebensdauer *f (l)*; ~ **neutron multiplication constant** *n* NUC TECH effektive Neutronen-Multiplikationskonstante *f*; ~ **particle density** *n* NUC TECH effektive Teilchendichte *f*; ~ **picture signal** *n* TELEV wirksames Bildsignal *nt*; ~ **pile length** *n* COAL TECH Polschichtlänge *f*; ~ **pitch** *n* AIR TRANS *propeller* Luftschraubeneinstellwinkel *m*; ~ **power** *n* ELECT Nutzleistung *f*, MECHAN ENG Wirkleistung *f*; ~ **radiated power** *n* TELECOM effektive Strahlungsleistung *f*, äquivalente Strahlungsleistung *f*; ~ **resistance** *n* PHYS effektiver Widerstand *m*; ~ **slit width** *n* TELEV effektive Schlitzbreite *f*; ~ **sound pressure** *n* ACOUSTICS, POLL effektiver Schalldruck *m*; ~ **steam pressure** *n* HYD EQUIP, NUC TECH effektiver Dampfdruck *m*; ~ **stress** *n* COAL TECH Vergleichsspannung *f*, PET TECH wirksame Spannung *f*; ~ **tank-cooling surface** *n* HEAT & REFRIG wirksame Kesselkühlfläche *f*; ~ **temperature** *n* THERMODYN Wirktemperatur *f*; ~ **temperature range** *n* THERMODYN Wirktemperaturbereich *m*, effektiver Temperaturbereich *m*; ~ **traffic** *n* TELECOM tatsächlicher Verkehr *m*; ~ **work** *n* MECHAN ENG Nutzarbeit *f*

effectiveness *n* MAR POLL Wirksamkeit *f*

effector: ~ **process** *n* ERGON effektorisches Handeln *nt*

effects *n pl* TELEV Effekte *m pl*; ~ **bank** *n* TELEV Effektspeicher *m*; **~ bus** *n* TELEV Effektbus *m*; **~ generator** *n* TELEV Effektgenerator *m*; **~ loudspeaker** *n* RECORD Effektlautsprecher *m*; **~ microphone** *n* RECORD Effektmikrofon *nt*

efferent: **~ nerve** *n* ERGON efferenter Nerv *m*

effervesce *vi* PROD ENG schäumen

effervescent *adj* FOOD TECH moussierend, schäumend

efficiency *n* AIR TRANS, ELECT *of lamp*, HEAT & REFRIG, MECHAN ENG Wirkungsgrad *m*, MECHANICS Ausnutzung *f*, Wirkungsgrad *m*, NUC TECH *of method, process* Wirkungsgrad *m*, PHYS *of heat engines* Wirkungsgrad *m*, *of light* Lichtausbeute *f*, RAD TECH, RECORD *of amplifier*, SPACE *of communications*, TELECOM, THERMODYN Wirkungsgrad *m*; **~ diode** *n* ELECTRON Spardiode *f*

efficient[1] *adj* MECHANICS zweckmäßig, PHYS leistungsfähig, wirksam

efficient:[2] **~ packaging** *n* PACK wirkungsvolle Verpackung *f*

efflorescent *adj* CHEMISTRY effloreszierend

effluent *n* NUC TECH *radioactive waste* radioaktiver Abfall *m*, PET TECH Abwasser *nt*, WASTE Abfluß *m*, Abwasser *nt*; **~ channel** *n* WATER SUP Abflußkanal *m*, Einleitungskanal *m*; **~ sludge** *n* WASTE Abwasserschlamm *m*; **~ weir** *n* NUC TECH *separating waste* Ausflußwehr für Aktivabfall *nt*

efflux *n* WATER SUP Ausfließen *nt*, Ausströmen *nt*

effusion *n* NUC TECH Effusion *f*, PHYS Ausfluß *m*, Erguß *m*; **~ oven** *n* ELECTRON Effusionsofen *m*

EFT *abbr (electronic funds transfer)* COMP & DP elektronischer Zahlungsverkehr *m*, TELECOM elektronische Geldanweisung *f*

EFTPOS *abbr (electronic funds transfer at point of sale)* TELECOM elektronische Geldüberweisung am Verkaufsort *f*

egg: **~ calipers** *n pl AmE*, **~ callipers** *n pl BrE* MECHAN ENG Ellipsenzirkel *m*

EHF *abbr (extremely high frequency)* RAD TECH EHF *(Millimeterwellen)*

EHP *abbr (effective horse-power)* MECHAN ENG Nutzpferdestärke *f*

Ehrenfest's: **~ equation** *n* PHYS Ehrenfest-Gleichung *f*

EHT[1] *abbr (extra-high tension, extremely high tension)* TELEV E.h.t. *(Höchstspannung)*

EHT:[2] **~ rectifier** *n* TELEV Hochspannungsgleichrichter *m*; **~ supply** *n* TELEV Hochspannungsversorgung *f*

eicosyl: **~ alcohol** *n* CHEMISTRY Arachinalkohol *m*, Eikosylalkohol *m*

eigenfrequency *n* RAD PHYS, SPACE *spacecraft* Eigenfrequenz *f*

eigenfunction *n* PHYS, RAD PHYS Eigenfunktion *f*

eigenshadow *n* SPACE *spacecraft* Eigenschatten *m*

eigenvalue *n* COMP & DP, ELECTRON, PHYS, RAD PHYS Eigenwert *m*

eigenvector *n* COMP & DP, ELECTRON, PHYS Eigenvektor *m*

eight:[1] **~-bit** *adj* COMP & DP, ELECTRON Acht-Bit- *pref*

eight[2] *n* MATH Acht *f*; **~-bit accuracy** *n* ELECTRON Acht-Bit-Genauigkeit *f*; **~-bit byte** *n* COMP & DP Acht-Bit-Byte *nt*, ELECTRON Oktett *nt*, aus 8 Bits bestehendes Byte *nt*; **~-bit conversion** *n* ELECTRON Acht-Bit-Umsetzung *f*; **~-bit converter** *n* ELECTRON Acht-Bit-Umsetzer *m*; **~-bit output** *n* ELECTRON Oktett-Ausgabe *f*; **~-level code** *n* ELECTRON Achteralphabet *nt*; **~-phase phase shift keying** *n* ELECTRON Phasenumtastung mit acht Phasen *f*; **~-track recorder** *n* RECORD Achtspur-Recorder *m*

eight- *pref* ELECTRON Achter- *pref*

eightball: **~ mike** *n* RECORD Eightball-Mikrofon *nt*

eighth: **~-order Chebyshev filter** *n* ELECTRON Tschebyscheffsches Filter achter Ordnung *nt*

8vo *abbr (octavo)* PRINT Oktav *nt*, Oktavformat *nt*

eighty: **~-column screen** *n* COMP & DP achtzig Spalten breite Anzeige *f*; **~-track disk** *n* COMP & DP Platte mit achtzig Spuren *f*

Einstein: **~ coefficients** *n pl* PHYS *for stimulated emission and absorption*, RAD PHYS *for stimulated emission and absorption* Einsteinsche Koeffizienten *m pl*; **~-de Haas effect** *n* PHYS, THERMODYN Einstein-de Haasscher Effekt *m*; **~ temperature** *n* PHYS Einsteinsche Temperatur *f*, THERMODYN (θK) Einsteinsche Temperatur *f* (θK)

einsteinium *n (Es)* CHEMISTRY, RAD PHYS Einsteinium *nt (Es)*

Einthoven: **~ galvanometer** *n* ELECT Einthovensches Galvanometer *nt*

Einzel: **~ lens** *n* NUC TECH Einzellinse *f*

EIRP *abbr (effective isotropically-radiated power)* RAD TECH, SPACE EIRP *(äquivalente Isotropenstrahlungsleistung)*

ejectable: **~ capsule** *n* SPACE Abwurfkapsel *f*; **~ nose cone** *n* SPACE Abwurfspitze *f*

ejected: **~ beam** *n* NUC TECH *from reactor or accelerator* Ausgangsstrahl *m*

ejection *n* MECHANICS Ausstoß *m*; **~ force** *n* SPACE *spacecraft* Auswurfkraft *f*, Schleuderkraft *f*; **~ pin** *n* MECHAN ENG Auswerferstift *m*; **~ seat** *n* SPACE *spacecraft* Schleudersitz *m*

ejector *n* MECHAN ENG Ausstoßvorrichtung *f*, Auswerfvorrichtung *f*, MECHANICS Auswerfer *m*, Ejektor *m*, PLAS *press* Ausstoßvorrichtung *f*, Auswerfer *m*; **~ condenser** *n* HYD EQUIP Dampfstrahlverdichter *m*, Strahlkondensator *m*; **~ die** *n* PROD ENG bewegliche Druckgießformhälfte *f*; **~ pin** *n* MECHAN ENG Auswerferstift *m*, MECHANICS Aushebestift *m*, Auswerferbolzen *m*; **~ plate** *n* MECHAN ENG *injection mould* Auswerferplatte *f*; **~ pump** *n* MECHAN ENG Ejektorpumpe *f*; **~ sleeve** *n* MECHAN ENG Auswerferbuchse *f*; **~-type trim exhaust system** *n* PACK ejektorartiges Schneidabfallausstoßsystem *nt*

EI: **~ bug** *n* RAD TECH elektronische Morsetaste *f*

EL *abbr* ELECTRON *(electroluminescent display)* EL *(Elektrolumineszenz-Anzeige)*, TRANS *(east longitude)* Ostlänge *f*

elaeostearic *adj* CHEMISTRY Eleostearin- *pref*

elaidic *adj* CHEMISTRY Elaidin- *pref*

elaidin *n* CHEMISTRY Elaidin *nt*

elapsed: **~ time** *n* COMP & DP abgelaufene Zeit *f*, MECHANICS Zeitfolge *f*; **~ time counter** *n* MECHANICS Betriebsstundenzähler *m*

elastic[1] *adj* MECHANICS dehnbar, elastisch, nachfedernd, PLAS elastisch

elastic:[2] **~ aftereffects** *n pl* FLUID PHYS *turbulence* elastische Nachwirkungen *f pl*; **~ collision** *n* NUC TECH, PHYS, RAD PHYS elastischer Stoß *m*; **~ constant** *n* FLUID PHYS elastische Konstante *f*, MECHAN ENG, METALL Elastizitätskonstante *f*; **~ deformation** *n* PACK elastische Durchbiegung *f*; **~ elongation** *n* PACK elastische Ausdehnung *f*; **~ impact** *n* NUC TECH *collision* elastischer Aufprall *m*; **~ limit** *n* CONST Elastizitätsgrenze *f*, MECHANICS Dehnungsgrenze *f*, Elastizitätsgrenze *f*, Streckgrenze *f*, PACK, PHYS, PLAS Elastizitätsgrenze *f*;

~ mode *n* SPACE Elastizitätsmodus *m*, elastischer Modus *m*; **~ properties** *n pl* FLUID PHYS *fluids* elastische Eigenschaften *f pl*; **~ range** *n* MECHANICS Elastizitätsbereich *m*, Elastizitätsgebiet *nt*, elastischer Bereich *m*; **~ recovery** *n* PROD ENG Rückfederung *f*; **~ scattering** *n* PART PHYS *between particles*, PHYS, RAD PHYS elastische Streuung *f*; **~ waves** *n pl* PHYS elastische Wellen *f pl*; **~ wheel** *n* TRANS elastisches Rad *nt*

elasticity *n* MECHAN ENG Elastizität *f*, MECHANICS Dehnbarkeit *f*, Elastizität *f*, METALL, PACK Elastizität *f*, PAPER Dehnbarkeit *f*, PHYS, PLAS, WATER TRANS *wood, metal* Elastizität *f*

elastomer *n* CHEMISTRY Elast *nt*, Elastomer *nt*, Elastomeres *nt*, elastische Masse *f*, PET TECH, PLAS *rubber*, PROD ENG *plastic valves* Elastomer *nt*; **~ blend** *n* PLAS Elastomerverschnitt *m*; **~ membrane tank** *n* SPACE *spacecraft* Tank mit Elastomermembran *m*

elastoplastic *adj* PLAS elastoplastisch

elbow *n* CONST Krümmer *m*, LAB EQUIP Kniestück *nt*, Winkelstück *nt*, MECHAN ENG *tube* Krümmer *m*, MECHANICS Krümmer *m*, Schenkelrohr *nt*, Winkelstück *nt*, NUC TECH *of manipulator* Ellbogengelenk *nt*, PROD ENG *plastic valves* Winkel *m*; **~ joint** *n* MECHAN ENG Winkel *m*; **~ pad** *n* SAFETY Ellbogenschutz *m*; **~ rail** *n* CONST Armauflage *f*; **~ screw joint** *n* MECHAN ENG Winkelverschraubung *f*; **~ union** *n* CONST Krümmerüberwurf *m*

elected: **~ office** *n* PAT ausgewähltes Amt *nt*

electret *n* ELECT *holding permanent charge*, PHYS Elektret *nt*; **~-foil microphone** *n* ACOUSTICS, RECORD Elektretfolienmikrofon *nt*

electric[1] *adj* ELECT, ELECTRON elektrisch; **~-powered** *adj* PROD ENG elektrisch betrieben

electric:[2] **~ actuator** *n* SPACE *spacecraft* elektrisches Stellglied *nt*; **~ arc** *n* ELECT elektrischer Lichtbogen *m*, PHYS elektrische Bogenentladung *f*; **~-arc cutting** *n* THERMODYN Lichtbogenschneiden *nt*, elektrisches Schneiden *nt*; **~-arc furnace** *n* COAL TECH *(EAF)* Lichtbogenofen *m*, ELECT *(EAF)* elektrischer Lichtbogenschmelzofen *m*, THERMODYN Lichtbogenofen *m*; **~-arc welding** *n* PROD ENG Lichtbogenschweißen *nt*, THERMODYN Elektroschweißen *nt*, Lichtbogenschweißen *nt*; **~ braking** *n* RAIL elektrische Bremsung *f*; **~ bus** *n* AUTO Elektrobus *m*; **~ capacitance** *n (CE)* ACOUSTICS elektrische Kapazität *f (CE)*; **~ charge** *n* ELECT, PART PHYS, PHYS, TELECOM elektrische Ladung *f*; **~ circuit** *n* ELECT Stromkreis *m*, elektrische Schaltung *f*, ELECTRON elektrische Schaltung *f*; **~ conductor** *n* PHYS elektrischer Leiter *m*; **~ constant** *n* PHYS elektrische Konstante *f*; **~ convector** *n* THERMODYN elektrischer Konvektionsofen *m*; **~ current** *n (I)* ELECT, PHYS, TELECOM elektrischer Strom *m (I)*; **~ current density** *n* ELECT elektrische Stromdichte *f*; **~ delay line** *n* ELECTRON elektrische Laufzeitkette *f*; **~ delivery truck** *n* AUTO Elektrolieferwagen *m*; **~ dipole** *n* PHYS elektrischer Dipol *m*; **~ dipole moment** *n* PHYS elektrisches Dipolmoment *nt*; **~-discharge CO_2 laser** *n* ELECTRON elektrischer CO_2-Entladungslaser *m*; **~ discharge laser** *n* ELECTRON elektrischer Entladungslaser *m*; **~ displacement** *n* PHYS *D Field* elektrische Verschiebung *f*; **~ drill** *n* ELECT elektrischer Bohrer *m*, MECHAN ENG Elektrobohrer *m*, elektrische Bohrmaschine *f*, MECHANICS Elektrobohrer *m*; **~ drive** *n* PHOTO Elektroantrieb *m*; **~ dryer** *n* ELECT elektrischer Trockner *m*; **~ energy** *n* ELECT *(W)* elektrische Energie *f (W)*, PHYS elektrische Energie *f*; **~ eye** *n* ELEC ENG Selenzelle *f*, magisches Auge *nt*; **~ field** *n* ELEC ENG, ELECT, PHYS *E-field*, RECORD, TELECOM, TELEV elektrisches Feld *nt*; **~ field gradient** *n* ELEC ENG Feldgradient *m*, Gradient des elektrischen Feldes *m*; **~ field strength** *n (E)* ELEC ENG, ELECT, PHYS elektrische Feldstärke *f (E)*; **~ field vector** *n (E)* ELEC ENG elektrischer Feldvektor *m (E)*; **~ filter** *n* ELECTRON elektrisches Filter *nt*; **~ fire risk** *n* SAFETY Feuerrisiko durch elektrische Ursache *nt*; **~ flux** *n* ELEC ENG elektrische Verschiebung *f*, PHYS elektrischer Fluß *m*; **~ fuel pump** *n* AUTO *fuel supply system* elektrische Kraftstoffpumpe *f*; **~ furnace** *n* COAL TECH Elektroofen *m*, ELECT elektrischer Brennofen *m*, PROD ENG E-Ofen *m*, Elektroofen *m*; **~ generator** *n* ELEC ENG Generator *m*, Stromerzeuger *m*, NUC TECH Stromgenerator *m*, TELEV Notstromaggregat *nt*, Stromgenerator *m*; **~ heater** *n* ELECT elektrischer Heizapparat *m*, elektrisches Heizelement *nt*, MECHAN ENG elektrisches Heizgerät *nt*; **~ heating** *n* ELECT elektrische Heizung *f*, HEAT & REFRIG Elektroheizung *f*, elektrische Heizung *f*; **~-heating appliance** *n* HEAT & REFRIG Elektrowärmegerät *nt*; **~ heating pad** *n* THERMODYN elektrisches Heizkissen *nt*; **~ hoist** *n* MECHANICS *lifting gear* Elektrohebezeug *nt*; **~ horsepower** *n* ELECT elektrische Pferdestärke *f*; **~ horsepower hour** *n* ELECT elektrische Pferdestärkestunde *f*; **~ hot plate** *n* THERMODYN Elektrokochplatte *f*; **~ hysteresis** *n* RECORD elektrische Schaltdifferenz *f*; **~ image** *n* ELEC ENG elektrisches Bild *f*; **~ induction furnace** *n* ELEC ENG elektrischer Induktionsofen *m*; **~-interlocking system** *n* ELECT elektrisches Verriegelungssystem *nt*; **~ lighter** *n* ELECT elektrischer Zünder *m*; **~ lighting** *n* ELECT elektrische Beleuchtung *f*, *electric ignition* elektrische Feuerung *f*, elektrische Zündung *f*; **~ linkage** *n* ELECT elektrische Verbindung *f*; **~ locomotive** *n* ELECT elektrische Lokomotive *f*, elektrisches Triebfahrzeug *nt*; **~ log** *n* PET TECH Elektrolog *nt*, geoelektrisches Log *nt*; **~ losses** *n pl* ELECT elektrische Verlustleistung *f*; **~ machine** *n* ELEC ENG Elektrisiermaschine *f*, Elektromaschine *f*; **~ mains** *n pl* PROD ENG Stromnetz *nt*; **~-measuring apparatus** *n* SAFETY elektrisches Meßgerät *nt*; **~ measuring instrument** *n* INSTR Meßgerät für elektrische Größen *nt*; **~ mixer** *n* FOOD TECH elektrisches Mixgerät *nt*; **~ motor** *n* AUTO, ELEC ENG Elektromotor *m*; **~ network** *n* PHYS elektrisches Netzwerk *nt*; **~ noise** *n* ELECTRON Elektrorauschen *nt*; **~ oscillation** *n* ELECTRON elektrische Schwingung *f*; **~ oven** *n* ELECT, THERMODYN Elektroofen *m*, elektrischer Ofen *m*; **~ penetration** *n* NUC TECH elektrische Eindringtiefe *f*; **~ pickup** *n* AUTO Elektrolieferfahrzeug *nt*; **~ plug** *n* LAB EQUIP elektrischer Stecker *m*; **~ polarization** *n* ELECT *in dielectric*, PHYS elektrische Polarisation *f*; **~ pole** *n* ELEC ENG elektrischer Pol *m*; **~ potential** *n* ELEC ENG elektrisches Potential *nt*, ELECT elektrische Spannung *f*, elektrisches Potential *nt*, PHYS elektrisches Potential *nt*; **~ power** *n* AIR TRANS Kraftstrom *m*, ELEC ENG Kraftstrom *m*, Strom *m*, elektrischer Strom *m*, ELECT Kraftstrom *m*, elektrische Energie *f*, elektrische Leistung *f*; **~ power filling station** *n* ELECT Stromtankstelle *f*, Stromzapfsäule *f*; **~ power line** *n* THERMODYN Elektroleitung *f*; **~ power station** *n* ELEC ENG E-Werk *nt*, Elektrizitätskraftwerk *nt*, Stromversorgungswerk *nt*, elektrisches Kraftwerk *nt*, ELECT elektrisches Kraft-werk *nt*; **~ power substation** *n* ELECT Elektrizitätsunterwerk *nt*; **~ power supply**

company *n* ELECT Stromversorgungsunternehmen *nt*; ~ **power system** *n* ELEC ENG Stromversorgungsnetz *nt*; ~ **power transmission** *n* ELEC ENG Elektroenergieübertragung *f*; ~ **pulse** *n* ELEC ENG elektrischer Impuls *m*; ~ **quadrupole** *n* ELEC ENG elektrischer Vierpol *m*; ~ **quadrupole transitions** *n pl* RAD PHYS elektrische Vierpolübergänge *m pl*; ~ **railcar** *n* ELECT elektrischer Schienenwagen *m*; ~ **relay** *n* ELEC ENG Stromrelais *nt*, elektrisches Relais *nt*, ELECT Schütz *nt*, elektrisches Relais *nt*; ~ **resistance** *n* PHYS *quantity* elektrischer Widerstand *m*; ~ **road vehicle** *n* AUTO Elektrostraßenfahrzeug *nt*; ~ **saw** *n* ELECT elektrische Säge *f*; ~ **shock** *n* ELEC ENG Stromschlag *m*, ELECT elektrischer Schock *m*, SAFETY Stromschlag *m*; ~ **signal** *n* ELEC ENG elektrisches Signal *nt*; ~ **smelting** *n* ELEC ENG E-Schmelzung *f*, E-Verhüttung *f*; ~ **socket** *n* LAB EQUIP Steckdose *f*; ~ **spark** *n* ELECT elektrischer Funke *m*; ~ **starter** *n* ELECT *automobile engine* elektrischer Anlasser *m*; ~ **steam boiler** *n* MECHAN ENG Elektrodampfkessel *m*; ~ **susceptance** *n (BE)* ELECT elektrische Suszeptanz *f*, elektrischer Blindleitwert *m*; ~ **susceptibility** *n* ELEC ENG, PHYS elektrische Suszeptibilität *f*; ~ **synchronous clock** *n* ELECT Synchronuhr *f*; ~ **transducer** *n* ELEC ENG elektrische Übertragungsschaltung *f*, elektrischer Signalwandler *m*, elektrischer Transducer *m*, elektrischer Wandler *m*; ~ **trolley** *n* AUTO Oberleitungsbus *m*; ~ **truck** *n* AUTO Elektroschlepper *m*; ~ **tuning** *n* ELECTRON elektrische Abstimmung *f*; ~ **utility** *n* ELEC ENG elektrisches Versorgungsunternehmen *nt*; ~ **variable** *n* ELECT elektrische Größe *f*, elektrische Variable *f*; ~ **vehicle for general-purpose use** *n* AUTO Mehrzweckelektrofahrzeug *nt*; ~ **wave** *n (E wave)* ELEC ENG Elektrowelle *f*, elektrische Welle *f (E-Welle)*, PHYS, TELECOM Elektrowelle *f (E-Welle)*; ~ **welding** *n* ELECT Elektroschweißen *nt*; ~ **wire-break alarm** *n* ELECT elektrischer Leitungsbruchalarm *m*; ~ **wiring** *n* CONST Verlegen von Elektroleitungen *nt*, ELEC ENG elektrische Schaltung *f*, elektrische Verdrahtung *f*

electrical[1] *adj* ACOUSTICS, CHEMISTRY, ELEC ENG Elektro- *pref*, ELECT, ELECTRON Elektro- *pref*, elektrisch, MECH, MECHAN ENG, METALL, NUC TECH, PART PHYS, PHOTO, PHYS Elektro- *pref*

electrical:[2] ~ **accident** *n* SAFETY durch Strom verursachter Unfall *m*; ~ **admittance** *n* TELECOM elektrische Admittanz *f*, elektrischer Scheinleitwert *m*; ~ **appliance** *n* FOOD TECH Elektrogerät *nt*; ~ **breakdown** *n* ELEC ENG elektrischer Fehler *m*; ~ **capacitance** *n* TELECOM elektrische Kapazität *f*; ~ **characteristic** *n* ELEC ENG elektrische Kennlinie *f*, ELECTRON elektrische Eigenschaft *f*; ~ **circuit** *n* TELECOM elektrische Schaltung *f*, elektrischer Kreis *m*; ~ **component** *n* ELEC ENG elektrische Komponente *f*, elektrisches Bauteil *nt*; ~ **conductance** *n* TELECOM elektrische Konduktanz *f*, elektrischer Leitwert *m*; ~ **conduction** *n* ELEC ENG elektrische Leitfähigkeit *f*; ~ **conductivity** *n* ELEC ENG elektrische Leitfähigkeit *f*; ~ **conductor** *n* ELEC ENG elektrischer Leiter *m*; ~ **conductor seal** *n* NUC TECH elektrisch leitende Versiegelung *f*; ~ **connection** *n* ELEC ENG elektrische Verbindung *f*, elektrischer Anschluß *m*; ~ **connector** *n* ELEC ENG elektrischer Anschluß *m*, elektrischer Steckverbinder *m*; ~ **contact** *n* ELEC ENG, ELECT elektrischer Kontakt *m*; ~ **continuity** *n* ELEC ENG elektrische Kontinuität *f*; ~ **control board** *n* NUC TECH Elektrizitätskontrolltafel *f*, Elektrizitätsschalttafel *f*; ~ **control room** *n* NUC TECH Elektrizitätsschaltwarte *f*; ~ **diagram** *n* PROD ENG *plastic valves* Schaltschema *nt*; ~ **drive** *n* NUC TECH *of control rod* Elektroantrieb *m*; ~ **dust removal installation** *n* SAFETY elektrische Entstaubung *f*; ~ **efficiency** *n* ELEC ENG elektrischer Wirkungsgrad *m*; ~ **energy** *n* ELEC ENG elektrische Energie *f*; ~ **engineer** *n (EE)* TELEV Elektroingenieur *m*; ~ **filter** *n* ELECTRON elektrisches Filter *nt*; ~ **hazard** *n* SAFETY elektrische Gefahr *f*; ~ **household appliance** *n* ELECT elektrisches Haushaltgerät *nt*; ~ **impedance** *n* RECORD elektrische Impedanz *f*; ~ **input** *n* ELEC ENG Stromeingang *m*, elektrischer Eingang *m*, ELECTRON Elektroeingang *m*; ~ **installation** *n* ELEC ENG Elektroinstallation *f*, elektrische Anlage *f*, ELECT elektrische Einrichtung *f*, WATER TRANS elektrische Anlage *f*, elektrische Installation *f*; ~ **installation work** *n* ELECT elektrische Installationsarbeit *f*; ~-**insulating board** *n* ELECT elektrische Isolierplatte *f*; ~ **insulation** *n* ELEC ENG elektrische Isolierung *f*; ~ **machine** *n* ELEC ENG elektrische Maschine *f*; ~ **measuring instrument** *n* INSTR Meßgerät für elektrische Größen *nt*; ~ **motional impedance** *n* ACOUSTICS elektrische Bewegungsimpedanz *f*, elektrischer Bewegungsscheinwiderstand *m*; ~ **noise** *n* ELECTRON Elektrorauschen *nt*; ~ **oscillations** *n pl* WAVE PHYS elektrische Schwingungen *f pl*; ~ **oscillator** *n* ELECTRON elektrischer Schwingungserzeuger *m*; ~ **output** *n* ELEC ENG Stromausgang *m*, elektrischer Ausgang *m*, ELECTRON elektrische Ausgabe *f*, NUC TECH *of reactor* Elektrizitätsausgangsleistung *f*; ~ **plant** *n* ELECT elektrische Anlage *f*; ~ **potential** *n* ELEC ENG, ELECT, PHYS elektrisches Potential *nt*; ~ **power** *n* ELEC ENG elektrischer Strom *m*, ELECT elektrische Energie *f*, elektrische Leistung *f*, NUC TECH, TELECOM elektrische Leistung *f*; ~ **power supply** *n* ELEC ENG Stromversorgung *f*; ~ **protection equipment** *n* SAFETY elektrisches Schutzgerät *nt*; ~ **relay** *n* ELEC ENG Stromrelais *nt*, Stromrelais *nt*, elektrisches Relais *nt*, ELECT Schütz *nt*, elektrisches Relais *nt*; ~ **resistivity** *n* PLAS spezifischer Widerstand *m*; ~ **resonator** *n* ELECTRON elektrischer Resonator *m*; ~ **safety requirement** *n* SAFETY Stromschutzvorschrift *f*; ~ **sawing** *n* NUC TECH Elektrosägen *nt*; ~ **signal** *n* ELECTRON elektrisches Signal *nt*; ~ **sleeving** *n* PLAS Isolierschlauch *m*; ~ **test** *n* ELEC ENG elektrische Messung *f*, elektrische Prüfung *f*, TEST elektrische Prüfung *f*; ~ **transmission line** *n* ELEC ENG Stromleitung *f*, elektrische Übertragungsleitung *f*; ~ **wiring** *n* ELEC ENG elektrische Beschaltung *f*, elektrische Schaltung *f*, elektrische Verdrahtung *f*; ~-**wiring diagram** *n* WATER TRANS elektrischer Verdrahtungsplan *m*; ~ **zero** *n* ELECT elektrischer Nullpunkt *m*; ~ **zero adjuster** *n* ELECT elektrischer Nullsteller *m*

electrically:[1] ~-**driven** *adj* MECHANICS elektrisch angetrieben, PHOTO elektrisch angetrieben, mit elektrischem Antrieb

electrically:[2] ~-**erasable programmable read-only memory** *n (EEPROM)* ELECTRON elektrisch löschbarer programmierbarer Lesespeicher *m (EEPROM)*; ~-**held crosspoint** *n* TELECOM elektrisch gehaltener Koppelpunkt *m*; ~-**measuring instrument** *n* INSTR elektrisches Meßgerät für nichtelektrische Größen *nt*; ~-**pumped laser** *n* ELECTRON Laser mit Elektropumpe *m*; ~-**tuned oscillator** *n* ELECTRON elektrisch abgestimmter Oszillator *m*, elektrooptisch

electricity *n* ELEC ENG, ELECT, PHYS Elektrizität *f*, RAD TECH Elektrizität *f*, Strom *m*; ~ **generation** *n* ELEC ENG Stromerzeugung *f*; ~ **generation station** *n* CONST, ELEC

ENG Elektrizitätswerk *nt*; ~ **meter** *n* ELEC ENG Stromzähler *m*, ELECT Elektrizitätsmeßgerät *nt*, Elektrizitätszähler *m*; ~ **sector economics** *n* ELECT Elektrizitätswirtschaft *f*; ~ **supply** *n* CONST Stromzufuhr *f*, Stromversorgung *f*, ELECT Elektrizitätsversorgung *f*; ~ **supply company** *n* ELECT EVU, Elektrizitätsversorgungsunternehmen *nt*; ~ **supply meter** *n* ELEC ENG Stromzähler *m*; ~ **transmission** *n* PHYS Stromübertragung *f*

electrification *n* ELECT, PHYS Elektrifizierung *f*

electrify *vt* ELEC ENG elektrifizieren, elektrisieren

electro:[1] ~**-optic** *adj* TELECOM elektrooptisch; ~**-optical** *adj* ELECTRON elektrooptisch; ~**-osmotic** *adj* CHEMISTRY elektroosmotisch

electro[2] *n (electrotype)* PRINT Galvano *nt*; ~**-discharge machining** *n (EDM)* MECHAN ENG elektroerosive Bearbeitung *f (EEB)*; ~**-optical modulator** *n* ELECTRON elektrooptischer Modulator *m*; ~**-optical signal processing** *n* ELECTRON elektrooptische Signalverarbeitung *f*; ~**-optic effect** *n* OPT elektrooptischer Effekt *m*; ~**-optic switch** *n* TELECOM elektrooptischer Schalter *m*; ~**-osmosis** *n* CHEMISTRY Elektroosmose *f*; ~**-spark machining** *n* MECHAN ENG Funkenerosionsbearbeitung *f*

electroacoustic[1] *adj* RECORD elektroakustisch

electroacoustic:[2] ~ **chain** *n* ACOUSTICS elektroakustische Kette *f*; ~ **transducer** *n* ACOUSTICS, ELEC ENG elektroakustischer Wandler *m*

electroacoustical: ~ **frequency response** *n* RECORD elektroakustischer Frequenzgang *m*; ~ **reciprocity coefficient** *n* ACOUSTICS elektroakustischer Reziprozitätskoeffizient *m*

electroacoustics *n* ELEC ENG Elektroakustik *f*

electroanalysis *n* ELECT Elektroanalyse *f*

electrobus *n* AUTO Elektrobus *m*

electrochemical: ~ **capacitor** *n* TELECOM Elektrolytkondensator *m*; ~ **energy** *n* ELEC ENG elektrochemische Energie *f*

electrochemistry *n* ELECT Elektrochemie *f*

electrocochleography *n* ACOUSTICS Elektrocochleographie *f*

electrocution *n* RAD TECH Tötung durch Stromschlag *f*, Verletzung durch Stromschlag *f*

electrode *n* ELEC ENG, ELECT, LAB EQUIP, MECHANICS, METALL, PHYS Elektrode *f*, TELEV Elektrode *f*, Sonde *f*; ~ **admittance** *n* ELECT Elektrodenleitwert *m*; ~ **bias** *n* ELEC ENG Elektrodenvorspannung *f*; ~ **bias voltage** *n* ELEC ENG Elektrodenvorspannung *f*; ~ **boiler** *n* HEAT & REFRIG Elektrodenkessel *m*; ~ **carbon** *n* ELEC ENG Elektrodenkohle *f*; ~ **characteristic** *n* ELEC ENG Elektrodenkennlinie *f*; ~ **coating** *n* PROD ENG *welding* Elektrodenmantel *m*; ~ **configuration** *n* TELECOM Elektrodenanordnung *f*; ~ **gap** *n* ELEC ENG Elektrodenabstand *m*; ~ **holder** *n* CONST, ELEC ENG Elektrodenhalter *m*; ~ **potential** *n* ELECT Elektrodenpotential *nt*, Elektrodenspannung *f*, MECHANICS, PHYS Elektrodenpotential *nt*; ~ **soldering** *n* PROD ENG Widerstandslötung *f*; ~ **tip** *n* ELECT Elektrodenspitze *f*; ~ **welding** *n* CONST Elektrodenschweißen *nt*

electrodeposition *n* CONST Elektronenniederschlag *m*, Galvanisierung *f*, ELEC ENG, PROD ENG elektrolytische Abscheidung *f*

electrodermal: ~ **effect** *n* ACOUSTICS elektrischer Hauteffekt *m*

electrodialysis *n* CHEMISTRY Elektrodialyse *f*

electrodrilling *n* COAL TECH elektrohydraulisches Bohren *nt*

electrodynamic: ~ **instrument** *n* ELECT elektrodynamisches Instrument *nt*, elektrodynamisches Meßinstrument *nt*; ~ **levitation** *n* RAIL elektrodynamisches Schwebesystem *nt*; ~ **loudspeaker** *n* ACOUSTICS elektrodynamischer Lautsprecher *m*; ~ **microphone** *n* ACOUSTICS, RECORD elektrodynamisches Mikrofon *nt*; ~ **movement** *n* INSTR elektrodynamisches Meßwerk *nt*; ~ **relay** *n* ELECT elektrodynamisches Relais *nt*; ~ **vibration pick-up** *n* INSTR elektrodynamischer Schwingungsaufnehmer *m*

electrodynamics *n* ELECT, PART PHYS, PHYS Elektrodynamik *f*

electrodynamometer *n* ELECT Elektrodynamometer *nt*, PHYS Elektrodynamometer *nt*, Meßinstrument *nt*

electrodynamometric *adj* ELECT elektrodynamometrisch

electrofluorescence *n* NUC TECH Elektrolumineszenz *f*

electroform *n* PROD ENG Galvanoplastik *f*

electroforming *n* ELEC ENG Galvanoplastik *f*, MECHAN ENG Elektroformen *nt*

electrogalvanize *vt* PROD ENG galvanisch verzinken

electrogalvanizing *n* PROD ENG galvanisches Verzinken *nt*

electroglow *n* SPACE *spacecraft* elektrisches Leuchten *nt*

electrographic: ~ **printer** *n* COMP & DP elektrographischer Drucker *m*, elektrostatischer Drucker *m*

electrohydraulic: ~ **forming** *n* MECHAN ENG hydroelektrisches Umformen *nt*

electrokinetic: ~ **energy** *n* ELECT elektrokinetische Energie *f*

electrokinetics *n* ELEC ENG, PHYS Elektrokinetik *f*

electroluminescence *n* ELECTRON *induced by electric fields*, NUC TECH, OPT, PHYS, TELECOM Elektrolumineszenz *f*

electroluminescent: ~ **display** *n* COMP & DP Leuchtanzeige *f*, ELECTRON *(EL)* Elektrolumineszenz-Anzeige *f (EL)*

electrolysis *n* ELEC ENG, ELECT, PHYS, PRINT Elektrolyse *f*

electrolyte *n* CHEMISTRY Akkumulatorsäure *f*, Batteriesäure *f*, Elektrolyt *m*, ELEC ENG Elektrolyt *m*, ELECT Akkumulatorsäure *f*, Elektrolyt *m*, PHYS, PLAS, TELECOM Elektrolyt *m*

electrolytic[1] *adj* CHEMISTRY Elektrolyt- *pref*, elektrolytisch, ELECT, METALL, PHYS elektrolytisch

electrolytic:[2] ~ **bath** *n* ELEC ENG, ELECT Elektrolysebad *nt*; ~ **capacitor** *n* ELEC ENG Elektrolytkondensator *m*, Elkom *m*, PHYS, RAD TECH Elektrolytkondensator *m*; ~ **cell** *n* ELEC ENG Elektrolysezelle *f*, PHYS Elektrolysebad *nt*, Elektrolysezelle *f*; ~ **cleaning** *n* METALL elektrolytische Reinigung *f*; ~ **conductivity** *n* ELECT elektrolytische Leitfähigkeit *f*; ~ **corrosion** *n* METALL elektrolytische Korrosion *f*; ~ **etching** *n* NUC TECH Elektrolytätzen *nt*; ~ **rectifier** *n* ELEC ENG Elektrolytgleichrichter *m*, elektrolytischer Gleichrichter *m*, elektrolytisches Ventil *nt*; ~ **unit** *n* ELEC ENG Elektrolyseapparat *m*, PHYS Elektrolysezelle *f*

electrolyzation *n* ELECT *electrochemistry* Elektrolysierung *f*

electrolyze *vt* CHEMISTRY elektrolysieren, elektrolytisch zerlegen, PHYS elektrolysieren

electrolyzer *n* CHEMISTRY Elektrolyseur *m*, elektrolytische Zelle *f*

electromagnet *n* CHEMISTRY Elektromagnet *m*, fremderregter Magnet *m*, ELEC ENG Elektromagnet *m*,

ELECT Elektromagnet *m*, Magnetspule *f*, PHYS, TELECOM, TELEV Elektromagnet *m*; ~ **loudspeaker** *n* ACOUSTICS Elektromagnetlautsprecher *m*

electromagnetic[1] *adj* ELECT, PHYS, RAD TECH elektromagnetisch

electromagnetic:[2] ~ **brake** *n* AUTO, RAIL Magnetbremse *f*; ~ **calorimeter** *n* PART PHYS *for electromagnetically interacting particles*, RAD PHYS elektromagnetisches Kalorimeter *nt*; ~ **chuck** *n* MECHAN ENG elektromagnetisches Futter *nt*; ~ **clutch** *n* AUTO, MECHANICS, RAIL elektromagnetische Kupplung *f*; ~ **compatibility** *n (EMC)* ELEC ENG elektromagnetische Kompatibilität *f*, ELECT, RAD TECH, SPACE *spacecraft* elektromagnetische Verträglichkeit *f (EMV)*; ~ **coupling** *n* AUTO elektromagnetische Kupplung *f*, ELEC ENG elektromagnetische Kopplung *f*, RAIL elektromagnetische Kupplung *f*; ~ **damping** *n* ELECT *oscillations* elektromagnetische Dämpfung *f*; ~ **deflection** *n* ELEC ENG elektromagnetische Ablenkung *f*; ~ **energy** *n* ELEC ENG, PHYS, WAVE PHYS elektromagnetische Energie *f*; ~ **energy pulse** *n* ELEC ENG elektromagnetischer Energieimpuls *m*; ~ **environment** *n* SPACE elektromagnetisches Umfeld *nt*; ~ **field** *n* ELEC ENG, ELECT, PHYS, TELECOM, WAVE PHYS elektromagnetisches Feld *nt*; ~ **flowmeter** *n* ELEC ENG induktiver Durchflußmesser *m*; ~ **focusing** *n* ELEC ENG elektromagnetische Fokussierung *f*; ~ **force** *n* ELEC ENG, ELECT, PART PHYS, PHYS, WAVE PHYS elektromagnetische Kraft *f*; ~ **ignition** *n* AUTO, RAIL elektromagnetische Zündung *f*; ~ **induction** *n* ELEC ENG, PART PHYS, PHYS, WAVE PHYS elektromagnetische Induktion *f*; ~ **interaction** *n* PART PHYS, PHYS, WAVE PHYS elektromagnetische Wechselwirkung *f*; ~ **interference** *n (EMI)* COMP & DP elektromagnetische Störung *f*, ELEC ENG elektromagnetische Interferenz *f*, elektromagnetische Störung *f*, SPACE elektromagnetische Störung *f*; ~-**interference filter** *n* ELECTRON Filter gegen elektromagnetische Beeinflußung *nt*; ~-**interference filtering** *n* ELECTRON Filterung gegen elektromagnetische Beeinflussung *f*; ~ **isolation** *n* ELEC ENG elektromagnetische Isolierung *f*; ~ **lateral guidance system** *n* AUTO, RAIL elektromagnetisches Querführungssystem *nt*; ~ **lens** *n* ELEC ENG, TELEV elektromagnetische Linse *f*; ~ **levitation** *n* AUTO, RAIL elektromagnetische Schwebeführung *f*; ~ **loudspeaker** *n* ACOUSTICS, RECORD elektromagnetischer Lautsprecher *m*; ~ **microphone** *n* ACOUSTICS, RECORD elektromagnetisches Mikrofon *nt*; ~ **moment** *n* ELECT elektromagnetisches Drehmoment *nt*, elektromagnetisches Moment *nt*, PART PHYS, PHYS, WAVE PHYS elektromagnetisches Moment *nt*; ~ **pulse** *n* ELEC ENG, TELECOM elektromagnetischer Impuls *m*; ~ **pump** *n* NUC TECH *for liquid metals* elektromagnetische Pumpe *f*; ~ **radiation** *n* ELEC ENG, ELECT, OPT, PART PHYS, PHYS, TELECOM, WAVE PHYS elektromagnetische Strahlen *m pl*, elektromagnetische Strahlung *f*; ~ **relay** *n* ELEC ENG, ELECT elektromagnetisches Relais *nt*; ~ **resonator** *n* ELECTRON elektromagnetischer Resonator *m*; ~ **screen** *n* PART PHYS *shield*, PHYS *shield*, WAVE PHYS *shield* elektromagnetische Abschirmung *f*; ~ **shielding** *n* ELECT elektromagnetische Schirmung *f*; ~ **shutter release** *n* PHOTO elektromagnetischer Auslöser *m*; ~ **spectrum** *n* ELEC ENG, ELECTRON, PART PHYS, PHYS, WAVE PHYS elektromagnetisches Spektrum *nt*; ~ **tuning** *n* ELECTRON elektromagnetische Abstimmung *f*; ~ **unit** *n* ELECT elektromagnetische Einheit *f*; ~ **wave** *n* ELEC ENG, ELECT, PART PHYS, PHYS, TELECOM, WAVE PHYS elektromagnetische Welle *f*; ~-**wave equations** *n pl* PART PHYS, PHYS, WAVE PHYS elektromagnetische Wellengleichungen *f pl*; ~ **wave polarization** *n* ELEC ENG Polarisation elektromagnetischer Wellen *f*

electromagnetically: ~-**operated** *adj* ELEC ENG elektromagnetisch betrieben

electromagnetism *n* ELECT, PHYS Elektromagnetismus *m*

electromechanical: ~ **coupling factor** *n* ACOUSTICS elektromechanischer Kopplungsfaktor *m*; ~ **device** *n* ELEC ENG elektromechanisches Gerät *nt*; ~ **exchange** *n* TELECOM elektromechanische Vermittlungsstelle *f*; ~ **filter** *n* ELECTRON elektromechanisches Filter *nt*; ~ **recording** *n* RECORD elektromechanische Tonaufzeichnung *f*; ~ **relay** *n* ELEC ENG elektromechanisches Relais *nt*; ~ **switching** *n* TELECOM elektromechanische Vermittlung *f*; ~ **switching system** *n* TELECOM elektromechanisches Vermittlungssystem *nt*; ~ **switching unit** *n* TELECOM elektromechanische Vermittlungseinrichtung *f*; ~ **transducer** *n* ACOUSTICS elektromechanischer Wandler *m*, ELEC ENG elektromechanischer Transducer *m*, elektromechanischer Wandler *m*

electromechanics *n* ELECT Elektromechanik *f*

electrometallurgy *n* ELECT Elektrometallurgie *f*

electrometer *n* ELEC ENG, ELECT, LAB EQUIP *electric charge*, PHYS Elektrometer *nt*, elektrostatisches Instrument *nt*; ~ **amplifier** *n* ELECTRON Elektrometerverstärker *m*; ~ **tube** *n* ELEC ENG, ELECTRON Elektrometerröhre *f*

electrometric: ~ **titration** *n* CHEMISTRY elektrometrische Titration *f*, potentiometrische Titration *f*

electrometry *n* ELEC ENG Elektrometrie *f*

electromotive: ~ **force** *n (EMF)* CONST, ELEC ENG, ELECT, PHYS, RAD TECH, RAIL, TELEV elektromotorische Kraft *f (EMK)*

electromotor *n* ELEC ENG Elektromotor *m*

electron *n (e)* ELEC ENG, ELECT, PART PHYS, PHYS, RAD TECH Elektron *nt (e)*;

~ a ~ **accelerator** *n* PART PHYS Elektronenbeschleuniger *m*; ~ **attachment** *n* NUC TECH *to neutral atom to form ion* Elektronenanlagerung *f*;

~ b ~ **beam** *n* COMP & DP *(EB)*, ELECT *(EB) in microscope, cathode ray tube*, ELECTRON *(EB)* Elektronenstrahl *m (ES)*, METALL Elektronenstrahlung *f*, NUC TECH *(EB)*, RAD PHYS *(EB)*, TELECOM *(EB)*, TELEV *(EB)*, WAVE PHYS *(EB)* Elektronenstrahl *m (ES)*; ~ **beam acceleration** *n* ELECTRON Elektronenstrahlnachbeschleunigung *f*; ~ **beam alignment method** *n* ELECTRON Elektronenstrahlausrichtmethode *f*; ~ **beam annealing** *n* ELECTRON Elektronenstrahlvergütung *f*; ~ **beam column** *n* ELECTRON Elektronenstrahlkolonne *f*; ~ **beam curing** *n* NUC TECH *of lacquers, varnishes* Elektrocureverfahren *nt*; ~ **beam cutting** *n* ELECTRON Elektronenstrahlschneiden *nt*; ~ **beam direct writing** *n* ELECTRON Elektronenstrahldirektbelichtung *f*; ~ **beam focusing** *n* ELECTRON Elektronenstrahlbündelung *f*; ~ **beam laser** *n* ELECTRON Elektronenstrahllaser *m*; ~ **beam lithography** *n* ELECTRON Elektronenstrahllithographie *f*; ~ **beam lithography machine** *n* ELECTRON Elektronenstrahl-Lithographiebearbeitungsmaschine *f*; ~ **beam machining** *n* ELECTRON Elektronenstrahlbearbeitung *f*; ~ **beam mask** *n* ELEC-

TRON Elektronenstrahlmaske *f*; ~ **beam melting** *n* NUC TECH Elektronenstrahlschmelzen *nt*; ~ **beam parametric amplifier** *n* ELECTRON parametrischer Elektronenstrahlverstärker *m*; ~ **beam processing** *n* ELECTRON Elektronenstrahlverarbeitung *f*; ~ **beam projection printer** *n* ELECTRON Elektronenstrahl-Projektionsschreiber *m*; ~ **beam pumping** *n* ELECTRON Elektronstrahlpumpen *nt*; ~ **beam recording** *n* ELECTRON *directly on microfilm* Aufzeichnung mittels Elektronenstrahl *f*, INSTR Elektronenstrahlaufzeichnung *f*; ~ **beam resist** *n* ELECTRON Elektronenstrahlabdecklack *m*, Elektronenstrahlresist *m*; ~ **beam scanning** *n* ELECTRON Elektronenstrahlabtastung *f*; ~ **beam switch** *n* INSTR Strahlumschalter *m*; ~ **beam tube** *n* ELECTRON Elektronenstrahlröhre *f*; ~ **beam voltage** *n* TELEV Elektronenstrahlspannung *f*; ~ **beam welding** *n* CONST, ELECT, NUC TECH Elektronenstrahlschweißen *nt*; ~**-bombarded semiconductor** *n* ELECTRON Halbleiter unter Elektronenbeschuß *m*; ~ **bombardment** *n* ELECTRON, PART PHYS Elektronenbeschuß *m*; ~ **bombardment thruster** *n* SPACE Elektronenbeschußtriebwerk *nt*;

~ c ~ **capture** *n* PHYS, RAD PHYS Elektroneneinfang *m*; ~ **capture detector** *n* POLL Elektroneneinfangdetektor *m*; ~ **cascade** *n* NUC TECH Elektronenkaskade *f*; ~ **cloud** *n* NUC TECH, RAD PHYS, TELEV Elektronenwolke *f*; ~ **collision** *n* TELECOM Elektronenzusammenstoß *m*; ~ **compound** *n* METALL Elektronenverbindung *f*; ~ **conductivity** *n* RAD PHYS Elektronenleitfähigkeit *f*, Elektronenleitvermögen *nt*; ~ **continuum** *n* NUC TECH Elektronenkontinuum *nt*; ~ **cooling** *n* PART PHYS Elektronenkühlung *f*; ~ **coupling** *n* ELEC ENG, ELECTRON Elektronenkopplung *f*; ~**-coupling oscillator** *n* ELECTRON elektronenkoppelnder Oszillator *m*; ~ **current** *n* ELEC ENG Elektronenstrom *m*; ~ **cyclotron frequency** *n* NUC TECH Zyklotronfrequenz *f*;

~ d ~ **density** *n* PHYS Elektronendichte *f*; ~ **device** *n* ELEC ENG Elektronenapparatur *f*, Elektronengerät *nt*; ~ **diffraction** *n* RAD PHYS Elektronenbeugung *f*; ~ **drift** *n* NUC TECH *in plasma* Elektronenwanderung *f*;

~ e ~ **emission** *n* ELECTRON, PART PHYS Elektronenemission *f*; ~ **energy loss** *n* RAD PHYS Energieverlust von Elektronen *m*; ~ **energy loss spectroscopy** *n* RAD PHYS Elektronenspektroskopie *f*;

~ f ~ **flood lithography** *n* ELECTRON Elektronenflutlithographie *f*;

~ g ~ **gas** *n* PHYS Elektronengas *nt*; ~ **gun** *n* ELECTRON Elektronenkanone *f*, Elektronenquelle *f*, PHYS, RAD PHYS, TELEV Elektronenkanone *f*; ~ **gun current** *n* TELEV Elektronenkanonenstrom *m*;

~ h ~ **hole pair** *n* PHYS Elektronlochpaar *nt*; ~ **hole recombination** *n* NUC TECH Elektronenlochrekombination *f*;

~ i ~ **image** *n* ELECTRON Elektronenbild *nt*; ~ **image tube** *n* ELECTRON *image converter tube* Elektronenbildwandler *m*; ~ **imaging** *n* ELECTRON Elektronenabbildung *f*; ~ **impact ion engine** *n* SPACE Elektronenstoßionentriebwerk *nt*; ~**-induced activation** *n* RAD PHYS durch Elektronen induzierte Aktivierung *f*; ~ **irradiation** *n* SPACE *spacecraft* Elektroneneinstrahlung *f*;

~ l ~ **lens** *n* ELECTRON, PHYS, TELEV Elektronenlinse *f*; ~ **linear accelerator** *n* PART PHYS Elektronenlinearbeschleuniger *m*;

~ m ~ **mass** *n (me)* CHEMISTRY, NUC TECH, PART PHYS Elektronenmasse *f (me)*; ~ **micrograph** *n* RAD PHYS Elektronenmikroskopbild *nt*; ~ **microscope** *n* ELECTRON, LAB EQUIP, METALL, PHYS, RAD PHYS, TELECOM Elektronenmikroskop *nt*; ~ **microscopy** *n* ELECTRON Elektronenmikroskopie *f*; ~ **mirror** *n* ELECTRON Elektronenspiegel *m*; ~ **multiplier** *n* ELECTRON Elektronenvervielfacher *m*, RAD PHYS Elektronenvervielfacher *m*, Sekundärelektronenvervielfacher *m*; ~ **multiplier phototube** *n* ELECTRON Fotozellenverstärker *m*; ~ **multiplier tube** *n* ELECTRON Elektronenvervielfacherröhre *f*;

~ n ~ **neutrino** *n* PHYS Elektronneutrino *nt*;

~ o ~ **optics** *n* PHYS Elektronenoptik *f*;

~ p ~ **pair** *n* PART PHYS Elektronenpaar *nt*; ~ **paramagnetic resonance** *n (EPR)* PHYS paramagnetische Elektronenspinresonanz *f*; ~ **path** *n* NUC TECH Elektronenbahn *f*, TELEV Elektronenweg *m*; ~ **population** *n* SPACE *spacecraft* Elektronendichte *f*, Elektronenpopulation *f*; ~ **probe** *n* NUC TECH Elektronensonde *f*;

~ r ~ **radiography** *n* NUC TECH Elektronenradiographie *f*; ~ **radius** *n (re)* NUC TECH Elektronenradius *m (re)*; ~ **ray** *n* COMP & DP, ELECT, ELECTRON, PRINT, TELECOM Kathodenstrahl *m*;

~ s ~ **scanning** *n* NUC TECH Elektronenabtastung *f*; ~ **scanning beam** *n* TELEV Elektronenabtaststrahl *m*; ~ **scattering** *n* NUC TECH Elektronenstreuung *f*; ~ **shell** *n* NUC TECH *of atom* Elektronenhülle *f*, PART PHYS, PHYS, RAD PHYS Elektronenschale *f*; ~ **shower** *n* NUC TECH Elektronenschauer *m*; ~ **sink** *n* NUC TECH Elektronensenke *f*; ~ **source** *n* ELECTRON, RAD PHYS Elektronenquelle *f*; ~ **specific charge** *n* NUC TECH spezifische Ladung eines Elektrons *f*; ~ **spectroscopic diffraction** *n* RAD PHYS Elektronenbeugung *f*; ~ **spectroscopic imaging** *n* RAD PHYS Elektronenspektroskopie *f*; ~ **spectroscopy** *n* PHYS Elektronenspektroskopie *f*; ~ **spectroscopy for chemical analysis** *n (ESCA)* PHYS Fotoelektronen-Spektroskopie *f (ESCA)*; ~ **spin resonance** *n (ESR)* PART PHYS, PHYS, RAD PHYS Elektronenspinresonanz *f (ESR)*; ~ **spin resonance magnetometer** *n* NUC TECH Elektronenspinresonanz-Magnetometer *nt*; ~ **storage ring** *n* PART PHYS Elektronenspeicherring *m*; ~ **stream** *n* TELEV Elektronenfluß *m*; ~ **synchrotron** *n* PART PHYS *cyclic electron accelerator* Elektronensynchrotron *nt*;

~ t ~ **theory of metals** *n* RAD PHYS Elektronentheorie der Metalle *f*; ~ **trajectory** *n* NUC TECH Elektronentrajektorie *f*; ~ **transfer diode** *n* PHYS Gunn-Diode *f*; ~ **tube** *n* ELECTRON, SPACE *communications* Elektronenröhre *f*; ~ **tube base** *n* ELECTRON Elektronenröhrensockel *m*; ~ **tube envelope** *n* ELECTRON Elektronenröhrenkolben *m*; ~ **tube grid** *n* ELECTRON Elektronenröhrengitter *nt*; ~ **tube heater** *n* ELECTRON Elektronenröhrenheizung *f*; ~ **tube holder** *n* ELECTRON Elektronenröhrenhalter *m*; ~ **tube neck** *n* ELECTRON Elektronenröhrenansatz *m*; ~ **tube oscillator** *n* ELECTRON Elektronenröhrenoszillator *m*;

~ w ~ **wave magnetron** *n* ELECTRON Elektronenwellenmagnetron *nt*; ~ **wave tube** *n* ELECTRON Elektronenwellenröhre *f*

electronic[1] *adj* ELECT, ELECTRON elektronisch

electronic:[2] ~ **antilocking device** *n* AUTO elektronisches Antiblockiersystem *nt*; ~ **antiskid system** *n* AUTO elektronisches Antiblockiersystem *nt*; ~ **balance** *n* LAB EQUIP elektronische Waage *f*; ~ **beam** *n (EB)* COMP &

DP, ELECT, ELECTRON, FLUID PHYS, NUC TECH, TELECOM, TELEV, WAVE PHYS Elektronenstrahl *m (ES)*; ~ **beam forming** *n* ELECTRON Elektronenstrahlbildung *f*; ~ **beam recording** *n* INSTR Elektronenstrahlaufzeichnung *f*; ~ **beam steering** *n* ELECTRON Steuerung mittels Elektronenstrahl *f*; ~ **bearing cursor** *n* WATER TRANS *radar* Peilstrahl *m*; ~ **bearing line** *n (EBL)* WATER TRANS *radar* Peilstrahl *m (PS)*; ~**-braking control** *n* AUTO Elektronikbremse *f*, elektronische Bremssteuerung *f*; ~ **calculator** *n* COMP & DP elektronischer Rechner *m*; ~ **car** *n* AUTO elektronisches Fahrzeug *nt*; ~ **carburetor** *n AmE*, ~ **carburettor** *n BrE* AUTO elektronischer Vergaser *m*; ~ **chart** *n* WATER TRANS *navigation* elektronische Karte *f*; ~ **chopper** *n* ELECTRON Fotozellenzerhacker *m*, lichtelektrischer Zerhacker *m*; ~ **circuit** *n* ELECTRON elektronischer Schaltkreis *m*, TELECOM elektronische Schaltung *f*; ~ **circuit integration** *n* ELECTRON Integration einer Elektronikschaltung *f*; ~ **clock** *n* ELECTRON elektronischer Taktgeber *m*, TELECOM elektronische Uhr *f*; ~ **commutation** *n* AUTO elektronischer Kommutator *m*; ~ **component** *n* COMP & DP elektronisches Bauteil *nt*, ELECTRON, TELECOM elektronisches Bauelement *nt*; ~ **configuration** *n* PART PHYS, PHYS, RAD PHYS Elektronenkonfiguration *f*; ~ **control** *n* AUTO elektronische Regelung *f*, WATER TRANS elektronische Steuerung *f*; ~ **control system** *n* ELECTRON elektronisches Steuerungssystem *nt*; ~ **control unit** *n* AUTO elektronisches Steuergerät *nt*; ~ **counter** *n* ELECTRON elektronischer Zähler *m*; ~ **countermeasures** *n pl* SPACE *space communications* elektronische Gegenmaßnahmen *f pl*; ~ **counting** *n* ELECTRON elektronisches Zählen *nt*; ~ **crosspoint** *n* TELECOM elektronischer Koppelpunkt *m*; ~ **data processing** *n (EDP)* COMP & DP, CONTROL, ELECT, ELECTRON elektronische Datenverarbeitung *f (EDV)*; ~ **device** *n* ELECTRON elektronisches Bauelement *nt*; ~ **digital theodolite** *n* CONST *surveying* elektronischer Theodolit mit Digitalanzeige *m*; ~ **direction reverser** *n* AUTO elektronischer Fahrtrichtungsschalter *m*; ~ **directory** *n* TELECOM elektronisches Telefonbuch *nt*; ~ **display micrometric head** *n* METROL Mikrometer mit elektronischer Anzeige *nt*; ~ **editing** *n* COMP & DP elektronisches Editieren *nt*; ~ **engineering** *n* ELECTRON elektronische Technik *f*; ~ **engraving** *n* PRINT elektronisches Gravieren *nt*; ~ **equipment** *n* ELECTRON elektronisches Gerät *nt*; ~ **exchange** *n* TELECOM elektronische Vermittlungsstelle *f*; ~ **field production** *n* TELEV Elektronenfelderzeugung *f*; ~ **filing** *n* COMP & DP elektronisches Ablagesystem *nt*; ~ **frequency control** *n* ELECTRON elektronische Frequenzsteuerung *f*; ~ **funds transfer** *n (EFT)* COMP & DP elektronischer Zahlungsverkehr *m*, TELECOM elektronische Geldanweisung *f*; ~ **funds transfer at point of sale** *n (EFTPOS)* TELECOM elektronische Geldüberweisung am Verkaufsort *f*; ~ **gage** *n AmE*, ~ **gauge** *n BrE* METROL Elektronikmeßgerät *nt*, elektronisches Meßgerät *nt*; ~ **heat capacity** *n* PART PHYS, PHYS, RAD PHYS elektronische Wärmekapazität *f*; ~ **heat conductivity** *n* NUC TECH elektronische Wärmeleitfähigkeit *f*; ~ **heating** *n* ELEC ENG Hochfrequenzheizung *f*, hochfrequente Erwärmung *f*; ~ **ignition** *n* AUTO elektronische Zündung *f*; ~ **imaging** *n* ELECTRON elektronische Bilderzeugung *f*; ~ **injection** *n* AUTO elektronisch gesteuerte Einspritzung *f*; ~ **inlay** *n* TELEV Trickeinblendung *f*; ~ **instrument** *n* ELECTRON, INSTR elektronisches Meßgerät *nt*; ~ **instrument module** *n* NUC TECH elektronischer Modum *m*, elektronisches Bauelement *nt*; ~ **integrated circuit** *n* ELECTRON elektronische integrierte Schaltung *f*; ~ **intelligence** *n* ELECTRON elektronische Aufklärung *f*; ~ **key system** *n* TELECOM elektronisches Schlüsselsystem *nt*; ~ **lock** *n* COMP & DP elektronische Sperre *f*; ~ **mail** *n (e-mail)* COMP & DP, ELECTRON, TELECOM elektronische Post *f (E-Mail)*; ~ **mailbox** *n* COMP & DP elektronische Mailbox *f*, elektronischer Briefkasten *m*, TELECOM elektronischer Briefkasten *m*, elektronisches Postfach *nt*; ~ **mail service** *n* COMP & DP elektronischer Postdienst *m*; ~ **makeup terminal** *n* PRINT elektronisches Umbruchterminal *m*; ~ **map** *n* WATER TRANS *navigation* elektronische Karte *f*; ~ **matting** *n* TELEV elektronisches Mattieren *nt*; ~ **memory** *n* ELEC ENG Elektronenspeicher *m*, elektronischer Speicher *m*; ~ **message switch** *n* TELECOM elektronische Nachrichtenspeichervermittlung *f*; ~ **message system** *n* TELECOM elektronisches Mitteilungssystem *nt*; ~ **messaging** *n* COMP & DP, ELECTRON elektronische Nachrichtenübermittlung *f*; ~ **metering of fuel injection** *n* AUTO elektronische Benzineinspritzung *f*; ~ **microphone** *n* RECORD Elektronenmikrofon *nt*; ~ **module** *n* ELECTRON Elektronikmodum *nt*; ~ **music** *n* ELECTRON elektronische Musik *f*; ~ **network** *n* PHYS elektronische Schaltung *f*; ~ **news gathering** *n* TELEV elektronischer Nachrichtendienst *m*; ~ **news reporting** *n* COMP & DP elektronische Berichterstattung *f*; ~ **noise generator** *n (ENG)* TELEV elektronischer Rauschgenerator *m (RG)*; ~ **office** *n* COMP & DP elektronisches Büro *nt*; ~ **partition function** *n* NUC TECH elektronische Verteilungsfunktion *f*; ~ **pencil** *n* ELECTRON elektronischer Bleistift *m*; ~ **photocomposition** *n* PRINT elektronischer Lichtsatz *m*; ~ **point-of-sale** *n (EPS)* COMP & DP elektronisches Kassenterminal *nt*; ~ **polarization** *n* PART PHYS, PHYS, RAD PHYS Elektronenpolarisation *f*, Elektronenpolarisierung *f*; ~ **power supply** *n* ELEC ENG elektronische Stromversorgung *f*; ~ **publishing** *n* COMP & DP, ELECTRON Electronic-Publishing *nt*, elektronisches Publizieren *nt*, PRINT Electronic Publishing *nt*, elektronisches Publizieren *nt*; ~ **relay** *n* ELECT elektronisches Relais *nt*; ~ **scanning** *n* PRINT elektronisches Scannen *nt*; ~ **semiconductor** *n* NUC TECH elektronischer Halbleiter *m*; ~ **shopping** *n* COMP & DP Teleshopping *nt*; ~ **signal processing** *n* ELECTRON elektronische Signalverarbeitung *f*; ~ **speech synthesis** *n* ELECTRON elektronische Sprachsynthese *f*; ~ **speed control** *n* AUTO elektronische Geschwindigkeitskontrolle *f*; ~ **speed controller** *n* AUTO elektronischer Drehzahlregler *m*; ~ **stencil** *n* ELECTRON Elektronikschablone *f*; ~ **structure** *n* NUC TECH *of atom, molecule, electron* Elektronenstruktur *f*; ~ **subshell** *n* PART PHYS, PHYS, RAD PHYS Elektronenschale *f*; ~ **surveillance** *n* TELECOM elektronische Überwachung *f*; ~ **switching** *n* TELECOM elektronische Vermittlung *f*; ~ **switching system** *n* TELECOM elektronisches Vermittlungssystem *nt*; ~ **test patterns** *n pl* ELECTRON elektronische Prüfmuster *nt pl*; ~ **timer** *n* ELECTRON elektronischer Zeitschalter *m*, PHOTO elektronische Schaltuhr *f*; ~ **traffic aids** *n pl* TRANS elektronische Verkehrshilfen *f pl*; ~ **tube** *n* ELECTRON Elektronenröhre *f*; ~ **tuning** *n* ELECTRON *klystron* elektronische Abstimmung *f*, *oscillator* elektronische Verstimmung *f*, TELECOM elektronische Abstimmung *f*; ~**-tuning range** *n* ELECTRON elektronischer Abstimmbereich *m*, elektronischer Verstimmbereich *m*; **~-tuning sensitivity** *n* ELECTRON elektronische Verstimmempfindlichkeit *f*; **~ valve** *n* ELECTRON Elektronenröhre *f*; **~ warfare** *n* ELECTRON elektronische Kampfführung *f*, *military communications* elektronische Kriegsführung *f*; **~-weighing scales** *n pl* PACK elektronische Waage *f*

electronically:[1] **~-controlled** *adj* ELECTRON elektronisch gesteuert

electronically:[2] **~-controlled oscillator** *n* ELECTRON elektronisch abgestimmter Oszillator *m*; **~-controlled valve** *n* CONST elektronisch gesteuertes Ventil *nt*; **~ erasable read-only memory** *n (EEROM)* COMP & DP elektronisch löschbarer Festwertspeicher *m*, elektronisch löschbarer Lesespeicher *m (EEROM)*; **~ erasable ROM** *n* COMP & DP elektronisch löschbarer ROM *m*; **~-tuned filter** *n* ELECTRON elektronisch abgestimmtes Filter *nt*

electronics *n* AIR TRANS, AUTO, COMP & DP, ELECTRON, RAIL, WATER TRANS Elektronik *f*

electronvolt *n (eV)* ELEC ENG, ELECT, PART PHYS, PHYS, RAD PHYS Elektronenvolt *nt (eV)*

electrophilic *adj* CHEMISTRY elektronenanziehend, elektrophil, kationoid

electrophoresis *n* ELECT Elektrophorese *f*, Ionophorese *f*, LAB EQUIP Elektrophorese *f*; **~ cell** *n* LAB EQUIP Elektrophoresekammer *f*, Elektrophoresezelle *f*

electrophoretic: **~ migration** *n* NUC TECH elektrophoretische Wanderung *f*

electrophorus *n* ELEC ENG Elektrophor *m*

electrophotographic: **~ printer** *n* COMP & DP elektrofotografischer Drucker *m*

electroplate[1] *n* PROD ENG galvanischer Überzug *m*

electroplate[2] *vt* ELEC ENG elektrolytisch plattieren, elektroplattieren, galvanisieren

electroplated[1] *adj* COATINGS, ELECT galvanisiert

electroplated:[2] **~ nickel silver** *n (EPNS)* METALL versilberte Gegenstände *m pl (EPNS)*

electroplating *n* ELEC ENG Elektroplattieren *nt*, Elektroplattierung *f*, Galvanisation *f*, Galvanisieren *nt*, ELECT Galvanisierung *f*, PROD ENG Elektroplattieren *nt*, Galvanisieren *nt*; **~ industry** *n* PROD ENG *plastic valves* Galvanotechnik *f*

electropneumatic: **~ brake** *n* AUTO, RAIL elektropneumatische Bremse *f*

electropolishing *n* METALL anodisches Polieren *nt*

electropositive: **~ elements** *n pl* PART PHYS, PHYS, RAD PHYS elektropositive Elemente *nt pl*

electroproduction *n* NUC TECH Stromerzeugung *f*, PART PHYS, PHYS, RAD PHYS Elektroproduktion *f*

electroscope *n* ELECT, PART PHYS, PHYS, RAD PHYS Elektroskop *nt*

electrosensitive: **~ paper** *n* COMP & DP elektrosensitives Papier *nt*; **~ printer** *n* COMP & DP elektrosensitiver Drucker *m*; **~ safety system** *n* SAFETY Elektrosicherheitssystem *nt*

electrosilver *vt* ELEC ENG galvanisch versilbern

electrosilvering *n* ELEC ENG galvanische Versilberung *f*

electroslag: **~ welding** *n* CONST Elektroschlackeschweißen *nt*, MECHANICS Unterschlackeschweißen *nt*, NUC TECH Elektroschlackeschweißen *nt*

electrospraying *n* NUC TECH Elektrosprayen *nt*

electrostatic[1] *adj* ELECT, TELECOM elektrostatisch

electrostatic:[2] **~ air filter** *n* SAFETY elektrostatisches Luftfilter *nt*; **~ attraction** *n* ELEC ENG elektrostatische Anziehung *f*, ELECT elektrostatische Anziehungskraft *f*; **~ charge** *n* ELECT elektrostatische Ladung *f*; **~ collector** *n* NUC TECH elektrostatischer Kollektor *m*; **~ CRT** *n* ELECTRON elektrostatische Linse *f*; **~ field** *n* ELECT, PHYS elektrostatisches Feld *nt*; **~ filter** *n* ELECTRON *power plant*, HEAT & REFRIG Elektrofilter *nt*, elektrostatisches Filter *nt*; **~ flux** *n* ELECT elektrostatischer Fluß *m*; **~ flux density** *n* ELECT elektrostatische Flußdichte *f*; **~ focusing** *n* ELEC ENG elektrostatische Elektronenbündelung *f*; **~ force** *n* ELEC ENG elektrostatische Kraft *f*; **~ generator** *n* ELEC ENG Influenzmaschine *f*, elektrostatischer Generator *m*; **~ induction** *n* ELECT, PHYS elektrostatische Induktion *f*; **~ ion oscillation** *n* NUC TECH *in plasma* elektrostatische Ionenoszillation *f*; **~ lens** *n* ELEC ENG, PHYS elektrostatische Linse *f*; **~ loudspeaker** *n* ACOUSTICS elektrostatischer Lautsprecher *m*, RECORD Kondensatorlautsprecher *m*, elektrostatischer Lautsprecher *m*; **~ microphone** *n* ACOUSTICS elektrostatisches Mikrofon *nt*, RECORD Kondensatormikrofon *nt*, elektrostatisches Mikrofon *nt*; **~ plotter** *n* COMP & DP elektrostatischer Plotter *m*; **~ powder coating** *n* PLAS *paint* elektrostatisches Pulverbeschichten *nt*; **~ precipitator** *n (ESP)* POLL elektrostatischer Staubabscheider *m (ESA)*; **~ printer** *n* COMP & DP elektrostatischer Drucker *m*; **~ relay** *n* ELECT elektrostatisches Relais *nt*; **~ screen** *n* ELECTRON elektrostatischer Schirm *m*, PHYS *shielding* elektrotatische Abschirmung *f*

electrostatics *n* ELEC ENG, ELECT, PHYS Elektrostatik *f*

electrostriction *n* ELECT, PHYS Elektrostriktion *f*

electrosynthesis *n* CHEMISTRY Elektrosynthese *f*

electrotechnical: **~ porcelain** *n* ELEC ENG Isolierporzellan *nt*

electrotechnology *n* ELECT elektrische Technologie *f*

electrothermal[1] *adj* ELECT elektrothermisch, elektrothermal

electrothermal:[2] **~ printer** *n* COMP & DP Thermodrucker *m*

electrothermic *adj* ELECT elektrothermisch

electrotype *n (electro)* PRINT Galvano *nt*

electrovan *n* AUTO elektrisches Lieferfahrzeug *nt*

electroweak: **~ interaction** *n* PART PHYS elektroschwache Wechselwirkung *f*; **~ theory** *n* PART PHYS Theorie der elektroschwachen Wechselwirkung *f*, elektroschwache Theorie *f*; **~ unification energy** *n* PART PHYS Energie der elektroschwachen Vereinigung *f*

ELED *abbr (edge-emitting light-emitting diode)* TELECOM ELED *(Kantenemitter-Lumineszenzdiode, kantenstrahlende Lumineszenzdiode)*

element *n* COMP & DP Element *nt*, ELECT, HYD EQUIP Bauteil *nt*, Element *nt*, MATH *set theory*, MECHAN ENG *fundamental or essential part*, OPT, RAD TECH Element *nt*; **~ heater** *n* PHOTO Heizelement *nt*; **~-specific activity** *n* NUC TECH spezifische Aktivität eines Elementes *f*; **~ with two-step action** *n* IND PROCESS Glied mit Zweipunktverhalten *nt*

elementary[1] *adj* MATH elementar

elementary:[2] **~ charge** *n* PART PHYS, PHYS Elementarladung *f*; **~ circuit diagram** *n* PROD ENG Prinzipschaltbild *nt*; **~ enrichment factor** *n* NUC TECH elementarer Anreicherungsfaktor *m*; **~ loudspeaker** *n* ACOUSTICS Elementarlautsprecher *m*; **~ particle** *n* PART PHYS, PHYS Elementarteilchen *nt*; **~ separation effect** *n* NUC TECH elementarer Trenneffekt *m*; **~ separative power** *n* NUC TECH elementares Trennvermögen *nt*

elements: **~ of mathematics** *n pl* MATH Grundlagen der

Mathematik *f pl*

elephant: **~ boiler** *n* HYD EQUIP Bouilleurkessel *m*, Siederkessel *m*

elevated: **~ highway** *n* CONST Hochstraße *f*; **~ line** *n* RAIL Hochlinie *f*; **~ monorail** *n* RAIL Einschienenhochbahn *f*; **~ motorway** *n* CONST Hochstraße *f*; **~ platform** *n* RAIL hoher Bahnsteig *m*; **~ railroad** *n AmE (cf elevated railway BrE)* RAIL Hochbahn *f*; **~ railway** *n BrE (cf elevated railroad AmE)* RAIL Hochbahn *f*; **~ rapid-transit system** *n* RAIL Schnellnahverkehrshochsystem *nt*; **~ track** *n* RAIL Hochgleis *nt*; **~ track beam** *n* RAIL aufgeständerte Fahrbahn *f*; **~-zero range** *n* IND PROCESS Bereich mit angehobenem Nullpunkt *m*

elevating[1] *adj* PROD ENG höhenverstellbar

elevating[2] *n* PROD ENG Aszension *f*; **~ machinery** *n* MECHAN ENG Heftahle *f*; **~ platform** *n* MECHAN ENG Hebebühne *f*; **~ screw** *n* MECHAN ENG Hubspindel *f*; **~ slide** *n* PROD ENG Anhebeschlitten *m*; **~ table** *n* MECHANICS Hebetisch *m*, Hubplattform *f*; **~ wheel** *n* MECHAN ENG Hubrad *nt*

elevation *n* CONST Anhebung *f*, Höhe *f*, *of a building* Aufriß *m*, *of water* Anstieg *m*, MECHAN ENG *technical drawing* Riß *m*, MECHANICS Aufriß *m*, Aufzug *m*, Richthöhe *f*, WATER TRANS *ship design* Aufriß *m*, Elevation *f*, Höhe *f*; **~ above sea level** *n* WATER TRANS *navigation* Höhe über dem Meeresspiegel *f*; **~ angle** *n* CONST Höhenwinkel *m*, SPACE Elevationswinkel *m*, Höhenwinkel *m*, TELECOM Höhenwinkel *m*; **~ guidance** *n* AIR TRANS Vertikalführung *f*; **~ head** *n* MECHAN ENG *of pump*, NUC TECH *of pump* Druckhöhe *f*

elevator *n* AIR TRANS Höhenrichtwerk *nt*, Höhensteuer *nt*, Höhenruder *nt*, CONST *AmE (cf lift BrE)* Hebezeug *nt*, ELECT *AmE (cf lift BrE)* Fahrstuhl *m*, Hebezeug *nt*, HYD EQUIP *AmE (cf lift BrE)* Hub *m*, Lift *m*, MECHAN ENG *hoist* Hebewerk *nt*, *vertical conveyor* Senkrechtförderer *m*, MECHAN ENG *AmE (cf lift BrE)* Aufzug *m*, Lift *m*, *lifting equipment* Hebezeug *nt*, MECHANICS *AmE (cf lift BrE)* Fahrstuhl *m*, PET TECH Gestängeanheber *m*, Hubwerk *nt*, Rohranheber *m*, PROD ENG Anhebeeinrichtung *f*, Höhenförderer *m*, PROD ENG *AmE (cf lift BrE)* Hebezeug *nt*, TRANS *AmE (cf lift BrE)* Aufzug *m*, Fahrstuhl *m*, Lift *m*, *goods* Lastenaufzug *m*, WATER TRANS *AmE (cf lift BrE)* Hebezeug *nt*; **~ control** *n* AIR TRANS Höhenrudersteuerung *f*; **~ deflection** *n* AIR TRANS Höhenruderausschlag *m*; **~ follow-up** *n* AIR TRANS Höhenruderservosteuerung *f*; **~ hoist** *n AmE (cf lift hoist BrE)* AIR TRANS Aufzuggewinde *nt*; **~ trim** *n* AIR TRANS Höhenrudertrimmklappe *f*

elevon *n* AIR TRANS Höhenquerruder *nt*, kombiniertes Höhen- und Querruder *nt*

ELF *abbr (extremely low frequency)* RAD TECH ENF *(extrem niedrige Frequenz)*

eliquate *vt* PROD ENG herausschmelzen, seigern

eliquation *n* PROD ENG Herausschmelzen *nt*, Seigerung *f*

elite *n* PRINT *typeface* Elite *f*

ellagic *adj* CHEMISTRY Ellag- *pref*

ellagitannin *n* CHEMISTRY Ellagengerbstoff *m*

ellipse *n* GEOM Ellipse *f*; **~ of inertia** *n* MECHANICS Trägheitsellipse *f*

ellipsis *n* PRINT Auslassung *f*

ellipsoid *n* GEOM, PHYS Ellipsoid *nt*

ellipsoidal *adj* GEOM ellipsoid

ellipsometer *n* PHYS Ellipsometer *nt*

elliptic[1] *adj* GEOM elliptisch

elliptic:[2] **~ filter** *n* ELECTRON Filter für elliptisch polarisiertes Licht *nt*; **~ response curve** *n* ELECTRON elliptische Frequenzgangkurve *f*; **~ spring** *n* MECHAN ENG Elliptikfeder *f*

elliptical[1] *adj* GEOM elliptisch

elliptical:[2] **~ arch** *n* CONST Ellipsenbogen *m*; **~ gear** *n* MECHAN ENG elliptisches Zahnrad *nt*; **~ geometry** *n* GEOM elliptische Geometrie *f*; **~ mirror** *n* PHYS elliptischer Spiegel *m*; **~ orbit** *n* PHYS elliptische Bahn *f*; **~ polarization** *n* PHYS, SPACE *communications* elliptische Polarisation *f*; **~-polarized wave** *n* ACOUSTICS, PHYS elliptisch polarisierte Welle *f*; **~ space** *n* GEOM elliptischer Raum *m*; **~ stern** *n* WATER TRANS Rundheck *nt*

ellipticity *n* SPACE *communications* Elliptizität *f*

elliptone *n* CHEMISTRY Ellipton *nt*

ellsworthite *n* NUC TECH *uranium mineral* Ellsworthit *m*

elm *n* WATER TRANS *timber* Rüster *m*, Ulme *f*

elongated[1] *adj* MECHANICS gestreckt, verlängert, PRINT gedehnt

elongated:[2] **~ grain** *n* METALL Langkorn *nt*; **~ hole** *n* MECHAN ENG, MECHANICS Langloch *nt*

elongation *n* MECHAN ENG Längen *nt*, METALL, PAPER, PHYS Dehnung *f*, PLAS Dehnung *f*, Streckdehnung *f*, PROD ENG Bruchdehnung *f*; **~ at break** *n* PLAS Bruchdehnung *f*, Reißdehnung *f*, TEST Bruchdehnung *f*; **~ of the cylinder** *n* CER & GLAS Strecken des Zylinders *nt*

elongator *n* PROD ENG Streckwalzwerk *nt*

ELSBM *abbr (exposed location single buoy mooring)* PET TECH ELSBM *(ungeschützte Einzeltonnenvertänung)*

ELT *abbr (emergency locator transmitter)* TELECOM NOS *(Notrufortungssender)*

eluant *n* CHEMISTRY Eluent *m*, Elutionsmittel *nt*, NUC TECH *solvent* Extraktionsmittel *nt*

eluate *n* CHEMISTRY Eluat *nt*

elute *vt* CHEMISTRY eluieren, herauslösen

eluting: **~ agent** *n* NUC TECH Extraktionsmittel *nt*

elution *n* CHEM ENG Eluieren *nt*, Schlämmung *f*, CHEMISTRY Eluieren *nt*, Elution *f*; **~ agent** *n* CHEMISTRY Eluent *m*, Elutionsmittel *nt*

elutriate *vt* CHEM ENG abklären, abschlämmen

elutriation *n* CER & GLAS Schlämmung *f*, CHEM ENG Abschlämmen *nt*, FOOD TECH Auswaschung *f*, Schlämmung *f*, WASTE Auslaugung *f*; **~ test** *n* CONST Schlämmversuch *m*

em *n* PRINT Geviert *nt*

e-mail *n (electronic mail)* COMP & DP, ELECTRON, TELECOM E-Mail *f (elektronische Post)*; **~ distribution list** *n* COMP & DP Verteiler für E-Mail *m*

emanation *n* CHEMISTRY Ausstrahlung *f*, NUC TECH, RAD PHYS Emanation *f*

embanking *n* RAIL Dammschüttung *f*

embankment *n* RAIL Eisenbahndamm *m*, WASTE Grubenwand *f*; **~ erosion** *n* RAIL Dammausspülung *f*; **~ pile** *n* COAL TECH Erddammpfahl *m*; **~ piling** *n* COAL TECH Erddammpfahltreiben *nt*; **~ washout** *n* RAIL Dammausspülung *f*

embark *vt* WATER TRANS *passengers, cargo* an Bord nehmen

embed *vt* CONST einbauen, einbetten

embeddability *n* PROD ENG Einbettungsvermögen *nt*

embedded[1] *adj* COMP & DP eingebettet, MECHAN ENG eingebettet, eingelagert

embedded:[2] **~ code** *n* COMP & DP eingebetteter Code *m*; **~ command** *n* COMP & DP eingebetteter Befehl *m*; **~ computer** *n* COMP & DP eingebettetes System *nt*; **~ loop** *n* TRANS *traffic* eingelassene Schleife *f*; **~ system** *n* COMP & DP eingebettetes System *nt*

embedding *n* MECHAN ENG Einbettung *f*, PLAS Einbetten *nt*, Vergießen *nt*; ~ **in concrete** *n* NUC TECH Einschließen in Beton *nt*, Einschluß in Beton *m*
embedment *n* CONST Einbindung *f*
embelin *n* CHEMISTRY Embelin *nt*
embodiment *n* PAT *of invention* Ausführungsform *f*
emboldening *n* PRINT *typestyle* Fettdrucken *nt*
emboss *vt* PAPER gaufrieren
embossed[1] *adj* MECHAN ENG geprägt
embossed:[2] ~ **calender** *n* PACK Prägekalander *m*; ~-**groove recording** *n* RECORD Prägerillen-Aufnahme *f*; ~ **label** *n* PACK Prägeetikett *nt*; ~ **paper** *n* PACK Prägepapier *nt*
embossing *n* MECHAN ENG Hohlprägen *nt*, PAPER Gaufrage *f*, PLAS Prägen *nt*, PRINT Hochprägung *f*, Prägung *f*, PROD ENG Hohlprägen *nt*, Relief *nt*; ~ **calender** *n* PAPER Gaufrierkalander *m*; ~ **closure** *n* PACK tiefgezogener Verschluß *m*; ~ **machine** *n* PACK Prägepresse *f*; ~ **press** *n* PACK Prägepresse *f*; ~ **roll** *n* PAPER Gaufrierwalze *f*
embossment *n* PROD ENG *welding* Warze *f*
embrittle *vt* COATINGS, PROD ENG aufspröden
embrittlement *n* COATINGS Aufsprödung *f*, METALL, NUC TECH Versprödung *f*
EMC[1] *abbr (electromagnetic compatibility)* ELECT, RAD TECH, SPACE *spacecraft* EMV *(elektromagnetische Verträglichkeit)*
EMC:[2] ~-**compatible** *adj* ELECT EMV-gerecht
emergency[1] *adj* MECHANICS Unfall *m*, PROD ENG *plastic valves* Not *f*
emergency[2] *n* SAFETY Notfall *m*; ~ **aid** *n* TRANS Notfallhilfe *f*; ~ **air lock** *n* NUC TECH Notluftschleuse *f*; ~ **attention** *n* TELECOM *fault maintenance* Notbereitschaft *f*; ~ **battery** *n* ELEC ENG, ELECT Notbatterie *f*; ~ **beacon** *n* SPACE Notbakensender *m*; ~ **brake** *n* RAIL Notbremse *f*; ~ **brake system** *n* AUTO Hilfsbremsanlage *f*; ~ **button** *n* ELECT Notdruckknopf *m*; ~ **cable** *n* TRANS *ropeway* Hilfsseil *nt*; ~ **call** *n* TELECOM Notruf *m*; ~ **call system** *n* TRANS Notrufsystem *nt*; ~ **case** *n* SAFETY Notfall *m*; ~ **center** *n AmE*, ~ **centre** *n BrE* SAFETY Einsatzzentrale *f*, Notfallzentrum *nt*; ~ **condition** *n* NUC TECH Notzustand *m*; ~ **control** *n* AIR TRANS Notsteuerung *f*, SAFETY Notfalleitung *f*; ~ **cooling** *n* NUC TECH Notkühlung *f*; ~ **core coolant** *n* NUC TECH Notkühlung *f*; ~ **crash barrier** *n* TRANS Sicherheitsleitplanke *f*; ~ **descent** *n* AIR TRANS Notabstieg *m*; ~ **diesel generator** *n* NUC TECH Notstromdieselaggregat *nt*; ~ **drill** *n* WATER TRANS Rettungsübung *f*; ~ **equipment** *n* AIR TRANS Notfallausrüstung *f*, SAFETY Notausrüstung *f*; ~ **escape** *n* SPACE *spacecraft* Notausgang *m*; ~ **escape tower** *n* SPACE *spacecraft* Halteturm mit Fluchtmöglichkeit *m*; ~ **evacuation** *n* SAFETY *of buildings* Notfallräumung *f*; ~ **exit** *n* SAFETY Notausgang *m*; ~ **fish-plating** *n* RAIL Notlasche *f*; ~ **flotation gear** *n* WATER TRANS Notschwimmerfahrwerk *nt*, Rettungsschwimmer *m*; ~ **installation** *n* TELECOM Hilfsanlage *f*, Notanlage *f*; ~ **landing** *n* SPACE Notlandung *f*; ~ **lighting** *n* ELECT Notbeleuchtung *f*; ~ **location beacon** *n* AIR TRANS, WATER TRANS Notortungsfeuer *nt*, Notplatzfunkfeuer *nt*; ~ **locator transmitter** *n (ELT)* TELECOM Notrufortungssender *m (NOS)*; ~ **maintenance** *n* COMP & DP Eilwartung *f*; ~ **measure** *n* SAFETY Notfallmaßnahme *f*; ~ **mode** *n* SPACE Notbetrieb *m*; ~ **parachute** *n* AIR TRANS Rettungsfallschirm *m*; ~ **position-indicating radio beacon** *n* TELECOM Notruffunkfeuer mit Standortmeldung *nt*, WATER TRANS *(EPIRB)* Satellitennetzwerk zur Ortung von Schiffen in Seenot *nt (EPIRB)*; ~ **power generator** *n* MECHANICS Notstromaggregat *nt*; ~ **power supply** *n* ELECT *using alternator* Notstromaggregat *nt*, Notstromversorgung *f*; ~ **procedure** *n* AIR TRANS Notverfahren *nt*; ~ **rocket** *n* WATER TRANS Notrakete *f*; ~ **service** *n* SAFETY, TELECOM Notdienst *m*; ~ **shutdown** *n* COMP & DP Notabschaltung *f*, NUC TECH *of reactor* Notabschaltung *f*, Zwangsabschaltung *f*; ~ **shutdown power** *n* NUC TECH Grenzleistung bei Schnellabschaltung *f*; ~ **shutdown rod** *n* NUC TECH Notabschaltstab *m*; ~ **sign** *n* SAFETY Zeichen für Notfall *nt*; ~ **slide** *n* AIR TRANS Notrutsche *f*; ~ **spillway** *n* WATER SUP Nothochwasserentlastungsanlage *f*, Notoberflächenentlastungsanlage *f*; ~ **stop** *n* AIR TRANS Notschalter *m*; ~ **stop at end of hoist** *n* SAFETY Notfallendschalter an Hebewerkzeugen *m*; ~ **stopping device** *n* SAFETY *machine* Notabschalter *m*; ~ **supply tank** *n* AIR TRANS Notversorgungstank *m*; ~ **telephone** *n* TELECOM Notruftelefon *nt*, TRANS *road* Notrufsäule *f*; ~ **treatment** *n* SAFETY Notbehandlung *f*; ~ **turn** *n* WATER TRANS Ausweichmanöver *nt*
emerging: ~ **foil craft** *n* WATER TRANS austretendes Tragflächenboot *nt*
emery *n* CER & GLAS Korund *m*, Schmirgel *m*, körniger Korund *m*, MECHANICS Korund *m*, Schmirgel *m*, PROD ENG Schmirgel *m*; ~ **cloth** *n* MECHANICS, PROD ENG Schmirgelleinen *nt*; ~ **paper** *n* MECHANICS, PROD ENG Schmirgelpapier *nt*; ~ **powder** *n* MECHAN ENG Schmirgelpulver *nt*; ~ **washing** *n* CER & GLAS Korundschlämmung *f*; ~ **wheel** *n* MECHANICS, PROD ENG Schmirgelscheibe *f*
emetin *n* CHEMISTRY Emetin *nt*, Ipecin *nt*
emetine *n* CHEMISTRY Emetin *nt*, Ipecin *nt*
EMF *abbr (electromotive force)* CONST, ELEC ENG, ELECT, PHYS, RAD TECH, RAIL, TELEV EMK *(elektromotorische Kraft)*
EMI[1] *abbr (electromagnetic interference)* COMP & DP elektromagnetische Störung *f*, ELEC ENG elektromagnetische Interferenz *f*, elektromagnetische Störung *f*, SPACE *spacecraft* elektromagnetische Störung *f*
EMI:[2] ~ **filtering** *n* ELECTRON EMI-Filterung *f*
emission *n* AIR TRANS, AUTO Abgas *nt*, Ausstoß *m*, Emission *f*, COMP & DP, PART PHYS, PHYS, POLL, RAD PHYS Emission *f*, RAD TECH Ausstoß *m*; ~ **band** *n* PHYS, RAD PHYS Emissionsbande *f*; ~ **control** *n* MECHAN ENG Begrenzung des Schadstoffausstoßes *f*; ~ **data** *n* POLL Emissionsdaten *nt pl*; ~-**into-the-air** *n* PHYS, RAD PHYS Emission in die Luft *f*; ~ **inventory** *n* POLL Emissionsverzeichnis *nt*; ~ **line** *n* PHYS, RAD PHYS Emissionslinie *f*; ~ **microscope** *n* METALL Emissionsmikroskop *nt*; ~ **point** *n* POLL Emissionsort *m*; ~ **source** *n* POLL Emissionsquelle *f*; ~ **spectral analysis** *n* PHYS, RAD PHYS Emissionsspektralanalyse *f*; ~ **spectrum** *n* PHYS, RAD PHYS Emissionsspektrum *nt*, SPACE *spacecraft* Strahlungsspektrum *nt*; ~ **standard** *n* POLL Emissionsstandard *m*
emissive: ~ **diode** *n* ELECTRON emittierende Diode *f*
emissivity *n* ERGON Strahlungskraft *f*, HEAT & REFRIG Emissionsvermögen *nt*, OPT Emissionsstärke *f*, PHYS, RAD PHYS Emissionsstärke *f*, Emissionsvermögen *nt*, TELECOM Emissionsvermögen *nt*
emit *vt* COMP & DP aussenden, ausstrahlen, THERMODYN *heat* abgeben, absondern, *steam* ausströmen
emittance *n* FUELLESS Emittanz *f*
emitted: ~ **radiation** *n* RAD PHYS emittierte Strahlung *f*

emitter *n* COMP & DP Emitter *m*, ELEC ENG Emissionselektrode *f*, Emitter *m*, Strahler *m*, PHYS *electrode of bipolar transistor* Emitter *m*, RAD PHYS *of radioactivity* Strahler *m*, RAD TECH, TELECOM Emitter *m*; **~-base breakdown** *n* ELECTRON Emitterbasisdurchschlag *m*; **~-base junction** *n* ELECTRON Emitterbasissperrschicht *f*; **~ contact** *n* ELEC ENG Emitterkontakt *m*; **~-coupled logic** *n (ECL)* COMP & DP, ELECTRON emittergekoppelte Logik *f (ECL)*; **~ electrode** *n* ELEC ENG Emitterelektrode *f*; **~ follower** *n* ELEC ENG Emitterfolger *m*, Kollektorbasisstufe *f*, Kollektorverstärker *m*, PHYS Emitterfolger *m*; **~ region** *n* ELEC ENG Emitterzone *f*, Emittergebiet *nt*
emodic *adj* CHEMISTRY Emodin- *pref*
emodin *n* CHEMISTRY Emodin *nt*, Emodol *nt*
emollient *adj* PROD ENG weichmachend
empennage *n* AIR TRANS *complete tail unit* vollständiges Höhenleitwerk *nt*
emphasis *n* SPACE *communications* Verstärkungsverschiebung *f*
empirical: **~ temperature** *n* PHYS, THERMODYN thermodynamische Temperatur *f*
emplaced: **~ waste** *n* WASTE eingelagerter Abfall *m*
empties *n* PACK Leergut *nt*; **~ siding** *n* RAIL Leerwagensammelgleis *nt*
empty: **~ band** *n* PHYS *solid state physics* leeres Band *nt*; **~ font** *n* COMP & DP leeres Schriftelement *nt*; **~ list** *n* COMP & DP Leerliste *f*; **~ medium** *n* COMP & DP leerer Datenträger *m*, unbeschrifteter Datenträger *m*; **~ set** *n* MATH *set theory* leere Menge *f*; **~ slot** *n* COMP & DP freier Platz *m*; **~ string** *n* COMP & DP Leerstring *m*
EMS *abbr (expanded memory specification)* COMP & DP EMS *(Expansionsspeicher-Spezifikation)*
emulate *vt* COMP & DP, ELECTRON emulieren
emulation *n* COMP & DP, ELECTRON Emulation *f*
emulator *n* COMP & DP, ELECTRON, TELECOM Emulator *m*
emulsifiability *n* CHEM ENG Emulgierbarkeit *f*
emulsifiable *adj* CHEM ENG emulgierbar
emulsification *n* CHEM ENG Emulgieren *nt*, CHEMISTRY Emulgierung *f*, Emulsionieren *nt*
emulsified: **~ fuel** *n* AIR TRANS Naßtreibstoff *m*
emulsifier *n* CHEM ENG, FOOD TECH, NUC TECH Emulgator *m*, Emulgiermittel *nt*, PACK Emulgator *m*, PAPER, PLAS Emulgator *m*, Emulgiermittel *nt*
emulsify *vt* CHEM ENG, PAPER, PHOTO, PLAS, POLL emulgieren
emulsifying[1] *adj* CHEM ENG Emulgier- *pref*, Emulgierungs- *pref*
emulsifying:[2] **~ agent** *n* CHEM ENG, FOOD TECH, NUC TECH Emulgator *m*, PACK Emulgator *m*, Emulgiermittel *nt*, PAPER Emulgator *m*, PLAS Emulgator *m*, Emulgiermittel *nt*; **~ liquid** *n* CHEM ENG Emulsionsflüssigkeit *f*, SAFETY Emulgatorflüssigkeit *f*, Emulsionsflüssigkeit *f*; **~ machine** *n* CHEM ENG Emulgiermaschine *f*, NUC TECH Emulgiermaschine *f*, Emulsionsanlage *f*
emulsin *n* CHEM ENG Emulsin *nt*
emulsion:[1] **~-coated** *adj* PACK emulsionbeschichtet
emulsion[2] *n* CHEM ENG, CONST, FOOD TECH, MAR POLL, NUC TECH, PET TECH, PHOTO, PHYS, PLAS Emulsion *f*; **~ adhesive** *n* PACK Klebeemulsion *f*; **~ batch number** *n* PHOTO Emulsionschargennummer *f*; **~ binder** *n* CHEM ENG Bindemittelemulsion *f*; **~ breaker** *n* MAR POLL, POLL Demulgator *m*, Emulsionsspalter *m*; **~ paint** *n* CONST, PLAS *paint* Emulsionsfarbe *f*; **~ persistence** *n* CHEM ENG Emulsionsbeständigkeit *f*; **~ polymerization** *n* PLAS Emulsionspolymerisation *f*; **~ side** *n* PRINT *film* Schichtseite *f*; **~ test** *n* CHEM ENG Emulsionstest *m*
EMW *abbr (equivalent mud weight)* PET TECH äquivalentes Bohrschlammgewicht *nt*
en *n* PRINT Halbgeviert *nt*; **~ space** *n* PRINT Halbgeviert-Zwischenraum *m*
enable:[1] **~ pulse** *n* COMP & DP Freigabeimpuls *m*, Stellenschreibimpuls *m*, ELECTRON Freigabeimpuls *m*; **~ signal** *n* ELECTRON Freigabesignal *nt*
enable[2] *vt* COMP & DP *machine* aktivieren, einschalten, CONTROL freigeben, in Kraft setzen, ELECTRON, TELECOM freigeben
enabled: **~ gate** *n* ELECTRON freigegebenes Gatter *nt*
enabling *n* ELECTRON Freigabe *f*; **~ signal** *n* COMP & DP Betriebsbereitschaftssignal *nt*, Freigabesignal *nt*
enamel *n* CER & GLAS Emaille *f*, CONST Emaille *f*, Glasur *f*, Lackfarbe *f*, PLAS *paint* Kunstharzlack *m*; **~ board** *n* PACK gestrichene Pappe *f*; **~ color** *n AmE (cf enamel colour BrE)* CER & GLAS Emaillefarbe *f*; **~ colour** *n BrE (cf enamel color AmE)* CER & GLAS Emaillefarbe *f*
enameled: **~ copper wire** *n AmE see enamelled copper wire BrE* **~ wire** *n AmE see enamelled wire BrE*
enameling *n AmE see enamelling BrE*
enamelled: **~ copper wire** *n BrE* ELEC ENG, ELECT Kupferlackdraht *m*; **~ wire** *n BrE* ELEC ENG, ELECT Emailledraht *m*, Lackdraht *m*
enamelling *n BrE* PACK Beschichtung *f*, Einbrennlack *m*, Emaillierung *f*
enantiomer *n* CHEMISTRY Enantiomer *nt*, optisches Isomer *nt*
enantiomorphic *adj* CHEMISTRY enantiomorph
enantiomorphism *n* CHEMISTRY Enantiomorphie *f*
enantiomorphous *adj* CHEMISTRY enantiomorph
enantiotropic *adj* CHEMISTRY enantiotrop
encapsulant *n* PLAS Einbettmasse *f*
encapsulated: **~ PostScript** *n* COMP & DP eingebundenes Post-Script *nt*; **~ program** *n* COMP & DP eingebundenes Programm *nt*; **~ source** *n* NUC TECH *of pressure vessel* eingekapselte Strahlungsquelle *f*
encapsulating: **~ glass** *n* CER & GLAS Mantelglas *nt*
encapsulation *n* NUC TECH Einkapselung *f*, *of nuclear waste* Einschließen *nt*, PLAS Einbetten *nt*, Vergießen *nt*, WASTE Kapselung *f*
encapsule *vt* COATINGS abkapseln, einschließen, ummanteln
encase *vt* CONST *with concrete* ummanteln
encastré[1] *adj* CONST eingebaut, eingespannt
encastré:[2] **~ beam** *n* CONST eingespannter Träger *m*
encaustic: **~ tile** *n* CER & GLAS buntglasierte Kachel *f*
encipher *vt* ELECTRON verschlüsseln
encipherment *n* ELECTRON *encryption* Verschlüsselung *f*
enclose *vt* CONST einschließen
enclosed[1] *adj* MECHAN ENG gekapselt, umschlossen; **~ in a packet** *adj* PACK pakettiert
enclosed:[2] **~ casing** *n* HYD EQUIP Kapselgehäuse *nt*, umschließendes Gehäuse *nt*; **~ emptying** *n* WASTE staubfreie Müllabfuhr *f*; **~ fuse** *n* ELEC ENG Patronensicherung *f*, Sicherungspatrone *f*, gekapselte Sicherung *f*, ELECT gekapselte Sicherung *f*; **~ gears** *n pl* MECHAN ENG geschlossener Getriebekasten *m*; **~ motor** *n* ELEC ENG, ELECT, MECHAN ENG gekapselter Motor *m*
enclosing: **~ wall** *n* CONST Außenwand *f*, Umfassungsmauer *f*
enclosure *n* ACOUSTICS Kapsel *f*, CONST Einfriedung *f*, Umzäunung *f*, CONTROL Behälter *m*, Gehäuse *nt*,

HEAT & REFRIG Gehäuse *nt*, NUC TECH *of radioactive materials* Einschluß *m*, PHYS Einhüllung *f*, Kapsel *f*, abgeschlossener Innenraum *m*

encode *vt* COMP & DP verschlüsseln, ELECTRON, TELECOM, TELEV codieren

encoded: **~ pulses** *n pl* TELEV codierte Impulse *m pl*; **~ signal** *n* ELECTRON codiertes Signal *nt*

encoder *n* COMP & DP Codeumsetzer *m*, CONTROL, ELECTRON Codierer *m*, PROD ENG Verschlüssler *m*, TELECOM, TELEV Codierer *m*

encoding *n* COMP & DP Umsetzung *f*, CONTROL Codier- *pref*, ELECTRON Codier- *pref*, Codieren *nt*, Codierung *f*, PACK, RAD TECH Codierung *f*, TELECOM Codier- *pref*, Codieren *nt*, Codierung *f*, Verschlüsselung *f*, TELEV Codier- *pref*; **~ altimeter** *n* AIR TRANS Codierhöhenmesser *m*; **~ potentiometer** *n* SPACE *commnunications* Codierungspotentiometer *nt*

encompass *vt* MECHAN ENG umfassen

encrypt *vt* ELECTRON verschlüsseln

encrypted: **~ speech** *n* TELECOM verschlüsselte Sprache *f*

encryption *n* COMP & DP, ELECTRON, RAD TECH, SPACE Verschlüsselung *f*, TELEV Verschlüsselungsgerät *nt*; **~ chip** *n* COMP & DP, ELECTRON Verschlüsselungschip *m*

end:[1] **~-cutting** *adj* PROD ENG stirnseitig schneidend

end[2] *n* COMP & DP Ende *nt*, MECHAN ENG *face* Stirn *f*, Stirnseite *f*, *of belt* Riementrum *nt*, *of connecting rod* Pleuelende *nt*, *of rope* Trumm *nt*, PAPER Ende *nt*, PROD ENG Achsrichtung *f*, Schmalseite *f*, Stirnfläche *f*, TEXT Kettfaden *m*; **~ of address** *n* COMP & DP Adressenende *nt*; **~-and-end lease** *n* TEXT einfaches Kreuz *nt*; **~ bearing** *n* MECHAN ENG Endlager *nt*; **~ of block** *n* *(EOB)* COMP & DP Blockende *nt (EOB)*; **~ block** *n* PROD ENG Parallelendmaß *nt*; **~ cap** *n* ELEC ENG Abschlußkappe *f*; **~ cleat** *n* COAL TECH Endkeil *m*, Endpflock *m*; **~ column** *n* COMP & DP Endspalte *f*; **~ condition** *n* COMP & DP Endbedingung *f*; **~ connector** *n* PROD ENG *plastic valves* Stutzen *m*; **~-cut turning tool** *n* PROD ENG Stirndrehmeißel *m*; **~ of data** *n (EOD)* COMP & DP Datenende *nt (EOD)*; **~ deckle** *n* PAPER Enddeckel *m*; **~ distortion** *n* ELECTRON *of start-stop teletypewriter signals* Rückflankenverschiebung *f*; **~ of document** *n* COMP & DP Dateiende *nt*; **~ door** *n* CER & GLAS Stirnwandtür *f*; **~ dump** *n* CONST *car* Hinterkippung *f*; **~ face** *n* MECHAN ENG Stirnfläche *f*; **~-face mill** *n* PROD ENG Walzenstirnfräser *m*; **~ facing** *n* MECHAN ENG Flachsenken *nt*, Plansenken *nt*, Stirnsenken *nt*; **~ feeding** *n* RAD TECH *aerial* Endspeisung *f*; **~ of file** *n (EOF)* COMP & DP Dateiende *nt (EOF)*; **~ fitting** *n* NUC TECH *of pressure vessel* Endstück *nt*; **~ flange** *n* MECHAN ENG Endflansch *m*, Schlußflansch *m*; **~ float** *n* NUC TECH *between AGR fuel element grids* Längsspiel *nt*; **~ frame member** *n* PACK Endrahmenstück *nt*; **~ gage** *n AmE*, **~ gauge** *n BrE* MECHAN ENG Endmaß *nt*; **~ of job** *n (EOJ)* COMP & DP Jobende *nt*; **~ of lehr** *n* CER & GLAS Stirnseite des Kühlofens *f*; **~ of line** *n* COMP & DP Zeilenende *nt*; **~ link** *n* MECHAN ENG *of chain* Endglied *nt*; **~ mark** *n* COMP & DP Markierungsende *nt*; **~ measure** *n* METROL Endmaß *nt*; **~ of medium** *n* COMP & DP Datenträgerende *nt*; **~ of message** *n (EOM)* COMP & DP Nachrichtenende *nt (EOM)*; **~ mill** *n* MECHAN ENG Schaftfräser *m*; **~ milling** *n* MECHAN ENG Stirnfräsen *nt*; **~-milling cutter** *n* MECHAN ENG Schaftfräser *m*; **~ mill reamer** *n* MECHAN ENG Stirnsenker *m*; **~ node** *n* ART INT *of tree* Blatt *nt*, Endknoten *m*, Terminalknoten *m*; **~-of-communication signal** *n* TELECOM Gesprächsendezeichen *nt*; **~-of-life cladding rupture** *n* NUC TECH Hülsenriß gegen Ende der Lebensdauer eines Brennelementes *m*; **~-of-life vehicle** *n* WASTE Altfahrzeug *nt*; **~-of-line packaging** *n* PACK Endserienverpackung *f*; **~-of-tape marker** *n* COMP & DP Bandendemarke *f*; **~-of-transmission block** *n* COMP & DP Ende des Übertragungsblocks *nt*; **~ outline marker lamp** *n* AUTO Endbegrenzungsleuchte *f*; **~ of page** *n* COMP & DP Seitenende *nt*; **~ panel** *n* PACK Rückwand *f*; **~ plate** *n* MECHAN ENG Endplatte *f*, PROD ENG Abschlußdeckel *m*, Seitenplatte *f*; **~ play** *n* MECHAN ENG *of shaft* Endspiel *nt*, MECHANICS Axialspiel *nt*, Endspiel *nt*, PROD ENG Axialspiel *nt*; **~ plug** *n* PROD ENG *plastic valves* Abschlußstopfen *m*; **~-point coordinates** *n pl* GEOM Endpunktkoordinaten *f pl*; **~-point position** *n* INSTR Endlage *f*, Endstellung *f*; **~ position** *n* PROD ENG *plastic valves* Endlage *f*; **~ position switch** *n* CONTROL Endschalter *m*; **~ of program** *n* COMP & DP Programmende *nt*; **~ quench test** *n* PROD ENG Stirnabschreckversuch *m*; **~ of record** *n* COMP & DP Satzende *nt*; **~ reduction** *n* PROD ENG Spitzen *nt*; **~ of reel** *n* COMP & DP Bandende *nt*; **~ rib** *n* AIR TRANS Endrippe *f*; **~ screen** *n* ELECTRON *of program* letzte Bildschirmmaske *f*; **~ section** *n* NUC TECH *of fuel element* Endabschnitt *m*; **~ sheet** *n* PRINT Vorsatzblatt *nt*; **~ sizing** *n* PROD ENG Kalibrieren *nt*; **~ stop** *n* MECHAN ENG Anschlag *m*, PROD ENG Endanschlag *m*, *plastic valves* Anschlag *m*; **~ of stroke** *n* MECHAN ENG *of tool, of piston* Hubende *nt*; **~-support column** *n* PROD ENG Lünettenständer *m*, Setzstock *m*; **~ switch** *n* PROD ENG *plastic valves* Endabschaltung *f*; **~ of tape** *n (EOT)* COMP & DP Bandende *nt (EOT)*; **~ of text** *n* COMP & DP Textende *nt*; **~-thrust bearing** *n* MECHAN ENG Axialdrucklager *nt*; **~-to-end control** *n* COMP & DP Verbindungssteuerung *f*; **~-to-end digital connectivity** *n* TELECOM durchgehende digitale Verbindungsmöglichkeit *f*; **~-to-end protocol** *n* COMP & DP durchgehendes Protokoll *nt*; **~ of transmission** *n* COMP & DP Übertragungsende *nt*; **~ of travel** *n* MECHAN ENG *of tool, of piston* Hubende *nt*; **~ use** *n* TEXT Endanwendung *f*; **~ user** *n* COMP & DP Endverbraucher *m*, TELECOM *network* Endbenutzer *m*

endanger: **~ the safety of the person** *vi* SAFETY Personensicherheit beeinträchtigen

endfire: **~ antenna** *n* SPACE gegenphasige Antenne *f*, TELECOM Längsstrahler *m*; **~ array** *n* RAD TECH *aerial*, TELECOM Längsstrahler *m*

endless[1] *adj* PAPER, TEXT Endlos- *pref*, endlos

endless:[2] **~ belt** *n* AUTO Endlosriemen *m*; **~ cable** *n* AUTO Endloskabel *nt*; **~ chain** *n* AUTO, PAPER Endloskette *f*; **~ magnetic loop cartridge** *n* ACOUSTICS Endlosmagnetbandkassette *f*; **~ wide V-belt** *n* MECHAN ENG endloser Breitkeilriemen *m*

endo: **~-enzyme** *n* CHEMISTRY Endoenzym *nt*

endorsement *n* ENG DRAW Sichtvermerk *m*

endoscope *n* PHYS Endoskop *nt*

endoscopy *n* NUC TECH *of pressure vessel* Endoskopie *f*

endosperm *n* FOOD TECH Endosperm *nt*

endothermal *adj* THERMODYN endotherm, endothermisch

endothermic[1] *adj* CER & GLAS, SPACE *spacecraft*, THERMODYN endotherm, endothermisch

endothermic:[2] **~ process** *n* THERM endothermer Prozeß *m*, endothermischer Prozeß *m*; **~ reaction** *n* FUELLESS endotherme Reaktion *f*, endothermische Reaktion *f*

endurance *n* AIR TRANS Höchstflugdauer *f*, MECHAN

ENG *of tool* Standzeit *f*, PROD ENG Dauerschwingfestigkeit *f*, Lastspielzeit *f*, Standzeit *f*; ~ **limit** *n* PROD ENG Dauerschwingfestigkeit *f*, Zeitfestigkeit *f*; ~ **ratio** *n* NUC TECH Langzeitquotient *m*; ~ **tensile strength** *n* MECHAN ENG Dauerzugfestigkeit *f*; ~ **test** *n* MECHAN ENG Dauerversuch *m*, METROL Dauerversuch *m*, Lastwechselprüfung *f*, Lebensdauerprüfung *f*, TEST Dauerversuch *m*, Ermüdungsversuch *m*

endwise[1] *adj* PROD ENG in Achsrichtung

endwise:[2] ~ **feed** *n* CONTROL Zuführung in Längsrichtung *f*

energetic: ~ **start-up** *n* NUC TECH *of nuclear power plant* aktives Anfahren eines Reaktors *nt*

energization *n* ELEC ENG Erregung *f*, Speisung *f*, RAD PHYS Anregung *f*

energize *vt* ELEC ENG erregen, PHYS anregen, einschalten

energized *adj* ELEC ENG erregt

energizing: ~ **circuit** *n* ELEC ENG Erregerkreis *m*; ~ **current** *n* ELEC ENG Erregerstrom *m*, Speisestrom *m*

energy[1] *adj* THERMODYN Energie- *pref*; ~**-intensive** *adj* THERMODYN energie-intensiv; ~**-saving** *adj* THERMODYN energiesparend

energy[2] *n* ELEC ENG *(E)* Energie *f*, Kraft *f (E)*, ELECT *(E)* Arbeit *f*, Energie *f*, FOOD TECH Kalorie *f*, MECHANICS *(E)*, METROL *(E)*, NUC TECH *(E)*, PHYS *(E)*, THERMODYN *(E)* Energie *f (E)*; ~ **absorption** *n* TELECOM Energieabsorption *f*; ~ **balance** *n* ELECT Leistungsbilanz *f*, FLUID PHYS *in turbulence*, THERMODYN Energiegleichgewicht *nt*, WATER SUP Energiebilanz *f*; ~ **band gap** *n* NUC TECH Abstand zwischen Energiebändern *m*; ~ **budget** *n* POLL Energiehaushalt *m*; ~ **cascade** *n* FLUID PHYS Energiekaskade *f*; ~ **conservation** *n* THERMODYN Energieerhaltung *f*; ~ **consumption** *n* PHYS, THERMODYN Energieverbrauch *m*; ~ **content** *n* THERMODYN Energiegehalt *m*, Energieinhalt *m*; ~ **conversion** *n* ELEC ENG, THERMODYN Energieumwandlung *f*; ~ **converter** *n* ELEC ENG Energiekonverter *m*, Energieumwandler *m*, Energiewandler *m*, TELECOM Energiewandler *m*, THERMODYN Energieumwandler *m*, Energiewandler *m*; ~ **crisis** *n* THERMODYN Energiekrise *f*; ~ **degradation** *n* NUC TECH Energieabbau *m*; ~ **demand** *n* THERMODYN Energiebedarf *m*; ~ **density of radiation** *n* RAD PHYS Energiedichte einer Strahlung *f*; ~ **dispersal** *n* SPACE *communications* Energiestreuung *f*; ~ **efficiency** *n* THERMODYN energetischer Wirkungsgrad *m*; ~ **exchange reaction** *n* NUC TECH Energieaustauschreaktion *f*; ~ **expenditure** *n* ERGON Energieumsatz *m*; ~ **extraction** *n* FUELLESS Energiegewinnung *f*; ~ **flow chart** *n* THERMODYN Energieflußbild *nt*, Energieflußdiagramm *nt*; ~ **fluence** *n* PHYS Energiefluß *m*; ~ **fluence rate** *n* PHYS Energieflußrate *f*; ~ **flux density** *n (I)* NUC TECH Energieflußdichte *f (I)*; ~ **gap** *n* PHYS *semiconductor* Energielücke *f*; ~ **level** *n* PHYS Energieniveau *nt*, Term *m*; ~ **loss** *n* ELECT, THERMODYN Energieverlust *m*; ~ **of motion** *n* MECHAN ENG Bewegungsenergie *f*; ~ **pattern factor** *n* FUELLESS Energiemusterfaktor *m*; ~ **range** *n* RAD PHYS Energiebereich *m*; ~ **recovery** *n* THERMODYN Energierückgewinnung *f*, WASTE Energierückgewinnung *f*, *from waste* energetische Verwertung *f*; ~ **recovery factor** *n* FUELLESS Energierückgewinnungsfaktor *m*; ~ **recuperation** *n* THERMODYN Energiewiedergewinnung *f*; ~ **regeneration** *n* THERMODYN Energierückgewinnung *f*; ~ **resources** *n pl* WASTE Energieressourcen *f pl*; ~ **saving** *n* THERMODYN Energieersparnis *f*, Energiesparen *nt*; ~**-saving technology** *n* WASTE energiesparende Technologie *f*; ~ **source** *n* ELECT Energiequelle *f*, Energieträger *m*; ~ **spectrum** *n* SPACE *spacecraft* Energiespektrum *nt*; ~ **storage** *n* ELEC ENG, THERMODYN Energiespeicherung *f*; ~ **storage capacitor** *n* ELEC ENG Speicherkondensator *m*; ~ **storage device** *n* SPACE *spacecraft* Energiespeicher *m*; ~ **supply** *n* FUELLESS, THERMODYN Energieversorgung *f*; ~ **technology** *n* POLL Energietechnik *f*; ~ **transfer** *n* THERMODYN Energieübertragung *f*; ~ **transfer by vibration** *n* WAVE PHYS *travelling wave* Energieübertragung durch mechanische Schwingung *f*; ~ **transfer coefficient** *n* PHYS Energietransportkoeffizient *m*; ~ **transformation** *n* ELECT Energieumformung *f*; ~ **transmission** *n* ELEC ENG, THERMODYN Energieübertragung *f*; ~ **valley** *n* NUC TECH *in bond energy diagram* Energietal *nt*

enforcement: ~ **authority** *n* QUAL durchsetzende Stelle *f*

ENG *abbr (electronic noise generator)* TELEV RG *(elektronischer Rauschgenerator)*

engage[1] *vt* AUTO einkuppeln, MECHAN ENG *of pawl* einrasten

engage[2] *vi* MECHAN ENG ineinandergreifen, *gear* eingreifen

engaged[1] *adj* MECHAN ENG im Eingriff, PROD ENG eingerastet, gekuppelt, im Eingriff

engaged:[2] ~ **line** *n BrE (cf busy line AmE)* CONTROL besetzte Leitung *f*, besetzte Signalleitung *f*; ~ **signal** *n BrE (cf busy signal AmE)* COMP & DP Besetztzeichen *nt*; ~ **tone** *n BrE (cf busy number AmE)* TELECOM besetzte Rufnummer *f*

engagement *n* MECHAN ENG *of clutch* Einrücken *nt*, *of gears* Eingriff *m*; ~ **depth** *n* PROD ENG *of threads* Tragtiefe *f*; ~ **factor** *n* PROD ENG *kinematics* Überdeckungsgrad *m*

engaging *n* MECHAN ENG *of clutch* Einrücken *nt*

engine *n* AIR TRANS *spacecraft* Triebwerk *nt*, AUTO Motor *m*, MECHAN ENG Kraftmaschine *f*, *of rocket* Triebwerk *nt*, *of vehicle* Motor *m*, MECHANICS, WATER TRANS Maschine *f*, Motor *m*; ~ **air intake** *n* AIR TRANS Lufteinlaß am Triebwerk *m*; ~ **air-intake extension** *n* AIR TRANS Triebwerksluft-Ansaugstutzen *m*; ~ **angle command** *n* SPACE *spacecraft* Triebwerkswinkelsteuerung *f*; ~ **anti-icing gate valve** *n* AIR TRANS Antivereisungsschieber *m*; ~ **bearing** *n* MECHAN ENG, WATER TRANS Motorlager *nt*; ~ **bed** *n* MECHAN ENG Maschinenfundament *nt*; ~ **block** *n* AUTO, MECHAN ENG, MECHANICS, WATER TRANS Motorblock *m*; ~ **body** *n* AIR TRANS Triebwerkskörper *m*; ~ **bonnet** *n BrE (cf engine hood AmE)* AUTO Motorhaube *f*; ~ **brake** *n* AUTO Motorbremse *f*; ~ **breakdown** *n* AUTO Motorschaden *m*; ~ **builder** *n* MECHAN ENG Motorenbauer *m*; ~ **bypass air** *n* AIR TRANS Bypass-Luftstrom im Triebwerk *m*, Triebwerksnebenluftstrom *m*; ~ **capacity** *n* AUTO Motorhubraum *m*; ~ **coasting-down time** *n* AIR TRANS Motorenauslaufzeit *f*; ~ **combustion chamber** *n* MECHAN ENG Motorbrennkammer *f*; ~ **compartment** *n* AUTO Motorraum *m*, WATER TRANS *ship* Maschinenabteilung *f*; ~ **cooling system** *n* WATER TRANS Motorenkühlanlage *f*; ~ **crank** *n* MECHAN ENG Motorkurbel *f*; ~ **de-icing** *n* AIR TRANS Enteisung des Motors *f*; ~**-driven pump** *n* AIR TRANS motorgetriebene Pumpe *f*; ~ **emission control** *n* MECHAN ENG Schadstoffregulierung bei Motoren *f*; ~ **exhaust system** *n* AUTO Motorenabgasanlage *f*, MECHAN ENG

Motorauspuffsystem *nt*, WATER TRANS Motorenabgasanlage *f*; ~ **failure** *n* AUTO, WATER TRANS Maschinendefekt *m*, Motorschaden *m*; ~ **fan** *n* AUTO Motorgebläse *nt*, Motorventilator *m*; ~ **flame-out** *n* AIR TRANS Triebwerksabschaltung *f*, Triebwerksausfall *m*, Triebwerksunterbrechung *f*; ~ **flywheel** *n* MECHAN ENG Motorschwungrad *nt*; ~ **frame** *n* AUTO Maschinengestell *nt*, MECHAN ENG Motorrahmen *m*, WATER TRANS Maschinengestell *nt*; ~ **fuel supply** *n* AUTO, WATER TRANS Kraftstoffzufuhr *f*; ~ **fuel system** *n* MECHAN ENG Kraftstoffanlage *f*; ~ **hoist** *n* AIR TRANS Aufzugmaschine *f*; ~ **hood** *n* *AmE (cf engine bonnet BrE)* AUTO Motorhaube *f*; ~ **hours indicator** *n* WATER TRANS Maschinenbetriebsstundenanzeiger *m*; ~ **instruments** *n pl* AIR TRANS Motorrüstung *f*; ~ **jet wash** *n* AIR TRANS Triebwerkstrahlsog *m*; ~ **lathe** *n* MECHAN ENG Leit- und Zugspindeldrehmaschine *f*, Spitzenddrehmaschine mit Leitspindel *f*; ~ **logbook** *n* AUTO Fahrzeugschein *m*, Fahrzeugbrief *m*; ~ **maintenance** *n* AUTO, WATER TRANS Maschinenwartung *f*, Motorwartung *f*; ~ **malfunction** *n* AUTO, WATER TRANS Maschinenstörung *f*, Motorschaden *m*; ~ **manufacturer** *n* AUTO Motorenhersteller *m*; ~ **mount** *n* AIR TRANS Motorträger *m*, Triebwerkshalterung *f*, Triebwerksrahmen *m*; ~ **mount-and-thrust structure** *n* AIR TRANS Triebwerkswiderlager und Schubgerüst *nt*; ~ **mountings** *n pl* AIR TRANS *spacecraft* Triebwerksbefestigungen *f pl*; ~ **muffler** *n* *AmE (cf engine silencer BrE)* MECHAN ENG Motorschalldämpfer *m*; ~ **nacelle** *n* AIR TRANS Triebwerksgondel *f*; ~ **nacelle stub** *n* AIR TRANS Triebwerksgondelstutzen *m*; ~ **nozzle cluster** *n* AIR TRANS Triebwerksdüse *f*; ~ **oil** *n* AUTO, MECHAN ENG, WATER TRANS Motoröl *nt*; ~ **operation** *n* WATER TRANS Maschinenbetrieb *m*; ~ **overhaul** *n* WATER TRANS Maschinenüberholung *f*, Motorüberholung *f*; ~ **pedestal** *n* MECHANICS Maschinenunterbau *m*, Motorenfundament *nt*; ~ **pod** *n* AIR TRANS Triebwerksgondel *f*; ~ **pressure ratio** *n* AIR TRANS Druckverhältnis im Triebwerk *nt*; ~ **ratings** *n pl* AIR TRANS technische Daten eines Triebwerks *nt pl*; ~ **room** *n* WATER TRANS Maschinenraum *m*; ~ **room log** *n* WATER TRANS Maschinentagebuch *nt*; ~ **room telegraph** *n* WATER TRANS Maschinentelegraf *m*; ~ **run-up** *n* AIR TRANS Hochlaufen *nt*; ~ **seating** *n* WATER TRANS Maschinenfundament *nt*; ~ **second rating** *n* AUTO Motornachlauf *m*; ~ **shaft** *n* MECHAN ENG Antriebswelle *f*, Motorwelle *f*; ~ **shaft bearing** *n* AIR TRANS Triebwerkwellenlager *nt*; ~ **shed** *n* RAIL Lokomotivschuppen *nt*, Maschinenhaus *nt*; ~ **shut-down in flight** *n* AIR TRANS Triebwerkabstellen im Flug *nt*; ~ **shut-off stop** *n* AIR TRANS Gaswegnahme *f*; ~ **silencer** *n* *BrE (cf engine muffler AmE)* MECHAN ENG Motorschalldämpfer *m*; ~ **speed** *n* AIR TRANS Triebwerkdrehzahl *f*, AUTO Antriebsdrehzahl *f*, Kurbelwellendrehzahl *f*, Motordrehzahl *f*; ~ **speed pick-up** *n* AUTO Motordrehzahlaufnehmer *m*; ~ **stand** *n* AIR TRANS Triebwerksuntersatz *m*; ~ **starter** *n* AIR TRANS, AUTO, WATER TRANS Motoranlasser *m*; ~ **starting control box** *n* AIR TRANS Steuerungskasten des Motoranlassers *m*; ~ **support** *n* AUTO Motoraufhängung *f*; ~ **support arch** *n* AIR TRANS Motorengehäusebogen *m*, Motorenhalterungsbogen *m*; ~ **support lug** *n* AUTO Motoraufhängung *f*; ~ **support plug** *n* AUTO Motorträgerschraube *f*; ~ **test stand** *n* AIR TRANS Motorenprüfstand *m*, Triebwerksprüfstand *m*; ~ **torque** *n* AIR TRANS, AUTO Drehmoment des Motors *nt*, Drehmoment des Triebwerks *nt*, Motordrehmoment *nt*, Triebwerksdrehmoment *nt*; ~ **valve** *n* MECHAN ENG Motorventil *nt*; ~ **ventilation system** *n* AUTO, WATER TRANS Maschinenbelüftungsanlage *f*, Motorluftanlage *f*; ~ **windmilling** *n* AIR TRANS *helicopter* Windmühlenrad *nt*

engineer *n* MECHANICS Ingenieur *m*

engineered[1] *adj* PROD ENG selbstgefertigt

engineered:[2] ~ **barrier** *n* NUC TECH *of pressure vessel* eingebaute Barriere *f*

engineering *n* MECHAN ENG Technik *f*, MECHANICS Ingenieurwissenschaft *f*; ~ **department** *n* MECHAN ENG technische Abteilung *f*, MECHANICS Konstruktionsabteilung *f*; ~ **drawing** *n* MECHAN ENG technische Zeichnung *f*; ~ **facilities** *n pl* MECHANICS Maschinenfertigungsanlagen *f pl*, Maschinenbaufabriken *f pl*; ~ **model** *n* SPACE *spacecraft* technisches Modell *nt*; ~ **office** *n* MECHANICS Ingenieurbüro *nt*; ~ **plastics** *n pl* PLAS technische Kunststoffe *m pl*; ~ **sealant** *n* PLAS technische Dichtmasse *f*; ~ **standards** *n pl* MECHAN ENG technische Normen *f pl*

engineer's: ~ **chain** *n* CONST Meßkette *f*; ~ **square** *n* MECHAN ENG Winkelmaß *nt*; ~ **wrench** *n* MECHAN ENG Gabelschlüssel *m*

Engler: ~ **degree** *n* MECHAN ENG, PROD ENG Englergrad *m*

English: ~ **china** *n* CER & GLAS Porzellan *nt*; ~ **finish** *n* PRINT matte Satinierung *f*

engrave *vt* PRINT gravieren

engraver *n* CER & GLAS Graveur *m*

engraving *n* CER & GLAS Gravur *f*, ELECTRON Gravieren *nt*, MECHAN ENG Gravierfräsen *nt*, PRINT Gravieren *nt*, Gravur *f*; ~ **in relief** *n* CER & GLAS Reliefgravur *f*; ~ **lathe** *n* CER & GLAS Gravurmaschine *f*

enhance *vt* FOOD TECH verstärken

enhanced: ~ **oil recovery** *n* *(EOR)* PET TECH Tertiärförderung *f*; ~ **service** *n* TELECOM Zusatzdienst *m*, erweiterter Dienst *m*

enhancement *n* TELECOM Anreicherung *f*, Erhöhung *f*, Verstärkung *f*; ~ **mode** *n* ELECTRON Anreicherungstyp *m*; ~**-mode FET** *n* ELECTRON Anreicherungs-Isolierschicht-Feldeffekttransistor *m*

enharmonic: ~ **notes** *n pl* ACOUSTICS enharmonische Noten *f pl*

enlarge *vt* PHOTO vergrößern, PROD ENG ausbohren

enlarged: ~ **image** *n* PHYS vergrößertes Bild *nt*

enlargement *n* PHOTO, PRINT Vergrößerung *f*; ~ **print** *n* PHOTO Vergrößerung *f*; ~ **process** *n* PHOTO Vergrößern *nt*; ~ **scale** *n* ENG DRAW Vergrößerungsmaßstab *m*

enlarger *n* PHOTO Vergrößerungsapparat *m*; ~ **baseboard** *n* PHOTO Einstellbrett *nt*; ~ **camera** *n* PHOTO Vergrößerungskamera *f*; ~ **column** *n* PHOTO Vergrößerungssäule *f*; ~ **support** *n* PHOTO Vergrößerungsunterlage *f*

enlarging: ~ **camera** *n* PHOTO, PRINT Vergrößerungskamera *f*; ~ **meter** *n* PHOTO Papierbelichtungsmesser *m*; ~ **paper** *n* PHOTO Vergrößerungspapier *nt*

enol *n* CHEMISTRY Enol *nt*

enolase *n* CHEMISTRY Enolase *f*

enolic *adj* CHEMISTRY Enol- *pref*, enolisch

enolization *n* CHEMISTRY Enolisierung *f*

enquiry *n* COMP & DP Anforderung *f*, Aufforderung *f*; ~ **character** *n* COMP & DP Stationsauffindungszeichen *nt*

enrich *vt* COAL TECH, FOOD TECH anreichern

enriched: ~ **fuel** *n* NUC TECH angereicherter Brennstoff *m*; ~ **material** *n* RAD PHYS angereichertes Material *nt*; ~

nuclear fuel *n* NUC TECH angereicherter Kernbrennstoff *m*; ~ **reactor** *n* NUC TECH angereicherter Reaktor *m*; ~ **uranium** *n* RAD PHYS angereichertes Uran *nt*
enrichment *n* COAL TECH Anreichern *nt*, Anreicherung *f*, ELECTRON, FOOD TECH, PHYS *of uranium* Anreicherung *f*; ~ **tails** *n pl* NUC TECH Anreicherungsabfall *m*
enroll *vt* COMP & DP registrieren
ensign *n* WATER TRANS Nationalflagge *f*
entablature *n* PROD ENG Plattform *f*
entangle *vi* SAFETY verfangen
entanglement *n* SAFETY *of clothing, hair* Verfangen *nt*
enter[1] *vt* COMP & DP *data, command* eingeben, eintragen
enter:[2] ~ **a channel** *vi* WATER TRANS *navigation* in Fahrwasser einlaufen; ~ **data** *vi* ELECTRON Daten eingeben; ~ **straits** *vi* WATER TRANS *navigation* in Meerenge einlaufen
entering: ~ **angle** *n* MECHAN ENG *of cutting tool* Einstellwinkel *m*; ~ **traffic** *n* TRANS einfahrender Verkehr *m*
enthalpy *n (H)* COAL TECH, FUELLESS, HEAT & REFRIG, MECHANICS, PHYS, SPACE *spacecraft*, THERMODYN Enthalpie *f*, Wärmefunktion *f*; ~ **of formation** *n* MECHANICS, PHYS, THERMODYN Bildungsenthalpie *f*; ~ **of fusion** *n* MECHANICS, PHYS, THERMODYN Schmelzenthalpie *f*
entity *n* ART INT Entität *f*, COMP & DP Dateneinheit *f*
entrainment *n* FLUID PHYS Mitreißen *nt*, Zumischen *nt*
entrance: ~ **pupil** *n* PHYS Eintrittspupille *f*
entrap *vt* MAR POLL einschließen
entrapped: ~ **air** *n* PACK, PLAS Lufteinschluß *m*, eingeschlossene Luft *f*
entropic: ~ **flux** *n* THERMODYN Entropiefluß *m*
entropy *n* COMP & DP, FUELLESS, MECHANICS, PHYS, PROD ENG, TELECOM, THERMODYN Entropie *f*; ~ **of fusion** *n* MECHANICS, PHYS, THERMODYN Schmelzentropie *f*; ~ **of vaporization** *n* MECHANICS, PHYS, THERMODYN Verdampfungsentropie *f*
entrust: ~ **with** *vt* QUAL beauftragen mit, betrauen mit
entry *n* COMP & DP Eingabe *f*, Eintrag *m*; ~ **condition** *n* COMP & DP Eingabebedingung *f*; ~ **instruction** *n* COMP & DP Eingabebefehl *m*; ~ **into force** *n* PAT Inkrafttreten *nt*; ~ **into orbit** *n* SPACE Eintreten in Umlaufbahn *nt*; ~ **line** *n* COMP & DP Eingabezeile *f*; ~ **point** *n* COMP & DP Eingangspunkt *m*; ~ **queue** *n* COMP & DP Eingabewarteschlange *f*; ~ **warning signal** *n* RAIL Einfahrvorsignal *nt*
enumeration *n* COMP & DP Aufzählung *f*, MATH Zählung *f*; ~ **type** *n* COMP & DP Aufzählungstyp *m*, Numerierungsart *f*
envelope *n* ELEC ENG Hülle *f*, Kolben *m*, Ummantelung *f*, Verkleidung *f*, ELECTRON *electron tube* Röhrenkolben *m*, MATH Hüllkurve *f*, SPACE *communications* Hüllkurve *f*, *spacecraft* Einschluß *m*, TELECOM Bitvollgruppe *f*, Hüllkurve *f*, TELEV Hüllkurve *f*; ~ **curve** *n* MECHANICS Enveloppe *f*, Hüllkurve *f*; ~ **delay** *n* SPACE *communications* Hüllkurvenverzögerung *f*; ~ **delay distortion** *n* SPACE *communications* Verzerrung durch Hüllkurvenverzögerung *f*; ~ **machine** *n* PACK Einschlagmaschine *f*, Umhüllungsmaschine *f*; ~ **velocity** *n* TELECOM Gruppengeschwindigkeit *f*
enveloping: ~ **grip** *n* ERGON Umfassung *f*; ~ **tooth wheel** *n* MECHAN ENG Globoidschnecke *f*; ~ **worm drive** *n* MECHAN ENG Globoidgetriebe *nt*
environment *n* COATINGS, COMP & DP, ERGON Umgebung *f*, POLL Umwelt *f*; ~ **division** *n* COMP & DP *COBOL* Maschinenteil *nt*; ~ **monitoring** *n* INSTR Umweltkontrolle *f*, Umweltüberwachung *f*; ~ **survey satellite** *n* SPACE Satellit zur Umweltuntersuchung *m*; ~ **variable** *n* COMP & DP Umgebungsvariable *f*
environmental: ~ **chamber** *n* ERGON, HEAT & REFRIG, PACK, TEST Klimakammer *f*; ~ **cleanliness** *n* SAFETY *in enclosed spaces* Umweltsauberkeit *f*; ~ **collapse** *n* POLL ökologischer Zusammenbruch *m*; ~ **compatability** *n* POLL Umweltverträglichkeit *f*; ~ **conditions** *n pl* ELECT Umweltbedingungen *f pl*, METROL Umgebungsbedingungen *f pl*, Umweltbedingungen *f pl*, QUAL Umgebungsbedingungen *f pl*; ~ **control system** *n* SPACE Lebenserhaltungsgerät *nt*; ~ **disaster** *n* POLL Umweltkatastrophe *f*; ~ **health** *n* SAFETY Umweltgesundheit *f*; ~ **impact** *n* POLL Umweltbelastung *f*; ~ **impact statement** *n* POLL Umweltverträglichkeitsprüfungsbericht *m*; ~ **law** *n* POLL Umweltgesetz *nt*; ~ **noise** *n* SAFETY Umweltlärm *m*; ~ **planning** *n* POLL Umweltplanung *f*; ~ **protection** *n* PROD ENG *plastic valves* Umweltschutz *m*; ~ **protection agency** *n* POLL Umweltschutzbehörde *f*; ~ **radioactivity** *n* RAD PHYS Umgebungsradioaktivität *f*; ~ **stress** *n* SPACE Umweltstress *m*; ~ **test chamber** *n* SPACE Umgebungsprüfkammer *f*; ~ **testing** *n* MECHANICS Testen unter Betriebsbedingungen *nt*; ~ **testing procedure** *n* SAFETY Umwelttestverfahren *nt*; ~ **torque** *n* SPACE Umgebungsdrehmoment *nt*
environmentalism *n* POLL Umweltschutz *m*
environmentally: ~ **friendly** *adj* PACK umweltfreundlich
enzyme *n* FOOD TECH Enzym *nt*
EOB *abbr (end of block)* COMP & DP EOB *(Blockende)*
EOD *abbr (end of data)* COMP & DP EOD *(Datenende)*
EOF *abbr (end of file)* COMP & DP EOF *(Dateiende)*
EOJ *abbr (end of job)* COMP & DP Jobende *nt*
EOM *abbr (end of message)* COMP & DP EOM *(Nachrichtenende)*
EOR *abbr (enhanced oil recovery)* PET TECH Tertiärförderung *f*
eosin *n* CHEMISTRY Eosin *nt*
EOT[1] *abbr (end of tape)* COMP & DP EOT *(Bandende)*
EOT:[2] ~ **marker** *n* COMP & DP Bandendemarke *f*
Eotvos: ~ **balance** *n* PHYS Eötvös-Gravitationswaage *f*
ep *abbr (expanded polystyrene)* PACK Schaum-PS *nt (geschäumtes Polysterol)*
EP[1] *abbr* MECHAN ENG *(extreme pressure)* EP *(Höchstdruck)*, RECORD *(extended-play record)* LP *(Langspielplatte)*
EP:[2] ~ **lubricant** *n* MECHAN ENG EP-Schmierstoff *m*
ephedrine *n* CHEMISTRY Ephedrin *nt*
ephemerides *n pl* SPACE Ephemeriden *f pl*, Tabellen *f pl*, Tagebücher *nt pl*
epicenter *n AmE*, **epicentre** *n BrE* PHYS Epizentrum *nt*
epichlorhydrin *n* CHEMISTRY Epichlorhydrin *nt*
epicoprostanol *n* CHEMISTRY Epikoprostanol *nt*
epicyclic[1] *adj* MECHANICS Planeten- *pref*
epicyclic:[2] ~ **gear** *n* MECHAN ENG Planetengetriebe *nt*, Umlaufgetriebe *nt*, PROD ENG *train* Umlaufgetriebe *nt*, WATER TRANS *engine* Planetengetriebe *nt*; ~ **gear train** *n* MECHAN ENG Planetenrädersatz *m*, MECHANICS Planetengetriebe *nt*; ~ **train** *n* MECHAN ENG Planetenrädersatz *m*
epicycloid *n* GEOM, PROD ENG Epizykloide *f*
epicycloidal[1] *adj* GEOM epizykloid, MECHAN ENG epizykloidisch, MECHANICS epizykloidal, PROD ENG epizyklisch
epicycloidal:[2] ~ **gear** *n* MECHAN ENG Planetengetriebe *nt*, Umlaufgetriebe *nt*
epidiascope *n* PHOTO Epidiaskop *nt*

epimer *n* CHEMISTRY Diastereomer *nt*, Epimer *nt*
epimerization *n* CHEMISTRY Epimerisierung *f*
EPIRB *abbr (emergency position-indicating radio beacon)* WATER TRANS EPIRB *(Satellitennetzwerk zur Ortung von Schiffen in Seenot)*
episode *n* POLL Gefahrensituation *f*
epitactic *adj* ELECTRON epitaktisch, epitaxisch
epitaxial[1] *adj* ELECTRON, METALL, TELECOM Epitaxial- *pref*
epitaxial:[2] ~ **diffusion-junction transistor** *n* ELECTRON Epitaxialplanartransistor *m*, epitaktische Ablagerung *f*; ~ **dislocation** *n* METALL Epitaxialversetzung *f*; ~ **growth** *n* ELECTRON *of crystals* Aufwachsen *nt*; ~ **layer** *n* ELECTRON, TELECOM Epitaxialschicht *f*; ~ **transistor** *n* ELECTRON Epitaxialtransistor *m*; ~ **wafer** *n* ELECTRON Epitaxialwafer *m*
epitaxy *n* ELECTRON, METALL, RAD PHYS Epitaxie *f*; ~ **reactor** *n* ELECTRON Epitaxialreaktor *m*
epitrochoid *n* GEOM Epitrochoide *f*
Epizootic: ~ **Diseases Act** *n* WASTE Tierseuchengesetz *nt*
E-plane *n* RAD TECH E-Ebene *f*; ~ **bend** *n* ELEC ENG *waveguide* E-Bogen *m*
EPM *abbr (equivalent per million)* POLL EPM *(Äquivalent je Million)*
EPNS *abbr (electroplated nickel silver)* METALL EPNS *(versilberte Gegenstände)*
epoxidized: ~ **oil** *n* PLAS *paint binder* epoxidiertes Öl *nt*
epoxy[1] *adj* CHEMISTRY, CONST, ELECT, PACK, PLAS, PROD ENG, TELECOM Epoxy- *pref*
epoxy:[2] ~ **buffer** *n* TELECOM *fibre cable* Epoxydpolster *nt*; ~ **matrix** *n* SPACE *spacecraft* Epoxidmatrix *f*; ~ **resin** *n* CHEMISTRY Epoxidharz *nt*, CONST, ELECT, PACK, PLAS, PROD ENG *plastic valves* Epoxidharz *nt*, Epoxydharz *nt*, Kunstharz *nt*
EPR *abbr (electron paramagnetic resonance)* PHYS paramagnetische Elektronenspinresonanz *f*
EPROM *abbr (erasable programmable read-only memory)* COMP & DP, RAD TECH EPROM *(löschbarer programmierbarer Lesespeicher)*
EPS *abbr (electronic point-of-sale)* COMP & DP elektronisches Kassenterminal *nt*
ε *abbr* HYD EQUIP *(kinematic eddy viscosity)* ε *(kinematische Wirbelzähigkeit)*, PHYS *(average molecular kinetic energy)* ε *(durchschnittliche kinetische Molekularenergie)*
equal[1] *adj* MATH gleich; ~ **to** *adj* MATH größer gleich; ~ **to or less than** *adj* MATH kleiner gleich
equal:[2] ~-**angle cutter** *n* PROD ENG Prismenfräser *m*; ~ **arm bridge** *n* ELECT gleicharmige Brücke *f*; ~ **gearing** *n* PROD ENG *kinematics* Zahnradpaar *nt*; ~-**loudness contours** *n* ACOUSTICS Kurve gleicher Lautstärke *f*; ~ **sets** *n pl* MATH gleiche Mengen *f pl*; ~-**sided angles** *n pl* CONST gleichschenkliges Winkeleisen *nt*; ~ **temperament** *n* ACOUSTICS gleichschwebende Temperatur *f*; ~ **time point** *n* AIR TRANS *navigation* Punkt der Gleichzeitigkeit *m*
equal[3] *vt* MATH gleichen
equality *n* COMP & DP, MATH Gleichheit *f*
equalization *n* ACOUSTICS, COMP & DP, ELECTRON Entzerrung *f*, MECHANICS Abgleich *m*, Ausgleich *m*, Einebnen *nt*, RECORD, TELECOM Entzerrung *f*; ~ **curve** *n* ELECTRON Ausgleichkurve *f*
equalizer *n* COMP & DP Entzerrer *m*, ELECTRON Entzerrer *m*, Equalizer *m*, HEAT & REFRIG Ausgleicher *m*, RECORD, TELECOM Entzerrer *m*, TELEV Equalizer *m*; ~ **bar** *n* AUTO Ausgleichschiene *f*; ~ **circuit** *n* TELECOM Entzerrerschaltung *f*; ~ **for earphone** *n* ACOUSTICS Kopfhörerentzerrer *m*; ~ **spring** *n* MECHAN ENG Balancefeder *f*; ~ **tank** *n* HEAT & REFRIG Ausgleichbehälter *m*
equalizing *n* AIR TRANS Ausgleichkraft *f*, Gleichgewichtskraft *f*; ~ **amplifier** *n* TELEV Equalizerverstärker *m*; ~ **feeder** *n* ELECT Ausgleichstromversorgungsleitung *f*; ~ **gear** *n* MECHAN ENG Ausgleichgetriebe *nt*; ~ **pulses** *n pl* TELEV Ausgleichimpulse *m pl*; ~ **tank** *n* WATER SUP Ausgleichbecken *nt*
equally: ~-**spaced** *adj* MECHAN ENG abstandsgleich
equation *n* CHEMISTRY, FLUID PHYS, MATH, RAD TECH Gleichung *f*; ~ **of a curve** *n* MATH Funktionsgleichung einer Kurve *f*, Kurvengleichung *f*; ~ **of equilibrium** *n* MECHANICS Gleichgewichtsbedingung *f*; ~ **of first degree** *n* MATH Gleichung ersten Grades *f*; ~ **members** *n pl* MATH Gleichungsseiten *f pl*; ~ **of state** *n* MECHANICS, PHYS Zustandsgleichung *f*; ~ **of the tangent** *n* GEOM Tangentengleichung *f*; ~ **of thermal state** *n* THERMODYN thermodynamische Zustandsgleichung *f*
equator *n* WATER TRANS Äquator *m*
equatorial: ~ **crossing** *n* SPACE Äquatorüberflug *m*; ~ **orbit** *n* SPACE äquatoriale Umlaufbahn *f*; ~ **orbiting satellite** *n* SPACE Satellit in Äquatorialumlaufbahn *m*
equiangular[1] *adj* GEOM gleichwinklig
equiangular:[2] ~ **triangle** *n* GEOM gleichwinkliges Dreieck *nt*
equiaxed: ~ **grain** *n* METALL gleichachsiges Korn *nt*
equidistant *adj* CONST, GEOM gleichweit entfernt, äquidistant
equilateral *adj* GEOM gleichseitig
equilenin *n* CHEMISTRY Equilenin *nt*
equilibrium:[1] **not in** ~ *adv* PHYS nicht im Gleichgewicht
equilibrium[2] *n* MECHANICS, PHYS Gleichgewicht *nt*; ~ **constant** *n (K)* THERMODYN Gleichgewichtskonstante *f (K)*; ~ **curve** *n* METALL Gleichgewichtskurve *f*; ~ **density** *n* PET TECH Gleichgewichtsdichte *f*; ~ **length** *n* OPT Länge im stationären Zustand *f*, TELECOM Gleichgewichtslänge *f*; ~ **mode distribution** *n* OPT Modenverteilung im stationären Zustand *f*, TELECOM Gleichgewichtsmodenverteilung *f*, stationäre Modenverteilung *f*; ~-**mode distribution length** *n* TELECOM Gleichgewichtslänge *f*; ~ **mode distribution length** *n* OPT Modenverteilungslänge im stationären Zustand *f*; ~ **radiation pattern** *n* OPT Strahlungsmuster im stationären Zustand *nt*, TELECOM Gleichgewichtsstrahlungsdiagramm *nt*; ~ **tide** *n* FUELLESS Gleichgewichtszustand des Gezeitenwechsels *m*; ~ **valve** *n* HYD EQUIP Gleichgewichtsventil *nt*, Inbetriebnahmeventil *nt*
equimolecular *adj* CHEMISTRY gleichmolar, äquimolar
equinoctial: ~ **tide** *n* FUELLESS Äquinoktialgezeit *f*
equip *vt* TELECOM ausrüsten, ausstatten, WATER TRANS *ship* ausrüsten
equipartition: ~ **of energy** *n* PHYS Gleichverteilung der Energie *f*
equiphase: ~ **surface** *n* ELEC ENG gleichphasige Fläche *f*
equipment *n* CONST Anlage *f*, Ausstattung *f*, Gerät *nt*, technische Einrichtung *f*, MECHAN ENG Ausrüstung *f*, Ausstattung *f*, Geräte *nt pl*, PROD ENG *plastic valves* Apparate *m pl*; ~ **layer** *n* TELECOM Geräteschicht *f*; ~ **manufacturer** *n* WATER TRANS Ausrüstungshersteller *m*
equipotential[1] *adj* ELEC ENG äquipotential, ELECT isoelektrisch, äquipotential

equipotential[2] *n* PHYS Äquipotential *nt*; **~ connection** *n* ELEC ENG Spannungsausgleichschaltung *f*, Spannungsausgleichverbindung *f*; **~ line** *n* SPACE Äquipotentiallinie *f*; **~ surface** *n* ELEC ENG, ELECT, PHYS, RAD TECH, SPACE Äquipotentialfläche *f*

equity: **~ capital** *n* PET TECH Eigenkapital *nt*

equivalence *n* COMP & DP Gleichwertigkeit *f*, Äquivalenz *f*; **~ function** *n* COMP & DP UND-Funktion *f*, Äquivalenzfunktion *f*; **~ gate** *n* COMP & DP Äquivalenzglied *nt*; **~ operation** *n* COMP & DP UND-Funktion *f*, Äquivalenzfunktion *f*, Äquivalenzverknüpfung *f*

equivalent[1] *adj* MATH äquivalent

equivalent[2] *n* MATH Äquivalent *nt*; **~ absorption area** *n* ACOUSTICS äquivalente Absorptionsfläche *f*; **~ airspeed** *n* *(EAS)* AIR TRANS äquivalente Fluggeschwindigkeit *f (EAS)*; **~ circuit** *n* ELEC ENG Analogstromkreis *m*, Ersatzschaltung *f*, Ersatzstromkreis *m*, ELECT Ersatzschaltung *f*, Äquivalentschaltung *f*, ELECTRON, PHYS Ersatzschaltung *f*; **~ circulating density** *n* *(ECD)* PET TECH äquivalente Zirkulationsdichte *f*; **~ conductance** *n* THERMODYN Äquivalentleitwert *m*; **~ density** *n* PET TECH äquivalente Dichte *f*; **~ depth** *n* PET TECH äquivalente Tiefe *f*; **~ mud weight** *n* *(EMW)* PET TECH äquivalentes Bohrschlammgewicht *nt*; **~ noise temperature** *n* SPACE *communications* äquivalente Rauschtemperatur *f*, äquivalente Rauschzahl *f*; **~ per million** *n* *(EPM)* POLL Äquivalent je Million *nt (EPM)*; **~ radiated power** *n* *(erp)* TELECOM äquivalente Strahlungsleistung *f*; **~ random traffic intensity** *n* TELECOM äquivalenter Zufallsverkehrswert *m*; **~ resistance** *n* ELECT Ersatzwiderstand *m*, Äquivalentwiderstand *m*; **~ standard smoke** *n* POLL Äquivalenznormalruß *m*; **~ step index** *n* *(ESI)* TELECOM äquivalenter Stufenindex *m*; **~ step index profile** *n* OPT Stufenindexprofil im stationären Zustand *nt*, TELECOM äquivalentes Stufenprofil *nt*; **~ thermal network** *n* THERMODYN thermische Ersatzschaltung *f*; **~ vertical gust speed** *n* AIR TRANS äquivalente Steigbögeschwindigkeit *f*

Er *(erbium)* CHEMISTRY Er *(Erbium)*

erasable: **~ data disk** *n* OPT löschbare Datenträgerscheibe *f*; **~ disk drive** *n* OPT Laufwerk für löschbare Scheiben *nt*; **~ memory** *n* COMP & DP löschbarer Speicher *m*; **~ optical disk** *n* OPT löschbare CD *f*; **~ optical drive** *n* OPT Laufwerk für löschbare CD *nt*; **~ optical medium** *n* OPT löschbares optisches Datenträgermedium *nt*; **~ optical storage** *n* OPT löschbarer optischer Speicher *m*; **~ programmable read-only memory** *n* *(EPROM)* COMP & DP, RAD TECH löschbarer programmierbarer Lesespeicher *m (EPROM)*; **~ storage** *n* COMP & DP löschbarer Speicher *m*

erase:[1] **~ frequency** *n* RECORD Löschfrequenz *f*; **~ head** *n* COMP & DP, RECORD, TELEV Löschkopf *m*

erase[2] *vt* COMP & DP, RECORD löschen

eraser *n* TELEV Löschgerät *nt*

erasing: **~ current** *n* RECORD, TELEV Löschstrom *m*; **~ magnetic head** *n* ACOUSTICS magnetischer Löschkopf *m*

erasure *n* ACOUSTICS, TELEV Löschdämpfung *f*, Löschen *nt*, Löschung *f*

erbium *n* *(Er)* CHEMISTRY Erbium *nt (Er)*

erect:[1] **~ image viewfinder** *n* PHOTO Sucher mit aufrechtem Bild *m*

erect[2] *vt* MECHAN ENG aufbauen, aufstellen, MECHANICS aufbauen, montieren, PACK aufrichten, installieren

erecting: **~ shop** *n* MECHANICS, WATER TRANS *shipbuilding* Montagehalle *f*

erection *n* CONST Aufbau *m*, Errichtung *f*, PAPER Aufbau *m*, PROD ENG Montage *f*; **~ jig** *n* WATER TRANS *shipbuilding* Bauvorrichtung *f*

erector *n* MECHANICS, PROD ENG, WATER TRANS Monteur *m*

erg *n* METROL Erg *nt*

ergol *n* SPACE, THERMODYN Ergol *nt*

ergometer *n* METROL Ergometer *nt*

ergonomic[1] *adj* ERGON, PACK ergonomisch

ergonomic:[2] **~ design principle** *n* SAFETY Prinzip der ergonomischen Entwicklung *nt*

ergonomical *adj* MECHAN ENG ergonomisch

ergonomics *n* COMP & DP, ERGON, MECHAN ENG, SAFETY Arbeitswissenschaft *f*, Ergonomie *f*, SPACE Ergonomie *f*, Erleichterung der Arbeit *f*

ergot *n* FOOD TECH *phytopathology* Mutterkorn *nt*; **~ alkaloid** *n* CHEMISTRY Ergot-Alkaloid *nt*, Mutterkornalkaloid *nt*

ergotinine *n* CHEMISTRY Ergotinin *nt*

Erichsen: **~-type ductility test** *n* PROD ENG Erichsenscher Tiefziehversuch *m*

Erl *abbr (Erlang)* TELECOM Erl *(Erlang)*

Erlang *n (Erl)* TELECOM Erlang *nt (Erl)*

Erlenmeyer: **~ flask** *n* LAB EQUIP Erlenmeyer-Kolben *m*

erode *vt* COATINGS abnutzen, abtragen, erodieren, CONST auswaschen, erodieren, ELECT *spark erosion machining* erodieren, PROD ENG abtragen, auskolken

erosion *n* COAL TECH Erosion *f*, COATINGS Abnutzung *f*, Abtragung *f*, CONST Auswaschung *f*, Erosion *f*, FUELLESS Erosion *f*, PROD ENG Abtragung *f*, Auskolkung *f*, Kolkbildung *f*; **~ rate** *n* SPACE *spacecraft* Abtragungsrate *f*, Erosionsrate *f*

erosive: **~ burning** *n* SPACE Erosionsabbrand *m*

erp *abbr (equivalent radiated power)* TELECOM äquivalente Strahlungsleistung *f*

erroneous: **~ block** *n* TELECOM fehlerhafter Block *m*; **~ period** *n* TELECOM fehlerhafter Zeitabschnitt *m*

error *n* ELECTRON, MATH, PHYS Fehler *m*, QUAL Beurteilungsfehler *m*, Fehler *m*; **~ of alignment caused by deflection of the shafts** *n* PROD ENG *kinematics* Achslagefehler *m*; **~ analysis** *n* COMP & DP, MATH Fehleranalyse *f*; **~ of approximation** *n* TELECOM Näherungsfehler *m*; **~ burst** *n* COMP & DP Fehlerhäufung *f*; **~ check** *n* TELECOM Fehlerkontrolle *f*; **~ check character** *n* TELECOM Fehlerkontrollzeichen *nt*; **~ checking** *n* COMP & DP Fehlerprüfung *f*; **~-checking code** *n* COMP & DP Fehlerprüfcode *m*; **~ check signal** *n* TELECOM Fehlerkontrollzeichen *nt*; **~ code** *n* COMP & DP Fehlercode *m*; **~ condition** *n* COMP & DP Fehlerbedingung *f*; **~ control** *n* COMP & DP Fehlerüberwachung *f*; **~ control device** *n* *(ECD)* TELECOM Fehlersicherungsgerät *nt*; **~-correcting code** *n* COMP & DP, ELECTRON Fehlerkorrekturcode *m*, selbstkorrigierender Code *m*, SPACE *communications* Fehlerkorrekturcode *m*, Fehlerkorrekturschlüssel *m*; **~ correction** *n* COMP & DP, ELECTRON, TELECOM Fehlerkorrektur *f*; **~ correction code** *n* TELECOM fehlerkorrigierender Code *m*; **~ correction coding** *n* TELECOM fehlerkorrigierende Codierung *f*; **~ density** *n* TELECOM Fehlerhäufung *f*; **~-detecting code** *n* COMP & DP, ELECTRON Fehlererkennungscode *m*, selbstprüfender Code *m*; **~ detection** *n* COMP & DP, ELECTRON, TELECOM Fehlererkennung *f*, TELEV Fehlerfeststellung *f*; **~ detection**

code *n* TELECOM Fehlererkennungscode *m*; ~ **detection coding** *n* TELECOM fehlererkennende Codierung *f*; ~ **detector** *n* TELECOM Fehlererkennungseinrichtung *f*; ~ **diagnosis** *n* COMP & DP, TELECOM Fehlerdiagnose *f*; ~ **diagnostics** *n* COMP & DP Fehlerdiagnostik *f*; ~ **estimation** *n* MATH Fehlerabschätzung *f*; ~ **from backlash** *n* PROD ENG Steigungsfehler *m*; ~ **of gear cutting** *n* PROD ENG *kinematics* Fertigungsfehler *m*; ~ **handling** *n* COMP & DP Fehlerbehebung *f*; ~ **indication** *n* INSTR Abweichungsanzeige *f*; ~ **list** *n* COMP & DP Fehlerliste *f*; ~ **logging** *n* COMP & DP Fehlerprotokollierung *f*; ~ **management** *n* COMP & DP Fehlerbehebung *f*; ~ **of measurement** *n* QUAL Meßabweichung *f*; ~ **message** *n* COMP & DP Fehlermeldung *f*, Fehlernachricht *f*, TELECOM Fehlermeldung *f*; ~ **pattern** *n* TELECOM Fehlermuster *nt*; ~ **of pitch** *n* PROD ENG Steigungsfehler *m*, Teilungsfehler *m*; ~ **of position** *n* MECHAN ENG Lagefehler *m*; ~ **probability** *n* ART INT, TELECOM Fehlerwahrscheinlichkeit *f*; ~ **program** *n* COMP & DP Fehlerprogramm *nt*; ~ **propagation** *n* COMP & DP Fehlerfortpflanzung *f*; ~ **protection** *n* ELECTRON Übertragungssicherung *f*, TELECOM Fehlerschutz *m*, Fehlersicherung *f*; ~ **protection code** *n* TELECOM Fehlerschutzcode *m*; ~ **rate** *n* COMP & DP Fehlerhäufigkeit *f*, Fehlerquote *f*, Fehlerrate *f*, ELECTRON Fehlerrate *f*, TELECOM Fehlerhäufigkeit *f*, Fehlerquote *f*, Fehlerrate *f*; ~ **rate measurement** *n* TELECOM Fehlerquotenmessung *f*; ~ **recovery** *n* COMP & DP Fehlerbehebung *f*, TELECOM Fehlerwiederherstellung *f*; ~ **report** *n* COMP & DP Fehlerbericht *m*; ~ **of result** *n* QUAL Ergebnisabweichung *f*; ~ **routine** *n* COMP & DP Fehlerroutine *f*; ~ **signal** *n* AIR TRANS Störungssignal *nt*, Störungsmeldung *f*, ELECTRON Fehlersignal *nt*; ~ **of size** *n* MECHAN ENG Maßabweichung *f*; ~ **susceptibility** *n* TELECOM Fehlerempfindlichkeit *f*; ~ **trapping** *n* COMP & DP Fehlerbehebung *f*

errored: ~ **second** *n* TELECOM fehlerbehaftete Sekunde *f*

erucic *adj* CHEMISTRY Eruca- *pref*

erythrine *n* CHEMISTRY Erythrin *nt*, Kobaltblüte *f*

erythrite *n* CHEMISTRY Kobaltblüte *f*

erythritol *n* CHEMISTRY Erythrit *m*

erythrose *n* CHEMISTRY Erythrose *f*

erythrosine *n* CHEMISTRY Erythrosin *nt*

erythrulose *n* CHEMISTRY Erythrulose *f*

Es *abbr (einsteinium)* CHEMISTRY, RAD PHYS Es *(Einsteinium)*

ES *abbr (expert system)* ART INT ES *(Expertensystem)*

ESA *abbr (European Space Agency)* SPACE ESA *(Europäische Raumfahrtbehörde)*

Esaki: ~ **diode** *n* ELECTRON, PHYS Esaki-Diode *f*, Tunneldiode *f*

ESCA *abbr (electron spectroscopy for chemical analysis)* PHYS ESCA *(Fotoelektronen-Spektroskopie)*

escalator *n* CONST Aufzug *m*, Rolltreppe *f*

escape: ~ **capsule** *n* PET TECH Fluchtkapsel *f*; ~ **character** *n* COMP & DP Escape-Zeichen *nt*; ~ **chute** *n* AIR TRANS Notrutsche *f*; ~ **device** *n* SAFETY Rettungseinrichtung *f*; ~ **hatch** *n* SPACE Notausstieg *m*; ~ **lane** *n* AIR TRANS Notausgang *m*, Notfallspur *f*; ~ **parachute** *n* AIR TRANS Rettungsfallschirm *m*; ~ **peak** *n* RAD PHYS *in gamma radiation* Escape-Peak *m*; ~ **rocket stage** *n* SPACE Raketenstufe mit Fluchtgeschwindigkeit *f*; ~ **rope** *n* AIR TRANS Seilrettungsgerät *nt*; ~ **sequence** *n* COMP & DP Escape-Sequenz *f*, Escape-Zeichenfolge *f*; ~ **valve** *n* HYD EQUIP Abflußventil *nt*, Austrittsventil *nt*, Sicherheitsventil *nt*; ~ **velocity** *n* PHYS Entweichgeschwindigkeit *f*

escapement *n* PROD ENG Ankerhub *m*, Hemmung *f*, Hemmwerk *nt*; ~ **mechanism** *n* MECHAN ENG *clockwork* Hemmung *f*

escort: ~ **ship** *n* WATER TRANS *navy* Geleitfahrzeug *nt*

escribe *vt* PROD ENG anschreiben

escribed: ~ **circle** *n* GEOM, PROD ENG Ankreis *m*

esculin *n* CHEMISTRY Äskulin *nt*

escutcheon *n* CONST Schlüsselschild *nt*

eserine *n* CHEMISTRY Calabarin *nt*, Eserin *nt*, Physostigmin *nt*

ESI[1] *abbr (equivalent step index)* TELECOM äquivalenter Stufenindex *m*

ESI:[2] ~ **profile** *n* TELECOM äquivalentes Stufenprofil *nt*; ~ **refractive index difference** *n* TELECOM äquivalente Stufenindex-Brechzahldifferenz *f*

ESP *abbr (electrostatic precipitator)* POLL ESA *(elektrostatischer Staubabscheider)*

esparto: ~ **paper** *n* PRINT Alfapapier *nt*

ESPRIT *abbr (European Semiconductor Production Research Initiative)* ELECT ESPRIT

ESR *abbr (electron spin resonance)* PART PHYS, PHYS, RAD PHYS ESR *(Elektronenspinresonanz)*

essential: ~ **fatty acid** *n (EFA)* FOOD TECH essentielle Fettsäure *f (EFS)*; ~ **feature** *n* PAT wesentliches Merkmal *nt*; ~ **oil** *n* FOOD TECH ätherisches Öl *nt*

estate: ~ **agent** *n* CONST Grundstücksmakler *m*; ~ **car** *n BrE* AUTO Kombiwagen *m*

ester *n* CHEMISTRY Ester *m*; ~ **gum** *n* PLAS Estergummi *m*, Esterharz *nt*

esterification *n* FOOD TECH Veresterung *f*

esterify *vt* CHEMISTRY verestern

estimate *n* QUAL Schätzwert *m*

estimated: ~ **elapsed time** *n* AIR TRANS geschätzte verstrichene Zeit *f*; ~ **flight time** *n* AIR TRANS voraussichtliche Flugzeit *f*; ~ **normal payload** *n* AIR TRANS veranschlagte normale Nutzlast *f*; ~ **off-block time** *n* AIR TRANS voraussichtliche Offblockzeit *f*; ~ **position** *n* WATER TRANS *navigation* angenommener Schiffsort *m*, gegißtes Besteck *nt*; ~ **time of arrival** *n (ETA)* AIR TRANS, WATER TRANS voraussichtliche Ankunftszeit *f (ETA)*; ~ **time of departure** *n (ETD)* AIR TRANS, WATER TRANS voraussichtliche Abflugszeit *f (ETD)*

estimator *n* CER & GLAS Materialplaner *m*, QUAL Schätzfunktion *f*

estuary *n* FUELLESS Flußmündung *f*, WATER TRANS Mündungsgebiet *nt*

ESV *abbr (experimental safety vehicle)* AUTO Experimentalsicherheitsauto *nt*

eta: ~**-factor** *n* PHYS Eta-Faktor *m*; ~ **mason** *n* PHYS Eta-Mason *nt*

ETA *abbr (estimated time of arrival)* AIR TRANS, WATER TRANS ETA *(voraussichtliche Ankunftszeit)*

etalon *n* PHYS Etalon *nt*

etch:[1] ~ **figure** *n* PROD ENG Ätzfigur *f*

etch[2] *vt* CHEMISTRY ätzen, CONST beizen, ätzen, METALL ätzen, PROD ENG abätzen, beizen, radieren, RAD TECH ätzen

etchant *n* PROD ENG Beize *f*, Ätzmittel *nt*

etching *n* CHEMISTRY Ätzen *nt*, ELECTRON Ätzung *f*, PRINT Ätzung *f*, Ätzen *nt*, PROD ENG Ätz- *pref*; ~ **bath** *n* PROD ENG Ätzbad *nt*; ~ **machine** *n* PRINT Ätzmaschine *f*; ~ **pit** *n* PROD ENG Ätzgrube *f*; ~ **solution** *n* METALL Ätzflüssigkeit *f*

ETD *abbr (estimated time of departure)* AIR TRANS,

WATER TRANS ETD *(voraussichtliche Abflugszeit)*
ethal *n* CHEMISTRY Cetylalkohol *m*, Ethal *nt*, Hexadecanol *nt*
ethanal *n* CHEMISTRY Acetaldehyd *m*, Ethanal *nt*
ethane *n* CHEMISTRY, PET TECH Ethan *nt*
ethanenitrile *n* CHEMISTRY Acetonitril *nt*, Ethannitril *nt*, Methylcyanid *nt*
ethanethiol *n* CHEMISTRY Ethanthiol *nt*, Ethylhydrosulfid *nt*, Ethylmercaptan *nt*
ethanol *n* CHEMISTRY Ethanol *nt*, FOOD TECH Ethanol *nt*, Ethylalkohol *m*, PET TECH Ethanol *nt*
ethanolamine *n* CHEMISTRY Aminoethanol *nt*
ethanolate *n* CHEMISTRY Ethanolat *nt*
ethanolysis *n* CHEMISTRY Ethanolyse *f*
ethene *n* CHEMISTRY Ethen *nt*, Ethylen *nt*, PET TECH Ethlen *nt*, Ethylen *nt*
ether *n* CHEMISTRY Ether *m*
ethereal *adj* CHEMISTRY *liquids* etherartig, etherisch
ethine *n* CHEMISTRY Azetylen *nt*, Ethin *nt*
ethionic *adj* CHEMISTRY Ethion- *pref*
ethoxyacetanilide *n* CHEMISTRY Ethoxyacetanilid *nt*, Phenacetin *nt*
ethoxyaniline *n* CHEMISTRY Aminophenetol *nt*, Aminophenolethylether *m*, Ethoxyanilin *nt*, Phenetidin *nt*
ethoxybenzene *n* CHEMISTRY Ethoxybenzol *nt*, Ethylphenylether *m*, Phenetol *nt*
ethyl *n* PET TECH Ethyl *nt*; **~ acetate** *n* FOOD TECH Essigester *m*, Ethylacetat *nt*, PLAS *solvent* Ethylacetat *nt*; **~ alcohol** *n* FOOD TECH Ethanol *nt*, Ethylalkohol *m*, PET TECH, PHOTO Ethylalkohol *m*; **~ cellulose** *n (EC)* PLAS Ethylcellulose *f (EC)*; **~ cinnamate** *n* FOOD TECH Zimtsäureethylester *m*; **~ urethane** *n* CHEMISTRY Ethylurethan *nt*; **~-vanillin** *n* FOOD TECH Ethylvanillin *nt*
ethylamine *n* CHEMISTRY Aminoethan *nt*, Ethylamin *nt*, Monoethylamin *nt*
ethylaniline *n* CHEMISTRY Ethylanilin *nt*
ethylate[1] *n* CHEMISTRY Ethylat *nt*
ethylate[2] *vt* CHEMISTRY ethylieren
ethylation *n* CHEMISTRY Ethylierung *f*
ethylene *n* CHEMISTRY Ethen *nt*, Ethylen *nt*, FOOD TECH, PET TECH, PLAS *raw material* Ethylen *nt*; **~ propylene rubber** *n* PLAS Ethylen-Propylen-Kautschuk *m*; **~ vinyl acetate** *n (EVA)* PLAS Ethylenvinylacetat *nt (EVA)*
ethylenic *adj* CHEMISTRY Ethylen- *pref*
ethylidene *n* CHEMISTRY Ethyliden *nt*, Ethylidenradikal *nt*
ethylmorphine *n* CHEMISTRY Codethylin *nt*, Ethylmorphin *nt*
ethylsulfuric *adj AmE*, **ethylsulphuric** *adj BrE* CHEMISTRY Ethylschwefel- *pref*
ethylthioethanol *n* PET TECH Ethylthioethanol *nt*
ethyne *n* CHEMISTRY Azetylen *nt*, Ethin *nt*, Hauptleitung *f*
Eu *(europium)* CHEMISTRY Eu *(Europium)*
eucalyptol *n* CHEMISTRY Eucalyptol *nt*
Euclidean: **~ geometry** *n* GEOM euklidische Geometrie *f*; **~ space** *n* GEOM, PHYS euklidischer Raum *m*
eudiometer *n* CHEMISTRY Eudiometer *nt*, Explosionsbürette *f*, Gasprüfer *m*
eudiometry *n* CHEMISTRY Eudiometrie *f*
eugenol *n* CHEMISTRY Eugenol *nt*
Euler: **~ angles** *n pl* PHYS Eulersche Winkel *m pl*; **~ circles** *n pl* MATH Eulersche Kurve *f*
Eulerian: **~ equations** *n pl* FLUID PHYS Eulersche Bewegungsgleichungen *f pl*
Euler's: **~ formula** *n* GEOM *space* Eulersche Formel *f*
EURATOM *abbr (European Organization for Nuclear Research)* PART PHYS EURATOM *(Europäische Atomgemeinschaft)*
Euro: **~ bottle** *n* CER & GLAS Euroflasche *f*
European: **~ Alcohol, Brandy and Spirit Union** *n* FOOD TECH Europäischer Alkohol-, Branntwein- und Spirituosenverband *m*; **~ barge carrier system** *n (EBCS)* WATER TRANS europäisches Leichterträgersystem *nt (EBCS-System)*; **~ collaboration for muon physics** *n* PART PHYS *at CERN* EMC-Kollaboration *f*; **~ Organization for Nuclear Research** *n* PART PHYS *(CERN)* Europäisches Kernforschungszentrum *nt (CERN)*, PART PHYS *(EURATOM)* Europäische Atomgemeinschaft *f (EURATOM)*; **~ patent** *n* PAT europäisches Patent *nt*; **~ patent application** *n* PAT europäische Patentanmeldung *f*; **~ radio-paging system** *n* TELECOM EFuRD, Europiep *m*, Europäischer Funkrufdienst *m*; **~ Semiconductor Production Research Initiative** *n (ESPRIT)* ELECT ESPRIT; **~ Space Agency** *n (ESA)* SPACE Europäische Raumfahrtbehörde *f (ESA)*; **~ Standard** *n* ELECT EN, Europäische Norm *f*
europium *n (Eu)* CHEMISTRY Europium *nt (Eu)*
euroslot *n* PACK Euroschlitz *m*
eustatic *adj* FUELLESS eustatisch
eutectic[1] *adj* CHEMISTRY eutektisch
eutectic[2] *n* CER & GLAS, CHEMISTRY Eutektikum *nt*; **~ alloy** *n* METALL eutektische Legierung *f*
eutectoid *n* METALL Eutektoid *nt*; **~ steel** *n* METALL eutektischer Stahl *m*
eutetic: **~ reaction** *n* METALL eutektische Reaktion *f*; **~ transformation** *n* METALL eutektische Transformation *f*
eutrophication *n* POLL Eutrophierung *f*
eV[1] *abbr (electronvolt)* ELEC ENG, ELECT, PHYS, RAD PHYS eV *(Elektronenvolt)*
eV[2] *n (electronvolt)* PART PHYS eV *(Elektronenvolt)*
EVA *abbr (ethylene vinyl acetate)* PLAS EVA *(Ethylenvinylacetat)*
evacuate *vt* ELECTRON *tubes*, WATER TRANS *vessel* auspumpen, entleeren, evakuieren
evacuated: **~ system** *n* AUTO Vakuumsystem *nt*
evacuation: **~ of buildings** *n* SAFETY Gebäuderäumung *f*; **~ and means of escape** *n* SAFETY Evakuierung und Fluchtmöglichkeit *f*
evaluate[1] *vt* MATH auswerten, QUAL begutachten, bewerten, SAFETY bewerten
evaluate:[2] **~ the loss occasioned by a fire** *vi* SAFETY den Feuerschaden ermitteln
evaluation *n* ART INT Bewertung *f*, Evaluierung *f*, MATH Auswertung *f*; **~ of test results** *n* QUAL Auswertung von Prüfergebnissen *f*
evanescent: **~ field** *n* OPT, TELECOM Feld mit abklingender Stärke *nt*, abklingendes Feld *nt*
evaporate[1] *vt* CHEM ENG abdampfen, sich verflüchtigen, CHEMISTRY *to dryness* eindampfen, HEAT & REFRIG verdunsten lassen; **~ to dryness** *vt* CHEM ENG zur Trockne eindampfen
evaporate[2] *vi* HEAT & REFRIG verdampfen, verdunsten, PHOTO *in vacuum* verdunsten
evaporated: **~ latex** *n* PLAS eingedampfter Latex *nt*; **~ layer** *n* ELECTRON aufgedampfte Schicht *f*
evaporating: **~ apparatus** *n* CHEM ENG Verdunstungsapparat *m*; **~ basin** *n* CHEM ENG, LAB EQUIP Abdampfschale *f*; **~ boiler** *n* CHEM ENG Abdampf-

kessel *m*; ~ **dish** *n* CHEM ENG, LAB EQUIP Abdampfschale *f*; ~-**ion pump** *n* CHEM ENG Ionenverdampferpumpe *f*; ~ **pan** *n* CHEM ENG Abdampfkasserolle *f*, Abdampfschale *f*, LAB EQUIP Abdampfschale *f*; ~ **point** *n* CHEM ENG, HEAT & REFRIG Verdampfungspunkt *m*; ~ **temperature** *n* HEAT & REFRIG Verdampfungstemperatur *f*; ~ **vessel** *n* CHEM ENG Abdampfgefäß *nt*

evaporation *n (E)* FUELLESS, HEAT & REFRIG, HYD EQUIP, MECHAN ENG, PET TECH, PHYS, PRINT, THERMODYN Evaporation *f*, Verdampfung *f (E)*; ~ **cooling** *n* CHEM ENG Kühlung durch Verdampfung *f*, Verdampfungskühlung *f*, MECHAN ENG Verdampfungskühlung *f*; ~ **enthalpy** *n* CHEM ENG Verdampfungsenthalpie *f*; ~-**ion pump** *n* CHEM ENG Ionenverdampferpumpe *f*; ~ **loss** *n* CHEM ENG, HEAT & REFRIG, WATER SUP Verdampfungsverlust *m*; ~ **pan** *n* WATER SUP Verdampfungskessel *m*; ~ **rate** *n* HEAT & REFRIG Verdampfungsgeschwindigkeit *f*; ~ **rate meter** *n* CHEM ENG Verdampfungsratenmeßgerät *nt*

evaporative: ~ **capacity** *n* CHEM ENG Verdampfungsfähigkeit *f*, HEAT & REFRIG Verdampfungsleistung *f*, Verdampfungsvermögen *nt*; ~ **cooling** *n* HEAT & REFRIG, THERMODYN Evaporationskühlung *f*, Verdampfungskühlung *f*; ~ **power** *n* HEAT & REFRIG Verdampfungsleistung *f*

evaporator *n* AUTO *air conditioner* Verdampfer *m*, Verdunster *m*, CHEM ENG Abdampfapparat *m*, Evaporator *m*, HEAT & REFRIG, LAB EQUIP Verdampfer *m*; ~ **coil** *n* HEAT & REFRIG Verdampferschlange *f*; ~ **section** *n* HEAT & REFRIG Verdampferteil *m*

evaporimeter *n* CHEM ENG Evaporimeter *nt*, Verdunstungsmesser *m*

evaporite *n* PET TECH Evaporit *nt*

even[1] *adj* COMP & DP, MATH *number, function* gerade, PAPER glatt, PROD ENG feinkörnig, gleichmäßig; ~ **with the ground** *adj* CONST ebenerdig; ~ **keel** *adj* WATER TRANS auf ebenem Kiel

even:[2] ~-**even nucleus** *n* PHYS geradzahlig-geradzahliger Kern *m*; ~-**grained soil** *n* COAL TECH gleichkörnige Erde *f*; ~ **harmonic** *n* ELECTRON geradzahlige Oberwelle *f*; ~ **harmonic vibrations** *n pl* PHYS geradzahlige harmonische Schwingungen *f pl*; ~ **keel** *n* WATER TRANS *ship design* ebener Kiel *m*; ~ **number** *n* MATH gerade Zahl *f*; ~-**odd nucleus** *n* PHYS geradzahligungeradzahliger Kern *m*; ~-**order filter** *n* ELECTRON Filter geradzahliger Ordnung *nt*; ~ **parity** *n* COMP & DP Prüfung auf gerade Bitzahl *f*, gerade Parität *f*, PHYS geradzahlige Parität *f*; ~ **working** *n* COMP & DP Druck auf volle Bogen *m*

even[3] *vt* CONST glätten

evener: ~ **roll** *n* PAPER Egalisierwalze *f*

event:[1] ~-**driven** *adj* ART INT ereignisgesteuert

event[2] *n* COMP & DP Ereignis *nt*, HYD EQUIP Vorgang *m*, PART PHYS, PHYS Ereignis *nt*, TELECOM *switching* Anreiz *m*; ~ **bit** *n* COMP & DP Ereignisbit *nt*; ~ **counter** *n* INSTR Ereigniszähler *m*; ~ **handling** *n* COMP & DP Ereignisbehandlung *f*; ~ **processing** *n* TELECOM Anreizverarbeitung *f*; ~ **recorder** *n* ELECT Ereignisschreiber *m*, Verlaufschreiber *m*, INSTR Ereignisschreiber *m*; ~-**related potentials** *n pl* ERGON ereignisbezogene Potentiale *nt pl*; ~ **trapping** *n* COMP & DP Ereignisverfolgung *f*

eversion *n* ERGON Auswärtsdrehung *f*

evidence *n* QUAL Nachweis *m*; ~ **of acceptability** *n* QUAL Annehmbarkeitsnachweis *m*; ~ **of control** *n* QUAL Überwachungsnachweis *m*; ~ **of use** *n* PAT Benutzungsbeweis *m*

evoke *vt* ERGON evozieren

evoked: ~ **potential** *n* ERGON evoziertes Potential *nt*; ~ **response** *n* ERGON evozierte Reaktion *f*; ~ **response audiometry** *n* ERGON Audiometrie evozierter Reaktionen *f*

evolute *n* GEOM *curve* Evolute *f*, Krümmungsmittelpunktskurve *f*

evolution *n* MATH *(cf involution)* Wurzelziehen *nt*, PHYS *development* Entwicklung *f*, *emission* Ausbreitung der Emission *f*

examination *n* MECHANICS Überprüfung *f*, PAT Prüfung *f*, QUAL Überprüfung *f*, TEST Untersuchung *f*; ~ **records** *n pl* QUAL Prüfungsprotokolle *nt pl*

examiner *n* PAT Prüfer *m*

excavatability *n* COAL TECH Ausschachtbarkeit *f*

excavated: ~ **material** *n* RAIL Abtrag *m*, Schutt *m*

excavation *n* COAL TECH Ausschachtung *f*, Baugrube *f*, CONST Aushub *m*, Ausschachtung *f*, WASTE Bodenaushub *m*

excavator *n* AUTO, CONST Bagger *m*; ~ **chain** *n* MECHAN ENG Baggerkette *f*

exception *n* COMP & DP Ausnahme *f*, Ausnahmebedingung *f*; ~ **handler** *n* COMP & DP Ausnahmebehandlungsroutine *f*

excess *n* COATINGS Überschuß *m*; ~ **air** *n* MECHAN ENG Luftüberschuß *m*; ~ **attenuation** *n* TELECOM Zusatzdämpfung *f*; ~ **current** *n* ELECT Überschußstrom *m*; ~ **current switch** *n* ELECT Überstromschalter *m*; ~ **energy** *n* THERMODYN überschüssige Energie *f*; ~ **energy meter** *n* ELECT Überverbrauchszähler *m*; ~ **fare office** *n* RAIL Zuschlagsbüro *nt*; ~ **function** *n* METALL Überfunktion *f*; ~ **meter** *n* INSTR Spitzenzähler *m*, Überverbrauchszähler *m*; ~ **pressure** *n* HEAT & REFRIG, MECHAN ENG Überdruck *m*; ~ **reactivity** *n* NUC TECH Überschußreaktivität *f*; ~ **temperature** *n* THERMODYN erhöhte Temperatur *f*; ~ **voltage** *n* ELECT Überspannung *f*; ~ **voltage protection** *n* ELECT Überspannungsschutz *m*; ~ **weight** *n* PACK Mehrgewicht *nt*, Übergewicht *nt*

exchange *n* COMP & DP, MECHAN ENG Austausch *m*, TELECOM *process* Amt *nt*, Austausch *m*, Vermittlung *f*; ~ **of drawings** *n* ENG DRAW Zeichnungsaustausch *m*; ~ **energy** *n* METALL Austauschenergie *f*; ~ **jump** *n* COMP & DP Austauschsprungbefehl *m*; ~ **line** *n* TELECOM Amtsleitung *f*; ~ **switchboard** *n* TELECOM Amtsklappenschrank *m*

exchangeable: ~ **cation** *n* POLL auswechselbares Kation *nt*; ~ **disk** *n* COMP & DP Wechselplatte *f*

excitation *n* ACOUSTICS Erregung *f*, ELEC ENG Aussteuerung *f*, Erregung *f*, ELECT *atom, radiation* Anregung *f*, *electrical machines* Erregung *f*, *field of electric motor* Erregung *f*, NUC TECH, RAD PHYS Anregung *f*, TELECOM *transmitter* Anregung *f*, Ansteuerung *f*, Erregung *f*; ~ **anode** *n* ELEC ENG Erregeranode *f*; ~ **current** *n* ELECT *generator* Erregerstrom *m*; ~ **energy** *n* NUC TECH, RAD PHYS Anregungsenergie *f*; ~ **frequency** *n* TEST Erregerfrequenz *f*; ~ **function** *n* NUC TECH, RAD PHYS Anregungsfunktion *f*; ~ **level** *n* ACOUSTICS Erregungspegel *m*; ~ **source** *n* NUC TECH, RAD PHYS Anregungsquelle *f*; ~ **winding** *n* ELECT *motor, generator* Erregerwicklung *f*

excited[1] *adj* NUC TECH *atom* angeregt

excited:[2] ~ **atom** *n* NUC TECH angeregtes Atom *nt*; ~ **state** *n* METALL Anregungszustand *m*, NUC TECH angeregter

Zustand *m*; **--state deactivation** *n* NUC TECH, RAD PHYS Abklingen des angeregten Zustandes *nt*, Deaktivierung des angeregten Zustandes *f*

exciter *n* ELEC ENG, ELECT *generator*, FUELLESS Erreger *m*, RAD TECH *transmitter stage* Erregerstufe *f*

exciting: **~ dynamo** *n* ELECT Erregerdynamo *m*; **~ field** *n* ELEC ENG Erregerfeld *nt*

exciton *n* PHYS Exiton *nt*

excitron *n* ELEC ENG Exzitron *nt*

exclusive: **~ licence** *n BrE* PAT ausschließliche Lizenz *f*; **~ license** *n AmE see exclusive licence BrE* **~ NOR circuit** *n* ELECTRON Äquivalenzverknüpfung *f*; **~ NOR gate** *n* ELECTRON Äquivalenzglied *nt*; **~ OR circuit** *n* ELECTRON exklusives-ODER-Glied *nt*; **~ OR gate** *n* ELECTRON exklusives-ODER-Glied *nt*; **~ right** *n* PAT ausschließliches Recht *nt*

excursion: **~ steamer** *n* WATER TRANS Ausflugsdampfer *m*

exducer *n* WATER TRANS Austrittsschaufelrad *nt*

executable: **~ instruction** *n* COMP & DP ausführbarer Befehl *m*; **~ statement** *n* COMP & DP ausführbare Anweisung *f*

execute:[1] **~ mode** *n* COMP & DP Ausführungsmodus *m*; **~ phase** *n* COMP & DP Ausführungsphase *f*; **~ signal** *n* COMP & DP Ausführungssignal *nt*; **~ statement** *n* COMP & DP Ausführungsanweisung *f*

execute[2] *vt* COMP & DP *command* aktivieren, ausführen

execution *n* COMP & DP, CONTROL Ausführung *f*, Durchführung *f*; **~ phase** *n* COMP & DP Ausführungsphase *f*; **~ time** *n* COMP & DP Ausführungszeit *f*

executive *n* COMP & DP *program* Supervisor *m*; **~ aircraft** *n* AIR TRANS Geschäftsflugzeug *nt*; **~ helicopter** *n* AIR TRANS Geschäftshubschrauber *m*

exert *vt* PHYS *force* ausüben

exfoliation *n* PHYS Aufblättern *nt*

exhalation: **~ valve** *n* AIR TRANS Ausdünstungsventil *nt*, Dunstventil *nt*

exhaust:[1] **--operated** *adj* MECHANICS abgasbeheizt, abgasgetrieben

exhaust[2] *n* AIR TRANS *engine* Abgas *nt*, Auspuff *m*, AUTO Auspuff *m*, MECHANICS Abgas *nt*, Auspuff *m*, Ausströmung *f*, PAPER Abluft *f*, Abzug *m*; **~ air** *n* HEAT & REFRIG Fortluft *f*; **~ airstream** *n* HEAT & REFRIG Abluftstrom *m*, Fortluftstrom *m*; **~ area** *n* MECHANICS Austrittsfläche *f*; **~ arrangement** *n* MECHANICS Auspuffsystem *nt*; **~ backpressure** *n* AIR TRANS, MECHANICS Auspuffgegendruck *m*; **~ brake** *n* AUTO Motorbremse *f*; **~ cam** *n* MECHANICS Auslaßnocken *m*; **~ case** *n* AIR TRANS Abgasgehäuse *nt*, Auspuffverkleidung *f*; **~ catalytic converter system** *n* AUTO Katalysatorauspuff *m*; **~ cavity** *n* HYD EQUIP Ausströmungsaushöhlung *f*; **~ cleaning installation** *n* TEXT Abluftreiniger *m*; **~ collector** *n* MECHANICS Auspuffsammler *m*; **~ conduit** *n* MECHANICS Abgasleitung *f*; **~ cone** *n* AIR TRANS Abgaskonus *m*, Austrittskonus *m*; **~ cover** *n* HYD EQUIP Auslaßüberdeckung *f*, Auslaßdeckung *f*; **--driven turbine** *n* MECHANICS Abgasturbine *f*; **~ duct** *n* PROD ENG Abgasleitung *f*; **~ edge** *n* HYD EQUIP Auslaßkante *f*; **~ fan** *n* HEAT & REFRIG *boiler* Sauggebläse *nt*, MECHAN ENG Sauglüfter *m*, MECHANICS Saugventilator *m*, PAPER Abluftventilator *m*; **~ gas** *n* AUTO Abgas *nt*, Auspuffgas *nt*, MECHANICS Abzugsgas *nt*, Auspuffgas *nt*, POLL, THERMODYN Abgas *nt*; **~ gas analyser** *n BrE* MECHANICS Abgasprüfgerät *nt*; **~ gas analyzer** *n AmE see exhaust gas analyser BrE* **~ gas cleaning** *n* THERMODYN Abgasfilterung *f*, Abgasreinigung *f*; **~ gas combustion** *n* AUTO Abgasverbrennung *f*; **~ gas emission** *n* AUTO Ausstoß von Auspuffgasen *m*; **~ gas recirculation** *n* AUTO Abgasrückführung *f*; **~ gas recirculation with air injection** *n* AUTO Abgasrückführung mit Lufteinblasung *f*; **~ gas temperature** *n* AIR TRANS, AUTO Abgastemperatur *f*; **~ gas temperature indicator** *n* AIR TRANS, AUTO Abgastemperaturanzeige *f*; **~ gas turbine** *n* AIR TRANS Abgasturbine *f*; **~ gate** *n* MECHANICS Abgasausströmöffnung *f*; **~ lap** *n* HYD EQUIP Auslaßüberdeckung *f*, Auslaßdeckung *f*; **~ lead** *n* HYD EQUIP Vorausströmung *f*, Voraustritt *m*; **~ line** *n* MECHANICS Ausblaseleitung *f*, Entlüftungsleitung *f*; **~ loss** *n* MECHANICS Austrittsverlust *m*; **~ manifold** *n* AIR TRANS Abgasrohrkrümmer *m*, Abgassammler *m*, AUTO Abgasrohrkrümmer *m*, Abgassammler *m*, Auspuffkrümmer *m*, MECHANICS Abgaskrümmer *m*, Auspuffsammelleitung *f*, Auspuffsammler *m*, THERMODYN Abgassammler *m*; **~ muffler** *n AmE (cf exhaust silencer BrE)* AUTO Abgasschalldämpfer *m*, Auspufftopf *m*, MECHANICS Auspufftopf *m*, Schalldämpfer *m*, Schalldämpfer am Auspuff *m*; **~ nozzle** *n* AIR TRANS Abgasdüse *f*, Abgasschubrahmen *m*, Schubdüse *f*, AUTO Abgasschalldämpfer *m*; **~ nozzle breeches** *n pl* AIR TRANS Abgasdüsenverschlußstücke *nt pl*; **~ passage** *n* AUTO Auslaßkanal *m*; **~ pipe** *n* AIR TRANS, AUTO, MECHANICS Abgasleitung *f*, Abgasrohr *nt*, Auspuffrohr *nt*, THERMODYN Abgasleitung *f*, *of car* Auspuffrohr *nt*, *of plant, machine* Abgasrohr *nt*, TRANS Auspuffrohr *nt*, WATER TRANS *engine* Abgasleitung *f*, Abgasrohr *nt*, Auspuffrohr *nt*; **~ port** *n* AUTO *engine*, HYD EQUIP Auslaßkanal *m*, Auslaßschlitz *m*, Auslaßöffnung *f*; **~ process** *n* MECHANICS Ausströmvorgang *m*; **~ pump** *n* MECHANICS Absauger *m*, Entlüfter *m*, Exhaustor *m*, Lüfterpumpe *f*; **~ recycling** *n* AUTO Abgaswiederverwertung *f*; **~ silencer** *n BrE (cf exhaust muffler AmE)* AUTO Abgasschalldämpfer *m*, Auspufftopf *m*, MECHANICS Auspufftopf *m*, Schalldämpfer *m*, Schalldämpfer am Auspuff *m*; **~ stack** *n* MECHANICS Abgasstutzen *m*, Auspuffstutzen *m*; **~ steam** *n* FOOD TECH Abdampf *m*, HYD EQUIP Abdampf *m*, Auslaßdampf *m*, MECHAN ENG Abdampf *m*; **~ steam boiler** *n* HEAT & REFRIG Abdampfkessel *m*; **~ steam turbine** *n* HEAT & REFRIG Abdampfturbine *f*; **~ stroke** *n* AUTO Auslaßhub *m*, Auspuffhub *m*, MECHANICS Auspuffhub *m*; **~ system** *n* AUTO Abgasanlage *f*, Auspuff *m*, Auspuffanlage *f*; **~ trail** *n* AIR TRANS Rauchfahne *f*; **--turbine supercharger** *n* MECHANICS Abgasturbolader *m*; **~ turbocharger** *n* AUTO Abgasturbolader *m*; **~ valve** *n* AUTO Abgasventil *nt*, HYD EQUIP Abdampfventil *nt*, Auslaßventil *nt*, LAB EQUIP Absaugventil *nt*, MECHANICS Auslaßventil *nt*, Auspuffventil *nt*, PAPER Auslaßventil *nt*; **~ vent installation** *n* SAFETY Abluftsystem *nt*; **~ weight** *n* MECHANICS Abgasgewicht *nt*

exhaust[3] *vt* PROD ENG ausschieben

exhausted: **~ developer** *n* PHOTO ausgenutzter Entwikkler *m*

exhauster *n* FOOD TECH Absauganlage *f*, Entlüftungsanlage *f*, MECHAN ENG Exhaustor *m*, MECHANICS Lüfter *m*, Sauger *m*

exhaustion *n* METALL Aufbrauch *m*, Leeren *nt*; **~ box** *n* FOOD TECH Absaugbehälter *m*, Entlüftungsbehälter *m*

existing: **~ plant** *n* POLL Betrieb *m*

exit[1] *n* COMP & DP Ausgang *m*; **~ angle** *n* HYD EQUIP

Austrittswinkel *m*; ~ **cone of nozzle** *n* PHYS Austrittskonus einer Düse *m*; ~ **point** *n* COMP & DP Endpunkt *m*; ~ **port** *n* OPT Austrittsluke *f*; ~ **pupil** *n* PHYS Austrittspupille *f*; ~ **taxiway** *n* AIR TRANS Schnellabrollbahn *f*; ~ **velocity** *n* HYD EQUIP, PROD ENG Austrittsgeschwindigkeit *f*

exit[2] *vt* COMP & DP beenden, verlassen

exorheic *adj* WATER SUP exorheisch, zum Ozean entwässernd

exothermal *adj* THERMODYN exotherm

exothermic[1] *adj* SPACE exothermisch, THERMODYN exotherm

exothermic:[2] ~ **process** *n* THERM exothermer Prozeß *m*

exotic: ~ **chip** *n* ELECTRON exotischer Chip *m*; ~ **signal** *n* ELECTRON exotisches Signal *nt*

expand[1] *vt* CONST aufweiten, ausdehnen, erweitern, MECHAN ENG spreizen

expand[2] *vi* HYD EQUIP entspannen, expandieren

expandable: ~ **pallet** *n* PACK Einwegpalette *f*

expanded[1] *adj* SPACE ausgedehnt, expandiert

expanded:[2] ~ **air** *n* HEAT & REFRIG entspannte Luft *f*; ~ **graph** *n* ART INT expandierter Graph *m*; ~ **memory** *n* COMP & DP Expansionsspeicher *m*; ~ **memory manager** *n* COMP & DP EMS-Speicherverwalter *m*; ~ **memory specification** *n (EMS)* COMP & DP Expansionsspeicher-Spezifikation *m (EMS)*; ~ **metal** *n* MECHANICS, METALL Streckmetall *nt*; ~ **plastic** *n* MECHANICS Schaumkunstmasse *f*, Schaumstoff *m*, PLAS Schaumkunststoff *m*; ~ **polystyrene** *n (ep)* PACK geschäumtes Polysterol *nt (Schaum-PS)*; ~ **polythene packaging** *n* PACK Einwegpolythenverpackung *f*; ~ **polyurethane** *n* PLAS Polyurethanschaum *m*, Polyurethanschaumstoff *m*; ~ **rubber** *n* MECHANICS, PLAS Schaumgummi *m*; ~ **scale** *n* METROL Spreizung *f*; ~ **scale meter** *n* INSTR Meßgerät mit gedehnter Skale *nt*; ~ **sweep** *n* ELECTRON Zeitbasisspreizung *f*, gedehnte x-Ablenkung *f*; ~ **type** *n* PRINT Breitschrift *f*

expander *n* RECORD Dynamikdehner *m*

expanding[1] *adj* METALL Aufweite- *pref*

expanding:[2] ~ **arbor** *n AmE*, ~ **arbour** *n BrE* MECHAN ENG Spreizdorn *m*; ~ **band clutch** *n* PROD ENG *coupling* Spreizringkupplung *f*; ~ **mandrel** *n* MECHAN ENG Spreizdorn *m*; ~ **mill** *n* METALL *tubes* Aufweitewalzwerk *nt*; ~ **reamer** *n* MECHAN ENG nachstellbare Reibahle *f*; ~ **screw** *n* MECHAN ENG Spreizschraube *f*; ~ **tap** *n* MECHAN ENG spreizbarer Gewindebohrer *m*; ~ **test** *n* PROD ENG Aufdornversuch *m*

expansibility: ~ **of gases** *n* THERMODYN Ausdehnungsvermögen der Gase *f*

expansion *n* ELECTRON *Puls* Dehnung *f*, Pulsdehnung *f*, HEAT & REFRIG Ausdehnung *f*, Druckausgleich *m*, HYD EQUIP Dampfausdehnungszeit *f*, HYD EQUIP Entspannung *f*, Expansion *f*, MECHAN ENG Ausdehnung *f*, Dehnung *f*, Expansion *f*, MECHANICS Ausbauchung *f*, Ausdehnung *f*, Dehnung *f*, METALL, PLAS Ausdehnung *f*, PRINT Erweiterung *f*, PROD ENG Aufschäumung *f*, Quellung *f*, Spreizung *f*, RAD TECH Dynamikdehnung *f*, SPACE Ausdehnung *f*, Expansion *f*, TEST Dehnung *f*, THERMODYN Ausdehnung *f*, Expansion *f*; ~ **arbor** *n AmE*, ~ **arbour** *n BrE* PROD ENG Spreizdorn *m*; ~ **bellows** *n pl* MECHANICS Drukkausgleichdose *f*; ~ **bend** *n* HEAT & REFRIG Ausdehnungsbogen *m*, Dehnungsbogen *m*, MECHANICS Ausdehnungsknie *nt*; ~ **bit** *n* PET TECH Erweiterungsbohrmeißel *m*, Expansionsbohrmeißel *m*; ~ **board** *n* COMP & DP Erweiterungsplatine *f*; ~ **bolt** *n* MECHAN ENG Spreizschraube *f*; ~ **box** *n* HYD EQUIP Expansionskasten *m*; ~ **cam** *n* HYD EQUIP Expansionssteuernocke *f*, MECHANICS Ausdehnungsnocke *f*; ~ **card** *n* COMP & DP Erweiterungsplatine *f*, Erweiterungskarte *f*; ~ **chamber** *n* MECHAN ENG Expansionskammer *f*; ~ **coefficient** *n* MECHAN ENG Dehnungskoeffizient *m*, Expansionskoeffizient *m*, MECHANICS Ausdehnungskoeffizient *m*, THERMODYN Volumenausdehnungskoeffizient *m*; ~ **compensation** *n* MECHAN ENG Dehnungsausgleich *m*; ~ **coupling** *n* HYD EQUIP Dehnungsausgleichskupplung *f*, MECHAN ENG Ausdehnungskupplung *f*; ~ **crack** *n* MECHAN ENG, MECHANICS, TEST Dehnungsriß *m*; ~ **engine** *n* MECHAN ENG Expansionsmaschine *f*; ~ **of an expression** *n* MATH Erweiterung eines Ausdrucks *f*; ~ **filter** *n* ELECTRON Dehnungsfilter *nt*; ~ **of honing stones** *n* PROD ENG Auseinanderspreizen der Ziehschleifsteine *nt*; ~ **joint** *n* CONST Ausdehnungsstoß *m*, Dehnfuge *f*, Raumfuge *f*, HEAT & REFRIG Dehnfuge *f*, HYD EQUIP Dehnungsausgleicher *m*, Kompensator *m*, MECHAN ENG Dehnungsfuge *f*, MECHANICS Dehnungsfuge *f*, Dehnungsverbindung *f*; ~ **loop** *n* HEAT & REFRIG Dehnungsband *nt*, Dehnungsbogen *m*; ~ **movement** *n* INSTR Hitzdrahtmeßwerk *nt*; ~ **network** *n* TELECOM Erweiterungsnetz *nt*; ~ **notch** *n* HYD EQUIP Expansionsschaltkulisse *f*, Expansionsschaltnocke *f*; ~ **nozzle** *n* AIR TRANS *jet engine* Expansionsdüse *f*; ~ **period** *n* HYD EQUIP Expansionsperiode *f*, Expansionszeitraum *m*; ~ **plate** *n* HYD EQUIP Expansionsplatte *f*; ~ **point** *n* HYD EQUIP Expansionspunkt *m*; ~ **reamer** *n* PROD ENG Spreizreibahle *f*; ~ **ring** *n* MECHANICS Spannring *m*, PET TECH Erweiterungsring *m*, Expansionsring *m*; ~ **slide** *n* HYD EQUIP Expansionsschieber *m*; ~ **slot** *n* COMP & DP Erweiterungsposition *f*, ELECTRON *on personal computer* Erweiterungssteckplatz *m*; ~ **space** *n* CER & GLAS Expansionsraum *m*; ~ **stage** *n* TELECOM *switching* Expansionsstufe *f*; ~ **storage tube** *n* ELECTRON Erweiterungsspeicherröhre *f*; ~ **stress** *n* HYD EQUIP Expansionsbeanspruchung *f*, Expansionsspannung *f*; ~ **stroke** *n* MECHAN ENG *piston*, MECHANICS Expansionshub *m*, THERMODYN Ausdehnungshub *m*, Expansionshub *m*; ~ **tank** *n* AUTO Ausgleichbehälter *m*, HEAT & REFRIG Ausdehnungsgefäß *nt*, MECHANICS Ausgleichbehälter *m*; ~ **tap** *n* MECHAN ENG spreizbarer Gewindebohrer *m*; ~ **trap** *n* HYD EQUIP Expansionsfalle *f*; ~ **tube** *n* LAB EQUIP Expansionsrohr *nt*, Verlängerungsrohr *nt*; ~ **turbine** *n* AIR TRANS Kälteturbine *f*, HEAT & REFRIG Expansionsturbine *f*, Kälteturbine *f*; ~ **valve** *n* HEAT & REFRIG, HYD EQUIP Entspannungsventil *nt*, Expansionsventil *nt*, MECHAN ENG Expansionsventil *nt*; ~ **vessel** *n* MECHAN ENG Ausdehnungsgefäß *nt*; ~ **wave** *n* AIR TRANS Expansionswelle *f*

expectation *n* COMP & DP mathematische Hoffnung *f*

expected: ~ **approach time** *n* AIR TRANS vorraussichtliche Anflugszeit *f*; ~ **value** *n* QUAL Erwartungswert *m*

expendable[1] *adj* SPACE entbehrlich, WASTE Wegwerf- *pref*

expendable:[2] ~ **item** *n* MECHAN ENG Wegwerfartikel *m*; ~ **pallet** *n* TRANS Einwegpalette *f*

experiential: ~ **knowledge** *n* ART INT Erfahrungswissen *nt*

experiment *n* PHYS Experiment *nt*; ~ **module** *n* SPACE Experimentiermodul *nt*; ~ **package** *n* SPACE Experimentenpaket *nt*, Versuchsreihen *f pl*

experimental[1] *adj* PHYS experimentell

experimental:[2] **~ basin** *n* WATER SUP Versuchsbecken *nt*; **~ design** *n* QUAL Versuchsplanung *f*; **~ helicopter** *n* AIR TRANS Testhubschrauber *m*, Versuchshubschrauber *m*; **~ model** *n* MECHANICS Versuchsmodell *nt*; **~ physicist** *n* PART PHYS Experimentalphysiker *m*; **~ safety vehicle** *n (ESV)* AUTO Experimentalsicherheitsauto *nt*; **~ section** *n* CONST Versuchsabschnitt *m*, Versuchsstrecke *f*; **~ television** *n* TELEV experimentelles Fernsehen *nt*

expert: **~ system** *n (ES, XPS)* ART INT, COMP & DP Expertensystem *nt (XPS)*; **~ system shell** *n* ART INT Expertensystem-Shell *f*, Rahmensystem *nt*

expert's: **~ report** *n* QUAL Gutachten *nt*

expiry: **~ of timer** *n* TELECOM *maritime mobile* Ablauf des Zeitgebers *m*

explanation: **~ subsystem** *n* ART INT *of an expert system* Erklärungskomponente *f*, Erklärungsteil *nt*

exploded: **~ view** *n* MECHAN ENG *of drawing* Explosionszeichnung *f*, MECHANICS auseinandergezogene Darstellung *f*

exploding: **~ of detonator** *n* RAIL Knallvorrichtungsexplosion *f*

exploitation: **~ in industry** *n* PAT gewerbliche Anwendung *f*

exploration *n* PET TECH Aufsuchung *f*, Exploration *f*; **~ drilling** *n* PET TECH Aufschlußbohren *nt*, Explorationsbohren *nt*; **~ phase** *n* PET TECH Explorationsphase *f*; **~ rig** *n* PET TECH Explorationsbohranlage *f*; **~ well** *n* PET TECH Aufschlußbohrung *f*

exploratory: **~ drilling** *n* PET TECH Aufschlußbohren *nt*, Explorationsbohren *nt*

exploring: **~ coil** *n* ELECT *magnetic field* Suchspule *f*, PHYS Sondenspule *f*, Suchspule *f*, Tastspule *f*

explosimeter *n* LAB EQUIP *for inflammable gases* Explosionsmesser *m*

explosion:[1] **~-proof** *adj* AIR TRANS, ELECT, MECHANICS, PACK explosionsgeschützt, explosionssicher

explosion[2] *n* PET TECH Explosion *f*, PROD ENG Zersprühung *f*, SAFETY Explosion *f*; **~ bolt** *n* MECHANICS Sprengbolzen *m*; **~ engine** *n* AUTO Brennkraftmaschine *f*, Verbrennungsmotor *m*; **~ motor** *n* AUTO Brennkraftmaschine *f*, Verbrennungsmotor *m*; **~-proof glazing** *n* CER & GLAS explosionssichere Verglasung *f*

explosive[1] *adj* AUTO *internal-combustion engine*, THERMODYN explosiv, zündfähig

explosive:[2] **~ atmosphere** *n* SAFETY Schlagwetter *nt*, explosive Luft *f*; **~ bolt** *n* SPACE Sprengbolzen *m*; **~ decompression** *n* THERMODYN Drucksturz *m*; **~ forming** *n* MECHAN ENG Explosivumformung *f*, MECHANICS Explosionsformgebung *f*, THERMODYN Explosionsformung *f*; **~ gas atmosphere** *n* ELECT explosionsgefährdeter Bereich *m*; **~ mixture** *n* AUTO Explosionsgemisch *nt*, zündfähiges Gemisch *nt*; **~ rivet** *n* MECHAN ENG Sprengniet *nt*; **~-type rivet** *n* MECHANICS Sprengniet *nt*; **~ waste** *n* WASTE explosiver Abfall *m*

explosives *n pl* SAFETY Sprengstoff *m*, THERMODYN Explosivstoffe *m pl*

exponent *n* COMP & DP Exponent *m*, MATH Exponent *m*, Hochzahl *f*

exponential[1] *adj* ACOUSTICS, ELECT, ELECTRON Exponential- *pref*, MATH Exponential- *pref*, exponentiell

exponential:[2] **~ amplifier** *n* ELECTRON Exponentialverstärker *m*; **~ curve** *n* ELECT Exponentialkurve *f*; **~ decay** *n* ELECTRON *nuclear technics* exponentieller Zerfall *m*; **~ distribution** *n* COMP & DP Exponentialverteilung *f*; **~ function** *n* MATH Exponentialfunktion *f*; **~ horn** *n* ACOUSTICS Exponentialtrichter *m*; **~ smoothing** *n* GEOM exponentielle Glättung *f*; **~ tube** *n* ELECTRON Exponentialröhre *f*

export *n* WATER TRANS Ausfuhr *f*; **~ licence** *n BrE* WATER TRANS *document* Ausfuhrgenehmigung *f*, Exportlizenz *f*; **~ license** *n AmE see export licence BrE* **~ packaging** *n* PACK Exportgüterverpackung *f*

expose *vt* COATINGS aussetzen, ausziehen, freilegen, PHOTO *photographic emulsion* belichten; **~ to radiation** *vt* PHYS etwas einer Bestrahlung aussetzen

exposed[1] *adj* COATINGS ausgesetzt, ausgezogen, freigelegt

exposed:[2] **~ location single buoy mooring** *n (ELSBM)* PET TECH ungeschützte Einzeltonnenvertänung *(ELSBM)*; **~ surfaces** *n pl* HEAT & REFRIG Sichtflächen *f pl*

exposure *n* NUC TECH Belastung *f*, PHOTO, PHYS, PRINT Belichtung *f*; **~-calculating chart** *n* PHOTO Belichtungstabelle *f*; **~ counter** *n* PHOTO Aufnahmenzähler *m*; **~ dose** *n* RAD PHYS *of ionizing radiation* Bestrahlungsdosis *f*; **~ factor** *n* PHOTO Belichtungsfaktor *m*; **~ index** *n* PHOTO Empfindlichkeitsindex *m*; **~ latitude** *n* PHOTO Belichtungsspielraum *m*; **~ limit** *n* SAFETY *to hazardous substances* Grenzwert *m*; **~ meter** *n* PHOTO, PHYS Belichtungsmesser *m*; **~ meter needle** *n* PHOTO Zeiger des Belichtungsmessers *m*; **~ rate** *n* PHYS Belichtungsstärke *f*, Bestrahlungsstärke *f*; **~ risks** *n pl* RAD PHYS *of ionizing radiation* Bestrahlungsrisiken *nt pl*; **~ scale** *n* PHOTO *on camera* Belichtungstabelle *f*; **~ time** *n* ERGON Expositionszeit *f*, PHOTO Belichtungszeit *f*; **~ timer** *n* PHOTO Belichtungsautomatik *f*; **~ to fumes** *n* SAFETY Belastung durch Dämpfe *f*; **~ to radiation** *n* PLAS Bestrahlung *f*; **~ to weather** *n* PLAS Bewitterungsbeanspruchung *f*; **~ unit** *n* PRINT Belichtungsanlage *f*

express: **~ parcels train** *n* RAIL Eilgüterzug *m*; **~ streetcar** *n AmE (cf express tramway BrE)* TRANS Straßenbahnverkehr im Expreßbetrieb *m*; **~ train** *n* RAIL D-Zug *m*, Schnellzug *m*, Fernschnellzug *m*; **~ tramway** *n BrE (cf express streetcar AmE)* TRANS Straßenbahnverkehr im Expreßbetrieb *m*

expression *n* COMP & DP Ausdruck *m*

expressive: **~ representation** *n* ENG DRAW einprägsame Darstellung *f*

expressway *n AmE (cf motorway BrE)* TRANS Autostraße *f*, Autobahn *f*

expulsion *n* CHEMISTRY *of gas, liquids* Ausstoßung *f*, Austreibung *f*, PET TECH Ausstoß *m*, Austrieb *m*; **~ fuse** *n* ELEC ENG Löschrohrsicherung *f*, ELECT Sicherungsautomat *m*; **~ rate** *n* PET TECH Ausstoßrate *f*, Austriebrate *f*; **~-type lightning arrester** *n* ELEC ENG Löschrohrblitzableiter *m*

exsiccant *n* PLAS Sikkativ *nt*, Trockenmittel *nt*, Trokkenstoff *m*

extend *vt* COMP & DP, MATH *(cf reduce)* erweitern

extended: **~ addressing** *n* COMP & DP erweiterte Adressierung *f*; **~-area service** *n* TELECOM Fernverkehrsdienst zu Ortsgebühren *m*; **~-bandwidth system** *n* RAD TECH System mit erweiterter Bandbreite *nt*; **~ binary-coded decimal interchange code** *n (EBCDIC)* COMP & DP, ELECTRON erweiterter Binärcode für Dezimalziffern *m (EBCDIC-Code)*; **~**

definition television *n (EDTV)* TELEV hochauflösendes Fernsehen *nt (EDTV)*; ~ **double Zepp** *n* RAD TECH *antenna type* verlängerte Doppel-Zeppelinantenne *f*; ~ **ground plane** *n* RAD TECH *aerial* verlängerte Viertelwellenantenne mit Gegengewicht *f*; ~**-interaction oscillator** *n* ELECTRON Oszillator mit verlängerter Wechselwirkung *m*; ~**-interaction tube** *n* ELECTRON Röhre mit verlängerter Wechselwirkung *f*; ~ **memory specification** *n (XMS)* COMP & DP Erweiterungsspeicher *m (XMS)*; ~ **node** *n* METALL verlängerter Sattelpunkt *m*; ~**-play record** *n (EP)* RECORD Langspielplatte *f (LP)*; ~**-range loudspeaker** *n* RECORD weitreichender Lautsprecher *m*; ~ **runway centerline** *n AmE*, ~ **runway centreline** *n BrE* AIR TRANS Landebahnmittellinienverlängerung *f*; ~**-surface heat exchanger** *n* MECHAN ENG Großflächenwärmetauscher *m*; ~ **tool life** *n* MECHAN ENG verlängerte Standzeit *f*; ~ **type** *n* PRINT Breitschrift *f*

extender *n* PLAS Extender *m*, Streckmittel *nt*; ~ **oil** *n* PET TECH Verschnittöl *nt*

extensibility *n* COMP & DP Erweiterbarkeit *f*, PLAS Dehnbarkeit *f*, Streckbarkeit *f*

extensible[1] *adj* PLAS dehnbar

extensible:[2] ~ **addressing** *n* COMP & DP erweiterbare Adressierung *f*; ~ **language** *n* COMP & DP erweiterbare Sprache *f*

extension *n* CONST Anbau *m*, Ausziehleiter *f*, MECHAN ENG Dehnung *f*, Streckung *f*, PHOTO *of bellows* Auszug *m*, PHYS *increase in length* Ausdehnung *f*, TELECOM Dehnung *f*, Verlängerung *f*; ~ **bell** *n* TELECOM Zusatzwecker *m*; ~ **bellows** *n* PHOTO Vorsatzbalgengerät *nt*; ~ **block** *n* ENG DRAW Erweiterungsfeld *nt*; ~ **cable** *n* ELEC ENG Verlängerungskabel *nt*; ~ **card** *n* ELECTRON Erweiterungskarte *f*; ~ **lead** *n* LAB EQUIP Bleiansatzstück *nt*; ~ **line** *n* MECHAN ENG *in technical drawing* Maßhilfslinie *f*; ~ **of the measuring range** *n* INSTR Meßbereichserweiterung *f*; ~ **piece** *n* MECHAN ENG *for box spanner* Verlängerungsstück *nt*; ~ **ring** *n* PHOTO Auszugsring *m*; ~ **socket** *n* MECHAN ENG Verlängerungsstutzen *m*; ~ **spring** *n* MECHAN ENG Zugfeder *f*; ~ **of time limits** *n* PAT Verlängerung von Fristen *f*; ~ **tripod** *n* PHOTO zusammenschiebbares Stativ *nt*; ~ **tube** *n* LAB EQUIP Verlängerungsrohr *nt*, PHOTO Verlängerungstubus *m*; ~ **well** *n* PET TECH Entwicklungsbohrung *f*, Erweiterungsbohrung *f*

extensive: ~ **quantity** *n* PHYS Extensionsgröße *f*

extensometer *n* MECHANICS Deformationsmesser *m*, Dehnungsmesser *m*, METROL, PAPER, PROD ENG Dehnungsmesser *m*

extent: ~ **of damage** *n* SAFETY Schadensermittlung *f*; ~ **of protection** *n* PAT Schutzbereich *m*

exterior[1] *adj* ELECT, PACK Außen- *pref*

exterior:[2] ~ **angle** *n* GEOM Außenwinkel *m*; ~ **packaging machine** *n* PACK Außenpackmaschine *f*; ~ **pole generator** *n* ELECT Außenpolgenerator *m*; ~ **surface** *n* PACK Außenseite *f*, Außenfläche *f*

external[1] *adj* ELECT, ELECTRON Außen- *pref*, POLL äußerlich

external:[2] ~ **blocking** *n* TELECOM externe Blockierung *f*; ~ **broach** *n* MECHAN ENG Außenräumwerkzeug *nt*; ~ **broaching machine** *n* MECHAN ENG Außenräummaschine *f*; ~ **caliper gage** *n AmE (cf external calliper gauge BrE)* MECHAN ENG Grenzrachenlehre *f*; ~ **calliper gauge** *n BrE (cf external caliper gage AmE)* MECHAN ENG Grenzrachenlehre *f*; ~ **circuit** *n* ELECT äußere Schaltung *f*; ~ **clock** *n* COMP & DP externer Taktgeber *m*; ~ **combustion engine** *n* AUTO, MECHAN ENG Kraftmaschine mit äußerer Verbrennung *f*; ~ **cylindrical grinding** *n* MECHAN ENG Außenrundschleifen *nt*; ~ **data file** *n* COMP & DP externe Datei *f*; ~ **device** *n* COMP & DP externes Gerät *nt*; ~ **disturbance** *n* ELECT äußere Störung *f*; ~**-external traffic** *n* TRANS Durchgangsverkehr *m*; ~ **force** *n* METALL äußere Kraft *f*; ~ **friction** *n* MECHAN ENG äußere Reibung *f*; ~ **gas pressure cable** *n* ELECT druckgasisoliertes Kabel *nt*; ~ **gear** *n* MECHAN ENG Rad mit Außenverzahnung *nt*, außenverzahntes Rad *nt*; ~ **grid** *n* ELECTRON Außenraster *nt*; ~ **inductance** *n* ELECT äußere Induktanz *f*; ~ **injection** *n* AUTO externe Einspritzung *f*; ~ **input** *n* COMP & DP externe Eingabe *f*, POLL Fremdzufuhr *f*; ~ **insulation** *n* ELECT äußere Isolierung *f*; ~ **interface** *n* SPACE *spacecraft* externes Interface *nt*, äußeres Zwischenstück *nt*; ~ **and internal calipers** *n pl AmE (cf external and internal callipers BrE)* MECHAN ENG Tastzirkel *m*; ~ **and internal callipers** *n BrE (cf external and internal calipers AmE)* MECHAN ENG Tastzirkel *m*; ~ **interrupt** *n* COMP & DP, ELECTRON externe Unterbrechung *f*; ~ **label** *n* COMP & DP Aufkleber *m*, Etikett *nt*; ~ **load carrying** *n* AIR TRANS *helicopter* Lastenbeförderung außerhalb des Hubschraubers *f*; ~ **magnetic field** *n* ELECT externes Magnetfeld *nt*; ~ **memory** *n* COMP & DP, ELEC ENG externer Speicher *m*; ~ **micrometer** *n* MECHAN ENG Außenmikrometer *nt*; ~ **modulation** *n* ELECTRON externe Modulation *f*; ~ **noise** *n* RAD TECH Himmelsrauschen *nt*, extraterrestrisches Rauschen *nt*; ~ **photoelectric effect** *n* OPT, TELECOM äußerer fotoelektrischer Effekt *m*; ~ **plasticizer** *n* PLAS äußerer Weichmacher *m*; ~ **pole generator** *n* ELECT Außenpolgenerator *m*; ~ **prestressing** *n* CONST *concrete* externes Vorspannen *nt*; ~ **resistance** *n* ELECT externer Widerstand *m*; ~ **resistor** *n* ELEC ENG Außenwiderstand *m*; ~ **rotor motor** *n* ELECT Außenläufermotor *m*; ~ **screw thread** *n* MECHAN ENG Außengewinde *nt*; ~**-screw-thread finish** *n* CER & GLAS Verschluß mit Außengewinde *m*; ~ **signal** *n* ELECTRON externes Signal *nt*; ~ **sort** *n* COMP & DP externe Sortierung *f*; ~ **source** *n* ELECTRON externe Quelle *f*, externer Ursprung *m*; ~ **splines** *n pl* MECHAN ENG Keilwellenprofil *nt*; ~ **storage** *n* COMP & DP externer Speicher *m*; ~ **store** *n* COMP & DP externer Speicher *m*; ~ **strain** *n* TEST äußere Beanspruchung *f*; ~ **synchronization** *n* ELECTRON Fremdsynchronisierung *f*; ~ **taper** *n* PROD ENG Außenkegel *m*, Vollkegel *m*; ~ **threading** *n* MECHAN ENG, PROD ENG Außengewindeschneiden *nt*; ~ **toothing** *n* MECHAN ENG Außenverzahnung *f*; ~ **tooth lock washer** *n* PROD ENG außenverzahnte Zahnscheibe *f*; ~ **torque** *n* MECHAN ENG externes Drehmoment *nt*; ~ **turning** *n* PROD ENG Außendrehen *nt*; ~ **voltage** *n* ELEC ENG Fremdspannung *f*; ~ **voltage source** *n* ELEC ENG Fremdspannungsquelle *f*; ~ **wheel case** *n* AUTO äußerer Radkasten *m*

externally: ~ **cooled** *adj* NUC TECH außengekühlt

exteroceptive: ~ **impulses** *n pl* ERGON Umweltimpulse *m pl*

extinction *n* PHYS Auslöschung *f*; ~ **potential** *n* ELEC ENG Löschspannung *f*

extinguisher *n* MECHAN ENG Löscher *m*; ~ **striker** *n* AIR TRANS Feuerlöscherschlagbolzen *m*, Feuerlöscherzuschläger *m*

extra:[1] ~**-galactic** *adj* SPACE extragalaktisch

extra:[2] ~ **digit** *n* TELECOM Zusatzziffer *f*; ~**-hard paper** *n* PHOTO extrahartes Papier *nt*; ~**-high tension** *n (EHT)* TELEV Hochspannung *f (E.h.t.)*; ~**-high voltage cable** *n* ELECT Extrahochspannungskabel *nt*; ~**-soft paper** *n* PHOTO extraweiches Papier *nt*; ~**-terrestrial life** *n* SPACE außerirdisches Leben *nt*; ~**-thin sheet glass** *n* CER & GLAS extradünnes Tafelglas *nt*; ~**-vehicular pressure garment** *n* SPACE Weltraumdruckanzug *m*

extract[1] *n* HEAT & REFRIG Absaug- *pref*, PAPER Extrakt *nt*; ~ **fan** *n* HEAT & REFRIG Absauggebläse *nt*; ~ **from the register** *n* PAT Registerauszug *m*

extract[2] *vt* CHEMISTRY auslaugen, extrahieren, HEAT & REFRIG absaugen, MATH *square root* ziehen, PAPER extrahieren

extractable: ~ **sulfur** *n AmE*, ~ **sulphur** *n BrE* PLAS *rubber* extrahierbarer Schwefel *m*

extracted: ~**-air flow rate** *n* HEAT & REFRIG Abluftleistung *f*, Abluftvolumenstrom *m*

extraction *n* CHEMISTRY Auslaugen *nt*, COAL TECH Gewinnung *f*, CONST *of nail* Herausziehen *nt*, PET TECH Gewinnung *f*, PROD ENG *plastic valves* Absaugung *f*, Gewinnung *f*; ~ **fan** *n* LAB EQUIP Extraktionsventilator *m*, MECHAN ENG Sauglüfter *m*; ~ **fan system** *n* SAFETY Luftabzugssystem *nt*; ~ **hood** *n* LAB EQUIP Extraktionshaube *f*; ~ **process** *n* PET TECH Trennverfahrenprozeß *m*; ~ **rate** *n* FOOD TECH Ausmahlungsgrad *m*; ~ **solvent** *n* FOOD TECH Extraktionsmittel *nt*; ~ **thimble** *n* FOOD TECH, LAB EQUIP Extraktionshülse *f*

extractive: ~ **distillation** *n* FOOD TECH extraktive Destillation *f*

extractor *n* CHEM ENG Extrakteur *m*, Extraktionsapparat *m*, CONST Auszieher *m*, Herausheber *m*, MECHAN ENG *for hubs* Abziehvorrichtung *f*, PAPER Extraktionssäule *f*, PLAS *moulding* Entformungsvorrichtung *f*, WASTE Entnahmegerät *nt*; ~ **fan** *n* MECHAN ENG Sauglüfter *m*

extrados *n* CONST Gewölberücken *m*

extraneous: ~ **noise** *n* RECORD Fremdgeräusch *nt*

extraordinary: ~ **ray** *n* PHYS außerordentlicher Strahl *m*

extrapolate *vti* MATH extrapolieren

extrapolation *n* MATH Extrapolation *f*

extreme *n* MATH *of function* Extremum *nt*; ~ **breadth** *n* WATER TRANS *ship design* größte Breite *f*; ~ **dimensions** *n pl* WATER TRANS *shipbuilding* größte Abmessungen *f pl*; ~ **draught** *n* WATER TRANS *ship design* größter Tiefgang *m*; ~ **pressure** *n (EP)* MECHAN ENG Höchstdruck *m (EP)*; ~**-pressure additive** *n* PET TECH Hochdruckadditiv *nt*; ~**-pressure lubricant** *n* MECHAN ENG Hochdruckschmierstoff *m*; ~ **value** *n* QUAL Extremwert *m*

extremely: ~ **high frequency** *n (EHF)* RAD TECH Millimeterwellen *f pl (EHF)*; ~ **high tension** *n (EHT)* TELEV Höchstspannung *f (E.h.t.)*; ~ **low frequency** *n (ELF)* RAD TECH extrem niedrige Frequenz *f (ENF)*

extrinsic: ~ **conductivity** *n* ELEC ENG Störstellenleitfähigkeit *f*; ~ **joint loss** *n* OPT Verlust an äußerer Verbindungsstelle *m*, TELECOM Einfügungsdämpfung *f*; ~ **junction loss** *n* OPT Verlust an äußerer Verbindungsstelle *m*; ~ **photoconductivity** *n* ELEC ENG Störstellen-Fotoleitfähigkeit *f*; ~ **semiconductor** *n* COMP & DP Störstellenhalbleiter *m*, PHYS Extrinsic-Halbleiter *m*

extrudability *n* PLAS Extrudierbarkeit *f*

extrude[1] *vt* MECHAN ENG *of long material*, METALL fließpressen, strangpressen

extrude[2] *vi* PLAS extrudieren

extruded[1] *adj* MECHAN ENG *long material* fließgepreßt, stranggepreßt

extruded:[2] ~ **film** *n* PLAS Extruderfolie *f*, extrudierte Folie *f*; ~ **insulation** *n* ELECT stranggepreßte Isolierung *f*; ~ **part** *n* MECHAN ENG *of long material* Fließpreßteil *nt*, Strangpreßteil *nt*

extruder *n* MECHAN ENG *of long material* Fließpresse *f*, Strangpresse *f*, PAPER Strangpresse *f*, PLAS Extruder *m*, Schneckenstrangpresse *f*

extrusion:[1] ~ **molded** *adj AmE*, ~ **moulded** *adj BrE* PROD ENG extrudiert, stranggepreßt

extrusion[2] *n* MECHAN ENG *of long material* Fließpressen *nt*, Strangpressen *nt*, MECHANICS Pressen *nt*, Spritzguß *m*, Strangpreßprofil *nt*, METALL Fließpressen *nt*, Stangpressen *nt*, PAPER Extrusion *f*, PLAS Extrudieren *nt*, Extrusion *f*; ~ **blow molding** *n AmE*, ~ **blow moulding** *n BrE* PACK Extrusionsblasen *nt*; ~ **die** *n* MECHAN ENG Preßstempel *m*, Strangpreßwerkzeug *nt*, PLAS Extruderdüse *f*, Extrusionswerkzeug *nt*; ~ **die for metal** *n* MECHAN ENG Metallfließpreßmatrize *f*; ~ **die for plastics** *n* MECHAN ENG Kunststoffpreßmatrize *f*; ~ **machine** *n* PLAS Extrusionsmaschine *f*; ~ **machine for tubes** *n* PACK Strangrohrpresse *f*; ~ **molding** *n AmE*, ~ **moulding** *n BrE* PROD ENG Extrusion *f*, Strangpressen *nt*; ~ **press** *n* MECHAN ENG Strangpresse *f*, METALL Fließpresse *f*, Strangpresse *f*; ~ **process** *n* MECHAN ENG Strangpreßverfahren *nt*

extrusive: ~ **rocks** *n pl* FUELLESS Ergußgestein *nt*, Lavagestein *nt*, Vulkanit *m*

exudation *n* CHEMISTRY Ausscheidung *f*, Ausschwitzen *nt*, PLAS Ausschwitzen *nt*

exude *vt* CHEMISTRY absondern, ausschwitzen, sich absondern

eye *n* CER & GLAS *of pot furnace* Brenneröffnung *f*, MECHAN ENG Aug- *pref*, Auge *nt*, Öhr *nt*, Öse *f*, PROD ENG Öhr *nt*, Öse *f*, WATER TRANS Aug- *pref*, Auge *nt*, Öse *f*; ~ **diagram** *n* TELECOM Augendiagramm *nt*; ~**-drop bottle** *n* CER & GLAS Augentropfflasche *f*; ~ **filter** *n* SAFETY *against laser radiation* Augenfilter *nt*; ~ **injury** *n* SAFETY Augenverletzung *f*; ~ **level** *n* CONST Augenhöhe *f*; ~ **plate** *n* WATER TRANS *deck fittings* Augplatte *f*; ~**-protection glasses** *n pl* CER & GLAS Schutzbrille *f*; ~ **protector** *n* SAFETY Augenschutz *m*; ~ **ring** *n* OPT Augenkreis *m*, Austrittspupille *f*, Ramsden-Kreis *m*; ~**-rinse bottle** *n* SAFETY Augenspülmittelflasche *f*; ~ **screw** *n* MECHAN ENG Ösenschraube *f*; ~**-shape pattern** *n* TELECOM Augendiagramm *nt*; ~ **splice** *n* MECHAN ENG Augspliß *m*, WATER TRANS *ropes* Augspleiß *m*

eyebolt *n* AUTO *clutch* Augenschraube *f*, Ringschraube *f*, MECHAN ENG Augenschraube *f*, MECHANICS Augenbolzen *m*, Ösenschraube *f*, PROD ENG Augenschraube *f*, WATER TRANS *deck fittings* Augbolzen *m*

eyecup *n* PHOTO Augenmuschel *f*

eyeglass *n* OPT Okular *nt*

eyelet *n* PACK Öse *f*

eyepiece *n* LAB EQUIP *microscope*, OPT Okular *nt*, PHOTO *of direct-vision view finder* Einblicksöffnung *f*, PHYS Okular *nt*, SPACE Augenschutz *m*; ~ **with cross-wires** *n* OPT Fadenkreuzokular *nt*; ~ **lens** *n* PHOTO Augenlinse *f*, Okular *nt*; ~ **micrometer** *n* MECHAN ENG Mikrometer mit Okular *nt*

eyeshade *n* SAFETY Zelluloidaugenschutz *m*

eyewash *n* SAFETY Augenspülung *f*

F

f *abbr* ACOUSTICS *(frequency)*, COMP & DP *(frequency)*, ELECTRON *(frequency)* F, f *(Frequenz)*, METROL *(femto-)* F, f *(Femto-)*, PHYS *(frequency)*, RAD TECH *(frequency)*, RECORD *(frequency)* F, f *(Frequenz)*

F[1] *abbr* ELEC ENG *(farad)*, ELECT *(farad)* F *(Farad)*, ELECTRON *(noise figure)* F *(Rauschzahl)*, HYD EQUIP *(Froude number)* F *(Froudensche Zahl)*, METALL *(force)* F *(Kraft)*, METALL *(free energy)* F *(freie Energie)*, METROL *(Fahrenheit)* F *(Fahrenheit)*, METROL *(farad)* F *(Farad)*, NUC TECH *(hyperfine quantum number)* F *(hyperfeine Quantenzahl)*, PHYS *(farad)* F *(Farad)*, PHYS *(Froude number)* F *(Froudensche Zahl)*, PHYS *(force)* F *(Kraft)*, PHYS *(free energy)* F *(freie Energie)*, RAD TECH *(noise figure)* F *(Rauschzahl)*

F :[2] **~ layer** *n* PHYS Appleton-Schicht *f*, F-Schicht *f*, RAD TECH F-Schicht *f*; **~ stop** *n* PHOTO Blende *f*

F[3] *(fluorine)* CHEMISTRY F *(Fluor)*

fA *abbr (antiresonant frequency)* ACOUSTICS, ELECTRON fA *(Antiresonanzfrequenz)*

fabric *n* PAPER Gewebe *nt*, SPACE Material *nt*, TEXT Gewebe *nt*, Stoff *m*, Tuch *nt*, *in rope form* Gewebe *nt*; **~ belt** *n* MECHAN ENG Geweberiemen *m*, Textilgurt *m*, Textilriemen *m*; **~ construction** *n* TEXT Gewebekonstruktion *f*; **~ dust collector** *n* SAFETY Textilstaubsammler *m*; **~ filter** *n* POLL Staubfilter *nt*, Tuchfilter *nt*, WASTE Gewebefilter *nt*, Stoffilter *nt*; **~-laminated thread tire** *n AmE*, **~-laminated thread tyre** *n BrE* AUTO Diagonalreifen *m*; **~ press** *n* PAPER Gewebebandpresse *f*; **~ sample** *n* TEXT Stoffmuster *nt*; **~ weight** *n* TEXT Stoffgewicht *nt*; **~ width** *n* TEXT Stoffbreite *f*

fabricate *vt* CONST herstellen, MECHANICS fertigen, herstellen, verfertigen

fabricating: **~ shop** *n* MECHANICS Fabrikhalle *f*, Produktionsstätte *f*

fabrication: **~-related fuel defect** *n* NUC TECH herstellungsbedingter Brennelementdefekt *m*; **~ yield** *n* ELECTRON Produktionsausbeute *f*

Fabry-Pérot: **~ interferometer** *n* PHYS, SPACE Fabry-Pérotsches Interferometer *nt*

façade *n* CONST Fassade *f*

face[1] *n* CONST Außenseite *f*, Oberfläche *f*, Sichtfläche *f*, *tunnelling* Tunnelstoß *m*, Vorderseite *f*, GEOM *of polyhedron* Fläche *f*, Seitenfläche *f*, MECHAN ENG *of object* Frontseite *f*, Stirnseite *f*, Vorderseite *f*, *of pulley* Lauffläche *f*, *of tool* Arbeitsfläche *f*, *of valve* Sitzfläche *f*, PHYS sichtbare Fläche *f*, PRINT *of type* Bild *nt*, Schriftbild *nt*, *typeface* Schrift *f*, PROD ENG Kopfflanke *f*, Netzebene *f*, Spanfläche *f*; **~ cam milling machine** *n* PROD ENG *profiling* Plankurvenfräsmaschine *f*; **~-centered cubic lattice** *n AmE*, **~-centred cubic lattice** *n BrE* NUC TECH kubischflächenzentriertes Gitter *nt*; **~ chuck** *n* MECHAN ENG Spannkloben *m*, *of lathe* Planscheibe *f*; **~ contact ratio** *n* PROD ENG *kinematics* Sprungüberdeckung *f*; **~ cutter** *n* MECHAN ENG Stirnfräser *m*; **~-down** *n* ELEC ENG Unterseitenanschluß *m*; **~ gap** *n* NUC TECH Flächenversetzung *f*; **~ gear** *n* MECHAN ENG Tellerrad *nt*; **~ grinder** *n* MECHAN ENG Planschleifer *m*; **~ grinding** *n* MECHAN ENG Planschleifen *nt*; **~ lathe** *n* MECHAN ENG Kopfdrehmaschine *f*; **~ mill** *n* MECHAN ENG Stirnfräser *m*; **~ milling** *n* MECHAN ENG Stirnfräsen *nt*; **~-milling cutter** *n* MECHAN ENG Stirnfräser *m*; **~-milling cutter with inserted blades** *n* PROD ENG Messerkopf *m*; **~ plate** *n* ELECTRON *cathode tube* Schirmträger *m*, MECHAN ENG *of lathe* Planscheibe *f*, TELEV Frontplatte *f*, WATER TRANS *shipbuilding* Faceplatte *f*; **~ plate chuck** *n* MECHAN ENG *of lathe* Spannkloben *m*; **~ plate dog** *n* MECHAN ENG *of lathe* Spannkloben *m*; **~ plate jaw** *n* MECHAN ENG *of lathe* Spannkloben *m*; **~ plate mounting** *n* MECHAN ENG *of lathe* Planscheibenbefestigung *f*; **~ roll** *n* PAPER Frontwalze *f*; **~ seal** *n* PROD ENG Gleitringdichtung *f*; **~ shield** *n* PROD ENG Gesichtsschutz *m*, SAFETY Gesichtsschutz *m*, Schweißschutzschild *nt*; **~ spanner** *n BrE (cf face wrench)* MECHAN ENG Gabelschlüssel *m*, Maulschlüssel *m*; **~ string** *n* CONST Freiwange *f*, Treppenlochwange *f*; **~ turning** *n* MECHAN ENG Plandrehen *nt*; **~-up** *n (cf face-down)* ELEC ENG Oberseitenanschluß *m*; **~ visor** *n* SAFETY Gesichtsschutz *m*; **~ wall** *n* CONST Frontwand *f*, Stirnmauer *f*; **~ width** *n* PROD ENG Stirnflächenbreite *f*, Zahnbreite *f*; **~ wrench** *n (cf face spanner BrE)* MECHAN ENG Gabelschlüssel *m*, Maulschlüssel *m*

face[2] *vt* CONST verblenden, verkleiden, MECHAN ENG Stirnflächen bearbeiten, planbearbeiten, PROD ENG Flächen fräsen, plandrehen, planen, TEXT besetzen, einfassen

facetted[1] *adj* CER & GLAS facettiert

facetted:[2] **~ bubble** *n* NUC TECH *in fuel pellet* facettiertes Bläschen *nt*; **~ growth** *n* METALL Kristallflächenwachstum *nt*; **~ ring** *n* NUC TECH *of pressure vessel* facettierter Ring *m*

facility *n* PROD ENG *plastic valves* Einrichtung *f*, TELECOM Dienstmerkmal *nt*, Einrichtung *f*, Leistungsmerkmal *nt*

facing *n* CONST Verblendung *f*, Verkleidung *f*, *of dam* Böschungsabdeckung *f*, MECHAN ENG Planbearbeitung *f*, Stirnflächenbearbeitung *f*, *machine tools* Plandrehen *nt*, *of clutch* Belag *m*, TEXT Besatztuch *nt*; **~ attachment** *n* MECHAN ENG *machine tools* Plandrehvorrichtung *f*; **~ block** *n* CER & GLAS Verblendstein *m*; **~ brick** *n* CONST Blendziegel *m*, Vormauerziegel *m*; **~ cut** *n* PROD ENG Planschnitt *m*; **~ cutter** *n* MECHAN ENG Stirnfräser *m*; **~ head** *n* MECHAN ENG *machine tools* Plandrehfutter *nt*; **~ lathe** *n* PROD ENG Plandrehmaschine *f*; **~ sand** *n* PROD ENG *casting* Modellsand *m*; **~ tool** *n* MECHAN ENG *machine tools* Plandrehwerkzeug *nt*, *of lathe* Stirndrehmeißel *m*

facsimile[1] *n (fax)* COMP & DP, RAD TECH, TELECOM Faksimile *nt*, Fernkopieren *nt*, Telefax *nt (Fax)*; **~ machine** *n* COMP & DP, TELECOM Faxgerät *nt*, Fernkopierer *m*, Telefaxgerät *nt*; **~ message** *n* COMP & DP, TELECOM Faksimile-Mitteilung *f*; **~ telegraphy** *n* COMP & DP, TELECOM Faksimile-Telegraphie *f*

facsimile[2] *vt* TELECOM fernkopieren
factor *n* COMP & DP, MATH Faktor *m*; **~ analysis** *n* ERGON Faktorenanalyse *f*
factorial[1] *adj* MATH Faktoren- *pref*, faktoriell
factorial[2] *n* MATH Fakultät *f*; **~ design** *n* ERGON faktorielle Gestaltung *f*
factorization *n* MATH Faktorisierung *f*, Zerlegung in Faktoren *f*
factorize *vt* MATH in Faktoren zerlegen
factory:[1] **~-adjusted** *adj* MECHANICS im Werk justiert; **~-assembled** *adj* HEAT & REFRIG fabrikfertig, fertig montiert
factory[2] *n* MECHANICS Fabrik *f*, Werkstatt *f*; **~ acceptance** *n* MECHANICS Werkstattabnahme *f*; **~ acceptance gage** *n AmE*, **~ acceptance gauge** *n BrE* MECHAN ENG Werkstattabnahmelehre *f*; **~-assembled system** *n* HEAT & REFRIG fabrikfertige Anlage *f*; **~-authorized inspector** *n* QUAL Prüfsachverständiger *m*, Werkssachverständiger *m*; **~ cullet** *n* CER & GLAS Eigenscherben *f pl*; **~ fumes** *n pl* SAFETY Fabrikdämpfe *m pl*; **~ inspection** *n* MECHANICS Prüfung im Werk *f*; **~ inspector** *n* SAFETY Inspektor *m*, Kontrolleur *m*; **~ safety regulation** *n* SAFETY Sicherheitsvorschrift *f*; **~ setting** *n* INSTR beim Hersteller vorgenommene Einstellung *f*; **~ ship** *n* WATER TRANS Fabrikschiff *nt*; **~ siding** *n* RAIL Fabrikanschlußgleis *nt*; **~ test** *n* TEST Werksprüfung *f*
Factory: **~ Act** *n BrE* SAFETY Gesetz über Fabriken *nt*
factual: **~ knowledge** *n* ART INT Faktenwissen *nt*
facultative: **~ aerobe** *n* FOOD TECH fakultativer Aerobier *m*
fade[1] *n* ACOUSTICS, RAD TECH, TELECOM Fading *nt*, Schwund *m*
fade[2] *vt* RECORD schwinden, TEXT verblassen, verschießen; **~ in** *vt* RECORD einblenden; **~ up** *vt* RECORD *sound* verstärken
fade[3] *vi* CONST verblassen
fade:[4] **~ down** *vti* RECORD ausblenden; **~ out** *vti* RECORD *film* ausblenden
fader *n* ELECTRON veränderliches Dämpfungsglied *nt*, Überblendregler *m*, RECORD *film* Überblendregler *m*
fading *n* ACOUSTICS, RAD TECH, TELECOM Fading *nt*, Schwund *m*; **~ down** *n* RECORD Ausblenden *nt*; **~ out** *n* RECORD Ausblenden *nt*
Fahrenheit *n (F)* METROL Fahrenheit *nt (F)*; **~ scale** *n* PHYS Fahrenheit-Temperaturskale *f*
fail:[1] **~-safe** *adj* AUTO betriebssicher, COMP & DP, CONTROL ausfallsicher, ELEC ENG ausfallsicher, betriebssicher, störungssicher, MECHANICS ausfallsicher, QUAL Prinzip des gefahrlosen Ausfalls *nt*, ausfallsicher, SPACE, TELECOM ausfallsicher; **~-safe to close** *adj* PROD ENG *plastic valves* drucklos geschlossen; **~-safe to open** *adj* PROD ENG *plastic valves* drucklos geöffnet; **~-soft** *adj* CONTROL auf sanften Ausfall konstruiert, ausfallsanft, ausfalltolerierend
fail:[2] **~-safe design** *n* NUC TECH Failsafe-Design *f*; **~-safe device** *n* SAFETY abgesichertes Gerät *nt*; **~-safe operation** *n* COMP & DP ausfallsicherer Betrieb *m*; **~-safe system** *n* COMP & DP ausfallsicheres System *nt*; **~-to-safety device** *n* SAFETY beim Ausfall abgesichertes Gerät *nt*
fail[3] *vt* PROD ENG plastisch verformen
fail[4] *vi* CONST *bridge* einstürzen, fehlschlagen, mißlingen, MECHANICS versagen
failure *n* COMP & DP Ausfall *m*, Fehler *m*, Störung *f*, CONST Ausfall *m*, Zusammenbruch *m*, ELEC ENG Ausfall *m*, Betriebsausfall *m*, Fehler *m*, Versagen *nt*, ELECT, MECHAN ENG Ausfall *m*, MECHANICS Ausfall *m*, Versagen *nt*, METALL Bruch *m*, NUC TECH Ausfall *m*, PROD ENG innere Störgröße *f*, unzulässige Verformung *f*, RAD TECH, SAFETY, TELECOM, TELEV Ausfall *m*; **~ analysis** *n* RAD PHYS Fehleranalyse *f*; **~ cause** *n* QUAL Ausfallursache *f*; **~ criterion** *n* QUAL Ausfallkriterium *nt*; **~ data card** *n* AIR TRANS Ausfalldatenkarte *f*, Störungsdatenkarte *f*; **~ density** *n* QUAL Ausfallhäufigkeitsdichte *f*, Ausfalldichte *f*; **~ density distribution** *n* QUAL Ausfalldichteverteilung *f*; **~ frequency** *n* QUAL Ausfallhäufigkeit *f*, Störhäufigkeit *f*; **~ frequency distribution** *n* QUAL Verteilung der Ausfallhäufigkeit *f*; **~ load** *n* COAL TECH Grenzlast *f*; **~ logging** *n* COMP & DP Fehlerprotokollierung *f*, Störungsaufzeichnung *f*; **~ mode** *n* QUAL Ausfallart *f*, Ausfallmodus *m*, Ausfallverhalten *nt*; **~ mode, effects and criticality analysis** *n* QUAL Ausfallart-, Ausfallauswirkungs- und Ausfallbedeutungsanalyse *f*; **~ mode and effects analysis** *n* QUAL Ausfallwirkungsanalyse *f*; **~ probability** *n* QUAL Ausfallwahrscheinlichkeit *f*; **~ probability density** *n* QUAL Ausfallwahrscheinlichkeitsdichte *f*; **~ probability distribution** *n* QUAL Ausfallwahrscheinlichkeitsverteilung *f*; **~ quota** *n* QUAL Ausfallquote *f*; **~ rate** *n* COMP & DP Ausfallrate *f*, Fehlerrate *f*, ELEC ENG Ausfallrate *f*, MECHAN ENG Ausfallquote *f*, QUAL Ausfallrate *f*, Fehlerrate *f*, Nichtverfügbarkeitsrate *f*, SPACE *spacecraft* Ausfallquote *f*, TELECOM Ausfallrate *f*; **~ rate level** *n* QUAL Ausfallratenniveau *nt*; **~ rate weighting** *n* QUAL Ausfallratengewichtung *f*; **~ risks** *n pl* QUAL Einsatzdaten *nt pl*, Einsatzergebnisse *nt pl*; **~ routine** *n* COMP & DP Fehlerbehandlungsprogramm *nt*
faired *adj* AIR TRANS stromlinienförmig, windschlüpfrig
fairing *n* AIR TRANS *aircraft* Verkleidung *f*, aerodynamischer Übergang *m*, stromlinienförmige Verkleidung *f*, HEAT & REFRIG, SPACE Verkleidung *f*
fairlead *n* AIR TRANS Halterung *f*, Leitungshalterung *f*, WATER TRANS *deck equipment* Führungsrolle *f*, Leitklampe *f*
fairway *n* FUELLESS Tief *nt*, WATER TRANS Fahrwasser *nt*; **~ mark** *n* WATER TRANS Fahrwasserzeichen *nt*; **~ markings** *n pl* WATER TRANS Fahrwassermarkierungen *f pl*
faithful: **~ reproduction** *n* RECORD getreue Wiedergabe *f*
fake *n* WATER TRANS *ropes* Taubucht *f*
fall[1] *n* HYD EQUIP Abfall *m*, Rückgang *m*, Sinken *nt*, THERMODYN Absinken *nt*, Fallen *nt*, WATER SUP *between two water levels* Gefälle des Wasserspiegels *nt*; **~-back** *n* COMP & DP Wiederholungsanlauf *m*, NUC TECH *in cratering explosion* Einfall *m*; **~-back recovery** *n* COMP & DP Programmwiederaufnahme *f*; **~-back routine** *n* COMP & DP Wiederanlaufroutine *f*; **~ of earth** *n* CONST Erdeinsturz *m*; **~ of ground** *n* CONST Geländeneigung *f*; **~-off** *n* ELECTRON *of voltage* Abfall *m*; **~ rope** *n* RAIL Hubseil *nt*, Lastseil *nt*; **~-safe light metal ladder** *n* SAFETY standsichere Leichtmetalleiter *f*; **~ of the tide** *n* WATER TRANS Tidenfall *m*; **~ time** *n* ELECTRON *transistor*, PHYS *pulse*, RAD TECH Abfallzeit *f*
fall:[2] **~ within the scope of** *vt* PAT im Rahmen von etwas liegen
fall:[3] **~ in** *vi* CONST einstürzen; **~ off** *vi* WATER TRANS *sailing* abfallen; **~ overboard** *vi* WATER TRANS über Bord fallen
falling: **~ gradient** *n* CONST Gefälle *nt*, Neigung *f*; **~ sphere viscometer** *n* LAB EQUIP *viscosity of liquids*

Kugelfall-Viscosimeter *nt*; **~ tide** *n* FUELLESS Ebbe *f*, WATER TRANS *tides* ablaufendes Wasser *nt*, fallende Tide *f*; **~-weight test** *n* MECHAN ENG Fallprobe *f*, Fallversuch *m*

fallout *n* NUC TECH Fallout *m*, radioaktiver Niederschlag *m*, POLL Fallout *m*, Niederschlag *m*; **~ shelter** *n* NUC TECH Strahlenschutzraum *m*

false[1] *adj* COMP & DP falsch, PROD ENG blind

false:[2] **~ alarm** *n* TELECOM Fehlalarm *m*; **~ alarm probability** *n* TELECOM Fehlalarmwahrscheinlichkeit *f*; **~ back** *n* PRINT falscher Rücken *m*; **~ body** *n* CER & GLAS falsches Körpergehalt *m*, PLAS scheinbarer Körpergehalt *m*; **~ bottom** *n* PROD ENG Blindboden *m*; **~ call** *n* TELECOM Fehlanruf *m*; **~ calling rate** *n* TELECOM Fehlanrufhäufigkeit *f*; **~ ceiling** *n* HEAT & REFRIG Zwischendecke *f*; **~ closure** *n* ELEC ENG Fehlschließung *f*; **~ colour** *n* COMP & DP Fehlfarbe *f*; **~ error** *n* COMP & DP nicht zutreffender Fehler *m*; **~ floor** *n* HEAT & REFRIG Kriechboden *m*, Zwischenboden *m*; **~ frame** *n* AIR TRANS Hilfsrippe *f*; **~ retrieval** *n* COMP & DP falsches Wiederauffinden *nt*; **~ rib** *n* AIR TRANS Formrippe *f*; **~ signal** *n* ELECTRON Falschsignal *nt*, Fehlsignal *nt*; **~ spar** *n* AIR TRANS Zwischenholm *m*; **~ switching** *n* ELECT Fehlschalten *nt*; **~ trip** *n* ELECT Fehlauslösung *f*

falten *vt* PACK bördeln, kräuseln

family: **~ of circles** *n* PROD ENG Kreisbüschel *nt*; **~ of elements** *n* RAD PHYS *radioactive series* Elementenfamilie *f*, Elementenreihe *f*; **~ packet** *n* PACK Familienpackung *f*; **~ of weights** *n* PRINT Schriftgarnitur *f*

fan[1] *n* AIR TRANS Gebläse *nt*, regelbarer Lüfter *m*, *jet engines* Fan *m*, Niederdruckverdichter *m*, AUTO Gebläse *nt*, Lüfter *m*, Ventilator *m*, CONST Gebläse *nt*, Ventilator *m*, ELEC ENG Auffächerung *f*, ELECT Gebläse *nt*, Lüfter *m*, HEAT & REFRIG Fächer *m*, Lüfter *m*, Ventilator *m*, MECHANICS Lüfter *m*, Ventilator *m*, PHYS Ventilator *m*, RAIL Lüfter *m*, THERMODYN Lüfter *m*, Ventilator *m*; **~-assisted air heater** *n* HEAT & REFRIG Heizgebläse *nt*, Warmlufterzeuger *m*, SAFETY Heizlüfter *m*; **~ beam** *n* ELECTRON Fächerkeule *f*, fächerförmiges Lichtbündel *nt*; **~ belt** *n* AUTO Lüfterkeilriemen *m*, Ventilatorriemen *m*, HEAT & REFRIG, MECHANICS, THERMODYN Ventilatorriemen *m*; **~ blade** *n* AUTO Lüfterschaufel *f*, Ventilatorflügel *m*, HEAT & REFRIG, MECHANICS, THERMODYN Gebläseflügel *m*, Lüfterschaufel *f*, Ventilatorflügel *m*, Windflügel *m*; **~ blower** *n* MECHAN ENG Ventilatorgebläse *nt*; **~ brake** *n* MECHAN ENG Flügelbremse *f*; **~ casing** *n* HEAT & REFRIG Lüftergehäuse *nt*; **~ characteristic** *n* HEAT & REFRIG Lüfterkennlinie *f*; **~ cooling** *n* HEAT & REFRIG, MECHANICS, THERMODYN Gebläsekühlung *f*, Luftkühlung *f*; **~ cowl** *n* HEAT & REFRIG Lüfterabdeckhaube *f*, Lüfterkragen *m*, Lüfterstutzen *m*, Lüfterhaube *f*; **~ enclosure** *n* HEAT & REFRIG Lüftergehäuse *nt*; **~ engine** *n* AIR TRANS Mantelstromtriebwerk *nt*; **~ guard** *n* HEAT & REFRIG Lüfterhaube *f*; **~ heater** *n* HEAT & REFRIG, MECHAN ENG, MECHANICS, THERMODYN Heizlüfter *m*; **~ hood** *n* HEAT & REFRIG Schutzhaube *f*; **~ housing** *n* HEAT & REFRIG Lüftergehäuse *nt*; **~ impeller** *n* HEAT & REFRIG Lüfterkranz *m*, Lüfterrad *nt*, Ventilatorrad *nt*; **~-in** *n* ELEC ENG Eingangsfächerung *f*, Zusammenführung *f*; **~ jet** *n* AIR TRANS Zweistromtriebwerk *nt*; **~ jet engine** *n* AIR TRANS Fan-Triebwerk *nt*; **~ jet turbine** *n* AIR TRANS Zweistromtriebwerkturbine *f*; **~ marker beacon** *n* AIR TRANS Markierungsfunkfeuer *nt*, WATER TRANS *navigation marks* Fächerfunkfeuer *nt*; **~ motor** *n* HEAT & REFRIG Lüftermotor *m*; **~-out** *n* ELEC ENG Ausfächerung *f*, Ausgangsbelastbarkeit *f*, Ausgangsverzweigung *f*; **~ performance** *n* HEAT & REFRIG Lüfterleistung *f*, Ventilatorleistung *f*; **~ performance curve** *n* HEAT & REFRIG Lüfterleistungskennlinie *f*, Ventilatorleistungskennlinie *f*; **~ pulley** *n* AUTO Lüfterriemenscheibe *f*, Ventilatorriemenscheibe *f*; **~ pump** *n* PAPER Ventilatorpumpe *f*; **~ set** *n* HEAT & REFRIG Lüfteraggregat *nt*; **~ shroud** *n* AUTO Ventilatorverkleidung *f*, HEAT & REFRIG Lüfterabdeckhaube *f*, Lüfterkragen *m*; **~ speed** *n* HEAT & REFRIG Lüfterdrehzahl *f*; **~ stage** *n* HEAT & REFRIG Lüfterstufe *f*; **~ station** *n* CONST Kühlstation *f*, Lüfterstation *f*; **~ unit** *n* HEAT & REFRIG Lüfteraggregat *nt*, Lüfterbaugruppe *f*; **~ ventilation** *n* MECHAN ENG Ventilatorlüftung *f*; **~ wheel** *n* MECHAN ENG Gebläseflügelrad *nt*, SAFETY Ventilatorläufer *m*

fan:[2] **~-cool** *vt* HEAT & REFRIG, MECHANICS, THERMODYN gebläsekühlen, luftkühlen

fancy: **~ yarn** *n* TEXT Effektgarn *nt*

fancywork *n* WATER TRANS Verzierungsarbeiten *f pl*

fanfold: **~ stationery** *n* COMP & DP Endlospapier *nt*

fang *n* MECHAN ENG *of file* Angel *f*; **~ bolt** *n* CONST Bolzen *m*

fanned: **~ cable** *n* ELEC ENG ausgefächertes Kabel *nt*

fanner *n* PROD ENG Gebläse *nt*

fanning: **~ action** *n* HEAT & REFRIG Lüfterwirkung *f*

fantail *n* WATER TRANS *shipbuilding* Hecküberhang *m*

far:[1] **at the ~ end** *adj* TELECOM am fernen Leitungsende

far:[2] **~-end crosstalk** *n* TELECOM Fernnebensprechen *nt*; **~-field analysis** *n* TELECOM Fernfeldanalyse *f*; **~-field diffraction pattern** *n* OPT Fernfeldbrechungsmuster *nt*; **~-field intensity** *n* SPACE *communications* Fernwirkungsfeldstärke *f*; **~-field pattern** *n* OPT Fernfeldmuster *nt*, TELECOM *radiation* Fernfeldstrahlungsdiagramm *nt*; **~-field radiation pattern** *n* OPT Fernfeldstrahlungsmuster *nt*; **~-field region** *n* OPT, TELECOM Fernfeldbereich *m*; **~ infrared** *n* PHYS *radiation* langwelliges fernes Infrarot *nt*, RAD PHYS fernes Infrarot *nt*, *radiation* ferne Infrarotstrahlung *f*; **~ space** *n* SPACE tiefer Weltraum *m*; **~ ultraviolet** *n* PHYS *radiation* fernes Ultraviolett *nt*, RAD PHYS fernes Ultraviolett *nt*, *radiation* ferne UV-Strahlung *f*

farad *n* ELEC ENG *(F)*, ELECT *(F)*, METROL *(F)*, PHYS *(F) unit of capacity* Farad *nt (F)*, RAD TECH *unit for capacity* Farad *nt*

faraday *n* PHYS Faradaysche Konstante *f*

Faraday: **~ cage** *n* ELEC ENG, ELECT *electrostatic screen*, NUC TECH, PHYS Faradayscher Käfig *m*; **~ constant** *n* PHYS Faradaysche Konstante *f*; **~ cylinder** *n* PHYS Faradayscher Zylinder *m*; **~ dark space** *n* ELECTRON *in gas discharge*, PHYS Faradayscher Dunkelraum *m*; **~ disc** *n BrE* ELEC ENG Faradaysche Scheibe *f*, PHYS Faradaysche Schlitzscheibe *f*; **~ disk** *n AmE see Faraday disc BrE* **~ effect** *n* ELEC ENG Faradayscher Effekt *m*, magneto-optische Drehung *f*, PHYS Faradayscher Effekt *m*; **~ ice pail** *n* ELECT Faradaysches Gefäß *nt*, *electrostatics* Faradaysches Gefäß *nt*; **~ rotation** *n* SPACE Faradaysche Drehung *f*; **~ screen** *n* ELEC ENG, RAD TECH Faradayscher Käfig *m*; **~ shield** *n* NUC TECH Faradayscher Käfig *m*

Faraday's: **~ law** *n* ELECT, PHYS *of induction* Faradaysches Induktionsgesetz *nt*; **~ laws** *n pl* ELECT *of electrolysis*, PHYS *of electrolysis* Faradaysche Gesetze *nt pl*

farinaceous *adj* FOOD TECH mehlig
farinograph *n* FOOD TECH Farinograph *m*
farm: ~ **waste** *n* WASTE landwirtschaftlicher Abfall *m*
Farmer's: ~ **reducer** *n* PHOTO Farmerscher Abschwächer *m*
farming: ~-**out** *n* PET TECH Verkauf *m*
fas *abbr (free alongside ship)* WATER TRANS fas *(frei Längsseite Schiff)*
fascia *n* CONST Faszie *f*, Gurt *m*, Gurtsims *m*; ~ **board** *n* CONST Simsbrett *nt*, Traufbrett *nt*
fast[1] *adj* AIR TRANS, NUC TECH Schnell- *pref*, TEXT haltbar; ~-**curing** *adj* PLAS schnellhärtend
fast:[2] ~-**acting fuse** *n* ELEC ENG flinke Sicherung *f*, schnell ansprechende Sicherung *f*; ~-**acting relay** *n* ELEC ENG Schnellschaltrelais *nt*; ~-**acting trip** *n* MECHAN ENG Schnellauslöser *m*; ~-**acting trip valve** *n* NUC TECH Schnellauslöseventil *nt*; ~ **beam experiments** *n pl* RAD PHYS Experimente mit hochenergetischem Teilchenstrahl *nt pl*; ~ **breeder reactor** *n (FBR)* NUC TECH, PHYS schneller Brutreaktor *m*, schneller Brüter *m (SB)*; ~ **breeder reactor technology** *n* NUC TECH Technologie des schnellen Brüters *f*; ~ **burst** *n* NUC TECH *of fuel clad* schneller Ionisationsstopp *m*; ~-**changing signal** *n* ELECTRON schnell wechselndes Signal *nt*; ~ **circuit switch** *n* TELECOM schnelle Leitungsvermittlung *f*; ~-**closing valve** *n* MECHAN ENG Schnellschlußventil *nt*; ~ **color** *n AmE* TEXT echte Farbe *f*; ~ **colour** *n BrE* TEXT echte Farbe *f*; ~ **core** *n* COMP & DP Schnellspeicher *m*; ~ **developer** *n* PHOTO Schnellentwickler *m*; ~ **extruding furnace carbon black** *n (FEF carbon black)* PLAS schnell spritzbarer Furnace-Ruß *m (FEF-Ruß)*; ~ **fission** *n* NUC TECH Schnellspaltung *f*; ~ **fission factor** *n* NUC TECH Schnellspaltfaktor *m*, PHYS Faktor der schnellen Spaltung *f*; ~ **Fourier transform** *n (FFT)* ELECTRON schnelle Fourier-Transformation *f (FFT)*; ~ **Fourier transformation** *n* ELECTRON schnelle Fourier-Transformation *f*; ~ **frequency hopping** *n* ELECTRON schnelles Frequenzsprungverfahren *nt*; ~ **frequency shift keying** *n* ELECTRON schnelle Frequenzumtastung *f*; ~ **insertion** *n* NUC TECH *of control rod* Schnelleinschuß *m*; ~ **line** *n* COMP & DP Schnelleitung *f*; ~ **logic** *n* ELECTRON schnelle Logik *f*; ~ **motion** *n* TELEV Zeitraffer *m*; ~ **neutron** *n* PHYS schnelles Neutron *nt*; ~ **packet server** *n (FPS)* TELECOM schnelle Paketvermittlung *f (FPS)*; ~ **particle** *n* NUC TECH schnelles Teilchen *nt*; ~ **peripheral** *n* COMP & DP schnelles Peripheriegerät *nt*; ~ **playback** *n* TELEV schnelles Playback *nt*; ~ **pull-down** *n* TELEV schnelles Herunterregeln *nt*; ~ **pulley** *n* PROD ENG Festscheibe *f*; ~ **reactor** *n* NUC TECH schneller Reaktor *m*; ~-**recovery diode** *n* ELECTRON schnelle Diode *f*; ~ **return** *n* MECHAN ENG schneller Rücklauf *m*; ~-**rise pulse** *n* ELECTRON Impuls mit kurzer Anstiegszeit *m*; ~-**rise signal** *n* ELECTRON Signal mit kurzer Anstiegszeit *nt*; ~-**scan television** *n (FSTV)* TELEV Breitbandfernsehen *nt (FSTV)*; ~ **slaving** *n* AIR TRANS schnelles Nachführen *nt*, schnelles Richten *nt*; ~ **slaving relay** *n* AIR TRANS Schnellrichtrelais *nt*; ~ **sweep** *n* ELECTRON schneller Kippvorgang *m*; ~-**switching power rectifier** *n* ELEC ENG schnell schaltender Leistungsgleichrichter *m*; ~-**switching power transistor** *n* ELECTRON schnellschaltender Leistungstransistor *m*; ~ **time scale** *n* COMP & DP Zeitraffung *f*; ~ **train** *n* RAIL D-Zug *m*, Schnellzug *m*; ~ **traverse** *n* MECHAN ENG *of machine tools* Eilgang *m*, Schnellgang *m*; ~-**tuned filter** *n* ELECTRON Schnellabstimmfilter *nt*; ~-**tuned oscillator** *n* ELECTRON Schnellabstimmoszillator *m*; ~ **wave** *n* ELEC ENG Schnellwelle *f*
fast:[3] ~-**forward** *vt* TELEV vorspulen
fasten *vt* CONST befestigen, MECHAN ENG *nut* anziehen, festziehen, MECHANICS befestigen
fastener *n* MECHAN ENG Befestigungsmittel *nt*, Verbindungselement *nt*, MECHANICS Halter *m*, Reißverschluß *m*, PROD ENG Riemenverbinder *m*, Verbindungselement *nt*, SPACE *spacecraft* Befestigung *f*, Feststeller *m*, TEXT Fixiermittel *nt*
fastening *n* CONST Befestigung *f*, Bügel *m*, MECHAN ENG, MECHANICS Befestigen *nt*, Befestigung *f*, PROD ENG Halterung *f*, lösbare Verbindung *f*; ~ **device** *n* MECHAN ENG Befestigungsmittel *nt*
fastness *n* TEXT Echtheit *f*; ~ **to light** *n* TEXT Lichtechtheit *f*; ~ **to perspiration** *n* TEXT Schweißechtheit *f*; ~ **to rubbing** *n* TEXT Reibechtheit *f*; ~ **to washing** *n* TEXT Waschechtheit *f*
fastwave: ~ **tube** *n* ELECTRON, TELECOM schneller Wellenhohlleiter *m*
fat *n* FOOD TECH, PAPER Fett *nt*; ~ **clay** *n* PET TECH fetter Ton *m*; ~ **coal** *n* COAL TECH Fettkohle *f*; ~ **concrete** *n* CONST fetter Beton *m*; ~ **edge** *n* PLAS *paint defect* Fettkante *f*, verdickter Rand *m*; ~ **lime** *n* PAPER Fettkalk *m*
fatal: ~ **accident** *n* SAFETY tödlicher Unfall *m*; ~ **error** *n* COMP & DP schwerwiegender Fehler *m*, unkorrigierbarer Abbruchfehler *m*
father: ~ **file** *n* COMP & DP Vaterdatei *f*
fathom *n* METROL, WATER TRANS *measurement* Faden *m*
fatigue:[1] ~-**loaded** *adj* PROD ENG dauerschwingungsbeansprucht
fatigue[2] *n* COATINGS, CONST, MECHAN ENG, MECHANICS, PLAS Ermüdung *f*, PROD ENG Dauerhaltbarkeit *f*, Dauerschwingbeanspruchung *f*, TEST Ermüdung *f*; ~ **allowance** *n* ERGON Erholpause *f*; ~ **behavior** *n AmE*, ~ **behaviour** *n BrE* MECHAN ENG Ermüdungsverhalten *nt*; ~ **crack** *n* METALL Ermüdungsanriß *m*, SPACE *spacecraft* Materialermüdungsriß *m*, TEST Ermüdungsriß *m*; ~ **crescent** *n* PROD ENG Dauerbruchrastlinie *f*; ~ **durability** *n* PROD ENG Dauerhaltbarkeit *f*, Dauerbruch *m*; ~ **failure** *n* METALL Ermüdungsbruch *m*; ~ **fracture** *n* PROD ENG Dauerbruch *m*, TEST Schwingungsbruch *m*; ~ **hardening** *n* METALL Ermüdungshärten *nt*; ~ **inspection** *n* AIR TRANS Dauerinspektion *f*; ~ **life** *n* PROD ENG Lebensdauer *f*; ~ **limit** *n* MECHAN ENG Dauerschwingfestigkeit *f*, PROD ENG Dauerschwingfestigkeit *f*, *under repeated stress* Dauerfestigkeit *f*; ~ **loading** *n* PROD ENG Dauerschwingbeanspruchung *f*; ~ **notch sensitivity** *n* PROD ENG Kerbempfindlichkeitszahl *f*; ~ **nucleus** *n* PROD ENG Dauerbruchzone *f*; ~ **precrack** *n* NUC TECH Ermüdungsvorriß *m*; ~ **properties** *n pl* MECHANICS Ermüdungseigenschaften *f pl*; ~ **resistance** *n* TEST Ermüdungsfestigkeit *f*; ~ **softening** *n* METALL Ermüdungsweichmachen *nt*; ~ **specimen** *n* PROD ENG Dauerversuchsprobe *f*; ~ **strength** *n* AIR TRANS Dauerfestigkeit *f*, MECHAN ENG Gestaltfestigkeit *f*, *under oscillation stress* Schwingungsfestigkeit *f*, MECHANICS Biegefestigkeit *f*, Dauerfestigkeit *f*, METALL, PROD ENG Dauerfestigkeit *f*, SPACE Materialermüdungswiderstand *m*, TEST Dauerschwingfestigkeit *f*, Ermüdungsfestigkeit *f*; ~ **test** *n* AIR TRANS Dauerprüfung *f*, Test auf Dauerfestigkeit *m*, MECHAN ENG Dauerversuch *m*, METALL

Ermüdungsversuch *m*, TEST Dauerprüfung *f*, Ermüdungsprüfung *f*, Schwingfestigkeitsprüfung *f*; **~-testing machine** *n* MECHAN ENG Dauerversuchmaschine *f*; **~ wear** *n* MECHAN ENG Ermüdungsverschleiß *m*

fatigue[3] *vi* COATINGS ermüden

fatty: **~ acid** *n* CHEMISTRY, FOOD TECH, PAPER Fettsäure *f*; **~ acid glyceride** *n* FOOD TECH Fettsäureglycerid *nt*

faucet *n AmE (cf tap BrE)* CONST Absperrhahn *m*, LAB EQUIP Hahn *m*, MECHAN ENG Hahn *m*, Zapfhahn *m*, MECHANICS Hahn *m*, Zapfen *m*; **~ joint** *n* CONST kurzes Verbindungsstück *nt*

fault:[1] **~-tolerant** *adj* COMP & DP fehlertolerant, hochverfügbar, zuverlässig, ELEC ENG fehlertolerant

fault[2] *n* COMP & DP Fehler *m*, Fehlerbedingung *f*, ELEC ENG, ELECT, MECHAN ENG, MECHANICS Fehler *m*, PET TECH Bruch *m*, Verwerfung *f*, TELECOM Störung *f*; **~ basin** *n* PET TECH Verwerfungsbecken *nt*; **~ clearance** *n* TELECOM Entstörung *f*, Störungsbeseitigung *f*; **~ detection** *n* COMP & DP Fehlerentdeckung *f*, TELECOM Fehlererkennung *f*; **~ detector** *n* ELECT Fehleranzeiger *m*; **~ diagnosis** *n* COMP & DP, ELECT Fehlerdiagnose *f*; **~ display** *n* TELECOM Fehleranzeige *f*; **~ finding** *n* ELEC ENG Fehlersuche *f*; **~-finding table** *n* MECHAN ENG Fehlersuchtabelle *f*; **~ location** *n* ELECT Fehlerlokalisierung *f*, Fehlerortung *f*; **~ location instrument** *n* INSTR Fehlerortungsgerät *nt*; **~ location program** *n* COMP & DP Fehlererkennungsprogramm *nt*; **~ maintenance** *n* TELECOM Fehlerbehebung *f*; **~ reception center** *n AmE*, **~ reception centre** *n BrE (FRC)* TELECOM Störungsannahme *f*; **~ resistance** *n* ELEC ENG Fehlerwiderstand *m*; **~ spring** *n* WATER SUP Verwerfungsquelle *f*; **~ time** *n* COMP & DP Ausfallzeit *f*; **~ tolerance** *n* COMP & DP, ELEC ENG Fehlertoleranz *f*; **~-tolerant system** *n* COMP & DP Vollduplex *nt*, fehlertolerantes System *nt*; **~ trap** *n* PET TECH Verwerfungsfalle *f*; **~ voltage circuit breaker** *n* ELECT Fehlerspannungs-Stromunterbrecher *m*

faultless *adj* TEXT fehlerfrei

faulty[1] *adj* ELECT fehlerhaft, schadhaft, MECHANICS, TEXT fehlerhaft

faulty:[2] **~ call** *n* TELECOM gestörtes Gespräch *nt*; **~ connection** *n* TELECOM gestörte Verbindung *f*; **~ insulation** *n* ELECT schadhafte Isolierung *f*; **~ line** *n* TELECOM gestörte Leitung *f*; **~ measurement** *n* INSTR Fehlmessung *f*; **~ operation** *n* MECHAN ENG gestörter Betrieb *m*; **~ sheet ejection** *n* PACK Defektbogenausstoß *m*

fax[1] *abbr (facsimile)* COMP & DP, RAD TECH, TELECOM Fax *nt (Faksimile)*

fax[2] *vt* TELECOM faxen, fernkopieren

faying: **~ surface** *n* PROD ENG Paßfläche *f*

FBR *abbr (fast breeder reactor)* NUC TECH SB *(schneller Brüter)*, PHYS SB *(schneller Brutreaktor)*

FCNE *abbr (flight control and navigational equipment)* AIR TRANS FCNE *(Flugüberwachungs- und Navigationsausrüstung)*

FCS *abbr (frame-checking sequence)* TELECOM Blockprüfzeichenfolge *f*

FD *abbr (floppy disk)* COMP & DP, PRINT Floppy *f*

FDHM *abbr (full duration half maximum)* TELECOM HWZ *(Halbwertszeit)*

FDM *abbr (frequency division multiplexing)* ELECTRON, RAD TECH, TELECOM Frequenzmultiplexverfahren *nt*

FDMA *abbr (frequency division multiple access)* ELECTRON, RAD TECH, TELECOM Frequenzvielfach-Zugriffsverfahren *nt*

FDR *abbr (final design review)* SPACE Konstruktionsendprüfung *f*

Fe *(iron)* CHEMISTRY Fe *(Eisen)*

feasibility *n* COMP & DP, CONST Durchführbarkeit *f*; **~ report** *n* COMP & DP Durchführbarkeitsbericht *m*; **~ study** *n* COMP & DP Machbarkeitsstudie *f*, Projektstudie *f*, CONST Durchführbarkeitsstudie *f*

feather[1] *n* CER & GLAS Blasenschleier *m*, CONST *wood* Feder *f*, Federkeil *m*, MECHAN ENG Paßfeder *f*, *shaft key* Federkeil *m*; **~ edge** *n* CONST Falzung *f*, zugeschärfte Kante *f*; **~-edged brick** *n* CONST Keilziegel *m*; **~ joint** *n* CONST gefederte Verbindung *f*; **~ key** *n* MECHAN ENG Federkeil *m*, Nutenkeil *m*, NUC TECH Paßfeder *f*; **~ tongue** *n* CONST *wood* Federkeil *m*

feather[2] *vt* AIR TRANS *propeller* auf Segelstellung bringen

feathered: **~ pitch** *n* AIR TRANS *propeller* Segelstellung der Luftschraubenblätter *f*; **~ propeller** *n* AIR TRANS Segelstellung der Luftschraube *f*

feathering: **~ angle** *n* AIR TRANS Segelstellungswinkel *m*; **~ effect** *n* AIR TRANS Segelstellungswirkung *f*

feature *n* ART INT Eigenschaft *f*, Merkmal *nt*, COMP & DP Funktion *f*, Merkmal *nt*, PAT Merkmal *nt*; **~ expansion card** *n* COMP & DP Erweiterungskarte *f*; **~ extraction** *n* COMP & DP Merkmalausblendung *f*

features: **~ to be protected** *n pl* PAT zu schützende Merkmale *nt pl*

Federal: **~ Clean Air Act** *n AmE* WASTE Bundes-Immissionsschutzgesetz *nt*; **~ Navy** *n* WATER TRANS *navy* Bundesmarine *f*; **~ States Working Group on Waste** *n* WASTE LAGA, Länderarbeitsgemeinschaft Abfall *f*

feed[1] *n* AUTO Einspeisung *f*, Zuführung *f*, COAL TECH Vorschub *m*, COMP & DP Zuführung *f*, ELEC ENG *power supply* Speisung *f*, Zuführung *f*, Zuleitung *f*, ELECT *supply network* Speisung *f*, HYD EQUIP Einspeisung *f*, Speisung *f*, Zuführung *f*, MECHAN ENG Vorschub *m*, MECHANICS Einspeisung *f*, Vorschub *m*, PAPER Vorschub *m*, PLAS *moulding* Angießkanal *m*, Angußkegel *m*, TELEV Einspeisung *f*, WATER SUP Wasserzulauf *m*; **~ board** *n* PRINT Anlegeplatte *f*; **~ box** *n* MECHAN ENG *machine tools*, PAPER Vorschubkasten *m*, PROD ENG Vorschubgetriebekasten *m*, Vorschubkasten *m*; **~ bush** *n* MECHAN ENG *injection mould* Angußbuchse *f*; **~ cable** *n* ELEC ENG Zuleitungskabel *nt*; **~-change lever** *n* PROD ENG Vorschubwechselhebel *m*; **~ circuit** *n* ELECT Speiseschaltung *f*, Versorgungsschaltung *f*; **~ cock** *n* PROD ENG Füllhahn *m*; **~ component** *n* NUC TECH Vorschubkomponente *f*; **~-drive reverse** *n* PROD ENG Wendegetriebe *nt*; **~ enrichment** *n* NUC TECH *of fuel* Brennstoffanreicherung *f*; **~ force** *n* MECHAN ENG Vorschubkraft *f*; **~ gear** *n* MECHAN ENG Vorschubgetriebe *nt*, PROD ENG Vorschubrad *nt*; **~ hole** *n* COMP & DP Führungsloch *nt*; **~ hooper** *n* CONST Aufgabetrichter *m*; **~ hopper** *n* MECHANICS Beschickungstrichter *m*, PACK Zufuhrtrichter *m*, PROD ENG Materialtrichter *m*; **~ hose union** *n* PET TECH Einspeiseschlauchverbindung *f*, Füllschlauchverbindung *f*; **~ hose union** *n* PET TECH Einspeiseschlauchverbindung *f*, Füllschlauchverbindung *f*; **~-in of winding** *n* ELECT Wicklungseinführung *f*; **~ limiter** *n* MECHAN ENG Vorschubbegrenzer *m*; **~ mechanism** *n* MECHAN ENG Vorschubmechanismus *m*; **~ motion** *n* PROD ENG *metal cutting* Zuführungsbewegung *f*; **~ motor** *n* MECHAN ENG Vorschubmotor *m*; **~ nut** *n* PROD ENG Vorschubmutter *f*; **~-pawl mechanism** *n* PROD ENG Vorschubsperrgetriebe *nt*; **~ pipe** *n* MECHAN ENG,

PROD ENG Speiserohr *nt*; **~ pump** *n* HEAT & REFRIG, MECHAN ENG, PROD ENG Förderpumpe *f*, Speisepumpe *f*; **~ rack** *n* MECHAN ENG *machine tools*, PROD ENG Vorschubzahnstange *f*; **~ rate** *n* COAL TECH Vorschubzahl *f*, MECHAN ENG Vorschubgeschwindigkeit *f*; **~ reversing gear** *n* MECHAN ENG Vorschubumschaltgetriebe *nt*; **~ roll** *n* FOOD TECH Speisewalze *f*, MECHAN ENG Zuführungswalze *f*, PAPER Vorschubwalze *f*, PROD ENG Einzugsrolle *f*; **~ roller** *n* FOOD TECH Zuführwalze *f*, MECHAN ENG Zuführungswalze *f*; **~ roller table** *n* PROD ENG Zuführrollgang *m*; **~ screw** *n* MECHAN ENG *of lathe* Vorschubspindel *f*; **~ shaft** *n* MECHAN ENG *of lathe* Zugspindel *f*; **~ slide** *n* MECHAN ENG Vorschubschlitten *m*; **~ speed** *n* MECHAN ENG Vorschubgeschwindigkeit *f*; **~ tank** *n* PET TECH Beschickungsarmatur *f*, Einspeisarmatur *f*; **~ valve** *n* PET TECH Beschickungsventil *nt*, Einspeiseventil *nt*; **~ waveguide** *n* ELEC ENG Zuleitungswellenleiter *m*

feed[2] *vt* COMP & DP zuführen, ELEC ENG *power supply* anlegen, speisen, zuführen, MECHAN ENG vorschieben, MECHANICS Vorschub geben, einspeisen, zuleiten, PROD ENG anlegen, TELEV einspeisen; **~ and bleed** *vt* NUC TECH zuführen und entlüften

feedback *n* COMP & DP, CONTROL, ELECTRON, MECHANICS Rückführung *f*, Rückkopplung *f*, NUC TECH, PHYS Feedback *nt*, Rückführung *f*, Rückkopplung *f*, RAD TECH, RECORD Rückkopplung *f*, TELECOM Rückführung *f*, Rückkopplung *f*, TELEV Rückkopplung *f*, WAVE PHYS Rückführung *f*, Rückkopplung *f*; **~ AGC** *n* TELECOM Rückwärtsregelung *f*; **~ amplifier** *n* ELECTRON Rückkopplungsverstärker *m*; **~ automatic gain control** *n* TELECOM Rückwärtsregelung *f*; **~ channel** *n* RECORD Rückkanal *m*; **~ circuit** *n* RECORD Rückkopplungsschaltung *f*, TELEV Rückkopplungskreis *m*; **~ coil** *n* ELEC ENG Rückkopplungsspule *f*; **~ control** *n* ELEC ENG Rückkopplungsregelung *f*; **~ control system** *n* ELEC ENG Regelkreis *m*, Regelungssystem mit Rückkopplung *nt*; **~ cutter** *n* RECORD Rückkopplungsschneider *m*; **~ loop** *n* ELECTRON Rückführungskreis *m*, *closed-loop control system* Regelkreis *m*, Rückführungsschleife *f*, *general* Rückkopplungsschleife *f*, MECHAN ENG Rückführkreis *m*, Rückführungskreis *m*, MECHANICS Rückkopplungsschleife *f*, PROD ENG geschlossener Wirkungskreis *m*; **~ oscillation** *n* RECORD Rückkopplungsschwingung *f*; **~ oscillator** *n* ELECTRON, RECORD Rückkopplungsoszillator *m*; **~ ratio** *n* ELECTRON Rückkopplungsgrad *m*, *amplifier* Rückkopplungsfaktor *m*, *oscillator* Rückkopplungsgrad *m*; **~ resistor** *n* ELEC ENG Rückkopplungswiderstand *m*; **~ signal** *n* ELECTRON Meßgröße *f*, Rückführsignal *nt*; **~ voltage** *n* ELEC ENG Rückkopplungsspannung *f*; **~ winding** *n* ELEC ENG Rückkopplungswicklung *f*

feeder *n* CER & GLAS Speiser *m*, COMP & DP automatische Papierzuführung *f*, ELEC ENG Speisekabel *nt*, Speiseleitung *f*, Versorgungsleitung *f*, Zuleitung *f*, ELECT *cable* Speiseleitung *f*, MECHAN ENG Aufgabevorrichtung *f*, PACK Füllapparat *m*, Zuführapparat *m*, PROD ENG Einleger *m*, Gießaufsatz *m*, RAD TECH Speisekabel *nt*, SPACE *communications* Speiseleitung *f*, TEXT Fadenführer *m*; **~ airline** *n* AIR TRANS Zubringer-Airline *f*; **~ bar** *n* ELECT *electricity distribution* Speiseschiene *f*; **~ broom** *n* WASTE Zubringerbesen *m*; **~ cable** *n* COMP & DP Verbindungskabel *nt*, Zubringerkabel *nt*, ELECT, TELEV Speisekabel *nt*; **~ gate** *n* CER & GLAS Speisereinlauf *m*; **~ head** *n* NUC TECH Beschickungskopf *m*, Speisekopf *m*; **~ line** *n* AIR TRANS Zubringerluftverkehrslinie *f*, RAD TECH Speiseleitung *f*, RAIL Anschlußlinie *f*, Zubringer *m*; **~ lock** *n* NUC TECH *for spherical fuel elements* Beschickungsverriegelung *f*; **~ nose** *n* CER & GLAS Speiserschüssel *f*; **~ opening** *n* CER & GLAS Speiseröffnung *f*; **~ pipe** *n* NUC TECH Beladerohr *nt*, Beschickungsrohr *nt*; **~ plunger** *n* CER & GLAS Speiserkolben *m*; **~ ship** *n* WATER TRANS Zubringerschiff *nt*; **~ tank** *n* AIR TRANS Vorratstank *m*; **~ train** *n* RAIL Anschlußzug *m*, Zubringer *m*; **~ yarn** *n* TEXT Rohgarn *nt*

feedforward: **~ AGC** *n* (*feedforward automatic gain control*) TELECOM Vorwärtsregelung *f*; **~ automatic gain control** *n* (*feedforward AGC*) TELECOM Vorwärtsregelung *f*; **~ control** *n* COMP & DP Vorwärtsführung *f*

feeding *n* MECHAN ENG Vorschub *m*, PAPER Zuführung *f*, TEXT Beschicken *nt*; **~ collet** *n* PROD ENG Vorschubpatrone *f*; **~ device** *n* MECHAN ENG Aufgabevorrichtung *f*, PACK Fülleinrichtung *f*; **~ head** *n* PROD ENG *casting* Speisesystem *nt*, verlorener Kopf *m*; **~-in mechanism** *n* PROD ENG *metal cutting* Zustellgetriebe *nt*; **~ process** *n* CER & GLAS Speiseverfahren *nt*, NUC TECH Beschickungsverfahren *nt*; **~ table** *n* PACK Beschickungstisch *m*, Zufuhrtisch *m*; **~ transformer** *n* ELECT Speisetransformator *m*

feedline *n* NUC TECH *of gas centrifuge* Zufuhrleitung *f*

feedstock *n* PET TECH Einsabstoff *m*

feedthrough *n* MECHANICS Durchführung *f*, Durchlaß *m*, PHYS, SPACE *spacecraft* Durchführung *f*; **~ capacitor** *n* ELEC ENG, PHYS Durchführungskondensator *m*; **~ input** *n* ELEC ENG Durchführungseingang *m*; **~ insulator** *n* ELEC ENG Durchführungsisolator *m*

feedwater *n* HEAT & REFRIG, MECHAN ENG, MECHANICS, PAPER, WATER SUP, WATER TRANS *engine* Speisewasser *nt*; **~ inlet nozzle** *n* NUC TECH *of steam generator* Speisewasseranschluß *m*; **~ manifold** *n* NUC TECH Speisewasserverteiler *m*; **~ pipe** *n* MECHAN ENG Speisewasserleitung *f*; **~ pump** *n* MECHAN ENG Speisewasserpumpe *f*; **~ softening** *n* HEAT & REFRIG Speisewasserenthärtung *f*; **~ treatment** *n* HEAT & REFRIG Speisewasseraufbereitung *f*

feel *n* SPACE Steuerdruck *m*; **~ mechanism** *n* SPACE Steuerdruckmechanismus *m*; **~ simulator** *n* SPACE Gefühlssimulator *m*; **~ simulator valve** *n* AIR TRANS Steuerdruckventil *nt*

feeler *n* MECHAN ENG Fühler *m*, Taster *m*, METROL Dickten- *pref*, PROD ENG Meßdorn *m*; **~ gage** *n AmE*, **~ gauge** *n BrE* AUTO *tool* Fühllehre *f*, MECHAN ENG Fühlerlehre *f*, Spion *m*, METROL Dicktenlehre *f*, Dicktenschablone *f*, Fühllehre *f*, Meßspion *m*, NUC TECH Fühlerlehre *f*; **~ pin** *n* METROL Meßstift *m*, Taster *m*

FEF: **~ carbon black** *n* (*fast extruding furnace carbon black*) PLAS FEF-Ruß *m* (*schnell spritzbarer Furnace-Ruß*)

feint: **~ rules** *n pl* PRINT Hilfslinien *f pl*

feldspar *n* CER & GLAS Feldspat *m*

felloe *n* PROD ENG Felge *f*

felt *n* PAPER Baupappe *f*, Filz *m*, PROD ENG, TEXT Filz *m*; **~-carrying roll** *n* PAPER Filzleitwalze *f*; **~ conditioner** *n* PAPER Filzkonditionierer *m*; **~ dryer** *n* PAPER Filztrockner *m*; **~ filter** *n* MECHAN ENG Filzfilter *nt*; **~ and gravel roof** *n* CONST Kiespreßdach *nt*; **~ mark** *n* PAPER Filzmarke *f*; **~ packing** *n* MECHAN ENG Filzdichtung *f*; **~ polisher** *n* CER & GLAS Filzpolierer *m*; **~ side** *n* PAPER Schönseite *f*, PRINT *paper* Filzseite *f*, Oberseite *f*; **~ stretcher** *n* PAPER Filzspannvorrichtung *f*; **~ washer** *n*

MECHAN ENG Filzscheibe *f*; ~ **whipper** *n* PAPER Filzreinigungsvorrichtung *f*

felting *n* PAPER Verfilzen *nt*; ~ **power** *n* PAPER Verfilzbarkeit *f*

FEM *abbr (finite elements method)* MECHAN ENG FEM *(Finite-Elemente-Methode)*

female[1] *adj* PROD ENG Innen-*pref*

female:[2] ~ **adaptor** *n* MECHAN ENG Zwischenstück mit Innengewinde *nt*; ~ **connector** *n* ELEC ENG Buchsensteckverbinder *m*, Muttersteckverbinder *m*, ELECT Buchse *f*, Sockel *m*, Steckerbuchse *f*; ~ **contact** *n* ELEC ENG Buchsenteil *m*, Dosenkontakt *m*, Kontaktbuchse *f*; ~ **die** *n* PROD ENG Matrize *f*; ~ **gage** *n AmE*, ~ **gauge** *n BrE* MECHAN ENG Lehrring *m*, Ringlehre *f*; ~ **guide** *n* TELEV Führungsbuchse *f*; ~ **part** *n* PROD ENG aufnehmendes Außenteil *nt*, hohles Gegenstück *nt*; ~ **thread** *n* MECHAN ENG, PROD ENG *plastic valves* Innengewinde *nt*

femto- *n (f)* METROL Femto-*pref (F)*

femtometer *n* METROL Femtometer *nt*

fence[1] *n* PROD ENG Führungslineal *nt*, WASTE Wildzaun *m*; ~ **boom** *n* MAR POLL Zaunölsperre *f*

fence:[2] ~ **in** *vt* CONST einzäunen

fenchene *n* CHEMISTRY Fenchen *nt*

fenchone *n* CHEMISTRY Fenchon *nt*

fenchyl *n* CHEMISTRY Fenchyl- *pref*

fend: ~ **off** *vt* WATER TRANS abfendern

fender *n* AUTO *AmE (cf mudguard BrE, wing BrE)* Kotflügel *m*, AUTO *AmE (cf bumper BrE) body* Stoßstange *f*, MAR POLL Fender *m*, MECHAN ENG *AmE (cf bumper BrE)* Puffer *m*, MECHANICS Kotflügel *m*, RAIL *AmE (cf bumper BrE)* Dämpfer *m*, Prellbock *m*, Puffer *m*, Stoßstange *f*, WATER TRANS *deck equipment* Fender *m*

Fenske: ~ **helices** *n pl* LAB EQUIP *distillation* Fenske-Ringe *m pl*

Fermat: ~ **number** *n* MATH Fermatsche Primzahl *f*

Fermat's: ~ **little theory of prime numbers** *n* MATH kleiner Fermatscher Satz *m*; ~ **principle** *n* PHYS Fermatsches Prinzip *nt*

ferment *vi* CHEMISTRY *of liquids* gären

fermentation *n* CHEMISTRY Fermentation *f*, Gärung *f*, Vergärung *f*, FOOD TECH Gärung *f*; ~ **gas** *n* POLL Biogas *nt*, WASTE Biogas *nt*, Faulgas *nt*; ~ **gases** *n pl* WASTE Gärungsgase *nt pl*; ~ **of refuse** *n* WASTE Abfallgärung *f*

fermented: ~ **waste** *n* WASTE vergorener Abfall *m*

fermenter *n* FOOD TECH Gärbehälter *m*

Fermi: ~ **energy** *n* PHYS Fermische Energie *f*; ~ **level** *n* PHYS Fermisches Niveau *nt*; ~ **limit** *n* PHYS Fermische Grenze *f*; ~ **sphere** *n* PHYS Fermische Kugel *f*; ~ **surface** *n* PHYS Fermische Oberfläche *f*; ~ **wave vector** *n* PHYS Fermischer Wellenvektor *m*

Fermi-Dirac: ~ **distribution** *n* PHYS Fermi-Diracsche Verteilung *f*; ~ **statistics** *n* PHYS Fermi-Diracsche Statistik *f*

fermion *n* PART PHYS *particle with half integer spin*, PHYS Fermion *nt*

fermium *n (Fm)* CHEMISTRY Fermium *nt (Fm)*

ferrate *n* CHEMISTRY Ferrat *nt*

ferredoxin *n* CHEMISTRY Ferredoxin *nt*

ferric[1] *adj* CHEMISTRY Eisen-*pref*

ferric:[2] ~ **oxide** *n* RECORD Eisenoxid *nt*

ferricyanogen *n* CHEMISTRY Ferricyan *nt*

ferrimagnetic *adj* PHYS ferrimagnetisch

ferrimagnetism *n* PHYS Ferrimagnetismus *m*

ferrite *n* CHEMISTRY, ELEC ENG, ELECT, PHYS Ferrit *nt*; ~ **bead** *n* RAD TECH Ferritperle *f*; ~ **circulator** *n* ELEC ENG Ferritringleiter *m*; ~ **core** *n* COMP & DP Ferritkern *m*, Magnetkern *m*, ELEC ENG, ELECT Ferritkern *m*; ~ **head** *n* RECORD, TELEV Ferritkopf *m*; ~ **isolator** *n* ELEC ENG Ferritisolator *m*; ~ **limiter** *n* ELEC ENG Ferritbegrenzer *m*; ~ **phase shifter** *n* ELEC ENG Ferritphasenregler *m*, Ferritphasenschieber *m*; ~ **rod** *n* ELEC ENG, PHYS, RAD TECH Ferritstab *m*; ~ **rod antenna** *n* WATER TRANS *radio* Ferritstabantenne *f*; ~ **rotator** *n* ELEC ENG Ferritdreher *m*; ~ **slug** *n* RAD TECH *coils* Ferritspulenkern *m*

ferritic[1] *adj* METALL, PHYS ferritisch

ferritic:[2] ~ **stainless steel** *n* PHYS ferritischer rostfreier Stahl *m*

ferritin *n* CHEMISTRY *protein* Ferritin *nt*

ferroconcrete *n* WATER TRANS *shipbuilding* Stahlbeton *m*

ferrocyanogen *n* CHEMISTRY Ferrocyan *nt*

ferrodynamic: ~ **wattmeter** *n* ELECT ferrodynamisches Wattmeter *nt*, ferrodynamischer Leistungsmesser *m*

ferroelectric[1] *adj* PHYS ferroelektrisch

ferroelectric:[2] ~ **crystal** *n* ELEC ENG ferroelektrischer Kristall *m*

ferroelectricity *n* ELEC ENG Ferroelektrikum *nt*, PHYS Ferroelektrizität *f*

ferromagnetic[1] *adj* PHYS, RECORD ferromagnetisch

ferromagnetic:[2] ~ **amplifier** *n* ELECTRON ferromagnetischer Verstärker *m*; ~ **material** *n* ELEC ENG Ferromagnetikum *nt*, ELECT ferromagnetisches Material *nt*

ferromagnetism *n* ELECT, PHYS, RECORD Ferromagnetismus *m*

ferroresonance *n* ELEC ENG Ferroresonanz *f*; ~ **circuit** *n* ELEC ENG Ferroresonanzkreis *m*, Resonanzschaltung mit Eisenkernspule *f*

ferrosalt: ~ **method of reproduction** *n* ENG DRAW Eisensalzlicht-Pausverfahren *nt*

ferrous: ~ **alloy** *n* COATINGS Eisenlegierung *f*; ~ **metals** *n pl* METALL Eisenmetalle *nt pl*; ~ **oxide** *n* CER & GLAS Eisenoxid *nt*; ~ **scrap** *n* WASTE Eisenschrott *m*

ferrule *n* MECHAN ENG Zwinge *f*, MECHANICS Beschlag *m*, Eisenband *nt*, Eisennippel *m*, Stockzwinge *f*, OPT Zwinge *f*, TELECOM Faserhülse *f*, Hülse *f*; ~ **resistor** *n* ELEC ENG Anschlußwiderstand *m*

ferry *n* WATER TRANS Autofähre *f*, Eisenbahnfähre *f*, Fähre *f*; ~ **cable** *n* WATER TRANS Fährseil *nt*; ~ **flight** *n* AIR TRANS Überführungsflug *m*; ~-**landing stage** *n* WATER TRANS Fährlandungsbrücke *f*; ~ **service** *n* WATER TRANS Fährdienst *m*

ferrying *n* WATER TRANS Fährbetrieb *m*

fertile: ~ **isotope** *n* PHYS spaltbares Isotop *nt*

ferulic *adj* CHEMISTRY Ferula- *pref*

festoon *n* PAPER Girlande *f*; ~ **dryer** *n* PAPER Hängetrockner *m*

FET[1] *abbr (field effect transistor)* COMP & DP, ELECTRON, OPT, PHYS, RAD TECH, SPACE FET *(Feldeffekttransistor)*

FET:[2] ~ **amplifier** *n* ELECTRON FET-Verstärker *m*; ~ **front end** *n* ELECTRON FET-Eingang *m*; ~ **input** *n* ELECTRON FET-Eingang *m*

fetch[1] *n* COMP & DP Abruf *m*, WATER TRANS *wind or sea state* Wirklänge des Windes *f*; ~ **cycle** *n* COMP & DP Abrufzyklus *m*; ~ **instruction** *n* COMP & DP Abrufanweisung *f*, Abrufbefehl *m*; ~ **phase** *n* COMP & DP Abrufphase *f*; ~ **protection** *n* COMP & DP Lesesperre *f*; ~ **signal** *n* COMP & DP Abrufsignal *nt*

fetch[2] *vt* COMP & DP abrufen

fettling: **~ of earthenware** *n* CER & GLAS Putzen von Steingut *nt*

Feynman: **~ diagram** *n* PHYS Feynmansches Diagramm *nt*

FF: **~ carbon black** *n (fine furnace carbon black)* PLAS FF-Ruß *m (feiner Furnace-Ruß)*

FFT *abbr (fast Fourier transform)* ELECTRON FFT *(schnelle Fourier-Transformation)*

FGC *abbr (fifth generation computer)* COMP & DP Computer der fünften Generation *m*, Rechner der fünften Generation *m*

F-Head: **~ engine** *n* AUTO Motor mit übereinander angeordneten Ventilen *m*

fiber[1] *n AmE see fibre BrE*

fiber[2] *vt AmE see fibre BrE*

fiberglass *n AmE see fibreglass BrE*

fiberizer *n AmE see fibrizer BrE*

fiberoptic: **~ cable** *n AmE see fibreoptic cable BrE* **~ cladding** *n AmE see fibreoptic cladding BrE* **~ connection** *n* COMP & DP *AmE see fibreoptic connection BrE* Lichtwellenleiterkabel *nt*, ELEC ENG *AmE* Glasfaseranschluß *m* **~ connector** *n AmE see fibreoptic connector BrE* **~ gyrometer** *n AmE see fibreoptic gyrometer BrE* **~ modem** *n AmE see fibreoptic modem BrE* **~ network** *n AmE see fibreoptic network BrE* **~ receiver** *n* ELEC ENG *AmE* faseroptischer Empfänger *m*, TELECOM *AmE see fibreoptic receiver BrE* Empfänger für Lichtwellenleiterübertragung *m* **~ splice** *n AmE see fibreoptic splice BrE* **~ technology** *n AmE see fibreoptic technology BrE* **~ terminal device** *n* OPT *AmE see fibreoptic terminal device BrE* faseroptisches Endgerät *nt*, faseroptisches Terminal *nt*, TELECOM *AmE* Lichtwellenleiterendeinrichtung *f* **~ transducer** *n AmE see fibreoptic transducer BrE* **~ transmission** *n AmE see fibreoptic transmission BrE* **~ transmission system** *n AmE see fibreoptic transmission system BrE* **~ transmitter** *n AmE see fibreoptic transmitter BrE*

Fibonacci: **~ numbers** *n pl* MATH Fibonacci-Zahlen *f pl*; **~ search** *n* COMP & DP Fibonacci-Verfahren *nt*

fibre[1] *n BrE* OPT, PAPER, TELECOM, TEXT Faser *f*; **~ axis** *n BrE* OPT Faserachse *f*, TELECOM Lichtwellenleiterachse *f*, optische Achse *f*; **~ belt** *n BrE* MECHAN ENG Faserstoffriemen *m*; **~ buffer** *n BrE* OPT Faserabschluß *m*, TELECOM Faserhülle *f*; **~ bundle** *n* CER & GLAS, OPT *BrE*, TELECOM *BrE* Faserbündel *nt*; **~ cladding** *n BrE* OPT Fasermantel *m*; **~ coating** *n BrE* OPT Dasermantel *m*, Fasermantel *m*; **~ composition** *n BrE* PACK, PAPER Faserstoffzusammensetzung *f*; **~ content** *n BrE* TEXT Fasergehalt *m*; **~ core** *n BrE* TELEV Faserkern *m*; **~ drawing** *n BrE* TELECOM Faserziehen *nt*; **~ drum** *n BrE* NUC TECH *for radioactive waste* Leichtfaß *nt*, PACK Leichtfaß *nt*, Pappfaß *nt*; **~ excess length** *n BrE* OPT Faserüberlänge *f*; **~ feeder** *n BrE* CER & GLAS Faserspeiser *m*; **~ gasket** *n BrE* MECHANICS Faserstoffdichtung *f*, Fiberdichtung *f*; **~ helix** *n BrE* OPT Faserwendel *f*; **~ jacket** *n BrE* OPT Fasermantel *m*, TELECOM Faserhülle *f*, Sekundärbeschichtung *f*; **~ loss** *n BrE* TELECOM Faserdämpfung *f*, Lichtwellenleiterdämpfung *f*; **~ optics** *n* CER & GLAS *BrE* Faseroptik *f*, COMP & DP *BrE (fiber optics AmE)* Faseroptik *f*, Glasfasertechnik *f*, Lichtleitbündeltechnik *f*, Lichtwellenleitertechnik *f*, ELEC ENG *BrE*, PHYS *BrE* Faseroptik *f*; **~ optics equipment** *n BrE* LAB EQUIP *lighting* Faseroptik-Ausrüstung *f*; **~ reinforcement** *n BrE* CONST Faserverstärkung *f*; **~ scattering** *n BrE* OPT Faserstreuung *f*, TELECOM Streuung im Lichtwellenleiter *f*; **~ texture** *n BrE* METALL Faserstruktur *f*; **~-type sling** *n BrE* SAFETY Faserschlaufe *f*

fibre[2] *vt BrE* OPT mittels Lichtleitfaser übertragen

fibreglass *n BrE* TEXT Glasfaserstoff *m*, WATER TRANS *shipbuilding* Fiberglas *nt*, Glaswolle *f*

fibreoptic: **~ cable** *n BrE* COMP & DP Glasfaserkabel *nt*, Lichtwellenleiterkabel *nt*, ELEC ENG Glasfaserkabel *nt*, OPT Lichtleitkabel *nt*, faseroptisches Kabel *nt*, TELECOM Glasfaserkabel *nt*, LWL-Kabel *nt*, Lichtwellenleiterkabel *nt*; **~ cladding** *n BrE* TELECOM Lichtwellenleitermantel *m*; **~ connection** *n BrE* COMP & DP Lichtwellenleiterkabel *nt*, ELEC ENG Glasfaseranschluß *m*; **~ connector** *n BrE* ELEC ENG Glasfaserkabel-Steckverbinder *m*, faseroptischer Steckverbinder *m*; **~ gyrometer** *n BrE* SPACE Glasfaserkreisel *m*; **~ modem** *n BrE* ELECTRON Lichtwellenleitermodem *nt*; **~ network** *n BrE* ELEC ENG faseroptisches Kabelnetz *nt*; **~ receiver** *n BrE* ELEC ENG faseroptischer Empfänger *m*, TELECOM Empfänger für Lichtwellenleiterübertragung *m*; **~ splice** *n BrE* TELECOM Lichtwellenleiterspleiß *m*; **~ technology** *n BrE* ELEC ENG Glasfasertechnologie *f*, faseroptische Technologie *f*; **~ terminal device** *n BrE* OPT faseroptisches Endgerät *nt*, faseroptisches Terminal *nt*, TELECOM Lichtwellenleiterendeinrichtung *f*; **~ transducer** *n BrE* ELEC ENG faseroptischer Meßwandler *m*, faseroptischer Transducer *m*; **~ transmission** *n BrE* OPT faseroptische Übertragung *f*, Übertragung mittels Lichtleitkabel *f*, TELECOM Lichtwellenleiterübertragung *f*; **~ transmission system** *n BrE* ELEC ENG faseroptisches Übertragungssystem *nt*; **~ transmitter** *n BrE* ELEC ENG faseroptischer Sender *m*

fibrillating *n* PAPER Fibrillierung *f*

fibrizer *n BrE* PAPER Prallzerfaserer *m*

fibroin *n* CHEMISTRY Fibroin *nt*

fibrous[1] *adj* PAPER faserig

fibrous:[2] **~ fracture** *n* METALL Schieferbruch *m*, NUC TECH Holzfaserbruch *m*; **~ insulation** *n* HEAT & REFRIG Faserisolierung *f*; **~ microstructure** *n* METALL faserige Mikrostruktur *f*; **~ peat** *n* COAL TECH Fasertorf *m*

fiche *n* COMP & DP Mikrofiche *f*

ficin *n* CHEMISTRY Debricin *nt*, Ficim *nt*

Fick's: **~ law** *n* PHYS Ficksches Gesetz *nt*

fictitious: **~ binding energy** *n* NUC TECH fiktive Bindungsenergie *f*

fiddle *n* WATER TRANS Schlingerleiste *f*; **~ block** *n* WATER TRANS *deck fittings* Violinblock *m*; **~ drill** *n* MECHAN ENG zweischneidiger Bohrer *m*

fidelity *n* ACOUSTICS Wiedergabegüte *f*, ERGON Wiedergabegüte *f*, Wiedergabetreue *f*

field:[1] **~-tested** *adj* MECHANICS gebrauchsgetestet

field[2] *n* ACOUSTICS Feld *nt*, Gebiet *nt*, Gruppe *f*, COMP & DP Feld *nt*, CONST Baustelle *f*, Gelände *nt*, ELEC ENG *in conductor*, ELECT *electric, magnetic or force* Feld *nt*, PET TECH Feld *nt*, Lagerstätte *f*, RAD TECH Feld *nt*, TELEV Halbbild *nt*, Teilraster *m*, Teilbild *nt*; **~ book** *n* CONST *surveying* Feldbuch *nt*; **~-breaking switch** *n* NUC TECH Feldunterbrecher *m*; **~ bridge** *n* INSTR Betriebmeßbrücke *f*; **~ camera** *n* PHOTO Reisekamera *f*; **~-centering control** *n AmE*, **~-centring control** *n BrE* TELEV Teilbildzentrierungsregelung *f*; **~ circuit** *n* ELECT Erregerkreis *m*, Feldschaltung *f*; **~ coil** *n* ELEC ENG Feldspule *f*, ELECT Erregerspule *f*, Erregerwicklung *f*, Feldspule *f*, Feldwicklung *f*, RECORD Feldspule *f*; **~ convergence** *n* TELEV Teilbildkonvergenz *f*; **~**

current *n* ELEC ENG Feldstrom *m*, ELECT Erregerstrom *m*, Feldstrom *m*; ~ **delimiter** *n* COMP & DP Feldendezeichen *nt*; ~ **depth** *n* TELECOM *physics* Schärfentiefe *f*; ~ **desorption mass spectrometer** *n* NUC TECH Felddesorptions-Massenspektrometer *nt*; ~ **diaphragm** *n* METALL Sehfeldblende *f*; ~ **direction** *n* ELEC ENG Feldrichtung *f*; ~ **discharge switch** *n* NUC TECH Feldunterbrecher *m*; ~ **divider** *n* TELEV Rasterfrequenzteiler *m*; ~ **effect** *n* ELECTRON, TELECOM Feldeffekt *m*; ~ **effect amplifier** *n* ELECTRON Feldeffektverstärker *m*; ~ **effect transistor** *n* *(FET)* COMP & DP, ELECTRON, OPT, PHYS, RAD TECH, SPACE Feldeffekttransistor *m* *(FET)*; ~ **emission** *n* ELECTRON, PHYS Feldemission *f*; ~ **emission microscope** *n* PHYS Feldemissionsmikroskop *nt*; ~ **engineer** *n* MECHANICS Baustelleningenieur *m*; ~ **excitation** *n* ELECT Felderregung *f*; ~ **flutter** *n* NUC TECH Feldflackern *nt*; ~ **flyback** *n* TELEV Teilbildrücklauf *m*; ~ **of force** *n* ELEC ENG Kraftlinienfeld *nt*, NUC TECH, PROD ENG Kraftfeld *nt*; ~ **frame** *n* AUTO Feldbegrenzung *f*, Feldgehäuse *nt*; ~-**free emission current** *n* NUC TECH *of surface* feldfreier Emissionsstrom *m*; ~ **frequency** *n* TELEV Bildwechselfrequenz *f*; ~ **gating circuit** *n* TELEV Teilbildschaltung *f*; ~ **glass magnifier** *n* CER & GLAS Fernglas *nt*; ~ **instrument** *n* INSTR Betriebsmeßgerät *nt*, Betriebsmeßinstrument *nt*; ~ **intensity** *n* ELECT Feldstärke *f*; ~ **investigation** *n* COAL TECH Felduntersuchung *f*; ~ **ion microscope** *n* PHYS Feldionenemissionsmikroskop *nt*; ~ **lens** *n* PHOTO Feldlinse *f*; ~ **line** *n* ELEC ENG, PHYS Feldlinie *f*; ~ **magnet** *n* ELEC ENG, RECORD Feldmagnet *m*; ~ **microphone** *n* RECORD Feldmikrofon *nt*; ~-**neutralizing magnet** *n* TELEV Bildwechselneutralisierungsmagnet *m*; ~ **oxide** *n* ELECTRON Feldoxid *nt*; ~ **pick-up** *n* TELEV Außenaufnahme *f*; ~ **pole** *n* ELEC ENG Feldpol *m*, Hauptpol *m*; ~ **programmable device** *n* COMP & DP freiprogrammierbares logisches Feld *nt*; ~ **programmable logic array** *n* COMP & DP freiprogrammierbares logisches Feld *nt*; ~ **rate flicker** *n* TELEV Teilbildflackern *nt*; ~ **regulator** *n* ELEC ENG Feldregler *m*, Magnetfeldregler *m*, ELECT *motor*, NUC TECH Feldregler *m*; ~-**reversed mirror reactor** *n* NUC TECH Spiegelreaktor mit Feldumkehr *m*; ~ **rheostat** *n* ELEC ENG Erregerwiderstand *m*, Feldregler *m*, ELECT Feldreglerrheostat *nt*; ~ **rivet** *n* MECHAN ENG Montageniet *m*; ~ **shift switch** *n* TELEV Bildwechselschalter *m*; ~ **stop** *n* PHYS Blickfeldblende *f*, Sehfeldblende *f*; ~ **strength** *n* ELEC ENG, ELECT, RAD TECH Feldstärke *f*; ~ **strength meter** *n* ELECT Feldstärkemeßgerät *nt*, RAD TECH Feldstärkemesser *m*; ~ **suppressor** *n* ELECT Feldunterdrücker *m*; ~ **sync** *n* TELEV Teilbildsynchronisierung *f*; ~ **sync alignment** *n* TELEV Bildwechselsynchronisierung *f*; ~ **test** *n* MECHAN ENG Feldversuch *m*, praktische Erprobung *f*; ~ **tilt** *n* TELEV Teilbildneigung *f*; ~ **trial** *n* MAR POLL Feldversuch *m*, SPACE Einsatzprüfung *f*, Einsatzversuch *m*, TELECOM Felderprobung *f*, Feldversuch *m*, TEST praxisnaher Versuch *m*; ~ **vector** *n* ELEC ENG Feldvektor *m*; ~ **voltage** *n* ELECT Feldspannung *f*; ~ **weld** *n* NUC TECH Baustellenschweißen *nt*, Montageschweißen *nt*; ~ **winding** *n* ELEC ENG, ELECT Feldwicklung *f*; ~ **wire** *n* ELEC ENG Feldkabel *nt*

FIFA[1] *abbr (fissions per initial fissile atom)* NUC TECH FIFA *(Spaltstoffabbrand)*

FIFA:[2] ~ **value** *n* NUC TECH FIFA-Wert *m*

FIFO *abbr (first-in-first-out)* COMP & DP FIFO-Prinzip *nt (zuerst Abgelegtes wird als erstes bearbeitet)*

fifth[1] *adj* MATH fünfte

fifth[2] *n* ACOUSTICS Quint *nt*, Quinte *f*, MATH *fraction* Fünftel *nt*; ~ **generation computer** *n* *(FGC)* ART INT, COMP & DP Computer der fünften Generation *m*, Rechner der fünften Generation *m*; ~-**generation language** *n* ART INT Sprache der fünften Generation *f*; ~ **wheel** *n* AUTO *of semi-trailer* Sattelkupplung *f*; ~-**wheel kingpin** *n* AUTO *of semi-trailer* Zugsattelzapfen *m*; ~-**wheel kingpin axis** *n* AUTO *of semi-trailer* Achse des Zugsattelzapfens *f*

fight: ~ **against heavy weather** *vi* WATER TRANS *ship* in schwerer See laufen

figurative: ~ **constant** *n* COMP & DP figurative Konstante *f*; ~ **element** *n* PAT *of mark* figuratives Element *nt*; ~ **mark** *n* PAT Bildzeichen *nt*

figure *n* MATH *drawing* Abbildung *f*, PAT *of drawing* Abbildung *f*, Figur *f*, PRINT Abbildung *f*, Bild *nt*, Figur *f*, *number* Zahl *f*, Ziffer *f*; ~ **eight stellarator tube** *n* NUC TECH Stellaratorröhre in Achterform *f*; ~ **of merit** *n* ELECTRON Gütefaktor *m*; ~-**of-eight knot** *n* WATER TRANS Achtknoten *m*; ~ **shift** *n* TELECOM Ziffernumschaltung *f*

figured: ~ **rolled glass** *n* CER & GLAS Ornamentwalzglas *nt*

figures: ~ **case** *n* COMP & DP Ziffern- oder Zeichenfeld *nt*; ~ **shift** *n* COMP & DP Zeichenumschaltung *f*

figuring *n* CER & GLAS Ornamentierung *f*

filament *n* CONST Faden *m*, ELEC ENG Glühfaden *m*, Heizdraht *m*, Wendel *f*, ELECT *of electric light bulb, vacuum tube* Glühdraht *m*, Leuchtfaden *m*, MECHANICS *wire* Heizdraht *m*, PHYS *fluid* Stromlinie *f*, PLAS Endlosfaser *f*, Filament *nt*, TEXT Endlosfaden *m*, Filament *nt*; ~ **current** *n* ELEC ENG, ELECT Heizstrom *m*; ~ **denier** *n* TEXT Filamentdenier *nt*; ~ **resistance** *n* ELECT Heizfadenwiderstand *m*; ~ **resistor** *n* ELECT Heizfadenwiderstand *m*; ~ **temperature** *n* ELECT Heizfadentemperatur *f*; ~ **transformer** *n* ELEC ENG Heiztransformator *m*

file[1] *n* AUTO *tool* Feile *f*, COMP & DP Datei *f*, MECHAN ENG Feile *f*, MECHANICS Feile *f*, Stapel *m*, TELECOM Datei *f*; ~ **access** *n* COMP & DP Dateizugriff *m*; ~ **allocation** *n* COMP & DP Dateizuordnung *f*; ~ **card** *n* MECHAN ENG Feilenbürste *f*; ~ **cleanup** *n* COMP & DP Dateisäuberung *f*; ~ **conversion** *n* COMP & DP Dateiumwandlung *f*; ~ **creation** *n* COMP & DP Dateierstellung *f*; ~ **cut** *n* MECHAN ENG Feilenhieb *m*; ~ **cutting** *n* MECHAN ENG Feilenhauerei *f*; ~ **deletion** *n* COMP & DP Dateilöschung *f*; ~ **description** *n* COMP & DP Dateibeschreibung *f*; ~ **directory** *n* COMP & DP Dateiverzeichnis *nt*; ~ **extension** *n* COMP & DP Dateinamenerweiterung *f*; ~ **extent** *n* COMP & DP Dateiumfang *m*; ~ **handling** *n* COMP & DP Dateiverwaltung *f*; ~-**handling routine** *n* COMP & DP Dateiverwaltungsroutine *f*; ~ **hardness** *n* MECHAN ENG Feilenhärte *f*; ~ **identification** *n* COMP & DP Dateiname *m*; ~ **identifier** *n* COMP & DP Dateikennung *f*; ~ **index** *n* COMP & DP Dateiindex *m*; ~ **interrogation** *n* COMP & DP Dateiabfrage *f*; ~ **label** *n* COMP & DP Dateikennsatz *m*; ~ **layout** *n* COMP & DP Dateiaufbau *m*; ~ **maintenance** *n* COMP & DP Dateipflege *f*, Fortschreibung *f*; ~ **management** *n* COMP & DP Dateiverwaltung *f*; ~ **name** *n* COMP & DP Dateikennung *f*, Dateiname *m*; ~ **name extension** *n* COMP & DP Dateinamenerweiterung *f*; ~ **number** *n* PRINT Registraturnummer *f*; ~ **organization** *n* COMP & DP Dateiorganisation *f*, Speicherorganisation *f*, Speicherungsform *f*, Dateistruktur *f*; ~ **picture** *n* PHOTO Archivbild *nt*;

~ **preparation** *n* COMP & DP Dateierstellung *f*, Dateivorbereitung *f*; ~ **processing** *n* COMP & DP Dateiverarbeitung *f*; ~ **protection** *n* COMP & DP Dateischutz *m*; ~ **purge** *n* COMP & DP Dateilöschung *f*; ~ **restore** *n* COMP & DP Dateiwiederherstellung *f*; ~ **security** *n* COMP & DP Dateischutz *m*; ~ **separator** *n* COMP & DP Trennseite *f*; ~ **server** *n* COMP & DP Datei-Server *m*, TELECOM Dateibediener *m*; ~ **set** *n* COMP & DP Dateigruppe *f*; ~ **sharing** *n* COMP & DP gemeinsamer Dateizugriff *m*; ~ **size** *n* COMP & DP Dateigröße *f*; ~ **storage** *n* COMP & DP Dateispeicherung *f*; ~ **structure** *n* COMP & DP Dateistruktur *f*; ~ **test** *n* MECHAN ENG Feilenhärteprüfung *f*; ~ **transfer** *n* COMP & DP Dateitransfer *m*, Dateiübertragung *f*; ~ **updating** *n* COMP & DP Dateiaktualisierung *f*, Fortschreibung *f*; ~ **validation** *n* COMP & DP Dateiprüfung *f*

file[2] *vt* MECHAN ENG abfeilen, befeilen

file[3] *vi* MECHAN ENG feilen; ~ **an application** *vi* PAT Anmeldung einreichen

filicic *adj* CHEMISTRY Filicin- *pref*

filing *n* COMP & DP Ablage *f*, MECHAN ENG Feilen *nt*, PAT Einreichung *f*, PROD ENG Feilspan *m*, QUAL Aufbewahrung *f*; ~ **machine** *n* MECHAN ENG Feilmaschine *f*; ~ **period** *n* QUAL Aufbewahrungsfrist *f*; ~ **vice** *n BrE* MECHAN ENG Feilkolben *m*; ~ **vise** *n AmE see filing vice BrE*

fill:[1] ~**-in** *adj* PHOTO Aufhell- *pref*

fill[2] *n* CER & GLAS Füllung *f*, COAL TECH Aufschüttung *f*; ~**-in flash** *n* PHOTO Aufhellblitz *m*; ~**-in light** *n* PHOTO Aufhellicht *nt*; ~ **level** *n* PACK Füllstand *m*; ~ **mass** *n* WASTE Deponiegut *nt*, Lagergut *nt*

fill[3] *vt* CER & GLAS füllen, PROD ENG begichten, TRANS *truck* beschicken, füllen; ~ **up** *vt* CONST *trench* auffüllen, TRANS *tank* tanken, volltanken

filled *adj* CONST ausgefüllt, gefüllt

filler[1] *n* CER & GLAS Füllstoff *m*, COMP & DP Füllzeichen *nt*, CONST Spachtelmasse *f*, ELEC ENG Füllstoff *m*, ELECT *cable construction* Füllstück *nt*, Zwickel *m*, MECHAN ENG Abfüllgerät *nt*, Füllmaschine *f*, NUC TECH *in painting* Spachtelmasse *f*, PLAS Füllstoff *m*, PRINT Füllzeichen *nt*, PROD ENG Harzträger *m*, Streckmittel *nt*; ~ **adaptor** *n* AUTO Einfülladapter *m*; ~ **cap** *n* AUTO Tankdeckel *m*, Verschlußdeckel *m*, MECHANICS Einfülldeckel *m*; ~ **character** *n* COMP & DP Füllzeichen *nt*; ~ **compartment flap** *n* AUTO Tankklappe *f*; ~ **metal** *n* MECHANICS Schweißzusatz *m*, PROD ENG *welding* Zusatzmetall *nt*; ~ **neck** *n* AUTO Einfüllstutzen *m*; ~ **rod** *n* PROD ENG *welding* Zusatzdraht *m*, Zusatzstab *m*; ~ **valve** *n* AUTO Einfüllventil *nt*; ~ **wire** *n* MECHAN ENG *for soldering* Lötdraht *m*, *welding* Schweißdraht *m*, MECHANICS Schweißdraht *m*

filler[2] *vt* PROD ENG *welding* vorformen

fillering *n* PROD ENG *welding* Vorformen *nt*

fillet *n* AIR TRANS *airframe* Verkleidungsübergang *m*, aerodynamischer Übergang *m*, CONST Deckleiste *f*, Hohlkehle *f*, Wandanschlußleiste *f*, MECHAN ENG *gear* Fußausrundung *f*, PROD ENG Hohlkehle *f*, Kehlnaht *f*; ~ **gutter** *n* CONST Schornsteinblechrinne *f*; ~ **joint** *n* CONST Kehlnaht *f*; ~ **radius** *n* RAIL *between web and head of rail* Übergang *m*; ~ **weld** *n* MECHAN ENG, MECHANICS Kehlnaht *f*

filling[1] *adj* COAL TECH, ELEC ENG Füll- *pref*, PACK Abfüll- *pref*, Füll- *pref*

filling[2] *n* NUC TECH, TEXT Füllmaterial *nt*, WASTE Verfüllung *f*; ~ **bottles** *n* FOOD TECH Abfüllen auf Flaschen *nt*; ~ **and capping machine** *n* PACK Abfüll- und Kappenaufsetzmaschine *f*; ~ **coefficient** *n* TELECOM Füllfaktor *m*; ~ **device** *n* PACK Fülleinrichtung *f*; ~ **and dosing machine** *n* PACK Abfüll- und Dosierautomat *m*; ~ **end** *n* CER & GLAS Einlegevorbau *m*; ~ **fold** *n* ENG DRAW Heftfalte *f*; ~ **frame** *n* WATER TRANS Füllspant *m*; ~ **the furnace** *n* CER & GLAS *before melting operation* Füllen des Ofens *nt*; ~ **hole** *n* MECHANICS Füllöffnung *f*, PACK Fülloch *nt*, Füllöffnung *f*, SPACE Einfüllöffnung *f*; ~ **level** *n* MECHAN ENG Füllhöhe *f*; ~ **level indicator** *n* INSTR Füllstandsanzeiger *m*; ~ **line** *n* PACK Abfüllinie *f*; ~ **machine** *n* MECHAN ENG Abfüllgerät *nt*, Füllmaschine *f*, PACK Abfüllanlage *f*; ~ **margin** *n* ENG DRAW *of drawing* Heftrand *m*; ~ **material** *n* NUC TECH Füllmaterial *nt*; ~ **nozzle** *n* PACK Füllstutzen *m*; ~ **pipe** *n* WATER TRANS Füllrohr *nt*; ~ **point** *n* CER & GLAS Füllpunkt *m*; ~ **and sealing machine** *n* PACK Abfüll- und Siegelmaschine *f*; ~ **station** *n* TRANS Tankstelle *f*; ~ **valve** *n* AUTO, SPACE Einfüllventil *nt*; ~ **vibrator** *n* PACK Vibratoraufgeber *m*

fillister *n* CONST Falzhobel *m*, Kittfalz *m*; ~ **head** *n* PROD ENG Schlitzschraube mit Zylinderkopf *f*, Zylinderschraube *f*; ~**-head screw** *n* MECHAN ENG Linsenkopfschraube *f*, Zylinderkopfschraube *f*

film:[1] ~**-forming** *adj* PLAS filmbildend

film[2] *n* CHEMISTRY *thin membrane* Folie *f*, dünne Schicht *f*, COATINGS Schicht *f*, beschichtetes Band *nt*, HYD EQUIP Film *m*, MECHANICS Film *m*, Überzug *m*, PHOTO Film *m*, PLAS Feinfolie *f*, Folie *f*, *paint* Film *m*, PROD ENG *of lubricant* Schmierfilm *m*, SPACE Schicht *f*; ~ **advance crank** *n* PHOTO Filmtransportkurbel *f*; ~ **advance leader** *n* PHOTO Filmführung *f*; ~**-applying lid and heat-sealing machine** *n* PACK Membranverschließ- und Heißsiegelmaschine *f*; ~ **backing** *n* PHOTO *roll film* Filmrückschicht *f*; ~ **badge** *n* NUC TECH Filmdosimeter *nt*, Filmplakette *f*, RAD PHYS Filmdosimeter *nt*; ~ **base** *n* PHOTO Schichtträger *m*; ~ **blowing** *n* PLAS Folienblasen *nt*, Schlauchfolienblasen *nt*; ~ **boiling** *n* HEAT & REFRIG, NUC TECH Filmsieden *nt*; ~ **capacitor** *n* ELEC ENG Schichtkondensator *m*; ~ **cartoning** *n* PACK Filmkartonierung *f*; ~ **casting** *n* PLAS Foliengießen *nt*; ~ **clip** *n* PHOTO Filmklammer *f*; ~ **coating** *n* PACK Film-Coating *nt*; ~ **cooling** *n* SPACE Schichtkühlung *f*, *rocket* Schleierkühlung *f*; ~ **dosimeter** *n* NUC TECH, RAD PHYS *for recording radiation doses* Filmdosimeter *nt*; ~ **dosimetry** *n* NUC TECH Filmdosimetrie *f*; ~ **dryer** *n* PHOTO Filmtrockengerät *nt*; ~ **extrusion** *n* PLAS Folienextrusion *f*; ~ **extrusion equipment** *n* PACK Folienextrudieranlage *f*; ~ **holder** *n* PHOTO Filmhaltevorrichtung *f*; ~ **leader** *n* PHOTO *projector* Filmvorspann *m*; ~ **mounting** *n* PRINT Filmmontage *f*; ~ **pick-up** *n* TELEV Filmaufnahme *f*; ~ **rack** *n* PHOTO Filmgestell *nt*; ~ **resistor** *n* ELEC ENG Schichtwiderstand *m*; ~ **rewind handle** *n* PHOTO Filmrückspulgabel *f*; ~ **scanner** *n* TELEV Filmabtaster *m*; ~ **shrinkage** *n* PHOTO Filmschrumpfung *f*; ~ **speed** *n* PHOTO Lichtempfindlichkeit *f*; ~ **spool** *n* PHOTO Filmspule *f*; ~ **thickness** *n* PLAS *paint, adhesives* Filmdicke *f*; ~**-to-tape transfer** *n* TELEV Überspielen von Film auf Band *nt*; ~ **transducer** *n* SPACE Schichtumwandler *m*; ~ **transfer** *n* TELEV Überspielen von Filmen *nt*; ~ **transmitter** *n* TELEV Filmsender *m*; ~ **transport** *n* PHOTO Filmtransport *m*; ~ **transport crank** *n* PHOTO Filmtransportkurbel *f*; ~ **transport lever** *n* PHOTO Filmtransporthebel *m*; ~ **transport sprocket** *n* PHOTO Filmtransportzahntrommel *f*; ~ **type indicator** *n*

PHOTO Filmanzeiger *m*; ~ **winder** *n* PHOTO Aufwickelmaschine *f*; ~ **wrap** *n* PACK Klarsichtfolie *f*

filming: ~ **of drawings** *n* ENG DRAW Zeichnungsverfilmung *f*; ~ **of textual documents** *n* ENG DRAW Schriftgutverfilmung *f*

filmsetter *n* PRINT Fotosatzanlage *f*, Fotosatzmaschine *f*

filter[1] *n* AUTO *for carburettor, oil* Filter *nt*, CHEM ENG Filter *nt*, Filtrierapparat *m*, COAL TECH, COMP & DP, ELECT Filter *nt*, ELECTRON Filter *nt*, Sieb *nt*, LAB EQUIP, MECHANICS, PAPER, PET TECH, PHOTO, PHYS, RAD TECH Filter *nt*, SAFETY *welding* Schutzglas *nt*, TELECOM Filter *nt*; ~ **aid** *n* CHEM ENG Filterhilfe *f*, Filterhilfsmittel *nt*; ~ **amplifier** *n* ELECTRON Filterverstärker *m*; ~ **amplitude response** *n* ELECTRON Filteramplitudenfrequenzgang *m*; ~**-and-sample detector** *n* TELECOM Filter-Abtast-Detektor *m*; ~ **attenuation** *n* ELECTRON Filterdämpfung *f*, Siebdämpfung *f*; ~ **attenuation band** *n* RAD TECH, RECORD *radio* Sperrbereich *m*; ~ **bag** *n* CHEM ENG Filterbeutel *m*, COAL TECH Schlauchfilter *nt*; ~ **bank** *n* ELECTRON Filterreihe *f*; ~**-bank system** *n* TELECOM Filterbanksystem *nt*; ~ **bed** *n* CHEM ENG Filterschicht *f*, Filterbett *nt*, NUC TECH Filterbett *nt*, WATER SUP Filterschicht *f*, Filterbett *nt*; ~ **bowl** *n* AUTO *carburettor* Filtergehäuse *nt*; ~ **cake** *n* CHEM ENG Filterrückstand *m*, Filterbelag *m*, COAL TECH, PAPER Filterkuchen *m*; ~ **capacitor** *n* ELEC ENG Filterkondensator *m*, Siebkondensator *m*; ~ **cartridge** *n* AUTO Filterpatrone *f*, Filtereinsatz *m*, Filterelement *nt*, CHEM ENG Filterkartusche *f*, HEAT & REFRIG Filtereinsatz *m*, MECHANICS Filtereinsatz *m*, Filterkerze *f*, Stabfilter *nt*; ~ **characteristic function** *n* ELECTRON Filtereigenfunktion *f*; ~ **choke** *n* AUTO Filterdrossel *f*, ELEC ENG Filterdrossel *f*, Siebdrossel *f*, ELECT Filterdrossel *f*; ~ **choke unit** *n* AUTO Filterdrossel *f*; ~ **cloth** *n* CER & GLAS Filterstoff *m*, CHEM ENG Filtergewebe *nt*, Filtriertuch *nt*, WATER SUP Filterstoff *m*, Filtertuch *nt*; ~ **crystal** *n* ELECTRON Filterquarz *m*; ~ **cut-off frequency** *n* ELECTRON Filtergrenzfrequenz *f*; ~ **discrimination** *n* ELECTRON Filtertrennschärfe *f*; ~ **drier** *n* HEAT & REFRIG Zellenfiltersaugtrockner *m*; ~ **drum** *n* CHEM ENG Filtertrommel *f*; ~ **dryer** *n see filter drier* ~ **element** *n* AUTO Filterelement *nt*, ELECTRON Siebglied *nt*; ~ **factor** *n* PHOTO Filterfaktor *m*; ~ **feed trough** *n* COAL TECH Filtertrog *m*; ~ **flask** *n* CHEM ENG Filterflasche *f*; ~ **fouling** *n* HEAT & REFRIG Filterverschmutzung *f*; ~ **frame** *n* CHEM ENG Filterrahmen *m*; ~ **frequency** *n* ELECTRON Filterfrequenz *f*; ~ **frequency response** *n* ELECTRON Filterfrequenzgang *m*; ~ **funnel** *n* LAB EQUIP Filtertrichter *m*, Filtermanschette *f*; ~ **gallery** *n* WATER SUP Filterkammer *f*; ~ **gravel** *n* CHEM ENG, WATER SUP Filterkies *m*; ~ **holder** *n* TELEV Filteraufnahme *f*, Filterhalterung *f*; ~ **house** *n* NUC TECH Filterhaus *nt*; ~ **housing** *n* AUTO Filtergehäuse *nt*; ~ **mask** *n* SPACE *communications* Entschlüsselungsvorlage *f*, Verschlüsselungsvorlage *f*; ~ **mass** *n* PAPER Filtriermasse *f*; ~ **membrane** *n* LAB EQUIP Filtermembrane *f*; ~ **order** *n* ELECTRON Filterordnung *f*; ~ **paper** *n* CHEM ENG Filtrierpapier *nt*, LAB EQUIP Filterpapier *nt*; ~ **pass band** *n* ELECTRON Durchlaßbereich *m*, Filterpaßbereich *m*; ~ **phase response** *n* ELECTRON Filterphasenverhalten *nt*; ~ **plant** *n* SAFETY *for dusts and fibres*, WATER SUP Filteranlage *f*; ~ **plate valve** *n* PROD ENG *plastic valves* Filterplattenhahn *m*; ~ **plug** *n* AUTO Filterdeckel *m*; ~ **pole** *n* ELECTRON Filterpol *m*; ~ **press** *n* CER & GLAS, CHEM ENG Filterpresse *f*, COAL TECH Filterpresse *f*, Preßfilter *nt*, FOOD TECH, LAB EQUIP, PAPER, WASTE Filterpresse *f*; ~**-press cloth** *n* CHEM ENG Filterpressenstoff *m*; ~ **pulp** *n* CHEM ENG Filtermasse *f*; ~ **pump** *n* AUTO, LAB EQUIP Filterpumpe *f*; ~ **response** *n* ELECTRON Filterverhalten *nt*; ~ **run** *n* NUC TECH Filterdurchlauf *m*; ~ **screen** *n* PHOTO *TV* Kontrast-Filterscheibe *f*, PLAS Filtersieb *nt*, Siebgewebe *nt*; ~ **set** *n* PHOTO Filtersatz *m*; ~ **shaping** *n* ELECTRON Filtergestaltung *f*; ~ **slope** *n* ELECTRON Filterflanke *f*; ~ **stuff** *n* CHEM ENG Filtermasse *f*; ~ **support** *n* LAB EQUIP Filterhalter *m*; ~ **synthesis** *n* ELECTRON Filtersynthese *f*; ~ **template** *n* SPACE Verschlüsselungsmuster *nt*; ~ **thickener** *n* COAL TECH Filterverdickungsmittel *nt*; ~ **zero** *n* ELECTRON Filternullpunkt *m*

filter[2] *vt* CHEM ENG abseihen, filtern, filtrieren, COMP & DP, ELECTRON, PHOTO filtern; ~ **out** *vt* CHEM ENG abfiltrieren

filterability *n* COAL TECH Filtrierbarkeit *f*

filtered: ~ **air** *n* HEAT & REFRIG Reinluft *f*; ~ **QPSK** *n* TELECOM gefilterte Quadraturphasenumtastung *f*

filtering *n* CHEM ENG Absaug- *pref*, Filtern *nt*, CHEMISTRY, COMP & DP Filtern *nt*, ELECTRON Filterung *f*, TELECOM Filtern *nt*, Filterung *f*; ~ **basin** *n* WATER TRANS Klärbehälter *m*; ~ **candle** *n* NUC TECH Filterkerze *f*; ~ **charcoal** *n* COAL TECH Filterkohle *f*; ~ **cone** *n* CHEM ENG Filtertrichter *m*; ~ **facepiece** *n* SAFETY *for protection against particles* Gesichtsschlagschutz *m*; ~ **flask** *n* CHEM ENG Absaugflasche *f*, Filterflasche *f*; ~ **layer** *n* CHEM ENG Filterschicht *f*; ~ **screen** *n* CHEM ENG Filtriersieb *nt*; ~ **tank** *n* WATER SUP Klärbehälter *m*; ~ **unit** *n* POLL Filteranlage *f*; ~ **well** *n* CHEM ENG Filterbohrung *f*, Filterbrunnen *m*, WATER SUP Filterbrunnen *m*

filtrate *n* CHEM ENG, COAL TECH Filtrat *nt*

filtration *n* PAPER Filtration *f*, PET TECH, WASTE Filtration *f*, Filtrierung *f*; ~ **flask** *n* LAB EQUIP Filtrierkolben *m*; ~ **plant** *n* COAL TECH Filtrationsanlage *f*; ~ **sludge** *n* WASTE gefilterter Schlamm *m*; ~ **tester** *n* PAPER Filtrationsprüfer *m*; ~ **vat** *n* WATER SUP Kläranlagebehälter *m*, Reinigungsbehälter *m*

fin[1] *n* AIR TRANS Kühlrippe *f*, CER & GLAS Preßgrat *m*, HEAT & REFRIG Kühlrippe *f*, MECHAN ENG *for cooling*, MECHANICS Lamelle *f*, Rippe *f*, NUC TECH *for cooling* Kühlrippe *f*, WATER TRANS *shipbuilding* Flosse *f*; ~ **cooling** *n* NUC TECH Rippenkühlung *f*; ~ **efficiency** *n* HEAT & REFRIG Rippenwirkungsgrad *m*; ~ **keel** *n* WATER TRANS *shipbuilding* Flossenkiel *m*; ~ **leading edge** *n* AIR TRANS Abströmkante des Leitwerks *f*; ~ **line** *n* PHYS Grat *m*; ~ **post** *n* SPACE *spacecraft* Seitenholm *m*; ~ **spacing** *n* HEAT & REFRIG Rippenabstand *m*; ~ **spar box** *n* AIR TRANS Holmenkasten des Leitwerks *m*; ~ **stub frame** *n* AIR TRANS Leitwerksansatzfläche *f*, Seitenflossenansatzrahmen *m*

fin[2] *vt* PROD ENG rippen

final[1] *adj* AIR TRANS, INSTR, NUC TECH, PROD ENG, TELECOM, WASTE End- *pref*

final:[2] ~ **acceptance** *n* QUAL Endabnahme *f*; ~ **amplification** *n* ELECTRON *radio* Endverstärkung *f*; ~ **amplifier** *n* ELECTRON Endverstärker *m*; ~ **anode** *n* TELEV Endanode *f*; ~ **approach** *n* AIR TRANS Endanflug *m*; ~ **approach fix** *n* AIR TRANS Endanflugspunkt *m*; ~ **approach path** *n* AIR TRANS Endanflugsbahn *f*; ~ **approach point** *n* AIR TRANS Endanflugspunkt *m*; ~ **assembly** *n* NUC TECH Endmontage *f*, Endzusammenbau *m*; ~ **blanking** *n* TELEV Endaustastung *f*; ~ **blow** *n*

CER & GLAS Fertigblasen *nt*; ~ **controlling element** *n* IND PROCESS Stellglied *nt*, aktives Glied *nt*; ~ **cover** *n* WASTE *of landfill* Endabdeckung *f*, Oberflächenversiegelung *f*; ~ **covering** *n* WASTE Endabdeckung *f*; ~ **design review** *n (FDR)* SPACE Konstruktionsendprüfung *f*; ~ **drawing** *n* MECHAN ENG Fertigzeichnung *f*, Fertigziehen *nt*; ~ **drive** *n* AUTO Achsantrieb *m*; ~ **dumping** *n* WASTE *radioactive* Endlagerung *f*; ~ **fuel burnup** *n* NUC TECH *of pressure vessel* Endabbrand *m*; ~ **inspection** *n* QUAL Endkontrolle *f*, Endprüfung *f*; ~ **mix** *n* RECORD endgültige Tonmischung *f*; ~ **modulator** *n* ELECTRON *carrier frequency* Endumsetzer *m*; ~ **position setting** *n* NUC TECH *of fuel or absorber rod* Endlageneinstellung *f*; ~ **pressure** *n* MECHAN ENG Enddruck *m*; ~ **reading** *n* INSTR Endablesung *f*; ~ **rejection** *n* QUAL Verwerfen *nt*, Zurückweisung *f*; ~ **settling tank** *n* WASTE Nachklärbecken *nt*; ~ **storage** *n* WASTE Endlagerung *f*; ~ **tap** *n* PROD ENG *threads* Fertigschneider *m*; ~ **treatment** *n* PACK Schlußbehandlung *f*; ~ **trip assembly** *n* NUC TECH Endauslösevorrichtung *f*; ~ **turning** *n* MECHAN ENG Fertigdrehen *nt*

finder *n* PHOTO *camera* Sucher *m*; ~ **hood** *n* PHOTO Sucherokularabdeckung *f*

findings *n pl* QUAL Befund *m*

fine[1] *adj* ELECTRON, INSTR, TELECOM Fein- *pref*; **~-grained** *adj* METALL feinkörnig

fine[2] *n* PROD ENG Span *m*; ~ **adjustment** *n* ELECTRON Feineinstellung *f*, Justierung *f*, NUC TECH Feineinstellung *f*, Feinjustierung *f*, OPT *by micrometer-screw*, PROD ENG, TELEV Feineinstellung *f*; ~ **adjustment screw** *n* OPT Feineinstellschraube *f*; ~ **aggregate** *n* CONST Feinzuschlagstoff *m*; ~ **analysis** *n* ERGON Feinanalyse *f*; ~ **boring** *n* MECHAN ENG, PROD ENG Feinbohren *nt*; ~ **coal** *n* COAL TECH Staubkohle *f*; ~ **control** *n* NUC TECH *of reactor* Feinsteuerung *f*; ~ **control member** *n* NUC TECH Feinsteuerstab *m*; ~ **count** *n* TEXT feine Garnnummer *f*; **~-count yarn** *n* TEXT feines Garn *nt*; ~ **crushing** *n* COAL TECH Feinbrechen *nt*; **~-crushing mill** *n* CHEM ENG Feinbrecher *m*; ~ **furnace carbon black** *n (FF carbon black)* PLAS feiner Furnace-Ruß *m (FF-Ruß)*; ~ **gold** *n* METALL Feingold *nt*; ~ **grain** *n* METALL Feinkorn *nt*; **~-grain developer** *n* PHOTO Feinkornentwickler *m*; **~-grained steel** *n* NUC TECH Feinkornstahl *m*, feinkörniger Stahl *m*; **~-grain image** *n* PHOTO Feinkornbild *nt*; ~ **gravel** *n* CONST Feinkies *m*, feinkörniger Kies *m*; ~ **grinding** *n* COAL TECH Feinmahlen *nt*; ~ **line** *n* ELECTRON Feinlinie *f*, *printed circuit* Feinlinie *f*, PRINT feiner Strich *m*; **~-line printed circuit** *n* ELECTRON Feinlinienleiterplatte *f*; ~ **machining** *n* MECHAN ENG Feinbearbeitung *f*; **~-mesh filter** *n* MECHAN ENG Feinfilter *nt*; **~-metering valve** *n* INSTR Feindosierventil *nt*; ~ **milling** *n* MECHAN ENG Feinfräsen *nt*; ~ **pitch** *n* AIR TRANS *propeller* geringe Steigung *f*; **~-pitch screw** *n* CONST Feingewindeschraube *f*; ~ **print** *n* PRINT Kleindruck *m*; ~ **sand** *n* COAL TECH Feinsand *m*, CONST feinkörniger Sand *m*; ~ **screen** *n* MECHAN ENG Feinsieb *nt*, PRINT Feinraster *nt*, WASTE Feinrechen *m*; ~ **setting** *n* INSTR Feineinstellung *f*; ~ **silver** *n* METALL Feinsilber *nt*; ~ **sizes** *n pl* MECHAN ENG *sieving* Feingut *nt pl*; ~ **slip** *n* METALL Feingleiten *nt*; ~ **soil** *n* COAL TECH Feinerde *f*; ~ **structure** *n* PHYS, RAD PHYS *atomic spectroscopy* Feinstruktur *f*; **~-structure constant** *n* PHYS Feinstrukturkonstante *f*; **~-structure splitting** *n* NUC TECH Feinstrukturaufspaltung *f*; ~ **tuning** *n* ELECTRON, INSTR, TELECOM Feinabstimmung *f*

fine[3] *vt* METALL veredeln

finely: ~ **broken chip** *n* PROD ENG Kurzspan *m*; ~ **threaded micrometer screw** *n* MECHAN ENG Mikrometerschraube mit Feingewinde *f*

fineness *n* CONST Feinheit *f*, METALL Feingehalt *m*, Feine *f*, PAPER Feinheit *f*, WATER TRANS *shipbuilding* Völligkeit *f*; **~-of-grind gage** *n AmE*, **~-of-grind gauge** *n BrE* LAB EQUIP *paint testing* Mahlfeinheitsmeßgerät *nt*; ~ **ratio** *n* AIR TRANS *of streamlined body* Schlankheitsgrad *m*, MECHAN ENG Feinheitsgrad *m*

fines *n pl* COAL TECH Abrieb *m*, Siebfeines *nt*, Siebdurchlauf *m*, pulverförmiges Erz *nt*, CONST, PAPER Feinstoff *m*

FINGAL: ~ **process** *n* NUC TECH *of vitrification* FINGAL-Verfahren *nt*

finger *n* MECHAN ENG Stift *m*, Zeiger *m*; ~ **action tool** *n* NUC TECH *of manipulator* Greifer *m*; ~ **clamp** *n* PROD ENG Spanneisen mit Stift *nt*; ~ **nut** *n* AUTO Flügelmutter *f*; ~ **plate** *n* CONST Schloßschutzblech *nt*; ~ **stall** *n* SAFETY Fingerschutz *m*

finial *n* CONST *roof* Blätterknauf *m*, Kreuzblume *f*

fining *n* FOOD TECH Klärung *f*, Schönung *f*; ~ **agent** *n* FOOD TECH Klärmittel *nt*, Schönungsmittel *nt*

finish[1] *n* CER & GLAS Oberfläche *f*, Verschluß *m*, COATINGS Oberfläche *f*, Oberflächenvergütung *f*, letzte Schicht *f*, MECHAN ENG *of surface* Oberflächengüte *f*, MECHANICS Oberflächengüte *f*, Schliff *m*, PRINT Ausführung *f*, PROD ENG Oberflächengüte *f*, TEXT Appret *nt*, Appretur *f*, Ausrüstung *f*; ~ **allowance** *n* PROD ENG Schlichtzugabe *f*; ~ **boring** *n* MECHAN ENG Fertigbohren *nt*; ~ **drawing** *n* MECHAN ENG Fertigziehen *nt*; ~ **hob** *n* PROD ENG Wälzfrässchichten *nt*; ~ **lap** *n* PROD ENG Fertigläppen *nt*; ~ **milling** *n* MECHAN ENG Schlichtfräsen *nt*; ~ **roll-forming** *n* PROD ENG Fertigwalzen *nt*; ~ **turning tool** *n* PROD ENG Schlichtdrehmeißel *m*

finish[2] *vt* COATINGS mit letzter Schicht versehen, vergüten, CONST abziehen, fertigstellen, mit Deckanstrich versehen, TEXT ausrüsten

finish:[3] **~-stamp** *vi* PROD ENG fertiggesenkschmieden, fertigschmieden

finished: ~ **goods** *n pl* TEXT Fertigware *f*; ~ **goods store** *n* PACK Fertigproduktelager *nt*; ~ **middlings** *n pl* COAL TECH Mittelgut *nt*; ~ **part** *n* MECHAN ENG fertig bearbeitetes Teil *nt*; ~ **quartz** *n* ELECTRON fertiger Quarzkristall *m*

finisher *n* CONST *civil engineering* Fertiger *m*, Straßenfertiger *m*, TEXT Appreteur *m*; ~ **scutcher** *n* TEXT Ausschläger *m*

finishing *n* CER & GLAS Endbearbeitung *f*, PAPER Ausrüstung *f*, PRINT *bookbinding* Fertigmachen *nt*, PROD ENG Feinbearbeitung *f*, Schlichten *nt*; ~ **belt** *n* CER & GLAS Schlichtband *nt*; ~ **coat** *n* CONST *painting* Deckanstrich *m*, PLAS *paint* Deckschicht *f*, Deckanstrich *m*, Schlußstrich *m*; ~ **cut** *n* MECHAN ENG Fertigschnitt *m*; ~ **die** *n* MECHAN ENG Fertiggesenk *nt*; ~ **grade** *n* PROD ENG *rolling* Schlichtsorte *f*; ~ **groove** *n* ACOUSTICS Endrille *f*, PROD ENG *rolling* Fertigkaliber *nt*; ~ **lathe** *n* MECHAN ENG Nachdrehmaschine *f*; ~ **reamer** *n* MECHAN ENG Fertigreibahle *f*; ~ **slag** *n* PROD ENG Feinungsschlacke *f*; ~ **tap** *n* PROD ENG Fertigschneider *m*; ~ **tool** *n* MECHAN ENG Schlichtwerkzeug *nt*; ~ **tooth** *n* MECHAN ENG *of reamer* Schlichtzahn *m*

finite[1] *adj* MATH endlich

finite:[2] ~ **element** *n* MECHAN ENG finites Element *nt*; ~

element calculation method *n* MECHANICS Rechenverfahren nach der Methode der finiten Elemente *nt*; ~ **elements method** *n (FEM)* MECHAN ENG Finite-Elemente-Methode *f (FEM)*; ~ **element structural model** *n* SPACE *spacecraft* Strukturmodell aus finiten Elementen *nt*; ~ **impulse response** *n (FIR)* ELECTRON FIR-System *nt*, begrenztes Ansprechen auf einen Impuls *nt*; ~ **impulse response filter** *n* ELECTRON FIR-Filter *nt*, TELECOM nicht rekursives Filter *nt*; ~ **range interaction** *n* NUC TECH Wechselwirkung mit endlicher Reichweite *f*; ~ **series** *n* MATH endliche Reihe *f*

finned[1] *adj* HEAT & REFRIG gerippt, mit Kühlrippen versehen

finned:[2] ~ **can** *n* NUC TECH *fuel cladding* Rippenhülse *f*; ~ **cooler** *n* THERMODYN Lamellenkühler *m*; ~ **heater** *n* THERMODYN Lamellenheizgerät *nt*; ~ **radiator** *n* AUTO Lamellenkühler *m*; ~ **surface** *n* HEAT & REFRIG *heat exchangers* gerippte Fläche *f*, mit Kühlrippen versehene Fläche *f*; ~ **tube** *n* MECHAN ENG, MECHANICS Rippenrohr *nt*; ~**-tube cooler** *n* HEAT & REFRIG Rippenrohrkühler *m*; ~**-tube radiator** *n* AUTO Rippenrohrkühler *m*

finning *n* PROD ENG *rolling* Gratbildung *f*, Nahtbildung *f*

fir: ~ **tree crystal** *n* PROD ENG Dendrit *m*, Tannenbaumkristall *m*; ~ **tree profile** *n* PROD ENG Tannenbaumprofil *nt*

FIR[1] *abbr (finite impulse response)* ELECTRON FIR *(begrenztes Ansprechen auf einen Impuls)*

FIR:[2] ~ **filter** *n* TELECOM FIR-Filter *nt*

fire:[1] ~**-polished** *adj* CER & GLAS feuerpoliert; ~**-resistant** *adj* HEAT & REFRIG, SAFETY feuerbeständig; ~**-resisting** *adj* THERMODYN feuerbeständig, feuerfest; ~**-retardant** *adj* HEAT & REFRIG feuerhemmend, PLAS flammhemmend eingestellt, flammwidrig, SAFETY feuerhemmend; ~**-retarding** *adj* THERMODYN feuerhemmend

fire[2] *n* SAFETY Brand *m*, Feuer *nt*, Flamme *f*, THERMODYN Feuer *nt*, Flamme *f*; ~ **alarm** *n* ELECT Feuermelder *m*, SAFETY, THERMODYN Feueralarm *m*; ~ **area** *n* NUC TECH *separated by fire barriers* Feuerzone *f*; ~ **bar** *n* HEAT & REFRIG Heizdraht *m*, Heizelement *nt*, Roststab *m*; ~ **behavior** *n AmE*, ~ **behaviour** *n BrE* HEAT & REFRIG Brandverhalten *nt*; ~ **blanket** *n* SAFETY Feuerlöschdecke *f*; ~ **boat** *n* WATER TRANS Feuerlöschboot *nt*; ~ **box** *n* HEAT & REFRIG Brennkammer *f*; ~ **brick** *n* CER & GLAS Schamottestein *m*, CONST Schamottestein *m*, feuerfester Ziegel *m*; ~ **brigade** *n* SAFETY, THERMODYN Feuerwehr *f*; ~ **bucket** *n* SAFETY Feuerlöscheimer *m*; ~ **bulkhead** *n* SPACE *spacecraft* Feuerschutzschott *nt*, WATER TRANS *ship design* Brandschott *nt*, Feuerschott *nt*; ~ **cell** *n* NUC TECH Feuerzelle *f*; ~ **chamber** *n* HYD EQUIP Feuerraum *m*; ~ **control** *n* WATER TRANS *navy* Feuerleitung *f*; ~ **curtain** *n* THERMODYN Feuervorhang *m*, eiserner Vorhang *m*; ~ **damage** *n* SAFETY Feuerschaden *m*; ~ **damper** *n* HEAT & REFRIG Feuerklappe *f*; ~**-detecting wire** *n* AIR TRANS, WATER TRANS Feuermelderdraht *m*; ~ **detection and alarm system** *n* SAFETY Feuermeldersystem *nt*; ~ **detection harness** *n* AIR TRANS, WATER TRANS Feuermelderkabelbaum *m*; ~ **detection loop** *n* SPACE *spacecraft* Feuermeldeschleife *f*; ~ **detection system** *n* AIR TRANS, WATER TRANS Feuermeldeanlage *f*; ~ **detector** *n* SAFETY Feuermelder *m*; ~ **door** *n* SAFETY Brandschutztür *f*, THERMODYN Feuertür *f*, Feuerschutztür *f*; ~ **drill** *n* SAFETY Brandschutzübung *f*, THERMODYN Feuerübung *f*; ~ **engine** *n* SAFETY Feuerwehrwagen *m*, THERMODYN Feuerlöschfahrzeug *nt*, Feuerwehrauto *nt*; ~ **escape** *n* CONST Feuerleiter *f*, SAFETY Notausgang *m*, THERMODYN Feuerleiter *f*; ~ **exit** *n* THERMODYN Notausgang *m*; ~ **extinguisher** *n* AIR TRANS, AUTO, SAFETY, THERMODYN, WATER TRANS Feuerlöscher *m*; ~ **extinguisher color code** *n AmE see fire extinguisher colour code* ~ **extinguisher colour code** *n* SAFETY Farbcode für Feuerlöscher *m*; ~ **extinguisher filling** *n* SAFETY Feuerlöscherladung *f*; ~**-extinguishing agent** *n* SAFETY Feuerlöschmittel *nt*; ~ **finish** *n* CER & GLAS Feuerpolitur *f*; ~ **finisher** *n* CER & GLAS Feuerpolierer *m*; ~ **guard** *n* SAFETY *for personnel*, THERMODYN Feuerschutz *m*; ~ **hazard** *n* AIR TRANS, SAFETY Brandgefahr *f*, THERMODYN Feuergefahr *f*, WATER TRANS Brandgefahr *f*; ~ **hose** *n* SAFETY Löschschlauch *m*, *fire-fighting* Feuerwehrschlauch *m*, THERMODYN Feuerspritze *f*, Feuerwehrschlauch *m*; ~ **hose coupling** *n* SAFETY Löschschlauchanschluß *m*; ~ **hose reel** *n* SAFETY Löschschlauchhaspel *f*; ~ **hydrant** *n* SAFETY Hydrant *m*, THERMODYN, WATER TRANS Feuerlöschhydrant *m*; ~ **ladder** *n* SAFETY Feuerleiter *f*; ~ **lighter** *n* HEAT & REFRIG Feueranzünder *m*; ~ **load** *n* THERMODYN Brandlast *f*; ~ **lobby** *n* THERMODYN Brandabschnitt *m*; ~ **marks** *n pl* CER & GLAS Feuerflecken *m pl*; ~ **monitor** *n* MAR POLL Feuerlöschmonitor *m*; ~ **nozzle** *n* SAFETY Spritzdüse *f*; ~ **point** *n* HEAT & REFRIG, SAFETY Brennpunkt *m*; ~**-polished edge** *n* CER & GLAS feuerpolierte Kante *f*; ~ **polishing** *n* CER & GLAS Feuerpolitur *f*; ~ **precautions** *n pl* SAFETY Brandschutzvorsorge *f*, Brandschutzvorsorgemaßnahmen *f pl*; ~ **prevention** *n* SAFETY Feuerverhütung *f*, THERMODYN Brandschutz *m*, Feuerverhinderung *f*; ~ **protection** *n* SAFETY Brandschutz *m*; ~ **pump** *n* SAFETY Löschwasserpumpe *f*, THERMODYN Feuerlöschpumpe *f*; ~ **rating** *n* HEAT & REFRIG Feuerwiderstandsklasse *f*; ~ **regulation** *n* SAFETY Brandschutzvorschrift *f*; ~ **rescue appliance** *n* SAFETY Rettungsgerät für Brandeinsätze *nt*; ~ **rescue path** *n* AIR TRANS Rettungsweg bei Feuer *m*, SAFETY Fluchtweg *m*; ~ **resistance** *n* PLAS Feuerwiderstandsfähigkeit *f*, Feuerbeständigkeit *f*; ~**-resistance time** *n* HEAT & REFRIG Feuerwiderstandsdauer *f*; ~**-resistant door** *n* SAFETY feuerbeständige Tür *f*; ~**-resisting bulkhead** *n* THERMODYN feuerbeständige Trennwand *f*; ~**-resisting coating** *n* THERMODYN feuerbeständige Beschichtung *f*, feuerfeste Beschichtung *f*; ~**-resisting paint** *n* THERMODYN feuerbeständige Farbe *f*, feuerfeste Farbe *f*; ~ **resisting sandstone** *n* CER & GLAS feuerfester Sandstein *m*; ~**-retardant coat** *n* NUC TECH *surface layer* feuerhemmende Beschichtung *f*; ~ **riser** *n* THERMODYN Feuerlöschsteigleitung *f*; ~**-rising main** *n* THERMODYN Feuerlöschsteigleitung *f*; ~ **safety** *n* SAFETY *buildings* Feuersicherheit *f*; ~ **safety sign** *n* SAFETY Brandschutzhinweisschild *nt*; ~ **screen** *n* SAFETY Feuerschutzgitter *nt*; ~ **siren** *n* SAFETY Feuersirene *f*; ~ **spread prevention** *n* SAFETY Brandausbreitungsverhütung *f*; ~ **sprinkler** *n* AIR TRANS *emergency*, WATER TRANS Sprinkleranlage *f*; ~ **station** *n* THERMODYN Brandwache *f*, Feuerwache *f*; ~ **stop** *n* THERMODYN Feuerbrücke *f*; ~ **test** *n* SAFETY *furniture* Brennbarkeitstest *m*; ~ **tube** *n* NUC TECH *of pressure vessel* Heizrohr *nt*; ~ **tube boiler** *n* HEAT & REFRIG Rauchrohrkessel *m*; ~ **wall** *n* AIR TRANS Brandschott *nt*, feuerfeste Trennwand *f*, Brandschott *nt*, PET TECH Tankwall *m*, SPACE Feuerschutzwand *f*; ~ **wire** *n* AIR

TRANS Brandschutzkabel *nt*, Brandschutzleitung *f*

fire[3] *vt* FOOD TECH rösten, trocknen; **~ over** *vt* CER & GLAS auf Betriebstemperatur aufheizen; **~ up** *vt* THERMODYN entflammen

fire[4] *vi* ART INT *of rule* feuern

firebox *n* RAIL Feuerbüchse *f*, THERMODYN *for annealing* Ausheizofen *m*, *for baking ceramics* Brennkammer *f*; **~ door** *n* RAIL Feuertür *f*

firebreak *n* THERMODYN *in forest* Feuerschneise *f*; **~ glass** *n* SAFETY Bruchglas *nt*

firebrick *n* HEAT & REFRIG Schamottestein *m*, Schamotteziegel *m*, THERMODYN Schamottestein *m*

fireclay *n* CER & GLAS Schamotteton *m*, THERMODYN feuerfester Ton *m*; **~ brick** *n* LAB EQUIP *furnace* Schamotteziegel *m*; **~ crucible** *n* CER & GLAS Schamottetontiegel *m*; **~ mold** *n AmE*, **~ mould** *n BrE* CER & GLAS Schamottetonform *f*

fired:[1] **~-on** *adj* CER & GLAS aufgeheizt

fired:[2] **~ tube** *n* ELECTRON gezündete Röhre *f*

firedamp *n* COAL TECH, THERMODYN Grubengas *nt*; **~-proof machine** *n* COAL TECH Grubengasprüfgerät *nt*

firefighting *n* AIR TRANS, CONST, SAFETY, WATER TRANS Brandbekämpfung *f*; **~ axe** *n* SAFETY Feuerwehraxt *f*; **~ equipment** *n* AIR TRANS Feuerlöscheinrichtung *f*, SAFETY Feuerwehrgerät *nt*, WATER TRANS Feuerlöscheinrichtung *f*; **~ personnel** *n* SAFETY Feuerwehrpersonal *nt*; **~ and rescue equipment** *n* SAFETY Brandschutz- und Rettungsgerät *nt*; **~ vehicle** *n* SAFETY Feuerwehrfahrzeug *nt*

firelight *n* THERMODYN Feuerschein *m*

fireman's: **~ helmet** *n* SAFETY Feuerwehrhelm *m*

fireproof[1] *adj* ELECT feuersicher, MECHANICS feuerfest, feuersicher, PACK, SAFETY, THERMODYN feuerfest

fireproof:[2] **~ bulkhead** *n* SPACE feuerfestes Schott *nt*; **~ coating** *n* PLAS *paint* Brandschutzbeschichtung *f*; **~ door** *n* SAFETY Brandschutztür *f*; **~ pottery** *n* CER & GLAS feuerfeste Töpferwaren *f pl*; **~ telephone system** *n* CONST feuersichere Telefonanlage *f*; **~ wall** *n* SAFETY Brandmauer *f*

fireproof[3] *vt* SAFETY, THERMODYN feuerfest machen

fireproofed *adj* THERMODYN feuerfest

fireproofing *n* THERMODYN Brandschutz *m*

fireseal *n* AIR TRANS Brandschottring *m*

fireship *n* THERMODYN Feuerschiff *nt*

firetrap *n* SAFETY Feuerfalle *f*

firewood *n* THERMODYN Feuerholz *nt*

firework *n* THERMODYN Feuerwerkskörper *m*; **~ display** *n* THERMODYN Feuerwerk *nt*

firing *n* ELEC ENG Auslösung *f*, Feuerung *f*, Zündung *f*, *reactors* Einbrennen *nt*, ELECTRON Einbrennen *nt*, *magnetron* Zündung *f*; **~-on** *n* CER & GLAS Aufheizen *nt*; **~ order** *n* AUTO *engine* Zündfolge *f*; **~ plant** *n* MECHAN ENG Feuerungsanlage *f*; **~ pulse** *n* ELEC ENG Zündimpuls *m*; **~ range** *n* CER & GLAS Brennintervall *nt*; **~ system** *n* MECHAN ENG Feuerung *f*, Feuerungssystem *nt*; **~ temperature** *n* CER & GLAS Brenntemperatur *f*; **~ time** *n* ELEC ENG Zündzeit *f*; **~ voltage** *n* AUTO, ELEC ENG Zündspannung *f*; **~ window** *n* SPACE Zielfenster *nt*

firkin *n* FOOD TECH Butterfaß *nt*

firm[1] *adj* TEXT fest

firm:[2] **~ capacity** *n* NUC TECH Firmenkapazität *f*; **~ handle** *n* TEXT fester Griff *m*

firmware *n* COMP & DP Firmware *f*

first:[1] **~ aid** *n* SAFETY Erste-Hilfe *f*; **~-aid box** *n* SAFETY Erste-Hilfe-Kasten *m*; **~-aid class** *n* SAFETY Erste-Hilfe-Kurs *m*; **~-aid cupboard** *n* SAFETY Erste-Hilfe-Schrank *m*; **~-aider** *n* SAFETY Ersthelfer *m*; **~-aid kit** *n* SAFETY Verbandskasten *m*; **~-aid personnel** *n* SAFETY Ersthelfer *m*; **~-aid post** *n* WATER TRANS Sanitätswache *f*; **~-aid procedure** *n* SAFETY Erste-Hilfe-Verfahren *nt*, *emergency* Erste-Hilfe-Verfahren *nt*; **~-aid treatment room** *n* SAFETY Erste-Hilfe-Raum *m*; **~ angle projection method** *n* ENG DRAW Projektionsmethode 1 *f*; **~ anode** *n* ELEC ENG Voranode *f*; **~-choice group** *n* TELECOM Erstbündel *nt*, Grundlastbündel *nt*; **~ connection to grid** *n* NUC TECH Netz-Erstanschluß *m*; **~ critical experiment** *n* NUC TECH erster kritischer Test *m*, erstes kritisches Experiment *nt*; **~ criticality** *n* NUC TECH *of pressure vessel* erstes Kritischwerden *nt*; **~-cut tap** *n* MECHAN ENG, PROD ENG Gewindebohrer Nr. 1 *m*, Vorschneider *m*; **~-degree burn** *n* SAFETY Verbrennung ersten Grades *f*; **~ detector** *n* ELECTRON erster Detektor *m*; **~ divergence** *n* NUC TECH erstes Kritischwerden *nt*; **~ drawing** *n* MECHAN ENG *in deep drawing* Erstziehen *nt*; **~ dryer** *n* PAPER *felt* erster Naßfilz *m*; **~ fiber window** *n AmE*, **~ fibre window** *n BrE* OPT erstes Transmissionsfenster *nt*; **~-flight neutron** *n* NUC TECH *of pressure vessel* Erstneutron *nt*; **~ generation** *n* COMP & DP Original *nt*, erste Generation *f*; **~ generation computer** *n* COMP & DP Computer der ersten Generation *m*; **~ harmonic** *n* ELECTRON Grundschwingung *f*, erste Harmonische *f*; **~ IF amplifier** *n (first intermediate frequency amplifier)* ELECTRON erster ZF-Verstärker *m (erster Zwischenfrequenzverstärker)*; **~ injection** *n* ELECTRON *transistors* erste Injektion *f*; **~ intermediate frequency** *n* ELECTRON erste Zwischenfrequenz *f*; **~ intermediate frequency amplifier** *n (first IF amplifier)* ELECTRON erster Zwischenfrequenzverstärker *m (erster ZF-Verstärker)*; **~ ionization potential** *n* PHYS erste Ionisationsstufe *f*; **~ law of thermodynamics** *n* PHYS erster Hauptsatz der Wärmelehre *m*; **~ local oscillator** *n* ELECTRON erster Überlagerungsoszillator *m*; **~ mixer** *n* ELECTRON erster Detektor *m*; **~-order filter** *n* ELECTRON Filter erster Ordnung *nt*; **~-order transition** *n* PHYS Übergang erster Ordnung *m*; **~ oxidizing firing** *n* CER & GLAS erster Oxidationsbrand *m*; **~ pair of rollers** *n* CER & GLAS erstes Walzenpaar *nt*; **~ running** *n* FOOD TECH Vorlauf *m*; **~-stage planet gear** *n* AIR TRANS Stufe des Umlaufgetriebes *f*

first:[2] **~-in-first-out** *phr (FIFO)* COMP & DP zuerst Abgelegtes wird als erstes bearbeitet *(FIFO-Prinzip)*

firth *n* WATER TRANS *geography* Förde *f*

fisetin *n* CHEMISTRY Fisetin *nt*

fish[1] *n* PROD ENG Fremdkörper *m*, WATER TRANS Fisch *m*; **~ bolt** *n* PROD ENG Laschenschraube *f*; **~ breeding** *n* FOOD TECH Fischzucht *f*; **~ eye** *n* PLAS Fischauge *nt*, Stippe *f*, PROD ENG Flockenriß *m*, Knötchen *nt*; **~-eye lens** *n* PHOTO Fischaugenobjektiv *nt*; **~ glue** *n* PRINT Fischleim *m*; **~ paper** *n* ELEC ENG Isolationspapier *nt*; **~ pass** *n* FUELLESS Fischgerinne *nt*, Fischgraben *m*; **~ plate** *n* PROD ENG Lasche *f*

fish[2] *vt* PROD ENG verlaschen

fishbone: **~ antenna** *n* RAD TECH Fischgrätenantenne *f*

fisherman's: **~ bend** *n* WATER TRANS *knots* Roringstek *m*

fishery *n* WATER TRANS Fischfanggebiet *nt*, Fischerei *f*; **~ protection vessel** *n* WATER TRANS Fischereischutzboot *nt*

fishing *n* PET TECH Fangarbeit *f*, PROD ENG Verlaschen *nt*; **~ boat** *n* WATER TRANS Fischerboot *nt*, Fischereifahrzeug *nt*; **~ fleet** *n* WATER TRANS Fischereiflotte *f*; **~**

ground *n* WATER TRANS Fischgrund *m*; ~ **net** *n* WATER TRANS Fischernetz *nt*; ~ **port** *n* WATER TRANS Fischereihafen *m*; ~ **rights** *n pl* WATER TRANS Fischereirechte *nt pl*; ~ **smack** *n* WATER TRANS Fischerboot *nt*, Schmack *f*; ~ **socket** *n* PET TECH Keilfänger *m*; ~ **tool** *n* PET TECH Fanggerät *nt*, Fangwerkzeug *nt*; ~ **vessel** *n* WATER TRANS Fischereifahrzeug *nt*

fishmouth *vt* PROD ENG in Walzrichtung trennen

fishplate *n* RAIL Schienenlasche *f*

fishplated: ~ **rail joint** *n* RAIL verlaschter Schienenstoß *m*

fishplating *n* RAIL Laschenverband *m*

fishtail: ~ **bit** *n* PET TECH Fischschwanzbohrer *m*, Fischschwanzbohrmeißel *m*

fissile[1] *adj* PHYS, PROD ENG spaltbar

fissile:[2] ~ **inventory ratio** *n* NUC TECH Spaltstoffverhältnis *nt*; ~ **isotope** *n* PHYS spaltbares Isotop *nt*; ~ **material** *n* RAD PHYS spaltbares Material *nt*

fission *n* NUC TECH, PART PHYS Kernspaltung *f*; ~ **cross section** *n* PHYS Kernspaltungswirkungsquerschnitt *m*; ~ **fragments** *n pl* PHYS Spaltbruchstücke *nt pl*, Spaltfragmente *nt pl*; ~ **gas plenum** *n* NUC TECH *in fuel element* Spaltgasplenum *nt*, Spaltgasspeicherraum *m*; ~ **ionization chamber** *n* NUC TECH *for slow neutrons* Spaltkammer *f*, Spaltungsionisationskammer *f*; ~ **neutrons** *n pl* RAD PHYS Spaltneutronen *nt pl*; ~ **product** *n* NUC TECH, WASTE Spaltprodukt *nt*; ~ **recoil** *n* NUC TECH Rückstoßenergie bei der Spaltung *f*; ~ **spike** *n* NUC TECH *radiation damage* Spaltungsstörzone *f*

fissionable *adj* PHYS spaltbar

fissions: ~ **per initial fissile atom** *n pl (FIFA)* NUC TECH Spaltstoffabbrand *m*, Spaltstoffverbrauch *m (FIFA)*

fissium *n* NUC TECH Fissium *nt*

fissure[1] *n* CONST Riß *m*, Spalt *m*, PROD ENG Riß *m*

fissure[2] *vt* PROD ENG reißen, spalten

fissured: ~ **acoustic tile** *n* RECORD rissige Dämmplatte *f*

fit[1] *n* INSTR Übereinstimmung *f*, MECHAN ENG Passung *f*

fit[2] *vt* CONST ausrüsten, einpassen, montieren, MECHANICS einpassen, WATER TRANS *ship maintenance* anbauen, aufbringen, montieren; ~ **in** *vt* CONST einbauen, einpassen, MECHAN ENG einpassen; ~ **into** *vt* MECHAN ENG einpassen, hineinpassen; ~ **out** *vt* MECHAN ENG ausrüsten, ausstatten, WATER TRANS *ship* ausrüsten; ~ **with** *vt* MECHAN ENG zusammenpassen mit

fit[3] *vi* MECHAN ENG passen; ~ **nozzle on end of pipe** *vi* MECHAN ENG Düse am Rohrende anbringen

fitness: ~ **for use** *n* QUAL Gebrauchstauglichkeit *f*

fitted: ~ **with** *adj* TELECOM versehen mit

fitter *n* MECHAN ENG, MECHANICS Maschinenschlosser *m*, Monteur *m*

fitter's: ~ **hammer** *n* MECHAN ENG Schlosserhammer *m*

fitting *n* MECHAN ENG *action* Einpassen *nt*, *pipe connection* Fitting *nt*, Rohrverbindungsstück *nt*, MECHANICS Einpassen *nt*, Verbundstück *nt*; ~ **allowance** *n* MECHAN ENG Paßzugabe *f*; ~ **bolt** *n* MECHAN ENG Montageschraube *f*; ~ **device** *n* MECHAN ENG Montagegerät *nt*; ~ **dimension** *n* MECHAN ENG Anschlußmaß *nt*, Einbaumaß *nt*; ~ **instructions** *n pl* MECHAN ENG Einbauanleitung *f*; ~-**out** *n* CONST Ausrüsten *nt*; ~ **out** *n* WATER TRANS *ship* Ausrüsten *nt*; ~-**out berth** *n* WATER TRANS Ausrüstungsbecken *nt*; ~ **shop** *n* MECHAN ENG Schlosserwerkstatt *f*; ~ **stand** *n* NUC TECH Einbauvorrichtung *f*; ~ **tolerance** *n* MECHANICS Paßtoleranz *f*

fittings *n pl* MECHAN ENG Armaturen *f pl*, PROD ENG Garnitur *f*

five *n* MATH Fünf *f*; ~-**layer barrier film** *n* PACK fünfschichtige Sperrfolie *f*; ~-**sided broach** *n* MECHAN ENG fünfkantiges Räumwerkzeug *nt*

fix[1] *n* SPACE *of spacecraft* Peilung *f*, Standort *m*, WATER TRANS *navigation* Fix *m*

fix[2] *vt* CONST anbringen, befestigen, einbinden, einspannen; ~ **in** *vt* CONST *masonry* einbinden

fixation: ~ **reflex** *n* ERGON Fixationsreflex *m*; ~ **technique** *n* WASTE Verfestigungsverfahren *nt*

fixative *n* WASTE Verfestigungsmittel *nt*

fixed[1] *adj* MECHAN ENG fest, MECHANICS fest, feststehend, unverstellbar

fixed:[2] ~ **amplitude** *n* ELECTRON Festamplitude *f*; ~ **armature** *n* ELECT *generator, motor* stationärer Anker *m*; ~ **attenuator** *n* ELECTRON festes Dämpfungsglied *nt*; ~-**base notation** *n* COMP & DP Radixschreibweise mit fester Notation *f*; ~ **beacon** *n* WATER TRANS *navigation marks* stehende Bake *f*; ~ **caliper** *n AmE see fixed calliper BrE* ~ **caliper disk brake** *n AmE see fixed calliper disc brake BrE* ~ **calliper** *n BrE* AUTO Festsattel *m*; ~ **calliper disc brake** *n BrE* AUTO Festsattelscheibenbremse *f*; ~ **capacitor** *n* ELEC ENG, PHYS Festkondensator *m*; ~ **carbon** *n* CHEMISTRY fester Kohlenstoff *m*, fixer Kohlenstoff *m*; ~ **center** *n AmE*, ~ **centre** *n BrE* MECHAN ENG *of lathe* feste Spitze *f*, PROD ENG mit fester Anordnung der Spindeln; ~ **coil** *n* ELECT feststehende Spule *f*, stationäre Spule *f*; ~ **command control** *n* IND PROCESS Festwertregelung *f*; ~ **contact** *n* ELEC ENG Festkontakt *m*, ELECT Festkontakt *m*, ruhender Kontakt *m*; ~ **data** *n* COMP & DP Festdaten *nt pl*; ~ **decimal point** *n* MATH Festkomma *nt*; ~ **delay** *n* ELECT konstante Verzögerung *f*; ~ **disk** *n* COMP & DP Festplatte *f*; ~ **distance lights** *n pl* AIR TRANS *airport* feste Entfernungsbefeuerung *f*; ~-**end moment** *n* CONST Einspannmoment *nt*; ~ **equipment** *n* CONST Einbauten *m pl*; ~ **error** *n* AIR TRANS *on radio altimeter* fester Fehler *m*; ~ **field** *n* COMP & DP festes Feld *nt*; ~ **fire extinguisher** *n* SAFETY Feuerlöscheinrichtung *f*; ~ **focus** *n* PHOTO konstante Brennweite *f*; ~-**focus camera** *n* PHOTO Fixfocus-Kamera *f*; ~-**focus lens** *n* PHOTO Fixfocus-Objektiv *nt*; ~ **format** *n* COMP & DP Festformat *nt*; ~-**frequency magnetron** *n* ELECTRON Festfrequenzmagnetron *nt*; ~-**frequency oscillator** *n* ELECTRON Festfrequenzoszillator *m*; ~-**frequency synthesizer** *n* ELECTRON Festfrequenzgenerator *m*; ~-**gain filter** *n* ELECTRON Filter mit fester Verstärkung *nt*; ~-**gain filtering** *n* ELECTRON Filtern mit fester Verstärkung *nt*; ~ **generator** *n* SPACE Festgenerator *m*; ~ **grate** *n* HEAT & REFRIG fester Rost *m*; ~ **guard** *n* SAFETY feste Sperre *f*; ~ **head** *n* COMP & DP unverstellbarer Magnetkopf *m*; ~ **height** *n* PROD ENG Festhöhe *f*; ~ **length** *n* COMP & DP feste Länge *f*; ~-**length block** *n* COMP & DP Block mit fester Länge *m*; ~-**length record** *n* COMP & DP Satz mit fester Länge *m*; ~ **light** *n* WATER TRANS *navigation marks* Festfeuer *nt*; ~ **load** *n* ELEC ENG Festlast *f*; ~ **loss** *n* ELECT Ruheverlust *m*; ~ **oil** *n* CHEMISTRY fettes Öl *nt*; ~-**pitch propeller** *n* AIR TRANS unverstellbare Luftschraube *f*; ~ **point** *n* COMP & DP Festkomma *nt*, CONST, NUC TECH Festpunkt *m*, TELECOM Festkomma *nt*; ~-**point arithmetic** *n* COMP & DP Festkommarechnung *f*; ~-**point bracket** *n* PROD ENG *plastic valves* Festschelle *f*; ~-**point notation** *n* COMP & DP Festkommaschreibweise *f*; ~-**point operation** *n* COMP & DP Festkommabetrieb *m*; ~ **pole** *n* ELECT *motor, generator* Festpol *m*; ~ **pulley** *n* MECHAN ENG feste Riemenscheibe *f*, *of lifting block* feste Rolle *f*; ~ **rail** *n* PROD ENG *metal cutting* feststehender Querbalken *m*; ~ **refer-**

ence points *n pl* THERMODYN *on temperature scale* Fixpunkte *m pl*; ~ **resistor** *n* ELEC ENG, ELECT, PHYS Festwiderstand *m*; ~ **ring gear** *n* AIR TRANS fester Zahnkranz *m*; ~ **roller sluice gate** *n* FUELLESS fixiertes Walzenwehr *nt*; ~ **satellite service** *n* SPACE stationärer Satellitendienst *m*; ~ **sequencer** *n* COMP & DP, TELECOM feste Ablaufsteuerung *f*; ~ **stator vane** *n* AIR TRANS feststehende Richtungsschaufel *f*; ~ **steadyrest** *n* MECHAN ENG *of lathe* fester Setzstock *m*; ~ **stop** *n* MECHAN ENG fester Anschlag *m*; ~ **table** *n* CER & GLAS *mirror making* feststehender Tisch *m*; ~**-tuned cavity resonator** *n* ELECTRON festabgestimmter Hohlraumresonator *m*; ~ **tuning** *n* ELECTRON Festabstimmung *f*; ~ **wheel** *n* MECHAN ENG *fast on axle* Festrad *nt*, festes Rad *nt*; ~ **wing** *n* AIR TRANS feststehender Flügel *m*, starrer Flügel *m*; ~**-wing aircraft** *n* MAR POLL Starrflügelluftfahrzeug *nt*, Starrflügler *m*; ~ **word length** *n* COMP & DP feste Wortlänge *f*

fixing *n* ENG DRAW Fixierung *f*, MECHAN ENG *attachment* Befestigung *f*, *clamping* Einspannung *f*, PHOTO Fixieren *nt*; ~ **agent** *n* PAPER Bindemittel *nt*, PHOTO Fixiermittel *nt*; ~ **bolt** *n* MECHAN ENG Befestigungsschraube *f*; ~ **screw** *n* CONST Befestigungsschraube *f*; ~ **thread** *n* PHOTO Fixierfaden *m*

fixture *n* MECHAN ENG Vorrichtung *f*, *machine tools* Aufspannvorrichtung *f*

fixtures *n pl* METROL Installationsobjekte *nt pl*; ~ **and fittings** *n pl* CONST Installationsobjekte *nt pl*, festeingebaute Wohnungsgegenstände *m pl*

Fizeau: ~ **fringes** *n pl* PHYS Fizeausche Ringe *m pl*

fjord *n* WATER TRANS *geography* Fjord *m*

flag[1] *n* COMP & DP Anzeiger *m*, Markierung *f*, CONST Gehwegplatte *f*, Natursteinplatte *f*, TELEV Lichtabdeckschirm *m*, Linsenschirm *m*, WATER TRANS Fahne *f*, Flagge *f*; ~ **bit** *n* COMP & DP Markierungsbit *nt*, Synchronisationsbit *nt*; ~ **build** *n* CER & GLAS Plattenform *f*; ~ **code** *n* COMP & DP Diagnosecode *m*; ~ **of convenience** *n* WATER TRANS *sea trade* Billigflagge *f*; ~ **locker** *n* WATER TRANS Flaggenkasten *m*, Flaggenspind *m*; ~ **register** *n* COMP & DP Kennzeichenregister *nt*; ~ **signal** *n* WATER TRANS *communications* Flaggensignal *nt*, Flaggenzeichen *nt*

flag[2] *vt* COMP & DP markieren

flagging *n* COMP & DP Markieren *nt*, CONST Plattenbelag *m*, Plattenverlegen *nt*

flagman *n* RAIL Sicherungsposten *m*

flagship *n* WATER TRANS *navy* Flaggschiff *nt*

flagstaff *n* WATER TRANS Flaggenstock *m*

flagstone: ~ **pavement** *n BrE (cf flagstone sidewalk AmE)* CONST Gehwegplattenbelag *m*; ~ **sidewalk** *n AmE (cf flagstone pavement BrE)* CONST Gehwegplattenbelag *m*

flake *n* PAPER Faserstippe *f*, PROD ENG Flachspan *m*; ~ **glass** *n* CER & GLAS Schuppenglas *nt*

flame:[1] ~ **cut** *adj* PROD ENG gasbrenngeschnitten; ~**-hardened** *adj* PROD ENG flammengehärtet; ~**-resistant** *adj* SAFETY flammbeständig, schwer entflammbar; ~**-retardant** *adj* HEAT & REFRIG flammwidrig, PLAS flammhemmend

flame[2] *n* SAFETY, THERMODYN Flamme *f*; ~ **arc** *n* ELEC ENG Effektbogen *m*; ~ **arrester** *n* CONST Flammsperre *f*, Rückschlagsicherung *f*, PET TECH Flammensperre *f*, SPACE Flammenlöscher *m*; ~ **attenuation** *n* CER & GLAS Flammendämpfung *f*; ~ **blasting** *n* PROD ENG Flammstrahlen *nt*; ~ **chipping** *n* PROD ENG Brennputzen *nt*; ~ **cleaning** *n* CONST Flammstrahlreinigen *nt*, PROD ENG Flammstrahlen zum Entzundern *nt*; ~**-cut** *n* PROD ENG Gasbrennschnitt *m*; ~ **cutter** *n* CONST, MECHANICS Schneidbrenner *m*; ~ **cutting** *n* MECHAN ENG, MECHANICS, METALL Brennschneiden *nt*, THERMODYN autogenes Brennschneiden *nt*; ~**-cutting torch** *n* THERMODYN Schneidbrenner *m*; ~ **descaling** *n* PROD ENG Brennputzen *nt*; ~ **deseaming** *n* PROD ENG Brennputzen *nt*; ~ **detector** *n* HEAT & REFRIG Flammenmelder *m*, Flammenwächter *m*; ~ **emission spectroscopy** *n* PHYS Flammenemissionsspektroskopie *f*; ~ **failure** *n* THERMODYN Flammenaussetzer *m*; ~ **gouging** *n* CONST Flammfugenhobeln *nt*; ~ **hardening** *n* METALL Flammhärten *nt*, PROD ENG Autogenhärten *nt*, Flammenhärtung *f*; ~**-hardening machine** *n* PROD ENG Brennhärtemaschine *f*, Flammenhärtemaschine *f*; ~ **holder** *n* AIR TRANS Flammenstabilisator *m*; ~ **hydrolysis** *n* OPT Flammenhydrolyse *f*; ~ **photometer** *n* LAB EQUIP Flammenfotometer *nt*; ~ **photometric detector** *n* POLL flammenfotometrischer Detektor *m*; ~ **plating** *n* PROD ENG Flammenplatieren *nt*; ~ **protection** *n* SAFETY *mining* Flammschutz *m*, Schlagwetterschutz *m*; ~ **resistance** *n* PLAS Schwerentflammbarkeit *f*; ~ **retardancy** *n* TEST Flammenhemmung *f*; ~ **retardant** *n* AIR TRANS Flammenhemmstoff *m*; ~**-retardant** *n* PLAS Flammschutzmittel *nt*, flammhemmendes Zusatzmittel *nt*; ~ **scarfing** *n* PROD ENG Brennputzen *nt*; ~ **spectroscopy** *n* THERMODYN Flammenspektroskopie *f*; ~ **spectrum** *n* PHYS, THERMODYN Flammenspektrum *nt*; ~ **spraying** *n* NUC TECH Flammspritzen *nt*, PROD ENG Flammspritzen *nt*, Wärmespritzen *nt*; ~ **thrower** *n* THERMODYN Flammenwerfer *m*; ~ **trap** *n* AIR TRANS Flammrückschlagsicherung *f*, Flammensperre *f*, AUTO *engine* Flammenrückschlagsicherung *f*, SAFETY Feuerfalle *f*, THERMODYN Flammensperre *f*; ~ **tube** *n* NUC TECH *of pressure vessel* Flammrohr *nt*; ~ **welding** *n* PLAS Flammschweißen *nt*

flame:[3] ~**-harden** *vt* THERMODYN brennhärten

flameout *n* SPACE Brandende *nt*, Brennschluß *m*

flameproof[1] *adj* AIR TRANS flammensicher, ELECT flammenbeständig, unentflammbar, PACK flammenfest, nicht entflammbar, flammensicher, PROD ENG flammensicher, SAFETY flammsicher, THERMODYN *electric plant, motor* explosionsgeschützt

flameproof:[2] ~ **enclosure of electrical apparatus** *n* SAFETY flammensicheres Gehäuse für elektrische Einrichtungen *nt*; ~ **clothing** *n* SAFETY nicht entflammbare Kleidung *f*; ~ **glass** *n* CER & GLAS Feuerfestglas *nt*; ~ **lighting installation** *n* ELECT flammenbeständige Beleuchtungseinrichtung *f*; ~ **motor** *n* ELEC ENG, THERMODYN Ex-Motor *m*, explosionsgeschützter Motor *m*, schlagwettergeschützter Motor *m*; ~ **paper** *n* PAPER feuerfestes Papier *nt*; ~ **stirrer** *n* LAB EQUIP flammsicherer Rührer *m*; ~ **switch** *n* ELECT flammenbeständiger Schalter *m*, flammensicherer Schalter *m*, THERMODYN schlagwettergeschützter Schalter *m*

flaming[1] *adj* THERMODYN flammend

flaming:[2] ~ **coal** *n* COAL TECH Flammkohle *f*

flammability *n* PACK Flammbarkeit *f*, PLAS Brennverhalten *nt*, Brennbarkeit *f*, SAFETY Entflammbarkeit *f*, THERMODYN Feuergefährlichkeit *f*, Flammbarkeit *f*

flammable[1] *adj* PLAS brennbar, entflammbar, SAFETY entflammbar, THERMODYN flammbar, leicht entflammbar

flammable:[2] ~ **atmosphere** *n* SAFETY Schlagwetter *nt*; ~

liquid *n* SAFETY entflammbare Flüssigkeit *f*; **~ material** *n* SAFETY entflammbarer Werkstoff *m*; **~ vapor** *n AmE*, **~ vapour** *n BrE* SAFETY entflammbarer Dampf *m*

flange[1] *n* ACOUSTICS Flansch *m*, AUTO Felgenschulter *f*, Flansch *m*, *wheel* Spurkranz *m*, CONST Ausleger *m*, Trägerflansch *m*, Wulst *m*, ELEC ENG, ELECT, LAB EQUIP, MAR POLL Flansch *m*, MECHAN ENG Flansch *m*, *of bearing* Bund *m*, *of collar nut* Bund *m*, *of pulley* Bordrand *m*, MECHANICS Bund *m*, Flansch *m*, PET TECH Flansch *m*, PROD ENG Bordrand *m*, Flansch *m*, Muffenstück *nt*, SPACE Flansch *m*, TEXT Scheibe *f*; **~ adaptor** *n* PROD ENG *plastic valves* Bundbuchse *f*; **~ bearing** *n* MECHAN ENG Bundlager *nt*; **~ connection** *n* MECHAN ENG Flanschverbindung *f*; **~ coupling** *n* MECHAN ENG Flanschkupplung *f*, Flanschverbindung *f*; **~ joint** *n* MECHAN ENG Flanschverbindung *f*; **~ motor** *n* ELECT, MECHANICS Flanschmotor *m*; **~ mounting** *n* MECHAN ENG, SPACE Flanschbefestigung *f*; **~ pipe** *n* CONST Flanschrohr *nt*; **~ plate** *n* CONST Gurtplatte *f*; **~ press finish** *n* CER & GLAS Flanschpressenbearbeitung *f*; **~ shaft** *n* MECHAN ENG Flanschwelle *f*; **~ steel** *n* METALL Flanschstahl *m*; **~ tile** *n* CONST Deckplatte *f*; **~-to-rail clearance** *n* RAIL Spurspiel *nt*; **~ union** *n* MECHAN ENG Flanschverbindung *f*

flange[2] *vt* MECHAN ENG anflanschen, flanschen

flange:[3] **~ up** *vi* PET TECH aufflanschen, flanschen, verflanschen

flanged[1] *adj* CONST Bördel- *pref*, ELECT geflanscht, MECHANICS angeflanscht

flanged:[2] **~ bolt** *n* MECHAN ENG Bundbolzen *m*; **~ bottom** *n* CER & GLAS gebördelter Boden *m*; **~ cap** *n* PACK gebördelte Kappe *f*; **~ cast-iron pipe** *n* CONST Flanschengußrohr *nt*; **~ connection** *n* MECHAN ENG Flanschverbindung *f*; **~ coupling** *n* MECHAN ENG Flanschverbindung *f*; **~ edge** *n* MECHAN ENG gebördelter Rand *m*; **~ fittings** *n pl* MECHAN ENG Flanscharmaturen *f pl*; **~ joint** *n* MECHAN ENG Flanschverbindung *f*; **~ liner** *n* MECHAN ENG *of bearing* Lagerschale mit Bund *f*; **~ nut** *n* MECHAN ENG Bundmutter *f*; **~ pipe** *n* MECHAN ENG Flanschrohr *nt*, geflanschtes Rohr *nt*; **~ plate** *n* CONST Bördelblech *nt*; **~ shaft** *n* MECHAN ENG Flanschwelle *f*; **~-tube radiator** *n* AUTO Wasserröhrenkühler *m*; **~ union** *n* MECHAN ENG Flanschverbindung *f*

flangeless: **~ brake shoe** *n* RAIL flanschlose Bremssohle *f*

flangeway *n* RAIL Spurrille *f*

flanging[1] *adj* TEXT Bördel- *pref*

flanging[2] *n* MECHAN ENG Anflanschen *nt*, Flanschen *nt*, PROD ENG Bördel- *pref*, Bördeln *nt*, Flanschen *nt*; **~ machine** *n* PACK Bördelmaschine *f*, PROD ENG Bördelmaschine *f*, Sickenmaschine *f*; **~-on** *n* MECHAN ENG Anflanschen *nt*; **~ press** *n* MECHAN ENG Bördelpresse *f*; **~ test** *n* PROD ENG Bördelversuch *m*

flank *n* CONST *of arch* Flanke *f*, Seitenfläche *f*, *road* Bankett *nt*, MECHAN ENG *of thread, tooth* Flanke *f*, *of tool* Freifläche *f*, MECHANICS Flanke *f*, PROD ENG Flanke *f*, Freifläche *f*, Hinterschliffläche *f*; **~ clearance** *n* MECHAN ENG Flankenspiel *nt*; **~ form error** *n* MECHAN ENG Flankenformfehler *m*; **~ line** *n* MECHAN ENG Flankenlinie *f*; **~ wall** *n* CONST Giebelwand *f*

flap *n* AIR TRANS Hilfsflügel *m*, Landeklappe *f*, Nachflügel *m*, CONST Absperrklappe *f*, *roof tile* Krempe *f*, MECHAN ENG Deckel *m*, Klappe *f*, MECHANICS Klappe *f*, Lappen *m*, NUC TECH *of valve* Ventilklappe *f*, PACK, PAPER, SPACE, TEXT Klappe *f*; **~ attenuator** *n* ELECTRON *microwave* Tauchteiler *m*; **~ door** *n* CONST Klapptür *f*; **~ flow meter** *n* INSTR Klappendurchflußmesser *m*; **~ gate** *n* FUELLESS Klapptor *nt*; **~ hinge** *n* CONST Klappenscharnier *nt*; **~ jack** *n* AIR TRANS Klappenheber *m*; **~ roller carriage** *n* AIR TRANS Hilfsflügelrollenlager *nt*; **~ snap** *n* PACK Klappe mit Schnappverschluß *f*, Zuschnappklappe *f*; **~ track rib** *n* AIR TRANS Hilfsflügelspurrippe *f*, Klappenführungsrippe *f*; **~ valve** *n* HYD EQUIP Klappenventil *nt*, Wendeklappe *f*, MECHAN ENG Schnellschlußklappenventil *nt*

flapping *n* AIR TRANS *helicopter* Schlagbewegung *f*, Schwenkbewegung *f*; **~ angle** *n* AIR TRANS Konuswinkel *m*, Schlagwinkel *m*; **~ hinge** *n* AIR TRANS *helicopter* Schlaggelenk *nt*; **~ hinge pin** *n* AIR TRANS *helicopter* Schlaggelenkbegrenzungsstift *m*; **~ moment** *n* AIR TRANS *helicopter* Schlagmoment *nt*; **~ stress peak** *n* AIR TRANS *helicopter* höchste Schlagbelastung *f*

flare[1] *n* PET TECH Fackel *f*, TEXT Erweiterung *f*, WATER TRANS *ship design, signal* Ausfall *m*, Leuchtkugel *f*; **~ coefficient of horn** *n (m)* ACOUSTICS Streukoeffizient *m*, Öffnungskoeffizient *m (m)*; **~-out** *n* TRANS Abfangbogen *m*, Übergangsbogen *m*; **~ stack** *n* PET TECH Fackelrohr *nt*

flare[2] *vt* PROD ENG ausdehnen, TEXT ausstellen; **~ up** *vt* THERMODYN aufflammen lassen

flare[3] *vi* PROD ENG flackern

flared[1] *adj* MECHANICS ausladend, erweitert, TEXT ausgestellt, mit Schlag

flared:[2] **~ end** *n* CER & GLAS aufgetriebenes Ende *nt*; **~ landing** *n* AIR TRANS abgefangene Landung *f*; **~ neck** *n* CER & GLAS aufgetriebener Flaschenhals *m*; **~ section** *n* SPACE *spacecraft* ausgestellter Abschnitt *m*; **~ skirt** *n* TEXT Glockenrock *m*

flaring *n* CER & GLAS Auftreiben *nt*, PET TECH Abfackeln *nt*, PROD ENG Aufweiten *nt*, Ausschweifung *f*

flash[1] *n* CER & GLAS Überfang *m*, PHOTO Blitz *m*, PLAS *moulding* Abquetsch- *pref*, Abquetschgrat *m*, Austrieb *m*, Butzen *m*, Formteilgrat *m*, Preßgrat *m*, Spritzgrat *m*, PROD ENG Schmorkontakt *m*, Walzgrat *m*, perlartiger Grat *m*; **~ analog-digital converter** *n* ELECTRON Analog-Digital-Parallelumsetzer *m*; **~ analog-to-digital conversion** *n* ELECTRON parallele Analog-Digital-Umsetzung *f*; **~ bar** *n* PHOTO Blitzleiste *f*; **~ board** *n* WATER SUP *dam, sluice-gate* Staubohle *f*; **~ boiler** *n* HYD EQUIP Zwangsdurchlaufkessel *m*, THERMODYN Schnellverdampfer *m*; **~ bulb** *n* PHOTO Birnenblitz *m*, Kolbenblitz *m*; **~ contact** *n* PHOTO Blitzlichtkontakt *m*; **~ conversion** *n* ELECTRON Parallelumsetzung *f*, Parallelwandlung *f*; **~ converter** *n* ELECTRON Parallelumsetzer *m*, Parallelwandler *m*; **~ cube** *n* PHOTO Blitzwürfel *m*; **~ distillation** *n* THERMODYN Entspannungsverdampfung *f*, Flashdestillation *f*, WATER SUP Entspannungsverdampfung *f*; **~ duration** *n* PHOTO Blitzdauer *f*; **~ evaporation** *n* NUC TECH *of pressure vessel* Entspannungsverdampfung *f*; **~ fire** *n* THERMODYN explosionsartiges Feuer *nt*; **~ heating** *n* FOOD TECH Schnellerhitzung *f*; **~ mold** *n AmE*, **~ mould** *n BrE* PLAS Abquetschwerkzeug *nt*; **~-over voltage** *n* ELEC ENG Überschlagsspannung *f*; **~ picture** *n* PHOTO Blitzlichtaufnahme *f*; **~ point** *n* AUTO, FOOD TECH Flammpunkt *m*, HEAT & REFRIG Entflammungspunkt *m*, Flammpunkt *m*, MECHAN ENG, PET TECH, PLAS Flammpunkt *m*, THERMODYN Entzündungspunkt *m*, Flammpunkt *m*, WATER TRANS *materials* Flammpunkt *m*; **~ point apparatus** *n* LAB EQUIP

Flammpunktprüfgerät *nt*; ~ **ruby** *n* CER & GLAS Überfangrubinglas *nt*; ~ **shoe** *n* PHOTO Blitzschuh *m*; ~ **socket** *n* PHOTO Blitzlicht-Steckverbindung *f*; ~ **subcooling** *n* NUC TECH *of pressure vessel* Entspannungsunterkühlung *f*; ~ **switch** *n* PHOTO Blitzschalter *m*; ~ **test** *n* ELEC ENG Überschlagsprüfung *f*; ~ **tester** *n* MECHAN ENG Flammpunktprüfer *m*; ~ **tube** *n* ELECTRON Blitzröhre *f*; ~ **undercooling** *n* NUC TECH Entspannungsunterkühlung *f*; ~ **welding** *n* CONST Abbrennschweißen *nt*, PROD ENG Brennstumpfschweißen *nt*

flash:[2] ~**-harden** *vt* THERMODYN teilhärten

flashback *n* CONST, THERMODYN *of flames* Flammenrückschlag *m*; ~ **preventer** *n* SAFETY *for valves and fittings* Rückschlagschutz *m*

flashed: ~ **glass** *n* CER & GLAS Überfangglas *nt*; ~ **opal** *n* CER & GLAS Überfangopalglas *nt*

flasher *n* AUTO *accessory* Blinker *m*, HYD EQUIP Zwangsdurchlaufkessel *m*

flashing[1] *adj* ELECT, PACK, WATER TRANS Blink- *pref*

flashing[2] *n* CER & GLAS Überfangen *nt*, CONST *roof* Abdeckblech *nt*, ELEC ENG Aufblitzen *nt*, PHOTO Aufblitzen *nt*, Blitzen *nt*; ~ **knob** *n* CER & GLAS Überfangnoppe *f*; ~ **light** *n* AUTO Blinkleuchte *f*, SAFETY Blinklicht *nt*, WATER TRANS *navigation marks* Blinkfeuer *nt*; ~ **signal** *n* WATER TRANS Blinkzeichen *nt*

flashlight *n* ELEC ENG Blitzlicht *nt*, ELECT Blinklampe *f*, *steady pocket light* Taschenlampe *f*, MECHANICS Blitzlicht *nt*, PHOTO Blitzlicht *nt*, Magnesiumblitzlicht *nt*

flashover *n* ELEC ENG, ELECT Überschlag *m*, THERMODYN *of flames* Funkenüberschlag *m*, schlagartige Ausbreitung von Flammen *f*

flask *n* CER & GLAS Flasche *f*, FOOD TECH Glaskolben *m*, INSTR, LAB EQUIP Kolben *m*, PROD ENG Flasche *f*, Kolben *m*; ~ **moulding** *n* PROD ENG Kastenformerei *f*

flat[1] *adj* CONST *colour* glanzlos, matt, ELECTRON, RAD TECH, TELECOM Flach- *pref*; ~**-bottomed** *adj* WATER TRANS *ship* flachbödig

flat[2] *n* ACOUSTICS Erniedrigungszeichen *nt*, Schallschluckdekor *m*, MECHANICS Ebene *f*, Panne *f*; ~ **amplifier** *n* ELECTRON unscharf eingestellter Verstärker *m*; ~ **angle** *n* GEOM gestreckter Winkel *m*; ~ **antenna** *n* TELECOM Flachantenne *f*; ~ **arch** *n* CONST Flachbogen *m*, Stichbogen *m*; ~ **back** *n* PRINT Flachrücken *m*; ~ **band-pass filter** *n* ELECTRON Flachbandfilter *nt*; ~ **bar** *n* MECHAN ENG Flacheisen *nt*, METALL Flachstahl *m*, flacher Stab *m*; ~ **battery** *n* TELECOM Flachbatterie *f*; ~ **bed** *n* COMP & DP Flachbettgerät *nt*; ~**-bed cylinder press** *n* PRINT Druckautomat *m*, Flachformzylinderpresse *f*, Schnellpresse *f*; ~ **bed plotter** *n* COMP & DP Flachbettplotter *m*; ~**-bed printing** *n* PRINT Flachbettdruck *m*; ~ **bed scanner** *n* COMP & DP Flachbett-Scanner *m*; ~ **belt** *n* MECHAN ENG Flachgurt *m*, Flachriemen *m*; ~**-belt drive** *n* MECHAN ENG Flachriementrieb *m*; ~**-bottomed etch pit** *n* METALL Flachbodenätzgrübchen *nt*; ~**-bottomed flask** *n* LAB EQUIP Stehkolben *m*; ~**-bottom tappet** *n* AUTO Tellerstößel *m*; ~ **box** *n* PAPER Flachsauger *m*; ~ **cable** *n* ELEC ENG Bandkabel *nt*, Flachkabel *nt*, ELECT Flachkabel *nt*; ~ **chisel** *n* MECHAN ENG Flachmeißel *m*; ~**-coil instrument** *n* INSTR Flachspulinstrument *nt*; ~ **color** *n AmE*, ~ **colour** *n BrE* CER & GLAS Grundierfarbe *f*; ~ **countersunk head** *n* MECHAN ENG *of rivet* Senkkopf *m*; ~ **countersunk head rivet** *n* PROD ENG Senkniet *m*; ~ **countersunk rivet** *n* MECHAN ENG Senkniet *m*; ~**-crested weir** *n* HYD EQUIP flaches Überlaufwehr *nt*, niedriges Überlaufwehr *nt*; ~ **curve** *n* GEOM flache Kurve *f*; ~ **die** *n* PROD ENG Gleitbacke *f*; ~ **drill** *n* MECHAN ENG Flachbohrer *m*, Spitzbohrer *m*, PROD ENG Spitzbohrer *m*; ~ **edge** *n* CER & GLAS flache Kante *f*; ~ **edge and bevel** *n* CER & GLAS flache Kante und Schräge *f*; ~ **edgewise pattern instrument** *n* INSTR Flachprofilgerät *nt*; ~ **ejector pin** *n* MECHAN ENG flacher Auswerferstift *m*; ~**-end sack** *n* PACK Standbeutel *m*; ~ **engine** *n* AUTO Boxermotor *m*; ~**-face hammer** *n* MECHAN ENG Schlichthammer *m*; ~**-face instrument** *n* INSTR Flachinstrument *nt*; ~ **facet** *n* CER & GLAS Flachfacette *f*; ~ **file** *n* MECHAN ENG Flachfeile *f*; ~**-flame burner** *n* LAB EQUIP Breitbrenner *m*, Schnittbrenner *m*; ~ **follower** *n* PROD ENG *kinematics* Flachstößel *m*; ~**-four engine** *n* TRANS Vierzylinderboxermotor *m*; ~ **frequency response** *n* RECORD gerader Frequenzgang *m*; ~ **gasket** *n* NUC TECH *of pressure vessel*, PROD ENG *plastic valves* Flachdichtung *f*; ~ **glass** *n* CER & GLAS Flachglas *nt*; ~**-grinding machine** *n* CER & GLAS Flachschleifmaschine *f*; ~**-head bolt** *n* MECHAN ENG Senkkopfschraube *f*, Senkschraube *f*; ~**-head screw** *n* MECHAN ENG Senkkopfschraube *f*, Senkschraube *f*, PROD ENG Senkschraube *f*; ~ **key** *n* MECHAN ENG, PROD ENG Flachkeil *m*; ~ **knitting** *n* TEXT Flachstrickerei *f*; ~**-knitting machine** *n* TEXT Flachstrickmaschine *f*; ~ **lighting** *n* PHOTO flache Beleuchtung *f*; ~ **line** *n* RAD TECH Flachbandkabel *nt*; ~**-nosed pliers** *n pl* MECHANICS Drahtzange mit flachem Maul *f*, PROD ENG Flachzange *f*; ~ **optical tool** *n* CER & GLAS flaches Optikwerkzeug *nt*; ~ **pack** *n* PACK Flachkarton *m*, Flachpackung *f*; ~ **packing** *n* MECHAN ENG Flachdichtung *f*; ~**-packing gasket** *n* NUC TECH *of pressure vessel* Flachdichtung *f*; ~ **pallet** *n* PACK Flachpalette *f*; ~ **panel display** *n* ELECTRON Flachbildschirm *m*, flacher Bildschirm *m*; ~ **plate collector** *n* FUELLESS flacher Plattenkollektor *m*; ~ **point** *n* MECHAN ENG *of screw* Kegelkuppe *f*; ~ **printing** *n* PRINT Flachdruck *m*; ~ **radiator** *n* HEAT & REFRIG Flachheizkörper *m*, Heizfläche *f*; ~ **rammer** *n* PROD ENG Flachstampfer *m*; ~**-rate fee** *n* PAT Einheitssatz *m*, Pauschalgebühr *f*; ~**-rate service** *n* TELECOM Pauschalgebührendienst *m*; ~**-rate tariff** *n* ELECT Pauschaltarif *m*; ~ **relay** *n* ELEC ENG Flachrelais *nt*; ~ **response** *n* ELECTRON, RECORD flache Wiedergabe *f*; ~ **ring dynamo** *n* ELECT Flachringdynamo *m*; ~ **rope** *n* MECHAN ENG Bandseil *nt*, Flachseil *nt*; ~ **screen** *n* COMP & DP Flachbildschirm *m*, flacher Bildschirm *m*, TELECOM flacher Bildschirm *m*, TELEV Flachbildschirm *m*; ~ **slide valve** *n* MECHAN ENG Flachschieber *m*; ~ **spin** *n* AIR TRANS Flachtrudeln *nt*; ~ **stern** *n* WATER TRANS *shipbuilding* Plattgatt *nt*, Plattheck *nt*; ~ **thread** *n* MECHAN ENG Flachgewinde *nt*; ~ **tile** *n* CER & GLAS Flachziegel *m*; ~ **tire** *n AmE see flat tyre BrE* ~ **top** *n* CONST Flachboden *m*, WATER TRANS Flachdeck *nt*; ~**-top chain** *n* MECHAN ENG Scharnierbandkette *f*; ~ **transmission belt** *n* MECHAN ENG flacher Treibriemen *m*; ~ **turn** *n* AIR TRANS Schiebekurve *f*, flache Kehre *f*; ~ **twin** *n* AUTO Zweizylinderboxermotor *m*; ~ **twin engine** *n* AUTO Zweizylinderboxermotor *m*; ~ **tyre** *n BrE* AUTO luftloser Reifen *m*; ~ **wagon** *n* AUTO, RAIL Flachwagen *m*; ~ **washer** *n* MECHAN ENG Scheibe *f*, Unterlegscheibe *f*; ~ **wire** *n* ELEC ENG Flachdraht *m*; ~ **yarn** *n* TEXT Glattgarn *nt*

flat[3] *vt* MECHAN ENG glätten, schlichten

flatcar *n AmE (cf platform wagon BrE)* RAIL Plattformwagen *m*
flatcat *n AmE* RAIL Niederbordwagen *m*
flatness *n* PAPER Ebenheit *f*, PROD ENG Mattheit *f*, Unschärfe *f*; **~ tolerance** *n* MECHAN ENG Ebenheitstoleranz *f*
flatpack *n* ELECTRON flaches Gehäuse *nt*, *with horizontal leads* Flachgehäuse *nt*
flats *n pl* CER & GLAS, MECHAN ENG Flachmaterial *nt*, METALL Flachstahl *m*
flatten *vt* CONST ausbeulen, MECHAN ENG ausbeulen, ebnen, planieren, *metal* strecken, PROD ENG ausbeulen, richten
flattened: **~ strand rope** *n* PROD ENG Flachlitzenseil *nt*
flattening *n* AUTO *of tyre* Abflachung *f*, CER & GLAS *cylinder* Strecken *nt*, PROD ENG Richten *nt*, Zusammendrücken *nt*; **~ kiln** *n* CER & GLAS Streckofen *m*; **~ table** *n* CER & GLAS Strecktisch *m*; **~ test** *n* PHYS Ausbreiteprobe *f*; **~ tool** *n* CER & GLAS Streckwerkzeug *nt*
flatter *n* CER & GLAS Setzeisen *nt*, PROD ENG Platthammer *m*, Schlichthammer *m*, Ziehstein *m*
flatting *n* CER & GLAS Strecken *nt*; **~ agent** *n* PLAS *paint* Mattierungsmittel *nt*
flavan *n* CHEMISTRY Flavan *nt*
flavanone *n* CHEMISTRY Flavanon *nt*
flavin *n* CHEMISTRY Flavin *nt*
flavone *n* CHEMISTRY Flavon *nt*, Phenylchromon *nt*, FOOD TECH Flavon *nt*
flavonoid *n* FOOD TECH Flavonoid *nt*
flavonol *n* CHEMISTRY Flavonol *nt*
flavoprotein *n* FOOD TECH Flavoprotein *nt*
flavopurpurin *n* CHEMISTRY Flavopurpurin *nt*
flavor[1] *n AmE see flavour BrE*
flavor[2] *vt AmE see flavour BrE*
flavoring *n AmE see flavouring BrE*
flavour[1] *n BrE* FOOD TECH Aroma *nt*, Geschmack *m*, Würze *f*, PART PHYS Geschmack *m* **~ enhancer** *n BrE* FOOD TECH Geschmacksverstärker *m*; **~ potentiator** *n BrE* FOOD TECH Geschmacksverstärker *m*
flavour[2] *vt BrE* FOOD TECH würzen
flavouring *n BrE* FOOD TECH Geschmacksstoff *m*, Würze *f*
flaw *n* ELEC ENG Defekt *m*, MECHANICS Anriß *m*, Fehler *m*, Gußnarbe *f*, Sprung *m*, METALL Defekt *m*, Fehler *m*, NUC TECH Defekt *m*, Mangel *m*, *of material* Materialfehler *m*, PAPER Fehler *m*, Riß *m*, PROD ENG Blase *f*, TEXT *of material* Materialfehler *m*
fleam: **~ tooth** *n* MECHAN ENG Dreieckszahn *m*
fleet *n* AUTO Wagenpark *m*, RAIL Triebfahrzeugpark *m*, WATER TRANS Flotte *f*; **~ weight** *n* AIR TRANS Standardflottengewicht *nt*
Fleet: **~ Air Arm** *n BrE (cf Naval Air Service AmE)* WATER TRANS Marineluftwaffe *f*
Fleming's: **~ rules** *n pl* ELECT Flemingsche Dreifingerregel *f*
flesh: **~ side** *n* PROD ENG Fleischseite *f*
flexibility *n* PLAS Biegsamkeit *f*, Flexibilität *f*, TEXT Biegsamkeit *f*, Elastizität *f*, WATER TRANS Anpassungsfähigkeit *f*, Biegsamkeit *f*; **~ strength** *n* TELECOM Biegefestigkeit *f*
flexible[1] *adj* ELECT flexibel, TEXT biegsam, elastisch
flexible:[2] **~ array** *n* COMP & DP flexible Feldgruppe *f*; **~ cable** *n* ELEC ENG Litzenkabel *nt*, biegsames Kabel *nt*, ELECT flexibles Kabel *nt*; **~ conductor** *n* ELEC ENG biegsamer Leiter *m*, ELECT flexibler Leiter *m*; **~ connection** *n* RAIL flexible Verbindung *f*; **~ coupling** *n* HEAT & REFRIG elastische Kupplung *f*, MECHAN ENG Ausgleichkupplung *f*, flexible Kupplung *f*; **~ disk** *n* COMP & DP flexibler Datenträger *m*; **~ door** *n* CONST Falttür *f*; **~ drive** *n* MECHANICS bewegliche Kraftübertragung *f*, bewegliches Gelenk *nt*; **~ foam** *n* PLAS Weichschaum *m*; **~ gasket** *n* MECHAN ENG Weichdichtung *f*; **~ hose** *n* CONST Schlauch *m*, biegsames Rohr *nt*, MAR POLL flexibler Schlauch *m*; **~ joint** *n* MECHAN ENG biegsame Verbindung *f*, elastisches Gelenk *nt*; **~ manufacturing system** *n (FMS)* ART INT flexibles Fertigungssystem *nt*, flexibles Produktionssteuerungssystem *nt*; **~ metal conduit** *n* MECHAN ENG biegsame Metallrohrleitung *f*; **~ metallic hose** *n* MECHAN ENG Metallschlauch *m*; **~ metal tube** *n* MECHAN ENG Metallschlauch *m*; **~ package** *n* PACK weich-elastische Verpackung *f*; **~ packaging machine** *n* PACK Maschine für weichelastische Verpackung *f*; **~ pipe** *n* MECHAN ENG Schlauch *m*; **~ printed circuit** *n* ELECTRON flexible Flachbaugruppe *f*, flexible Leiterplatte *f*, flexible gedruckte Schaltung *f*; **~ reflector** *n* SPACE flexibler Reflektor *m*; **~ resistor** *n* ELEC ENG flexibler Widerstand *m*; **~ road construction** *n* CONST Schwarzstraßenbau *m*; **~ roller bearing** *n* MECHAN ENG Federrollenlager *nt*; **~ section** *n* PROD ENG *plastic valves* Biegeschenkel *m*; **~ shaft** *n* MECHAN ENG biegsame Welle *f*; **~ steel piping** *n* MECHAN ENG flexible Stahlschlauchleitung *f*; **~ tube** *n* MECHAN ENG Schlauch *m*; **~ tubing** *n* MECHAN ENG Schlauchleitung *f*; **~ waveguide** *n* ELEC ENG biegsamer Hohlleiter *m*, *space communications* flexibler Hohlleiter *m*; **~ wire** *n* ELEC ENG biegsame Leitung *f*
flexing: **~ endurance** *n* PLAS Dauerbiegefestigkeit *f*
flexion *n* CONST Durchbiegung *f*, ERGON Beugung *f*, Flexion *f*, RAIL Biegung *f*, Krümmen *nt*; **~ spring** *n* MECHAN ENG Biegefeder *f*
flexo: **~-folder gluer** *n* PACK Flexofaltschachtel-Klebmaschine *f*
flexographic: **~ printing** *n* PLAS, PRINT Flexodruck *m*
flexography *n* PRINT Flexodruck *m*
flexural[1] *adj* METALL, PLAS, WATER TRANS Biege- *pref*
flexural:[2] **~ crack** *n* PROD ENG Biegeriß *m*; **~ modulus** *n* TEST Biegemodul *nt*; **~ modulus of elasticity** *n* PLAS Biege-E-Modul *m*, Biege-Elastizitätsmodul *m*; **~ rigidity** *n* PHYS Biegefestigkeit *f*; **~ strength** *n* CONST Bruchdehnung *f*, MECHANICS Biegesteifigkeit *f*, Bruchdehnung *f*, NUC TECH *of pressure vessel*, PLAS, TEST Biegefestigkeit *f*; **~ stress** *n* TEST Biegebeanspruchung *f*
flexure *n* MECHAN ENG Biegeschwingung *f*; **~-mode resonator** *n* ELECTRON Biegeschwinger *m*
flicker:[1] **~-free** *adj* COMP & DP flimmerfrei
flicker[2] *n* COMP & DP Flackern *nt*, Flimmern *nt*, TELEV Flackern *nt*; **~ frequency** *n* TELEV Flackerfrequenz *f*; **~ noise** *n* ELECTRON *semiconductor*, RAD Funkelrauschen *nt*; **~ photometer** *n* PHYS Flimmerfotometer *nt*
flicker[3] *vi* ELECTRON flackern, flimmern
flickering *n* TELECOM Flackern *nt*, Flimmern *nt*
fliers *n pl* CONST Außentreppe *f*, freitragende Treppe *f*
flight *n* AIR TRANS Flug *m*, PROD ENG Gang *m*; **~ altitude** *n* AIR TRANS Flughöhe *f*; **~ clearance** *n* AIR TRANS Flugfreigabe *f*; **~ compartment** *n* AIR TRANS Flugkabine *f*; **~ compartment access stairway** *n* AIR TRANS Flugkabinenzugangstreppe *f*; **~ compartment lights** *n pl* AIR TRANS Flugkabinenbeleuchtung *f*; **~ computer** *n* AIR TRANS Flugcomputer *m*; **~ controller** *n* AIR

TRANS Flugleiter *m*; ~ **control and navigational equipment** *n (FCNE)* AIR TRANS Flugüberwachungs- und Navigationsausrüstung *f (FCNE)*; ~ **controls** *n pl* AIR TRANS Flugbewegungsleitung *f*, Flugsteuerungen *f pl*; ~ **controls lyre-shaped bellcrank** *n* AIR TRANS lyraförmiger Flugsteuerungswinkelhebel *m*; ~ **crew** *n* AIR TRANS Flugbegleitpersonal *nt*, Flugbesatzung *f*; ~ **data** *n pl* AIR TRANS Flugdaten *nt pl*, Flugparameter *m pl*; ~ **data recorder** *n* AIR TRANS Flugdatenschreiber *m*; ~ **data system** *n* SPACE Flugrechnersystem *nt*; ~ **deck** *n* AIR TRANS Besatzungskabine *f*, Cockpit *nt*, Flugdeck *nt*; ~ **director** *n* AIR TRANS Flugkommandoanlage *f*; ~ **engineer's panel** *n* AIR TRANS Schalttafel des Bordingenieurs *f*; ~ **envelope** *n* AIR TRANS Flugbereich *m*; ~**-holding pattern** *n* AIR TRANS Warteschleife *f*; ~ **information center** *n AmE*, ~ **information centre** *n BrE* AIR TRANS Fluginformationszentrale *f*; ~ **information service** *n* AIR TRANS Fluginformationsdienst *m*; ~ **instruments** *n pl* AIR TRANS Flugüberwachungsinstrumente *nt pl*; ~ **land clearance** *n* PLAS Schneckenspalt *m*; ~ **level** *n* AIR TRANS Flughöhe *f*; ~ **log** *n* AIR TRANS Fluglogbuch *nt*; ~ **manual** *n* AIR TRANS Flughandbuch *nt*, Pilotenhandbuch *nt*; ~ **occurrence** *n* SPACE Vorkommnis während des Fluges *nt*; ~ **path** *n* AIR TRANS Flugweg *m*, Flugbahn *f*; ~ **path levelling** *n* AIR TRANS Flugbahnabfangen *nt*; ~ **plan data** *n pl* AIR TRANS Flugplandaten *nt pl*; ~ **progress board** *n* AIR TRANS Flugverlaufsplan *m*; ~ **readiness review** *n (FRR)* SPACE Flugfreigabeüberprüfung *f*; ~ **recorder** *n* AIR TRANS Flugschreiber *m*; ~ **refueling probe** *n AmE*, ~ **refuelling probe** *n BrE* AIR TRANS Luftbetankungssonde *f*; ~ **regularity message** *n* AIR TRANS Flugbetriebsmeldung *f*; ~ **simulator** *n* COMP & DP Flugsimulator *m*; ~ **spectrum** *n* AIR TRANS Flugspektrum *nt*; ~ **of stairs** *n* CONST Treppenlauf *m*; ~ **status** *n* AIR TRANS Flugzustand *m*; ~ **technical error** *n* AIR TRANS Flugleistungsstörung *f*, flugtechnisch bedingter Ausfall *m*; ~ **test** *n* AIR TRANS Einfliegen *nt*; ~ **test center** *n AmE*, ~ **test centre** *n BrE* AIR TRANS Flugerprobungszentrum *nt*; ~ **test recorder** *n* AIR TRANS Aufzeichnung der Flugerprobungsdaten *f*; ~ **transition** *n* AIR TRANS Übergang während des Fluges *m*; ~ **visibility** *n* AIR TRANS Flugsicht *f*

flint: ~ **glass** *n* CER & GLAS Glas mit hohem Brechungsindex *nt*

flip: ~ **chip** *n* ELECTRON Flip-Chip *m*; ~**-flop** *n* COMP & DP Flip-Flop-Schaltung *f*, bistabile Schaltung *f*, ELECTRON Kippschaltung *f*, *device with two stable output conditions* bistabile Kippschaltung *f*, PHYS Flip-Flop-Schaltung *f*, bistabile Kippschaltung *f*; ~ **spout closure** *n* PACK Vorschnell-Gießöffnung *f*

float:[1] ~**-cut** *adj* PROD ENG einhiebig; ~**-operated** *adj* PROD ENG durch Flüssigkeitsspiegel betätigt

float[2] *n* AUTO, COAL TECH Schwimmer *m*, MECHAN ENG Schwimmer *m*, einhiebige Feile *f*, MECHANICS Schwimmer *m*, PROD ENG einhiebige Feile *f*, RAIL Tiefladewagen *m*, WATER SUP, WATER TRANS Schwimmer *m*; ~**-and-sink analysis** *n* COAL TECH Schwimm- und Sinkanalyse *f*; ~ **chamber** *n* AUTO *carburettor* Schwimmerkammer *f*, Schwimmergehäuse *nt*; ~**-controlled alarm whistle** *n* HYD EQUIP schwimmergeregelte Alarmpfeife *f*; ~**-cut file** *n* MECHAN ENG einhiebige Feile *f*; ~ **glass** *n* CER & GLAS Floatglas *nt*; ~ **life** *n* ELEC ENG *storage batteries* Lebensdauer der Batterie-Schwebespannung *f*; ~ **needle** *n* AUTO Schwimmernadel *f*; ~**-operated level meter** *n* INSTR Schwimmerfüllstandsmesser *m*; ~ **seaplane** *n* AIR TRANS Schwimmerflugzeug *nt*; ~ **switch** *n* ELEC ENG Schwimmerschalter *m*, HEAT & REFRIG Niveauwächter *m*, Schwimmerschalter *m*; ~ **trap** *n* HYD EQUIP Schwimmerventil *nt*; ~**-type densitometer** *n* INSTR Schwimmerdichtemesser *m*; ~ **valve** *n* HEAT & REFRIG, MECHAN ENG Schwimmerventil *nt*

float[3] *vt* WATER TRANS treiben lassen; ~ **off** *vt* WATER TRANS *ship* aufschwimmen lassen

floatboard *n* WATER SUP Schleusenplattform *f*

floater *n* CER & GLAS Schwimmer *m*; ~ **lug** *n* CER & GLAS Schwimmerstütze *f*; ~ **notcher** *n* CER & GLAS Schwimmeröffnung *f*

floating[1] *adj* ELEC ENG erdfrei, schwebend, schwimmend, ungeerdet, MECHAN ENG schwimmend, MECHANICS schwebend, schwimmend, PHYS fließend

floating[2] *n* PLAS *paint defect* Ausschwimmen *nt*; ~ **accent** *n* PRINT fliegender Akzent *m*; ~ **area** *n* COMP & DP Gleitbereich *m*; ~ **axle** *n* AUTO *transmission* Pendelachse *f*; ~ **battery** *n* ELEC ENG Notstrombatterie *f*; ~ **beacon** *n* WATER TRANS *navigation marks* Treibbake *f*; ~ **boom** *n* POLL Schwimmschirm *m*; ~ **bridge** *n* WATER TRANS Floßbrücke *f*, Schwimmbrücke *f*; ~ **bush** *n* MECHAN ENG Pendelhalter *m*; ~ **caliper** *n AmE see floating calliper BrE* ~ **caliper disk brake** *n AmE see floating calliper disc brake BrE* ~ **calliper** *n BrE* AUTO Schwimmsattel *m*; ~ **calliper disc brake** *n BrE* AUTO Schwimmsattelscheibenbremse *f*; ~**-carrier modulation** *n* ELECTRON Modulation mit freiem Träger *f*; ~ **charge** *n* ELEC ENG Leerlaufladung *f*, Schwebeladung *f*; ~ **crane** *n* WATER TRANS Schwimmkran *m*; ~ **decimal point** *n* MATH Gleitkomma *nt*; ~ **dock** *n* CONST, WATER TRANS Schwimmdock *nt*; ~ **engine** *n* AUTO Schwebemotor *m*; ~ **flexible tank** *n* MAR POLL flexibler Schwimmtank *m*; ~ **gate** *n* ELECTRON schwebender Steueranschluß *m*; ~ **gear** *n* AIR TRANS *helicopter* Schwimmerfahrwerk *nt*; ~ **input** *n* ELEC ENG potentialfreier Eingang *m*; ~ **line** *n* WATER TRANS *shipbuilding* Wasserlinie *f*; ~ **matter** *n* WASTE Schwimmstoff *m*; ~ **output** *n* ELEC ENG potentialfreier Ausgang *m*; ~ **pile** *n* COAL TECH schwebender Pfahl *m*; ~ **point** *n* COMP & DP Gleitkomma *nt*; ~**-point arithmetic** *n* COMP & DP Gleitkomma-Arithmetik *f*; ~**-point notation** *n* COMP & DP Gleitkommaschreibweise *f*; ~**-point number** *n* COMP & DP Gleitkommazahl *f*; ~**-point operation** *n (FLOP)* COMP & DP Fließkommaoperation *f (FKO)*, *Gleitkommabetrieb m*, Gleitkommaoperation *f*; ~**-point processor** *n (FPP)* COMP & DP Fließkommaprozessor *m (FKP)*; ~ **potential** *n* ELEC ENG Leerlaufgleichspannung *f*; ~ **reamer** *n* MECHAN ENG Pendelreibahle *f*; ~ **refuse** *n* WASTE Treibgut *nt*, schwimmende Rückstände *m pl*; ~ **rig** *n* PET TECH Schwimmbohranlage *f*; ~**-ring oil seal** *n* MECHAN ENG Schwimmringdichtung *f*; ~ **seal** *n* MECHAN ENG Gleitflächendichtung *f*; ~ **supply** *n* ELECT galvanisch isolierte Stromversorgung *f*; ~ **tool holder** *n* MECHAN ENG pendelnder Werkzeughalter *m*; ~ **zone melting method** *n* NUC TECH tiegelfreies Schmelzen *nt*

floatplane *n* TRANS Schwimmerflugzeug *nt*

flocculant *n* COAL TECH Flockungsmittel *nt*, PLAS Flockungshilfsmittel *nt*, Flockungsmittel *nt*, WASTE Flockungsmittel *nt*

flocculate *vi* CHEM ENG ausflocken, CHEMISTRY ausflocken, sich zusammenballen

flocculating: ~ **agent** *n* PLAS *rubber* Flockungshilfsmittel *nt*, Flockungsmittel *nt*; ~ **yeast** *n* FOOD TECH

Bruchhefe *f*

flocculation *n* CHEM ENG, CHEMISTRY, COAL TECH, FOOD TECH, PET TECH, PLAS, WASTE Ausflockung *f*, Flockung *f*; **~ point** *n* CHEM ENG Ausflockungspunkt *m*, Flockpunkt *m*; **~ test** *n* CHEM ENG Flocktest *m*

flocculator *n* CHEM ENG Flockungseinrichtung *f*, Flockungsreaktor *m*

flocculence *n* CHEM ENG Flockigkeit *f*

flocculent[1] *adj* CHEM ENG flockenförmig

flocculent[2] *n* CHEM ENG Flockungschemikalie *f*, Flockungsmittel *nt*

flock *n* PLAS *coating* Flocke *f*; **~ spraying** *n* PACK Flockspritzen *nt*

flong *n* PRINT Mater *f*, Maternpappe *f*

flood:[1] **in ~** *adj* WATER TRANS *river* über die Ufer getreten

flood[2] *n* WATER TRANS *river* Flut *f*, Überschwemmung *f*; **~ abatement** *n* WATER SUP Hochwasserschutz *m*; **~ arch** *n* WATER SUP Flutöffnung *f*; **~ control** *n* FUELLESS Hochwasserschutz *m*, WATER SUP Hochwasserschutz *m*, Hochwasserüberwachung *f*; **~ irrigation** *n* WATER SUP Überstaubewässerung *f*, Überstauung *f*; **~ loss** *n* FUELLESS Flutverlust *m*; **~ plain** *n* WATER SUP Hochwasserüberschwemmungsgebiet *nt*, Überschwemmungsgebiet *nt*; **~ prevention** *n* WATER SUP Hochwasserschutz *m*; **~ spillway** *n* WATER SUP Hochwasserentlastungsanlage *f*, Oberflächenentlastungsanlage *f*; **~ stream** *n* WATER TRANS Flutstrom *m*; **~ tide** *n* WATER TRANS Flut *f*

flood[3] *vt* AUTO fluten, MECHANICS überfluten

flood[4] *vi* AUTO absaufen, WATER TRANS *river* fluten, über die Ufer treten, überfluten; **~ the carburetor** *vi AmE*, **~ the carburettor** *vi BrE* AUTO den Motor absaufen lassen

flooded[1] *adj* WATER TRANS geflutet, überspült

flooded:[2] **~ jet** *n* AIR TRANS überflutete Düse *f*

floodgate *n* WATER SUP Schleusentor *nt*, Schützabwehr *f*, Wehrverschluß *m*, WATER TRANS Fluttor *nt*

flooding *n* CER & GLAS Flutung *f*, PLAS *paint defect* Aufschwimmen *nt*; **~ cock** *n* WATER SUP Flutventil *nt*; **~ gun** *n* ELECTRON Berieselungskanone *f*

floodlight *n* ELEC ENG Flutlicht *nt*

floodlighting *n* ELECT Flutbeleuchtung *f*, Streubeleuchtung *f*

floor:[1] **~-mounted** *adj* MECHAN ENG Überflur- *pref*

floor[2] *n* CONST Etage *f*, Fußboden *m*, Geschoß *nt*, Geschoßdecke *f*, Stockwerk *nt*, *basin* Sohle *f*, WATER SUP *of lock chamber* Schleusensohle *f*, WATER TRANS *shipbuilding* Bodenwrange *f*; **~ beam** *n* AIR TRANS Unterbodenholm *m*, RAIL Fußbodenquerträger *m*; **~ contact switch** *n* ELECT Fußschalterkontakt *m*; **~ damper** *n* HEAT & REFRIG Bodenklappe *f*; **~ hatch** *n* AIR TRANS Bodenluke *f*; **~ heating** *n* HEAT & REFRIG Fußbodenheizung *f*; **~ joist** *n* CONST Deckenunterzug *m*; **~ pan** *n* AUTO *body* Bodenwanne *f*; **~ panel** *n* AIR TRANS Bodenblech *nt*; **~ plate** *n* MECHANICS Bodenplatte *f*, WATER TRANS *shipbuilding* Bodenwrange *f*, Flurplatte *f*; **~ sand** *n* PROD ENG Altsand *m*; **~ shift** *n* AUTO *gearbox* Knüppelschaltung *f*, Kugelschaltung *f*, Mittelschaltung *f*, Stockschaltung *f*; **~ space** *n* CONST Grundfläche *f*, Nutzfläche *f*, PACK Lagerfläche *f*; **~ switch** *n* ELECT *lift, elevator* Etagenschalter *m*; **~ tile** *n* CER & GLAS Fußbodenplatte *f*

floor[3] *vt* CONST dielen, pflastern

flooring *n* CONST Dielung *f*, Fußbodenbelag *m*, SAFETY Bodenbelag *m*; **~ nail** *n* CONST Fußbodennagel *m*; **~ tile** *n* CONST Fußbodenfliese *f*, Fußbodenplatte *f*

floorman *n* PET TECH Bohrarbeiter *m*

flop: **~-over process** *n* NUC TECH Flip-Flop-Vorgang *m*

FLOP *abbr (floating-point operation)* COMP & DP FKO *(Fließkommaoperation)*

flopover *n* TELEV Umklappen *nt*

flopper *n* PROD ENG Falte *f*

floppy: **~ disk** *n* COMP & DP, PRINT Diskette *f*, Floppy *f*, TELECOM Diskette *f*; **~ disk drive** *n* COMP & DP Diskettenlaufwerk *nt*; **~ disk reader** *n* TELECOM Diskettenlesegerät *nt*

floss *n* METALL Schlacke *f*

flotation *n* COAL TECH Flotation *f*, WATER TRANS Schwimmen *nt*, Treiben *nt*; **~ chamber** *n* MAR POLL Flotationskammer *f*; **~ collar** *n* PET TECH Schwimmring *m*, SPACE *spacecraft* Schwimmkragen *m*; **~ froth** *n* CHEM ENG Flotationsschaum *m*; **~ liquid** *n* CHEM ENG Flotationsflüssigkeit *f*; **~ plant** *n* CHEM ENG Flotationsanlage *f*, WASTE Schwimmaufbereitungsanlage *f*; **~ process** *n* COAL TECH Flotationsverfahren *nt*; **~ tank** *n* WATER TRANS Schwimmtank *m*

flotel *n* PET TECH Wohnplattform *f*

flotilla *n* WATER TRANS Flotille *f*

flotsam *n* WATER TRANS Seedrift *f*, Treibgut *nt*

flounder: **~ point** *n* PET TECH Staupunkt *m*

flow[1] *n* CER & GLAS, COAL TECH Durchfluß *m*, COMP & DP Ablauf *m*, Fließ- *pref*, Fluß *m*, CONST Durchfluß *m*, Strömung *f*, CONTROL Fluß *m*, ELEC ENG Fließ- *pref*, Fließen *nt*, Fluß *m*, Strömen *nt*, Strömung *f*, ELECT elektrischer Fluß *m*, FLUID PHYS Strömung *f*, *through orifices* Strömung *f*, FUELLESS Fluß *m*, Strömung *f*, HYD EQUIP Durchfluß *m*, Strömung *f*, MECHAN ENG Fließen *nt*, Fluß *m*, METALL Fluß *m*, PET TECH Fließ- *pref*, PHYS Fluß *m*, Strömung *f*, PLAS Fließen *nt*, *coatings* Verlauf *m*, TEXT Fließen *nt*, WATER SUP Durchfluß *m*; **~ box** *n* PAPER Stoffauflauf *m*; **~ characteristic** *n* MECHAN ENG Durchflußkennlinie *f*; **~ characteristics** *n pl* PLAS Fließverhalten *nt*, PROD ENG *plastic valves* Reguliercharakteristik *f*; **~ of chips** *n* PROD ENG Spanfluß *m*; **~ coefficient** *n* FUELLESS Durchflußkoeffizient *m*; **~ control** *n* COMP & DP Flußsteuerung *f*, HEAT & REFRIG Durchflußregelung *f*, TELECOM Flußsteuerung *f*, Überlastabwehr *f*; **~ controller** *n* PROD ENG Mengenregelungsventil *nt*; **~ control valve** *n* MECHAN ENG Durchflußregelventil *nt*, PROD ENG Mengenregelungsventil *nt*; **~ conveyor** *n* MECHAN ENG Strömungsförderer *m*; **~ counting** *n* INSTR Durchflußzählung *f*; **~-counting device** *n* INSTR Durchflußzähler *m*; **~ cup** *n* LAB EQUIP *viscosity of liquids* Prüfbecher *m*, PLAS *paints, instrument* Auslaufbecher *m*; **~ diagram** *n* COMP & DP Ablaufdiagramm *nt*; **~ direction** *n* COMP & DP Ablaufrichtung *f*, Strömungsrichtung *f*, Flußrichtung *f*, PROD ENG *plastic valves* Durchflußrichtung *f*; **~ of discharge** *n* HEAT & REFRIG Förderstrom *m*; **~ elbow** *n* IND PROCESS Meßkrümmer *m*; **~ foam wrap** *n* PACK Fließschaumverpackung *f*; **~ of goods** *n* PACK Warenfluß *m*; **~ in channels** *n* FLUID PHYS Kanalströmung *f*; **~ indicator** *n* HEAT & REFRIG Strömungswächter *m*, MECHAN ENG Durchflußanzeiger *m*, Durchlaufanzeiger *m*; **~ in open channels** *n* FLUID PHYS Strömung in offenen Gerinnen *f*, Strömung in offenen Kanälen *f*; **~ in pipes** *n* FLUID PHYS Rohrströmung *f*; **~ instability** *n* FLUID PHYS Strömungsinstabilität *f*; **~ line** *n* COMP & DP Montageband *nt*, PET TECH Feldleitung *f*, PROD ENG Montageband *nt*; **~ lines** *n pl* TELECOM Strömungslinien *f pl*; **~ line temperature** *n* PET TECH Feldleitungstemperatur *f*; **~**

measurement *n* INSTR Durchflußmengenmessung *f*, Strömungsmessung *f*; ~ **nozzle** *n* MECHAN ENG Strömungsdüse *f*; ~ **of oil** *n* PET TECH Ölfluß *m*; ~ **pattern** *n* FLUID PHYS Strömungsmuster *nt*, HEAT & REFRIG Strömungsbild *nt*, WATER SUP Stromlinienbild *nt*, Strömungsbild *nt*; ~ **pipe** *n* HEAT & REFRIG Vorlaufrohr *nt*, HYD EQUIP Abflußrohr *nt*, Strömungsrohr *nt*, MECHAN ENG Durchflußrohr *nt*; ~ **point** *n* CER & GLAS, FLUID PHYS, PET TECH Fließpunkt *m*; ~ **rate** *n* HEAT & REFRIG Durchflußmenge *f*, Durchflußrate *f*, Luftleistung *f*, MECHANICS Durchsatz *m*, PET TECH Durchflußmenge *f*, Durchsatz *m*, PHYS Flußrate *f*, PLAS Durchflußmenge *f*, Fließgeschwindigkeit *f*, Strömungsdurchsatz *m*, WATER SUP Strömungsgeschwindigkeit *f*; ~ **rate controller** *n* MECHAN ENG Durchflußmengenregler *m*; ~ **rate of cooling water** *n* HEAT & REFRIG Kühlwasser-Durchflußmenge *f*, Kühlwasserstrom *m*; ~**-regulating valve** *n* WATER SUP Regelventil *nt*; ~ **resistance** *n* ACOUSTICS, MECHAN ENG Strömungswiderstand *m*; ~ **resistivity** *n* ACOUSTICS längenspezifische Strömungsresistanz *f*, spezifischer Strömungswiderstand *m*; ~ **sheet** *n* COAL TECH Fließschema *nt*, PET TECH Fließdiagramm *nt*, Fließschema *nt*; ~ **speed** *n* FLUID PHYS Strömungsgeschwindigkeit *f*; ~ **spreader** *n* PAPER Querstromverteiler *m*; ~ **stress** *n* PHYS Fließwiderstand *m*; ~ **of stress** *n* PROD ENG Spannungsverlauf *m*; ~ **switch** *n* ELECT Durchflußschalter *m*; ~ **temperature** *n* HEAT & REFRIG Vorlauftemperatur *f*; ~**-through cell** *n* INSTR Durchflußmeßzelle *f*, Durchflußzelle *f*; ~**-through-type cell** *n* INSTR Durchflußmeßzelle *f*, Durchflußzelle *f*; ~**-type heater** *n* HEAT & REFRIG Durchlauferhitzer *m*; ~ **velocity** *n* HEAT & REFRIG Fließgeschwindigkeit *f*, Strömungsgeschwindigkeit *f*; ~ **visualization** *n* FLUID PHYS Strömungssichtbarmachung *f*, Strömungsvisualisierung *f*; ~ **of waste** *n* WASTE Abfallfluß *m*, Abfallstrom *m*; ~ **welding** *n* PROD ENG Fließschweißen *nt*; ~ **wrapping machine** *n* PACK Mengenverpackungsanlage *f*

flow[2] *vi* COMP & DP fließen, FLUID PHYS fließen, strömen, FUELLESS strömen, PHYS, TEXT fließen, WATER TRANS *river, tide* fließen, strömen

flowable: ~ **solids reactor** *n (FSR)* NUC TECH Flüssigmetallreaktor *m (FMR)*

flowchart *n* COMP & DP Ablaufdiagramm *nt*, Fließbild *nt*, Flußdiagramm *nt*, PHYS Arbeitsplan *m*, Flußdiagramm *nt*; ~ **connector** *n* COMP & DP Übergangsstelle *f*; ~ **symbol** *n* COMP & DP Ablaufplansymbol *nt*, Flußdiagrammsymbol *nt*; ~ **text** *n* COMP & DP Flußdiagrammbeschriftung *f*

flowing: ~ **tide** *n* FUELLESS Flutströmung *f*

flowmeter *n* COAL TECH, CONST Durchflußmesser *m*, ELEC ENG Durchflußmeßgerät *nt*, LAB EQUIP, MECHAN ENG, PAPER Durchflußmesser *m*, PET TECH Mengenmeßgerät *nt*, PHYS Durchflußmesser *m*, THERMODYN Durchflußmesser *m*, Durchflußzähler *m*, WATER SUP Durchflußmesser *m*, Flowmeter *m*

fluctuate *vi* ELECT abweichen, schwanken

fluctuating: ~ **bending** *n* PROD ENG Biegeschwellspannung *f*; ~ **bending stress** *n* PROD ENG Biegeschwellspannung *f*; ~ **error** *n* TELEV pulsierender Fehler *m*; ~ **noise** *n* ACOUSTICS fluktuierendes Rauschen *nt*; ~ **stress** *n* METALL Beanspruchungsschwankung *f*

fluctuation *n* ELECT Abweichung *f*, Schwankung *f*

flue *n* CER & GLAS Fuchs *m*, HEAT & REFRIG Flammrohr *nt*, PROD ENG Flammrohr *nt*, Kanal *m*, THERMODYN Heizzug *m*, Kamin *m*, Rauchzug *m*; ~ **boiler** *n* HEAT & REFRIG Flammrohrkessel *m*; ~ **dust** *n* COAL TECH Flugstaub *m*; ~ **gas** *n* HEAT & REFRIG Abgas *nt*, Rauchgas *nt*, PHYS Abgas *nt*, Abzugsgas *nt*, Rauchgas *nt*, POLL Rauchgas *nt*, Verbrennungsgas *nt*, THERMODYN Abgas *nt*, Rauchgas *nt*; ~ **gas analysis** *n* MECHAN ENG Rauchgasanalyse *f*; ~ **gas cleaning installation** *n* SAFETY Abgasreinigungsanlage *f*; ~ **gas desulfurization** *n AmE see flue gas desulphurization BrE* ~ **gas desulfurization installation** *n AmE see flue gas desulphurization installation BrE* ~ **gas desulphurization** *n BrE* POLL Rauchgasentschwefelung *f*; ~ **gas desulphurization installation** *n BrE* SAFETY Rauchgasentschwefelungsanlage *f*; ~ **gas dust collector** *n* HEAT & REFRIG Rauchgasreiniger *m*; ~ **gas preheater** *n* HEAT & REFRIG Rauchgasvorwärmer *m*; ~ **gas scrubber** *n* THERMODYN Rauchgasreiniger *m*; ~ **gas scrubbing** *n* THERMODYN Rauchgasreinigung *f*; ~ **gas test section** *n* HEAT & REFRIG Abgasmeßstrecke *f*; ~ **lining** *n* HEAT & REFRIG Kamineinsatzrohr *nt*; ~ **tube** *n* NUC TECH Abgasrohr *nt*

flueless *adj* HEAT & REFRIG, MECHAN ENG abzugslos

fluence *n* PHYS Fluenz *f*

fluff *n* PAPER Staubflocke *f*

fluid[1] *adj* FLUID PHYS flüssig, POLL Flüssig- *pref*

fluid[2] *n* CHEMISTRY Fluid *nt*, FLUID PHYS, PHYS Flüssigkeit *f*; ~**-bed furnace** *n* NUC TECH Schwebesandglühofen *m*; ~**-catalyst process** *n* CHEM ENG Fließbettverfahren *nt*; ~ **coupling** *n* AUTO *transmission* Flüssigkeitskupplung *f*, Strömungskupplung *f*, hydrodynamische Kupplung *f*, MECHAN ENG Flüssigkeitskupplung *f*; ~ **drive** *n* MECHANICS Fluidantrieb *m*, Flüssigkeitsgetriebe *nt*; ~ **dynamics** *n* FLUID PHYS Strömungslehre *f*, Strömungsmechanik *f*; ~ **engineering** *n* FLUID PHYS Strömungstechnik *f*; ~ **flow** *n* FLUID PHYS Flüssigkeitsströmung *f*, PET TECH Strömung *f*; ~ **friction** *n* HEAT & REFRIG Flüssigkeitsreibung *f*; ~ **inlet** *n* MECHAN ENG Flüssigkeitseinlaß *m*; ~ **mechanics** *n* FLUID PHYS Strömungsmechanik *f*, MECHAN ENG Strömungslehre *f*; ~ **particle** *n* FLUID PHYS Flüssigkeitsteilchen *nt*; ~ **pipeline** *n* MECHAN ENG Flüssigkeitsleitung *f*; ~**-power cylinder** *n* MECHAN ENG Hydrozylinder *m*; ~**-power system** *n* MECHAN ENG Hydrosystem *nt*; ~ **pressure** *n* FLUID PHYS Flüssigkeitsdruck *m*; ~ **technology** *n* PROD ENG Pneumonik *f*; ~ **transmission** *n* MECHAN ENG Strömungsgetriebe *nt*; ~ **waves** *n pl* FLUID PHYS Wellen in Fluiden *f pl*, Wellen in Flüssigkeiten *f pl*

fluidal *adj* MECHAN ENG fluid

fluidic: ~ **device** *n* MECHAN ENG Fluidelement *nt*; ~ **transmission** *n* MECHAN ENG Fluidgetriebe *nt*

fluidics *n* FLUID PHYS Fluidics *f*

fluidify *vt* PAPER verflüssigen

fluidity *n* FLUID PHYS, MECHAN ENG, MECHANICS, PHYS Fließvermögen *nt*, Fluidität *f*; ~ **mold** *n AmE*, ~ **mould** *n BrE* PROD ENG Gießspirale *f*

fluidized: ~ **bed** *n* CHEM ENG Fließbett *nt*, HEAT & REFRIG Wirbelschicht *f*, POLL Fließbett *nt*, Flüssigbett *nt*; ~**-bed coating** *n* PLAS Wirbelsinterverfahren *nt*; ~ **bed coating** *n* CHEM ENG Wirbelsintern *nt*; ~**-bed combustion** *n* POLL Wirbelschichtverbrennung *f*; ~**-bed drier** *n AmE see fluidized-bed dryer BrE* ~ **bed drier** *n AmE see fluidized bed dryer BrE* ~**-bed dryer** *n* CHEM ENG Fließbetttrockner *nt*; ~ **bed dryer** *n BrE* FOOD TECH Wirbelschichttrockner *m*; ~**-bed dryer** *n BrE* HEAT &

REFRIG Wirbelschichttrockner *m*; **~-bed freezing** *n* HEAT & REFRIG Wirbelschichtgefrieren *nt*; **~-bed furnace** *n* CHEM ENG Wirbelschichtofen *m*, Wirbelschichtverbrennunganlage *m*; **~-bed gasification** *n* CHEM ENG Wirbelbettvergasung *f*, Wirbelschichtvergasung *f*; **~-bed incinerator** *n* WASTE Wirbelschichtverbrennungsanlage *f*; **~-bed roasting furnace** *n* CHEM ENG Wirbelschichtröstofen *m*

fluidizer *n* PAPER Verflüssiger *m*

fluids: **~ in rotating systems** *n pl* FLUID PHYS Flüssigkeiten in rotierenden Systemen *f pl*

fluke *n* WATER TRANS *mooring* Ankerflunke *f*, Ankerhand *f*

flume *n* CONST Gerinne *nt*, FUELLESS Ablaufkanal *m*, Gerinne *nt*, WATER SUP Strömungskanal *m*, *artificial open channel* Abflußrinne *f*, Ablaufkanal *m*, *turbine-chamber* Schachtturbinenkammer *f*

fluoaluminate *n* CHEMISTRY Fluoroaluminat *nt*

fluoborate *n* CHEMISTRY fluoroborsaures Salz *nt*

fluoboric *adj* CHEMISTRY Fluorobor- *pref*

fluophosphate *n* CHEMISTRY Fluorophosphat *nt*

fluoranthene *n* CHEMISTRY Fluoranthen *nt*

fluorene *n* CHEMISTRY Fluoren *nt*

fluorenone *n* CHEMISTRY Fluorenon *nt*

fluorescein *n* CHEMISTRY Fluorescein *nt*, Resorcinphthalein *nt*

fluorescence *n* CHEMISTRY, PHYS Fluoreszenz *f*; **~ analysis** *n* PHYS, RAD PHYS, WAVE PHYS Fluoreszenzanalyse *f*; **~ excitation spectrum** *n* PHYS, RAD PHYS, WAVE PHYS Fluoreszenzanregungsspektrum *nt*

fluorescent[1] *adj* CHEMISTRY Fluoreszenz- *pref*, fluoreszierend, PRINT fluoreszierend

fluorescent:[2] **~ discharge tube** *n* RAD PHYS Leuchtstoffröhre *f*; **~ lamp** *n* ELEC ENG Leuchtstofflampe *f*, RAD PHYS Fluoreszenzlampe *f*; **~ lighting** *n* ELEC ENG Neonlicht *nt*, ELECT Neonbeleuchtung *f*; **~ screen** *n* ELECT *oscilloscope, cathode ray tube*, ELECTRON Leuchtschirm *m*, RAD PHYS Fluoreszenzschirm *m*; **~ substance** *n* ELEC ENG, RAD PHYS, TELEV Leuchtstoff *m*; **~ tube** *n* ELECT Leuchtstoffröhre *f*; **~ X-ray spectrometer** *n* RAD PHYS Röntgenfluoreszenz-Spektrometer *nt*

fluoridation *n* CHEMISTRY Fluoridzusatz *m*, Fluoridierung *f*

fluoride *n* CHEMISTRY Fluorid *nt*, flußsaures Salz *nt*; **~ opal glass** *n* CER & GLAS Fluorid-Opalglas *nt*

fluorine *n (F)* CHEMISTRY Fluor *nt (F)*

fluorocarbon: **~ refrigerant** *n* HEAT & REFRIG Fluorkältemittel *nt*; **~ resin** *n* PLAS Fluorkohlenstoff *m*, Fluorpolymer *nt*

fluoroform *n* CHEMISTRY Fluoroform *nt*, Trifluormethan *nt*

fluoroscopy *n* ELEC ENG Durchleuchtung *f*

fluorspar *n* CER & GLAS Flußspat *m*

fluosilicic *adj* CHEMISTRY Fluorkiesel- *pref*

fluosulfonic *adj AmE*, **fluosulphonic** *adj BrE* CHEMISTRY Fluorsulfon-*pref*

flush[1] *adj* CER & GLAS Glatt- *pref*, CONST bündig, eben, MECHAN ENG bündig, PAPER Glatt- *pref*, PRINT bündig, WATER TRANS Glatt- *pref*; **~-mounted** *adj* PROD ENG eben mit der Oberfläche eingebaut; **~-mounting** *adj* ELECT eingelassen

flush[2] *n* WATER SUP Spülung *f*; **~ aerial** *n* AIR TRANS versenkbare Antenne *f*; **~ antenna** *n* TELECOM versenkte Antenne *f*; **~ deck** *n* WATER TRANS *shipbuilding* Glattdeck *nt*; **~ head** *n* PROD ENG Senkkopf *m*; **~-head rivet** *n* MECHAN ENG Senkkopfniet *nt*; **~ instrument** *n* INSTR Einbauinstrument *nt*; **~ joint** *n* PROD ENG bündige Überlappverbindung *f*; **~ lens** *n* PHOTO versenkbare Linse *f*; **~ lifting ring** *n* WATER TRANS *deck fittings* eingelassener Heißring *m*; **~ lock** *n* CONST Kantenschloß *nt*; **~ paragraph** *n* PRINT stumpf beginnender Absatz *m*; **~ plating** *n* WATER TRANS *shipbuilding* Glattbeplattung *f*; **~ rivet** *n* PROD ENG Senkniet *m*; **~ switch** *n* ELECT eingelassener Schalter *m*; **~ wiring** *n* ELECT eingelegte Drähte *m pl*

flush[3] *vt* CONST durchspülen, glätten, MECHAN ENG durchspülen, spülen, PROD ENG abschlacken, bündig machen, einebnen, einfluchten, WATER SUP *with water* ausspülen, durchspülen

flushing *n* MAR POLL Spülung *f*, MECHAN ENG Spülen *nt*, MECHANICS Ausspülen *nt*, Spülung *f*, POLL Spülung *f*, PROD ENG Schlackenabzug *m*, bündiger Stoß *m*, WATER SUP *water-flush drilling* Spülung *f*

flute *n* CER & GLAS Rille *f*, CONST Nut *f*, Riffelung *f*, Rinne *f*, MECHAN ENG Riefe *f*, *groove for chips* Spannut *f*, *of drill* Nut *f*, Spannut *f*, MECHANICS Auskehlung *f*, Rinne *f*, PAPER Welle *f*, SPACE *spacecraft* Bogen *m*; **~ length** *n* MECHAN ENG Spannutlänge *f*; **~ pitch** *n* MECHAN ENG Spannutsteigung *f*; **~ run-out** *n* MECHAN ENG Nutenauslauf *m*

fluted *adj* MECHANICS geriffelt, PAPER gewellt

fluteless *adj* MECHAN ENG *small tools* ohne Spannut

fluter *n* PAPER Riffelwalze *f*

fluting *n* CER & GLAS Riffelung *f*, CONST Nuten *nt*, Riffeln *nt*

flutter *n* ACOUSTICS Gleichlaufschwankung *f*, schnelle Tonhöhenschwankungen *f pl*, AIR TRANS *aerodynamics* Flatter- *pref*, Flatterschwingung *f*, Flattern *nt*, RAD TECH, RECORD Flattern *nt*, TELECOM Gleichlaufschwankung *f*, TELEV Flattern *nt*; **~ echo** *n* ACOUSTICS Flatterecho *nt*, Mehrfachecho *nt*, TELEV schwankendes Echo *nt*; **~ effect** *n* TELEV Flattereffekt *m*; **~ factor** *n* RECORD Flatterfaktor *m*; **~ rate** *n* TELEV Kurzzeitschankungsrate *f*

fluttering: **~ of brightness level** *n* TELEV Helligkeitsschwankung *f*; **~ seat** *n* HYD EQUIP Flattersitz *m*; **~ video level** *n* TELEV Bildflattern *nt*

fluvial: **~ alluvium** *n* WATER SUP fluviales Schwemmland *nt*

flux[1] *n* CER & GLAS Flußmittel *nt*, CONST *welding* Schmelzmittel *nt*, ELEC ENG Flußmittel *nt*, Lötmittel *nt*, magnetischer Fluß *m*, magnetischer Strom *m*, ELECT *magnetism*, MECHANICS Fluß *m*, METALL Flußmittel *nt*, PHYS Fluß *m*, PROD ENG Lötflußmittel *nt*, Lötmittel *nt*, RAD TECH *soldering aid* Flußmittel *nt*; **~ additive** *n* MECHAN ENG Flußmittel *nt*; **~-cored arc welding** *n* CONST Lichtbogenschweißen mit Fülldrahtelektroden *nt*; **~-cored wire** *n* CONST *welding* Draht mit Flußmittelkern *m*; **~ cut by a circuit element** *n* PHYS begrenzter Fluß durch ein Schaltelement *m*; **~ cut by a conductor** *n* PHYS begrenzter Fluß durch einen Leiter *m*; **~ density** *n* ELECT *magnetism*, PHYS Flußdichte *f*; **~-gate magnetometer** *n* ELEC ENG Luftspalt-Magnetometer *nt*; **~ leakage** *n* ELEC ENG magnetische Kraftlinienstreuung *f*; **~ line** *n* ELEC ENG Flußlinie *f*, magnetische Kraftlinie *f*; **~ linkage** *n* ELEC ENG induktive Kopplung *f*, magnetische Flußverkettung *f*; **~ meter** *n* INSTR Flußdichtemeßgerät *nt*, Flußmeter *nt*, Flußmeßgerät *nt*; **~ powder** *n* COAL TECH Flußmittel *nt*; **~ quantum** *n* PHYS Flußquantum *nt*; **~ of radiation** *n* RAD PHYS Strahlungsfluß *m*; ~

through a circuit *n* PHYS Stromfluß im Schaltkreis *m*; **~ valve** *n* AIR TRANS Flußventil *nt*, Strömungsventil *nt*

flux[2] *vt* METALL in Flußmittel tauchen

flux[3] *vi* PROD ENG Flußmittel zusetzen, den Schmelzpunkt herabsetzen

fluxing *n* CONST *welding* Einstreichen mit Flußmittel *nt*, Plastifizieren *nt*, Verflüssigen *nt*

fluxline *n* CER & GLAS Spülkante *f*; **~ attack** *n* CER & GLAS Spülkantenangriff *m*; **~ block** *n* CER & GLAS Bordstein *m*

fluxmeter *n* ELEC ENG Fluxmeter *nt*, ELECT *magnetism* magnetischer Flußmesser *m*, PHYS Flußmeßgerät *nt*

fly:[1] **~ ash** *n* PAPER, POLL Flugasche *f*; **~-by** *n* SPACE Vorbeiflug *m*; **~-by effect** *n* SPACE Vorbeiflugeinwirkung *f*; **~-by point** *n* SPACE Fly-By-Punkt *m*; **~ cutting** *n* MECHAN ENG Schlagfräsen *nt*, Schlagzahnfräsen *nt*; **~ nut** *n* AUTO, CONST, MECHAN ENG Flügelmutter *f*; **~ press** *n* MECHAN ENG Spindelpresse *f*; **~ sheet** *n* PAPER Flugblatt *nt*; **~ shunting** *n* RAIL Abstoßrangierbetrieb *m*, Zugzerlegung durch Abstoß *f*; **~ shuttle** *n* TEXT Schnellschützen *m*; **~ tipping** *n* WASTE ungeordnete Deponie *f*, wilde Müllablagerung *f*

fly:[2] **~ a flag** *vi* WATER TRANS eine Flagge führen, eine Flagge hissen

flyback: **~ blanking** *n* TELEV Rücklaufaustastung *f*; **~ transformer** *n* TELEV Rücklauftransformator *m*

flyer *n* CONST Blockstufe *f*; **~ spinning frame** *n* TEXT Flyer *m*

flyers *n pl* CONST gerader Treppenlauf *m*

flying: **~ arch** *n* CER & GLAS Hängedecke *f*; **~ boat** *n* WATER TRANS Flugboot *nt*; **~ bridge** *n* CONST fliegende Brücke *f*, WATER TRANS Laufbrücke *f*, fliegende Brücke *f*; **~ buttress** *n* CONST einfacher Strebebogen *m*; **~ erase head** *n* TELEV gleitender Löschkopf *m*; **~ sand** *n* CONST Flugsand *m*; **~ scaffold** *n* CONST Hängegerüst *nt*; **~ shore** *n* CONST Hilfsstütze *f*, waagerechte Stiefe *f*; **~ spark** *n* SAFETY Flugfunke *m*; **~ spot** *n* TELEV wandernder Lichtpunkt *m*; **~-spot scanner** *n* RAD TECH, TELEV Lichtpunktabtaster *m*; **~ spot tube scanner** *n* TELEV Lichtpunktröhrenabtaster *m*; **~ test bench** *n* AIR TRANS Anlage zur Flugerprobung *f*, Flugtestanlage *f*

flyover *n BrE (cf skyway AmE)* RAIL Gleisüberführung *f*, TRANS Hochstraße *f*, erhöhte Straße *f*; **~ noise measurement point** *n* AIR TRANS *of aircraft noise* Meßpunkt für Überfluglärm *m*

flyweight *n* MECHAN ENG Fliehgewicht *nt*; **~ tachometer** *n* INSTR Fliehpendeltachometer *nt*

flywheel *n* AUTO *engine* Schwungrad *nt*, HEAT & REFRIG Schwungmasse *f*, Schwungrad *nt*, Schwungring *m*, Schwungscheibe *f*, MECHAN ENG, MECHANICS Schwungrad *nt*; **~ effect** *n* RAD TECH Schwungradeffekt *m*; **~ housing** *n* AUTO *engine* Schwungradgehäuse *nt*; **~ starter ring gear** *n* AUTO *engine* Anlaßzahnkranz *m*, Schwungradzahnkranz *m*, Starterzahnkranz *m*

Fm *(fermium)* CHEMISTRY Fm *(Fermium)*

FM[1] *abbr (frequency modulation)* COMP & DP, ELECTRON, PHYS, RAD TECH, TELECOM FM *(Frequenzmodulation)*

FM:[2] **~ carrier** *n* ELECTRON FM-Träger *m*; **~ modem** *n* ELECTRON FM-Modem *m*; **~ recording** *n* RECORD FM-Aufzeichnung *f*; **~ signal** *n* ELECTRON FM-Signal *nt*; **~ stereo** *n* RECORD FM-Stereophonie *f*

f-number *n* PHOTO *aperture* Blendenwert *m*, *of lens* Lichtstärke *f*, PHYS f-Zahl *f*

foam[1] *n* CER & GLAS, COAL TECH, FOOD TECH, METALL, PAPER Schaum *m*, PLAS Schaum *m*, Schaumstoff *m*, PROD ENG Schaum *m*, TEXT Schaumstoff *m*, THERMODYN *of fire extinguisher* Löschschaum *m*, WATER TRANS Gischt *f*, Schaum *m*; **~ backing** *n* TEXT Schaumstoffkaschierung *f*; **~ blanket** *n* AIR TRANS *fire protection* Schaumdecke *f*; **~ breaker** *n* CHEM ENG Schaumbrecher *m*; **~ carpet** *n* AIR TRANS Schaumteppich *m*; **~ compound** *n* AIR TRANS *as fire protection* asfire protection Schaummittel *nt*; **~ dilution** *n* CHEM ENG Schaumverdünnung *f*; **~ drainage** *n* CHEM ENG Schaumentwässerung *f*; **~ extinguisher** *n* AIR TRANS Schaumfeuerlöscher *m*; **~ extinguishing apparatus** *n* SAFETY Schaumlöschgerät *nt*; **~ fire extinguisher** *n* SAFETY Schaumlöscher *m*; **~ glass** *n* CER & GLAS Schaumglas *nt*; **~ inhibitor** *n* CHEM ENG Schaumverhütungsmittel *nt*; **~-in-place compound** *n* PLAS Ortschaum *m*; **~ layer** *n* SAFETY *forming flameproofing agent* Schaumschicht *f*, TEXT Schaumstoffschicht *f*; **~ line** *n* CER & GLAS Schaumgrenze *f*; **~ mat drying** *n* FOOD TECH Schaumschichttrocknung *f*; **~ packaging and cushioning** *n* PACK Schaumstoffverpackung und -auspolsterung *f*; **~ persistence** *n* CHEM ENG Schaumbeständigkeit *f*; **~ separation** *n* CHEM ENG Schaumabscheiden *nt*; **~ tank** *n* PAPER Schaumtank *m*; **~ vacuum drying** *n* FOOD TECH Vakuumschaumtrocknung *f*

foam[2] *vt* CHEM ENG zum Schäumen bringen, TEXT schäumen

foam[3] *vi* CHEM ENG Schaum bilden, aufschäumen

foamed: **~ glass** *n* CER & GLAS Schaumglas *nt*; **~ rubber** *n* PLAS Schaumgummi *m*

foamer *n* CHEM ENG Schaumbildner *m*

foaming *n* CER & GLAS Schäumen *nt*, CHEM ENG Ausschäumen *nt*, Schaumbildung *f*, PET TECH Schaumbildung *f*; **~ agent** *n* CHEM ENG Blähmittel *nt*, FOOD TECH Schaummittel *nt*, PLAS Treibmittel *nt*; **~ test** *n* AIR TRANS Schaumprüfung *f*

foamy *adj* CHEM ENG schaumartig, schaumbedeckt, TEXT schaumig

fob *abbr (free on board)* PET TECH, WATER TRANS fob *(frei an Bord)*

focal[1] *adj* ELECTRON, PHYS Brenn- *pref*

focal:[2] **~ aperture** *n* PHOTO Blendenöffnung *f*; **~ length** *n* PHOTO, PHYS Brennweite *f*; **~ plane** *n* ELECTRON Brennebene *f*, PHOTO Fokalebene *f*, PHYS Brennebene *f*; **~ plane shutter** *n* PHOTO Schlitzverschluß *m*; **~ point** *n* PHOTO Brennpunkt *m*, Fokus *m*; **~ spot** *n* ELECTRON Brennfleck *m*; **~ time** *n* TELEV Brennzeit *f*

focus:[1] **in ~** *adj* PHOTO fokussiert, scharf eingestellt; **out of ~** *adj* PHOTO unscharf

focus[2] *n* GEOM Brennpunkt *m*, Fokus *m*, PHYS *focal point* Brennpunkt *m*; **out of ~ image** *n* PHOTO unscharfes Bild *nt*; **~ modulation** *n* TELEV Schärfemodulation *f*; **~ servo** *n* OPT Fokus-Servo *m*; **~ setting** *n* PHOTO Fokuseinstellung *f*

focus[3] *vt* ELECTRON fokussieren, scharf einstellen, INSTR, PHOTO fokussieren, PHYS fokussieren, scharf einstellen; **~ for infinity** *vt* PHOTO auf unendlich einstellen

focus[4] *vi* INSTR, PHOTO fokussieren

focused[1] *adj* PHYS fokussiert

focused:[2] **~ beam** *n* PHYS fokussierter Strahl *m*; **~ ion beam** *n* PHYS fokussierter Ionenstrahl *m*

focusing *n* ELECTRON *cathode-ray tube* Fokussierung *f*, *of particle beam* Fokussierung *f*, PHOTO Scharfeinstellung *f*; **~ aid** *n* PHOTO Fokussierhilfe *f*; **~ anode** *n* ELEC ENG Fokussierungsanode *f*; **~ coil** *n* ELEC ENG Fokussierspule *f*, TELEV Bündelungsspule *f*; **~ control** *n* TELEV Schärferegler *m*; **~ electrode** *n* ELEC ENG Fokussierungselektrode *f*, Konzentrationselektrode *f*, elektrostatische Linse *f*, TELEV Bündelungselektrode *f*; **~ knob** *n* PHOTO Fokussierknopf *m*; **~ lamp** *n* ELECT Fokuslampe *f*; **~ magnet** *n* ELEC ENG Fokussiermagnet *m*, SPACE *communications* Fokussierungsmagnet *m*, TELEV Bündelungsmagnet *m*; **~ range** *n* PHOTO Brennweitenbereich *m*; **~ ring** *n* PHOTO Entfernungseinstellring *m*, Entfernungsring *m*; **~ screen** *n* PHOTO Mattscheibe *f*; **~ screen frame** *n* PHOTO Mattscheibenrahmen *m*; **~ stage** *n* PHOTO Fokussieraufsatz *m*

fog *n* PHOTO Schleier *m*, WATER TRANS Nebel *m*; **~ lamp** *n* AUTO, WATER TRANS Nebelleuchte *f*; **~ signal** *n* WATER TRANS Nebelsignal *nt*; **~ warning** *n* WATER TRANS Nebelwarnung *f*

fogging *n* PLAS Fogging *nt*

foghorn *n* ACOUSTICS Schalltrichter *m*, WATER TRANS *navigation* Nebelhorn *nt*

foil *n* COAL TECH, PAPER Folie *f*; **~-backing machine** *n* PACK Folienabpreßmaschine *f*; **~ paper** *n* PAPER Folienpapier *nt*; **~ sealing** *n* PACK Folienversiegelung *f*, Membransiegelung *f*

fold[1] *n* PAPER Falz *m*; **~-over leg** *n* PHOTO *tripod* umklappbares Bein *nt*

fold[2] *vt* MECHAN ENG biegen, PAPER falten, PROD ENG abkanten

foldability *n* PROD ENG Falzbarkeit *f*

foldback *n* RECORD Zurückklappen *nt*

folded: **~-bottom box** *n* PACK Falzbodenkarton *m*; **~ dipole** *n* RAD TECH, TELECOM Faltdipol *m*; **~ material** *n* ENG DRAW Faltgut *nt*; **~ quad** *n* RAD TECH *aerial* Falt-Quad-Antenne *f*

folder *n* PRINT Faltprospekt *m*; **~ unit** *n* PRINT Falzmaschine *f*

folding[1] *adj* AIR TRANS Klapp- *pref*, klappbar, ENG DRAW Falt- *pref*, MECHAN ENG Abkant- *pref*, PACK Falt- *pref*, PHOTO Klapp- *pref*, PROD ENG Abkant- *pref*, Klapp- *pref*, RAD TECH, SPACE Falt- *pref*

folding[2] *n* ELECTRON Faltung *f*, MECHAN ENG Abkanten *nt*, PAPER Falten *nt*, PROD ENG Abkanten *nt*, Falzen *nt*; **~ axis** *n* AIR TRANS *helicopter* Klappachse *f*; **~ bed** *n* SAFETY *first aid* Faltbett *nt*; **~ bicycle** *n* AUTO Klappfahrrad *nt*; **~ blade** *n* AIR TRANS *helicopter* klappbares Luftschraubenblatt *nt*; **~ box** *n* PAPER Faltschachtel *f*; **~ camera** *n* PHOTO Klappkamera *f*; **~ cardboard box** *n* PACK Faltschachtel *f*; **~ cardboard box erecting machine** *n* PACK Kartonagen-Aufrichtmaschine *f*; **~ cardboard box setting machine** *n* PACK Kartonagen-Einrichtmaschine *f*; **~ carton** *n* PACK Faltkarton *m*; **~ door** *n* CONST Falttür *f*, Flügeltür *f*; **~ edge** *n* ENG DRAW Faltkante *f*; **~ machine** *n* MECHAN ENG *for cardboard* Abkantmaschine *f*, Falzmaschine *f*, PROD ENG Abkantmaschine *f*; **~ marks** *n pl* PRINT Falzmarken *f pl*; **~ mode** *n* ENG DRAW Faltart *f*; **~ propeller** *n* WATER TRANS *shipbuilding* Klappflügelpropeller *m*; **~ pylon** *n* AIR TRANS klappbarer Außenlastträger *m*; **~ rollers** *n pl* PRINT Falzwalzen *f pl*; **~ and seaming machine** *n* PACK Falz- und Verschließmaschine *f*; **~ shutter** *n* CONST Fensterladen *m*, Klappladen *m*; **~ sides** *n pl* PACK Seitenklappen *f pl*; **~ staircase** *n* CONST Einschiebtreppe *f*; **~ strength** *n* PACK Falzfestigkeit *f*; **~ table** *n* MECHAN ENG Klapptisch *m*; **~ test** *n* MECHAN ENG, PACK Faltversuch *m*; **~ tripod** *n* PHOTO zusammenschiebbares Stativ *nt*; **~ viewfinder with hood** *n* PHOTO Klappsucher mit Gegenlichtblende *m*; **~-wing aircraft** *n* AIR TRANS Faltflügelflugzeug *nt*, Klappflügelflugzeug *nt*

foliar: **~ surface** *n* POLL Blattoberfläche *f*

folic: **~ acid** *n* FOOD TECH Folsäure *f*

folinic *adj* CHEMISTRY Folin- *pref*

folio *n* PRINT Folio *m*, Folioformat *nt*, *number* Blattziffer *f*, Seitenzahl *f*

follow:[1] **~-on tool** *n* MECHAN ENG Folgewerkzeug *nt*; **~ range** *n* ELECTRON Folgebereich *m*; **~ rest** *n* MECHAN ENG *lathe* mitgehender Setzstock *m*, PROD ENG mitgehende Lünette *f*; **~-up** *n* AIR TRANS *helicopter* Rückführung *f*, Servosteuerungssystem *nt*

follow[2] *vi* MECHAN ENG mitlaufen; **~ the coast** *vi* WATER TRANS an der Küste entlanglaufen

follower *n* COAL TECH Verlängerungsstößel *m*, MECHAN ENG *cam follower* Kurvenrolle *f*, *driven pulley* angetriebene Scheibe *f*, *gearing* angetriebenes Zahnrad *nt*, *of machine tools* Kopierstift *m*, PROD ENG Antriebsglied *nt*, Hubglied *nt*, Tastnase *f*; **~ pin** *n* MECHAN ENG Mitnehmerstift *m*; **~ trainer** *n* PAPER Stößelsteuerung *f*

following: **~ gear** *n* MECHAN ENG Abtriebsrad *nt*; **~ wind** *n* WATER TRANS achterlicher Wind *m*

font *n* COMP & DP Schriftart *f*, PRINT Schrift *f*, Schriftart *f*; **~ change** *n* COMP & DP Schriftartänderung *f*; **~ disk** *n* COMP & DP Schriftartplatte *f*; **~ mold** *n AmE*, **~ mould** *n BrE* CER & GLAS Schmelzgießform *f*

food: **~ additive** *n* FOOD TECH Lebensmittelzusatzstoff *m*; **~ chemistry** *n* FOOD TECH Lebensmittelchemie *f*; **~ color** *n AmE*, **~ colour** *n BrE* FOOD TECH Lebensmittelfarbstoff *m*; **~ freezer** *n* MECHAN ENG Gefriergerät für Lebensmittel *nt*; **~-grade packaging film** *n* PACK lebensmittelgerechte Frischhaltefolienverpackung *f*; **~ inspection** *n* FOOD TECH Lebensmittelüberwachung *f*; **~ packaging** *n* PACK Lebensmittelverpackung *f*; **~ poisoning** *n* FOOD TECH Lebensmittelvergiftung *f*; **~-processing plant** *n* FOOD TECH Lebensmittelverarbeitungsanlage *f*; **~ requirements** *n pl* FOOD TECH Lebensmittelbedarf *m*, Nahrungsbedarf *m*; **~ science** *n* FOOD TECH Lebensmittelwissenschaft *f*; **~ shortage** *n* FOOD TECH Lebensmittelknappheit *f*; **~ surplus** *n* FOOD TECH Lebensmittelüberschuß *m*; **~ tray** *n* PACK Tablett *nt*; **~-wrapping machinery** *n* PACK Lebensmittelverpackungsmaschinen *f pl*

foolscap *n* PRINT Foolscap *nt*

foot *n* CONST Fuß *m*, MECHAN ENG *of machine* Untergestell *nt*, METROL Fuß *m*, *mathematics* Fußpunkt *m*, WATER TRANS *sailing, measurement* Fuß *m*, Unterliek *nt*; **~ boards** *n pl* CER & GLAS Fußhebel *m*; **~ brake** *n* AUTO *brake system* Fußbremse *f*; **~ carrier** *n* CER & GLAS Fußträger *m*; **~ change** *n* AUTO Fußgangschaltung *f*; **~ change lever** *n* AUTO Fußschalthebel *m*; **~-operated control** *n* MECHAN ENG Fußbedienung *f*, Fußbetätigung *f*; **~-operated score** *n* CER & GLAS fußbetriebener Rollenschneider *m*; **~-passenger ferry** *n* WATER TRANS Personenfähre *f*; **~ per second** *n* METROL Fuß pro Sekunde *m*; **~ per second squared** *n* METROL Fuß pro Sekunde-Quadrat *m*; **~ pump** *n* MECHAN ENG Fußpumpe *f*; **~ rest** *n* AUTO *motorcycle* Fußraste *f*; **~ screw** *n* MECHAN ENG Fußschraube *f*; **~ valve** *n* MECHAN ENG Bodenventil *nt*, Fußventil *nt*; **~ wall** *n* CONST Sohle *f*

footbridge *n* RAIL Fußgängerüberführung *f*

footcandle *n* METROL Footcandle *f*; ~ **meter** *n* METROL Beleuchtungsstärkemesser *m*
foothold *n* CONST Auftrittsbreite *f*
footing *n* COAL TECH tragfähiger Boden *m*, CONST Einzelfundament *nt*, Gründung *f*; ~ **block** *n* CONST Fundamentblock *m*
footprint *n* TELEV Platzbedarf *m*
footstep *n* MECHAN ENG *of machine* Standfläche *f*; ~ **bearing** *n* MECHAN ENG Fußlager *nt*
footstock *n* MECHAN ENG *of lathe* Reitstock *m*
forbidden: ~ **band** *n* RAD PHYS *in band theory of solids* verbotenes Band *nt*; ~ **decay mode** *n* RAD PHYS *atomic transition* verbotene Zerfallsart *f*; ~ **energy band** *n* NUC TECH verbotenes Energieband *nt*; ~ **transition** *n* NUC TECH, RAD PHYS *in atomic nucleus* verbotener Übergang *m*
force[1] *n (F)* METALL, PHYS Kraft *f (F)*; ~ **of attraction** *n* PHYS Anziehungskraft *f*; ~**-balance element** *n* INSTR Kraftvergleichsglied *nt*; ~**-balance transducer** *n* ELEC ENG Kraftvergleichsmeßwandler *m*, Kraftvergleichstransducer *m*; ~ **diagram** *n* ENG DRAW Kräfteplan *m*, MECHAN ENG Kräftediagramm *nt*; ~**-feed lubrication** *n* MECHAN ENG Druckumlaufschmierung *f*, PROD ENG Druckschmierung *f*; ~ **fit** *n* MECHAN ENG FS, *gauges* Edelpassung *f*, Festsitz *m*, MECHANICS Klemmsitz *m*, Preßsitz *m*; ~ **of friction** *n* MECHAN ENG Reibungskraft *f*; ~ **of inertia** *n* PHYS Gravitationskraft *f*; ~ **link** *n* AIR TRANS Kraftverbindung *f*; ~ **platform** *n* ERGON Kraftmeßplatte *f*; ~ **pump** *n* WATER SUP Druckpumpe *f*; ~ **of repulsion** *n* PHYS abstoßende Kraft *f*; ~ **sensor** *n* INSTR Kraftmeßfühler *m*, Kraftsensor *m*
force:[2] ~ **on** *vt* MECHAN ENG aufpressen
forced: ~**-air cooling** *n* MECHAN ENG Zwangsluftkühlung *f*; ~**-circulated coolant** *n* HEAT & REFRIG fremdbewegtes Kühlmittel *nt*; ~ **circulation** *n* MECHAN ENG Zwangsumlauf *m*; ~**-circulation boiler** *n* HEAT & REFRIG Zwangsdurchlaufkessel *m*, Zwangsumlaufkessel *m*; ~**-circulation reactor** *n* NUC TECH Zwangsumlaufreaktor *m*; ~ **convection** *n* HEAT & REFRIG Zwangskonvektion *f*, PHYS erzwungene Konvektion *f*; ~**-convection lehr** *n* CER & GLAS Zwangskonvektionskühlofen *m*; ~ **cooling** *n* MECHAN ENG Zwangskühlung *f*; ~ **draft** *n AmE see forced draught BrE* ~**-draft cooling** *n AmE see forced-draught cooling BrE* ~**-draft fan** *n AmE see forced-draught fan BrE* ~ **draught** *n BrE* CONST Saugzug *m*, verstärkter Zug *m*, HEAT & REFRIG Druckzug *m*, künstlicher Zug *m*, MECHAN ENG künstlicher Luftzug *m*, *ventilation* Saugluft *f*; ~**-draught cooling** *n BrE* HEAT & REFRIG Saugluftkühlung *f*; ~**-draught fan** *n BrE* HEAT & REFRIG Drucklüfter *m*, Frischlüfter *m*; ~**-feed lubrication** *n* AUTO Druckumlaufschmierung *f*; ~ **flow** *n* MECHAN ENG Zwangsumlauf *m*; ~ **handoff** *n* TELECOM Zwangsumschaltung *f*; ~ **landing** *n* AIR TRANS Notlandung *f*; ~ **lubrication** *n* HEAT & REFRIG Druckschmierung *f*, Druckumlaufschmierung *f*, MECHAN ENG Zwangsschmierung *f*; ~**-oil cooling** *n* MECHAN ENG Druckölschmierung *f*; ~ **oscillation** *n* ELECTRON, PHYS erzwungene Schwingung *f*; ~ **rerouting** *n* TELECOM beschleunigte Leitwegumlenkung *f*; ~ **ventilation** *n* MECHAN ENG Zwangslüftung *f*; ~**-ventilation motor** *n* ELECT druckbelüfteter Motor *m*, druckgekühlter Motor *m*; ~ **vibration** *n* ACOUSTICS, PHYS erzwungene Schwingung *f*; ~**-water cooling** *n* MECHAN ENG Zwangswasserkühlung *f*
forcing *n* CONST Führung *f*, *tunneling* Vortreiben *nt*; ~ **the points** *n* RAIL Auffahren der Weiche *nt*
fore[1] *adv* WATER TRANS vorn; ~ **and aft** *adv* WATER TRANS längsschiffs
fore:[2] ~**-and-aft cyclic control support** *n* AIR TRANS *helicopter* longitudinale zyklische Steuerungshilfe *f*; ~**-and-aft cyclic stick** *n* AIR TRANS *helicopter* longitudinaler zyklischer Steuerknüppel *m*; ~**-and-aft line** *n* WATER TRANS *ship design* Mittschiffslinie *f*; ~ **edge** *n* PRINT *book* Vorderkante *f*; ~**-running** *n* FOOD TECH Vorlauf *m*; ~ **staysail** *n* WATER TRANS Stagsegel *nt*
fore- *pref* WATER TRANS Vorder- *pref*
forebay *n* HYD EQUIP Reservoir *nt*, Vorbecken *nt*, WATER SUP *headrace* Oberhaupt einer Schleuse *nt*
forecasting *n* COMP & DP, WATER SUP Prognose *f*
forecastle *n* WATER TRANS *shipbuilding* Back *f*
foredeck *n* WATER TRANS Vorderdeck *nt*
forefoot *n* WATER TRANS *shipbuilding* Stevenanlauf *m*
foreground[1] *adj* COMP & DP Vordergrund- *pref*, im Vordergrund
foreground[2] *n* COMP & DP Vordergrund *m*; ~ **job** *n* COMP & DP Vordergrundjob *m*; ~ **processing** *n* COMP & DP Vordergrundverarbeitung *f*; ~ **program** *n* COMP & DP Vordergrundprogramm *nt*
foregrounding *n* COMP & DP Vordergrundverarbeitung *f*
forehearth *n* CER & GLAS, PROD ENG Vorherd *m*; ~ **entrance** *n* CER & GLAS Vorherdeingang *m*
foreign: ~ **body** *n* FOOD TECH Fremdkörper *m*; ~ **cullet** *n* CER & GLAS Fremdscherben *f pl*; ~ **emissions** *n pl* POLL Fremdemissionen *f pl*; ~ **matter** *n* FOOD TECH Fremdstoff *m*; ~ **part drawing** *n* ENG DRAW Fremdteilzeichnung *f*; ~ **source** *n* POLL Fremdquelle *f*
forelock *n* MECHAN ENG Splint *m*, PROD ENG Vorstecker *m*; ~ **bolt** *n* MECHAN ENG Vorsteckbolzen *m*
foreman: ~ **shunter** *n* RAIL Rangierleiter *m*; ~ **switcher** *n AmE* RAIL Rangierleiter *m*
foremast *n* WATER TRANS *sailing* Fockmast *m*
foremelter *n* CER & GLAS Vorschmelzer *m*
forepeak *n* WATER TRANS *shipbuilding* Vorpiek *f*
foreseen: ~ **interruption** *n* TELECOM planmäßige Unterbrechung *f*
foreshortening *n* ENG DRAW Verkürzung *f*
forestay *n* WATER TRANS Fockstag *nt*, Vorstag *nt*; ~ **release lever** *n* WATER TRANS Hebelstrecker *m*
forestry: ~ **research** *n* POLL Forstwirtschaftsforschung *f*
forge:[1] ~ **scale** *n* PROD ENG Hammerschlag *m*, Schmiedezunder *m*; ~ **steel** *n* METALL geschmiedeter Stahl *m*; ~ **welding** *n* CONST Hammerschweißen *nt*, Schmiedeschweißen *nt*, PROD ENG Feuerschweißen *nt*
forge[2] *vt* COATINGS duplizieren, formen, schmieden, PROD ENG hämmern, schmieden, stauchen; ~ **down** *vt* PROD ENG recken
forged[1] *adj* MECHAN ENG, MECHANICS geschmiedet
forged:[2] ~ **steel** *n* MECHAN ENG Schmiedestahl *m*; ~ **wing attachment** *n* AIR TRANS spanlose Tragflügelbefestigung *f*
forging *n* MECHAN ENG Schmieden *nt*, MECHANICS, METALL Schmiedestück *nt*, PLAS Schlagpressen *nt*, Schmieden *nt*, PROD ENG Hämmern *nt*, Schmieden *nt*, Stauchen *nt*; ~ **die** *n* MECHAN ENG Gesenk *nt*, Schmiedegesenk *nt*; ~ **drawing** *n* ENG DRAW Schmiedestückzeichnung *f*; ~ **hammer** *n* MECHAN ENG, PROD ENG Schmiedehammer *m*; ~ **machine** *n* MECHAN ENG Schmiedemaschine *f*; ~ **machine die** *n* PROD ENG Stauchmatrize *f*; ~ **press** *n* PROD ENG Schmiedepresse *f*; ~ **scale** *n* PROD ENG Schmiedezunder *m*

fork *n* AUTO *gearbox, clutch*, CER & GLAS Gabel *f*, MECHAN ENG *of clutch* Ausrückgabel *f*, Gabel *f*; **~ arm** *n* MECHAN ENG Gabelzinke *f*; **~ burst** *n* PROD ENG Zersprühung *f*; **~-end connecting rod** *n* MECHAN ENG Gabelpleuel *nt*; **~ head** *n* MECHAN ENG Gabelkopf *m*; **~ leg** *n* AUTO *motorcycle* Gabelbein *nt*; **~ lever** *n* MECHAN ENG Gabelhebel *m*; **~ oscillator** *n* ELECTRON Stimmgabeloszillator *m*; **~ push rod** *n* AUTO *clutch* Gabelstößel *m*; **~ return spring** *n* AUTO *clutch* Gabelrückholfeder *f*; **~ wrench** *n* MECHAN ENG Gabelschlüssel *m*

forked: **~ connection** *n* ELECT Gabelverbindung *f*, Y-Verbindung *f*; **~ lever** *n* MECHAN ENG Gabelhebel *m*; **~ pipe** *n* CONST Gabelrohr *nt*

forklift *n* AUTO, CONST, PACK Gabelstapler *m*; **~ truck** *n* AUTO, CONST, PACK Gabelstapler *m*

form:[1] **~-molded polystyrene and PET** *n AmE* **form-moulded polystyrene and PET** *BrE* VERPACK formgeschäumtes Polystyrol und PET *nt*

form[2] *n AmE see forme BrE*

form[3] *vt* PROD ENG durchbiegen, kopieren

formal: **~ language** *n* COMP & DP formale Sprache *f*; **~ logic** *n* COMP & DP formale Logik *f*; **~ parameter** *n* COMP & DP formaler Parameter *m*

formaldehyde *n* CHEMISTRY Ameisensäurealdehyd *nt*, Formaldehyd *m*, Methanal *nt*, PLAS *raw material*, TEXT Formaldehyd *m*; **~ sulfoxylate** *n AmE*, **~ sulphoxylate** *n BrE* FOOD TECH Formaldehydsulfoxylat *nt*

formalin *n* CHEMISTRY Formalin *nt*

formamide *n* CHEMISTRY Ameisensäureamid *nt*, Formamid *nt*, Methanamid *nt*

formant *n* ACOUSTICS Formant *m*; **~ vocoder** *n* TELECOM Formant-Vocoder *m*

format[1] *n* COMP & DP, PRINT, TELEV Format *nt*

format[2] *vt* COMP & DP, PRINT formatieren

formate *n* CHEMISTRY Formiat *nt*

formation *n* ACOUSTICS Bildung *f*, AIR TRANS, COAL TECH Formation *f*, MECH Bildung *f*, PAPER Entstehung *f*, Struktur *f*, PET TECH Formation *f*, PHYS, THERMODYN Bildung *f*; **~ of burrs** *n* PROD ENG Gratbildung *f*; **~ energy** *n* METALL Aufbauenergie *f*; **~ evaluation** *n* PET TECH Formationsbewertung *f*; **~ flight** *n* AIR TRANS Formationsflug *m*; **~ fluid** *n* PET TECH Lagerstättenmedium *nt*; **~ of loudness** *n* ACOUSTICS Bildung der Lautheit *f*; **~ of neck** *n* PROD ENG Einschnürung *f*; **~ pressure** *n* PET TECH Formationsdruck *m*, Lagerstättendruck *m*; **~ pressure gradient** *n* PET TECH Formationsdruckgradient *m*; **~ test** *n* PET TECH Formationstest *m*; **~ tester** *n* PAPER Formationstester *m*; **~ water** *n* PET TECH Formationswasser *nt*, Lagerstättenwasser *nt*

formatter *n* COMP & DP Formatierungsprogramm *nt*

formatting *n* TELECOM Formatierung *f*

formazyl *n* CHEMISTRY Formazyl *nt*

forme *n BrE* PRINT Druckform *f*, Form *f*; **~ bed** *n* PRINT Fundament *nt*

formed: **~ circular cutter** *n* PROD ENG Formfräser *m*; **~ cutter** *n* MECHAN ENG Formfräser *m*; **~-milling cutter** *n* MECHAN ENG Formfräser *m*

former *n* CER & GLAS Formscheibe *f*, ELEC ENG Spulenkörper *m*, MECHAN ENG *for bending* Biegeform *f*, PAPER Blattbildungseinheit *f*, Falztrichter *m*, PROD ENG Formholz *nt*, Formstich *m*, Schablone *f*; **~ roller** *n* CER & GLAS Formwalze *f*; **~ winding** *n* CER & GLAS Schablonenwicklung *f*

formic[1] *adj* CHEMISTRY *acid* Ameisensäure- *f*

formic:[2] **~ acid** *n* FOOD TECH, PROD ENG *plastic valves* Ameisensäure *f*

forming *n* CER & GLAS *with sheets* Formen *nt*, MECHAN ENG *of materials* Umformen *nt*, umformende Bearbeitung *f*, *of threads* Formen *nt*, MECHANICS Formen *nt*, METALL Formgebung *f*, PLAS Umformen *nt*, PROD ENG Durchbiegen *nt*, Kopieren *nt*; **~ cutter** *n* MECHAN ENG Formmeißel *m*; **~ die** *n* MECHAN ENG Prägeform *f*, Prägestempel *m*; **~ edge** *n* PROD ENG Biegekante *f*; **~ fabric** *n* PAPER Siebtuch *nt*; **~ lathe** *n* MECHAN ENG Formdrehmaschine *f*; **~ roll** *n* PAPER Egoutteurwalze *f*; **~ shoe** *n* PAPER Formschuh *m*; **~ temperature** *n* PACK Formungstemperatur *f*; **~ tool** *n* MECHAN ENG Formmeißel *m*, Umformwerkzeug *nt*, *of lathe* Formstahl *m*; **~ tool holder** *n* MECHAN ENG *lathe* Formstahlhalter *m*

formula *n* MATH Formel *f*

formulation *n* PLAS Einstellung *f*, Formulierung *f*, Rezeptierung *f*, Zubereitung *f*, Einstellung *f*, Formulierung *f*, Rezeptierung *f*, Rezeptur *f*

formwork *n* CONST Schalung *f*, *concrete* Schalung *f*; **~ oil** *n* CONST Schalöl *nt*

formyl *n* CHEMISTRY Formyl *nt*, Formylgruppe *f*

fortification *n* FOOD TECH Anreicherung *f*

fortified *adj* FOOD TECH angereichert

Fortin: **~ barometer** *n* PHYS Fortinsches Barometer *nt*

forward[1] *adj* INSTR, MECHAN ENG Vorwärts- *pref*, WATER TRANS *ship* Vorder- *pref*

forward[2] *adv* WATER TRANS nach vorn; **~ of the beam** *adv* WATER TRANS vorlicher als dwars, vorlicher als querab

forward:[3] **~ amplifier** *n* ELECTRON Vorwärtsverstärker *m*; **~-backward counter** *n* INSTR, TELEV Vorwärts-Rückwärtszähler *m*; **~ bias** *n* ELEC ENG Durchlaßvorspannung *f*, Vorwärtsvorspannung *f*; **~ chaining** *n* ART INT Vorwärtsverkettung *f*; **~ characteristic** *n* ELECTRON Vorwärtskennlinie *f*; **~-conducting direction** *n* ELECT *semiconductor* Durchgangsrichtung *f*, Vorwärtsrichtung *f*; **~ current** *n* ELEC ENG Durchlaßstrom *m*, Flußstrom *m*, Strom in Durchlaßrichtung *m*, ELECT *semiconductor* Vorwärtsstrom *m*; **~ error correction** *n* COMP & DP, TELECOM Vorwärtsfehlerkorrektur *f*; **~ extrusion** *n* MECHAN ENG Vorwärtsfließpressen *nt*; **~ frame section** *n* SPACE *spacecraft* vorderer Zellenring *m*; **~ motion** *n* MECHAN ENG *of cutting tool* Vorlauf *m*; **~ path** *n* ELEC ENG, IND PROCESS *controlled system* Vorwärtszweig *m*; **~ perpendicular** *n* WATER TRANS *ship design* vorderes Lot *nt*; **~ reference** *n* COMP & DP Verweis nach vorne *m*; **~ release** *n* TELECOM Vorwärtsauslösung *f*; **~ resistance** *n* ELECT *semiconductor* Vorwärtswiderstand *m*; **~ scatter** *n* RAD TECH Vorwärtsstreuung *f*; **~ scattering** *n* RECORD Vorwärtsstreuung *f*; **~ search** *n (cf backward search)* ART INT Suche in Vorwärtsrichtung *f*, Vorwärtssuche *f*; **~ signal** *n* TELECOM Vorwärtszeichen *nt*; **~-stroke interval** *n* TELEV Durchlaßintervall *nt*; **~-swept wing** *n* AIR TRANS nach vorn gepfeilter Flügel *m*; **~ takeoff** *n* AIR TRANS *helicopter* Vorwärtsstart *m*; **~ voltage** *n* PHYS Durchlaßspannung *f*; **~ wave** *n* ELEC ENG hinlaufende Welle *f*, verlaufene Welle *f*

forwarding: **~ agent** *n* TRANS Fuhrunternehmen *nt*, Transportmakler *m*, Spediteur *m*; **~ office** *n* TRANS Speditionsbüro *nt*

fossil: **~ fuel** *n* POLL, THERMODYN fossiler Brennstoff *m*; **~ fuel power station** *n* THERMODYN Kohlekraftwerk *nt*; **~ nuclear reactor** *n* NUC TECH Nuklearreaktor mit fossilem Brennstoff *m*; **~ radiation** *n* SPACE fossile

Strahlung *f*

foto: **~ double cable** *n* ELECT Doppelkabel *nt*, Duplexkabel *nt*

Foucault: **~ pendulum** *n* PHYS Foucault-Pendel *nt*

foul:[1] **~ bottom** *n* WATER TRANS *of ship* bewachsener Schiffsboden *m*, *of water* unreiner Grund *m*; **~ ground** *n* WATER TRANS unreiner Grund *m*; **~ weather gear** *n* WATER TRANS Schlechtwetterausrüstung *f*; **~ wind** *n* WATER TRANS ungünstiger Wind *m*

foul[2] *vt* MAR POLL abbauen, auflösen, zersetzen, WATER TRANS anfahren, bewachsen

foul[3] *vi* WATER TRANS unklar kommen

fouled: **~ anchor** *n* WATER TRANS *mooring* unklarer Anker *m*

fouling *n* WASTE Aufschließen *nt*, Aufschluß *m*, Faulung *f*; **~ factor** *n* HEAT & REFRIG Verschmutzungsgrad *m*

foundation *n* COAL TECH Fundament *nt*, Unterbau *m*, CONST Fundament *nt*, Gründungssohle *f*, Unterbau *m*; **~ block** *n* CONST Einzelfundament *nt*, Fundamentblock *m*; **~ bolt** *n* CONST Fundamentschraube *f*; **~ drawing** *n* ENG DRAW Fundamentzeichnung *f*; **~ plate** *n* CONST Fundamentplatte *f*, PROD ENG Ankerplatte *f*

founder[1] *n* PROD ENG Gießer *m*

founder[2] *vi* WATER TRANS *ship* sinken, untergehen

founding *n* PROD ENG Gießen *nt*, Schmelzen *nt*

foundry *n* COAL TECH Gießerei *f*, PROD ENG Gießerei *f*, Schmelzerei *f*; **~ ladle** *n* PROD ENG Gießpfanne *f*; **~ sand** *n* CONST Gießereisand *m*

foundryman *n* PROD ENG Gießerarbeiter *m*

four :[1] **~-dimensional** *adj (4-D)* PHYS vierdimensional, Vier-D; **~-phase** *adj* ELECTRON Vierphasen-*pref*, vierphasig, TELECOM Vierphasen-*pref*; **~-polar** *adj* ELECT *motor, generator* vierpolig; **~-pole** *adj* ELECT vierpolig; **~-sided** *adj* GEOM mit vier Seiten, vierseitig; **~-wire** *adj* ELEC ENG Vierleiter- *pref*, TELECOM Vierdraht-*pref*

four[2] *n* MATH Vier *f*; **~-barrel carburetor** *n AmE*, **~-barrel carburettor** *n BrE* AUTO Doppelregistervergaser *m*, Vierfachvergaser *m*; **~-centered arch** *n AmE*, **~-centred arch** *n BrE* CONST gedrückter Spitzbogen *m*; **~-channel amplifier** *n* ELECTRON Vierkanal-Verstärker *m*; **~-color process** *n AmE see four-colour process BrE* **~-color process ink** *n AmE see four-colour process ink BrE* **~-color separation** *n AmE see four-colour separation BrE* **~-color theorem** *n AmE see four-colour theorem BrE* **~-colour process** *n BrE* PRINT Vierfarbendruck *m*; **~-colour process ink** *n BrE* PRINT Vierfarbendruckfarbe *f*; **~-colour separation** *n BrE* PRINT Vierfarbenseparation *f*; **~-colour theorem** *n BrE* GEOM Vierfarbentheorem *nt*; **~-concentric-circle near-field template** *n* OPT Nahfeldmaske aus vier konzentrischen Kreisen *f*; **~-concentric-circle refractive index template** *n* OPT Nahfeldmaske aus vier konzentrischen Kreisen *f*; **~-crank mechanism** *n* MECHAN ENG Vierkurbelgetriebe *nt*; **~-cylinder motorcycle** *n* AUTO Vierzylinder-Motorrad *nt*; **~-engine jet aircraft** *n* AIR TRANS Flugzeug mit vier Strahltriebwerken *nt*; **~-factor formula** *n* NUC TECH *reactor formula* Vier-Faktorenformel *f*; **~-frequency duplex telegraphy** *n* TELECOM Vierfrequenz-Duplex-Telegraphie *f*; **~-high mill** *n* PROD ENG Quartowalzwerk *nt*; **~-jaw chuck** *n* MECHAN ENG Vierbackenfutter *nt*; **~-jaw independent chuck** *n* MECHAN ENG Futter mit vier Einzelverstellbacken *nt*; **~-layer diode** *n* ELECTRON Vierschichtdiode *f*; **~-level maser** *n* ELECTRON Vierniveau-Maser *f*; **~-master** *n* WATER TRANS *sailing* Viermaster *m*; **~-party line with selective ringing** *n* TELECOM Viereranschluß *m*; **~-phase modulator** *n* TELECOM Vierphasenmodulator *m*; **~-point support** *n* MECHAN ENG Vierpunktlager *nt*; **~-pole double-throw contacts** *n pl (4 PDT contacts)* ELEC ENG vierpolige Umschaltkontakte *m pl*; **~-pole double-throw relay** *n pl (4 PDT relay)* ELEC ENG vierpoliges Umschaltrelais; **~-pole double-throw switch** *n (4 PDT switch)* ELEC ENG vierpoliger Umschalter *m*; **~-pole filter** *n* ELECTRON Vierpolfilter *nt*; **~-pole generator** *n* ELECT Vierpolgenerator *m*; **~-pole single-throw contacts** *n pl (4 PST contacts)* ELEC ENG vierpolige Ausschaltkontakte *n pl*; **~-pole single-throw relay** *n (4 PST relay)* ELEC ENG vierpoliges Ausschaltrelais *nt*; **~-pole single-throw switch** *n (4 PST switch)* ELEC ENG vierpoliger Ausschalter *m*; **~-quadrant multiplier** *n* ELECTRON Vierquadranten-Multiplizierer *m*; **~-quadrant operation** *n* ELECT *motor, generator* Vierquadrantenbetrieb *m*; **~-sided area** *n* ENG DRAW vierseitige Fläche *f*; **~-sided sketch** *n* PACK vierseitige Skizze *f*; **~-spindle drilling machine** *n* PROD ENG Vierspindelbohrmaschine *f*; **~-star gasoline** *n AmE (cf four-star petrol BrE)* AUTO Super-Ottokraftstoff *m*, Superbenzin *nt*; **~-star petrol** *n BrE (cf four-star gasoline AmE)* AUTO Super-Ottokraftstoff *m*, Superbenzin *nt*; **~-stroke cycle** *n* AUTO *engine* Viertakthub *m*; **~-stroke engine** *n* AUTO Viertaktmotor *m*, MECHAN ENG Viertakter *m*, Viertaktmotor *m*, MECHANICS, WATER TRANS Viertaktmotor *m*; **~-stud tool post** *n* MECHAN ENG Vierfachmeißelhalter *m*; **~-terminal network** *n* ELEC ENG Vierpolschaltung *f*; **~-tool turret** *n* MECHAN ENG *lathe* Vierfachmeißelhalter *m*; **~-track recorder** *n* RECORD vierspuriger Recorder *m*; **~-track recording** *n* RECORD vierspuriges Aufzeichnen *nt*; **~-vector** *n* PHYS Vierervektor *m*; **~-way bit** *n* PET TECH Vierfachmeißelbohrer *m*; **~-way cock** *n* WATER SUP Vierwegehahn *m*; **~-way pallet** *n* PACK Vierwege-Palette *f*; **~-way valve** *n* MECHAN ENG Vierwegeventil *nt*; **~-wheel bogie** *n* RAIL zweiachsiges Drehgestell *nt*; **~-wheel brake system** *n* AUTO Vierradbremsanlage *f*; **~-wheel drive** *n* AUTO Allradantrieb *m*, Vierradantrieb *m*; **~-wheel drive vehicle** *n* AUTO Fahrzeug mit Allradantrieb *nt*; **~-wheeled truck** *n* RAIL Plattformwagen *m*; **~-wing bit** *n* PET TECH Vierflügelbohrmeißel *m*, Vierschneidenbohrmeißel *m*; **~-wire crosspoint** *n* TELECOM Vierdrahtkoppelpunkt *m*; **~-wire repeater** *n* ELECTRON Vierdrahtverstärker *m*; **~-wire switch** *n* TELECOM Vierdrahtdurchschaltung *f*, Vierdrahtvermittlung *f*; **~-wire switching system** *n* TELECOM Vierdraht-Vermittlungssystem *nt*; **~-wire system** *n* ELEC ENG Vierleiteranlage *f*, Vierleiternetz *nt*

4 : **~ PDT contacts** *n (four-pole double-throw contacts)* ELEC ENG vierpolige Umschaltkontakte *m pl*; **~ PDT relay** *n (four-pole double-throw relay)* ELEC ENG vierpoliges Umschaltrelais *nt*; **~ PDT switch** *n (four-pole double-throw switch)* ELEC ENG vierpoliger Umschalter *m*; **~ PST contacts** *n pl (four-pole single-throw contacts)* ELEC ENG vierpolige Ausschaltkontakte *m pl*; **~ PST relay** *n (four-pole single-throw relay)* ELEC ENG vierpoliges Ausschaltrelais *nt*; **~ PST switch** *n (four-pole single-throw switch)* ELEC ENG vierpoliger Ausschalter *m*

4-D: **~ reinforcement** *n* SPACE 4-D Verstärkung *f*

fourdrinier *n* PAPER Langsieb *nt*; **~ paper machine** *n* PAPER Langsiebpapiermaschine *f*

fourfold[1] *adj* AUTO, PHOTO Vierfach- *pref*

fourfold:[2] **~ tripod stand** *n* PHOTO Vierfach-Stativgestell *nt*

Fourier: **~ analysis** *n* ELECTRON, ERGON, MATH, PHYS, TELECOM Fourier-Analyse *f*; **~ integral** *n* PHYS Fourier-Integral *nt*; **~ series** *n* MATH Fourier-Entwicklung *f*, Fouriersche Reihe *f*, PHYS Fourier-Reihe *f*; **~ transform** *n* ELECTRON Fourier-Transformierte *f*, *mathematics* Fourier-Transformation *f*, PHYS Fourier-Transformation *f*; **~ transformation** *n* ELECTRON, PHYS Fourier-Transformation *f*; **~ transform spectroscopy** *n* PHYS Fourier-Transformationsspektroskopie *f*

fourth[1] *adj* MATH vierte, vierter, viertes

fourth[2] *n* ACOUSTICS Quarte *f*, MATH *fraction* Viertel *nt*; **~ dimension** *n* MATH vierte Dimension *f*; **~ generation** *n* COMP & DP vierte Generation *f*; **~ generation computer** *n* COMP & DP Computer der vierten Generation *m*; **~ power law** *n* TELEV Stefan-Boltzmannsches Strahlungsgesetz *nt*, THERMODYN *Stefan's law* Stefan-Boltzmannsches Gesetz *nt*; **~ virial coefficient** *n (D)* THERMODYN vierter Virialkoeffizient *m (D)*

4to *abbr (quarto)* PRINT Quartformat *nt*, Quarto *nt*

FPP *abbr (floating-point processor)* COMP & DP FKP *(Fließkommaprozessor)*

FPS *abbr (fast packet server)* TELECOM FPS *(schnelle Paketvermittlung)*

fR *abbr (resonant frequency)* ACOUSTICS, ELECTRON, TELECOM, WAVE PHYS fR *(Resonanzfrequenz)*

Fr *(francium)* CHEMISTRY Fr *(Francium)*

fractal *n* COMP & DP Fraktal *nt*; **~ geometry** *n* GEOM fraktale Geometrie *f*

fractile *n* QUAL Fraktil *nt*

fraction *n* MATH *number* Bruch *m*, *percentage* Bruchteil *m*, PET TECH Fraktion *f*, Schnitt *m*, PRINT Bruch *m*; **~ defective** *n* QUAL Anteil fehlerhafter Einheiten *m*, Fehleranteil *m*; **~ nonconforming** *n* QUAL Anteil fehlerhafter Einheiten *m*

fractional *n* MATH Bruchzahl *f*, gebrochene Zahl *f*; **~ arithmetic** *n* MATH Bruchrechnen *nt*; **~ distillation** *n* CHEM ENG Fraktionieren *nt*, fraktionierende Destillation *f*, PET TECH fraktionierte Destillation *f*; **~ exponent** *n* MATH gebrochener Exponent *m*; **~ frequency deviation** *n* ELECTRON bruchteilige Frequenzabweichung *f*; **~ horsepower motor** *n* ELEC ENG elektrischer Kleinmotor *m*, ELECT Kleinmotor *m*; **~ part** *n* COMP & DP Bruchteil *m*, Stellen hinter dem Komma *f pl*; **~ pitch** *n* MECHAN ENG Teilschritt *m*; **~ pitch winding** *n* ELEC ENG Sehnenwicklung *f*; **~ slot winding** *n* ELEC ENG Bruchlochwicklung *f*

fractionating: **~ apparatus** *n* CHEM ENG Fraktionierapparat *m*; **~ column** *n* CHEM ENG Fraktionierkolonne *f*; **~ tower** *n* PET TECH Destillationskolonne *f*

fractionation *n* CHEMISTRY *of oils* Fraktionieren *nt*, fraktionierende Destillation *f*, fraktionierte Trennung *f*; **~ column** *n* LAB EQUIP *distillation* Fraktioniersäule *f*, Trennkolonne *f*

fracture *n* FUELLESS Bruchstelle *f*, MECHAN ENG, MECHANICS, METALL Bruch *m*, PROD ENG *plastic valves* Zerbrechen *nt*; **~ behavior** *n AmE*, **~ behaviour** *n BrE* METALL Bruchverhalten *nt*; **~ cone** *n* CER & GLAS Bruchkegel *m*; **~ criterion** *n* METALL Bruchkriterium *nt*; **~ gradient** *n* PET TECH Bruchgradient *m*; **~ mechanics** *n* MECHANICS Bruchmechanik *f*; **~ mechanics test** *n* TEST Bruchmechanikversuch *m*; **~ mirror** *n* CER & GLAS Bruchspiegel *m*; **~ origin** *n* TEST Bruchursprung *m*; **~ pattern** *n* CER & GLAS Bruchmuster *nt*; **~ pressure** *n* PET TECH Bruchdruck *m*; **~ strength** *n* TEST Bruchfestigkeit *f*, Bruchsicherheit *f*; **~ test** *n* MECHAN ENG Bruchversuch *m*; **~ toughness** *n* PLAS Bruchzähigkeit *f*; **~ toughness factor** *n* TEST Bruchzähigkeitsfaktor *m*

fractured: **~ chalk** *n* CONST brüchige Kreide *f*

fracturing *n* PET TECH Bruchbildung *f*, Frac-Behandlung *f*, Zerklüftung *f*

fragile *adj* PACK zerbrechlich

fragment[1] *n* SAFETY *from worn tool* Bruchstück *nt*

fragment[2] *vt* COAL TECH zertrümmern

fragmentation *n* COMP & DP Fragmentierung *f*, Zerstückelung *f*, METALL Zertrümmerung *f*

fragmented: **~ rocks** *n pl* COAL TECH, CONST *geology* Trümmergestein *nt*

frame[1] *n* ART INT *in knowledge representation* Frame *m*, Schema *nt*, AUTO Rahmen *m*, COMP & DP Datenübertragungsblock *m*, Einzelbild *nt*, Rahmen *m*, CONST Gehäuse *nt*, Joch *nt*, Rahmen *m*, Tragwerk *nt*, *door* Rahmen *m*, Zarge *f*, ELEC ENG *electric motor* Stator *m*, *of electronic device* Gehäuse *nt*, ELECTRON Bandsprosse *f*, MECHAN ENG Gestell *nt*, Rahmen *m*, Ständer *m*, MECHANICS Gerüst *nt*, Rahmen *m*, PACK Gestell *nt*, Rahmen *m*, PAPER, PHOTO Rahmen *m*, PRINT *typesetting* Setzpult *nt*, Setzregal *nt*, RAIL Rahmen *m*, Untergestell *nt*, SPACE *aerial* Rahmen *m*, TELECOM Pulsrahmen *m*, Rahmen *m*, Rahmengestell *nt*, TELEV Bild *nt*, TEXT Gestell *nt*, WATER SUP *of sluice-gate* Schleusenrahmen *m*, WATER TRANS *shipbuilding* Spant *m*; **~ aerial** *n* RAD TECH Rahmenantenne *f*; **~ alignment** *n* SPACE *communications* Rahmenausrichtung *f*, TELECOM Rahmengleichlauf *m*, Rahmensynchronisation *f*; **~ angle** *n* WATER TRANS *shipbuilding* Spantwinkel *m*; **~ antenna** *n* RAD TECH Rahmenantenne *f*; **~ bridge** *n* CONST Fachwerkbrücke *f*; **~ by frame** *n* TELEV Einzelbild *nt*; **~-checking sequence** *n (FCS)* TELECOM Blockprüfzeichenfolge *f*; **~ counter** *n* PHOTO Bildzähler *m*; **~ efficiency** *n* SPACE Rahmenwirkungsgrad *m*; **~ error** *n* COMP & DP Rahmenfehler *m*; **~ frequency** *n* TELEV Bildfrequenz *f*; **~ generation** *n* TELECOM Rahmenbildung *f*; **~ grid** *n* ELECTRON Spanngitter *nt*; **~ house** *n* CONST Fachwerkhaus *nt*; **~ length** *n* SPACE *aerial* Rahmenlänge *f*; **~ line** *n* TELEV Bildstrich *m*; **~ marking** *n* TELECOM Rahmenkennung *f*; **~ plan** *n* WATER TRANS *ship design* Bauspantenriß *m*; **~ pulse** *n* TELEV Bildwechselimpuls *m*; **~ rate** *n* TELEV Bildwechselfrequenz *f*; **~ of reference** *n* PHYS Bezugssystem *nt*; **~ saw** *n* MECHAN ENG Gestellsäge *f*; **~ slip** *n* TELEV Bildwechselfrequenzabweichung *f*; **~ spacing** *n* WATER TRANS *shipbuilding* Spantabstand *m*; **~ store** *n* TELEV Bildspeicher *m*; **~ synchronization** *n* SPACE, TELECOM Rahmensynchronisierung *f*; **~ synchronization control** *n* TELEV Bildsynchronisierung *f*; **~ sync pulse** *n* TELEV Bildwechsel-Synchronisierungsimpuls *m*

frame[2] *vt* PHOTO rahmen, WATER TRANS *shipbuilding* bespanten

framed: **~ floor** *n* CONST Doppelfußboden *m*

framework *n* COMP & DP Grundstruktur *f*, CONST Balkenwerk *nt*, Fachwerk *nt*, Tragwerk *nt*, *of a crane* Krangerüst *nt*; **~ wall** *n* CONST Riegelwand *f*

framing *n* CONST Zusammenbau *m*, *partition wall* Umrahmung *f*, TELEV Bildstricheinstellung *f*; **~ control** *n* TELEV Bildsteuerung *f*; **~ mask** *n* TELEV Bildmaske *f*

Francis: **~ turbine** *n* FUELLESS Francis-Turbine *f*

francium *n (Fr)* CHEMISTRY Francium *nt (Fr)*

Franck-Condon: **~ principle** *n* PHYS Franck-Condonsches Prinzip *nt*

Franck-Hertz: ~ **experiment** *n* PHYS Franck-Hertzscher Versuch *m*

frangulin *n* CHEMISTRY Faulbaumbitter *nt*, Frangulin *nt*

fraudulent: ~ **use** *n* TELECOM betrügerische Nutzung *f*

Fraunhofer: ~ **diffraction** *n* PHYS Fraunhofersche Beugungserscheinung *f*; ~ **diffraction pattern** *n* OPT Fraunhofersches Beugungsmuster *nt*; ~ **lines** *n pl* PHYS Fraunhofersche Linien *f pl*; ~ **region** *n* SPACE *communications* Fraunhoferscher Bereich *m*

FRC *abbr (fault reception center AmE, fault reception centre BrE)* TELECOM Störungsannahme *f*

freak *n* CER & GLAS Fleck *m*

free:[1] ~ **alongside ship** *adj (fas)* WATER TRANS *sea trade* frei Längsseite Schiff *(fas)*; ~-**blown** *adj* CER & GLAS frei geblasen; ~ **on board** *adj (fob)* PET TECH, WATER TRANS *sea trade* frei an Bord *(fob)*; ~-**burning** *adj AmE* COAL TECH nicht backend; ~ **of charge** *adj* TELECOM gebührenfrei; ~ **from gas** *adj* THERMODYN entgast, gasfrei; ~ **from sand** *adj* PET TECH sandfrei; ~ **from slag** *adj* THERMODYN schlackenrein; ~ **from wear** *adj* PROD ENG verschleißfrei; **in** ~ **stream** *adj* FLUID PHYS in freier Strömung

free:[2] ~ **on quay** *adv* WATER TRANS *sea trade* frei Kai

free:[3] ~ **acid** *n* CHEMISTRY Säuregrad *m*; ~-**air cone resonance** *n* RECORD Freiluftkegelresonanz *f*; ~-**air crystal oscillator** *n* ELECTRON Freiluftquarzoszillator *m*; ~-**air peak overpressure** *n* AIR TRANS *sonic boom* höchster Außenluftüberdruck *m*; ~-**bar filter** *n* ELECTRON schwingendes Filter *nt*; ~ **beam** *n* CONST freier Träger *m*; ~ **bend test** *n* PROD ENG *welding* Freibiegeversuch *m*; ~ **charge** *n* PHYS freie Ladung *f*; ~ **convection flow** *n* FLUID PHYS freie Konvektionsströmung *f*; ~-**cutting** *n* MECHAN ENG Automaten- *pref*; ~-**cutting brass** *n* MECHAN ENG Automatenmessing *nt*; ~-**cutting steel** *n* MECHAN ENG, METALL Automatenstahl *m*; ~ **drop height** *n* AIR TRANS Abwurfhöhe *f*; ~ **electrical impedance** *n* ACOUSTICS elektrische Eingangsimpedanz *f*; ~ **electrical motional impedance** *n* ACOUSTICS freie elektrische Bewegungsimpedanz *f*; ~ **electron** *n* ELECT, PART PHYS, PHYS freies Elektron *nt*; ~-**electron density** *n* RAD PHYS Dichte der freien Elektronen *f*, freie Elektronendichte *f*; ~ **energy** *n (F)* METALL, PHYS freie Energie *f (F)*; ~ **engine clutch** *n* AUTO Einwegkupplung *f*, Freilaufkupplung *f*; ~ **fall** *n* PACK Freifall *m*; ~-**fall boring** *n* CONST Freifallbohrung *f*; ~-**fall drilling** *n* CONST Freifallbohrung *f*; ~-**falling stamp** *n* CONST Freifallstanze *f*; ~ **field** *n* COMP & DP Freifeld *nt*; ~-**field conditions** *n pl* RECORD Freifeld-Bedingungen *f pl*; ~-**field response** *n* RECORD Freifeld-Übertragungsfaktor *m*; ~-**field room** *n* ERGON schalltoter Raum *m*; ~-**field tension sensitivity** *n* ACOUSTICS Feldübertragungsfaktor *m*; ~-**flow product** *n* PACK fließfähiges Produkt *nt*; ~ **format** *n* COMP & DP freies Format *nt*; ~-**form curve** *n* GEOM Freiformkurve *f*; ~ **grid** *n* ELECTRON *electron tube* offenes Gitter *nt*; ~ **groundwater** *n* WATER SUP freies Grundwasser *nt*; ~ **gyroscope** *n* AIR TRANS kräftefreier Kreisel *m*, SPACE astatischer Kreisel *m*, kräftefreier Kreisel *m*; ~ **heat** *n* THERMODYN freie Wärme *f*; ~ **list** *n* COMP & DP freie Liste *f*; ~ **machine steel** *n* PROD ENG Automatenstahl *m*; ~ **margin** *n* ENG DRAW *on drawing board* Zusatzfläche *f*; ~ **mechanical impedance** *n* ACOUSTICS mechanische Eingangsimpedanz *f*; ~ **motion** *n* PROD ENG Leerlauf *m*; ~ **oscillation** *n* ELECT, ELECTRON, PHYS, PROD ENG freie Schwingung *f*; ~-**piston engine** *n* MECHAN ENG Freikolbenmaschine *f*; ~-**piston gas turbine** *n* MECHAN ENG Freikolbengasturbine *f*; ~ **port** *n* WATER TRANS Freihafen *m*; ~ **pulp** *n* PAPER rösch gemahlener Zellstoff *m*; ~ **radical** *n* FOOD TECH freies Radikal *nt*; ~ **radical reaction** *n* PLAS Radikalreaktion *f*, radikalische Reaktion *f*; ~ **roller sluice gate** *n* FUELLESS freies Walzenwehr *nt*; ~ **rotor** *n* AIR TRANS *helicopter* freier Rotor *m*, freilaufender Rotor *m*; ~-**running frequency** *n* ELECTRON Freischwingfrequenz *f*; ~-**running oscillator** *n* ELECTRON freischwingender Oszillator *m*; ~-**running signal** *n* ELECTRON freilaufendes Signal *nt*; ~ **sound field** *n* ACOUSTICS ebenes Schallfeld *nt*; ~ **source** *n* NUC TECH freie Strahlenquelle *f*; ~ **space basic loss** *n* TELECOM Freiraumgrunddämpfung *f*; ~ **space loss** *n* SPACE *communications* Raumverlust *m*; ~ **space propagation** *n* RAD TECH Freiraumausbreitung *f*; ~ **stream** *n* FLUID PHYS Außenströmung *f*; ~-**stream velocity** *n* FLUID PHYS *outside boundary layer* Geschwindigkeit der Außenströmung *f*; ~ **stream velocity** *n* PHYS Ausströmgeschwindigkeit *f*; ~ **sulfur** *n AmE*, ~ **sulphur** *n BrE* PLAS *rubber* freier Schwefel *m*; ~ **surface** *n* WATER TRANS *ship design* freie Oberfläche *f*; ~ **surface of liquid** *n* PHYS freie Flüssigkeitsoberfläche *f*; ~ **trade** *n* WATER TRANS Freihandel *m*; ~ **travel** *n* AUTO Spiel *nt*; ~ **turbine** *n* AIR TRANS Arbeitsturbine *f*, Nutzleistungsturbine *f*, freifahrende Turbine *f*; ~ **variable** *n (cf bound variable)* ART INT freie Variable *f*; ~ **vibration** *n* ACOUSTICS, PHYS freie Schwingung *f*

free:[4] ~ **from gas** *vt* THERMODYN entgasen

freeboard *n* WATER TRANS *shipbuilding* Freibord *m*; ~ **allowances** *n pl* WATER TRANS *ship design* Freibordzuschlag *m*

Freefone: ~ **number** *n BrE (cf toll-free number AmE)* TELECOM gebührenfreie Rufnummer *f*

freehand: ~ **drawing** *n* ENG DRAW freihändig erstellte Zeichnung *f*; ~ **grinding** *n* MECHAN ENG Freihandschleifen *nt*; ~ **line** *n* ENG DRAW Freihandlinie *f*

freeness *n* PAPER Mahlgrad *m*; ~ **tester** *n* PAPER Mahlgradprüfer *m*; ~ **value** *n* PAPER Mahlgrad *m*

freephone: ~ **number** *n* TELECOM gebührenfreie Nummer *f*

Freephone: ~ **call** *n BrE (cf toll-free call AmE)* TELECOM gebührenfreier Anruf *m*

freestanding *adj* PACK freistehend

freeware: ~ **package** *n* COMP & DP Freeware *f*

freeway *n AmE* TRANS gebührenfreie Schnellstraße *f*

freewheel *n* MECHAN ENG Freilauf *m*; ~ **clutch** *n* MECHAN ENG Freilaufkupplung *f*, Überholkupplung *f*; ~ **and clutch unit** *n* AIR TRANS Freilauf- und Kuppelungseinheit *f*; ~ **mechanism** *n* MECHAN ENG Freilaufvorrichtung *f*, MECHANICS Freilauf *m*

freewheeling: ~ **diode** *n* ELECTRON Freilaufdiode *f*

freeze:[1] ~-**dried** *adj* CHEM ENG, FOOD TECH, HEAT & REFRIG, THERMODYN gefriergetrocknet

freeze:[2] ~-**concentration** *n* HEAT & REFRIG Gefrierkonzentration *f*; ~ **concentration** *n* CHEM ENG Gefrierkonzentration *f*; ~-**dried product** *n* PACK gefriergetrocknetes Produkt *nt*; ~-**drier** *n* CHEM ENG, HEAT & REFRIG Gefriertrockner *m*; ~-**drying** *n* CHEM ENG Gefriertrocknen *nt*, Gefriertrocknung *f*, FOOD TECH Gefriertrocknung *f*, Lyophilisation *f*, HEAT & REFRIG Gefriertrocknung *f*, PACK Gefriertrocknung *f*, Gefriertrocknen *nt*, THERMODYN Gefriertrocknen *nt*; ~ **frame** *n* TELEV Standbild *nt*; ~-**grinding** *n* WASTE

Inchscrap-Verfahren *nt*, Tieftemperaturzerkleinerung *f*; **~-thaw resistance** *n* HEAT & REFRIG Frost-Tau-Beständigkeit *f*; **~-thaw resistant latex** *n* PLAS froststabilisierter Latex *m*; **~-up** *n* THERMODYN Zufrieren *nt*

freeze[3] *vt* CONST *concrete* erhärten, FOOD TECH einfrieren, HEAT & REFRIG gefrieren, tiefkühlen, PAPER einfrieren, PROD ENG ankleben, erstarren, THERMODYN *deep-freeze* tiefkühlen, vereisen; **~-dry** *vt* FOOD TECH, THERMODYN gefriertrocknen

freeze[4] *vi* CONST entfrieren, gefrieren, HEAT & REFRIG einfrieren, sich einfrieren lassen

freezer *n* HEAT & REFRIG Gefriergerät *nt*, Gefriermaschine *f*, Kühlwagen *m*, Tiefkühlgerät *nt*, MECHAN ENG Gefriergerät *nt*, THERMODYN Gefriertruhe *f*; **~ capacity** *n* HEAT & REFRIG Fassungsvermögen *nt*; **~ chain** *n* FOOD TECH Gefrierkette *f*; **~ chest** *n* FOOD TECH Gefriertruhe *f*; **~ compartment** *n* HEAT & REFRIG Gefrierfach *nt*

freezerburn *n* FOOD TECH Gefrierbrand *m*

freezing[1] *adj* FOOD TECH, HEAT & REFRIG Gefrier- *pref*, THERMODYN Gefrier- *pref*, frierend

freezing[2] *n* FOOD TECH Gefrieren *nt*, HEAT & REFRIG Einfrieren *nt*, Gefrieren *nt*, Tiefkühlen *nt*, METALL, PAPER Gefrieren *nt*; **~ curve** *n* METALL Gefrierkurve *f*; **~ medium** *n* HEAT & REFRIG Gefriermittel *nt*, Tiefkühlmittel *nt*; **~ mixture** *n* HEAT & REFRIG Gefriermischung *f*, Kältemischung *f*, THERMODYN Kältemischung *f*; **~ plant** *n* HEAT & REFRIG Gefrieranlage *f*; **~ point** *n* HEAT & REFRIG, PACK, THERMODYN, WATER TRANS Gefrierpunkt *m*; **~ point method** *n* THERMODYN Kryoskopie *f*; **~ process** *n* HEAT & REFRIG Tiefkühlverfahren *nt*; **~ room** *n* HEAT & REFRIG Gefrierraum *m*; **~ trawler** *n* HEAT & REFRIG Tiefkühlfahrzeug *nt*; **~ tunnel** *n* HEAT & REFRIG Gefriertunnel *m*

freight *n* PET TECH Fracht *f*, Ladung *f*; **~ agent** *n* TRANS Befrachtungsagent *m*; **~ barge** *n* WATER TRANS Frachtschiff *nt*; **~ car** *n AmE (cf wagon BrE)* RAIL Eisenbahnwagen *m*, gedeckter Güterwagen *m*; **~ chute** *n AmE (cf goods chute BrE)* RAIL Güterrutsche *f*; **~ depot** *n AmE (cf goods depot BrE)* TRANS Güterbahnhof *m*, Güterschuppen *m*; **~ house** *n AmE (cf warehouse BrE)* RAIL Lagerhaus *nt*; **~ inwards** *n AmE (cf goods inwards BrE)* RAIL Güterannahme *f*; **~ locomotive** *n* RAIL Güterlokomotive *f*; **~ payment** *n* RAIL Frachtzahlung *f*; **~ porter** *n AmE (cf goods porter BrE)* RAIL Güterträger *m*; **~ rate** *n* PACK Frachtkosten *pl*, Frachttarif *m*; **~ shed** *n AmE (cf goods shed BrE)* RAIL Güterboden *m*, Güterschuppen *m*; **~ station** *n AmE (cf goods station BrE)* RAIL Güterbahnhof *m*; **~ terminal** *n* AIR TRANS Air-Terminal für Frachtflugzeuge *m*; **~ ton** *n* METROL Frachttonne *f*; **~ train** *n AmE (cf goods train BrE)* RAIL Güterzug *m*; **~ truck** *n AmE (cf goods lorry BrE)* AUTO Güter-LKW *m*, Güterlastkraftwagen *m*, RAIL Güterwagendrehgestell *nt*, offener Güterwagen *m*; **~ van** *n AmE (cf goods van BrE)* RAIL gedeckter Wagen *m*; **~ yard** *n AmE (cf goods yard BrE)* RAIL Güterbahnhof *m*

freighter *n* AIR TRANS Frachtflugzeug *nt*, WATER TRANS Frachter *m*, Frachtschiff *nt*

freightliner: **~ train** *n* RAIL Containerzug *m*

French[1] *adj* PROD ENG metrisch

French:[2] **~ casement** *n* CONST Fenstertür *f*; **~ embossing** *n* CER & GLAS französische Prägung *f*; **~ roof** *n* CONST Mansardendach *nt*; **~ standard** *n* MECHAN ENG französische Norm *f*; **~ window** *n* CONST Flügelfenster *nt*

frequency:[1] **~-modulated** *adj* ELECTRON frequenzmoduliert

frequency[2] *n (f)* ACOUSTICS, COMP & DP, ELECTRON, PHYS, RAD TECH Frequenz *f*, Periodenzahl *f*, Schwingungszahl *f*, RECORD Frequenz *f*, Periodenzahl *f*, Schwingungszahl *f (f)*;

~ a **~ adjustment** *n* ELECTRON, RAD TECH, TELECOM, TELEV Frequenzabgleich *m*, Frequenzeinstellung *f*; **~ agility** *n* ELECTRON, RAD TECH, TELECOM, TELEV Frequenzagilität *f*; **~ alignment** *n* ELECTRON, RAD TECH, TELECOM, TELEV Frequenzabgleich *m*; **~ allocation** *n* ELECTRON Frequenzzuweisung *f*, RAD TECH *bandplan*, TELECOM Frequenzzuteilung *f*, TELEV Frequenzzuweisung *f*;

~ b **~ band** *n* ACOUSTICS Frequenzbereich *m*, ELECTRON, RAD TECH Frequenzband *nt*, Frequenzbereich *m*, RECORD Frequenzbereich *m*, TELECOM, TELEV Frequenzband *nt*, Frequenzbereich *m*;

~ c **~ calibrator** *n* ELECTRON, TELEV Frequenzeicher *m*; **~ change** *n* ELECTRON Frequenzwechsel *m*; **~ changer** *n* COMP & DP Frequenzumformer *m*, ELECTRON Frequenzwechsler *m*; **~ characteristic** *n* TELECOM Frequenzcharakteristik *f*; **~ compensation** *n* ELECTRON, RECORD Frequenzkompensation *f*, Schwingungsausgleich *m*; **~ component** *n* ELECTRON, RECORD Frequenzkomponente *f*; **~ compressive feedback demodulator** *n* RAD TECH Frequenzdemodulator mit Rückkoppelung *m*; **~ control** *n* ELECTRON, RAD TECH, TELECOM Frequenzregelung *f*; **~ conversion** *n* ELECTRON, RAD TECH, TELECOM Frequenzumsetzung *f*, Frequenzwandlung *f*; **~ converter** *n* ELECTRON, RAD TECH, TELECOM Frequenzumsetzer *m*, Frequenzwandler *m*; **~ corresponding to pitch** *n* ELECTRON, RAD TECH, TELECOM Tonhöhenfrequenz *f*; **~ counter** *n* ELECTRON, RAD TECH, TELECOM Frequenzzähler *m*; **~ coverage** *n* ELECTRON, RAD TECH, TELECOM Frequenzüberdeckung *f*; **~-current converter** *n* ELECTRON, RAD TECH, TELECOM Frequenzstromwandler *m*; **~ cut-off** *n* ELECTRON, RAD TECH, TELECOM Frequenzgrenze *f*;

~ d **~ decoupling** *n* ELECTRON, RAD TECH, TELECOM Frequenzentkoppelung *f*; **~ demodulation** *n* ELECTRON, RAD TECH, TELECOM Frequenzdemodulation *f*; **~ demodulator** *n* ELECTRON, RAD TECH, TELECOM Frequenzdemodulator *m*; **~ density** *n* ELECTRON, RAD TECH, TELECOM Häufigkeitsdichte *f*; **~ departure** *n* ELECTRON, RAD TECH, TELECOM Frequenzversatz *m*; **~ detector** *n* ELECTRON, RAD TECH, TELECOM Frequenzdemodulator *m*; **~ deviation** *n* COMP & DP Frequenzabweichung *f*, ELECTRON, RAD TECH, TELECOM Frequenzhub *m*; **~ difference limen** *n* ELECTRON, RAD TECH, TELECOM Frequenzstufe *f*; **~ displacement** *n* ELECTRON, RAD TECH, TELECOM Frequenzverschiebung *f*; **~ distortion** *n* ELECTRON, RAD TECH, TELECOM Frequenzverzerrung *f*; **~ distribution** *n* COMP & DP, ELECTRON Frequenzverteilung *f*, RAD TECH Häufigkeitsverteilung *f*, TELECOM Frequenzverteilung *f*; **~ diversity** *n* ELECTRON, RAD TECH, TELECOM Frequenzdiversität *f*; **~ divider** *n* ELECT, RAD TECH, TELECOM Frequenzteiler *m*; **~ division multiple access** *n (FDMA)* ELECTRON, RAD TECH, TELECOM Frequenzvielfach-Zugriffsverfahren *nt*; **~ division multiplexing** *n (FDM)* ELECTRON, RAD TECH, TELECOM Frequenzmultiplexverfahren *nt*; **~ division switching system** *n* ELECTRON, RAD TECH, TELECOM frequenzgeteiltes

Vermittlungssystem *nt*; ~ **domain** *n* ACOUSTICS, COMP & DP, ELECTRON, RAD TECH, RECORD, TELECOM Frequenzbereich *m*; ~**-domain signal processing** *n* ELECTRON, RAD TECH, TELECOM Signalverarbeitung auf Frequenzebene *f*; ~ **doubler** *n* ELECTRON, RAD TECH, TELECOM Frequenzverdoppler *m*; ~ **drift** *n* COMP & DP Frequenzverschiebung *f*, ELECTRON Frequenzdrift *f*, TELECOM Frequenzauswanderung *f*, Frequenzdrift *f*;

~ e ~ **of errors** *n* MATH Fehlerhäufigkeit *f*;

~ f ~ **fall-off** *n* ELECTRON, RAD TECH, TELECOM Frequenzabfall *m*;

~ g ~ **gap** *n* ELECTRON, RAD TECH, TELECOM Frequenzlücke *f*; ~ **of gyration** *n* PHYS Umlauffrequenz *f*;

~ h ~ **hopping** *n* ELECTRON, RAD TECH, TELECOM Frequenzsprungverfahren *nt*; ~**-hopping oscillator** *n* ELECTRON, RAD TECH, TELECOM Oszillator im Frequenzsprungverfahren *m*;

~ i ~ **interlace** *n* ELECTRON, RAD TECH, TELECOM Frequenzverschachtelung *f*; ~ **inversion** *n* ELECTRON, RAD TECH, TELECOM Frequenzumkehrung *f*;

~ l ~ **losses** *n pl* ELECTRON, RAD TECH, TELECOM Frequenzverluste *m pl*;

~ m ~**-measuring bridge** *n* INSTR Frequenzmeßbrücke *f*; ~ **meter** *n* ELECTRON, RAD TECH, TELECOM Frequenzmesser *m*; ~ **modulation** *n (FM)* COMP & DP, ELECTRON, PHYS, RAD TECH, TELECOM Frequenzmodulation *f (FM)*; ~ **modulation noise** *n* ELECTRON, RAD TECH, TELECOM Frequenzmodulationsrauschen *nt*; ~ **modulator** *n* ELECTRON, RAD TECH, TELECOM Frequenzmodulator *m*; ~ **monitoring** *n* ELECTRON, RAD TECH, TELECOM Frequenzüberwachung *f*; ~ **multiplication** *n* ELECTRON, RAD TECH, TELECOM Frequenzvervielfachung *f*; ~ **multiplier** *n* ELECTRON, RAD TECH, TELECOM Frequenzvervielfacher *m*; ~ **multiplier klystron** *n* ELECTRON, RAD TECH, TELECOM Frequenzvervielfachungsklystron *nt*;

~ n ~ **noise** *n* ELECTRON, RAD TECH, TELECOM Frequenzrauschen *nt*;

~ o ~ **offset** *n* ELECTRON, RAD TECH, TELECOM Frequenzversatz *m*; ~ **overlap** *n* ELECTRON, RAD TECH, TELECOM Frequenzüberschneidung *f*;

~ p ~ **pitch** *n* ELECTRON, RAD TECH, TELECOM Frequenztonhöhe *f*; ~ **pulling** *n* ELECTRON, RAD TECH, TELECOM Frequenzauswanderung *f*; ~ **pushing** *n* ELECTRON, RAD TECH, TELECOM Frequenzschieben *nt*, Stromverstimmung *f*;

~ r ~ **of radiation** *n* NUC TECH *emitted by atom* Strahlungsfrequenz *f*; ~ **range** *n* ACOUSTICS, COMP & DP, ELECTRON, RAD TECH, RECORD, TELECOM Frequenzbereich *m*; ~ **record** *n* ELECTRON, RAD TECH, TELECOM Frequenzaufnahme *f*; ~ **regulation** *n* ELECTRON, RAD TECH, TELECOM Frequenzregelung *f*; ~ **rejection** *n* ELECTRON, RAD TECH, TELECOM Frequenzunterdrückung *f*; ~ **relay** *n* ELECTRON, RAD TECH, TELECOM Frequenzrelais *nt*; ~ **resolution** *n* ELECTRON, RAD TECH, TELECOM Frequenzauflösung *f*; ~ **response** *n* COMP & DP Frequenzgang *m*, Übertragungsbereich *m*, ELECTRON, RAD TECH, TELECOM, WAVE PHYS Frequenzgang *m*, Frequenzübertragungsverhalten *nt*; ~ **response curve** *n* ELECTRON, RAD TECH, TELECOM Frequenzgangkurve *f*; ~ **response locus** *n* ELECTRON, RAD TECH, TELECOM Ortskurve des Frequenzganges *f*; ~ **retrace** *n* ELECTRON, RAD TECH, TELECOM Frequenzrücklauf *m*; ~ **reuse** *n* ELECTRON, RAD TECH, TELECOM Frequenzwiederbenutzung *f*, Frequenzwiederverwendung *f*;

~ s ~ **scale** *n* ELECTRON, RAD TECH, TELECOM Frequenzskala *f*; ~ **scanner** *n* ELECTRON, RAD TECH, TELECOM frequenzgesteuerte Antenne *f*; ~ **scanning** *n* ELECTRON, RAD TECH, TELECOM Frequenzabtastung *f*, elektronische Abtastung *f*; ~**-selective amplifier** *n* ELECTRON, RAD TECH, TELECOM frequenzselektiver Verstärker *m*; ~**-selective filter** *n* ELECTRON, RAD TECH, TELECOM frequenzselektives Filter *nt*; ~ **selector** *n* ELECTRON, RAD TECH, TELECOM Frequenzwahlschalter *m*; ~**-separating filter** *n* ELECTRON, RAD TECH, TELECOM Frequenzweiche *f*; ~ **separation** *n* ELECTRON, RAD TECH, TELECOM Frequenzabstand *m*; ~ **setting** *n* ELECTRON, RAD TECH, TELECOM, TELEV Frequenzeinstellung *f*; ~ **shift** *n* COMP & DP Frequenzversatz *m*, ELECTRON, RAD TECH, TELECOM Frequenzverschiebung *f*; ~ **shift keying** *n (FSK)* COMP & DP, ELECTRON, RAD TECH, TELECOM Frequenzumtastung *f (FSK)*; ~ **source** *n* ELECTRON, RAD TECH, TELECOM Frequenzquelle *f*; ~ **spectrum** *n* COMP & DP, ELECTRON, RAD TECH, RECORD, TELECOM Frequenzspektrum *nt*; ~ **stabilization** *n* ELECTRON, RAD TECH, TELECOM Frequenzregelung *f*, Frequenzstabilisierung *f*; ~ **standard** *n* ELECTRON, RAD TECH, TELECOM Frequenznormal *nt*; ~ **subband** *n* ELECTRON, RAD TECH, TELECOM Frequenzteilbereich *m*; ~ **sweep** *n* ELECTRON, RAD TECH, TELECOM Frequenzhub *m*, Frequenzwobbelung *f*; ~ **synthesis** *n* ELECTRON, RAD TECH, TELECOM Frequenzsynthese *f*; ~ **synthesizer** *n* ELECTRON, RAD TECH, TELECOM Normalfrequenzgenerator *m*;

~ t ~ **tracking** *n* ELECTRON, RAD TECH, TELECOM Frequenznachführung *f*; ~ **transformer** *n* ELECTRON, RAD TECH, TELECOM Frequenzumformer *m*; ~ **translation** *n* ELECTRON, RAD TECH, TELECOM Frequenzumsetzung *f*; ~ **transposition** *n* ELECTRON, RAD TECH, TELECOM Frequenzumsetzung *f*; ~ **tuning** *n* ELECTRON, RAD TECH, TELECOM Frequenzabstimmung *f*;

~ u ~ **uncertainty band** *n* ELECTRON, RAD TECH, TELECOM Frequenzunsicherheitsband *nt*

fresh[1] *adj* FOOD TECH Frisch- *pref*

fresh:[2] ~ **air** *n* HEAT & REFRIG Frischluft *f*, Zuluft *f*; ~**-air cooling** *n* HEAT & REFRIG Frischluftkühlung *f*; ~ **fuel** *n* NUC TECH frischer Brennstoff *m*; ~ **sludge** *n* WASTE Frischschlamm *m*; ~ **uranium** *n* NUC TECH frischer Uran-Brennstoff *m*

freshwater *n* WASTE Frischwasser *nt*, WATER SUP, WATER TRANS Frischwasser *nt*, Süßwasser *nt*; ~ **condenser** *n* WATER TRANS Frischwassererzeuger *m*; ~ **freeboard** *n* WATER TRANS *ship design* Frischwasserfreibord *m*; ~ **mud** *n* PET TECH Süßwasserbohrschlamm *m*; ~ **stock** *n* WATER SUP Süßwasservorrat *m*

Fresnel: ~ **biprism** *n* PHYS Fresnelsches Biprisma *nt*; ~ **diffraction** *n* PHYS Fresnelsche Beugung *f*; ~ **diffraction pattern** *n* OPT Fresnelsches Beugungsmuster *nt*, TELECOM Fresnelsches Beugungsdiagramm *nt*; ~ **lens** *n* PHOTO, PHYS Fresnelsche Linse *f*; ~ **mirrors** *n pl* PHYS Fresnelscher Spiegel *m*; ~ **reflection** *n* OPT, TELECOM Fresnelsche Reflexion *f*; ~ **reflection method** *n* TELECOM Fresnelsche Reflexionsmethode *f*; ~ **region** *n* TELECOM Fresnelsches Gebiet *nt*; ~ **zone** *n* RAD TECH, TELECOM Fresnelsche Beugungszone *f*, Fresnelsche Zone *f*

Fresnel's: ~ **formulae** *n* PHYS Fresnelsche Gleichungen *f pl*

fret *vt* COATINGS abnutzen, fressen, scheuern
fretting *n* MECHANICS Abnutzung *f*; ~ **corrosion** *n* CHEMISTRY Abriebkorrosion *f*, COATINGS Reibkorrosion *f*; ~ **fatigue** *n* METALL Reibermüdung *f*; ~ **wear** *n* COATINGS Reibabnutzung *f*, Scheuern *nt*
friable *adj* PLAS brüchig, bröckelig, spröde
friction:[1] ~**-glazed** *adj* PAPER friktioniert
friction[2] *n* COAL TECH, COATINGS Reibung *f*, MECHAN ENG Friktion *f*, Reibung *f*, MECHANICS Reibung *f*, PAPER Friktion *f*, Reibung *f*, PHYS, PLAS, SPACE, TELEV, TEXT Reibung *f*; ~ **ball** *n* MECHAN ENG Reibkugel *f*; ~ **brake** *n* AUTO Reibungsbremse *f*, MECHAN ENG Reibbremse *f*, Reibungsbremse *f*; ~ **clutch** *n* AUTO, MECHAN ENG Reibungskupplung *f*; ~ **cone drive** *n* MECHAN ENG Reibkegelantrieb *m*; ~ **coupling** *n* MECHAN ENG Reibungskupplung *f*; ~ **course** *n* CONST Rauhdecke *f*; ~ **damper** *n* AIR TRANS Luftströmungspuffer *m*; ~ **disc** *n BrE* MECHAN ENG Reibscheibe *f*, *of clutch* Kupplungsscheibe *f*; ~ **disk** *n AmE see friction disc BrE* ~ **drag** *n* AIR TRANS Luftströmungswiderstand *m*; ~ **drive** *n* MECHAN ENG Reibgetriebe *nt*, Reibungsantrieb *m*; ~**-driven screw press** *n* PROD ENG Reibspindelpresse *f*; ~ **force** *n* METALL Reibungskraft *f*; ~ **gear** *n* MECHAN ENG Reibradgetriebe *nt*, Reibrädergetriebe *nt*; ~ **gearing** *n* MECHAN ENG Reibradgetriebe *nt*; ~**-glazing calender** *n* PAPER Friktionskalander *m*; ~ **headstock** *n* MECHAN ENG *lathe* Spindelkasten mit Reibungskupplung *m*; ~ **horsepower** *n* PROD ENG Reibungsleistung *f*; ~ **lining** *n* AUTO, PROD ENG Reibbelag *m*; ~ **loss** *n* FUELLESS, MECHAN ENG Reibungsverlust *m*; ~ **material** *n* PROD ENG Reibbelagwerkstoff *m*; ~ **pile** *n* COAL TECH Reibungspfahl *m*, CONST Reibungspfahl *m*, schwimmender Pfahl *m*; ~ **pressure drop** *n* PROD ENG Druckabfall *m*; ~ **reel** *n* PAPER Friktionsrolle *f*; ~ **resistance** *n* MECHAN ENG Reibungswiderstand *m*; ~ **ring** *n* MECHAN ENG Reibring *m*; ~ **screw** *n* MECHAN ENG Reibspindel *f*; ~ **snap-on cap** *n* PACK kraftschlüssiger Schnappverschluß *m*; ~ **spring** *n* MECHAN ENG Friktionsfeder *f*; ~ **stress** *n* METALL Reibspannung *f*; ~**-type bearing** *n* MECHAN ENG Gleitlager *nt*; ~ **welding** *n* CONST Reibungsschweißen *nt*, PROD ENG Reibschweißen *nt*; ~ **wheel** *n* MECHAN ENG Reibrad *nt*; ~ **wheel drive** *n* MECHAN ENG Reibradantrieb *m*
frictional[1] *adj* CONST Reibungs- *pref*, MECHAN ENG Reib- *pref*, reibschlüssig
frictional:[2] ~ **damper** *n* MECHANICS Reibungsdämpfer *m*; ~ **drag** *n* MECHANICS Reibungswiderstand *m*; ~ **electricity** *n* ELECT Reibungselektrizität *f*; ~ **flow** *n* NUC TECH *of pressure vessel* Reibungsfluß *m*; ~ **force** *n* PHYS Reibungskraft *f*; ~ **grip** *n* PROD ENG *kinematics* Reibschluß *m*; ~ **heat** *n* MECHAN ENG, PROD ENG Reibungswärme *f*; ~ **resistance** *n* PROD ENG Reibschluß *m*, Reibungswiderstand *m*, WATER TRANS *ship design* Reibungswiderstand *m*; ~ **torque** *n* SPACE Reibungsdrehmoment *nt*
frictionless *adj* MECHAN ENG, MECHANICS reibungsfrei
Friends: ~ **Of The Earth** *n* POLL Freunde der Erde *m pl*
frigate *n* WATER TRANS *navy* Fregatte *f*
frigger *n* CER & GLAS Scheuerstelle *f*
frigorific: ~ **mixture** *n* MECHAN ENG, THERMODYN Kältemischung *f*
fringe *n* AIR TRANS Randzone *f*, OPT Interferenz *f*, PHYS Rand *m*, Ring *m*, Saum *m*, Streifen *m*; ~ **effect** *n* AIR TRANS Kantenwirkung *f*, Randeffekt *m*, ELEC ENG Randeffekt *m*; ~ **separation** *n* PHYS Streifenabstand *m*
fringes *n* PHYS *of equal optical thickness* Interferenzstreifen *m pl*, *of equal inclination* Streifen *m pl*, TELEV Interferenzstreifen *m pl*
fringing *n* TELEV Streifenbildung *f*
frisket *n* PRINT Handpressenrähmchen *nt*
frit *n* CER & GLAS Fritte *f*
fritted: ~ **glaze** *n* CER & GLAS Frittenglasur *f*
fritting *n* CER & GLAS *of the batch* Fritten *nt*; ~ **zone** *n* CER & GLAS Frittezone *f*
fro: **to and** ~ *adv* MECHAN ENG hin und her
frog: ~**-leg winding** *n* ELEC ENG Froschbeinwicklung *f*
front[1] *n* COMP & DP Front *f*, CONST Sichtfläche *f*, Vorderseite *f*, ENG DRAW Front *f*, MECHAN ENG Vorderseite *f*; ~ **arch** *n* CER & GLAS vordere Hafenöffnung *f*; ~ **axle** *n* AUTO *wheels, transmission*, MECHAN ENG Vorderachse *f*; ~ **clearance** *n* MECHAN ENG *of cutting tool* Stirnschneidenfreiwinkel *m*; ~ **diaphragm** *n* PHOTO Abschlußblende *f*; ~ **element** *n* PHOTO *lens* Feldlinse *f*, Frontlinse *f*, Vorderglied *nt*; ~ **elevation** *n* MECHAN ENG Aufriß *m*; ~ **end** *n* COMP & DP Vorderseite *f*; ~**-end computer** *n* COMP & DP Front-End-Computer *m*; ~**-end loader** *n* MAR POLL Frontschaufellader *m*, Schaufellader *m*; ~**-end processor** *n* TELECOM Datenübertragungsvorrechner *m*, Vorrechner *m*, Vorverarbeitungsprozessor *m*; ~**-end system** *n* COMP & DP Front-End-System *nt*; ~ **engine** *n* AUTO Frontmotor *m*; ~ **focal plane** *n* PHOTO objektseitige Brennebene *f*; ~ **frame** *n* PHOTO Vorderrahmen *m*; ~ **gap** *n* ACOUSTICS Frontspalt *m*, RECORD vorderer Spalt *m*; ~ **lip tile** *n* CER & GLAS Stirnkantenplatte *f*; ~ **matter** *n* PRINT Titelei *f*; ~**-mounted engine** *n* AUTO Frontmotor *m*; ~ **of pack labeler** *n AmE*, ~ **of pack labeller** *n BrE* PACK Etikettiermaschine für Packungsoberseiten *f*; ~ **panel** *n* INSTR Frontplatte *f*, Fronttafel *f*, Vorderplatte *f*, MECHAN ENG Frontplatte *f*; ~ **piston** *n* AUTO vorderer Kolben *m*; ~ **porch switch** *n* TELEV vordere Schwarzschultertastung *f*; ~ **scanning** *n* TELEV Vorderabtastung *f*; ~ **side** *n* PAPER Vorderseite *f*; ~ **standard adjustment** *n* PHOTO Normaleinstellung der Objektivstandarte *f*; ~ **suspension** *n* AUTO Vorderradaufhängung *f*; ~**-to-back ratio** *n* RAD TECH *aerial gain* Vor-Rückverhältnis *nt*; ~ **tweel** *n* CER & GLAS vorderer Verschlußstein *m*; ~ **wall** *n* CER & GLAS Vorderwand *f*; ~**-wall photovoltaic cell** *n* ELEC ENG Vorderwandzelle *f*; ~ **wheel** *n* TRANS Vorderrad *nt*; ~**-wheel alignment** *n* AUTO Vorderradeinstellung *f*; ~**-wheel drive** *n* AUTO Vorderradantrieb *m*; ~ **wheel drive** *n* MECHANICS Frontantrieb *m*
front:[2] ~**-light** *vt* PHOTO von vorn beleuchten
frontal: ~ **area** *n* MECHAN ENG Frontalbereich *m*; ~ **section** *n* ENG DRAW Frontabschnitt *m*
frontispiece *n* PRINT Frontispiz *nt*
frost *n* COAL TECH Frost *m*; ~ **boil** *n* COAL TECH Frostschadstelle *f*; ~**-free level** *n* COAL TECH frostfreie Tiefe *f*; ~ **heave** *n* COAL TECH Frostaufbruch *m*; ~ **limit** *n* COAL TECH Frostgrenze *f*; ~ **penetration depth** *n* COAL TECH Frosteindringtiefe *f*; ~**-preventive agent** *n* PACK Frostschutzmittel *nt*; ~**-resistant soil** *n* COAL TECH frostbeständiger Boden *m*; ~ **susceptibility** *n* COAL TECH Frostanfälligkeit *f*
frosted: ~ **glass** *n* CER & GLAS Mattglas *nt*
frosting *n* CER & GLAS Mattierung *f*, FOOD TECH Glasur *f*, Zuckerguß *m*; ~ **bath** *n* CER & GLAS Mattierungsbad *nt*
froth[1] *n* CER & GLAS, COAL TECH, FOOD TECH, METALL, PAPER, PLAS, PROD ENG, WATER TRANS Schaum *m*; ~ **flotation** *n* CHEM ENG Schaumflotation *f*

froth[2] *vt* PROD ENG aufschäumen

frothing *n* PLAS Aufschäumen *nt*, Schäumen *nt*, PROD ENG Schäumen *nt*

Froude: **~ number** *n (F)* HYD EQUIP, PHYS Froudensche Zahl *f (F)*

frozen[1] *adj* FOOD TECH, HEAT & REFRIG, THERMODYN Gefrier- *pref*

frozen:[2] **~-food cabinet** *n* HEAT & REFRIG Tiefkühlgerät *nt*; **~-food storage room** *n* HEAT & REFRIG Lagerraum für Tiefkühlkost *m*; **~ ground** *n* COAL TECH gefrorener Boden *m*; **~ product** *n* PACK Tiefkühlprodukt *nt*

FRR *abbr (flight readiness review)* SPACE Flugfreigabeüberprüfung *f*

fructosan *n* CHEMISTRY Fructosan *nt*, Lävulosan *nt*

fructose *n* CHEMISTRY Fructose *f*, Lävulose *f*, FOOD TECH Fruchtzucker *m*, Fructose *f*

frustum *n* GEOM *of pyramid*, PROD ENG Stumpf *m*

FSK[1] *abbr (frequency shift keying)* COMP & DP, ELECTRON, RAD TECH, TELECOM FSK *(Frequenzumtastung)*

FSK:[2] **~ modem** *n* ELECTRON FSK-Modem *m*

FSR *abbr (flowable solids reactor)* NUC TECH FMR *(Flüssigmetallreaktor)*

FSTV *abbr (fast-scan television)* TELEV FSTV *(Breitbandfernsehen)*

F2: **~ layer** *n* RAD TECH F2-Schicht *f*

fuchsone *n* CHEMISTRY Fuchson *nt*

fucose *n* CHEMISTRY Fucose *f*

fucosterol *n* CHEMISTRY Fucosterin *nt*

fucoxanthin *n* CHEMISTRY Fucoxanthin *nt*

fuel:[1] **~-costly** *adj* SPACE treibstoffaufwendig; **~-efficient** *adj* SPACE treibstoffsparend, THERMODYN brennstoffsparend

fuel[2] *n* AUTO Benzin *nt*, Dieselkraftstoff *m*, Kraftstoff *m*, Treibstoff *m*, VK, Vergaserkraftstoff *m*, HEAT & REFRIG, MECHAN ENG Brennstoff *m*, NUC TECH *for reactor* Kernbrennstoff *m*, PET TECH VK, SPACE Treibstoff *m*, THERMODYN Brennstoff *m*, VK, WATER TRANS Kraftstoff *m*, Treibstoff *m*; **~-air mixture** *n* THERMODYN Kraftstoffluftgemisch *nt*; **~ assembly** *n* NUC TECH Spaltstoffstruktur *f*; **~ assembly corner rod** *n* NUC TECH Eckstab in Bündelelement *m*; **~ backup pump** *n* SPACE Reservetreibstoffpumpe *f*; **~ cell** *n* ELECT Brennstoffzelle *f*, SPACE Treibstoffzelle *f*, THERMODYN Brennstoffelement *nt*; **~ channel** *n* NUC TECH Brennstoffkanal *m*; **~ charge** *n* NUC TECH Beladung mit Brennmaterial *f*; **~-charging machine** *n* NUC TECH Beladen maschine *f*; **~ cladding** *n* NUC TECH Brennelementhülse *f*, Brennstoffhülse *f*; **~ cock** *n* AIR TRANS Treibstoffhahn *m*, Treibstoffventil *nt*; **~ consumption** *n* AUTO Treibstoffverbrauch *m*; **~ control** *n* AIR TRANS Treibstoffzufuhrsteuerung *f*; **~ control unit** *n* AIR TRANS Treibstoffreglereinheit *f*; **~ coolant heat exchanger** *n* AIR TRANS Treibstoffkühler-Wärmeaustauscher *m*; **~ cooling** *n* THERMODYN Brennstoffkühlung *f*; **~ cross-feed valve** *n* AIR TRANS Treibstoffvorschubventil *nt*; **~ density** *n* NUC TECH Brennstoffdichte *f*; **~ detriment** *n* NUC TECH Brennstoffschäden *m pl*; **~ dumping** *n* SPACE Treibstoffablassen *nt*; **~-dumping system** *n* SPACE Treibstoffablaßsystem *nt*; **~ economy** *n* THERMODYN Brennstoffersparnis *f*; **~ element** *n* MECHAN ENG Brennstoffelement *nt*; **~ filter** *n* AIR TRANS Treibstofffilter *nt*, AUTO, MECHAN ENG Kraftstofffilter *nt*; **~ gage** *n AmE see fuel gauge BrE* **~ gage indicator** *n AmE see fuel gauge indicator BrE* **~ gage transmitter** *n AmE see fuel gauge transmitter BrE* **~-gas cylinder** *n* PROD ENG Brenngasflasche *f*; **~ gauge** *n BrE* AUTO Benzinuhr *f*, Kraftstoffanzeiger *m*; **~ gauge indicator** *n BrE* AIR TRANS Kraftstoffmeßanzeiger *m*; **~ gauge transmitter** *n BrE* AIR TRANS Kraftstoffmeßgeber *m*; **~ grade** *n* AIR TRANS Treibstoffsorte *f*, AUTO Kraftstoffsorte nach Oktanzahl *f*; **~ hose** *n* PLAS Kraftstoffschlauch *m*; **~ indicator** *n* AUTO Benzinuhr *f*, Kraftstoffanzeiger *m*; **~ injection** *n* AUTO, THERMODYN Kraftstoffeinspritzung *f*; **~ injection pump** *n* AUTO Kraftstoffeinspritzpumpe *f*; **~ injector** *n* MECHAN ENG Einspritzaggregat *nt*; **~ inlet valve** *n* AUTO Kraftstoffeinlaßventil *nt*; **~ inventory** *n* NUC TECH Brennstoffinventar *nt*; **~ jet support cover** *n* AIR TRANS Kraftstoffdüsenhalterungabdekkung *f*; **~ jettison** *n* AIR TRANS Treibstoffschnellablaß *m*; **~ level pre-setting controls** *n pl* AIR TRANS Kraftstoffstandsprogrammsteuerung *f*, Treibstoff-Vorratsprogrammsteuerung *f*; **~ level selector** *n* AIR TRANS Treibstoffvorrat-Wahlschalter *m*; **~ level sensor** *n* SPACE Treibstoffstandsensor *m*; **~ level transmitter** *n* AIR TRANS Kraftstoffvorratsübermittler *m*, Treibstoffstandgeber *m*; **~ life** *n* NUC TECH Brennstofflebensdauer *f*; **~ line** *n* AUTO Benzinleitung *f*, Kraftstoffleitung *f*; **~ line duct** *n* SPACE Treibstoffleitungsschacht *m*; **~ load** *n* AIR TRANS Kraftstoffassungsvermögen *nt*, Treibstoffzuladung *f*; **~ mass** *n* SPACE Treibstoffmasse *f*; **~-measuring unit** *n* SPACE Treibstoffmesser *m*; **~ metering** *n* INSTR Brennstoffdosierung *f*, Kraftstoffdosierung *f*; **~ nozzle** *n* AUTO Kraftstoffeinspritzdüse *f*, MECHAN ENG Kraftstoffdüse *f*; **~ oil** *n* CONST, HEAT & REFRIG, PET TECH Heizöl *nt*; **~-oxidizer mixture ratio** *n* SPACE Treibstoff-Oxidant-Mischungsverhältnis *nt*; **~ pressure** *n* SPACE Treibstoffdruck *m*; **~ pump** *n* AIR TRANS Treibstoffpumpe *f*, AUTO Benzinpumpe *f*, Kraftstoffpumpe *f*, MECHAN ENG Kraftstoffpumpe *f*, MECHANICS, SPACE Treibstoffpumpe *f*, WATER TRANS Kraftstoffpumpe *f*; **~ rates** *n pl* NUC TECH Brennstoffzinsen *m pl*; **~ regeneration** *n* NUC TECH Brennstoffauffrischung *f*; **~ reserve** *n* AIR TRANS Treibstoffreserve *f*; **~ rod** *n* NUC TECH Brennstab *m*; **~ shut-off cock** *n* AIR TRANS Treibstoffabsperrhahn *m*; **~ shut-off cock control link** *n* AIR TRANS Treibstoffabsperrhahnsteuerung *f*; **~ system** *n* AIR TRANS, AUTO Treibstoffsystem *nt*, WATER TRANS *propulsion* Kraftstoffanlage *f*; **~ tank** *n* AIR TRANS Treibstofftank *m*, AUTO Benzintank *m*; **~ tanker** *n* TRANS Öltanker *m*; **~ tank selector switch** *n* AIR TRANS Treibstofftankwahlschalter *m*; **~ temperature probe** *n* AIR TRANS Treibstofftemperaturfühler *m*; **~ transfer** *n* AIR TRANS Betankung *f*; **~ transfer table** *n* NUC TECH Brennstoff-Fördertisch *m*; **~ ullage box** *n* AIR TRANS Treibstoffausgleichsbehälter *m*

fuel[3] *vt* THERMODYN feuern

fuel/electric: **~ heating system** *n* HEAT & REFRIG bivalentes Heizystem *nt*

fueling *n AmE*, **fuelling** *n BrE* AIR TRANS, AUTO Betanken *nt*, Treibstoffversorgung *f*, Treibstoffzufuhr *f*

fugacity: **~ of gases** *n* THERMODYN Flüchtigkeit von Gasen *f*

fugitive[1] *adj* PRINT flüchtig

fugitive:[2] **~ emissions** *n pl* POLL *uncontrolled* flüchtige Emissionen *f pl*

fulcrum *n* PHYS Drehpunkt *m*, Gelenkpunkt *m*, Hebelpunkt *m*, PROD ENG Drehachse *f*, Drehpunkt *m*; **~ pin** *n* MECHAN ENG Drehzapfen *m*, Kniegelenkbolzen *m*

fulguration *n* METALL Aufblitzen *nt*

full:[1] **at ~ speed** *adj* TRANS mit Höchstgeschwindigkeit COMP & DP, ELECT, WATER TRANS Voll- *pref*; **~-bound** *adj* PRINT vollgebunden; **~-color** *adj AmE* PRINT vollfarbig (BrE); **~-colour** *adj* PRINT vollfarbig (BrE); **~ and down** *adj* WATER TRANS raumvoll und auf Tiefgang; **~ duration half maximum** *adj (FDHM)* TELECOM Halbwertszeit *f (HWZ)*; **in ~ working order** *adj* MECHAN ENG voll betriebsbereit

full:[2] **~ ahead** *adv* WATER TRANS *engine* äußerste Kraft voraus; **~ astern** *adv* WATER TRANS *engine* äußerste Kraft zurück; **~ and by** *adv* WATER TRANS *sailing* scharf am Winde

full:[3] **~ adder** *n* COMP & DP Volladdierer *m*; **~ annealing** *n* METALL Hochglühen *nt*; **~ aperture** *n* PHOTO offene Blende *f*; **~-aperture metering** *n* PHOTO Offenblendmessung *f*; **~ band** *n* PHYS *solid state material* besetztes Band *nt*; **~ bore** *n* MECHAN ENG volle Bohrung *f*; **~ bridge** *n* ELECT *AC voltmeter, rectifier circuit* Vollwegbrückenschaltung *f*; **~ circle** *n* ENG DRAW, GEOM Vollkreis *m*; **~-custom circuit** *n* ELECTRON Vollkundenschaltung *f*; **~-dredging depth** *n* WATER SUP größtmögliche Schlepptiefe *f*; **~ duplex** *n* COMP & DP Duplex *nt*, RAD TECH *radiotelephony* Duplexbetrieb *m*, Vollduplex *nt*; **~ duration at half maximum** *n* OPT Halbwertsbreite *f*; **~ face mask** *n* SAFETY Kopf- und Gesichtschutz *m*; **~-face type** *n* PRINT vollfette Schrift *f*; **~-floating axle** *n* AUTO Pendelachse *f*, vollfliegende Achse *f*; **~-flow oil filter** *n* AUTO *lubrication* Hauptstromölfilter *nt*, Vollstromölfilter *nt*; **~-frame print** *n* PHOTO Vollbildabzug *m*; **~ gluing** *n* PACK Voll-Leimen *nt*; **~ handle** *n* TEXT fülliger Griff *m*; **~ head of water** *n* HYD EQUIP volle Wasserdruckhöhe *f*; **~-injection turbine** *n* HYD EQUIP Vollinjektionsturbine *f*; **~ lead crystal glass** *n* CER & GLAS Bleikristallglas *nt*; **~ load** *n* ELECT Nennlast *f*, Voll-Last *f*; **~-load configuration** *n* SPACE Voll-Lastkonfiguration *f*; **~-motion videoconferencing** *n* TELECOM Bewegtbild-Videokonferenz *f*; **~-open throttle** *n* AIR TRANS Vollgas *nt*; **~ pipe** *n* HYD EQUIP Vollrohr *nt*, volles Rohr *nt*; **~-pitch diametrical winding** *n* ELEC ENG Durchmesserwicklung *f*; **~-pitch winding** *n* ELECT *coil winding* Ganzpolteilwicklung *f*; **~ point** *n* PRINT Interpunktionspunkt *m*, Punkt *m*; **~ power** *n* WATER TRANS Voll-Last *f*; **~ protection** *n* PAT vollständiger Schutz *m*; **~-range loudspeaker** *n* RECORD Vollbereichslautsprecher *m*; **~ rivet** *n* MECHAN ENG Vollniet *m*; **~ round edge** *n* CER & GLAS volle Rundkante *f*; **~ scale** *n* MECHAN ENG *drawing* Originalmaßstab *m*, volle Größe *f*; **~-scale deflection** *n* RAD TECH Skalenendausschlag *m*; **~-scale point** *n* INSTR Meßbereichsendewert *m*; **~-scale representation** *n* ENG DRAW Naturgröße *f*; **~-scale value** *n* INSTR Skalenendwert *m*; **~ screen editor** *n* COMP & DP Gesamtbildschirmeditor *m*; **~ section** *n* ENG DRAW Vollschnitt *m*; **~-size representation** *n* ENG DRAW Naturgröße *f*; **~ slipper piston** *n* AUTO Gleitschaftkolben *m*, Gleitschuhkolben *m*, Leichtkolben *m*; **~ subtractor** *n* COMP & DP Vollsubtrahierer *m*; **~ thrust** *n* SPACE voller Schub *m*; **~ track** *n* ACOUSTICS, RECORD Vollspur *f*; **~-track recorder** *n* RECORD Vollspur-Aufnahmegerät *nt*; **~-track recording** *n* RECORD Vollspur-Aufnahme *f*; **~ voltage** *n* ELEC ENG Nennspannung *f*; **~-wave rectification** *n* ELEC ENG Doppelweggleichrichten *nt*, Vollweggleichrichten *nt*, ELECT Vollweggleichrichtung *f*; **~-wave rectifier** *n* ELEC ENG Doppelweggleichrichter *m*, Vollweggleichrichter *m*, ELECT Vollweggleichrichter *m*, PHYS Zweiweggleichrichter *m*; **~-way valve** *n* MECHAN ENG Durchgangsventil *nt*; **~ width at half maximum** *n (FWHM)* OPT Halbwertsbreite *f*

fuller *n* MECHAN ENG Streckgesenk *nt*

Fuller-Bonnot: **~ mill** *n* COAL TECH Fuller-Bonnot-Luftstromkegelmühle *f*

Fuller's: **~ chalk** *n* CONST Fullerkreide *f*; **~ earth** *n* CONST Fullererde *f*

fulling *n* TEXT Walken *nt*

fully:[1] **~ meshed** *adj* PROD ENG *kinematics* voll im Eingriff; **~ restricted** *adj* TELECOM nicht amtsberechtigt

fully:[2] **~ automatic diaphragm** *n* PHOTO vollautomatische Blende *f*; **~ automatic lathe** *n* MECHAN ENG Vollautomat *m*; **~ automatic self-adhesive labeling machine** *n AmE*, **~ automatic self-adhesive labelling machine** *n BrE* PACK vollautomatische Etikettiermaschine *f*; **~ automatic stretch-wrapper pack** *n* PACK vollautomatische Streckverpackung *f*; **~ distributed control system** *n* TELECOM vollverteiltes Steuersystem *nt*; **~ drawn yarn** *n* TEXT vollverstrecktes Garn *nt*

fulminate *n* CHEMISTRY Fulminat *nt*

fulminic *adj* CHEMISTRY Knall- *pref*

fulvene *n* CHEMISTRY Fulven *nt*

fumaric *adj* CHEMISTRY Fumar- *pref*

fume *n* SAFETY Ausdünstung *f*; **~ cupboard** *n* LAB EQUIP Abzugsschrank *m*; **~ hood** *n* LAB EQUIP Abzug *m*

fumes *n pl* HEAT & REFRIG, POLL Rauchgase *nt pl*

fumigation *n* POLL Verrauchung der Umwelt *f*

fuming: **~ sulfuric acid** *n AmE*, **~ sulphuric acid** *n BrE* CHEMISTRY Oleum *nt*, rauchende Schwefelsäure *f*

fumivorous *adj* CHEMISTRY rauchverzehrend

function *n* COMP & DP, ELECTRON Funktion *f*, MATH Funktion *f*, PROD ENG *plastic valves* Stellbewegung *f*, QUAL Vorgang *m*; **~ code** *n* COMP & DP Funktionscode *m*; **~ diagram** *n* ENG DRAW Funktionsschema *nt*; **~ digit** *n* COMP & DP Funktionscode *m*; **~ division system** *n* TELECOM System mit Funktionsteilung *nt*; **~-division system architecture** *n* TELECOM Systemarchitektur mit Funktionsteilung *f*; **~ generator** *n* ELECTRON Funktionsgeber *m*; **~ graph** *n* ART INT Funktionsgraph *m*; **~ key** *n* COMP & DP Funktionstaste *f*; **~ plan** *n* ENG DRAW Funktionsplan *m*; **~-related dimensioning** *n* ENG DRAW funktionsbezogene Maßeintragung *f*; **~ selector** *n* ELECT Funktionswähler *m*; **~ of state** *n* PHYS Zustandsfunktion *f*

functional: **~ analysis** *n* MATH Funktionalanalyse *f*; **~ area** *n* COMP & DP Funktionsbereich *m*; **~ block** *n* COMP & DP Funktionsblock *m*; **~ character** *n* COMP & DP Funktionszeichen *nt*, PRINT Steuerzeichen *nt*; **~ design** *n* COMP & DP funktioneller Entwurf *m*, funktionelles Design *nt*; **~ diagram** *n* COMP & DP Funktionsdiagramm *nt*, MECHAN ENG Funktionsplan *m*, Funktionsschema *nt*; **~ hearing loss** *n* ERGON funktioneller Hörverlust *m*; **~ language** *n* COMP & DP funktionale Sprache *f*; **~ test** *n* COMP & DP Funktionsprüfung *f*, QUAL Betriebsprüfung *f*, Funktionsprüfung *f*, TELECOM Funktionskontrolle *f*, TEST Betriebsprüfung *f*; **~ unit** *n* COMP & DP Funktionseinheit *f*

functionally: **~ divided system** *n* TELECOM funktional aufgeteiltes System *nt*; **~ important datum plane** *n* ENG DRAW funktionsbezogene Bezugsebene *f*; **~ significant dimension** *n* ENG DRAW funktionsbedingtes Maß *nt*

fundamental: **~ colors** *n pl AmE*, **~ colours** *n pl BrE* PRINT Grundfarben *f pl*; **~ component** *n* PHYS *vibration* Grundkomponente *f*; **~ concord** *n* ACOUSTICS konsonanter Grundakkord *m*; ~ **force** *n* PART PHYS fundamentale Kraft *f*; ~ **frequency** *n* ELECTRON, RAD TECH, TELECOM Grundfrequenz *f*, Grundschwingung *f*, TELEV Grundfrequenz *f*; ~ **mode** *n* ELEC ENG Grundtyp *m*, Grundwelle *f*, OPT Fundamentalmode *f*, Grundmode *f*, Grundschwingungsmode *f*, PHYS *vibration* Grundschwingung *f*, SPACE Anfangsmodus *m*, Hauptmodus *m*; ~ **tone** *n* ACOUSTICS, WAVE PHYS Grundton *m*; ~ **unit** *n* ELECT, MECHAN ENG Grundeinheit *f*; ~ **vibration mode** *n* ACOUSTICS Grundschwingungsmode *f*; ~ **wave** *n* ACOUSTICS Grundwelle *f*

fungicide *n* CHEMISTRY Antimykotikum *nt*, Fungizid *nt*, PLAS Fungizid *nt*

fungistat *n* FOOD TECH Fungistatikum *nt*

funicular *n* RAIL Standseilbahn *f*; ~ **railroad** *n AmE (cf funicular railway BrE)* RAIL Standseilbahn *f*; ~ **railway** *n BrE (cf funicular railroad AmE)* RAIL Standseilbahn *f*

funnel *n* CER & GLAS, CHEMISTRY *liquid separation* Trichter *m*, CONST Lichtschacht *m*, Lüftungsschacht *m*, Schlot *m*, Schornstein *m*, Trichter *m*, ELECTRON Grundschwingung *f*, Trichter *m*, FOOD TECH, LAB EQUIP Trichter *m*, MECHANICS Rauchfang *m*, Schornstein *m*, Trichter *m*, PROD ENG Trichter *m*; ~ **bonnet** *n* WATER TRANS Schornsteinkragen *m*; ~ **heater** *n* LAB EQUIP Heißwassertrichter *m*; ~ **stand** *n* LAB EQUIP Filtrierstativ *nt*

fur[1] *n* PROD ENG Kesselstein *m*

fur[2] *vt* PROD ENG Kesselstein ansetzen

furan *n* CHEMISTRY Furan *nt*, Furfuran *nt*

furfural *n* PLAS *raw material* Furfural *nt*

furfuraldehyde *n* PLAS *raw material* Furaldehyd *m*

furfuryl *adj* CHEMISTRY Furfuryl- *pref*

furil *n* CHEMISTRY Furil *nt*

furilic *adj* CHEMISTRY Furil- *pref*

furl *vt* WATER TRANS *sailing* auftuchen, festmachen

Furling: ~ **speed** *n* FUELLESS Furling-Geschwindigkeit *f*

furlong *n* METROL Achtelmeile *f*

furnace *n* COATINGS, HEAT & REFRIG, LAB EQUIP Ofen *m*, MECHAN ENG Industrieofen *m*, Ofen *m*, PROD ENG Feuerung *f*, Industrieofen *m*; ~ **black** *n* PLAS Ofenruß *m*; ~ **fill** *n* CER & GLAS Ofenbefüllung *f*; ~ **grate** *n* MECHAN ENG Ofenrost *m*; ~ **lining** *n* MECHAN ENG Ofenauskleidung *f*; ~ **performance** *n* CER & GLAS Ofenleistung *f*; ~ **wall** *n* MECHAN ENG Feuerungswandung *f*, Ofenwand *f*

furnish[1] *n* PAPER Stoffrezeptur *f*; ~ **layer** *n* PAPER Faserstoffschicht *f*

furnish[2] *vt* CONST ausstatten, möblieren

furnishing: ~ **fabric** *n* TEXT Dekorationsstoff *m*

furniture *n* PRINT Stege *m pl*

furring *n* CONST Futterholz *nt*, Gipsputzunterlage *f*, Putzabstandshalter *m*, Unterkonstruktion *f*; ~ **piece** *n* CONST Futterholz *nt*

fusarc: ~ **process** *n* PROD ENG Fusarc-Verfahren *nt*; ~ **welding** *n* PROD ENG Netzmantelelektronenschweißen *nt*

fuse:[1] ~-**protected** *adj* ELEC ENG abgesichert, durch Sicherung geschützt

fuse[2] *n* ELEC ENG, ELECT, RAD TECH, TELEV Sicherung *f*; ~ **array** *n* ELEC ENG Sicherungsanordnung *f*; ~ **base** *n* ELEC ENG Fassung *f*, Sockel *m*, Unterteil *nt*; ~ **box** *n* AUTO *electrical system* Sicherungsfach *nt*, Sicherungskasten *m*, ELEC ENG, ELECT Sicherungskasten *m*; ~ **carrier** *n* ELEC ENG Schraubkopf *m*, Sicherungsgriff *m*; ~ **element** *n* ELEC ENG Schmelzleiter *m*; ~ **holder** *n* ELEC ENG Sicherungsfassung *f*, Sicherungshalter *m*, TELEV Sicherungshalter *m*; ~ **link** *n* ELEC ENG Schmelzeinsatz *m*, Sicherungselement *nt*, ELECT Sicherungseinsatz *m*, Sicherungselement *nt*; ~ **seal sheet** *n* PACK Blisterkarte für Sicherungen *f*; ~ **strip** *n* ELECT Sicherungsleiste *f*, Sicherungsschmelzstreifen *m*; ~ **wire** *n* ELEC ENG, ELECT Schmelzdraht *m*, Sicherungsdraht *m*

fuse[3] *vt* METALL schmelzen, RAD TECH durchbrennen, THERMODYN schmelzen, zum Schmelzen bringen

fuseboard *n* ELEC ENG Sicherungsbrett *nt*, Sicherungstafel *f*

fused[1] *adj* THERMODYN *molten* geschmolzen

fused:[2] ~ **bifocals** *n pl* CER & GLAS verschmolzene Bifokallinsen *f pl*; ~ **bundle** *n* CER & GLAS verschmolzenes Bündel *nt*; ~ **metal** *n* PROD ENG Schmelze *f*; ~ **quartz** *n* OPT geschmolzener Quarz *m*, TELECOM Quarzschmelze *f*; ~ **salt** *n* PROD ENG Salzschmelze *f*; ~ **silica** *n* CER & GLAS Hartglas *nt*, OPT geschmolzenes Silica *nt*, TELECOM geschmolzenes Silikatglas *nt*; ~ **silica window** *n* SPACE Silikatverbundfenster *nt*

fusel: ~ **oil** *n* FOOD TECH Fuselöl *nt*

fuselage *n* AIR TRANS Flugzeugrumpf *m*, Rumpf *m*; ~ **attachment** *n* SPACE *of payload bay doors* Rumpfverbindungsbeschlag *m*; ~ **box** *n* AIR TRANS Flugzeugrumpfkasten *m*; ~ **box beam wall** *n* AIR TRANS Holmenwand des Flugzeugrumpfkastens *f*; ~ **center box** *n AmE*, ~ **centre box** *n BrE* AIR TRANS Flugzeugrumpfmittelkasten *m*; ~ **datum line** *n* AIR TRANS Flugzeugrumpfbasis *f*; ~ **dorsal fin** *n* AIR TRANS Seitenflosse *f*; ~ **ground connection** *n* AIR TRANS Erdung des Flugzeugsrumpfes *f*; ~ **non-pressurized section** *n* AIR TRANS druckloser Abschnitt des Flugzeugrumpfes *m*

fusible[1] *adj* THERMODYN leicht schmelzbar, schmelzflüssig

fusible:[2] ~ **clay** *n* CER & GLAS Schmelzton *m*; ~ **plug for steam boiler** *n* HYD EQUIP Schmelzsicherung für Dampfkessel *f*, Wassermangelsicherung für Dampfkessel *f*

fusing *n* THERMODYN Schmelzen *nt*; ~ **oven** *n* PLAS Schmelzofen *m*; ~ **point** *n* THERMODYN Schmelzpunkt *m*

fusion:[1] ~-**welded** *adj* MECHAN ENG schmelzgeschweißt

fusion[2] *n* COATINGS Schmelzen *nt*, Verbinden *nt*, ERGON, PHYS Fusion *f*, Verschmelzung *f*, PLAS Schmelzen *nt*, PROD ENG *plastic valves* Schweißen *nt*, THERMODYN Schmelzvorgang *m*, Schmelzen *nt*; ~ **casting** *n* CER & GLAS Schmelzformen *nt*; ~ **cone** *n* PROD ENG Segerkegel *m*; ~ **drilling** *n* COAL TECH Schmelzbohren *nt*; ~ **socket** *n* PROD ENG *plastic valves* Schweißmuffe *f*; ~ **spigot** *n* PROD ENG *plastic valves* Schweißstutzen *m*; ~ **splice** *n* OPT Schmelzspleißverbindung *f*, Schmelzverbindung *f*, TELECOM Schmelzspleißung *f*; ~-**welded joint** *n* PROD ENG *plastic valves* Schweißverbindung *f*; ~-**welding** *n* CONST, MECHAN ENG, PROD ENG, THERMODYN Schmelzschweißen *nt*

fuzzy[1] *adj* ART INT unscharf, vage, ELECT unscharf

fuzzy:[2] ~ **image** *n* PHOTO unscharfes Bild *nt*; ~ **logic** *n* ART INT, COMP & DP Fuzzy-Logik *f*, unscharfe Logik *f*; ~ **match** *n* COMP & DP grobe Übereinstimmung *f*; ~ **set** *n* ART INT, COMP & DP mehrwertige Menge *f*, unscharfe Menge *f*

FWHM *abbr (full width at half maximum)* OPT Halbwertsbreite *f*

G

g *abbr* CHEMISTRY *(gram)*, METROL *(gram)* g *(Gramm)*, NUC TECH *(gyromagnetic ratio)* g *(gyromagnetisches Verhältnis)*, PHYS *(gram)* g *(Gramm)*, PHYS *(gyromagnetic ratio)* g *(gyromagnetisches Verhältnis)*, PHYS *(statistical weight)* g *(statistisches Gewicht)*, SPACE *(gravitational acceleration)* g *(Erdbeschleunigung)*

G *abbr* ELECT *(gauss)* G *(Gauβ)*, ELECTRON *(gain)*, ERGON *(gain)* G *(Gewinn)*, MECHAN ENG *(shear modulus)* G *(Schermodul)*, METROL *(giga)* G *(Giga-)*, PHYS *(Gibbs function)* G *(Gibbssche Funktion)*, PHYS *(shear modulus)* G *(Schermodul)*, RAD TECH *(gain)* G *(Gewinn)*, RECORD *(gauss)* G *(Gauβ)*, SPACE *(gain)*, TELECOM *(gain)*, TELEV *(gain)* G *(Gewinn)*, THERMODYN *(Gibbs function)* G *(Gibbssche Funktion)*

Ga *(gallium)* CHEMISTRY Ga *(Gallium)*

GA *abbr (acoustic conductance)* ACOUSTICS AL *(akustischer Leitwert)*

GaAs[1] *abbr (gallium arsenide)* ELECTRON, OPT, PHYS, RAD TECH GaAs *(Galliumarsenid)*

GaAs:[2] **~ laser** *n* PHYS GaAs-Laser *m*

gab *n* HYD EQUIP Gabel *f*, Haken *m*

gabion *n* CONST Kleinzellenfangdamm *m*

gable *n* CONST Giebel *m*; **~ roof** *n* CONST Giebeldach *nt*; **~ wall** *n* CER & GLAS Giebelmauer *f*

Gablonz: **~ glassware** *n* CER & GLAS Gablonzer-Ware *f*

gad *n* PROD ENG Meißel *m*

gadget *n* CER & GLAS Federklemme am Ende des Hefteisens *f*; **~ bag** *n* PHOTO Zubehörtasche *f*

gadolinum *n (Gd)* CHEMISTRY Gadolinium *nt (Gd)*

gaff *n* WATER TRANS *sailing* Gaffel *f*

gaffer *n* CER & GLAS Vorarbeiter *m*

gag *n* NUC TECH *limiting emission* Emissionsbegrenzer *m*

gage[1] *n AmE see gauge BrE*

gage[2] *vt AmE see gauge BrE*

gaged[1] *adj AmE see gauged BrE*

gaged:[2] **~ orifice** *n AmE see gauged orifice BrE* **~ restriction** *n AmE see gauged restriction BrE*

gaging *n AmE see gauging BrE*

gain:[1] **~-controlled** *adj* ELECTRON *laser* gewinngeführt

gain[2] *n* ACOUSTICS Verstärkung *f*, COMP & DP Verstärkungsgrad *m*, ELECT Verstärkung *f*, ELECTRON Verstärkung *f*, *logarithm of gain factor* Verstärkungsmaß *nt*, ELECTRON, ERGON Gewinn *m*, OPT Verstärkung *f*, RAD TECH *aerial* Gewinn *m*, RAD TECH Gewinn *m*, Verstärkung *f*, RECORD Verstärkung *f*, SPACE *communications* Gewinn *m*, Verstärkung *f*, TELECOM Gewinn *m*, Verstärkung *f*, Verstärkungsfaktor *m*, TELEV Gewinn *m*; **~ adjustment** *n* ELECTRON Verstärkungseinstellung *f*; **~ change** *n* ELECTRON Gewinnveränderung *f*, Verstärkungsveränderung *f*, Verstärkungsmaß-Änderung *f*; **~ control** *n* COMP & DP, ELECTRON, RECORD Verstärkungsregelung *f*; **~ crossover frequency** *n* ELECTRON, RAD TECH, TELECOM Durchtrittsfrequenz *f*; **~ curve** *n* ELECTRON Verstärkungskurve *f*; **~ drift** *n* ELECTRON Verstärkungsdrift *f*; **~ droop** *n* ELECTRON Verstärkungsdrift *f*; **~-frequency characteristic** *n* ELECTRON, RAD TECH, TELECOM Frequenzkennlinie *f*; **~ function** *n* ELECTRON Antennengewinnfunktion *f*; **~ measurement** *n* INSTR Verstärkungsmessung *f*; **~ pumping** *n* RECORD Verstärkungspumpen *nt*; **~ setting** *n* ELECTRON Verstärkungseinstellung *f*; **~-to-noise temperature ratio** *n (G/t)* SPACE Verhältnis Gewinn zu Rauschtemperatur *nt*; **~ trimming** *n* ELECTRON Verstärkungsabgleich *m*; **~ weighting factor** *n* ELECTRON Verstärkungs-Gewichtungsfaktor *m*

gaining: **~ stream** *n* WATER SUP gewinnender Strom *m*

gaiters *n pl* SAFETY Gamaschen *f pl*; **~ and footwear protection** *n* SAFETY *against burns* Gamaschen und Schuhschutz *f pl*

galactan *n* CHEMISTRY Galactan *nt*, Galactosan *nt*

galactic: **~ cloud** *n* SPACE galaktische Wolke *f*; **~ latitude** *n (b)* SPACE Raumbreite *f (b)*

galactonic *adj* CHEMISTRY Galacton- *pref*

galactosamine *n* CHEMISTRY Galactosamin *nt*

galactose *n* FOOD TECH Galaktose *f*

galaxy: **~ cluster** *n* SPACE Galaxienhaufen *m*

Galilean: **~ frame** *n* PHYS Galileisches Bezugssystem *nt*; **~ telescope** *n* PHYS Galileisches Fernrohr *nt*, Galileisches Teleskop *nt*; **~ transformation** *n* FLUID PHYS, PHYS Galileische Transformation *f*

gall *n* CER & GLAS Galle *f*

gallate *n* CHEMISTRY Gallat *nt*

gallein *n* CHEMISTRY Alizarinviolett *nt*, Gallein *nt*, Pyrogallolphthalein *nt*

gallery *n* NUC TECH Laufgang *m*, Umgang *m*

galley *n* AIR TRANS Bordküche *f*, PRINT Fahnenabzug *m*, Spaltenabzug *m*, *typesetting* Schiff *nt*, Setzschiff *nt*, WATER TRANS Kombüse *f*, Schiffsküche *f*; **~ furnishings** *n pl* AIR TRANS, WATER TRANS Kombüsenausstattung *f*; **~ proof** *n* PRINT Fahnenabzug *m*, Spaltenabzug *m*

gallic: **~ acid** *n* CHEMISTRY Gallussäure *f*

galling *n* MECHAN ENG *chafing* Reiben *nt*, Scheuern *nt*, NUC TECH *of material* Abrieb *m*, Verschleiß *m*, PROD ENG Festfressen *nt*, Scheuern *nt*; **~ mark** *n* PROD ENG Reibspur *f*

gallium *n (Ga)* CHEMISTRY Gallium *nt (Ga)*; **~ arsenide** *n (GaAs)* ELECTRON, OPT, PHYS, RAD TECH Galliumarsenid *nt (GaAs)*; **~ arsenide chip** *n* ELECTRON Galliumarsenid-Chip *m*; **~ arsenide diode** *n* ELECTRON Galliumarsenid-Diode *f*; **~ arsenide laser** *n* RAD PHYS Galliumarsenid-Laser *m*; **~ arsenide logic** *n* ELECTRON Galliumarsenid-Logik *f*; **~ arsenide MOS transistor** *n* ELECTRON Galliumarsenid-MOS-Transistor *m*; **~ arsenide parametric amplifier diode** *n* ELECTRON parametrische Galliumarsenid-Verstärkerdiode *f*; **~ arsenide solar cell** *n* ELECTRON Galliumarsenid-Solarzelle *f*; **~ arsenide substrate** *n* ELECTRON Galliumarsenid-Trägermaterial *nt*

gallon *n* METROL Gallone *f*; **~ jug** *n* CER & GLAS Gallonenflasche *f*

gallotannic: **~ acid** *n* CHEMISTRY Gallusgerbsäure *f*

gallotannin *n* CHEMISTRY Gallotannin *nt*
galvanic[1] *adj* CHEMISTRY, ELECT galvanisch
galvanic:[2] **~ action** *n* COATINGS galvanischer Vorgang *m*; **~ cell** *n* CHEMISTRY galvanische Kette *f*, galvanisches Element *nt*, ELEC ENG galvanische Zelle *f*, galvanisches Element *nt*, ELECT Primärelement *nt*, galvanisches Element *nt*; **~ couple** *n* ELEC ENG galvanische Kopplung *f*; **~ current** *n* ELEC ENG galvanischer Strom *m*; **~ isolation** *n* ELEC ENG galvanische Isolierung *f*; **~ skin response** *n* ERGON Hautwiderstandsänderung *f*
galvanically: **~ sacrificial** *adj* COATINGS galvanisch aktiv
galvanize *vt* COATINGS elektrochemisch überziehen, feuerverzinken, verzinken, PROD ENG verzinken; **~ by hot dipping** *vt* COATINGS schmelztauchverzinken
galvanized[1] *adj* MECHANICS galvanisiert
galvanized:[2] **~ protective coating** *n* COATINGS Schutzüberzug elektrochemisch aufgebracht *m*, Zinkschutzüberzug *m*; **~ sheet steel** *n* HEAT & REFRIG verzinktes Stahlblech *nt*
galvanometer *n* ELEC ENG, ELECT, LAB EQUIP, PHYS Galvanometer *nt*; **~ movement** *n* INSTR Galvanometermeßwerk *nt*; **~ shunt** *n* ELEC ENG Galvanometer-Shunt *m*, ELECT Galvanometer-Nebenschlußwiderstand *m*
galvanoplastic *adj* PROD ENG galvanoplastisch
gambier *n* CHEMISTRY Gambir *m*, gelbes Katechu *nt*
gambrel: **~ roof** *n BrE (cf mansard roof AmE)* CONST gebrochenes Dach *nt*
game: **~ theory** *n* ART INT, MATH Spieltheorie *f*
gamma *n* TELEV Gamma *nt*; **~ backscatter method** *n* NUC TECH Gamma-Rückstreumethode *f*; **~ beam** *n* PART PHYS, RAD PHYS, WAVE PHYS Gammastrahl *m*; **~ characteristic** *n* ELECTRON Gamma-Kurve *f*, *camera tube* Gamma-Eigenschaft *f*; **~ constant** *n* PART PHYS, RAD PHYS, WAVE PHYS Gammastrahlenkonstante *f*, Zerfallskonstante bei Gammazerfall *f*; **~ corrector** *n* TELEV Gamma-Korrektur *f*; **~ emission** *n* PART PHYS, RAD PHYS, WAVE PHYS Gammastrahlung *f*; **~ error** *n* TELEV Gamma-Fehler *m*; **~ film** *n* PART PHYS *for radiation detection*, RAD PHYS *for radiation detection*, WAVE PHYS *for radiation detection* Gammastrahlenfilm *m*; **~-gamma log** *n* PET TECH Gamma-Gamma Log *nt*, Gamma-Log *nt*; **~ heating** *n* NUC TECH Brennelementüberprüfung mit Gammastrahlen *f*, Gamma-Aufheizung *f*; **~ iron** *n* METALL Gamma-Eisen *nt*; **~ match** *n* RAD TECH Gamma-Anpassung *f*; **~ ore pulp content meter** *n* NUC TECH Gamma-Erzbreikonzentrationsmeßgerät *nt*; **~ particle** *n* PART PHYS, RAD PHYS, WAVE PHYS Gammaquant *nt*; **~ photon activation** *n* PART PHYS, RAD PHYS, WAVE PHYS Aktivierung durch Gammastrahlen *f*; **~ quantum** *n* PART PHYS, RAD PHYS, WAVE PHYS Gammaquant *nt*; **~ radiation** *n* ELECT Gammastrahlung *f*, PART PHYS, RAD PHYS, WAVE PHYS Gammaradiographie *f*, Gammastrahlen *m pl*, Gammastrahlung *f*, Gammastrahlverfahren *nt*; **~ radiation detector** *n* INSTR Gammastrahlendetektor *m*; **~ ray** *n* ELECTRON, PART PHYS Gammastrahl *m*, Gammastrahlung *f*, RAD PHYS Gammastrahl *m*, WAVE PHYS Gammastrahl *m*, Gammastrahlung *f*; **~ ray absorption analysis** *n* PART PHYS, RAD PHYS, WAVE PHYS Gammastrahlenabsorptionsanalyse *f*; **~ ray escape peak** *n* PART PHYS, RAD PHYS, WAVE PHYS Gamma-Escape-Peak *nt*; **~ ray heating** *n* PART PHYS, RAD PHYS, WAVE PHYS Gammastrahlenaufheizung *f*; **~ ray log** *n* FUELLESS Gammastrahlenaufzeichnung *f*, PET TECH Gamma-Log *nt*; **~ ray spectrometer** *n* PART PHYS, RAD PHYS, WAVE PHYS Gamma-Spektrometer *nt*, Gammastrahlenspektrometer *nt*; **~ ray spectrum** *n* PART PHYS, RAD PHYS, WAVE PHYS Gammaspektrum *nt*; **~ ray survey** *n* NUC TECH Gammastrahlungsüberwachung *f*; **~ ray transformation** *n* PART PHYS, RAD PHYS, WAVE PHYS Gammaübergang *m*; **~ ray well logging** *n* PET TECH Gammastrahlenbohrlochmessung *f*; **~ shield** *n* NUC TECH Gamma-Abschirmung *f*; **~ thickness meter** *n* INSTR Dickenmeßgerät mit Gammastrahlen *nt*, Gammastrahlendickenmeßgerät *nt*
gammametric: **~ ore assaying** *n* NUC TECH gammametrische Qualitätsbestimmung des Erzes *f*
gammexane *n* CHEMISTRY Gammexan *nt*, Lindan *nt*
gamut *n* ACOUSTICS diatonische Tonleiter *f*
gang[1] *n* PROD ENG Serie *f*; **~ capacitor** *n* ELEC ENG Mehrfachdrehkondensator *m*; **~ drill** *n* MECHAN ENG, PROD ENG Reihenbohrmaschine *f*; **~ milling** *n* MECHAN ENG, PROD ENG Satzfräsen *nt*; **~-milling cutter** *n* MECHAN ENG Satzfräser *m*, Satzfräsmaschine *f*; **~ press** *n* MECHAN ENG Stufenpresse *f*; **~ switch** *n* ELEC ENG Gruppenschalter *m*, Mehrfachschalter *m*, Paketschalter *m*; **~ tool** *n* MECHAN ENG Mehrfachstahl *m*; **~ tuning capacitor** *n* MECHAN ENG Ausfall mit Datenverlust *m*
gang[2] *vt* MECHAN ENG *tools* zu einem Satz zusammenstellen
ganged[1] *adj* COMP & DP gruppiert, zusammengefaßt, ELECT gekoppelt, PROD ENG zu einem Satz zusammengestellt
ganged:[2] **~ capacitors** *n pl* ELECT gekoppelte Kondensatoren *m pl*, gleichlaufende Kondensatoren *m pl*; **~ circuit** *n* ELEC ENG Mehrfachabstimmungskreis *m*, TELEV gekoppelter Kreis *m*; **~ tuning** *n* ELEC ENG Mehrfachabstimmung *f*
ganging *n* ELEC ENG mechanische Kupplung *f*, mechanischer Gleichlauf *m*, PROD ENG Satzaufspannung *f*
gangplank *n* WATER TRANS Laufplanke *f*
gangue: **~ mineral** *n* COAL TECH Gangerz *nt*
gangway *n* COAL TECH Hauptförderstrecke *f*, NUC TECH Bedienungsgang *m*, Laufgang *m*, RAIL Laufgang *m*, Übergangsbrücke *f*, WATER TRANS Landgang *m*, Stelling *f*
gantry *n* CONST Gerüst *nt*, Kranportal *nt*, WATER SUP *of a dredge* Portal *nt*; **~ crane** *n* CONST, MECHAN ENG, NUC TECH Portalkran *m*, RAIL Bockkran *m*, Portalkran *m*, WATER TRANS Portalkran *m*, Überladebrücke *f*; **~ with hoist** *n* NUC TECH Rollengerüst mit Flaschenzug *nt*; **~ robot** *n* CONTROL Portalkranroboter *m*
gap *n* CER & GLAS Spalt *m*, COMP & DP Abstand *m*, Luftspalt *m*, Lücke *f*, Zwischenraum *m*, ELEC ENG *magnetic circuits* Lücke *f*, Spalt *m*, *relays* Abstand *m*, MECHAN ENG Lücke *f*, Spalte *f*, *magnetism* Spalt *m*, *of gauge* Rachen *m*, *of joint* Fuge *f*, MECHANICS Fuge *f*, Ritze *f*, NUC TECH *between fuel and cladding* Spalt *m*, Zwischenraum *m*, PHYS *magnet* Luftspalt *m*, *semiconductor* Bandlücke *f*, PROD ENG Maulhöhe *f*, Rachen *m*, TELEV Magnetkopfspaltbreite *f*, TRANS *traffic* Fahrzeugfolgezeit *f*, Gasse *f*; **~ azimuth** *n* RECORD *tape* Spalt-Azimuth *m*; **~ bed** *n* MECHAN ENG *of lathe* Bett mit Einsatzbrücke *nt*; **~ bridge** *n* MECHAN ENG Einsatzbrücke *f*; **~ character** *n* COMP & DP Füllzeichen *nt*; **~ cutter** *n* MECHAN ENG Lückenfräser *m*; **~ depth** *n* ACOUSTICS, RECORD *tape*, TELEV Spalttiefe *f*; **~ detector** *n* TRANS *traffic* Fahrzeugfolgezeitdetektor *m*; **~**

digit *n* COMP & DP Füllziffer *f*; ~ **effect** *n* TELEV Lükkeneffekt *m*; ~ **gage** *n AmE*, ~ **gauge** *n BrE* MECHAN ENG Rachenlehre *f*, METROL Abstandsmesser *m*, Meßblättchen *nt*, Rachenlehre *f*; ~ **lathe** *n* MECHAN ENG Drehmaschine mit Brücke *f*; ~ **length** *n* ACOUSTICS Spaltlänge *f*, ELEC ENG, RECORD Spaltbreite *f*; ~ **loss** *n* ACOUSTICS Spaltverlust *m*, COMP & DP Signaldämpfung durch unkorrekte Lese-/Schreibkopfausrichtung *f*, OPT Spaltdämpfung *f*, Spaltverlust *m*, RECORD Spaltverlust *m*, TELECOM Dämpfung durch Längsversatz *f*, TELEV Spaltverlust *m*; ~ **piece** *n* MECHAN ENG *lathe* Einsatzbrücke *f*; ~ **setting** *n* TELEV Spalteinstellung *f*; ~ **sizing** *n* CER & GLAS Spaltgröße *f*; ~ **spacer** *n* RECORD Spaltbreitehalter *m*; ~ **width** *n* TELEV Spaltbreite *f*

gapped: ~ **core** *n* ELEC ENG gespaltener Kern *m*

gapping: ~ **switch** *n* TELEV Lückenschalter *m*

garage *n* TRANS Reparaturwerkstatt *f*, *for cars* Autowerkstatt *f*, Garage *f*; ~ **ventilation apparatus** *n* SAFETY Garagenlüftung *f*; ~ **with workshop** *n* AUTO Reparaturwerkstatt *f*

garbage *n* COMP & DP fehlerhafte Eingabe *f*, wertlose Daten *nt pl*, COMP & DP *AmE (cf rubbish BrE)* Müll *m*, PACK *AmE (cf rubbish BrE)* Abfall *m*, Müll *m*; ~ **bag** *n AmE (cf rubbish bag BrE)* WASTE Müllbeutel *m*, Müllsack *m*; ~ **can** *n AmE (cf rubbish bin BrE)* WASTE Abfallbehälter *m*, Müllbehälter *m*, Mülleimer *m*, Mülltonne *f*; ~ **collection** *n* COMP & DP *AmE (cf rubbish collection BrE)* Speicherbereinigung *f*, WASTE *AmE (cf refuse collection BrE)* Müllabfuhr *f*, Müllsammlung *f*; ~ **collector** *n AmE (cf rubbish collector BrE)* COMP & DP Speicherbereinigungsprogramm *nt*; ~ **disposal** *n AmE (cf refuse disposal BrE)* WASTE Müllabfuhr *f*, Sammlung von Hausmüll *f*; ~ **grinder** *n AmE (cf refuse grinder BrE)* WASTE Müllzerkleinerer *m*; ~ **in, garbage out** *phr (GIGO)* COMP & DP Müll rein, Müll raus *m (GIGO)*; ~ **incineration plant** *n AmE (cf refuse incineration plant BrE)* WASTE MVA, Müllverbrennungsanlage *f*; ~ **incinerator** *n AmE* PACK MVA, Müllverbrennungsanlage *f*; ~ **truck** *n AmE (cf dust cart BrE)* AUTO, WASTE Müllabfuhrwagen *m*, Müllfahrzeug *nt*, Müllwagen *m*

garboard: ~ **plank** *n* WATER TRANS Kielplanke *f*; ~ **strake** *n* WATER TRANS *shipbuilding* Kielgang *m*, Sandstrak *m*

garden: ~ **hose** *n* WATER SUP Wasserschlauch *m*

garment *n* TEXT Kleidungsstück *nt*

garnet: ~ **hinge** *n* CONST Türangel *f*

gas:[1] ~**-carburized** *adj* PROD ENG gasgekohlt; ~**-cooled** *adj* THERMODYN gasgekühlt; ~**-cut** *adj* PROD ENG brenngeschnitten; ~**-filled** *adj* THERMODYN gasgefüllt; ~**-fired** *adj* HEAT & REFRIG gasbeheizt, gasgefeuert; ~**-flushed** *adj* PACK begast; ~**-packed** *adj* FOOD TECH gasverpackt

gas[2] *n* AUTO *AmE (cf petrol BrE)* Benzin *nt*, Motorenbenzin *nt*, Ottokraftstoff *m*, Treibstoff *m*, VK, Vergaserkraftstoff *m*, HEAT & REFRIG Gas *nt*, PET TECH *AmE (cf petrol BrE)* Benzin *nt*, VK, Vergaserkraftstoff *m*, PHYS Gas *nt*, THERMODYN *AmE (cf petrol BrE)* Benzin *nt*, Gas *nt*, VK, Vergaserkraftstoff *m*;

~ a ~ **absorption** *n* PET TECH Absorption *f*; ~**-air mixture** *n* PHYS, THERMODYN Gasluftgemisch *nt*; ~ **analyser** *n BrE* PET TECH Gasanalysegerät *nt*; ~ **analysis** *n* PET TECH Gasanalyse *f*; ~ **analyzer** *n AmE see gas analyser BrE* ~**-and-oil-resisting hose** *n AmE (cf petrol-and-oil-resisting hose BrE)* PLAS benzin- und ölbeständiger Schlauch *m*;

~ b ~ **baffle** *n* NUC TECH Gasdrosselung *f*; ~ **bearing** *n* MECHANICS Luftlager *nt*; ~ **boiler** *n* THERMODYN Gasboiler *m*; ~ **bottle** *n* NUC TECH Gasflasche *f*, THERMODYN Gasflasche *f*, Gaspatrone *f*; ~ **burette** *n* LAB EQUIP Gasbürette *f*; ~ **burner** *n* HEAT & REFRIG, THERMODYN Gasbrenner *m*;

~ c ~ **cap** *n* PET TECH Gaskappe *f*; ~ **cap drive** *n* PET TECH Gaskappentrieb *m*; ~ **carburization** *n* PROD ENG Gasaufkohlung *f*; ~ **carburizing** *n* THERMODYN Gasaufkohlen *nt*; ~ **cavity** *n* NUC TECH *weld defect* Gaseinschluß *m*, PROD ENG Gasblase *f*; ~ **chromatograph** *n* LAB EQUIP Gaschromatograph *m*; ~ **chromatography** *n* FOOD TECH, THERMODYN Gaschromatographie *f*; ~ **circuit** *n* HEAT & REFRIG Gaskreislauf *m*; ~ **circulation loop** *n* NUC TECH Gaskreislauf *m*; ~ **cleaning** *n* SAFETY Gasreinigung *f*; ~**-cleaning equipment** *n* SAFETY Gasreiniger *m*, Luftreiniger *m*; ~ **coal** *n* COAL TECH Gaskohle *f*; ~**-coke** *n* COAL TECH Gaskoks *m*; ~ **constant** *n (R)* PHYS, THERMODYN Gaskonstante *f (R)*; ~ **consumption** *n AmE (cf petrol consumption BrE)* AUTO Benzinverbrauch *m*, Kraftstoffverbrauch *m*; ~ **content** *n* THERMODYN Gasgehalt *m*; ~**-cooled breeder reactor** *n (GCBR)* NUC TECH gasgekühlter Brutreaktor *m*; ~**-cooled nuclear power plant** *n* NUC TECH *of pressure vessel* gasgekühlter Reaktor *m*; ~ **cooler** *n* HEAT & REFRIG Gaskühler *m*; ~ **cushion** *n* NUC TECH Gaskissen *nt*; ~**-cut mud** *n* PET TECH Gasgehalt im Bohrschlamm *m*; ~ **cutting** *n* PROD ENG, THERMODYN Brennschneiden *nt*; ~ **cyaniding** *n* PROD ENG Karbonitrieren in Gas *nt*; ~ **cylinder** *n* MECHAN ENG *for storage* Gasflasche *f*, NUC TECH Gaszylinder *m*, THERMODYN Gasflasche *f*;

~ d ~ **density recorder** *n* INSTR Gasdichteschreiber *m*; ~ **desulfurization** *n AmE*, ~ **desulphurization** *n BrE* POLL Gasentschwefelung *f*; ~ **detector** *n* LAB EQUIP Gasspürgerät *nt*; ~ **diode** *n* ELECTRON gasgefüllte Diode *f*; ~ **discharge** *n* ELECTRON Gasentladung *f*; ~ **discharge gap** *n* NUC TECH Gasentladungsspalt *m*, Gasentladungsstrecke *f*; ~ **discharge lamp** *n* ELECT Gasentladungslampe *f*; ~ **discharge tube** *n* ELECTRON Gasentladungsröhre *f*; ~ **drainage** *n* WASTE Entgasung *f*; ~ **dynamic laser** *n* ELECTRON Gaslaser *m*; ~ **dynamics** *n pl* MECHAN ENG Gasdynamik *f*;

~ e ~ **electric vehicle** *n AmE* AUTO gasbenzinelektrisches Fahrzeug *nt*; ~ **engine** *n* AUTO *AmE (cf petrol engine BrE)* Benzinmotor *m*, Ottomotor *m*, MECHAN ENG Gasmotor *m*, gasbetriebener Motor *m*, THERMODYN *AmE (cf petrol engine BrE)* Benzinmotor *m*, Gasmotor *m*, Ottomotor *m*, Vergasermotor *m*, WATER TRANS *AmE (cf petrol engine BrE)* Benzinmotor *m*, Ottomotor *m*; ~ **enrichment** *n* THERMODYN Gasanreicherung *f*; ~ **equation** *n* THERMODYN Gasgleichung *f*; ~ **explosion** *n* COAL TECH Gasexplosion *f*;

~ f ~ **field** *n* PET TECH Gasfeld *nt*, Gaslagerstätte *f*, THERMODYN Erdgasfeld *nt*, Gasfeld *nt*; ~**-filled cable** *n* ELECT gasisoliertes Kabel *nt*; ~**-filled detector tube** *n* ELECTRON gasgefüllte Gleichrichterröhre *f*; ~**-filled rectifier** *n* ELEC ENG Gasgleichrichterröhre *f*, Gasentladungsventil *nt*, ELECT gasgefüllte Gleichrichterröhre *f*; ~**-filled relay** *n* ELEC ENG, ELECTRON Gasrelais *nt*, Gasentladungsrelais *nt*, Ionenschalter *m*; ~**-filled switching tube** *n* ELECTRON gasgefüllte Schaltröhre *f*; ~**-filled thermometer** *n* INSTR Gasthermometer *nt*; ~ **filter** *n AmE (cf petrol filter BrE)* AUTO Benzinfilter *nt*, Kraftstoffilter *nt*; ~ **fire** *n* THERMODYN Gasheizung *f*, Gasofen *m*; ~**-fired**

furnace *n* HEAT & REFRIG, THERMODYN gasbeheizter Ofen *m*; ~ **flare** *n* THERMODYN Gasfackel *f*; ~ **flow** *n* SPACE Gasdurchsatz *m*, THERMODYN Gasstrom *m*, Gasströmung *f*, Strömungsmuster *nt*; ~ **focusing** *n* ELECTRON Gasfokussierung *f*; ~**-fueled bus** *n AmE (cf petrol-fuelled bus BrE)* AUTO gasbetriebener Bus *m*; ~**-fueled car** *n AmE (cf petrol-fuelled car BrE)* PET TECH gasbetriebenes Auto *nt*;

~ g ~ **generator** *n* THERMODYN Gaserzeuger *m*, TRANS Gasgenerator *m*; ~ **geyser** *n* HEAT & REFRIG Gasbadeofen *m*; ~ **gouging** *n* PROD ENG Fugenhobeln *nt*; ~ **grid** *n* PET TECH Gasleitungsnetz *nt*, THERMODYN Ferngasnetz *nt*;

~ h ~ **heating** *n* THERMODYN Gasheizung *f*; ~**-heating system** *n* HEAT & REFRIG Gasfeuerung *f*, Gasheizung *f*; ~ **holder** *n* PROD ENG *welding* Gassammler *m*, THERMODYN Gasbehälter *m*; ~ **hose** *n AmE (cf petrol hose BrE)* AUTO Benzinschlauch *m*, Kraftstoffleitung *f*, PLAS Benzinschlauch *m*; ~ **hydrate** *n* CHEMISTRY Gashydrat *nt*;

~ i ~ **injection** *n* PET TECH Gaseinpressung *f*, Gasinjektion *f*; ~ **injection extruder** *n* PLAS Begasungsextruder *m*; ~**-insulated line** *n* ELECT gasisoliertes Kabel *nt*;

~ j ~ **jet** *n* MECHAN ENG Gasstrahl *m*;

~ k ~ **kinetics** *n* THERMODYN Kinetik der Gase *f*;

~ l ~ **laser** *n* ELECTRON, RAD PHYS Gaslaser *m*; ~ **leak** *n* THERMODYN Gasleitungsleck *nt*; ~ **leak detector** *n* THERMODYN Gasdetektor *m*; ~ **lighter** *n* HEAT & REFRIG Gasanzünder *m*; ~**-liquid chromatography** *n* POLL, THERMODYN Gas-Flüssigkeit-Chromatographie *f*; ~ **lock** *n* HEAT & REFRIG, NUC TECH *for fuel assemblies* Gasschleuse *f*; ~**-lubricated bearing** *n* NUC TECH gasgeschmiertes Lager *nt*;

~ m ~ **main** *n* THERMODYN Hauptgasleitung *f*; ~ **mantle** *n* THERMODYN Glühstrumpf *m*; ~ **maser** *n* ELECTRON Gas-Maser *m*; ~ **meter** *n* LAB EQUIP, THERMODYN Gaszähler *m*; ~ **mixture** *n AmE (cf petrol mixture BrE)* AUTO *two-stroke engine* Benzingemisch *nt*; ~ **motor** *n AmE (cf petrol motor BrE)* AUTO Benzinmotor *m*, Ottomotor *m*; ~ **multiplication factor** *n* ELECTRON Gasmultiplikationsfaktor *m*;

~ n ~ **nitriding** *n* THERMODYN Gasnitrieren *nt*; ~ **noise** *n* ELECTRON Gasrauschen *nt*;

~ o ~ **oil** *n* PET TECH, THERMODYN Gasöl *nt*; ~**-oil mixture** *n AmE (cf petrol-oil mixture BrE)* AUTO *two-stroke engine* Zweitaktgemisch *nt*; ~**-only phase** *n* THERMODYN reine gasförmige Phase *f*, reiner gasförmiger Zustand *m*; ~ **outlet** *n* AUTO Gasausgang *m*, Gasaustrittsöffnung *f*; ~ **outlet temperature** *n* NUC TECH Gasaustrittstemperatur *f*;

~ p ~ **pedal** *n AmE (cf accelerator BrE)* AUTO Fahrpedal *nt*, Gasdrossel *f*, Gaspedal *nt*; ~ **permeability** *n* PLAS, THERMODYN Gasdurchlässigkeit *f*; ~ **phase grafting** *n* NUC TECH Gasphasenpfropfen *nt*; ~ **phototube** *n* ELECTRON Gasfotozelle *f*, gasgefüllte Fotozelle *f*; ~ **pipe** *n* AUTO, CONST Gasrohr *nt*, THERMODYN Gasleitung *f*, Gasrohr *nt*; ~ **pipeline** *n* CONST, PET TECH Gasleitung *f*, THERMODYN Ferngasleitung *f*; ~ **pliers** *n pl* CONST Gasrohrzange *f*, MECHAN ENG Rohrzange *f*; ~ **precipitate** *n* METALL Gasausscheidung *f*; ~ **pressure** *n* PHYS, THERMODYN Gasdruck *m*; ~ **pressure-reducing valve** *n* THERMODYN Gasdruckminderungsventil *nt*; ~ **pressure regulator** *n* HEAT & REFRIG, MECHAN ENG Gasdruckregler *m*; ~ **pump** *n AmE (cf petrol pump BrE)* AUTO Benzinpumpe *f*, Kraftstoffpumpe *f*; ~ **purifiers** *n pl* NUC TECH Gasreinigungsanlage *f*;

~ q ~ **quenching** *n* PROD ENG Kaltgasblasen *nt*;

~ r ~ **ratio** *n* ELECTRON Vakuumfaktor *m*; ~ **recovery** *n* POLL Gasrückgewinnung *f*; ~**-refrigerating machine** *n* HEAT & REFRIG Gaskältemaschine *f*; ~ **refrigerator** *n* THERMODYN Gaskühlschrank *m*; ~ **resistance** *n AmE (cf petrol resistance BrE)* PLAS Benzinbeständigkeit *f*; ~ **ring** *n* THERMODYN Gasbrenner *m*;

~ s ~ **scrubbing** *n* THERMODYN Gaswäsche *f*; ~**-scrubbing plant** *n* THERMODYN Gaswaschanlage *f*; ~ **show** *n* PET TECH Gasanzeichen *nt*, Gashinweis *m*; ~**-solid chromatography** *n* POLL Gas-Fest-Chromatographie *f*; ~ **spring** *n* MECHAN ENG Gasfeder *f*; ~ **station** *n AmE (cf petrol station BrE)* TRANS Tankstelle *f*; ~ **storage** *n* FOOD TECH *packaging* Gaslagerung *f*; ~ **stripper** *n* NUC TECH *for water coolant* Gasabscheider *m*;

~ t ~ **tank** *n AmE (cf petrol tank BrE)* AUTO Benzintank *m*, Kraftstofftank *m*, Tank *m*; ~ **tank cap** *n AmE (cf petrol tank cap BrE)* AUTO Kraftstoffbehälterdeckel *m*; ~ **tanker** *n* WATER TRANS Gastanker *m*; ~ **tar** *n* COAL TECH Gasteer *m*, Steinkohlenteer *m*; ~ **tetrode** *n* ELECTRON Gastetrode *f*; ~ **thermometer** *n* HEAT & REFRIG, PHYS, THERMODYN Gasthermometer *nt*; ~ **thread** *n* PROD ENG Rohrgewinde *nt*; ~ **threads** *n pl* MECHAN ENG Gasgewinde *nt*; ~**-to-oil ratio** *n (GOR)* PET TECH Gas-Öl-Verhältnis *nt (GÖV)*; ~ **triode** *n* ELECTRON Gastriode *f*; ~ **tube** *n* ELECTRON Gasentladungsröhre *f*, Gasröhre *f*, Ionenröhre *f*; ~ **turbine** *n* MECHAN ENG, MECHANICS, PROD ENG, THERMODYN, WATER TRANS Gasturbine *f*; ~ **turbine bus** *n* AUTO Gasturbinenbus *m*; ~ **turbine engine** *n* AIR TRANS Axialkompressortriebwerk *nt*, Gasturbinen-Triebwerk *nt*; ~ **turbine motor coach** *n* AUTO Gasturbinen-Reisebus *m*; ~ **turbine power station** *n* ELECT Gasturbinen-Elektrizitätswerk *nt*, Gasturbinen-Kraftwerk *nt*; ~ **turbine railcar** *n* RAIL Gasturbinen-Triebwagen *m*; ~ **turbine train** *n* RAIL Gasturbinen-Zug *m*;

~ v ~ **valve** *n* MECHAN ENG Gasschieber *m*; ~ **vapor recovery plant** *n AmE (cf petrol vapour recovery plant BrE)* POLL Benzindampfrückgewinnungsanlage *f*; ~ **vent** *n* NUC TECH Gasabzug *m*;

~ w ~ **washer** *n* NUC TECH Gaswaschanlage *f*, Rieselturm *m*; ~ **welding** *n* MECHAN ENG Autogenschweißen *nt*, Gasschweißen *nt*, Gasschweißung *f*, MECHANICS Schutzgasschweißen *nt*, THERMODYN Autogenschweißen *nt*

gas[3] *vt* TEXT abflammen, gasen

gaseous[1] *adj* PHYS, THERMODYN gasförmig

gaseous:[2] ~ **active medium** *n* ELECTRON gasförmiges aktives Medium *nt*; ~ **combustion product** *n* POLL gasförmiges Verbrennungsprodukt *nt*; ~ **core reactor** *n* NUC TECH Reaktor mit gasförmigem Reaktorkern *m*; ~ **fuel** *n* HEAT & REFRIG, PET TECH gasförmiger Brennstoff *m*; ~ **medium** *n* POLL gasförmiges Medium *nt*; ~ **phase** *n* THERMODYN gasförmige Phase *f*, gasförmiger Zustand *m*; ~ **phase only** *n* THERMODYN reine gasförmige Phase *f*, reiner gasförmiger Zustand *m*; ~ **regulator tube** *n* RAD TECH gasgefüllte Stabilisierungsröhre *f*; ~ **waste** *n* POLL gasförmiger Abfall *m*

gash[1] *n* PROD ENG Nut *f*, Spanlücke *f*

gash[2] *vt* PROD ENG Zahnlücken vorfräsen

gashing *n* PROD ENG Vorfräsen von Zahnlücken *nt*

gasification *n* PET TECH, THERMODYN, WASTE Vergasung *f*

gasify *vt* PHYS vergasen

gasket *n* AUTO Dichtung *f*, Flachdichtung *f*, *profiled* Profildichtung *f*, MECHAN ENG Dichtung *f*, Flachdichtung *f*, *profiled* Profildichtung *f*, *ring* Dichtscheibe *f*, MECHANICS Dichtring *m*, Dichtung *f*, Dichtungsmanschette *f*, Dichtungsscheibe *f*, PROD ENG Dichtung *f*, *plastic valves* Dichtung *f*, WATER TRANS Flachdichtung *f*

gasketed *adj* PROD ENG abgedichtet

gaslift *n* PET TECH Gaslift *m*

gasoline *n AmE (cf petrol BrE)* AUTO Benzin *nt*, Motorenbenzin *nt*, Ottokraftstoff *m*, Treibstoff *m*, VK, Vergaserkraftstoff *m*, PET TECH Benzin *nt*, VK, Vergaserkraftstoff *m*, THERMODYN Benzin *nt*, Gas *nt*, VK, Vergaserkraftstoff *m*; **~-and-oil-resisting hose** *n AmE (cf petrol-and-oil-resisting hose BrE)* PLAS benzin- und ölbeständiger Schlauch *m*; **~ consumption** *n AmE (cf petrol consumption BrE)* AUTO Benzinverbrauch *m*, Kraftstoffverbrauch *m*; **~ engine** *n AmE (cf petrol engine BrE)* AUTO Benzinmotor *m*, Ottomotor *m*, THERMODYN Benzinmotor *m*, Gasmotor *m*, Ottomotor *m*, Vergasermotor *m*, WATER TRANS Benzinmotor *m*, Ottomotor *m*; **~ engine vehicle** *n AmE (cf petrol engine vehicle BrE)* POLL Fahrzeug mit Vergasermotor *nt*; **~ filter** *n AmE (cf petrol filter BrE)* AUTO Benzinfilter *nt*, Kraftstoffilter *nt*; **~ hose** *n AmE (cf petrol hose BrE)* AUTO Benzinschlauch *m*, Kraftstoffleitung *f*, PLAS Benzinschlauch *m*; **~ mixture** *n AmE (cf petrol mixture BrE)* AUTO *two-stroke engine* Benzingemisch *nt*; **~ motor** *n AmE (cf petrol motor BrE)* AUTO Benzinmotor *m*, Ottomotor *m*; **~-oil mixture** *n AmE (cf petrol-oil mixture BrE)* AUTO *two-stroke engine* Zweitaktgemisch *nt*; **~ pump** *n AmE (cf petrol pump BrE)* AUTO Benzinpumpe *f*, Kraftstoffpumpe *f*; **~ resistance** *n AmE (cf petrol resistance BrE)* PLAS Benzinbeständigkeit *f*; **~ station** *n AmE (cf petrol station BrE)* TRANS Tankstelle *f*; **~ tank** *n AmE (cf petrol tank BrE)* AUTO Benzintank *m*, Kraftstofftank *m*, Tank *m*; **~ tank cap** *n AmE (cf petrol tank cap BrE)* AUTO Kraftstoffbehälterdeckel *m*; **~ vapor recovery plant** *n AmE (cf petrol vapour recovery plant BrE)* POLL Benzindampfrückgewinnungsanlage *f*

gasometry *n* THERMODYN Gasmessung *f*, Gasometrie *f*

gasproof *adj* MECHAN ENG gasdicht, THERMODYN gasbeständig, gasdicht

gassed: **~ yarn** *n* TEXT gasiertes Garn *nt*

gassing: **~ power** *n* FOOD TECH Gasbildungsvermögen *nt*

gassy *adj* THERMODYN gashaltig, gasreich

gastight *adj* MECHANICS gasdicht, PROD ENG gasdicht, *plastic valves* gasdicht, THERMODYN gasdicht

gate[1] *n* AIR TRANS Flugsteig *m*, AUTO Schaltkulisse *f*, COMP & DP Ausgabeöffnung *f*, Gate *nt*, Gatter *nt*, Schaltelement *nt*, CONST Schleusentor *nt*, Staukörper *m*, ELEC ENG Gate *nt*, *electrode of thyristor* Gate *nt*, ELECTRON Gatter *nt*, Verknüpfungsglied *nt*, HYD EQUIP Ein-/Auslaßöffnung *f*, Schleuse *f*, PHYS Gate *nt*, *logic circuit* Gatter *nt*, Torsschaltung *f*, *thyristor* Steuerelektrode *f*, PLAS *moulding* Anguß *m*, Angußöffnung *f*, Anschnitt *m*, PROD ENG Anschnitt *m*, Einlauf *m*, Gatter *nt*, RAD TECH *field effect transistor* Gate *nt*, WATER SUP Schleusentor *nt*; **~ array** *n* COMP & DP Gattermatrix *f*, ELECTRON Gatteranordnung *f*, *application-specific wireable standard array of gates* Gate-Array *nt*, PHYS Gatteranordnung *f*, TELECOM Gate-Array *nt*, Gatterfeld *nt*; **~ array chip** *n* ELECTRON Gate-Array-Chip *m*; **~ bias** *n* ELEC ENG *thyristors* Gittervorspannung *f*; **~ chamber** *n* WATER SUP *of a lock* Schleusenkammer *f*; **~ contact** *n* ELEC ENG Gate-Kontakt *m*, Türkontakt *m*; **~ delay** *n* COMP & DP Schaltverzögerung *f*, ELECTRON Gatterverzögerung *f*; **~ density** *n* ELECTRON Gatterdichte *f*; **~ dielectric** *n* ELEC ENG Gate-Dielektrikum *nt*; **~ dip meter** *n* RAD TECH FET-Frequenzmesser *m*; **~-drive signal** *n* ELECTRON Gatteransteuerungssignal *nt*; **~ gear** *n* HYD EQUIP Ein-/Auslaßsteuerung *f*, Ein-/Auslaßschiebersteuerung *f*; **~ hook** *n* CONST Metallbolzen *m*; **~ input** *n* IND PROCESS Schalteingang *m*; **~ latch** *n* CONST Torriegel *m*; **~ leakage current** *n* ELEC ENG Gate-Fehlerstrom *m*; **~ pin** *n* PROD ENG Gießtrichtermodell *nt*; **~ road** *n* COAL TECH Abbauförderstrecke *f*, Abbaustrecke *f*, Strebstrecke *f*; **~ stem** *n* HYD EQUIP Ein-/Auslaßschiebestange *f*; **~ stick** *n* PROD ENG Gießtrichtermodell *nt*; **~-to-cathode resistor** *n* ELEC ENG Gate-Kathoden-Widerstand *m*, Tor-Kathoden-Widerstand *m*; **~-to-drain capacitance** *n* ELEC ENG Gate-Drain-Sperrkapazität *f*, Gate-Senke-Sperrkapazität *f*; **~-to-source capacitance** *n* ELEC ENG Gate-Source-Sperrkapazität *f*; **~-to-source voltage** *n* ELEC ENG Gate-Source-Spannung *f*; **~-to-substrate capacitance** *n* ELEC ENG Gate-Substrat-Sperrkapazität *f*; **~ valve** *n* HYD EQUIP Ein-/Auslaßschieber *m*, Schieberventil *nt*, MECHAN ENG, PROD ENG *plastic valves* Schieber *m*; **~ voltage** *n* ELEC ENG Gate-Spannung *f*

gate[2] *vt* HYD EQUIP auslassen, einlassen, führen, schleusen

gated: **~ beam tube** *n* TELEV Doppelstromtor-Strahlsteuerungsröhre *f*; **~ diode** *n* ELECTRON torgesteuerte Diode *f*; **~ flip-flop** *n* ELECTRON monostabile Kippschaltung *f*; **~ signal** *n* ELECTRON ausgeblendetes Signal *nt*

gateway *n* COMP & DP Gateway *m*, Netzübertragungseinheit *f*, TELECOM Gateway *m*, Netzübergang *m*; **~ computer** *n* COMP & DP Verbindungscomputer *m*, Verbindungsrechner *m*; **~ mobile switching center** *n AmE* TELECOM Eingangsfunkvermittlungsstelle *f*; **~ mobile switching centre** *n BrE* TELECOM Eingangsfunkvermittlungsstelle *f*; **~ MSC** *n* TELECOM Eingangs-MSC *f*

gather:[1] **~ write** *n* COMP & DP sammelndes Aufschreiben *nt*

gather[2] *vt* CER & GLAS aufnehmen, PROD ENG stauchen, TEXT kräuseln, raffen

gathered *adj* TEXT gerafft

gathering *n* CER & GLAS Aufnehmen *nt*, PRINT Zusammentragen *nt*, TEXT Rüschung *f*, Zusammennähen *nt*, Zusammenziehen *nt*; **~ bubble** *n* CER & GLAS Aufnahmeblase *f*; **~ end** *n* CER & GLAS Aufnahmeende *nt*; **~ hole** *n* CER & GLAS Aufnahmeloch *nt*; **~ iron** *n* CER & GLAS Aufnahmeeisen *nt*; **~ machine** *n* PRINT Zusammentragmaschine *f*; **~ shoe** *n* CER & GLAS Aufnahmeschuh *m*; **~ temperature** *n* CER & GLAS Aufnahmetemperatur *f*

gating *n* COMP & DP Ansteuern *nt*, Ausblenden *nt*, Ausfiltern *nt*, Austasten *nt*, ELECTRON Ausblenden *nt*, Austasten *nt*, Torsteuerung *f*, HYD EQUIP Auslaß *m*, Einlaß *m*, PROD ENG Anschnittstechnik *f*, Gießen in Mehrfachform *nt*, TELEV Austasten *nt*; **~ amplifier** *n* RECORD Tonsteuerungsverstärker *m*; **~ pulse** *n* ELECTRON Torimpuls *m*, TELEV Tastimpuls *m*; **~ signal** *n* ELECTRON Ansteuerungssignal *nt*, Torsteuerungssignal *nt*; ~ **transistor** *n* ELECTRON Verknüpfungstransistor *m*

gauge[1] *n BrE* AUTO Anzeiger *m*, Eichmaß *nt*, Meßgerät *nt*, Meßinstrument *nt*, *tool* Lehre *f*, CONST *railway* Manometer *nt*, Maßstab *m*, Pegel *m*, Spurweite *f*, CONTROL Meßgerät *nt*, Meßinstrument *nt*, ELECT Messer *m*, *mechanical measurements* Lehre *f*, Paßlehre *f*, INSTR Lehre *f*, Manometer *nt*, Meßfühler *m*, Meßgerät *nt*, Meßinstrument *nt*, LAB EQUIP Meßgerät *nt*, Meßinstrument *nt*, MECHAN ENG Manometer *nt*, *template or pattern* Schablone *f*, *thickness of wire* Dicke *f*, MECHANICS Kaliber *nt*, Meßlehre *f*, Pegel *m*, Spurweite *f*, METROL Größe *f*, Meßgerät *nt*, Meßinstrument *nt*, *railways, cars* Spur *f*, PAPER Meßgerät *nt*, Meßinstrument *nt*, PROD ENG Eichmaß *nt*, Lehre *f*, RAIL Spur *f*, Spurweite *f*, TEXT Gauge *nt*, TRANS Spur *f*, Spurweite *f*; ~ **bar** *n BrE* CONST Meßstange *f*; ~ **block** *n BrE* MECHAN ENG, MECHANICS Parallelendmaß *nt*, METROL Endmaß *nt*, Parallelendmaß *nt*; ~ **block comparator** *n BrE* METROL Endmaßvergleichsmesser *m*; ~ **block interferometer** *n BrE* METROL Interferenzkomparator *m*; ~ **brick** *n BrE* CONST Bogenziegel *m*, Keilziegel *m*; ~ **clearance** *n BrE* RAIL, TRANS Spurerweiterung *f*; ~ **cock** *n BrE* WATER SUP Probierhahn *m*, Wasserstandshahn *m*; ~ **glass** *n BrE* CER & GLAS Meßglas *nt*, HEAT & REFRIG Flüssigkeitsstandglas *nt*, PET TECH Flüssigkeitsstandanzeiger *m*, Schauglas *nt*; ~ **invariance** *n BrE* MECHANICS Eichinvarianz *f*; ~ **numbers** *n pl BrE* MECHAN ENG *of drills* Bohrergrößen *f pl*; ~ **pressure** *n BrE* HEAT & REFRIG gemessener Überdruck *m*; ~ **stand** *n BrE* METROL Meßgerätständer *m*

gauge[2] *vt BrE* CONST eichen, messen, CONTROL abmessen, messen, ELECT *carry out mechanical gauging or limit testing* messen, MECHAN ENG mit Lehre messen, TEXT, WATER SUP *flow of pump* abmessen

gauged[1] *adj BrE* PET TECH kalibriert

gauged:[2] ~ **orifice** *n BrE* PET TECH kalibrierte Bohrung *f*; ~ **restriction** *n BrE* PET TECH kalibrierte Drossel *f*

gauging *n BrE* METROL Messen *nt*, Normieren *nt*, PET TECH Eichen *nt*, Eichung *f*, Messen *nt*; ~ **jet cutlet** *n BrE* PROD ENG Meßdüse *f*; ~ **station** *n BrE* WATER SUP Lage eines Pegels *f*; ~ **tank** *n BrE* PET TECH Eichtank *m*, Meßtank *m*

Gault: ~ **Clay** *n* CONST Gault-Ton *m*

gauntlet *n* PROD ENG *welding* Handschuh *m*

gauss *n (G)* METROL, RECORD Gauß *nt (G)*

Gaussian: ~ **beam** *n* TELECOM Gaußscher Strahl *m*; ~ **curvature** *n* GEOM Gaußsche Krümmung *f*; ~ **curve** *n* GEOM Gaußsche Kurve *f*; ~ **distribution** *n* COMP & DP Gaußsche Verteilung *f*, Normalverteilung *f*, ELECT *statistics* Gauß-Verteilung *f*, PHYS Gaußsche Verteilung *f*, RECORD Gaußsche Fehlerverteilung *f*; ~ **filter circuit** *n* TELEV *SECAM* Glockenkreis *m*; ~ **filtered minimum shift keying** *n (GMSK)* TELECOM Gauß-Filter-Minimalphasenumtastung *f*; ~ **noise** *n* COMP & DP weißes Rauschen *nt*, ELECTRON, TELECOM Gaußsches Rauschen *nt*; ~ **point** *n* PROD ENG Kardinalpunkt *m*; ~ **pulse** *n* TELECOM Gauß-Impuls *m*; ~ **quadrature** *n* COMP & DP Gaußsche Quadratur *f*

gaussmeter *n* ELECT Magnetfeldmeßgerät *nt*

Gauss's: ~ **law** *n* PHYS *electrostatics* Gaußscher Satz *m*; ~ **theorem** *n* ELECT Gaußscher Lehrsatz *m*, PHYS *vector fields* Gaußscher Satz *m*

Gay-Lussac's: ~ **law** *n* MECHAN ENG, PHYS Gay-Lussacsches Gesetz *nt*

GB *abbr (gigabyte)* COMP & DP, OPT GB *(Gigabyte)*

GCA: ~ **system** *n (ground-controlled approach system)* AIR TRANS GCA-System *nt*

GCBR *abbr (gas-cooled breeder reactor)* NUC TECH gasgekühlter Brutreaktor *m*

G-clamp *n* MECHAN ENG Schraubheftzwinge *f*

GCR *abbr (group code recording)* COMP & DP Gruppenverschlüsselung *f*, gruppencodiertes Aufzeichnen *nt*

G-cramp *n* MECHAN ENG Schraubheftzwinge *f*

Gd *(gadolinum)* CHEMISTRY Gd *(Gadolinium)*

gear:[1] **out of** ~ *adj* MECHAN ENG *wheels* ausgerückt

gear:[2] **out of** ~ *adv* MECHANICS nicht im Eingriff

gear[3] *n* MECHAN ENG Ausrüstung *f*, Getrieberad *nt*, Getriebezahnrad *nt*, *gearwheel system* Getriebe *nt*, *toothed wheel* Zahnrad *nt*, MECHANICS Gang *m*, Getriebe *nt*, PAPER, PROD ENG Getriebe *nt*, WATER TRANS *engine* Getriebe *nt*, Zahnrad *nt*; ~ **addendum** *n AmE* PROD ENG Kopfhöhe des Großrades *f*; ~ **assembly** *n* MECHAN ENG Getriebeaggregat *nt*; ~ **blank** *n* MECHAN ENG Zahnradrohling *m*; ~ **case** *n* MECHAN ENG Getriebekasten *m*; ~ **casing** *n* MECHAN ENG Getriebekasten *m*; ~ **center** *n AmE see gear centre BrE* ~ **center-distance variation** *n AmE see gear centre-distance variation BrE* ~ **centre** *n BrE* PROD ENG Radmittelpunkt *m*; ~ **centre-distance variation** *n BrE* PROD ENG Zahnradachsverlagerung *f*; ~ **chain** *n* PROD ENG Zahnkette *f*; ~ **change** *n* AUTO Gangwechsel *m*; ~ **cone angle** *n* MECHAN ENG Räderkegelwinkel *m*; ~ **cover** *n* MECHAN ENG Getriebedeckel *m*; ~ **cutter** *n* MECHAN ENG Zahnformfräser *m*, Zahnradfräser *m*, PROD ENG Zahnradfräser *m*; ~ **cutting** *n* MECHAN ENG Verzahnen *nt*, MECHANICS Zahnformfräsen *nt*; ~-**cutting machine** *n* MECHAN ENG Verzahnungsmaschine *f*, Zahnradfräsmaschine *f*, Zahnradschneidmaschine *f*; ~ **diameter** *n* PROD ENG Raddurchmesser *m*; ~ **drive** *n* MECHAN ENG Zahnradantrieb *m*, MECHANICS Zahnradgetriebe *nt*; ~ **generating** *n* MECHAN ENG Wälzverzahnen *nt*; ~-**grinding machine** *n* MECHAN ENG Wälzschleifmaschine *f*; ~ **head** *n* MECHAN ENG Getriebekopf *m*, PROD ENG Räderspindelkasten *m*; ~ **hob** *n* MECHAN ENG Abwälzfräser *m*, Wälzfräser *m*, PROD ENG Wälzfräser *m*, Zahnradwälzfräser *m*; ~ **hobber** *n* MECHAN ENG Wälzfräsmaschine *f*; ~ **hobbing** *n* MECHAN ENG Abwälzfräsen *nt*, Wälzfräsen *nt*, PROD ENG Wälzfräsen *nt*; ~ **hobbing machine** *n* MECHAN ENG Wälzfräsmaschine *f*; ~ **hub** *n* PROD ENG Zahnradnabe *f*; ~ **lathe** *n* PROD ENG Drehmaschine *f*; ~ **lever** *n BrE (cf gear shift AmE)* AUTO Gangschalthebel *m*, Gangschaltung *f*, Schaltknüppel *m*, MECHAN ENG Schalthebel *m*, MECHANICS Gangschaltung *f*, PROD ENG Schalthebel *m*; ~ **with localized tooth bearing** *n* PROD ENG balligtragendes Zahnrad *nt*; ~ **master** *n* PROD ENG Lehrrad *nt*; ~ **measuring cylinder** *n* METROL Zahnradmeßzylinder *m*; ~ **milling machine** *n* MECHAN ENG Räderfräsmaschine *f*, Zahnradfräsmaschine *f*; ~ **planer** *n* MECHAN ENG Wälzhobelmaschine *f*, Zahnradhobelmaschine *f*; ~ **puller** *n* AUTO *tool* Abzieher *m*, Zahnradabzieher *m*; ~ **pump** *n* AUTO, HEAT & REFRIG, MECHAN ENG, PLAS, PROD ENG Zahnradpumpe *f*; ~ **quadrant** *n* PROD ENG Räderschere *f*; ~ **ratio** *n* AUTO Untersetzungsverhältnis *nt*, Übersetzungsverhältnis *nt*, MECHAN ENG Übersetzung *f*, Übersetzungsverhältnis *nt*, MECHANICS Zahnrad *nt*, Übersetzung *f*; ~ **reduction** *n* MECHAN ENG Untersetzung *f*; ~ **rolling machine** *n* MECHAN ENG Zahnradrollmaschine *f*; ~ **set** *n* MECHAN ENG Räderwerk *nt*; ~ **shaft** *n* MECHAN ENG Getriebewelle *f*; ~ **shaper** *n* MECHAN ENG Zahnradstoßmaschine *f*; ~ **shaping machine** *n* MECHAN ENG Zahnradstoßmaschine *f*; ~ **shaving machine** *n* MECHAN ENG Zahnradschabmaschine *f*; ~ **shift** *n AmE (cf gear lever BrE)* AUTO Gangschalthebel *m*, Gangschaltung *f*, Schaltknüppel *m*, MECHAN ENG Schalthebel *m*, MECHANICS Gangschaltung *f*, PROD ENG Schalthebel *m*; ~ **testing machine** *n* METROL Zahnradprüfgerät *nt*; ~ **tooth** *n* MECHAN ENG Zahn eines Zahnrads *m*, PROD ENG Zahnradzahn *m*; ~**-tooth generating** *n* MECHAN ENG Verzahnen *nt*; ~**-tooth rounding and chamfering machine** *n* PROD ENG Zahnkanten-Abrundmaschine *f*; ~**-tooth rounding and deburring machine** *n* PROD ENG Maschine zum Zahnkanten-Abrunden und -Entgraten *f*; ~**-tooth rounding-off and pointing machine** *n* PROD ENG Maschine zum Zahnrad-Abrunden und- Abdachen *f*; ~ **train** *n* MECHAN ENG Rädergetriebe *nt*, Räderwerk *nt*; ~**-type oil pump** *n* AUTO Zahnradölpumpe *f*; ~**-type pump** *n* MECHAN ENG Zahnradpumpe *f*; ~ **unit** *n* PROD ENG Rädergetriebe *nt*

gear[4] *vt* MECHAN ENG verzahnen

gearbox *n* AUTO Getriebegehäuse *nt*, Schaltgetriebe *nt*, MECHAN ENG Getriebe *nt*, Räderkasten *m*, *change-speed* Schaltgetriebe *nt*, *gear case* Getriebekasten *m*, MECHANICS Getriebekasten *m*, Räderkasten *m*, PROD ENG Getriebekasten *m*, Rädergetriebe *nt*, Spindelkasten *m*; ~ **drive shaft** *n* AUTO Getriebeantriebswelle *f*; ~ **housing** *n* AUTO Getriebegehäuse *nt*; ~ **input shaft** *n* MECHAN ENG Getriebeingangswelle *f*; ~ **selector fork** *n* AUTO Schaltgabel *f*

geared[1] *adj* MECHAN ENG gezahnt, MECHANICS mit Getriebe

geared:[2] ~ **center column** *n AmE*, ~ **centre column** *n BrE* PHOTO *tripod* auskurbelbares Mittelrohr *nt*; ~ **motor** *n* MECHANICS Getriebemotor *m*, Motor mit Gangschaltung *m*; ~ **turbine** *n* MECHANICS Getriebeturbine *f*

gearing *n* MECHAN ENG Eingriff *m*, Einrücken *nt*, *gear-wheels* Getrieberäder *nt pl*, *gear train* Räderwerk *nt*, *system of gearwheels* Getriebe *nt*, Zahnradgetriebe *nt*; ~ **tolerance** *n* MECHAN ENG Verzahnungstoleranz *f*

gearless *adj* MECHAN ENG *transmission* räderlos, MECHANICS getriebelos

gears *n pl* MECHAN ENG Zahnradgetriebe *nt*, PROD ENG Rädergetriebe *nt*, Zahnräder *nt pl*

gearwheel *n* MECHAN ENG Getrieberad *nt*, Zahnrad *nt*; ~ **pump** *n* MECHAN ENG Zahnradpumpe *f*

Geiger *n* PHYSIK Geiger; ~ **counter** *n* PART PHYS, PHYS, POLL, PROD ENG, RAD PHYS Geigerzähler *m*; ~ **tube** *n* PART PHYS, PHYS, RAD PHYS Geiger-Zählrohr *nt*

Geiger-Muller: ~ **tube** *n* PART PHYS, PHYS, RAD PHYS Geiger-Müller-Zählrohr *nt*

Geissler: ~ **tube** *n* ELECTRON Geißler-Röhre *f*

gel *n* PET TECH, PLAS Gel *nt*; ~ **cell** *n* ELEC ENG Gel-Zelle *f*; ~ **coat** *n* PLAS, WATER TRANS *shipbuilding* Feinschicht *f*, Gelcoat *m*; ~ **permeation chromatography** *n (GPC)* LAB EQUIP Gel-Permeations-Chromatographie *f*, Gelchromatographie *f*, PLAS Gel-Permeations-Chromatographie *f (GPC)*; ~ **time** *n* PACK Gelierdauer *f*, Gelierzeit *f*, PLAS Gel-Zeit *f*

gelatine *n* PACK Gallert *f*, Gelatine *f*, PRINT Gelatine *f*; ~ **capsule** *n* PACK Gelatinekapsel *f*

gelatino: ~**-bromide process** *n* PHOTO Bromgelatine-Verfahren *nt*; ~**-chloride paper** *n* CHEMISTRY, PHOTO Keltapapier *nt*

gelation *n* CHEM ENG Erstarrung *f*, Gallertbildung *f*, PLAS Gelatinieren *nt*, Gelatinierung *f*

Gelerkin: ~ **method** *n* NUC TECH Methode der gewichteten Rückstände *f*

gelling: ~ **agent** *n* FOOD TECH, MAR POLL Geliermittel *nt*, PLAS *additive* Gelatinierungsmittel *nt*, Geliermittel *nt*

gelose *n* CHEMISTRY Galactan *nt*, Galactosan *nt*

gelsemine *n* CHEMISTRY Gelsemin *nt*

GEM *abbr (ground effect machine)* AUTO BEG *(Bodeneffektgerät)*

general:[1] ~**-purpose** *adj (GP)* COMP & DP Universal- *pref*, ELEC ENG Allzweck- *pref*, Universal- *pref*, universal, MECHANICS Mehrzweck- *pref*

general:[2] ~ **acceptance** *n* CONST *of scheme* Gesamtabnahme *f*; ~ **arrangement drawing** *n* ENG DRAW Hauptzeichnung *f*, MECHANICS Übersichtszeichnung *f*; ~ **arrangement plan** *n* WATER TRANS *shipbuilding* Generalplan *m*; ~ **cargo ship** *n* WATER TRANS Stückgutfrachtschiff *nt*; ~ **contract** *n* CONST Bauhauptvertrag *m*; ~ **contractor** *n* CONST Generalunternehmer *m*, Hauptauftragnehmer *m*; ~ **drawing** *n* NUC TECH Übersicht *f*, Übersichtszeichnung *f*; ~ **equation of the circle** *n* GEOM allgemeine Kreisgleichung *f*; ~ **localization** *n* TELECOM *faults* allgemeine Eingrenzung *f*; ~ **maintenance** *n* NUC TECH allgemeine Wartung *f*; ~ **plan** *n* ENG DRAW Übersicht *f*; ~ **problem solving** *n (GPS)* ART INT generelles Problemlösen *nt*; ~**-purpose board** *n* ELECTRON Universal-Leiterplatte *f*; ~**-purpose chip** *n* ELECTRON Universalchip *m*; ~**-purpose computer** *n* COMP & DP Universalcomputer *m*, Universalrechner *m*; ~**-purpose furnace carbon black** *n (GPF carbon black)* PLAS GPF-Ruß *m*; ~**-purpose instrument** *n* INSTR Mehrzweckgerät *nt*, Mehrzweckmeßgerät *nt*, Universalgerät *nt*, Universalinstrument *nt*, Universalmeßgerät *nt*; ~**-purpose laminate** *n* ELECTRON Allzweck-Laminat *nt*; ~**-purpose language** *n* COMP & DP Universalsprache *f*; ~**-purpose lathe** *n* PROD ENG Vielzweckdrehmaschine *f*; ~**-purpose program** *n* COMP & DP Universalprogramm *nt*; ~**-purpose relay** *n* ELEC ENG Universalrelais *nt*; ~**-purpose resistor** *n* ELEC ENG Universalwiderstand *m*; ~ **telegraph exchange** *n (gentex)* TELECOM Telegrammwähldienst *m (Gentex)*; ~ **theory of relativity** *n* PHYS allgemeine Relativitätstheorie *f*; ~ **tolerance** *n* MECHAN ENG allgemeine Toleranz *f*; ~ **warning panel** *n* AIR TRANS, SAFETY Alarmtafel *f*; ~ **yield load** *n* METALL allgemeiner Fließdruck *m*

generalized: ~ **coordinates** *n pl* PHYS verallgemeinerte Koordinaten *f pl*

generate *vt* GEOM *curve* erzeugen, generieren, PROD ENG im Wälzverfahren herstellen

generated:[1] ~ **on chip** *adj* ELECTRON auf Chip generiert

generated:[2] ~ **address** *n* COMP & DP errechnete Adresse *f*; ~ **electricity** *n* NUC TECH *from nuclear power station* erzeugte Elektrizität *f*; ~ **error** *n* COMP & DP generierter Fehler *m*

generating[1] *adj* ELEC ENG stromerzeugend, MECH ENG, PROD ENG Wälzfräs- *pref*

generating[2] *n* MECHAN ENG Wälzfräsen *nt*, *gear manufacture* Wälzverzahnen *nt*, PROD ENG Herstellung im Wälzverfahren *f*, Wälzfräsen *nt*; ~ **capacity** *n* ELECT Stromerzeugungskapazität *f*; ~ **cutter** *n* MECHAN ENG Abwälzfräser *m*, Wälzfräser *m*, PROD ENG Wälzfräser *m*; ~ **plant** *n* CONST Elektrizitätswerk *nt*, ELEC ENG Elektrizitätswerk *nt*, Generatoranlage *f*, Kraftwerk *nt*, stromerzeugende Anlage *f*; ~ **program** *n* COMP & DP Generierungsprogramm *nt*; ~ **set** *n* ELEC ENG Gene-

ratorsatz *m*, Generatorgruppe *f*, ELECT Stromgeneratoraggregat *nt*
generation *n* COMP & DP Generierung *f*; **~ copy** *n* TELEV Erzeugungskopie *f*; **~ data set** *n* COMP & DP Dateigeneration *f*, Dateigenerierung *f*; **~ of electricity** *n* ELECT Elektrizitätserzeugung *f*; **~ number** *n* COMP & DP Erstellungsnummer *f*; **~ time** *n* NUC TECH Generator *m*
generative: **~ process** *n* PROD ENG Wälzverfahren *nt*
generator *n* AUTO Lichtmaschine *f*, COMP & DP Generator *m*, Generierungsprogramm *nt*, CONST, ELEC ENG Generator *m*, Stromerzeuger *m*, ELECT, HYD EQUIP, PHYS Generator *m*, PROD ENG Entwickler *m*, Wälzfräsmaschine *f*, RAD TECH Erzeuger *m*, Generator *m*, TELECOM Generator *m*, WATER TRANS Generator *m*, Stromerzeuger *m*; **~ brush** *n* AUTO Generatorbürste *f*; **~ coal** *n* COAL TECH Generatorkohle *f*; **~ output power** *n* ELEC ENG Generatorleistung *f*; **~ signaling** *n AmE*, **~ signalling** *n BrE* ELEC ENG Generator-Signalgabe *f*; **~ speed** *n* FUELLESS Generatorgeschwindigkeit *f*
generic[1] *adj* COMP & DP generisch
generic:[2] **~ cascade** *n* NUC TECH generische Kaskade *f*; **~ name** *n* COMP & DP Gattungsname *m*, auswählbarer Name *m*, generischer Name *m*
genetically: **~ significant dose** *n* POLL genetisch wichtige Dosis *f*
Geneva: **~ drive** *n* PROD ENG Malteserkreuztrieb *m*; **~ mechanism** *n* MECHAN ENG Malteserkreuzgetriebe *nt*; **~ stop** *n* PROD ENG Malteserkreuzgetriebe *nt*; **~ wheel** *n* MECHAN ENG Sternrad *nt*, PROD ENG Malteserkreuzscheibe *f*
genistein *n* CHEMISTRY Genistein *nt*, Prunetol *nt*
genlock *n* TELEV Synchronsteuerung *f*
genlocking *n* TELEV Synchronsteuerung *f*
gentex *abbr (general telegraph exchange)* TELECOM Gentex *nt (Telegrammwähldienst)*
gentian: **~ violet** *n* FLUID PHYS Enzianblau *nt*
gentianin *n* CHEMISTRY Gentianin *nt*
gentiobiose *n* CHEMISTRY Amygdalose *f*, Gentiobiose *f*
gentiopicrin *n* CHEMISTRY Gentiopikrin *nt*, Gentiopikrosid *nt*
gentisic *adj* CHEMISTRY Gentisin- *pref*
gentisin *n* CHEMISTRY Gentisin *nt*
gentle: **~ heat** *n* THERMODYN gelinde Hitze *f*, gelinde Wärme *f*
geodesic[1] *adj* WATER TRANS geodätisch
geodesic[2] *n* GEOM Geodäte *f*, geodätische Linie *f*; **~ station** *n* WATER TRANS Vermessungsstation *f*; **~ survey ship** *n* WATER TRANS Seevermessungsschiff *nt*
geodesy *n* GEOM Erdvermessungskunde *f*, Geodäsie *f*
geodetic[1] *adj* WATER TRANS geodätisch
geodetic:[2] **~ survey** *n* CONST Landaufnahme *f*
geodimeter *n* CONST *for surveying* Geodimeter *nt*
geographic: **~ variation** *n* POLL geographische Abweichung *f*
geographical: **~ range** *n* WATER TRANS *navigation* geographische Sichtweite *f*
geohydrology *n* COAL TECH Grundwasserkunde *f*
geological: **~ survey** *n* COAL TECH, PET TECH geologische Vermessung *f*
geology *n* COAL TECH, PET TECH Geologie *f*
geomagnetic[1] *adj* SPACE geomagnetisch
geomagnetic:[2] **~ albedo** *n* SPACE geomagnetische Albedo *f*; **~ cut-off energy** *n* SPACE geomagnetische Abrißenergie *f*
geomagnetism *n* PHYS Erdmagnetismus *m*, Geomagnetismus *m*, SPACE Geomagnetismus *m*
geometer *n* GEOM Geometer *nt*
geometric[1] *adj* GEOM geometrisch
geometric:[2] **~ beam resolution** *n* NUC TECH geometrische Strahlauflösung *f*; **~ buckling** *(Bg) n* NUC TECH Flußdichtewölbung *f*, Flußwölbung *f*, geometrisches Buckling *nt*; **~ calibration** *n* TELEV Geometrie-Eichung *f*; **~ error** *n* TELEV Geometriefehler *m*; **~ locus** *n* GEOM geometrischer Ort *m*; **~ mean** *n* COMP & DP, GEOM geometrisches Mittel *nt*, MATH, QUAL geometrischer Mittelwert *m*, geometrisches Mittel *nt*; **~ optics** *n pl* OPT Strahlenoptik *f*, geometrische Optik *f*, TELECOM geometrische Optik *f*; **~ progression** *n* GEOM geometrische Reihe *f*; **~ properties** *n pl* GEOM geometrische Eigenschaften *f pl*; **~ series** *n* MATH geometrische Reihe *f*; **~ solid** *n* GEOM geometrischer Körper *m*; **~ surface** *n* GEOM geometrische Fläche *f*
geometrical[1] *adj* GEOM geometrisch
geometrical:[2] **~ constraint** *n* PROD ENG *kinematics* kinematischer Zwang *m*; **~ data** *n pl* CONST geometrische Werte *m pl*; **~ moment** *n* PROD ENG axiales Flächenträgheitsmoment *nt*; **~ moment of inertia** *n* MECHAN ENG Flächenträgheitsmoment *nt*; **~ optics** *n pl* PHYS Strahlenoptik *f*, geometrische Optik *f*; **~ pitch** *n* AIR TRANS *propeller* geometrische Steigung *f*; **~ resolution length** *n* NUC TECH *of thickness gauge* geometrische Auflösungslänge *f*
geometrician *n* GEOM Geometer *nt*
geometry *n* ELEC ENG, NUC TECH, RAD TECH, TELEV Geometrie *f*, TEST äußere Form *f*; **~ of absorption** *n* RAD PHYS *of ionizing radiation* Absorptionsgeometrie *f*; **~ factor** *n* NUC TECH Geometriefaktor *m*; **~ of glide** *n* METALL Gleitgeometrie *f*; **~ of irradiation** *n* NUC TECH Bestrahlungsgeometrie *f*; **~ of three dimensions** *n* GEOM dreidimensionale Geometrie *f*
geophone *n* COAL TECH, PET TECH Geophon *nt*
geophysical: **~ log** *n* PET TECH geophysikalisches Log *nt*; **~ survey** *n* CONST geophysikalische Aufnahme *f*, PET TECH geophysikalische Untersuchung *f*
geophysics *n* COAL TECH, PET TECH, PHYS Geophysik *f*
geopressure *n* PET TECH Erddruck *m*
Georgian: **~-wired glass** *n* CER & GLAS drahtverstärktes Brandschutzglas *nt*
geostatic: **~ pressure** *n* PET TECH geostatischer Druck *m*
geostationary[1] *adj* RAD TECH geostationär
geostationary:[2] **~ orbit** *n* PHYS geostationäre Bahn *f*; **~ satellite** *n* PHYS, SPACE, TELECOM, TELEV, WATER TRANS geostationärer Satellit *m*; **~ satellite orbit** *n* SPACE geostationäre Satellitenumlaufbahn *f*
geosynchronous[1] *adj* RAD TECH, SPACE geosynchron
geosynchronous:[2] **~ satellite** *n* TELECOM Synchronsatellit *m*
geosyncline *n* PET TECH Geosynklinale *f*
geothermal[1] *adj* FUELLESS geothermisch
geothermal:[2] **~ circuit** *n* FUELLESS geothermischer Kreislauf *m*; **~ drilling equipment** *n* FUELLESS geothermische Bohrausrüstung *f*; **~ energy** *n* PHYS geothermische Energie *f*, POLL geothermale Energie *f*; **~ energy exploitation** *n* POLL Ausbeutung der geothermalen Energie *f*; **~ field** *n* FUELLESS geothermisches Feld *nt*; **~ gradient** *n* FUELLESS geothermische Tiefenstufe *f*, PET TECH geothermischer Gradient *m*; **~ log** *n* PET TECH geothermisches Log *nt*; **~ plant** *n* FUELLESS geothermische Anlage *f*; **~ power** *n* FUELLESS geothermische Energie *f*; **~ power station** *n* ELEC ENG, ELECT geothermisches Kraftwerk *nt*; **~ resources** *n pl* FUEL-

LESS geothermische Quellen *f pl*
geothermics *n* PET TECH Erdwärme *f*, Geothermik *f*
geranialaldehyde *n* CHEMISTRY Geraniumaldehyd *nt*
geraniol *n* CHEMISTRY Geraniol *nt*, Geranylalkohol *m*
geranyl *adj* CHEMISTRY Geranyl- *pref*
German: ~ **silver** *n* METALL Neusilber *nt*, Packfong *nt*; ~ **Standard** *n* MECHAN ENG Deutsche Norm *f*; ~ **Standards Institution** *n* MECHAN ENG DIN, Deutsches Institut für Normung *nt*
germanide: ~ **glass** *n* CER & GLAS Germanatglas *nt*
germanium: ~ **avalanche photodiode** *n* ELECTRON Germanium-Avalanche-Photodiode *f*; ~ **diode** *n* ELECT Germaniumdiode *f*; ~ **rectifier** *n* ELEC ENG, ELECT Germaniumgleichrichter *m*
get[1] *vt* COAL TECH gewinnen; ~ **down** *vt* PROD ENG auswalzen
get:[2] ~ **blackened with heat** *vi* THERMODYN verkohlen; ~ **stranded** *vi* WATER TRANS stranden; ~ **under way** *vi* WATER TRANS auslaufen
getter *n* ELEC ENG Fangstoff *m*, Getter *nt*, Getterstoff *m*, ELECT, TELECOM Getter *nt*
geyser *n* FUELLESS Geiser *m*, Geysir *m*
g-factor *n* PHYS g-Faktor *m*
G-force *n* SPACE Beschleunigungsbelastung *f*
ghost *n* PHOTO Geisterbild *nt*, PROD ENG Schattenstreifen *m*, Seigerungsstreifen *m*; ~ **echo** *n* WATER TRANS *radar* Geisterecho *nt*; ~ **image** *n* TELEV Geisterbild *nt*; ~ **line** *n* PROD ENG Schattenstreifen *m*, Seigerungsstreifen *m*
giant: ~ **pulse laser** *n* ELECTRON Riesenimpulslaser *m*
gib *n* MECHAN ENG Stelleiste *f*, *alignment plate* Richtplatte *f*, *gib-head key* Nasenkeil *m*, *machine tools* Führungslineal *nt*; ~ **and cotter** *n* MECHAN ENG Keilschloß *nt*; ~**-head key** *n* MECHAN ENG Nasenkeil *m*; ~ **and key** *n* MECHAN ENG Keilschloß *nt*
Gibbs: ~ **free energy** *n* PHYS Gibbssche freie Energie *f*; ~ **function** *n (G)* PHYS, THERMODYN Gibbssche Funktion *f (G)*; ~ **phase rule** *n* NUC TECH, THERMODYN Gibbssche Phasenregel *f*
giga *pref (G)* METROL Giga- *pref (G)*
gigabyte *n (GB)* COMP & DP, OPT *information unit* Gigabyte *nt (GB)*
gigadisk *n* COMP & DP, OPT Gigaplatte *f*
gigahertz *n (GHz)* RAD TECH Gigahertz *nt*
GIGO *abbr (garbage in, garbage out)* COMP & DP GIGO *(Müll rein, Müll raus)*
GII *abbr (Global Information Infrastructure)* COMP & DP GII *(globale Informations-Infrastruktur)*
gilbert *n* ELEC ENG Gilbert *nt*
gild *vt* PROD ENG vergolden
gilding *n* CER & GLAS Vergoldung *f*, PROD ENG Vergolden *nt*
gill *n* MECHAN ENG Kühlrippe *f*, METROL Gill *nt*
gilled: ~ **tube** *n* PROD ENG Rippenrohr *nt*
gilt: ~ **edges** *n pl* PRINT *bookbinding* Goldschnitt *m*
gimbal:[1] ~**-mounted** *adj* SPACE *engineering* kardanisch gelagert
gimbal[2] *n* MECHANICS, PROD ENG Kardanring *m*, WATER TRANS Kardanring *m*, kardanische Aufhängung *f*; ~ **joint** *n* MECHAN ENG Kardangelenk *nt*; ~ **suspension** *n* MECHAN ENG kardanische Aufhängung *f*
gimlet *n* CONST Handbohrer *m*, Nagelbohrer *m*, Schneckenbohrer *m*, Vorbohrer *m*
gimp *n* TEXT Gimpe *f*
gin *n* AIR TRANS Hebezeug *nt*, CONST Göpel *m*, *drilling* Dreibein *nt*, Hebezeug *nt*, Winde *f*, ELECT, MECHAN ENG, MECHANICS, PROD ENG, WATER TRANS Hebezeug *nt*
Ginn: ~ **equation** *n* NUC TECH Ginnsche Gleichung *f*
Giorgi: ~ **system of units** *n* METROL Georgisches Einheitssystem *nt*
gipsy *n see gypsy*
girder *n* CONST Binder *m*, Träger *m*, Unterzug *m*, MECHAN ENG *of crane* Träger *m*, MECHANICS Balken *m*, Tragbalken *m*, Träger *m*, WATER TRANS *shipbuilding* Tragebalken *m*, Träger *m* ~ **bridge** *n* CONST Balkenbrücke *f*
girt *n* CONST Untergurt *m*
girth: ~ **weld** *n* MECHANICS Rundnahtschweißen *nt*, NUC TECH Rundnaht *f*
give:[1] ~ **clearance to** *vt* MECHAN ENG Spiel geben; ~ **off** *vt* THERMODYN *heat* abgeben, absondern, *smoke, steam* ausstoßen; ~ **a wide berth** *vt* WATER TRANS *shiphandling* gut freihalten von, weit abhalten von
give:[2] ~ **the alarm** *vi* SAFETY Alarm auslösen, Alarm geben; ~ **way** *vi* CONST nachgeben, WATER TRANS *navigation* ausweichen
glacial: ~ **acetic acid** *n* CHEMISTRY Eisessig *m*, kristallisierte Essigsäure *f*, FOOD TECH Eisessig *m*; ~ **clay** *n* COAL TECH Geschiebelehm *m*, Geschiebemergel *m*
glance: ~ **coal** *n* COAL TECH Glanzkohle *f*
glancing: ~ **collision** *n* NUC TECH streifender Stoß *m*
gland *n* FOOD TECH Drüse *f*, HEAT & REFRIG Stopfbüchse *f*, Stutzen *m*, MECHAN ENG *of stuffing box* Brille *f*, *packing* Stopfbüchse *f*, MECHANICS Stopfbüchse *f*, Stopfbüchsenbrille *f*, PET TECH Stopfbüchse *f*, PROD ENG Brille *f*, *seal* Dachmanschette *f*, SPACE *sleeve around axis in stuffing box* Kolbenachsendichtung *f*, Muffe *f*, Stopfbüchsenabdichtung *f*, WATER TRANS Dichtungsstutzen *m*, Stopfbüchsenbrille *f*
glandless *adj* PROD ENG *plastic valves* stopfbüchsenlos
glare:[1] ~**-free** *adj* SAFETY blendungsfrei
glare[2] *n* OPT Blendung *f*, SAFETY Blendlicht *nt*; ~ **shield** *n* AIR TRANS *against hot emissions* Blendschutz *m*
glass:[1] ~ **fiber-reinforced** *adj AmE*, ~ **fibre-reinforced** *adj BrE* PACK glasfaserverstärkt
glass[2] *n* CER & GLAS *magnifying glass* Lupe *f*, Vergrößerungsglas *nt*, CHEMISTRY, COATINGS Glas *nt*; ~ **analysis** *n* CER & GLAS Glasanalyse *f*; ~ **bead** *n* CER & GLAS, COATINGS Glasperle *f*; ~ **block** *n* CER & GLAS Glasbaustein *m*, NUC TECH *fission product bearing* Glasblock *m*; ~**-bonded mica** *n* ELEC ENG *insulator* Preßglasglimmer *m*; ~ **brick** *n* CER & GLAS Glasziegel *m*; ~ **cameo** *n* CER & GLAS Glaskamee *f*; ~ **capacitor** *n* ELEC ENG Glaskondensator *m*; ~ **ceramic** *n* CER & GLAS, NUC TECH *celsian or fresnoite* Glaskeramik *f*; ~ **cladding** *n* ELEC ENG Glasauskleidung *f*; ~ **cloth** *n* WATER TRANS *shipbuilding material* Glastuch *nt*; ~**-coated ceramic capacitor** *n* ELEC ENG Keramikkondensator mit Glasbeschichtung *m*; ~ **color** *n AmE*, ~ **colour** *n BrE* CER & GLAS Glasfarbe *f*; ~ **concrete panel** *n* CER & GLAS Glasbetonplatte *f*; ~ **container** *n* PACK Glas *nt*, Glasbehälter *m*; ~ **continuous filament yarn** *n* CER & GLAS Glasspinnfadengarn *nt*; ~ **cutter** *n* CER & GLAS *tool* Glasschneider *m*, *workman* Glasschleifer *m*, CONST Glasschneider *m*, Glaserdiamant *m*; ~ **cutting wheel** *n* CER & GLAS Rollglasschneider *m*; ~ **dish** *n* CER & GLAS Glasschale *f*; ~ **dust** *n* CER & GLAS Glasstaub *m*; ~ **electrode** *n* LAB EQUIP Glaselektrode *f*; ~**-epoxy laminate** *n* ELECTRON Glas-Epoxid-Laminat *nt*; ~**-epoxy**

printed circuit board *n* ELECTRON Glas-Epoxid-Leiterplatte *f*; ~ **fabric** *n* PACK Glasgewebe *nt*; ~ **fiber** *n AmE see glass fibre BrE* ~ **fiber laminate** *n AmE see glass fibre laminate BrE* ~ **fiber mat** *n AmE see glass fibre mat BrE* ~ **fiber-reinforced plastic** *n AmE see glass fibre-reinforced plastic BrE* ~ **fiber reinforcement** *n AmE see glass fibre reinforcement BrE* ~ **fibre** *n BrE* CONST Fiberglas *nt*, Glasfaser *f*, ELEC ENG, PLAS *filler*, WATER TRANS *shipbuilding material* Glasfaser *f*; ~ **fibre laminate** *n BrE* PACK Glasfaserlaminat *nt*, Glasfaserschichtkunststoff *m*; ~ **fibre mat** *n BrE* CER & GLAS Glasfaservlies *nt*; ~ **fibre-reinforced plastic** *n BrE (GRP)* PACK glasfaserverstärkter Kunststoff *m (GFK)*, PLAS Glasfaserkunststoff *m*, glasfaserverstärkter Kunststoff *m (GFK)*, WATER TRANS glasfaserverstärkter Kunststoff *m (GFK)*; ~ **fibre reinforcement** *n BrE* CER & GLAS Glasfaserverstärkung *f*; ~ **filament** *n* CER & GLAS Glasfilament *nt*; ~ **film** *n* CER & GLAS Glasfilm *m*; ~ **for lithography** *n* CER & GLAS Lithographieglas *nt*; ~ **former** *n* CER & GLAS Glasbildner *m*; ~ **for protective goggles** *n* SAFETY Schutzbrillenglas *nt*; ~ **frit** *n* CER & GLAS Glasfritte *f*; ~ **hardness** *n* METALL Glashärte *f*; ~ **heating panel** *n* CER & GLAS Glasheizkörper *m*; ~ **holder** *n* ELEC ENG Glashalter *m*; ~ **insulator** *n* CER & GLAS, ELECT Glasisolator *m*; ~ **jar** *n* PACK Glas *nt*, Glasgefäß *nt*, *for preserves* Einmachglas *nt*, Weckglas *nt*; ~ **jug** *n* CER & GLAS Glaskrug *m*; ~ **laser** *n* ELECTRON Glaslaser *m*; ~ **level controller** *n* CER & GLAS Glaspegelregler *m*; ~ **marble** *n* CER & GLAS *for production of glass fibre* Glasmarmor *m*; ~ **melted from batch only** *n* CER & GLAS nur aus Gemenge erschmolzenes Glas *nt*; ~ **melted from cullet** *n* CER & GLAS aus Scherben erschmolzenes Glas *nt*; ~ **microsphere** *n* CER & GLAS Glasmikrosphäre *f*; ~ **mosaic** *n* CER & GLAS Millefiori *nt*; ~ **passivation** *n* ELECTRON Glaspassivierung *f*; ~-**paving slab** *n* CER & GLAS Glaspflasterplatte *f*; ~ **plate** *n* LAB EQUIP Glasplatte *f*; ~ **pocket** *n* CER & GLAS Glastasche *f*; ~ **pressure plate** *n* PHOTO Glasandruckplatte *f*; ~ **recycling** *n* WASTE Altglasverwertung *f*, Glasrecycling *nt*; ~-**reinforced concrete** *n* CER & GLAS Glasstahlbeton *m*; ~-**reinforced laminate** *n* NUC TECH Glashartgewebe *nt*; ~ **rod** *n* LAB EQUIP Glasstab *m*; ~ **roll dampener** *n* CER & GLAS Glaswalzendämpfer *m*; ~ **roof** *n* CER & GLAS Glasdach *nt*; ~ **roof tile** *n* CER & GLAS Glasdachziegel *m*; ~ **staple-fiber yarn** *n AmE*, ~ **staple-fibre yarn** *n BrE* CER & GLAS Glasstapelfasergarn *nt*; ~-**stirring rod** *n* LAB EQUIP Glasrührstab *m*; ~ **substrate** *n* ELECTRON Glas-Substrat *nt*; ~ **transition temperature** *n* PLAS Einfriertemperatur *f*, Glaspunkt *m*, Glasumwandlungstemperatur *f*, Glasübergangstemperatur *f*, Tg-Wert *m*; ~ **tube** *n* CER & GLAS Glasrohr *nt*, ELECTRON Glasrohr *nt*, Glasröhre *f*; ~ **ventilating brick** *n* CER & GLAS Glaslüftungsstein *m*; ~ **wadding** *n* PACK Glaswatte *f*; ~ **washer** *n* LAB EQUIP Glaswaschapparat *m*; ~ **wool** *n* PLAS Glaswolle *f*; ~ **wool filter** *n* CER & GLAS Glaswollefilter *nt*; ~ **yield** *n* CER & GLAS Glasausbeute *f*

glassblower *n* CER & GLAS Glasbläser *m*

glassblowing *n* CER & GLAS Glasblasen *nt*

glassine *n* FOOD TECH Pergaminpapier *nt*

glassivation *n* ELECTRON *semiconductors* Glaspassivierung *f*

glassmaker's: ~ **tool** *n* CER & GLAS Glasmacherwerkzeug *nt*

glassmaking: ~ **sand** *n* CER & GLAS Quarzsand *m*

glasspapering *n* PROD ENG Holzschleifen *nt*

glassware *n* CER & GLAS Glaswaren *f pl*

glassworker's: ~ **cataract** *n* CER & GLAS grauer Star bei Glasmachern *m*

glassy[1] *adj* CER & GLAS glasartig, COATINGS durchsichtig, glasartig, glasig

glassy:[2] ~ **feldspar** *n* CER & GLAS glasiger Feldspat *m*

glauconite: ~ **marl** *n* CONST Glaukonitmergel *m*

glaze[1] *n* CER & GLAS Glasur *f*, Überglasung *f*, PAPER Glättung *f*, TEXT Glanz *m*; ~ **grinder** *n* CER & GLAS Glasurschleifer *m*; ~ **kiln** *n* CER & GLAS Glasurofen *m*

glaze[2] *vt* CER & GLAS *furnish or fit with glass* verglasen, *substrate* glasieren, FOOD TECH glasieren, PACK kalandrieren, PHOTO glasieren, satinieren, PROD ENG glasieren, TEXT glänzen, glätten

glazed[1] *adj* CER & GLAS *pottery* glasiert

glazed:[2] ~ **board** *n* PACK Glanzkarton *m*, Glanzpappe *f*; ~ **brick** *n* CONST Glasurstein *m*, Glasurziegel *m*; ~ **door** *n* CONST Fenstertür *f*, verglaste Tür *f*; ~ **earthenware** *n* CER & GLAS glasiertes Steingut *nt*; ~ **paper** *n* PACK, PAPER Glanzpapier *nt*; ~ **pottery** *n* CER & GLAS glasierte Töpferwaren *f pl*; ~ **sash** *n* CONST Fensterglasflügel *m*; ~ **tile** *n* CONST Keramikfliese *f*; ~ **yarn** *n* TEXT Glanzgarn *nt*

glazier *n* CONST Glaser *m*

glazier's: ~ **diamond** *n* CONST Glaserdiamant *m*; ~ **pliers** *n pl* CER & GLAS Glaserzange *f*

glazing *n* CER & GLAS *installing windows* Einglasen *nt*, *the windows of a building* Verglasen *nt*, CONST Verglasen *nt*, FUELLESS Verglasung *f*, PAPER Satinage *f*, PROD ENG Kornabstumpfung *f*, spiegelige Oberfläche *f*, TEXT Glanzappretur *f*, Glasur *f*; ~ **cylinder** *n* PAPER Glättzylinder *m*; ~ **industry** *n* CER & GLAS Verglasungsindustrie *f*; ~ **machine** *n* CER & GLAS Glasiermaschine *f*, PACK Glanzmaschine *f*, Satiniermaschine *f*, PHOTO Hochglanzmaschine *f*; ~ **quality** *n* CER & GLAS Glasurqualität *f*; ~ **sheet** *n* PHOTO Hochglanzplatte *f*

GLC *abbr (ground level concentration)* POLL Konzentration auf Bodenhöhe *f*

Gleason: ~ **gear teeth** *n* MECHAN ENG Gleason-Verzahnung *f*

glide: ~ **aerial** *n* AIR TRANS Gleitpfadantenne *f*; ~ **band** *n* METALL Gleitband *nt*; ~ **path** *n* AIR TRANS Gleitpfad *m*, Gleitbahn *f*; ~ **path beacon** *n* AIR TRANS Gleitwegfunkfeuer *nt*; ~ **path beam** *n* AIR TRANS Funkleitstrahl *m*, Gleitwegleitstrahler *m*, Gleitstrahl *m*, Wegleitstrahl *m*; ~ **path localizer** *n* AIR TRANS Gleitbahnkurs-Funkfeuer *nt*, kombinierter Anzeiger für Gleitweg und Landkurs *m*; ~ **plane** *n* NUC TECH *of crystal* Gleitebene *f*; ~ **ratio** *n* AIR TRANS Gleitverhältnis *nt*; ~ **slope** *n* AIR TRANS Gleitpfad *m*, Landeleitlinie *f*

glider *n* AIR TRANS Segelflugzeug *nt*

gliding: ~ **angle** *n* AIR TRANS Gleitflugwinkel *m*; ~ **boat** *n* WATER TRANS Gleitboot *nt*; ~ **distance** *n* AIR TRANS Gleitflugentfernung *f*; ~ **flight** *n* AIR TRANS Gleitflug *m*; ~ **fracture** *n* NUC TECH Gleitbruch *m*; ~ **plane** *n* METALL *crystals* Gleitfläche *f*, Translationsfläche *f*

glitch *n* COMP & DP, TELEV Panne *f*

global[1] *adj* COMP & DP global, umfassend

global:[2] ~ **beam** *n* SPACE *communications* Globalstrahl *m*; ~ **call** *n* TELECOM Generalruf *m*; ~ **change** *n* COMP & DP globales Ersetzen *nt*; ~ **coverage** *n* TELECOM weltweite Überdeckung *f*, WATER TRANS *navigation and communication by satellite* weltweite Abdeckung *f*; ~ **emissions** *n pl* POLL weltweite Emissionen *f pl*; ~ **marine distress and safety system** *n (GMDSS)* WA-

TER TRANS System zur Rettung von Menschenleben bei Seenotfällen *nt (GMDSS)*; **~-positioning system** *n (GPS)* WATER TRANS *navigation by satellite* globales Positionsbestimmungssystem *nt (GPS)*; **~ search and replace** *n* COMP & DP globales Suchen und Ersetzen *nt*; **~ sulfur budget** *n AmE*, **~ sulphur budget** *n BrE* POLL Weltschwefelhaushalt *m*; **~ variable** *n* COMP & DP globale Variable *f*

Global: **~ Environment Monitoring System** *n* POLL globales Umweltüberwachungssystem *nt*; **~ Information Infrastructure** *n (GII)* COMP & DP globale Informations-Infrastruktur *f (GII)*

globe: **~ joint** *n* MECHAN ENG Kugelgelenk *nt*; **~ valve** *n* HYD EQUIP Kugelventil *nt*, PROD ENG *plastic valves* Sitzventil *nt*

globoid *n* MECHAN ENG Globoid *nt*; **~ gear** *n* MECHAN ENG Globoidgetriebe *nt*

globoidal: **~ gear** *n* MECHAN ENG Globoidgetriebe *nt*; **~ worm gear** *n* MECHAN ENG Globoidgetriebe *nt*

globular[1] *adj* METALL kugelförmig

globular:[2] **~ coke** *n* COAL TECH Kugelkoks *m*

glory: **~ hole** *n* CER & GLAS Anwärmloch *nt*

gloss *n* PACK Glanz *m*, Glanzlack für Anstrich *m*, PAPER, PLAS, PRINT Glanz *m*; **~ calender** *n* PAPER Glosskalander *m*; **~ meter** *n* PLAS *paints, instrument* Glanzmesser *m*; **~ paint** *n* CONST Glanzfarbe *f*

glossing *n* CER & GLAS Glasur *f*

glossy[1] *adj* PACK, PLAS *paint*, TEXT glänzend

glossy:[2] **~ paper** *n* PACK Glanzpapier *nt*, PHOTO Hochglanzpapier *nt*, PRINT Glanzpapier *nt*; **~ print** *n* PHOTO Hochglanzfoto *nt*

glove: **~ box** *n AmE (cf glove compartment BrE)* AUTO Handschuhfach *nt*, NUC TECH Glove-Box *f*, Handschuhkasten *m*; **~ compartment** *n BrE (cf glove box AmE)* AUTO Handschuhfach *nt*, NUC TECH Glove-Box *f*, Handschuhkasten *m*; **~ port** *n* NUC TECH Handschuheingriff *m*, Handschuhöffnung *f*

glow:[1] **~ discharge** *n* ELEC ENG Glimmentladung *f*, Glühkathodenentladung *f*, ELECT, ELECTRON, PHYS, RAD PHYS Glimmentladung *f*, Glühentladung *f*; **~ discharge cathode** *n* ELEC ENG Glimmkathode *f*; **~ discharge lamp** *n* ELECT Glimmentladungslampe *f*; **~ discharge rectifier** *n* ELEC ENG Glimmentladungsventil *nt*, Glimmlichtgleichrichter *m*; **~ discharge sputtering** *n* NUC TECH Zerstäubung durch Glimmentladung *f*; **~ discharge tube** *n* ELECTRON Glimmentladungsröhre *f*; **~ lamp** *n* ELEC ENG Glimmlampe *f*; **~ plug** *n* AUTO, THERMODYN Glühkerze *f*; **~ switch** *n* ELEC ENG Glimmschalter *m*

glow[2] *vi* THERMODYN glühen

glowing[1] *adj* THERMODYN glühend

glowing:[2] **~ heat** *n* THERMODYN Gluthitze *f*, Glühhitze *f*; **~ tungsten filament** *n* RAD PHYS Wolframglühdraht *m*, Wolframglühfaden *m*

glucagon *n* CHEMISTRY Glucagon *nt*

glucamine *n* CHEMISTRY Glucamin *nt*

glucaric *adj* CHEMISTRY Glucar- *pref*

glucin *n* CHEMISTRY Glucin *nt*

gluconic *adj* CHEMISTRY Glucon- *pref*

glucoprotein *n* CHEMISTRY Glykoprotein *nt*

glucopyranose *n* CHEMISTRY Glucopyranose *f*

glucosamine *n* CHEMISTRY Chitosamin *nt*, Glucosamin *nt*

glucosan *n* CHEMISTRY Glucosan *nt*

glucoside *n* CHEMISTRY Glucosid *nt*

glue[1] *n* PACK Klebstoff *m*, Leim *m*, PAPER Leim *m*, PLAS Kleber *m*, Kleister *m*, Leim *m*, PRINT Leim *m*, TEXT Klebstoff *m*, Leim *m*; **~-etching** *n* CER & GLAS Leimmattierung *f*; **~-gumming machine** *n* PACK Gummiermaschine *f*, Leimauftragmaschine *f*; **~ line** *n* PLAS Klebfuge *f*, Leimfuge *f*; **~ press** *n* PACK Leimzwinge *f*; **~ spreading machine** *n* PACK Leimauftragmaschine *f*

glue[2] *vt* CONST kleben, leimen, PAPER leimen

glued: **~ box** *n* PACK Klebkarton *m*; **~ joint** *n* PACK Klebfuge *f*, Klebverbindung *f*, PROD ENG Klebeverbindung *f*; **~ seal** *n* PACK aufgeklebte Dichtung *f*

gluer *n* PRINT Klebemaschine *f*

gluing *n* PACK Kleben *nt*, PAPER Leimung *f*; **~ device** *n* PACK Klebevorrichtung *f*; **~ machine** *n* PACK Anleimmaschine *f*, Leimauftragmaschine *f*; **~ up** *n* PRINT Kleben *nt*, Leimen *nt*

gluon *n* PART PHYS, PHYS Gluon *nt*

glutamate *n* CHEMISTRY Glutaminat *nt*

glutamic *adj* CHEMISTRY Glutamin- *pref*

glutamine *n* CHEMISTRY Glutamin *nt*

glutaraldehyde *n* CHEMISTRY Glutaraldehyd *nt*, Glutardialdehyd *nt*

glutathione *n* CHEMISTRY Glutathion *nt*

gluten:[1] **~-free** *adj* FOOD TECH glutenfrei

gluten[2] *n* FOOD TECH Kleber *m*; **~ extensibility** *n* FOOD TECH Kleberdehnbarkeit *f*

glyceraldehyde *n* CHEMISTRY Glyceraldehyd *m*, Glycerinaldehyd *m*

glyceric *adj* CHEMISTRY Glycerin *nt*

glyceride *n* CHEMISTRY, FOOD TECH Glycerid *nt*

glycerine *n* CHEMISTRY Glycerin *nt*, Glycerol *nt*

glycerol *n* CHEMISTRY Glycerin *nt*, Glycerol *nt*; **~ monoacetate** *n* FOOD TECH Glycerinmonoacetat *nt*

glycerophosphate *n* CHEMISTRY Glycerophosphat *nt*

glycerophosphoric *adj* CHEMISTRY Glycerophosphor- *pref*

glyceryl[1] *adj* CHEMISTRY Glyceryl- *pref*

glyceryl:[2] **~ tristeate** *n* CHEMISTRY Glyceryltristearat *nt*, Stearin *nt*, Tristearin *nt*

glycidic *adj* CHEMISTRY Glycid- *pref*

glycine *n* FOOD TECH Aminoessigsäure *f*, Glykokoll *nt*

glycogen *n* CHEMISTRY Glycogen *nt*, FOOD TECH Glykogen *nt*, Leberstärke *f*

glycol *n* CHEMISTRY Glycol *nt*

glycolic *adj* CHEMISTRY Glycol- *pref*

glycolide *n* CHEMISTRY Glykolid *nt*

glycolipid *n* CHEMISTRY Glykolipid *nt*

glycollic *adj* CHEMISTRY Glykol- *pref*

glycolysis *n* FOOD TECH Glykolyse *f*

glycoside *n* FOOD TECH Glykosid *nt*

glycuronic *adj* CHEMISTRY Glykuron- *pref*

glycyl *adj* CHEMISTRY Glycyl- *pref*

glycyrrhizine *n* CHEMISTRY Glycyrrhizinsäure *f*, Süßholzzucker *m*

glyoxal *n* CHEMISTRY Glyoxal *nt*

glyoxaline *n* CHEMISTRY Glyoxalin *nt*

glyoxime *n* CHEMISTRY Glyoxim *nt*

glyoxydiureide *n* CHEMISTRY Glyoxyldiureid *nt*

glyoxylic *adj* CHEMISTRY Glyoxyl- *pref*

glyptal: **~ resin** *n* PLAS *paint binder* Glyptalharz *nt*

GMDSS *abbr (global marine distress and safety system)* WATER TRANS GMDSS *(System zur Rettung von Menschenleben bei Seenotfällen)*

GMSK *abbr (Gaussian filtered minimum shift keying)* TELECOM Gauß-Filter-Minimalphasenumtastung *f*

GMT *abbr (Greenwich Mean Time)* MECHANICS WEZ

(Westeuropäische Zeit)
gneiss *n* CONST, PET TECH Gneis *m*
gnomonic: **~ projection** *n* RAD TECH, WATER TRANS *navigation* gnomonische Projektion *f*
go:[1] **~ end** *n* MECHAN ENG *of gauge*, PROD ENG Gutseite *f*; **~ end gaging** *n AmE*, **~ end gauging** *n BrE* PROD ENG Gutseitelehrung *f*; **~ gage** *n AmE*, **~ gauge** *n BrE* MECHAN ENG, PROD ENG Gutlehre *f*; **~ and no-go gage** *n AmE*, **~ and no-go gauge** *n BrE* MECHAN ENG Gut-und Ausschußlehre *f*; **~ and no-go limit gage** *n AmE*, **~ and no-go limit gauge** *n BrE* MECHAN ENG Grenzlehre *f*; **~ snap-gage** *n AmE*, **~ snap-gauge** *n BrE* PROD ENG Gutrachenlehre *f*
go:[2] **~ out** *vt* ELEC ENG *of light* ausgehen, erlöschen
go:[3] **~ above** *vi* WATER TRANS *ship* nach oben gehen; **~ aground** *vi* WATER TRANS auf Grund laufen; **~ alongside** *vi* WATER TRANS *ship* längsseits gehen; **~ astern** *vi* WATER TRANS achteraus laufen; **~ below** *vi* WATER TRANS *ship* nach unten gehen; **~ critical** *vi* NUC TECH *reactor* kritisch werden; **~ down** *vi* WATER TRANS *ship* sinken, untergehen; **~ down by the bows** *vi* WATER TRANS *ship* kopflastig untergehen, mit Bug voran sinken; **~ free** *vi* WATER TRANS *sailing* raumschots segeln; **~ into circuit** *vi* TELECOM in Leitung gehen; **~ to sea** *vi* WATER TRANS zur See gehen; **~ via the circuit** *vi* TELECOM über die Leitung gehen
go-about *vi* WATER TRANS *sailing* wenden, über Stag gehen
goal: **~-driven system** *n* ART INT zielgesteuertes System *nt*; **~ post** *n* CER & GLAS Türstock *m*; **~ satisfaction** *n* ART INT Erfüllung der Zielvorstellung *f*
gob *n* CER & GLAS Glasposten *m*; **~ distributor** *n* CER & GLAS Glaspostenverteiler *m*; **~ feeding** *n* CER & GLAS Postenspeisung *f*; **~ tail** *n* CER & GLAS Glaspostenende *nt*; **~ temperature** *n* CER & GLAS Glaspostentemperatur *f*
gobbing *n* CER & GLAS Glaspostenverarbeitung *f*
go-devil *n* MECHAN ENG Rohrreiniger *m*, PET TECH Molch *m*
goggles *n pl* ERGON, SAFETY Schutzbrille *f*
going *n* CONST Stufenbreite *f*; **~-in hole** *n* PET TECH Einfahren *nt*; **~ to press** *n* PRINT Drucklegung *f*
Golay: **~ cell** *n* PHYS Golay-Zelle *f*, Strahlendetektor *m*
gold[1] *n* METALL gold *nt*
gold:[2] **~ amalgam** *n* METALL Goldamalgam *nt*; **~ bullion** *n* METALL Münzgold *nt*; **~ chloride** *n* CHEMISTRY Aurichlorid *nt*, Goldchlorid *nt*; **~ content** *n* METALL Goldgehalt *m*; **~ cyanide** *n* CHEMISTRY Goldcyanid *nt*; **~-doped diode** *n* ELECTRON golddotierte Diode *f*; **~ doping** *n* ELECTRON Golddotierung *f*; **~ epoxy** *n* ELECTRON Goldepoxid *nt*; **~ flashing** *n* SPACE vergoldeter Übergang *m*; **~ foil** *n* PRINT Goldfolie *f*; **~ leaf electroscope** *n* ELEC ENG, ELECT, PHYS Goldblatt-Elektroskop *nt*; **~ plating** *n* SPACE Goldbeschichtung *f*; **~ probe method** *n* NUC TECH *of calibration* Goldsondenmethode *f*; **~ of standard fineness** *n* METALL Feingold *nt*; **~ toning** *n* PHOTO Goldtonbad *nt*; **~ trichloride** *n* CHEMISTRY Aurichlorid *nt*, Goldchlorid *nt*
gold:[3] **~-plate** *vt* METALL vergolden
golden: **~ section** *n* GEOM goldener Schnitt *m*
goliath: **~ crane** *n* CONST Schwerlastkran *m*
gondola *n* RAIL Gondel *f*; **~ cableway** *n* RAIL Seilschwebebahn *f*; **~ car** *n* RAIL Niederbordwagen *m*, offener Güterwagen *m*; **~ wagon** *n* RAIL Niederbordwagen *m*, offener Güterwagen *m*
gong: **~ buoy** *n* WATER TRANS Gongtonne *f*
goniometer *n* GEOM Goniometer *nt*, Winkelmesser *nt*, RAD TECH Goniometer *nt*
go/no: **~-go decision** *n* QUAL Gut-/Schlecht-Entscheidung *f*
Gooch: **~ crucible** *n* LAB EQUIP *for filtration* Gooch-Tiegel *m*
good: **~ housekeeping** *phr* SAFETY Haushalten *nt*
goods *n pl* PACK Güterwaren *f pl*, Handelsgüter *nt pl*; **~ chute** *n BrE (cf freight chute AmE)* RAIL Güterrutsche *f*; **~ depot** *n BrE (cf freight depot AmE)* TRANS Güterschuppen *m*; **~ inwards** *n BrE (cf freight inwards AmE)* RAIL Güterannahme *f*; **~ lorry** *n BrE (cf freight truck AmE)* AUTO Güter-LKW *m*, Güterlastkraftwagen *m*, RAIL Güterwagendrehgestell *nt*, offener Güterwagen *m*; **~ porter** *n BrE (cf freight porter AmE)* RAIL Güterträger *m*; **~ shed** *n BrE (cf freight shed AmE)* RAIL Güterboden *m*, Güterschuppen *m*; **~ station** *n BrE (cf freight station AmE)* RAIL Güterbahnhof *m*; **~ train** *n BrE (cf freight train AmE)* RAIL Güterzug *m*; **~ van** *n BrE (cf freight van AmE)* RAIL gedeckter Wagen *m*; **~ yard** *n BrE (cf freight yard AmE)* RAIL Güterbahnhof *m*
gooseneck *n* MECHANICS Anschlußstück *nt*, Gasdrossel *f*, Verengung *f*, PROD ENG Preßkammer *f*, S-Bogen *m*, Tauchkammer *f*, WATER TRANS *fittings* Lümmel *m*; **~ pipe** *n* MECHAN ENG Rohr mit Doppelbogen *nt*; **~ wrench** *n* MECHAN ENG gekröpfter Schraubenschlüssel *m*
goosenecked: **~ pot carriage** *n* CER & GLAS Glashafenträger mit Schwanenhals *m*; **~ tool** *n* MECHAN ENG gekröpfter Meißel *m*
GOR *abbr (gas-to-oil ratio)* PET TECH GÖV *(Gas-Öl-Verhältnis)*
gorge *n* CONST Hohlkehle *f*, Wassernase *f*
Görtler: **~ number** *n* FLUID PHYS *boundary layer* Görtlerzahl *f*
go-screw: **~ plug** *n* PROD ENG Gutlehrdorn *m*
gothic[1] *adj* PRINT *type design* Gotisch *nt*
gothic:[2] **~ pass** *n* PROD ENG Spitzbogenkaliber *nt*
gouge *n* CONST Hohleisen *nt*, Hohlmeißel *m*
gouging *n* PROD ENG Ausmeißeln *nt*, Fugenhobeln *nt*, Sauerstoffhobeln *nt*; **~ plane** *n* CONST Fugenhobel *m*
governing *n* MECHAN ENG Regeln *nt*
government: **~ inspection** *n* QUAL amtliche Güteprüfung *f*; **~ quality assurance** *n* QUAL Güteprüfung durch den öffentlichen Auftraggeber *m*, amtliche Qualitätssicherung *f*
governor *n* AUTO *engine speed limiter* Drehzahlregler *m*, Fliehkraftregler *m*, ELEC ENG Drehzahlregler *m*, Leistungsregler *m*, Regler *m*, FUELLESS Fliehkraftregler *m*, Zentrifugalregler *m*, MECHAN ENG Regler *m*, MECHANICS Drehzahlregler *m*, Regler *m*, WATER TRANS *engine* Regler *m*; **~ control link** *n* AIR TRANS Fliehkraftregelung *f*; **~ control stop** *n* AIR TRANS Reglerschaltungs-Stangenanschlag *m*; **~ rod** *n* MECHAN ENG Reglerstange *f*; **~ valve** *n* HYD EQUIP Reglerventil *nt*, Steuerventil *nt*
GP[1] *abbr (general-purpose)* COMP & DP Universal- *pref*, ELEC ENG Allzweck- *pref*, Universal- *pref*, universal, MECHANICS Mehrzweck- *pref*
GP:[2] **~ computer** *n* COMP & DP Universalcomputer *m*, Universalrechner *m*
GPC *abbr (gel permeation chromatography)* LAB EQUIP, PLAS GPC *(Gel-Permeations-Chromatographie)*
GPF: **~ carbon black** *n (general-purpose furnace carbon black)* PLAS GPF-Ruß *m*

GPS *abbr (global-positioning system)* WATER TRANS - *satellite navigation* GPS *(globales Positionsbestimmungssystem)*

grab[1] *n* CONST Baggerkorb *m*, Greifer *m*, METALL Greifer *m*, NUC TECH *of a crane or refuelling machine* Selbstgreifer *m*, WATER TRANS *for dredging* Greifer *m*; ~ **bucket** *n* CONST Greiferkorb *m*, MECHAN ENG Greiferkübel *m*; ~ **crane** *n* CONST Greifbagger *m*; ~ **dredge** *n* WATER TRANS Greifbagger *m*; ~ **dredger** *n* CONST Naßbagger *m*, Schwimmbagger *m*, WATER TRANS Greifbagger *m*

grab[2] *vi* ERGON greifen

grabbing: ~ **clutch** *n* AUTO rupfende Kupplung *f*

graceful: ~ **degradation** *n* COMP & DP kontrollierter Leistungsrückgang *m*, reduzierter Betrieb *m*

grad *n* PHOTO Neugrad *m*

grade:[1] **at** ~ *adj* CONST ebenerdig, niveaugleich

grade[2] *n* CONST Erdplanum *nt*, Gefälle *nt*, Höhe *f*, Niveau *nt*, GEOM *slope or gradient* Gefälle *nt*, MECHAN ENG *of hardness* Härtegrad *m*, METALL Güte *f*, QUAL Anspruchsniveau *nt*; ~ **crossing** *n AmE (cf level crossing BrE)* CONST, RAIL höhengleicher Bahnübergang *m*, schienengleicher Straßenübergang *m*; ~ **of service** *n* TELECOM Dienstgüte *f*, Verkehrsgüte *f*; ~ **stake** *n* RAIL Nivellierlatte *f*

grade[3] *vt* CONST abstufen, nivellieren, planieren, FOOD TECH bewerten, einordnen; ~ **down** *vt* CONST *building* niedriger einstufen; ~ **up** *vt* CONST *building* aufwerten

graded: ~ **coal** *n* COAL TECH klassierte Kohle *f*; ~ **index** *n* ELEC ENG Gradient *m*; ~ **index core** *n* ELEC ENG Gradientenkern *m*; ~ **index fiber** *n AmE see graded index fibre BrE* ~ **index fibre** *n BrE* OPT Stufenindexfaser *f*, PHYS Lichtleitfaser mit kontinuierlich veränderlichem Brechungsindex *f*; ~ **index multimode optical fiber** *n AmE*, ~ **index multimode optical fibre** *n BrE* ELEC ENG Gradientenlichtleitfaser *f*; ~ **index profile** *n* OPT Stufenindexprofil *nt*, TELECOM Gradientenindexprofil *nt*; ~ **seal** *n* CER & GLAS Kern- und Hülsenschliff *m*

grader *n* CONST Planiergerät *nt*, Straßenhobel *m*, MAR POLL Planiergerät *nt*, TRANS Planiermaschine *f*; ~ **levelling blade** *n* TRANS Planierschaufel *f*; ~ **waste pond** *n* CER & GLAS Abfallbecken der Sortiermaschine *nt*

gradient *n* ART INT Gradient *m*, CONST Gefälle *nt*, Steigung *f*, ELEC ENG, FLUID PHYS *of temperature, pressure*, GEOM *of a curve* Gradient *m*, MATH Gradient *m*, Steigung *f*, PHYS *vector calculus* Gradient *m*, RAIL Steigung *f*; ~ **index fiber** *n AmE*, ~ **index fibre** *n BrE* TELECOM Gradientenfaser *f*, Gradientenlichtwellenleiter *m*; ~ **microphone** *n* ACOUSTICS Gradientmikrofon *nt*; ~ **post** *n* RAIL Neigungszeiger *m*; ~ **ratio** *n* RAIL Neigungsverhältnis *nt*; ~ **of a straight line** *n* GEOM *negative or positive* Gefälle einer Geraden *nt*, Gradient einer Geraden *m*, Steigung einer Graden *f*

grading *n* CER & GLAS Sortierung *f*, COAL TECH Klassieren *nt*, Sortieren *nt*, CONST Klassierung *f*, Körnung *f*, Planierarbeiten *f pl*, Sieben *nt*, *civil engineering* Planieren *nt*, PACK Klassifizierung *f*, TELECOM *of circuits* Mischung *f*; ~ **analysis** *n* CONST Kornanalyse *f*; ~ **coupling loss cable** *n* TELECOM Kabel mit abgestufter Koppeldämpfung *nt*; ~ **curve** *n* COAL TECH Siebkurve *f*, Sieblinie *f*; ~ **envelope** *n* CONST Siebbereich *m*; ~ **machine** *n* MECHAN ENG Klassiermaschine *f*, Sortiermaschine *f*

graduate *vt* CONST abstufen

graduated: ~ **brake** *n* RAIL mehrlösige Bremse *f*; ~ **filter** *n* PHOTO Verlauffilter *nt*; ~ **flask** *n* LAB EQUIP Meßflasche *f*, Meßkolben *m*; ~ **pipette** *n* LAB EQUIP Meßpipette *f*, Teilpipette *f*; ~ **pocket dosimeter** *n* RAD PHYS Taschendosimeter mit Skale *nt*

graduation *n* LAB EQUIP Gradeinteilung *f*, Unterteilung *f*, PRINT *of colour tones* Abstufung *f*; ~ **mark** *n* LAB EQUIP Teilstrich *m*

graft: ~ **polymer** *n* PLAS Pfropfpolymer *nt*, Pfropfpolymerisat *nt*; ~ **polymerization** *n* PLAS Pfropfpolymerisation *f*

Graham's: ~ **law of diffusion** *n* PHYS Grahamsches Diffusionsgesetz *nt*

grain[1] *n* COAL TECH Korn *nt*, CONST *wood* Maserung *f*, METROL Gran *nt*, PAPER Körnung *f*, PRINT *papermaking* Laufrichtung *f*, Längsrichtung *f*, Maschinenrichtung *f*, PROD ENG Kristall *m*, Maserung *f*, Narbung *f*; ~ **alcohol** *n* FOOD TECH Kornbranntwein *m*; ~ **boundary** *n* METALL, NUC TECH Korngrenze *f*; ~ **boundary diffusion** *n* METALL Korngrenzendiffusion *f*; ~ **boundary migration** *n* METALL Korngrenzenverschiebung *f*; ~ **clumping** *n* PHOTO Zusammenballen *nt*; ~ **direction** *n* PRINT *paper making* Längsrichtung *f*, Maschinenrichtung *f*; ~ **encapsulation** *n* WASTE *of hazardous waste* Einbindung *f*, Einschluß *m*, Mikroeinkapselung *f*; ~ **fraction** *n* COAL TECH Kornfraktion *f*; ~ **moth** *n* FOOD TECH *phytopathology* Getreidemotte *f*; ~ **refinement** *n* METALL Kornverfeinung *f*; ~-**refining anneal** *n* THERMODYN kornverfeinerndes Glühen *nt*; ~ **shape** *n* COAL TECH Kornform *f*; ~ **side** *n* PROD ENG Haarseite *f*; ~ **size** *n* COAL TECH, MECHAN ENG Korngröße *f*, METALL Korngröße *f*, Körnung *f*; ~ **structure** *n* COAL TECH Kornstruktur *f*, METALL Korngefüge *nt*; ~ **surface development** *n* PHOTO Kornoberflächenentwicklung *f*; ~ **test** *n* CER & GLAS Körnungsprüfung *f*

grain[2] *vt* PROD ENG granulieren, körnen, masern

grained: ~ **paper** *n* PAPER Maserpapier *nt*

graininess *n* ACOUSTICS Körnung *f*

graining *n* PAPER Narbung *f*, PRINT Körnung *f*; ~ **machine** *n* PAPER Narbmaschine *f*

grainless *adj* PHOTO kornlos

gram *n (g)* CHEMISTRY, METROL, PHYS Gramm *nt (g)*; ~ **calorie** *n* METROL Grammkalorie *f*; ~ **centimeter heat-unit** *n AmE*, ~ **centimetre heat-unit** *n BrE* METROL Grammkalorie *f*; ~ **force** *n* PROD ENG Pond *nt*; ~ **in mass** *n* METROL *AmE* Massengramm *nt*; ~-**ion** *n* METROL Grammion *nt*; ~ **molecule** *n* METROL Mol *nt*

grammatical: ~ **tagger** *n* COMP & DP grammatische Markierung *f*

Gramme: ~ **winding** *n* ELECT Gramme-Ring *m*

gramophone *n BrE (cf phonograph AmE)* RECORD Grammophon *nt*

grams: ~ **per square meter** *n AmE*, ~ **per square metre** *n BrE (gsm)* PRINT *paper weight* Gewicht pro Quadratmeter *nt*, Gramm pro Quadratmeter *nt* (g/m^2)

grand: ~ **unification** *n* PART PHYS große Vereinigung *f*; ~ **unification energy** *n* PART PHYS Energie der großen Vereinigung *f*; ~ **unified theory** *n (GUT)* PHYS Theorie der großen Vereinigung aller Kräfte *f*

grandfather: ~ **file** *n* COMP & DP Großvaterdatei *f*

granite *n* CONST Granit *m*

granny: ~ **knot** *n* WATER TRANS Altweiberknoten *m*

grant[1] *n* PAT Erteilung *f*

grant:[2] ~ **a licence** *vi* PAT Lizenz erteilen

granular[1] *adj* CER & GLAS, CONST, METALL körnig

granular:[2] ~ **fracture** *n* METALL, NUC TECH körniger Bruch *m*; ~ **iron** *n* METALL Eisengraupe *f*; ~ **material** *n* CONST körniges Material *nt*; ~ **noise** *n* TELECOM Schrotrauschen *nt*
granularity *n* COMP & DP Körnung *f*, PHOTO Körnigkeit *f*
granulate[1] *n* CHEM ENG Granulat *nt*
granulate[2] *vt* CHEM ENG granulieren, PACK granulieren, körnen
granulated: ~ **glass** *n* CER & GLAS Hütteneis *nt*
granulating: ~ **crusher** *n* CHEM ENG Granuliermühle *f*; ~ **machine** *n* CHEM ENG Granulator *m*, PACK Granulator *m*, Pulverkörnmaschine *f*
granulation *n* CHEM ENG Granulation *f*, COAL TECH Körnung *f*; ~ **of the batch** *n* CER & GLAS Körnung des Gemenges *f*
granulator *n* CHEM ENG Granulator *m*, Granulierapparat *m*, PLAS Schneidmühle *f*
granule *n* CHEM ENG, PACK Körnchen *nt*
granulite *n* PET TECH Granulit *nt*
granulometric: ~ **analysis** *n* CER & GLAS Untersuchung des Kornaufbaus *f*
granulometry *n* COAL TECH Korngrößenabstufung *f*
grape: ~ **sugar** *n* FOOD TECH Dextrose *f*, Glucose *f*, Traubenzucker *m*
grapeseed: ~ **oil** *n* FOOD TECH Traubenkernöl *nt*
graph[1] *n* ART INT Graph *m*, COMP & DP Graph *m*, Schaubild *nt*, MATH Zeichnung *f*, graphische Darstellung *f*; ~ **paper** *n* MATH Millimeterpapier *nt*; ~ **plotter** *n* COMP & DP Kurvenschreiber *m*, Plotter *m*, INSTR Koordinatenschreiber *m*, Kurvenschreiber *m*, X-Y Schreiber *m*; ~ **search** *n* ART INT Graphensuche *f*, Graphensuchverfahren *nt*; ~ **theory** *n* ART INT, MATH Graphentheorie *f*
graph[2] *vt* MATH als Graph zeichnen, als Kurve zeichnen, graphisch darstellen
graphic[1] *adj* PRINT grafisch
graphic:[2] ~ **arts** *n pl* PRINT Grafik *f*; ~ **character** *n* COMP & DP Grafikzeichen *nt*; ~ **display adaptor** *n* COMP & DP Grafikadapter *m*, Grafikbildschirmadapter *m*, Grafikkarte *f*; ~ **software package** *n* COMP & DP Grafiksoftwarepaket *nt*; ~ **tablet** *n* TELEV Zeichentablett *nt*
graphical[1] *adj* PRINT grafisch
graphical:[2] ~ **editing** *n* COMP & DP grafisches Editieren *nt*; ~ **interface** *n* COMP & DP grafische Benutzeroberfläche *f*; ~ **methods** *n pl* MATH grafische Methoden *f pl*; ~ **representation** *n* COMP & DP grafische Darstellung *f*; ~ **symbols** *n pl* SAFETY *for fire protection plans* grafische Symbole *nt pl*
graphics *n* COMP & DP Grafik *f*; ~ **character** *n* COMP & DP Grafikzeichen *nt*; ~ **coordinated with bottle labels** *n* PACK Flaschenetikettaufdruck *m*; ~ **mode** *n* COMP & DP Grafikmodus *m*; ~ **pad** *n* COMP & DP Grafikblock *m*; ~ **plotter** *n* COMP & DP Grafikkurvenschreiber *m*, Grafikplotter *m*; ~ **printer** *n* COMP & DP Grafikdrucker *m*; ~ **processor** *n* COMP & DP Grafikprozessor *m*; ~ **tablet** *n* COMP & DP Grafikblock *m*, Grafiktablett *nt*; ~ **workstation** *n* COMP & DP Grafikarbeitsplatz *m*, grafischer Arbeitsplatz *m*
graphite:[1] ~-**moderated** *adj* NUC TECH graphitmoderiert
graphite:[2] ~ **blacking** *n* PROD ENG *casting* Graphitformschwärzung *f*; ~ **block** *n* CONST *brick* Graphitblock *m*; ~ **brush** *n* ELECT Graphitbürste *f*, Kohlebürste *f*; ~-**clad fuel element** *n* NUC TECH graphitbeschichtetes Brennelement *nt*, graphitumhülltes Brennelement *nt*; ~ **coating** *n* NUC TECH *on the clad inner can surface* Graphitbeschichtung *f*; ~ **crucible** *n* PROD ENG Graphittiegel *m*; ~ **grease** *n* MECHANICS Graphitschmierung *f*; ~ **guide tube** *n* NUC TECH Graphitführungsrohr *nt*; ~-**moderated gas-cooled reactor** *n* NUC TECH graphitmoderierter gasgekühlter Reaktor *m*; ~ **packing** *n* MECHAN ENG Graphitpakkung *f*; ~ **pebble** *n* NUC TECH Graphitkugel *f*; ~ **shielding** *n* NUC TECH Graphitabschirmung *f*; ~ **shrinkage** *n* NUC TECH Graphitschwund *m*; ~ **structure** *n* NUC TECH Graphitstruktur *f*
graphitization *n* METALL Graphitisation *f*
grapnel *n* WATER TRANS *mooring* Dragganker *m*, Draggen *m*
grapple *n* NUC TECH *tool* Greifzange *f*, WATER TRANS Enterhaken *m*
grappling: ~ **hook** *n* WATER TRANS *mooring* Greifanker *m*, Wurfanker *m*
grass *n* ELECTRON *background noise* Hintergrundrauschen *nt*, *television* Schnee *m*, NUC TECH *on oscilloscope* Gras *nt*, Grieß *m*
grate *n* CONST Gitterrost *nt*, MECHAN ENG *over a fire* Rost *m*; ~ **area** *n* CONST Rostfläche *f*; ~ **firing** *n* MECHAN ENG Rostfeuerung *f*
graticule *n* COATINGS Lichtspalt *m*, ELECTRON, TELEV Raster *nt*
grating *n* ELEC ENG Gitter *nt*, HEAT & REFRIG Gitterrost *nt*, MECHAN ENG Rost *m*, TELEV Gitter *nt*, WATER TRANS *shipbuilding* Gräting *f*; ~ **converter** *n* ELEC ENG Gitterumformer *m*, Gitterwandler *m*; ~ **spectrograph** *n* NUC TECH Gitterspektrograph *m*
grave *vt* WATER TRANS *ship maintenance* reinigen
gravel[1] *n* COAL TECH, CONST Kies *m*, Schotter *m*; ~ **filter layer** *n* WASTE Kieselfilterschicht *f*; ~ **pit** *n* CONST, WATER SUP Kiesgrube *f*
gravel[2] *vt* CONST absplitten, beschottern
gravimeter *n* PHYS Dichtemeßgerät *nt*
gravimetric[1] *adj* COAL TECH gravimetrisch
gravimetric:[2] ~ **analysis** *n* PET TECH gravimetrische Messung *f*; ~ **meter** *n* INSTR Dosierwaage *f*
gravimetry *n* PHYS Gravimetrie *f*
graving: ~ **dock** *n* WATER TRANS Trockendock *nt*
gravitation *n* PHYS Anziehungskraft *f*, Erdanziehungskraft *f*, Gravitationskraft *f*; ~ **collapse** *n* SPACE Schwerkraftzusammenbruch *m*; ~ **constant** *n* PHYS, SPACE Gravitationskonstante *f*
gravitational: ~ **acceleration** *n (g)* SPACE Erdbeschleunigung *f (g)*; ~ **field** *n* PHYS Schwerefeld *nt*; ~ **force** *n* POLL Schwerkraft *f*; ~ **mass** *n* PHYS schwere Masse *f*; ~ **potential** *n* PHYS Erdanziehungspotential *nt*; ~ **water** *n* COAL TECH Sickerwasser *nt*; ~ **wave aerial** *n* RAD PHYS Antenne für Schwerewellen *f*; ~ **waves** *n pl* PHYS, RAD PHYS Schwerewellen *f pl*
graviton *n* PART PHYS, PHYS Graviton *nt*
gravity *n* AUTO Schwere- *pref*, CONST, MECHAN ENG, PAPER Schwerkraft *f*, PHYS Schwere- *pref*, Schwerkraft *f*, POLL Gravitation *f*, SPACE Schwere- *pref*; ~ **casting** *n* MECHAN ENG Standguß *m*, PROD ENG Schwerkraftgießen *nt*; ~ **circulation** *n* HEAT & REFRIG Schwerkraftsumlauf *m*; ~ **conveyor** *n* MECHAN ENG Schwerkraftförderer *m*; ~ **die-casting** *n* MECHAN ENG, METALL Kokillenguß *m*; ~ **drop absorber rod** *n* NUC TECH Schwerkraftregelstab *m*; ~ **filler plug** *n* AIR TRANS Fallbetankungshahn *m*; ~ **filling** *n* SPACE Fallfüllung *f*, Schwerkraftfüllung *f*; ~ **filling machine** *n* PACK Schwerkraftfüllmaschine *f*; ~ **flow** *n* NUC TECH Schwerkraftfluß *m*; ~ **gradient boom** *n* SPACE Schweregradientenspitze *f*; ~ **gradient stabilization** *n* SPACE

Schweregradientenstabilisierung *f*; ~ **gradient torque** *n* SPACE Schweregradientendrehmoment *nt*; ~ **incline** *n* CONST Ablauframpe *f*; ~ **lubrication** *n* MECHAN ENG Fallschmierung *f*; ~ **platform** *n* PET TECH Gewichtsplattform *f*; ~ **refueling** *n AmE*, ~ **refuelling** *n BrE* AIR TRANS Fallbetankung *f*; ~ **separator** *n* WASTE Schwerkraftabscheider *m*, Schwerkrafttrenner *m*; ~ **spillway dam** *n* AIR TRANS Fallüberlaufdamm *m*; ~ **switch** *n* ELEC ENG Hakenschalter *m*; ~ **thickener** *n* PAPER Fallrohreindicker *m*; ~ **vacuum transit train** *n* RAIL Schwerkraftvakuum-Verkehrszug *m*; ~ **waves** *n pl* PHYS Gravitationswellen *f pl*, Schwerewellen *f pl*, RAD PHYS, WAVE PHYS Gravitationswellen *f pl*

gravure *n* PRINT Tiefdruck *m*

gray *n AmE see grey BrE*

grazing: ~ **incidence** *n* PHYS streifender Einfall *m*; ~ **ray** *n* ACOUSTICS streifender Strahl *m*

grease:[1] ~-**lubricated** *adj* PROD ENG fettgeschmiert

grease[2] *n* AUTO Fett *nt*, Schmierfett *nt*, MECHAN ENG Abschmier- *pref*, Fett *nt*, Schmierfett *nt*, MECHANICS Fett *nt*, Schmierstoff *m*, PAPER, PRINT Fett *nt*, PROD ENG Staufferfett *nt*; ~ **bearing** *n* MECHAN ENG Schmierlager *nt*; ~ **box** *n* PROD ENG Schmierbüchse *f*; ~ **cap** *n* AUTO Fettkappe *f*; ~ **cup** *n* MECHAN ENG Fettbüchse *f*, Staufferbuchse *f*, PROD ENG Fettbüchse *f*, Staufferbüchse *f*; ~ **gun** *n* AUTO *tool* Fettpistole *f*, Schmierpistole *f*, CONST Fettpresse *f*, Schmierpistole *f*, MECHAN ENG Fettpresse *f*; ~ **mark** *n* CER & GLAS Schmierölfleck *m*; ~ **nipple** *n* AUTO, MECHAN ENG Schmiernippel *m*; ~ **packing** *n* MECHAN ENG Fettpackung *f*; ~ **pit** *n* MECHAN ENG Abschmiergrube *f*; ~ **resistance** *n* PLAS Fettbeständigkeit *f*; ~-**resistant paper** *n* PACK fettabweisendes Papier *nt*, PAPER fettdichtes Papier *nt*; ~ **separator** *n* WASTE Fettabscheider *m*; ~ **trap** *n* WASTE Fettabscheider *m*

grease[3] *vt* MECHAN ENG schmieren

grease[4] *vi* MECHAN ENG schmieren

greaseproof[1] *adj* PACK, PAPER fettdicht

greaseproof:[2] ~ **paper** *n* FOOD TECH fettdichtes Papier *nt*, fettundurchlässiges Papier *nt*, PACK Pergamentpapier *nt*; ~ **proof** *n* PAPER Fettdichtigkeitsprobe *f*

greaser *n* PROD ENG Fettbüchse *f*

greasing *n* PAPER Schmierung *f*; ~ **agent** *n* FOOD TECH *baking* Einfettmittel *nt*; ~ **pit** *n* MECHAN ENG Abschmiergrube *f*

great: ~ **circle** *n* PHYS, RAD TECH Großkreis *m*; ~ **circle chart** *n* WATER TRANS *navigation* Großkreiskarte *f*; ~ **circle course** *n* WATER TRANS *navigation* Großkreiskurs *m*; ~ **circle path** *n* SPACE Großkreisroute *f*; ~ **circle radio path** *n* RAD TECH Großkreisfunkstrecke *f*; ~ **circle route** *n* WATER TRANS Großkreiskurs *m*

greater: ~ **than** *adj* MATH größer als, größer gleich

green[1] *adj* TELEV, TRANS Grün *nt*

green:[2] ~ **adder** *n* TELEV Grünmischer *m*; ~ **bacon** *n* FOOD TECH roher Speck *m*; ~ **beam** *n* TELEV Grünstrahl *m*; ~ **beam laser** *n* ELECTRON Grünlaser *m*, Grünstrahllaser *m*; ~-**black level** *n* TELEV Grün-Schwarz-Pegel *m*; ~ **compact** *n* NUC TECH *before sintering* Grünling *m*, PROD ENG ungesinterter Preßling *m*; ~ **concrete** *n* CONST Frischbeton *m*; ~ **gun** *n* ELECTRON grünes Elektronenstrahlsystem *nt*, *television* Grünstrahlsystem *nt*, TELEV Grünkanone *f*; ~ **mold casting** *n AmE*, ~ **mould casting** *n BrE* PROD ENG Naßguß *m*; ~ **ore** *n* PROD ENG Roherz *nt*; ~ **patch distortion** *n* CER & GLAS Verdrehung durch ungebrannte Stellen *f*; ~ **peak level** *n* TELEV Grünspitzenwert *m*; ~ **pellet** *n* NUC TECH Grünpellet *nt*; ~ **period** *n* TRANS Freigabezeit *f*, Grünzeit *f*; ~ **phase** *n* TRANS Grünphase *f*; ~ **pot** *n* CER & GLAS ungebrannter Tiegel *m*; ~ **primary** *n* TELEV Primärgrün *nt*; ~ **quark** *n* PHYS Quarkteilchen *nt*; ~ **sand** *n* PROD ENG Naßgußsand *m*, grüner Sand *m*; ~ **screen-grid** *n* TELEV Grüngitter *nt*; ~ **stone** *n* CONST Grünstein *m*; ~ **strength** *n* PLAS *rubber* Rohfestigkeit *f*; ~ **tack** *n* PLAS Konfektionsklebrigkeit *f*; ~ **time** *n* TRANS Grünzeit *f*; ~ **tyre** *n* PLAS Reifenrohling *m*

greenhouse: ~ **effect** *n* FUELLESS, HEAT & REFRIG, PHYS, POLL Treibhauseffekt *m*

greenockid *n* PROD ENG Kadmiumblende *f*

Greenwich: ~ **Mean Time** *n (GMT)* MECHANICS Westeuropäische Zeit *f (WEZ)*

Gregorian: ~ **reflector antenna** *n* TELECOM Gregory-Antenne *f*; ~ **telescope** *n* PHYS Gregorianisches Teleskop *nt*

grey *n BrE* PHOTO, PRINT, TELEV Grau *nt*; ~ **blibes** *n pl BrE* CER & GLAS gereckte Salzblasen *f pl*; ~ **body** *n BrE* TELEV grauer Körper *m*; ~-**cast iron** *n BrE* MECHANICS Grauguß *m*; ~ **cutting** *n BrE* CER & GLAS Rauhschliff *m*; ~ **iron pipe** *n BrE* MECHAN ENG Graugußrohr *nt*; ~ **scale** *n BrE* COMP & DP Graustufe *f*, PHOTO Graustufung *f*, TELEV Grauskala *f*; ~ **scale value** *n BrE* TELEV Grauskalenwert *m*; ~ **shading** *n BrE* ENG DRAW Grautönung *f*; ~ **toning** *n BrE* ENG DRAW Grautönung *f*

grid *n* COAL TECH Gitter *nt*, ELEC ENG *electrical distribution system* Elektrizitätsnetz *nt*, ELECT *guard, separator* Gitter *nt*, *supply network* Elektrizitätsnetz *nt*, ELECTRON *tube* Gitter *nt*, *used in making printed circuit boards* Raster *nt*, ENG DRAW *of a representation* Netz *nt*, NUC TECH *electrode*, PHYS Gitter *nt*, PROD ENG Gitter *nt*, Netz *nt*, RAD TECH Gitter *nt*, TEXT Rost *m*; ~ **bias** *n* ELEC ENG, RAD TECH Gittervorspannung *f*; ~ **capacitor** *n* ELEC ENG Gitterkondensator *m*; ~-**cathode capacitance** *n* ELEC ENG Gitterkathodenkondensator *m*; ~ **characteristic** *n* ELECTRON Gittereigenschaft *f*; ~-**controlled mercury arc rectifier** *n* ELEC ENG gittergesteuerter Quecksilberbogen-Gleichrichter *m*; ~-**controlled tube** *n* ELECTRON gittergesteuerte Röhre *f*; ~ **crusher** *n* WASTE Gitterzerkleinerer *m*; ~ **current** *n* ELEC ENG Gitterstrom *m*; ~ **dip oscillator** *n* RAD TECH Griddipper *m*; ~ **dissipation power** *n (Pg)* RAD TECH Gitterverlustleistung *f (Pg)*; ~-**driving power** *n* ELEC ENG Gittersteuerleistung *f*; ~-**following behaviour** *n* NUC TECH Netzfolgeverhalten *nt*; ~ **gas** *n* HEAT & REFRIG Ferngas *nt*; ~-**leak resistor** *n* PHYS Gitterableitwiderstand *m*, RAD TECH Gitterwiderstand *m*; ~ **loading** *n* RAD TECH Gitterlast *f*; ~ **modulation** *n* ELECTRON, TELEV Gittermodulation *f*; ~ **probe** *n* NUC TECH Gittersonde *f*, Rastersonde *f*; ~-**spaced fuel assembly** *n* NUC TECH *element bundle* Brennelement in Rasterbauweise *nt*, Brennstoffraster *m*; ~ **support plate** *n* NUC TECH Gitterträgerplatte *f*; ~ **turbulence** *n* FLUID PHYS Gitterturbulenz *f*

griddle *n* COAL TECH Schüttelsieb *nt*

Griffith: ~ **flaw** *n* CER & GLAS Griffithsche Risse *m pl*

Griffith's: ~ **fracture criterion** *n* NUC TECH Bruchkriterium nach Griffith *nt*

grillage *n* CER & GLAS Rost *m*

grille *n* HEAT & REFRIG Gitterrost *nt*, Schutzgitter *nt*

grind[1] *n* PROD ENG Schliff *m*; ~ **and leach process** *n* NUC TECH *for carbide fuels* Mahl- und Extrahierprozeß *m*

grind[2] *vt* CHEM ENG mahlen, pulverisieren, COAL TECH

zerbröckeln, COATINGS, CONST schleifen, FOOD TECH mahlen, MECHAN ENG schleifen, PROD ENG *tools* abreiben, schleifen, WASTE zermahlen

grind[3] *vi* MECHAN ENG schleifen

grindability *n* CHEM ENG Mahlbarkeit *f*, Schleifbarkeit *f*

grinder *n* CER & GLAS *for polished plate glass* Schleifmaschine *f*, FOOD TECH Zerkleinerungsgerät *nt*, MECHAN ENG *machine* Schleifmaschine *f*, *person* Schleifer *m*, MECHANICS Schleifmaschine *f*, PAPER Holzschleifer *m*; **~ pit** *n* PAPER Schleifertrog *m*; **~ spindle** *n* CER & GLAS Schleifspindel *f*

grinding *n* CER & GLAS Schleifen *nt*, *of a stopper* Einschleifen *nt*, COAL TECH Mahlen *nt*, MECHAN ENG, MECHANICS Schleifen *nt*, METALL Mahlen *nt*, PAPER Schleifen *nt*, PLAS Schleifen *nt*, *rubber* Mahlen *nt*, PROD ENG Schliff *m*, TEXT Mahlen *nt*, Zerreiben *nt*, WASTE Zerkleinerung *f*, *of refuse* Zerstäubung *f*; **~ agent** *n* CER & GLAS Schleifmittel *nt*; **~ cylinder** *n* CHEM ENG Schleifzylinder *m*, Schleifring *m*, MECHAN ENG Schleifzylinder *m*; **~ device** *n* CHEM ENG Mahlgerät *nt*; **~ drum** *n* CHEM ENG Mahltrommel *f*; **~ fixture** *n* PROD ENG Schleifvorrichtung *f*; **~-generating** *n* MECHAN ENG *of gearwheels*, PROD ENG Wälzschleifen *nt*; **~ head** *n* PROD ENG Schleifspindelstock *m*; **~-in** *n* MECHAN ENG Einschleifen *nt*; **~ machine** *n* MECHAN ENG Schleifmaschine *f*, *crushing machine* Zerkleinerer *m*, PAPER Schleifmaschine *f*; **~-machine bed** *n* MECHAN ENG Schleifmaschinenbett *nt*; **~ marks** *n pl* MECHAN ENG Schleifspuren *f pl*; **~ medium** *n* COAL TECH Mahlkörper *m*; **~ of metal regulations** *n* SAFETY Metallschleifvorschriften *f pl*; **~ mill** *n* COAL TECH Brecher *m*, Zerkleinerungsmaschine *f*; **~-off** *n* MECHAN ENG Abschleifen *nt*; **~ paste** *n* MECHAN ENG Schleifpaste *f*, MECHANICS Polierpaste *f*, Schleifpaste *f*, PROD ENG Einschleifpaste *f*; **~ pattern** *n* PROD ENG Schliffbild *nt*; **~ plant** *n* CHEM ENG Mahlanlage *f*; **~ and polishing** *n* CER & GLAS Schleifen und Polieren *nt*; **~-pressure limiter** *n* PAPER Schleifdruckbegrenzer *m*; **~ raw material** *n* PROD ENG Schleifrohstoff *m*; **~ ring** *n* CHEM ENG Mahlring *m*; **~ runner** *n* CER & GLAS Schleifschiene *f*; **~ sand** *n* CER & GLAS Schleifsand *m*; **~ segment** *n* MECHAN ENG Schleifsegment *nt*; **~ spindle** *n* MECHAN ENG Schleifspindel *f*; **~ of splines** *n* PROD ENG Keilflankenschleifen *nt*; **~ stone** *n* PROD ENG Schleifstein *m*; **~ unit** *n* CER & GLAS Schleifmaschine *f*; **~ wheel** *n* CER & GLAS Schleifrad *nt*, MECHAN ENG Schleifscheibe *f*, MECHANICS Schleifrad *nt*, Schleifstein *m*, PROD ENG Schleifscheibe *f*, kreisrunder Schleifkörper *m*; **~ wheel balance** *n* PROD ENG Schleifscheibenwuchtzustand *m*; **~ wheel balancing** *n* PROD ENG Schleifscheibenauswuchtung *f*; **~ wheel chuck** *n* PROD ENG Schleifscheibenfutter *nt*; **~ wheel dresser** *n* PROD ENG Schleifscheibenabrichter *m*; **~ wheel dressing** *n* PROD ENG Schleifscheibenabrichtung *f*; **~ wheel dressing equipment** *n* MECHAN ENG Abrichtvorrichtung für Schleifscheiben *f*; **~ wheel RPM** *n* PROD ENG Drehzahl der Schleifscheibe *f*

grindings *n pl* MECHAN ENG, PROD ENG Schleifspäne *m pl*

grindstone *n* PROD ENG Schleifstein *m*

grip[1] *n* CER & GLAS, COAL TECH, ERGON Griff *m*, MECHAN ENG *handle* Griff *m*, Handgriff *m*, PROD ENG Haftvermögen *nt*, Schaft *m*, Schenkel *m*; **~ hook** *n* NUC TECH *of power manipulator* Greifhaken *m*; **~ pipe-wrench** *n* MECHAN ENG Blitzrohrzange *f*; **~ strength** *n* ERGON Griffkraft *f*

grip[2] *vt* WATER TRANS *mooring* fassen

grip[3] *vi* WATER TRANS *mooring* sich festhaken

gripper *n* ERGON Greifer *m*, Greifwerkzeug *nt*, MECHAN ENG, NUC TECH, PRINT Greifer *m*; **~ pad** *n* PRINT Greiferauflage *f*; **~ tool** *n* NUC TECH *fuel assembly* Greifwerkzeug *nt*; **~ and yarn carriers** *n pl* TEXT Greifer und Garnträger *m pl*

gripping: **~ device** *n* MECHAN ENG Greifvorrichtung *f*, *clamping* Einspannvorrichtung *f*, Spannvorrichtung *f*; **~ die** *n* PROD ENG Klemmbacke *f*; **~ head** *n* PROD ENG Einspannkopf *m*; **~ jaw** *n* MECHAN ENG *of chuck* Klemmbacke *f*, Spannbacke *f*; **~ jaw carriage** *n* PROD ENG *drawing* Zangenwagen *m*; **~ jaws** *n* PROD ENG *drawing* Schleppzange *f*, Ziehzange *f*

grit[1] *n* COATINGS Grobsand *m*, Poliersand *m*, Splitt *m*, CONST Grobsand *m*, Kiessand *m*, MECHANICS Grobsand *m*, Reibsand *m*, PROD ENG Körnung *f*, Schleifstaub *m*, Strahlkies *m*; **~ blasting** *n* CONST Sandstrahlen *nt*, Schrotstrahlen *nt*, MECHANICS Sandstrahlen *nt*; **~ chamber** *n* WASTE Sandfanganlage *f*, Sandfänger *m*; **~ spreader** *n* TRANS *road* Splittstreuer *m*

grit[2] *vt* CONST bekiesen, mit Sand bestreuen

gritter *n* TRANS Splittstreumaschine *f*

grizzly *n* COAL TECH Siebrost *m*, PROD ENG Vorklassierrost *nt*

groin *n* CONST Grat *m*, WATER SUP *AmE*, WATER TRANS *AmE* Buhne *f*

groined: **~ vault** *n* CONST Kreuzgewölbe *nt*

grommet *n* ELEC ENG Durchführung *f*, Durchführungshülse *f*, Gummidichtring *m*, Gummidichtung *f*, Kabelleitungsdurchführung *f*, isolierte Durchführung *f*, MECHAN ENG Gummidichtungsring *m*, Tülle *f*, WATER TRANS *sailing* Gattchen *nt*

groove[1] *n* ACOUSTICS Rille *f*, CONST Kehle *f*, Nut *f*, MECHAN ENG Eindrehung *f*, Rille *f*, *of bearing* Laufrille *f*, Rille *f*, *of grooved pulley or sheave, in shaft* Nut *f*, MECHANICS Furche *f*, NUC TECH *of turbine rotor* Kerbe *f*, Nute *f*, Schlitz *m*, OPT Rille *f*, umlaufende Nut *f*, *diffraction grating* Furche *f*, Gitterfurche *f*, Gitterstrich *m*, Strich *m*, PAPER Kaliber *nt*, PROD ENG Kaliber *nt*, Kerbe *f*, Nut *f*, *plastic valves* Nut *f*; **~ angle** *n* RECORD Rillenwinkel *m*; **~ cutting** *n* PROD ENG Fugenhobeln *nt*; **~-cutting chisel** *n* MECHANICS Nuteisen *nt*; **~ guard** *n* ACOUSTICS Rillensicherung *f*; **~ joint** *n* PROD ENG Stumpfnaht *f*; **~ shape** *n* ACOUSTICS Rillenquerschnitt *m*; **~ spacing** *n* RECORD Füllgrad der Schallplatte *m*; **~ speed** *n* ACOUSTICS, RECORD Rillengeschwindigkeit *f*; **~ weld** *n* PROD ENG Fugennaht *f*

groove[2] *vt* CONST nuten, riffeln

grooved[1] *adj* PAPER kalibriert, PROD ENG ausgekolkt, gefurcht, genutet

grooved:[2] **~ ball bearing** *n* MECHAN ENG Rillenkugellager *nt*; **~ cable** *n* OPT genutetes Kabel *nt*, TELECOM Kabel mit Nutenstruktur *nt*; **~ pin** *n* MECHAN ENG KS, Kerbnagel *m*, Kerbstift *m*, PROD ENG KS, Kerbstift *m*, *plastic valves* Knebelkerbstift *m*; **~ pulley** *n* MECHAN ENG Nutrolle *f*; **~ rail** *n* RAIL Rillenschiene *f*; **~ roll** *n* MECHAN ENG Nutenwalze *f*, PAPER, PROD ENG Kaliberwalze *f*; **~ and tongued joint** *n* CONST Nut- und Federverspundung *f*; **~ wheel** *n* MECHAN ENG Nutscheibe *f*, Rillenscheibe *f*

groover *n* PROD ENG Falzmeißel *m*

grooving *n* MECHAN ENG Nuten *nt*, PROD ENG Falzzudrücken *nt*, Kalibrierung *f*, Nutendrehen *nt*; **~ iron** *n*

CONST Kröseleisen *nt*; ~ **machine** *n* MECHAN ENG Einstechdrehmaschine *f*; ~ **plane** *n* CONST Nuthobel *m*, Spundhobel *m*; ~ **tool** *n* MECHAN ENG Nutenmeißel *m*

gross *n* MATH *twelve dozen* Gros *nt*, METROL Brutto- *pref*, Gros *nt*; ~ **area** *n* FUELLESS *of collector* Gesamtfläche *f*; ~ **calorific value** *n* HEAT & REFRIG Brennwert *m*, spezifischer Brennwert *m*; ~ **flow** *n* NUC TECH Gesamtfluß *m*; ~ **heat loss** *n* HEAT & REFRIG Bruttowärmeverlust *m*; ~ **installed capacity** *n* NUC TECH Bruttoleistung *f*; ~ **registered tonnage** *n* WATER TRANS *measurement* Bruttoraumgehalt *m*; ~ **thrust** *n* AIR TRANS Gesamtschub *m*, resultierender Schub *m*; ~ **ton** *n* METROL Tonne *f*, WATER TRANS *measurement* Bruttoregistertonne *f*; ~ **tonnage** *n* PET TECH Bruttotonnage *f*, WATER TRANS Bruttoraumgehalt *m*; ~ **vehicle weight** *n* AUTO Gesamtgewicht des Fahrzeugs *nt*; ~ **volume** *n* PACK Bruttovolumen *nt*; ~ **weight** *n* AIR TRANS Flugmasse *f*, Startmasse *f*, METROL, PACK Bruttogewicht *nt*

ground:[1] ~-**controlled** *adj* SPACE vom Boden gesteuert; ~-**in** *adj* MECHAN ENG eingeschliffen

ground[2] *n* AUTO *AmE (cf earth BrE)* Erdung *f*, Masse *f*, COAL TECH *AmE (cf earth BrE)* Boden *m*, Erdung *f*, CONST *AmE (cf earth BrE)* Erdung *f*, ELEC ENG *AmE (cf earth BrE)* Erdung *f*, Masse *f*, ELECT *AmE (cf earth BrE)* Erdanschluß *m*, Erdung *f*, Masse *f*, RAD TECH *AmE (GND, earth BrE)* Erdung *f*, RAIL *AmE (cf earth BrE)* Erdung *f*, Masse *f*, TELECOM *AmE (cf earth BrE)* Erdboden *m*, Erdung *f*, WATER TRANS *AmE (cf earth BrE)* Erdung *f*, Masse *f*; ~ **address** *n AmE (cf earth address BrE)* TELECOM Bodenadresse *f*; ~ **angle** *n* AIR TRANS Dreipunktlagenwinkel *m*; ~ **bar** *n AmE (cf earth bar BrE)* ELECT Erdungsschiene *f*; ~ **base** *n* CER & GLAS mattgeschliffener Fuß *m*; ~ **bus** *n AmE (cf earth bus BrE)* ELECT Erdschiene *f*, Erdungsschiene *f*; ~ **cable** *n AmE (cf earth cable BrE)* AUTO, ELEC ENG, RAIL, WATER TRANS Erdungskabel *nt*, Massekabel *nt*; ~ **clamp** *n AmE (cf earth clamp BrE)* ELECT Erdklemme *f*, Erdschelle *f*; **to ~ clearance** *n* AUTO Bodenfreiheit *f*; ~ **clearance** *n* AUTO Bodenfreiheit *f*; ~ **clip** *n AmE (cf earth clip BrE)* ELECT Erdklemme *f*; ~ **cloth** *n* TEXT Grundgewebe *nt*; ~ **color** *n AmE see ground colour* ~ **colour** *n* CER & GLAS Grundfarbe *f*; ~ **conductor** *n AmE (cf earth conductor BrE)* ELECT Erdleiter *m*; ~ **connection** *n AmE (cf earth connection BrE)* AUTO Masseanschluß *m*, ELECT Erdanschluß *m*, Masseanschluß *m*; ~ **connector** *n AmE (cf earth connector BrE)* AUTO, RAIL, WATER TRANS Erdungsanschluß *m*; ~-**controlled approach** *n* AIR TRANS Radaranflug *m*, bodengeleiteter Anflug *m*; ~-**controlled approach system** *n (GCA system)* AIR TRANS GCA-System *nt*; ~ **current** *n AmE (cf earth current BrE)* ELECT Erdstrom *m*; ~ **detector** *n AmE (cf earth detector BrE)* ELEC ENG Erdschlußprüfer *m*; ~ **effect** *n* AIR TRANS Bodeneffekt *m*, Bodeneinfluß *m*; ~ **effect machine** *n (GEM)* AUTO Bodeneffektgerät *nt (BEG)*; ~ **electrode** *n AmE (cf earth electrode BrE)* AUTO Masseelektrode *f*, ELECT Erdungselektrode *f*, Erdungsstab *m*; ~ **fabric** *n* TEXT Grundgewebe *nt*; ~ **facilities** *n pl* SPACE Bodeneinrichtungen *f pl*; ~ **fault** *n AmE (cf earth fault BrE)* ELECT Erdfehler *m*, Erdschluß *m*; ~ **fault protection** *n AmE (cf earth fault protection BrE)* ELECT Erdfehlerschutz *m*, Erdfehlerschutzeinrichtung *f*, Erdschlußschutz *m*; ~ **glass joint** *n* LAB EQUIP Schliffverbindung *f*; ~ **glass joint clamp** *n* LAB EQUIP Schliffverbindungshalter *m*; ~ **handling services** *n pl* AIR TRANS Bodenabfertigung *f*; ~ **indicator** *n AmE (cf earth indicator BrE)* ELEC ENG Erdschlußanzeiger *m*; ~ **installations** *n pl* AIR TRANS Bodeneinrichtungen *f pl*; ~-**in stopper** *n* PACK Schliffstopfen *m*; ~ **lead** *n AmE (cf earth lead BrE)* ELEC ENG Erdkabel *nt*, Erdungskabel *nt*, Massekabel *nt*, ELECT Erdkabel *nt*; ~ **leakage** *n AmE (cf earth leakage BrE)* ELECT Erdschluß *m*, Kriechstrom zur Erde *m*; ~ **leakage circuit breaker** *n AmE (cf earth leakage circuit breaker BrE)* ELECT Erdschlußstromunterbrecher *m*; ~ **leakage current** *n AmE (cf earth leakage current BrE)* ELECT Erdkriechstrom *m*, Erdschlußstrom *m*; ~ **leakage detector** *n AmE (cf earth leakage detector BrE)* ELECT Erdschlußanzeiger *m*; ~ **leakage indicator** *n BrE (cf earth leakage indicator BrE)* ELEC ENG Erdschlußprüfer *m*, Isolationsprüfer *m*; ~ **leakage meter** *n AmE (cf earth leakage meter BrE)* ELECT Erdschlußmeßgerät *nt*, Erdwiderstand *m*; ~ **level** *n* NUC TECH Bodenniveau *nt*, Erdgleiche *f*, RAIL Geländehöhe *f*; ~ **level concentration** *n (GLC)* POLL *of pollutants* Konzentration auf Bodenhöhe *f*; ~ **lighting** *n* AIR TRANS Bodenbefeuerung *f*; ~ **line** *n AmE (cf earth line BrE)* ELEC ENG Erdleiter *m*, Erdleitung *f*, Erdungsleitung *f*, Masseleitung *f*; ~ **loop** *n AmE (cf earth loop BrE)* ELECT Massenschlinge *f*; ~ **maneuver** *n AmE*, ~ **manoeuvre** *n BrE* AIR TRANS Bodenbewegung *f*; ~ **network** *n AmE (cf earth network BrE)* TELECOM Erdnetz *nt*; ~ **noise** *n* ACOUSTICS Grundgeräusch *nt*, ELECTRON Eigenrauschen *nt*; ~ **operation** *n* AIR TRANS, SPACE Bodenbetrieb *m*; ~ **plane** *n* GEOM *in projection* Grundebene *f*, erste Projektionsebene *f*, RAD TECH *aerial* Viertelwellen-Vertikalantenne mit Gegengewicht *f*; ~ **plate** *n* CONST Fußholz *nt*, Grundschwelle *f*, PHYS *AmE (cf earth plate BrE)* Erdungsplatte *f*; ~ **potential** *n AmE (cf earth potential BrE)* SPACE Massepotential *nt*; ~ **power supply** *n* AIR TRANS Bodenstromversorgung *f*; ~ **power system** *n* SPACE Bodenenergieversorgung *f*; ~ **pressure** *n* RAIL Bodendruck *m*; ~ **radio station** *n* AIR TRANS Bodenfunkstation *f*; ~ **resistance** *n AmE (cf earth resistance BrE)* ELECT Erdwiderstand *m*; ~ **resistance meter** *n AmE (cf earth resistance meter BrE)* ELECT Erdwiderstandsmeßgerät *nt*; ~ **resonance** *n* AIR TRANS Bodenresonanz *f*; ~ **return** *n* ELEC ENG Erdrückleitung *f*; ~ **rig** *n* PET TECH Bodenbohranlage *f*; ~ **rod** *n AmE (cf earth rod BrE)* ELECT Erdelektrode *f*, Erdstab *m*, Erdungselektrode *f*; ~ **speed** *n* AIR TRANS, WATER TRANS Geschwindigkeit über Grund *f*; ~ **state** *n* PART PHYS, PHYS Grundzustand *m*; ~ **state transition** *n* PART PHYS Übergang in Grundzustand *m*; ~ **stopper** *n* LAB EQUIP Schliffstopfen *m*, eingeschliffener Glasstopfen *m*; ~ **swell** *n* WATER TRANS *sea state* Grundsee *f*; ~ **tackle** *n* WATER TRANS *mooring* Ankergeschirr *nt*; ~ **terminal** *n AmE (cf earth terminal BrE)* ELEC ENG Erdanschluß *m*, Masseanschluß *m*, ELECT Erdklemme *f*; ~ **test** *n* AIR TRANS Bodenprüfung *f*, Prüfung am Boden *f*; ~-**to-air communication** *n* AIR TRANS Boden-Bord Funkverkehr *m*; ~ **visibility** *n* AIR TRANS Bodensicht *f*, Sicht am Boden *f*; ~ **water** *n* COAL TECH Grundwasser *nt*, WATER SUP Grundwasser *nt*, unterirdisches Wasser *nt*; ~ **water basin** *n* WATER SUP Grundwassereinzugsgebiet *nt*; ~ **water contamination** *n* WASTE Verunreinigung des Grundwassers *f*; ~ **water depth** *n* WATER SUP Grundwassertiefe *f*; ~ **water level** *n* CONST Grundwasserspiegel *m*, WATER SUP Grundwasserspiegel *m*, Grundwasserstand *m*; ~ **water pollution** *n* WASTE Verunreinigung des Grundwassers *f*; ~ **water protection** *n* WASTE Grundwasserschutz *m*; ~ **water resources** *n pl* WATER SUP Grundwasserangebot *nt*; ~ **water supply** *n* COAL TECH Grundwasserversorgung *f*; ~ **water table** *n* COAL TECH Grundwasserspiegel *m*, WATER SUP Grundwasserstand *m*; ~ **wave** *n* RAD TECH, TELECOM Bodenwelle *f*, WATER TRANS *sea state, radio* Bodenwelle *f*, Grundwelle *f*; ~ **wave propagation** *n* RAD TECH Bodenwellenausbreitung *f*; ~ **wire** *n AmE (cf earth wire BrE)* ELEC ENG Erdleiter *m*, Erdungsleiter *m*, Massedraht *m*, Masseleiter *m*, TELEV Erdungsdraht *m*

ground[3] *vt* AIR TRANS *AmE (cf earth BrE)* Flugerlaubnis entziehen, sperren, ELEC ENG *AmE (cf earth BrE)* an Masse legen, erden, ELECT *AmE (cf earth BrE)*, TELECOM *AmE (cf earth BrE)* an Erde legen, erden, WATER TRANS auf Grund setzen

ground[4] *vi* WATER TRANS *ship* auf Grund laufen

grounded[1] *adj AmE (cf earthed BrE)* ELEC ENG an Erde gelegt, geerdet, mit Erde verbunden, ELECT, TELECOM geerdet

grounded:[2] **~-base connection** *n AmE (cf earthed-base connection BrE)* ELEC ENG Basisschaltung *f*; ~ **collector connection** *n AmE (cf earthed collector connection BrE)* ELEC ENG Kollektorschaltung *f*; **~-emitter connection** *n AmE (cf earthed-emitter connection BrE)* ELEC ENG Emitterbasisanschluß *m*; **~-neutral system** *n AmE (cf earthed-neutral system BrE)* ELECT Stromversorgungssystem mit geerdetem Nulleiter *nt*; ~ **switch** *n AmE (cf earthed switch BrE)* ELECT geerdeter Schalter *m*

groundglass: ~ **with Fresnel lens** *n* PHOTO Mattscheibe mit Fresnellinse *f*; ~ **screen** *n* PHOTO Mattscheibe *f*; ~ **screen with microprism collar** *n* PHOTO Mattscheibe mit Mikroprismenring *f*; ~ **screen with reticule** *n* PHOTO Mattscheibe mit Fadenkreuz *f*

grounding *n AmE (cf earthing BrE)* AUTO, COAL TECH, CONST, ELEC ENG, ELECT, RAD TECH, RAIL, TELECOM Erdung *f*, WATER TRANS Aufgrundlaufen *nt*, Erdung *f*; ~ **of aircraft** *n* AIR TRANS Erdung des Flugzeugs *f*; ~ **bar** *n AmE (cf earthing bar BrE)* AIR TRANS Erdungsstange *f*; ~ **bus** *n AmE (cf earthing bus BrE)* ELECT Erdschiene *f*; ~ **clip** *n AmE (cf earthing clip BrE)* ELECT Erdungsklemme *f*, Erdungsschelle *f*; ~ **position** *n AmE (cf earthing position BrE)* ELECT *switch* Erdungseinstellung *f*; ~ **rod** *n AmE (cf earthing rod BrE)* ELECT Erdungselektrode *f*, Erdungsstab *m*, RAIL Staberder *m*; ~ **switch** *n AmE (cf earthing switch BrE)* ELECT Erdungsschalter *m*

grounds: ~ **for opposition** *n pl* PAT Einspruchsgründe *m pl*; ~ **for revocation** *n pl* PAT Nichtigkeitsgründe *m pl*

groundsill *n* CONST Fußholz *nt*, Grundschwelle *f*

groundwood: ~ **pulp** *n* PAPER Holzschliff *m*

group *n* COMP & DP Gruppe *f*, Verbund *m*, ELEC ENG Gruppe *f*, Primärgruppe *f*, MATH Gruppe *f*, PROD ENG Batterie *f*, Schar *f*, TELECOM Bündel *nt*, Gruppe *f*, Leitungsbündel *nt*, Primärgruppe *f*, Sprechkreisbündel *nt*; ~ **call identity** *n* TELECOM Gruppen-anrufkennung *f*; ~ **casting** *n* PROD ENG Gespannguß *m*; ~ **code recording** *n (GCR)* COMP & DP Gruppenverschlüsselung *f*, gruppencodiertes Aufzeichnen *nt*; ~ **collective dose** *n* POLL gruppenkollektive Dosis *f*; ~ **delay** *n* COMP & DP Gruppenlaufzeit *f*, ELEC ENG Gruppenlaufzeit *f*, Gruppenverzögerung *f*; ~ **delay linear distortion** *n* SPACE *communications* Linearverzerrung durch Gruppenverzögerung *f*; ~ **distribution frame** *n* TELECOM Primärgruppenverteiler *m*; ~ **drawing** *n* ENG DRAW Gruppenzeichnung *f*; ~ **index** *n* OPT Gruppenbrechungsindex *m*, TELECOM *optical fibre* Gruppenbrechzahl *f*; ~ **mark** *n* COMP & DP Gruppenmarke *f*, Trennungsmarke *f*; ~ **marker** *n* COMP & DP Gruppenmarke *f*, Trennungsmarke *f*; **~-occulting light** *n* WATER TRANS *navigation marks* unterbrochenes Gruppenfeuer *nt*; ~ **selection** *n* ERGON Gruppenauslese *f*; ~ **speed** *n* AIR TRANS Geschwindigkeit über Grund *f*; ~ **of speeds** *n* PROD ENG Drehzahlreihe *f*; **~-switching center** *n AmE see group-switching centre BrE* **~-switching center catchment area** *n AmE see group-switching centre catchment area BrE* **~-switching centre** *n BrE (GSC)* TELECOM Gruppen-vermittlungsstelle *f (GrVST)*; **~-switching centre catchment area** *n BrE* TELECOM Einzugsbereich eines Knotenamts *m*; ~ **teeming** *n* PROD ENG Gespannguß *m*; ~ **theory** *n* MATH Gruppentheorie *f*; ~ **ticket** *n* RAIL Gruppenfahrkarte *f*; ~ **transmission delay** *n* TELECOM Gruppenlaufzeit *f*; ~ **velocity** *n* ACOUSTICS, OPT, PHYS, TELECOM Gruppengeschwindigkeit *f*

groupage: ~ **car** *n AmE (cf groupage wagon BrE)* RAIL Sammelgutwagen *m*; ~ **traffic** *n* RAIL Sammelgutverkehr *m*; ~ **wagon** *n BrE (cf groupage car AmE)* RAIL Sammelgutwagen *m*

grouping *n* ELEC ENG Anordnung *f*, Einteilung in Gruppen *f*, Gruppierung *f*, RAIL *of trains* Bündelung *f*; ~ **switch** *n* ELEC ENG Gruppierungsschalter *m*

grout[1] *n* CONST Injektionsmörtel *m*, Zementschlämme *f*; ~ **curtain** *n* CONST Injektionsschürze *f*

grout[2] *vt* CONST auspressen, vergießen, ausspachteln, einpressen, vermörteln, *soil* stabilisieren

grouting *n* COAL TECH Einpressen *nt*, CONST Einpressen *nt*, Verfestigen *nt*, NUC TECH Verfugung *f*, Vergußmasse *f*; ~ **equipment** *n* CONST Injektionsgerät *nt*

grow *vt* PROD ENG züchten

growing *n* PROD ENG Züchtung *f*; ~ **of crystals** *n* PROD ENG Kristallzüchtung *f*

growler *n* ELECT Telefonbrummer *m*

grown: **~-in dislocation** *n* METALL verwachsene Versetzung *f*; ~ **junction** *n* ELECTRON *semiconductors* gewachsener Übergang *m*

growth *n* METALL, NUC TECH *of uranium rod by cycling* Wachstum *nt*, PROD ENG Wachsen *nt*; ~ **pattern** *n* METALL Wachstumsmodell *nt*; ~ **spiral** *n* METALL Wachstumsspirale *f*; ~ **step** *n* METALL Wachstumsstufe *f*; ~ **twin** *n* METALL Wachstumszwilling *m*

groyne *n BrE* WATER SUP, WATER TRANS Buhne *f*

GRP *abbr (glass fiber-reinforced plastic AmE, glass fibre-reinforced plastic BrE)* PACK, PLAS, WATER TRANS *shipbuilding* GFK *(glasfaserverstärkter Kunststoff)*

grub:[1] ~ **screw** *n* MECHAN ENG, PROD ENG *plastic valves* Gewindestift *m*

grub[2] *vt* CONST roden

GSC *abbr (group-switching center AmE, group-switching centre BrE)* TELECOM GrVST *(Gruppenvermittlungsstelle)*

gsm *abbr (grams per square meter AmE, grams per square metre BrE)* PRINT *paper weight* g/m^2 *(Gramm pro Quadratmeter)*

G-suit *n* SPACE Druckanzug *m*

G/t *abbr (gain-to-noise temperature ratio)* SPACE Verhältnis Gewinn zu Rauschtemperatur *nt*

guaiac: ~ **resin** *n* FOOD TECH Guajakharz *nt*

guaiacol *n* CHEMISTRY Brenzcatechin-Monomethylether *m*, Guajacol *nt*

guaiaconic *adj* CHEMISTRY Guajacon- *pref*

guaiaretic *adj* CHEMISTRY Guajaret- *pref*

guanidine *n* CHEMISTRY Aminomethanamidin *nt*, Guanidin *nt*, Iminoharnstoff *m*

guanine *n (cf aminohypoxanthine)* CHEMISTRY Guanin *nt*, Imidoxanthin *nt*

guano *n* CHEMISTRY Guano *m*

guanosine *n* CHEMISTRY Guanosin *nt*

guanyl *adj* CHEMISTRY Guanyl- *pref*

guarantee *n* QUAL Garantie *f*; ~ **cap** *n* PACK Garantiekappe *f*; ~ **closure** *n* PACK Garantieverschluß *m*; ~ **period** *n* SPACE Garantiezeitraum *m*

guaranteed:[1] ~ **draw-off** *n* FUELLESS garantierte Entnahme *f*; ~ **flight path** *n* AIR TRANS garantierte Flugbahn *f*, gewährleistete Flugbahn *f*; ~ **thrust** *n* AIR TRANS garantierter Schub *m*; ~ **weight** *n* AIR TRANS Garantiegewicht *nt*, gewährleistetes Gewicht *nt*

guaranteed:[2] ~ **not to fade** *phr* TEXT garantiert farbecht

guard[1] *n* ELECT Schutz *m*, Schutzgitter *nt*, MECHAN ENG *machine tools* Schutzeinrichtung *f*, *of wheel* Schutz *m*, Schutzblech *nt*, MECHANICS Abdeckung *f*, Schutzvorrichtung *f*, PROD ENG Schutzblech *nt*, RAIL Zugschaffner *m*, SAFETY Schutzeinrichtung *f*, Schutzkäfig *m*, *general term* Schutz *m*, *of wheel* Radschutz *m*, *on a machine* Schutz *m*; ~ **band** *n* COMP & DP Schutzabstand *m*, Schutzfrequenzband *nt*, TELEV Sicherheitsband zwischen Frequenzbändern *nt*, Sperrbereich *m*; ~ **bit** *n* COMP & DP Schutzbit *nt*; ~ **channel** *n* COMP & DP Wachkanal *m*; ~ **circuit** *n* ELEC ENG Schutzschaltung *f*, Sprachsperre *f*, TELECOM Überwachungsleitung *f*; ~ **net** *n* WATER SUP *overhead transmission system* Schutznetz *nt*, Schutzvorrichtung *f*; ~ **rail** *n* CONST Geländer *nt*, Leitplanke *f*, Schutzgeländer *nt*, RAIL Schutzschiene *f*, SAFETY Geländer *nt*, *for enclosure* Schutzgitter *nt*; ~ **ring** *n* ELEC ENG Schutzring *m*, Schutzringelektrode *f*, ELECT *electrostatic shielding* Abwehrring *m*, Schutzring *m*, PHYS Potentialring *m*, Schutzring *m*; ~ **ring capacitor** *n* ELEC ENG Schutzringkondensator *m*; ~ **space** *n* TELECOM *land mobile* Schutzabstand *m*; ~ **time** *n* SPACE *communications* Überwachungszeit *f*; ~ **track** *n* RECORD Schutzspur *f*; ~ **vessel** *n* NUC TECH *of pressure vessel* Schutzgefäß *nt*; ~ **wire** *n* ELEC ENG, ELECT Schutzdraht *m*

guard[2] *vt* PROD ENG schützen; ~ **against** *vt* SAFETY schützen vor

guarded[1] *adj* SAFETY *machine* geschützt

guarded:[2] ~ **gears** *n pl* MECHAN ENG geschützte Zahnräder *nt pl*, SAFETY geschütztes Getriebe *nt*; ~ **input** *n* ELEC ENG abgeschirmter Eingang *m*; ~ **output** *n* ELEC ENG abgeschirmter Ausgang *m*

guarding: ~ **relay** *n* ELEC ENG Abschirmrelais *nt*

guardrail *n* WATER TRANS *deck equipment* Seereling *f*

guard's: ~ **van** *n BrE (cf caboose AmE)* RAIL Schlußpackwagen *m*

gudgeon *n* CONST Verbindungsbolzen *m*, Zapfen *m*, MECHAN ENG *mandrel* Dorn *m*, *of shaft* Zapfen *m*, PROD ENG Drehzapfen *m*, Metallbolzen *m*; ~ **pin** *n* AUTO *BrE (cf wrist pin AmE) engine, piston* Kolbenbolzen *m*, MECHAN ENG *pivot or journal* Drehzapfen *m*, MECHAN ENG *BrE (cf wrist pin AmE)* Kolbenbolzen *m*, MECHANICS *BrE (cf wrist pin AmE)* Halszapfen *m*, Kolbenbolzen *m*; ~ **pin lock** *n BrE (cf piston-pin lock AmE, wrist pin lock AmE)* AUTO Kolbenbolzensicherung *f*

guidance *n* TRANS Verkehrslenkung *f*; ~ **antenna** *n* SPACE Führungsantenne *f*; ~ **cushion** *n* TRANS Führungspolster *nt*; ~ **magnet** *n* TRANS Führungsmagnet *m*; ~ **navigation system** *n* SPACE Führungsnavigationssystem *nt*; ~ **receiver** *n* SPACE Führungsempfänger *m*

guide *n* CONTROL Führung *f*, HYD EQUIP Führung *f*, Leitung *f*, Steuerung *f*, MECHAN ENG Führungsscheibe *f*, Leitscheibe *f*, *of crosshead* Leitschiene *f*, *tool* Führung *f*, Leiteinrichtung *f*, PAPER Führung *f*, TEXT Fadenlieferer *m*; ~ **bar** *n* MECHAN ENG Führungsschiene *f*, Führungsstange *f*, Leitschiene *f*, TEXT Führungsstange *f*; ~ **beacon** *n* WATER TRANS *navigation* Richtbake *f*; ~ **beam** *n* WATER TRANS Leitstrahl *m*; ~ **bearing** *n* MECHAN ENG Führungslager *nt*; ~ **blade** *n* HYD EQUIP Leitblatt *nt*, Leitschaufel *f*; ~ **block** *n* MECHAN ENG *of crosshead guides* Führungsblock *m*; ~ **bush** *n* MECHAN ENG Führungsbuchse *f*; ~ **bushing** *n* NUC TECH *of control rod* Führungsbuchse *f*; ~ **errors** *n pl* TELEV Führungsfehler *m*; ~ **light** *n* WATER TRANS *navigation* Richtfeuer *nt*; ~ **number** *n* PHOTO Leitzahl *f*; ~ **pillar** *n* MECHAN ENG *of machine tools* Führungssäule *f*; ~ **pin** *n* MECHAN ENG Führungsstift *m*, Führungszapfen *m*, MECHANICS Führungsstift *m*; ~ **plate** *n* MECHAN ENG *die set* Führungsplatte *f*; ~ **pole** *n* CONST Führungsstange *f*; ~ **post** *n* CONST Leitpfosten *m*; ~ **pulley** *n* MECHAN ENG *of conveyor* Führungsscheibe *f*, Leitrolle *f*, Leitscheibe *f*, Lenkrolle *f*; ~ **rail** *n* MECHAN ENG Führungsleiste *f*, RAIL Führungsschiene *f*; ~ **ring** *n* HYD EQUIP Führungsring *m*, Leitring *m*; ~ **roll** *n* PAPER Leitwalze *f*; ~ **roller** *n* PROD ENG Führungsrolle *f*, TEXT Führungsrolle *f*, Führungswalze *f*; ~ **screw** *n* MECHAN ENG *of lathe* Leitspindel *f*; ~ **track** *n* RECORD Kontrollspur *f*; ~ **tube** *n* MECHAN ENG Führungsrohr *nt*; ~ **vane** *n* FUELLESS Leitflügel *m*, Leitschaufel *f*, HEAT & REFRIG, HYD EQUIP, MECHAN ENG *of turbine*, MECHANICS Leitschaufel *f*; ~ **vane servomotor** *n* FUELLESS Leitflügel-Servomotor *m*; ~ **vane vibration** *n* FUELLESS Leitflügelvibration *f*; ~ **wheels** *n pl* TRANS Führungsräder *nt pl*

guided: ~ **air cushion vehicle** *n* TRANS spurgeführtes Luftkissenfahrzeug *nt*; ~ **mode** *n* TELECOM *optical fibre* Kernmodus *m*; ~ **public mass transportation system** *n* TRANS spurgebundenes Massentransportsystem *nt*; ~ **road** *n* TRANS spurgeführte Straße *f*; ~ **wave** *n* OPT geleitete Welle *f*

guideline *n* AUTO, ELECT Richtlinie *f*

guides *n pl* CER & GLAS Führungen *f pl*

guideway *n* MECHAN ENG Führungsbahn *f*; ~ **at grade** *n* RAIL ebenerdige Führungsschiene *f*

guiding *n* MECHAN ENG Führung *f*; ~ **mark** *n* WATER TRANS *navigation mark* Richtseezeichen *nt*; ~ **roller** *n* PROD ENG Laufrolle *f*

guillotine[1] *n* PACK, PRINT Papierschneidemaschine *f*, Papierschneider *m*; ~ **plate shear** *n* PROD ENG Parallelschere *f*, Tafelschere *f*; ~ **shear** *n* PROD ENG Parallelschere *f*; ~ **shearing machine** *n* PROD ENG Parallelschere *f*, Tafelschere *f*; ~ **shears** *n pl* MECHAN ENG Schlagschere *f*, MECHANICS Rahmenblechschere *f*; ~ **shutter** *n* PHOTO Fallverschluß *m*

guillotine[2] *vt* PAPER schneiden

gulf *n* WATER TRANS *tract of water* Golf *m*, Meerbusen *m*

gullet *n* PROD ENG Zahngrund *m*

gulley: ~ **sucker** *n* MAR POLL Bilgenpumpe *f*
gulonic *adj* CHEMISTRY Gulon- *pref*
gulose *n* CHEMISTRY Gulose *f*
gum[1] *n* PROD ENG Harz *nt*, Harzrückstand *m*; ~ **arabic** *n* FOOD TECH Gummiarabikum *nt*; ~ **guaiacum** *n* FOOD TECH Guajakharz *nt*; ~ **tragacanth** *n* FOOD TECH Tragantgummi *nt*
gum[2] *vt* PRINT gummieren; ~ **up** *vt* PROD ENG verharzen
gumbo *n* PET TECH Gumbo *nt*
gummed: ~ **edge** *n* PACK gummierter Rand *m*; ~ **label** *n* PACK gummiertes Etikett *nt*; ~ **paper** *n* PACK gummiertes Papier *nt*
gumming: ~ **machine** *n* PACK Gummiermaschine *f*; ~ **up** *n* PROD ENG Verharzung *f*
gummy[1] *adj* PROD ENG harzartig
gummy:[2] ~ **deposit** *n* PROD ENG Verharzung *f*
gun *n* PROD ENG Druckrohr *nt*, Presse *f*, Spritze *f*; ~ **amplifier** *n* ELECTRON Gunverstärker *m*; ~ **diode** *n* ELECTRON Gundiode *f*; ~ **drill** *n* PROD ENG Spindelbohrer *m*, Tieflochbohrer *m*; ~ **efficiency** *n* TELEV Kanonenwirkungsgrad *m*; ~ **perforator** *n* PET TECH Perforationskanone *f*
gunite *n* CONST Spritzbeton *m*, Torkretbeton *m*
guniting *n* CONST Torkretieren *nt*
gunmetal *n* MECHANICS Bronze *f*, Geschützmetall *nt*, Rotguß *m*, METALL Gußzinnbronze *f*, Rotguß *m*, PROD ENG Geschützbronze *f*; ~ **bearing** *n* MECHAN ENG Bronzelager *nt*; ~ **bush** *n* MECHAN ENG Bronzebüchse *f*
Gunn: ~ **diode** *n* PHYS Gunn-Diode *f*; ~ **effect** *n* ELECTRON Gunn-Effekt *m*; ~**-effect diode** *n* RAD TECH Gunn-Diode *f*
gunnel *n (cf gunwale)* WATER TRANS *shipbuilding* Dollbord *nt*, Schandeckel *m*
gunning *n* CER & GLAS Spritzen *nt*
gunwale *n (cf gunnel)* WATER TRANS *shipbuilding* Dollbord *nt*, Schandeckel *m*
gush[1] *n* PET TECH Ausbruch *m*
gush[2] *vi* PET TECH ausbrechen
gusher *n* PET TECH Springer *m*, Sprudelbohrung *f*
gusset: ~ **plate** *n* MECHAN ENG Knotenblech *nt*, PROD ENG Eckblech *nt*, WATER TRANS *shipbuilding* Fächerplatte *f*
gust *n* AIR TRANS Bö *f*, SPACE Windstoß *m*, WATER TRANS *of wind* Bö *f*, Windstoß *m*; ~ **alleviation factor** *n* AIR TRANS Böenabminderungsfaktor *m*; ~ **envelope** *n* AIR TRANS Böen-V-n-Diagramm *nt*; ~ **formation time** *n* AIR TRANS Böenbildungszeit *f*; ~ **gradient distance** *n* AIR TRANS Böentiefe *f*; ~ **load factor** *n* AIR TRANS Böenlastvielfache *nt*; ~ **load limit** *n* AIR TRANS Böenbelastungsgrenze *f*; ~ **lock** *n* AIR TRANS Böenverriegelung *f*; ~ **V-n diagram** *n* AIR TRANS Böen-V-n Diagramm *nt*
gut *n* FOOD TECH Darm *m*, Eingeweide *nt pl*
GUT *abbr (grand unified theory)* PHYS Theorie der großen Vereinigung aller Kräfte *f*
Gutenberg: ~ **discontinuity** *n* FUELLESS Gutenbergsche Diskontinuität *f*
gutta: ~**-percha** *n* CHEMISTRY, PLAS *rubber* Guttapercha *f*
gutter[1] *n* AIR TRANS Abflußgraben *m*, CONST Dachrinne *f*, Gerinne *nt*, Rinnstein *m*, MECHANICS Abflußrinne *f*, PRINT Bund *m*, Bundsteg *m*; ~ **bracket** *n* CONST Dachrinnenhalter *m*; ~ **tile** *n* CER & GLAS Hohlpfanne *f*
gutter[2] *vi* AIR TRANS Rinnen ziehen
guttering *n* AIR TRANS Abflußrinne *f*
guy *n* CONST Abspann- *pref*, Abspannung *f*, ELEC ENG Abspann- *pref*, MECHANICS Abspannung *f*, Anker *m*, PET TECH Abspann- *pref*, PROD ENG Abspannseil *nt*, Abspannung *f*, RAD TECH Abspannung *f*, WATER TRANS *ropes* Gei *f*, Geitau *nt*; ~ **anchor** *n* PET TECH Abspannanker *m*, Abspannseil *nt*; ~ **insulator** *n* ELEC ENG *of wire* Abspannisolator *m*; ~ **ring** *n* PET TECH Abspannring *m*; ~ **rope** *n* CONST Abspannseil *nt*; ~ **wire** *n* RAD TECH Abspannseil *nt*
guying *n* CONST Abspannung *f*, Seilverspannung *f*
Gx *abbr (system-rating constant)* ACOUSTICS Gx *(Systemkonstante)*
gy *abbr (gray AmE)* PART PHYS, PHYS gy *(Gray)*
gynocardic *adj* CHEMISTRY Gynocard- *pref*
gypsum *n* PET TECH Gips *m*
gypsy *n* WATER TRANS *deck equipment* Verholkopf *m*
gyrate *vt* PROD ENG taumeln
gyrating: ~ **mass** *n* NUC TECH *flywheel*, PROD ENG Schwungmasse *f*
gyration *n* PROD ENG Kreisbewegung *f*
gyrator *n* PHYS *waveguide* Gyrator *m*, Phasendreher *m*
gyratory: ~ **crusher** *n* FOOD TECH Kreiselbrecher *m*
gyro: ~ **amplifier** *n* AIR TRANS Kreiselverstärkerstufe *f*; ~ **data-switching control** *n* AIR TRANS kreiselgesteuerte Datenvermittlung *f*; ~ **horizon** *n* AIR TRANS, TRANS Kreiselhorizont *m*; ~ **instruments** *n pl* AIR TRANS Kreiselinstrumente *nt pl*; ~ **resetting** *n* AIR TRANS Kreiselnullstellung *f*, Kreiselzurückstellung *f*; ~ **stabilization** *n* TRANS Kreiselstabilisierung *f*; ~ **turn indicator** *n* SPACE Kreiselwendeanzeiger *m*; ~ **unbalance** *n* AIR TRANS Kreiselunwucht *f*
gyrobus *n* AUTO Gyrobus *m*
gyrocaging *n* AIR TRANS Kreiselgehäuse *nt*
gyrocompass *n* AIR TRANS, WATER TRANS *navigation* Kreiselkompaß *m*
gyrodyne *n* AIR TRANS Flugschrauber *m*, Kombiflugschrauber *m*
gyrograph *n* SPACE Gyrograph *m*, Kreiselaufzeichnungsgerät *nt*
gyrohorizon *n* SPACE künstlicher Horizont *m*
gyromagnetic: ~ **effect** *n* PHYS gyromagnetischer Effekt *m*; ~ **ratio** *n (g)* NUC TECH, PHYS gyromagnetisches Verhältnis *nt (g)*
gyropilot *n* AIR TRANS, WATER TRANS Autopilot *m*, Selbststeuerungsanlage *f*
gyroplane *n* AIR TRANS Drehflügelflugzeug *nt*, Kippflügelflugzeug *nt*, TRANS Drehflügelflugzeug *nt*
gyroscope *n* MECHAN ENG, MECHANICS Kreisel *m*, PHYS Gyroskop *nt*
gyroscopic[1] *adj* MECHANICS kreiselgestützt
gyroscopic:[2] ~ **compass** *n* AIR TRANS Kreiselkompaß *m*; ~ **flow meter** *n* INSTR Kreiselströmungsdurchflußmesser *m*; ~ **force** *n* FUELLESS Kreiselkraft *f*; ~ **platform** *n* AIR TRANS Kreiselplattform *f*, kreisstabilisierte Plattform *f*; ~ **torque** *n* AIR TRANS Kreiselmoment *nt*; ~ **verticant** *n* SPACE Lotkreisel *m*, Vertikalkreisel *m*
gyrostat *n* CHEMISTRY Gyrostat *m*, MECHAN ENG Kreiselkompaß *m*, PHYS Stabilisierungskreisel *m*
gyrostatic *adj* CHEMISTRY gyrostatisch
gyrosyn: ~ **compass** *n* AIR TRANS Erdinduktionskompaß *m*; ~ **compass indicator** *n* AIR TRANS Erdinduktionskompaßanzeige *f*
gyrotron *n* TELECOM Gyrotron *nt*

H

h *abbr* COMP & DP *(height)*, GEOM *(height)* h *(Höhe)*, METROL *(hecto-)* h *(Hekto-)*, METROL *(hour)* h *(Stunde)*, PART PHYS *(Planck's constant)*, PHYS *(Planck's constant)* h *(Plancksche Konstante)*, RAD PHYS *(Planck's constant)* h *(Plancksches Wirkungsquantum)*, RAD TECH *(height)* h *(Höhe)*

H[1] *abbr* COAL TECH *(enthalpy)* H *(Enthalpie)*, ELEC ENG *(henry)* H *(Henry)*, ELEC ENG *(magnetic field strength)* H *(magnetische Feldstärke)*, ELECT *(henry)* H *(Henry)*, ELECT *(magnetic field strength)* H *(magnetische Feldstärke)*, FUELLESS *(enthalpy)*, HEAT & REFRIG *(enthalpy)* H *(Enthalpie)*, HYD EQUIP *(Hamiltonian function)* H *(Hamiltonsche Funktion)*, MECHANICS *(enthalpy)* H *(Enthalpie)*, METROL *(henry)* H *(Henry)*, OPT *(irradiance)* H *(Bestrahlungsstärke)*, PHYS *(enthalpy)* H *(Enthalpie)*, PHYS *(henry)* H *(Henry)*, PHYS *(magnetic field strength)* H *(Magnetfeldstärke)*, RAD TECH *(henry)* H *(Henry)*, SPACE *(enthalpy)*, THERMODYN *(enthalpy)* H *(Enthalpie)*

H:[2] ~ **hinge** *n* CONST Breitflansch-Scharnierband *nt*, H-Band *nt*

H[3] *(hydrogen)* CHEMISTRY H *(Wasserstoff)*

h&j *abbr (hyphenation and justification)* PRINT Trennen und Ausschließen *nt*

ha *abbr (hectare)* METROL ha *(Hektar)*

habit *n* METALL *crystals* Habitus *m*; ~ **plane** *n* METALL Habitusfläche *f*

habitation: ~ **module** *n* SPACE *craft* Aufenthaltsmodul *nt*

habituation *n* ERGON Gewöhnung *f*

hachure[1] *n* PROD ENG Schraffierung *f*

hachure[2] *vt* PROD ENG schraffieren

hacking: ~ **knife** *n* CONST Kabelmesser *nt*, Kittentfernungsmesser *nt*

hackle[1] *n* CER & GLAS gezackter Riß *m*; ~ **mark** *n* CER & GLAS Riefe *f*

hackle[2] *vt* TEXT hecheln

hackling *n* TEXT Hecheln *nt*

hacksaw *n* MECHAN ENG, MECHANICS, PROD ENG Bügelsäge *f*; ~ **blade** *n* MECHAN ENG Metallsägeblatt *nt*; ~ **frame** *n* MECHAN ENG Metallsägebogen *m*

Ha-Dec: ~ **mount** *n* SPACE Ha-Dec-Befestigung *f*

HADES *abbr (high acceptance di-electron spectrometer)* PART PHYS HADES *(Dielektronen-Spektrometer mit hoher Akzeptanz)*

hadron *n* PART PHYS, PHYS Hadron *nt*; **~-electron ring collider** *n (HERA)* PART PHYS Hadron-Elektron-Ring-Anlage *f (HERA)*

hadronic[1] *adj* PART PHYS hadronisch

hadronic:[2] ~ **calorimeter** *n* PART PHYS, RAD PHYS Kalorimeter zum Hadronnachweis *nt*, hadronisches Kalorimeter *nt*

haematein *n BrE* CHEMISTRY Hämatein *nt*

haematic *adj BrE* CHEMISTRY Hämatin- *pref*

haematin *n BrE* CHEMISTRY Hämatin *nt*

haematite *n BrE* PROD ENG Hämatit *m*

haematoporphyrin *n BrE* CHEMISTRY Hämatoporphyrin *nt*

haematoxylin *n BrE* CHEMISTRY Hämatoxylin *nt*

haemo- *pref BrE* FOOD TECH, INSTR Blut- *pref*

haemoglobin *n BrE* CHEMISTRY Hämoglobin *nt*, Hämoglobin *nt*, roter Blutfarbstoff *m*

haemolysin *n BrE* CHEMISTRY Hämolysin *nt*

haemolysis *n BrE* CHEMISTRY Hämolyse *f*

haemopyrrole *n BrE* CHEMISTRY Hämopyrrol *nt*

haemosiderin *n BrE* CHEMISTRY Hämosiderin *nt*

haemotoxin *n BrE* CHEMISTRY Blutgift *nt*, Hämotoxin *nt*

HAF: ~ **carbon black** *n (high abrasion furnace carbon black)* PLAS HAF-Ruß *m (hochabriebfester Furnace-Ruß)*

hafnium *n (Hf)* CHEMISTRY Hafnium *nt (Hf)*

Hagen-Poisseuille: ~ **law** *n* PHYS Hagen-Poisseuillesches Gesetz *nt*

Hager: ~ **disc** *n BrE* CER & GLAS Hager-Schleuderscheibe *f*; ~ **disk** *n AmE see Hager disc BrE*

Haidinger: ~ **fringes** *n pl* PHYS Haidingersche Ringe *m pl*

hail *vi* WATER TRANS *port* stammen

hailing: ~ **distance** *n* WATER TRANS Rufweite *f*

hair *n* TEXT Haar *nt*; ~ **cross** *n* PROD ENG Fadenkreuz *nt*; ~ **gageblock** *n AmE*, ~ **gaugeblock** *n BrE* PROD ENG Strichendmaß *nt*; ~ **hygrometer** *n* HEAT & REFRIG Haarfeuchtigkeitsmesser *m*, Haarhygrometer *nt*, LAB EQUIP *humidity measurement*, PHYS Haarhygrometer *nt*; ~ **protector** *n* SAFETY Kopfhaube *f*

haircord: ~ **carpet** *n* TEXT Haargarnteppich *m*

hairline *n* INSTR Haarstrich *m*, Skalenmarke *f*, Skalenstrich *m*, feine Skalenmarke *f*, feiner Skalenstrich *m*, PRINT *relief printing* Haarlinie *f*; ~ **crack** *n* MECHANICS, NUC TECH *in concrete surface* Haarriß *m*; ~ **space** *n* PRINT Haarspatium *nt*

hairpin: ~ **cooler** *n* CER & GLAS Haarnadeltrockner *m*; ~ **spring** *n* MECHAN ENG Haarnadelfeder *f*

hairy: ~ **roving** *n* CER & GLAS Haar-Roving *nt*

halation *n* ELECTRON *cathode-ray tube*, PHOTO Lichthofbildung *f*

half:[1] **~-duplex** *adj (HDX)* COMP & DP halbduplex *(HD)*; **~-integer** *adj* PROD ENG halbzählig; ~ **wave** *adj* ELECT Einweg- *pref*, Halbwelle *f*; **~-wave** *adj* AUTO, CER & GLAS, FOOD TECH, HEAT & REFRIG, PACK, PHYS, SAFETY, TRANS, WASTE Einweg- *pref*

half:[2] ~ **ahead** *adv* WATER TRANS halbe Fahrt voraus; ~ **astern** *adv* WATER TRANS halbe Fahrt zurück; **~-mast** *adv* WATER TRANS *flags* halbmast

half:[3] **~-adder** *n* COMP & DP, ELECTRON Halbaddierer *m*; ~ **beam** *n* TEXT *for warp knitting* Halbbaum *m*, WATER TRANS *shipbuilding* halber Balken *m*; **~-bound** *n* PRINT Halbfranzband *nt*; **~-breadth plan** *n* WATER TRANS *architecture* Wasserlinienriß *m*; **~-bridge** *n* ELEC ENG Halbrücke *f*; **~-bridge arrangement** *n* ELEC ENG Halbrücken-Anordnung *f*; **~-bushing** *n* MECHAN ENG Lagerschalenhälfte *f*; **~-coupling** *n* MECHAN ENG Flanschkupplung *f*; **~-cycle** *n* ELEC ENG Halbzyklus *m*; ~ **dog** *n* PROD ENG Kernansatz *m*; ~ **duplex** *n* COMP & DP Halbduplex *m*; **~-duplex mode** *n* COMP & DP Halbduplexmodus *m*; **~-duplex operation** *n* COMP & DP

Halbduplex-Operation *f*, Halbduplexbetrieb *m*; **~ edges** *n pl* GEOM *oriented edges* Halbkanten *f pl*; **~-elliptic spring** *n* MECHAN ENG Halbelliptikfeder *f*; **~-flange** *n* MECHAN ENG Flanschhälfte *f*; **~-integral spin** *n* PHYS halbzähliger Spin *m*; **~-life** *n* *(T¹/2)* NUC TECH Halbwertszeit *f* *(T¹/2)*, PART PHYS, PHYS, RAD PHYS *of radioactive nucleid* Halbwertszeit *f* *(HWZ)*; **~-line** *n* GEOM Halbstrahl *m*, PROD ENG Strahl *m*; **~-liner** *n* MECHAN ENG *of bearing* Halbschale *f*; **~-mask** *n* SAFETY Halbmaske *f*; **~-nut** *n* MECHAN ENG *of lathe* Leitspindelmutter *f*, Mutterschloß *nt*; **~ pace** *n* CONST Treppenabsatz *m*, Zwischenpodest *nt*; **~-plate camera** *n* PHOTO Half-Plate-Kamera *f*; **~-power beamwidth** *n* SPACE *communications* Richtantennen-Öffnungswinkel *m*; **~-power width** *n* ELECTRON Halbwertsbreite *f*; **~-pulse** *n* ELECTRON *data* Halbimpuls *m*; **~-ring** *n* MECHAN ENG Halbring *m*; **~-roll** *n* PROD ENG halbkalibrierte Walze *f*; **~ round** *n* MECHAN ENG, PROD ENG Halbrund *nt*; **~-round bit** *n* PROD ENG Kanonenbohrer *m*; **~-round chisel** *n* PROD ENG Nutenmeißel *m*; **~-round edge** *n* CER & GLAS halbrunde Kante *f*; **~-round file** *n* MECHAN ENG Halbrundfeile *f*; **~-round pliers** *n pl* MECHAN ENG Halbrundzange *f*; **~-round scraper** *n* PROD ENG Löffelschaber *m*; **~-round screw** *n* MECHAN ENG Halbrundkopfschraube *f*, Halbrundschraube *f*; **~-section** *n* ENG DRAW, PROD ENG Halbschnitt *m*; **~-section drawing** *n* ENG DRAW Halbschnittzeichnung *f*; **~ shaft** *n* AUTO *transmission* Antriebswelle *f*, Halbwelle *f*; **~-sized board** *n* ELECTRON halbformatige Leiterplatte *f*; **~-space** *n* COMP & DP halber Schritt *m*; **~-steel** *n* METALL Halbstahl *m*; **~ subtractor** *n* COMP & DP Halbsubtrahierer *m*, Halbsubtrahiersignal *nt*, Halbsubtrahierglied *nt*, ELECTRON Halbsubtrahierer *m*; **~-thickness** *n* PHYS *of layer* Halbwertdicke *f*; **~-tide** *n* WATER TRANS Halbtide *f*; **~-timbered house** *n* CONST Fachwerkhaus *nt*; **~-track recording** *n* RECORD Teilaufzeichnung *f*; **~-track vehicle** *n* TRANS Halbkettenfahrzeug *nt*; **~-travel** *n* MECHAN ENG *of slide valve* halbe Hubhöhe *f*; **~-truss** *n* CONST Halbbinder *m*; **~-turn stairs** *n pl* CONST halbgedrehte Treppe *f*; **~-value thickness** *n* PHYS Halbwertdicke *f*; **~-washer** *n* MECHAN ENG Halbscheibe *f*; **~-wave** *n* PHYS, RAD PHYS Halbwelle *f*; **~-wave dipole** *n* PHYS Halbwellendipol *m*; **~-wave dipole aerial** *n* RAD PHYS Halbwellendipolantenne *f*; **~-wave dipole antenna** *n* RAD PHYS Halbwellendipolantenne *f*; **~-wave line** *n* PHYS Halbwellenleitung *f*; **~-wave plate** *n* PHYS Lambda/2-Blättchen *nt*; **~-wave rectification** *n* ELEC ENG Halbwellengleichrichtung *f*; **~-wave rectifier** *n* ELEC ENG Halbwellengleichrichter *m*, ELECT, PHYS Einweggleichrichter *m*; **~-wave transmission line** *n* ELECT *radio* Leitung elektrischer Länge *f*; **~-white glass** *n* CER & GLAS halbweißes Glas *nt*; **~-width** *n* PHYS, RAD PHYS *spectrometry* Halbwertbreite *f*; **~-word** *n* COMP & DP Halbwort *nt*

half:[4] **~-mast** *vt* WATER TRANS *flag* halbstocks setzen

halftone *n* PRINT Halbton *m*, Rasterbild *nt*; **~ block** *n* PHOTO Rasterklischee *nt*; **~ image** *n* PRINT Rasterbild *nt*; **~ ink** *n* PRINT Illustrationsfarbe *f*; **~ process** *n* PRINT Autotypie *f*, Rasterätzung *f*; **~ screen** *n* PRINT Autotypieraster *nt*

halide *n* CHEMISTRY Halogenid *nt*

Hall: **~ coefficient** *n (RH)* PHYS, RAD TECH Hallscher Koeffizient *m (RH)*; **~ effect** *n* ELECT *semiconductor effect*, PHYS, RAD PHYS, SPACE Hallscher Effekt *m*; **~ field** *n* PHYS Hallsches Feld *nt*; **~ generator** *n* AUTO Hallscher Geber *m*, Hallscher Generator *m*; **~ IC** *n* AUTO Hallscher IC *m*; **~-ion thruster** *n* SPACE Hallsches Ionentriebwerk *nt*; **~ magnetometer** *n* PHYS Hallsches Magnetometer *nt*; **~ mobility** *n* PHYS Hallsche Beweglichkeit *f*, RAD TECH *(μH)* Hallsche Mobilität *f (μH)*; **~ probe** *n* PHYS, RAD PHYS Hallsche Sonde *f*; **~ resistance** *n* PHYS Hallscher Widerstand *m*; **~ voltage** *n* PHYS Hallsche Spannung *f*

halo *n* ELECTRON Lichthof *m*, RAD TECH *aerial* Haloantenne *f*, SPACE Halo *m*, Haloantenne *f*, Ringantenne *f*; **~ of dispersion** *n* NUC TECH Streuungshalo *m*; **~ orbit** *n* SPACE Haloumlaufbahn *f*

halocarbon: **~ refrigerant** *n* HEAT & REFRIG Halogenkohlenwasserstoff-Kältemittel *nt*

halogen *n* CHEMISTRY Halogen *nt*; **~ lamp** *n* ELECT Halogenlampe *f*

halogenation *n* CHEMISTRY Halogenation *f*, Halogenisierung *f*

halogenide *n* CHEMISTRY Halogenid *nt*

halography *n* CHEMISTRY Halographie *f*

haloid *adj* CHEMISTRY halogenartig

halokinesis *n* PET TECH Halokinese *f*

halon *n* SPACE *spacecraft* Halogenkohlenwasserstoff *m*, Halon *nt*; **~ fire extinguisher** *n* SAFETY Halonfeuerlöscher *m*

halt *n* COMP & DP Halt *m*, Stopp *m*, TRANS Aufenthalt *m*, Haltestelle *f*, Haltezeit *f*; **~ condition** *n* COMP & DP Haltebedingung *f*; **~ instruction** *n* COMP & DP Haltebefehl *m*, Stoppanweisung *f*

halve *vt* CONST anblatten, halbieren, zusammenblatten, PROD ENG anblatten

halved: **~ joint** *n* CONST Blattung *f*

halving *n* PROD ENG Anblatten *nt*

halyard *n* AIR TRANS Antennenaufzug *m*, Antennenaufzugseil *nt*, Flaggleine *f*, WATER TRANS *ropes* Fall *m*

ham *n* RAD TECH Funkamateur *md*

Hamiltonian: **~ function** *n (H)* HYD EQUIP Hamiltonsche Funktion *f (H)*; **~ operator** *n* PHYS Hamiltonscher Operator *m*

Hamilton-Jacobi: **~ equation** *n* PHYS Hamilton-Jacobische Gleichung *f*

Hamilton's: **~ equations** *n pl* PHYS Hamiltonsche Gleichungen *f pl*

hammer:[1] **~-forged** *adj* PROD ENG freiformgeschmiedet

hammer[2] *n* CER & GLAS, COAL TECH, MECHAN ENG, MECHANICS Hammer *m*, PROD ENG Fäustel *m*, Ramme *f*; **~ blow** *n* MECHAN ENG Hammerschlag *m*; **~ crusher** *n* COAL TECH, MECHAN ENG Hammerbrecher *m*; **~ drill** *n* CONST Schlagbohrer *m*, MECHAN ENG Schlagbohrmaschine *f*; **~-drive screw** *n* MECHAN ENG Treibschraube *f*; **~ eye** *n* PROD ENG Hammeröhr *nt*; **~ finish** *n* PLAS *paint* Hammerschlaganstrich *m*; **~ finish paint** *n* PLAS Hammerschlaglack *m*; **~ forging** *n* PROD ENG Freiformschmieden *nt*; **~ hardening** *n* METALL Hammerhärten *nt*; **~ head** *n* MECHAN ENG Kopf eines Hammers *m*, *of screw* Hammerkopf *m*, PROD ENG Bär *m*; **~-head bolt** *n* MECHAN ENG Hammerkopfschraube *f*, Hammerschraube *f*; **~-head screw** *n* MECHAN ENG Hammerkopfschraube *f*, Hammerschraube *f*; **~ mechanism** *n* MECHAN ENG *of impact drill* Schlagwerk *nt*; **~ mill** *n* FOOD TECH Hammermühle *f*, WASTE Hammermühle *f*, Hammerzerkleinerer *m*; **~-mill crusher** *n* WASTE Hammermühle *f*, Hammerzerkleinerer *m*; **~ peen** *n* PROD ENG Hammerfinne *f*; **~ pipe** *n* PROD ENG Kernzerschmiedung *f*; **~ riveting** *n* PROD ENG Hammernieten *nt*; **~ scale** *n* PROD ENG Hammerschlag *m*; ~

test *n* MECHAN ENG Fallgewichtsprüfung *f*; ~ **tup** *n* PROD ENG Hammerbär *m*

hammer[3] *vt* MECHAN ENG hämmern, klopfen, schlagen, PROD ENG freihandschmieden; **~-forge** *vt* PROD ENG freiformschmieden; **~-rivet** *vt* PROD ENG hammernieten; **~-tighten** *vt* PROD ENG verstemmen

hammer[4] *vi* MECHAN ENG hämmern, klopfen, schlagen

hammered[1] *adj* CER & GLAS *glass* gehämmert

hammered:[2] ~ **forging** *n* PROD ENG hammergeschmiedetes Teil *nt*

hammering *n* CONST Hämmern *nt*, Schmieden *nt*, MECHAN ENG, NUC TECH *of piping* Hämmern *nt*, PROD ENG Ausbreiten *nt*, Freiformschmieden *nt*, Reckschmieden *nt*

Hamming: ~ **distance** *n* TELECOM *forward error correction* Hamming-Abstand *m*

hammock *n* WATER TRANS Hängematte *f*

hand:[1] **~-assembled** *adj* PACK von Hand zusammengestellt; **~-fed** *adj* PRINT mit Handzuführung; **~-forged** *adj* PROD ENG freiformgeschmiedet; **~-held** *adj* PROD ENG handgeführt, SAFETY tragbar; **~-operated** *adj* CONTROL handbetrieben, handbetätigt, MECHAN ENG handbetätigt, MECHANICS handbedient, handbetrieben, SPACE handbetrieben

hand[2] *n* CONST Zeiger *m*, LAB EQUIP Zunge *f*; **~-arm system** *n* ERGON Hand-Arm-System *nt*; **~-automatic switch** *n* NUC TECH Handautomatikschalter *m*; ~ **bagging** *n* PACK Abfüllung in Säcke von Hand *f*; **~-bearing compass** *n* WATER TRANS Handpeilkompaß *m*; ~ **bellow** *n* CER & GLAS Handblasebalg *m*; **~-block printing** *n* TEXT Handdruck *m*; **~-blown glass** *n* CER & GLAS mundgeblasenes Glas *nt*; ~ **brace** *n* MECHAN ENG Handbohrer *m*, PROD ENG Bohrleier *f*; **~-carried transceiver** *n* TELECOM Handfunksprechgerät *nt*; ~ **centrifuge** *n* LAB EQUIP Handzentrifuge *f*; ~ **of coils** *n* PROD ENG Windungsrichtung *f*; ~ **composition** *n* PRINT Handsatz *m*; ~ **control** *n* ERGON Handstellteil *nt*; ~ **dosing** *n* PACK Abmessung von Hand *f*; ~ **feed** *n* MECHAN ENG Handzuführung *f*, *machine tools* Handzustellung *f*, PACK Handzufuhr *f*, manuelle Zufuhr *f*; **~-feed punch** *n* COMP & DP Handzuführungslocher *m*; ~ **flame-cutting torch** *n* PROD ENG Handschneidbrenner *m*; ~ **grinding** *n* MECHAN ENG Handschleifen *nt*; **~-held receiver** *n* TELECOM Handapparat *m*; **~-held terminal** *n* TELECOM Handendgerät *nt*; ~ **of helix** *n* PROD ENG Drallrichtung *f*, Steigungssinn *m*; ~ **labeller** *n* PACK Handetikettiermaschine *f*; ~ **lay-up** *n* PLAS *laminates* Handauflegeverfahren *nt*, Handlaminieren *nt*; ~ **lay-up laminate** *n* PLAS Handlaminat *nt*; ~ **lever** *n* MECHAN ENG Handhebel *m*; ~ **lever feed** *n* MECHAN ENG Handhebelvorschub *m*; ~ **lubrication** *n* MECHAN ENG Handschmierung *f*, Schmierung von Hand *f*; ~ **luggage** *n* RAIL Handgepäck *nt*; ~ **microphone** *n* RECORD Handmikrofon *nt*; **~-mixed concrete** *n* CONST handgemischter Beton *m*; ~ **nut** *n* PROD ENG Rändelmutter *f*; **~-off** *n* TELECOM *mobile telephone* Verbindungsumschaltung *f*; ~ **oiler** *n* PROD ENG Ölkanne *f*; **~-operated machine** *n* PACK manuell bediente Maschine *f*, von Hand bediente Maschine *f*; **~-operated pull** *n* NUC TECH handbedienter Zug *m*; **~-operated switch** *n* ELECT handbetätigter Schalter *m*; **~-operated valve** *n* PROD ENG *plastic valves* Handarmatur *f*; ~ **packing** *n* PACK Handverpacken *nt*; ~ **printing** *n* PRINT Drucken von Hand *nt*; **~-printing machine** *n* PRINT Handdruckmaschine *f*; ~ **of rotation** *n* PROD ENG Drehrichtung *f*; ~ **sampling** *n* COAL TECH Handstichprobe *f*; ~ **screening** *n* COAL TECH Handklassierung *f*; ~ **screen printing** *n* TEXT Handsiebdruck *m*; ~ **setting** *n* PRINT Handsatz *m*; ~ **signal** *n* SAFETY Handzeichen *nt*; ~ **sorting** *n* WASTE Handsortierung *f*; ~ **of spiral** *n* PROD ENG Drallrichtung *f*; ~ **tachometer** *n* PACK handbedienter Drehzahlmesser *m*; ~ **throttle control** *n* AUTO Handgaszugsteuerung *f*; **~-transmitted vibration** *n* SAFETY über die Hand übertragene Vibration *f*; **~-transmitted vibration hazard** *n* SAFETY *electrical drills* Vibrationsgefahr durch Hand *f*; ~ **vice** *n* *BrE* MECHAN ENG Feilkolben *m*, Handschraubstock *m*; ~ **vise** *n* *AmE see hand vice BrE* ~ **of welding** *n* PROD ENG Schweißrichtung *f*; ~ **wire pull** *n* NUC TECH Handdrahtzug *m*

hand:[3] **~-hammer** *vt* PROD ENG freiformschmieden; **~-ram** *vt* PROD ENG von Hand stampfen

handbarrow *n* CONST Trage *f*

handbook *n* MECHAN ENG Handbuch *nt*

handbrake *n* AUTO, MECHAN ENG Handbremse *f*

handchain *n* CONST Handkette *f*

handdrill *n* MECHAN ENG Handbohrer *m*, MECHANICS Handbohrmaschine *f*

handedness *n* ERGON Händigkeit *f*, Lateralität *f*

handflare *n* WATER TRANS *signal* Handfackel *f*

handgrip *n* MECHAN ENG Handgriff *m*, PHOTO Griff *m*

handicap *n* QUAL Vorgabe *f*

handladle *n* PROD ENG *casting* Gießlöffel *m*, Handgießpfanne *f*, Handpfanne *f*

handle[1] *n* AUTO Griff *m*, Halter *m*, Kurbel *f*, CONST Handgriff *m*, Türklinke *f*, MECHAN ENG Griff *m*, *of hammer* Stiel *m*, MECHANICS Griff *m*, Halter *m*, Schaft *m*, Stiel *m*, PACK, PAPER Griff *m*, PROD ENG Heft *nt*, Schenkel *m*, SPACE *spacecraft*, TEXT Griff *m*

handle[2] *vt* CONST bearbeiten, handhaben, MECHANICS bedienen, handhaben, PROD ENG zubringen, TEXT aufziehen, WATER TRANS führen, handhaben

handled: ~ **traffic** *n* TELECOM abgewickelter Verkehr *m*

handling *n* AIR TRANS Abfertigung *f*, PACK Handhabung *f*, Handling *nt*, Warentransport *m*, PROD ENG Transport *m*, Zubringung *f*, SPACE *spacecraft* Bedienung *f*, Handling *nt*, Steuerverhalten *nt*, TELECOM *traffic* Abwicklung *f*, Handhabung *f*, TEXT Handhabung *f*; ~ **of dangerous materials** *n* SAFETY Arbeit mit Gefahrstoffen *f*; ~ **engineering** *n* PROD ENG Fördertechnik *f*; ~ **equipment** *n* PACK Transportvorrichtungen *f pl*; ~ **and filling equipment** *n* PACK Ladungs- und Abfüllgeräte *nt pl*; ~ **of goods** *n* PACK Handhabung von Gütern *f*, Warentransport *m*; ~ **and installation instructions** *n pl* PACK Gebrauchs- und Installationsanweisungen *f pl*, TRANS Transport- und Installationsanweisungen *f pl*; ~ **of returnables** *n* PACK Handhabung von Mehrwegflaschen *f*

handmade: ~ **paper** *n* PRINT handgeschöpftes Papier *nt*

handover *n* NUC TECH *of nuclear power plant to consumer* Übergabe *f*

handpress *n* PRINT Handpresse *f*

handpump *n* PROD ENG, SAFETY *fire-fighting equipment* Handpumpe *f*

handrail *n* CONST Geländer *nt*, Handlauf *m*, MECHANICS Geländer *nt*, NUC TECH Handlauf *m*, WATER TRANS Handlauf *m*, *ship* Reling *f*

handreamer *n* AUTO, MECHAN ENG Handreibahle *f*

handrest *n* MECHAN ENG *lathe* Handauflage *f*

hands: **~-off operation** *n* COMP & DP Closed-Shop-Betrieb *m*, automatischer Betrieb *m*; **~-on operation** *n* COMP & DP Open-Shop-Betrieb *m*, operatorbedienter

Betrieb *m*
handsaw *n* CONST, MECHAN ENG Fuchsschwanz *m*, Handsäge *f*
handscreen *n* PROD ENG *welding* Schutzschild *m*
handscrew *n* MECHAN ENG Handschraube *f*, Handschraubspindel *f*
handset *n* TELECOM Hörer *m*; ~ **cord** *n* TELECOM Handapparateschnur *f*, Hörerschnur *f*
handshake *n* COMP & DP Handshake *m*, Quittungsbetrieb *m*, CONTROL Handshake *m*, Quittierung *f*
handshaking *n* COMP & DP, TELECOM Quittungsbetrieb *m*
handshears *n pl* PROD ENG Handblechschere *f*, Handschere *f*, Handhebelschere *f*
handshield *n* SAFETY Handschutz *m*
handsignal *n* TRANS Handsignal *nt*
handspike *n* MECHAN ENG Brechstange *f*, MECHANICS Hebebaum *m*
handsucker *n* CER & GLAS Handsauger *m*
handtap *n* PROD ENG Handgewindebohrer *m*
handtool *n* MECHANICS handbetätigtes Werkzeug *nt*
handwheel *n* MECHAN ENG, MECHANICS, PROD ENG *plastic valves* Handrad *nt*; ~ **nut** *n* PROD ENG *plastic valves* Hutmutter *f*
handwork *n* PRINT Handarbeit *f*
handwriting: ~ **recognition** *n* ART INT Handschrifterkennung *f*
handy[1] *adj* MECHANICS handlich
handy:[2] ~ **billy** *n* WATER TRANS *deck equipment* Handtalje *f*
hang: ~-**up** *n* COMP & DP Abbruch *m*, PROD ENG Stokkung *f*
hangar *n* AIR TRANS Flugzeughalle *f*, Hangar *m*
hanger *n* CONST Hängeeisen *nt*, Hängelager *nt*, MECHAN ENG Aufhänger *m*, *shaft* ~ Gehänge *nt*; ~ **fixtures** *n pl* MECHAN ENG *for pipes* Aufhängungen *f pl*, Aufhängungsteile *nt pl*
hanging: ~ **bearing** *n* MECHAN ENG Hängelager *nt*; ~ **lamp** *n* ELEC ENG Hängelampe *f*; ~ **post** *n* CONST hängender Torpfosten *m*; ~ **scaffold** *n* CONST Hängebühne *f*, Hängegerüst *nt*; ~ **stage** *n* CONST Hängegerüst *nt*; ~ **stairs** *n pl* CONST Freiträgertreppe *f*, Kragtreppe *f*
hangover *n* NUC TECH *luminescence* Nachleuchten *nt*; ~ **time** *n* SPACE *communications* Zeitdifferenz *f*, Überhangzeit *f*
hangtag *n* PACK Anhänger *m*
hank *n* TEXT Garnstrang *m*, Garnsträhne *f*, Hank *nt*, WATER TRANS *ropes* Stagreiter *m*
haptic *adj* ERGON haptisch
harbor *n AmE see harbour BrE*
harbour *n BrE* WATER TRANS Hafen *m* ~ **dues** *n pl BrE* WATER TRANS Hafengebühren *f pl*, Hafengeld *nt*; ~ **ferry** *n BrE* WATER TRANS Hafenfähre *f*; ~ **master** *n BrE* WATER TRANS Hafenkapitän *m*, Hafenmeister *m*; ~ **master's office** *n BrE* WATER TRANS Hafenamt *nt*
hard[1] *adj* PROD ENG durchdringend; ~-**centered** *adj AmE*, ~-**centred** *adj BrE* PROD ENG mit hartem Kern; ~-**faced** *adj* MECHAN ENG *tool* bestückt; ~-**sectored** *adj* COMP & DP hartformatiert, hartsektoriert; ~-**soldered** *adj* PROD ENG hartgelötet; ~-**wired** *adj* COMP & DP festverdrahtet, ELEC ENG fest angeschlossen, festverdrahtet
hard:[2] ~ **alloy** *n* PROD ENG Hartlegierung *f*; ~ **brass solder** *n* METALL Hartmessinglot *nt*; ~-**brazing solder** *n* METALL Hartlötung *f*; ~ **bromide paper** *n* PHOTO hartes Bromsilberpapier *nt*; ~ **carbide** *n* PROD ENG Sintermetall *nt*; ~ **cast iron** *n* METALL Hartgußeisen *nt*; ~ **chromium plating** *n* MECHAN ENG Hartverchromung *f*; ~ **coal** *n* COAL TECH Anthrazit *m*; ~ **copy** *n* COMP & DP Ausdruck *m*, Druckausgabe *f*, Hardcopy *f*, Papierkopie *f*; ~ **copy interface** *n* COMP & DP Druckerschnittstelle *f*; ~ **decision decoding** *n* TELECOM Decodierung mit harter Entscheidung *f*; ~ **disk** *n* COMP & DP Festplatte *f*, COMP & DP *(HD)*, TELECOM *(HD)* Festplatte *f (HD)*; ~ **error** *n* COMP & DP andauernder Fehler *m*, permanenter Fehler *m*; ~-**facing** *n* CONST Hartschweißen *nt*, MECHANICS Hartmetallauflage *f*, NUC TECH Bestücken *nt*; ~-**facing alloy** *n* PROD ENG Aufschweißlegierung *f*; ~-**facing by welding** *n* PROD ENG Auftragsschweißen *nt*, Panzern *nt*; ~ **failure** *n* COMP & DP Hardwarefehler *m*; ~ **formation bit** *n* PET TECH Hartgesteinbohrmeißel *m*; ~ **glass** *n* CER & GLAS Hartglas *nt*; ~ **handle** *n* TEXT harter Griff *m*; ~ **head** *n* PROD ENG Härtling *m*; ~ **iron** *n* METALL Harteisen *nt*, *wrought* Hartschmiedeeisen *nt*; ~ **landing** *n* AIR TRANS, SPACE Hartlandung *f*, harte Landung *f*; ~-**limited signal** *n* ELECTRON Signal mit scharfer Begrenzung *nt*; ~ **limiter** *n* ELECTRON harter Begrenzer *m*; ~ **limiting** *n* ELECTRON harte Begrenzung *f*; ~ **magnetic material** *n* MECHANICS hartmagnetischer Werkstoff *m*, PHYS dauermagnetische Substanz *f*, hartmagnetischer Werkstoff *m*; ~-**over signal** *n* ELECTRON *aero* Hartrudersignal *nt*; ~ **pig iron** *n* METALL Hartroheisen *nt*; ~ **porcelain** *n* CER & GLAS Hartporzellan *nt*; ~-**processing channel carbon black** *n (HPC carbon black)* PLAS *rubber pigment, filler* schwer verarbeitbarer Kanalruß *m (HPC-Ruß)*; ~ **pulse** *n* ELECTRON Hartimpuls *m*; ~ **radiation** *n* RAD PHYS Hartstrahlung *f*; ~-**sectored disk** *n* COMP & DP hartformatierte Platte *f*, hartsektorierte Platte *f*; ~-**sectoring** *n* COMP & DP Hartformatierung *f*, Hartsektorieren *nt*; ~ **shoulder** *n* AUTO *highway*, CONST *highway* Standspur *f*; ~-**sized paper** *n* PRINT *papermaking* hochgeleimtes Papier *nt*; ~ **solder** *n* METALL, PROD ENG Hartlötung *f*; ~-**soldering** *n* ELECT Hartlöten *nt*, Silberlöten *nt*, PROD ENG Hartlöten *nt*; ~ **stop** *n* MECHAN ENG fester Anschlag *m*; ~ **test** *n* PROD ENG *kinematics* Prüfung gehärteter Zahnräder *f*; ~ **vacuum** *n* ELECTRON Hochvakuum *nt*; ~-**vacuum tube** *n* ELECTRON Hochvakuumröhre *f*; ~ **water** *n* WATER SUP kalkhaltiges Wasser *nt*; ~-**wired connection** *n* COMP & DP festverdrahtete Verbindung *f*; ~-**wired logic** *n* COMP & DP festverdrahtete Logik *f*; ~-**wired program** *n* COMP & DP festverdrahtetes Programm *nt*; ~-**wired programmable switching system** *n* TELECOM festverdrahtetes programmierbares Vermittlungssystem *nt*; ~ **X-rays** *n pl* PHYS, RAD PHYS harte Röntgenstrahlen *m pl*
hard:[3] ~-**face** *vt* MECHAN ENG *tool* bestücken; ~-**solder** *vt* PROD ENG hartlöten
hardback *n* PRINT fester Einband *m*
hardboard *n* CONST Hartfaserplatte *f*, PACK Hartpappe *f*
hardcore *n* CONST Schotterunterfütterung *f*, Schüttlage *f*
harden *vt* CONST erhärten, MECHAN ENG härten, METALL härten, verhärten, PROD ENG abbinden
hardenability *n* COATINGS, MECHAN ENG, METALL Härtbarkeit *f*
hardenable *adj* MECHAN ENG härtbar
hardened *adj* METALL *steel* gehärtet, PROD ENG abgebunden

hardener *n* PHOTO Härtebad *nt*, PLAS Härter *m*, Härterkomponente *f*
hardening *n* CER & GLAS *on glazing* Härter *m*, COAL TECH Härten *nt*, CONST *concrete* Erhärten *nt*, MECHAN ENG Härten *nt*, Verfestigung *f*, METALL Härten *nt*, Härtung *f*, PLAS Aushärten *nt*, Härten *nt*, PROD ENG Abbinden *nt*; **~ bath** *n* METALL Härtebad *nt*; **~ furnace** *n* METALL Härteofen *m*; **~ shop** *n* METALL Härterei *f*
hardenite *n* METALL Hardenit *m*
hardie *n* MECHAN ENG *of anvil*, PROD ENG Abschrot *m*; **~ hole** *n* PROD ENG Amboßvierkantloch *nt*
hardness *n* MECHAN ENG Härte *f*, *grade of hardness* Härtegrad *m*, MECHANICS, METALL, PAPER, PLAS Härte *f*; **~ scale** *n* MECHANICS Härteskala *f*; **~ test** *n* MECHANICS, PHYS Härtetest *m*; **~ tester** *n* LAB EQUIP, MECHAN ENG Härteprüfer *m*, METROL Härtetester *m*, PAPER Härteprüfer *m*
hardware *n* COMP & DP Hardware *f*, Maschinenausrüstung *f*, MECHAN ENG Eisenwaren *f pl*, Metallwaren *f pl*, MECHANICS Gesamtheit aller Geräte *f*, TELECOM Hardware *f*; **~ check** *n* COMP & DP Geräteprüfung *f*; **~ compatibility** *n* COMP & DP Hardware-Kompatibilität *f*; **~ configuration** *n* COMP & DP Geräteanordnung *f*, Hardware-Konfiguration *f*, Gerätekonfiguration *f*; **~ interrupt** *n* COMP & DP Hardware-Unterbrechung *f*; **~ maintenance** *n* COMP & DP Hardware-Service *m*; **~ reliability** *n* COMP & DP Maschinenzuverlässigkeit *f*; **~ resources** *n pl* COMP & DP Hardware-Ausrüstung *f*, Hardware-Betriebsmittel *nt pl*; **~ security** *n* COMP & DP Hardware-Sicherheit *f*; **~ stack** *n* COMP & DP Hardware-Stack *m*; **~ upgrade** *n* COMP & DP Hardware-Aufrüstung *f*, Hardware-Upgrade *nt*
hardwearing *adj* MECHAN ENG verschleißbeständig, verschleißfest
hardwood *n* CONST Hartholz *nt*, Laubbaum *m*, PAPER Laubholz *nt*
Hardy: **~ disc** *n BrE* MECHAN ENG Hardy-Scheibe *f*; **~ disk** *n AmE see Hardy disc BrE*
harmaline *n* CHEMISTRY Harmalin *nt*
harmful:[1] **~ effect** *n* POLL Schadwirkung *f*; **~ substance** *n* POLL Schadstoff *m*, SAFETY schädliche Substanz *f*
harmful:[2] **~ to the environment** *phr* POLL umweltschädlich; **~ to health** *phr* SAFETY gesundheitsschädlich
harmfulness *n* POLL Schädlichkeit *f*
harmine *n* CHEMISTRY Harmin *nt*, Yagein *nt*
harmonic[1] *adj* ACOUSTICS harmonisch
harmonic[2] *n* ACOUSTICS Harmonische *f*, Oberschwingung *f*, Oberwelle *f*, ELECTRON Oberwelle *f*, MECHANICS, RAD TECH Harmonische *f*, Oberschwingung *f*; **~ analyser** *n BrE* ELECTRON Verzerrungsanalysator *m*, PHYS harmonischer Analysator *m*; **~ analysis** *n* ELECTRON, ERGON Fourier-Analyse *f*, MATH Fourier-Analyse *f*, harmonische Analyse *f*, MECHANICS harmonische Analyse *f*, PHYS Fourier-Analyse *f*, harmonische Analyse *f*, TELECOM Fourier-Analyse *f*; **~ analyzer** *n AmE see harmonic analyser BrE* **~ attenuation** *n* ELECTRON Oberwellendämpfung *f*; **~ content** *n* ELECTRON Oberwellengehalt *nt*; **~ detector** *n* INSTR Oberwellenmeßgerät *nt*; **~ distortion** *n* ACOUSTICS Klirrdämpfung *f*, Klirrfaktor *m*, ELECTRON Klirren *nt*, harmonische Verzerrung *f*, RECORD harmonische Verzerrung *f*, TELECOM Klirrfaktor *m*; **~ filter** *n* ELECTRON, SPACE *communications* Oberwellenfilter *nt*; **~ function** *n* ELECTRON Sinusfunktion *f*; **~ generation** *n* ELECTRON Frequenzvervielfachung *f*; **~ generator** *n* ELECTRON Eichverzerrer *m*, Frequenzvervielfacher *m*, PHYS Oberschwingungsgenerator *m*, Oberwellengenerator *m*, TELECOM Oberwellengenerator *m*; **~ generator varactor** *n* ELECTRON Frequenzvervielfachungs-Reaktanzdiode *f*; **~ mean** *n* MATH *inverse of arithmetic mean* harmonischer Mittelwert *m*, harmonisches Mittel *nt*; **~ minor scale** *n* ACOUSTICS harmonische Molltonleiter *f*; **~ mixer** *n* ELECTRON harmonischer Mischer *m*; **~ mode crystal** *n* ELECTRON Oberwellenquarz *m*; **~ order** *n* ELECTRON harmonische Ordnung *f*; **~ oscillation** *n* ELECTRON, PHYS harmonische Schwingung *f*; **~ oscillator** *n* ELECTRON Sinusoszillator *m*, PHYS harmonischer Oszillator *m*; **~ rejection** *n* ELECTRON Oberwellensperrung *f*, Oberwellenunterdrückung *f*; **~ series** *n* ACOUSTICS harmonische Reihe *f*; **~ vibration** *n* PHYS harmonische Schwingung *f*; **~ waves** *n pl* WAVE PHYS harmonische Wellen *f pl*
harmonics *n* ACOUSTICS Harmonik *f*
harmony *n* ACOUSTICS Harmonie *f*, Wohlklang *m*
harness[1] *n* MECHANICS *cable* Kabelgeschirr *nt*, Zuggeschirr *nt*
harness[2] *vt* WATER SUP nutzbar machen
harnessing *n* WATER SUP Nutzmachung *f*
harp *n* PROD ENG Drehteil *nt*
harper: **~ machine** *n* PAPER Fächermaschine *f*
harsh: **~ handle** *n* TEXT Rauhgriffigkeit *f*
Hartley: **~ oscillator** *n* ELECTRON Hartley-Oszillator *m*
hash *n* COMP & DP Hash *m*; **~ code** *n* COMP & DP Hash-Code *m*; **~ function** *n* COMP & DP Hash-Funktion *f*; **~ table** *n* COMP & DP Hash-Tabelle *f*
hashing *n* COMP & DP Hash-Verfahren *nt*, Hashing *nt*
hashmark *n* COMP & DP Hash-Zeichen *nt*
hasp *n* CONST *locksmithing* Haspe *f*
hatch[1] *n* AIR TRANS Einstiegsluke *f*, Luke *f*, SPACE *spacecraft*, WATER TRANS *ship* Luke *f*; **~ coaming** *n* WATER TRANS Lukensüll *nt*; **~ cover** *n* WATER TRANS *ship* Lukendeckel *m*
hatch[2] *vt* PROD ENG schraffieren
hatchback *n* AUTO *door* Hecktür *f*; **~ car** *n* AUTO Schrägheckfahrzeug *nt*, Wagen mit Hecktür *m*; **~ model** *n* AUTO Schrägheckfahrzeug *nt*, Wagen mit Hecktür *m*
hatched: **~ area** *n* ENG DRAW schraffierter Bereich *m*
hatchettite *n* NUC TECH *thorium bearing mineral* Hatchettin *m*
hatching *n* PROD ENG Schraffur *f*; **~ angle** *n* ENG DRAW Schraffurwinkel *m*; **~ pattern** *n* ENG DRAW Schraffurmuster *nt*
hatchway *n* WATER TRANS Lukenöffnung *f*
haul[1] *n* WATER TRANS *fishing* Netzzug *m*
haul[2] *vt* CONST befördern, fördern, TRANS schleppen, ziehen, WATER TRANS *fishing* mit Schleppnetz fischen, *ropes* anholen; **~ on the beach** *vt* WATER TRANS auf den Strand setzen; **~ down** *vt* WATER TRANS *flags, sailing* niederholen; **~ in** *vt* WATER TRANS *ropes* einholen; **~ taut** *vt* WATER TRANS *ropes* steifholen; **~ up** *vt* WATER TRANS aufslippen, hieven
haul:[3] **~ alongside** *vi* WATER TRANS längsseits verholen; **~ forward** *vi* WATER TRANS *wind* schralen
haulage *n* TRANS Schleppen *nt*, Transport *m*, Ziehen *nt*; **~ cable** *n* TRANS Zugdrahtseil *nt*; **~ contractor** *n* TRANS Transportunternehmen *nt*
hauling: **~ and carrying rope** *n* TRANS Zug- und Tragseil *nt*; **~ engine** *n* RAIL Grubenlokomotive *f*, Zugmaschine *f*; **~ rope** *n* TRANS Zugseil *nt*
haunch *n* CONST Bogenschenkel *m*, Halbbogen *m*,

Schräge *f*, Verstärkung *f*, Voute *f*

haunched[1] *adj* CONST betonummantelt

haunched:[2] **~ mortise and tenon joint** *n* CONST Holzbalkenzug-Ankerverbindung *f*

HAW *abbr (highly-active waste)* NUC TECH hochaktiver Abfall *m*

hawk *n* CONST Fugenmörtelbrett *nt*

hawse *n* WATER TRANS *ropes* Klüse *f*; **~ pipe** *n* WATER TRANS *shipbuilding* Ankerklüse *f*

hawser *n* MECHAN ENG, WATER TRANS *ropes* Trosse *f*

hazard *n* SAFETY Gefahr *f*, Risiko *nt*; **~ beacon** *n* AIR TRANS Gefahrenbake *f*, Gefahrenfeuer *nt*; **~ prevention** *n* SAFETY *in buildings* Gefahrenverhütung *f*; **~ warning lamp** *n* AUTO Warnblinkleuchte *f*; **~ warning system** *n* AUTO Warnblinkanlage *f*

hazardous: **~ substance** *n* SAFETY Gefahrstoff *m*; **~ waste** *n* WASTE Sondermüll *m*, gefährlicher Abfall *m*; **~ waste collection** *n* WASTE Sondermülleinsammlung *f*; **~ waste landfill** *n* WASTE Sondermülldeponie *f*; **~ zones classification** *n* SAFETY *for electrical equipment* Gefahrbereichklassifizierung *f*

haze *n* PLAS Trübung *f*, POLL Dunst *m*, WATER TRANS Diesigkeit *f*; **~ meter** *n* INSTR Extinktionsmeßgerät *nt*, Transmissions-Fotometer *nt*, Trübungsmesser *m*

hazy *adj* TEXT trüb, WATER TRANS *weather* diesig

h-bar *n* PHYS *Dirac constant* h quer

HBC *abbr (human-body counter)* NUC TECH Ganzkörperzähler *m*

H-beam *n* CONST Breitflanschträger *m*, Doppel-T-Träger *m*

HC *abbr (High Cube)* TRANS HC *(Großraumcontainer)*

HCF *abbr (highest common factor)* MATH ggT *(größter gemeinsamer Teiler)*

HD[1] *abbr* COMP & DP *(hard disk)* HD *(Festplatte)*, MECHAN ENG *(heavy duty)* HD *(Hochleistung)*, TELECOM *(hard disk)* HD *(Festplatte)*

HD:[2] **~ oil** *n (heavy-duty oil)* MECHAN ENG HD-Öl *nt*, Heavy-Duty-Öl *nt (Hochleistungsöl)*

HDLC *abbr (high-level data link control)* COMP & DP HDLC-Prozedur *f*, HDLC-Verfahren *nt*, TELECOM HDLC-Prozedur *f*

HDPE *abbr (high-density polyethylene)* PACK, PLAS Polyethylen hoher Dichte *nt*

HDTV *abbr (high-definition television)* TELEV HDTV *(hochauflösendes Fernsehen)*

HDX *abbr (half-duplex)* COMP & DP HD *(halbduplex)*

He *(helium)* CHEMISTRY He *(Helium)*

head:[1] **~-up** *adj* WATER TRANS *radar* Head-Up- *pref*, vorausstabilisiert

head[2] *n* COMP & DP Kopf *m*, Lesekopf *m*, Schreibkopf *m*, CONST Fallhöhe *f*, Firstziegel *m*, Förderhöhe *f*, Sturz *m*, Säule *f*, HEAT & REFRIG Druckhöhe *f*, HYD EQUIP Druck *m*, Höhe *f*, Druck *m*, Förderdruck *m*, Förderhöhe *f*, Fallhöhe *f*, Gefälle *nt*, Wassersäulenhöhe *f*, LAB EQUIP *of still* Haube *f*, MECHAN ENG *of cylinder* Kopf *m*, *of hammer* Haupt *nt*, Kopf *m*, *of lathe, of horizontal miller* Spindelstock *m*, *of piston* Deckel *m*, *of screw* Kopf *m*, PET TECH Förderhöhe *f*, PRINT *of printed page* Kopfsteg *m*, *title* Rubrik *f*, Überschrift *f*, PROD ENG Spindelstock *m*, Stößelkopf *m*, Support *m*, Vorschneider *m*, TELECOM Kopf *m*; **~ adjustment** *n* TELEV Kopfjustierung *f*; **~ alignment** *n* COMP & DP, RECORD, TELEV Kopfausrichtung *f*; **~ amplifier** *n* SPACE *communications* Kopfverstärker *m*; **~ assembly** *n* PROD ENG *metal cutting* Spindelkasten *m*, RECORD, TELEV Kopfbaugruppe *f*; **~ banding** *n* TELEV Kopfregelung *f*; **~ bay** *n* WATER SUP Oberwasser *nt*, obere Schleusenhaltung *f*; **~ beam** *n* CONST Oberholm *m*; **~ center** *n AmE*, **~ centre** *n BrE* PROD ENG *metal cutting* Spindelstockspitze *f*; **~ channel** *n* TELEV Kopfkanal *m*; **~ clogging** *n* TELEV Kopfverschmutzung *f*; **~ crash** *n* COMP & DP fehlerhafte Funktion des Leseschreibkopfes *f*, fehlerhafte Funktion des Lesekopfes *f*, fehlerhafte Funktion des Schreibkopfes *f*; **~ crown** *n* WATER SUP Oberwasser *nt*, obere Schleusenhaltung *f*; **~ cylinder** *n* AUTO *engine* Zylinderkopf *m*; **~ demagnetizer** *n* RECORD Kopfentmagnetisierer *m*; **~-down display** *n* SPACE *spacecraft* Head-Down-Display *nt*; **~ drum** *n* TELEV Kopftrommel *f*; **~ end** *n* COMP & DP Kopfstelle *f*, MECHAN ENG Kopfstück *nt*, TEXT Webwarenstückanfang *m*; **~ end treatment** *n* NUC TECH Reinigungsbeginn *m*; **~ gap** *n* COMP & DP Magnetkopfspalt *m*, Schreib-Lesespalt *m*, TELEV Magnetkopfspalt *m*; **~ gasket** *n* AUTO *engine* Zylinderkopfdichtung *f*; **~ gate** *n* FUELLESS Obertor *nt*, oberes Schleusentor *nt*, WATER SUP *of canal-lock* Obertor *nt*; **~ life** *n* TELEV Kopflebensdauer *f*; **~ limit** *n* HYD EQUIP Druckgrenze *f*, Förderhöhengrenze *f*; **~ line** *n* WATER TRANS *mooring* Kopfleine *f*; **~ lining** *n* AUTO *interior* Auskleidung des Fahrzeughimmels *f*; **~ loss** *n* PROD ENG Druckabfall *m*; **~ margin** *n* PRINT *page* oberer Rand *m*; **~ metal** *n* PROD ENG *casting* Metall im Nachsaugesteiger *nt*; **~ meter** *n* INSTR Druckhöhenmeßgerät *nt*, Druckmeßgerät *nt*; **~ misalignment loss** *n* RECORD Verlust durch falsche Kopfausrichtung *m*; **~ miter sill** *n AmE*, **~ mitre sill** *n BrE* WATER SUP *canal lock* Oberschleusendrempel *m*, Oberschleusenschwelle *f*; **~-on collision** *n* AUTO, SAFETY, SPACE Frontalzusammenstoß *m*; **~ piece** *n* NUC TECH *of refuelling machine* Kopfstück *nt*, Kopfteil *m*; **~ pipe** *n* HYD EQUIP Druckleitung *f*, Kopfrohr *nt*, WATER SUP *of pump* Hauptleitung *f*; **~ plate** *n* CONST Streichbalken *m*; **~ position pulse** *n* TELEV Kopfpositionierungimpuls *m*; **~ pull** *n* PROD ENG *casting* Querriß *m*; **~ response** *n* TELEV Kopfempfindlichkeit *f*; **~ sea** *n* WATER TRANS Gegensee *f*; **~ servo lock** *n* TELEV Kopfservoeinstellung *f*; **~ slide** *n* PROD ENG Meißelschlitten *m*, Senkrechtschlitten *m*; **~ sluices** *n pl* WATER SUP Schleusenhaupt *nt*, Vorschleuse *f*; **~ space** *n* FOOD TECH Kopfraum *m*; **~-to-tape contact** *n* TELEV Kopfbandberührung *f*; **~-to-tape speed** *n* TELEV Relativgeschwindigkeit *f*; **~-to-tape velocity** *n* TELEV Kopfbandgeschwindigkeit *f*; **~ tracking** *n* TELEV Kopfnachführung *f*; **~-up display** *n* SPACE Head-Up-Display *nt*; **~ valve** *n* MECHAN ENG *of pump* Druckventil *nt*; **~ wall** *n* CONST Abschlußmauer *f*, Flügelmauer *f*, *of culverts* Stirnmauer *f*; **~ of water** *n* CONST Stauhöhe *f*, Wassersäule *f*, FUELLESS Wassersäule *f*, HYD EQUIP Fallhöhe *f*, Gefälle *nt*, Wassersäule *f*; **~ of water pressure** *n* HYD EQUIP *resulting from height or motion* Wasserdruck *m*; **~ wave** *n* NUC TECH *pressure wave* Kopfwelle *f*; **~ wear** *n* TELEV Kopfabnutzung *f*; **~ wheel** *n* TELEV Kopfrad *nt*; **~ winding** *n* TELEV Kopfwindung *f*

head[3] *vt* PROD ENG anstauchen; **~ for** *vt* WATER TRANS Kurs halten auf, Kurs nehmen auf

headband *n* PRINT Kopfleiste *f*

headboard *n* WATER TRANS *sailing* Kopfbrett *nt*

headbox *n* PAPER Stoffauflauf *m*

header *n* COMP & DP Kennsatz *m*, Kopf *m*, Kopfzeile *f*, CONST Binderstein *m*, Kopfstein *m*, MECHAN ENG *manifold* Verteilerrohr *nt*, *of boiler* Sammelrohr *nt*,

MECHAN ENG *AmE for rivets* Döpper *m*, MECHANICS *pipe* Sammelrohr *nt*, NUC TECH *relay* Sockel *m*, PRINT Titelzeile *f*, Überschriftzeile *f*, PROD ENG Sammelrohr *nt*, Stauchstempel *m*, TELECOM Kopf *m*, Nachrichtenkopf *m*; **~ bond** *n* CONST Kopfverband *m*; **~ course** *n* CONST Binderlage *f*, Kopfsteinschicht *f*; **~ die** *n* MECHAN ENG Stauchstempel *m*; **~ joint** *n* CONST Stumpffuge *f*; **~ label** *n* COMP & DP Anfangskennsatz *m*, Datenträgerkennsatz *m*, PACK Reiteretikett *nt*; **~ statement** *n* COMP & DP Anfangsanweisung *f*; **~ tank** *n* AUTO *motor* Ausgleichbehälter *m*

headgear *n* AIR TRANS Hauptspindelgetriebe *nt*

heading *n* AIR TRANS Steuerkurs *m*, COMP & DP Spitzmarke *f*, Überschrift *f*, MECHAN ENG *of rivets*, PROD ENG Anstauchen *nt*, SPACE Kurs *m*, Peilung *f*; **~ data generator** *n* AIR TRANS Kursdatengeber *m*; **~ die** *n* MECHAN ENG Stauchstempel *m*; **~ error integrator** *n* AIR TRANS Kursfehlerintegrator *m*; **~ error sychronizer amplifier** *n* AIR TRANS Kursfehler-Sychronismus-Anzeigerverstärker *m*; **~ hold** *n* AIR TRANS Steuerkurshalten *nt*; **~ indicator** *n* SPACE *spacecraft* Kursanzeige *f*; **~ information** *n* AIR TRANS Steuerkursinformation *f*; **~ marker** *n* WATER TRANS *radar* Vorausanzeige *f*; **~ remote indicator** *n* AIR TRANS Steuerkursfernanzeige *f*; **~ repeater** *n* AIR TRANS Steuerkurs-Übermittlungsumsetzer *m*; **~ selector** *n* AIR TRANS Steuerkurswähler *m*; **~ set** *n* PROD ENG Nietkopfsetzer *m*; **~ synchronizer** *n* AIR TRANS Steuerkurs-Synchronisiereinrichtung *f*; **~ tool** *n* AIR TRANS Kopfanstauchwerkzeug *nt*, MECHAN ENG Anstauchwerkzeug *nt*, PROD ENG Preßstempel *m*; **~ and vertical reference system** *n* SPACE *spacecraft* Kurs- und Vertikalbezugssystem *nt*; **~ wire** *n* PROD ENG Stauchdraht *m*

headlamp *n* AUTO *lighting* Scheinwerfer *m*; **~ flasher** *n* AUTO *lighting* Lichthupe *f*

headland *n* WATER TRANS *geog* Landzunge *f*

headless: **~ pin** *n* MECHAN ENG Gewindestift *m*; **~ screw** *n* MECHAN ENG Schaftschraube *f*, Schraube ohne Kopf *f*, kopflose Schraube *f*, MECHANICS Gewindestift *m*

headlight: **~ switch** *n* AUTO, ELECT Scheinwerferschalter *m*

headline *n* PRINT Überschrift *f*, Überschriftzeile *f*

headphone *n* RAD TECH, RECORD, TELECOM Kopfhörer *m*; **~ jack** *n* RECORD Kopfhörer-Anschlußbuchse *f*

headphones *n* RECORD, TELECOM *earphones* Kopfhörer *m*

headrace *n* HYD EQUIP Obergerinne *nt*, Triebwasserkanal *m*, WATER SUP *of water mill* Hangkanal *m*, Oberrinne *f*; **~ canal** *n* FUELLESS Hangkanal *m*, Werkkanal *m*, WATER SUP Werkkanal *m*

headrest *n* AUTO Kopfstütze *f*

headroom *n* CONST Kopfhöhe *f*, lichte Höhe *f*; **~ under beams** *n* WATER TRANS *shipbuilding* lichte Höhe *f*

headset *n* RECORD Kopfgeschirr *nt*, Kopfhörer *m*, TELECOM Kopfhörer *m*, Sprechgarnitur *f*

headstock *n* MECHAN ENG Spindeldocke *f*, *of lathe* Spindelkasten *m*, Spindelstock *m*, MECHANICS Reitstock *m*, PROD ENG Bohrschlitten *m*, Spindelstock *m*; **~ center** *n AmE*, **~ centre** *n BrE* MECHAN ENG Spindelstockspitze *f*

headwater *n* HYD EQUIP Oberwasser *nt*, Triebwasser *nt*, WATER SUP Oberwasser *nt*; **~ reach** *n* WATER SUP Flußlauf von Oberwasser *m*

headway *n* RAIL Zugfolgeabstand *m*, TRANS Fahrzeugfolgeabstand *m*, WATER TRANS Fahrt voraus, Vorausfahrt *f*; **~ control** *n* TRANS *traffic* Abstandskontrolle *f*; **~ warning device** *n* TRANS Abstandswarnvorrichtung *f*

headways: **~ distribution analysis** *n* TRANS Fahrzeugfolgezeitanalyse *f*

headwind *n* AIR TRANS Gegenwind *m*, WATER TRANS Fahrtwind *m*, Gegenwind *m*

headworks *n* FUELLESS Kopfleitwerk *nt*

heald *n* TEXT Litze *f*; **~ wire** *n* TEXT Litzendraht *m*

health: **~, safety and welfare requirements** *n pl* SAFETY *in the workplace* Gesundheits- und Sicherheitsvorschriften *f pl*; **~ food** *n* FOOD TECH Reformkost *f*; **~ hazards** *n pl* SAFETY Gesundheitsrisiken *nt pl*; **~ and safety requirements** *n pl* SAFETY Gesundheits- und Sicherheitsbedingungen *f pl*; **~ surveillance under COSHH** *n* SAFETY Gesundheitsüberwachung gemäß COSHH *f*

heap *n* COMP & DP *binary tree* Freispeicher *m*, Variablensammlung *f*, binärer Baum *m*, CONST Haufen *m*

heaped *adj* CONST aufgeschüttet

hearing *n* ERGON Hörvermögen *nt*; **~ acuity** *n* ERGON Hörschärfe *f*; **~ aid** *n* ACOUSTICS Hörgerät *nt*, Hörhilfe *f*, Schwerhörigengerät *nt*; **~ conservation** *n* ERGON Prävention von Gehörschäden *f*, SAFETY Gehörschutz *m*; **~ defects** *n pl* ERGON Hörstörungen *f pl*; **~ disability** *n* ERGON Funktionsminderung des Gehörs *f*, Schwerhörigkeit *f*; **~-evoked voltage** *n* ACOUSTICS gehörevozierte Spannung *f*; **~ experience** *n* ERGON Höreindruck *m*; **~ fatigue** *n* ACOUSTICS Gehörermüdung *f*; **~ handicap** *n* ERGON Hörbehinderung *f*; **~ impairment** *n* ERGON Hörschädigung *f*; **~ level** *n* ERGON Hörpegel *m*; **~ loss** *n* ERGON Gehörverlust *m*; **~ loss factor** *n* ACOUSTICS Hörverlustfaktor *m*; **~ protector** *n* SAFETY Ohrenschutz *m*; **~ test** *n* ACOUSTICS Hörtest *m*; **~ threshold** *n* ACOUSTICS, ERGON, PHYS Hörschwelle *f*; **~ threshold difference** *n* ACOUSTICS Hörschwellendifferenz *f*; **~ threshold level** *n* ACOUSTICS Hörschwellenpegel *m*, Hörbarkeitsgrenze *f*, ERGON Hörschwelle *f*

heart: **~ trowel** *n* CONST Herzblatt-Polierschaufel *f*

hearth *n* CONST Herdraum *m*, PROD ENG Herd *m*; **~ bottom** *n* PROD ENG Bodenstein *m*

heat:[1] **~-absorbing** *adj* THERMODYN wärmeabsorbierend; **~-conducting** *adj* CER & GLAS, TEXT, THERMODYN wärmeleitend; **~-deformable** *adj* PROD ENG thermoplastisch; **~-formed** *adj* THERMODYN warmverformt; **~ fusible** *adj* THERMODYN warmverschweißbar; **~-generating** *adj* THERMODYN wärmeerzeugend; **~-hardened** *adj* THERMODYN warmgehärtet; **~-insulated** *adj* HEAT & REFRIG, MECHANICS, THERMODYN wärmeisoliert; **~-insulating** *adj* AIR TRANS, PHYS wärmeisolierend, THERMODYN wärmedämmend, wärmeisolierend; **~-released** *adj* HEAT & REFRIG wärmefreisetzend; **~-resistant** *adj* HEAT & REFRIG hitzebeständig, temperaturfest, wärmebeständig, PACK hitzebeständig, wärmefest, PHYS hitzebeständig, wärmebeständig, SAFETY hitzeabweisend, SPACE *spacecraft* hitzebeständig, THERMODYN wärmebeständig; **~-resisting** *adj* THERMODYN wärmebeständig; **~-retaining** *adj* THERMODYN wärmespeichernd; **~-sealable** *adj* THERMODYN heißsiegelfähig; **~-sealed** *adj* THERMODYN heißgesiegelt, heißverklebt; **~-sealing** *adj* PAPER heißsiegelfähig; **~-seeking** *adj* SPACE *spacecraft* hitzesuchend, THERMODYN wärmesuchend; **~-sensitive** *adj* PHYS wärmeempfindlich *f*, PLAS, THERMODYN wärmeempfindlich; **~-setting** *adj* THERMODYN heißfixierbar; **~-shrinkable** *adj* THERMODYN Schrumpf- *pref*, aufschrumpfbar; **~-shrunk** *adj* THERMODYN aufgeschrumpft; **~-stabilized** *adj* THERMODYN wärmestabilisiert; **~-stable** *adj* THERMODYN thermisch stabil, wärmestabil; **~-treatable** *adj* PROD ENG vergütbar, THERMODYN *steel* härtbar, vergütbar; **~-treated** *adj* THERMODYN *steel* gehärtet, vergütet

heat[2] *n* COAL TECH Hitze *f*, HEAT & REFRIG Hitze *f*, Wärme *f*, NUC TECH, PAPER Wärme *f*, PHYS, TEXT, THERMODYN Hitze *f*, Wärme *f*;

~ a **~ ablation mode** *n* OPT Wärmeverlustmode *f*; **~ absorbing** *n* CER & GLAS, PHOTO Wärmeschutz *m*; **~-absorbing filter** *n* PHOTO Wärmeschutzfilter *nt*; **~-absorbing glass** *n* CER & GLAS Wärmeschutzglas *nt*; **~-absorbing glazing** *n* CER & GLAS Wärmeschutzverglasung *f*; **~-absorbing power** *n* THERMODYN Wärmeschluckvermögen *nt*; **~ absorption** *n* HEAT & REFRIG Wärmeaufnahme *f*, THERMODYN Wärmeabsorption *f*; **~ of absorption** *n* THERMODYN Absorptionswärme *f*, Bindungswärme *f*; **~ accumulation** *n* THERMODYN Wärmestau *m*, Wärmestauung *f*; **~ accumulator** *n* THERMODYN Wärmespeicher *m*; **~-activated label** *n* PACK Heißklebeetikett *nt*; **~ of activation** *n* THERMODYN Aktivierungswärme *f*; **~-affected zone** *n* THERMODYN Nachbarzone *f*, Wärmeeinflußbereich *m*, Wärmeeinflußzone *f*; **~ ageing** *n BrE* PLAS Wärmealterung *f*, Wärmelagerung *f*, thermische Alterung *f*; **~ aging** *n AmE see heat ageing BrE*

~ b **~ balance** *n* ERGON Wärmebilanz *f*, HEAT & REFRIG Wärmebilanz *f*, Wärmehaushalt *m*, PAPER, THERMODYN Wärmehaushalt *m*; **~ balance chart** *n* THERMODYN Wärmeflußbild *nt*; **~ balance diagram** *n* THERMODYN Wärmeflußbild *nt*; **~ barrier** *n* NUC TECH *of reactor coolant pump*, THERMODYN Wärmemauer *f*; **~ bridge** *n* HEAT & REFRIG, THERMODYN Wärmebrücke *f*; **~ build-up** *n* THERMODYN Wärmeentwicklung *f*;

~ c **~ capacity** *n* HEAT & REFRIG, THERMODYN Wärmekapazität *f*; **~ capacity at constant pressure** *n* *(Cp)* METROL Wärmekapazität bei konstantem Druck *f* *(Cp)*; **~ capacity at constant volume** *n* *(Cv)* THERMODYN Wärmekapazität bei konstantem Volumen *f*; **~ carrier** *n* HEAT & REFRIG Wärmeträger *m*; **~ carrying** *n* THERMODYN Wärmedurchlaß *m*; **~ caused by friction** *n* THERMODYN Reibungswärme *f*; **~ check** *n* PROD ENG Wärmeriß *m*; **~ checking** *n* PROD ENG Wärmerißbildung *f*; **~ of combination** *n* THERMODYN Verbindungswärme *f*; **~ of combustion** *n* THERMODYN Verbrennungswärme *f*, Verdichtungswärme *f*; **~ compensation** *n* THERMODYN Wärmeausgleich *m*; **~ of compression** *n* THERMODYN Kompressionswärme *f*, Verdichtungswärme *f*; **~-conducting glass** *n* CER & GLAS wärmeleitendes Glas *nt*; **~ conductivity** *n* THERMODYN Wärmedurchlaß *m*, Wärmeleitfähigkeit *f*, Wärmeleitung *f*; **~ conductivity meter** *n* THERMODYN Wärmeleitungsmesser *m*; **~ constant** *n* THERMODYN Wärmekonstante *f*; **~ consumption** *n* INSTR, THERMODYN Wärmeverbrauch *m*; **~ consumption meter** *n* INSTR Wärmeverbrauchsmeßgerät *nt*, Wärmeverbrauchszähler *m*; **~ content** *n* THERMODYN Wärmegehalt *m*; **~ convection** *n* THERMODYN Wärmekonvektion *f*, Wärmeströmung *f*; **~ crack** *n* MECHAN ENG Warmriß *m*; **~ cycle** *n* HEAT & REFRIG Wärmekreislauf *m*, THERMODYN Glühzyklus *m*;

~ d **~ dam** *n* AUTO Wärmedamm *m*; **~ death** *n* THERMODYN Wärmetod *m*; **~ deflection temperature** *n* TEST Wärmedurchbiegungstemperatur *f*; **~ demand** *n* HEAT & REFRIG, THERMODYN Wärmebedarf *m*; **~ density** *n* THERMODYN Wärmedichte *f*; **~ detector** *n* THERMODYN Wärmefühler *m*, Wärmemelder *m*; **~ dilatation** *n* INSTR, MECHAN ENG, THERMODYN Wärmeausdehnung *f*; **~ displacement** *n* THERMODYN Wärmeverschiebung *f*; **~ dissipation** *n* HEAT & REFRIG, RAD TECH Wärmeableitung *f*, THERMODYN Wärmedissipation *f*; **~ of dissociation** *n* THERMODYN Dissoziationswärme *f*; **~ distortion** *n* THERMODYN Warmverformung *f*; **~ distortion point** *n* PROD ENG Wärmefestigkeitsgrenze *f*; **~ distortion temperature** *n* PLAS Wärmeformbeständigkeit *f*, TEST Erweichungstemperatur *f*; **~ drop** *n* THERMODYN Temperaturabfall *m*, Wärmeabfall *m*;

~ e **~ economizer** *n* THERMODYN Wärmeaustauscher *m*; **~ effect** *n* THERMODYN Wärmewirkung *f*; **~ efficiency** *n* PHYS, THERMODYN Wärmewirkungsgrad *m*; **~ emission** *n* HEAT & REFRIG Wärmeabgabe *f*, THERMODYN Wärmeabfuhr *f*, Wärmeabgabe *f*; **~ energy** *n* THERMODYN Wärmeenergie *f*; **~ engine** *n* MECHAN ENG, MECHANICS Wärmekraftmaschine *f*, THERMODYN Wärmemaschine *f*; **~ engineering** *n* MECHAN ENG Wärmetechnik *f*; **~ exchange** *n* ERGON, HEAT & REFRIG, MECHAN ENG Wärmeaustausch *m*, PROD ENG Glühbehandlung *f*, Warmlaufen *nt*, Wärmeaustausch *m*, THERMODYN Wärmeaustausch *m*; **~ exchanger** *n* FOOD TECH, FUELLESS Wärmeaustauscher *m*, HEAT & REFRIG Kühler *m*, Wärmetauscher *m*, Wärmeaustauscher *m*, MECHANICS, NUC TECH Wärmeaustauscher *m*, PAPER, PET TECH Wärmetauscher *m*, THERMODYN Wärmeaustauscher *m*, WATER TRANS *engine* Rückkühler *m*, Wärmetauscher *m*; **~ exchanger tube** *n* MECHAN ENG Wärmeaustauschrohr *nt*; **~-exchanging medium** *n* THERMODYN Wärmeaustauschmedium *nt*; **~ exhaustion** *n* ERGON Hitzeerschöpfung *f*; **~ expansion** *n* THERMODYN Wärmeausdehnung *f*; **~ of expansion** *n* THERMODYN Ausdehnungswärme *f*; **~ expansion** *n* INSTR, MECHAN ENG Wärmeausdehnung *f*;

~ f **~-fix tape** *n* PACK Heißklebeband *nt*; **~ flow** *n* ERGON Wärmestrom *m*, HEAT & REFRIG Wärmeströmung *f*, Wärmefluß *m*, INSTR, THERMODYN Wärmefluß *m*, Wärmestrom *m*; **~ flow chart** *n* THERMODYN *in power station* Wärmeschaltbild *nt*; **~ flow diagram** *n* THERMODYN Wärmeflußdiagramm *nt*, *in power station* Wärmeschaltbild *nt*; **~ flow line** *n* THERMODYN Wärmestromlinie *f*; **~ flow meter** *n* INSTR Wärmeflußmeßgerät *nt*, Wärmestrommeßgerät *nt*; **~ flush** *n* NUC TECH *in liquid helium* thermische Trennung von ^{2}He und ^{3}He *f*; **~ flux** *n* SPACE *spacecraft* Hitzefluß *m*; **~ of formation** *n* THERMODYN Bildungswärme *f*; **~ forming** *n* THERMODYN Warmverformung *f*; **~ of fusion** *n* THERMODYN Schmelzwärme *f*;

~ g **~ gain** *n* HEAT & REFRIG Kühllast *f*, Wärmegewinn *m*; **~ generation** *n* THERMODYN Wärmeerzeugung *f*; **~ generator** *n* HEAT & REFRIG, THERMODYN Wärmeerzeuger *m*;

~ h **~ hardening** *n* THERMODYN Warmhärtung *f*; **~ haze** *n* THERMODYN Wärmedunst *m*; **~ of hydration** *n* CONST *cement*, THERMODYN Hydratationswärme *f*;

~ i **~ image** *n* THERMODYN Wärmebild *nt*; **~ induction seal** *n* PACK Hitzeversiegelung *f*; **~ input** *n* THERMODYN Wärmezufuhr *f*; **~-insulated container** *n*

THERMODYN Isolierbehälter *m*, Thermosbehälter *m*; **~-insulated lorry** *n BrE (cf heat-insulated truck AmE)* THERMODYN Kühlfahrzeug *nt*; **~-insulated truck** *n AmE (cf heat-insulated lorry BrE)* THERMODYN Kühlfahrzeug *nt*; **~-insulating jacket** *n* THERMODYN Wärmeisolierung *f*; **~-insulating wall** *n* AIR TRANS Hitzeschutzwand *f*, wärmeisolierende Wand *f*, PHYS, THERMODYN wärmeisolierende Wand *f*; **~ insulation** *n* MECHANICS Wärmeisolation *f*, PACK Wärmedämmung *f*, Wärmeschutz *m*, THERMODYN Wärmedämmung *f*, Wärmeisolierung *f*; **~ insulation effectiveness** *n* THERMODYN Wärmedämmfähigkeit *f*; **~ insulation factor** *n* THERMODYN Wärmedämmzahl *f*; **~ insulation power** *n* THERMODYN Wärmedämmfähigkeit *f*;

~ l **~ lamination** *n* PACK Heißkaschieren *nt*; **~ load** *n* HEAT & REFRIG Wärmelast *f*, THERMODYN Wärmebelastung *f*; **~ load plan** *n* POLL Wärmebelastungsplan *m*; **~ loss** *n* ELECT, FUELLESS Wärmeverlust *m*, HEAT & REFRIG Verlustleistung *f*, Verlustwärme *f*, MECHAN ENG, THERMODYN Wärmeverlust *m*;

~ m **~ melting bath** *n* METALL Schmelze *f*; **~ meter** *n* INSTR Wärmemengenzähler *m*, Wärmezähler *m*; **~ mirror** *n* FUELLESS Wärmespiegel *m*; **~ of mixing** *n* THERMODYN Mischungswärme *f*;

~ n **~ of neutralization** *n* THERMODYN Neutralisierungswärme *f*;

~ o **~ output** *n* HEAT & REFRIG Heizleistung *f*, THERMODYN Wärmeausstoß *m*; **~ output density** *n* NUC TECH abgegebene Wärmedichte *f*;

~ p **~ path** *n* HEAT & REFRIG Wärmeleitweg *m*; **~ penetration time** *n* THERMODYN Durchwärmdauer *f*; **~ pipe** *n* SPACE *communications* Ausbreitungsschlauch *m*, WATER TRANS Heizrohr *nt*; **~ plug** *n* THERMODYN Glühkerze *f*; **~ pollution** *n* POLL Umweltverschmutzung durch Wärme *f*; **~ propagation** *n* HEAT & REFRIG Wärmeausbreitung *f*; **~-protective clothing** *n* SAFETY Hitzeschutzkleidung *f*; **~-protective material** *n* SAFETY Hitzeschutzmaterial *nt*; **~ pump** *n* HEAT & REFRIG, MECHAN ENG, THERMODYN Wärmepumpe *f*;

~ r **~ radiation** *n* HEAT & REFRIG Wärmeabstrahlung *f*, Wärmestrahlung *f*, PACK, THERMODYN Wärmestrahlung *f*; **~ rate** *n* THERMODYN Wiedergewinnung von Wärme *f*, Wärmerückgewinnung *f*; **~ rate curve** *n* THERMODYN Wiedergewinnung von Wärme *f*, Wärmerückgewinnung *f*; **~ of reaction** *n* THERMODYN Reaktionswärme *f*; **~ reclamation** *n* HEAT & REFRIG Wärmerückgewinnung *f*; **~ recovery** *n* HEAT & REFRIG Wärmerückgewinnung *f*, THERMODYN Wiedergewinnung von Wärme *f*, Wärmerückgewinnung *f*, WASTE Wärmerückgewinnung *f*; **~ rejection** *n* HEAT & REFRIG Wärmeabfuhr *f*; **~ rejection rate** *n* NUC TECH Wärmeabfuhr *f*; **~ release** *n* HEAT & REFRIG Wärmeabgabe *f*, Wärmeentbindung *f*, Wärmefreisetzung *f*, NUC TECH *in fuel assembly* Wärmeabgabe *f*, Wärmefreisetzung *f*; **~-release decal** *n* CER & GLAS Wärmetrennabziehbild *nt*; **~ removal** *n* HEAT & REFRIG Wärmeabfuhr *f*, Wärmeableitung *f*; **~-removal capacity** *n* HEAT & REFRIG Wärmeabführleistung *f*; **~-removal loop** *n* NUC TECH Kühlkreislauf *m*; **~-removal property** *n* HEAT & REFRIG Wärmeabführvermögen *nt*; **~ removed** *n* HEAT & REFRIG abgeführte Wärme *f*; **~ reservoir** *n* PHYS Wärmebad *nt*; **~ resistance** *n* PLAS Wärmebeständigkeit *f*, Wärmefestigkeit *f*, THERMODYN Wärmebeständigkeit *f*; **~-resistant glove** *n* LAB EQUIP feuerfester Handschuh *m*, SAFETY Hitzeschutzhandschuh *m*; **~ resisting** *n* THERMODYN Wärmebeständigkeit *f*; **~-resisting glass** *n* CER & GLAS hitzebeständiges Glas *nt*; **~-resisting steel** *n* METALL hitzebeständiger Stahl *m*; **~ rise** *n* THERMODYN Wärmeanstieg *m*; **~ riser tube** *n* AUTO Wärmesteigrohr *nt*;

~ s **~-sealable paper** *n* PACK Heißsiegelpapier *nt*; **~ seal apparatus** *n* LAB EQUIP *polyethylene bag* Heißverschweißgerät *nt*; **~ seal coating** *n* PACK Heißsiegelbeschichtung *f*; **~-sealed wrappings** *n pl* THERMODYN Heißsiegelverpackungen *f pl*; **~-sealing** *n* PLAS Heißsiegeln *nt*, THERMODYN Heißsiegeln *nt*, Heißverkleben *nt*; **~ sealing** *n* PACK Hitzeversiegelung *f*; **~-sealing adhesive** *n* PACK Schmelzkleber *m*; **~-sealing device** *n* PACK Hitzeversiegler *m*; **~-sealing equipment** *n* PACK Heißsiegelanlage *f*; **~-sealing machine** *n* PACK Hitzeversiegelmaschine *f*; **~-sealing tape** *n* PACK Heißklebefolie *f*; **~-sealing and welding machine** *n* PACK Heißsiegel- und Verschweißmaschine *f*; **~ seal label** *n* PACK Heißklebeetikett *nt*; **~ seal temperature** *n* PACK Siegeltemperatur *f*; **~-sensitive material** *n* PACK wärmeempfindliches Material *nt*; **~-sensitive paint** *n* THERMODYN wärmeempfindliche Farbe *f*; **~ sensitivity** *n* PLAS Wärmeempfindlichkeit *f*; **~ sensor** *n* THERMODYN Wärmefühler *m*; **~ setting** *n* TEXT Thermofixieren *nt*; **~ shield** *n* AIR TRANS Hitzeschild *m*, ELEC ENG Wärmeschutzschirm *m*, SPACE *spacecraft* Hitzeschild *m*, THERMODYN Hitzeschild *m*, Wärmeschild *m*; **~ shock test** *n* THERMODYN Wärmeschockprüfung *f*; **~-shrinkable film** *n* THERMODYN Schrumpffolie *f*; **~ shrink fitting** *n* THERMODYN Aufschrumpfen *nt*; **~ shrinking** *n* THERMODYN Aufschrumpfen *nt*, Wärmeschrumpfen *nt*; **~ shroud** *n* SPACE Hitzemantel *m*; **~ sink** *n* ELEC ENG, ELECT *for semiconductor devices* Kühlkörper *m*, PHYS Kühlblech *nt*, RAD TECH Kühlkörper *m*, SPACE Kühlblech *nt*, Kühlkörper *m*, THERMODYN Kühlblech *nt*; **~ of solution** *n* THERMODYN Lösungswärme *f*; **~ source** *n* HEAT & REFRIG Wärmequelle *f*; **~ spectrum** *n* THERMODYN Wärmespektrum *nt*; **~ stability** *n* PACK Wärmestabilität *f*, thermische Stabilität *f*, PLAS Dauerwärmebeständigkeit *f*, Wärmestabilität *f*, thermische Stabilität *f*, THERMODYN Wärmestabilität *f*; **~ storage** *n* ERGON Wärmespeicherung *f*; **~ stress index** *n* ERGON Index der Wärmebelastung *f*; **~-stretched fiber** *n AmE*, **~-stretched fibre** *n BrE* TEXT heißverstreckte Faser *f*; **~ supply** *n* THERMODYN Wärmeversorgung *f*; **~ syncope** *n* ERGON Hitzekollaps *m*;

~ t **~ throughput** *n* HEAT & REFRIG Wärmedurchsatz *m* (BrE), THERMODYN *BrE* Wärmedurchsatz *m*; **~ thruput** *n AmE see heat throughput BrE* **~ tint** *n* METALL Hitzefarbe *f*; **~-tinting** *n* METALL Hitzefärben *nt*; **~ transfer** *n* HEAT & REFRIG Wärmeübergang *m*, Wärmeübertragung *f*, PHYS Wärmeübertragung *f*, PLAS Wärmeübergang *m*, THERMODYN Wärmeübergang *m*, Wärmeübertragung *f*; **~ transfer coefficient** *n* ERGON *conductive* Wärmeleitzahl *f*, *convective* Wärmeübergangszahl *f*, PHYS Wärmeübertragungskoeffizient *m*, THERMODYN Wärmeübergangszahl *f*, Wärmeübertragungszahl *f*; **~ transfer efficiency** *n* HEAT & REFRIG Wärmeübergangsleistung *f*; **~ transfer engineering** *n* SPACE Heizungstechnik *f*, Hitzeausgleich *m*; **~ transfer factor** *n* HEAT & REFRIG Wärmeziffer *f*; **~ transfer label** *n* PACK Transparentetikett *nt*; **~ transfer medium** *n* HEAT & REFRIG Wärmeübertragungsmittel *nt*, THERMODYN Wärmeträger *m*; ~ **transfer surface** *n* HEAT & REFRIG, THERMODYN Wärmeübertragungsfläche *f*; ~ **transformation** *n* THERMODYN Wärmeumsatz *m*; ~ **transition** *n* HEAT & REFRIG, THERMODYN Wärmedurchgang *m*; ~ **transition coefficient** *n* HEAT & REFRIG Wärmedurchgangszahl *f*; ~ **transmission** *n* HEAT & REFRIG Wärmeübergang *m*, Wärmeübertragung *f*, PLAS Wärmeübergang *m*, THERMODYN Wärmeübergang *m*, Wärmeübertragung *f*; ~ **trap** *n* NUC TECH Wärmefalle *f*; ~ **treatability** *n* PROD ENG Vergütbarkeit *f*; ~-**treatable steel** *n* PROD ENG Vergütungsstahl *m*; ~ **treatment** *n* COAL TECH Wärmebehandlung *f*, COATINGS Hitzebehandlung *f*, MECHAN ENG Wärmebehandlung *f*, METALL Hitzebehandlung *f*, THERMODYN Wärmebehandlung *f*, *of steel* Vergütung *f*; ~ **treatment crack** *n* THERMODYN Härteriß *m*, Vergütungsriß *m*; ~ **treatment crack sensitivity** *n* THERMODYN Abschreckrißempfindlichkeit *f*; ~ **treatment diagram** *n* THERMODYN Vergütungsdiagramm *nt*; ~ **turbine** *n* NUC TECH Wärmeturbine *f*;

~ u ~ **unit** *n* THERMODYN Wärmeeinheit *f*;

~ v ~ **of vaporization** *n* THERMODYN Verdampfungswärme *f*;

~ w ~ **wave** *n* THERMODYN Hitzewelle *f*; ~ **welding** *n* PACK Hitzeverschweißen *nt*

heat[3] *vt* CER & GLAS aufheizen, TEXT, THERMODYN aufheizen, erhitzen, erwärmen; ~-**cure** *vt* THERMODYN *rubber* vulkanisieren; ~-**form** *vt* THERMODYN warmverformen; ~-**harden** *vt* THERMODYN warm härten; ~-**seal** *vt* PROD ENG, THERMODYN heißsiegeln; ~-**shrink** *vt* THERMODYN wärmeschrumpfen; ~-**treat** *vt* THERMODYN wärmebehandeln; ~ **up** *vt* CER & GLAS, TEXT aufheizen, THERMODYN anheizen, anwärmen, aufheizen

heated: ~ **container** *n* TRANS beheizter Container *m*; ~ **plate** *n* PLAS *press* Heizplatte *f*; ~ **windscreen pane** *n BrE (cf heated windshield pane AmE)* AIR TRANS beheizte Windschutzscheibe *f*; ~ **windshield pane** *n AmE (cf heated windscreen pane BrE)* AIR TRANS beheizte Windschutzscheibe *f*

heater *n* AUTO Heizgebläse *nt*, Heizung *f*, ELEC ENG Heizelement *nt*, Heizkörper *m*, Heizleiter *m*, Heizung *f*, Heizvorrichtung *f*, Heizfaden *m*, Ofen *m*, HEAT & REFRIG Heizelement *nt*, Heizgerät *nt*, Heizkörper *m*, Heizer *m*, MECHANICS Erhitzer *m*, Heizofen *m*, RAD TECH Heizfaden *m*, THERMODYN Heizgerät *nt*; ~ **blower** *n* AIR TRANS Heizlüfter *m*; ~ **control** *n* AUTO Warmluftregler *m*; ~ **fan** *n* HEAT & REFRIG Heizergebläse *nt*; ~ **power supply** *n* ELEC ENG Heizungsnetzteil *nt*, Stromversorgung der Heizung *f*; ~ **rod** *n* NUC TECH Heizstab *m*; ~ **system** *n* AUTO Wärmesystem *nt*; ~-**type cathode** *n* ELEC ENG indirekt geheizte Kathode *f*; ~ **voltage** *n* ELEC ENG Heizfadenspannung *f*

heating[1] *adj* CONST Anwärm- *pref*

heating[2] *n* AUTO Heiz- *pref*, HEAT & REFRIG Heiz- *pref*, Heizung *f*, MECHANICS Feuerung *f*, Heizkraft *f*, PLAS Aufheiz- *pref*, TEXT Erhitzen *nt*, Erwärmen *nt*, THERMODYN Aufheiz- *pref*, Heizung *f*, Heizen *nt*; ~, **ventilation and air conditioning** *n* HEAT & REFRIG Heizungs-, Lüftungs- und Klimatechnik *f*; ~ **appliance** *n* HEAT & REFRIG Heizgerät *nt*, Wärmegerät *nt*; ~ **belt** *n* HEAT & REFRIG Heizgürtel *m*; ~ **blowpipe** *n* CONST *welding* Anwärmbrenner *m*; ~ **cable** *n* ELECT Heizkabel *nt*; ~ **capacity** *n* HEAT & REFRIG Heizfähigkeit *f*, Heizleistung *f*, THERMODYN Heizfähigkeit *f*; ~ **chamber** *n* THERMODYN Heizkammer *f*; ~ **channel** *n* PACK Heizkanal *m*; ~ **circuit** *n* HEAT & REFRIG Heizkreis *m*; ~ **coil** *n* HEAT & REFRIG Heizschlange *f*, THERMODYN Heizspule *f*, Heizwicklung *f*; ~ **current** *n* THERMODYN Heizstrom *m*; ~ **curve** *n* PLAS *moulding, curing* Aufheizkurve *f*, THERMODYN Erhitzungskurve *f*; ~ **cylinder** *n* PROD ENG Massezylinder *m*; ~ **depth** *n* THERMODYN Aufheiztiefe *f*; ~ **device** *n* MECHAN ENG Heizgerät *nt*; ~ **duct** *n* HEAT & REFRIG Heizungskanal *m*; ~ **element** *n* ELECT Heizelement *nt*, HEAT & REFRIG Heizeinsatz *m*, Heizelement *nt*, Heizstab *m*; ~ **furnace** *n* METALL Wärmeofen *m*, THERMODYN Heizofen *m*, Wärmeofen *m*; ~ **gate** *n* PROD ENG *forging* Blasloch *nt*; ~ **and hot water boiler** *n* HEAT & REFRIG Heizkessel *m*; ~ **installation** *n* HEAT & REFRIG Heizungsbau *m*, THERMODYN Heizungsanlage *f*; ~ **jacket** *n* THERMODYN Heizmantel *m*; ~ **mantle** *n* LAB EQUIP Flächenheizkörper *m*, Heizmantel *m*; ~ **melter** *n* CONST Glühschmelzer *m*; ~ **oil** *n* THERMODYN Heizöl *nt*; ~ **pin** *n* NUC TECH *of pressure vessel* Heizstift *m*; ~ **plant** *n* THERMODYN Heizungsanlage *f*; ~ **power** *n* THERMODYN Heizkraft *f*; ~ **resistor** *n* AIR TRANS Hitzewiderstand *m*; ~ **shield** *n* AIR TRANS Hitzeschild *m*; ~ **surface** *n* HEAT & REFRIG, NUC TECH *of pressure vessel*, THERMODYN Heizfläche *f*, ~ **surface tube** *n* NUC TECH Heizflächenrohr *nt*; ~ **system** *n* AUTO Heizanlage *f*, THERMODYN Heizungssystem *nt*; ~ **tape** *n* LAB EQUIP Heizband *nt*; ~ **technician** *n* MECHAN ENG Heiztechniker *m*; ~ **temperature curve** *n* THERMODYN Wärmkurve *f*; ~ **time** *n* THERMODYN Wärmzeit *f*; ~ **tunnel** *n* PACK Heizofen *m*; ~-**up** *n* CER & GLAS Aufheizen *nt*; ~-**up curve** *n* THERMODYN Aufheizkurve *f*; ~-**up time** *n* THERMODYN Aufheizzeit *f*; ~ **zone** *n* THERMODYN homogenes System *nt*

heatproof[1] *adj* PACK wärmebeständig, wärmfest, SAFETY hitzeabweisend, THERMODYN wärmebeständig

heatproof:[2] ~ **clothing** *n* SAFETY Hitzeschutzkleidung *f*

heave[1] *n* PET TECH Hub *m*

heave:[2] ~ **in** *vt* WATER TRANS *ropes* einhieven, heben

heave[3] *vi* WATER TRANS sich heben und senken, wogen; ~ **to** *vi* WATER TRANS beidrehen

heavenly: ~ **body** *n* SPACE *of star* Himmelskörper *m*

heavier: ~ **gage** *adj AmE*, ~ **gauge** *adj BrE* PROD ENG von größerer Dicke

heavily: ~-**doped** *adj* ELECTRON stark dotiert

heaving: ~ **displacement** *n* FUELLESS *of buoy* Vertikalversetzung *f*; ~ **line** *n* WATER TRANS *ropes* Wurfleine *f*

heavy[1] *adj* AUTO Schwer- *pref*, CER & GLAS *shoulder, bottom, corner of container* dick, MECHANICS massiv, stabil, PHYS Schwer- *pref*, PROD ENG verstärkt, SPACE Schwer- *pref*; ~-**gage** *adj AmE*, ~-**gauge** *adj BrE* PROD ENG von großer Dicke, von größerer Dicke

heavy:[2] ~ **anode** *n* ELEC ENG Massivanode *f*; ~ **breakdown crane** *n* RAIL schwerer Hilfskran *m*; ~ **crude** *n* PET TECH schweres Rohöl *nt*; ~ **crude oil** *n* PET TECH schweres Rohöl *nt*; ~ **cut** *n* MECHAN ENG große Spantiefe *f*; ~ **displacement** *n* WATER TRANS *ship design* Ladeverdrängung *f*; ~ **duty** *n* MECHAN ENG Hochleistung *f*, MECHAN ENG *(HD)* Hochleistung *f (HD)*, MECHANICS, PROD ENG Hochleistung *f*; ~-**duty contact** *n* ELEC ENG Hochleistungskontakt *m*; ~ **duty corrugated fiber board** *n AmE*, ~ **duty corrugated fibre board** *n BrE* PACK superstarker faserarmierter Wellkarton *m*; ~-**duty lathe** *n* MECHAN ENG Hochleistungsdrehmaschine *f*; ~ **duty lift** *n* CONST Hochleistungslift *m*; ~-**duty oil** *n (HD oil)* MECHAN

ENG HD-Öl *nt*, Heavy-Duty-Öl *nt*, Hochleistungsöl *nt (Hochleistungsöl)*; ~ **fractions** *n pl* PET TECH schwere Fraktionen *f pl*, schwere Schnitte *m pl*; ~ **gasoline** *n AmE (cf heavy petrol BrE)* AUTO Schwerbenzin *nt*; ~ **goods vehicle** *n (HGV)* AUTO Lastkraftwagen *m (Lkw)*; ~ **goods vehicle traffic** *n* TRANS Schwerlastverkehr *m*; ~ **group** *n* NUC TECH *of fission products* schwere Gruppe *f*; ~ **hydrocarbon fractions** *n pl* PET TECH schwere Kohlenwasserstoff-Fraktionen *f pl*; ~ **ion fusion** *n* NUC TECH *beam* Schwerionenfusion *f*; ~**-ion synchrotron** *n (HIS)* PART PHYS Schwerionensynchrotron *nt (SIS)*; ~ **jet** *n* TRANS Düsenlastflugzeug *nt*; ~**-lift** *n* AUTO, SPACE Schwerlast *f*; ~**-lift helicopter** *n* AIR TRANS Schwerlasthubschrauber *m*; ~**-lift launch vehicle** *n (HLLV)* SPACE *spacecraft* Schwerlastträgerrakete *f (SL-Rakete)*; ~**-lift vehicle** *n* SPACE *spacecraft* Schwerlastraumträger *m*; ~**-liquid test** *n* COAL TECH Schwerflüssigkeitsprüfung *f*; ~ **lorry** *n BrE (cf heavy motor truck AmE, heavy truck AmE)* AUTO Schwerlastfahrzeug *nt*; ~ **metal** *n* COAL TECH, POLL, RAD PHYS Schwermetall *nt*; ~**-metal difference technique** *n* NUC TECH *of burn up determination* Schwermetall-Differenzenmethode *f*; ~ **motor truck** *n AmE (cf heavy lorry BrE)* AUTO Schwerlastfahrzeug *nt*; ~ **nut** *n* MECHAN ENG große Mutter *f*; ~**-oil desulfurization** *n AmE*, ~**-oil desulphurization** *n BrE* WASTE Schwerölentschwefelung *f*; ~**-oil engine** *n* AUTO Schwerölmotor *m*; ~**-oil residue** *n* WASTE Schwerölrückstand *m*; ~ **panel** *n* CER & GLAS dicke Platte *f*; ~ **petrol** *n BrE (cf heavy gasoline AmE)* AUTO Schwerbenzin *nt*; ~ **plates** *n pl* METALL Grobblech *nt*; ~ **road** *n* CONST ausgefahrene Straße *f*; ~ **seas** *n pl* WATER TRANS schwere See *f*, starker Seegang *m*; ~ **section** *n* METALL Schwerprofil *nt*; ~ **seed** *n* CER & GLAS dicke Blase *f*; ~ **swell** *n* WATER TRANS hohle See *f*, schwere Dünung *f*; ~ **truck** *n AmE (cf heavy lorry BrE)* AUTO Schwerlastfahrzeug *nt*; ~ **type** *n* PRINT fette Schrift *f*; ~**-vehicle elevator** *n AmE (cf heavy-vehicle lift BrE)* TRANS Schwerlastfahrzeugaufzug *m*; ~**-vehicle lift** *n BrE (cf heavy-vehicle elevator AmE)* TRANS Schwerlastfahrzeugaufzug *m*; ~ **water** *n* NUC TECH Schwerwasser *nt*, schweres Wasser D_20 *nt*, PHYS schweres Wasser *nt*; ~**-water degasifier** *n* NUC TECH Schwerwasserentgaser *m*; ~**-water-moderated reactor** *n (HWR)* NUC TECH schwerwassermoderierter Reaktor *m (SWR)*; ~**-water plant** *n* NUC TECH Schwerwasseranlage *f*; ~**-water reactor** *n* NUC TECH Schwerwasserreaktor *m*; ~**-water spray nozzle** *n* NUC TECH Schwerwassersprühdüse *f*; ~**-water vapor** *n AmE*, ~**-water vapour** *n BrE* NUC TECH Schwerwasserdampf *m*; ~ **weather** *n* WATER TRANS schweres Wetter *nt*

hectare *n (ha)* METROL Hektar *m (ha)*

hecto- *pref (h)* METROL Hekto- *pref (h)*

hectogram *n AmE*, **hectogramme** *n BrE* METROL Hektogramm *nt*

hectography *n* PRINT Hektographie *f*

hectoliter *n AmE*, hectolitre *n BrE (hl)* LAB EQUIP Hektoliter *m (hl)*

hectowatt *n* ELEC ENG Hektowatt *nt*

hedonic: ~ **scale** *n* FOOD TECH hedonischer Maßstab *m*

heel[1] *n* CER & GLAS Ferse *f*, MECHAN ENG *of spiral drill* Rückenkante *f*, *of tool* Rücken *m*, PROD ENG Angelwurzel *f*, Auflage *f*, Fase *f*, WATER TRANS Krängung *f*; ~ **plate** *n* WATER TRANS *shipbuilding* Fußplatte *f*

heel[2] *vi* WATER TRANS krängen

HE11: ~ **mode** *n* OPT HE11-Mode *f*

heeling: ~ **moment** *n* WATER TRANS *ship design* Krängungsmoment *nt*

heelpost *n* WATER SUP *of lock gate* Hängesäule *f*

Hegman: ~ **fineness of grind gage** *n AmE*, ~ **fineness of grind gauge** *n BrE* PLAS *paint pigment instrument* Mahlgradmeßgerät nach Hegman *nt*

height *n (h)* COMP & DP, GEOM, RAD TECH Höhe *f (h)*; ~ **above average terrain** *n* RAD TECH Höhe über dem durchschnittlichen Geländeniveau *f*; ~ **above sea level** *n* CONST Höhe über dem Meeresspiegel *f*; ~**-adjustable table** *n* MECHAN ENG höhenverstellbarer Tisch *m*; ~ **of capital letters** *n* PRINT Versalhöhe *f*; ~ **of centers** *n AmE*, ~ **of centres** *n BrE* MECHAN ENG *of lathe* Spitzenhöhe *f*; ~ **of fall** *n* PACK Fallhöhe *f*; ~ **gage** *n AmE*, ~ **gauge** *n BrE* METROL Gewindetiefenmesser *m*, Höhenmaßstab *m*, Höhenreißer *m*; ~ **hovering** *n* TRANS Schweben eines Luftkissenfahrzeugs *nt*; ~ **of hydraulic jump** *n (j)* HYD EQUIP Sprunghöhe *f (j)*; ~ **of instrument** *n* CONST *surveying* Instrumentenhöhe *f*; ~**-keeping error** *n* AIR TRANS Höhenfehler *m*; ~**-off cushion** *n* TRANS senkendes Kissen *nt*; ~**-on cushion** *n* TRANS hebendes Kissen *nt*; ~ **position** *n* NUC TECH *of control member* Höheneinstellung *f*; ~ **of the swell** *n* WATER TRANS Höhe der Dünung *f*; ~ **of the tide** *n* WATER TRANS Höhe der Gezeiten *f*; ~**-to-paper** *n* PRINT Schrifthöhe *f*; ~ **of type** *n* PRINT Schrifthöhe *f*, Typenhöhe *f*; ~ **of typeface** *n* PRINT Schrifthöhe *f*, Typenhöhe *f*

heightening *n* CONST Erhöhen *nt*

Heisenberg: ~ **uncertainty principle** *n* PART PHYS Heisenbergsche Unbestimmtheitsrelation *f*

held: ~ **back** *adj* PROD ENG gehemmt

helenin *n* CHEMISTRY Alantin *nt*, Dahlin *nt*

helianthin *n* CHEMISTRY Helianthin *nt*

helianthine *n* CHEMISTRY Helianthin *nt*, Methylorange *nt*

heliarc: ~ **welding** *n* PROD ENG Heliumschutz-Gasschweißen *nt*

helical[1] *adj* GEOM schraubenförmig, MECHAN ENG *gear* schrägverzahnt, PROD ENG schraubenförmig, RAD TECH, TELECOM, TELEV Schrägspur- *pref*

helical:[2] ~ **antenna** *n* TELECOM Wendelantenne *f*; ~ **bevel gear** *n* MECHAN ENG Schrägzahnkegelrad *nt*; ~ **broach** *n* PROD ENG Räumwerkzeug *nt*; ~ **broaching** *n* PROD ENG Drallnut *f*, Drallnutenräumen *nt*, schraubenförmige Nut *f*; ~ **capsule manometer** *n* INSTR Schraubenfedermanometer *nt*; ~ **coil-type heat exchanger** *n* NUC TECH *of pressure vessel* Wärmeaustauscher mit Spiralwindungen *m*; ~ **compression spring** *n* MECHAN ENG Schraubendruckfeder *f*; ~ **dislocation** *n* METALL schraubenförmige Versetzung *f*; ~ **filter** *n* RAD TECH Wendelresonatorfilter *nt*; ~ **gear** *n* AUTO Aphongetriebe *nt*, Schrägstirnrad *nt*, schrägverzahntes Getrieberad *nt*, MECHAN ENG Schrägstirnrad *nt*, Schrägzahnrad *nt*, MECHANICS Schrägzahnrad *nt*, PROD ENG Schrägzahnrad *nt*, schrägverzahntes Getrieberad *nt*; ~ **gear drive** *n* MECHAN ENG Schraubenrädergetriebe *nt*; ~ **groove** *n* MECHAN ENG Spiralnut *f*; ~ **instability** *n* NUC TECH Spiralinstabilität *f*; ~ **milling** *n* MECHAN ENG Spiralfräsen *nt*; ~ **milling cutter** *n* MECHAN ENG Spiralfräser *m*; ~ **potentiometer** *n* ELECT *variable resistance* Helipot *nt*; ~ **pressure element** *n* INSTR Schneckenfeder-Druckmeßelement *nt*; ~ **recording** *n* TELEV Schrägspuraufnahme *f*; ~ **scan** *n* COMP & DP Schrägspurverfahren *nt*, TELEV Schrägspurabtastung

f; ~ **scanning** *n* ELECTRON Schraubenlinienabtastung *f*, Wendelabtastung *f*; ~ **scan videotape recorder** *n* TELEV Schrägspurvideogerät *nt*; ~ **spring** *n* MECHAN ENG Schraubenfeder *f*, MECHANICS Spiralfeder *f*, PHYS Schraubenfeder *f*; ~ **teeth** *n* MECHAN ENG Schrägverzahnung *f*; ~ **tension spring** *n* PROD ENG Zugfeder *f*
helicin *n* CHEMISTRY Helicin *nt*
helicoid[1] *adj* GEOM helikoid, schraubenförmig, MECHAN ENG schraubenförmig
helicoid[2] *n* GEOM Helikoid *nt*, Schraubenfläche *f*, MECHAN ENG Schraubenlinie *f*
helicoidal[1] *adj* MECHAN ENG schraubenförmig
helicoidal:[2] ~ **motion** *n* MECHAN ENG schraubenförmige Bewegung *f*, NUC TECH Spiralbewegung *f*
helicopter[1] *n* AIR TRANS, TRANS Hubschrauber *m*; ~ **avionics package** *n* AIR TRANS Hubschrauber-Avionikausrüstung *f*; ~ **behavior** *n AmE*, ~ **behaviour** *n BrE* AIR TRANS Hubschrauber-Verhalten *nt*; ~ **landing deck** *n* AIR TRANS Hubschrauber-Landedeck *nt*; ~ **landing platform** *n* AIR TRANS Hubschrauber-Landeplattform *f*; ~ **landing surface** *n* AIR TRANS Hubschrauber-Landefläche *f*; ~ **pad** *n* WATER TRANS Hubschrauber-Landeplattform *f*; ~ **shuttle service** *n* AIR TRANS Hubschrauber-Zubringerdienst *m*; ~ **station** *n* AIR TRANS Hubschrauber-Station *f*
helicopter[2] *vt* AIR TRANS mit Hubschrauber befördern
heligyro *n* TRANS Hubtragschrauber *m*
helimagnetism *n* PHYS magnetische Spiralstruktur *f*
heliostat *n* FUELLESS Heliostat *m*
heliothermal: ~ **process** *n* FUELLESS solarthermischer Prozess *m*
heliotropic *adj* FUELLESS heliotropisch
heliotropin *n* CHEMISTRY Heliotropin *nt*, Methylendioxybenzaldehyd *m*, Piperonal *nt*, Piperonylaldehyd *m*
helipad *n* AIR TRANS, PET TECH Hubschrauber-Landeplatz *m*
heliport *n* PET TECH Hubschrauber-Landeplatz *m*, TRANS Hubschrauber-Flughafen *m*, Hubschrauber-Landeplatz *m*; ~ **deck** *n* AIR TRANS Hubschrauber-Landefläche *f*
helistop *n* AIR TRANS Hubschrauber-Landeplatz *m*
helium *n (He)* CHEMISTRY Helium *nt (He)*; ~ **dehydrator unit** *n* NUC TECH Helium-Entwässerungsanlage *f*; ~ **dilution refrigerator** *n* PHYS Helium-Lösungskältemaschine *f*; ~ **leak detection** *n* NUC TECH Helium-Lecksortung *f*; ~ **leak test** *n* NUC TECH Helium-Lecktest *m*; ~ **neon laser** *n* RAD PHYS Helium-Neonlaser *m*
helix:[1] ~**-toothed** *adj* PROD ENG schrägverzahnt
helix[2] *n* GEOM *curve which lies on cylinder, cone* Helix *f*, Schneckenlinie *f*, Schraubenlinie *f*, MECHAN ENG Schneckenlinie *f*, Schraubenlinie *f*, PROD ENG Drall *m*, Schraubengewindelinie *f*, Schraubenlinie *f*, RAD TECH *aerial* Wendelantenne *f*; ~ **angle** *n* MECHAN ENG Steigungswinkel *m*; ~ **antenna** *n* SPACE *communications* Helixantenne *f*; ~ **capsule manometer** *n* INSTR Schraubenfedermanometer *nt*; ~**-traveling wave tube** *n AmE*, ~**-travelling wave tube** *n BrE* ELECTRON wendelgekoppelte Wanderwellenröhre *f*; ~ **waveguide** *n* ELEC ENG Wendelhohlleiter *m*, wendelförmiger Wellenleiter *m*
helix[3] *vt* PROD ENG Wendelspan bilden, in Schraubenlinie aufrollen
helixing *n* ELEC ENG Wendeln *nt*
helm[1] *n* WATER TRANS *shipbuilding* Ruderanlage *f*, Ruderpinne *f*, Ruderstand *m*; ~ **damage** *n* WATER TRANS Ruderschaden *m*, Schaden an der Ruderanlage *m*; ~ **indicator** *n* WATER TRANS Ruderlagenanzeiger *m*
helm[2] *vt* WATER TRANS *shipbuilding* steuern
helmet *n* SAFETY Schutzhelm *m*
Helmholtz: ~ **coils** *n pl* PHYS Helmholtzsche Spulen *f pl*; ~ **free energy** *n* PHYS freie Energie nach Helmholtz *f*; ~ **function** *n* PHYS freie Energie nach Helmholtz *f*; ~ **galvanometer** *n* ELECT Helmholtzsches Galvanometer *nt*; ~ **resonator** *n* ACOUSTICS, PHYS Helmholtzscher Resonator *m*
helmsman *n* WATER TRANS Rudergänger *m*
help *n* COMP & DP Hilfe *f*; ~ **area** *n* COMP & DP Hilfebereich *m*; ~ **display** *n* COMP & DP Hilfeanzeige *f*; ~ **file** *n* COMP & DP Hilfedatei *f*; ~ **function** *n* COMP & DP Hilfefunktion *f*; ~ **menu** *n* COMP & DP Hilfemenü *nt*; ~ **message** *n* COMP & DP Hilfemeldung *f*, Hilfenachricht *f*; ~ **program** *n* COMP & DP Hilfeprogramm *nt*; ~ **screen** *n* COMP & DP Hilfebildschirm *m*
helve *n* PROD ENG Stielhammer *m*
Helvetica *n* PRINT *typeface* Helvetica *f*
hem *n* TEXT Saum *m*, Stoßkante *f*
hematein *n AmE see haematein BrE*
hematic *adj AmE see haematic BrE*
hematin *n AmE see haematin BrE*
hematite *n AmE see haematite BrE*
hematoporphyrin *n AmE see haematoporphyrin BrE*
hematoxylin *n AmE see haematoxylin BrE*
hemiacetal *n* CHEMISTRY Halbacetal *nt*, Hemiacetal *nt*
hemicellulose *n* CHEMISTRY Halbcellulose *f*, Hemicellulose *f*, Hexosan *nt*
hemiellipsoidal: ~ **bottom** *n* NUC TECH halbellipsenförmiger Boden *m*; ~ **head** *n* NUC TECH halbellipsenförmiger Deckel *m*
hemipinic *adj* CHEMISTRY Hemipin- *pref*
hemisphere *n* GEOM Halbkugel *f*, Hemisphäre *f*
hemispherical: ~ **combustion chamber** *n* AUTO halbkugelförmiger Brennraum *m*; ~ **coverage** *n* TELECOM Abdeckung einer Hemisphäre *f*, Ausleuchtung einer Hemisphäre *f*; ~ **end rib** *n* SPACE *spacecraft* Halbkugelendspant *m*
hemo- *pref AmE see haemo- BrE*
hemoglobin *n AmE see haemoglobin BrE*
hemolysin *n AmE see haemolysin BrE*
hemolysis *n AmE see haemolysis BrE*
hemopyrrole *n AmE see haemopyrrole BrE*
hemosiderin *n AmE see haemosiderin BrE*
hemotoxin *n* CHEMISTRY *AmE* Blutgift *nt*, CHEMISTRY *AmE see haemotoxin BrE* Hämotoxin *nt*
hemp *n* PROD ENG, WATER TRANS *ropes* Hanf *m* ~ **packing** *n* PROD ENG Hanfdichtung *f*; ~ **rope** *n* MECHAN ENG, PACK Hanfseil *nt*
henry *n (H)* ELEC ENG *unit of inductance* , ELECT *unit of inductance*, METROL *unit of inductance*, PHYS *unit of inductance*, RAD TECH *unit of inductance* Henry *nt (H)*
hentriacontanone *n* CHEMISTRY Hentriacontanon *nt*, Palmiton *nt*
heparin *n* CHEMISTRY Heparin *nt*
heptagon *n* GEOM Heptagon *nt*, Siebeneck *nt*, PROD ENG Siebeneck *nt*
heptagonal *adj* GEOM heptagonal, siebeneckig, PROD ENG siebeneckig
heptahedral *adj* PROD ENG siebenflächig
heptahedron *n* GEOM Heptaeder *nt*, Siebenflächner *m*
heptane *n* CHEMISTRY, PET TECH Heptan *nt*

heptatonic: ~ **scale** *n* ACOUSTICS Siebentonleiter *f*
heptavalent *adj* CHEMISTRY heptavalent, siebenwertig, PROD ENG siebenwertig
heptene *n* CHEMISTRY Hepten *nt*, Heptylen *nt*
heptode *n* ELECTRON *electrical tubes* Heptode *f*
heptose *n* CHEMISTRY Heptose *f*
heptyl *adj* CHEMISTRY Heptyl- *pref*
heptylene *n* CHEMISTRY Hepten *nt*, Heptylen *nt*
heptylic *adj* CHEMISTRY Heptyl- *pref*
heptyne *n* CHEMISTRY Hept-1-in *nt*
HERA *abbr (hadron-electron ring collider)* PART PHYS HERA *(Hadron-Elektron-Ring-Anlage)*
herder: ~ **effect** *n* MAR POLL Zusammentreibeffekt *m*
herding: ~ **agent** *n* MAR POLL Zusammentreibmittel *nt*
hermaphroditic: ~ **connector** *n* ELEC ENG Zwittersteckverbinder *m*; ~ **contact** *n* ELEC ENG Zwitterkontakt *m*
hermetic: ~ **closure** *n* PACK hermetischer Verschluß *m*, luftdichter Verschluß *m*; ~ **refrigerant compressor** *n* MECHAN ENG hermetischer Verdichter *m*; ~ **seal** *n* PACK hermetische Versiegelung *f*, luftdichte Versiegelung *f*; ~ **sealing** *n* NUC TECH hermetische Versiegelung *f*, hermetischer Luftabschluß *m*, TELECOM hermetischer Verschluß *m*, luftdichter Verschluß *m*
hermetically:[1] ~**-sealed** *adj* ELEC ENG, HEAT & REFRIG, MECHANICS hermetisch abgeschlossen, luftdicht abgeschlossen
hermetically:[2] ~**-sealed compressor unit** *n* HEAT & REFRIG hermetisch abgeschlossener Verdichtersatz *m*; ~**-sealed unit** *n* ELEC ENG hermetisch abgeschlossene Baugruppe *f*, hermetisch abgeschlossenes Gerät *nt*
herpolhode: ~ **cone** *n* PROD ENG *kinematics* Rastpolkegel *m*
herringbone[1] *n* TEXT Fischgrätenstoff *m*; ~ **distortion** *n* CER & GLAS Fischgrätenverkrümmung *f*; ~ **fins** *n pl* NUC TECH *ribbing* Fischgrätkühlrippen *f pl*; ~ **gear** *n* MECHAN ENG Pfeilrädergetriebe *nt*, pfeilverzahntes Getriebe *nt*, Pfeilstirnrad *nt*, MECHANICS Winkelzahngetriebe *nt*; ~ **gearwheel** *n* MECHAN ENG Pfeilrad *nt*, pfeilverzahntes Rad *nt*; ~ **pattern** *n* CONST *parquet flooring* Fischgrätenmuster *nt*; ~ **teeth** *n pl* MECHAN ENG Pfeilverzahnung *f*
herringbone[2] *vt* MECHAN ENG pfeilverzahnen
herringboning *n* TELEV Fischgrätenbildung *f*
hertz *n (Hz)* ELEC ENG, ELECT, METROL, PHYS, RAD TECH, TELEV Hertz *nt (Hz)*; ~ **equation** *n* PROD ENG Hertzsche Pressung *f*
Hertz: ~**-calculated stresses** *n pl* PROD ENG Hertzsche Pressung *f*
Hertzian[1] *adj* ELECT Hertz- *pref*
Hertzian:[2] ~ **beam** *n* TELEV Hertzscher Strahl *m*; ~ **dipole** *n* SPACE *communications* Hertzscher Dipol *m*; ~ **fracture** *n* CER & GLAS Hertzscher Bruch *m*; ~ **oscillator** *n* ELECT Hertz-Oszillator *m*
hesperidin *n* FOOD TECH Hesperidin *nt*
hessian *n* TEXT Hessian *m*, Rupfen *nt*, Sackleinwand *f*
heteroatomic *adj* CHEMISTRY heteroatomig
heteroauxin *n* CHEMISTRY Heteroauxin *nt*
heterocyclic *adj* CHEMISTRY heterocyclisch
heterodyne: ~ **conversion** *n* ELEC ENG Überlagerungsumsetzung *f*; ~ **conversion transducer** *n* ELEC ENG Überlagerungsfrequenzumsetzer *m*; ~ **reception** *n* TELECOM Heterodynempfang *m*, Überlagerungsempfang *m*; ~ **sound analyser** *n BrE* RECORD Überlagerungsanalysator *m*; ~ **sound analyzer** *n AmE see heterodyne sound analyser BrE* ~ **wavemeter** *n* RAD TECH Überlagerungswellenmesser *m*
heterodyning *n* TELEV Überlagerung *f*
heterogeneous[1] *adj* METALL heterogen
heterogeneous:[2] ~ **reactor** *n* WATER TRANS heterogener Reaktor *m*
heterojunction *n* ELECTRON *semiconductor* Heteroübergang *m*, OPT Heterojunktion *f*, Heteroübergang *m*, TELECOM Heteroübergang *m*; ~ **FET** *n* ELECTRON Heteroübergangs-Feldeffekttransistor *m*
heteropolar *adj* ELEC ENG heteropolar, wechselpolar, wechselpolig, ELECT heteropolar
heteroradiation *n* NUC TECH heterogene Strahlung *f*
heteroside *n* CHEMISTRY Heterosid *nt*
heteroxanthine *n* CHEMISTRY Heteroxanthin *nt*
heuristic[1] *adj* ART INT, COMP & DP heuristisch
heuristic:[2] ~ **knowledge** *n* ART INT heuristisches Wissen *nt*
heuristics *n* ART INT Heuristik *f*
hew *vt* COAL TECH hauen
hewer *n* CONST Hauer *m*
hex[1] *abbr* COMP & DP *(hexadecimal)* HEX *(hexadezimal)*, GEOM *(hexagon)* HEX *(Hexagon)*, MATH *(hexadecimal)* HEX *(hexadezimal)*, MATH *(hexagon)* Sechskant *m*
hex:[2] ~ **bolt** *n* MECHAN ENG Sechskantschraube *f*; ~ **head** *n* MECHAN ENG Sechskantkopf *m*; ~ **head wrench** *n* MECHANICS Sechskantschraubenschlüssel *m*; ~ **nut** *n* MECHAN ENG, MECHANICS Sechskantmutter *f*; ~ **socket** *n* MECHAN ENG Innensechskant *m*
hex[3] *vt* PROD ENG Sechskant fräsen
hexacontane *n* CHEMISTRY Hexacontan *nt*
hexacosane *n* CHEMISTRY Ceran *nt*, Hexacosan *nt*
hexacyanoferrate *n* CHEMISTRY Cyanoferrat *nt*
hexad *adj* CHEMISTRY sechszählig
hexadecane *n* CHEMISTRY Hexadecan *nt*
hexadecanoate *n* CHEMISTRY Hexadecanoat *nt*, Palmitat *nt*
hexadecanol *n* CHEMISTRY Ceten *nt*, Cetylalkohol *m*, Ethan *nt*, Hexadecanol *nt*, Hexadecylalkohol *m*
hexadecimal[1] *adj (hex)* COMP & DP, MATH hexadezimal *(HEX)*
hexadecimal:[2] ~ **notation** *n* COMP & DP Hexadezimal-Darstellung *f*, hexadezimale Zahlendarstellung *f*
hexadecyl *n* CHEMISTRY Hexadecyl *nt*
hexadecylene *n* CHEMISTRY Hexadecylen *nt*
hexafluorosilicate *n* CHEMISTRY Hexafluorsilicat *nt*
hexafluorosilite *n* CHEMISTRY Fluorosilicat *nt*, Fluorsiliciumverbindung *f*
hexagon *n (hex)* GEOM Hexagon *nt*, Sechseck *nt (HEX)*, MATH Sechskant *m*; ~ **bolt** *n* MECHAN ENG Sechskantschraube *f*; ~ **head** *n* MECHAN ENG Sechskantkopf *m*, MECHANICS Sechskantmutterkopf *m*, PROD ENG Sechskantkopf *m*; ~ **head screw** *n* MECHANICS Sechskantschraube *f*; ~ **nut** *n* MECHAN ENG Sechskantmutter *f*; ~ **socket** *n* MECHAN ENG Innensechskant *m*; ~ **socket head** *n* MECHAN ENG Zylinderkopf mit Innensechskant *m*; ~ **socket head screw** *n* MECHAN ENG Innensechskantschraube *f*; ~ **turret lathe** *n* MECHAN ENG Drehmaschine mit Sechskantrevolverkopf *f*; ~ **voltage** *n* ELECT Sechsphasenspannung *f*
hexagonal[1] *adj* GEOM, NUC TECH hexagonal, sechseckig
hexagonal:[2] ~ **die nut** *n* MECHAN ENG Sechskantschneidmutter *f*; ~ **head** *n* MECHAN ENG Sechskantkopf *m*; ~ **head bolt** *n* MECHAN ENG Sechskantschraube *f*; ~ **mesh** *n* CER & GLAS *wired glass* Sechseck-Maschengit-

ter *nt*; ~ **nut** *n* MECHAN ENG Sechskantmutter *f*; ~ **recess wrench** *n* PROD ENG *plastic valves* Innensechskantschlüssel *m*

hexahedral *adj* GEOM, NUC TECH hexaedrisch, sechsflächig

hexahedron *n* GEOM *solid with six faces* Hexaeder *nt*, Sechsflächner *m*

hexahydrobenzene *n* CHEMISTRY Cyclohexan *nt*

hexahydrobenzoic: ~ **acid** *n* CHEMISTRY Cyclohexancarbonsäure *f*

hexahydropyrazine *n* CHEMISTRY Hexahydropyrazin *nt*, Piperazin *nt*

hexahydropyridine *n* CHEMISTRY Hexahydropyridin *nt*

hexamethylene: ~ **diisocyanate** *n* PLAS *raw material for urethanes* Hexamethylendiisocyanat *nt*

hexane *n* CHEMISTRY, PET TECH Hexan *nt*

hexanitrodiphenylamine *n* CHEMISTRY Dipikrylamin *nt*, Hexanitrodiphenylamin *nt*

hexatonic: ~ **scale** *n* ACOUSTICS Sechstonleiter *f*

hexavalent *adj* CHEMISTRY hexavalent, sechswertig

hexene *n* CHEMISTRY Hexen *nt*, Hexylen *nt*

hexode *n* ELECTRON Hexode *f*

hexogen *n* CHEMISTRY Cyclonit *nt*, Hexogen *nt*

hexose *n* CHEMISTRY Hexose *f*

hexyl *n* CHEMISTRY Capryl- *pref*; ~ **alcohol** *n* CHEMISTRY Hexanol *nt*, Hexylalkohol *m*

hexylene *n* CHEMISTRY Hexen *nt*, Hexylen *nt*

hexylic *adj* CHEMISTRY Hexyl- *pref*

hexyne *n* CHEMISTRY Hexin *nt*

Hf *(hafnium)* CHEMISTRY Hf *(Hafnium)*

HF[1] *abbr (high frequency)* ELECT, ELECTRON, RAD TECH, RECORD, TELECOM, TELEV, WATER TRANS HF *(Hochfrequenz)*

HF:[2] ~ **erase head** *n* RECORD HF-Löschkopf *m*; ~ **signal** *n* ELECTRON HF-Signal *nt*; ~ **signal generator** *n* ELECTRON HF-Signalgenerator *m*; ~ **spectrum** *n* ELECTRON HF-Spektrum *nt*

Hg *(mercury)* CHEMISTRY Hg *(Quecksilber)*

H-girder *n* CONST Breitflanschträger *m*, Doppel-T-Träger *m*

HGV[1] *abbr (heavy goods vehicle)* AUTO Lkw *(Lastkraftwagen)*

HGV:[2] ~ **traffic** *n* TRANS Schwerlastverkehr *m*

HHSV *abbr (high hypothetical speed vehicle)* AUTO Hochgeschwindigkeitsfahrzeug *nt*

hi: ~-**fi sound** *n* TELEV Hifiklang *m*

hidden: ~ **bar code identification** *n* PACK verborgene Barcode-Identifikation *f*; ~ **edge** *n* ENG DRAW unsichtbare Kante *f*; ~ **layer** *n* ART INT *in neural network* verborgene Schicht *f*

hiding: ~ **power** *n* PLAS *paint* Deckkraft *f*, Deckvermögen *nt*

hierarchical: ~ **model** *n* COMP & DP hierarchisches Modell *nt*; ~ **object-oriented design** *n* COMP & DP hierarchischer objektorientierter Entwurf *m*; ~ **programming** *n* ART INT hierarchisches Programmieren *nt*; ~ **system** *n* TELECOM hierarchisches System *nt*

hierarchy *n* COMP & DP Hierarchie *f*

Higgs: ~ **boson** *n* PART PHYS Higgs-Boson *nt*; ~ **particle** *n* PART PHYS Higgs-Teilchen *nt*

high[1] *adj* MECHAN ENG, PAPER, PHYS *temperature*, POLL *concentration* hoch; ~-**dose** *adj* ELECTRON hochdosiert; ~-**fiber** *adj AmE*, ~-**fibre** *adj BrE* FOOD TECH ballaststoffreich; ~ **fidelity** *adj* RECORD mit hoher Wiedergabetreue; ~-**frequency** *adj* ELECT, ELECTRON, RAD TECH hochfrequent; ~-**grade** *adj* COAL TECH hochwertig; ~-**impedance** *adj* RAD TECH hochohmig; ~-**order** *adj* COMP & DP höherwertig; ~-**protein** *adj* FOOD TECH eiweißreich; ~-**resistance** *adj* TELECOM hochohmig; ~-**resolution** *adj* COMP & DP hochauflösend; ~-**speed** *adj* MECHANICS für hohe Geschwindigkeit; ~-**tensile** *adj* MECHANICS hochwertig; ~-**torque** *adj* MECHANICS für hohes Drehmoment geeignet; ~-**webbed** *adj* PROD ENG hochstegig

high[2] *n* WATER TRANS Hoch *nt*;

~ a ~ **abrasion furnace carbon black** *n (HAF carbon black)* PLAS hochabriebfester Furnace-Ruß *m (HAF-Ruß)*; ~ **acceptance di-electron spectrometer** *n (HADES)* PART PHYS Dielektronen-Spektrometer mit hoher Akzeptanz *nt (HADES)*; ~-**accuracy instrument** *n* INSTR Präzisionsinstrument *nt*, Präzisionsmeßgerät *nt*; ~-**alloyed steel** *n* PROD ENG *plastic valves* Edelstahl *m*; ~-**amplitude pulse** *n* ELECTRON Impuls mit hoher Amplitude *m*; ~-**amplitude signal** *n* ELECTRON Signal mit hoher Amplitude *nt*; ~-**angle dip** *n* PET TECH steiles Einfallen *nt*;

~ b ~ **band** *n* TELEV Oberband *nt*; ~ **brass** *n* PROD ENG Gelbguß *m*; ~-**brightness screen** *n* ELECTRON Bildschirm mit starker Grundhelligkeit *m*; ~-**bulk spun yarn** *n* TEXT Hochbauschgarn *nt*;

~ c ~-**calling-rate subscriber** *n* TELECOM Vielsprecher *m*; ~-**carbon steel** *n* METALL Karbonstahl *m*, kohlenstoffreicher Stahl *m*; ~-**conductance diode** *n* ELECTRON gut leitende Diode *f*; ~-**contrast reproduction** *n* ENG DRAW kontrastreiche Wiedergabe *f*; ~-**current diode** *n* ELECTRON Hochstromdiode *f*; ~-**current transistor** *n* ELECTRON Hochstromtransistor *m*;

~ d ~-**definition television** *n (HDTV)* TELEV hochauflösendes Fernsehen *nt*, hochzeiliges Fernsehverfahren *nt (HDTV)*; **very ~ density** *n (VHD)* OPT sehr hohe Dichtigkeit *f (VHD)*; ~-**density integrated circuit** *n* ELECTRON hochintegrierte Schaltung *f*; ~-**density logic** *n* ELECTRON hochintegrierter logischer Schaltkreis *m*; ~-**density polyethylene** *n (HDPE)* PACK, PLAS Polyethylen hoher Dichte *nt*; ~-**density storage** *n* COMP & DP Speicher mit hoher Dichte *m*; ~ **density storage** *n* COMP & DP Speicher mit hoher Aufzeichnungsdichte *m*;

~ e ~ **elongation** *n* TEST Dehnfähigkeit *f*; ~-**energy beam** *n* ELECTRON energiereicher Strahl *m*; ~-**energy electron** *n* ELECTRON energiereiches Elektron *nt*; ~-**energy fusion** *n* NUC TECH Hochenergiefusion *f*; ~-**energy ion** *n* ELECTRON energiereiches Ion *nt*; ~-**energy laser** *n* ELECTRON Hochleistungslaser *m*; ~-**energy metal forming** *n* MECHAN ENG Hochenergiemetallumformung *f*; ~-**energy particle** *n* ELECTRON energiereiches Teilchen *nt*; ~-**energy physics** *n* PHYS Hochenergiephysik *f*; ~-**energy proton** *n* SPACE Hochenergieproton *nt*; ~-**energy radiation** *n* RAD PHYS Hochenergiestrahlung *f*, Strahlung mit hoher Energie *f*; ~-**energy tape** *n* TELEV Hochenergieband *nt*;

~ f ~ **flux reactor** *n* NUC TECH Hochflußreaktor *m*; ~ **frequency** *n (HF)* ELECT, ELECTRON, RAD TECH, RECORD, TELECOM, TELEV, WATER TRANS Hochfrequenz *f (HF)*; **very ~ frequency** *n (VHF)* ELECTRON, RAD TECH Meterwellen-Hochfrequenz *f (VHF)*; ~-**frequency amplification** *n* ELECTRON Hochfrequenzverstärkung *f*; ~-**frequency cable** *n* ELECT Hochfrequenzkabel *nt*; ~-**frequency compensation** *n* ELECTRON, RAD TECH Hochfrequenzausgleich *m*;

~-frequency component *n* ELECTRON Hochfrequenzkomponente *f*; **~-frequency current** *n* ELECT Hochfrequenzstrom *m*; **~-frequency filter** *n* ELECTRON, RECORD Hochfrequenzfilter *nt*; **~-frequency furnace** *n* ELEC ENG Hochfrequenzofen *m*; **~-frequency generator** *n* ELECT Hochfrequenzgenerator *m*; **~-frequency heating** *n* ELEC ENG Hochfrequenzheizung *f*, ELECT Hochfrequenzinduktionserwärmung *f*; **~-frequency horn loudspeaker** *n* RECORD Hochfrequenztrichterlautsprecher *m*; **~-frequency induction brazing** *n* CONST Hochfrequenzinduktionslöten *nt*; **~-frequency line** *n* ELECT Hochfrequenzleitung *f*; **~-frequency network analysis** *n* ELEC ENG Hochfrequenznetzanalyse *f*; **~-frequency printed circuit** *n* ELECTRON Hochfrequenzleiterplatte *f*; **~-frequency printed-circuit board** *n* ELECTRON Hochfrequenzleiterplatte *f*; **~-frequency signal** *n* ELECTRON Hochfrequenzsignal *nt*; **~-frequency spectrum** *n* ELECTRON Hochfrequenzspektrum *nt*; **~-frequency switching** *n* ELEC ENG Hochfrequenzschalten *nt*; **~-frequency transformer** *n* ELEC ENG Hochfrequenztransformator *m*; **~-frequency transistor** *n* ELECTRON Hochfrequenztransistor *m*; **~-frequency welding** *n* PACK Hochfrequenzschweißung *f*; **~-frequency welding equipment** *n* PACK Einrichtung zur Hochfrequenzschweißung *f*;

~ g **~-gain amplifier** *n* ELECTRON Verstärker mit hohem Verstärkungsgrad *m*; **~-gain power amplifier** *n* ELECTRON Leistungsverstärker mit hohem Verstärkungsgrad *m*; **~-gamma camera tube** *n* ELECTRON Kameraröhre mit hochwertiger Gradation *f*; **~ gloss** *n* PLAS Hochglanz *m*; **~-gloss foil** *n* PACK Hochglanzfolie *f*; **~-gloss paper** *n* PACK Hochglanzpapier *nt*; **~-grade heat** *n* NUC TECH hochgradige Hitze *f*; **~-grade ore** *n* COAL TECH hochwertiges Erz *nt*;

~ h **~ head** *n* FUELLESS hohe Wassersäule *f*; **~-helix drill** *n* PROD ENG endspiraliger Bohrer *m*; **~ hypothetical speed vehicle** *n* *(HHSV)* AUTO Hochgeschwindigkeitsfahrzeug *nt*;

~ i **~-impact molding compound** *n* *AmE*, **~-impact moulding compound** *n* *BrE* PLAS schlagfeste Preßmasse *f*; **~ impedance** *n* RAD TECH Hochohmigkeit *f*; **~-impedance state** *n* ELEC ENG hochohmiger Zustand *m*; **~-intensity electric arc** *n* ELECT Hochintensitätslichtbogen *m*; **~-intensity ion beam** *n* RAD PHYS Ionenstrahl mit hoher Intensität *m*; **~-irradiance laser beam** *n* ELECTRON Spitzenstrahlungs-Laserstrahl *m*;

~ l **~-level data link control** *n* *(HDLC)* COMP & DP HDLC-Prozedur *f*, bitorientierte Datenübertragungssteuerung *f*, bitorientiertes Übertragungssteuerungsverfahren *nt*, codeunabhängiges Steuerungsverfahren *nt*, HDLC-Verfahren *nt*, TELECOM HDLC-Prozedur *f*, bitorientierte Datenübertragungssteuerung *f*, bitorientiertes Übertragungssteuerungsverfahren *nt*, codeunabhängiges Steuerungsverfahren *nt*; **~-level dosimetry** *n* RAD PHYS Dosimetrie bei hohem Strahlungspegel *f*; **~-level injection** *n* ELECTRON *semiconductor* starke Injektion *f*; **~-level language** *n* *(HLL)* ART INT höhere Programmiersprache *f*, COMP & DP, TELECOM höhere Programmiersprache *f* *(HPS)*; **~-level logic** *n* ELECTRON höhere Logik *f*; **~-level radiation** *n* RAD PHYS hochenergetische Strahlung *f*; **~-lift devices** *n pl* AIR TRANS auftriebserhöhende Vorrichtungen *f pl*; **~-limiting control** *n* IND PROCESS Begrenzungsregelung nach oben *f*; **~ loss** *n* TELECOM hohe Dämpfung *f*, hoher Verlust *m*; **~-low action** *n* IND PROCESS Hoch-Tief-Verhalten *nt*; **~-low signal selector** *n* IND PROCESS Extremwertauswahleinheit *f*;

~ m **~-modulus furnace carbon black** *n* PLAS *rubber pigment, filler* Hochmodul-Furnace-Ruß *m*;

~ n **~-nickel steel** *n* METALL Nickelstahl *m*, nickelreicher Stahl *m*;

~ o **~-order bit** *n* COMP & DP Bit mit höchster Wertigkeit *nt*, Zeichen mit höchster Wertigkeit *nt*; **~-order cyclic pitch** *n* AIR TRANS *helicopter* höhere zyklische Steigung *f*; **~-order delay** *n* ELECTRON Verzögerung höherer Ordnung *f*; **~-order filter** *n* ELECTRON Filter höherer Ordnung *nt*; **~-order harmonic** *n* ELECTRON Harmonische höherer Ordnung *f*; **~-order language** *n* COMP & DP, TELECOM höhere Programmiersprache *f*; **~-output tape** *n* RECORD Hochleistungsband *nt*;

~ p **~-pass** *n* TELECOM Hochpaß *m*; **~-pass filter** *n* COMP & DP, ELECT, ELECTRON, PHYS, RECORD, TELECOM, TELEV Hochpaßfilter *nt*; **~-pass filtering** *n* ELECTRON Hochpaßfilterung *f*; **~ performance** *n* PHYS Hochdruck *m*, Hochleistung *f*; **~-performance battery** *n* TRANS Hochleistungsbatterie *f*; **~-performance fan** *n* HEAT & REFRIG Hochleistungslüfter *m*; **~-performance liquid chromatography** *n* POLL Hochleistungsflüssigkeitchromatographie *f*; **~ picture level** *n* TELEV hoher Bildpegel *m*; **~ pitch** *n* AIR TRANS *helicopter* große Steigung *f*, hoher Anstellwinkel *m*; **~-potential socket** *n* NUC TECH Hochspannungssteckdose *f*; **~-power amplifier** *n* SPACE *communications* Hochleistungsverstärker *m*; **~-power bipolar transistor** *n* ELECTRON Hochleistungsbipolartransistor *m*; **~-power laser** *n* NUC TECH Hochleistungslaser *m*; **~-power linear motor** *n* AUTO linearer Hochleistungsmotor *m*; **~-power load** *n* ELEC ENG Hochleistungsverbraucher *m*; **~-power rectifier** *n* ELEC ENG Hochleistungsgleichrichter *m*; **~-power SCR** *n* ELEC ENG Hochleistungsthyristor *m*; **~-power transformer** *n* ELECT Hochleistungstransformator *m*; **~-power transmission** *n* TELECOM Sendung mit hoher Leistung *f*; **~-power tube** *n* ELECTRON Hochleistungsröhre *f*; **~ pressure** *n* PHYS Hochdruck *m*; **~-pressure area** *n* WATER TRANS *meteorology* Hochdruckgebiet *nt*; **~-pressure atmosphere** *n* SAFETY *working environment above normal pressure* Hochdruckumgebung *f*; **~-pressure blowpipe** *n* CONST Hochleistungsbrenner *m*; **~-pressure boiler** *n* HEAT & REFRIG Hochdruckkessel *m*; **~-pressure compressor** *n* MECHAN ENG Hochdruckkompressor *m*; **~-pressure controller** *n* HEAT & REFRIG Hochdruckregler *m*; **~-pressure cylinder** *n* MECHAN ENG Hochdruckzylinder *m*; **~-pressure float valve** *n* HEAT & REFRIG Hochdruckschwimmerventil *nt*; **~-pressure flushing** *n* MAR POLL Hochdruckspülen *nt*; **~-pressure fuel pump** *n* AUTO Hochdruckkraftstoffpumpe *f*; **~-pressure gage** *n* *AmE*, **~-pressure gauge** *n* *BrE* HEAT & REFRIG Hochdruckmesser *m*; **~-pressure heating system** *n* HEAT & REFRIG Hochdruckheizung *f*; **~-pressure liquid chromatography** *n* *(HPLC)* FOOD TECH, LAB EQUIP Hochdruckflüssigchromatographie *f* *(HPLC)*; **~-pressure lubricant** *n* MECHAN ENG Hochdruckschmierstoff *m*; **~-pressure mercury lamp** *n* ELECT Hochdruckquecksilberdampflampe *f*; **~-pressure pickup** *n* HEAT & REFRIG Hochdruckaufnehmer *m*; **~-pressure piston compressor** *n* MECHAN ENG Hochdruckkolbenverdichter *m*; **~-pressure tank** *n* SPACE *spacecraft* Hochdrucktank *m*; **~-pressure tire** *n* *AmE* (*cf high-pressure tyre BrE*) AUTO Hochdruckreifen *m*; **~-pressure tyre** *n BrE* (*cf high-pressure tire AmE*) AUTO Hochdruckreifen *m*; **~-pressure vacuum pump** *n* MECHAN ENG Hochdruckvakuumpumpe *f*; **~-pressure valve** *n* MECHAN ENG Hochdruckventil *nt*; **~-pressure water blasting** *n* MAR POLL Hochdruckreinigung *f*; **~-pressure water and sand cleaning** *n* PROD ENG *casting* sandhydraulisches Naßgußputzverfahren *nt*; **~-pressure water and sand cleaning plant** *n* PROD ENG sandhydraulische Naßputzanlage *f*; **~-purity pigment** *n* PLAS hochreines Pigment *nt*;

~ q **~-quantity lot** *n* PROD ENG hohe Losgröße *f*;

~ r **~-range gage** *n AmE*, **~-range gauge** *n BrE* INSTR Hochdruckmanometer *nt*; **~-rate filtration** *n* WASTE Hochleistungsfilterung *f*; **~ reading** *n* INSTR hoher Anzeigewert *m*; **~ resistance** *n* PHYS *quantity* hoher Widerstand *m*, TELECOM Hochohmwiderstand *m*, hoher Widerstand *m*; **~ resolution** *n* COMP & DP hohe Auflösung *f*; **~-resolution scan** *n* RAD PHYS hochauflösende Abtastung *f*, hochauflösender Scan *m*; **~-resolution study** *n* RAD PHYS *of line profiles* hochauflösende Untersuchung *f*; **~ Reynolds number** *n* FLUID PHYS große Reynoldszahl *f*; **~-rise cold store** *n* HEAT & REFRIG Kühlhochhaus *nt*; **~-risk area** *n* SAFETY *of work* Gefahrenbereich *m*;

~ s **~-safety glazing** *n* AUTO Hochsicherheitsverglasung *f*; **~ seas** *n pl* WATER TRANS Hochsee *f*, offenes Meer *nt*; **~ sidelobes** *n pl* ELECTRON *antenna* ausgeprägte Seitenkeulen *f pl*; **~-solid mud** *n* PET TECH hochfester Bohrschlamm *m*, hochstabiler Bohrschlamm *m*; **~ specific speed wheel** *n* FUELLESS hohes Einheitsdrehzahlrad *nt*; **~ speed** *n* MECHAN ENG Hochgeschwindigkeit *f*, hohe Geschwindigkeit *f*, *of engine* hohe Drehzahl *f*; **~-speed auxiliary jet** *n* AUTO Hochleistungsdüse *f*, Zusatzdüse *f*; **~-speed buffeting** *n* AIR TRANS Hochgeschwindigkeitsschütteln *nt*; **~-speed cutting tool** *n* MECHAN ENG Schnelldrehmeißel *m*; **~-speed drill** *n* MECHANICS Schnellbohrer *m*; **~-speed duplication** *n* TELEV Hochgeschwindigkeitskopie *f*; **~-speed engine** *n* MECHANICS Schnelläufermotor *m*, WATER TRANS *diesel* Schnelläufer *m*; **~-speed exit taxiway** *n* AIR TRANS Schnellabrollbahn *f*; **~-speed facsimile** *n* TELECOM hochratiges Faksimile *nt*; **~-speed gas turbine motor coach** *n* AUTO Hochgeschwindigkeitsgasturbinenreisebus *m*; **~-speed gas turbine railcar** *n* RAIL Hochgeschwindigkeitsgasturbinentriebwagen *m*; **~-speed grinding machine** *n* MECHAN ENG Hochgeschwindigkeitsschleifmaschine *f*; **~-speed ground transportation** *n* TRANS bodengebundener Hochgeschwindgkeitstransport *m*; **~-speed inspection** *n* PACK Schnellprüfung *f*; **~-speed logic** *n* ELECTRON schnelle Logik *f*; **~-speed mesh** *n* ELECTRON schnelle Maschenschaltung *f*; **~-speed modem** *n* ELECTRON schnelles Modem *nt*; **~-speed motor** *n* ELECT Schnellaufmotor *m*; **~-speed multirack counting system** *n* PACK schnelles Zählsystem für Mehrfachregale *nt*; **~-speed particle** *n* NUC TECH Hochgeschwindigkeitsteilchen *nt*; **~-speed passenger conveyor** *n* AUTO Passagierschnellförderer *m*; **~-speed printer** *n* PRINT Schnelldrucker *m*; **~-speed printing press** *n* PRINT Schnellpresse *f*; **~-speed railroad** *n AmE* (*cf high-speed railway BrE*) RAIL Schnellbahn *f*; **~-speed railway** *n BrE* (*cf high-speed railroad AmE*) RAIL Schnellbahn *f*; **~-speed relay** *n* ELECT Schnellschaltrelais *nt*; **~-speed rotary tablet compression machine** *n* PACK Rotationsschnellpresse für Tabletten *f*; **~-speed steel** *n* (*HSS*) MECHAN ENG Schnellschnittstahl *m*, Schnellstahl *m*, MECHANICS Schnellstahl *m*; **~-speed switching diode** *n* ELECTRON schnelle Schaltdiode *f*; **~-speed switching transistor** *n* ELECTRON schneller Schalttransistor *m*; **~-speed tension test** *n* TEST Schnellzerreißversuch *m*; **~-speed train** *n* RAIL Hochgeschwindigkeitszug *m*; **~ sulfur content** *n AmE*, **~ sulphur content** *n BrE* PET TECH hoher Schwefelgehalt *nt*;

~ t **~-tack pressure-sensitive adhesive** *n* PACK berührungsempfindlicher Klebstoff mit hoher Klebfestigkeit *m*; **~ temperature** *n* PHYS Hochtemperatur *f*; **~-temperature alloy** *n* MECHANICS warmfeste Legierung *f*; **~-temperature creep** *n* METALL Hochtemperaturkriechen *nt*; **~-temperature fuel cell** *n* AUTO Hochtemperaturtreibstoffzelle *f*; **~-temperature grease** *n* MECHANICS Hochtemperaturfett *nt*; **~-temperature insulation** *n* ELECT hochtemperaturbeständige Isolierung *f*; **~-temperature molten salts fuel battery** *n* AUTO Hochtemperatur-Salzschmelztreibstoffzelle *f*; **~-temperature reactor** *n* (*HTR*) NUC TECH Hochtemperaturreaktor *m* (*HTR*); **~-temperature short time pasteurization** *n* (*HTST*) FOOD TECH Hochkurzzeiterhitzung *f*; **~-temperature solid electrolyte cell** *n* AUTO kompakte Hochtemperatur-Elektrolysezelle *f*; **~-temperature strength test** *n* TEST Hochtemperatur-Festigkeitsprüfung *f*; **~-temperature superconductivity** *n* PHYS Hochtemperatursupraleitfähigkeit *f*; **~-temperature water heating appliance** *n* HEAT & REFRIG Heißwassererzeuger *m*; **~-temperature water heating system** *n* HEAT & REFRIG Heißwasserheizungsanlage *f*; **~-tenacity fiber** *n AmE*, **~-tenacity fibre** *n BrE* TEXT hochfeste Faser *f*; **~-tensile steel** *n* MECHANICS hochwertiger Stahl *m*, METALL hochfester Stahl *m*; **~ tension** *n* (*HT*) ELECT Hochspannung *f*; **~-tension power supply** *n* ELEC ENG Hochspannungsnetz *nt*, Starkstromnetz *nt*; **~-tension terminal** *n* AUTO Hochspannungsanschlußklemme *f*, Hochspannungspol *m*; **~-test gasoline** *n AmE* (*cf high-test petrol BrE*) AUTO hochwertiges Benzin *nt*; **~-test petrol** *n BrE* (*cf high-test gasoline AmE*) AUTO hochwertiges Benzin *nt*; **~ tide** *n* FUELLESS Flut *f*, WATER TRANS Flut *f*, Hochwasser *nt*; **~-torque motor** *n* MECHANICS Motor mit hohem Anzugsmoment *m*;

~ u **~-usage circuit group** *n* TELECOM Vollastbündel *nt*, Überlastbündel *nt*;

~ v **~ vacuum** *n* MECHANICS, PHYS Hochvakuum *nt*; **~-vacuum cathode ray tube** *n* TELEV Hochvakuumbildröhre *f*; **~-vacuum furnace** *n* MECHAN ENG Hochvakuumofen *m*; **~-vacuum tube** *n* ELECTRON Hochvakuumröhre *f*; **~ velocity** *n* WATER SUP Hochgeschwindigkeit *f*; **~-velocity scanning** *n* TELEV Hochgeschwindigkeitsabtastung *f*; **~ voltage** *n* ELECT Hochspannung *f*; **~-voltage cable** *n* ELECT Hochspannungskabel *nt*; **~-voltage circuit breaker** *n* ELECT Hochspannungs-Stromunterbrecher *m*; **~-voltage equipment** *n* ELECT Hochspannungseinrichtung *f*; **~-voltage grid** *n* ELECT Hochspannungs-Stromversorgungsnetz *nt*; **~-voltage impulse generator** *n* ELECT Hochspannungs-Impulsgenerator *m*, Hochspannungs-Stoßgenerator *m*; **~-voltage insulation** *n* ELECT Hochspannungsisolierung *f*; **~-voltage motor** *n* ELECT Hochspannungsmotor *m*; **~-voltage porcelain insulator** *n* ELECT Hochspannungsporzellanisolator m; ~-voltage power supply n ELEC ENG Hochspannungsnetz nt; ~-voltage rectifier n ELECT Hochspannungs-Gleichrichter m; ~-voltage switchgear n ELECT Hochspannungs-Schaltanlage f; ~-voltage tester n ELECT Hochspannungsprüfgerät nt; ~-voltage transformer n ELECT Hochspannungstransformator m; ~-voltage transmission line n ELECT Hochspannungsleitung f; ~-voltage undersea cable n ELECT Hochspannungs-Seekabel nt; ~-voltage winding n ELECT Hochspannungswicklung f;

~ w ~ water n WATER TRANS *tides* Flut f, Hochwasser nt; ~-water level n CONST Hochwasserspiegel m; ~-water mark n WATER TRANS Hochwassermarke f; ~-water ordinary spring tide n *(HWOST)* FUELLESS normale Springzeitflut f; ~-water overflow n WATER SUP Hochwasserüberlauf m; ~-wing plane n AIR TRANS Schulterdecker m;

~ y ~-yield pulp n PAPER Hochausbeute-Faserstoff m;

~ f very-~-frequency omnidirectional radio range n RAD TECH Ultrakurzwellen-Drehfunkfeuer nt, TRANS Ultrakurzwellen-Rundstrahlkursfunkfeuer nt; very-~-frequency omnirange n *(VHFO)* AIR TRANS Ultrakurzwellen-Drehfunkfeuer nt *(UKW-Drehfunkfeuer)*; very-~-frequency radio telephone n RAD TECH Ultrakurzwellen-Sprechfunkgerät m

High: ~ **Cube** n *(HC)* TRANS *container* Großraumcontainer m *(HC)*

higher: ~ **degree** n GEOM *of curve* höherer Grad m; ~ **derivatives** n pl MATH höhere Ableitungen f pl; ~-**level services** n pl TELECOM höhere Dienste m pl; ~ **mathematics** n MATH höhere Mathematik f; ~ **pair** n PROD ENG *kinematics* höheres Elementenpaar nt

highest: ~ **common factor** n *(HCF)* MATH größter gemeinsamer Teiler m *(ggT)*; ~ **voltage** n ELECT *for equipment* Maximalspannung f, zulässige Spannung f

highlight n PHOTO Spitzlicht nt, PRINT Hochlicht nt, Spitzlicht nt; ~ **tearing** n TELEV Spitzlichterabriß m

highlighting n COMP & DP *on screen* Markierung f, helle Hinterlegung f

highly:[1] ~-**radioactive** adj NUC TECH hoch radioaktiv

highly:[2] ~-**active waste** n *(HAW)* NUC TECH hochaktiver Abfall m; ~-**enriched uranium** n NUC TECH hochangereichertes Uran nt; ~ **inflammable liquid** n SAFETY leicht entflammbare Flüssigkeit f; ~ **stable oscillator** n ELECTRON hochstabiler Oszillator m; ~ **visible clothing** n SAFETY gut sichtbare Kleidung f

highway n COMP & DP Bus m, Multiplexleitung f, Vielfachleitung f, Übertragungsweg m, TELECOM Busleitung f, Highway m, Zeitmultiplexleitung f

hijack[1] n AIR TRANS Flugzeugentführung f, Raub von Transportgütern m

hijack[2] vt AIR TRANS *aircraft, goods in transit* entführen, rauben

hill n COAL TECH Berg m; ~ **farming** n FOOD TECH Berglandwirtschaft f

hilt n PROD ENG Griff m, Heft nt

hindrance n SAFETY Behinderung f

hinge[1] n CONST Band nt, Scharnier nt, Türangel f, MECHAN ENG Drehgelenk nt, Scharnier nt, MECHANICS Angel f, Drehachse f, Scharnier nt, PROD ENG Drehachse f, Scharnier nt; ~ **fittings** n pl MECHAN ENG Scharnierbeschläge m pl; ~ **fork** n AIR TRANS Klappgabel f; ~ **joint** n CONST Gelenkverbindung f, Scharnier nt, MECHAN ENG Drehgelenk nt; ~ **moment** n AIR TRANS *helicopter* Rudermoment nt; ~ **pin** n CONST Drehstift m, Scharnierstift m, MECHAN ENG Drehzapfen m; ~ **post** n CONST hängender Torpfosten m

hinge[2] vt CONST einhängen, mit Scharnier befestigen, PROD ENG mit Scharnier versehen, um einen Bolzen drehen

hinged[1] adj MECHAN ENG mit Scharnier, MECHANICS klappbar, schwenkbar, PACK klappbar, PROD ENG drehbar

hinged:[2] ~ **bolt** n MECHAN ENG Gelenkbolzen m; ~ **cover** n PROD ENG Klappdeckel m, *plastic valves* Klappe f; ~ **lid** n PACK Klappdeckel m; ~ **plug orifice closure** n PACK klappbarer Steckverschluß m

hip n CONST Walm m; ~ **rafter** n CONST Gratsparren m; ~ **and ridge roof** n CONST Gratsparrendach nt; ~ **roof** n CONST Walmdach nt; ~ **tile** n CONST Gratziegel m, Walmziegel m; ~ **and valley roof** n CONST eingeschnittenes Walmdach nt

hipped: ~ **roof** n CONST Walmdach nt

H-iron n CONST Doppel-T-Eisen nt

HIS abbr *(heavy-ion synchrotron)* PART PHYS *accelerator at GSI* SIS *(Schwerionensynchrotron)*

hiss: ~ **filter** n RECORD Zischfilter nt

histogram n COMP & DP, ERGON, MATH, PHYS, QUAL, TELECOM Histogramm nt

histone n CHEMISTRY Histon nt

historical: ~ **data** n pl POLL Stammdaten nt pl

hit[1] n COMP & DP Treffer m; ~-**and-miss damper** n HEAT & REFRIG Lüfter mit verschiebbarer Schlitzplatte m; ~ **list** n COMP & DP Trefferliste f; ~-**on-the-fly printer** n COMP & DP Drucker mit fliegendem Abdruck m; ~-**or-miss governor** n AIR TRANS regelbarer Lüfter m

hit[2] vt COMP & DP anschlagen

hitch[1] n AUTO Zugvorrichtung f, MECHANICS Haken m

hitch[2] vt AUTO ankuppeln, ruckartig ziehen, MECHANICS einspannen, festhaken

hitching n AUTO *haulage* Ankuppeln nt

Hittorf: ~ **dark space** n ELECTRON Hittorfscher Dunkelraum m

hl abbr *(hectoliter AmE, hectolitre BrE)* LAB EQUIP hl *(Hektoliter)*

HLL abbr *(high-level language)* COMP & DP, TELECOM HPS *(höhere Programmiersprache)*

HLLV abbr *(heavy-lift launch vehicle)* SPACE *spacecraft* SL-Rakete f *(Schwerlastträgerrakete)*

HLR abbr *(home location register)* TELECOM AR *(Ausgangsregister)*

HMF: ~ **carbon black** n PLAS HMF-Ruß m

H-mode n ELEC ENG H-Modus m, TE-Modus m, TELECOM H-Modus m

H-network n ELEC ENG H-Glied nt, Vierpol in H-Schaltung m, symmetrisches T-Glied nt

Ho *(holmium)* CHEMISTRY Ho *(Holmium)*

hob[1] n MECHAN ENG *for cutting teeth of worm wheels* Abwälzfräser m, Wälzfräser m, *hobbing machine* Abwälzfräsmaschine f, Wälzfräsmaschine f, MECHANICS Bolzen m, PROD ENG Prägestempel m, Wälzfräser m; ~ **cutting** n MECHAN ENG Abwälzfräsen nt; ~ **swivel head** n PROD ENG Drehteil nt

hob[2] vt MECHAN ENG, PROD ENG wälzfräsen

hobbed adj PROD ENG kalt eingesenkt, wälzgefräst

hobber n MECHAN ENG *machine* Abwälzfräsmaschine f, Wälzfräsmaschine f

hobbing n MECHAN ENG Abwälzfräsen nt, Wälzfräsen nt, PROD ENG Wälzfräsen nt; ~ **cutter** n MECHAN ENG, PROD ENG Wälzfräser m; ~ **machine** n MECHAN ENG

Abwälzfräsmaschine *f*, Wälzfräsmaschine *f*; ~ **press** *n* MECHAN ENG Einsenkpresse *f*

Hoffman: ~ **electrometer** *n* ELECT Hoffman-Elektrometer *nt*

hog[1] *n* WATER TRANS Aufbuchtung *f*, Scheuerbesen *m*

hog[2] *vt* PROD ENG *ingots* brennhobeln, WATER TRANS *ship* abscheuern

hogbacked: ~ **bridge** *n* CONST Halbparabelbrücke *f*

hogging *n* CER & GLAS Mischung aus Lehm und Sand *f*

hoist[1] *n* AIR TRANS Hubwinde *f*, Winde *f*, MECHAN ENG *equipment* Heftahle *f*, MECHANICS Ladebaum *m*, Winde *f*, SAFETY Flaschenzug *m*, Hebezug *m*, TRANS Lastenaufzug *m*; ~ **arm** *n* AIR TRANS *helicopter* Hebearm *m*; ~ **boom** *n* AIR TRANS Hebeausleger *m*; ~ **cable cutter** *n* AIR TRANS *helicopter* Hebeseiltrenner *m*; ~ **fitting** *n* AIR TRANS *helicopter* Hubwindeanschlußstück *nt*; ~ **lever** *n* AIR TRANS *helicopter* Hubwindehebel *m*; ~ **operator** *n* AIR TRANS Hebekranführer *m*; ~ **pump** *n* AIR TRANS Hebepumpe *f*

hoist[2] *vt* CONST anheben, hochwinden, MECHAN ENG heben, hochheben, MECHANICS hochziehen, PROD ENG hochwinden, WATER TRANS *sailing, flag* aufziehen, einholen, hissen

hoist:[3] ~ **the colors** *vi AmE*, ~ **the colours** *vi BrE* WATER TRANS *flags* eine Flagge hissen

hoisting *n* MECHAN ENG Heben *nt*; ~ **block** *n* AIR TRANS Aufzugkolben *m*, Hebebremsklotz *m*; ~ **carriage** *n* AIR TRANS Hubwindenfahrgestell *nt*; ~ **and conveying** *n* PROD ENG Fördertechnik *f*; ~ **eye** *n* AIR TRANS Hebeauge *nt*; ~ **gear** *n* MECHAN ENG Heftahle *f*, PROD ENG Hubwerk *nt*; ~ **machine** *n* MECHAN ENG Hebemaschine *f*; ~ **motor** *n* MECHAN ENG Hubmotor *m*; ~ **ring** *n* AIR TRANS Aufzugring *m*; ~ **rope** *n* MECHAN ENG Förderseil *nt*, Hubseil *nt*, PROD ENG Lastseil *nt*; ~ **sling** *n* AIR TRANS Hebeseilschlaufe *f*; ~ **speed** *n* MECHAN ENG Hubgeschwindigkeit *f*

hold[1] *n* AIR TRANS *aircraft* Haltearm *m*, Modellarm *m*, *plane cargo department* Frachtraum *m*, COMP & DP Halteimpuls *m*, PROD ENG Spannung *f*, WATER TRANS *cargo* Laderaum *m*, Stauung *f*, *ship cargo department* Laderaum *m*; ~ **control** *n* TELEV Bildlaufregler *m*; ~ **for inquiry** *n* TELECOM Rückfrage *f*; ~ **latch** *n* TELECOM *switching* Haltespeicher *m*; ~-**out** *n* PLAS Barrierewirkung *f*, Rückhaltevermögen *nt*; ~ **point** *n* QUAL Haltepunkt *m*; ~-**short line** *n* AIR TRANS *AmE (cf lead-in line BrE) apron marking* Landebahnmarkierung *f*, AIR TRANS *AmE (cf lead-out line BrE) apron marking* Startbahnmarkierung *f*; ~ **store** *n* QUAL Sperrlager *nt*; ~ **tag** *n* QUAL Sperrvermerk *m*; ~ **time** *n* COMP & DP Haltezeit *f*

hold[2] *vt* COMP & DP abhalten, anhalten, PROD ENG fassen, spannen, QUAL sperren; ~ **up** *vt* MECHAN ENG *rivet* gegenhalten

hold:[3] ~ **the line** *vi* TELECOM am Apparat bleiben

Holden: ~ **effect** *n* NUC TECH *clad cracking in HBWR reactor* Holdenscher-Effekt *m*

holder *n* ELEC ENG *for electric lamps* Fassung *f*, MECHAN ENG Halter *m*, Halterung *f*, Halter *m*, Ständer *m*, *support* Träger *m*, PROD ENG *plastic valves* Halterung *f*; ~-**up** *n* MECHAN ENG *riveting* Gegenhalter *m*

holdfast *n* MECHAN ENG *bench* Werkbankzwinge *f*, *cramp iron* Schraubenzwinge *f*, PROD ENG Amboßeinsatz *m*, Haken *m*, Zwinge *f*

holding[1] *adj* AIR TRANS, TELECOM Warte- *pref*

holding[2] *n* AIR TRANS Warteschleife *f*, ELEC ENG *mercury vapour tubes* Halten *nt*, *of thyristors* Erhaltung *f*, PROD ENG Haften *nt*, QUAL Sperrung *f*; ~ **anode** *n* ELEC ENG Halteanode *f*; ~ **apron** *n* AIR TRANS *airport* Vorfeldwartebereich *m*; ~ **bay** *n* AIR TRANS *airport* Vorfeldwartebereich *m*; ~ **beam** *n* COMP & DP, ELECTRON *computer*, RAD PHYS Haltestrahl *m*; ~ **brake** *n* RAIL Haltebremse *f*; ~ **bushing** *n* PROD ENG Spannbuchse *f*; ~ **capacity** *n* PACK Aufnahmefähigkeit *f*, PROD ENG Spannbereich *m*; ~ **current** *n* ELEC ENG, ELECT Haltestrom *m*; ~-**down bolt** *n* PROD ENG Befestigungsschraube *f*; ~ **element control** *n* IND PROCESS Haltgliedsteuerung *f*; ~ **fixture** *n* MECHAN ENG Halterung *f*; ~ **path** *n* AIR TRANS Warteflugbahn *f*; ~ **pattern** *n* AIR TRANS Warteschleife *f*; ~ **pawl** *n* PROD ENG Sperrklinke *f*; ~ **pedestal** *n* NUC TECH Halteplattform *f*, Haltepodest *nt*; ~ **point** *n* AIR TRANS Wartepunkt *m*; ~ **procedure** *n* AIR TRANS Warteverfahren *nt*; ~ **ring** *n* MECHAN ENG Haltering *m*; ~ **rope** *n* MECHAN ENG Halteseil *nt*; ~ **of a route** *n* RAIL Fahrstraßenfestlegung *f*; ~ **shoe** *n* PROD ENG Gesenkhalter *m*; ~ **speed** *n* AIR TRANS Wartefluggeschwindigkeit *f*; ~ **stack** *n* AIR TRANS Wartestapel *m*; ~ **time** *n* TELECOM Belegungsdauer *f*, Belegungszeit *f*; ~ **track** *n* RAIL Wartegleis *nt*; ~-**up** *n* MECHAN ENG *of rivets* Gegenhalten *nt*; ~-**up hammer** *n* MECHAN ENG *riveting* Gegenhalter *m*; ~-**up snap** *n* PROD ENG Döpper *m*; ~ **winding** *n* ELECT Haltewicklung *f*

hole[1] *n* CONST Bohrloch *nt*, Höhlung *f*, ELEC ENG *electron hole*, MECHAN ENG, NUC TECH *of pressure vessel* Loch *nt*, OPT *of a sight* Visier *nt*, PET TECH, PHYS *semiconductor* Loch *nt*, PROD ENG Defektelektron *nt*, Ziehdüse *f*, *plastic valves* Bohrung *f*; ~ **conduction** *n* ELEC ENG Löcherleitung *f*; ~ **cutter** *n* PROD ENG Blechbohrer *m*; ~ **pattern** *n* ENG DRAW Lochbild *nt*; ~ **with shoulder** *n* PROD ENG Ansatzbohrung *f*; ~-**type cutter** *n* PROD ENG Aufsteckfräser *m*

hole[2] *vt* CONST Loch graben, durchbohren, durchschlagen, durchbrechen, vorbohren, PROD ENG durchbrechen

hole:[3] ~ **sight** *vi* OPT Visier schaffen

holed *adj* PROD ENG mit Durchbrechen

holing: ~ **and shearing machine** *n* COAL TECH Bohr- und Schrämmaschine *f*

Hollerith: ~ **card** *n* COMP & DP Hollerith-Karte *f*; ~ **code** *n* COMP & DP Hollerith-Code *m*

hollow[1] *adj* CONST hohl

hollow[2] *n* CONST Aushöhlung *f*, Hohlkörper *m*, Vertiefung *f*, PROD ENG Hohlraum *m*; ~ **anode** *n* ELECT Hohlanode *f*; ~ **bolt** *n* MECHAN ENG Hohlschraube *f*; ~ **cathode ion source** *n* NUC TECH Hohlkathoden-Ionenquelle *f*; ~ **conductor** *n* ELECT Hohlleiter *m*; ~ **drill** *n* MECHAN ENG Hohlbohrer *m*; ~ **glass block** *n* CER & GLAS Hohlglasblock *m*; ~ **neck** *n* CER & GLAS Hohlhals *m*; ~ **pin** *n* MECHAN ENG Hohlstift *m*; ~ **pot flooring** *n* CONST Hohlsteindecke *f*; ~ **punch** *n* MECHAN ENG Locheisen *nt*; ~ **rivet** *n* MECHAN ENG Hohlniet *m*; ~ **section** *n* HEAT & REFRIG Hohlprofil *nt*; ~ **shaft** *n* MECHAN ENG, PROD ENG Hohlwelle *f*; ~ **sphere** *n* PROD ENG Hohlkugel *f*; ~ **spring** *n* MECHAN ENG Hohlfeder *f*; ~ **target** *n* NUC TECH Hohltarget *nt*; ~ **tongs** *n pl* PROD ENG Rundmaulzange *f*; ~ **tread** *n* RAIL Verschleißkehle *f*; ~-**type track girder** *n* TRANS Hohlfahrbalken *m*; ~ **ware** *n* CER & GLAS Hohlzeug *nt*; ~-**ware presser** *n* CER & GLAS Hohlzeugpressmaschine *f*

hollow[3] *vt* CONST aushöhlen, auskehlen, vertiefen, PROD ENG auskehlen, treiben; ~ **out** *vt* CONST aushöhlen, PROD ENG auskehlen

hollowing *n* CONST Auskehlung *f*
hollowness *n* CONST Hohlheit *f*
holmium *n (Ho)* CHEMISTRY Holmium *nt (Ho)*
hologram *n* PHYS, WAVE PHYS Hologramm *nt*
holographic: ~ **image** *n* COMP & DP Hologramm *nt*; ~ **memory** *n* COMP & DP, TELECOM holographischer Speicher *m*; ~ **scanner** *n* COMP & DP holographischer Scanner *m*; ~ **storage** *n* COMP & DP holographischer Speicher *m*
holography *n* COMP & DP, PHYS, RAD PHYS, SPACE *spacecraft*, WAVE PHYS Holographie *f*
holohedral *adj* PROD ENG holoedrisch, vollflächig
holster *n* PROD ENG Walzenständer *m*
holy: ~ **roll** *n* PAPER Lochwalze *f*
home *n* WATER SUP, WATER TRANS Binnen- *pref*; ~ **computer** *n* COMP & DP Heimcomputer *m*; ~ **depot** *n* RAIL Heimat-Bahnbetriebswerk *nt*; ~ **economics** *n pl* FOOD TECH Hauswirtschaftslehre *f*; ~ **exchange** *n* TELECOM *land mobile* Funkvermittlungsstelle *f*; ~ **freight** *n* WATER TRANS *cargo* Rückfracht *f*; ~ **location register** *n (HLR)* TELECOM Ausgangsregister *nt*, Heimatdatei *f (AR)*; ~ **port** *n* WATER TRANS Heimathafen *m*, Inlandshafen *m*; ~ **signal** *n* RAIL Hauptsignal *nt*; ~ **station** *n* RAIL Heimatbahnhof *m*; ~ **textiles** *n pl* TEXT Heimtextilien *f pl*; ~**-to-work traffic** *n* TRANS Berufsverkehr *m*; ~ **trade** *n* WATER TRANS *sea trade* Binnenhandel *m*
Home: ~ **Office socket** *n BrE* ELECT *electric connection* normierter britischer Stecker *m*
homeostasis *n* ERGON Homöostase *f*
homeward:[1] ~**-bound** *adj* WATER TRANS auf der Rückreise befindlich
homeward[2] *adv* WATER TRANS heimwärts
homeward:[3] ~ **passage** *n* WATER TRANS Heimreise *f*, Rückreise *f*
homing[1] *adj* SPACE *spacecraft* selbstzielsuchend
homing[2] *n* SPACE *spacecraft* Selbstansteuerung *f*, Zielsuchlenkung *f*, WATER TRANS *navigation* Zielansteuerung *f*, Zielfahrt *f*; ~ **active guidance** *n* AIR TRANS aktive Zielsuchlenkung *f*; ~ **beacon** *n* AIR TRANS Anflugfeuer *nt*, Anflugfunkfeuer *nt*; ~ **head** *n* SPACE *spacecraft* Zielsuchkopf *m*; ~ **passive guidance** *n* AIR TRANS passive Zielsuchlenkung *f*; ~ **semi-active guidance** *n* AIR TRANS halbaktive Zielsuchlenkung *f*
hominy *n* FOOD TECH Maisbrei *m*; ~ **grits** *n pl* FOOD TECH Maisgrieß *m*
homocentric: ~ **beam** *n* PHYS punktzentrierter Strahl *m*
homocyclic *adj* CHEMISTRY carbocyclisch, homocyclisch, homozyklisch, isocyclisch
homodyne: ~ **oscillator** *n* ELECTRON Homodynoszillator *m*
homogeneity: ~ **test** *n* METALL Gleichmäßigkeitsprüfung *f*
homogeneous[1] *adj* MATH *function, equation* homogen, METALL gleichförmig
homogeneous:[2] ~ **cladding** *n* OPT, TELECOM homogener Mantel *m*; ~ **isotropic turbulence** *n* FLUID PHYS homogene isotrope Turbulenz *f*; ~ **medium** *n* PHYS homogenes Medium *nt*; ~ **radiation** *n* PHYS homogene Strahlung *f*; ~ **reactor** *n* NUC TECH, TRANS homogener Reaktor *m*; ~ **stimulus** *n* RAD PHYS homogene Anregung *f*, homogener Stimulus *m*; ~ **system** *n* THERMODYN homogenes System *nt*
homogenization *n* METALL Homogenisierung *f*, PLAS Homogenisieren *nt*
homogenizer *n* LAB EQUIP *preparation* Homogenisator *m*
homogenizing *n* METALL Homogenisierung *f*, PLAS Homogenisieren *nt*
homojunction *n* ELECTRON Homoübergang *m*, OPT Homojunktion *f*, Homoübergang *m*, TELECOM Homoübergang *m*
homologation *n* AUTO *regulations* Zulassung *f*
homologous: ~ **series** *n* PET TECH homologe Reihe *f*; ~ **temperature** *n* METALL homologe Temperatur *f*
homopolar[1] *adj* ELECT homopolar
homopolar:[2] ~ **generator** *n* ELEC ENG Gleichpolgenerator *m*, Unipolargenerator *m*, ELECT Unipolgenerator *m*; ~ **machine** *n* ELEC ENG Unipolarmaschine *f*
homopolymer *n* PLAS Homopolymer *nt*, Homopolymerisat *nt*
homopolymerization *n* PLAS Homopolymerisation *f*
homopyrocatechol *n* CHEMISTRY Homobrenzcatechin *nt*
homoterephthalic *adj* CHEMISTRY Homoterephtal- *pref*
hone[1] *n* MECHAN ENG Honahle *f*, PROD ENG Honahle *f*, Ziehschleifwerkzeug *nt*
hone[2] *vt* MECHAN ENG, MECHANICS, PROD ENG abziehen, honen, ziehschleifen
honestone *n* MECHAN ENG Honstein *m*
honeycomb *n* AIR TRANS Wabe *f*, CONST Betonnest *nt*, Schwalbennest *nt*; ~ **construction** *n* AIR TRANS Wabenbauweise *f*; ~ **filler** *n* AIR TRANS Wabengitter *nt*, Zellengleichtrichter *m*; ~ **grill** *n* AIR TRANS Wabengitter *nt*, Zellengleichtrichter *m*; ~ **material** *n* PACK Wabenmaterial *nt*; ~ **protection system** *n* PACK Wabengebilde für den Güterschutz *nt*; ~ **radiator** *n* AUTO Bienenkorbkühler *m*, Luftröhrenkühler *m*, Wabenkühler *m*, Zellenkühler *m*; ~ **structure** *n* CONST Wabenstruktur *f*, PACK Wabenkonstruktion *f*; ~ **winding** *n* ELEC ENG Wabenwicklung *f*
honeycombing *n* CONST Schwalbennestbildung *f*, *concrete* Rostanfressung *f*
honing *n* MECHAN ENG, PROD ENG Honen *nt*, Ziehschleifen *nt*; ~ **machine** *n* MECHAN ENG Honmaschine *f*, MECHANICS Ziehschleifmaschine *f*, PROD ENG Honmaschine *f*; ~ **stone** *n* MECHAN ENG Honstein *m*, MECHANICS Abziehstein *m*; ~ **tool** *n* MECHAN ENG, PROD ENG Honahle *f*
hood *n* AUTO *AmE (cf bonnet BrE)* Motorhaube *f*, Verdeck *nt*, COMP & DP Haube *f*, Hülle *f*, CONST Abzugshaube *f*, Mauerkappe *f*, Wetterschutzdach *nt*, ELEC ENG *of lamp* Lampenschirm *m*, MECHAN ENG *AmE (cf bonnet BrE)*, PAPER Haube *f*, PHOTO *for lens* Gegenlichtblende *f*, Sonnenblende *f*, PROD ENG Rauchfang *m*; ~ **catch** *n* AUTO Verdeckriegel *m*, AUTO *AmE (cf bonnet catch BrE)* Haubenschloß *nt*, Motorhaubenverriegelung *f*
hook:[1] **off** ~ *adj* TELECOM abgehoben, abgenommen; **off the** ~ *adj* TELECOM abgehoben, abgenommen
hook[2] *n* CER & GLAS, CONST, MECHAN ENG *for use as fastener*, MECHANICS, TEXT Haken *m*; ~ **bolt** *n* MECHAN ENG Hakenschraube *f*; ~ **and eye** *n* MECHAN ENG *coupling* Seilschloß *nt*; ~ **gear valve motion** *n* HYD EQUIP gabelgesteuerte Ventilbewegung *f*; ~ **load** *n* PET TECH Hakenlast *f*; ~ **mark** *n* CER & GLAS Hakenmarkierung *f*; ~ **spanner** *n* MECHAN ENG Hakenschlüssel *m*; ~ **tooth** *n* MECHAN ENG *of saw* K-förmiger Zahn *m*
hook[3] *vt* AUTO ankuppeln, MECHAN ENG an Haken befestigen, festhaken, RAIL *hitch* ankuppeln
hooked: ~ **lid** *n* PACK Einhakdeckel *m*; ~ **lock** *n* PACK Hakenverschluß *m*; ~ **tooth** *n* MECHAN ENG *of saw*

K-förmiger Zahn *m*

Hooke's: ~ **law** *n* CONST, PHYS Hookesches Gesetz *nt*

hoop[1] *n* MECHAN ENG *around barrel* Band *nt*, MECHANICS Daube *f*, Reif *m*, Reifen *m*, PACK Faßreifen *m*, PROD ENG Bandeisen *nt*, Faßreifen *m*; ~ **drop recorder** *n* INSTR Fallbügelschreiber *m*; ~ **iron** *n* METALL, PACK Verpackungsbandeisen *nt*

hoop[2] *vt* MECHANICS bereifen

hooped: ~ **concrete** *n* CONST Sinterbeton *m*

hooping *n* PACK Faßbinden *nt*

hoops *n pl* METALL Bandstahl *m*

hop: ~ **length** *n* TELECOM Funkfeldlänge *f*

hopcalite *n* CHEMISTRY Hopcalit *nt*

hopper *n* MECHAN ENG *of machine tools* Teilezuführung *f*, MECHANICS Fülltrichter *m*, PAPER Trichter *m*, PLAS Trichterfüllgerät *nt*, PROD ENG Beschickungstrichter *m*, Füllzylinder *m*, TEXT Einfülltrichter *m*; ~ **barge** *n* WATER TRANS Hopperschute *f*; ~ **dredge** *n* WATER TRANS Hopperbagger *m*; ~ **dredger** *n* WATER TRANS Hopperbagger *m*; ~-**furnace feed chute** *n* WASTE Müllaufgabetrichter *m*; ~ **head** *n* CONST Einlauf *m*; ~ **wagon** *n* RAIL Satteltrichterwagen *m*

hopping: ~ **patch** *n* TELEV Hopping-Verbindung *f*

hordein *n* CHEMISTRY Hordein *nt*

horizon: ~ **sensor** *n* SPACE *spacecraft* Horizontmelder *m*

horizontal[1] *adj* CONST waagerecht, ELECTRON Horizontal- *pref*, GEOM horizontal, waagerecht, MECHAN ENG *engine* liegend, waagerecht, PACK Horizontal- *pref*, PROD ENG waagerecht, TELEV Horizontal- *pref*

horizontal[2] *n* GEOM Horizontale *f*, Waagerechte *f*; ~ **amplifier** *n* ELECTRON Horizontalverstärker *m*; ~ **axis** *n* CONST Horizontalachse *f*, Kippachse *f*, MATH *(x-axis)* Abzisse *f*, horizontale Achse *f*; ~ **axis turret** *n* PROD ENG Trommelrevolver *m*; ~ **bar** *n* TELEV Horizontalbalken *m*; ~ **blanking** *n* TELEV Horizontalaustastung *f*; ~-**blanking interval** *n* TELEV Horizontalaustastintervall *nt*; ~ **boring machine** *n* MECHAN ENG Waagerechtbohrmaschine *f*; ~ **boring and milling machine** *n* PROD ENG Waagerechtbohrwerk *nt*; ~ **broaching machine** *n* MECHAN ENG Waagerechträummaschine *f*; ~ **carburetor** *n AmE*, ~ **carburettor** *n BrE* AUTO Flachstromvergaser *m*, Horizontalvergaser *m*; ~-**cartoning machine** *n* PACK Horizontalkartoniermaschine *f*; ~ **case loader** *n* PACK horizontale Kartonfüllmaschine *f*; ~-**centering control** *n AmE*, ~-**centring control** *n BrE* TELEV horizontale Bildzentrierung *f*; ~ **check sum** *n* MATH Quersumme *f*; ~ **component** *n* PHYS horizontale Komponente *f*; ~-**deflecting plates** *n pl* PHYS Horizontalablenkplatten *f pl*; ~ **deflection** *n* ELECTRON Zeilenablenkung *f*, horizontale Ablenkung *f*, *cathode-ray tube* X-Ablenkung *f*; ~ **deflection coil** *n* ELEC ENG Horizontalablenkspule *f*; ~ **deflection control** *n* TELEV Horizontalablenkungssteuerung *f*; ~ **deflection plate** *n* ELECTRON Horizontalablenkplatte *f*, X-Ablenkplatte *f*; ~ **drawing process** *n* CER & GLAS Waagerechtziehverfahren *nt*; ~ **drilling, boring and milling machine** *n* MECHAN ENG Waagerechtbohr- und Fräsmaschine *f*; ~ **drilling machine** *n* MECHAN ENG Waagerechtbohrmaschine *f*; ~ **dynamic convergence** *n* TELEV Horizontaldynamikkonvergenz *f*; ~ **elevator** *n* TRANS Horizontalaufzug *m*; ~ **engine** *n* AUTO horizontal eingebauter Motor *m*, liegender Motor *m*; ~ **grinding disc** *n BrE* CER & GLAS Waagerechtschleifscheibe *f*; ~ **grinding disk** *n AmE see horizontal grinding disc BrE* ~ **hold** *n* TELEV Horizontaleinfangen *nt*; ~ **hold control** *n* TELEV Horizontalregler *nt*; ~ **layers** *n pl* FLUID PHYS horizontale Schichten *f pl*; ~ **lock** *n* TELEV Horizontaleinfangen *nt*; ~ **milling machine** *n* MECHAN ENG Waagerechtfräsmaschine *f*; ~-**milling machine** *n* SAFETY Horizontalmühle *f*; ~ **milling spindle** *n* MECHAN ENG Waagerechtfrässpindel *f*; ~ **parity** *n* COMP & DP Blockparität *f*, Längsparität *f*; ~ **plane** *n* GEOM horizontale Ebene *f*; ~ **polarization** *n* ELEC ENG, PHYS, TELECOM horizontale Polarisation *f*; ~ **resolution** *n* TELEV Horizontalauflösung *f*; ~ **scanning** *n* TELEV Horizontalabtastung *f*; ~-**scanning frequency** *n* TELECOM Horizontalabtastfrequenz *f*; ~ **scanning frequency** *n* ELECTRON, RAD TECH Horizontalabtastfrequenz *f*; ~ **section** *n* ENG DRAW Horizontalschnitt *m*; ~-**shaft Pelton wheel** *n* FUELLESS Peltonrad mit waagerechter Welle *nt*; ~ **situation indicator** *n* AIR TRANS Navigationsgerät für Horizontallage *nt*; ~ **stabilizer** *n* AIR TRANS Höhenflosse *f*, Höhenleitwerk *nt*, Leitwerk *nt*; ~ **stabilizer center fishplate** *n AmE*, ~ **stabilizer centre fishplate** *n BrE* AIR TRANS mittlere Lasche der Höhenflosse *f*; ~ **strut** *n* AIR TRANS Versteifungsspreize *f*; ~ **sweep** *n* TELEV Horizontallauf *m*; ~ **synchronization** *n* TELEV Horizontalsynchronisierung *f*; ~ **tabulation** *n (HT)* COMP & DP Sprechfunkgerät *nt*; ~ **tabulator** *n* COMP & DP Horizontaltabulator *m*; ~ **thrust** *n* CONST Horizontalkraft *f*, waagerechter Seitenschub *m*; ~ **timber** *n* CONST *wood* Zange *f*; ~ **and top loader cartoner** *n* PACK horizontal und topladende Kartoniereinrichtung *f*; ~ **and vertical bars** *n pl* AIR TRANS *of flight direction* horizontale und vertikale Linien *f pl*; ~ **and vertical wrapping machine** *n* PACK Horizontal- und Vertikaleinschlagmaschine *f*; ~ **wind shear** *n* AIR TRANS horizontaler Windgradient *m*; ~ **wrapping** *n* PACK horizontale Einwicklung *f*

horn *n* ACOUSTICS Schalltrichter *m*, AIR TRANS *radio* Hornstrahler *m*, Trichterantenne *f*, RAD TECH, SPACE Hornantenne *f*, WATER TRANS Signalhorn *nt*; ~ **antenna** *n* SPACE Hornantenne *f*; ~ **balance** *n* AIR TRANS Ausgleichhorn *nt*; ~ **loudspeaker** *n* ACOUSTICS, RECORD Trichterlautsprecher *m*; ~ **mouth** *n* ACOUSTICS Trichteröffnung *f*

Horn: ~ **clause** *n* ART INT Hornklausel *f*

horse *n* CER & GLAS Gestell *nt*; ~ **latitudes** *n pl* WATER TRANS Roßbreiten *f pl*; ~ **shoe** *n* ELECT, PHYS Huf *m*

horsepower *n (hp)* MECHAN ENG Pferdestärke *f (PS)*

horseshoe: ~ **arch** *n* CONST Hufeisengewölbe *nt*; ~-**fired furnace** *n* CER & GLAS Hufeisenofen *m*; ~ **foot** *n* LAB EQUIP *microscope* Ankerfußschuh *m*; ~ **lifebuoy** *n* WATER TRANS *emergency* Hufeisenrettungsböje *f*; ~ **magnet** *n* ELECT, PHYS Hufeisenmagnet *m*; ~ **sections** *n pl* MECHAN ENG Hufeisenprofile *nt pl*; ~ **vortex** *n* FLUID PHYS Hufeisenwirbel *m*

horticultural: ~ **cast glass** *n* CER & GLAS Gartenklarglas *nt*; ~ **glass** *n* CER & GLAS Gartenblankglas *nt*

hose *n* CONST, LAB EQUIP, MECHAN ENG Schlauch *m*, MECHANICS Schlauch *m*, Strumpf *m*, PAPER Schlauch *m*, PROD ENG Muffe *f*, SPACE *spacecraft*, WATER SUP Schlauch *m*; ~ **clamp** *n* MECHAN ENG Schlauchschelle *f*, MECHANICS Schlauchklemme *f*; ~ **clip** *n* MECHAN ENG Schlauchklemme *f*; ~ **connection** *n* MECHAN ENG Schlauchanschluß *m*; ~ **coupler** *n* CONST Schlauchanschluß *m*; ~ **coupling** *n* MECHAN ENG, WATER SUP *for garden hose* Schlauchkupplung *f*; ~ **knitting** *n* TEXT Strumpfwirkerei *f*; ~ **nozzle** *n* MECHAN ENG Schlauchtülle *f*; ~ **pipe** *n* MECHAN ENG biegsamer Schlauch *m*; ~

tap *n* MECHAN ENG Schlauchhahn *m*

hosiery *n* TEXT Wirkwaren *f pl*

hospital: ~ **ship** *n* WATER TRANS *navy* Lazarettschiff *nt*; ~ **waste** *n* WASTE Krankenhausabfall *m*

host *n* COMP & DP Datenbankbetreiber *m*, Host *m*, Leitrechner *m*; ~ **computer** *n* COMP & DP Hauptrechner *m*, Hostcomputer *m*, Leitrechner *m*; ~ **exchange** *n* TELECOM Hauptamt *nt*; ~ **system** *n* COMP & DP Hostsystem *nt*

hot[1] *adj* HEAT & REFRIG, MECHAN ENG Heiß- *pref*, NUC TECH Heiß- *pref*, heiß, PACK, PHYS, THERMODYN Heiß- *pref*; ~-**dip galvanized** *adj* HEAT & REFRIG feuerverzinkt; ~-**drawn** *adj* THERMODYN warmgezogen; ~-**forged** *adj* THERMODYN warmgeschmiedet; ~-**rolled** *adj* MECHANICS warmgewalzt, THERMODYN *metal* warmgewalzt, *paper, rubber* warmkalandriert; ~-**sealed** *adj* PROD ENG heißversiegelt; ~-**sealing** *adj* PROD ENG heißsiegelfähig

hot:[2] ~-**air** *n* AUTO, LAB EQUIP, MECHAN ENG, SAFETY Heißluft *f*; ~-**air blower** *n* HEAT & REFRIG Warmluftgebläse *nt*, LAB EQUIP Heißluftgebläse *nt*; ~-**air corridor** *n* AIR TRANS Warmluftkorridor *m*; ~-**air curtain** *n* HEAT & REFRIG Warmluftvorhang *m*; ~-**air dryer** *n* TEXT Heißlufttrockner *m*; ~-**air duct** *n* AIR TRANS Warmluftleitung *f*; ~-**air engine** *n* AUTO, MECHAN ENG Heißluftmotor *m*; ~-**air fan** *n* HEAT & REFRIG Heißluftventilator *m*; ~-**air gallery** *n* AIR TRANS Warmluftkorridor *m*; ~-**air heater** *n* HEAT & REFRIG Luftheizung *f*; ~-**air radiation heating system** *n* SAFETY Heißluftheizung *f*; ~-**air sizing machine** *n* TEXT Heißluftschlichtmaschine *f*; ~-**air stream** *n* TEXT Heißluftstrom *m*; ~-**air valve** *n* AIR TRANS Heißluftventil *nt*; ~-**blade sealing** *n* PACK Heißsiegeln *nt*; ~ **bonding** *n* THERMODYN Warmverbindung *f*; ~ **box** *n* RAIL Heißläufer *m*; ~-**box detector** *n* RAIL Heißläufersuchgerät *nt*; ~-**bulb engine** *n* AUTO Glühkopfmotor *m*; ~ **calendering** *n* PAPER Heißkalandrieren *nt*; ~ **camera** *n* TELEV aktive Kamera *f*; ~ **carrier diode** *n* ELECTRON Diode mit hoher Trägerbeweglichkeit *f*, Hot-Carrier-Diode *f*, Schottky-Diode *f*, PHYS Schottky-Diode *f*, RAD TECH Hot-Carrier-Diode *f*, Schottky-Diode *f*; ~ **cathode** *n* ELEC ENG Glühkathode *f*, Heizkathode *f*; ~-**cathode tube** *n* ELECTRON Glühkathodenröhre *f*, Thermionen-Elektronenröhre *f*, Thermionenröhre *f*; ~ **cell** *n* NUC TECH Strahlenschutzzelle *f*, heiße Zelle *f*; ~ **channel factor** *n* NUC TECH Heißkanalfaktor *m*; ~ **chemistry** *n* NUC TECH heiße Chemie *f*; ~-**compression test** *n* TEST Warmstauchversuch *m*; ~ **creep** *n* THERMODYN Heißvulkanisation *f*; ~-**curing** *n* THERMODYN Heißvulkanisation *f*; ~ **cyclone** *n* COAL TECH Warmzyklon *m*; ~-**dipping** *n* PACK Tauchüberziehen *nt*; ~-**drawing** *n* MECHAN ENG, THERMODYN Warmziehen *nt*; ~ **end coating** *n* CER & GLAS Heißendvergütung *f*; ~-**filling** *n* PACK Heißabfüllung *f*; ~ **foil carton coder** *n* PACK Heißfolien-Kartoncodierer *m*; ~ **forging** *n* MECHAN ENG Warmumformen *nt*, THERMODYN Warmschmieden *nt*; ~-**forging die** *n* MECHAN ENG Warmschmiedegesenk *nt*; ~-**forming** *n* MECHANICS Warmformen *nt*; ~-**gas by-pass valve** *n* HEAT & REFRIG Heißgas-Entlastungsventil *nt*; ~ **glass wire** *n* CER & GLAS Heißglasdraht *m*; ~ **glass wire cutting** *n* CER & GLAS Heißglasdrahtschneiden *nt*; ~-**gluing** *n* PACK Heißkleben *nt*; ~ **junction** *n* ELECT Heißlötstelle *f*; ~ **laboratory** *n* NUC TECH Heißlabor *nt*, heißes Labor *nt*; ~-**melt adhesive** *n* PACK Schmelzkleber *m*, PLAS Heißschmelzkleber *m*, Schmelzkleber *m*; ~-**melt coating** *n* PAPER Heißschmelzbeschichter *m*; ~-**melt glue** *n* PRINT Schmelzkleber *m*; ~-**metal typesetting** *n* PRINT Bleisatz *m*, konventioneller Satz *m*; ~ **mix** *n* CONST *bitumen* Heißgemisch *nt*; ~ **mold** *n AmE*, ~ **mould** *n BrE* CER & GLAS Heißform *f*; ~ **press** *n* MECHAN ENG Heißpresse *f*; ~-**pressing** *n* PACK Heißpressen *nt*; ~-**refueling** *n AmE*, ~-**refuelling** *n BrE* NUC TECH Heißaufladung *f*, Heißbeschickung *f*; ~ **rinse** *n* COATINGS Heißspülung *f*; ~-**riveting** *n* MECHAN ENG Warmnietung *f*; ~-**rolling** *n* THERMODYN *of metals* Warmwalzen *nt*, *of paper, rubber* Warmkalandrieren *nt*; ~ **rubber** *n* PLAS Warmkautschuk *m*; ~ **runner mold** *n AmE*, ~ **runner mould** *n BrE* PLAS Heißkanalwerkzeug *nt*; ~ **section** *n* AIR TRANS *of engine* heißes Triebwerksteil *nt*; ~ **set** *n* PROD ENG Schrotmeißel *m*; ~-**setting adhesive** *n* PLAS warmabbindender Kleber *m*; ~-**setting glue** *n* PACK Heißleim *m*; ~-**shoe flash contact** *n* PHOTO Blitzkontakt *m*, Mittenkontakt *m*; ~-**shot wind tunnel** *n* AIR TRANS Hochtemperaturwindkanal *m*; ~-**shrink fit** *n* MECHAN ENG Heißschrumpfsitz *m*; ~-**smoking** *n* FOOD TECH Heißräucherung *f*; ~ **spark plug** *n* AUTO Zündkerze mit niedrigem Wärmewert *f*, warme Zündkerze *f*; ~ **spot** *n* CER & GLAS Quellpunkt *m*, NUC TECH *of reactor* Hot-Spot *m*, Spitzenlastpunkt *m*, kritischer Lastpunkt *m*, PHOTO helleres Zentrum *nt*; ~-**stamping** *n* PACK Heißprägen *nt*, Warmprägen *nt*; ~-**stamping foil** *n* PACK Warmprägefolie *f*; ~ **standby** *n* SPACE *spacecraft* einsatzbereiter Wartebetrieb *m*; ~ **stand-by system** *n* TELECOM System mit Bereitschaftsbetrieb *nt*, System mit heißer Reserve *nt*; ~ **start** *n* AIR TRANS Warmstart *m*; ~ **strength** *n* THERMODYN heißes Wasser *nt*; ~ **tear** *n* MECHANICS Hitzeriß *m*; ~-**transfer label** *n* PACK Einbrennetikett *nt*; ~ **wash** *n* COATINGS Heißwäsche *f*; ~ **water** *n* THERMODYN Heißwasser *nt*, heißes Wasser *nt*; ~-**water** *n* HEAT & REFRIG Warmwasser *nt*; ~-**water boiler** *n* THERMODYN Heißwasserboiler *m*, Heißwassergerät *nt*; ~-**water heater** *n* HEAT & REFRIG Durchlauferhitzer *m*, MECHAN ENG Boiler *m*; ~-**water heating system** *n* HEAT & REFRIG Warmwasserheizung *f*, Warmwasserheizungsanlage *f*; ~-**water meter** *n* INSTR Warmwasserzähler *m*; ~-**water tank** *n* HEAT & REFRIG Boiler *m*, Warmwasserspeicher *m*; ~-**water vulcanization** *n* PLAS Heißwasservulkanisation *f*; ~-**water washing** *n* MAR POLL Heißwasserwaschen *nt*; ~ **wire** *n* INSTR Hitzdraht *m*; ~-**wire ammeter** *n* ELECT Hitzdrahtstrommeßgerät *nt*; ~-**wire anemometer** *n* PHYS Hitzdrahtinstrument *nt*; ~-**wire flowmeter** *n* INSTR Hitzdrahtdurchflußmeßgerät *nt*; ~-**wire microphone** *n* ACOUSTICS Hitzdrahtmikrofon *nt*; ~-**wire relay** *n* ELECT Hitzdrahtrelais *nt*; ~-**wire wattmeter** *n* ELECT Hitzdrahtleistungsmesser *m*; ~ **working** *n* CER & GLAS Warmverarbeitung *f*, METALL Wärmumformen *nt*

hot:[3] ~-**bond** *vt* THERMODYN warm verbinden; ~-**draw** *vt* THERMODYN warm ziehen; ~-**forge** *vt* THERMODYN warmschmieden; ~-**rivet** *vt* MECHAN ENG warmnieten; ~-**roll** *vt* THERMODYN *metal* warmwalzen, *paper, rubber* warmkalandrieren; ~-**seal** *vt* PROD ENG heißsiegeln

Hotchkiss: ~ **drive** *n* AUTO *transmission* Blattfederstarrachse *f*

hotel: ~ **platform** *n* PET TECH Wohnplattform *f*; ~ **rig** *n* PET TECH Wohn/Bohr-Plattform *f*

hotplate *n* LAB EQUIP Heizplatte *f*

hotted: **~-up engine** *n* AUTO getunter Motor *m*
hounds *n pl* WATER TRANS Mastbacken *f pl*, Mastschulter *f*
hour *n (h)* METROL Stunde *f (h)*; **~ circle** *n* METROL Stundenkreis *m*; **~ of green signal indication** *n* TRANS *traffic control* Grünsignaldauer *f*; **~ hand** *n* METROL Stundenzeiger *m*; **~ of red signal indication** *n* TRANS *traffic control* Rotsignaldauer *f*; **~ of yellow signal indication** *n* TRANS *traffic control* Gelbsignaldauer *f*
hourly *adv* PACK *output* pro Stunde
house[1] *n* CONST Kranführerhaus *nt*; **~ building** *n* CONST Wohnungsbau *m*; **~ corrections** *n pl* PRINT Hauskorrektur *f*; **~ exchange system** *n* TELECOM Hausvermittlungssystem *nt*; **~ flag** *n* WATER TRANS Reedereiflagge *f*; **~ organ** *n* PRINT Hauszeitschrift *f*; **~ paint** *n* PLAS Fassadenfarbe *f*; **~ style** *n* PRINT Hausvorschriften *f pl*; **~-wiring switch** *n* ELECT Hausinstallationsschalter *m*
house[2] *vt* CONST aufnehmen, einbauen
housed: **~ joint** *n* CONST Einarmzapfverbindung *f*; **~ string** *n* CONST Wange mit eingestemmten Stufen *f*
household *n* WATER SUP Haushalt *m*; **~ fuel** *n* COAL TECH Haushaltbrennstoff *m*; **~ wastewater** *n* WASTE Haushaltabwässer *nt pl*
housekeeping *n* COMP & DP Systemverwaltung *f*, SPACE Haushaltung *f*; **~ operation** *n* COMP & DP organisatorische Operation *f*; **~ procedure** *n* COMP & DP Systemverwaltungsprozedur *f*; **~ telemetry** *n* SPACE Versorgungstelemetrie *f*
housing *n* CONST Einschließung *f*, Gehäuse *nt*, Nische *f*, Nut *f*, FUELLESS Gehäuse *nt*, MECHAN ENG Gehäuse *nt*, *of bearing* Gehäuse *nt*, *of rolling mill* Ständer *m*, PROD ENG *plastic valves* Gehäuse *nt*
hover: **~ control** *n* AIR TRANS *helicopter* Schwebesteuerung *f*; **~ flight coupler** *n* AIR TRANS *helicopter* Schwebeflugkupplung *f*; **~ pallet** *n* WATER TRANS Luftkissenplattform *f*
hovercraft *n BrE (cf hydroskimmer AmE)* WATER TRANS Hovercraft *nt*, LKF, Luftkissenfahrzeug *nt*
hoverheight *n* TRANS Schwebehöhe *f*
hovering *n* AIR TRANS *helicopter* Schweben *nt*, Schwebezustand *m*; **~ capability** *n* AIR TRANS *helicopter* Schwebevermögen *nt*
hoverport *n* WATER TRANS Luftkissenfahrzeughafen *m*
hovertrain *n* WATER TRANS Luftkissenschwebezug *m*
howler *n* TELECOM Heuler *m*
howling *n* ACOUSTICS, RECORD *of amplifiers* Selbsttönen *nt*
hp *abbr (horsepower)* MECHAN ENG PS *(Pferdestärke)*
HPC: **~ carbon black** *n (hard-processing channel carbon black)* PLAS *rubber pigment, filler* HPC-Ruß *m (schwer verarbeitbarer Kanalruß)*
H-plane *n* ELEC ENG, RAD TECH H-Ebene *f*; **~ bend** *n* ELEC ENG H-Bogen *m*, H-Krümmer *m*
HPLC *abbr (high-pressure liquid chromatography)* FOOD TECH, LAB EQUIP HPLC *(Hochdruckflüssigchromatographie)*
HRC *abbr (hypothetical reference connection)* TELECOM Bezugsverbindung *f*
H-section *n* PROD ENG H-Profil *m*
HSS *abbr (high-speed steel)* MECHAN ENG Schnellschnittstahl *m*, Schnellstahl *m*, MECHANICS Schnellstahl *m*
HT[1] *abbr* COMP & DP *(horizontal tabulation)* Horizontaltabulator *m*, Sprechfunkgerät *nt*, ELECT *(high tension)* Hochspannung *f*
HT:[2] **~ power supply** *n* ELECT Hochspannungsstromversorgung *f*
HTR *abbr (high-temperature reactor)* NUC TECH HTR *(Hochtemperaturreaktor)*
HTST *abbr (high-temperature short time pasteurization)* FOOD TECH Hochkurzzeiterhitzung *f*
hub *n* AIR TRANS *helicopter* Nabe *f*, AUTO *wheel* Radnabe *f*, COMP & DP Nabe *f*, Wickelkern *m*, MECHAN ENG Nabe *f*, MECHANICS Schweißnabe *f*, Spulenkern *m*, PROD ENG Radnabe *f*, TELECOM *connection* Klemme *f*, TELEV Schalttafelbuchse *f*; **~ cap** *n* AUTO Radblende *f*; **~ cover plate** *n* AIR TRANS *helicopter* Nabenabdeckplatte *f*, Nabendeckplatte *f*; **~ extractor** *n* MECHAN ENG Nabenabzieher *m*; **~ flange** *n* AUTO Radnabenflansch *m*; **~ flapping stiffness** *n* AIR TRANS *helicopter* Schlagfestigkeit der Nabe *f*; **~ puller** *n* MECHAN ENG, MECHANICS Nabenabzieher *m*; **~ spacer** *n* AIR TRANS *helicopter* Nabenunterlegring *m*; **~ tilt stop** *n* AIR TRANS Nabenkippanschlag *m*
hubcap *n* AUTO *wheel* Nabendeckel *m*, Nabenkappe *f*, Radkappe *f*
hue *n* PHOTO, PRINT Farbton *m*; **~ control** *n* TELEV Farbtonregelung *f*
hula: **~ hoop aerial** *n* RAD TECH Hula-Hoop-Antenne *f*; **~ hoop antenna** *n* RAD TECH Hula-Hoop-Antenne *f*
hull:[1] **~ borne** *adj* WATER TRANS *nautical* freischwimmend
hull[2] *n* AIR TRANS Gerippe *nt*, Rumpf *m*, WATER SUP *of dredge* Rumpf *m*, WATER TRANS *shipbuilding* Bootskörper *m*, Schiffskörper *m*, Schiffsrumpf *m*; **~ drawings** *n pl* WATER TRANS *architecture* Schiffbauzeichnungen *f pl*; **~ girder** *n* WATER TRANS *architecture* Schiffsträger *m*; **~ insurance** *n* TRANS Kaskoversicherung *f*; **~ resistance** *n* WATER TRANS *ship design* Formwiderstand *m*; **~ step** *n* AIR TRANS Rumpfstufe *f*
hulled: **~ rice** *n* FOOD TECH geschälter Reis *m*
hum[1] *n* ACOUSTICS Brumm *m*, Brummen *nt*, Netzbrummen *nt*, ELEC ENG, RAD TECH Brummen *nt*, RECORD Summen *nt*; **~ bars** *n pl* TELEV Brummbalken *m pl*; **~ pickup** *n* RECORD *radio* Brummeinkopplung *f*; **~ voltage** *n* ELEC ENG Brummspannung *f*
hum[2] *vi* RAD TECH brummen
human: **~-body counter** *n (HBC)* NUC TECH Ganzkörperzähler *m*; **~ engineering** *n* ERGON Arbeitswissenschaft *f*, Human-Engineering *nt*; **~ exposure** *n* SAFETY *to mechanical vibrations* Belastung des Menschen *f*; **~ factors engineering** *n* ERGON Arbeitsphysiologie *f*; **~ operator** *n* ERGON Bedienungsperson *f*
humbucking: **~ coil** *n* ELEC ENG Brummkompensationsspule *f*, Entbrummspule *f*, RECORD, TELEV Entbrummspule *f*
humid *adj* THERMODYN dampfhaltig, feucht
humidification *n* HEAT & REFRIG, THERMODYN Befeuchtung *f*
humidifier *n* AIR TRANS, HEAT & REFRIG, PAPER, THERMODYN Befeuchter *m*, Luftbefeuchter *m*
humidify *vt* HEAT & REFRIG, PAPER, THERMODYN befeuchten
humidistat *n* HEAT & REFRIG Feuchtigkeitsregler *m*
humidity:[1] **~-resistant** *adj* THERMODYN naßbeständig
humidity[2] *n* COATINGS, HEAT & REFRIG, PHYS, PROD ENG *plastic valves*, THERMODYN *air* Feuchtigkeit *f*, Luftfeuchtigkeit *f*; **~ absorber** *n* PACK Feuchtigkeitsaufnahme *f*; **~ indicator** *n* PACK Feuchtigkeitsanzeige *f*, Luftfeuchtigkeitsanzeige *f*; **~ loss by**

sublimation *n* THERMODYN Gefrierbrand *m*; ~ **measurement** *n* WATER TRANS Feuchtigkeitsmessung *f*, Luftfeuchtigkeitsmessung *f*

hump: ~ **shunting** *n* RAIL Ablaufrangierbetrieb *m*

humulene *n* CHEMISTRY Humulen *nt*

humus *n* COAL TECH Humus *m*; ~ **tank** *n* WATER SUP Humusbehälter *m*

hundred: ~ **year storm** *n* PET TECH Hundert-Jahr-Sturm *m*; ~ **year wave** *n* PET TECH Hundert-Jahr-Welle *f*

hundredweight *n (cwt)* METROL Zentner *m*

Hund's: ~ **rules** *n pl* PHYS Hundsche Regeln *f pl*

hunt *vi* ELECT *machine, mechanism* schwingen, RAD TECH pendeln *nt*

hunting *n* AIR TRANS Schwenkbewegung *f*, ELEC ENG *for regulators* Einpendeln *nt*, *of needle of measuring device* Pendeln *nt*, ELECT Pendeln *nt*, Schwingen *nt*, TELECOM *switching* Freiwahl *f*; ~ **blade** *n* AIR TRANS *helicopter* Schwenken des Luftschraubenblattes *nt*

hurricane: ~ **deck** *n* WATER TRANS Promenadendeck *nt*; ~ **lamp** *n* CONST, WATER TRANS Sturmlaterne *f*

husk *vt* FOOD TECH enthülsen, entlieschen, entspelzen, schälen

husking: ~ **machine** *n* FOOD TECH Schälmaschine *f*

Huygens': ~ **eyepiece** *n* PHYS Huygenssches Okular *nt*; ~ **principle** *n* PHYS Huygenssches Prinzip *nt*

H-wave *n* ELEC ENG, TELECOM H-Welle *f*, TE-Welle *f*

HWOST *abbr (high-water ordinary spring tide)* FUELLESS normale Springzeitflut *f*

HWR *abbr (heavy-water-moderated reactor)* NUC TECH SWR *(schwerwassermoderierter Reaktor)*

hyacinthin *n* CHEMISTRY Hyacinthenaldehyd *m*, Hyacinthin *nt*

hybrid[1] *adj* AUTO, TELECOM, THERMODYN Hybrid- *pref*

hybrid:[2] ~ **bearing** *n* MECHAN ENG Hybridlager *nt*; ~ **bus** *n* AUTO Hybridbus *m*; ~ **call processor** *n* TELECOM hybrider Vermittlungsprozessor *m*; ~ **circuit** *n* COMP & DP, ELECTRON Hybridschaltung *f*, PHYS Hybridschaltkreis *m*, TELECOM Gabelschaltung *f*; ~ **computer** *n* COMP & DP Hybridrechner *m*; ~ **engine** *n* AUTO Hybridmotor *m*; ~ **foil craft** *n* AUTO Hybridtragflächenboot *nt*; ~ **integrated circuit** *n* ELECTRON Hybridschaltung *f*, TELECOM Hybridschaltkreis *m*, integrierte Hybridschaltung *f*; ~ **interface** *n* COMP & DP Hybridschnittstelle *f*; ~ **junction** *n* ELECTRON *microwaves* Hybride *f*; ~ **microcircuit** *n* ELECTRON Hybrid-Mikroschaltung *f*; ~ **mode** *n* OPT Hybridmode *f*, TELECOM Hybridmodus *m*; ~ **parameter** *n* ELECTRON Hybrid-Parameter *nt*, h-Parameter *nt*; ~ **platform** *n* PET TECH Hybridplattform *f*; ~ **propulsion** *n* AUTO Hybridantrieb *m*; ~ **ring mixer** *n* RAD TECH Hybridringmischer *m*; ~ **system** *n* AUTO, TELECOM Hybridsystem *nt*; ~ **tool** *n* ART INT *for developing expert systems* Hybridwerkzeug *nt*; ~ **vehicle** *n* AUTO Hybridfahrzeug *nt*

hydantoic: ~ **acid** *n* CHEMISTRY Hydantoinsäure *f*, Ureidoessigsäure *f*

hydantoin *n* CHEMISTRY Glycolylharnstoff *m*, Hydantoin *nt*

hydracid *n* CHEMISTRY Wasserstoffsäure *f*, sauerstofffreie Säure *f*

hydracrylic *adj* CHEMISTRY Hydracryl- *pref*

hydrant *n* WATER SUP Hydrant *m*

hydrastic *adj* CHEMISTRY Hydrast- *pref*

hydrastine *n* CHEMISTRY Hydrastin *nt*

hydrate[1] *n* CHEMISTRY Hydrat *nt*

hydrate[2] *vt* CHEMISTRY Hydrat bilden, hydratisieren

hydrated: ~ **layer** *n* CER & GLAS hydrierte Schicht *f*; ~ **lime** *n* CONST Kalkhydrat *nt*, Löschkalk *m*

hydration *n* CHEMISTRY Hydratation *f*, Hydratbildung *f*, Wasseranlagerung *f*, CONST *cement* Hydratation *f*

hydratropic *adj* CHEMISTRY Hydratropa- *pref*

hydraulic[1] *adj* MECHANICS, WATER TRANS hydraulisch

hydraulic:[2] ~ **accumulator** *n* MECHAN ENG Druckspeicher *m*, PAPER Druckwasserspeicher *m*, PLAS *press* Druckspeicher *m*, Hydraulikspeicher *m*, PROD ENG Druckwasserspeicher *m*; ~ **actuating cylinder** *n* HYD EQUIP hydraulisch angetriebener Zylinder *m*, hydraulisch betätigter Zylinder *m*; ~ **bottom heave** *n* COAL TECH hydraulischer Sohlenauftrieb *m*; ~ **brake** *n* MECHAN ENG Flüssigkeitsbremse *f*, hydraulische Bremse *f*; ~ **brake servo** *n* AUTO hydraulischer Bremskraftverstärker *m*; ~ **brake system** *n* MECHAN ENG hydraulisches Bremssystem *nt*; ~ **capsule** *n* INSTR Flüssigkeitsdruckmeßdose *f*; ~ **circulation system** *n* PET TECH hydraulisches Zirkulationssystem *nt*; ~ **clamping** *n* MECHAN ENG Spannhydraulik *f*; ~ **classifier** *n* COAL TECH Spitzlutte *f*; ~ **clutch** *n* AUTO hydraulische Kupplung *f*, HYD EQUIP Flüssigkeitskupplung *f*, Hydraulikkupplung *f*; ~ **compensator** *n* PET TECH hydraulischer Kompensator *m*; ~ **conductivity** *n* FUELLESS Durchlässigkeitsbeiwert *m*; ~ **control system** *n* AUTO hydraulischer Regler *m*; ~ **copy mill** *n* MECHAN ENG hydraulische Kopierfräsmaschine *f*; ~ **coupling** *n* MECHAN ENG Strömungskupplung *f*, hydraulische Kupplung *f*; ~ **cylinder** *n* MECHAN ENG Hydraulikzylinder *m*; ~ **detector** *n* AUTO Hydraulikdetektor *m*; ~ **diagram** *n* CONTROL Hydraulikschaltbild *nt*; ~ **drive** *n* MECHAN ENG Hydraulikantrieb *m*, hydraulischer Antrieb *m*; ~ **efficiency** *n* FUELLESS hydraulischer Wirkungsgrad *m*; ~ **entanglement process** *n* PLAS *non-wovens* Wasserstrahl-Verwirbelungsverfahren *nt*, hydrodynamische Faserverwirbelung *f*; ~ **equipment** *n* MECHAN ENG hydraulische Geräte *nt pl*; ~ **extruder** *n* MECHAN ENG hydraulische Strangpresse *f*; ~ **fittings** *n pl* HYD EQUIP Hydraulikarmaturen *f pl*; ~ **fluid** *n* COATINGS Hydraulikflüssigkeit *f*, HYD EQUIP Hydrauliköl *nt*, Hydraulikflüssigkeit *f*, MECHAN ENG Hydraulikflüssigkeit *f*; ~ **fluid reservoir** *n* MECHAN ENG Hydraulikflüssigkeitsbehälter *m*; ~ **fracturing** *n* FUELLESS hydraulische Rißbildung *f*; ~ **generator** *n* HYD EQUIP Hydraulikgenerator *m*; ~ **head** *n* PET TECH hydraulische Förderhöhe *f*; ~ **hose** *n* PLAS *rubber* Hydraulikschlauch *m*; ~ **jack** *n* CONST Hydraulikpresse *f*, Öldruckpresse *f*, HYD EQUIP Hydraulikpresse *f*, Hydraulikwinde *f*, MECHAN ENG Hydraulikheber *m*, hydraulischer Heber *m*, MECHANICS Hebebühne *f*, hydraulischer Heber *m*, PROD ENG Druckhebewinde *f*, Hydraulikkolben *m*; ~ **jet propulsion** *n* AUTO hydraulischer Strahlantrieb *m*; ~ **linkage** *n* AUTO hydraulisches Gestänge *nt*; ~ **locking** *n* HYD EQUIP Hydraulikverriegelung *f*, Hydraulikverschluß *m*; ~ **loss** *n* NUC TECH hydraulischer Verlust *m*; ~ **machinery** *n* MECHAN ENG hydraulische Maschinen *f pl*; ~ **motor** *n* MECHAN ENG Hydromotor *m*; ~ **piston** *n* CONST Druckwasserkolben *m*; ~ **power** *n* HYD EQUIP Hydraulikkraft *f*, hydraulische Wasserkraft *f*; ~ **press** *n* LAB EQUIP Hydraulikpresse *f*, PLAS hydraulische Presse *f*; ~ **pressure source** *n* HYD EQUIP Wasserquelle *f*, hydraulische Druckquelle *f*; ~ **pressure supply** *n* HYD EQUIP hydraulische Druckversorgung *f*; ~ **pump** *n* MAR POLL Hydraulikpumpe *f*, Hydropumpe *f*,

MECHAN ENG Hydraulikpumpe *f*, hydraulische Pumpe *f*; ~ **ram** *n* FUELLESS Hydropulsor *m*, hydraulischer Widder *m*, MECHAN ENG *of hydraulic press* Hydraulikkolben *m*; ~ **reservoir** *n* HYD EQUIP Hydraulikbehälter *m*, Wasserdruckbehälter *m*; ~ **system** *n* HYD EQUIP Druckwassersystem *nt*, Hydrauliksystem *nt*, MECHAN ENG Hydrauliksystem *nt*, WATER TRANS Hydraulikanlage *f*; ~ **tappet** *n* AUTO hydraulischer Ventilfederheber *m*, hydraulischer Ventilstößel *m*; ~ **test** *n* MECHAN ENG Abdrückversuch *m*; ~ **thrust** *n* FUELLESS Wasserdruck *m*, hydrostatischer Druck *m*; ~ **transmission** *n* MECHAN ENG Flüssigkeitsgetriebe *nt*, Hydraulikgetriebe *nt*, hydraulisches Getriebe *nt*; ~ **valve lifter** *n* AUTO hydraulischer Ventilfederheber *m*, hydraulischer Ventilstößel *m*

hydraulically: ~-**operated device** *n* MECHAN ENG hydraulisch betriebenes Gerät *nt*; ~-**operated valve** *n* HEAT & REFRIG hydraulisch betätigtes Ventil *nt*, MECHAN ENG Hydroventil *nt*

hydraulics *n* HYD EQUIP, MECHAN ENG, PET TECH Hydraulik *f*

hydrazide *n* CHEMISTRY Hydrazid *nt*, Säurehydrazid *nt*

hydrazine *n* CHEMISTRY Diamid *nt*, Diamin *nt*, Diazan *nt*, Hydrazin *nt*, SPACE *spacecraft* Hydrazin *nt*; ~ **propulsion** *n* SPACE *spacecraft* Hydrazinantrieb *m*; ~ **propulsion system** *n* SPACE *spacecraft* Hydrazinantriebssystem *nt*

hydrazoate *n* CHEMISTRY Azid *nt*

hydrazoic *adj* CHEMISTRY Stickstoffwasserstoff- *pref*

hydride *n* CHEMISTRY Hydrid *nt*, binäre Wasserstoffverbindung *f*, METALL Hydrid *nt*

hydrindene *n* CHEMISTRY Hydrinden *nt*, Indan *nt*

hydriodic *adj* CHEMISTRY Iodwasserstoff- *pref*

hydro: ~-**kinetic brake** *n* AUTO Strömungsbremse *f*

hydro- *pref* CHEMISTRY Hydro- *pref*

hydroaromatic *adj* CHEMISTRY hydroaromatisch

hydrobilirubin *n* CHEMISTRY Hydrobilirubin *nt*, Urobilin *nt*

hydroblasting: ~ **plant** *n* PROD ENG hydraulische Naßputzanlage *f*

hydrobromic *adj* CHEMISTRY Hydrobrom- *pref*

hydrobromide *n* CHEMISTRY Hydrobromid *nt*

hydrocarbon *n* CHEMISTRY KW-Stoff *m*, Kohlenwasserstoff *m*, MAR POLL, PET TECH, POLL Kohlenwasserstoff *m*; ~ **aerosol propellant** *n* PET TECH Kohlenwasserstoff-Aerosoltreibgas *nt*; ~ **feedstocks** *n pl* PET TECH Kohlenwasserstoff-Einsatzprodukt *nt*; ~ **slick** *n* POLL Kohlenwasserstoffteppich *m*; ~ **trap** *n* PET TECH Kohlenwasserstoffalle *f*

hydrocarbonate *n* CHEMISTRY Hydrogencarbonat *nt*, saures Carbonat *nt*

hydrocellulose *n* CHEMISTRY Hydrocellulose *f*

hydrochloric[1] *adj* CHEMISTRY salzsauer

hydrochloric:[2] ~ **acid** *n* COATINGS, PROD ENG *plastic valves* Salzsäure *f*

hydrochloride *n* CHEMISTRY Hydrochlorid *nt*

hydrocinnamic *adj* CHEMISTRY Hydrozimt- *pref*

hydrocooling *n* HEAT & REFRIG Wasserkühlung *f*

hydrocortisone *n* CHEMISTRY Hydrocortison *nt*

hydrocotarnine *n* CHEMISTRY Hydrocotarnin *nt*

hydrocyanic *adj* CHEMISTRY Cyanwasserstoff *m*

hydrocyclone *n* CHEM ENG Hydrozyklon *m*, Naßzyklon *m*, COAL TECH, PET TECH, WASTE Hydrozyklon *m*, Wassersand-Abschneider *m*

hydrodesulfurization *n AmE*, **hydrodesulphurization** *n BrE* POLL Wasserstoffentschwefelung *f*

hydrodynamic[1] *adj* CHEMISTRY, PET TECH, PHYS hydrodynamisch

hydrodynamic:[2] ~ **bearing** *n* SPACE *spacecraft* hydrodynamische Peilung *f*; ~ **clutch** *n* MECHAN ENG hydrodynamische Kupplung *f*; ~ **damping factor** *n* FUELLESS hydrodynamischer Dämpfungsfaktor *m*; ~ **drag** *n* WATER TRANS hydrodynamischer Strömungswiderstand *m*; ~ **lift** *n* WATER TRANS *hydrofoil* hydrodynamischer Auftrieb *m*; ~ **lubrication** *n* MECHAN ENG hydrodynamische Schmierung *f*; ~ **model** *n* FUELLESS hydrodynamisches Modell *nt*

hydrodynamics *n* FLUID PHYS, MECHAN ENG, PET TECH, PHYS, WATER TRANS *ship design* Hydrodynamik *f*

hydroelectric: ~ **forming** *n* MECHAN ENG hydroelektrische Umformung *f*; ~ **generating station** *n* ELEC ENG, ELECT, FUELLESS Wasserkraftwerk *nt*; ~ **generator** *n* ELEC ENG hydroelektrischer Generator *m*, ELECT Wasserkraftgenerator *m*; ~ **power** *n* ELECT, FUELLESS, THERMODYN, WATER SUP Wasserkraft *f*; ~ **power plant** *n* ELEC ENG, ELECT, FUELLESS Wasserkraftwerk *nt*; ~ **power station** *n* ELEC ENG, ELECT, FUELLESS Wasserkraftwerk *nt*; ~ **project** *n* CONST Wasserkraftprojekt *nt*

hydroelectricity *n* ELECT Hydroelektrizität *f*, Wasserkraft *f*, FUELLESS, THERMODYN, WATER SUP Wasserkraft *f*

hydroentanglement: ~ **process** *n* PLAS Wasserstrahl-Verwirbelungsverfahren *nt*, hydrodynamische Faserverwirbelung *f*

hydroextractor *n* TEXT Schleudertrockner *m*

hydrofluoric *adj* CHEMISTRY fluorwasserstoffsauer

hydrofluoride *n* CHEMISTRY Hydrofluorid *nt*

hydrofoil *n* WATER TRANS Tragfläche *f*, Tragflächenboot *nt*, Unterwassertragflügel *m*

hydrogen[1] *adj* CHEMISTRY Hydrogen- *pref*

hydrogen[2] *n (H)* CHEMISTRY Wasserstoff *m (H)*; ~ **arc-welding** *n* PROD ENG Arcatomschweißen *nt*; ~ **azide** *n* CHEMISTRY Diazoimid *nt*; ~ **emission line** *n* RAD PHYS Wasserstoffemissionslinie *f*, Wasserstofflinie *f*; ~ **gas** *n* CHEMISTRY Wasserstoffgas *nt*; ~ **peroxide** *n* CHEMISTRY Hydrogenperoxid *nt*, Wasserstoffperoxid *nt*, Wasserstoffsuperoxid *nt*, SPACE *spacecraft* Wasserstoffsuperoxid *nt*; ~ **sulfide** *n AmE see hydrogen sulphide BrE* ~ **sulfite** *n AmE see hydrogen sulphite BrE* ~ **sulphide** *n BrE* CHEMISTRY Hydrosulfid *nt*, Hydrogensulfid *nt*, Schwefelwasserstoff *m*, Wasserstoffsulfid *nt*, FOOD TECH, POLL Schwefelwasserstoff *m*; ~ **sulphite** *n BrE* CHEMISTRY Hydrogensulfit *nt*; ~ **tank** *n* SPACE *spacecraft* Wasserstofftank *m*; ~ **thyratron** *n* ELECTRON Wasserstoffthyratron *nt*

hydrogenate *vt* CHEMISTRY, FOOD TECH hydrieren, härten

hydrogenated[1] *adj* CHEMISTRY *oil* gehärtet, FOOD TECH gehärtet, hydriert

hydrogenated:[2] ~ **fat** *n* FOOD TECH Hartfett *nt*, hydriertes Fett *nt*

hydrogenation *n* CHEMISTRY Hydrieren *nt*, Hydrierung *f*, FOOD TECH Hydrierung *f*, Härtung *f*, PET TECH Hydrierung *f*

hydrogenator *n* FOOD TECH Hydrierapparat *m*

hydrogeology *n* WATER SUP Hydrogeologie *f*

hydrograph *n* WATER SUP Ganglinie *f*

hydrographic[1] *adj* WATER TRANS gewässerkundlich, hydrographisch

hydrographic:[2] ~ **chart** *n* WATER TRANS *navigation* Seekarte *f*; ~ **office** *n* WATER TRANS Seewarte *f*; ~ **survey**

vessel *n* WATER TRANS *oceanography* Seevermessungsschiff *nt*
hydrography *n* FUELLESS, WATER TRANS Gewässerkunde *f*, Hydrographie *f*
hydrojet *n* WATER TRANS Wasserstrahlantrieb *m*; ~ **propulsion** *n* WATER TRANS Wasserstrahlantrieb *m*
Hydrolastic: ~ **suspension** *n* AUTO Hydrolastikfederung *f*, hydroelastische Radaufhängung *f*
hydrolizing: ~ **tank** *n* WASTE Abwasserfaulraum *m*
hydrologic: ~ **cycle** *n* WATER SUP hydrologischer Zyklus *m*
hydrological: ~ **balance** *n* WATER SUP hydrologische Bilanz *f*; ~ **study** *n* CONST hydrologische Untersuchung *f*
hydrology *n* COAL TECH Wasserkunde *f*, WATER SUP Gewässerkunde *f*, Hydrologie *f*
hydrolysis *n* FOOD TECH, PLAS Hydrolyse *f*
hydrolytic: ~ **resistance** *n* TEST *glass* Wasserbeständigkeit *f*
hydromechanical: ~ **clutch** *n* MECHAN ENG hydromechanische Kupplung *f*; ~ **governor** *n* FUELLESS hydromechanischer Fliehkraftregler *m*, hydromechanischer Zentrifugalregler *m*
hydromechanics *n* FLUID PHYS Hydromechanik *f*
hydrometallurgical *adj* PROD ENG naß
hydrometallurgy *n* COAL TECH, METALL Hydrometallurgie *f*
hydrometer *n* AUTO *accumulator*, COAL TECH, ELECT Hydrometer *nt*, FOOD TECH Aräometer *nt*, Flüssigkeitswaage *f*, Senkwaage *f*, LAB EQUIP Aräometer *nt*, Densimeter *nt*, PET TECH Aräometer *nt*, Hydrometer *nt*, PHYS Säureprüfer *m*, Säuregehaltsmeßgerät *nt*
hydrometry *n* CHEMISTRY Hydrometrie *f*, PHYS Spindelung *f*, Säuregehaltsmessung *f*, WATER SUP Hydrometrie *f*
hydrophilic *adj* COAL TECH hydrophil
hydrophobic *adj* CHEMISTRY hydrophob, nicht benetzbar, wasserabweisend, COAL TECH hydrophob
hydrophone *n* PET TECH, TELECOM Hydrophon *nt*
hydroplane *n* AIR TRANS Wasserflugzeug *nt*, WATER TRANS Gleitboot *nt*, Tiefenruder *nt*, Wasserflugzeug *nt*
hydropneumatic: ~ **accumulator** *n* MECHAN ENG hydropneumatischer Speicher *m*, PROD ENG Druckluftakkumulator *m*, pneumohydraulischer Flüssigkeitsspeicher *m*; ~ **brake** *n* AUTO hydropneumatische Bremse *f*; ~ **suspension** *n* AUTO hydropneumatische Aufhängung *f*
hydropropanamide *n* CHEMISTRY Lactamid *nt*
hydropropanenitrile *n* CHEMISTRY Lactonitril *nt*, Milchsäurenitril *nt*
hydroquinone *n* CHEMISTRY Hydrochinon *nt*
hydroracking *n* PET TECH hydrierende Spaltung *f*
hydroscience *n* WATER SUP Gewässerwissenschaft *f*
hydrosilicate *n* CHEMISTRY Hydrosilicat *nt*, wasserhaltiges Silicat *nt*
hydroskimmer *n AmE (cf hovercraft BrE)* WATER TRANS LKF, Luftkissenboot *nt*, Luftkissenfahrzeug *nt*
hydrosol *n* CHEMISTRY Hydrosol *nt*
hydrosphere *n* POLL Hydrosphäre *f*
hydrostatic[1] *adj* MECHAN ENG, PHYS hydrostatisch
hydrostatic:[2] ~ **balance** *n* FLUID PHYS hydrostatisches Gleichgewicht *nt*; ~ **bearing** *n* MECHAN ENG hydrostatisches Lager *nt*, MECHANICS hydrostatische Lagerung *f*; ~ **curves** *n pl* WATER TRANS *ship design* Formkurven *f pl*; ~ **equilibrium** *n* THERMODYN hydrostatisches Gleichgewicht *nt*; ~ **head** *n* PET TECH hydrostatische Höhe *f*; ~ **lubrication** *n* MECHAN ENG hydrostatische Schmierung *f*; ~ **pressure** *n* COAL TECH, FLUID PHYS hydrostatischer Druck *m*, HEAT & REFRIG Flüssigkeitsdruck *m*, hydrostatischer Druck *m*, PET TECH hydrostatischer Druck *m*; ~ **stress** *n* METALL hydrostatische Spannung *f*; ~ **transmission** *n* MECHANICS hydrostatische Übertragung *f*
hydrostatics *n* CONST, FLUID PHYS, MECHAN ENG, MECHANICS, PHYS, WATER SUP Hydrostatik *f*
hydrosulfate *n AmE see hydrosulphate BrE*
hydrosulfide *n AmE see hydrosulphide BrE*
hydrosulfite *n AmE see hydrosulphite BrE*
hydrosulfurous: ~ **acid** *n AmE see hydrosulphurous acid BrE*
hydrosulphate *n BrE* CHEMISTRY Hydrogensulfat *nt*
hydrosulphide *n BrE* CHEMISTRY Hydrosulfid *nt*, Hydrogensulfid *nt*, Thioalkohol *m*, Thiol *nt*
hydrosulphite *n BrE* CHEMISTRY Hydrogensulfit *nt*, Natriumhydrosulfit *nt*
hydrosulphurous: ~ **acid** *n BrE* CHEMISTRY Dischwefelsäure *f*
hydrotests *n* MECHANICS Wasserdurchprüfung *f*
hydrothermal: ~ **processes** *n* FUELLESS hydrothermale Prozesse *m pl*
hydroturbine *n* FUELLESS, MECHAN ENG, THERMODYN Wasserturbine *f*
hydrous *adj* CHEMISTRY hydratisch, hydratisiert, hydriert
hydroxonium: ~ **ion** *n* CHEMISTRY Hydroniumion *nt*
hydroxybarbituric: ~ **acid** *n* CHEMISTRY Dialursäure *f*, Hydroxybarbitursäure *f*, Tartronylharnstoff *m*
hydroxycarboxylic: ~ **acid** *n* CHEMISTRY Hydroxycarbonsäure *f*
hydroxydimethylbenzene *n* CHEMISTRY Dimethylhydroxybenzol *nt*, Xylenol *nt*
hydroxyethylcellulose *n* PET TECH Hydroxyethylzellulose *f*
hydroxyindole *n* CHEMISTRY Hydroxyindol *nt*, Indolol *nt*, Indoxyl *nt*
hydroxyl: ~**-free glass** *n* CER & GLAS hydroxylfreies Glas *nt*
hydroxylated *adj* FOOD TECH hydroxyliert
hydroxynaphthoquinone *n* CHEMISTRY Hydroxynaphthochinon *nt*, Juglon *nt*
hygrometer *n* HEAT & REFRIG, INSTR Hygrometer *nt*, Luftfeuchtigkeitsmesser *m*, LAB EQUIP *humidity* Luftfeuchtigkeitsmesser *m*, MECHAN ENG, PET TECH, PHYS, THERMODYN Hygrometer *nt*, Luftfeuchtigkeitsmesser *m*
hygrometry *n* HEAT & REFRIG Luftfeuchtigkeitsmessung *f*, WATER SUP Hygrometrie *f*
hygroscope *n* PHYS Feuchteanzeiger *m*
hygroscopic *adj* CONST hygroskopisch, wasseraufnehmend, MECHANICS hygroskopisch, PHYS feucht, feuchtehaltig, WATER SUP hygroskopisch
hyocholic *adj* CHEMISTRY Hyochol- *pref*
hyoscine *n* CHEMISTRY Hyoscin *nt*, Scopolamin *nt*
hyperabrupt: ~ **junction** *n* ELECTRON hyperabrupter Übergang *m*; ~ **varactor diode** *n* PHYS schnelle Kapazitätsdiode *f*
hyperacidity *n* FOOD TECH Übersäuerung *f*
hyperballistic *adj* SPACE hyperballistisch
hyperbaric: ~ **chamber** *n* PET TECH Überdruckkammer *f*
hyperbola *n* GEOM Hyperbel *f*
hyperbolic[1] *adj* GEOM hyperbolisch
hyperbolic:[2] ~ **geometry** *n* GEOM hyperbolische Geome-

trie *f*, nicht euklidische Geometrie der 1. Art *f*; **~ navigation** *n* WATER TRANS Hyperbelnavigation *f*; **~ orbit** *n* SPACE Hyperbelorbit *m*; **~ position-fixing system** *n* WATER TRANS *navigation* Hyperbelverfahren zur Positionsbestimmung *nt*; **~ space** *n* GEOM hyperbolischer Raum *m*; **~ spiral** *n* GEOM hyperbolische Spirale *f*

hyperbolical: **~ gear** *n* MECHAN ENG Hyperboloidgetriebe *nt*; **~ wheels** *n pl* MECHAN ENG Hyperbelräder *nt pl*

hyperboloid *n* GEOM Hyperboloid *nt*

hypercardioid: **~ microphone** *n* ACOUSTICS Hyperkardioid-Mikrofon *nt*

hypercharge *n* PHYS Hyperladung *f*

hypereutectic *adj* METALL hypereutektisch

hypereutectoid: **~ steel** *n* METALL hypereutektoidischer Stahl *m*

hyperfine: **~ quantum number** *n (F)* NUC TECH hyperfeine Quantenzahl *f (F)*; **~ structure** *n* PHYS, RAD PHYS Hyperfeinstruktur *f*

hypergol *n* SPACE *spacecraft* Hypergol- *pref*

hypergolic[1] *adj* SPACE *spacecraft* hypergolisch

hypergolic:[2] **~ ignition** *n* SPACE *spacecraft* spontane Selbstentzündung *f*; **~ property** *n* SPACE hypergolische Eigenschaft *f*

hyperon *n* PART PHYS, PHYS Hyperon *nt*

hyperoxide *n* CHEMISTRY Hyperoxid *nt*, Superoxid-Ion *nt*

hyperplane *n* GEOM Hyperebene *f*

hypersonic[1] *adj* SPACE Ultraschall- *pref*

hypersonic:[2] **~ aircraft** *n* AIR TRANS Überschallflugzeug *nt*; **~ flow** *n* FLUID PHYS Hyperschallströmung *f*; **~ speed** *n* PHYS Ultraschallgeschwindigkeit *f*, PROD ENG Überschallgeschwindigkeit *f*

hypersurface *n* GEOM Hyperfläche *f*

hypertext *n* COMP & DP Hypertext *m*

hyperthermal: **~ fields** *n* FUELLESS hyperthermische Felder *nt pl*

hyphen *n* PRINT Bindestrich *m*, Trennungsstrich *m*

hyphenation: **~ and justification** *n (h&j)* PRINT Trennen und Ausschließen *nt*; **~ program** *n* PRINT Silbentrennungsprogramm *nt*, Trennprogramm *nt*

hyphoid: **~ teeth** *n* PROD ENG Bogenverzahnung *f*

hypochlorite *n* CHEMISTRY Hypochlorit *nt*

hypochlorous: **~ acid** *n* CHEMISTRY Hypochlorsäure *f*, hypochlorige Säure *f*

hypocycloid *n* GEOM Hypozykloide *f*

hypoeutectic *adj* METALL hypoeutektisch

hypoid: **~ bevel gear** *n* MECHAN ENG, MECHANICS Hypoidkegelrad *nt*; **~ bevel gearing** *n* AUTO Hypoidkegelgetriebe *nt*; **~ bevel gears** *n pl* MECHAN ENG Hypoidgetriebe *nt*, Hypoidkegelschraubgetriebe *nt*; **~ gear** *n* MECHAN ENG Hypoidrad *nt*; **~ gearing** *n* AUTO Hypoidgetriebe *nt*

hyponitrite *n* CHEMISTRY Hyponitrit *nt*

hypophosphate *n* CHEMISTRY Hypophosphat *nt*

hypophosphoric *adj* CHEMISTRY Hypodiphosphor- *pref*

hypophosphorous *adj* CHEMISTRY hypophosphorisch, unterphosphorisch

hyposulfite *n AmE*, **hyposulphite** *n BrE* CHEMISTRY Dithionit *nt*

hypotenuse *n* GEOM Hypotenuse *f*

hypothermia *n* WATER TRANS Hypothermie *f*, Unterkühlung *f*

hypothesis:[1] **~-driven** *adj* ART INT hypothesengesteuert, hypothesengetrieben

hypothesis[2] *n* ART INT Hypothese *f*; **~ generation** *n* ART INT Hypothesenbildung *f*, Hypothesengenerierung *f*

hypothetical: **~ reference connection** *n (HRC)* TELECOM Bezugsverbindung *f*

hypotonic *adj* CHEMISTRY hypotonisch

hypotrochoid *n* GEOM Hypotrochoide *f*

hypoxanthine *n* CHEMISTRY Hypoxanthin *nt*, Sarkin *nt*

hypsometer *n* PHYS Siedebarometer *nt*

hystazarin *n* CHEMISTRY Hystazarin *nt*

hysteresis *n* ELEC ENG, ELECT *magnetic material, mechanical* Hysterese *f*, MECHAN ENG Hysterese *f*, Hysteresis *f*, METALL, PHYS, PLAS Hysterese *f*, RAD TECH Hysteresekurve *f*, RECORD, TELEV Hysterese *f*; **~ coefficient** *n* ELECT *magnetization* Hystereseverlustzahl *f*; **~ error** *n* AIR TRANS *altimeter* Hysteresefehler *m*; **~ loop** *n* ELEC ENG, ELECT *magnetic, mechanical*, MECHAN ENG, METALL, PHYS, PLAS Hystereseschleife *f*; **~ loss** *n* ELEC ENG, PLAS Hystereseverlust *m*; **~ motor** *n* ELEC ENG Hysteresismotor *m*

Hz *abbr (hertz)* ELEC ENG, ELECT, METROL, PHYS, RAD TECH, TELEV Hz *(Hertz)*

I

I [1] *abbr* ACOUSTICS *(intensity)*, ELECT *(intensity)* I *(Intensität)*, ELECT *(electric current)* I *(elektrischer Strom)*, NUC TECH *(energy flux density)* I *(Energieflußdichte)*, NUC TECH *(nuclear spin quantum number)* I *(nukleare Spinquantenzahl)*, OPT *(intensity)* I *(Intensität)*, PHYS *(electric current)*, TELECOM *(electric current)* I *(elektrischer Strom)*

I :[2] ~ **axis** *n* TELEV I-Achse *f*; ~ **beam** *n* METALL Doppel-T-Träger *m*, I-Träger *m*; ~ **demodulator** *n* TELEV I-Demodulator *m*

I [3] *(iodine)* CHEMISTRY I *(Jod)*

IAR *abbr (instruction address register)* COMP & DP Befehlsadreßregister *nt*

IAS *abbr* AIR TRANS *(indicated airspeed)* angezeigte Fluggeschwindigkeit *f*, COMP & DP *(immediate access store)* Schnellspeicher *m*

I-beam *n* CONST Doppel-T-Träger *m*, I-Träger *m*, PROD ENG Doppel-T-Träger *m*

IBG *abbr (interblock gap)* COMP & DP Blockzwischenraum *m*, Zwischenraum zwischen zwei Bandblöcken *m*

IC *abbr (integrated circuit)* COMP & DP, CONTROL IS *(integrierte Schaltung)*, ELECT IS *(integrierter Schaltkreis)*, ELECTRON, PHYS IS *(integrierte Schaltung)*, RAD TECH IS *(integrierter Schaltkreis)*, TELECOM IS *(integrierte Schaltung)*

ICAO *abbr (International Civil Aviation Organization)* AIR TRANS ANC *(Luftfahrt-Navigationsausschuß)*

ICAS *abbr (Intermittent Commercial and Amateur Services)* RAD TECH ICAS *(Kommerzieller und Amateurfunkdienst)*

ICB *abbr (incoming-calls-barred)* TELECOM ankommende Anrufe gesperrt, ankommender Zugang verhindert

ice:[1] ~**-cold** *adj* THERMODYN eiskalt

ice[2] *n* THERMODYN Eis *nt*; ~ **accretion** *n* WATER SUP Vereisung *f*; ~ **condenser** *n* HEAT & REFRIG, NUC TECH Eiskondensator *m*; ~ **cube** *n* THERMODYN Eiswürfel *m*; ~ **detector** *n* AIR TRANS, WATER TRANS Vereisungswarngerät *nt*; ~ **detector relay** *n* AIR TRANS, WATER TRANS Vereisungsanzeigerrelais *nt*; ~ **floe** *n* WATER TRANS Eisscholle *f*; ~ **guard** *n* AIR TRANS, WATER TRANS Eisbrecher *m*; ~ **lens** *n* COAL TECH Eislinse *f*; ~**-making compartment** *n* MECHAN ENG *of refrigerator* Eisfach *nt*; ~**-making machine** *n* THERMODYN Eismaschine *f*; ~**-making plant** *n* THERMODYN *factory* Eisfabrik *f*; ~ **pack** *n* AIR TRANS, WATER TRANS Eispack *nt*; ~**-patterned glass** *n* CER & GLAS Eisblumenglas *nt*; ~ **point** *n* HEAT & REFRIG Eispunkt *m*, Frostpunkt *m*, PHYS Eispunkt *m*; ~ **probe** *n* AIR TRANS, WATER TRANS Eismeßfühler *m*; ~ **target** *n* NUC TECH Eistarget *nt*; ~**-warning sign** *n* AIR TRANS, WATER TRANS Eiswarnzeichen *nt*

icebound *adj* WATER TRANS *ship port* eingefroren, eisbehindert

icebreaker *n* WATER TRANS *ship* Eisbrecher *m*

icebreaking: ~ **cargo ship** *n* TRANS Eisbrecherfrachtschiff *nt*; ~ **oil tanker** *n* TRANS Eisbrechertanker *m*

icing *n* AIR TRANS Vereisung *f*, FOOD TECH Glasur *f*, Zuckerguß *m*, WATER TRANS Vereisung *f*; ~ **probe** *n* AIR TRANS, WATER TRANS Vereisungsmeßfühler *m*

icon *n* COMP & DP Piktogramm *nt*, *in graphics interface* Symbol *nt*

iconoscope *n* ELECTRON Ikonoskop *nt*

icosahedral *adj* GEOM ikosaedrisch, zwanzigflächig

icosahedron *n* GEOM *solid having 20 faces* Ikosaeder *nt*, Zwanzigflächner *m*

icosane *n* CHEMISTRY Icosan *nt*

ICRP *abbr (International Commission on Radiological Protection)* RAD PHYS ICRP *(Internationale Strahlenschutzkommission)*

icy *adj* THERMODYN eisig

ID *abbr (inner diameter, inside diameter)* MECHAN ENG, MECHANICS, PROD ENG Innendurchmesser *m*

IDA *abbr (integrated digital access)* COMP & DP integrierter Digitalzugriff *m*

IDD *abbr (international direct dialing AmE, international direct dialling BrE)* TELECOM Auslandsfernwahl *f*, ISW *(internationale Selbstwahl)*

IDDD *abbr (international direct distance dialing AmE, international direct distance dialling BrE)* TELECOM Auslandsfernwahl *f*, ISW *(internationale Selbstwahl)*

ideal: ~ **bunching** *n* ELECTRON ideale Phasenfokussierung *f*; ~ **conditions** *n pl* TRANS Idealbedingungen *f pl*, theoretische Bedingungen *f pl*; ~ **filter** *n* ELECTRON ideales Filter *nt*; ~ **gas** *n* PHYS, THERMODYN ideales Gas *nt*; ~ **mixture ratio** *n* AUTO theoretisches Kraftstoff-Luft-Verhältnis *nt*, theoretisches Mischungsverhältnis *nt*; ~ **rectifier** *n* ELEC ENG Idealgleichrichter *m*; ~ **transformer** *n* ELEC ENG Idealtransformator *m*; ~ **velocity** *n* FUELLESS Idealgeschwindigkeit *f*

identification *n* ACOUSTICS Erkennung *f*, COMP & DP Ermittlung *f*, ID, Identifikation *f*, Kennung *f*, CONTROL Erkennung *f*, Kennung *f*, MECHAN ENG Identifikation *f*, QUAL Kennzeichen *nt*; ~ **beacon** *n* AIR TRANS Kennfeuer *nt*; ~ **character** *n* COMP & DP Identifikationskennzeichen *nt*; ~ **code** *n* COMP & DP Identifikationscode *m*; ~ **of contents** *n* SAFETY *industrial gas containers* Inhaltskennzeichnung *f*; ~ **division** *n* COMP & DP *programming language* Erkennungsteil *nt*; ~ **of hazards** *n* SAFETY Gefahrenkennzeichnung *f*; ~ **light** *n* AIR TRANS Kennlicht *nt*; ~ **marking of dimensions** *n* ENG DRAW Maßkennzeichen *nt*; ~ **signal** *n* TELEV Kennung *f*

identified: ~ **resources** *n pl* FUELLESS identifizierte Quellen *f pl*

identifier *n* COMP & DP Bezeichner *m*, Identifizierer *m*, Kennzeichen *nt*, Kennung *f*; ~ **word** *n* COMP & DP Kennwort *nt*

identify *vt* COMP & DP angeben, antippen, identifizieren, bezeichnen, kennzeichnen, CONTROL erkennen

identifying: ~ **marking** *n* QUAL Kennzeichnung *f*

identity *n* COMP & DP Identifikation *f*, Identifizierung *f*, MATH Identität *f*, identische Gleichheit *f*; ~ **card** *n* QUAL Identkarte *f*; ~ **element** *n* MATH *unchanged by* *any operation to it* Einheitselement *nt*, Eins-Element *nt*; **~ matrix** *n* MATH Einheitsmatrix *f*; **~ number** *n* QUAL Identnummer *f*; **~ vector** *n* MATH Einheitsvektor *m*

ideogram *n* COMP & DP Ideogramm *nt*

IDF *abbr (intermediate distribution frame)* TELECOM Zwischenverteiler *m*

idiomorphic: **~ crystal** *n* METALL idiomorpher Kristall *m*

idite *n* CHEMISTRY Idit *nt*, Iditol *nt*

iditol *n* CHEMISTRY Idit *nt*, Iditol *nt*

idle[1] *adj* TELECOM frei, unbelegt, unbesetzt

idle:[2] **~ adjustment screw** *n* AUTO *carburettor* Leerlaufstellschraube *f*; **~ character** *n* COMP & DP Leerzeichen *nt*, nicht darstellbares Zeichen *nt*; **~ component** *n* ELEC ENG Blindkomponente *f*, ELECT *reactive component, wattless component* Leerlaufkomponente *f*; **~ condition** *n* COMP & DP Freizustand *m*, Leerlaufzustand *m*; **~ current** *n* COMP & DP Leerlaufstrom *m*, Ruhestrom *m*, ELECT *reactive current* Blindstrom *m*, Leerlaufstrom *m*, wattloser Strom *m*; **~ gear** *n* AUTO *gearbox*, PROD ENG Zwischenrad *nt*; **~ insertion** *n* COMP & DP Leerzeicheneinfügung *f*; **~ jet** *n* AUTO *carburettor* Leerlaufdüse *f*; **~ and low speed circuit** *n* AUTO Stromkreis für Leerlauf und niedrige Drehzahlen *m*; **~ mode** *n* CONTROL Leerlaufmodus *m*, Leerlaufbetrieb *m*; **~ pass** *n* PROD ENG *rolling* tote Bewegung *f*; **~ period** *n* ELECTRON *in gas discharge lamps* Sperrzeit *f*; **~ power** *n* MECHAN ENG Leerlaufleistung *f*; **~ pulley** *n* MECHAN ENG bewegliche Rolle *f*, lose Rolle *f*, PROD ENG Leitrolle *f*; **~ roll** *n* PROD ENG Stützwalze *f*; **~ roller** *n* TELEV Schleppwalze *f*; **~ shipping** *n* WATER TRANS *sea trade* aufgelegte Tonnage *f*; **~ speed** *n* MECHAN ENG *of motor vehicle* Leerlauf *m*; **~ state** *n* TELECOM Freizustand *m*, Ruhezustand *m*; **~ stroke** *n* MECHAN ENG *of engine* Leerhub *m*; **~ throttle stop** *n* AIR TRANS Leerlaufdrosselanschlag *m*; **~ time** *n* COMP & DP Leerlaufzeit *f*; **~ wheel** *n* MECHAN ENG Zwischenrad *nt*; **~-working channel** *n* TELECOM *land mobile* freier Betriebskanal *m*

idle[3] *vi* AUTO *engine* im Leerlauf laufen, MECHANICS, PROD ENG leerlaufen

idler *n* MECHAN ENG Spannrolle *f*, *guide pulley* Leitrolle *f*, MECHAN ENG *gearwheel placed between two others* Zwischenrad *nt*, MECHANICS Führungswelle *f*, Leerlauf *m*, Vorlegezahnrad *nt*, PROD ENG Leerlaufrolle *f*, Riemenspannrolle *f*, TELEV Spannrolle *f*; **~ arm** *n* AUTO Lenkzwischenhebel *m*; **~ frequency** *n* ELECTRON, RAD TECH, TELECOM Idler-Frequenz *f*; **~ gear** *n* PROD ENG Zwischenrad *nt*; **~ impeller** *n* PROD ENG angetriebene Spindel *f*; **~ sprocket** *n* PROD ENG Spannkettenrad *nt*; **~ wheel** *n* MECHAN ENG, PROD ENG Zwischenrad *nt*

idling[1] *adj* ELECT leerlaufend

idling[2] *n* AUTO *engine* Leerlauf *m*; **~ power** *n* MECHAN ENG Leerlaufleistung *f*; **~ speed** *n* MECHANICS Leerlaufdrehzahl *f*

idonic *adj* CHEMISTRY Idon- *pref*

idosaccharic *adj* CHEMISTRY Idozucker- *pref*

idose *n* CHEMISTRY Idose *f*

IF[1] *abbr (intermediate frequency)* ELECTRON, RAD TECH, TELECOM Zf *(Zwischenfrequenz)*

IF:[2] **~ amplification** *n* ELECTRON Zf-Verstärkung *f*; **~ amplifier** *n* ELECTRON Zf-Verstärker *m*; **~ breakthrough** *n* RAD TECH Zf-Durchschlag *m*; **~ harmonic** *n* RAD TECH Zf-Oberwelle *f*; **~ rejection** *n* ELECTRON Zf-Unterdrückung *f*; **~ signal** *n* ELECTRON Zf-Signal *nt*; **~ stage** *n* ELECTRON Zf-Stufe *f*

IFM *abbr (intermediate frequency modulation)* ELECTRON, RAD TECH, TELECOM Zfm *(Zwischenfrequenzmodulation)*

IFR *abbr (instrument flight rules)* AIR TRANS IFR *(Instrumentenflugregeln)*

IFRB *abbr (International Frequency Registration Board)* SPACE IFRB *(Internationale Frequenz-Zuweisungsbehörde)*

IGFET *abbr (insulated gate field-effect transistor)* ELECTRON, RAD TECH IGFET *(Isolierschicht-Feldeffekttransistor)*

I-girder *n* CONST vollwandiger Träger *m*

igloo: **~ container** *n* AIR TRANS Iglu-Container *m*

IGN *abbr (international gateway node)* TELECOM Auslands-Kopfvermittlungsstelle *f*

igneous: **~ rocks** *n* FUELLESS Ergußgestein *nt*, Vulkanit *m*

ignitability *n* CHEMISTRY Entflammbarkeit *f*, Entzündlichkeit *f*

ignite *vt* NUC TECH *plasma* zünden, POLL entzünden, SPACE *spacecraft* zünden

igniter *n* ELECT, MECHAN ENG, SPACE Zünder *m*

ignition *n* AIR TRANS, AUTO, ELEC ENG *gas tube*, ELECT *internal-combustion engine, gas turbine, boiler*, MECHAN ENG Zündung *f*, PLAS Entzünden *nt*, SPACE Zündung *f*; **~ advance** *n* AIR TRANS Frühzündung *f*; **~ capacitor** *n* AUTO Zündkondensator *m*; **~ circuit** *n* SPACE Zündkreis *m*; **~ coil** *n* AIR TRANS, AUTO, ELEC ENG, ELECT *for internal-combustion engine* Zündspule *f*; **~ device** *n* HEAT & REFRIG Zündvorrichtung *f*; **~ distributor** *n* AUTO, MECHAN ENG Zündverteiler *m*; **~ experiment** *n* NUC TECH Entzündungsexperiment *nt*, Zündexperiment *nt*; **~ generator** *n* AIR TRANS Zünddynamo *m*; **~ harness** *n* AIR TRANS Zündverteileranlage *f*; **~ key** *n* AUTO Zündschlüssel *m*; **~ loss** *n* COAL TECH, POLL Glühverlust *m*; **~ magneto** *n* AUTO Zündmagnet *m*; **~ plug** *n* AUTO Zündkerze *f*, Zündstecker *m*, MECHANICS Zündkerze *f*; **~ point** *n* AUTO, MECHANICS Zündzeitpunkt *m*, PET TECH, PHYS Zündpunkt *m*; **~ setting** *n* AUTO Zündeinstellung *f*; **~ starter switch** *n* AUTO Zündschalter *m*; **~ switch** *n* AUTO Zündschalter *m*; **~ temperature** *n* MECHAN ENG Zündtemperatur *f*; **~ timing** *n* AUTO Zündeinstellung *f*; **~ transformer** *n* ELEC ENG Zündtransformator *m*

ignitor *n* ELEC ENG Zündstift *m*

ignitron *n* ELEC ENG Ignitronröhre *f*, Zündstiftröhre *f*, ELECT Ignitron *nt*, Quecksilberdampf-Gleichrichterröhre *f*; **~ locomotive** *n* RAIL Ignitronlokomotive *f*

ignoble *adj* PROD ENG unedel

ignore: **~ character** *n* COMP & DP Ungültigkeitszeichen *nt*

I-head: **~ valve train** *n* AUTO Ventilsteuerung beim OHV-Motor *f*

IHS *abbr (integrated home system)* COMP & DP integrierte Quellenfindung *f*

IIR[1] *abbr (infinite impulse response)* ELECTRON IIR *(unbegrenztes Ansprechen auf Impuls)*

IIR:[2] **~ digital filter** *n* TELECOM IIR-Digitalfilter *nt*; **~ filter** *n* TELECOM IIR-Filter *nt*, rekursives Filter *nt*

I^{2}L *abbr (integrated injection logic)* ELECTRON I^{2}L-Logik *f (integrierte Injektionslogik)*

ILD *abbr (injection laser diode)* OPT, TELECOM Injektionslaserdiode *f*

illegal: **~ barging of spent acid** *n* POLL illegale Dünnsäureverklappung *f*; **~ character** *n* COMP & DP unzulässiges

Zeichen *nt*; ~ **dumping** *n* WASTE, WATER SUP wilde Ablagerung *f*; ~ **dump site** *n* WASTE Müllkippe *f*; ~ **instruction** *n* COMP & DP unzulässige Instruktion *f*, unzulässiger Befehl *m*; ~ **operation** *n* COMP & DP unzulässige Operation *f*

illegible *adj* PRINT unleserlich

illite *n* COAL TECH, PET TECH Illit *m*

illuminance *n* ERGON Beleuchtungsstärke *f*, PHYS Beleuchtung *f*

illuminated[1] *adj* TELECOM *fibre optic* leuchtend

illuminated:[2] ~ **body** *n* OPT Leuchtkörper *m*; ~ **dial** *n* PHOTO beleuchtete Einstellscheibe *f*; ~ **magnifier** *n* PROD ENG Leuchtlupe *f*; ~ **source** *n* RAD PHYS Sekundärlichtquelle *f*

illuminating: ~ **apparatus** *n* LAB EQUIP *lighting* Belichtungsapparat *m*, *microscope* Leuchtgerät *nt*; ~ **source** *n* RAD PHYS Primärlichtquelle *f*

illumination *n* ELEC ENG *luminous flux intensity* Beleuchtungsstärke *f*, *of target* Ausleuchtung *f*, ELECT *photometry* Beleuchtungsstärke *f*, Illumination *f*, ERGON Beleuchtungsstärke *f*, METALL Beleuchtung *f*; ~ **efficiency** *n* SPACE *communications* Ausleuchtungswirkungsgrad *m*

illustrate *vt* PRINT bebildern, illustrieren

illustration *n* PRINT Abbildung *f*, Illustration *f*

ILS *abbr (instrument landing system)* AIR TRANS ILS *(Blindfluglandesystem durch Eigenpeilung)*, SPACE ILS *(Instrumentenlandesystem)*

IM *abbr* PACK *(injection molding AmE, injection moulding BrE)*, PLAS *(injection molding AmE, injection moulding BrE)* IM *(Injection-Moulding)*, PLAS *(injection molding AmE, injection moulding BrE) rubber* IM *(Spritzgießmaschine)*, PROD ENG *(injection molding AmE, injection moulding BrE)* IM *(Injection-Moulding)*, TELECOM *(interface module)* Schnittstellenmodul *nt*

image[1] *n* CER & GLAS Bild *nt*, COMP & DP Abbild *nt*, Wiedergabe *f*, Abbildung *f*, ERGON Abbild *nt*, Bild *nt*, PHOTO, PHYS, PRINT Bild *nt*, PROD ENG Plan *m*, RAD TECH Bild *nt*, Radarbild *nt*; ~ **analyser** *n BrE* TELECOM Bildabtaster *m*; ~ **analysis** *n* ART INT Bildanalyse *f*, TELECOM Bildabtastung *f*; ~ **analyzer** *n AmE see image analyser BrE* ~ **area** *n* COMP & DP Abbildbereich *m*; ~ **attenuation coefficient** *n* ELECTRON Wellendämpfungskoeffizient *m*; ~ **carrier** *n* COMP & DP Abbildträger *m*, TELEV Bildträger *m*; ~ **compression** *n* ELECTRON Bildverdichtung *f*; ~ **contraction** *n* TELEV Bildzusammenziehung *f*; ~ **control coil** *n* TELEV Bildsteuerspule *f*; ~ **conversion** *n* ELECTRON Bildumsetzung *f*, TELECOM Bildwandlung *f*; ~ **converter** *n* ELECTRON *video* Bildwandler *m*; ~ **converter tube** *n* ELECTRON Bildwandlerröhre *f*; ~ **digitization** *n* ELECTRON Bilddigitalisierung *f*, Bilderfassung *f*; ~ **digitizer** *n* ELECTRON Bilddigitalisierer *m*; ~ **dislocation** *n* METALL Bildversetzung *f*; ~ **display** *n* RAD TECH Bilddarstellung *f*; ~ **dissector** *n* TV Bildsondenröhre *f*; ~ **enhancement** *n* ELECTRON Bildverstärkung *f*, TELEV Bildverbesserung *f*; ~ **enhancement tube** *n* ELECTRON Bildverstärkerröhre *f*; ~ **enhancer** *n* TELEV Bildverstärker *m*; ~ **file** *n* COMP & DP, ELECTRON Bilddatei *f*; ~ **flicker** *n* TELEV Bildflackern *nt*; ~ **frequency** *n* ELECTRON, TELEV Bildfrequenz *f*, Spiegelfrequenz *f*; ~ **frequency interference** *n* ELECTRON, TELEV Spiegelfrequenzstörung *f*; ~ **iconoscope** *n* ELECTRON Superikonoskop *nt*, Zwischenbildikonoskop *nt*; ~ **impedance** *n* ACOUSTICS Wellenwiderstand *m*, ELEC ENG Kennwiderstand *m*, Wellenwiderstand *m*, PHYS Wellenwiderstand *m*; ~ **intensifier** *n* ELECTRON Bildverstärker *m*, *X-ray* Bildverstärker *m*, TELEV Bildverstärker *m*; ~ **intensifier tube** *n* TELEV Bildverstärkerröhre *f*; ~ **interference** *n* TELEV Bildstörung *f*; ~ **lag** *n* TELEV Bildnachlauf *m*; ~ **orthicon** *n* ELECTRON Superorthikon *nt*, Zwischenbildorthikon *nt*; ~ **phase-change coefficient** *n* ELECTRON Bildphasenwinkel-Koeffizient *m*; ~ **processing** *n* ART INT Bildverarbeitung *f*, COMP & DP Abbildverarbeitung *f*, ELECTRON, RAD TECH, TELECOM Bildverarbeitung *f*; ~ **projection** *n* ELECTRON *lithography* Bildprojektion *f*; ~ **reactor** *n* NUC TECH Bildreaktor *m*; ~ **recognition** *n* ART INT Bilderkennen *nt*; ~ **refreshing** *n* COMP & DP Abbild-Aktualisierung *f*; ~ **restoration** *n* COMP & DP Abbild-Wiederherstellung *f*; ~ **retention** *n* TELEV Bildkonservierung *f*; ~ **scanner** *n* TELEV Bildscanner *m*; ~ **sensor** *n* TELECOM Bildaufnehmer *m*; ~ **sequence** *n* TELECOM Bildfolge *f*, Bildsequenz *f*; ~ **signal** *n* ELECTRON Bildsignal *nt*; ~ **storage** *n* ELEC ENG Bildspeicherung *f*, ELECTRON Bildspeicher *m*; ~ **storage tube** *n* ELECTRON Bildspeicherröhre *f*; ~ **synthesis** *n* ART INT Bildsynthese *f*; ~ **transfer** *n* TELECOM Bildtransfer *m*; ~ **transfer coefficient** *n* ELECTRON Wellenübertragungsmaß *nt*; ~ **transfer exponent** *n* ACOUSTICS Vierpolübertragungsmaß *nt*, Wellenübertragungsmaß *nt*, Übertragungsmaß *nt*; ~ **transmission** *n* TELECOM Bildübertragung *f*; ~ **understanding** *n (IU)* ART INT Bildverstehen *nt*, Bildverständnis *nt (BV)*; ~ **and waveform monitor** *n* TELEV Kontrollmonitor *m*

image[2] *vt* COMP & DP abbilden, als Abbild wiedergeben

imager *n* COMP & DP Bildwandler *m*

imaginary: ~ **intersection** *n* ENG DRAW Lichtkante *f*; ~ **number** *n* MATH *square root of negative number* imaginäre Zahl *f*; ~ **unit i** *n* MATH imaginäre Einheit i *f*

imaging *n* ELECTRON Bildsynthese *f*; ~ **array** *n* ELECTRON Bildsynthese-Anordnung *f*; ~ **chip** *n* ELECTRON Bildsynthese-Chip *m*; ~ **mechanism** *n* OPT Abbildungsmechanismus *m*; ~ **system** *n* OPT Abbildungssystem *nt*

imbalance *n* PROD ENG Unwucht *f*

imbibe *vt* CHEMISTRY *liquids* aufnehmen

IMD *abbr (intermodulation distortion)* ELECTRON IMD *(Zwischenmodulationsverzerrung)*, RAD TECH, RECORD IMD *(Intermodulationsverzerrung)*

IMEI *abbr (international mobile station equipment identity)* TELECOM internationale Gerätekennung *f*

Imhoff: ~ **sedimentation cone** *n* LAB EQUIP Sedimentiergefäß nach Imhoff *nt*; ~ **tank** *n* WASTE Imhoffbrunnen *m*

imide *n* CHEMISTRY Imid *nt*, acyclisches Diacylamin *nt*, acyclisches Säureamid *nt*

imido *n* CHEMISTRY Imido- *pref*; ~ **group** *n* CHEMISTRY Imidogruppe *f*

imidoxanthine *n* CHEMISTRY Imidoxanthin *nt*

imine *n* CHEMISTRY Alkylenimin *nt*

imitation: ~ **chromoboard** *n* PACK Kunstchromopapier *nt*

imitative: ~ **deception** *n* ELECTRON Täuschung durch Nachahmung *f*

immaterial *adj* PROD ENG stoffrei

immediate: ~ **access** *n* COMP & DP Schnellzugriff *m*, unmittelbarer Zugriff *m*; ~ **access store** *n (IAS)* COMP & DP Schnellspeicher *m*; ~ **address** *n* COMP & DP direkte Adresse *f*, unmittelbare Adresse *f*; ~ **address-**

ing *n* COMP & DP unmittelbare Adressierung *f*; **~ cancel** *n* COMP & DP direkter Abbruch *m*; **~ data** *n* COMP & DP Direktdaten *nt pl*; **~ instruction** *n* COMP & DP Direktbefehl *m*; **~ mode** *n* COMP & DP Direktmodus *m*; **~ processing** *n* COMP & DP unmittelbare Verarbeitung *f*

immerse *vt* PAPER eintauchen

immersed *adj* PHYS eingetaucht

immersing: **~ bath** *n* PROD ENG Tauchbad *nt*

immersion *n* CHEMISTRY Eintauchen *nt*, Immersion *f*, GEOM *topology* Einbettung *f*, PAPER Eintauchen *nt*; **~ cell** *n* INSTR Eintauchmeßzelle *f*, Tauchzelle *f*; **~ coating** *n* PACK Tauchen *nt*; **~ electron lens** *n* TELEV Immersionslinse *f*; **~ freezing** *n* PACK Taucheinfrieren *nt*; **~ heater** *n* ELEC ENG Tauchheizkörper *m*, Tauchsieder *m*, ELECT Tauchsieder *m*, HEAT & REFRIG Heizstab *m*, Tauchsieder *m*, LAB EQUIP, MECHAN ENG *household appliance*, MECHANICS Tauchsieder *m*; **~ lens** *n* LAB EQUIP *microscope* Immersionslinse *f*; **~ muffle** *n* CER & GLAS Tauchmuffel *f*; **~ objective** *n* METALL Immersionsobjektiv *nt*, PHYS Eintauchobjektiv *nt*; **~ oil** *n* METALL Tauchöl *nt*; **~ painting** *n* PACK Tauchlackierung *f*; **~-type thermostat** *n* HEAT & REFRIG Eintauch-Thermostat *m*, Stab-Temperaturregler *m*

immiscible[1] *adj* CHEMISTRY nicht mischbar, FOOD TECH unmischbar, PET TECH, PROD ENG nicht mischbar

immiscible:[2] **~ fluids** *n pl* FLUID PHYS nicht mischbare Flüssigkeiten *f pl*

immobile: **~ dislocation** *n* METALL feste Versetzung *f*

immunity: **~ to interference** *n* TELECOM Störfestigkeit *f*

IMO *abbr (International Maritime Organization* WATER TRANS IMO *(Internationale Schifffahrtorganisation)*

impact[1] *n* COAL TECH Aufprall *m*, COATINGS Anstoß *m*, Aufschlag *m*, Schlag *m*, Stoß *m*, MECHAN ENG Aufprall *m*, Aufschlag *m*, MECHANICS Aufprall *m*, Schlag *m*, METALL Auftreff- *pref*, PHYS Zusammenstoß *m*; **~ bending test** *n* MECHAN ENG Schlagbiegeversuch *m*; **~ breaker** *n* COAL TECH Gesteinsprallmühle *f*; **~ buckling test** *n* PROD ENG Schlagknickversuch *m*; **~ check** *n* NUC TECH *of pressure vessel* Aufpralltest *m*; **~ cleaning** *n* PROD ENG Strahlreinigung *f*; **~ crater** *n* SPACE Aufschlagkrater *m*; **~ crusher** *n* COAL TECH Prallbrecher *m*, Schlagbrecher *m*, MECHAN ENG Prallbrecher *m*; **~ die forging** *n* PROD ENG Gesenkschmieden *nt*; **~ drill** *n* MECHAN ENG Schlagbohrmaschine *f*; **~ energy** *n* METALL Auftreffenergie *f*; **~ excitation** *n* RAD PHYS Stoßerregung *f*, Stoßanregung *f*; **~ extrusion** *n* MECHAN ENG Schlagstrangpressen *nt*; **~ fluorescence** *n* TELEV Aufschlagleuchten *nt*; **~ forging** *n* MECHAN ENG Schlagschmieden *nt*; **~ fracture** *n* NUC TECH *of pressure vessel* Aufprallbruchstelle *f*; **~ on ground water** *n* POLL Grundwasserbelastung *f*; **~ ionization** *n* RAD PHYS Stoßionisation *f*, Stoßionisierung *f*; **~ ionization avalanche transit-time diode** *n (impatt diode)* ELECTRON, PHYS, RAD TECH Lawinenlaufzeitdiode *f (Impatt-Diode)*; **~ load** *n* AIR TRANS Stoßbelastung *f*, dynamische Belastung *f*; **~ microphone** *n* RECORD Schlagmikrofon *nt*; **~ molding** *n AmE*, **~ moulding** *n BrE* MECHAN ENG Schlagpressen *nt*; **~ noise analyser** *n BrE* RECORD Stoßgeräusch-Analysator *m*; **~ noise analyzer** *n AmE see impact noise analyser BrE* **~ parameter** *n* PHYS Stoßparameter *nt*; **~ plate** *n* COAL TECH Prallblech *nt*; **~ polystyrene** *n* PLAS schlagfestes Polystyrol *nt*, schlagzähes Polystyrol *nt*; **~ pressure** *n* AIR TRANS Pitotdruck *m*, Staudruck *m*, Volldruck *m*; **~ printer** *n* COMP & DP mechanischer Drucker *m*; **~ resistance** *n* AUTO Schlagbiegefestigkeit *f*, PACK Schlagfestigkeit *f*, Stoßfestigkeit *f*, TEST Schlagfestigkeit *f*; **~ riveting** *n* PROD ENG Schlagnieten *nt*; **~ screen** *n* COAL TECH Schlagsieb *nt*; **~ of soil** *n* POLL Bodenbelastung *f*; **~ sound** *n* ACOUSTICS Trittschall *m*; **~ sound-reducing material** *n* ACOUSTICS Trittschall-reduzierendes Material *nt*; **~ sound transmission level** *n* ACOUSTICS Trittschall-Übertragungspegel *m*; **~ spanner** *n BrE (cf impact wrench)* MECHAN ENG Schlagschrauber *m*; **~ statement** *n* POLL Verträglichkeitsprüfung *f*; **~ strength** *n* MECHANICS Schlagfestigkeit *f*, NUC TECH Aufprallfestigkeit *f*, Schlagfestigkeit *f*, PHYS Schlagfestigkeit *f*, PLAS Schlagfestigkeit *f*, Schlagzähigkeit *f*, TEST Schlagfestigkeit *f*; **~ stress** *n* PACK Schlagbelastung *f*, Stoßbelastung *f*, PROD ENG Schlagbeanspruchung *f*; **~ study** *n* WATER SUP Verträglichkeitsprüfung *f*; **~ test** *n* AUTO Aufprallversuch *m*, COATINGS Kerbschlagversuch *m*, Schlagversuch *m*, METALL Kerbschlagzähigkeitswert *m*, Schlagversuch *m*, METROL Kerbschlagversuch *m*, PACK Schlagprobe *f*, Schlagversuch *m*, PHYS Schlagprüfung *f*, PLAS Schlagversuch *m*, TEST Schlagversuch *m*, Stoßprüfung *f*; **~ theory of line broadening** *n* RAD PHYS *of spectral lines* Stoßtheorie der Linienverbreiterung *f*; **~ value** *n* PROD ENG Kerbzähigkeit *f*; **~ velocity** *n* METALL Auftreffgeschwindigkeit *f*; **~ of waters** *n* POLL Gewässerbelastung *f*; **~ wrench** *n (cf impact spanner BrE)* MECHAN ENG Schlagschrauber *m*

impact:[2] **~-rivet** *vt* PROD ENG schlagnieten

impacter *n* PROD ENG Gegenschlaghammer *m*

impaction *n* POLL Impaktion *f*

impairment: **~ of quality** *n* QUAL Qualitätseinbuße *f*, Qualitätsminderung *f*

impart *vt* PROD ENG *pressure* ausüben, THERMODYN *energy* übertragen; **~ motion to** *vt* MECHAN ENG in Bewegung versetzen; **~ a rotary motion** *vt* MECHAN ENG *to shaft* in Drehung versetzen

impatt: **~ diode** *n (impact ionization avalanche transit-time diode)* ELECTRON, PHYS, RAD TECH Impatt-Diode *f (Lawinenlaufzeitdiode)*; **~ oscillator** *n* ELECTRON Impatt-Oszillator *m*

impedance *n* ELEC ENG Impedanz *f*, Scheinwiderstand *m*, ELECT *(Z)* Impedanz *f (Z)*, PHYS Impedanz *f*, Scheinwiderstand *m*, RAD TECH Impedanz *f*, RECORD, TELECOM Impedanz *f*, Scheinwiderstand *m*; **~ bond** *n* RAIL Drosselstoß der Schienen *m*, Gleisdrossel *f*; **~ bridge** *n* ELEC ENG Impedanzmeßbrücke *f*; **~ characteristic** *n* ELEC ENG Impedanzkurve *f*; **~ coil** *n* ELEC ENG Impedanzspule *f*; **~ compensator** *n* RECORD Scheinwiderstandsausgleicher *m*; **~ conversion** *n* ELEC ENG Impedanzwandlung *f*; **~ corrector** *n* ELECT Impedanzausgleicher *m*; **~ coupling** *n* ELEC ENG Impedanzkupplung *f*; **~ drop** *n* ELECT Impedanzspannungsabfall *m*; **~ earthed neutral** *n BrE (cf impedance grounded neutral AmE)* ELECT Stromsystem mit durch Impedanz geerdetem Mittelleiter *nt*; **~ of free space** *n* PHYS Wellenwiderstand im Vakuum *m*; **~ grounded neutral** *n AmE (cf impedance earthed neutral BrE)* ELECT Stromsystem mit durch Impedanz geerdetem Mittelleiter *nt*; **~ matching** *n* ELEC ENG Impedanzanpassung *f*, PHYS Impedanzanpassung *f*, Scheinwiderstandsanpassung *f*, RECORD Scheinwiderstandsanpassung *f*; **~ matching network** *n* ELEC ENG Impedanzanpassungsnetz *nt*, PHYS Widerstandsanpassungs-Schaltkreis *m*; **~ matching transformer** *n* ELEC ENG Anpassungstransformator *m*; **~ measuring**

~ **bridge** *n* INSTR Impedanzbrücke *f*, Impedanzmeßbrücke *f*, Scheinwiderstandsbrücke *f*, Scheinwiderstandsmeßbrücke *f*; ~ **mismatch** *n* ELEC ENG Impedanzfehlanpassung *f*; ~ **ratio** *n* RECORD Scheinwiderstandsverhältnis *nt*; ~ **relay** *n* ELECT Impedanzrelais *nt*; ~ **transformer** *n* PHYS Impedanzwandler *m*; ~ **voltage** *n* ELEC ENG Impedanzspannung *f*; ~ **voltage drop** *n* ELECT Spannungsabfall auf Impedanz *m*

impedor *n* ELEC ENG Impedanz *f*

impeller *n* AIR TRANS Anemometer *nt*, Flügelrad *nt*, *turbine engine* Bewegungsschaufel *f*, Flügelrad *nt*, AUTO *pump* Flügelrad *nt*, Laufrad *nt*, COAL TECH Gebläserad *nt*, Laufrad *nt*, HEAT & REFRIG Laufrad *nt*, Lüfterrad *nt*, MECHAN ENG *of fan* Laufrad *nt*, *of mixer* Flügel *m*, *of pump* Flügelrad *nt*, Pumpenrad *nt*, MECHANICS Flügelrad *nt*, Schaufelrad *nt*, NUC TECH *of blower* Gebläserad *nt*, PAPER Rührflügel *m*, PROD ENG Antriebsrad *nt*, Verdränger *m*, *of pump* Laufrad *nt*; ~ **head** *n* PROD ENG *casting* Schleuderkopf *m*

imperative[1] *adj* COMP & DP unbedingt

imperative:[2] ~ **instruction** *n* COMP & DP unbedingte Instruktion *f*

imperfect[1] *adj* PROD ENG real

imperfect:[2] ~ **dielectric** *n* ELECT unvollkommener Isolationsstoff *m*

imperial: ~ **measure** *n* PROD ENG Zollmaß *nt*

impermeability *n* CONST, PAPER, TELECOM Undurchlässigkeit *f*

impermeable *adj* CONST wasserundurchlässig, PACK luftdurchlässig, SAFETY, WATER SUP undurchlässig

impervious *adj* MECHANICS, PACK, PAPER undurchlässig, PET TECH dicht, undurchlässig

impetus *n* MECHAN ENG Impuls *m*

impinge: ~ **on** *vt* MECHANICS auftreffen

impingement *n* CHEMISTRY Anprall *m*, Aufstoß *m*, MECHAN ENG, METALL Aufprall *m*

impinging: ~ **particle** *n* NUC TECH aufprallendes Teilchen *nt*

implant[1] *n* ELECTRON *radiology* Dotier- *pref*, Spickungspräparat *nt*; ~ **dose** *n* ELECTRON Dotierdosis *f*

implant[2] *vt* ELECTRON dotieren

implantation *n* ELECTRON Dotierung *f*

implanted: ~ **base** *n* ELECTRON implantierte Basis *f*; ~ **diode** *n* ELECTRON implantierte Diode *f*; ~ **transistor** *n* ELECTRON implantierter Transistor *m*

implement[1] *n* MECHAN ENG Instrument *nt*, Werkzeug *nt*, MECHANICS Werkzeug *nt*

implement[2] *vt* COMP & DP *plans, program* durchführen, realisieren, MECHAN ENG implementieren

implementation *n* COMP & DP Durchführung *f*, Implementierung *f*

implicit[1] *adj* MATH *function* implizit, unentwickelt

implicit:[2] ~ **differentiation** *n* MATH Differenzierung einer impliziten Funktion *f*

implied: ~ **addressing** *n* COMP & DP Fortschaltungsadressierung *f*, implizierte Adressierung *f*

implode *vt* ELECTRON implodieren

implosion *n* ELECTRON Implosion *f*; ~ **of black body radiation** *n* NUC TECH Implosion der schwarzen Strahlung *f*

import: ~ **licence** *n BrE* WATER TRANS *documents* Einfuhrlizenz *f*, Importlizenz *f*; ~ **license** *n AmE see import licence BrE*

importance: ~ **function** *n* NUC TECH Einflußfunktion *f*

impose *vt* PRINT ausschießen

imposed: ~ **pressure gradients** *n pl* FLUID PHYS angelegte Druckgradienten *m pl*

imposing: ~ **table** *n* PRINT Metteurtisch *m*, Schließtisch *m*

imposition *n* PRINT Ausschießen *nt*

impost *n* CONST Kämpfer *m*, Kämpferholz *nt*

impounding: ~ **reservoir** *n* WATER SUP Stausee *m*

impoverishment *n* NUC TECH *of ores* Verarmung *f*

impregnant *n* CHEMISTRY Imprägniermittel *nt*

impregnate *vt* TEXT imprägnieren

impregnated[1] *adj* PAPER imprägniert

impregnated:[2] ~ **cable** *n* ELECT imprägniertes Kabel *nt*; ~ **cathode** *n* ELEC ENG imprägnierte Kathode *f*; ~ **coil** *n* ELEC ENG imprägnierte Spule *f*; ~ **fabric** *n* PACK imprägniertes Gewebe *nt*; ~ **paper** *n* ENG DRAW getränktes Papier *nt*, PACK Wachspapier *nt*, imprägniertes Papier *nt*, PRINT imprägniertes Papier *nt*; ~ **paper insulation** *n* ELECT imprägniertes papierisoliertes Kabel *nt*

impregnating: ~ **agent** *n* PACK Imprägniermasse *f*, Imprägniermittel *nt*; ~ **machine** *n* PACK Imprägniermaschine *f*; ~ **varnish** *n* ELECT Imprägnierlack *m*, Tränklack *m*; ~ **wax** *n* PACK Imprägnierwachs *nt*

impregnation *n* CONST Imprägnierung *f*, Tränkung *f*, PAPER Imprägnierung *f*, PROD ENG Tränkung *f*, TEXT Imprägnierung *f*, Tränken *nt*

impress *vt* TEXT bedrucken

impressed: ~ **electromotive force** *n* ELECT aufgelegte elektromotorische Kraft *f*; ~ **voltage** *n* ELECT angelegte Spannung *f*, aufgelegte Spannung *f*

impression *n* CER & GLAS Vertiefung *f*, PRINT Abdruck *m*, PROD ENG Kalottenfläche *f*, TEXT Aufdruck *m*; ~ **cylinder** *n* PLAS Druckzylinder *m*, Gegendruckzylinder *m*; ~ **roller** *n* PLAS Presseur *m*

imprinter *n* PACK Präge- und Druckwerkzeug *nt*

improper: ~ **time** *n* PHYS *relativity* Nichteigenzeit *f*

improved: ~ **carbon black** *n* PLAS Improved-Ruß *m*; ~ **diesel engine** *n* AUTO verbesserter Dieselmotor *m*

improvement *n* FOOD TECH, PAT, SAFETY Verbesserung *f*; ~ **notice** *n* SAFETY Verbesserungsbenachrichtigung *f*; ~ **patent** *n* PAT Verbesserungspatent *nt*

improver *n* FOOD TECH Verbesserungsmittel *nt*, PET TECH Verbesserer *m*

impulse *n* MECHAN ENG Impuls *m*, MECHANICS Anstoß *m*, Impuls *m*, Stoß *m*, PAPER, PHYS *product of force and time*, TELECOM Impuls *m*; ~ **accelerator** *n* RAD PHYS Impulsbeschleuniger *m*; ~ **counter** *n* ELECT Impulszähler *m*; ~ **coupling** *n* MECHAN ENG Abschnappkupplung *f*; ~ **current** *n* ELECT Impulsstrom *m*, Stoßstrom *m*; ~ **excitation** *n* TELECOM Stoßerregung *f*; ~ **frequency** *n* ELECTRON Impulsfrequenz *f*; ~ **function** *n* ELECTRON Impulsfunktion *f*, Stoßfunktion *f*; ~ **generator** *n* ELEC ENG Impulsgenerator *m*, Stoßspannungsgenerator *m*, ELECT Impulsgenerator *m*, Stoßgenerator *m*; ~ **heat sealer** *n* PACK Impulshitzesiegler *m*; ~ **length** *n* CONTROL Impulsdauer *f*; ~ **noise** *n* ACOUSTICS, COMP & DP, TELECOM Impulsstörung *f*; ~ **relay** *n* ELEC ENG Impulsrelais *nt*; ~ **response** *n* OPT Impulsgang *m*, Impulsübertragungsgang *m*, TELECOM Impulsantwort *f*; ~ **signaling** *n AmE*, ~ **signalling** *n BrE* TELECOM *switching* Impulszeichengabe *f*; ~ **test** *n* ELEC ENG Stoßspannungsprüfung *f*; ~ **turbine** *n* FUELLESS Aktionsturbine *f*, Gleichdruckturbine *f*, MECHANICS Freistrahlturbine *f*, Gegendruckturbine *f*; ~ **voltage** *n*

ELEC ENG Stoßspannung *f*, ELECT Impulsspannung *f*
impulsion *n* MECHAN ENG Antrieb *m*, Impuls *m*
impulsive[1] *adj* MECHAN ENG stoßartig
impulsive:[2] **~ noise** *n* ACOUSTICS impulshaltiges Rauschen *nt*
impurity *n* CHEMISTRY Beimengung *f*, Beimischung *f*, ELECTRON Fremdatom *nt*, Störstelle *f*, Verunreinigung *f*, METALL Verunreinigung *f*; **~ concentration** *n* ELECTRON Störstellendichte *f*; **~ concentration profile** *n* ELECTRON Dotierungsprofil *nt*; **~ density** *n* ELECTRON Störstellendichte *f*; **~ diffusion** *n* ELECTRON Störstellenausbreitung *f*; **~ element** *n* RAD TECH Störstellenelement *nt*; **~ level** *n* ELECTRON Störstellenniveau *nt*; **~ scattering** *n* ELECTRON Störstellenstreuung *f*
in *abbr (inch)* METROL Zoll *m*, PROD ENG *plastic valves* Inch *m*, Zoll *m*
In *(indium)* CHEMISTRY In *(Indium)*
inaccuracy: **~ of measurement** *n* METROL Meßungenauigkeit *f*
inactinic: **~ glass** *n* CER & GLAS inaktinisches Glas *nt*
inactivation *n* CHEMISTRY Deaktivierung *f*
inactive *adj* CHEMISTRY inaktiv, COMP & DP inaktiv, nicht aktiv, WATER TRANS nicht aktiv, untätig
in-band: **~ signaling** *n AmE*, **~ signalling** *n BrE* SPACE *communications* Zeichengebung innerhalb des Bandes *f*, TELECOM Imband-Zeichengabe *f*
inboard *adj* AIR TRANS an Bord befindlich, PROD ENG innenlastig
inbound: **~ heading** *n* AIR TRANS Einflugsteuerkurs *m*; **~ traffic** *n* TRANS einlaufender Verkehr *m*
in-can: **~ immersion cooler** *n* FOOD TECH Kanneneintauchkühler *m*
incandescent[1] *adj* PROD ENG, RAD PHYS weißglühend
incandescent:[2] **~ lamp** *n* ELEC ENG Glühlampe *f*, ELECT Glühbirne *f*; **~ solid** *n* RAD PHYS weißglühender Festkörper *m*
in-car: **~ telephone** *n* TELECOM *land mobile* Autotelefon *nt*
incentive *n* ERGON Anreiz *m*, Antrieb *m*
inch *n* METALL, METROL *(in)* Zoll *m*, PROD ENG *(in) plastic valves* Inch *m*, Zoll *m*; **~ screw thread** *n* MECHAN ENG Schraubengewinde in Zoll *nt*, Zollschraubengewinde *nt*; **~ thread** *n* MECHAN ENG Inchgewinde *nt*, Zollgewinde *nt*
inches: **~ per second** *n pl (IPS)* COMP & DP, RECORD Zoll pro Sekunde *m pl*
incidence *n* OPT, PHYS *of angle attack* Einfall *m*; **~ oscillation** *n* AIR TRANS Einstellwinkelschwankung *f*; **~ probe** *n* AIR TRANS Einfallwinkelsonde *f*
incident[1] *adj* OPT einfallend; **~ normally** *adj* PROD ENG lotrecht einfallend
incident[2] *n* TRANS Störfall *m*; **~ beam** *n* PHYS, WAVE PHYS auftreffender Strahl *m*, einfallender Strahl *m*; **~ date reporting** *n* AIR TRANS Vorfalldatenmeldung *f*; **~ light** *n* PHOTO, PHYS einfallendes Licht *nt*, PROD ENG Auflicht *nt*, WAVE PHYS einfallendes Licht *nt*; **~ light attachment** *n* PHOTO Vorsatzgerät für Auflicht *nt*; **~ particle** *n* NUC TECH auftreffendes Teilchen *nt*; **~ ray** *n* PHYS, WAVE PHYS auftreffender Strahl *m*, einfallender Strahl *m*; **~ signal** *n* ELECTRON Störsignal *nt*; **~ warning sign** *n* TRANS Unfallwarnsignal *nt*; **~ wave** *n* PHYS, WAVE PHYS auftreffende Welle *f*, einfallende Welle *f*
incidental: **~ amplitude modulation** *n* ELECTRON unerwünschte Amplitudenmodulation *f*; **~ frequency modulation** *n* ELECTRON, RAD TECH, TELEV unerwünschte Frequenzmodulation *f*; **~ modulation** *n* ELECTRON unerwünschte Modulation *f*
incinerate *vt* THERMODYN veraschen, verbrennen
incinerated *adj* THERMODYN verbrannt
incineration: **~ ash** *n* WASTE Verbrennungsrückstand *m*; **~ residue** *n* WASTE Verbrennungsrückstand *m*; **~ slag** *n* WASTE Verbrennungsschlacke *f*; **~ train** *n* WASTE thermisches Verbrennungsverfahren *nt*
incinerator *n* POLL Abfallverbrennungsofen *m*, THERMODYN Veraschungsofen *m*, Verbrennungsofen *m*; **~ charge** *n* WASTE Brenngut *nt*
incipient: **~ crack** *n* AIR TRANS Anriß *m*, Dauerbruchbeginn *m*, NUC TECH, PROD ENG Anriß *m*; **~ fatigue failure** *n* AIR TRANS beginnender Ermüdungsbruch *m*
incircle *n* GEOM Inkreis *m*
in-circuit: **~ tester** *n* ELECT In-Circuit-Tester *m*
incise *vt* PROD ENG einkerben
incision *n* PROD ENG Einkerbung *f*
incitation *n* ACOUSTICS Anregung *f*
inclination *n* CONST Neigung *f*, Steigung *f*, Schräge *f*, GEOM, PHYS Neigung *f*, SPACE Inklination *f*, Neigung *f*
incline *n* CONST Gefälle *nt*, Neigung *f*, Steigung *f*, MECHAN ENG Neigung *f*, Schräge *f*
inclined:[1] **~ at an angle of** *adv* GEOM geneigt um einen Winkel von
inclined:[2] **~ channel** *n* NUC TECH *in reactor* schräger Kanal *m*; **~ control panel** *n* PROD ENG Schaltpult *nt*; **~ drive shaft** *n* AIR TRANS *helicopter* schräge Antriebswelle *f*; **~ plane** *n* CONST Neigungsebene *f*, schiefe Ebene *f*, GEOM geneigte Fläche *f*, PHYS geneigte Ebene *f*; **~ seat** *n* MECHAN ENG *of valve* Schrägsitz *m*; **~ tube manometer** *n* INSTR Schrägrohrmanometer *nt*
inclining: **~ test** *n* WATER TRANS *naval architecture* Krängungsversuch *m*
inclinometer *n* COAL TECH Inklinationsmesser *m*, Neigungsmesser *m*, PHYS Inklinationsmeßgerät *nt*
include *vt* CONST einschließen, enthalten
included: **~ angle** *n* PROD ENG Spitzenwinkel *m*
inclusion *n* METALL, NUC TECH *of impurities in materials* Einschluß *m*, TEST Einlagerung *f*, Einschluß *m*; **~ symbols** *n pl* MATH Elementzeichen *nt*
inclusive: **~ AND circuit** *n* COMP & DP inklusives UND-Glied *nt*; **~ AND gate** *n* COMP & DP inklusives UND-Glied *nt*; **~ AND operation** *n* COMP & DP inklusive UND-Operation *f*; **~ OR circuit** *n* COMP & DP inklusives ODER-Glied *nt*; **~ OR gate** *n* COMP & DP inklusives ODER-Gate *nt*; **~ OR operation** *n* COMP & DP inklusive ODER-Operation *f*
incoherence *n* OPT, TELECOM Inkohärenz *f*
incoherent[1] *adj* METALL, OPT inkohärent
incoherent:[2] **~ light** *n* PHYS, TELECOM inkohärentes Licht *nt*; **~ radiation** *n* PHYS, TELECOM inkohärente Strahlung *f*; **~ sound** *n* ACOUSTICS inkohärenter Schall *m*; **~ twin** *n* METALL inkohärenter Zwilling *m*
incombustibility *n* PROD ENG Unverbrennbarkeit *f*
incombustible *adj* PACK nicht brennbar, PROD ENG unverbrennbar, WASTE nicht brennbar
incoming[1] *adj* TELECOM ankommend, einfallend
incoming:[2] **~ air** *n* HEAT & REFRIG Zuluft *f*; **~ call** *n* TELECOM ankommender Anruf *m*, ankommender Ruf *m*; **~-calls-barred line** *n* TELECOM für ankommende Anrufe gesperrte Leitung; **~ circuit** *n* TELECOM ankommende Leitung *f*; **~ feed** *n* TELEV Einspeisung *f*; **~ group** *n* TELECOM ankommendes Bündel *nt*; **~ inspection** *n* QUAL Eingangskontrolle *f*,

Eingangsprüfung *f*, Wareneingangsprüfung *f*; **~ line** *n* TELECOM ankommende Leitung *f*; **~ message** *n* COMP & DP eingehende Meldung *f*, eingehende Nachricht *f*; **~ procedure** *n* TELECOM *maritime mobile* Eingangsablauf *m*; **~ register** *n* TELECOM Eingangsregister *nt*; **~ signal** *n* ELECTRON ankommendes Signal *nt*, TELECOM Eingangssignal *nt*, Empfangssignal *nt*; **~ traffic** *n* TELECOM ankommender Verkehr *m*, TRANS *AmE (cf inward traffic BrE)* ankommender Verkehr *m*, einlaufender Verkehr *m*; **~ trunk circuit** *n* TELECOM ankommende Fernleitung *f*

incoming:[3] **~-calls-barred** *phr (ICB)* TELECOM ankommende Anrufe gesperrt, ankommender Zugang verhindert

incommensurable *adj* MATH inkommensurabel, nicht vergleichbar

incomplete[1] *adj* ELECTRON offen

incomplete:[2] **~ root penetration** *n* NUC TECH *of weld* Wurzelfehler *m*

incompressibility *n* FLUID PHYS Inkompressibilität *f*; **~ of liquids** *n* THERMODYN Inkompressibilität von Flüssigkeiten *f*

incompressible[1] *adj* CHEMISTRY inkompressibel

incompressible:[2] **~ flow** *n* FLUID PHYS inkompressible Strömung *f*, PHYS inkompressible Flüssigkeit *f*

inconclusive: **~ test** *n* PHYS ergebnisloser Versuch *m*

in-core[1] *adj* NUC TECH Incore- *pref*, innenkern- *pref*, kerninnen- *pref*

in-core:[2] **~ fuel cycle** *n* NUC TECH Brennstoffkreislauf im Reaktorkern *m*, Incore-Brennstoffkreislauf *m*; **~ fuel life** *n* NUC TECH Incore-Lebensdauer des Brennstoffes *f*, Lebensdauer des Brennstoffes im Reaktorkern *f*; **~ instrument assembly** *n* NUC TECH Instrumentenaufbau im Reaktorkern *m*; **~ ionization chamber** *n* NUC TECH Ionisierungskammer im Reaktorkern *f*; **~ power manipulator** *n* NUC TECH Hochleistungsmanipulator im Reaktorkern *m*

incorporate *vt* PLAS einarbeiten

incorrect: **~ manual lifting** *n* SAFETY *source of accidents* falsches Heben *nt*

increase: **~ in contrast** *n* PHOTO Kontraststeigerung *f*

increased: **~ inspection** *n* QUAL verschärfte Prüfung *f*; **~ resistance rotor** *n* ELECT Läufer mit erhöhtem Widerstand *m*

increasing: **~ ratio** *n* PROD ENG *kinematics* Übersetzungsverhältnis *nt*

increment[1] *n* ELECTRON Inkrement *nt*, *advance* Fortschaltung *f*, *of a loop* Schrittweite *f*, MATH *amount added to or subtracted from variable* Inkrement *nt*, Zuwachs *m*, PROD ENG Zunahme *f*, QUAL Einzelprobe *f*

increment[2] *vt* ELECTRON inkrementieren

incremental[1] *adj* PROD ENG Zuwachs- *pref*

incremental:[2] **~ capacitance** *n* ELECT zusätzliche Kapazität *f*; **~ compiler** *n* COMP & DP Inkrementalkompilierer *m*; **~ computer** *n* COMP & DP Inkrementalrechner *m*; **~ heating** *n* POLL zunehmende Erwärmung *f*; **~ inductance** *n* ELECT zusätzliche Induktanz *f*; **~ measure system** *n* INSTR inkrementelle Bemaßung *f*; **~ permeability** *n* ELECTRON *with bias polarization* Überlagerungspermeabilität *f*, TEST Zusatzpermeabilität *f*, Zuwachspermeabilität *f*; **~ plotter** *n* COMP & DP Stufenformplotter *m*; **~ system** *n* INSTR, PROD ENG Kettenmaßsystem *nt*; **~ tuning** *n* ELECTRON Schrittabstimmung *f*, RAD TECH schrittweise Abstimmung *f*

increment/decrement: **~ counter** *n* ELECTRON Vor-/-Rückwärtszähler *m*

incubator *n* LAB EQUIP *microbiology* Brutschrank *m*

indan *n* CHEMISTRY Hydrinden *nt*, Indan *nt*

indanone *n* CHEMISTRY Indanon *nt*

indanthrene *n* CHEMISTRY Indanthron *nt*

indazine *n* CHEMISTRY Indazin *nt*

indazole *n* CHEMISTRY Indazol *nt*

indefinite: **~ integral** *n* MATH unbestimmtes Integral *nt*

indene *n* CHEMISTRY Benzocyclopentadien *nt*, Inden *nt*, Indonaphthen *nt*

indentation *n* CONST Einkerbung *f*, Einschnitt *m*, MECHAN ENG Einkerbung *f*, *during hardness test* Eindruck *m*, METALL Eindruck *m*, PROD ENG Einkerbung *f*, Verzahnung *f*; **~ hardness** *n* MECHAN ENG, PLAS Eindruckhärte *f*

indented *adj* PROD ENG gedornt

indenter *n* MECHAN ENG *in hardness test* Eindringkörper *m*

independent: **~ chuck** *n* MECHAN ENG Futter mit einzeln verstellbaren Backen *nt*; **~ claim** *n* PAT unabhängiger Patentanspruch *m*; **~ control** *n* NUC TECH unabhängige Steuerung *f*; **~ crane** *n* CONST freistehender Kran *m*; **~ drawing** *n* ENG DRAW eigenständige Zeichnung *f*; **~ excitation** *n* ELEC ENG unabhängige Erregung *f*; **~ feeder** *n* ELECT *electricity supply* Einzelleitung *f*; **~ four-jaw chuck** *n* PROD ENG Planscheibe *f*; **~ front suspension** *n* AUTO vordere Einzelradaufhängung *f*; **~ particle model** *n* NUC TECH *of nucleus* unabhängiges Teilchenmodell *nt*, PHYS Modell unabhängiger Teilchen *nt*; **~ rear suspension** *n* AUTO hintere Einzelradaufhängung *f*, unabhängige Hinterradaufhängung *f*; **~ sideband** *n (ISB)* RAD TECH unabhängiges Seitenband *nt (ISB)*; **~ sideband modulation** *n* ELECTRON Modulation mit unabhängigen Seitenbändern *f*; **~ variable** *n* MATH unabhängige Variable *f*

index[1] *n* COMP & DP Index *m*, Register *nt*, MATH Exponent *m*, *subscript* Index *m*, MECHAN ENG Index *m*, Skaleneinteilung *f*, Skalenstrich *m*, *pointer* Zeiger *m*, PROD ENG Schaltung *f*, Wendung *f*; **~ bar** *n* WATER TRANS *navigation* Alhidade *f*, Zeigerarm *m*; **~-base milling** *n* PROD ENG pausenloses Fräsen *nt*; **~ cam** *n* PROD ENG Schaltkurve *f*; **~ center** *n AmE*, **~ centre** *n BrE* MECHAN ENG *on milling machine* Teilvorrichtung *f*; **~ crank** *n* PROD ENG Teilkurbel *f*; **~ dial** *n* MECHAN ENG *machine tools* Teilscheibe *f*; **~ dip** *n* OPT Einsenkung des Indexes *f*, TELECOM Brechzahleinbruch *m*; **~ error** *n* WATER TRANS *navigation* Instrumentenfehler *m*; **~ hole** *n* COMP & DP *floppy disk* Indexloch *nt*; **~-matching material** *n* OPT Material zur Anpassung des Indexes *nt*, TELECOM Material mit angepaßter Brechzahl *nt*; **~ plate** *n* MECHAN ENG *machine tools* Teilscheibe *f*; **~ profile** *n* OPT Indexprofil *nt*, TELECOM *refractive index* Brechzahlprofil *nt*, Indexprofil *nt*; **~ of refraction** *n* OPT Brechungsindex *m*, PROD ENG Brechzahl *f*; **~ register** *n* COMP & DP Indexregister *nt*; **~ table** *n* MECHANICS Anzeigetafel *f*; **~ tube** *n* TELEV Indexröhre *f*; **~ type of machine** *n* PROD ENG Rundschaltmaschine *f*; **~ value** *n* NUC TECH *of controlled quantity* Einstellwert *m*

index[2] *vt* COMP & DP Register zusammenstellen, indexieren, indizieren, MECHANICS einteilen, registrieren, PROD ENG teilen

indexability *n* PROD ENG Wendegenauigkeit *f*; **~ accuracy** *n* PROD ENG Schaltgenauigkeit *f*; **~ command** *n* PROD

ENG Schaltbefehl *m*

indexable: ~ **hard metal insert** *n* MECHAN ENG *cutting tool* Hartmetallwendeschneidplatte *f*; ~ **insert** *n* MECHAN ENG *cutting tool* Wendeschneidplatte *f*

indexed: ~ **address** *n* COMP & DP indizierte Adresse *f*; ~ **addressing** *n* COMP & DP indizierte Adressierung *f*; ~ **file** *n* COMP & DP indexierte Datei *f*, indizierte Datei *f*; ~ **instruction** *n* COMP & DP indexierter Befehl *m*, indizierte Instruktion *f*; ~ **sequence** *n (IS)* COMP & DP Indexsequenz *f*, logische Fortschreibung *f*; ~ **sequential access** *n* COMP & DP indexsequenzierter Zugriff *m*, indexsequentieller Zugriff *m*; ~ **sequential file** *n* COMP & DP indexsequenzierte Datei *f*, indexsequentielle Datei *f*; ~ **sequential storage** *n* COMP & DP Speicher mit indexsequentiellem Zugriff *m*

indexing *n* COMP & DP Indexieren *nt*, Registererstellung *f*, Spezialindizierung *f*, MECHAN ENG Indexieren *nt*, Teilen *nt*, *of turret* Schalten *nt*; ~ **head** *n* MECHAN ENG Teilkopf *m*; ~ **method** *n* MECHAN ENG Teilverfahren *nt*; ~ **table** *n* MECHAN ENG Schalttisch *m*, Tisch mit Teileinrichtung *m*; ~ **worm screw** *n* MECHAN ENG Teilschnecke *f*

india: ~ **rubber** *n* PLAS Gummi *nt*; ~ **rubber gloves** *n* PLAS Gummihandschuhe *f pl*; ~ **rubber hose** *n* PLAS Gummischlauch *m*

indicane *n* CHEMISTRY Indican *nt*, metabolisches Indican *nt*

indicated[1] *adj* MECHAN ENG angezeigt

indicated:[2] ~ **airspeed** *n* AIR TRANS angezeigte Eigengeschwindigkeit *f*, nicht berichtigte Eigengeschwindigkeit *f*, AIR TRANS *(IAS)* angezeigte Fluggeschwindigkeit *f*; ~ **flight path** *n* AIR TRANS angegebene Flugbahn *f*; ~ **pitch angle** *n* AIR TRANS *helicopter* angezeigter Anstellwinkel *m*, angezeigter Steigungswinkel *m*; ~ **value** *n* INSTR Anzeigewert *m*, angezeigter Meßwert *m*, NUC TECH angezeigter Wert *m*

indicating: ~ **level meter** *n* INSTR Füllstandsanzeigegerät *nt*; ~ **pressure gage** *n AmE*, ~ **pressure gauge** *n BrE* HEAT & REFRIG Druckanzeiger *m*, Zeigermanometer *nt*, INSTR Zeigermanometer *nt*; ~ **range** *n* INSTR Anzeigebereich *m*; ~ **scale** *n* INSTR Anzeigeskale *f*; ~ **thermometer** *n* HEAT & REFRIG Anzeigethermometer *nt*

indication: ~ **range** *n* INSTR Anzeigebereich *m*; ~ **of source** *n* PAT Herkunftsangabe *f*, Quellenangabe *f*

indicator *n* AIR TRANS *light signal* Kontrollanzeige *f*, AUTO *accessories* Blinker *m*, Fahrtrichtungsanzeiger *m*, Kontrolleuchte *f*, COMP & DP Anzeiger *m*, HYD EQUIP Anzeige *f*, Anzeigemeßgerät *nt*, Indikator *m*, MECHAN ENG *instrument* Anzeiger *m*, Indikator *m*, WATER SUP Indikator *m*; ~ **bay** *n* NUC TECH *of mass spectrometer* Anzeigestelle *f*; ~ **diagram** *n* MECHAN ENG Indikatordiagramm *nt*, PHYS Leistungsdiagramm *nt*; ~ **gate** *n* ELECTRON *radar* Hellsteuerimpuls *m*; ~ **lamp** *n* ELECT Anzeigelampe *f*, RAIL Weichenlaterne *f*; ~ **light** *n* AIR TRANS Kontrollicht *nt*, Leuchtsignal *nt*, Warnleuchte *f*; ~ **needle** *n* PHOTO Anzeigenadel *f*; ~ **paper** *n* PACK, PHOTO Indikatorpapier *nt*; ~ **plate for hydrants and water supply points** *n* SAFETY *firefighting equipment* Hinweistafel für Hydranten und Wasseranschlüsse *f*; ~ **of the rate of climb** *n* AIR TRANS Steigratenanzeige *f*; ~ **species** *n* POLL Kontrollart *f*; ~ **tube** *n* ELECTRON Anzeigeröhre *f*

indicial: ~ **response** *n* ELECTRON Übergangsfunktion *f*

indigestible *adj* FOOD TECH unverdaulich

indirect: ~ **addressing** *n* COMP & DP indirekte Adressierung *f*; ~ **arc furnace** *n* PROD ENG Strahlungslichtbogenofen *m*; ~ **control** *n* ELEC ENG indirekte Regelung *f*; ~**-control system** *n* TELECOM indirekt gesteuertes System *nt*; ~ **frequency synthesis** *n* ELECTRON Phasensynthese *f*; ~ **frequency synthesizer** *n* ELECTRON Phasengenerator *m*; ~ **illumination** *n* ELEC ENG indirekte Beleuchtung *f*; ~ **injection diesel engine** *n* AUTO Dieselmotor mit indirekter Einspritzung *m*; ~ **over-current release** *n* ELECT *circuit breaker* indirekte Überstromabschaltung *f*; ~ **overhead camshaft** *n* AUTO indirekt wirkende obenliegende Nockenwelle *f*; ~ **photoconductivity** *n* ELECTRON indirekte Photoleitfähigkeit *f*

indirectly: ~ **controlled system** *n* IND PROCESS indirekt beeinflußte Regelstrecke *f*, indirekt beeinflußte Steuerstrecke *f*; ~ **controlled variable** *n* IND PROCESS Aufgabengröße *f*; ~ **heated cathode** *n* ELEC ENG indirekt geheizte Kathode *f*

indistinguishability: ~ **of identical particles** *n* PHYS Ununterscheidbarkeit identischer Partikel *f*

indium *n (In)* CHEMISTRY Indium *nt (In)*

individual: ~ **channel flow control** *n* NUC TECH *of cooling channels* Einzelsteuerung des Durchflusses in Kühlkanälen *f*; ~ **control** *n* TRANS Einzelkontrolle *f*, Einzelsteuerung *f*; ~ **differences** *n pl* ERGON individuelle Unterschiede *m pl*; ~ **drive** *n* MECHAN ENG, PROD ENG Einzelantrieb *m*; ~ **dust removal apparatus** *n* SAFETY Einzelstaubabscheider *m*; ~ **measuring value** *n* INSTR Einzelmeßwert *m*; ~ **section machine** *n (IS machine)* CER & GLAS Individual-Section-Flaschenblasmaschine *f (IS-Maschine)*; ~ **store** *n* TELECOM Einzelspeicher *m*; ~ **suspension** *n* MECHAN ENG Einzelfederung *f*; ~ **water supply** *n* WATER SUP Einzelwasserversorgung *f*

indoctrination *n* QUAL Einarbeitung *f*, Unterweisung *f*

indole *n* CHEMISTRY Indol *nt*

indolol *n* CHEMISTRY Hydroxyindol *nt*, Indolol *nt*, Indoxyl *nt*

indolylacetic *adj* CHEMISTRY Indolylessig- *pref*

indone *n* CHEMISTRY Indanon *nt*

indoor: ~ **antenna** *n* ELEC ENG Innenantenne *f*, Zimmerantenne *f*; ~ **cable** *n* ELECT Hausleiterkabel *nt*, Hausinstallationskabel *nt*; ~ **installation** *n* ELECT Hausinstallation *f*; ~ **insulation** *n* ELECT Hausisolierung *f*, Innenisolierung *f*; ~ **lighting** *n* ELEC ENG Innenbeleuchtung *f*; ~ **wiring** *n* ELEC ENG Innenverdrahtung *f*

indophenine *n* CHEMISTRY Indophenin *nt*

indophenol *n* CHEMISTRY Chinonphenolimin *nt*, Indophenol *nt*

indoxyl *n* CHEMISTRY Hydroxyindol *nt*, Indolol *nt*, Indoxyl *nt*

indoxylic *adj* CHEMISTRY Indoxyl- *pref*

indoxylsulfuric *adj AmE*, **indoxylsulphuric** *adj BrE* CHEMISTRY Indoxylschwefel- *pref*

indraught *n* MECHAN ENG Ansaugung *f*; ~ **of air** *n* MECHAN ENG Luftansaugung *f*

in-drum: ~ **drying** *n* NUC TECH Trommeltrocknen *nt*

induce *vt* ELECT induzieren, PHYS einleiten, induzieren

induced[1] *adj* ELECT *voltage* induziert, PHYS eingeleitet, induziert

induced:[2] ~ **attack angle** *n* AIR TRANS induzierter Anstellwinkel *m*; ~ **charge** *n* ELEC ENG, ELECT induzierte Ladung *f*; ~ **current** *n* ELECT induzierter Strom *m*, TELECOM Induktionsstrom *m*; ~ **draft** *n AmE see in-*

duced draught BrE **~-draft burner** *n AmE see induced-draught burner BrE* **~-draft fan** *n AmE see induced-draught fan BrE* **~ drag** *n* AIR TRANS induzierter Luftwiderstand *m*; **~ draught** *n BrE* HEAT & REFRIG *ventilation,* MECHAN ENG Saugzug *m*; **~-draught burner** *n BrE* HEAT & REFRIG Saugzugbrenner *m*; **~-draught fan** *n BrE* HEAT & REFRIG Saugzuglüfter *m*, MECHAN ENG Saugzugventilator *m*; **~ electromotive force** *n* ELEC ENG Induktionsspannung *f*, induzierte elektromotorische Kraft *f*, ELECT induzierte elektromotorische Kraft *f*; **~ EMF** *n* PHYS induzierte EMK *f*; **~ emission** *n* RAD PHYS induzierte Emission *f*; **~ failure** *n* COMP & DP induzierter Fehler *m*; **~ field** *n* ELECT induziertes Feld *nt*; **~ grid noise** *n* RAD TECH induziertes Gitterrauschen *nt*; **~ interference** *n* COMP & DP induzierte Störung *f*; **~ nuclear reaction** *n* NUC TECH induzierte Kernreaktion *f*; **~ overvoltage test** *n* ELECT Prüfen mit induzierter Überspannung *nt*; **~ radioactivity** *n* NUC TECH induzierte Radioaktivität *f*; **~ voltage** *n* ELECT induzierte Spannung *f*, TELECOM Induktionsspannung *f*

inducer *n* AIR TRANS Luftansaugstutzen *m*, Lufteintrittsöffnung *f*

inducing: **~ flow** *n* CONST induzierender Durchfluß *m*; **~ system** *n* PHYS Induktionssystem *nt*

inductance *n (L)* ELEC ENG, ELECT, METROL, PHYS, RAD TECH, RECORD *coil* Induktivität *f (L)*, TELECOM Induktivität *f*, Spule *f (L)*; **~ box** *n* ELEC ENG Induktivitätskasten *m*; **~ bridge** *n* ELEC ENG Induktivitätsmeßbrücke *f*, ELECT *measurement* Induktanzbrücke *f*; **~ coil** *n* ELEC ENG Induktivitätsspule *f*; **~ measuring instrument** *n* INSTR Induktivitätsmeßgerät *nt*; **~ meter** *n* ELECT Induktanzmeßgerät *nt*

induction[1] *n* AUTO Ansaugung *f*, Einlaß *m*, ELEC ENG, ELECT, MECHAN ENG, TELECOM Induktion *f*; **~ brazing** *n* PROD ENG Induktionshartlöten *nt*, Induktionslöten *nt*; **~ coil** *n* AUTO, ELEC ENG, ELECT Induktionsspule *f*; **~ current** *n* ELEC ENG Erregerstrom *m*; **~ field** *n* ELEC ENG, TELEV Induktionsfeld *nt*; **~ flux** *n* ELEC ENG Induktionsfluß *m*; **~ frequency converter** *n* ELECT Induktionsfrequenzumformer *m*; **~ furnace** *n* ELEC ENG, PHYS Induktionsofen *m*; **~ generator** *n* ELEC ENG, ELECT Induktionsgenerator *m*; **~ hardening** *n* ELEC ENG Induktionshärtung *f*; **~ heater** *n* ELEC ENG Induktionsheizgerät *nt*; **~ heating** *n* ELEC ENG, MECHANICS Induktionsheizung *f*, PLAS induktive Erwärmung *f*, THERMODYN Induktionsheizung *f*; **~ inner seal** *n* PACK innere Induktionsdichtung *f*; **~ instrument** *n* ELEC ENG Induktionsinstrument *nt*; **~ loop detector** *n* AUTO Induktionsschleifendetektor *m*; **~ manifold** *n* AUTO *motor* Ansaugkrümmer *m*, Ansaugrohr *nt*, Ansaugspinne *f*, Einlaßkrümmer *m*, Einlaßspinne *f*; **~ motor** *n* AUTO, ELEC ENG Induktionsmotor *m*, ELECT Asynchronmotor *m*, Induktionsmotor *m*, PHYS Induktionsmotor *m*, PROD ENG Asynchronmotor *m*, Induktionsmotor *m*; **~ period** *n* METALL Induktionszeit *f*; **~ pipe** *n* HYD EQUIP Ansaugrohr *nt*, Einlaßrohr *nt*; **~ port** *n* HYD EQUIP Einlaßkanal *m*, Einlaßöffnung *f*; **~ pump** *n* ELEC ENG Induktionspumpe *f*; **~ regulator** *n* ELECT Drehregler *m*; **~ relay** *n* ELEC ENG, ELECT Induktionsrelais *nt*; **~ sealer** *n* PACK Induktionssiegler *m*; **~ stroke** *n* AUTO Ansaughub *m*, Einlaßhub *m*; **~ valve** *n* AUTO, HYD EQUIP Einlaßventil *nt*; **~ voltage** *n* ELEC ENG Induktionsspannung *f*; **~ voltage regulator** *n* ELEC ENG Induktionsregler *m*, Induktionsspannungsregler *m*; **~ welding** *n* ELECT, PROD ENG Induktionsschweißen *nt*

induction:[2] **~-braze** *vt* PROD ENG induktionshartlöten, induktionslöten

inductive: **~ capacitor** *n* ELEC ENG induktiver Kondensator *m*; **~ circuit** *n* ELECT induktive Schaltung *f*; **~ coupling** *n* ELEC ENG induktive Kopplung *f*, magnetische Kopplung *f*, ELECT induktive Kopplung *f*; **~ drop** *n* ELECT Spannungsabfall an Induktanz *m*; **~ feedback** *n* ELEC ENG induktive Rückkopplung *f*; **~ flow-meter** *n* INSTR induktives Durchflußmengenmeßgerät *nt*; **~ load** *n* ELEC ENG, ELECT induktive Last *f*, TELECOM induktive Belastung *f*; **~ potential divider** *n* ELECT *autotransformer* induktiver Spannungsteiler *m*, induktives AC-Potentiometer *nt*; **~ proximity switch** *n* ELEC ENG induktiver Näherungsschalter *m*; **~ reactance** *n* ELEC ENG Induktanz *f*, induktive Reaktanz *f*, induktiver Widerstand *m*, ELECT induktive Reaktanz *f*, ELECT induktiver Blindwiderstand *m*, PHYS Blindwiderstand *m*, Induktionswiderstand *m*; **~ reaction rail** *n* RAIL Schiene mit induktiver Rückkopplung *f*; **~ resistor** *n* ELEC ENG induktivitätbehafteter Widerstand *m*; **~ tuning** *n* ELEC ENG induktive Abstimmung *f*; **~ wirewound resistor** *n* ELEC ENG induktiver Drahtwicklungswiderstand *m*

inductometer *n* ELEC ENG Induktometer *nt*, Variometer *nt*, ELECT Induktometer *nt*

inductor *n* ELEC ENG Drosselspule *f*, Induktor *m*; **~ alternator** *n* ELECT Induktoralternator *m*; **~ generator** *n* ELEC ENG Induktorgenerator *m*; **~ machine** *n* ELEC ENG Klauenpolmaschine *f*

induline *n* CHEMISTRY Indophenin *nt*, Indulin *nt*

indurate *vt* PROD ENG verhärten

industrial: **~ accident** *n* SAFETY Industrieunfall *m*; **~ alcohol** *n* FOOD TECH Industriealkohol *m*; **~ application** *n* PAT gewerbliche Anwendbarkeit *f*; **~ automation** *n* MECHAN ENG Industrieautomation *f*; **~ bulk container system** *n* PACK industrielles Schüttgutcontainersystem *nt*; **~ carrier** *n* WATER TRANS Industrieverfrachter *m*; **~ chromium plating** *n* PROD ENG Hartverchromung *f*; **~ clothing** *n* SAFETY Industriearbeitskleidung *f*; **~ discharge** *n* WATER SUP industrielle Einleitung *f*; **~ effluent** *n* WASTE gewerbliches Abwasser *nt*, WATER SUP Industrieabwasser *nt*; **~ electronic equipment** *n* ELEC ENG elektronisches Gerät für die Industrie *nt*; **~ electronics** *n* ELEC ENG Industrieelektronik *f*; **~ electronic tube** *n* ELECTRON Industrieelektronikröhre *f*; **~ engineering** *n* ERGON Produktions- und Fertigungstechnik *f*; **~ eye protector** *n* SAFETY Augenschutz für Industrieeinsätze *m*; **~ footwear** *n* SAFETY Schuhwerk für Industrieeinsätze *nt*; **~ furnace** *n* MECHAN ENG Industrieofen *m*; **~ gloves** *n pl* SAFETY Schutzhandschuhe für Industrieeinsätze *m pl*; **~ hygiene** *n* ERGON Gewerbehygiene *f*, SAFETY Industriehygiene *f*; **~ injury** *n* SAFETY Verletzung in der Industrie *f*; **~ injury benefit** *n* SAFETY Entschädigung für Industrieverletzungen *f*; **~ insurance** *n* SAFETY Industrieversicherung *f*; **~ interference** *n* ELEC ENG Störung durch Industriegeräte *f*; **~ irradiator** *n* NUC TECH industrielle Bestrahlungsanlage *f*; **~ isotope** *n* NUC TECH Isotop zur industriellen Bestrahlung *nt*; **~ landfill** *n* WASTE Industriemülldeponie *f*; **~ magnetron** *n* ELECTRON Industriemagnetron *nt*; **~ nuclear power** *n* NUC TECH industrielle Kernenergie *f*, wirtschaftlich genutzte Kernenergie *f*; **~ oven** *n* MECHAN ENG Industrieofen *m*; **~ overall** *n* SAFETY Industrie-Overall *m*; ~

packaging *n* NUC TECH Industrieverpackung *f*; ~ **packing** *n* PACK Industriedichtung *f*; ~ **process** *n* POLL Betriebsablauf *m*; ~ **property** *n* PAT gewerbliches Eigentum *nt*; ~ **resins** *n* PLAS technische Harze *nt pl*; ~ **robot** *n (IR)* ART INT, SAFETY Industrieroboter *m*; ~ **safety** *n* SAFETY Arbeitssicherheit in der Industrie *f*; ~ **safety helmet** *n* SAFETY Industrieschutzhelm *m*; ~ **sewage sludge** *n* WASTE industrieller Klärschlamm *m*; ~ **standard** *n* COMP & DP, QUAL Industrienorm *f*, Industriestandard *m*; ~ **truck** *n* SAFETY Industrie-LKW *m*; ~ **waste** *n* WASTE Gewerbeabfall *m*, gewerblicher Abfall *m*, Industriemüll *m*, gewerblicher Müll *m*, WATER SUP Industrieabfall *m*; ~ **waste water** *n* WASTE Industrieabwasser *nt*; ~ **water** *n* WATER SUP Betriebswasser *nt*, industrielles Nutzwasser *nt*

industry *n* ELECTRON, WASTE Industrie *f*; ~ **reference black** *n (IRB)* PLAS internationaler Standardruß *m (IRB-Ruß)*

inedible *adj* FOOD TECH ungenießbar

in-edit *n* TELEV Hineinschneiden *nt*

ineffective: ~ **air-time** *n* TELECOM uneffektive Sendezeit *f*; ~ **call** *n* TELECOM erfolgloser Anruf *m*

inelastic: ~ **collision** *n* PART PHYS inelastischer Stoß *m*, PHYS unelastischer Stoß *m*, RAD PHYS inelastischer Stoß *m*; ~ **neutron scattering** *n* PART PHYS inelastische Neutronenstreuung *f*, PHYS unelastische Neutronenstreuung *f*, RAD PHYS inelastische Neutronenstreuung *f*; ~ **scattering** *n* NUC TECH, PART PHYS inelastische Streuung *f*, RAD PHYS inelastische Streuung *f*

inequality *n* COMP & DP Ungleichung *f*

inert[1] *adj* COATINGS passiv, träge, PET TECH inert; ~ **gas-shielded** *adj* PROD ENG Edelgasschutzmantel- *pref*, mit Edelgasschutzmantel

inert:[2] ~ **arc welding with a consumable electrode** *n* PROD ENG Inertgasschweißen mit abschmelzender Elektrode *nt*; ~ **arc welding with non-consumable electrode** *n* PROD ENG Inertgasschweißen mit nicht abschmelzender Elektrode *nt*, WIG-Schweißen *nt*; ~ **gas** *n* MECHAN ENG *welding* Inertgas *nt*, Schutzgas *nt*, NUC TECH Edelgas *nt*, Inertgas *nt*, PROD ENG Inertgas *nt*, Schutzgas *nt*; ~ **gas arc welding** *n* PROD ENG Schutzgas-Lichtbogenschweißen *nt*; ~ **gas blanketing** *n* NUC TECH Benutzung von Schutzgas *f*; ~ **gas shield** *n* PROD ENG Edelgasschutzmantel *m*, Inertgasschutzmantel *m*; ~ **gas-shielded welding** *n* MECHAN ENG Schutzgasschweißen *nt*; ~ **material** *n* WASTE inertes Material *nt*; ~ **waste** *n* WASTE inerter Abfall *m*

inertance *n* ACOUSTICS akustische Masse *f*, akustische Trägheitsmasse *f*

inertia *n* COATINGS Passivität *f*, Trägheit *f*, HEAT & REFRIG, MECHAN ENG Beharrung *f*, Beharrungsvermögen *nt*, Trägheit *f*, MECHANICS, PHYS, POLL Beharrungsvermögen *nt*, Trägheit *f*; ~ **drive** *n* AUTO Schraubtrieb *m*; ~ **drive starting motor** *n* AUTO Schraubtriebanlasser *m*; ~ **force** *n* PROD ENG Massenkraft *f*; ~ **governor** *n* MECHAN ENG Beharrungsregler *m*; ~ **moment** *n* PROD ENG Trägheitsmoment *nt*; ~ **reel** *n* MECHAN ENG Schwungscheibe *f*; ~ **switch** *n* ELEC ENG Trägheitsschalter *m*

inertial[1] *adj* SPACE Trägheits- *pref*, träge

inertial:[2] ~ **accelerometer** *n* SPACE *spacecraft* Trägheits-Beschleunigungsmesser *m*; ~ **confinement** *n* PHYS Trägheitseinschluß *m*; ~ **force** *n* MECHAN ENG, NUC TECH, PHYS Trägheitskraft *f*; ~ **frame** *n* PHYS Inertialsystem *nt*, inertiales Bezugssystem *nt*, SPACE Trägheitsrahmen *m*; ~ **guidance** *n* SPACE Trägheitssteuerung *f*; ~ **mass** *n* PHYS träge Masse *f*; ~ **navigation** *n* SPACE Trägheitsnavigation *f*; ~ **navigation system** *n* AIR TRANS *(INS)* Inertialnavigationssystem *nt*, Trägheitsnavigationssystem *nt*, SPACE *spacecraft* Trägheitsnavigationssystem *nt*, SPACE *(INS)* Inertialnavigationssystem *nt*, WATER TRANS *(INS)* Inertialnavigationssystem *nt*, Trägheitsnavigationssystem *nt*; ~ **platform** *n* MECHAN ENG Trägheitsplattform *f*; ~ **sensor** *n* SPACE Trägheitsmelder *m*; ~ **separator** *n* NUC TECH Trägheitsabscheider *m*; ~ **starter** *n* MECHANICS Schwungkraftanlasser *m*; ~ **system** *n* SPACE Trägheitssystem *nt*; ~ **torque** *n* HEAT & REFRIG Trägheitsmoment *nt*

inerting *n* PET TECH Inertisieren *nt*

inertness *n* PROD ENG Massenwiderstand *m*

infectious: ~ **waste** *n* WASTE infektiöser Abfall *m*, pathogener Abfall *m*

in-feed *n* MECHAN ENG *machine tools* Zustellung *f*

inference *n* ART INT Inferenz *f*, Schluß *m*, Schlußfolgerung *f*, *reasoning* Inferieren *nt*, Schließen *nt*, Ziehen von Schlüssen *nt*, COMP & DP Deduktion *f*, logischer Schluß *m*, Inferenz *f*, logisches Schließen *nt*; ~ **engine** *n* ART INT *of expert system* Inferenzkomponente *f*, Inferenzmaschine *f*, COMP & DP Inferenzeinheit *f*, Regelsatz in einem Expertensystem *m*; ~ **machine** *n* COMP & DP Interferenzmaschine *f*; ~ **rule** *n* ART INT Inferenzregel *f*; ~ **strategy** *n* ART INT Inferenzstrategie *f*

inferior: ~ **coal** *n* COAL TECH geringwertige Kohle *f*

infill: ~ **panels** *n pl* HEAT & REFRIG Füllelemente *nt pl*

infiltration *n* COAL TECH Einsickern *nt*, WASTE Infiltration *f*, Versickerung *f*, WATER SUP Einsickerung *f*, Infiltration *f*; ~ **basin** *n* WASTE Anreicherungsbecken *nt*, Sickerbecken *nt*; ~ **gallery** *n* WATER SUP Versickerungsbecken *nt*

infinite[1] *adj* MATH unendlich

infinite:[2] ~ **attenuation** *n* ELECTRON *of filter* unendlich starke Dämpfung *f*; ~**-baffle loudspeaker** *n* RECORD Lautsprecher *m*; ~ **impulse response** *n (IIR)* ELECTRON unbegrenztes Ansprechen auf Impuls *nt (IIR)*; ~ **impulse response filter** *n* ELECTRON Filter mit unbegrenztem Impulsansprechverhalten *nt*; ~ **loop** *n* COMP & DP Endlosschleife *f*; ~ **series** *n* MATH *with unlimited number of terms* unendliche Reihe *f*

infinitely:[1] ~ **variable** *adj* MECHAN ENG stufenlos regulierbar

infinitely:[2] ~ **thick layer** *n* RAD PHYS unendlich dicke Schicht *f*; ~ **variable drive** *n* MECHAN ENG stufenloses Getriebe *nt*

infinitesimal *adj* GEOM infinitesimal

infinity *n* MATH Infinitum *nt*, Unendlichkeit *f*

infix: ~ **notation** *n* COMP & DP Infixschreibweise *f*

inflammability *n* THERMODYN Flammbarkeit *f*

inflammable *adj* THERMODYN leicht entflammbar

inflammation: ~ **point** *n* THERMODYN Entzündungstemperatur *f*; ~ **temperature** *n* THERMODYN Entzündungstemperatur *f*

inflatable[1] *adj* MAR POLL aufblasbar

inflatable:[2] ~ **boat** *n* WATER TRANS Schlauchboot *nt*; ~ **dinghy** *n* WATER TRANS Schlauchboot *nt*, aufblasbares Boot *nt*; ~ **pontoons** *n pl* AIR TRANS, WATER TRANS aufblasbare Pontons *m pl*; ~ **seal** *n* NUC TECH aufblasbare Dichtung *f*; ~ **slide** *n* AIR TRANS aufblasbare Seenotrutsche *f*

inflate *vt* PHYS aufblasen

inflation *n* MAR POLL Aufblasen *nt*, Aufpumpen *nt*; ~ **cuff**

n MAR POLL Aufblasanschluß *m*
inflect *vt* CONST biegen, krümmen
inflected: ~ **arch** *n* CONST Gegenbogen *m*
in-flight: ~ **operation** *n* SPACE Flugbetrieb *m*; ~ **operational planning** *n* AIR TRANS Flugbetriebsplannung *f*; ~ **refueling probe** *n AmE*, ~ **refuelling probe** *n BrE* AIR TRANS Luftbetankungssonde *f*; ~ **sequence** *n* SPACE Flugsequenz *f*; ~ **thrust vectoring** *n* SPACE Flugschubvektorierung *f*; ~ **transition** *n* AIR TRANS Übergang *m*
inflow *n* AIR TRANS Einströmung *f*, Vorstrom *m*, WATER SUP Zufluß *m*, Zustrom *m*; ~ **angle** *n* AIR TRANS Einströmwinkel *m*, Zustromwinkel *m*; ~ **canal** *n* WATER SUP Zulaufkanal *m*; ~ **ratio** *n* AIR TRANS Einströmrate *f*, Zuströmverhältnis *nt*
influence: ~ **line** *n* CONST *bridge design* Einflußlinie *f*
influx: ~ **of water** *n* WATER SUP Zufluß *m*
informatics *n pl* COMP & DP Informatik *f*
information *n* COMP & DP, ELECTRON Information *f*; ~ **bit** *n* COMP & DP Informationsbit *nt*; ~ **booth** *n* PROD ENG Informationsstand *m*; ~ **channel** *n* TELECOM Datenkanal *m*; ~ **content** *n* COMP & DP Informationsgehalt *m*; ~ **entropy** *n* COMP & DP Informationsentropie *f*; ~ **flow** *n* COMP & DP Informationsfluß *m*; ~ **hiding** *n* COMP & DP Verdecken von Daten *nt*; ~ **input** *n* COMP & DP Informationseingabe *f*; ~ **management system** *n* COMP & DP Informationsverwaltungssystem *nt*; ~ **output** *n* COMP & DP Informationsausgabe *f*; ~ **processing** *n* COMP & DP, ELECTRON Informationsverarbeitung *f*; ~ **receiver station** *n* TELECOM Informationsempfangsstelle *f*; ~ **retrieval** *n* COMP & DP Informationsabruf *m*, Wiederauffinden von Informationen *nt*, COMP & DP *(IR)* Wiederauffinden von Informationen *nt (IR)*; ~ **retrieval system** *n* COMP & DP System zum Wiederauffinden von Informationen *nt*, System zur Informationsabfrage *nt*; ~ **sending station** *n* TELECOM Informationssendestelle *f*; ~ **separator** *n* COMP & DP Informationstrennzeichen *nt*; ~ **source** *n* COMP & DP Informationsquelle *f*, Nachrichtenquelle *f*; ~ **storage** *n* COMP & DP Informationsspeicher *m*, Informationsspeicherung *f*, TELEV Datenspeicher *m*; ~ **storage and retrieval** *n (ISR)* COMP & DP Informationsspeicherung und -abfrage *f*, Informationsspeicherung und -wiederauffindung *f*; ~ **super-highway** *n* COMP & DP Datenautobahn *f*, Infobahn *f*; ~ **system** *n (IS)* COMP & DP, TELECOM Informationssystem *nt*; ~ **technology** *n* COMP & DP Informationstechnik *f*; ~ **theory** *n* COMP & DP, ELECTRON Informationstheorie *f*; ~ **transfer rate** *n* TELECOM Datentransfergeschwindigkeit *f*
infraprotein *n* CHEMISTRY Infraprotein *nt*
infrared:[1] ~-**sensitive** *adj* RAD PHYS infrarotempfindlich
infrared[2] *n (IR)* OPT, PHYS, PLAS, RAD PHYS Infrarot *nt (IR)*; ~ **detector** *n* TRANS Infrarotdetektor *m*; ~ **earth sensor** *n* SPACE Infraroterdmelder *m*; ~ **emulsion** *n* PHOTO infrarotempfindliche Emulsion *f*; ~ **exhaust gas analyser** *n BrE* AUTO Infrarotabgasprüfgerät *nt*; ~ **exhaust gas analyzer** *n AmE see infrared exhaust gas analyser BrE* ~ **film** *n* PHOTO Infrarotfilm *m*; ~ **filter** *n* RAD PHYS Infrarotfilter *nt*; ~ **heating** *n* HEAT & REFRIG, RAD PHYS Infrarotheizung *f*; ~ **image converter** *n* TELEV Infrarotbildkonverter *m*; ~ **laser** *n* ELECTRON Infrarot-Laser *m*; ~ **LED** *n* ELECTRON Infrarot-LED *f*, Infrarot-Lumineszenzdiode *f*; ~ **light** *n* RAD PHYS Infrarotlicht *nt*; ~ **light-emitting diode** *n* ELECTRON Infrarot-LED *f*, Infrarot-Lumineszenzdiode *f*; ~ **link** *n* TELEV Infrarotverbindung *f*; ~ **motion alarm** *n* SAFETY Infrarotbewegungsmelder *m*; ~ **panel heating** *n* HEAT & REFRIG Infrarotraumheizung *f*; ~ **photography** *n* PHOTO Infrarotfotografie *f*; ~ **radiation** *n* OPT, RAD PHYS Infrarotstrahlen *m pl*; ~ **rays** *n pl* OPT, RAD PHYS Infrarotstrahlen *m pl*; ~ **remote control** *n* MECHAN ENG Infrarotfernbedienung *f*; ~ **scanner** *n* INSTR Infrarotabtaster *m*; ~-**sensitive emulsion** *n* PHOTO infrarotempfindliche Emulsion *f*; ~ **spectrometer** *n* RAD PHYS Infrarot-Spektrometer *nt*; ~ **spectrophotometer** *n* LAB EQUIP Infrarotspektralfotometer *nt*; ~ **spectroscopy** *n* RAD PHYS Infrarotspektroskopie *f*; ~ **spectrum** *n* RAD PHYS Infrarotspektrum *nt*; ~ **therapy** *n* RAD PHYS Infrarotbehandlung *f*
infrasonic[1] *adj* PHYS Unterschall- *pref*
infrasonic:[2] ~ **frequency** *n* ACOUSTICS Infraschallfrequenz *f*, Unterhörfrequenz *f*, ELECTRON Unterhörfrequenz *f*, PHYS Infraschallfrequenz *f*; ~ **frequency range** *n* ACOUSTICS, PHYS Infraschallbereich *m*; ~ **speed** *n* PHYS Unterschallgeschwindigkeit *f*
infrasound *n* ACOUSTICS, PHYS Infraschall *m*
infrastructure *n* COMP & DP Infrastruktur *f*
infringement *n* PAT Verletzung *f*
infringer *n* PAT Patentverletzer *m*, Verletzer *m*
infuse *vi* FOOD TECH ziehen lassen
infusion *n* FOOD TECH Aufguß *m*, Infusion *f*; ~ **bottle** *n* CER & GLAS Infusionsflasche *f*
ingate *n* PROD ENG Anschnitt *m*, Gießtrichter *m*
ingest *vt* POLL aufnehmen
ingestion *n* FOOD TECH Nahrungsaufnahme *f*
ingot *n* COAL TECH Barren *m*, Block *m*, MECHAN ENG Block *m*, MECHANICS Barren *m*, Block *m*, PROD ENG Block *m*; ~ **iron** *n* METALL Blockeisen *nt*; ~ **metal** *n* METALL Blockmetall *nt*; ~ **mold** *n AmE*, ~ **mould** *n BrE* MECHANICS Gießform *f*, Kokille *f*, PROD ENG Blockform *f*, Blockkokille *f*; ~ **steel** *n* METALL Blockstahl *m*
ingotism *n* PROD ENG Primärkornbildung *f*, grobdendritisches Gefüge *nt*
ingredient *n* FOOD TECH Bestandteil *m*, Zutat *f*, PLAS Bestandteil *m*, Inhaltsstoff *m*
inhabitant: ~ **equivalent** *n* WASTE, WATER SUP Einwohnergleichwert *m*
inherent[1] *adj* COATINGS eigen, innewohnend, spezifisch
inherent:[2] ~ **addressing** *n* COMP & DP implizite Adressierung *f*, inhärente Adressierung *f*; ~ **availability** *n* AIR TRANS inhärente Verfügbarkeit *f*; ~ **delay** *n* IND PROCESS Eigenzeit *f*; ~ **distortion** *n* TELECOM Eigenverzerrung *f*; ~ **feedback** *n* ELECTRON Eigenrückkopplung *f*, innere Rückkopplung *f*, NUC TECH Eigenfeedback *nt*; ~ **noise** *n* RECORD Eigenrauschen *nt*; ~ **noise pressure** *n* ACOUSTICS *of microphone* Eigenrauschen *nt*; ~ **regulation** *n* ELECTRON Eigenregelung *f*; ~ **stability** *n* NUC TECH Formsteifigkeit *f*
inherently: ~ **stable reactor** *n* NUC TECH inhärent stabiler Reaktor *m*
inheritance *n* COMP & DP Vererbung *f*, Übernahme *f*, Vererbung *f*; ~ **graph** *n* ART INT Vererbungsgraph *m*
inherited: ~ **error** *n* COMP & DP Eingangsfehler *m*, übernommener Fehler *m*
inhibit *vt* COMP & DP, ELECTRON *gate* sperren, MECHAN ENG hemmen, sperren
inhibiting: ~ **input** *n* COMP & DP Sperreingang *m*, ELECTRON Sperreingabe *f*, Sperreingang *m*; ~ **pulse** *n* ELECTRON Sperrimpuls *m*; ~ **signal** *n* ELECTRON Sperrsignal *nt*, Verriegelungssignal *nt*
inhibition *n* ELECTRON *gate* Sperrung *f*
inhibitor *n* COATINGS Hemmstoff *m*, FOOD TECH Hemm-

stoff *m*, Verzögerer *m*, PLAS, WATER SUP Inhibitor *m*

inhomogeneity *n* CER & GLAS Inhomogenität *f*

inhomogeneous: ~ **system** *n* THERMODYN inhomogenes System *nt*

in-house: ~ **software** *n* COMP & DP betriebsinterne Software *f*; ~ **standard** *n* NUC TECH *of facility* betriebseigener Standard *m*

initial[1] *adj* AIR TRANS, COMP & DP Anfangs- *pref*, SPACE Erst- *pref*

initial:[2] ~ **address** *n* COMP & DP Anfangsadresse *f*; ~ **advance** *n* AIR TRANS Anfangsvorzündung *f*; ~ **approach** *n* AIR TRANS Anfangsanflug *m*; ~ **approach fix** *n* AIR TRANS Anfangsflugposition *f*; ~ **approach path** *n* AIR TRANS Anfangsflugbahn *f*; ~ **capacity** *n* ELECT Anfangskapazität *f*; ~ **crack growth** *n* NUC TECH anfängliche Rißausbreitung *f*; ~ **cracking** *n* PROD ENG Anriß *m*; ~ **criticality** *n* NUC TECH Anfangskritikalität *f*; ~ **current** *n* ELEC ENG, ELECT Anfangsstrom *m*; ~ **curvature** *n* PROD ENG Anrundung *f*; ~ **error** *n* COMP & DP Anfangsfehler *m*; ~ **evaluation** *n* QUAL Vorab-Beurteilung *f*; ~ **fissile charge** *n* NUC TECH Anfangsbeladung mit spaltbarem Material *f*; ~ **forming charge** *n* AIR TRANS Anfangsladung *f*; ~ **gross weight** *n* AIR TRANS Anfangsbruttogewicht *nt*; ~ **instruction** *n* COMP & DP Startinstruktion *f*; ~ **inverse voltage** *n* ELECT anfängliche Rückspannung *f*; ~ **level of water pollution** *n* POLL Vorbelastung *f*; ~ **load** *n* PROD ENG Vorlast *f*; ~ **magnetization curve** *n* PHYS Anfangsmagnetisierung *f*; ~ **nucleus** *n* PROD ENG, THERMODYN *for crystallization* Kristallisationskeim *m*; ~ **operation phase** *n* CONTROL Betriebsaufnahme *f*, Inbetriebnahme *f*; ~ **period charge** *n* TELECOM Mindestgebühr *f*; ~ **pressure** *n* MECHAN ENG Anfangsdruck *m*, Initialdruck *m*; ~ **program header** *n* COMP & DP Startprogramm *nt*; ~ **program loader** *n* *(IPL)* COMP & DP Initialprogrammlader *m*, Urlader *m* *(IPL)*; ~ **settlement** *n* COAL TECH Anfangssetzung *f*; ~ **set-up procedure** *n* COMP & DP Einrichtprozedur *f*; ~ **stability** *n* WATER TRANS *architecture* Anfangsstabilität *f*; ~ **stage** *n* METALL Anfangsstadium *nt*; ~ **state** *n* COMP & DP Anfangsstatus *m*, Grundstellung *f*; ~ **temperature** *n* HEAT & REFRIG Anfangstemperatur *f*, Ausgangstemperatur *f*; ~ **tension** *n* MECHAN ENG Anfangsspannung *f*, Vorspannung *f*; ~ **velocity** *n* SPACE Anfangsgeschwindigkeit *f*; ~ **verification** *n* METROL Initialbestätigung *f*

initialization *n* COMP & DP Anlaufprozedur *f*, Erstbelegung *f*, Initialisierung *f*

initialize *vt* COMP & DP einleiten, einrichten, initialisieren, parametrisieren, vorbereiten

initially: ~-**installed capacity** *n* TELECOM Erstausbau *m*

initials *n pl* QUAL Anfangsbestand *m*

initiating: ~ **electrode** *n* ELEC ENG Primärelektrode *f*; ~ **particle** *n* NUC TECH *of pressure vessel* Ausgangsteilchen *nt*, auslösendes Teilchen *nt*

initiation: ~ **of fracture** *n* NUC TECH Rißauslösung *f*

initiator *n* FOOD TECH Initiator *m*

inject *vt* PROD ENG einlegen, SPACE einspritzen

injection *n* AUTO *fuel* Einspritzung *f*, ELECTRON *of signal input to circuit* Einspeisung *f*, *transistor* Injizieren *nt*, PROD ENG Spritzung *f*, RAD TECH Signaleinspeisung *f*; ~ **blow molding** *n AmE see injection blow moulding BrE* ~ **blow molding machine** *n AmE see injection blow moulding machine BrE* ~ **blow moulding** *n BrE* PLAS Spritzblasen *nt*, Spritzblasformen *nt*, Spritzblasverfahren *nt*; ~ **blow moulding machine** *n BrE* PACK Spritzausblasgießmaschine *f*; ~ **borehole** *n* NUC TECH Einspritzbohrung *f*; ~ **cock** *n* HYD EQUIP Einspritzhahn *m*; ~ **compression process** *n* PLAS *rubber* IC-Verfahren *nt*, Spritzprägeverfahren *nt*; ~ **compressor** *n* HYD EQUIP Einspritzkompressor *m*; ~ **condenser** *n* HYD EQUIP Einspritzkondensator *m*; ~ **filling** *n* PACK Spritzeinfüllung *f*; ~ **grid** *n* AIR TRANS Mischgitter *nt*, ELECTRON Hilfsgitter *nt*; ~ **laser** *n* ELECTRON Injektionslaser *m*; ~ **laser diode** *n (ILD)* OPT, TELECOM Injektionslaserdiode *f*; ~ **level** *n* ELECTRON Einspeisepegel *m*; ~-**locked laser** *n* OPT injektionsverriegelter Laser *m*, TELECOM injektionsstabilisierter Laser *m*; ~-**locked oscillator** *n* ELECTRON injektionssynchronisierter Oszillator *m*, SPACE *communications* einspeisungsstabilisierter Oszillator *m*; ~-**locked oscillator demodulator** *n* SPACE *communications* Demodulator mit einspeisungsstabilisiertem Oszillator *m*; ~ **logic** *n* ELECTRON Injektionslogik *f*; ~ **mold** *n AmE see injection mould BrE* ~ **molding** *n Ame see injection moulding BrE* ~ **molding compound** *n AmE see injection moulding compound BrE* ~ **molding machine** *n AmE see injection moulding machine BrE* ~ **molding pressure** *n AmE see injection moulding pressure BrE* ~ **mould** *n BrE* CER & GLAS Spritzgußform *f*, MECHAN ENG Spritzform *f*, Spritzgußform *f*; ~ **moulding** *n BrE (IM)* PACK Injection-Moulding *nt*, Spritzgießen *nt (IM)*, PLAS Injection-Moulding *nt*, Spritzgießen *nt*, *rubber* Spritzformen *nt (IM)*, PROD ENG *plastic valves* Injection-Moulding *nt*, Spritzgießen *nt*, Spritzguß *m*; ~ **moulding compound** *n BrE* PACK Spritzguß *m*, PLAS Spritzgießmasse *f*; ~ **moulding machine** *n BrE* PLAS Spritzgießmaschine *f*, SAFETY Spritzgußmaschine *f*; ~ **moulding pressure** *n BrE* PACK Spritzdruck *m*; ~ **nozzle** *n* AUTO *fuel* Einspritzdüse *f*, CHEM ENG Einspritzdüse *f*, Injektionsdüse *f*; ~ **nozzle holder** *n* AUTO Einspritzdüsenhalter *m*; ~ **orbit** *n* SPACE Eintrittsorbit *m*; ~ **pipe** *n* HYD EQUIP Einspritzrohr *nt*; ~ **pressure** *n* MECHAN ENG Einspritzdruck *m*; ~ **procedure** *n* WATER TRANS *boatbuilding* Injektionsverfahren *nt*; ~ **pump** *n* AUTO Einspritzpumpe *f*, CONST Einpreßpumpe *f*, MECHAN ENG, WATER TRANS *engine* Einspritzpumpe *f*; ~ **valve** *n* LAB EQUIP *gas chromatography* Einspritzventil *nt*; ~ **well** *n* NUC TECH Einlaßsonde *f*, PET TECH Einpreßbohrung *f*, WATER SUP Schluckbrunnen *m*, Versickerungsbrunnen *m*

injector *n* AUTO *fuel* Einspritzdüse mit Halter *f*, ELECTRON Injektor *m*, HYD EQUIP Dampfstrahlpumpe *f*, Injektor *m*, MECHANICS Einspritzdüse *f*, Strahldüse *f*; ~ **throttle** *n* HYD EQUIP Injektordrossel *f*

injurious *adj* SAFETY Verletzungen verursachend, schädlich; ~ **to the eyes** *adj* SAFETY Augenverletzungen verursachend

injury *n* SAFETY Verletzung *f*; ~ **in the workplace** *n* SAFETY Verletzung am Arbeitsplatz *f*

ink *n* PAPER Druckfarbe *f*, Tinte *f*; ~ **coverage** *n* PAPER Farbverbrauch *m*; ~ **hold-out** *n* PAPER Tintenfestigkeit *f*; ~ **jet printer** *n* COMP & DP, PACK Tintenstrahldrucker *m*

inked: ~ **ribbon** *n* COMP & DP Farbband *nt*

inking *n* PAPER Einfärbung *f*

inkless: ~ **ink jet system** *n* PACK tintenloses Strahlsystem *nt*

inland *n* TELECOM, TRANS Inland *nt*, WATER SUP, WATER TRANS Binnen- *pref*; ~ **call** *n* TELECOM Inlandsanruf *m*; ~ **haulage** *n* WATER TRANS Binnenstrecke *f*; ~ **navi-**

gation *n* WATER TRANS Binnenschiffahrt *f*; ~ **waters** *n* WATER SUP Binnengewässer *nt pl*; ~ **water transport** *n* WATER TRANS Binnenschiffahrt *f*; ~ **waterway** *n* WATER TRANS Binnenschiffahrtsstraße *f*, Binnenwasserstraße *f*

inlay[1] *n* PACK Einlage *f*, TELEV Einblenden *nt*

inlay[2] *vt* CONST auslegen, einlegen

inlet *n* AUTO Ansaugen *nt*, Einlaß *m*, COAL TECH Ansaug- *pref*, MECHAN ENG Einlaß *m*, Einströmen *nt*, Eintritt *m*, *opening* Einlaßöffnung *f*, Einströmöffnung *f*, Eintrittsöffnung *f*, MECHANICS Einlaß *m*, PAPER Einlaufanschluß *m*, PROD ENG Anschluß der Saugleitung *m*, TELECOM Durchführung *f*, Einlaß *m*, WATER SUP Einlauf *m*, WATER TRANS *geography, port* Einfahrt *f*, Meeresarm *m*; ~ **chamber** *n* PROD ENG Saugkammer *f*; ~ **connection** *n* PROD ENG Einlaßstutzen *m*; ~ **end** *n* NUC TECH *of turbine* Einströmungsöffnung *f*; ~ **jumper** *n* NUC TECH Einlaßverbindungskabel *nt*; ~ **manifold** *n* AUTO *engine* Ansaugkrümmer *m*, Einlaßspinne *f*, MECHAN ENG Ansaugstutzen *m*; ~ **muffler** *n AmE (cf inlet silencer BrE)* MECHANICS Eintrittsschalldämpfer *m*; ~ **port** *n* AUTO Ansaugkanal *m*, Einlaßkanal *m*, Einlaßöffnung *f*, CER & GLAS Einlaß *m*, PROD ENG Eintrittskanal *m*; ~ **pressure** *n* COAL TECH Ansaugdruck *m*, Eingangsdruck *m*, MECHAN ENG *of compressor* Ansaugdruck *m*; ~ **side** *n* MECHAN ENG *of compressor* Einlaßseite *f*, Saugseite *f*, PROD ENG Saugseite *f*; ~ **silencer** *n BrE (cf inlet muffler AmE)* MECHANICS Eintrittsschalldämpfer *m*; ~ **temperature** *n* POLL Eintrittstemperatur *f*; ~ **throat** *n* AIR TRANS Einlaßlufttrichter *m*; ~ **valve** *n* AUTO *engine*, HYD EQUIP Einlaßventil *nt*, PROD ENG Saugventil *nt*; ~ **velocity** *n* HYD EQUIP Einlaßgeschwindigkeit *f*

in-line[1] *adj* MECHAN ENG fluchtend

in-line:[2] ~ **contact coding** *n* PACK Kontaktcodierung im seriellen Betrieb *f*; ~ **cylinders** *n pl* AUTO reihenförmig angeordnete Zylinder *m pl*; ~ **engine** *n* AUTO Reihenmotor *m*, Reihenstandmotor *m*, MECHAN ENG, WATER TRANS Reihenmotor *m*; ~ **finishing equipment** *n* PACK Bearbeitungsmaschinen im Serienbetrieb *f pl*; ~ **head** *n* RECORD Inline-Kopf *m*; ~ **multi** *n* PROD ENG Reihenbohrmaschine *f*; ~ **operation** *n* PROD ENG Einsatz in Fertigungsreihe *m*; ~ **processing** *n* COMP & DP schritthaltende Verarbeitung *f*; ~ **stereophonic tape** *n* RECORD Inline-Stereophonieband *nt*; ~ **variation** *n* CER & GLAS Schwankung innerhalb der Maschine *f*

innavigable *adj* WATER TRANS nicht schiffbar

inner: ~ **bottom** *n* WATER TRANS *architecture* Innenboden *m*; ~ **bottom longitudinal** *n* WATER TRANS Innenbodenlängsverband *m*; ~ **bottom plating** *n* WATER TRANS Innenbodenbeplattung *f*; ~ **cladding** *n* TELECOM *communication cable* Innenmantel *m*; ~ **conductor** *n* TELECOM Innenleiter *m*; ~ **covering** *n* ELECT Innenmantelung *f*; ~ **diameter** *n (ID)* MECHAN ENG, MECHANICS, PROD ENG Innendurchmesser *m*; ~ **electrons** *n pl* RAD PHYS innere Elektronen *nt pl*; ~ **lining** *n* WATER TRANS Innenverkleidung *f*; ~ **marker** *n* AIR TRANS inneres Einflugzeichen *nt*; ~ **orbital complex** *n* RAD PHYS *atomic structure* innere Elektronenschalen *f pl*; ~ **planet** *n* SPACE innerer Planet *m*; ~ **port** *n* WATER TRANS Binnenhafen *m*; ~ **ring** *n* MECHAN ENG *of bearing* Innenring *m*; ~ **shroud** *n* AIR TRANS innere Abdeckklappe der Landeklappenschlitze *f*; ~ **skin** *n* WATER TRANS *shipbuilding* Innenhaut *f*; ~ **tube** *n* AUTO Luftschlauch *m*, Schlauch *m*

inoculant *n* PROD ENG Graugußimpfungszusatz *m*, Graugußzusatz *m*

inoculation *n* NUC TECH Impfen *nt*, Impfung *f*

inoperative *adj* CONTROL außer Betrieb

inorganic[1] *adj* COATINGS anorganisch

inorganic:[2] ~ **liquid laser** *n* ELECTRON anorganischer Flüssigkeitslaser *m*

inosine *n* CHEMISTRY, FOOD TECH Inosin *nt*

inositol *n* CHEMISTRY Inosit *m*, Inositol *nt*, FOOD TECH Inositol *nt*

inoxidizable *adj* CHEMISTRY nicht oxidierbar

in-phase[1] *adj* ELECT gleichphasig, ELECTRON gleichphasig, phasengleich, PHYS, TELEV phasengleich; ~ **opposition** *adj* ELECTRON gegenphasig

in-phase:[2] ~ **component** *n* ELECTRON gleichphasige Komponente *f*; ~ **current** *n* ELECT Phasenstrom *m*, gleichphasiger Strom *m*; ~ **signal** *n* ELECTRON gleichphasiges Signal *nt*

in-pile: ~ **loop** *n* NUC TECH In-Pile-Kreislauf *m*; ~ **test** *n* NUC TECH *of pressure vessel* Bestrahlungsversuch innerhalb des Reaktors *m*

in-process[1] *adj* METROL prozeßintegriert

in-process:[2] ~ **gaging** *n AmE*, ~ **gauging** *n BrE* PROD ENG Meßsteuerung *f*; ~ **inspection** *n* QUAL Fertigungsprüfung *f*, Zwischenprüfung *f*; ~ **inspection plan** *n* QUAL Fertigungsprüfplan *m*; ~ **inspector** *n* QUAL Fertigungsprüfer *m*; ~ **product** *n* PROD ENG Zwischenprodukt *nt*; ~ **quality control** *n* QUAL Qualitätsregelung in der Fertigung *f*; ~ **storage** *n* PROD ENG Pufferspeicher *m*

input:[1] ~**-limited** *adj* COMP & DP eingabebegrenzt

input[2] *n (IP)* COMP & DP Eingabe *f (IP)*, CONTROL, ELECT *current, voltage*, ELECTRON Eingabe *f*, Eingang *m*, HYD EQUIP Aufnahme *f*, Eingabe *f*, Input *m*, PHYS Eingabe *f*, Input *m*, RAD TECH, TELEV Eingabe *f*, Eingang *m*; ~ **admittance** *n* ELEC ENG Eingangsadmittanz *f*, Eingangsscheinleitwert *m*; ~ **amplifier** *n* ELECTRON Eingangsverstärker *m*; ~ **area** *n* COMP & DP Eingabebereich *m*; ~ **attenuator** *n* ELECTRON Eingangsdämpfungsglied *nt*; ~ **back-off** *n* SPACE *of travelling-wave tube* Eingaberückstellung *f*; ~ **bevel pinion shaft** *n* AIR TRANS *helicopter* Eingangskegelritzelwelle *f*; ~ **block** *n* COMP & DP Eingabeblock *m*; ~ **buffer** *n* COMP & DP Eingabepuffer *m*; ~ **buffer amplifier** *n* ELECTRON Eingabepufferverstärker *m*; ~ **capacitance** *n* ELEC ENG Belastungskapazität *f*, Eingangskapazität *f*, Lastkapazität *f*; ~ **capacitor** *n* ELEC ENG Ladekondensator *m*; ~ **cavity** *n* ELECTRON Eingangshohlraum *m*; ~ **circuit** *n* ELEC ENG Eingangskreis *m*, ELECT Eingangsschaltung *f*; ~ **control** *n* ELECTRON Eingabesteuerung *f*, Eingangssteuerung *f*; ~ **current** *n* ELECT Eingangsstrom *m*; ~ **data** *n* COMP & DP Eingabedaten *nt pl*; ~ **device** *n* COMP & DP Eingabeeinheit *f*, Eingabegerät *nt*, ELEC ENG Eingabegerät *nt*; ~ **electrode** *n* ELEC ENG Eingangselektrode *f*; ~ **element** *n* IND PROCESS Eingabeglied *nt*; ~ **file** *n* COMP & DP Eingabedatei *f*; ~ **filter** *n* ELECTRON Eingangsfilter *nt*, RAD TECH Eingangsfilter *nt*, Vorfilter *nt*, SPACE *communications* Eingangsfilter *nt*, Input-Filter *nt*; ~ **filtering** *n* ELECTRON Eingangsfilterung *f*; ~ **gap** *n* ELECTRON Einkoppelstrecke *f*; ~ **gate** *n* ELECTRON Eingangsgatter *nt*; ~ **impedance** *n* ELEC ENG Eingangsimpedanz *f*, Eingangsscheinwiderstand *m*, PHYS Eingangswiderstand *m*, TELECOM, TELEV Eingangsimpedanz *f*; ~ **lead** *n* COMP & DP Eingabeleitung *f*, Kabel zwischen Eingabegerät und Computer *nt*, ELEC ENG Eingangszuleitung *f*; ~ **level** *n* TELECOM, TELEV

Eingangspegel *m*; ~ **member** *n* PROD ENG *kinematics* Antriebsglied *nt*; ~ **mode** *n* COMP & DP Eingabemodus *m*; ~ **port** *n* COMP & DP Anschluß *m*, Eingabeanschluß *m*, CONTROL Eingabekanal *m*, Eingangskanal *m*; ~ **power** *n* ELEC ENG, MECHAN ENG Eingangsleistung *f*, PROD ENG Anschlußwert *m*, TELECOM, TELEV Eingangsleistung *f*; ~ **pulse** *n* ELECTRON Eingangsimpuls *m*; ~ **queue** *n* COMP & DP Eingabewarteschlange *f*; ~ **record** *n* COMP & DP Eingabedatensatz *m*, Eingabesatz *m*; ~ **register** *n* COMP & DP Eingaberegister *nt*; ~ **resistance** *n* ELEC ENG Eingangswiderstand *m*; ~ **resonator** *n* ELECTRON *klystron* Eingangsresonator *m*; ~ **response** *n* ELECTRON Eingangsverhalten *nt*; ~ **routine** *n* COMP & DP Eingabeprogramm *nt*, Eingaberoutine *f*; ~ **sequence** *n* COMP & DP Eingabefolge *f*; ~ **shaft** *n* AUTO *clutch, gearbox* Antriebswelle *f*, Eingangswelle *f*, MECHAN ENG Eingangswelle *f*; ~ **shell** *n* AUTO Antriebsschale *f*; ~ **signal** *n* ELECTRON, TELEV Eingangssignal *nt*; ~ **signal conditioning** *n* ELECTRON Aufbereitung des Eingangssignals *f*; ~ **signal power** *n* ELECTRON Eingangssignalleistung *f*; ~ **signal quantization** *n* ELECTRON Eingangssignalquantelung *f*; ~ **signal-to-noise ratio** *n* ELECTRON Eingangssignal-Rausch-Verhältnis *nt*; ~ **stage** *n* ELECTRON Eingangsstufe *f*; ~ **stage gain** *n* ELECTRON Verstärkung der Eingangsstufe *f*; ~ **statement** *n* COMP & DP Eingabeanweisung *f*; ~ **storage** *n* COMP & DP Eingabespeicherbereich *m*; ~ **tapping** *n* ELEC ENG Eingangsabgriff *m*; ~ **terminal** *n* ELEC ENG, ELECT Eingangsklemme *f*; ~ **transductor** *n* ELEC ENG Eingangsmeßwandler *m*; ~ **transformer** *n* ELEC ENG, PHYS Eingangstransformator *m*; ~ **unit** *n* COMP & DP Eingabeeinheit *f*, Eingabegerät *nt*; ~ **voltage** *n* ELEC ENG, ELECT Eingangsspannung *f*; ~ **work queue** *n* COMP & DP Eingabearbeitswarteschlange *f*, Eingabewarteschlange *f*

input[3] *vt* ELECTRON eingeben, laden

input/output:[1] ~ **limited** *adj* COMP & DP Eingabe/Ausgabebegrenzt

input/output[2] *n (I/O)* COMP & DP Eingabe/Ausgabe *f (E/A)*, ELECT Eingabe/Ausgabe *f*, Eingang/Ausgang *m (E/A)*; ~ **buffer** *n* COMP & DP Eingabe/Ausgabepuffer *m*; ~ **bus** *n* COMP & DP Eingabe/Ausgabebus *m*; ~ **channel** *n* COMP & DP Eingabe/Ausgabekanal *m*; ~ **control** *n* COMP & DP Eingabe/Ausgabesteuerung *f*; ~ **device** *n* COMP & DP Eingabe/Ausgabeeinheit *f*, Eingabe/Ausgabegerät *nt*; ~ **file** *n* COMP & DP Eingabe/Ausgabedatei *f*; ~ **instruction** *n* COMP & DP Eingabe/Ausgabeinstruktion *m*, Eingabe/Ausgabebefehl *m*; ~ **interrupt** *n* COMP & DP Eingabe/Ausgabeunterbrechung *f*, Eingabe/Ausgabeinterrupt *m*; ~ **port** *n* COMP & DP Eingabe/Ausgabeanschluß *m*; ~ **processor** *n (IOP)* COMP & DP E/A-Prozessor *m*, Eingabe/Ausgabeprozessor *m*; ~ **register** *n* COMP & DP Eingabe/Ausgaberegister *nt*; ~ **request** *n* COMP & DP Eingabe/Ausgabeanforderung *f*; ~ **switching module** *n* COMP & DP Anschlußmodul *nt*; ~ **system** *n (IOS)* COMP & DP E/A-System *nt*, Eingabe/Ausgabesystem *nt*

inputting *n* ELECTRON Eingabe *f*, Eingeben *nt*

inquartation *n* METALL Quartierung *f*

inquiry *n* COMP & DP Abfrage *f*, Anfrage *f*; ~ **character** *n* COMP & DP Abfragecode *m*; ~ **control** *n* COMP & DP Abfragesteuerung *f*; ~ **position** *n* TELECOM Rückfrageplatz *m*; ~ **processing** *n* COMP & DP Abfrageverarbeitung *f*; ~ **station** *n* COMP & DP Abfragestation *f*

in-reactor: ~ **experiment** *n* NUC TECH Experiment innerhalb des Reaktors *nt*

inrush *n* FLUID PHYS *turbulent boundary layer* Zustrom *m*; ~ **current** *n* ELEC ENG Einschaltstoßstrom *m*, ELECT Einschaltstrom *m*; ~ **current limiter** *n* ELEC ENG Einschaltstoßstrom-Begrenzer *m*; ~ **current protection** *n* ELEC ENG Schutz vor Einschaltspitzen *m*

INS *abbr (inertial navigation system)* AIR TRANS, SPACE *spacecraft*, WATER TRANS Inertialnavigationssystem *nt*, Trägheitsnavigationssystem *nt*

inscribe *vt* GEOM einschreiben

inscribed: ~ **angle** *n* GEOM eingeschriebener Winkel *m*; ~ **circle** *n* GEOM Inkreis *m*, eingeschriebener Kreis *m*; ~ **square** *n* GEOM Inquadrat *nt*, eingeschriebenes Quadrat *nt*

inscription *n* ENG DRAW Beschriftung *f*

insect: ~**-proof** *adj* PACK insektenfest

insert[1] *n* AUTO Einsatz *m*, Ventilsitzring *m*, COMP & DP Einfügung *f*, MECHAN ENG *of fit* Innenteil *nt*, *tools* Einsatz *m*, MECHANICS Einsatz *m*, PACK Einlage *f*, Einsatz *m*, Einschub *m*, PLAS Einlage *f*, Einsatz *m*, PROD ENG Innenteil *nt*, Schneidplatte *f*, Schneideneinsatz *m*, *plastic valves* Einlage *f*; ~ **bit** *n* PET TECH Einsatzbohrer *m*; ~ **camera** *n* TELEV Einsetzkamera *f*; ~ **earphone** *n* ACOUSTICS Kleinsthörgerät *nt*; ~ **edit** *n* TELEV Einfügen *nt*; ~ **editing** *n* TELEV Einfügen *nt*; ~ **liner** *n* MECHAN ENG *of bearing* Schale *f*; ~ **molding** *n AmE*, ~ **moulding** *n BrE* PLAS Insert-Technik *f*; ~ **spring** *n* AUTO Ventilsitzringfeder *f*

insert[2] *vt* COMP & DP einsetzen, *character, phrase* einschieben, CONST einlegen, einsetzen, PROD ENG einlegen, einrasten

insertable: ~ **sack** *n* PACK Sackeinsatz *m*, einhängbarer Sack *m*

inserted[1] *adj* MECHAN ENG eingesetzt

inserted:[2] ~ **blade cutter** *n* MECHAN ENG *of milling machine* Messerkopf *m*; ~ **blade milling cutter** *n* MECHAN ENG Messerkopf *m*; ~ **scram rod** *n* NUC TECH eingefahrener Notabschaltstab *m*; ~ **tool** *n* PROD ENG Einsteckmeißel *m*; ~ **tooth cutter** *n* MECHAN ENG *of milling machine* Messerkopf *m*; ~ **tooth-milling cutter** *n* MECHAN ENG Fräser mit eingesetzten Zähnen *m*

insertion *n* PROD ENG Einrasten *nt*, Zwischensetzen *nt*; ~ **gain** *n* PHYS Einfügungsverstärkung *f*; ~ **loss** *n* OPT Einfügungsverlust *m*, PHYS, TELECOM Einfügungsdämpfung *f*

in-service: ~ **monitoring** *n (ISM)* TELECOM *ISDN* Betriebsüberwachung *f (ISM)*; ~ **test** *n* QUAL Betriebsprüfung *f*

insetting *n* PAPER Rückführen der Papierbahn *nt*

inshore[1] *adj* WATER TRANS küstennah

inshore[2] *adv* WATER TRANS küsteneinwärts

inshore:[3] ~ **pilot** *n* WATER TRANS Küstenlotse *m*; ~ **pilotage** *n* WATER TRANS Küstenlotsenwesen *nt*

inside:[1] ~**-out redrawn** *adj* PROD ENG *drawing* gestülpt

inside:[2] ~ **calipers** *n pl AmE*, ~ **callipers** *n pl BrE* MECHAN ENG Innentaster *m*; ~ **clearance slide valve** *n* HYD EQUIP Innenspielsteuerschieber *m*; ~ **corner edge** *n* PACK Inneneckrand *m*; ~ **cover** *n* HYD EQUIP Innenabdeckung *f*, Innendeckel *m*; ~ **diameter** *n* MECHAN ENG *of thread* Kerndurchmesser *m*, *of tube* lichte Weite *f*, MECHAN ENG *(ID)*, MECHANICS *(ID)*, PROD ENG *(ID)* Innendurchmesser *m*; ~ **forme** *n* PRINT einzufügender Text *m*, innere Form *f*; ~ **gear** *n*

MECHAN ENG Innenrad *nt*; ~ **jamb block** *n* CER & GLAS innerer Türstein *m*; ~ **lap slide valve** *n* HYD EQUIP Innenüberdeckungs-Steuerschieber *m*, innere Überlappung *f*; ~ **lead slide valve** *n* HYD EQUIP Innenvoreinström-Steuerschieber *m*; ~ **micrometer calipers** *n pl AmE*, ~ **micrometer callipers** *n BrE* MECHAN ENG Innenmikrometer *nt*; ~**-out redrawing** *n* PROD ENG *drawing* Stülpen *nt*; ~ **and outside calipers** *n pl AmE*, ~ **and outside callipers** *n pl BrE* MECHAN ENG Innen- und Außentaster *m*; ~ **screw** *n* MECHAN ENG Innenschraube *f*; ~ **surface strength** *n* TEST Innendruckfestigkeit *f*; ~ **thread** *n* MECHAN ENG Innengewinde *nt*; ~ **threading tool** *n* MECHAN ENG Innengewindeschneider *m*; ~ **tool** *n* MECHANICS Innenschneidestahl *m*; ~ **vapor phase oxidation** *n AmE*, ~ **vapour phase oxidation** *n BrE* TELECOM Innenabscheidungsverfahren *nt*, Innenbeschichtungsprozeß *m*; ~ **welding** *n* MECHANICS Innenschweißung *f*

insignificant: ~ **non-conformance** *n* QUAL unwesentliche Abweichung *f*

in situ[1] *adv* COAL TECH in der ursprüngglichen Lage, vor Ort, CONST vor Ort, MECHANICS an Ort und Stelle

in situ:[2] ~ **concrete** n CONST Ortbeton *m*; ~ **monitoring** *n* NUC TECH *pressure vessel* Überwachung an Ort und Stelle *f*

in-slot: ~ **signaling** *n AmE*, ~ **signalling** *n BrE* TELECOM Zeichengabe innerhalb der Zeitlagen *f*

insolation *n* FUELLESS Insolation *f*, Sonnenbestrahlung *f*, HEAT & REFRIG Sonnenbestrahlung *f*, Sonneneinstrahlung *f*

insolubility *n* TEXT Unlöslichkeit *f*

insoluble *adj* PET TECH unlöslich; ~ **in water** *adj* TEXT wasserunlöslich

inspect *vt* CONTROL kontrollieren, untersuchen, überprüfen, QUAL prüfen

inspection *n* COMP & DP, ELEC ENG, INSTR Prüf- *pref*, MECHAN ENG *of goods* Abnahme *f*, Inspektion *f*, MECHANICS Besichtigung *f*, Inspektion *f*, Kontrolle *f*, QUAL Prüf- *pref*, Prüfung *f*, TEST Prüf- *pref*; ~ **agency** *n* QUAL Überwachungsstelle *f*; ~ **by attributes** *n* QUAL Attributprüfung *f*; ~ **by variables** *n* QUAL Variablenprüfung *f*; ~ **certificate** *n* QUAL Annahmeprüfprotokoll *nt*, Prüfbescheinigung *f*, Prüfzertifikat *nt*; ~ **characteristic** *n* QUAL Prüfmerkmal *nt*; ~ **checklist** *n* QUAL Prüfcheckliste *f*; ~ **cycle** *n* AIR TRANS Inspektionszyklus *m*; ~ **door** *n* MECHANICS Schauklappe *f*, SPACE *spacecraft* Inspektionsöffnung *f*, Prüfluke *f*; ~ **equipment** *n* PACK Kontrollvorrichtung *f*, Prüfgerät *nt*; ~ **of files** *n* PAT *of application* Akteneinsicht *f*; ~ **fitting** *n* MECHAN ENG *in pipe* Reinigungsöffnung *f*; ~ **following notifiable accidents** *n* SAFETY Überprüfung nach meldepflichtigen Unfällen *f*; ~ **gage** *n AmE*, ~ **gauge** *n BrE* MECHAN ENG Abnahmelehre *f*; ~ **hole** *n* MECHAN ENG Kontrolloch *nt*; ~ **instruction** *n* QUAL Prüfanweisung *f*; ~ **interval** *n* QUAL Prüfintervall *m*, Prüfturnus *m*; ~ **lamp** *n* ELEC ENG Handlampe *f*, Taschenlampe *f*; ~ **level** *n* QUAL Prüfniveau *nt*; ~ **lot** *n* QUAL Prüflos *nt*; ~**-oriented dimensioning** *n* ENG DRAW prüfgerechte Maßeintragung *f*; ~ **panel** *n* AIR TRANS *airframe* Schauöffnung *f*; ~ **plan** *n* QUAL Prüfplan *m*; ~ **planning** *n* QUAL Prüfplanung *f*; ~ **point** *n* QUAL Prüfpunkt *m*; ~ **procedure** *n* METROL Prüfverfahren *nt*, Prüfvorschrift *f*, QUAL Prüfverfahren *nt*; ~ **and quality control** *n* PROD ENG Gütekontrolle *f*; ~ **record** *n* METROL Prüfbericht *m*, QUAL Prüfbericht *m*, Prüfprotokoll *nt*; ~ **report** *n* QUAL Abnahmeprüfzeugnis *nt*, Prüfbericht *m*, Prüfzeugnis *nt*; ~ **schedule** *n* QUAL Prüfablaufplan *m*; ~ **specification** *n* QUAL Prüfspezifikation *f*; ~ **stamp** *n* QUAL Prüfstempel *m*; ~ **status** *n* QUAL Prüfzustand *m*; ~ **sticker** *n* QUAL Prüfaufkleber *m*, Prüfplakette *f*; ~ **and test documents** *n* QUAL Prüfunterlagen *f pl*; ~ **and test equipment** *n* QUAL Prüfeinrichtungen *f pl*; ~ **and test planning** *n* QUAL Prüfplanung *f*; ~ **and test point** *n* QUAL Prüf- und Kontrollpunkt *m*; ~ **and test procedure** *n* QUAL Prüfverfahren *nt*; ~ **test quantity** *n* QUAL Sichtprüfmenge *f*; ~ **and test records** *n* QUAL Prüfaufzeichnung *f*; ~ **and test schedule** *n* QUAL Prüfablaufplan *m*, Prüfplan *m*; ~ **and test sequence** *n* QUAL Prüfablauf *m*; ~ **and test sequence plan** *n* QUAL Prüfablaufplan *m*; ~ **and test status** *n* QUAL Prüfzustand *m*; ~ **window** *n* PACK Prüfglas *nt*, Sichtglas *nt*; ~ **of the workplace** *n* SAFETY Arbeitsplatzüberprüfung *f*

inspector *n* QUAL Abnahmebeamter *m*, Abnahmebeauftragter *m*, Prüfer *m*

insphere *n* PROD ENG eingeschriebene Kugel *f*

inspiration *n* PROD ENG Einsaugung *f*

inspirator *n* MECHAN ENG *of burner* Mischdüse *f*

inspiratory: ~ **capacity** *n* ERGON Inspirationskapazität *f*

inspire *vt* PROD ENG einsaugen

inspissate *vt* PROD ENG eindicken

inspissation *n* CHEMISTRY Eindampfung *f*, Eindickung *f*, PROD ENG Eindickung *f*

insquare *n* GEOM Inquadrat *nt*

instability *n* ELEC ENG Instabilität *f*, PACK Instabilität *f*; ~ **phenomena** *n pl* FLUID PHYS *causing transition from one type of flow to another* Instabilitätserscheinungen *f pl*; ~ **of rotating Couette flow** *n* FLUID PHYS Instabilität der rotierenden Couetteströmung *f*; ~ **of track** *n* RAIL Gleisinstabilität *f*

install *vt* COMP & DP, PRINT installieren, PROD ENG aufstellen, verlegen, WATER TRANS aufstellen, einbauen, installieren

installation *n* COMP & DP Aufstellung *f*, Inbetriebnahme *f*, Installation *f*, MECHAN ENG *activity* Einbau *m*, Installation *f*, *plant* Anlage *f*, Einrichtung *f*, PROD ENG Verlegung *f*, TELECOM Anlage *f*, Aufstellung *f*, Installation *f*; ~ **barring level** *n* TELECOM Anlagenberechtigung *f*; ~ **drawing** *n* HEAT & REFRIG Aufstellungszeichnung *f*; ~ **error** *n* PROD ENG Montagefehler *m*; ~ **kit** *n* MECHAN ENG Einbausatz *m*; ~ **switch** *n* ELECT Kleinschalter *m*

installed: ~ **capacity** *n* AUTO installierter Hubraum *m*, ELECT installierte Leistung *f*

instance *n* ART INT Ausprägung *f*, Instanz *f*, COMP & DP Abbild *nt*, Beispiel *nt*, Fall *m*

instant[1] *adj* INSTR, TRANS Augenblicks- *pref*

instant[2] *n* ELECTRON Augenblick *m*; ~ **center** *n AmE*, ~ **centre** *n BrE* PROD ENG *kinematics* Momentanpol *m*; ~ **flowmeter** *n* WATER SUP Durchflußmesser *m*, Wassermesser *m*; ~ **replay** *n* TELEV Instant-Replay *nt*

instantaneous: ~ **acoustic energy** *n* ACOUSTICS *per unit volume* momentane Dichte der Schallenergie *f*; ~ **axis** *n* MECHAN ENG Momentanachse *f*; ~ **concentration** *n* POLL Grundkonzentration *f*; ~ **current** *n* ELEC ENG, ELECT Momentanstrom *m*; ~ **display** *n* INSTR Momentananzeige *f*, Sofortanzeige *f*; ~ **electric dipole moment** *n* RAD PHYS augenblickliches elektrisches Dipolmoment *nt*; ~ **frequency** *n* ELECTRON Augenblicksfrequenz *f*; ~ **frequency estimation demodulator** *n* SPACE Demodulator mit Bestimmung momentaner Frequenz *m*; ~ **frequency measurement** *n* ELECTRON

Augenblicksfrequenzmessung *f*; ~ **kinetic energy** *n* ACOUSTICS *per unit volume* momentane Dichte der kinetischen Energie *f*; ~ **load** *n* TEST Augenblicksbelastung *f*; ~ **potential energy** *n* ACOUSTICS *per unit volume* momentane Dichte der potentiellen Energie *f*; ~ **recording** *n* ACOUSTICS, RECORD Aufnahme zum sofortigen Abspielen *f*; ~ **relay** *n* ELEC ENG Momentrelais *nt*, ELECT Schnellrelais *nt*; ~ **release** *n* ELECT Schnellauslösung *f*, MECHAN ENG sofortige Auslösung *f*; ~ **sound power** *n* ACOUSTICS momentane Schalleistung *f*, *per unit area* momentane Schallintensität *f*; ~ **sound pressure** *n* ACOUSTICS momentaner Schalldruck *m*; ~ **speech power** *n* ACOUSTICS momentane Sprachleistung *f*, ERGON momentane Sprechleistung *f*; ~ **tracking error** *n* SPACE *communications* momentaner Nachführungsfehler *m*; ~ **value** *n* ELECT Momentanwert *m*, INSTR Augenblickswert *m*, Istwert *m*, Momentanwert *m*, PHYS, PROD ENG Momentanwert *m*; ~ **velocity** *n* PROD ENG Momentangeschwindigkeit *f*; ~ **voltage** *n* ELECT Momentanspannung *f*; ~ **water heater** *n* HEAT & REFRIG Durchlauferhitzer *m*

instantiate *vt* ART INT instantiieren, konkretisieren

instroke *n* HYD EQUIP Abwärtshub *m*

instruction *n* COMP & DP Anweisung *f*, Befehl *m*, Instruktion *f*, CONTROL Anweisung *f*; ~ **address register** *n* *(IAR)* COMP & DP Befehlsadreßregister *nt*; ~ **area** *n* COMP & DP Befehlsspeicherbereich *m*; ~ **book** *n* MECHAN ENG Bedienungsanleitung *f*, Bedienungshandbuch *nt*; ~ **cache** *n* COMP & DP Befehlszwischenspeicher *m*; ~ **card** *n* ERGON Arbeitskarte *f*; ~ **code** *n* COMP & DP Befehlscode *m*, Instruktionscode *m*; ~ **cycle** *n* COMP & DP Befehlsablauf *m*, Befehlszyklus *m*, Instruktionszyklus *m*; ~ **decoder** *n* COMP & DP Befehlsdecodierer *m*; ~ **execution** *n* COMP & DP Befehlsausführung *f*; ~ **fetching** *n* COMP & DP Befehlsabruf *m*, Instruktionsabruf *m*; ~ **format** *n* COMP & DP Befehlsformat *nt*; ~ **length** *n* COMP & DP Befehlslänge *f*; ~ **processor** *n* COMP & DP Befehlsprozessor *m*; ~ **register** *n* COMP & DP Befehlsregister *nt*, Instruktionsregister *nt*; ~ **repertoire** *n* COMP & DP Befehlsvorrat *m*; ~ **set** *n* COMP & DP Befehlsvorrat *m*; ~ **stream** *n* COMP & DP Befehlsfolge *f*, Instruktionsstrom *m*; ~ **word** *n* COMP & DP Befehlswort *nt*

instructions: ~ **for opening** *n pl* PACK Öffnungsanweisungen *f pl*; ~ **for use** *n pl* PACK Gebrauchsanweisungen *f pl*

instrument[1] *n* AIR TRANS Instrument *nt*, Meßgerät *nt*, Meßinstrument *nt*, AUTO Instrument *nt*, COMP & DP Gerät *nt*, Instrument *nt*, ELEC ENG Instrument *nt*, Prüfgerät *nt*, ELECT, MECHAN ENG Instrument *nt*, PET TECH Meßgerät *nt*, Meßinstrument *nt*, RAIL, WATER TRANS Instrument *nt*, Meßgerät *nt*, Meßinstrument *nt*; ~ **approach** *n* AIR TRANS Instrumentenanflug *m*; ~ **approach chart** *n* AIR TRANS Instrumentenanflugkarte *f*; ~ **approach procedure** *n* AIR TRANS Instrumentenanflugverfahren *nt*; ~ **approach runway** *n* AIR TRANS Instrumentenanflugpiste *f*; ~ **cabinet** *n* INSTR Gerätegehäuse *nt*; ~ **cord** *n* TELECOM Apparateschnur *f*; ~ **error** *n* MECHAN ENG Instrumentenfehler *m*; ~ **flight** *n* AIR TRANS Instrumentenflug *m*; ~ **flight rules** *n pl (IFR)* AIR TRANS Instrumentenflugregeln *f pl (IFR)*; ~ **flying** *n* AIR TRANS Instrumentenflug *m*; ~ **landing** *n* AIR TRANS Instrumentenlandung *f*; ~ **landing system** *n (ILS)* AIR TRANS, SPACE Blindfluglandesystem durch Eigenpeilung *nt*, Instrumentenlandesystem *nt (ILS)*; ~ **malfunction** *n* INSTR Geräteausfall *m*; ~ **movement** *n* INSTR Meßwerk *nt*; ~ **panel** *n* AIR TRANS Instrumentenbrett *nt*, Instrumententafel *f*, AUTO *accessories* Armaturenbrett *nt*, Instrumententafel *f*, WATER TRANS Instrumententafel *f*; ~ **rack** *n* INSTR Geräteträger *m*; ~ **range** *n* INSTR Einsatzbereich eines Geräts *m*, Meßbereich *m*; ~ **rating** *n* AIR TRANS Berechtigung zu IFR-Flügen *f*, Instrumentenflugberechtigung *f*; ~ **shunt** *n* ELEC ENG Meßshunt *nt*, Meßwiderstand *m*; ~ **switch** *n* ELEC ENG Instrumentenschalter *m*, Meßschalter *m*; ~ **transformer** *n* ELEC ENG Meßwandler *m*, ELECT Meßumformer *m*, Meßwandler *m*, INSTR Meßwandler *m*; ~**-type relay** *n* ELEC ENG Meßrelais *nt*

instrument[2] *vt* WATER TRANS instrumentieren

instrumental: ~ **error** *n* INSTR Gerätefehler *m*, Instrumentenfehler *m*, Meßgerätefehler *m*, Meßinstrumentfehler *m*, systematischer Fehler des Meßgeräts *m*

instrumentation *n* COMP & DP Instrumentenausrüstung *f*, Instrumentierung *f*, INSTR Ausstattung mit Geräten *f*, Geräteausstattung *f*, gerätetechnische Ausrüstung *f*, meßtechnische Ausrüstung *f*, PROD ENG Geräteausrüstung *f*; ~ **amplifier** *n* ELECTRON Differenzverstärker *m*, INSTR Meßverstärker *m*; ~ **and control** *n (IUC)* ELECTRON Meß- und Regeltechnik *f (IUC)*

insulant *n* HEAT & REFRIG Dämmstoff *m*, Isoliermaterial *nt*, Isolierstoff *m*, PROD ENG Isolierstoff *m*

insulate *vt* CONST dämmen, isolieren, sperren, ELECT, HEAT & REFRIG, PHYS, PROD ENG, SAFETY isolieren

insulated[1] *adj* CONST gedämmt, isoliert, ELEC ENG, HEAT & REFRIG isoliert; ~ **against heat** *adj* HEAT & REFRIG mit Wärmeschutz versehen, wärmegedämmt

insulated:[2] ~ **antenna cable** *n* ELECT isolierte Antennenleitung *f*; ~ **cable** *n* ELEC ENG, ELECT isoliertes Kabel *nt*; ~ **conductor** *n* ELEC ENG isolierter Leiter *m*, ELECT isolierter Draht *m*, isolierter Stromleiter *m*, TELECOM isolierter Leiter *m*; ~ **conduit** *n* ELECT Kunststoff-Kabelführung *f*, isoliertes Kabelrohr *nt*; ~ **container** *n* AUTO Isothermbehälter *m*, THERMODYN Isolierbehälter *m*, Thermobehälter *m*; ~ **core** *n* ELECT *of cable* isolierte Kabelseele *f*; ~ **gate field-effect transistor** *n (IGFET)* ELECTRON, RAD TECH Isolierschicht-Feldeffekttransistor *m (IGFET)*; ~ **lorry** *n BrE (cf insulated truck AmE)* AUTO, THERMODYN Kühlfahrzeug *nt*; ~ **rail joint** *n* RAIL Isolierstoß *m*; ~ **tools** *n pl* SAFETY isolierte Werkzeuge *nt pl*; ~ **truck** *n AmE (cf insulated lorry BrE)* AUTO, THERMODYN Kühlfahrzeug *nt*; ~ **wire** *n* ELEC ENG isolierter Draht *m*

insulating[1] *adj* CER & GLAS, CHEMISTRY Isolier- *pref*, ELEC ENG Isolier- *pref*, isolierend, HEAT & REFRIG, PACK Dämm- *pref*, PHYS Isolier- *pref*, PROD ENG Isolier- *pref*, isolierend, RECORD Dämm- *pref*, SAFETY, TELECOM Isolier- *pref*

insulating:[2] ~ **board** *n* HEAT & REFRIG Dämmplatte *f*, Isolierplatte *f*, PACK Dämmplatte *f*; ~ **brick** *n* HEAT & REFRIG Dämmstein *m*; ~ **compound** *n* ELEC ENG, PACK Isoliermasse *f*; ~ **covering** *n* ELEC ENG Isolierhülle *f*, isolierende Umhüllung *f*; ~ **fishplate** *n* RAIL Isolierschienenlasche *f*; ~ **glass for fire protection** *n* SAFETY Feuerschutzisolierglas *nt*; ~ **gloves** *n pl* SAFETY Isolierhandschuhe *m pl*; ~ **joint** *n* ELEC ENG Isoliermuffe *f*; ~ **layer** *n* ELEC ENG Dämmschicht *f*, Isolierschicht *f*, PACK Isolierschicht *f*; ~ **mat** *n* ELECT Isoliermatte *f*; ~ **material** *n* CONST Dämmstoff *m*, Isolierstoff *m*, ELEC

ENG Dämmstoff *m*, Isoliermaterial *nt*, MECHANICS Isoliermaterial *nt*, PACK Isolierstoff *m*; ~ **oil** *n* ELEC ENG, ELECT, PET TECH Isolieröl *nt*; ~ **paper** *n* ELECT, PAPER Isolierpapier *nt*; ~ **plate** *n* ELEC ENG Isolierplatte *f*; ~ **property** *n* PACK Isolierfähigkeit *f*, Isoliervermögen *nt*; ~ **sheath** *n* ELEC ENG Isolierhülse *f*, Isoliermantel *m*; ~ **sheet** *n* PACK Isolierdecke *f*; ~ **sleeve** *n* ELEC ENG Isolierrohr *nt*, Isolierschlauch *m*; ~ **substrate** *n* ELEC ENG Isoliersubstrat *nt*, SPACE *spacecraft* Isolierungsträger *m*; ~ **tape** *n* ELEC ENG, ELECT Isolierband *nt*; ~ **varnish** *n* ELECT Isolierlack *m*; ~ **washer** *n* ELEC ENG, ELECT Isolierscheibe *f*; ~ **wax** *n* ELEC ENG Isolierwachs *nt*

insulation *n* CER & GLAS Isolierung *f*, COMP & DP Isolation *f*, CONST Dämmung *f*, Isolierung *f*, ELEC ENG Isolation *f*, Isolierung *f*, ELECT, FUELLESS Isolierung *f*, HEAT & REFRIG Isolation *f*, Isolierung *f*, MECHAN ENG, MECHANICS Isolierung *f*, PHYS Isolation *f*, PLAS Dämmung *f*, Isolierung *f*, PROD ENG Isolieren *nt*, SAFETY Isolierung *f*, TELECOM Dämmung *f*, Isolation *f*, Isolieren *nt*, Isolierstoff *m*, Isolierung *f*, WATER TRANS Dämmung *f*, Isolierung *f*; ~ **against sound and vibration** *n* SAFETY Schall- und Vibrationsisolierung *f*; ~ **breakdown** *n* ELEC ENG Durchschlag *m*, ELECT Isolationsdurchschlag *m*; ~ **class** *n* ELECT Isolationsgrad *m*, Isolationsklasse *f*, HEAT & REFRIG Isolationsklasse *f*, Isolierstoffklasse *f*; ~ **defect** *n* ELEC ENG Isolationsfehler *m*; ~ **distance** *n* ELEC ENG Isolationsstrecke *f*; ~ **pipe** *n* MECHAN ENG Isolierrohr *nt*; ~ **resistance** *n* ELEC ENG, PHYS Isolationswiderstand *m*; ~ **screen** *n* ELECT isolierte Abschirmung *f*; ~ **tester** *n* ELECT, INSTR Isolationsprüfgerät *nt*

insulator *n* CHEMISTRY Dämmstoff *m*, Isolationsmaterial *nt*, CONST Dämmstoff *m*, Isoliermittel *nt*, ELEC ENG *electric or thermal* Isolator *m*, Isolierkörper *m*, *separating two conductors* Nichtleiter *m*, ELECT Isolator *m*, HEAT & REFRIG Dämmstoff *m*, Isolator *m*, Isolierstoff *m*, PHYS, PROD ENG, RAD TECH Isolator *m*, TELECOM Isolator *m*, Isolierkörper *m*; ~ **clamp** *n* ELEC ENG Isolatorklemme *f*

insweep *n* CER & GLAS Hineinfegen *nt*

intact[1] *adj* COATINGS intakt, unverletzt

intact:[2] ~ **stability** *n* WATER TRANS *ship design* Intaktstabilität *f*

intaglio *n* CER & GLAS, PRINT Tiefdruck *m*, PROD ENG vertiefte Form *f*; ~ **etching** *n* PRINT Tiefdruckätzung *f*; ~ **printing** *n* PACK Raser-Tiefdruck *m*, PRINT Tiefdruck *m*

intake *n* AIR TRANS *engine* Ansaugöffnung *f*, Eintritt *m*, MECHAN ENG *inlet* Einlaß *m*, Eintritt *m*, *of engine* Ansaugung *f*, *opening* Einlaßöffnung *f*, Eintrittsöffnung *f*, MECHANICS Ansaugen *nt*, Einlauf *m*, Zulauf *m*, WATER SUP Einlauf *m*, Entnahme *f*; ~ **canal** *n* WATER SUP Zulaufkanal *m*; ~ **capacity** *n* MECHAN ENG *of compressor* Ansaugmenge *f*; ~ **guide vane** *n* AIR TRANS Eintrittsleitschaufel *f*; ~ **guide vane ram** *n* AIR TRANS Eintrittsleitschaufel-Staudruck *m*; ~ **manifold** *n* AIR TRANS *engine* Ansaugkrümmer *m*, Ansaugrohr *nt*, MECHANICS Saugleitung *f*, Verteilungsrohr *nt*; ~ **pressure** *n* MECHAN ENG *of compressor* Ansaugdruck *m*; ~ **side** *n* MECHAN ENG *of compressor* Ansaugseite *f*, Einlaßseite *f*; ~ **sluice** *n* WATER SUP Zulaufschleuse *f*; ~ **stroke** *n* PROD ENG Saughub *m*; ~ **system** *n* MECHAN ENG *fluid inlet* Einlaßsystem *nt*; ~ **valve** *n* HYD EQUIP Einlaßventil *nt*, PROD ENG Ansaugventil *nt*

integer *n* COMP & DP Ganzzahl *f*, ganze Zahl *f*, MATH ganze Zahl *f*; ~ **type** *n* COMP & DP Typanweisung für ganzzahlige Daten *f*, ganzzahliger Datentyp *m*

integral[1] *adj* MECHAN ENG in einem Stück

integral[2] *n* MATH Integral *nt*; ~ **action** *n* IND PROCESS integrierendes Verhalten *nt*; ~ **action coefficient** *n* IND PROCESS I-Beiwert *m*, Integrierbeiwert *m*; ~ **action controller** *n* IND PROCESS I-Regler *m*, Integralregler *m*; ~ **action limiter** *n* IND PROCESS Begrenzer für Integralanteil *m*; ~ **calculus** *n* MATH Integralrechnung *f*; ~ **domain** *n* MATH Integrationsbereich *m*; ~ **element** *n* IND PROCESS I-Glied *nt*, integrierendes Glied *nt*, Integralelement *nt*; ~ **foam** *n* PLAS Integralschaumstoff *m*, Strukturschaumstoff *m*; ~ **of a function** *n* MATH Integral einer Funktion *nt*; ~ **hinge** *n* PLAS Filmgelenk *nt*, Filmscharnier *nt*; ~ **injection** *n* AUTO integrierte Einspritzung *f*; ~ **reinforced handle** *n* PACK integrierter verstärkter Griff *m*; ~ **runner** *n* FUELLESS integrales Laufrad *nt*; ~ **sampling** *n* TELECOM integrale Abtastung *f*; ~ **skin foam** *n* PLAS Integralschaumstoff *m*, Strukturschaumstoff *m*; ~ **spin** *n* PHYS ganzzahliger Spin *m*; ~ **water management** *n* WATER SUP Wasserbewirtschaftung *f*, Wasserhaushaltung *f*; ~ **way columns** *n pl* MECHAN ENG *machine tools* Schlittenständer *m*

integrally:[1] ~ **cast** *adj* MECHANICS angegossen

integrally:[2] ~-**stiffened light alloy skin** *n* SPACE *spacecraft* integral versteifte Leichtmetallbeplankung *f*

integrate[1] *vt* COMP & DP integrieren

integrate[2] *vi* COMP & DP integrieren

integrated[1] *adj* ELECTRON integriert

integrated:[2] ~ **access** *n* TELECOM integrierter Zugang *m*; ~ **bipolar transistor** *n* ELECTRON integrierter Bipolartransistor *m*; ~ **capacitor** *n* ELEC ENG integrierter Kondensator *m*; ~ **charge** *n* ELEC ENG integrierte Ladung *f*; ~ **circuit** *n* COMP & DP Integrierschaltung *f*, COMP & DP integrierte Schaltung *f*, integrierter Schaltkreis *m*, CONTROL Integrierschaltung *f*, CONTROL integrierte Schaltung *f*, integrierter Schaltkreis *m*, ELECT Integrierschaltung *f*, ELECT integrierte Schaltung *f*, integrierter Schaltkreis *m*, ELECTRON, PHYS, RAD TECH, TELECOM Integrierschaltung *f*, integrierte Schaltung *f*, integrierter Schaltkreis *m*; ~-**circuit connection** *n* ELEC ENG Anschluß integrierter Schaltungen *m*; ~-**circuit design** *n* ELECTRON Auslegung als integrierte Schaltung *f*; ~-**circuit element** *n* ELECTRON Bauelement einer integrierten Schaltung *nt*; ~-**circuit fabrication** *n* ELECTRON Herstellung integrierte Schaltung *f*; ~-**circuit layout** *n* ELECTRON Auslegung einer integrierten Schaltung *f*; ~ **circuit mask** *n* ELECTRON integrierte Schaltkreismaske *f*; ~-**circuit package** *n* ELECTRON IS-Gehäuse *nt*; ~-**circuit substrate** *n* ELECTRON IS-Trägermaterial *nt*; ~-**circuit wafer** *n* ELECTRON IS-Scheibe *f*; ~ **database** *n* COMP & DP integrierte Datenbank *f*; ~ **data processing** *n* COMP & DP integrierte Datenverarbeitung *f*; ~ **device** *n* COMP & DP integrierte Einheit *f*, integriertes Gerät *nt*; ~ **digital access** *n* *(IDA)* COMP & DP integrierter Digitalzugriff *m*; ~ **digital exchange** *n* TELECOM integrierte digitale Vermittlung *f*; ~ **digital network** *n* TELECOM integriertes Digitalnetz *nt*, integriertes Text- und Datennetz *nt*; ~ **filter** *n* ELECTRON integriertes Filter *nt*; ~ **function** *n* ELECTRON integrierte Funktion *f*; ~ **home system** *n* *(IHS)* COMP & DP integrierte Quellenfindung *f*; ~ **hybrid component** *n* ELECTRON integrierte Hybridkomponente *f*; ~ **hybrid resistor** *n* ELEC ENG integrierter Hybridwiderstand *m*; ~ **injection logic** *n* *(I^2L)* ELECTRON integrierte Injektionslogik *f* *(I^2L-

Logik); ~ **logic circuit** *n* ELECTRON integrierte Logikschaltung *f*; ~ **logic gate** *n* ELECTRON integriertes Verknüpfungsglied *nt*; ~ **modem** *n* COMP & DP Einbaumodem *nt*; ~ **MOS transistor** *n* ELECTRON integrierter MOS-Transistor *m*; ~ **office system** *n* COMP & DP im Rechnerverbund arbeitendes Büro *nt*, TELECOM integriertes Bürokommunikationssystem *nt*; ~ **optical circuit** *n (IOC)* ELECTRON, OPT integrierter optischer Schaltkreis *m*, optischer integrierter Schaltkreis *m (IOS)*, TELECOM integrierte optische Schaltung *f (IOS)*; ~ **optical switch** *n* TELECOM integrierter optischer Schalter *m*; ~ **optical switching matrix** *n* TELECOM integrierte optische Koppelmatrix *f*; ~ **optoelectronic circuit** *n* TELECOM integrierte optoelektronische Schaltung *f*; ~ **service digital network** *n (ISDN)* TELECOM dienstintegrierendes Digitalnetz *nt*, integriertes digitales Fernmeldenetz *nt (ISDN)*; ~ **services exchange** *n* TELECOM diensteintegrierende Vermittlungsstelle *f*; ~ **services PABX** *n* TELECOM diensteintegrierende Selbstwählnebenstelle *f*; ~ **system** *n* TELECOM integriertes System *nt*; ~ **transit time** *n (ITT)* PET TECH integrierte Laufzeit *f*; ~ **voice-data PABX** *n* TELECOM sprach- und datenintegrierende Wählnebenstelle *f*; ~ **voice-data switch** *n* TELECOM sprach- und datenintegrierende Vermittlung *f*

integrating: ~ **capacitor** *n* ELEC ENG Integrierkondensator *m*; ~ **circuit** *n* ELEC ENG Integrationsschaltung *f*; ~ **flowmeter** *n* AIR TRANS summierender Volumenmesser *m*; ~ **meter** *n* ELEC ENG integrierendes Meßgerät *nt*; ~ **network** *n* AIR TRANS integrierendes Netz *nt*

integration *n* ELECTRON Integration *f*, MATH *trigonometrical functions* Integrieren *nt*, Integrierung *f*, TELECOM Integration *f*; ~ **density** *n* ELECTRON Integrationsdichte *f*; ~ **gain** *n* ELECTRON Integrationsverstärkung *f*; ~ **period** *n* ELEC ENG, ELECTRON Integrationszeit *f*; ~ **time** *n* ELEC ENG, ELECTRON Integrationszeit *f*

integrator *n* AIR TRANS, ELEC ENG Integrator *m*, ELECTRON Integrator *m*, integrierendes Bauelment *nt*; ~ **amplifier** *n* AIR TRANS summierender Verstärker *m*

integrity *n* COMP & DP Integrität *f*, Unversehrtheit *f*, Vollständigkeit *f*

intellectual: ~ **property** *n* PAT geistiges Eigentum *nt*

intelligence: ~ **quotient** *n* ERGON Intelligenzquotient *m*; ~ **test** *n* ERGON Intelligenztest *m*

intelligent: ~ **labeling machine** *n AmE*, ~ **labelling machine** *n BrE* PACK lernende Banderol-Klebmaschine *f*, lernende Etikettiermaschine *f*; ~ **terminal** *n* COMP & DP intelligente frei programmierbare Datenstation *f*, intelligente Datenstation *f*; ~ **tutoring system** *n (ITS)* ART INT intelligentes Lernprogramm *nt (KI-Lernprogramm)*

intelligibility *n* ACOUSTICS Verständlichkeit *f*, ERGON *speech* Sprachverständlichkeit *f*, RAD TECH Verständlichkeit *f*, RECORD Sinnverständlichkeit *f*; ~ **index** *n* ACOUSTICS Verständlichkeitsfaktor *m*

intended: ~ **flight path** *n* AIR TRANS beabsichtigte Flugbahn *f*

intense: ~ **light** *n* WAVE PHYS äußerst starkes Licht *nt*

intensification *n* PHOTO Verstärkung *f*

intensifier *n* HYD EQUIP Druckverstärker *m*; ~ **electrode** *n* TELEV Verstärkerelektrode *f*; ~ **ring** *n* TELEV Verstärkerring *m*; ~ **tube** *n* ELECTRON Verstärkerröhre *f*; ~ **vidicon** *n* ELECTRON Verstärker-Vidikon *nt*

intensify:[1] ~ **pip** *n* ELECTRON *cathode ray tube* Hellmarke *f*

intensify[2] *vt* ELECTRON verstärken

intensity *n (I)* ACOUSTICS Intensität *f*, Stärke *f (I)*, ELECT *of electric, magnetic field*, OPT *proportional to irradiance* Intensität *f (I)*; ~ **of current** *n* ELECT Stromintensität *f*, Stromstärke *f*; ~ **distribution** *n* RAD PHYS Intensitätsverteilung *f*; ~ **of illumination** *n* ELECT Beleuchtungsstärke *f*; ~ **level** *n* ELEC ENG Intensitätspegel *m*; ~ **of light** *n* RAD PHYS Lichtintensität *f*, Lichtstärke *f*; ~ **modulation** *n* ELECTRON Helligkeitsmodulation *f*; ~ **spectrum level** *n* RECORD Intensitätsstufe *f*

intensive: ~ **quantity** *n* PHYS Intensionsgröße *f*

intentional: ~ **accelerated component ageing** *n BrE* ELECT Alterung *f*; ~ **accelerated component aging** *n AmE see intentional accelerated component ageing BrE* ~ **accelerated curing** *n* ELECT Alterungshärtung *f*, Ausscheidungshärtung *f*; ~ **component ageing** *n BrE* ELECT Alterung *f*; ~ **component aging** *n AmE see intentional component ageing BrE* ~ **component curing** *n* ELECT Alterungshärtung *f*, Ausscheidungshärtung *f*; ~ **discharge** *n* POLL *sewage* vorsätzliche Einleitung *f*; ~ **normal component ageing** *n BrE* ELECT Alterung *f*; ~ **normal component aging** *n AmE see intentional normal component ageing BrE* ~ **normal curing** *n* ELECT Alterungshärtung *f*, Ausscheidungshärtung *f*

interact *vi* RAD PHYS wechselwirken

interaction *n* COMP & DP Interaktion *f*, ELECTRON, INSTR Wechselwirkung *f*, MECHAN ENG Interaktion *f*, Wechselwirkung *f*, METALL, NUC TECH, RAD PHYS Wechselwirkung *f*; ~ **energy** *n* METALL Wechselwirkungsenergie *f*; ~ **gap** *n* ELECTRON Wechselwirkungsspalt *m*; ~ **space** *n* ELECTRON *crossed-field tubes* Wechselwirkungsraum *m*

interactive[1] *adj* COMP & DP im Dialogbetrieb arbeitend, interaktiv, CONTROL interaktiv

interactive:[2] ~ **graphics** *n* COMP & DP dialogfähige Grafikverarbeitung *f*, interaktive Grafikverarbeitung *f*; ~ **mode** *n* COMP & DP Dialogbetriebmodus *m*, Dialogbetrieb *m*; ~ **network** *n* ELEC ENG Kettenleiter *m*, TELECOM Dialognetz *nt*; ~ **processing** *n* COMP & DP interaktive Verarbeitung *f*; ~ **routine** *n* COMP & DP interaktive Routine *f*; ~ **system** *n* TELECOM Dialogsystem *nt*; ~ **television** *n* TELEV interaktives Fernsehen *nt*; ~ **terminal** *n* COMP & DP dialogfähige Datenstation *f*, TELECOM Dialoggerät *nt*, interaktives Terminal *nt*; ~ **videodisc** *n BrE* OPT interaktive Bildplatte *f*; ~ **videodisk** *n AmE see interactive videodisc BrE* ~ **videography** *n* TELECOM *videotex* interaktive Videographie *f*

interatomic: ~ **force** *n* RAD PHYS interatomare Kraft *f*

interblock: ~ **gap** *n (IBG)* COMP & DP Blockzwischenraum *m*, Zwischenraum zwischen zwei Bandblöcken *m*

intercell: ~ **hand-off** *n* TELECOM *land mobile* Externumschaltung *f*, Verbindungsumschaltung *f*; ~ **switching** *n* TELECOM *land mobile* Verbindungsumschaltung *f*

intercept *n* GEOM Abschnitt *m*, SPACE Abfang *m*, Abfangen *nt*; ~ **announcer** *n* TELECOM Bescheidansage *f*; ~ **point** *n* SPACE Abfangpunkt *m*

interception *n* MAR POLL Auffang *m*, TELECOM Bescheid *m*; ~ **equipment** *n* TELECOM Hinweisansagegerät *nt*

interceptor: ~ **sewer** *n* WASTE Abwassersammler *m*, Hauptsammelkanal *m*, Hauptsammler *m*

interchange *n AmE (cf junction BrE)* CONST *roads*

Anschlußstelle *f*; ~ **track** *n* RAIL Verbindungsbahn *f*, Verbindungsgleis *nt*, Übergangsbahnhof *m*

interchangeability *n* MECHAN ENG Austauschbarkeit *f*, Auswechselbarkeit *f*

interchangeable[1] *adj* MECHAN ENG, PHOTO austauschbar, auswechselbar

interchangeable:[2] ~ **focusing screen** *n* PHOTO auswechselbare Mattscheibe *f*; ~ **lens** *n* PHOTO Wechselobjektiv *nt*; ~ **part** *n* MECHAN ENG austauschbares Teil *nt*; ~ **waist-level finder** *n* PHOTO auswechselbarer Aufsichtsucher *m*

interchannel: ~ **interference** *n* ELEC ENG Interkanalstörung *f*, gegenseitige Störung der Kanäle *f*; ~ **spacing** *n* TELECOM Kanalabstand *m*; ~ **time difference** *n* RECORD Zeitdifferenz zwischen Kanälen *f*

interchip: ~ **signal delay** *n* ELECTRON Interchip-Signalverzögerung *f*, Signalverzögerung innerhalb des Chips *f*

intercircuit: ~ **signal delay** *n* ELECTRON Intercircuit-Signalverzögerung *f*, Signalverzögerung im Schaltkreis *f*

intercity: ~ **air service** *n* RAIL Intercity-Flugdienst *m*, Intercity-Flugverbindungen *f pl*, TRANS zwischenstädtischer Fluglinienverkehr *m*; ~ **train** *n BrE* RAIL Intercity-Zug *m*; ~ **transport** *n* TRANS städteverbindender Transport *m*

intercom *n* RECORD Bordsprechanlage *f*, Haussprechanlage *f*, TELECOM Sprechanlage *f*

interconnect *vt* PROD ENG verriegeln, RAD TECH durchverbinden, zusammenschalten

interconnected[1] *adj* ELECT verbunden, vermascht

interconnected:[2] ~ **controls** *n pl* AIR TRANS verbundene Steuerorgane *nt pl*, zusammengeschaltete Steuerungen *f pl*

interconnecting: ~ **cable** *n* CONST Verbindungskabel *nt*; ~ **feeder** *n* ELECT Verbindungsleitung *f*; ~ **line** *n* ELECT Speiseleitung *f*, Verbindungsleitung *f*

interconnection *n* AIR TRANS Verbindungsleitung *f*, Zusammenschaltung *f*, CONST Querverbindung *f*, Zwischenverbindung *f*, ELEC ENG Kopplung *f*, Netzkupplung *f*, Netzverbund *m*, Schaltverbindung *f*, Verbundnetz *nt*, ELECT Kopplung *f*, Verbindung *f*, Vermaschung *f*, PROD ENG Vermaschung *f*; ~ **cable** *n* ELEC ENG Verbindungskabel *nt*; ~ **layer** *n* ELECTRON Schaltverbindungsschicht *f*; ~ **topology** *n* COMP & DP Verbindungstopologie *f*

intercooler *n* HEAT & REFRIG Zwischenkühler *m*

intercrystalline[1] *adj* PROD ENG intergranular, interkristallin

intercrystalline:[2] ~ **corrosion** *n* CHEMISTRY interkristalline Korrosion *f*

interdigital[1] *adj* RAD TECH interdigital

interdigital:[2] ~ **bandpass** *n* RAD TECH Interdigitalfilter *nt*; ~ **line** *n* PHYS *acoustoelectronics* Interdigitalleitung *f*; ~ **magnetron** *n* ELECTRON, PHYS Doppelkamm-Magnetron *nt*; ~ **transducer** *n* TELECOM Interdigitalwandler *m*

interelectrode: ~ **capacitance** *n* ELEC ENG Elektrodenkapazität *f*, RAD TECH Kapazität zwischen Elektroden *f*

interengaging *adj* PROD ENG *kinematics* ineinandergreifend

interexchange *n BrE (cf interoffice AmE)* TELECOM Querverbindung *f*

interface *n* COMP & DP Interface *nt*, Schnittstelle *f*, CONTROL, ELECT, ELECTRON, MECHAN ENG *between components* Schnittstelle *f*, METALL Grenzfläche *f*, Übergangsfläche *f*, PHYS Grenzschicht *f*, Schnittstelle *f*, PROD ENG Grenzfläche *f*, TELECOM Grenzfläche *f*, Interface *nt*, Schnittstelle *f*, Zwischenschicht *f*; ~ **boundary** *n* METALL Grenzfläche *f*; ~ **card** *n* ELECTRON Schnittstellenkarte *f*; ~ **chip** *n* ELECTRON Schnittstellen-Chip *m*; ~ **circuit** *n* ELECTRON Schnittstellenschaltung *f*, TELECOM Schnittstellenleitung *f*, Schnittstellenstromkreis *m*; ~ **control** *n* QUAL Nahtstellenüberwachung *f*; ~ **energy** *n* METALL Grenzflächenenergie *f*; ~ **logic** *n* ELECTRON Schnittstellenlogik *f*; ~ **module** *n (IM)* TELECOM Schnittstellenmodul *nt*; ~ **processor** *n* TELECOM *data processing* Ein-/Ausgabewerk *nt*; ~ **requirement** *n* COMP & DP Schnittstellenvoraussetzung *f*; ~ **routine** *n* COMP & DP Schnittstellenprogramm *nt*; ~ **unit** *n* COMP & DP Anschlußeinheit *f*, Schnittstelleneinheit *f*

interfacial: ~ **tension** *n* MAR POLL Grenzflächenspannung *f*

interfere *vt* PHYS interferieren

interference:[1] ~**-proof** *adj* ELECT störfest

interference[2] *n* COMP & DP Interferenz *f*, Störung *f*, Überlagerung *f*, ELECT Störung *f*, ELECTRON Störbeeinflussung *f*, MECHAN ENG Störung *f*, *gearing* Unterschnitt *m*, *of fits* Übermaß *nt*, OPT Interferenz *f*, PHYS Interferenz *f*, Überlagerung *f*, RAD TECH Interferenz *f*, Störung *f*, RECORD *radio*, SPACE *communications* Störung *f*, TELECOM *radio* Interferenz *f*, Störung *f*, TELEV Interferenz *f*, Störung *f*, störende Beeinflussung *f*, WAVE PHYS Interferenz *f*; ~ **area** *n* TELEV Störungsbereich *m*; ~ **bands** *n pl* WAVE PHYS Interferenzbänder *nt pl*; ~ **elimination** *n* RAD TECH Entstörung *f*; ~ **eliminator** *n* TELEV Störaustaster *m*; ~ **figure** *n* OPT Interferenzbild *nt*; ~ **filter** *n* ELECT Störungsfilter *nt*, ELECTRON, OPT, PHYS, RECORD Interferenzfilter *nt*, SPACE Störfilter *nt*, TELECOM, TELEV Interferenzfilter *nt*; ~ **fit** *n* MECHAN ENG Preßpassung *f*; ~ **fringe** *n* OPT Interferenzmuster *nt*; ~ **fringes** *n pl* PHYS Interferenzringe *m pl*, Interferenzstreifen *m pl*, WAVE PHYS Interferenzstreifen *m pl*; ~ **generator** *n* ELECTRON Störgenerator *m*; ~ **generator noise** *n* ELECTRON Rauschen eines Störgenerators *nt*; ~ **immunity** *n* COMP & DP Störfestigkeit *f*; ~ **level meter** *n* INSTR Geräuschmeßgerät *nt*, Störpegelmeßgerät *nt*; ~ **microphone** *n* RECORD Rücksprechmikrofon *nt*; ~ **microscope** *n* METALL, PHYS Interferenzmikroskop *nt*; ~ **noise** *n* TEST Störgeräusch *nt*; ~ **pattern** *n* WAVE PHYS Interferenzmuster *nt*; ~ **reduction factor** *n* SPACE Störaustastungsfaktor *m*; ~ **refractometer** *n* OPT Interferenzrefraktometer *nt*; ~ **rejection** *n* ELECTRON Entstörung *f*, Störunterdrückung *f*; ~ **rejection signal** *n* ELECTRON Störunterdrückungssignal *nt*; ~ **resistance test** *n* ELECT Störfestigkeitsprüfung *f*; ~ **signal** *n* ELECTRON Störsignal *nt*; ~ **suppression** *n* RAD TECH, TELECOM Störunterdrückung *f*

interferometer *n* METROL, OPT, PHYS, TELECOM Interferometer *nt*

interfield: ~ **cut** *n* TELEV Halbbildabschluß *m*

interframe: ~ **coding** *n* TELECOM Zwischenbildcodierung *f*

intergranular[1] *adj* METALL intergranular

intergranular:[2] ~ **corrosion** *n* CHEMISTRY Korngrenzenkorrosion *f*, interkristalline Korrosion *f*

interhandoff *n* TELECOM *land mobile* Externumschaltung *f*

interim: ~ **injunction** *n* PAT einstweilige Verfügung *f*; ~

orbit *n* SPACE Übergangsorbit *m*; ~ **proofs** *n pl* PRINT Zwischenabzüge *m pl*

interindividual: ~ **differences** *n pl* ERGON interindividuelle Unterschiede *m pl*

interionic: ~ **distance** *n* CHEMISTRY Ionenabstand *m*

interior: ~ **angle** *n* GEOM Innenwinkel *m*; ~ **of car** *n* AUTO Fahrzeuginnenraum *m*; ~ **coating** *n* PACK Innenschicht *f*, innere Beschichtung *f*; ~ **design** *n* CONST Innenarchitektur *f*; ~ **fittings** *n pl* CONST Inneneinrichtung *f*; ~ **lining** *n* PACK Innenauskleidung *f*; ~ **packaging** *n* PACK innere Verpackung *f*; ~ **plaster** *n* CONST Innenputz *m*; ~ **strengthening bar** *n* PACK Innenverstärkung *f*; ~ **work** *n* CONST Innenausbau *m*; ~ **wrapping** *n* PACK innere Umwicklung *f*

interlace:[1] ~ **scanning** *n* TELEV Zeilensprungabtastung *f*; ~ **sequence** *n* TELEV Zeilensprungsequenz *f*

interlace[2] *vt* COMP & DP ineinandergreifen, verflechten, verschachteln, ELECTRON, TEXT verflechten

interlaced[1] *adj* COMP & DP *programs* verknüpft

interlaced:[2] ~ **scanning** *n* ELECTRON Zwischenzeilenabtastung *f*

interlacing *n* COMP & DP Zeilensprungverfahren *nt*, TEXT Verflechtung *f*

interlaminar: ~ **shear strength** *n* PLAS interlaminare Scherfestigkeit *f*; ~ **strength** *n* PLAS Schichtfestigkeit *f*, Spaltfestigkeit *f*, interlaminare Festigkeit *f*, PROD ENG Spaltfestigkeit *f*

interlayer *adj* PET TECH zwischengelagert

interleave *vt* COMP & DP gegenseitig versetzen, verschachteln, ELECTRON verschachteln

interleaved[1] *adj* COMP & DP durchschossen, verzahnt

interleaved:[2] ~ **transmission signal** *n* TELEV verschachteltes Sendesignal *nt*

interleaving *n* COMP & DP Durchschießen *nt*, Verzahnung *f*, Überlappung *f*, PAPER Zwischenlage *f*, TELEV Verschachteln *nt*

interline:[1] ~ **flicker** *n* TELEV Zwischenzeilenflimmern *nt*

interline[2] *vt* TEXT durchschießen

interlining *n* AIR TRANS Zwischenschicht *f*, TEXT Einlagestoff *m*; ~ **canvas** *n* TEXT Steifleinen *nt*

interlock[1] *n* AIR TRANS Blockierung *f*, Sperrung *f*, Verriegelung *f*, COMP & DP Sicherheitssperre *f*, Synchronisationsmechanismus *m*, Verriegelung *f*, ELEC ENG Blockierung *f*, Sperre *f*, Verriegelung *f*, MECHANICS Verriegelung *f*, PROD ENG Abhängigkeitsschaltung *f*, Abhängigkeit *f*, SAFETY Abhängigkeit *f*, TELEV Verriegelungsschaltung *f*; ~ **circuit** *n* ELEC ENG Verriegelungsschaltung *f*; ~ **contact** *n* ELEC ENG Verriegelungskontakt *m*; ~ **relay** *n* ELEC ENG, ELECT Verriegelungsrelais *nt*; ~ **switch** *n* ELEC ENG Verriegelungsschalter *m*

interlock[2] *vt* COMP & DP verriegeln, CONST *masonry* miteinander verbinden, verzahnen, ELEC ENG blockieren, sperren, verriegeln, MECHAN ENG verblocken

interlock[3] *vi* MECHAN ENG ineinandergreifen, TEXT verschränken

interlocked *adj* PROD ENG gekuppelt

interlocking[1] *adj* PROD ENG, SAFETY Abhängigkeit *f*

interlocking[2] *n* AIR TRANS Verschluß *m*, MECHAN ENG Verblockung *f*; ~ **device** *n* PACK Verriegelungvorrichtung *f*; ~ **guard** *n* SAFETY Abhängigkeitsschutz *m*; ~ **mill** *n* PROD ENG gekuppelter verstellbarer Nutenfräser *m*; ~ **relay** *n* ELECT Verriegelungsrelais *nt*; ~ **system** *n* RECORD Verriegelungssystem *nt*

interlocutory: ~ **revision** *adj* PAT Abhilfe *f*

intermediate[1] *adj* AIR TRANS, AUTO, PHYS, PRINT, WASTE Zwischen- *pref*

intermediate:[2] ~ **access memory** *n* COMP & DP Hilfszugriffsspeicher *m*; ~ **annealing** *n* MECHAN ENG Zwischenglühen *nt*; ~ **approach** *n* AIR TRANS Zwischenanflug *m*; ~ **approach fix** *n* AIR TRANS Zwischenanflugsposition *f*; ~ **bearing** *n* MECHAN ENG Zwischenlager *nt*; ~ **boson** *n* PHYS Vektor-Boson *nt*, intermediäres Boson *nt*; ~ **box** *n* PROD ENG *casting* Mittelkasten *m*; ~ **bulk container** *n* PACK Zwischenproduktcontainer *m*; ~ **case** *n* AIR TRANS Zwischengehäuse *nt*; ~ **ceiling** *n* CONST Zwischendecke *f*; ~ **chemical** *n* PET TECH petrochemisches Zwischenprodukt *nt*; ~ **copying paper** *n* ENG DRAW Zwischenkopierpapier *nt*; ~ **cover** *n* WASTE Zwischenabdeckung *f*; ~ **cylinder steam engine** *n* HYD EQUIP Mitteldruck-Dampfmaschine *f*, Zwischenstufen-Dampfmaschine *f*; ~ **design review** *n* SPACE technische Zwischenüberprüfung *f*; ~ **distribution frame** *n (IDF)* TELECOM Zwischenverteiler *m*; ~ **file** *n* COMP & DP Zwischendatei *f*; ~ **fold** *n* ENG DRAW Zwischenfalte *f*; ~ **frame** *n* TEXT Mittelflyer *m*; ~ **frequency** *n (IF)* ELECTRON, RAD TECH, TELECOM Zwischenfrequenz *f (Zf)*; ~ **frequency amplifier** *n* ELECTRON, RAD TECH, TELECOM Zwischenfrequenzverstärker *m*; ~ **frequency modulation** *n (IFM)* ELECTRON, RAD TECH, TELECOM Zwischenfrequenzmodulation *f (Zfm)*; ~ **frequency signal** *n* ELECTRON, RAD TECH, TELECOM Zwischenfrequenzsignal *nt*; ~ **gear** *n* MECHAN ENG Zwischenrad *nt*; ~ **gearbox** *n* AIR TRANS *of helicopter* Zwischenrädergetriebe *nt*, PROD ENG Vorgelegegetriebe *nt*; ~ **image** *n* PHYS Zwischenbild *nt*; ~ **position** *n* PROD ENG *plastic valves* Zwischenstellung *f*; ~ **pressure cylinder** *n* HYD EQUIP Mitteldruckzylinder *m*, Zwischenstufenzylinder *m*; ~ **proofs** *n pl* PRINT Zwischenabzüge *m pl*; ~ **regenerator** *n* TELECOM Zwischenregenerator *m*; ~ **roll stand** *n* PROD ENG *rolling* Mittelgerüst *nt*; ~ **sealing glass** *n BrE (cf solder glass AmE)* CER & GLAS Zwischendichtungsglas *nt*; ~ **shaft** *n* MECHAN ENG Vorgelegewelle *f*, Zwischenwelle *f*; ~ **softening** *n* PROD ENG Zwischenglühung *f*; ~ **storage** *n* COMP & DP Zwischenspeicher *m*, WASTE Zwischenlagerung *f*; ~ **storey** *n* CONST Zwischengeschoß *nt*; ~ **stud** *n* PROD ENG Scherenbolzen *m*; ~ **tap** *n* MECHAN ENG, PROD ENG Gewindebohrer *m*, Mittelschneider *m*; ~ **type of soil** *n* COAL TECH intermediäre Bodenart *f*; ~**-voltage winding** *n* ELECT Zwischenspannungswicklung *f*; ~ **water level** *n* WATER SUP durchschnittlicher Wasserspiegel *m*; ~ **wheel** *n* MECHAN ENG *gearing* Zwischenrad *nt*

intermesh *vt* PROD ENG kämmen

intermeshing[1] *adj* PROD ENG kämmend

intermeshing[2] *n* MECHAN ENG *of gears* Eingriff *m*, Kämmen *nt*, PROD ENG Kämmen *nt*

intermetallic: ~ **compound** *n* METALL intermetallische Verbindung *f*

intermingled: ~ **yarn** *n* TEXT Wirbelgarn *nt*

intermittent: ~ **agitation** *n* PHOTO *developer* unterbrochenes Bewegen *nt*; ~ **board machine** *n* PAPER Wickelpappenmaschine *f*; ~ **duty** *n* ELECT aussetzender Betrieb *m*, diskontinuierlicher Betrieb *m*; ~ **fault** *n* ELECT diskontinuierlicher Fehler *m*; ~ **gear** *n* PROD ENG Schaltgetriebe *nt*; ~ **load** *n* ELECT aussetzende Belastung *f*, diskontinuierliche Belastung *f*, PROD ENG aussetzende Belastung *f*; ~ **lubrication** *n* MECHAN ENG Intervallschmierung *f*; ~ **noise** *n* ACOUSTICS intermittierendes Rauschen *nt*; ~ **spring** *n* WATER SUP Karstquelle *f*, intermittierende Quelle *f*

Intermittent: ~ **Commercial and Amateur Services** *n (ICAS)* RAD TECH Kommerzieller und Amateurfunkdienst *m (ICAS)*

intermodal: ~ **container** *n* TRANS Container für den kombinierten Verkehr *m*; ~ **distortion** *n* TELECOM Modendispersion *f*; ~ **traffic** *n* RAIL kombinierter Verkehr *m*

intermodulation *n* ELECTRON Zwischenmodulation *f*, RAD TECH Intermodulation *f*, RECORD *radio* Zwischenmodulation *f*, SPACE *communications*, TELECOM, TELEV Intermodulation *f*; ~ **distortion** *n (IMD)* ELECTRON Zwischenmodulationsverzerrung *f (IMD)*, RAD TECH, RECORD Intermodulationsverzerrung *f (IMD)*; ~ **interference** *n* RAD TECH Intermodulationsstörung *f*; ~ **noise** *n* SPACE Intermodulationsrauschen *nt*; ~ **product** *n* ELECTRON Zwischenmodulationsprodukt *nt*, SPACE, TELECOM Intermodulationsprodukt *nt*

intermolecular[1] *adj* CHEMISTRY intermolekular, zwischenmolekular, METALL zwischenmolekular

intermolecular:[2] ~ **forces** *n pl* METALL Molekularkräfte *f pl*

internal[1] *adj* POLL Innen- *pref*, PROD ENG innengetrieben

internal:[2] ~ **battery** *n* ELEC ENG eingebaute Batterie *f*; ~ **blocking** *n* TELECOM innere Blockierung *f*; ~ **broach** *n* MECHAN ENG Innenräumwerkzeug *nt*, Räumnadel *f*, MECHANICS Räumnadel *f*, PROD ENG Innenräumwerkzeug *nt*; ~ **broaching** *n* MECHAN ENG Innenräumen *nt*; ~-**broaching machine** *n* MECHAN ENG Innenräummaschine *f*; ~ **burner** *n* CER & GLAS Innenbrenner *m*; ~ **caliper gage** *n AmE*, ~ **calliper gauge** *n BrE* MECHAN ENG Innentaster *m*; ~ **capacity** *n* PHYS Röhrenkapazität *f*; ~ **clock** *n* TELECOM interner Takt *m*; ~ **combustion engine** *n* AUTO, ELEC ENG Verbrennungsmotor *m*, MECHAN ENG Brennkraftmaschine *f*, Verbrennungskraftmaschine *f*, PET TECH Verbrennungskraftmaschine *f*, PROD ENG Verbrennungsmotor *m*; ~ **combustion machine** *n* MECHANICS Explosionsmotor *m*, Verbrennungskraftmaschine *f*; ~ **conversion** *n* NUC TECH, RAD PHYS innere Konversion *f*, innere Umwandlung *f*; ~ **crack** *n* METALL Innenriß *m*; ~ **cylindrical gage** *n AmE*, ~ **cylindrical gauge** *n BrE* MECHAN ENG Bohrungslehre *f*; ~ **cylindrical grinding** *n* MECHAN ENG Innenrundschleifen *nt*; ~ **damping** *n* AIR TRANS Eigendämpfung *f*, innere Dämpfung *f*; ~ **diameter** *n* PROD ENG lichte Weite *f*; ~ **energy** *n* PHYS, THERMODYN innere Energie *f*; ~ **expanding brake** *n* MECHAN ENG Innenbackenbremse *f*; ~ **extension** *n* TELECOM interne Nebenstelle *f*; ~ **facing tool** *n* MECHAN ENG Inneneckmeißel *m*; ~ **friction** *n* CER & GLAS Eigenreibung *f*, MECHAN ENG Innenreibung *f*, METALL innere Reibung *f*; ~ **gain** *n* ELECTRON Eigenverstärkung *f*; ~ **gas pressure cable** *n* ELECT druckgasisoliertes Kabel *nt*; ~ **gear** *n* AUTO, MECHAN ENG innenverzahntes Getriebe *nt*; ~ **graticule** *n* ELECTRON Innenraster *m*; ~ **grinder** *n* MECHAN ENG Innenschleifer *m*; ~ **grinding** *n* MECHAN ENG Innenschleifen *nt*; ~-**grinding machine** *n* PROD ENG Innenschleifmaschine *f*; ~ **gripping** *n* PROD ENG Innenspannung *f*; ~ **input signal** *n* TELECOM internes Eingangssignal *nt*; ~ **installation** *n* ELEC ENG Inneninstallation *f*; ~ **lacquering** *n* PACK Innenlackierung *f*, Innenschicht *f*; ~ **limit gage** *n AmE*, ~ **limit gauge** *n BrE* MECHAN ENG Grenzlehrdorn *m*; ~ **mandrel** *n* PROD ENG Biegedorn *m*; ~ **member** *n* MECHAN ENG *of fit* Innenteil *nt*; ~ **memory** *n* COMP & DP, ELEC ENG interner Speicher *m*; ~ **micrometer** *n* MECHAN ENG Innenmikrometer *nt*; ~ **mixer** *n* PLAS Kneter *m*; ~ **oxidation** *n* METALL innere Oxydation *f*; ~ **photoelectric effect** *n* ELECTRON innerer Fotoeffekt *m*, OPT innerer Fotoeffekt *m*, innerer fotoelektrischer Effekt *m*, TELECOM innerer fotoelektrischer Effekt *m*; ~ **plasticizer** *n* PLAS innerer Weichmacher *m*; ~ **pole dynamo** *n* ELECT Innenpoldynamo *m*, Innenpolgenerator *m*; ~ **pole generator** *n* ELECT Innenpoldynamo *m*, Innenpolgenerator *m*; ~ **pressure strength** *n* TEST Innendruckfestigkeit *f*; ~ **radius** *n* PROD ENG Ausrundung *f*; ~ **resistance** *n* ELECT Innenwiderstand *m*, interner Widerstand *m*; ~ **scour** *n* COAL TECH Innenspülung *f*; ~ **screw** *n* CER & GLAS Innengewinde *nt*; ~ **screw thread** *n* MECHAN ENG Innengewinde *nt*; ~ **shield** *n* ELECTRON innere Schirmung *f*; ~ **shrinkage** *n* PROD ENG Innenlunker *m*; ~ **sort** *n* COMP & DP interne Sortierung *f*; ~ **source** *n* POLL Binnenquelle *f*, Inlandsquelle *f*; ~ **splines** *n pl* MECHAN ENG Keilnabenprofil *nt*; ~ **storage** *n AmE (cf internal store BrE)* COMP & DP interner Speicher *m*; ~ **store** *n BrE (cf internal storage AmE)* COMP & DP interner Speicher *m*; ~ **stress** *n* MECHAN ENG Eigenspannung *f*, METALL Eigenspannung *f*, innere Spannung *f*; ~ **target** *n* PART PHYS internes Target *nt*; ~ **temperature** *n* PACK Innentemperatur *f*; ~ **thread** *n* MECHAN ENG Innengewinde *nt*; ~ **thread broaching** *n* MECHAN ENG Innengewinderäumen *nt*; ~ **threading** *n* PROD ENG Innengewindeschneiden *nt*; ~ **toothing** *n* MECHAN ENG Innenverzahnung *f*; ~ **traffic** *n* TELECOM Internverkehr *m*; ~ **turning** *n* MECHAN ENG Innendrehen *nt*; ~ **wheel case** *n* AIR TRANS inneres Radgehäuse *nt*; ~ **wiring** *n* TELECOM Innenverdrahtung *f*

internally: ~ **cooled** *adj* NUC TECH innengekühlt

international[1] *adj* TELECOM Auslands- *pref*

international:[2] ~ **airport** *n* AIR TRANS internationaler Flughafen *m*; ~ **air route** *n* AIR TRANS internationale Flugroute *f*; ~ **application** *n* PAT internationale Anmeldung *f*; ~ **date line** *n* AIR TRANS internationale Datumsgrenze *f*; ~ **direct dialing** *n AmE*, ~ **direct dialling** *n BrE (IDD)* TELECOM Auslandsfernwahl *f*, internationale Selbstwahl *f (ISW)*; ~ **direct distance dialing** *n AmE*, ~ **direct distance dialling** *n BrE (IDDD)* TELECOM Auslandsfernwahl *f*, internationale Selbstwahl *f (ISW)*; ~ **gateway exchange** *n* TELECOM Auslandsvermittlungsstelle *f*, internationales Kopfamt *nt*; ~ **gateway node** *n (IGN)* TELECOM Auslands-Kopfvermittlungsstelle *f*; ~ **mobile station equipment identity** *n (IMEI)* TELECOM internationale Gerätekennung *f*; ~ **operations service** *n* TELECOM internationaler Betriebsdienst *m*; ~ **packet-switching data network** *n* TELECOM internationales paketvermitteltes Datennetz *nt*; ~ **packet-switching gateway exchange** *n* TELECOM internationales paketvermitteltes Kopfamt *nt*; ~ **preliminary examining authority** *n* PAT Behörde für internationale Vorprüfungen *f*; ~ **registration** *n* PAT internationale Registrierung *f*; ~ **searching authority** *n* PAT internationale Recherchenbehörde *f*; ~ **standard** *n* CONST internationaler Standard *m*, QUAL internationales Normal *nt*; ~ **standard thread** *n* MECHAN ENG internationales Normgewinde *nt*; ~ **subscriber dialing** *n AmE*, ~ **subscriber dialling** *n BrE (ISD)* TELECOM internationale Teilnehmerselbstwahl *f*, internationaler Selbstwählferndienst *m*; ~-**switching center** *n AmE*, ~-**switching centre** *n BrE* TELECOM internationale

Vermittlungsstelle *f*, internationales Fernamt *nt*; ~ **system of units** *n (SI unit)* ELECT, METROL, PHYS internationales Einheitensystem *nt (SI-Einheit)*; ~ **telegraph alphabet** *n (ITA)* AIR TRANS, WATER TRANS internationales Telegrafenalphabet *nt (ITA)*; ~ **unit** *n* ELECT internationale Einheit *f*; ~ **waters** *n pl* WATER TRANS internationale Gewässer *nt pl*

International: ~ **Amateur Radio Union** *n* RAD TECH Internationaler Amateurfunkdachverband *m*; ~ **Civil Aviation Organization** *n (ICAO)* AIR TRANS Luftfahrt-Navigationsausschuß *m (ANC)*; ~ **Commission on Illumination** *n* PHYS Internationaler Lichtnormausschuß *m*; ~ **Commission on Radiological Protection** *n (ICRP)* RAD PHYS Internationale Strahlenschutzkommission *f (ICRP)*; ~ **Frequency Registration Board** *n (IFRB)* SPACE Internationale Frequenz-Zuweisungsbehörde *f (IFRB)*; ~ **Maritime Organization** *n (IMO)* WATER TRANS Internationale Schifffahrtorganisation *f (IMO)*; ~ **Railway Union** *n (UIC)* RAIL Internationaler Eisenbahnverband *m (UIC)*; ~ **Referral System** *n (IRS)* POLL Internationales Referenzsystem *nt (IRS)*; ~ **Register of Potentially Toxic Chemicals** *n (IRPTC)* POLL Internationales Verzeichnis für potentiell toxische Chemikalien *nt (IRPTC)*; ~ **Standards Organization** *n (ISO)* ELECT, MECHAN ENG Internationale Normungsorganisation *f (ISO)*; ~ **Telecommunications Union** *n (ITU)* RAD TECH, WATER TRANS Internationale Fernmeldeunion *f (ITU)*; ~ **Telegraph and Telephone Consultative Committee** *n (CCITT)* TELECOM Internationaler Fernmeldeberatungsausschuß *m (CCITT)*; ~ **Transit Centre** *n* SPACE *communications* Internationales Transit Zentrum *nt*

international: ~ **telegraph alphabet number 2** *n* RAD TECH Baudot-Code *m*

internetwork: ~ **communication** *n* TELECOM netzüberschreitende Kommunikation *f*

interocular: ~ **distance** *n* ERGON Augenabstand *m*

interoffice[1] *adj* TELECOM zwischen Ämtern, zwischen Ämtern verlaufend

interoffice[2] *n AmE (cf interexchange BrE)* TELECOM Querverbindung *f*

inter-PABX: ~ **tie circuit** *n* TELECOM Querverbindungsleitung zwischen Wählnebenstellen *f*

interpenetration *n* GEOM *of polyhedra*, NUC TECH Durchdringung *f*

interpersonal: ~ **messaging system** *n* TELECOM persönlicher Mitteilungs-Übermittlungsdienst *m*

interphase: ~ **short circuit** *n* ELECT Kurzschluß zwischen Phasen *m*, zwischenphasiger Kurzschluß *m*

interpit: ~ **sheeting** *n* COAL TECH Unterfangungsschalung *f*

interplanar: ~ **spacing** *n* PROD ENG Netzabstand *m*

interplanetary[1] *adj* SPACE Interplanetar- *pref*

interplanetary:[2] ~ **flight** *n* SPACE Interplanetarflug *m*; ~ **probe** *n* SPACE Interplanetarsonde *f*

interplay *n* CONTROL gegenseitige Abhängigkeit *f*

interpolate *vt* PRINT interpolieren

interpolating: ~ **filter** *n* ELECTRON Interpolationsfilter *nt*

interpolation *n* COMP & DP Interpolation *f*, MATH Interpolation *f*, Interpolieren *nt*, TELECOM Interpolation *f*

interpolator *n* TELECOM Interpolator *m*

interpole *n* ELECT Zwischenpol *m*; ~ **machine** *n* ELECT Zwischenpolmaschine *f*

interpose *vt* PROD ENG zwischenschalten

interposed *adj* PROD ENG zwischengeschaltet

interposition *n* PROD ENG Zwischenschaltung *f*

interpret *vt* COMP & DP auswerten, übersetzen

interpretation *n* COMP & DP Auswertung *f*

interpretative: ~ **language** *n* COMP & DP Dolmetschersprache *f*

interpreter *n* COMP & DP interpretierendes Programm *nt*

interprocessor: ~ **link** *n* TELECOM Prozessorzwischenverbindung *f*

interrogate *vt* COMP & DP abfragen

interrogation: ~ **mode** *n* ELECTRON Abfragemodus *m*

interrogator: ~**-transponder** *n* TELECOM Frage/-Antwort-Gerät *nt*, Interrogator-Responsor *m*

interrupt[1] *n* COMP & DP Interrupt *m*, Unterbrechung *f*; ~**-driven system** *n* CONTROL interruptgesteuertes System *nt*, unterbrechungsgesteuertes System *nt*; ~ **mask** *n* COMP & DP Unterbrechungsmaske *f*; ~ **priority** *n* COMP & DP Unterbrechungspriorität *f*; ~ **request** *n* COMP & DP Unterbrechungsanforderung *f*; ~ **service routine** *n* COMP & DP Unterbrechungsserviceprogramm *nt*; ~ **signal** *n* COMP & DP Unterbrechungssignal *nt*; ~ **vectoring** *n* COMP & DP Unterbrechungszielsteuerung *f*

interrupt[2] *vt* COMP & DP, CONTROL unterbrechen, PROD ENG abreißen, ausklinken

interrupted: ~ **traffic flow** *n* TRANS unterbrochener Verkehrsfluß *m*; ~ **view of a compound** *n* ENG DRAW unterbrochen gezeichnetes Teil *nt*; ~ **view of a part** *n* ENG DRAW unterbrochen gezeichnetes Teil *nt*

interrupter *n* ELEC ENG Ausschalter *m*, Unterbrecher *m*, ELECT, TELECOM Unterbrecher *m*

interrupting: ~ **voltage** *n* ELEC ENG Abschaltspannung *f*

interruption *n* ELEC ENG Betriebsstörung *f*, Störung *f*, Unterbrechung *f*, PROD ENG Abreißen *nt*, TELECOM Trennung *f*, Unterbrechung *f*; ~ **frequency** *n* PROD ENG Schalthäufigkeit *f*

intersatellite: ~ **link** *n* SPACE *communications* Intersatellitenfunk *m*; ~ **link acquisition** *n* SPACE *communications* Herstellen einer Intersatellitenfunkverbindung *nt*; ~ **service** *n* SPACE Intersatellitenfunkdienst *m*

intersect *vt* CONST durchdringen, überschneiden, GEOM schneiden

intersecting:[1] ~ **secant** *adj* GEOM, MATH sich schneidend

intersecting:[2] ~ **lines** *n pl* GEOM sich schneidende Linien *f pl*; ~ **planes** *n pl* GEOM einander durchdringende Ebenen *f pl*, sich schneidende Ebenen *f pl*

intersection *n* COMP & DP Intersektion *f*, Schnittpunkt *m*, Kreuzungspunkt *m*, Schnittmenge *f*, GEOM Schnitt *m*, MATH *in set theory* Durchschnitt *m*, Schnitt *m*, Schnittmenge *f*; ~ **angle** *n* CONST Schnittwinkel *m*; ~ **line** *n* GEOM Schnittgerade *f*, Schnittlinie *f*; ~ **point** *n* CONST Schnittpunkt *m*

intersensory: ~ **perception** *n* ERGON intersensorische Wahrnehmung *f*

interstage: ~ **coupling** *n* ELECTRON *amplifier* , RAD TECH Kopplung zwischen Stufen *f*; ~ **section** *n* SPACE *spacecraft* Zwischenzelle *f*; ~ **transformer** *n* ELEC ENG Zwischentransformator *m*

interstellar[1] *adj* SPACE Interstellar- *pref*

interstellar:[2] ~ **matter** *n* SPACE interstellare Materie *f*; ~ **space** *n* SPACE interstellarer Raum *m*

interstice *n* COAL TECH Pore *f*, CONST Lücke *f*, Pore *f*, PROD ENG Fuge *f*, Zwischenraum *m*

interstitial: ~ **place** *n* PHYS Zwischengitterplatz *m*; ~ **water** *n* COAL TECH Porenwasser *nt*, PET TECH Haftwasser *nt*, WATER SUP Porengrundwasser *nt*

interswitchboard: ~ **tie circuit** *n* TELECOM Vermittlungsschrank-Querverbindungsleitung *f*

intersymbol: ~ **interference** *n* ELECTRON Intersymbolstörung *f*, TELECOM Intersymbolstörung *f*, Nachbarzeichenstörung *f*; ~ **noise** *n* ELECTRON Intersymbolrauschen *nt*

intertank: ~ **connector** *n* SPACE *spacecraft* Tankverbindungsstück *nt*, Tankzwischenstück *nt*

intertidal: ~ **zone** *n* MAR POLL Tidengebiet *nt*

intertie *n* PROD ENG Querbalken *m*

interturn: ~ **capacitance** *n* ELECT Kapazität zwischen Wicklungen *f*; ~ **insulation** *n* ELECT Isolierung zwischen Wicklungen *f*, Lagenisolierung *f*

interurban: ~ **train** *n AmE* RAIL Vorortzug *m*

interval *n* ACOUSTICS Intervall *nt*, Pause *f*, MATH *in set theory* Intervall *nt*; ~ **length** *n* METROL Intervallänge *f*; ~ **timer** *n* COMP & DP Intervallzeitgeber *m*, Zeitgeber *m*, IND PROCESS Zeitintervallgeber *m*; ~ **timing** *n* IND PROCESS Zeitrasterung *f*; ~ **velocity** *n* PET TECH Intervallgeschwindigkeit *f*

intervention *n* COMP & DP Eingriff *m*

interview *n* ART INT, ERGON Befragung *f*; ~ **techniques** *n pl* ERGON Befragungstechniken *f pl*

interworking *n* TELECOM Interworking *nt*, Zusammenarbeit *f*

intonation *n* ACOUSTICS Intonation *f*

intrados *n* CONST Bogenleibung *f*, Gewölbefläche *f*, Untersicht *f*

intra-individual: ~ **differences** *n pl* ERGON intra-individuelle Unterschiede *m pl*

intramodal: ~ **distortion** *n* OPT Zwischenmodenverzerrung *f*, TELECOM Modendispersion *f*

intramolecular *adj* CHEMISTRY Zwischenmolekular- *pref*, innerhalb eines Moleküls, intramolekular, METALL intramolekular

intra-office: ~ **junctor circuit** *n* TELECOM Internverbindungsleitungssatz *m*

intrinsic: ~-**barrier diode** *n* ELECTRON Eigenleiterschichtdiode *f*; ~ **conductivity** *n* ELEC ENG Eigenleitfähigkeit *f*, ELECT innere Leitfähigkeit *f*; ~ **energy** *n* THERMODYN innere Energie *f*; ~ **error** *n* METROL Grundfehler *m*; ~ **impedance** *n* ELECT wahre Impedanz *f*; ~ **joint loss** *n* OPT Eigenverlust an der Verbindungsstelle *m*, TELECOM intrinsischer Koppelverlust *m*; ~ **permeability** *n* ELECT *magnetism* innere Permeabilität *f*; ~ **semiconductor** *n* COMP & DP Eigenhalbleiter *m*, I-Halbleiter *m*, spezifischer Halbleiter *m*, ELECTRON Eigenhalbleiter *m*, PHYS Eigenhalbleiter *m*, Intrinsic-Halbleiter *nt*; ~ **temperature** *n* ELECTRON Eigentemperatur *f*; ~ **temperature range** *n* ELECTRON Eigentemperaturbereich *m*; ~ **viscosity** *n* FLUID PHYS innere Viskosität *f*

intrinsically: ~ **safe** *adj* ELEC ENG eigensicher, SAFETY intrinsisch sicher

introduction *n* PROD ENG Zugabe *f*; ~ **of alloying elements** *n* PROD ENG Zulegierung *f*

introscopy *n* NUC TECH Introskopie *f*

intruder: ~ **presence detector** *n* TELECOM Raumschutz-Meldungsgeber *m*

intrusion: ~ **of cold water** *n* NUC TECH Kaltwassereinbruch *m*

intrusive *adj* FUELLESS intrusiv

intumescent[1] *adj* SAFETY schaumbildend

intumescent:[2] ~ **paint** *n* PLAS schaumschichtbildender Anstrich *m*, schaumschichtbildender Anstrichstoff *m*

inulin *n* CHEMISTRY Alantin *nt*, Alantstärke *f*, Dahlin *nt*, Fructosan *nt*, Inulin *nt*, FOOD TECH Inulin *nt*

inundation *n* WATER SUP Überflutung *f*

invar *n* METALL, PROD ENG Invar *nt*

invariant[1] *adj* GEOM invariant

invariant[2] *n* GEOM Invariante *f*

in-vehicle: ~ **aural communication** *n* AUTO Hörverständigung im Fahrzeug *f*; ~ **visual display** *n* AUTO Sichtanzeige im Fahrzeug *f*

invent *vt* PAT erfinden

invention *n* PAT Erfindung *f*

inventive: ~ **step** *n* PAT erfinderische Tätigkeit *f*

inventor *n* PAT Erfinder *m*

inventory *n* PACK Inventar *nt*, Lagerbestandsaufnahme *f*, PET TECH Inventar *nt*, Lagerbestand *m*

inverse[1] *adj* MATH entgegengesetzt, invers, umgekehrt; **in** ~ **ratio** *adj* MECHAN ENG in umgekehrtem Verhältnis; ~-**square** *adj* PHYS reziprok-quadratisch

inverse[2] *n* MATH Inverse *nt*; ~ **Compton effect** *n* PHYS inverser Compton-Effekt *m*; ~ **direction** *n* ELEC ENG Sperrichtung *f*; ~ **dovetail cutter** *n* MECHAN ENG Winkelfräser *m*; ~ **feedback** *n* ELEC ENG Gegenkopplung *f*, ELECTRON Gegenkopplung *f*, negative Rückkopplung *f*; ~ **feedback filter** *n* ELECTRON Gegenkopplungsfilter *nt*; ~ **function** *n* MATH Umkehrfunktion *f*, inverse Funktion *f*; ~ **gain** *n* ELECTRON Sperrstromverstärkung *f*; ~-**induced armature** *n* ELECT gegeninduzierter Anker *m*; ~ **limiter** *n* ELECTRON Gegenbegrenzer *m*; ~ **modulation** *n* ELECTRON Gegenmodulation *f*; ~ **photoelectric effect** *n* ELECTRON inverser fotoelektrischer Effekt *m*; ~ **piezoelectric effect** *n* ELEC ENG, PHYS inverser piezoelektrischer Effekt *m*; ~ **primary creep** *n* METALL Inversprimärkriechen *nt*; ~ **proportion** *n* MATH Kehrwert *m*, reziproker Wert *m*; ~ **ratio** *n* MATH Kehrwert *m*, reziproker Wert *m*, MECHAN ENG umgekehrtes Verhältnis *nt*; ~ **time relay** *n* ELECT Invertzeitrelais *nt*; ~ **video** *n* COMP & DP Umkehranzeige *f*, Umkehrdarstellung *f*, invertiertes Videobild *nt*

inversely: ~ **proportional** *adj* MATH umgekehrt proportional

inversion *n* ELECTRON Umkehrung *f*, Wechselrichten *nt*; ~ **of image** *n* TELEV Bildinversion *f*; ~ **layer** *n* ELECTRON, POLL, TELECOM Inversionsschicht *f*; ~ **temperature** *n* ELECT Inversionstemperatur *f*, Umkehrtemperatur *f*, PHYS Inversionstemperatur *f*

invert[1] *n* CONST Sohle *f*; ~ **glass** *n* CER & GLAS Invertglas *nt*; ~ **sugar** *n* FOOD TECH Invertzucker *m*, Invertose *f*

invert[2] *vt* COMP & DP umkehren, MATH *matrix*, RAD TECH invertieren

invertase *n* FOOD TECH Invertase *f*, Saccharase *f*

inverted[1] *adj* PROD ENG verkehrt konisch

inverted:[2] ~ **arch** *n* CONST Fundamentgewölbe *nt*, Gegengewölbe *nt*; ~-**bell manometer** *n* PROD ENG Tauchglocken-Manometer *nt*; ~ **chip** *n* ELECTRON invertierter Chip *m*; ~ **extrusion** *n* MECHAN ENG Rückwärtsfließpressen *nt*; ~ **file** *n* COMP & DP invertierte Datei *f*; ~ **image** *n* PHOTO Kehrbild *nt*, PHYS Umkehrbild *nt*; ~ **pattern accumulator** *n* HYD EQUIP Hängevorlagespeicher *m*; ~ **pleat** *n* TEXT Quetschfalte *f*; ~ **rotary converter** *n* ELECT Drehumformer *m*, Wechselumformer *m*

inverted-T-shaped: ~ **track girder** *n* TRANS Breitfußfahrbalken *m*

inverted-V: ~ **dipole** *n* RAD TECH umgekehrte V-Antenne *f*

inverter *n* COMP & DP Gleichstromumrichter *m*, Inverter *m*, ELEC ENG Gleichstrom-Wechselstrom-Konverter *m*, Inverter *m*, Umformer *m*, WR, Wechselrichter *m*, ELECTRON Umformer *m*, WR, Wechselrichter *m*, PHYS, RAD TECH WR, Wechselrichter *m*, TELECOM Inverter *m*, Invertierschaltung *f*; **~ gate** *n* ELECTRON Nein-Schaltung *f*; **~ oscillator** *n* ELECTRON Umkehroszillator *m*

inverting: **~ amplifier** *n* ELECTRON Umkehrverstärker *m*; **~ input** *n* ELECTRON Umkehreingang *m*; **~ transistor** *n* ELECTRON Umkehrtransistor *m*

investment:[1] **~-cast** *adj* PROD ENG im Ausschmelzverfahren genauigkeitsgegossen

investment:[2] **~ casting** *n* MECHAN ENG Ausschmelzverfahren *nt*, PROD ENG Modellausschmelzgießen *nt*; **~ compound** *n* PROD ENG *casting* Modellformstoff *m*; **~ mold** *n AmE*, **~ mould** *n BrE* MECHAN ENG *for casting*, PROD ENG Genauigkeitsgießform *f*; **~ pattern** *n* PROD ENG *casting* Ausschmelzmodell *nt*

inviscid[1] *adj* FLUID PHYS reibungsfrei

inviscid:[2] **~ flow distribution** *n* FLUID PHYS reibungsfreie Strömungsverteilung *f*; **~ motion** *n* FLUID PHYS reibungsfreie Bewegung *f*, reibungsfreie Strömung *f*

invitation: **~ to send** *n* COMP & DP Sendeaufforderung *f*, Sendeaufruf *m*; **~ to transmit** *n* TELECOM Sendeaufforderung *f*

involuntary: **~ reflex** *n* ERGON unfreiwilliger Reflex *m*

involute[1] *adj* GEOM involut, PROD ENG evolventisch

involute[2] *n* GEOM *curve* Evolvente *f*, Involute *f*; **~ of a circle** *n* GEOM Kreisevolvente *f*; **~ curve** *n* PROD ENG Evolvente *f*; **~ gear** *n* MECHAN ENG Evolventenrad *nt*; **~ gear cutter** *n* MECHAN ENG Zahnradfräser Evolventenverzahnung *m*; **~ gearing** *n* MECHAN ENG Evolventenverzahnung *f*; **~ serrations** *n pl* MECHAN ENG Evolventenkerbverzahnung *f*; **~ spline** *n* MECHAN ENG Evolventenkerbverzahnung *f*, Keilwellenprofil mit Evolventenflanken *nt*

involution *n* MATH *raising of quantity to any power* Potenzieren *nt*, Potenzierung *f*

involve: **~ an inventive step** *phr* PAT auf erfinderischer Tätigkeit beruhen

inward:[1] **~-bound** *adj* WATER TRANS *ship* einlaufend, heimkehrend

inward:[2] **~ flow** *n* PROD ENG mit äußerer Beaufschlagung; **~ flux** *n* PHYS Einwärtsfluß *m*, hereinkommender Fluß *m*; **~-positioned arrowhead** *n* ENG DRAW innenstehender Pfeil *m*; **~-propagating wave** *n* TELECOM rücklaufende Welle *f*; **~ traffic** *n BrE (cf incoming traffic AmE)* TRANS ankommender Verkehr *m*, einlaufender Verkehr *m*

I/O *abbr (input/output)* COMP & DP, ELECT E/A *(Eingabe/Ausgabe)*

IOC *abbr (integrated optical circuit)* ELECTRON, OPT IOS *(integrierter optischer Schaltkreis)*, TELECOM IOS *(integrierte optische Schaltung)*

iodate *n* CHEMISTRY Iodat *nt*

iodeosin *n* CHEMISTRY Iodeosin *nt*, Tetraiodfluorescein *nt*

iodine *n (I)* CHEMISTRY Iod *nt*, Jod *nt (I)*; **~ flask** *n* LAB EQUIP Iodkolben *m*, Jodkolben *m*; **~ laser** *n* ELECTRON Iodlaser *m*; **~ number** *n* FOOD TECH Iodzahl *f*, Jodzahl *f*; **~ value** *n* FOOD TECH Iodzahl *f*, PLAS Jodzahl *f*

iodize *vt* CHEMISTRY iodieren

iodoaurate *n* CHEMISTRY Iodoaurat *nt*, Tetraiodoaurat *nt*

iodobenzene *n* CHEMISTRY Iodbenzol *nt*, Phenyliodid *nt*

iodoform *n* CHEMISTRY Iodoform *nt*, Triiodmethan *nt*

iodohydrin *n* CHEMISTRY Iodhydrin *nt*

iodometric *adj* CHEMISTRY iodometrisch

iodometry *n* CHEMISTRY Iodimetrie *f*, Iodometrie *f*, iodometrische Titration *f*

iodonium *n* CHEMISTRY Iodonium *nt*

iodopsin *n* CHEMISTRY Iodopsin *nt*

iodoso- *pref* CHEMISTRY Iodoso- *pref*

iodosobenzene *n* CHEMISTRY Iodosobenzol *nt*, Iodosolbenzyl *nt*

iodous *adj* CHEMISTRY Iod- *pref*, iodig

ion *n* ELECT *charged atom* Ion *nt*, *charged particle* Ion *nt*, ELECTRON, PART PHYS, PET TECH, PHYS, RAD TECH Ion *nt*; **~ accelerator** *n* PART PHYS Ionenbeschleuniger *m*; **~ beam** *n* ELECTRON, RAD PHYS Ionenstrahl *m*; **~ beam-focusing column** *n* RAD PHYS Fokussierungsanlage für Ionenstrahlen *f*; **~ beam lithography** *n* ELECTRON Ionenstrahl-Lithographie *f*; **~ beam optical system** *n* RAD PHYS optisches Ionenstrahlsystem *nt*; **~ bombardment** *n* ELECTRON, METALL, PART PHYS Ionenbeschuß *m*; **~ budget** *n* POLL Ionhaushalt *m*; **~ burn** *n* ELECTRON Ionenbrennfleck *m*; **~ cluster** *n* RAD PHYS Ionencluster *m*; **~ engine** *n* SPACE *spacecraft* Ionentriebwerk *nt*; **~ exchange glass** *n* CER & GLAS Ionenaustauschglas *nt*; **~ exchange isotherm** *n* RAD PHYS Ionenaustauschisotherme *f*; **~ exchange resin** *n* PROD ENG *plastic valves* Ionenaustauscherharz *nt*; **~ exchange technique** *n* OPT, TELECOM Ionenaustauschverfahren *nt*; **~ exchange water purifier** *n* LAB EQUIP Ionenaustausch-Wasserreiniger *m*; **~ gage** *n AmE*, **~ gauge** *n BrE* INSTR Ionisationsmanometer *nt*, Ionisationsvakuummeter *nt*; **~ implantation** *n* ELECTRON, PART PHYS *by bombardment with ion beam* Ionenimplantation *f*; **~ laser** *n* ELECTRON, MECHAN ENG Ionenlaser *m*; **~ migration** *n* ELECTRON Ionenwanderung *f*; **~ mobility** *n* RAD PHYS Ionenbeweglichkeit *f*; **~ pair** *n* RAD PHYS Ionenpaar *nt*; **~ propulsion** *n* SPACE *spacecraft* Ionenantrieb *m*; **~ pump** *n* MECHAN ENG Ionenpumpe *f*; **~ rocket** *n* SPACE Ionenrakete *f*; **~ source** *n* PHYS, RAD PHYS Ionenquelle *f*; **~ spectrum** *n* RAD PHYS Ionenspektrum *nt*; **~ spot** *n* TELEV Ionenfleck *m*; **~ thruster** *n* SPACE Ionenschubtriebwerk *nt*; **~ trap** *n* ELECTRON, TELEV Ionenfalle *f*; **~ yield** *n* RAD PHYS Ionenausbeute *f*

ionic[1] *adj* RAD PHYS Ionen- *pref*

ionic:[2] **~ atmosphere** *n* RAD PHYS Ionosphäre *f*; **~ bond** *n* RAD PHYS Ionenbindung *f*; **~ conductance** *n* RAD PHYS Ionenleitung *f*; **~ loudspeaker** *n* ACOUSTICS, RECORD Ionenlautsprecher *m*; **~ polarization** *n* RAD PHYS Ionenpolarisation *f*; **~ propulsion** *n* SPACE *spacecraft* ionischer Antrieb *m*; **~ radius** *n* RAD PHYS Ionenradius *m*; **~ strength** *n* RAD PHYS Ionenstärke *f*

ionization *n* ELEC ENG Ionisation *f*, Ionisierung *f*, ELECT Ionenspaltung *f*, Ionisierung *f*, PART PHYS *conversion of atom into ion* , RAD PHYS Ionisation *f*, RAD TECH Ionisierung *f*; **~ by collision** *n* PART PHYS, RAD PHYS Stoßionisation *f*; **~ chamber** *n* PART PHYS *radiation detector* , RAD PHYS Ionisationskammer *f*; **~ current** *n* ELECTRON Ionisationsstrom *m*, Ionisierungsstrom *m*; **~ detector** *n* PART PHYS, RAD PHYS Ionisierungsdetektor *m*; **~ energy** *n* PART PHYS Ionisationsenergie *f*, RAD PHYS Ionisierungsenergie *f*; **~ gage** *n AmE*, **~ gauge** *n BrE* PART PHYS, RAD PHYS Ionisationsvakuummeter *nt*; **~ loss** *n* PART PHYS *of particle due to ionization of medium traversed*, RAD PHYS Ionisationsverlust *m*, Ionisierungsverlust *m*; **~ potential** *n* PART PHYS, RAD PHYS Ionisationspotential *nt*, Ionisierungspotential *nt*; ~ **rate** *n* PART PHYS, RAD PHYS Ionisationsrate *f*; ~ **vacuum gage** *n AmE*, ~ **vacuum gauge** *n BrE* HEAT & REFRIG, INSTR Ionisationsvakuummeter *nt*

ionized: ~ **argon laser** *n* ELECTRON Ionisationsargonlaser *m*; ~ **state** *n* PART PHYS, RAD PHYS ionisierter Zustand *m*

ionizing: ~ **layer** *n* ELECT *radiowave-reflecting layer above atmosphere* Ionisierungsschicht *f*; ~ **particle** *n* PART PHYS, RAD PHYS ionisierendes Teilchen *nt*; ~ **radiation** *n* ELECT, PART PHYS, POLL, RAD PHYS ionisierende Strahlung *f*

ionogram *n* RAD TECH Ionogramm *nt*

ionone *n* CHEMISTRY Ionon *nt*

ionosphere *n* PART PHYS, RAD PHYS, RAD TECH Ionosphäre *f*

ionospheric: ~ **propagation** *n* RAD TECH ionosphärische Ausbreitung *f*; ~ **propagation anomalies** *n pl* RAD TECH Ausbreitungsanomalien in der Ionosphäre *f pl*; ~ **scatter** *n* RAD TECH ionosphärische Streuung *f*

ionotropy *n* CHEMISTRY Ionotropie *f*

IOP *abbr (input/output processor)* COMP & DP Eingabe/Ausgabeprozessor *m*

IOS *abbr (input/output system)* COMP & DP Eingabe/Ausgabesystem *nt*

IP *abbr (input)* COMP & DP IP *(Eingabe)*

ipecac *n* FOOD TECH Brechwurz *f*, Ipekakuanha *f*

ipecacuanha *n* FOOD TECH Brechwurz *f*, Ipekakuanha *f*

ipecacuanhic *adj* CHEMISTRY Ipecacuanha- *pref*

IPL *abbr (initial program loader)* COMP & DP IPL *(Initialprogrammlader)*

IPS *abbr (inches per second)* COMP & DP, RECORD Zoll pro Sekunde *m pl*

IR[1] *abbr* COMP & DP *(information retrieval)* IR *(Wiederauffinden von Informationen)*, OPT *(infrared)*, PHYS *(infrared)*, PLAS *(infrared)*, RAD PHYS *(infrared)* IR *(Infrarot)*, SAFETY *(industrial robot)* Industrieroboter *m*

IR:[2] ~**-drop** *n* ELECT IR-Spannungsabfall *m*

iraser *n* ELECTRON *infrared amplification by stimulated emission of radiation* Iraser *m*

IRB *abbr (industry reference black)* PLAS IRB-Ruß *m (internationaler Standardruß)*

iridescence *n* CER & GLAS Schillern *nt*, MAR POLL Irisieren *nt*, Schillern *nt*, OPT Irisieren *nt*

iridescent: ~ **glass** *n* CER & GLAS irisierendes Glas *nt*

iridic *adj* CHEMISTRY Iridium- *pref*

iridizing *n* CER & GLAS Schillern *nt*

iris *n* PHYS Irisblende *f*; ~ **control button** *n* TELEV Blendensteuerung *f*

irisation *n* OPT Schillern *nt*

irisplay: ~ **of colours** *n* OPT Irisieren von Farben *nt*

iron:[1] ~**-oxide** *adj* CHEMISTRY Eisenoxid *nt*

iron[2] *n* CHEMISTRY *(Fe)* Eisen *nt (Fe)*, METALL Eisen *nt*, *wrought* Schmiedeeisen *nt*, PROD ENG Lötkolben *m*; ~ **band cutter** *n* PACK Eisenbandcutter *m*; ~ **bar** *n* METALL Eisenstab *m*; ~ **bridge** *n* CONST Eisenbrücke *f*; ~ **casting** *n* METALL Eisenguß *m*; ~ **core** *n* ELEC ENG Eisenkern *m*; ~ **core ammeter** *n* ELECT *measuring instrument* Eisenkernstrommeßgerät *nt*; ~ **core transformer** *n* ELEC ENG Eisenkerntransformator *m*; ~ **core voltmeter** *n* ELECT Eisenkernspannungsmeßgerät *nt*; ~ **filings** *n pl* PHYS Eisenfeilspäne *m pl*; ~ **foundry** *n* PROD ENG Eisengießerei *f*; ~ **girder** *n* CONST Eisenträger *m*; ~ **loss** *n* ELECT Eisenverlust *m*, Kernverlust *m*, PHYS Eisenverlust *m*; ~ **pig** *n* METALL Roheisen *nt*, PROD ENG Massel *f*; ~ **pipe** *n* CONST Eisenrohr *nt*; ~ **plate** *n* PROD ENG Stahlblech *nt*; ~ **plug** *n* PROD ENG Stopfen *m*; ~ **scale** *n* PROD ENG Zunder *m*; ~**-screened movement** *n* INSTR eisengeschirmtes Meßwerk *nt*; ~ **slag** *n* METALL Eisenschlacke *f*; ~ **slips** *n pl* CER & GLAS Eisenschlechten *f pl*; ~ **sulfate** *n AmE*, ~ **sulphate** *n BrE* CHEMISTRY Eisensulfat-Heptahydrat *nt*; ~ **vitriol** *n* CHEMISTRY Eisenvitriol *nt*

iron[3] *vt* PROD ENG gesenkpreßschmieden; ~ **out** *vt* TEXT glätten

irone *n* CHEMISTRY Iron *nt*

ironwork *n* CONST Eisenbeschläge *m pl*, Schmiedearbeit *f*

IRPTC *abbr (International Register of Potentially Toxic Chemicals)* POLL IRPTC *(Internationales Verzeichnis für potentiell toxische Chemikalien)*

irradiance *n* FUELLESS Bestrahlungsdichte *f*, Strahlungsintensität *f*, OPT Strahlung *f*, OPT Bestrahlungsstärke *f*, PHYS Beleuchtung *f*, TELECOM *power density* Beleuchtungsstärke *f*, Strahlungsflußdichte *f*

irradiate *vt* SPACE Strahlung aussetzen

irradiated *adj* PHYS beleuchtet, bestrahlt

irradiation *n* PART PHYS, POLL, RAD PHYS Bestrahlung *f*, SPACE *communications* Einstrahlung *f*; ~ **chamber** *n* RAD PHYS Bestrahlungskammer *f*; ~ **of food** *n* PACK Lebensmittelbestrahlung *f*; ~ **hardening** *n* METALL Bestrahlungshärten *nt*

irrational[1] *adj* MATH irrational

irrational:[2] ~ **number** *n* COMP & DP, MATH irrationale Zahl *f*

irrecoverable: ~ **error** *n* COMP & DP nicht behebbarer Fehler *m*, unbehebbarer Fehler *m*

irreducible: ~ **polynomial** *n* COMP & DP irreduzibles Polynom *nt*

irregular: ~ **edge** *n* CER & GLAS unregelmäßige Kante *f*; ~ **polyhedron** *n* GEOM unregelmäßiges Polyeder *nt*; ~ **yarn** *n* TEXT unregelmäßiges Garn *nt*

irrelevant *adj* PAT irrelevant

irreversible[1] *adj* PHYS, THERMODYN irreversibel, nicht umkehrbar

irreversible:[2] ~ **colloid** *n* CHEMISTRY irreversibles Kolloid *nt*; ~ **shutdown** *n* NUC TECH irreversible Abschaltung *f*, nicht umkehrbare Abschaltung *f*

irrigation *n* PROD ENG *plastic valves* Bewässerung *f*, WATER SUP Berieselung *f*, Bewässerung *f*; ~ **canal** *n* WATER SUP Bewässerungskanal *m*; ~ **cooler** *n* HEAT & REFRIG Rieselkühler *m*; ~ **field** *n* WASTE Rieselfeld *nt*

irritant: ~ **substance** *n* SAFETY Reizstoff *m*

irrotational[1] *adj* FLUID PHYS, MATH wirbelfrei, PHYS drehungsfrei, rotationsfrei, wirbelfrei, RAD TECH *mathematics* wirbelfrei

irrotational:[2] ~ **field** *n* PHYS wirbelfreies Feld *nt*; ~ **flow** *n* PHYS wirbelfreie Strömung *f*

irruption *n* WATER SUP Einbruch *m*; ~ **of water** *n* WATER SUP Einbruch von Wasser *m*

IRS *abbr (International Referral System)* POLL IRS *(Internationales Referenzsystem)*

IS[1] *abbr* COMP & DP *(indexed sequence)* Indexsequenz *f*, COMP & DP *(information system)* Informationssystem *nt*, ELECTRON *(saturation current)*, PHYS *(saturation current)*, RAD TECH *(saturation current)* IS *(Sättigungsstrom)*, TELECOM *(information system)* Informationssystem *nt*

IS:[2] ~ **machine** *n (individual section machine)* CER & GLAS IS-Maschine *f (Individual-Section-Flaschenblasmaschine)*; ~ **mask** *n* ELECTRON IC-Maske *f*

isatic *adj* CHEMISTRY Isatin- *pref*
isatin *n* CHEMISTRY Isatin *nt*
isatogenic *adj* CHEMISTRY Isatogen- *pref*
isatropic *adj* CHEMISTRY Isatropa- *pref*
ISB[1] *abbr (independent sideband)* RAD TECH ISB *(unabhängiges Seitenband)*
ISB:[2] ~ **modulation** *n* ELECTRON ISB-Modulation *f*
ISD *abbr (international subscriber dialing AmE, international subscriber dialling BrE)* TELECOM internationale Teilnehmerselbstwahl *f*, internationaler Selbstwählferndienst *m*
ISDN[1] *abbr (integrated service digital network)* TELECOM ISDN *(integriertes digitales Fernmeldenetz)*
ISDN:[2] ~ **access** *n* TELECOM ISDN-Anschluß *m*; ~ **exchange** *n* TELECOM ISDN-Vermittlung *f*; ~ **primary rate access** *n* TELECOM ISDN-Primärratenanschluß *m*
isentropic[1] *adj* PHYS, THERMODYN isentropisch
isentropic:[2] ~ **compressibility** *n* PHYS adiabatische Kompressibilität *f*
isethionate *n* CHEMISTRY Isethionat *nt*
isethionic *adj* CHEMISTRY Isethion- *pref*
isinglass *n* FOOD TECH Fischleim *m*, Hausenblase *f*
island *n* WATER TRANS Insel *f*; ~ **depot** *n* RAIL Inselbahnhof *m*
ISM *abbr (ISDN, in-service monitoring)* TELECOM ISM *(Betriebsüberwachung)*
iso: ~**-weight curve** *n* AIR TRANS Isogewichtskurve *f*
ISO[1] *abbr (International Standards Organization)* ELECT, MECHAN ENG ISO *(Internationale Normungsorganisation)*
ISO:[2] ~ **metric thread** *n* MECHAN ENG metrisches ISO-Gewinde *nt*
isoalloxazine *n* CHEMISTRY Isoalloxazin *nt*
isoallyl *adj* CHEMISTRY Isopropenyl- *pref*
isoamyl *adj* CHEMISTRY Isoamyl- *pref*, Isopentyl- *pref*
isobar *n* NUC TECH Isobare *f*, gleichschwere Kerne *m pl*, PHYS *line of equal pressure*, THERMODYN *line of equal pressure*, WATER TRANS *line of equal airpressure* Isobare *f*
isobaric[1] *adj* THERMODYN isobar
isobaric:[2] ~ **spin** *n* PHYS Isobarenspin *m*
isobath *n* WATER TRANS Isobathe *f*, Tiefenlinie *f*
isoborneol *n* CHEMISTRY Isoborneol *nt*
isobutane *n* CHEMISTRY, PET TECH Isobutan *nt*
isobutene *n* CHEMISTRY Isobuten *nt*
isobutyl *adj* CHEMISTRY Isobutyl- *pref*
isobutylene *n* CHEMISTRY Isobuten *nt*
isobutyric *adj* CHEMISTRY Isobutter- *pref*
isochor *n* PHYS Isochore *f*
isochore *adj* THERMODYN isochor
isochoric: ~ **flows** *n pl* FLUID PHYS volumenerhaltende Strömungen *f pl*
isochronal: ~ **annealing** *n* METALL isochrones Glühen *nt*
isochronous[1] *adj* COMP & DP isochron
isochronous:[2] ~ **transmission** *n* COMP & DP isochrone Übertragung *f*, synchrone Übertragung *f*
isocinchomeronic *adj* CHEMISTRY Isocinchomeron- *pref*
isoclinal: ~ **line** *n* PHYS Linie gleicher Inklination *f*
isocline *n* PHYS Isokline *f*
isocrotonic *adj* CHEMISTRY Isocroton- *pref*
isocyanate *n* CHEMISTRY, PLAS Isocyanat *nt*
isocyanic *adj* CHEMISTRY Isocyan- *pref*
isocyanide *n* CHEMISTRY Isocyanid *nt*, Isonitril *nt*
isocyclic *adj* CHEMISTRY carbocyclisch, homocyclisch, homozyklisch, isocyclisch
isodulcite *n* CHEMISTRY Isodulcit *nt*
isoelectric[1] *adj* CHEMISTRY *point* isoelektrisch *m*
isoelectric:[2] ~ **vehicle** *n* AUTO isoelektrisches Fahrzeug *nt*
isofenchol *n* CHEMISTRY Isofenchol *nt*
isoflavone *n* CHEMISTRY Isoflavon *nt*
isogonal *adj* GEOM gleichwinklig, isogonal, *projection* winkelgetreu
isolable *adj* CHEMISTRY isolierbar, rein darstellbar
isolate *vt* CHEMISTRY abtrennen, isolieren, rein darstellen, ELEC ENG abschalten, trennen, unterbrechen, *galvanically* trennen, SAFETY isolieren
isolated: ~ **danger mark** *n* WATER TRANS Untiefenmarkierung *f*; ~ **neutral system** *n* ELECT Elektrizitätssystem mit ungeerdetem Mittelleiter *nt*; ~ **system** *n* PHYS abgeschlossenes System *nt*, isoliertes System *nt*; ~ **words recognition** *n (cf continuous-speech recognition)* ART INT Einzelworterkennung *f*, Erkennen einzelner Wörter *nt*, Erkennung kontinuierlicher Sprechsprache *f*
isolating: ~ **switch** *n* ELEC ENG Trennschutzschalter *m*, ELECT Trennschalter *m*; ~ **valve** *n* LAB EQUIP Isolierventil *nt*
isolation *n* COMP & DP Eingrenzung *f*, Isolation *f*, ELEC ENG *currents*, HEAT & REFRIG, PHYS Isolation *f*, PROD ENG Reindarstellung *f*, Unterbrechung *f*, TELECOM Isolation *f*; ~ **amplifier** *n* ELECTRON Trennverstärker *m*; ~ **diode** *n* ELECTRON Trenndiode *f*; ~ **transformer** *n* COMP & DP, ELEC ENG Trenntransformator *m*
isolator *n* OPT Trennelement *nt*, PHYS *microwaves* Richtleiter *m*, Trennschalter *m*, TELECOM Isolator *m*, Richtungsleitung *f*, Trennschalter *m*
isoleucine *n* CHEMISTRY Isoleucin *nt*
isolog *n AmE see isologue BrE*
isologous *adj* CHEMISTRY isolog
isologue *n BrE* CHEMISTRY Isolog *nt*
isomaltose *n* CHEMISTRY Amygdalose *f*, Isomaltose *f*
isomer *n* CHEMISTRY, NUC TECH, PET TECH, RAD PHYS Isomer *nt*
isomeric: ~ **transition** *n* RAD PHYS isomerer Übergang *m*
isomerism *n* CHEMISTRY, PHYS Isomerie *f*
isomerization *n* CHEMISTRY Isomerisation *f*, Isomerisierung *f*, isomere Umwandlung *f*, PET TECH Isomerisation *f*, Isomerisierung *f*
isometric[1] *adj* GEOM isometrisch
isometric:[2] ~ **contraction** *n* ERGON isometrische Muskelkontraktion *f*; ~ **force** *n* ERGON isometrische Kraft *f*; ~ **projection** *n* ENG DRAW isometrische Darstellung *f*, isometrische Projektion *f*, GEOM isometrische Projektion *f*
isometry *n* GEOM Isometrie *f*
isomorphism *n* CHEMISTRY Formgleichheit *f*, Isomorphie *f*
isonicotinic *adj* CHEMISTRY Isonicotin- *pref*
isonitrile *n* CHEMISTRY Isonitril *nt*
isooctane *n* CHEMISTRY Isooctan *nt*
isopach: ~ **map** *n* PET TECH Isopachenkarte *f*
isoparaffin *n* CHEMISTRY Isoparaffin *nt*
isopelletierin *n* CHEMISTRY Isopelletierin *nt*
isopentane *n* CHEMISTRY Ethyldimethylmethan *nt*, Isopentan *nt*
isopentyl *adj* CHEMISTRY Isoamyl- *pref*, Isopentyl- *pref*
isophorone: ~ **diamine** *n* PLAS *curing agent* Isophorondiamin *nt*
isopleth *n* CHEMISTRY Isoplethe *f*

isopoly: ~ **acid** *n* CHEMISTRY Isopolysäure *f*
isoprene *n* CHEMISTRY Isopren *nt*
isoprenoid *n* CHEMISTRY Isoprenoid *nt*
isopropanol *n* CHEMISTRY Isobutylalkohol *m*, Isopropylalkohol *m*, Propanol *nt*
isopropenyl *adj* CHEMISTRY Isopropenyl- *pref*, Propenyl- *pref*
isopropyl[1] *adj* CHEMISTRY Isopropyl- *pref*
isopropyl:[2] ~ **alcohol** *n* FOOD TECH Isopropanol *nt*
isopropylbenzene *n* CHEMISTRY Cumol *nt*, Isopropylbenzol *nt*
isopropylcarbinol *n* CHEMISTRY Isobutylalkohol *m*
isoquinoline *n* CHEMISTRY Isochinolin *nt*
isosceles[1] *adj* GEOM gleichschenklig
isosceles:[2] ~ **triangle** *n* GEOM gleichschenkliges Dreieck *nt*
isospin *n* PART PHYS *quantum number of hadrons* , RAD PHYS Isospin *m*
isostasy *n* FUELLESS Isostasie *f*
isosteric *adj* CHEMISTRY *molecule* isoelektronisch, isoster, isosterisch
isosterism *n* CHEMISTRY Isosterie *f*
isostress *n* AIR TRANS Isobelastung *f*
isotherm *n* AIR TRANS Isotherme *f*, Wärmegleiche *f*, PHYS Isotherme *f*, Kurve gleicher Temperatur *f*, WATER TRANS Isotherme *f*
isothermal[1] *adj* MECHANICS, PHYS, THERMODYN gleichtemperiert, isotherm
isothermal:[2] ~ **annealing** *n* METALL Perlitisieren *nt*; ~ **compressibility** *n* PHYS isotherme Kompressibilität *f*; ~ **curve** *n* PHYS, THERMODYN Isotherme *f*; ~ **expansion** *n* PHYS isotherme Ausdehnung *f*; ~ **line** *n* PHYS, THERMODYN Isotherme *f*; ~ **quenching** *n* METALL isothermisches Abschrecken *nt*; ~ **reaction** *n* METALL isothermische Reaktion *f*; ~ **test** *n* METALL isothermische Prüfung *f*
isotone *n* PHYS Isotone *f*
isotonic: ~ **contraction** *n* ERGON isotonische Muskelkontraktion *f*
isotope *n* NUC TECH, PART PHYS, PHYS, RAD PHYS Isotop *nt*; ~ **measurement** *n* COAL TECH Isotopenmessung *f*; ~ **number** *n* PART PHYS *number of nucleons in nucleus* , PHYS *number of nucleons in nucleus* , RAD PHYS *number of nucleons in nucleus* Massenzahl *f*; ~ **separation** *n* PART PHYS, PHYS, RAD PHYS Isotopentrennung *f*
isotopic: ~ **abundance** *n* PHYS Isotopenhäufigkeit *f*; ~ **analysis** *n* PHYS Isotopenanalyse *f*; ~ **generator** *n* SPACE *spacecraft* Isotopengenerator *m*; ~ **number** *n* PHYS *neutron excess* Neutronenüberschuß *m*; ~ **spin** *n* PHYS Isotopenspin *m*; ~ **tracer** *n* NUC TECH Test-Isotop *nt*, Tracer-Isotop *nt*
isotopically: ~**-tagged compound** *n* NUC TECH isotopenmarkiertes Material *nt*
isotopy *n* CHEMISTRY Isotopie *f*
isotropic[1] *adj* OPT *electromagnetic waves*, RAD TECH isotrop, SPACE *communications*, TELECOM isotropisch
isotropic:[2] ~ **antenna** *n* SPACE *communications* Isotropantenne *f*; ~ **gain** *n* SPACE *communications* isotropische Verstärkung *f*, isotropischer Gewinn *m*; ~ **mapping** *n* GEOM isotrope Abbildung *f*; ~ **radiator** *n* RAD TECH Kugelstrahler *m*; ~ **turbulence** *n* FLUID PHYS isotrope Turbulenz *f*
isovanilline *n* CHEMISTRY Isovanillin *nt*
isoxazole *n* CHEMISTRY Isoxazol *nt*
ISR *abbr (information storage and retrieval)* COMP & DP Informationsspeicherung und -abfrage *f*, Informationsspeicherung und -wiederauffindung *f*
issue *n* NUC TECH *discharge* Ausfluß *m*, Ausflußmenge *f*, *outcome* Ausgang *m*, Ergebnis *nt*
issuing: ~ **jet** *n* PROD ENG Ausflußstrahl *m*
isthmus *n* WATER TRANS Isthmus *m*, Landenge *f*
ITA *abbr (international telegraph alphabet)* AIR TRANS, WATER TRANS ITA *(internationales Telegraphenalphabet)*
itaconic *adj* CHEMISTRY Itacon- *pref*
italic[1] *adj* PRINT kursiv
italic:[2] ~ **character** *n* COMP & DP Zeichen in Kursivdarstellung *nt*; ~ **type** *n* PRINT Kursivschrift *f*
italicize *vt* PRINT kursiv setzen
item *n* COMP & DP Datenfeld *nt*, Eintrag *m*, Element *nt*, MECHAN ENG Artikel *m*, QUAL Betrachtungseinheit *f*, TEXT Stück *nt*; ~ **number** *n* MECHAN ENG Artikelnummer *f*
iterate *vi* COMP & DP wiederholen
iteration *n* COMP & DP Iteration *f*, Schritt *m*, MATH, POLL Iteration *f*
iterative[1] *adj* COMP & DP iterativ
iterative:[2] ~ **guidance** *n* SPACE *spacecraft* gleichzeitige Führung *f*, schrittweise Führung *f*; ~ **impedance** *n* ACOUSTICS Kettenimpedanz *f*, ELEC ENG Kettenimpedanz *f*, Wellenwiderstand *m*, ELECT Kettenwiderstand *m*, PHYS Kenndämpfungswiderstand *m*, Kettenwiderstand *m*; ~ **method** *n* COMP & DP Iterationsmethode *f*; ~ **operation** *n* COMP & DP iteratives Rechnen *nt*; ~ **process** *n* COMP & DP iterative Operation *f*, iterativer Prozeß *m*; ~ **routine** *n* COMP & DP Iterationsschleife *f*; ~ **search** *n* ART INT iterative Suche *f*
itinerary *n* WATER TRANS *navigation* Reiseroute *f*
ITT *abbr (integrated transit time)* PET TECH integrierte Laufzeit *f*
ITU *abbr (International Telecommunications Union)* RAD TECH, WATER TRANS ITU *(Internationale Fernmeldeunion)*
itumescence: ~ **compound** *n* SAFETY Schaumbildner *m*
i-type: ~ **semiconductor** *n* ELECTRON Eigenhalbleiter *m*, Intrinsic-I-Halbleiter *m*
IUC *abbr (instrumentation and control)* ELECTRON IUC *(Meß- und Regeltechnik)*
IV *abbr (ammonium hexachlorostannate)* CHEMISTRY IV *(Ammoniumhexachlorostannat)*

J

j *abbr (height of hydraulic jump)* HYD EQUIP j *(Sprunghöhe)*

J[1] *abbr* ACOUSTICS *(sound-energy flux)* J *(Schallenergiefluß)*, ELECT *(joule)*, FOOD TECH *(joule)*, MECHANICS *(joule)* J *(Joule)*, MECHANICS *(mechanical equivalent of heat)* J *(mechanisches Wärmeäquivalent)*, METROL *(joule)* J *(Joule)*, NUC TECH *(total angular momentum quantum number)* J *(Winkelmomentquantenzahl)*, PHYS *(joule)* J *(Joule)*, PHYS *(sound-energy flux)* J *(Schallenergiefluß)*, THERMODYN *(joule)* J *(Joule)*, THERMODYN *(mechanical equivalent of heat)* J *(mechanisches Wärmeäquivalent)*

J :[2] ~ **particle** *n* PHYS J-Teilchen *nt*

jack[1] *n* AUTO *tool* Wagenheber *m*, COMP & DP Stecker *m*, CONST Stützbock *m*, Winde *f*, ELEC ENG Anschlußdose *f*, Buchse *f*, ELECT Klinke *f*, Klinkenstecker *m*, LAB EQUIP Hebevorrichtung *f*, MECHAN ENG *lifting device* Hebebock *m*, Heftahle *f*, *rack-and-pinion type* Heber *m*, MECHANICS Wagenheber *m*, Winde *f*, RAD TECH Buchse *f*, TELECOM Buchse *f*, Klinke *f*, *plugboard* Abfrageklinke *f*, Klinke *f*; ~ **arch** *n* CER & GLAS Flachgewölbe *nt*; ~ **bush** *n* ELEC ENG Klinkenhülse *f*; ~ **column** *n* COAL TECH Spannsäule *f*; ~ **flag** *n* WATER TRANS Gösch *f*; ~ **panel** *n BrE (cf patch panel AmE)* COMP & DP Schaltplatte *f*, RECORD Buchsenfeld *nt*; ~ **plane** *n* CONST Rauhhobel *m*; ~ **plug** *n* ELEC ENG *plugboard* Klinkenstecker *m*; ~ **rafter** *n* CONST Schifter *m*, Schiftsparren *m*; ~ **screw** *n* MECHAN ENG Schraubspindel *f*, Schraubwinde *f*; ~ **shaft** *n* MECHAN ENG Zwischenwelle *f*, PROD ENG Vorgelegewelle *f*, Zwischenwelle *f*; ~ **strip** *n* ELEC ENG Klinkenstreifen *m*; ~ **switchboard** *n* ELECT Klinkenumschalter *m*, Klinkenumschaltertafel *f*; ~-**up rig** *n* PET TECH Bohrhubinsel *f*, Hubplattform *f*

jack[2] *vt* AUTO *tool, body* aufbocken, PROD ENG anheben, hochwinden; ~ **up** *vt* MECHAN ENG aufwinden, heben

jacked *adj* ELEC ENG mit Buchse versehen, mit Klinkenstecker angeschlossen

jacket[1] *n* ELEC ENG Mantel *m*, Umhüllung *f*, Ummantelung *f*, ELECT Kabeljacke *f*, Umhüllung *f*, Ummantelung *f*, HEAT & REFRIG *boilers* Kesselummantelung *f*, Kesselverkleidung *f*, LAB EQUIP *glassware* Hülle *f*, Mantel *m*, MECHAN ENG *insulation* Ummantelung *f*, *of tube* Mantel *m*, MECHANICS Mantel *m*, Umhüllung *f*, NUC TECH *for heating, cooling* Mantel *m*, PET TECH Rohrkonstruktion *f*, PRINT *book* Schutzumschlag *m*, PROD ENG, SPACE *spacecraft* Hülle *f*; ~ **brush** *n* PAPER Gautschwalzenfilzbürste *f*; ~ **cooling** *n* HEAT & REFRIG, NUC TECH Mantelkühlung *f*; ~ **furnace** *n* HEAT & REFRIG Mantelofen *m*; ~ **pipe** *n* MECHAN ENG Mantelrohr *nt*; ~ **platform** *n* PET TECH Rohrplattform *f*

jacket[2] *vt* PROD ENG ummanteln

jacketed *adj* MECHANICS ummantelt

jacketing *n* NUC TECH *sheathing operation* Ummantelung *f*, TEXT Mantelmaterial *nt*

jacking *n* MECHAN ENG Aufbocken *nt*; ~ **pad** *n* AUTO Wagenheberauflage *f*; ~ **point** *n* AUTO Wagenheberansatzpunkt *m*

Jackson: ~ **model** *n* NUC TECH Jacksonsches Modell *nt*

jacquard: ~ **board** *n* PACK Jacquardpappe *f*; ~ **fabric** *n* TEXT Jacquardgewebe *nt*; ~ **loom** *n* TEXT Jacquardwebstuhl *m*; ~ **paper** *n* PACK Jacquardpapier *nt*

jag *n* PROD ENG Kerbe *f*, Zacke *f*

jagged[1] *adj* MECHANICS gezackt, schartig, SAFETY gezackt

jagged:[2] ~ **edge** *n* SAFETY *on blade* gezackte Schneide *f*; ~ **edge trimmer** *n* PHOTO Büttenrandschneider *m*

jalapin *n* CHEMISTRY Jalapin *nt*, Orizabin *nt*

jam[1] *n* MECHAN ENG Blockieren *nt*; ~ **cleat** *n* WATER TRANS *deck fittings* Klemmklampe *f*; ~ **nut** *n* MECHAN ENG Gegenmutter *f*, Kontermutter *f*

jam[2] *vt* AUTO *brake* , HYD EQUIP *valve* blockieren, MECHAN ENG blockieren, klemmen, MECHANICS festklemmen, hemmen, pressen, SPACE *communications* stören, WATER TRANS festklemmen

jam[3] *vi* MECHANICS sich festklemmen, verstopfen

jamb *n* CER & GLAS Stütze *f*, CONST Gewände *nt*, Leibung *f*, Türpfosten *m*; ~ **block** *n BrE (cf edger block AmE)* CER & GLAS Stein mit runder Ecke *m*; ~ **lining** *n* CONST Türfutter *nt*; ~ **stone** *n* CONST Eckpfeiler *m*

jammed *adj* AUTO festgefressen, SPACE *spacecraft* verklemmt

jammer *n* ELECTRON Störer *m*, Störfunkstelle *f*, Störgerät *nt*, Störsender *m*; ~ **oscillator** *n* ELECTRON Störoszillator *m*

jamming *n* AUTO Festfressen *nt*, Klemmen *nt*, MECHAN ENG Blockieren *nt*, Klemmen *nt*, RAD TECH Stören *nt*, TELECOM beabsichtigte Störung *f*; ~ **signal** *n* ELECTRON Störsignal *nt*

japan *vt* PROD ENG lackieren

jar[1] *n* PROD ENG Schwingung *f*

jar[2] *vt* PROD ENG verdichten, vibrieren

jarring *n* PROD ENG Verdichten *nt*, Vibrieren *nt*; ~ **table** *n* PACK Rütteltisch *m*; ~ **test** *n* PACK Erschütterungsprobe *f*, Vibrationstest *m*

jaspe: ~ **yarn** *n* TEXT Jaspégarn *nt*

JATO *abbr AmE (jet-assisted takeoff)* SPACE Raketenstart *m*, Start mit Hilfsrakete *m*

javel: ~ **water** *n* PROD ENG *plastic valves* Javellauge *f*

javelin: ~-**shaped** *adj* NUC TECH *fuel rod* speerförmig

jaw *n* COAL TECH Backe *f*, MECHAN ENG Backe *f*, *of chuck* Spannbacke *f*, *of jaw clutch* Klaue *f*, MECHANICS Backe *f*, Klaue *f*, NUC TECH *of grab, manipulator* Backe *f*, Klemmbacke *f*, PAPER Klaue *f*; ~ **breaker** *n* MECHAN ENG Backenbrecher *m*; ~ **chuck** *n* MECHAN ENG Backenfutter *nt*, *machine tools* Spannfutter *nt*; ~ **clutch** *n* AUTO, MECHAN ENG, PAPER Klauenkupplung *f*; ~ **clutching** *n* AUTO formschlüssiges Kuppeln *nt*; ~ **crusher** *n* COAL TECH Backenbrecher *m*, LAB EQUIP *preparation* Brechbacke *f*, MECHAN ENG Backenbrecher *m*; ~ **plate** *n* COAL TECH Brecherplatte *f*

jaws *n pl* MECHAN ENG *of gauge* Rachen *m*

JCL *abbr (job control language)* COMP & DP Jobsteuersprache *f*

JDF *abbr (junction distribution frame BrE)* TELECOM Knotenverteiler *m*

jellification *n* CHEM ENG Gallertbildung *f*, Gelieren *nt*, Gelierung *f*

jeroboam *n* CER & GLAS Jeroboam *f*

jerri: **~ can** *n* TRANS Benzinkanister *m*

jerrican *n* AUTO Reservekanister *m*

jersey *n* TEXT Jersey *m*

jervine *n* CHEMISTRY Jervin *nt*

jet[1] *n* AIR TRANS Düsenflugzeug *nt*, *of carburettor* Düsenstrahl *m*, AUTO Düse *f*, FLUID PHYS *ejected from orifice*, MECHAN ENG, METALL, NUC TECH *fluid* Strahl *m*, PET TECH Drossel *f*, PHYS *fluid* Düse *f*, *nozzle* Strömungsdüse *f*, PROD ENG Strahl *m*, SPACE *spacecraft* Düse *f*, WATER SUP *nozzle* Strahldüse *f*, *of fluid* Wasserstrahl *m*; **~ aeroplane** *n BrE* AIR TRANS Düsenverkehrsflugzeug *nt*; **~ airplane** *n AmE see jet aeroplane BrE* **~-assisted takeoff** *n AmE (JATO AmE)* SPACE Raketenstart *m*, Start mit Hilfsrakete *m*; **~ bit** *n* PET TECH Strahlbohrer *m*; **~ bit drilling** *n* PET TECH Strahlbohren *nt*; **~ cock** *n* WATER SUP Strahlwasserhahn *m*; **~ compressor** *n* MECHAN ENG Strahlverdichter *m*; **~ condenser** *n* HYD EQUIP Einspritzkondensator *m*; **~ cooling** *n* HEAT & REFRIG Konvektionskühlung *f*; **~ deflector** *n* SPACE Abweiser *m*, Deflektor *m*; **~ diameter** *n* FUELLESS Düsendurchmesser *m*; **~ drilling** *n* COAL TECH Flammenstrahlbohren *nt*; **~ engine** *n* AIR TRANS Düsenstrahltriebwerk *nt*, Düsentriebwerk *nt*, MECHANICS Strahltriebwerk *nt*, SPACE, THERMODYN Düsentriebwerk *nt*; **~ engine fuel** *n* AIR TRANS Treibstoff für Düsentriebwerk *m*, Turbinentreibstoff *m*; **~-flapped rotor** *n* AIR TRANS *of helicopter* Blasrotor *m*; **~ of liquid** *n* PROD ENG Flüssigkeitsstrahl *m*; **~ mixer** *n* MECHAN ENG Strahlmischer *m*; **~ noise suppressor** *n* AIR TRANS Strahllärmdämpfer *m*; **~ nozzle** *n* AIR TRANS Düse des Strahltriebwerks *f*, SPACE Triebwerkskonus *m*; **~ piercing** *n* COAL TECH Strahldüsenbohren *nt*; **~ pipe temperature** *n* AIR TRANS Abgastemperatur *f*; **~ plane** *n* AIR TRANS Düsenflugzeug *nt*; **~ propulsion** *n* AIR TRANS Düsenantrieb *m*, reaktive Bewegung *f*, SPACE Düsenantrieb *m*; **~ pump** *n* NUC TECH, WATER SUP Strahlpumpe *f*; **~ stream** *n* AIR TRANS Jetstream *m*, Strahlstrom *m*; **~ sulfur burner** *n AmE*, **~ sulphur burner** *n BrE* PAPER Düsenschwefelbrenner *m*; **~ turbine** *n* AIR TRANS Strahlturbine *f*; **~ turbine engine** *n* AIR TRANS Turbinenluftstrahltriebwerk *nt*; **~ velocity** *n* SPACE Düsengeschwindigkeit *f*; **~ wash** *n* AIR TRANS Düsenstrahl *m*

jet[2] *vt* FLUID PHYS ausstoßen

JET[1] *abbr (Joint European Torus)* RAD PHYS JET

JET:[2] **~ Tokamac** *n* NUC TECH, RAD PHYS JET-Tokamak *m*

jetfoil *n* WATER TRANS Düsentragflächenboot *nt*

jetsam *n* WATER TRANS Seewurf *m*, Strandgut *nt*

jettison:[1] **~ valve** *n* AIR TRANS Treibstoff-Schnellablaßventil *nt*, SPACE Ablaßventil *nt*

jettison[2] *vt* AIR TRANS notablassen, notabwerfen, SPACE *spacecraft* ablassen, abwerfen, WATER TRANS über Bord werfen

jettisonable *adj* AIR TRANS abwerfbar

jetty *n* CONST Anlegebrücke *f*, Kragelement *nt*, WATER TRANS Anlegesteg *m*, Landungsbrücke *f*, Mole *f*

jetway *n* AIR TRANS Fluggastbrücke *f*, Teleskopbrücke *f*

jeweled *adj AmE*, **jewelled** *adj BrE* MECHANICS diamantbesetzt, steinbesetzt

JFET *abbr (junction field effect transistor)* ELECTRON, RAD TECH Sperrschichtfeldeffekttransistor *m*

jib *n* AIR TRANS *of helicopter* Ausleger *m*, Auslegerkran *m*, CONST Auslegerarm *m*, Kragarm *m*, MECHAN ENG *of crane*, NUC TECH *of crane* Ausleger *m*, PROD ENG Ausleger *m*, Auslegerarm *m*, WATER TRANS *sailing* Klüver *m*; **~ boom** *n* MAR POLL Ölsperre *f*; **~ crane** *n* CONST Auslegerkran *m*, Brückendrehkran *m*, MECHAN ENG, NUC TECH Auslegerkran *m*; **~ door** *n* CONST Geheimtür *f*; **~ hank** *n* WATER TRANS *sailing* Stagreiter *m*

jibe *vi* WATER TRANS *sailing* halsen

jig[1] *n* COAL TECH Setzkasten *m*, Setzmaschine *f*, MECHAN ENG *device* Vorrichtung *f*, *former or template* Schablone *f*, *workholding device and tool guide* Spannvorrichtung *f*, MECHANICS Bauvorrichtung *f*, Schablone *f*, Bohrfutter *nt*, Einspannvorrichtung *f*, METROL Schablone *f*, PROD ENG Bohrschablone *f*, SAFETY *routers* Steuerungsführung *f*; **~ bed** *n* COAL TECH Setzbett *nt*; **~ borer** *n* MECHAN ENG, MECHANICS Lehrenbohrmaschine *f*, PROD ENG Lehrenbohrwerk *nt*; **~ boring** *n* MECHAN ENG, PROD ENG Lehrenbohren *nt*; **~ boring machine** *n* MECHAN ENG Lehrenbohrmaschine *f*; **~ boring tool** *n* MECHAN ENG Lehrenbohrgerät *nt*; **~ bush** *n* MECHAN ENG *of drill* Bohrbüchse *f*; **~ grinder** *n* MECHAN ENG Lehrenschleifmaschine *f*; **~ grinding** *n* MECHAN ENG Koordinatenschleifen *nt*, Lehrenschleifen *nt*; **~ milling** *n* MECHAN ENG Koordinatenfräsen *nt*; **~-pit** *n* AIR TRANS Unterbaugrube *f*; **~ routing** *n* SAFETY gesteuertes Fräsen *nt*; **~ saw** *n* CONST Wippsäge *f*; **~ sieve** *n* COAL TECH Setzkasten *m*; **~ table** *n* NUC TECH *for drilling* Bohrtisch *m*

jig:[2] **~-bore** *vt* PROD ENG lehrenbohren

jigger *n* PROD ENG Kupplung *f*, TEXT, WASTE Jigger *m*, WATER TRANS *rope* Handtalje *f*

jigging *n* COAL TECH Setzarbeit *f*

jigless *adj* PROD ENG ohne Schablone

jigs: **~ and fixtures** *n pl* MECHAN ENG Vorrichtungen *f pl*

jim: **~ crow** *n* MECHAN ENG Brechstange *f*

jimmy: **~ bar** *n* MECHAN ENG Brecheisen *nt*

J-integral: **~ method** *n* NUC TECH J-Integral-Methode *f*

jitter:[1] **~-free** *adj* ELECTRON flimmerfrei, *TV* zitterfrei

jitter[2] *n* COMP & DP Abweichung *f*, Flattern *nt*, ELECTRON Synchronisationsstörung *f*, INSTR Schwanken *nt*, Zittern *nt*, TELECOM Jitter *m*, TELEV Bildschwankungen *f pl*, TV Bildinstabilität *f*; **~-free signal** *n* TELECOM jitterfreies Signal *nt*; **~ noise** *n* ELECTRON Synchron-isationsstörung *f*; **~ reduction** *n* TELECOM Jitterreduktion *f*

j-j: **~ coupling** *n* NUC TECH *between orbital electrons of atoms*, PHYS *between orbital electrons of atoms* j-j-Kopplung *f*

job *n* COMP & DP Arbeitsauftrag *m*, Job *m*, ERGON Arbeitsplatz *m*, Tätigkeit *f*, PRINT Akzidenz *f*; **~ accounting** *n* COMP & DP Jobabrechnung *f*; **~ aid** *n* ERGON Arbeitsinformationsmittel *nt*; **~ analysis** *n* ERGON Arbeitsplatzanalyse *f*; **~ batch** *n* COMP & DP Jobstapel *m*; **~ begin** *n* COMP & DP Jobanfang *m*; **~ card** *n* QUAL Arbeitskarte *f*, Begleitkarte *f*; **~ catalog** *n AmE*, **~ catalogue** *n BrE* COMP & DP Jobkatalog *m*; **~ changeover** *n* PROD ENG Übergang zu neuer Serie *m*; **~ class** *n* COMP & DP Jobklasse *f*; **~ command** *n* COMP & DP Jobbefehl *m*; **~ composition** *n* PRINT Akzidenzsatz *m*; **~ content** *n* ERGON Arbeitsinhalt *m*; **~ control** *n* COMP & DP Jobsteuerung *f*; **~ control file** *n* COMP & DP Jobsteuerdatei *f*; ~ **control language** *n (JCL)* COMP & DP Jobsteuersprache *f*; ~ **control program** *n* COMP & DP Jobsteuerprogramm *nt*; ~ **date** *n* COMP & DP Jobdatum *nt*; ~ **definition** *n* COMP & DP Jobdefinition *f*; ~ **demand** *n* ERGON Arbeitsanforderung *f*, Tätigkeitsanforderung *f*; ~ **description** *n* COMP & DP Jobbeschreibung *f*, ERGON Arbeitsbeschreibung *f*, Arbeitsplatzbeschreibung *f*, Tätigkeitsbeschreibung *f*; ~ **design** *n* ERGON Arbeitsgestaltung *f*; ~ **designer** *n* ERGON Arbeitsgestalter *m*; ~ **enlargement** *n* ERGON Arbeitserweiterung *f*; ~ **enrichment** *n* ERGON Arbeitsbereicherung *f*; ~ **evaluation** *n* ERGON Arbeitsbewertung *f*; ~**-oriented language** *n* COMP & DP joborientierte Programmiersprache *f*; ~**-oriented terminal** *n* COMP & DP joborientierte Datenstation *f*; ~**-processing system** *n* COMP & DP Jobverarbeitungssystem *nt*; ~ **queue** *n* COMP & DP Jobwarteschlange *f*; ~**-ranking method** *n* ERGON Rangfolgemethode *f*; ~ **request** *n* COMP & DP Jobanforderung *f*, Jobanfrage *f*; ~ **rotation** *n* ERGON Arbeitsplatzringtausch *m*, Arbeitsplatztausch *m*, Arbeitswechsel *m*; ~ **satisfaction** *n* ERGON Arbeitszufriedenheit *f*; ~ **scheduler** *n* COMP & DP Jobsteuerprogramm *nt*; ~ **scheduling** *n* COMP & DP Jobplanung *f*; ~ **shop** *n* PROD ENG Auftragswerkstatt *f*; ~ **site** *n* CONST Bauplatz *m*, Baustelle *f*; ~ **site installations** *n pl* CONST Baustelleneinrichtung *f*; ~ **specification** *n* ERGON Arbeitsbeschreibung *f*; ~ **stack** *n* COMP & DP Jobstapel *m*; ~ **step** *n* COMP & DP Jobschritt *m*, Jobabschnitt *m*, Jobfolge *f*; ~ **stream** *n* COMP & DP Jobstrom *m*, Jobwarteschlange *f*; ~ **work** *n* CONST Akkordarbeit *f*

jobber: ~ **drill** *n* MECHAN ENG Spiralbohrer *m*

jobbing *n* PRINT Akzidenz *f*, PROD ENG Einzelfertigung *f*; ~ **casting** *n* PROD ENG Einzelgußteil *nt*; ~ **types** *n pl* PRINT Akzidenzschriften *f pl*

jockey *n* MECHAN ENG Führungsrolle *f*; ~ **pulley** *n* MECHAN ENG Führungsrolle *f*, MECHANICS Führungsrolle *f*, Spannrolle *f*, PAPER Leitrolle *f*; ~ **roller** *n* MECHAN ENG Führungsrolle *f*; ~ **weight** *n* MECHAN ENG Laufgewicht *nt*; ~ **wheel** *n* MECHAN ENG Führungsrolle *f*

Jodel: ~ **detector** *n* NUC TECH Jodeldetektor *m*

jog[1] *n* METALL Stoß *m*

jog[2] *vt* PRINT *sheets of paper* aufstoßen, geradestoßen

jogging: ~ **machine** *n* PRINT Glattstoßmaschine *f*

joggle[1] *n* CONST Dübel *m*, Falz *m*, Verzahnung *f*; ~ **piece** *n* MECHAN ENG *king post* Hängesäule *f*; ~ **post** *n* MECHAN ENG Hängesäule *f*

joggle[2] *vt* CONST dübeln, kröpfen, verklammern, verzahnen

joggling: ~ **machine** *n* MECHAN ENG Kröpfmaschine *f*

johannite *n* NUC TECH Johannit *m*

Johnson: ~ **noise** *n* PHYS Johnsonsches Rauschen *nt*

join *vt* CONST einfalzen, einfügen, verbinden, GEOM *surfaces* vereinen, vereinigen, MECHAN ENG aneinanderfügen, zusammenfügen; ~ **on to** *vt* CONST zusammenfügen

joinable *adj* TRANS *container* zusammenschaltbar

joiner *n* CONST Bauschreiner *m*, Bautischler *m*

joiner's: ~ **bench** *n* CONST Hobelbank *f*; ~ **clamp** *n* CONST Schraubzwinge *f*; ~ **glue** *n* CONST Tischlerleim *m*

joinery *n* CONST Bauschreinerei *f*, Bautischlerei *f*

joining *n* CER & GLAS Zusammenfügen *nt*, CONST Verbinden *nt*, Zusammenfügen *nt*, NUC TECH Verbindung *f*, Zusammenfügung *f*; ~ **a traffic system** *n* TRANS Einfädelung *f*

joint[1] *n* CONST Anschluß *m*, Fuge *f*, Gelenk *nt*, Verbindung *f*, ELECT Spleiß *m*, Verbindung *f*, ERGON, MECHAN ENG Gelenk *nt*, NUC TECH Fuge *f*, Verbindungsstelle *f*, OPT Verbindung *f*, Übergang *m*, PROD ENG Haftverbindung *f*, Stoß *m*, TELECOM Spleiß *m*, Verbindung *f*; ~ **applicants** *n* PAT gemeinsame Anmelder *m pl*; ~ **bolt** *n* CONST Gelenkbolzen *m*; ~ **box** *n* CONST Abzweigdose *f*, ELECT *BrE* Anschlußkasten *m*, Verteilerkasten *m*; ~ **clearance** *n* PROD ENG Lötfuge *f*, Verbindungsfuge *f*, Verbindungsfugenbreite *f*; ~ **cutter** *n* CONST Fugenschneidegerät *nt*; ~ **designation** *n* PAT gemeinsame Benennung *f*; ~ **efficiency** *n* METALL *welding* Verbindungswertigkeit *f*; ~ **face** *n* PROD ENG Fugenflanke *f*; ~ **posture** *n* ERGON Gelenkstellung *f*; ~ **preparation** *n* METALL *welding* Nahtvorbereitung *f*; ~ **ring** *n* NUC TECH Dichtungsring *m*; ~ **sealer** *n* CONST Fugenmasse *f*; ~ **sleeve** *n* PROD ENG Verbindungsmuffe *f*; ~ **strength** *n* PACK Verbindungsfestigkeit *f*; ~ **user** *n* TELECOM Mitbenutzer *m*; ~ **venture** *n* PET TECH Arbeitsgemeinschaft *f*; ~ **water** *n* COAL TECH Spaltenwasser *nt*

joint[2] *vt* CONST verbinden, verlaschen, *masonry* ausfugen

Joint: ~ **European Torus** *n (JET)* RAD PHYS JET

jointed *adj* CONST gegliedert, gelenkig, verbunden

jointer *n* CONST Fugeisen *nt*, TELECOM Spleißer *m*

jointing *n* MECHAN ENG Dichtung *f*, NUC TECH *assembling* Zusammenfügen *nt*, PROD ENG Verlaschen *nt*, TELECOM Verbinden *nt*; ~ **plane** *n* CONST Teilungsfläche *f*; ~ **yard** *n* CER & GLAS Umgipserei *f*

joist *n* CONST Deckenträger *m*, Unterzug *m*, PACK Träger *m*

jolt[1] *n* PROD ENG Schleudern *nt*, TRANS Ruck *m*, Stoß *m*

jolt[2] *vt* PROD ENG schleudern

jolting *n* TRANS Rütteln *nt*

Josephson: ~ **effect** *n* NUC TECH, PHYS Josephsonscher Effekt *m*; ~ **junction** *n* ELECTRON, NUC TECH Josephsonscher Übergang *m*, PHYS Josephsonsche Verbindung *f*

Jost: ~ **function** *n* NUC TECH Jost-Funktion *f*

joule *n (J)* ELECT *unit of energy*, FOOD TECH, MECHANICS, METROL, PHYS, THERMODYN Joule *nt (J)*; ~ **expansion** *n* PHYS, THERMODYN Joule-Thomsonscher Effekt *m*; ~ **heating** *n* NUC TECH Stromerhitzung *f*, elektrische Erhitzung *f*

Joule: ~ **effect** *n* ELEC ENG, ELECT, PHYS, THERMODYN Joulescher Effekt *m*

Joule-Kelvin: ~ **expansion** *n* PHYS, THERMODYN Joule-Thomsonscher Effekt *m*

Joule's: ~ **equivalent** *n* ELECT elektrisches Wärmeäquivalent *nt*, PHYS, THERMODYN mechanisches Wärmeäquivalent *nt*; ~ **heat loss** *n* ELECT Joulescher Wärmeverlust *m*; ~ **law** *n* PHYS, THERMODYN Joulesches Gesetz *nt*

Joule-Thomson: ~ **coefficient** *n* PHYS, THERMODYN Joule-Thomsonscher Koeffizient *m*; ~ **effect** *n* PHYS, THERMODYN Joule-Thomsonscher Effekt *m*; ~ **expansion** *n* PHYS, THERMODYN Joule-Thomsonscher Effekt *m*

journal *n* AUTO Achszapfen *m*, Lagerzapfen *m*, MECHAN ENG *of bearing, shaft* Zapfen *m*, MECHANICS Drehzapfen *m*, Lagerzapfen *m*, Zapfen *m*, NUC TECH *of bearing* Lagerzapfen *m*, PROD ENG Laufzapfen *m*; ~ **bearing** *n* MECHAN ENG Radiallager *nt*, Traglager *nt*, NUC TECH Achslager *nt*; ~ **box** *n* MECHAN ENG Achslagergehäuse *nt*, Traglager *nt*, RAIL *AmE (cf axle box BrE)*

Achslager *nt*, Zapfenlager *nt*, TRANS *AmE (cf axle box BrE)* Achslager *nt*; ~ **cross** *n* MECHANICS Zapfenkreuz *nt*; ~ **of a shaft** *n* AUTO Wellenzapfen *m*; ~ **turbine** *n* HYD EQUIP Zapfenturbine *f*

journey: ~ **time** *n* TRANS Fahrtdauer *f*, Reisedauer *f*

Joy's: ~ **valve-gear** *n* HYD EQUIP Joysche Ventilsteuerung *f*

joystick *n* COMP & DP Joystick *m*, Steuerknüppel *m*, Steuerungshebel *m*, SPACE Steuerknüppel *m*, TELEV Joystick *m*; ~ **selector** *n* ELECT Joystick-Schalter *m*

judder *n* SPACE Erschütterung *f*

juglone *n* CHEMISTRY Hydroxynaphthochinon *nt*, Juglon *nt*

juice: ~ **content** *n* FOOD TECH Saftgehalt *m*

jukebox *n* OPT Musikautomat *m*; ~ **filing system** *n* OPT Jukebox-Archivierungssystem *nt*

jumbo: ~ **derrick** *n* WATER TRANS *cargo* Schwergutbaum *m*; ~ **jet** *n* AIR TRANS Großraumdüsenflugzeug *nt*; ~ **roll** *n* PAPER Papierrolle *f*

jump[1] *n* COMP & DP Sprung *m*, Sprungbefehl *m*, METALL Sprung *m*; ~ **function** *n* COMP & DP Sprungfunktion *f*; ~ **instruction** *n* COMP & DP Sprungbefehl *m*; ~ **lead** *n* AUTO Starthilfekabel *nt*; ~ **mill** *n* METALL Springwalzwerk *nt*; ~ **operation** *n* COMP & DP Sprungoperation *f*; ~ **takeoff** *n* AIR TRANS *helicopter* Sprungstart *m*

jump:[2] **~-weld** *vt* PROD ENG stumpfschweißen

jump[3] *vi* COMP & DP springen, ELECT *electric arc* überspringen, *high voltage electricity* überspringen, PROD ENG herausspringen

jumper *n* CONST Bohrmeißel *m*, ELEC ENG Jumper *m*, Kurzschlußbrücke *f*, Verbindungsdraht *m*, Überbrückungsdraht *m*, ELECT Brücke *f*, Steckbrücke *f*, Steckglied *nt*, RAD TECH Schaltdraht *m*, TELECOM Schaltdraht *m*, Verteilerschaltdraht *m*, fliegende Verbindung *f*; ~ **boring** *n* COAL TECH Steinbohrung *f*; ~ **cable** *n* CONST Starthilfekabel *nt*; ~ **ring** *n* TELECOM Tragring für Schaltdrähte *m*; ~ **stay** *n* WATER TRANS *rope* Preventertau *nt*; ~ **strut** *n* WATER TRANS Jumpstagspreize *f*; ~ **wire** *n* RAD TECH, TELECOM Schaltdraht *m*

jumping: ~ **sheet** *n* SAFETY *fire rescue* Sprungtuch *nt*

junction *n* COMP & DP Zusammenführung *f*, CONST *road, river* Abzweigung *f*, Kreuzung *f*, CONST *BrE (cf interchange AmE) roads* Anschlußstelle *f*, ELECT Verbindung *f*, MECHAN ENG Verbindung *f*, *welding* Verbindungsstelle *f*, PROD ENG Stoßstelle *f*, RAD TECH Lötstelle *f*, Sperrschicht *f*, Verbindung *f*, Zusammenfügung *f*, pn-Übergang *m*, RAIL Anschluß *m*, Verzweigung *f*, TELECOM Knotenpunkt *m*, Ortsverbindungsleitung *f*, Verbindungsleitung *f*, Zusammenführung *f*, Übergang *m*; ~ **box** *n* ELEC ENG Abzweigkasten *m*, Abzweigdose *f*, Verteilerdose *f*, Verteilerkasten *m*, ELECT Anschlußkasten *m*, Verzweigungskasten *m*, Verteilerdose *f*, HEAT & REFRIG Abzweigdose *f*, Anschlußdose *f*, SPACE Verteilerdose *f*; ~ **cable** *n* ELEC ENG Verbindungskabel *nt*; ~ **capacitance** *n* ELEC ENG Grenzschichtkapazität *f*, Sperrschichtkapazität *f*; ~ **capacitor** *n* ELEC ENG Sperrschichtkondensator *m*; ~ **diode** *n* ELECT *semiconductor* Junctiondiode *f*, ELECTRON Flächendiode *f*, Flächenkontaktdiode *f*; ~ **distribution frame** *n BrE (JDF)* TELECOM Knotenverteiler *m*; ~ **FET** *n* ELECTRON, RAD TECH Sperrschichtfeldeffekttransistor *m*; ~ **field effect transistor** *n (JFET)* ELECTRON, RAD TECH Sperrschichtfeldeffekttransistor *m*; ~ **leakage** *n* ELEC ENG Verbindungsableitung *f*, Verbindungsverlust *m*; ~ **leakage current** *n* ELEC ENG Verbindungsableitstrom *m*, Verbindungskriechstrom *m*, Verbindungsverluststrom *m*; ~ **plate** *n* ELEC ENG Verbindungsplatte *f*, PROD ENG Knotenblech *nt*; ~ **point** *n* ELEC ENG Anschlußpunkt *m*, Verbindungspunkt *m*; ~ **points** *n pl* RAIL Anschlußweiche *f*; ~ **tandem exchange** *n BrE* TELECOM Durchgangsknotenamt *nt*; ~ **transistor** *n* ELECTRON Flächentransistor *m*, PHYS Bipolartransistor *m*

junctor *n* TELECOM Leitungssatz *m*

junk *n* MECHANICS Abfall *m*, Schrott *m*, PROD ENG, TEXT Altmaterial *nt*, WASTE Abfall *m*, Abfallstoff *m*; ~ **iron** *n* WASTE Eisenschrott *m*; ~ **press** *n* WASTE Eisenschrottpresse *f*, Schrottpresse *f*; ~ **remover** *n* PAPER Grobstoffentferner *m*

Jurassic: ~ **period** *n* PET TECH Jura *m*

jurisdictional: ~ **boundaries** *n pl* QUAL Zuständigkeitsgrenzen *f pl*

jury: ~ **rudder** *n* WATER TRANS Behelfsruder *nt*, Notruder *nt*

just: ~ **in time delivery** *n* PACK Just-in-Time-Lieferung *f*; ~ **noticeable difference** *n* ACOUSTICS Unterschiedsschwelle *f*, ERGON kleinster wahrnehmbarer Unterschied *m*; ~ **scale** *n* ACOUSTICS wohltemperierte Tonleiter *f*; ~ **tolerable limit** *n* ERGON Kurzzeit-Erträglichkeitsgrenze *f*

justification *n* COMP & DP Ausrichtung am Rand *f*, Blocksatz *m*, Randausgleich *m*, PRINT Ausschließen *nt*, TELECOM Impulsstopfen *nt*, Stopfen *nt*; ~ **key** *n* PRINT Ausschlußtaste *f*

justified[1] *adj* PRINT ausgeschlossen

justified:[2] ~ **text** *n* PRINT ausgeschlossener Text *m*

justify *vt* COMP & DP am Rand bündig ausrichten, PRINT ausschließen

justifying: ~ **scale** *n* PRINT Ausschlußtrommel *f*

jute *n* TEXT Jute *f*; ~ **covering** *n* ELEC ENG Juteumhüllung *f*; ~ **rope** *n* MECHAN ENG Juteseil *nt*; ~ **sacking** *n* PACK Jutedrell *m*; ~ **spinning** *n* TEXT Jutespinnerei *f*; ~ **yarn** *n* TEXT Jutegarn *nt*

juvenile: ~ **water** *n* WATER SUP juveniles Grundwasser *nt*

K

k *abbr* ACOUSTICS *(wave constant)* k *(Wellenkonstante)*, ELECT *(coupling coefficient)* k *(Kopplungskoeffizient)*, LAB EQUIP *(kilo, kilogram, kilogramme)* k *(Kilo)*, NUC TECH *(multiplication constant for an infinite system)* k *(Multiplikationskonstante für infinite Systeme)*, NUC TECH *(neutron multiplication constant)* k *(Neutronenmultiplikationskonstante)*, PHYS *(Boltzmann constant)* k *(Boltzmannsche Zahl)*, PHYS *(coupling coefficient)* k *(Kopplungskoeffizient)*, THERMODYN *(Boltzmann constant)* k *(Boltzmannsche Zahl)*

K[1] *abbr* ACOUSTICS *(magnetostriction constant)* K *(Magnetostriktionskonstante)*, ELECT *(kelvin)* K *(Kelvin)*, HYD EQUIP *(bulk modulus of elasticity)* K *(Elastizitätsmodul)*, HYD EQUIP *(bulk modulus of compression)* K *(Kompressionsmodul)*, METROL *(kelvin)* K *(Kelvin)*, NUC TECH *(kerma)* K *(Kerma)*, PHYS *(kelvin)* K *(Kelvin)*, PHYS *(kerma)* K *(freigesetzte kinetische Energie geladener Teilchen in Materie)*, THERMODYN *(equilibrium constant)* K *(Gleichgewichtskonstante)*, THERMODYN *(kelvin)* K *(Kelvin)*

K[2] *(potassium)* CHEMISTRY K *(Kalium)*

K-absorption: ~ **edge** *n* NUC TECH K-Absorptionskante *f*

kahlerite *n* NUC TECH Kahlerit *m*

kainite *n* PROD ENG Kainit *m*

KALC: ~ **process** *abbr (krypton absorption in liquid carbon dioxide)* NUC TECH Kryptonabsorbtion im flüssigen Kohlendioxid *f*

Kaliatron: ~ **oscillator** *n* RAD TECH *variable oscillator* Kaliatron-Oszillator *m*

Kalman: ~ **filter** *n* ELECTRON Kalman-Filter *nt*; ~ **filtering** *n* ELECTRON Kalman-Filterung *f*

Kanne: ~ **chamber** *n* NUC TECH *for radioactive gas monitoring* Kannesche Kammer *f*

kaolin *n* PLAS *pigment, filler* Kaolin *nt*, PRINT Kaolin *nt*, Kaolinerde *f*

kaolinite *n* COAL TECH, FUELLESS, PET TECH Kaolinit *m*

kaon *n* PART PHYS *strange meson*, PHYS Kaon *nt*

kaplan: ~ **blade** *n* PROD ENG Kaplanschaufel *f*

karat *n* METALL *AmE*, METROL *AmE see carat BrE precious metals* Karat *nt*

karaya: ~ **gum** *n* FOOD TECH Karayagummi *nt*

Karnaugh: ~ **map** *n* COMP & DP Karnaugh-Tabelle *f*

karst: ~ **hydrology** *n* WATER SUP Karsthydrologie *f*

karstic: ~ **spring** *n* WATER SUP Karstquelle *f*

karyogamy *n* NUC TECH Kernverschmelzung *f*

karyokinesis *n* NUC TECH Karyokinese *f*

karyolisis *n* NUC TECH Karyolyse *f*

katathermometer *n* HEAT & REFRIG Katathermometer *nt*

katergol *n* SPACE Katergol *nt*

kauri: ~ **butanol number** *n* CHEMISTRY Kauri-Butanolwert *m*

KB *abbr* COMP & DP *(kilobyte)* KB *(Kilobyte)*, COMP & DP *(knowledge base)* WB *(Wissensbasis)*, TELECOM *(kilobyte)* KB *(Kilobyte)*

KBS *abbr (knowledge-based system)* COMP & DP WBS *(wissensbasiertes System)*

kcal *abbr (kilocalorie, kilogram calorie, kilogramme calorie)* FOOD TECH kcal *(Kilokalorie)*

K-capture *n* PHYS K-Einfang *m*

KE *abbr (knowledge engineering)* COMP & DP Wissenstechnik *f*

kedge:[1] ~ **anchor** *n* WATER TRANS *mooring* Warpanker *m*, Wurfanker *m*

kedge[2] *vt* WATER TRANS *ship* warpen

K-edge: ~ **gamma densitometry** *n* NUC TECH K-Kanten-Gamma-Densitometrie *f*

keel *n* AIR TRANS Seitenflosse *f*, Seitenleitwerksflosse *f*, Vertikalflosse *f*, SPACE *spacecraft* Kielträger *m*, WATER TRANS *shipbuilding* Kiel *m*; ~ **laying** *n* WATER TRANS *shipbuilding* Kiellegung *f*; ~ **plate** *n* WATER TRANS *shipbuilding* Kielplatte *f*; ~ **strake** *n* WATER TRANS *shipbuilding* Bodengang neben dem Kiel *m*, Kielgang *m*

keelson *n* WATER TRANS *shipbuilding* Kielschwein *nt*

keen: ~ **edge** *n BrE (cf cutting edge AmE)* CONST scharfe Kante *f*

keenness *n* CONST *of cutting edge of tool* Schärfe *f*

keep:[1] ~ **upright** *vt* COMP & DP nicht stürzen

keep:[2] **~-alive electrode** *n* ELEC ENG Erregeranode *f*, Halteanode *f*; **~-alive oscillator** *n* ELECTRON Hilfsoszillator *m*; **~-alive voltage** *n* ELEC ENG positive Vorspannung *f*

keep[3] *vt* CONST aufbewahren, lagern; ~ **cool** *vt* PACK kühl aufbewahren, kühl lagern; ~ **dry** *vt* PACK trocken aufbewahren, vor Nässe schützen; ~ **in** *vt* PRINT enger ausschließen; ~ **upright** *vt* PACK aufrecht transportieren

keep:[4] ~ **course** *vi* WATER TRANS Kurs halten; ~ **a lookout** *vi* WATER TRANS Ausguck halten; ~ **watch** *vi* WATER TRANS Wache halten

keeper *n* CONST Schließblech *nt*, Verriegelung *f*, ELECT *magnet* Magnetzunge *m*, Magnetanker *m*, MECHAN ENG *pawl, click* Sperrklinke *f*, PHYS *magnet* Magnetanker *m*, PROD ENG Anker *m*

keeping: ~ **quality** *n* FOOD TECH Haltbarkeit *f*, Lagerfähigkeit *f*

Keller: ~ **attachment** *n* PROD ENG Keller-Kopiereinrichtung *f*

kellering *n* PROD ENG dreidimensionales Nachformfräsen *nt*

kelly *n* PET TECH Kelly *f*, Mitnehmerstange *f*; ~ **bushing** *n* PET TECH Mitnehmerstangenlager *nt*

kelp *n* FOOD TECH Kelp *nt*

kelvin *n (K)* ELECT, METROL, PHYS, THERMODYN Kelvin *nt (K)*

Kelvin: ~ **balance** *n* ELECT *measurement* Kelvinsche Stromwaage *f*; ~ **bridge** *n* ELEC ENG Thomsonsche Brücke *f*, Thomsonsche Meßbrücke *f*, ELECT Kelvinbrücke *f*, Thomsonsche Brücke *f*, PHYS Kelvinbrückenschaltung *f*; ~ **effect** *n* ELECT Kelvineffekt *m*; ~ **scale** *n* CONST Kelvinsche Skale *f*, SPACE Kelvintemperaturskale *f*; ~ **statement** *n* PHYS *of second law of thermodynamics* Kelvinsformulierung *f*;

~ **temperature** *n* PHYS Kelvintemperatur *f*, SPACE, THERMODYN Kelvintemperatur *f*, absolute Temperatur *f*

K-emitter *n* NUC TECH K-Emitter *m*, K-Strahler *m*

kennel: ~ **coal** *n* COAL TECH Kännelkohle *f*, Mattkohle *f*

Kennelly-Heaviside: ~ **layer** *n* PHYS Kennelly-Heaviside-Schicht *f*

Keplerian: ~ **orbit** *n* SPACE Keplerscher Umlauf *m*

Kepler's: ~ **law of areas** *n* SPACE Keplersches Flächengesetz *nt*; ~ **laws** *n pl* PHYS Keplersche Gesetze *nt pl*

kerb *n BrE (cf curb)* CONST Aufsatzkranz *m*, Bordstein *m*, Dachknick *m*, Randstein *m*, Bordstein *m*

kerbstone *n BrE (cf curbstone)* CONST Bordstein *m*, Schramme *f*

kerf *n* COAL TECH Schramme *f*, PROD ENG Schnittfuge *f*

kerma *n (K)* NUC TECH Kerma *nt (K)*, PHYS *kinetic energy released in matter* freigesetzte kinetische Energie geladener Teilchen in Materie *f (K)*; ~ **rate** *n* PHYS Kermarate *f*

kern[1] *n* PRINT Überhang *m*

kern[2] *vt* PRINT unterschneiden

kernel *n* COMP & DP Betriebssystemkern *m*, Kernel *m*

kerning *n* PRINT Unterschneiden *nt*; ~ **values** *n pl* PRINT Unterschneidungswerte *m pl*

kerogen *n* PET TECH Kerabitumen *nt*, Kerogen *nt*

kerosene *n* PET TECH *AmE (RP-1, paraffin BrE)*, SPACE *(RP-1)* Kerosin *nt (RP-1)*, THERMODYN *AmE (cf paraffin BrE)* Kerosin *nt*, TRANS *AmE (RP-1, paraffin BrE)* Kerosin *nt (RP-1)*

Kerr: ~ **cell** *n* PHYS Kerr-Zelle *f*; ~ **electro-optical effect** *n* PHYS Kerr-Effekt *m*; ~ **magneto-optical effect** *n* PHYS Kerr-Effekt *m*

ketazine *n* CHEMISTRY Bisazimethylen *nt*, Ketazin *nt*

ketch *n* WATER TRANS *sailing* Ketsch *f*

ketene *n* CHEMISTRY Keten *nt*

ketimine *n* CHEMISTRY Ketimin *nt*

keto: ~ **acid** *n* CHEMISTRY Ketocarbonsäure *f*, Ketosäure *f*; ~ **form** *n* CHEMISTRY Ketoform *f*

ketol *n* CHEMISTRY Hydroxyketon *nt*, Ketol *nt*, Monohydroxyketon *nt*

ketone *n* CHEMISTRY, FOOD TECH, PLAS Keton *nt*

ketonic *adj* CHEMISTRY Keton- *pref*, ketonartig, ketonisch

kettle *n* FOOD TECH Kochkessel *m*

keV *n (kilo electronvolt)* PART PHYS keV *(Kilo-Elektronenvolt)*

kevlar *n* WATER TRANS *shipbuilding* Kevlar *nt*

key:[1] **~-driven** *adj* COMP & DP tastengesteuert

key[2] *n* ACOUSTICS Klappe *f*, Taste *f*, Tonart *f*, Ventil *nt*, COMP & DP Schlüssel *m*, *of keyboard* Taste *f*, CONST Dübel *m*, Keil *m*, Keilnut *f*, ELEC ENG Codeschlüssel *m*, Drucktaste *f*, Taste *f*, Keil *m*, Splint *m*, MECHAN ENG Feder *f*, *in shaft* Nutkeil *m*, *locking device* Schlüssel *m*, MECHANICS Dübel *m*, Keil *m*, PRINT *code* Schlüssel *m*, *keyboard* Taste *f*, PROD ENG Keil *m*, Paßfeder *f*, *to diagram* Legende *f*, RAD TECH Morsetaste *f*, Schlüssel *m*, TELECOM Chiffrierschlüssel *m*, Schlüssel *m*, Sendetaste *f*, Taste *f*, TELEV Taste *f*; ~ **bed** *n* NUC TECH *of pressure vessel* Keilnut *f*; ~ **bolt** *n* MECHAN ENG Splint *m*; ~ **click** *n* COMP & DP, RAD TECH, TELECOM Tastklick *m*; ~ **drift** *n* MECHAN ENG Splintentreiber *m*; ~ **drop** *n* CONST Schlüssellochabdeckung *f*; ~ **and feather** *n* MECHAN ENG Feder und Nut *f*; ~ **field** *n* COMP & DP Schlüsselfeld *nt*; ~ **file** *n* MECHAN ENG Schlüsselfeile *f*; ~ **on flat** *n* MECHAN ENG Flachkeil *m*; ~ **force** *n* COMP & DP Druckpunkt *m*, Tastenwiderstand *m*; ~ **level** *n* TELEV Tastpegel *m*; ~ **light** *n* PHOTO Führungslicht *nt*; ~ **number** *n* COMP & DP Tastennummer *f*; **~-operated switch** *n* ELECT, TELECOM Schlüsselschalter *m*; **~-operated telephone** *n* TELECOM Tastfernsprecher *m*; ~ **plate** *n* CONST Schlüsselschild *nt*; ~ **seating** *n* MECHAN ENG Keilnut *f*, PET TECH Schlüsselloch *nt*; ~ **signature** *n* ACOUSTICS Vorzeichnung *f*; ~ **slide** *n* PROD ENG Konsolführung *f*; ~ **slot** *n* MECHANICS Keilloch *nt*, PROD ENG Keilnut *f*; ~ **and slot** *n* PROD ENG Feder und Nut *f*; ~ **station** *n* TELEV Schlüsselstation *f*; ~ **system** *n* TELECOM *telephone* Reihenanlage *f*; ~ **telephone set** *n* TELECOM Tastwahlapparat *m*, Tastwahltelefon *nt*; ~ **telephone system** *n* TELECOM Tastwahlfernsprechsystem *nt*; ~ **travel** *n* COMP & DP Tastenweg *m*

key[3] *vt* CONST verdübeln, verkeilen, verzahnen, MECHAN ENG, PROD ENG verkeilen, RAD TECH, TELEV tasten; ~ **in** *vt* COMP & DP eingeben, PRINT *text*, TELECOM *number* eintasten

keybit *n* CONST Schlüsselbart *m*

keyboard[1] *n* COMP & DP Keyboard *nt*, Tastatur *f*, Tastenfeld *nt*, ELECT, PRINT, RAD TECH Tastatur *f*, RECORD Tastenfeld *nt*, *music* Tastatur *f*, TELECOM, TELEV Tastatur *f*, Tastenfeld *nt*; ~ **encoder** *n* COMP & DP Tastaturcodierer *m*; ~ **entry** *n* COMP & DP Eingabe über Tastatur *f*; ~ **layout** *n* COMP & DP Tastaturbelegung *f*, Tastenanordnung *f*; ~ **lock** *n* COMP & DP Tastatursperre *f*; ~ **locking** *n* COMP & DP Tastensperre *f*; ~ **mask** *n* COMP & DP Tastaturmaskierung *f*, Tastaturschablone *f*; ~ **overlay** *n* COMP & DP Tastaturbeschriftung *f*, Tastaturfolie *f*, Tastaturschablone *f*; ~ **sender** *n* TELECOM Tastengeber *m*; ~ **send-receive** *n (KSR)* COMP & DP Tastatursende-Empfangsmodus *m*; ~ **shortcut** *n* COMP & DP Tastenkürzel *nt*; ~ **template** *n* COMP & DP Tastaturschablone *f*

keyboard[2] *vt* PRINT eintasten, tasten

keyboarding *n* COMP & DP Dateneingabe über Tastatur *f*

keyed *adj* MECHANICS gekehlt, PROD ENG verkeilt

keyer *n* TELEV Schalttaster *m*; ~ **relay** *n* RAD TECH Tastrelais *nt*; ~ **valve** *n* RAD TECH *transmitter design* Taströhre *f*

Keyes: ~ **process** *n* FOOD TECH Keyes-Verfahren *nt*

keygroove[1] *n* NUC TECH *of pressure vessel* Keilnut *f*

keygroove[2] *vt* PROD ENG Keilnuten ziehen

keygrooving *n* PROD ENG Keilnutenziehen *nt*

keyhole *n* CONST Schlüsselloch *nt*; ~ **saw** *n* CONST Stichsäge *f*, MECHAN ENG Lochsäge *f*

keying *n* COMP & DP Tastatureingabe *f*, CONST Verkeilung *f*, Verzahnung *f*, MECHAN ENG, PROD ENG Verkeilen *nt*, TELECOM Eintasten *nt*, Tastatureingabe *f*; ~ **error** *n* TELECOM Eingabefehler *m*, Tastfehler *m*; ~ **error rate** *n* COMP & DP Tippfehlerquote *f*; ~ **signal** *n* TELEV Schaltsignal *nt*; **~-up** *n* CONST *offer* Erhöhen *nt*

keynote *n* ACOUSTICS Grundton *m*

keypad *n* COMP & DP Tastenblock *m*, Tastenfeld *nt*, RECORD, TELECOM, TELEV Tastenfeld *nt*

keypunch *n* COMP & DP Handlocher *m*, Kartenlocher *m*

keyseater *n* MECHAN ENG Keilnutenstoßmaschine *f*

keyshelf *n* TELECOM *switchboard* Schlüsselbrett *nt*

keystone *n* CONST *of arch* Schlußstein *m*; ~ **distortion** *n* TELEV Trapezverzeichnung *f*, Trapezverzerrung *f*

keystroke *n* COMP & DP Tastenanschlag *m*

keyswitch *n* ELEC ENG Schlüsselschalter *m*

keyway[1] *n* MECHAN ENG Keilnut *f*, MECHANICS Keilrille *f*, Keilnut *f*, NUC TECH Keilnut *f*, PROD ENG Keillängsnut *f*; ~ **broach** *n* MECHAN ENG Keilnutenräumnadel *f*;

~ cutter *n* MECHAN ENG Nutenfräser *m*, Schlitzfräser *m*, PROD ENG Keilnutenfräser *m*; **~ cutter chuck** *n* PROD ENG Keilnutenfräserspannfutter *nt*; **~ milling** *n* MECHAN ENG Keilnutenfräsen *nt*, Nutenfräsen *nt*; **~-milling machine** *n* MECHAN ENG Keilnutenfräsmaschine *f*, Nutenfräsmaschine *f*; **~ slotting** *n* MECHAN ENG Keilnutenstoßen *nt*, Nutenstoßen *nt*

keyway[2] *vt* PROD ENG nuten

keywaying *n* MECHAN ENG Keilnutenfräsen *nt*, Nutenfräsen *nt*; **~ machine** *n* MECHAN ENG Keilnutmaschine *f*

keyword *n* COMP & DP Kennwort *nt*, *to look for in a file* Schlüsselwort *nt*, ELECT Stichwort *nt*; **~ in context** *n* *(KWIC)* COMP & DP eine Stichwortanalyse *f* *(KWIC)*; **~ out of context** *n* *(KWOC)* COMP & DP KWOC-Index *m*, Stichwortanalyse mit Text *f* *(KWOC-Index)*; **~ parameter** *n* COMP & DP Schlüsselwortparameter *m*

K-factor *n* HEAT & REFRIG K-Wert *m*

kg *abbr (kilo, kilogram, kilogramme)* LAB EQUIP, PHYS kg *(Kilogramm)*

kHz *abbr (kilohertz)* ELECT, RAD TECH kHz *(Kilohertz)*

kibble *vt* FOOD TECH schroten

kick *n* PET TECH Kick *m*, Rückstoß *m*; **~-off mechanism** *n* SPACE Anstoßmechanismus *m*; **~ rocket** *n* SPACE *spacecraft* Anbaurakete *f*, Zusatzrakete *f*; **~ starter** *n* AUTO *of motorcycle engine* Kickstarter *m*

kickback *n* ELEC ENG Rückschlag *m*, Rückstoß *m*, WATER SUP *well* Rückschlag *m*; **~ power supply** *n* ELEC ENG Rückstoßstromversorgung *f*

kickdown *n* AUTO *automatic gearbox* Kickdown *m*; **~ switch** *n* AUTO Kickdown-Schalter *m*

kicking: **~ strap** *n* WATER TRANS *sailing* Baumniederhalter *m*, Bullentalje *f*

kidney: **~-shaped slot** *n* MECHAN ENG nierenförmiger Schlitz *m*

kier *n* TEXT Beuchfaß *nt*

Kikuchi: **~ line** *n* NUC TECH *in electron diffraction* Kikuchi-Linie *f*

kill *vt* FOOD TECH *butchery* schlachten, METALL beruhigen, PET TECH *well* totpumpen, PRINT *text* löschen, PROD ENG beruhigen, dressieren

killed[1] *adj* PROD ENG beruhigt, dressiert

killed:[2] **~ steel** *n* METALL beruhigter Stahl *m*

killing: **~ agent** *n* METALL Neutralisator *m*

kiln:[1] **~-dried** *adj* THERMODYN ofengetrocknet

kiln[2] *n* COAL TECH Kiln *m*, CONST Brennofen *m*, FOOD TECH Brennofen *m*, Darrofen *m*, METALL Brennofen *m*, Ofen *m*, PAPER Ofen *m*, PROD ENG, THERMODYN Brennofen *m*; **~-dried malt** *n* *(cf cured malt)* FOOD TECH Darrmalz *nt*; **~ drying** *n* CONST Ofentrocknung *f*; **~ malt** *n* FOOD TECH Darrmalz *nt*

kiln:[3] **~-dry** *vt* FOOD TECH *(cf cure)*, PROD ENG *(cf dry)* darren, THERMODYN im Ofen trocknen

kilo *n (k, kg, kilogram, kilogramme)* LAB EQUIP Kilo *nt* *(kg)*; **~ electronvolt** *n* *(keV)* PART PHYS Kilo-Elektronenvolt *m* *(keV)*

kilobyte *n (KB)* COMP & DP, TELECOM Kilobyte *nt (KB)*

kilocalorie *n (kcal)* FOOD TECH Kilokalorie *f (kcal)*

kilogram *n* **kilogramme** *n (k, kg, kilo)* LAB EQUIP, PHYS Kilogramm *nt (kg)*; **~ calorie** *n (kcal, kilogramme calorie)* FOOD TECH Kilokalorie *f (kcal)*; **~ force meter** *n* METROL Kilopondmeter *m*

kilohertz *n (kHz)* ELECT *unit of frequency*, RAD TECH Kilohertz *nt (kHz)*

kilometer *n AmE*, **kilometre** *n BrE (km)* METROL Kilometer *m (km)*

kilonem *n* CHEMISTRY Kilonem *nt*

kilostream: **~ circuit** *n* TELECOM *British Telecom trade name* Kilostream *m*

kilovolt *n (kV)* ELEC ENG Kilovolt *nt (kV)*

kilowatt *n (kW)* ELECT Kilowatt *nt (kW)*; **~ hour** *n* *(kWh)* ELEC ENG, ELECT, PHYS Kilowattstunde *f* *(kWh)*

K-index *n* RAD TECH K-Index *m*

kindle *vt* THERMODYN anzünden

kindling: **~ point** *n* THERMODYN Entflammungspunkt *m*

kinematic[1] *adj* ERGON, FUELLESS, MECHAN ENG, MECHANICS, PHYS, PROD ENG, RAIL kinematisch

kinematic:[2] **~ chain** *n* MECHAN ENG kinematische Kette *f*; **~ diagram** *n* MECHAN ENG *of transmission* Blockschaltbild *nt*; **~ eddy viscosity** *n* (ε) HYD EQUIP kinematische Wirbelzähigkeit *f* (ε); **~ gage** *n AmE*, **~ gauge** *n BrE* RAIL kinematische Begrenzungslinie *f*; **~ vehicle gage** *n AmE*, **~ vehicle gauge** *n BrE* RAIL kinematische Fahrzeugbegrenzungslinie *f*; **~ viscosity** *n* FUELLESS VD, Viskositäts-Dichteverhältnis *nt*, kinematische Viskosität *f*, kinematische Zähigkeit *f*, HEAT & REFRIG, MECHAN ENG kinematische Viskosität *f*, MECHANICS, PHYS kinematische Viskosität *f*, kinematische Zähigkeit *f*

kinematics *n* MECHAN ENG Kinematik *f*, MECHANICS Bewegungslehre *f*, Kinematik *f*, PROD ENG Getriebelehre *f*, Kinematik *f*

kinescope *n* TV Bildröhre *f*

kinesiology *n* ERGON Kinesiologie *f*

kinetic[1] *adj* ERGON, MECHAN ENG, MECHANICS, NUC TECH, PHYS, PROD ENG, RAD PHYS, SPACE kinetisch

kinetic:[2] **~ energy** *n* ERGON, MECHAN ENG kinetische Energie *f*, MECHANICS, PHYS Bewegungsenergie *f*, kinetische Energie *f*, SPACE kinetische Energie *f*; **~ energy density** *n* ACOUSTICS Dichte der kinetischen Energie *f*; **~ heat** *n* MECHANICS, PHYS kinetische Wärme *f*; **~ heating** *n* SPACE *spacecraft* kinetische Aufheizung *f*; **~ isotope effect** *n* NUC TECH kinetischer Isotopeneffekt *m*; **~ quantity** *n* MECHAN ENG Bewegungsgröße *f*; **~ separation** *n* NUC TECH kinetische Trennung *f*; **~ spectrophotometry** *n* RAD PHYS kinetische Spektrofotometrie *f*; **~ theory of gases** *n* PHYS, THERMODYN kinetische Gastheorie *f*; **~ vacuum pump** *n* MECHANICS, PHYS Molekularpumpe *f*

kinetically: **~-induced buoyancy** *n* POLL kinetisch erzeugter Auftrieb *m*

kinetics *n pl* MECHAN ENG Kinetik *f*, MECHANICS, METALL, PHYS Bewegungslehre *f*, Kinetik *f*

king: **~ journal** *n* NUC TECH *for turning* Drehzapfen *m*; **~ plank** *n* WATER TRANS *shipbuilding* Fischplanke *f*; **~ post** *n* CONST Firstpfosten *m*, WATER TRANS *deck fitting* Ladepfosten *m*; **~ rod** *n* CONST Mittelzapfen *m*; **~ roll** *n* PAPER Tragwalze *f*

kingbolt *n AmE (cf kingpin BrE)* MECHAN ENG, MECHANICS Achsschenkelbolzen *m*, Königszapfen *m*; **~ inclination** *n AmE (cf kingpin inclination BrE)* AUTO Achsschenkelbolzenspreizung *f*, Lenkzapfensturz *m*

kingpin *n BrE (cf kingbolt AmE)* MECHAN ENG, MECHANICS Achsschenkelbolzen *m*, Königszapfen *m*; **~ inclination** *n BrE (cf kingbolt inclination AmE)* AUTO Achsschenkelbolzenspreizung *f*, Lenkzapfensturz *m*

Kingston: **~ valve** *n* WATER TRANS *ship* Kingston-Ventil *nt*, Seeventil *nt*

kink *n* METALL Knickstelle *f*, WATER TRANS *rope* Kink *f*; **~ band** *n* METALL Knickband *nt*; **~ instability** *n* NUC

TECH Knickinstabilität *f*

kinkless: **~ tetrode** *n* RAD TECH Tetrode ohne Kennlinienknick *f*

Kipp's: **~ apparatus** *n* LAB EQUIP *generator* Gasentwickler nach Kipp *m*, Kippscher Apparat *m*

Kirchhoff's: **~ law of emission of radiation** *n* RAD PHYS Kirchhoffsches Strahlungsgesetz *nt*; **~ laws** *n pl* ELEC ENG *networks*, ELECT Kirchhoffsche Gesetze *nt pl*

kit *n* MECHAN ENG *of tools* Werkzeugsatz *m*, NUC TECH Ausrüstung *f*, Bausatz *m*, RAD TECH Bausatz *m*

kite *n* GEOM Drachenviereck *nt*

Kjeldahl: **~ digestion apparatus** *n* LAB EQUIP *nitrogen analysis* Kjeldahl-Apparat *m*, Stickstoffbestimmungsapparat nach Kjeldahl *m*; **~ method** *n* NUC TECH *for nitrogen extraction* Kjeldahlmethode *f*

K-Jetronic: **~ fuel injection** *n* AUTO K-Jetronic-Einspritzanlage *f*, kontinuierliche Kraftstoffeinspritzung *f*

Klammer *n* CONST Schraubzwinge *f*

Klein: **~ bottle** *n* GEOM *topology* Kleinsche Flasche *f*

Klein-Gordon: **~ equation** *n* PHYS Klein-Gordon-Gleichung *f*

klystron *n* ELECTRON, PHYS, RAD PHYS, RAD TECH, SPACE, TELECOM Klystron *nt*; **~ amplifier** *n* ELECTRON Klystronverstärker *m*; **~ oscillator** *n* ELECTRON Klystronoszillator *m*; **~ repeater** *n* ELECTRON Klystronverstärker *m*

km *n (kilometer AmE, kilometre BrE)* METROL km *m (Kilometer)*

knacker *n* FOOD TECH Abdecker *m*

kneader *n* PAPER, PLAS Kneter *m*

kneading *n* FOOD TECH Kneten *nt*

knee *n* CONST Knickpunkt *m*, Kniestück *nt*, MECHAN ENG *of tube* Kniestück *nt*, Krümmer *m*, MECHANICS Krümmer *m*, PROD ENG Konsole *f*, WATER TRANS *shipbuilding* Knie *nt*; **~-and-column milling machine** *n* MECHAN ENG, PROD ENG Konsolfräsmaschine *f*; **~ bend** *n* CONST, MECHANICS Knierohr *nt*; **~ brace** *n* CONST Kopfband *nt*, Winkellasche *f*; **~ bracket plate** *n* CONST Knotenpunktverbindung *f*; **~ of a curve** *n* MECHAN ENG Knick einer Kurve *m*; **~ joint** *n* MECHAN ENG Kniehebel *m*; **~ pad** *n* SAFETY Knieschoner *m*; **~ table** *n* PROD ENG Konsoltisch *m*; **~-type milling machine** *n* MECHAN ENG Konsolfräsmaschine *f*

knife *n* MECHAN ENG, PAPER Messer *nt*, TEXT Abstreifmesser *nt*, Rakel *f*; **~ coater** *n* PAPER Rakelstreichmaschine *f*; **~ cylinder** *n* PAPER Messerzylinder *m*; **~ drum** *n* MECHAN ENG Messerwalze *f*; **~ edge** *n* MECHAN ENG Messerschneide *f*, METROL Waagebalkenaufleger *m*, PROD ENG Schneide *f*; **~ edge file** *n* MECHAN ENG Messerfeile *f*; **~ edges of balance beam resting in agate** *n pl* METROL Waagebalkenaufleger auf Achatplanlager *m pl*; **~ edge straight edge** *n* MECHAN ENG Haarlineal *nt*; **~ edge switch** *n* NUC TECH Messerschalter *m*; **~ file** *n* MECHAN ENG Messerfeile *f*; **~ holder** *n* PAPER Messerhalter *m*; **~ pleat** *n* TEXT Quetschfalte *f*; **~ spreading** *n* PLAS Rakelstreichverfahren *nt*; **~ switch** *n* ELECT Messerschalter *m*; **~ tool** *n* MECHAN ENG Seitendrehmeißel *m*

Knight: **~ shift** *n* NUC TECH Knightsche Verschiebung *f*

knit *vi* TEXT stricken, wirken

knitted: **~ fabric** *n* TEXT Gestrick *nt*, Gewirk *nt*, Maschenware *f*; **~ glass fabric** *n* CER & GLAS Glasgestrick *nt*

knob *n* ELEC ENG Bedienungsknopf *m*, Drehknopf *m*, MECHAN ENG Drehknopf *m*, MECHANICS Griff *m*, Knauf *m*; **~ tools** *n pl* CER & GLAS Noppenwerkzeuge *nt pl*

knock[1] *n* MECHAN ENG Schlag *m*, PET TECH Klingeln *nt*, Klopfen *nt*; **~-on** *n* NUC TECH *electron in atomic shell* angestoßenes Teilchen *nt*; **~-out pin** *n* MECHAN ENG Auswerferstift *m*; **~-out station** *n* AIR TRANS Ausklinkstelle *f*; **~ rating** *n* PET TECH Klopffestigkeit *f*

knock[2] *vt* MECHAN ENG schlagen; **~ out** *vt* PROD ENG ausstoßen

knock[3] *vi* MECHAN ENG schlagen, *engine* klopfen, *valves* flattern

knocked: **~-on atom** *n* NUC TECH angestoßenes Atom *nt*

knocking *n* AUTO *engine pre-ignition* Klopfen *nt*, MECHAN ENG *combustion engines* Klopfen *nt*, *engine* Klopfen *nt*, *valves* Flattern *nt*

knoll *n* CONST Kuppe *f*

knop *n* CER & GLAS Noppe *f*

knot[1] *n* CER & GLAS, FUELLESS, PAPER, TEXT Knoten *m*, WATER TRANS *measurement* Knoten *m*, Stek *m*; **~ extensibility** *n* TEXT Knotendehnbarkeit *f*; **~ prebreaker** *n* PAPER Knotenvorbrecher *m*; **~ tenacity** *n* TEXT Knotenfestigkeit *f*

knot[2] *vt* TEXT knoten

knotless[1] *adj* TEXT knotenlos

knotless:[2] **~ yarn length** *n* TEXT knotenlose Garnlänge *f*

knotter *n* PAPER Knotenfänger *m*; **~ pulp** *n* PAPER Knotenfängerstoff *m*

knotty *adj* TEXT knotig

knowledge:[1] **~-based** *adj* ART INT, COMP & DP wissensbasiert

knowledge[2] *n* ART INT, COMP & DP Wissen *nt*; **~ acquisition** *n* ART INT Wissensakquisition *f*, Wissenserwerb *m*; **~ base** *n (KB)* ART INT Wissensbasis *f (WB)*, COMP & DP Grundlagenwissen *nt*, Wissensbasis *f*; **~-based system** *n* ART INT wissensbasiertes System *nt*, COMP & DP *(KBS)* wissensbasiertes System *nt*; **~ engineering** *n (KE)* ART INT Knowledge-Engineering *nt*, Wissensengineering *nt*, COMP & DP Wissenstechnik *f*; **~ processing** *n* ART INT Wissensverarbeitung *f*; **~ representation** *n (KR)* ART INT Wissensdarstellung *f*, Wissensrepräsentation *f*, COMP & DP Wissensdarstellung *f*, Wissensrepräsentation *f (WR)*; **~ representation language** *n (KRL)* COMP & DP Wissensdarstellungssprache *f*

known: **~ coal deposit** *n* COAL TECH bekanntes Kohlenvorkommen *nt*; **~-good device** *n* QUAL Belegmuster *nt*, Bezugsgerät *nt*

knuckle *n* AUTO Gelenk *nt*, CONST Haspe *f*, Scharniergelenk *nt*, MECHANICS Gelenk *nt*, Kardandrehzapfen *m*; **~ joint** *n* MECHAN ENG Gabelgelenk *nt*, Kniehebel *m*

Knudsen: **~ effect** *n* NUC TECH *thermal molecular flow* Knudsen-Effekt *m*

knurl *n* MECHAN ENG Rändelung *f*

knurled[1] *adj* MECHANICS geriffelt, gerändelt

knurled:[2] **~ nut** *n* MECHAN ENG Rändelmutter *f*; **~ screw** *n* MECHAN ENG Rändelschraube *f*

knurling *n* CER & GLAS Rändeln *nt*, MECHAN ENG Rändeln *nt*, Rändelung *f*; **~ tool** *n* MECHAN ENG, MECHANICS Rändelwerkzeug *nt*

kodachrome: **~ process®** *n* PHOTO Kodachrome-Verfahren® *nt*

Kossel: **~ line** *n* NUC TECH Kossel-Linie *f*

KR *abbr (knowledge representation)* COMP & DP WR *(Wissensrepräsentation)*

kraft: **~ board** *n* PACK Kraftpappe *f*; **~ liner** *n* PACK Kraftauslegepapier *nt*; **~ paper** *n* PACK Kraftpapier *nt*;

~ pulp *n* PAPER Kraftzellstoff *m*; **~ sack paper** *n* PACK Kraftsackpapier *nt*

krarup: **~ cable** *n* ELEC ENG Krarupkabel *nt*; **~ loading** *n* ELEC ENG Krarupisierung *f*

KRL *abbr (knowledge representation language)* COMP & DP Wissensdarstellungssprache *f*

Krook: **~ collision operator** *n* NUC TECH Krookscher Kollisionsoperator *m*

Kruskal: **~ limit** *n* NUC TECH Kruskalgrenze *f*, Kruskalgrenzwert *m*

krypton: **~ absorption in liquid carbon dioxide** *n (KALC process)* NUC TECH Kryptonabsorbtion im flüssigen Kohlendioxid *f*

kryptonate: **~ of cadmium amalgam** *n* NUC TECH Kadmiumamalgam-Kryptonat *nt*

K-shell *n* NUC TECH, PHYS *atom* K-Schale *f*

KSR *abbr (keyboard send-receive)* COMP & DP Tastatur-sende-Empfangsmodus *m*

K-state *n* NUC TECH K-Zustand *m*

Kuhn-Thomas-Reich: **~ sum rule** *n* NUC TECH Kuhn-Thomas-Reichsche-Summenformel *f*

Kundt's: **~ tube** *n* PHYS Kundtsche Röhre *f*

kurtosis *n* QUAL Kurtosis *f*, Wölbung *f*

kV *abbr (kilovolt)* ELEC ENG kV *(Kilovolt)*

kW *abbr (kilowatt)* ELECT kW *(Kilowatt)*

kWh *abbr (kilowatt hour)* ELEC ENG, ELECT, PHYS kWh *(Kilowattstunde)*

KWIC *abbr (keyword in context)* COMP & DP KWIC, (eine Stichwortanalyse)

KWOC *abbr (keyword out of context)* COMP & DP KWOC-Index *m (Stichwortanalyse mit Text)*

Kynch: **~ separation theory** *n* NUC TECH Kynchsche Trennungstheorie *f*

L

l [1] *abbr* COMP & DV *(length)*, GEOM *(length)* l *(Länge)*, KERNTECH *(effective neutron lifetime)* l *(effektive Neutronenlebensdauer)*, NUC TECH l, PHYS *(length)*, TELECOM *(length)* l *(Länge)*

L *abbr* ACOUSTICS *(loudness)* L *(Lautstärke)*, ELEC ENG *(inductance)*, ELECT *(inductance)* L *(Induktivität)*, MECHANICS *(Lagrangian function, angular momentum)* L *(Lagrangesche Funktion)*, METROL *(inductance)* L *(Induktivität)*, NUC TECH *(diffusion length)* L *(Diffusionslänge)*, NUC TECH *(total orbital angular momentum number)* L *(Orbitalwinkelmomentzahl)*, NUC TECH *(linear energy transfer)* L *(lineare Energieübertragung)*, OPT *(luminance)* L *(Luminanz)*, PHYS *(inductance)* L *(Induktivität)*, RAD PHYS *(linear energy transfer)* L *(lineare Energieübertragung)*, RAD TECH *(inductance)*, RECORD *(inductance)*, TELECOM *(inductance)* L *(Induktivität)*, THERMODYN *(Lorenz unit)* L *(Lorenzsche Einheit)*

La *(lanthanium)* CHEMISTRY La *(Lanthan)*

label[1] *n* COMP & DP Bezeichnung *f*, Etikett *nt*, Kennsatz *m*, PACK Anhänger *m*, Etikett *nt*, TEXT Etikett *nt*; **~ area** *n* ACOUSTICS Beschriftungsfeld *nt*; **~coding machine** *n* PACK Etikettenauszeichnungsmaschine *f*; **~ dispenser** *n* PACK Etikettausgabe *f*; **~ film** *n* PACK Etikettenfolie *f*; **~-overprinting machine** *n* PACK Etikettenaufdruckmaschine *f*; **~ record** *n* COMP & DP Kennsatz *m*

label[2] *vt* COMP & DP bezeichnen, TEXT etikettieren, kennzeichnen

labeled: **~ atom** *n AmE see labelled atom BrE* **~ compound** *n AmE see labelled compound BrE*

labeler *n AmE see labeller BrE*

labeling *n AmE see labelling BrE*

labelled: **~ atom** *n BrE* NUC TECH Indikatoratom *nt*; **~ compound** *n BrE* NUC TECH markierte Verbindung *f*

labeller *n BrE* PACK Etikettierer *m*

labelling *n BrE* COMP & DP Beschriften *nt*, NUC TECH *by chemical exchange* Markieren *nt*, PACK Auszeichnung *f*, Etikettierung *f*, TEXT Etikettieren *nt*; **~ machine** *n BrE* PACK Banderoliermaschine *f*, Etikettiermaschine *f*; **~ technique** *n BrE* NUC TECH Markierungstechnik *f*, Markierungsverfahren *nt*

labile: **~ oscillator** *n* ELECTRON ferngesteuerter Oszillator *m*

labor *n AmE see labour BrE*

laboratory *n* LAB EQUIP Versuchsanstalt *f* **~ ball cock** *n* PROD ENG *plastic valves* Laborkugelhahn *m*; **~ clothing** *n* SAFETY Laborkittel *m*; **~ coat** *n* LAB EQUIP Laborkittel *m*; **~ compaction** *n* COAL TECH Standardverdichtung *f*; **~ conditions** *n pl* ELECT Laborbedingungen *f pl*; **~ frame** *n* PHYS Laborstruktur *f*; **~ instrument** *n* INSTR Labormeßgerät *nt*; **~ reactor** *n* NUC TECH Forschungsreaktor *m*; **~ standard** *n* NUC TECH Laborstandard *m*; **~ stool** *n* LAB EQUIP Laborschemel *m*, Laborstuhl *m*

labour *n BrE* WATER TRANS *ship* in schwerer See laufen; **~ turnover** *n BrE* ERGON Fluktuation *f*

laburnine *n* CHEMISTRY Laburnin *nt*

labyrinth: **~ packing** *n* MECHAN ENG Labyrinthpackung *f*, PROD ENG *seal* Labyrinthdichtung *f*; **~ seal** *n* MECHAN ENG, NUC TECH Labyrinthdichtung *f*

laccaic *adj* CHEMISTRY Laccain- *pref*

laccol *n* CHEMISTRY Laccol *nt*, Urushinsäure *f*

lace[1] *n* RAD TECH Kabelbinder *m*, TEXT Spitze *f*

lace[2] *vt* RAD TECH abbinden; **~ up** *vt* RECORD anbinden

laced: **~ cable fan** *n* ELEC ENG ausgebundener Kabelfächer *m*

lachrymator *n BrE* CHEMISTRY Augenreizstoff *m*

lacing *n* CER & GLAS Drillen *nt*, RECORD *of cable harness* Ausbinden *nt*; **~ cord** *n* AIR TRANS Abbindefaden *m*

lack: **~ of fuel** *n* THERMODYN Treibstoffmangel *m*

lacquer[1] *n* CONST Lack *m*, Lackfarbe *f*, MECHANICS Firnis *m*, Lack *m*; **~ recording** *n* RECORD Lackfolienaufnahme *f*; **~ sealing** *n* PACK Lackversiegelung *f*

lacquer[2] *vt* PROD ENG lackieren

lacquered *adj* MECHANICS lackiert

lacquering: **~ machine** *n* PACK Lackiermaschine *f*

lacrimator *n AmE see lachrymator BrE*

lactam *n* CHEMISTRY Lactam *nt*, Laktam *nt*

lactamide *n* CHEMISTRY Lactamid *nt*

lactate *n* CHEMISTRY Lactat *nt*, Laktat *nt*, milchsaures Salz *nt*

lactic[1] *adj* CHEMISTRY, FOOD TECH Milch- *pref*

lactic:[2] **~ acid** *n* FOOD TECH Milchsäure *f*

lactide *n* CHEMISTRY Lactid *nt*

lactobutyrometer *n* FOOD TECH Lacto-Butyrometer *nt*, Milch-Butyrometer *nt*

lactometer *n* FOOD TECH Lactometer *nt*

lactone *n* CHEMISTRY Lacton *nt*

lactonic *adj* CHEMISTRY Lacton- *pref*

lactonitrile *n* CHEMISTRY Lactonitril *nt*, Milchsäurenitril *nt*

lactonization *n* CHEMISTRY Lactonbildung *f*, Lactonisierung *f*

lactose *n* CHEMISTRY Lactose *f*, Milchzucker *m*

ladder *n* WATER TRANS Eimerleiter *f*, Treppe *f*; **~ adder** *n* ELECTRON Leiteraddierer *m*; **~ attenuator** *n* ELECTRON Kettenspannungsteiler *m*, Kettenteiler *m*; **~ dredge** *n* WATER TRANS Eimerkettenbagger *m*, Leiterbagger *m*; **~ dredger** *n* WATER TRANS Eimerkettenbagger *m*, Leiterbagger *m*; **~ filter** *n* ELECTRON Abzweigfilter *nt*, RAD TECH Siebkette *f*; **~ network** *n* ELEC ENG, PHYS Kettenleiternetzwerk *nt*, Kettenschaltung *f*; **~ polymer** *n* PLAS Doppelstrangpolymer *nt*

laddertron *n* ELECTRON Laddertron *nt*

ladle[1] *n* CER & GLAS Schöpfkelle *f*, CONST Gießlöffel *m*, FOOD TECH Schöpfkelle *f*, PROD ENG Gießlöffel *m*; **~ crane** *n* PROD ENG Gießpfannenkran *m*

ladle[2] *vt* CER & GLAS schöpfen

ladler *n* CER & GLAS Gießer *m*

ladling *n* CER & GLAS Beschicken *nt*

LADR *abbr (linear accelerator-driven reactor)* NUC TECH Fusionsreaktor mit Linearbeschleuniger *m*

lady's: **~ bedstraw** *n* FOOD TECH echtes Labkraut *nt*

laevo: **~-rotatory** *adj* PROD ENG linksdrehend

laevulose *n BrE* FOOD TECH Fruchtzucker *m*, Lävulose *f*
lag[1] *n* AIR TRANS, ELECT *in a.c. circuits* Verzögerung *f*, ELECTRON Nacheilung *f*, Verzögerung *f*, PROD ENG Dämmstoff *m*, Verzögerung *f*, TELEV Nachlaufen *nt*, WATER SUP Verzögerung *f*; ~ **angle** *n* AIR TRANS Verzögerungswinkel *m*; ~ **element** *n* PHYS Verzögerungsglied *nt*; ~ **in phase** *n* PHYS nacheilende Phasenverschiebung *f*; ~ **module** *n* IND PROCESS Verzögerungseinheit *f*; ~ **screw** *n* CONST Ankerbolzen *m*, Ankerschraube *f*, Fundamentschraube *f*
lag[2] *vt* PROD ENG wärmeisolieren
lag[3] *vi* PROD ENG nacheilen; ~ **in phase** *vi* PHYS in Phase nacheilen
lagged *adj* MECHANICS ummantelt
lagging[1] *adj* ELEC ENG nacheilend
lagging[2] *n* AIR TRANS *helicopter* Nacheilen *nt*, Nachlauf *m*, HYD EQUIP Isolierung *f*, Verkleidung *f*, MECHANICS Nacheilen *nt*, PET TECH Dämmung *f*, Verkleidung *f*, PROD ENG Isolierung *f*, THERMODYN Isoliermaterial *nt*, Wärmeisolierung *f*; ~ **chrominance** *n* TELEV nachlaufende Chrominanz *f*; ~ **system** *n* AIR TRANS Verzögerungssystem *nt*; ~ **of the tide** *n* FUELLESS Flutstunde *f*, Mondflutintervall *nt*
lagoon *n* WATER SUP Becken *nt*, Lagune *f*
lagooning *n* POLL Schlammteichverfahren *nt*
Lagrange's: ~ **equation** *n* PHYS Lagrangesche Gleichung *f*
Lagrangian *n* PHYS Lagrangescher Multiplikator *m*, Lagrangescher Operator *m*; ~ **drifter** *n* WATER TRANS *oceanography* Relingslog *nt*; ~ **function** *n (L)* MECHANICS Lagrangesche Funktion *f (L)*; ~ **viewpoint** *n* FLUID PHYS Lagrangesche Betrachtungsweise *f*
lagtime *n* PET TECH Verzögerungszeit *f*
laid:[1] ~-**up** *adj* WATER TRANS *ship* aufgelegt
laid:[2] ~ **paper** *n* PACK *with rubber appearance*, PRINT Papier mit Wasserlinien *nt*
laitance *n* CONST Feinschlämme *f*, Zementmilch *f*
lake *n* WATER TRANS See *m*; ~ **liming** *n* POLL Kalkanreicherung von Seen *f*; ~ **water** *n* POLL Seewasser *nt*
Lamb: ~ **shift** *n* PHYS Lambverschiebung *f*
lambda: ~ **particle** *n* PHYS Lambdateilchen *nt*; ~ **point** *n* PHYS *cryogenics* Lambdapunkt *m*; ~ **probe** *n* AUTO Abgassensor *m*, Lambdasonde *f*
lambert *n* OPT Lambert *nt*
lambertian: ~ **radiator** *n* OPT, TELECOM Lambertscher Strahler *m*; ~ **reflector** *n* OPT Lambertreflektor *m*; ~ **source** *n* OPT, TELECOM Lambertscher Strahler *m*
Lambert's: ~ **cosine law** *n* OPT Lambertsches Cosinusgesetz *nt*; ~ **law** *n* PHYS Lambertsches Gesetz *nt*
lamella *n* METALL Lamelle *f*
lamellar[1] *adj* MECHANICS in Schichten aufgebaut
lamellar:[2] ~ **graphite cast iron** *n* MECHANICS Lamellargraphitgußeisen *nt*; ~ **pearlite** *n* METALL streifiger Perlit *m*; ~ **structure** *n* METALL Lamellenstruktur *f*
lamina *n* CHEMISTRY Plättchen *nt*, dünne Schicht *f*
laminar[1] *adj* CHEMISTRY Laminar- *pref*, laminar, FLUID PHYS geschichtet, laminar
laminar:[2] ~ **flow** *n* AIR TRANS, FLUID PHYS laminare Strömung *f*, HEAT & REFRIG Bandströmung *f*, laminare Strömung *f*; ~ **flow theory** *n* FLUID PHYS Theorie laminarer Strömungen *f*; ~ **pipe flow** *n* FLUID PHYS laminare Rohrströmung *f*; ~ **separation** *n* FLUID PHYS laminare Ablösung *f*; ~ **transistor** *n* ELECTRON Laminartransistor *m*
laminarin *n* CHEMISTRY Laminarin *nt*
laminate[1] *n* ELECTRON Laminat *nt*, Schichtpreßstoff *m*, PLAS Laminat *nt*, Schichtstoff *m*
laminate[2] *vt* CONST laminieren, schichtpressen, PRINT laminieren, PROD ENG laminieren, schichtpressen
laminated[1] *adj* ELECT geklebt, gewalzt, laminiert, PLAS, PROD ENG laminiert, mehrschichtig, WATER TRANS laminiert
laminated:[2] ~ **armature** *n* ELECT Blätteranker *m*, Lamellenanker *m*; ~ **brush** *n* ELEC ENG Schichtbürste *f*, ELECT *machine* Blätterbürste *f*, lamellierte Bürste *f*; ~ **core** *n* ELEC ENG Schichtkern *m*, ELECT Blätterkern *m*, Lamellenkern *m*; ~ **glass** *n* CER & GLAS Mehrschichtenglas *nt*; ~ **magnet** *n* ELECT Blättermagnet *m*, lamellierter Magnet *m*; ~ **pack** *n* PACK beschichtete Packung *f*; ~ **plastic** *n* ELECT geschichteter Kunststoff *m*, kaschierter Kunststoff *m*, PLAS Laminat *nt*, Schichtstoff *m*, WATER TRANS Schichtkunststoff *m*, laminiertes Plastik *nt*; ~ **record** *n* RECORD Schichtplatte *f*; ~ **safety glass** *n* CER & GLAS Mehrschichtensicherheitsglas *nt*; ~ **section** *n* PLAS Laminatprofil *nt*, Schichtstoffprofil *nt*; ~ **sheet** *n* CONST Schichtstoffolie *f*, PLAS Schichtstofftafel *f*; ~ **spring** *n* MECHAN ENG Blattfeder *f*; ~ **torsion bar** *n* AIR TRANS laminierte Drehstabfeder *f*; ~ **tube** *n* PACK Wickelrohr *nt*; ~ **windscreen** *n BrE (cf laminated windshield AmE)* AUTO Mehrschichtenglasfrontscheibe *f*, Verbundglaswindschutzscheibe *f*; ~ **windshield** *n AmE (cf laminated windscreen BrE)* AUTO Mehrschichtenglasfrontscheibe *f*, Verbundglaswindschutzscheibe *f*
laminating *n* CER & GLAS Mehrschichtenglasherstellung *f*, PACK Schichtstoffherstellung *f*, PAPER Laminieren *nt*; ~ **machine** *n* PACK Kaschiermaschine *f*
lamination *n* ELEC ENG Blechen *nt*, Schichtbildung *f*, PACK Schicht *f*, PLAS Laminieren *nt*, PROD ENG Lamelle *f*, Walzdoppelung *f*, RAD TECH *transformer core* Laminieren *nt*; ~ **strength** *n* PACK Schichtstärke *f*, Schichtungsfestigkeit *f*
lamp *n* AUTO *accessory* Lampe *f*, *warning* Leuchte *f*, ELEC ENG Glühlampe *f*, RAIL Laterne *f*; ~ **bulb** *n* CER & GLAS Lampenkolben *m*; ~ **cap** *n* ELEC ENG Lampenfassung *f*; ~ **chimney** *n* CER & GLAS Lampenzylinder *m*; ~ **holder** *n* ELEC ENG Lampenfassung *f*; ~ **oil** *n* PET TECH Leuchtpetroleum *nt*; ~ **replacement** *n* PHOTO Lampenwechsel *m*; ~ **socket** *n* PHOTO Lampenfassung *f*
Lampard: ~ **and Thomson capacitor** *n* PHYS Lampard-Thomson-Kondensator *m*
lamphouse *n* PHOTO *projector* Lampengehäuse *nt*
lampshade *n* ELEC ENG Lampenschirm *m*
LAN *abbr (local area network)* COMP & DP, TELECOM LAN *(lokales Netz)*
lance *n* MECHAN ENG *for oxygen blowing* Lanze *f*
land[1] *n* MECHAN ENG *of cutting tool* Schneidrücken *m*, *of drill* Fase *f*, *of tool flank* Fase *f*, PLAS *press* Steg *m*, PROD ENG Führungsfase *f*, RECORD Steg *m*; ~ **accretion** *n* WATER SUP Landzuwachs *m*; ~ **air cushion vehicle** *n* TRANS landgebundenes Luftkissenfahrzeug *nt*; ~ **breeze** *n* WATER TRANS Landbrise *f*; ~ **burial** *n* WASTE Vergraben *nt*; ~ **cable** *n* TELECOM Landkabel *nt*; ~ **clearance** *n* PROD ENG Freifläche an Fase *f*, Freifräsung am Umfang *f*; ~ **container** *n* TRANS Landcontainer *m*; ~ **degradation** *n* POLL Devastierung *f*; ~ **disturbance** *n* POLL Devastierung *f*; ~ **measuring** *n* CONST Feldmessung *f*; ~ **measuring chain** *n* CONST Feldmeßkette *f*; ~ **mobile radio service** *n* TELECOM beweglicher Landfunkdienst *m*; ~ **mobile satellite service** *n* TELECOM Satelliten-Mobilfunk *m*; ~ **pollutant** *n*

POLL bodenverunreinigender Stoff *m*; ~ **pollution** *n* POLL *nonradioactive* Bodenverunreinigung *f*; ~ **reclamation** *n* WATER SUP Landgewinnung *f*; ~ **register** *n* CONST Kataster *nt*; ~ **registry** *n* CONST Katasteramt *nt*; ~ **restoration** *n* CONST Rekultivierung *f*; ~ **station** *n* SPACE Bodenstation *f*, Erdfunkstelle *f*; ~ **surface** *n* PROD ENG stehengebliebene Mantelfläche *f*; ~ **survey** *n* CONST Landvermessung *f*; ~ **surveying** *n* CONST Landvermessung *f*, Terrainaufnahme *f*; ~ **use plan** *n* CONST Bauleitplan *m*, Landnutzungsplan *m*; ~ **vehicle** *n* SPACE Landfahrzeug *nt*; ~ **wind** *n* WATER TRANS Landwind *m*

land[2] *vt* WATER TRANS *cargo, passengers* an Land absetzen, *passengers* an Land setzen, ausschiffen

land[3] *vi* WATER TRANS anlegen, landen

Landé: ~ **factor** *n* PHYS Landé- Faktor *m*

landed[1] *adj* PROD ENG mit Abquetschfläche, mit Fase

landed:[2] ~ **price** *n* PET TECH Preis frei Küste *m*

lander *n* SPACE Landefahrzeug *nt*; ~ **stage** *n* SPACE Landestufe *f*

landfill *n* COAL TECH Deponie *f*, POLL, WASTE Deponie *f*, Mülldeponie *f*; ~ **cell** *n* WASTE Kassette *f*, Polder *m*; ~ **compactor** *n* WASTE Kompaktor *m*, Müllverdichter *m*, Verdichtungsanlage *f*; ~ **design** *n* WASTE Deponietyp *m*; ~ **gas extraction** *n* POLL Gasgewinnung aus Mülldeponien *f*; ~ **site** *n* MAR POLL, WASTE Deponiestandort *m*; ~ **type** *n* WASTE Deponietyp *m*

landfilling *n* MAR POLL, WASTE geordnetes Ablagern *nt*

landing *n* AIR TRANS Lande- *pref*, Landung *f*, CONST *of stairs* Treppenpodest *nt*, Treppenboden *m*, SPACE Landung *f*, TRANS *of goods* Landen *nt*, Löschen *nt*, WATER TRANS Anlege- *pref*, *of goods* Ausladen *nt*, Ausschiffung *f*, Anlegeplatz *m*, Landung *f*, *of goods* Löschen *nt*, Lande- *pref*; ~ **approach speed** *n* AIR TRANS Landeanflugsgeschwindigkeit *f*; ~ **area** *n* AIR TRANS Landezone *f*, Start- und Landebereich *m*, SPACE Landegebiet *nt*; ~ **capsule** *n* SPACE Landekapsel *f*; ~ **charge** *n BrE (cf landing fee AmE)* AIR TRANS Landungsgebühr *f*, Landungskosten *f pl*, WATER TRANS Landungsgebühr *f*; ~ **chart** *n* AIR TRANS Landekarte *f*; ~ **craft** *n* WATER TRANS Landungsboot *nt*; ~ **deck** *n* WATER TRANS Landedeck *nt*; ~ **direction indicator** *n* AIR TRANS Landerichtungsanzeiger *m*; ~ **distance** *n* AIR TRANS Landelänge *f*, Landestrecke *f*; ~ **distance available** *n* AIR TRANS verfügbare Landestrecke *f*; ~ **downlock optical inspection flap** *n* AIR TRANS Schauklappe für Ausfahrverriegelung beim Landen *f*; ~ **fee** *n AmE (cf landing charge BrE)* AIR TRANS Landungsgebühr *f*, Landungskosten *f pl*, WATER TRANS Landungsgebühr *f*; ~ **field** *n* AIR TRANS Rollfeld *nt*; ~ **flap** *n* AIR TRANS Landeklappe *f*; ~ **gear** *n* AIR TRANS Fahrwerk *nt*, Landegestell *nt*, Rollwerk *nt*, TRANS *semitrailer* Stützeinrichtung *f*; ~-**gear boot retainer** *n BrE (cf landing-gear trunk retainer AmE)* AIR TRANS Fahrgestellhaubenhalterung *f*, Fahrgestellverschlußhalterung *f*; ~-**gear bracing installation** *n* AIR TRANS Fahrgestellauskreuzungseinrichtung *f*; ~-**gear bumper** *n* AIR TRANS Fahrgestellstoßdämpfer *m*; ~-**gear compensation rod** *n* AIR TRANS Fahrgestellkompensierungsstange *f*; ~-**gear control unit** *n* AIR TRANS Fahrwerksteuergerät *nt*, Fahrwerksteuerung *f*; ~-**gear diagonal truss** *n* AIR TRANS Fahrgestellquerbock *m*, Fahrgestellquerstrebe *f*; ~-**gear door latch** *n* AIR TRANS Fahrwerkklappenverschluß *m*; ~-**gear door latching box** *n* AIR TRANS Fahrwerkklappenverschlußkasten *m*; ~-**gear door unlatching** *n* AIR TRANS Fahrwerkklappenentriegelung *f*; ~-**gear down latch** *n* AIR TRANS Fahrwerksperre *f*, Fahrwerkverriegelung *f*; ~-**gear downlock visual check** *n* AIR TRANS Sichtprüfung der Fahrwerksausfahrverriegelung *f*; ~-**gear drop test** *n* AIR TRANS Fahrwerkabwerftest *m*; ~-**gear extension** *n* AIR TRANS Fahrwerkausfahren *nt*; ~-**gear fork rod** *n* AIR TRANS Fahrwerkgabelstange *f*; ~-**gear hinge beam** *n* AIR TRANS Fahrwerkgelenkträger *m*; ~-**gear hinge beam fitting** *n* AIR TRANS Fahrwerkgelenkträgeranschluß *m*; ~-**gear leg** *n* AIR TRANS Fahrwerkbein *nt*, Landefahrgestell *nt*, Landekufe *f*; ~-**gear lock pin** *n* AIR TRANS Fahrwerkverriegelungsbolzen *m*; ~-**gear main shock strut** *n* AIR TRANS Fahrwerkhauptfederbein *nt*; ~-**gear manual release** *n* AIR TRANS manuelle Betätigung des Fahrwerks *f*; ~-**gear master brake cylinder** *n* AIR TRANS Fahrwerkhauptbremszylinder *m*; ~-**gear position indicator** *n* AIR TRANS Fahrwerkanzeige *f*; ~-**gear retraction lock** *n* AIR TRANS Fahrwerkeinfahrverriegelung *f*; ~-**gear safety lock** *n* AIR TRANS Fahrwerksicherheitsverschluß *m*; ~-**gear safety override** *n* AIR TRANS Fahrwerksicherheitssteuerung *f*; ~-**gear shaft** *n* AIR TRANS Fahrgestellachswelle *f*; ~-**gear shock strut compression** *n* AIR TRANS Stauchung des Fahrwerkfederbeins *f*; ~-**gear sliding valve** *n* AIR TRANS Fahrwerkschieberventil *nt*; ~-**gear track** *n* AIR TRANS Fahrgestellspur *f*; ~-**gear trunk retainer** *n AmE (cf landing-gear boot retainer BrE)* AIR TRANS Fahrgestellhaubenhalterung *f*, Fahrgestellverschlußhalterung *f*; ~-**gear unlocking** *n* AIR TRANS Fahrwerkentriegelung *f*; ~-**gear up-lock** *n* AIR TRANS Fahrwerkeinfahrverriegelung *f*; ~-**gear up-lock box** *n* AIR TRANS Fahrgestelleinfahrverriegelungskasten *m*; ~-**gear well** *n* AIR TRANS Fahrwerkgrube *f*; ~-**gear wheel rim fusible plug** *n* AIR TRANS Bleisicherung an der Fahrwerksfelge *f*; ~ **lane** *n* AIR TRANS Anflugschneise *f*; ~ **leg support** *n* AIR TRANS Fahrgestellstütze *f*; ~ **light** *n* AIR TRANS Landelicht *nt*; ~ **path** *n* AIR TRANS Landepfad *m*; ~ **pattern turn** *n* AIR TRANS Landeschleife *f*; ~ **pier** *n* WATER TRANS Anlegebrücke *f*; ~ **place** *n* WATER TRANS Anlegeplatz *m*, Anlegestelle *f*; ~ **pontoon** *n* WATER TRANS Landungsponton *m*; ~ **procedure** *n* AIR TRANS Landeverfahren *nt*; ~ **run** *n* AIR TRANS Landeauslaufstrecke *f*; ~ **sequence** *n* AIR TRANS Landefolge *f*; ~ **skid** *n* AIR TRANS Kufenfahrgestell *nt*, Landekufe *f*; ~ **speed** *n* AIR TRANS Landegeschwindigkeit *f*; ~ **stage** *n* TRANS Landungsbrücke *f*, WATER TRANS schwimmende Landungsbrücke *f*; ~ **step** *n* CONST Podeststufe *f*; ~ **strip** *n* AIR TRANS Landepiste *f*, Landebahn *f*; ~ **strip marker** *n* AIR TRANS Landebahnmarkierung *f*; ~ **switch** *n* ELECT *lift, elevator* Etagenschalter *m*, Stockwerkschalter *m*; ~ **system** *n* AIR TRANS, WATER TRANS Landesystem *nt*; ~ **trimmer** *n* CONST Podestwechselbalken *m*; ~ **vehicle** *n* SPACE Landefahrzeug *nt*; ~ **on water** *n* AIR TRANS Wasserlandung *f*, Wasserung *f*; ~ **weight** *n* AIR TRANS Landegewicht *nt*

landline *adj* TELECOM ortsfest

landmark *n* CONST Grenzstein *m*, Orientierungspunkt *m*, WATER TRANS Landmarke *f*

landscape: ~ **format** *n* COMP & DP Querformat *nt*, PRINT Horizontalformat *nt*; ~ **photographer** *n* PHOTO Landschaftsfotograf *m*

landscaping *n* CONST Landschaftsgestaltung *f*

landslide *n* TRANS Bergrutsch *m*, Erdrutsch *m*

landslip *n* TRANS Bergrutsch *m*, Erdrutsch *m*

lane *n* AIR TRANS Flugschneise *f*, TRANS Fahrspur *f*, Richtungsfahrbahn *f*, WATER TRANS festgelegter Fahrweg *m*; **~ direction control signal** *n* TRANS Fahrspurrichtungssignal *nt*; **~ switching** *n* TRANS Fahrspurwechsel *m*

language *n* COMP & DP Programmsprache *f*, Sprache *f*; **~ construct** *n* COMP & DP sprachliches Gebilde *nt*; **~ processor** *n* COMP & DP Sprachübersetzer *m*, Sprachenprozessor *m*; **~ statement** *n* COMP & DP Sprachenanweisung *f*; **~ support environment** *n* COMP & DP Umgebung für Sprachenunterstützung *f*; **~ understanding** *n* ART INT Sprachverstehen *nt*

lanosterol *n* CHEMISTRY Kryptosterin *nt*, Lanosterin *nt*

lantern: **~ gear** *n* MECHAN ENG Triebstockgetriebe *nt*; **~ gearing** *n* MECHAN ENG Triebstockverzahnung *f*

lanthanium *n (La)* CHEMISTRY Lanthan *nt (La)*

lanthanoide *n* CHEMISTRY Lanthanoid *nt*

lanyard *n* WATER TRANS Bedienungsreep *nt*

lap[1] *n* CER & GLAS Falte *f*, Überlappung *f*, COATINGS Falte *f*, Runde *f*, Überlappung *f*, CONST Falz *m*, Überlappung *f*, HYD EQUIP Läppen *nt*, Überlappung *f*, PROD ENG Läppwerkzeug *nt*, TEXT Pelz *m*, Wickelwatte *f*; **~ blisters** *n pl* CER & GLAS Läppblasen *f pl*; **~ joint** *n* CONST überlappte Teilfuge *f*, Überlappungsstoß *m*, MECHANICS überlappender Stoß *m*; **~ and lead lever** *n* HYD EQUIP Überlappungs- und Voreilsteuerschwinge *f*; **~ mark** *n* CER & GLAS Läppmarkierung *f*; **~ riveting** *n* PACK Überlappungsnietung *f*, PROD ENG Überlappnietung *f*; **~ seam-welding** *n* PROD ENG überlappte Nahtschweißung *f*; **~ shear test** *n* PLAS Zugscherversuch *m*; **~ valve** *n* HYD EQUIP Überlappungsventil *nt*; **~ weld** *n* NUC TECH überlappende Schweißnaht *f*, PACK Überlappschweißung *f*, PROD ENG Überlappnaht *f*; **~ welding** *n* MECHAN ENG Überlappungsschweißung *f*; **~ winding** *n* ELEC ENG Schleifenwicklung *f*, ELECT überlappte Wicklung *f*

lap[2] *vt* COATINGS, CONST überdecken, überlappen, MECHANICS, PROD ENG läppen

lapel: **~ microphone** *n* ACOUSTICS, RECORD Knopflochmikrofon *nt*

Laplace: **~'s equation** *n* PHYS Laplacesche Gleichung *f*; **~'s law** *n* PHYS Biot-Savartsches Gesetz *nt*; **~ transformation** *n* ELECTRON, MATH, PHYS Laplacesche Transformation *f*

Laplacian: **~ operator** *n* NUC TECH, PHYS Laplacescher Operator *m*

lapless: **~ valve** *n* HYD EQUIP überlappungsfreies Ventil *nt*

lappaconitine *n* CHEMISTRY Lappaconitin *nt*

lapped: **~ insulation** *n* ELECT überlappte Isolierung *f*; **~ scarf** *n* CONST überlappte Verbindung *f*

lapping *n* MECHAN ENG Läppen *nt*, PROD ENG Läppen *nt*, Reibschleifen *nt*; **~ compound** *n* PROD ENG Läppaste *f*; **~ fixture** *n* MECHAN ENG *machine tools* Läppeinrichtung *f*; **~ machine** *n* MECHAN ENG, MECHANICS, PROD ENG Läppmaschine *f*; **~ ribs** *n pl* CER & GLAS Läpprippen *f pl*; **~ tool** *n* MECHAN ENG Läppwerkzeug *nt*

laptop *n* COMP & DP Laptop *m*, tragbarer Computer *m*; **~ computer** *n* COMP & DP Aktentaschencomputer *m*, Laptop *m*, tragbarer Computer *m*

lard *n* FOOD TECH Schmalz *nt*

large[1] *adj* COMP & DP, PHOTO, TRANS Groß- *pref*

large:[2] **~-angle scattering** *n* NUC TECH großer Streuwinkel *m*; **~- aperture lens** *n* PHOTO Objektiv mit großer Blende *nt*; **~-area radiation standard** *n* NUC TECH großflächige Bestrahlungsnorm *f*; **~-batch production** *n* PROD ENG Großserienfertigung *f*; **~-capacity motorcycle** *n* AUTO Großmotorrad *nt*; **~-capacity truck** *n* AUTO Großraum-LKW *m*; **~ case erector** *n* PACK Falt- und Aufrichtmaschine *f*; **~-core glass fiber** *n AmE*, **~-core glass fibre** *n BrE* ELEC ENG Glasfaserkabel mit großem Durchmesser *nt*; **very ~ crude carrier** *n (VLCC)* PET TECH Supertanker *m (VLCC)*; **~ electron-positron collider** *n (LEP)* PART PHYS Elektronen-Positronen-Kollideranlage *f (LEP)*; **~-format folding camera** *n* PHOTO Großformatklappkamera *f*; **~ hadron collider** *n (LHC)* PHYS Hadronkollideranlage *f (LHC)*; **~-hole boring** *n* COAL TECH Großlochbohrung *f*; **~ plates** *n pl* METALL Großplatten *f pl*; **~-scale computer** *n* COMP & DP Großrechner *m*; **~-scale integrated circuit** *n (LSI circuit)* TELECOM hochintegrierter Schaltkreis *m (LSI-Kreis)*; **very ~-scale integrated circuit** *n* TELECOM Schaltkreis mit Übergroßintegration *m*; **~-scale integrated circuit** *n (LSI circuit)* PHYS hochintegrierter Schaltkreis *m (LSI-Kreis)*; **very ~-scale integrated circuit** *n* PHYS Höchstintegrationsschaltkreis *m*; **~-scale integrated circuit** *n (LSI circuit)* ELECTRON hochintegrierter Schaltkreis *m (LSI- Kreis)*; **~-scale integration** *n (LSI)* COMP & DP Großintegration *f*, hoher Integrationsgrad *m (LSI)*; **very ~-scale integration** *n (VLSI)* COMP & DP Höchstintegration *f*, Übergroßintegration *f (VLSI)*; **~-scale integration** *n (LSI)* TELECOM Großintegration *f*, hoher Integrationsgrad *m (LSI)*; **very ~-scale integration** *n (VLSI)* TELECOM Höchstintegration *f*, Übergroßintegration *f (VLSI)*; **~-scale integration** *n (LSI)* ELECTRON, PHYS Großintegration *f*, hoher Integrationsgrad *m (LSI)*; **very ~-scale integration** *n (VLSI)* ELECTRON Höchstintegration *f*, Übergroßintegration *f (VLSI)*; **~-scale map** *n* TRANS Karte mit großem Maßstab *f*; **~-screen display** *n (LSD)* COMP & DP Großbildschirm *m*; **~ signal** *n* ELECTRON Großsignal *nt*; **~-signal bandwidth** *n* ELECTRON Großsignal- Bandbreite *f*; **~-signal conditions** *n pl* ELECTRON Großsignal-Bedingungen *f pl*; **~-signal operation** *n* ELECTRON Großsignal-Betrieb *m*; **~-size container** *n* PACK Großcontainer *m*; **~-value capacitor** *n* ELEC ENG großer Kondensator *m*; **~-value resistor** *n* ELEC ENG großer Widerstand *m*

Larmor: **~ frequency** *n* PHYS Larmorsche Frequenz *f*; **~ precession** *n* PHYS Larmorsche Präzession *f*

laser:[1] **~-guided** *adj* ELECTRON lasergeführt

laser[2] *n (light amplification by stimulated emission of radiation)* COMP & DP, ELECTRON, PHYS, PRINT, RAD PHYS Laser *m (Lichtverstärkung durch stimulierte Strahlungsemission)*; **~ action** *n* ELECTRON Lasern *nt*; **~ anemometer** *n* INSTR Laseranemometer *nt*; **~ annealing** *n* ELECTRON Laserglühen *nt*; **~ bandwidth** *n* ELECTRON Laserbandbreite *f*; **~ beam** *n* ELECTRON, NUC TECH, PHYS, RAD PHYS, TELECOM Laserstrahl *m*; **~ beam cutting** *n* MECHAN ENG Laserschneiden *nt*; **~ beam energy** *n* ELECTRON Laserstrahl-Energie *f*; **~ beam modulation** *n* ELECTRON Laserstrahlmodulation *f*; **~ beam recording** *n* COMP & DP, TELEV Laserstrahlaufzeichnung *f*; **~ beam welding** *n* CONST Laserstrahlschweißen *nt*; **~ burst** *n* ELECTRON Laserbündel *nt*; **~ cavity** *n* ELECTRON Laserfusionshohlraum *m*, Laserhohlraum *m*; **~ code** *n* ELECTRON Lasercode *m*; **~ communications** *n pl* ELECTRON Laserkommunikation *f*; **~-controlled machine** *n* CONST lasergesteuerte Maschine *f*; **~ cutting** *n* CONST

Laserschneiden *nt*, Lasertrennen *nt*, ELECTRON, MECHAN ENG Laserschneiden *nt*; ~ **designation** *n* ELECTRON Laserbezeichnung *f*; ~ **diode** *n (LD)* ELECTRON, OPT, PHYS, RAD PHYS, TELECOM Laserdiode *f*; ~ **disc** *n BrE* OPT Laserscheibe *f*; ~ **disk** *n AmE see laser disc BrE* ~ **drill** *n* ELECTRON Laserbohrer *m*; ~**-driven fusion** *n* NUC TECH laserinduzierte Fusion *f*; ~ **emission** *n* ELECTRON Laserabstrahlung *f*; ~ **excitation** *n* PHYS, RAD PHYS Laseranregung *f*; ~ **fusion** *n* NUC TECH Laserfusion *f*; ~ **glass** *n* CER & GLAS Laserglas *nt*; ~ **guidance** *n* ELECTRON Laserführung *f*; ~ **gyro** *n* PHYS, RAD PHYS Laserwendeanzeiger *m*, SPACE *spacecraft* Laserkreisel *m*; ~ **head** *n* OPT Laserkopf *m*; ~ **illumination** *n* ELECTRON Laserbeleuchtung *f*; ~ **impact surface ionization** *n* NUC TECH *in mass spectrometry* Oberflächenionisierung durch Laserstrahlung *f*; ~ **interferometer** *n* ELECTRON Laserinterferometer *nt*; ~ **light beam** *n* PHYS, RAD PHYS Laserstrahl *m*; ~ **machining** *n* MECHANICS Laserbearbeitung *f*; ~ **measuring instrument** *n* METROL Lasermeßgerät *nt*; ~ **mechanism** *n* OPT Lasermechanismus *m*; ~ **medium** *n* ELECTRON, OPT, TELECOM Lasermedium *nt*; ~ **melting** *n* ELECTRON Laserschmelzen *nt*; ~ **monitoring system** *n* PHYS, RAD PHYS Laserüberwachungssystem *nt*; ~ **optical disc** *n* (OROM) *BrE* OPT optische Bildplatte in ROM-Technik *f* (OROM) ~ **optical disk** *n AmE see laser optical disc BrE*; ~ **optical recorder** *n* ELECTRON optischer Laseraufzeichner *m*; ~ **optic card** *n* OPT laseroptische Karte *f*; ~ **optic disc** *n BrE* OPT Laseroptikdiskette *f*; ~ **optic disk** *n AmE see laser optic disc BrE* ~ **optic medium** *n* OPT Lasermedium *nt*; ~ **optic recording** *n* OPT Laseraufzeichnung *f*; ~ **optic tape** *n* OPT Laserband *nt*; ~ **pick-up head** *n* OPT Laseraufnahmekopf *m*; ~ **population mechanism** *n* PHYS, RAD PHYS Mechanismus zur Populationsumkehr *m*; ~ **printer** *n* COMP & DP, OPT, PRINT Laserdrucker *m*; ~ **printer- copier** *n* OPT Laserdrucker/Kopierer *m*; ~ **printing** *n* OPT Laserdruck *m*; ~ **probe mass spectrography** *n* NUC TECH Lasersondemassenspektographie *f*; ~ **propulsion** *n* SPACE Laserantrieb *m*; ~ **pulse** *n* ELECTRON Laserimpuls *m*; ~ **radiation** *n* ELECTRON, PHYS, RAD PHYS Laserstrahlung *f*; ~ **radiation hazard** *n* SAFETY Gefahr durch Laserstrahlung *f*; ~ **range- finder** *n* ELECTRON Laserentfernungsmesser *m*; ~ **scriber** *n* ELECTRON Laserschreibstift *m*; ~ **scribing** *n* ELECTRON Laserschreiben *nt*; ~ **sensor** *n* ELECTRON Lasersensor *m*; ~ **spectroscopy** *n* PHYS, RAD PHYS Laserspektroskopie *f*; ~ **telemetry** *n* TELECOM Laserentfernungsmessung *f*; ~ **tracker** *n* ELECTRON Lasernachführer *m*; ~ **tracking** *n* ELECTRON Lasernachführer *m*; ~ **transition** *n* PHYS, RAD PHYS Laserübergang *m*; ~ **trimming** *n* ELECTRON Laserabgleich *m*, Laserkalibrierung *f*; ~ **vaporization** *n* PHYS, RAD PHYS Verdampfung mit Laser *f*; ~ **videodisc** *n BrE* OPT Laser-CD *f*; ~ **videodisk** *n AmE see laser videodisc BrE* ~ **warning receiver** *n* ELECTRON Laseralarmempfänger *m*; ~ **weapon** *n* ELECTRON Laserwaffe *f*; ~ **welding** *n* CONST Laserschweißen *nt*, ELECTRON Laserschweißen *nt*, Lichtstrahlschweißen *nt*

lasercard *n* OPT Laserkarte *f*

laserjet *n* OPT Laserjet *m*, Laserdüse *f*

laservision: ~ **disc** *n BrE* OPT Laserbildplatte *f*; ~ **disk** *n AmE see laservision disc BrE* ~ **videodisc** *n BrE* OPT Laserbildplatte *f*; ~ **videodisk** *n AmE see laservision videodisc BrE*

lash *vt* PROD ENG schlagen, WATER TRANS festbinden

LASH: ~ **carrier** *n (lighter aboard ship carrier)* WATER TRANS LASH-Schiff *nt (Leichterträgerschiff)*

lashing *n* WATER TRANS *cargo* Zurring *f*; ~ **plan** *n* WATER TRANS *cargo* Zurrungsplan *m*

lasing *n* ELECTRON Lasern *nt*, Lasertätigkeit *f*; ~ **threshold** *n* OPT, TELECOM Laserschwelle *f*

last:[1] ~**-in-first-out** *adj (LIFO)* COMP & DP Last-in First-out *(LIFO)*

last:[2] ~ **choice circuit group** *n* TELECOM Letztwegbündel *nt*; ~ **choice route** *n* TELECOM Letztweg *m*; ~ **column** *n* PRINT Ausgangsspalte *f*; ~ **emergency action** *n* AIR TRANS letzte Notfallmaßnahme *f*; ~ **number recall** *n* TELECOM Wahlwiederholung *f*; ~ **number redial** *n* TELECOM Wahlwiederholung *f*

lasting *adj* PLAS beständig, haltbar

latch[1] *n* COMP & DP Arretierung *f*, Verriegelung *f*, CONST Türriegel *m*, MECHAN ENG *locking device* Sperrvorrichtung *f*, NUC TECH *of control rod drive* Verriegelung *f*, PROD ENG Sperrklinke *f*, TEXT Nadelzunge *f*; ~ **bolt** *n* CONST *door lock* Federfalle *f*, Schnäpper *m*; ~ **lock** *n* CONST Schnappschloß *nt*; ~ **needle** *n* TEXT Zungennadel *f*; ~ **pin** *n* CONST, PROD ENG Raststift *m*

latch[2] *vt* COMP & DP verriegeln

latch:[3] ~ **on** *vi* PET TECH einklinken

latching *n* ELEC ENG Einklinken *nt*, Verriegelung *f*, *relay* Sperren *nt*; ~ **current** *n* ELEC ENG dynamischer Haltestrom *m*; ~ **electromagnet** *n* ELECT einrastender Elektromagnet *m*; ~ **relay** *n* ELECT Rastrelais *nt*, Stromstoßrelais *nt*; ~ **transistor** *n* ELECTRON Selbstschalttransistor *m*

late: ~ **admission slide valve** *n* HYD EQUIP Späteinlaßsteuerschieber *m*; ~ **release slide valve** *n* HYD EQUIP Spätauslaßsteuerschieber *m*

latency *n* COMP & DP Latenzzeit *f*, Wartezeit *f*, ERGON, OPT Latenzzeit *f*; ~ **period** *n* ERGON Latenzzeit *f*

latensification *n* PHOTO Latensifikation *f*

latent: ~ **heat** *n* CONST, HEAT & REFRIG, PET TECH gebundene Wärme *f*, latente Wärme *f*, verborgene Wärme *f*, PHYS latente Wärme *f*, verborgene Wärme *f*, THERMODYN gebundene Wärme *f*, latente Wärme *f*, verborgene Wärme *f*; ~ **heat of compression** *n* PHYS, THERMODYN latente Verdichtungswärme *f*; ~ **heat of evaporation** *n* PHYS, THERMODYN Verdunstungskälte *f*, latente Verdampfungswärme *f*; ~ **heat of expansion** *n* PHYS, THERMODYN latente Ausdehnungswärme *f*; ~ **heat of fusion** *n* PHYS, THERMODYN latente Schmelzwärme *f*; ~ **heat load** *n* HEAT & REFRIG latente Wärmelast *f*, verborgene Wärmelast *f*; ~ **heat of solidification** *n* PHYS, THERMODYN latente Kristallisationswärme *f*; ~ **heat of transformation** *n* PHYS, THERMODYN latente Umwandlungswärme *f*; ~ **heat of vaporization** *n* PHYS, THERMODYN latente Verdampfungswärme *f*; ~ **image** *n* OPT, PHOTO, PHYS latentes Bild *nt*; ~ **modulus** *n* METALL Latentmodul *nt*

lateral[1] *adj* COATINGS Quer- *pref*, ERGON lateral, PROD ENG Quer- *pref*

lateral[2] *n* PROD ENG *fitting* Ansatzstück *nt*; ~ **accelerometer** *n* AIR TRANS Querbeschleunigungsanzeiger *m*; ~ **area** *n* GEOM Mantelfläche *f*; ~ **axis** *n* AIR TRANS Nickachse *f*, Querachse *f*; ~ **beam coupler** *n* AIR TRANS Leitseitenstrahlkoppler *m*; ~ **clearance** *n* TRANS Seitenabstand *m*; ~ **contraction** *n* METALL Querzusammenziehung *f*; ~ **cyclic control support** *n* AIR TRANS *helicopter* zyklische Quersteuerungshilfe *f*; ~ **cyclic pitch** *n* AIR TRANS *helicopter* zyklischer Seitensteigungswinkel *m*; ~ **diffusion** *n* ELECTRON seitliche

Diffusion *f*; ~ **divergence** *n* AIR TRANS angefachte aperiodische Seitenbewegung *f*; ~ **dominance** *n* ERGON laterale Dominanz *f*; ~ **drift landing** *n* AIR TRANS Seitendriftlandung *f*; ~ **edge** *n* PROD ENG Seitenkante *f*; ~ **extrusion** *n* MECHAN ENG Querfließpressen *nt*; ~ **face** *n* GEOM, MECHAN ENG Seitenfläche *f*; ~ **feed** *n* PROD ENG Quervorschub *m*; ~ **force** *n* MECHAN ENG Querkraft *f*, Seitenkraft *f*, TRANS Querkraft *f*, Randkraft *f*; ~ **force coefficient** *n* AIR TRANS Seitenkraftkoeffizient *m*; ~ **guidance** *n* AUTO Querführung *f*; ~ **heat transfer** *n* COATINGS seitliche Hitzeübertragung *f*; ~ **inhibition** *n* ERGON laterale Hemmung *f*; ~ **inversion** *n* TELEV Seiteninversion *f*; ~ **load** *n* MECHAN ENG Querbelastung *f*; ~ **magnification** *n* PHYS Seitenvergrößerung *f*; ~ **noise measurement point** *n* AIR TRANS seitlicher Geräuschmeßpunkt *m*; ~ **offset** *n* MECHAN ENG Seitenversatz *m*; ~ **offset loss** *n* OPT Verlust durch seitlichen Versatz *m*, TELECOM *optical fibre* Dämpfung durch seitlichen Versatz *f*; ~ **plasma deposition** *n* TELECOM laterale Plasmaabscheidung *f*; ~ **recording** *n* ACOUSTICS, RECORD Seitenschrift *f*; ~ **stability** *n* AUTO Querstabilität *f*; ~ **stapling** *n* PACK seitliche Heftung *f*; ~ **structure** *n* ELECTRON *monolithic integrated circuits* Seitenaufbau *m*; ~ **swelling** *n* PROD ENG örtliche Querschnittsvergrößerung *f*; ~ **system** *n* WATER TRANS Lateralsystem *nt*; ~ **transistor** *n* ELECTRON Lateraltransistor *m*, Seitentransistor *m*; ~ **trim** *n* AIR TRANS Quertrimmung *f*; ~ **yielding** *n* NUC TECH *of pipes* seitliches Nachgeben *nt*

laterally *adv* PROD ENG in Querrichtung

laterite *n* CONST *geology* Laterit *m*

latex *n* PLAS *rubber*, TEXT Latex *m*; ~ **backing** *n* TEXT Latexuntergrund *m*; ~ **foam** *n* PLAS *rubber* Latexschaum *m*

lath[1] *n* CONST Bautafel *f*, Latte *f*; ~ **nail** *n* CONST Lattenstift *m*

lath[2] *vt* CONST *wall* belatten, mit Spalier versehen

lathe *n* CONST Drehbank *f*, MECHAN ENG Drehbank *f*, *for wood* Drechselbank *f*, MECHANICS Drehbank *f*, Revolverbank *f*, PROD ENG Drehbank *f*, Drückbank *f*; ~ **bed** *n* MECHAN ENG, MECHANICS Drehbankbett *nt*; ~ **carrier** *n* MECHAN ENG, PROD ENG Drehherz *nt*; ~ **center** *n AmE*, ~ **centre** *n BrE* MECHAN ENG Drehbankspitze *f*; ~ **chuck** *n* MECHAN ENG, MECHANICS Drehbankfutter *nt*; ~ **dog** *n* MECHAN ENG, PROD ENG Drehherz *nt*; ~ **headstock** *n* MECHAN ENG Drehbankspindelstock *m*; ~ **operator** *n* MECHANICS Dreher *m*; ~ **slide** *n* MECHAN ENG, MECHANICS Drehbankschlitten *m*; ~ **spindle** *n* MECHAN ENG Drehspindel *f*, Drehbankspindel *f*; ~ **steady** *n* PROD ENG Lünette *f*, Setzstock *m*; ~ **tool** *n* MECHAN ENG Drehmeißel *m*, Drehstahl *m*, Drehwerkzeug *nt*, PROD ENG Drehmeißel *m*; ~ **toolpost** *n* MECHAN ENG Drehbankwerkzeughalter *m*; ~ **work** *n* MECHAN ENG Dreharbeit *f*, Drehbankarbeit *f*, PROD ENG Dreharbeit *f*, Drehteil *nt*

lather: ~ **booster** *n* FOOD TECH Schaumverbesserer *m*

lathing *n* CONST Holzverlattung *f*, *plaster* Putzträger *m*

lathwood *n* CONST Lattenholz *nt*

latitude *n* WATER TRANS *navigation* Breitengrad *m*, geographische Breite *f*

latten *n* PROD ENG warmgewalztes Stahlblech *nt*

lattice *n* CONST Fachwerk *nt*, Gitter *nt*, Raster *nt*, ELECTRON *crystals* Gitter *nt*, MATH *graphics* Gitter *nt*, Raster *nt*, PROD ENG Gitter *nt*, SPACE Gitter *nt*, Rost *m*; ~ **beam** *n* CONST Gitterträger *m*; ~ **bridge** *n* CONST Gitterbrücke *f*; ~ **constant** *n* METALL Gitterkonstante *f*; ~ **correspondence** *n* METALL Gitterzuordnung *f*; ~ **defect** *n* ELECTRON *semiconductors*, METALL Gitterfehler *m*; ~ **deformation** *n* METALL Gitterverformung *f*; ~ **filter** *n* ELECTRON, TELECOM Brückenfilter *nt*; ~ **girder** *n* CONST Fachwerkträger *m*, Gitterträger *m*, MECHANICS, SPACE Gitterträger *m*; ~ **girder arch** *n* CONST Gitterträgerbogen *m*; ~ **mast** *n* RAD TECH Gittermast *m*; ~ **network** *n* ELEC ENG Kettenleiter *m*, Vierpolkreuzglied *nt*; ~ **pitch spacing** *n* NUC TECH Spaltstoffgitterabstand *m*; ~ **point** *n pl* MATH Rasterpunkt *m*, METALL Gitterpunkt *m*; ~ **rib** *n* AIR TRANS Gitterrippe *f*; ~**-sided container** *n* TRANS Drahtgittercontainer *m*; ~ **spacing** *n* METALL Gitterabstand *m*; ~ **tower** *n* CONST Stahlgittermast *m*, ELECT *overhead line* Gitterwerkmast *m*; ~ **truss** *n* CONST Gitterbalken *m*; ~**-wound coil** *n* ELEC ENG Spule mit Wabenwicklung *f*, kreuzgewickelte Spule *f*

latticed *adj* PROD ENG gitterförmig

latticework *n* CONST Gitterwerk *nt*

laudanine *n* CHEMISTRY Laudanidin *nt*

laudanosine *n* CHEMISTRY Laudaninmethylether *nt*, Laudanosin *nt*

Laue: ~ **pattern** *n* RAD PHYS Lauesches Diagramm *nt*

laughing: ~ **gas** *n* CHEMISTRY Lachgas *nt*

launch[1] *n* SPACE Start *m*, WATER TRANS Stapellauf *m*; ~ **azimuth** *n* SPACE Startazimuth *m*, Startwinkel *m*; ~ **environment** *n* SPACE Startumgebung *f*; ~ **escape motor** *n* SPACE Fluchtgeschwindigkeitsstartmotor *m*; ~ **escape system** *n* SPACE Startrettungssystem *nt*; ~ **numerical aperture** *n* OPT numerische Einkoppelungsapertur *f*, TELECOM numerische Apertur der Einkopplung *f*; ~ **phase escape tower** *n* SPACE Rettungsturm für Startphase *m*; ~ **success probability** *n* SPACE Starterfolgswahrscheinlichkeit *f*; ~ **window** *n* SPACE Startbedingung *f*, Startfenster *nt*

launch[2] *vt* CONST starten, vom Stapel lassen, SPACE abschießen, starten, WATER TRANS *ship* vom Stapel laufen lassen, zu Wasser lassen

launcher: ~ **release gear** *n* SPACE Halterungsklammer *f*

launching *n* TELECOM Einkopplung *f*, WATER TRANS *ship* Aussetzen *nt*, Stapellauf *m*; ~ **aircraft** *n* SPACE Flugzeug für Raketenstarts *nt*; ~ **base** *n* SPACE Raketenbasis *f*; ~ **configuration** *n* SPACE Startkonfiguration *f*; ~ **fiber** *n AmE*, ~ **fibre** *n BrE* OPT Einkoppelungsfaser *f*, TELECOM Vorlauffaser *f*, Vorschaltfaser *f*; ~ **pad** *n* SPACE Startrampe *f*; ~ **tower** *n* SPACE Startturm *m*

launder[1] *n* CONST Gerinne *nt*, PROD ENG Laufrinne *f*

launder[2] *vt* TEXT auswaschen

laundering *n* TEXT Waschen *nt*

lauric *adj* CHEMISTRY Laurin- *pref*

lauryl *adj* CHEMISTRY Dodecanoyl- *pref*, Lauryl- *pref*

Lavalier: ~ **microphone** *n* RECORD Lavalier-Mikrofon *nt*

lavender: ~ **print** *n* PHOTO Lavendelkopie *f*

law: ~ **of corresponding states** *n* PHYS Gesetz der korrespondierenden Zustände *nt*; ~ **of gravitation** *n* MECHAN ENG Fallgesetz *nt*; ~ **of inertia** *n* MECHAN ENG Beharrungsgesetz *nt*; ~ **of mass action** *n* MECHAN ENG, PHYS Massenwirkungsgesetz *nt*; ~ **of radioactive decay** *n* RAD PHYS radioaktives Zerfallsgesetz *nt*; ~ **of thermodynamics** *n* THERMODYN Hauptsatz der Thermodynamik *m*

laws: ~ **of reflection** *n pl* PHYS Reflexionsgesetze *nt pl*; ~ **of refraction** *n pl* PHYS Brechungsgesetze *nt pl*; ~ **of**

vibration *n pl* WAVE PHYS *of fixed string* Schwingungsgesetze *nt pl*

lawsone *n* CHEMISTRY Lawson *nt*

lay[1] *n* CONST Lage *f*, ELEC ENG Drallänge *f*, Lage *f*, Schlaglänge *f*, ELECT *cable manufacture* Drall *m*, MECHAN ENG *of rope* Schlag *m*, PRINT *during printing* Anlage *f*, PROD ENG Bearbeitungsspuren *f pl*, Schlaglänge *f*; **~ barge** *n* PET TECH Rohrverleger *m*, Rohrverlegeschiff *nt*; **~-by** *n* TRANS Autobahnparkplatz *m*, Rastplatz *m*; **~ days** *n* PET TECH Liegetage *m pl*; **~ edge** *n* PRINT Anlegekante *f*; **~ flat film bag** *n* PACK flacher Schlauchbeutel *m*; **~ flat tubing** *n* PACK flachliegende Hülsen *f pl*; **~ ratio** *n* ELECT *cable manufacture* Drallverhältnis *nt*

lay[2] *vt* CONST *bricks* mauern, *foundations* gründen, *lines* verlegen, *pipes* verlegen, MECHAN ENG *rope*, PROD ENG schlagen, TELECOM *cable* legen, verlegen; **~ aback** *vt* WATER TRANS *sails* backlegen; **~ ahull** *vt* WATER TRANS *ship* beigedreht legen, vor Topp und Takel legen; **~ down** *vt* PET TECH ablegen; **~ up** *vt* WATER TRANS *ship* auflegen

lay:[3] **~ down the lines** *vi* WATER TRANS *architecture* die Linien abschnüren; **~ tracks** *vi* RECORD Kabel verlegen

layer *n* COAL TECH Lage *f*, Schicht *f*, COMP & DP Schicht *f*, CONST Schale *f*, Schicht *f*, ELECTRON, METALL, PLAS, SPACE *spacecraft*, TEXT Schicht *f*, WATER SUP Lage *f*, Schicht *f*, WATER TRANS Schicht *f*; **~ deposition** *n* ELECTRON Schichtablagerung *f*; **~ insulation** *n* ELECT Zwischenschichtisolierung *f*; **~ sequence** *n* COAL TECH Schichtenfolge *f*; **~ thickness gaging** *n AmE*, **~ thickness gauging** *n BrE* NUC TECH Schichtdickenmessung *f*; **~ winding** *n* ELEC ENG *of brushes* Lagenwicklung *f*, Schichtenwicklung *f*

laying *n* CER & GLAS Ablegen von Rohglas *nt*, CONST Verlegung *f*; **~ on cloth** *n* CER & GLAS Ablegen auf Stoff *nt*; **~ length** *n* TELECOM *of cable* Verlegelänge *f*; **~ of pipes** *n* CONST Rohrleitungsverlegung *f*; **~ on plaster** *n* CER & GLAS Ablegen auf Gips *nt*; **~ up** *n* CER & GLAS Schichten *nt*; **~ yard** *n* CER & GLAS Ablegeplatz *m*

layout *n* COMP & DP Anordnung *f*, Aufbau *m*, Entwurf *m*, Layout *nt*, ELECT Anordnung *f*, Gruppierung *f*, *printed circuit* Entflechtung *f*, MECHAN ENG Anordnung *f*, MECHANICS Anlage *f*, Anordnung *f*, Plan *m*, PACK Layout *nt*, PRINT Layout *nt*, Satzanordnung *f*, PROD ENG Anreißen *nt*; **~ drawing** *n* MECHANICS Bauzeichnung *f*

layshaft *n* MECHAN ENG Vorgelegewelle *f*

lb *abbr (pound)* METROL Pfund *nt*

LB *abbr (local battery)* COMP & DP LB *(Ortsbatterie)*, ELEC ENG LB *(lokale Batterie)*

L-band *n* ELECTRON, SPACE *communications*, WATER TRANS *satellite communications* L-Band *nt*

L-beam *n* CONST L-Träger *m*, Winkelträger *m*

L-block *n* CER & GLAS L-Stein *m*

lc *abbr (lower case)* PRINT Kleinbuchstaben *m pl*

LC[1] *abbr (liquid crystal)* COMP & DP, ELECT LC *(Flüssigkristall)*

LC:[2] **~ filter** *n* ELECTRON, RAD TECH LC-Filter *nt*

LCD[1] *abbr* COMP & DP *(liquid crystal display)*, ELECT *(liquid crystal display)*, ELECTRON *(liquid crystal display)*, INSTR *(liquid crystal display)* LCD *(Flüssigkristallanzeige)*, MATH *(least common denominator, lowest common denominator)* kgN, kgT *(kleinster gemeinsamer Nenner)*, TELECOM *(liquid crystal display)*, TELEV *(liquid crystal display)*, THERMODYN *(liquid crystal display)* LCD *(Flüssigkristallanzeige)*

LCD:[2] **~ module** *n* ELECTRON LCD-Modul *nt*; **~ panel** *n* ELECTRON LCD- Anzeigetafel *f*

LCM *abbr (least common multiple, lowest common multiple)* COMP & DP, MATH kgV *(kleinstes gemeinsames Vielfaches)*

LCP *abbr (location cancellation procedure)* TELECOM Standortlöschung *f*

LCV *abbr (lower calorific value)* WASTE untere Heizleistung *f*

LD[1] *abbr (laser diode)* ELECTRON, OPT, PHYS, RAD PHYS, TELECOM Laserdiode *f*

LD:[2] **~ ratio** *n (lift and drag ratio)* AIR TRANS *aircraft efficiency* LD-Beiwert *m (Gleit und Widerstandsbeiwert)*

LD_{50} *abbr (median lethal dose)* RAD PHYS *of ionizing radiation* LD_{50} *(mittlere letale Dosis)*

leach:[1] **~ liquor** *n* CHEM ENG Laugenlösung *f*

leach[2] *vt* CHEMISTRY auslaugen, extrahieren, laugen, CONST auswaschen, laugen, MAR POLL auslaugen, laugen

leachability *n* COAL TECH Laugfähigkeit *f*; **~ test** *n* WASTE Auslaugtest *m*, Elutionsversuch *m*

leachant *n* NUC TECH Auslaugmittel *nt*

leachate: **~ treatment** *n* WASTE Deponiesickerwasserbehandlung *f*

leaching *n* CER & GLAS Laugung *f*, CHEMISTRY Auslaugen *nt*, Feststoffextraktion *f*, mikrobielle Laugung *f*, COAL TECH, FOOD TECH Auslaugen *nt*, NUC TECH Auslaug- *pref*, POLL Auslaugen *nt*, WASTE Auslaug- *pref*, Auslaugen *nt*; **~ agent** *n* NUC TECH Auslaugmittel *nt*; **~ coefficient** *n* NUC TECH Auslaugkoeffizient *m*; **~ plant** *n* COAL TECH Laugerei *f*; **~ property** *n* WASTE Auslaugverfahren *nt*; **~ test** *n* WASTE Auslaugtest *m*, Eluationsversuch *m*; **~ time** *n* COAL TECH Laugzeit *f*; **~ trench** *n* WATER SUP Auslaugungsgraben *m*

lead:[1] **~-coated** *adj* PROD ENG verbleit; **~-free** *adj* PET TECH bleifrei

lead[2] *n* CHEMISTRY *(Pb)* Blei *nt (Pb)*, ELEC ENG *current-wire supply* Leitung *f*, Zuleitung *f*, *supply wire* Leitungsdraht *m*, *wire attached to device* Kabel *nt*, Zuleitung *f*, ELECTRON *phase* Anschlußdraht *m*, *thread* Steigung *f*, *typography* Durchschuß *m*, *vertical reference* Lot *nt*, *wire* Zuleitung *f*, HYD EQUIP Voreilung *f*, Voreinströmung *f*, MECHAN ENG *of ignition* Ganghöhe *f*, Voreilung *f*, *of screw* Steigung *f*, PRINT *article* Leitartikel *m*, PROD ENG Voreilung *f*, Vorlauf *m*; **~ accumulator** *n* ELECT Bleiakkumulator *m*, Bleibatterie *f*, PHYS Bleiakkumulator *m*; **~ additives** *n pl* POLL Bleizusatzstoffe *m pl*; **~ angle** *n* MECHAN ENG *of spiral gear* Steigungswinkel *m*, PROD ENG Schrägungswinkel *m*; **~ auditor** *n* QUAL leitender Auditor *m*; **~ block** *n* WATER TRANS *fittings* Leitblock *m*; **~-covered cable** *n* ELEC ENG Bleimantelkabel *nt*, ELECT bleiumhülltes Kabel *nt*; **~ crystal glass** *n* CER & GLAS Bleikristallglas *nt*; **~ dioxide** *n* CHEMISTRY Bleioxid *nt*; **~ filter** *n* AUTO Bleifilter *nt*; **~ frame** *n* ELEC ENG Leitungsgerüst *nt*, Leitungsrahmen *m*; **~-free gasoline** *n AmE (cf lead-free petrol BrE)* AUTO, POLL bleifreies Benzin *nt*; **~-free petrol** *n BrE (cf lead-free gasoline AmE)* AUTO, POLL bleifreies Benzin *nt*; **~ glass counter** *n* RAD PHYS *for radiation studies* Bleiglaszähler *m*; **~-in cable** *n* ELECT Einführkabel *nt*, Zuführkabel *nt*; **~-in groove** *n* ACOUSTICS Einlaufrille *f*, RECORD Einführungsrille *f*; **~- in line** *n BrE (cf hold-*

short line AmE) AIR TRANS *apron marking* Landebahnmarkierung *f*; **~-in wire** *n* ELEC ENG Einführungsdraht *m*, Zuleitungsdraht *m*; **~ joint** *n* CONST Bleidichtung *f*; **~ line** *n* WATER TRANS Lotleine *f*; **~ module** *n* IND PROCESS Vorhalteinheit *f*; **~ naphthenate** *n* PLAS *paints, polyesters* Bleinaphthenat *nt*; **~-out groove** *n* ACOUSTICS, RECORD Auslaufrille *f*, Ausschaltrille *f*; **~-out line** *n BrE (cf hold-short line AmE)* AIR TRANS *apron marking* Startbahnmarkierung *f*; **~-over groove** *n* ACOUSTICS, RECORD Überleitrille *f*; **~ oxide** *n* CHEMISTRY Bleioxid *nt*, PLAS Bleiglätte *f*, Lithargit *m*; **~ packing** *n* PROD ENG Bleidichtung *f*; **~ paint** *n* CONST Bleifarbe *f*; **~ plating** *n* PROD ENG galvanisches Verbleien *nt*; **~ printing letter** *n* PRINT Bleitype *f*; **~ screw** *n* MECHAN ENG *of lathe* Leitspindel *f*, MECHANICS Führschraube *f*, Leitspindel *f*; **~ seal** *n* PACK Bleiversiegelung *f*; **~ sealing pliers** *n* PACK Plombenzange *f*; **~ sheath** *n* ELEC ENG, ELECT Bleimantel *m*; **~-sheathed cable** *n* ELEC ENG Bleimantelkabel *nt*, ELECT bleiumhülltes Kabel *nt*; **~ silicate** *n* CER & GLAS Bleisilikat *nt*; **~ sulfate** *n AmE see lead sulphate BrE* **~ sulfide** *n AmE see lead sulphide BrE* **~ sulphate** *n BrE* CHEMISTRY Bleisulfat *nt*; **~ sulphide** *n BrE* CHEMISTRY Bleisulfid *nt*; **~ tetraethyl** *n* CHEMISTRY Bleitetraethyl *nt*, Tetraethylblei *nt*; **~ tetroxide** *n* CHEMISTRY Blei-Orthoplumbat *nt*; **~ time** *n* ELECTRON, MECHAN ENG, PROD ENG Vorlaufzeit *f*; **~ and tin alloys** *n pl* MECHAN ENG Blei und Zinnlegierungen; **~ wire** *n* ELEC ENG Zuleitungsdraht *m*

lead[3] *vt* CONST ausloten, PROD ENG verbleien; **~ out** *vt* PRINT durchschießen

lead- *pref* CHEMISTRY Blei- *pref*

leaded[1] *adj* PROD ENG verbleit

leaded:[2] **~ light** *n* CER & GLAS bleiverglastes Fenster *nt*

leader *n* ACOUSTICS Startband *nt*, Vorspannband *nt*, CONST Fallrohr *nt*, MECHAN ENG Antriebsrad *nt*, NUC TECH *electrics* Leitkabel *nt*, PAPER Antriebsrad *nt*, TELEV Vorspann *m*; **~ cloth** *n* TEXT Leittuch *nt*; **~ line** *n* ENG DRAW Hinweislinie *f*, MECHAN ENG *in technical drawing* Bezugslinie *f*; **~ tape** *n* RECORD Vorband *nt*

leading[1] *adj* AIR TRANS Anström- *pref*

leading[2] *n* COMP & DP Durchschuß *m*, PRINT Durchschuß *m*, Zeilenzwischenraum *m*, PROD ENG Voreilen *nt*; **~ axle** *n* RAIL Lenkachse *f*; **~ block** *n* WATER TRANS *fittings* Leitblock *m*; **~ edge** *n* AIR TRANS Anströmkante *f*, Vorderkante *f*, ELECTRON *of documents* Vorderkante *f*, *of pulse* Vorderflanke *f*, PHYS, PROD ENG, TELECOM *of pulse* Vorderflanke *f*, Vorderkante *f*; **~-edge flap** *n* AIR TRANS Nasenklappe *f*; **~-edge pulse time** *n* TELEV Vorderflankenimpulszeit *f*; **~-edge rib** *n* AIR TRANS Anströmkantenrippe *f*; **~-in roll** *n* PAPER Zuführungswalze *f*; **~ light** *n* WATER TRANS Leitfeuer *nt*; **~ line** *n* WATER TRANS Leitlinie *f*; **~ mark** *n* WATER TRANS Leitmarke *f*; **~ note** *n* ACOUSTICS Leitton *m*; **~-out wire** *n* ELECT Ausgangsdraht *m*; **~ roll** *n* PAPER Leitwalze *f*; **~ screw** *n* MECHAN ENG *of lathe* Leitspindel *f*; **~ seaman** *n* WATER TRANS *crew* Maat *m*; **~ tool edge** *n AmE* PROD ENG abfallende Schneide *f*

leadless: **~ chip carrier** *n* ELEC ENG leitungsloser Chip-Träger *m*

leadscrew *n* PROD ENG Leitspindel *f*

leaf *n* COMP & DP Blatt *nt*, CONST Türblatt *nt*, Türflügel *m*, Wandschale *f*, MECHAN ENG *of spring*, PRINT *paper* Blatt *nt*, PROD ENG Folie *f*, Klappe *f*; **~-area index** *n* POLL Blattindex *m*; **~- curl** *n* FOOD TECH *phytopathology* Blattkräuselkrankheit *f*; **~- roller** *n* FOOD TECH *phytopathology* Blattroller *m*; **~ shutter** *n* PHOTO Lamellenverschluß *m*; **~ spring** *n* AUTO *motor*, MECHAN ENG Blattfeder *f*; **~ valve** *n* HYD EQUIP Klappenventil *nt*

leaflet: **~ insert** *n* PACK Beilageblatt *nt*

leak:[1] **~-tight** *adj* MECHANICS leckdicht

leak[2] *n* CER & GLAS Leck *nt*, CONST Undichtigkeit *f*, ELECT *fluid container*, FUELLESS Leck *nt*, PHYS Leck *nt*, Undichtigkeit *f*, PROD ENG Streuung *f*, RAD TECH Ableitung *f*, Streuung *f*, SAFETY Leck *nt*, WATER TRANS Leck *nt*, Undichtigkeit *f*; **~ current** *n* RAD TECH Kriechstrom *m*; **~ detection** *n* WASTE Leckbestimmung *f*; **~ detector** *n* HEAT & REFRIG Leckortungsgerät *nt*, Lecksuchgerät *nt*, INSTR Leckspürgerät *nt*, Lecksucher *m*, LAB EQUIP *for detecting gas* Gasspürgerät *nt*, PACK Lecksucher *m*; **~-off pressure** *n* PET TECH Leckdruck *m*; **~- off test** *n (LOT)* PET TECH Dichtigkeitstest *m (DT)*; **~ rate** *n* NUC TECH Leckgeschwindigkeit *f*, Leckrate *f*; **~ test** *n* NUC TECH Dichtheitsprüfung *f*, Dichtigkeitsprüfung *f*; **~ tightness** *n* NUC TECH Dichtheit *f*, Leckdichtheit *f*; **~ water** *n* WATER SUP Sickerwasser *nt*

leak[3] *vt* PROD ENG ableiten

leak[4] *vi* CONST auslaufen, durchsickern, lecken, SAFETY lecken, WATER TRANS eine undichte Stelle haben, lecken

leakage *n* ELEC ENG Abfluß *m*, Ausströmen *nt*, Entweichen *nt*, Verlust *m*, Undichtigkeit *f*, *of electricity* Ableitung *f*, Streuung *f*, ELECT *current, charge* Leckstrom *m*, Querstrom *m*, FUELLESS Leck *nt*, Leckage *f*, Undichtigkeit *f*, MAR POLL Auslaufen *nt*, Leckage *f*, PROD ENG Streuverlust *m*, SAFETY Entweichen durch Leck *nt*, TELECOM Ableitung *f*, Streuung *f*, WATER SUP Leckage *f*, Wasserverlust *m*; **~ current** *n* ELEC ENG Ableitstrom *m*, Kriechstrom *m*, Leckstrom *m*, Verluststrom *m*, ELECT Leckstrom *m*, Querstrom *m*, TELECOM Kriechstrom *m*, Leckstrom *m*; **~ detection** *n* PACK Undichtheitserkennung *f*; **~ field** *n* PROD ENG, TELECOM Streufeld *nt*; **~ flux** *n* PHYS Streufluß *m*; **~ hardening** *n* NUC TECH *neutron spectrum* Verhärtung durch Neutronenausfluß *f*; **~ indicator system** *n* SAFETY Leckwarnsystem *nt*; **~ interception vessel** *n* NUC TECH Leckauffanggefäß *nt*; **~ loss** *n* ELECT Kriechstromverlust *m*, *from fluid container* Leckverlust *m*; **~ meter** *n* ELECT *for gas leakage* Leckmesser *m*, *for electric current leakage* Leckmeßgerät *nt*; **~ path** *n* ELEC ENG Kriechweg *m*, Nebenschluß *m*, ELECT Leckweg *m*; **~ radiation** *n* ELEC ENG Sickerstrahlung *f*, Streustrahlung *f*; **~ resistance** *n* PHYS Leckwiderstand *m*; **~ test** *n* PACK Undichtheitsprüfung *f*; **~ warning** *n* SAFETY Leckalarm *m*; **~ water** *n* WASTE Sickerwasser *nt*; **~ water pump** *n* NUC TECH Leckwasserpumpe *f*

leaking: **~ fuel assembly** *n* NUC TECH undichtes Brennelement *nt*

leakproof:[1] **~ under pressure** *adj* PROD ENG *plastic valves* druckdicht; **~ under vacuum** *adj* PROD ENG *plastic valves* vakuumdicht

leakproof:[2] **~ closure** *n* PROD ENG *plastic valves* Dichtheit *f*

leaky[1] *adj* WATER TRANS leck, undicht

leaky:[2] **~ mode** *n* OPT verlustbehaftete Mode *f*, TELECOM Leckmodus *m*; **~ ray** *n* OPT verlustbehafteter Strahl *m*, TELECOM Leckstrahl *m*

lean[1] *adj* AIR TRANS Mager- *pref*, AUTO Mager- *pref*, gasarm, COAL TECH, CONST Mager- *pref*

lean:[2] **~ bow** *n* WATER TRANS scharfer Schiffsbug *m*; **~ coal** *n* COAL TECH Magerkohle *f*; **~ concrete** *n* CONST Magerbeton *m*; **~ mixture** *n* AIR TRANS Feingemisch *nt*, Magergemisch *nt*, AUTO Magergemisch *nt*, abgasarmes Gemisch *nt*; **~-to roof** *n* CONST Pultdach *nt*

lean[3] *vt* CONST neigen, stützen

lean[4] *vi* CONST sich neigen

leaner *n* CER & GLAS Magerungszusatz *m*

leaning *adj* CONST schief

leap: **~ year** *n* PHYS Schaltjahr *nt*

leapfrog: **~ test** *n* COMP & DP Bocksprungtest *m*, sprungweise Durchprüfung *f*

leaping: **~ weir** *n* NUC TECH Überlaufwehr *nt*

LEAR *abbr (Low-Energy Antiproton Ring)* PART PHYS *storage ring at CERN* LEAR *(Antiprotonenring mit geringer Energie)*

learning: **~ curve** *n* ELECT Lernkurve *f*, ERGON Lernkurve *f*, Übungskurve *f*; **~ machine** *n* ELECTRON Lernautomat *m*; **~ phase** *n* ELECTRON Lernphase *f*; **~ rule** *n* ART INT Lernregel *f*; **~ set** *n* ERGON Lerneinstellung *f*

lease: **~ band** *n* TEXT Kreuzschnur *f*; **~ rod** *n* TEXT Kreuzstab *m*

leased: **~ circuit** *n* COMP & DP Mietleitung *f*; **~ line** *n* COMP & DP, TELECOM Mietleitung *f*; **~ line network** *n* COMP & DP Mietleitungsnetz *nt*

leasing: **~ reed** *n* TEXT Kreuzriet *nt*

least:[1] **~ significant** *adj* COMP & DP niederwertigst

least:[2] **~ common denominator** *n (LCD)* MATH kleinster gemeinsamer Teiler *m (kgT)*; **~ common multiple** *n (LCM)* COMP & DP, MATH kleinstes gemeinsames Vielfaches *nt (kgV)*; **~ sensitive range** *n* INSTR unempfindlichster Meßbereich *m*; **~ significant bit** *n (LSB)* COMP & DP niederwertigstes Bit *nt (LSB)*; **~ significant digit** *n (LSD)* COMP & DP niederwertigste Ziffer *f*; **~ squares method** *n* ERGON, MATH, PHYS Methode der kleinsten Quadrate *f*

leather *n* PHOTO, TEXT Leder *nt*; **~ apron** *n* SAFETY Lederschürze *f*; **~ bellows** *n pl* PHOTO Lederbalgen *m*; **~ belt** *n* MECHAN ENG, PROD ENG Ledertreibriemen *m*; **~ case** *n* PHOTO Lederetui *nt*, Lederfutteral *nt*; **~ cup** *n* PROD ENG Ledermanschettendichtung *f*; **~ gasket** *n* PROD ENG Lederdichtungsscheibe *f*; **~ gauntlet glove** *n* SAFETY Lederstulpenhandschuh *m*; **~ packing** *n* PROD ENG Ledermanschette *f*

leatherette *n* PLAS Kunstleder *nt*

leaven *n* FOOD TECH Sauerteig *m*

leaving: **~ a line of traffic** *n* TRANS Ausscheren *nt*; **~ a traffic stream** *n* TRANS Ausfädeln *nt*

Leblanc: **~ connection** *n* ELECT Leblancsche Schaltung *f*

Lecher: **~ line** *n* RAD TECH Lecherleitung *f*

lecithin *n* FOOD TECH Lecithin *nt*

Leclanché: **~ cell** *n* ELEC ENG, ELECT Leclanché-Element *nt*, LAB EQUIP Kohle-Zink-Zelle *f*, Leclanché-Element *nt*

LED *abbr (light-emitting diode)* COMP & DP LED *(Leuchtdiode)*, ELECT LED *(lichtemittierende Diode)*, ELECTRON LED *(Lumineszenzdiode)*, OPT, PHYS LED *(Leuchtdiode)*, TELECOM LED *(Lumineszenzdiode)*, TELEV LED *(Leuchtdiode)*

ledeburite *n* METALL Ledeburit *m*

ledge *n* MECHAN ENG Leiste *f*

ledger *n* CONST *scaffolding* Querbrett *nt*

lee *n* WATER TRANS Lee *f*, Windschatten *m*; **~ helm** *n* WATER TRANS Leeruder *nt*; **~ lurch** *n* WATER TRANS plötzliches Schlingern nach der Leeseite *nt*; **~ shore** *n* WATER TRANS Leeküste *f*, Legerwall *m*

leeboard *n* WATER TRANS Seitenschwert *nt*

leech *n* WATER TRANS Liek *nt*

leer *n see lehr*

leeward[1] *adj* WATER TRANS leewärtig

leeward[2] *adv* WATER TRANS leewärts

leeway *n* WATER TRANS Windversetzung *f* **~ angle** *n* WATER TRANS Abdriftwinkel *m*

left:[1] **~-hand** *adj* MECHAN ENG *thread* linksgängig; **~-handed** *adj* MECHAN ENG *milling cutter* linksschneidend, *thread* linksgängig; **~-hand helical** *adj* PROD ENG linkssteigend; **~-hand helix** *adj* PROD ENG linksläufig; **~-helix** *adj* PROD ENG mit Linksdrall

left:[2] **~-hand circular polarization** *n (LHCP)* RAD TECH, SPACE linksdrehende Zirkularpolarisation *f*; **~-handed screw** *n* MECHAN ENG Linksgewindeschraube *f*, Schraube mit Linksgewinde *f*; **~-hand helical** *n* PROD ENG Schraubenlinie mit Linksdrall *f*; **~-hand helix** *n* PROD ENG Linksdrall *m*; **~-hand rule** *n* ELECT *magnetism* Dreifingerregel *f*, PHYS Linke-Hand-Regel *f*; **~-hand screw** *n* MECHAN ENG Schraube mit Linksgewinde *f*; **~-hand side** *n* PHYS *of equation* linke Seite *f*; **~-hand tooth flank** *n* MECHAN ENG Linksflanke *f*; **~-hand version** *n* ENG DRAW *representation of component* Ausführung links *f*; **~ justification** *n* COMP & DP Linksausrichtung *f*, Linksbündigkeit *f*; **~ margin** *n* PRINT linker Rand *m*; **~ margin zero scale** *n* INSTR Skale mit Nullpunkt links *f*; **~-right preference** *n* ERGON Seitigkeit *f*; **~ shift** *n* COMP & DP Linksverschiebung *f*; **~ stereo channel** *n* RECORD linker Stereo-Kanal *m*; **~ turning traffic** *n* TRANS linksabbiegender Verkehr *m*; **~ turn phase** *n* TRANS Linksabbiegephase *f*

left:[3] **~ justify** *vt* COMP & DP linksbündig ausrichten

leg *n* AUTO, ERGON Bein- *pref*, GEOM *of angle* Schenkel *m*, *of right-angled triangle* Kathete *f*, MECHAN ENG *of machine* Fuß *m*, *of pair of compasses* Schenkel *m*, *of tubing* Strang *m*, NUC TECH *of pipe* Abschnitt *m*, TELECOM Abzweigung *f*, Schenkel *m*, WATER TRANS Schlag *m*

legal: **~ person** *n* PAT juristische Person *f*; **~ personality** *n* PAT Rechtspersönlichkeit *f*; **~ predecessor** *n* PAT Rechtsvorgänger *m*; **~ units of length** *n pl* METROL gesetzliche Längeneinheiten *f pl*

Legendre: **~ polynomial** *n* PHYS Legendre-Polynom *nt*

legibility *n* ERGON Lesbarkeit *f*

legible: **~ and durable marking** *n* QUAL lesbare und dauerhafte Kennzeichnung *f*

legroom *n* AUTO *seats, interior* Beinfreiheit *f*, ERGON Beinfreiraum *m*, Beinraum *m*

legume *n* FOOD TECH Hülsenfrucht *f*, Leguminose *f*

lehr *n* CER & GLAS Kühlofen *m*; **~ assistant** *n* CER & GLAS Kühlofenhelfer *m*; **~ attendant** *n* CER & GLAS Kühlofenbediener *m*; **~ belt** *n* CER & GLAS Kühlofenband *nt*

LEM *abbr (lunar excursion module)* SPACE *spacecraft* LEM *(Mondlandefahrzeug)*

lemma *n* MATH Lemma *nt*

lemniscate *n* GEOM Lemniskate *f*

lemniscoid *n* PROD ENG Lemniskoide *f*

length *n* COMP & DP *(l)*, GEOM *(l)*, PHYS *(l)* Länge *f (l)*, PROD ENG *overall length* Baulänge *f*, TELECOM *(l) cable* Länge *f (l)*; **~ bar** *n* METROL Endmaß *nt*; **~ between perpendiculars** *n* WATER TRANS *ship design* Länge zwischen den Loten *f*; **~ of channel** *n* FUELLESS Kanallänge *f*; **~ contraction** *n* PHYS *relativity* Längenkontraktion *f*, Längenverkürzung *f*; ~ **gage** *n AmE*, ~ **gauge** *n BrE* METROL Strichlehre *f*; ~ **of lay** *n* ELECT Drallänge *f*; ~ **measuring instrument** *n* MECHAN ENG Längenmeßinstrument *nt*; ~ **measuring machine** *n* INSTR Längenmeßmaschine *f*; ~ **overall** *n* MECHAN ENG, WATER TRANS *of ship* Gesamtlänge *f*; ~ **of page** *n* PRINT Seitenlänge *f*; ~ **of piston stroke** *n* CONST Kolbenhublänge *f*; ~ **of step** *n* CONST Stufenbreite *f*; ~ **stop** *n* PROD ENG Längsanschlag *m*; ~ **of stroke** *n* MECHAN ENG *of tool* Hublänge *f*

lengthening: ~ **bar** *n* MECHAN ENG *for box spanners* Verlängerungsstück *nt*; ~ **piece** *n* MECHAN ENG Verlängerungsstück *nt*; ~ **rod** *n* MECHAN ENG Verlängerungsstange *f*; ~ **tube** *n* MECHAN ENG Verlängerungsrohr *nt*

lengthways *adv* MECHAN ENG längs

lengthwise *adv* MECHAN ENG längs

lens:[1] ~**-shaped** *adj* PHOTO linsenförmig

lens[2] *n* LAB EQUIP Linse *f*, OPT Linse *f*, *combination of lenses* Objektiv *nt*, *magnifying glass* Lupe *f*, PHOTO *with preselector aperture* Objektiv *nt*, PHYS Linse *f*, Objektiv *nt*; ~ **antenna** *n* SPACE, TELECOM Linsenantenne *f*; ~ **aperture** *n* PHOTO Objektivöffnung *f*; ~ **barrel** *n* PHOTO Objektivtubus *m*; ~**-cap** *n* PHOTO *camera* Objektivdeckel *m*; ~ **case** *n* PHOTO Objektivköcher *m*; ~ **coating** *n* PHOTO Linsenvergütung *f*; ~**-coupled exposure meter** *n* PHOTO objektivgekoppelter Belichtungsmesser *m*; ~ **flange** *n* PHOTO Objektivtubus *m*; ~ **flares** *n pl* PHOTO Linsenlichtflecke *m pl*, Linseneffekte *m pl*; ~ **holder** *n* CER & GLAS Linsenhalter *m*, OPT Lupenhalter *m*; ~ **hood** *n* PHOTO Gegenlichtblende *f*, Sonnenblende *f*; ~ **mount** *n* PHOTO Linsenfassung *f*, Objektivanschluß *m*; ~ **mounting plate** *n* PHOTO Objektivanschlußplatte *f*; ~ **movement** *n* PHOTO Standartenverstellung *f*; ~ **panel** *n* PHOTO Frontplatte *f*, Objektivbrett *nt*; ~ **shutter** *n* PHOTO Objektiv-Verschluß *m*; ~ **stop** *n* PHOTO Blendenwert *m*; ~ **vertex** *n* PHOTO Linsenscheitel *m*

lenticular: ~ **twin** *n* METALL Linsenzwilling *m*

Lenz's: ~ **law** *n* ELECT *induction*, PHYS Lenzsche Regel *f*, Lenzsches Gesetz *nt*

leonhardite *n* NUC TECH Leonhardtit *m*

LEP *abbr (large electron-positron collider)* PART PHYS *ring collider* LEP *(Elektronen-Positronen-Kollideranlage)*

Leporello: ~ **folding** *n* ENG DRAW Längsfaltung *f*

leptokurtic *adj* PROD ENG überhöht

leptokurtosis *n* PROD ENG Überhöhung *f*

lepton *n* PART PHYS, PHYS Lepton *nt*; ~ **number** *n* PHYS Leptonenzahl *f*

leptonic *adj* PART PHYS leptonisch

less: ~**-than-carload freight** *n* RAIL Stückgut *nt*; ~**-than-carload freight shipment** *n* RAIL Stückgutsendung *f*

let: ~**-go** *n* PROD ENG Fehlstelle *f*; ~**-off motion** *n* TEXT Kettfadenablaßvorrichtung *f*

letdown *n* AIR TRANS Heruntergehen *nt*

lethal: ~ **concentration** *n* POLL tödliche Konzentration *f*; ~ **dose** *n* POLL Letaldosis *f*; ~ **effect** *n* POLL tödliche Wirkung *f*; ~ **radioactive dose** *n* NUC TECH, RAD PHYS tödliche radioaktive Dosis *f*

lethargy *n* NUC TECH, PHYS Lethargie *f*, Neutronenlethargie *f*

letter:[1] ~**-quality** *adj (LQ)* COMP & DP Briefqualität *f*, Korrespondenzqualität *f*, Schönschrift *f*

letter[2] *n* COMP & DP Brief *m*, Buchstabe *m*, PRINT Brief *m*, *of alphabet* Buchstabe *m*; ~ **code** *n* ENG DRAW Buchstabenkennung *f*; ~ **gage** *n AmE*, ~ **gauge** *n BrE* MECHAN ENG *for steel wire* Buchstabenbezeichnung *f*; ~ **quality** *n (LQ)* PRINT Korrespondenzqualität *f (LQ)*; ~ **shift** *n* COMP & DP, TELECOM *telegraphy* Buchstabenumschaltung *f*; ~ **slip** *n* CER & GLAS Schriftfahne *f*; ~ **spacing** *n* PRINT Spatiieren *nt*, Spationierung *f*

letterhead *n* PRINT Briefkopf *m*

lettering *n* CER & GLAS, ENG DRAW, PRINT Beschriftung *f*; ~ **stencil** *n* ENG DRAW Schriftschablone *f*; ~ **style** *n* PRINT Plakatschrift *f*

letterpress *n* PRINT Buchdruck *m*, Hochdruck *m*; ~ **printing** *n* PRINT Buchdruck *m*, Hochdruck *m*; ~**-printing machine** *n* PRINT Buchdruckmaschine *f*, Buchdruckpresse *f*; ~ **rotary** *n* PRINT Hochdruckrotationsmaschine *f*

letterset *n* PRINT Trockenoffset *nt*

leucoline *n* CHEMISTRY Isochinolin *nt*

levan *n* CHEMISTRY Lävan *nt*

level[1] *adj* CONST eben, flach, PROD ENG in Waage

level:[2] ~ **with** *prep* CONST *the ground* auf gleicher Höhe mit

level[3] *n* ACOUSTICS *about threshold* Pegel *m*, COMP & DP Ebene *f*, Stufe *f*, CONST Geländehöhe *f*, Niveau *nt*, Nivellierinstrument *nt*, Pegel *m*, ELECTRON *of noise* Pegel *m*, *of plane* Ebene *f*, MECHAN ENG *of liquid* Pegel *m*, MECHANICS Libelle *f*, Niveau *nt*, METROL Niveau *nt*, Pegel *m*, RECORD Pegel *m*, WATER SUP *canal section between locks* Niveau *nt*; ~ **adjustment** *n* ELECTRON Pegelausgleich *m*; ~ **of aspiration** *n* ERGON Anspruchsniveau *nt*; ~**-at-a-time converter** *n* INSTR Serienvergleichsumsetzer *m*, Zählumsetzer *m*; ~ **of congestion** *n* TRANS *traffic* Verstopfungsgrad *m*; ~ **control** *n* PACK Pegelregler *m*; ~ **control system** *n* CONTROL Niveausteuerung *f*; ~ **control weir** *n* WATER SUP Regelwehr *nt*; ~ **crossing** *n BrE (cf grade crossing AmE)* CONST, RAIL höhengleicher Bahnübergang *m*, schienengleicher Straßenübergang *m*; ~ **crossing rate** *n* TELECOM Pegeldurchgangshäufigkeit *f*, Schwellenüberschreitungszahl *f*; ~ **cruise** *n* AIR TRANS horizontaler Reiseflug *m*; ~ **detector** *n* COAL TECH Schichtendetektor *m*; ~ **difference** *n* ACOUSTICS Pegeldifferenz *f*; ~ **displacement** *n* NUC TECH Niveauverschiebung *f*; ~ **drop** *n* MECHAN ENG Pegelabfall *m*; ~ **of emission** *n* POLL Emissionsstandard *m*; ~ **of external radioactivity** *n* RAD PHYS externer Radioaktivitätspegel *m*; ~ **of filling** *n* PACK Füllstand *m*; ~ **flight** *n* AIR TRANS Horizontalflug *m*; ~ **gage** *n AmE*, ~ **gauge** *n BrE* INSTR Füllstandsmeßgerät *nt*, Niveaumeßgerät *nt*, Pegelmeßgerät *nt*, Standmeßgerät *nt*; ~ **holding** *n* NUC TECH *of pressure vessel* Niveauhalten *nt*; ~ **indicator** *n* CONST Füllstandsanzeiger *m*, INSTR Füllstandsanzeiger *m*, Füllstandswächter *m*, MECHAN ENG Flüssigkeitsstandanzeiger *m*, Pegelanzeige *f*, NUC TECH Niveauanzeige *f*, RAIL Nivellierlatte *f*, Pegel *m*, RECORD Aussteuerungsanzeige *f*; ~ **of intensity** *n* RAD PHYS Intensitätswert *m*; ~ **measurement** *n* INSTR Füllstandsmessung *f*, Niveaumessung *f*, Pegelmessung *f*, Standmessung *f*; ~ **meter** *n* NUC TECH *for liquids only* Füllstandsanzeige *f*; ~ **of pollution** *n* POLL Luft- verunreinigungsstandard *m*; ~ **recorder** *n* RECORD Pegelschreiber *m*; ~ **of service** *n* TRANS Verkehrsqualität *f*; ~ **shift** *n* NUC TECH Niveauverschiebung *f*; ~ **shifting** *n* ELECTRON Pegelverschiebung *f*, Potentialverschiebung *f*; ~ **switch** *n* CONTROL Niveauschalter *m*

level[4] *vt* CONST *road engineering* begradigen, ebnen, nivellieren, *walls* abgleichen, abziehen, glätten, MECHAN ENG *sheet metal* richten, PRINT *small caps* auf gleiche Höhe bringen, PROD ENG abstreichen, richten; ~ **out** *vt* AIR TRANS abfangen und Höhe halten, horizontieren

leveled *adj AmE see levelled BrE*

leveling *n AmE see levelling BrE*

levelled *adj BrE* CONST eingeebnet, planiert

levelling *n BrE* CONST Einebnen *nt*, Höhenaufnahme *f*, Nivellierung *f*, ELECTRON Abflachen *nt*, Pegelabgleichung *f*, MECHAN ENG Richten *nt*, MECHANICS Ausrichtung *f*, Einebnen *nt*, PROD ENG Nivellieren *nt*, Richten *nt* ~ **agent** *n BrE* TEXT Egalisierer *m*, Egalisiermittel *nt*; ~ **alidade** *n BrE* CONST *surveying* Kippregel *f*; ~ **amplifier** *n BrE* ELECTRON Abgleichverstärker *m*; ~ **compass** *n BrE* CONST Kompaß *m*; ~ **fulcrum** *n BrE* PROD ENG Hebeldrehpunkt *m*; ~ **instrument** *n BrE* CONST, INSTR Nivellierinstrument *nt*; ~ **machine** *n BrE* CONST Planiermaschine *f*, MECHAN ENG Richtapparat *m*, Richtmaschine *f*; ~ **mark** *n BrE* AIR TRANS Aufrichtungsmarkierung *f*; ~ **nut** *n BrE* PROD ENG Justiermutter *f*; ~ **point** *n BrE* CONST Nivellierpunkt *m*; ~ **pole** *n BrE* CONST Nivellierlatte *f*; ~ **rod** *n BrE* CONST *surveying* Nivellierkreuz *nt*, Planierstange *f*; ~ **screw** *n BrE* MECHAN ENG Waagrechtjustierschraube *f*; ~ **staff** *n BrE* CONST *surveying* Nivellierlatte *f*; ~ **unit** *n BrE* AIR TRANS Horizontierungseinheit *f*, Verkantungsvorrichtung *f*

lever[1] *n* MECHAN ENG Hebel *m*, PROD ENG Hebel *m*, Schwinge *f*; ~ **arm** *n* CONST, MECHAN ENG Hebelarm *m*; ~ **brake** *n* MECHAN ENG Hebelbremse *f*; ~ **commutator switch** *n* ELECT Kommutatorhebelschalter *m*; ~ **feed** *n* MECHAN ENG Hebelvorschub *m*; ~ **feed drilling machine** *n* MECHAN ENG Bohrmaschine mit Hebelvorschub *f*; ~ **of the first kind** *n* MECHAN ENG zweiarmiger Hebel *m*; ~ **handle** *n* CONST Hebelgriff *m*; ~ **lid** *n* PACK Eindrückdeckel *m*; ~ **on-off switch** *n* ELECT Ein-/Aushebelschalter *m*; ~ **press** *n* MECHAN ENG Hebelpresse *f*; ~ **ring** *n* PACK Deckelring *m*; ~ **shears** *n pl* MECHAN ENG Hebelschere *f*; ~ **switch** *n* ELEC ENG Griffschalter *m*, Hebelschalter *m*, NUC TECH Schalthebel *m*; ~ **system** *n* MECHAN ENG Hebelsystem *nt*; ~ **valve** *n* HYD EQUIP Hebelventil *nt*; ~ **weir** *n* WATER SUP Klappenwehr *nt*

lever[2] *vt* MECHAN ENG hebeln; ~ **up** *vt* MECHAN ENG hochhebeln

leverage *n* ERGON Hebelwirkung *f*, Hebelkraft *f*, MECHAN ENG Hebelgestänge *nt*, Hebelkraft *f*, *ratio* Hebelübersetzung *f*, PROD ENG Hebelkraft *f*

levigate *vt* PROD ENG pulverisieren, schlämmen

levitation *n* PHYS freies Schweben *nt*; ~ **by permanent magnets** *n* TRANS permanentmagnetisches Schweben *nt*

levulin *n* CHEMISTRY Lävulin *nt*, Synanthrose *f*

levulinic *adj* CHEMISTRY Lävulin- *pref*

levulosan *n* CHEMISTRY Lävulosan *nt*

levulose *n AmE see laevulose BrE*

lexical: ~ **analysis** *n* COMP & DP lexikalische Analyse *f*

lexicographic: ~ **order** *n* COMP & DP lexikographische Anordnung *f*

LF *abbr (low frequency)* ELECTRON, RAD TECH, RECORD, TELECOM, TELEV Nf *(Niederfrequenz)*

LHC *abbr (large hadron collider)* PHYS LHC *(Hadronkollideranlage)*

LHCP *abbr (left-hand circular polarization)* RAD TECH, SPACE linksdrehende Zirkularpolarisation *f*

L-head: ~ **engine** *n* AUTO Motor mit stehenden Ventilen *m*, seitengesteuerter Motor *m*

Li *(lithium)* CHEMISTRY Li *(Lithium)*

liability *n* MAR POLL Haftung *f*

Liapunov: ~ **exponents** *n pl* FLUID PHYS Liapunovexponenten *m pl*

liberation *n* CHEMISTRY Abgeben *nt*

librarian: ~ **program** *n* COMP & DP Bibliotheksverwaltungsprogramm *nt*

library *n* COMP & DP Bibliothek *f*; ~ **automation** *n* COMP & DP Bibliotheksautomation *f*; ~ **function** *n* COMP & DP Bibliotheksfunktion *f*; ~ **music** *n* RECORD Bibliotheksmusik *f*; ~ **program** *n* COMP & DP Bibliotheksprogramm *nt*; ~ **routine** *n* COMP & DP Bibliotheksroutine *f*

libration: ~ **point** *n* RAD TECH Librationspunkt *m*

licence *n BrE* PAT Lizenz *f*, PET TECH Konzession *f*, RAD TECH *administration* Genehmigung *f*; ~ **block** *n BrE* PET TECH Block *m*

license *n AmE see licence BrE*

licensor *n* PAT Lizenzgeber *m*

Lichtenberg: ~ **figure** *n* PHYS Lichtenbergsche Figur *f*

lid *n* LAB EQUIP Deckel *m*, Klappe *f*, MECHAN ENG, PACK Deckel *m*, POLL Inversionskappe *f*; ~ **sealing compound** *n* PACK Deckelsiegelmasse *f*

lie[1] *n* CONST *of land* Lage *f*

lie:[2] ~ **at anchor** *vi* WATER TRANS *mooring* vor Anker liegen; ~ **idle** *vi* MECHAN ENG stilliegen; ~ **in the roads** *vi* WATER TRANS *ship* auf Reede liegen

Lieberkühn: ~ **reflector** *n* PHOTO Lieberkühn-Reflektor *m*

life: **for-~ lubrication** *n* MECHAN ENG Lebensdauerschmierung *f* MECHAN ENG *of tool* Standzeit *f*; ~ **belt** *n* CONST *BrE (cf life jacket BrE, life preserver AmE, life vest BrE)* Rettungsgürtel *m*, Schwimmweste *f*, WATER TRANS Rettungsgürtel *m*; ~ **cycle** *n* MECHAN ENG Lebensdauer *f*; ~ **expectancy** *n* CONST, TELECOM Lebenserwartung *f*; ~ **jacket** *n* AIR TRANS *BrE (cf life preserver AmE)*, CONST *BrE (cf life belt BrE, life preserver AmE)*, SAFETY *BrE (cf life preserver AmE)* Schwimmweste *f*, WATER TRANS *BrE (cf life preserver AmE)* Rettungsweste *f*, Schwimmweste *f*; ~ **preserver** *n* AIR TRANS *AmE (cf life jacket BrE, life vest BrE)*, CONST *AmE (cf life belt BrE, life jacket BrE, life vest BrE)*, SAFETY *AmE (cf life* jacket BrE, life vest BrE) Schwimmweste *f*, WATER TRANS *AmE (cf life jacket BrE, life vest BrE)* Rettungsweste *f*, Schwimmweste *f*; ~ **raft** *n* SAFETY Rettungsfloß *nt*, WATER TRANS Rettungsfloß *nt*, Rettungsinsel *f*; ~**-saver** *n* SAFETY Rettungsring *m*; ~**-saving apparatus** *n* SAFETY Lebensrettungsgerät *nt*, WATER TRANS Rettungsgerät *nt*; ~ **test** *n* ELEC ENG, QUAL Lebensdauerprüfung *f*; ~ **test quantity** *n* QUAL Lebensdauerprüfmenge *f*; ~ **vest** *n* AIR TRANS *BrE (cf life preserver AmE)*, CONST *BrE (cf life belt BrE, life preserver AmE)*, SAFETY *BrE (cf life preserver AmE)* Schwimmweste *f*, WATER TRANS *BrE (cf life preserver AmE)* Rettungsweste *f*, Schwimmweste *f*

lifeboat *n* WATER TRANS Rettungsboot *nt*; ~ **station** *n* WATER TRANS Rettungsbootsstation *f*

lifeboatman *n* WATER TRANS Rettungsbootsmann *m*

lifebuoy *n* WATER TRANS Rettungsboje *f*, Rettungsring *m*

lifeline *n* WATER TRANS Rettungsleine *f*

lifetime *n* ELEC ENG, TELECOM Lebensdauer *f*; ~ **expectancy** *n* TELECOM Lebensdauererwartung *f*; ~

lubrication *n* MECHAN ENG Lebensdauerschmierung *f*

LIFO[1] *abbr (last-in-first-out)* COMP & DP LIFO *(Last-in First-out)*

LIFO:[2] **~ principle** *n* COMP & DP LIFO-Prinzip *nt*

lift[1] *n* AIR TRANS Aufstieg *m*, Auftrieb *m*, Hub *m*, Hebezeug *nt*, CONST Hebewerk *nt*, Hub *m*, *of crane* Tragfähigkeit *f*, *of gate latch* Hubgriff *m*, CONST *BrE (cf elevator AmE)* Hebezeug *nt*, ELECT *BrE (cf elevator AmE)* Fahrstuhl *m*, Hebezeug *nt*, FUELLESS Auftrieb *m*, HYD EQUIP *BrE (cf elevator AmE)* Hub *m*, Lift *m*, MECHAN ENG Heftahle *f*, *of pump* Förderhöhe *f*, *of valve* Hubhöhe *f*, MECHAN ENG *BrE (cf elevator AmE)* Aufzug *m*, Lift *m*, *lifting equipment* Hebezeug *nt*, MECHANICS *BrE (cf elevator AmE)* Fahrstuhl *m*, Hebezeug *nt*, NUC TECH *of valve or control rod* Anhub *m*, Hub *m*, PROD ENG *BrE* Hebezeug *nt*, PROD ENG *BrE (cf elevator AmE)* Saughöhe *f*, TRANS *BrE (cf elevator AmE)* Aufzug *m*, Fahrstuhl *m*, Lift *m*, *goods* Lastenaufzug *m*, WATER SUP Hebung *f*, WATER TRANS *BrE (cf elevator AmE)* Hebezeug *nt*; **~-and-force pump** *n* WATER SUP Saug- und Druckpumpe *f*; **~ bridge** *n* CONST Hebebrücke *f*, TRANS Hubbrücke *f*; **~ center** *n AmE*, **~ centre** *n BrE* AIR TRANS Auftriebsmittelpunkt *m*; **~ coefficient** *n (CL)* AIR TRANS, FUELLESS, HYD EQUIP, PHYS, WATER TRANS *shipbuilding* Auftriebsbeiwert *m*, Auftriebszahl *f (CL)*; **~ component** *n* AIR TRANS Auftriebskomponente *f*; **~ curve slope** *n* AIR TRANS Auftriebssteigung *f*; **~ distribution** *n* AIR TRANS Auftriebsverteilung *f*; **~ and drag ratio** *n (LD ratio)* AIR TRANS *aircraft efficiency* Gleit und Widerstandsbeiwert *m (LD- Beiwert)*; **~-drag ratio** *n* PHYS reziproke Gleitzahl *f*, WATER TRANS *architecture* Gleitzahl *f*; **~ fan** *n* AIR TRANS Hubgebläse *nt*, Liftfan *m*; **~ gate** *n* CONST Hubtor *nt*; **~ hoist** *n BrE (cf elevator hoist AmE)* AIR TRANS Aufzuggewinde *nt*; **~ latch** *n* CONST Hubklinke *f*; **~ limiter** *n* PROD ENG *plastic valves* Hubbegrenzung *f*; **~ lock** *n* WATER SUP Kammerschleuse *f*, Schiffsschleuse *f*; **~ magnet** *n* TRANS Lastenhebemagnet *nt*; **~ motor** *n* MECHAN ENG Hubmotor *m*; **~-off** *n* SPACE Abheben *nt*; **~-on lift-off ship** *n* WATER TRANS Li-Li Schiff *nt*, Lift-On-Lift-Off-Schiff *nt*; **~-on lift-off system** *n* WATER TRANS Lift-On-Lift-Off- System *nt*; **~-on lift-off vessel** *n* WATER TRANS Li-Li Schiff *nt*, Lift-On-Lift-Off-Schiff *nt*; **~ pipe** *n* CONST Hubrohr *nt*; **~ platform** *n* MECHAN ENG Hubplattform *f*; **~ pump** *n* WATER SUP Saugpumpe *f*; **~ shaft** *n* AIR TRANS Hubwelle *f*; **~-to- drag ratio** *n* AIR TRANS Gleitzahl *f*, FUELLESS Verhältnis zwischen Förderhöhe und Widerstand *nt*; **~ truck** *n* PACK Hubwagen *m*; **~-type device** *n* FUELLESS Hubgerät *nt*; **~ valve** *n* MECHAN ENG Hubventil *nt*; **~ wall** *n* WATER SUP *of canal lock* Fallmauer *f*

lift[2] *vt* MECHAN ENG heben, MECHANICS anheben, PROD ENG ausheben, TELECOM *handset* abheben

lift:[3] **~ off** *vi* AIR TRANS abheben

lifted: **~ load** *n* AIR TRANS gehobene Last *f*; **~ throat** *n* CER & GLAS erhöhter Durchlaß *m*

lifter *n* CONST Heber *m*, Wuchtbaum *m*, MECHAN ENG *wiper or cam* Hebedaumen *m*, PROD ENG Ausstoßer *m*, Sandleiste *f*

lifting *n* AIR TRANS Auftrieb *m*, MECHAN ENG Heben *nt*, SAFETY Anheben *nt*, Heben *nt*, TRANS Aufheben *nt*, Lichten *nt*; **~ accident** *n* SAFETY Unfall beim Heben *m*; **~ apparatus** *n* MECHAN ENG Hebegerät *nt*, Hebevorrichtung *f*; **~ appliance** *n* SAFETY Hebegerät *nt*; **~ block** *n* MECHAN ENG Flaschenzug *m*; **~-body aircraft** *n* AIR TRANS Tragrumpf- Schwebekörper-Flugzeug *nt*; **~ bridge** *n* CONST, WATER TRANS *for locks, inland waterways* Hubbrücke *f*; **~ capacity with hook** *n* NUC TECH *of manipulator* Hubvermögen mit Haken *nt*; **~ chain** *n* CONST Hubkette *f*, MECHAN ENG Lastkette *f*, SAFETY Hebekette *f*, Zugkette *f*; **~ device** *n* MECHAN ENG Hebegerät *nt*, Lasthebegerät *nt*; **~ equipment** *n* MECHAN ENG Hebegerät *nt*; **~ eye** *n* WATER TRANS *shipbuilding, deck fittings* Heißauge *nt*; **~ eyebolt** *n* MECHAN ENG Ringbolzen *m*; **~ flank** *n* PROD ENG *kinematics* Anlaufflanke *f*; **~ force** *n* PHYS dynamische Auftriebskraft *f*; **~ gear** *n* AIR TRANS, RAIL, WATER TRANS Hebevorrichtung *f*; **~ hook** *n* CONST Lasthaken *m*, MECHAN ENG Hebehaken *m*, *of crane* Lasthaken *m*; **~ jack** *n* MECHAN ENG *lever jack* Winde *f*, *of rack type* Zahnstangenwinde *f*, *screw type* Schraubwinde *f*; **~ lug** *n* MECHAN ENG Tragöse *f*, PROD ENG *casting* Abhebeöse *f*; **~ magnet** *n* ELECT Hebemagnet *m*, MECHAN ENG Hubmagnet *m*; **~ platform** *n* AIR TRANS, RAIL, WATER TRANS Hebebühne *f*; **~ power** *n* MECHAN ENG, TRANS Hubkraft *f*; **~ pressure** *n* PROD ENG *casting* Auftrieb *m*, TRANS Hubdruck *m*; **~ ring** *n* WATER TRANS *deck fittings* Heißring *m*; **~ rod** *n* HYD EQUIP Hubstange *f*; **~ rotor** *n* AIR TRANS *helicopter* Tragschraube *f*; **~ screw** *n* MECHAN ENG Ringschraube *f*, PROD ENG Modellschraube *f*; **~ shaft** *n* MECHAN ENG Hebeschaft *m*; **~ table** *n* AIR TRANS, CONST, ELECT, MECHAN ENG, MECHANICS, PROD ENG, WATER TRANS Hebezeug *nt*; **~ tackle** *n* AIR TRANS Hebevorrichtung *f*, MECHAN ENG Flaschenzug *m*, RAIL, WATER TRANS Hebevorrichtung *f*; **~ truck** *n* MECHANICS Hubstapler *m*, Hubwagen *m*; **~ valve** *n* HYD EQUIP Hubventil *nt*; **~ vehicle** *n* PACK Hubkarren *m*; **~ wheel** *n* MECHAN ENG Hubrad *nt*

liftoff: **~ speed** *n* AIR TRANS Abhebegeschwindigkeit *f*, Startgeschwindigkeit *f*; **~ weight** *n* SPACE Abhebegewicht *nt*, Startgewicht *nt*

ligament *n* ENG DRAW *in stencil* Steg *m*

ligand *n* CHEMISTRY, METALL Ligand *m*

ligarine *n* CHEMISTRY Ligroin *nt*

light[1] *adj* OPT hell; **~- negative** *adj* PHOTO mit negativem Lichtleitfähigkeits-Koeffizienten; **~-positive** *adj* PHOTO mit positivem Lichtleitfähigkeits-Koeffizienten; **~-rapid-comfortable** *adj (LRC)* RAIL Leichtbauschnelltriebzug *m*; **~- running** *adj* MECHAN ENG leerlaufend; **~-sensitive** *adj* ELECTRON fotoempfindlich, lichtempfindlich, PHOTO lichtempfindlich

light[2] *n* AUTO Beleuchtung *f*, Leuchte *f*, Licht *nt*, PHOTO, PHYS Licht *nt*, WATER TRANS Befeuerung *f*, Leuchtfeuer *nt*; **~-activated silicon-controlled rectifier** *n* ELEC ENG lichtaktivierter silikongesteuerter Gleichrichter *m*; **~ airs** *n pl* WATER TRANS leichter Wind *m*, *meteorology* flaue Kühle *f*; **~ alloy** *n* MECHANICS Leichtmetallegierung *f*, METALL Leichtmetall *nt*; **~ amplification by stimulated emission of radiation** *n (laser)* COMP & DP, ELECTRON, PHYS, PRINT, RAD PHYS Lichtverstärkung durch stimulierte Strahlungsemission *f (Laser)*; **~ amplifier** *n* ELECTRON Lichtverstärker *m*; **~ beam** *n* PHOTO, PHYS, TELECOM Lichtstrahl *m*; **~ beam galvanometer** *n* RAD PHYS Lichtmarken-Galvanometer *nt*; **~ beam pickup** *n* RECORD elektrooptischer Tonabnehmer *m*; **~ buoy** *n* WATER TRANS *navigation marks* Leuchtboje *f*, Leuchtfeuertonne *f*; **~ cable** *n* ELEC ENG Beleuchtungskabel *nt*, Lichtkabel *nt*, Lichtzuleitung *f*; **~ chopper** *n* ELEC-

TRON Lichtzerhacker *m*; ~ **crown** *n* CER & GLAS Leichtkronglas *nt*; ~ **crude oil** *n* PET TECH leichtes Erdöl *nt*, leichtes Rohöl *nt*; ~ **current** *n* OPT Lichtstrom *m*, TELECOM Schwachstrom *m*, lichtelektrischer Strom *m*; ~ **detector** *n* RAD PHYS Lichtsonde *f*, TELECOM Fotodetektor *m*; ~- **directing block** *n* CER & GLAS Lichtleitstein *m*; ~ **distillates** *n pl* PET TECH Leichtbenzin *nt*, Rohbenzin *nt*; ~-**emitting diode** *n (LED)* COMP & DP, ELECT, ELECTRON, OPT, PHYS, TELECOM, TELEV Leuchtdiode *f*, Lumineszenzdiode *f*, lichtemittierende Diode *f (LED)*; ~ **energy** *n* RAD PHYS Lichtenergie *f*; ~ **engine** *n* RAIL Leerlokomotive *f*; ~ **exposure** *n* PHYS Belichtung *f*; ~ **face** *n* PRINT magere Schrift *f*; ~ **filter** *n* PRINT Lichtfilter *nt*; ~ **fitting** *n* ELEC ENG, HEAT & REFRIG Beleuchtungskörper *m*; ~ **fixture** *n* HEAT & REFRIG Beleuchtungskörper *m*; ~ **flint** *n* CER & GLAS Leichtflintglas *nt*; ~ **fractions** *n pl* PET TECH leichte Fraktionen *f*, leichte Schnitte *m pl*; ~ **gage** *n AmE see light gauge BrE* ~ **gage sheet metal** *n AmE see light gauge sheet metal BrE* ~ **gasoline** *n AmE (cf light petrol BrE)* AUTO Leichtbenzin *nt*; ~ **gauge** *n BrE* PROD ENG Dünn- *pref*; ~ **gauge sheet metal** *n BrE* PROD ENG Dünnblech *nt*; ~ **guide** *n* PHYS Lichtleiter *m*; ~ **guideway transit system** *n* RAIL leichtes spurgeführtes Transportsystem *nt*; ~ **hours** *n pl AmE* TRANS *traffic* verkehrsschwache Zeit *f*; ~ **hydrocarbon fractions** *n pl* PET TECH leichte Kohlenwasserstofffraktionen *f pl*; ~ **loading** *n* ELEC ENG leichte Bespulung *f*; ~ **locomotive** *n* RAIL Leerlokomotive *f*; ~ **lorry** *n BrE (cf light truck AmE)* AUTO Kleinlaster *m*; ~ **meson spectrum** *n* RAD PHYS Leichtmesonenspektrum *nt*; ~ **metal casting** *n* PROD ENG *plastic valves* Leichtmetallguß *m*; ~ **meter** *n* PHOTO, PHYS Belichtungsmesser *m*; ~ **meter cell** *n* PHOTO Belichtungsmeßzelle *f*; ~ **meter probe** *n* PHOTO Belichtungsmessersonde *f*; ~ **meter scale** *n* PHOTO Belichtungsmesserskale *f*; ~ **microscopy** *n* METALL Lichtmikroskopie *f*; ~ **modulation** *n* ELECTRON, TELEV Lichtmodulation *f*; ~ **modulator** *n* ACOUSTICS Lichtmodulator *m*; ~ **motorcycle** *n* AUTO *with kickstarter* Leichtkraftrad *nt*; ~ **multirole helicopter** *n* AIR TRANS leichter Mehrzweckhubschrauber *m*; ~ **observation helicopter** *n* AIR TRANS leichter Beobachtungshubschrauber *m*; ~ **output** *n* PHOTO Lichtleistung *f*; ~ **panels** *n pl* CER & GLAS Leichtplatten *f pl*; ~ **pen** *n* COMP & DP Lichtgriffel *m*, Lichtstift *m*, Lichtzeiger *m*, PHYS Lichtschreiber *m*, TELEV Lichtgriffel *m*; ~-**pen detection** *n* COMP & DP Lichtstifterkennung *f*; ~ **petrol** *n BrE (cf light gasoline AmE)* AUTO Leichtbenzin *nt*; ~ **pipe** *n* ELEC ENG Lichtleitung *f*; ~ **pulse** *n* ELECTRON Lichtimpuls *m*; ~ **radiation** *n* NUC TECH leichte Strahlung *f*; ~ **rail motor tractor** *n* RAIL Kleinlokomotive *f*; ~ **railroad** *n AmE (cf light railway BrE)* RAIL Schmalspurbahn *f*; ~ **rail transit** *n AmE (cf light rail transport BrE)* RAIL Nahverkehr *m*, Stadtverkehr *m*; ~ **rail transport** *n BrE (cf light rail transit AmE)* RAIL Nahverkehr *m*, Stadtverkehr *m*; ~ **railway** *n BrE (cf light railroad AmE)* RAIL Schmalspurbahn *f*; ~ **ray** *n* PHYS Lichtstrahl *m*; ~ **resistance** *n* PLAS Lichtbeständigkeit *f*; ~ **scale switch** *n* PHOTO Lichtskalenschalter *m*; ~ **with sectors** *n* WATER TRANS Sektorenfeuer *nt*; ~-**sensitive plate** *n* PRINT lichtempfindliche Platte *f*; ~ **sensor** *n* ELECTRON Lichtaufnehmer *m*; ~ **signal** *n* ELECTRON, RAIL Lichtsignal *nt*; ~-**slit method** *n* PROD ENG Lichtschnittverfahren *nt*; ~-**slit microscope** *n* PROD ENG Lichtschnittmikro-skop *nt*; ~ **source** *n* ELECTRON, LAB EQUIP, OPT, PHOTO, PHYS Lichtquelle *f*; ~ **spectrum** *n* WAVE PHYS Lichtspektrum *nt*; ~ **spot** *n* ELECTRON Lichtfleck *m*, Lichtmarke *f*; ~-**spot galvanometer** *n* ELECT Spiegelgalvanometer *nt*; ~ **switch** *n* ELECT Schwachstrom-Netzschalter *m*; ~ **table** *n* PRINT Leuchttisch *m*, Lichtpult *nt*; ~ **truck** *n AmE (cf light lorry BrE)* AUTO Kleinlaster *m*; ~ **unit** *n* OPT Lichtstärkeeinheit *f*; ~ **value** *n* PHOTO Lichtwert *m*; ~ **value setting ring** *n* PHOTO Lichtwerteinstellring *m*; ~ **water-cooled reactor** *n* NUC TECH leichtwassergekühlter Reaktor *m*; ~ **water hybrid reactor** *n (LWHR)* NUC TECH leichtwassergekühlter Hybridreaktor *m*; ~ **waterline** *n* WATER TRANS Leichtwasserlinie *f*; ~ **wave** *n* ELECTRON, OPT, WAVE PHYS Lichtwelle *f*; ~ **weld** *n* NUC TECH leichte Schweißnaht *f*; ~ **year** *n* PHYS Lichtjahr *nt*; ~ **yield** *n* RAD PHYS Lichtausbeute *f*

lightbox *n* PHOTO Leuchtkasten *m*

lighten *vt* MAR POLL ableichtern, teilweise löschen

lightening *n* MAR POLL Leichtern *nt*; ~ **hole** *n* AIR TRANS Erleichterungsloch *nt*, MECHANICS Beleuchtungsöffnung *f*, Entlastungsöffnung *f*; ~ **vessel** *n* MAR POLL Fahrzeug *nt*

lighter *n* HEAT & REFRIG Anzünder *m*, MAR POLL, WATER TRANS *ship* Leichter *m*; ~ **aboard ship carrier** *n (LASH carrier)* WATER TRANS Leichtertransporter *m*, Leichterträgerschiff *nt (LASH-Schiff)*; ~ **carrier** *n* TRANS Leichterschiff *nt*

lighterage *n* WATER TRANS *trade* Leichtertransport *m*, Leichtergeld *nt*; ~ **charges** *n pl* WATER TRANS *trade* Leichtergeld *nt*

lighterman *n* WATER TRANS Leichterführer *m*

lighthouse *n* WATER TRANS Leuchtturm *m*

lighting: ~ **circuit** *n* ELECT Beleuchtungsnetzschaltung *f*; ~ **efficiency** *n* AIR TRANS Leuchtkraft *f*, *helicopter* Lichtausbeute *f*, Lichtwirkungsgrad *m*; ~ **equipment** *n* PHOTO Beleuchtungsausrüstung *f*; ~ **glass** *n* CER & GLAS Beleuchtungsglas *nt*; ~ **stand** *n* PHOTO Beleuchtungsstativ *nt*; ~ **system** *n* ELEC ENG Beleuchtungsanlage *f*; ~ **and vision control room** *n* TELEV Beleuchtungs- und Bildregieraum *m*

lightly: ~-**doped semiconductor** *n* ELECTRON leicht angereicherter Halbleiter *m*

lightning:[1] ~-**resistant** *adj* ELEC ENG blitzgeschützt

lightning[2] *n* ELEC ENG Blitz *m*, ELECT Blitzen *nt*; ~ **arrester** *n* ELEC ENG, ELECT Blitzschutz *m*, Blitzableiter *m*, SPACE Blitzschutz *m*, WATER TRANS Blitzschutz *m*, Blitzableiter *m*; ~ **arrester for high voltage** *n* SAFETY Hochspannungsblitzschutz *m*; ~ **conductor** *n* ELEC ENG, SAFETY Blitzableiter *m*; ~ **conductor material** *n* SAFETY Blitzableitermaterial *nt*; ~ **current** *n* ELEC ENG Blitzstrom *m*; ~ **discharge** *n* ELEC ENG Blitzentladung *f*, Blitzschlag *m*, atmosphärische Entladung *f*, ELECT Blitzentladung *f*; ~ **path** *n* ELECT Blitzstrecke *f*; ~-**proof transformer** *n* ELECT blitzgeschützter Transformator *m*; ~ **protection** *n* ELEC ENG, ELECT, RAD TECH, SAFETY Blitzschutz *m*; ~ **protector** *n* SAFETY Blitzschutz *m*; ~-**resistant power line** *n* ELECT blitzgeschützte Starkstromleitung *f*; ~ **rod** *n* ELEC ENG Blitzableiter *m*, Blitzableiterstab *m*, ELECT Blitzableiterstange *f*, SAFETY Blitzableiter *m*; ~ **strike** *n* ELECT Blitzschlag *m*; ~ **strike position** *n* ELECT Blitzeinschlagstelle *f*; ~ **stroke** *n* ELECT Blitzeinschlag *m*; ~ **surge** *n* ELECT Blitzstoß *m*

lightproof *adj* PACK lichtdicht, lichtundurchlässig

lightship *n* WATER TRANS Feuerschiff *nt*, unbeladenes Schiff *nt*

lightvessel *n* WATER TRANS Feuerschiff *nt*, unbeladenes Schiff ohne Antriebsmaschine *nt*
lightweight[1] *adj* MECHANICS leicht, PAPER Dünn- *pref*
lightweight:[2] **~ concrete** *n* CONST Leichtbeton *m*; **~ fabric** *n* TEXT leichtes Gewebe *nt*; **~ honeycomb structure** *n* PACK Leichtgewichtwabenkonstruktion *f*; **~ paper** *n* PAPER Dünnpapier *nt*
lignan *n* CHEMISTRY Lignan *nt*
lignin *n* PLAS Lignin *nt*
lignite *n* COAL TECH Lignit *m*, THERMODYN Braunkohle *f*
lignum: **~ vitae** *n* MECHANICS Guajakholz *nt*, Pochholz *nt*, WATER TRANS Pockholz *nt*
ligroin *n* CHEMISTRY Ligroin *nt*
like: **~ charges** *n pl* ELECT *electrostatics* ähnliche Ladungsmengen *f pl*; **~ poles** *n pl* ELECT ähnliche Pole *m pl*, PHYS gleichnamige Pole *m pl*
LIM *n* PLAS LIM-Verfahren *nt*
limb *n* MATH *of mathematical instrument* Teilkreis *m*, PROD ENG Kern *m*
limber: **~ hole** *n* WATER TRANS *shipbuilding* Nüstergatt *nt*
lime *n* CER & GLAS, COAL TECH, CONST Kalk *m*, FOOD TECH Kalk *m*, Limone *f*, PET TECH Kalk *m*, PROD ENG Kalk *m*, Lindenholz *nt*; **~ defecation** *n* FOOD TECH Kalkscheidung *f*; **~ mud** *n* PET TECH Kalkbohrschlamm *m*; **~ scale** *n* FOOD TECH Kalkablagerung *f*; **~ slurry** *n* CER & GLAS Kalkschlamm *m*; **~ stabilization** *n* CONST Kalkverfestigung *f*; **~-treated mud** *n* PET TECH kalkbehandelter Bohrschlamm *m*
limen *n* ERGON Grenzwert *m*
limestone *n* CER & GLAS, CONST, PROD ENG Kalkstein *m*; **~ flux** *n* METALL Kalkzuschlag *m*
limewash *n* CONST Kalktünche *f*
limewashing *n* CONST Kalken *nt*
liming *n* CONST Kalken *nt*, FOOD TECH Scheidung *f*; **~ tank** *n* FOOD TECH Kalkscheidepfanne *f*
limit[1] *n* MATH Grenzwert *m*, MECHAN ENG Grenze *f*, Limit *nt*; **~ of absolute safety** *n* POLL Unbedenklichkeitsschwelle *f*; **~ comparison** *n* INSTR Grenzwertvergleich *m*; **~ of consistency** *n* COAL TECH Konsistenzgrenze *f*; **~ of detection** *n* INSTR Nachweisgrenze *f*; **~ dimensions** *n pl* MECHAN ENG Grenzabmessungen *f pl*; **~ of elasticity** *n* MECHAN ENG Dehngrenze *f*, Streckgrenze *f*; **~ of error** *n* METROL Fehlergrenze *f*; **~ gage** *n AmE*, **~ gauge** *n BrE* MECHAN ENG Grenzlehre *f*, METROL Grenzlehre *f*, Maßlehre *f*; **~ indicator** *n* INSTR Grenzwertanzeiger *m*, Grenzwertmelder *m*; **~ load** *n* AIR TRANS *of helicopter blade*, ELECT, MECHAN ENG Grenzlast *f*; **~ load factor** *n* AIR TRANS Grenzlastfaktor *m*; **~ of measurability** *n* INSTR Meßbarkeitsgrenze *f*; **~ rate of descent** *n* AIR TRANS *at touchdown* Sinkgrenzwert des Flugzeugs *m*; **~ setting** *n* NUC TECH Grenzwerteinstellung *f*; **~ size** *n* MECHAN ENG, MECHANICS Grenzmaß *nt*; **~ switch** *n* CONTROL, ELEC ENG, ELECT, MECHANICS Begrenzungsschalter *m*, Endschalter *m*, Grenzschalter *m*; **~ of tolerance** *n* METROL Toleranzgrenze *f*; **~ of travel** *n* NUC TECH *of moderator or absorber rod* Bewegungsbereich *m*, Endlage *f*; **~ turbine** *n* HYD EQUIP Grenzschaufelturbine *f*; **~ value relay** *n* ELECT Grenzrelais *nt*; **~ of visibility** *n* TRANS begrenzte Sichtweite *f*
limit[2] *vt* ELECTRON begrenzen
limitation: **~ of rotation angle** *n* PROD ENG *plastic valves* Drehwinkelbegrenzung *f*
limited[1] *adj* MATH beschränkt
limited:[2] **~ life fatigue** *n* COATINGS Zeitfestigkeit *f*, zum frühzeitigen Ausfall führende Materialermüdung *f*; **~ presence detector** *n* TRANS eingeschränkter Belegungsdetektor *m*; **~ progressive system** *n* TRANS *traffic* eingeschränktes Progressivsystem *nt*; **~ slip differential** *n* AUTO Sperrausgleichsgetriebe *nt*, Sperrdifferential *nt*; **~ train** *n* RAIL Schnellzug *m*, Zug mit beschränkter Platzzahl *m*; **~ waiting queue** *n* TELECOM begrenzte Warteschlange *f*
limiter *n* CONTROL Begrenzer *m*, Beschränker *m*, ELEC ENG, ELECTRON Begrenzer *m*, Begrenzerschaltung *f*, MECHAN ENG, RAD TECH, RECORD, SPACE Begrenzer *m*, TELECOM Begrenzer *m*, Begrenzungsschaltkreis *m*, TELEV Begrenzungsschaltkreis *m*; **~ amplifier** *n* RECORD Begrenzungsverstärker *m*; **~ diode** *n* ELECTRON Begrenzerdiode *f*, Kappdiode *f*, TELEV Begrenzerdiode *f*
limiting[1] *adj* ELECTRON einschränkend, MATH, QUAL Grenz- *pref*
limiting[2] *n* ELECTRON, RECORD Begrenzung *f*; **~ amplifier** *n* ELECTRON Begrenzungsverstärker *m*; **~ concentration** *n* POLL Grenzkonzentration *f*; **~ control** *n* IND PROCESS Begrenzungsregelung *f*; **~ creep stress** *n* PROD ENG Dauerstandfestigkeit *f*; **~ current** *n* ELECT Grenzstrom *m*; **~ deviation** *n* QUAL Grenzabweichung *f*; **~ fuel assembly** *n* NUC TECH Grenzbrennstoffkassette *f*; **~ overload current** *n* ELECT maximaler Laststrom *m*; **~ oxygen index** *n (LOI)* PLAS Sauerstoffindex *m (LOI)*; **~ proportion** *n* QUAL Grenzanteil *m*; **~ quality** *n* QUAL Ablehngrenze *f*, Ausschußgrenze *f*, Grenzqualität *f*, Schlechtgrenze *f*; **~ quality level** *n* QUAL Ausschußgrenze *f*, rückzuweisende Qualitätsgrenzlage *f*; **~ resistor** *n* ELECT Strombegrenzungswiderstand *m*; **~ value** *n* QUAL, TELECOM Grenzwert *m*; **~ viscosity number** *n* FLUID PHYS Grenzviskosität *f*
limits: **~ of variation** *n pl* QUAL Streugrenzen *f pl*
limma *n* ACOUSTICS Limma *nt*
limonite *n* CHEMISTRY Limonit *m*
limp: **~ binding** *n* PRINT flexibler Umschlag *m*
LINAC *abbr (linear accelerator)* ELEC ENG, PHYS LINEAC *(Linearbeschleuniger)*
linalool *n* CHEMISTRY Coriandrol *nt*, Linalool *nt*
line:[1] **~-operated** *adj* ELEC ENG leitungsbetrieben
line[2] *n* CER & GLAS Linie *f*, COMP & DP Leitung *f*, Zeile *f*, CONTROL Band *nt*, Fließband *nt*, Produktionsband *nt*, ELEC ENG *of printed-circuit conductor* Stromkreis *m*, ELECT Leitung *f*, ELECTRON *of resistance* Linie *f*, *of spectrum* Linie *f*, GEOM Gerade *f*, Linie *f*, MATH Linie *f*, MECHAN ENG Wellenstrang *m*, NUC TECH *of pressure vessel* Leitung *f*, PRINT Linie *f*, Strich *m*, Zeile *f*, PROD ENG Kette *f*, RAD PHYS *spectral* Linie *f*, Spektrallinie *f*, RAIL Gleis *nt*, Linie *f*, RECORD Leitung *f*, *video* Zeile *f*, TELECOM Anschluß *m*, Leitung *f*, TELEV Leitung *f*, Zeile *f*, TRANS *AmE (cf queue BrE) traffic* Fahrzeugschlange *f*, WATER TRANS Leine *f*;
~ a **~ of action** *n* IND PROCESS Wirkungslinie *f*, MECHAN ENG *gearing* Eingriffslinie *f*, PROD ENG Wirkungslinie *f*; **~ adaptor** *n* COMP & DP Einbaumodem *nt*, Leitungsanschluß *m*; **~ amplifier** *n* ELECTRON, RAD TECH, RECORD Leitungsverstärker *m*; **~ amplitude control** *n* TELEV Zeilenamplitudenregelung *f*; **~ application** *n* PROD ENG Linienangriff *m*; **~ artwork** *n* PRINT Strichvorlage *f*;
~ b **~ blanking** *n* TELEV Zeilenaustastung *f*; **~-blanking level** *n* TELEV Zeilenaustastpegel *m*; **~ break** *n* ELECT Leitungsunterbrechung *f*; **~ breaker** *n* ELECT

Leitungstrennschalter *m*, Netztrennschalter *m*; ~ **of buckets** *n* CONST *conveyor* Schaufelreihe *f*; **~-by-line technique** *n* PROD ENG *metal cutting* Zeilenfräsmethode *f*;

~ c ~ **caster** *n* PRINT Zeilengießmaschine *f*; ~ **of centers** *n AmE*, ~ **of centres** *n BrE* MECHAN ENG Mittenlinie *f*; **~-choking coil** *n* ELEC ENG Leitungsschutzdrossel *f*; ~ **circuit** *n* TELECOM Teilnehmerschaltung *f*; ~ **code** *n* PACK Zeilencode *m*, TELECOM Leitungscode *m*, Übertragungscode *m*; ~ **communication** *n* COMP & DP Leitungsübertragung *f*; ~ **commutator** *n* ELECT Leitungskommutator *m*; ~ **concentrator** *n* TELECOM Leitungskonzentrator *m*, Wählsterneinrichtung *f*; ~ **configuration** *n* ELEC ENG Leitungskonfiguration *f*; ~ **connection** *n* ELECT *consumer line, power* Netzanschluß *m*; ~ **connection unit** *n* TELECOM Leitungsanschlußeinrichtung *f*; ~ **of contact** *n* MECHAN ENG Berührungslinie *f*; ~ **control** *n* COMP & DP Datenübertragungssteuerung *f*; ~ **controller** *n* ELEC ENG Leitungssteuerung *f*; ~ **coupling** *n* ELEC ENG Leitungskopplung *f*; **~-coupling transformer** *n* ELEC ENG Leitungskopplungstrafo *m*; ~ **crawl** *n* TELEV Zeilenkriechen *nt*; ~ **current** *n* ELEC ENG Leitungsstrom *m*;

~ d ~ **detector** *n AmE (cf queue detector BrE)* TRANS *traffic* Fahrzeugschlangendetektor *m*; ~ **diffusion** *n* TELEV Zeilendiffusion *f*; ~ **of direction** *n* OPT Perspektivlinie *f*; ~ **divider** *n* TELEV Zeilenfrequenzteiler *m*; ~ **drawing** *n* GEOM, PRINT Strichzeichnung *f*; ~ **driver** *n* COMP & DP Leitungstreiber *m*, Leitungsverstärker *m*; ~ **drive signal** *n* TELEV Zeilentreibersignal *nt*; ~ **drop** *n* ELEC ENG Spannungsabfall in Leitung *m*, ELECT Netzspannungsabfall *m*, PROD ENG Spannungsverlust *m*;

~ e ~ **of engagement** *n* MECHAN ENG Eingriffslinie *f*;

~ f ~ **fault** *n* ELEC ENG Leitungsfehler *m*, Leitungsstörung *f*, Netzausfall *m*, TELECOM Leitungsstörung *f*; ~ **feed** *n* COMP & DP, TELECOM *telegraphy* Zeilenvorschub *m*; **~-feeding equipment** *n* PACK Linienbeschickungsgeräte *nt pl*; ~ **filter** *n* ELECTRON Netzfilter *nt*; ~ **finder** *n* ELECTRON, TELECOM Anrufsucher *m*; ~ **flax** *n* TEXT Langflachs *m*; ~ **of flux** *n* ELEC ENG Flußlinie *f*, Kraftflußlinie *f*; ~ **flyback** *n* ELECTRON, TELEV Zeilenrücklauf *m*; ~ **focus** *n* TELEV Zeilenschärfe *f*; ~ **folding** *n* COMP & DP Zeilenumbruch *m*; ~ **of force** *n* ELEC ENG Feldstärkelinie *f*, Kraftlinie *f*, ELECT, MECHAN ENG, PHYS Kraftlinie *f*; ~ **frequency** *n* TELEV Zeilenfrequenz *f*;

~ g ~ **gage** *n AmE*, ~ **gauge** *n BrE* PRINT Typometer *m*, Zeilenmaß *nt*; ~ **geometry** *n* GEOM Liniengeometrie *f*; **~-graduated master scales** *n pl* METROL Strichskalenwaage *f*; ~ **graph** *n* COMP & DP Strichdiagramm *nt*; ~ **graphics** *n* COMP & DP Liniengrafik *f*; ~ **group** *n* ENG DRAW Liniengruppe *f*, TELECOM Leitungsbündel *nt*;

~ i ~ **impedance** *n* ELEC ENG Leitungsimpedanz *f*; ~ **in** *n* RECORD, TELEV Eingangsleitung *f*; ~ **increment** *n* COMP & DP Zeilendichte *f*; ~ **insulator** *n* ELEC ENG Leitungsisolator *m*; ~ **integral** *n* PHYS Linienintegral *nt*; ~ **interface** *n* ELEC ENG Leitungsschnittstelle *f*; ~ **interface module** *n* TELECOM Leitungsschnittstellenmodul *nt*; ~ **interfacing** *n* ELEC ENG Leitungsverbindung über Schnittstellen *f*; **~-interlaced scanning** *n* TELEV verkämmte Zeilenabtastung *f*; **~-isolating switch** *n* ELECT Netzabtrennschalter *m*;

~ l ~ **level** *n* RECORD Leitungspegel *m*, TELEV Zeilenpegel *m*; ~ **of levels** *n* CONST Gradientenzug *m*; ~ **linearity control** *n* TELEV Zeilenlinearitätsregelung *f*; ~ **losses** *n pl* ELECT Übertragungsleitungsverluste *m pl*;

~ m ~ **master** *n* ENG DRAW Strichvorlage *f*; ~ **module** *n* TELECOM Leitungsmodul *nt*; ~ **monitor** *n* TELEV Leitungsüberwachung *f*;

~ n ~ **noise** *n* ELEC ENG, ELECTRON Leitungsrauschen *nt*; ~ **number** *n* COMP & DP Leitungsnummer *f*, Zeilennummer *f*;

~ o **~-of-sight distance** *n* RAD TECH Sichtentfernung *f*; **~-of-sight radio relay link** *n* TELECOM Richtfunkverbindung innerhalb der Radiosichtweite *f*; **~-of-sight signal** *n* ELECTRON Sichtliniensignal *nt*; ~ **operation** *n* ELEC ENG Leitungsbetrieb *m*; ~ **out** *n* RECORD, TELEV Ausgangsleitung *f*; ~ **output** *n* TELEV Zeilenablenkung *f*;

~ p ~ **pad** *n* ELEC ENG Leitungsanschlußfeld *nt*; ~ **of perspective** *n* OPT Perspektivlinie *f*; ~ **pin** *n* CONST Schnurnagel *m*; ~ **printer** *n* COMP & DP Zeilendrucker *m*; ~ **profile** *n* RAD PHYS Linienprofil *nt*; ~ **profile measurement** *n* RAD PHYS *of spectral lines* Messung des Linienprofils *f*; ~ **protection** *n* ELECT Leitungsschutz *m*;

~ r ~ **reaming** *n* PROD ENG Ausreiben fluchtender Bohrungen *nt*; ~ **regulation** *n* ELEC ENG Leitungsregelung *f*, Netzregelung *f*; ~ **relay** *n* ELECT Leitungsschutz *m*; ~ **rental** *n* TELECOM Leitungsmietgebühr *f*; ~ **repeater** *n* TELECOM Leitungsverstärker *m*; ~ **reversal** *n* TELECOM Hartumpolung *f*;

~ s ~ **scanning** *n* COMP & DP, ELECTRON Zeilenabtastung *f*; ~ **segment** *n* GEOM Abschnitt auf Geraden *m*, Strecke *f*; ~ **seizure button** *n* TELECOM Leitungsbelegungstaste *f*; ~ **serving a siding** *n* RAIL Bedienungsgleis *nt*; ~ **shaft** *n* MECHAN ENG Wellenstrang *m*; ~ **of shafting** *n* MECHAN ENG Wellenstrang *m*; ~ **of sight** *n* OPT Perspektivlinie *f*, Sichtlinie *f*; ~ **signal** *n* ELECTRON Leitungszeichen *nt*; **~-signaling equipment** *n AmE*, **~-signalling equipment** *n BrE* TELECOM Leitungszeichengabegerät *nt*; ~ **skipping** *n* COMP & DP Zeilenvorschub *m*; ~ **slip** *n* TELEV Zeilenschlupf *m*; ~ **source** *n* POLL Linienquelle *f*; ~ **spacing** *n* COMP & DP Zeilenabstand *m*, ENG DRAW Linienabstand *m*, Zeilensprung *m*, PRINT Zeilenabstand *m*, Zeilenzwischenraum *m*; ~ **spectrum** *n* ACOUSTICS, RAD PHYS, TELECOM Linienspektrum *nt*; ~ **of spectrum** *n* OPT Spektrallinie *f*; ~ **spectrum** *n* OPT, PHYS Linienspektrum *nt*; ~ **speed** *n* COMP & DP Übertragungsgeschwindigkeit *f*, PACK Liniengeschwindigkeit *f*; **~-stabilized oscillator** *n* ELECTRON leitungsstabilisierter Oszillator *m*; ~ **starter** *n AmE (cf starter BrE)* ELECT Netzanlasser *m*; ~ **strainer** *n* PROD ENG *plastic valves* Schmutzfänger *m*; ~ **stretcher** *n* PHYS ausziehbare Leitung *f*; ~ **sweep** *n* TELEV Zeilenlauf *m*; ~ **switch** *n* COMP & DP Netzschalter *m*; ~ **switching** *n* COMP & DP Leitungsvermittlung *f*; ~ **system** *n* TELECOM Leitungssystem *nt*;

~ t ~ **tear** *n* TELEV Zeilenabriß *m*; ~ **tension** *n* METALL Linienspannung *f*, Längsspannung *f*; ~ **terminal** *n* ELECT Netzklemme *f*, TELECOM Leitungsendgerät *nt*, Leitungssatz *m*; ~ **terminated by an impedance** *n* PHYS durch Impedanz abgeschlossene Leitung *f*; **~-terminating equipment** *n* TELECOM Leitungsendeinrichtung *f*; ~ **termination** *n* COMP & DP Leitungsabschluß *m*; ~ **tester** *n* PRINT Fadenzähler *m*; ~ **thickness** *n* ENG DRAW Linienbreite *f*; ~ **thrower** *n* WATER TRANS Leinenschießgerät *nt*; ~ **tilt** *n* TELEV Zeilenkippen *nt*; **~-to-earth voltage** *n BrE (cf line-to-ground voltage AmE)* ELECT Leitungs- Erde-

Spannung *f*, Netz-Erde Spannung *f*, Spannung zwischen Leiter und Erde *f*; **~-to-ground voltage** *n AmE (cf line- to-earth voltage BrE)* ELECT Leitungs-Erde-Spannung *f*, Netz-Erde Spannung *f*, Spannung zwischen Leiter und Erde *f*; **~-to-line voltage** *n* ELECT Leiter-Leiter-Spannung *f*, Spannung zwischen Leitern *f*; **~-to-neutral voltage** *n* ELECT Leitung-Nulleiter-Spannung *f*, Spannung zwischen Leiter und Nullpunkt *f*; **~ transformer** *n* RAD TECH Leitungsüberträger *m*; **~ transient** *n* ELECT Netzstromstoß *m*, flüchtiger Netzvorgang *m*;

~ u **~-up tape** *n* TELEV Einfädelband *nt*; **~-up tone** *n* RECORD Einpegelungston *m*;

~ v **~ of vision** *n* OPT Sichtlinie *f*; **~ voltage** *n* ELEC ENG Leitungsspannung *f*, ELECT Netzspannung *f*; **~ voltage selector** *n* ELEC ENG Wählschalter *m*;

~ w **~ width** *n* RAD PHYS *of spectral line* Linienbreite *f*;

~ y **~ of yielding** *n* PROD ENG Lüdersche Linie *f*

line[3] *vt* CONST auskleiden, verkleiden, PRINT liniieren, WASTE *landfill* abdichten; **~ out** *vt* CONST ausfluchten

line:[4] **~-clear** *phr* RAIL Gleis frei; **~ in service** *phr* RAIL Linie in Betrieb

LINEAC *abbr (linear accelerator)* PART PHYS LINEAC *(Linearbeschleuniger)*

linear[1] *adj* GEOM, MATH, PAPER linear, PART PHYS Linear- *pref*, PHYS, RAD TECH linear

linear:[2] **~ absorption coefficient** *n* PHYS linearer Absorptionskoeffizient *m*, linearer Schwächungskoeffizient *m*; **~ accelerator** *n (LINAC)* ELEC ENG, PART PHYS, PHYS Linearbeschleuniger *m (LINEAC)*; **~ accelerator-driven reactor** *n (LADR)* NUC TECH Fusionsreaktor mit Linearbeschleuniger *m*; **~ activity** *n* NUC TECH *of line source* lineare Aktivität *f*; **~ algebra** *n* COMP & DP, MATH lineare Algebra *f*; **~ amplification** *n* ELECTRON lineare Verstärkung *f*; **~ amplifier** *n* ELECTRON, TELECOM linearer Verstärker *m*; **~ approximation** *n* TELECOM lineare Näherung *f*; **~ array** *n* ELECTRON *photodetectors, LEDs* Dipolreihe *f*; **~ attenuation coefficient** *n* NUC TECH Dämpfungskoeffizient *m*, linearer Abschwächungskoeffizient *m*, linearer Schwächungskoeffizient *m*, TELECOM Dämpfungskoeffizient *m*, linearer Abschwächungskoeffizient *m*; **~ beam amplifier** *n* ELECTRON Linearstrahlverstärker *m*; **~ beam backward wave oscillator** *n* ELECTRON Linearstrahl-Rückwärtswellen-Oszillator *m*; **~ beam tube** *n* ELECTRON Linearstrahlröhre *f*; **~ behavior** *n AmE*, **~ behaviour** *n BrE* ELECTRON Linearverhalten *nt*; **~ channel** *n* TELECOM linearer Kanal *m*; **~ characteristic** *n* ELECTRON lineare Kennlinie *f*; **~ charge density** *n* PHYS lineare Ladungsdichte *f*; **~ circuit** *n* ELECT linearer Stromkreis *m*, ELECTRON Linearkreis *m*, *for integrated circuit* Linearschaltung *f*, TELECOM lineare Schaltung *f*; **~ circuit element** *n* ELECTRON lineares Stromkreiselement *nt*; **~ code** *n* TELECOM Linearcode *m*; **~ collider** *n* PART PHYS Linear Collider *m*; **~ compression** *n* PROD ENG Stauchung *f*; **~ concentrator** *n* FUELLESS linearer Konzentrator *m*; **~ conditions** *n pl* ELEC ENG Linearbedingungen *f pl*; **~ control** *n* ELECT lineare Steuerung *f*; **~ current density** *n (A)* ELECT lineare Stromdichte *f (A)*; **~ current network** *n* ELECT lineares Stromnetz *nt*; **~ defect** *n* METALL linearer Defekt *m*; **~ detection** *n* ELECTRON lineare Gleichrichtung *f*; **~ detector** *n* ELECTRON linearer Gleichrichter *m*; **~ digital voice scrambler** *n* TELECOM linearer digitaler Sprachverwürfler *m*; **~ disc** *n BrE* OPT lineare Platte *f*; **~ disk** *n AmE see linear disc BrE* **~ dispersion** *n* RAD PHYS *of spectrograph* lineare Dispersion *f*; **~ distortion** *n* RECORD, TELECOM lineare Verzerrung *f*; **~ electric motor** *n* ELEC ENG linearer Elektromotor *m*; **~ energy transfer** *n (L)* NUC TECH, RAD PHYS lineare Energieübertragung *f (L)*; **~ equation** *n* MATH lineare Gleichung *f*; **~ expansion coefficient** *n* PHYS linearer Ausdehnungskoeffizient *m*; **~ feedback control system** *n* ELEC ENG lineares Feedback-Steuersystem *nt*; **~ filter** *n* TELECOM lineares Filter *nt*; **~ filtering** *n* TELECOM lineares Filtern *nt*; **~ four- terminal network** *n* ELECT linearer Vierpolstromkreis *m*; **~ independence** *n* MATH lineare Unabhängigkeit *f*; **~ induction motor** *n* ELECT geradliniger Asynchronmotor *m*, linearer Asynchronmotor *m*, linearer Induktionsmotor *m*; **~-integrated circuit** *n* ELECTRON lineare integrierte Schaltung *f*; **~ interpolation** *n* TELECOM lineare Interpolation *f*; **~ ionization** *n* PHYS lineare Ionisation *f*; **~ kinetic energy** *n* MECHAN ENG lineare kinetische Energie *f*; **~ list** *n* COMP & DP lineare Liste *f*; **~ machining** *n* PROD ENG Spanabnahme *f*; **~ magnification** *n* PHYS lineare Vergrößerung *f*; **~ matrix** *n* TELEV Linearmatrix *f*; **~ measurement** *n* MATH Längenmaß *nt*, lineare Abmessung *f*; **~ modulation** *n* ELECTRON lineare Modulation *f*, verzerrungsfreie Modulation *f*; **~modulator** *n* ELECTRON Linearmodulator *m*; **~ motor** *n* AUTO Linearmotor *m*; **~ network** *n* ELEC ENG Linearnetz *nt*, PHYS lineare Schaltung *f*; **~ OEM power supply** *n* ELEC ENG lineare OEM-Stromversorgung *f*; **~ operation** *n* ELEC ENG Linearbetrieb *m*; **~ optimization** *n* COMP & DP lineare Optimierung *f*, lineare Programmierung *f*, MATH lineare Optimierung *f*; **~ oscillation** *n* MECHAN ENG Linearschwingung *f*, TELECOM lineare Schwingung *f*; **~ polarization** *n* ELEC ENG lineare Polarisation *f*; **~ polymer** *n* PLAS lineares Polymer *nt*; **~ porosity** *n* CONST *welding* Porenzeile *f*; **~ potentiometer** *n* ELEC ENG Linear-Potentiometer *nt*; **~ power amplifier** *n* ELECTRON, RAD TECH, TELECOM linearer Leistungsverstärker *m*; **~ power supply** *n* ELEC ENG lineare Stromversorgung *f*; **~ predictive coding** *n (LPC)* ELECTRON, TELECOM lineare Prädiktionscodierung *f (LPC)*; **~ predictive coding vocoder** *n* TELECOM LPC-Vocoder *m*, Vocoder mit linearer Prädiktionscodierung *m*; **~ pressure** *n* PAPER Lineardruck *m*; **~ programming** *n* COMP & DP lineare Optimierung *f*, lineare Programmierung *f*, ELECTRON *BrE* lineare Programmierung *f*; **~ pulse amplifier** *n* ELECTRON Linearimpulsverstärker *m*; **~ range** *n (R)* NUC TECH linearer Bereich *m (R)*; **~ regulation** *n* ELEC ENG lineare Regelung *f*; **~ resistor** *n* ELEC ENG, ELECT, PHYS *ohmic* Linearwiderstand *m*; **~ scale** *n* ELECT lineare Skale *f*, ELECTRON Linearmaßstab *m*, METROL Linearskale *f*; **~-scaling calculation** *n* TELECOM lineare Skalierungsberechnung *f*; **~ scan** *n* ELECTRON Linearabtastung *f*; **~ Stark effect** *n* PHYS linearer Stark-Effekt *m*; **~ thermodynamics** *n* THERMODYN lineare Thermodynamik *f*; **~ time base** *n* ELECTRON Sägezahnspannung *f*; **~ transducer** *n* ACOUSTICS linearer Wandler *m*, ELEC ENG linearer Meßwandler *m*, linearer Transducer *m*; **~ tube** *n* ELECTRON Linearstrahlröhre *f*; **~ turbine** *n* WATER TRANS Linearturbine *f*; **~ variable differential transformer** *n* ELEC ENG linear variabler Differentialtransformator *m*; **~ voltage** *n* ELEC ENG Linearspannung *f*; **~ work hardening** *n* METALL lineare Kalthärtung *f*

linearity *n* ELECT, ELECTRON, RAD TECH, RECORD, TELECOM Linearität *f*; **~ control** *n* TELEV Linearitäts-

steuerung *f*; ~ **error** *n* TELEV Linearitätsfehler *m*
linearize *vt* CHEMISTRY linearisieren
linearizer *n* SPACE *communications* Linearisierungsglied *nt*
linearly: ~-**polarized mode** *n (LP mode)* OPT, TELECOM linear polarisierte Mode *f*, linear polarisierter Wellentyp *m (LP-Mode)*; ~-**polarized wave** *n* ACOUSTICS, ELEC ENG, PHYS linear polarisierte Welle *f*
lined: ~ **bag** *n* PACK Beutel mit Innenausfütterung *m*; ~ **chipboard** *n* PACK kaschierte Graupappe *f*
lineman *n* RAIL Bahnwärter *m*, Streckenaufseher *m*
linen *n* PRINT Leinen *nt*, TEXT Leinen *nt*, Weißwäsche *f*; ~ **clothing** *n* TEXT Leinenkleidung *f*
liner *n* AIR TRANS Linienflugzeug *nt*, COAL TECH Einlage *f*, MECHAN ENG *mechanical component* Buchse *f*, Büchse *f*, *of bearing* Lagerschale *f*, Schale *f*, MECHANICS Einsatzlaufbüchse *f*, NUC TECH *of pinch device* Einlage *f*, Futter *nt*, PACK *paper* Einlage *f*, Liner *m*, PAPER Deckenpapier *nt*, PET TECH Liner *m*, PROD ENG Büchse *f*, Walzplattierdeckmetall *nt*, *plastic valves* Ringbalg *m*, WATER TRANS Überseepassagierschiff *nt*; ~ **bag** *n* PACK Auswechselbeutel *m*; ~ **bushing** *n* PROD ENG Grundbüchse *f*; ~ **paper** *n* PACK, PAPER Kaschierpapier *nt*; ~ **sheet** *n* WASTE Dichtungsbahn *f*
lines: ~ **drawing** *n* WATER TRANS *ship design* Linienriß *m*; ~ **per minute** *n pl (LPM)* COMP & DP Zeilen pro Minute *f pl (LPM)*; ~ **plan** *n* WATER TRANS *ship design* Linienriß *m*
lining:[1] ~-**up** *adj* PROD ENG fluchtend
lining[2] *n* AUTO *brake, clutch* Belag *m*, CONST Auskleidung *f*, Futter *nt*, Verbau *m*, Versteifung *f*, MECHAN ENG *of bearing* Lagerausguß *m*, MECHANICS Belag *m*, Einsatz *m*, Futter *nt*, METALL Auskleidung *f*, PAPER Auskleidung *f*, Linierung *f*, PROD ENG Ausguß *m*, WATER SUP *of pump* Auskleidung *f*; ~ **compound** *n* PACK Abdichtungsmasse *f*; ~ **fabric** *n* TEXT Futterstoff *m*; ~ **figures** *n pl* PRINT Linie haltende Ziffern *f pl*; ~- **in** *n* MECHAN ENG *alignment* Ausrichtung *f*, *of shafts* Fluchten *nt*; ~ **paper** *n* PACK Kaschierpapier *nt*; ~-**up** *n* MECHAN ENG *alignment* Fluchtendmachen *nt*, PROD ENG Ausrichten *nt*; ~ **wear** *n* AUTO Belagverschleiß *m*
link[1] *n* ART INT *between nodes in graph* Bogen *m*, Kante *f*, Verbindung *f*, COMP & DP Binde- *pref*, Gelenk *nt*, Leitung *f*, Verbindung *f*, Verbindungselement *nt*, CONTROL Verbindung *f*, ELECT *in system* Glied *nt*, MECHAN ENG Bindeglied *nt*, Glied *nt*, Verbindungselement *nt*, *of chain, link motion* Binde- *pref*, Glied *nt*, *of transmission* Element *nt*, Glied *nt*, MECHANICS Kettenglied *nt*, Verbindungselement *nt*, TELECOM Leitungsabschnitt *m*, Verbindung *f*, Zwischenleitung *f*, WATER TRANS Glied *nt*; ~ **belt** *n* MECHAN ENG Gliederriemen *m*; ~ **belting** *n* PLAS Gliederriemen *m*; ~-**block guide** *n* RAIL Gleitstein *m*; ~ **budget** *n* RAD TECH *satellite* Streckenbilanz *f*, SPACE *communications* Verbindungsverlustberechnung *f*; ~-**by-link traffic routing** *n* TELECOM abschnittsweise Leitweglenkung *f*; ~ **chain** *n* MECHAN ENG Gliederkette *f*; ~ **coupling** *n* ELEC ENG Link-Kopplung *f*; ~ **editing** *n* COMP & DP Programmverbindung *f*; ~ **editor** *n* COMP & DP Binder *m*; ~ **fuse** *n* ELEC ENG Link-Sicherung *f*, ELECT Sicherungsbrücke *f*, Sicherungsglied *nt*; ~ **joint** *n* MECHAN ENG Gelenkverbindung *f*; ~ **layer** *n* COMP & DP Datensicherungsschicht *f*, TELECOM Datensicherungsschicht *f*, Verbindungsschicht *f*; ~ **loader** *n* COMP & DP Bindelader *m*; ~ **margins** *n pl* TELECOM *microwave link* Schwundreserve *f*; ~ **motion** *n* MECHAN ENG Kulissensteuerung *f*; ~ **plate** *n* MECHAN ENG *of chain*, PROD ENG Lasche *f*; ~ **power budget** *n* TELECOM Leistungsbilanz einer Übertragungsstrecke *f*, Systembilanz *f*; ~ **protocol** *n* COMP & DP Verbindungsprotokoll *nt*, Übermittlungsvorschrift *f*; ~ **relay** *n* ELEC ENG Kettenrelais *nt*, Link-Relais *nt*; ~ **rod** *n* MECHAN ENG Verbindungsstange *f*; ~ **suspension** *n* RAIL Schakengehänge *nt*; ~ **system** *n* TELECOM Zwischenleitungsanordnung *f*; ~ **trainer** *n* AIR TRANS Drehscheibenfluglehrapparat *m*
link:[2] ~-**edit** *vt* COMP & DP Programmverbindung herstellen; ~ **up** *vt* TELECOM *line* heranführen
linkage *n* AUTO Gestänge *nt*, COMP & DP Programmverknüpfung *f*, Verbindung *f*, MECHAN ENG Kopplung *f*, MECHANICS Gestänge *nt*, Verkettung *f*, NUC TECH Verbindung *f*, PLAS Bindung *f*; ~ **editor** *n* COMP & DP Binderprogramm *nt*, Linkage-Editor *m*; ~ **path** *n* COMP & DP Verbindungspfad *m*; ~ **power-steering system** *n* AUTO Servolenkgestängesystem *nt*; ~ **software** *n* COMP & DP Programmverbindungssoftware *f*
linked[1] *adj* COMP & DP *programs* verbunden, MECHANICS gelenkig verbunden; ~ **together** *adj* TELECOM miteinander verbunden
linked:[2] ~ **circuits** *n pl* ELECT verbundene Stromkreise *m pl*; ~ **lights** *n pl* TRANS grüne Welle *f*; ~ **traffic signal control** *n* TRANS Grüne-Welle-Verkehrssignalsteuerung *f*
linker *n* COMP & DP Binder *m*
linking *n* COMP & DP Binde- *pref*, MECHAN ENG Kopplung *f*, Verbindung *f*, TELECOM Verbindung *f*; ~ **loader** *n* COMP & DP Bindelader *m*
linocut *n* PRINT Linolschnitt *m*
linoleate *n* CHEMISTRY Linoleat *nt*, Octadecadienat *nt*
linoleic[1] *adj* CHEMISTRY Linol- *pref*
linoleic:[2] ~ **acid** *n* FOOD TECH, PLAS Linolsäure *f*
linoleine *n* CHEMISTRY Linolein *nt*
linolenic *adj* CHEMISTRY Linolen- *pref*
Linotype® *n* PRINT Linotype® *f*
linseed: ~ **oil** *n* CHEMISTRY Leinsaatöl *nt*, CONST, WATER TRANS Leinöl *nt*
lint: ~-**free cloth** *n* MECHANICS fusselfreie Kleidung *f*
lintel *n* CONST *window, door* Fenstersturz *m*, Türsturz *m*
lip *n* CER & GLAS Ausguß *m*, CONST Ausguß *m*, Überlaufkante *f*, LAB EQUIP Rand *m*, Schnabel *m*, MECHAN ENG Schneidlippe *f*, *of drill, seal* Lippe *f*, PROD ENG Hauptschneide *f*, Lippe *f*; ~ **angle** *n AmE* PROD ENG Keilwinkel *m*; ~ **microphone** *n* ACOUSTICS Lippenmikrofon *nt*; ~ **reading** *n* ACOUSTICS Lippenlesen *nt*; ~ **seal** *n* MECHAN ENG, MECHANICS Lippendichtung *f*; ~-**sync** *n* RECORD Lippensynchronisation *f*; ~-**type seal** *n* MECHAN ENG Lippendichtung *f*
lipase *n* CHEMISTRY Lipase *f*
lipid *n* CHEMISTRY Lipid *nt*; ~ **value** *n* FOOD TECH Fettkennzahl *f*
lipoid *adj* CHEMISTRY fettartig, fettähnlich, lipoid
lipophile *adj* CHEMISTRY fettaffin, lipophil
lipophilic *adj* CHEMISTRY fettaffin, lipophil
lipopolysaccharide *n* CHEMISTRY Lipopolysaccharid *nt*
liposoluble *adj* CHEMISTRY fettlöslich
lipped: ~ **cover tile** *n* CER & GLAS Deckplatte mit Rand *f*
liquate *vt* PROD ENG ausseigern
liquation *n* PROD ENG Seigerung *f*
liquefaction *n* THERMODYN Verflüssigung *f*; ~ **of gases** *n* MECHAN ENG, THERMODYN Gasverflüssigung *f*
liquefied[1] *adj* THERMODYN verflüssigt
liquefied:[2] ~ **natural gas** *n (LNG)* PET TECH, THERMO-

DYN Flüssigerdgas *nt (LNG)*; ~ **natural gas tanker** *n* WATER TRANS Flüssigerdgastanker *m*; ~ **petroleum gas** *n (LPG)* AUTO, HEAT & REFRIG, PET TECH, THERMODYN, WATER TRANS Flüssiggas *nt (LPG)*; ~ **petroleum gas bus** *n* AUTO Flüssiggasbus *m*; ~ **petroleum gas carrier** *n* THERMODYN Flüssiggastransporter *m*; ~ **petroleum gas engine** *n* AUTO Flüssiggasmotor *m*, Ottogasmotor *m*; ~ **petroleum gas tanker** *n* WATER TRANS Flüssiggastanker *m*

liquefier *n* HEAT & REFRIG Verflüssiger *m*

liquefy *vt* THERMODYN sich verflüssigen

liquid[1] *adj* THERMODYN flüssig; **~-cooled** *adj* THERMODYN flüssigkeitsgekühlt; ~ **metal cooled** *adj* THERMODYN mit Flüssigmetallkühlung

liquid[2] *n* HEAT & REFRIG, THERMODYN Flüssigkeit *f*; ~ **air** *n* THERMODYN flüssige Luft *f*, flüssiger Stickstoff *m*; ~ **ammonia** *n* THERMODYN Salmiakgeist *m*, flüssiger Ammoniak *m*; ~ **bipropellant propulsion** *n* SPACE *spacecraft* Doppelflüssigtreibstoffantrieb *m*, Zweikomponententreibstoffantrieb *m*; ~ **chiller** *n* HEAT & REFRIG Flüssigkeitskühler *m*; ~ **chlorine** *n* THERMODYN flüssiges Chlor *nt*; ~ **chromatography** *n* POLL Flüssigchromatographie *f*; ~ **column** *n* MECHAN ENG Flüssigkeitssäule *f*; ~ **compass** *n* WATER TRANS Fluidkompaß *m*, Schwimmkompaß *m*; ~ **controller** *n* ELEC ENG Flüssigkeitsregler *m*; **~-cooled engine** *n* AUTO flüssiggekühlter Motor *m*; ~ **cooling** *n* THERMODYN Flüssigkeitskühlung *f*; ~ **crystal** *n* COMP & DP Flüssigkristall *m*, ELECT *(LC)* Flüssigkristall *m (LC)*, ELECTRON, NUC TECH, TELECOM Flüssigkristall *m*; ~ **crystal display** *n (LCD)* COMP & DP, ELECT, ELECTRON, INSTR, TELECOM, TELEV, THERMODYN Flüssigkristallanzeige *f (LCD)*; ~ **drop model** *n* NUC TECH Flüssigkeitstropfenmodell *nt*; ~ **expansion thermometer** *n* THERMODYN Flüssigkeitsthermometer *nt*; ~ **flow** *n* FLUID PHYS Flüssigkeitsströmung *f*, NUC TECH Flüssigkeitsstrom *m*; ~ **flow counter** *n* HEAT & REFRIG Durchflußzähler *m*; ~ **flow counter tube** *n* HEAT & REFRIG Tauchzählrohr *nt*; ~ **fuel** *n* THERMODYN Flüssigtreibstoff *m*; ~ **fuel engine** *n* THERMODYN Motor für Flüssigtreibstoff *m*; ~ **fuel rocket** *n* THERMODYN Flüssigrakete *f*; ~ **fuels** *n pl* HEAT & REFRIG flüssige Brennstoffe *m pl*; ~ **hardening** *n* PROD ENG Tauchhärtung *f*; ~ **helium** *n* THERMODYN flüssiges Helium *nt*; ~ **honing** *n* MECHAN ENG Flüssigkeits-honen *nt*, PROD ENG Naßputzen *nt*, Wasserputzstrahlen *nt*; ~ **hydrogen** *n* SPACE Flüssigwasserstoff *m*, THERMODYN flüssiger Wasserstoff *m*; ~ **injection moulding** *n* PLAS LIM-Verfahren *nt*; ~ **laser** *n* ELECTRON Flüssigkeitslaser *m*; ~ **laser medium** *n* ELECTRON Flüssigkeitslasermedium *nt*; ~ **level** *n* PACK Flüssigkeitsstand *m*, PET TECH Füllstand *m*; ~ **level control** *n* PACK Flüssigkeitsstandregler *m*, Füllstandüberwachung *f*; ~ **level indicator** *n* INSTR Flüssigkeitsstandanzeiger *m*, Füllstandsanzeiger *m*, Niveauanzeiger *m*, PACK Flüssigkeitsstandanzeiger *m*, Sichtglas *nt*, Standmesser *m*; ~ **limit** *n* COAL TECH Fließgrenze *f*, größter Wassergehalt *m*, CONST Fließgrenze *f*; ~ **limit device** *n* COAL TECH Fließgrenzgerät *nt*; ~ **measure** *n* METROL Flüssigkeitsmaß *nt*, Hohlmaß *nt*, PROD ENG Hohlmaß *nt*; ~ **metal** *n* COAL TECH Flüssigmetall *nt*; ~ **metal heat exchanger** *n* THERMODYN Flüssigmetall-Wärmeaustauscher *m*; ~ **metal ion source** *n* RAD PHYS Flüssigmetallionenquelle *f*; ~ **monopropellant** *n* THERMODYN flüssiges Monergol *nt*; ~ **natural gas bus** *n* AUTO Flüssigerdgasbus *m*; ~ **natural gas carrier** *n* THERMODYN Flüssigerdgastransporter *m*, TRANS Erdgastanker *m*; ~ **nitrogen** *n* SPACE Flüssigstickstoff *m*; ~ **only phase** *n* THERMODYN reine Flüssigphase *f*; ~ **oxygen** *n (lox)* SPACE, THERMODYN Flüssigsauerstoff *m (LOX)*; ~ **packaging line** *n* PACK Verpackungslinie für Flüssigstoffe *f*; ~ **paraffin** *n* THERMODYN flüssiges Paraffin *nt*; ~ **phase** *n* THERMODYN Flüssigphase *f*; ~ **phase epitaxy** *n* ELECTRON Flüssigphasenepitaxie *f*; ~ **propellant** *n* SPACE, THERMODYN Flüssigtreibstoff *m*; ~ **propellant rocket** *n* THERMODYN Flüssigrakete *f*; ~ **propellant system** *n* SPACE *spacecraft* Flüssigantriebsystem *nt*; ~ **quart** *n* METROL Quart *nt*; ~ **rheostat** *n* ELECT Flüssigkeitswiderstand *m*; ~ **rubber** *n* PLAS flüssiger Kautschuk *m*; ~ **seal** *n* MECHAN ENG Flüssigkeitsverschluß *m*; ~ **slosh** *n* SPACE Flüssigschmiere *f*, Flüssigkeitsguß *m*; ~ **sludge** *n* WASTE Flüssigschlamm *m*, Naßschlamm *m*; ~ **slurry** *n* NUC TECH dünnflüssiger Schlamm *m*; ~ **starter** *n* ELEC ENG Flüssigkeitsanlasser *m*; ~ **starter resistance** *n* ELECT flüssiger Anlaßwiderstand *m*; ~ **thermometer** *n* THERMODYN Flüssigkeitsthermometer *nt*; ~ **tripropellant** *n* THERMODYN flüssiges Triergol *nt*; ~ **vapor equilibrium diagram** *n AmE*, ~ **vapour equilibrium diagram** *n BrE* THERMODYN Siedepunktkurve *f*; ~ **waste** *n* WASTE flüssiger Abfall *m*

liquidity: ~ **index** *n* COAL TECH Flüssigkeitsindex *m*

liquidproof[1] *adj* PACK flüssigkeitsfest

liquidproof:[2] ~ **carton** *n* PACK flüssigkeitsfester Karton *m*

liquidus: ~ **line** *n* METALL Liquiduslinie *f*

liquor: **~-to-goods ratio** *n* TEXT Verhältnis Flotte zu Ware *nt*

L-iron *n* METALL L-Eisen *nt*

LISP *abbr (list-programming language)* COMP & DP LISP *(Listenprogrammiersprache)*

Lissajous: ~ **figure** *n* PHYS, RAD TECH Lissajoussche Figur *f*

list[1] *n* COMP & DP Liste *f*, WATER TRANS Schlagseite *f*; ~ **of lights** *n* WATER TRANS *navigation* Leuchtfeuerverzeichnis *nt*; ~ **price** *n* PROD ENG *plastic valves* Listenpreis *m*; ~ **processing** *n* COMP & DP Listenverarbeitung *f*; **~-programming language** *n (LISP)* COMP & DP Listenprogrammiersprache *f (LISP)*; ~ **structure** *n* COMP & DP Listenstruktur *f*

list[2] *vt* COMP & DP aufführen, auflisten

list[3] *vi* WATER TRANS Schlagseite haben

listening: ~ **in** *n* TELECOM Mithören *nt*

listing *n* COMP & DP Auflistung *f*, *of program* Listing *nt*

liter *n AmE see litre BrE*

literal *n* COMP & DP Literal *nt* ~ **algebra** *n* MATH Buchstabenalgebra *f*; ~ **equation** *n* MATH Buchstabengleichung *f*, algebraische Gleichung *f*; ~ **error** *n* PRINT Buchstabenfehler *m*

litharge *n* CHEMISTRY Bleioxid *nt*, PLAS Bleiglätte *f*, Lithargit *m*

lithergol *n* SPACE Lithergol *nt*, THERMODYN hybrider Treibstoff *m*

lithium *n (Li)* CHEMISTRY Lithium *nt (Li)*; ~ **battery** *n* ELEC ENG Lithiumbatterie *f*; **~-chlorine storage battery** *n* AUTO Lithiumchloridakkumulator *m*

lithograph *n* PRINT *product* Lithographie *f*

lithographic: ~ **mask** *n* ELECTRON Lithomaske *f*; ~ **print** *n* PRINT Lithographie *f*; ~ **process** *n* ELECTRON lithografischer Vorgang *m*

lithography *n* ELECTRON Lithografie *f*, PRINT *process* Lithographie *f*

lithoplate *n* PRINT lithographische Platte *f*
lithosphere *n* FUELLESS Lithosphäre *f*
litmus: ~ **paper** *n* PROD ENG Lackmuspapier *nt*
litographed: ~ **package** *n* PACK lithographierte Packung *f*
litosphere *n* POLL Litosphäre *f*
litre *n BrE* METROL, PHYS Liter *m*
litter *n* WASTE Gerümpel *nt*, Straßenkehricht *m*
Littleton: ~ **softening point** *n* CER & GLAS Littletontemperatur *f*
littoral[1] *adj* WATER TRANS *geography* Küsten- *pref*, litoral
littoral[2] *n* WATER TRANS Gezeitenzone *f*, Litoral *nt*
live[1] *adj* ELEC ENG stromführend, unter Spannung stehend, ELECT spannungstragend, MECHAN ENG *centre of lathe* mitlaufend, PHYS *electrical supply* spannungsführend, stromführend, PROD ENG mitlaufend, TELEV live
live:[2] ~ **area** *n* PRINT Satzfläche *f*, Satzspiegel *m*; ~ **axle** *n* AUTO *transmission*, MECHAN ENG Antriebsachse *f*; ~ **broadcast** *n* TELEV Live- Sendung *f*; ~ **camera** *n* TELEV Live-Kamera *f*; ~ **center** *n AmE*, ~ **centre** *n BrE* MECHAN ENG *of lathe* mitlaufende Spitze *f*; ~ **circuit** *n* ELEC ENG stromführender Kreis *m*; ~ **coal** *n* COAL TECH glühende Kohle *f*; ~ **coverage** *n* TELEV Live-Übertragung *f*; ~ **display** *n* PHYS Momentananzeige *f*; ~ **end** *n* RECORD *of room* Reflexionswand *f*; **~-end dead-end studio** *n* RECORD Studio mit Reflexions- und schalltoter Wand *nt*; ~ **line** *n* ELECT spannungstragende Leitung *f*; ~ **line indicator** *n* ELECT *overhead line*, SAFETY Anzeiger für spannungstragende Leitung *m*; ~ **load** *n* CONST Nutzlast *f*, Verkehrslast *f*; ~ **matter** *n* PRINT Stehsatz *m*; ~ **microphone** *n* RECORD stromführendes Mikrofon *m*; ~ **music** *n* RECORD direktübertragene Musik *f*; ~ **oil** *n* THERMODYN gashaltiges Öl *nt*; ~ **pass** *n* PROD ENG *Rolling* Arbeitstisch *m*; ~ **rail** *n* RAIL Stromschiene *f*, dritte Schiene *f*; ~ **room** *n* ERGON Raum mit geringer Schallabsorption *m*; ~ **sound** *n* RECORD direktübertragener Ton *m*; ~ **spindle** *n* MECHAN ENG *of lathe* Mitnehmerspindel *f*; ~ **steam** *n* HYD EQUIP Direktdampf *m*, Frischdampf *m*, MECHAN ENG, NUC TECH *of turbine*, THERMODYN Frischdampf *m*; ~ **steam injector** *n* HYD EQUIP Direktdampfinjektor *m*, Frischdampfinjektor *m*; ~ **storage** *n* WATER SUP nutzbarer Speicherraum *m*; ~ **studio** *n* RECORD halliges Studio *nt*; ~ **weight** *n* AUTO Nutzlast *f*; ~ **wire** *n* ELEC ENG stromführende Leitung *f*, stromführender Draht *m*; **~-zero instrument** *n* INSTR Meßgerät mit lebendigem Nullpunkt *nt*
liveness *n* ACOUSTICS Halligkeit *f*
living: ~ **community** *n* POLL Lebensgemeinschaft *f*; ~ **hinge** *n* PLAS Filmgelenk *nt*, Filmscharnier *nt*
lixiviate *vt* PROD ENG, WASTE auslaugen
lixiviation *n* PROD ENG, WASTE Auslaugung *f*
LLL *abbr (low-level language)* COMP & DP maschinenorientierte Programmiersprache *f*, niedere Programmiersprache *f*
Lloyd's: ~ **mirror** *n* PHYS Lloydscher Spiegel *m*
LLV *abbr (lunar logistics vehicle)* SPACE *spacecraft* Mondversorgungsfahrzeug *nt*
lm *abbr (lumen)* METROL, PHYS, TELEV lm *(Lumen)*
LM[1] *abbr (lunar module)* SPACE *spacecraft* LM *(Lunar-Modul)*
LM:[2] ~ **hangar** *n* SPACE *spacecraft* LM-Hangar *m*
L-network *n* ELEC ENG L-Netz *nt*
LNG[1] *abbr (liquefied natural gas)* PET TECH, THERMODYN LNG *(Flüssigerdgas)*
LNG:[2] ~ **bus** *n* AUTO LNG-Bus *m*; ~ **carrier** *n* THERMODYN, TRANS LNG-Transporter *m*; ~ **tanker** *n* WATER TRANS LNG-Tanker *m*
load:[1] **on no** ~ *adj* MECHAN ENG im Leerlauf
load[2] *n* COAL TECH Ladung *f*, COMP & DP Belastung *f*, Belegung *f*, ELECT Last *f*, HYD EQUIP, MECHAN ENG Belastung *f*, Last *f*, MECHANICS Ballast *m*, Belastung *f*, Last *f*, *of cam* Vorsprung *m*, METALL Belastung *f*, Last *f*, PAPER, PROD ENG, RAD TECH Belastung *f*, TELECOM Belastung *f*, Last *f*, WATER TRANS Fracht *f*, Ladung *f*; ~ **angle** *n* ELECT *electric power* Lastwinkel *m*; **~-bearing capacity** *n* MECHAN ENG Tragkraft *f*, Tragfähigkeit *f*; **~- bearing wall** *n* CONST tragende Wand *f*; ~ **capacitance** *n* ELEC ENG Lastkapazität *f*; ~ **capacity** *n* AIR TRANS Ladefähigkeit *f*; ~ **cell** *n* INSTR Druckmeßdose *f*, Kraftmeßdose *f*; ~ **chain** *n* MECHAN ENG *of pulley block or hoist*, SAFETY *of hoist* Lastkette *f*; ~ **characteristic** *n* AIR TRANS Belastungscharakteristik *f*, ELEC ENG Lastcharakteristik *f*, Lastkennlinie *f*, ELECT Leistungsganglinie *f*; ~ **circuit** *n* ELECT Laststromkreis *m*, TELECOM Verbraucherstromkreis *m*; ~ **combination** *n* QUAL Beanspruchungskombination *f*; **~-commutated converter** *n* ELECT unter Last kommutierbarer Umformer *m*; ~ **curve** *n* ELEC ENG Belastungskurve *f*, Belastungsdiagramm *nt*, ELECT Lastkurve *f*; ~ **diagram** *n* MECHANICS Belastungsschaubild *nt*, Belastungsdiagramm *nt*; ~ **dispatcher** *n* ELECT Leitungsabfertiger *m*; ~ **displacement** *n* WATER TRANS Ladeverdrängung *f*; ~ **distribution** *n* AIR TRANS, CONST, MECHAN ENG Lastverteilung *f*; ~ **distribution manifest** *n* AIR TRANS Lastverteilungsliste *f*, Lastverteilungsmanifest *nt*; ~ **duration curve** *n* ELECT Lastdauerkurve *f*, Lastverlaufkurve *f*; ~ **factor** *n* ELEC ENG Belastungskoeffizient *m*, HEAT & REFRIG Lastfaktor *m*, MECHANICS Belastungsfaktor *m*, Ladefaktor *m*, TRANS Lastfaktor *m*, Lastvielfaches *nt*, Nutzladefaktor *m*, Sitzladefaktor *m*; ~ **fluctuation** *n* ELECT Lastschwankung *f*; ~ **fluctuation pattern** *n* SPACE Belastungsveränderungsmuster *nt*; ~ **frequency control** *n* ELECT Lastfrequenzregelung *f*; ~ **governor** *n* PAPER Belastungsregler *m*; ~ **hook up** *n* AIR TRANS *helicopter* Deflektor *m*, Lasthaken *m*; ~ **impedance** *n* ELEC ENG, PHYS Lastimpedanz *f*, TELECOM Belastungswiderstand *m*, Lastimpedanz *f*; ~ **inductance** *n* ELEC ENG Lastinduktanz *f*; ~ **leads** *n pl* ELEC ENG Leistungsleitungen *f pl*; ~ **limit** *n* MECHAN ENG Belastungsgrenze *f*; ~ **limiting** *n* ELEC ENG Lastbegrenzung *f*; ~ **line** *n* AIR TRANS Lademarke *f*, ELEC ENG Belastungskennlinie *f*, Widerstandskennlinie *f*, MECHAN ENG Belastungslinie *f*, WATER TRANS Ladelinie *f*; ~ **loss** *n* ELECT Lastabwurf *m*; ~ **no-load ratio** *n* AUTO Last- Leer-Verhältnis *nt*; ~ **peak** *n* ELECT Lastspitze *f*, *electricity consumption* Verbrauchsspitze *f*; ~ **point** *n* COMP & DP Ladeadresse *f*, Ladepunkt *m*; ~ **rating** *n* MECHAN ENG Belastbarkeit *f*, Tragfähigkeit *f*; ~ **regulation** *n* ELEC ENG Belastungsregelung *f*; ~ **release** *n* AIR TRANS Ausklinken der Ladung *nt*, Entriegelung der Ladung *f*; ~ **resistance** *n* ELEC ENG Belastungswiderstand *m*, PHYS Belastungswiderstand *m*, Lastwiderstand *m*; ~ **resistor** *n* ELEC ENG *component*, ELECT Lastwiderstand *m*; **~-sensitive braking** *n* TRANS lastabhängige Bremsung *f*; **~-sharing system** *n* TELECOM Lastteilungssystem *nt*; ~ **shedding** *n* ELEC ENG Lastabwurf *m*, ELECT Lastabschaltung *f*, Lastabwurf *m*; ~ **switch** *n* ELECT Lastschalter *m*; **~-tap-changer** *n* ELECT Ab-

zapfwechsel bei Last *m*, Unter-Last Abzapfwechsel *m*; ~ **test** *n* ELECT Lastprüfung *f*, Unterlastprüfung *f*; ~ **on top** *n* POLL *process* Load-on-Top *f*; ~ **transfer** *n* ELECT Lastumschaltung *f*, Lastübergabe *f*, TELECOM Lasttransfer *m*; ~ **value** *n* TRANS Ladewert *m*; ~ **variation** *n* ELECT Lastverlauf *m*; ~ **waterline** *n* WATER TRANS *shipbuilding* Konstruktionswasserlinie *f*

load[3] *vt* COMP & DP einspannen, erstellen, laden, CONST beanspruchen, belasten, MECHANICS beladen, RAD TECH laden, WATER TRANS *ship* beladen

loaded[1] *adj* ELEC ENG beladen, belastet

loaded:[2] ~ **cable** *n* ELEC ENG Pupinkabel *nt*, belastetes Kabel *nt*, TELECOM bespultes Kabel *nt*; ~ **capacity** *n* COAL TECH geladene Kapazität *f*; ~ **displacement** *n* WATER TRANS Ladeverdrängung *f*; ~ **impedance** *n* ACOUSTICS Eingangsimpedanz *f*; ~ **machine** *n* MECHAN ENG unter Last laufende Maschine *f*

loader *n* AUTO Pflugbagger *m*, COMP & DP Ladeprogramm *nt*, Lader *m*, TRANS *attached to network* Ladegerät *nt*, WATER TRANS Schiffsverlader *m*; ~ **backhoe** *n* CONST Frontlader-Tieflöffelkombination *f*

loading *n* COMP & DP Lade- *pref*, Laden *nt*, CONST Lade- *pref*, ELEC ENG Beladung *f*, Belastung *f*, Pupinisierung *f*, MECHAN ENG Beladung *f*, *feeding* Beschickung *f*, PROD ENG Belastung *f*, Zubringen *nt*, RECORD *of loudspeaker* Belastung *f*, SPACE Beladung *f*, Belastung *f*, TRANS Beladung *f*, Ladung *f*, Lade- *pref*, WATER TRANS Lade- *pref*; ~ **area** *n* AIR TRANS *airport* Ladebereich *m*; ~ **bridge** *n* RAIL Ladebrücke *f*, Verladebrücke *f*, TRANS, WATER TRANS Verladebrücke *f*; ~ **capacity** *n* AUTO Tragfähigkeit *f*, MECHAN ENG Belastbarkeit *f*; ~ **chute** *n* PROD ENG Teilezuführrutsche *f*; ~ **coil** *n* ELEC ENG, ELECT Lastspule *f*, Pupinspule *f*, PHYS *communication line* Belastungsspule *f*, Pupinspule *f*, RAD TECH Verlängerungsspule *f*; ~ **conveyor** *n* TRANS Verladeband *nt*; ~ **crane** *n* RAIL Ladekran *m*; ~ **device** *n* PROD ENG Beschickungseinrichtung *f*; ~ **dock** *n* WATER TRANS Ladekai *m*; ~ **door** *n* AIR TRANS Ladeklappe *f*, Ladeluke *f*; ~ **factor** *n* SPACE *communications* Belastungsfaktor *m*, Ladefaktor *m*; ~ **function** *n* METALL Belastungsfunktion *f*; ~ **gage** *n AmE*, ~ **gauge** *n BrE* RAIL Lademaß *nt*, Meßrahmen *m*; ~ **hopper** *n* WASTE Mülleinfülltrichter *m*; ~ **mechanism** *n* WASTE Beschickungseinrichtung *f*; ~ **platform** *n* CONST, RAIL Laderampe *f*; ~ **ramp** *n* AIR TRANS Laderampe *f*; ~ **routine** *n* COMP & DP Ladeprogramm *nt*; ~ **shovel** *n* CONST Hublader *m*, Ladeschaufel *f*; ~ **siding** *n* RAIL Ladegleis *nt*; ~ **slot** *n* TELEV Ladeschlitz *m*; ~ **test** *n* CONST Belastungsprüfung *f*

loaf *vt* PROD ENG leerlaufen

loafing *n* PROD ENG Leerlauf *m*

loam *n* CONST Lehm *m*, Ziegelton *m*, PROD ENG, WATER SUP Lehm *m*; ~ **board** *n* PROD ENG Drehbrett *nt*, Schablonenarm *m*; ~ **mold** *n AmE*, ~ **mould** *n BrE* PROD ENG Lehmform *f*; ~ **plate** *n* PROD ENG Bodenplatte *f*, Schablonengrundplatte *f*

lobe *n* PROD ENG Flügel *m*, Lappen *m*, RAD TECH, SPACE *communications* Strahlungskeule *f*

lobed: ~-**impeller gas meter** *n* INSTR Drehkolbengasmeßgerät *nt*

lobelia: ~ **alkaloid** *n* CHEMISTRY Lobeliaalkaloid *nt*

lobeline *n* CHEMISTRY Lobelin *nt*

local[1] *adj* COMP & DP Lokal- *pref*, lokal, TELECOM Orts- *pref*

local:[2] ~ **alignment** *n* ELECTRON örtliche Ausrichtung *f*; ~ **area network** *n (LAN)* COMP & DP, TELECOM lokales Netz *nt (LAN)*; ~ **battery** *n (LB)* COMP & DP Ortsbatterie *f (LB)*, ELEC ENG lokale Batterie *f (LB)*; ~ **broadcasting** *n* RAD TECH Regionalrundfunk *m*; ~ **broadcasting station** *n* RAD TECH Regionalrundfunksender *m*; ~ **call** *n* TELECOM Ortsgespräch *nt*; ~ **capacity** *n* TRANS Ortskapazität *f*; ~-**charge-rate call** *n* TELECOM Gespräch zu Ortsgebühr *nt*; ~-**charge-rate trunk call** *n* TELECOM Ferngespräch zu Ortsgebühr *nt*; ~ **control** *n* MECHANICS Bedienung am Gerät *f*, Nachbedienung *f*; ~ **controller** *n* TRANS lokales Steuergerät *f*; ~ **copy** *n* TELECOM Eigenkopie *f*; ~ **corrosion** *n* MECHAN ENG lokale Korrosion *f*; ~ **declaration** *n* COMP & DP lokale Erklärung *f*; ~ **distribution cable** *n* TELECOM Ortsaufteilungskabel *nt*; ~ **distribution network** *n* TELECOM Ortsverteilungsnetz *nt*; ~ **emission** *n* POLL örtliche Emissionsquelle *f*; ~ **emission source** *n* POLL örtliche Emissionsquelle *f*; ~ **exchange** *n* TELECOM OVSt, Ortsamt *nt*, Ortsvermittlungsstelle *f*; ~ **exchange area** *n* TELECOM OFN, Ortsfernsprechnetz *nt*, Ortsnetz *nt*; ~ **intersection controller** *n* TRANS lokales Kreuzungssteuergerät *nt*; ~ **junction** *n* TELECOM Ortsverbindung *f*; ~ **line concentrator** *n* TELECOM Ortsleitungskonzentrator *m*; ~ **maintenance** *n* TELECOM Wartung am Ort *f*; ~ **mean time** *n* TRANS mittlere Ortszeit *f*; ~ **memory** *n* COMP & DP Lokalspeicher *m*; ~ **mode** *n* COMP & DP Lokalbetrieb *m*, stationärer Betrieb *m*, Lokalmodus *m*; ~ **network** *n* ELECT *electric power system*, TELECOM *telephone system* ON, Ortsnetz *nt*; ~ **operation** *n* TELECOM Nahbetrieb *m*, Ortsbetrieb *m*; ~ **oscillator** *n* ELECTRON Empfangsoszillator *m*, Hilfsoszillator *m*, PHYS eingebauter Oszillator *m*, RAD TECH Empfangsoszillator *m*, Lokaloszillator *m*, Überlagungsoszillator *m*, SPACE *communications* Festfrequenzoszillator *m*, TELECOM Empfangsoszillator *m*; ~ **oscillator frequency** *n* ELECTRON, RAD TECH, TELECOM Empfangsoszillatorfrequenz *f*; ~ **oscillator signal** *n* ELECTRON Empfangsoszillatorsignal *nt*; ~ **oscillator tube** *n* ELECTRON Empfangsoszillatorröhre *f*; ~ **oxidation** *n* ELECTRON Oxydwandisolation *f*; ~ **program** *n AmE*, ~ **programme** *n BrE* RAD TECH, TELEV Regionalprogramm *nt*; ~ **section** *n* ENG DRAW Teilschnitt *m*; ~ **stress** *n* METALL örtliche Beanspruchung *f*; ~ **traffic** *n* TRANS Nahverkehr *m*, Ortsverkehr *m*; ~ **traffic information** *n* TRANS Nahverkehrsinformation *f*, innerörtliche Verkehrsbedienung *f*; ~ **train** *n* RAIL Vorortzug *m*; ~ **user terminal** *n (LUT)* TELECOM Ortsteilnehmerendstelle *f*, WATER TRANS *satellite location* Bodenstation *f (LUT)*; ~ **variable** *n* COMP & DP lokale Variable *f*; ~ **yielding** *n* METALL örtliche Nachgiebigkeit *f*

localize *vt* COMP & DP eingrenzen, lokalisieren

localized[1] *adj* PROD ENG ortsgebunden, punktförmig

localized:[2] ~ **fringes** *n pl* PHYS lokalisierte Interferenzen *f pl*

localizer *n* TRANS *aircraft* Landeführungsgerät *nt*; ~ **beam** *n* AIR TRANS Funkleitstrahl *m*; ~ **beam heading** *n* AIR TRANS Kursfunksteuerkurs *m*

locally: ~ **high vorticity** *n* FLUID PHYS örtlich starke Rotation *f*; ~-**oxided junction** *n* ELECTRON lokal oxidierter Übergang *m*

locate *vt* CONST Standort festlegen, in Lage bringen, ELEC ENG abgrenzen, anordnen, orten, WATER TRANS anpeilen, orten

locating[1] *adv* PHOTO Arretier- *pref*

locating[2] *n* TELECOM *fault* Eingrenzung *f*; ~ **disc** *n BrE*

MECHAN ENG Paßscheibe *f*; ~ **disk** *n AmE see locating disc BrE* ~ **hole** *n* MECHAN ENG Paßbohrung *f*; ~ **key** *n* MECHANICS Führungsnase *f*; ~ **pin** *n* MECHAN ENG Fixierstift *m*, Paßstift *m*, MECHANICS Heftbolzen *m*, PHOTO Arretierstift *m*; ~ **screw** *n* MECHAN ENG Fixierschraube *f*; ~ **spigot** *n* MECHAN ENG Lagerungszapfen *m*; ~ **stud** *n* MECHAN ENG Fixierbolzen *m*

location *n* COMP & DP Speicherstelle *f*, Standort *m*, CONST Standort *m*, Trassierung *f*, ELECT Standort *m*, MECHAN ENG *centring* Ausrichtung *f*, Zentrierung *f*, *positioning* Positionierung *f*; ~ **cancellation procedure** *n (LCP)* TELECOM Standortlöschung *f*; ~ **dowel** *n* PROD ENG Ausrichtepaßstift *m*; ~ **in space** *n* ENG DRAW räumliche Lage *f*; ~ **pin** *n* PROD ENG Arretierstift *m*; ~ **point** *n* ENG DRAW Aufnahmepunkt *m*; ~ **register** *n (LR)* TELECOM Standortdatei *f*; ~ **update** *n* TELECOM *land mobile* Standortaktualisierung *f*

lock[1] *n* AUTO Diebstahlsicherung mit Trickschaltung *f*, Schloß *nt*, COMP & DP Datensperre *f*, Diebstahlssicherung *f*, ELECTRON *oscillator* Mitnehmer *m*, MECHAN ENG Arretierung *f*, Schloß *nt*, Sperrvorrichtung *f*, Sperre *f*, PROD ENG Arretier- *pref*, SAFETY Riegel *m*, Schloß *nt*, WATER SUP *of caisson* Druckluftschleuse *f*, WATER TRANS Schleuse *f*, Schloß *nt*; ~ **and block** *n* RAIL Tastensperre *f*; ~ **bolt** *n* CONST Riegel *m*; ~ **bush** *n* CONST Steckbuchse *f*, Überwurf *m*; ~ **casing** *n* CONST Schließkasten *m*; ~ **chamber** *n* WATER SUP, WATER TRANS Schleusenkammer *f*; ~ **dues** *n pl* WATER TRANS Schleusengeld *nt*; ~ **fitting** *n* CONST Schließbeschlag *m*; ~ **gate** *n* WATER TRANS Schleusentor *nt*; ~ **groove** *n* AUTO Sicherungsnut *f*; ~ **house** *n* WATER SUP Schleusenhaus *nt*; **~-in amplifier** *n* ELECTRON Fanghilfeverstärker *m*; ~ **and inland-lake canal** *n* WATER SUP offener Seekanal *m*; **~-in range** *n* ELECTRON *oscillator* Fangbereich *m*; ~ **keeper** *n* WATER TRANS Schleusenwärter *m*; ~ **knob** *n* CONST Einrastknopf *m*; ~ **lever** *n* PROD ENG Arretierhebel *m*, Klemmhebel *m*; **~-on** *n* AIR TRANS automatische Zielaufschaltung *f*; **~-out valve** *n* AIR TRANS Verriegelungsventil *nt*; ~ **pin** *n* MECHAN ENG Sperraste *f*; ~ **plate** *n* CONST Schließblech *nt*, MECHAN ENG Sicherungsblech *nt*; ~ **rail** *n* CONST Türquerriegel *m*; ~ **ring** *n* MECHAN ENG Feststellring *m*, Klemmring *m*, Spannring *m*; ~ **saw** *n* CONST Lochsäge *f*; ~ **screw** *n* MECHAN ENG Klemmschraube *f*; ~ **sill** *n* WATER SUP Schleusendrempel *m*, Schleusenschwelle *f*; ~ **staple** *n* CONST Verriegelungseinrichtung *f*; **~-up** *n* PRINT Formschließen *nt*, Schließen der Form *nt*; **~-up relay** *n* ELEC ENG Sperrelais *nt*; **~-up time** *n* RAD TECH Haltezeit *f*; ~ **washer** *n* MECHAN ENG Federring *m*, MECHANICS Federring *m*, Sicherungsscheibe *f*, Sperrscheibe *f*, PROD ENG Federring *m*

lock[2] *vt* COMP & DP sperren, verriegeln, CONST feststellen, verschließen, schließen, sperren, MECHAN ENG festklemmen, sperren, verriegeln, MECHANICS einrasten, sichern, SAFETY verriegeln, verschließen, WATER SUP *ship* schleusen; ~ **up** *vt* PRINT schließen

lock[3] *vi* MECHAN ENG blockieren

lockable: ~ **connector** *n* ELEC ENG verriegelbarer Steckverbinder *m*

lockage *n* WATER SUP *of ship* Durchschleusen *nt*, Schleusenanlage *f*

locked: ~ **canal** *n* WATER SUP verschlossener Kanal *m*; ~ **in-phase quadrature** *n* ELECTRON phasenstarre Quadratur *f*; ~ **loop** *n* TELECOM Regelschleife *f*; ~ **oscillator** *n* ELECTRON Mitnahmegenerator *m*; ~ **rotor current** *n* ELECT Stromaufnahme eines blockierten Läufers *f*; ~ **rotor impedance characteristic** *n* ELECT Impedanzkurve eines blockierten Läufers *f*; ~ **rotor torque** *n* ELECT *machine* Drehmoment eines blockierten Läufers *nt*, Drehmoment eines blockierten Rotors *nt*; ~ **switch** *n* RAIL verriegelte Weiche *f*

locker *n* WATER TRANS Spind *m*; ~ **room** *n* CONST Umkleideraum *m*

locking *n* METALL Blockierung *f*, Sperren *nt*, NUC TECH Verriegelung *f*, TELEV Netzsynchronisation *f*, Rasterverriegelung *f*, WATER SUP *ship* Schiffsschleusung *f*; ~ **bar** *n* RAIL Fühlschiene *f*; ~ **bolt** *n* CONST Verriegelungsbolzen *m*; ~ **cam** *n* MECHAN ENG Schließnocken *m*; ~ **device** *n* ELECT Sperrvorrichtung *f*, MECHAN ENG Sicherung *f*, Sperrvorrichtung *f*, Sperre *f*, SAFETY *for fire-resisting doors* Verriegelung *f*; ~ **handle** *n* CONST, MECHANICS Knebelgriff *m*, PROD ENG Knebelgriff *m*, *plastic valves* Sterngriff *m*; ~ **hook** *n* RAIL Verschlußhaken *m*; ~ **mechanism** *n* MECHAN ENG Gesperre *nt*; ~ **notch** *n* RAIL Riegelnut *f*; ~ **nut** *n* PROD ENG Klemmutter *f*, Kontermutter *f*; ~ **pawl** *n* PROD ENG Sperrklinke *f*; ~ **pin** *n* MECHAN ENG Sicherungsstift *m*, PROD ENG *plastic valves* Feststeller *m*; ~ **plate** *n* MECHAN ENG Sicherungsblech *nt*; ~ **range** *n* RAD TECH Fangbereich *m*; ~ **screw** *n* MECHAN ENG Klemmschraube *f*

locknit *n* TEXT Charmeuse *f*

locknut *n* AUTO Sicherungsmutter *f*, MECHAN ENG Gegenmutter *f*, Kontermutter *f*, Sicherungsmutter *f*, *self-locking nut* selbstsichernde Mutter *f*, MECHANICS Gegenmutter *f*, Kontermutter *f*, Sicherungsmutter *f*

lockout *n* COMP & DP Aussperrung *f*, Sperre *f*

lockset *n AmE* CONST Schloßgarnitur *f*

locksmith *n* MECHAN ENG Maschinenschlosser *m*, Schlosser *m*; **~'s hammer** *n* MECHAN ENG Schlosserhammer *m*

locomotive *n* RAIL Lok *f*, Lokomotive *f*; ~ **with AC/DC motor converter set** *n* RAIL Wechselstrom-Gleichstrom Umformer-Lok *f*; ~ **depot** *n* RAIL Lokomotivbetriebswerk *nt*; ~ **holding track** *n* RAIL Lokwartegleis *nt*; ~ **shed** *n* RAIL Lokschuppen *nt*

loctal: ~ **base** *n* ELECTRON Loktalsockel *m*; ~ **tube** *n* ELECTRON Röhre mit Loktalsockel *f*

locus *n* GEOM geometrischer Ort *m*

loft: **~-dried** *adj* PAPER luftgetrocknet

lofting *n* WATER TRANS *shipbuilding* Schnürbodenverfahren *nt*

loftsman *n* WATER TRANS *shipbuilding* Schnürbodenarbeiter *m*

log[1] *n* AIR TRANS Fahrtmesser *m*, Log *nt*, Logbucheintrag *m*, COMP & DP Protokoll *nt*, COMP & DP *(logarithm)* Vorspann *m*, MATH *(logarithm)* Log *nt (Logarithmus)*, PET TECH Log *nt*, RAD Funktagebuch *nt*, WATER TRANS Fahrtmesser *m*, Log *nt*, Logbucheintrag *m*; ~ **in** *n* COMP & DP Startvermögen *nt*, TELECOM Einbuchung *f*; ~ **line** *n* WATER TRANS *ropes* Logleine *f*; **~-normal shadowing** *n* TELECOM logarithmischnormale Abschattung *f*; ~ **periodic antenna** *n* RAD TECH logarithmischperiodische Antenne *f*

log[2] *vt* COMP & DP protokollieren; ~ **in** *vt* COMP & DP sich anmelden; ~ **off** *vt* COMP & DP sich abmelden; ~ **on** *vt* COMP & DP sich anmelden; ~ **out** *vt* COMP & DP sich abmelden

log:[3] ~ **in** *vi* COMP & DP anfangen, anmelden; ~ **on** *vi* COMP & DP anfangen, anmelden

logarithm *n (log)* COMP & DP Vorspann *m*, MATH Logarithmus *m (Log)*

logarithmic[1] *adj* MATH logarithmisch

logarithmic:[2] **~ amplifier** *n* ELECTRON logarithmischer Verstärker *m*; **~ characteristic** *n* ELECTRON logarithmische Kennlinie *f*; **~ creep** *n* METALL logarithmisches Kriechen *nt*; **~ decrement** *n* ELECTRON, PHYS logarithmisches Dekrement *nt*; **~ graph** *n* COMP & DP logarithmische Darstellung *f*; **~ paper** *n* MATH Logarithmenpapier *nt*; **~ potentiometer** *n* ELEC ENG logarithmisches Potentiometer *nt*; **~ scale** *n* ELECT logarithmische Skale *f*, ELECTRON logarithmischer Maßstab *m*, *measurement engineering* logarithmische Skale *f*; **~ spiral** *n* GEOM logarithmische Spirale *f*; **~ sweep** *n* ELECTRON *measurement engineering* logarithmisches Wobbeln *nt*; **~ video amplifier** *n* ELECTRON logarithmischer Videoverstärker *m*

logatom *n* ACOUSTICS Logatom *nt*, sinnfreie Silbe *f*; **~ articulation** *n* TELECOM Silbenverständlichkeit *f*

logbook *n* AIR TRANS, TRANS Fahrtenbuch *nt*, Logbuch *nt*, WATER TRANS Fahrtenbuch *nt*, Logbuch *nt*, Schiffstagebuch *nt*

logger *n* ELECT Datenaufnehmer *m*

logging *n* COMP & DP Aufzeichnen *nt*, PET TECH Bohrlochvermessung *f*; **~ device** *n* INSTR Registriergerät *nt*

logic:[1] **~ high** *adj* ELECTRON logisch eins; **~ low** *adj* ELECTRON logisch null

logic[2] *n* COMP & DP, ELECTRON, MATH Logik *f*; **~ algebra** *n* COMP & DP *computer engineering* Schaltalgebra *f*; **~ analyser** *n BrE* COMP & DP, ELECTRON Logikanalysator *m*; **~ analysis** *n* COMP & DP, ELECTRON Logikanalyse *f*; **~ analyzer** *n AmE see logic analyser BrE* **~ array** *n* ELECTRON Gatteranordnung *f*; **~ card** *n* COMP & DP Logikschaltkarte *f*, ELECTRON gedruckte Schaltkarte *f*; **~ circuit** *n* COMP & DP Logikschaltung *f*, Verknüpfungsschaltung *f*, ELECTRON Schaltelement *nt*, TELECOM Logikschaltung *f*; **~ component** *n* ELECTRON Schaltelement *nt*; **~ design** *n* COMP & DP Logikaufbau *m*, Logikentwurf *m*, Schaltwerksentwurf *m*, ELECTRON Logikkonzeption *f*; **~ device** *n* COMP & DP Logik *f*, Schaltwerk *nt*, Logikbaustein *m*, ELECTRON Logikbaustein *m*; **~ diagram** *n* ELECTRON Logikschaltbild *nt*; **~ element** *n* COMP & DP Logikelement *nt*, Verknüpfungsglied *nt*, ELECTRON Schaltelement *nt*; **~ family** *n* COMP & DP, ELECTRON Logikfamilie *f*; **~ gate** *n* COMP & DP Verknüpfungsglied *nt*, ELECTRON Gatterschaltung *f*, Verknüpfungsglied *nt*, PHYS Logikgatter *nt*, Logikschaltung *f*; **~ grid** *n* COMP & DP Logikraster *nt*; **~ input signal** *n* ELECTRON logisches Eingangssignal *nt*; **~ instruction** *n* COMP & DP Verknüpfungsanweisung *f*, Verknüpfungsbefehl *m*, logischer Befehl *m*; **~- integrated circuit** *n* ELECTRON logisch integrierte Schaltung *f*; **~ level** *n* COMP & DP Logikpegel *m*; **~ microcircuit** *n* ELECTRON logische Mikroschaltung *f*; **~ operation** *n* COMP & DP logische Operation *f*, ELECTRON Logikverknüpfung *f*; **~ operator** *n* COMP & DP logischer Operator *m*, ELECTRON Logikoperator *m*, logisches Verknüpfungsglied *nt*; **~ output signal** *n* ELECTRON logisches Ausgangssignal *nt*; **~ pattern** *n* ELECTRON Logikaufbau *m*; **~ signal** *n* ELECTRON Logiksignal *nt*; **~ simulation** *n* ELECTRON Logiksimulation *f*; **~ simulator** *n* ELECTRON Logiksimulator *m*; **~ state** *n* ELECTRON Logikzustand *m*; **~ state analysis** *n* ELECTRON Logikzustandsanalyse *f*; **~ state and timing analyser** *n BrE* ELECTRON Logik- und Taktanalysator *m*; **~ state and timing analyzer** *n AmE see logic state and timing analyser BrE* **~ symbol** *n* COMP & DP Logiksymbol *nt*, Logikzeichen *nt*; **~ test** *n* ELECTRON Logiktest *m*; **~ tester** *n* ELECTRON Logiktester *m*; **~ timing** *n* ELECTRON Logiktaktsteuerung *f*, Logikzeitmessung *f*; **~ timing analysis** *n* ELECTRON Logiktaktanalyse *f*; **~ unit** *n* COMP & DP Logikeinheit *f*

logical[1] *adj* COMP & DP logisch

logical:[2] **~ addressing** *n* COMP & DP logische Adressierung *f*; **~ block** *n* COMP & DP logischer Block *m*; **~ channel** *n* COMP & DP logischer Kanal *m*; **~ chart** *n* COMP & DP logisches Diagramm *nt*; **~ file** *n* COMP & DP logische Datei *f*; **~ inferences per second** *n pl (LIPS)* ART INT *measure of performance of AI systems* logische Schlüsse pro Sekunde *m pl*; **~ operation** *n* COMP & DP, MATH logische Operation *f*; **~ operator** *n* COMP & DP logischer Operator *m*; **~ page length** *n* PRINT logische Seitenlänge *f*; **~ record** *n* COMP & DP logischer Satz *m*; **~ shift** *n* COMP & DP logisches Verschieben *nt*; **~-type** *n* COMP & DP Boolescher Datentyp *m*; **~ value** *n* COMP & DP Boolescher Wert *m*, Wahrheitswert *m*; **~ variable** *n* COMP & DP logische Variable *f*

login *n* COMP & DP Anmelden *nt*

logistic: **~ support** *n* TRANS logistische Unterstützung *f*

logistics *n* COMP & DP Logistik *f*; **~ of disposal** *n pl* POLL Entsorgungslogistik *f*

logoff *n* COMP & DP Abmelden *nt*

logon *n* COMP & DP Anmelden *nt*, Startvermögen *nt*

logout *n* COMP & DP Abmelden *nt*

LOI *abbr (limiting oxygen index)* PLAS LOI *(Sauerstoffindex)*

lonealing *n* PROD ENG Spannungsfreiglühen *nt*

long[1] *adj* MECHAN ENG, RAD TECH Lang- *pref*; **~-life** *adj* FOOD TECH Langzeit- *pref*, langlebig, PROD ENG mit langer Standzeit; **~-stroke** *adj* MECHAN ENG langhubig

long:[2] **~-addendum teeth** *n* PROD ENG *kinematics* Zähne ohne Kopfkürzung *m pl*; **~-address acceptance** *n* TELECOM Annahme von Langadressen *f*; **~- and-short addendum gears** *n pl* PROD ENG *kinematics* V-Null-Getriebe *nt*; **~ arc** *n* PROD ENG Langlichtbogen *m*; **~ blast** *n* WATER TRANS langer Ton *m*; **~ descenders** *n pl* PRINT lange Unterlängen *f pl*; **~-distance bus** *n* AUTO Fernreisebus *m*; **~-distance cable** *n* ELEC ENG Fernkabel *nt*; **~- distance flight** *n* AIR TRANS Fernflug *m*; **~-distance gas transport** *n* TRANS Ferngastransport *m*; **~-distance goods traffic** *n* TRANS Güterfernverkehr *m*; **~-distance line** *n* ELEC ENG, TELECOM Fernleitung *f*; **~-distance road train** *n* AUTO Fernlastzug *m*; **~-focus lens** *n* PHOTO langbrennweitiges Objektiv *nt*; **~-handed tongs** *n pl* NUC TECH langstielige Zange *f*; **~-haul airliner** *n* AIR TRANS Langstreckenlinienflugzeug *nt*; **~-haul carriage** *n* TRANS Fernbeförderung *f*; **~-haul lorry driver** *n BrE (cf long-haul truck driver AmE)* AUTO Fernfahrer *m*; **~-haul service** *n* AIR TRANS Langstreckenverkehr *m*; **~-haul truck driver** *n AmE (cf long-haul lorry driver BrE)* AUTO Fernfahrer *m*; **~-lay rope** *n* MECHAN ENG Gleichschlagseil *nt*; **~-life battery** *n* ELEC ENG Langzeitbatterie *f*; **~-life radioactive waste** *n* NUC TECH, WASTE Atommüll mit langer Halbwertzeit *m*; **~ line** *n* TEXT Langfaser *f*; **~-line effect** *n* ELECTRON Bildstörung *f*, *microwaves* Langleitungseffekt *m*, TELECOM Long-Line-Effekt *m*; **~-lived isotope** *n* RAD PHYS langlebiges Isotop *nt*; **~ loop** *n* TRANS lange Ringleitung *f*; **~ measure** *n* METROL Längenmaß *nt*; **~ mission** *n* SPACE Langzeitmission *f*;

~-necked flask *n* LAB EQUIP Langhalsflasche *f*, Langhalskolben *m*; **~-nose pliers** *n pl* MECHAN ENG Schnabelzange *f*, MECHANICS Spitzzange *f*; **~ oil alkyd** *n* PLAS Langölalkydharz *nt*, fettiges Alkyd *nt*; **~-persistence screen** *n* TELEV lang nachleuchtender Bildschirm *m*; **~-pitch winding** *n* ELEC ENG Wicklung mit Schrittverlängerung *f*; **~-playing record** *n (LP)* RECORD Langspielplatte *f (LP)*; **~-play tape** *n* RECORD Langspielband *nt*; **~ pulse** *n* WATER TRANS *radar* langer Impuls *m*; **~ radius** *n* GEOM *of polygon* Umkreisradius *m*; **~-range navigation** *n (loran)* AIR TRANS, WATER TRANS Langstreckennavigationskette *f (LORAN)*; **~- range navigation system** *n* WATER TRANS Funknavigationssystem *nt*; **~-range transport** *n* POLL *of airborne pollutants* weitreichender Transport *m*; **~ splice** *n* WATER TRANS *ropes* Langspleiß *m*; **~-tail pair** *n* ELECTRON kathodengekoppelte Gegentaktstufe *f*; **~-term behavior** *n AmE*, **~-term behaviour** *n BrE* NUC TECH Langzeitverhalten *nt*; **~-term measurement** *n* INSTR Dauermessung *f*, Langzeitmessung *f*; **~-term memory** *n (LTM)* ART INT, ERGON Langzeitgedächtnis *nt (LZG)*; **~-term stability** *n* ELECTRON Langzeitstabilität *f*; **~-term test** *n* ELECT Langzeitprüfung *f*; **~- time constant** *n* ELECTRON *transistors* Langzeitkonstante *f*; **~ ton** *n* METROL Tonne *f*, große Tonne *f*; **~ wave** *n (LW)* RAD TECH Langwelle *f (LW)*; **~-way signal** *n* ELECTRON langwegiges Signal *nt*; **~-welded rail** *n* RAIL Gleisstrang aus endlos zusammengeschweißten Schienen *m*; **~-wire antenna** *n* RAD TECH Langdrahtantenne *f*

longboat *n* WATER TRANS Großboot *nt*

longevity *n* COATINGS Langlebigkeit *f*

longifolene *n* CHEMISTRY Longifolen *nt*

longitude *n* WATER TRANS Längengrad *m*, geographische Länge *f*

longitudinal[1] *adj* ELECTRON *device, filter*, WATER TRANS *ship design* Längs- *pref*

longitudinal[2] *n* WATER TRANS *ship design* Längsspant *m*; **~ axis** *n* AIR TRANS, MECHAN ENG Längsachse *f*; **~ beam coupler** *n* AIR TRANS Längsträgerkoppelung *f*; **~ chromatic aberration** *n* PHYS chromatische Aberration längs der optischen Achse *f*; **~ clearance** *n* PROD ENG Durchmesserverjüngung *f*; **~ component** *n* PHYS Längskomponente *f*; **~ current** *n* CER & GLAS Längsströmung *f*; **~ cyclic stick load** *n* AIR TRANS *helicopter* zyklische Längssteuerungsknüppelbelastung *f*; **~ divergence** *n* AIR TRANS Längsabweichung *f*, Seitenabweichung *f*; **~ filter** *n* ELECTRON Längsfilter *nt*; **~ folding** *n* ENG DRAW Längsfaltung *f*; **~ framing** *n* WATER TRANS *shipbuilding* Längsbespannung *f*; **~ grinding** *n* PAPER Längsschleifen *nt*; **~ magnetization** *n* ACOUSTICS Längsmagnetisierung *f*; **~ magnification** *n* PHYS Vergrößerung in Längsrichtung *f*; **~ member** *n* AIR TRANS Längsglied *nt*; **~ metacenter** *n AmE*, **~ metacentre** *n BrE* WATER TRANS *architecture* Längenmetazentrum *nt*; **~ offset loss** *n* OPT Verlust durch Längsversatz *m*; **~ oscillation** *n* MECHAN ENG Längsschwingung *f*; **~ recording** *n* RECORD, TELEV Längsspuraufzeichnung *f*; **~ redundancy check** *n (LRC)* COMP & DP Blockprüfung *f*, Longitudinalprüfung *f*, Längssummenkontrolle *f*; **~ reinforcement** *n* CONST Längsbewehrung *f*; **~ section** *n* CONST Höhenplan *m*, Längsschnitt *m*, RAIL Längsschnitt *m*; **~ shear** *n* PROD ENG Schubkraft *f*; **~ slide** *n* MECHAN ENG *of milling machine* Längsschlitten *m*; **~ slot** *n* TELECOM Längsschlitz *m*; **~ stability** *n* AIR TRANS Längsstabilität *f*; **~ stress** *n* METALL Längsbeanspruchung *f*; **~ wave** *n* PHYS, WAVE PHYS Longitudinalwelle *f*; **~ wind component** *n* AIR TRANS Seitenwindkomponente *f*

longscrew *n* MECHAN ENG *pipe fitting* Langgewinde *nt*

longwall: **~ system** *n* COAL TECH Strebbausystem *nt*

look *n* TEXT Aussehen *nt*

lookahead *n* COMP & DP Addierer mit Parallelübertrag *m*, Vorgriff *m*, Parallelübertrag *m*

lookdown *n* PAPER Aufsicht *f*

lookout *n* WATER TRANS Ausguck *m*

lookthrough *n* PAPER Durchsicht *f*

lookup *n* COMP & DP Abfragemethode *f*; **~ table** *n* COMP & DP Nachschlagetabelle *f*, Referenztabelle *f*

loom *n* TEXT Webmaschine *f*, Webstuhl *m*, WATER TRANS Feuer *nt*, Lichtschein *m*; **~ speed** *n* TEXT Webstuhldrehzahl *f*

loomstate[1] *adj* TEXT stuhlfertig

loomstate:[2] **~ weft** *n* TEXT stuhlrohes Gewebe *nt*

loop *n* ACOUSTICS Schwingungsbauch *m*, CER & GLAS Schleife *f*, COMP & DP Ringleitung *f*, Schleife *f*, CONTROL Schleife *f*, Schlinge *f*, ELECT Schleife *f*, ELECTRON Regelkreis *m*, *closed current path* Schleife *f*, METALL Luppe *f*, PAPER Schleife *f*, PROD ENG Bauch *m*, RAD TECH Schleife *f*, TELECOM Leitungsschleife *f*, Rahmenantenne *f*, Schleife *f*, Teilnehmerleitung *f*, TEXT Schlinge *f*, WATER TRANS *ropes* Schleife *f*, Schlinge *f*; **~ antenna** *n* TELECOM Rahmenantenne *f*; **~ coil** *n* ELECT Flachspule *f*; **~ coupling** *n* ELEC ENG Schleifenkopplung *f*; **~ drier** *n see loop dryer* **~ dryer** *n* PAPER Schleifentrockner *m*; **~ feedback signal** *n* ELECTRON Regelkreisrückführsignal *nt*; **~ gain** *n* ELECTRON Kreisverstärkung *f*; **~ galvanometer** *n* ELEC ENG, ELECT Schleifengalvanometer *nt*; **~ line** *n* RAIL Umfahrgleis *nt*, Umgehungsgleis *nt*; **~ lock** *n* ELECTRON Kreissperre *f*; **~ network** *n* COMP & DP Ringnetz *nt*; **~ pile carpet** *n* TEXT Schlingenflorteppich *m*; **~ test** *n* ELECT Schleifenmessung *f*

LOOP: **~ statement** *n* COMP & DP LOOP-Anweisung *f*

looped[1] *adj* ELECT schleifengeschaltet

looped:[2] **~ signal** *n* TELECOM Signal in Schleife *nt*

looping: **~ mill** *n* METALL Umsteckwalzwerk *nt*, PROD ENG Strang *m*, offene Walzenstraße *f*; **~ piece** *n* PROD ENG Ansteckteil *nt*

loose[1] *adj* MECHAN ENG lose, *slack* mit Spiel, PAPER lose

loose:[2] **~ ballasting** *n* RAIL lose Schüttung *f*; **~ buffer** *n* OPT lose Stoßstelle *f*; **~ buffering** *n* OPT loses Stoßen *nt*; **~ cable structure** *n* OPT loser Kabelaufbau *m*, TELECOM Hohladerkabel *nt*; **~ construction cable** *n* OPT Kabel mit losem Aufbau *nt*; **~ coupling** *n* COMP & DP, ELEC ENG, MECHAN ENG, PHYS lose Kupplung *f*; **~ fit** *n* MECHAN ENG WL, weiter Laufsitz *m*; **~ flat cable** *n* OPT lockeres Bandkabel *nt*; **~ glass** *n* CER & GLAS loses Glas *nt*; **~-leaf** *n* PAPER, PRINT Loseblatt *nt*; **~ pick** *n* TEXT freigelegter Schußfaden *m*; **~-pin hinge** *n* CONST Scharnier mit lösbaren Bolzen *nt*; **~ pulley** *n* MECHAN ENG Losscheibe *f*, lose Riemenscheibe *f*; **~ seat** *n* HYD EQUIP Lossitz *m*, Spielsitz *m*; **~ smut** *n* FOOD TECH *phytopathology* nackter Brand *m*; **~ smut of wheat** *n* FOOD TECH *phytopathology* Weizenflugbrand *m*; **~ terminal** *n* ELECT lose Klemme *f*; **~ tongue** *n* CONST Einsteckfeder *f*; **~ tube cable** *n* OPT lockeres Schlauchkabel *nt*; **~ tube structure** *n* TELECOM Hohladerstruktur *f*; **~ wheel** *n* MECHAN ENG Losrad *nt*, Losscheibe *f*; **~ wool** *n* CER & GLAS lose Wolle *f*

loosely: **~-wound turns** *n pl* ELEC ENG lose gewickelte Windungen *f pl*

loosen *vt* MECHANICS abschrauben, lockern, loslösen, WATER TRANS *ropes* lösen

loosening *n* RAIL *of coupling* Lösen *nt*; **~ wedge** *n* MECHAN ENG Lösekeil *m*

lophine *n* CHEMISTRY Lophin *nt*

loran *abbr (long-range navigation)* AIR TRANS, WATER TRANS LORAN *(Langstreckennavigationskette)*

Lorentz: **~ force** *n* ELEC ENG, PHYS Lorentzsche Kraft *f*; **~ gage** *n AmE*, **~ gauge** *n BrE* PHYS *electrodyn* Lorentzsche Bedingung *f*; **~ transformation** *n* PHYS Lorentzsche Transformation *f*

Lorentz-Fitzgerald: **~ contraction** *n* PHYS Lorentz-Fitzgeraldsche Kontraktion *f*

Lorentz-Lorenz: **~ formula** *n* PHYS Lorentz- Lorenzsche Gleichung *f*

Lorenz: **~ constant** *n* PHYS Lorenzsche Konstante *f*; **~ unit** *n (L)* THERMODYN Lorenzsche Einheit *f (L)*

lorry *n BrE (cf truck AmE)* AUTO Anhänger *m*, Lastkraftwagen *m*; **~ pooling** *n BrE (cf truck pooling AmE)* AUTO Lastkraftwagen-Pooling *nt*; **~ wheel** *n BrE (cf truck wheel AmE)* AUTO Wagenrad *nt*

Loschmidt: **~ number** *n* (N_A) PHYS *of machine* Loschmidtsche Zahl *f* (N_A)

loss:[1] **~-free** *adj* ELECT verlustfrei

loss[2] *n* MECHAN ENG *of machine power or energy*, OPT, PET TECH Verlust *m*, RAD TECH *communications* Abreißen *nt*, TELECOM Dämpfung *f*, Verlust *m*; **~ angle** *n* ELECT Verlustwinkel *m*, PHYS Dämpfungswinkel *m*, Verlustwinkel *m*; **~ around a corner** *n* TELECOM *wave propagation* Dämpfung an einer Kante *f*; **~ attenuation** *n* INSTR Verlustdämpfung *f*; **~ factor** *n* ELECT Verlustfaktor *m*; **~ of heat** *n* ELECT, FUELLESS, MECHAN ENG, THERMODYN Wärmeverlust *m*; **~ measurement** *n* INSTR Verlustmessung *f*; **~ mode working** *n* TELECOM Verlustbetrieb *m*; **~ of picture lock** *n* TELEV Bildverlustsynchronisation *f*; **~ of power** *n* MECHAN ENG Leistungsverlust *m*; **~ of pressure** *n* HYD EQUIP Druckverlust *m*; **~ of priority** *n* PAT Prioritätverlust *m*; **~ of returns** *n* PET TECH Rücklaufverlust *m*; **~ of sheet** *n* CER & GLAS Flächenverlust *m*; **~ of synchronism** *n* ELECT *machine* Synchronisierungsverlust *m*

lossless *adj* ELEC ENG verlustfrei, verlustlos

lossy[1] *adj* ELEC ENG verlustbehaftet, verlustreich

lossy:[2] **~ dielectric** *n* ELECT Dielektrikum mit Verlust *nt*; **~ line** *n* ELEC ENG Verlustleitung *f*, PHYS verlustbehaftete Leitung *f*; **~ material** *n* ELECT *dielectric* Stoff mit elektrischem Verlust *m*

lost: **~ call** *n* TELECOM nicht zur Verbindung führender Ruf *m*; **~ circulation** *n* PET TECH Zirkulationsverlust *m*; **~ hole** *n* PET TECH aufgegebene Bohrung *f*; **~ traffic** *n* TELECOM Verlustverkehr *m*, zurückgewiesener Verkehr *m*; **~ wax** *n* CER & GLAS Wachsausschmelzguß *m*; **~ wax mold** *n AmE*, **~ wax mould** *n BrE* MECHAN ENG *for casting* Form für Wachsausschmelzverfahren *f*

lot *n* QUAL Los *nt*; **~-by-lot inspection** *n* QUAL losweise Prüfung *f*; **~ quality protection** *n* QUAL Sicherung einer Qualität je Los *nt*; **~ size** *n* PROD ENG Losgröße *f*, QUAL Losgröße *f*, Losumfang *m*; **~ tolerance percentage of defectives** *n* QUAL Ausschußgrenze *f*, rückzuweisende Qualitätsgrenzlage *f*

LOT *abbr (leak-off test)* PET TECH DT *(Dichtigkeitstest)*

loudness *n* ACOUSTICS Lautstärkeempfindung *f*, ACOUSTICS *(L)* Lautstärke *f (L)*, ERGON Lautstärke *f*, PHYS *quantity* Lautheit *f*, RECORD Lautstärke *f*; **~ control** *n* RECORD physiologische Lautstärkeregelung *f*; **~ function** *n* ACOUSTICS Lautstärkekurve *f*, RECORD Lautstärkefunktion *f*; **~ level** *n* ACOUSTICS Lautstärke *f*, Lautstärkepegel *m*, ERGON Lautstärkepegel *m*, PHYS, RECORD Lautstärke *f*; **~ level of reference sound** *n* ACOUSTICS Standardlautstärkepegel *m*; **~ level of test sound** *n* ACOUSTICS Objektlautstärkepegel *m*; **~ meter** *n* ACOUSTICS Lautstärkemesser *m*; **~ pattern** *n* RECORD Lautstärkemuster *nt*; **~ volume equivalent** *n* RECORD relative Bezugsdämpfung *f*

loudspeaker *n* ACOUSTICS, ELECT, PHYS, RAD TECH, RECORD, TELECOM Lautsprecher *m*; **~ baffle** *n* ACOUSTICS Lautsprecherwand *f*; **~ cone** *n* RECORD Lautsprechertrichter *m*; **~ damping** *n* RECORD Lautsprecherdämpfung *f*; **~ enclosure** *n* RECORD Lautsprechergehäuse *nt*; **~ horn** *n* RECORD Lautsprechertrichter *m*; **~ housing** *n* RECORD Lautsprechergehäuse *nt*; **~ impedance** *n* RECORD Scheinwiderstand des Lautsprechers *m*; **~ system** *n* ACOUSTICS, RECORD Lautsprechersystem *nt*

louver[1] *n AmE see louvre BrE*

louver[2] *vt AmE see louvre BrE*

louvre[1] *n BrE* AUTO Jalousie *f*, Luftleitblech *nt*, CER & GLAS Jalousie *f*, MECHAN ENG Belüftungsklappe *f*, MECHANICS Luftschlitz *m*, Schalloch *nt*, RECORD *of loudspeaker* Schallöffnung *f*

louvre[2] *vt BrE* PROD ENG durchreißen

louvring: **~ die** *n* PROD ENG Stechwerkzeug *nt*

low:[1] **~-alloy** *adj* COATINGS *steel* niedriglegiert; **~-calorie** *adj* FOOD TECH kalorienarm; **~-energy** *adj* FOOD TECH kalorienarm; **~-fat** *adj* FOOD TECH fettarm; **~-gradient** *adj* CONST flach geneigt; **~-impedance** *adj* RAD TECH niederohmig; **~ loss** *adj* ELECT verlustarm; **~-order** *adj* COMP & DP niederwertig

low[2] *n* WATER TRANS *meteorology* Tief *nt*;

~ a **~-alloy steel** *n* METALL niedriglegierter Stahl *m*; **~-altitude orbit** *n* SPACE niedrige Umlaufbahn *f*; **~-amplitude signal** *n* ELECTRON Signal mit niedriger Amplitude *nt*; **~-angle shot** *n* PHOTO Aufnahme aus der Froschperspektive *f*, Aufnahme von unten *f*;

~ b **~-band recording** *n* TELEV Unterbandaufnahme *f*; **~-band standard** *n* TELEV Unterbandnorm *f*; **~ battery charge** *n* COMP & DP erschöpfte Batteriekapazität *f*; **~-bed trailer** *n* CONST Tiefbettlader *m*; **~-boy trailer** *n* CONST Tiefbettlader *m*;

~ c **~-calling-rate subscriber** *n* TELECOM Wenigsprecher *m*; **~ capacitance** *n* ELEC ENG niedrige Kapazität *f*; **~-carbon steel** *n* MECHANICS Schmiedeeisen *nt*, METALL kohlenstoffarmer Stahl *m*; **~-charge period** *n* TELECOM gebührengünstige Zeit *f*; **~ concentration** *n* ELECTRON geringe Konzentration *f*; **~-cycle fatigue** *n* METALL Ermüdung bei niedriger Lastspielzahl *f*;

~ d **~-distortion modulation** *n* ELECTRON verzerrungsarme Modulation *f*; **~-drift oscillator** *n* ELECTRON driftarmer Oszillator *m*;

~ e **~-energy beam** *n* ELECTRON energiearmer Strahl *m*; **~-energy-focused ion beam** *n* RAD PHYS niederenergetischer fokussierter Ionenstrahl *m*; **~-energy laser** *n* ELECTRON energiearmer Laser *m*; **~-energy nuclear physics** *n pl* NUC TECH Niederenergie-Kernphysik *f*;

~ f **~ frequency** *n (LF)* ELECTRON, RAD TECH, RECORD, TELECOM Niederfrequenz *f (Nf)*; **~-frequency amplification** *n* ELECTRON, RAD TECH, TELECOM Niederfrequenzverstärkung *f*, Tonfrequenzverstärkung *f*; **~-frequency amplifier** *n* ELECTRON, RAD TECH,

TELECOM Niederfrequenzverstärker *m*; **~-frequency compensation** *n* ELECTRON, RAD TECH, TELECOM Niederfrequenzausgleich *m*; **~-frequency cutoff** *n* ELECTRON, RAD TECH, TELECOM untere Grenzfrequenz *f*; **~-frequency filter** *n* ELECTRON, RAD TECH, TELECOM Niederfrequenzfilter *nt*; **~- frequency furnace** *n* ELEC ENG Niederfrequenzofen *m*; **~-frequency generator** *n* ELECT Niederfrequenzgenerator *m*; **~-frequency heating** *n* ELEC ENG Niederfrequenzheizung *f*; **~-frequency horn loudspeaker** *n* RECORD Niederfrequenztrichterlautsprecher *m*; **~-frequency induction heater** *n* ELEC ENG Niederfrequenz-Induktionserwärmungsgerät *nt*; **~-frequency induction heating** *n* ELEC ENG Niederfrequenz-Induktionserwärmung *f*; **~-frequency oscillator** *n* ELECTRON, RAD TECH, TELECOM Niederfrequenzoszillator *m*; **~-frequency response** *n* ELECTRON, RAD TECH, TELECOM Verhalten im niederfrequenten Bereich *nt*; **~-frequency signal** *n* ELECTRON, RAD TECH, TELECOM Niederfrequenzsignal *nt*;

~ g **~-gain amplifier** *n* ELECTRON Verstärker mit niedriger Verstärkung *m*; **~ gear** *n* MECHAN ENG niedriger Gang *m*;

~ h **~ head** *n* FUELLESS tiefe Wassersäule *f*; **~-high-low doping profile** *n* ELECTRON Zweihöhendotierungsprofil *nt*;

~ i **~ impedance** *n* RAD TECH Niederohmigkeit *f*; **~-insertion-force connector** *n* ELEC ENG Leichtanschlußsteckverbinder *m*; **~-insertion loss** *n* TELECOM niedrige Einfügungsdämpfung *f*; **~ insulation** *n* TELECOM schlechte Isolation *f*;

~ k **~ kiln** *n* COAL TECH Tiefofen *m*;

~ l **~-lag closed-loop-controlled system** *n* IND PROCESS verzögerungsarme Regelstrecke *f*; **~-lead gasoline** *n AmE (cf low-lead petrol BrE)* AUTO Benzin mit geringem Bleigehalt *nt*, bleiarmes Benzin *nt*; **~-lead petrol** *n BrE (cf low-lead gasoline AmE)* AUTO Benzin mit geringem Bleigehalt *nt*, bleiarmes Benzin *nt*; **~-leakage diode** *n* ELECTRON verlustarme Diode *f*; **~-level amplification** *n* ELECTRON Signalverstärkung *f*; **~-level amplifier** *n* ELECTRON Signalverstärker *m*; **~-level device** *n* ELECTRON Tiefpegel-Gerät *nt*; **~-level injection** *n* ELECTRON Low-Level-Injektion *f*; **~-level language** *n (LLL)* COMP & DP maschinenorientierte Programmiersprache *f*, niedere Programmiersprache *f*; **~-level modulation** *n* ELECTRON Tiefpegel-Modulation *f*; **~-level radiation** *n* RAD PHYS Strahlung mit kleinem Pegel *f*; **~-level signal** *n* ELECTRON Kleinsignal *nt*, ELECTRON L-Signal *nt*; **~-level transistor** *n* ELECTRON Tiefpegeltransistor *m*; **~-level video** *n* TELEV Niedrigpegelvideo *nt*; **~-level warning light** *n* MECHAN ENG Warnlampe für niedrigen Pegelstand *f*; **~-limiting control** *n* IND PROCESS Begrenzungsregelung nach unten *f*; **~-logic level** *n* ELECTRON Niederpegel *m*; **~ loss** *n* TELECOM geringer Verlust *m*, niedrige Dämpfung *f*; **~-loss cable** *n* ELECT verlustarmes Kabel *nt*; **~-loss dielectric** *n* ELECT verlustarmes Dielektrikum *nt*; **~-loss fiber** *n AmE*, **~-loss fibre** *n BrE* OPT verlustarme Faser *f*; **~-loss glass** *n* CER & GLAS verlustarmes Glas *nt*; **~-loss insulator** *n* ELEC ENG verlustarmer Isolator *m*;

~ n **~-noise amplification** *n* ELECTRON, TELECOM rauscharme Verstärkung *f*; **~-noise amplifier** *n* ELECTRON rauscharmer Verstärker *m*, SPACE *communications* Verstärker mit geringem Rauschen *m*, TELECOM rauscharmer Verstärker *m*; **~-noise preamplifier** *n* ELECTRON, RAD PHYS rauscharmer Vorverstärker *m*;

~ o **~-order bit** *n* COMP & DP niederwertiges Bit *nt*; **~-order filter** *n* ELECTRON Filter niedriger Ordnung *nt*; **~-order harmonic** *n* ELECTRON Harmonische niedriger Ordnung *f*; **~-order position** *n* COMP & DP niederwertige Position *f*;

~ p **~-pass** *n* AIR TRANS, ELECTRON, TELECOM Tiefpaß *m*; **~-pass band** *n* TELECOM unterer Durchlaßbereich *m*; **~-pass filter** *n* COMP & DP, ELECT, ELECTRON, PHYS, RECORD, TELECOM Tiefpaßfilter *nt*; **~-pass filtering** *n* ELECTRON Tiefpaßfiltern *nt*; **~-pass response** *n* ELECTRON Tiefpaß-Verhalten *nt*; **~-pass sampled-data filter** *n* ELECTRON Tiefpaß- Abtastfilter *nt*; **~-pass section** *n* ELECTRON Tiefpaßteil *m*; **~ power** *n* ELEC ENG kleine Leistung *f*; **~-power diode** *n* ELECTRON Diode mit niedriger Verlustleistung *f*; **~-power distress transmitter** *n* TELECOM Seenotsender mit kleiner Leistung *m*; **~-power laser diode** *n* TELECOM Laserdiode kleiner Leistung *f*; **~- power single-frequency laser** *n* RAD PHYS schwacher Monofrequenzlaser *m*; **~ pressure** *n* INSTR Kleindruck *m*, PHYS Niederdruck *m*, niedriger Druck *m*; **~-pressure area** *n* WATER TRANS *meteorology* Tiefdruckgebiet *nt*; **~-pressure atomizer** *n* HEAT & REFRIG Niederdrucköibrenner *m*; **~-pressure blowpipe** *n* CONST *welding* Niederdruckbrenner *m*, Saugbrenner *m*; **~-pressure boiler** *n* HEAT & REFRIG Niederdruckkessel *m*; **~-pressure burner** *n* HEAT & REFRIG Niederdruckbrenner *m*; **~-pressure compressor** *n* MECHAN ENG Niederdruckkompressor *m*; **~-pressure controller** *n* HEAT & REFRIG Niederdruckregler *m*; **~-pressure cylinder** *n* MECHAN ENG Niederdruckzylinder *m*; **~-pressure float valve** *n* HEAT & REFRIG Niederdruck- Schwimmerventil *nt*; **~-pressure flushing** *n* MAR POLL Niederdruckspülen *nt*; **~-pressure fuel filter** *n* AIR TRANS Niederdrucktreibstoffilter *nt*; **~-pressure gage** *n AmE see low-pressure gauge BrE* **~-pressure gas burner** *n* HEAT & REFRIG Niederdruckgasbrenner *m*; **~-pressure gauge** *n BrE* INSTR Kleindruck-Manometer *nt*, Niederdruckmanometer *nt*; **~-pressure heating** *n* HEAT & REFRIG Niederdruckheizung *f*; **~-pressure hot-water boiler** *n* HEAT & REFRIG Niederdruckwarmwasserkessel *m*; **~-pressure hot-water system** *n* HEAT & REFRIG Niederdruckwarmwasseranlage *f*; **~-pressure mercury lamp** *n* ELECT Niederdruck- Quecksilberdampflampe *f*; **~-pressure piston compressor** *n* MECHAN ENG Niederdruckkolbenverdichter *m*; **~-pressure test** *n* TEST Niederdruckprüfung *f*;

~ r **~ res** *n (low resolution)* COMP & DP niedrige Auflösung *f*; **~ resistance** *n* PHYS kleiner Widerstand *m*, niederohmiger Widerstand *m*, TELECOM niedriger Widerstand *m*; **~ resolution** *n (low res)* COMP & DP niedrige Auflösung *f*; **~ Reynolds number** *n* FLUID PHYS niedrige Reynoldszahl *f*; **~ roll** *n* PROD ENG Unterwalze *f*;

~ s **~-shaft furnace** *n* COAL TECH Tiefschachtofen *m*; **~-signal level** *n* ELECTRON niedriger Signalpegel *m*; **~-solid mud** *n* PET TECH niedrigfester Bohrschlamm *m*, niedrigstabiler Bohrschlamm *m*; **~ speed** *n* MECHAN ENG niedrige Geschwindigkeit *f*, *of engine* niedrige Drehzahl *f*, TELECOM niedrige Geschwindigkeit *f*; **~-speed diesel engine** *n* WATER TRANS Langsamläufer *m*; **~-speed electric motor** *n* ELEC ENG langsam drehender Elektromotor *m*; **~-speed engine**

n WATER TRANS Langsamläufer *m*; **~-speed modem** *n* ELECTRON langsames Modem *nt*; **~ sulfur content** *n AmE*, **~ sulphur content** *n BrE* PET TECH niedriger Schwefelgehalt *m*;

~ t **~ temperature** *n* HEAT & REFRIG Kälte *f*, PHYS Tieftemperatur *f*, THERMODYN Kälte *f*; **~- temperature behavior** *n AmE*, **~- temperature behaviour** *n BrE* MECHAN ENG Kälteverhalten *nt*; **~- temperature characteristics** *n pl* HEAT & REFRIG Kälteverhalten *nt*; **~-temperature compartment** *n* HEAT & REFRIG Kältefach *nt*; **~-temperature insulation** *n* THERMODYN Kältedämmung *f*, Kälteisolierung *f*; **~-temperature performance** *n* PLAS Kälteverhalten *nt*; **~-temperature resistance** *n* PLAS Kältefestigkeit *f*, Tieftemperaturbeständigkeit *f*; **~-temperature sinking** *n* THERMODYN Gefrierschachtverfahren *nt*; **~-temperature techniques** *n pl* THERMODYN Tieftemperaturverfahren *nt*; **~-temperature test** *n* TEST Niedertemperaturprüfung *f*; **~-temperature thermometer** *n* THERMODYN Tieftemperatur-Thermometer *nt*; **~ temperature toughness** *n* TEST Kältefestigkeit *f*; **~ tension** *n* ELEC ENG, ELECT Niederspannung *f*; **~-test gasoline** *n AmE (cf low-test petrol BrE)* AUTO minderwertiges Benzin *nt*; **~-test petrol** *n BrE (cf low-test gasoline AmE)* AUTO minderwertiges Benzin *nt*; **~-thrust motor** *n* SPACE Niedrigschubtriebwerk *nt*; **~ tide** *n* FUELLESS Ebbe *f*, WATER TRANS Ebbe *f*, Niedrigwasser *nt*, Tidenniedrigwasser *nt*; **~-to-high transition** *n* ELECTRON Niedrig-Hoch-Übergang *m*; **~- tone horn** *n* AUTO geräuscharme Hupe *f*; **~-traffic road** *n* CONST wenig befahrene Straße *f*;

~ v **~ visibility landing** *n* AIR TRANS Landung bei geringer Sicht *f*; **~ voltage** *n* ELEC ENG, ELECT, TELECOM Niederspannung *f*; **~-voltage cable** *n* ELECT Niederspannungskabel *nt*; **~-voltage electrostatic loudspeaker** *n* RECORD Niedervolt- Lautsprecher *m*; **~-voltage installation** *n* ELEC ENG Niederspannungsanlage *f*; **~-voltage network** *n* ELECT Niederspannungskreis *m*; **~-voltage winding** *n* ELECT Niederspannungswicklung *f*;

~ w **~-waste technolgy** *n* WASTE abfallarme Technologie *f*; **~ water** *n* WATER TRANS Niedrigwasser *nt*; **~-water discharge** *n* WATER SUP Niedrigwasserabfluß *m*; **~-water level** *n* WATER SUP Niedrigwasserstand *m*; **~-water mark** *n* CONST Niedrigwassermarke *f*, WATER TRANS Niedrigwasserlinie *f*; **~-water ordinary spring tides** *n (LWOST)* FUELLESS normale Springzeitebbe *f*; **~-wing plane** *n* AIR TRANS Tiefdecker *m*;

~ y **~-yield region** *n* ELECTRON Bereich niedriger Ausbeute *m*

Low-Energy: **~ Antiproton Ring** *n (LEAR)* PART PHYS Antiprotonenring mit geringer Energie *m (LEAR)*

lower:[1] **~ annealing temperature** *n* CER & GLAS untere Kühltemperatur *f*; **~ bainite** *n* METALL unteres Zwischenstufengefüge *nt*; **~ band** *n* TELECOM Unterband *nt*; **~ box** *n* PROD ENG *casting* Unterkasten *m*; **~ calorific value** *n (LCV)* WASTE untere Heizleistung *f*; **~ case** *n (lc)* PRINT Kleinbuchstaben *m pl*; **~ control limit** *n* QUAL untere Kontrollgrenze *f*; **~ deck** *n* WATER TRANS Unterdeck *nt*; **~ die** *n* MECHAN ENG Untergesenk *nt*; **~ harmonic** *n* ACOUSTICS, ELECTRON Unterton *m*; **~ level service** *n* TELECOM Dienst unterer Ebene *m*; **~ limit** *n* TELECOM Untergrenze *f*; **~ limit of detectability** *n* POLL untere Nachweisbarkeitsgrenze *f*; **~ limiting deviation** *n* QUAL untere Grenzabweichung *f*; **~ limiting value** *n* QUAL Mindestwert *m*; **~ link** *n* AIR TRANS *helicopter* unteres Gelenk *nt*; **~ quality of service** *n* TELECOM niedere Dienstgüte *f*; **~ roll** *n* MECHAN ENG *rolling mill* Unterwalze *f*; **~ shaft** *n* AUTO untere Welle *f*; **~ shrouds** *n pl* WATER TRANS *ropes* Unterwanten *nt pl*; **~ sideband** *n (LSB)* ELECTRON, RAD TECH, TELECOM unteres Seitenband *nt (LSB)*; **~ sideband filter** *n* TELEV Filter für unteres Seitenband *nt*; **~ storage basin** *n* FUELLESS unteres Sammelbecken *nt*, unteres Speicherbecken *nt*; **~ surface** *n* AIR TRANS Trägerunterseite *f*, Unterflosse *f*, PHYS *of winge* Profilbauch *m*; **~ tank** *n* AUTO unterer Behälter *m*; **~ yield point** *n* METALL untere Streckgrenze *f*

lower[2] *vt* ELEC ENG *voltage* senken, SAFETY *load* ablassen, absenken, herablassen, WATER TRANS *sailing* fieren

lower:[3] **~ the boats** *vi* WATER TRANS *emergency* Boote aussetzen

lowering: **~ cradle** *n* PAPER Senkschlitten *m*; **~ of the melting point** *n* THERMODYN Schmelzpunktserniedrigung *f*; **~ of temperature** *n* PHYS Temperaturerniedrigung *f*

lowest: **~ achievable emission rate** *n* POLL niedrigste erreichbare Emissionsrate *f*; **~ bid** *n* CONST billigstes Angebot *nt*; **~ common denominator** *n (LCD)* MATH kleinster gemeinsamer Nenner *m (kgN)*; **~ common multiple** *n (LCM)* COMP & DP, MATH kleinstes gemeinsames Vielfaches *nt (kgV)*; **~ hourly traffic** *n* TRANS verkehrsschwache Zeit *f*; **~ permitted operating position** *n* NUC TECH *of shim rods* tiefst zulässige Betriebsstellung *f*; **~ usable frequency** *n (LUF)* RAD TECH niedrigste nutzbare Frequenz *f (NNF)*

lox *abbr (liquid oxygen)* SPACE, THERMODYN LOX *(Flüssigsauerstoff)*

loxodromic: **~ line** *n* SPACE Loxodrome *f*

lozenge *n* GEOM Raute *f*

LP[1] *abbr (long-playing record)* RECORD LP *(Langspielplatte)*

LP:[2] **~ mode** *n (linearly- polarized mode)* OPT, TELECOM LP-Mode *f (linear polarisierte Mode)*

LPC[1] *abbr (linear predictive coding)* ELECTRON, TELECOM LPC *(lineare Prädiktionscodierung)*

LPC:[2] **~-coding** *n* ELECTRON LPC-Kodierung *f*

LPG[1] *abbr (liquefied petroleum gas)* AUTO, HEAT & REFRIG, PET TECH, THERMODYN, WATER TRANS LPG *(Flüssiggas)*

LPG:[2] **~ bus** *n* AUTO LPG-Bus *m*; **~ carrier** *n* THERMODYN LPG-Transporter *m*; **~ engine** *n* AUTO LPG-Motor *m*; **~ tanker** *n* WATER TRANS LPG-Tanker *m*

LPM *abbr (lines per minute)* COMP & DP LPM *(Zeilen pro Minute)*

L-port: **~ valve** *n* PROD ENG *plastic valves* Mehrwegventil *nt*

LQ *abbr* COMP & DP *(letter-quality)*, PRINT *(letter quality)* LQ *(Korrespondenzqualität)*

LR *abbr (location register)* TELECOM Standortdatei *f*

LRC *abbr* COMP & DP *(longitudinal redundancy check)* Blockprüfung *f*, Longitudinalprüfung *f*, Längssummenkontrolle *f*, RAIL *(light-rapid-comfortable)* Leichtbauschnelltriebzug *m*

l-s: **~ coupling** *n (Russell-Saunders coupling)* NUC TECH L-S-Kopplung *f (Russell-Saunders-Kopplung)*

LSB *abbr* COMP & DP *(least significant bit)* LSB *(niederwertigstes Bit)*, ELECTRON *(lower sideband)*, RAD TECH *(lower sideband)*, TELEV *(lower sideband)* LSB *(unteres Seitenband)*

LSD *abbr* COMP & DP *(large-screen display)* Großbildschirm *m*, COMP & DP *(least significant digit)* niederwertigste Ziffer *f*

L-section *n* ELECTRON Winkelprofil *nt*, METALL L-Profil *nt*

L-shell *n* PHYS *atom* L-Schale *f*

LSI[1] *abbr (large-scale integration)* COMP & DP, ELECTRON, PHYS, TELECOM LSI *(Großintegration)*

LSI:[2] ~ **circuit** *n (large- scale integrated circuit)* ELECTRON, PHYS, TELECOM LSI-Kreis *f (hochintegrierter Schaltkreis)*

L-signal *n (low-level signal)* ELECTRON L- Signal *nt*

L-split: ~ **system** *n* AUTO Bremskreisaufteilung *f*, Dreirad- Zweikreisbremsanlage *f*

LTM *abbr (long-term memory)* ERGON LZG *(Langzeitgedächtnis)*

Lu *(lutetium)* CHEMISTRY Lu *(Lutetium)*

lubber's: ~ **line** *n* AIR TRANS *compass* Anliegestrich *m*, SPACE Steuerstrich *m*, WATER TRANS *compass* Kursstrich *m*, Steuerstrich *m*

lubricant *n* AUTO Schmiermittel *nt*, CER & GLAS Gleitmittel *nt*, CONST Schmiermittel *nt*, MECHAN ENG Schmiermittel *nt*, Schmierstoff *m*, MECHANICS Schmiermittel *nt*, PET TECH Schmiermittel *nt*, Schmierstoff *m*, PLAS Gleitmittel *nt*, PROD ENG Schmierstoff *m*, *plastic valves* Schmiermittel *nt*, TEXT Präparationsmittel *nt*, Schmälzmittel *nt*

lubricate *vti* MECHAN ENG, MECHANICS, PROD ENG schmieren, TEXT präparieren, schmälzen

lubricated: ~ **tape** *n* RECORD geschmiertes Band *nt*

lubricating *n* PROD ENG Schmierung *f*; ~ **chart** *n* MECHANICS Schmierplan *m*; ~ **film** *n* MECHAN ENG Schmierfilm *m*; ~ **grease** *n* MECHAN ENG Abschmierfett *nt*; ~ **nipple** *n* MECHAN ENG, MECHANICS Schmiernippel *m*; ~ **oil** *n* AUTO, PROD ENG Schmieröl *nt*; ~ **pump** *n* MECHANICS Schmiermittelpumpe *f*; ~ **system** *n* AUTO, MECHAN ENG Schmiersystem *nt*; ~ **unit** *n* CONST Schmiervorrichtung *f*

lubrication *n* AUTO, CONTROL Schmierung *f*, MECHAN ENG Abschmier- *pref*, Schmierung *f*; ~ **fitting** *n* MECHAN ENG *nipple* Schmiernippel *m*

Lucite *n* PLAS Lucit *nt*

LUF *abbr (lowest usable frequency)* RAD TECH NNF *(niedrigste nutzbare Frequenz)*

luff[1] *n* WATER TRANS *sailing* Luvliek *nt*

luff[2] *vt* WATER TRANS luven

luffing: ~ **crane** *n* CONST Wippkran *m*

lug *n* MECHAN ENG Ansatz *m*, Nase *f*, *eye* Öse *f*, MECHANICS Anschlag *m*, Lasche *f*, Zapfen *m*, Öse *f*, PROD ENG Ansatz *m*, Lötöse *f*, Nase *f*, WATER TRANS *sailing* Luggersegel *nt*

luggage *n* RAIL Gepäck *nt*; ~ **compartment** *n BrE* RAIL Gepäckabteil *nt*; ~ **trolley** *n* RAIL Gepäckschlepper *m*; ~ **van** *n BrE (cf baggage car AmE)* RAIL Gepäckwagen *m*

lugger *n* WATER TRANS *sailing* Lugger *m*

lull *n* WATER TRANS Windstille *f*

lumber *vt* CONST *wood* zuschneiden

lumen *n (lm)* METROL, PHYS, TELEV Lumen *nt (lm)*

lumenmeter *n* PHYS Lichtstrommeßgerät *nt*

luminaire *n* ELECT Hängelampe *f*, Leuchtkörper *m*

luminance *n* ELEC ENG Flächenhelle *f*, Leuchtdichte *f*, Luminanz *f*, ELECTRON Bildleuchtdichte *f*, Leuchtdiode *f*, Luminanz *f*, OPT Luminanz *f*, PHYS Leuchtdichte *f*, RAD PHYS Bildleuchtdichte *f*, Luminanz *f*, SPACE *communications* Ausleuchtung *f*, TELECOM Leuchtdichte *f*, TELEV Helligkeit *f*, Leuchtdichte *f*, Luminanz *f*; ~ **amplifier** *n* ELECTRON Luminanzverstärker *m*; ~ **carrier output** *n* TELEV Luminanzträgerleistung *f*; ~ **contrast** *n* ERGON Leuchtdichtenkontrast *m*; ~ **delay** *n* TELEV Helligkeitsverzögerung *f*; ~ **difference** *n* ERGON Leuchtdichtenunterschied *m*; ~ **difference signal** *n* TELEV Helligkeitsverzögerungssignal *nt*; ~ **difference threshold** *n* ERGON Leuchtdichtendifferenzschwelle *f*; ~ **factor** *n* ERGON Leuchtdichtenfaktor *m*; ~ **measurement** *n* INSTR Leuchtdichtemessung *f*; ~ **signal** *n* TELEV Helligkeitssignal *nt*, Leuchtdichtesignal *nt*, Y-Signal *nt*

luminescence *n* ELEC ENG Lumineszenz *f*, kaltes Leuchten *nt*, PHYS, RAD PHYS Lumineszenz *f*, TELEV kaltes Leuchten *nt*; ~ **threshold** *n* TELEV Helligkeitsschwellwert *m*

luminescent[1] *adj* ELEC ENG leuchtend, lumineszent

luminescent:[2] ~ **diode** *n* ELECTRON Leuchtdiode *f*; ~ **glass** *n* CER & GLAS Leuchtglas *nt*

luminophore *n* CHEMISTRY Luminophor *m*

luminosity *n* PART PHYS Luminosität *f*, PHYS Helligkeit *f*; ~ **coefficient** *n* RAD PHYS Leuchtdichtefaktor *m*; ~ **life-time** *n* RAD PHYS Leuchtzeit *f*

luminous: ~ **and colored protective clothing** *n AmE*, ~ **and coloured protective clothing** *n BrE* SAFETY leuchtend farbige Schutzkleidung *f*; ~ **dial** *n* INSTR Leuchtskale *f*; ~ **efficacy** *n* PHYS Lichtausbeute *f*; ~ **efficiency** *n* ERGON Lichtausbeute *f*, PHYS Leuchtwirksamkeit *f*; ~ **exitance** *n* PHYS spezifische Lichtausstrahlung *f*; ~ **flux** *n* ELEC ENG, PHYS Lichtstrom *m*; ~ **intensity** *n* ELEC ENG, ERGON, PHYS Lichtstärke *f*, RAD PHYS Leuchtstärke *f*; ~ **intensity measurement** *n* INSTR Lichtstärkemessung *f*; ~ **pointer galvanometer** *n* INSTR Lichtmarken- Galvanometer *nt*, Spiegelgalvanometer *nt*; ~ **pointer power meter** *n* INSTR Lichtmarkenleistungsmeßgerät *nt*; ~ **reflectance** *n* RAD PHYS Lichtreflexion *f*; ~ **source** *n* RAD PHYS Lichtquelle *f*

Lummer-Brodhun: ~ **photometer** *n* PHYS Lummer-Brodhun-Würfel *m*

lump *n* PAPER Klumpen *m*; ~ **coal** *n* COAL TECH Grobkohle *f*; ~ **sum freight** *n* PET TECH Pauschalfrachtgeld *nt*; ~ **sum price** *n* CONST Pauschalpreis *m*

lumpbreaker *n* PAPER Obergautsche *f*

lumped:[1] ~ **circuit element** *adj* PHYS konzentriertes Schaltelement *nt*

lumped:[2] ~ **capacitance** *n* ELEC ENG, ELECT punktförmig verteilte Kapazität *f*; ~ **capacitor** *n* ELEC ENG Kondensator für punktförmig verteilte Kapazität *m*; ~ **circuit element** *n* ELEC ENG konzentriertes Schaltelement *nt*; ~**-element circuit** *n* ELEC ENG Kreis mit konzentriertem Schaltelement *m*

lunar: ~ **artificial satellite** *n* SPACE künstlicher Mondsatellit *m*; ~ **day** *n* SPACE Mondtag *m*; ~ **excursion module** *n (LEM)* SPACE *Apollo spacecraft* Mondlandefahrzeug *nt*, Mondlandefähre *f (LEM)*; ~ **landing** *n* SPACE Mondlandung *f*; ~ **logistics vehicle** *n (LLV)* SPACE Mondversorgungsfahrzeug *nt*; ~ **module** *n (LM)* SPACE *spacecraft* Lunar-Modul *nt*, Mondlandeeinheit *f*; ~ **orbit** *n* SPACE Mondumlaufbahn *f*; ~ **probe** *n* SPACE Mondsonde *f*

lune *n* PROD ENG Kugelzweieck *nt*

luni: ~**-solar potential** *n* SPACE lunisolares Potential *nt*

lupinidine *n* CHEMISTRY Lupinidin *nt*, Spartein *nt*

lupuline *adj* CHEMISTRY hopfenähnlich

lurch[1] *n* WATER TRANS *motion of ship* Überholen *nt*

lurch[2] *vi* WATER TRANS *ship* schlingern
luster *n AmE see lustre BrE*
lusterless *n AmE see lustreless BrE*
lustre *n BrE* CER & GLAS Lüster *m*, TEXT Glanz *m*
lustreless *n BrE* TEXT glanzlos, matt
lustrous *adj* TEXT glänzend, schimmernd
LUT *abbr (local user terminal)* TELECOM Ortsteilnehmerendstelle *f*, WATER TRANS *satellite navigation* LUT *(Bodenstation)*
lute *vt* PROD ENG verkitten, verschmieren
lutein *n* CHEMISTRY Dihydroxy-α- Carotin *nt*, Lutein *nt*, Xanthophyll *nt*
luteocobaltic *adj* CHEMISTRY Hexammincobalt *nt*
luteol *n* CHEMISTRY Luteol *nt*
luteolin *n* CHEMISTRY Luteolin *nt*, Waugelb *nt*
lutetium *n (Lu)* CHEMISTRY Lutetium *nt (Lu)*
lutidine *n* CHEMISTRY Dimethylpyridin *nt*, Lutidin *nt*
lutidinic *adj* CHEMISTRY Lutidin- *pref*
lutidone *n* CHEMISTRY Lutidon *nt*
lux *n (lx)* METROL, OPT, PHOTO, PHYS *unit of light flux* Lux *nt (lx)* ~ **value** *n* PHOTO Luxwert *m*
luxmeter *n* INSTR Beleuchtungsstärkemeßgerät *nt*, Luxmeter *nt*
LW *abbr (long wave)* RAD TECH LW *(Langwelle)*
LWHR *abbr (light water hybrid reactor)* NUC TECH leichtwassergekühlter Hybridreaktor *m*
lx *abbr (lux)* METROL, OPT, PHOTO, PHYS lx *(Lux)*
lye *n* PROD ENG Lauge *f*
lying: ~ **shaft** *n* MECHAN ENG liegende Welle *f*
Lyman: ~ **series** *n* PHYS Lyman-Serie *f*
lyogel *n* CHEMISTRY Lyogel *nt*
lyophilic *adj* CHEMISTRY lyophil, lösemittelanziehend
lyophilization *n* CHEM ENG Gefriertrocknung *f*, Lyophilisation *f*, Lyophilisierung *f*, HEAT & REFRIG Gefriertrocknung *f*; ~ **flask** *n* CER & GLAS Gefriertrocknungskolben *m*; ~ **tunnel** *n* HEAT & REFRIG Gefriertunnel *m*
lyophobic *adj* CHEMISTRY lyophob, lösemittelabstoßend
lyosol *n* CHEMISTRY Lyosol *nt*
lysine *n* CHEMISTRY Lysin *nt*
lysolecithin *n* CHEMISTRY Lysolecithin *nt*
lyxonic *adj* CHEMISTRY Lyxon- *pref*
lyxose *n* CHEMISTRY Lyxose *f*

M

m *abbr* ACOUSTICS *(shear elasticity)* m *(Scherelastizität)*, ACOUSTICS *(flare coefficient of horn)* m *(Streukoeffizient)*, MECHAN ENG *(mass)* m *(Masse)*, METROL *(meter AmE, metre BrE)* m *(Meter)*, METROL *(milli-)* m *(Milli-)*, PHYS *(mutual inductance)* m *(Gegeninduktivität)*, PHYS *(mass)* m *(Masse)*, PHYS *(molecular mass)* m *(Molekularmasse)*, THERMOD *(mass)* m *(Masse)*

M *abbr* AIR TRANS *(Mach number)*, HYD EQUIP *(Mach number)* M *(Machzahl)*, METROL *(mega-)* M *(Mega-)*, NUC TECH *(multiplication of a reactor)* M *(Reaktormultiplikation)*, PET TECH *(molecular weight)* M *(Molekulargewicht)*, PHYS *(Mach number)* M *(Machzahl)*, PHYS *(molecular weight)*, THERMODYN *(molecular weight)* M *(Molekulargewicht)*

m_0 *abbr (rest mass)* NUC TECH m_0 *(Restmasse)*

Ma *abbr (atomic mass)* NUC TECH Ma *(Atommasse)*

MAC[1] *abbr* NUC TECH *(maximum allowable concentration)* MAK *m (maximale Arbeitsplatzkonzentration)*, PART PHYS *(magnetic calorimeter)* MAC *(magnetisches Kalorimeter)*, POLL *(maximum allowable concentration)* HZK *(höchstzulässige Konzentration)*

MAC:[2] **~ in the free environment** *n* POLL HZK in Umwelt *f*; **~ in the workplace** *n* POLL HZK am Arbeitsplatz *f*

macadam *n* CONST, TRANS Makadam *m*, Schotterdecke *f*; **~ spreader** *n* CONST, TRANS Schotterauftragmaschine *f*

macadamization *n* CONST, TRANS Aufbringen von Schotter *nt*, Beschottern *nt*

mace: **~ oil** *n* FOOD TECH Muskatblütenöl *nt*

macerate[1] *n* PROD ENG Preßmassenfüllstoff *m*

macerate[2] *vt* CHEMISTRY aufschließen, einweichen, mazerieren, FOOD TECH aufschließen, einweichen, wässern, PROD ENG einwässern, mazerieren, quellen

maceration *n* CHEMISTRY Aufschließen *nt*, Mazerieren *nt*, WASTE Aufweichen *nt*

macerator *n* CHEMISTRY Mazeriergefäß *nt*, Reißwerk *nt*

Mach: **~'s principle** *n* PHYS Machsches Prinzip *nt*; **~ compensator** *n* AIR TRANS Machkompensator *m*; **~ meter** *n* AIR TRANS Machmeter *nt*; **~ number** *n (M)* AIR TRANS, HYD EQUIP, PHYS Machzahl *f (M)*

machinability *n* MECHAN ENG, PLAS Bearbeitbarkeit *f*, PROD ENG Zerspanbarkeit *f*, spanende Bearbeitbarkeit *f*; **~ rating** *n* PROD ENG Zerspanbarkeit *f*

machinable *adj* PROD ENG spanend bearbeitbar, zerspanbar

machine:[1] **~-coated** *adj* PACK maschinengestrichen; **~-dependent** *adj* COMP & DP computerabhängig, maschinenabhängig; **~-independent** *adj* COMP & DP computerunabhängig, maschinenunabhängig; **~-intimate** *adj* COMP & DP hardwarenah; **~-oriented** *adj* COMP & DP maschinenorientiert, rechnerorientiert; **~-readable** *adj* COMP & DP computerlesbar, maschinenlesbar

machine[2] *n* CER & GLAS Maschine *f*, COMP & DP Computer *m*, Maschine *f*, Rechner *m*, ELEC ENG Maschine *f*, MECHAN ENG Arbeitsmaschine *f*, Maschine *f*, PAPER Maschine *f*; **~ address** *n* COMP & DP Maschinenadresse *f*; **~ axis** *n* PROD ENG Maschinenachse *f*; **~ bolt** *n* MECHAN ENG Maschinenschraube *f*; **~ broke** *n* PAPER Papiermaschinenausschuß *m*; **~ cage** *n* SAFETY Maschinenschutzkäfig *m*; **~ capacity** *n* PROD ENG Maschinenleistung *f*; **~ check** *n* COMP & DP Maschinenprüfbedingung *f*, Maschinenprüfung *f*; **~ chest** *n* PAPER, PRINT Maschinenbütte *f*; **~ coalmining** *n* COAL TECH maschineller Kohlenabbau *m*; **~ code** *n* COMP & DP Maschinencode *m*, Maschinensprache *f*; **~ compositor** *n* PRINT Maschinensetzer *m*; **~ cutting** *n* MECHAN ENG Maschinenschnitt *m*; **~ cycle** *n* COMP & DP Maschinenzyklus *m*, Operationszyklus *m*; **~ deckle** *n* PAPER Maschinendeckel *m*; **~ direction** *n* PAPER Laufrichtung *f*; **~ downtime** *n* ERGON Maschinenausfallzeit *f*; **~ efficiency** *n* PROD ENG Maschinenleistung *f*; **~ element** *n* COMP & DP Maschinenteil *nt*; **~ error** *n* COMP & DP Hardware-Fehler *m*, Maschinenfehler *m*; **~ failure** *n* COMP & DP Maschinenausfall *m*; **~ fence** *n* SAFETY Maschinenumzäunung *f*; **~ fill** *n* PAPER Maschinenbefüllung *f*; **~ finishing** *n* MECHAN ENG maschinelles Fertigbearbeiten *nt*; **~ for bending** *n* MECHAN ENG Biegemaschine *f*; **~ for fine ceramics** *n* CER & GLAS Feinkeramikmaschine *f*; **~-glazed board** *n (MG board)* PAPER, PRINT einseitig geglättete Pappe *f*; **~-glazed paper** *n (MG paper)* PACK maschinenglattes Papier *nt*, PAPER, PRINT einseitig geglättetes Papier *nt*; **~-glazing cylinder** *n (MG cylinder)* PAPER Glättzylinder *m*; **~-glazing machine** *n (MG machine)* PAPER Selbstabnahmepapiermaschine *f*; **~ grinding** *n* MECHAN ENG Maschinenschleifen *nt*; **~ guard** *n* SAFETY Maschinenschutz *m*; **~-handling time** *n* PROD ENG Bedienungszeit *f*; **~ instruction** *n* COMP & DP Maschinenbefehl *m*, Maschineninstruktion *f*; **~ instruction code** *n* COMP & DP Maschinenbefehlscode *m*, Maschineninstruktionscode *m*; **~ intelligence** *n* COMP & DP künstliche Intelligenz *f*; **~ key** *n* MECHAN ENG Keil *m*, PROD ENG Längskeil *m*; **~ language** *n* COMP & DP Maschinencode *m*, Maschinensprache *f*; **~ learning** *n* ART INT Maschinenlernen *nt*, maschinelles Lernen *nt*, COMP & DP Ausbildung durch Lernmaschine *f*, maschinengestütztes Lernen *nt*; **~ load** *n* CONTROL Maschinenbelastung *f*; **~-made board** *n* PACK Maschinenpappe *f*; **~-made nuts** *n* MECHAN ENG maschinell hergestellte Muttern *f pl*; **~ malfunction** *n* COMP & DP Maschinenstörung *f*; **~ oil** *n* MECHAN ENG Maschinenöl *nt*; **~ operation** *n* COMP & DP Maschinenbedienung *f*, Maschinenoperation *f*, Maschinenbetrieb *m*; **~-paced work** *n* ERGON maschinenbestimmte Arbeitsgeschwindigkeit *f*; **~ part** *n* MECHAN ENG Maschinenelement *nt*, Maschinenteil *nt*; **~ processor** *n* PHOTO maschineller Entwickler *m*; **~ program** *n* COMP & DP Maschinenprogramm *nt*; **~-readable data** *n* COMP & DP computerlesbare Daten *nt pl*, maschinenlesbare Daten *nt pl*; **~ reamer** *n* MECHAN

ENG Maschinenreibahle *f*; ~ **reference axis** *n* PROD ENG Maschinenbezugsachse *f*; ~ **riveting** *n* MECHAN ENG Maschinennietung *f*, maschinelles Nieten *nt*; ~ **room** *n* RECORD Computerraum *m*; ~ **run** *n* COMP & DP Computerlauf *m*, MECHAN ENG Maschinenlauf *m*; ~ **running under load** *n* MECHAN ENG Maschinenlauf unter Last *m*; ~ **screw** *n* MECHAN ENG Maschinenschraube *f*; ~ **set-up time** *n* CONTROL Maschinenrüstzeit *f*; ~ **shears** *n pl* MECHAN ENG Maschinenschere *f*; ~ **speed** *n* CER & GLAS Maschinendrehzahl *f*; ~ **start-up** *n* CER & GLAS Maschinenanfahren *nt*; ~ **table** *n* MECHAN ENG, PROD ENG Maschinentisch *m*; ~ **tap** *n* MECHAN ENG Maschinengewindebohrer *m*; ~ **tapper** *n* MECHAN ENG Gewindeschneidmaschine *f*; ~ **time** *n* COMP & DP Maschinenzeit *f*, zeitlicher Lösungsablauf *m*; ~ **tool** *n* MECHAN ENG, MECHANICS, PROD ENG Werkzeugmaschine *f*; ~ **tool circuit** *n* PROD ENG Werkzeugmaschinenhydraulik *f*; ~ **tool control** *n* CONTROL Werkzeugmaschinensteuerung *f*; ~ **translation** *n* *(MT)* ART INT Maschinenübersetzung *f (MÜ)*; ~ **tray** *n* CER & GLAS Maschinentrog *m*; ~ **version verification of production quality** *n* PACK maschinelle Qualitätskontrolle *f*; ~ **vice** *n BrE* MECHAN ENG Maschinenspannstock *m*; ~ **vise** *n AmE see machine vice BrE* ~ **vision** *n* ART INT maschinelles Sehen *nt*; ~ **width** *n* PRINT Maschinenbreite *f*; ~ **work** *n* MECHAN ENG Maschinenarbeit *f*

machine[3] *vt* MECHAN ENG spanabhebend bearbeiten, spanend bearbeiten, MECHANICS bearbeiten, PROD ENG maschinell bearbeiten, spanen; ~**-relieve** *vt* PROD ENG hinterarbeiten

machined[1] *adj* MECHAN ENG, MECHANICS bearbeitet; ~ **all over** *adj* MECHANICS allseitig bearbeitet

machined:[2] ~ **surface** *n* MECHANICS bearbeitete Oberfläche *f*, PROD ENG Arbeitsfläche *f*, gefertigte Fläche *f*

machinery *n* MECHAN ENG Maschinenausrüstung *f*, maschinelle Ausrüstung *f*; ~ **hazard** *n* SAFETY Maschinengefahr *f*; ~ **oil** *n* MECHAN ENG Maschi-nenöl *nt*

machining *n* MECHAN ENG Spanen *nt*, spanabhebende Bearbeitung *f*, spanende Bearbeitung *f*, *process* Bearbeitung *f*, MECHANICS Bearbeitung *f*; ~ **allowance** *n* MECHAN ENG Bearbeitungstoleranz *f*; ~ **cycle** *n* MECHAN ENG Bearbeitungszyklus *m*, PROD ENG Arbeitsablauf *m*, Arbeitsakt *m*; ~ **defect** *n* MECHAN ENG Bearbeitungsfehler *m*; ~ **of metals** *n* PROD ENG Metallbearbeitung *f*; ~ **operation** *n* PROD ENG Zerspanvorgang *m*, fertigungstechnischer Arbeitsvorgang *m*; ~ **property** *n* PROD ENG spanende Bearbeitbarkeit *f*; ~ **quality** *n* PROD ENG spanende Bearbeitbarkeit *f*; ~ **steel** *n* MECHAN ENG Automatenstahl *m*; ~ **variable** *n* PROD ENG Zerspangröße *f*

machmeter *n* INSTR Machmeter *nt*

maclurin *n* CHEMISTRY Maclurin *nt*

macro *n* COMP & DP *(macrocommand, macroinstruction)* Makro *nt (Makrobefehl)*, COMP & DP *(macrocode)* Makro *nt (Makrocode)*

macroassembler *n* COMP & DP Makroassembler *m*

macrobend *n* ELEC ENG Makrobogen *m*; ~ **loss** *n* OPT Makrobiegeverlust *m*, TELECOM Dämpfung durch Makrobiegungen *f*

macrobending *n* OPT, TELECOM Makrobiegung *f*

macrocall *n* COMP & DP Makroaufruf *m*

macrocode *n (macro)* COMP & DP Makrocode *m (Makro)*

macrocommand *n (macro)* COMP & DP Makrobefehl *m*, Makroinstruktion *f (Makro)*

macrocontrol *n* TRANS Makrosteuerung *f*

macrocyclic *adj* CHEMISTRY Großring- *pref*, makrocyclisch, makrozyklisch

macroetch: ~ **test** *n* PROD ENG Makroätzprüfverfahren *nt*

macroetching *n* PROD ENG Makroätzung *f*

macroexpansion *n* COMP & DP Makroerweiterung *f*

macrogeneration *n* COMP & DP Makrogenerierung *f*

macrogeometrical: ~ **surface pattern** *n* PROD ENG makrogeometrische Oberflächengestalt *f*

macrohardness *n* MECHAN ENG Makrohärte *f*

macroinstruction *n (macro)* COMP & DP Makrobefehl *m*, Makroinstruktion *f (Makro)*

macromodular: ~ **steam generator** *n* NUC TECH makromodularer Dampfgenerator *m*

macromolecular[1] *adj* CHEMISTRY hochmolekular, makromolekular

macromolecular:[2] ~ **dispersion** *n* FOOD TECH makromolekulare Dispersion *f*

macromolecule *n* CHEMISTRY Kettenmolekül *nt*, Makromolekül *nt*, PLAS Makromolekül *nt*

macrophoto: ~ **stand** *n* PHOTO Makrostativ *nt*

macroprocessor *n* COMP & DP Makro-Umwandler *m*, Makroprozessor *m*

macroprogram *n* COMP & DP Makroprogramm *nt*

macroradiography *n* NUC TECH Makroradiographie *f*

macroscopic: ~ **cross section** *n* NUC TECH makroskopischer Querschnitt *m*; ~ **flux variation** *n* NUC TECH makroskopische Flußschwankung *f*; ~ **variable** *n* PHYS makroskopische Veränderliche *f*

macrostructure *n* CHEMISTRY Grobstruktur *f*, Makrogefüge *nt*

macrowaste *n* POLL Makroabfall *m*

made:[1] ~**-up** *adj* CONST aufgeschüttet

made:[2] ~ **ground** *n* CONST Auffüllung *f*

MAG: ~ **welding** *n (metal active gas welding)* THERMODYN MAG-Schweißen *nt (Metall-Aktivgas-Schweißen)*

magamp *abbr (magnetic amplifier)* ELEC ENG Magnetverstärker *m*, Transduktor *m*, magnetischer Verstärker *m*, PHYS, SPACE magnetischer Verstärker *m*

magazine *n* MECHAN ENG *of machine tools*, PRINT *containing fount of matrices* Magazin *nt*; ~ **automatic** *n* PROD ENG Magazinautomat *m*; ~ **back** *n* PHOTO Magazinrückwand *f*; ~ **creeling** *n* TEXT Reserveanknotung *f*; ~ **drum** *n* PROD ENG Speichertrommel *f*; ~ **typesetting** *n* PRINT Zeitschriftensatz *m*

magenta *n* PRINT Magenta *nt*, Purpur *nt*; ~ **filter adjustment** *n* PHOTO Magentaeinstellung *f*

magic: ~ **eye** *n* ELECTRON Abstimmauge *nt*, magisches Auge *nt*; ~ **numbers** *n pl* PHYS, RAD PHYS *for nuclei with particularly high binding energy* magische Zahlen *f pl*; ~ **square** *n* MATH magisches Quadrat *nt*

magnaflux: ~ **testing** *n* PROD ENG Magnetpulverprüfung *f*

magnesia *n* CHEMISTRY Magnesia *f*

magnesian *adj* CHEMISTRY Magnesia- *pref*, magnesiumhaltig

magnesite *n* PLAS *paint raw material* Magnesit *m*; ~ **brick** *n* CONST Magnesitstein *m*, Magnesitziegel *m*; ~ **chrome refractory** *n* CER & GLAS Magnesit-Chrom-Feuerfesterzeugnis *nt*

magnesium *n (Mg)* CHEMISTRY Magnesium *nt (Mg)*; ~ **oxide** *n* CHEMISTRY Magnesiumoxid *nt*; ~**-silver chloride cell** *n* ELEC ENG Magnesiumsilberchloridelement *nt*

magneson *n* CHEMISTRY Magneson *nt*

magnet *n* ELEC ENG, ELECT, LAB EQUIP, PART PHYS, PHYS, RECORD, TELECOM Magnet *m*; **~ alloy** *n* PROD ENG Heuslersche Legierung *f*; **~ coil** *n* ELEC ENG Magnetspule *f*

magnetic[1] *adj* ELECT, PHYS, RECORD magnetisch

magnetic:[2]

~ a **~ alignment** *n* RECORD magnetische Ausrichtung *f*; **~ amplifier** *n (magamp)* ELEC ENG Magnetverstärker *m*, Transduktor *m*, magnetischer Verstärker *m*, PHYS *saturable reactor* Transduktor *m*, magnetischer Verstärker *m*, SPACE *spacecraft* magnetischer Verstärker *m*; **~ arc blow** *n* PROD ENG Blaswirkung *f*; **~ armature loudspeaker** *n* RECORD Magnetankerlautsprecher *m*; **~ attraction** *n* ELECT Polsteinkraft *f*, magnetische Anziehung *f*; **~ axis** *n* SPACE Magnetachse *f*;

~ b **~ bearing** *n* AIR TRANS Magnetpeilung *f*, mißweisende Peilung *f*, ELECT, MECHANICS Magnetlager *nt*, SPACE *spacecraft* magnetische Peilung *f*; **~-bearing momentum wheel** *n* SPACE *spacecraft* Schwungrad zur Magnetpeilung *nt*; **~ bias** *n* ELEC ENG Vormagnetisierung *f*, RECORD, TELEV magnetische Vorspannung *f*; **~ blowout** *n* ELEC ENG Blasmagnet *m*, magnetische Beblasung *f*; **~ blowout circuit breaker** *n* ELECT Trennschalter mit magnetischer Löschung *m*; **~ bottle** *n* PHYS magnetische Flasche *f*; **~ bubble memory** *n* COMP & DP Blasenspeicher *m*, Magnetblasenspeicher *m*, ELEC ENG magnetischer Blasenspeicher *m*;

~ c **~ calorimeter** *n (MAC)* PART PHYS magnetisches Kalorimeter *nt (MAC)*; **~ card** *n* COMP & DP Magnetkarte *f*, magnetische Karte *f*; **~ card memory** *n* COMP & DP Magnetkartenspeicher *m*; **~ card reader** *n* COMP & DP Magnetkartenlesegerät *nt*, Magnetkartenleser *m*; **~ cell** *n* COMP & DP Magnetzelle *f*, magnetische Zelle *f*; **~-centering ring** *n AmE*, **~-centring ring** *n BrE* SPACE magnetischer Zentrierring *m*; **~ chucking** *n* PROD ENG Magnetfutteraufspannung *f*; **~ circuit** *n* ELEC ENG, ELECT, PHYS, SPACE Magnetkreis *m*; **~ clutch** *n* ELEC ENG Magnetkupplung *f*, ELECT magnetische Kupplung *f*, MECHAN ENG Magnetkupplung *f*; **~ coating** *n* RECORD magnetische Beschichtung *f*, TELEV Magnetbeschichtung *f*; **~ compass** *n* AIR TRANS Magnetkompaß *m*; **~ confinement** *n* PHYS magnetischer Einschluß *m*; **~ constant** *n* PHYS magnetische Konstante *f*; **~ core** *n* COMP & DP Ferritkern *m*, Magnetkern *m*, ELEC ENG *part of magnetic circuit, magnetic memory* Magnetkern *m*; **~ core memory** *n* ELEC ENG Magnetkernspeicher *m*; **~ counter** *n* INSTR Magnetzähler *m*, Relaiszähler *m*, Zählmagnet *m*, Zählrelais *nt*; **~ coupling** *n* ELECT induktive Kopplung *f*, magnetische Kopplung *f*; **~-coupling coefficient** *n* ELECT magnetischer Kopplungsfaktor *m*, magnetischer Kopplungskoeffizient *m*; **~ course** *n* WATER TRANS magnetischer Kurs *m*, mißweisender Kurs *m*; **~ crack detector** *n* MECHAN ENG magnetischer Rißdetektor *m*; **~ cushion** *n* TRANS Magnetkissen *nt*; **~ cushion train** *n* TRANS Magnetkissenzug *m*;

~ d **~ damping** *n* ELEC ENG Wirbelstromdämpfung *f*, magnetische Dämpfung *f*; **~ declination** *n* PHYS Nadelabweichung *f*, magnetische Deklination *f*, WATER TRANS Mißweisung *f*; **~ deflection** *n* NUC TECH Ablenkung im Magnetfeld *f*, Magnetablenkung *f*; **~ depolarization** *n* RAD PHYS *of resonance radiation* magnetische Depolarisation *f*; **~ detector** *n* TRANS Magnetdetektor *m*; **~ dipole** *n* PHYS magnetischer Dipol *m*; **~ dipole moment** *n* PHYS magnetisches Dipolmoment *nt*; **~ dipole transition** *n* RAD PHYS magnetischer Dipolübergang *m*; **~ disk** *n* COMP & DP Magnetplatte *f*, ELEC ENG Magnetplatte *f*, Magnetscheibe *f*, ELECT, RECORD Magnetplatte *f*; **~ domain** *n* ELEC ENG magnetischer Bezirk *m*; **~ drag** *n* AIR TRANS magnetische Verzögerung *f*; **~ drain plug** *n* MECHAN ENG magnetischer Ablaßstopfen *m*; **~ drum** *n* COMP & DP, ELEC ENG Magnettrommel *f*; **~ drum memory** *n* COMP & DP, ELEC ENG Magnettrommelspeicher *m*;

~ e **~ echo** *n* RECORD magnetisches Echo *nt*; **~ energy** *n* ELEC ENG, ELECT, PHYS magnetische Energie *f*; **~ epitaxial layer** *n* ELECTRON magnetisch-epitaxiale Schicht *f*; **~ equator** *n* PHYS magnetischer Äquator *m*; **~-erasing head** *n* TELEV Magnetlöschkopf *m*;

~ f **~ field** *n* ELEC ENG Magnetfeld *nt*, ELECT Magnetfeld *nt*, magnetisches Feld *nt*, PHYS *B field or H field*, RECORD magnetisches Feld *nt*, TELECOM Magnetfeld *nt*, magnetisches Feld *nt*, TELEV Magnetfeld *nt*; **~ field configuration** *n* NUC TECH, RAD PHYS Magnetfeldkonfiguration *f*; **~ field gradient** *n* ELEC ENG magnetischer Feldgradient *m*; **~ field intensity** *n* ELECT magnetische Feldintensität *f*; **~ field line** *n* RAD PHYS Magnetfeldlinie *f*; **~ field strength** *n (H)* ELEC ENG, ELECT magnetische Feldstärke *f (H)*, PHYS *H field* Magnetfeldstärke *f (H)*; **~ filter** *n* MECHAN ENG Magnetfilter *nt*; **~ fishing tool** *n* PET TECH Magnetfangwerkzeug *nt*; **~ flow transducer** *n* IND PROCESS magnetischer Durchflußmeßumformer *m*; **~ flux** *n* ELEC ENG Induktionsfluß *m*, Magnetfluß *m*, magnetischer Fluß *m*, ELECT Magnetfluß *m*, RAD PHYS Magnetfluß *m*, magnetischer Fluß *m*, RECORD magnetischer Induktionsfluß *m*, TELEV Magnetfluß *m*; **~ flux density** *n* ELECT Magnetflußdichte *f*, Magnetfeldstärke *f*, PHYS *B field* Magnetflußdichte *f*; **~ flux line** *n* NUC TECH magnetische Feldlinie *f*; **~ flux linkage** *n* FUELLESS magnetische Flußverkettung *f*; **~ flywheel** *n* ELEC ENG magnetisches Schwungrad *nt*; **~ focusing** *n* ELEC ENG magnetische Fokussierung *f*; **~ force** *n* ELECT magnetische Kraft *f*; **~ force welding** *n* NUC TECH Magnetkraftschweißen *nt*;

~ h **~ head** *n* ACOUSTICS Magnetkopf *m*, COMP & DP Lesekopf *m*, Magnetkopf *m*, Schreibkopf *m*, RECORD, TELEV Magnetkopf *m*; **~ head core** *n* TELEV Magnetkopfkern *m*; **~ head gap** *n* TELEV Magnetkopfspalt *m*; **~ heading** *n* AIR TRANS Magnetkurs *m*, mißweisender Kurs *m*; **~ holding** *n* MECHAN ENG magnetische Halterung *f*; **~ hysteresis** *n* ELEC ENG, ELECT magnetische Hysterese *f*; **~ hysteresis loop** *n* ELECT magnetische Hystereseschleife *f*;

~ i **~ indicator** *n* MECHAN ENG magnetischer Anzeiger *m*; **~ induction** *n (B)* ELEC ENG, ELECT, PHYS *B field* Magnetinduktion *f (B)*, RECORD magnetischer Scheinwiderstand *m (B)*, TELECOM Magnetinduktion *f (B)*; **~ induction current loop** *n* TELECOM Magnetinduktionsschleife *f*; **~ induction density** *n* ELECT Magnetinduktionsdichte *f*; **~ ink** *n* COMP & DP Magnetfarbe *f*, Magnettinte *f*, Magnetschrift *f*; **~ ink character reader** *n* COMP & DP Magnetschriftlesegerät *nt*, Magnetschriftleser *m*; **~ ink character recognition** *n (MICR)* COMP & DP Magnetschrifterkennung *f*, Magnetschriftzeichenerkennung *f (MICR)*; **~ intensity** *n* RAD PHYS Magnetfeldstärke *f*; **~ iron** *n* METALL Magneteisen *nt*; **~ isotope separation** *n* NUC TECH magnetische Isotopentrennung *f*;

~ l **~ latching relay** *n* ELEC ENG magnetisches Halterelais *nt*; ~ **latitude** *n* PHYS magnetische Breite *f*; ~ **leakage** *n* ELEC ENG magnetische Streuung *f*; ~ **lens** *n* ELEC ENG, RAD PHYS Magnetlinse *f*; ~ **levitation** *n* PHYS, TRANS Magnetschwebetechnik *f*; ~ **line of force** *n* ELEC ENG magnetische Kraftlinie *f*; ~ **loop detector** *n* TRANS Magnetschleifendetektor *m*;

~ m ~ **master** *n* COMP & DP Original *nt*; ~ **material** *n* COMP & DP Magnetträger *m*, Magnetwerkstoff *m*, ELEC ENG Magnetmaterial *nt*, magnetische Stoffe *m pl*; ~ **media** *n pl* COMP & DP magnetische Datenträger *m pl*; ~ **medium** *n* ACOUSTICS magnetisches Aufzeichnungsmaterial *nt*, COMP & DP Magnetträger *m*, magnetisches Medium *nt*, ELEC ENG magnetisches Medium *nt*; ~ **memory** *n* COMP & DP Magnetspeicher *m*; ~ **meridian** *n* PHYS magnetische Nord-Süd-Richtung *f*, magnetischer Meridian *m*; ~ **mirror** *n* PHYS Magnetspiegel *m*; ~ **moment** *n* ELECT, PART PHYS *quantity denoting strength of magnetic dipole field*, PHYS Magnetmoment *nt*; ~ **monopole** *n* PHYS Magnetmonopol *nt*;

~ n ~ **needle** *n* MECHAN ENG *for instruments* Magnetnadel *f*; ~ **north/south pole** *n* PHYS magnetischer Nord-Süd-Pol *m*;

~ o ~ **order** *n* METALL magnetische Anordnung *f*; ~ **ore** *n* METALL Magneteisenstein *m*, Magnetit *m*; ~ **overload relay** *n* ELECT magnetisches Überlastrelais *nt*;

~ p ~ **particle** *n* TELEV magnetisches Teilchen *nt*; ~ **particle clutch** *n* MECHAN ENG Magnetpulverkupplung *f*; ~ **particle examination** *n* MECHANICS Magnetpulverprüfung *f*; ~ **particle inspection** *n* MECHAN ENG Magnetpulverprüfung *f*; ~ **particle orientation** *n* TELEV Ausrichtung magnetischer Teilchen *f*; ~ **paste** *n* PROD ENG Magnetpulveraufschwämmung *f*; ~ **permeability** *n* ELEC ENG magnetische Durchdringbarkeit *f*, magnetische Durchlässigkeit *f*, magnetische Permeabilität *f*, ELECT magnetische Permeabilität *f*; ~ **pick-up** *n* RECORD magnetischer Tonabnehmer *m*; ~ **polarization** *n* ACOUSTICS, ELEC ENG magnetische Polarisation *f*; ~ **pole** *n* ELECT, PHYS Magnetpol *m*; ~ **potential** *n* ELEC ENG Magnetpotential *nt*; ~ **powder clutch** *n* MECHAN ENG Magnetpulverkupplung *f*; ~ **probe** *n* NUC TECH Magnetsonde *f*;

~ q ~ **quantum number** *n* PHYS Magnetquantenzahl *f*;

~ r ~ **recorder** *n* ACOUSTICS Magnettongerät *nt*; ~ **recording** *n* ACOUSTICS Magnettonaufzeichnung *f*, COMP & DP Magnetaufnahme *f*, Magnetaufzeichnung *f*, RECORD Magnettonaufzeichnung *f*, TELECOM, TELEV Magnetaufzeichnung *f*; ~**-recording film** *n* RECORD Magnettonfilm *m*; ~**-recording medium** *n* TELEV Magnetaufzeichnungsmedium *nt*; ~**-recording standard** *n* RECORD Magnetaufnahmestandard *m*; ~ **reproducer** *n* TELEV Magnetkopierer *m*; ~ **repulsion** *n* ELEC ENG Magnetabstoßung *f*; ~ **resistance** *n* ELEC ENG Magnetwiderstand *m*, Reluktanz *f*; ~ **resonance** *n* ELEC ENG, PHYS Magnetresonanz *f*; ~ **resonance spectroscopy** *n* RAD PHYS Magnetresonanzspektroskopie *f*;

~ s ~ **saturation** *n* ELEC ENG Eisensättigung *f*, Magnetsättigung *f*, ELECT *ferromagnetic material* Magnetsättigung *f*; ~ **scalar potential** *n* PHYS magnetisches skalares Potential *nt*; ~ **screening** *n* ELECT Magnetschirmung *f*; ~ **separation** *n* WASTE Magnetabscheidung *f*, Magnetsortierung *f*; ~ **separator** *n* COAL TECH, NUC TECH, WASTE Magnetabscheider *m*; ~ **shell** *n* PHYS Magnetdoppelschicht *f*; ~ **shield** *n* PHYS Magnetabschirmung *f*; ~ **shielding** *n* ELEC ENG Magnetabschirmung *f*; ~ **sound track** *n* RECORD Magnettonspur *f*; ~ **starter** *n* ELECT Magnetanlasser *m*; ~ **stirrer** *n* LAB EQUIP Magnetrührer *m*; ~ **storage medium** *n* ELEC ENG Magnetspeichermedium *nt*; ~ **storm** *n* SPACE Magnetsturm *m*; ~ **stripe** *n* RECORD Magnetstreifen *m*; ~ **stripping** *n* RECORD Magnetabstreifung *f*; ~ **susceptibility** *n* ELECT, PHYS Magnetsuszeptibilität *f*; ~ **suspension** *n* TRANS Magnetkissenaufhängung *f*;

~ t ~ **tape** *n* ACOUSTICS Magnettonband *nt*, Tonband *nt*, COMP & DP Magnetband *nt*, ELECT Magnetband *nt*, Tonband *nt*, PRINT, RECORD, TELECOM, TELEV Magnetband *nt*; ~ **tape cartridge** *n* COMP & DP Magnetbandcassette *f*; ~ **tape controlled machine tool** *n* PROD ENG magnetbandgesteuerte Werkzeugmaschine *f*; ~ **tape noise** *n* RECORD Magnetbandrauschen *nt*; ~ **tape recorder** *n* COMP & DP Magnetbandgerät *nt*, RECORD Tonbandgerät *nt*; ~ **tape unit** *n* COMP & DP Magnetbandgerät *nt*, Magnetbandeinheit *f*; ~ **thickness gage** *n AmE*, ~ **thickness gauge** *n BrE* LAB EQUIP Magnetdickenmesser *m*; ~ **thin film** *n* ELECTRON dünne Magnetschicht *f*; ~ **transition** *n* METALL Magnetübergang *m*;

~ v ~ **valve** *n* MECHAN ENG Magnetventil *nt*; ~ **variation** *n* WATER TRANS Mißweisung *f*; ~ **vector potential** *n* PHYS Magnetvektorpotential *nt*;

~ w ~ **wave** *n* ELEC ENG Magnetwelle *f*; ~ **wire** *n* ACOUSTICS Magnetdraht *m*

magnetic:[3] **on ~ media** *phr* COMP & DP auf magnetischem Datenträger *m*

magnetically: ~ **latched crosspoint** *n* TELECOM magnetisch gehaltener Koppelpunkt *m*

magnetism *n* ELECT, PHYS, RAD TECH Magnetismus *m*

magnetite *n* METALL, NUC TECH *heavy concrete aggregate* Magnetit *m*

magnetization *n* ELEC ENG, ELECT, PHYS, RECORD, TELECOM, TELEV Magnetisierung *f*; ~ **curve** *n* ELEC ENG Magnetisierungskurve *f*

magnetize *vt* ELEC ENG, PHYS magnetisieren

magnetized[1] *adj* ELECT, NUC TECH, RECORD magnetisiert

magnetized:[2] ~ **head** *n* RECORD magnetisierter Kopf *m*; ~ **plasma** *n* NUC TECH magnetisiertes Plasma *nt*

magnetizing: ~ **coil** *n* ELEC ENG, ELECT Magnetisierungsspule *f*; ~ **field** *n* ELEC ENG Magnetisierungsfeld *nt*; ~ **force** *n* ELECT Feldstärke *f*, Magnetisierungskraft *f*; ~ **moment** *n* ELEC ENG Magnetisierungsmoment *nt*

magneto:[1] ~**-optic** *adj (m-o)* OPT magneto-optisch; ~**-optical** *adj (m-o)* OPT magneto-optisch

magneto[2] *n* AUTO *ignition* Zündmagnet *m*, ELEC ENG Kurbelinduktor *m*, Magnetzünder *m*, ELECT Magnetzündung *f*, Zündmagnet *m*, WATER TRANS magnetelektrische Maschine *f*; ~ **bearings** *n pl* MECHAN ENG Magnetlager *nt pl*; ~ **ignition** *n* AUTO Magnetzündung *f*; ~**-optical disc** *n BrE* OPT magneto-optische Platte *f*; ~**-optical disk** *n AmE see magneto-optical disc BrE* ~**-optical effect** *n* OPT magneto-optischer Effekt *m*; ~**-optical medium** *n* OPT magneto-optisches Medium *nt*; ~ **switchboard** *n* TELECOM Klappenschrank für Induktoranruf *m*

magnetoconductivity *n* TELECOM magnetische Leitfähigkeit *f*

magnetodiode *n* ELECTRON Magnetdiode *f*

magnetodynamo *n* AUTO, ELECT Magnetdynamo *m*

magnetoelectric: ~ **generator** *n* ELEC ENG permanenterregter Generator *m*
magnetoelectricity *n* ELEC ENG Magnetoelektrizität *f*
magnetogasdynamics *n (MGD)* NUC TECH Magnetogasdynamik *f (MGD)*
magnetogram *n* RAD TECH Magnetogramm *nt*
magnetographic: ~ **printer** *n* COMP & DP Magnetograph *m*
magnetohydrodynamic[1] *adj* ELEC ENG, MECHAN ENG, NUC TECH, PHYS, SPACE magnetohydrodynamisch
magnetohydrodynamic:[2] ~ **bearing** *n* MECHAN ENG magnetohydrodynamisches Lager *nt*; ~ **conversion** *n* ELEC ENG magnetohydrodynamische Wandlung *f*; ~ **converter** *n (MHD converter)* ELEC ENG, NUC TECH magnetohydrodynamischer Wandler *m (MHD-Wandler)*, SPACE *spacecraft* magnetohydrodynamischer Konverter *m (MHD-Konverter)*; ~ **generation** *n* ELEC ENG magnetohydrodynamische Stromerzeugung *f*; ~ **generator** *n* ELEC ENG magnetohydrodynamischer Generator *m*; ~ **pump** *n* ELEC ENG magnetohydrodynamische Pumpe *f*
magnetohydrodynamics *n* FLUID PHYS, MECHAN ENG, NUC TECH, PHYS Magnetohydrodynamik *f*
magnetometer *n* AIR TRANS Magnetfeldmesser *m*, Magnetometer *nt*, ELECT, FLUID PHYS, PET TECH, PHYS, RAD TECH, SPACE Magnetometer *nt*; ~ **boom** *n* SPACE Magnetometer-Ausleger *m*; ~ **survey** *n* PET TECH Magnetometer-Vermessung *f*
magnetometry *n* ELECT, PET TECH, PHYS Magnetometer-Meßtechnik *f*
magnetomotive: ~ **force** *n (mmf)* ELECT, FLUID PHYS, PHYS magnetomotorische Kraft *f (MMK)*
magneton *n* PART PHYS Magneton *nt*
magnetoplasma *n* NUC TECH Magnetoplasma *nt*
magnetoresistance *n* PHYS magnetischer Widerstand *m*
magnetoresistor: ~ **potentiometer** *n* ELECT durch Magnetfeld variierbares Potentiometer *nt*
magnetoscope *n* TELECOM Magnetoskop *nt*
magnetosphere *n* RAD TECH Magnetosphäre *f*
magnetostatic: ~ **field** *n* NUC TECH, PHYS magnetostatisches Feld *nt*
magnetostriction *n* ACOUSTICS, ELEC ENG, PHYS Magnetostriktion *f*; ~ **constant** *n (K)* ACOUSTICS Magnetostriktionskonstante *f (K)*; ~ **loudspeaker** *n* ACOUSTICS Magnetostriktionslautsprecher *m*; ~ **microphone** *n* ACOUSTICS Magnetostriktionsmikrofon *nt*
magnetostrictive: ~ **material** *n* ELEC ENG magnetostriktives Material *nt*; ~ **transducer** *n* INSTR magnetostriktiver Wandler *m*; ~ **transductor** *n* ELEC ENG magnetostriktiver Wandler *m*
magnetotail *n* SPACE Magnetschweif *m*
magnetron *n* ELECTRON Magnetfeldröhre *f*, Magnetron *nt*, PHYS Magnetstrom *m*, RAD TECH Magnetron *nt*; ~ **amplifier** *n* ELECTRON Magnetronverstärker *m*; ~ **arcing** *n* ELEC ENG Magnetronlichtbogenbildung *f*; ~ **oscillator** *n* ELECTRON Magnetrongenerator *m*
magnification *n* OPT, PHYS Vergrößerung *f*
magnified: ~ **viewfinder image** *n* PHOTO vergrößertes Sucherbild *nt*
magnify *vt* PHYS vergrößern
magnifying: ~ **glass** *n* LAB EQUIP, MECHANICS Lupe *f*, Vergrößerungsglas *nt*, PHYS Vergrößerungsglas *nt*; ~ **power** *n* PHYS Vergrößerungsvermögen *nt*
magnitude *n* PHYS *star* Größenklasse *f*; ~ **frequency response** *n* ELECTRON Übertragungsfrequenzgang *m*; ~ **of quantity** *n* PHYS Größenordnung einer physikalischen Größe *f*; ~ **of vector** *n* PHYS Betrag eines Vektors *m*
magnon *n* PHYS Magnon *nt*
magnox: ~ **reactor** *n* NUC TECH Magnox-Reaktor *m*
magnum *n* CER & GLAS Magnum *nt*
Magnus: ~ **effect** *n* PHYS Magnus-Effekt *m*
maiden: ~ **flight** *n* AIR TRANS Jungfernflug *m*; ~ **voyage** *n* WATER TRANS Jungfernfahrt *f*
mail:[1] ~**-order-packed** *adj* FOOD TECH als Postversand verpackt
mail:[2] ~ **car** *n AmE (cf mailcoach BrE)* RAIL Bahnpostwagen *m*; ~ **and cargo terminal** *n* AIR TRANS Post- und Frachtterminal *m*; ~ **message** *n* COMP & DP E-Mail-Mitteilung *f*, Mail *f*, *e-mail* Brief *m*; ~ **server** *n* TELECOM Mail-Server *m*; ~ **train** *n* RAIL Postzug *m*, Zug mit Postbeförderung *m*; ~ **van** *n AmE (cf post wagon BrE)* RAIL Bahnpostwagen *m*
mailcoach *n BrE (cf mail car AmE)* RAIL Bahnpostwagen *m*
mailing *n* COMP & DP Mailing *nt*, Versandaktion *f*, Verschicken *nt*, Versenden *nt*; ~ **list** *n* COMP & DP Adreßliste *f*; ~ **sleeve** *n* PACK Versandhülle *f*; ~ **tube** *n* PACK Versandrolle *f*
main[1] *adj* COMP & DP, PHOTO, TRANS Groß- *pref*
main[2] *n* CONST *conduit pipe* Hauptleitung *f*, ELEC ENG Hauptkabel *nt*, Hauptleitung *f*, HEAT & REFRIG Hauptleitung *f*, PROD ENG Leitung *f*; ~ **air reservoir** *n* RAIL *brakes* Hauptluftbehälter *m*; ~ **air reservoir pressure** *n* RAIL *brakes* Hauptbehälterdruck *m*; ~ **anode** *n* ELEC ENG Hauptanode *f*; ~ **axis of inertia** *n* MECHAN ENG Hauptträgheitsachse *f*; ~ **axle** *n* MECHAN ENG Hauptachse *f*; ~ **bar** *n* ELEC ENG Hauptsammelschiene *f*, Hauptschiene *f*; ~ **battery** *n* AIR TRANS *of aircraft* Hauptbatterie *f*; ~ **beam** *n* CONST Hauptbalken *m*, Unterzug *m*, SPACE Hauptrichtantenne *f*, Hauptstrahl *m*; ~ **bearing** *n* AUTO Hauptlager *nt*, Kurbelwellenlager *nt*, CONST, MECHAN ENG, WATER TRANS Hauptlager *nt*; ~**-bearing bushing** *n* AUTO Hauptlagerbuchse *f*, Hauptlagerhülse *f*; ~ **boom** *n* WATER TRANS *sailing* Großbaum *m*; ~ **brace** *n* WATER TRANS *ropes* Großbrasse *f*; ~ **brake hose** *n* RAIL Hauptbremsschlauch *m*; ~ **brake pipe** *n* RAIL Hauptbremsleitung *f*; ~ **and branch ductwork** *n* HEAT & REFRIG Haupt- und Nebenkanäle *m pl*; ~ **burner** *n* HEAT & REFRIG Hauptbrenner *m*; ~ **busbar** *n* TELECOM Hauptsammelschiene *f*; ~ **casting** *n* PROD ENG Grundkörper *m*; ~ **circuit** *n* ELECT Hauptstromkreis *m*; ~ **collector** *n* WASTE Hauptsammler *m*, Sammelkanal *m*; ~ **contacts** *n pl* ELECT Hauptkontakte *m pl*; ~ **crack** *n* METALL Hauptriß *m*; ~**-cutting force** *n* PROD ENG Hauptschnittkraft *f*; ~ **deck** *n* WATER TRANS Hauptdeck *nt*; ~ **distribution frame** *n (MDF)* TELECOM Hauptverteiler *m (HVt)*; ~ **drain** *n* CONST *sewage* Hauptsammler *m*, Vorflutdrän *m*; ~ **drive** *n* MECHAN ENG Hauptantrieb *m*; ~ **drive gear** *n* AUTO Hauptantriebszahnrad *nt*; ~ **drive shaft** *n* AIR TRANS *helicopter* Hauptantriebswelle *f*; ~ **driving gear** *n* PROD ENG *kinematics* Hubscheibe *f*, Kulissenrad *nt*; ~ **exchange** *n* TELECOM HVSt, Hauptamt *nt*, Hauptvermittlungsstelle *f*; ~ **excitation** *n* ACOUSTICS Kernerregung *f*; ~ **feed motion** *n* MECHAN ENG Hauptvorschubbewegung *f*; ~ **gap** *n* ELEC ENG Hauptentladungsstrecke *f*, Hauptstrecke *f*; ~ **gear axle beam** *n* AIR TRANS Hauptfahrwerkachsenträger *m*; ~ **gearbox** *n* AIR TRANS *helicopter* Hauptschaltgetriebe *nt*; ~ **gearbox support** *n* AIR TRANS *helicopter*

Hauptschaltgetriebeaufnahme *f*, Hauptschaltgetriebegehäusearm *m*, Hauptschaltgetriebehalterung *f*; ~ **gear-sliding door** *n* AIR TRANS Hauptfahrwerkschiebeklappe *f*; ~ **girder** *n* CONST Binderbalken *m*, Hauptträger *m*; ~ **international-switching center** *n AmE*, ~ **international-switching centre** *n BrE* TELECOM internationales Hauptamt *nt*; ~ **international trunk-switching center** *n AmE*, ~ **international trunk-switching centre** *n BrE* TELECOM internationale Hauptvermittlungsstelle *f*; ~-**isolating valve** *n* NUC TECH Haupttrennventil *nt*; ~ **jet** *n* AUTO *carburettor* Hauptdüse *f*; ~-**landing gear** *n* AIR TRANS *helicopter* Hauptlandevorrichtung *f*, Hauptfahrwerk *nt*; ~ **landing gear brace strut** *n* AIR TRANS Hauptfahrwerksstützstrebe *f*; ~ **landing gear door** *n* AIR TRANS Hauptfahrwerksklappe *f*; ~ **leaf** *n* AUTO Hauptblatt *nt*; ~ **leg** *n* NUC TECH *of transformer core* Hauptschenkel *m*; ~ **line** *n* CONST Hauptleitung *f*, Sammler *m*, RAIL Hauptstrecke *f*, Hauptverbindung *f*, TELECOM Hauptanschlußleitung *f*; ~-**line railroad** *n AmE (cf main-line railway BrE)* RAIL Hauptstrecke *f*; ~-**line railway** *n BrE (cf main-line railroad AmE)* RAIL Hauptstrecke *f*; ~ **load** *n* CONST Hauptlast *f*; ~ **loudness** *n* ACOUSTICS Kernlautheit *f*; ~ **memory** *n* COMP & DP Hauptspeicher *m*, Zentralspeicher *m*; ~ **pole** *n* ELECT *electrical machine* Hauptpol *m*; ~ **press** *n* PAPER Hauptpresse *f*; ~ **quantum number** *n* AIR TRANS Hauptquantenzahl *f*; ~ **regulator valve** *n* AUTO Hauptregelventil *nt*; ~ **reinforcement** *n* CONST Grundarmierung *f*, Hauptbewehrung *f*; ~ **repeater distribution frame** *n* TELECOM Hauptverteiler für Verstärkerämter *m*; ~ **rib** *n* AIR TRANS Hauptrippe *f*; ~ **road** *n* TRANS Hauptverbindungsstraße *f*, Hauptverkehrsstraße *f*; ~ **rod** *n* MECHAN ENG Hauptpleuel *nt*, Hauptpleuelstange *f*; ~ **rotor** *n* AIR TRANS *helicopter* Hauptrotor *m*; ~ **rotor blade** *n* AIR TRANS *helicopter* Hauptrotorblatt *nt*; ~ **rotor head** *n* AIR TRANS *helicopter* Hauptrotorkopf *m*; ~ **rotor hub** *n* AIR TRANS *helicopter* Hauptrotornabe *f*; ~ **rotor shaft** *n* AIR TRANS *helicopter* Hauptrotorwelle *f*; ~ **routine** *n* COMP & DP Hauptroutine *f*; ~ **runway** *n* AIR TRANS Hauptstart- und Landebahn *f*; ~ **sewer** *n* CONST Hauptentwässerungsleitung *f*, Hauptsammelkanal *m*, WASTE Hauptsammler *m*, Sammelkanal *m*; ~ **shroud** *n* WATER TRANS *rope* Großwant *f*; ~ **solar generator** *n* SPACE *spacecraft* Hauptsolargenerator *m*; ~ **spindle** *n* MECHAN ENG Hauptspindel *f*; ~ **store** *n* COMP & DP Hauptspeicher *m*, Zentralspeicher *m*; ~ **switch** *n* ELEC ENG, ELECT Hauptschalter *m*; ~-**switching contacts** *n pl* ELECT Hauptschaltkontakte *m pl*; ~ **tap** *n* MECHAN ENG Haupthahn *m*; ~ **terminal** *n* AUTO Hauptanschlußklemme *f*; ~ **tool thrust** *n* PROD ENG Hauptschnittdruck *m*; ~ **track** *n* RAIL Hauptgleis *nt*, Sammelgleis *nt*, durchgehendes Gleis *nt*; ~-**trading route** *n* WATER TRANS *sea trade* Hauptschiffahrtsroute *f*; ~ **trunk exchange area** *n* TELECOM Hauptanschlußbereich eines Fernamtes *m*; ~ **trunk-switching center area** *n AmE*, ~ **trunk-switching centre area** *n BrE* TELECOM Hauptanschlußbereich einer Fernvermittlungsstelle *m*; ~ **valve** *n* HEAT & REFRIG Handluftschieber *m*; ~ **walls** *n pl* CONST *of building* tragende Wände *f pl*

mainframe: ~ **computer** *n* COMP & DP Großrechner *m*, Zentralrechner *m*

mainmast *n* WATER TRANS *sailing* Großmast *m*, Hauptmast *m*

mainplane *n* AIR TRANS *aircraft* Tragflügel *m*, tragende Fläche *f*

mains:[1] ~-**linked** *adj* ELECT netzgekoppelt; ~-**operated** *adj* ELEC ENG netzbetrieben, ELECT netzgespeist

mains[2] *n* ELEC ENG *BrE (cf supply network AmE)* Lichtnetz *nt*, Netz *nt*, Stromnetz *nt*, Stromversorgungsnetz *nt*, ELECT *BrE (cf supply network AmE)* Stromnetz *nt*, Stromversorgungsnetz *nt*, PROD ENG, TELEV *BrE (cf supply network AmE)* Netz *nt*, WATER SUP *BrE (cf supply network AmE)* Hauptwasserleitung *f*; ~ **cable** *n* ELEC ENG Netzkabel *nt*; ~ **current** *n* ELEC ENG Netzstrom *m*; ~ **frequency** *n* ELECT Netzfrequenz *f*; ~ **hum** *n* ELECT Netzbrummen *nt*, Netzton *m*; ~ **lead** *n* ELEC ENG Netzanschlußkabel *nt*; ~ **noise** *n* RECORD Netzgeräusch *nt*, Stromrauschen *nt*; ~ **parallel operation** *n* ELECT *solar generator connected to supply mains* netzparalleler Betrieb *m*; ~ **plug** *n* ELEC ENG, ELECT Netzstecker *m*; ~ **rectifier** *n* ELECT Netzgleichrichter *m*; ~ **socket** *n* ELEC ENG Netzsteckdose *f*, Steckdose *f*; ~ **supply** *n* ELEC ENG Netzstromversorgung *f*, ELECT Netzanschluß *m*, Stromnetz *nt*, PHYS Netzstromversorgung *f*, Netzversorgung *f*; ~ **switch** *n* ELEC ENG, ELECT Netzschalter *m*; ~ **transformer** *n BrE (cf current transformer AmE)* ELEC ENG Netztransformator *m*, Stromtransformator *m*, Stromwandler *m*, ELECT Meßumformer *m*, Netztransformator *m*, Stromtransformator *m*; ~ **voltage** *n* ELEC ENG, ELECT, TELEV Netzspannung *f*

mainsail *n* WATER TRANS *sailing* Großsegel *nt*

mainshaft *n* AIR TRANS Hauptwelle *f*, AUTO Hauptwelle *f*, *gearbox* Getriebehauptwelle *f*, Hauptantriebswelle *f*, MECHAN ENG Hauptwelle *f*, MECHANICS Hauptwelle *f*, Königswelle *f*; ~ **bearing** *n* WATER TRANS *shipbuilding* Hauptwellenlager *nt*

mainsheet *n* WATER TRANS *sailing* Großschot *f*

mainspring *n* MECHAN ENG Hauptfeder *f*

mainstay *n* WATER TRANS *rigging* Großstag *nt*

mainsteam *n* NUC TECH *of turbine* Hauptdampf *m*; ~ **pipe** *n* HYD EQUIP Hauptdampfleitung *f*

maintain[1] *vt* MECHAN ENG erhalten, instandhalten, unterhalten, warten, MECHANICS *tools and gadgets* beibehalten, erhalten, instandhalten, unterhalten, warten

maintain:[2] ~ **course and speed** *vi* WATER TRANS *navigation* Kurs und Fahrt halten

maintained: ~ **oscillation** *n* PHYS ungedämpfte Schwingung *f*

maintenance:[1] ~-**free** *adj* AUTO *battery*, ELECT, PROD ENG wartungsfrei

maintenance[2] *n* AIR TRANS, AUTO Wartung *f*, COMP & DP Instandhaltung *f*, Wartung *f*, CONST, ELECT Wartung *f*, MECHANICS Instandhaltung *f*, Wartung *f*, RAIL Instandhaltung *f*, Wartung *f*, TELECOM, TELEV Wartung *f*; ~ **concept** *n* QUAL Instandhaltungskonzept *nt*; ~ **interval** *n* MECHAN ENG Wartungsintervall *nt*; ~ **manual** *n* AIR TRANS Wartungsvorschrift *f*; ~ **of a patent** *n* PAT Aufrechterhaltung eines Patents *f*; ~ **processor** *n* TELECOM Instandhaltungsprozessor *m*; ~ **recorder** *n* AIR TRANS Wartungslogbuch *nt*, Wartungsaufzeichnung *f*; ~ **shop** *n* CONST Wartungswerkstatt *f*

maize: ~ **gluten** *n* CHEMISTRY Maiskleber *m*

majolica *n* CER & GLAS Majolika *f*; ~ **colors** *n pl AmE*, ~ **colours** *n pl BrE* CER & GLAS Majolikafarben *f pl*; ~ **painter** *n* CER & GLAS Majolikamaler *m*; ~ **tile** *n* CER & GLAS Majolikafliese *f*; ~ **ware** *n* CER & GLAS Majolikawaren *f pl*

major: **~ account holder** *n* TELECOM Hauptabrechnungsstelle *f*; **~ alarm** *n* TELECOM Hauptalarm *m*; **~ axis** *n* GEOM *of ellipse* Hauptachse *f*; **~ chord** *n* ACOUSTICS Dur-Akkord *m*; **~ common chord** *n* ACOUSTICS Dur-Dreiklang *m*; **~-cutting edge** *n* MECHAN ENG, PROD ENG Hauptschneide *f*; **~ defect** *n* QUAL Hauptfehler *m*; **~ failure** *n* QUAL Hauptfehler *m*; **~ flank** *n* PROD ENG Hauptfreifläche *f*; **~ graduation** *n* INSTR Hauptskalenteilung *f*, Hauptteilstrich *m*; **~ key** *n* ACOUSTICS Dur-Tonart *f*; **~ overhaul** *n* NUC TECH Grundüberholung *f*, gründliche Überholung *f*; **~ railroad junction** *n AmE (cf major railway junction BrE)* RAIL Hauptknotenpunkt *m*; **~ railway junction** *n BrE (cf major railroad junction AmE)* RAIL Hauptknotenpunkt *m*; **~ scale** *n* ACOUSTICS Dur-Tonleiter *f*; **~ scale of equal temperament** *n* ACOUSTICS temperierte Tonleiter *f*; **~ scale of just temperament** *n* ACOUSTICS wohltemperierte Tonleiter *f*; **~ second** *n* ACOUSTICS große Sekunde *f*; **~ seventh** *n* ACOUSTICS große Septime *f*; **~ sixth** *n* ACOUSTICS große Sext *f*; **~ source** *n* POLL Hauptquelle *f*; **~ third** *n* ACOUSTICS große Terz *f*; **~ whole tone** *n* ACOUSTICS großer Ganzton *m*

Majorana: **~ force** *n* NUC TECH Majorana-Kraft *f*

majority *n* ELECTRON, PHYS Majorität *f*; **~ carrier** *n* ELECTRON Majoritätsträger *m*, PHYS Majoritätsladungsträger *m*; **~ carrier diode** *n* ELECTRON Majoritätsträgerdiode *f*; **~ carrier transistor** *n* ELECTRON Majoritätsträger-Transistor *m*; **~ gate** *n* ELECTRON Majoritätsgatter *nt*, Majoritätsschaltung *f*; **~ logic** *n* ELECTRON Majoritätslogik *f*

make[1] *n* PAPER Erzeugnis *nt*; **~-and-break coil** *n* ELECT Schließer- und Öffnerspule *f*; **~-and-break contact** *n* ELEC ENG Schaltkontakt *m*; **~-and-break device** *n* ELECT Schließer- und Öffnerelement *nt*; **~-and-break ignition** *n* AUTO Abreißzündung *f*; **~-and-break time** *n* ELECT Schließungs-Öffnungszeit *f*; **~ and break** *n* ELEC ENG Schließen und Unterbrechen *nt*, Unterbrecher *m*; **~ contact** *n* ELEC ENG Arbeitskontakt *m*, Schließkontakt *m*, ELECT Schließer *m*, Schließkontakt *m*; **~ current** *n* ELEC ENG Einschaltstrom *m*; **~-make contact** *n* ELECT Schließung-Schließung-Kontakt *m*; **~ pulse** *n* ELEC ENG Einschaltimpuls *m*, Schließungsimpuls *m*; **~ relay** *n* ELECT Schließerrelais *nt*; **~ time** *n* ELECT Schließzeit *f*; **~-up** *n* MECHAN ENG *compensation* Ausgleich *m*, PRINT Seitenumbruch *m*, Umbruch *m*, WATER SUP Aufbereitung *f*, Aufmachung *f*; **~-up fan** *n* HEAT & REFRIG Leckluftlüfter *m*, Nachsetzlüfter *m*; **~-up fuel** *n* NUC TECH Brennstoffaufbereitung *f*; **~-up tank** *n* CONST Ausgleichbehälter *m*; **~-up water** *n* FOOD TECH Schüttwasser *nt*, Zusatzwasser *nt*, HEAT & REFRIG *replaces water lost by evaporation* Zusatzwasser *nt*

make[2] *vt* ELEC ENG *circuit* einschalten, schließen, PROD ENG schließen, zuschalten; **~ fast** *vt* WATER TRANS festmachen; **~ flush** *vt* MECHAN ENG bündig machen; **~ good** *vt* CONST instandsetzen, reparieren; **~ impermeable** *vt* CONST abdichten; **~ ready** *vi* PRINT *forme* zurichten, WATER TRANS klarmachen zum; **~ up** *vt* PRINT umbrechen

make:[3] **~ allowance for difference in weight** *vi* METROL der Gewichtsdifferenz Rechnung tragen; **~ a call** *vi* TELECOM anrufen; **~ a circuit** *vi* PROD ENG Kreis schließen; **~ a collect call** *vi AmE (cf make a reverse charge call BrE)* TELECOM ein R-Gespräch führen; **~ heavy weather** *vi* WATER TRANS *ship* in schwerer See laufen; **~ a reverse charge call** *vi BrE (cf make a collect call AmE)* TELECOM ein R-Gespräch führen; **~ a tack** *vi* WATER TRANS *sailing* eine Wende segeln; **~ water** *vi* WATER TRANS *ship* Wasser machen, leck werden

maker *n* PROD ENG Schließkontakt *m*

makeready: **~ sheet** *n* PRINT Zurichtebogen *m*, Zurichtungsbogen *m*

makeshift *adj* PROD ENG Behelfs- *pref*

making *n* PAPER Herstellung *f*; **~ on blowpipe** *n* CER & GLAS Herstellung mit Glasmacherpfeife *f*; **~ capacity** *n* ELEC ENG Schaltleistung *f*; **~ direction** *n* PAPER Laufrichtung *f*; **~ on a post** *n* CER & GLAS Herstellung auf einem Glasposten *f*; **~-up** *n* CER & GLAS Auffüllen *nt*, TEXT Konfektion *f*; **~-up of baths** *n* PHOTO Ansetzen von Bädern *nt*

malacon *n* NUC TECH Malakon *nt*

malalignment *n* PROD ENG Fluchtungsfehler *m*, ungenaues Fluchten *nt*

malate *n* CHEMISTRY Malat *nt*

male: **~ adaptor** *n* MECHAN ENG Zwischenstück mit Außengewinde *nt*; **~ connector** *n* ELEC ENG Stecker *m*, Vaterstecker *m*, Vatersteckverbinder *m*; **~ plug** *n* TELECOM Stecker *m*; **~ screw** *n* MECHAN ENG Außengewindeschraube *f*; **~ spline** *n* PROD ENG Keil *m*; **~ thread** *n* MECHAN ENG Außengewinde *nt*

maleic: **~ acid** *n* CHEMISTRY Maleinsäure *f*

maleinimide *n* CHEMISTRY Maleinimid *nt*

malfunction *n* COMP & DP Störung *f*, technischer Fehler *m*, ELECT, METROL Fehlfunktion *f*, QUAL Störung *f*, SPACE *spacecraft* Fehlfunktion *f*; **~ time** *n* QUAL Störungsdauer *f*

malfunctioning *n* MECHAN ENG Störung *f*

malic[1] *adj* CHEMISTRY Malat- *pref*

malic:[2] **~ acid** *n* FOOD TECH Apfelsäure *f*

malicious: **~ call tracing** *n* TELECOM Ermitteln böswilliger Anrufe *nt*

malleability *n* METALL Schmiedbarkeit *f*, PROD ENG Verformbarkeit unter Druckbeanspruchung *f*

malleable[1] *adj* MECHANICS hämmerbar, schmiedbar, PROD ENG unter Druck verformbar

malleable:[2] **~ cast iron** *n* MECHANICS, PROD ENG Temperguß *m*

malleablize *vt* PROD ENG glühfrischen

malleablizing *n* PROD ENG Glühfrischen *nt*, Tempern *nt*

mallet *n* CER & GLAS, MECHAN ENG Holzhammer *m*, MECHANICS Hammer *m*, Holzhammer *m*, Schlegel *m*

malnutrition *n* FOOD TECH Fehlernährung *f*

malonamide *n* CHEMISTRY Malonamid *nt*, Propandiamid *nt*

malonate *n* CHEMISTRY Malonat *nt*, Malonester *m*

malonic *adj* CHEMISTRY Malon- *pref*

malonitrile *n* CHEMISTRY Oxomanganat *nt*

malononitrile *n* CHEMISTRY Malonsäuredinitril *nt*

malt[1] *n* FOOD TECH Malz *nt*; **~ extract** *n* FOOD TECH Malzextrakt *m*, gegorener Malztrank *m*; **~ house** *n* FOOD TECH Malzfabrik *f*, Mälzerei *f*; **~ liquor** *n* FOOD TECH Malzspirituosen *m pl*

malt[2] *vt* FOOD TECH malzen

maltase *n* FOOD TECH Maltase *f*

malting *n* FOOD TECH Brau- *pref*, Malzbereitung *f*, Mälzerei *f*; **~ barley** *n* FOOD TECH Braugerste *f*

Malus's: **~ law** *n* PHYS Malussches Gesetz *nt*

mammoth: **~ tanker** *n* WATER TRANS Supertanker *m*

man:[1] **~-machine interaction** *n* COMP & DP Mensch-Maschine-Dialog *m*, Mensch-Maschine-Interaktion *f*; **~-machine interface** *n (MMI)* ART INT, COMP & DP,

CONTROL, SPACE *spacecraft* Mensch-Maschine-Interface *nt*, Mensch-Maschine-Schnittstelle *f (MMI)*; **~-machine system** *n* ERGON Mensch-Maschine-System *nt*; **~-made earthquake** *n* POLL anthropogen verursachtes Erdbeben *nt*; **~-made earth tremor** *n* POLL anthropogen verursachte Bodenerschütterung *f*; **~-made fiber** *n AmE*, **~-made fibre** *n BrE* PACK Kunstfaser *f*; **~-made noise** *n* TELECOM künstliche Störung *f*; **~-riding** *n* CONST *tunnelling* Bandfahrung *f*

man[2] *vt* WATER TRANS *crew* bemannen

management: **~ audit** *n* QUAL Überprüfung durch die Unternehmensführung *f*; **~ center** *n AmE*, **~ centre** *n BrE* TELECOM Führungszentrum *nt*; **~ information base** *n* TELECOM Managagement-Informationsbasis *f*; **~ information system** *n (MIS)* COMP & DP Management-Informationssystem *nt (MIS)*; **~ unit** *n* TELECOM Verwaltungseinheit *f*

manager/secretary: **~ station** *n* TELECOM Chef-Sekretär-Anlage *f*, Vorzimmeranlage *f*

mandatory[1] *adj* QUAL verbindlich, vorgeschrieben

mandatory:[2] **~ hold point** *n* QUAL vorgeschriebener Haltepunkt *m*; **~ sign** *n* SAFETY *category of safety signals* vorgeschriebenes Schild *nt*; **~ standard** *n* CONST verbindlicher Standard *m*

mandrel *n* CER & GLAS Ziehdorn *m*, MECHAN ENG Dorn *m*, *spindle* Spindel *f*, PLAS *extrusion press* Dorn *m*, Pinole *f*, PROD ENG Spindel *f*, Stützdorn *m*; **~ lathe** *n* MECHAN ENG Spindeldrehmaschine *f*; **~ nose** *n* MECHAN ENG *lathe* Spindelnase *f*; **~ press** *n* MECHAN ENG Dornpresse *f*; **~ supporting rod** *n* PROD ENG *bending* Dornstange *f*

mandril *n see mandrel*

maneuver[1] *n AmE see manoeuvre BrE*

maneuver[2] *vti AmE see manoeuvre BrE*

maneuverability *n AmE see manoeuvrability BrE*

maneuverable *adj AmE see manoeuvrable BrE*

maneuvering: **~ load** *n AmE see manoeuvring load BrE*

manganate *n* CHEMISTRY Manganat *nt*

manganese *n (Mn)* CHEMISTRY Mangan *nt (Mn)* **~ bronze** *n* CHEMISTRY Manganbronze *f*, MECHANICS Manganbronzelegierung *f*; **~ copper** *n* CHEMISTRY Cupromangan *nt*; **~ dioxide** *n* ELEC ENG Mangandioxid *nt*; **~ pig** *n* METALL Manganmassel *f*; **~ steel** *n* MECHANICS, METALL Manganstahl *m*

manganic *adj* CHEMISTRY Mangan- *pref*

manganite *n* CHEMISTRY Manganite *nt*, Manganat *nt*

manganous[1] *adj* CHEMISTRY Mangan- *pref*, Mangano- *pref*

manganous:[2] **~ sulfate bath method** *n AmE*, **~ sulphate bath method** *n BrE* NUC TECH Mangansulfatbadverfahren *nt*

manhole *n* CONST Einstiegsöffnung *f*, Schacht *m*, NUC TECH Einstiegsöffnung *f*, SPACE Ein- und Ausstiegsluke *f*, Mannloch *nt*; **~ cover** *n* CONST Schachtabdeckung *f*, MECHANICS Mannlochdeckel *m*, Mannlochverschluß *m*, PROD ENG Schleusendeckel *m*; **~ door** *n* CONST Schachttür *f*; **~ gasket** *n* MECHANICS Mannlochdichtung *f*

manhour *n* CONST Arbeitsstunde *f*

manifold[1] *adj* GEOM *topology* mannigfaltig

manifold[2] *n* AIR TRANS Kollektor *m*, Krümmer *m*, Ladeleitung *f*, Verteiler *m*, GEOM *topology* Mannigfaltigkeit *f*, MECHAN ENG Sammelleitung *f*, Sammelrohr *nt*, *for pipes* Rohrverzweigung *f*, *of exhaust pipe* Krümmer *m*, MECHANICS Krümmer *m*, Verteiler *m*, Verteilerrohr *nt*, NUC TECH *of pipes* Verteiler *m*, Verzweigung *f*, PET TECH Sammler *m*, PROD ENG Rohrverzweigung *f*; **~ pressure** *n* AIR TRANS Ladedruck *m*, Startladedruck *m*

manipulate *vt* ERGON handhaben

manipulation *n* ERGON Handhabung *f*

manipulator *n* ERGON Handhabungsgerät *nt*, NUC TECH Manipulator *m*

manned: **~ exchange** *n* TELECOM bemanntes Amt *nt*; **~ flight** *n* SPACE bemannter Flug *m*; **~ helicopter** *n* AIR TRANS bemannter Hubschrauber *m*; **~ maneuvering unit** *n AmE*, **~ manoeuvring unit** *n BrE* SPACE bemanntes Fahrzeug *nt*; **~ orbital space flight** *n* SPACE bemannter Orbitalflug *m*; **~ orbiting laboratory** *n (MOL)* SPACE bemanntes Orbitallabor *nt*; **~ space research** *n* SPACE bemannte Weltraumforschung *f*; **~ workshop** *n* SPACE bemannte Arbeitsstation *f*

mannide *n* CHEMISTRY Mannid *nt*

manning *n* WATER TRANS Bemannung *f*

mannitan *n* CHEMISTRY Mannitan *nt*

mannite *n* CHEMISTRY Mannit *m*, Mannitol *nt*

mannitol *n* CHEMISTRY Mannit *m*, Mannitol *nt*

mannonic: **~ acid** *adj* CHEMISTRY Mannonsäure *f*

mannose *n* CHEMISTRY Mannose *f*

manoeuvrability *n BrE* AIR TRANS Manövrierfähigkeit *f*, Steuerbarkeit *f*, MECHAN ENG Manövrierbarkeit *f*, NUC TECH *power level* Lenkbarkeit *f*, Steuerbarkeit *f*, TRANS Manövrierbarkeit *f*, WATER TRANS Manövrierfähigkeit *f*

manoeuvrable *adj BrE* WATER TRANS manövrierfähig

manoeuvre[1] *n BrE* WATER TRANS Manöver *nt*

manoeuvre[2] *vti BrE* WATER TRANS manövrieren

manoeuvring: **~ load** *n BrE* AIR TRANS Manövrierlast *f*

manometer *n* LAB EQUIP Druckmesser *m*, Manometer *nt*, PET TECH Druckmeßgerät *nt*, Manometer *nt*, PHYS, PROD ENG Druckmesser *m*, Manometer *nt*

manometric: **~ switch** *n* ELECT Manometerschalter *m*

mansard: **~ roof** *n AmE* CONST Mansardendach *nt*

mantissa *n* COMP & DP Mantisse *f*, Nachkommaziffern des Logarithmus *f pl*, MATH Mantisse *f*

mantle *n* COAL TECH Mauermantel *m*, äußere Mauerschale *f*, PROD ENG *casting* Überform *f*; **~ block** *n* CER & GLAS Mantelstein *m*

manual[1] *adj* CONTROL manuell, MECHANICS manuell, von Hand, NUC TECH, PRINT, PROD ENG Hand- *pref*, RAD TECH manuell, TELECOM Hand- *pref*

manual[2] *n* COMP & DP Handbuch *nt*, CONTROL Betriebshandbuch *nt*, Handbuch *nt*, RAD TECH Handbuch *nt*; **~ arc welding** *n* CONST Lichtbogenhandschweißen *nt*, MECHANICS Lichtbogenschweißen mit der Hand *nt*; **~ board** *n* TELECOM Handvermittlung *f*; **~ choke control** *n* AUTO manuelle Steuerung der Starterklappe *f*; **~ cocking** *n* PHOTO *shutter* Spannen von Hand *nt*; **~ control** *n* AIR TRANS, CONST Handsteuerung *f*, ELECT Handkontrolle *f*, Handsteuerung *f*, IND PROCESS Handregelung *f*, nicht selbständige Regelung *f*, MECHANICS Handbedienung *f*; **~ control indicator** *n* PHOTO Handbetriebsanzeiger *m*; **~ control switch** *n* IND PROCESS Handreglerschalter *m*, Handschalter *m*; **~ crank** *n* MECHAN ENG Handkurbel *f*; **~ damper** *n* HEAT & REFRIG Handluftschieber *m*; **~ data processing** *n* COMP & DP manuelle Datenverarbeitung *f*; **~ dexterity** *n* ERGON Handgeschicklichkeit *f*, manuelle Geschicklichkeit *f*; **~ disarming** *n* SPACE *spacecraft* Entschärfung von Hand *f*; **~ drive unit** *n* PROD ENG *plastic valves* Handgetriebe *nt*; **~ editing** *n* TELEV Edieren von Hand *nt*; **~ entry** *n* COMP & DP manuelle Eingabe *f*; ~ **exchange** *n* TELECOM Handvermittlungsstelle *f*, Vermittlungsstelle mit Handbetrieb *f*; ~ **gain control** *n* ELECTRON manuelle Verstärkungseinstellung *f*; ~ **gearbox** *n* AUTO Schaltgetriebe *nt*; ~ **handling** *n* NUC TECH Handsteuerung *f*; ~ **input** *n* COMP & DP Eingabe von Hand *f*, manuelle Eingabe *f*; ~ **lifting technique** *n* SAFETY manuelles Heben *nt*; ~ **lift truck** *n* PACK Handhubwagen *m*; ~**-lubricating device** *n* MECHAN ENG Handschmiervorrichtung *f*; ~ **lubrication** *n* MECHAN ENG Handschmierung *f*; ~ **operation** *n* COMP & DP Handbedienung *f*, Handbetätigung *f*, Handbetrieb *m*; ~ **override** *n* PROD ENG *plastic valves* Handbetätigung *f*; ~ **remote control** *n* AIR TRANS manuelle Fernbedienung *f*; ~ **reset** *n* ELECT Handauslösung *f*, Handrückstellung *f*; ~ **separation** *n* WASTE Sortierung von Hand *f*; ~ **setting** *n* MECHAN ENG Handregelung *f*; ~ **shutdown** *n* NUC TECH Handabschaltung *f*; ~ **sorting** *n* WASTE Handsortierung *f*; ~ **switching** *n* ELEC ENG Handschalten *nt*; ~ **system** *n* TELECOM *telephone* handbedientes Fernsprechsystem *nt*; ~ **transmission** *n* AUTO Schaltgetriebe *nt*; ~ **typesetting** *n* PRINT Handsatz *m*; ~ **working** *n* TELECOM Handbedienung *f*, manueller Betrieb *m*

manually:[1] ~**-controlled** *adj* ELEC ENG handgeregelt; ~**-operated** *adj* CONTROL handbetrieben, handbetätigt, manuell betrieben, MECHAN ENG handbetätigt, MECHANICS handbedient, handbetrieben, SPACE handbetrieben

manually:[2] ~**-operated releasing signal** *n* IND PROCESS Handauslösesignal *nt*

manufacture *n* CER & GLAS Herstellung *f*

manufactured: ~ **corundum** *n* PROD ENG Elektrorund *m*; ~ **edible fat** *n* FOOD TECH Kunstspeisefett *nt*

manufacturer's: ~ **inspection** *n* QUAL Werkprüfung *f*; ~ **quality control** *n* QUAL Werkskontrolle *f*

manufacturing *n* PROD ENG Fertigung *f*; ~ **automation** *n* ELECT Fertigungsautomation *f*; ~ **automation protocol** *n (MAP)* CONTROL Manufacturing Automation Protocol *nt (MAP)*; ~ **control** *n* CONTROL, MECHAN ENG Fertigungssteuerung *f*; ~ **gage** *n AmE*, ~ **gauge** *n BrE* MECHAN ENG Arbeitslehre *f*; ~ **inspection** *n* QUAL Fertigungsprüfung *f*; ~ **lathe** *n* PROD ENG Produktionsdrehmaschine *f*; ~ **quality limit** *n* QUAL Herstellgrenzqualität *f*; ~ **technique** *n* ELECTRON Fertigungstechnik *f*

manure: ~ **gas** *n* WASTE Biogas *nt*

manuscript *n (MS)* PRINT Manuskript *nt*

manway *n* PET TECH Einstieg *m*, Mannloch *nt*

many: ~**-body problem** *n* SPACE Mehrkörperproblem *nt*; ~**-nuclear transfer reaction** *n* NUC TECH *more than four nucleons* vielatomige Transferreaktion *f*

map[1] *n* COMP & DP Abbild *nt*, Map *f*, *of memory* Abbildung *f*, TRANS Karte *f*; ~ **datum** *n* WATER TRANS *navigation, tides* Kartennull *f*; ~ **scale** *n* WATER TRANS *navigation* Kartenmaßstab *m*; ~ **table** *n* WATER TRANS *navigation* Kartentisch *m*

map[2] *vt* COMP & DP *memory* abbilden

MAP *abbr (manufacturing automation protocol)* CONTROL MAP *(Manufacturing Automation Protocol)*

mapped: ~ **depth** *n* WATER TRANS *navigation* Kartenwassertiefe *f*

mapper *n* CONST *surveying* Kartierer *m*

mapping *n* COMP & DP *process* Abbilden *nt*, CONST *surveying* Kartierung *f*

mar *vt* CONST verderben

MAR *abbr (memory address register)* COMP & DP Speicheradreßregister *nt*

maraging *n* PROD ENG martensitisches Härten *nt*; ~ **steel** *n* METALL martensiaushärtbarer Stahl *m*

marble:[1] ~ **bushing** *n* CER & GLAS Marmorziehscheibe *f*; ~ **furnace** *n* CER & GLAS Marmorofen *m*

marble[2] *vt* PAPER marmorieren

marbled *adj* PAPER marmoriert

marbling *n* PAPER Marmorierung *f*, PRINT Marmorieren *nt*

margin *n* COMP & DP Rand *m*, Spielraum *m*, CONST Maßabweichung *f*, Rand *m*, Randstreifen *m*, MECHAN ENG *tolerance, limit* Spanne *f*, PRINT *of page* Rand *m*; ~ **of error** *n* COMP & DP Fehlerspanne *f*; ~ **gluer** *n* PACK Randanleimmaschine *f*; ~ **settings** *n pl* PRINT Randeinstellung *f*

marginal: ~ **check** *n (MC)* COMP & DP Grenzwertprüfung *f*, Grenzwertüberwachung *f*, Randwertprüfung *f*, Toleranzprüfung *f*; ~ **field** *n* PET TECH zu Grenzkosten abbaubare Lagerstätte *f*; ~ **test** *n* COMP & DP Grenzwertprüfung *f*, Toleranzprüfung *f*, Randwertprüfung *f*

marigram *n* FUELLESS Gezeitenaufzeichnung *f*

marina *n* WATER TRANS *port* Jachthafen *m*, Marina *f*

marine[1] *adj* WATER TRANS See- *pref*

marine[2] *n BrE (cf navy AmE)* WATER TRANS Marine *f*; ~ **air cushion vehicle** *n* WATER TRANS Luftkissenboot *nt*; ~ **architect** *n* WATER TRANS Schiffbauingenieur *m*, Schiffskonstrukteur *m*; ~ **boiler** *n* HEAT & REFRIG Schiffskessel *m*; ~ **diesel oil** *n* WATER TRANS Schiffsdieselöl *nt*; ~ **dredge** *n* MAR POLL Hochseebagger *m*; ~**-drilling rig** *n* CONST Unterwasserbohranlage *f*; ~ **engineer** *n* WATER TRANS Schiffsmaschineningenieur *m*, Seemaschinist *m*; ~ **engineering** *n* WATER TRANS Schiffsmaschinenbau *m*; ~ **environment** *n* MAR POLL Meeresumwelt *f*; ~ **hovercraft** *n* WATER TRANS Luftkissenboot *nt*; ~ **insurance** *n* WATER TRANS Seeversicherung *f*; ~ **loss** *n* WATER TRANS Verlust auf See *m*; ~ **propeller** *n* TRANS Schiffsschraube *f*; ~ **radar** *n* WATER TRANS Marineradar *nt*, Seeradar *nt*; ~ **radar frequency** *n* WATER TRANS Seeradarfrequenz *f*; ~ **refrigeration plant** *n* HEAT & REFRIG Schiffskühlanlage *f*; ~ **riser** *n* PET TECH Steigleitung *f*; ~ **risk** *n* WATER TRANS *insurance* Seerisiko *nt*; ~ **safety** *n* SAFETY, WATER TRANS Sicherheit auf See *f*; ~ **sewage disposal** *n* MAR POLL Abwassereinleitung *f*, WASTE Abwassereinleitung ins Meer *f*

mariner's: ~ **compass** *n* WATER TRANS *navigation* Schiffskompaß *m*

Mariotte's: ~ **law** *n* THERMODYN Boyle-Mariottesches Gesetz *nt*

maritime[1] *adj* WATER TRANS Meeres- *pref*, maritim

maritime:[2] ~ **communication** *n* WATER TRANS Seeverbindung *f*, seewärtige Verbindung *f*; ~ **industry** *n* WATER TRANS meerestechnische Industrie *f*; ~ **law** *n* WATER TRANS Seerecht *nt*; ~ **mobile satellite service** *n* TELECOM, WATER TRANS beweglicher Satelliten-Seefunkdienst *m*; ~ **mobile service** *n* TELECOM, WATER TRANS beweglicher Seefunkdienst *m*; ~ **peril** *n* WATER TRANS *insurance* Seetransportrisiko *nt*; ~ **radio beacon** *n* WATER TRANS *navigation marks* Seefunkfeuer *nt*; ~ **satellite** *n* SPACE maritimer Satellit *m*; ~ **switching center** *n AmE*, ~ **switching centre** *n BrE (MSC)* TELECOM Seefunkvermittlungsstelle *f*; ~ **terminal** *n* RAIL Hafenbahnhof *m*

mark[1] *n* COMP & DP Marke *f*, Zeichen *nt*, PROD ENG Ankörnung *f*, Rastlinie *f*, WATER TRANS Markierung *f*,

Seezeichen *nt*; ~ **of conformity** *n* QUAL Gütezeichen *nt*, Konformitätszeichen *nt*, Prüfzeichen *nt*; ~ **density** *n* COMP & DP Markierungsintensität *f*; ~ **pulse** *n* RAD TECH *telegraphy* Stromschritt *m*; ~ **reader** *n* COMP & DP Belegleser *m*, Markierungsleser *m*; ~ **reading** *n* COMP & DP Lesen von Markierungen *nt*, Markierungslesen *nt*; ~ **scanning** *n* COMP & DP Markierungsabtasten *nt*, Markierungslesen *nt*, Zeichenabfühlung *f*, Zeichenabtastung *f*; ~ **sense device** *n* COMP & DP Markierungsleser *m*; ~ **sensing** *n* COMP & DP Markierungslesen *nt*, Marksensing *nt*; ~ **space ratio** *n* PHYS Impulstastverhältnis *nt*, Tastverhältnis *nt*

mark[2] *vt* ENG DRAW überkleben, PROD ENG ankörnen, anreißen, tuschieren

marked: ~ **idle channel** *n* TELECOM markierter freier Kanal *m*

marker *n* CER & GLAS Markierer *m*, COMP & DP Marke *f*, Markierbit *nt*, Markierung *f*, MECHAN ENG Markierung *f*, RAD TECH Markierer *m*, RAIL Signal *nt*, TELECOM Markierer *m*, TRANS Verkehrsschild *nt*; ~ **bit** *n* TELECOM Markierbit *nt*; ~ **buoy** *n* WATER TRANS Markierungsboje *f*; ~ **pulse** *n* COMP & DP Markierimpuls *m*, ELECTRON Markierimpuls *m*, Markierungsimpuls *m*; ~ **system** *n* TELECOM Markierungssystem *nt*

marketable *adj* TEXT absatzfähig

marking *n* PAPER Markierung *f*, PROD ENG Ankörnen *nt*, Anreißen *nt*, Tuschieren *nt*, Anreiß- *pref*, TELECOM Markierung *f*, Stromschritt *m*, Trennschritt *m*, Zeichengebung *f*, TEST Kennzeichnung *f*, TEXT Kennzeichnen *nt*, Markierung *f*; ~ **equipment** *n* PACK Beschriftungsanlage *f*; ~ **felt** *n* PAPER Markierfilz *m*; ~ **gage** *n AmE*, ~ **gauge** *n BrE* MECHAN ENG, PROD ENG Parallelreißer *m*; ~ **label** *n* PACK Markierungsschild *nt*; ~ **machine** *n* PACK Beschriftungsmaschine *f*; ~ **out** *n* CER & GLAS Einfluchten *nt*; ~**-out table** *n* MECHAN ENG Anreißplatte *f*; ~ **sequence** *n* TELECOM Markierfolge *f*

markup: ~ **language** *n* PRINT Markierungssprache *f*

marl *n* WATER SUP Mergel *m*

marline: ~ **spike** *n* WATER TRANS *rope* Marlspieker *m*

marly: ~ **clay** *n* WATER SUP Mergelton *m*, Tonmergel *m*

maroon *adj* PLAS maron

marquenching *n* PROD ENG Stufenhärten *nt*, Warmbadhärten *nt*

marquetry *n* CER & GLAS Marketerie *f*

marsh *n* WATER SUP Marsch *f*

marshaling *n AmE see marshalling BrE*

Marshall: ~ **test** *n* CONST *roads* Marshall-Probe *f*, Marshall-Prüfung *f*

marshalling *n BrE* RAIL Zugbildung *f*; ~ **area** *n BrE* TRANS *containers* Containeraufstellfläche *f*; ~ **track** *n BrE* RAIL Rangiergleis *nt*; ~ **yard** *n BrE (cf switchyard AmE)* RAIL Rangierbahnhof *m*, Verschiebebahnhof *m*

martempering *n* PROD ENG Stufenhärten *nt*, Warmbadhärten *nt*

Martens: ~ **strain gage** *n AmE*, ~ **strain gauge** *n BrE* PROD ENG Martens-Spiegelgerät *nt*; ~ **test** *n* PLAS Martens-Prüfung *f*

martensite *n* METALL Martensit *m*

martensitic: ~ **steel** *n* METALL Martensitstahl *m*

marver *n* CER & GLAS Marbeltisch *m*; ~ **mark** *n* CER & GLAS Marbelmarkierung *f*

marvering *n* CER & GLAS Marbeln *nt*

Marx: ~ **generator** *n* NUC TECH Marxgenerator *m*

maser *abbr (microwave amplification by stimulated emission of radiation)* ELECTRON, PHYS, SPACE *communications*, TELECOM Maser *m (Mikrowellenverstärkung durch stimulierte Strahlungsabgabe)*

mash *n* FOOD TECH Maische *f*, Mengfutter *nt*; ~ **liquor** *n* FOOD TECH Maischwasser *nt*; ~ **tub** *n* FOOD TECH Maischbottich *m*

masher *n* FOOD TECH Maischeapparat *m*, Maischebereiter *m*, Quetsche *f*

mashing *n* FOOD TECH Einmaischen *nt*

mask:[1] ~**-programmable** *adj* COMP & DP, ELECTRON maskenprogrammierbar

mask[2] *n* COMP & DP Maske *f*, Schablone *f*, ELECTRON Abdeckblende *f*, PHOTO Bildmaske *f*, Maske *f*, SAFETY Gesichtsmaske *f*; ~ **alignment** *n* ELECTRON Maskenausrichtung *f*; ~ **alignment jig** *n* ELECTRON *semiconductors* Maskenausrichtungsschablone *f*; ~ **bit** *n* COMP & DP Maskenbit *nt*; ~ **carrier** *n* ELECTRON Maskenträger *m*; ~ **generation** *n* ELECTRON Maskengenerierung *f*; ~ **microphone** *n* ACOUSTICS Maskenmikrofon *nt*; ~**-programmable array** *n* ELECTRON maskenprogrammierbares Feld *nt*; ~**-programmable filter** *n* ELECTRON maskenprogrammierbares Filter *nt*; ~ **programming** *n* COMP & DP Maskenprogrammierung *f*; ~ **register** *n* COMP & DP Maskenregister *nt*; ~ **runout** *n* ELECTRON Maskenauslauf *m*; ~ **set** *n* ELECTRON Maskensatz *m*

maskable: ~ **interrupt** *n* COMP & DP maskierbare Unterbrechung *f*

masked: ~ **lithography** *n* ELECTRON maskenprogrammierte Lithografie *f*; ~ **threshold** *n* ACOUSTICS Mithörschwelle *f*

masking *n* COMP & DP Ausblenden *nt*, Maskierung *f*, ELECTRON Abdeck- *pref*, Maskierung *f*, ERGON *noise* Vertäubung *f*, PACK, PRINT Abdeck- *pref*, RECORD *of sound* Verdecken *nt*; ~ **by noise** *n* ACOUSTICS Verdeckung durch Rauschen *f*; ~ **by tones** *n* ACOUSTICS Verdeckung durch Töne *f*; ~ **effect** *n* ACOUSTICS Verdeckungseffekt *m*; ~ **film** *n* PRINT Maskierfolie *f*; ~ **frame** *n* PHOTO Vergrößerungsabdeckrahmen *m*, Vergrößerungsrahmen *m*; ~ **index** *n* ACOUSTICS Verdeckungsmaß *nt*; ~ **paper** *n* PRINT Abdeckband *nt*; ~ **tape** *n* PACK Abdeckband *nt*

maskless: ~ **lithography** *n* ELECTRON maskenlose Lithografie *f*

mason[1] *n* CONST Maurer *m*

mason[2] *vt* CONST aufmauern, mauern

masonry *n* CONST Mauerwerk *nt*; ~ **drill** *n* MECHAN ENG, PROD ENG Mauerbohrer *m*; ~ **work** *n* CONST Mauerwerksarbeiten *f pl*

mass *n* MECHAN ENG Masse *f*, PHYS *per unit length* Massenbelegung *f*, *per unit volume* Massendichte *f*, PHYS, THERMODYN Masse *f*; ~ **absorption coefficient** *n* NUC TECH Massenabsorptionskoeffizient *m*; ~ **airflow** *n* AIR TRANS Massenluftdurchsatz *m*; ~ **assignment** *n* NUC TECH Massenzuordnung *f*; ~ **balance** *n* NUC TECH Massengleichgewicht *nt*; ~ **balancing** *n* MECHAN ENG Massenausgleich *m*; ~ **budget** *n* SPACE *communications* Massenverlustberechnung *f*; ~ **concrete** *n* CONST Kernbeton *m*, Massenbeton *m*, Massivbeton *m*, unbewehrter Beton *m*; ~ **defect** *n* NUC TECH Massendefekt *m*; ~ **deficit** *n* RAD PHYS Massendefekt *m*; ~ **diagram** *n* FUELLESS graphische Massenberechnung *f*; ~ **effect** *n* NUC TECH Masseneffekt *m*; ~ **energy equivalence** *n* PHYS Masse-Energie-Äquivalenz *f*; ~ **energy transfer coefficient** *n* NUC TECH

Energieumwandlungskoeffizient *m*; ~ **excess** *n* PHYS Massenüberschuß *m*; ~ **flow** *n* AIR TRANS Massendurchsatz *m*, Massenstrom *m*, NUC TECH Mengenfluß *m*; ~ **flow meter** *n* INSTR Massenstrommeßgerät *nt*, Mengendurchflußmeßgerät *nt*; ~ **flow rate** *n* HEAT & REFRIG Mengendurchfluß *m*, Mengendurchsatz *m*; ~ **flux** *n* FLUID PHYS *through pipe, mass per unit time* Massenfluß *m*; ~ **fraction** *n* NUC TECH Massenbruchteil *m*, Massenfraktion *f*; ~ **fuel rate of flow** *n* AIR TRANS Treibstoffmassendurchsatz *m*; **~-impregnated paper insulation** *n* ELECT masseimprägnierte Papierisolierung *f*; ~ **memory** *n* COMP & DP Massenspeicher; ~ **moment of inertia** *n* MECHAN ENG Massenträgheitsmoment *nt*; ~ **number** *n* *(A)* NUC TECH Massenzahl *f (A)*, PART PHYS *of nucleons in atomic nuclei of isotope* Massenzahl *f*, Nukleonenzahl *f (A)*, PHYS *nucleon number* Isotopenmasse *f*, Massenzahl *f (A)*; ~ **production** *n* AUTO, PROD ENG, WATER TRANS Massenfertigung *f*; ~ **rate of flow** *n* PHYS Mengendurchfluß *m*; ~ **resistivity** *n* ELECT spezifischer Volumenwiderstand *m*; ~ **spectral analysis** *n* RAD PHYS Massenspektroskopanalyse *f*; ~ **spectrograph** *n* PHYS Massenspektrograph *m*, RAD PHYS Massenspektrometer *nt*; ~ **spectrometer** *n* LAB EQUIP, MECHAN ENG, PHYS Massenspektrometer *nt*; ~ **spectrometry** *n* PHYS Massenspektrometrie *f*; ~ **spectrum** *n* PHYS, RAD PHYS *of element* Massenspektrum *nt*; ~ **storage** *n* COMP & DP Großspeicher *m*, Massenspeicher *m*; ~ **storage device** *n* COMP & DP Massenspeichereinheit *f*; ~ **storage system** *n* COMP & DP Massenspeichersystem *nt*

massive: ~ **forming** *n* MECHAN ENG Massivumformung *f*; ~ **reaction** *n* METALL massive Reaktion *f*

massively: ~ **parallel processing** *n* *(MPP)* ART INT Massenparallelverarbeitung *f*, massive Parallelität *f*

mast *n* RAD TECH, WATER TRANS Mast *m*; ~ **antenna** *n* TELECOM Mastantenne *f*; ~ **crane** *n* WATER TRANS *cargo* Mastkran *m*; ~ **foot** *n* WATER TRANS Mastfuß *m*; ~ **foot rail** *n* WATER TRANS *shipbuilding* Mastfußschiene *f*; ~ **rake** *n* WATER TRANS Mastfall *m*; ~ **step** *n* WATER TRANS Mastspur *f*; ~ **tabernacle** *n* WATER TRANS Maststuhl *m*

master[1] *adj* COMP & DP Haupt- *pref*, Leit- *pref*, Stamm- *pref*, ELEC ENG General- *pref*, RAD TECH Haupt- *pref*, TELECOM, WATER TRANS General- *pref*

master[2] *n* ACOUSTICS Vater *m*, Vaterplatte *f*, COMP & DP Leitrechner *m*, Original *nt*, CONTROL Leitstelle *f*, Meisterstelle *f*, ENG DRAW *for drawings* Vorlage *f*, OPT Master *f*, Mater *f*, Matrize *f*, RECORD Original *nt*, *of disc recording* Vater *m*, TELEV *vinyl records* Vaterstück *nt*; **~'s certificate** *n* WATER TRANS *documents* Kapitänspatent *nt*; ~ **batch** *n* PLAS Masterbatch *m*, Vormischung *f*; ~ **card** *n* COMP & DP Hauptkarte *f*, Leitkarte *f*, Stammkarte *f*; ~ **change** *n* TRANS Hauptwechsel *m*; ~ **clock** *n* COMP & DP Grundtaktgenerator *m*, Hauptuhr *f*, Haupttaktgeber *m*, TELECOM Haupttakt *m*, steuernder Taktgeber *m*; **computer** *n* COMP & DP Hauptrechner *m*; ~ **computer system** *n* COMP & DP Leitrechnersystem *nt*; ~ **console** *n* COMP & DP Hauptkonsole *f*, Systemkonsole *f*; ~ **control** *n* TELEV Hauptregler *m*, TRANS Signalgruppensteuerung *f*; ~ **control fader** *n* TELEV Hauptmischregler *m*; ~ **controller** *n* RAIL Hauptsignalsteuergerät *nt*, Steuerschalter *m*; ~ **control panel** *n* TELEV Hauptsteuerpult *nt*; ~ **control program** *n* *(MCP)* COMP & DP Steuerprogramm *nt*; ~ **cylinder** *n* AIR TRANS *brake* Druckzylinder *m*, Hauptzylinder *m*, AUTO Hauptbremszylinder *m*, Hauptzylinder *m*, Kupplungshauptzylinder *m*; ~ **data** *n* COMP & DP Leitdaten *nt pl*, Stammdaten *nt pl*; ~ **disc** *n BrE* OPT Masterplatte *f*; ~ **disk** *n AmE see master disc BrE* ~ **drive** *n* MECHAN ENG Hauptantrieb *m*; ~ **engine** *n* AIR TRANS Hauptmotor *m*, Haupttriebwerk *nt*; ~ **file** *n* COMP & DP Hauptdatei *f*, Stammdatei *f*; ~ **format** *n* COMP & DP Standardformat *nt*; ~ **frequency** *n* ELECTRON Mutterfrequenz *f*; ~ **gage** *n AmE see master gauge BrE*; ~ **gain control** *n* ELECTRON, RECORD Hauptverstärkungsregler *m*; ~ **gauge** *n BrE* MECHAN ENG Prüflehre *f*, Vergleichslehre *f*; ~ **illustration** *n* ENG DRAW Bildvorlage *f*; ~ **key** *n* CONST Generalschlüssel *m*, Hauptschlüssel *m*; ~ **mask** *n* ELECTRON Hauptmaske *f*; ~ **mode** *n* CONTROL Meistermodus *m*, steuerungsführende Betriebsart *f*; ~ **monitor** *n* TELEV Hauptmonitor *m*; ~ **oscillator** *n* ELECTRON Steueroszillator *m*, Steuerstufe *f*, Taktgeber *m*, PHYS Leitoszillator *m*; ~ **pattern** *n* ELECTRON Muttermodell *nt*, *machine tools* Kopiervorlage *f*; ~ **piece** *n* MECHAN ENG *for copy milling* Bezugswerkstück *nt*; ~ **print** *n* ENG DRAW Mutterpause *f*; ~ **processor** *n* TELECOM Hauptprozessor *m*; ~ **program** *n AmE see master programme BrE*, ~ **programme** *n BrE* TRANS Hauptprogramm *nt*; ~ **pulse** *n* ELECTRON Hauptstellenimpuls *m*; ~ **record** *n* COMP & DP Hauptsatz *m*, Stammdateisatz *m*, Stammsatz *m*; ~ **reset signal** *n* CONTROL Hauptrücksetzsignal *nt*, Meisterrücksetzsignal *nt*; ~ **routine** *n* COMP & DP Hauptroutine *f*; **~-slave flip-flop** *n* ELECTRON Master-Slave-Flipflop *nt*; **~-slave manipulator** *n* NUC TECH Master-Slave-Manipulator *m*, Parallelmanipulator *m*; **~-slave system** *n* COMP & DP Computersystem mit Haupt- und Nebenrechner *nt*, Master-Slave-Rechnersystem *nt*; ~ **standard** *n* QUAL Hauptnormal *nt*; ~ **station** *n* COMP & DP Hauptstation *f*, Sendestation *f*; ~ **switch** *n* ELEC ENG Generalschalter *m*, Hauptschalter *m*, ELECT, TELEV Hauptschalter *m*; ~ **tap** *n* MECHAN ENG, PROD ENG Nachschneider *m*; ~ **tape** *n* COMP & DP Hauptband *nt*, Normband *nt*, Stammband *nt*, Urband *nt*, Originalband *nt*, Systemurband *nt*, RECORD Stammband *nt*, TELEV Masterband *nt*; ~ **terminal** *n* COMP & DP Hauptdatenstation *f*; ~ **tracing** *n* ENG DRAW Mutterpause *f*

master[3] *vt* RECORD Original erstellen

mastergroup *n* TELECOM *carrier transmission* TG, Tertiärgruppe *f*

mastering *n* OPT Herstellen der Mater *nt*

masthead *n* WATER TRANS Mastspitze *f*, Topp *m*; ~ **light** *n* WATER TRANS *navigation* Topplicht *nt*

mastic *n* WATER TRANS *shipbuilding* Mastix *m*

masticate *vt* PROD ENG kneten, mastizieren

mastication *n* PLAS *rubber* Abbau *m*, Mastikation *f*

masticator *n* PROD ENG Knetmaschine *f*

mat[1] *n* COAL TECH *caved* Bruchzone *f*, PAPER Vlies *nt*; ~ **formation** *n* CER & GLAS Vliesbildung *f*; ~ **reinforcement** *n* CONST Bewehrungsnetz *nt*, Netzbewehrung *f*

mat[2] *vt* TEXT verfilzen

match:[1] ~ **cut** *n* TELEV Anpassungsunterbrechung *f*; ~ **dissolve** *n* TELEV Anpassungsverfall *m*; ~ **marking** *n* QUAL Zugehörigkeitskennzeichnung *f*; ~ **plate** *n* PROD ENG Modellplatte *f*; ~ **wagon** *n* RAIL Schutzwagen *m*

match[2] *vt* CONST angleichen, zusammenpassen, PROD ENG nuten, spunden, RAD TECH, TELEV anpassen

match:[3] ~ **the shade** *vi* TEXT die Farbe abstimmen

matchboard *n* CONST Nut- und Federholz *nt*, Spundbrett *nt*
matched[1] *adj* PHYS angepaßt
matched:[2] ~ **cladding** *n* OPT angepaßte Ummantelung *f*, TELECOM angepaßter Mantel *m*; ~ **diodes** *n pl* ELECTRON aufeinander abgestimmte Dioden *f pl*; ~ **filter** *n* ELECTRON Wurzel-Nyquist-Filter *nt*, angepaßtes Filter *nt*; ~ **filtering** *n* ELECTRON angepaßtes Filtern *nt*; ~ **impedance** *n* ELEC ENG angepaßte Impedanz *f*, angepaßter Scheinwiderstand *m*; ~ **load** *n* ELEC ENG, PHYS angepaßte Last *f*; ~ **resistors** *n pl* ELEC ENG angepaßte Widerstände *m pl*; ~ **transistors** *n pl* ELECTRON aufeinander abgestimmte Transistoren *m pl*; ~ **tubes** *n pl* ELECTRON aufeinander abgestimmte Röhren *f pl*; ~ **waveguide** *n* ELEC ENG angepaßter Wellenleiter *m*
matching *n* CONST Spundholzlage *f*; ~ **amplifier** *n* ELECTRON Anpassungsverstärker *m*; ~ **attenuation** *n* ELECTRON Anpassungsdämpfung *f*; ~ **impedance** *n* RAD TECH Anpassungsimpedanz *f*; ~ **machine** *n* CONST Spund- und Nutmaschine *f*; ~ **plane** *n* CONST Spundhobel *m*; ~ **transformer** *n* ELECT Anpassungstransformator *m*
mate[1] *n* WATER TRANS *merchant navy* Steuermann *m*; ~**'s receipt** *n* WATER TRANS *merchant navy* Bordempfangsschein *m*
mate[2] *vi* MECHAN ENG *gears* ineinandergreifen, kämmen, *parts* zusammenpassen
mated: ~ **contacts** *n* ELEC ENG gekoppelte Kontakte *f*
material: ~ **buckling** *n* NUC TECH *of flux* materielle Flußdichtewölbung *f*; ~ **defect** *n* MECHAN ENG Materialfehler *m*; ~ **dispersion** *n* OPT, TELECOM Materialdispersion *f*; ~ **dispersion parameter** *n* OPT Parameter der Materialdispersion *m*, TELECOM Materialdispersionskoeffizient *m*; ~ **flaw** *n* TEST Materialfehler *m*; ~ **flow** *n* PACK Materialfluß *m*; ~-**handling crane** *n* PACK Transportkran *m*; ~ **measure** *n* QUAL Maßverkörperung *f*, Meßverkörperung *f*; ~ **pollution** *n* POLL Verschmutzung durch Feststoffe *f*; ~ **recovery** *n* WASTE Materialrückgewinnung *f*; ~ **removal** *n* MECHAN ENG Materialabtragung *f*; ~ **scattering** *n* OPT, TELECOM Materialstreuung *f*; ~ **separation operation** *n* WASTE Stofftrennprozeß *m*; ~ **testing** *n* MECHAN ENG Materialprüfung *f*; ~-**testing institute** *n* QUAL Materialprüfanstalt *f*
materials *n pl* MECHAN ENG, QUAL, TEST, TEXT, WASTE Werkstoff *m*; ~ **allowance** *n* MECHAN ENG Werkstoffzugabe *f*; ~ **characteristic** *n* TEST Werkstoffeigenschaft *f*, Werkstoffkenngröße *f*; ~ **flaw** *n* TEST Werkstoffehler *m*; ~ **handling** *n* NUC TECH Materialhandhabung *f*; ~ **inspection** *n* QUAL Materialprüfung *f*, Werkstoffprüfung *f*; ~ **quality feature** *n* QUAL werkstofftechnisches Qualitätsmerkmal *nt*; ~ **specification** *n* QUAL Werkstoffspezifikation *f*; ~ **stiffness** *n* TEST Werkstoffsteifigkeit *f*; ~ **test certificate** *n* QUAL Werkstoffprüfprotokoll *nt*; ~ **testing** *n* QUAL, TEST Werkstoffprüfung *f*; ~-**testing reactor** *n (MTR)* NUC TECH Materialprüfreaktor *m (MTR)*; ~-**testing system** *n* TEXT Werkstoffprüfsystem *nt*; ~ **verification** *n* QUAL Werkstoffnachweis *m*
mathematical[1] *adj* MATH mathematisch
mathematical:[2] ~ **analysis** *n* MATH mathematische Analyse *f*; ~ **calculations** *n* MATH mathematische Berechnungen *f pl*; ~ **expression** *n* MATH mathematischer Ausdruck *m*; ~ **induction** *n* COMP & DP mathematische Induktion *f*, rechnerische Induktion *f*, MATH mathematische Induktion *f*, vollständige Induktion *f*; ~ **logic** *n* MATH mathematische Logik *f*, symbolische Logik *f*; ~ **model** *n* COMP & DP Rechenmodell *nt*, mathematisches Modell *nt*, ELECTRON mathematisches Modell *nt*; ~ **operations** *n pl* MATH mathematische Operationen *f pl*; ~ **particle** *n* NUC TECH mathematisches Teilchen *nt*; ~ **physics** *n* PHYS mathematische Physik *f*; ~ **probability** *n* MATH mathematische Wahrscheinlichkeit *f*; ~ **programming** *n* COMP & DP mathematische Programmierung *f*, mathematisches Programmieren *nt*
mathematics *n* COMP & DP, MATH Mathematik *f*, mathematische Grundlagen *f pl*
mating[1] *adj* PROD ENG ineinandergreifend
mating[2] *n* MECHAN ENG *of gears* Ineinandergreifen *nt*, Kämmen *nt*, *of parts* Zusammenpassen *nt*, MECHANICS Eingreifen *nt*, PROD ENG Fügung *f*, Kämmen *nt*; ~ **dimension** *n* MECHAN ENG Anschlußmaß *nt*; ~ **flange** *n* MECHANICS Passungsflansch *m*, NUC TECH Gegenflansch *m*; ~ **gear** *n* MECHAN ENG Gegenrad *nt*; ~ **parts** *n pl* MECHAN ENG Paßteile *nt pl*; ~ **profile** *n* MECHAN ENG Gegenprofil *nt*; ~ **surfaces** *n pl* MECHAN ENG Paßflächen *f pl*
matrass *n AmE (cf bolthead flask BrE)* LAB EQUIP Siebkopfkolben *m*
matrix *n* COMP & DP Matrix *f*, Matrize *f*, CONST *civil engineering* Grundmasse *f*, Matrix *f*, MATH, METALL Matrix *f*, PRINT *stereotyping* Mater *f*, Matrize *f*, *typesetting* Matrix *f*, PROD ENG Binder *m*, Grundgefüge *nt*, Kalibierung *f*, TELEV Matrix *f*; ~ **algebra** *n* MATH Matrixalgebra *f*, Matrizenalgebra *f*; ~ **circuit** *n* TELECOM Matrizenschaltung *f*; ~ **configuration** *n* TELECOM Matrizenform *f*; ~ **display** *n* TELECOM Matrixanzeige *f*, Matrixdisplay *nt*; ~ **fuel** *n* NUC TECH Brennstoffmatrix *f*; ~ **magazine** *n* PRINT Matrizenmagazin *nt*; ~ **mechanics** *n* MECH, PHYS Matrizenmechanik *f*; ~ **printer** *n* COMP & DP Matrixdrucker *m*, Mosaikdrucker *m*, PRINT Matrixdrucker *m*, Nadeldrucker *m*; ~ **of real numbers** *n* MATH Matrix mit reellen Zahlen *f*, reelle Matrix *f*; ~ **signalization** *n* TRANS Matrixsignalisation *f*
matrixing *n* TELEV Matrixschaltung *f*
matt[1] *adj* METALL, PRINT, TEXT matt
matt:[2] ~ **collar** *n* PHOTO Mattscheibenring *m*; ~ **cutting** *n* CER & GLAS Mattschliff *m*; ~-**etching paste** *n* CER & GLAS Mattätzpaste *f*; ~-**etching salt** *n* CER & GLAS Mattätzsalz *nt*; ~ **glaze** *n* CER & GLAS Mattglasur *f*; ~ **paper** *n* PHOTO mattes Papier *nt*; ~ **surface paper** *n* PRINT mattes Papier *nt*; ~ **vitrifiable color** *n AmE*, ~ **vitrifiable colour** *n BrE* CER & GLAS Mattschmelzfarbe *f*
matte: ~ **box** *n* PHOTO Kompendium *nt*
matter *n* PRINT Gesetztes *nt*, Satz *m*
matting *n* PLAS *paint* Mattierung *f*; ~ **amplifier** *n* TELEV Diffusverstärker *m*
mattock *n* CONST Breithacke *f*, Haueisen *nt*, spitzer Maurerhammer *m*
mattress *n* CONST Bewehrungsmatte *f*
maturation *n* PET TECH Reifung *f*; ~ **pond** *n* WATER SUP Oxydationsteich *m*
mature[1] *vt* CONST *concrete mortar* aushärten
mature[2] *vi* CONST *concrete paint, bitumen* altern, *concrete mortar* aushärten
maturing *n* CONST Altern *nt*; ~ **temperature** *n* CER & GLAS Reifungstemperatur *f*
matzoth *n pl* FOOD TECH Matzen *m*, Mazza *f*
maul *n* CONST Zurichthammer *m*, schwerer Holzham-

mer *m*

maverick *n* QUAL Ausreißer *m*

maximization *n* TELECOM Maximierung *f*

maximum[1] *adj* ACOUSTICS Maximal- *pref*, AIR TRANS, AUTO Höchst- *pref*, ELEC ENG, ELECT Maximal- *pref*, ELECTRON, MECHAN ENG Höchst- *pref*, METROL, NUC TECH Maximal- *pref*

maximum[2] *n* MATH Maximum *nt*, NUC TECH Höchstwert *m*, Maximum *nt*, Spitzenwert *m*; **~ admissible dose** *n* NUC TECH maximal zulässige Dosis *f*; **~ admissible power** *n* TELECOM maximal zulässige Leistung *f*, zulässige Höchstleistung *f*; **~ allowable belt tension** *n* MECHAN ENG höchstzulässige Riemenspannung *f*; **~ allowable concentration** *n (MAC)* NUC TECH maximale Arbeitsplatzkonzentration *f (MAK)*, POLL *in free environment, in workplace* höchstzulässige Konzentration *f (HZK)*; **~ allowance** *n* MECHAN ENG Größtübermaß *nt*; **~ axial thrust** *n* FUELLESS maximaler Axialdruck *m*; **~ beam** *n* WATER TRANS *shipbuilding* größte Schiffsbreite *f*; **~ bending moment** *n* SPACE *spacecraft* maximales Biegemoment *nt*; **~ capacity** *n* NUC TECH *of power plant* Maximalleistung *f*, PAPER maximale Kapazität *f*; **~ clearance** *n* MECHAN ENG Größtspiel *nt*; **~ continuous power** *n* AIR TRANS höchste Dauerleistung *f*; **~ credible accident** *n (MCA)* NUC TECH größter anzunehmender Unfall *m*, *(GAU)* maximal glaubhafter Unfall *m*; **~ current** *n* ELECT Maximalstrom *m*; **~ current rating** *n* ELEC ENG Höchstnennstrom *m*; **~ cutout** *n* ELEC ENG Maximalausschalter *m*; **~ daylight** *n* PROD ENG lichte Höhe *f*; **~ deckle** *n* PAPER maximale Bahnbreite *f*; **~ demand** *n* ELEC ENG Maximalbelastung *f*, Spitzenbelastung *f*, ELECT Höchstverbrauch *m*, Spitzenlast *f*; **~ design speed** *n* AUTO höchstzulässige Geschwindigkeit *f*; **~ dressed width of warp** *n* TEXT maximale Bewicklungsbreite *f*; **~ emission concentration** *n* POLL MEK, maximale Emissionskonzentration *f*; **~ engine overspeed** *n* AIR TRANS höchstzulässige Überdrehzahl des Motors *f*; **~ except takeoff power** *n (METO power)* AIR TRANS höchste für längere Zeit entnehmbare Leistung *f*; **~ exposure limit** *n* SAFETY Höchstbelastungsgrenze *f*; **~ flap extended speed** *n* AIR TRANS höchstzulässige Geschwindigkeit bei ausgefahrenen Klappen *f*; **~ flux heat** *n* NUC TECH maximaler Wärmefluß *m*; **~ flying time** *n* AIR TRANS Höchstflugdauer *f*; **~ fuel central temperature** *n* NUC TECH Maximaltemperatur im Brennelementinneren *f*; **~ hourly volume** *n* TRANS Maximumverkehrsaufkommen pro Stunde *nt*; **~ instantaneous power** *n* SPACE maximale Momentleistung *f*; **~ landing-gear extended speed** *n* AIR TRANS höchstzulässige Geschwindigkeit bei ausgefahrenem Fahrwerk *f*; **~ landing-gear operating speed** *n* AIR TRANS höchstzulässige Fahrwerkbetriebsgeschwindigkeit *f*; **~ lift** *n* AIR TRANS Höchstauftrieb *m*; **~ load** *n* AIR TRANS Höchstbelastung *f*, maximale Last *f*, WATER TRANS Höchstlast *f*; **~ melting rate** *n* CER & GLAS maximale Schmelzrate *f*; **~ and minimum thermometer** *n* HEAT & REFRIG, LAB EQUIP Maximum-Minimum-Thermometer *nt*; **~ operating altitude** *n* AIR TRANS Höchstbetriebshöhe *f*; **~ output** *n* ELECT Höchstlei-stung *f*, Maximalausgabe *f*, Maximalleistung *f*; **~ output mixture ratio** *n* AUTO Höchstleistungsmischungsverhältnis *nt*; **~ payload** *n* AIR TRANS Höchstnutzlast *f*; **~ peak-to-valley height** *n* MECHAN ENG *roughness height* Rauhtiefe *f*; **~ permissible deviation** *n* MECHAN ENG maximal zulässige Abweichung *f*; **~ permissible dose** *n* RAD PHYS *of ionizing radiation* höchstzulässige Dosis *f*; **~ permissible error** *n* METROL größter zulässiger Fehler *m*; **~ permissible Mach number** *n* AIR TRANS höchstzulässige Machzahl *f*; **~ permissible operating speed** *n* AIR TRANS höchstzulässige Betriebsgeschwindigkeit *f*; **~ power** *n* ELECT Höchstleistung *f*, Maximalleistung *f*; **~ power at rated wind speed** *n* FUELLESS Höchstleistung bei Nennwindgeschwindigkeit *f*; **~ power input** *n* ELEC ENG größter Leistungseingang *m*; **~ power transmission** *n* ELEC ENG maximale Leistungsübertragung *f*, maximale Stromübertragung *f*; **~ recording level** *n* ACOUSTICS Aussteuerungsgrenze *f*; **~ rotor speed** *n* AIR TRANS höchste Rotordrehzahl *f*; **~ scale value** *n* INSTR Skalenendwert *m*; **~ shaft speed** *n* FUELLESS maximale Wellengeschwindigkeit *f*; **~ signal** *n* ELECTRON Maximalsignal *nt*; **~ signal amplitude** *n* ELECTRON Maximalsignalamplitude *f*; **~ size** *n* MECHAN ENG Größtmaß *nt*; **~ sound pressure** *n* ACOUSTICS Maximalschalldruck *m*; **~ speed** *n* AIR TRANS, AUTO Höchstgeschwindigkeit *f*, MECHAN ENG Höchstdrehzahl *f*, Höchstgeschwindigkeit *f*, RAIL, WATER TRANS Höchstgeschwindigkeit *f*; **~ speed in level flight with rated power** *n* AIR TRANS Höchstgeschwindigkeit in Normalfluglage mit Nennleistung *f*; **~ spring-back load** *n* AIR TRANS maximale Rückfederungsbelastung *f*; **~ theoretical numerical aperture** *n* OPT, TELECOM theoretische maximale numerische Apertur *f*; **~ threshold speed** *n* AIR TRANS sichere Höchstgeschwindigkeit *f*; **~ total load** *n* CONST maximale Gesamtbelastung *f*; **~ total weight** *n* AIR TRANS, AUTO, WATER TRANS höchstzulässiges Gesamtgewicht *nt*; **~-trimmed machine width** *n* PACK maximale beschnittene Maschinenbreite *f*, PAPER maximale beschnittene Bahnbreite *f*; **~ usable frequency** *n* ELEC ENG höchste brauchbare Übertragungsfrequenz *f*, RAD TECH höchste nutzbare Frequenz *f*; **~ value** *n* ELECT Höchstwert *m*; **~ voltage** *n* ELECT Höchstspannung *f*, Maximalspannung *f*; **~ voltage relay** *n* ELECT Höchstspannungsrelais *nt*; **~ weight** *n* PACK Höchstgewicht *nt*; **~ welding current** *n* CONST Höchstschweißstrom *m*; **~ wheel vertical load** *n* AIR TRANS maximaler vertikaler Raddruck *m*

maxwell *n (Mx)* ELEC ENG, ELECT Maxwell *nt (Mx)*

Maxwell: **~'s equations** *n pl* PHYS Maxwellsche Gleichungen *f pl*; **~ distribution** *n* PHYS Maxwell-Verteilung *f*

mayday *n* AIR TRANS, WATER TRANS *emergency* Mayday *m*

MB *abbr* ART INT *(measure of belief)* Glaubensmaß *nt*, Maß der Glaubwürdigkeit *nt*, COMP & DP *(megabyte)* MB *(Megabyte)*

MBE *abbr (molecular-beam epitaxy)* ELECTRON, RAD PHYS MBE *(Molekularstrahlepitaxie)*

MC *abbr* AUTO *(motorcar)* Kfz *(Kraftfahrzeug)*, COMP & DP *(marginal check)* Grenzwertprüfung *f*, Toleranzprüfung *f*

MCA *abbr* ELECTRON *(microchannel architecture)* 32-Bit-Busarchitektur *f*, NUC TECH *(maximum credible accident)* GAU *(größter anzunehmender Unfall)*

MCP *abbr (master control program)* COMP & DP Steuerprogramm *nt*

Macpherson: **~ strut** *n* AUTO Achsschenkelfederbein *nt*, Macpherson-Federbein *nt*; **~ strut front suspension** *n* AUTO Macpherson-Federbein-Vorderachse *f*

MCW *abbr (modulated continuous wave)* TELEV modulierter Dauerträger *m*

Md *(mendelevium)* CHEMISTRY Md *(Mendelevium)*

MDF *abbr (main distribution frame)* TELECOM HVt *(Hauptverteiler)*

MDI *abbr (diphenylmethane diisocyanate)* PLAS MDI *(Diphenylmethandiisocyanat)*

MDR *abbr* COMP & DP *(memory data register)* MDR *(Speicherdatenregister)*, COMP & DP *(miscellaneous data recording)* gemischte Datenaufzeichnung *f*

me *abbr (electron mass)* CHEMISTRY, NUC TECH, PART PHYS me *(Elektronenmasse)*

meager: **~ clay** *n* CER & GLAS Magerton *m*

mean[1] *adj* AIR TRANS durchschnittlich, COMP & DP durchschnittlich, mittel

mean[2] *n* COMP & DP Durchschnittswert *m*, Mittelwert *m*, MATH *mathematical average* Mittel *nt*, Mittelwert *m*, QUAL Mittel *nt*; **~ abode time** *n* QUAL mittlere Aufenthaltszeit *f*; **~ aerodynamic chord** *n* AIR TRANS *aircraft, helicopter* Strömungsabriß an der Luftschraubenblattspitze *m*, mittlere aerodynamische Flügeltiefe *f*, mittlere aerodynamische Sehne *f*; **~ annual variation** *n* WATER TRANS *tides* mittlere jährliche Änderung *f*; **~ anomaly** *n* SPACE mittlere Anomalität *f*; **~ bond energy** *n* NUC TECH mittlere Bindungsenergie *f*; **~ busy hour** *n* TELECOM mittlere Hauptverkehrsstunde *f*; **~ chord of the control surface** *n* AIR TRANS mittlere Flügeltiefe der Steuerfläche *f*; **~ daily flow** *n* WATER SUP mittlere Tageswassermenge *f*; **~ deviation** *n* ELECT mittlere Abweichung *f*, QUAL mittlere Abweichung *f*, mittlerer Abweichungsbetrag *m*; **~ draft** *n AmE see mean draught BrE*, **~ draught** *n BrE* WATER TRANS *ship design* mittlerer Tiefgang *m*; **~ effective pressure** *n (mep)* AIR TRANS, MECHAN ENG mittlerer Nutzdruck *m (MEP)*; **~ error** *n* ELECT mittlerer Fehler *m*; **~ free path** *n* ACOUSTICS, METALL, PHYS, THERMODYN mittlere freie Weglänge *f*; **~ glide path error** *n* AIR TRANS durchschnittlicher Gleitwegfehler *m*, mittlerer Gleitwegfehler *m*; **~ holding time** *n* TELECOM mittlere Belegungsdauer *f*; **~ lethal dose** *n (MLD)* RAD PHYS *of ionising radiation* mittlere letale Dosis *f*; **~ life** *n* NUC TECH, PHYS mittlere Lebensdauer *f*; **~ opinion score** *n (MOS)* TELECOM Punktzahl für durchschnittliche Meinung *f*; **~ pitch angle** *n* AIR TRANS mittlerer Anstellwinkel *m*, mittlerer Steigungswinkel *m*; **~ pressure** *n* MECHAN ENG mittlerer Druck *m*; **~ range** *n* QUAL Mittenbereich *m*, mittlere Spannweite *f*; **~ sea level** *n (msl)* WATER TRANS Normalnull *nt*, mittlere Seehöhe *f (NN)*; **~ solar time** *n* SPACE mittlere Sonnenzeit *f*; **~ speed** *n* AIR TRANS, AUTO, RAIL, WATER TRANS Durchschnittsgeschwindigkeit *f*; **~ square error** *n* COMP & DP Standardabweichung des Mittelwerts *f*, mittlerer quadratischer Fehler *m*, mittlerer Gesamtfehler *m*, statistischer Gesamtfehler *m*; **~ square value** *n* ELECT mittleres Fehlerquadrat *nt*; **~ square velocity** *n* PHYS quadratischer Mittelwert der Geschwindigkeit *m*; **~ stress** *n* METALL Mittelspannung *f*; **~ temperature difference** *n* HEAT & REFRIG mittlerer Temperaturunterschied *m*; **~ tidal range** *n* FUELLESS mittlerer Tidehub *m*; **~ time between failures** *n (MTBF)* COMP & DP mittlere fehlerfreie Betriebszeit *f*, mittlerer Ausfallabstand *m*, ELEC ENG mittlere Lebensdauer *f*, mittlerer Ausfallabstand *m*, MECHANICS mittlere Zeit zwischen Ausfällen *f*, SPACE mittlere Zeitdauer zwischen Ausfällen *f*, TELECOM mittlerer Ausfallabstand *m*; **~ time between maintenance** *n* COMP & DP Wartungsintervall *nt*, QUAL mittlere Zeit zwischen Wartungsarbeiten *f*; **~ time between removals** *n (MTBR)* SPACE mittlere Zeitdauer zwischen Entnahmen *f*; **~ time to failure** *n (MTTF)* COMP & DP mittlere Lebensdauer *f*; **~ time to first failure** *n* QUAL mittlere Zeit bis zum ersten Ausfall *f*; **~ time to repair** *n (MTTR)* COMP & DP mittlere Reparaturdauer *f (MTTR)*, ELEC ENG mittlere Zeit bis zur Reparatur *f (MTTR)*, MECHANICS mittlere Instandsetzungszeit *f (MTTR)*, QUAL, SPACE mittlere Reparaturdauer *f (MTTR)*; **~ time to restore** *n* QUAL mittlere Zeit zur Wiederherstellung des betriebsfähigen Zustands *f*; **~ value** *n* COMP & DP Durchschnittswert *m*, Mittelwert *m*, PHYS Mittelwert *m*; **~ wind speed** *n* FUELLESS mittlere Windgeschwindigkeit *f*

meandering[1] *adj* CONST gewunden, schlangenförmig

meandering[2] *n* MECHAN ENG Mäanderbildung *f*

means: **~-end analysis** *n (MEA)* ART INT *problem solution technique* Means-End-Analyse *f*, Mittel-Zweck-Analyse *f (MEA)*; **~ of escape** *n* SAFETY *from fire in buildings* Fluchtmöglichkeit *f*

measurability *n* INSTR Meßbarkeit *f*

measurable: **~ quantity** *n* METROL meßbare Menge *f*

measurand *n* ELECTRON Beobachtungsgröße *f*, Meßgröße *f*, INSTR Meßgegenstand *m*, Meßgröße *f*, Meßwert *m*, METROL Meßgröße *f*

measure[1] *n* COMP & DP Maß *nt*, Maßnahme *f*, MECHAN ENG Maß *nt*, METROL Maß *nt*, Maßband *nt*, PRINT Formatbreite *f*, Satzbreite *f*; **~ of belief** *n (MB)* ART INT Glaubensmaß *nt*, Maß der Glaubwürdigkeit *nt*; **~ of redevelopment** *n* POLL Sanierungsmaßnahme *f*

measure[2] *vt* COMP & DP, MECHAN ENG messen, METROL messen, vermessen; **~ out** *vt* METROL dosieren

measured: **~ current** *n* ELECT gemessener Stromwert *m*; **~ process quantity** *n* INSTR Prozeßmeßgröße *f*; **~ quantity** *n* ELECTRON Meßgröße *f*; **~ temperature** *n* INSTR Meßtemperatur *f*; **~ ton** *n* WATER TRANS amtlich gemessene Tonne *f*; **~ value** *n* INSTR Meßwert *m*, gemessener Wert *m*; **~ voltage** *n* ELECT gemessene Spannung *f*

measurement *n* COMP & DP Maß *nt*, ELECTRON Abmessung *f*, Messung *f*, Meßwert *m*, METROL Maß *nt*, Messung *f*; **~ of air pollution** *n* SAFETY Messung der Luftverschmutzung *f*; **~ by diffraction grating** *n* OPT Messung durch Bewegungsgitter *f*; **~ data acquisition** *n* INSTR Meßdatenerfassung *f*, Meßdatengewinnung *f*; **~ data processing** *n* INSTR Meßdatenverarbeitung *f*; **~ process** *n* METROL Meßverfahren *nt*; **~ of quantities** *n* CONST Mengenbestimmung *f*; **~ range** *n* INSTR Meßbereich *m*; **~ signal** *n* INSTR Meßsignal *nt*; **~ standard** *n* METROL Meßnorm *f*, QUAL Normal *nt*; **~ of suspended particulate matter** *n* INSTR Schwebeteilchenmessung *f*; **~ uncertainty** *n* INSTR Meßunsicherheit *f*; **~ value** *n* INSTR Einzelmeßwert *m*, Meßwert *m*; **~ of vibration** *n* SAFETY *of portable machines* Messung der Vibration *f*

measurements: **~ reactor** *n* NUC TECH Meßreaktor *m*

measuring *n* CER & GLAS, CONST, INSTR Meß- *pref*, METROL Messen *nt*, Messung *f*, maßliches Prüfen *nt*, QUAL Meß- *pref*; **~ amplifier** *n* ELECTRON Meßverstärker *m*; **~ and analysis apparatus** *n* SAFETY Meßgerät zur Analyse *nt*; **~ apparatus** *n* CONST Ausmeßgerät *nt*, Meßapparat *m*; **~ arrangement** *n* INSTR Meßanordnung *f*; **~ bridge** *n* INSTR, MECHAN ENG Meßbrücke *f*; **~ cell** *n* INSTR Meßzelle *f*; **~ chain** *n* CONST Meßkette *f*; **~ converter** *n* INSTR Meßumsetzer *m*, Meßwertumsetzer *m*; **~ current** *n* INSTR Meßstrom *m*; **~ cylinder** *n* LAB EQUIP Mensur *f*, Meßzylinder *m*, PHOTO *processing* *chemicals* Meßzylinder *m*; ~ **data** *n* METROL Meßdaten *nt pl*; ~ **data reduction** *n* INSTR Meßdatenverdichtung *f*, Meßwertverdichtung *f*; ~ **data sampling** *n* INSTR Abtasten *nt*, Meßdatenabtastung *f*, Meßwertabtastung *f*; ~ **data scanning** *n* INSTR Abtasten *nt*, Meßdatenabtastung *f*, Meßwertabtastung *f*; ~ **desk** *n* NUC TECH Meßplatz *m*; ~ **device** *n* METROL Meßgerät *nt*, Meßinstrument *nt*; ~ **equipment** *n* INSTR Meßeinrichtung *f*, Meßanlage *f*, Meßapparatur *f*, Meßgerät *nt*, Meßinstrument *nt*; ~ **error** *n* METROL Meßfehler *m*; ~ **force** *n* INSTR Meßkraft *f*; ~ **head** *n* INSTR Meßkopf *m*, Sonde *f*; ~ **instrument** *n* ELECT, INSTR Meßgerät *nt*, Meßinstrument *nt*, MECHAN ENG Meßwerkzeug *nt*, METROL Meßgerät *nt*, Meßinstrument *nt*; ~ **junction temperature** *n* INSTR Meßstellentemperatur *f*; ~ **machine** *n* METROL Meßmaschine *f*, messende Maschine *f*; ~ **movement** *n* INSTR Meßwerk *nt*; ~ **orifice** *n* INSTR Blende *f*, Meßblende *f*, OPT Meßblende *f*; ~ **oscilloscope** *n* ELECT Meßoszilloskop *nt*; ~ **path** *n* INSTR Meßpfad *m*; ~ **position** *n* INSTR Meßort *m*, Meßstellung *f*, Meßstelle *f*; ~ **pressure** *n* INSTR Meßdruck *m*; ~ **probe** *n* SPACE *spacecraft* Meßsonde *f*; ~ **range** *n* INSTR Meßbereich *m*; ~ **relay** *n* ELEC ENG, INSTR Meßrelais *nt*; ~ **result** *n* INSTR Meßergebnis *nt*; ~ **rod** *n* METROL Maßstab *m*; ~ **scale** *n* MECHAN ENG Meßskale *f*; ~ **set** *n* INSTR Meßeinrichtung *f*, Meßgerät *nt*, Meßinstrument *nt*; ~ **spark gap** *n* ELEC ENG Kugelfunkenstrecke *f*, Meßfunkenstrecke *f*; ~ **system** *n* ELECT Meßsystem *nt*, INSTR Meßsystem *nt*, Meßanlage *f*, Meßwerk *nt*; ~ **tape** *n* METROL Maßband *nt*; ~ **task** *n* INSTR Meßaufgabe *f*; ~ **and test equipment** *n pl* QUAL Meß- und Prüfeinrichtungen *f pl*, Prüf- und Meßmittel *nt pl*; ~ **transducer** *n* INSTR Meßumformer *m*, Meßwandler *m*, METROL Meßumformer *m*; ~ **value** *n* INSTR Meßwert *m*; ~ **valve** *n* INSTR Meßventil *nt*; ~ **weir** *n* WATER SUP Meßwehr *nt*

meat *n* FOOD TECH Fleisch *nt*; ~ **grinder** *n* FOOD TECH Fleischwolf *m*

Meat: ~ **Inspection Act** *n* WASTE Fleischbeschaugesetz *nt*

mechanical[1] *adj* MECHAN ENG mechanisch, PROD ENG elastisch

mechanical:[2] ~ **admittance** *n* ACOUSTICS mechanische Admittanz *f*; ~ **air filter** *n* HEAT & REFRIG mechanisches Luftfilter *nt*; ~ **behavior of materials** *n AmE*, ~ **behaviour of materials** *n BrE* TEST mechanisches Verhalten von Werkstoffen *nt*; ~ **bond** *n* NUC TECH *of fuel and can* mechanische Verbindung *f*; ~ **boy** *n* CER & GLAS Halterung *f*; ~ **chopper** *n* NUC TECH mechanischer Zerhacker *m*; ~ **classifier** *n* COAL TECH mechanischer Klassierer *m*; ~ **collector** *n* POLL mechanischer Abscheider *m*; ~ **compliance** *n (CM)* ACOUSTICS mechanische Auslenkung *f (CM)*; ~ **components** *n pl* MECHAN ENG mechanische Teile *nt pl*; ~ **composting** *n* WASTE Schnellkompostierung *f*, beschleunigte Kompostierung *f*, geschlossene Kompostierung *f*; ~ **contactor** *n* ELECT mechanisch betriebenes Schütz *nt*; ~ **decanning** *n* NUC TECH mechanisches Enthülsen *nt*; ~ **decladding** *n* NUC TECH mechanisches Enthülsen *nt*; ~**-dividing head** *n* MECHAN ENG mechanischer Teilkopf *m*; ~ **drive** *n* MECHAN ENG mechanischer Antrieb *m*; ~ **editing** *n* TELEV mechanisches Edieren *nt*; ~ **efficiency** *n* ERGON *of work*, FUELLESS, MECHAN ENG mechanischer Wirkungsgrad *m*; ~ **end stop** *n* ELECT mechanischer Endanschlag *m*; ~ **energy** *n* MECHAN ENG mechanische Energie *f*; ~ **engineer** *n* MECHAN ENG, PROD ENG Maschinenbauingenieur *m*; ~ **engineering** *n* MECHAN ENG, PROD ENG Maschinenbau *m*; ~ **equivalent of heat** *n (J)* MECHANICS, THERMODYN mechanisches Wärmeäquivalent *nt (J)*; ~ **errors** *n pl* TELEV mechanische Fehler *m pl*; ~ **exhaust air installation** *n* SAFETY mechanisches Abluftsystem *nt*; ~ **filter** *n* ELECTRON mechanisches Filter *nt*; ~ **fuel pump** *n* AUTO mechanische Benzinpumpe *f*; ~ **grab** *n* CONST mechanisch betriebener Greifer *m*; ~ **handling equipment** *n* MECHAN ENG mechanische Fördereinrichtung *f*; ~ **hazard** *n* SAFETY mechanische Gefahr *f*; ~ **impedance** *n* ACOUSTICS, ELEC ENG mechanische Impedanz *f*; ~ **instability** *n* METALL mechanische Unstabilität *f*; ~ **isolation against vibration** *n* SAFETY mechanische Vibrationsdämpfung *f*, mechanische Vibrationsisolierung *f*; ~ **modulation** *n* ELECTRON mechanische Modulation *f*; ~ **optical switch** *n* TELECOM mechanischer optischer Schalter *m*; ~ **oscillation** *n* ACOUSTICS mechanische Schwingung *f*; ~ **overlay** *n* PRINT mechanische Zurichtung *f*; ~ **polishing** *n* METALL maschinelles Polieren *nt*; ~ **properties** *n pl* CONST, FLUID PHYS, MECHAN ENG, METALL *of nickel steel* mechanische Eigenschaften *f pl*, PLAS mechanische Eigenschaften *f pl*, mechanische Werte *m pl*; ~ **pulp board** *n* PACK Holzschliffkarton *m*, PAPER Holzschliffpappe *f*; ~ **reactance** *n* ACOUSTICS mechanische Reaktanz *f*; ~ **recorder** *n* ACOUSTICS mechanisches Aufnahmegerät *nt*; ~ **recording** *n* ACOUSTICS mechanische Aufnahme *f*, RECORD mechanische Tonaufzeichnung *f*; ~ **resistance** *n* ACOUSTICS, MECHANICS mechanische Resistanz *f*; ~ **resonance** *n* ACOUSTICS, MECHANICS mechanische Resonanz *f*; ~ **sampler** *n* COAL TECH mechanischer Prober *m*; ~ **seal** *n* PROD ENG *pump* Gleitringdichtung *f*; ~ **separation** *n* WASTE automatische Müllsortierung *f*, mechanische Sortierung *f*, mechanische Trennung *f*; ~ **shock** *n* SAFETY mechanische Schläge *m pl*; ~ **shock test** *n* METROL mechanische Stoßprüfung *f*; ~ **splice** *n* OPT mechanische Spleißstelle *f*, TELECOM mechanischer Spleiß *m*, TELEV mechanische Kabelverbindung *f*; ~ **spring** *n* MECHAN ENG mechanische Feder *f*; ~ **stability** *n* PLAS mechanische Stabilität *f*; ~ **stage** *n* PHOTO Kreuztisch *m*, Kreuztischeinrichtung *f*; ~ **stoker** *n* HEAT & REFRIG Schürvorrichtung *f*; ~ **susceptance** *n* ACOUSTICS mechanischer Blindleitwert *m*; ~ **sweeper** *n* WASTE Straßenkehrmaschine *f*; ~ **system** *n* ACOUSTICS mechanisches System *nt*, MECHAN ENG *of vehicle* Mechanik *f*; ~ **testing** *n* MECHAN ENG, TEST mechanisches Testen *nt*; ~ **tint** *n* PRINT *engraving* Untergrundmuster *nt*; ~ **transmission** *n* FUELLESS mechanische Kraftübertragung *f*; ~ **transmission system** *n* MECHAN ENG mechanisches Getriebe *nt*; ~ **tripping device** *n* ELECT mechanischer Auslöser *m*; ~ **typesetting** *n* PRINT Maschinensatz *m*; ~ **vibration** *n* SAFETY mechanische Vibration *f*; ~ **wave** *n* ELEC ENG mechanische Welle *f*; ~ **wear** *n* CONST mechanische Abnutzung *f*; ~ **wood pulp** *n* PACK Holzschliff *m*, mechanischer Holzstoff *m*, PAPER Holzschliff *m*; ~ **zero adjustment** *n* ELECT mechanische Nullstellung *f*

mechanically:[1] ~**-set** *adj* PRINT im Maschinensatz gesetzt

mechanically:[2] ~**-tuned magnetron** *n* ELECTRON mechanisch abgestimmtes Magnetron *nt*; ~**-tuned oscillator** *n* ELECTRON mechanisch abgestimmter Oszillator *m*

mechanics *n* MECHAN ENG *science* Mechanik *f*

mechanism *n* MECHAN ENG Mechanismus *m*, *gears* Getriebe *nt*

mechanoreceptor *n* ERGON Mechanorezeptor *m*
mechanothermal: ~ **effect** *n* THERMODYN Gefriereffekt *m*
meconin *n* CHEMISTRY Dimethoxyphthalid *nt*, Meconin *nt*, Opianyl *nt*
media *n pl* TELEV Medien *nt pl*; ~ **entrapment** *n* COATINGS Einschluß von Medien *m*
medial *adj* ERGON medial
median *n* ACOUSTICS Zentralwert *m*, COMP & DP Medianwert *m*, Mittellinie *f*, Mittelwert *m*, Zentralwert *m*, GEOM Mittellinie *f*, MATH *statistics* Hauptwert *m*, Zentralwert *m*, QUAL Median *m*, Zentralwert *m*; ~ **lethal concentration** *n* POLL mittlere Letalkonzentration *f*; ~ **lethal dose** *n* (LD_{50}) RAD PHYS *of ionizing radiation* mittlere letale Dosis *f* (LD_{50}); ~ **lethal time** *n* POLL mittlere Letalzeit *f*; ~ **life** *n* COMP & DP mittlere Lebensdauer *f*; ~ **line** *n* PET TECH Äquidistanzlinie *f*; ~ **plane** *n* ERGON Medianebene *f*
mediant *n* ACOUSTICS Mediante *f*
medical: ~ **expert system** *n* ART INT medizinisches Expertensystem *nt*
medium[1] *adj* COMP & DP Mittel- *pref*
medium[2] *n* COMP & DP Medium *nt*, Mittel *nt*, PHYS, PRINT Medium *nt*; ~**-angle lens** *n* PHOTO Normalobjektiv *nt*; ~ **distillates** *n pl* PET TECH Mitteldestillate *nt pl*; ~**-energy nuclear physics** *n* NUC TECH Kernphysik im mittleren Energiebereich *f*; ~ **face** *n* PRINT Halbfett *nt*, halbfette Schrift *f*; ~ **frequency** *n (MF)* ELECTRON, RAD TECH, TELECOM Mittelfrequenz *f (MF)*; ~**-frequency band** *n* ELECTRON, RAD TECH, TELECOM Mittelfrequenzband *nt*; ~**-frequency furnace** *n* ELEC ENG Mittelfrequenzofen *m*; ~**-frequency heating** *n* ELEC ENG Mittelfrequenzerwärmung *f*, Mittelfrequenzheizung *f*; ~**-graded soil** *n* COAL TECH mittelwertiger Boden *m*; ~ **head** *n* FUELLESS mittlere Wassersäule *f*; ~ **iron** *n* METALL Mitteleisen *nt*; ~ **plate** *n* METALL Mittelblech *nt*; ~**-power amplifier** *n* ELECTRON Mittelleistungsverstärker *m*; ~**-processing channel carbon black** *n (MPC carbon black)* PLAS mittelmäßig verarbeiteter Kanalruß *m (MPC-Ruß)*; ~**-range aircraft** *n* AIR TRANS Mittelstreckenflugzeug *nt*; ~**-range airliner** *n* AIR TRANS Mittelstreckenlinienflugzeug *nt*, Mittelstreckenverkehrsflugzeug *nt*; ~ **rate** *n* TELECOM *call charge rate* mittlere Gebühr *f*; ~**-scale integration circuit** *n* TELECOM Schaltkreis mit mittlerem Integrationsgrad *m*; ~**-speed engine** *n* WATER TRANS *diesel* Mittelschnelläufer *m*; ~**-term behavior** *n AmE*, ~**-term behaviour** *n BrE* NUC TECH Mittelzeitverhalten *nt*; ~ **thermal carbon black** *n (MT carbon black)* PLAS MT-Ruß *m*; ~ **voltage** *n* ELEC ENG Mittelspannung *f*; ~**-voltage system** *n* ELEC ENG Mittelspannungssystem *nt*; ~ **wave** *n* RAD TECH *(MW)* Mittelwelle *f (MW)*, TELEV Mittelwelle *f*; ~**-wave band** *n* RAD TECH Mittelwellenbereich *m*
meet:[1] ~**-me bridge** *n* TELECOM Verabredungs-Bridge *f*; ~**-me conference call** *n* TELECOM Verabredungskonferenz *f*
meet[2] *vi* WATER SUP *conflow* anschlagen
meeting *n* CONST Fuge *f*, Stoß *m*; ~ **post** *n* WATER SUP *of lock gate* Torflügelpfosten *m*, äußere Anschlagsäule *f*
MEFP *abbr (minimum error-free PAD)* TELECOM minimale fehlerfreie Paketierung/Depaketierung *f*
mega- *pref (M)* METROL Mega- *pref (M)*
megabyte *n (MB)* COMP & DP Mbyte *nt*, Megabyte *nt (MB)*
megachip *n* ELECTRON Megachip *m*
Megadoc® *n* OPT Megadoc® *nt*
megadyne *n* METROL Megadyn *nt*
megahertz *n (MHz)* ELEC ENG, ELECT, RAD TECH, TELEV Megahertz *nt (MHz)*
megastream: ~ **circuit** *n* TELECOM *data communications* Megastream *nt*
Megger® *n* ELEC ENG Isolationsmeßgerät *nt*, Kurbelinduktor *m*, Megger® *m*
megohm *n* ELEC ENG, ELECT Megohm *nt*
Meissner: ~ **effect** *n* PHYS Meißnerscher Effekt *m*; ~ **oscillator** *n* ELECTRON Meißnerscher Oszillator *m*, Meißnersche Schaltung *f*
MEK *abbr (methyl ethyl ketone)* PLAS MEK *(Methylethylketon)*
Meker: ~ **burner** *n* LAB EQUIP Meker-Brenner *m*
mel *n* ACOUSTICS, RECORD *unit of subjective pitch* Mel *nt*
melamine *n* CHEMISTRY Melamin *nt*, Tricyansäuretriamid *nt*, TEXT Melamin *nt*; ~ **formaldehyde resin** *n (MF)* PLAS Melamin-Formaldehydharz *nt*, Melaminharz *nt (MF)*; ~ **resin** *n (MF)* ELECT Melamin-Formaldehydharz *nt*, Melaminharz *nt (MF)*
melampyrit *n* CHEMISTRY Dulcit *nt*, Dulcitol *nt*
melanin *n* CHEMISTRY Melanin *nt*
Melde's: ~ **experiment** *n* PHYS Meldescher Versuch *m*
meletin *n* CHEMISTRY Meletin *nt*
melibiose *n* CHEMISTRY Melibiose *f*
melicitose *n* CHEMISTRY Melezitose *f*, Raffinose *f*
mellitic *adj* CHEMISTRY Mellith- *pref*
mellon *n* CHEMISTRY Mellon *nt*
melt[1] *n* PROD ENG Charge *f*, Schmelzbad *nt*; ~ **flow index** *n (MFI)* PLAS Schmelzindex *m*; ~ **flow rate** *n* FLUID PHYS Schmelzrate *f*
melt[2] *vt* PAPER schmelzen, TEXT einschmelzen, schmelzen, THERMODYN schmelzen; ~ **down** *vt* THERMODYN schmelzen
melt[3] *vi* COATINGS schmelzen
meltable *adj* THERMODYN schmelzbar
melted *adj* THERMODYN geschmolzen
melting[1] *adj* CER & GLAS, MECHAN ENG, PHYS, THERMODYN Schmelz- *pref*
melting[2] *n* PAPER Schmelzen *nt*, PROD ENG Schmelzfluß *m*, TEXT Schmelzen *nt*, THERMODYN Schmelzvorgang *m*, Schmelzen *nt*; ~ **bath** *n* THERMODYN Schmelzbad *nt*; ~ **core catcher** *n* NUC TECH Schmelzkernfänger *m*; ~ **crucible** *n* PROD ENG Schmelztiegel *m*, THERMODYN Schmelziegel *m*; ~ **furnace** *n* COAL TECH, THERMODYN Schmelzofen *m*; ~ **heat** *n* THERMODYN Schmelzwärme *f*; ~ **period** *n* THERMODYN Schmelzdauer *f*; ~ **point** *n (mp)* CHEM ENG, PAPER, PLAS, TEXT, THERMODYN Schmelzpunkt *m*; ~**-point curve** *n* METALL Schmelzpunktkurve *f*, THERMODYN Schmelzkurve *f*; ~ **pot** *n* THERMODYN Schmelzkessel *m*; ~ **range** *n* THERMODYN Schmelzbereich *m*; ~ **test** *n* THERMODYN Schmelzprobe *f*; ~ **time** *n* THERMODYN Schmelzdauer *f*; ~ **zone** *n* METALL Schmelzzone *f*
member *n* COMP & DP Glied *nt*, Member *nt*, Teildatei *f*, CONST Bauteil *nt*, Element *nt*, *of frame* Rahmenstiel *m*, Stab *m*, MATH *of set* Elemente *nt pl*, MECHAN ENG *constructional element* Bauteil *nt*, Teil *nt*, *of power train* Glied *nt*; ~ **set** *n* COMP & DP Anker *m*, abhängiger Datensatz *m*
membership *n* COMP & DP Zugehörigkeit *f*
membrane *n* MECHAN ENG, SPACE *spacecraft* Membran *f*; ~ **filter** *n* CHEM ENG Membranfilter *nt*, Ultrafilter *nt*, LAB EQUIP Membranfilter *nt*; ~ **keyboard** *n* ELEC ENG

Filmtastatur *f*, Membrantastatur *f*; ~ **keyswitch** *n* ELEC ENG Filmschlüsselschalter *m*, Membranschlüsselschalter *m*; ~ **loudspeaker** *n* ACOUSTICS Membranlautsprecher *m*

memory:[1] **~-mapped** *adj* COMP & DP im Speicher abgelegt, speicherorientiert; **~-resident** *adj* COMP & DP speicherresident

memory[2] *n* COMP & DP Datenspeicher *m*, Speicher *m*, ELEC ENG, RAD TECH Speicher *m*; ~ **access** *n* COMP & DP Hauptspeicherzugriff *m*, Speicherzugriff *m*, ELEC ENG Speicherzugriff *m*; ~ **address register** *n (MAR)* COMP & DP Speicheradreßregister *nt*; ~ **bank** *n* COMP & DP Arbeitsspeicherbank *f*, Speicherbank *f*; ~ **capacity** *n* COMP & DP Hauptspeicherkapazität *f*, Speicherkapazität *f*, Speicherleistung *f*, ELEC ENG Speicherkapazität *f*; ~ **card** *n* COMP & DP Datenspeicherkarte *f*, Speicherkarte *f*; ~ **cell** *n* COMP & DP Speicherelement *nt*; ~ **chip** *n* COMP & DP Speicherbaustein *m*, Speicherchip *m*; ~ **circuit** *n* TELECOM Speicherschaltkreis *m*; ~ **compaction** *n* COMP & DP Speicherkomprimierung *f*, Speicherverdichtung *f*; ~ **control** *n* COMP & DP Speichersteuerung *f*; ~ **controller** *n* ELEC ENG Speichersteuerung *f*; ~ **cycle** *n* COMP & DP Operationszyklus *m*, Speicherzyklus *m*, Speicherzyklus *m*; ~ **data register** *n (MDR)* COMP & DP Speicherdatenregister *nt (MDR)*; ~ **dump** *n* COMP & DP Hauptspeicherauszug *m*, Speicherauszug *m*, programmgesteuerte Ausspeicherung *f*; ~ **edit** *n* COMP & DP Speicheraufbereitung *f*; ~ **expansion** *n* COMP & DP Hauptspeichererweiterung *f*; ~ **function** *n* COMP & DP Memory-Funktion *f*, Speicherfunktion *f*; ~ **hierarchy** *n* COMP & DP Speicherhierarchie *f*; ~ **location** *n* COMP & DP Speicheradresse *f*, Speicherzelle *f*, Speicherort *m*, Speicherplatz *m*; ~ **management** *n* COMP & DP Speichermanagement *nt*, Speicherverwaltung *f*; ~ **manager** *n* COMP & DP Speicherverwaltung *f*; ~ **map** *n* COMP & DP Hauptspeicherabbild *nt*, Hauptspeicherstruktur *f*, Speicherabbild *nt*, Speicherbelegungsplan *m*; ~ **module** *n* COMP & DP Speicherbauteil *nt*, Speichermodum *nt*, Speichermodul *nt*; ~ **page** *n* COMP & DP Speicherseite *f*; ~ **pointer** *n* INSTR Skalenmarke *f*, verstellbare Skalenmarke *f*; ~ **protection** *n* COMP & DP Speicherschreibsperre *f*, Speicherschutz *m*; ~ **random access** *n* COMP & DP Direktzugriffsspeicher *m*, RAM-Speicher *m*; ~ **span** *n* ERGON Gedächtnisspanne *f*; ~ **store** *n* TELEV Speichern *nt*; ~ **system** *n* TELEV Speichersystem *nt*; ~ **transistor** *n* ELECTRON Speichertransistor *m*; ~ **tube** *n* ELECTRON Speicherröhre *f*

mend *vti* TEXT flicken, stopfen

mendelevium *n (Md)* CHEMISTRY Mendelevium *nt (Md)*

menders *n pl* PROD ENG Weißbleche *nt pl*

mending *n* TEXT Ausbessern *nt*, Flicken *nt*, Stopfen *nt*

meniscus *n* CONST Kuppe *f*, konvexkonkave Linse *f*, GEOM *crescent-shaped figure* Möndchen *nt*, PHYS *of liquid* Meniskus *m*; ~ **lens** *n* PHOTO, PHYS Meniskuslinse *f*

menstruum *n* CHEMISTRY Extraktionsmittel *nt*, Lösemittel *nt*

mensuration *n* GEOM *measuring of geometric magnitudes* Messung *f*, PROD ENG Flächenberechnung *f*

mental: ~ **arithmetic** *n* MATH Kopfrechnen *nt*; ~ **load** *n* ERGON mentale Belastung *f*

menthane *n* CHEMISTRY Menthan *nt*

menthanediamine *n* CHEMISTRY Menthandiamin *nt*

menthanol *n* CHEMISTRY Menthanol *nt*

menthanone *n* CHEMISTRY Menthanon *nt*

menthene *n* CHEMISTRY Menthen *nt*

menthenol *n* CHEMISTRY Menthenol *nt*

menthenone *n* CHEMISTRY Menthenon *nt*

menthofuran *n* CHEMISTRY Menthofuran *nt*

menu:[1] **~-driven** *adj* COMP & DP menügeführt, menügesteuert

menu[2] *n* COMP & DP Auswahlmenü *nt*, Menü *nt*, CONTROL Menü *nt*; **~-based user interface** *n* ART INT menügestützte Benutzeroberfläche *f*; **~-driven application** *n* COMP & DP menügeführte Anwendung *f*, menügesteuerte Anwendung *f*; ~ **screen** *n* COMP & DP Menüanzeige *f*, Menübildschirm *m*; ~ **selection** *n* COMP & DP Auswahl *f*, Menüauswahl *f*

mep *abbr (mean effective pressure)* AIR TRANS, MECHAN ENG MEP *(mittlerer Nutzdruck)*

mepacrine *n* CHEMISTRY Mepacrin *nt*

meprobamate *n* CHEMISTRY Meprobamat *nt*

merbromin *n* CHEMISTRY Mercurochrom *nt*

mercantile: ~ **marine** *n* WATER TRANS *merchant navy* Handelsmarine *f*

mercaptal *n* CHEMISTRY Mercaptal *nt*

mercaptan *n* CHEMISTRY Mercaptan *nt*, PET TECH, PLAS *rubber additive* Merkaptan *nt*

mercaptide *n* CHEMISTRY Thiolat *nt*

mercaptoacetic *adj* CHEMISTRY Mercaptoessig- *pref*, Thioglycol- *pref*

mercaptol *n* CHEMISTRY Mercaptol *nt*

mercaptomerin *n* CHEMISTRY Mercaptomerin *nt*

Mercator: ~ **chart** *n* WATER TRANS *navigation* Mercatorkarte *f*; ~ **projection** *n* SPACE, WATER TRANS *navigation* Mercatorprojektion *f*

merchant: ~ **bar** *n* METALL Stabstahl *m*; ~ **bar rolling mill** *n* METALL Stabstahlwalzwerk *nt*; ~ **fleet** *n* WATER TRANS Handelsflotte *f*; ~ **haulage** *n* TRANS Beförderung von Handelsgütern *f*; ~ **iron** *n* METALL Stabeisen *nt*; ~ **marine** *n* WATER TRANS Handelsmarine *f*; ~ **mill** *n* PROD ENG Stabstahlwerk *nt*, Walzwerk für Massenfertigung *nt*; ~ **navy** *n* WATER TRANS Handelsmarine *f*; ~ **seaman** *n* WATER TRANS Handelsschiffsmatrose *m*; ~ **ship** *n* WATER TRANS Handelsschiff *nt*

mercuric *adj* CHEMISTRY Quecksilber- *pref*

mercurification *n* CHEMISTRY Amalgambildung *f*, Quecksilbergewinnung *f*

Mercurochrome® *n* CHEMISTRY Mercurochrom® *nt*

mercury *n (Hg)* CHEMISTRY Quecksilber *nt (Hg)*; ~ **arc** *n* ELEC ENG Quecksilberlichtbogen *m*; ~ **arc converter** *n* ELEC ENG Quecksilberdampfstromrichter *m*, ELECT Quecksilberdampfgleichrichter *m*; ~ **arc lamp** *n* ELECT Quecksilberdampflampe *f*, PHYS Quecksilberbogenlampe *f*; ~ **arc rectifier** *n* ELEC ENG Quecksilberdampfgleichrichter *m*; ~ **barometer** *n* PHYS Quecksilberbarometer *nt*; ~ **battery** *n* ELEC ENG Quecksilberbatterie *f*; **~-bromide laser** *n* ELECTRON Quecksilberbromid-Laser *m*; ~ **cell** *n* ELEC ENG Quecksilberbatterie *f*, Quecksilberelement *nt*; ~ **contact thermometer** *n* INSTR Quecksilberkontaktthermometer *nt*; ~ **cup** *n* CHEMISTRY *of barometer* Quecksilberkugel *f*; ~ **delay line** *n* ELECTRON Quecksilber-Verzögerungsleitung *f*; ~ **fulminate** *n* CHEMISTRY Quecksilber-Fulminat *nt*; ~ **intensification** *n* PHOTO Sublimatverstärkung *f*; ~ **interrupter** *n* ELEC ENG Quecksilberunterbrecher *m*; ~ **laser** *n* ELECTRON Quecksilber-Laser *m*; ~ **pool cathode** *n* ELEC ENG Quecksilberkatode *f*; ~ **pool tube** *n* ELEC ENG Quecksilberröhre *f*, ELECTRON Kathodensumpfröhre *f*; ~

rectifier *n* ELEC ENG Quecksilberstrahlgleichrichter *m*; ~ **relay** *n* ELECT Quecksilberrelais *nt*; ~ **switch** *n* ELEC ENG, ELECT Quecksilberschalter *m*; ~ **thermometer** *n* HEAT & REFRIG, PHYS Quecksilberthermometer *nt*; ~ **tilt switch** *n* ELECT Quecksilberkippschalter *m*; ~ **vapor** *n AmE see mercury vapour BrE* ~ **vapor lamp** *n AmE see mercury vapour lamp BrE* ~ **vapor rectifier** *n AmE see mercury vapour rectifier BrE* ~ **vapor turbine** *n AmE see mercury vapour turbine BrE* ~ **vapour** *n BrE* CHEMISTRY, CONST Quecksilberdampf *m*; ~ **vapour lamp** *n BrE* ELEC ENG Quecksilberdampflampe *f*; ~ **vapour rectifier** *n BrE* ELEC ENG Quecksilberdampf-gleichrichter *m*; ~ **vapour turbine** *n BrE* MECHAN ENG Quecksilberdampfturbine *f*; ~**-wetted contacts** *n* ELEC ENG Quecksilberkontakte *m pl*; ~**-wetted reed relay** *n* ELEC ENG Reed-Quecksilberrelais *nt*; ~**-wetted relay** *n* ELECT Quecksilber-benetztes Relais *nt*

merge[1] *n* COMP & DP Mischen *nt*, Zusammenführen *nt*; ~ **sort** *n* COMP & DP Mischsortieren *nt*, mischendes Sortieren *nt*; ~ **volume** *n* TRANS Einfädelungsaufkommen *nt*

merge[2] *vt* COMP & DP mischen, zusammenführen

merged: ~ **bipolar technology** *n* ELECTRON Bipolar-Mischtechnik *f*; ~ **transistor logic** *n (MTL)* ELECTRON integrierte Transistorlogik *f (MTL-Logik)*

merging *n* COMP & DP Mischen *nt*, Zusammenführen *nt*, ENG DRAW *of screens* Zusammenlaufen *nt*, TRANS Vereinigung *f*; ~ **control** *n* TRANS Verflechtungssteuerung *f*

meridian *n* SPACE Großkreis *m*, Meridian *m*; ~ **gyro** *n* SPACE *spacecraft* Meridiankreisel *m*; ~ **transit** *n* SPACE Meridiandurchgang *m*

meridional[1] *adj* SPACE großkreisabhängig, meridional

meridional:[2] ~ **ray** *n* OPT, TELECOM Meridionalstrahl *m*

mesa: ~ **diode** *n* ELECTRON Mesadiode *f*; ~ **process** *n* ELECTRON Mesaprozeß *m*; ~ **transistor** *n* RAD TECH Mesatransistor *m*

mesaconic *adj* CHEMISTRY Mesacon- *pref*

MESFET *abbr (metal semiconductor field effect transistor)* ELECTRON MESFET *(Metallhalbleiter-Feldeffekttransistor)*

mesh[1] *n* COAL TECH Masche *f*, ELEC ENG *network* Masche *f*, Maschenschaltung *f*, Netzwerk *nt*, ELECT Masche *f*, ELECTRON *storage tube* Masche *f*, Speicherröhre *f*, FOOD TECH Masche *f*, PAPER Siebweite *f*, PROD ENG Eingriff *m*, Siebmasche *f*, SPACE *spacecraft* Gitternetz *nt*, Masche *f*, Netz *nt*, TEXT Masche *f*, Maschenzahl *f*, WATER SUP Masche *f*; ~ **abrasive grit** *n* COATINGS Siebscheuersand *m*, gesiebter Poliersand *m*; ~ **connection** *n* ELEC ENG Dreieckschaltung *f*, Maschenschaltung *f*, ELECT Delta-Dreieck-Schaltung *f*; ~ **current** *n* ELEC ENG Maschenstrom *m*; ~ **network** *n* SPACE *communications* Netzwerk *nt*; ~ **size** *n* COAL TECH, ELECT Maschenweite *f*; ~ **storage tube** *n* ELECTRON Maschenspeicherröhre *f*

mesh[2] *vt* MECHAN ENG *gear teeth* einrücken, in Eingriff bringen, *gears* in Eingriff bringen

mesh[3] *vi* MECHAN ENG *gear teeth* eingreifen, ineinandergreifen, *gears* kämmen

meshed[1] *adj* MECHAN ENG *gear* im Eingriff

meshed:[2] ~ **network** *n* COMP & DP Maschennetz *nt*, vermaschtes Netz *nt*, ELECT vermaschtes Netzwerk *nt*

meshing *n* MECHAN ENG *coming into gear* Einkuppeln *nt*, *of gears* Eingreifen *nt*, Eingriff *m*, MECHANICS Ineinandergreifen *nt*

mesidine *n* CHEMISTRY Mesidin *nt*

mesitylene *n* CHEMISTRY Mesitylen *nt*

mesitylenic *adj* CHEMISTRY Mesitylen- *pref*

mesomeric: ~ **effect** *n* CHEMISTRY Mesomerie-Effekt *m*, elektromerer Effekt *m*

meson *n* CHEMISTRY Meson *nt*, Mesotron *nt*, PART PHYS, PHYS Meson *nt*

mesopause *n* RAD TECH Mesopause *f*

mesorcin *n* CHEMISTRY Mesorcin *nt*

mesosphere *n* RAD TECH Mesosphäre *f*

mesotartaric: ~ **acid** *n* CHEMISTRY Mesoweinsäure *f*

mesothorium *n* CHEMISTRY Mesothorium *nt*

mesoxalic *adj* CHEMISTRY Mesoxal- *pref*

Mesozoic *n* PET TECH Mesozoikum *nt*

mess *n* WATER TRANS Messe *f*; ~ **deck** *n* WATER TRANS *of ship* Mannschaftsdeck *nt*

message *n* COMP & DP Meldung *f*, Nachricht *f*, Systemmeldung *f*, RAD TECH, TELECOM Meldung *f*, Mitteilung *f*, Nachricht *f*; ~ **chute** *n* AIR TRANS *helicopter* Abwurfbremsschirm *m*; ~ **handling** *n* COMP & DP Nachrichtenbehandlung *f*, Verarbeitung von Meldungen *f*; ~ **handling system** *n (MHS)* TELECOM Mitteilungs-Übermittlungsdienst *m*; ~ **header** *n* COMP & DP Meldungskopf *m*, Nachrichtenkopf *m*, Systemmeldungskopf *m*; ~ **pager** *n* TELECOM Personenrufempfänger für Mitteilungen *m*; ~ **processing** *n* COMP & DP Nachrichtenverarbeitung *f*; ~ **processing equipment** *n* WATER TRANS *communications* Nachrichtenverarbeitungsgeräte *nt pl*; ~ **register** *n* TELECOM *telephone* Gesprächszähler *m*; ~ **retrieval** *n* COMP & DP Abrufen von Nachrichten *nt*, Abrufen von Systemmeldungen *nt*, Wiederauffinden von Nachrichten *nt*, Wiederauffinden von Systemmeldungen *nt*; ~ **routing** *n* COMP & DP Nachrichtenvermittlung *f*, Nachrichtenweiterleitung *f*, Nachrichtenübermittlung *f*; ~ **set** *n* COMP & DP Hakenschraube *f*, Nachrichtensatz *m*; ~ **sink** *n* COMP & DP Nachrichtenempfänger *m*, Nachrichtensenke *f*; ~ **source** *n* COMP & DP Meldungsquelle *f*, Nachrichtenquelle *f*; ~ **storing** *n (MS)* TELECOM Mitteilungsspeicherung *f (MS)*; ~ **structure** *n* COMP & DP Aufbau einer Nachricht *m*, Nachrichtenstruktur *m*; ~ **switch** *n* TELECOM Nachrichtenvermittlung *f*; ~**-switched network** *n* COMP & DP Nachrichtenvermittlungsnetz *nt*, Nachrichtenverteilungsnetz *nt*, Netz mit Nachrichtenvermittlung *nt*; ~ **switching** *n* COMP & DP Nachrichtenvermittlung *f*, Nachrichtenverteilung *f*, Speichervermittlung *f*; ~ **switching center** *n AmE*, ~ **switching centre** *n BrE* TELECOM Speichervermittlungsstelle *f*; ~ **switching network** *n (MSN)* TELECOM Nachrichtenvermittlungsnetz *nt*; ~ **switching processor** *n* TELECOM Nachrichtenvermittlungsprozessor *m*; ~ **switching system** *n* TELECOM Meldungsvermittlungssystem *nt*; ~ **text** *n* COMP & DP Meldungstext *m*, Nachrichtentext *m*; ~ **transfer** *n* COMP & DP Nachrichtenweitervermittlung *f*, Nachrichtenübertragung *f*; ~ **transfer agent** *n* TELECOM Transfersystemteil *nt*; ~ **transfer system** *n* TELECOM Mitteilungstransfersystem *nt*; ~ **unit** *n* COMP & DP Nachrichteneinheit *f*

messaging *n* COMP & DP Nachrichtenvermittlung *f*

messenger *n* WATER TRANS *ropes* Anholtau *nt*

metabisulfite *n AmE*, **metabisulphite** *n BrE* CHEMISTRY Metabisulfit *nt*

metabolic: ~ **disorder** *n* FOOD TECH Stoffwechselstörung *f*; ~ **heat production** *n* ERGON metabolische Wärmeproduktion *f*; ~ **rate** *n* ERGON Energieumsatz *m*; ~ **waste** *n* WASTE Stoffwechselschlacken *f pl*

metabolism *n* ERGON Metabolismus *m*, Stoffwechsel *m*, FOOD TECH Stoffwechsel *m*

metaborate *n* CHEMISTRY Dioxoborat *nt*, Metaborat *nt*

metaboric *adj* CHEMISTRY Dioxobor- *pref*, Metabor- *pref*

metacenter *n AmE*, **metacentre** *n BrE* PHYS, WATER TRANS *architecture* Metazentrum *nt*

metadyne *n* ELECTRON *electronic machines* Metadyne *f*

metal:[1] **~-clad** *adj* ELECT *cable* metallgeschützt, *substrate* metallkaschiert, MECHANICS metallgekapselt; **~-coated** *adj* ELECT *cable* metallverkleidet, PROD ENG mit Metallüberzug

metal[2] *n* CER & GLAS Metall *nt*, CONST *civil engineering* Schotter *m*, METALL Metall *nt*; **~ active gas welding** *n (MAG welding)* THERMODYN Metall-Aktivgas-Schweißen *nt (MAG-Schweißen)*; **~ adjustment** *n* PROD ENG Feinsteinstellung *f*; **~ air battery** *n* AUTO Metall-Luftbatterie *f*; **~ arc welding** *n* THERMODYN Metallichtbogenschweißen *nt*; **~ box** *n* PACK Metallkassette *f*; **~ can** *n* PACK Aluminiumdose *m*, Weißblechdose *f*; **~ coating** *n* MECHAN ENG Metallüberzug *m*, PACK Metallüberzug *m*, Metallisierung *f*, PROD ENG Metallüberzug *m*, Metallisieren *nt*, TELEV Metallbeschichtung *f*; **~ conductor cable** *n* TELECOM Kabel mit metallischen Leitern *nt*; **~-cone tube** *n* ELECTRON *picture tube* Bildröhre *f*, Metallkonusröhre *f*; **~ cutting** *n* MECHAN ENG Spanen *nt*, spanende Bearbeitung *f*; **~-cutting bandsaw blade** *n* MECHAN ENG Blatt einer Metallbandsäge *nt*, Metallbandsägeblatt *nt*; **~-cutting saw blade** *n* MECHAN ENG Metallsägeblatt *nt*; **~ dark slide** *n* PHOTO Metallkassette *f*; **~ depth** *n* CER & GLAS Metalldicke *f*; **~ depth gage** *n AmE*, **~ depth gauge** *n BrE* PROD ENG Tiefenmeßschraube *f*; **~ detector** *n* MECHAN ENG Metallsucher *m*, PACK Metalldetektor *m*, Metallsuchgerät *nt*; **~ die** *n* PROD ENG Metallwerkzeug *nt*; **~ drift** *n* COAL TECH Metallgesteinsstrecke *f*; **~ drum** *n* PACK Blechtrommel *f*; **~ edging case** *n* PACK Kasten mit Metallbeschlägen *m*; **~ filament** *n* ELEC ENG Metalldraht *m*, Metallfaden *m*; **~ film** *n* ELECTRON Metallschicht *f*; **~ film resistor** *n* ELEC ENG Metallschichtwiderstand *m*; **~ foil** *n* PACK Metallfolie *f*; **~ gate** *n* ELECTRON Metallsteuerelektrode *f*; **~ gate CMOS integrated circuit** *n* ELECTRON integrierte Schaltung in Metall-Gate-CMOS-Technologie *f*; **~ gathering** *n* PROD ENG Elektrostauchen *nt*, Stauchen *nt*; **~ glaze** *n* ELECTRON Metallglasur *f*; **~ glaze resistor** *n* ELEC ENG Metallkeramikwiderstand *m*; **~ inert gas welding** *n (MIG welding)* CONST, PROD ENG, THERMODYN Metallinertgasschweißen *nt (MIG-Schweißen)*; **~ insulator semiconductor** *n (MIS)* ELECTRON Metallisolator-Halbleiter *m (MIS)*; **~ insulator semiconductor field effect transistor** *n (MISFET)* ELECTRON Metallisolator-Feldeffekttransistor *m (MISFET)*; **~ master** *n* RECORD Vaterplatte *f*; **~ oxide semiconductor** *n (MOS)* COMP & DP Metalloxid-Halbleiter *m (MOS)*, ELECTRON Metalloxid-Halbleiter *m*, Metalloxid-Transistor *m (MOS)*; **~ oxide silicon field effect transistor** *n (MOSFET)* RAD TECH Metalloxid-Silizium-Feldeffekttransistor *m (MOSFET)*; **~ powder** *n* METALL Metallpulver *nt*; **~ powder spraying** *n* MECHAN ENG Metallspritzen *nt*; **~ recovery** *n* COAL TECH Metallwiedergewinnung *f*; **~ rectifier** *n* ELECT Metallgleichrichter *m*; **~ removal** *n* MECHAN ENG Metallabnahme *f*; **~ scale** *n* PROD ENG Zunder *m*; **~ semiconductor field effect transistor** *n (MESFET)* ELECTRON Metallhalbleiter-Feldeffekttransistor *m (MESFET)*; **~ semiconductor junction** *n* ELECTRON Metallhalbleiter-Übergang *m*; **~ separator** *n* WASTE Metallsortieranlage *f*; **~ shears** *n pl* MECHAN ENG Blechschere *f*, PROD ENG Schere *f*; **~ sheath** *n* ELEC ENG Metallmantel *m*, Panzerung *f*; **~-sheathed cable** *n* ELEC ENG Panzerkabel *nt*; **~-sheathed conductor** *n* ELEC ENG Panzeraderleitung *f*; **~ sheet** *n* PROD ENG Blech *nt*; **~ slitting saw** *n* MECHAN ENG Metallschlitzsäge *f*; **~ spinning** *n* PROD ENG Metalldrücken *nt*; **~ spraying** *n* PROD ENG Metallspritzen *nt*, Spritzmetallisieren *nt*; **~ spraying process** *n* MECHAN ENG Metallspritzverfahren *nt*; **~ stretching** *n* PROD ENG Streckziehen *nt*; **~ strip closure** *n* PACK Metallbandverschluß *m*; **~-to-metal clutch** *n* MECHAN ENG metallische Kupplung *f*; **~ tube** *n* ELECTRON Metallröhre *f*, MECHAN ENG Metallrohr *nt*; **~ type** *n* PRINT Letter *f*, gegossene Type *f*; **~ vapor laser** *n AmE*, **~ vapour laser** *n BrE* ELECTRON Metalldampf-Laser *m*; **~ waste** *n* WASTE Metallabfall *m*, Metallschrott *m*; **~ working** *n* PROD ENG Umformung *f*

metal[3] *vt* CONST beschottern

metalanguage *n* COMP & DP Metasprache *f*, sprachbeschreibende Sprache *f*

metaldehyde *n* CHEMISTRY Metaldehyd *nt*

metaled: **~ road** *n AmE see metalled road BrE*

metalization *n AmE see metallization BrE*

metalized: **~ capacitor** *n AmE see metallized capacitor BrE* **~ film** *n AmE see metallized film BrE* **~ hole** *n AmE see metallized hole BrE* **~ mica capacitor** *n AmE see metallized mica capacitor BrE* **~ paper** *n AmE see metallized paper BrE* **~ paper capacitor** *n AmE see metallized paper capacitor BrE* **~ screen** *n AmE see metallized screen BrE*

metalizing *n AmE see metallizing BrE*

metalled: **~ road** *n BrE* CONST Schotterstraße *f*

metallic[1] *adj* COATINGS metallisch

metallic:[2] **~ bond** *n* METALL Metallbindung *f*; **~-ceramic coating** *n* COATINGS Metallkeramikbeschichtung *f*; **~ circuit** *n* ELEC ENG Drahtübertragungsweg *m*, metallische Leitung *f*; **~ coating** *n* COATINGS, MECHAN ENG Metallbeschichtung *f*, PACK metallischer Überzug *m*, TELECOM Metallüberzug *m*; **~ conductor** *n* ELEC ENG metallischer Leiter *m*; **~ crosspoint** *n* TELECOM metallischer Koppelpunkt *m*; **~ die** *n* PROD ENG Kokille *f*; **~ natural uranium** *n* NUC TECH metallisches Natururan *nt*; **~ packing** *n* MECHAN ENG Metallpackung *f*; **~ paint** *n* PLAS Metalleffektlack *m*, Metallpigmentfarbe *f*; **~ paper** *n (MP)* PACK Metallpapier *nt (MP)*; **~ rectifier** *n* ELEC ENG metallischer Gleichrichter *m*; **~ resistor** *n* ELECT Metallwiderstand *m*; **~ sheath** *n* ELECT Metallummantelung *f*; **~ stop foil** *n* RECORD metallische Sperrfolie *f*; **~ structure** *n* CONST Metallbauwerk *nt*

metallization *n BrE* CONST Metallbelag *m*, ELECTRON Metallisierung *f*, Metallschicht *f*, MECHAN ENG Metallisieren *nt*, PHYS Aufspritzung *f*, Metallisierung *f*, SPACE Metallisierung *f*; **~ layer** *n BrE* ELECTRON Metallisierungsschicht *f*; **~ mask** *n BrE* ELECTRON Metallisierungsmaske *f*

metallized: **~ capacitor** *n BrE* ELEC ENG metallisierter Kondensator *m*; **~ film** *n BrE* PACK Metallfolie *f*; **~ hole** *n BrE* ELECT *in printed board* durchkontaktiertes Loch *nt*, metallplattiertes Loch *nt*; **~ mica capacitor** *n BrE* ELEC ENG metallisierter Glimmerkondensator *m*; **~ paper** *n BrE (MP)* PACK Metallpapier *nt (MP)*; **~ paper capacitor** *n BrE* ELECT metallisierter Papier-

kondensator *m*; ~ **screen** *n BrE* ELECTRON metallisierter Bildschirm *m*
metallizing *n BrE* CER & GLAS Metallisierung *f*, MECHAN ENG Metallisieren *nt*
metallographer *n* METALL Metallograph *m*
metallographic: ~ **microscope** *n* LAB EQUIP metallographisches Mikroskop *nt*
metallography *n* METALL Metallkunde *f*
metalloid *n* METALL Metalloid *nt*
metallurgical[1] *adj* COAL TECH *waste*, COATINGS metallurgisch, PROD ENG hüttenmännisch, metallurgisch
metallurgical:[2] ~ **furnace** *n* MECHAN ENG Hüttenofen *m*
metallurgically: ~ **sound** *adj* PROD ENG von lunker- und fehlerfreiem Gefüge
metallurgist *n* METALL Metallurg *m*
metallurgy *n* METALL Eisenhüttenkunde *f*, PROD ENG Hüttenkunde *f*, Metallurgie *f*
metals *n pl* RAIL Gleise *nt pl*, Schienen *f pl*
metamorphic: ~ **rocks** *n* FUELLESS Metamorphit *m*, metamorphes Gestein *nt*
metaphosphate *n* CHEMISTRY Metaphosphat *nt*
metaphosphoric *adj* CHEMISTRY Metaphosphor- *pref*
metarule *n* ART INT Metaregel *f*
metasilicate *n* CHEMISTRY Metasilicat *nt*, Trioxosilicat *nt*
metasilicic *adj* CHEMISTRY Metakiesel- *pref*
metastable[1] *adj* RAD PHYS metastabil
metastable:[2] ~ **atom** *n* RAD PHYS metastabiles Atom *nt*; ~ **equilibrium** *n* PHYS metastabiles Gleichgewicht *nt*; ~ **state** *n* METALL metastabiler Zustand *m*
metastannic *adj* CHEMISTRY Metazinn- *pref*
metathesis *n* CHEMISTRY Metathese *f*, Metathesis *f*
meteor *n* SPACE Meteor *m*; ~ **burst communication** *n* SPACE *communications* Funkverbindung über Meteorschwarmreflektion *f*; ~ **burst link** *n* SPACE *communications* Meteorschwarmfunkverbindung *f*; ~ **dust** *n* SPACE Meteoritenstaub *m*; ~ **echo** *n* SPACE Meteorenecho *nt*; ~ **scatter** *n* RAD TECH Signalstreuung an Meteoren *f*; ~ **scatter communication** *n* SPACE *communications* Funkverbindung über Meteorschwarmreflektion *f*; ~ **trail propagation** *n* RAD TECH Ausbreitung über Meteorschweife *f*
meteorite: ~ **influx** *n* SPACE Meteoriteneinsturm *m*
meteorological: ~ **conditions** *n* POLL Witterungsverhältnisse *nt pl*; ~ **data** *n* POLL Witterungsspiegel *m*; ~ **inversion** *n* POLL Temperaturumkehr *f*; ~ **satellite** *n* SPACE Wettersatellit *m*
meter[1] *n AmE see metre BrE*
meter[2] *vt* CONST zumessen, RAD TECH messen
metering[1] *adj* INSTR Dosier- *pref*
metering[2] *n* MECHAN ENG Dosierung *f*, TELECOM Gebührenerfassung *f*, Messung *f*, Zählung *f* ~ **balance** *n* INSTR Dosierwaage *f*; ~ **ball valve** *n* PROD ENG *plastic valves* Dosierkugelhahn *m*; ~ **conveyor balance** *n* INSTR Dosierbandwaage *f*; ~ **equipment** *n* PACK Dosiervorrichtung *f*; ~ **hole** *n* MECHAN ENG Dosierungsöffnung *f*; ~ **jet** *n* MECHAN ENG Meßdüse *f*; ~ **pump** *n* INSTR, LAB EQUIP *fluid handling*, MECHAN ENG Dosierpumpe *f*; ~ **rate** *n* TELECOM *telephone* Zeiteinheit je Tarifeinheit *f*, Zeittakt *m*; ~ **valve** *n* AUTO, MECHAN ENG Dosierventil *nt*
methacrylate *n* PLAS *plastics* Methacrylat *nt*
methacrylic[1] *adj* CHEMISTRY Methacryl- *pref*
methacrylic:[2] ~ **adhesive** *n* PLAS Methacrylatklebstoff *m*
methanal *n* CHEMISTRY Formaldehyd *m*, Methanal *nt*
methanamide *n* CHEMISTRY Ameisensäureamid *nt*, Formamid *nt*, Methanamid *nt*
methane *n* CHEMISTRY, PET TECH Methan *nt*; ~ **alcohol** *n* CHEMISTRY Methanol *nt*, Methylalkohol *m*; ~ **carrier** *n* WATER TRANS Erdgastanker *m*, Methangastanker *m*; ~ **carrier with integrated tank** *n* WATER TRANS Erdgastanker mit integriertem Behälter *m*; ~ **carrier with self-supporting tank** *n* WATER TRANS Erdgastanker mit selbsttragendem Behälter *m*; ~ **carrier with spherical tanks** *n* WATER TRANS Kugeltank-Flüssiggastransportschiff *nt*; ~ **digestion** *n* WASTE Methangärung *f*; ~-**draining boring** *n* COAL TECH Gasabsaugbohrung *f*; ~ **fermentation** *n* WASTE Methangärung *f*; ~ **series** *n* CHEMISTRY Alkan *nt*
methanoic *adj* CHEMISTRY Methan- *pref*
methanol *n* CHEMISTRY Methanol *nt*, Methylalkohol *m*; ~ **cell** *n* AUTO Methanolbrennstoffzelle *f*
methanolic *adj* CHEMISTRY methanolisch
methenamine *n* CHEMISTRY Hexamethylentetramin *nt*, Hexamin *nt*, Methenamin *nt*, Urotropin *nt*
methionic *adj* CHEMISTRY Methion- *pref*
method: ~ **of feeding** *n* CER & GLAS Speiseverfahren *nt*; ~ **of measurement** *n* CONST Meßverfahren *nt*; ~ **of routing** *n* RAIL Zugbeförderungsverfahren *nt*; ~ **study** *n* ERGON Methodenstudie *f*; ~ **of ventilation** *n* HEAT & REFRIG Belüftungsart *f*, Kühlart *f*
methods: ~ **engineer** *n* MECHAN ENG Verfahrenstechniker *m*
methoxybenzaldehyde *n* CHEMISTRY Anisaldehyd *nt*, Methoxybenzaldehyd *nt*
methoxybenzene *n* CHEMISTRY Anisol *nt*, Methoxybenzen *nt*, Methylphenylether *m*
methoxyl *n* CHEMISTRY Methoxyl- *pref*
methuselah *n* CER & GLAS Methusalem *m*
methyl *n* CHEMISTRY Methyl *nt*; ~ **acetate** *n* CHEMISTRY Essigsäuremethylester *m*, Methylacetat *nt*; ~ **alcohol** *n* PLAS *solvent* Methylalkohol *m*; ~ **ethyl ketone** *n* *(MEK)* PLAS Methylethylketon *nt (MEK)*; ~ **group** *n* CHEMISTRY Methylgruppe *f*; ~ **radical** *n* CHEMISTRY Methylradikal *nt*; ~ **rubber** *n* PLAS Methylkautschuk *m*; ~ **tertiary-butyl ether** *n* PET TECH Methyltertiärbutylether *m*
methylacetylene *n* CHEMISTRY Allylen *nt*, Methylethin *nt*, Propin *nt*
methylacrolein *n* CHEMISTRY Crotonaldehyd *m*, Methylacrolein *nt*
methylamine *n* CHEMISTRY Aminomethan *nt*, Methylamin *nt*, Monomethylamin *nt*
methylaminophenol: ~ **sulfate** *n AmE*, ~ **sulphate** *n BrE* CHEMISTRY Monomethyl-Aminophenolsulfat *nt*
methylaniline *n* CHEMISTRY Methylanilin *nt*
methylate[1] *n* CHEMISTRY Methylat *nt*
methylate[2] *vt* CHEMISTRY methylieren
methylated: ~ **spirit** *n* CHEMISTRY denaturierter Alkohol *m*
methylation *n* CHEMISTRY Methylierung *f*
methylbenzene *n* CHEMISTRY Methylbenzol *nt*
methylbutadiene *n* CHEMISTRY Isopren *nt*
methylbutane *n* CHEMISTRY Isopentan *nt*
methylene: ~ **blue test** *n* WASTE Methylenblautest *m*; ~ **iodide** *n* CHEMISTRY Diiodmethan *nt*, Methyleniodid *nt*
methylenedioxybenzaldehyde *n* CHEMISTRY Methylendioxybenzaldehyd *m*, Piperonal *nt*, Piperonylaldehyd *m*
methylindole *n* CHEMISTRY Methylindol *nt*, Skatol *nt*

methylisopropylphenanthrene *n* CHEMISTRY Reten *nt*
methylmorphine *n* CHEMISTRY Codein *nt*, Methylmorphin *nt*
methylnaphthalene *n* CHEMISTRY Methylnaphthalen *nt*
methylpiperidine *n* CHEMISTRY Methylpiperidin *nt*, Pipecolin *nt*
methylpropane *n* CHEMISTRY Isobutan *nt*
methylpropanol *n* CHEMISTRY Isobutylalkohol *m*
methylpropene *n* CHEMISTRY Isobuten *nt*
methylpyridine *n* CHEMISTRY Methylpyridin *nt*, Pikolin *nt*
methylquercitin *n* CHEMISTRY Methylquercetin *nt*, Rhamnetin *nt*
methylquinoline *n* CHEMISTRY Chinaldin *nt*
meticulous: ~ **inspection** *n* CONST genaue Überprüfung *f*
METO: ~ **power** *n (maximum except takeoff power)* AIR TRANS höchste für längere Zeit entnehmbare Leistung *f*
metol *n* CHEMISTRY Metol *nt*, Monomethyl-Aminophenolsulfat *nt*
metre *n* METROL *BrE (m) unit* Meter *m (m)*, TELECOM *BrE telephone* Zähler *m*; ~ **gauge** *n BrE* RAIL Meterspurweite *f*; ~**-kilogram-second-ampere system** *n BrE (MKSA system)* METROL MKSA-System *nt*
metric[1] *adj* COMP & DP, METROL, RAD TECH metrisch
metric[2] *n* COMP & DP Maß *nt*, Metrik *f*; ~ **carat** *n* METROL metrisches Karat *nt*; ~ **centner** *n* METROL Zentner *m*; ~ **horsepower** *n* METROL metrische Pferdestärke *f*; ~ **key** *n* NUC TECH metrischer Schlüssel *m*; ~ **point** *n* PRINT metrischer Punkt *m*; ~ **system** *n* METROL metrisches System *nt*; ~ **thread** *n* MECHAN ENG metrisches Gewinde *nt*; ~ **ton** *n* METROL Tonne *f*, metrische Tonne *f*; ~ **trapezoidal screw thread** *n* MECHAN ENG metrisches Trapezgewinde *nt*
metrical[1] *adj* METROL metrisch
metrical:[2] ~ **geometry** *n* GEOM metrische Geometrie *f*
metrology *n* METROL Meßwesen *nt*
metropolitan: ~ **network** *n* TELECOM Stadtnetz *nt*; ~ **railroad** *n AmE (cf metropolitan railway BrE)* RAIL Stadtbahn *f*; ~ **railway** *n BrE (cf metropolitan railroad AmE)* RAIL Stadtbahn *f*; ~ **switch** *n* TELECOM Ortsvermittlungsstelle *f*
MeV *abbr (million electron volts)* PART PHYS MeV *(Million Elektronenvolt)*
MF[1] *abbr* ELECT *(melamine resin)* MF *(Melamin-Formaldehydharz)*, ELECTRON *(multiple frequency)* MF *(Mehrfachfrequenz)*, ELECTRON *(medium frequency)* MF *(Mittelfrequenz)*, PLAS *(melamine formaldehyde resin)* MF *(Melaminharz)*, RAD TECH *(multiple frequency)* MF *(Mehrfachfrequenz)*, RAD TECH *(medium frequency)* MF *(Mittelfrequenz)*, TELECOM *(multiple frequency)* MF *(Mehrfachfrequenz)*, TELECOM *(medium frequency)* MF *(Mittelfrequenz)*
MF:[2] ~ **band** *n* RAD TECH MF-Band *nt*; ~ **generator** *n* TELECOM MF-Generator *m*
MFC[1] *abbr (multifrequency code)* TELECOM MFC *(Multifrequenzcode)*
MFC:[2] ~ **telephone** *n* TELECOM MFC-Telefon *nt*
MFD *abbr (multifrequency dialing AmE, multifrequency dialling BrE)* TELECOM MFW *(Mehrfrequenzwahl)*, TW *(Tonwahl)*
MFI *abbr (melt flow index)* PLAS Schmelzindex *m*
MFM *abbr (modified frequency modulation)* ELECTRON, RAD TECH, TELECOM MFM *(modifizierte Frequenzmodulation)*
Mg *abbr (magnesium)* CHEMISTRY Mg *(Magnesium)*
MG: ~ **board** *n (machine-glazed board)* PAPER, PRINT einseitig geglättete Pappe *f*; ~ **cylinder** *n (machine-glazing cylinder)* PAPER Glättzylinder *m*; ~ **machine** *n (machine-glazing machine)* PAPER Selbstabnahmepapiermaschine *f*; ~ **paper** *n (machine-glazed paper)* PACK maschinenglattes Papier *nt*, PAPER, PRINT einseitig geglättetes Papier *nt*
MGD *abbr (magnetogasdynamics)* NUC TECH MGD *(Magnetogasdynamik)*
MHD: ~ **converter** *n (magnetohydrodynamic converter)* ELEC ENG, NUC TECH MHD-Wandler *m (magnetohydrodynamischer Wandler)*, SPACE MHD-Konverter *m (magnetohydrodynamischer Konverter)*
MHS *abbr (message handling system)* TELECOM Mitteilungs-Übermittlungsdienst *m*
MHz *abbr (megahertz)* ELEC ENG, ELECT, RAD TECH, TELEV MHz *(Megahertz)*
MIC *abbr* ELECTRON *(microwave integrated circuit)* MIC *(integrierter Mikrowellenschaltkreis)*, WAVE PHYS *(microwave integrated circuit)* MIC *(integrierter Mikrowellenschaltkreis)*
mica *n* CER & GLAS, ELECT *dielectric, insulator*, PLAS *filler*, PROD ENG Glimmer *m*; ~ **capacitor** *n* ELEC ENG Glimmerkondensator *m*; ~ **dielectric capacitor** *n* ELECT Glimmerkondensator *m*
micaceous: ~ **iron oxide** *n* PLAS *paint pigment* Eisenglimmer *m*
micelle *n* PLAS Mizelle *f*
Michelson: ~ **interferometer** *n* PHYS Michelson-Interferometer *nt*; ~**-Morley experiment** *n* PHYS Michelson-Morley-Experiment *nt*
micoquille *n* CER & GLAS Brillenglas mit 7" Wölbungsradius *nt*
MICR *abbr (magnetic ink character recognition)* COMP & DP MICR *(Magnetschrifterkennung)*
micro- *pref* COMP & DP, METROL Mikro- *pref*
microammeter *n* ELEC ENG Mikro-Amperemeter *nt*
microampere *n* ELECT Mikroampere *nt*
microassembly *n* COMP & DP Mikrobaustein *m*, zusammengesetzte Mikroschaltung *f*
microattachment *n* PHOTO Mikrofotoansatz *m*
microbend *n* ELEC ENG Mikrokrümmung *f*; ~ **loss** *n* OPT Mikrobiegeverlust *m*, TELECOM Dämpfung durch Mikrokrümmungen *f*
microbending *n* OPT Mikrobiegung *f*, TELECOM Mikrokrümmung *f*
microbiological: ~ **hazard** *n* SAFETY mikrobiologische Gefahr *f*
microbus *n* AUTO Kleinbus *m*
microcell *n* TELECOM *land mobile* Kleinstzone *f*
microcellular: ~ **rubber** *n* PLAS Moosgummi *nt*
microchannel *n* ELECTRON Mikrokanal *m*; ~ **architecture** *n (MCA)* ELECTRON 32-Bit-Busarchitektur *f*; ~ **image intensifier** *n* ELECTRON Mikrokanal-Bildverstärker *m*; ~ **plate** *n* ELECTRON Mikrokanalplatte *f*
microchip *n* ELECTRON Mikrochip *m*
microcircuit *n* COMP & DP Mikroschaltung *f*, mikrominiaturisierte Schaltung *f*, ELECTRON Mikroschaltung *f*, PROD ENG Mikroschaltkreis *m*
microcircuitry *n* COMP & DP, ELECTRON Mikrotechnik *f*, Mikroschaltungsaufbau *m*
microcode *n* COMP & DP Mikrobefehlscode *m*, Mikrocode *m*
microcomputer *n* COMP & DP Mikrocomputer *m*, Mikrorechner *m*

microcontrol *n* AUTO Mikrosteuerung *f*
microcontroller *n* COMP & DP Mikrocontroller *m*, Mikroprozessorsteuerung *f*
microcopy[1] *n* COMP & DP Mikrokopie *f*
microcopy[2] *vt* ENG DRAW mikroverfilmen
microcopying: ~ **technique** *n* ENG DRAW Mikrofilmtechnik *f*
microcosmic: ~ **salt** *n* CHEMISTRY Natrium-Ammonium-Hydrogenphosphat-Tetrahydrat *nt*, Phosphorsalz *nt*
microcrack *n* OPT Mikroriß *m*
microcreep *n* METALL mikroskopisches Kriechen *nt*
microcrystalline *adj* CHEMISTRY feinkristallin, mikrokristallin
microdevitrification *n* OPT Mikrodevitrifikation *f*, Mikroentglasung *f*
microelectronics *n* COMP & DP Mikroelektronik *f*, ELECTRON Miniaturelektronik *f*
microfarad *n* ELEC ENG, ELECT Mikrofarad *nt*
microfiche *n* COMP & DP Mikrofiche *f*, Mikroplanfilm *m*, PRINT Mikrofiche *f*; ~ **reader** *n* COMP & DP, PRINT Mikrofichelesegerät *nt*
microfilm[1] *n* COMP & DP, PHOTO, PRINT Mikrofilm *m*; ~ **reader** *n* COMP & DP Mikrofilmlesegerät *nt*, Mikrofilmleser *m*; ~ **recorder** *n* COMP & DP Mikrofilmaufnahmegerät *nt*, Mikrofilmrecorder *m*, Mikrokopieaufzeichnungsgerät *nt*, Mikrofilmaufzeichnungsgerät *nt*
microfilm[2] *vt* COMP & DP auf Mikrofilm aufnehmen, mikroverfilmen, ENG DRAW, PHOTO mikroverfilmen
microfilming: ~ **technique** *n* ENG DRAW Mikrofilmtechnik *f*
microfilter *n* WATER SUP Feinfilter *nt*
microfloppy: ~ **disk** *n* COMP & DP Mikrodiskette *f*
microgravity *n* SPACE Mikroschwerkraft *f*
microgroove *n* ACOUSTICS Mikrorille *f*; ~ **record** *n* RECORD Mikrorillenplatte *f*; ~ **recording** *n* RECORD Mikrorillenaufnahme *f*
microhardness *n* METALL, PLAS Mikrohärte *f*
microhenry *n* ELECT Mikrohenry *nt*
microhm *n* ELEC ENG Mikroohm *nt*
microinstruction *n* COMP & DP Mikrobefehl *m*, Mikroinstruktion *f*
micromanometer *n* INSTR Feindruckmeßgerät *nt*, Mikromanometer *nt*
micrometer:[1] ~**-adjustable** *adj* PROD ENG mit Feinsteinstellung
micrometer[2] *n* INSTR Mikrometer *nt*, Schraublehre *f*, LAB EQUIP *measurement of thickness*, MECHAN ENG, MECHANICS Mikrometer *nt*, METROL Meßschraube *f*, Mikrometer *nt*, PAPER, PHYS Mikrometer *nt*, PROD ENG Schraublehre *f*; ~ **calipers** *n pl AmE*, ~ **callipers** *n pl BrE* MECHAN ENG Mikrometertaster *m*; ~ **eyepiece** *n* OPT Okularmikrometer *nt*; ~ **screw** *n* MECHAN ENG, PHYS *gauge* Mikrometerschraube *f*
micrometric: ~ **head** *n* METROL Mikrometer-Schraubenkopf *m*; ~ **scale** *n* INSTR Feinstellskale *f*
micrometry *n* MECHAN ENG Mikrometrie *f*
micromil *n* METROL Mikrometer *nt*
micromillimeter *n AmE*, **micromillimetre** *n BrE* METROL Mikromillimeter *m*
microminiaturization *n* ELECTRON Mikrominiaturisierung *f*
micron *n* METROL Mikron *nt*; ~ **barrier** *n* ELECTRON Mikronschranke *f*; ~ **circuit** *n* ELECTRON Mikronschaltung *f*
micronic: ~ **filter** *n* MECHAN ENG Mikronfilter *nt*
micronize *vt* CHEMISTRY mikronisieren
micronized *adj* PLAS feinstzerteilt, micronisiert
microorganism *n* POLL Mikroorganismus *m*
microphone *n (mike)* ACOUSTICS, ELECT, RAD TECH, RECORD Mikrofon *nt (Mikro)*; ~ **amplifier** *n* RECORD Mikrofonverstärker *m*; ~ **blanket** *n* RECORD Mikrofonkappe *f*; ~ **boom** *n* RECORD Mikrofongalgen *m*; ~ **cable** *n* RECORD Mikrofonkabel *nt*; ~ **cancellation** *n* RAD TECH Mikrofonstummschaltung *f*; ~ **diaphragm** *n* RECORD Mikrofonmembran *f*; ~ **power supply** *n* RECORD Mikrofonnetzteil *nt*; ~ **shield** *n* RECORD Mikrofonabschirmung *f*; ~ **stand** *n* RECORD Mikrofonstativ *nt*; ~ **transformer** *n* RECORD Mikrofontrafo *m*
microphonic *adj* RECORD mikrofonisch
microphotometer *n* RAD PHYS Mikrofotometer *nt*
micropipette *n* LAB EQUIP Mikropipette *f*
micropit *n* OPT Mikrohöhlung *f*
microprobe *n* RAD PHYS Mikrosonde *f*
microprocessor *n (MP)* COMP & DP, ELECT, MECHAN ENG Mikroprozessor *m (MP)*; ~ **chip** *n* ELECTRON Mikroprozessor-Chip *m*; ~ **control** *n* TELECOM Mikroprozessorsteuerung *f*; ~ **unit** *n (MPU)* COMP & DP Mikroprozessoreinheit *f*
microprogram *n* COMP & DP Mikroprogramm *nt*
microprogramming *n* COMP & DP Mikroprogrammieren *nt*
micropulsation *n* RAD TECH Mikropulsieren *nt*
micropump *n* MECHAN ENG Mikropumpe *f*
microrheology *n* METALL Mikrorheologie *f*
microribbon *n* TELECOM Mikrostrip *m*
microrocket *n* SPACE Mikrorakete *f*, Mikrotriebwerk *nt*
microroutine *n* COMP & DP Mikroprogramm *nt*
microscope *n* LAB EQUIP, METROL Mikroskop *nt*; ~ **adaptor** *n* PHOTO Mikrozwischenstück *nt*, Mikroskopadapter *m*; ~ **condenser** *n* LAB EQUIP Mikroskop-Kondensator *m*; ~ **for reflected light** *n* METROL Auflichtmikroskop *nt*; ~ **for transmitted light** *n* METROL Durchlichtmikroskop *nt*; ~ **slide** *n* CER & GLAS Objektivträger *m*, LAB EQUIP Mikroskop-Objektträger *m*; ~ **slide cover slip** *n* LAB EQUIP Mikroskop-Objektträgerabdeckung *f*
microscopic: ~ **dust** *n* SAFETY *workshop air* mikroskopischer Staub *m*; ~ **state** *n* RAD PHYS mikroskopischer Zustand *m*
microscrew *n* CONTROL Mikroschraube *f*
microsecond *n* COMP & DP Mikrosekunde *f*
microsection *n* COATINGS Feinschliff *m*, Feinschnitt *m*
microsegregation *n* METALL Mikroseigerung *f*
microslot *adj* TELECOM Mikroschlitz- *pref*
microstrain *n* METALL Mikroverformung *f*
microstrainer *n* WATER SUP Mikrosiebfilter *nt*, Mikrosieb *nt*
microstrip *n* ELECTRON, PHYS, RAD TECH Mikrostreifen *m*, Mikrostrip *m*; ~ **aerial** *n* ELECTRON Mikrostripantenne *f*; ~ **antenna** *n* ELECTRON Mikrostripantenne *f*
microstripline *n* RAD TECH Mikrostreifenleitung *f*
microstructure *n* COAL TECH Mikrostruktur *f*
microswitch *n* CONTROL, ELEC ENG Mikroschalter *m*, ELECT Grenztaster *m*, Mikroschalter *m*, PROD ENG *plastic valves* Mikroschalter *m*
microsyringe *n* LAB EQUIP *gas chromatography* Mikrospritze *f*
microthruster *n* SPACE Mikroschubtriebwerk *nt*
microtome *n* LAB EQUIP *microscopy* Mikrotom *nt*

microtron *n* PART PHYS Elektronenzyklotron *nt*, Mikrotron *nt*, Mikrotron *nt*
microtwin *n* METALL Mikrozwilling *m*
microvolt *n* (μV) ELEC ENG, ELECT Mikrovolt *nt* (μV)
microwave *n* ELECT Mikrowelle *f*, ELECTRON Höchstfrequenz *f*, Mikrowelle *f*, RAD TECH Mikrowelle *f*, Richtfunk *m*, WAVE PHYS Mikrowelle *f*; **~ absorption** *n* TELECOM Mikrowellenabsorption *f*; **~ aerial** *n* TELECOM Mikrowellenantenne *f*; **~ amplification** *n* ELECTRON Dezi-Verstärkung *f*; **~ amplification by stimulated emission of radiation** *n* *(maser)* ELECTRON, PHYS, SPACE *communications*, TELECOM Mikrowellenverstärkung durch stimulierte Strahlungsabgabe *f* *(Maser)*; **~ amplifier** *n* ELECTRON Dezi-Verstärker *m*, TELECOM, WAVE PHYS Mikrowellenverstärker *m*; **~ amplifier tube** *n* ELECTRON Dezi-Verstärkerröhre *f*; **~ amplitude modulator** *n* ELECTRON Ferritmodulator *m*; **~ antenna** *n* TELECOM Mikrowellenantenne *f*; **~ attenuation** *n* ELECTRON Mikrowellendämpfung *f*; **~ attenuator** *n* ELECTRON, TELECOM Mikrowellen-Dämpfungsglied *nt*; **~ background radiation** *n* WAVE PHYS Mikrowellenhintergrundstrahlung *f*; **~ band-pass filter** *n* ELECTRON Mikrowellen-Bandpaßfilter *nt*; **~ band-stop filter** *n* ELECTRON Mikrowellen-Sperrfilter *nt*; **~ beam** *n* TELECOM Mikrowellenstrahl *m*, Richtfunkstrahl *m*; **~ cavity** *n* ELECTRON Mikrowellenhohlraum *m*; **~ circuit** *n* ELECTRON Mikrowellenschaltkreis *m*; **~ circulator** *n* TELECOM Mikrowellenzirkulator *m*; **~ delay line** *n* ELECTRON Mikrowellenverzögerungsleitung *f*; **~ diode** *n* ELECTRON Mikrowellendiode *f*; **~ filter** *n* ELECTRON Mikrowellenfilter *nt*; **~ frequency** *n* ELECTRON, WAVE PHYS Mikrowellenfrequenz *f*; **~ generator** *n* ELECTRON Höchstfrequenzgenerator *m*, Mikrowellengenerator *m*; **~ integrated circuit** *n* *(MIC)* ELECTRON, WAVE PHYS integrierter Mikrowellenschaltkreis *m* *(MIC)*; **~ limiter** *n* ELECTRON Mikrowellenbegrenzer *m*; **~ link** *n* TELECOM Richtfunkverbindung *f*, TELEV, WAVE PHYS Mikrowellenverbindung *f*; **~ low-pass filter** *n* ELECTRON Mikrowellen-Tiefpaßfilter *nt*; **~ mixer** *n* ELECTRON Mikrowellenmischer *m*; **~ modulator** *n* TELECOM Mikrowellenmodulator *m*; **~ module** *n* ELECTRON Mikrowellenmodul *nt*; **~ oscillator** *n* ELECTRON Höchstfrequenzoszillator *m*, Mikrowellenoszillator *m*; **~ oscillator tube** *n* ELECTRON Mikrowellenoszillatorröhre *f*; **~ oven** *n* ELEC ENG, FOOD TECH Mikrowellenherd *m*, Mikrowellenofen *m*; **~ phase changer** *n* TELECOM Mikrowellen-Phasenschieber *m*; **~ power** *n* ELEC ENG Mikrowellenleistung *f*; **~ power amplification** *n* ELECTRON Mikrowellenleistungsverstärkung *f*; **~ power amplifier** *n* ELECTRON Mikrowellenleistungsverstärker *m*; **~ power transistor** *n* ELECTRON Mikrowellenleistungstransistor *m*; **~ printed circuit** *n* ELECTRON gedruckte Mikrowellenschaltung *f*; **~ resonator** *n* ELECTRON, TELECOM Mikrowellenresonator *m*; **~ signal** *n* ELECTRON Höchstfrequenzsignal *nt*, Mikrowellensignal *nt*; **~ signal generator** *n* ELECTRON Höchstfrequenzsignalgenerator *m*, Mikrowellensignalgenerator *m*; **~ signal source** *n* ELECTRON Höchstfrequenzsignalquelle *f*, Mikrowellensignalquelle *f*; **~ spectroscopy** *n* WAVE PHYS Mikrowellenspektroskopie *f*; **~ spectrum** *n* WAVE PHYS Mikrowellenspektrum *nt*; **~ substrate** *n* ELECTRON Mikrowellen-Trägermaterial *nt*, Mikrowellensubstrat *nt*; **~ synthesizer** *n* ELECTRON Höchstfrequenzgenerator *m*; **~ system** *n* TELECOM *radio relay* Richtfunksystem *nt*; **~ technology** *n* SPACE *spacecraft* Mikrowellentechnik *f*; **~ tower** *n* TELECOM *radio relay* Richtfunkturm *m*; **~ transistor** *n* ELECTRON Mikrowellentransistor *m*; **~ transistor amplifier** *n* ELECTRON Mikrowellentransistorverstärker *m*; **~ transmission** *n* ELEC ENG Mikrowellenübertragung *f*; **~ tube** *n* ELECTRON Mikrowellen-Elektronenröhre *f*, MECHAN ENG Mikrowellenröhre *f*; **~ tunable filter** *n* ELECTRON mikrowellenabstimmbares Filter *nt*
microwaveable: **~ packaging** *n* PACK für Mikrowellen geeignete Verpackung, mikrowellenfeste Verpackung *f*
midband: **~ frequency** *n* ELECTRON, RAD TECH, TELECOM Bandmittenfrequenz *f*; **~ gain** *n* ELECTRON Bandmittenverstärkung *f*
midbody *n* WATER TRANS *architecture* Mittelschiff *nt*
middle: **~ ground** *n* WATER TRANS *geography* Mittelgrund *m*; **~ infrared** *n* RAD PHYS mittleres Infrarot *nt*; **~ marker** *n* AIR TRANS *ILS* Haupteinflugzeichen *nt*; **~ oil** *n* COAL TECH Mittelöl *nt*; **~ rail** *n* CONST Türblattquerholz *nt*, RAIL Mittelschiene *f*; **~ roll** *n* METALL Mittelwalze *f*; **~ tar** *n* COAL TECH Mittelteer *m*
middlings *n* COAL TECH Zwischengut *nt*, FOOD TECH Grieß *m*, Mittelmehl *nt*, Zwischenprodukt *nt*; **~ bran** *n* FOOD TECH Grießkleie *f*
midengine *n* AUTO Mittelmotor *m*
midfeather *n* CER & GLAS Zwischenwand *f*
midheight: **~ of the character** *n* ENG DRAW Mitte Schrifthöhe *f*
midperpendicular *n* GEOM Mittelsenkrechte *f*
midpoint *n* GEOM *of line or arc* Halbierungspunkt *m*, Mittelpunkt *m*; **~ anchor** *n* RAIL *of catenary* Festpunkt *m*; **~ of class** *n* QUAL Klassenmitte *f*; **~ earthing** *n* *BrE (cf midpoint grounding AmE)* ELECT Mittelpunkterdung *f*; **~ grounding** *n* *AmE (cf midpoint earthing BrE)* ELECT Mittelpunkterdung *f*
midrange: **~ loudspeaker** *n* RECORD Mitteltonlautsprecher *m*
midrib *n* METALL Mittelrippe *f*
midscale: **~ value** *n* INSTR Skalenmittenwert *m*
midship[1] *adj* WATER TRANS mittschiffs
midship[2] *n* WATER TRANS Mitte des Schiffes *f*; **~ beam** *n* WATER TRANS *architecture* Mittelbalken *m*; **~ frame** *n* WATER TRANS *architecture* Hauptspant *nt*; **~ section** *n* WATER TRANS *architecture* Hauptspant *nt*, Nullspant *m*
midstroke *n* PROD ENG Hubmitte *f*
midtravel *n* MECHAN ENG *of piston* halber Hub *m*
midvalue: **~ of class interval** *n* QUAL Klassenmitte *f*
midwing *n* AIR TRANS Flügel in Mitteldeckeranordnung *m*; **~ plane** *n* AIR TRANS Mitteldecker *m*
MIG: **~ welding** *n* *(metal inert gas welding)* CONST, PROD ENG, THERMODYN MIG-Schweißen *nt* *(Metallinertgasschweißen)*
migration *n* PET TECH Migration *f*, PLAS *plasticizer* Migration *f*, Wanderung *f*
mike *n* *(microphone)* ACOUSTICS, ELECT, RAD TECH, RECORD Mikro *nt* *(Mikrofon)*
mild[1] *adj* PROD ENG kohlenstoffarm
mild:[2] **~ steel** *n* METALL Flußstahl *m*, Weichstahl *m*, PROD ENG Baustahl *m*
mildew *n* FOOD TECH Brand *m*, Mehltau *m*, Schimmel *m*
mile *n* METROL Meile *f*, Seemeile *f*, TRANS Meile *f*
mileage *n* AIR TRANS Streckenabschnitt zwischen zwei Flughäfen *m*, zurückgelegte Fahrstrecke *f*, AUTO, WA-

TER TRANS Kraftstoffverbrauch pro Meile *m*; ~ **point** *n* RAIL Kilometerpunkt *m*

miles: ~ **per gallon** *n pl* TRANS Meilen je Gallone *f pl*

milestone *n* TRANS Kilometerstein *m*

milk: ~ **fat** *n* FOOD TECH Milchfett *nt*; ~ **glass** *n* CER & GLAS Milchglas *nt*; ~ **powder** *n* FOOD TECH Milchpulver *nt*, Trockenmilch *f*; ~ **protein** *n* FOOD TECH Milcheiweiß *nt*; ~ **tanker** *n* AUTO Milchtanker *m*

milkiness *n* CER & GLAS milchige Trübung *f*

mill[1] *n* MECHAN ENG *plant* Betrieb *m*, Fabrikanlage *f*, Werk *nt*, PAPER *grinding device* Mühle *f*, PLAS Mühle *f*, Walze *f*, PROD ENG Fräser *m*; ~ **board** *n* PAPER Pappdeckel *m*; ~ **course** *n* WATER SUP Mühlgerinne *nt*, Mühlgraben *m*; ~ **dust** *n* FOOD TECH Mühlenstaub *m*, Staubmehl *nt*; ~**-finished paper** *n* PRINT maschinenglattes Papier *nt*; ~ **scale** *n* PROD ENG Walzsinter *m*, Walzzunder *m*; ~ **tail** *n* WATER SUP Unterwassergraben *m*

mill[2] *vt* COAL TECH mahlen, walzen, zerkleinern, CONST *stones* behauen, fräsen, zermahlen, MECHAN ENG *with machine tools* fräsen, MECHANICS mahlen

millboard *n* PACK Graupappe *f*, Hartpappe *f*, PRINT Buchbinderpappe *f*, Graupappe *f*

milled[1] *adj* MECHANICS ausgefräst, gefräst

milled:[2] ~ **head** *n* MECHAN ENG Rändelkopf *m*; ~ **knob** *n* MECHAN ENG Rändelkopf *m*; ~ **nut** *n* MECHAN ENG Rändelmutter *f*

Miller: ~ **bridge** *n* ELECT Millersche-Brücke *f*; ~ **indices** *n* METALL Millersche Indizes *nt pl*

milli- *pref (m)* METROL Milli- *pref (m)*

milliammeter *n* ELEC ENG Milli-Amperemeter *nt*

milliampere *n* ELEC ENG, ELECT Milliampere *nt*

milliard *n BrE (cf billion AmE)* MATH Milliarde *f*

milligram *n* METROL Milligramm *nt*

Millikan: ~ **conductor** *n* ELECT Millikan-Leiter *m*

Millikan's: ~ **experiment** *n* PHYS Millikan-Versuch *m*

millimeter *n AmE see millimetre BrE*

millimetre *n BrE* METROL Millimeter *m* ~ **wave** *n BrE* PHYS Millimeterwelle *f*; ~**-wave amplification** *n BrE* ELECTRON Millimeterwellenverstärkung *f*; ~**-wave amplifier** *n BrE* ELECTRON Millimeterwellenverstärker *m*; ~**-wave magnetron** *n BrE* ELECTRON Millimeterwellen-Magnetron *nt*; ~**-wave source** *n BrE* ELECTRON Millimeterwellen-Quelle *f*, Millimeterwellen-Ursprung *m*; ~**-wave travelling-wave tube** *n BrE* ELECTRON Millimeter-Wanderwellenröhre *f*; ~**-wave tube** *n BrE* ELECTRON Millimeterwellen-Elektronenröhre *f*, Millimeterwellenröhre *f*

millimetric: ~ **wave** *n* ELECTRON Millimeterwelle *f*

milling *n* CHEM ENG Brechen *nt*, Mahlen *nt*, COAL TECH Aufbereiten *nt*, Zerkleiner *m*, FOOD TECH Mahlen *nt*, Müllerei *f*, Schälen *nt*, MECHAN ENG Fräsen *nt*, PAPER Mahlen *nt*, PROD ENG Fräsen *nt*, Frässpan *m*, TEXT Fräsen *nt*, Mahlen *nt*, Walken *nt*; ~ **attachment** *n* MECHAN ENG *machine tools* Fräsvorrichtung *f*; ~ **cut** *n* PROD ENG Frässchnitt *m*; ~ **cutter** *n* MECHAN ENG Fräser *m*, Fräswerkzeug *nt*, PROD ENG Fräser *m*; ~ **cutter with spiral teeth** *n* MECHAN ENG Fräser mit Spiralzähnen *m*; ~ **cutter with straight teeth** *n* MECHAN ENG Fräser mit geraden Zähnen *m*; ~ **cutting arbor** *n* MECHAN ENG Fräsdorn *m*; ~ **feed** *n* PROD ENG Fräsvorschub *m*; ~ **head** *n* MECHAN ENG *machine tools* Fräskopf *m*; ~ **industry** *n* FOOD TECH Mühlenindustrie *f*; ~ **jig** *n* MECHAN ENG Fräsvorrichtung *f*; ~ **machine** *n* MECHAN ENG, MECHANICS, PROD ENG Fräsmaschine *f*; ~ **machine arbor** *n* MECHAN ENG Fräserdorn *m*, PROD ENG Fräsmaschinendorn *m*; ~ **machine column** *n* PROD ENG Fräsmaschinenständer *m*; ~ **machine table** *n* MECHAN ENG Fräsmaschinentisch *m*, Frästisch *m*; ~ **process** *n* FOOD TECH Mahlverfahren *nt*; ~ **spindle** *n* MECHAN ENG, PROD ENG Frässpindel *f*; ~ **table** *n* MECHAN ENG Fräsmaschinentisch *m*, Frästisch *m*; ~ **template** *n* PROD ENG Nachformfrässchablone *f*; ~ **tool** *n* PROD ENG Fräswerkzeug *nt*; ~ **worker** *n* MECHAN ENG Fräser *m*

million *n* MATH Million *f*; ~ **electron volts** *n (MeV)* PART PHYS Million Elektronenvolt *nt (MeV)*

millions: ~ **of instructions per second** *n pl (MIPS)* COMP & DP Millionen Befehle pro Sekunde *f pl (MIPS)*; ~ **of logical inferences per second** *n pl (MLIPS)* ART INT Millionen logischer Inferenzen pro Sekunde *f pl (MLIPS)*

millionth *n* MATH *fraction* Millionstel *nt*

millisecond *n* COMP & DP Millisekunde *f*

millivolt *n* ELEC ENG, ELECT Millivolt *nt*; ~ **stripchart recorder** *n* INSTR Millivoltbandschreiber *m*

millivoltmeter *n* ELECT Millivoltmeter *nt*

milliwatt *n* ELECT Milliwatt *nt*

milliwattmeter *n* ELECT Milliwattmeter *nt*

millrace *n* WATER SUP Mühlgerinne *nt*, Mühlgraben *m*

millstone *n* FOOD TECH Mahlstein *m*, Mühlstein *m*

millwheel *n* MECHAN ENG Mühlrad *nt*

MIMD: ~ **machine** *n (multiple-instruction multiple-data machine)* COMP & DP MIMD-Rechner *m (Mehrfachbefehlsstrom-Mehrfachdatenstrom-Rechner)*

mimic: ~ **diagram** *n* MECHAN ENG Blockschaltbild *nt*

mincer *n* FOOD TECH Fleischwolf *m*

mincing: ~ **machine** *n* FOOD TECH Fleischwolf *m*

mine *n* COAL TECH, WATER TRANS Mine *f*; ~ **car** *n* AUTO, COAL TECH Kohlenwagen *m*; ~ **railroad** *n AmE (cf mine railway BrE)* COAL TECH, RAIL Grubenbahn *f*; ~ **railway** *n BrE (cf mine railroad AmE)* COAL TECH, RAIL Grubenbahn *f*; ~ **yield** *n* COAL TECH Bergbauproduktion *f*

mined: ~ **space** *n* WASTE bergmännisch hergestellter Hohlraum *m*

minelayer *n* WATER TRANS *navy* Minenleger *m*

minelaying *n* WATER TRANS *navy* Minenlegen *nt*; ~ **ship** *n* WATER TRANS *navy* Minenleger *m*

miner *n* COAL TECH Bergarbeiter *m*, Grubenarbeiter *m*

mineral[1] *adj* COAL TECH mineralisch; ~**-matter-free** *adj* POLL mineralstoffrei

mineral[2] *n* COAL TECH Mineral *nt*; ~**-insulated cable** *n* ELEC ENG, ELECT mineralisoliertes Kabel *nt*; ~ **insulation** *n* ELECT *on conductors for high temperature* Mineralisolierung *f*; ~ **oil** *n* AUTO, MECHAN ENG, PLAS *raw material* Mineralöl *nt*; ~ **pitch** *n* CONST Erdpech *nt*, Naturasphalt *m*; ~ **processing** *n* COAL TECH Erzaufbereitung *f*; ~ **rights** *n* PET TECH Bergbauberechtigung *f*; ~ **soil** *n* COAL TECH Mineralboden *m*; ~ **spring** *n* WATER SUP Mineralquelle *f*; ~ **tar** *n* CONST Erdteer *m*

mineralization: ~ **technique** *n* WASTE Entsalzungsverfahren *nt*

mineralizer *n* CHEMISTRY Mineralisator *m*

mineralogy *n* COAL TECH, PET TECH Mineralogie *f*

minesweeper *n* WATER TRANS *navy* Minenräumer *m*, Minensuchboot *nt*

minesweeping *n* WATER TRANS *navy* Minenräumen *nt*, Minensuchen *nt*

minette *n* PET TECH Minette *f*

mini- *pref* COMP & DP, ELEC ENG, OPT, RECORD Mini-

pref

miniature *n* CER & GLAS, COMP & DP, ELEC ENG, ELECTRON, MECHAN ENG Miniatur *f*; **~ aircraft index** *n* AIR TRANS Kleinstluftfahrzeugindex *m*; **~ ball bearing** *n* MECHAN ENG Miniaturkugellager *nt*; **~ bottle** *n* CER & GLAS Miniaturflasche *f*; **~ camera** *n* PHOTO Kleinbildkamera *f*; **~ circuit breaker** *n* ELEC ENG Minileistungsschalter *m*, Miniaturleistungsschalter *m*, ELECT Miniaturstromschütz *nt*; **~ film** *n* PHOTO *35mm* Kleinbildfilm *m*; **~ magnetron** *n* ELECTRON Kleinmagnetron *nt*; **~ relay** *n* ELEC ENG Miniaturrelais *nt*; **~ traveling-wave tube** *n AmE*, **~ travelling-wave tube** *n BrE* ELECTRON Miniatur-Wanderwellenröhre *f*

miniaturization *n* COMP & DP Miniaturisierung *f*

minibundle: **~ cable** *n* OPT Minibündelkabel *nt*

minibus *n* AUTO Kleinbus *m*

minicam *n* TELEV Kleinkamera *f*

minicassette *n* RECORD Minikassette *f*

minicell *n* TELECOM *land mobile* Kleinzelle *f*

minicomputer *n* COMP & DP Minicomputer *m*, Minirechner *m*

minigroove: **~ recording** *n* RECORD Minirillenaufnahme *f*

minimal[1] *adj* AIR TRANS, COMP & DP, ELEC ENG, ELECT, MATH, RAD TECH, TELECOM Minimal- *pref*

minimal:[2] **~ surfaces** *n pl* GEOM *geometric forms* Minimalflächen *f pl*

minimum:[1] **~-delay** *adj* COMP & DP Bestzeit- *pref*

minimum[2] *n* AIR TRANS Mindest- *pref*, MATH Minimum *nt*, MECHAN ENG, QUAL, RAD PHYS, TELECOM, TRANS Mindest- *pref*; **~-access** *n* COMP & DP Bestzeit- *pref*; **~-access code** *n* COMP & DP Bestzeitcode *m*; **~-access programming** *n* COMP & DP Bestzeitprogrammierung *f*, Programmierung mit minimaler Zugriffszeit *f*, optimale Programmierung *f*; **~-access routine** *n* COMP & DP Bestzeitprogramm *nt*; **~ amount** *n* TELECOM Mindestbetrag *m*; **~ calibrated speed in flight time** *n* AIR TRANS *during normal stall* berichtigte angezeigte Flugmindestgeschwindigkeit *f*; **~ charge** *n* TELECOM Minimalgebühr *f*; **~ circuit breaker** *n* ELEC ENG Leistungsschalter mit Minimalauslösung *m*, Minimalschalter *m*; **~ clearance** *n* MECHAN ENG *of fit* Kleinstspiel *nt*; **~ control speed** *n* AIR TRANS sichere Mindestgeschwindigkeit *f*; **~ current relay** *n* ELECT Minimumstromrelais *nt*; **~-delay code** *n* COMP & DP Bestzeitcode *m*; **~ demonstrated threshold speed** *n* AIR TRANS sichere Mindestvorführgeschwindigkeit *f*; **~ descent altitude** *n* AIR TRANS Mindestsinkhöhe *f*; **~ descent height** *n* AIR TRANS Mindestsinkhöhe *f*; **~ detectable signal** *n* ELECTRON größtmögliche Signalempfindlichkeit *f*; **~ deviation** *n* PHYS minimale Abweichung *f*; **~ dressed width of warp** *n* TEXT minimale Bewicklungsbreite *f*; **~ error-free PAD** *n (MEFP)* TELECOM minimale fehlerfreie Paketierung/Depaketierung *f*; **~ glide path** *n* AIR TRANS Minimalgleitweg *m*; **~ grade requirements** *n pl* QUAL Mindestleistungsanforderungen *f pl*; **~ interference** *n* MECHAN ENG Kleinstübermaß *nt*; **~ low water** *n* WATER SUP niedrigster Niedrigwasserstand *m*; **~ and maximum thermometer** *n* RAD PHYS Minimax-Thermometer *nt*, Minimum-Maximum-Thermometer *nt*; **~ overall length** *n* PROD ENG *plastic valves* Kurzbaulänge *f*; **~ power relay** *n* ELECT Minimalleistungsrelais *nt*; **~ probability of acceptance** *n* QUAL Mindestannahmewahrscheinlichkeit *f*; **~ required freeboard** *n* WATER TRANS Mindestfreibord *nt*; **~ safe altitude** *n* AIR TRANS Sicherheitsmindesthöhe *f*; **~ scale sensitivity** *n* INSTR Anfangsempfindlichkeit *f*, Empfindlichkeit am Skalenanfangswert *f*; **~-shift keying** *n (MSK)* COMP & DP Minimalphasenumtastung *f (MSK)*, ELECTRON kleinste Umtastung *f (MSK)*, RAD TECH, TELECOM Minimalphasenumtastung *f (MSK)*; **~ signal** *n* ELECTRON Kleinstsignal *nt*; **~ size** *n* MECHAN ENG Kleinstmaß *nt*; **~ specimen irradiation** *n* RAD PHYS Mindestbestrahlungsdauer einer Probe *f*; **~ speed** *n* MECHAN ENG Mindestdrehzahl *f*, Mindestgeschwindigkeit *f*; **~ stress** *n* METALL Unterspannung *f*; **~ takeoff safety speed** *n* AIR TRANS Sicherheitsmindestgeschwindigkeit beim Start *f*; **~ unstick speed** *n* AIR TRANS Mindestabhebegeschwindigkeit *f*; **~ voltage** *n* ELECT Minimalspannung *f*; **~ weather conditions** *n* AIR TRANS Mindestwetterbedingungen *f pl*; **~ weight** *n* PACK Mindestgewicht *nt*; **~ welding current** *n* CONST Mindestschweißstrom *m*

mining *n* COAL TECH Bergbau *m*

minipusher: **~ tug** *n* WATER TRANS Minischubboot *nt*

minirail *n* RAIL Minirail *f*

minium *n* CHEMISTRY Mennige *f*

minivan *n* AUTO Kleinlieferwagen *m*

Minkowski: **~ space** *n* PHYS Minkowski-Raum *m*

minor[1] *adj* GEOM, MECHAN ENG Neben- *pref*

minor:[2] **~ alarm** *n* TELECOM *switching* Einzelalarm *m*; **~ axis** *n* GEOM *of ellipse* Nebenachse *f*; **~ cutting edge** *n* MECHAN ENG Nebenschneide *f*; **~ defect** *n* QUAL Nebenfehler *m*; **~ diameter** *n* MECHAN ENG kleinerer Durchmesser *m*, *of thread* Flankendurchmesser *m*; **~ diameter error** *n* METROL kleiner vernachlässigbarer Durchmesserfehler *m*; **~ failure** *n* QUAL Nebenausfall *m*; **~ and major servicing operation** *n* AIR TRANS Neben- und Hauptwartungs-leistung *f*, kleine und große Wartungsarbeiten *f pl*; **~ non-conformance** *n* QUAL Nebenfehler *m*; **~ non-conformity** *n* QUAL Nebenfehler *m*; **~ second** *n (cf major second)* ACOUSTICS kleine Sekunde *f*; **~ semitone** *n* ACOUSTICS kleiner Halbton *m*; **~ seventh** *n (cf major seventh)* ACOUSTICS kleine Septime *f*; **~ sixth** *n (cf major sixth)* ACOUSTICS kleine Sext *f*; **~ third** *n (cf major third)* ACOUSTICS kleine Terz *f*; **~ whole tone** *n (cf major whole tone)* ACOUSTICS kleiner Ganzton *m*

minority *n* ELECTRON, PHYS Minorität *f*; **~ carrier** *n* ELECTRON Minoritätsträger *m*, PHYS Minoritätsladungsträger *m*

minus[1] *prep* MATH minus

minus[2] *n* MATH Minus *nt*; **~ acceleration** *n* MECHAN ENG negative Beschleunigung *f*; **~ blue filter adjustment** *n* PHOTO Gelbfiltereinstellung *f*; **~ green filter adjustment** *n* PHOTO Purpurfiltereinstellung *f*; **~ red filter adjustment** *n* PHOTO Blaugrünfiltereinstellung *f*; **~ sight** *n* CONST *surveying* Vorblick *m*; **~ sign** *n* MATH Minuszeichen *nt*; **~ terminal** *n* AUTO Minusanschlußklemme *f*, Minuspol *m*

minute *n* METROL, PHYS *of arc* Minute *f*; **~ hand** *n* METROL Minutenzeiger *m*

MIPS *abbr (millions of instructions per second)* COMP & DP MIPS *(Millionen Befehle pro Sekunde)*

mirbane *n* CHEMISTRY Mirban- *pref*

mirror *n* CER & GLAS, PHYS Spiegel *m*; **~-coated lamp** *n* PHOTO verspiegelte Lampe *f*; **~ finish** *n* MECHAN ENG Hochglanzpolitur *f*, MECHANICS Spiegelschliff *m*; **~ galvanometer** *n* ELECT, INSTR Spiegelgalvanometer *nt*; **~ image** *n* GEOM Spiegelbild *nt*; **~ lens** *n* PHOTO Spiegelobjektiv *nt*; **~ line** *n* GEOM Spiegelungsachse *f*; ~

making *n* CER & GLAS Spiegelherstellung *f*; **~ nuclei** *n pl* PHYS Spiegelkerne *m pl*; **~ nuclide** *n* PHYS Spiegelnuklid *nt*; **~ plating** *n* CER & GLAS Verspiegelung *f*; **~ scale** *n* INSTR Spiegelskale *f*

mirrored: **~ representation** *n* GEOM spiegelverkehrte Darstellung *f*

mirroring *n* GEOM Spiegelung *f*

MIS *abbr* COMP & DP *(management information system)* MIS *(Management-Informationssystem)*, ELECTRON *(metal insulator semiconductor)* MIS *(Metallisolator-Halbleiter)*

misaligned *adj* PROD ENG nicht fluchtend

misalignment *n* MECHAN ENG Fluchtungsfehler *m*, *of shafts* Versatz *m*, PROD ENG Fluchtungsfehler *m*; **~ loss** *n* OPT Versetzungsverlust *m*, TELECOM Dämpfung durch Ausrichtungsfehler *f*

miscellaneous: **~ data recording** *n (MDR)* COMP & DP gemischte Datenaufzeichnung *f*

miscibility: **~ gap** *n* METALL Mischungslücke *f*

miscible[1] *adj* CHEMISTRY, PET TECH mischbar

miscible:[2] **~ substance** *n* POLL mischbare Substanz *f*

MISD: **~ machine** *n (multiple-instruction single-data machine)* COMP & DP MISD-Rechner *m (Mehrfachbefehlsstrom-Einfachdatenstrom-Rechner)*

misdirected: **~ call** *n* TELECOM fehlgeleiteter Anruf *m*

MISFET *abbr (metal insulator semiconductor field effect transistor)* ELECTRON MISFET *(Metallisolator-Feldeffekttransistor)*

misfire *n* AUTO Fehlzündung *f*

misfiring *n* AUTO Fehlzündung *f*

misfit *vt* METALL nicht gut passen

misleading *adj* PAT irreführend

mismatched *adj* PHYS, TELEV *camera* fehlangepaßt

mismating *n* PROD ENG schlechter Eingriff *m*

misprint *n* PRINT Druckfehler *m*

misregistration *n* TELEV Fehlregistrierung *f*

misrun *adj* PROD ENG nicht ausgelaufen

missed: **~ approach procedure** *n* AIR TRANS Fehlanflugsverfahren *nt*; **~ handover** *n* TELECOM *land mobile* nicht zustandegekommenes Weiterreichen *nt*

missing: **~ cap detector** *n* PACK Erkennungsvorrichtung für fehlende Kappen *f*, Kappensensor *m*; **~ pill equipment** *n* PACK Tablettenzählvorrichtung *f*

mist *n* POLL leichter Nebel *m*, WATER TRANS *slight dust* Dunst *m*; **~ eliminator** *n* WASTE Tropfenabscheider *m*

mistrim *vt* PROD ENG falsch beschneiden

mistrimmed *adj* PROD ENG mit Abgratfehler

mistrimming *n* PROD ENG Abgratfehler *m*

miter[1] *n AmE see mitre BrE*

miter[2] *vt AmE see mitre BrE*

mitigation *n* MAR POLL Linderung *f*, Minderung *f*

mitre[1] *n BrE* CER & GLAS, CONST, PRINT, PROD ENG Gehrung *f* **~ bevel** *n BrE* CER & GLAS Gehrungswinkel *m*; **~ bevel both sides** *n BrE* CER & GLAS beidseitiger Gehrungswinkel *m*; **~ board** *n BrE* CONST Gehrungsschnittlehre *f*; **~ box** *n BrE* CONST Gehrungsschnittlehre *f*; **~ cut** *n BrE* PROD ENG Gehrungsschnitt *m*; **~-cutting machine** *n BrE* CONST Gehrungsstanzmaschine *f*; **~ gear** *n BrE* CONST Winkelgetriebe *nt*; **~ gearing** *n BrE* PROD ENG Kegelradpaar *nt*; **~-grinding machine** *n BrE* CER & GLAS Gehrungsschleifmaschine *f*; **~ joint** *n BrE* CONST Gehrstoß *m*, Gehrungsfuge *f*; **~ return** *n BrE* CER & GLAS Gehrungskrümmung *f*; **~ sill** *n BrE* CONST Drempel *m*, WATER SUP Schleusendrempel *m*, Schleusenschwelle *f*; **~ square** *n BrE* CONST Gehrungswinkel *m*, festes Gehrungsdreieck *nt*; **~ wheel** *n BrE* MECHANICS Kegelrad *nt*

mitre[2] *vt BrE* PROD ENG angehren, gehren

mix[1] *n* COATINGS, FOOD TECH Mischung *f*, PLAS Ansatz *m*, Mischung *f*; **~ design** *n* CONST Mischungsentwurf *m*, Rezeptur *f*; **~ and dispense storage system** *n* PACK Misch- und Ausgabe-Vorratsautomat *m*; **~ dissolve** *n* TELEV Mischungsauflösung *f*; **~ in place** *n* CONST Vorortmischen *nt*; **~ proportions** *n pl* CONST Mischungsverhältnis *nt*

mix[2] *vt* COATINGS mischen, CONST anmachen, mischen, verschneiden, PAPER, RECORD, TELEV mischen; **~ down** *vt* RECORD mischen in Stereo

mixed: **~ adhesive** *n* PACK Mehrkomponentenkleber *m*; **~ algebraic expressions** *n pl* MATH gemischt algebraische Ausdrücke *m pl*; **~-base notation** *n* COMP & DP Gemischtbasisschreibweise *f*, Radixschreibweise mit gemischter Basis *f*; **~ batch store** *n* CER & GLAS Mischchargenlager *nt*; **~ cargo ship** *n* WATER TRANS Stückgutfrachter *m*; **~ dislocation** *n* METALL gemischte Versetzung *f*; **~ flow** *n* SPACE Mischströmung *f*; **~-flow fan** *n* HEAT & REFRIG Halbradiallüfter *m*; **~-flow pump** *n* MECHAN ENG Schraubenradpumpe *f*; **~-gage track** *n AmE*, **~-gauge track** *n BrE* RAIL Gleis mit dritter Schiene *nt*, mehrspurige Strecke *f*; **~ levitation** *n* TRANS Mischschwebesystem *nt*; **~ light** *n* PHOTO Mischlicht *nt*; **~ liquor** *n* WATER SUP Belebtschlamm *m*; **~-logic board** *n* ELECTRON Mischlogikkarte *f*, Mischlogikboard *nt*; **~ number** *n* MATH *integer and fraction* gemischte Zahl *f*; **~ numeral** *n* MATH *integer and fraction* gemischte Zahl *f*; **~ power supply** *n* TRANS gemischte Energieversorgung *f*; **~ process** *n* ELECTRON gemischter Prozeß *m*; **~ radiation** *n* RAD PHYS gemischte Strahlung *f*; **~-radix notation** *n* COMP & DP Gemischtbasisschreibweise *f*, Radixschreibweise mit gemischter Basis *f*; **~ sewage treatment** *n* WATER SUP vermischte Abwasserbehandlung *f*; **~ styles** *n pl* PRINT Mischsatz *m*, gemischter Satz *m*; **~ syncs** *n pl* TELEV vermischte Synchronsignale *nt pl*; **~ technology** *n* ELECTRON Mischtechnologie *f*; **~ terrain** *n* TELECOM unterschiedliches Gelände *nt*; **~ ware** *n* CER & GLAS Mischware *f*

mixer *n* CER & GLAS *batch plant operator* Mischer *m*, CHEM ENG Kneter *m*, Mischapparat *m*, CONST Mischmaschine *f*, ELECTRON *microwaves* Mischer *m*, MECHAN ENG Mischmaschine *f*, Mischer *m*, METALL *welding* Mischdüse *f*, PLAS Mischer *m*, Rührwerk *nt*, PRINT *linecasting machine* Mischer *m*, RAD TECH Mischstufe *f*, Mischer *m*, RECORD Mischpult *nt*, *person* Mischer *m*, SPACE *communications* Mischstufe *f*, TELEV *receiver* Mischstufe *f*, Mischer *m*; **~ amplifier** *n* TELEV Mischverstärker *m*; **~ bellcrank** *n* AIR TRANS *helicopter* Einspritzkniehebel *m*, Mischkniehebel *m*; **~ diode** *n* ELECTRON Mischdiode *f*; **~ preamplifier** *n* ELECTRON Mischer-Vorverstärker *m*; **~ rod** *n* AIR TRANS *helicopter* Mischgestänge *nt*; **~ stage** *n* ELECTRON Summierstufe *f*; **~ truck** *n* CONST Transportmischer *m*; **~ tube** *n* ELECTRON Mischröhre *f*

mixing[1] *adj* CHEMISTRY, PAPER, PET TECH, PROD ENG Misch- *pref*

mixing[2] *n* ACOUSTICS Mischvorgang *m*, Mischung *f*, CONST Anmachen *nt*, Mischen *nt*, PAPER Mischung *f*; **~ and blending equipment** *n* PACK Mix- und Püriergerät *nt*; **~ booth** *n* RECORD Mischraum *m*; **~ box** *n* CER & GLAS, PAPER Mischkasten *m*; **~ chamber** *n* AUTO *carburettor* Mischkammer *f*; ~ **chest** *n* PAPER Mischbütte *f*; ~ **desk** *n* RECORD, TELEV Mischpult *nt*; ~ **mill** *n* CHEM ENG Mischmühle *f*; ~ **mud** *n* PET TECH Mischbohrschlamm *m*; ~ **room** *n* RECORD Mischraum *m*; ~ **sheet** *n* RECORD Mischtafel *f*; ~ **stage** *n* ELECTRON Mischstufe *f*; ~ **tank** *n* CHEM ENG Mischbehälter *m*; ~ **technique** *n* CHEM ENG Mischtechnik *f*; ~ **time** *n* CONST Mischdauer *f*, Mischzeit *f*; ~ **transistor** *n* ELECTRON Mischtransistor *m*; ~ **unit** *n* AIR TRANS *helicopter* Mischgerät *nt*; ~ **valve** *n* MECHAN ENG Mischventil *nt*; ~ **vessel** *n* CHEM ENG Mischbehälter *m*

mixture *n* FOOD TECH Gemisch *nt*, MECHAN ENG Gemisch *nt*, Mischung *f*; ~ **control** *n* AIR TRANS *engine* Gemischregulierung *f*; ~ **control unit** *n* AUTO Gemischregler *m*; ~ **ratio** *n* AUTO Kraftstoff-Luft-Verhältnis *nt*, Mischungsverhältnis *nt*

mizzen *n* WATER TRANS *sail* Besan *m*; ~ **mast** *n* WATER TRANS *sail* Besanmast *m*

MKSA: ~ **system** *n (meter-kilogram-second-ampere system AmE, metre-kilogram-second-ampere system BrE)* METROL MKSA-System *nt*

MLD *abbr (mean lethal dose)* RAD PHYS mittlere letale Dosis *f*

mmf *abbr (magnetomotive force)* ELECT, FLUID PHYS, PHYS MMK *(magnetomotorische Kraft)*

MMI *abbr (man-machine interface)* COMP & DP MMI *(Mensch-Maschine-Interface)*, CONTROL, SPACE MMI *(Mensch-Maschine-Schnittstelle)*

mn *abbr (neutron mass)* NUC TECH, PART PHYS, RAD PHYS mn *(Neutronenmasse)*

Mn *(manganese)* CHEMISTRY Mn *(Mangan)*

MN *abbr (nuclear mass)* NUC TECH MN *(Kernmasse)*

mnemonic[1] *adj* ART INT, COMP & DP mnemonisch, mnemotechnisch

mnemonic:[2] ~ **code** *n* COMP & DP Buchstabencode *m*, mnemonischer Code *m*; ~ **name** *n* COMP & DP mnemonischer Name *m*; ~ **symbol** *n* COMP & DP mnemonisches Symbol *nt*

mnemonics *n* ART INT, COMP & DP Mnemonik *f*

m-o[1] *abbr (magneto-optic, magneto-optical)* OPT magneto-optisch

m-o:[2] ~ **disc** *n BrE* OPT magneto-optische Platte *f*; ~ **disk** *n AmE see m-o disc BrE*

Mo *(molybdenum)* CHEMISTRY Mo *(Molybdän)*

mobile[1] *adj* TELECOM beweglich, mobil ~-**originated** *adj* TELECOM vom Funkteilnehmer abgehend

mobile:[2] ~ **camera** *n* TELEV mobile Kamera *f*; ~ **component** *n* POLL bewegliche Komponente *f*; ~ **control unit** *n* TELEV Übertragungswagen *m*; ~ **crane** *n* CONST Autokran *m*; ~ **crusher** *n* COAL TECH bewegliches Brechwerk *nt*; ~ **fire extinguisher** *n* SAFETY mobiler Feuerlöscher *m*; ~ **home** *n* AUTO Wohnwagen *m*; ~ **hose reel** *n* SAFETY *fire-fighting equipment* Schlauchhaspel auf Wagen *f*; ~ **installation** *n* TELECOM bewegliche Einrichtung *f*; ~ **jack** *n* TRANS fahrbarer Wagenheber *m*; ~ **location registration** *n* TELECOM Einbuchen des Teilnehmer-Aufenthaltsortes *nt*; ~ **radio channel** *n* RAD TECH, TELECOM Mobilfunkkanal *m*; ~ **radio station** *n* RAD TECH, TELECOM Mobilfunkstelle *f*; ~ **satellite communications** *n pl* SPACE mobiler Satellitenfunk *m*; ~ **satellite service** *n* SPACE beweglicher Satellitenfunkdienst *m*; ~ **station** *n (MS)* TELECOM Mobilstation *f (MS)*, bewegliche Funkstelle *f*; ~ **switching center** *n AmE*, ~ **switching centre** *n BrE (MSC)* TELECOM Funkvermittlungsstelle *f (MSC)*; ~ **telephone service** *n* TELECOM Mobiltelefondienst *m*; ~-**to-base relay** *n* TELECOM Relaisstelle Mobilteilnehmer-Basisstation *f*

mobility *n* PHYS Beweglichkeit *f*

Möbius: ~ **strip** *n* GEOM *topology* Möbiusband *nt*

mock[1] *adj* TEXT Schein- *pref*

mock:[2] ~ **cake** *n* TEXT Färbewickel *m*; ~-**up** *n* PRINT *of finished book* Blindband *m*, WATER TRANS *ship design* Attrappe *f*

modacrylic *n* TEXT Modacryl *nt*

modal: ~ **dispersion** *n* OPT Modendispersion *f*; ~ **distortion** *n* TELECOM Modendispersion *f*; ~ **noise** *n* OPT, TELECOM Modenrauschen *nt*; ~ **notes** *n pl* ACOUSTICS Modalnoten *f pl*

modality *n* ERGON Modalität *f*

mode *n* ACOUSTICS Schwingungsart *f*, COMP & DP Betriebsart *f*, Modus *m*, Welle *f*, Wellentyp *m*, ELECTRON Betriebsart *f*, Modus *m*, *microwaves* Wellentyp *m*, MATH Modalwert *m*, OPT Mode *f*, PRINT Modus *m*; ~ **change** *n* COMP & DP Betriebsartwechsel *m*, Moduswechsel *m*; ~ **conversion** *n* COMP & DP Wellentypumwandlung *f*; ~ **coupling** *n* OPT, TELECOM Modenkopplung *f*; ~ **description** *n* COMP & DP Modusbeschreibung *f*; ~ **distortion** *n* TELECOM Modendispersion *f*; ~ **distribution** *n* COMP & DP Modusverteilung *f*; ~ **extractor** *n* SPACE *communications* Betriebsartenextraktor *m*; ~ **field detector** *n* TELECOM Modenfelddetektor *m*; ~ **field diameter** *n* OPT Modenfelddurchmesser *m*; ~ **filter** *n* ELECTRON Wellentypfilter *nt*, OPT, TELECOM Modenfilter *nt*; ~ **hopping** *n* OPT, TELECOM Modenspringen *nt*, Modensprung *m*; ~ **indicator** *n* COMP & DP Betriebszustandsanzeiger *m*, Modusanzeiger *m*; ~ **instruction code** *n* COMP & DP Betriebsartbefehlsformat *nt*; ~ **jump** *n* ELECTRON *magnetron* Fehlzündung *f*, *microwaves* Umspringen des Wellentyps *nt*; ~ **jumping** *n* OPT, TELECOM Modenspringen *nt*, Modensprung *m*; ~-**locked laser** *n* ELECTRON phasengekoppelter Laser *m*; ~ **locking** *n* ELECTRON *laser* Phasenkopplung *f*; ~ **mixer** *n* OPT, TELECOM Modenmischer *m*, Moden-scrambler *m*; ~ **of operation** *n* COMP & DP, TELECOM Betriebsmodus *m*, Betriebsweise *f*, Betriebsart *f*; ~ **register** *n* COMP & DP Betriebsartregister *nt*; ~ **scrambler** *n* OPT, TELECOM Modenmischer *m*, Modenscrambler *m*; ~ **selection** *n* COMP & DP Modus-auswahl *f*; ~ **selector switch** *n* AIR TRANS Betriebsartenwahlschalter *m*; ~ **separation** *n* ELECTRON Frequenzabstand *m*; ~ **stripper** *n* OPT, TELECOM Modenabstreifer *m*, Modenstripper *m*; ~ **switching** *n* COMP & DP Moduswechsel *m*; ~ **of transmission** *n* COMP & DP Übertragungsart *f*, Übertragungsmodus *m*; ~ **volume** *n* OPT Modenumfang *m*, TELECOM Modenvolumen *nt*

model[1] *adj* COMP & DP Modell- *pref*, vorbildlich

model[2] *n* COMP & DP Modell *nt*, Muster *nt*, PROD ENG *plastic valves* Ausführung *f*, TELECOM Modell *nt*, Muster *nt*, WATER TRANS *architecture* Modell *nt*; ~ **calibration** *n* POLL Modelleichung *f*; ~ **test** *n* WATER TRANS *architecture* Modellversuch *m*

modeling *n AmE see modelling BrE*

modelling *n BrE* COMP & DP, ELECTRON, MATH Erstellung von Modellen *f*, Modellieren *nt*

modem:[1] ~-**ready** *adj (MR)* COMP & DP Modem betriebsbereit

modem[2] *n (modulator-demodulator)* COMP & DP, ELECTRON, RAD TECH, TELECOM Modem *nt (Modulator-Demodulator)*; ~ **board** *n* COMP & DP, ELECTRON Modulationskarte *f*; ~ **interchange** *n* COMP

& DP, ELECTRON Modem-Wechsel *m*, Signalumsetzerwechsel *m*; ~ **interface** *n* COMP & DP, ELECTRON Modem-Anschluß *m*, Modem-Interface *nt*, Modem-Schnittstelle *f*; ~ **receiver** *n* COMP & DP, ELECTRON Modem-Empfänger *m*; ~ **transmitter** *n* COMP & DP, ELECTRON Modem-Sender *m*

moderate:[1] ~ **gale** *n* WATER TRANS steifer Wind *m*

moderate[2] *vt* NUC TECH moderieren

moderator *n* NUC TECH Bremssubstanz *f*, Moderator *m*, PHYS, RAD PHYS Moderator *m*; ~ **control** *n* NUC TECH Moderatortrimmung *f*; ~**-fuel ratio** *n* NUC TECH Moderator-Brennstoff-Verhältnis *nt*, Moderator-Spaltstoff-Verhältnis *nt*

modern: ~ **face** *n* PRINT moderne Schrift *f*; ~ **figures** *n pl* PRINT *style of numerals* Linie haltende Ziffern *f pl*

modification: ~ **note** *n* ENG DRAW Änderungsvermerk *m*; ~ **status** *n* ENG DRAW Änderungszustand *m*

modified: ~ **FM** *n* ELECTRON, RAD TECH, TELECOM modifizierte FM *f*; ~ **frequency modulation** *n (MFM)* ELECTRON modifizierte Frequenzmodulation *(MFM)*, modifizierte Wechseltaktschrift *f*, RAD TECH modifizierte Frequenzmodulation *f*, modifizierte Wechseltaktschrift *f (MFM)*, TELECOM modifizierte Frequenzmodulation *(MFM)*, modifizierte Wechseltaktschrift *f*; ~ **starch** *n* FOOD TECH modifizierte Stärke *f*; ~ **system** *n* TEXT modifiziertes System *nt*

modifier *n* COAL TECH Modifizierer *m*

modify *vt* COMP & DP modifizieren, verändern, ändern, GEOM modifizieren

moding *n* ELECTRON *magnetron* Schwingbereichsänderung *f*

modular[1] *adj* COMP & DP Baukasten *m*, modular, PROD ENG modular

modular:[2] ~ **arithmetic** *n* COMP & DP modulare Arithmetik *f*, modulares Rechnen *nt*, MATH Restklassenrechnung *f*; ~ **construction** *n* PROD ENG Baukastenbauweise *f*; ~ **gaging system** *n AmE*, ~ **gauging system** *n BrE* METROL modulares Meßsystem *nt*; ~ **labeling system** *n AmE*, ~ **labelling system** *n BrE* PACK erweiterbares Etikettiersystem *nt*; ~ **programming** *n* COMP & DP modulares Programmieren *nt*; ~ **surface cleaner** *n* PACK modulares Oberflächenreinigungsmittel *nt*; ~ **system** *n* MECHAN ENG Baukastensystem *nt*; ~ **tool system** *n* PROD ENG modulares Werkzeugsystem *nt*; ~ **unit** *n* MECHAN ENG modulare Einheit *f*

modularity *n* COMP & DP Bausteinsystem *nt*, Modularität *f*

modulate *vt* ELECTRON, PHYS, RAD TECH, RECORD, TELECOM, TELEV modulieren

modulated: ~ **beam** *n* ELECTRON modulierter Strahl *m*; ~ **carrier** *n* ELECTRON, TELEV modulierter Träger *m*; ~ **continuous wave** *n (MCW)* TELEV modulierter Dauerträger *m*; ~ **groove** *n* ACOUSTICS modulierte Rille *f*; ~ **oscillation** *n* ELECTRON modulierte Schwingung *f*; ~ **oscillator** *n* ELECTRON modulierter Oszillator *m*; ~ **phase shift keying** *n (MPSK)* ELECTRON verzögerte modulierte Phasenumtastung *f*; ~ **signal** *n* TELECOM moduliertes Signal *nt*; ~ **structure** *n* METALL modulierte Struktur *f*; ~ **wave** *n* ELECTRON, RECORD modulierte Welle *f*

modulating: ~ **signal** *n* ELECTRON, RECORD Modulationssignal *nt*; ~ **wave** *n* ELECTRON, TELEV Modulationswelle *f*

modulation *n* ACOUSTICS Modulation *f*, COMP & DP Aussteuerung *f*, Modulation *f*, Tastung *f*, ELECT Modulation *f*, ELECTRON Aussteuerung *f*, Modulation *f*, PHYS, RECORD, SPACE *communications*, TELECOM, WAVE PHYS *of wave* Modulation *f*; ~ **amplifier** *n* ELECTRON Modulationsverstärker *m*; ~ **angle** *n* ACOUSTICS Modulationswinkel *m*; ~ **band** *n* ELECTRON Modulationsband *nt*; ~ **depth** *n* ELECTRON Modulationsgrad *m*, Modulationstiefe *f*, PHYS Modulationsgrad *m*; ~ **electrode** *n* TELEV Modulationselektrode *f*; ~ **envelope** *n* RECORD Modulationshüllkurve *f*; ~ **factor** *n* ELECTRON Modulationsgrad *m*, Modulationstiefe *f*, PHYS Aufschaltwert *m*, Modulationsfaktor *m*; ~ **frequency** *n* ELECTRON, RAD TECH, TELECOM Modulationsfrequenz *f*; ~ **grid** *n* TELEV Modulationsgitter *nt*; ~ **index** *n* ELECTRON, RAD TECH Modulationsindex *m*; ~ **noise** *n* ACOUSTICS, ELECTRON, RECORD, TELECOM, TELEV Modulationsrauschen *nt*; ~ **transfer function** *n* ELECTRON Modulations-Übertragungsfunktion *f*

modulator *n* COMP & DP, ELECTRON, TELECOM, TELEV Modulator *m*, Signalumsetzer *m*; ~**-demodulator** *n (modem)* COMP & DP, ELECTRON, RAD TECH, TELECOM Modulator-Demodulator *m (Modem)*; ~ **diode** *n* ELECTRON Modulatordiode *f*; ~ **driver** *n* ELECTRON Modulatortreiberstufe *f*

module *n* COMP & DP Baustein *m*, Modul *nt*, Modum *m*, CONTROL Modum *m*, Unterteil *nt*, ELECT Modum *m*, ELECTRON Baustein *m*, Modum *m*, HYD EQUIP Baustein *m*, MECHAN ENG *gearing*, PET TECH Modum *m*, PROD ENG Baustein *m*, Modum *m*, *plastic valves* Modum *m*, RAD TECH Modum *m*; ~ **hob** *n* PROD ENG Modulwälzfräser *m*; ~ **milling cutter** *n* MECHAN ENG Modulfräser *m*; ~ **set** *n* ELECTRON Modulsatz *m*

modulus *n* MATH *of complex number* Absolutbetrag *m*, Absolutwert *m*, Modulus *m*, MECHAN ENG *vector* Modum *m*; ~ **of elasticity** *n* AIR TRANS, COAL TECH, CONST, MECHAN ENG, METALL, PHYS, PLAS, TEST E-Modul *m*, Elastizitätsmodul *m*; ~ **of rigidity** *n* PHYS Torsionsmodul *m*; ~ **of transverse elasticity** *n* MECHAN ENG Gleitmodul *nt*; ~ **of vector** *n* PHYS Betrag eines Vektors *m*; ~ **of volume elasticity** *n (B)* THERMODYN Volumenelastizitätsmodul *m (B)*

mofette *n* FUELLESS Mofette *f*

Mohr's: ~ **circles** *n pl* PROD ENG Mohrscher Spannungs- und Trägheitskreis *m*; ~ **clip** *n* LAB EQUIP *rubber tubing* Mohrscher Quetschhahn *m*; ~ **strength theory** *n* PROD ENG Hypothese des elastischen Grenzzustandes *f*

Mohs': ~ **scale** *n* PROD ENG Mohssche Härteskale *f*

moil *n* CER & GLAS Absprengkappe *f*

moiré *n* TELEV Moiré *nt*; ~ **fringe** *n* PHYS Moiré-Muster *nt*; ~ **pattern** *n* ACOUSTICS Moiré-Muster *nt*

moist *adj* PAPER, THERMODYN feucht

moisten *vt* CONST, FOOD TECH, THERMODYN anfeuchten, befeuchten

moistener *n* PAPER Anfeuchter *m*

moistening: ~ **device** *n* PACK Befeuchter *m*; ~ **equipment** *n* PACK Befeuchtungsvorrichtung *f*

moisture:[1] ~**-proof** *adj* PACK fest, feuchtigkeitsbeständig; ~**-repellent** *adj* PACK feuchtigkeitsabweisend

moisture[2] *n* CONST, PACK Feuchte *f*, PAPER Feuchtigkeit *f*, PHYS, TEST, TEXT Feuchte *f*; ~**-absorbent bag** *n* PACK saugfähiger Beutel *m*; ~ **content** *n* COAL TECH Feuchtigkeitsgehalt *m*, CONST Feuchtegehalt *m*, FOOD TECH, HEAT & REFRIG Feuchtigkeitsgehalt *m*, PACK Feuchtegehalt *m*, PAPER Feuchtigkeitsgehalt *m*, PHYS Feuchtegehalt *m*, TEST, TEXT Feuchtegehalt *m*, Feuchtigkeitsgehalt *m*, WATER SUP Feuchtigkeitsgehalt *m*; ~ **content meter** *n* INSTR Feuchtemeßgerät *nt*; ~ **content test** *n* PROD ENG *casting* Wassergehaltsprüfung *f*; ~ **determination** *n* PACK Feuch-tigkeitsbestimmung *f*; ~ **head** *n* INSTR Feuchtemeßfühler *m*; ~ **meter** *n* HEAT & REFRIG, PHYS Feuchtemesser *m*, Feuchtigkeitsmesser *m*; ~ **regain** *n* PAPER Feuchtigkeitsaufnahme *f*, TEST Feuchtigkeitsaufnahme *f*, Reprise *f*, TEXT Reprise *f*; ~ **regain in the standard atmosphere** *n* TEST Feuchtigkeitsaufnahme im Normalklima *f*; ~ **and temperature detector** *n* TRANS Feuchtigkeits- und Temperaturfühler *m*; ~ **test** *n* PACK Feuchtigkeitsprobe *f*

mol *abbr (mole)* CHEMISTRY, METROL, PHYS mol *(Mole)*

MOL *abbr (manned orbiting laboratory)* SPACE bemanntes Orbitallabor *nt*

molal *adj* CHEMISTRY gewichtsmolar, molal

molar[1] *adj* CHEMISTRY, PHYS Mol- *pref*

molar:[2] ~ **gas constant** *n* PHYS molare Gaskonstante *f*; ~ **heat capacity** *n* PHYS molare Wärmekapazität *f*; ~ **internal energy** *n* PHYS innere molare Energie *f*; ~ **volume** *n* PHYS Molvolumen *nt*

molarity *n* CHEMISTRY Litermolarität *f*, Molarität *f*, Stoffmengenkonzentration *f*

mold:[1] ~**-resistant** *adj AmE see mould-resistant BrE*

mold[2] *n AmE see mould BrE*

mold[3] *vt AmE see mould BrE*

molded[1] *adj AmE see moulded BrE*

molded:[2] ~ **board** *n AmE see moulded board BrE* ~ **breadth** *n AmE see moulded breadth BrE* ~ **depth** *n AmE see moulded depth BrE* ~ **displacement** *n AmE see moulded displacement BrE* ~ **glass** *n AmE see moulded glass BrE* ~ **hose** *n AmE see moulded hose BrE* ~ **pulp article** *n AmE see moulded pulp article BrE*

molder *n AmE see moulder BrE*

molding *n AmE see moulding BrE*

mole *n* CHEMISTRY *(mol)*, METROL *(mol)*, PHYS *(mol)* Mole *f (mol)*, WATER SUP Maulwurf *m*, WATER TRANS Hafendamm *m*, Mole *f* ~ **drainage** *n* CONST *civil engineering* Schlitzdränung *f*; ~ **fraction** *n* METALL Molbruchzahl *f*

molecular[1] *adj* ELECTRON, NUC TECH, PHYS, THERMODYN Molekular- *pref*

molecular:[2] ~**-beam epitaxy** *n (MBE)* ELECTRON, RAD PHYS Molekularstrahlepitaxie *f (MBE)*; ~ **conductivity** *n* PHYS, THERMODYN molekulare Leitfähigkeit *f*; ~ **density** *n (n)* PHYS, THERMODYN Molekulardichte *f (n)*; ~ **depression of freezing point** *n* PHYS, THERMODYN molekulare Depression *f*, molekulare Gefrierpunkterniedrigung *f*; ~ **electronics** *n* ELECTRON Molekularelektronik *f*; ~ **elevation of boiling point** *n* PHYS, THERMODYN molekulare Siedepunkterhöhung *f*; ~ **field** *n* PHYS, THERMODYN molekulares Feld *nt*; ~ **gas laser** *n* ELECTRON Molekülgaslaser *m*; ~ **heat** *n* PHYS, THERMODYN Molwärme *f*; ~ **laser** *n* ELECTRON Molekülllaser *m*; ~ **mass** *n (m)* PHYS Molekularmasse *f (m)*; ~ **orbital** *n* PHYS molekulare Umlaufbahn *f*; ~ **pump** *n* PHYS Turbomolekularpumpe *f*; ~ **refractivity** *n* PHYS molekulares Brechungsvermögen *nt*, THERMODYN molares Brechungsvermögen *nt*; ~ **spectroanalysis** *n* RAD PHYS molekulare Spektralanalyse *f*; ~ **spectrum** *n* PHYS, THERMODYN Molekülspektrum *nt*; ~ **vibrational energy level** *n* RAD PHYS molekulares Schwingungsniveau *nt*; ~ **weight** *n (M)* PET TECH, PHYS, THERMODYN Molekulargewicht *nt (M)*

molecule *n* CHEMISTRY, PET TECH, PHYS Molekül *nt*; ~ **beam** *n* TELECOM Molekülstrahl *m*

molten[1] *adj* THERMODYN geschmolzen; ~**-salt-cooled** *adj* NUC TECH salzschmelzengekühlt

molten:[2] ~ **core** *n* SPACE geschmolzener Kern *m*; ~ **metal** *n* METALL, SAFETY geschmolzenes Metall *nt*; ~ **metal splash** *n* SAFETY *protective clothing* Metallspritzer *m*; ~ **pool** *n* PROD ENG *forging* Schweißbad *nt*; ~**-salt-cooled reactor** *n* NUC TECH Salzschmelzenreaktor *m*; ~ **slag** *n* PROD ENG Schlackebad *nt*; ~ **solder** *n* PROD ENG Lötbad *nt*

molybdate *n* CHEMISTRY Molybdat *nt*, Tetraoxomolybdat *nt*

molybdenum *n (Mo)* CHEMISTRY Molybdän *nt (Mo)*; ~ **carbide** *n* PROD ENG Molybdänkarbid *nt*; ~ **disulfide** *n AmE*, ~ **disulphide** *n BrE* MECHAN ENG Molybdändisulfid *nt*; ~ **steel** *n* METALL Molybdänstahl *m*

moment *n* MECHAN ENG, MECHANICS *of couple* Moment *nt*, PHYS *of force* statisches Moment *nt*; ~ **arm** *n* MECHAN ENG Hebelarm *m*, Kraftarm *m*, PROD ENG Kraftarm *m*; ~ **coefficient** *n* MECHAN ENG Momentenbeiwert *m*; ~ **curve** *n* MECHAN ENG Momentenkurve *f*; ~ **of impulse** *n* PROD ENG Drall *m*; ~ **of inertia** *n* CONST, ERGON, MECHAN ENG, WATER TRANS *architecture* Trägheitsmoment *nt*; ~ **line** *n* MECHAN ENG Momentenlinie *f*

momentary: ~ **action** *n* ELEC ENG Impuls *m*; ~ **action switch** *n* ELEC ENG Impulsschalter *m*; ~ **capacity** *n* TRANS Augenblickskapazität *f*

momentum *n* MECHAN ENG, MECHANICS Impuls *m*, PHYS Bewegungsgröße *f*, Impuls *m*; ~ **wheel** *n* SPACE *spacecraft* Schwungrad *nt*

monadic[1] *adj* COMP & DP monadisch, unär

monadic:[2] ~ **operation** *n* COMP & DP monadische Operation *f*, unäre Operation *f*

monatomic: ~ **gas** *n* PHYS einatomiges Gas *nt*

monaural *adj* ACOUSTICS, RECORD einohrig

monitor[1] *n* COMP & DP Bildschirm *m*, Monitor *m*, Monitor *m*, CONTROL Anzeigegerät *nt*, Monitor *m*, ELECT, RAD PHYS, RECORD Monitor *m*, TELECOM Kontrollbildschirm *m*, Kontrollgerät *nt*, Monitor *m*, TELEV Bildschirm *m*, Monitor *m*; ~ **adaptor** *n* COMP & DP Bildschirmadapter *m*; ~ **call** *n* COMP & DP Monitoraufruf *m*; ~ **class** *n* COMP & DP Monitorklasse *f*; ~ **code** *n* COMP & DP Monitorcode *m*; ~ **head** *n* RECORD Überwachungskopf *m*; ~ **lathe** *n* PROD ENG Messingrevolverdrehmaschine *f*; ~ **mode** *n* COMP & DP Monitormodus *m*; ~ **time** *n* COMP & DP Überwachungszeit *f*; ~ **type** *n* COMP & DP Bildschirmtyp *f*; ~ **unit** *n* TELECOM Kontrollgerät *nt*

monitor[2] *vt* COMP & DP mitsprechen, verfolgen, überwachen, MAR POLL kontrollieren, überwachen, POLL kontrollieren, RAD TECH, RECORD überwachen, TELECOM mithören, TEXT kontrollieren, überwachen

monitor:[3] ~ **the review** *vi* QUAL Überwachung der Prüfung *f*

monitoring *n* COMP & DP Überwachung *f*, RAD TECH Mithören *nt*, RECORD, SPACE Überwachung *f*, TELECOM Mithören *nt*, Überwachung *f*, TELEV Überwachen *nt*, TEXT Kontrolle *f*, Überwachung *f*; ~ **after site closure** *n* WASTE Nachsorge *f*; ~ **amplifier** *n* RECORD Kontrollverstärker *m*; ~ **loudspeaker** *n* RECORD Kontrollautsprecher *m*; ~ **and maintenance** *n* TELECOM Überwachung und Instandhaltung *f*; ~ **procedure** *n* QUAL Überwachungsverfahren *nt*; ~ **system** *n* QUAL Überwachungssystem *nt*, RAD PHYS Kontroll-

system *nt*, Überwachungssystem *nt*; ~ **well** *n* WASTE Beobachtungsbrunnen *m*, Kontrollbrunnen *m*
monkey *n* CONST Fallhammer *m*, METALL Kühlkasten *m*, PROD ENG Ramme *f*; ~ **board** *n* PET TECH Schalttafel *f*; ~ **pot** *n* CER & GLAS Versuchshafen *m*; ~ **wrench** *n* MECHAN ENG, PROD ENG Rollgabelschlüssel *m*, verstellbarer Schraubenschlüssel *m*
mono- *pref* ELECTRON, RAIL Mono- *pref*
monoaccelerator: ~ **CRT** *n* ELECTRON Mono-Beschleunigungsanode *f*
monoacetin *n* CHEMISTRY Glycerinmonoacetat *nt*, Glycerolmonoacetat *nt*, Monoacetin *nt*
monoacidic *adj* CHEMISTRY einsäurig
monoamide *n* CHEMISTRY Monoamid *nt*
monoamine *n* CHEMISTRY Monoamin *nt*
monoamino *adj* CHEMISTRY Monoamino- *pref*
monoamplifier *n* RECORD Monoverstärker *m*
monoatomic *adj* CHEMISTRY einatomig, monoatomar
monobasic *adj* CHEMISTRY einbasisch, einprotonig, einwertig
monobeam: ~ **system** *n* TRANS Einträgersystem *nt*
monobloc: ~ **concrete sleeper** *n BrE (cf monobloc concrete tie AmE)* RAIL Monoblock-Betonschwelle *f*; ~ **concrete tie** *n AmE (cf monobloc concrete sleeper BrE)* RAIL Monoblock-Betonschwelle *f*
monobromobenzene *n* CHEMISTRY Monobrombenzol *nt*
monochord *n* ACOUSTICS Monochord *nt*
monochromatic[1] *adj* OPT, PHYS monochromatisch
monochromatic:[2] ~ **light** *n* METALL einwelliges Licht *nt*, WAVE PHYS monochromatisches Licht *nt*; ~ **radiation** *n* OPT, RAD PHYS, TELECOM monochromatische Strahlung *f*
monochromator *n* OPT, PHYS, TELECOM Monochromator *m*
monochrome[1] *adj* COMP & DP, PHOTO Schwarzweiß- *pref*, einfarbig, monochrom, PRINT einfarbig, monochrom
monochrome:[2] ~ **receiver** *n* TELEV Schwarzweiß-Empfänger *m*; ~ **signal** *n* SPACE *communications* Monochromsignal *nt*
monoclinic: ~ **system** *n* METALL Monoklinsystem *nt*
monocoque: ~ **structure** *n* SPACE *spacecraft* Vollschalenbauweise *f*
monocrystalline: ~ **silicon** *n* SPACE *spacecraft* monokristallines Silizium *nt*
monoenergetic *adj* PHYS monoenergetisch
monofilament *n* PLAS Elementarfaden *m*, Monofil *nt*, Monofilament *nt*; ~ **yarn** *n* TEXT Monofilamentgarn *nt*, Monofilgarn *nt*
monohydrate *n* CHEMISTRY Monohydrat *nt*
monohydric *adj* CHEMISTRY Hydrogen- *pref*, Monohydrogen- *pref*
monokey *n* TELEV Monotaste *f*
monolayer *n* CHEMISTRY Monomolekularfilm *m*, Monoschicht *f*
monolithic: ~ **amplifier** *n* ELECTRON Einfachverstärker *m*, monolithischer Verstärker *m*; ~ **array** *n* ELECTRON monolithisches Feld *nt*; ~ **filter** *n* ELECTRON, TELECOM monolithisches Filter *nt*; ~ **integrated circuit** *n* ELECTRON monolithisch integrierte Schaltung *f*, TELECOM monolithische integrierte Schaltung *f*; ~ **microwave integrated circuit** *n* PHYS monolithischer Mikrowellenschaltkreis *m*
monomer *n* CHEMISTRY Monomer *nt*, monomere Substanz *f*, PET TECH, PLAS Monomer *nt*
monomeric *adj* PLAS monomer
monomial *n* MATH *consisting of one term* Monom *nt*
monomode: ~ **fiber** *n AmE*, ~ **fibre** *n BrE* OPT Monomodefaser *f*, PHYS Einmoden-Lichtleiter *m*, TELECOM Einmoden-Lichtwellenleiter *m*, Einmodenfaser *f*
monomolecular[1] *adj* CHEMISTRY einmolekular, monomolekular
monomolecular:[2] ~ **layer** *n* CHEMISTRY Monomolekularfilm *m*, Monoschicht *f*; ~ **reaction** *n* CHEMISTRY monomolekulare Reaktion *f*
monomotor: ~ **bogie** *n BrE (cf monomotor truck AmE)* RAIL Triebdrehgestell mit einem Antriebsmotor *nt*; ~ **truck** *n AmE (cf monomotor bogie BrE)* RAIL Triebdrehgestell mit einem Antriebsmotor *nt*
monophase[1] *adj* ELECT einphasig
monophase:[2] ~ **reaction** *n* METALL Einphasenreaktion *f*
monophonic: ~ **pick-up** *n* ACOUSTICS monophoner Abtaster *m*; ~ **recording** *n* ACOUSTICS monophone Aufzeichnung *f*, RECORD monophonische Aufnahme *f*; ~ **sound system** *n* RECORD Mono-Tonsystem *nt*
monopolar[1] *adj* ELECT einpolig
monopolar:[2] ~ **line** *n* ELECT einphasige Leitung *f*
monopole *n* PART PHYS, RAD TECH Monopol *nt*; ~ **aerial** *n* TELECOM Monopolantenne *f*; ~ **antenna** *n* TELECOM Monopolantenne *f*
monoprogramming: ~ **system** *n* COMP & DP Einprogrammsystem *nt*
monopropellant *n* CHEMISTRY, SPACE Einfachraketentreibstoff *m*, Monotreibstoff *m*; ~ **thruster** *n* SPACE *spacecraft* Einzeltreibstoffschubtriebwerk *nt*
monorail *n* CONST Einschienenbahn *f*, RAIL Einschienenbahn *f*, Laufschiene *f*; ~ **with asymmetric suspension** *n* RAIL Einschienenbahn mit asymmetrischer Aufhängung *f*; ~ **conveyor** *n* RAIL Einschienenhängebahn *f*; ~ **grab trolley** *n* RAIL Einschienengreiferlaufkatze *f*; ~ **with hanging cars** *n* RAIL Einschienenhängebahn *f*; ~ **with pendulum vehicle suspension** *n* RAIL Einschienenbahn mit Pendelfahrzeugaufhängung *f*; ~ **with pneumatic suspension** *n* RAIL Einschienenbahn mit pneumatischer Aufhängung *f*; ~ **with straddling cars** *n* RAIL Sattelbahn *f*
monorefringence *n* OPT Einzelstrahlbrechung *f*
monosilane *n* CHEMISTRY Monosilan *nt*, Silan *nt*, Siliziumwasserstoff *m*
monosodium: ~ **glutamate** *n (MSG)* FOOD TECH Mononatriumglutamat *nt*, Natriumglutamat *nt*
monospace *n* PRINT *equal typewriter character spacing* konstante Spationierung *f*
monospacing *n* COMP & DP einfacher Zeilenabstand *m*, gleichbleibender Schaltschritt *m*
monostable[1] *adj* COMP & DP, ELECTRON monostabil
monostable[2] *n* PHYS monostabile Kippschaltung *f*; ~ **multivibrator** *n* ELECTRON Univibrator *m*, monostabiler Multivibrator *m*
monostearin *n* CHEMISTRY Glycerolmonostearat *nt*, Glycerylmonostearat *nt*, Monostearat *nt*
monotone *adj* MATH *series, sequence* gleichmäßig, monoton
monotonic[1] *adj* CHEMISTRY einförmig
monotonic:[2] ~ **reasoning** *n (cf nonmonotonic reasoning)* ART INT monotones Schließen *nt*
monotron *n* ELECTRON Monotron *nt*
monotropic: ~ **reaction** *n* METALL monotrope Reaktion *f*
Monotype® *n* PRINT Monotype® *f*; ~ **casting machine** *n*

PRINT Monotypegießmaschine® *f*
monovalence *n* CHEMISTRY Einwertigkeit *f*
monovalency *n* CHEMISTRY Einwertigkeit *f*
monovalent *adj* CHEMISTRY einwertig, monovalent
monoxide *n* CHEMISTRY Monoxid *nt*
monsoon *n* WATER TRANS *type of rain* Monsun *m*
Monte-Carlo-method *n* COMP & DP Monte-Carlo-Methode *f*, Monte-Carlo-Verfahren *nt*
montmorillonite *n* COAL TECH, PET TECH Montmorillonit *m*
monument *n* CONST *surveying* Grenzsteinmarkierung *f*, Markierungspunkt *m*
moon *n* SPACE Mond *m*
moonbounce *n* RAD TECH Reflektion am Mond *f*
Mooney: ~ **scorch time** *n* PLAS *rubber* Mooney-Anvulkanisationsdauer *f*; ~ **viscosity** *n* PLAS Mooney-Viskosität *f*
moonpool *n* PET TECH Satellitenlagerstätte *f*
moor[1] *vt* MAR POLL befestigen, festmachen, verankern, WATER TRANS festmachen, verankern, vertäuen
moor[2] *vi* POLL festmachen
moored: ~ **buoy** *n* WATER TRANS *navigation mark* verankerte Boje *f*
mooring *n* MAR POLL Mooring *nt*, Verankern *nt*, WATER TRANS Festmachen *nt*, Liegeplatz *m*, Muring *f*; ~ **berth** *n* WATER TRANS *port* Vertäuplatz *m*; ~ **bitts** *n pl* WATER TRANS *port* Vertäupoller *m*; ~ **bracket** *n* MAR POLL Befestigungsgeschirr *nt*; ~ **buoy** *n* MAR POLL Ankerboje *f*, Vertäuboje *f*; ~ **chain** *n* MAR POLL Verankerungskette *f*; ~ **cleat** *n* WATER TRANS *shipbuilding* Vertäuklampe *f*; ~ **gear** *n* WATER TRANS Muringgeschirr *nt*; ~ **harness** *n* AIR TRANS Haltenetz *nt*, Verankerungsnetz *nt*; ~ **line** *n* WATER TRANS *rope* Festmachleine *f*; ~ **pile** *n* WATER TRANS Dückdalbe *f*; ~ **post** *n* WATER TRANS Dückdalben *m*; ~ **ring** *n* AIR TRANS Haltering *m*
mop *n* MECHAN ENG Schwabbelscheibe *f*
mopboard *n AmE (cf skirting board BrE)* CONST Fußleiste *f*, Scheuerleiste *f*
moraine *n* COAL TECH Moräne *f*
morainic: ~ **filter layer** *n* WASTE Moränenfilterschicht *f*
mordant[1] *n* PROD ENG Beize *f*; ~ **dyeing** *n* PHOTO Beizfärben *nt*
mordant[2] *vt* PROD ENG beizen
morin *n* CHEMISTRY Morin *nt*
morindin *n* CHEMISTRY Morindin *nt*
morpholine *n* CHEMISTRY Morpholin *nt*, Tetrahydrooxazin *nt*
morphotropism *n* CHEMISTRY Morphotropie *f*
morphy: ~ **caliper** *n AmE*, ~ **calliper** *n BrE* PROD ENG Tastzirkel *m*
Morse: ~ **code** *n* RAD TECH Morsecode *m*; ~ **taper** *n* MECHAN ENG Morsekegel *m*; ~ **taper pin** *n* MECHAN ENG Morsekegelstift *m*; ~ **taper shank twist drill** *n* MECHAN ENG Spiralbohrer mit Morsekegelschaft *m*
mortar *n* CHEM ENG Mörser *m*, Reibschale *f*, CONST Mörtelbett *nt*, LAB EQUIP Mörser *m*, Reibschale *f*, PROD ENG Mörser *m*, Mörtel *m*; ~ **mixer** *n* CONST Mörtelmischmaschine *f*
mortice[1] *n see mortise*
mortice[2] *vt see mortise*
morticing *n BrE* CONST Einstemmen *nt*
mortise[1] *n* CONST Falz *m*, Fuge *f*, Stemmloch *nt*, Zapfenloch *nt* ~ **chisel** *n* CONST Stemmeisen *nt*, Stemmeißel *m*; ~ **dead lock** *n* CONST Einsteckschloß *nt*; ~ **gage** *n AmE*, ~ **gauge** *n BrE* CONST Zapfenstreichmaß *nt*; ~ **lock** *n* CONST Einsteckschloß *nt*; ~ **machine** *n* PROD ENG Stemmaschine *f*; ~ **and tenon joint** *n* CONST Zapfenverbindung *f*
mortise[2] *vt* CONST ausstemmen, PROD ENG einstemmen, einzapfen
mortising *n AmE see morticing BrE*
MOS[1] *abbr* COMP & DP *(metal oxide semiconductor)*, ELECTRON *(metal oxide semiconductor)* MOS *(Metalloxid-Halbleiter)*, TELECOM *(mean opinion score)* Punktzahl für durchschnittliche Meinung *f*
MOS:[2] ~ **capacitor** *n* ELEC ENG MOS-Kondensator *m*; ~ **delay line** *n* ELECTRON MOS-Laufzeitkette *f*; ~ **driver** *n* ELECTRON MOS-Treiber *m*; ~ **gate** *n* ELECTRON MOS-Gatter *nt*; ~ **logic circuit** *n* ELECTRON MOS-Logikschaltkreis *m*; ~ **power transistor** *n* ELECTRON MOS-Leistungstransistor *m*; ~ **transistor** *n* ELECTRON MOS-Transistor *m*
mosaic *n* ELECTRON Mosaik *nt*, FOOD TECH *phytopathology* Mosaikkrankheit *f*
Moseley's: ~ **law** *n* PHYS Moseleysches Gesetz *nt*
MOSFET *abbr (metal oxide silicon field effect transistor)* RAD TECH MOSFET *(Metalloxid-Silizium-Feldeffekttransistor)*
Mossbauer: ~ **effect** *n* PHYS Mößbauerscher Effekt *m*
most: ~ **probable speed** *n (û)* PHYS wahrscheinlichste Geschwindigkeit *f (û)*; ~ **significant bit** *n (MSB)* COMP & DP höchstwertige Binärstelle *f*, höchstwertiges Bit *nt*; ~ **significant character** *n* COMP & DP höchstwertiges Zeichen *nt*, wichtigstes Zeichen *nt*; ~ **significant digit** *n* COMP & DP höchstwertige Ziffer *f*, wichtigste Ziffer *f*, wichtigstes Zeichen *nt*
mother *n* ACOUSTICS Mutter *f*, Mutterplatte *f*; ~ **crystal** *n* ELECTRON Mutterkristall *m*; ~ **liquor** *n* FOOD TECH Mutterlauge *f*; ~**-of-pearl bead** *n* CER & GLAS Perlmuttperle *f*; ~ **ship** *n* SPACE Mutterraumschiff *nt*, WATER TRANS Mutterschiff *nt*
Mother: ~ **Hubbard bit** *n* PET TECH Backenbohrmeißel *m*
motherboard *n* COMP & DP Grundplatine *f*, Hauptplatine *f*, ELECTRON *of backplane* Hauptplatine *f*, Rückwandleiterplatte *f*
motion *n* MECHAN ENG Bewegung *f*, *of clock* Gangwerk *nt*, MECHANICS Bewegung *f*; ~ **blur** *n* PHOTO Bewegungsunschärfe *f*; ~ **control** *n* CONTROL Bewegungssteuerung *f*; ~ **detector** *n* TRANS Bewegungsablaufdetektor *m*; ~ **equation** *n* MECHAN ENG Bewegungsgleichung *f*; ~ **of a particle** *n* PHYS Teilchenbewegung *f*; ~ **study** *n* ERGON Bewegungsstudie *f*
motional: ~ **impedance** *n* ACOUSTICS Bewegungsimpedanz *f*
motive: ~ **force** *n* WATER TRANS *ship design* Antriebskraft *f*
motor:[1] ~**-driven** *adj* ELEC ENG motorangetrieben
motor[2] *n* AIR TRANS *of spacecraft* Triebwerk *nt*, AUTO Antriebsmaschine *f*, Kraftmaschine *f*, Verbrennungsmotor *m*, ELEC ENG, ELECT, MECHAN ENG Motor *m*; ~ **activity** *n* ERGON motorische Aktivität *f*; ~ **armature** *n* ELECT Motoranker *m*; ~ **bogie** *n BrE (cf motor truck AmE)* RAIL Triebdrehgestell *nt*; ~ **caravan** *n BrE (cf camper AmE, caravan BrE)* AUTO Wohnmobil *nt*; ~ **coach** *n* AUTO Reiseomnibus *m*; ~ **control** *n* TELEV Motorsteuerung *f*; ~ **control center** *n AmE*, ~ **control centre** *n BrE* CONTROL Motorensteuerzentrale *f*; ~ **converter** *n* ELEC ENG Kaskadenumformer *m*; ~ **drive** *n* ELEC ENG, PHOTO Motorantrieb *m*; ~ **drive mechanism** *n* ELECT Motorantriebmechanismus *m*; ~**-driven fan** *n* SAFETY Ventilator mit Motor *m*; ~**-driven system** *n*

TELECOM System mit Motorantrieb *nt*; ~ **ferry** *n* WATER TRANS Motorfähre *f*; ~ **generator** *n* ELEC ENG Motorgenerator *m*; ~ **generator set** *n* ELEC ENG Umformergruppe *f*, Umformersatz *m*; ~ **grader** *n* CONST *public works* Motorstraßenhobel *m*, TRANS Straßenplanierer *m*; ~ **oil** *n* PET TECH Motorenöl *nt*, Motoröl *nt*, Schmieröl *nt*; ~ **pump** *n* MAR POLL Motorpumpe *f*, Motorspritze *f*; ~ **rating** *n* HEAT & REFRIG Motorleistung *f*; ~ **sailer** *n* WATER TRANS Motorsegler *m*; ~ **ship** *n* WATER TRANS Motorschiff *nt*; ~ **spirit** *n* PET TECH Motorenbenzin *nt*, TRANS Benzin *nt*, Vergaserkraftstoff *m*; ~ **starter** *n* ELEC ENG Anlasser *m*, Motoranlasser *m*; ~ **truck** *n AmE (cf motor bogie BrE)* RAIL Triebdrehgestell *nt*; ~ **vessel** *n* WATER TRANS Motorfahrzeug *nt*

motorail *n* RAIL Autoreisezug *m*

motorboat *n* WATER TRANS Motorboot *nt*

motorboating *n* RAD Blubberstörung *f*

motorcar *n (MC)* AUTO Kraftfahrzeug *nt (Kfz)*; ~ **parts** *n* AUTO Kfz-Teile *nt pl*

motorway *n BrE (cf expressway AmE, superhighway AmE)* TRANS Autostraße *f*, Autobahn *f*

mottle *vt* CONST marmorieren

mottled[1] *adj* CONST marmoriert, PACK gesprenkelt

mottled:[2] ~ **iron** *n* PROD ENG meliertes Gußeisen *nt*

mould:[1] ~**-resistant** *adj BrE* PACK schimmelfest

mould[2] *n BrE* MECHAN ENG Form *f*, METALL Form *f*, Gießform *f*, PAPER Schöpfform *f*, PLAS Form *f*, Formwerkzeug *nt*, Werkzeug *nt*, PRINT Gießform *f*, PROD ENG Abdruck *m*, Schalung *f*, WATER TRANS *shipbuilding* Gußform *f*, Mall *nt*; ~**-blowing** *n BrE* CER & GLAS Formblasen *nt*; ~ **breathing** *n BrE* PLAS Werkzeugatmung *f*; ~ **coating** *n BrE* CER & GLAS, COATINGS Formschlichte *f*; ~ **drying** *n BrE* PROD ENG Formentrocknen *nt*, Formtrocknen *nt*; ~ **emptier** *n BrE* CER & GLAS Formentleerer *m*; ~ **engraving** *n BrE* MECHAN ENG Formgravieren *nt*; ~ **for casting** *n BrE* MECHAN ENG Gießform *f*, Gußform *f*; ~ **for plastics** *n BrE* MECHAN ENG Kunststoffpreßform *f*; ~ **for thermoplastics** *n BrE* MECHAN ENG Spritzform *f*; ~ **holder** *n BrE* CER & GLAS Formhalter *m*; ~ **insert** *n BrE* PLAS Formeinsatz *m*, Werkzeugeinsatz *m*; ~ **loft** *n BrE* WATER TRANS *shipyard* Schnürboden *m*; ~ **maker** *n BrE* CER & GLAS Formenbauer *m*; ~ **mark** *n BrE* CER & GLAS Formmarkierung *f*; ~ **pattern** *n BrE* PROD ENG Formmodell *nt*; ~ **release agent** *n BrE* PLAS Entformungsmittel *nt*, Formtrennmittel *nt*, Trennmittel *nt*; ~ **shrinkage** *n BrE* PLAS Schwindung *f*; ~ **stamp** *n BrE* PAPER Formstempel *m*

mould[3] *vt BrE* CER & GLAS *clay* formen, CONST formen, vergießen, PRINT *matrices* prägen, PROD ENG auskehlen, pressen, WATER TRANS *shipbuilding* kehlschneiden

moulded[1] *adj BrE* PAPER geformt, PROD ENG *plastic valves* umspritzt

moulded:[2] ~ **board** *n BrE* PACK, PAPER Formpappe *f*, Preßpappe *f*; ~ **breadth** *n BrE* WATER TRANS *ship design* gemallte Breite *f*; ~ **depth** *n BrE* WATER TRANS *ship design* gemallte Seitenhöhe *f*; ~ **displacement** *n BrE* WATER TRANS *ship design* Verdrängung auf Spanten *f*; ~ **glass** *n BrE* CER & GLAS Preßglas *nt*; ~ **hose** *n BrE* PLAS urgeformter Schlauch *m*; ~ **pulp article** *n BrE* PACK Einmalartikel aus gepreßtem Zellstoff *m*, Holzstoff *m*

moulder *n BrE* PROD ENG Former *m*

moulding *n BrE* ACOUSTICS Preßling *m*, Preßteil *nt*, CONST Fries *m*, Gesims *nt*, Zierleiste *f*, ELEC ENG Preßling *m*, Preßteil *nt*, PLAS Formteilherstellung *f*, Formpressen *nt*, Urformen *nt*, PROD ENG Schalen *nt*, WATER TRANS *shipbuilding* Mallbreite *f*; ~ **box** *n BrE* METALL, PROD ENG Formkasten *m*; ~ **with clay sheets** *n BrE* CER & GLAS Formen mit Tonplatten *nt*; ~ **cycle** *n BrE* PLAS Fertigungszyklus *m*, Formzyklus *m*, Preßzyklus *m*; ~ **defect** *n BrE* PLAS Preßfehler *m*; ~ **flask** *n BrE* PROD ENG Formkasten *m*; ~ **hole** *n BrE* PROD ENG Formgrube *f*; ~ **machine** *n BrE* CONST Leistenhobelmaschine *f*, PROD ENG Formmaschine *f*, Kehlmaschine *f*; ~ **powder** *n BrE* PLAS Formmassepulver *nt*, Preßpulver *nt*, pulv-rige Formmasse *f*; ~ **sand** *n BrE* PROD ENG Formsand *m*; ~ **shell** *n BrE* PROD ENG Formmaske *f*; ~ **shop** *n BrE* METALL, PROD ENG Formerei *f*

mount[1] *n* MECHAN ENG *for instruments* Fassung *f*, PHOTO Aufziehkarton *m*, PROD ENG Montierung *f*; ~ **diazo paper** *n* ENG DRAW Lichtpauspapier auf Gewebe *nt*; ~ **of front element** *n* PHOTO Fassung der Frontlinse *f*

mount[2] *vt* COMP & DP anbringen, installieren, montieren, CONST befestigen, einbauen, ELECTRON einbauen, installieren, MECHAN ENG *workpiece* einspannen, festspannen, PROD ENG, RAD TECH montieren

mountain: ~ **mass** *n* COAL TECH Gebirgsmasse *f*; ~ **railroad** *n AmE (cf mountain railway BrE)* RAIL Gebirgsbahn *f*, Hochgebirgsbahn *f*; ~ **railway** *n BrE (cf mountain railroad AmE)* RAIL Gebirgsbahn *f*, Hochgebirgsbahn *f*

mounted:[1] ~ **filter** *n* PHOTO aufgestecktes Filter *nt*

mounted:[2] ~ **on frictionless bearings** *phr* MECHAN ENG reibungsfrei gelagert

mounting *n* ELECTRON Einbau *m*, Montage *f*, MECHAN ENG Montage *f*, *of workpiece* Einbau *m*, Einspannen *nt*, Festspannen *nt*, PHOTO *for camera or light* Fassung *f*, Rahmen *m*, PROD ENG Montage *f*; ~ **base** *n* MECHAN ENG Montageplatte *f*; ~ **bolt** *n* MECHAN ENG Montageschraube *f*; ~ **bracket** *n* MECHAN ENG Befestigungsbügel *m*, Befestigungswinkel *m*, PHOTO Befestigungsbügel *m*; ~ **dimension** *n* MECHAN ENG Einbaumaß *nt*, PROD ENG Anschlußmaß *nt*; ~ **foil** *n* PRINT Montagefolie *f*; ~ **foot** *n* PHOTO Befestigungsfuß *m*; ~ **glue** *n* PRINT Montagekleber *m*; ~ **hole** *n* MECHAN ENG Montageloch *nt*; ~ **and location** *n* PROD ENG *of cutting tool* Aufnahme und Orientierung *f*; ~ **plate** *n* PROD ENG *plastic valves*, RAD TECH Montageplatte *f*; ~ **polarization** *n* ELEC ENG zunehmende Polarisation *f*; ~ **position** *n* HEAT & REFRIG Einbaulage *f*; ~ **spring** *n* MECHAN ENG Befestigungsfeder *f*

mourning: ~ **flag** *n* WATER TRANS Trauerflagge *f*

mouse *n* COMP & DP Maus *f*; ~ **software** *n* COMP & DP Mausprogramm *nt*, Maussoftware *f*

mousehole *n* FUELLESS Vorbohrloch *nt*, PET TECH Mauseloch *nt*, Rattenloch *nt*

mouth *n* CONST Auslauf *m*, Öffnung *f*, MECHAN ENG Düse *f*, Öffnung *f*, PROD ENG Maul *nt*, offene Seite *f*, *plastic valves* Eingang *m*, WATER TRANS *of river, port* Einfahrt *f*, Mündung *f*; ~ **blowing** *n* CER & GLAS Mundblasen *nt*; ~ **tools** *n* CER & GLAS Maulschlüssel *m*

mouthpiece *n* TELECOM Mundstück *nt*

movable: ~ **bearing** *n* MECHAN ENG Loslager *nt*; ~ **bridge** *n* WATER TRANS *locks, inland waterways* bewegliche Brücke *f*; ~ **core** *n* ELECT beweglicher Kern *m*, verschiebbarer Kern *m*; ~ **die** *n* PROD ENG beweglicher Backen *m*; ~ **head** *n* PROD ENG Schieber *m*; ~ **jaw** *n* MECHAN ENG bewegliche Backe *f*; ~ **rotor blade** *n* AIR

TRANS *helicopter* bewegliches Rotorblatt *nt*; **~ stop** *n* MECHAN ENG beweglicher Anschlag *m*; **~ type** *n* PRINT Drucktype *f*, Einzeltype *f*; **~ weight** *n* MECHAN ENG Laufgewicht *nt*

move: **~ the center line** *vi AmE*, **~ the centre line** *vi BrE* CONST Achse verschieben

movement *n* MECHAN ENG Bewegung *f*; **~ controller** *n* INSTR Meßwerkregler *m*; **~ file** *n* COMP & DP Bewegungsdatei *f*, Änderungsdatei *f*; **~ suspension** *n* INSTR Meßwerkaufhängung *f*

mover *n* MECHAN ENG *moving power* Antriebsaggregat *nt*, PROD ENG Antriebsmotor *m*

movie: **~ projector** *n* ELECT Filmprojektor *m*

moving[1] *adj* PROD ENG mitlaufend

moving:[2] **~-belt flat box** *n* PAPER Laufbandflachsauger *m*; **~ carpet** *n* TRANS Rollbahn *f*; **~ charge** *n* ELEC ENG bewegliche Ladung *f*; **~ coil** *n* ELEC ENG Schwingspule *f*, Sprechspule *f*, Tauchspule *f*, *galvanometers* Drehspule *f*; **~-coil ammeter** *n* ELECT Drehspul-Amperemeter *nt*, Drehspulstrommeßgerät *nt*; **~-coil galvanometer** *n* ELEC ENG, ELECT, PHYS Drehspulgalvanometer *nt*; **~-coil instrument** *n* INSTR Drehspulinstrument *nt*, Drehspulmeßgerät *nt*; **~-coil loudspeaker** *n* RECORD Schwingspulenlautsprecher *m*; **~-coil meter** *n* ELEC ENG, ELECT Drehspulmeßgerät *nt*; **~-coil microphone** *n* ACOUSTICS, PHYS, RECORD Tauchspulenmikrofon *nt*; **~-coil pickup** *n* RECORD Drehspultonabnehmer *m*; **~-coil relay** *n* ELECT Drehspulrelais *nt*; **~-coil voltmeter** *n* ELECT Drehspulspannungsmeßgerät *nt*; **~ contact** *n* ELEC ENG beweglicher Kontakt *m*, bewegliches Schaltstück *nt*; **~-fiber switch** *n AmE*, **~-fibre switch** *n BrE* TELECOM *fibre optics* Umschalter mit beweglicher Faser *m*; **~ floor** *n* TRANS Rollband *nt*; **~ grate** *n* HEAT & REFRIG beweglicher Rost *m*; **~ iron** *n* ELECT Weicheisen *nt*; **~-iron ammeter** *n* ELECT Weicheisenstrommeßgerät *nt*; **~-iron instrument** *n* ELEC ENG Dreheiseninstrument *nt*, Dreheisenmeßgerät *nt*, INSTR Dreheiseninstrument *nt*, Dreheisenmeßwerk *nt*; **~ load** *n* CONST Wanderlast *f*, bewegliche Last *f*; **~-magnet cartridge** *n* RECORD Drehmagnetcassette *f*; **~-magnet galvanometer** *n* ELEC ENG Drehmagnet-Galvanometer *nt*, ELECT Nadelgalvanometer *nt*, INSTR Drehmagnet-Galvanometer *nt*; **~-magnet medium** *n* ELEC ENG Drehmagnetmedium *nt*; **~-magnet movement** *n* INSTR Drehmagnetmeßwerk *nt*; **~ part** *n* MECHAN ENG bewegliches Teil *nt*; **~ pavement** *n BrE (cf moving sidewalk AmE)* TRANS Fahrsteig *m*; **~ platen** *n* PROD ENG Stauchschlitten *m*; **~ platform** *n* CONST bewegliche Arbeitsbühne *f*; **~ sidewalk** *n AmE (cf moving pavement BrE)* TRANS Fahrsteig *m*; **~ staircase** *n* CONST, TRANS Rolltreppe *f*; **~ stairway** *n* CONST, TRANS Rolltreppe *f*; **~ table** *n* CER & GLAS beweglicher Tisch *m*; **~ traffic** *n* CONST, TRANS fließender Verkehr *m*; **~ walkway** *n* TRANS Rollband *nt*

mp *abbr* CHEM ENG *(melting point)* Schmelzpunkt *m*, NUC TECH *(proton mass)* mp *(Protonenmasse)*, PAPER *(melting point)*, PLAS *(melting point)*, TEXT *(melting point)*, THERMODYN *(melting point)* Schmelzpunkt *m*

MP *abbr* COMP & DP *(microprocessor)*, ELECT *(microprocessor)*, MECHAN ENG *(microprocessor)* MP *(Mikroprozessor)*, PACK *(metalized paper AmE, metallic paper, metallized paper BrE)* MP *(Metallpapier)*

MPC: **~ carbon black** *n (medium-processing channel carbon black)* PLAS MPC-Ruß *m (mittelmäßig verarbeiteter Kanalruß)*

MPP *abbr (massively parallel processing)* ART INT Massenparallelverarbeitung *f*, massive Parallelität *f*

MPSK *abbr (modulated phase shift keying)* ELECTRON verzögerte modulierte Phasenumtastung *f*

MPU *abbr (microprocessor unit)* COMP & DP Mikroprozessoreinheit *f*

MS *abbr* TELECOM *(mobile station)* MS *(Mobilstation)* TELECOM *(message storing)* MS *(mitteilungsspeicherung)*

MSB *abbr (most significant bit)* COMP & DP höchstwertige Binärstelle *f*, höchstwertiges Bit *nt*

MSC *abbr* TELECOM *(mobile switching center AmE, mobile switching centre BrE)* MSC *(Funkvermittlungsstelle)*, TELECOM *(maritime switching center AmE, maritime switching centre BrE)* Seefunkvermittlungsstelle *f*

MSG *abbr (monosodium glutamate)* FOOD TECH Mononatriumglutamat *nt*

M-shell *n* PHYS *atom* M-Schale *f*

MSI[1] *abbr (medium-scale integration)* COMP & DP MSI *(mittlerer Integrationsgrad)*, ELECTRON MSI *(mittlere Integrationstechnik)*, TELECOM MSI *(mittlerer Integrationsgrad)*

MSI:[2] **~ circuit** *n* TELECOM MSI-Schaltkreis *m*

MSK *abbr (minimum-shift keying)* COMP & DP MSK *(Minimalphasenumtastung)*, ELECTRON MSK *(kleinste Umtastung)*, RAD TECH, TELECOM MSK *(Minimalphasenumtastung)*

msl *abbr (mean sea level)* WATER TRANS NN *(Normalnull)*

MSN *abbr (message switching network)* TELECOM Nachrichtenvermittlungsnetz *nt*

MSW *abbr (municipal solid waste)* WASTE fester Siedlungsabfall *m*

MT: **~ carbon black** *n (medium thermal carbon black)* PLAS MT-Ruß *m*

MTBF *abbr (mean time between failures)* COMP & DP mittlere fehlerfreie Betriebszeit *f*, mittlerer Ausfallabstand *m*, ELEC ENG mittlere Lebensdauer *f*, mittlerer Ausfallabstand *m*, MECHANICS mittlere Zeit zwischen Ausfällen *f*, SPACE mittlere Zeitdauer zwischen Ausfällen *f*, TELECOM mittlerer Ausfallabstand *m*

MTBR *abbr (mean time between removals)* SPACE mittlere Zeitdauer zwischen Entnahmen *f*

MTL *abbr (merged transistor logic)* ELECTRON MTL-Logik *f (integrierte Transistorlogik)*

MTR *abbr (materials-testing reactor)* NUC TECH MTR *(Materialprüfreaktor)*

MTTF *abbr (mean time to failure)* COMP & DP mittlere Lebensdauer *f*

MTTR *abbr (mean time to repair)* COMP & DP MTTR *(mittlere Reparaturdauer)*, ELEC ENG MTTR *(mittlere Zeit bis zur Reparatur)*, MECHANICS MTTR *(mittlere Instandsetzungszeit)*, QUAL, SPACE MTTR *(mittlere Reparaturdauer)*

M-type: **~ microwave tube** *n* ELECTRON Kreuzfeldmikrowellenröhre *f*, Mikrowellenröhre vom Typ M *f*

mu *abbr (unified atomic mass constant)* NUC TECH mu *(Atommassenkonstante)*

μ *abbr* ELECT *(permeability)* μ *(Permeabilität)*, RAD TECH *(amplification factor)* μ *(Verstärkung)*, THERMODYN μ

μH *abbr (Hall mobility)* RAD TECH μH *(Hallsche Mobilität)*

μV *abbr (microvolt)* ELEC ENG, ELECT μV *(Mikrovolt)*

muciferous *adj* CHEMISTRY schleimbildend
mucin *n* CHEMISTRY Mucin *nt*
mucoitinsulfur *n AmE,* **mucoitinsulphur** *n BrE* CHEMISTRY Mucoitinschwefel *m*
muconic *adj* CHEMISTRY Mucon- *pref*
mucoprotein *n* CHEMISTRY Mucoproteid *nt*, Mucoprotein *nt*
mud *n* PET TECH Spülung *f*; **~ analysis log** *n* PET TECH Spülschlammanalyselog *nt*; **~ bit** *n* PET TECH Schlammbohrer *m*; **~ box** *n* PET TECH Schlammkasten *m*; **~ coal** *n* COAL TECH Schlammkohle *f*; **~ column** *n* PET TECH Schlammsäule *f*; **~ content** *n* WATER SUP Schlammgehalt *m*; **~ cracking** *n* PLAS Filmrißbildung *f*; **~ fluid** *n* PET TECH Schlammfluid *nt*; **~ line** *n* PET TECH Spülleitung *f*; **~ log** *n* PET TECH Schlammlog *nt*; **~ losses** *n pl* PET TECH Schlammverlust *m*; **~ pit** *n* PET TECH Schlammgrube *f*; **~ pump** *n* PET TECH Spülpumpe *f*; **~ pump valve** *n* PET TECH Spülpumpenarmatur *f*; **~ return line** *n* PET TECH Schlammrückleitung *f*; **~ ring** *n* PET TECH Schlammring *m*; **~ system** *n* PET TECH Schlammsystem *nt*; **~ volcano** *n* FUELLESS, PET TECH Schlammvulkan *m*; **~ weight** *n* PET TECH Schlammgewicht *nt*
mudflap *n* AUTO *accessory* Schmutzfänger *m*
mudflats *n* WATER TRANS Schlammzone *f*, Watt *nt*
mudguard *n BrE (cf fender AmE)* AUTO *body* Kotflügel *m*
mudsill *n* CONST Schlammschwelle *f*
MUF *abbr (maximum usable frequency)* RAD TECH HNF *(höchste nutzbare Frequenz)*
muff *n* MECHAN ENG Muffe *f*, Stutzen *m*; **~ coupling** *n* MECHAN ENG Muffenkupplung *f*
muffle[1] *n* CER & GLAS, METALL, PROD ENG Muffel *f*; **~ furnace** *n* LAB EQUIP, PROD ENG Muffelofen *m*; **~ lehr** *n* CER & GLAS Muffelkühlofen *m*; **~ support** *n* CER & GLAS Muffelstütze *f*
muffle[2] *vt* CONST *sound* dämpfen
muffler *n AmE (cf silencer BrE)* ACOUSTICS Schalldämpfer *m*, AUTO *exhaust system* Auspufftopf *m*, Schalldämpfer *m*, CONST Schalldämpfer *m*, HEAT & REFRIG Geräuschdämpfer *m*, MECHANICS Auspuff *m*; **~ for pipelines** *n AmE (cf silencer for pipelines BrE)* SAFETY Schalldämpfer für Rohrleitungen *m*; **~ jacket** *n AmE (cf silencer jacket BrE)* AUTO Auspuffummantelung *f*; **~ shell** *n AmE (cf silencer shell BrE)* AUTO Auspuffgehäuse *nt*
mug: **~ lock** *n* PROD ENG Kolbenverklemmung *f*
mull: **~ technique** *n* CHEMISTRY Suspensionstechnik *f*
muller *n* PROD ENG Torpedo *m*
Mullins: **~ effect** *n* PLAS *rubber* Mullins-Effekt *m*
mullion *n* CER & GLAS Mittelpfosten *m*
multi: **~-impression mold** *n AmE,* **~-impression mould** *n BrE* MECHAN ENG Mehrfachform *f*, PLAS Mehrfachwerkzeug *nt*
multi- *pref* ACOUSTICS Mehrfach- *pref*, ART INT Multi- *pref*, COMP & DP Mehr- *pref*, Mehrfach- *pref*, Multi- *pref*, ELEC ENG Mehr- *pref*, Multi- *pref*, ELECT Mehrfach- *pref*, ELECTRON Mehr- *pref*, MECH Mehrfach- *pref*, OPT Multi- *pref*, PACK Mehr- *pref*, PHOTO, PROD ENG Mehrfach- *pref*, RAD TECH Mehr- *pref*, RECORD Mehrfach- *pref*, TELECOM Mehr- *pref*, Mehrfach- *pref*, Multi- *pref*, TELEV Mehrfach- *pref*, TEXT Multi- *pref*
multiaccess: **~ system** *n* COMP & DP Mehrfachzugriffssystem *nt*, System mit Mehrfachzugriff *nt*
multiaddress: **~ instruction** *n* COMP & DP Mehradreßbefehl *m*, Mehradreßinstruktion *f*
multiaddressing *n* TELECOM Rundschreiben *nt*, Rundsenden *nt*
multianode: **~ rectifier** *n* ELEC ENG Mehranodengleichrichter *m*
multiaxial: **~ stress** *n* PLAS mehrachsige Spannung *f*
multiaxle: **~ heavy goods vehicle** *n* AUTO mehrachsiges Schwerlastfahrzeug *nt*
multiband[1] *adj* RAD TECH Mehrband- *pref*
multiband:[2] **~ antenna** *n* PHYS Allwellenantenne *f*, Universalantenne *f*; **~ filter** *n* TELECOM Mehrbandfilter *nt*
multibank: **~ panel-type radiator** *n* HEAT & REFRIG mehrreihiger Plattenheizkörper *m*
multibarrier: **~ principle** *n* WASTE Mehrschichtprinzip *nt*
multibeam[1] *adj* SPACE *communications* mehrstrahlig
multibeam:[2] **~ CRT** *n* ELECTRON Vielstrahl-Kathodenstrahlröhre *f*
multibearer: **~ service** *n* TELECOM *ISDN* Mehrträgerdienst *m*
multiblade *adj* MECHAN ENG *tool* mehrschneidig
multiboard: **~ computer** *n* COMP & DP Mehrplatinencomputer *m*
multibody: **~ decay** *n* PART PHYS Vielkörperzerfall *m*
multiburst *n* TELEV Mehrfachburst *m*
multibus: **~ system** *n* COMP & DP Multibussystem *nt*
multicavity: **~ klystron** *n* ELECTRON Mehrkammerklystron *nt*, PHYS Mehrkammerklystron *nt*, Vielkammerklystron *nt*; **~ magnetron** *n* ELECTRON *travelling-wave magnetron* Wanderfeldmagnetron *nt*
multicellular: **~ loudspeaker** *n* ACOUSTICS Multizellularlautsprecher *m*
multichannel[1] *adj* ELECTRON, RAD TECH, RECORD Mehrkanal- *pref*
multichannel:[2] **~ amplifier** *n* ELECTRON Mehrkanalverstärker *m*; **~ analyser** *n BrE* PHYS Vielkanal-Impulshöhenanalysator *m*; **~ analyzer** *n AmE see multichannel analyser BrE* **~ carrier** *n* SPACE *communications* Mehrkanalträger *m*; **~ elementary loudspeaker** *n* ACOUSTICS Mehrkanalelementarlautsprecher *m*; **~ filter** *n* TELECOM Mehrkanalfilter *nt*; **~ loudspeaker** *n* RECORD Mehrkanallautsprecher *m*; **~ monitoring** *n* RAD TECH, WATER TRANS Mehrkanalüberwachung *f*; **~ protocol** *n* COMP & DP Mehrkanalprotokoll *nt*, Vielkanalprotokoll *nt*; **~ selector** *n* TELEV Mehrkanalwähler *m*
multicollar: **~ thrust bearing** *n* MECHAN ENG Kammlager *nt*
multicollector: **~ transistor** *n* ELECTRON Mehrkollektortransistor *m*
multicolor: **~ diazotype paper** *n AmE see multicolour diazotype paper BrE* **~ printing** *n AmE see multicolour printing BrE* **~ rotary printing machine** *n AmE see multicolour rotary printing machine BrE*
multicolour: **~ diazotype paper** *n BrE* ENG DRAW Mehrfarbenlichtpauspapier *nt*; **~ printing** *n BrE* PACK, PRINT Mehrfarbendruck *m*; **~ rotary printing machine** *n BrE* PRINT Mehrfarbenrotationspresse *f*
multicolumn: **~ setting** *n* PRINT Mehrspaltensatz *m*
multicomponent: **~ glass fiber** *n AmE,* **~ glass fibre** *n BrE* OPT Multikomponentenfaser *f*
multiconductor: **~ cable** *n* ELEC ENG Mehrleiterkabel *nt*, ELECT mehradriges Kabel *nt*; **~ locking plug** *n* ELECT mehrpoliger Stecker mit Verriegelung *m*
multicore: **~ cable** *n* ELEC ENG Mehrleiterkabel *nt*, mehradriges Kabel *nt*, ELECT, TELEV mehradriges

Kabel *nt*
multicylinder: ~ **dryer section** *n* PAPER Mehrzylindertrockenpartie *f*; ~ **engine** *n* AUTO, MECHAN ENG Mehrzylindermaschine *f*; ~ **injection pump** *n* AUTO Reiheneinspritzpumpe *f*
multidecking: ~ **system** *n* TRANS Mehrdecksystem *nt*
multidestination: ~ **carrier** *n* SPACE *communications* Trägersignal für mehrere Empfänger *nt*
multidiameter: ~ **drill** *n* MECHAN ENG Stufenbohrer *m*
multidimensional: ~ **controls** *n pl* ERGON multidimensionale Stellelemente *nt pl*; ~ **filtering** *n* TELECOM mehrdimensionale Filterung *f*
multidisc: ~ **clutch** *n BrE* MECHAN ENG Lamellenkupplung *f*
multidisk: ~ **clutch** *n AmE see multidisc clutch BrE*
multidrilling *n* PROD ENG Mehrfachbohren *nt*
multidrop[1] *adj* COMP & DP Mehrpunkt- *pref*
multidrop:[2] ~ **circuit** *n* COMP & DP Übertragungsleitung mit mehreren Stationen *f*; ~ **line** *n* COMP & DP Mehrpunktverbindung *f*; ~ **link** *n* COMP & DP Mehrstationenverbindung *f*, Mehrpunktverbindung *f*; ~ **transmission** *n* COMP & DP Übertragung zwischen mehreren Stationen *f*
multielectrode: ~ **tube** *n* ELECTRON Mehrgitterröhre *f*
multiemitter: ~ **transistor** *n* ELECTRON Mehremittertransistor *m*
multiengine: ~ **helicopter** *n* AIR TRANS mehrmotoriger Hubschrauber *m*
multifiber: ~ **cable** *n AmE see multifibre cable BrE* ~ **joint** *n AmE see multifibre joint BrE*
multifibre: ~ **cable** *n BrE* ELEC ENG Mehrfaserkabel *nt*, OPT Multifaserkabel *nt*, TELECOM Mehrfaserkabel *nt*; ~ **joint** *n BrE* OPT Mehrfaserverbindung *f*, TELECOM Lichtwellenleitermehrfachverbindung *f*, Mehrfaserverbindung *f*
multifilament: ~ **machine** *n* TEXT Multifilamentmaschine *f*; ~ **yarn** *n* TEXT Multifilamentgarn *nt*, Multifilgarn *nt*
multifrequency[1] *adj* ELECTRON, RAD TECH, TELECOM Mehrfrequenz- *pref*
multifrequency:[2] ~ **aerial** *n* ELECTRON, RAD TECH, TELECOM Mehrfrequenzantenne *f*; ~ **antenna** *n* ELECTRON, RAD TECH, TELECOM Mehrfrequenzantenne *f*; ~ **code** *n (MFC)* TELECOM Multifrequenzcode *m (MFC)*; ~ **dialing** *n AmE*, ~ **dialling** *n BrE (MFD)* TELECOM Mehrfrequenzwahl *f (MFW)*, Tonwahl *f (TW)*; ~ **generator** *n* ELECTRON, RAD TECH, TELECOM Mehrfrequenzgenerator *m*; ~ **receiver** *n* ELECTRON, RAD TECH, TELECOM Mehrfrequenzempfänger *m*; ~ **sender-receiver** *n* ELECTRON, RAD TECH, TELECOM Mehrfrequenz-Geber-Empfänger *m*, Mehrfrequenz-Sender-Empfänger *m*
multifuel: ~ **engine** *n* AUTO, THERMODYN Mehrstoffmotor *m*, Vielstoffmotor *m*; ~ **heater** *n* MECHAN ENG Mehrstoffheizanlage *f*
multifunctional *adj* CHEMISTRY Mehrzweck- *pref*, polyfunktionell
multigrade: ~ **oil** *n* AUTO Ganzjahresöl *nt*, Mehrbereichsöl *nt*, MECHAN ENG Mehrbereichsöl *nt*
multigraded: ~ **soil** *n* COAL TECH Mehrbereichsboden *m*
multigrid: ~ **tube** *n* ELECTRON Mehrelektronenröhre *f*, Mehrgitterröhre *f*; ~ **valve** *n* RAD TECH Mehrgitterröhre *f*
multigrip: ~ **pliers** *n pl* MECHAN ENG Wasserpumpenzange *f*
multigun: ~ **tube** *n* ELECTRON Mehrstrahlröhre *f*
multihead *adj* TEXT Mehrkopf- *pref*
multihull: ~ **ship** *n* WATER TRANS Mehrkörperschiff *nt*
multihulled: ~ **ship** *n* WATER TRANS Mehrkörperschiff *nt*
multilane: ~ **labeling system** *n AmE*, ~ **labelling system** *n BrE* PACK Mehrbahnenetikettiersystem *nt*; ~ **machine** *n* PACK Mehrbahnmaschine *f*
multilayer[1] *adj* COATINGS Mehrschicht- *pref*, MECHAN ENG Mehrlagen- *pref*, Mehrschicht- *pref*, SPACE *spacecraft* Mehrschicht- *pref*
multilayer:[2] ~ **board** *n* PAPER Mehrlagenkarton *m*, Multiplexkarton *m*; ~ **coil** *n* ELECT mehrlagige Spule *f*, mehrlagige Wicklung *f*; ~ **film** *n* PLAS Verbundfolie *f*; ~ **filtration** *n* WATER SUP mehrschichtige Filtration *f*; ~ **glass** *n* AUTO Sicherheitsglas *nt*, Verbundglas *nt*; ~ **printed circuit** *n* ELECTRON Mehrlagenleiterplatte *f*, TELECOM Mehrschichtleiterplatte *f*, mehrlagige gedruckte Schaltung *f*; ~ **resist** *n* ELECTRON *PCB* Mehrlagenabdeckung *f*; ~ **thick films** *n pl* ELECTRON Mehrlagendickfilme *m pl*; ~ **thin films** *n pl* ELECTRON Mehrlagendünnfilme *m pl*
multilayered *adj* ART INT *neural network*, PACK mehrschichtig
multilevel: ~ **modulation** *n* ELECTRON Mehramplitudenmodulation *f*; ~ **panel-type radiator** *n* HEAT & REFRIG mehrlagiger Plattenheizkörper *m*; ~ **system** *n* TELECOM *coding* mehrstufiges System *nt*
multilink *n* MECHAN ENG *power transmission* mehrgliedrig
multimaterial: ~ **recycling** *n* PACK Recycling von Multimaterialien *nt*
multimeter *n* ELEC ENG Multimeter *nt*, RAD TECH Vielfachmeßinstrument *nt*, TELEV Multimeter *nt*, Vielfachmeßinstrument *nt*
multimode: ~ **distortion** *n* OPT Mehrmodenverzerrung *f*, TELECOM Modendispersion *f*; ~ **fiber** *n AmE*, ~ **fibre** *n BrE* OPT Mehrmodenfaser *f*, PHYS Vielzweckfaser *f*; ~ **group decay** *n* OPT Mehrmodengruppenlaufzeit *f*; ~ **group delay** *n* TELECOM Gruppenlaufzeit differenz durch Modendispersion *f*; ~ **laser** *n* OPT Mehrmodenlaser *m*, TELECOM Multimode-Laser *m*; ~ **optical fiber** *n AmE*, ~ **optical fibre** *n BrE* ELEC ENG Glasfaserkabel für mehrere Einsatzarten *nt*
multinomial *n* MATH *consisting of two or more terms* Polynom *nt*
multioctave: ~-**tunable filter** *n* ELECTRON multioktav abstimmbares Filter *nt*; ~-**tunable oscillator** *n* ELECTRON multioktav abstimmbarer Oszillator *m*; ~ **tuning** *n* ELECTRON Multioktavabstimmung *f*
multipack *n* PACK Mehrstückpackung *f*
multipair: ~ **cable** *n* ELECT mehrpaariges Kabel *nt*
multipath: ~ **fading** *n* TELECOM Mehrwegefading *nt*, Schwund durch Mehrwegeausbreitung *m*; ~ **reflections** *n pl* TELECOM Mehrwegereflexionen *f pl*; ~ **signals** *n pl* TELEV Geisterbild *nt*, Mehrfachwegsignale *nt pl*
multiphase[1] *adj* ELECT, ELECTRON mehrphasig
multiphase:[2] ~ **controller** *n* AUTO Mehrphasensteuergerät *nt*
multipin *adj* ELEC ENG mehrpolig
multipiston: ~ **engine** *n* MECHAN ENG Mehrkolbenmotor *m*
multiplayback *n* ACOUSTICS Multiplaybacktechnik *f*
multiple[1] *adj* ACOUSTICS, COMP & DP Mehrfach- *pref*, ELECT Mehrfach- *pref*, mehrfach, MATH vielfach, MECH, PHOTO, PROD ENG, RECORD, TELECOM, TELEV Mehrfach- *pref*; ~-**access** *adj* SPACE *communications*

Mehrbenutzer- *pref*; **~-screw** *adj* PROD ENG mehrgängig; **~-shot** *adj* PROD ENG Mehrstufen- *pref*

multiple[2] *n* MATH Vielfaches *nt*; **~ access** *n* SPACE *communications* Mehrfachzugriff *m*, TELECOM Mehrfachzugriff *m*, Vielfachzugriff *m*; **~-address code** *n* COMP & DP Mehrfachzugriffscode *m*; **~-band-pass filter** *n* RECORD Mehrfachbandpaßfilter *nt*; **~-barge convoy set** *n* WATER TRANS Schubverband *m*; **~ beam** *n* TELECOM *radiation pattern* Mehrfachkeule *f*; **~-beam aerial** *n* PHYS Mehrstrahlantenne *f*, TELECOM Mehrstrahlantenne *f*, Mehrfachkeulenanntenne *f*; **~-beam antenna** *n* PHYS Mehrstrahlantenne *f*, TELECOM Mehrstrahlantenne *f*, Mehrfachkeulenanntenne *f*; **~-beam interference** *n* PHYS Mehrstrahlinterferenz *f*; **~-blade spring** *n* MECHAN ENG Mehrblattfeder *f*; **~ blanking** *n* PROD ENG Mehrfachschnitt *m*; **~ board** *n* PACK Mehrlagenkarton *m*; **~-boring machine** *n* MECHAN ENG Mehrspindelbohrwerk *nt*; **~ broaching** *n* MECHAN ENG Mehrfachräumen *nt*; **~-choice method** *n* ERGON Mehrfachwahlmethode *f*; **~-cone loudspeaker** *n* RECORD Mehrtrichter-Lautsprecher *m*; **~-contact switch** *n* ELEC ENG Stufenschalter *m*, Zellenschalter *m*, ELECT Schalter mit mehrfachen Kontakten *m*; **~-current generator** *n* ELEC ENG Mehrstromgenerator *m*; **~-daylight press** *n* PLAS Etagenpresse *f*; **~ development** *n* FUELLESS vielfache Entwicklung *f*; **~ die** *n* MECHAN ENG Mehrfachgesenk *nt*; **~ diffraction** *n* TELECOM Mehrfachbeugung *f*; **~-disc clutch** *n* *BrE* AUTO, MECHAN ENG Lamellenkupplung *f*, Mehrscheibenkupplung *f*; **~-disk clutch** *n* *AmE see multiple-disc clutch BrE* **~ drill** *n* MECHAN ENG Mehrspindelbohrmaschine *f*; **~-drilling machine** *n* MECHANICS Mehrfachbohrmaschine *f*; **~ echo** *n* ACOUSTICS Mehrfachecho *nt*, RECORD Vielfachecho *nt*; **~-expansion engine** *n* MECHAN ENG Mehrfachexpansionsmaschine *f*; **~ exposure** *n* PHOTO Mehrfachbelichtung *f*; **~ feeder** *n* ELECT Mehrfachleitungskabel *nt*; **~ frequency** *n* *(MF)* ELECTRON, RAD TECH, TELECOM Mehrfachfrequenz *f (MF)*; **~-glazing unit** *n* CER & GLAS Mehrfachglasiermaschine *f*; **~-hearth incinerator** *n* WASTE Etagenofen *m*; **~-instruction multiple-data machine** *n (MIMD machine)* COMP & DP Mehrfachbefehlsstrom-Mehrfachdatenstrom-Rechner *m (MIMD-Rechner)*; **~-instruction single-data machine** *n (MISD machine)* COMP & DP Mehrfachbefehlsstrom-Einfachdatenstrom-Rechner *m (MISD-Rechner)*; **~ microphone** *n* ACOUSTICS Mehrfachmikrofonanordnung *f*, RECORD Mehrfachmikrofon *nt*; **~-mode transportation system** *n* TRANS Transportsystem mit mehreren Betriebsarten *nt*; **~-order filter** *n* ELECTRON Mehrordnungsfilter *nt*; **~-outlet plug** *n* TELEV Mehrfachausgangsstecker *m*; **~-pile-up** *n* TRANS Massenauffahrunfall *m*; **~-plate capacitor** *n* ELECT mehrplattiger Kondensator *m*; **~-plate clutch** *n* MECHAN ENG Lamellenkupplung *f*, Mehrscheibenkupplung *f*; **~ pliers** *n pl* MECHAN ENG Eckrohrzange *f*; **~ plug** *n* ELECT mehrpoliger Stecker *m*; **~-purpose cold store** *n* HEAT & REFRIG Mehrzweckkühlraum *m*; **~-reflector aerial** *n* TELECOM Mehrfachreflektorantenne *f*; **~-reflector antenna** *n* TELECOM Mehrfachreflektorantenne *f*; **~ sampling** *n* QUAL Mehrfachstichprobenentnahme *f*, TELECOM Mehrfachabtastung *f*; **~-sampling inspection** *n* QUAL Mehrfachstichprobenprüfung *f*; **~-sampling plan** *n* QUAL Mehrfachstichprobenprüfplan *m*; **~ scattering** *n* PART PHYS Vielfachstreuung *f*; **~ seizure** *n* TELECOM Mehrfachbelegung *f*; **~-server queue** *n* TELECOM Mehrfach-Server *m*; **~-skirted plenum chamber** *n* WATER TRANS Teilkammersystem mit elastischen Schürzen *nt*; **~-skirt system** *n* WATER TRANS Mehrschürzensystem *nt*; **~ socket** *n* ELECT mehrpolige Buchse *f*; **~ soundtrack** *n* RECORD Mehrfachtonspur *f*; **~ special electrical logging** *n* PET TECH Vielfachelektromessung *f*; **~-spindle drilling machine** *n* MECHAN ENG Mehrspindelbohrmaschine *f*; **~ splining** *n* PROD ENG Vielkeilverzahnung *f*; **~-stranded conductor** *n* ELECT mehrfach gelitzter Leiter *m*; **~-subscriber number** *n* TELECOM Mehrfachrufnummer *f*; **~ switch** *n* ELECT Mehrpolschalter *m*; **~ switchboard** *n* TELECOM Vielfachschrank *m*; **~ thread** *n* MECHAN ENG mehrgängiges Gewinde *nt*; **~-threaded screw** *n* MECHAN ENG mehrgängige Schraube *f*; **~-tool block** *n* PROD ENG Blockmeißelhalter *m*; **~-tool lathe** *n* MECHAN ENG Mehrmeißeldrehmaschine *f*, PROD ENG Vielschnittdrehmaschine *f*; **~-tooth gear cutter** *n* PROD ENG Formfräser *m*; **~-train unit** *n* RAIL mehrteilige Zugeinheit *f*; **~-twin quad** *n* ELEC ENG DM-Vierer *m*, Dieselhorst-Martin-Kabel *nt*; **~ of a unit** *n* METROL Vielfaches einer Einheit *nt*; **~-unit train** *n* RAIL mehrteiliger Fernschnelltriebwagen *m*; **~-unit tube** *n* ELECTRON Verbundröhre *f*; **~-way slide valve** *n* MECHAN ENG Mehrwegschieber *m*; **~-way valve** *n* MECHAN ENG Mehrwegventil *nt*; **~ winding** *n* ELEC ENG, ELECT Mehrfachwicklung *f*; **~-wire system** *n* ELECT Mehrfachdrahtsystem *nt*

multiplet *n* PART PHYS, PHYS *spectroscopy* Multiplett *nt*; **~ splitting** *n* NUC TECH Multiplettaufspaltung *f*

multiple-V-belt: **~ drive** *n* MECHAN ENG Mehrfachkeilriemenantrieb *m*

multiplex[1] *adj* COMP & DP Vielpunkt- *pref*

multiplex[2] *n* COMP & DP Multiplexverfahren *nt*, Vielfachübertragung *f*, ELECTRON Mehrfachnutzung *f*, Multiplexverfahren *nt*, SPACE *communications* Multiplex *nt*, TELECOM Multiplex *nt*, Vielfach *nt*; **~ channel** *n* ELECTRON Multiplexkanal *m*; **~ mode** *n* COMP & DP Multiplexmodus *m*; **~ operation** *n* COMP & DP, ELECTRON Multiplexbetrieb *m*; **~ transmission** *n* TELEV Multiplexsendung *f*

multiplex[3] *vt* COMP & DP bündeln, mehrfach nutzen, vielfach nutzen, ELECTRON multiplexen, multiplexieren, TELECOM mehrfach ausnützen, multiplexen, multiplexieren

multiplexer *n (MUX)* COMP & DP Datenübertragungssteuereinheit *f*, Mehrfachkoppler *m*, Multiplexer *m*, Vervielfacherelement *nt*, Vielfachübertrager *m (MUX)*, ELECTRON Datenübertragungssteuereinheit *f*, Multiplexer *m*, TELECOM, TELEV Multiplexer *m (MUX)*; **~ channel** *n* COMP & DP Multiplexkanal *m*

multiplexing *n* COMP & DP Mehrkanalübertragung *f*, Vielfachübertragung *f*, Multiplexen *nt*, Multiplexverfahren *nt*, TELECOM Multiplexen *nt*, Multiplexieren *nt*; **~ frequency** *n* ELECTRON, RAD TECH, TELECOM Multiplexfrequenz *f*

multiplicand *n* COMP & DP Multiplikand *m*, MATH *number being multiplied* Multiplikator *m*

multiplication *n* COMP & DP Multiplikation *f*, Vervielfachung *f*, MATH Malnehmen *nt*, Multiplikation *f*, MECHAN ENG *of gear drive* Übersetzung *f*; **~ constant for an infinite system** *n (k)* NUC TECH Multiplikationskonstante für infinite Systeme *f (k)*; **~ of a reactor** *n (M)* NUC TECH Reaktormultiplikation *f (M)*; **~ sign** *n* MATH Multiplikationszeichen *nt*; **~ table** *n* MATH

Multiplikationstabelle *f*
multiplicative[1] *adj* MATH multiplikativ
multiplicative:[2] **~ inverse** *n* MATH Kehrwert *m*
multiplicator *n* TELECOM Multiplikator *m*
multiplicity *n* PHYS Multiplizität *f*
multiplier *n* COMP & DP Multiplikator *m*, Multipliziergerät *nt*, ELECTRON, TELECOM Vervielfacher *m*
multiply[1] *adj* PACK mehrlagig
multiply:[2] **~ board** *n* PACK Mehrschichtenkarton *m*; **~ sack** *n* PACK Großsack *m*, Mehrlagensack *m*
multiply[3] *vt* COMP & DP malnehmen, multiplizieren, vervielfachen, vervielfältigen; **~ by** *vt* MATH multiplizieren mit
multiplying: **~ gear** *n* MECHAN ENG Vervielfältigungsgetriebe *nt*
multipoint[1] *adj* COMP & DP Mehrpunkt- *pref*
multipoint:[2] **~ connection** *n* COMP & DP Mehrpunktverbindung *f*; **~ glueing machine** *n* PACK Mehrpunkt-Klebemaschine *f*; **~ link** *n* COMP & DP Mehrfachverbindung *f*, Mehrpunktverbindung *f*
multipolar[1] *adj* ELECT *electrical machine* mehrpolig
multipolar:[2] **~ armature** *n* ELECT mehrpoliger Anker *m*
multipole *n* PHYS Multipol *m*; **~ filter** *n* ELECTRON mehrpoliges Filter *nt*
multipolling *n* TELECOM Sammelaufruf *m*
multiport[1] *adj* COMP & DP Mehrfach- *pref*, Mehrkanal- *pref*
multiport:[2] **~ register** *n* COMP & DP Mehrkanalregister *nt*, Register mit Mehrfachzugriff *nt*; **~ valve** *n* PROD ENG *plastic valves* Mehrwegventil *nt*
multiposition: **~ action** *n* IND PROCESS Mehrpunktverhalten *nt*; **~ controller** *n* IND PROCESS Mehrpunkt-Regeleinrichtung *f*; **~ element** *n* IND PROCESS Mehrpunktglied *nt*; **~ relay** *n* ELECT Fortschaltrelais *nt*; **~ stop** *n* MECHAN ENG Revolveranschlag *m*; **~ switch** *n* ELEC ENG Mehrpunktschalter *m*
multiprocessing *n* COMP & DP Mehrfachbetrieb *m*, Rechnerverbundbetrieb *m*, Simultanverarbeitung *f*, Mehrprozessorbetrieb *m*, Multiprocessing *nt*; **~ system** *n* COMP & DP Mehrprozessorsystem *nt*, Rechnerverbundsystem *nt*, Simultanverarbeitungssystem *nt*
multiprocessor *n* COMP & DP Mehrprozessor *m*, Multiprozessor *m*; **~ interleaving** *n* COMP & DP Mehrprozessorverschachtelung *f*; **~ system** *n* COMP & DP, TELECOM Multiprozessorsystem *nt*
multiprogramming *n* COMP & DP Mehrfachprogrammierung *f*, Mehrprogrammbetrieb *m*, Programmverzahnung *f*; **~ system** *n* COMP & DP Mehrprogrammsystem *nt*, Programmverzahnungssystem *nt*
multipurpose: **~ carrier** *n* WATER TRANS Mehrzweckfrachter *m*; **~ helicopter** *n* AIR TRANS Mehrzweckhubschrauber *m*; **~ material pipeline** *n* TRANS Mehrzweckrohrleitung *f*; **~ reactor** *n* NUC TECH Mehrzweckreaktor *m*; **~ ship** *n* WATER TRANS *merchant navy* Mehrzweckschiff *nt*; **~ tanker** *n* WATER TRANS Mehrzwecktanker *m*; **~ terminal** *n* WATER TRANS Allroundterminal *nt*
multirange[1] *adj* ELECT mehrskalig
multirange:[2] **~ meter** *n* ELECT Mehrbereichsmeßgerät *nt*, mehrskaliges Meßinstrument *nt*
multirate: **~ switching system** *n* TELECOM Vermittlungssystem für mehrere Bitraten *nt*
multiscan: **~ monitor** *n* COMP & DP Multiscan-Monitor *m*
multiscreen *n* TELEV Mehrfachbildschirm *m*
multisection: **~ filter** *n* ELECTRON Mehrkreisfilter *nt*
multisegment: **~ magnetron** *n* ELECTRON Vielschlitzmagnetron *nt*
multiservice: **~ switching system** *n* TELECOM Mehrdienstevermittlungssystem *nt*; **~ vessel** *n* PET TECH, WATER TRANS Mehrzweckbehälter *m*, Mehrzweckschiff *nt*, Mehrzwecktank *m*
multiskirt: **~ system** *n* WATER TRANS Mehrschürzensystem *nt*
multisnack: **~ bagging** *n* PACK Einfüllen von verschiedenen Lebensmitteln in Beutel *nt*
multispindle: **~ arrangement** *n* PROD ENG Mehrspindelanordnung *f*; **~ automatic** *n* PROD ENG Mehrspindelautomat *m*, Mehrspindeldrehautomat *m*; **~ automatic machine** *n* MECHAN ENG Mehrspindeldrehautomat *m*; **~ bar automatic** *n* PROD ENG Mehrspindelstangenautomat *m*; **~ chucking automatic** *n* PROD ENG Mehrspindeldrehautomat *m*, Mehrspindelfutterautomat *m*; **~ design** *n* PROD ENG Mehrspindelbauart *f*; **~ drilling machine** *n* PROD ENG Mehrspindelbohrmaschine *f*
multispiral: **~ scanning disc** *n BrE* TELEV Mehrspiralenabtastscheibe *f*; **~ scanning disk** *n AmE see multispiral scanning disc BrE*
multispline: **~ shaft** *n* MECHAN ENG Mehrfachkeilwelle *f*, Sternkeilwelle *f*
multistage[1] *adj* MECHAN ENG, PROD ENG, TELECOM *plastic valves* mehrstufig
multistage:[2] **~ amplifier** *n* ELECTRON Mehrfachverstärker *m*, Mehrstufenverstärker *m*; **~ circuit** *n* TELECOM mehrstufige Schaltung *f*; **~ compressor** *n* HEAT & REFRIG, MECHAN ENG Mehrstufenkompressor *m*; **~ die** *n* PROD ENG Stufengesenk *nt*; **~ network** *n* TELECOM mehrstufiges Netz *nt*; **~ progression tooling** *n* MECHAN ENG mehrstufiges Folgewerkzeug *nt*; **~ rocket** *n* SPACE Mehrstufenrakete *f*; **~ sampling** *n* QUAL mehrstufige Stichprobenentnahme *f*; **~ turbine** *n* MECHAN ENG Mehrstufenturbine *f*, mehrstufige Turbine *f*
multistandard *adj* TELEV für mehrere Fernsehnormen ausgelegt
multistart[1] *adj* MECHAN ENG, PROD ENG mehrgängig
multistart:[2] **~ thread** *n* MECHAN ENG mehrgängiges Gewinde *nt*; **~ worm** *n* MECHAN ENG mehrgängige Schnecke *f*
multistatement: **~ line** *n* COMP & DP Mehrfachanweisungszeile *f*
multistock: **~ headbox** *n* PAPER Mehrstoffauflauf *m*
multistrand: **~ rope** *n* WATER TRANS mehrschäftiges Tau *nt*
multistress: **~ facility** *n* ERGON Einrichtung zur Erzeugung von Mehrfachbelastungen *f*
multisync: **~ monitor** *n* COMP & DP Multiscan-Monitor *m*
multitasking *n* COMP & DP Multi-Tasking *nt*, gleichzeitige Ausführung mehrerer Jobs *f*, gleichzeitiger Ablauf mehrerer Programme *m*
multithread: **~ program** *n* COMP & DP Mehrpfadprogramm *nt*
multithreading *n* COMP & DP Mehrpfadbetrieb *m*, Mehrwegbetrieb *m*
multitool: **~ lathe** *n* MECHAN ENG Mehrmeißeldrehmaschine *f*
multitrack: **~ recording** *n* ACOUSTICS Mehrspuraufzeichnung *f*; **~ recording system** *n* RECORD Mehrspur-Aufnahmesystem *nt*

multitube: ~ **nozzle** *n* AIR TRANS Mehrfachröhrendüse *f*
multitubular: ~ **boiler** *n* HEAT & REFRIG Heizrohrkessel *m*
multiturn: ~ **potentiometer** *n* ELEC ENG mehrgängiges Potentiometer *nt*
multiunit: ~ **container** *n* PACK Mehreinheitcontainer *m*; ~ **developing tank** *n* PHOTO mehrteiliger Entwicklungsbehälter *m*; ~ **tank spiral** *n* PHOTO Spirale für mehrteiligen Entwicklungsbehälter *f*
multiuser: ~ **system** *n* COMP & DP Gemeinschaftssystem *nt*, Mehrbenutzersystem *nt*, Mehrplatzsystem *nt*
multivariate[1] *adj* ERGON multivariat
multivariate:[2] ~ **quality control** *n* QUAL Qualitätslenkung bei mehreren Merkmalen *f*
multivat: ~ **board machine** *n* PAPER Mehrrundsiebmaschine *f*
multivibrator *n* ELECTRON Kippschaltung *f*, PHYS, RAD TECH, TELECOM Multivibrator *m*
multiwall: ~ **sack** *n* PACK Mehrlagensack *m*
multiwinding: ~ **transformer** *n* ELECT Mehrwicklungs-Transformator *m*
multiwire *adj* MECHAN ENG mehradrig
mumetal *n* PHYS Mumetall *nt*
municipal: ~ **sewage** *n* WASTE kommunales Abwasser *nt*; ~ **sewage works** *n* WASTE kommunale Kläranlage *f*; ~ **solid waste** *n (MSW)* WASTE fester Siedlungsabfall *m*; ~ **waste** *n* POLL Hausmüll *m*, WASTE Siedlungsabfall *m*, kommunaler Abfall *m*, WATER SUP Hausmüll *m*, Stadtmüll *m*; ~ **waste landfill** *n* WASTE Hausmülldeponie *f*
muon *n* PART PHYS *heavy lepton* Myon *nt*, PHYS Müon *nt*; ~ **decay tracks** *n pl* RAD PHYS Müonenzerfallsspuren *f pl*; ~ **magnetic moment** *n* RAD PHYS magnetisches Moment eines Müons *nt*; ~ **neutrino** *n* PART PHYS Myonneutrino *nt*, PHYS Müonneutrino *nt*
murexide *n* CHEMISTRY Murexid *nt*
muscarine *n* CHEMISTRY Hydroxycholin *nt*, Muscarin *nt*
muscular: ~ **endurance** *n* ERGON muskuläre Ausdauer *f*; ~ **strength** *n* ERGON Muskelstärke *f*
mushroom: ~ **anchor** *n* WATER TRANS *mooring* Pilzanker *m*; ~ **follower** *n* MECHAN ENG Pilzstößel *m*; ~ **head** *n* MECHAN ENG *of screw* Flachrundkopf *m*, PROD ENG pilzförmiger Kopf *m*; ~-**head bolt** *n* MECHAN ENG Flachrundkopfschraube *f*; ~ **insulator** *n* ELEC ENG Feuchtraumisolator *m*, Pilzisolator *m*; ~ **stopper** *n* CER & GLAS pilzförmiger Stopfen *m*; ~ **valve** *n* AUTO Pilzventil *nt*, Tellerventil *nt*; ~ **ventilator** *n* WATER TRANS *deck fittings* Pilzkopflüfter *m*
music: ~-**power-handling capacity** *n* RECORD Musikbelastbarkeit *f*; ~ **power rating** *n* RECORD nominelle Musikleistung *f*
musical: ~ **interval** *n* WAVE PHYS *between two notes* Tonintervall *nt*, musikalisches Intervall *nt*; ~ **scale** *n* ACOUSTICS Tonleiter *f*
mustard: ~ **oil** *n* FOOD TECH Senföl *nt*
mustardseed: ~ **oil** *n* FOOD TECH Senföl *nt*
mutation: ~ **leather** *n* PLAS Kunstleder *nt*
muteness *n* ACOUSTICS Stummheit *f*
muting: ~ **device** *n* TELECOM Stummabstimmung *f*; ~ **receiver** *n* RAD TECH Empfänger mit Stummabstimmung *m*
mutton *n* PRINT Geviert *nt*
mutual: ~ **coupling** *n* TELECOM Transformatorkopplung *f*; ~ **impedance** *n* TELECOM Kernwiderstand *m*; ~ **inductance** *n* ELEC ENG Gegeninduktivität *f*, Wechselinduktivität *f*, gegenseitige Induktivität *f*, ELECT Gegeninduktion *f*, PHYS Gegeninduktivität *f*; ~ **inductance coupling** *n* ELEC ENG Gegeninduktivitätskopplung *f*; ~ **induction** *n* ELEC ENG Wechselinduktion *f*, ELECT Gegeninduktion *f*, Wechselinduktion *f*, PHYS Gegeninduktion *f*; ~ **inductors** *n pl* ELECT Gegeninduktoren *m pl*; ~ **synchronization** *n* TELECOM gegenseitige Synchronisierung *f*
MUX *abbr (multiplexer)* COMP & DP, ELECTRON, TELECOM, TELEV MUX *(Multiplexer)*
MW[1] *abbr (medium wave)* RAD TECH MW *(Mittelwelle)*
MW:[2] ~ **band** *n* RAD TECH MW-Bereich *m*
M-wrap *n* TELEV M-Ablauf *m*
Mx *abbr (maxwell)* ELEC ENG, ELECT Mx *(Maxwell)*
mycoprotein *n* FOOD TECH Mycoprotein *nt*
mycotoxin *n* FOOD TECH *phytopathology* Mycotoxin *nt*
mylar: ~ **base** *n* TELEV Mylarsockel *m*
myosin *n* CHEMISTRY Muskeleiweiß *nt*, Myosin *nt*
myrcene *n* CHEMISTRY Myrcen *nt*
myria *adj* METROL Myria- *pref*
myriagram *n* METROL Myriagramm *nt*
myristic *adj* CHEMISTRY Myristin- *pref*
myristin *n* CHEMISTRY Glycerintrimyristat *nt*, Glyceryltetradecanoat *nt*
myristyl *adj* CHEMISTRY Myristyl- *pref*
myronic *adj* CHEMISTRY Myron- *pref*
myrosin *n* CHEMISTRY Myrosin *nt*
mytilotoxin *n* CHEMISTRY Mytilotoxin *nt*

N

n *abbr* ELECT *(neutron)* n *(Neutron)*, ELECT *(turns per unit length)* n *(Windungszahl pro Längeneinheit)*, METROL *(principal quantum number)* n *(Quantenzahl)*, NUC TECH *(neutron)* n *(Neutron)*, NUC TECH *(principal quantum number)* n *(Quantenzahl)*, PART PHYS *(neutron)* n *(Neutron)*, PHYS *(molecular density)* n *(Molekulardichte)*, RAD PHYS *(neutron)* n *(Neutron)*, THERMODYN *(molecular density)* n *(Molekulardichte)*

N[1] *abbr* ELECT *(newton)* N *(Newton)*, ELECT *(number of turns in a winding)* N *(Windungszahl)*, ELECTRON *(noise power)* N *(Rauschleistung)*, FLUID PHYS *(newton)*, HYD EQUIP *(newton)*, METROL *(newton)* N *(Newton)*, METROL *(radiance)* N *(Strahlung)*, NUC TECH *(noise power)* N *(Rauschleistung)*, OPT *(radiance)* N *(Strahlung)*, PHYS *(number of molecules)* N *(Molekülzahl)*

N[2] *(nitrogen)* CHEMISTRY N *(Nitrogenium)*

n^+-type: **~ semiconductor** *n* ELECTRON Halbleiter vom Typ n^+ *m*

N_A *abbr (Avogadro's number, Loschmidt number)* PHYS, THERMODYN N_A *(Avogadrosche Zahl, Loschmidtsche Zahl)*

Na *(sodium)* CHEMISTRY Na *(Natrium)*

NA *abbr (numerical aperture)* ELEC ENG, OPT, PHYS, TELECOM numerische Apertur *f*

nacelle *n* AIR TRANS Flugzeugrumpf *m*, Triebwerksgondel *f*, Zelle *f*; **~ intake ring** *n* AIR TRANS Ansaugring am Flugzeugrumpf *m*, Einlaßring am Flugzeugrumpf *m*

nacreous: **~ pigment** *n* PLAS Perlglanzpigment *nt*, Perlmuttpigment *nt*

NAD *abbr (noise amplitude distribution)* TELECOM Rauschamplitudenverteilung *f*

nagatelite *n* NUC TECH Nagatelit *m*

nail *n* CONST, MECHAN ENG, MECHANICS Nagel *m*; **~ claw** *n* CONST Nagelklaue *f*, Nagelzieheisen *nt*; **~ extractor** *n* CONST Nagelzieher *m*; **~ head** *n* MECHAN ENG Nagelkopf *m*; **~ puller** *n* PACK Kistenöffner *m*, Nagelzieher *m*; **~ punch** *n* CONST Nageltreiber *m*; **~ roof truss** *n* CONST Nageldachbinder *m*; **~ set** *n* CONST Handdurchschläger *m*

nailing: **~ machine** *n* PACK Nagelmaschine *f*

NAK *abbr (negative acknowledgement)* COMP & DP, TELECOM negative Quittung *f*, negative Rückmeldung *f*

naked: **~ wire** *n* PROD ENG Blankdraht *m*

name *n* COMP & DP Name *m*; **~ key** *n* TELECOM Namenstaste *f*; **~ server** *n* TELECOM Namensverzeichnis *nt*

nameplate *n* MECHANICS Typenschild *nt*; **~ source strength** *n* NUC TECH Leistungsangabe eines radioaktiven Präparats *f*

naming *n* WATER TRANS Schiffstaufe *f*

NAND: **~ circuit** *n* ELECTRON NAND-Glied *nt*; **~ gate** *n* COMP & DP NAND-Gate *nt*, NAND-Tor *nt*, ELECTRON NAND-Gatter *nt*, PHYS N-UND-Schaltung *f*, NAND-Gatter *nt*; **~ operation** *n* COMP & DP NAND-Verknüpfung *f*, COMP & DP NAND-Funktion *f*

nano- *pref* METROL Nano- *pref*

nanosecond *n* COMP & DP, TELEV Nanosekunde *f*

nap[1] *vt* TEXT aufrauhen, noppen

nap:[2] **~ the pile** *vi* TEXT ausscheren

napalm *n* THERMODYN Napalm *nt*

Naperian: **~ logarithms** *n pl* MATH natürliche Logarithmen *m pl*

naphtha *n* CHEMISTRY Benzin *nt*, Ligroin *nt*, Naphtha *f*, THERMODYN Naphtha *f*, Rohbenzin *nt*

naphthacene *n* CHEMISTRY Naphthacen *nt*, Tetracen *nt*

naphthalene *n* CHEMISTRY Naphthalen *nt*, Naphthalin *nt*

naphthalenedisulfonic *AmE*, **naphthalenedisulphonic** *BrE*: **~ acid** *n* CHEMISTRY Naphthalendisulfonsäure *f*

naphthalenic *adj* CHEMISTRY Naphthalin- *pref*

naphthane *n* CHEMISTRY Decahydronaphthalin *nt*, Decalin *nt*, Naphthan *nt*

naphthenate *n* CHEMISTRY Naphthenat *nt*

naphthene *n* CHEMISTRY Cycloalkan *nt*, Naphthen *nt*

naphthenic *adj* CHEMISTRY gesättigt alicyclisch, naphthenisch

naphthionic *adj* CHEMISTRY Naphthion- *pref*

naphthoic *adj* CHEMISTRY Naphthoe- *pref*

naphthol *n* CHEMISTRY Hydroxynaphthalin *nt*, Naphthol *nt*

naphtholsulfonic *adj AmE*, **naphtholsulphonic** *adj BrE* CHEMISTRY Naphtholsulfon- *pref*

naphthophenanthrene *n* CHEMISTRY Dibenzanthracen *nt*, Naphthophenantren *nt*

naphthoquinone *n* CHEMISTRY Dihydrodioxonaphthalin *nt*, Naphthochinon *nt*

naphthoyl *n* CHEMISTRY Naphthoyl- *pref*

naphthyl *n* CHEMISTRY Naphthyl- *pref*

naphthylamine *n* CHEMISTRY Aminonaphthalin *nt*, Naphthylamin *nt*

naphthylene *n* CHEMISTRY Naphthylen- *pref*

naphtoxazine *n* CHEMISTRY Naphthoxazin *nt*, Phenoxazin *nt*

nappe *n* GEOM *of cone* Doppelkegelhälfte *f*, HYD EQUIP Wehr *nt*, Überfall *m*

napping *n* TEXT Aufrauhen *nt*, Noppen *nt*, Velourieren *nt*

narceine *n* CHEMISTRY Narcein *nt*

narcotine *n* CHEMISTRY Narcotin *nt*, Noscapin *nt*

naringenin *n* CHEMISTRY Naringenin *nt*, Trihydroxyflavon *nt*

naringin *n* CHEMISTRY Aurantiin *nt*, Naringin *nt*, FOOD TECH Naringin *nt*

narration: **~ track** *n* RECORD Textspur *f*

narrative *n* COMP & DP Erklärung *f*; **~ file** *n* COMP & DP Begleittextdatei *f*; **~ statement** *n* COMP & DP erklärende Anweisung *f*

narrow:[1] **~-band** *adj* COMP & DP Schmalband- *pref*

narrow:[2] **~-angle lens** *n* PHOTO Teleobjektiv *nt*; **~ band** *n* COMP & DP, ELECTRON, RAD TECH, TELECOM Schmalband *nt*; **~-band amplifier** *n* ELECTRON Schmalbandverstärker *m*; **~-band circuit** *n* ELECTRON Schmalbandschaltung *f*; **~-band demodulation** *n* ELECTRON Schmalband-Demodulation *f*; **~-band filter** *n* ELECTRON Filter mit geringer Durchlaßbreite *nt*,

Schmalbandfilter *nt*; **~-band filtering** *n* ELECTRON Schmalbandfiltern *nt*; **~-band frequency modulation** *n* *(NBFM)* ELECTRON, RAD TECH, TELECOM Schmalbandfrequenzmodulation *f* *(SBFM)*; **~-band interference** *n* ELECTRON Schmalbandstörung *f*; **~-band low-pass filter** *n* ELECTRON Schmalband-Tiefpaßfilter *nt*; **~-band low-pass filtering** *n* ELECTRON Schmalband-Tiefpaßfiltern *nt*; **~-band noise** *n* ELECTRON Schmalbandgeräusch *nt*, TELECOM Schmalbandrauschen *nt*; **~ band phase shift keying** *n* *(NBPSK)* TELECOM Schmalband-Phasenumtastung *f*; **~-band receiver** *n* TELECOM Schmalbandempfänger *m*; **~-band rejection filter** *n* ELECTRON Schmalband-Sperrfilter *nt*; **~-band response spectrum** *n* NUC TECH Schmalband-Responsspektrum *nt*; **~ bandsaw hazard** *n* SAFETY Bandsägengefahr *f*; **~-band signal** *n* ELECTRON, TELECOM Schmalbandsignal *nt*; **~-band switch** *n* TELECOM Schmalbandkoppler *m*; **~-band switching network** *n* TELECOM Schmalbandkoppelnetz *nt*; **~-band tube** *n* ELECTRON Schmalbandröhre *f*; **~-band voice modulation** *n* *(NBVM)* TELECOM Schmalband-Sprachmodulation *f*; **~-bore tube** *n* LAB EQUIP Röhre mit engem Bohrloch *f*; **~ fabric** *n* TEXT Bandware *f*, Schmalgewebe *nt*; **~-gage diesel locomotive** *n* *AmE see narrow-gauge diesel locomotive BrE* **~-gage lighting system** *n* *AmE see narrow-gauge lighting system BrE* **~-gage railroad** *n* *AmE (cf narrow-gauge railway BrE)* RAIL Schmalspurbahn *f*; **~-gage track system** *n* *AmE see narrow-gauge track system BrE* **~-gap welding** *n* MECHANICS Engspaltschweißen *nt*; **~-gauge diesel locomotive** *n* *BrE* RAIL Schmalspurdiesellokomotive *f*; **~-gauge lighting system** *n* *BrE* AIR TRANS *runway* Schmalspurbefeuerung *f*; **~-gauge railway** *n* *BrE (cf narrow-gage railroad AmE)* RAIL Schmalspurbahn *f*; **~-gauge track system** *n* *BrE* RAIL Schmalspurschienensystem *nt*; **~ neck container** *n* CER & GLAS Enghalspackung *f*; **~-necked bottle** *n* LAB EQUIP Eng-halsflasche *f*; **~ pulse** *n* ELECTRON schmaler Impuls *m*; **~ single sideband** *n* RAD TECH Schmalband-Einseitenband *nt*; **~ single sideband modulation** *n* RAD TECH Schmalband-Einseitenbandmodulation *f*; **~ ssb** *n* RAD TECH Schmalband-SSB *nt*; **~ ssb-modulation** *n* RAD TECH Schmalband-SSB-Modulation *f*; **~ V belt** *n* MECHAN ENG Schmalkeilriemen *m*

narrowcasting *n* TELEV gezielte Sendung *f*

narrows *n pl* WATER TRANS *geography* Meerenge *f*

NASA *abbr (National Aeronautics and Space Administration)* SPACE NASA *(Nordamerikanische Weltraumbehörde)*

nascent: **~ neutron** *n* NUC TECH freiwerdendes Neutron *nt*

national: **~ code** *n* TELECOM nationaler Code *m*; **~ grid** *n* ELECT, NUC TECH nationales Stromnetz *nt*; **~ navy** *n* WATER TRANS Landesmarine *f*; **~ patent** *n* PAT nationales Patent *nt*; **~ standard** *n* QUAL nationales Normal *nt*; **~ traffic** *n* TELECOM Inlandsverkehr *m*

National: **~ Aeronautics and Space Administration** *n* *(NASA)* SPACE Nordamerikanische Weltraumbehörde *f* *(NASA)*; **~ Television Standards Committee** *n* *AmE (NTSC)* TELEV Amerikanischer Fernsehnormungsausschuß *m* *(NTSC)*

nationality: **~ identification digits** *n pl (NID)* TELECOM Nationalitätskennungsziffern *f pl*

native: **~ character set** *n* COMP & DP maschineneigener Zeichensatz *m*; **~ format** *n* COMP & DP Basisformat *nt*, Ursprungsformat *nt*; **~ mode** *n* COMP & DP Basismodus *m*, Eigenmodus *m*, Standardmodus *m*, Ursprungsmodus *m*

natural[1] *adj* PROD ENG selbsthärtend

natural[2] *n* ACOUSTICS Aufhebungszeichen *nt*; **~ acidification** *n* POLL natürliche Säuerung *f*; **~ ageing** *n* *BrE* METALL natürliches Altern *nt*, PLAS natürliche Alterung *f*, THERMODYN Selbstalterung *f*, natürliche Alterung *f*; **~ aging** *n* *AmE see natural ageing BrE* **~ air circulation** *n* HEAT & REFRIG natürliche Luftbewegung *f*, natürliche Luftumwälzung *f*; **~ air cooling** *n* HEAT & REFRIG Luftselbstkühlung *f*, natürliche Luftkühlung *f*; **~ annual background radiation** *n* RAD PHYS jährliche natürliche Hintergrundstrahlung *f*; **~ circulation boiling water reactor** *n* NUC TECH Siedewasserreaktor mit Naturumlauf *m*; **~ circulation cooling** *n* NUC TECH Kühlung mit Naturumlauf *f*; **~ convection** *n* FLUID PHYS natürliche Konvektion *f*, HEAT & REFRIG Eigenkonvektion *f*; **~ convection cooling** *n* HEAT & REFRIG, NUC TECH natürliche Konvektionskühlung *f*; **~ cooling** *n* THERMODYN Selbstkühlung *f*; **~ coordinates** *n pl* GEOM natürliche Koordinaten *f pl*; **~ draft** *n* *AmE see natural draught BrE* **~ draft cooling** *n* *AmE see natural draught cooling BrE* **~ drainage** *n* WATER SUP natürliche Entwässerung *f*; **~ draught** *n* *BrE* HEAT & REFRIG Selbstzug *m*, natürlicher Luftstrom *m*, natürlicher Luftzug *m*, natürlicher Zug *m*; **~ draught cooling** *n* *BrE* THERMODYN Kühlung durch natürlichen Luftzug *f*; **~ environment** *n* POLL, WATER SUP natürliche Umwelt *f*; **~ fiber** *n* *AmE*, **~ fibre** *n* *BrE* TEXT Naturfaser *f*; **~ frequency** *n* ACOUSTICS, ELECTRON, PHYS Eigenfrequenz *f*; **~ frequency oscillation** *n* ACOUSTICS, ELECTRON, PHYS Eigenfrequenzschwingung *f*; **~ gas** *n* HEAT & REFRIG, PET TECH, POLL, THERMODYN Erdgas *nt*; **~ gas engine** *n* AUTO Naturgasmotor *m*; **~ gas liquid** *n* *(NGL)* PET TECH Erdgaskondensat *nt*; **~ ground water recharge** *n* WATER SUP Grundwassererneuerung *f*, natürliche Grundwasserregenerierung *f*; **~ harbor** *n* *AmE*, **~ harbour** *n* *BrE* WATER TRANS natürlicher Hafen *m*; **~ harmonics** *n pl* WAVE PHYS Eigenfrequenzen *f pl*; **~ high transparency paper** *n* ENG DRAW Natur-Hochtransparentpapier *nt*; **~ language** *n* *(NL)* ART INT, COMP & DP natürliche Sprache *f*; **~ language interface** *n* *(NLI)* ART INT natürlichsprachliche Schnittstelle *f*; **~ language processing** *n* *(NLP)* ART INT Verarbeitung natürlicher Sprache *f*, natürliche Sprachverarbeitung *f*; **~ line width** *n* RAD PHYS natürliche Linienbreite *f*; **~ lining** *n* WASTE natürliche Abdichtung *f*; **~ mode of vibration** *n* ACOUSTICS Eigenschwingungszustand *m*; **~ nuclear reactor** *n* NUC TECH Reaktor mit Naturkühlung *m*; **~ number** *n* COMP & DP natürliche Zahl *f*; **~ oscillation** *n* MECHAN ENG natürliche Schwingung *f*; **~ period** *n* ELECTRON *of oscillations* Eigenperiode *f*; **~ person** *n* PAT natürliche Person *f*; **~ purification** *n* WASTE Selbstreinigung *f*; **~ radioactivity** *n* RAD PHYS natürliche Radioaktivität *f*; **~ radionuclide** *n* RAD PHYS natürlich vorkommendes Radionuklid *nt*; **~ rubber** *n* *(NR)* PLAS Naturkautschuk *m* *(NK)*; **~ sine** *n* GEOM unlogarithmierter Sinus *m*; **~ uranium** *n* NUC TECH Natururan *nt*; **~ uranium fuel** *n* NUC TECH Natururanbrennstoff *m*; **~ uranium slug** *n* NUC TECH *fuel* Natururanblock *m*; **~ ventilation** *n* HEAT & REFRIG Selbstlüftung *f*, NUC TECH natürliche Belüftung *f*; **~ width** *n* NUC TECH *of energy level* natürliche Breite *f*

naturally:[1] **~-aged** *adj* THERMODYN natürlich gealtert

naturally:[2] **~-acid lake** *n* POLL natursauer See *m*; **~-circu-**

lated coolant *n* HEAT & REFRIG natürlich bewegtes Kühlmittel *nt*; ~ **occurring element** *n* NUC TECH natürlich vorkommendes Element *nt*

nature: ~**-identical** *adj* FOOD TECH naturidentisch

naught *n* MATH Null *f*

nautical[1] *adj* WATER TRANS Seefahrts- *pref*, nautisch

nautical:[2] ~ **almanac** *n* WATER TRANS nautisches Jahrbuch *nt*; ~ **mile** *n* WATER TRANS Seemeile *f*

naval[1] *adj* WATER TRANS See- *pref*

naval:[2] ~ **air force** *n* WATER TRANS Marineluftwaffe *f*; ~ **architect** *n* WATER TRANS Schiffbauingenieur *m*; ~ **architecture** *n* WATER TRANS Marineingenieurwesen *nt*, Schiffbau *m*; ~ **base** *n* WATER TRANS Flottenbasis *f*, Marinestützpunkt *m*; ~ **dockyard** *n* WATER TRANS Marinewerft *f*; ~ **engineer** *n* WATER TRANS Marineingenieur *m*; ~ **forces** *n pl* WATER TRANS Seestreitkräfte *f pl*

Naval: ~ **Air Service** *n AmE (cf Fleet Air Arm BrE)* WATER TRANS Marineluftwaffe *f*

Navier-Stokes: ~ **equation** *n* FLUID PHYS, PHYS Navier-Stokessche Gleichung *f*

navigability *n* WATER TRANS Fahrtüchtigkeit *f*, Schiffbarkeit *f*

navigable *adj* WATER TRANS fahrtüchtig, schiffbar, seetüchtig; **in ~ condition** *adj* WATER TRANS *ship* in seetüchtigem Zustand

navigate[1] *vt* WATER TRANS führen, navigieren

navigate[2] *vi* WATER TRANS führen, navigieren, zur See fahren

navigation *n* AIR TRANS Navigation *f*, WATER TRANS Nautik *f*, Navigation *f*, Schiffahrtskunde *f*; ~ **afloat** *n* WATER TRANS Schiffsnavigation *f*; ~ **bridge** *n* WATER TRANS *merchant navy* Brücke *f*, Kommandobrücke *f*; ~ **by sounding** *n* WATER TRANS Navigation nach Lotreihen *f*; ~ **light** *n* AIR TRANS Kennlicht *nt*, Positionslampe *f*, WATER TRANS Positionslaterne *f*, Positionslicht *nt*; ~ **radar** *n* WATER TRANS Navigationsradar *nt*; ~ **warning signal** *n* TELECOM Schiffahrtswarnsignal *nt*

navigational[1] *adj* WATER TRANS navigatorisch

navigational:[2] ~ **aid** *n* WATER TRANS Navigationshilfe *f*; ~ **instrument** *n* WATER TRANS Navigationsgerät *nt*, nautisches Instrument *nt*

navigator *n* WATER TRANS Nautiker *m*, Navigator *m*

naviplane *n* WATER TRANS Naviplan *nt*

navy *n* WATER TRANS Flotte *f*, WATER TRANS *AmE (cf marine BrE)* Marine *f*

Navy: ~ **Navigation Satellite System** *n (NNSS)* WATER TRANS *of US-Marine* Navigationssatellitensystem *nt (NNSS)*

Nb *(niobium BrE)* CHEMISTRY Nb *(Niobium)*

NB *abbr (nominal bore)* NUC TECH Nennbohrung *f*, PROD ENG *plastic valves* Nennweite *f*

NBFM *abbr (narrow-band frequency modulation)* ELECTRON, RAD TECH, TELECOM SBFM *(Schmalband-frequenzmodulation)*

NBPSK *abbr (narrow band phase shift keying)* TELECOM Schmalband-Phasenumtastung *f*

NBVM *abbr (narrow-band voice modulation)* TELECOM Schmalband-Sprachmodulation *f*

NC[1] *abbr (numerical control)* COMP & DP, CONTROL *machine tools*, ELECT, MECHAN ENG, MECHANICS NC *(numerische Steuerung)*

NC:[2] ~ **jig borer** *n* MECHAN ENG numerisch gesteuerte Lehrenbohrmaschine *f*; ~ **machine** *n* MECHAN ENG NC-Maschine *f*

NCC *abbr (network control center AmE, network control centre BrE)* TELECOM Netzkontrollzentrum *nt*

n-channel *n* ELECTRON N-Kanal *m*; ~ **device** *n* ELECTRON N-Kanal-Gerät *nt*; ~ **discrete FET** *n* ELECTRON diskreter N-Kanal-Feldeffekttransistor *m*; ~ **filter** *n* ELECTRON N-Kanal-Filter *nt*; ~ **integrated MOS transistor** *n* ELECTRON integrierter N-Kanal-MOS-Transistor *m*; ~ **metal-oxide semiconductor** *n (NMOS)* ELECTRON NMOS; ~ **silicon-gate MOS process** *n* ELECTRON N-Kanal Silikon-Gate MOS-Prozeß *m*; ~ **technology** *n* ELECTRON N-Kanal-Technologie *f*

N-channel: ~ **FET** *n* RAD TECH N-Kanal FET *m*; ~ **metal-oxide silicon** *n* RAD TECH N-Kanal-Metalloxid-Silizium *nt*

n-core: ~ **cable** *n* ELEC ENG n-adriges Kabel *nt*

Nd *(neodymium)* CHEMISTRY Nd *(Neodymium)*

NDR *abbr (normalized drilling rate)* PET TECH normalisierte Bohrrate *f*

NDT *abbr* MECHAN ENG *(nondestructive testing system)* zerstörungsfreies Prüfverfahren *f*, SPACE *(nondestructive testing) spacecraft* zerstörungsfreie Prüfung *f*

neap: ~ **tide** *n* FUELLESS, WATER TRANS Nipptide *f*

near:[1] ~**-end** *adj* ELEC ENG, TELECOM am nahen Leitungsende

near:[2] ~ **collision** *n* AIR TRANS Fastzusammenstoß *m*; ~**-end crosstalk** *n (NEXT)* ELEC ENG, TELECOM Nahnebensprechen *nt*; ~ **field** *n* OPT, TELECOM Nahfeld *nt*; ~**-field analysis** *n* TELECOM Nahfeldanalyse *f*; ~**-field diffraction pattern** *n* OPT Nahfeldbeugungsmuster *nt*, TELECOM Nahfeldbeugungsdiagramm *nt*; ~**-field intensity** *n* SPACE *communications* Nahfeldstärke *f*; ~**-field pattern** *n* OPT Nahfeldmuster *nt*, TELECOM Nahfelddiagramm *nt*; ~**-field radiation pattern** *n* TELECOM Nahfeldstrahlungsdiagramm *nt*; ~**-field region** *n* OPT, TELECOM Nahfeldbereich *m*; ~**-field scanning technique** *n* OPT, TELECOM Nahfeld-Abtastverfahren *nt*, Nahfeldrasterverfahren *nt*; ~**-letter quality** *n (NLQ)* COMP & DP, PRINT NLQ-Druckmodus *m*, korrespondenzfähiges Schriftbild *nt*; ~**-mesh material** *n* COAL TECH Grenzkorn *nt*; ~ **miss** *n* AIR TRANS Beinahezusammenstoß *m*, Fastzusammenstoß *m*, SPACE Beinahezusammenstoß *m*; ~ **side** *n* AUTO Beifahrerseite *f*; ~ **ultraviolet** *n* RAD PHYS nahes Ultraviolett *nt*

nearest: ~ **neighbor coupling** *n AmE*, ~ **neighbour coupling** *n BrE* NUC TECH *X-ray crystallography* Kopplung mit nächstem Nachbaratom *f*

neat *adj* MAR POLL rein, unverdünnt, unvermischt

neat's: ~ **foot oil** *n* FOOD TECH Rinderklauenöl *nt*

neck[1] *n* AUTO Ansatz *m*, Hals *m*, Stutzen *m*, Zapfen *m*, CER & GLAS, ELECTRON *of cathode-ray tube*, LAB EQUIP *of flask, of retort* Hals *m*, MECHAN ENG Hals *m*, *of roller* Zapfen *m*, MECHANICS Ansatz *m*, Laufzapfen *m*, Verengung *f*, METALL *of rolling mill* Zapfen *m*, PAPER Walzenhals *m*, PROD ENG Einstich *m*, Zapfen *m*; ~ **bearing** *n* MECHAN ENG Halslager *nt*; ~ **of a bottle** *n* CER & GLAS Flaschenhals *m*; ~ **flange** *n* MECHAN ENG *pipe fitting* Ansatzflansch *m*; ~ **molding** *n AmE*, ~ **moulding** *n BrE* CONST Säulenhals *m*; ~ **ring** *n* CER & GLAS Halsring *m*; ~ **ring holder** *n* CER & GLAS Halsringhalter *m*; ~ **shield** *n* SAFETY Nackenschutz *m*

neck[2] *vt* PROD ENG eindrehen, verengen

necked: ~**-down** *adj* PROD ENG eingekehlt

necking *n* MECHAN ENG, METALL, PHYS Einschnürung *f*;

~ **tool** *n* PROD ENG Kehleisen *nt*, Stechmeißel *m*
needle *n* AUTO *carburettor* Nadel *f*, CONST Holzbolzen *m*, Wandeinsteckholz *nt*, INSTR Nadel *f*, Zeiger *m*, MECHAN ENG *of instrument* Zeiger *m*, PAPER Nadel *f*, RECORD *phono* Abspielnadel *f*, TEXT Nadel *f*; ~ **bar** *n* TEXT Nadelbalken *m*; ~ **bearing** *n* MECHAN ENG Nadellager *nt*; ~ **bed** *n* TEXT Nadelbett *nt*; ~ **bush** *n* MECHAN ENG Nadelhülse *f*; ~ **cage** *n* MECHAN ENG Nadelkäfig *m*; ~ **dam** *n* WATER SUP Nadelwehr *nt*; ~ **dial** *n* LAB EQUIP Nadel-Wählscheibe *f*, Nadeleinstell-Skale *f*; ~ **etching** *n* CER & GLAS Nadelätzen *nt*; ~ **file** *n* MECHAN ENG Nadelfeile *f*; ~ **galvanometer** *n* ELECT Nadelgalvanometer *nt*; ~ **holder** *n* RECORD *phonograph* Nadelhalter *m*; ~ **jet** *n* AUTO *carburettor* Nadeldüse *f*; ~ **lubricator** *n* MECHAN ENG Nadelöler *m*; ~ **noise** *n* RECORD *phonograph* Abspielgeräusch *nt*; ~**-nose pliers** *n pl* MECHAN ENG Nadelzange *f*; ~ **roller** *n* MECHAN ENG Nadel *f*; ~ **roller bearing** *n* MECHAN ENG Nadellager *nt*; ~**-shaped crystal** *n* METALL nadelförmiger Kristall *m*; ~**-shaped particle** *n* METALL nadelförmiges Teilchen *nt*; ~**-shaped zone** *n* METALL nadelförmige Zone *f*; ~ **valve** *n* AUTO, FUELLESS, HEAT & REFRIG, LAB EQUIP *gas control*, MECHAN ENG, NUC TECH Nadelventil *nt*; ~ **valve guide** *n* AUTO Nadelventilführung *f*
needled: ~ **felt** *n* PAPER Nadelfilz *m*
needling *n* TEXT Vernadelung *f*
Néel: ~ **point** *n* PHYS Néelscher Punkt *m*; ~ **temperature** *n* ELECT Néelsche Temperatur *f*
negation *n* COMP & DP Negation *f*, Negierung *f*
negative[1] *adj* ELECT, MATH negativ
negative[2] *n* PHOTO, PRINT Negativ *nt*; ~ **acknowledgement** *n (NAK)* COMP & DP, TELECOM negative Quittung *f*, negative Rückmeldung *f*; ~ **air cushion** *n* AUTO Negativluftkissen *nt*; ~ **angle** *n* GEOM negativer Winkel *m*; ~ **bank** *n* AUTO negative Kontaktbank *f*; ~ **bias** *n* ELEC ENG negative Vorspannung *f*; ~ **booster** *n* ELEC ENG Zusatzmaschine in Gegenschaltung *f*; ~ **camber** *n* AUTO negativer Radsturz *m*; ~ **carrier** *n* PHOTO Negativhalter *m*; ~ **charge** *n* ELEC ENG, ELECT *electrostatics*, PHYS negative Ladung *f*; ~ **conductance** *n* ELECT negative Konduktanz *f*; ~ **conductor** *n* ELEC ENG Minusleiter *m*; ~ **curvature** *n* GEOM negative Krümmung *f*; ~ **diazotype film** *n* ENG DRAW Negativlichtpausfilm *m*; ~ **distortion** *n AmE (cf pincushion distortion BrE)* OPT, PHOTO, PHYS kissenförmige Verzeichnung *f*; ~ **echo** *n* TELEV Negativecho *nt*; ~ **electrode** *n* ELEC ENG, ELECT negative Elektrode *f*; ~ **feedback** *n* ELECTRON, RECORD, WAVE PHYS Gegenkopplung *f*, negative Rückkopplung *f*; ~ **feeder** *n* ELECT negative Speiseleitung *f*; ~ **film** *n* PRINT Negativfilm *m*; ~ **glow** *n* PHYS negatives Glimmlicht *nt*; ~**-grounded terminal** *n* AUTO negativ geerdete Anschlußklemme *f*, negativ geerdeter Pol *m*; ~ **image** *n* PHOTO Negativbild *nt*; ~ **impedance** *n* ELEC ENG negative Impedanz *f*; ~ **impedance converter** *n* ELEC ENG Wandler zur Erzeugung negativer Widerstandskennlinien *m*; ~ **integer** *n* MATH negative ganze Zahl *f*; ~ **ion** *n* COAL TECH, ELECT, PHYS, RAD PHYS negativ geladenes Ion *nt*; ~ **justification** *n* TELECOM *coding* Negativstopfen *nt*; ~ **lead filtering** *n* RAD TECH Filterung auf der negativen Zuleitung *f*; ~ **logic** *n* ELECTRON negative Logik *f*; ~ **magnetostriction** *n* ELEC ENG negative Magnetostriktion *f*; ~ **modulation** *n* ELECTRON Negativmodulation *f*; ~ **number** *n* MATH negative Zahl *f*; ~ **photoresist** *n* ELECTRON Negativfotoresist *m*, *integrated circuit* Negativfotolack *m*; ~ **picture phase** *n* TELEV negative Bildphase *f*; ~ **plate** *n* AUTO Minusplatte *f*, negative Platte *f*; ~ **pole** *n* ELEC ENG, ELECT Minuspol *m*, negativer Pol *m*; ~ **power supply** *n* ELEC ENG negative Stromversorgung *f*; ~ **pressure** *n* AUTO, MECHAN ENG, PHYS Unterdruck *m*; ~ **pressure sign** *n* SAFETY Unterdruckhinweis *m*; ~ **print** *n* PHOTO Negativabzug *m*; ~ **rake** *n (cf positive rake)* MECHAN ENG, PROD ENG *of cutting tool* negativer Spanwinkel *m*; ~ **reactance** *n* ELEC ENG kapazitive Reaktanz *f*, kapazitiver Blindwiderstand *m*; ~ **reactivity** *n* NUC TECH negative Reaktivität *f*; ~ **reactor** *n* NUC TECH negativer Reaktor *m*; ~ **resist** *n* ELECTRON Negativlack *m*; ~ **resistance** *n* ELEC ENG, ELECT negativer Widerstand *m*; ~ **resistance amplifier** *n* ELECTRON Negativwiderstandsverstärker *m*; ~ **resistance characteristic** *n* ELEC ENG fallende Widerstandscharakteristik *f*, negative Charakteristik *f*; ~ **resistance diode** *n* ELECTRON Negativwiderstandsdiode *f*; ~ **resistance oscillator** *n* ELECTRON Negativwiderstandsoszillator *m*, PHYS Oszillator mit negativem Widerstand *m*; ~ **scanning** *n* TELEV Negativabtastung *f*; ~ **skin friction** *n* COAL TECH negative Mantelreibung *f*; ~ **sleeve** *n* PHOTO Negativtasche *f*; ~ **terminal** *n* AUTO, ELEC ENG, ELECT Minuspol *m*, negative Anschlußklemme *f*; ~ **video signal** *n* TELEV negatives Videosignal *nt*; ~ **viewer** *n* PHOTO Negativbetrachter *m*; ~ **voltage** *n* ELEC ENG negative Spannung *f*, relative Spannung *f*; ~ **voltage supply** *n* ELEC ENG negative Spannungsversorgung *f*
negatively:[1] ~**-skewed** *adj* GEOM *curve* rechtsschief
negatively:[2] ~**-doped region** *n* PHYS negativ dotierte Zone *f*
negator *n* COMP & DP Inverter *m*, Negator *m*
negatron *n* ELECTRON Negatron *nt*
negotiation *n* RAIL *of curve* Gesamtfahrstraße *f*
neighboring: ~ **layer** *n AmE see neighbouring layer BrE*; ~ **stratum** *n AmE see neighbouring stratum*
neighbourhood *n* METALL Nachbarschaft *f*
neighbouring: ~ **layer** *n BrE* METALL benachbarte Schicht *f*; ~ **stratum** *n* METALL benachbarte Schicht *f*
nematic: ~ **liquid crystal** *n* ELECTRON nematischer Flüssigkristall *m*
neoabietic *adj* CHEMISTRY Neoabietin- *pref*
neoclassical: ~ **pinch effect** *n* NUC TECH neoklassischer Pincheffekt *m*
neodymium *n (Nd)* CHEMISTRY Neodymium *nt (Nd)*; ~ **laser** *n* ELECTRON Neodym-Laser *m*
neoergosterol *n* CHEMISTRY Neoergosterin *nt*
neohexane *n* CHEMISTRY Neohexan *nt*, Triptan *nt*
neon[1] *adj* ELEC ENG, ELECT Neon- *pref*
neon:[2] ~ **fluorescent tube** *n* PHYS Neonröhre *f*; ~ **glow-lamp** *n* ELECT Neonglimmlampe *f*; ~ **indicator** *n* ELEC ENG Neongasanzeiger *m*; ~ **lamp** *n* ELEC ENG Glimmlampe mit Neonfüllung *f*, Neonlampe *f*, Neonlicht *nt*; ~ **tube** *n* ELEC ENG, ELECT, PHYS Neonröhre *f*
neo-pilot: ~ **tone** *n* RECORD Leitton *m*
neoprene *n* CHEMISTRY, CONST, PACK, PLAS Neopren *nt*; ~ **molded seal** *n AmE*, ~ **moulded seal** *n BrE* PLAS Neopren-Weichdichtung *f*
nep *n* TEXT Noppe *f*
NEP *abbr (noise equivalent power)* OPT, TELECOM äquivalente Rauschleistung *f*
neper *n* ACOUSTICS, ELECTRON Neper *nt*, PHYS *unit of attenuation* Neper *nt*, TELECOM Neper *nt*
nepheline *n* CHEMISTRY Nephelin *m*; ~ **syenite** *n* CER &

GLAS Nephelinsyenit *m*
nephelometer *n* LAB EQUIP *turbidity* Trübungsmesser *m*
neptunium *n (Np)* CHEMISTRY Neptunium *nt (Np)*
Nernst: ~ **bridge** *n* ELEC ENG Nernst-Brücke *f*
nerol *n* CHEMISTRY Dimethyloctadienol *nt*, Nerol *nt*
nest:[1] ~ **of gearwheels** *n* MECHAN ENG Rädersatz *m*; ~ **of intervals** *n* MATH *set theory* geschachtelte Intervalle *nt pl*; ~ **of springs** *n* MECHAN ENG Federsatz *m*
nest[2] *vt* COMP & DP verschachteln, PROD ENG satzweise ineinander anordnen
nested[1] *adj* COMP & DP verschachtelt
nested:[2] ~ **loop** *n* COMP & DP verschachtelte Schleife *f*; ~ **macrocall** *n* COMP & DP verschachtelter Makroaufruf *m*; ~ **procedure** *n* COMP & DP verschachtelte Prozedur *f*; ~ **structure** *n* COMP & DP verschachtelte Struktur *f*
nesting *n* COMP & DP Verschachteln *nt*, Verschachtelung *f*; ~ **box** *n* PACK Schachteleinheit *f*; ~ **level** *n* COMP & DP Verschachtelungsebene *f*, Verschachtelungsgrad *m*; ~ **magazine** *n* PACK Stapelspeicher *m*; ~ **store** *n* COMP & DP Stapelspeicher *m*, Verschachtelungsspeicher *m*
net[1] *adj* METROL, NUC TECH, POLL Netto- *pref*
net[2] *n* COMP & DP Netz *nt*, Netzwerk *nt*; ~ **area** *n* FUELLESS *of collector* Nettofläche *f*; ~ **breeding rate** *n* NUC TECH Netto-Brutrate *f*; ~ **charge** *n* ELEC ENG Ladungssumme *f*, Nettoladung *f*; ~ **control station** *n* ELECT Netzkontrollzentrum *nt*, Netzzentrale *f*; ~ **donator** *n* POLL Nettodonator *m*; ~ **heat loss** *n* HEAT & REFRIG Nettowärmeverlust *m*; ~ **positive suction head** *n* NUC TECH *of pump* erforderliche Zulaufhöhe *f*; ~ **receiver** *n* POLL Reinvorlage *f*; ~ **registered tonnage** *n* WATER TRANS Nettoregistertonnage *f*; ~ **sling** *n* WATER TRANS *cargo* Ladenetz *nt*; ~ **time interval** *n* TRANS Nettozeitintervall *nt*; ~ **ton** *n* METROL Nettotonne *f*; ~ **tonnage** *n* PET TECH Nettotonnage *f*, WATER TRANS Nettotonnage *f*, Nettotonnengehalt *m*; ~ **weight** *n* METROL kleines Gewicht *nt*, PACK Nettogewicht *nt*; ~ **wing area** *n* AIR TRANS Nettoflügelfläche *f*
netting *n* CONST Geflecht *nt*, *wire* Netzflechtwerk *nt*
network:[1] ~**-like** *adj* AIR TRANS *structure* netzartig
network[2] *n* COMP & DP Netz *nt*, Netzwerk *nt*, Vernetzung *f*, CONST *power supply, pipes* Netz *nt*, CONTROL Netz *nt*, Netzwerk *nt*, ELECT, PLAS Netz *nt*, TELECOM Netz *nt*, Netzwerk *nt*, TELEV Senderkette *f*, TRANS Netz *nt*; ~ **access control** *n* COMP & DP Netzzugriffssteuerung *f*, Netzzugriffsüberwachung *f*; ~ **analyser** *n BrE* COMP & DP Netzanalysierer *m*, Netzwerkanalysator *m*, ELEC ENG Netzmodell *nt*, Netzwerkanalysator *m*, ELECT Netzanalysator *m*, TELECOM Netzwerkanalysator *m*; ~ **analysis** *n* COMP & DP, ELEC ENG, ELECT Netzanalyse *f*, Netzwerkanalyse *f*; ~ **analyzer** *n AmE see network analyser BrE* ~ **architecture** *n* COMP & DP, ELEC ENG Netzarchitektur *f*, Netzwerkarchitektur *f*; ~ **breakdown** *n* TELECOM Netzausfall *m*; ~ **broadcast repeater station** *n* TELEV Rundfunkumsetzer *m*; ~ **carrier** *n* TELECOM Netzanbieter *m*; ~ **of circuit elements** *n* ELEC ENG, TELECOM Schaltungsnetz *nt*; ~ **constant** *n* ELEC ENG Netzwerkkonstante *f*; ~ **control** *n* TRANS Netzsteuerung *f*; ~ **control center** *n AmE*, ~ **control centre** *n BrE (NCC)* TELECOM Netzkontrollzentrum *nt*; ~ **control channel** *n* COMP & DP Netzwerksteuerkanal *m*; ~ **controller** *n* COMP & DP Netzüberwacher *m*; ~ **control program** *n* COMP & DP Netzwerksteuerprogramm *nt*; ~ **control room** *n* TELEV Sendezentrale *f*; ~ **coordination station** *n* SPACE *communications* Leitstation *f*; ~ **coverage** *n* TELEV Sendebereich *m*; ~ **cue** *n* TELEV Sendekettenzeichen *nt*; ~ **database** *n* COMP & DP Netzdatenbank *f*; ~ **delay** *n* COMP & DP Netzverzögerung *f*; ~ **design** *n* COMP & DP Netzwerkentwurf *m*; ~ **diagram** *n* COMP & DP Netzplan *m*, Netzwerkplan *m*; ~ **former** *n* CER & GLAS Netzwerkbildner *m*; ~ **gateway** *n* TELECOM Gateway *m*, Netzkoppler *m*; ~ **identification** *n* TELEV Sendekettenkennung *f*; ~ **interconnection** *n* COMP & DP Netzkupplung *f*, Netzverbund *m*; ~ **interface card** *n* COMP & DP Netzschnittstellenkarte *f*; ~ **layer** *n* COMP & DP Vermittlungsschicht *f*; ~ **level** *n* COMP & DP Netzebene *f*; ~ **load analysis** *n* COMP & DP Netzbelastungsanalyse *f*; ~ **management** *n* COMP & DP Netzführung *f*, Netzverwaltung *f*, Netzwerkverwaltung *f*; ~ **management center** *n AmE*, ~ **management centre** *n BrE (NMC)* TELECOM Netzführungszentrum *nt*, Netzverwaltungszentrale *f*; ~ **manager** *n* COMP & DP Netzwerkmanager *m*; ~ **map** *n* COMP & DP Netzplan *m*, TELECOM *data storage* Netzkarte *f*; ~ **model** *n* COMP & DP Netzmodell *nt*, Netzwerkmodell *nt*; ~ **modifier** *n* CER & GLAS Netzwerkwandler *m*; ~ **name** *n* COMP & DP Netzwerkname *m*; ~ **operating system** *n* COMP & DP Netzbetriebssystem *nt*; ~ **parameters** *n pl* PHYS Schaltkreisparameter *m pl*; ~ **processor** *n* COMP & DP Netzwerkprozessor *m*; ~ **protection** *n* ELECT Netzschutz *m*; ~ **sector** *n* ELECT *power* Netzebene *f*; ~ **simulator** *n* COMP & DP Netzwerksimulator *m*; ~ **spur** *n* ELEC ENG Netzausläufer *m*; ~ **station** *n* COMP & DP Netzstation *f*; ~ **of stations** *n* ELEC ENG Stationsnetz *nt*; ~ **supervision and management** *n* TELECOM Netzüberwachung- und -führung *f*; ~ **supervisor** *n* TELECOM Netzaufsicht *f*; ~ **synthesis** *n* ELEC ENG Netzwerksynthese *f*, Systemsynthese *f*, ELECT Netzsynthese *f*; ~ **theory** *n* ELEC ENG Netzwerktheorie *f*; ~ **topology** *n* COMP & DP Netzwerktopologie *f*; ~ **transformation** *n* RAD TECH Netzwerkumwandlung *f*; ~ **of transmitters** *n* ELEC ENG *TV*, TELEV Sendernetz *nt*; ~ **virtual terminal** *n* COMP & DP virtuelle Netzwerkdatenstation *f*
networking *n* COMP & DP Netzwerkbetrieb *m*
neural: ~ **net** *n (NN)* ART INT, COMP & DP neurales Netz *nt*, neurales Netzwerk *nt (NN)*; ~ **network** *n (NN)* ART INT, COMP & DP neurales Netz *nt*, neurales Netzwerk *nt (NN)*
neuraminic *adj* CHEMISTRY Neuramin- *pref*
neurodine *n* CHEMISTRY Neurodin *nt*
neuron *n* COMP & DP Neuron *nt*
neutral[1] *adj* ELECT, PHYS neutral; ~**-rake** *adj* PROD ENG ohne Spanwinkel
neutral[2] *n* AUTO *gearbox* Leerlaufstellung *f*; ~ **amber glass** *n* CER & GLAS Normalbraunglas *nt*; ~ **armature** *n* ELECT neutraler Anker *m*; ~ **atom** *n* PART PHYS neutrales Atom *nt*; ~ **atom beam injection** *n* NUC TECH Neutralteilchenstrahlinjektion *f*; ~ **axis** *n* CONST Nullachse *f*, neutrale Achse *f*, MECHAN ENG neutrale Achse *f*; ~ **compensator** *n* ELEC ENG Erdschlußreaktanz *f*, Löschtransformator *m*; ~ **conductor** *n* ELEC ENG *wire* Mittelleiter *m*, Nulleiter *m*; ~ **current** *n* PHYS neutraler Strom *m*; ~ **density filter** *n* PHOTO Neutralfilter *nt*; ~ **element** *n* MATH *in group theory* neutrales Element *nt*; ~ **flame** *n* CONST Normalflamme *f*; ~ **gas** *n* SPACE neutrales Gas *nt*; ~ **glass** *n* CER & GLAS Normalglas *nt*; ~ **particle** *n* PART PHYS, PHYS Neutralteilchen *nt*; ~ **particle detector** *n* NUC TECH Detektor für ungeladene Teilchen *m*; ~ **point** *n* PHYS Nullpunkt *m*, Sternpunkt *m*; ~ **point displacement voltage** *n* ELECT Nullpunktverschiebungs-Spannung *f*; ~ **polar relay** *n* ELEC ENG neutrales Polarrelais *nt*; ~ **position** *n* AUTO

Leerlaufstellung *f*, MECHAN ENG Ruhestellung *f*; ~ **relay** *n* ELEC ENG neutrales Relais *nt*, ELECT Nullpunktrelais *nt*; ~ **salt spray test** *n* COATINGS Neutralsalzsprühnebeltest *m*; ~ **sulfite** *n AmE see neutral sulphite BrE* ~ **sulfite pulp** *n AmE see neutral sulphite pulp BrE* ~ **sulphite** *n BrE* PAPER Neutralsulfit *nt*; ~ **sulphite pulp** *n BrE* PAPER Neutralsulfitzellstoff *m*; ~ **terminal** *n* ELECT Nullpunktklemme *f*; ~**-tinted glass** *n* CER & GLAS getöntes Normalglas *nt*; ~ **transmission** *n* COMP & DP neutrale Übertragung *f*; ~ **white glass** *n* CER & GLAS Normalweißglas *nt*; ~ **wire** *n* ELECT Nullpunktdraht *m*, Sternpunktdraht *m*; ~ **zone** *n* ELEC ENG neutrale Zone *f*

neutralization *n* CHEMISTRY Entsäuerung *f*, Neutralisation *f*, COAL TECH, ELEC ENG Neutralisation *f*, ELECT Neutralisierung *f*, NUC TECH Abklingen *nt*, PLAS Neutralisation *f*, Neutralisieren *nt*, RAD TECH, WASTE Neutralisierung *f*; ~ **pond** *n* NUC TECH Abklingbecken *nt*

neutralized: ~ **amplifier** *n* ELECTRON neutralisierter Verstärker *m*

neutralizer *n* CHEMISTRY Neutralisationsmittel *nt*, Neutralisator *m*, WASTE Neutralisationsmittel *nt*

neutralizing: ~ **agent** *n* SAFETY Neutralisierungsmittel *nt*, WASTE Neutralisationsmittel *nt*

neutrino *n* PART PHYS, RAD PHYS Neutrino *nt*

neutron *n (n)* ELECT, NUC TECH, PART PHYS, RAD PHYS Neutron *nt (n)*; ~ **absorber** *n* NUC TECH Neutronenabsorber *m*; ~**-absorbing reaction** *n* NUC TECH neutronenabsorbierende Reaktion *f*; ~ **activation logging** *n* NUC TECH Neutronenaktivierungsaufzeichnung *f*; ~ **beam** *n* PART PHYS, RAD PHYS Neutronenstrahl *m*; ~ **burst** *n* NUC TECH *reactor* Neutronenausbruch *m*; ~ **capture** *n* PART PHYS, RAD PHYS Neutroneneinfang *m*; ~ **converter donut** *n AmE*, ~ **converter doughnut** *n BrE* NUC TECH Neutronenkonverter-Flußverstärker *m*; ~ **counter tube** *n* NUC TECH Neutronenzählrohr *nt*; ~ **excess** *n* PART PHYS, RAD PHYS *isotopic number* Neutronenüberschuß *m*; ~ **field per fission** *n* PHYS Neutronenausbeute per Spaltereignis *f*; ~ **flux** *n* NUC TECH Neutronenfluß *m*; ~ **gamma log** *n* PET TECH Neutronen-Gammalog *nt*; ~ **log** *n* FUELLESS Neutronenaufzeichnung *f*, PET TECH Neutronenlog *nt*; ~ **logging** *n* PET TECH Neutronenmessung *f*; ~ **mass** *n (mn)* NUC TECH, PART PHYS, RAD PHYS Neutronenmasse *f (mn)*; ~ **multiplication constant** *n (k)* NUC TECH *in nuclear reactor* Neutronenmultiplikationskonstante *f (k)*; ~**-neutron log** *n* PET TECH Neutronen-Neutronenlog *nt*; ~ **number** *n* PART PHYS, RAD PHYS Neutronenzahl *f*; ~ **radiative capture** *n* PART PHYS, RAD PHYS Neutroneneinfang *m*; ~ **scattering** *n* PART PHYS, RAD PHYS Neutronenstreuung *f*; ~ **shield** *n* NUC TECH Neutronenabschirmung *f*; ~ **source** *n* NUC TECH Neutronenquelle *f*; ~ **star** *n* SPACE Neutronenstern *m*; ~ **thermalization** *n* PART PHYS, RAD PHYS Thermalisierung von Neutronen *f*; ~ **yield** *n* PART PHYS, RAD PHYS Neutronenausbeute *f*

new[1] *adj* QUAL Neu- *pref*

new:[2] ~ **Austrian tunnelling method** *n* CONST neue österreichische Bauweise *f*; ~ **candle** *n* OPT neue Kerze *f*; ~ **edition** *n* PRINT Neuauflage *f*; ~ **element storage drum** *n* NUC TECH Lagerfaß für neue Brennelemente *nt*; ~ **fuel** *n* NUC TECH neuer Kernbrennstoff *m*; ~ **fuel assembly** *n* NUC TECH neues Brennelement *nt*; ~ **fuel element** *n* NUC TECH neues Brennelement *nt*; ~ **paragraph** *n (np)* PRINT Absatzwechsel *m*, neuer Absatz *m*; ~ **plant** *n* POLL neue Betriebsanlage *f*

newel *n* CONST Austrittspfosten *m*, Spindel *f*, Treppenpfosten *m*; ~ **post** *n* CONST massive Treppenspindel *f*

news *n* TELEV Nachrichten *f pl*; ~ **network** *n* TELEV Nachrichtensenderkette *f*

newscast *n* TELEV Nachrichtensendung *f*

newscaster *n* TELEV Nachrichtensprecher *m*

newspaper: ~ **column** *n* PRINT Zeitungsspalte *f*

newsprint *n* PAPER Zeitungsdruckpapier *nt*, PRINT Zeitungsdruck *m*

newsroom *n* TELEV Nachrichtenstudio *nt*

newton *n (N)* ELECT, FLUID PHYS, HYD EQUIP, METROL *unit* Newton *nt (N)*

Newtonian: ~ **fluid** *n* FLUID PHYS Newtonsche Flüssigkeit *f*; ~ **mechanics** *n* PHYS Newtonsche Mechanik *f*; ~ **telescope** *n* PHYS Newtonsches Fernrohr *nt*

Newton's: ~ **disc** *n* OPT Newton-Scheibe *f*; ~ **disk** *n see Newton's disc* ~ **law** *n* FLUID PHYS *of cooling* Newtonsches Abkühlungsgesetz *nt*; ~ **rings** *n pl* FLUID PHYS Newtonsche Ringe *m pl*, PHOTO Interferenzfarben *f pl*, Newtonsche Ringe *m pl*

NEXT *abbr (near-end crosstalk)* ELEC ENG, TELECOM Nahnebensprechen *nt*

NGL *abbr (natural gas liquid)* PET TECH Erdgaskondensat *nt*

Ni *(nickel)* CHEMISTRY Ni *(Nickel)*

niacinamide *n* CHEMISTRY Nicotinamid *nt*, Nicotinsäureamid *nt*, Pyridin-Carbonsäureamid *nt*

nialamide *n* CHEMISTRY Nialamid *nt*

nibble *n* COMP & DP Halbbyte *nt*, Vier-Bit-Byte *nt*

NiCad: ~ **battery** *n* PHOTO *flash* Nickel-Cadmium-Akku *m*; ~ **cell** *n* RAD TECH Nickel-Cadmium-Zelle *f*

niccolite *n* CHEMISTRY Niccolit *m*, Nickelin *m*

NiCd *abbr (nickel-cadmium)* PHOTO, RAD TECH NiCd *(Nickel-Cadmium)*

nick[1] *n* MECHAN ENG Kerbe *f*, Scharte *f*, PRINT *movable type* Signatur *f*, PROD ENG Kerbe *f*

nick[2] *vt* PROD ENG einkerben

nickel[1] *adj* CHEMISTRY Nickel- *pref*; ~**-clad** *adj* PROD ENG nickelplattiert

nickel[2] *n (Ni)* CHEMISTRY Nickel *nt (Ni)*; ~ **alloy** *n* COATINGS Nickellegierung *f*; ~ **arsenide** *n* CHEMISTRY Niccolit *m*, Nickelin *m*; ~**-cadmium** *n (NiCd)* PHOTO, RAD TECH Nickel-Cadmium *nt (NiCd)*; ~**-cadmium battery** *n* AUTO Nickel-Cadmium-Batterie *f*, Nickel-Cadmium-Stahlakkumulator *m*, ELEC ENG Nickel-Cadmium-Batterie *f*, SPACE Nickel-Cadmium-Akkumulator *m*; ~**-cadmium cell** *n* ELEC ENG, RAD TECH Nickel-Cadmium-Zelle *f*; ~ **chrome steel** *n* METALL Chromnickelstahl *m*; ~ **chromium steel** *n* METALL Chromnickelstahl *m*; ~**-hydroxide** *n* SPACE Nickelhydroxid *nt*; ~**-iron battery** *n* ELEC ENG Nickel-Eisen-Batterie *f*; ~**-iron storage battery** *n* AUTO Nickeleisen-Akkumulator *m*; ~ **plating** *n* ELECT Nikkelplattierung *f*, PROD ENG galvanisches Vernickeln *nt*; ~ **silver** *n* ELEC ENG Nickelsilber *nt*, METALL Neusilber *nt*; ~ **steel** *n* METALL Nickelstahl *m*; ~**-zinc storage battery** *n* AUTO Nickel-Zink-Akkumulator *m*

nickel:[3] ~**-clad** *vt* PROD ENG nickelplattieren

nickeliferous *adj* PROD ENG nickelhaltig

nickelize *vt* PROD ENG vernickeln

nicker *n* MECHAN ENG *of centre bit* Vorschneidzahn *m*

nicking *n* PROD ENG Kerbung *f*, Nuteneinschleifen *nt*; ~ **machine** *n* COAL TECH Schlitzmaschine *f*

Nicol: ~ **prism** *n* PHYS Nicol-Prisma *nt*

nicotinamide *n* CHEMISTRY Nicotinamid *nt*, Nicotinsäureamid *nt*, Pyridin-Carbonsäureamid *nt*
nicotyrine *n* CHEMISTRY Nicotyrin *nt*
NID *abbr (nationality identification digits)* TELECOM Nationalitätskennungsziffern *f pl*
Ni-Fe: **~ battery** *n* SPACE *spacecraft* Eisen-Nickel-Akkumulator *m*
night: **~ range** *n* AIR TRANS Nachtreichweite *f*; **~ service** *n* TELECOM Nachtdienst *m*; **~ storage heater** *n* HEAT & REFRIG Nachtspeicherheizgerät *nt*, THERMODYN Nachtstromspeicherheizung *f*; **~ storage heating** *n* HEAT & REFRIG, THERMODYN Nachtspeicherheizung *f*; **~ tariff** *n* ELECT Nachttarif *m*; **~ wave** *n* AIR TRANS Nachtwelle *f*; **~ work** *n* SAFETY Nachtarbeit *f*
nil *n* MATH Null *f*
nine: **~'s complement** *n* COMP & DP Neunerkomplement *nt*; **~ digit counter** *n* PACK Zählautomat für neun Ziffern *m*
ninety: **~-degree bore** *n* PROD ENG *plastic valves* Winkelbohrung *f*
niobite *n* CHEMISTRY Niobit *m*
niobium *n BrE (cf Nb , columbium AmE)* CHEMISTRY Niobium *nt*
nip *n* PAPER Walzenspalt *m*; **~ pressure** *n* PAPER Walzenanpreßdruck *m*
nipper: **~ pliers** *n* CONST, MECHANICS, PROD ENG Kneifzange *f*
nippers *n* CONST, MECHAN ENG, PROD ENG Kneifzange *f*
nipple *n* CONST Anschlußstück *nt*, Nippel *m*, MECHAN ENG, PAPER Nippel *m*, PROD ENG Schraubenverbindung *f*
nit *n* OPT *unit* Nit *nt*
niter *n AmE see nitre BrE*
nitometer: **~-luxmeter** *n* OPT Instrument zur Messung von Leuchtdichte und Beleuchtungsstärke *nt*
nitramine *n* CHEMISTRY Nitramin *nt*, Pikrylmethyl *nt*
nitrate[1] *n* CHEMISTRY, POLL Nitrat *nt*; **~ base** *n* PHOTO Nitrofilmunterlage *f*
nitrate[2] *vt* CHEMISTRY mit Salpetersäure behandeln, nitrieren
nitrated: **~ cellulose** *n* CHEMISTRY Collodium *nt*
nitratine *n* CHEMISTRY Natronsalpeter *m*
nitration *n* CHEMISTRY Nitrieren *nt*, Nitrierung *f*
nitrazine *n* CHEMISTRY Nitrazin- *pref*
nitre *n BrE* CHEMISTRY Kaliumnitrat *nt*
nitric[1] *adj* CHEMISTRY salpetersauer
nitric:[2] **~ acid** *n* CHEMISTRY Salpetersäure *f*, Ätzwasser *nt*, POLL Salpetersäure *f*; **~ ester** *n* CHEMISTRY Salpetrigsäureester *m*; **~ oxide** *n* POLL Stickoxid *nt*
nitridation *n* CHEMISTRY Aufsticken *nt*, Nidridhärten *nt*
nitride[1] *n* CHEMISTRY Nitrid *nt*; **~ fueled reactor** *n AmE*, **~ fuelled reactor** *n BrE* NUC TECH Nitridreaktor *m*; **~ hardening** *n* MECHANICS Nitrierhärtung *f*
nitride[2] *vt* CHEMISTRY nitrieren, nitrierhärten
nitrided: **~ steel** *n* MECHANICS Nitrierstahl *m*, Verstickstahl *m*
nitriding *n* MECHAN ENG Nietrieren *nt*; **~ steel** *n* METALL Nitridstahl *m*
nitrification *n* CHEMISTRY Salpeterbildung *f*
nitrify[1] *vt* CHEMISTRY nitrifizieren
nitrify[2] *vi* CHEMISTRY nitrieren
nitrile *n* CHEMISTRY Nitril *nt*; **~ rubber** *n* PLAS, PROD ENG *plastic valves* Nitrilkautschuk *m*
nitrine *n* CHEMISTRY Nitrin *nt*
nitrite *n* CHEMISTRY Nitrit *nt*
nitro- *pref* CHEMISTRY Nitro- *pref*
nitroaniline *n* CHEMISTRY Aminonitrobenzol *nt*, Nitroanilin *nt*
nitrobenzene *n* CHEMISTRY Nitrobenzen *nt*, Nitrobenzol *nt*
nitrocellulose: **~ lacquer** *n* CONST Nitrolack *m*
nitrochloroform *n* CHEMISTRY Chlorpikrin *nt*
nitroethane *n* CHEMISTRY Nitroethan *nt*
nitroforme *n* CHEMISTRY Nitroform *nt*
nitrogen *n (N)* CHEMISTRY Nitrogenium *nt (NT)*, Stickstoff *m*; **~-cooled reactor** *n* NUC TECH stickstoffgekühlter Reaktor *m*; **~ cover gas** *n* NUC TECH Stickstoff als Schutzgas *m*; **~ dioxide** *n* CHEMISTRY, POLL Stickstoffdioxid *nt*, SAFETY *air* Stickdioxid *nt*; **~ oxide** *n* WASTE Stickoxid *nt*; **~ pentoxide** *n* POLL Stickstoffpentoxid *nt*; **~ peroxide** *n* POLL Stickstoffdioxid *nt*; **~ purging** *n* SPACE *spacecraft* Stickstoffspülung *f*
nitrogenous *adj* CHEMISTRY stickstoffhaltig
nitroglycerin *n* CHEMISTRY Glycerintrinitrat *nt*, Glyceroltrinitrat *nt*, Nitroglycerin *nt*
nitromannite *n* CHEMISTRY Mannithexanitrat *nt*
nitrometer *n* CHEMISTRY Azotometer *nt*, Nitrometer *nt*
nitromethane *n* CHEMISTRY Nitromethan *nt*
nitronaphthalene *n* CHEMISTRY Nitronaphthalin *nt*
nitrophenol *n* CHEMISTRY Nitrophenol *nt*
nitrosate *n* CHEMISTRY Nitrosat *nt*
nitrosation *n* CHEMISTRY Nitrosierung *f*
nitrosite *n* CHEMISTRY Nitrosit *nt*
nitrosulfuric *AmE*, **nitrosulphuric** *BrE*: **~ acid** *n* CHEMISTRY Nitrosylhydrogensulfat *nt*
nitrosyl *n* CHEMISTRY Nitrosyl- *pref*
nitrotartaric: **~ acid** *n* CHEMISTRY Nitroweinsäure *f*
nitrotoluene *n* CHEMISTRY Nitrotoluol *nt*
nitrous[1] *adj* CHEMISTRY Salpeter- *pref*, nitros
nitrous:[2] **~ oxide** *n* CHEMISTRY Distickoxid *nt*, Stickstoffoxid *nt*, POLL Distickstoffoxid *nt*
nitryl *n* CHEMISTRY Nitryl- *pref*; **~ chloride** *n* CHEMISTRY Nitrylchlorid *nt*
nivenite *n* NUC TECH Nivenit *m*
Nixie: **~ tube®** *n* ELECTRON Nixie-Röhre® *f*
NL *abbr (natural language)* COMP & DP natürliche Sprache *f*
NLP *abbr (natural language processing)* ART INT natürliche Sprachverarbeitung *f*
NLQ *abbr (near-letter quality)* COMP & DP, PRINT NLQ-Druckmodus *m*, korrespondenzfähiges Schriftbild *nt*
NMC *abbr (network management center AmE, network management centre BrE)* TELECOM Netzführungszentrum *nt*, Netzverwaltungszentrale *f*
N-methylaminoacetic: **~ acid** *n* CHEMISTRY Methylaminoessigsäure *f*, N-Methylglykokoll *nt*, Sarcosin *nt*
NMI *abbr (nonmaskable interrupt)* COMP & DP nicht maskierbare Unterbrechung *f*
NMOS[1] *abbr (n-channel metal-oxide semiconductor)* ELECTRON NMOS
NMOS:[2] **~ chip** *n* ELECTRON NMOS-Chip *m*; **~ component** *n* ELECTRON NMOS-Komponente *f*; **~ integrated circuit** *n* ELECTRON NMOS-Integrationsschaltung *f*; **~ logic** *n* ELECTRON NMOS-Logik *f*; **~ transistor** *n* ELECTRON NMOS-Transistor *m*
NMR[1] *abbr (nuclear magnetic resonance)* PART PHYS, PET TECH NMR *(magnetische Kernresonanz)*
NMR:[2] **~ log** *n* NUC TECH Kernspinresonanzlog *nt*
N,N: **~-diphenylthiourea** *n* CHEMISTRY N,N'-Diphenylthioharnstoff *m*, Thiocarbanilid *nt*
NN *abbr (neural net, neural network)* ART INT see neural

net, COMP & DP NN *(neurales Netz)*
NNSS *abbr (Navy Navigation Satellite System)* WATER TRANS NNSS *(Navigationssatellitensystem)*
No *(nobelium)* CHEMISTRY No *(Nobelium)*
nobelium *n (No)* CHEMISTRY Nobelium *nt (No)*
noble: ~ **metal** *n* METALL, POLL Edelmetall *nt*, edles Metall *nt*; ~ **metal thermocouple** *n* INSTR Edelmetall-thermoelement *nt*, edles Thermoelement *nt*
no-break: ~ **power supply** *n* SPACE unterbrechungslose Stromversorgung *f*
no-charge: ~ **call** *n* TELECOM gebührenfreier Anruf *m*
nocturnal: ~ **phase** *n* SPACE Nachtphase *f*
nodal: ~ **current** *n* ELECT Knotenstrom *m*; ~ **expansion method** *n* NUC TECH Knotenpunktentwicklungsmethode *f*; ~ **line** *n* ACOUSTICS, RECORD Knotenlinie *f*; ~ **plane** *n* PHOTO Hauptebene *f*, PHYS Knotenebene *f*; ~ **point** *n* PHYS, PROD ENG Knotenpunkt *m*
node *n* ACOUSTICS Knotenpunkt *m*, COMP & DP Knoten *m*, Netzknoten *m*, ELEC ENG Netzknoten *m*, ELECT Knoten *m*, Knotenpunkt *m*, Netzknoten *m*, ELECTRON Spannungsknoten *m*, Verzweigungspunkt *m*, *network* Netzknoten *m*, METALL Sattelpunkt *m*, PROD ENG Knoten *m*, TELECOM *network* Knoten *m*, Netzknoten *m*, WAVE PHYS *of stationary wave* Knoten *m*; ~ **of oscillation** *n* ELECTRON Schwingungsknoten *m*; ~ **processor** *n* COMP & DP Knotenprozessor *m*, Netzknotenprozessor *m*
nodular[1] *adj* METALL knollenförmig, PROD ENG kugelig
nodular:[2] ~ **cast iron** *n* PROD ENG *plastic valves* Späroguß *m*; ~ **corrosion** *n* NUC TECH *fuel element* nodulare Korrosion *f*
nodularize *vi* PROD ENG Kugelgraphit bilden
nodule *n* CER & GLAS *blowing wool* Knoten *m*, COAL TECH Erzniere *f*
no-fines: ~ **concrete** *n* CONST entfeinter Beton *m*, haufwerksporiger Beton *m*
nog: ~ **plate** *n* CER & GLAS Holzplatte *f*; ~ **plate chevron runner bars** *n* CER & GLAS Zickzacklaufschienen *f pl*; ~ **plate spiral runner bars** *n* CER & GLAS Spirallaufschienen *f pl*
nogging *n* CONST Ausfachung *f*, Ausmauerung *f*; ~ **piece** *n* CONST Holzriegel *m*
no-go[1] *adj* MECHAN ENG, PROD ENG Ausschuß- *pref*
no-go:[2] ~ **end** *n* MECHAN ENG *of gauge* Ausschußseite *f*; ~ **gage** *n AmE*, ~ **gauge** *n BrE* MECHAN ENG Ausschußlehre *f*
noise *n* ACOUSTICS Geräusch *nt*, Lärm *m*, Rauschen *nt*, COMP & DP Rauschen *nt*, Störung *f*, ELECTRON Geräusch *nt*, Rauschen *nt*, ERGON Lärm *m*, PHYS Geräusch *nt*, Rauschen *nt*, RAD TECH Rausch- *pref*, RECORD Rauschen *nt*, SAFETY *explosion* Knall *m*, *factory, traffic* Lärm *m*, TELECOM *interference* Geräusch *nt*, Rauschen *nt*, Störung *f*, TELEV Rauschen *nt*, WAVE PHYS Lärm *m*; ~ **abatement** *n* SAFETY Schalldämmung *f*; ~ **abatement door** *n* SAFETY Schallschlucktür *f*; **~-abating foam panel** *n* SAFETY Schaumschalldämmplatte *f*; **~-abating wall** *n* SAFETY Schalldämmwand *f*; ~ **absorption device** *n* MECHAN ENG Lärmschutzvorrichtung *f*; ~ **amplitude distribution** *n (NAD)* TELECOM Rauschamplitudenverteilung *f*; ~ **barrier** *n* CONST Lärmschutzwand *f*; ~ **blanker** *n* RAD TECH Rauschunterdrücker *m*; ~ **blanking** *n* RAD TECH Rauschunterdrückung *f*; ~ **canceling** *n AmE*, ~ **cancelling** *n BrE* INSTR Rauschunterdrückung *f*; ~ **control** *n* CONST Lärmbekämpfung *f*, SAFETY Lärmreduzierung *f*; ~ **diode** *n* ELECTRON Rauschdiode *f*; ~ **equivalent power** *n (NEP)* OPT, TELECOM äquivalente Rauschleistung *f*; ~ **exposure** *n* ERGON Lärmexposition *f*; ~ **factor** *n* ELECTRON Rauschzahl *f*, PHYS Rauschfaktor *m*, Rauschzahl *f*; ~ **field** *n* TELEV Rauschbild *nt*; ~ **figure** *n (F)* ELECTRON, RAD TECH Rauschzahl *f (F)*; ~ **filter** *n* RECORD Störschutzfilter *nt*; ~ **floor** *n* RECORD Störpegel *m*; **~-free signal** *n* INSTR rauschfreies Signal *nt*; ~ **generator** *n* ELECTRON Rauschgenerator *m*, Rauschquelle *f*, TELECOM Rauschgenerator *m*; ~ **immunity** *n* COMP & DP Störfestigkeit *f*; **~-induced hearing impairment** *n* SAFETY durch Lärm verursachter Hörschaden *m*; **~-induced hearing loss** *n* ERGON Lärmschwerhörigkeit *f*; **~-insulating equipment** *n* SAFETY Gerät zur Geräuschisolierung *nt*; ~ **level** *n* RECORD Störpegel *m*, TELECOM Geräuschpegel *m*, Rauschpegel *m*, WAVE PHYS Rauschpegel *m*; ~ **limiter** *n* RECORD Störbegrenzer *m*; ~ **masking** *n* TELECOM Überdeckung durch Geräusch *f*; ~ **modulation** *n* RECORD Geräuschmodulation *f*, TELEV Rauschmodulation *f*; ~ **nuisance** *n* ACOUSTICS Lärmbelästigung *f*; ~ **pollution** *n* POLL, SAFETY Lärmbelästigung *f*; ~ **power** *n (N)* ELECTRON, NUC TECH *reactor* Rauschleistung *f (N)*; ~ **protection booth** *n* SAFETY schalldichte Kammer *f*; ~ **protection for compressors** *n* SAFETY Kompressorenschalldämpfer *m*; **~-protective capsules and plugs** *n pl* SAFETY Ohrenstopfen *m pl*; **~-protective hood** *n* SAFETY Schallschluckhaube *f*; **~-protective insulating glass** *n* SAFETY Schallschluckglas *nt*; ~ **pulse limiter** *n* RAD TECH Impulsstörungsbegrenzer *m*; ~ **rating curves** *n pl* ERGON Lärmbeurteilungskurven *f pl*; ~ **reducer** *n* RECORD Rauschunterdrücker *m*; ~ **reduction** *n* RECORD Rauschunterdrückung *f*; ~ **shield** *n* RECORD Störschutzschirm *m*; ~ **signal** *n* TELEV Rauschsignal *nt*; ~ **source** *n* ELECTRON Rauschquelle *f*, POLL Lärmquelle *f*; ~ **suppression** *n* ELEC ENG, RECORD Funkentstörung *f*, Rauschunterdrückung *f*; ~ **suppressor** *n* ELEC ENG, RECORD Rauschunterdrücker *m*; ~ **temperature** *n* ELEC ENG Rauschtemperatur *f*; ~ **with vibration** *n* SAFETY Lärm mit Vibration *m*; ~ **and vibration measuring equipment** *n* SAFETY Schall- und Vibrationsmesser *m*; ~ **voltage** *n* ELEC ENG Störspannung *f*
noiseless[1] *adj* SAFETY geräuschlos
noiseless:[2] ~ **motor** *n* SAFETY geräuschloser Motor *m*; **~-recording system** *n* RECORD geräuscharmes Aufnahmesystem *nt*; ~ **running** *n* SAFETY geräuschloser Lauf *m*; **~-timing chain** *n* AUTO geräuschlose Steuerkette *f*
noisy: ~ **blacks** *n pl* TELEV verrauschte Schwarzwerte *m pl*; ~ **digit** *n* COMP & DP Normierungsbit *nt*; ~ **mode** *n* COMP & DP Fließkommamodus *m*
no-load[1] *adj* AIR TRANS unbelastet, PROD ENG Leerlauf- *pref*
no-load:[2] ~ **characteristic** *n* AIR TRANS Leerlaufcharakteristik *f*; ~ **current** *n* ELECT Ruhestrom *m*; ~ **direct voltage** *n* ELECT unbelastete Gleichspannung *f*; ~ **force** *n* NUC TECH *manipulator* Leistung ohne Last *f*; ~ **heat consumption** *n* CER & GLAS Nullastwärmeverbrauch *m*; ~ **loss** *n* ELECT Verlust im Ruhezustand *m*, Verlust im unbelasteten Zustand *m*; ~ **operation** *n* AIR TRANS Leerlaufbetrieb *m*, ELEC ENG lastfreier Betrieb *m*, MECHAN ENG Leerlauf *m*; ~ **start** *n* ELECT belastungsfreies Anfahren *nt*; ~ **test** *n* ELECT Null-Last-Prüfung *f*, Null-Last-Testen *nt*, lastfreie Prüfung *f*

nominal: ~ **bore** *n (NB)* NUC TECH *of pipe, tube* Nennbohrung *f*, PROD ENG *(NB) plastic valves* Nennweite *f*; ~ **capacity** *n* CER & GLAS Nennleistung *f*; ~ **characteristic** *n* QUAL Nominalmerkmal *nt*; ~ **content** *n* PACK Nenngehalt *m*; ~ **diameter** *n* MECHAN ENG Nenndurchmesser *m*; ~ **gust velocity** *n* AIR TRANS Böennenngeschwindigkeit *f*; ~ **load** *n* ELECT Nennlast *f*; ~ **operating conditions** *n pl* SPACE *spacecraft* Nennbetriebsbedingungen *f pl*; ~ **pressure** *n* PROD ENG *plastic valves* Nenndruck *m*; ~ **size** *n* HEAT & REFRIG Nennweite *f*, MECHAN ENG Nenngröße *f*, Nennmaß *nt*, PACK Nenngröße *f*; ~ **stress** *n* METALL Nennspannung *f*; ~ **thickness** *n* TEST Nenndicke *f*, Nennstärke *f*; ~ **thrust** *n* SPACE *in vacuum* Nennschub *m*; ~ **value** *n* ELECT Nennwert *m*; ~ **voltage** *n* ELECT *of system* Nennspannung *f*; ~ **width** *n* MECHAN ENG Nennweite *f*

no-mixing: ~ **cascade** *n* NUC TECH nicht mischende Kaskade *f*

nomograph *n* PHYS Nomogramm *nt*

nonacidic: ~ **lake** *n* POLL nicht saurer See *m*

nonacosane *n* CHEMISTRY Nonacosan *nt*

nonagon *n* GEOM Neuneck *nt*

nonamphibious: ~ **hovercraft** *n* WATER TRANS nicht amphibisches Luftkissenfahrzeug *nt*

nonane *n* CHEMISTRY Nonan *nt*

nonapproved *adj* TELECOM nicht zugelassen

nonaqueous: ~ **electrolyte battery** *n* AUTO nicht wäßrige Elektrolysebatterie *f*

nonarcing *adj* ELEC ENG funkenfrei, nicht funkenbildend

nonassociated: ~ **gas** *n* PET TECH trockenes Erdgas *nt*

nonautomatic: ~ **loom** *n* TEXT nicht automatischer Webstuhl *m*

nonbaking[1] *adj* COAL TECH nicht backend

nonbaking:[2] ~ **coal** *n* COAL TECH nicht backende Kohle *f*

nonbinary: ~ **code** *n* TELECOM nicht binärer Code *m*

nonbiodegradable: ~ **packaging** *n* PACK, WASTE persistente Packstoffe *m pl*; ~ **waste** *n* WASTE biologisch nicht abbaubarer Abfall *m*

nonbituminous: ~ **coal** *n* COAL TECH Magerkohle *f*

nonblocking: ~ **concentrator** *n* ELEC ENG nicht sperrender Konzentrator *m*; ~ **network** *n* ELEC ENG nicht sperrendes Netzwerk *nt*, TELECOM blockierungsfreies Netz *nt*; ~ **switch** *n* ELEC ENG nicht sperrender Schalter *m*

nonbonding: ~ **electron** *n* NUC TECH Nicht-Bindungselektron *nt*

nonboosted: ~ **antenna repeater system** *n* TELECOM Antennenrelaissystem ohne Verstärkung *nt*

nonbridging: ~ **contacts** *n pl* ELEC ENG brückenlose Kontakte *m pl*, kurzschlußfreie Kontakte *m pl*

nonbroadcast: ~ **rights** *n pl* TELEV nicht rundfunkbezogene Rechte *nt pl*

nonbusy: ~ **hours** *n pl* TELECOM Zeiten niedriger Verkehrsbelastung *f pl*

noncaking *adj* COAL TECH nicht backend

noncapacitive[1] *adj* ELEC ENG kapazitätsfrei, ELECT kapazitätsfrei, nicht kapazitiv

noncapacitive:[2] ~ **load** *n* ELEC ENG kapazitätsfreie Last *f*

nonchipping *adj* PROD ENG spanlos

noncircularity *n* OPT, TELECOM *of cladding, core* Unrundheit *f*

noncoherent: ~ **swept tone modulation** *n* TELECOM nicht kohärente Wobbeltonmodulation *f*

noncohesive: ~ **soil** *n* COAL TECH nicht bindiger Boden *m*

noncoking *adj* COAL TECH unverkokt

noncombustibility: ~ **test** *n* SAFETY Unbrennbarkeitstest *m*

noncombustible: ~ **residue** *n* WASTE inertisierter Rückstand *m*

noncompensated: ~ **motor** *n* ELEC ENG nicht kompensierter Motor *m*

noncompliance *n* QUAL Nichterfüllung *f*

noncompostable: ~ **waste** *n* WASTE nicht kompostierbarer Abfall *m*

nonconcentrator: ~ **solar cell** *n* ELEC ENG Solarzelle ohne Konzentrator *f*

noncondensed: ~ **discharge** *n* ELEC ENG unverdichtete Entladung *f*

nonconducting: ~ **state** *n* ELEC ENG nicht leitender Zustand *m*

nonconductive *adj* ELEC ENG nicht leitend

nonconductor *n* ELECT Nichtleiter *m*

nonconflicting: ~ **traffic flows** *n pl* TRANS konfliktfreie Verkehrsströme *f pl*

nonconformance *n* QUAL Fehler *m*; ~ **report** *n* QUAL Abweichungsbericht *m*, Mängelbericht *m*, Qualitätsbeanstandung *f*; ~ **reporting** *n* QUAL Fehlerberichterstattung *f*

nonconforming[1] *adj* QUAL beanstandet, fehlerhaft

nonconforming:[2] ~ **item** *n* QUAL fehlerhafte Einheit *f*; ~ **product** *n* QUAL Fehlprodukt *nt*

nonconformity *n* QUAL Fehler *m*, Nichtübereinstimmung *f*; ~ **report** *n* QUAL Mängelbericht *m*

nonconservation: ~ **of parity** *n* PHYS Nichterhaltung der Parität *f*

nonconsumable: ~ **electrode** *n* CONST Dauerelektrode *f*

noncontact[1] *adj* ELECT berührungsfrei

noncontact:[2] ~ **suspension** *n* AUTO kontaktlose Aufhängung *f*

noncontacting: ~ **seal** *n* MECHAN ENG berührungsfreie Dichtung *f*

noncoplanar *adj* PROD ENG nicht in einer Ebene liegend

noncrowned *adj* PROD ENG *kinematics* ohne Balligkeit

noncutting: ~ **return of the tool** *n* MECHAN ENG *machine tool* Rücklauf des Werkzeugs *m*; ~ **shaping** *n* MECHAN ENG spanlose Formgebung *f*; ~ **stroke** *n* MECHAN ENG *machine tool* Rücklauf *m*

nondairy: ~ **product** *n* FOOD TECH Kunstmilchprodukt *nt*, Milchimitat *nt*

nondedicated: ~ **signaling channel** *n AmE*, ~ **signalling channel** *n BrE* TELECOM nicht festgeschalteter Zeichengabekanal *m*

nondestructive: ~ **materials testing** *n* NUC TECH zerstörungsfreie Werkstoffprüfung *f*; ~ **read** *n* COMP & DP nicht löschendes Lesen *nt*; ~ **test** *n* MECHAN ENG, PHYS nicht zerstörende Prüfung *f*, zerstörungsfreie Prüfung *f*; ~ **testing** *n* MECHAN ENG zerstörungsfreies Prüfverfahren *f*, SPACE *(NDT) spacecraft* zerstörungsfreie Prüfung *f*; ~ **testing system** *n (NDT)* MECHAN ENG zerstörungsfreies Prüfsystem *nt*

nondimensional: ~ **diameter** *n* FUELLESS unterdimensionierter Durchmesser *m*

nondirected: ~ **graph** *n* ART INT nicht gerichteter Graph *m*, ungerichteter Graph *m*

nondirectional: ~ **filaments** *n pl* PLAS *nonwovens* ungerichtete Endlosfasern *f pl*

nondispersive: ~ **medium** *n* PHYS streuungsfreies Medium *nt*

nondriving: ~ **free length** *n* PROD ENG Leertrum *nt*

nonencapsulated: ~-**winding dry type reactor** *n* ELECT

Reaktor mit luftisolierter Spule *m*, Reaktor mit nicht-gekapselter Trockenspule *m*; **~-winding dry-type transformer** *n* ELECT Transformator mit luftisolierter Spule *m*, Transformator mit nicht-gekapselter Trockenspule *m*

nonene *n* CHEMISTRY Nonen *nt*

nonequilibrium: **~ mode distribution** *n* OPT Modenverteilung bei Ungleichgewicht *f*, TELECOM nicht stationäre Modenverteilung *f*

nonequivalence: **~ function** *n* COMP & DP Antivalenzfunktion *f*; **~ gate** *n* COMP & DP Antivalenzglied *nt*, Antivalenztor *nt*; **~ operation** *n* COMP & DP Antivalenzverknüpfung *f*, exklusive ODER-Verknüpfung *f*

nonerasable: **~ storage** *n* COMP & DP Festwertspeicher *m*, Totspeicher *m*, nicht löschbarer Speicher *m*, Permanentspeicher *m*

non-Euclidean: **~ geometry** *n* GEOM nicht euklidische Geometrie *f*

nonexpansion: **~ engine** *n* MECHAN ENG Volldruckmaschine *f*

nonfat *adj* FOOD TECH fettfrei

nonferrous[1] *adj* ELECT, PROD ENG NE- *pref*, Nichteisen- *pref*

nonferrous:[2] **~ castings** *n pl* PROD ENG Metallguß *m*; **~ metals regulations** *n pl* SAFETY Vorschriften über Nichteisenmetalle *f pl*

nonflammable[1] *adj* CHEMISTRY nicht entflammbar, SAFETY unbrennbar, TEST flammfest, nicht brennbar, nicht entflammbar

nonflammable:[2] **~ liquid extinguisher** *n* SAFETY Flüssigkeitslöscher *m*

nonfood: **~ packaging** *n* FOOD TECH nicht für Lebensmittel geeignete Verpackung *f*

nonfreezing *adj* HEAT & REFRIG kältebeständig

nonfrost: **~ susceptible soil** *n* COAL TECH nicht frostanfälliger Boden *m*

non-Gaussian: **~ noise** *n* TELECOM Nicht-Gaußsches Rauschen *nt*

nongeometrical: **~ quantity** *n* ENG DRAW nicht geometrische Größe *f*

nonhierarchical: **~ system** *n* TELECOM nicht hierarchisches System *nt*

nonimpact: **~ printer** *n* COMP & DP anschlagfreier Drucker *m*, nicht mechanischer Drucker *m*

noninductive[1] *adj* ELECT induktionsfrei, nicht induktiv

noninductive:[2] **~ circuit** *n* ELECT induktionsfreier Stromkreis *m*, nicht induktive Schaltung *f*; **~ load** *n* ELECT induktionsfreie Last *f*, nicht induktive Last *f*; **~ resistor** *n* ELECT induktionsfreier Widerstand *m*; **~ winding** *n* ELECT nicht induktive Wicklung *f*

noninflammable *adj* PACK nicht entflammbar

noninstrument: **~ runway** *n* AIR TRANS Sichtanflugpiste *f*

noninteracting: **~ control** *n* IND PROCESS entkoppelte Mehrgrößenregelung *f*

noninverting[1] *adj* ELEC ENG nicht invertierend, nicht umkehrend

noninverting:[2] **~ buffer** *n* RAD TECH nicht invertierender Puffer *m*

nonionizing: **~ radiation** *n* RAD PHYS nicht ionisierende Strahlung *f*

nonkinking[1] *adj* PHYS drehungsfrei, rotationsfrei, PROD ENG dressiert

nonkinking:[2] **~ rope** *n* WATER TRANS drallfreies Tau *nt*

nonlamellar: **~ pearlite** *n* METALL unstreifiger Perlit *m*

nonlinear[1] *adj* ELECT, PHYS, RAD TECH, TELECOM nicht linear

nonlinear:[2] **~ amplification** *n* TELECOM nicht lineare Verstärkung *f*; **~ amplifier** *n* ELECTRON nicht linearer Verstärker *m*; **~ circuit** *n* TELECOM nicht lineare Schaltung *f*; **~ conditions** *n* ELEC ENG nicht lineare Bedingungen *f*; **~ digital speech** *n* TELECOM nicht lineares digitales Sprachsignal *nt*; **~ distortion** *n* ELECTRON, RECORD, TELECOM nicht lineare Verzerrung *f*; **~ element** *n* ELEC ENG nicht lineares Glied *nt*; **~ filtering** *n* TELECOM nicht lineares Filtern *nt*; **~ interpolation** *n* TELECOM nicht lineare Interpolation *f*; **~ network** *n* ELEC ENG nicht lineares Netzwerk *nt*; **~ oscillation** *n* TELECOM nicht lineare Schwingung *f*; **~ potentiometer** *n* ELEC ENG nicht lineares Potentiometer *nt*; **~ programming** *n* COMP & DP nicht lineare Programmierung *f*, nicht lineares Programmieren *nt*; **~ resistance** *n* TELECOM nicht linearer Widerstand *m*; **~ resistor** *n* ELECT nicht linearer Widerstand *m*; **~ scale** *n* ELEC ENG, METROL nicht lineare Skale *f*; **~ scattering** *n* OPT, TELECOM nicht lineare Streuung *f*; **~ Stark effect** *n* PHYS nicht linearer Stark-Effekt *m*

nonlining: **~ figures** *n pl* PRINT Mediävalziffern *f pl*

nonlocalized: **~ fringes** *n pl* PHYS nicht lokalisierte Interferenzlinien *f pl*

nonlocking *adj* COMP & DP, CONTROL Entriegelungs- *pref*

nonmagnetic[1] *adj* CHEMISTRY antimagnetisch, nicht magnetisch, ELECT nicht magnetisch, PHYS unmagnetisch

nonmagnetic:[2] **~ steel** *n* ELECT nicht magnetischer Stahl *m*

nonmaskable: **~ interrupt** *n (NMI)* COMP & DP nicht maskierbare Unterbrechung *f*

nonmechanical: **~ hazards** *n pl* SAFETY nicht mechanische Gefahren *f pl*

nonmetallic: **~ inclusion** *n* METALL nicht metallischer Einschluß *m*

nonmigratory: **~ plasticizer** *n* PLAS nicht migrierender Weichmacher *m*, wanderungsbeständiger Weichmacher *m*

nonmonotonic: **~ reasoning** *n (cf monotonic reasoning)* ART INT nicht monotones Schließen *nt*

nonnegative: **~ numbers** *n pl (cf nonpositive numbers)* MATH nicht negative Zahlen *f pl*

nonodorous *adj* PACK geruchlos

nonoic: **~ acid** *adj* CHEMISTRY Nonansäure *f*

nonoperable: **~ instruction** *n* COMP & DP nicht ausführbare Anweisung *f*

nonoriented: **~ graph** *n* ART INT nicht gerichteter Graph *m*, ungerichteter Graph *m*

nonose *n* CHEMISTRY Nonose *f*

nonpalletized *adj* PROD ENG ohne Werkstückträger

nonplastic[1] *adj* CONST nicht plastisch

nonplastic:[2] **~ fracture** *n* PROD ENG Sprödbruch *m*

nonpolar: **~ dielectric** *n* PHYS nicht polares Dielektrikum *nt*; **~ solvent** *n* PLAS unpolares Lösemittel *nt*

nonpolarized: **~ electrolytic capacitor** *n* ELEC ENG ungepolter Elektrolytkondensator *m*; **~ relay** *n* ELEC ENG neutrales Relais *nt*, neutrales unpolarisiertes Relais *nt*, ELECT nicht gepoltes Relais *nt*

nonpositive[1] *adj* MECHAN ENG *connection*, PROD ENG kraftschlüssig

nonpositive:[2] **~ numbers** *n pl (cf nonnegative numbers)* MATH nicht positive Zahlen *f pl*

nonpressure: **~ casting** *n* PROD ENG Schwerkraftguß *m*; **~ thermic welding** *n* PROD ENG Thermitschmelzschweißen *nt*

nonprinting: ~ **key** *n* COMP & DP nicht schreibende Taste *f*

nonprocedural: ~ **language** *n* COMP & DP nicht verfahrensorientierte Programmiersprache *f*

nonreactive: ~ **load** *n* ELECT nicht reaktive Last *f*

nonreciprocal: ~ **circuit** *n* TELECOM nicht reziproke Schaltung *f*; ~ **wave guide** *n* TELECOM nicht reziproker Wellenleiter *m*

nonrecoverable: ~ **waste** *n* WASTE nicht rückgewinnbare Abfälle *m pl*

nonrecurrent: ~ **cost** *n* SPACE einmalige Kosten *f pl*; ~ **pulse** *n* ELECTRON einmaliger Impuls *m*, unperiodischer Impuls *m*

nonrecursive: ~ **filter** *n* TELECOM nicht rekursives Filter *nt*; ~ **pulse** *n* ELECTRON einmaliger Impuls *m*

nonreflecting: ~ **glass** *n* CER & GLAS entspiegeltes Glas *nt*

nonregenerative: ~ **repeater** *n* ELECTRON *radio* rückkopplungsfreie Relaisstation *f*, *telephone* rückkopplungsfreier Verstärker *m*

nonrenewable: ~ **fuse** *n* ELECT Schmelzsicherung *f*, nicht ersetzbare Sicherung *f*

nonrepeatable: ~ **measurement** *n* METROL nicht wiederholbare Messung *f*

nonreproductible *adj* PACK nicht reproduzierbar

nonrequired: ~ **time** *n* QUAL Betriebspausenzeit *f*

nonreserved: ~ **space** *n* TRANS Fahrbahn für allgemeinen Verkehr *f*, nicht reservierter Parkplatz *m*

nonresinous *adj* PROD ENG harzfrei

nonresonant: ~ **line** *n* ELECTRON aperiodische Leitung *f*

nonreturn: ~**-to-zero modulation** *n (NRZ modulation)* TELECOM Modulation ohne Rückkehr zu Null *f (NRZ-Modulation)*; ~**-to-zero recording** *n (NRZ recording)* COMP & DP Aufzeichnung ohne Rückkehr zu Null *f (NRZ-Aufzeichnung)*; ~ **valve** *n* CONST, FUELLESS, MECHAN ENG, PROD ENG Rückschlagventil *nt*

nonreturnable: ~ **bottle** *n* PACK Einwegflasche *f*, Flasche ohne Pfand *f*, WASTE Einwegflasche *f*; ~ **container** *n* WASTE Einwegverpackung *f*; ~ **packaging** *n* FOOD TECH Einwegverpackung *f*, Wegwerfverpackung *f*, PACK Einwegverpackung *f*; ~ **pallet** *n* PACK Einwegpalette *f*

nonreusable[1] *adj* COMP & DP nicht wiederverwendbar

nonreusable:[2] ~ **pallet** *n* TRANS Einwegpalette *f*

nonreversible: ~ **motor** *n* ELECT nicht reversierbarer Motor *m*; ~ **plug** *n* ELECT nicht reversierbarer Stecker *m*, polarisierter Stecker *m*

nonrotating: ~ **star** *n* AIR TRANS *helicopter* nicht rotierender Stern *m*

nonrubbing *adj* PROD ENG nicht schleifend

nonsalient: ~ **pole** *n* ELECT *electrical machine* nicht mit erweitertem ausgeprägtem Pol *m*

nonsaturated: ~ **logic** *n* ELECTRON ungesättigte Logik *f*

nonself: ~**-sustained discharge** *n* ELEC ENG unselbständige Entladung *f*

nonshorting: ~ **switch** *n* ELEC ENG Kurzschlußlos-Schalter *m*

nonskidding *adj* TRANS rutschfest, rutschfrei

nonslip[1] *adj* SAFETY, WATER TRANS rutschfest

nonslip:[2] ~ **deck paint** *n* WATER TRANS *boatbuilding* Gleitschutz-Deckfarbe *f*; ~ **differential** *n* AUTO selbstsperrendes Ausgleichsgetriebe *nt*

nonslump: ~ **properties** *n pl* PLAS Standvermögen *nt*

nonspill: ~ **battery** *n* AUTO *electrical system* säuredichte Batterie *f*

nonstaining *adj* PLAS nicht färbend, nicht verfärbend

nonstandard: ~ **control track** *n* TELEV nicht standardisierte Steuerspur *f*

nonstop: ~ **flight** *n* AIR TRANS Nonstop Flug *m*; ~ **rapid transit system** *n* TRANS Schnellverkehrssystem ohne Zwischenhaltestation *nt*; ~ **train** *n* RAIL durchgehender Zug *m*; ~ **urban transportation** *n* TRANS städtisches Transportsystem ohne Zwischenhaltestation *nt*

nonsync *adj* TELEV nicht synchronisiert

nonterminating: ~ **decimal** *n* MATH unendliche Dezimalzahl *f*

nontoxic *adj* COATINGS ungiftig

nontransparent: ~ **bearer service** *n* TELECOM nicht transparenter Trägerdienst *m*

nonturret *adj* PROD ENG ohne Revolverkopf

nonuniform: ~ **motion** *n* PHYS ungleichförmige Bewegung *f*; ~ **source of radiation** *n* RAD PHYS inhomogene Strahlungsquelle *f*

nonvoice: ~ **communication** *n* TELECOM Nichtsprachkommunikation *f*

nonvolatile[1] *adj* COMP & DP nicht flüchtig, nullspannungsgesichert

nonvolatile:[2] ~ **content** *n* PLAS Nichtflüchtiges *nt*, nicht flüchtige Bestandteile *m pl*; ~ **memory** *n* COMP & DP Strukturspeicher *m*, energieunabhängiger Speicher *m*, nicht flüchtiger Speicher *m*, ELEC ENG nicht flüchtiger Speicher *m*

nonwaste: ~ **technology** *n (NWT)* WASTE abfallfreie Technologie *f*

nonwirewound: ~ **potentiometer** *n* ELECT Nicht-Draht-Potentiometer *nt*; ~ **resistor** *n* ELEC ENG nicht drahtgewickelter Widerstand *m*

nonwound: ~ **rotor** *n* ELEC ENG Läufer ohne Schleifring *m*

nonwoven: ~ **carpet** *n* TEXT nicht gewebter Teppich *m*; ~ **mat** *n* PLAS Nonwoven-Matte *f*; ~ **scrim** *n* CER & GLAS Nonwoven-Scrim *nt*, nicht gewebte Matte *nt*, nicht gewebtes Glasgarngelege *nt*

nonwovens *n pl* TEXT Textilverbundstoffe *m pl*

nonyellowing *adj* PLAS *paint* nicht vergilbend, vergilbungsbeständig

nonyl *adj* CHEMISTRY Nonan- *pref*, Nonyl- *pref*

nonylene *n* CHEMISTRY Nonen *nt*

nonzero *adj* MATH *number* ungleich Null

noon: ~ **sight** *n* WATER TRANS *celestial navigation* Mittagsbesteck *nt*

NO-OP[1] *abbr (no-operation)* COMP & DP NO-OP *(Nulloperation)*

NO-OP:[2] ~ **instruction** *n* COMP & DP NO-OP Befehl *m*

no-operation *n (NO-OP)* COMP & DP Nulloperation *f*, keine Operation *f (NO-OP)*; ~ **instruction** *n* COMP & DP Nulloperationsbefehl *m*

no-play *adj* PROD ENG *plastic valves* spielfrei

NOR: ~ **circuit** *n* COMP & DP NOR-Glied *nt*; ~ **gate** *n* COMP & DP NOR-Gatter *nt*; ~ **operation** *n* COMP & DP NOR-Verknüpfung *f*

noradrenaline *n* CHEMISTRY Noradrenalin *nt*, Norepinephrin *nt*

norator *n* PHYS Norator *m*

norbornadiene *n* CHEMISTRY Norbornadien *nt*

norbornane *n* CHEMISTRY Norbornan *nt*

Nordhausen: ~ **acid** *n* CHEMISTRY Nordhausersche Schwefelsäure *f*, Oleum *nt*, rauchende Schwefelsäure *f*

norephedrine *n* CHEMISTRY Norephedrin *nt*

no-reply: ~ **call** *n* TELECOM unbeantworteter Anruf *m*

normal[1] *adj* PHYS *at right angles* normal, senkrecht

normal[2] *n* GEOM Normale *f*, Senkrechte *f*; ~ **acceleration** *n* MECHAN ENG Normalbeschleunigung *f*; ~ **arm's reach** *n* ERGON Eignungstest *m*; ~ **auditory sensation area** *n* ACOUSTICS normale Hörfläche *f*; ~ **axis** *n* AIR TRANS Hochachse *f*; ~ **brake application** *n* RAIL normale Bremsbetätigung *f*; ~ **conditions** *n pl* MECHAN ENG Normalbedingungen *f pl*; ~ **coordinates** *n pl* PHYS Normalkoordinaten *f pl*, rechtwinklige Koordinaten *f pl*; ~ **coupling** *n* NUC TECH *of pipes* normale Verbindung *f*; ~ **curve of distribution** *n* MATH Normalverteilung *f*; ~ **descent angle** *n* AIR TRANS normaler Sinkflugwinkel *m*; ~ **distribution** *n* COMP & DP, ERGON, PHYS, QUAL Normalverteilung *f*; ~ **energy level** *n* NUC TECH *of atom, nucleus or molecule* normales Energieniveau *nt*; ~ **flow** *n* COMP & DP Normaldatenfluß *m*, TRANS normaler Verkehrsfluß *m*; ~ **form** *n* COMP & DP Hessesche Normalform *f*, Normalform *f*; ~ **format** *n* COMP & DP Normalformat *nt*; ~ **hearing threshold** *n* ACOUSTICS normale Hörschwelle *f*; ~ **inspection** *n* QUAL normale Prüfung *f*; ~ **level** *n* NUC TECH Normalstand *m*; ~ **listener** *n* ACOUSTICS Normalhörender *m*; ~ **mode** *n* PHYS normale Schwingung *f*; ~ **operating conditions** *n pl* CONTROL normale Betriebsbedingungen *f pl*; ~ **pressure** *n* MECHAN ENG, THERM Normdruck *m*; ~ **range** *n* COMP & DP Normalbereich *m*; ~ **reaction force** *n* PHYS senkrecht wirkende Reaktionskraft *f*; ~ **response mode** *n* COMP & DP Aufrufantwortmodus *m*; ~**-reverse switch** *n* TELEV Vor-Rücklauf-Schalter *m*; ~ **rupture** *n* METALL Normalbruch *m*; ~ **sheer** *n* WATER TRANS *shipbuilding* positiver Sprung *m*; ~ **stress** *n* COAL TECH Normalspannung *f*, MECHAN ENG Normalbeanspruchung *f*; ~ **temperature** *n* PET TECH Normaltemperatur *f*; ~ **threshold of painful hearing** *n* ACOUSTICS normale Hör-Schmerzgrenze *f*; ~ **traffic** *n* TRANS normaler Verkehr *m*; ~ **vacuum brake application** *n* RAIL normale Vakuumbremsbetätigung *f*; ~ **voltage** *n* ELEC ENG Normalspannung *f*; ~ **water** *n* NUC TECH normales Wasser *nt*; ~ **working conditions** *n pl* MECHAN ENG normale Arbeitsbedingungen *f pl*, normale Einsatzbedingungen *f pl*; ~ **Zeeman effect** *n* PHYS normaler Zeeman-Effekt *m*

normalization *n* COMP & DP Normalisierung *f*, Standardisierung *f*, METALL Normung *f*

normalize *vt* MECHANICS normalglühen

normalized: ~ **detectivity** *n* OPT normalisierte Nachweisbarkeit *f*, TELECOM normierte Nachweisbarkeit *f*; ~ **drilling rate** *n (NDR)* PET TECH normalisierte Bohrrate *f*; ~ **frequency** *n* OPT, TELECOM normalisierte Frequenz *f*, normierte Frequenz *f*; ~ **impact sound level** *n* ACOUSTICS relativer Trittschallpegel *m*

normally: ~ **closed contact** *n* ELEC ENG Ruhekontakt *m*, Öffner *m*, Öffnungskontakt *m*, ELECT Ruhekontakt *m*, Öffnungskontakt *m*, Öffner *m*; ~ **open contact** *n* ELEC ENG, ELECT Arbeitskontakt *m*, Schließer *m*, Schließkontakt *m*; ~ **open gate** *n* IND PROCESS Einschalttor *nt*

normorphine *n* CHEMISTRY Normorphin *nt*

nornarceine *n* CHEMISTRY Nornarcein *nt*

nornicotine *n* CHEMISTRY Nornicotin *nt*

noropianic *adj* CHEMISTRY Noropian- *pref*

north[1] *adj* WATER TRANS Nord- *pref*, *compass* nördlich; ~**-up** *adj* WATER TRANS *radar* nordstabilisiert

north[2] *adv* WATER TRANS nordwärts

north[3] *n* WATER TRANS Norden *m*; ~ **pole** *n* PHYS Nordpol *m*; ~ **wind** *n* WATER TRANS Nordwind *m*

northerly[1] *adj* WATER TRANS nördlich

northerly[2] *adv* WATER TRANS nordwärts

northern: ~ **latitude** *n* WATER TRANS *navigation* nördliche Breite *f*; ~ **lights** *n pl* WATER TRANS *meteorology* Nordlicht *nt*

Norton: ~**'s theorem** *n* PHYS Nortonscher Satz *m*; ~ **box** *n* PROD ENG Norton-Getriebekasten *m*; ~ **gearbox** *n* MECHAN ENG Norton-Getriebe *nt*; ~**-type feed box** *n* PROD ENG Norton-Schubgetriebe *nt*; ~**-type mechanism** *n* PROD ENG Norton-Getriebe *nt*

norvaline *n* CHEMISTRY Norvalin *nt*

noscapine *n* CHEMISTRY Noscapin *nt*

nose *n* CER & GLAS Nabel *m*, CONST Bolzenverbindung *f*, Vorsprung *m*, MECHAN ENG *of cutting edge* Ecke *f*, *of mandrel, of drilling spindle* Spitze *f*, *of shaft* Ansatz *m*, Vorsprung *m*, *of tool* Spitze *f*, PROD ENG Spindelnase *f*, SPACE Nabel *m*; ~ **of blowpipe** *n* CER & GLAS Nabel der Glasmacherpfeife *m*; ~ **circle** *n* PROD ENG *Kinematics* Kuppenkreis *m*; ~ **cone** *n* AIR TRANS Nasenkegel *m*, Nasenkonus *m*, Spitzenkegel *m*, RECORD *of microphone* Nasenkonus *m*, SPACE *spacecraft* Bug *m*, Nase *f*; ~ **gear** *n* AIR TRANS Bugfahrwerk *nt*; ~ **gear door** *n* AIR TRANS Bugfahrwerksklappe *f*; ~ **gear leg** *n* AIR TRANS Bugfahrwerksbein *nt*; ~ **gear saddle** *n* AIR TRANS Bugfahrwerkssattel *m*; ~ **gear steering** *n* AIR TRANS Bugfahrwerkslenkung *f*; ~ **gear steering base post** *n* AIR TRANS Lenkknüppelfuß des Bugradfahrwerks *m*; ~ **gear steer lock** *n* AIR TRANS Bugfahrwerks-Steuerungsverriegelung *f*; ~ **gear wheel** *n* AIR TRANS Bugradfahrwerkszahnrad *nt*; ~ **heaviness** *n* AIR TRANS Kopflastigkeit *f*; ~**-in positioning** *n* AIR TRANS Nose-In-Aufstellung *f*; ~ **key** *n* MECHAN ENG Nasenkeil *m*; ~**-out positioning** *n* AIR TRANS Nose-Out-Aufstellung *f*; ~**-up attitude** *n* AIR TRANS schwanzlastige Fluglage *f*; ~ **wheel steering** *n* AIR TRANS Bugradsteuerung *f*; ~ **wheel steering bar** *n* AIR TRANS Bugradlenkstange *f*; ~ **wheel steering control wheel** *n* AIR TRANS Bugradsteuerrad *nt*

noseband *n* WATER TRANS Bugfender *m*, Maus *f*

nosing *n* CONST Mitnehmer *m*, Winkeleckleiste *f*, *of steps* Kantenschutzschiene *f*; ~ **line** *n* CONST Stufenkantenlinie *f*

no-slip: ~ **condition** *n* FLUID PHYS Haftbedingung *f*

no-stroke: ~ **position** *n* PROD ENG Nullhubstellung *f*

NOT: ~ **AND gate** *n (NAND gate)* COMP & DP NAND-Gate *nt*, UND-Glied mit negiertem Ausgang *nt*, PHYS NICHT-UND-Schaltung *f (NAND-Gatter)*; ~ **AND operation** *n (NAND operation)* COMP & DP UND-NICHT-Verknüpfung *f (NAND-Funktion)*; ~ **circuit** *n* COMP & DP NICHT-Glied *nt*; ~ **gate** *n* COMP & DP NICHT-Gatter *nt*; ~ **operation** *n* COMP & DP Boolesche Komplementierung *f*, Negation *f*

notation *n* COMP & DP Schreibweise *f*, ENG DRAW Druckvermerk *m*

notch:[1] ~**-sensitive** *adj* PROD ENG kerbempfindlich

notch[2] *n* CER & GLAS Ofenloch *nt*, CONST Aussparung *f*, Kerbe *f*, Nut *f*, MECHAN ENG Kerbe *f*, *catch* Raste *f*, MECHANICS Kerbe *f*, Rastzahn *m*, METALL Abstichloch *nt*, Kerbe *f*, PROD ENG Kerbe *f*, Raste *f*, WATER SUP Einschnitt *m*; ~ **angle** *n* METALL Kerbwinkel *m*; ~ **bending test** *n* MECHAN ENG Kerbbiegeversuch *m*; ~ **effect** *n* MECHAN ENG Kerbwirkung *f*; ~ **filter** *n* ELECTRON, RAD TECH, TELECOM Kerbfilter *nt*; ~ **gaging** *n AmE*, ~ **gauging** *n BrE* HYD EQUIP Kerbmessung *f*, Überlaufwehrmessung *f*; ~ **impact test** *n* NUC TECH

Kerbschlagprobe *f*; ~ **joint** *n* CONST Kerbverbindung *f*; ~ **sensitivity** *n* MECHAN ENG Kerbempfindlichkeit *f*; ~ **toughness** *n* NUC TECH Kerbzähigkeit *f*

notch[3] *vt* CONST ausklinken, einschneiden, PROD ENG abflanschen

notched[1] *adj* MECHAN ENG gekerbt, PROD ENG gekerbt, geschlitzt

notched:[2] ~ **bar** *n* PROD ENG Kerbstab *m*; ~ **bar impact test** *n* MECHANICS Kerbschlagprobe *f*, PROD ENG Kerbschlagversuch *m*; ~ **belt** *n* AUTO *timing* Zahnriemen *m*; ~ **belt timing** *n* AUTO Zahnriemeneinstellung *f*; ~ **nozzle** *n* AIR TRANS eingekerbte Düse *f*; ~ **nut** *n* MECHAN ENG gekerbte Mutter *f*

notching *n* PROD ENG Ausecken *nt*, Ausflanschen *nt*

notice *n* RAIL Hinweis *m*, Meldung *f*, Nachricht *f*; ~ **of appeal** *n* PAT Beschwerdeschrift *f*; ~ **of award** *n* CONST Auftragsschreiben *nt*; ~ **of opposition** *n* PAT Einspruchsschrift *f*

notifiable[1] *adj* QUAL anzeigepflichtig, meldepflichtig

notifiable:[2] ~ **accident** *n* SAFETY meldepflichtiger Unfall *m*

notification *n* MAR POLL Benachrichtigung *f*, Meldung *f*, PAT Zustellung *f*; ~ **of defects** *n* QUAL Mängelrüge *f*; ~ **of nonconformance** *n* QUAL Mängelrüge *f*

no-twist: ~ **roving** *n* CER & GLAS unverzwirntes Roving *nt*

novain *n* CHEMISTRY Carnitin *nt*

novelty *n* PAT Neuheit *f*

novocaine *n* CHEMISTRY Novocain *nt*

novolac *n* PLAS Novolak *m*

no-volt: ~ **release** *n* ELEC ENG, ELECT spannungslose Freigabe *f*

no-voltage: ~ **release relay** *n* ELEC ENG, ELECT Nullspannungsauslöserrelais *nt*

no-wear *adj* MECHAN ENG verschleißfrei, verschleißlos

nowel *n* PROD ENG *casting* Unterkasten *m*

noxious *adj* CHEMISTRY gesundheitlich abträglich, schädlich

nozzle *n* AIR TRANS, AUTO Düse *f*, CER & GLAS *glass fibre* Spinndüse *f*, COAL TECH Düse *f*, CONST Düse *f*, Mundstück *nt*, FUELLESS, LAB EQUIP Düse *f*, MECHAN ENG *nose piece* Ausguß *m*, Schnauze *f*, *of turbine* Düse *f*, MECHANICS, PAPER, PHYS, PLAS, PROD ENG Düse *f*, SPACE *spacecraft* Düse *f*, Fülldüse *f*; ~ **adaptor** *n* MECHAN ENG Düsenansatz *m*; ~ **area** *n* SPACE *spacecraft* Düsenfläche *f*; ~ **cowl** *n* AIR TRANS Düsenhaubenverkleidung *f*; ~ **efficiency** *n* SPACE Düsenwirkungsgrad *m*; ~ **exit** *n* PHYS Düsenmund *m*; ~ **holder** *n* AUTO Düsenhalter *m*; ~ **holder spindle** *n* AUTO Druckbolzen *m*; ~ **temperature indicator** *n* AIR TRANS Düsentemperaturanzeige *f*; ~ **throat** *n* MECHAN ENG Düsenhals *m*, SPACE Düsenhalsquerschnitt *m*; ~ **velocity coefficient** *n* FUELLESS Düsengeschwindigkeitskoeffizient *m*

Np[1] *abbr (neper)* PHYS *unit of attenuation* Np *(Neper)*

Np[2] *(neptunium)* CHEMISTRY Np *(Neptunium)*

N-phenyl: ~ **urethane** *n* CHEMISTRY N-Phenylurethan *nt*

npn: ~ **transistor** *n* ELECTRON npn-Transistor *m*

NR *abbr (natural rubber)* PLAS NK *(Naturkautschuk)*

NRZ: ~ **modulation** *n (nonreturn-to-zero modulation)* TELECOM NRZ-Modulation *f (Modulation ohne Rückkehr zu Null)*; ~ **recording** *n (nonreturn-to-zero recording)* COMP & DP NRZ-Aufzeichnung *f (Aufzeichnung ohne Rückkehr zu Null)*

n-semiconductor *n* ELECTRON Überschußhalbleiter *m*

n-step: ~ **starter** *n* ELECT n-schrittiger Anlasser *m*

n-th: ~ **choice group** *n* TELECOM n-tes Bündel *nt*

NTSC[1] *abbr (National Television Standards Committee AmE)* TELEV NTSC *(Amerikanischer Fernsehnormungsausschuß)*

NTSC:[2] ~ **color television system** *n* TELEV NTSC-Farbfernsehsystem *nt*

n-type[1] *adj* ELECTRON Typ n, elektronenleitend, n-leitend

n-type:[2] ~ **component** *n* ELECTRON n-leitende Komponente *f*; ~ **epitaxial layer** *n* ELECTRON elektronenleitende Epitaxialschicht *f*; ~ **impurity** *n* ELECTRON elektronenleitende Störstelle *m*, n-leitender Störstoff *m*; ~ **semiconductor** *n* ELECTRON Halbleiter vom Typ n *m*, n-Halbleiter *m*, PHYS n-leitender Halbleiter *m*; ~ **silicon** *n* ELECTRON Silizium vom Typ n *nt*, elektronenleitendes Silizium *nt*, n-leitendes Silizium *nt*; ~ **substrate** *n* ELECTRON Trägermaterial vom Typ n *nt*, elektronenleitendes Trägermaterial *nt*, n-leitendes Trägermaterial *nt*

NUC *abbr (not under command)* WATER TRANS manövrierunfähig

nuclear[1] *adj* NUC TECH Nuklear- *pref*, nuklear; **~-powered** *adj* NUC TECH atomgetrieben, mit Atomantrieb, nuklear betrieben, SPACE nuklear betrieben, WATER TRANS atomgetrieben, mit Atomantrieb

nuclear:[2] ~ **abundance** *n* RAD PHYS Häufigkeit der Elemente *f*; ~ **accident** *n* NUC TECH Reaktorunfall *m*; ~ **activity** *n* RAD PHYS Aktivität eines Atomkerns *f*; ~ **battery** *n* ELEC ENG Nuklearbatterie *f*; ~ **cell** *n* ELEC ENG Kernelement *nt*; ~ **charge** *n* PART PHYS *of atomic nucleus* Kernladung *f*; ~ **deformation** *n* NUC TECH Kerndeformation *f*, Kernverformung *f*; ~ **detection satellite** *n* SPACE Nuklearaufklärungssatellit *m*; ~ **electromagnetic pulse** *n (NEMP)* TELECOM nuklearer elektromagnetischer Impuls *m*; ~ **energy** *n* ELECT, NUC TECH, PART PHYS Kernenergie *f*; ~ **equation of state** *n* RAD PHYS Kernzustandsgleichung *f*, Zustandsgleichung des Atomkerns *f*; ~ **fission** *n* NUC TECH, PART PHYS Kernspaltung *f*; ~ **fuel utilization** *n* NUC TECH Spaltstoffausnutzung *f*; ~ **fusion** *n* NUC TECH, PART PHYS Fusionsprozesse *m pl*, Kernfusion *f*; ~ **fusions** *n* NUC TECH Fusionsprozesse *nt pl*; ~ **isomerism** *n* RAD PHYS Kernisomerie *f*; ~ **log** *n* PET TECH Nuklearlog *nt*, Radioaktivitätslog *nt*; ~ **magnetic resonance** *n (NMR)* PART PHYS, PET TECH magnetische Kernresonanz *f (NMR)*; ~ **magnetic resonance log** *n* PET TECH nuklearmagnetischer Resonanzlog *nt*; ~ **magneton** *n* PART PHYS Kernmagneton *nt*; ~ **mass** *n (MN)* NUC TECH Kernmasse *f (MN)*; ~ **model** *n* PART PHYS Kernmodell *nt*; ~ **physics** *n* NUC TECH Kernphysik *f*; ~ **poison** *n* NUC TECH Neutronengift *nt*, Reaktorgift *nt*; ~ **potential** *n* PART PHYS, RAD PHYS Kernpotential *nt*; ~ **power** *n* NUC TECH Kernkraft *f*; **~-powered spacecraft** *n* SPACE Raumschiff mit Nuklearantrieb *nt*; **~-powered submarine** *n* WATER TRANS *navy* Atom-U-Boot *nt*; ~ **power plant** *n* ELEC ENG, NUC TECH Atomanlage *f*, Kernenergieanlage *f*; ~ **power station** *n* ELEC ENG Atomkraftwerk *nt*, Kernkraftwerk *nt*, ELECT, NUC TECH Kernkraftwerk *nt*; ~ **power supply** *n* NUC TECH, SPACE Nuklearstromversorgung *f*; ~ **propulsion** *n* SPACE Nuklearantrieb *m*; ~ **quadrupole moment** *n* PHYS Kernquadrupolmoment *nt*; ~ **radiation** *n* NUC TECH, RAD PHYS Kernstrahlung *f*; ~ **radiation spectrum** *n* RAD PHYS Kernspektrum *nt*; ~ **radius** *n (r)* NUC TECH Kernradius *m (r)*; ~ **reaction** *n* PART PHYS Kernreaktion *f*; ~ **reaction channel** *n* PART

PHYS Kernreaktionsmechanismus *m*; **~ reactor** *n* ELEC ENG, ELECT, NUC TECH Kernreaktor *m*; **~ reactor poison removal** *n* NUC TECH Entsorgung von Kernreaktoren *f*, Giftstoffentfernung aus Kernreaktoren *f*; **~ research** *n* NUC TECH, RAD PHYS Kernforschung *f*; **~ safety** *n* NUC TECH, SAFETY Nuklearsicherheit *f*; **~ shock waves** *n* RAD PHYS Schockwelle nach Kernexplosion *f*; **~ spin** *n* RAD PHYS Kernspin *m*; **~ spin quantum number** *n (I)* NUC TECH nukleare Spinquantenzahl *f (I)*; **~ symmetry energy** *n* RAD PHYS Kernsymmetrie-Energie *f*; **~ test** *n* NUC TECH, TEST Atomtest *m*, Atomversuch *m*; **~ track** *n* NUC TECH Kernspur *f*; **~ tranche** *n* ELECT *unit of power*, NUC TECH *unit of power* Kernkraftanteil *m*, Proportion von Energie aus Kernkraftwerken *f*; **~ waste** *n* NUC TECH, WASTE radioaktiver Abfall *m*

nucleate: **~ boiling** *n* HEAT & REFRIG Blasensieden *nt*

nucleation *n* METALL Kernbildung *f*; **~ factor** *n* NUC TECH Nukleierungsfaktor *m*; **~ rate** *n* METALL Kernbildungsgeschwindigkeit *f*

nucleic[1] *adj* CHEMISTRY Nuclein- *pref*

nucleic:[2] **~ acid** *n* CHEMISTRY Nucleinsäure *f*

nuclein *n* CHEMISTRY Nuclein *nt*

nucleohistone *n* CHEMISTRY Nucleohiston *nt*

nucleon *n* PART PHYS *proton and neutron* Nucleon *nt*, PHYS Kernbaustein *m*, Nucleon *nt*; **~ number** *n* PHYS *mass number* Isotopenmasse *f*, Massenzahl *f*

nucleonics *n* NUC TECH, PHYS Kerntechnik *f*, Nukleonik *f*

nucleophilic *adj* CHEMISTRY elektronenspendend, nucleophil

nucleophilicity *n* CHEMISTRY Nucleophilie *f*, nucleophile Kraft *f*

nucleus *n* CER & GLAS Keim *m*, COMP & DP Nukleus *m*, Systemkern *m*, PART PHYS Atomkern *m*, Kern *m*, PHYS Kern *m*, PROD ENG Keim *m*

nuclide *n* PART PHYS *atomic species*, PHYS Nuklid *nt*

nudging *n* SPACE *spacecraft* Anstoß *m*

nu-factor *n* PHYS Nü-Faktor *m*

nugget *n* PROD ENG Schweißlinse *f*

null[1] *n* COMP & DP *character* Nullzeichen *nt*; **~ balance** *n* INSTR Nullabgleich *m*; **~ balance recorder** *n* INSTR Kompensationsschreiber *m*; **~ character** *n* COMP & DP Nullzeichen *nt*; **~ entry** *n* COMP & DP Nulleintrag *m*; **~ flux suspension** *n* AUTO Null-Fluß-Aufhängung *f*; **~ galvanometer** *n* ELECT Nullgalvanometer *nt*; **~ indicator** *n* COMP & DP Nullanzeiger *m*; **~ instruction** *n* COMP & DP leere Anweisung *f*; **~ instrument** *n* INSTR Nullanzeigegerät *nt*, Nullinstrument *nt*; **~ line** *n* COMP & DP Leerzeile *f*; **~ method** *n* ELECT *measurement*, PHYS Nullmethode *f*; **~ sequence** *n* COMP & DP Nullfolge *f*; **~ statement** *n* COMP & DP Nullanweisung *f*; **~ string** *n* COMP & DP Zeichenfolge der Länge Null *f*, leere Zeichenfolge *f*; **~ voltage** *n* ELECT Nullspannung *f*

null[2] *vt* RAD TECH ausgrenzen

nullator *n* PHYS Nullator *m*

number[1] *n* COMP & DP Nummer *f*, Zahl *f*, MATH Zahl *f*; **~ cruncher** *n* COMP & DP Höchstleistungsrechner *m*, Supercomputer *m*; **~ of molecules** *n (N)* PHYS Molekülzahl *f (N)*; **~ of passes** *n* CONST Anzahl der Arbeitsgänge *f*; **~ range** *n* COMP & DP Zahlenbereich *m*; **~ of repeats** *n* TEXT Rapportzahl *f*; **~ representation** *n* COMP & DP Zahlendarstellung *f*; **~ of specimens** *n* TEST Anzahl der Proben *f*, Anzahl der Prüflinge *f*; **~ of starts** *n* MECHAN ENG *thread* Gangzahl *f*; **~ system** *n* COMP & DP Zahlensystem *nt*; **~ theory** *n* MATH Zahlentheorie *f*; **~ of turns in a winding** *n (N)* ELECT Windungszahl *f (N)*; **~-unobtainable tone** *n (NUT)* TELECOM kein Anschluß unter dieser Nummer *(NU-Ton)*

number:[2] **~ consecutively** *vt* PAT fortlaufend numerieren

numbered: **~ copy** *n* PRINT numeriertes Exemplar *nt*

numbering *n* PHOTO Numerierung *f*, PRINT Benummerung *f*, Numerierung *f*, Nummerung *f*; **~ apparatus** *n* PACK Numerierapparat *m*; **~ machine** *n* PRINT Numerierapparat *m*, Numerierwerk *nt*

numberplate *n BrE (cf license plate AmE)* AUTO Kennzeichen *nt*, Nummernschild *nt*

numeral *n* MATH Ziffer *f*, PRINT Zahlzeichen *nt*, Ziffer *f*

numeration *n* COMP & DP Numerierung *f*

numerator *n* MATH Zähler *m*

numeric[1] *adj* COMP & DP, CONTROL numerisch

numeric:[2] **~ character** *n* COMP & DP numerisches Zeichen *nt*; **~ item** *n* COMP & DP *COBOL* numerisches Feld *nt*; **~ key** *n* COMP & DP Zifferntaste *f*; **~ keypad** *n* COMP & DP numerischer 10er-Block *m*, numerischer Tastenblock *m*; **~ literal** *n* COMP & DP *COBOL* numerisches Literal *nt*; **~ pad** *n* COMP & DP numerische Tastatur *f*, numerischer 10er-Block *m*, numerischer Tastenblock *m*; **~ representation** *n* COMP & DP numerische Darstellung *f*

numerical[1] *adj* MATH numerisch

numerical:[2] **~ analysis** *n* COMP & DP, MATH numerische Analyse *f*; **~ aperture** *n (NA)* ELEC ENG, OPT, PHYS, TELECOM numerische Apertur *f*; **~ code** *n* COMP & DP numerischer Code *m*; **~ control** *n (NC)* COMP & DP, CONTROL, ELECT, MECHAN ENG, MECHANICS numerische Steuerung *f (NC)*; **~ control machine** *n* MECHAN ENG numerische gesteuerte Maschine *f*; **~ method** *n* MATH numerische Methode *f*; **~ value** *n* METROL Zahlenwert *m*, numerischer Wert *m*

numerically: **~-controlled** *adj* MECHANICS numerisch gesteuert

nut *n* AUTO Mutter *f*, MECHAN ENG, MECHANICS Mutter *f*, Schraubenmutter *f*, PROD ENG Mutter *f*, *plastic valves* Spannmutter *f*; **~ bolt** *n* CONST Schraubenmutter *f*; **~ lock** *n* MECHAN ENG Muttersicherung *f*; **~ pliers** *n pl* MECHAN ENG Mutternzange *f*; **~-sizing screen** *n* COAL TECH Nußklassiersieb *nt*; **~ tap** *n* MECHAN ENG Muttergewindebohrer *m*; **~-threading machine** *n* MECHAN ENG Muttergewindeschneidmaschine *f*; **~ tightener** *n* MECHAN ENG Mutternanziehmaschine *f*

NUT *abbr (number-unobtainable tone)* TELECOM NU-Ton *m (kein Anschluß unter dieser Nummer)*

nutating: **~-piston meter** *n* INSTR Taumelkolbenzähler *m*

nutation *n* PHYS, SPACE Nutation *f*; **~ damper** *n* SPACE *spacecraft* Nutationdämpfung *f*

nutrient *n* FOOD TECH, MAR POLL Nährstoff *m*; **~ content** *n* FOOD TECH Nährstoffgehalt *m*; **~ loss** *n* FOOD TECH Nährstoffverlust *m*; **~ requirements** *n pl* FOOD TECH Nährstoffbedarf *m*

nutrition *n* FOOD TECH Ernährung *f*

nutritional: **~ disorder** *n* FOOD TECH Ernährungsstörung *f*; **~ supplement** *n* FOOD TECH Ernährungsergänzungsstoff *m*

nutritious *adj* FOOD TECH nahrhaft

nutritive[1] *adj* FOOD TECH nahrhaft

nutritive:[2] **~ value** *n* FOOD TECH Nährwert *m*

nutty: **~ slack** *n* COAL TECH Nußabrieb *m*

nuvistor *n* RAD TECH Nuvistor *m*

NVM *abbr (nonvolatile memory)* COMP & DP Strukturspeicher *m*

n-way: ~ **switch** *n* ELECT n-stelliger Schalter *m*

NWT *abbr (nonwaste technology)* WASTE abfallfreie Technologie *f*, saubere Technologie *f*, umweltfreundliche Technologie *f*

nybble *n* COMP & DP Halbbyte *nt*, Vier-Bit-Byte *nt*

nydrazid *n* CHEMISTRY Nydrazid *nt*

nylon:[1] ~-**reinforced** *adj* PACK nylonverstärkt

nylon[2] *n* PLAS, PRINT Nylon *nt*; ~ **bush** *n* PLAS Nylonbuchse *f*; ~ **rope** *n* MECHAN ENG Nylonseil *nt*

Nyquist: ~ **demodulator** *n* TELEV Nyquist-Demodulator *m*; ~ **plot** *n* IND PROCESS Nyquist-Ortskurve *f*

nystagmus *n* ERGON Nystagmus *m*

nystatin *n* CHEMISTRY Nystatin *nt*

O

OA *abbr (office automation)* COMP & DP Büroautomatisierung *f*

OACSU *abbr (off-air call setup)* TELECOM sprechkanalfreier Verbindungsaufbau *m*

oakum *n* PROD ENG, WATER TRANS *ropes* Werg *nt*

oar *n* WATER TRANS *rowing* Riemen *m*, Ruder *nt*

oarlock *n AmE (cf rowlock BrE)* WATER TRANS *ship fitting* Dolle *f*

OB[1] *abbr (outside broadcast)* TELEV Außenreportage *f*, Außenübertragung *f*

OB:[2] ~ **unit** *n* TELEV Außenübertragungsgruppe *f*; ~ **van** *n* TELEV Ü-Wagen *m*; ~ **vehicle** *n* TELEV Ü-Wagen *m*

obedience: ~ **level** *n* TRANS *traffic control* Befolgungsgrad *m*

obelisk *n* GEOM Obelisk *m*

OBI *abbr (omnibearing indicator)* AIR TRANS Rundsichtpeilanzeiger *m*, automatischer Azimutanzeiger *m*

object *n* COMP & DP Objekt *nt*, Objektvariable *f*; ~ **code** *n* COMP & DP Maschinensprache *f*, Objektcode *m*; ~ **computer** *n* COMP & DP Programmablaufrechner *m*; ~ **creation** *n* COMP & DP Objekterzeugung *f*; ~ **in space** *n* SPACE Weltraumobjekt *nt*; ~ **language** *n* COMP & DP Maschinensprache *f*, Zielsprache *f*, Objektsprache *f*; ~ **machine** *n* COMP & DP Programmablaufanlage *f*; ~ **of measurement** *n* INSTR Meßgegenstand *m*, Meßobjekt *nt*; ~ **module** *n* COMP & DP Objektmodul *nt*; ~**-oriented architecture** *n* COMP & DP objektorientierte Architektur *f*, objektorientierter Aufbau *m*; ~**-oriented design** *n* COMP & DP objektorientierter Entwurf *m*, objektorientiertes Design *nt*; ~**-oriented programming** *n (OOP)* ART INT objektorientierte Programmierung *f (OOP)*; ~**-oriented programming system** *n* COMP & DP objektorientiertes Programmiersystem *nt*; ~ **program** *n* COMP & DP Maschinenprogramm *nt*, Objektprogramm *nt*, Zielprogramm *nt*, übersetztes Programm *nt*; ~ **variable** *n* COMP & DP Objekt *nt*, Objektvariable *f*

objection *n* QUAL Beanstandung *f*

objective *n* OPT Objektiv *nt*; ~ **detector** *n* TRANS *traffic* Objektivdetektor *m*; ~ **lens** *n* LAB EQUIP *microscope*, METALL Objektivlinse *f*; ~ **value** *n* QUAL Herstellungswert *m*

oblate[1] *adj* GEOM abgeplattet

oblate:[2] ~ **ellipsoid** *n* GEOM, PHYS abgeplattetes Ellipsoid *nt*; ~ **nucleus** *n* NUC TECH abgeplatteter Kern *m*; ~ **spheroid** *n* GEOM abgeplattetes Sphäroid *nt*; ~ **spheromak** *n* NUC TECH Oblimak *m*

obligate: ~ **aerobe** *n* FOOD TECH obligater Aerobier *m*

obligatory: ~ **well** *n* PET TECH Pflichtbohrung *f*

oblimak *n* NUC TECH Oblimak *m*

oblique[1] *adj* GEOM schief, schräg

oblique:[2] ~ **angle** *n* GEOM schiefer Winkel *m*; ~ **arch** *n* CONST Schiefbogen *m*; ~ **axonometric projection** *n* ENG DRAW schiefwinklige axonometrische Projektion *f*; ~ **bridge** *n* CONST schiefwinklige Brücke *f*; ~ **cone** *n* GEOM schiefer Kegel *m*; ~ **fold** *n* ENG DRAW Schrägfalte *f*; ~ **grinding** *n* PROD ENG Schrägschleifen *nt*; ~ **illumination** *n* METALL Schräglichtbeleuchtung *f*; ~ **lighting** *n* PRINT schräges Licht *nt*; ~ **parallel projection** *n* ENG DRAW schiefwinklige Parallelprojektion *f*; ~ **serif** *n* PRINT schräge Serife *f*; ~ **stroke** *n* GEOM Schrägstrich *m*; ~ **triangle** *n* GEOM schiefwinkliges Dreieck *nt*

oblong[1] *adj* GEOM länglich

oblong[2] *n* GEOM *rectangle* Rechteck *nt*; ~ **page** *n* PRINT Seite im Querformat *f*; ~ **size** *n* PRINT Querformat *nt*

OBO[1] *abbr (ore-bulk oil)* WATER TRANS OBO *(Flüssigkeitsmassengut)*

OBO:[2] ~ **carrier** *n* WATER TRANS OBO-Frachter *m*

observation *n* CONST Überwachung *f*; ~ **chamber** *n* PET TECH Beobachtungskammer *f*; ~ **grid** *n* CONST *surveying* Festpunktnetz *nt*, NUC TECH Beobachtungsraster *m*; ~ **hole** *n* CER & GLAS Schauloch *nt*; ~ **office** *n* TELECOM Aufsichtsbüro *nt*; ~ **satellite** *n* SPACE Aufklärungssatellit *m*, Beobachtungssatellit *m*; ~ **telephone** *n* TELECOM Mithörtelefon *nt*; ~ **well** *n* WASTE Beobachtungsbrunnen *m*, Kontrollbrunnen *m*, WATER SUP *for groundwater level measurement* Beobachtungsbrunnen *m*, Brunnen vom Beobachtungsnetz *m*

observed: ~ **percentile life** *n* QUAL beobachtete Bestandsperzentile *f*; ~ **position** *n* WATER TRANS *navigation* beobachteter Standort *m*; ~ **threshold** *n* NUC TECH *of reaction* beobachtete Schwelle *f*, gemessene Schwelle *f*; ~ **value** *n* INSTR Beobachtungswert *m*, Meßwert *m*, QUAL Beobachtungswert *m*

obsidian *n* CER & GLAS Obsidian *m*

obsolete *adj* PROD ENG veraltet, überholt

obstacle *n* METALL Hindernis *nt*, Störung *f*; ~ **gain** *n* ELECTRON, RAD TECH Hindernisgewinn *m*; ~ **in rotating fluid** *n* FLUID PHYS *turbulence study* Hindernis in rotierendem Fluid *nt*; ~ **in stratified fluid** *n* FLUID PHYS *turbulence study* Hindernis in geschichteter Flüssigkeit *nt*; ~ **limitation surface** *n* AIR TRANS Hindernisbegrenzungsfläche *f*

obstruction *n* CONST Hemmnis *nt*, Hindernis *nt*, *in pipes* Verstopfung *f*

obtain: ~ **a subscriber** *vi* TELECOM Teilnehmer erreichen

obturating: ~ **plug** *n* MECHAN ENG Verschlußstopfen *m*

obturator *n* HEAT & REFRIG, MECHAN ENG Absperrorgan *nt*

obtuse[1] *adj* GEOM, METROL *angle*, PROD ENG stumpf; ~**-angled** *adj* GEOM stumpfwinklig; ~**-angular** *adj* GEOM stumpfwinklig

obtuse:[2] ~ **angle** *n* GEOM stumpfer Winkel *m*; ~**-angle bevel gear** *n* PROD ENG Kegelradgetriebe *nt*; ~ **triangle** *n* GEOM stumpfwinkliges Dreieck *nt*

obtuseness *n* GEOM *of angle* Stumpfheit *f*

OC *abbr (operating characteristic)* QUAL OC *(Operationscharakteristik)*

occlude *vt* CHEMISTRY *of metal* einschließen, okkludieren

occluded[1] *adj* CHEMISTRY okkludiert

occluded:[2] ~ **front** *n* WATER TRANS *meteorology* Okklusion *f*

occlusion *n* CHEMISTRY Aufsaugen *nt*, Einschluß *m*, Okklusion *f*

occulting: ~ **light** *n* WATER TRANS *navigation marks* unterbrochenes Feuer *nt*
occupancy: ~ **detector** *n* TRANS *traffic* Belegungsdetektor *m*; ~ **rate** *n* TRANS Belegungsrate *f*
occupational: ~ **dose limit** *n* POLL Dosisgrenzwert für berufliche Bestrahlung *m*; ~ **exposure limits** *n pl* SAFETY berufsbedingte Belastungsgrenzen *f pl*; ~ **MAC** *n* POLL maximal zulässige Arbeitsplatzkonzentration *f*; ~ **noise exposure** *n* SAFETY berufsbedingte Lärmbelastung *f*; ~ **safety** *n* ERGON, SAFETY Arbeitssicherheit *f*; ~ **safety cream** *n* SAFETY Sicherheitssalbe *f*
occupy *vt* CONST *building* belegen, nutzen
ocean *n* WATER TRANS Weltmeer *nt*; ~ **cable** *n* TELECOM Seekabel *nt*; ~ **current** *n* WATER TRANS Meeresströmung *f*; ~ **deeps** *n pl* WATER TRANS Meerestiefen *f pl*; ~ **depths** *n pl* WATER TRANS Meerestiefen *f pl*; ~ **dumping** *n* WASTE Seeverklappung *f*; ~-**going cruiser** *n* WATER TRANS Hochseekreuzer *m*; ~-**going ship** *n* WATER TRANS Hochseeschiff *nt*; ~ **liner** *n* WATER TRANS Passagierdampfer *m*; ~ **navigation** *n* WATER TRANS Seeschiffahrt *f*; ~ **survey vessel** *n* WATER TRANS Hochseevermessungsschiff *nt*; ~ **thermal conversion** *n* FUELLESS Wärmeumwandlung des Meeres *f*
oceanic: ~ **basin** *n* WATER TRANS ozeanisches Becken *nt*
oceanographic: ~ **and environmental research** *n* WATER TRANS Verfahren zur Sammlung meteorologischer und ozeanographischer Daten *nt*; ~ **research ship** *n* WATER TRANS Meeresforschungsschiff *nt*
oceanography *n* WATER TRANS Meereskunde *f*, Ozeanographie *f*
ochrey: ~ **clay** *n* CER & GLAS Ockerton *m*
OCO[1] *abbr (ore-coal-oil)* TRANS OCO *(Erz-Kohle-Öl)*
OCO:[2] ~ **carrier** *n* TRANS OCO-Frachter *m*
OCP *abbr (order code processor)* COMP & DP Befehlscodeprozessor *m*
OCR[1] *abbr (optical character recognition)* COMP & DP OCR *(optische Zeichenerkennung)*
OCR:[2] ~ **font** *n* COMP & DP OCR-Schriftart *f*, OCR-Zeichensatz *m*
o-cresol *n* CHEMISTRY o-Kresol *nt*
octa- *pref* MATH Achter- *pref*
octacosane *n* CHEMISTRY Octacosan *nt*
octadecane *n* CHEMISTRY Octadecan *nt*
octadecyl *n* CHEMISTRY Octadecyl- *pref*
octagon *n* GEOM Achteck *nt*, Octagon *nt*, METALL Achteck *nt*; ~ **antenna** *n* RAD TECH Achteck-Antenne *f*; ~ **bar** *n* METALL Achtkantstahl *m*; ~ **iron** *n* METALL Achtkanteisen *nt*
octagonal[1] *adj* GEOM achteckig, oktagonal, oktogonal
octagonal:[2] ~ **nut** *n* MECHAN ENG achteckige Mutter *f*; ~ **reamer** *n* MECHAN ENG achteckige Reibahle *f*
octahedral *adj* CHEMISTRY, GEOM achtflächig, oktaedrisch
octahedron *n* GEOM Achtflächner *m*, Oktaeder *nt*
octal[1] *adj* COMP & DP oktal
octal:[2] ~ **base** *n* MECHAN ENG Oktalsockel *m*; ~ **notation** *n* COMP & DP Oktalschreibweise *f*; ~ **tube** *n* ELECTRON Oktalröhre *f*
octanal *n* CHEMISTRY Octanal *nt*, Octylaldehyd *m*
octane[1] *adj* CHEMISTRY Octan- *pref*
octane[2] *n* CHEMISTRY Octan *nt*, PET TECH Oktan *nt*; ~ **index** *n* AUTO Oktanzahl *f*; ~ **number** *n* AUTO, PET TECH Oktanzahl *f*; ~ **number rating** *n (ONR)* AUTO Oktanzahlbestimmung *f*, Oktanzahlwert *m*; ~ **rating** *n* AUTO Oktanzahl *f*
octanoyl *adj* CHEMISTRY Caproyl- *pref*, Octanoyl- *pref*
octavalent *adj* CHEMISTRY achtbindig, octavalent
octave *n* ACOUSTICS, PHYS Oktave *f*; ~ **band** *n* ELECTRON, HEAT & REFRIG Oktavband *nt*; ~-**band filter** *n* ELECTRON Oktavbandfilter *nt*; ~-**band oscillator** *n* ELECTRON Oktavbandoszillator *m*; ~ **filter** *n* RECORD Oktavbandpaßfilter *nt*; ~ **filter set** *n* RECORD Oktavbandpaßfiltersatz *m*; ~ **mid-frequency** *n* HEAT & REFRIG Oktavmittenfrequenz *f*; ~ **sound-pressure level** *n* HEAT & REFRIG Oktavschalldruckpegel *m*
octavo *n (8vo)* PRINT Oktav *nt*, Oktavformat *nt*
octene *n* CHEMISTRY Octen *nt*, Octylen *nt*
octet *n* CHEMISTRY Achtergruppe *f*, Oktett *nt*, COMP & DP Oktett *nt*
octode *n* ELECTRON Achtpolröhre *f*, Oktode *f*
octoid: ~ **bevel gear** *n* MECHAN ENG Kegelrad mit Oktoidverzahnung *nt*; ~ **gear** *n* MECHAN ENG Oktoidverzahnung *f*
octose *n* CHEMISTRY Octose *f*
octupole *n* ELEC ENG Achtpol *m*, Oktupol *m*
octylene *n* CHEMISTRY Octen *nt*, Octylen *nt*
octyne *n* CHEMISTRY Capryliden *nt*, Octin *nt*
ocular[1] *adj* OPT okular, visuell
ocular[2] *n* OPT Einblicklinse *f*, *eyepiece* Okular *nt*
O-D: ~ **equation** *n (origin-destination equation)* TRANS *traffic* Start- und Zielort-Gleichung *f*; ~ **survey** *n (origin-destination survey)* TRANS *traffic* Start- und Zielortübersicht *f*
OD *abbr (outside diameter)* MECHAN ENG , MECHANICS *(outside diameter)* Außendurchmesser *m*, POLL *(overdose)* Überdosis *f*, PROD ENG *(outside diameter) plastic valves* Außendurchmesser *m*
odd[1] *adj* PAPER überschüssig, PRINT *page* ungerade
odd:[2] ~-**even check** *n* COMP & DP Paritätsprüfung *f*; ~-**even nucleus** *n* RAD PHYS Ungerade-Gerade-Kern *m*; ~-**even spin** *n* NUC TECH Ungerade-Gerade-Drehung *f*, Ungerade-Gerade-Spin *m*; ~ **harmonic** *n* ELECTRON *radio* ungeradzahlige Harmonische *f*; ~ **harmonic vibrations** *n pl* PHYS ungerade harmonische Schwingungen *f pl*; ~ **number** *n* MATH ungerade Zahl *f*; ~-**odd nucleus** *n* RAD PHYS Ungerade-Ungerade-Kern *m*; ~-**odd spin** *n* NUC TECH Ungerade-Ungerade-Drehung *f*, Ungerade-Ungerade-Spin *m*; ~-**order filter** *n* ELECTRON Filter ungerader Ordnung *nt*; ~ **parity** *n* COMP & DP Prüfung auf ungerade Parität *f*, ungerade Parität *f*, PHYS ungeradzahlige Parität *f*
oddments *n pl* PRINT Restbogenteile *m pl*
oddside *n* PROD ENG *casting* Unterlegbrett *nt*
odometer *n* AUTO Tageskilometerzähler *m*, Wegstrekkenzähler *m*, CONST Entfernungsmesser *m*, Odometer *nt*
odor:[1] ~ **proof** *adj AmE see odour proof BrE*
odor[2] *n AmE see odour BrE*
odorant *n* PET TECH Odoriermittel *nt*
odorous *adj* POLL riechstoffbildend
odour:[1] ~ **proof** *adj BrE* PACK frei von Geruchsbeeinflussung
odour[2] *n BrE* CHEM ENG, WASTE Geruch *m*; ~ **control** *n BrE* CHEM ENG, POLL, WASTE Geruchsbekämpfung *f*; ~ **emissions** *n pl BrE* POLL Geruchsemission *f*; ~ **nuisance** *n BrE* WASTE Geruchsbelästigung *f*
OEM[1] *abbr (original equipment manufacturer)* MECHAN ENG Fabrikabnehmer *m*, OEM-Hersteller *m*
OEM:[2] ~ **modem** *n* ELECTRON OEM-Modem *nt*
oenanthal *n* CHEMISTRY n-Heptylaldehyd *m*, Önanthal *nt*
oenanthic *adj* CHEMISTRY Önanth- *pref*

oersted *n* ELEC ENG Oersted *nt*
oestradiol *n* CHEMISTRY Östradiol *nt*
oestriol *n* CHEMISTRY Östriol *nt*
oestrone *n* CHEMISTRY Estron *nt*, Östron *nt*
off[1] *adj* ELEC ENG *circuit* abgeschaltet, außer Betrieb, *transistor* gesperrt
off[2] *adv* MECHAN ENG aus
off-air[1] *adj* TELEV nicht auf Sendung
off-air[2] *adv* TELECOM nicht auf Sendung
off-air:[3] ~ **call setup** *n (OACSU)* TELECOM sprechkanalfreier Verbindungsaufbau *m*; ~ **monitor** *n* TELEV Kontrollmonitor *m*; ~ **period** *n* ELEC ENG Sendepause *f*; ~ **pick-up** *n* TELEV Vorabaufnahme *f*; ~ **recording** *n* TELEV Vorabaufzeichnung *f*
off-board *adv* ELECTRON nicht auf der Leiterplatte
off-center[1] *adj AmE see off-centre BrE*
off-center[2] *adv AmE see off-centre BrE*
off-center[3] *n AmE see off-centre BrE*
off-centre[1] *adj BrE* MECHAN ENG außermittig, SPACE nicht mittig
off-centre[2] *adj BrE* CONST seitlich versetzt
off-centre[3] *n BrE* PAPER Außermittigkeit *f*
off-content *n* CER & GLAS Fehlinhalt *m*
off-course *adj* SPACE vom Kurs abgewichen
off-critical: ~ **amount** *n* NUC TECH unterkritische Menge *f*
offcut *n* PACK Verschnitt *m*
off-delay: ~ **relay** *n* ELEC ENG ausschaltverzögertes Relais *nt*
offer *n* TELECOM *trunk offer* Anbieten *nt*
offered: ~ **call** *n* TELECOM angebotene Belegung *f*
off-flavour *n* FOOD TECH Fremdgeschmack *m*
off-gas *n* NUC TECH *released through stack* Abgas *nt*; ~ **condenser** *n* NUC TECH Abgaskondensator *m*
offhand: ~ **grinding** *n* PROD ENG Handschliff *m*; ~ **working** *n* CER & GLAS Handarbeit *f*
off-heat *n* THERMODYN Abwärme *f*
office *n* COMP & DP, TELECOM Büro *nt*; ~ **automation** *n (OA)* COMP & DP Büroautomatisierung *f*; ~ **communication** *n* TELECOM Bürokommunikation *f*; ~**-hour traffic** *n* TRANS Pendlerverkehr *m*; ~ **printing machine** *n* PRINT Bürodruckmaschine *f*; ~ **waste** *n* WASTE Büroabfall *m*
Office: ~ **for Research and Experiments** *n (ORE)* RAIL Eisenbahnforschungs- und Versuchsamt *nt*
official: ~ **timetable** *n* TRANS offizieller Fahrplan *m*
offing:[1] **in the** ~ *adj* WATER TRANS auf offener See
offing[2] *n* WATER TRANS Seeraum *m*, offene See *f*
off-line[1] *adj* COMP & DP Offline- *pref*, nicht betriebsbereit, TELECOM Offline- *pref*, nicht angeschlossen
off-line:[2] ~ **docking station** *n* WATER TRANS selbständiger Docksteuerstand *m*; ~ **editing** *n* TELEV Offline-Edieren *nt*; ~ **processing** *n* COMP & DP Offline-Verarbeitung *f*; ~ **working** *n* TELECOM Offline-Betrieb *m*
off-load: ~ **charging** *n* NUC TECH *fuel loading* Beladung bei abgeschalteter Last *f*, Beschickung bei abgeschalteter Last *f*; ~ **operation** *n* AUTO *engine* lastfreier Betrieb *m*
off-machine: ~ **coater** *n* PAPER separate Streichmaschine *f*; ~ **coating** *n* PAPER Separatstreichen *nt*
off-mike *adj* RECORD mikrofonunabhängig
off-peak: ~ **energy storage** *n* NUC TECH Energiespeicherung in der Schwachlastzeit *f*; ~ **load** *n* ELEC ENG Belastung außerhalb der Spitzenzeit *f*, Belastungstal *nt*, Nachtbelastung *f*; ~ **period** *n* TRANS Normalverkehrszeit *f*; ~ **power** *n* NUC TECH Leistung in Schwachlastzeit *f*
offset[1] *adj* MECHAN ENG versetzt, PACK, PAPER, PRINT, SPACE Offset- *pref*
offset[2] *n* AUTO *engine* Verzögerung *f*, CONST Rücksprung *m*, Verschiebung *f*, ENG DRAW *of projection line* Abknickung *f*, rechtwinklig versetzte Abknickung *f*, MECHAN ENG Versatz *m*, Versetzung *f*, *crank* Kröpfung *f*, MECHANICS Absatz *m*, Kröpfung *f*, PRINT Offset-Druck *m*, TRANS *traffic* Grünzeitverschiebung *f*, WATER SUP Berme *f*, Böschungsabsatz *m*; ~ **antenna** *n* SPACE Offset-Antenne *f*; ~ **blade** *n* AIR TRANS *helicopter* abgesetztes Luftschraubenblatt *nt*; ~ **carrier system** *n* TELEV Offset-Trägersystem *nt*; ~ **clamp** *n* PROD ENG verstellbares Spanneisen *nt*; ~ **coater** *n* PAPER Offset-Streichmaschine *f*; ~ **connecting rod** *n* AUTO desaxierte Pleuelstange *f*; ~ **cutting tool** *n* PROD ENG abgesetzter Meißel *m*; ~ **flapping hinge** *n* AIR TRANS *helicopter* abgesetztes Schlaggelenk *nt*; ~ **master** *n* ENG DRAW Offset-Vorlage *f*; ~**-milling machine** *n* PROD ENG Fräsmaschine *f*; ~ **paper** *n* PAPER Offset-Papier *nt*; ~ **press** *n* PACK Offset-Presse *f*; ~ **printing** *n* PACK, PAPER, PRINT Offset-Druck *m*; ~ **printing press** *n* PRINT Offset-Maschine *f*, Offset-Presse *f*; ~ **radius** *n* AUTO Lenkrollradius *m*; ~ **reflector** *n* SPACE *communications* Offset-Reflektor *m*; ~ **roller** *n* PRINT Offset-Walze *f*; ~ **rotary press** *n* PACK Offset-Rotationsdruckmaschine *f*; ~ **screwdriver** *n* MECHAN ENG Winkelschraubendreher *m*, abgewinkelter Schraubenzieher *m*; ~ **signal method** *n* TELEV Offset-Signalmethode *f*; ~ **single-point threading tool** *n* PROD ENG gekröpfter Gewindemeißel *m*; ~ **temperature** *n* THERMODYN Schalttemperatur *f*, Temperaturdifferenz *f*; ~ **tool face** *n* PROD ENG geknickte Spanfläche *f*; ~ **tool flank** *n* PROD ENG geknickte Freifläche *f*; ~ **wrench** *n* MECHAN ENG gekröpfter Schraubenschlüssel *m*
offset[3] *vt* PROD ENG absetzen
offsets *n pl* WATER TRANS *architecture* Aufmaße *nt pl*
offshore[1] *adj* PET TECH Offshore- *pref*, im Meer, WATER TRANS Offshore-*pref*, ablandig, küstenfern, küstennah
offshore:[2] ~ **dock** *n* TRANS L-Dock *nt*; ~ **drilling** *n* PET TECH, WATER TRANS Offshore-Bohrung *f*; ~ **drilling rig supply vessel** *n* WATER TRANS Bohrinselversorgungsschiff *nt*; ~ **field** *n* PET TECH Offshore-Feld *nt*, Offshore-Lagerstätte *f*; ~ **floating terminal** *n* WATER TRANS schwimmende Umschlagsanlage *f*; ~ **oil industry** *n* PET TECH Offshore-Ölförderindustrie *f*; ~ **platform** *n* PET TECH Offshore-Plattform *f*; ~ **port** *n* WATER TRANS Offshore-Ölhafen *m*; ~ **terminal** *n* WATER TRANS Vorhafen *m*; ~ **well** *n* POLL Offshore-Bohrung *f*, küstennahe Ölbohrung *f*; ~ **wind** *n* WATER TRANS Landwind *m*, ablandiger Wind *m*
offside *n* AUTO *of car* Fahrerseite *f*, Lenkradseite *f*
offsize *n* MECHAN ENG Maßabweichung *f*
off-state *n* ELEC ENG Ausschaltzustand *m*, Blockierzustand *m*, Sperrzustand *m*, nicht eingeschalteter Zustand *m*
offtake *n* WATER SUP Ableitung *f*, Förderung *f*
off-tune: ~ **frequency** *n* ELECTRON verstimmte Frequenz *f*
ogee: ~ **plane** *n* CONST Karnieshobel *m*
OHC *abbr (overhead camshaft)* AUTO, MECHANICS obenliegende Nockenwelle *f*
ohm *n* ELEC ENG, ELECT, METROL, PHYS, RAD TECH Ohm

nt

ohmic[1] *adj* ELECT ohmisch

ohmic:[2] ~ **conductor** *n* PHYS ohmscher Leiter *m*; ~ **contact** *n* ELEC ENG ohmscher Kontakt *m*, FUELLESS Stromübergang *m*, galvanisch leitende Verbindung *f*, PHYS ohmscher Kontakt *m*; ~ **drop** *n* ELECT ohmscher Spannungsabfall *m*; ~ **loss** *n* ELEC ENG ohmscher Verlust *m*, ELECT Stromwärmeverlust *m*, ohmscher Verlust *m*, PHYS ohmscher Verlust *m*; ~ **resistance** *n* ELEC ENG Gleichstromwiderstand *m*, ohmscher Widerstand *m*, ELECT Luftwiderstand *m*, ohmscher Widerstand *m*; ~ **value** *n* ELEC ENG ohmscher Wert *m*

ohmmeter *n* ELEC ENG Ohmmeter *nt*, Widerstandsmeßgerät *nt*, ELECT Ohmmeter *nt*, PHYS Ohmmeter *nt*, *instrument* Widerstandsmeßgerät *nt*, RAD TECH Widerstandsmesser *m*, TELECOM Ohmmeter *nt*

Ohm's: ~ **law** *n* ELEC ENG, ELECT, PHYS Ohmsches Gesetz *nt*

OHV[1] *abbr (overhead valve)* AUTO hängendes Ventil *nt*, obengesteuertes Ventil *nt*

OHV:[2] ~ **engine** *n* AUTO OHV-Motor *m*

oil:[1] ~**-actuated** *adj* PROD ENG druckölbetätigt; ~**-bearing** *adj* PET TECH erdölführend, erdölhaltig; ~**-burning** *adj* THERMODYN ölgefeuert; ~**-cooled** *adj* HEAT & REFRIG, THERMODYN ölgekühlt; ~**-hardened** *adj* THERMODYN ölgehärtet; ~**-producing** *adj* PET TECH ölfördernd; ~**-quenched** *adj* PROD ENG ölabgeschreckt, THERMODYN im Ölbad abgeschreckt; ~**-resistant** *adj* PLAS ölbeständig, ölfest; ~**-soluble** *adj* PLAS *paint* öllöslich

oil[2] *n* MAR POLL, MECHAN ENG, PAPER, PET TECH Öl *nt*;

~ a ~ **absorption** *n* PLAS *paint pigment* Ölaufnahme *f*; ~ **actuation** *n* PROD ENG Druckölbetätigung *f*; ~ **aerosol separator** *n* POLL Ölnebelabscheider *m*;

~ b ~ **baffle** *n* HEAT & REFRIG Ölleitblech *nt*, NUC TECH Ölfangblech *nt*; ~**-base mud** *n* PET TECH Bohrschlamm auf Ölbasis *m*, Ölspülung *f*; ~ **basin** *n* PET TECH Ölbecken *nt*; ~ **bath** *n* LAB EQUIP Ölbad *nt*; ~**-bath air cleaner** *n* AUTO Ölbadluftreiniger *m*; ~**-bath air filter** *n* AUTO Ölbadluftfilter *nt*; ~**-bath lubrication** *n* MECHAN ENG Ölbadschmierung *f*; ~ **boom** *n* MAR POLL Ölsperre *f*; ~ **bunker** *n* PET TECH, WATER TRANS Ölbunker *m*; ~ **burner** *n* HEAT & REFRIG, MECHAN ENG, PET TECH, THERMODYN Ölbrenner *m*;

~ c ~**-carbon deposit** *n* AUTO Ölkohlebelag *m*; ~ **change** *n* AUTO *lubrication*, MECHAN ENG Ölwechsel *m*; ~ **channel** *n* AUTO, MECHAN ENG Ölkanal *m*; ~ **circuit breaker** *n* ELEC ENG Ölschalter *m*, ELECT Öltrennschalter *m*; ~ **clearance vessel** *n* POLL Ölbeseitigungsschiff *nt*; ~ **cock** *n* MECHAN ENG Ölhahn *m*; ~**-concentrating agent** *n* POLL Ölverdichtungsmittel *nt*; ~ **conservator** *n* ELEC ENG Ölausdehnungsgefäß *nt*, Ölausgleichsgefäß *nt*; ~**-containing waste-water** *n* POLL ölhaltiges Abwasser *nt*; ~**-contaminated waters** *n pl* POLL ölverseuchte Gewässer *nt pl*; ~ **control ring** *n* AUTO Ölabstreifring *m*, *piston* Abstreifring *m*, Ölabstreifring *m*, MECHAN ENG *in engine* Ölring *m*; ~**-cooled transformer** *n* ELEC ENG, ELECT ölgekühlter Transformator *m*; ~ **cooler** *n* AUTO *lubrication*, ELECT, MECHAN ENG, THERMODYN Ölkühler *m*; ~**-cooler heat exchanger** *n* AIR TRANS Ölkühler-Wärmeaustauscher *m*; ~ **cooling** *n* ELECT, MECHAN ENG Ölkühlung *f*; ~ **cup** *n* MECHAN ENG Schmierbüchse *f*;

~ d ~ **dashpot** *n* MECHAN ENG Öldruckstoßdämpfer *m*, PROD ENG Ölbremszylinder *m*; ~ **discovery** *n* PET TECH Ölfund *m*; ~ **distributor** *n* MECHAN ENG Ölverteiler *m*; ~ **drain** *n* HEAT & REFRIG Ölablauf *m*, Ölablaß *m*; ~ **drain hole** *n* AUTO Ölablaßöffnung *f*; ~ **drain plug** *n* AUTO *lubrication* Ölablaßschraube *f*, MECHANICS Ölablaßstopfen *m*; ~ **drain valve** *n* HEAT & REFRIG Ölablaßhahn *m*, Ölablaßventil *nt*; ~**-drenched paper** *n* PACK Ölpapier *nt*; ~ **drop** *n* PHYS Öltropfen *m*; ~ **duct** *n* HEAT & REFRIG Ölkanal *m*;

~ e ~ **emulsion** *n* MECHAN ENG Ölemulsion *f*; ~ **engine** *n* PET TECH Ölmotor *m*; ~ **expander ring** *n* AUTO Ölspreizring *m*; ~ **exploration** *n* PET TECH Erdölexploration *f*; ~**-extended rubber** *n* PLAS ölgestreckter Kautschuk *m*;

~ f ~ **feed** *n* AUTO *lubrication* Ölversorgung *f*, Ölzufuhr *f*; ~**-filled cable** *n* ELEC ENG Ölkabel *nt*, ELECT ölgefülltes Kabel *nt*; ~ **filler** *n* AUTO *motor* Öleinfüllstutzen *m*; ~ **filler cap** *n* AUTO Öleinfüllverschluß *m*; ~ **filler pipe** *n* AUTO Öleinfüllstutzen *m*; ~ **film** *n* MAR POLL Ölfilm *m*, Ölschicht *f*, Ölteppich *m*; ~ **filter** *n* AUTO *lubrication*, MECHAN ENG, MECHANICS Ölfilter *nt*; ~ **filter gasket** *n* AUTO Ölfilterdichtring *m*; ~ **firing** *n* CONST Ölfeuerung *f*; ~ **flow** *n* PROD ENG Förderstrom *m*; ~ **flow indicator** *n* HEAT & REFRIG Ölströmungsanzeiger *m*, Ölströmungsmelder *m*, Ölströmungswächter *m*; ~ **flow rate** *n* HEAT & REFRIG Öldurchflußmenge *f*, Ölstrom *m*; ~**-free compressor** *n* HEAT & REFRIG Trockenlaufkompressor *m*, ölfreier Kompressor *m*; ~ **fuel** *n* THERMODYN Heizöl *nt*;

~ g ~ **gage** *n AmE see oil gauge BrE* ~ **gallery** *n* AUTO Ölzuführungskanal *m*; ~ **gas** *n* PET TECH Ölgas *nt*; ~ **gasification** *n* PET TECH Ölvergasung *f*; ~ **gauge** *n BrE* MECHAN ENG Ölmesser *m*; ~ **groove** *n* MECHAN ENG Ölnute *f*;

~ h ~**-hardening** *n* METALL Ölhärtung *f*; ~ **heating** *n* HEAT & REFRIG, PET TECH Ölheizung *f*; ~ **hole** *n* MECHAN ENG Schmierbohrung *f*, Schmierloch *nt*, Ölbohrung *f*, *of shaft* Ölkühler *m*;

~ i ~**-immersed capacitor** *n* ELECT ölisolierter Kondensator *m*; ~**-immersed transformer** *n* ELEC ENG ölgekapselter Transformator *m*, Öltransformator *m*; ~ **immersion lens** *n* LAB EQUIP *microscope* Immersionsöl-Linse *f*; ~ **industry** *n* PET TECH Mineralölwirtschaft *f*, Ölindustrie *f*; ~**-in-gasoline lubrication** *n* MECHAN ENG Gemischschmierung *f*; ~ **inlet** *n* AUTO Öleinlaßöffnung *f*; ~ **in place** *n* PET TECH Gesamtölvolumen *nt*; ~ **insulator** *n* ELEC ENG Ölisolator *m*;

~ j ~ **jet** *n* AUTO Öldüse *f*, Ölstrahl *m*;

~ l ~ **leakage** *n* MAR POLL Ölaustritt *m*, Ölleck *nt*; ~ **length** *n* PLAS *in alkyd resin, varnish* Ölgehalt *m*, Ölhaltigkeit *f*, Ölzahl *f*; ~ **level indicator** *n* INSTR Ölstandanzeiger *m*; ~ **level mark** *n* AUTO *lubrication* Pegelmarkierung *f*, Ölstandsmarkierung *f*; ~ **level stick** *n* AUTO Ölmeßstab *m*, Ölstandanzeiger *m*; ~ **line** *n* AUTO Ölleitung *f*;

~ m ~ **mining** *n* PET TECH Ölbergbau *m*; ~ **mist lubrication** *n* MECHAN ENG Ölnebelschmierung *f*; ~**-moistened air filter cartridge** *n* AUTO ölbenetzte Luftfilterpatrone *f*; ~ **mold** *n AmE see oil mould BrE* ~ **mop** *n* MAR POLL Ölaufnahmeband *nt*; ~ **mould** *n BrE* PROD ENG *casting* Ölsandform *f*;

~ p ~ **packing paper** *n* PACK Ölpapier *nt*; ~ **pad** *n* MECHAN ENG Schmierkissen *nt*; ~ **palm** *n* FOOD TECH Ölpalme *f*; ~ **patch** *n* MAR POLL Ölfleck *m*; ~ **pier** *n* TRANS Ölpier *m*; ~ **pipe** *n* PET TECH Ölleitungsrohr *nt*; ~ **pipeline** *n* MECHAN ENG, PET TECH, TRANS Ölleitung *f*, Ölpipeline *f*; ~ **pocket** *n* MECHAN ENG Öltasche *f*;

~-polluted waste-water *n* POLL ölverschmutztes Abwasser *nt*; ~ **pollution** *n* POLL Ölpest *f*; ~ **pollution combatting ship** *n* MAR POLL Ölbekämpfungsschiff *nt*; ~ **pollution emergency** *n* MAR POLL, POLL Ölverschmutzungsnotfall *m*; ~ **pollution fighter** *n* POLL Ölbekämpfungsschiff *nt*; ~ **pressure gage** *n AmE*, ~ **pressure gauge** *n BrE* AUTO *lubrication* Öldruckanzeige *f*, Öldruckmesser *m*; ~ **pressure switch** *n* HEAT & REFRIG Öldruckwächter *m*; ~ **pressure warning light** *n* AUTO Öldruckkontrolleuchte *f*; ~ **pump** *n* AUTO *lubrication*, HEAT & REFRIG, MECHAN ENG Ölpumpe *f*; ~ **pump gasket** *n* HEAT & REFRIG Ölpumpendichtung *f*;

~ q ~ **quenching** *n* PROD ENG, THERMODYN Ölabschreckung *f*;

~ r ~ **reclaiming** *n* MECHAN ENG Ölrückgewinnung *f*; ~ **recovery barge** *n* POLL Ölrückgewinnungsschute *f*; ~ **recovery skimmer** *n* POLL Ölrückgewinnungsskimmer *m*; ~ **recovery vessel** *n* POLL Ölrückgewinnungsschiff *nt*; ~ **refinery** *n* PET TECH Erdölraffinerie *f*; ~ **refining** *n* PET TECH Erdölverarbeitung *f*; ~ **regeneration plant** *n* WASTE Altölaufbereitungsbetrieb *m*, Ölaufbereitungsanlage *f*; ~ **removal** *n* WASTE Entölen *nt*, Ölabscheidung *f*; ~ **reservoir** *n* PET TECH Erdöllagerstätte *f*; ~-**resisting hose** *n* PLAS ölfester Schlauch *m*; ~ **rig** *n* WATER TRANS Bohrinsel *f*; ~ **ring** *n* MECHAN ENG Ölring *m*;

~ s ~ **scraper ring** *n* AUTO *motor* N-Ring *m*, Nasenring *m*, Ölabscheidering *m*, Ölabstreifring *m*, NUC TECH Nasenring *m*, Ölabstreifring *m*; ~ **scrubbing** *n* PET TECH Ölwäsche *f*; ~ **seal** *n* MECHAN ENG Öldichtung *f*, MECHANICS Ölabdichtung *f*, Öldichtung *f*; ~ **separation** *n* WASTE Entölen *nt*, Ölabscheidung *f*; ~ **separator** *n* HEAT & REFRIG, MECHAN ENG, PAPER, WASTE Ölabscheider *m*; ~ **shale** *n* PET TECH Ölschiefer *m*; ~ **show** *n* PET TECH Ölspur *f*; ~ **show analyser** *n BrE* PET TECH Ölspurenanalysator *m*; ~ **show analyzer** *n AmE see oil show analyser BrE* ~ **sight glass** *n* HEAT & REFRIG Ölschauglas *nt*, Ölstandsglas *nt*; ~ **slick** *n* MAR POLL Ölfilm *m*, Ölschicht *f*, Ölteppich *m*; ~ **slick sinking** *n* MAR POLL Ölteppichbeseitigung *f*; ~ **slinger** *n* MECHAN ENG Ölschleuderring *m*; ~-**slurry oil tanker** *n* WATER TRANS Slurry-Tanker *m*, Ölschlamm-Öltanker *m*; ~ **spill** *n* MAR POLL *petrol* Ölverschmutzung des Meeres *f*; ~ **spill combatting equipment** *n* MAR POLL Ölteppichbekämpfungsausrüstung *f*; ~ **spill disaster** *n* MAR POLL Ölkatastrophe *f*; ~ **spill identification system** *n* MAR POLL Ölspill-Identifikationssystem *nt*, Ölteppichidentifikation *f*; ~ **spill response** *n* MAR POLL Ölbekämpfung *f*; ~ **stimulation** *n* NUC TECH Ölanregung *f*; ~ **storage tank** *n* PET TECH Ölspeichertank *m*, Öltank *m*; ~ **strainer** *n* AUTO Ölsieb *nt*; ~ **sump** *n* AIR TRANS, AUTO Ölwanne *f*; ~ **switch** *n* ELEC ENG, ELECT Ölschalter *m*;

~ t ~ **tank** *n* ELEC ENG Ölbehälter *m*, Ölreservoir *nt*, Öltank *m*, PET TECH Öltank *m*; ~ **tanker** *n* PET TECH, WATER TRANS *ship* Öltanker *m*; ~ **temperature indicator** *n* AIR TRANS Öltemperaturanzeige *f*; ~ **temperature probe** *n* AIR TRANS Öltemperaturmeßfühler *m*; ~-**tempered wire** *n* PAPER ölgehärtetes Sieb *nt*; ~ **tempering** *n* METALL Ölbad-Anlassen *nt*; ~ **tracing paper** *n* PAPER Ölpauspapier *nt*; ~ **transformer** *n* ELECT Öltransformator *m*; ~ **trap** *n* PET TECH Erdölfalle *f*, WATER SUP Ölfang *m*;

~ w ~ **waste** *n* POLL Ölabfall *m*, WASTE Ölrückstände *m pl*; ~-**water interface** *n* MAR POLL Öl-Wasser-Berührungsfläche *f*; ~ **well** *n* PET TECH Erdölbohrung *f*; ~ **well appliance** *n* PET TECH Erdölbohrlocheinrichtung *f*; ~ **well derrick** *n* PET TECH Erdölbohrturm *m*; ~ **well pump** *n* PET TECH Erdölförderpumpe *f*; ~ **wiper** *n* AUTO *motor* Ölabstreifer *m*, NUC TECH Ölabstreifer *m*, Ölabstreifring *m*

oil:[3] ~-**quench** *vt* THERMODYN im Ölbad abschrecken

oilcloth *n* PACK, TEXT Wachstuch *nt*

oiled: ~ **bearings** *n pl* MECHAN ENG geölte Lager *nt pl*; ~ **canvas** *n* PACK Ölleinwand *f*

oiler *n* MECHAN ENG Öler *m*, PROD ENG Schmierkante *f*, TEXT Schmälzeinrichtung *f*

oilfield *n* PET TECH Erdöllagerstätte *f*, Ölfeld *nt*, Öllagerstätte *f*

oilfired[1] *adj* PET TECH ölbefeuert, THERMODYN ölgefeuert

oilfired:[2] ~ **boiler** *n* HEAT & REFRIG ölgefeuerter Kessel *m*, Ölheizungskessel *m*, Ölkessel *m*; ~ **central heating system** *n* HEAT & REFRIG Öl-Zentralheizung *f*; ~ **furnace** *n* HEAT & REFRIG Ölfeuerung *f*; ~ **installation** *n* MECHAN ENG Ölfeuerungsanlage *f*; ~ **power station** *n* ELECT ölverbrennendes Kraftwerk *nt*, HEAT & REFRIG, THERMODYN Ölkraftwerk *nt*

oiling *n* TEXT Einschmelzen *nt*, Spicken *nt*, Ölen *nt*; ~ **ring** *n* MECH ENG Ölring *m*

oilless: ~ **bearing** *n* MECHAN ENG ölloses Lager *nt*

oilometer *n* MECHAN ENG Ölmesser *m*, METROL Ölwaage *f*, PET TECH Ölmesser *m*

oilpan *n* AUTO, MECHANICS Ölwanne *f*; ~ **gasket** *n* AUTO Ölwannendichtung *f*

oilproof: ~ **protective gloves** *n pl* SAFETY öldichte Sicherheitshandschuhe *m pl*

oilseed *n* FOOD TECH Ölsaat *f*

oilskin *n* TEXT Ölhaut *f*, Ölzeug *nt*, WATER TRANS *sailing clothes* Ölzeug *nt*

oilstone *n* MECHAN ENG *abrasive* Ölabziehstein *m*, PROD ENG Abziehstein *m*, Wetzstein *m*

OK: ~ **signal** *n* TELECOM OK-Zeichen *nt*

old: ~ **deposit** *n* POLL Altablagerung *f*; ~ **English bond** *n* CONST *masonry* Blockverband *m*; ~ **style** *n* PRINT Mediävalschrift *f*

Oldham: ~ **coupling** *n* MECHAN ENG Oldham-Kupplung *f*

oleate *n* CHEMISTRY Oleat *nt*, Ölsäureester *m*

olefin *n* CHEMISTRY Alken *nt*, Ethylenkohlenwaserstoff *m*, Olefin *nt*, PET TECH Olefin *nt*

olefine *n* CHEMISTRY Alken *nt*, Ethylenkohlenwasserstoff *m*, Olefin *nt*

olefinic[1] *adj* CHEMISTRY Alken- *pref*, Olefin- *pref*, olefinisch

olefinic:[2] ~ **content** *n* CHEMISTRY Alkengehalt *m*, Olefingehalt *m*

oleic[1] *adj* CHEMISTRY Olein- *pref*

oleic:[2] ~ **acid** *n* CHEMISTRY, FOOD TECH Ölsäure *f*

oleiferous: ~ **waste water** *n* WASTE ölhaltiges Abwasser *nt*

olein *n* CHEMISTRY Elain *nt*, Glyceroltrioleat *nt*, Olein *nt*

oleo: ~ **oil** *n* CHEMISTRY Olein-Palmitin-Gemisch *nt*

oleophilic[1] *adj* CHEMISTRY oleophil, ölanziehend

oleophilic:[2] ~ **belt** *n* MAR POLL ölaufnehmendes Band *nt*; ~ **belt skimmer** *n* MAR POLL ölaufnehmendes Förderband-Abschöpfgerät *nt*

oleopneumatic: ~ **shock absorber** *n* AUTO hydropneumatischer Stoßdämpfer *m*

oleoresin *n* CHEMISTRY Fettharz *nt*, Oleoresin *nt*, Weichharz *nt*

oleoresinous[1] *adj* CHEMISTRY Öl-Naturharz- *pref*, Ölharz- *pref*
oleoresinous:[2] ~ **paint** *n* CONST Naturholzfarbe *f*
oleum *n* CHEMISTRY Nordhausersche Schwefelsäure *f*, Oleum *nt*, rauchende Schwefelsäure *f*
oligomer *n* CHEMISTRY Oligomer *nt*
oligomeric *adj* CHEMISTRY oligomer
oligomerization *n* PLAS Oligomerisation *f*
oligomycin *n* CHEMISTRY Oligomycin *nt*
olive: ~ **knuckle hinge** *n* CONST Olivenscharnier *nt*
OLRT *abbr (online real time)* COMP & DP OLRT *(Online-Echtzeit)*
OLT *abbr (online test program)* COMP & DP Online-Testprogramm *nt*
OLTS *abbr (online test system)* COMP & DP Online-Testsystem *nt*
OMC *abbr (operations and maintenance center AmE, operations and maintenance centre BrE)* TELECOM Betriebs- und Wartungszentrum *nt*
omega: ~ **loop** *n* TELEV Omega-Schleife *f*; ~ **minus particle** *n* PHYS Omega-Minus-Teilchen *nt*; ~ **wrap** *n* TELEV Omega-Umschlingung *f*
Ω *abbr (volume in phase space)* PHYS *(Volumen in Phase)*
omnibearing: ~ **indicator** *n (OBI)* AIR TRANS Rundsichtpeilanzeiger *m*, automatischer Azimutanzeiger *m*; ~ **selector** *n* AIR TRANS Kurswähler *m*
omnidirectional: ~ **aerial** *n* RAD TECH, TELECOM Rundstrahlantenne *f*; ~ **antenna** *n* RAD TECH, TELECOM Rundstrahlantenne *f*; ~ **microphone** *n* ACOUSTICS Allrichtungsmikrofon *nt*, ungerichtetes Mikrofon *nt*; ~ **radiorange** *n* RAD TECH, TRANS Rundstrahlkursfunkfeuer *nt*
omnirange: ~ **indicator** *n* AIR TRANS Drehfunkfeuer *nt*
OMR *abbr* COMP & DP *(optical mark recognition)* OMR *(optische Markierungserkennung)*, COMP & DP *(optical mark reading)* optisches Markierungslesen *nt*
on *adj* ELEC ENG *circuit* eingeschaltet, *motor engine* an; *transistor* aktiviert, eineschaltet
on-air[1] *adj* TELEV auf Sendung
on-air:[2] ~ **period** *n* ELEC ENG Sendezeit *f*
on-board: ~ **circuitry** *n* ELECTRON Schaltung auf Platine *f*; ~ **communication station** *n* TELECOM Bordkommunikationsstation *f*; ~ **computer** *n* SPACE Bordcomputer *m*; ~ **processing** *n* SPACE Bordverarbeitung *f*, Datenverarbeitung an Bord *f*; ~ **subscriber** *n* TELECOM Teilnehmer an Bord *m*; ~ **switching** *n* SPACE Bordschaltung *f*; ~ **systems** *n pl* SPACE Bordsysteme *nt pl*
on-call: ~ **bus system** *n* TRANS Bustaxidienst *m*
once: ~**-only ribbon** *n* ENG DRAW Einmalkarbon-Farbband *nt*; ~**-through boiler** *n* HEAT & REFRIG Zwangsdurchlaufkessel *m*; ~**-through charge** *n* NUC TECH einmalige Beladung *f*; ~**-through fuel cycle** *n* NUC TECH offener Brennstoffkreislauf *m*; ~**-through lubrication** *n* MECHAN ENG Durchlaufschmierung *f*; ~**-through steam generator** *n (OTSG)* NUC TECH Durchlaufdampfgenerator *m*
on-center *AmE*, **on-centre** *BrE*: ~ **grinding** *n* PROD ENG Spitzenschleifen *nt*
on-chip: ~ **amplification** *n* ELECTRON Verstärkung auf dem Chip *f*; ~ **amplifier** *n* ELECTRON Verstärker auf dem Chip *m*; ~ **analog-to-digital conversion** *n* ELECTRON auf dem Chip ausgeführte A/D-Wandlung *f*; ~ **capacitor** *n* ELEC ENG Chipkondensator *m*, integrierter Kondensator *m*; ~ **circuit** *n* ELECTRON Schaltkreis auf dem Chip *m*, Schaltung auf dem Chip *f*; ~ **digital-to-analog conversion** *n* ELECTRON auf dem Chip ausgeführte D/A-Wandlung *f*; ~ **filter** *n* ELECTRON auf dem Chip befindliches Filter *nt*; ~ **processing** *n* ELECTRON Verarbeitung auf dem Chip *f*; ~ **transistor** *n* ELECTRON Transistor auf Chip *m*, auf dem Chip befindlicher Transistor *m*
on-delay: ~ **relay** *n* ELEC ENG einschaltverzögertes Relais *nt*
one:[1] ~**-blow** *adj* PROD ENG Einstufen- *pref*; ~**-dimensional** *adj* PHYS eindimensional; ~**-holed** *adj* PROD ENG in einem Durchgang hergestellt; **in** ~ **piece** *adj* MECHAN ENG aus einem Stück, in einem Stück; ~**-pole** *adj* ELECTRON einpolig; ~**-way** *adj* TELECOM einfachgerichtet
one[2] *n* MATH Eins *f*; ~**-address computer** *n* COMP & DP Einadreßrechner *m*; ~**-address instruction** *n* COMP & DP Einadreßbefehl *m*; ~**-and-one lease** *n* TEXT einfaches Kreuz *nt*; ~**-coil transformer** *n* ELECT Einwicklungstransformator *m*; ~**-cycle reactor** *n* NUC TECH Einkreisreaktor *m*; ~**-cylinder engine** *n* AUTO, MECHAN ENG Einzylindermotor *m*; ~**-digit adder** *n* ELECTRON Einzifferaddierglied *nt*; ~**-digit subtractor** *n* ELECTRON Einziffersubtrahierglied *nt*; ~**-hundred-percent inspection** *n* QUAL Hundertprozentprüfung *f*, Vollprüfung *f*; ~**-off print** *n* ENG DRAW Einzeldruck *m*; ~**-part screw plate** *n* MECHAN ENG einteilige Schneidkluppe *f*; ~ **phase** *n* ELEC ENG einphasig; ~**-phase controller** *n* TRANS Einphasensteuergerät *nt*; ~**-piece connector** *n* ELEC ENG Steckverbinder aus einem Stück *m*, angegossener Steckverbinder *m*; ~**-plus-one address instruction** *n* COMP & DP Eins-plus-Eins-Adreßbefehl *m*; ~**-plus-one carrier system** *n* TELECOM Eins-plus-Eins-Trägersystem *nt*; ~**-shot circuit** *n* ELECTRON Einkreisschaltung *f*; ~**-shot multivibrator** *n* ELECTRON monostabile Kippschaltung *f*; ~**-shot signal** *n* ELECTRON Einzelschrittsignal *nt*; ~**-sided coated board** *n* PACK einseitig gestrichene Pappe *f*; ~ **state** *n* ELECTRON Eins-Zustand *m*; ~**-track recording** *n* ACOUSTICS Einspuraufzeichnung *f*; ~**-way bottle** *n* PACK, WASTE Einwegflasche *f*; ~**-way container** *n* PACK Einwegbehälter *m*; ~**-way pack** *n* PACK Einwegpackung *f*, WASTE Einwegverpackung *f*, Wegwerfverpackung *f*; ~**-way pallet** *n* PACK, TRANS Einwegpalette *f*; ~**-way repeater** *n* ELECTRON, TELECOM einfachgerichteter Verstärker *m*; ~**-way ticket** *n AmE (cf single ticket BrE)* TRANS Einfachfahrschein *m*; ~**-zone reactor** *n* NUC TECH Einzonenreaktor *m*
on-end: ~ **insert** *n* PROD ENG Tangentialschneidplatte *f*
one's: ~ **complement** *n* COMP & DP Einerkomplement *nt*
on-even-keel *adj* WATER TRANS gleichlastig
on-going: ~ **qualification test** *n* NUC TECH fortlaufende Qualifikationsprüfung *f*
on-hold *adj* TELECOM *call* im Haltezustand
on-hook: ~ **condition** *n* TELECOM Hörer aufgelegt *m*; ~ **dialing** *n AmE*, ~ **dialling** *n BrE* TELECOM Wählen bei aufliegendem Hörer *nt*
onion *n* CER & GLAS Ziehzwiebel *f*
onionskin: ~ **paper** *n AmE (cf banknote paper BrE)* PAPER Banknotenpapier *nt*
online[1] *adj* COMP & DP Online- *pref*, betriebsbereit
online:[2] ~ **database** *n* COMP & DP Online-Datenbank *f*; ~ **measurement** *n* NUC TECH Online-Messung *f*; ~ **processing** *n* COMP & DP Online-Verarbeitung *f*; ~ **real time** *n (OLRT)* COMP & DP Online-Echtzeit *f (OLRT)*; ~ **storage** *n* COMP & DP rechnerabhängiger

Speicher *m*; ~ **test program** *n (OLT)* COMP & DP Online-Testprogramm *nt*; ~ **test system** *n (OLTS)* COMP & DP Online-Testsystem *nt*

on-load: ~ **charging** *n* NUC TECH Beladung unter Last *f*, Beschickung unter Last *f*; ~ **current** *n* ELEC ENG Einschaltlaststrom *m*; ~ **fueling** *n AmE*, ~ **fuelling** *n BrE* NUC TECH Beladung unter Last *f*, Beschickung unter Last *f*; ~ **refueling** *n AmE*, ~ **refuelling** *n BrE* NUC TECH Aufladung unter Last *f*, Beschickung unter Last *f*; ~ **tap-changer** *n* ELECT Abzapfwechsler unter Last *m*; ~ **tap changing** *n* ELECT Zapfenschaltung unter Last *f*; ~ **voltage** *n* ELEC ENG Belastungsspannung *f*, Spannung bei Belastung *f*, Zellspannung bei Stromfluß *f*, ELECT Lastspannung *f*

on-machine: ~ **coating** *n* PAPER Maschinenstreichen *nt*

on-off: ~ **control** *n* ELECT Ein-/Aussteuerung *f*; ~ **switch** *n* ELEC ENG An-/Ausschalter *m*, Ein-/Ausschalter *m*, ELECT, MECHAN ENG, PHOTO, PHYS Ein-/Ausschalter *m*

on/off[1] *adv* COMP & DP, ELECT, HYD EQUIP Ein-/Aus- *pref*, MECHAN ENG ein/aus

on/off:[2] ~ **butterfly valve** *n* HEAT & REFRIG Auf-Zu-Klappe *f*; ~ **valve** *n* MECHAN ENG Schaltventil *nt*

ONR *abbr (octane number rating)* AUTO Oktanzahlbestimmung *f*, Oktanzahlwert *m*

on-receipt: ~ **inspection** *n* QUAL Eingangsprüfung *f*

on-scene: ~ **commander** *n (OSC)* MAR POLL Vor-Ort-Einsatzleiter *m*; ~ **communications** *n pl* TELECOM Kommunikation vor Ort *f*

onset *n* RAD PHYS *of magnetic field* Einschalten *nt*, Einsetzen *nt*

onshore[1] *adj* PET TECH Onshore- *pref*, auf Land

onshore:[2] ~ **wind** *n* WATER TRANS Seewind *m*, auflandiger Wind *m*

on-site: ~ **waste disposal** *n* NUC TECH Abfallentsorgung vor Ort *f*

on-state *n* ELEC ENG Durchlaßzustand *m*, Einschaltzustand *m*, eingeschalteter Zustand *m*; ~ **conductivity** *n* ELEC ENG Leitfähigkeit im Einschaltzustand *f*; ~ **current** *n* ELEC ENG Durchlaßstrom *m*

onward: ~ **transmission** *n* IND PROCESS *signal* Weiterübertragung *f*

OOP *abbr (object-oriented programming)* ART INT OOP *(objektorientierte Programmierung)*

opacifier *n* CER & GLAS Trübungsmittel *nt*

opacifying *adj* CHEMISTRY *power* Deck- *pref*

opacimeter *n* PAPER Opazimeter *nt*

opacity *n* CHEMISTRY Deckfähigkeit *f*, Opazität *f*, PAPER, PHYS, PRINT, WAVE PHYS Lichtundurchlässigkeit *f*, Opazität *f*

opal: ~ **glass** *n* CER & GLAS Opalglas *nt*

Opal *n* PART PHYS Opal *m*

opalescent: ~ **glass** *n* CER & GLAS Trübglas *nt*

opaline *n* CER & GLAS Opalinglas *nt*

op amp *abbr (operational amplifier)* COMP & DP, ELECTRON, PHYS, RAD TECH, TELECOM OA *(Operationsverstärker)*

opaque: ~ **glass** *n* CER & GLAS Opakglas *nt*; ~ **medium** *n* PHYS undurchsichtiges Medium *nt*; ~ **substance** *n* RAD PHYS opake Substanz *f*

op code *n (operation code)* COMP & DP Operationscode *m*, Operationsschlüssel *m*

OPEC *abbr (Organization of Petroleum-Exporting Countries)* PET TECH OPEC *f (Organisation ölexportierender Länder)*

open[1] *adj* COMP & DP offen, CONST nicht überdacht, PHYS *circuit* geöffnet, PROD ENG griffig, unberuhigt vergossen; ~-**annealed** *adj* PROD ENG blaugeglüht; ~-**ended** *adj* TEXT offen; ~-**type** *adj* MECHAN ENG *machine specification* in offener Bauart

open:[2] ~ **access** *n* COMP & DP offener Zugriff *m*; ~ **air** *adj* CONST Freiluft *f*; ~ **annealing** *n* METALL Blauglühen *nt*, PROD ENG Blauglühung *f*; ~ **arc** *n* ELEC ENG nackter Lichtbogen *m*, offener Lichtbogen *m*; ~ **arc ion source** *n* NUC TECH nackte Lichtbogen-Ionenquelle *f*; ~ **area** *n* CONST Freifläche *f*; ~ **assembly time** *n* PLAS offene Wartezeit *f*; ~ **belt** *n* PAPER, PROD ENG offener Riemen *m*; ~ **cell** *n* PLAS *in expanded plastics and rubbers* offene Zelle *f*; ~ **cell cellular plastics** *n* PLAS offenzelliger Schaumstoff *m*; ~ **channel** *n* HYD EQUIP offener Kanal *m*; ~ **channel flow** *n* FLUID PHYS Strömung in offenen Gerinnen *f*, Strömung in offenen Kanälen *f*; ~ **circuit** *n* COAL TECH Leerlaufschaltung *f*, ELEC ENG Leerlaufzustand *m*, offener Stromkreis *m*, ELECT offener Stromkreis *m*, unterbrochener Stromkreis *m*; ~ **circuit characteristics** *n pl* ELECT Leerlaufeigenschaften *f pl*; ~ **circuit cooling** *n* HEAT & REFRIG, NUC TECH offener Kühlkreis *m*; ~ **circuit crushing** *n* COAL TECH Brechen in einem Durchgang *nt*; ~ **circuit current** *n* ELECT Leerlaufstrom *m*; ~ **circuit impedance** *n* ELEC ENG Leerlaufimpedanz *f*, Leerlaufscheinwiderstand *m*, Leerlaufwiderstand *m*, ELECT Leerlaufimpedanz *f*; ~ **circuit operation** *n* ELECT Leerlaufbetrieb *m*; ~ **circuit test** *n* ELECT Leerlaufprüfung *f*; ~ **circuit voltage** *n* ELEC ENG Leerlaufspannung *f*, Ruhespannung *f*, Zellspannung *f*, ELECT, FUELLESS Leerlaufspannung *f*; ~ **circuit winding** *n* ELECT unterbrochene Wicklung *f*; ~ **coil armature** *n* ELECT *electrical machine* offen gewikkelter Anker *m*, unterbrochene Ankerwicklung *f*; ~ **conductor** *n* ELEC ENG offener Leiter *m*; ~ **contact** *n* ELECT geöffneter Kontakt *m*; ~ **cooling circuit** *n* HEAT & REF offener Kühlkreis *m*; ~ **core** *n* ELECT offener Kern *m*; ~ **core transformer** *n* ELECT Transformator mit offenem Kern *m*; ~-**cycle gas turbine** *n* TRANS Gasturbine mit offenem Kreislauf *f*; ~ **delta connection** *n* ELECT offene Deltaschaltung *f*, offene Dreieckschaltung *f*; ~ **die** *n* MECHAN ENG offenes Gesenk *nt*; ~ **die forging** *n* MECHAN ENG Freiformschmieden *nt*; ~ **drain** *n* WASTE, WATER SUP offener Abzugsgraben *m*; ~ **dump** *n* WASTE ungeordnete Deponie *f*, wilde Müllablagerung *f*; ~-**end spanner** *n BrE (cf open-end wrench)* MECHAN ENG Gabelschlüssel *m*, Maulschlüssel *m*, MECHANICS Gabelschraubenschlüssel *m*, Maulschlüssel *m*; ~-**end wrench** *n (cf open-end spanner BrE)* MECHAN ENG Gabelschlüssel *m*, Maulschlüssel *m*, MECHANICS Gabelschraubenschlüssel *m*, Maulschlüssel *m*; ~ **face calender** *n* PAPER vorderseitig offener Kalander *m*; ~ **flume turbine chamber** *n* WATER SUP *in hydropower* Schachtturbinenkammer *f*; ~ **front** *n* HYD EQUIP offene Stirnseite *f*, offene Stirnwand *f*; ~ **fuel cycle** *n* NUC TECH offener Brennstoffkreislauf *m*; ~ **fuse** *n* ELECT durchgebrannte Sicherung *f*, offene Sicherung *f*; ~ **headbox** *n* PAPER offener Stoffauflauf *m*; ~ **hearth furnace** *n* COAL TECH Herdofen *m*, PROD ENG SM-Ofen *m*, Siemens-Martin-Ofen *m*; ~ **hearth steel** *n* METALL Siemens-Martin-Stahl *m*; ~-**hole drilling** *n* PET TECH Bohren ohne Bohrlochverrohrung *nt*; ~ **hood** *n* PAPER offene Haube *f*; ~ **interval** *n* MATH offenes Intervall *nt*; ~-**jet wind tunnel** *n* PHYS Freistrahlwindkanal *m*; ~ **listening** *n* TELECOM Lauthören *nt*; ~ **loop** *n* AIR TRANS offene Schleife *f*, offener Kreislauf *m*,

ELECT offene Schleife *f*, IND PROCESS offener Kreis *m*; **~ loop control** *n* IND PROCESS Steuerung *f*; **~ loop controlling** *n* IND PROCESS Steuern *nt*; **~ loop control system** *n* IND PROCESS Steuereinrichtung *f*; **~ loop measurement** *n* INSTR rückkopplungsfreie Messung *f*; **~ loop oscillator** *n* ELECTRON Oszillator mit offenem Schwingungskreis *m*; **~ mill** *n* PLAS offene Mischwalze *f*; **~ newel stairs** *n* CONST offene Spindeltreppe *f*; **~-pit mining** *n* COAL TECH Abraumbau *m*, Tagebau *m*; **~ point** *n* RAIL abliegende Zunge *f*; **~ polygon** *n* GEOM offenes Polygon *nt*; **~ position** *n* ELECT offene Lage *f*; **~ propeller** *n* WATER TRANS offener Propeller *m*; **~ resonator** *n* ELECTRON offener Resonator *m*; **~ routine** *n* COMP & DP Dateieröffnungsroutine *f*; **~-sand molding** *n AmE*, **~-sand moulding** *n BrE* PROD ENG Herdformerei *f*; **~ sea** *n* WATER TRANS hohe See *f*, offenes Meer *nt*; **~ sewer** *n* WASTE offener Abzugsgraben *m*; **~-side planing machine** *n* MECHAN ENG Einständerhobelmaschine *f*; **~-side plate planing machine** *n* PROD ENG Einständerblechkanten-Hobelmaschine *f*; **~ spanner** *n BrE (cf open wrench)* MECHAN ENG Gabelschlüssel *m*, Maulschlüssel *m*; **~ steel** *n* PROD ENG unberuhigt vergossener Stahl *m*; **~ string stairs** *n* CONST aufgesattelte Treppe *f*; **~-structure wheel** *n* PROD ENG grobporige Schleifscheibe *f*; **~ switch** *n* RAIL abliegende Zunge *f*; **~ system** *n* COMP & DP, THERMODYN offenes System *nt*; **~ systems architecture** *n (OSA)* TELECOM Architektur offener Systeme *f*; **~ systems interconnection** *n (OSI)* COMP & DP, TELECOM Kommunikation offener Systeme *f (OSI)*; **~-top container** *n* TRANS Open-Top-Container *m*; **~ wall container** *n* TRANS Open-Wall-Container *m*; **~ wall string** *n* CONST *stairs* Sattelwange *f*; **~ water** *n* WATER TRANS offenes Wasser *nt*; **~-web girder** *n* CONST Fachwerkbinder *m*, Vierendeel-Träger *m*; **~ winding** *n* ELECT unterbrochene Wicklung *f*; **~ wire feeder** *n* ELEC ENG Open-Wire-Feeder *m*; **~-wire line** *n* ELEC ENG Freileitung *f*; **~-wire transmission line** *n* ELEC ENG Freileitungsübertragung *f*; **~ wrench** *n (cf open spanner BrE)* MECHAN ENG Gabelschlüssel *m*, Maulschlüssel *m*

open[3] *vt* PAPER, PHOTO *diaphragm* öffnen, PROD ENG auflockern, TEXT *fibre* öffnen; **~-anneal** *vt* PROD ENG blauglühen

opener *n* TEXT Baumwollöffner *m*, Öffner *m*

opening *n* CONST Durchbruch *m*, Loch *nt*, HYD EQUIP *in wall, partition, plate* Ausmündung *f*, Bohrung *f*, Durchbruch *m*, MECHAN ENG *act* Öffnen *nt*, *aperture* Düse *f*, Öffnung *f*, PAPER Öffnung *f*, PROD ENG Auflokkern *nt*; **~ circuit** *n* ELEC ENG abschaltender Kreis *m*, öffnender Kreis *m*; **~ of the cylinder** *n* CER & GLAS Zylinderöffnung *f*; **~ instructions** *n pl* PACK Öffnungsanweisungen *f pl*; **~ mechanism** *n* PACK Öffnungsmechanismus *m*; **~ time** *n* ELEC ENG *of circuit* Ausschaltverzug *m*, Öffnungszeit *f*, ELECT Abschaltzeit *f*, Öffnungszeit *f*

operand *n* COMP & DP Operand *m*, Rechengröße *f*

operate:[1] **~ current** *n* ELEC ENG Ansprechstrom *m*; **~ lag** *n* ELEC ENG Ansprechverzögerung *f*; **~ relay** *n* ELEC ENG Ansprechrelais *nt*; **~ time** *n* ELEC ENG Ansprechzeit *f*; **~ voltage** *n* ELEC ENG Ansprechspannung *f*

operate[2] *vt* MECHAN ENG *power plant*, NUC TECH *power plant* betreiben

operate[3] *vi* MECHAN ENG arbeiten, funktionieren; **~ empty camera** *vi* PHOTO *shutter test* leer Kamera bedienen

operating[1] *adj* MECHAN ENG Betriebs- *pref*

operating[2] *n* MECHAN ENG, PAPER, PROD ENG Bedienung *f*; **~ altitude** *n* SPACE Betriebsflughöhe *f*; **~ angle** *n* PROD ENG *plastic valves* Stellwinkel *m*; **~ cam** *n* PROD ENG Steuerkurve *f*; **~ ceiling** *n* AIR TRANS Betriebsgipfelhöhe *f*; **~ characteristic** *n* MECHAN ENG Betriebsverhalten *nt*, QUAL *(OC)* Operationscharakteristik *f (OC)*; **~ characteristic curve** *n* QUAL Annahmekennlinie *f*, OC-Kurve *f*; **~ conditions** *n pl* ELEC ENG Betriebsbedingungen *f pl*, Betriebszustand *m*, ELECT, METROL Betriebsbedingungen *f pl*; **~ console** *n* TELECOM Bedienungspult *nt*; **~ current** *n* ELEC ENG Ansprechstrom *m*, Arbeitsstrom *m*, Betriebsstrom *m*, ELECT Betriebsstrom *m*, Betätigungsstrom *m*; **~ cycle** *n* PROD ENG Arbeitsablauf *m*, TRANS Arbeitszyklus *m*; **~ duty test** *n* QUAL Arbeitsprüfung *f*; **~ error** *n* COAL TECH Bedienungsfehler *m*; **~ face** *n* WASTE Deponieoberfläche *f*; **~ force** *n* PROD ENG Schaltkraft *f*; **~ frequency** *n* MECHAN ENG Arbeitsfrequenz *f*; **~ hand-wheel** *n* MECHAN ENG Betriebshandrad *nt*; **~ head** *n* PROD ENG Nutzförderhöhe *f*; **~ hour meter** *n* INSTR Betriebsstundenzähler *m*; **~ hours indicator** *n* WATER TRANS *engine* Betriebsstundenanzeiger *m*; **~ instructions** *n pl* MECHAN ENG, PROD ENG Bedienungsanleitung *f*, Betriebsanleitung *f*; **~ key** *n* INSTR Betätigungstaste *f*; **~ lever** *n* MECHAN ENG Bedienungshebel *m*; **~ lifetime** *n* NUC TECH *of power plant* Betriebsdauer *f*, Halbwertszeit *f*; **~ mechanism** *n* PROD ENG *plastic valves* Stellmechanismus *m*; **~ mode** *n* ELEC ENG Betriebsart *f*, Wirkungsweise *f*; **~ permit** *n* AIR TRANS Betriebserlaubnis *f*; **~ point** *n* ELEC ENG Arbeitspunkt *m*; **~ position** *n* TELECOM Arbeitsplatz *m*, Vermittlungsplatz *m*; **~ pressure** *n* HEAT & REFRIG Arbeitsdruck *m*, MECHAN ENG Arbeitsdruck *m*, Betriebsdruck *m*, SPACE *spacecraft* Betriebsdruck *m*; **~ procedure** *n* PROD ENG Fertigungsverfahren *nt*; **~ range** *n* AIR TRANS Einsatzentfernung *f*, Einsatzreichweite *f*; **~ sequence** *n* PROD ENG Ablauf *m*; **~ speed** *n* AIR TRANS Betriebsgeschwindigkeit *f*, Einsatzgeschwindigkeit *f*, MECHAN ENG Betriebsdrehzahl *f*; **~ switch** *n* ELECT Bedienungsschalter *m*; **~ system** *n (OS)* COMP & DP, TELECOM Betriebssystem *nt*; **~ system kernel** *n* COMP & DP Betriebssystemkern *m*; **~ temperature** *n* AIR TRANS, AUTO, CONTROL Betriebstemperatur *f*, HEAT & REFRIG Arbeitstemperatur *f*, Betriebstemperatur *f*, SPACE Betriebstemperatur *f*; **~ time** *n* COMP & DP Betriebszeit *f*, QUAL Benutzungsdauer *f*; **~ voltage** *n* CONTROL Betriebsspannung *f*, ELEC ENG Arbeitsspannung *f*, Betriebsspannung *f*, ELECT *of system* Betriebsspannung *f*, PROD ENG Bedienungsspannung *f*; **~ weight** *n* SPACE Betriebsgewicht *nt*

operation:[1] **out of ~** *adj* ELECT außer Betrieb, fehlerhaft

operation[2] *n* COMP & DP Arbeitsgang *m*, Betrieb *m*, Operation *f*, ELEC ENG *of machine* Arbeitsweise *f*, Bedienung *f*, Betrieb *m*, MECHAN ENG Arbeitsvorgang *m*, *of control devices* Bedienung *f*, Betätigung *f*, *of machine* Betrieb *m*, Betriebsweise *f*, *running* Gang *m*, Lauf *m*, PROD ENG *plastic valves* Betrieb *m*, SPACE *communications* Funkbetrieb *m*, TELECOM Bedienung *f*, Operation *f*; **~ area** *n* NUC TECH Arbeitbereich *m*; **~ center** *n AmE*, **~ centre** *n BrE* SPACE Betriebszentrale *f*, Leitstand *m*; **~ code** *n (op code)* COMP & DP Operationscode *m*, Operationsschlüssel *m*; **~ counter** *n* ELECT Ereigniszähler *m*; **~ register** *n* COMP & DP Operationsregister *nt*; **~ system** *n* COMP & DP Betriebssystem *nt*; **~ table** *n* COMP & DP Operationstabelle *f*

operational: ~ **amplifier** *n (op amp)* COMP & DP, ELECTRON, PHYS, RAD TECH, TELECOM Operationsverstärker *m*, Rechenverstärker *m (OA)*; ~ **amplifier chip** *n* ELECTRON Rechenverstärker-Chip *m*; ~ **amplifier comparator** *n* ELECTRON Rechenverstärker-Komparator *m*; ~ **calculus** *n* MATH Operatorenrechnung *f*; ~ **capacity** *n* PET TECH maximaler Durchsatz *m*; ~ **delay** *n* TRANS betriebsbedingte Verzögerung *f*; ~ **error** *n* POLL betriebsbedingter Fehler *m*; ~ **life** *n* PROD ENG *plastic valves* Gebrauchsdauer *f*; ~ **manual** *n* AIR TRANS Betriebshandbuch *nt*; ~ **research** *n* COMP & DP Unternehmensforschung *f*; ~ **safety** *n* PROD ENG Betriebssicherheit *f*; ~ **sequence** *n* PROD ENG Funktionsablauf *m*; ~ **test** *n* METROL Betriebstest *m*

operations: ~ **center** *n AmE*, ~ **centre** *n BrE* TELECOM BZ, Betriebszentrum *nt*; ~ **and maintenance center** *n AmE*, ~ **and maintenance centre** *n BrE (OMC)* TELECOM Betriebs- und Wartungszentrum *nt*; ~ **manual** *n* MECHAN ENG Betriebshandbuch *nt*; ~**-related defect** *n* NUC TECH *of fuel element* betriebsbedingter Defekt *m*; ~ **research** *n (OR)* COMP & DP Operations-Research *nt*, Unternehmensforschung *f (OR)*; ~ **room** *n* TELECOM Betriebsraum *m*, Betriebssaal *m*

operative: ~ **management** *n* NUC TECH *of plant* Betriebsführung *f*, Betriebsverwaltung *f*

operator *n* COMP & DP Bediener *m*, Operator *m*, CONTROL Benutzer *m*, MATH Operator *m*, MECHAN ENG, PRINT Bediener *m*, TELECOM Betreiber *m*, Operator *m*, Telefonist *m*; ~**'s console** *n* TELECOM Bedienungspult *nt*; ~**'s telephone** *n* TELECOM Sprechzeug *nt*; ~ **command** *n* COMP & DP Bedienerbefehl *m*; ~ **console** *n* COMP & DP Bedienerkonsole *f*, CONTROL Steuerpult *nt*; ~ **inspection** *n* QUAL Selbstprüfung *f*; ~ **message** *n* COMP & DP Bedienermeldung *f*, Bedienernachricht *f*; ~ **position** *n* TELECOM *telephone* Platz *m*, Vermittlungsplatz *m*; ~ **precedence** *n* COMP & DP Operationenrangfolge *f*; ~ **response** *n* COMP & DP Bedienerantwort *f*; ~ **system** *n* TELECOM Bedienungssystem *nt*; ~ **terminal** *n* COMP & DP Bedienerstation *f*

opianic *adj* CHEMISTRY Opian- *pref*

opianine *n* CHEMISTRY Narcotin *nt*, Noscapin *nt*

opianyl *n* CHEMISTRY Dimethoxyphthalid *nt*, Meconin *nt*, Opianyl *nt*

opposed: ~ **cylinders** *n pl* AUTO gegenüberliegende Zylinder *m pl*; ~ **piston engine** *n* MECHAN ENG Gegenkolbenmotor *m*; ~ **whirling** *n* PROD ENG *threading* Gegenlaufwirbeln *nt*

opposing: ~ **field** *n* ELECT entgegenwirkendes Feld *nt*; ~ **green** *n* TRANS *traffic control* Gegengrünphase *f*; ~ **traffic** *n* TRANS Gegenverkehr *m*

opposite[1] *adj* GEOM gegenüberliegend

opposite:[2] ~ **charges** *n pl* ELECT *electrostatics* ungleiche Ladungen *f pl*; ~ **phase** *n* ELECT gegenphasig; ~ **sides** *n* GEOM *of square* gegenüberliegende Seiten *f pl*

opposition *n* PAT Einspruch *m*; ~ **proceedings** *n pl* PAT Einspruchsverfahren *nt*

optic: ~ **axis** *n* PHYS optische Achse *f*; ~ **storage** *n* OPT optischer Speicher *m*

optical:

~ a ~ **aberration** *n* TELECOM optische Aberration *f*; ~ **absorption** *n* RAD PHYS optische Absorption *f*; ~ **activity** *n* PHYS optische Aktivität *f*; ~ **alignment-testing telescope** *n* PROD ENG Fluchtungsfernrohr *nt*; ~ **amplifier** *n* ELECTRON, TELECOM optischer Verstärker *m*; ~ **attenuator** *n* TELECOM optisches Dämpfungsglied *nt*; ~ **axis** *n* OPT optische Achse *f*, PHOTO Sehachse *f*, optische Achse *f*, TELECOM optische Achse *f*;

~ b ~ **bench** *n* METROL, PHOTO, PHYS optische Bank *f*; ~ **bistability** *n* TELECOM optische Bistabilität *f*; ~ **branch** *n* PHYS *solid state theory* optischer Zweig *m*; ~ **brightener** *n* PLAS optischer Aufheller *m*;

~ c ~ **cable** *n* OPT, TELECOM, TELEV optisches Kabel *nt*; ~ **cable assembly** *n* TELECOM Montage eines optischen Kabels *f*; ~ **call waiting indication** *n* TELECOM optisches Anklopfen *nt*; ~ **card** *n* OPT optische Karte *f*; ~ **carrier** *n* ELECTRON optischer Träger *m*; ~ **cavity** *n* OPT optischer Hohlraum *m*, RAD PHYS *in laser production* optischer Hohlraumresonator *m*, TELECOM optischer Hohlraumresonator *m*, optischer Resonator *m*; ~ **center** *n AmE*, ~ **centre** *n BrE* PHYS, TELECOM optischer Mittelpunkt *m*; ~ **characteristic** *n* TELECOM optische Eigenschaft *f*; ~ **character reader** *n* COMP & DP optischer Zeichenleser *m*, optischer Belegleser *m*, PACK optischer Zeichenleser *m*, PRINT optischer Beleglesser *m*; ~ **character reading system** *n* PACK optisches Zeichenerkennungssystem *nt*; ~ **character recognition** *n (OCR)* COMP & DP optische Zeichenerkennung *f (OCR)*; ~ **circulator** *n* TELECOM optischer Zirkulator *m*; ~ **coherence** *n* TELECOM optische Kohärenz *f*; ~ **combiner** *n* OPT optischer Kombinierer *m*, TELECOM optische Weiche *f*; ~ **communications** *n pl* TELECOM optische Kommunikationstechnik *f*, optische Nachrichtentechnik *f*; ~ **comparator** *n* METROL Meßprojektor *m*, optischer Komparator *m*; ~ **connector** *n* TELECOM optischer Steckverbinder *m*; ~ **correlator** *n* ELECTRON optischer Korrelationsanalysator *m*; ~ **coupler** *n* ELEC ENG, OPT, TELECOM optischer Koppler *m*; ~ **coupling** *n* ELEC ENG optische Kopplung *f*;

~ d ~ **database** *n* OPT optische Datenbank *f*; ~ **data bus** *n* OPT optischer Datenbus *m*, TELECOM optischer Bus *m*, optischer Datenbus *m*; ~ **data disk** *n* COMP & DP, OPT optische Datendiskette *f*; ~ **data disk document filing system** *n* COMP & DP, OPT Dokumenten-Archivierungssystem mit CD *nt*; ~ **density** *n (D)* ACOUSTICS Dichte *f*, Schwärzung *f*, OPT optische Dichte *f (D)*; ~ **detection** *n* ELECTRON optische Erfassung *f*; ~ **detector** *n* ELECTRON optischer Detektor *m*, OPT optischer Detektor *m*, optischer Sensor *m*, TELECOM optischer Detektor *m*; ~ **disk** *n* COMP & DP Bildplatte *f*, Laserplatte *f*, optische Platte *f*, RECORD Bildplatte *f*; ~ **disk cassette** *n* COMP & DP, OPT CD-Kassette *f*; ~ **disk drive** *n* COMP & DP, OPT CD-Laufwerk *nt*; ~ **disk exchanger** *n* COMP & DP, OPT CD-Wechsler *m*; ~ **disk filing system** *n* COMP & DP, OPT CD-Archivierungssystem *nt*; ~ **disk library** *n* COMP & DP, OPT CD-Bibliothek *f*; ~ **disk player** *n* COMP & DP, OPT CD-Spieler *m*; ~ **disk reader** *n* COMP & DP, OPT CD-Leser *m*; ~ **disk read-only memory** *n* COMP & DP, OPT CD-Festwertspeicher *m*; ~ **dispersion** *n* TELECOM optische Dispersion *f*; ~ **distortion** *n* CER & GLAS optische Verzerrung *f*; ~ **drive** *n* OPT CD-Laufwerk *nt*;

~ e ~ **electron** *n* RAD PHYS optisches Elektron *nt*; ~ **encoder** *n* SPACE *communications* Optocodierer *m*; ~ **exchange** *n* TELECOM optische Vermittlung *f*;

~ f ~ **fiber** *n AmE see optical fibre BrE* ~ **fiber cable** *n AmE see optical fibre cable BrE* ~ **fiber connector** *n AmE see optical fibre connector BrE* ~ **fiber coupler** *n AmE see optical fibre coupler BrE* ~ **fiber link** *n AmE see optical fibre link BrE* ~ **fiber pigtail** *n AmE see* *optical fibre pigtail BrE* ~ **fiber splice** *n AmE see optical fibre splice BrE* ~ **fiber transmission** *n AmE see optical fibre transmission BrE* ~ **fibre** *n BrE* CER & GLAS Lichtleitfaser *f*, COMP & DP Glasfaser *f*, ELEC ENG Glasfaser *f*, Lichtleitfaser *f*, optische Faser *f*, OPT Lichtleitfaser *f*, PHYS optische Faser *f*, SPACE *spacecraft* Glasfaser *f*; ~ **fibre cable** *n BrE* OPT Lichtleitkabel *nt*; ~ **fibre connector** *n BrE* OPT Steckverbinder für Lichtleitfasern *m*, Steckverbinder für Lichtleitkabel *m*, TELECOM Lichtwellenleitersteckverbinder *m*, optischer Steckverbinder *m*; ~ **fibre coupler** *n BrE* ELEC ENG optischer Koppler *m*, OPT Koppler für Lichtleitfasern *m*, optischer Koppler *m*, TELECOM Lichtwellenleiterkoppler *m*, optischer Koppler *m*; ~ **fibre link** *n BrE* OPT Verbinder für Lichtleitfasern *m*, TELECOM Lichtwellenleiterverbindung *f*; ~ **fibre pigtail** *n BrE* OPT Abschlußelement für Lichtleitfasern *nt*, Abschlußstück für Lichtleitfasern *nt*, TELECOM Anschlußfaser *f*, Lichtwellenleiteranschluß *m*; ~ **fibre splice** *n BrE* OPT Spleißstelle für Lichtleitfasern *f*, TELECOM Faserspleiß *m*, Lichtwellenleiterspleiß *m*; ~ **fibre transmission** *n BrE* OPT Übertragung über Lichtleitfasern *f*, TELECOM Lichtwellenleiterübertragung *f*; ~ **filing system** *n* OPT optisches Archivierungssystem *nt*; ~ **filter** *n* ELECTRON, OPT, TELECOM optisches Filter *nt*; ~ **flat** *n* METROL Glasendmaß *nt*, Planglasplatte *f*; ~ **flint** *n* CER & GLAS optisches Flintglas *nt*; ~ **flux** *n* OPT Lichtstrom *m*; ~ **frequency** *n* ELECTRON optische Frequenz *f*;

~ g ~ **gain** *n* ELECTRON optische Verstärkung *f*; ~ **glass** *n* PHOTO optisches Glas *nt*; ~ **graticule** *n* METROL optisches Meßgitter *nt*; ~ **guided wave** *n* ELEC ENG Lichtwelle *f*;

~ h ~ **head** *n* OPT optischer Lesekopf *m*; ~ **hybrid circuit** *n* ELECTRON optische Hybridschaltung *f*;

~ i ~ **IC** *n* ELECTRON optischer IC *m*; ~ **image** *n* ELECTRON optisches Bild *nt*; ~ **image unit** *n* COMP & DP optische Datenerfassungsstation *f*; ~ **information processing** *n* TELECOM optische Informationsverarbeitung *f*; ~ **input** *n* ELEC ENG optischer Eingang *m*; ~ **input power** *n* ELEC ENG optische Eingangsleistung *f*; ~ **instrument** *n* PHYS optisches Instrument *nt*; ~ **instrument for dimensional measurement** *n pl* METROL optische Meßinstrument *nt*; ~ **integrated circuit** *n* ELECTRON, OPT integrierter optischer Schaltkreis *m*, optischer integrierter Schaltkreis *m*; ~ **interference** *n* TELECOM optische Interferenz *f*; ~ **isolation** *n* ELEC ENG optische Isolierung *f*; ~ **isolator** *n* TELECOM optischer Isolator *m*; ~ **isomer** *n* CHEMISTRY Enantiomer *nt*, optisches Isomer *nt*;

~ l ~ **link** *n* OPT optischer Verbinder *m*; ~ **lithography** *n* ELECTRON Optiklithografie *f*; ~ **logic circuit** *n* ELECTRON optische logische Schaltung *f*; ~ **logic gate** *n* ELECTRON optisches Logikglied *nt*, optisches Logikgatter *nt*;

~ m ~ **mark reader** *n* COMP & DP optischer Markierungsleser *m*; ~ **mark reading** *n (OMR)* COMP & DP optisches Markierungslesen *nt*; ~ **mark recognition** *n (OMR)* COMP & DP optische Markierungserkennung *f (OMR)*; ~ **maser** *n* ELECTRON *laser* optischer Maser *m*; ~ **mask** *n* ELECTRON optische Maske *f*; ~ **master** *n* ELECTRON optische Schablone *f*; ~ **medium** *n* COMP & DP optischer Datenträger *m*, optisches Medium *nt*, OPT optisches Medium *nt*; ~ **memory** *n* COMP & DP VLP-Bildplatte *f*, ELEC ENG, OPT optischer Speicher *m*; ~ **modulation** *n* ELECTRON optische Modulation *f*; ~ **modulator** *n* ELECTRON Optikmodulator *m*, TELECOM optischer Modulator *m*; ~ **multiplex** *n* ELECTRON optisches Multiplexverfahren *nt*; ~ **multiplexer** *n* TELEV optischer Multiplexer *m*; ~ **multiplexing** *n* ELECTRON optisches Multiplexing *nt*;

~ o ~ **oscillation** *n* ELECTRON optische Schwingung *f*; ~ **output** *n* ELEC ENG optischer Ausgang *m*; ~ **output power** *n* ELEC ENG, TELECOM optische Ausgangsleistung *f*;

~ p ~ **parametric oscillator** *n* TELECOM optischer parametrischer Oszillator *m*; ~ **path** *n* OPT, PHYS optischer Weg *m*, TELECOM *geometrical optics* Lichtweg *m*, Strahlengang *m*; ~ **path length** *n* OPT, TELECOM optische Weglänge *f*; ~ **pattern** *n* ELECTRON optisches Muster *nt*; ~ **pointer instrument** *n* INSTR Lichtmarkeninstrument *nt*; ~ **polarization** *n* TELECOM optische Polarisation *f*; ~ **power** *n* ELEC ENG, OPT, TELECOM optische Leistung *f*; ~ **power output** *n* ELEC ENG, TELECOM optische Ausgangsleistung *f*; ~ **power source** *n* ELEC ENG optische Leistungsquelle *f*; ~ **profile grinder** *n* MECHAN ENG optische Profilschleifmaschine *f*; ~ **publishing** *n* OPT optisches Publizieren *nt*; ~ **pulse** *n* ELECTRON optischer Impuls *m*; ~ **pumping** *n* ELECTRON, NUC TECH, PHYS, RAD PHYS *in laser process* optisches Pumpen *nt*; ~ **pyrometer** *n* PHYS, RAD PHYS optisches Pyrometer *nt*;

~ q ~ **quality control** *n* QUAL optische Qualitätskontrolle *f*;

~ r ~ **radiation** *n* OPT, TELECOM optische Strahlung *f*; ~ **rangefinder** *n* PHOTO optischer Entfernungsmesser *m*; ~ **reader** *n* COMP & DP optischer Leser *m*; ~ **reader for machine tools** *n* METROL Maschinenklarschriftleser *m*; ~ **read-only memory** *n (OROM, optical ROM)* COMP & DP, OPT optischer Festwertspeicher *m (OROM)*; ~ **receiver** *n* TELECOM optischer Empfänger *m*; ~ **recording** *n* ACOUSTICS, RECORD optische Aufzeichnung *f*, TELECOM optische Aufzeichnung *f*, optische Speicherung *f*; ~ **refraction** *n* TELECOM optische Brechung *f*; ~ **regenerative power** *n* OPT optische Regenerierfähigkeit *f*, optisches Erholungsvermögen *nt*; ~ **regenerative repeater** *n* TELECOM optischer Zwischenregenerator *m*; ~ **relay** *n* ELEC ENG optisches Relais *nt*; ~ **repeater** *n* OPT optisches Relais *nt*, TELECOM optischer Repeater *m*, optischer Zwischenverstärker *m*; ~ **resist** *n* ELECTRON optische Schutzschicht *f*; ~ **resonance** *n* ELECTRON optische Resonanz *f*; ~ **resonator** *n* RAD PHYS *in laser production*, TELECOM optischer Resonator *m*; ~ **ROM** *n (optical read-only memory)* COMP & DP, OPT optischer Festwertspeicher *m (OROM)*;

~ s ~ **scanner** *n* COMP & DP Scanner *m*, optischer Leser *m*; ~ **scanning device** *n* TELEV Scanner *m*, optisches Abtastgerät *nt*; ~ **sensing** *n* ELECTRON optische Erkennung *f*; ~ **sensor** *n* ELECTRON Lichtsensor *m*, optischer Aufnehmer *m*, SPACE optischer Melder *m*; ~ **sensor signal** *n* ELECTRON Lichtsensorsignal *nt*; ~ **servo** *n* ELEC ENG optisches Servo *nt*; ~ **sight** *n* SPACE Sicht *f*, Sichtgerät *nt*, optische Zielvorrichtung *f*; ~ **signal** *n* TELECOM optisches Signal *nt*; ~ **signal conversion** *n* ELEC ENG Wandlung des optischen Signals *f*, optische Signalwandlung *f*; ~ **signal processing** *n* ELECTRON, RAD PHYS optische Signalverarbeitung *f*; ~ **solar reflector** *n (OSR)* SPACE *spacecraft* optischer Solarreflektor *m*; ~ **sorter** *n* WASTE optischer Abscheider *m*; ~ **sound head** *n* RECORD optischer Tonkopf *m*; ~ **sound recorder** *n* RECORD optisches

Tonaufzeichnungsgerät *nt*; ~ **sound reproducer** *n* RECORD optisches Tonwiedergabegerät *nt*; ~ **sound track** *n* RECORD optische Tonspur *f*; ~ **spectral analyser** *n* *BrE* ELECTRON optischer Spektrumsanalysator *m*; ~ **spectral analysis** *n* ELECTRON optische Spektralanalyse *f*; ~ **spectral analyzer** *n* *AmE see optical spectral analyser BrE* ~ **spectrum** *n* ELECTRON, OPT, RAD PHYS optisches Spektrum *nt*; ~ **speed trap detector** *n* TRANS optischer Autofallendetektor *m*; ~ **splice** *n* OPT optische Spleißstelle *f*, TELECOM optischer Spleiß *m*; ~ **stepper** *n* ELECTRON optisches Schrittschaltwerk *nt*; ~ **storage** *n* COMP & DP optischer Speicher *m*, OPT optische Speicherung *f*; ~ **storage medium** *n* OPT optisches Speichermedium *nt*; ~ **switch** *n* ELEC ENG, TELECOM optischer Schalter *m*; ~ **switching** *n* COMP & DP optische Vermittlung *f*, ELEC ENG optisches Schalten *nt*, TELECOM optische Vermittlung *f*; ~ **switching crosspoint** *n* TELECOM optischer Koppelpunkt *m*; ~ **switching matrix** *n* TELECOM optische Koppelmatrix *f*; ~ **switching network** *n* *(OSN)* TELECOM optisches Koppelfeld *nt*; ~ **switching system** *n* TELECOM optisches Vermittlungssystem *nt*; ~ **system** *n* ELECTRON optisches System *nt*;

~ t ~ **tape** *n* OPT optisches Band *nt*; ~ **telescope** *n* SPACE optisches Teleskop *nt*; ~ **thickness** *n* OPT, TELECOM optische Dicke *f*; ~ **time domain reflectometry** *n* OPT optische Zeitbereichsreflektrometrie *f*, TELECOM optische Reflektrometrie *f*, optische Zeitbereichsreflektrometrie *f*; ~ **tool** *n* CER & GLAS Optikwerkzeug *nt*; ~ **transition** *n* RAD PHYS optischer Übergang *m*; ~ **transmission** *n* COMP & DP optische Übertragung *f*; ~ **transmission line** *n* ELEC ENG optische Übertragungsleitung *f*; ~ **transmission system** *n* OPT optisches Übertragungssystem *nt*; ~ **tuning** *n* TELECOM optische Abstimmung *f*;

~ v ~ **videodisk** *n* OPT optische Videodiskette *f*;

~ w ~ **wave** *n* ELEC ENG optische Welle *f*; ~ **waveguide** *n* ELEC ENG optischer Wellenleiter *m*, OPT Lichtwellenleiter *m*, optischer Wellenleiter *m*, TELECOM Lichtwellenleiter *m*; ~ **window** *n* OPT optisches Fenster *nt*

optically:[1] **~-flat** *adj* PHOTO optisch eben

optically:[2] **~-active material** *n* OPT, TELECOM optisch aktives Material *nt*; **~-coupled solid state relay** *n* ELEC ENG optisch gekoppeltes Festkörperrelais *nt*; **~-pumped laser** *n* ELECTRON Pumplichtlaser *m*; **~-smooth surface** *n* PHYS optisch glatte Oberfläche *f*

optics *n* OPT Optik *f*

optimal: ~ **bias** *n* RECORD optimale Vormagnetisierung *f*; ~ **control** *n* TELECOM optimale Regelung *f*; ~ **control model** *n* ERGON optimales Regelmodell *nt*; ~ **control system** *n* NUC TECH optimales Regelsystem *nt*; ~ **path** *n* TELECOM optimaler Weg *m*; ~ **sampling** *n* TELECOM optimale Abtastung *f*; ~ **solution** *n* ART INT optimale Lösung *f*

optimization *n* COMP & DP Optimierung *f*

optimize *vt* COMP & DP optimieren

optimum: ~ **bunching** *n* ELECTRON optimale Ballung *f*; ~ **burnup** *n* NUC TECH optimaler Abbrand *m*; ~ **damping** *n* ELEC ENG optimale Dämpfung *f*; ~ **grind** *n* COAL TECH optimales Walzen *nt*; ~ **moisture content** *n* CONST optimaler Wassergehalt *m*; ~ **object illumination** *n* RAD PHYS optimale Objektausleuchtung *f*; ~ **re-entry corridor** *n* SPACE optimaler Wiedereintrittskorridor *m*; ~ **speed** *n* TRANS *traffic* günstigste Geschwindigkeit *f*

option *n* COMP & DP Auswahlmöglichkeit *f*, Option *f*, PET TECH Option *f*; ~ **code** *n* COMP & DP Auswahlcode *m*; ~ **field** *n* COMP & DP Optionsfeld *nt*, Zusatzfeld *nt*; ~ **instruction** *n* COMP & DP Erweiterungsanweisung *f*; ~ **list** *n* COMP & DP Angabenliste *f*; ~ **table** *n* COMP & DP Optionstabelle *f*

optional[1] *adj* COMP & DP wahlfrei, wahlweise

optional:[2] ~ **equipment** *n* MECHAN ENG Sonderausstattung *f*; ~ **file** *n* COMP & DP Wahldatei *f*; ~ **stop** *n* COMP & DP wahlweiser Halt *m*; ~ **test** *n* QUAL freigestellte Prüfung *f*; ~ **word** *n* COMP & DP Wahlwort *nt*

optocoupler *n* ELEC ENG, RAD TECH, TELECOM Optokoppler *m*

optoelectronic[1] *adj* OPT, TELECOM optoelektronisch

optoelectronic:[2] ~ **amplifier** *n* ELECTRON optoelektronischer Verstärker *m*; ~ **chip** *n* ELECTRON optoelektronischer Chip *m*; ~ **coupler** *n* ELEC ENG optoelektronischer Koppler *m*; ~ **crosspoint** *n* TELECOM optoelektronischer Koppelpunkt *m*; ~ **device** *n* ELEC ENG optoelektronisches Gerät *nt*, OPT optoelektronisches Bauelement *nt*; ~ **receiver** *n* TELECOM optoelektronischer Empfänger *m*; ~ **switch** *n* ELEC ENG optoelektronischer Schalter *m*; ~ **switching matrix** *n* TELECOM optoelektronische Koppelmatrix *f*; ~ **transducer** *n* ELEC ENG optoelektronischer Wandler *m*

optoelectronics *n* COMP & DP, ELEC ENG, PHYS, TELECOM Optoelektronik *f*

optoisolator *n* RAD TECH Optokoppler *m*

OR[1] *abbr (operations research)* COMP & DP OR *(Operations-Research)*

OR:[2] ~ **circuit** *n* COMP & DP ODER-Glied *nt*, ODER-Tor *nt*, ELECTRON ODER-Glied *nt*, PHYS ODER-Schaltung *f*, ODER-Gatter *nt*; ~ **gate** *n* COMP & DP ODER-Glied *nt*, ODER-Tor *nt*, ELECTRON ODER-Glied *nt*, PHYS ODER-Schaltung *f*, ODER-Gatter *nt*; ~ **operation** *n* COMP & DP ODER-Verknüpfung *f*; ~ **operator** *n* ELECTRON ODER-Zeichen *nt*

oral: ~ **proceedings** *n pl* PAT mündliche Verhandlung *f*

orange: ~ **peel** *n* CER & GLAS Apfelsinenschale *f*, PLAS *paint defect* Apfelsinenschaleneffekt *m*

orbit[1] *n* PHYS Bahn *f*, Umlaufbahn *f*, RAD TECH Umlaufbahn *f*, SPACE Orbit *m*, Umlaufbahn *f*; ~ **control** *n* SPACE Orbitsteuerung *f*; ~ **correction** *n* SPACE Orbitkorrektur *f*; ~ **counter** *n* SPACE Orbitzähler *m*; ~ **determination** *n* SPACE Umlaufbahnberechnung *f*; ~ **inclination** *n* SPACE Umlaufbahninklination *f*; ~ **modification** *n* SPACE Orbitänderung *f*; ~ **prediction** *n* SPACE Orbitvorhersage *f*; ~ **tracking** *n* SPACE Orbitnachführung *f*; ~ **transfer** *n* SPACE Orbitveränderung *f*; ~ **trimming** *n* SPACE Orbittrimmen *nt*, Umlaufbahnverkleinerung *f*

orbit[2] *vt* RAD TECH umlaufen

orbit[3] *vi* SPACE kreisen, umkreisen

orbital[1] *adj* RAD PHYS Bahn- *pref*, RAD TECH Umlaufbahn- *pref*, SPACE Bahn- *pref*

orbital[2] *n* RAD PHYS *atomic electron state* Orbital *nt*, Umlaufbahn *f*; ~ **angular momentum** *n* PHYS, RAD PHYS *in wave function* Bahndrehimpuls *m*; ~ **angular momentum quantum number** *n* PHYS Bahndrehimpulsquantenzahl *f*; ~ **catchup** *n* SPACE Einholen auf der Umlaufbahn *nt*; ~ **decay** *n* SPACE Umlaufbahnradiusverringerung *f*; ~ **electrons** *n pl* RAD PHYS Bahnelektronen *nt pl*; ~ **flight** *n* SPACE Umlaufbahnflug *m*; ~ **glider** *n* SPACE Raketenraumgleiter *m*, TRANS Raumgleiter *m*; ~ **injection** *n* SPACE Umlaufbahneinschuß *m*; ~ **maneuvering system** *n AmE*, ~ **manoeuvering system** *n BrE* SPACE Umlaufbahnsteuerung *f*; ~ **momentum** *n* RAD PHYS *of atom* Bahnimpuls *m*; ~ **period** *n* SPACE Orbitdauer *f*, Periode einer Umlaufbahn *f*; ~ **quantum number** *n* PHYS, RAD PHYS Bahnquantenzahl *f*; ~ **rocket** *n* SPACE Bahnrakete *f*; ~ **transfer vehicle** *n* SPACE Bahnübergangsfahrzeug *nt*, Raumflugumsetzer *m*; ~ **vehicle** *n* SPACE Orbitalraumfahrzeug *nt*; ~ **velocity** *n* PHYS Bahngeschwindigkeit *f*; ~ **workshop** *n* SPACE Orbitalarbeitsstation *f*

orbiter *n* SPACE Orbiter *m*; ~ **stage** *n* SPACE Orbiterstufe *f*

orbiting: ~ **astronomical observatory** *n* SPACE orbitales Observatorium *nt*; ~ **laboratory** *n* SPACE orbitales Labor *nt*; ~ **satellite** *n* SPACE Bahnsatellit *m*, Satellit in Umlaufbahn *m*; ~ **station** *n* SPACE Bahnstation *f*

Orbiting: ~ **Satellite Carrying Amateur Radio** *n (OSCAR)* RAD TECH, SPACE *communications* Bahnsatellit für Amateurfunkzwecke *m (OSCAR)*

orcein *n* CHEMISTRY Flechtenrot *nt*, Orcein *nt*

order:[1] **out of** ~ *adj* MECHAN ENG gestört, TELECOM ausgefallen, gestört; **in the ~ specified** *adj* PAT in aufgeführter Reihenfolge; ~**-tied** *adj* ENG DRAW *drawings, part lists* auftragsgebunden

order[2] *n* ACOUSTICS *of harmonic* Ordnungszahl *f*, COMP & DP Anweisung *f*, Befehl *m*, PHYS *of interference* Ordnung der Interferenz *f*, PROD ENG Grad *m*, RAD PHYS *of background noise* Größenordnung *f*; ~ **code** *n* COMP & DP Befehlscode *m*; ~ **code processor** *n (OCP)* COMP & DP Befehlscodeprozessor *m*; ~**-disorder** *n* METALL Ordnung-Unordnung *f*; ~**-disorder model** *n* NUC TECH *of atomic nucleus* Ordnungs-Unordnungsmodell *nt*; ~ **of magnitude** *n* COMP & DP, PHYS Größenordnung *f*; ~ **of precedence** *n* COMP & DP Rangordnung *f*; ~ **of reaction** *n* METALL Reaktionsreihenfolge *f*; ~ **wire** *n* TELECOM Dienstleitung *f*

order[3] *vt* COMP & DP anordnen, anweisen

ordered: ~ **alloy** *n* METALL geordnete Legierung *f*; ~ **list** *n* COMP & DP geordnete Liste *f*; ~ **pair** *n* MATH geordnetes Paar *nt*; ~ **search** *n* ART INT geordnete Suche *f*; ~ **set** *n* MATH, METALL geordnete Menge *f*; ~ **solid solution** *n* METALL geordnete Festlösung *f*; ~ **tree** *n* COMP & DP geordneter Baum *m*

ordering *n* METALL *of molecules* Ausrichtung *f*; ~ **axiom** *n* METALL Ordnungsaxiom *nt*; ~ **bias** *n* COMP & DP Ordnungsgütemaß *nt*

ordinal: ~ **characteristic** *n* QUAL Ordinalmerkmal *nt*; ~ **number** *n* MATH Ordnungszahl *f*

ordinals *n pl* ACOUSTICS Ordnungszahlen *f pl*, GEOM Ordinalzahlen *f pl*, MATH, NUC TECH, PHYS, RAD PHYS Ordnungszahlen *f pl*

ordinary: ~ **bothway line** *n* TELECOM gewöhnliche wechselseitig betriebene Leitung *f*; ~ **ceramic** *n* CER & GLAS Grobkeramik *f*; ~ **freight** *n* RAIL Frachtgut *nt*; ~ **hexagonal nut** *n* MECHAN ENG gewöhnliche Sechskantmutter *f*; ~ **line** *n* TELECOM normale Leitung *f*; ~ **Portland cement** *n* CONST gewöhnlicher Portlandzement *m*; ~ **ray** *n* PHYS ordinärer Strahl *m*; ~ **seaman** *n* WATER TRANS Leichtmatrose *m*; ~ **solder** *n* PROD ENG Weichlot *nt*; ~ **steel** *n* METALL, PROD ENG Kohlenstoffstahl *m*, unlegierter Stahl *m*; ~ **water** *n* NUC TECH leichtes Wasser *nt*, normales Wasser *nt*

ordinate *n* COMP & DP, MATH Ordinate *f*

ordinates *n pl* WATER TRANS *architecture* Ordinaten *f pl*

Ordnance: ~ **Surveyor** *n* CONST Feldvermesser *m*

ore[1] *n* COAL TECH, PROD ENG Erz *nt*; ~ **assaying** *n* NUC TECH Erzanalyse *f*; ~**-bulk oil** *n (OBO)* WATER TRANS Erz-Schüttgut-Öl *nt*, Flüssigkeitsmassengut *nt (OBO)*; ~**-bulk-oil carrier** *n* WATER TRANS Erz-Schüttgut-Öl-Frachter *m*; ~**-bulk oil carrier** *n* WATER TRANS Flüssigkeitsmassengutfrachter *m*; ~ **carrier** *n* WATER TRANS Erzfrachter *m*; ~**-coal-oil** *n (OCO)* TRANS Erz-Kohle-Öl *m (OCO)*; ~**-coal-oil carrier** *n* TRANS Erz-Kohle-Öl-Frachtschiff *nt*; ~ **deposit** *n* NUC TECH Erzlager *nt*, Erzvorkommen *nt*; ~ **enrichment plant** *n* NUC TECH Erzanreicherungsanlage *f*; ~ **and flux** *n* PROD ENG Möller *m*; ~**-oil carrier** *n* WATER TRANS Erz-Öl-Schiff *nt*, Erz-Öl-Tanker *m*; ~**-slurry-oil** *n (OSO)* WATER TRANS Erz-Schlamm-Öl *m (OSO)*; ~**-slurry-oil tanker** *n* WATER TRANS Erz-Schlamm-Öl-Tanker *m*; ~ **testing** *n* NUC TECH Erzanalyse *f*

ore:[2] ~ **down** *vt* PROD ENG erzen

ORE *abbr (Office for Research and Experiments)* RAIL Eisenbahnforschungs- und Versuchsamt *nt*

oreing: ~ **down** *n* PROD ENG Erzen *nt*

organ *n* CHEMISTRY Organ *nt*; ~ **stop** *n* CER & GLAS Orgelpfeifenanschlag *m*

organic[1] *adj* COATINGS auf Kohlenstoff basiert, organisch, FOOD TECH organisch

organic:[2] ~ **fluid engine** *n* AUTO Flüssigkeitsmotor *m*; ~ **glass** *n* CER & GLAS Polymethakrylat *nt*; ~ **liquid laser** *n* ELECTRON organischer Flüssigkeitslaser *m*; ~ **matter** *n* PET TECH organische Bestandteile *m pl*, POLL organischer Stoff *m*; ~ **moderator** *n* NUC TECH organischer Moderator *m*; ~ **polymer** *n* COATINGS makromolische Kohlenstoffverbindung *f*, organisches Polymer *nt*; ~ **refrigerant** *n* MECHAN ENG organisches Kühlmittel *nt*; ~ **resistor** *n* ELEC ENG organischer Widerstand *m*; ~ **soil** *n* COAL TECH organischer Boden *m*; ~ **sulfide** *n AmE*, ~ **sulphide** *n BrE* CHEMISTRY Thioether *m*, organisches Sulfid *nt*; ~ **waste** *n* WASTE organischer Abfall *m*

Organization: ~ **of Petroleum-Exporting Countries** *n (OPEC)* PET TECH Organisation ölexportierender Länder *f (OPEC)*

organizational: ~ **structure** *n* QUAL Aufbauorganisation *f*

organogenous *adj* COAL TECH organogen

organomagnesium *n* CHEMISTRY Grignard- *pref*, Organomagnesium- *pref*; ~ **compound** *n* CHEMISTRY Grignard-Verbindung *f*, Organomagnesiumverbindung *f*

organometallic *adj* CHEMISTRY metallorganisch, organometallisch

organosol *n* CHEMISTRY Organosol *nt*

organzine *n* TEXT Organzin *nt*

orient *vt* CONST *instrument* ausrichten

oriental: ~ **polarization** *n* PHYS Richtungspolarisation *f*

orientated: ~ **polypropylene film** *n* PACK DPP-Film *m*, gereckte Polypropylenfolie *f*; ~ **polypropylene label** *n* PACK gerecktes Polypropylen-Etikett *nt*

orientation *n* PROD ENG *of cutting edge, face or flank* Lage *f*; ~ **angle** *n* PROD ENG Lagewinkel *m*; ~ **control** *n* TELECOM *satellite* Lagestabilisierung *f*; ~ **factor** *n* METALL Orientierungsfaktor *m*

oriented: ~ **growth** *n* METALL orientiertes Wachstum *nt*; ~ **nucleation** *n* METALL orientierte Kernbildung *f*

orifice *n* CER & GLAS Gießloch *nt*, Mündung *f*, HYD EQUIP Düse *f*, Mündung *f*, MECHAN ENG, PROD ENG Düse *f*, Öffnung *f*; ~ **meter** *n* MECHAN ENG Drosselblende *f*, Meßblende *f*; ~ **plate** *n* HEAT & REFRIG Drosselblende *f*, Meßblende *f*, INSTR Durchfluß-

meßblende *f*, Meßblende *f*, PET TECH Drosselblende *f*, Meßblende *f*; **~ ring** *n* CER & GLAS Gießlochring *m*, Öffnungsring *m*
origin *n* GEOM *of coordinates*, MATH *of graph or coordinate system* Nullpunkt *m*, Ursprung *m*; **~-destination equation** *n (O-D equation)* TRANS Start- und Zielort-Gleichung *f*; **~-destination survey** *n (O-D survey)* TRANS Start- und Zielortübersicht *f*
original *n* ACOUSTICS, PRINT, TELEV Original *nt*; **~ documents** *n pl* ENG DRAW Originalvorlagen *f pl*; **~ edition** *n* PRINT Originalausgabe *f*; **~ equipment** *n* MECHAN ENG Erstausrüstung *f*, Originalausstattung *f*; **~ equipment manufacturer** *n (OEM)* MECHAN ENG Fabrikabnehmer *m*, OEM-Hersteller *m*; **~ for slides** *n* ENG DRAW Diavorlage *f*; **~ inspection** *n* QUAL Erstprüfung *f*
originating[1] *adj* AUTO, TELEKOM, TRANS Abgang *m*
originating:[2] **~ exchange** *n* TELECOM Ursprungsamt *nt*, Ursprungsvermittlungsstelle *f*; **~ junctor** *n* TELECOM Ursprungsknoten *m*; **~ register** *n* TELECOM Ursprungsregister *nt*; **~ traffic** *n* TELECOM, TRANS Abgangsverkehr *m*
originator: **~ of the drawing** *n* ENG DRAW Zeichnungsersteller *m*
O-ring *n* AUTO *lubrication*, MECHAN ENG *seal with annular section* O-Ring *m*, Runddichtring *m*, MECHANICS, PLAS, PROD ENG *plastic valves* O-Ring *m*
orizabin *n* CHEMISTRY Jalapin *nt*, Orizabin *nt*
orlop: **~ deck** *n* WATER TRANS *ship design* Mitteldeck *nt*, Orlopdeck *nt*
ornamental: **~ border** *n* PRINT Zierleiste *f*; **~ rule** *n* PRINT Zierlinie *f*
ornithuric *adj* CHEMISTRY Ornithur- *pref*
OROM *abbr (optical read-only memory)* COMP & DP, OPT OROM *(optischer Festwertspeicher)*
orotron *n* ELECTRON Orotron *nt*
orphan *n* PRINT Schusterjunge *m*
orsellic *adj* CHEMISTRY Orsellin- *pref*
orthicon *n* ELECTRON Orthicon *nt*
orthite *n* NUC TECH *thorium mineral* Allanit *m*, Orthit *m*
orthoboric: **~ acid** *n* CHEMISTRY Borsäure *f*, Borsäure *f*, Orthoborsäure *f*, Trioxoborsäure *f*
orthocarbonic: **~ acid** *n* CHEMISTRY Orthokohlensäure *f*
orthocenter *n AmE*, **orthocentre** *n BrE* GEOM *of triangle* Höhenschnittpunkt *m*
orthochromatic: **~ emulsion** *n* PHOTO empfindliche Emulsion *f*, orthochromatische Emulsion *f*
orthodromic: **~ projection** *n* SPACE Orthodromprojektion *f*; **~ track** *n* SPACE Orthodrombahn *f*
orthodromy *n* WATER TRANS *navigation* Orthodromie *f*
orthoformic: **~ acid** *n* CHEMISTRY Orthoameisensäure *f*
orthogonal[1] *adj* GEOM rechtwinklig, MATH *vectors* orthogonal, senkrecht aufeinander, MECHAN ENG, TELEV Senkrecht- *pref*
orthogonal:[2] **~ clearance** *n* MECHAN ENG *of tool* Freiwinkel *m*, PROD ENG Orthogonalfreiwinkel *m*; **~ cut** *n* PROD ENG Orthogonalschnitt *m*; **~ cutting** *n* PROD ENG orthogonale Zerspanung *f*; **~ plane** *n* PROD ENG Orthogonalebene *f*; **~ polarization** *n* TELECOM orthogonale Polarisation *f*; **~ scanning** *n* TELEV Senkrechtabtastung *f*; **~ signals** *n pl* TELECOM orthogonale Signale *nt pl*; **~ wedge angle** *n* PROD ENG Orthogonalkeilwinkel *m*
orthogonality *n* GEOM Orthogonalität *f*
orthogonalize *vt* GEOM orthogonalisieren
orthohydrogen *n* CHEMISTRY Orthowasserstoff *m*
orthonormal: **~ system** *n* GEOM Orthonormalsystem *nt*
orthopara: **~ conversion** *n* NUC TECH Ortho-Para-Umwandlung *f*
orthophosphate *n* CHEMISTRY Orthophosphat *nt*
orthophosphoric *adj* CHEMISTRY Orthophosphor- *pref*
orthoscopic *adj* PHYS tiefensichtig, verzeichnungsfrei
orthosilicate *n* CHEMISTRY Orthosilicat *nt*, Tetroxosilicat *nt*
orthosilicic[1] *adj* CHEMISTRY Orthokiesel- *pref*
orthosilicic:[2] **~ acid** *n* CHEMISTRY Orthokieselsäure *f*, Tetroxokieselsäure *f*
orthotropic: **~ materials** *n pl* MECHAN ENG orthotrophe Werkstoffe *m pl*
orthoxylene *n* PET TECH Orthoxyol *nt*
Os *(osmium)* CHEMISTRY Os *(Osmium)*
OS *abbr (operating system)* COMP & DP, TELECOM Betriebssystem *nt*
OSA *abbr (open systems architecture)* TELECOM Architektur offener Systeme *f*
osazone *n* CHEMISTRY Osazon *nt*
OSC *abbr (on-scene commander)* MAR POLL Vor-Ort-Einsatzleiter *m*
OSCAR *abbr (Orbiting Satellite Carrying Amateur Radio)* RAD TECH, SPACE *communications* OSCAR *(Bahnsatellit für Amateurfunkzwecke)*
oscillate[1] *vt* ELECTRON oszillieren, schwingen
oscillate[2] *vi* ELECTRON vibrieren, WAVE PHYS schwingen
oscillating[1] *adj* ELECT, ELECTRON *current* , PAPER oszillierend, schwingend, vibrierend
oscillating:[2] **~ capacitor** *n* ELECT schwingender Kondensator *m*; **~ circuit** *n* ELECT schwingender Stromkreis *m*, TELEV Oszillatorkreis *m*; **~ conveyor** *n* MECHAN ENG Schwingförderer *m*, SAFETY schwingendes Förderband *nt*; **~ crystal method** *n* RAD PHYS *in X-ray diffraction* Schwingkristallmethode *f*; **~ doctor** *n* PAPER Schwingrakel *f*; **~ electron** *n* NUC TECH Ausfallzeit *f*; **~ lever** *n* PROD ENG *kinematics* Kurbelschwinge *f*; **~ link** *n* PROD ENG *kinematics* Schwinge *f*; **~ piston flowmeter** *n* INSTR Ringkolbenzähler *m*; **~ quantity** *n* ELECTRON Schwinggröße *f*; **~ shower** *n* PAPER oszillierendes Spritzrohr *nt*; **~ slider** *n* PROD ENG *kinematics* Schubschwinge *f*; **~ table** *n* COAL TECH Schüttelherd *m*; **~-type abrasive cutting machine** *n* PROD ENG Pendeltrennschleifmaschine *f*
oscillation *n* ACOUSTICS Schwingen *nt*, Schwingung *f*, CONST Schwingung *f*, ELECT Oszillation *f*, Schwingung *f*, ELECTRON Oszillation *f*, Schwingung *f*, Vibration *f*, MECHAN ENG Schwingung *f*, *of pendulum* Schwingung *f*, PHYS Schwingung *f*, RAD TECH Oszillation *f*, Schwingung *f*, TELECOM Schwingung *f*, WAVE PHYS Oszillation *f*, Schwingung *f*; **~ amplitude** *n* MECHAN ENG Schwingungsamplitude *f*, Schwingungsweite *f*; **~ frequency** *n* ELECTRON, TELECOM Schwingungsfrequenz *f*; **~ mode** *n* ELECTRON *waveform* Schwingungsform *f*; **~ period** *n* ELECTRON Schwingungsdauer *f*
oscillator *n* ELECT, ELECTRON, PHYS, RAD TECH, SPACE *communications*, TELECOM, WAVE PHYS Oszillator *m*, Schwingungserzeuger *m*; **~ bank** *n* ELECTRON Oszillatorreihe *f*; **~ cavity** *n* ELECTRON Oszillatorabstimmraum *m*; **~ circuit** *n* ELECTRON Schwingkreis *m*; **~ coil** *n* ELEC ENG Oszillatorspule *f*, Schwingspule *f*; **~ crystal** *n* ELECTRON Oszillatorquarz *m*, Steuerquarz *m*; **~ drift** *n* ELECTRON Frequenzwanderung eines Oszillators *f*
oscillatory[1] *adj* TELECOM oszillierend, schwingend
oscillatory:[2] **~ scanning** *n* TELEV schwingende Abta-

stung *f*; ~ **system** *n* ELECTRON schwingendes System *nt*
oscillogram *n* TELEV Oszillogramm *nt*
oscillograph *n* ELECTRON, PHYS, WAVE PHYS Oszillograph *m*
oscilloscope *n* COMP & DP, ELECT *measuring equipment*, ELECTRON, PHYS, RAD TECH, TELEV, WAVE PHYS Oszilloskop *nt*; ~ **presentation** *n* INSTR Oszillogramm *nt*, Oszilloskopbild *nt*; ~ **trace** *n* ELECTRON Oszilloskopkurve *f*; ~ **tube** *n* ELECTRON Oszilloskopröhre *f*
osculating: ~ **circle** *n* GEOM Schmiegkreis *m*
OSI[1] *abbr (open systems interconnection)* COMP & DP, TELECOM OSI *(Kommunikation offener Systeme)*
OSI:[2] ~ **layers** *n pl* TELECOM OSI-Schichten *f pl*
osmate *n* CHEMISTRY Osmat *nt*, Tetroxoosmat *nt*
osmium *n (Os)* CHEMISTRY Osmium *nt (Os)*
osmolarity *n* CHEMISTRY Osmolarität *f*
osmole *n* CHEMISTRY Osmol *nt*
osmondite *n* METALL Osmondit *m*
osmophore *n* CHEMISTRY osmophore Gruppe *f*
osmosis *n* CHEM ENG, PET TECH, PHYS Osmose *f*; ~ **process** *n* CHEM ENG Osmosevorgang *m*
osmotic[1] *adj* PHYS osmotisch
osmotic:[2] ~ **pressure** *n* HEAT & REFRIG, PET TECH, PHYS osmotischer Druck *m*
OSN *abbr (optical switching network)* TELECOM optisches Koppelfeld *nt*
OSO[1] *abbr (ore-slurry-oil)* WATER TRANS OSO *(Erz-Schlamm-Öl)*
OSO:[2] ~ **tanker** *n* WATER TRANS OSO-Tanker *m*
osone *n* CHEMISTRY Oson *nt*
osotriazole *n* CHEMISTRY Osotriazol *nt*
OSR *abbr (optical solar reflector)* SPACE optischer Solarreflektor *m*
ossein *n* CHEMISTRY Knochengallerte *f*, Ossein *nt*, Rohkollagen *nt*
Ostwald: ~ **viscometer** *n* LAB EQUIP Ostwaldsches Viskosimeter *nt*
otology *n* ERGON Otologie *f*
OTSG *abbr (once-through steam generator)* NUC TECH Durchlaufdampfgenerator *m*
Otto: ~ **cycle** *n* AUTO Ottoverfahren *nt*
O-type: ~ **carcinotron** *n* ELECTRON Rückwärtswellenoszillator vom Typ O *m*; ~ **tube** *n* ELECTRON Oppositron *nt*, Rückwärtswellenmagnetfeldröhre *f*, Rückwärtswellenröhre *f*
ounce *n* METROL Apothekerunze *f*, Unze *f*; ~ **avoirdupois** *n* METROL Unze *f*; ~ **troy** *n* METROL Apothekerunze *f*, Unze *f*
out *n* PRINT Auslassung *f*, Leiche *f*
outage *n* QUAL Nichtverfügbarkeit *f*; ~ **duration** *n* QUAL Ausfalldauer *f*, Nichtverfügbarkeitsdauer *f*; ~ **rate** *n* QUAL Fehlerrate *f*, Nichtverfügbarkeitsrate *f*; ~ **time** *n* NUC TECH Ausfalldauer *f*
outboard[1] *adj* MECHAN ENG Außenbord- *pref*, WATER TRANS Außenbord- *pref*, außenbords
outboard:[2] ~ **inflatable** *n* WATER TRANS Außenborderschlauchboot *nt*; ~ **motor** *n* WATER TRANS Außenbordmotor *m*; ~ **motorboat** *n* WATER TRANS Außenborder *m*; ~ **speedboat** *n* WATER TRANS Außenbordschnellboot *nt*
outbound: ~ **beam** *n* AIR TRANS *navigation* Abflugleitstrahl *m*; ~ **heading** *n* AIR TRANS *navigation* Abflugsteuerkurs *m*; ~ **traffic** *n* TRANS ausfahrender Verkehr *m*
outbreak *n* THERMODYN *of fire* Ausbrechen *nt*, Ausbruch *m*
outbuilding *n* CONST Nebengebäude *nt*
outcoming: ~ **particle** *n* NUC TECH austretendes Teilchen *nt*
outconnector *n* COMP & DP Ausgangsstelle *f*, TELECOM Ausgangssteckverbinder *m*
outdoor: ~ **air** *n* HEAT & REFRIG Außenluft *f*; ~ **cable** *n* ELECT Freiluftkabel *nt*; ~ **electrical installation** *n* ELECT außenseitige elektrische Einrichtung *f*; ~ **switchgear** *n* ELECT Freiluftschaltanlage *f*
outer: ~ **arbor support** *n AmE*, ~ **arbour support** *n BrE* PROD ENG äußeres Traglager *nt*; ~ **axis gimbal** *n* AIR TRANS äußere Achse des Kardanringes *f*; ~ **case** *n* PACK Außenverpackung *f*; ~ **conductor** *n* TELECOM Außenleiter *m*; ~ **distant signal** *n* RAIL Vorsignalankündigung *f*; ~ **fiber** *n AmE*, ~ **fibre** *n BrE* PROD ENG Randfaser *f*; ~ **flap** *n* PACK äußere Klappe *f*; ~ **forme** *n* PRINT äußere Druckform *f*; ~ **fueled zone** *n AmE*, ~ **fuelled zone** *n BrE* NUC TECH äußere Spaltzone *f*; ~ **harbor** *n AmE*, ~ **harbour** *n BrE* WATER TRANS Außenhafen *m*; ~ **home signal** *n* RAIL äußeres Einfahrtsignal *nt*; ~ **hull** *n* WATER TRANS *shipbuilding* Außenhaut *f*; ~ **insulation** *n* ELECT äußere Isolierung *f*; ~ **marker** *n* AIR TRANS *runway* Voreinflugzeichen *nt*, äußeres Einflugzeichen *nt*; ~ **member** *n* MECHAN ENG Außenteil *nt*; ~ **orbital complex** *n* RAD PHYS äußere Elektronenschalen *f pl*; ~ **planet** *n* SPACE äußerer Planet *m*; ~ **planet mission** *n* SPACE Außenplanetenmission *f*; ~ **race** *n* MECHAN ENG *of bearing*, PROD ENG Außenring *m*; ~ **skin** *n* WATER TRANS *shipbuilding* Außenhaut *f*; ~ **sleeve** *n* PROD ENG Drehmantel *m*, Mantelrohr *nt*; ~ **space** *n* SPACE Weltall *nt*, Weltraum *m*; ~ **stay** *n* PROD ENG Lünettenständer *m*, Setzstock *m*
outerwear *n* TEXT Oberbekleidung *f*
outfall *n* WATER SUP *drainage system* Gebietsauslaß *m*
outfit[1] *n* MECHAN ENG, PROD ENG Ausrüstung *f*
outfit[2] *vt* CONST ausrüsten
outflow[1] *n* WATER SUP Ablauf *m*, Ausfluß *m*; ~ **meter** *n* INSTR Auslaufzähler *m*
outflow[2] *vt* CONST abfließen
outgassing: ~ **index** *n* CER & GLAS Entgasungsindex *m*
outgoing[1] *adj* AUTO Abgang *m*, TELECOM Abgang *m*, abgehend, gehend, TRANS Abgang *m*
outgoing:[2] ~ **air** *n* HEAT & REFRIG Fortluft *f*; ~ **call** *n* TELECOM abgehende Verbindung *f*, abgehender Anruf *m*; ~ **channel** *n* TELEV Ausgabekanal *m*; ~ **circuit** *n* ELECT Ausgangsleitung *f*, TELECOM abgehende Leitung *f*; ~ **feed** *n* TELEV Ausgabeeinspeisung *f*; ~ **group** *n* TELECOM abgehendes Bündel *nt*; ~ **line** *n* TELECOM abgehende Leitung *f*, TELEV Ausgabeleitung *f*; ~ **procedure** *n* TELECOM gehender Ablauf *m*; ~ **traffic** *n* TELECOM Abgangsverkehr *m*, abgehender Verkehr *m*; ~ **trunk circuit** *n* TELECOM Abnehmerleitung *f*
outgoing:[3] ~ **calls barred** *phr* TELECOM abgehende Rufe gesperrt; ~ **calls barred line** *phr* TELECOM Leitung für abgehende Rufe gesperrt *f*
outhaul *n* WATER TRANS *sailing* Ausholer *m*
outlet *n* AUTO Auslaß *m*, COMP & DP Ausgang *m*, Steckdose *f*, ELEC ENG *electrical oscillation* Austritt *m*, MECHAN ENG *for steam* Auslaß *m*, Austritt *m*, *opening* Auslaßöffnung *f*, Austrittsöffnung *f*, NUC TECH Ablauf *m*, Auslaß *m*, PAPER Auslaufanschluß *m*, PROD ENG Druckleitungsanschluß *m*, TELECOM Ausgang *m*, Steckdose *f*, WATER SUP Ablaß *m*, Auslaß *m*; ~ **box** *n* ELECT Ausgangsdose *f*, Ausgangskasten *m*; ~ **channel** *n* WATER SUP Ablaßgraben *m*; ~ **edge** *n* NUC TECH *of*

turbine Ausflußseite *f*; ~ **flow control** *n* WATER SUP Auslaßdurchflußregelung *f*; ~ **pipe** *n* PROD ENG *plastic valves* Ablaufrohr *nt*, WATER SUP Ablaßrohr *nt*; ~ **port** *n* CER & GLAS Auslaßöffnung *f*; ~ **side** *n* NUC TECH Ausflußseite *f*, PROD ENG *plastic valves* Ausgangsseite *f*; ~ **temperature** *n* POLL Austrittstemperatur *f*; ~ **valve** *n* AUTO, HYD EQUIP Auslaßventil *nt*, PROD ENG *plastic valves* Auslaufventil *nt*

outlier *n* INSTR, QUAL Ausreißer *m*

outline[1] *n* MECHAN ENG *contour* Kontur *f*, Umriß *m*, *in drawing* Kante *f*, *of workpiece* Profil *nt*, *sketch drawn in outline* Skizze *f*, PRINT *letter* Kontur *f*; ~ **drawing** *n* MECHAN ENG Umrißzeichnung *f*

outline[2] *vt* CONST skizzieren, umreißen

out-of-balance *n* MECHAN ENG Unwucht *f*; ~ **force** *n* MECHAN ENG Unwucht *f*

out-of-band *n* ELECTRON, TELECOM Außerband- *pref*; ~ **filtering** *n* ELECTRON Außerbandfilterung *f*; ~ **signaling** *n AmE*, ~ **signalling** *n BrE* SPACE *communications* Signalübertragung außerhalb des Bandes *f*

out-of-calibration: ~ **devices** *n pl* QUAL nicht maßhaltige Meß- und Prüfmittel *nt pl*

out-of-course: ~ **running** *n* RAIL nicht nach Fahrplan verkehrender Zug *m*

out-of-limits: ~ **indication** *n* INSTR Anzeige der Grenzwertüberschreitung *f*

out-of-phase *adj* ELECT phasenverschoben, ELECTRON außerphasig, phasenverschoben, TELEV, TEST phasenverschoben

out-of-pitch[1] *adj* AIR TRANS *helicopter* fehleingestellt

out-of-pitch:[2] ~ **blade** *n* AIR TRANS *helicopter* fehleingestelltes Blatt *nt*

out-of-round: ~ **finish** *n* CER & GLAS unrunder Verschluß *m*

out-of-roundness *n* MECHAN ENG Unrundheit *f*

out-of-service: ~ **time** *n* TELECOM Ausfallzeit *f*

out-of-shape *adj* CER & GLAS verzerrt

out-of-synchronization: ~ **error** *n* TELECOM Fehler durch Synchronisationsverlust *m*

out-of-track *adj* AIR TRANS *helicopter* verzogen

out-of-trim[1] *adj* AIR TRANS vertrimmt

out-of-trim[2] *n* AIR TRANS *aircraft* Vertrimmung *f*

out-of-true *adv* MECHAN ENG verzogen

outpouring *n* CONST Ausbruch *m*, Hervorströmen *nt*

output:[1] ~**-limited** *adj* COMP & DP ausgabegebunden

output[2] *n* AUTO Abgang *m*, COMP & DP, CONTROL Ausgabe *f*, Ausgang *m*, ELEC ENG Ausgangsleistung *f*, ELECT Ausgabeleistung *f*, MECHAN ENG Fördermenge *f*, Leistungsabgabe *f*, *of production* Ausstoß *m*, Ergebnis *nt*, *shaft* Abtrieb *m*, NUC TECH Leistung *f*, Produktion *f*, PAPER Produktionsmenge *f*, PRINT Ausgabe *f*, PROD ENG Arbeitsleistung *f*, Ausbringen *nt*, RAD TECH Ausgabe *f*, Ausgang *m*, TELEKOM Abgang *m*, TELEV Ausgang *m*, TRANS Abgang *m*; ~ **admittance** *n* ELEC ENG Ausgangsadmittanz *f*, Ausgangsleitwert *m*; ~ **amplifier** *n* ELECTRON Ausgangsverstärker *m*, TELEV Endleistungsverstärker *m*; ~ **angle** *n* OPT, TELECOM Austrittswinkel *m*; ~ **area** *n* COMP & DP Ausgabebereich *m*; ~ **attenuation** *n* ELECTRON Ausgangsdämpfung *f*; ~ **attenuator** *n* ELECTRON Ausgangsteiler *m*; ~ **backoff** *n* SPACE *communications* Ausgaberücksetzung *f*; ~ **block** *n* COMP & DP Ausgabeblock *m*; ~ **buffer** *n* COMP & DP Ausgabepuffer *m*; ~ **capacitance** *n* ELEC ENG Ausgangskapazität *f*; ~ **capacitor** *n* ELEC ENG Ausgangskondensator *m*; ~ **capacity** *n* COMP & DP Ausgabekapazität *f*; ~ **cavity** *n* ELECTRON Ausgangskammer *f*; ~ **channel** *n* COMP & DP Ausgabekanal *m*; ~ **charge** *n* ELEC ENG Ausgangsladung *f*; ~ **circuit** *n* ELEC ENG Ausgangskreis *m*, Ausgangsschaltung *f*, TELECOM Ausgangskreis *m*; ~ **class** *n* COMP & DP Ausgabeklasse *f*; ~ **configuration** *n* COMP & DP Ausgabekonfiguration *f*; ~ **control** *n* TELEV Ausgangsregler *m*; ~ **control character** *n* COMP & DP Ausgabesteuerzeichen *nt*; ~ **current** *n* ELECT Ausgangsstrom *m*; ~ **data** *n* COMP & DP Ausgabe *f*, Ausgabedaten *nt pl*; ~ **device** *n* COMP & DP Ausgabegerät *nt*, PRINT Ausgabegerät *nt*, Ausgabeeinheit *f*; ~ **display** *n* COMP & DP Ausgabeanzeige *f*; ~ **display terminal** *n* INSTR Bildschirmausgabegerät *nt*; ~ **divergence** *n* TELECOM Austrittsdivergenz *f*; ~ **drive clutch** *n* MECHAN ENG Abtriebskupplung *f*; ~ **electrode** *n* ELEC ENG Ausgangselektrode *f*; ~ **element** *n* COMP & DP Ausgabeelement *nt*; ~ **end** *n* MECHAN ENG Abtriebsseite *f*; ~ **file** *n* COMP & DP, PRINT *printer* Ausgabedatei *f*; ~ **impedance** *n* ELEC ENG, ELECT, TELECOM, TELEV Ausgangsimpedanz *f*; ~ **label** *n* COMP & DP Ausgabekennsatz *m*; ~ **level** *n* RECORD, TELECOM, TELEV Ausgangspegel *m*; ~**-limited process** *n* COMP & DP ausgabegebundener Prozeß *m*; ~ **link** *n* MECHAN ENG Abtriebsglied *nt*; ~ **medium** *n* COMP & DP Ausgabemedium *nt*; ~ **monitor** *n* TELEV Ausgangsmonitor *m*; ~ **port** *n* COMP & DP Ausgabeanschlußpunkt *m*, Ausgabeanschluß *m*, TELECOM Ausgangspunkt *m*; ~ **power** *n* ELEC ENG, ELECT, TELECOM Ausgangsleistung *f*; ~ **quantity** *n* ELEC ENG Ausgabegröße *f*, Ausgangsgröße *f*; ~ **queue** *n* COMP & DP Ausgabewarteschlange *f*; ~ **quota** *n* PROD ENG Arbeitsnorm *f*; ~ **rate** *n* COMP & DP Ausgabegeschwindigkeit *f*; ~ **record** *n* COMP & DP Ausgabesatz *m*; ~ **shaft** *n* AUTO Abgangswelle *f*, Abtriebswelle *f*, MECHAN ENG Abtriebswelle *f*; ~ **signal** *n* ELEC ENG, TELECOM, TELEV Ausgangssignal *nt*; ~ **speed** *n* MECHAN ENG Abtriebsdrehzahl *f*; ~ **terminal** *n* ELEC ENG, ELECT Ausgangsklemme *f*; ~ **torque** *n* PROD ENG Abtriebsdrehmoment *nt*; ~ **transducer** *n* ELEC ENG Ausgangswandler *m*; ~ **transformer** *n* ELEC ENG, ELECT Ausgangstransformator *m*, PHYS Ausgangstransformator *m*, Ausgangsübertrager *m*, RECORD Ausgangstransformator *m*; ~ **voltage** *n* ELEC ENG, ELECT, TELECOM, TELEV Ausgangsspannung *f*; ~ **winding** *n* ELECT Ausgangswicklung *f*

outrigger *n* AIR TRANS ausfahrbare Hilfsstütze *f*, MECHAN ENG, PROD ENG Ausleger *m*

outsert: ~ **molding** *n AmE*, ~ **moulding** *n BrE* PLAS Outsert-Technik *f*

outshot: ~ **of porcelain** *n* CER & GLAS Ausschußporzellan *nt*

outside[1] *adj* PACK Außen- *pref*

outside:[2] ~ **agency** *n* QUAL Fremdorganisation *f*, Fremdstelle *f*; ~ **air** *n* HEAT & REFRIG Außenluft *f*; ~ **air temperature indicator** *n* AIR TRANS Außenlufttemperaturanzeige *f*; ~ **air temperature probe** *n* AIR TRANS Außenlufttemperaturfühler *m*; ~**-and-inside calipers** *n pl AmE*, ~**-and-inside callipers** *n pl BrE* MECHAN ENG Außen- und Innentaster *m*; ~ **broadcast** *n (OB)* TELEV Außenreportage *f*, Außenübertragung *f*; ~ **calipers** *n pl* MECHAN ENG Außentaster *m*; ~ **clearance** *n* HYD EQUIP äußerer Spalt *m*, äußeres Spiel *nt*; ~ **crank** *n* MECHAN ENG Stirnkurbel *f*, einseitig gelagerte Kurbel *f*; ~ **diameter** *n (OD)* MECHAN ENG, MECHANICS, PROD ENG *plastic valves* Außendurchmesser *m*; ~ **dimensions** *n pl* MECHAN ENG Außenabmessungen *f pl*, PACK Außenmaße *nt pl*; ~ **face** *n* GEOM Außenfläche *f*; ~ **gearing** *n* MECHAN ENG Außenverzahnung *f*; ~ **lap** *n* HYD EQUIP Einlaßüberdeckung *f*, äußere Überdeckung *f*, äußere Überdeckung *f*; ~ **lead** *n* HYD EQUIP Außenvoreinströmung *f*, äußere Voreinströmung *f*; ~ **micrometer** *n* PROD ENG Bügelmeßschraube *f*; ~ **plant cable** *n* TELEV Außenübertragungskabel *nt*; ~ **screw thread** *n* MECHAN ENG Außengewinde *nt*; ~ **source** *n* PROD ENG Fremdquelle *f*; ~ **string** *n* CONST Freiwange *f*, Spindelwange *f*; ~-**threading tool** *n* MECHAN ENG Außengewindeschneider *m*; ~ **turning** *n* PROD ENG Außendrehen *nt*

outsize *n* COAL TECH Fehlaustrag *m*

outstroke *n* HYD EQUIP Aufwärtshub *m*

outward:[1] ~ **bound** *adj* WATER TRANS *ship* auslaufend

outward:[2] ~ **angle** *n* GEOM Außenwinkel *m*, äußerer Winkel *m*; ~-**flow turbine** *n* HYD EQUIP Turbine mit innerer Beaufschlagung *f*; ~ **flux** *n* PHYS Ausfluß *m*, austretender Fluß *m*; ~ **passage** *n* WATER TRANS Hinreise *f*; ~-**positioned arrowhead** *n* ENG DRAW außenstehender Pfeil *m*; ~-**propagating wave** *n* TELECOM fortschreitende Welle *f*; ~ **traffic** *n* TRANS ausfahrender Verkehr *m*

oval[1] *adj* GEOM oval, METALL eiförmig, oval; ~-**shaped** *adj* GEOM ovalförmig

oval[2] *n* GEOM Oval *nt*; ~ **compass** *n* MECHAN ENG Ovalzirkel *m*; ~ **countersunk rivet** *n* MECHAN ENG Linsensenkniet *m*; ~ **file** *n* MECHAN ENG Ovalfeile *f*; ~ **flange** *n* MECHAN ENG Ovalflansch *m*; ~ **gear meter** *n* INSTR Ovalradzähler *m*, Wälzkolbenzähler *m*; ~ **grinder** *n* PROD ENG Ovalschleifmaschine *f*; ~-**head screw** *n* MECHAN ENG Linsenschraube *f*; ~ **knob** *n* CONST Ovaltürknopf *m*; ~ **point** *n* MECHAN ENG *of screw* Linsenkuppe *f*; ~ **pulley** *n* MECHAN ENG ovale Scheibe *f*; ~ **punt** *n* CER & GLAS ovaler Boden *m*; ~-**turning lathe** *n* MECHAN ENG Ovaldrehmaschine *f*

ovalization *n* PET TECH Ovalisierung *f*

oven:[1] ~-**dried** *adj* THERMODYN ofengetrocknet; ~-**dry** *adj* PAPER ofentrocken

oven[2] *n* PAPER Ofen *m*, TEXT Trockenofen *m*, Trockenschrank *m*, THERMODYN Ofen *m*; ~ **ageing** *n BrE* PLAS Ofenalterung *f*; ~ **aging** *n AmE see oven ageing BrE* ~ **coke** *n* COAL TECH Ofenkoks *m*; ~-**dry tensile strength** *n* TEXT Zugfestigkeit in ofentrockenem Zustand *f*; ~ **with forced convection** *n* LAB EQUIP Ofen mit erzwungener Konvektion *m*; ~ **with natural convection** *n* LAB EQUIP Ofen mit natürlicher Konvektion *m*; ~ **proof glass** *n* THERMODYN Jenaer Glas® *nt* feuerfestes Glas *nt*, ofenfestes Glas *nt*; ~-**to-table ware** *n* CER & GLAS feuerfestes Geschirr *nt*

over: ~ **fold** *n* PRINT Überfalz *m*

overageing *n BrE* METALL Übervergüten *nt*

overaging *n AmE see overageing BrE*

overall[1] *adj* MECHAN ENG gesamt, TRANS Gesamt- *pref*

overall:[2] ~ **dimensions** *n pl* MECHAN ENG Gesamtabmessungen *f pl*, PACK allgemeine Abmessungen *f pl*, PROD ENG *plastic valves* Einbaumaße *nt pl*; ~ **efficiency** *n* FUELLESS, HEAT & REFRIG Gesamtwirkungsgrad *m*; ~ **face** *n* PAPER Gesamtfläche *f*; ~ **heat transfer coefficient** *n (U)* THERMODYN Wärmeübertragungskoeffizient *m (U)*; ~ **height** *n* MECHAN ENG Gesamthöhe *f*, Höhe über alles *f*, PROD ENG *plastic valves* Einbauhöhe *f*; ~ **internal height** *n* MECHAN ENG lichte Höhe *f*; ~ **length** *n* MECHAN ENG Gesamtlänge *f*, Länge über alles *f*, METROL, TEXT Gesamtlänge *f*; ~ **pressure** *n* MECHAN ENG Gesamtdruck *m*; ~ **response curve** *n* ACOUSTICS Gesamtdämpfungsverlauf *m*; ~ **shade** *n* TEXT Gesamtschattierung *f*; ~ **time interval** *n* TRANS *traffic control* Gesamtzeitintervall *nt*; ~ **travel speed** *n* TRANS Gesamtreisegeschwindigkeit *f*; ~ **travel time** *n* TRANS Gesamtfahrzeit *f*; ~ **variation** *n* PROD ENG *kinematics* Wälzfehler *m*; ~ **width** *n* MECHAN ENG Breite über alles *f*, Gesamtbreite *f*

over-and-under: ~ **current relay** *n* ELECT Über- und Unterstromrelais *nt*

overarm *n* MECHAN ENG *of milling machine*, PROD ENG Gegenhalter *m*; ~ **machine** *n* MECHAN ENG *milling machine* Maschine mit Gegenhalter *f*

overbalance *vi* SAFETY aus dem Gleichgewicht bringen

overbias *n* RECORD zu große Vorspannung *f*

overboard *adj* WATER TRANS über Bord

overbridge *n* CONST Überführung *f*

overbunching *n* ELECTRON überkritische Ballung *f*

overburden *n* COAL TECH Abraum- *pref*, Abraumschicht *f*, PET TECH Deckgebirge *nt*; ~ **drill** *n* COAL TECH Abraumbohrer *m*; ~ **pressure** *n* COAL TECH Abraumdruck *m*, PET TECH Gebirgsdruck *m*

overcapacity *n* AIR TRANS Überkapazität *f*

overcast *vt* TEXT umstechen

overcasting *n* TEXT Umschlingen *nt*, Umstechen *nt*

overcharge *n* ELEC ENG, ELECT *of battery* Überladung *f*

overcoat *vt* CONST beschichten, überdecken

overcompounding *n* ELEC ENG Überkompoundierung *f*

overcrank: ~ **action** *n* PROD ENG Oberantrieb *m*

overcure *n* PLAS Überhärten *nt*, Überhärtung *f*

overcurrent *n* ELEC ENG, ELECT Überstrom *m*; ~ **blocking device** *n* ELECT Überstromblockiereinrichtung *f*; ~ **circuit breaker** *n* ELEC ENG Überstromausschalter *m*, Überstromschutzschalter *m*, ELECT Überstromunterbrecher *m*; ~ **power switch** *n* ELEC ENG Überstromleistungsschalter *m*; ~ **protection** *n* ELEC ENG, ELECT Überstromschutz *m*; ~ **relay** *n* ELECT Überstromrelais *nt*; ~ **switch** *n* ELECT Überstromschalter *m*; ~ **trip** *n* ELEC ENG Überstromauslöser *m*

overcutting *n* ACOUSTICS Überschneiden *nt*

overdamping *n* PHYS überkritische Dämpfung *f*

overdevelop *vt* PHOTO überentwickeln

overdeviation *n* SPACE *communications* Überhub *m*

overdimension *n* MECHAN ENG Übergröße *f*, Übermaß *nt*

overdimensioning *n* MECHAN ENG Überdimensionierung *f*

overdischarging *n* ELEC ENG übermäßiges Entladen *nt*

overdosage *n* POLL Überdosierung *f*

overdose *n (OD)* POLL Überdosis *f*

overdrive[1] *n* AUTO *gearbox, motor* Overdrive *m*, Schongang *m*, MECHANICS Schnellgang *m*

overdrive[2] *vt* AUTO, MECH, SPACE, TRANS *communications* zu hoch ansteuern

overdry *vt* PAPER übertrocknen

overdub *vt* RECORD überschneiden

overdye *vt* TEXT überfärben

overexpose *vt* PHOTO überbelichten

overexposed: ~ **film** *n* PHOTO überbelichteter Film *m*; ~ **picture** *n* PHOTO überbelichtetes Bild *nt*

overexposure *n* PHOTO Überbelichtung *f*, RAD PHYS *to radiation* übermäßige Bestrahlung *f*

overfall: ~-**type fish pass** *n* FUELLESS Überfallfischgerinne *nt*

overfeed *n* TEXT Voreilung *f*, Überdosierung *f*

overflow *n* COAL TECH Überlauf *m*, COMP & DP Kapazitätsüberschreitung *f*, Überlauf *m*, MECHAN ENG *of injector* Überlauf *m*, *of sieve* Überlauf *m*, *running over*

Überlaufen *nt*, Überströmen *nt*, MECHANICS, PROD ENG *plastic valves* Überlauf *m*, WATER SUP Überflutung *f*, Überschwemmung *f*; ~ **area** *n* COMP & DP Folgebereich *m*, Überlaufbereich *m*; ~ **bit** *n* COMP & DP Überlaufbit *nt*; ~ **dam** *n* WATER SUP Sommerdeich *m*; ~ **flag** *n* COMP & DP Überlaufanzeiger *m*; ~ **hole** *n* AUTO Überlauföffnung *f*; ~ **pipe** *n* AUTO *cooling system* Überlauf *m*, Überströmrohr *nt*; ~ **port** *n* AUTO Überströmöffnung *f*; ~ **process** *n* CER & GLAS Überlaufverfahren *nt*; ~ **traffic** *n* TELECOM Überlaufverkehr *m*; ~ **valve** *n* AUTO, HYD EQUIP, MECHAN ENG Überströmventil *nt*, RAIL Ablaßventil *nt*, Sicherheitsventil *nt*

overflowing *adj* ELEC ENG, MECH ENG Überström- *pref*

overglazing *n* CER & GLAS Aufglasur *f*

overgrinding *n* COAL TECH Totmahlen *nt*

overground *adj* COAL TECH oberirdisch

overhand: ~ **knot** *n* WATER TRANS Überhandknoten *m*

overhang *n* AUTO *body* vorspringender Teil *m*, Überhang *m*, CONST Auskragung *f*, Überhang *m*, MECHAN ENG Ausladung *f*, Überhang *m*, PROD ENG Ausladung *f*, Überkragung *f*

overhanging[1] *adj* CONST auskragend, ausladend, freitragend

overhanging:[2] ~ **arm** *n* MECHAN ENG *of milling machine*, PROD ENG Gegenhalter *m*; ~ **shaft** *n* MECHAN ENG überhängende Welle *f*; ~ **wall** *n* CONST Überhangwand *f*

overhaul *n* AIR TRANS *equipment* Überholung *f*, AUTO *engine* Instandsetzung *f*, Überholung *f*, WATER TRANS *maintenance* Überholung *f*; ~ **manual** *n* AUTO Instandsetzungshandbuch *nt*, Werkstatthandbuch *nt*

overhaulage *n* TRANS Generalüberholung *f*

overhead[1] *adj* AUTO Überland- *pref*

overhead[2] *adv* MECHAN ENG über Kopf

overhead[3] *n* TELECOM *data transmission* Overhead *nt*, Steuerungsaufwand *m*; ~ **bits** *n pl* TELECOM Zusatzbits *nt pl*; ~ **cable** *n* ELEC ENG Freileitungskabel *nt*, Luftkabel *nt*, Überlandleitung *f*, ELECT Freiluftkabel *nt*; ~ **camshaft** *n* *(OHC)* AUTO *engine*, MECHANICS obenliegende Nockenwelle *f*; ~ **conveyor** *n* PACK Deckentransportband *nt*, Überkopfförderband *nt*; ~ **crane** *n* CONST Brückenkran *m*, Laufkran *m*, MECHAN ENG Brückenkran *m*, Hängekran *m*, MECHANICS Deckenkran *m*, Hängekran *m*; ~ **guards** *n pl* SAFETY *for high-lift rider trucks* Überkopfschutzgitter *nt*; ~ **junction crossing** *n* RAIL Weichüberspannung mit kreuzender Fahrleitung *f*; ~ **light** *n* AIR TRANS Deckenoberlicht *nt*, senkrechte Beleuchtung *f*; ~ **line** *n* CONST Oberleitung *f*, ELEC ENG Freileitung *f*, Oberleitung *f*, ELECT Freiluftleitung *f*, Oberleitung *f*, RAIL Freileitung *f*, Oberleitung *f*, TELECOM Freileitung *f*; ~**-line knuckle** *n* RAIL Oberleitungsgelenkverbindung *f*; ~ **monorail** *n* RAIL H-Bahn *f*, hochgeständerte Einschienenhängebahn *f*; ~ **network** *n* TELECOM Freileitungsnetz *nt*; ~ **panel** *n* AIR TRANS Deckenschalttafel *f*; ~ **power line** *n* ELEC ENG Starkstromleitung *f*, Überlandleitung *f*; ~ **power line fittings** *n pl* ELEC ENG Starkstromleitungsarmaturen *f pl*; ~ **railroad** *n AmE (cf overhead railway BrE)* RAIL Hochbahn *f*; ~ **railway** *n BrE (cf overhead railroad AmE)* RAIL Hochbahn *f*; ~ **system** *n* ELEC ENG Freileitungssystem *nt*; ~ **track** *n* TRANS Hochbahn *f*; ~ **trackway** *n* RAIL Hochfahrbahn *f*; ~ **traveling crane** *n AmE*, ~ **travelling crane** *n BrE* MECHAN ENG Hängelaufkran *m*, PACK Deckenkran *m*; ~ **valve** *n* *(OHV)* AUTO hängendes Ventil *nt*, obengesteuertes Ventil *nt*; ~ **valve engine** *n* AUTO Motor mit hängenden Ventilen *m*, kopfgesteuerter Motor *m*, obengesteuerter Motor *m*

overheads *n BrE* PROD ENG Maschinenstundenkosten *f pl*

overheat:[1] ~ **thermoresistor** *n* AIR TRANS Überhitzungsthermresistor *m*

overheat[2] *vt* THERMODYN überhitzen

overheat[3] *vi* AUTO *motor* heißlaufen, THERMODYN *liquid* sich überhitzen

overheating *n* AUTO *of engine* Überhitzen *nt*, *of motor* Heißlaufen *nt*, ELEC ENG Überheizen *nt*, Überhitzen *nt*, Überhitzung *f*, MECHAN ENG Überhitzung *f*, THERMODYN *of liquid* Überhitzen *nt*; ~ **bearing** *n* PROD ENG heißgelaufenes Lager *nt*

over-inflation *n* AUTO Reifenüberdruck *m*

overlaid: ~ **cell** *n* TELECOM überlagerte Funkzone *f*

overlap *n* COMP & DP Überlappung *f*, CONST, MECHAN ENG Überdeckung *f*, Überlappung *f*, PRINT Überlappung *f*, PROD ENG Überdrehungsgrad *m*, TELEV Überlappung *f*; ~ **angle** *n* MECHAN ENG Überdeckungswinkel *m*

overlapping[1] *adj* PACK Überlapp- *pref*

overlapping[2] *n* ELEC ENG Überlappung *f*, METALL Überlappen *nt*, PHYS *of spectra*, RAIL *of block sections* Überlappung *f*; ~ **flaps** *n pl* PACK überlappende Klappen *f pl*; ~ **joint** *n* CONST Überlappungsstoß *m*; ~ **spot-weld** *n* PROD ENG *welding* Überlappnaht *f*

overlay[1] *n* CER & GLAS Glasoberfläche *f*, Überziehen *nt*, COATINGS Schicht *f*, Überlagerung *f*, Überzug *m*, COMP & DP Überlagerung *f*, CONST Belag *m*, Überzug *m*, TELEV Overlay *nt*; ~ **cladding** *n* MECHANICS Auflageplattieren *nt*; ~ **transistor** *n* RAD TECH Transistor in Overlaytechnik *m*

overlay[2] *vt* TELEV überlagern

overlaying *n* CER & GLAS Glasoberfläche *f*, Überziehen *nt*, COATINGS Schicht *f*, Überlagerung *f*, Überzug *m*, COMP & DP Überlagerung *f*, CONST Belag *m*, Überzug *m*, TELEV Overlay *nt*

overleap: ~ **joint** *n* CONST Überblattung *f*

overload[1] *n* COMP & DP Überlastung *f*, ELEC ENG Überbelastung *f*, Überlast *f*, ELECT Überlast *f*, MECHAN ENG Überladung *f*, Überlastung *f*, PACK Überbelegung *f*, PHYS Überlast *f*, RAD TECH Überlastung *f*, RECORD Überbelastung *f*, SPACE *communications* Überlastung *f*, TELECOM Überlast *f*, Überlastung *f*; ~ **capacity** *n* PROD ENG *plastic valves* Überlastbarkeit *f*; ~ **coupling** *n* MECHAN ENG Überlastkupplung *f*; ~ **current** *n* ELEC ENG Überlastungsstrom *m*, ELECT Überlaststrom *m*; ~ **factor** *n* ELECT Überlastfaktor *m*, Überlastverhältnis *nt*; ~ **indicator** *n* ELECT Überlastanzeiger *m*; ~ **level** *n* ELEC ENG Aussteuerungsgrenze *f*, größte zulässige Nutzleistung *f*, RECORD Aussteuerungsgrenze *f*; ~ **protection** *n* ELEC ENG Überlastungsschutz *m*, ELECT Überlastschutz *m*, RAD TECH Überlastungsschutz *m*; ~ **protection device** *n* ELEC ENG Überlastungsschutz *m*, Überlastungsschutzvorrichtung *f*; ~ **relay** *n* ELEC ENG Überlastungsrelais *nt*, ELECT Überlastrelais *nt*; ~ **spring** *n* MECHAN ENG Überlastfeder *f*, Überlastungsfeder *f*; ~ **test** *n* ELECT Überlastungsprüfung *f*; ~ **voltage** *n* ELECT Überlastspannung *f*

overload[2] *vt* RAD TECH, TELECOM, TELEV überlasten

overloaded *adj* ELECT überladen, PHYS, TELECOM überlastet

overloading *n* TRANS *traffic* Überbelastung *f*

overmachined *adj* PROD ENG auf zu kleines Maß bearbeitet
overmeasure *n* MECHAN ENG Übermaß *nt*
overmodulation *n* RAD TECH, RECORD Übermodulation *f*
overnutrition *n* FOOD TECH Überernährung *f*
overoxidize *vt* CHEMISTRY überoxidieren
overpackaging *n* WASTE Umverpackung *f*
overpotential: ~ **protection** *n* ELEC ENG Überpotentialschutz *m*
overpressure *n* AIR TRANS überhöhter Druck *m*, Überdruck *m*, PET TECH Überdruck *m*; ~ **gage** *n AmE*, ~ **gauge** *n BrE* INSTR Überdruckmanometer *nt*
overprinting *n* PACK Überdrucken *nt*
overrange *n* INSTR Meßbereichsüberschreitung *f*, nutzbarer Bereich *m*; ~ **limit** *n* IND PROCESS Überlastgrenze *f*
override[1] *n* PROD ENG Übersteuerung *f*, Überwindung *f*; ~ **clutch** *n* RAIL Überholklauenkupplung *f*; ~ **control** *n* AIR TRANS Eingriffsteuerung *f*, Übersteuerung *f*; ~ **switch** *n* ELECT Übersteuerungsschalter *m*
override[2] *vt* ELEC ENG außer Kraft setzen, übersteuern, PROD ENG überschalten, übersteuern
overrider *n* AUTO *body* Stoßfängerhorn *nt*
overriding *adj* MECHANICS übersteuernd
overripe *adj* FOOD TECH überreif
overrun[1] *n* AIR TRANS Überrollen *nt*, AUTO *engine* Schiebebetrieb *m*, ELEC ENG Datenverlustausfall *m*, MECHAN ENG Überlauf *m*, PRINT Datenverlust durch Überlauf *m*, Umlaufen *nt*
overrun[2] *vt* PRINT *lines* hinübernehmen
overrun[3] *vi* MECHAN ENG überlaufen
overrunning: ~ **clutch** *n* AIR TRANS Überholkupplung *f*, AUTO Freilaufkupplung *f*, Rollenfreilaufkupplung *f*, MECHAN ENG Überholkupplung *f*
oversaturate *vt* THERMODYN *steam* übersättigen
oversaturation *n* TELEV Übersättigung *f*
overscan *n* TELEV Übertastung *f*
overseas[1] *adj* WATER TRANS überseeisch, Übersee- *pref*
overseas:[2] ~ **container** *n* WATER TRANS Seecontainer *m*; ~ **packaging** *n* PACK Überseeverpackung *f*
oversew *vt* TEXT überwendlich nähen
oversheath *n* ELECT äußere Umhüllung *f*, äußere Umkleidung *f*
overshoot[1] *n* ELEC ENG Überschreiten *nt*, Überschwingen *nt*; ~ **distortion** *n* TELEV Verzerrung durch Überregelung *f*
overshoot[2] *vt* AIR TRANS hinausschießen über, MECHANICS durchschlagen, über das Ziel hinausgehen, überschwingen, RAIL hinausfahren über
overshooting[1] *adj* ELEC ENG, INSTR Überschwing- *pref*
overshooting[2] *n* AIR TRANS, METALL Hinausschießen *nt*
overshot *n* PET TECH Fangglocke *f*, Overshot *m*; ~ **wheel** *n* WATER SUP oberschlächtiges Wasserrad *nt*
oversize[1] *adj* MECHAN ENG übergroß
oversize[2] *n* COAL TECH Übergröße *f*, MECHAN ENG Übergröße *f*, Übermaß *nt*, MECHANICS Übermaß *nt*
oversize[3] *vt* CONST, MECHAN ENG überdimensionieren
oversizing *n* CONST, MECHAN ENG Überdimensionierung *f*
overspeed[1] *n* MECHAN ENG Überdrehzahl *f*, MECHANICS Überdrehzahl *f*, Übergeschwindigkeit *f*; ~ **brake** *n* MECHAN ENG Überdrehzahlschutz *m*; ~ **control** *n* FUELLESS Überdrehzahlkontrolle *f*; ~ **gear** *n* MECHAN ENG Schonganggetriebe *nt*; ~ **protection** *n* MECHAN ENG Drehzahlbegrenzer *m*; ~ **test** *n* ELECT *of alternator* Drehzahlüberschreitungsprüfung *f*
overspeed[2] *vt* PROD ENG mit hoher Geschwindigkeit laufen lassen
overspeeder *n* MECHAN ENG Schonganggetriebe *nt*
oversquare: ~ **engine** *n* AUTO Kurzhubmotor *m*
oversteer *n* AUTO Übersteuerung *f*
oversteering *n* AUTO Übersteuerung *f*
overstowage *n* WATER TRANS Überstauung *f*
overstrain[1] *n* MECHAN ENG Überlastung *f*
overstrain[2] *vt* MECHAN ENG überlasten, PROD ENG plastisch verformen
overstress[1] *n* CONST, MECHAN ENG, METALL Überbeanspruchung *f*
overstress[2] *vt* CONST überbeanspruchen, überlasten, MECHAN ENG überbeanspruchen
overstressing *n* METALL Überbelastung *f*
overstriking *n* CER & GLAS Überfärben *nt*
overtaking: ~ **lane** *n* TRANS Überholspur *f*
overtemperature *n* THERMODYN Oxidationsmittel *nt*, Oxidierungsmittel *nt*
overtension *vt* PROD ENG überspannen
overtensioning *n* PROD ENG Überbelastung *f*, Überspannung *f*
overthrust *n* PET TECH Überschiebung *f*
overtone *n* ELECTRON Oberton *m*
overtravel[1] *n* PROD ENG Überlauf *m*
overtravel[2] *vt* PROD ENG überlaufen
overturn[1] *vt* MECHAN ENG umstürzen
overturn[2] *vi* MECHAN ENG umstürzen
overturning *n* AUTO Überschlagen *nt*, SAFETY Auf-den-Kopf-Stellen *nt*, Umdrehen *nt*; ~ **moment** *n* CONST Kippmoment *nt*
overvoltage *n* ELEC ENG, ELECT, PHYS Überspannung *f*; ~ **breakdown** *n* ELEC ENG Überspannungsausfall *m*; ~ **protection** *n* ELEC ENG, ELECT Überspannungsschutz *m*; ~ **protection device** *n* ELEC ENG Überspannungsschutzvorrichtung *f*; ~ **relay** *n* ELEC ENG, ELECT Überspannungsrelais *nt*; ~ **release** *n* ELECT Überspannungsauslösung *f*; ~ **trip** *n* INSTR Überspannungsauslöser *m*
overweight[1] *adj* PACK übergewichtig
overweight[2] *n* METROL Übergewicht *nt*
overwrap *n* PACK Umschlagen *nt*
overwrapping: ~ **packaging** *n* PACK Umschlageverpakkung *f*
overwriting *n* COMP & DP Überschreiben *nt*
ovoglobulin *n* CHEMISTRY Ovoglobulin *nt*
ovolo *n* CONST Echinus *m*, konvexer Stab *m*, *quarter-circle shape* Viertelkreissims *m*
Owen: ~ **bridge** *n* ELECT Owen-Brücke *f*
own: ~ **coding** *n* COMP & DP OWN-Codierung *f*; ~-**exchange supervisory circuit** *n* TELECOM Überwachungsschaltung des eigenen Amts *f*
owner *n* COMP & DP Eigentümer *m*, Eigner *m*
ox: ~ **gall** *n* PRINT *inks and watercolours* Ochsengalle *f*
oxalacetic *adj* CHEMISTRY Ketobernstein- *pref*, Oxalessig- *pref*
oxalate *n* CHEMISTRY Oxalat *nt*
oxalic: ~ **acid** *n* FOOD TECH Oxalsäure *f*, PHOTO Kleesäure *f*, Oxalsäure *f*
oxaluric[1] *adj* CHEMISTRY Oxalur- *pref*
oxaluric:[2] ~ **acid** *n* CHEMISTRY Ethandisäuremonoureid *nt*, Oxalursäure *f*
oxalyl *adj* CHEMISTRY Ethandioyl- *pref*, Oxalyl- *pref*
oxalylurea *n* CHEMISTRY Oxalylharnstoff *m*, Parabansäure *f*

oxamic *adj* CHEMISTRY Oxamid- *pref*
oxamide *n* CHEMISTRY Ethandiamid *nt*, Oxalamid *nt*, Oxalsäurediamid *nt*, Oxamid *nt*
oxanilic *adj* CHEMISTRY Oxanil- *pref*
oxanilide *n* CHEMISTRY Oxalsäuredianilid *nt*, Oxanilid *nt*
oxazine *n* CHEMISTRY Oxazin *nt*
oxazole *n* CHEMISTRY Oxazol *nt*
oxetone *n* CHEMISTRY Oxeton *nt*
oxidable *adj* CHEMISTRY oxidationsfähig, oxidierbar
oxidant *n* CHEMISTRY Oxidans *nt*, Oxidator *m*, Sauerstoffträger *m*, SPACE *spacecraft* Oxidant *m*, THERMODYN Oxidationsmittel *nt*, Oxidierungsmittel *nt*
oxidation *n* CHEMISTRY Oxidation *f*, Oxidieren *nt*, ELECT Oxidierung *f*, POLL, PRINT Oxidation *f*; **~ ditch** *n* WASTE, WATER SUP Oxidationsgraben *m*; **~ of impurities** *n* PROD ENG Frischen *nt*; **~ pond** *n* WASTE, WATER SUP Oxidationsteich *m*; **~-reduction cell** *n* LAB EQUIP Oxidation-Reduktionszelle *f*; **~-reduction potential** *n* POLL Redoxpotential *nt*; **~-reduction reaction** *n* CHEMISTRY Oxidation-Reduktion-Reaktion *f*
oxide *n* CHEMISTRY Oxid *nt*, RECORD Oxid *nt*, TELEV Oxid *nt*; **~ buildup** *n* RECORD Oxidbildung *f*, TELEV Oxidansammlung *f*; **~ ceramic cutting material** *n* PROD ENG oxidkeramischer Schneidstoff *m*; **~ ceramic cutting tool** *n* PROD ENG oxidkeramisches Schneidwerkzeug *nt*; **~ ceramic lathe tools** *n pl* MECHAN ENG oxidkeramische Drehwerkzeuge *nt pl*; **~ ceramics** *n pl* PROD ENG Oxidkeramik *f*; **~-coated cathode** *n* ELEC ENG Oxidkatode *f*; **~ layer** *n* COMP & DP Oxidschicht *f*; **~ salt** *n* CHEMISTRY Oxidsalz *nt*; **~ shedding** *n* TELEV Oxidabschuppung *f*; **~ side** *n* TELEV Oxidseite *f*
oxidic[1] *adj* CHEMISTRY oxidisch, sauerstoffhaltig
oxidic:[2] **~ waste** *n* COAL TECH Oxidabfall *m*
oxidizability *n* CHEMISTRY Oxidationsfähigkeit *f*
oxidizable *adj* CHEMISTRY oxidabel
oxidize[1] *vt* CHEMISTRY in Oxid verwandeln
oxidize[2] *vi* CHEMISTRY oxidieren
oxidized[1] *adj* CHEMISTRY mit Sauerstoff angereichert, oxidiert
oxidized:[2] **~ cellulose** *n* CHEMISTRY Oxycellulose *f*, oxidierte zellulose *f*; **~ metal** *n* METALL oxidiertes Metall *nt*
oxidizer *n* CHEMISTRY Oxidationsmittel *nt*, COATINGS Oxidationsmittel *nt*, Sauerstoffträger *m*
oxidizing[1] *adj* CHEMISTRY oxidativ, oxidierend
oxidizing:[2] **~ agent** *n* CHEMISTRY, POLL Oxidationsmittel *nt*; **~ flame** *n* CHEMISTRY Oxidationsflamme *f*, oxidierende Flamme *f*; **~ substance** *n* SAFETY oxidierender Stoff *m*
oxidoreduction *n* CHEMISTRY Oxydoreduktion *f*, Redoxreaktion *f*
oxime *n* CHEMISTRY Oxim *nt*
oxo: **~ acid** *n* CHEMISTRY Ketocarbonsäure *f*, Ketosäure *f*, Oxosäure *f*
oxonium *n* CHEMISTRY Oxonium *nt*, hydratisiertes Proton *nt*
oxosabinane *n* CHEMISTRY Oxosabinan *nt*, Thujon *nt*
oxozone *n* CHEMISTRY Oxozon *nt*, Tetraoxygen *nt*
oxyacetylene *n* CONST Autogen- *pref*; **~ blowpipe** *n* CONST Autogenbrenner *m*, Azetylensauerstoffbrenner *m*; **~ welding** *n* CONST, MECHANICS Autogenschweißen *nt*, PROD ENG Azetylensauerstoffschweißen *nt*, Azetylenschweißen *nt*, THERMODYN Gasschweißen *nt*
oxyacid *n* CHEMISTRY Oxysäure *f*
oxyarc: **~ cutting** *n* CONST Sauerstoff-Lichtbogenschneiden *nt*, PROD ENG Oxyarc-Schneiden *nt*, Sauerstoff-Lichtbogen-Schneidverfahren *nt*
oxychloride *n* CHEMISTRY Hypochlorid *nt*
oxycutting *n* MECHAN ENG Sauerstoffbrennschneiden *nt*, MECHANICS Sauerstoffschneiden *nt*, PROD ENG Brennschneiden *nt*
oxydizer *n* AIR TRANS Oxidationsmittel *nt*
oxydizing: **~ flame** *n* CONST oxydierende Flamme *f*
oxygen[1] *n* CHEMISTRY Sauerstoff *m*; **~ arc cutting** *n* CONST Sauerstoff-Lichtbogenschneiden *nt*, PROD ENG Oxyarc-Schneiden *nt*, Sauerstoff-Lichtbogen-Schneidverfahren *nt*; **~ arc welding** *n* CONST Lichtbogensauerstoffschweißen *nt*; **~ bomb ageing** *n* *BrE* PLAS *rubber* Sauerstoffalterung in der Druckkammer *f*; **~ bomb aging** *n* *AmE see oxygen bomb ageing BrE* **~ boosting** *n* CER & GLAS Sauerstoffanreicherung *f*; **~ breathing apparatus** *n* SAFETY Sauerstoffatemgerät *nt*; **~ cutting** *n* MECHAN ENG Sauerstoffbrennschneiden *nt*, MECHANICS Sauerstoffschneiden *nt*, PROD ENG Brennschneiden *nt*; **~ cylinder** *n* PROD ENG, SPACE Sauerstoff-Flasche *f*; **~ furnace** *n* COAL TECH Sauerstoffofen *m*; **~ generator** *n* CONST Sauerstofferzeuger *m*; **~ lance** *n* MECHAN ENG Sauerstofflanze *f*; **~ lancing** *n* CONST Brennbohren *nt*, Sauerstoffbohren *nt*; **~ mask** *n* SAFETY, SPACE Sauerstoffmaske *f*; **~ regulator** *n* SPACE Sauerstoffzufuhrregler *m*; **~ respirator** *n* SPACE Sauerstoffatemgerät *nt*; **~ supply** *n* SPACE Sauerstoffvorrat *m*
oxygen:[2] **~-cut** *vt* PROD ENG brennschneiden
oxygenase *n* CHEMISTRY Atmungsferment *nt*, Oxygenase *f*
oxygenate *vt* CHEMISTRY mit Sauerstoff anreichern, oxidieren, oxygenieren
oxygenation *n* CHEMISTRY Sauerstoffanreicherung *f*
oxyhydrogen *n* CHEMISTRY Knallgas *nt*
oxysalt *n* CHEMISTRY Oxosalz *nt*
oxytetracycline *n* CHEMISTRY Terramycin *nt*
oxytocic *adj* CHEMISTRY oxytozisch, wehenerregend
oyster: **~ dredge** *n* WATER TRANS *ship* Austernbagger *m*; **~ dredger** *n* WATER TRANS *ship* Austernbagger *m*
Ozalid® *n* PRINT Ozalid® *nt*; **~ paper** *n* PRINT Ozalidpapier *nt*; **~ process** *n* PRINT Ozalidverfahren *nt*
ozone:[1] **~-damaging** *adj* POLL ozonschädlich
ozone[2] *n* CHEMISTRY Ozon *nt*; **~ absorption** *n* RAD PHYS Ozonabsorption *f*; **~ concentration** *n* POLL Ozonkonzentration *f*; **~ damage** *n* POLL Ozonschaden *m*; **~ hole** *n* POLL, SPACE Ozonloch *nt*; **~ layer** *n* POLL, SPACE Ozonschicht *f*; **~ resistance** *n* PLAS Ozonbeständigkeit *f*, Ozonfestigkeit *f*; **~-resistant rubber** *n* PLAS ozonfester Kautschuk *m*
ozonide *n* CHEMISTRY Ozonid *nt*, Ozonolyseprodukt *nt*
ozonize *vt* CHEMISTRY in Ozon verwandeln, mit Ozon anreichern, ozonisieren
ozonolysis *n* CHEMISTRY Ozonspaltung *f*, Ozonolyse *f*
ozonoscope *n* CHEMISTRY Ozonoskop *nt*
ozonosphere *n* SPACE Ozonosphäre *f*

P

p *abbr* ACOUSTICS *(acoustic pressure, sound pressure)* p *(Schalldruck)*, METROL *(pico-)* p *(Piko-)*, NUC TECH *(proton)* p *(Proton)*, NUC TECH *(resonance escape probability)* p *(Resonanzfluchtwahrscheinlichkeit)*, PART PHYS *(proton)*, PHYS *(proton)* p *(Proton)*, PHYS *(acoustic pressure, sound pressure)* p *(Schalldruck)*, RAD TECH *(proton)* p *(Proton)*, RECORD *(acoustic pressure, sound pressure)*, SPACE *(acoustic pressure, sound pressure)* p *(Schalldruck)*

P[1] *abbr* ELECT *(power)* P *(Leistung)*, ELECT *(permeance)* P *(magnetischer Leitwert)*, NUC TECH *(proton number)* P *(Protonenzahl)*

P:[2] ~ **wave** *n* PHYS *seismology* P-Welle *f*, primäre Erdbebenwelle *f*

P[3] *(phosphorus)* CHEMISTRY P *(Phosphor)*

p⁻: ~ **region** *n* ELECTRON p⁻ Bereich *m*, p⁻ Region *f*; ~ **semiconductor** *n* ELECTRON p⁻ Halbleiter *m*, p⁻ Mangelhalbleiter *m*

Pa *abbr (pascal)* METROL, PHYS *hydrostatics* Pa *(Pascal)*

PA[1] *abbr* AIR TRANS *(public address)* Ansage *f*, CHEMISTRY *(polyamide)* PA *(Polyamid)*, ELEC ENG *(power amplifier)*, ELECTRON *(power amplifier)* PHYS *(power amplifier)* PA *(Endstufe, Endverstärker, Leistungsverstärker)*, PLAS *(polyamide)* PA *(Polyamid)*, RAD TECH *(power amplifier)*, RECORD *(power amplifier)*, SPACE *(power amplifier)*, TELECOM *(power amplifier)* PA *(Endstufe, Endverstärker, Leistungsverstärker)*, TEXT *(polyamide)* PA *(Polyamid)*

PA:[2] ~ **amplifier** *n (public address amplifier)* RECORD Rundfunkgroßverstärker *m*; ~ **system** *n (public address system)* AIR TRANS Ansageanlage *f*, Durchsageanlage *f*, Rundspruchanlage *f*

PAA *abbr (polyacrylate)* CHEMISTRY, PLAS PAA *(Polyacrylat)*

pace *vt* COMP & DP, ERGON takten

paced: ~ **work** *n* ERGON getaktete Arbeit *f*

pack[1] *n* COMP & DP Stapel *m*, PROD ENG Ballen *m*; ~**-handling equipment** *n* PACK Packungstransportvorrichtung *f*; ~ **hardening** *n* PROD ENG Einsatzhärten *nt*; ~ **ice** *n* WATER TRANS Packeis *nt*

pack[2] *vt* COMP & DP komprimieren, packen, verdichten, CONST *crushed rock* stopfen, *road* verdichten, MECHANICS *with grease* abdichten, verstopfen, PROD ENG verdichten; ~ **with grease** *vt* MECHAN ENG mit Fett abdichten

package *n* COMP & DP Programmpaket *nt*, ELEC ENG Paket *nt*, TEXT Garnkörper *m*, Spule *f*, Wickelkörper *m*; ~ **for standardization** *n* PACK normierte Packung *f*; ~ **for vending machine** *n* PACK Automatenpackung *f*; ~ **freight** *n* TRANS Stückgüterladung *f*; ~ **reactor** *n* NUC TECH Huckepackreaktor *m*; ~ **test** *n* PACK Verpackungsprüfung *f*

packaged: ~ **boiler** *n* HEAT & REFRIG Package-Kessel *m*

packaging *n* FOOD TECH Umverpackung *f*, TEXT Umspulen *nt*; ~ **line** *n* PACK Verpackungslinie *f*; ~ **material** *n* WASTE Packstoff *m*, Verpackungsmaterial *nt*; ~ **paper** *n* WASTE Packpapier *nt*; ~ **profile** *n* PACK Verpackungsprofil *nt*; ~ **station** *n* PACK Verpackungsstation *f*; ~ **technique** *n* PROD ENG Bausteintechnik *f*; ~ **waste** *n* WASTE Verpackungsabfall *m*, Verpackungsmüll *m*

packed:[1] ~ **with siccative** *adj* PACK sikkativverpackt

packed:[2] ~**-bed scrubber** *n* POLL Füllkörperabscheider *m*; ~ **column** *n* CHEM ENG Füllkörperkolonne *f*, Füllkörpersäule *f*, PET TECH Füllkörperkolonne *f*; ~ **decimal** *n* COMP & DP gepackte Dezimalzahl *f*; ~ **format** *n* COMP & DP gepacktes Format *nt*; ~ **tower** *n* CHEM ENG Füllkörperkolonne *f*, Füllkörpersäule *f*

packer *n* TEXT Verpackungsmaschine *f*; ~ **body** *n* WASTE Preßmüllwagen *m*, fahrbarer Verdichter *m*; ~ **unit** *n* WASTE Kompaktor *m*, Müllverdichter *m*, Verdichtungsanlage *f*

packer's: ~ **bay** *n* CER & GLAS Verpackungsbereich *m*

packet[1] *n* COMP & DP, METALL Paket *nt*, PROD ENG Blechpaket *nt*, TELECOM Datenpaket *nt*, Paket *nt*, TEXT Ballen *m*; ~ **assembler-disassembler** *n (PAD)* COMP & DP Paketierungs-Depaketierungseinrichtung *f*, TELECOM Paketierer-Depaketierer *m*; ~ **broadcasting** *n* TELECOM Paketrundsendung *f*; ~ **delay** *n* COMP & DP Paketverzögerungszeit *f*; ~ **drilling** *n* PROD ENG Blechpaketbohren *nt*; ~ **mode** *n* COMP & DP Paketbetriebsart *f*; ~ **mode bearer service** *n* TELECOM Trägerdienst im Paketmodus *m*; ~ **mode terminal** *n* COMP & DP Datenstation für Datenpaketbetrieb *f*; ~ **port** *n* TELECOM Paketanschlußstelle *f*; ~ **radio** *n* RAD TECH *data communications*, TELECOM Paketfunkverkehr *m*; ~ **sequencing** *n* COMP & DP Paketaufrechnung *f*; ~ **switch** *n (PS)* ELECT *data communications*, TELECOM Paketvermittlungseinrichtung *f*; ~**-switched bearer service** *n* TELECOM *ISDN* paketvermittelter Übermittlungsdienst *m*; ~**-switched network** *n (PSN)* COMP & DP paketweiser Datenservice *m*, TELECOM paketvermitteltes Netz *nt*; ~ **switching** *n* COMP & DP, ELEC ENG, TELECOM Datenpaketvermittlung *f*, Paketvermittlung *f*; ~**-switching exchange** *n* TELECOM Paketvermittlungsamt *nt*; ~**-switching network** *n* TELECOM Paketvermittlungsnetz *nt*; ~**-switching node** *n* TELECOM Paketvermittlungsknoten *m*; ~**-switching processor** *n* TELECOM Paketvermittlungsprozessor *m*; ~ **transmission** *n* COMP & DP Datenpaketübertragung *f*, Paketübertragung *f*, TELECOM Paketübertragung *f*

packet[2] *vt* PROD ENG paketieren

packetizer/depacketizer *n* TELECOM Paketierer-Depaketierer *m*

packing[1] *pref* MECHAN ENG Dicht- *pref*

packing[2] *n* CONST Abdichtung *f*, Dichtung *f*, Verfüllbeton *m*, MECHANICS Dichtung *f*, Verdichtung *f*, PROD ENG Beilegering *m*, Schüttgut *nt*; ~ **case** *n* TEXT Versandkiste *f*; ~ **density** *n* COMP & DP Flußwechseldichte *f*, Speicherdichte *f*, ELECTRON *for ICs* Bestückungsdichte *f*, PLAS Packungsdichte *f*; ~ **drawing** *n* ENG DRAW Verpackungszeichnung *f*; ~ **effect** *n* NUC TECH *in crystallography* Massendefekt *m*; ~ **felt** *n* MECHAN ENG Dichtfilz *m*; ~ **fraction** *n* OPT *fibre bundle*, PHYS, TELECOM Packungsanteil *m*, Packungsdichte *f*; ~

gland *n* HEAT & REFRIG, MECHAN ENG Stopfbüchse *f*; ~ **material** *n* MECHAN ENG Dichtmaterial *nt*; ~ **piece** *n* CER & GLAS Füllholz *nt*, MECHAN ENG Unterlegblech *nt*; ~ **ring** *n* MECHAN ENG Dichtring *m*, Dichtungsring *m*; ~ **seal** *n* NUC TECH Dichtung *f*; ~ **station** *n* PACK Verpackungsstation *f*; ~ **stick** *n* CER & GLAS Packungstreiber *m*; ~ **washer** *n* PROD ENG Dichtungsscheibe *f*

pad[1] *n* ACOUSTICS Dämpfungsglied *nt*, AUTO Belag *m*, *disc brake* Bremsklotz *m*, CER & GLAS Polster *nt*, COMP & DP Block *m*, Pufferstück *nt*, Füllzeichen *nt*, CONST Polster *nt*, Puffer *m*, Straßenplatte *f*, Wegplatte *f*, ELEC ENG Anpaßglied *nt*, Anschlußfeld *nt*, Dämpfungsglied *nt*, ELECTRON *attenuator* Dämpfungsglied *nt*, MECHAN ENG *for lubrication* Schmierkissen *nt*, MECHANICS Bohrfutter *nt*, Konsole *f*, Wulst *m*, PROD ENG Block *m*, Schweißauftrag *m*, SPACE Rampe *f*, TELECOM Sockel *m*, festes Dämpfungsglied *nt*, TEXT Foulard *m*, Paddingmaschine *f*, Schulterpolster *nt*; ~ **break** *n* CER & GLAS Polsterbruch *m*; ~ **dyeing** *n* TEXT Foulardfärbung *f*, Klotzfärbung *f*; ~ **foundation** *n* COAL TECH Flächengründung *f*; ~ **mangle** *n* TEXT Foulard *m*, Klotzmaschine *f*

pad[2] *vt* COMP & DP auffüllen, PROD ENG auftragsschweißen, TEXT aufklotzen, auspolstern, auswattieren, foulardieren

PAD *abbr (packet assembler-disassembler)* COMP & DP Paketierungs-Depaketierungseinrichtung *f*, TELECOM Paketierer-Depaketierer *m*

padded[1] *adj* MECHANICS gepolstert, wulstig

padded:[2] ~ **clothing** *n* SAFETY gepolsterte Kleidung *f*; ~ **headband** *n* RECORD *of headphones* gepolsterter Kopfhörerbügel *m*

padder *n* RAD TECH Trimmer *m*; ~ **capacitor** *n* RAD TECH Trimmerkondensator *m*

padding *n* COMP & DP Auffüllen *nt*, Stopfen *nt*, MECHAN ENG Polsterung *f*, PACK Zwischenlagen *f pl*, PAPER Polsterung *f*, TEXT Foulardieren *nt*, Klotzen *nt*, Polsterung *f*, Wattierung *f*

paddle *n* CER & GLAS Rührspatel *m*, HYD EQUIP Schaufel *f*, Schaufelblatt *nt*, MECHAN ENG *of agitator* Rührschaufel *f*, *of fan, water wheel* Schaufel *f*; ~ **board** *n* MECHAN ENG *of fan, water wheel* Schaufel *f*; ~ **wheel** *n* MECHAN ENG, WATER SUP, WATER TRANS Schaufelrad *nt*

padlock *n* CONST Vorhängeschloß *nt*

page[1] *n* COMP & DP Seite *f*, PRINT Druckseite *f*, Seite *f*; ~ **break** *n* COMP & DP Seitenumbruch *m*; ~ **composition system** *n* PRINT Ganzseitenmontagesystem *nt*; ~ **frame** *n* COMP & DP Seitenrahmen *m*; ~ **make-up program** *n* PRINT Umbruchprogramm *nt*; ~ **number** *n* PRINT Pagina *f*, Seitenzahl *f*; ~ **printer** *n* COMP & DP Seitendrucker *m*; ~ **proofs** *n pl* PRINT Korrekturseiten *f pl*, Probeseiten *f pl*, umbrochene Korrekturfahnen *f pl*; ~ **table** *n* COMP & DP Seitentabelle *f*

page[2] *vt* COMP & DP Paginierung vornehmen, Seitenumbruch erstellen

pager *n* TELECOM Anrufmelder *m*, Personenrufempfänger *m*

pages *n pl (pp)* PRINT Seiten *f pl (Sn)*; ~ **per minute** *n pl* COMP & DP Seiten pro Minute *f pl*

paginate *vt* COMP & DP Paginierung vornehmen, paginieren, PRINT paginieren

pagination *n* COMP & DP Paginierung *f*, Seitenumbruch *m*, PRINT Paginierung *f*, Seitennumerierung *f*

paging *n* COMP & DP Seitenwechsel *m*, TELECOM Funkruf *m*, Personenruf *m*; ~ **channel** *n* TELECOM Rufkanal *m*; ~ **service** *n* TELECOM Personenrufdienst *m*

pail *n* CONST Kübel *m*

paint[1] *n* AUTO *body* Lack *m*, COATINGS Anstrich *m*, Farbe *f*; ~ **brush** *n* COATINGS Pinsel *m*; ~-**burning lamp** *n* CONST Farbabbrennlampe *f*; ~ **chip** *n* COATINGS Farbsplitter *m*, Lacksplitter *m*; ~ **mill** *n* CER & GLAS Farbmühle *f*; ~-**on slurry coating** *n* COATINGS aufstreichbare Schlämmbeschichtung *f*; ~ **sludge** *n* WASTE Lackschlamm *m*; ~-**spraying apparatus** *n* COATINGS Farbspritzgerät *nt*; ~ **stripper** *n* CONST Abbeizer *m*, Ablauger *m*; ~ **system** *n* COATINGS Anstrichsystem *nt*

paint[2] *vt* COATINGS bestreichen, lackieren, streichen

paintbox *n* TELEV Farbkasten *m*

painter *n* WATER TRANS *mooring* Fangleine *f*

painting *n* COMP & DP Farbgebung *f*; ~ **on glass** *n* CER & GLAS Glasmalerei *f*; ~ **on porcelain** *n* CER & GLAS Porzellanmalerei *f*

paintwork *n* COATINGS Malerarbeiten *f pl*

pair:[1] ~ **annihilation** *n* NUC TECH *of particle-antiparticle pairs* Paarvernichtung *f*; ~ **annihilation peak** *n* RAD PHYS *in positron annihilation* Paarvernichtungs-Peak *nt*; ~ **of compasses** *n* GEOM Zirkel *m*; ~ **of coordinates** *n* GEOM Koordinatenpaar *nt*; ~ **of dividers** *n* MECHAN ENG Stechzirkel *m*; ~ **production** *n* PART PHYS *of particle-antiparticle pair* Paarproduktion *f*, PHYS Paarerzeugung *f*

pair[2] *vt* ELEC ENG *cables* paaren

paired: ~ **cable** *n* ELEC ENG gepaartes Kabel *nt*, paariges Kabel *nt*, paarverseiltes Kabel *nt*, ELECT, TELEV paarverseiltes Kabel *nt*; ~ **electrons** *n pl* RAD PHYS Paarelektronen *nt pl*

pairing *n* ELECT Paarbildung *f*, TELEV Zeilenpaarung *f*

PAL[1] *abbr* COMP & DP *(programmable array logic)* PAL *(programmierbare logische Anordnung)*, COMP & DP *(phase alternation line)*, TELEV *(phase alternation line)* PAL-System *nt*

PAL:[2] ~ **color system** *n AmE*, ~ **colour system** *n BrE* TELEV PAL-Farbsystem *nt*

palaeomagnetism *n BrE* PHYS Paläomagnetismus *m*

palaeopressure *n BrE* PET TECH Paläodruck *m*, paläogener Druck *m*

Palaeozoic *n BrE* PET TECH Paläozoikum *nt*

pale *n* CONST Holzpfahl *m*, Zaunlatte *f*

paleomagnetism *n AmE see palaeomagnetism BrE*

paleopressure *n AmE see palaeopressure BrE*

Paleozoic *n AmE see Palaeozoic BrE*

palette: ~ **knife** *n* COATINGS Palettenabstreifer *m*

paling *n* CONST Geländerausfachung *f*, Lattenzaun *m*

palisade *n* CONST Palisadenzaun *m*

palladium *n (Pd)* CHEMISTRY, METALL Palladium *nt (Pd)*

pallet *n* AIR TRANS Stapelpalette *f*, CER & GLAS *for glass containers* Palette *f*, *in ceramic industry* Bossierholz *nt*, PROD ENG Palette *f*, Werkstückträger *m*, TRANS Palette *f*; ~ **collar** *n* TRANS Palettenaufsetzrahmen *m*; ~ **container** *n* TRANS Palettencontainer *m*; ~ **hood** *n* PACK Palettenhaube *f*; ~ **loader** *n* PACK Palettenbelader *m*; ~ **with loose partition** *n* TRANS Palette mit abnehmbarer Seite *f*; ~ **ship** *n* WATER TRANS Palettenschiff *nt*; ~ **shrink-wrapping** *n* PACK Palettenschrumpfverpackung *f*; ~ **strapping material** *n* PACK Palettenverpackungsbandmaterial *nt*; ~ **stretch-wrapping machine** *n* PACK Palettenschrumpfverpackungsmaschine *f*; ~ **wrapper** *n* PACK Palettenverpackungsmaschine *f*

palleting *n* CER & GLAS Bossieren *nt*
palletizable *adj* TRANS palettierbar
palletization *n* PACK Palettisierung *f*, TRANS Palettierung *f*
palletize *vt* PACK auf Paletten packen, palettieren, TRANS auf Gabelstaplerbetrieb umstellen, palettieren
palletized: ~ **board** *n* PACK palettierter Karton *m*; ~ **cargo carrier** *n* WATER TRANS Palettenschiff *nt*
palletizing *n* PACK Palettieren *nt*; ~ **adhesive** *n* PACK Palettierklebstoff *m*; ~ **machine** *n* PACK Palettiermaschine *f*
palm: ~ **end** *n* PROD ENG Kupplungszapfen *m*; ~ **kernel oil** *n* FOOD TECH Palmkernöl *nt*
palmitate *n* CHEMISTRY Hexadecanoat *nt*, Palmitat *nt*
palmitin *n* CHEMISTRY Glyceryltripalmitat *nt*, Palmitin *nt*
palmitone *n* CHEMISTRY Hentriacontanon *nt*, Palmiton *nt*
PAM[1] *abbr (pulse amplitude modulation)* COMP & DP, ELECTRON, RAD TECH, TELECOM PAM *(Pulsamplitudenmodulation)*
PAM:[2] ~ **network** *n* TELECOM öffentliches bewegliches Landfunknetz *nt*
p-aminobenzenesulfamidopyridine *n AmE*, **p-aminobenzenesulphamidopyridine** *n BrE* CHEMISTRY Sulfapyridin *nt*
pan *n* CER & GLAS Tiegel *m*, COAL TECH Setzmaschine *f*, LAB EQUIP *balance* Tiegel *m*, MECHAN ENG Pfanne *f*, Schale *f*, Wanne *f*, PROD ENG Mahlschüssel *f*; ~**-and-tilt head** *n* PHOTO Panoramakopf *m*, Schwenk- und Neigekopf *m*; ~ **ceiling** *n* CONST Kassettendecke *f*; ~ **filter** *n* COAL TECH Panfilter *nt*; ~ **head** *n* MECHAN ENG *of screw* Flachkopf *m*, Kegelkopf *m*; ~ **head rivet** *n* MECHAN ENG Flachkopfniet *m*, Kegelkopfniet *m*; ~ **head screw** *n* MECHAN ENG Flachkopfschraube *f*, Kegelkopfschraube *f*; ~ **head tripod** *n* PHOTO Stativ mit Panoramakopf *nt*; ~ **lehr** *n* CER & GLAS Tiegelkühlofen *m*; ~ **pot** *n* RECORD Kameraschwenk-Potentiometer *nt*; ~ **and scan** *n* TELEV Schwenken *nt*
PAN *abbr* POLL *(peroxoacetylnitrate)* PAN *(Peroxyacetylnitrat)*, POLL *(polyacrylonitrile)* PAN *(Polyacrylnitril)*
panary: ~ **fermentation** *n* FOOD TECH Brotgärung *f*
pancake: ~ **coil** *n* ELEC ENG Flachspule *f*, Scheibenspule *f*, ELECT Flachspule *f*; ~ **motor** *n* ELEC ENG Scheibenmotor *m*; ~**-shaped annular chamber** *n* NUC TECH flache ringförmige Kammer *f*
panchromatic[1] *adj* CHEMISTRY, PHOTO, PRINT empfindlich für alle Farben, panchromatisch
panchromatic:[2] ~ **emulsion** *n* PHOTO panchromatische Emulsion *f*
pancreatin *n* CHEMISTRY Pankreatin *nt*
pane[1] *n* CONST *glass* Glasscheibe *f*, MECHAN ENG *of hammer*, PROD ENG Finne *f*, Pinne *f*; ~ **rabbet** *n* AUTO *windscreen* Fenstergummi *nt*
pane[2] *vt* CONST täfeln, verglasen, PROD ENG aushämmern
panel[1] *n* AUTO Blech *nt*, Verkleidung *f*, COAL TECH Platte *f*, Tafel *f*, COMP & DP Bildschirmanzeige *f*, Konsole *f*, CONST Paneel *nt*, Türfüllung *f*, Täfelung *f*, ELECT Tafel *f*, ENG DRAW Feld *nt*, MECHAN ENG *of control device* Frontplatte *f*, RAD TECH Schalttafel *f*, Tafel *f*, TEXT Stoffbahn *f*; ~ **heater** *n* HEAT & REFRIG Flächenheizkörper *m*, THERMODYN Wandheizung *f*; ~ **heating** *n* THERMODYN Wandheizung *f*; ~ **mounting** *n* AUTO Befestigung *f*, Halterung *f*, ELECT Tafelmontage *f*; ~ **provided for scale particulars** *n* ENG DRAW Feld für Maßstabsangaben *nt*; ~ **system** *n* TELECOM Paneelvermittlungssystem *nt*; ~**-type instrument** *n* INSTR Schalttafelinstrument *nt*, Schalttafelmeßgerät *nt*; ~**-type radiator** *n* HEAT & REFRIG Plattenheizkörper *m*
panel[2] *vt* CONST täfeln
pan-European: ~ **GSM standards** *n pl* TELECOM europaweite GSM-Standards *m pl*
panflavine *n* CHEMISTRY Panflavin *nt*
panic: ~ **bolt** *n* SAFETY Notverschluß *m*; ~ **button** *n* SAFETY Notabschaltknopf *m*
panne *n* TEXT Panne *f*
panned *adj* FOOD TECH *confectionery* dragiert
panning *n* CHEMISTRY Goldwaschen *nt*, COMP & DP Panning *nt*, Teilbildselektierung *f*, Schwenken *nt*
panorama *n* PHOTO, PHYS, TELEV Panorama *nt*; ~ **periscope** *n* NUC TECH Panoramaperiskop *nt*
panoramic: ~ **camera** *n* PHOTO Panoramakamera *f*; ~ **lens** *n* PHOTO Weitwinkelobjektiv *nt*; ~ **photograph** *n* PHOTO Panoramaaufnahme *f*, Rundblickaufnahme *f*
pantile *n* CONST Dachpfanne *f*
pantograph *n* ERGON Greifer *m*, PRINT Pantograf *m*, RAIL Gleitbügel *m*, Pantograf *m*, Stromabnehmer *m*; ~ **frame** *n* RAIL Stromabnehmergestell *nt*; ~ **pressure** *n* RAIL Anpreßdruck des Stromabnehmers *m*; ~ **signal** *n* RAIL Stromabnehmersignal *nt*; ~ **slipper** *n* RAIL Schleifstück *nt*; ~ **tie-bar** *n* RAIL Verstrebung *f*; ~**-type manipulator** *n* NUC TECH Pantograf-Manipulator *m*; ~ **wearing strip** *n* RAIL Schleifleiste *f*
pantonal: ~ **scale** *n* ACOUSTICS pantonale Tonleiter *f*
pantothenate *n* CHEMISTRY Pantothenat- *pref*
papain *n* CHEMISTRY, FOOD TECH Papain *nt*, Papayotin *nt*
papaverine *n* CHEMISTRY Papaverin *nt*
paper[1] *n* COMP & DP, PAPER, PRINT Papier *nt*; ~ **bag** *n* PACK Papierbeutel *m*, Papiertüte *f*; ~ **bag and sack closure** *n* PACK Papierbeutel- und Sackverschluß *m*; ~**-banding machine** *n* PACK Bandiermaschine *f*; ~ **board** *n* PACK Karton *m*, Pappe *f*, PAPER, PRINT Pappe *f*; ~ **capacitor** *n* ELEC ENG Papierkondensator *m*, Rollkondensator *m*, Wickelkondensator *m*, ELECT, RAD TECH Papierkondensator *m*; ~ **carton recycling** *n* PACK Kartonrecycling *nt*, Kartonwiederverwertung *f*; ~ **chips** *n pl* PACK Papierschnitzel *m pl*, Papierwolle *f*; ~ **chromatography** *n* CHEMISTRY Papierchromatografie *f*; ~ **chromatography apparatus** *n* LAB EQUIP Papierchromatografiegerät *nt*; ~ **chromatography tank** *n* LAB EQUIP Papierchromatografiebehälter *m*, Papierchromatografietank *m*; ~ **coal** *n* COAL TECH Blätterkohle *f*, Dysodil *nt*, Papierkohle *f*; ~ **collar** *n* TEXT Einlegestreifen *m*; ~ **collection** *n* WASTE Altpapiersammlung *f*; ~**-converting industry** *n* PACK Papierverarbeitungsindustrie *f*; ~ **cutter** *n* PACK, PRINT Papierschneidemaschine *f*, Papierschneider *m*; ~ **draw** *n* PAPER Papierzug *m*; ~ **feed** *n* COMP & DP Bitmap *f*, Papiereinzug *m*, Papiertransport *m*; ~ **fiber** *n AmE*, ~ **fibre** *n BrE* PACK Papierfaser *f*; ~ **filter** *n* MECHAN ENG Papierfilter *nt*; ~ **gasket** *n* MECHAN ENG Papierdichtung *f*; ~ **grade** *n* PACK Papierstärke *f*, Qualität *f*, PHOTO Papierhärtegrad *m*; ~ **hum** *n* CER & GLAS wolkiger Anlauf *m*; ~**-insulated cable** *n* ELEC ENG Papierkabel *nt*, papierisoliertes Kabel *nt*; ~ **insulation** *n* ELECT Papierisolierung *f*; ~ **laminate** *n* PACK Papierlaminat *nt*; ~ **liner** *n* PACK Deckschicht *f*; ~ **low** *n* COMP & DP Papiermangel *m*; ~ **machine** *n* PAPER, PRINT Papiermaschine *f*; ~ **machine drive** *n* PAPER Papierma-

schinenantrieb *m*; ~ **mill** *n* PAPER Papierfabrik *f*; ~ **negative** *n* PHOTO Papiernegativ *nt*; ~ **picker** *n* COMP & DP Papiereinzug *m*; ~ **polisher** *n* CER & GLAS Papierpoliermaschine *f*; ~ **pulp** *n* PRINT Papiermasse *f*, Papierstoff *m*, WASTE Zellstoff *m*; ~ **roll** *n* PAPER Papierwalze *f*; ~ **sack** *n* PACK Papiersack *m*; ~ **sensor** *n* COMP & DP Papierfühler *m*; ~ **size** *n* PAPER Papierformat *nt*, PRINT Papierformat *nt*, Papiergröße *f*; ~ **skip** *n* COMP & DP Papiervorschub *m*; ~ **slew** *n* COMP & DP schneller Papiervorschub *m*; ~ **stain** *n* CER & GLAS Buntpapier *nt*; ~ **tape** *n* ELECT Papierband *nt*; ~ **tear guide** *n* COMP & DP Papierabrißkante *f*; ~ **throw** *n* COMP & DP Bitmap *f*; ~ **tray** *n* COMP & DP Papierfach *nt*; ~ **wrapping** *n* PACK Papierverpackung *f*

paper[2] *vt* CONST tapezieren

paperback *n* PRINT Paperback *nt*

papermaking *n* PAPER Papiererzeugung *f*, PRINT Papierherstellung *f*

papyraceous: ~ **lignite** *n* COAL TECH Blätterkohle *f*, Papierkohle *f*

parabanic[1] *adj* CHEMISTRY Paraban- *pref*

parabanic:[2] ~ **acid** *n* CHEMISTRY Oxalylharnstoff *m*, Parabansäure *f*

parabola *n* GEOM Parabel *f*

parabolic[1] *adj* GEOM parabolisch, RAD TECH Parabol *pref*

parabolic:[2] ~ **antenna** *n* SPACE Parabolantenne *f*; ~ **creep** *n* METALL Parabelkriechen *nt*; ~**-index fiber** *n AmE*, ~**-index fibre** *n BrE* OPT Faser mit quadratischem Index *f*, *waveguide* Lichtleiter mit sich parabolisch änderndem Brechungsindex *m*; ~ **mesh antenna** *n* SPACE Parabolantenne mit Gitterreflektorschüssel *f*; ~ **mirror** *n* PHYS Parabolspiegel *m*; ~ **orbit** *n* SPACE parabolischer Orbit *m*; ~ **profile** *n* OPT, TELECOM Parabolprofil *nt*; ~ **reflector** *n* PHOTO Parabolreflektor *m*; ~ **reflector antenna** *n* TELECOM Parabolspiegelantenne *f*; ~ **reflector microphone** *n* RECORD Mikrofon mit Parabolreflektor *nt*; ~ **shading** *n* TELEV Parabolabschattung *f*; ~ **velocity** *n* SPACE Parabelgeschwindigkeit *f*

parabrake *n* SPACE Fallschirmbremsung *f*

parachor *n* CHEMISTRY Parachor *m*

parachute: ~ **flare** *n* WATER TRANS *signal* Fallschirmlicht *nt*; ~ **release handle** *n* AIR TRANS Fallschirmaufziehleine *f*, Reißleinengriff *m*

paracusis *n* ACOUSTICS falsche akustische Wahrnehmung *f*

paracyanogen *n* CHEMISTRY Paracyan *nt*

paradigm *n* COMP & DP Paradigma *nt*

paraffin *n* PET TECH *BrE (cf kerosene AmE)* Paraffin *nt*, THERMODYN *BrE (cf kerosene AmE)* Kerosin *nt*, TRANS *BrE (RP-1, kerosene AmE)* Kerosin *nt (RP-1)*; ~ **coating** *n* PACK Paraffinieren *nt*; ~**-impregnated paper** *n* PACK paraffiniertes Papier *nt*; ~ **series** *n* PET TECH Paraffinreihe *f*; ~ **wax** *n* ELECT Paraffinwachs *nt*; ~**-waxed paper** *n* PACK Paraffinpapier *nt*

parafoil *n* SPACE Gleitschirm *m*

paragraph *n* COMP & DP Absatz *m*

parahydrogen *n* CHEMISTRY Parawasserstoff *m*

paraldehyde *n* CHEMISTRY Paracetaldehyd *m*, Paraldehyd *m*

parallactic: ~ **compensation** *n* INSTR Parallaxenausgleich *m*

parallax:[1] ~**-free** *adj* INSTR parallaxenfrei

parallax[2] *n* MECHAN ENG, PHOTO, PHYS Parallaxe *f*

parallel[1] *adj* COMP & DP parallel, simultan, ELECT nebengeschaltet, parallel, GEOM parallel, PROD ENG zylindrisch, RAD TECH parallel; ~**-connected** *adj* ELEC ENG nebengeschaltet, parallelgeschaltet; ~**-fed** *adj* AIR TRANS parallel gespeist

parallel[2] *n* COMP & DP Parallel- *pref*; ~ **absorbent baffle** *n* RECORD Parallelschallschluckwand *f*; ~ **access** *n* COMP & DP Parallelzugriff *m*; ~ **adder** *n* COMP & DP Paralleladdierer *m*, ELECTRON Paralleladdierwerk *nt*; ~ **algorithm** *n* COMP & DP Parallelalgorithmus *m*; ~ **arithmetic** *n* COMP & DP Parallelrechnen *nt*; ~**-arm-type suspension** *n* AUTO Parallelquerlenkerradaufhängung *f*; ~ **arrangement** *n* ELEC ENG Nebeneinanderschaltung *f*, Parallelschaltung *f*; ~ **balance** *n* COMP & DP Quersummenkontrolle *f*; ~ **band** *n* RAD PHYS *in vibration spectra* Parallelband *nt*; ~ **beam** *n* ELECTRON Parallelstrahlenbündel *nt*, PHYS Parallelstrahl *m*; ~ **card** *n* COMP & DP Parallelprozessorkarte *f*; ~ **circuit** *n* ELECT, TELECOM Parallelkreis *m*; ~ **computer** *n* COMP & DP Simultanrechner *m*; ~**-connected resistances** *n pl* ELECT parallelgeschaltete Widerstände *m pl*; ~ **connection** *n* ELEC ENG Parallelschaltung *f*, ELECT Parallelverbindung *f*, Zweigverbindung *f*, PHYS Parallelschaltung *f*; ~ **conversion** *n* ELECTRON Parallelumsetzung *f*; ~ **converter** *n* ELECTRON Parallelumsetzer *m*; ~ **digital signal** *n* ELECTRON paralleles digitales Signal *nt*; ~ **feeder** *n* ELECT Parallelspeisung *f*; ~**-flow heat exchanger** *n* HEAT & REFRIG, NUC TECH Gleichstromwärmeaustauscher *m*; ~ **flow turbine** *n* HYD EQUIP Gleichstromturbine *f*; ~ **form** *n* ELEC ENG Parallelform *f*; ~ **gears** *n pl* MECHAN ENG Parallelzahnräder *nt pl*; ~ **glueing** *n* PACK Klebebindung *f*; ~ **guide** *n* MECHAN ENG Parallelführung *f*; ~ **gutter** *n* CONST Kastenrinne *f*; ~ **hole** *n* PROD ENG zylindrische Bohrung *f*; ~ **input/output** *n* COMP & DP parallele Ein-/Ausgabe *f*; ~ **interface** *n* COMP & DP, PRINT *computers* Parallelschnittstelle *f*; ~**-jaw tong** *n* NUC TECH *of manipulator* Parallelzange *f*; ~**-joint sleeve** *n* PROD ENG Abzweigmuffe *f*; ~ **key** *n* PROD ENG Flachkeil *m*; ~ **lay** *n* ELEC ENG Paralleloberflächenzeichnung *f*; ~ **line** *n* GEOM Parallelgerade *f*, Parallele *f*; ~ **milling cutter** *n* MECHAN ENG Parallelfräser *m*; ~ **motion** *n* MECHAN ENG Parallelbewegung *f*; ~ **mounting** *n* ELECT Parallelanordnung *f*; ~ **mouse** *n* COMP & DP Parallelmaus *f*; ~ **mouse adaptor** *n* COMP & DP Parallelmausadapter *m*, Parallelmausanschluß *m*; ~ **multiplier** *n* ELECTRON Parallelmultiplizierer *m*; ~ **offset** *n* ENG DRAW *of lines* Versatzsatz *m*; ~ **operation** *n* PRINT Parallelbetrieb *m*; ~ **pin** *n* PROD ENG Zylinderstift *m*; ~**-plate capacitor** *n* ELEC ENG, PHYS Parallelplattenkondensator *m*; ~ **port** *n* COMP & DP Parallelschnittstellenanschluß *m*, Parallelschnittstelle *f*; ~ **positioning** *n* AIR TRANS Parallelaufstellung *f*; ~ **processing** *n* COMP & DP, ELECTRON, TELECOM Parallelverarbeitung *f*; ~ **projection** *n* ENG DRAW, GEOM Parallelprojektion *f*; ~ **reamer** *n* PROD ENG Zylinderreibahle *f*; ~ **resistance** *n* ELEC ENG Parallelwiderstand *m*; ~ **resonance** *n* ELECTRON Parallelresonanz *f*, Spannungsresonanz *f*, PHYS Parallelresonanz *f*; ~ **resonant circuit** *n* ELECTRON Parallelresonanzkreis *m*, Parallelschwingkreis *m*; ~**-roller journal bearing** *n* MECHAN ENG Radialzylinderrollenlager *nt*; ~ **ruler** *n* MECHAN ENG Parallellineal *nt*, WATER TRANS Kurslineal *nt*; ~**-search storage** *n* COMP & DP Parallelabfragespeicher *m*; ~ **shank** *n* MECHAN ENG *of drill* Zylinderschaft *m*; ~**-shank tool** *n* MECHAN ENG Werkzeug mit Zylinderschaft *nt*; ~-

shank twist drill *n* MECHAN ENG Spiralbohrer mit Zylinderschaft *m*; ~ **spark gaps** *n pl* ELECT parallelgeschaltete Funkenstrecken *f pl*; ~ **storage** *n* ELEC ENG Parallelspeicher *m*; ~**-stroke milling** *n* PROD ENG Zeilenfräsen *nt*; ~ **structure** *n* IND PROCESS Parallelstruktur *f*; ~ **synchronous system** *n* TELECOM Parallelsynchronsystem *nt*; ~**-to-serial conversion** *n* ELEC ENG Parallel-Serien-Wandlung *f*; ~**-to-serial converter** *n* ELEC ENG Parallel-Serien-Wandler *m*; ~ **transfer** *n* COMP & DP Parallelübertragung *f*; ~ **transmission** *n* COMP & DP Parallelübergabe *f*, Parallelübertragung *f*, TELECOM Parallelübertragung *f*; ~**-vane attenuator** *n* ELECTRON *microwaves* Parallelstreifenabschwächer *m*; ~ **vice** *n* MECHAN ENG Parallelschraubstock *m*; ~**-wire line** *n* ELEC ENG Paralleldrahtleitung *f*; ~**-wound yarn** *n* TEXT parallelgespultes Garn *nt*

parallelepiped *n* GEOM Parallelflächner *m*, Parallelepiped *nt*

paralleling *n* ELEC ENG Intrittkommen *nt*

parallelism *n* GEOM Parallelität *f*

parallelization: ~ **of fibers** *n AmE*, ~ **of fibres** *n BrE* TEXT Parallelisieren der Fasern *nt*

parallelogram *n* GEOM, MECHANICS Parallelogramm *nt*; ~ **of forces** *n* GEOM Kräfteparallelogramm *nt*, MECHAN ENG Kräfteparallelogramm *nt*, Parallelogramm der Kräfte *nt*, PHYS Parallelogramm der Kräfte *nt*; ~ **of velocities** *n* PHYS Parallelogramm der Geschwindigkeiten *nt*

paramagnetic[1] *adj* ELECT, PHYS paramagnetisch

paramagnetic:[2] ~ **amplifier** *n* ELECTRON paramagnetischer Verstärker *m*; ~ **Curie point** *n* RAD PHYS paramagnetischer Curiepunkt *m*; ~ **rail** *n* RAIL paramagnetische Schienenbahn *f*; ~ **resonance** *n* ELECT, ELECTRON, PHYS *electron-spin* paramagnetische Resonanz *f*

paramagnetism *n* ELECT *(cf diamagnetism)* Teilentladung *f*, PHYS Paramagnetismus *m*

parameter *n* COMP & DP, ELECTRON Parameter *nt*, MATH *variable* Kennwert *m*, Parameter *m*, PHYS, RAD TECH Parameter *m*, TELECOM Kennwert *m*; ~ **passing** *n* COMP & DP Parameterübergabe *f*; ~ **profile** *n* TELECOM Parameterprofil *nt*; ~ **substitution** *n* COMP & DP Parametersubstitution *f*

parameterization *n* COMP & DP Parametrisierung *f*

parametric[1] *adj* COMP & DP parametrisch

parametric:[2] ~ **amplification** *n* ELECTRON parametrische Verstärkung *f*; ~ **amplifier** *n* ELECTRON Reaktanzverstärker *m*, ELECTRON, PHYS, RAD TECH, SPACE *communications*, TELECOM parametrischer Verstärker *m*; ~ **amplifier diode** *n* ELECTRON Reaktanzverstärkerdiode *f*; ~ **analysis** *n* ELECTRON parametrische Analyse *f*; ~ **equations** *n pl* MATH Parametergleichungen *f pl*; ~ **laser** *n* ELECTRON parametrischer Laser *m*; ~ **oscillator** *n* TELECOM parametrischer Oszillator *m*; ~ **test** *n* TELECOM parametrische Prüfung *f*

paramorphine *n* CHEMISTRY Dimethylmorphin *nt*, Paramorphin *nt*, Thebain *nt*

paramp *n (parametric amplifier)* ELECTRON, PHYSIK, RAD TECH, SPACE, TELECOM parametrischer Verstärker *m*

parapeptone *n* CHEMISTRY Parapepton *nt*, Syntonir *nt*

parapet *n* CONST Brüstung *f*; ~ **gutter** *n* CONST Dachrinne hinter einer Brüstungsmauer *f*

paraphase: ~ **amplifier** *n* ELECTRON Gegentaktverstärker *m*, Phasenumkehrverstärker *m*, TELEV Paraphasenverstärker *m*,

pararosaniline *n* CHEMISTRY Pararosanilin *nt*

parasitic[1] *adj* ELEC ENG Parasitär- *pref*, ELECTRON Parasitär- *pref*, parasitär, störend, unerwünscht, NUC TECH, PHYSIK, RAD TECH, TELECOM Parasitär- *pref*

parasitic:[2] ~ **aerial** *n* PHYS Parasitärantenne *f*; ~ **array** *n* RAD TECH Richtantenne mit passiven Strahlern *f*; ~ **capacitance** *n* ELEC ENG Fremdkapazität *f*; ~ **capture** *n* NUC TECH *of neutrons* Parasitärneutroneneinfang *m*; ~ **choke** *n* RAD TECH Parasitärdrossel *f*; ~ **component** *n* ELEC ENG Fremdkomponente *f*, Fremdteil *nt*; ~ **coupling** *n* ELEC ENG, TELECOM Parasitärkopplung *f*; ~ **current** *n* ELEC ENG Fremdstrom *m*; ~ **diode** *n* ELECTRON Parasitärdiode *f*; ~ **drag** *n* AIR TRANS schädlicher Widerstand *m*; ~ **element** *n* PHYS *aerial* Parasitärantennenelement *nt*; ~ **excitation** *n* RAD TECH Erregung durch Strahlungskopplung *f*; ~ **inductance** *n* ELEC ENG Parasitärinduktanz *f*; ~ **oscillation** *n* PHYS, RAD TECH, TELECOM Parasitärschwingung *f*, wilde Schwingung *f*; ~ **radiation** *n* TELEV Nebenstrahlung *f*, Störstrahlung *f*; ~ **suppressor** *n* ELECTRON Sperrkreis für wilde Schwingungen *m*; ~ **transistor** *n* ELECTRON Substrat-Transistor *m*

paratypical *adj* CHEMISTRY paratypisch

paraxial: ~ **ray** *n* OPT achsenparalleler Strahl *m*, PHYS paraxialer Strahl *m*, TELECOM Paraxialstrahl *m*

paraxylene *n* PET TECH Paraxylol *nt*

parboil *vt* FOOD TECH ankochen, halbgar kochen

parcel *n* TRANS Paket *nt*; ~ **registration card** *n* TRANS Paketkarte *f*

parceled *AmE*, **parcelled** *BrE*: ~ **goods** *n pl* PACK Paketgut *nt*, verpackte Waren *f pl*

parcelling: ~ **machine** *n* PACK Paketiermaschine *f*

parcels: ~ **chute** *n* TRANS Paketrutsche *f*; ~ **counter** *n* TRANS Paketschalter *m*; ~ **depot** *n* RAIL Eilgutbahnhof *m*; ~ **office** *n* TRANS Gepäckannahmestelle *f*

parchment *n* PRINT Pergament *nt*; ~ **paper** *n* FOOD TECH, PACK Pergamentpapier *nt*

parent[1] *adj* COMP & DP Ausgangs- *pref*, Vater- *pref*

parent[2] *n* PROD ENG Muttersubstanz *f*; ~ **acid** *n* CHEMISTRY Stammsäure *f*; ~ **drawing** *n* ENG DRAW Stammzeichnung *f*; ~ **field** *n* COMP & DP Ausgangsfeld *nt*, ursprüngliches Feld *nt*; ~ **fraction** *n* NUC TECH Anteil von Ausgangsatomen *m*; ~ **mass peak** *n* NUC TECH Massenbezugslinie *f*; ~ **metal** *n* MECHAN ENG Grundmetall *nt*; ~ **nuclide** *n* NUC TECH Ausgangsnuklid *nt*, Mutternuklid *nt*, RAD PHYS Mutternuklid *nt*; ~ **peak** *n* NUC TECH Massenbezugslinie *f*; ~ **phase** *n* METALL Ausgangsphase *f*

parenthesis *n* PRINT Klammer *f*, Parenthese *f*; ~**-free notation** *n* COMP & DP Präfixschreibweise *f*, klammerfreie Schreibweise *f*, polnische Schreibweise *f*

parfolicalize *vt* PROD ENG abgleichen

paring: ~ **chisel** *n* CONST Hobelmeißel *m*, Schäleisen *nt*; ~ **machine** *n* CONST Schälmaschine *f*

parison *n* CER & GLAS Külbel *m*; ~ **check** *n* CER & GLAS Külbelriß *m*; ~ **die** *n* PLAS Blaskopf *m*; ~ **gatherer** *n* CER & GLAS Külbelaufnehmer *m*; ~ **mold** *n AmE*, ~ **mould** *n BrE* CER & GLAS Preßform *f*

parity *n* COMP & DP, PART PHYS, PHYS, RAD PHYS Parität *f*; ~ **bit** *n* COMP & DP Paritätsbit *nt*, Prüfbit *nt*, RAD TECH Paritätsbit *nt*; ~ **check** *n* COMP & DP Paritätsprüfung *f*; ~ **conservation law** *n* RAD PHYS *in quantum interactions* Gesetz von der Paritätserhaltung *nt*; ~ **control** *n* TELECOM Paritätsprüfung *f*; ~ **error** *n* COMP & DP Paritätsfehler *m*; ~ **flag** *n* COMP & DP Paritätsanzeiger *m*; ~ **interrupt** *n* COMP & DP Paritätsprüfungsabbruch *m*; ~ **track** *n* COMP & DP Prüfspur *f*

park:[1] ~ **and ride** *n* TRANS Park & Ride System *nt*

park[2] *vt* TELEV feststellen

parked[1] *adj* TELECOM *call* geparkt

parked:[2] ~ **line** *n* TELECOM geparkte Leitung *f*

parkerize *vt* PROD ENG parkerisieren

parkerizing *n* METALL Parkern *nt*, Phosphatieren *nt*, PROD ENG Parkerisieren *nt*

parking *n* AIR TRANS Abstell- *pref*; ~ **area** *n* AIR TRANS Abstellfläche *f*, CONST Parkfläche *f*, Parkplatz *m*; ~ **brake** *n* AIR TRANS Parkbremse *f*, Standbremse *f*, AUTO, MECHANICS Feststellbremse *f*, Handbremse *f*, RAIL Standbremse *f*; ~ **gear** *n* AUTO Parkstellung *f*; ~ **light** *n* AUTO Parkleuchte *f*; ~ **lock gear** *n* AUTO Parksperre *f*; ~ **meter** *n* TRANS Parkuhr *f*; ~ **orbit** *n* SPACE Parkorbit *m*; ~ **pawl** *n* AUTO Parksperrklinke *f*

parkway *n AmE* TRANS Parkway *m*

parlor: ~ **car** *n AmE (cf saloon carriage BrE)* RAIL Salonwagen *m*, Sonderwagen *m*

parquet: ~ **flooring** *n* CONST Parkettbodenbelag *m*

parse *vt* COMP & DP syntaktisch analysieren, zerlegen

parsec *n* PHYS Parsec *f*

parser *n* ART INT *syntactic analyzer*, COMP & DP Parser *m*

parsing *n* ART INT *syntax analysis* Parsing *nt*, COMP & DP Parsing *nt*, Syntaxanalyse *f*

part *n* AUTO Bauteil *nt*, Einzelteil *nt*, COMP & DP, MECHAN ENG Teil *nt*, PROD ENG Rohteil *nt*; ~ **load** *n* AUTO Teillast *f*, RAIL Stückgut *nt*, Teilladung *f*; **~-load consignment** *n* RAIL Stückgutsendung *f*; **~-load good** *n* RAIL Stückgut *nt*; **~-load traffic** *n* RAIL Stückgutverkehr *m*; ~ **number** *n* PACK Art. Nr. *f*, Artikelnummer *f*, Stücknummer *f*, Teilenummer *f*; ~ **owner** *n* WATER TRANS *of ship* Mitreeder *m*; **~-page display** *n* COMP & DP Teilseitenanzeige *f*; ~ **under test** *n* QUAL Prüfstück *nt*, Prüfling *m*

partial[1] *adj* MATH *derivative, integration* partiell

partial:[2] ~ **carry** *n* COMP & DP Teilübertrag *m*; ~ **coherence** *n* OPT, TELECOM partielle Kohärenz *f*; ~ **derivative** *n* MATH partielle Ableitung *f*; ~ **discharge** *n* ELECT Teilentladung *f*; ~ **dislocation** *n* METALL Teilversetzung *f*; ~ **ellipsis** *n* GEOM Teil-Ellipse *f*; ~ **factorization** *n* MATH partielle Faktorisierung *f*; ~ **masked loudness** *n* ACOUSTICS Lautheitsdrosselung *f*; ~ **masking** *n* ACOUSTICS Drosselung *f*; ~ **measuring range** *n* INSTR Teilmeßbereich *m*; ~ **node** *n* ACOUSTICS Teilknoten *m*, angenäherter Knotenpunkt *m*, ELEC ENG Teilknoten *m*; ~ **plan** *n* ENG DRAW Teilansicht *f*; ~ **pressure** *n* PHYS Teildruck *m*, THERMODYN Partialdruck *m*; ~ **product** *n* MATH *in multiplication* Zwischenprodukt *nt*; ~ **RAM** *n* COMP & DP Teil-RAM *m*; ~ **reflection** *n* WAVE PHYS *of light* Teilreflexion *f*; ~ **response code** *n* TELECOM Partial-Response-Code *m*; ~ **tone** *n* ACOUSTICS *acoustics* Teilton *m*; ~ **trip** *n* NUC TECH Teilabschaltung *f*; ~ **view** *n* ENG DRAW Teilansicht *f*; ~ **voltage starting** *n* ELECT Anfahren mit reduzierter Spannung *nt*; ~ **wave** *n* PART PHYS *of scattering process, in accelerators* Partialwelle *f*, Teilwelle *f*

partially: **~-masked loudness** *n* ACOUSTICS gedrosselte Lautheit *f*

particle *n* ACOUSTICS Partikel *f*, Teilchen *nt*, CHEM ENG Korn *nt*, COAL TECH Partikel *f*, Teilchen *nt*, ELECTRON Korpuskel *f*, Teilchen *nt*, PART PHYS *subatomic particle-like nucleon* Korpuskel *f*, Partikel *f*, Teilchen *nt*, PHYS Teilchen *nt*, TEXT Korn *nt*, Teilchen *nt*; ~ **acceleration** *n* ACOUSTICS Teilchenbeschleunigung *f*; ~ **accelerator** *n* PART PHYS, PHYS *particle fluence* Teilchenbeschleuniger *m*; ~ **beam** *n* ELECTRON Korpuskelstrahl *m*; ~ **classification** *n* CHEM ENG Teilchenklassierung *f*; ~ **collision** *n* PART PHYS Teilchenstoß *m*; ~ **detection** *n* PART PHYS Teilchennachweis *m*; ~ **dynamics** *n* NUC TECH Teilchendynamik *f*; ~ **family** *n* PART PHYS Teilchenfamilie *f*; ~ **fluence rate** *n* PHYS Teilchenflußrate *f*; ~ **flux** *n* PHYS Teilchenfluß *m*; ~ **leakage** *n* NUC TECH Teilchenschwund *m*; ~ **mass** *n* PROD ENG Punktmasse *f*; ~ **number** *n* METALL Teilchenzahl *f*; ~ **number conservation law** *n* NUC TECH Gesetz von der Erhaltung der Teilchenzahl *nt*; ~ **pattern** *n* PROD ENG Pulverraupe *f*; ~ **physics** *n* PART PHYS Teilchenphysik *f*, PHYS Elementarteilchenphysik *f*; ~ **reinforcement** *n* METALL Teilchenverstärkung *f*; ~ **scattering** *n* PART PHYS Teilchenstreuung *f*; ~ **separation** *n* PART PHYS *of different species of particles* Teilchentrennung *f*; ~ **size** *n* CHEM ENG Korndurchmesser *m*, Partikelgröße *f*, Korngröße *f*, METALL, NUC TECH *of powders* Teilchengröße *f*, PLAS Korngröße *f*, Teilchengröße *f*; ~ **size analyser** *n BrE (PSA)* CHEM ENG Korngrößenanalyse *f*, Teilchengrößenanalysator *m*, NUC TECH Teilchengrößenanalysator *m*; ~ **size analysis** *n* CHEM ENG Feinheitanalyse *f*, Korngrößenanalyse *f*; ~ **size analyzer** *n AmE see particle size analyser BrE* ~ **size curve** *n* CER & GLAS Korngrößenkurve *f*; ~ **size distribution** *n* CONST Korngrößenverteilung *f*; ~ **size measurement** *n* PLAS Korngrößenbestimmung *f*, Teilchengrößenmessung *f*; ~ **size reduction** *n* COAL TECH Kornzerkleinerung *f*; ~ **sizing** *n* CHEM ENG Trennung nach Korngröße *f*; ~ **spiraling** *n* NUC TECH Spiralbewegung von Teilchen *f*; ~ **velocity** *n* ACOUSTICS Teilchengeschwindigkeit *f*, Teilchenschnelle *f*

particulate *n* CHEM ENG Dispersionsteilchen *nt*; ~ **collection** *n* WASTE Rauchgasentstaubung *f*, Staubabscheidung *f*; ~ **material** *n* POLL Partikel *f pl*, Teilchen *nt pl*; ~ **matter** *n* POLL Schwebstoffteilchen *nt*; ~ **removal of air pollutants** *n* POLL Partikelentfernung von Luftschadstoffen *f*

parting *n* MECHAN ENG Trennung *f*, *coming off* Ablösung *f*, PROD ENG Abstechen *nt*; ~ **blade** *n* MECHAN ENG Trennmesser *nt*; ~ **line** *n* PROD ENG Trennfuge *f*; **~-off** *n* MECHAN ENG *grinding* Trennschleifen *nt*, *rods or tubes* Abstechen *nt*; **~-off grinder** *n* MECHAN ENG Trennschleifmaschine *f*; **~-off wheel** *n* MECHAN ENG Trennschleifscheibe *f*; ~ **sand** *n* PROD ENG *casting* Streusand *m*; ~ **tool** *n* MECHAN ENG Trennwerkzeug *nt*, *lathe* Abstechstahl *m*, Abstechwerkzeug *nt*, Stechdrehmeißel *m*

partition[1] *n* COMP & DP Arbeitsspeicherbereich *m*, Partition *f*, Programmbereich *m*, CONST Trennwand *f*, Zwischenwand *f*, NUC TECH *in extraction cycle* Trennung *f*; ~ **chromatography** *n* CHEMISTRY Verteilungschromatographie *f*; ~ **coefficient** *n* METALL Nernstscher Verteilungskoeffizient *m*; ~ **density** *n* COAL TECH Trennwichte *f*; ~ **function** *n (Z)* PHYS Teilfunktion *f*, Zustandsfunktion *f (Z)*; ~ **gate** *n* ELEC ENG Trenngatter *nt*; ~ **noise** *n* ELECTRON Stromverteilungsgeräusch *nt*, RAD TECH Stromverteilungsrauschen *nt*; ~ **size** *n* COAL TECH Teilungskorngröße *f*; ~ **wall** *n* CONST Brandmauer *f*, Grundstücksbegrenzungsmauer *f*, Trennwand *f*, Wohnungstrennwand *f*, Zwischenmauer *f*, PACK Fächerwand *f*

partition[2] *vt* COMP & DP aufteilen, partitionieren, CONST abtrennen, unterteilen

partitioned[1] *adj* COMP & DP aufgeteilt, partitioniert, untergliedert

partitioned:[2] ~ **charge** *n* ELEC ENG Trennladung *f*; ~ **file** *n* COMP & DP untergliederte Datei *f*

partitioning *n* CHEMISTRY Aufteilung *f*, COMP & DP Einteilung *f*, Partitionierung *f*, CONST Abtrennung *f*, Raumteilung *f*, ELEC ENG Trennen *nt*; ~ **inserts** *n pl* PACK Trenneinsätze *m pl*; ~ **sensing** *n* COMP & DP gemeinsame Abfrage *f*

parton *n* PHYS Parton *nt*

parts: ~ **drawn in the assembled condition** *n pl* ENG DRAW zusammengebaut gezeichnete Teile *nt pl*; ~ **list** *n* MECHAN ENG Stückliste *f*, Teileliste *f*

party: ~ **address** *n* TELECOM Teilnehmeradresse *f*; ~ **line** *n* TELECOM Gemeinschaftsleitung *f*

parvoline *n* CHEMISTRY Parvolin *nt*

pascal *n (Pa)* METROL, PHYS *hydrostatics* Pascal *nt (Pa)*

Pascal's: ~ **triangle** *n* MATH Pascalsches Dreieck *nt*

Paschen: ~ **series** *n* PHYS Paschensche Serie *f*; ~ **series lines** *n pl* RAD PHYS *in atomic spectrum* Linien der Paschenserie *f pl*

Paschen-Back: ~ **effect** *n* PHYS Paschen-Backscher Effekt *m*

Paschen's: ~ **law** *n* PHYS Paschensches Gesetz *nt*

pass[1] *n* COMP & DP Arbeitsgang *m*, Durchlauf *m*, MECHANICS Schweißlage *f*, PROD ENG Kaliber *nt*, WATER TRANS *navigation* Durchfahrt *f*; ~ **gage** *n AmE*, ~ **gauge** *n BrE* MECHAN ENG Gutlehre *f*; ~ **transistor** *n* ELECTRON Durchlaßtransistor *m*

pass[2] *vt* CONST durchströmen, RAIL *signal* vorbeifahren; ~ **for press** *vt* PRINT Druckerlaubnis erteilen; ~ **over** *vt* CONST *road* überführen; ~ **through** *vt* CONST durchsickern; ~ **under** *vt* CONST unterführen

pass[3] *vi* COMP & DP ablaufen; ~ **through** *vi* TELECOM durchführen, durchlaufen, hindurchfließen, hindurchgehen; ~ **through a lock** *vi* WATER TRANS eine Schleuse passieren; ~ **to exhaust** *vi* PROD ENG zur Rücklaufleitung fließen

passage *n* AUTO Durchfluß *m*, Durchlaß *m*, MECHAN ENG Kanal *m*, *of valve* Bohrung *f*, PROD ENG Durchlaß *m*, WATER TRANS *navigation* Überfahrt *f*; ~ **of criticality** *n* NUC TECH Kritikalitätsdurchlauf *m*; ~ **detector** *n* TRANS *traffic* Zähldetektor *m*

passband *n* COMP & DP Durchlaßband *nt*, Durchlaßbereich *m*, ELECTRON Durchlaßbereich *m*, MECHAN ENG Durchlässigkeitsbereich *m*, PHYS Durchlaßbereich *m*, RAD TECH Durchlaßband *nt*, Durchlaßbereich *m*, RECORD *radio* Durchlaßbereich *m*, TELECOM Durchlaßband *nt*; ~ **attenuation** *n* ELECTRON Durchlaßdämpfung *f*; ~ **response** *n* ELECTRON Durchlaßverhalten *nt*; ~ **tuning** *n* RAD TECH Abstimmung des Durchlaßbereichs *f*

passed:[1] ~ **for press** *adj* PRINT imprimaturbereit

passed:[2] ~ **component** *n* QUAL Durchläufer *m*

passenger *n* AIR TRANS, WATER TRANS, Passagier *m*, RAIL Person *f*, TRANS Beifahrer *m*, Fahrgast *m*, Fluggast *m*; ~ **bridge** *n* AIR TRANS Fluggastbrücke *f*; ~ **cabin** *n* AIR TRANS Fluggastraum *m*; ~ **car** *n* AUTO Auto *nt*, PKW, Personenkraftwagen *m*, Wagen *m*, RAIL *AmE (cf passenger coach BrE)* Reisezugwagen *m*; ~ **car equivalent** *n* TRANS Personenwagenäquivalent *nt*; ~ **car ferry** *n* WATER TRANS Personenautofähre *f*; ~ **cargo ship** *n* TRANS Frachtschiff mit Fahrgastbeförderung *nt*; ~ **car unit** *n (PCU)* AUTO Personenkraftwageneinheit *f* (PKN-E); ~ **coach** *n BrE (cf passenger car AmE)* RAIL Reisezugwagen *m*; ~ **compartment** *n* RAIL Fahrgastraum *m*, Zugabteil *nt*; ~ **conveyor** *n* TRANS Stetigförderer für Fußgänger *m*; ~ **cruiser** *n* WATER TRANS Kreuzfahrtschiff *nt*; ~ **elevator** *n AmE (cf passenger lift BrE)* TRANS Personenaufzug *m*; ~ **ferry** *n* WATER TRANS Personenfähre *f*; ~ **flight** *n* TRANS Fahrgastflug *m*; ~ **hall** *n* RAIL Schalterhalle *f*; ~ **kilometer** *n AmE*, ~ **kilometre** *n BrE* TRANS Personenkilometer *m*; ~ **lift** *n BrE (cf passenger elevator AmE)* TRANS Personenaufzug *m*; ~ **liner** *n* WATER TRANS Passagierlinienschiff *nt*; ~ **plane** *n* AIR TRANS Verkehrsflugzeug *nt*; ~ **rapid transit** *n* TRANS Personenschnellverkehrssystem *nt*; ~ **reservation system** *n* TRANS Platzreservierungssystem *nt*; ~ **road train** *n* AUTO Omnibuszug *m*; ~ **ropeway** *n* TRANS Personenschwebebahn *f*; ~ **seat** *n* AIR TRANS Passagiersitz *m*, TRANS Fahrgastsitz *m*; ~ **service** *n* AIR TRANS Fluggastbetreuung *f*, Personenbeförderung *f*; ~ **ship** *n* WATER TRANS Passagierschiff *nt*; ~ **terminal** *n* AIR TRANS Abfertigungsgebäude *nt*; ~ **train** *n* RAIL Reisezug *m*; ~ **transport** *n* TRANS Personenverkehr *m*

passes: ~ **and reductions** *n pl* PROD ENG *rolling* Kaliberfolge *f*

pass/fail: ~ **decision** *n* QUAL Gut-/Schlecht-Entscheidung *f*

passing *n* TRANS Überholen *nt*; ~ **aids** *n pl* TRANS Überholhilfen *f pl*; ~ **of control** *n* CONTROL Steuerungsübergabe *f*; ~ **lane** *n* CONST, TRANS Überholspur *f*; ~ **light** *n AmE* AUTO Abblendlicht *nt*; ~ **point** *n* RAIL Ausweichstelle *f*; ~ **sight distance** *n* TRANS *traffic* Überholsichtweite *f*; ~ **track** *n* RAIL Ausweichgleis *nt*

passivate *vt* COATINGS, ELECTRON passivieren, PHYS passivieren, unangreifbar machen, SPACE *spacecraft* deaktivieren, passivieren

passivated: ~ **transistor** *n* ELECTRON passivierter Transistor *m*

passivation *n* COATINGS Veränderung der Metalloberfläche *f*, ELECTRON, PHYS Passivierung *f*; ~ **glass** *n* CER & GLAS Passivierungsglas *nt*; ~ **layer** *n* ELECTRON Passivierungsschicht *f*

passive[1] *adj* COMP & DP, ELECTRON passiv

passive:[2] ~ **aerial** *n* PHYS passiver Strahler *m*; ~ **alerting** *n* TELECOM passive Alarmierung *f*; ~ **band-pass filter** *n* ELECTRON passives Bandpaßfilter *nt*; ~ **band-stop filter** *n* ELECTRON passives Bandsperrfilter *nt*; ~ **circuit** *n* PHYS passive Schaltung *f*, TELECOM passiver Kreis *m*; ~ **component** *n* ELEC ENG passives Bauelement *nt*, ELECTRON, NUC TECH *of power plant* passive Komponente *f*, TELECOM passives Bauelement *nt*; ~ **control** *n* SPACE passive Steuerung *f*; ~ **dipole** *n* ELEC ENG passiver Dipol *m*; ~ **earth pressure** *n* COAL TECH, CONST passiver Erddruck *m*; ~ **electrodynamic snubber** *n* SPACE *spacecraft* passive Elektrodynamikstoßdämpfung *f*; ~ **element** *n* ELECTRON passives Element *nt*, IND PROCESS passives Glied *nt*; ~ **filter** *n* ELECTRON, TELECOM passives Filter *nt*; ~ **filtering** *n* ELECTRON passives Filtern *nt*; ~ **flat car** *n* AUTO passiver Flachwagen *m*; ~**-grid operation** *n* RAD TECH Betrieb mit passivem Gitter *m*; ~ **infrared detector** *n* TRANS passiver Infrarotdetektor *m*; ~ **load** *n* ELEC ENG passive Last *f*; ~ **mode** *n* ELECTRON passive Betriebsart *f*; ~ **motor vehicle safety** *n* AUTO passive Kraftfahrzeugsicherheit *f*; ~ **network** *n* ELEC ENG passives Netzwerk *nt*, ELECT passiver Stromkreis *m*; ~ **occu-**

pant restraint system *n* AUTO passives Insassenrückhaltesystem *nt*; ~ **quadripole** *n* ELEC ENG passiver Vierpol *m*; ~ **satellite** *n* TELEV passiver Satellit *m*; ~ **seat belt system** *n* AUTO passives Sicherheitsgurtsystem *nt*; ~ **star** *n* COMP & DP passiver Stern *m*, *network topology* passiver Stern *m*; ~ **station** *n* COMP & DP Wartestation *f*; ~ **substrate** *n* ELECTRON passives Trägermaterial *nt*; ~ **system** *n* ACOUSTICS, FUELLESS passives System *nt*; ~ **thermal control** *n (PTC)* SPACE passive Thermosteuerung *f (PTC)*; ~ **transducer** *n* ELEC ENG passiver Wandler *m*; ~ **transport unit** *n* TRANS passive Transporteinheit *f*

passport: ~ **check** *n* TRANS Ausweiskontrolle *f*

password *n* COMP & DP Kennwort *nt*, Paßwort *nt*, Zugangsberechtigung *f*, TELECOM Kennwort *nt*, Paßwort *nt*; ~ **protection** *n* COMP & DP Kennwortdateischutz *m*, Kennwortschutz *m*; ~ **security** *n* COMP & DP Kennwortschutz *m*, Schlüsselwortkontrolle *f*

paste:[1] ~ **board** *n* PACK, PAPER Pappe *f*, PRINT Karton *m*, Pappe *f*; ~ **fuel** *n* NUC TECH laminar fluidisierter Brennstoff *m*; ~ **mold** *n AmE*, ~ **mould** *n BrE* CER & GLAS gepastete Form *f*; ~ **mould blowing** *n* CER & GLAS Drehformblasverfahren *nt*; ~ **mould press-and-blow process** *n* CER & GLAS Drehform-Press-Blasverfahren *nt*; ~-**up** *n* PRINT Klebeumbruch *m*

paste[2] *vt* COMP & DP einfügen, einsetzen, PAPER kaschieren; ~ **up** *vt* PRINT kleben

pasted[1] *adj* PRINT geklebt

pasted:[2] ~ **paper** *n* PAPER kaschiertes Papier *nt*

paster *n* PAPER Aufkleber *m*

Pasteur: ~ **pipette** *n* LAB EQUIP Pasteur-Pipette *f*

pasteurization *n* THERMODYN Pasteurisieren *nt*, Pasteurisierung *f*

pasteurize *vt* THERMODYN pasteurisieren

pasteurized *adj* THERMODYN pasteurisiert

pasting *n* PAPER Kaschierung *f*; ~ **machine** *n* PAPER Kaschiermaschine *f*

pasty: ~ **waste** *n* WASTE pastöser Abfall *m*

patch[1] *n* COMP & DP Korrektur *f*, ELEC ENG Korrekturbefehl *m*, Stück *nt*, PRINT korrigierte Stelle *f*; ~ **block** *n* CER & GLAS Flickstein *m*; ~ **board** *n* COMP & DP Schalttafel *f*, TELEV Stecktafel *f*; ~ **cable** *n* COMP & DP Verbindungskabel *nt*; ~ **cord** *n* COMP & DP Verbindungskabel *nt*, steckbare Verbindungsleitung *f*, ELEC ENG Prüfleitung *f*, Prüfschnur *f*, Steckerkabel *nt*, Stekkerleitung *f*, Steckerschnur *f*, Verbindungsleitung *f*; ~ **panel** *n* COMP & DP *AmE (cf jack panel BrE)* Schaltplatte *f*, RECORD *AmE (cf jack panel BrE)* Buchsenfeld *nt*, TELEV Steckfeld *nt*

patch[2] *vt* COMP & DP einfügen, korrigieren, ELEC ENG verbinden, PRINT korrigieren, TELEV verbinden

patching *n* CER & GLAS Flicken des Ofenfutters *nt*, ELEC ENG vorübergehende Zusammenschaltung *f*, PROD ENG Aufsetzen von Flicken *nt*, Schweißen von Flicken *nt*

patent *n* PAT Patent *nt*; ~ **agent** *n* PAT Patentanwalt *m*; ~ **application** *n* PAT Patentanmeldung *f*; ~ **certificate** *n* PAT Patenturkunde *f*; ~ **flour** *n* FOOD TECH helles Weizenmehl *nt*; ~ **log** *n* WATER TRANS Patentlog *nt*; ~ **proprietor** *n* PAT Patentinhaber *m*; ~ **specification** *n* PAT Patentschrift *f*

patentability *n* PAT Patentierbarkeit *f*

patentable: ~ **invention** *n* PAT patentfähige Erfindung *f*

patented *adj* MECHAN ENG patentiert

paternoster: ~ **pump** *n* WATER SUP Kettenpumpe *f*

path *n* AIR TRANS Flugbahn *f*, COMP & DP Pfad *m*, Pfadangabe *f*, ELEC ENG Ankerzweig *m*, Pfad *m*, Strompfad *m*, Stromzweig *m*, Weg *m*, PHYS Weg *m*, *route* Bahn *f*, Pfad *m*, Weg *m*, RAD TECH Ausbreitungsweg *m*, Weg *m*, SPACE Bahn *f*, TELECOM Bahn *f*, Pfad *m*, Strecke *f*, Weg *m*, WATER TRANS Bahn *f*; ~ **of action** *n* IND PROCESS Wirkungsweg *m*; ~ **attenuation** *n* TELEV Funkstreckendämpfung *f*; ~ **correction** *n* SPACE Bahnkorrektur *f*; ~ **difference** *n* PHYS Wegunterschied *m*; ~ **length** *n* NUC TECH *of single charged particle* Weglänge *f*; ~-**measuring system** *n* INSTR Wegmeßsystem *nt*; ~ **memory** *n* TELECOM Wegspeicher *m*; ~ **name** *n* COMP & DP Pfadname *m*; ~ **of a particle** *n* PHYS Bahn eines Teilchens *f*; ~ **profile** *n* RAD TECH Funkstreckenprofil *nt*; ~ **of rays** *n* OPT Strahlenweg *m*

pathogenic: ~ **hazard** *n* SAFETY pathogenetische Gefahr *f*

pathological: ~ **waste** *n* WASTE infektiöser Abfall *m*, pathogener Abfall *m*

patina *n* PROD ENG Edelrost *m*, Patina *f*

patinate *vt* PROD ENG mit Edelrost überziehen, patinieren

patio: ~ **door** *n* CER & GLAS Patio-Tür *f*

patrol: ~ **boat** *n* MAR POLL, WATER TRANS Patrouillenboot *nt*; ~ **inspection** *n* QUAL Wanderkontrolle *f*, Wanderprüfung *f*, fliegende Fertigungsprüfung *f*

patten *n* PROD ENG Fuß *m*

pattern *n* COMP & DP Muster *nt*, Struktur *f*, ELECTRON *TV* Raster *nt*, *in sense of shape* Modell *nt*, *lithography* Muster *nt*, MECHAN ENG Schablone *f*, *model* Modell *nt*, PROD ENG Bild *nt*, Modell *nt*, TEXT Muster *nt*, Musterzeichnung *f*; ~ **classification** *n* ART INT Musterklassifizierung *f*; ~ **coating** *n* PLAS Teilflächenbeschichtung *f*; ~ **generation** *n* ELECTRON *lithography* Mustererzeugung *f*; ~ **generator** *n* TELEV Mustergenerator *m*; ~ **length** *n* TEXT Musterlänge *f*; ~ **lumber** *n* PROD ENG *casting* Modellholz *nt*; ~ **matching** *n* ART INT Mustervergleich *m*, Pattern Matching *nt*, COMP & DP Mustervergleich *m*; ~ **plate** *n* PROD ENG Modellplatte *f*, Spindellagerplatte *f*; ~ **recognition** *n* ART INT Mustererkennung *f*, COMP & DP Mustererkennung *f*, Strukturerkennung *f*, Mustererkennung *f*, ELECTRON Bildmustererkennung *f*, Mustererkennung *f*; ~ **registration** *n* ELECTRON *lithography* Mustererfassung *f*; ~ **shop** *n* PROD ENG Modelltischlerei *f*; ~ **table** *n* MECHAN ENG Modellaufspanntisch *m*

patterned[1] *adj* COMP & DP strukturiert

patterned:[2] ~ **glass** *n* CER & GLAS Ornamentglas *nt*

patterning *n* ELECTRON *lithography* Mustererkennung *f*, TELEV, TEXT Musterung *f*

Pauli: ~ **exclusion principle** *n* PART PHYS, PHYS Paulisches Ausschließungsprinzip *nt*; ~ **principle** *n* RAD PHYS Paulisches Prinzip *nt*

pause *n* TELEV Pause *f*; ~ **control** *n* RECORD Pausensteuerung *f*, TELEV Pausenknopf *m*

pave *vt* CONST befestigen, pflastern, verlegen

pavement *n BrE (cf sidewalk AmE)* CONST Befestigung *f*, Pflasterbelag *m*, Bürgersteig *m*, Gehweg *m*; ~ **design** *n BrE (cf sidewalk design AmE)* CONST *roads* Deckenbemessung *f*; ~ **light** *n BrE (cf sidewalk light AmE)* CER & GLAS Pflasterglasbaustein *m*; ~-**quality concrete** *n BrE (cf sidewalk-quality concrete AmE)* CONST Straßendeckenbeton *m*; ~ **surface evenness** *n BrE (cf sidewalk surface evenness AmE)* CONST Ebenheit der Straßendecke *f*

paving *n* CONST Belag *m*, Decke *f*, Pflaster *nt*; ~ **block** *n* CER & GLAS Pflasterklotz *m*; ~ **stone** *n* CONST Gehweg-

platte *f*, Pflasterstein *m*
pavior *n AmE see paviour BrE*
pavior's: ~ **hammer** *n AmE see paviour's hammer BrE*
paviour *n BrE* CONST Pflasterer *m*, Steinsetzer *m*
paviour's: ~ **hammer** *n BrE* CONST Pflasterhammer *m*, Steinsetzerhammer *m*
pawl[1] *n* MECHAN ENG, MECHANICS, PROD ENG Klinke *f*, Schaltklinke *f*, Sperrklinke *f*; ~**-and-ratchet motion** *n* MECHAN ENG Sperrwerk *nt*; ~ **arm** *n* PROD ENG Schwingarm *m*; ~ **coupling** *n* MECHAN ENG Klinkenkupplung *f*; ~ **spring** *n* PROD ENG Klinkenfeder *f*; ~ **wheel** *n* PROD ENG Sperrad *nt*
pawl[2] *vt* PROD ENG einrasten
Pawsey: ~ **stub** *n* RAD TECH *antenna matching* Pawsey-Anpassungsglied *nt*
pay:[1] ~**-by-use basis** *n* TELECOM nutzungsgemäße Zahlungsgrundlage *f*; ~ **cable** *n* TELEV gebührenpflichtiges Kabel *nt*; ~**-off reel** *n* PROD ENG Ablaufhaspel *f*; ~ **television** *n* TELEV gebührenpflichtiges Fernsehen *nt*; ~ **TV** *n* TELEV Pay-TV *f*; ~ **zone** *n* PET TECH Förderhorizont *m*
pay:[2] ~ **off** *vt* WATER TRANS *crew* ablöhnen; ~ **out** *vt* WATER TRANS *cable* fieren
pay:[3] ~ **a fee** *vi* PAT Gebühr entrichten; ~ **off** *vi* WATER TRANS *sailing* vom Wind abfallen
paying: ~**-off** *n* WATER TRANS *crew* Abmusterung *f*
payload *n* AIR TRANS, AUTO *general term* Nutzlast *f*, MAR POLL Nutzlast *f*, Nutzmasse *f*, SPACE *spacecraft*, TELECOM Nutzlast *f*; ~ **bay** *n* SPACE Laderaum *m*; ~ **bay insulation** *n* SPACE Isolierverkleidung des Nutzlastraums *f*; ~ **manipulator arm** *n* SPACE Nutzlastbedienungsgerät *nt*
payoff *n* SPACE finanzieller Gewinn eines Raumfluges *m*
payphone *n* TELECOM *public telephone* Münzer *m*, Münzfernsprecher *m*
paytelevision: ~ **network** *n* TELECOM Gebührenfernsehnetz *nt*
Pb *(lead)* CHEMISTRY Pb *(Blei)*
PB *abbr (polybutene, polybutylene)* PLAS PB *(Polybutylen)*
PBT *abbr (polybutylene ephtalate)* ELECT *insulating material*, PLAS PBT *(Polybutylenterephthalat)*
PBX[1] *abbr (private branch exchange)* TELECOM PBX *(private Selbstwählnebenstelle)*
PBX:[2] ~ **switchboard** *n* TELECOM Nebenstellenvermittlung *f*, PBX-Vermittlungsschrank *m*
PC[1] *abbr* COMP & DP *(personal computer)* PC *(Personal Computer)*, ELECT *(polycarbonate)*, PLAS *(polycarbonate)* PC *(Polycarbonat)*
PC:[2] ~ **board** *n* ELECTRON PC-Karte *f*
PCB *abbr (printed circuit board)* COMP & DP, ELECT PCB *(Leiterplatte)*, ELECTRON PCB *(gedruckte Schaltung)*, RAD TECH, TELECOM, TELEV PCB *(Leiterplatte)*
P-channel *n* ELECTRON P-Kanal *m*; ~ **depletion mode MOS transistor** *n* ELECTRON P-Kanal-MOS-Verarmungstransistor *m*; ~ **device** *n* ELECTRON P-Kanal-Gerät *nt*; ~ **enhancement mode MOS transistor** *n* ELECTRON P-Kanal-MOS-Anreicherungstransistor *m*; ~ **FET** *n* ELECTRON P-Kanal-FET *m*, P-Kanal-Feldeffekttransistor *m*, RAD TECH P-Kanal-FET *m*; ~ **integrated FET** *n* ELECTRON integrierter P-Kanal-FET *m*; ~ **metal-oxide silicon** *n* RAD TECH P-Kanal Metalloxid-Silizium *nt*
PCM[1] *abbr (pulse code modulation)* COMP & DP, ELECTRON, RAD PHYS, RAD TECH, RECORD, TELECOM, TELEV PCM *(Pulscodemodulation)*
PCM:[2] ~ **filter** *n* ELECTRON PCM-Filter *nt*; ~ **multiplexer** *n* ELECTRON PCM-Multiplexer *m*; ~ **multiplexing** *n* ELECTRON PCM-Multiplexing *nt*; ~ **switching system** *n* TELECOM PCM-Vermittlungssystem *nt*; ~ **system** *n* TELECOM PCM-System *nt*
PCM/FM: ~ **modulation** *n* ELECTRON PCM/FM-Modulation *f*
p-cresol *n* CHEMISTRY p-Kresol *nt*, p-Oxytoluen *nt*
PCS: ~ **fiber** *n AmE*, ~ **fibre** *n BrE (plastic-clad silica fibre BrE)* OPT, TELECOM PCS-Faser *f (Plastic-Clad-Silika-Faser)*
PCT *abbr (peak cladding temperature)* NUC TECH Höchsttemperatur in der Brennelementhülse *f*
PCU *abbr* AUTO *(passenger car unit)* PKW-E *(Personenkraftwageneinheit)*, COMP & DP *(peripheral control unit)* PCU *(externe Steuereinheit)*
PCV *abbr (positive crankcase ventilation)* AUTO PCV-Ventilation *f (Kurbelgehäusezwangseentlüftung)*
PCVD *abbr (pulse code voice data)* ELECTRON Pulscode-Sprachdaten *nt pl*
Pd *(palladium)* CHEMISTRY , METALL Pd *(Palladium)*
PD[1] *abbr (potential difference)* ELEC ENG, ELECT, PHYS Potentialdifferenz *f*, Spannungsdifferenz *f*
PD:[2] ~ **action** *n (proportional plus derivative action)* IND PROCESS PD-Verhalten *nt (Proportional-Differential-Verhalten)*; ~ **control** *n (proportional plus derivative control)* IND PROCESS PD-Regelung *f (Proportional-Differential-Regelung)*; ~ **controller** *n (proportional plus derivative controller)* IND PROCESS PD-Regler *m (Proportional-Differential-Regler)*
PDAP *abbr (polydiallylphthalate)* PLAS PDAP *(Polydiallyphthalat)*
PDM *abbr (pulse delta modulation)* COMP & DP PDM *(Pulsdeltamodulation)*
PDN *abbr (public data network)* COMP & DP PDN *(öffentliches Datennetz)*
PDR *abbr (preliminary design review)* SPACE PDR *(vorläufige technische Prüfung)*
PE *abbr* CHEMISTRY *(polyethylene AmE, polythene BrE)* PET *(Polyethylen)*, COMP & DP *(phase encoding)* Richtungstaktschrift *f (PM)*, ELECTRICITY *(polyethylene AmE, polythene BrE)*, PACK *(polyethylene AmE, polythene BrE)*, PETROL *(polyethylene AmE, polythene BrE)*, PLAST *(polyethylene AmE, polythene BrE)*, TEX *(polyethylene AmE, polythene BrE)*
pea: ~ **coal** *n* COAL TECH Erbskohle *f*
peak:[1] ~**-to-peak** *adj (pp)* RAD TECH, TELEV Spitze-Spitze- *pref (SS)*
peak[2] *n* NUC TECH *in energy spectrum* Linie *f*, Peak *m*, PAPER Höchstwert *m*, RAD TECH, TELEV Spitze *f*, WATER TRANS *sailing, mooring* Piek *f*, Spitze *f*; ~ **amplitude** *n* ELECTRON Amplitudenspitze *f*, Spitzenamplitude *f*, höchste Amplitude *f*, RECORD Spitzenamplitude *f*; ~ **arc voltage** *n* ELECT Entladungsspitzenspannung *f*; ~ **brightness** *n* TELEV Spitzenhelligkeit *f*; ~ **busy hour** *n* TELECOM Spitzenbelastungszeit *f*; ~ **capacity** *n* CONST Spitzenleistung *f*; ~ **cladding temperature** *n (PCT)* NUC TECH Höchsttemperatur in der Brennelementhülse *f*; ~ **clipping** *n* ELECTRON Spitzenbegrenzung *f*; ~ **concentration** *n* POLL Spitzenkonzentration *f*; ~ **current** *n* ELEC ENG Höchststromstärke *f*, Maximalstrom *m*, Spitzenstrom *m*, ELECT, PHYS Spitzenstrom *m*; ~ **distortion** *n* TELEV Spitzenverzerrung *f*; ~ **engine speed** *n* AUTO Höchstdrehzahl des Motors *f*, maximale Motor-

drehzahl *f*; ~ **envelope power** *n (PEP)* RAD TECH, TELECOM *transmitter* Spitzenleistung *f*; ~ **envelope voltage** *n (PEV)* RAD TECH Spitzenspannung eines Senders *f (SS-Spannung)*; ~ **factor** *n* ELECTRON Spitzenfaktor *m*, SPACE *communications* Spitzenwert *m*; ~ **frequency deviation** *n* SPACE *communications*, TELECOM Spitzenfrequenzhub *m*, maximaler Frequenzhub *m*; ~ **heat flux** *n* NUC TECH maximaler Wärmefluß *m*, maximales bis mittleres Leistungsverhältnis *nt*; ~ **hour** *n* TRANS *traffic* Hauptverkehrszeit *f*, Rush-Hour *f*; ~ **hour factor** *n* RAIL, TRANS Spitzenstundenfaktor *m*; ~ **hours** *n* RAIL Hauptverkehrszeit *f*; ~ **hour traffic** *n* RAIL Hauptverkehr *m*, TRANS Spitzenverkehr *m*; ~ **indicator** *n* ELECTRON Höchstwertanzeiger *m*; ~ **intensity wavelength** *n* OPT Wellenlänge der maximalen Helligkeit *f*, TELECOM Wellenlänge höchster Strahlungsintensität *f*; ~ **inverse voltage** *n* ELECT Spitzensperrspannung *f*; ~ **level** *n* RECORD Spitzenpegel *m*; ~ **limitation** *n* RECORD Spitzenbegrenzung *f*; ~ **limiter** *n* TELEV Spitzenbegrenzer *m*; ~ **load** *n* ELEC ENG Belastungsspitze *f*, Höchstbelastung *f*, Höchstlast *f*, Lastspitze *f*, Spitzenlast *f*, ELECT Spitzenlast *f*, PAPER Höchstlast *f*; ~ **load nuclear power plant** *n* NUC TECH Kernkraftwerk mit Spitzenlast *nt*; ~ **load power plant** *n* ELECT Spitzenlastkraftwerk *nt*; ~ **load traffic** *n* TRANS Spitzenverkehr *m*; ~ **meter** *n* TELEV Spitzenmesser *m*; ~ **period traffic** *n* TRANS Spitzenverkehr *m*; ~ **power** *n* ELEC ENG Höchstleistung *f*, Spitzenleistung *f*, TELEV Spitzenleistung *f*; ~ **power output** *n* RECORD Oberstrichwert *m*; ~ **programme meter** *n BrE* RECORD Aussteuerungsmesser *m*, TELEV Spitzenwertmessung *f*; ~ **program meter** *n AmE see peak programme meter BrE* ~ **pulse amplitude** *n* ELECTRON Spitzenimpuls-Amplitude *f*; ~ **rate** *n* TELECOM *call connection charge* Spitzengebühr *f*; ~**-reading instrument** *n* INSTR Scheitelwertmeßgerät *nt*; ~ **recording level** *n* RECORD Spitzenaufnahmepegel *m*; ~ **revs** *n* AUTO *engine* Höchstdrehzahl *f*; ~ **signal** *n* TELEV Spitzensignal *nt*; ~ **signal amplitude** *n* ELECTRON Spitzensignalamplitude *f*; ~ **sound pressure** *n* ACOUSTICS maximaler Schalldruck *m*; ~ **speech power** *n* ACOUSTICS maximale Sprechleistung *f*; ~ **time** *n* TELEV Spitzenzeit *f*; ~**-to-peak amplitude** *n* ELECTRON, RECORD Spitze-Spitze-Amplitude *f*; ~**-to-peak signal amplitude** *n* TELEV Spitze-Spitze-Signalamplitude *f*; ~**-to-peak value** *n* ACOUSTICS Spitze zu Spitze-Wert *m*, doppelter Scheitelwert *m*, PHYS doppelter Scheitelwert *m*; ~**-to-valley height** *n* MECHAN ENG Rauhtiefe *f*; ~**-to-valley height gage** *n AmE*, ~**-to-valley height gauge** *n BrE* METROL Rauhtiefenmesser *m*; ~ **traffic volume** *n* TRANS Spitzenverkehrsaufkommen *nt*; ~ **value** *n* ELECT Scheitelwert *m*, Spitzenwert *m*, ELECTRON Höchstwert *m*, Scheitelwert *m*, Spitzenwert *m*, PHYS Maximalwert *m*, Spitzenwert *m*, TELECOM Scheitelwert *m*, Spitzenwert *m*; ~ **value measurement** *n* INSTR Scheitelwertmessung *f*; ~ **voltage** *n* ELEC ENG Höchstspannung *f*, Spitzenspannung *f*, PHYS Maximalspannung *f*, Spitzenspannung *f*, TELEV Spitzenspannung *f*; ~ **voltmeter** *n* ELECT, INSTR Scheitelspannungsmeßgerät *nt*; ~ **volume velocity** *n* RECORD Höchstlautstärke-Geschwindigkeit *f*; ~ **water demand** *n* WATER SUP Spitzenwasserbedarf *m*; ~ **water flow** *n* WATER SUP Spitzenwasserdurchfluß *m*; ~ **white** *n* TELEV Weißspitze *f*

peaking *n* ELECTRON *amplifier* Verstärkungsüberhöhung *f*, *resonance* Resonanzanhebung *f*; ~ **capacity** *n* ELECT Belastungskapazität *f*, Spitzenbelastung *f*; ~ **circuit** *n* ELECTRON *radar* Impulsversteilerungsschaltung *f*, TELEV Spitzenanhebungskreis *m*; ~ **control** *n* TELEV Spitzenregelung *f*; ~ **network** *n* TELEV Spitzenanhebungsschaltung *f*

pear: ~**-shaped vessel** *n* LAB EQUIP birnenförmiges Gefäß *nt*

pearlite *n* METALL, PROD ENG Perlit *m*

pearlitic *adj* PROD ENG perlitisch

peat *n* COAL TECH Torf *m*; ~ **coal** *n* COAL TECH Torfkohle *f*

pebble *n* CONST Kieselstein *m*; ~ **bed** *n* NUC TECH *in reactor* Kugelhaufen *m*; ~ **bed reactor** *n* NUC TECH Kugelhaufenreaktor *m*; ~ **pavement** *n BrE (cf pebble sidewalk AmE)* CONST Kleinpflaster *nt*; ~ **sidewalk** *n AmE (cf pebble pavement BrE)* CONST Kleinpflaster *nt*

pebbles *n pl* CONST Kiese *m pl*, PROD ENG Grobkorngefüge *nt*

PEC *abbr (photoelectric cell)* ELECT, ELECTRON, PHOTO, PHYS, PRINT, RAD PHYS, TELEV PEC *(Fotozelle)*

peck *n* METROL Viertelscheffel *nt*

pectic *adj* CHEMISTRY pektinsauer, pektisch

pectin *n* CHEMISTRY Pektin *nt*, Pektinsubstanz *f*, Pflanzengallerte *f*, FOOD TECH Pektin *nt*; ~ **jelly** *n* FOOD TECH *commercial confectionery* Pektingelee *nt*

pectinose *n* CHEMISTRY L-Arabinose *f*, Pektinose *f*

pectization *n* CHEMISTRY Pektisation *f*

pectize *vt* CHEMISTRY pektisieren

pectose *n* CHEMISTRY Pektose *f*, Protopektin *nt*

pedal *n* AUTO *brake, clutch* Pedal *nt*; ~ **adjuster** *n* AUTO Pedalsteller *m*; ~ **damper assembly** *n* AIR TRANS *aviation* Fußhebeldämpfungsgestänge *nt*

pedestal *n* MECHAN ENG *bearing, plumber block* Lagerbock *m*, *upright standard* Ständer *m*, MECHANICS Lagerbock *m*, Sockel *m*, NUC TECH Podest *nt*, RAD TECH *radar antenna* Mast *m*, RAIL Achsgabel *f*, TELEV Sockelwert *m*, TRANS Achsgabel *f*; ~ **adjustment** *n* TELEV Sockelwerteinstellung *f*; ~ **bearing** *n* MECHAN ENG Stehlager *nt*, PROD ENG Bocklager *nt*; ~ **level control** *n* TELEV Sockelpegelregelung *f*

pedestrian:[1] ~**-controlled** *adj* TRANS durch Fußgänger gelenkt

pedestrian[2] *n* TRANS Fußgänger *m*; ~**-actuated signal** *n* TRANS fußgängerbetätigtes Signal *nt*; ~ **bridge** *n* TRANS Fußgängerbrücke *f*; ~ **crossing** *n* TRANS Zebrastreifen *m*; ~ **crossing light** *n* TRANS Lichtsignal an Fußgängerüberwegen *nt*; ~ **phase** *n* TRANS *traffic control* Fußgängerphase *f*; ~ **push button** *n* TRANS *traffic control* Druckknopfschalter *m*; ~ **traffic** *n* TRANS Fußgängerverkehr *m*; ~ **underpass** *n* TRANS Fußgängertunnel *m*

pedestrianization *n* TRANS Umwandlung von Fahrbahnen in Fußgängerbereiche *f*

pedology *n* COAL TECH Bodenkunde *f*

pedometer *n* PHYS Schrittzähler *m*

peel:[1] ~**-off wrapping** *n* PACK Abziehfilmverpackung *f*; ~ **shim** *n* MECHAN ENG geschichtete Unterlegscheibe *f*; ~ **strength** *n* TEST Abziehfestigkeit *f*, Haftvermögen *nt*; ~ **test** *n* PLAS Trennversuch *m*

peel[2] *vt* CONST *bark*, FOOD TECH schälen

peel[3] *vi* CONST abblättern

peelable: ~ **protective coating** *n* PACK abziehbarer Schutzbelag *m*; ~ **system** *n* PACK Abziehsystem *nt*

peeling *n* TEXT Abblättern *nt*

peen[1] *n* MECHAN ENG *of hammer*, PROD ENG Finne *f*, Pinne *f*
peen[2] *vt* PROD ENG kugelstrahlen
peening *n* CER & GLAS Kugelstrahlen *nt*, MECHAN ENG Hämmern *nt*, PROD ENG Abhämmern *nt*, Kugelstrahlen *nt*
peep: ~ **hole** *n* SPACE *spacecraft* Guckloch *nt*
peer:[1] ~**-to-peer** *adj* COMP & DP Peer-zu-Peer- *adj*, Punkt-zu-Punkt- *pref*
peer[2] *n* COMP & DP *communication system* Partner *m*; ~ **entity** *n* COMP & DP Partnerinstanz *f*; ~**-to-peer link** *n* COMP & DP Punkt-zu-Punkt-Kopplung *f*
peg[1] *n* CONST Absteckpfahl *m*, Splint *m*, Steckstift *m*, *surveying* Pfahl *m*, MECHAN ENG Stift *m*, MECHANICS Dübel *m*, Pflock *m*, Stift *m*; ~ **tooth** *n* MECHAN ENG *saw* Hakenzahn *m*
peg[2] *vt* CONST verdübeln, verstiften, PROD ENG pflocken, verdübeln; ~ **out** *vt* CONST *surveying* abstecken
pegging: ~ **rammer** *n* PROD ENG Spitzformer *m*
peen *vt* PROD ENG hämmern
pelargonate *n* CHEMISTRY Pelargonat *nt*
pelargonic *adj* CHEMISTRY pelargonsauer
pellet *n* COAL TECH, NUC TECH Pellet *nt*, PLAS Pellet *nt*, Preßling *m*, Tablette *f*, PROD ENG Kugel *f*, Pellet *nt*; ~**-clad chemical interaction** *n* NUC TECH chemische Wechselwirkung zwischen Pellet und Hülse *f*; ~ **stack** *n* NUC TECH Pelletstapel *m*
pelleter *n* PROD ENG Tablettiermaschine *f*
pelletierine *n* CHEMISTRY Pelletierin *nt*, Punicin *nt*
pelleting *n* PROD ENG Tablettieren *nt*
pelletization *n* WASTE Pelletisierung *f*
pelletizer *n* PLAS Pelletiermaschine *f*, Tablettiermaschine *f*, *rubber* Granulierextruder *m*, Pelletizer *m*
pelletizing *n* PLAS Granulieren *nt*, Pelletieren *nt*, Tablettieren *nt*
pellicular: ~ **water** *n* COAL TECH Haftwasser *nt*
pelorus *n* WATER TRANS *navigation* Peilscheibe *f*, Pelorus *m*
Peltier: ~ **coefficient** *n* PHYS Peltierkoeffizient *m*; ~ **effect** *n* ELECT *thermoelectric effect*, PHYS Peltiereffekt *m*
Pelton: ~ **wheel** *n* FUELLESS Peltonrad *nt*; ~ **wheel turbine** *n* FUELLESS Peltonradturbine *f*
pen: ~ **plotter** *n* COMP & DP Stiftplotter *m*, Zeichenstiftplotter *m*; ~ **recorder** *n* COMP & DP Tintenschreiber *m*, ELECT, LAB EQUIP Meßschreiber *m*
penalty *n* QUAL Abzug *m*, Strafe *f*, Strafpunkte *m pl*; ~ **test** *n* QUAL Zusatzprüfung *f*
pencil *n* METALL *of rays* Büschel *nt*; ~ **beam** *n* ELECTRON Schmalbündel *nt*, RAD PHYS *of light* schmal gebündelter Strahl *m*; ~ **edging** *n* CER & GLAS Kantenbeschneiden mit Schneidstift *nt*; ~ **of light** *n* OPT Lichtbündel *nt*, Lichtbüschel *nt*; ~ **of rays** *n* OPT Strahlenbüschel *nt*
pendant: ~ **switch control** *n* SAFETY Pendelbedienung *f*, aufgehängte Bedienung *f*, aufgehängte Steuerung *f*
pendular *adj* MECHANICS pendelförmig
pendulum *n* MECHANICS Pendel *nt*; ~ **bearing** *n* MECHANICS Pendellager *nt*; ~ **bob** *n* MECHANICS Pendelgewicht *nt*, PHYS Pendellinse *f*, Pendelscheibe *f*; ~ **deflection** *n* MECHANICS Pendelausschlag *m*; ~ **error** *n* MECHANICS Pendelfehler *m*; ~ **floater** *n* CER & GLAS Pendelschwimmer *m*; ~ **hardness** *n* PLAS *test, coatings* Pendelhärte *f*; ~ **length** *n* MECHANICS Pendellänge *f*; ~ **lenticle** *n* MECHANICS Pendellinse *f*; ~ **mass** *n* MECHANICS Pendelmasse *f*; ~ **mill** *n* MECHANICS Pendelmühle *f*; ~ **milling** *n* MECHAN ENG Pendelfräsen *nt*; ~ **motion** *n* MECHAN ENG, MECHANICS Pendelbewegung *f*; ~ **saw** *n* MECHANICS Pendelsäge *f*; ~ **shears** *n pl* MECHAN ENG Pendelschere *f*; ~ **sphere** *n* MECHANICS Pendelkugel *f*; ~ **suspension** *n* TRANS Pendelaufhängung *f*; ~ **swing** *n* MECHANICS Pendelschwingung *f*; ~ **test** *n* MECHANICS Pendelversuch *m*
penetrant *adj* COATINGS durchdringend, penetrant
penetrate *vt* COATINGS durchdringen, eindringen, CONST durchdringen, eindringen, einsickern
penetrating: ~ **oil** *n* AUTO Kriechöl *nt*, rostlösendes Öl *nt*; ~ **power** *n* RAD PHYS Eindringkraft *f*
penetration *n* COMP & DP Eindringtiefe *f*, ELECTRON Durchdringung *f*, GEOM Durchstoß *m*, MECHANICS Durchdringung *f*, Eindringung *f*, PET TECH Durchdringung *f*; ~ **CRT** *n* ELECTRON Durchstrahlungs-Kathodenstrahlröhre *f*, Mehrschichten-CRT *f*; ~ **depth** *n* CONST, ELECTRON, MECHAN ENG, NUC TECH *of radiation*, TEST Eindringtiefe *f*; ~ **drawing** *n* ENG DRAW Durchbruchszeichnung *f*; ~ **factor** *n* NUC TECH Durchdringungswahrscheinlichkeit *f*; ~ **hardness** *n* MECHAN ENG Eindruckhärte *f*; ~ **method** *n* NUC TECH *of materials testing* Eindringverfahren *nt*; ~ **point** *n* GEOM Durchstoßpunkt *m*, Durchstoßungspunkt *m*; ~ **potential** *n* NUC TECH Durchdringungspotential *nt*; ~ **rate** *n* PET TECH Durchdringungsgrad *m*; ~ **record** *n* CONST Rammprotokoll *nt*; ~ **screen** *n* ELECTRON, TELEV Mehrschichtenphosphorschirm *m*; ~ **test** *n* COAL TECH Eindringungsversuch *m*; ~ **tester** *n* PLAS Penetrationsmeßgerät *nt*, Penetrometer *nt*
penetrometer *n* CONST Eindringtiefenmesser *m*, Penetrometer *nt*, LAB EQUIP *hardness* Penetrometer *nt*
penicillin: ~ **phial** *n BrE* CER & GLAS Penizillin-Phiole *f*; ~ **vial** *n AmE see penicillin phial BrE*
peninsula *n* WATER TRANS *geography* Halbinsel *f*
pennant *n* WATER TRANS *flag* Wimpel *m*
penny: ~**-shaped crack** *n* METALL kreisförmiger Riß *m*, NUC TECH Rundriß *m*
pennyweight *n* METROL Pennyweight *nt*
penstock *n* FUELLESS Druckleitung *f*, Druckrohrleitung *f*, NUC TECH *in intake structure* Falleitung *f*, PROD ENG Düsenstock *m*, Stiefel *m*, WATER SUP Druckleitung *f*, Druckrohrleitung *f*
pent: ~ **roof** *n* CONST Halbdach *nt*
pentachloride *n* CHEMISTRY Pentachlorid *nt*
pentad *n* CHEMISTRY fünfwertiges Element *nt*
pentagon *n* GEOM Fünfeck *nt*, Pentagon *nt*; ~ **nut** *n* MECHAN ENG Fünfkantmutter *f*
pentagonal *adj* GEOM fünfeckig, pentagonal
pentagrid: ~ **converter** *n* ELEC ENG Fünfgittermischröhre *f*, Mischheptode *f*, Pentagrid-Mischröhre *f*
pentahedral *adj* GEOM fünfflächig
pentahedron *n* GEOM *solid having 5 faces* Pentaeder *nt*
pentamethylene *n* CHEMISTRY Cyclopentan *nt*, Pentamethylen *nt*
pentamethylenediamine *n* CHEMISTRY Cadaverin *nt*, Pentamethylendiamin *nt*, Pentandiamin *nt*
pentamethyleneimide *n* CHEMISTRY Pentamethylenimin *nt*
pentane *n* CHEMISTRY, PET TECH Pentan *nt*
pentanol *n* CHEMISTRY Amylalkohol *m*, Pentanol *nt*, Pentylalkohol *m*
pentanone *n* CHEMISTRY Pentanon *nt*
pentaprism *n* PHOTO Penta-Prisma *nt*
pentaquine *n* CHEMISTRY Pentaquin *nt*

pentasulfide *n AmE,* **pentasulphide** *n BrE* CHEMISTRY Pentasulfid *nt*
pentathionate *n* CHEMISTRY Pentathionat *nt*
pentatomic *adj* CHEMISTRY fünfatomig
pentatonic: ~ **scale** *n* ACOUSTICS fünfstufige Ganztonleiter *f*
pentavalence *n* CHEMISTRY Fünfwertigkeit *f*, Pentavalenz *f*
pentavalent *adj* CHEMISTRY fünfwertig, pentavalent
pentene *n* CHEMISTRY Amylen *nt*, Penten *nt*
penthiophene *n* CHEMISTRY Penthiophen *nt*
pentite *n* CHEMISTRY Pentit *nt*, Pentitol *nt*
pentitol *n* CHEMISTRY Pentit *nt*, Pentitol *nt*
pentode *n* ELECTRON Fünfgitterröhre *f*, Pentode *f*, PHYS, RAD TECH Pentode *f*
pentosan *n* CHEMISTRY Pentosan *nt*
pentose *n* CHEMISTRY Pentose *f*
pentoside *n* CHEMISTRY Pentosenucleosid *nt*, Pentosid *nt*
pentrough *n* WATER SUP Druckrohrleitung *f*
pentyl[1] *adj* CHEMISTRY Amyl- *pref*, Pentyl- *pref*
pentyl:[2] ~ **alcohol** *n* CHEMISTRY Amylalkohol *m*, Pentylalkohol *m*
pentylenetetrazol *n* CHEMISTRY Pentylentetrazol *nt*
pentyne *n* CHEMISTRY Pentin *nt*, Valerylen *nt*
penumbra *n* OPT, PHYS Halbschatten *m*
penumbral *adj* OPT im Halbschatten
penumbrous *adj* OPT Halbschatten erzeugend
penyl: ~ **mercaptan** *n* CHEMISTRY Phenylmercaptan *nt*, Thiophenol *nt*
peonine *n* CHEMISTRY Päonin *nt*
PEP *abbr (peak envelope power)* RAD TECH, TELECOM Spitzenleistung *f*
pepper: ~ **blister** *n* PROD ENG kleine Gasblase *f*
peppered: ~ **sandblast** *n* CER & GLAS Pfeffersandstrahlen *nt*
pepsin *n* FOOD TECH Pepsin *nt*
peptization *n* FOOD TECH Peptisation *f*
peptize *vt* CHEMISTRY mit Peptisierungsmitteln abbauen, peptisieren
peptizer *n* PLAS *rubber* Abbaumittel *nt*, Mastiziermittel *nt*, Peptisiermittel *nt*
peptolysis *n* CHEMISTRY Peptolyse *f*
per:[1] ~ **unit area** *adj* PHYS pro Einheitsfläche; ~ **unit length** *adj* PHYS pro Einheitslänge; ~ **unit mass** *adj* PHYS pro Einheitsmasse
per:[2] ~ **capita consumption** *n* WATER SUP Verbrauch pro Kopf *m*
peracetic *adj* CHEMISTRY Peressig- *pref*
peracid *n* CHEMISTRY Peroxosäure *f*, Peroxysäure *f*, Persäure *f*
perborate *n* CHEMISTRY Perborat *nt*, Peroxoborat *nt*
percarbonate *n* CHEMISTRY Percarbonat *nt*, Peroxocarbonat *nt*
percent: ~ **defective** *n* QUAL Prozentsatz fehlerhafter Einheiten *m*; ~ **impairment of hearing** *n* ACOUSTICS prozentuale Beeinträchtigung des Hörvermögens *f*
percentage *n* MATH Prozentsatz *m*, METALL prozentualer Gehalt *m*; ~ **of brake power** *n* RAIL Bremsprozent *nt*; ~ **composition** *n* CER & GLAS *of glass* prozentuale Zusammensetzung *f*; ~ **modulation** *n* ELECTRON prozentualer Modulationsgrad *m*; ~ **synchronization** *n* TELEV prozentuale Synchronisation *f*; ~ **tilt** *n* TELEV prozentuales Kippen *nt*
percentile *n* ERGON Perzentil *nt*, QUAL Perzentil *nt*, Perzentilwert *m*
perception *n* ART INT Perzeption *f*, Wahrnehmung *f*, ERGON Wahrnehmung *f*; ~**-reaction time** *n* TRANS *traffic* Schrecksekunde *f*
perceptual: ~ **learning** *n* ERGON Lernen durch Wahrnehmung *f*
perch *n* METROL Rod *nt*, WATER TRANS *navigation mark* Spiere *f*
perched: ~ **ground water** *n* WATER SUP Stauwasser *nt*, schwebendes Grundwasser *nt*
perchlorate *n* CHEMISTRY Perchlorat *nt*, überchlorsaures Salz *nt*
perchloric *adj* CHEMISTRY Perchlor- *pref*
perchlorinated *adj* CHEMISTRY perchloriert
perchloroethylene *n* CHEMISTRY Perchlorethen *nt*, Perchlorethylen *nt*, Tetrachlorethylen *nt*
perchromate *n* CHEMISTRY Perchromat *nt*, Peroxochromat *nt*
perchromic *adj* CHEMISTRY Perchrom- *pref*
percolating: ~ **filter** *n* WASTE Tropfkörper *m*; ~ **water** *n* WASTE Sickerwasser *nt*, WATER SUP Senkwasser *nt*, Sickerwasser *nt*
percolation *n* CHEMISTRY Durchlaufen *nt*, Durchschlämmung *f*, Perkolation *f*, FOOD TECH Perkolation *f*
percussion: ~ **drill** *n* MECHAN ENG Schlagbohrer *m*, Schlagbohrmaschine *f*; ~ **drilling** *n* COAL TECH Schlagbohren *nt*, Stoßbohren *nt*, PET TECH Perkussionsbohren *nt*, Schlagbohren *nt*; ~ **mortar** *n* LAB EQUIP *grinding* Diamantmörser *m*, Mineralmörser *m*, Stahlmörser *m*; ~ **rivet** *n* MECHAN ENG Schlagniet *m*; ~ **riveting** *n* MECHAN ENG Schlagnieten *nt*
percussive: ~ **force** *n* MECHAN ENG Schlagkraft *f*; ~ **rope boring** *n* COAL TECH Seilschlagbohren *nt*
pereirine *n* CHEMISTRY Pereirin *nt*
perfect:[1] ~ **binding** *n* PRINT Klebebindung *f*, Klebeheftung *f*, geklebte Bindung *f*; ~**-bound block** *n* PRINT Klebeblock *m*; ~ **crystal** *n* METALL vollkommener Kristall *m*; ~ **dielectric** *n* ELECT perfektes Dielektrikum *nt*, verlustloses Dielektrikum *nt*; ~ **fifth** *n* ACOUSTICS reine Quinte *f*; ~ **fluid** *n* PHYS ideale Flüssigkeit *f*; ~ **fourth** *n* ACOUSTICS reine Quarte *f*; ~ **gas** *n* PHYS, THERMODYN ideales Gas *nt*; ~ **gas scale of temperature** *n* PHYS absolute Temperaturskale *f*; ~ **mixture ratio** *n* AUTO theoretisches Mischungsverhältnis *nt*; ~ **square** *n* MATH vollständiges Quadrat *nt*
perfect[2] *vt* PRINT beidseitig bedrucken
perfecting *n* PRINT Widerdruck *m*
perforated[1] *adj* COMP & DP gelocht, perforiert; ~ **on the reel** *adj* PACK an der Rolle perforiert
perforated:[2] ~ **absorbent tile** *n* RECORD gelochte Dämmplatte *f*; ~ **bags** *n pl* PACK perforierte Beutel *m pl*; ~ **brick** *n* CONST Gitterziegel *m*, Lochziegel *m*; ~ **plate** *n* METALL gelochte Platte *f*, NUC TECH Lochblech *nt*, Siebblech *nt*; ~ **tape** *n* COMP & DP, RECORD, TELECOM Lochstreifen *m*
perforating: ~ **gun** *n* PET TECH Kugelschußgerät *nt*; ~ **machine** *n* PACK Perforiermaschine *f*, PRINT Lochmaschine *f*; ~ **press** *n* MECHAN ENG Lochpresse *f*
perforation *n* CER & GLAS Perforation *f*, COMP & DP Perforierung *f*, PHOTO *film* Bandlochung *f*, Perforation *f*, PROD ENG *plastic valves* Lochdurchmesser *m*
perforator *n* COMP & DP Locher *m*
perform *vt* TELECOM verrichten
performance *n* COMP & DP Arbeitsleistung *f*, Betriebsverhalten *nt*, Leistung *f*, CONTROL, MECHAN ENG, PROD ENG *plastic valves* Leistung *f*; ~ **characteristics** *n*

pl HEAT & REFRIG Leistungskennlinien *f pl*; ~ **curve** *n* MECHAN ENG Leistungskurve *f*; ~ **curves** *n pl* HEAT & REFRIG Leistungskennlinien *f pl*; ~ **data** *n pl* TELECOM Leistungsdaten *nt pl*; ~ **index** *n* CHEMISTRY Gütekriterium *nt*; ~ **properties** *n pl* MECHAN ENG Leistungsverhalten *nt*; ~ **range** *n* MECHAN ENG Leistungsbereich *m*; ~ **specification** *n* MECHAN ENG Leistungsanforderungen *f pl*; ~ **test** *n* ELECT, MECHAN ENG Leistungsprüfung *f*, QUAL Eignungsprüfung *f*; ~ **variable** *n* ERGON Leistungsgröße *f*

perhydrol *n* CHEMISTRY Perhydrol *nt*

periastron *n* SPACE Periastron *nt*, Sternnähe *f*

perigee *n* PHYS Erdnähe *f*, Perigäum *nt*, SPACE Perigäum *nt*; ~ **kick motor** *n* SPACE Perigäumsschubtriebwerk *nt*

perihelion *n* FUELLESS, PHYS Perihel *nt*, Sonnennähe *f*

perimeter *n* CONST Umfang *m*, Umkreis *m*, GEOM *of polygon* Umfang *m*; ~ **track** *n* AIR TRANS Rollfeldringstraße *f*

period *n* ACOUSTICS Periode *f*, Periodendauer *f*, Zeitabschnitt *m*, MATH, PHYS Periode *f*; **off** ~ *n* ELEC ENG *circuit* Ausschaltzeit *f*, *device* Sperrzeit *f*, *of moving contact* Sperrzeit *f*; **on** ~ *n* ELEC ENG *circuit* Einschaltzeit *f*, *transistor* Einschaltzeit *f*, Flußzeit *f* ELECTRON *telephone* Zeitintervall *m*; ~ **of grace** *n* PAT Nachfrist *f*; ~**-measuring channel** *n* NUC TECH Periodenmeßkanal *m*; ~ **of oscillation** *n* ELECT Schwingungsperiode *f*, MECHAN ENG Schwingungsdauer *f*; ~ **pulse** *n* ELECTRON Zeitsteuertakt *m*; ~ **range** *n* NUC TECH Periodenbereich *m*

periodate *n* CHEMISTRY Periodat *nt*

periodic[1] *adj* ELECT, ELECTRON, PHYS periodisch

periodic:[2] ~ **damping** *n* ELEC ENG periodische Dämpfung *f*; ~ **function** *n* ELECTRON periodische Funktion *f*; ~ **inspection** *n* MECHAN ENG periodische Inspektion *f*; ~ **polarity inversion** *n* TELEV periodische Polaritätsinversion *f*; ~ **pulses** *n pl* ELECTRON Zeitsteuertakte *m pl*; ~ **pulse train** *n* ELECTRON *radio* periodische Impulsgruppe *f*; ~ **quantity** *n* ACOUSTICS, ELECTRON periodische Größe *f*; ~ **refresh** *n* ELECTRON *of screen content* periodischer Neuaufbau *m*; ~ **shutdown** *n* NUC TECH periodisches Abschalten *nt*; ~ **signal** *n* ELECTRON Periodensignal *nt*, periodisches Signal *nt*, TELECOM periodisches Signal *nt*; ~ **sound wave** *n* WAVE PHYS periodische Schallwelle *f*; ~ **time** *n* ELECTRON Zeitspanne *f*; ~ **tone** *n* ACOUSTICS periodischer Ton *m*; ~ **wave** *n* ELEC ENG periodische Welle *f*

periodical: ~ **winds** *n pl* WATER TRANS periodische Winde *m pl*

periodicity *n* ELECTRON Periodizität *f*

peripheral[1] *adj* COMP & DP Zusatz- *pref*, peripher, TELECOM peripherisch; ~**-limited** *adj* COMP & DP durch Peripherie in der Schnelligkeit eingeschränkt

peripheral[2] *n* COMP & DP Anschlußgerät *nt*, Peripheriegerät *nt*; ~ **control element** *n* NUC TECH peripheres Steuerelement *nt*; ~ **control unit** *n (PCU)* COMP & DP externe Steuereinheit *f*, periphere Steuereinheit *f (PCU)*; ~ **device** *n* ELEC ENG, TELECOM Peripheriegerät *nt*; ~ **driver** *n* COMP & DP Treiberroutine *f*; ~ **equipment** *n* COMP & DP Anschlußgerät *nt*, Peripheriegerät *nt*; ~ **fuel assembly** *n* NUC TECH peripheres Brennelement *nt*; ~ **gas** *n* NUC TECH Umgebungsgas *nt*; ~ **grinding** *n* PROD ENG Umfangsschleifen *nt*; ~ **interface adaptor** *n* COMP & DP externer Schnittstellenadapter *m*, peripherer Schnittstellenadapter *m*; ~ **jet air cushion** *n* TRANS Luftkissen mit Ringstrahl *nt*; ~ **management** *n* TELECOM Peripherieführung *f*; ~ **memory** *n* COMP & DP peripherer Speicher *m*; ~ **milling** *n* PROD ENG Walzfräsen *nt*; ~ **module** *n* TELECOM periphere Baugruppe *f*; ~ **nucleon** *n* NUC TECH äußeres Nukleon *nt*; ~ **processing units** *n pl (PPU)* COMP & DP Peripherietechnik *f (PPU)*; ~ **processor** *n* COMP & DP, TELECOM peripherer Prozessor *m*; ~ **skirt** *n* WATER TRANS Außenschürze *f*; ~ **software driver** *n* COMP & DP Gerätesteuerprogramm *nt*; ~ **storage** *n* COMP & DP peripherer Speicher *m*; ~ **transfer** *n* COMP & DP periphere Übertragung *f*; ~ **unit** *n* COMP & DP Anschlußgerät *nt*, Peripheriegerät *nt*, periphere Einheit *f*; ~ **velocity** *n* FUELLESS Umfangsgeschwindigkeit *f*

periphery *n* CONST Peripherie *f*, Umfang *m*, Umkreis *m*

periscope *n* NUC TECH Periskop *nt*, PHYS Geländespiegel *m*, Periskop *nt*, SPACE *spacecraft* Periskop *nt*, WATER TRANS *submarine* Periskop *nt*, Sehrohr *nt*; ~ **aerial** *n* PHYS Periskopantenne *f*, ausfahrbare Antenne *f*; ~ **antenna** *n* PHYS Periskopantenne *f*, ausfahrbare Antenne *f*

periscopic *n* OPT periskopisch; ~ **lens** *n* PHOTO periskopisches Objektiv *nt*; ~ **sextant** *n* SPACE *spacecraft* Periskopsextant *m*

peristaltic: ~ **pump** *n* LAB EQUIP *liquid handling* Peristalsis-Pumpe *f*

peritectic: ~ **reaction** *n* METALL peritektische Reaktion *f*

peritectoid *n* METALL Peritektikum *nt*

permafrost *n* COAL TECH, PET TECH Dauerfrost *m*, Permafrost *m*

permalloy *n* ELECT *magnetic material*, PHYS Permalloy *nt*

permanence: ~ **of irrotational motion** *n* FLUID PHYS Erhaltung der rotationsfreien Bewegung *f*

permanent[1] *adj* CONST dauerhaft, fest verlegt, MECHAN ENG *connection* fest, nicht lösbar, unlösbar

permanent:[2] ~ **concrete shuttering** *n* CONST verlorene Betonschalung *f*; ~ **coupling** *n* MECHAN ENG feste Kupplung *f*; ~ **deformation** *n* METALL bleibende Verformung *f*; ~ **dynamic memory** *n* COMP & DP dynamischer Dauerspeicher *m*; ~ **echo** *n* SPACE ständiges Echo *nt*; ~ **electrode** *n* CONST Dauerelektrode *f*; ~ **error** *n* COMP & DP permanenter Fehler *m*, ständiger Fehler *m*; ~ **file** *n* COMP & DP permanente Datei *f*; ~ **joint** *n* MECHAN ENG unlösbare Verbindung *f*; ~ **load** *n* COAL TECH, MECHAN ENG Dauerbelastung *f*; ~ **lubrication** *n* PROD ENG *plastic valves* Dauerfettschmierung *f*; ~ **magnet** *n* ELEC ENG, ELECT, MECHAN ENG, PHYS, TELECOM, TRANS Dauermagnet *m*, Permanentmagnet *m*; ~ **magnet centering** *n AmE*, ~ **magnet centring** *n BrE* TELEV dauernde Magnetzentrierung *f*; ~ **magnet erasing** *n* RECORD Dauermagnetlöschung *f*; ~**-magnet flowmeter** *n* NUC TECH Durchflußmesser mit Permanentmagnet *m*; ~**-magnet focusing** *n* ELECENG permanentmagnetische Fokussierung *f*; ~**-magnet generator** *n* FUELLESS Dauermagnet-Generator *m*; *n* ELEC ENG permanentmagnetischer Generator *m*; ~**-magnet loudspeaker** *n* ACOUSTICS Permanentmagnet-Lautsprecher *m*; ~ **magnet moving-coil instrument** *n* INSTR Drehspulinstrument *nt*; ~ **magnet moving-iron instrument** *n* INSTR Dreheiseninstrument mit Magnet *nt*, Eisennadelinstrument *nt*; ~ **magnet relay** *n* ELECT Dauermagnetrelais *nt*; ~**-magnet split-capacitor motor** *n* ELEC ENG permanentmagnetischer Kondensatormotor *m*; ~**-magnet stepper motor** *n* ELEC ENG permanentmagnetischer Schrittmotor *m*; ~**-magnet**

synchronous motor *n* ELEC ENG permanentmagnetischer Synchronmotor *m*; ~ **memory** *n* COMP & DP Dauerspeicher *m*, permanenter Speicher *m*, energieunabhängiger Speicher *m*, ELEC ENG Dauerspeicher *m*, Permanentspeicher *m*; ~ **mesh** *n* PROD ENG *kinematics* Dauereingriff *m*; ~ **mold** *n AmE see permanent mould BrE* ~**-mold casting** *n AmE see permanent-mould casting BrE* ~ **mould** *n BrE* PROD ENG Dauerform *f*, Dauergießform *f*, Kokille *f*; ~**-mould casting** *n BrE* PROD ENG Kokillenguß *m*; ~ **patterning** *n* TEXT Permanentmuster *nt*; ~ **performance limit** *n* ERGON Dauerleistungsgrenze *f*; ~ **set** *n* MECHAN ENG bleibende Verformung *f*, PLAS Setzen *nt*, Setzung *f*, bleibende Verformung *f*; ~ **shuttering** *n* CONST verlorene Schalung *f*; ~ **split capacitor motor** *n* ELEC ENG Kondensatormotor *m*; ~ **storage** *n* COMP & DP Dauerspeicher *m*, energieunabhängiger Speicher *m*; ~ **stress** *n* CER & GLAS Dauerspannung *f*; ~ **threshold shift** *n* ACOUSTICS permanente Schwellwertverschiebung *f*; ~ **virtual circuit** *n (PVC)* COMP & DP feste virtuelle Verbindung *f*, fester virtueller Schaltkreis *m*, virtuelle Dauerschaltung *f*, TELECOM feste virtuelle Verbindung *f*; ~ **waste storage** *n* WASTE Endlagerung von Abfällen *f*; ~ **way** *n* RAIL Bahnoberbau *m*; ~**-way equipment** *n* CONST *tracks* Oberbaumaterial *nt*; ~ **weight** *n* CONST Eigenlast *f*, Eigenmasse *f*

permanently: ~ **pleated** *adj* TEXT dauerplissiert

permanganate *n* CHEMISTRY Manganat *nt*, Permanganat *nt*

permanganic *adj* CHEMISTRY Permangan- *pref*

permeability *n* CHEMISTRY, COAL TECH Durchlässigkeit *f*, Permeabilität *f*, ELECT Permeabilität *f*, FUELLESS Durchdringbarkeit *f*, Permeabilität *f*, PET TECH Durchlässigkeit *f*, Permeabilität *f*, PHYS Permeabilität *f*, PLAS Durchlässigkeit *f*, Permeabilität *f*, RAD TECH Permeabilität *f*, TEST Durchlässigkeit *f*, Permeabilität *f*, TEXT Durchlässigkeit *f*; ~ **coefficient** *n* COAL TECH Permeabilitätszahl *f*; ~ **of free space** *n* ELEC ENG magnetische Feldkonstante *f*, magnetische Permeabilität des Vakuums *f*, PHYS Permeabilität des Vakuums *f*, magnetische Feldkonstante *f*; ~ **logging** *n* PET TECH Permeabilitätsmessung *f*; ~ **to grease** *n* PACK Fettdurchlässigkeit *f*; ~**-tuned oscillator** *n* RAD TECH Oszillator mit Permeabilitätsabstimmung *m*

permeable *adj* CHEMISTRY durchdringbar, durchlässig, permeabel, COAL TECH, PLAS, TEST, TEXT durchlässig

permeameter *n* COAL TECH Permeabilitätsmesser *m*

permeance *n* ELEC ENG Permeanz *f*, magnetische Leitfähigkeit *f*, magnetischer Leitwert *m*, ELECT magnetische Leitfähigkeit *f*, ELECT magnetischer Leitwert *m*, PHYS *magnetism* magnetischer Leitwert *m*

Permian: ~ **period** *n* PET TECH Perm *nt*

permissible: ~ **allowance** *n* MECHAN ENG Abmaß *nt*; ~ **current** *n* ELEC ENG zulässige Spannung *f*, zulässiger Strom *m*; ~ **level of interference** *n* SPACE *communications* zulässiger Störpegel *m*; ~ **load** *n* COAL TECH zulässige Belastung *f*; ~ **voltage** *n* ELEC ENG zulässige Spannung *f*

permissive: ~ **block** *n* RAIL Zustimmungsblock *m*, permissiver Block *m*

permit: ~ **to work** *n* QUAL Freigabe zur Ausführung von Arbeiten *f*

permitted: ~ **gross vehicle weight** *n* AUTO zulässiges Gesamtgewicht *nt*

permittivity *n* ELEC ENG Dielektrizitätskonstante *f*, ELECT Dielektrizitätskonstante *f*, Permittivität *f*, PHYS, PLAS, RAD TECH Dielektrizitätskonstante *f*, SPACE dielektrische Leitfähigkeit *f*, TELECOM Dielektrizitätskonstante *f*; ~ **of air** *n* ELEC ENG Dielektrizitätskonstante der Luft *f*; ~ **of free space** *n* ELEC ENG Dielektrizitätskonstante des Vakuums *f*, PHYS Dielektrizitätskonstante des Vakuums *f*, elektrische Feldkonstante *f*

permonosulfur *n AmE*, **permonosulphur** *n BrE* CHEMISTRY Peroxomonoschwefel *m*

permutation *n* COMP & DP, MATH Permutation *f*

pernitrat *n* CHEMISTRY Peroxosalpeter *nt*

pernitrate *n* CHEMISTRY Peroxonitrat *nt*

peroxidation *n* CHEMISTRY Oxidation zum Peroxid *f*, Peroxidierung *f*

peroxide *n* CHEMISTRY, PLAS Peroxid *nt*, PROD ENG *plastic valves* Wasserstoffperoxid *nt*, SPACE Superoxid *nt*, Wasserstoffperoxid *nt*

peroxidize *vt* CHEMISTRY epoxidieren, peroxidieren, übersäuern

peroxoacetylnitrate *n (PAN)* POLL Peroxyacetylnitrat *nt (PAN)*

peroxophosphate *n* CHEMISTRY Peroxophosphat *nt*

peroxy: ~ **acid** *n* CHEMISTRY Peroxosäure *f*, Peroxysäure *f*, Persäure *f*

peroxydisulfur *n AmE*, **peroxydisulphur** *n BrE* CHEMISTRY Peroxydischwefel *m*

perpend: ~ **stone** *n* CONST Natureckstein *m*, Vollbinder *m*

perpendicular[1] *adj* PROD ENG lotrecht; ~ **to** *adj* GEOM senkrecht auf

perpendicular[2] *n* GEOM Lot *nt*, Senkrechte *f*; ~ **amidships** *n* WATER TRANS *ship design* Mittellot *nt*; ~ **line** *n* GEOM aufeinander senkrecht stehende Gerade *f*; ~ **magnetization** *n* ACOUSTICS Vertikalmagnetisierung *f*, TELEV Senkrechtmagnetisierung *f*; ~ **recording** *n* RECORD Vertikalaufnahme *f*

perpetual: ~ **motion engine** *n* THERMODYN Perpetuum Mobile *nt*; ~ **screw** *n* MECHAN ENG Schnecke *f*

perrhenate *n* CHEMISTRY Perrhenat *nt*, Rhenat *nt*

perrhenic *adj* CHEMISTRY Perrhenium- *pref*

persalt *n* CHEMISTRY Persalz *nt*

perseulose *n* CHEMISTRY Perseulose *f*

persistence *n* ELECT *cathode ray tube* Nachleuchtdauer *f*, Nachleuchtung *f*, ELECTRON *CRT*, RAD TECH Nachleuchtdauer *f*; ~ **characteristic** *n* ELECTRON *CRT* Nachleuchtcharakteristik *f*; ~ **of vision** *n* OPT Augenträgheit *f*, Nachbildwirkung *f*

persistent: ~ **oil** *n* WASTE persistentes Öl *nt*

personal: ~ **call** *n* TELECOM Voranmeldungsgespräch *nt*; ~ **computer** *n (PC)* COMP & DP Personal-Computer *m (PC)*; ~ **dosimetry** *n* RAD PHYS *measurement* Personendosimetrie *f*; ~ **error** *n* INSTR Beobachterfehler *m*, subjektiver Fehler *m*, subjektiver Meßfehler *m*; ~ **eye protector** *n* SAFETY Personenaugenschutz *m*, *for welding and related techniques* Augenschutz *m*; ~ **protection** *n* SAFETY Personenschutz *m*; ~ **rapid transit** *n (PRT)* TRANS Personenschnellverkehrssystem *nt*; ~ **rapid transport** *n* TRANS Personenschnellverkehr *m*; ~ **robot** *n* ART INT Personalroboter *m*; ~ **sound exposure meter** *n* SAFETY Lärmbelastungsmesser für Personen *m*

perspective *n* GEOM Perspektive *f*; ~ **transformation** *n* GEOM perspektivische Transformation *f*

Perspex® *n* PLAS Perspex® *nt*

persulfate *n AmE*, **persulphate** *n BrE* CHEMISTRY Peroxosulfat *nt*

PERT *abbr (program evaluation and review technique)* COMP & DP, SPACE PERT *(Programmbewertungs- und überprüfungsverfahren)*

perturbation *n* FLUID PHYS Störung *f*, SPACE Störursache *f*; **~ signal** *n* INSTR Störsignal *nt*

perturbed: **~ frequency** *n* RAD PHYS *spectral energy* gestörte Frequenz *f*

perveance *n* ELEC ENG, TELECOM Perveanz *f*, Raumladungskonstante *f*

perviousness *n* FUELLESS Durchlässigkeit *f*

perylene *n* CHEMISTRY Perylen *nt*

PES *abbr (polyester)* CHEMISTRY, ELECT, PLAS, TEXT PES *(Polyester)*

pest *n* FOOD TECH Schädling *m*, Seuche *f*

pestle *n* CHEM ENG Mörserkeule *f*, Reiber *m*, LAB EQUIP *grinding* Stößel *m*; **~ and mortar** *n* LAB EQUIP Stößel und Mörser *m*

pet: **~ valve** *n* HYD EQUIP Kondensatablaßventil *nt*, Zischventil *nt*

PET[1] *abbr (polyethylene AmE, polythene BrE)* CHEMISTRY, ELECT, PACK, PET TECH, PLAS, TEXT PET *(Polyethylen)*

PET:[2] **~ bottle** *n* PACK PET-Flasche *f*; **~ film** *n* PACK PET-Film *m*

PETP *abbr (polyethylene terephthalate)* PLAS PETP *(Polyethylenterephthalat)*

Petri: **~ dish** *n* LAB EQUIP Petri-Schale *f*; **~ net** *n* COMP & DP Petri-Netz *nt*

PETRIFIX: **~ process** *n* WASTE PETRIFIX-Verfahren *nt*

petrochemical[1] *adj* PET TECH petrochemisch

petrochemical:[2] **~ plant** *n* PET TECH petrochemische Anlage *f*

petrochemicals *n pl* PET TECH Petrochemikalien *f pl*

petrol *n BrE (cf gas AmE, gasoline AmE)* AUTO Benzin *nt*, Motorenbenzin *nt*, VK, Vergaserkraftstoff *m*, PET TECH, THERMODYN Benzin *nt*, VK, Vergaserkraftstoff *m*; **~-and-oil-resisting hose** *n BrE (cf gas-and-oil-resisting hose AmE, gasoline-and-oil-resisting hose AmE)* PLAS benzin- und ölbeständiger Schlauch *m*; **~ consumption** *n BrE (cf gas consumption AmE, gasoline consumption AmE)* AUTO Benzinverbrauch *m*, Kraftstoffverbrauch *m*; **~ engine** *n BrE (cf gas engine AmE, gasoline engine AmE)* AUTO Benzinmotor *m*, Ottomotor *m*, THERMODYN Benzinmotor *m*, Gasmotor *m*, Ottomotor *m*, Vergasermotor *m*, WATER TRANS Benzinmotor *m*, Ottomotor *m*; **~ engine vehicle** *n BrE (cf gasoline engine vehicle AmE)* POLL Fahrzeug mit Vergasermotor *nt*; **~ filter** *n BrE (cf gas filter AmE, gasoline filter AmE)* AUTO Benzinfilter *nt*, Kraftstofffilter *nt*; **~-fuelled bus** *n BrE (cf gas-fueled bus AmE)* AUTO gasbetriebener Bus *m*; **~-fuelled car** *n BrE (cf gas-fueled car AmE)* AUTO gasbetriebenes Auto *nt*; **~ hose** *n BrE (cf gas hose AmE, gasoline hose AmE)* AUTO Benzinschlauch *m*, Kraftstoffleitung *f*, PLAS Benzinschlauch *m*; **~ mixture** *n BrE (cf gas mixture AmE, gasoline mixture AmE)* AUTO *two-stroke engine* Benzingemisch *nt*; **~ motor** *n BrE (cf gas motor AmE, gasoline motor AmE)* AUTO Benzinmotor *m*, Ottomotor *m*; **~-oil mixture** *n BrE (cf gas-oil mixture AmE, gasoline-oil mixture AmE)* AUTO *two-stroke engine* Zweitaktgemisch *nt*; **~ pump** *n BrE (cf gas pump AmE, gasoline pump AmE)* AUTO Benzinpumpe *f*, Kraftstoffpumpe *f*; **~ resistance** *n BrE (cf gas re sistance AmE, gasoline resistance AmE)* PLAS Benzinbeständigkeit *f*; **~ station** *n BrE (cf gas station AmE, gasoline station AmE)* TRANS Tankstelle *f*; **~ tank** *n BrE (cf gas tank AmE, gasoline tank AmE)* AUTO Benzintank *m*, Kraftstofftank *m*, Tank *m*; **~ tank cap** *n BrE (cf gas tank cap AmE, gasoline tank cap AmE)* AUTO Kraftstoffbehälterdeckel *m*; **~ vapour recovery plant** *n BrE (cf gas vapor recovery plant AmE, gasoline vapor recovery plant AmE)* POLL Benzindampfrückgewinnungsanlage *f*

petrolatum *n* CHEMISTRY *jelly* Petrolat *nt*, Petrolatum *nt*, Rohvaselin *nt*

petroleum: **~ basin** *n* PET TECH Ölbecken *nt*; **~ engineer** *n* PET TECH Erdölingenieur *m*; **~ geology** *n* PET TECH Erdölgeologie *f*; **~ industry** *n* PET TECH Mineralölwirtschaft *f*, Ölindustrie *f*; **~ jelly** *n* CHEMISTRY Petrolat *nt*, Petrolatum *nt*; **~ mining** *n* PET TECH Ölbergbau *m*; **~ product** *n* POLL Erdölerzeugnis *nt*; **~ province** *n* PET TECH Ölprovinz *f*; **~ refinery** *n* PET TECH Erdölraffinerie *f*; **~ reservoir** *n* PET TECH Erdöllagerstätte *f*; **~ spirit** *n* PET TECH Lösungsbenzin *nt*; **~ well** *n* PET TECH Ölbohrung *f*; **~ workings** *n pl* PET TECH Erdölbetrieb *m*

petrolic *adj* CHEMISTRY *ether* Petrol- *pref*

petrology *n* COAL TECH Petrologie *f*

petticoat: **~ insulator** *n* ELEC ENG Glockenisolator *m*

petty: **~ officer** *n* WATER TRANS *navy* Maat *m*

PEV *abbr (peak envelope voltage)* RAD TECH SS-Spannung *f (Spitzenspannung eines Senders)*

pewter *n* PROD ENG Hartzinn *nt*

pewtery *n* PROD ENG Zinngießerei *f*

PFM *abbr (pulse frequency modulation)* COMP & DP, ELECTRON PFM *(Pulsfrequenzmodulation)*

PFR *abbr (power fail restart)* COMP & DP Neustart nach Netzausfall *m*

Pfund: **~ series** *n* PHYS Pfund-serie *f*

Pg *abbr (grid dissipation power)* RAD TECH Pg *(Gitterverlustleistung)*

PG *abbr (pulse generator)* COMP & DP, ELECT, TELECOM Impulsgenerator *m*

pH: **~ control** *n* COAL TECH pH-Regelung *f*; **~ controller** *n* COAL TECH pH-Regler *m*; **~ depression** *n* POLL Herabsetzung des pH-Wertes *f*; **~ drop** *n* POLL pH-Abnahme *f*; **~ meter** *n* COAL TECH pH-Messer *m*, LAB EQUIP pH-Meßgerät *nt*, METROL pH-Messer *m*; **~-value** *n* POLL pH-Wert *m*

phantom: **~ center channel loudspeaker** *n AmE*, **~ centre channel loudspeaker** *n BrE* RECORD Phantomkanal-Lautsprecher *m*; **~ circuit** *n* ELEC ENG Phantomkreis *m*, Phantomleitung *f*, Viererleitung *f*, TELECOM Phantomleitung *f*, Viererleitung *f*; **~ coil** *n* ELEC ENG Phantomspule *f*; **~ dump** *n* WASTE ungenehmigte Deponie *m*

pharmaceutical: **~ waste** *n* WASTE Altmedikamente *nt pl*

phase:[1] **~-shifted** *adj* ELECTRON phasenverschoben; **in phase** *adj* ELEC gleichphasig; ELECTRON gleichphasig, phasengleich; **out of phase opposition** *adj* ELECTRON gegenphasig; **in phase** *adv* WAVE PHYS in phase *adv*

phase[2] *n* COMP & DP, ELECT, ELECTRON, METALL, PHYS, RAD TECH, THERMODYN, TRANS *traffic control* Phase *f*; **~ a** **~ of an acoustical vibration** *n* ACOUSTICS Phase einer Schallschwingung *f*; **~ adjustment** *n* TELEV Phasenabgleich *m*; **~ advance** *n* ELECT Phasenvoreilung *f*, Phasenvorschiebung *f*; **~ alignment** *n* TELECOM Phasenabgleich *m*; **~ alternation line** *n (PAL)* COMP & DP, TELEV PAL-System *nt*; **~ ambiguity resolution** *n* SPACE *communications* Mehrphasenauflösung *f*; **~ amplitude characteristic** *n* TELECOM Phasengang der

Amplitude *m*; ~ **angle** *n* AIR TRANS, ELECT, ELECTRON, FUELLESS, PHYS, TEST, WAVE PHYS *of oscillation* Phasenwinkel *m*;

~ b ~ **balance relay** *n* ELECT Phasenausgleichrelais *nt*; ~ **boundary** *n* METALL Phasengrenze *f*; ~ **bridge** *n* INSTR Phasenmeßbrücke *f*;

~ c ~ **change coefficient** *n* ACOUSTICS Phasenbelag *m*; ~ **changer** *n* ELECT Phaseneinsteller *m*, ELECTRON Phasenschieber *m*, Phasenumformer *m*, TELECOM Phasenschieber *m*; ~ **change velocity** *n* TELECOM Phasenänderungsgeschwindigkeit *f*; ~ **coefficient** *n* OPT Phasenkoeffizient *m*, TELECOM Phasenkonstante *f*, Winkelkonstante *f*; ~ **comparator** *n* ELECTRON Phasenvergleicher *m*, TELEV Phasenkomparator *m*; ~ **compensation** *n* ELECT, TELECOM Phasenausgleich *m*; ~ **constant** *n* ACOUSTICS (β), ELECT (β) Phasenkonstante *f* (β), OPT, PHYS *imaginary part of propagation constant*, TELECOM Phasenkonstante *f*, TELEV Phasenmaß *nt*; ~ **contrast microscope** *n* LAB EQUIP, PHYS Phasenkontrastmikroskop *nt*; ~ **control** *n* ELECTRON Phasensteuerung *f*, TELECOM Phasenregelung *f*, Phasensteuerung *f*, TELEV Phasensteuerung *f*; ~ **converter** *n* ELECT, ELECTRON Phasenumformer *m*, TELEV Phasenkonverter *m*; ~ **crossover frequency** *n* IND PROCESS Phasenschnittfrequenz *f*; ~ **current** *n* ELEC ENG, ELECT *power system* Phasenstrom *m*;

~ d ~ **delay** *n* TELEV Phasenverzögerung *f*; ~ **demodulation** *n* ELECTRON, TELECOM Phasendemodulation *f*; ~ **demodulator** *n* ELECTRON Phasendemodulator *m*, Phasengleichrichter *m*; ~ **detector** *n* ELECTRON Phasendetektor *m*, Phasendiskriminator *m*, RAD TECH, TELECOM, TELEV Phasendetektor *m*; ~ **diagram** *n* METALL, NUC TECH Phasendiagramm *nt*, THERMODYN Phasendiagramm *nt*, Zustandsdiagramm *nt*, TRANS *traffic control* Phasendiagramm *nt*; ~ **difference** *n* ELECT Phasenunterschied *m*, ELECTRON Phasenunterschied *m*, Phasendifferenz *f*, PHYS, RECORD Phasendifferenz *f*, TELECOM Phasenunterschied *m*, Phasenwinkeldifferenz *f*, TELEV Phasenunterschied *m*, WAVE PHYS Phasendifferenz *f*; ~ **discriminator** *n* ELECTRON, RAD TECH Phasendiskriminator *m*; ~ **displacement** *n* ELECT Phasenverschiebung *f*; ~ **displacement induction loop detector** *n* TRANS *traffic control* Phasenverschiebungsinduktionsschleife *f*; ~ **distortion** *n* ELECTRON, RAD TECH, TELECOM, TELEV Phasenverzerrung *f*; ~ **distribution** *n* METALL Phasenverteilung *f*;

~ e ~ **encoding** *n* (*PE*) COMP & DP Richtungstaktschrift *f*; ~ **equalizer** *n* ELECT Phasenausgleicher *m*; ~ **equilibrium** *n* THERMODYN Phasengleichgewicht *nt*; ~ **error** *n* ELECTRON, TELEV Phasenfehler *m*;

~ f ~ **failure** *n* TELEV Phasenausfall *m*; ~ **frequency response curve** *n* ACOUSTICS Phasenfrequenzgang *m*;

~ g ~ **generator** *n* ELECTRON Phasengenerator *m*;

~ i ~ **insulation** *n* ELECT Phasenisolierung *f*; ~ **inversion** *n* COAL TECH, RECORD Phasenumkehrung *f*; ~ **inverter** *n* ELECT Phasenumkehrer *m*;

~ j ~ **jitter** *n* SPACE *communications* Phasenzittern *nt*;

~ l ~ **lag** *n* ELECT Phasennacheilung *f*, Phasenverzögerung *f*, ELECTRON Phasennacheilung *f*, Phasenverschiebung *f*, Phasenverzögerung *f*, PHYS Phasenverzögerung *f*; ~ **lead** *n* ELECT Phasenvoreilung *f*, Phasenvorschub *m*, ELECTRON, PHYS Phasenvoreilung *f*; ~ **local oscillator** *n* ELECTRON lokaler Oszillator *m*; ~ **lock** *n* TELEV Phasenverkettung *f*; ~-**locked demodulator** *n* SPACE *communications* phasenstabilisierter Demodulator *m*; ~-**locked loop** *n* (*PLL*) ELECTRON, RAD TECH, SPACE *spacecraft* Phasenregelkreis *m* (*PLL*), TELECOM Phase-Locked-Loop *m*, Phasenregelkreis *m*, Phasensynchronisationskreis *m*, TELEV Phasenregelkreis *m* (*PLL*); ~ **locking** *n* ELECTRON Phasenrastung *f*, TELECOM Phasensynchronisation *f*, TELEV Phasenverkettung *f*;

~ m ~ **margin** *n* ELECTRON Phasenreserve *f*; ~ **modulation** *n* (*PM*) COMP & DP, ELECTRON, PHYS, RAD TECH, RECORD, TELECOM, TELEV Phasenmodulation *f* (*PM*); ~ **modulator** *n* ELECTRON, TELECOM Phasenmodulator *m*;

~ n ~ **nonlinear distortion** *n* SPACE *communications* nicht lineare Phasenverzerrung *f*;

~ o ~-**out** *n* WAVE PHYS Phasenverschiebung *f*;

~ r ~ **reference** *n* TELEV Phasenreferenzwert *m*; ~ **regulation** *n* TELECOM Phasenregelung *f*; ~ **response** *n* ELECTRON Phasengang *m*; ~ **reversal** *n* ELECT, TELEV Phasenumkehr *f*; ~ **reversal switch** *n* ELEC ENG Phasenumkehrschalter *m*; ~-**reversed secondaries** *n pl* ELEC ENG phasenumgekehrte Sekundärströme *m pl*; ~ **rule** *n* NUC TECH Phasenregel *f*;

~ s ~ **separation** *n* WASTE Phasentrennung *f*; ~ **sequence** *n* ELECT *in 3-phase system*, ELECTRON Phasenfolge *f*; ~ **sequence rectifier** *n* ELECT Phasenfolgegleichrichter *m*; ~-**shaped QPSK** *n* TELECOM Vierphasenumtastung mit geglättetem Phasenverlauf *f*; ~ **shift** *n* ELECT Phasenverschiebung *f*, ELECTRON Phasenabweichung *f*, Phasendrehung *f*, Phasenverschiebung *f*, NUC TECH *in scattering theory*, PHYS, SPACE *communications* Phasenverschiebung *f*, TELEV Phasenshift *m*, TRANS *traffic control* Phasenverschiebung *f*; ~ **shifter** *n* ELECT, NUC TECH, TELECOM Phasenschieber *m*; ~-**shifting capacitor** *n* ELECT Phasenschiebekondensator *m*; ~-**shifting element** *n* ELECTRON phasenverschiebendes Element *nt*; ~-**shifting network** *n* ELECT Phasenschiebekette *f*, Phasenschieberschaltung *f*, PHYS Phasenschieberschaltung *f*; ~-**shifting transformer** *n* ELECT Phasenverschiebetransformator *m*; ~ **shift keyed modulation** *n* ELECTRON, SPACE *communications* Phasenumtastungsmodulation *f*; ~-**shift keying** *n* (*PSK*) COMP & DP Phasensprungtastung *f* (*PSK*) ELECTRON, RAD TECH, SPACE, TELECOM Phasenumtastung *f* (*PSK*); ~-**shift microphone** *n* RECORD Phasensprungmikrofon *nt*; ~-**shift monitor** *n* RAD TECH Phasenverschiebungsüberwachung *f*; ~-**shift oscillator** *n* ELECTRON Phasenkettenoszillator *m*; ~ **of a sinusoidal quantity** *n* ACOUSTICS Phase einer sinusförmigen Größe *f*; ~ **skipping** *n* TRANS *traffic control* Ineinandergreifen der Phasen *nt*; ~ **space** *n* PART PHYS, PHYS Phasenraum *m*; ~ **splitter** *n* ELECT Phasenteiler *m*, RAD TECH Phasentrenner *m*, RECORD Phasenspalter *m*; ~ **splitter oscillator** *n* ELECTRON Phasenspalteroszillator *m*; ~ **splitting** *n* ELECT Phasenteilung *f*, ELECTRON Phasentrennung *f*; ~ **stability** *n* ELECT, TELECOM Phasenstabilität *f*;

~ t ~ **terminal** *n* ELECT Phasenanschluß *m*, Phasenklemme *f*; ~-**to-earth fault** *n BrE* (*cf phase-to-ground fault AmE*) ELECT Phase-Erde-Schluß *m*; ~-**to-ground fault** *n AmE* (*cf phase-to-earth fault BrE*) ELECT Phase-Erde-Schluß *m*; ~-**to-neutral voltage** *n* ELECT Phase-Nulleiter-Spannung *f*; ~-**to-phase voltage** *n* ELECT Phase-Phase-Spannung *f*, Spannung zwischen Phasen *f*; ~ **transformation** *n* THERMODYN Phasenübergang *m*; ~ **tuning** *n* TELECOM Phasenabgleich *m*; **~ v** ~ **variation** *n* ELECT Phasenvariation *f*, Phasenänderung *f*; ~ **velocity** *n* PHYS Phasengeschwindigkeit *f*; ~ **voltage** *n* ELECT Phasenspannung *f*; **~ w** ~ **winding** *n* ELECT Phasenwicklung *f*; ~**-wound rotor motor** *n* ELECT Motor mit phasengewickeltem Läufer *m*

phase:[3] ~**-shift** *vt* ELECTRON Phasen drehen

phase:[4] ~ **shift** *vi* ELECTRON Phasen schieben

phased[1] *adj* TELEV in Phase

phased:[2] ~ **array** *n* RAD TECH phasengesteuerte Gruppenantenne *f*; ~ **array antenna** *n* SPACE phasengespeiste Antennengruppe *f*; ~ **ignition** *n* SPACE *spacecraft* phasengesteuerte Zündung *f*; ~ **traffic lights** *n pl BrE (cf synchronized lights AmE)* TRANS grüne Welle *f*

phaseolunatin *n* CHEMISTRY Phaseolunatin *nt*

phaser *n* TELEV Phasenregler *m*

phasing *n* ELECT Phasenausgleich *m*, ELECTRON Einphasen *nt*; ~ **diagram** *n* TRANS *traffic control* Phasendiagramm *nt*; ~ **of loudspeakers** *n* RECORD Phasenabgleich von Lautsprechern *m*; ~ **plug** *n* RECORD Phasenabgleichsstecker *m*; ~ **signal** *n* ELECTRON Signal für das Einphasen *nt*, TELEV Phasensignal *nt*; ~ **switch** *n* RECORD Phasenabgleichsschalter *m*; ~ **unit** *n* AIR TRANS *helicopter* Phaseneinstellungseinheit *f*

phasor: ~ **representation** *n* ELEC ENG Zeigerdarstellung *f*

phellandrene *n* CHEMISTRY Phellandren *nt*

phenacetin *n* CHEMISTRY Ethoxyacetanilid *nt*, Phenacetin *nt*

phenaceturic *adj* CHEMISTRY Phenacetur- *pref*

phenacyl *n* CHEMISTRY Phenacyl *nt*

phenanthraquinone *n* CHEMISTRY Phenanthrachinon *nt*

phenanthridine *n* CHEMISTRY Benzochinolin *nt*, Phenanthridin *nt*

phenanthridone *n* CHEMISTRY Phenanthridon *nt*

phenanthrol *n* CHEMISTRY Hydroxyphenanthren *nt*, Phenanthrol *nt*

phenanthroline *n* CHEMISTRY Phenanthrolin *nt*

phenate *n* CHEMISTRY Phenat *nt*, Phenolat *nt*, Phenoxid *nt*

phenazine *n* CHEMISTRY Azophenylen *nt*, Dibenzoparadiazin *nt*, Dibenzopyrazin *nt*, Phenazin *nt*

phenazone *n* CHEMISTRY Phenazon *nt*

phenetidine *n* CHEMISTRY Aminophenetol *nt*, Aminophenolethylether *m*, Ethoxyanilin *nt*, Phenetidin *nt*

phenetole *n* CHEMISTRY Ethoxybenzol *nt*, Ethylphenylether *m*, Phenetol *nt*

phenetrol *n* CHEMISTRY Apionol *nt*

pheniramine *n* CHEMISTRY Pheniramin- *pref*

phenol *n* CHEMISTRY Phenol *nt*

phenolate *n* CHEMISTRY Phenat *nt*, Phenolat *nt*, Phenoxid *nt*

phenolic[1] *adj* CHEMISTRY phenolisch

phenolic[2] *n* PROD ENG Phenolharz *nt*; ~ **foam** *n* PLAS Phenolharzschaumstoff *m*; ~ **lining** *n* PROD ENG Phenolkunststoffleiste *f*; ~ **plastic** *n* PLAS Phenoplast *m*; ~ **resin** *n* ELECT, PLAS, PROD ENG Phenolharz *nt*

phenolphthalein *n* CHEMISTRY Phenolphthalein *nt*

phenosafranine *n* CHEMISTRY Phenosafranin *nt*

phenothiazine *n* CHEMISTRY Phenothiazin *nt*, Phenthiazin *nt*, Thiodiphenylamin *nt*

phenoxazine *n* CHEMISTRY Naphthoxazin *nt*, Phenoxazin *nt*

phenoxide *n* CHEMISTRY Phenolat *nt*, Phenoxid *nt*

phenoxybenzene *n* CHEMISTRY Diphenylether *m*, Phenoxybenzol *nt*

phenyl[1] *adj* CHEMISTRY Phenyl- *pref*

phenyl:[2] ~ **iodide** *n* CHEMISTRY Iodbenzol *nt*, Phenyliodid *nt*; ~ **isocyanate** *n* CHEMISTRY Carbanil *nt*, Phenylisocyanat *nt*

phenylacetaldehyde *n* CHEMISTRY Hyacinthenaldehyd *m*, Hyacinthin *nt*, Phenylacetaldehyd *m*

phenylacetamide *n* CHEMISTRY Phenylacetamid *nt*

phenylacetic *adj* CHEMISTRY Phenylessig- *pref*

phenylalanine *n* CHEMISTRY Phenylalanin *nt*

phenylamine *n* CHEMISTRY Aminobenzol *nt*, Anilin *nt*, Phenylamin *nt*, PRINT Phenylamin *nt*

phenylated *adj* CHEMISTRY phenyliert

phenylbenzene *n* CHEMISTRY Biphenyl *nt*

phenylcarbinol *n* CHEMISTRY Benzylalkohol *m*, Phenylcarbinol *nt*

phenylchromone *n* CHEMISTRY Flavon *nt*, Phenylchromon *nt*

phenylenediamine *n* CHEMISTRY Phenylendiamin *nt*

phenylethylene *n* CHEMISTRY Phenylethylen *nt*, Styren *nt*, Styrol *nt*

phenylglycine *n* CHEMISTRY Phenylglycin *nt*, Phenylglykokoll *nt*

phenylglycolic *n* CHEMISTRY Phenylglycol- *pref*

phenylhydrazine *n* CHEMISTRY Hydrazobenzol *nt*, Phenylhydrazin *nt*

phenylhydrazone *n* CHEMISTRY Phenylhydrazon *nt*

phenylhydroxylamine *n* CHEMISTRY Phenylhydroxylamin *nt*

phenylpropane *n* CHEMISTRY Phenylpropan *nt*

phenylpropiolic *adj* CHEMISTRY Phenylpropion- *pref*

phenylurea *n* CHEMISTRY N-Phenylurethan *nt*, Phenylharnstoff *m*

ϕ *abbr* ACOUSTICS *(velocity potential)* ϕ *(Geschwindigkeitspotential)*, ACOUSTICS *(angular displacement)* ϕ *(Winkelverdrängung)*

phial *n (cf vial AmE)* CER & GLAS Glasfläschchen *nt*, Phiole *f*, CHEMISTRY Phiole *f*, LAB EQUIP Ampulle *f*, Fläschchen *nt*

Phillips: ~ **screw®** *n* MECHAN ENG Kreuzschlitzschraube *f*; ~ **screwdriver®** *n* MECHAN ENG Kreuzschlitzschraubendreher *m*, Kreuzschlitzschraubenzieher *m*

phloretic *adj* CHEMISTRY Phloretin- *pref*

phloretin *n* CHEMISTRY Phloretin *nt*

phloridzin *n* CHEMISTRY Phloridzin *nt*

phlorizin *n* CHEMISTRY Phloridzin *nt*

phlorol *n* CHEMISTRY Phlorol *nt*

phloryhizin *n* CHEMISTRY Phloryhidzin *nt*

phon *n* ACOUSTICS, PHYS Phon *nt*

phonation *n* ACOUSTICS Lautbildung *f*

phone: ~ **card** *n* TELECOM Telefonkarte *f*

phoneme *n* ACOUSTICS Phonem *nt*

phonetic: ~ **alphabet** *n* RAD TECH Buchstabieralphabet *nt*; ~ **power** *n* ACOUSTICS phonetische Leistung *f*

phono: ~ **adaptor** *n* RECORD Schalldosen-Adapter *m*; ~ **plug** *n* RECORD Tonabnehmerstecker *m*

phonograph *n AmE (cf gramophone BrE)* RECORD Grammophon *nt*

phonon *n* PHYS Phonon *nt*; ~ **gas model** *n* PHYS Phonongasmodell *nt*

phonovision *n* OPT Phonovision *f*

phorone *n* CHEMISTRY Diisopropylidenaceton *nt*, Phoron *nt*

phoronomical *adj* PROD ENG phoronomisch

phosgene *n* CHEMISTRY Carbonylchlorid *nt*, Kohlenoxidchlorid *nt*, Kohlensäuredichlorid *nt*, Phosgen *nt*
phosphatase *n* CHEMISTRY Phosphatase *f*, Phosphomonoesterase *f*
phosphate *n* CHEMISTRY, COATINGS Phosphat *nt*; **~ of lime** *n* CHEMISTRY Apatit *m*; **~-opal glass** *n* CER & GLAS Phosphat-Opalglas *nt*
phosphatization *n* CHEMISTRY Phosphatieren *nt*
phosphatododecatungstate *n* CHEMISTRY Dodecawolframatophosphat *nt*, Phosphorwolframat *nt*, Tetrakistriwolframatophosphat *nt*
phosphide *n* CHEMISTRY Phosphid *nt*
phosphite *n* CHEMISTRY Phosphit *nt*, phosphorigsaures Salz *nt*
phosphoglyceric *adj* CHEMISTRY Phosphoglycerin- *pref*
phospholipid *n* FOOD TECH Phospholipid *nt*
phosphomolybdic *adj* CHEMISTRY Phosphormolybdän- *pref*
phosphonium *n* CHEMISTRY Phosphonium *nt*
phosphor *n* CHEMISTRY phosphoreszierender Stoff *m*, ELECTRON Phosphor *m*, PHYS Phosphor *m*, nachleuchtende Substanz *f*; **~ bronze** *n* ELEC ENG *used in switches*, ELECT Phosphorbronze *f*; **~ dot** *n* TELEV Leuchtstoffpunkt *m*; **~ screen** *n* TELEV Phosphorbildschirm *m*; **~ strip** *n* TELEV Leuchtstreifen *m*
phosphorescence *n* ELECTRON Nachleuchten *nt*, Phosphoreszenz *f*, PHYS, RAD PHYS Phosphoreszenz *f*, WATER TRANS *sea* Phosphoreszieren *nt*
phosphorescent: **~ material** *n* ELECTRON phosphoreszierendes Material *nt*; **~ safety sign** *n* SAFETY phosphoreszierendes Sicherheitschild *nt*
phosphoric: **~ acid** *n* CHEMISTRY Phosphorsäure *f*; **~ pig iron** *n* CHEMISTRY Phosphorroheisen *nt*
phosphorus *n (P)* CHEMISTRY Phosphor *m (P)*; **~ doping** *n* ELECTRON Anreicherung mit Leuchtstoff *f*
phosphoryl *adj* CHEMISTRY Phosphoryl- *pref*
phosphorylase *n* CHEMISTRY Phosphorylase *f*
phosphotungstate *n* CHEMISTRY Dodecawolframatophosphat *nt*, Phosphorwolframat *nt*, Tetrakistriwolframatophosphat *nt*
photicon *n* ELECTRON Fotikon *nt*
photoactivation: **~ analysis** *n* RAD PHYS Gammastrahlenaktivierungsanalyse *f*
photoactive: **~ transducer** *n* ELEC ENG fotoaktiver Transducer *m*, fotoaktiver Wandler *m*
photocathode *n* ELEC ENG, PHYS, TELEV Fotokathode *f*
photocell *n* COMP & DP Fotozelle *f*, ELECT Fotodetektor *m*, Fotosensor *m*, Fotozelle *f*, ELECTRON, PHOTO, PHYS *photoelectric cell*, PRINT, RAD PHYS Fotozelle *f*
photochemical[1] *adj* POLL fotochemisch
photochemical:[2] **~ effect** *n* FUELLESS fotochemische Wirkung *f*; **~ smog** *n* POLL fotochemischer Smog *m*
photochemistry *n* PHOTO Fotochemie *f*
photocomposer *n* PRINT *person* Fotosetzer *m*
photocomposition *n* PRINT Fotosatz *m*, Lichtsatz *m*
photoconducting: **~ drum** *n* OPT fotoleitende Trommel *f*; **~ layer** *n* OPT fotoleitende Schicht *f*
photoconductive[1] *adj* ELECTRON lichtelektrisch leitend, PHOTO fotoleitfähig
photoconductive:[2] **~ cell** *n* ELECTRON Fotowiderstand *m*, Widerstandszelle *f*, PHYS lichtelektrische Zelle *f*, RAD TECH Fotowiderstand *m*; **~ gain** *n* ELECTRON lichtelektrische Verstärkung *f*
photoconductivity *n* ELECTRON, OPT, PHYS, TELECOM Fotoleitfähigkeit *f*
photocopying: **~ paper** *n* ENG DRAW Ablichtungspapier *nt*
photocoupled: **~ solid-state relay** *n* ELEC ENG optoelektronisch gekoppeltes Festkörperrelais *nt*
photocurrent *n* OPT, TELECOM Fotostrom *m*
photodetachment *n* NUC TECH *of electron from negative ion* Elektronenabspaltung durch Fotoeffekt *f*
photodetection *n* ELECTRON Fotodetektion *f*
photodetector *n* ELECTRON, OPT Fotodetektor *m*; **~ diode** *n* ELECTRON, OPT, TELECOM Fotodiode *f*
photodigital: **~ memory** *n* COMP & DP Laserspeicher *m*
photodiode *n* ELECTRON, OPT, PHOTO, PHYS, TELECOM Fotodiode *f*; **~ array** *n* ELECTRON Fotodiodengruppe *f*
photodisintegration *n* PHYS Fotospaltung *f*
photoelastic *adj* PROD ENG spannungsoptisch
photoelectric[1] *adj* ELECT fotoelektrisch
photoelectric:[2] **~ amplifier** *n* ELECTRON lichtelektrischer Verstärker *m*; **~ cell** *n (PEC)* ELECT, ELECTRON, PHOTO Fotozelle *f (PEC)*, PHYS Fotozelle *f*, lichtelektrische Zelle *f (PEC)*, PRINT, RAD PHYS, TELEV Fotozelle *f (PEC)*; **~ current** *n* ELECT Fotostrom *m*, fotoelektrischer Strom *m*; **~ detector** *n* TRANS *traffic control* fotoelektrischer Detektor *m*; **~ device** *n* ELECTRON lichtelektrisches Gerät *nt*; **~ effect** *n* ELECTRON Fotoeffekt *m*, lichtelektrische Wirkung *f*, OPT, PHYS fotoelektrischer Effekt *m*, RAD PHYS Fotoeffekt *m*, fotoelektrischer Effekt *m*, TELECOM fotoelektrischer Effekt *m*; **~ emission** *n* ELECTRON lichtelektrischer Effekt *m*, äußerer Fotoeffekt *m*; **~ guard** *n* SAFETY Schutzvorrichtung mit Fotozelle *f*; **~ light barriers and scanner** *n pl* PACK fotoelektrische Lichtschranken und Scanner *f pl*; **~ pick-up** *n* RECORD fotoelektrischer Tonabnehmer *m*; **~ register control** *n* PACK Fotozellen-Registersteuerung *f*; **~ relay** *n* ELEC ENG, ELECT fotoelektrisches Relais *nt*; **~ threshold** *n* PHYS fotoelektrische Einsatzschwelle *f*; **~ transducer** *n* ELEC ENG fotoelektrischer Transducer *m*; **~ tube** *n* ELECTRON Fotozelle *f*
photoelectrically: **~-operated relay** *n* ELEC ENG fotoelektrisch betriebenes Relais *nt*
photoelectron *n* ELECTRON Fotoelektron *nt*; **~ spectroscopy** *n* PHYS Fotoelektronen-Spektroskopie *f*
photoemission *n* ELECTRON lichtelektrische Emission *f*, TELEV Fotoemission *f*
photoemissive[1] *adj* PHOTO fotoemissiv
photoemissive:[2] **~ effect** *n* OPT Hallwachs-Effekt *m*, äußerer Fotoeffekt *m*, RAD PHYS Fotoeffekt *m*, TELECOM äußerer fotoelektrischer Effekt *m*; **~ layer** *n* ELECTRON Emissionsfotoschicht *f*
photoengrave *vt* ELECTRON lichtelektrisch gravieren
photoengraving *n* ELECTRON Fotogravierverfahren *nt*, PRINT Fotochemigrafie *f*
photoetching *n* PRINT Fotoätzung *f*
photoflood: **~ bulb** *n* PHOTO Überspannungsblitz *m*
photogalvanic: **~ cell** *n* FUELLESS fotogalvanische Zelle *f*
photogenerator *n* ELEC ENG Fotogenerator *m*
photogrammetry *n* CONST Fotogrammetrie *f*, Meßbildverfahren *nt*, SPACE *spacecraft* Fotogrammetrie *f*
photograph[1] *n* PHOTO Fotografie *f*, PHYS Fotographie *f*
photograph[2] *vt* PHOTO fotografieren
photographer *n* PHOTO Fotograf *m*
photographic: **~ apparatus** *n* PHOTO Fotogerät *nt*; **~ exposure** *n* ACOUSTICS fotografische Belichtung *f*; **~ laboratory** *n* PHOTO Fotolabor *nt*; **~ paper** *n* PHOTO Fotopapier *nt*; **~ plate** *n* PRINT fotografische Platte *f*; **~ print** *n* PRINT Fotoabzug *m*, fotografischer Abzug *m*; **~ proofs** *n pl* PRINT Fotoprobeabzüge *m pl*

photohalide *n* PHOTO Fotohalogenid *nt*
photoinitiator *n* PLAS *polymer cure* Fotoinitiator *m*
photoionization *n* PHYS Fotoionisation *f*
photolithography *n* ELECTRON, PRINT Fotolithographie *f*
photoluminescence *n* RAD PHYS Fotolumineszenz *f*
photolysis *n* FUELLESS Fotolyse *f*
photomask *n* ELECTRON Fotomaske *f*
photomaster *n* ENG DRAW Druckvorlage *f*
photomechanical *adj* PRINT fotomechanisch
photometer *n* PHOTO Fotometer *nt*, Lichtmesser *m*, PHYS, PLAS Fotometer *nt*
photometry *n* PHYS Fotometrie *f*
photomicrogram *n* METALL Mikrofotogramm *nt*
photomicrograph *n* METALL Mikrobild *nt*
photomultiplier *n* ELECTRON Fotoelektronen-Vervielfacher *m*, Fotovervielfacher *m*, Sekundäremissionsvervielfacher *m*, PHYS Fotovervielfacher *m*, RAD PHYS Fotovervielfacher *m*, Fotomultiplier *m*
photon *n* OPT, PART PHYS *field quantum of electromagnetic force*, PHYS, RAD PHYS Photon *nt*; ~ **amplification** *n* RAD PHYS Photonenvervielfachung *f*; ~ **noise** *n* OPT, TELECOM Photonenrauschen *nt*
photopage *n* PRINT Fotoseite *f*
photopaper *n* PRINT Fotopapier *nt*
photoplotter *n* COMP & DP Fotoplotter *m*, Lichtzeichenmaschine *f*, Fotoplotter *m*
photopolymerization *n* CHEMISTRY Fotopolymerisation *f*, Fotovernetzung *f*, lichtinduzierte Polymerisation *f*
photoprint *n* PRINT Fotoabzug *m*, fotografischer Abzug *m*
photoproduction *n* PART PHYS *high energy photons* Fotoproduktion *f*
photoresist *n* ELECTRON Fotolack *m*, Fotoresist *nt*; ~ **coating** *n* ELECTRON Fotolacküberzug *m*
photoresistor *n* RAD PHYS Fotowiderstand *m*
photosensitive[1] *adj* PHOTO, PHYS lichtempfindlich
photosensitive:[2] ~ **glass** *n* CER & GLAS fotosensibles Glas *nt*; ~ **tube** *n* ELECTRON fotoelektronische Röhre *f*
photosensitivity *n* ELECTRON, PHYS Lichtempfindlichkeit *f*
photosensor *n* ELECTRON Fotosensor *m*
photosphere *n* RAD TECH, SPACE Fotosphäre *f*
photospheric: ~ **absorption** *n* RAD PHYS *in solar photosphere* fotosphärische Absorption *f*
photosynthesis *n* FUELLESS Fotosynthese *f*
phototransistor *n* COMP & DP Fototransistor *m*, Fotozelle *f*, Fototransistor *m*, ELECTRON, RAD PHYS Fototransistor *m*
phototube *n* ELEC ENG Fotozelle *f*, ELECTRON Fotoröhre *f*, Fotozelle *f*; ~ **relay** *n* ELEC ENG Fotozellenrelais *nt*
phototypesetter *n* PRINT Fotosatzanlage *f*, Fotosatzmaschine *f*
phototypesetting *n* PRINT Fotosatz *m*, Lichtsatz *m*
photovaristor *n* ELEC ENG Fotovaristor *m*
photovoltaic: ~ **cell** *n* ELEC ENG Fotoelement *nt*, Fotozelle *f*, Sperrschichtelement *nt*, Sperrschichtzelle *f*, FUELLESS Fotoelement *nt*, Sperrschichtfotozelle *f*, PHYS Sperrschichtfotozelle *f*, SPACE Fotozelle *f*; ~ **current** *n* ELEC ENG Fotovoltstrom *m*, Sperrschichtstrom *m*; ~ **effect** *n* ELEC ENG Sperrschichteffekt *m*, ELECT fotovoltaischer Effekt *m*, FUELLESS, PHYS Sperrschichtfotoeffekt *m*, SPACE Fotoeffekt *m*, TELECOM Sperrschichtfotoeffekt *m*; ~ **generator** *n* ELEC ENG Fotovoltgenerator *m*, Sperrschichtgenerator *m*; ~ **solar power plant** *n* ELEC ENG fotovoltaische Solarstromanlage *f*
phreatic: ~ **water level** *n* WATER SUP Grundwasserspiegel *m*
phthalamide *n* CHEMISTRY Phthaldiamid *nt*, Phthalsäurediamid *nt*
phthalate *n* CHEMISTRY Phthalat *nt*
phthalein *n* CHEMISTRY Phthalein *nt*
phthalic[1] *adj* CHEMISTRY Phthalsäure- *pref*, phthalsauer
phthalic:[2] ~ **anhydride** *n* PLAS *raw material* Phthalsäureanhydrid *nt*
phthalide *n* CHEMISTRY Phthalid *nt*
phthaline *n* CHEMISTRY Phthalin *nt*
phthalocyanine *n* PLAS *pigment* Phthalocyanin *nt*
phugoid: ~ **effect** *n* AIR TRANS Pendelwirkung *f*; ~ **oscillation** *n* AIR TRANS Pendelschwingung *f*, Phugoidschwingung *f*, Phugoidbewegung *f*
physical[1] *adj* COMP & DP physisch, wirklich
physical:[2] ~ **agent** *n* POLL Naturkraft *f*; ~ **balance** *n* LAB EQUIP physikalische Waage *f*; ~ **circuit** *n* ELEC ENG Stamm *m*, Stammleitung *f*; ~ **control unit** *n* COMP & DP physische Steuereinheit *f*; ~ **database** *n* COMP & DP physische Datenbank *f*; ~ **description** *n* COMP & DP technische Beschreibung *f*; ~ **dimension** *n* COMP & DP Abmessung *f*; ~ **file** *n* COMP & DP physische Datei *f*; ~ **helical editing** *n* TELEV Schrägspuredieren *nt*; ~ **layer** *n* COMP & DP Bitübertragungsschicht *f*, TELECOM *OSI* Bitübertragungsschicht *f*, physikalische Schicht *f*; ~ **memory** *n* ELEC ENG physikalischer Speicher *m*; ~ **optics** *n* OPT Wellenoptik *f*, physikalische Optik *f*, PHYS, TELECOM physikalische Optik *f*; ~ **planning** *n* COMP & DP Installationsplanung *f*; ~ **properties** *n pl* PHYS physikalische Eigenschaften *f pl*, TEST Festigkeitseigenschaften *f pl*; ~ **quadruplex editing** *n* TELEV Doppelgegensprechedieren *nt*; ~ **record** *n* COMP & DP physischer Satz *m*; ~ **stabilization** *n* WASTE mechanischer Einschluß *m*; ~ **transmission** *n* COMP & DP physikalische Übertragung *f*; ~ **water treatment** *n* WATER SUP mechanische Wasseraufbereitung *f*
physio: ~-**chemical environment** *n* POLL physikalisch-chemische Umgebung *f*
physiological: ~ **effect** *n* SAFETY physiologische Einwirkung *f*; ~ **noise** *n* ACOUSTICS physiologisches Rauschen *nt*
physostigmine *n* CHEMISTRY Calabarin *nt*, Eserin *nt*, Physostigmin *nt*
phytase *n* FOOD TECH Phytase *f*
phytic: ~ **acid** *n* FOOD TECH Phytinsäure *f*
phytin *n* FOOD TECH Phytin *nt*
phytocidal *adj* CHEMISTRY pflanzentötend
phytotoxic *adj* CHEMISTRY phytotoxisch
pi *n* MATH *ratio of circumference to diameter of circle* Pi *nt*; ~ **meson** *n* PART PHYS Pi-Meson *nt*; ~ **network** *n* ELEC ENG Pi-Netz *nt*, PHYS, RAD TECH Pi-Netzwerk *nt*; ~ **winding** *n* ELEC ENG Pi-Wicklung *f*
PI[1] *abbr (polyimide)* ELECT, ELECTRON, PLAS PI *(Polyimid)*
PI:[2] ~ **action** *n (proportional plus integral action)* IND PROCESS PI-Verhalten *nt (Proportional-Integral-Verhalten)*; ~ **controller** *n (proportional plus integral controller)* IND PROCESS PI-Regler *m (Proportional-Integral-Regler)*
piano: ~ **hinge** *n* CONST Scharnier *nt*; ~ **string** *n* MECHAN ENG Klaviersaitendraht *m*; ~ **wire** *n* MECHAN ENG Klaviersaitendraht *m*
piazine *n* CHEMISTRY Piazin *nt*, Pyrazin *nt*
PIB *abbr (polyisobutylene)* PLAS PIB *(Polyisobutylen)*

pica *n* PRINT *typeface* Picaschrift *f*
Piccolo: ~ **burner** *n* CER & GLAS Pikkolo-Brenner *m*
pick[1] *n* CER & GLAS Haken *m*, PRINT verschmutzter Buchstabe *f*, TEXT Durchschuß *m*, Einschlagfaden *m*, Einschuß *m*, Schußfaden *m*; ~ **breaker** *n* COAL TECH Nadelbrecher *m*; ~**-off change gear** *n* PROD ENG Umsteckrad *nt*; ~**-off gear** *n* PROD ENG Umsteckrad *nt*; ~ **rate** *n* TEXT Schußleistung *f*; ~**-up** *n* ACOUSTICS Abtaster *m*, Tonabnehmerkopf *m*, AUTO *acceleration* Anzugsmoment *nt*, Beschleunigungsvermögen *nt*, Startvermögen *nt*, *vehicle* Kleinlastwagen *m*, Lieferwagen mit offener Pritsche *m*, Pick-Up *m*, Pritschenwagen *m*, ELEC ENG Anzug *m*, ELECT *sensor* Fühler *m*, Sensor *m*, ERGON, MECHAN ENG, NUC TECH *sensor* Aufnehmer *m*, PAPER Abnehmen *nt*, Pick-Up Bahnabnahme *f*, RECORD Tonabnehmer *m*, TRANS *electric-powered transport systems* Aufnehmer *m*; ~**-up arm** *n* ACOUSTICS Tonarm *m*, RECORD Tonabnehmerarm *m*; ~**-up coil** *n* PHYS Sondenspule *f*, Suchspule *f*, Tastspule *f*; ~**-up felt** *n* PAPER Pick-Up Filz *m*; ~**-up goods train** *n* *BrE (cf way freight train AmE)* RAIL Sammelgüterzug *m*; ~**-up head** *n* INSTR, OPT Abtastkopf *m*; ~**-up point** *n* PROD ENG unterer Totpunkt *m*; ~**-up roll** *n* PAPER Abnahmewalze *f*; ~**-up traffic** *n* TRANS gebuchter Zusteigeverkehr *m*; ~**-up transmitter** *n* TELEV Aufnahmesender *m*; ~**-up truck** *n* AUTO Kleinlastwagen *m*, Lieferwagen mit offener Pritsche *m*, Pick-Up *m*; ~**-up tube** *n* ELECTRON Bildaufnahmeröhre *f*, TELEV Aufnahmeröhre *f*; ~**-up voltage** *n* ELEC ENG Anzugsspannung *f*
pick[2] *vt* PAPER entnehmen; ~ **up** *vt* TELECOM auffangen, aufnehmen
pick:[3] ~ **up moorings** *vi* WATER TRANS an die Boje gehen
picket *n* CONST *surveying* Absteckpfahl *m*
picking *n* CONST Abklopfen *nt*, Abspitzen *nt*, PAPER Rupfen *nt*, TEXT Abschnellen *nt*, Aufzupfen *nt*, Noppen *nt*, Schützenschlag *m*; ~ **down** *n* CER & GLAS Herunterziehen von Glasfasern *nt*; ~ **resistance** *n* PAPER Rupffestigkeit *f*
pickle[1] *n* PROD ENG Beize *f*
pickle[2] *vt* PROD ENG abbeizen
pickling *n* CONST Abbeizen *nt*, Ätzen *nt*, PROD ENG Beizen *nt*, Dekapieren *nt*, WATER TRANS *ship maintenance* Abbeizen *nt*; ~ **inhibitor** *n* PROD ENG Sparbeize *f*
picks: ~ **per inch** *n pl* TEXT Schußfäden je Zoll *m pl*
pico- *pref (p)* METROL Piko- *pref (p)*
picosecond *n* COMP & DP Picosekunde *f*
picrate *n* CHEMISTRY Pikrat *nt*
picric *adj* CHEMISTRY Pikrin- *pref*
picrotin *n* CHEMISTRY Pikrotin *nt*
picryl *adj* CHEMISTRY Pikryl- *pref*
pictogram *n* MATH Bilddarstellung *f*, Piktogramm *nt*
pictograph *n* PRINT Piktogramm *nt*
pictorial: ~ **symbol** *n* ENG DRAW Bildzeichen *nt*, SAFETY *for hazardous substances* Piktogramm *nt*
picture *n* COMP & DP Abbildung *f*, Bild *nt*, PHOTO Bild *nt*, Foto *nt*, TELEV Bild *nt*; ~ **book** *n* PRINT Bilderbuch *nt*; ~ **breakup** *n* TELEV Bildzerfall *m*; ~ **carrier** *n* ELECTRON Bildträger *m*; ~ **carrier filter** *n* ELECTRON Bildzwischenfrequenzfilter *nt*; ~ **compression** *n* TELEV Bildunterdrückung *f*; ~ **definition** *n* TELECOM Bildauflösung *f*; ~ **drift** *n* TELEV Bilddrift *f*; ~ **element** *n* COMP & DP *pixel* Bildpunkt *m*, Bildelement *nt*; ~ **failure** *n* TELEV Bildausfall *m*; ~ **flutter** *n* TELEV Bildflackern *nt*; ~ **glass** *n* CER & GLAS Bilderglas *nt*; ~ **library** *n* PHOTO Fotothek *f*; ~ **lock** *n* TELEV Bildverriegelung *f*; ~ **match** *n* TELEV Bildanpassung *f*; ~ **monitor** *n* TELEV Bildmonitor *m*; ~ **processing** *n* COMP & DP Bildverarbeitung *f*; ~ **shift** *n* TELEV Bildverschiebung *f*; ~ **signal** *n* ELECTRON, TELECOM Bildsignal *nt*, TELEV Videosignal *nt*; ~ **size** *n* PHOTO Bildgröße *f*; ~ **slip** *n* TELEV Bildschlupf *m*; ~ **transmission** *n* COMP & DP Bildübertragung *f*; ~ **tube** *n* ELECTRON Bildröhre *f*
PID: ~ **action** *n (proportional plus integral plus derivative action)* IND PROCESS PID-Verhalten *nt (Proportional-Integral-Differential-Verhalten)*; ~ **controller** *n (proportional plus integral plus derivative controller)* IND PROCESS PID-Regler *m*, PID-Steuerung *f (Proportional-Integral-Differential-Regler)*
pie: ~ **chart** *n* COMP & DP Kreisdiagramm *nt*, Kuchendiagramm *nt*, Tortendiagramm *nt*, MATH *representation of relative quantities* Kreisdiagramm *nt*, Sektordiagramm *nt*; ~ **section** *n* ELEC ENG Kreisschnitt *m*
piece:[1] ~**-dyed** *adj* TEXT stückgefärbt
piece[2] *n* CER & GLAS Scheibe *f*, MECHAN ENG Stück *nt*; ~ **accent** *n* PRINT fliegender Akzent *m*, übergesetzter Akzent *m*; ~ **goods** *n pl* TEXT Stückware *f*; ~ **list** *n* CONST Stückliste *f*
pieced: ~ **wood** *n* CONST angesetztes Holz *nt*
pieces: ~ **of paper** *n pl* COAL TECH Blätter *nt pl*
pier *n* CONST Gründungspfahl *m*, Landungsbrücke *f*, Mole *f*, Pfeiler *m*, WATER TRANS *port* Anlegesteg *m*, Mole *f*, Pier *m*
pierce *vt* CONST durchbohren, durchbrechen, PROD ENG aufdornen, perforieren
Pierce: ~ **oscillator** *n* ELECTRON Pierce-Oszillator *m*
piercer *n* MECHAN ENG Durchschlag *m*, Lochdorn *m*
piercing *n* PROD ENG Aufdornen *nt*, Perforieren *nt*; ~ **die** *n* MECHAN ENG *press tools* Lochstempel *m*; ~ **press** *n* MECHAN ENG Lochpresse *f*
pierhead *n* WATER TRANS *port* Molenkopf *m*
piezo- *pref* METROL *pressure* Piezo- *pref*
piezoelectric[1] *adj* ELEC ENG, PROD ENG, RAD TECH piezoelektrisch
piezoelectric:[2] ~ **acceleration sensor** *n* HEAT & REFRIG piezoelektrischer Beschleunigungsaufnehmer *m*; ~ **crystal** *n* ELEC ENG piezoelektrischer Kristall *m*; ~ **detector** *n* TRANS *traffic control* piezoelektrischer Detektor *m*; ~ **effect** *n* ELEC ENG Piezoeffekt *m*, PHYS piezoelektrischer Effekt *m*; ~ **element** *n* ELEC ENG piezoelektrisches Element *nt*; ~ **loudspeaker** *n* RECORD piezoelektrischer Lautsprecher *m*; ~ **microphone** *n* ACOUSTICS, RECORD piezoelektrisches Mikrofon *nt*; ~ **oscillator** *n* ELEC ENG, ELECT piezoelektrischer Oszillator *m*, PHYS Quarzschwinger *m*; ~ **properties** *n pl* ELEC ENG piezoelektrische Eigenschaften *f pl*; ~ **resonator** *n* ELEC ENG Kristallresonator *m*, Quarzresonator *m*, piezoelektrischer Resonator *m*; ~ **sensing element** *n* INSTR Quarzmeßfühler *m*, piezoelektrischer Meßfühler *m*; ~ **stylus** *n* OPT piezoelektrischer Stift *m*; ~ **substrate** *n* ELEC ENG piezoelektrisches Substrat *nt*; ~ **transducer** *n* ELEC ENG piezoelektrischer Transducer *m*, piezoelektrischer Wandler *m*; ~**-tuned magnetron** *n* ELEC ENG piezoelektrisch abgestimmtes Magnetron *nt*
piezoelectricity *n* ELEC ENG Piezoelektrizität *f*
piezometer *n* COAL TECH Piezometer *nt*
piezometric: ~ **head** *n* PET TECH piezometrische Höhe *f*; ~ **map** *n* PET TECH piezometrische Karte *f*
pig *n* PET TECH Molch *m*, PROD ENG Massel *f*; ~**-and-ore process** *n* PROD ENG Roheisen-Erz-Verfahren *nt*; ~ **bed** *n* PROD ENG Masselbett *nt*; ~ **iron** *n* METALL, PROD

ENG Roheisen *nt*; **~ lead** *n* PROD ENG Rohblei *nt*; **~ mold** *n AmE*, **~ mould** *n BrE* PROD ENG Masselform *f*

pigeonhole *n* CER & GLAS Regalfach *nt*

piggyback: **~ rail** *n* RAIL Huckepackbahn *f*; **~ traffic** *n* AIR TRANS, RAIL Huckepackverkehr *m*; **~ transport** *n* AIR TRANS, RAIL Huckepackverkehr *m*

pigment[1] *n* CER & GLAS Farbstoff *m*, COATINGS Farbpigment *nt*, Pigment *nt*, PLAS *paint* Farbkörper *m*, Pigment *nt*, TEXT Farbkörper *m*, Pigment *nt*, Pigmentfarbstoff *m*; **~ floating** *n* PLAS *paint* Ausschwimmen des Pigments *nt*; **~ sludge** *n* WASTE Pigmentschlamm *m*

pigment[2] *vt* TEXT pigmentieren

pigmentation *n* TEXT Pigmentierung *f*

pigmented: **~ aniline ink** *n* PRINT pigmentierte Anilinfarbe *f*

pigskin *n* PRINT Schweinsleder *nt*

pigtail *n* ELEC ENG Anschlußdraht *m*, NUC TECH *cable connection* Anschlußlitze *f*, TELECOM Anschlußfaser *f*

pikoline *n* CHEMISTRY Methylpyridin *nt*, Pikolin *nt*

pi-L: **~ network** *n* RAD TECH induktive Pi-Schaltung *f*

pile[1] *n* COAL TECH Pfahl *m*, CONST Pfahl *m*, Pfeiler *m*, ELEC ENG Reaktor *m*, Säule *f*, NUC TECH *nuclear reactor* Atommeiler *m*, Kernreaktor *m*, PRINT Stapel *m*, PROD ENG Pfahl *m*, Stapel *m*, TEXT Faserflor *m*, Flor *m*, Strich *m*, WATER TRANS *mooring* Pfahl *m*, Pfeiler *m*; **~ cap** *n* COAL TECH Pfahlkopfplatte *f*, CONST Pfahlkopfplatte *f*, Rammhaube *f*; **~ cut-off level** *n* COAL TECH, CONST Pfahlabschnitthöhe *f*; **~ drawer** *n* CONST Pfahlzieher *m*; **~ driver** *n* COAL TECH Pfahlramme *f*, CONST Pfahlramme *f*, Rammbär *m*; **~ driving** *n* COAL TECH Pfahlrammung *f*, CONST Pfahlrammung *f*, Rammarbeiten *f pl*; **~ driving formula** *n* COAL TECH Rammungsformel *f*; **~ driving record** *n* COAL TECH Rammungsaufzeichnung *f*; **~ extractor** *n* CONST Pfahlzieher *m*; **~ ferrule** *n* CONST Pfahlring *m*, Pfahlzwinge *f*; **~ footing** *n* COAL TECH Pfahlsockel *m*; **~ groin** *n AmE see pile groyne BrE* **~ group** *n* COAL TECH Pfahlgruppe *f*; **~ groyne** *n BrE* WATER SUP Pfahlbuhne *f*; **~ hammer** *n* COAL TECH Rammhammer *m*; **~ head** *n* COAL TECH, CONST Pfahlkopf *m*; **~ height** *n* TEXT Florhöhe *f*; **~ joint** *n* COAL TECH Pfahlanschluß *m*; **~ length** *n* COAL TECH Pfahllänge *f*; **~ plank** *n* CONST Spundbohle *f*; **~ point** *n* COAL TECH Pfahlspitze *f*; **~ ram** *n* COAL TECH Rammbär *m*; **~ segment** *n* COAL TECH Pfahlabschnitt *m*; **~ shoe** *n* COAL TECH, CONST Pfahlschuh *m*; **~ situation plan** *n* COAL TECH Pfahllageplan *m*; **~ splice** *n* COAL TECH Pfahlspleiß *m*; **~ tip** *n* COAL TECH Pfahlspitze *f*; **~ weight** *n* TEXT Florgewicht *nt*

pile[2] *vt* CONST aufschichten, eintreiben, rammen, stapeln, PROD ENG paketieren; **~ up** *vt* ELEC ENG schichten

pileblock *n* COAL TECH Rammaufsatz *m*

piler *n* PROD ENG Stapler *m*

pilework *n* CONST Pfahlbau *m*

pilfer:[1] **~-proof** *adj* PACK diebstahlsicher

pilfer:[2] **~-proof seal** *n* PACK Pilfer-Proof-Dichtung *f*

piling *n* COAL TECH Pfahltreiben *nt*, CONST Pfahltreiben *nt*, Rammen *nt*, Stapeln *nt*, PET TECH Pfahlgründung *f*, PROD ENG Paketieren *nt*; **~ frame** *n* CONST Pfahlramme *f*, Rammgerüst *nt*; **~ hammer** *n* CONST Rammbär *m*; **~ up** *n* CONST Aufhäufen *nt*

pill *vi* TEXT pillen

pillar *n* CER & GLAS Säule *f*, COAL TECH Pfeiler *m*, Stütze *f*, Säule *f*, CONST Freipfeiler *m*, Pfeiler *m*, Stütze *f*, Säule *f*, MECHAN ENG Säule *f*, RAIL Pfosten *m*, Säule *f*, TELECOM Pfeiler *m*, TRANS Pfosten *m*, Säule *f*, WATER TRANS *shipbuilding* Stütze *f*; **~ arch** *n* CER & GLAS Säulenbogen *m*, Säulengewölbe *nt*; **~ buoy** *n* WATER TRANS *navigation mark* Spierentonne *f*; **~ drawing** *n* COAL TECH Pfeilerabbau *m*; **~ drill** *n* MECHAN ENG Säulenbohrmaschine *f*; **~-drilling machine** *n* MECHAN ENG Säulenbohrmaschine *f*; **~ fire hydrant** *n* SAFETY Überflurhydrant *m*; **~ guide** *n* MECHAN ENG Säulenführung *f*; **~ hydrant** *n* CONST Überflurhydrant *m*; **~ press** *n* MECHAN ENG Säulenpresse *f*; **~ scales** *n pl* LAB EQUIP Säulenwaage *f*; **~ stone** *n* CONST Eckstein *m*

pilling *n* TEXT Knötchenbildung *f*, Pillbildung *f*

pillion *n* AUTO *motorcycle* Soziussitz *m*

pillow *n* MECHAN ENG Stehlager *nt*, *bearing bush* Lagerschale *f*, PROD ENG Lagerschale *f*, Zapfenlager *nt*; **~ block** *n* MECHAN ENG Stehlager *nt*

pilocarpidine *n* CHEMISTRY Pilocarpidin *nt*

pilocarpine *n* CHEMISTRY Pilocarpin *nt*

pilot:[1] **~-operated** *adj* PROD ENG hydraulisch vorgesteuert

pilot[2] *n* AIR TRANS Pilot *m*, MECHAN ENG Führungszapfen *m*, PROD ENG Anschlagstift *m*, Führungszapfen *m*, RAIL Schienenräumer *m*, Zugbegleiter *m*, TELECOM Meßader *f*, Pilot *m*, TELEV Steuerung *f*, WATER TRANS Lotse *m*; **~ balloon** *n* AIR TRANS Pilotballon *m*; **~ bearing** *n* AUTO Führungslager *nt*; **~ bit** *n* PET TECH Führungsmeißel *m*; **~ boat** *n* WATER TRANS Lotsenboot *nt*; **~ bushing** *n* AUTO Führungsbuchse *f*; **~ carriage** *n* MECHAN ENG Führungsschlitten *m*; **~ carrier** *n* TELECOM Pilotträger *m*; **~ cutter** *n* WATER TRANS Lotsenkutter *m*; **~ flag** *n* WATER TRANS Lotsenflagge *f*; **~ flame** *n* MECHAN ENG Zündflamme *f*; **~ frequency** *n* TELECOM Pilotfrequenz *f*; **~ hole** *n* MECHAN ENG *for broach* Aufnahmerohr *nt*; **~ lamp** *n* ELEC ENG Kontrollampe *f*, Platzlampe *f*, Signallampe *f*, Überwachungslampe *f*; **~ length** *n* PROD ENG Zapfenlänge *f*; **~ light** *n* AUTO *accessory* Anzeigeleuchte *f*, ELEC ENG Kontrollampe *f*, Kontrollämpchen *nt*; **~ lot** *n* QUAL Musterlos *nt*; **~ pin** *n* MECHAN ENG Führungszapfen *m*; **~ plant** *n* COAL TECH Pilotanlage *f*; **~ pressure chamber** *n* AIR TRANS Vorsteuerdruckkammer *f*; **~ project** *n* PET TECH Pilotprojekt *nt*; **~ relay** *n* ELECT Melderelais *nt*, Überwachungsrelais *nt*; **~ signal** *n* TELEV Pilotsignal *nt*; **~ system** *n* RECORD Kontrollsystem *nt*; **~ test** *n* COAL TECH Vorversuch *m*; **~ tone** *n* RAD TECH Pilotton *m*, RECORD Kontrollton *m*, TELEV Pilotton *m*; **~ valve** *n* MECHAN ENG *of brake* Hilfssteuerungsventil *nt*, Servoventil *nt*; **~ waters** *n pl* WATER TRANS Lotsenrevier *nt*, Lotsenstrecke *f*; **~ wheel** *n* MECHAN ENG *lathe*, PROD ENG Handkreuz *nt*; **~ wire** *n* ELEC ENG Kabelprüfdraht *m*, Meßader *f*, Pilotdraht *m*, Prüfdraht *m*, Steuerleitung *f*

pilot[3] *vt* AIR TRANS fliegen, führen, lenken, lotsen, WATER TRANS lotsen

pilotage *n* WATER TRANS Lotsengebühr *f*, Lotsenwesen *nt*

piloted: **~ counterbore** *n* PROD ENG Zapfensenker *m*

pimaric *adj* CHEMISTRY Pimar- *pref*

pimelic *adj* CHEMISTRY Pimelin- *pref*

pin:[1] **~-connected** *adj* PROD ENG über Drehgelenk verbunden

pin[2] *n* CONST Bolzen *m*, Stift *m*, ELEC ENG *of cap of bayonet lamp* Sockelstift *m*, *of plug* Kontaktstift *m*, Steckerstift *m*, Stift *m*, MECHAN ENG *of lock*, MECHANICS Stift *m*, PAPER Nadel *f*, PROD ENG Bohrkern *m*, Bolzen *m*, *plastic valves* Bügel *m*, Stift *m*; **~ barrel** *n*

PROD ENG Stiftbüchse *f*; ~ **base** *n* PROD ENG Stiftsockel *m*; ~ **bearing** *n* MECHAN ENG Zapfenlager *nt*; ~ **board** *n* PROD ENG Steckerfeld *nt*; ~ **chain** *n* CONST Nietbolzenkette *f*; ~ **coupling** *n* MECHAN ENG Bolzenkupplung *f*; ~ **of cross head** *n* HYD EQUIP Kreuzkopfbolzen *m*; ~ **drift** *n* CONST Dorn *m*, MECHAN ENG Bolzentreiber *m*; ~ **drill** *n* MECHAN ENG Dübelbohrer *m*; ~ **enlargement** *n* PROD ENG *kinematics* Zapfenerweiterung *f*; ~ **extractor** *n* MECHAN ENG *for split pins* Splintzieher *m*; ~ **gate** *n* PLAS Punktanschnitt *m*; ~ **insulator** *n* ELEC ENG Stützisolator *m*, ELECT Stiftisolator *m*; ~ **lock** *n* PROD ENG Stiftsicherung *f*; ~ **plug** *n* ELEC ENG Stiftstecker *m*; ~ **punch** *n* CONST Durchtreiber *m*, MECHAN ENG Austreiber *m*; ~ **spanner** *n BrE (cf pin wrench)* CONST Steckdorn *m*, Stiftschlüssel *m*, MECHAN ENG Zapfenschlüssel *m*; ~ **stenter** *n* TEXT Nadelrahmenspannmaschine *f*; ~ **tumbler** *n* CONST Zylinderschloß *nt*; ~ **valve** *n* CONST Stiftventil *nt*; ~ **vice** *n BrE* CONST Feilkolben *m*, Stiftkolben *m*; ~ **vise** *n AmE see pin vice BrE* ~ **weir** *n* WATER SUP Nadelwehr *nt*; ~ **wrench** *n (cf pin spanner BrE)* CONST Steckdorn *m*, Stiftschlüssel *m*, MECHAN ENG Zapfenschlüssel *m*

pin[3] *vt* MECHAN ENG verstiften, PROD ENG verbolzen

PIN: ~ **attenuator diode** *n* ELECTRON PIN-Dämpfungsdiode *f*; ~ **diode** *n* ELECTRON, PHYS, RAD TECH PIN-Diode *f*; ~ **diode attenuator** *n* ELECTRON PIN-Diodenabschwächer *m*; ~ **diode modulation** *n* ELECTRON PIN-Diodenmodulation *f*; ~ **diode phase shifter** *n* ELECTRON Phasenschieber der PIN-Diode *m*; ~ **photodiode** *n* ELECTRON PIN-Fotodiode *f*, OPT, TELECOM PIN-Photodiode *f*

pinacol *n* CHEMISTRY Pinakol *nt*, Pinakon *nt*, Tetramethylethylenglycol *nt*

pinacone *n* CHEMISTRY Pinakol *nt*, Pinakon *nt*, Tetramethylethylenglycol *nt*

pince: ~ **gripper** *n* MECHAN ENG Zangengreifer *m*

pincers *n* CONST Kneifzange *f*, MECHAN ENG Beißzange *f*, Kneifzange *f*, PROD ENG Kneifzange *f*

pinch:[1] ~-**passed** *adj* PROD ENG dressiert

pinch:[2] ~ **bar** *n* CONST Brecheisen *nt*, Brechstange *f*; ~ **effect** *n* ACOUSTICS Klemmeffekt *m*, NUC TECH Pinch-Effekt *m*, PHYS Einschnüreffekt *m*, Pinch-Effekt *m*; ~ **nut** *n* MECHAN ENG Sicherungsmutter *f*; ~-**off area** *n* PLAS Quetschzone *f*; ~-**off effect** *n* ELECTRON Einschnüreffekt *m*; ~-**out trap** *n* PET TECH Verdrückungsfalle *f*

pinchcock *n* CONST Quetschhahn *m*

pinched: ~ **resistor** *n* ELEC ENG Quetschwiderstand *m*; ~ **thread** *n* CER & GLAS gekniffene Fadenauflage *f*

pinchers *n pl* CER & GLAS Kastenzange *f*

pinching: ~ **tools** *n pl* CER & GLAS Brechwerkzeuge *nt pl*

pincushion: ~ **distortion** *n BrE (cf negative distortion AmE)* OPT, PHOTO, PHYS kissenförmige Verzeichnung *f*

pine: ~ **crystal** *n* PROD ENG Dendrit *m*, Tannenbaumkristall *m*

PIN-FET: ~ **integrated receiver** *n* OPT, TELECOM integrierter PIN-FET-Empfänger *m*

ping *n* RAD TECH *meteor scatter* Ping *m*

pinging *n* AUTO *engine* Klingeln *nt*

pinhead *n* PROD ENG kleine Gasblase *f*

pinhole *n* MECHAN ENG Stiftloch *nt*, OPT Feinlunker *m*, Gaspore *f*, Nadelloch *nt*, PAPER, PHOTO *negative or photograph* Nadelstich *m*, PLAS *paint defect* Krater *m*; ~ **camera** *n* PHOTO Lochkamera *f*; ~ **photography** *n* PHOTO Lochfotografie *f*

pinion *n* AUTO *gearbox* Ritzel *nt*, Triebrad *nt*, Zahnrad *nt*, MECHAN ENG Ritzel *nt*, PROD ENG Kammwalze *f*, Ritzel *nt*; ~ **addendum** *n* PROD ENG *kinematics* Ritzelkopfhöhe *f*; ~-**cutting machine** *n* MECHAN ENG Ritzelfräsmaschine *f*; ~ **gear** *n* AUTO Antriebskegelrad *nt*, Antriebsritzel *nt*, Ausgleichkegelrad *nt*, Ausgleichritzel *nt*, *differential* Planetenrad *nt*; ~-**hobbing machine** *n* PROD ENG Ritzelwälzfräsmaschine *f*; ~ **shaft** *n* MECHAN ENG Ritzelwelle *f*; ~ **shaft flange** *n* AUTO *transmission* Ritzelwellenflansch *m*; ~ **wheel** *n* MECHAN ENG Ritzel *nt*

pink: ~ **glass** *n* CER & GLAS rosa Glas *nt*; ~ **noise** *n* ACOUSTICS rosa Rauschen *nt*, PHYS farbiges Rauschen *nt*, RECORD rosa Rauschen *nt*; ~ **salt** *n* CHEMISTRY Pinksalz *nt*

pinked: ~ **edge** *n* MECHAN ENG gezackte Kante *f*

pinking *n* AUTO Klingeln *nt*, Klopfen *nt*; ~ **effect** *n* PLAS Pinkingeffekt *m*

pinned *adj* PROD ENG verbolzt, verstiftet

pinning *n* METALL Benadelung *f*, Pinning *nt*, PROD ENG Verbolzung *f*

pinonene *n* CHEMISTRY Pinonen *nt*

pinpoint *n* AIR TRANS Franzstandort *m*; ~ **acoustic source** *n* ACOUSTICS Nadeltonquelle *f*; ~ **lens** *n* OPT Lochkameraobjektiv *nt*

pintle *n* CONST Bolzen *m*, Zapfen *m*, *of gate lock* Spurzapfen *m*, MECHAN ENG Gelenkbolzen *m*, PROD ENG Stift *m*, WATER TRANS Fingerling *m*, Ruderhaken *m*; ~ **chain** *n* MECHAN ENG Stahlbolzenkette *f*; ~ **injection nozzle** *n* AUTO Einspritzzapfendüse *f*; ~-**type nozzle** *n* AUTO *diesel engine* Zapfendüse *f*

pion *n* PART PHYS *lightest meson*, PHYS Pion *nt*

pip *n* CER & GLAS Pinne *f*, TELECOM Echozeichen *nt*, Zacke *f*; ~ **under finish** *n* CER & GLAS Fleck unter Oberfläche *m*

pipe[1] *n* COMP & DP Kommunikationskanal *m*, CONST Lunker *m*, Rohr *nt*, Rohrleitung *f*, FLUID PHYS Rohr *nt*, Röhre *f*, MECHANICS Rohr *nt*, METALL *cavity in ingot* Lunker *m*, PET TECH Rohr *nt*, Schlot *m*; ~ **bell** *n* PROD ENG Rohrmuffe *f*; ~ **bend** *n* CONST Knierohr *nt*, Rohrbogen *m*, Rohrkrümmer *m*, MECHAN ENG Rohrbogen *m*, Rohrkrümmer *m*, MECHANICS Knierohr *nt*; ~-**bending machine** *n* MECHAN ENG Rohrbiegemaschine *f*; ~ **bracket** *n* PROD ENG Rohrschelle *f*; ~ **burst** *n* MECHAN ENG Rohrbruch *m*; ~ **casing** *n* COAL TECH Mantelrohr *nt*; ~ **cavity** *n* PROD ENG Lunker *m*; ~ **clay** *n* CER & GLAS Feuerton *m*, CONST Bindeton *m*; ~ **cleaner** *n* MECHAN ENG Rohrreiniger *m*; ~ **clip** *n* MECHAN ENG Rohrschelle *f*; ~ **collar** *n* CONST Rohrmanschette *f*; ~ **compression valve** *n* PROD ENG *plastic valves* Schlauchventil *nt*; ~ **conduit** *n* MECHAN ENG Rohrstrang *m*; ~ **connection** *n* CONST Rohranschluß *m*, Rohrverbindung *f*, MECHAN ENG Rohrverbindung *f*; ~ **cot** *n* WATER TRANS Rohrkoje *f*; ~ **coupling** *n* CONST Rohrverbindung *f*, MECHAN ENG Rohrverbindungsstück *nt*; ~ **cover** *n* PROD ENG *plastic valves* Rohrglocke *f*; ~ **cross** *n* MECHAN ENG Kreuzstück *nt*; ~ **culvert** *n* CONST Rohrdurchlaß *m*; ~ **cutter** *n* CONST Rohrschneider *m*, MECHAN ENG Rohrabschneider *m*, Rohrschneider *m*; ~ **diameter** *n* MECHAN ENG Rohrdurchmesser *m*; ~ **die** *n* PROD ENG Rohrgewindeschneidbacke *f*; ~ **diffusion** *n* METALL Rohrdiffusion *f*; ~ **fitter** *n* CONST, MECHAN ENG Rohrschlosser *m*; ~ **fittings** *n pl* MECHAN ENG Rohrformstücke *nt pl*; ~ **flow** *n* FLUID PHYS Rohrströmung *f*; ~ **flowmeter** *n* INSTR Durchflußmeßgerät *nt*; ~

gasket *n* CONST Rohrdichtung *f*; **~ hanger fixtures** *n pl* MECHAN ENG Rohraufhängungsteile *nt pl*; **~ hook** *n* CONST, PET TECH Rohrhaken *m*; **~ joint** *n* CONST Rohrmuffe *f*, Rohrverbindung *f*, MECHAN ENG Rohrverbindung *f*; **~ junction** *n* MECHAN ENG Rohrverbindung *f*; **~ knee** *n* CONST Rohrkrümmer *m*; **~ layer** *n* MECHAN ENG Rohrleger *m*; **~ laying** *n* CONST Rohrverlegung *f*, Rohrleitungsverlegung *f*; **~-laying barge** *n* PET TECH Rohrverlegeschiff *nt*; **~ manifold** *n* PET TECH Sammler *m*; **~ nipple** *n* MECHAN ENG Rohranschlußstutzen *m*; **~ plug** *n* MECHAN ENG Rohrverschluß *m*; **~ rack** *n* PET TECH Rohrbrücke *f*, Rohrträger *m*; **~ reducer** *n* CONST Rohrreduzierstück *nt*; **~ run** *n* HEAT & REFRIG Rohrstrang *m*; **~ screwing** *n* CONST Rohrverschraubung *f*; **~ strap** *n* CONST Rohrschelle *f*; **~ tap** *n* CONST, MECHAN ENG Rohrgewindebohrer *m*; **~ thread** *n* CONST, MECHAN ENG Rohrgewinde *nt*; **~ threader** *n* CONST Gewindedreher *m*; **~-thread tap** *n* MECHAN ENG Rohrgewindebohrer *m*; **~ tongs** *n pl* CONST, PET TECH Rohrzange *f*; **~ twister** *n* CONST Rohrwickler *m*; **~ union** *n* CONST Rohrverbindungsstück *nt*, MECHAN ENG Rohrverbindung *f*; **~ vice** *n* CONST Rohrschraubstock *m*; **~ wrench** *n* CONST Rohrschlüssel *m*, Rohrzange *f*, MECHAN ENG Wasserpumpenzange *f*, PROD ENG Rohrschlüssel *m*

pipe[2] *vt* CONST durch Rohre leiten, TELEV durchschleifen

pipe[3] *vi* CONST Rohre verlegen

pipeclay: **~ triangle** *n* LAB EQUIP Tondreieck *nt*

pipecoline *n* CHEMISTRY Methylpiperidin *nt*, Pipecolin *nt*

pipeless *adj* PROD ENG lunkerfrei

pipeline[1] *n* COAL TECH Rohrleitung *f*, COMP & DP Befehlskette *f*, Leitung *f*, Pipeline *f*, CONST, FUELLESS Rohrleitung *f*, MECHAN ENG Pipeline *f*, Rohrleitung *f*, PET TECH Leitung *f*, Pipeline *f*, Rohrleitung *f*, POLL Hauptrohrleitung *f*, TRANS, WATER TRANS Pipeline *f*, Rohrleitung *f*; **~ construction** *n* PROD ENG *plastic valves* Rohrleitungsbau *m*; **~ processor** *n* COMP & DP Vektorprozessor *m*, Vektorenrechner *m*; **~ system** *n* TELECOM Pipelinesystem *nt*; **~ transportation** *n* TRANS Pipelinetransport *m*

pipeline[2] *vt* COMP & DP im Pipelinesystem verarbeiten

pipelined: **~ architecture** *n* CONTROL Fließbandarchitektur *f*, Pipelinestruktur *f*, zeitverschachtelte Struktur *f*

pipeliner *n* TRANS, WATER TRANS Streckenwärter *m*

pipelining *n* COMP & DP Pipelineverarbeitung *f*, Pipeliningmethode *f*, ELECTRON *data processing* Überlappung *f*

piperazine *n* CHEMISTRY Diethylendiamin *nt*, Hexahydropyrazin *nt*, Piperazin *nt*

piperic *adj* CHEMISTRY Piperin- *pref*

piperidine *n* CHEMISTRY Hexahydropyridin *nt*, Pentamethylenimin *nt*, Piperidin *nt*

piperonal *n* CHEMISTRY Heliotropin *nt*, Methylendioxybenzaldehyd *m*, Piperonal *nt*, Piperonylaldehyd *m*

piperylene *n* CHEMISTRY Piperylen *nt*

pipes:[1] **~ and fittings** *n pl* CONST Rohre und Armaturen *nt pl*

pipes:[2] **in ~** *phr* FLUID PHYS in Röhren

pipette *n* LAB EQUIP Pipette *f*; **~ stand** *n* LAB EQUIP Pipettenständer *m*

pipetting: **~ bulb** *n* LAB EQUIP Pipettierkolben *m*

pipework *n* CONST Rohrbau *m*, Rohrleitungsnetz *nt*; **~ system** *n* MECHAN ENG Rohrleitungssystem *nt*

piping *n* COAL TECH Rohrleitung *f*, CONST Verrohrung *f*, MECHAN ENG Rohrleitung *f*, PET TECH Piping *nt*; **~ plan** *n* WATER TRANS *shipbuilding* Rohrleitungsplan *m*; **~ seepage** *n* WATER SUP Leak in der Rohrleitung *nt*

piracy *n* WATER TRANS Seeräuberei *f*

Pirani: **~ gage** *n AmE*, **~ gauge** *n BrE* PHYS *vacuum* Pirani-Manometer *nt*; **~ vacuum gage** *n AmE*, **~ vacuum gauge** *n BrE* LAB EQUIP Pirani-Vakuummeter *nt*, Pirani-Wärmeleitungsvakuummeter *nt*

pirate: **~ copy** *n* COMP & DP Raubkopie *f*; **~ recording** *n* TELEV Raubkopie *f*

pirn *n* CER & GLAS Garnspule *f*, TEXT Garnspule *f*, Kannette *f*; **~-winding machine** *n* TEXT Schußspulmaschine *f*

pistol: **~ grip with shutter release** *n* PHOTO Auslösehandgriff mit Verschlußauslöser *m*

piston *n* AUTO, HYD EQUIP, MECHANICS, WATER TRANS *engine* Kolben *m*; **~ area** *n* MECHAN ENG Kolbenfläche *f*; **~ attenuator** *n* ELECTRON *microwave* Kolbenabschwächer *m*, PHYS variables Dämpfungsglied *nt*; **~ blower** *n* MECHAN ENG Kolbengebläse *nt*; **~ body** *n* AUTO Kolbenmantel *m*, Kolbenschaft *m*, MECHAN ENG Kolbenschaft *m*; **~ boss bushing** *n* AUTO Kolbenbuchse *f*; **~ clearance** *n* AUTO, MECHAN ENG Kolbenspiel *nt*; **~ compressor** *n* MECHAN ENG Kolbenkompressor *m*, Kolbenverdichter *m*; **~ connecting rod** *n* AUTO Kolbenpleuelstange *f*; **~ crown** *n* AUTO *engine* Kolbenboden *m*; **~ displacement** *n* PROD ENG Hubvolumen *nt*; **~ drill** *n* COAL TECH Stoßbohrmaschine *f*; **~ engine** *n* AIR TRANS, AUTO Hubkolbenmotor *m*, Kolbenmotor *m*, MECHAN ENG Hubkolbenmotor *m*, WATER TRANS Hubkolbenmotor *m*, Kolbenmotor *m*; **~ head** *n* AUTO, MECHAN ENG Kolbenboden *m*; **~ knock** *n* AUTO Kolbenklopfen *nt*; **~ land** *n* AUTO *motor* Kolbensteg *m*, Ringsteg *m*; **~ packing** *n* MECHAN ENG Kolbendichtung *f*; **~ pin** *n* MECHAN ENG Drehzapfen *m*, MECHAN ENG *AmE (cf gudgeon pin BrE)* Kolbenbolzen *m*; **~ pin boss** *n* AUTO Kolbenbolzenauge *nt*, Kolbenbolzennabe *f*; **~-pin bushing** *n* AUTO Kolbenbolzenbuchse *f*, Pleuelbuchse *f*; **~-pin lock** *n AmE (cf gudgeon pin lock BrE)* AUTO Kolbenbolzensicherung *f*; **~ pump** *n* MECHAN ENG, WATER SUP Kolbenpumpe *f*; **~ relief duct** *n* CONST Kolbenentlastungskanal *m*; **~ ring** *n* AUTO, MECHAN ENG, MECHANICS Kolbenring *m*; **~ ring clamp** *n* AUTO *tool* Kolbenringspanner *m*; **~ ring gap** *n* AUTO Kolbenringstoßfuge *f*; **~ ring groove** *n* AUTO Kolbenringnut *f*, Kolbenringnute *f*; **~ ring joint** *n* AUTO Kolbenringteilfuge *f*; **~ ring sticking** *n* MECHAN ENG Kolbenringfressen *nt*; **~ rod** *n* AUTO Kolbenstange *f*, Pleuelstange *f*, MECHAN ENG, PROD ENG Kolbenstange *f*, RAIL, WATER TRANS Kolbenstange *f*, Pleuelstange *f*; **~ seizing** *n* AUTO Kolbenfresser *m*; **~ skirt** *n* AUTO Kolbenmantel *m*, Kolbenschaft *m*; **~ slap** *n* AUTO *engine* Kolbenschlag *m*; **~ speed** *n* MECHAN ENG Kolbengeschwindigkeit *f*; **~ stroke** *n* CONST Kolbenhub *m*, MECHAN ENG Hublänge des Kolbens *f*, Kolbenhub *m*; **~ surface** *n* MECHAN ENG Kolbenmantel *m*; **~ top** *n* AUTO Kolbenboden *m*, Kolbenkopf *m*; **~ travel** *n* MECHAN ENG Kolbenweg *m*; **~-type flowmeter** *n* INSTR Kolbenzähler *m*; **~-type metering pump** *n* INSTR Kolbendosierpumpe *f*; **~-type pressure gage** *n AmE*, **~-type pressure gauge** *n BrE* INSTR Kolbenmanometer *nt*; **~ valve** *n* MECHAN ENG Kolbenschieber *m*

pistonphone *n* ACOUSTICS Pistophon *nt*

pit[1] *n* CER & GLAS Formgrube *f*, COAL TECH Bohrschacht *m*, Grube *f*, Zeche *f*, CONST Baugrube *f*, *soil exploration* Schürfe *f*, MECHAN ENG *for turntable* Vertiefung *f*, PET TECH Grube *f*, Schacht *m*, PROD ENG Auskolkung *f*, Kern *m*, Preßfehler *m*, WATER SUP Grube *f*; **~ coal** *n* COAL TECH Förderkohle *f*, Rohkohle *f*; **~ door** *n* CER & GLAS Formgrubentür *f*; **~ hole** *n* PROD ENG Blasenloch *nt*, Schlackenloch *nt*; **~ lever** *n* PET TECH Bohrschachthebeschwinge *f*

pit[2] *vt* FOOD TECH *AmE (cf stone BrE)* entkernen, PROD ENG anfressen, auskolken

pitch[1] *n* ACOUSTICS Stimmton *m*, Stimmung *f*, Tonlage *f*, Tonhöhe *f*, AIR TRANS Steigung *f*, *attitude of aircraft or ship* Blattsteigung beim Propeller *f*, CER & GLAS Pech *nt*, COMP & DP Schreibdichte *f*, Zeichen pro Zoll *nt pl*, CONST Neigung *f*, Steigung *f*, *slope* Gefälle *nt*, *tar* Teer *m*, ELEC ENG *of wires* Ganghöhe *f*, Schrittweite *f*, ELECT *of coil winding* Abstand *m*, Drahtsteigung *f*, Ganghöhe *f*, MECHAN ENG *of gear, chain* Teilung *f*, *of rivet centres* Teilung *f*, *of screw* Teilung *f*, *of thread* Ganghöhe *f*, Teilung *f*, MECHANICS *of thread* Ganghöhe *f*, Steigung *f*, PHOTO Lochabstand *m*, PHYS *spacing* Tonhöhe *f*, PROD ENG Teilung *f*, Zahnteilung *f*, SPACE *spacecraft* Neigung *f*, Nicken *nt*, WATER TRANS *motion* Stampfbewegung *f*, *slope* Steigung *f*, *substance* Pech *nt*, WAVE PHYS Tonhöhe *f*; **~ accuracy** *n* PROD ENG Steigungsgenauigkeit *f*; **~ angle** *n* AIR TRANS Längsneigungswinkel *m*, Nickwinkel *m*, *helicopter* Steigungswinkel *m*, FUELLESS Steigungswinkel *m*; **~ attitude** *n* AIR TRANS Längslagestabilisierung *f*, SPACE Fluglage *f*, Nicklage *f*; **~ axis** *n* AIR TRANS Nickachse *f*, Querachse *f*, SPACE Nickachse *f*; **~ center diameter** *n AmE*, **~ centre diameter** *n BrE* AIR TRANS Durchmesser der Blattsteigungsachse *m*; **~ chain** *n* MECHAN ENG Laschenkette *f*; **~ change axis** *n* AIR TRANS *helicopter* Steigungsverstellachse *f*; **~ change beam** *n* AIR TRANS *helicopter* Steigungsverstellholm *m*; **~ change rod** *n* AIR TRANS *helicopter* Steigungsverstellstange *f*; **~ change spider** *n* AIR TRANS *helicopter* Steigungsverstelldrehkreuz *nt*; **~ channel** *n* AIR TRANS Nickkanal *m*; **~ circle** *n* MECHAN ENG *of gearwheel* Teilkreis *m*, Wälzkreis *m*; **~ circle diameter** *n* AIR TRANS Teilkreisdurchmesser *m*; **~ circumference** *n* MECHAN ENG *gearing* Rollkreis *m*; **~ coal** *n* COAL TECH Pechkohle *f*; **~ compensation** *n* AIR TRANS *helicopter* Steigungskompensierung *f*; **~ cone** *n* MECHAN ENG *of gearwheels*, PROD ENG Teilkegel *m*; **~ control** *n* AIR TRANS *helicopter* Blattwinkelverstellung *f*, Steigungssteuerung *f*; **~ control arm** *n* AIR TRANS *helicopter* Blattwinkelverstellungsarm *m*; **~ control lever** *n* AIR TRANS *helicopter* Blattwinkelverstellungshebel *m*; **~ control load** *n* AIR TRANS *helicopter* Blattwinkelverstellungsbelastung *f*; **~ control rod angle** *n* AIR TRANS Blattwinkelverstellungs-Stangenwinkel *m*; **~ correcting unit** *n* AIR TRANS *flight control* Steigungskorrekturvorrichtung *f*; **~ cylinder** *n* MECHAN ENG Teilzylinder *m*; **~ damper** *n* AIR TRANS Nickdämpfer *m*; **~ detector synchro** *n* AIR TRANS Blattwinkelanzeigersynchro *f*; **~ diameter** *n* AIR TRANS Teilkreisdurchmesser *m*, MECHAN ENG *gearing* Flankendurchmesser *m*; **~ diameter error** *n* METROL Fehler im Flankendurchmesser *m*, Fehler im Teilkreisdurchmesser *m*; **~ diameter ratio** *n* AIR TRANS *propeller* relative Steigung *f*; **~-excited vocoder** *n* TELECOM Vocoder mit Pitch-Anregung *m*; **~ gyro** *n* SPACE Nickkreisel *m*; **~ increase** *n* AIR TRANS *helicopter* Steigungszunahme *f*, zunehmende Steigung *f*; **~ information** *n* AIR TRANS Steigungsinformation *f*; **~ jet** *n* SPACE Nickdüse *f*; **~ line** *n* MECHAN ENG Wälzbahn *f*, Wälzkreis *m*, *of rack* Profilbezugslinie *f*, Teillinie *f*; **~ locking system** *n* AIR TRANS *helicopter* Blattsteigungsverriegelung *f*; **~ point** *n* MECHAN ENG *gearing*, PROD ENG *kinematics* Wälzpunkt *m*; **~ polisher** *n* CER & GLAS Pechpoliermaschine *f*; **~ radius** *n* AIR TRANS Blattwinkelradius *m*, Steigungsradius *m*, MECHAN ENG *gearing* Wälzradius *m*; **~ rate gyro** *n* AIR TRANS Nickwinkelgeschwindigkeitskreisel *m*; **~ reversing** *n* AIR TRANS *propeller* Steigungsumkehr *f*; **~ roof** *n* CONST Pultdach *nt*, Schrägdach *nt*; **~ sensation** *n* ACOUSTICS Tonhöhenempfindung *f*; **~ setting** *n* AIR TRANS *propeller* Steigungseinstellung *f*; **~ shift** *n* ACOUSTICS Tonhöhenverschiebung *f*; **~ stop** *n* AIR TRANS *helicopter* Anstellwinkelanschlag *m*; **~ surface** *n* MECHAN ENG *gearing* Wälzfläche *f*, PROD ENG *kinematics* Teilzylindermantel *m*; **~ synchro** *n* AIR TRANS Steigungsdrehmelder *m*, Steigungssynchro *nt*; **~ throttle synchronizer** *n* AIR TRANS Blattsteigungs-Synchronismusanzeiger *m*; **~ trim** *n* AIR TRANS Längstrimmung *f*; **~-up** *n* AIR TRANS Hochziehen *nt*

pitch[2] *vi* MECHAN ENG *gearwheels, to engage, to mesh* kämmen, WATER TRANS pechen, stampfen

pitchblende *n* NUC TECH Uranpechblende *f*, Uranpecherz *nt*

pitched: **~ chain** *n* MECHAN ENG Laschenkette *f*

pitching *n* AIR TRANS Kippen *nt*, Nicken *nt*, PHYS *movement* Stampfbewegung *f*, WATER TRANS *motion of ship* Stampfen *nt*; **~ moment** *n* FUELLESS Kippmoment *nt*

pitchstone *n* PET TECH Pechstein *m*

pith *n* CHEMISTRY Albedo *f*, Markröhre *f*

pitman *n* MECHAN ENG Triebstange *f*, Zugstange *f*; **~ arm** *n* AUTO Lenkstockhebel *m*

Pitot: **~ tube** *n* IND PROCESS Staudruckmesser *m*, PHYS Pitot-Rohr *nt*

pitted *adj* PROD ENG angefressen, narbig

pitting *n* CER & GLAS Grübchenbildung *f*, Lochfraß *m*, COATINGS Lochfraß *m*, MECHAN ENG *corrosion* Lochfraß *m*, *of blade* Auskolken *nt*, METALL Poren *f pl*

pivalic *adj* CHEMISTRY Pivalin- *pref*

pivot[1] *n* MECHAN ENG Drehpunkt *m*, MECHANICS Drehpunkt *m*, Drehzapfen *m*, PROD ENG Drehbolzen *m*; **~ axle** *n* AUTO *trailer* Waagebalkenachse *f*; **~ bearing** *n* NUC TECH *articulation*, RAIL Drehlager *nt*; **~ bridge** *n* CONST Drehbrücke *f*; **~-hung sash** *n* CONST Drehfensterflügel *m*, Kippfensterflügel *m*; **~-hung window** *n* CONST Drehfenster *nt*, Kippfenster *nt*; **~ pin** *n* AUTO *trailer*, MECHAN ENG Drehzapfen *m*; **~ point** *n* MECHAN ENG Drehpunkt *m*; **~ ring** *n* AUTO Zapfenring *m*

pivot[2] *vt* PROD ENG drehgelenkig anordnen

pivot[3] *vi* PROD ENG sich um einen Zapfen drehen

pivoted[1] *adj* MECHANICS drehbar, PROD ENG drehgelenkig angeordnet

pivoted:[2] **~ armature** *n* ELEC ENG Drehanker *m*, drehgelagerter Anker *m*

pivoting[1] *adj* PROD ENG drehgelenkig

pivoting[2] *n* PROD ENG Zapfenlagerung *f*, drehgelenkige Anordnung *f*

pixel *n* COMP & DP *picture element* Bildpunkt *m*, Bildelement *nt*, Pixel *nt*, Rasterpunkt *m*

pixels: **~ per inch** *n pl* COMP & DP Pixel pro Inch *nt pl*

pixlock *n* TELEV Bildverriegelung *f*

PL *abbr (predicate logic)* ART INT PL *(Prädikatenlogik)*

PLA *abbr (programmable logic array)* COMP & DP PLA

(programmierbare Logikanordnung)

place:[1] ~ **of inspection** *n* QUAL Prüfort *m*; ~ **value** *n* MATH *in numeral* Gewicht *nt*, Stellenwert *m*

place[2] *vt* CONST einringen, verlegen, *contract* vergeben, PROD ENG vergeben

place:[3] ~ **yarn containers** *vi* TEXT Spulen aufstecken

placeholder *n* PRINT *illustrations* Bildfreiraum *m*

plain[1] *adj* CER & GLAS glatt, MECHAN ENG *wire* blank, TEXT *plain colour* einfarbig, unifarben, *simple* einfach, schlicht, *unpatterned* ungemustert

plain:[2] ~ **bearing** *n* AUTO Gleitlager *nt*, Radiallager *nt*, MECHAN ENG Gleitlager *nt*; ~-**bed lathe** *n* MECHAN ENG Einfachbettdrehmaschine *f*; ~ **carbon steel** *n* METALL unlegierter Kohlenstoffstahl *m*; ~ **concrete** *n* CONST unbewehrter Beton *m*; ~ **conductor** *n* ELECT unisolierter Stromleiter *m*; ~ **cylindrical boiler** *n* HYD EQUIP Rundkessel *m*; ~ **fabric** *n* TEXT glattes Gewebe *nt*; ~ **fitting** *n* MECHAN ENG Formstück *nt*; ~ **grinder** *n* MECHAN ENG Rundschleifmaschine *f*; ~ **lathe** *n* MECHAN ENG Einfachdrehbank *f*, Einfachdrehmaschine *f*; ~ **milling** *n* MECHAN ENG Planfräsen *nt*; ~-**milling cutter** *n* MECHAN ENG Walzenfräser *m*; ~-**milling machine** *n* MECHAN ENG Einfachfräsmaschine *f*; ~ **press** *n* PAPER Glattpresse *f*; ~ **press roll** *n* PAPER Glattpressenwalze *f*; ~-**rolled glass** *n* CER & GLAS Walzglattglas *nt*; ~ **sandblast** *n* CER & GLAS Glattsandstrahlen *nt*; ~ **shank** *n* MECHAN ENG Zylinderschaft *m*; ~ **slide valve** *n* HYD EQUIP Flachschieber *m*; ~ **surface** *n* MECHAN ENG ebene Fläche *f*; ~ **text** *n* COMP & DP Klartext *m*; ~ **thrust bearing** *n* MECHAN ENG Gleitaxiallager *nt*; ~ **tile** *n* CONST Biberschwanz *m*, Flachziegel *m*; ~ **turning** *n* MECHAN ENG Langdrehen *nt*, Längsdrehen *nt*; ~-**turning lathe** *n* MECHAN ENG Langdrehmaschine *f*; ~ **washer** *n* AUTO, MECHAN ENG Unterlegscheibe *f*; ~ **weave** *n* PAPER Leinwandbindung *f*, TEXT Grundbindung *f*, Leinwandbindung *f*

plan[1] *n* WATER TRANS Küstenkarte *f*, Plan *m*, Riß *m*; ~ **of diagonals** *n* WATER TRANS *architecture* Sentenriß *m*; ~ **position indicator** *n (PPI)* PHYS *radar* Panoramaanzeige *f (PPI-Anzeige)*; ~ **view** *n* MECHAN ENG *technical drawing* Grundriß *m*

plan[2] *vt* TELECOM planen

planar[1] *adj* GEOM eben, plan, PROD ENG ebenflächig

planar:[2] ~ **bipolar transistor** *n* ELECTRON flacher Bipolartransistor *m*; ~ **diffusion** *n* ELECTRON planare Diffusion *f*; ~ **diode** *n* ELECTRON Planardiode *f*, planparallele Diode *f*; ~ **epitaxial diode** *n* ELECTRON Planar-Epitaxialdiode *f*; ~ **integrated circuit** *n* ELECTRON flache integrierte Schaltung *f*, planare integrierte Schaltung *f*; ~ **line** *n* ELECTRON Planarleitung *f*; ~ **process** *n* ELECTRON planarer Prozeß *m*, *for producing bipolar transistors* Planarprozeß *m*; ~ **transistor** *n* RAD TECH Planartransistor *m*; ~ **triode** *n* ELECTRON Planartriode *f*; ~ **waveguide** *n* ELEC ENG Planarhohlleiter *m*, Planarwellenleiter *m*

Planck's: ~ **constant** *n (h)* PART PHYS, PHYS, RAD PHYS Plancksche Konstante *f*, Plancksches Wirkungsquantum *nt (h)*; ~ **law** *n* PHYS Plancksche Quantenhypothese *f*; ~ **radiation formula** *n* RAD PHYS Plancksche Strahlungsformel *f*; ~ **radiation law** *n* PHYS, RAD PHYS, THERMODYN Plancksches Strahlungsgesetz *nt*

plane[1] *n* AIR TRANS Flugzeug *nt*, CONST *tool* Hobel *m*, GEOM Ebene *f*, PROD ENG *tool* Hobel *m*; ~ **angle** *n* GEOM ebener Winkel *m*; ~ **figures** *n pl* GEOM ebene Figuren *f pl*; ~ **geometry** *n* GEOM Planimetrie *f*, ebene Geometrie *f*; ~ **of incidence** *n* PHYS Einfallsebene *f*; ~ **iron** *n* CONST Hobeleisen *nt*, Hobelmesser *nt*, MECHAN ENG *of planing machine* Hobeleisen *nt*; ~ **lattice** *n* METALL Flächengitter *nt*; ~ **mirror** *n* PHYS ebener Spiegel *m*; ~ **parallel waves** *n pl* WAVE PHYS *from distant source* ebene parallele Wellen *f pl*; ~ **of polarization** *n* OPT, PHYS Polarisationsebene *f*; ~-**polarized wave** *n* PHYS linear polarisierte Welle *f*, WAVE PHYS eben polarisierte Welle *f*; ~ **polygon** *n* GEOM ebenes Polygon *nt*; ~ **of projection** *n* GEOM Projektionsebene *f*; ~ **of reflection** *n* OPT Reflexebene *f*; ~ **of refraction** *n* OPT Brechungsebene *f*; ~ **of shear** *n* METALL Scherfläche *f*; ~ **stock** *n* CONST Hobelkasten *m*; ~ **of symmetry** *n* GEOM, METALL Symmetrieebene *f*; ~ **table** *n* CONST *surveying* Meßtisch *m*; ~ **triangle** *n* GEOM ebenes Dreieck *nt*; ~ **wave** *n* ACOUSTICS, ELEC ENG, OPT, PHYS, TELECOM ebene Welle *f*

plane[2] *vt* MECHAN ENG hobeln, *make even* schlichten, MECHANICS ebnen, hobeln, PROD ENG hobeln, stoßen

planer *n* CONST, MECHAN ENG, MECHANICS Hobelmaschine *f*, PRINT *bookbinding* Klopfbrett *nt*, PROD ENG Hobelmaschine *f*; ~ **milling** *n* MECHAN ENG Langhobelfräsen *nt*; ~ **table** *n* MECHAN ENG Hobeltisch *m*; ~ **tool** *n* MECHAN ENG Hobelmeißel *m*

planet: ~-**action spindle** *n* MECHAN ENG Planetenspindel *f*; ~ **carrier** *n* AUTO Planetenträger *m*, MECHAN ENG Planetenradträger *m*; ~ **gear** *n* AUTO Planetengetriebe *nt*, MECHAN ENG Planetenrad *nt*; ~ **pinion cage** *n* AIR TRANS *helicopter* Planetenzahnradgehäuse *nt*; ~ **spindle** *n* MECHAN ENG Planetenspindel *f*; ~ **wheel** *n* MECHAN ENG Planetenrad *nt*

planetary[1] *pref* MECHANICS Planeten- *pref*

planetary:[2] ~ **gear** *n* MECHAN ENG Planetenrad *nt*, PROD ENG Planetenrad *nt*, Umlaufrad *nt*; ~ **gear differential** *n* AUTO Planetengetriebedifferential *nt*; ~ **gearing** *n* PROD ENG Planetenradgetriebe *nt*; ~ **gears** *n* AUTO Umlaufgetriebe *nt*; ~ **gear set** *n* AUTO Planetengetriebesatz *m*; ~ **gear system** *n* AUTO Planetengetriebesystem *nt*; ~ **gear train** *n* MECHAN ENG Planetengetriebe *nt*; ~ **interior** *n* SPACE Planeteninneres *nt*; ~ **mill** *n* LAB EQUIP *grinding* Planetenmühle *f*; ~ **movement** *n* PROD ENG Planetenbewegung *f*; ~ **pinion** *n* AUTO Planetenritzel *nt*, MECHAN ENG Planetenrad *nt*; ~ **probe** *n* SPACE Planetensonde *f*

planetoid *n* SPACE Planetoid *m*

planimeter *n* CONST *surveying*, GEOM Planimeter *nt*

planimetry *n* GEOM Planimetrie *f*

planing *n* CER & GLAS Abrichten *nt*, CONST Glätten *nt*, Hobeln *nt*, Planieren *nt*, Polieren *nt*, MECHAN ENG Hobeln *nt*; ~ **chip** *n* PROD ENG Hobelspan *m*; ~-**hull-type ship** *n* TRANS Trisecschiff *nt*; ~ **machine** *n* CONST, MECHAN ENG, MECHANICS, PROD ENG Hobelmaschine *f*; ~ **and thicknessing machine** *n* MECHAN ENG Dicktenhobelmaschine *f*; ~ **tools** *n pl* CONST Hobelwerkzeug *nt*

planish *vt* CONST, MECHAN ENG ausbeulen, PROD ENG ausbeulen, spannen

planisher *n* MECHAN ENG *planishing hammer* Ausbeulhammer *m*, Schlichthammer *m*, *planishing roll* Richtwalze *f*

planishing *n* CONST Ausbeulen *nt*, MECHAN ENG Ausbeulen *nt*, Planieren *nt*, PROD ENG Ausbeulen *nt*, Spannen *nt*; ~ **hammer** *n* MECHAN ENG Ausbeulhammer *m*, Schlichthammer *m*; ~ **roll** *n* MECHAN ENG Richtwalze *f*; ~ **tool** *n* MECHAN ENG Planierwerkzeug *nt*

plank *n* CONST Bohle *f*, Diele *f*, Planke *f*, WATER TRANS *shipbuilding* Planke *f*; **~ partition** *n* CONST Schalwand *f*

planking *n* COAL TECH Bretterverkleidung *f*, CONST Bohlenbelag *m*, Dielung *f*, Verschalung *f*

planned: **~ environment** *n* POLL Umweltplanung *f*

planning *n* ART INT Planen *nt*, Planung *f*, TELECOM Planung *f*; **~ permission** *n* CONST Baugenehmigung *f*

plano:[1] **~-concave** *adj* OPT plankonkav; **~-convex** *adj* OPT plankonvex

plano:[2] **~-concave lens** *n* PHYS plankonkave Linse *f*; **~-convex lens** *n* PHYS plankonvexe Linse *f*

planography *n* PRINT Flachdruck *m*

planometric: **~ projection** *n* ENG DRAW planometrische Projektion *f*

planomiller *n* MECHAN ENG Langfräsmaschine *f*

planomilling: **~ machine** *n* MECHAN ENG Langfräsmaschine *f*, Planfräsmaschine *f*

plant *n* CONST Anlage *f*, Ausrüstung *f*; **~ instrument** *n* INSTR Betriebsinstrument *nt*, Betriebsmeßgerät *nt*; **~ manufacturing** *n* PROD ENG *plastic valves* Anlagenbau *m*

Plant: **~ Protection Act** *n* WASTE Pflanzenschutzgesetz *nt*

plasma *n* ELECTRON, PART PHYS, PHYS, SPACE Plasma *nt*; **~-activated chemical vapor deposition** *n AmE see plasma-activated chemical vapour deposition BrE* **~-activated chemical vapor deposition process** *n AmE see plasma-activated chemical vapour deposition process BrE* **~-activated chemical vapour deposition** *n BrE* OPT plasmaaktivierte chemische Bedampfung *f*, plasmaaktivierte chemische Dampfabscheidung *f*; **~-activated chemical vapour deposition process** *n BrE* ELECTRON plasmaaktiviertes Chemical-Vapour-Deposition-Verfahren *nt*; **~-activated CVD process** *n* ELECTRON plasmaaktiviertes CVD-Verfahren *nt*; **~ arc cutting** *n* CONST, MECHAN ENG Plasmalichtbogenschneiden *nt*; **~ arc power collector** *n* TRANS Plasmalichtbogenstromkollektor *m*; **~ cutting** *n* CONST Plasmaschneiden *nt*, Plasmatrennen *nt*; **~ cutting machine** *n* ELECT Plasmaschneideanlage *f*; **~-developed resist** *n* ELECTRON plasmaentwickelter Fotolack *m*; **~ display** *n* COMP & DP Plasmabildschirm *m*; **~ engine** *n* SPACE *spacecraft* Plasmatriebwerk *nt*; **~ environment** *n* SPACE Plasmaumgebung *f*; **~ etching** *n* ELECTRON Plasmaätzen *nt*; **~ thruster** *n* SPACE Plasmaschubtriebwerk *nt*; **~ welder** *n* ELECT Plasmaschweißanlage *f*

plastainer *n* PROD ENG Kunststoffbehälter *m*

plaster *n* CONST Gipsmörtel *m*, Mörtel *m*, Putz *m*, Verputz *m*; **~ of Paris** *n* CONST Stuckgips *m*; **~ rock** *n* CONST Gipsgestein *nt*, Rohgips *m*; **~ stone** *n* CONST Gipsgestein *nt*, Rohgips *m*; **~ work** *n* CONST Putzarbeiten *f pl*, Verputzen *nt*

plasterboard *n* CONST Gipskartonplatte *f*

plastering *n* CONST Putzarbeiten *f pl*, Verputzen *nt*; **~ trowel** *n* CONST Putzkelle *f*

plastic *n* ELEC ENG, PACK, PET TECH, PHOTO, PLAS, PROD ENG *plastic valves*, TELECOM, WASTE Kunststoff *m*; **~ alloy** *n* PROD ENG Knetlegierung *f*; **~ belt** *n* MECHAN ENG Kunststoffriemen *m*; **~ blunting** *n* METALL plastisches Abstumpfen *nt*; **~ capacitor** *n* ELEC ENG Kunststoffkondensator *m*; **~ cladding** *n* ELEC ENG Kunststoffeinfassung *f*, Kunststoffverkleidung *f*; **~-clad silica fiber** *n AmE*, **~-clad silica fibre** *n BrE (PCS fibre BrE)* OPT Plastic-Clad-Silika-Faser *f*, Polymermantel-Quarzglasfaser *f*, plastummantelte Silicafaser *f (PCS-Faser)*, TELECOM Plastic-Clad-Silika-Faser *f*, Polymermantel-Quarzglasfaser *f*, Silikatglas-Lichtwellenleiter mit Kunststoffmantel *m (PCS-Faser)*; **~ coating** *n* TELECOM *of wire, cable* Kunststoffbeschichtung *f*, Kunststoffummantelung *f*, Plastbeschichtung *f*, Plastummantelung *f*; **~ container** *n* WASTE Kunststoffverpackung *f*, Kunststoffgebinde *nt*; **~ deformation** *n* CONST, METALL, PHYS plastische Verformung *f*, PLAS plastische Deformation *f*, plastische Verformung *f*; **~ developing tank** *n* PHOTO Kunststoffentwicklungstank *m*; **~ dish** *n* PHOTO Kunststoffschale *f*; **~ fiber** *n AmE see plastic fibre BrE* **~ fiber cable** *n AmE see plastic fibre cable BrE* **~ fibre** *n BrE* ELEC ENG Kunststoffaser *f*, Plastikfaser *f*, OPT Plastfaser *f*; **~ fibre cable** *n BrE* ELEC ENG Kunststoffaserkabel *nt*; **~ film capacitor** *n* ELEC ENG Kunststoffschichtkondensator *m*; **~ flow** *n* METALL, PLAS plastisches Fließen *nt*; **~ flow properties** *n* PLAS plastische Fließeigenschaften *f pl*; **~ foam packaging** *n* PACK Schaumstoffverpackung *f*, Verpackung aus verschäumtem Kunststoff *f*; **~ instability** *n* METALL plastische Instabililität *f*; **~-insulated cable** *n* ELEC ENG, TELECOM kunststoffisoliertes Kabel *nt*; **~ limit** *n* COAL TECH, CONST Plastizitätsgrenze *f*; **~ liner** *n* PACK Kunststoffauskleidung *f*; **~ mounting** *n* PHOTO *lens* Kunststoffassung *f*; **~ packing material** *n* WASTE Kunststoffverpackung *f*; **~ plug** *n* PACK Kunststoffstöpsel *m*; **~ properties** *n pl* FLUID PHYS plastische Eigenschaften *f pl*; **~ protective element** *n* SAFETY plastisches Schutzelement *nt*; **~-sealing liquid crystal display** *n* ELECTRON kunststoffummantelte Flüssigkristallanzeige *f*; **~ sheeting** *n* PACK Kunststoffilm *m*, Kunststoffolie *f*; **~ waste** *n* WASTE Kunststoffabfall *m*; **~ welding** *n* MECHAN ENG Preßschweißen *nt*; **~ yield** *n* NUC TECH plastische Verformung *f*, plastisches Nachgeben *nt*, PLAS nicht elastische Verformung *f*

plasticity *n* COAL TECH Plastizität *f*, METALL Fließvermögen *nt*, Formbarkeit *f*, Plastizität *f*, PLAS Plastizität *f*, PROD ENG Verformbarkeit *f*; **~ index** *n* COAL TECH, CONST Plastizitätsindex *m*

plasticization *n* PROD ENG Erweichung *f*, Plastifizierung *f*

plasticize *vt* PLAS plastifizieren, weichstellen, PROD ENG erweichen, plastifizieren

plasticizer *n* CONST, PLAS Weichmacher *m*, PROD ENG Plastifikator *m*, Weichmacher *m*; **~ migration** *n* PLAS Weichmachermigration *f*, Weichmacherwanderung *f*

plastics: **~ recycling** *n* WASTE Kunststoffrecycling *nt*, Kunststoffverwertung *f*

plastifying: **~ admixture** *n* CONST Betonverflüssiger *m*

plastimeter *n* PLAS Plastometer *nt*

plastisol *n* PLAS Plastisol *nt*

plastomer *n* CHEMISTRY Plastomer *nt*, Plastomeres *nt*, PET TECH Plastomer *nt*, PROD ENG Kunststoff *m*

platband *n* CONST Kranzleiste *f*, verzierter Sturz *m*

plate[1] *n* AUTO Platte *f*, CER & GLAS Spiegelglas *nt*, *ceramic* Teller *m*, CONST *wall* Tafel *f*, ELEC ENG *electroplating* Anode *f*, Platte *f*, ELECT *flat sheet* Platte *f*, *of accumulator* Elektrode *f*, Platte *f*, MECHAN ENG *of plate conveyor* Platte *f*, *of roller chain* Lasche *f*, *of sheet metal* Tafel *f*, MECHANICS Beschlag *m*, Platte *f*, Schild *nt*, METALL Blech *nt*, *sheet metal* Grobblech *nt*, PRINT *illustration* Tafel *f*, *photography* Platte *f*, *printing* Druckplatte *f*, Platte *f*, PROD ENG Führungsleiste *f*, WATER TRANS *shipbuilding* Grobblech *nt*; **~ amalgamation** *n* COAL TECH Plattenamalgamation *f*; **~ bending** *n* MECHAN ENG Blechbiegen *nt*; **~-bending press** *n*

MECHAN ENG Blechbiegemaschine *f*; **~-bending rollers** *n pl* MECHAN ENG Blechbiegewalzen *f pl*; **~-bending rolls** *n pl* MECHAN ENG Blechbiegewalzen *f pl*, PROD ENG Blechbiegemaschine *f*; **~ block** *n* CER & GLAS Nasenstein *m*; **~ cam** *n* PROD ENG Nockenscheibe *f*; **~ camera** *n* PHOTO Plattenkamera *f*; **~ capacitor** *n* ELECT Plattenkondensator *m*; **~ circuit** *n* ELEC ENG Anodenkreis *m*; **~ clutch** *n* MECHAN ENG Scheibenkupplung *f*; **~-coating machine** *n* PRINT Plattenbeschichtungsmaschine *f*; **~ column** *n* PET TECH Bodenkolonne *f*; **~ column scrubber** *n* POLL *chemicals* Bodensäulen-Abscheider *m*; **~ conveyor** *n* MECHAN ENG Plattenbandförderer *m*; **~ coupling** *n* MECHAN ENG Scheibenkupplung *f*; **~ cylinder** *n* PRINT zylindrische Druckform *f*; **~ diaphragm** *n* PROD ENG *plastic valves* Tellermembrane *f*; **~-edge preparation** *n* PROD ENG *welding* Fugenvorbereitung *f*; **~-edge profiling** *n* PROD ENG Blechkantennachformen *nt*; **~ fastener** *n* PROD ENG Plattenverbinder *m*; **~ folding and bending machine** *n* MECHAN ENG Blechfalz- und Biegemaschine *f*; **~ freezer** *n* HEAT & REFRIG Plattengefrieranlage *f*; **~ gage** *n AmE*, **~ gauge** *n BrE* MECHAN ENG, METROL, PROD ENG Blechlehre *f*; **~ girder** *n* CONST Plattenträger *m*, Vollwandträger *m*, PROD ENG Blechträger *m*; **~ glass** *n* CONST Flachglas *nt*, Spiegelglas *nt*; **~ heat exchanger** *n* HEAT & REFRIG Plattenwärmeaustauscher *m*; **~ holder** *n* PHOTO Plattenkassette *f*; **~ laying** *n* RAIL Schienenlegen *nt*; **~ link chain** *n* MECHAN ENG Gall-Kette *f*, Laschenkette *f*; **~ mill** *n* MECHAN ENG Blechwalzwerk *nt*; **~-out** *n* PLAS Plate-out *nt*; **~ planer** *n* PROD ENG Blechkantenhobelmaschine *f*; **~ roll** *n* MECHAN ENG Blechwalze *f*; **~ rolling** *n* PROD ENG Blechwalzen *nt*; **~ shear** *n* PROD ENG Blechtafelschere *f*; **~ shears** *n pl* MECHAN ENG Tafelschere *f*; **~ slab** *n* PROD ENG Bramme *f*; **~ spring** *n* MECHAN ENG Blattfeder *f*; **~ stem** *n* WATER TRANS *shipbuilding* Plattenvorsteven *m*; **~-straightening machine** *n* PROD ENG, RAIL Blechrichtmaschine *f*; **~ strap** *n* RAIL, WATER TRANS Polbrücke *f*; **~ structure** *n* METALL Plattenstruktur *f*; **~ web girder** *n* CONST Blechstegträger *m*

plate[2] *vt* COATINGS mit Platten überziehen, MECHANICS überziehen, METALL *galvanizing* mit galvanischem Überzug versehen, *with gold* goldplattieren, WATER TRANS *shipbuilding* beplatten

plateau *n* PET TECH Hochebene *f*, Plateau *nt*; **~ level** *n* PET TECH Plateauhöhe *f*, Plateauniveau *nt*

plated[1] *adj* PROD ENG galvanisiert, metallüberzogen

plated:[2] **~-through hole** *n* ELECTRON *in printed circuits* durchplattiertes Loch *nt*

platelet *n* PLAS *pigment* Blättchen *nt*

platemaking *n* PRINT Druckplattenherstellung *f*

platen *n* COMP & DP Schreibwalze *f*, Walze *f*, MECHAN ENG Walze *f*, *of press* Platte *f*, *of planing machine* Tisch *m*, PLAS *press* Platte *f*, Pressentisch *m*, PRINT *typewriter, desk printer* Walze *f*, PROD ENG Tisch *m*, Werkstückträger *m*; **~ press** *n* PLAS Plattenpresse *f*, PRINT Tiegeldruckpresse *f*; **~ printing** *n* PRINT Tiegeldruck *m*

platers': **~ shop** *n* WATER TRANS *shipbuilding* Plattenbearbeitungshalle *f*

platform *n* COMP & DP Platte *f*, Plattform *f*, Systemplattform *f*, CONST Arbeitsbühne *f*, MECHAN ENG *of conveyor* Ladefläche *f*, Plattform *f*, PET TECH Plattform *f*, PROD ENG Bedienungsstand *m*, RAIL Bahnsteig *m*; **~ equipment** *n* PET TECH Plattformausrüstung *f*; **~ ticket** *n* RAIL Bahnsteigkarte *f*; **~ truck** *n AmE* AUTO Pritschenwagen *m*; **~ wagon** *n BrE (cf flatcar AmE)* RAIL Niederbordwagen *m*

platina *n* CHEMISTRY Platina *nt*, Rohplatin *nt*

plating *n* COATINGS Beschichten *nt*, Galvanisieren *nt*, ELEC ENG Elektroplattierung *f*, Galvanisieren *nt*, Plattieren *nt*, Plattierung *f*, MECHAN ENG Plattierung *f*, WATER TRANS *shipbuilding* Beplattung *f*

platinic *adj* CHEMISTRY Platin- *pref*

platinization *n* METALL Platinieren *nt*

platinotron *n* PHYS Platinotron *nt*

platinum *n* CHEMISTRY *(Pt)* Platin *nt (Pt)*, ELECT Platin *nt*; **~ crucible** *n* LAB EQUIP Platintiegel *m*; **~ resistance thermometer** *n* PHYS Platinwiderstandsthermometer *nt*

Platonic: **~ solid** *n* GEOM platonischer Körper *m*

platoon *n* TRANS *traffic* Kolonne *f*; **~ dispersion** *n* TRANS *traffic control* Kolonnenauflösung *f*

platter *n* COMP & DP Verdrahtungsfeld *nt*

play[1] *n* MECHAN ENG *clearance* Spiel *nt*, *of belt* Lose *f*, *room to move* Luft *f*, Spielraum *m*, MECHANICS Spiel *nt*, Spielraum *m*; **~-only recorder** *n* RECORD Abspielgerät *nt*

play[2] *vt* MECHANICS, TELEV spielen; **~ in** *vt* TELEV einspielen

playback *n* RECORD Abspielen *nt*, Wiedergabe *f*, Wiedergabe *f*, TELEV Playback *nt*, Wiedergabe *f*; **~ amplifier** *n* RECORD Wiedergabeverstärker *m*; **~ characteristics** *n pl* RECORD Wiedergabecharakteristik *f*, TELEV Playback-Charakteristika *nt pl*; **~ control** *n* RECORD Wiedergabesteuerung *f*; **~ head** *n* TELEV Playback-Kopf *m*; **~ level** *n* RECORD Wiedergabepegel *m*; **~ loss** *n* RECORD Wiedergabeverlust *m*, TELEV Playback-Verlust *m*; **~ speed** *n* RECORD Wiedergabegeschwindigkeit *f*; **~ system** *n* RECORD Wiedergabesystem *nt*; **~ VTR** *n* TELEV Playback-Videorecorder *m*

playing: **~ time** *n* RECORD Abspielzeit *f*

PLC *abbr (programmable logic control)* CONTROL, IND PROCESS SPS *(speicherprogrammierbare Steuerung)*

pleasure: **~ boat** *n* WATER TRANS Ausflugsdampfer *m*

pleat[1] *n* TEXT Falte *f*, Plisseefalte *f*

pleat[2] *vt* TEXT falten, plissieren

pleated *adj* TEXT gefaltet, plissiert

pleater *n* TEXT Plissiermaschine *f*

pleating *n* TEXT Falten *nt*, Plissieren *nt*; **~ machine** *n* TEXT Plissiermaschine *f*

plenum: **~ chamber** *n* AIR TRANS Ansaugluftkammer *f*, AUTO Luftverteilergehäuse *nt*; **~ chamber air cushion system** *n* TRANS Vollkammerluftkissensystem *nt*; **~ system** *n* HEAT & REFRIG Drucklüftungssystem *nt*, Überdruck-Klimaanlage *f*

plesiochronous: **~ line terminal** *n* TELECOM plesiochrones Leitungsendgerät *nt*; **~ transmission equipment** *n* TELECOM plesiochrone Übertragungseinrichtung *f*

Plexiglass: **~ fairing**® *n* AIR TRANS Plexiglasverkleidung® *f*

plied: **~ yarn** *n* TEXT Mehrfachgarn *nt*, mehrfädiges Garn *nt*

pliers *n* AUTO *tool* Zange *f*, ELECT, MECHAN ENG Beißzange *f*, Zange *f*

plimsoll: **~ line** *n* WATER TRANS Freibordmarke *f*

PLL *abbr (phase-locked loop)* ELECTRON, RAD TECH, SPACE *spacecraft*, TELECOM, TELEV PLL *(Phasenregelkreis)*

PLMN *abbr (public land mobile network)* TELECOM öffentliches Mobilfunknetz *nt*

plot[1] *n* AIR TRANS *navigation* Skizze *f*, graphische Darstellung *f*, COMP & DP Plot *m*, Zeichnung *f*, CONST Darstellung *f*, Grundstück *nt*, WATER TRANS *navigation, radar* Plot *m*, Position *f*; **~-point on curves** *n* ENG DRAW Kurvenpunkt *m*

plot[2] *vt* COMP & DP grafisch darstellen, CONST anreißen, auftragen, aufzeichnen, darstellen, WATER TRANS *bearing* absetzen

plot:[3] **~ a curve** *vi* MATH eine Kurve zeichnen; **~ a graph** *vi* MATH einen Graphen zeichnen; **~ the position** *vi* WATER TRANS *navigation* Besteck absetzen, plotten

plotter *n* COMP & DP Kurvenschreiber *m*, Plotter *m*, ELECT *computers* Plotter *m*, Schreiber *m*, PROD ENG Kurvenschreiber *m*

plotting *n* COMP & DP Plotten *nt*, punktweise Aufzeichnung *f*, CONST Anreiß- *pref*, WATER TRANS *navigation* Besteckabsetzen *nt*, *radar* Mitkoppeln *nt*; **~ accuracy** *n* COMP & DP Zeichengenauigkeit *f*; **~ board** *n* COMP & DP Zeichenplatte *f*, Zeichentisch *m*; **~ chart** *n* WATER TRANS *navigation* Leerkarte *f*; **~ mode** *n* COMP & DP Grafikmodus *m*; **~ paper** *n* CONST Millimeterpapier *nt*, Zeichenpapier *nt*; **~ sheet** *n* WATER TRANS *navigation* Leerkarte *f*; **~ table** *n* WATER TRANS *navigation* Plott-Tisch *m*

plough *n BrE* CONST Falz *m*, Kehle *f*, Kehlhobel *m*, Nuthobel *m*; **~ anchor** *n BrE* WATER TRANS Pflugscharanker *m*; **~ plane** *n BrE* CONST Nuthobel *m*, Spundhobel *m*

ploughed: **~-and-feathered joint** *n BrE* CONST Federverbindung *f*; **~ and tongued joint** *n BrE* CONST Spundverbindung *f*

ploughshare *n BrE* WATER TRANS Pflugschar *f*

plow *n AmE see plough BrE*

plowed: **~-and-feathered joint** *n AmE see ploughed-and-feathered joint BrE* **~ and tongued joint** *n AmE see ploughed and tongued joint BrE*

plowshare *n AmE see ploughshare BrE*

pluck[1] *n* CER & GLAS Zupfen *nt*

pluck[2] *vt* FOOD TECH rupfen *nt*

plucking *n* TEXT Schlingenbildung *f*, Zupfen *nt*

plug:[1] **~-compatible** *adj* ELEC ENG steckerkompatibel; **~-in** *adj* CONST, ELEC ENG Einsteck- *pref*

plug[2] *n* AUTO *drain plug* Schraube *f*, Stopfen *m*, *ignition* Kerze *f*, Zündkerze *f*, CER & GLAS Stöpsel *m*, CONST Dübel *m*, Spund *m*, Stift *m*, Stopfen *m*, *of cock* Hahnkegel *m*, Küken *nt*, ELEC ENG Stecker *m*, Steckverbinder *m*, Zündkerze *f*, ELECT Stecker *m*, Steckverbinder *m*, HYD EQUIP Hahnküken *nt*, Stopfen *m*, Wassermangelsicherung *f*, MECHAN ENG Stopfen *m*, Stöpsel *m*, MECHANICS Spund *m*, Stöpsel *m*, PET TECH Stopfen *m*, Verschluß *m*, PROD ENG Bohrkern *m*, Stützzylinder *m*, RAD TECH Stecker *m*, TELECOM Stecker *m*, Stöpsel *m*, TELEV Stecker *m*, WATER SUP *AmE* Hydrant *m*, WATER TRANS Pfropfen *m*, Stopfen *m*; **~ adaptor** *n* ELEC ENG Steckeradapter *m*, Zwischenstecker *m*, Übergangsstecker *m*; **~ box** *n* ELEC ENG Steckdose *f*; **~ cock** *n* CONST Drehregelventil *nt*, MECHAN ENG Auslaufventil *nt*; **~ compatibility** *n* ELEC ENG Steckerkompatibilität *f*; **~-compatible manufacturer** *n* ELECTRON steckerkompatibler Hersteller *m*; **~ connection** *n* ELEC ENG Steckeranschluß *m*, Steckverbindung *f*, Stöpselverbindung *f*; **~ connector** *n* ELEC ENG Steckdose *f*; **~ and cord switchboard** *n* TELECOM Fernsprechschrank mit Stöpselschnüren *m*; **~ gage** *n AmE*, **~ gauge** *n BrE* CONST Lochlehre *f*, MECHAN ENG Lehrdorn *m*, METROL Lehrdorn *m*, Steckermaß *nt*; **~-in board** *n* ELECTRON *computer engineering* Erweiterungssteckkarte *f*; **~-in coil** *n* ELEC ENG Einsteckspule *f*; **~-in component** *n* ELEC ENG Einsteckteil *nt*; **~-in module** *n* ELEC ENG Einsteckmodul *m*; **~-in relay** *n* ELEC ENG Einsteckrelais *nt*; **~-in termination** *n* ELECT Steckanschluß *m*; **~-in unit** *n* ELEC ENG Einsteckbaugruppe *f*, Einsteckgruppe *f*, ELECT Einschiebeinheit *f*, Einsteckeinheit *f*; **~ pin** *n* ELECT Stiftkontakt *m*; **~ receptacle** *n* ELECT Steckbuchse *f*, Steckdose *f*; **~ and socket** *n* TELECOM Steckverbindung *f*; **~ socket** *n* AUTO *electrical* Steckbuchse *f*, Steckdose *f*, *ignition* Kerzenfuß *m*; **~ switch** *n* ELEC ENG Steckerschalter *m*, Stöpselschalter *m*; **~ tap** *n* CONST Drehregelventil *nt*, Gewindenachbohrer *m*, MECHAN ENG *bottoming tap* Grundlochgewindebohrer *m*, *second tap* Gewindenachbohrer *m*; **~ thread gage** *n AmE*, **~ thread gauge** *n BrE* METROL Gewindelehrdorn *m*; **~-type connection** *n* ELECT Steckverbindung *f*; **~-type connector** *n* TELECOM Steckverbinder *m*; **~-type outlet** *n* ELECT Ausgangsstecker *m*; **~ valve** *n* MECHAN ENG Auslaufventil *nt*, PROD ENG *plastic valves* Hahn *m*; **~ wire** *n* ELEC ENG Steckerdraht *m*

plug[3] *vt* CONST dübeln, ELEC ENG einstecken, stöpseln, PROD ENG, RAD TECH einstecken; **~ in** *vt* ELEC ENG anschließen, einführen, einstecken, ELECT einstecken, TELECOM anschließen, einstecken, TELEV einstöpseln

plug:[4] **~ a leak** *vi* WATER TRANS ein Leck stopfen

plugboard *n* COMP & DP Schalttafel *f*, ELEC ENG Schaltbrett *nt*, Schalttafel *f*, Stecktafel *f*, Stöpselfeld *nt*

pluggable *adj* ELEC ENG steckbar

plugging *n* CONST Verdübelung *f*, Zustöpseln *nt*, schalldichte Zwischenschicht *f*, ELEC ENG Gegenstrombremsung *f*, MECHAN ENG Verstopfen *nt*, Zusetzen *nt*, PET TECH Verschließen *nt*, Verstopfen *nt*, TEXT Stopfen *nt*

plughole *n* CONST Verschlußloch *nt*

plumb:[1] **out of ~** *adj* MECHAN ENG *not vertical* schief; **off ~** *adj* CONST nicht lotgerecht; **out of ~** *adj* CONST nicht lotgerecht

plumb[2] *adv* CONST im Lot, lotrecht, senkrecht

plumb[3] *n* CONST Senkrechte *f*, PROD ENG Lot *nt*, Senkblei *nt*; **~ bob** *n* CONST Schnurlot *nt*, Senkblei *nt*; **~ joint** *n* CONST gelötete Blechverbindung *f*; **~ line** *n* CONST Lotschnur *f*, Schnurlot *nt*

plumb[4] *vt* CONST einloten, ins Lot bringen, verbleien, *sanitary work* einloten, installieren

plumbago *n* CHEMISTRY Graphit *m*, Graphitstaub *m*, PROD ENG Graphit *m*; **~ crucible** *n* PROD ENG Graphittiegel *m*

plumbate *n* CHEMISTRY Plumbat *nt*

plumber *n* CONST Installateur *m*, Klempner *m*

plumber's: **~ solder** *n* CONST Lötzinn *nt*

plumbic *adj* CHEMISTRY bleihaltig

plumbicon *n* ELECTRON Plumbikon *nt*

plumbing *n* CONST Installation *f*, Klempnerarbeiten *f pl*, Loten *nt*

plumbite *n* CHEMISTRY Plumbit *nt*

plumbous *adj* CHEMISTRY bleihaltig

plume *n* FLUID PHYS *thermal flows* Rauchpilz *m*, POLL *underwater atomic explosion* Wassersäule *f*; **~ opacity** *n* CER & GLAS Federopazität *f*; **~ rise** *n* POLL Überhöhung der Abluftfahne *f*

plummer: **~ block** *n* MECHAN ENG Stehlager *nt*; **~ block bearing** *n* MECHAN ENG Stehlager *nt*

plummet *n* CONST Lot *nt*, Richtblei *nt*, PROD ENG Senklot *nt*

plunge: ~ **cut** *n* MECHAN ENG *grinding* Einstich *m*; ~-**cut grinding** *n* MECHAN ENG Einstechschleifen *nt*; ~-**cut milling** *n* MECHAN ENG Tauchfräsen *nt*; ~-**cut thread grinding** *n* MECHAN ENG Einstechgewindeschleifen *nt*; ~ **cutting** *n* MECHAN ENG Tauchfräsen *nt*; ~ **grinding** *n* MECHAN ENG Einstechschleifen *nt*; ~ **milling** *n* MECHAN ENG Tauchfräsen *nt*; ~ **shaving** *n* MECHAN ENG Tauchschaben *nt*

plunger *n* AUTO *brake, clutch cylinder* Plungerkolben *m*, Preßkolben *m*, Tauchkolben *m*, CER & GLAS Plunger *m*, CONST Tauchkolben *m*, ELEC ENG Tauchkolben *m*, *of relay* Tauchkern *m*, MECHAN ENG Plungerkolben *m*, Tauchkolben *m*, MECHANICS Gegenstößel *m*, Pumpenkolben *m*; ~ **assist mechanism** *n* CER & GLAS Plungerhilfsmechanismus *m*; ~ **elevator** *n* CONST Saugheber *m*; ~ **fuel pump** *n* AUTO Kraftstoffkolbenpumpe *f*; ~ **piston** *n* MECHAN ENG Plungerkolben *m*, Tauchkolben *m*; ~ **pump** *n* MECHAN ENG Tauchkolbenpumpe *f*, WATER SUP Plungerpumpe *f*, Tauchkolbenpumpe *f*; ~ **relay** *n* ELEC ENG Tauchkern-Relais *nt*; ~ **ring** *n* CER & GLAS Deckring *m*; ~ **spike** *n* CER & GLAS Plungerdorn *m*; ~ **sticking** *n* CER & GLAS Plungerfestsitz *m*; ~-**type jig** *n* COAL TECH hydraulische Setzmaschine *f*; ~ **valve** *n* PROD ENG *plastic valves* Kolbensteuerventil *nt*

plunging *n* CONST Eintauchen *nt*, Versenken *nt*; ~ **tool** *n* MECHAN ENG Einstechwerkzeug *nt*

plus[1] *prep* MATH plus

plus:[2] ~ **factor** *n* MATH positive Bewertung *f*; ~ **sign** *n* MATH Pluszeichen *nt*; ~ **terminal** *n* AUTO Pluspol *m*, positive Anschlußklemme *f*

ply *n* AUTO *tyre* Gürtel *m*, Zwischenlage *f*, MECHAN ENG Lage *f*, Schicht *f*, PROD ENG Furnierplatte *f*, SPACE *spacecraft* Lage *f*, Schicht *f*, TEXT Fadenanzahl *f*, Fahne *f*; ~ **bond strength** *n* PLAS Lagenhaftung *f*; ~ **glass** *n* CER & GLAS Schichtglas *nt*, *of flat glass* Faserschichtglas *nt*; ~ **separation** *n* PLAS *rubber tyre* Lagenlösung *f*, Lagentrennung *f*

plywood *n* CONST, PACK, PLAS, WATER TRANS *shipbuilding* Sperrholz *nt*; ~ **adhesive** *n* PACK Sperrholzleim *m*; ~ **case** *n* PACK Sperrholzkiste *f*; ~ **drum** *n* PACK Leichtfaß *nt*

pm: ~ **peak** *n* TRANS Nachmittagsspitze *f*

Pm *(promethium)* CHEMISTRY Pm *(Promethium)*

PM *abbr (phase modulation)* COMP & DP, ELECTRON, PHYS, RAD TECH, RECORD, TELECOM, TELEV PM *(Phasenmodulation)*

PMBX *abbr (private manual branch exchange)* TELECOM Nebenstellenanlage mit Handvermittlung *f*

PMC *abbr (powder mold coating AmE, powder mould coating BrE)* PLAS PMC-Verfahren *nt (Pulverlack-Beschichtungstechnik)*

PMMA *abbr (polymethyl methacrylate)* PLAS PMMA *(Polymethylmethacrylat)*

PMOS *abbr (positive metal oxide semiconductor)* COMP & DP P-Kanal-MOS *nt*

p-n: ~ **homojunction diode** *n* ELECTRON Diode mit einfachem pn-Übergang *f*; ~ **junction** *n* ELECTRON, PHYS Störstelleninversionszone *f*, pn-Übergang *m*; ~ **junction diode** *n* ELECT *semiconductor* pn-Halbleiterdiode *f*, ELECTRON Diode mit pn-Übergang *f*; ~ **rectifier** *n* ELEC ENG pn-Gleichrichter *m*

PN *abbr (pseudonoise)* TELECOM Pseudorauschen *nt*

pneumatic[1] *adj* PHYS pneumatisch

pneumatic:[2] ~ **brake** *n* AUTO, MECHAN ENG Druckluftbremse *f*; ~ **capsule gage** *n AmE*, ~ **capsule gauge** *n BrE* INSTR, METROL Kapselfeder-Manometer *nt*; ~ **chipping hammer** *n* PROD ENG Druckluftmeißel *m*; ~ **classification** *n* WASTE pneumatisches Sortieren *nt*; ~ **collet** *n* PROD ENG Druckluftzange *f*; ~ **conveyor** *n* MECHAN ENG pneumatischer Förderer *m*, PROD ENG Druckluftförderer *m*, pneumatischer Förderer *m*; ~ **cylinder** *n* AIR TRANS *helicopter*, MECHAN ENG Druckluftzylinder *m*; ~ **detector** *n* TRANS *traffic control* pneumatischer Detektor *m*; ~ **die cushion** *n* PROD ENG *drawing* Druckluftziehkissen *nt*; ~ **drill** *n* CONST Druckluftbohrer *m*, PROD ENG Druckluftbohrmaschine *f*; ~ **equipment** *n* MECHAN ENG pneumatisches Gerät *nt*; ~ **expanding mandrel** *n* PROD ENG Druckluftspanndorn *m*; ~ **flotation cell** *n* COAL TECH Flotationszelle mit Luftrührung *f*; ~ **hammer** *n* MECHAN ENG Drucklufthammer *m*, Preßlufthammer *m*, PROD ENG *forging* Preßlufthammer *m*; ~ **hammer drill** *n* CONST Druckluftschlagbohrer *m*; ~ **handling** *n* COAL TECH Druckluftförderung *f*; ~ **hoist** *n* MECHAN ENG Drucklufteber *m*; ~ **jig** *n* COAL TECH Luftsetzmaschine *f*; ~ **limit operator** *n* IND PROCESS Druckdifferenzmelder *m*; ~ **loudspeaker** *n* ACOUSTICS Druckkammerlautsprecher *m*, pneumatischer Lautsprecher *m*; ~ **pipe conveyor** *n* TRANS pneumatischer Röhrenförderer *m*; ~ **ram** *n* COAL TECH Stampfer *m*; ~ **rammer** *n* PROD ENG *casting* Druckluftstampfer *m*; ~ **release** *n* PHOTO pneumatischer Auslöser *m*; ~ **riveter** *n* MECHAN ENG Druckluft-Niethammer *m*, PROD ENG Preßluftnietmaschine *f*; ~ **screw driver** *n* PROD ENG Druckluftschrauber *m*; ~ **sorter** *n* WASTE pneumatische Sortieranlage *f*; ~ **table** *n* COAL TECH Luftherd *m*; ~ **tire** *n AmE see pneumatic tyre BrE* ~-**tired metropolitan railroad** *n AmE (cf pneumatic-tyred metropolitan railway BrE)* RAIL Luftreifenstadtbahn *f*; ~-**tired roller** *n AmE see pneumatic-tyred roller BrE* ~ **tool** *n pl* MECHAN ENG Druckluftwerkzeug *nt*; ~ **tyre** *n BrE* AUTO, TRANS Luftreifen *m*; ~-**tyred metropolitan railway** *n BrE (cf pneumatic-tired metropolitan railroad AmE)* RAIL Luftreifenstadtbahn *f*; ~-**tyred roller** *n BrE* CONST Gummiradwalze *f*; ~ **valve** *n* MECHAN ENG Druckluftventil *nt*

pneumatically: ~ **operated switch** *n* ELECT pneumatisch betätigter Schalter *m*; ~ **operated valve** *n* MECHAN ENG druckluftbetätigtes Ventil *nt*

pneumatics *n* AUTO Drucklufttechnik *f*, Pneumatik *f*, PHYS Pneumatik *f*

p-n-p[1] *abbr (positive-negative-positive)* ELECTRON pnp *(positiv-negativ-positiv)*

p-n-p:[2] ~ **transistor** *n* ELECTRON, PHYS pnp-Transistor *m*

p-n-p-n: ~ **component** *n* ELECTRON pnpn-Komponente *f*; ~ **device** *n* ELECTRON pnpn-Gerät *nt*, *semiconductors* Vierschichtzelle *f*

Po *(polonium)* CHEMISTRY Po *(Polonium)*

PO *abbr* PLAS *(polyolefin)* PO *(Polyolefin)*, TEXT *(polynosic fiber AmE, polynosic fibre BrE)* PO *(Polynosic-Faser)*, TEXT *(polyolefin)* PO *(Polyolefin)*

poach *vt* FOOD TECH pochieren

pocket[1] *n* COAL TECH Tasche *f*, CONST Aussparung *f*, PAPER Tasche *f*, PROD ENG Aussparung *f*, Lunker *m*; ~ **calculator** *n* COMP & DP, MATH, TELECOM Taschenrechner *m*; ~ **dosemeter** *n* NUC TECH Strahlungsmeßstift *m*, RAD PHYS Taschendosimeter *nt*; ~ **grinder** *n* PAPER Pressenschleifer *m*; ~ **lamp** *n* ELECT Taschenlampe *f*; ~ **terminal** *n* TELECOM Taschenterminal *nt*; ~-**ventilating**

duct *n* PAPER Taschenentlüftungsleitung *f*; **~-ventilating roll** *n* PAPER Taschenentlüftungswalze *f*

pocket[2] *vt* PROD ENG dreidimensional fräsen, einschlagen

pocking *n* CER & GLAS Narbung *f*

pockmarks *n pl* CER & GLAS Pockennarben *f pl*

pod *n* SPACE *spacecraft* Gehäuse *nt*, Magazin *nt*

podocarpic *adj* CHEMISTRY Podocarpin- *pref*

podophyllin *n* CHEMISTRY Podophyllin *nt*

pogo: **~ effect** *n* SPACE *spacecraft* POGO-Effekt *m*

point[1] *adj* PHYS hinweisend; **~-to-point** *adj* COMP & DP Punkt-zu-Punkt- *pref*

point[2] *n* COMP & DP Punkt *m*, MECHAN ENG Spitze *f*, *of screw* Kuppe *f*, PRINT *typesize* Punkt *m*; **in ~** *n* TELEV Einstiegsstelle *f*; **out ~** *n* TELEV Endpunkt *m* AUTO *ignition* Unterbrecherkontakt *m*, Zündkontakt *m*, Zündzeitpunkt *m*, GEOM Punkt *m*, MATH *decimal* Komma *nt*, *in space* Punkt *m*, METROL *printing*, PHYS Punkt *m*, WATER TRANS *geography* Landspitze *f*; **~ bar** *n BrE (cf buck AmE)* CER & GLAS Brennstütze *f*; **~ charge** *n* ELECT *electrostatics*, PHYS Punktladung *f*; **~ of concurrence** *n* GEOM Treffpunkt *m*; **~ of contact** *n* PHYS Berührungspunkt *m*; **~ contact** *n* ELEC ENG Punktberührung *f*, Punktkontakt *m*, Spitzenkontakt *m*; **~ contact detector diode** *n* ELECTRON Punktkontakt-Detektordiode *f*; **~ contact diode** *n* ELECTRON Punktkontaktdiode *f*, Spitzendiode *f*; **~ contact mixer diode** *n* ELECTRON Punktkontakt-Mischdiode *f*; **~ contact rectifier** *n* ELECT Pointkontakt-Gleichrichter *m*; **~ contact silicon diode** *n* ELECTRON Punktkontakt-Siliziumdiode *f*; **~ contact transistor** *n* ELECTRON Punktkontakttransistor *m*; **~ of control** *n* QUAL 50%-Punkt der Annahmekennlinie *m*, 50%-Punkt der OC-Kurve *m*; **~ coordinate** *n* GEOM Punktkoordinate *f*; **~ defect** *n* METALL Spitzendefekt *m*; **~ of disturbance** *n* IND PROCESS Störort *m*; **~ drift** *n* IND PROCESS Arbeitspunkt-Drift *f*; **~ of fixation** *n* ERGON Fixationspunkt *m*; **~ of fusion** *n* METALL Schmelzpunkt *m*; **~ heater** *n* RAIL Weichenheizgerät *nt*; **~ image** *n* PHOTO punktförmiges Bild *nt*, punktuelle Abbildung *f*; **~ of inflection** *n* GEOM *of curve* Wendepunkt *m*; **~ of intersection** *n* GEOM Schnittpunkt *m*; **~ lock** *n* RAIL Zungenverschluß *m*; **~ of no return** *n* AIR TRANS Umkehrgrenzpunkt *m*; **~ of observation** *n* ERGON Beobachtungspunkt *m*; **~-operating stretcher** *n* RAIL Weichenstellstange *f*; **~ path** *n* PROD ENG *kinematics* Punktbahn *f*; **~ resistance** *n* COAL TECH Punktwiderstand *m*; **~ rod** *n* RAIL Weichenzugstange *f*; **~ of sale** *n* COMP & DP Kasse *f*; **~ of sale display** *n (POS display)* PACK elektronische Kassenanzeige *f (POS-Anzeige)*; **~ of sale terminal** *n (POS terminal)* COMP & DP, PACK Datenkasse *f (POS-Terminal)*; **~ set theory** *n* MATH Punktmengentheorie *f*; **~ size** *n* PRINT *type* Punktgröße *f*; **~ source** *n* PHOTO Punktquelle *f*, punktförmige Quelle *f*, POLL *pollution* Punktquelle *f*; **~ source light** *n* PHOTO punktförmige Lichtquelle *f*; **~ source radio transmitter** *n* RAD TECH, TRANS Punktquellenfunksender *m*; **~ of support** *n* MECHAN ENG Auflagepunkt *m*; **~ switch** *n* RAIL Zungenweiche *f*; **~ system** *n* PRINT Punktsystem *nt*; **~ of tangency** *n* GEOM Berührungspunkt *m*; **~-to-multipoint operation** *n* TELECOM Punkt-zu-Mehrpunkt-Betrieb *m*; **~-to-point connection** *n* COMP & DP Punkt-zu-Punkt-Verbindung *f*; **~-to-point line** *n* COMP & DP Punkt-zu-Punkt-Leitung *f*; **~-to-point link** *n* ELEC ENG Punkt-zu-Punkt-Verbindung *f*; **~-to-point transmission** *n* TELECOM Punkt-zu-Punkt-Übertragung *f*; **~-to-point transport** *n* TRANS Punkt-zu-Punkt-Transport *m*; **~-to-point wiring** *n* ELEC ENG Punkt-zu-Punkt-Verdrahtung *f*, ELECT direkte Verdrahtung *f*; **~ vacuum cleaning system** *n* SAFETY Punktabsaugsystem *nt*

point[3] *vt* CONST stocken, verfugen, *masonry* verfugen, *stones* spitzen, PROD ENG abdachen

pointable: **~ generator** *n* SPACE *spacecraft* einstellbarer Generator *m*

pointed *adj* PROD ENG abgedacht, ausgespitzt

pointer *n* COMP & DP Mauszeiger *m*, Textzeiger *m*, Zeiger *m*, ELEC ENG *on instrument dial*, ELECT Zeiger *m*, LAB EQUIP Nadel *f*, Zeiger *m*, Zunge *f*, MECHAN ENG *of meter* Zeiger *m*, PRINT Textzeiger *m*, RAIL Zeiger *m*; **~ chain** *n* COMP & DP Zeigerkette *f*; **~ instrument** *n* INSTR Zeigerinstrument *nt*

pointing *n* CONST *action* Ausfugung *f*, *material* Verfugen *nt*, PROD ENG Abdachen *nt*, Ausspitzen *nt*, SPACE *communications* Ausrichten *nt*; **~ accuracy** *n* SPACE *communications* Ausrichtungsgenauigkeit *f*; **~ error** *n* SPACE *communications* Ausrichtungsfehler *m*; **~ loss** *n* SPACE *communications* Ausrichtungsverlust *m*, Richtverlust *m*, TELECOM *antenna* Dämpfung durch Ausrichtfehler *f*

points *n pl* AUTO *(cf contact breaker point BrE)* Zündunterbrecherkontakt *m*, CONST Tastflächen *f pl*, RAIL *BrE (cf switch AmE)* Weiche *f*; **~ of the compass** *n pl* WATER TRANS Striche der Kompaßrose *m pl*

pointsman *n BrE (cf switchman AmE)* RAIL Rangierer *m*

poise[1] *n* PROD ENG Gleichgewicht *nt*

poise[2] *vt* PROD ENG auswiegen

Poiseuille: **~ flow** *n* FLUID PHYS Poiseuillesche Strömung *f*

Poiseuille's: **~ law** *n* PHYS Poiseuillesches Gesetz *nt*

poisoning *n* NUC TECH *of reactor*, POLL Vergiftung *f*

poisonous: **~ waste** *n* WASTE Giftmüll *m*

poisons: **~ cupboard** *n* LAB EQUIP Giftschrank *m*

Poisson: **~ distribution** *n* COMP & DP, PHYS, QUAL Poissonsche Verteilung *f*; **~ traffic** *n* TELECOM Poissonscher Verkehr *m*

Poisson's: **~ equation** *n* PHYS Poissonsche Gleichung *f*; **~ law** *n* SPACE *spacecraft* Poissonsches Gesetz *nt*; **~ ratio** *n* COAL TECH *(σ)* Poissonsche Zahl *f (σ)*, CONST *(σ)* Querdehnungszahl *f*, MECHANICS *(σ)* Poissonsche Zahl *f*, MECHANICS *(σ)* Poissonsches Verhältnis *nt (σ)*, PHYS Poissonsche Konstante *(σ) f*, PLAS *(σ)* Poissonsche Zahl *f*, Querkontraktionszahl *f (σ)*

poker: **~ vibrator** *n* CONST *civil engineering* Innenrüttler *m*

polaplexer *n* RAD TECH Polaplexer *m*

polar:[1] **~-orbiting** *adj* SPACE in Polarbahn, in polarer Umlaufbahn

polar:[2] **~-coordinate-indicating instrument** *n* INSTR Polarkoordinaten-Anzeigeinstrument *nt*; **~ coordinates** *n pl* ELECTRON, PHYS Polarkoordinaten *f pl*; **~ diagram** *n* PHYS, RAD TECH Polardiagramm *nt*; **~ dielectric** *n* PHYS polares Dielektrikum *nt*; **~ molecule** *n* PLAS polares Molekül *nt*; **~ orbit** *n* SPACE Polarorbit *m*; **~ plot** *n* IND PROCESS Ortskurve des Frequenzganges *f*

polarimeter *n* LAB EQUIP Polarimeter *nt*, Polarisationsgerät *nt*, OPT, PHYS, RAD PHYS Polarimeter *nt*

polariscope *n* OPT, PHYS Polariskop *nt*

polarity *n* ELEC ENG, ELECT, PHYS Polarität *f*, TELEV Polung *f*; **~ control** *n* TELEV Polaritätssteuerung *f*; **~**

reversal *n* ELEC ENG Polumkehr *f*, Umpolung *f*, ELECT Polaritätsumkehr *f*, Polaritätswechsel *m*, SPACE *spacecraft* Umpolarisierung *f*; ~ **reverser** *n* ELECT Polaritätswechsler *m*; ~**-reversing switch** *n* ELEC ENG Polwechselschalter *m*, Umpolungsschalter *m*; ~ **sign** *n* ELECT Polaritätszeichen *nt*; ~ **tester** *n* ELECT Polaritätsprüfer *m*

polarizability *n* PHYS Polarisierbarkeit *f*

polarization *n* ELEC ENG, ELECT, PHOTO, PHYS, RAD PHYS Polarisation *f*, RAD TECH Polarisierung *f*, SPACE *space communications*, TELECOM Polarisation *f*; ~ **charge** *n* PHYS Polarisationsladung *f*; ~ **coupling loss** *n* TELECOM Polarisationskopplungsdämpfung *f*; ~ **current** *n* PHYS Polarisationsstrom *m*; ~ **diplexer** *n* SPACE *space communications* Polarisationsdiplexer *m*; ~ **grid** *n* SPACE *space communications* Polarisationsgitter *nt*; ~ **isolation** *n* SPACE Polarisationsisolierung *f*; ~ **microscope** *n* LAB EQUIP Polarisationsmikroskop *nt*; ~ **purity** *n* SPACE Polarisationsreinheit *f*

polarize *vt* OPT polarisieren

polarized[1] *adj* RAD PHYS *light* polarisiert

polarized:[2] ~ **capacitor** *n* ELEC ENG gepolter Kondensator *m*; ~ **connector** *n* ELEC ENG gepolter Verbinder *m*; ~ **electrolytic capacitor** *n* ELEC ENG gepolter Elektrolytkondensator *m*; ~ **light** *n* PHOTO, PHYS, RAD PHYS polarisiertes Licht *nt*; ~ **light by reflection** *n* WAVE PHYS durch Reflexion polarisiertes Licht *nt*; ~ **plug** *n* ELEC ENG gepolter Stecker *m*; ~ **relay** *n* ELEC ENG, ELECT gepoltes Relais *nt*, polarisiertes Relais *nt*; ~ **waves** *n pl* WAVE PHYS polarisierte Wellen *f pl*

polarizer *n* LAB EQUIP polarisierende Substanz *f*, METALL Polarisator *m*, PHYS Polarisationsprisma *nt*, Polarisator *m*, SPACE, TELECOM Polarisator *m*

polarizing[1] *adj* OPT polarisierend

polarizing:[2] ~ **angle** *n* OPT Polarisationswinkel *m*; ~ **filter** *n* PHOTO Polarisationsfilter *nt*; ~ **microscope** *n* LAB EQUIP, PHYS Polarisationsmikroskop *nt*; ~ **spectacles** *n* PHOTO *for stereo viewing* Polarisationsbrille *f*

polarography *n* CHEMISTRY Polarographie *f*, polarographische Analyse *f*

Polaroid® *n* PHYS Polarisator *m*, Polaroid® *nt*, RAD PHYS Polaroidmaterial *nt*

polaron *n* PHYS Polaron *nt*

pole *n* CONST Mast *m*, Pfahl *m*, *surveying* Nivellierlatte *f*, ELEC ENG, ELECT Pol *m*, METROL Pol *m*, Rod *nt*, Stange *f*, PAPER, PHYS, RAD TECH Pol *m*; ~ **changer switch** *n* ELECT Polwechslerschalter *m*; ~**-changing starter** *n* ELECT Polwechsler-Anlasser *m*; ~ **face** *n* TELEV Polfläche *f*; ~ **lathe** *n* MECHAN ENG *wood* Wippenbank *f*; ~**-mounted transformer** *n* ELECT am Mast montierter Transformator *m*; ~ **piece** *n* ELEC ENG Polschuh *m*, Polstück *nt*, RECORD Polstück *nt*; ~ **plate** *n* CONST Auflageholz *nt*, Fußholz *nt*; ~ **route** *n* TELECOM Maststrecke *f*; ~ **shoe** *n* ELEC ENG, PHYS, TELEV Polschuh *m*; ~ **slip** *n* ELECT *electrical machine* Polschlupf *m*, Polschlüpfung *f*; ~ **strength** *n* PHYS Polstärke *f*; ~ **tester** *n* INSTR Polprüfer *m*; ~ **tips** *n pl* TELEV Polspitzen *f pl*; ~**-type transformer** *n* ELECT Masttransformator *m*

polhode: ~ **cone** *n* PROD ENG körperfester Drehkegel *m*

polish[1] *n* COATINGS Politur *f*, Politurmittel *nt*, PAPER Glättung *f*

polish[2] *vt* CER & GLAS *first stage of polishing process* vorschleifen, COATINGS auf Hochglanz bringen, polieren, MECHANICS glätten, polieren; ~ **till dry** *vt* CER & GLAS trockenschleifen

Polish: ~ **notation** *n* COMP & DP Präfixschreibweise *f*, klammerfreie Schreibweise *f*, polnische Schreibweise *f*

polished: ~ **edge** *n* CER & GLAS geschliffene Kante *f*; ~ **plate glass** *n* CONST Kristallspiegelglas *nt*; ~ **stone finish** *n* CONST polierte Steinoberfläche *f*; ~ **surface** *n* FUELLESS Schliffläche *f*; ~**-wired glass** *n* CER & GLAS geschliffenes Drahtglas *nt*

polisher *n* CER & GLAS *for glass* Schleifer *m*, *worker* Schleifer *m*

polishing *n* MECHAN ENG, METALL, PLAS Polieren *nt*; ~ **agent** *n* CER & GLAS Schleifmittel *nt*; ~ **head** *n* MECHAN ENG Poliermaschine *f*; ~ **lathe** *n* MECHAN ENG Poliermaschine *f*; ~ **paper** *n* CER & GLAS Schleifpapier *nt*; ~ **roll** *n* MECHAN ENG Polierwalze *f*; ~ **runner** *n* CER & GLAS Schleifläufer *m*; ~ **shop** *n* CER & GLAS Schleiferei *f*; ~ **unit** *n* CER & GLAS Schleifmaschine *f*; ~ **wheel** *n* CER & GLAS Schleifrad *nt*, MECHAN ENG Polierscheibe *f*, METALL Schwabbel *f*, PROD ENG Polierscheibe *f*

poll[1] *n* CONST *of hammer* Breitende *nt*

poll[2] *vt* COMP & DP abfragen, aufrufen, anrufen, wählen

polling *n* COMP & DP Polling *nt*, Sendeaufruf *m*, RAD TECH Sendeaufruf *m*, TELECOM Abfrage *f*, Abruf *m*, Sendeaufruf *m*; ~ **character** *n* COMP & DP Sendeaufrufzeichen *nt*; ~ **interval** *n* COMP & DP Sendeaufrufintervall *nt*; ~ **key** *n* TELECOM Datenabfrageschlüssel *m*; ~ **list** *n* COMP & DP Aufrufliste *f*; ~ **mode** *n* COMP & DP Abruftechnik *f*; ~ **selection** *n* COMP & DP Aufrufbetrieb *m*; ~ **system** *n* TELECOM Abfragesystem *nt*

pollutant *n* MAR POLL Schadstoff *m*, Schmutzstoff *m*, Umweltschadstoff *m*, POLL Schadstoff *m*, SAFETY Altlast *f*, Schadstoff *m*; ~ **deposition** *n* POLL Schadstoffablagerung *f*; ~**-impacted ground** *n* POLL schadstoffbelastetes Erdreich *nt*; ~ **measurement** *n* INSTR Schadstoffmessung *f*

pollute *vt* POLL verunreinigen, SAFETY belasten, verschmutzen

polluted[1] *adj* POLL verschmutzt

polluted:[2] ~ **rainwater** *n* POLL verschmutztes Regenwasser *nt*; ~ **water** *n* WATER SUP verschmutztes Wasser *nt*

polluter: ~**-pays principle** *n* POLL Verursacherprinzip *nt*

polluting: ~ **agent** *n* SAFETY belastendes Mittel *nt*

pollution: ~ **burden** *n* POLL Schadstoffbelastung *f*; ~ **control** *n* POLL *air* Reinhaltung *f*; ~ **emitter** *n* POLL Emissionsquelle *f*; ~ **research** *n* POLL Umweltverschmutzungsforschung *f*; ~ **source** *n* POLL Verunreinigungsquelle *f*

pollutional: ~ **index** *n* POLL Verschmutzungsgrad des Wassers *m*

polonium *n (Po)* CHEMISTRY Polonium *nt (Po)*

polyacetal *n* CHEMISTRY Polyacetal *nt*, Polyformaldehyd *m*, Polyoxymethylen *nt*

polyacrylamide *n* PET TECH Polyacrylamid *nt*

polyacrylate *n (PAA)* CHEMISTRY, PLAS Polyacryl *nt*, Polyacrylat *nt (PAA)*

polyacrylonitrile *n* CHEMISTRY Polyacrylnitril *nt*, PLAS Polyacrylnitril *nt*, POLL *(PAN)* Polyacrylnitril *nt (PAN)*

polyamide *n (PA)* CHEMISTRY, PLAS, TEXT Polyamid *nt (PA)*

polyamine *n* PLAS *curing agent* Polyamin *nt*

polyatomic *adj* CHEMISTRY mehratomig, polyatomar, vielatomig

polybutadiene *n* SPACE *spacecraft* Polybutadien *nt*

polybutene *n (PB)* PLAS Polybuten *nt*, Polybutylen *nt*

(PB)
polybutylene *n (PB)* PLAS Polybuten *nt*, Polybutylen *nt (PB)*; **~ ephtalate** *n (PBT)* ELECT *insulating material*, PLAS Polybutylenterephthalat *nt (PBT)*
polycarbonate *n (PC)* ELECT *insulating material*, PLAS Polycarbonat *nt (PC)*
polychloroprene: **~ latex** *n* PLAS Polychloropren-Latex *m*
polychromatic: **~ glass** *n* CER & GLAS polychromes Glas *nt*
polychrome *adj* PRINT mehrfarbig
polycondensation *n* CHEMISTRY Polykondensation *f*
polycrystalline: **~ semiconductor** *n* ELECTRON Mehrkristallhalbleiter *m*; **~ silicon** *n* ELECTRON polykristallines Silizium *nt*
polycyclic[1] *adj* CHEMISTRY polycyclisch
polycyclic:[2] **~ aromatic hydrocarbon** *n* POLL polyzyklischer aromatischer Kohlenwasserstoff *m*
polydentate *adj* CHEMISTRY mehrzählig, mehrzähnig
polydiallylphthalate *n (PDAP)* PLAS Polydiallyphthalat *nt (PDAP)*
polydimethylsiloxane *n* CHEMISTRY Polydimethylsiloxan *nt*
polyene *n* CHEMISTRY Polyen *nt*
polyester *n (PES)* CHEMISTRY, ELECT *insulating material*, PLAS, TEXT Polyester *m (PES)*; **~ foam** *n* WASTE Polyesterschaumstoff *m*; **~ paint** *n* CONST Polyesterfarbe *f*; **~ resin** *n* CHEMISTRY Polyesterharz *nt*; **~ tape** *n* RECORD Polyesterband *nt*
polyesterification *n* CHEMISTRY Polyesterbildung *f*, Polyveresterung *f*
polyether: **~ foam** *n* PLAS *rubber* Polyethylenschaumstoff *m*; **~ sulfon** *n* ELECT Polyethersulfon *nt*
polyethylene *n AmE see polythene BrE*
polyfunctional *adj* CHEMISTRY Mehrzweck- *pref*, polyfunktionell
polygon *n* GEOM Polygon *nt*, Vieleck *nt* **~ connection** *n* ELECT Polygonschaltung *f*; **~ of forces** *n* MECHAN ENG Kräftepolygon *nt*, PHYS Kräftevieleck *nt*; **~ surface** *n* GEOM Polygonfläche *f*
polygonal[1] *adj* GEOM polygonal, vieleckig
polygonal:[2] **~ delay line** *n* ELECTRON polygonale Laufzeitkette *f*; **~ dislocation** *n* METALL Polygonversetzung *f*; **~ mirror** *n* OPT polygonaler Spiegel *m*
polygonization *n* METALL Polygonisieren *nt*
polyhedral *adj* GEOM polyedrisch, vielflächig
polyhedron *n* GEOM Polyeder *nt*, Vielflächner *m*, METALL Polyeder *nt*
polyimide *n (PI)* ELECT *insulating material*, ELECTRON *chemical*, PLAS Polyimid *nt (PI)*; **~ printed circuit** *n* ELECTRON Polyimid-Leiterplatte *f*
polyisobutylene *n (PIB)* PLAS Polyisobutylen *nt (PIB)*
polyisocyanate *n* PLAS Polyisocyanat *nt*
polyisoprene *n* CHEMISTRY, PLAS *rubber* Polyisopren *nt*
polymer *n* CHEMISTRY Polymer *nt*, Polymerisat *nt*, ELECT *plastics*, PET TECH Polymer *nt*, PLAS Polymer *nt*, Polymerisat *nt*, PROD ENG Polymer *nt*, TEXT Polymer *nt*, Polymerisat *nt*; **~ concrete** *n* PLAS Kunstharzbeton *m*, Polymerbeton *m*, Reaktionsharzbeton *m*; **~ fiber** *n AmE*, **~ fibre** *n BrE* OPT Polymerfaser *f*
polymeric[1] *adj* CHEMISTRY polymer
polymeric:[2] **~ plasticizer** *n* PLAS Polymerweichmacher *m*
polymerism *n* CHEMISTRY Polymerie *f*
polymerization *n* CHEMISTRY Polymerisation *f*, Polymerisieren *nt*, PET TECH, PLAS Polymerisation *f*
polymerize[1] *vt* CHEMISTRY, PAPER, PLAS polymerisieren
polymerize[2] *vi* PAPER, PLAS, TEXT polymerisieren
polymerizer *n* TEXT Polymerisiereinrichtung *f*
polymethacrylate *n* PLAS Polymethacrylat *nt*, Polymethylmethacrylat *nt*
polymethyl: **~ methacrylate** *n (PMMA)* PLAS Polymethacrylat *nt*, Polymethylmethacrylat *nt (PMMA)*
polymethylene *n* CHEMISTRY Polymethylen *nt*
polymorphism *n* METALL Polymorphie *f*
polynomial *n* COMP & DP, PHYS Polynom *nt*; **~ code** *n* COMP & DP Polynomcode *m*; **~ filter** *n* ELECTRON polynomisches Filter *nt*
polynosic: **~ fiber** *n AmE*, **~ fibre** *n BrE (PO)* TEXT Polynosic-Faser *f (PO)*
polynuclear: **~ aromatics** *n pl* PLAS polycyclische Aromaten *nt pl*
polynucleotide *n* CHEMISTRY Polynucleotid *nt*
polyol *n* CHEMISTRY Polyalkohol *m*, Polyol *nt*, PLAS Polyol *nt*
polyolefin *n (PO)* PLAS, TEXT Polyolefin *nt (PO)*; **~ barrier film** *n* PACK Polyolefinsperrfolie *f*; **~ container** *n* PACK Polyolefincontainer *m*
poly-1-cyanoethylene *n* CHEMISTRY Polyacrylnitril *nt*
polyoxyethylene *n* CHEMISTRY Polyoxyethylen *nt*
polyoxymethylene *n (POM)* CHEMISTRY Polyacetal *nt*, Polyformaldehyd *m*, Polyoxymethylen *nt (POM)*, PLAS Polyacetal *nt*, Polyoxymethylen *nt*
polypeptide *n* CHEMISTRY Polypeptid *nt*
polyphase[1] *adj* ELEC ENG Mehrphasen- *pref*, mehrphasig, vielphasig, ELECT mehrphasig
polyphase:[2] **~ circuit** *n* ELECT Drehstromschaltung *f*, mehrphasige Schaltung *f*; **~ current** *n* ELECT mehrphasiger Strom *m*; **~ generator** *n* ELEC ENG Mehrphasengenerator *m*; **~ induction motor** *n* ELEC ENG Mehrphaseninduktionsmotor *m*; **~ motor** *n* ELEC ENG Mehrphasenmotor *m*, ELECT mehrphasiger Motor *m*; **~ network** *n* ELECT mehrphasiges Netz *nt*; **~ synchronous motor** *n* ELEC ENG Mehrphasensynchronmotor *m*; **~ transformer** *n* ELEC ENG Mehrphasentransformator *m*, ELECT mehrphasiger Transformator *m*
polyphenol *n* CHEMISTRY Polyphenol- *pref*
polypropylene *n (PP)* CHEMISTRY, ELECT, PET TECH, PLAS, TEXT Polypropylen *nt (PP)*; **~ closure** *n* PACK PP-Schnur *f*; **~ strap** *n* PACK PP-Schnur *f*
polysilicon *n* ELECTRON Polysilizium *nt*; **~ gate** *n* ELECTRON Polysiliziumgatter *nt*; **~ layer** *n* ELECTRON Polysiliziumschicht *f*
polysiloxane *n* PLAS Polysiloxan *nt*
polystyrene *n (PS)* CHEMISTRY Polystyren *nt*, Polystyrol *nt (PS)*, ELECT *insulating material* Polystyrol *nt (PS)*, PLAS Polystyren *nt*, Polystyrol *nt (PS)*; **~ injection in-mould label** *n* PACK Polystyrol-Spritzgußetikett mit umgekehrter Lackierung *nt*
polysulfide *n AmE*, **polysulphide** *n BrE* CHEMISTRY, PLAS Polysulfid *nt*
polyterpene *n* CHEMISTRY Polyterpen *nt*
polytetrafluoroethylene *n (PTFE)* PLAS, PROD ENG *plastic valves* Polytetrafluorethen *nt*, Polytetrafluorethylen *nt (PTFE)*
polythene *n BrE (PET)* CHEMISTRY, ELECT, PACK, PET TECH, PLAS, TEXT Polyethylen *nt (PET)*
polythermal: **~ cargo ship** *n* TRANS Polythermfrachter *m*
polythylene *n* PET TECH Polythylen *nt*; **~ container** *n* PACK PET Container *m*; **~ pallet covers** *n pl* PACK PET Palettenüberzuge *m pl*; **terephthalate** *n* ELEC *insulat-*

ing material Polyethylenterephthalat *nt*, PLAST

polyunsaturated *adj* CHEMISTRY, FOOD TECH mehrfach ungesättigt

polyurethane *n (PUR)* PLAS, TEXT Polyurethan *nt (PUR)*; **~ foam** *n* PLAS Polyurethanschaum *m*, Polyurethanschaumstoff *m*

polyvalence *n* CHEMISTRY Mehrwertigkeit *f*, Polyvalenz *f*

polyvalency *n* CHEMISTRY Mehrwertigkeit *f*, Polyvalenz *f*

polyvalent *adj* CHEMISTRY mehrwertig, polyvalent

polyvinyl *n* CHEMISTRY, TEXT Polyvinyl *nt*; **~ acetal** *n* PLAS Polyvinylacetal *nt*; **~ acetate** *n (PVAC)* PLAS Polyvinylacetat *nt (PVAC)*; **~ alcohol** *n (PVAL)* PLAS, PRINT Polyvinylalkohol *m (PVAL)*; **~ alcohol size** *n* TEXT Polyvinylalkoholschlichte *f*; **~ butyral** *n (PVB)* PLAS Polyvinylbutyral *nt (PVB)*; **~ chloride** *n (PVC)* CONST, ELEC ENG, PROD ENG Polyvinylchlorid *nt (PVC)*; **~ ether** *n (PVE)* PLAS Polyvinylether *m (PVE)*; **~ fluoride** *n (PVF)* PLAS Polyvinylfluorid *nt (PVF)*

polyvinylidene: **~ chloride** *n (PVDC)* PLAS Polyvinylidenchlorid *nt (PVDC)*; **~ fluoride** *n (PVFD)* PLAS Polyvinylidenfluorid *nt (PVDF)*

POM *abbr (polyoxymethylene)* CHEMISTRY, PLAS POM *(Polyoxymethylen)*

pomace *n* FOOD TECH Maische *f*, Treber *m pl*, Trester *m*

pomaceous: **~ fruit** *n* FOOD TECH Kernobst *nt*

pond *n* COAL TECH Teich *m*, PAPER Becken *nt*, WATER SUP Teich *m*; **~ depth** *n* PAPER Beckentiefe *f*

pondage *n* FUELLESS Inhalt der Kanalhaltung *m*

pontoon *n* CONST Holzrost *m*, Ponton *m*, WATER TRANS Brückenkahn *m*, Ponton *m*, Schwimmerflugzeug *nt*; **~ bridge** *n* WATER TRANS Pontonbrücke *f*; **~ crane** *n* WATER TRANS Schwimmkran *m*; **~ dock** *n* WATER TRANS Pontondock *nt*

pool *n* PROD ENG *welding* Schmelzbad *nt*, Schweißbad *nt*; **~ block** *n* CER & GLAS Beckenstein *m*; **~ boiling** *n* HEAT & REFRIG Sieden im Behälter *nt*; **~ cathode** *n* ELEC ENG Flüssigkeitskathode *f*, flüssige Kathode *f*; **~ of petroleum** *n* PET TECH Erdöllagerstätte *f*; **~ tablet** *n* CER & GLAS Beckenplatte *f*

pooling: **~ car** *n* RAIL Pool-Wagen *m*

poop: **~ deck** *n* WATER TRANS *shipbuilding* Poopdeck *nt*

poor: **~ conductor** *n* ELEC ENG schlechter Leiter *m*; **~ insulant** *n* ELEC ENG schlechtes Isoliermedium *nt*; **~ insulation** *n* ACOUST schlechte Dämmung *f*, schlechte Isolierung *f*; **~ mixture** *n* AUTO gasarmes Gemisch *nt*, mageres Gemisch *nt*; **~ reception area** *n* TELEV Gebiet mit schlechtem Empfang *nt*

pop:[1] **~-down** *n* COMP & DP Dialogfenster *nt*; **~ mark** *n* PROD ENG Meßmarke *f*; **~-up menu** *n* COMP & DP Aufklappmenü *nt*, Dialogfenstermenü *nt*; **~-up window** *n* COMP & DP Dialogfenster *nt*; **~ valve** *n* MECHAN ENG Überdruck-Schnellschlußventil *nt*

pop[2] *vt* PROD ENG abknallen

popcorn: **~ polymers** *n pl* PLAS Popcorn-Polymere *nt pl*

pope: **~ reel** *n* PAPER Tragtrommelroller *m*

poplin *n* TEXT Popelin *m*

poppet *n* PROD ENG Spindelstock *m*; **~ valve** *n* AUTO Ringventil *nt*, Tellerventil *nt*, HYD EQUIP Ablaßventil *nt*, PROD ENG Tellerventil *nt*; **~ valve gear** *n* HYD EQUIP Ablaßventilsteuerung *f*

population *n* PHYS Besetzung *f*, POLL Bevölkerung *f*, QUAL Grundgesamtheit *f*, STRAHLPHYS Besetzung *f*; **~ density of excited atoms** *n* RAD PHYS Besetzungsdichte angeregter Atome *f*; **~ dose** *n* POLL *nuclear* Bevölkerungsgesamtdosis *f*; **~ equivalent** *n* WASTE, WATER SUP Einwohnergleichwert *m*; **~ inversion** *n* ELECTRON *statistics* Gesamtheitsumkehr *f*, PHYS Besetzungsinversion *f*, RAD PHYS *of laser* Besetzungsumkehr *f*; **~ inversion mechanism** *n* RAD PHYS *in gas lasers* Mechanismus zur Besetzungsumkehr *m*

populin *n* CHEMISTRY Benzoylsalicin *nt*, Populin *nt*

porcelain: **~ borer** *n* CER & GLAS Porzellanbohrer *m*; **~ button** *n* CER & GLAS Porzellanknopf *m*; **~ calcining furnace** *n* CER & GLAS Porzellanbrennofen *m*; **~ caster** *n* CER & GLAS Porzellangießmaschine *f*; **~ cell** *n* CER & GLAS Porzellanküvette *f*; **~ clay** *n* CER & GLAS Porzellanerde *f*; **~ colour** *n* CER & GLAS Porzellanfarbe *f*; **~ conduit box** *n* CER & GLAS Porzellanverteilerkasten *m*; **~ crucible** *n* CER & GLAS, LAB EQUIP Porzellantiegel *m*; **~ cup** *n* CER & GLAS Porzellantasse *f*; **~ decoration** *n* CER & GLAS Porzellandekoration *f*; **~ evaporating basin** *n* CER & GLAS Porzellanabdampfschale *f*; **~ filter plate** *n* CER & GLAS Porzellanfilterplatte *f*; **~ funnel** *n* CER & GLAS Porzellantrichter *m*; **~ gilder** *n* CER & GLAS Porzellanvergolder *m*; **~ goods** *n pl* CER & GLAS Porzellanwaren *f pl*; **~ industry** *n* CER & GLAS Porzellanindustrie *f*; **~ insulation** *n* ELEC ENG Porzellanisolierung *f*; **~ insulator** *n* CER & GLAS Isolierei *nt*, Porzellanisolator *m*, ELEC ENG, ELECT Porzellanisolator *m*; **~ jasper** *n* CER & GLAS Porzellanjaspis *m*; **~ maker** *n* CER & GLAS Porzellanhersteller *m*; **~ polisher** *n* CER & GLAS Porzellanschleifer *m*; **~ thread guide** *n* CER & GLAS Porzellanfadenöse *f*; **~ thrower** *n* CER & GLAS Porzellandreher *m*; **~ tooth** *n* CER & GLAS Porzellanzahn *m*; **~ tube** *n* CER & GLAS Porzellanrohr *nt*; **~ utensils** *n pl* CER & GLAS Porzellangeräte *nt pl*; **~ varnish** *n* CER & GLAS Porzellanlack *m*

porch *n* TELEV Schulter *f*; **~ roof** *n* CONST Vordach *nt*

porcupine *n* TEXT Kammwalze *f*

pore *n* COAL TECH Pore *f*; **~ gas pressure** *n* COAL TECH Porengasdruck *m*; **~ overpressure** *n* COAL TECH Porenwasserüberdruck *m*; **~ pressure** *n* COAL TECH, PET TECH Porendruck *m*; **~ volume** *n* COAL TECH Porenvolumen *nt*; **~ water** *n* COAL TECH Porenwasser *nt*; **~ water pressure** *n* COAL TECH Porenwasserdruck *m*

poromeric: **~ coated fabric** *n* PLAS poromerbeschichtetes Gewebe *nt*

porometer *n* CHEM ENG Porometer *nt*

porosimeter *n* PAPER Porosimeter *nt*

porosity *n* ACOUSTICS Durchlässigkeit *f*, Porosität *f*, COAL TECH Porosität *f*, COATINGS Durchlässigkeit *f*, Porosität *f*, CONST Hohlraumgehalt *m*, Porosität *f*, FUELLESS Durchlässigkeit *f*, Porosität *f*, METALL Durchlässigkeit *f*, Porigkeit *f*, Porosität *f*, PAPER, PET TECH, PLAS *rubber*, WATER SUP Porosität *f*; **~ log** *n* PET TECH Porositätslog *nt*; **~ tester** *n* PAPER Porositätsprüfer *m*

porous[1] *adj* ACOUSTICS durchlässig, COATINGS, FUELLESS durchlässig, porös, METALL durchlässig

porous:[2] **~ absorber** *n* ACOUSTICS poröser Absorber *m*, poröser nichtreflektierender Körper *m*; **~ cover** *n* WASTE poröse Abdeckung *f*

porphin *n* CHEMISTRY Porphin *nt*

porphyropsin *n* CHEMISTRY Porphyropsin *nt*

port[1] *adv* SPACE *spacecraft* backbord, WATER TRANS Backbord- *pref*, backbord

port[2] *n* AIR TRANS Backbord *nt*, AUTO *engine* Ansaugschlitz *m*, Steuerschlitz *m*, CER & GLAS Mundloch *nt*, COMP & DP Anschluß *f*, Anschlußbuchse *f*, Anschlußstelle *f*, Port *m*, ELEC ENG *waveguides* Öffnung *f*, HYD EQUIP Kanal *m*, Schlitz *m*, Öffnung *f*, MECHAN ENG Bohrung *f*, Düse *f*, MECHANICS Durchlaß *m*, Öffnung *f*, PHYS Durchströmungskanal *m*, Hafen *m*, Steueröffnung *f*, PRINT *computer* Anschluß *m*, Port *m*, TELECOM Anschluß *m*, Zugang *m*, Zugangspunkt *m*, WATER TRANS Hafen *m*, Hafenstadt *f*; **~ administration office** *n* WATER TRANS Hafenverwaltungsbüro *nt*; **~ apron** *n* CER & GLAS Mundlochschürze *f*; **~ authorities** *n pl* WATER TRANS Hafenbehörde *f*; **~ back wall** *n* CER & GLAS Ofenrückwand *f*; **~ of call** *n* WATER TRANS Anlaufhafen *m*; **~ charges** *n pl* WATER TRANS Hafengebühren *f pl*; **~ of commissioning** *n* WATER TRANS Hafen der Inbetriebnahme *m*; **~ crown** *n* CER & GLAS Ofenkranz *m*; **~ custom house** *n* WATER TRANS Hafenzollamt *nt*; **~ of documentation** *n* WATER TRANS Heimathafen *m*; **~ endwall** *n* CER & GLAS Ofenkopf *m*; **~ face** *n* HYD EQUIP Ein-/Auslaßöffnungsfläche *f*; **~ facilities** *n pl* WATER TRANS Hafeneinrichtungen *f pl*; **~ mouth** *n* CER & GLAS Brennermaul *nt*; **~ neck** *n* CER & GLAS Mischraum *m*; **~ opening** *n* HYD EQUIP Ein-/Auslaßöffnung *f*; **~ of registration** *n* WATER TRANS Heimathafen *m*, Registerhafen *m*; **~ of registry** *n* WATER TRANS Heimathafen *m*, Registerhafen *m*; **~ side wall** *n* CER & GLAS Brennermaulwange *f*; **~ sill** *n* CER & GLAS Ofensohle *f*; **~ of transit** *n* WATER TRANS Durchgangshafen *m*; **~ uptake** *n* CER & GLAS Ofenzug *m*; **~ watch** *n* WATER TRANS Hafenwache *f*

portable[1] *adj* COMP & DP portabel, tragbar, transportierbar

portable[2] *n* COMP & DP Aktentaschencomputer *m*, tragbarer Computer *m*; **~ appliance** *n* ELECT tragbares Hausgerät *nt*; **~ crane** *n* CONST Fahrkran *m*; **~ drilling machine** *n* MECHAN ENG tragbare Bohrmaschine *f*; **~ fire extinguisher** *n* SAFETY Handfeuerlöscher *m*; **~ hoisting platform** *n* CONST fahrbare Hubbühne *f*; **~ ladder** *n* SAFETY Tragleiter *f*; **~ lamp** *n* ELECT Handlampe *f*; **~ light** *n* CONST Handleuchte *f*; **~ mold** *n AmE*, **~ mould** *n BrE* PLAS Handform *f*, loses Formwerkzeug *nt*; **~ pulp** *n* LAB EQUIP tragbare Masse *f*; **~ receiver** *n* TELECOM tragbarer Empfänger *m*; **~ relay** *n* TELEV tragbarer Umsetzer *m*; **~ socket outlet** *n* ELECT transportierbare Steckdose *f*, verlegbare Steckdose *f*; **~ terminal** *n* COMP & DP, WATER TRANS *satellite communications* tragbares Terminal *nt*; **~ transmitter** *n* TELEV tragbarer Sender *m*; **~ vice** *n* CONST fahrbarer Schraubstock *m*

portal *n* CONST Pforte *f*, Portal *nt*; **~ crane** *n* CONST Portalkran *m*; **~ mast** *n* WATER TRANS Portalmast *m*

portapack *n* TELEV Tornister *m*

ported *adj* PROD ENG mit Kanälen

porthole *n* CER & GLAS Ofenloch *nt*, MECHAN ENG Düse *f*, WATER TRANS Bullauge *nt*

portioning: **~ machine** *n* PACK Portioniervorrichtung *f*

Portland: **~ sulfate-resisting cement** *n AmE*, **~ sulphate-resisting cement** *n BrE* CONST sulfatbeständiger Portlandzement *m*

portrait: **~ attachment** *n* PHOTO Portraitlinse *f*, Verkürzungsvorsatz *m*; **~ format** *n* COMP & DP, PRINT Hochformat *nt*; **~ representation** *n* COMP & DP Hochformat *nt*

POS: **~ display** *n (point of sale display)* PACK POS-Anzeige *f (elektronische Kassenanzeige)*; **~ terminal** *n (point of sale terminal)* COMP & DP, PACK POS-Terminal *nt (Datenkasse)*

position:[1] **off ~** *n* MECHAN ENG Ausstellung *f*, ausgeschaltete Stellung *f* WATER TRANS *navigation* Position *f*, Standort *m*; **on ~** *n* ELEC ENG Bereitschaftsstellung *f*, Einschaltstellung *f*; **~ co-ordination** *n* PROD ENG *kinematics* Lagezuordnung *f*; **~ error** *n* MECHAN ENG Lagefehler *m*; **~ index** *n* ERGON Lageindex *m*; **~ indication** *n* PROD ENG Positionsanzeige *f*; **~ indicator** *n* PROD ENG *plastic valves* Hubanzeigestift *m*, Stellungsanzeige *f*; **~ light** *n* AUTO Parkleuchte *f*, SPACE *spacecraft* Positionslicht *nt*; **~ lights** *n pl* WATER TRANS *navigation* Positionslichter *nt pl*; **~ limiter switch** *n* PROD ENG *plastic valves* Stellungsbegrenzungsschalter *m*; **~ measuring instrument** *n* INSTR Lagemeßgerät *nt*, Stellungsmeßgerät *nt*; **~ of a signal** *n* RAIL Signalstellung *f*; **~ switch** *n* ELEC ENG Positionsschalter *m*; **~ vector** *n* GEOM Ortsvektor *m*, PHYS Fahrstrahl *m*, Ortsvektor *m*

position[2] *vt* CONTROL positionieren, stellen, MECHAN ENG positionieren

positional: **~ crosstalk** *n* TELEV Nebenkanalstörung durch Lagefehler *f*; **~ tolerance** *n* MECHAN ENG Lagetoleranz *f*

positioner *n* IND PROCESS Ventilstellungsregler *m*, MECHAN ENG Positioniervorrichtung *f*

positioning *n* CONTROL Aufstellung *f*, Positionierung *f*, Stellung *f*, IND PROCESS Einstellen *nt*, MECHAN ENG Positionierung *f*, PROD ENG *of valve* Einbaulage *f*, WATER TRANS *navigation* Standortbestimmung *f*; **~ force** *n* ELECT Stellkraft *f*; **~ movement** *n* ERGON Positionierungsbewegung *f*; **~ repeatability** *n* MECHAN ENG *of machine tool* Repetierbarkeit *f*; **~ speed** *n* MECHAN ENG Positionierungsgeschwindigkeit *f*

positive[1] *adj* ELECT, MATH positiv, PROD ENG formschlüssig, zwangsläufig; **~-negative-positive** *adj (p-n-p)* ELECTRON positiv-negativ-positiv *(pnp)*

positive[2] *n* PHOTO, PRINT Positiv *nt*; **~ acknowledgement** *n* COMP & DP positive Quittung *f*, positive Rückmeldung *f*; **~ angle** *n* GEOM positiver Winkel *m*; **~ bank** *n* AUTO positive Kontaktbank *f*; **~ bias** *n* ELEC ENG positive Vorspannung *f*; **~ camber** *n* AUTO positiver Radsturz *m*; **~ charge** *n* ELEC ENG, ELECT *electrostatics*, PHYS positive Ladung *f*; **~ clutch** *n* MECHAN ENG formschlüssige Kupplung *f*; **~ column** *n* ELECTRON, PHYS positive Säule *f*; **~ crankcase ventilation** *n (PCV)* AUTO Kurbelgehäusezwangseentlüftung *f*, rückführende Kurbelgehäuseentlüftung *f (PCV-Ventilation)*; **~ curvature** *n* GEOM positive Krümmung *f*; **~-displacement compressor** *n* MECHAN ENG Kolbenkompressor *m*, Kolbenverdichter *m*; **~-displacement meter** *n* INSTR Verdrängungszähler *m*; **~-displacement pump** *n* HYD EQUIP Verdrängerpumpe *f*, MECHAN ENG Verdrängungspumpe *f*; **~-displacement vacuum pump** *n* MECHAN ENG Verdrängungsvakuumpumpe *f*; **~ drive** *n* AUTO schlupffreier Antrieb *m*, zwangsläufiger Antrieb *m*, PROD ENG Antrieb ohne Rutschkupplung *m*; **~ feedback** *n* RAD PHYS positive Rückkopplung *f*, RECORD Mitkopplung *f*; **~ film** *n* PRINT Positivfilm *m*; **~ Gauss curvature** *n* GEOM positive Gaußsche Krümmung *f*; **~-grounded terminal** *n* AUTO positiv geerdete Anschlußklemme *f*, positiv geerdeter Pol *m*; **~ image** *n* PHOTO Positiv *nt*; **~ integer** *n* MATH positive ganze Zahl *f*; **~ ion** *n* ELECT *charged particle*, PHYS positives Ion *nt*; **~ justification** *n* TELECOM positives Stopfen *nt*; **~ logic** *n* ELECTRON positive Logik *f*; **~ magnetostriction** *n* ELEC ENG positive Magnetostriktion *f*; **~ metal oxide semiconductor** *n (PMOS)* COMP & DP P-Kanal-MOS *nt*; **~ modulation**

n ELECTRON Positivmodulation *f*, *video* Steuerung auf hell *f*; ~ **mold** *n AmE*, ~ **mould** *n BrE* PLAS *press* Füllraumwerkzeug *nt*; ~ **number** *n* MATH positive Zahl *f*; ~ **phase sequence** *n* ELECT positive Phasendrehung *f*; ~ **phase sequence reactance** *n* ELECT Widerstand bei positiver Phasenfolge *m*; ~ **photoresist** *n* ELECTRON positiver Fotolack *m*; ~ **picture phase** *n* TELEV positive Bildphase *f*; ~ **plate** *n* AUTO Plusplatte *f*, positive Platte *f*; ~ **pole** *n* ELECT positiver Pol *m*; ~ **power supply** *n* ELEC ENG positiver Netzanschluß *m*; **~-pressure-powered dust blouse** *n* SAFETY Überdruck-Staubabzugsschürze *f*; **~-pressure-powered dust hood** *n* SAFETY Überdruck-Staubabzugshaube *f*; ~ **print** *n* PRINT Positivkopie *f*; ~ **quadrant** *n* MATH positiver Quadrant *m*; ~ **rake** *n (cf negative rake)* MECHAN ENG, PROD ENG positiver Spanwinkel *m*; ~ **resist** *n* ELECTRON positiver Fotolack *m*; ~ **sequence** *n* ELECT positive Drehung *f*, positive Folge *f*; ~ **stop** *n* PROD ENG Festanschlag *m*; ~ **terminal** *n* AUTO Pluspol *m*, positive Anschlußklemme *f*, ELECT positive Klemme *f*, positiver Anschluß *m*; **~-type valve rotator** *n* AUTO formschlüssige Ventildrehvorrichtung *f*; ~ **voltage** *n* ELEC ENG relativ Spannung *f*

positively:[1] ~ **skewed** *adj* GEOM *curve* linksschief

positively:[2] ~ **doped region** *n* PHYS positiv dotierter Bereich *m*

positron *n* PART PHYS, PHYS Positron *nt*

possible: ~ **capacity** *n* TRANS mögliche Leistungsfähigkeit *f*; ~ **reserves** *n pl* PET TECH mögliche Reserven *f pl*

post *n* AUTO Runge *f*, COAL TECH Pfosten *m*, CONST Türpfosten *m*, *architecture* Pfeiler *m*, Stütze *f*, MECHAN ENG *of machine* Ständer *m*, WATER TRANS *mooring* Pfahl *m*, Pfosten *m*, Posten *m*; ~ **bracket** *n* RAIL Auslegearm *m*; ~ **crane** *n* CONST Säulenkran *m*; ~ **driver** *n* CONST Pfostenramme *f*; ~ **insulator** *n* ELEC ENG Säulenisolator *m*; ~ **office bridge box** *n* INSTR Kabelmeßbrücke *f*; ~ **pallet** *n* TRANS Rungenpalette *f*; ~ **wagon** *n BrE (cf mail van AmE)* RAIL Bahnpostwagen *m*

postaccelerator: ~ **CRT** *n* ELECTRON Nachbeschleunigungs-CRT *f*

postal: ~ **tubes** *n* PACK Versandrolle *f*

postamble *n* COMP & DP Postambel *f*

postcombustion: ~ **chamber** *n* COAL TECH Nachverbrennungskammer *f*

postdialing *AmE*, **postdialling** *BrE*: ~ **delay** *n* TELECOM Rufverzug *m*

posted: ~ **speed** *n* TRANS zulässige Geschwindigkeit *f*

postediting *n* COMP & DP Nachbearbeitung von Daten *f*

postemphasis *n* RECORD nachträgliche Hervorhebung *f*, TELEV Nachverstärkung *f*

postequalization *n* RECORD Nachentzerrung *f*

postexposure *n* PHOTO Nachbelichtung *f*

postfault: ~ **measuring value** *n* INSTR Meßwert nach Auftreten eines Fehlers *m*

postfix: ~ **notation** *n* COMP & DP Postfixschreibweise *f*

postflying: ~ **check** *n* AIR TRANS Abschlußcheck *m*, Flugnachbesprechung *f*

postformatted *adj* COMP & DP nachträglich formatiert

postforming *n* PLAS Nachformen *nt*

postmortem: ~ **dump** *n* COMP & DP Speicherauszug nach Störungen *m*; ~ **program** *n* COMP & DP Post-Mortem-Programm *nt*; ~ **review** *n* COMP & DP Störablaufprotokollierung *f*

postprocessing *n* ELECTRON Nachbearbeitung *f*, Nachverarbeitung *f*

postprocessor *n* COMP & DP Postprozessor *m*, Postprozessorprogramm *nt*

postscoring *n* ACOUSTICS Nachsynchronisierung *f*

postsync: ~ **field-blanking interval** *n* TELEV nachsynchronisiertes Halbbildaustastintervall *nt*

postsynchronization *n* RECORD Nachsynchronisieren *nt*

postulate *n* MATH *maths* Postulat *nt*

posture *n* ERGON Haltung *f*, Körperhaltung *f*, Körperlage *f*, Stellung *f*

pot[1] *n* METALL Bottich *m*, PROD ENG Elektrolysezelle *f*, Füllraum *m*, RECORD Poti *nt*; ~ **arch** *n* CER & GLAS Hafengewölbe *nt*; ~ **arching** *n* CER & GLAS Vorbrennen des Glashafens *nt*; ~ **carriage** *n* CER & GLAS Hafenschlitten *m*; ~ **clay** *n* CER & GLAS Glashafenton *m*; ~ **cooling** *n* CER & GLAS Hafenkühlung *f*; ~ **core** *n* RAD TECH Topfkern *m*; ~ **furnace** *n* THERMODYN Kistenofen *m*, Topfofen *m*; ~ **galvanizing** *n* PROD ENG Feuerverzinkung *f*; ~ **insulator** *n* ELECT Isolator mit Vergußkammer *m*; ~ **life** *n* COATINGS Lebensdauer *f*, Standzeit *f*, Wirksamkeit *f*, PLAS Gebrauchsdauer *f*, Topfzeit *f*, Verarbeitungsspielraum *m*, PROD ENG Abbindzeit *f*; ~ **mouth** *n* CER & GLAS Hafenabstich *m*; ~ **opal** *n* CER & GLAS im Hafenofen erschmolzenes Opalglas *nt*; ~ **room** *n* CER & GLAS Herdraum des Hafenofens *m*; ~ **ruby** *n* CER & GLAS im Hafenofen erschmolzenes Rubinglas *nt*; ~ **setting** *n* CER & GLAS Hafeneinsatz *m*; ~ **sherds** *n pl* CER & GLAS Porzellanscherben *f pl*; ~ **spout** *n* CER & GLAS Hafenspeiserkopf *m*; **~-type field rheostat** *n* ELECT topfförmiger Feldwiderstand *m*

pot:[2] **~-anneal** *vt* THERMODYN unter Luftabschluß anlassen

potable *adj* WATER SUP trinkbar

potash *n* CER & GLAS Pottasche *f*, CHEMISTRY Kalisalz *nt*, Kaliumcarbonat *nt*, Kaliumhydroxid *nt*, Kaliumoxid *nt*; ~ **alum** *n* CHEMISTRY Kalialaun *m*, Kaliumalaun *m*, Kaliumaluminiumsulfat *nt*; ~ **bulb** *n* LAB EQUIP Kaliapparat *m*; ~ **glass** *n* CER & GLAS Kaliglas *nt*; ~ **niter** *n AmE*, ~ **nitre** *n BrE* CHEMISTRY Kalisalpeter *m*

potassium *n (K)* CHEMISTRY Kalium *nt (K)*; ~ **aluminium** *n* CHEMISTRY Kaliumaluminiumsulfat *nt*; ~ **chlorate** *n* CHEMISTRY Kaliumchlorat *nt*; ~ **chloride** *n* CHEMISTRY Kaliumchlorid *nt*; ~ **cyanide** *n* CHEMISTRY Kaliumcyanid *nt*; ~ **hydroxide** *n* CHEMISTRY Kaliumhydroxid *nt*, Ätzkali *nt*; ~ **manganate** *n* CHEMISTRY Kaliummanganat *nt*, Kaliumpermanganat *nt*; ~ **nitrate** *n* CHEMISTRY, FOOD TECH Kaliumnitrat *nt*; ~ **oxide** *n* CHEMISTRY Kaliumoxid *nt*; ~ **permanganate** *n* CHEMISTRY Kaliummanganat *nt*, Kaliumpermanganat *nt*

potato: ~ **beetle** *n BrE (cf potato bug AmE)* FOOD TECH *phytopathology* Kartoffelkäfer *m*; ~ **blight** *n* FOOD TECH *phytopathology* Kartoffelfäule *f*; ~ **bug** *n AmE (cf potato beetle BrE)* FOOD TECH *phytopathology* Kartoffelkäfer *m*

potential[1] *adj* COATINGS möglich, potentiell

potential[2] *n* ELEC ENG Potential *nt*, ELECT Potential *nt*, Spannung *f*, PHYS Potential *nt*, RAD TECH Potential *nt*, Spannung *f*, SPACE *communications* Spannung *f*; ~ **barrier** *n* ELEC ENG Potentialschranke *f*, Potentialschwelle *f*, Potentialwall *m*, Potentialbarriere *f*, PHYS Potentialschwelle *f*, Potentialbarriere *f*; ~ **difference** *n (PD)* ELEC ENG, ELECT, PHYS Potentialdifferenz *f*, Spannungsdifferenz *f*; ~ **divider** *n* PHYS Spannungsteiler *m*; ~ **drop** *n* ELECT Spannungsabfall *m*, PHYS Potentialabfall *m*, Spannungsabfall *m*; ~ **energy** *n* MECHAN ENG Lagenenergie *f*, PHYS potentielle Energie *f*; ~ **evapotranspiration** *n* WATER SUP potentielle Evapotranspiration *f*; ~ **function** *n* PHYS Potential *nt*, Potentialfunktion *f*; ~ **gradient** *n* ELECT Potentialgefälle *nt*, Potentialgradient *m*, Spannungsgefälle *nt*, PHYS Spannungsgefälle *nt*, Spannungsgradient *m*; ~ **loop** *n* ELECT Potentialschlinge *f*, Spannungsschlinge *f*, NUC TECH Spannungsbauch *m*; ~ **transformer** *n* ELEC ENG Spannungstransformator *m*, Spannungswandler *m*, ELECT Spannungstransformator *m*; ~ **well** *n* PHYS Potentialtopf *m*

potentiometer *n* ELEC ENG, ELECT, LAB EQUIP *electrochemistry*, PAPER, PHYS, PROD ENG *plastic valves*, RAD TECH, RECORD Potentiometer *nt*; ~ **circuit** *n* INSTR Kompensationskreis *m*, Kompensationsschaltung *f*, Kompensatorschaltung *f*; ~ **instrument** *n* INSTR Kompensationsinstrument *nt*, Kompensationsmeßgerät *nt*; ~ **recorder** *n* INSTR Kompensationsschreiber *m*; ~ **rheostat** *n* ELECT potentiometrischer Rheostat *m*; ~ **slider** *n* ELECT Potentiometer-Gleitkontakt *m*, Potentiometerschleifer *m*

potentiometric: ~ **head** *n* PET TECH potentiometrische Höhe *f*; ~ **level** *n* PET TECH potentiometrische Ebene *f*; ~ **map** *n* PET TECH potentiometrische Karte *f*; ~ **meter** *n* INSTR Kompensationsmeßgerät *nt*

pothole *n* AUTO *road*, CONST *road* Schlagloch *nt*

potter's: ~ **beetle** *n* CER & GLAS Töpferhammer *m*; ~ **clay extraction** *n* CER & GLAS Töpfertongewinnung *f*; ~ **earth** *n* CER & GLAS Töpfererde *f*; ~ **ore** *n* CER & GLAS Glasurerz *nt*; ~ **wheel** *n* CER & GLAS Töpferscheibe *f*

pottery: ~ **decorator** *n* CER & GLAS Töpferwarendekorator *m*; ~ **kiln** *n* THERMODYN Töpferofen *m*; ~ **raw materials** *n pl* CER & GLAS Rohmaterialien für Töpferwaren *nt pl*

potting *n* PLAS Einbechern *nt*, Eingießen *nt*, Vergießen *nt*, SPACE *spacecraft* Grübchenbildung *f*

pouch *n* PACK Beutel *m*; ~**-making machine** *n* PACK Beutelherstellungsmaschine *f*

poult *n* TEXT Seidengewebe mit Ripseffekt *nt*

pound[1] *n (lb)* METROL Pfund *nt*; ~ **avoirdupois** *n* METROL Pfund *nt*

pound[2] *vt* FOOD TECH zerstampfen

pounds: ~ **per cubic foot** *n pl* METROL Pfund pro Kubikfuß *nt*; ~ **per square inch** *n pl (psi)* METROL Pfund pro Quadratzoll *nt*

pour:[1] ~ **point** *n* AUTO *oil* Fließpunkt *m*, Pourpoint *m*, Stockpunkt *m*, FLUID PHYS Kristallisationspunkt *m*, HEAT & REFRIG Fließpunkt *m*, PROD ENG Stockpunkt *m*; ~ **spout** *n* PACK Ausguß *m*; ~ **spout closure** *n* PACK Ausgießverschluß *m*; ~ **spout seal** *n* PACK Ausgießverschluß *m*

pour[2] *vt* CONST, FOOD TECH gießen

pour:[3] ~ **concrete** *vi* CONST Beton einbringen, betonieren

pouring *n* PROD ENG Abguß *m*, SAFETY Gießen *nt*; ~ **gate** *n* PROD ENG Gießtrichter *m*; ~ **sleeve** *n* MECHAN ENG *diecasting die* Ausgußstutzen *m*; ~ **spoon** *n* MECHAN ENG Gießlöffel *m*

powder:[1] ~**-filled** *adj* ELEC ENG pulvergefüllt

powder[2] *n* PAPER Pulver *nt*, PLAS Pulver *nt*, *rubber* Pudermittel *nt*; ~ **clutch** *n* MECHAN ENG Magnetpulverkupplung *f*; ~ **coating** *n* PLAS Pulverbeschichten *nt*, Pulverbeschichtung *f*; ~ **cutting** *n* PROD ENG Pulverbrennschneiden *nt*; ~ **filling machine** *n* PACK Pulverabfüllanlage *f*; ~ **fire extinguisher** *n* SAFETY Pulverlöscher *m*, Pulverfeuerlöscher *m*; ~ **metal** *n* MECHAN ENG Pulvermetall *nt*; ~ **metal part** *n* PROD ENG Sinterteil *nt*; ~ **mold coating** *n AmE*, ~ **mould coating** *n BrE (PMC)* PLAS Pulverlack-Beschichtungstechnik *f (PMC-Verfahren)*

powder[3] *vt* PAPER bestäuben

powdered[1] *adj* PLAS pulverförmig, pulverisiert

powdered:[2] ~ **egg** *n* FOOD TECH Trockenei *nt*; ~ **glass** *n* CER & GLAS Glasspulver *nt*; ~ **gold** *n* CER & GLAS Goldpulver *nt*; ~ **iron core** *n* ELEC ENG Hochfrequenzeisenkern *m*, Massekern *m*, Staubkern *m*; ~ **rubber** *n* PLAS Pulverkautschuk *m*

powdering: ~ **of coated paper** *n* PAPER Stauben von gestrichenem Papier *nt*

powdery[1] *adj* COAL TECH, PROD ENG *plastic valves* pulverförmig, pulverig

powdery:[2] ~ **mildew** *n* FOOD TECH *phytopathology* echter Mehltau *m*

power[1] *n* AUTO Kraft *f*, Leistung *f*, ELEC ENG Kraft *f*, Leistung *f*, Strom *m*, ELECT *(P)* Energie *f*, Leistung *f (E)*, MATH Potenz *f*, MECHAN ENG Stärke *f*, *of lever* Kraft *f*, *useful energy* Leistung *f*, MECHANICS Leistung *f*, OPT *of lens, microscope, telescope* Vergrößerung *f*, *optical signal* E, Energie *f*, *optical signal or lens* Leistung *f*, PAPER Kraft *f*, PHYS *of lens* Brechkraft *f*, *rate of working, capability* Fähigkeit *f*, QUAL Macht *f*, Schärfe *f*, Trennschärfe *f*, RAD TECH, TELECOM Leistung *f*;

~ a ~ **amplification** *n* ELECTRON *augmentation of power* Leistungserhöhung *f*, *power gain* Leistungsverstärkung *f*; ~ **amplifier** *n (PA)* ELEC ENG Endstufe *f*, Endverstärker *m*, Leistungsverstärker *m (PA)*, ELECTRON Leistungsverstärker *m (PA)*, PHYS Hauptverstärker *m*, Leistungsverstärker *m (PA)*, RAD TECH Endstufe *f*, Leistungsverstärker *m (PA)*, RECORD Kraftverstärker *m*, Leistungsverstärker *m (PA)*, SPACE, TELECOM Leistungsverstärker *m (PA)*; ~ **amplifier transistor** *n* ELECTRON Hauptverstärkertransistor *m*, Leistungsverstärkertransistor *m*; ~ **amplifier tube** *n* ELECTRON Hauptverstärkerröhre *f*, Leistungsverstärkerröhre *f*; ~**-assisted brake** *n* AUTO Servobremse *f*; ~**-assisted steering** *n* AUTO Hilfskraftlenkung *f*, Servolenkung *f*;

~ b ~ **bandwidth** *n* ELECTRON Leistungsbandbreite *f*; ~ **booster** *n* AUTO Leistungsverstärker *m*; ~ **brake** *n* AUTO Fremdkraftbremse *f*, Servobremse *f*, MECHAN ENG Bremse mit Bremskraftverstärker *f*; ~ **bus** *n* SPACE *spacecraft* Spannungsverteiler *m*;

~ c ~ **cable** *n* ELEC ENG Starkstromkabel *nt*, ELECT Kraftstromkabel *nt*, Leistungskabel *nt*; ~ **capacitor** *n* ELEC ENG, ELECT Leistungskondensator *m*; ~ **car** *n* RAIL Triebwagen *m*; ~ **circuit** *n* ELECT Kraftstromkreis *m*; ~ **coefficient** *n* FUELLESS Leistungskoeffizient *m*; ~ **collection system** *n* TRANS Stromabnehmersystem *nt*; ~ **combiner** *n* RAD TECH Leistungskoppler *m*; ~ **conditioning unit** *n* SPACE Leistungsregler *m*; ~ **consumption** *n* ELEC ENG Eigenverbrauch *m*, Leistungsverbrauch *m*, Leistungsaufnahme *f*, Stromaufnahme *f*, ELECT Energieverbrauch *m*, Leistungsverbrauch *m*; ~ **converter** *n* ELEC ENG Leistungsumsetzer *m*, Leistungswandler *m*, SPACE Spannungswandler *m*; ~ **curve** *n* FUELLESS Leistungskurve *f*; ~ **cylinder** *n* AUTO Arbeitszylinder *m*;

~ d ~ **density** *n* FUELLESS, NUC TECH Leistungsdichte *f*, TELECOM Energiedichte *f*, Leistungsdichte *f*; ~ **diode**

n ELECTRON Leistungsdiode *f*; **~ directional relay** *n* ELECT Leistungsflußrichtungsrelais *nt*; **~ distribution network** *n* SPACE Spannungsverteilersystem *nt*; **~ divider** *n* ELEC ENG, ELECT, TELECOM Leistungsteiler *m*; **~ down** *n* ELEC ENG Abschaltvorgang *m*, Abschaltung *f*, *semiconductor memory* Reduzierung der Stromaufnahme *f*; **~-down feature** *n* ELEC ENG *semiconductor memory* Abschaltvorrichtung *f*; **~ drill** *n* CONST elektrische Bohrmaschine *f*;

~ e **~ efficiency** *n* RECORD *of amplifier* Leistungsgrad *m*; **~ electronics** *n* ELECT Leistungselektronik *f*;

~ f **~ fabric** *n* PAPER Kraftgewebe *nt*; **~ factor** *n* ELEC ENG, ELECT, PHYS, PLAS Leistungsfaktor *m*; **~ factor correction** *n* ELEC ENG Blindleistungsverbesserung *f*, Phasenverbesserung *f*; **~ fail circuit** *n* IND PROCESS Versorgungsspannungs-Überwachung *f*; **~ fail restart** *n (PFR)* COMP & DP Neustart nach Netzausfall *m*; **~ failure** *n* ELEC ENG Netzausfall *m*, Stromausfall *m*; **~ fan** *n* AUTO Kraftventilator *m*; **~ feed** *n* MECHAN ENG *machine tools* automatische Zuführung *f*, automatischer Vorschub *m*, TELECOM Speisung *f*; **~ feeding** *n* TELECOM Stromzuführung *f*; **~ flux density** *n* OPT Energieflußdichte *f*, SPACE Leistungsflußdichte *f*; **~ frequency** *n* ELECT Betriebsfrequenz *f*, Netzstromfrequenz *f*; **~ function** *n* QUAL Gütefunktion *f*, Machtfunktion *f*;

~ g **~ gain** *n* ELECTRON Leistungsverstärkung *f*, *antenna* Antennengewinn *m*, PHYS Leistungsverstärkung *f*, RECORD Antennengewinn *m*, Leistungsverstärkung *f*; **~ generation** *n* ELEC ENG Energieerzeugung *f*; **~ grid** *n* ELEC ENG Stromversorgungsnetz *nt*;

~ h **~ hacksaw** *n* MECHAN ENG Maschinenbügelsäge *f*; **~ hammer** *n* MECHAN ENG, PROD ENG Maschinenhammer *m*; **~-handling capacity** *n* RECORD Leistungsaufnahme *f*;

~ i **~ inductor** *n* ELEC ENG Starkstrominduktor *m*; **~ input** *n* ELEC ENG Leistungsaufnahme *f*, Stromeingang *m*, HEAT & REFRIG Leistungsaufnahme *f*;

~ l **~ law index fiber** *n AmE*, **~ law index fibre** *n BrE* OPT Gradientenlichtleiter *m*, Potenzgesetzindexfaser *f*; **~ law index profile** *n* OPT Potenzgesetzindexprofil *nt*, TELECOM Potenzprofil *nt*, exponentielles Brechzahlprofil *nt*; **~ limiter** *n* MECHAN ENG Leistungsbegrenzer *m*; **~ loading** *n* METROL Leistungsbelastung *f*; **~ loss** *n* ELEC ENG Energieverlust *m*, Leistungsverlust *m*;

~ m **~ mains** *n* CONTROL Netzspannung *f*; **~-measuring instrument** *n* INSTR Leistungsmeßgerät *nt*;

~ o **~-operated lathe chuck** *n* MECHAN ENG Kraftspannfutter *nt*; **~ oscillator** *n* ELECTRON Leistungsgenerator *m*; **~ outlet** *n* ELECT Netzstecker *m*, Stromstecker *m*; **~ output** *n* ELEC ENG Ausgangsleistung *f*, Leistungsabgabe *f*, FUELLESS Leistungsabgabe *f*, MECHAN ENG Leistungsabgabe *f*, abgegebene Leistung *f*;

~ p **~ pack** *n* ELEC ENG Leistungsaggregat *nt*, Netzanschlußteil *nt*, Netzgerät *nt*, PROD ENG Hydraulikaggregat *nt*; **~ per unit area** *n* SPACE Leistung pro Flächeneinheit *f*; **~ plant** *n* AIR TRANS Schubanlage *f*, Triebwerksanlage *f*, ELEC ENG Energieerzeugungsanlage *f*, Kraftwerk *nt*, ELECT Kraftstromeinrichtungen *f pl*, TELECOM Stromversorgungsanlage *f*, WATER TRANS Maschinenanlage *f*; **~ plug** *n* ELEC ENG Netzstecker *m*; **~ press** *n* MECHAN ENG mechanische Presse *f*, SAFETY Presse *f*;

~ r **~ range** *n* MECHAN ENG Leistungsbereich *m*; **~ rating** *n* ELEC ENG Leistungsangabe *f*, Nennbelastbarkeit *f*, Nennleistung *f*, MECHAN ENG, RECORD Nennleistung *f*; **~ reactor** *n* NUC TECH Leistungsreaktor *m*; **~ recorder** *n* INSTR Leistungsschreiber *m*; **~ rectifier** *n* ELECT Starkstromgleichrichter *m*; **~ reflection coefficient** *n* OPT Energiereflexionskoeffizient *m*; **~ relay** *n* ELEC ENG Leistungsrelais *nt*; **~ resistor** *n* ELEC ENG Hochlastwiderstand *m*;

~ s **~ saw** *n* MECHAN ENG Maschinensäge *f*; **~ shovel** *n* CONST *civil engineering* Löffelbagger *m*; **~ source** *n* ELEC ENG Energiequelle *f*, Leistungsquelle *f*, Stromquelle *f*; **~ source car** *n* RAIL Energieversorgungswagen *m*; **~ spectral density** *n* SPACE *space communications* Leistungsspektrumsdichte *f*; **~ spectrum** *n* ELEC ENG, ERGON Leistungsspektrum *nt*; **~ stage** *n* MECHAN ENG Leistungsstufe *f*; **~ station** *n* FUELLESS, MECHAN ENG, PHYS, TELECOM Kraftwerk *nt*; **~ steering** *n* AUTO Hilfskraftlenkung *f*, Servolenkung *f*; **~-steering pump** *n* AUTO Servolenkpumpe *f*; **~ stroke** *n* AUTO Arbeitshub *m*, Arbeitstakt *m*; **~ subsystem** *n* SPACE *spacecraft* Spannungsversorgungsuntersystem *nt*; **~ supply** *n* ELEC ENG Energieanschluß *m*, Energiequelle *f*, Energieversorgung *f*, Netzanschluß *m*, Spannungsquelle *f*, Stromversorgung *f*, ELECT Netzgerät *nt*, Stromversorgung *f*, PHYS Spannungsversorgung *f*, Stromversorgung *f*, RAIL Energieversorgung *f*, Stromversorgung *f*, RECORD Spannungsversorgung *f*, TELECOM Stromversorgung *f*, TELEV Netzteil *nt*; **~ supply circuit** *n* ELEC ENG Stromnetz *nt*, Stromversorgungsnetz *nt*; **~ supply filter** *n* ELECTRON Netzanschlußfilter *nt*; **~ supply interrupt** *n* COMP & DP Unterbrechung der Stromversorgung *f*; **~ supply unit** *n* ELEC ENG Netzgerät *nt*; **~ surge** *n* ELEC ENG Leistungsspitze *f*, Spannungsspitze *f*, Stromspitze *f*; **~ switch** *n* ELECT Netzabschalter *m*, Netztrenner *m*; **~-switching transistor** *n* ELECTRON Leistungsumschalttransistor *m*; **~ system** *n* ELEC ENG Starkstromnetz *nt*, Stromnetz *nt*;

~ t **~ takeoff** *n* AIR TRANS Außenantrieb *m*, Start mit Gas *m*, MECHAN ENG Abtrieb *m*, PROD ENG *kinematics* Nebengetriebe *nt*; **~ takeoff side** *n* MECHAN ENG *of engine* Abtriebsseite *f*; **~ tap** *n* MECHAN ENG Maschinengewindebohrer *m*; **~ thyristor** *n* TELECOM Leistungsthyristor *m*; **~ tool** *n* MECHANICS angetriebenes Werkzeug *nt*; **~ tower** *n* FUELLESS Kraftturm *m*; **~ train** *n* AIR TRANS, AUTO Kraftübertragungsweg *m*; **~ transformer** *n* ELEC ENG Leistungstransformator *m*, Netztransformator *m*, ELECT Netztransformator *m*; **~ transistor** *n* ELECTRON Leistungstransistor *m*; **~ transmission** *n* ELEC ENG Energieübertragung *f*, Kraftübertragung *f*, Leistungsübertragung *f*; **~ transmission by belt drive** *n* MECHAN ENG Kraftübertragung durch Riementrieb *f*; **~ transmission line** *n* ELEC ENG Starkstromleitung *f*; **~ transmission network** *n* ELEC ENG Starkstromnetz *nt*; **~ transmission system** *n* MECHAN ENG Kraftübertragungssystem *nt*; **~ tube** *n* ELECTRON Leistungsröhre *f*;

~ u **~ unit** *n* AUTO Motorgetriebeeinheit *f*, Triebwerk *nt*, Triebwerksblock *m*, MECHAN ENG Antriebsaggregat *nt*; **~ up** *n* ELEC ENG Einschaltung *f*;

~ w **~-weight ratio** *n* AIR TRANS Schubgewicht *nt*, MECHAN ENG spezifisches Leistungsgewicht *nt*; **~ wirewound resistor** *n* ELEC ENG Leistungsdrahtwiderstand *m*; **~ wrench** *n* MECHAN ENG Kraftschrauber *m*

power:[2] **~ down** *vt* ELEC ENG abschalten, *semiconductor memory* Stromaufnahme reduzieren; **~ up** *vt* ELEC ENG anschalten, einschalten, zuschalten
power:[3] **to the ~ of** *phr* MATH hoch
powered: **~ barrow** *n* AUTO motorisierter Förderwagen *m*, motorisierter Handkarren *m*; **~ lift** *n* TRANS Motoraufzug *m*
powerhouse *n* FUELLESS Kraftanlage *f*
powerpack: **~ unit** *n* PHOTO Batteriepack *m*, Netzteil *nt*
Poynting: **~ vector** *n (S)* ELECT, PHYS Poyntingscher Vektor *m (S)*
Poynting's: **~ theorem** *n* PHYS Poyntingscher Satz *m*
pozzolanic: **~ cement** *n* CONST Puzzolanzement *m*
pp *abbr* PRINT *(pages)* S. *(Seiten)*, RAD TECH *(peak-to-peak)*, TELEV *(peak-to-peak)* SS *(Spitze-Spitze-)*
PP *abbr (polypropylene)* CHEMISTRY, ELECT, PET TECH, PLAS, TEXT PP *(Polypropylen)*
PPI *abbr (plan position indicator)* PHYS *radar* PPI-Anzeige *f (Panoramaanzeige)*
PPM *abbr* COMP & DP *(pulse phase modulation)* PPM *(Pulsphasenmodulation)*, ELECTRON *(pulse phase modulation)* PPM *(Pulsphasenmodulation)*, ELECTRON *(pulse position modulation)*, PPM *(Pulslagenmodulation)* TELECOM *(pulse phase modulation)* PPM *(Pulsphasenmodulation)*, TELECOM *(pulse position modulation)*
PPU *abbr (peripheral processing units)* COMP & DP PPU *(Peripherietechnik)*
PRA *abbr (primary rate access)* TELECOM Primärmultiplexanschluß *m*, Primärratenanschluß *m*
practical: **~ capacity** *n* TRANS praktische Leistungsfähigkeit *f*; **~ capacity under rural conditions** *n* TRANS praktische Leistungsfähigkeit unter ländlichen Bedingungen *f*; **~ capacity under urban conditions** *n* TRANS praktische Leistungsfähigkeit unter städtischen Bedingungen *f*; **~ test method** *n* OPT *optical fibres* praktische Prüfmethode *f*, TELECOM praktische Prüfungsmethode *f*
pragmatics *n* COMP & DP Pragmatik *f*
Prandtl: **~ number** *n* FLUID PHYS Prandtlsche Zahl *f*
Prandtl's: **~ boundary layer theory** *n* FLUID PHYS Prandtlsche Grenzschichttheorie *f*
pratique *n* WATER TRANS *documents* Praktikum *nt*, Pratica *f*
preacceptance: **~ inspection** *n* QUAL Vorprüfung *f*; **~ inspection report** *n* QUAL Vorprüfungsprotokoll *nt*
preacidification: **~ alkalinity** *n* POLL Alkalität vor der Ansäuerung *f*
preadmission *n* HYD EQUIP Voreilung *f*, Voreinströmung *f*
preageing *n BrE* TELECOM Voralterung *f*
preaging *n AmE see preageing BrE*
preamble *n* COMP & DP Präambel *f*, PAT Oberbegriff *m*, SPACE *communications* Spruchkopf *m*
preamp *adj* ELECTRON vorverstärkt
preamplification *n* ELECTRON Vorverstärkung *f*
preamplifier *n* ELECTRON, PHYS, RAD TECH, RECORD, TELECOM Vorverstärker *m*
preassemble *vt* PROD ENG vormontieren, *plastic valves* vormontieren
preassembled *adj* PROD ENG vormontiert
preassembly *n* MECHAN ENG, PROD ENG Vormontage *f*
preblowing *n* CER & GLAS Vorblasen *nt*
prebored: **~ pile** *n* COAL TECH vorgebohrter Pfahl *m*
precast[1] *adj* CONST vorgefertigt
precast:[2] **~ concrete** *n* CONST Fertigteilbeton *m*; **~ unit** *n* CONST Fertigteil *nt*
precast[3] *vt* CONST vorfertigen
precasting: **~ plant** *n* CONST Betonfertigteilwerk *nt*
precaution *n* SAFETY Vorkehrung *f*, Vorsorge *f*
precautionary: **~ measure** *n* SAFETY Vorsorgemaßnahme *f*
precautions: **~ against dust** *n* SAFETY Vorkehrungen gegen Staub *f pl*; **~ to be taken to prevent accidents** *n pl* SAFETY Unfallverhütungsvorsorgemaßnahmen *f pl*
precedence *n* COMP & DP Dringlichkeit *f*, Priorität *f*; **~ level** *n* COMP & DP Prioritätstufe *f*
precession *n* PHYS, SPACE Präzession *f*; **~ rate** *n* SPACE Präzessionswert *m*
prechamber *n* AUTO *diesel engine* Vorkammer *f*
precipitate[1] *n* CHEM ENG Bodensatz *m*, Niederschlag *m*, Präzipitat *nt*, METALL, PET TECH Niederschlag *m*
precipitate[2] *vt* CHEM ENG niederschlagen, WASTE ausfällen
precipitate[3] *vi* CHEM ENG ausfallen
precipitated: **~ silica** *n* PLAS *filler, pigment* Kieselhydrogel *nt*
precipitating: **~ agent** *n* CHEM ENG Fällungsmittel *nt*
precipitation[1] *n* CHEM ENG Absetz- *pref*, CONST Niederschlag *m*, METALL Ausscheidung *f*, POLL atmosphärischer Niederschlag *m*, WASTE Ausfällung *f*; **~ analysis** *n* CHEM ENG Fällungsanalyse *f*; **~ anneal** *n* THERMODYN Ausscheidungsglühen *nt*; **~ area** *n* WATER SUP Niederschlagsgebiet *nt*; **~ collector** *n* POLL Niederschlagsammler *m*; **~ event** *n* POLL Niederschlagsvorfall *m*; **~ front** *n* AIR TRANS Niederschlagsfront *f*; **~ gage** *n AmE*, **~ gauge** *n BrE* WATER SUP Niederschlagsmesser *m*; **~ hardening** *n* METALL Aushärtung *f*, Dispersionshärten *nt*, PROD ENG, THERMODYN Ausscheidungshärtung *f*; **~ tank** *n* CHEM ENG Absetzbehälter *m*; **~ vessel** *n* CHEM ENG Dekantierglas *nt*, Niederschlagsgefäß *nt*
precipitation:[2] **~-harden** *vt* THERMODYN ausscheidungshärten
precision *n* COMP & DP Genauigkeit *f*, Präzision *f*, MECHAN ENG, MECHANICS, METROL Genauigkeit *f*, PHYS Genauigkeit *f*, Präzision *f*; **~ approach** *n* AIR TRANS Präzisionsanflug *m*; **~ approach procedure** *n* AIR TRANS Präzisionsanflugverfahren *nt*; **~ balance** *n* INSTR Präzisionswaage *f*; **~ bolt** *n* PROD ENG Paßschraube *f*; **~ boring** *n* MECHAN ENG Feinbohren *nt*, Feinstbohren *nt*; **~ coating** *n* COATINGS Präzisionsbeschichtung *f*; **~ dial gage** *n AmE*, **~ dial gauge** *n BrE* PROD ENG Feintaster *m*; **~ drilling** *n* MECHAN ENG Genaubohren *nt*; **~ engineering** *n* MECHAN ENG Feinwerktechnik *f*; **~ gage** *n AmE*, **~ gauge** *n BrE* INSTR Feinmeßmanometer *nt*, PROD ENG Präzisionslehre *f*; **~ grinding** *n* MECHAN ENG, PROD ENG Präzisionsschleifen *nt*; **~ indicating instrument** *n* INSTR Präzisionsanzeigeinstrument *nt*; **~ instrument** *n* INSTR, PHYS Präzisionsinstrument *nt*; **~ lathe** *n* MECHAN ENG Feindrehmaschine *f*; **~ machine tools** *n pl* MECHAN ENG Präzisionswerkzeugmaschinen *f pl*; **~ machining** *n* MECHAN ENG Feinbearbeitung *f*; **~ milling** *n* MECHAN ENG Feinfräsen *nt*; **~ radar rating** *n* AIR TRANS Anflugradarstufe *f*, Präzisionsradareinstufung *f*, Präzisionsradarstufe *f*; **~ shim** *n* MECHAN ENG präzisionsgefertigte Unterlegscheibe *f*; **~ slide** *n* MECHAN ENG *for machine tool* Präzisionsschlitten *m*; **~ wirewound resistor** *n* ELEC ENG Präzisionsdrahtwiderstand *m*

precoat *vt* CONST grundieren
precoating *n* COAL TECH Unterlage *f*, PAPER Vorstreichen *nt*
precoded: ~ **tag survey** *n* TRANS *traffic* codierte Kennzeichenübersicht *f*
precombustion *n* THERMODYN Vorverbrennung *f*; ~ **chamber** *n* AUTO *diesel engine*, THERMODYN Vorkammer *f*
precommissioning: ~ **checks** *n pl* NUC TECH vorbetriebliche Überprüfung *f*, Überprüfung vor Inbetriebnahme *f*
precompiled: ~ **code** *n* COMP & DP vorkompilierter Code *m*
preconcentrate *n* COAL TECH Vorkonzentrat *nt*
preconsolidation: ~ **pressure** *n* COAL TECH Vorbelastungsdruck *m*
precooked *adj* FOOD TECH vorgekocht
precooled *adj* FOOD TECH vorgekühlt
precooler *n* HEAT & REFRIG Vorkühler *m*
precrushing *n* COAL TECH Vorzerkleinerung *f*
precup *vt* PROD ENG *drawing* vorziehen
precupping *n* PROD ENG *drawing* Vorziehen *nt*
precursor: ~ **pollutant** *n* POLL Schadstoffvorstufe *f*
predecessor *n* ART INT *in semantic networks* Vorfahre *m*, Vorgänger *m*, Vorgängerknoten *m*; ~ **in title** *n* PAT Rechtsvorgänger *m*
predefined *adj* COMP & DP vordefiniert
predetermined: ~ **motion time system** *n* ERGON System vorbestimmter Zeiten *nt*
predetermining: ~ **counter** *n* INSTR Vorwahlzähler *m*
predicate *n* ART INT, COMP & DP Prädikat *nt*; ~ **logic** *n (PL)* ART INT Prädikatenlogik *f (PL)*
predicted: ~ **failure rate** *n* QUAL voraussichtliche mittlere Instandhaltungsdauer *f*; ~ **mean life** *n* QUAL vorausberechnete mittlere Lebensdauer *f*; ~ **Q-percentile life** *n* QUAL vorausberechnetes Lebensdauer-Perzentil Q *nt*, voraussichtliches Ausfallperzentil *nt*; ~ **reliability** *n* SPACE *spacecraft* vorhergesagte Zuverlässigkeit *f*
prediction *n* ART INT Prognose *f*, Prädiktion *f*, Vorhersage *f*; ~ **system** *n* ART INT Prognosesystem *nt*, Vorhersagesystem *nt*
predictive: ~ **capability** *n* POLL Vorhersagefähigkeit *f*; ~ **coding** *n* TELECOM Prädiktionscodierung *f*
predistortion *n* ACOUSTICS Vorverzerrung *f*; ~ **technique** *n* TELECOM Vorverzerrungstechnik *f*
predrill *vt* MECHAN ENG vorbohren
predryer *n* PAPER Vortrockenzylinder *m*
pre-edit *vt* COMP & DP vorbearbeiten
pre-emphasis *n* ACOUSTICS, ELECTRON, PHYS, RECORD Vorverzerrung *f*, SPACE *space communications*, TELEV Vorverstärkung *f*; ~ **improvement factor** *n* SPACE *space communications* Vorverstärkungsfaktor *m*
pre-employment: ~ **health screening** *n* SAFETY Einstellungsgesundheitsuntersuchung *f*
pre-equalization *n* ACOUSTICS Vorverzerrung *f*, RECORD Aufnahmeentzerrung *f*
prefabricated: ~ **package** *n* PACK fabrikfertige Verpackung *f*
prefabrication *n* WATER TRANS *shipbuilding* Vormontage *f*
prefault: ~ **measuring value** *n* INSTR Meßwert vor Auftreten eines Fehlers *m*
preference: ~ **value** *n* RAD TECH Vorzugswert *m*
preferential: ~ **list** *n* SPACE *spacecraft* Vorzugsliste *f*; ~ **range** *n* PROD ENG *plastic valves* Vorzugsreihe *f*
preferred: ~ **acceptable quality levels** *n pl* QUAL Vorzugs-AQL-Werte *m pl*, bevorzugte Annahmegrenzen *f pl*; ~ **numbers** *n pl* MATH Vorzugszahlenreihe *f*
prefilter *n* ELECTRON Vorfilter *nt*, vorgeschaltetes Filter *nt*
prefiltering *n* ELECTRON Vorfiltern *nt*
prefix *n* COMP & DP Präfix *nt*, Vorspann *m*, Vorsilbe *f*, RAD TECH *amateur radio* Landeskenner *m*, TELECOM Kennziffer *f*, Verkehrsausscheidungszahl *f*; ~ **notation** *n* COMP & DP Präfixschreibweise *f*, klammerfreier Ausdruck *m*; ~ **number** *n* TELECOM Vorwahlkennziffer *f*
preflight[1] *adv* SPACE vor dem Start
preflight:[2] ~ **altimeter check locations** *n pl* AIR TRANS Höhenmesserkontrollorte *m pl*; ~ **information** *n* AIR TRANS Flugvorbereitungsinformationen *f pl*; ~ **planning** *n* AIR TRANS Flugvorbereitung *f*
preform *n* CER & GLAS Vorformling *m*, OPT Vorform *f*, PLAS *plastics* Vorformling *m*, Vorpreßling *m*, TELECOM *fibre manufacturing* Preform *f*, Vorform *f*
preformed: ~ **fiber** *n AmE*, ~ **fibre** *n BrE* TELECOM vorgeformte Faser *f*; ~ **head** *n* PROD ENG Setzkopf *m*; ~ **spray scrubber** *n* POLL vorgeformter Spritzwascher *m*
preforming *n* PLAS Vorformen *nt*, Vorpressen *nt*
pregnane *n* CHEMISTRY Pregnan *nt*
pregrind *vt* PROD ENG vorschleifen
pregrinding *n* PROD ENG Vorschleifen *nt*
preground *adj* PROD ENG vorgeschliffen
preheat *vt* HEAT & REFRIG vorheizen, vorwärmen, THERMODYN vorheizen
preheater *n* AUTO *diesel engine* Vorglüheinrichtung *f*, Vorwärmer *m*, NUC TECH *of steam generator*, PET TECH Vorwärmer *m*
preheating *n* METALL, PLAS Vorwärmen *nt*, RAIL Anheizen *nt*, Vorwärmen *nt*
prehnitene *n* CHEMISTRY Prehnitol *nt*
prehnitic *adj* CHEMISTRY Prehnit- *pref*
preignition *n* AUTO *ignition* Vorzündung *f*
preleaching *n* COAL TECH Vorauslaugen *nt*
preliminary: ~ **bath** *n* PHOTO Vorbad *nt*; ~**building works** *n pl* CONST Rohbau *m*; ~ **cost estimate** *n* CONST vorläufiger Kostenvoranschlag *m*; ~ **design** *n* CONST Vorentwurf *m*; ~ **design review** *n (PDR)* SPACE vorläufige technische Prüfung *f (PDR)*; ~ **drawing** *n* ENG DRAW Entwurfszeichnung *f*, PROD ENG Grobschmieden *nt*, Recken *nt*; ~ **examination** *n* PAT vorläufige Prüfung *f*; ~ **settling basin** *n* WASTE Vorklärbecken *nt*; ~ **treatment** *n* WATER SUP Vorbehandlung *f*
prelims *n pl* PRINT Titelei *f*
preload[1] *n* MECHAN ENG *of bearing* Vorspannung *f*
preload[2] *vt* MECHAN ENG vorspannen
preloaded: ~ **bearing** *n* MECHAN ENG vorgespanntes Lager *nt*
premachined: ~ **condition** *n* MECHAN ENG Zustand vor der Bearbeitung *m*
premagnetization *n* RECORD Vormagnetisierung *f*
premature: ~ **ignition** *n* AUTO Frühzündung *f*, Vorzündung *f*
premetalized *AmE*, **premetallized** *BrE*: ~ **dye** *n* TEXT metallisierter Farbstoff *m*
premium: ~ **fuel** *n* AUTO Super-Ottokraftstoff *m*, Superbenzin *nt*; ~ **gasoline** *n AmE (cf premium petrol BrE)* AUTO, PET TECH Super-Ottokraftstoff *m*, Superbenzin *nt*; ~ **grade gasoline** *n AmE (cf premium grade petrol BrE)* AUTO, PET TECH Superbenzin *nt*; ~ **grade petrol** *n BrE (cf premium grade gasoline AmE)* AUTO, PET TECH Superbenzin *nt*; ~ **petrol** *n BrE (cf premium*

gasoline AmE) AUTO, PET TECH Super-Ottokraftstoff *m*, Superbenzin *nt*

premixer *n* RAD TECH Eingangsstufe *f*, Vormischerstufe *f*

premuffler *n AmE (cf presilencer BrE)* AUTO Vorschalldämpfer *m*

preoptive *adj* PROD ENG mit Vorwahl

prepackaging *n* WASTE Fertigpackung *f*

preparation *n* COMP & DP Erstellung *f*, Programmodifikation *f*, Vorbereitung *f*, FOOD TECH Herstellung *f*, Vorbereitung *f*; ~ **of drawings** *n* ENG DRAW Zeichnungserstellung *f*; ~ **plant** *n* WASTE Aufbereitungsanlage *f*; ~ **process** *n* WASTE Aufbereitungsverfahren *nt*

prepare *vt* CONST aufbereiten, erzeugen, mischen

prepared *adj* FOOD TECH hergestellt, vorbereitet

prepayment: ~ **meter** *n* INSTR Münzzähler *m*

preplasticizing *n* PLAS Vorplastifizieren *nt*

prepreg *n* PLAS *laminate* Prepreg *nt*

prepregging *n* CER & GLAS Vorimprägnieren *nt*

prepress: ~ **proof** *n* PRINT Probeabzug *m*; ~ **proofs** *n pl* PRINT Probedrucke *m pl*

prepricing *n* PACK Preisauszeichnung *f*

preprint *n* ENG DRAW *for photoreproduction of drawings* Transparentvordruck *m*, PRINT Vorabdruck *m*

preprinted[1] *adj* PACK vorgedruckt

preprinted:[2] ~ **drawing** *n* ENG DRAW Vordruckzeichnung *f*, Zeichnungsunterlage *f*; ~ **drawing sheet** *n* ENG DRAW Zeichnungsvordruck *m*

preprocess *vt* COMP & DP vorverarbeiten

preprocessed *adj* ELECTRON vorverarbeitet

preprocessing *n* COMP & DP *of data* Datenvorbereitung *f*, ELECTRON Vorbearbeitung *f*, Vorverarbeitung *f*

preprocessor *n* COMP & DP Vorkompilierer *m*, Vorprozessor *m*

preproduction: ~ **aircraft** *n* AIR TRANS Vorserienflugzeug *nt*

preprogrammed *adj* COMP & DP vorprogrammiert

prerecord *vt* RECORD vorher aufnehmen, TELEV vor der Sendung aufzeichnen

prerecorded[1] *adj* COMP & DP voraufgezeichnet

prerecorded:[2] ~ **magnetic tape** *n* RECORD vorbespieltes Magnetband *nt*; ~ **message** *n* TELECOM gespeicherte Ansage *f*; ~ **tape** *n* TELEV bespieltes Band *nt*

preroll *n* TELEV Vorlauf *m*; ~ **time** *n* TELEV Vorlaufzeit *f*

presbyacusis *n* ACOUSTICS Altersschwerhörigkeit *f*

prescaler *n* RAD TECH Vorteiler *m*

preselection: ~ **counter** *n* INSTR Voreinstellzähler *m*, Vorwahlzähler *m*; ~ **gear change** *n* AUTO *gearbox* Vorwahlgangschaltung *f*; ~ **switch** *n* INSTR Vorwahlschalter *m*

preselector *n* AUTO *gearbox*, ELECTRON Vorwähler *m*, HEAT & REFRIG Vorwähler *m*, Vorwählgerät *nt*, Vorwählschalter *m*, TELECOM *switching* Vorwähler *m*

presence: ~ **equalizer** *n* RECORD Entzerrer mit Vorabfühlung *m*; ~ **loop** *n* RECORD Vorabfühlschleife *f*, TRANS *traffic* Belegungsschleife *f*

presentation *n* ENG DRAW Darstellung *f*; ~ **area** *n* ENG DRAW Darstellungsfeld *nt*; ~ **box** *n* PACK Displayschachtel *f*; ~ **graphics** *n* COMP & DP Darstellungsgrafik *f*, Präsentationsgrafik *f*; ~ **layer** *n* COMP & DP *OSI* Darstellungsschicht *f*

preservative *n* FOOD TECH Konservierungsstoff *m*, PACK Konservierungsmittel *nt*

preserve *vt* FOOD TECH haltbar machen, konservieren

preserved: ~ **latex** *n* PLAS *rubber* konservierter Latex *m*

preserving: ~ **jar** *n BrE* CER & GLAS Einmachglas *nt*, Konservenglas *nt*

preset:[1] ~ **counter** *n* INSTR Voreinstellzähler *m*, Vorwahlzähler *m*; ~ **frequency** *n* ELECTRON voreingestellte Frequenz *f*; ~ **pot** *n* ELECT Trimmer *m*, voreingestelltes Potentiometer *nt*; ~ **resistor** *n* RAD TECH vorgegebener Widerstand *m*; ~ **shutter** *n* PHOTO Vorspannverschluß *m*

preset[2] *vt* COMP & DP, MECHAN ENG, RECORD voreinstellen

presetting *n* COMP & DP Voreinstellung *f*, ELECTRON Voreinstellen *nt*; ~ **of channels** *n* TELEV Kanalvorwahl *f*; ~ **gage** *n AmE*, ~ **gauge** *n BrE* METROL Vorwahlmeßgerät *nt*

presignaling *AmE*, **presignalling** *BrE*: ~ **distance** *n* RAIL Vorsignalabstand *m*

presilencer *n BrE (cf premuffler AmE)* AUTO Vorschalldämpfer *m*

prespringing *n* PROD ENG *welding* elastisches Vorspannen *nt*

press[1] *n* MECHAN ENG, PAPER Presse *f*, PRINT *printing* Druckpresse *f*, Druckerpresse *f*, Presse *f*, PROD ENG, TEXT Presse *f*; ~ **brake** *n* PROD ENG Abkantpresse *f*; ~ **button** *n* TELECOM Druckknopf *m*, Drucktaste *f*; ~ **filling** *n* PACK Druckfüllung *f*; ~ **finishing machine** *n* TEXT Finish-Presse *f*; ~ **fit** *n* MECHAN ENG, PROD ENG Preßpassung *f*; ~ **forging** *n* MECHAN ENG Druckschmieden *nt*; ~ **nut** *n* MECHAN ENG Einpreßmutter *f*; ~ **printing machine** *n* PRINT Druckmaschine *f*, Druckpresse *f*; ~ **proof** *n* PRINT Revisionsabzug *m*; ~ **proofs** *n pl* PRINT Andrucke *m pl*; ~ **roll** *n* PAPER Pressenwalze *f*; ~ **tool** *n* MECHAN ENG Preßwerkzeug *nt*; **~-type vertical broaching machine** *n* MECHAN ENG Räumpresse *f*

press[2] *vt* MECHAN ENG, PAPER, RECORD, TEXT pressen; ~ **down** *vt* PACK herunterdrücken

pressed: ~ **glass** *n* CER & GLAS Preßglas *nt*

presser *n* CER & GLAS Preßmaschine *f*; ~ **bar** *n* TEXT Preßschiene *f*

pressing *n* CER & GLAS *article* Preßling *m*, *operation* Glaspressen *nt*, MECHAN ENG Pressen *nt*, *of sheet metal* Umformen *nt*, RECORD *of record* Pressen *nt*, TEXT Pressen *nt*, maschinelles Bügeln *nt*; ~ **force** *n* MECHAN ENG Preßkraft *f*

pressiometer *n* COAL TECH Pressiometer *nt*

pressure:[1] **~-balanced** *adj* PROD ENG entlastet; **~-dependent** *adj* PROD ENG druckabhängig; **~-lubricated** *adj* PROD ENG umlaufgeschmiert; **~-sealed** *adj* PROD ENG druckdicht; **~-tight** *adj* PROD ENG druckdicht

pressure[2] *n* ACOUSTICS Schalldruck *m*, ELEC ENG Druck *m*, HYD EQUIP Druck *m*, Spannung *f*, MECHANICS, PAPER Druck *m*, PHOTO, RECORD Andruck *m*, SPACE, TEXT, THERMODYN Druck *m*;

~ a ~ **accumulator** *n* PAPER Drucksammler *m*; **~-adhesive paper** *n* PACK Haftklebepapier *nt*; ~ **altimeter** *n* AIR TRANS barometrischer Höhenmesser *m*; ~ **altitude** *n* AIR TRANS Druckhöhe *f*; ~ **amplitude** *n* ACOUSTICS Druckamplitude *f*; ~ **angle** *n* MECHAN ENG *gearing* Eingriffswinkel *m*;

~ b ~ **balance** *n* PROD ENG Druckausgleich *m*; ~ **bellows** *n pl* INSTR Druckbalg *m*, Wellrohr *nt*; ~ **boost valve** *n* AUTO Ladedruckventil *nt*; ~ **broadening** *n* PHYS Druckausbreitung *f*, RAD PHYS *of spectral lines* Druckverbreiterung *f*; ~ **build-up** *n* AIR TRANS Druckaufbau *m*, MECHAN ENG Druckanstieg *m*; ~ **bulkhead** *n* AIR TRANS Druckschott *nt*, SPACE *spacecraft* Druckspant *m*;

~ c ~ **cable** *n* ELECT Druckkabel *nt*; ~ **cap** *n* AUTO Druckkappe *f*; ~ **cell** *n* COAL TECH Druckmeßdose *f*; ~ **chamber** *n* PROD ENG Druckkammer *f*; ~ **characteristic** *n* WATER TRANS *meteorology* Druckcharakteristik *f*; ~ **check** *n* CER & GLAS Druckriß *m*; ~ **circulation lubrication** *n* PROD ENG Druckumlaufschmierung *f*; ~ **cloth** *n* PHOTO Spanntuch *nt*; ~ **coefficient** *n* FUELLESS, MECHAN ENG Druckkoeffizient *m*, PHYS Verdichterwirkungsgrad *m*; ~ **compensation** *n* PROD ENG Druckausgleich *m*; ~ **control** *n* HEAT & REFRIG Druckregelung *f*, Drucksteuerung *f*; ~ **controller** *n* HEAT & REFRIG, PAPER Druckregler *m*; ~ **control valve** *n* PROD ENG Druckregelventil *nt*; ~ **cooker** *n* FOOD TECH Schnellkochtopf *m*, MECHAN ENG *household* Druckkochtopf *m*; ~ **curve** *n* HYD EQUIP Druckkurve *f*; ~ **cylinder** *n* PROD ENG Druckgasflasche *f*;

~ d ~ **delivery** *n* HYD EQUIP Druck *m*; ~ **dependence** *n* PROD ENG Druckabhängigkeit *f*; ~ **die-casting** *n* PROD ENG Spritzgießen *nt*; ~ **die-casting die** *n* MECHAN ENG Druckgußform *f*; ~ **difference** *n* HYD EQUIP Druckdifferenz *f*; ~ **differential** *n* AUTO Druckdifferenz *f*, HEAT & REFRIG Differenzdruck *m*, Druckunterschied *m*; ~ **differential warning valve** *n* AUTO Druckdifferenzregelventil *nt*; ~ **distribution** *n* PROD ENG Druckverteilung *f*; ~ **drag** *n* AIR TRANS Druckwiderstand *m*; ~ **drop** *n* FUELLESS Druckverlust *m*, Druckabfall *m*, HEAT & REFRIG Druckgefälle *nt*, Druckverlust *m*, Druckabfall *m*, HYD EQUIP, PAPER Druckabfall *m*, PET TECH Druckverlust *m*, PROD ENG Druckabfall *m*;

~ e ~ **equipment** *n* PET TECH Druckausrüstung *f*;

~ f ~ **feed** *n* AUTO Druckzuführung *f*; ~-**feed lubrication** *n* MECHAN ENG, PROD ENG Druckschmierung *f*; ~ **filter** *n* CHEM ENG, COAL TECH, WASTE, WATER SUP Druckfilter *nt*; ~ **fluctuation** *n* PROD ENG Druckschwankung *f*; ~ **forming** *n* PLAS Drücken *nt*, Formstanzen *nt*; ~-**forming machine** *n* PACK Druckumformmaschine *f*;

~ g ~ **gage** *n AmE see pressure gauge BrE* ~ **gate** *n* PHOTO Andruckfenster *nt*; ~ **gauge** *n BrE* COAL TECH Druckmeßgerät *nt*, CONST, CONTROL, HEAT & REFRIG Druckmesser *m*, Manometer *nt*, HYD EQUIP Druckmesser *m*, Druckmeßgerät *nt*, LAB EQUIP Druckmeßgerät *nt*, MECHAN ENG Manometer *nt*, PAPER Druckmesser *m*, PET TECH Druckmeßgerät *nt*, PHYS Druckmeßgerät *nt*, Manometer *nt*, PROD ENG Druckmesser *m*, Manometer *nt*; ~ **generator** *n* PROD ENG Druckerzeuger *m*; ~ **gradient** *n* FLUID PHYS Druckgradient *m*, PET TECH Druckgefälle *nt*, Druckgradient *m*, PROD ENG Druckgefälle *nt*; ~ **grease lubrication** *n* PROD ENG Preßfettschmierung *f*;

~ h ~ **head** *n* COAL TECH Druckhöhe *f*, HYD EQUIP Druck *m*, Druckhöhe *f*; ~ **height** *n* AIR TRANS Druckhöhe *f*;

~ i ~ **impulse** *n* ACOUSTICS Druckimpuls *m*; ~ **indicator** *n* INSTR Druckanzeiger *m*; ~ **inlet** *n* AIR TRANS *air-conditioning* Vorverdichterdruckstutzen *m*; ~ **intensity** *n* PROD ENG Flächenpressung *f*;

~ j ~ **jet oil burner** *n* HEAT & REFRIG Druckölbrenner *m*;

~ l ~ **liquid** *n* PROD ENG Druckflüssigkeit *f*; ~ **load** *n* PROD ENG Normalkraft *f*; ~ **loss** *n* MECHAN ENG Druckverlust *m*; ~ **lubrication** *n* AUTO Druckschmierung *f*, PROD ENG Druckumlaufschmierung *f*;

~ m ~-**maintaining valve** *n* PROD ENG Ausgleichventil *nt*, Druckwaage *f*; ~ **measurement** *n* SPACE Druckmessung *f*; ~-**measuring equipment** *n* INSTR Druckmeßeinrichtung *f*; ~ **meter modulus** *n* COAL TECH Pressionsmetermodul *nt*; ~ **microphone** *n* ACOUSTICS Druckmikrofon *nt*;

~ n ~ **node** *n* PROD ENG Druckknoten *m*;

~ p ~ **pad** *n* PACK Druckkissen *nt*, PHOTO Filmandruckplatte *f*, RECORD Druckkufe *f*; ~ **pin** *n* MECHAN ENG Druckstift *m*; ~ **pipe** *n* MECHAN ENG Druckrohr *nt*; ~ **plate** *n* AUTO Druckplatte *f*, PHOTO Andruckplatte *f*, PROD ENG *plastic valves* Druckplatte *f*; ~ **plate drive strap** *n* AUTO Druckplattenantriebsriemen *m*; ~ **plate release lever** *n* AUTO Druckplattenausrückhebel *m*, *clutch* Druckplattenausrückgabel *f*; ~ **plate spring** *n* AUTO Druckplattenfeder *f*; ~ **pump** *n* COAL TECH, HYD EQUIP, WATER SUP Druckpumpe *f*;

~ r ~ **rate-of-change regulating** *n* AIR TRANS Druckänderungs-Geschwindigkeitsregulierung *f*; ~ **rate-of-change switch** *n* AIR TRANS Druckänderungs-Geschwindigkeitsschalter *m*; ~ **rating** *n* MECHAN ENG Nenndruck *m*; ~ **recorder** *n* INSTR Druckschreiber *m*; ~ **reducer** *n* AIR TRANS Druckminderer *m*, SPACE Druckreduzierer *m*; ~-**reducing valve** *n* CONST Druckminderventil *nt*, HEAT & REFRIG Druckminderungsventil *nt*, Druckreduzierventil *nt*, HYD EQUIP Druckreduzierventil *nt*, MECHAN ENG, PROD ENG Druckminderventil *nt*; ~ **reduction** *n* PHYS Druckreduzierung *f*; ~ **reflection coefficient** *n* ACOUSTICS Druckreflexionsfaktor *m*; ~-**regulating valve** *n* PROD ENG Druckregelventil *nt*; ~ **regulator** *n* CONST, ELEC ENG, HYD EQUIP Druckregler *m*; ~ **relief valve** *n* AUTO, HEAT & REFRIG Überdruckventil *nt*, HYD EQUIP Druckentspannungsventil *nt*, Überdruckventil *nt*, MECH Überdruckventil *nt*, MECHAN ENG Druckbegrenzungsventil *nt*, Überdruckventil *nt*, PROD ENG Druckminderventil *nt*, Überdruckventil *nt*, RAIL Überdruckventil *nt*; ~ **rise** *n* HEAT & REFRIG Druckanstieg *m*; ~ **roller** *n* CER & GLAS Oberwalze *f*, MECHAN ENG Druckrolle *f*, RECORD Andruckrolle *f*;

~ s ~ **screw** *n* MECHAN ENG Druckschraube *f*, PROD ENG Schnecke *f*; ~ **seal** *n* HYD EQUIP Druckabdichtung *f*, PROD ENG Druckraumabschluß *m*; ~-**sealed wagon** *n* RAIL druckdichter Wagen *m*; ~ **sealing** *n* RAIL Druckdichtung *f*; ~-**sensitive detector** *n* RAIL Drucksensordetektor *m*; ~-**sensitive hot-melt adhesive** *n* PACK selbsthaftender Schmelzkleber *m*; ~-**sensitive labeller** *n* PACK Selbstklebeetikettiermaschine *f*; ~-**sensitive paper** *n* PACK Haftklebepapier *nt*; ~-**sensitive tape** *n* PACK Haftband *nt*; ~ **side** *n* HYD EQUIP Druckseite *f*, Förderseite *f*; ~ **stage** *n* HYD EQUIP, PROD ENG Druckstufe *f*; ~ **suit** *n* SPACE Druckanzug *m*; ~ **surge** *n* HYD EQUIP Druckwelle *f*; ~ **switch** *n* ELEC ENG Druckschalter *m*, HEAT & REFRIG Druckwächter *m*, HYD EQUIP, PROD ENG Druckschalter *m*; ~ **system** *n* AIR TRANS Drucksystem *nt*;

~ t ~ **tap** *n* PROD ENG Druckentnahmebohrung *f*; ~ **tendency** *n* WATER TRANS *meteorology* Drucktendenz *f*; ~ **test** *n* HYD EQUIP Drucktest *m*, MECHAN ENG Druckprobe *f*; ~ **transducer** *n* INSTR Druckwandler *m*; ~ **transmission** *n* PROD ENG Druckübertragung *f*; ~ **transmitter** *n* HYD EQUIP Drucktransmitter *m*, Druckübertragungsgerät *nt*; ~ **tube** *n* AUTO Druckrohr *nt*; ~ **tube reactor** *n* NUC TECH Druckröhrenreaktor *m*; ~ **tunnel** *n* FUELLESS geschlossener Überdruck-Windkanal *m*; ~ **turbine** *n* HYD EQUIP Druckturbine *f*;

~ v ~ **variation** *n* WAVE PHYS Druckänderung *f*; ~ **vessel** *n* CONST, HEAT & REFRIG Druckgefäß *nt*,

MECHAN ENG Druckbehälter *m*, MECHANICS Druckgefäß *nt*, Druckkessel *m*, NUC TECH *of reactor* Druckbehälter *m*, Reaktordruckbehälter *m*, PROD ENG Druckbehälter *m*; ~ **vessel construction** *n* PROD ENG Behälterbau *m*; ~ **volume diagram** *n* THERMODYN Druck-Volumen-Diagramm *nt*, P/V-Diagramm *nt*; ~ **vs depth plot** *n* PET TECH Druckgradientendiagramm *nt*;

~ w ~ **wave** *n* TELECOM Druckwelle *f*; ~**-welded safety grating** *n* SAFETY preßgeschweißtes Schutzgitter *nt*; ~ **welding** *n* CONST Preßschweißen *nt*, MECHAN ENG Preßschweißung *f*, PROD ENG Preßschweißen *nt*, THERMODYN Druckschweißen *nt*, Druckschweißung *f*; ~ **well** *n* WATER SUP Druckschacht *m*, Fallschacht *m*

pressure:[3] ~**-form** *vt* PLAS drücken

pressurization *n* AIR TRANS Druckbelüftung *f*, Druckerzeugung *f*

pressurize *vt* HEAT & REFRIG mit Druck beaufschlagen, unter Druck halten, unter Druck setzen

pressurized[1] *adj* MECHANICS unter Druck gesetzt

pressurized:[2] ~ **connection** *n* ELEC ENG Druckanschluß *m*, Druckverbindung *f*, Steckverbindung *f*; ~ **floor** *n* AIR TRANS druckdichter Boden *m*; ~ **glue feed** *n* PACK komprimierte Klebstoffzufuhr *f*; ~ **hot water tank** *n* HEAT & REFRIG Druckspeicher *m*; ~ **manifold** *n* AIR TRANS druckdichter Druckluftverteiler *m*; ~ **water** *n* WATER SUP Druckwasser *nt*; ~ **water cooling** *n* HEAT & REFRIG Druckwasserkühlung *f*; ~ **water reactor** *n* NUC TECH, PHYS Druckwasserreaktor *m*

pressurizing: ~ **gas** *n* SPACE Druckgas *nt*; ~ **gas tank** *n* SPACE Druckgastank *m*; ~ **valve** *n* AIR TRANS Druckaufbauventil *nt*

pressware *n* CER & GLAS Preßware *f*

prestore *vt* COMP & DP vorabspeichern, vorordnen, vorspeichern

prestrain *n* METALL Vordehnung *f*

prestressed: ~ **concrete** *n* CONST Spannbeton *m*; ~ **glass** *n* TRANS vorgespanntes Glas *nt*

presumption *n* PAT Vermutung *f*

presumptive: ~ **address** *n* COMP & DP unmodifizierte Adresse *f*; ~ **instruction** *n* COMP & DP unmodifizierter Befehl *m*

pretension *vt* MECHAN ENG vorspannen

pretimed: ~ **signal** *n* TRANS *traffic control* festzeitgesteuertes Signal *nt*

pretravel *n* ELEC ENG Vorlauf *m*

pretreat *vt* COATINGS vorbehandeln

pretreating *n* CHEMISTRY Voraufbereitung *f*

pretreatment *n* COAL TECH Vorbehandlung *f*, COATINGS Vorbehandlung *f*, Vorbereitung *f*, MECHAN ENG, WASTE Vorbehandlung *f*

prevacuum *n* PHYS Vorvakuum *nt*

prevailing: ~ **winds** *n pl* WATER TRANS vorherrschende Winde *m pl*

prevention: ~ **of atmospheric pollution** *n* POLL Verhütung von Luftverschmutzung *f*; ~ **of inadvertent ignition of flammable atmospheres** *n* SAFETY Verhütung der unbeabsichtigten Zündung brennbarer Luft *f*; ~ **of noise pollution** *n* POLL Vermeidung von Lärmbelästigung *f*; ~ **of water pollution** *n* POLL Verhütung der Wasserverschmutzung *f*

preventive[1] *adj* COATINGS präventiv, vorsorglich

preventive:[2] ~ **fire protection** *n* SAFETY Brandverhütung *f*; ~ **inspection** *n* QUAL vorbeugende Prüfung *f*; ~ **maintenance** *n* COMP & DP vorbeugende Wartung *f*, CONST vorbeugende Instandhaltung *f*, MECHAN ENG, TELECOM vorbeugende Wartung *f*

preview[1] *n* TELEV Vorschau *f*; ~ **monitor** *n* TELEV Vorschaumonitor *m*

preview[2] *vt* TELEV vorkontrollieren

prevulcanized: ~ **latex** *n* PLAS *rubber* vorvulkanisierter Latex *m*

PRF *abbr (pulse repetition frequency)* COMP & DP, ELECTRON, PHYS, TELECOM Impulsfolgefrequenz *f*, Pulswiederholfrequenz *f*

price: ~ **marking** *n* PACK Preisauszeichnung *f*; ~ **tag** *n* PACK Preisschild *nt*

prick: ~ **punch** *n* MECHAN ENG Ankörner *m*, Körner *m*, PROD ENG Anreißkörner *nt pl*

pricker *n* PROD ENG *casting* Luftspieß *m*

primary[1] *adj* AUTO, CER & GLAS, COMP & DP, ELEC ENG, ELECT, HEAT & REFRIG, METALL, OPT, PAPER, PET TECH, PROD ENG, RAD PHYS, TELECOM, TELEV, WASTE, WATER SUP Primär- *pref*

primary[2] *n* ELEC ENG Grundfarbe *f*, Primärspule *f*, Primärwicklung *f*, RAD TECH *transformer* Primärwicklung *f*; ~ **access** *n* TELECOM Primärzugriff *m*; ~ **acid** *n* CHEMISTRY einwertige Säure *f*; ~ **air** *n* HEAT & REFRIG Primärluft *f*; ~ **armature** *n* ELECT primärer Anker *m*; ~ **barrel** *n* AUTO erster Vergaserlufttrichter *m*; ~ **battery** *n* ELEC ENG Primärbatterie *f*; ~ **biological shield** *n* NUC TECH primärer biologischer Schild *m*; ~ **carbide** *n* METALL Primärkarbid *nt*; ~ **cell** *n* ELEC ENG Primärzelle *f*; ~ **chaincase** *n* AUTO *motorcycle transmission* Primärkettenkasten *m*; ~ **circuit** *n* ELECT Primärstromkreis *m*; ~ **clarification** *n* WATER SUP mechanische Abwasserbehandlung *f*; ~ **clearance** *n* PROD ENG Hinterschliff der Fase *m*, gewetzte Freifläche *f*; ~ **coating** *n* OPT Primärmantel *m*, primärer Mantel *m*, TELECOM Primärbeschichtung *f*; ~ **collision** *n* TRANS *traffic* schwerer Zusammenstoß *m*; ~ **color** *n AmE*, ~ **colour** *n BrE* COMP & DP, OPT, PHYS, PRINT Grundfarbe *f*, Primärfarbe *f*; ~ **controller** *n* INSTR Direktregler *m*, Meßwerkregler *m*; ~ **coolant** *n* HEAT & REFRIG primäres Kühlmittel *nt*; ~ **coolant circuit** *n* NUC TECH Primärkühlkreislauf *m*; ~ **creep** *n* METALL Primärkriechen *nt*; ~ **crusher** *n* COAL TECH Grobbrecher *m*, Vorbrecher *m*; ~ **cup** *n* AUTO Primärmanschette *f*; ~ **current** *n* ELEC ENG, ELECT Primärstrom *m*; ~ **cyclic variation** *n* AIR TRANS *helicopter* direkte zyklische Verstellung *f*, primäre zyklische Verstellung *f*; ~ **emission** *n* ELECTRON Primäremission *f*; ~ **entry** *n* COMP & DP Haupteintrag *m*; ~ **expression** *n* COMP & DP Primärausdruck *m*; ~ **fiber** *n AmE*, ~ **fibre** *n BrE* CER & GLAS Primärfaser *f*; ~ **file** *n* COMP & DP Primärdatei *f*; ~ **filter** *n* WATER SUP Primärfilter *nt*; ~ **fuel cell** *n* AUTO Primärbrennstoffelement *nt*; ~ **grinding** *n* COAL TECH Erstmahlen *nt*; ~ **group** *n* COMP & DP Primärgruppe *f*; ~ **headbox** *n* PAPER Primärstoffauflauf *m*; ~ **heat exchanger** *n* AIR TRANS Hauptwärmeaustauscher *m*; ~ **index** *n* COMP & DP Primärindex *m*; ~ **inductance** *n* ELECT primäre Induktanz *f*; ~ **ionization** *n* RAD PHYS Primärionisierung *f*; ~ **key** *n* COMP & DP Primärschlüssel *m*; ~ **land** *n* PROD ENG fasenartiger Anschliff an der Schneide *m*; ~ **memory** *n* COMP & DP Hauptspeicher *m*, primärer Speicher *m*, Primärspeicher *m*; ~ **particle** *n* ELEC ENG Primärteilchen *nt*; ~ **pipe** *n* PROD ENG offener Kopflunker *m*; ~ **piston** *n* AUTO vorderer Kolben *m*; ~ **radiation** *n* NUC TECH Primärstrahlung *f*; ~ **rate access** *n (PRA)* TELECOM Primärmultiplexanschluß *m*, Primärratenanschluß *m*; ~ **recovery** *n* PET TECH

Primärförderung *f*; ~ **refrigerant** *n* HEAT & REFRIG primäres Kältemittel *nt*; ~ **runway** *n* AIR TRANS Hauptstart- und Landebahn *f*; ~ **sample** *n* COAL TECH Erstprobe *f*; ~ **settlement** *n* COAL TECH Erstsetzung *f*; ~ **settlement tank** *n* WASTE Vorklärbecken *nt*; ~ **settling basin** *n* WASTE Vorklärbecken *nt*; ~ **sewage treatment** *n* WASTE mechanische Abwasserreinigung *f*; ~ **shaft** *n* AUTO Getriebeantriebswelle *f*; ~ **shoe** *n* AUTO Auflaufbremsbacke *f*, Primärbremsbacke *f*; ~ **sludge** *n* WASTE Primärschlamm *m*; ~ **standard** *n* PHYS Etalon *nt*, Urmaß *nt*, Urnormal *nt*, QUAL Hauptnormal *nt*; ~ **station** *n* COMP & DP Primärstation *f*; ~ **storage** *n* COMP & DP Hauptspeicher *m*, primärer Speicher *m*; ~ **store** *n* COMP & DP Hauptspeicher *m*, primärer Speicher *m*; ~ **structure** *n* AIR TRANS tragendes Bauteil *nt*; ~ **voltage** *n* ELEC ENG, ELECT Primärspannung *f*; ~ **winding** *n* AUTO Primärwicklung *f*, Zündspulenprimärwicklung *f*, primäre Spule *f*, ELEC ENG, ELECT, PHYS Primärwicklung *f*

prime[1] *n* PROD ENG Qualitätsblech *nt*, Strich *m*; ~ **coat** *n* CONST Grundierung *f*, Voranstrich *m*; ~ **colors** *n pl AmE*, ~ **colours** *n pl BrE* RAD PHYS *of white light spectrum* Grundfarben *f pl*, Primärfarbe *f*; ~ **factor** *n* MATH Primfaktor *m*; ~ **mover** *n* AIR TRANS Antriebsmaschine *f*, Schlepper *m*, Zugmaschine *f*, MECHAN ENG Antriebsaggregat *nt*, Antriebsmaschine *f*; ~ **number** *n* MATH Primzahl *f*; ~ **time slot** *n* TELEV Zeitblock während der Hauptsendezeit *m*

prime[2] *vt* CONST grundieren, HYD EQUIP für den Start vorbereiten, für die Inbetriebnahme vorbereiten, PROD ENG ansaugen, spachteln, WATER SUP *pump* ansaugen lassen

primeness *n* MATH *to test whether whole number is prime* Primzahligkeit *f*

primer *n* AIR TRANS Anlaß- *pref*, PLAS *paint* Grundiermittel *nt*, Grundierung *f*, Haftgrund *m*, Voranstrich *m*, *rubber, adhesives* Haftvermittler *m*, Primer *m*, PROD ENG Grundschicht *f*, Zündvorrichtung *f*, SPACE *spacecraft* Einspritzung *f*, Grundierung *f*; ~ **pump** *n* AIR TRANS Anlaßeinspritzpumpe *f*

priming *n* AIR TRANS Einspritzen von Anlaßkraftstoff *nt*, Initialzündung *f*, HYD EQUIP Inbetriebnahmevorbereitung *f*, Startvorbereitung *f*, MECHAN ENG *of pump* Ansaugenlassen *nt*, PROD ENG Grundierung *f*, Spachtelung *f*, WATER SUP *of pump* Ansaugenlassen *nt*; ~ **charge** *n* SPACE Einspritzmenge *f*, Grundladung *f*; ~ **cock** *n* WATER SUP Wasserablaßhahn *m*; ~ **pipe** *n* WATER SUP *of pump* Ansaugrohr *nt*; ~ **valve** *n* MECHAN ENG Ansaugventil *nt*

primitive *n* COMP & DP Basiseinheit *f*

primuline: ~ **yellow** *n* CHEMISTRY Primulin *nt*

Prince: ~ **Rupert drop** *n* CER & GLAS Rupertstropfen *m*

principal *n* CONST Dachstuhl *m*, Hauptgebälk *nt*, Stützbalken *m*; ~ **axis** *n* OPT *of spherical mirror, lens*, PHYS *of solid body* Hauptachse *f*; ~ **curvature** *n* CER & GLAS Hauptkrümmung *f*; ~ **maxima** *n pl* OPT Hauptintensität *f*, PHYS Hauptmaximum *nt*; ~ **plane** *n* OPT, PHOTO Hauptebene *f*; ~ **points** *n pl* PHYS Hauptpunkte *m pl*; ~ **quantum number** *n* METROL *(n)* Quantenzahl *f (n)*, PHYS Hauptquantenzahl *f*; ~ **rafter** *n* CONST Bindersparren *m*, Hauptsparren *m*; ~ **ray** *n* OPT, PHYS Hauptstrahl *m*; ~ **scale** *n* ENG DRAW Hauptmaßstab *m*; ~ **square root** *n* MATH positive Quadratwurzel *f*; ~ **tapping** *n* ELECT Hauptanzapfstelle *f*; ~ **view** *n* ENG DRAW Hauptansicht *f*

principle *n* PHYS Prinzip *nt*; ~ **of complementarity** *n* PHYS Komplementaritätsprinzip *nt*; ~ **of equivalence** *n* PHYS Äquivalenzprinzip *nt*; ~ **of least action** *n* PHYS Prinzip der kleinsten Wirkung *nt*; ~ **of least constraint** *n* PHYS Prinzip des kleinsten Zwanges *nt*; ~ **of superposition** *n* PHYS, WAVE PHYS Superpositionsprinzip *nt*; ~ **of virtual work** *n* PHYS Prinzip der virtuellen Arbeit *nt*

principles: ~ **for the preparation of drawings** *n pl* ENG DRAW Zeichnungsrichtlinien *f pl*

print[1] *n* COMP & DP Abzug *m*, Druck *m*, PHOTO *of negative* Abzug *m*, PROD ENG Kernmarke *f*, Lichtpause *f*; ~ **and apply labeling machine** *n AmE*, ~ **and apply labelling machine** *n BrE* PACK Banderolendruck- und Klebemaschine *f*; ~ **buffer** *n* PRINT *computer printer* Druckausgabepuffer *m*, Druckpuffer *m*, Druckerpuffer *m*; ~ **command** *n* COMP & DP Druckbefehl *m*; ~ **control character** *n* COMP & DP Drucksteuerzeichen *nt*; ~ **drum** *n* COMP & DP Druckwalze *f*; ~ **dryer** *n* PHOTO Trockenpresse *f*; ~ **files** *n* PRINT Druckdateien *f pl*; ~ **format** *n* COMP & DP Druckformat *nt*; ~ **head** *n* COMP & DP Druckkopf *m*, Typenkopf *m*; ~ **job** *n* COMP & DP Druckerauftrag *m*, PRINT Druckauftrag *m*; ~ **position** *n* COMP & DP Druckausrichtung *f*, Druckposition *f*, Druckstelle *f*, Druckzone *f*; ~ **run** *n* COMP & DP Druckauflage *f*; ~ **server** *n* COMP & DP Druckerserver *m*, Druckserver *m*; ~ **shop** *n* PRINT Druckerei *f*; ~ **speed** *n* COMP & DP Druckgeschwindigkeit *f*; ~**-through** *n* RECORD *tape* Kopiereffekt *m*, TELEV Kopieren *nt*; ~**-through level** *n* TELEV Kopierpegel *m*; ~ **tongs** *n* PHOTO Entwicklerzange *f*; ~ **wheel** *n* COMP & DP, PRINT Typenrad *nt*

print[2] *vt* COMP & DP, PAPER drucken, PHOTO Abzüge machen, abziehen, PRINT drucken, TEXT bedrucken, drucken; ~ **on site** *vt* PACK vor Ort drucken

printability *n* PAPER Bedruckbarkeit *f*, PRINT Abdruckbarkeit *f*

printed[1] *adj* PAT gedruckt

printed:[2] ~ **book** *n* PRINT gedrucktes Buch *nt*; ~ **circuit** *n* COMP & DP gedruckte Schaltung *f*, PHYS Dickfilmschaltung *f*, gedruckte Schaltung *f*, TELECOM gedruckte Schaltung *f*; ~ **circuit board** *n (PCB)* COMP & DP Leiterplatte *f*, Printplatte *f (PCB)*, ELECT *electronics* Leiterplatte *f (PCB)*, ELECTRON Leiterplatte *f*, gedruckte Schaltung *f (PCB)*, RAD TECH, TELECOM, TELEV Leiterplatte *f (PCB)*; ~ **circuit connector** *n* ELEC ENG Druckschaltungsverbinder *m*, Federleiste für die gedruckte Schaltung *f*, ELECTRON Leiterplattenstecker *m*, Verbinder für gedruckte Schaltungen *m*; ~ **circuit laminate** *n* ELECTRON Leiterplatten-Laminat *nt*; ~ **circuit substrate** *n* ELECTRON Leiterplattenträgermaterial *nt*; ~ **fabric** *n* TEXT Druckware *f*, bedruckter Stoff *m*; ~ **folding carton** *n* PACK bedruckte Faltschachtel *f*; ~ **form** *n* PRINT *stationery* Formular *nt*, Vordruck *m*; ~ **label** *n* PACK bedrucktes Etikett *nt*; ~ **matter** *n* PRINT Drucksache *f*; ~ **sheet** *n* PRINT Druckseite *f*, bedruckte Seite *f*; ~ **wiring** *n* ELECTRON gedruckte Verdrahtung *f*; ~ **wiring board** *n* ELECTRON Leiterplatte *f*

printer *n* COMP & DP Drucker *m*, PHOTO Kopiermaschine *f*, PRINT *computer printer* Drucker *m*, *person* Drucker *m*, TELECOM *peripheral device* Drucker *m*; ~**-applicator** *n* PACK Schriftpräge-Auftraggerät *nt*; ~ **commands** *n pl* PRINT Druckerbefehle *m pl*; ~ **driver** *n* COMP & DP Druckertreiber *m*; ~ **output** *n* PRINT Druckausgabe *f*, Druckerausgabe *f*; ~**-slotter for corrugated board** *n* PACK Schreib-Schlitzlocher für Wellpappe *m*; ~ **and**

typesetter *n* PRINT Drucker und Setzer *m*

printer's: ~ **devil** *n* PRINT Druckerlehrling *m*; ~ **ink** *n* PRINT Druckerfarbe *f*, Druckerschwärze *f*; ~ **mark** *n* PRINT Druckerzeichen *nt*; ~ **supply** *n* PRINT Druckereibedarf *m*

printing *n* CER & GLAS, COMP & DP, PAPER Drucken *nt*, PHOTO Abziehen *nt*, Kopieren *nt*, PRINT Drucken *nt*, TEXT Bedrucken *nt*, Drucken *nt*; ~ **accessories** *n pl* PRINT Druckereizubehör *nt*; ~ **apparatus** *n* PRINT Druckvorrichtung *f*; ~ **area** *n* PRINT Druckfläche *f*; ~ **block** *n* PRINT Druckstock *m*, Klischee *nt*; ~ **by machine** *n* PRINT Maschinendruck *m*; ~ **character** *n* PRINT abdruckbares Zeichen *nt*; ~ **cylinder** *n* PAPER, PRINT Druckzylinder *m*; ~ **echo** *n* RECORD Druckecho *nt*, TELEV Kopierecho *nt*; ~ **equipment** *n* PRINT Druckereigeräte *nt pl*; ~ **form** *n* PRINT *AmE see printing forme BrE* Druckform *f*, PRINT *AmE* Form *f* ~ **forme** *n BrE* PRINT Druckform *f*; ~ **with four colours** *n* PRINT Vierfarbendruck *m*; ~ **frame** *n* PRINT Kastenkopierrahmen *m*; ~ **hammer** *n* PRINT Druckhammer *m*; ~ **head** *n* PAPER, PRINT *computer printing* Druckkopf *m*; ~ **industry** *n* PRINT Druckindustrie *f*, graphisches Gewerbe *nt*; ~ **ink** *n* PAPER, PLAS Druckfarbe *f*, PRINT Druckerfarbe *f*, Druckerschwärze *f*; ~ **letter** *n* PRINT Druckbuchstabe *m*; ~ **on line** *n* PACK Online-Drucken *nt*; ~ **machine** *n* TEXT Druckmaschine *f*; ~ **mask** *n* PHOTO Kopiermaske *f*; ~ **off line** *n* PACK Offline-Drucken *nt*; ~**-out** *n* PHOTO, PRINT Auskopier- *pref*; ~**-out emulsion** *n* PHOTO Auskopieremulsion *f*; ~**-out paper** *n* PRINT Auskopierpapier *nt*; ~ **paper** *n* PHOTO Druckpapier *nt*, PRINT Druckerpapier *nt*; ~ **plate** *n* PRINT Druckplatte *f*, Platte *f*; ~ **press** *n* PRINT Druckmaschine *f*, Druckpresse *f*, Presse *f*; ~ **process** *n* PRINT Druckvorgang *m*, Drucken *nt*; ~ **roller** *n* PRINT Druckwalze *f*; ~ **roller composition** *n* PRINT Druckwalzenmasse *f*; ~ **stage** *n* PHOTO Kopiertisch *m*; ~ **table** *n* PRINT Drucktisch *m*; ~ **technique** *n* PHOTO Kopiertechnik *f*; ~ **through photo paper** *n* PHOTO Kopieren mit Fotopapier *nt*; ~ **time** *n* PHOTO Kopierdauer *f*; ~ **trade** *n* PRINT Druckergewerbe *nt*, Druckerei *f*; ~ **trade worker** *n* PRINT Druckereiarbeiter *m*; ~ **type** *n pl* PRINT Drucktype *f*; ~ **varnish** *n* PRINT Druckfirnis *m*; ~ **works** *n* PRINT Druckerei *f*

printings *n pl* PACK Druckpapier *nt*

printout *n* COMP & DP Ausdruck *m*, Druck *m*, TELECOM Ausdruck *m*, Druckausgabe *f*; ~ **paper** *n* PRINT Computerpapier *nt*

prior: ~ **art** *n* PAT Stand der Technik *m*; ~ **crushing** *n* WASTE Vorzerkleinerung *f*; ~ **use** *n* PAT Vorbenutzung *f*

priority *n* COMP & DP Priorität *f*, Vorrang *m*, PAT Priorität *f*, TRANS Vorfahrtsrecht *nt*; ~ **interrrupt** *n* COMP & DP Vorrangunterbrechung *f*; ~ **interruption level** *n* COMP & DP vorrangige Unterbrechungsebene *f*; ~ **processing** *n* COMP & DP Vorrangverarbeitung *f*; ~ **queue** *n* COMP & DP Prioritätwarteschlange *f*; ~ **right** *n* PAT Prioritätrecht *nt*; ~ **scheduler** *n* COMP & DP Prioritätplaner *m*; ~ **scheduling** *n* COMP & DP Prioritätsteuerung *f*; ~ **sequencing** *n* COMP & DP Festlegung der Prioritätsfolge *f*; ~ **to the right** *n* TRANS *traffic* Rechts vor Links; ~ **valve** *n* HYD EQUIP Prioritätventil *nt*, Vorrangventil *nt*

prism *n* CER & GLAS, GEOM, LAB EQUIP, PHYS, TELECOM Prisma *nt*; ~ **binocular** *n* OPT Prismenbinokular *nt*

prismatic[1] *adj* GEOM prismatisch

prismatic:[2] ~ **glass** *n* CER & GLAS Prismenglas *nt*; ~ **joint** *n* MECHAN ENG Schubgelenk *nt*; ~ **spectrograph** *n* RAD PHYS Prismenspektrograph *m*; ~ **spectrum** *n* RAD PHYS Prismenspektrum *nt*

pristine: ~ **fiber** *n AmE*, ~ **fibre** *n BrE* CER & GLAS jungfräuliche Faser *f*; ~ **glass** *n* CER & GLAS jungfräuliches Glas *nt*

pritchel *n* PROD ENG Dorn *m*; ~ **hole** *n* PROD ENG *forging* Rundloch *nt*

privacy *n* COMP & DP Datenschutz *m*, Vertraulichkeit *f*, Zugriffscode *m*; ~ **of information** *n* COMP & DP Informationsschutz *m*

private: ~ **automatic exchange** *n* TELECOM Hausnebenstelle mit Wählbetrieb *f*; ~ **branch exchange** *n (PBX)* TELECOM Selbstwählnebenstelle *f*, automatische Nebenstellenanlage *f*, private Selbstwählnebenstelle *f*; ~ **dial-up port** *n* TELECOM privater Wählanschluß *m*; ~ **manual branch exchange** *n (PMBX)* TELECOM Nebenstellenanlage mit Handvermittlung *f*; ~ **manual exchange** *n* TELECOM teilnehmereigene Fernsprech-Handvermittlung *f*; ~ **network** *n* TELECOM privates Netz *nt*; ~ **numbering plan** *n* TELECOM privater Numerierungsplan *m*; ~ **telephone network** *n* TELECOM privates Fernsprechnetz *nt*; ~ **vehicle** *n* AUTO Privatfahrzeug *nt*; ~ **vehicle traffic** *n* TRANS Individualverkehr *m*; ~ **wire** *n* TELECOM Mietleitung *f*

privately: ~ **owned wagon** *n* RAIL Privatgüterwagen *m*

privilege *n* COMP & DP Berechtigung *f*, Zugriffsrecht *nt*

privileged: ~ **account** *n* COMP & DP bevorrechtigter Bereich *m*, privilegierter Account *m*; ~ **instruction** *n* COMP & DP bevorrechtigter Befehl *m*, privilegierter Befehl *m*; ~ **operation** *n* COMP & DP Vorzugsbetrieb *m*, bevorrechtigte Operation *f*, privilegierte Operation *f*

privy: ~ **tank** *n* WASTE Abwasserfaulraum *m*

probabilistic *adj* ART INT probabilistisch, wahrscheinlichkeitstheoretisch, MATH wahrscheinlichkeitstheoretisch

probability *n* ART INT Wahrscheinlichkeit *f*, COMP & DP Eintrittswahrscheinlichkeit *f*, Wahrscheinlichkeit *f*, ERGON, MATH *of event, statistical measure*, PHYS, QUAL, TELECOM Wahrscheinlichkeit *f*; ~ **calculus** *n* ART INT Wahrscheinlichkeitsrechnung *f*; ~ **curve** *n* MATH Wahrscheinlichkeitskurve *f*, Wahrscheinlichkeitsverteilung *f*; ~ **density** *n* PHYS Wahrscheinlichkeitsdichte *f*, QUAL Wahrscheinlichkeitsverteilung *f*; ~ **distribution** *n* COMP & DP Wahrscheinlichkeitsverteilung *f*, Zufallsverteilung *f*, QUAL Wahrscheinlichkeitsverteilung *f*; ~ **of excess delay** *n* TELECOM Wahrscheinlichkeit der Wartezeitüberschreitung *f*; ~ **function** *n* QUAL Wahrscheinlichkeitsfunktion *f*; ~ **of presence** *n* RAD PHYS *of particle* Aufenthaltswahrscheinlichkeit *f*; ~ **of rejection** *n* QUAL Rückweisungswahrscheinlichkeit *f*; ~ **theory** *n* MATH Wahrscheinlichkeitstheorie *f*

probable: ~ **reserves** *n pl* PET TECH wahrscheinliche Reserven *f pl*

probe *n* COAL TECH Fühler *m*, Sonde *f*, ELECT Fühler *m*, Sensor *m*, INSTR Fühler *m*, Meßkopf *m*, Prüfspitze *f*, Sensor *m*, Sonde *f*, MECHAN ENG Fühler *m*, Sensor *m*, PHYS Meßkopf *m*, Sonde *f*, Tastkopf *m*, RAD TECH, SPACE Sonde *f*; ~ **coil** *n* PROD ENG Tastspule *f*; ~ **microphone** *n* ACOUSTICS, RECORD Sondenmikrofon *nt*

problem *n* ART INT, COMP & DP Problem *nt*, PAT *technical problem* Aufgabe *f*; ~ **definition** *n* COMP & DP Problemdefinition *f*; ~ **description** *n* COMP & DP Problembeschreibung *f*; ~ **determination** *n* COMP & DP Problembestimmung *f*, Problemdiagnose *f*; ~ **diag-**

nosis *n* COMP & DP Fehlererkennung *f*; **--oriented language** *n* COMP & DP problemorientierte Programmiersprache *f*; **--oriented software** *n* COMP & DP problemorientierte Software *f*; **~ recovery** *n* COMP & DP Problembehebung *f*; **~ representation** *n* ART INT Problemdarstellung *f*; **~ site** *n* WASTE Altlast *f*, kontaminierter Standort *m*; **~ solving** *n* ART INT Problemlösen *nt*, Problemlösungsvorgang *m*; **~ solving strategy** *n* ART INT Problemlösungsstrategie *f*

procaine *n* CHEMISTRY Procain *nt*

procedural: **~ language** *n* COMP & DP verfahrensorientierte Programmiersprache *f*

procedure *n* COMP & DP Prozedur *f*, Verfahren *nt*, Vorgehensweise *f*, MECHAN ENG Verfahren *nt*; **~ division** *n* COMP & DP *COBOL* Prozedurteil *nt*, Verarbeitungsteil *m*; **~ for normal, tightened and reduced inspection** *n* QUAL Auswahl der Prüfschärfe *f*; **~ library** *n* COMP & DP Prozedurbibliothek *f*; **~ name** *n* COMP & DP *COBOL* Prozedurname *m*; **--oriented language** *n* COMP & DP verfahrensorientierte Programmiersprache *f*; **~ qualification record** *n* QUAL *welding* Verfahrenseignungsbericht *m*

procedures: **~ manual** *n* QUAL Verfahrenshandbuch *nt*

proceed: **--to-select signal** *n* TELECOM Wahlaufforderungszeichen *nt*

proceedings: **~ before the EPO** *n pl* PAT Verfahren vor dem europäischen Patentamt *nt*

process[1] *n* COAL TECH, COMP & DP Prozeß *m*, Verfahren *nt*, ELECT Verfahren *nt*, PAPER Prozeß *m*, TEXT Verfahren *nt*; **~ annealing** *n* MECHAN ENG Zwischenglühen *nt*, METALL Zwischenglühung *f*, PROD ENG Zwischenglühen *nt*; **~ automation** *n* COMP & DP Prozeßautomatisierung *f*; **~ average** *n* QUAL mittlere Qualitätslage *f*; **--average defective** *n* QUAL mittlerer Fehleranteil der Fertigung *m*; **~ camera** *n* PRINT Reproduktionskamera *f*, Reprokamera *f*; **~ colours** *BrE n pl* PRINT Prozeßfarben *f pl*; **~ control** *n* COMP & DP Prozeßdatenverarbeitung *f*, Prozeßsteuerung *f*, CONTROL Prozeßsteuerung *f*, ELEC ENG Betriebskontrolle *f*, Betriebssteuerung *f*, Prozeßsteuerung *f*, Verfahrenssteuerung *f*, ELECT, ERGON Prozeßsteuerung *f*, PROD ENG *plastic valves* Überwachungsarmatur *f*, QUAL Fertigungsüberwachung *f*, Qualitätskontrolle in der Fertigung *f*, TELECOM Prozeßsteuerung *f*; **~ controller** *n* ELEC ENG Einrichtung zur Verfahrensüberwachung *f*; **--controlling documents** *n pl* QUAL Fertigungsüberwachungsunterlagen *f pl*; **~ engineering** *n* MECHAN ENG, PET TECH Verfahrenstechnik *f*; **~ engraver** *n* PRINT Chemigraph *m*, Druckvorlagenhersteller *m*, Klischeehersteller *m*; **~ entry** *n* COMP & DP Prozeßeintrag *m*; **~ gas** *n* COAL TECH Prozeßgas *nt*; **~ in control** *n* QUAL beherrschter Prozeß *m*; **~ inspection** *n* QUAL Fertigungsprüfung *f*, Prozeßprüfung *f*; **~ inspection and testing** *n* QUAL Verfahrensprüfung *f*; **~ interrupt** *n* COMP & DP Prozeßunterbrechung *f*; **~ management** *n* CONTROL Prozeßführung *f*; **~ metallurgy** *n* PROD ENG Hüttenkunde *f*; **--oriented sequential control** *n* IND PROCESS prozeßabhängige Ablaufsteuerung *f*; **~ out of control** *n* QUAL nicht beherrschter Prozeß *m*; **~ sheet** *n* QUAL Arbeitsbegleitpapier *nt*; **~ state** *n* COMP & DP Verarbeitungsstatus *m*; **~ suspension** *n* COMP & DP Prozeßaussetzung *f*; **~ value** *n* INSTR Prozeßmeßwert *m*, Prozeßwert *m*; **~ variable** *n* MECHAN ENG Prozeßvariable *f*; **~ waste** *n* WASTE Produktionsabfall *m*, gewerblicher Abfall *m*, produktionsspezifischer Abfall *m*; **~ water** *n* WATER SUP Betriebswasser *nt*, Brauchwasser *nt*

process[2] *vt* COMP & DP verarbeiten, FOOD TECH behandeln, verarbeiten, RAD TECH verarbeiten

processing[1] *adj* PHOTO *photo* Entwicklungs- *pref*

processing[2] *n* COAL TECH Aufbereitung *f*, COMP & DP, CONTROL Verarbeitung *f*, IND PROCESS *signal* Weiterverarbeitung *f*, PET TECH, TELECOM Verarbeitung *f*; **~ of an application** *n* PAT Behandlung der Anmeldung *f*; **~ card** *n* TELECOM Verarbeitungsschaltkarte *f*; **~ center for recyclable solid waste materials** *n AmE*, **~ centre for recyclable solid waste materials** *n BrE* POLL Aufarbeitungszentrum für wiederverwertbare feste Abfallmaterialien *nt*; **~ drum** *n* PHOTO Entwicklungstrommel *f*; **~ load** *n* COMP & DP Systembelastung *f*; **~ machine** *n* PHOTO Entwicklungsmaschine *f*; **~ of measured data** *n* INSTR Meßdatenverarbeitung *f*, Meßwertverarbeitung *f*; **~ measuring instrument** *n* INSTR Meßgerät mit interner Meßdatenverarbeitung *nt*; **~ mode** *n* COMP & DP Verarbeitungsart *f*, Verarbeitungsmodus *m*; **~ of an old site** *n* POLL Altlastaufarbeitung *f*; **~ plant** *n* WASTE Aufbereitungsanlage *f*; **~ power** *n* TELECOM Verarbeitungsleistung *f*; **~ sequence** *n* COMP & DP Verarbeitungsfolge *f*; **~ time** *n* COMP & DP Gesamtbearbeitungszeit *f*, Verarbeitungszeit *f*

processor:[1] **--limited** *adj* COMP & DP durch den Prozessor begrenzt

processor[2] *n* COMP & DP Prozessor *m*, Übersetzer *m*, TELECOM Prozessor *m*, Verarbeitungseinheit *f*; **--controlled keying** *n* COMP & DP prozessorgesteuerte Eingabe *f*; **~ status word** *n (PSW)* COMP & DP Prozessorstatuswort *nt*; **~ storage** *n* COMP & DP Prozessorspeicher *m*, Speichererweiterung *f*

Proctor: **~ compaction test** *n* COAL TECH Proctor-Versuch *m*; **~ test** *n* CONST *civil engineering* Proctor-Prüfung *f*

procurement *n* CONST Beschaffung *f*; **~ specifications** *n pl* SPACE *spacecraft* Beschaffungsspezifikation *f*, Einkaufsbedingungen *f pl*

produce *vt* TELEV produzieren

producer *n* MECHAN ENG *of gas* Generator *m*; **~ coal** *n* COAL TECH Generatorkohle *f*

producer's: **~ risk** *n* QUAL Lieferantenrisiko *nt*

product *n* COMP & DP Erzeugnis *nt*, Produkt *nt*, MATH *of calculation* Produkt *nt*; **~ design** *n* COMP & DP Produktentwicklung *f*; **~ detector** *n* RAD TECH Produktdetektor *m*; **~ of inertia** *n* PHYS Trägheitsprodukt *nt*, Zentrifugalmoment *nt*

production *n* COMP & DP Herstellung *f*, Produktion *f*, MECHAN ENG Ausstoß *m*, Produktion *f*, PET TECH, PROD ENG Förder- *pref*; **~ aircraft** *n* AIR TRANS Serienflugzeug *nt*; **~ console** *n* TELEV Produktionskonsole *f*; **~ control** *n* COMP & DP Fertigungssteuerung *f*; **~ control room** *n* TELEV Produktionsregieraum *m*; **~ drawing** *n* ENG DRAW, HEAT & REFRIG Fertigungszeichnung *f*; **~ drilling** *n* PET TECH Niederbringung einer Förderbohrung *f*; **~ engineering** *n* COMP & DP, MECHAN ENG Fertigungstechnik *f*; **~ facilities** *n pl* TELEV Produktionseinrichtungen *f pl*; **~ facility drawing** *n* ENG DRAW Fertigungsmittelzeichnung *f*; **~ horizon** *n* PET TECH Förderhorizont *m*; **~ lathe** *n* MECHAN ENG Produktionsdrehmaschine *f*; **~ licence** *n BrE* PET TECH Bewilligung *f*, Gewinnungserlaubnis *f*; **~ license** *n AmE see production licence BrE* **~ line** *n* CONTROL Produktionsband *nt*, MECHAN ENG, PACK, WATER TRANS *shipbuilding* Fertigungsstraße *f*; **--oriented**

dimensioning *n* ENG DRAW fertigungsgerechte Maßeinteilung *f*; **~ parts list** *n* ENG DRAW Fertigungsstückliste *f*; **~ per unit area** *n* CER & GLAS Produktion pro Flächeneinheit *f*; **~ phase** *n* PET TECH Förderphase *f*, Produktionsphase *f*; **~ platform** *n* PET TECH Förderplattform *f*, Produktionsplattform *f*; **~ rule** *n* ART INT Produktionsregel *f*, COMP & DP Fertigungsregel *f*; **~ schedule** *n* COMP & DP Fertigungsplan *m*; **~ statement** *n* COMP & DP Produktionsbericht *m*; **~ string** *n* PET TECH Förderkolonne *f*, Produktionskolonne *f*; **~ surveillance** *n* QUAL Fertigungsüberwachung *f*; **~ system** *n* ART INT Produktionssystem *nt*; **~ tubing** *n* PET TECH Steigrohr *nt*, Tubing *nt*; **~-type vehicle** *n* RAIL Serienfahrzeug *nt*; **~ well** *n* PET TECH Förderbohrung *f*, Produktionsbohrung *f*

productive: **~ time** *n* COMP & DP Bearbeitungszeit *f*, Grundzeit *f*, Produktivzeit *f*

professional: **~ deafness** *n* ACOUSTICS berufsbedingte Taubheit *f*

proficiency *n* ERGON Geübtheit *f*, Kompetenz *f*

profile[1] *n* COATINGS Kontur *f*, Profil *nt*, COMP & DP, MECHAN ENG Profil *nt*, PHYS Profil *nt*, Querschnitt *m*, WATER TRANS *ship design* Längsschiffsplan *m*; **~ angle** *n* PROD ENG *threads* Flankenwinkel *m*; **~ dispersion** *n* OPT, TELECOM Profildispersion *f*; **~ dispersion parameter** *n* OPT Parameterprofildispersion *f*, TELECOM Profildispersionskoeffizient *m*; **~ drag** *n* AIR TRANS Profilwiderstand *m*; **~ grinder** *n* MECHAN ENG Profilschleifer *m*; **~ grinding** *n* MECHAN ENG Formschleifen *nt*, Profilschleifen *nt*; **~ milling** *n* MECHAN ENG Formfräsen *nt*, Nachformfräsen *nt*, Profilfräsen *nt*; **~-milling machine** *n* MECHAN ENG Nachformfräsmaschine *f*, Profilfräsmaschine *f*; **~ overlap** *n* MECHAN ENG *of gearwheels* Überdeckung *f*; **~ parameter** *n* OPT Parameterprofil *nt*; **~ projector** *n* METROL Umrißprojektor *m*; **~ rolling** *n* MECHAN ENG Walzprofilieren *nt*

profile[2] *vt* PROD ENG unrundkopieren, zweidimensional nachformen

profiled: **~ gasket** *n* MECHAN ENG Profildichtung *f*

profiler *n* MECHAN ENG Nachformfräsmaschine *f*, Profilfräsmaschine *f*

profiles: **~ of spectral lines** *n pl* RAD PHYS Linienprofil von Spektrallinien *nt pl*

profiling *n* MECHAN ENG Formschleifen *nt*, Profilschleifen *nt*; **~ cut** *n* MECHAN ENG *gear cutting* Hüllschnitt *m*; **~ roller** *n* MECHAN ENG *of milling machine* Nachformrolle *f*

progesterin *n* CHEMISTRY Progestin *nt*

progesterone *n* CHEMISTRY Gelbkörperhormon *nt*, Progesteron *nt*

program[1] *n* COMP & DP Programm *nt*; **~ abort** *n* COMP & DP Programmabbruch *m*; **~ body** *n* COMP & DP Programmrumpf *m*; **~ branch** *n* COMP & DP Programmzweig *m*; **~ check** *n* COMP & DP Programmfehler *m*, Programmprüfung *f*; **~ checkout** *n* COMP & DP Durchprüfung *f*, Programmtesten *nt*; **~ compatibility** *n* COMP & DP Programmkompatibilität *f*; **~ control** *n* COMP & DP Programmsteuerung *f*; **~ cost** *n* TELEV Programmkosten *f pl*; **~ counter** *n* COMP & DP Befehlszähler *m*, Programmzähler *m*, Befehlscode *m*, Befehlsschlüssel *m*; **~ crash** *n* COMP & DP Programmabsturz *m*; **~ design** *n* COMP & DP Programmentwurf *m*; **~ development** *n* COMP & DP Programmentwicklung *f*; **~ documentation** *n* COMP & DP Programmunterlagen *f pl*; **~ documentation** *n* COMP & DP Programmdokumentation *f*; **~ evaluation and review technique** *n* (*PERT*), COMP & DP, SPACE, Programmbewertungs- und Überprüfungsverfahren *nt* (*PERT*); **~ execution** *n* COMP & DP Programmausführung *f*; **~ file** *n* COMP & DP Programmdatei *f*; **~ for computer processing of wireline logs** *n* COMP & DP, METROL, PET TECH Kabellogcomputerprogramm *nt*; **~ generator** *n* COMP & DP Programmgenerator *m*; **~ instruction** *n* COMP & DP Programmbefehl *m*, **~ library** *n* COMP & DP Programmbibliothek *f*, Unterprogrammbibliothek *f*; **~ linking** *n* COMP & DP Programmverknüpfung *f*; **~ listing** *n* COMP & DP Programmliste *f*, Listing *nt*; **~ maintenance** *n* COMP & DP Programmpflege *f*; **~ parameter** *n* COMP & DP Programmparameter *m*; **~ part** *n* COMP & DP Programmteil *m*; **~ patch** *n* COMP & DP Programmänderung *f*; **~ relocation** *n* COMP & DP Programmverschiebung *f*; **~ request** *n* COMP & DP Programmaufruf *m*, Programmanforderung *f*; **~ run** *n* COMP & DP Programmlauf *m*, Programmdurchlauf *m*; **~ scheduling** *n* COMP & DP zeitliche Programmplanung *f*; **~ specification** *n* COMP & DP Programmspezifikation *f*; **~ stack** *n* COMP & DP Programmstapel *m*; **~ statement** *n* COMP & DP Programmanweisung *f*; **~ status word** *n* (*PSW*) COMP & DP Programmstatuswort *nt*; **~ stop** *n* COMP & DP programmierter Halt *m*; **~ structure** *n* COMP & DP Programmstruktur *f*; **~ synthesis** *n* ART INT Programmsynthese *f*; **~ testing** *n* COMP & DP Programmprüfung *f*, Programmtest *m*; **~ unit** *n* COMP & DP Programmeinheit *f*, Programmbaustein *m*; **~ verification** *n* COMP & DP Programmverifikation *f*

program[2] *n AmE see programme BrE*

program[3] *vt AmE see programme BrE*

program[4] *vt* COMP & DP programmiern

programmable[1] *adj* CONTROL programmierbar

programmable:[2] **~ array logic** *n* (*PAL*) COMP & DP programmierbare logische Anordnung *f* (*PAL*); **~ control** *n* COMP & DP, TELECOM programmierbare Steuerung *f*; **~ controller** *n* IND PROCESS programmierbarer Regler *m*, programmierbares Steuergerät *nt*; **~ device** *n* COMP & DP programmierbare Einheit *f*, programmierbares Gerät *nt*, TELECOM programmierbares Gerät *nt*; **~ key** *n* COMP & DP programmierbare Taste *f*; **~ logic array** *n* (*PLA*) COMP & DP programmierbare Logikanordnung *f*, programmierbares logisches Feld *nt* (*PLA*); **~ logic circuit** *n* TELECOM programmierbarer logischer Schaltkreis *m*; **~ logic control** *n* (*PLC*) CONTROL, IND PROCESS speicherprogrammierbare Steuerung *f* (*SPS*); **~ memory** *n* COMP & DP programmierbarer Speicher *m*; **~ memory control** *n* CONTROL programmierbare Speichersteuerung *f*; **~ oscillator** *n* ELECTRON programmierbarer Oszillator *m*; **~ read-only memory** *n* (*PROM*) COMP & DP, RAD TECH programmierbarer Lesespeicher *m* (*PROM*); **~ sequencer** *n* TELECOM programmierbare Folgesteuerung *f*; **~ signal generator** *n* ELECTRON programmierbarer Signalgenerator *m*; **~ unijunction transistor** *n* ELECTRON Zweizonentransistor *m*, programmierbarer Doppelbasistransistor *m*

programme[1] *n BrE* TELEV Programm *nt*; **~ audio track** *n* TELEV Programmtonspur *f*; **~ cost** *n BrE* TELEV Programmkosten *f pl*; **~ identification signal** *n BrE* TELEV Senderkennung *f*; **~ repeater** *n BrE* TELEV Programmumsetzer *m*; **~ selector** *n* TELECOM Programmwähler *m*; **~ timer** *n BrE* LAB EQUIP Programmzeituhr *f*

programme[2] *vt BrE* TELEV ins Programm aufnehmen

programmed[1] *adj* COMP & DP programmiert

programmed:[2] **~ combustion engine** *n* AUTO programmierter Verbrennungsmotor *m*; **~ control** *n* TELEV programmierter Regler *m*; **~ instruction** *n* ERGON programmierte Anweisung *f*; **~ servosystem** *n* SPACE *communications* programmiertes Servosystem *nt*
programmer *n* COMP & DP Programmierer *m*, Programmiergerät *nt*; **~ unit** *n* COMP & DP Programmierereinheit *f*
programming *n* COMP & DP Programmieren *nt*; **~ language** *n* COMP & DP Programmiersprache *f*; **~ standards** *n* COMP & DP Programmierstandarten *m pl*
programs: **all ~ run** *phr* COMP & DP alle Programme laufen
progress: **~ chart** *n* CONST Bauablaufplan *m*; **~ payment** *n* CONST Bauabschlagszahlung *f*; **~ report** *n* CONST Baufortschrittsbericht *m*
progression: **~ dies** *n pl* MECHAN ENG *press tools* Mehrstufengesenk *nt*; **~ speed** *n* TRANS Fahrgeschwindigkeit *f*
progressive: **~ ageing** *n BrE* PLAS progressive Alterung *f*; **~ aging** *n AmE see progressive ageing BrE* **~ dies** *n pl* MECHAN ENG Mehrstufengesenk *nt*; **~ dimensioning** *n* ENG DRAW Zuwachsbemaßung *f*; **~ failure** *n* COAL TECH sich ausbreitender Riß *m*; **~ fracture** *n* PROD ENG Dauerbruch *m*; **~ grading** *n* TELECOM *switching* Staffel *f*; **~ interlace** *n* TELEV progressive Zeilensprungabtastung *f*; **~ proofs** *n pl* PRINT Teilfarbandrucke *m pl*; **~ ratio** *n* PROD ENG Stufensprung *m*; **~ signal system** *n* TRANS *traffic* grüne Welle *f*; **~ system** *n* TRANS Progressivsystem *nt*; **~ tool** *n* MECHAN ENG *of press* Folgewerkzeug *nt*; **~ wave accelerator** *n* RAD PHYS Vorwärtswellenbeschleuniger *m*; **~ waves** *n pl* WAVE PHYS fortschreitende Wellen *f pl*
progressives *n pl* PRINT Teilfarb-Andrucke *m pl*
prohibited: **~ area** *n* WATER TRANS *navigation* Sperrgebiet *nt*
prohibition: **~ notice** *n* SAFETY Betriebsverbot *nt*, Verbot *nt*; **~ sign** *n* SAFETY Verbotsschild *nt*
project[1] *n* COMP & DP Projekt *nt*; **~ controller** *n* SPACE *craft* Projektsteuerung *f*, Projektüberwacher *m*; **~ design** *n* MECHAN ENG Projektentwurf *m*; **~ drawing** *n* ENG DRAW Projektzeichnung *f*; **~ monitoring** *n* CONST Projektüberwachung *f*
project[2] *vt* COMP & DP projektieren, vorausplanen
project[3] *vi* CONST auskragen, vorstehen
projected: **~ area** *n* CONST Projektionsfläche *f*, PROD ENG Preßfläche *f*; **~-scale instrument** *n* INSTR Meßgerät mit Projektionsskale *nt*, Projektionsskaleninstrument *nt*, Projektionsskalenmeßgerät *nt*; **~ window** *n* CONST Lüftungsflügelfenster *nt*
projection:[1] **~-welded** *adj* PROD ENG buckelgeschweißt
projection[2] *n* CONST *overhang* Auskragung *f*, Überstand *m*, *plan* Abbildung *f*, Projektion *f*, Riß *m*, PHYS *of a vector*, PRINT Projektion *f*, PROD ENG Schweißbuckel *m*, Warze *f*; **~ diode** *n* ELECTRON Projektionsdiode *f*; **~ electron-beam lithography** *n* ELECTRON Elektronenstrahl-Projektionslithografie *f*; **~ length** *n* CONST Projektionslänge *f*; **~ lens** *n* PHOTO Projektionsobjektiv *nt*; **~ line** *n* ENG DRAW Maßhilfslinie *f*, Projektionslinie *f*; **~ lithography** *n* ELECTRON Projektionslithografie *f*; **~ method** *n* ENG DRAW Projektionsmethode *f*; **~ plane** *n* GEOM Projektionsebene *f*; **~ ray** *n* GEOM Projektionsstrahl *m*; **~ television** *n* TELEV Fernsehen über Projektoren *nt*; **~ weld** *n* PROD ENG Schweißbuckel *m*; **~ welding** *n* CONST Buckelschweißung *f*, MECHAN ENG Buckelschweißen *nt*, PROD ENG Buckelschweißung *f*
projection:[3] **~-weld** *vt* PROD ENG buckelschweißen
projective: **~ geometry** *n* GEOM projektive Geometrie *f*
projector *n* PHOTO Projektor *m*; **~ compass** *n* WATER TRANS *compass* Lichtbildkompaß *m*; **~ lamp** *n* PHOTO Projektionslampe *f*
prolate[1] *adj* GEOM gestreckt, verlängert
prolate:[2] **~ ellipsoid** *n* PHYS gestrecktes Rotationsellipsoid *nt*; **~ spheroid** *n* GEOM gestrecktes Rotationsellipsoid *nt*
PROM[1] *abbr (programmable read-only memory)* COMP & DP, RAD TECH PROM *(programmierbarer Lesespeicher)*
PROM:[2] **~ burner** *n* COMP & DP PROM-Programmiergerät *nt*; **~ programmer** *n* COMP & DP PROM-Programmierer *m*
promenade: **~ deck** *n* WATER TRANS Promenadendeck *nt*
promethium *n (Pm)* CHEMISTRY Promethium *nt (Pm)*
prominent: **~ joint** *n* CER & GLAS erhabene Fuge *f*
promontory *n* WATER TRANS *geography* Vorgebirge *nt*
prompt:[1] **~-critical** *adj* NUC TECH *reactor* prompt-kritisch
prompt[2] *n* COMP & DP Benutzerführung *f*, Systemanzeige *f*, *request for input* Eingabeaufforderung *f*, Prompt *nt*; **~ gamma radiation** *n* NUC TECH, RAD PHYS *in activation analysis* promptes Gammastrahlung *f*; **~ neutron** *n* PHYS promptes Neutron *nt*, schnelles Neutron *nt*; **~ neutrons** *n pl* NUC TECH, RAD PHYS *fission neutrons* prompte Neutronen *nt pl*
prompt[3] *vt* COMP & DP auffordern, rückfragen
prompter *n* TELEV Neger *m*
prompting *n* CONTROL Benutzerführung mittels Hinweiszeichen an Promptausgabe *f*
pronation *n* ERGON Pronation *f*
prone *adj* COATINGS anfällig, empfänglich; **~ to stress cracking** *adj* PROD ENG *plastic valves* spannungsrißempfindlich
prong *n* MECHAN ENG Zinke *f*; **~ chuck** *n* MECHAN ENG Klauenfutter *nt*
pronged: **~ shovel** *n* CONST gezackte Schaufel *f*
prontosil *n* CHEMISTRY Prontosil *nt*
Prony: **~ brake** *n* AUTO, MECHAN ENG Pronyscher Zaum *m*
proof:[1] **~ of action** *n* QUAL Tätigkeitsnachweis *m* ART INT, MATH Beweis *m*, PHOTO Probeabzug *m*, PRINT Korrekturabzug *m*, Probeabzug *m*; **~ certificate** *n* ELECT Prüfzeugnis *nt*; **~ correction marks** *n* PRINT Korrekturzeichen *nt pl*; **~ load** *n* AIR TRANS *airworthiness* Prüflast *f*, Versuchslast *f*, MECHAN ENG Prüflast *f*; **~ pressure** *n* MECHAN ENG Prüfdruck *m*; **~ printing** *n* PRINT Anfertigung von Probedrucken *f*; **~ strategy** *n* ART INT Beweisfindungsstrategie *f*; **~ stress** *n* MECHAN ENG Prüfbeanspruchung *f*, PROD ENG Dehngrenze *f*; **~ test** *n* ELECT Prüftest *m*; **~ theory** *n* ART INT Beweistheorie *f*; **~ voltage** *n* ELECT Prüfspannung *f*
proof[2] *vt* CONST abdichten, imprägnieren
proofreader's: **~ marks** *n pl* PRINT Korrekturzeichen *nt pl*
proofreading *n* PRINT Korrekturlesen *nt*
prop[1] *n* CONST Strebe *f*, Stütze *f*, Stützpfahl *m*, MECHAN ENG Stütze *f*, PROD ENG Steife *f*, Stütze *f*
prop[2] *vt* CONST absteifen, abstützen
propadiene *n* CHEMISTRY Allen *nt*, Propadien *nt*
propagate *vi* WAVE PHYS sich ausbreiten
propagated: **~ error** *n* COMP & DP mitlaufender Fehler *m*
propagation *n* ART INT Ausbreitung *f*, Fortpflanzung *f*,

Propagierung *f*, COMP & DP Ausbreitung *f*, Fortpflanzung *f*, Laufzeit *f*, RAD TECH, TELECOM Ausbreitung *f*; **~ coefficient** *n* ACOUSTICS Fortpflanzungskonstante *f*, Übertragungskonstante *f*, OPT Ausbreitungskoeffizient *m*, TELECOM Fortpflanzungskonstante *f*; **~ constant** *n* OPT, PHYS Ausbreitungskonstante *f*, TELECOM Fortpflanzungskonstante *f*; **~ delay** *n* COMP & DP Laufzeitverzögerung *f*, Schaltverzögerung *f*, SPACE *communications* ausbreitungsbedingte Verzögerung *f*; **~ equation** *n* PHYS Fortpflanzungsgleichung *f*, Telegrafengleichung *f*; **~ losses** *n pl* PHYS Ausbreitungsverluste *m pl*; **~ mode** *n* OPT *electromagnetic wave* Ausbreitungsmode *f*; **~ of pollutant** *n* POLL Schadstoffausbreitung *f*; **~ velocity** *n* TELECOM Ausbreitungsgeschwindigkeit *f*

propagator *n* PHYS Ausbreitungsfunktion *f*, Propagator *m*

propane *n* PET TECH Propan *nt*; **~ cylinder** *n* SAFETY Propanflasche *f*; **~ tanker** *n* PET TECH Propantanker *m*, Propantankschiff *nt*

propanediamide *n* CHEMISTRY Malonamid *nt*, Propandiamid *nt*

propanol *n* CHEMISTRY Isopropanol *nt*, Isopropylalkohol *m*, Propanol *nt*

propanone *n* CHEMISTRY Aceton *nt*, Dimethylketon *nt*, Propanon *nt*

propargyl *adj* CHEMISTRY Propynyl- *pref*

propellant *n* POLL Treibmittel *nt*, SPACE *craft* Treibstoff *m*; **~ mass** *n* SPACE Treibstoffmasse *f*

propellent *n see propellant*

propeller *n* MAR POLL Propeller *m*, Schiffspropeller *m*, Schiffsschraube *f*, MECHAN ENG Propeller *m*, *screw-propeller* Schraube *f*, PAPER Propeller *m*, WATER TRANS *shipbuilding* Propeller *m*, Schiffsschraube *f* **~ boss** *n* WATER TRANS *shipbuilding* Propellernuß *f*; **~ bracket** *n* WATER TRANS *shipbuilding* Schraubenbock *m*; **~ drive** *n* AIR TRANS Propellerantrieb *m*; **~ fan** *n* HEAT & REFRIG Schraubenlüfter *m*, MECHAN ENG Axialgebläse *nt*; **~ governor** *n* AIR TRANS Luftschraubensteigungsregler *m*; **~ hub** *n* AIR TRANS Luftschraubennabe *f*, WATER TRANS *shipbuilding* Propellernabe *f*; **~ pitch** *n* AIR TRANS Luftschraubensteigung *f*, Propellersteigung *f*; **~ relay unit** *n* AIR TRANS *aviation* Propellerrelais *nt*; **~ shaft** *n* AIR TRANS Luftschraubenwelle *f*, Propellerwelle *f*, AUTO Gelenkwelle *f*, Kardanwelle *f*, WATER TRANS *shipbuilding* Propellerwelle *f*, Schraubenwelle *f*; **~ shaft tunnel** *n* AUTO *transmission* Kardantunnel *m*; **~ thrust** *n* AIR TRANS Propellerschub *m*; **~ thrust coefficient** *n* WATER TRANS Schubwert der Luftschraube *m*; **~ torque** *n* AIR TRANS Luftschraubendrehmoment *nt*; **~ turbine** *n* FUELLESS Luftschraubenturbine *f*, MECHAN ENG Propellerturbine *f*; **~ turbine plane** *n* AIR TRANS Propellerturbinenluftstrahlflugzeug *nt*; **~ wash** *n* AIR TRANS Schraubenstrahl *m*

propelling: **~ force** *n* MECHAN ENG Vortriebskraft *f*; **~ nozzle** *n* AIR TRANS Rückstoßdüse *f*

propene *n* CHEMISTRY, PET TECH Propen *nt*, Propylen *nt*

propenyl *adj* CHEMISTRY Propenyl- *pref*

proper: **~ disposal** *n* WASTE geordnete Ablagerung *f*; **~ fraction** *n* MATH echter Bruch *m*; **~ shutdown** *n* NUC TECH normale Abschaltung *f*; **~ subset** *n* COMP & DP echte Untermenge *f*; **~ time** *n* PHYS *relativity* Eigenzeit *f*

properties *n pl* TEXT Verhalten *nt*; **~ of angles** *n pl* GEOM Eigenschaften von Winkeln *f pl*

propfan *n* AIR TRANS *propeller* Schraubenlüfter *m*

propjet: **~ engine** *n* AIR TRANS Turboproptriebwerk *nt*

proportion:[1] **in ~ to** *adj* MATH Proportional zu

proportion[2] *n* GEOM, MATH Proportion *f*, Verhältnis *nt*

proportional[1] *adj* MATH Proportional- *pref*

proportional:[2] **~ chamber** *n* PART PHYS Proportionalkammer *f*; **~ coefficient** *n* IND PROCESS P-Beiwert *m*, Proportionalbeiwert *m*; **~ controller** *n* IND PROCESS P-Regler *m*; **~ counter** *n* PART PHYS, PHYS Proportionalzähler *m*; **~ degree** *n* IND PROCESS P-Grad *m*; **~ element** *n* IND PROCESS Proportionalglied *nt*; **~ plus derivative action** *n (PD action)* IND PROCESS Proportional-Differential-Verhalten *nt (PD-Verhalten)*; **~ plus derivative control** *n (PD control)* IND PROCESS Proportional-Differential-Regelung *f (PD-Regelung)*; **~ plus derivative controller** *n (PD controller)* IND PROCESS Proportional-Differential-Regler *m (PD-Regler)*; **~ plus integral action** *n (PI action)* IND PROCESS Proportional-Integral-Verhalten *nt (PI-Verhalten)*; **~ plus integral controller** *n (PI controller)* IND PROCESS Proportional-Integral-Regler *m (PI-Regler)*; **~ plus integral plus derivative action** *n (PID action)* IND PROCESS Proportional-Integral-Differential-Verhalten *nt (PID-Verhalten)*; **~ plus integral plus derivative controller** *n (PID controller)* IND PROCESS Proportional-Integral-Differential-Regler *m (PID-Regler)*; **~ reducer** *n* PHOTO proportional wirkender Abschwächer *m*

proportionate: **~ arm** *n* ELECT *bridge* Proportionalarm *m*

proportioner *n* PAPER Mischanlage *f*

proportioning[1] *adj* INSTR Dosier- *pref*

proportioning:[2] **~ device** *n* INSTR Dosiergerät *nt*, Dosiereinrichtung *f*; **~ valve** *n* AUTO Dosierventil *nt*, Zumeßventil *nt*

propositional: **~ logic** *n* ART INT Aussagenlogik *f*

proprietor: **~ of a patent** *n* PAT Inhaber eines Patents *m*, Patentinhaber *m*

propulsion *n* AUTO, MECHAN ENG, SPACE *spacecraft*, WATER TRANS Antrieb *m*; **~ by air pressure** *n* AUTO, WATER TRANS Antrieb durch Luftdruck *m*; **~ by spiral drive with varying pitch** *n* AUTO, WATER TRANS Antrieb durch Spiralantrieb mit wechselnder Steigung *m*; **~ by stationary drive wheels** *n* AUTO, WATER TRANS Antrieb durch feste Antriebsräder *m*; **~ engine** *n* AUTO, WATER TRANS Antriebsmotor *m*; **~ magnet** *n* AUTO, WATER TRANS Antriebsmagnet *m*; **~ motor** *n* AUTO, WATER TRANS Antriebsmotor *m*; **~ system** *n* SPACE Antriebssystem *nt*; **~ unit** *n* SPACE Antriebseinheit *f*

propulsive: **~ force** *n* MECHAN ENG Antriebskraft *f*, Triebkraft *f*

propwood *n* CONST Stützholz *nt*

propyl *adj* CHEMISTRY Propyl- *pref*

propylamine *n* CHEMISTRY Propanamin *nt*, Propylamin *nt*

propylene *n* CHEMISTRY, PET TECH Propen *nt*, Propylen *nt*

propylpiperidine *n* CHEMISTRY Koniin *nt*, Propylpiperidin *nt*

propyne *n* CHEMISTRY Allylen *nt*, Methylethin *nt*, Propin *nt*

propynoic *adj* CHEMISTRY Propiol- *pref*

propynyl *adj* CHEMISTRY Propynyl- *pref*

prosecute *vt* PAT *application* weiterverfolgen, *of patent* weiterverfolgen

prospecting *n* PET TECH Prospektion *f*; **~ shaft** *n* PET TECH Schürfschacht *m*

protease *n* CHEMISTRY Protease *f*, proteinspaltendes

Enzym *nt*, proteolytisches Enzym *nt*

protect *vt* COMP & DP schützen

protected: ~ **field** *n* COMP & DP geschütztes Feld *nt*; ~ **location** *n* COMP & DP geschützter Speicherplatz *m*; ~ **master** *n* COMP & DP Schutzkopie *f*; ~ **storage** *n* COMP & DP geschützter Speicher *m*

protection *n* COATINGS, COMP & DP, SAFETY Schutz *m*; ~ **against fire** *n* THERMODYN Feuerschutz *m*; ~ **circuit** *n* TELECOM Schutzschaltung *f*; ~ **sleeve** *n* MECHAN ENG Schutzhülse *f*

Protection: ~ **& Indemnity Association** *n* MAR POLL Schutz- und Entschädigungsvereinigung *f*

protective: ~ **agent** *n* PACK Schutzmittel *nt*; ~ **apron** *n* SAFETY Schutzschürze *f*; ~ **cap** *n* MECHAN ENG Schutzkappe *f*; ~ **circuit** *n* ELECT Schutzschaltung *f*; ~ **clothing** *n* SAFETY Schutzkleidung *f*; ~ **clothing against heat and fire** *n* SAFETY Feuer- und Hitzeschutzkleidung *f*; ~ **clothing for rescue services** *n* SAFETY Schutzanzug für Rettungsdienste *m*; ~ **coat** *n* PACK Schutzüberzug *m*; ~ **coating** *n* OPT Schutzmantel *m*, PAPER Schutzanstrich *m*, PHYS *optical fibre* Schutzumhüllung *f*, PLAS Schutzanstrich *m*, Schutzbeschichtung *f*, Schutzüberzug *m*; ~ **cover** *n* PACK Schutzumschlag *m*; ~ **cream** *n* SAFETY Schutzsalbe *f*; ~ **film** *n* COATINGS Schutzschicht *f*, Überzug *m*, PACK Schutzfilm *m*; ~ **footwear** *n* SAFETY Sicherheitsschuhe *m pl*; ~ **gaiters** *n* SAFETY Schutzgamaschen *f pl*; ~ **gas welding machine** *n* SAFETY Schutzgasschweißgerät *nt*; ~ **glass** *n* SAFETY Schutzglas *nt*, Sicherheitsglas *nt*; ~ **gloves** *n pl* SAFETY Schutzhandschuhe *m pl*; ~ **goggles** *n pl* SAFETY Arbeitsschutzbrille *f*; ~ **gown** *n* SAFETY Schutzkittel *m*; ~ **helmet** *n* SAFETY Schutzhelm *m*; ~ **hood** *n* SAFETY Schutzhaube *f*; ~ **layer** *n* PACK Schutzschicht *f*; ~ **measures** *n* SAFETY Schutzmaßnahmen *f pl*; ~ **multiple earthing** *n BrE (cf protective multiple grounding AmE)* ELECT mehrfache Schutzerde *f*; ~ **multiple grounding** *n AmE (cf protective multiple earthing BrE)* ELECT mehrfache Schutzerde *f*; ~ **paint** *n* CER & GLAS Schutzanstrich *m*; ~ **restraint system** *n* SAFETY Schutzrückhaltsystem *nt*; ~ **screen** *n* SAFETY Schutzgitter *nt*, Schutzschirm *m*; ~ **screen for cathode ray tubes** *n* SAFETY Schutzgitter für Kathodenstrahlröhren *nt*; ~ **spark gap** *n* ELECT Schutzfunkenstrecke *f*, Schutzstromstrecke *f*; ~ **spectacles** *n pl* LAB EQUIP Schutzbrille *f*; ~ **suit** *n* SAFETY Schutzanzug *m*; ~ **wrapper** *n* PACK Schutzverpackung *f*

protein: ~ **fibers** *n pl AmE*, ~ **fibres** *n pl BrE* TEXT Eiweißfasern *f pl*, Proteinfasern *f pl*; ~ **size** *n* TEXT Eiweißschlichte *f*

protocol *n* COMP & DP, PRINT, RAD TECH, TELECOM Protokoll *nt*; ~ **converter** *n* COMP & DP Protokollumsetzer *m*, TELECOM Protokollkonverter *m*, Protokollumsetzer *m*; ~ **hierarchy** *n* COMP & DP Protokollhierarchie *f*

protolysis *n* CHEMISTRY Protolyse *f*

proton *n (p)* NUC TECH, PART PHYS, PHYS, RAD TECH Proton *nt (p)*; ~**-absorptive capacity** *n* POLL Protonenabsorptionsfähigkeit *f*; ~ **irradiation** *n* SPACE Protoneneinstrahlung *f*; ~ **mass** *n (mp)* NUC TECH Protonenmasse *f (mp)*; ~ **number** *n* NUC TECH *(P)* Protonenzahl *f (P)*, PART PHYS Kernladungszahl *f*, Protonenzahl *(P) f*

prototype *n* COMP & DP, ELECT, MECHAN ENG Prototyp *m*, WATER TRANS Prototyp *m*, Vorbau *m*; ~ **construction** *n* MECHAN ENG Prototypenbau *m*; ~ **stage** *n* RAD PHYS Prototypstadium *nt*, Versuchsstadium *nt*; ~ **test** *n* QUAL Baumusterprüfung *f*

protractor *n* MATH Winkelmesser *nt*, MECHAN ENG *drawing* Gradbogen *m*, METROL Winkelmesser *nt*, Winkelmeßinstrument *nt*, drehbarer Zeichenkopf *m*, PROD ENG Transporteur *m*, Winkelmesser *nt*, WATER TRANS Kursdreieck *nt*

prove *vt* MATH beweisen

proven[1] *adj* PROD ENG *plastic valves* bewährt

proven:[2] ~ **field** *n* PET TECH nachgewiesene Lagerstätte *f*; ~ **reserves** *n* PET TECH nachgewiesene Reserven *f pl*

provide[1] *vt* PROD ENG installieren

provide:[2] ~ **an oxygen supply** *vi* SAFETY Sauerstoffversorgung bereitstellen; ~ **a turbine wheel with vanes** *vi* HYD EQUIP Turbinenläufer mit Schaufeln ausrüsten

proving: ~ **cabinet** *n* FOOD TECH Versuchsraum *m*; ~ **flight** *n* AIR TRANS Erprobungsflug *m*; ~ **run** *n* NUC TECH Probelauf *m*; ~ **trial** *n* NUC TECH Probelauf *m*

provision[1] *n* TELECOM *of services* Bereitstellung *f*

provision[2] *vt* WATER TRANS mit Proviant versehen

provisional: ~ **protection** *n* PAT einstweiliger Schutz *m*

provisions *n pl* WATER TRANS Proviant *m*

prow *n* WATER TRANS Bug *m*

proximate: ~ **analysis** *n* CHEMISTRY Immediatanalyse *f*, Rapidanalyse *f*

proximity: ~ **lithography** *n* ELECTRON Näherungslithografie *f*; ~ **log** *n* PET TECH Annäherungslog *nt*, Proximity-Log *nt*; ~ **mask** *n* ELECTRON Abstandsmaske *f*; ~ **sensor** *n* INSTR Abstandsensor *m*, Annäherungssensor *m*; ~ **switch** *n* CONTROL Näherungsschalter *m*, ELECT Endschalter *m*, Näherungsschalter *m*, Positionsgeber *m*, Stellungsschalter *m*; ~ **warning indicator** *n* AIR TRANS Abstandswarnanzeiger *m*

PRR *abbr (pulse repetition rate)* PHYS Pulswiederholrate *f*

PRT *abbr (personal rapid transit)* TRANS Personenschnellverkehrssystem *nt*

prulaurasin *n* CHEMISTRY Prulaurasin *nt*

prunetol *n* CHEMISTRY Genistein *nt*, Prunetol *nt*

pruning *n* ART INT *of tree* Abschneiden *nt*, Kappen *nt*

prunt *n* CER & GLAS Glasschmuckperle *f*

prussiate *n* CHEMISTRY Hexacyanoferrat *nt*, Pentacyanoferrat *nt*, Prussiat *nt*

pry *n* PROD ENG Brecheisen *nt*; ~**-off finish** *n* CER & GLAS Absprengverschluß *m*

PS *abbr* CHEMISTRY *(polystyrene)* PS *(Polystyren)*, ELECT *(polystyrene)* PS *(Polystyrol)*, ELECT *(packet switch)* Paketvermittlungseinrichtung *f*, PLAS *(polystyrene)* PS *(Polystyren)*, TELECOM *(packet switch)* Paketvermittlungseinrichtung *f*

PSA *abbr (particle size analyser BrE, particle size analyzer AmE)* CHEM ENG, NUC TECH Teilchengrößenanalysator *m*

pseudo *adj* COMP & DP Pseudo- *pref*

pseudocode *n* COMP & DP Pseudocode *m*

pseudoelliptic: ~ **filter** *n* SPACE *communications* pseudoelliptisches Filter *nt*

pseudoinstruction *n* COMP & DP Pseudobefehl *m*

pseudolanguage *n* COMP & DP Pseudosprache *f*

pseudolock *n* TELEV Scheinverriegelung *f*

pseudonoise *n (PN)* TELECOM Pseudorauschen *nt*

pseudooperation *n* COMP & DP Pseudooperation *f*

pseudopotentiometric: ~ **head** *n* PET TECH pseudopotentiometrische Höhe *f*

pseudorandom[1] *adj* TELECOM Pseudozufalls- *pref*, pseudozufällig

pseudorandom:[2] ~ **noise** *n* TELECOM Pseudorauschen *nt*; ~ **noise code** *n* TELECOM Pseudorauschcode *m*; ~ **number** *n* COMP & DP Pseudozufallszahl *f*; ~ **signal** *n* TELECOM Pseudozufallssignal *nt*

pseudosonic: ~ **log** *n* PET TECH pseudoakustisches Log *nt*; ~ **profile** *n* PET TECH pseudoakustisches Profil *nt*

pseudosphere *n* GEOM Pseudosphäre *f*

pseudostereophony *n* RECORD Pseudostereophonie *f*

psi *abbr (pounds per square inch)* METROL Pfund pro Quadratzoll *nt*

PSK *abbr (phase-shift keying)* COMP & DP PSK *(Phasensprungtastung)*, ELECTRON, RAD TECH, SPACE, TELECOM PSK *(Phasenumtastung)*

PSN *abbr (packet-switched network)* COMP & DP paketweiser Datenservice *m*, TELECOM paketvermitteltes Netz *nt*

psophometric: ~ **weighting factor** *n* SPACE *communications* psophometrischer Gewichtungsfaktor *m*

PSW *abbr* COMP & DP *(program status word)* Programmstatuswort *nt*, COMP & DP *(processor status word)* Prozessorstatuswort *nt*

psycho: ~-**physical method** *n* ERGON psychophysische Methode *f*

psychoacoustics *n* ERGON Psychoakustik *f*

psychomotor[1] *adj* ERGON psychomotorisch

psychomotor:[2] ~ **training** *n* ERGON psychomotorisches Training *nt*

psychotrine *n* CHEMISTRY Psychotrin *nt*

psychrometer *n* HEAT & REFRIG Luftfeuchtigkeitsmesser *m*, LAB EQUIP *humidity* Luftfeuchtigkeitsmesser *m*, Psychrometer *nt*, PHYS Feuchtemesser *m*

psychrometry *n* PHYS Feuchtemessung *f*

Pt *(platinum)* CHEMISTRY Pt *(Platin)*

PT *abbr (pulse transformer)* TELECOM Impulsübertrager *m*

PTC *abbr (passive thermal control)* SPACE PTC *(passive Thermosteuerung)*

pterin *n* CHEMISTRY Pterin *nt*

PTFE[1] *abbr (polytetrafluoroethylene)* PLAS, PROD ENG PTFE *(Polytetrafluorethen)*

PTFE:[2] ~ **and graphite** *n* PROD ENG *plastic valves* gefülltes PTFE *nt*

PTM *abbr (pulse time modulation)* ELECTRON Pulszeitmodulation *f*

ptomaine *n* CHEMISTRY Fäulnisalkaloid *nt*, Leichengift *nt*, Ptomain *nt*

p-type: ~ **base** *n* ELECTRON p-dotierte Basis *f*, p-leitende Basis *f*; ~ **collector** *n* ELECTRON p-Kollektor *m*; ~ **conductivity** *n* ELEC ENG Fehlstellenleitfähigkeit *f*, Mangelleitfähigkeit *f*, p-Leitfähigkeit *f*; ~ **diffusion** *n* ELECTRON p-Diffusion *f*; ~ **epitaxial layer** *n* ELECTRON p-leitende Epitaxialschicht *f*; ~ **implanted layer** *n* ELECTRON p-leitende implantierte Schicht *f*; ~ **impurity** *n* ELECTRON p-leitende Dotierung *f*; ~ **semiconductor** *n* ELECTRON Löcherhalbleiter *m*, Mangelhalbleiter *m*, PHYS p-Halbleiter *m*; ~ **silicon** *n* ELECTRON p-leitendes Silizium *nt*; ~ **silicon substrate** *n* ELECTRON p-leitendes Silizium-Trägermaterial *nt*

public: ~ **address** *n* AIR TRANS Ansage *f*; ~ **address amplifier** *n (PA amplifier)* RECORD Rundfunkgroßverstärker *m*; ~ **address system** *n (PA system)* AIR TRANS Ansageanlage *f*, Durchsageanlage *f*, Rundspruchanlage *f*; ~ **automobile** *n* TRANS gemeinschaftliches Fahrzeug *nt*; ~ **cleansing** *n* WASTE Stadtreinigung *f*; ~ **data network** *n (PDN)* COMP & DP öffentliches Datennetz *nt (PDN)*; ~ **dial-up port** *n* TELECOM öffentlicher Wählanschluß *m*; ~ **hauling** *n* TRANS kommunaler Güterverkehr *m*; ~ **health** *n* WATER SUP öffentliche Gesundheit *f*; ~ **land mobile network** *n (PLMN)* TELECOM öffentliches Mobilfunknetz *nt*; ~ **network** *n* TELECOM öffentliches Netz *nt*; ~ **road** *n* CONST öffentliche Straße *f*; ~ **supply network** *n* ELECT öffentliches Stromversorgungsnetz *nt*; ~ **switched telephone network** *n* TELECOM öffentliches Fernsprechnetz *nt*, öffentliches Fernsprechwählnetz *nt*; ~ **telephone** *n* TELECOM öffentlicher Fernsprecher *m*, öffentliches Telefon *nt*; ~ **telephone exchange** *n* TELECOM öffentliches Fernsprechamt *nt*; ~ **telephone network** *n* TELECOM öffentliches Fernsprechnetz *nt*; ~ **transit** *n AmE* TRANS öffentlicher Transport *m*; ~ **transport** *n BrE* TRANS öffentlicher Transport *m*; ~ **utilities** *n* WATER SUP öffentliche Versorgungsunternehmen *nt pl*; ~ **water supply** *n* WATER SUP Gemeinschaftskläranlage *f*, öffentliche Wasserversorgung *f*; ~ **works** *n pl* CONST Bauarbeiten der öffentlichen Hand *f pl*, WATER SUP Stadtwerke *nt pl*

publish *vt* PAT veröffentlichen

publisher *n* PRINT Verleger *m*

publishing: ~ **company** *n* PRINT Verlag *m*; ~ **house** *n* PRINT Verlag *m*; ~ **industry** *n* PRINT Verlagswesen *nt*

pucella *n* CER & GLAS Glasformzange *f*

pucker *n* PROD ENG Falte *f*

puckering *n* PROD ENG Faltenbildung *f*

puddle[1] *n* PROD ENG Schweißbad *nt*; ~ **ball** *n* METALL, PROD ENG Luppe *f*; ~ **bar** *n* PROD ENG Luppenstab *m*; ~ **train** *n* PROD ENG Puddelstraße *f*

puddle[2] *vt* CONST *concrete* stampfen, METALL puddeln, PROD ENG flammofenfrischen, rührfrischen

puddled: ~ **ball** *n* PROD ENG Luppe *f*

puddler *n* METALL Puddler *m*

puddling *n* METALL Puddeln *nt*, PROD ENG Flammofenfrischen *nt*, Rührfrischen *nt*

puff[1] *n* CER & GLAS Vorblasen *nt*

puff[2] *vt* FOOD TECH puffen

pug *n* HYD EQUIP Lehm *m*, Ton *m*, RAIL Feldbahnlokomotive *f*; ~ **mill** *n* HYD EQUIP, PROD ENG Kollergang *m*, Mischtrommel *f*

pugging *n* CONST Auffüllung *f*

pulegone *n* CHEMISTRY Pulegon *nt*

Pulfrich: ~ **refractometer** *n* PHYS Pulfrich-Refraktometer *nt*

pull:[1] ~-**off** *adj* PACK Aufreiß- *pref*

pull[2] *n* CER & GLAS, MECHAN ENG *tractive effort* Zug *m*, PAPER Ziehen *nt*, SPACE Anziehungskraft *f*, Zug *m*; ~-**back spring** *n* MECHAN ENG Rückzugfeder *f*; ~ **box** *n* ELECT Durchziehvorrichtung *f*, Kabelausziehvorrichtung *f*; ~ **broach** *n* MECHAN ENG, PROD ENG Ziehräumnadel *f*; ~-**broaching** *n* MECHAN ENG, PROD ENG Ziehräumen *nt*; ~ **current** *n* CER & GLAS Zugstrom *m*; ~-**down menu** *n* COMP & DP Aktionsfenster *nt*, Pulldown-Menü *nt*; ~-**in bouncing** *n* ELECT Einschaltprellen *nt*, Einschwungprellen *nt*; ~-**in power** *n* ELECT Ansprechleistung *f*; ~-**off closure** *n* PACK Aufreißlasche *f*; ~-**off coupling** *n* ELECT abziehbare Kupplung *f*; ~ **ring** *n* PACK Dosenring *m*; ~ **rod** *n* MECHAN ENG Zugstange *f*; ~ **roll** *n* CER & GLAS Zugwalze *f*; ~ **switch** *n* ELECT Zugschalter *m*; ~-**through winding** *n* ELECT Durchzugspule *f*

pull[3] *vt* PAPER ziehen; ~ **out** *vt* CONST *nail* herausziehen

pull:[4] **~ proofs** *vi* PRINT Abzüge machen

pulled: ~ sugar *n* FOOD TECH *confectionery* gezogener Zucker *m*

pulley *n* MECHAN ENG *belt pulley* Riemenscheibe *f*, *of conveyor* Trommel *f*, *of pulley block* Flasche *f*, *pulley wheel* Scheibe *f*, *rope pulley* Seilscheibe *f*, PHYS, PROD ENG Flaschenzug *m*, WATER TRANS Blockrolle *f*, Blockscheibe *f*; **~ block** *n* MECHAN ENG Flaschenzug *m*, SAFETY Umlenkrolle *f*, WATER TRANS *deck equipment* Flaschenzug *m*; **~ block hook** *n* MECHAN ENG Flaschenzughaken *m*; **~ lathe** *n* MECHAN ENG Riemenscheibendrehmaschine *f*; **~ shell** *n* MECHAN ENG Flaschenzuggehäuse *nt*; **~ turning lathe** *n* MECHAN ENG Riemenscheibendrehmaschine *f*; **~ wheel** *n* MECHAN ENG Scheibe *f*

pulling *n* MECHAN ENG Ziehen *nt*, TELEV Intrittfallen *nt*; **~-in** *n* RAD TECH Mitnahme *f*, TELECOM Einziehen *nt*, Mitnahme *f*; **~ out of a nail** *n* MECHAN ENG Ziehen eines Nagels *nt*; **~ rope** *n* MECHAN ENG Zugseil *nt*

pulp *n* COAL TECH Brei *m*, Pulpe *f*, FOOD TECH Brei *m*, Fruchtfleisch *nt*, Maische *f*, PAPER Faserstoff *m*, PROD ENG, WASTE Brei *m*, WATER SUP Zellstoff *m*; **~ board** *n* PACK, PAPER Pappe *f*, PRINT Karton *m*, Pappe *f*; **~ machine** *n* PAPER Zerfaserer *m*; **~ molding system** *n* *AmE*, **~ moulding system** *n* *BrE* PACK Zellstoffpreßsystem *nt*; **~ saver** *n* PAPER Stoffänger *m*

pulper *n* PAPER Pulper *m*

pulping *n* CHEMISTRY Aufschluß *m*

pulpit *n* WATER TRANS *deck equipment* Kanzel *f*

pulpwood *n* PAPER Faserholz *nt*, WASTE Faserholz *nt*, Papierholz *nt*

pulsatance *n* PHYS, PROD ENG Kreisfrequenz *f*

pulsating: ~ current *n* ELECT pulsierender Strom *m*; **~ flow** *n* FLUID PHYS gepulste Strömung *f*, pulsierende Strömung *f*; **~ jet engine** *n* AIR TRANS pulsierender Staustrahlmotor *m*

pulse:[1] **~-modulated** *adj* ELECTRON pulsmoduliert

pulse[2] *n* COMP & DP, CONTROL, ELECT, ELECTRON Impuls *m*, FOOD TECH Hülsenfrucht *f*, OPT Impuls *m*, PHYS Puls *m*, RAD TECH Impuls *m*, Sendeimpuls *m*, RECORD Impuls *m*, WATER TRANS *radar* Impuls *m*, Puls *m*; **~ amplification** *n* ELECTRON Impulsverstärkung *f*; **~ amplifier** *n* ELECTRON, RECORD Impulsverstärker *m*; **~ amplitude** *n* ELECTRON Impulsamplitude *f*, Impulshöhe *f*, RECORD Impulsamplitude *f*; **~ amplitude modulation** *n* *(PAM)* COMP & DP, ELECTRON, RAD TECH, TELECOM Pulsamplitudenmodulation *f* *(PAM)*; **~ amplitude modulation network** *n* TELECOM Funknetz mit Pulsamplitudenmodulation *nt*; **~ broadening** *n* OPT, TELECOM Impulsverbreiterung *f*; **~ capacitor** *n* ELECT Impulskondensator *m*; **~ carrier** *n* ELECTRON Trägerimpuls *m*, TELEV Pulsträger *m*; **~ characteristics** *n pl* ELECTRON Impulskennlinien *f pl*; **~ circuit** *n* ELECTRON Impulsschaltung *f*; **~ clipper** *n* TELEV Pulsklipper *m*; **~ code** *n* ELECTRON Pulscode *m*; **~ code modulation** *n* *(PCM)* COMP & DP, ELECTRON, RAD PHYS, RAD TECH, RECORD, TELECOM, TELEV Pulscodemodulation *f* *(PCM)*; **~ coder** *n* RAD PHYS Impulsverschlüssler *m*; **~ code voice data** *n* *(PCVD)* ELECTRON Pulscode-Sprachdaten *nt pl*; **~ compression** *n* TELECOM Impulskompression *f*; **~ count discriminator** *n* RAD TECH Impulsdiskriminator *m*; **~ counter** *n* ELECTRON Impulszähler *m*; **~-counting technique** *n* TELECOM Impulszähltechnik *f*; **~ decay time** *n* RECORD *radar*, TELECOM Impulsabfallzeit *f*; **~ delta modulation** *n* *(PDM)* COMP & DP Pulsdeltamodulation *f* *(PDM)*; **~ dispersion** *n* OPT, TELECOM Impulsdispersion *f*; **~ duration** *n* ELECTRON Impulsbreite *f*; **~ duration frequency** *n* ELECTRON Pulsbreitenfrequenz *f*; **~ FM** *n* RAD TECH Pulsfrequenzmodulation *f*; **~ frequency** *n* ELECTRON Pulsfrequenz *f*; **~ frequency modulation** *n* *(PFM)* COMP & DP, ELECTRON Pulsfrequenzmodulation *f* *(PFM)*; **~ generation** *n* ELECTRON Pulsgenerierung *f*; **~ generator** *n* COMP & DP *(PG)* Impulsgenerator *m*, ELECT *(PG)* Impulsgenerator *m*, Stoßgenerator *m*, ELECTRON Pulsgenerator *m*, PHYS Pulsgenerator *m*, Pulsgerät *nt*, TELECOM *(PG)* Impulsgenerator *m*; **~ height** *n* COMP & DP Impulshöhe *f*, ELECTRON Pulshöhe *f*; **~ interval** *n* ELECTRON Pulsintervall *nt*; **~ interval modulation** *n* TELEV Pulsintervallmodulation *f*; **~ jet** *n* AIR TRANS pulsierender Staustrahlmotor *m*; **~ leading edge** *n* TELECOM Impulsvorderflanke *f*; **~ length** *n* ELECTRON Pulslänge *f*, TELECOM Impulsdauer *f*, Impulslänge *f*, WATER TRANS *radar* Impulslänge *f*, Pulslänge *f*; **~ modulation** *n* ELECT Impulsmodulierung *f*, Pulsmodulierung *f*, ELECTRON Pulsmodulation *f*; **~ modulator** *n* ELECTRON *when pulse train used as carrier pulse phase* Pulsmodulator *m*; **~ noise** *n* SPACE *communications* Impulsrauschen *nt*; **~ phase** *n* ELECTRON Pulsphase *f*; **~ phase modulation** *n* *(PPM)* COMP & DP, ELECTRON, TELECOM Pulsphasenmodulation *f* *(PPM)*; **~ phasing** *n* TELEV Pulsphase *f*; **~ polarity** *n* ELECTRON Pulspolarität *f*; **~ position** *n* ELECTRON Pulslage *f*; **~ position modulation** *n* *(PPM)* ELECTRON, TELECOM Pulslagenmodulation *f* *(PPM)*; **~ position modulator** *n* TELECOM Pulslagenmodulator *m*; **~ profile** *n* TELECOM Impulsprofil *nt*; **~ rate** *n* ELECTRON Pulsfrequenz *f*, Pulsrate *f*; **~ rate factor** *n* TELEV Pulsfrequenzfaktor *m*; **~ regeneration** *n* ELECTRON Impulsverbesserung *f*, PHYS Pulsverbesserung *f*, TELEV Impulsregenerierung *f*; **~ regenerator** *n* ELECTRON Impulskorrektor *m*; **~ relay** *n* ELECT Impulsrelais *nt*; **~ repetition frequency** *n* *(PRF)* COMP & DP, ELECTRON, PHYS, TELECOM Impulsfolgefrequenz *f*, Pulswiederholfrequenz *f*; **~ repetition period** *n* ELECTRON Impulsfolgeperiode *f*; **~ repetition rate** *n* *(PRR)* PHYS Pulswiederholrate *f*; **~ restoration** *n* TELEV Impulsentzerrung *f*; **~ separation** *n* ELECTRON Impulspause *f*; **~ separator** *n* TELEV Pulstrennung *f*; **~ sequence** *n* ELECTRON Impulsfolge *f*; **~ shape** *n* ELECTRON Impulsform *f*; **~ shaping** *n* COMP & DP Impulsformung *f*; **~ signal** *n* ELECTRON Impulssignal *nt*; **~ spacing** *n* ELECTRON Impulsperiodendauer *f*; **~ spike** *n* ELECT *voltage peak* Impulsspitze *f*; **~ spreading** *n* OPT Impulsverbreiterung *f*, TELECOM Pulsverbreiterung *f*; **~ sync** *n* TELEV Pulssynchronisierung *f*; **~ synthesizer** *n* ELECTRON Impulsgenerator *m*; **~ technique** *n* TEST Impulstechnik *f*; **~ tilt** *n* ELECTRON Dachschräge *f*, Impulsabfall *m*; **~ time modulation** *n* *(PTM)* ELECTRON Pulszeitmodulation *f*; **~ trailing edge** *n* TELECOM Impulsrückflanke *f*; **~ train** *n* COMP & DP Impulsfolge *f*, Impulskette *f*, ELECTRON Impulsfolge *f*; **~ transformer** *n* PHYS Pulstransformator *m*, Pulsübertrager *m*, TELECOM *(PT)* Impulsübertrager *m*; **~ triggering** *n* TELEV Impulstriggern *nt*; **~ widening** *n* TELECOM Impulsverbreiterung *f*; **~ width** *n* *(PW)* COMP & DP, ELECTRON Impulsbreite *f*, Impulsdauer *f*, Pulsbreite *f*, Pulsdauer *f* *(PB)*, PHYS Impulsbreite *f*, Impulsdauer *f*, Pulsbreite *f*, Pulsdauer *f*, TELECOM Impulsbreite *f*, Impulsdauer *f*, Pulsbreite *f*, Pulsdauer *f* *(PB)*, TELEV Impulsbreite *f*, Impulsdauer *f*, Pulsbreite *f*, Pulsdauer *f*; ~ **width modulation** *n (PWM)* ELECTRON Impulsbreitemodulation *f*, Pulsweitenmodulation *f (PWM)*, Pulsbreitenmodulation *f*, Pulsdauermodulation *f (PDM)*

pulse[3] *vi* CONTROL pulsieren, ELECTRON takten

pulsed: ~ **current** *n* ELECT Impulsstrom *m*, unterbrochener Strom *m*; ~ **electron gun** *n* RAD PHYS gepulste Elektronenkanone *f*, gepulste Elektronenquelle *f*; ~ **laser** *n* ELECTRON Impulslaser *m*, Pulslaser *m*, gepulster Laser *m*, RAD PHYS Impulslaser *m*; ~ **magnetron** *n* ELECTRON Impulsmagnetron *nt*; ~ **maser** *n* ELECTRON Impulsmaser *m*; ~ **mode** *n* ELECTRON Pulsbetrieb *m*; ~ **neutron log** *n* PET TECH Pulsneutronenlog *nt*, pulsierendes Neutronenlog *nt*; ~ **operation** *n* ELECTRON Impulsbetrieb *m*, Pulsbetrieb *m*; ~ **oscillator** *n* ELECTRON Impulsoszillator *m*; ~ **radar detector** *n* TRANS *traffic control* Impulsverkehrsradar *nt*; ~ **ultrasonic detector** *n* TRANS Impulsultraschalldetektor *m*

pulser *n* ELECTRON Impulsgeber *m*, Pulsgenerator *m*, PROD ENG Impulserzeuger *m*

pulses: ~ **per second** *n pl* TELECOM Impulse je Sekunde *m pl*

pulsojet *n* AIR TRANS intermittierendes Luftstrahltriebwerk *nt*

pultrusion *n* PLAS Profilziehverfahren *nt*, Pultrusion *f*

pulverization *n* COAL TECH Feinmahlung *f*

pulverize *vt* CHEM ENG feinmahlen, pulverisieren, COAL TECH pulverisieren, CONST zerkleinern, zerstäuben, MECHAN ENG pulverisieren

pulverized[1] *adj* CHEM ENG pulverförmig, pulverisiert

pulverized:[2] ~ **charcoal** *n* COAL TECH Holzkohlenstaub *m*; ~ **coal** *n* MECHAN ENG Kohlenstaub *m*; ~ **coal burner** *n* HEAT & REFRIG Kohlenstaubbrenner *m*; ~ **coal firing** *n* HEAT & REFRIG Kohlenstaubfeuerung *f*

pulverizer *n* CHEM ENG Pulverisiermühle *f*, Staubmühle *f*, CONST Feinmühle *f*, Zerkleinerer *m*, PAPER Sprühdüse *f*, WATER SUP Flüssigkeitszerstäuber *m*

pulverizing: ~ **chamber** *n* CHEM ENG Mahlkammer *f*, Mahlraum *m*; ~ **equipment** *n* CHEM ENG Mahlanlage *f*, Pulvermühle *f*

pulverulent *adj* CHEM ENG brüchig, bröckelig

pulvimixer *n* TRANS Bodenfräse *f*

pumice *n* CER & GLAS, PROD ENG Bimsstein *m*

pummel *n* PROD ENG *casting* Stampfer *m*

pump[1] *n* MAR POLL, MECHAN ENG, WATER SUP *for water*, WATER TRANS Pumpe *f*; ~ **barrel** *n* MECHAN ENG, WATER SUP Pumpenzylinder *m*; ~ **compartment** *n* WATER SUP *of shaft* Pumpengehäuse *nt*; ~ **connection** *n* WATER SUP Pumpenanschluß *m*; ~ **control system** *n* CONTROL Pumpensteuerung *f*; ~ **cylinder** *n* MECHAN ENG, WATER SUP Pumpenzylinder *m*; ~ **dispenser system** *n* PACK Pumpspray *nt*; ~ **dredge** *n* WATER TRANS Pumpenbagger *m*; ~ **dredger** *n* CONST Pumpenbagger *m*, Saugbagger *m*, WATER TRANS Pumpenbagger *m*; ~ **frequency** *n* SPACE *communications* Pumpfrequenz *f*; ~ **gear** *n* WATER SUP Pumpengetriebe *nt*; ~ **head** *n* HEAT & REFRIG Druckhöhe *f*, Förderhöhe *f*; ~ **house** *n* WATER SUP Pumpenhaus *nt*, Pumpenraum *m*; ~ **housing** *n* WATER TRANS Pumpengehäuse *nt*; ~ **pressure** *n* PET TECH Pumpendruck *m*; ~ **rod** *n* MECHAN ENG Pumpenstange *f*, WATER SUP Kolbenstange der Pumpe *f*, Pumpenstange *f*; ~ **room** *n* WATER SUP Pumpenhaus *nt*, Pumpenraum *m*; ~ **shaft** *n* WATER SUP Pumpenschacht *m*; ~ **station** *n* WATER SUP Pumpenanlage *f*, Pumpwerk *nt*; ~ **sump** *n* WATER SUP Pumpensumpf *m*; ~ **turbine** *n* FUELLESS Pumpenturbine *f*, Turbinenpumpe *f*; ~ **valve** *n* PET TECH Pumpenarmatur *f*; ~ **water** *n* WATER SUP Pumpwasser *nt*

pump[2] *vt* WATER SUP pumpen, WATER TRANS lenzen, pumpen; ~ **off** *vt* MECHAN ENG, WATER TRANS abpumpen; ~ **out** *vt* MECHAN ENG abpumpen, WATER SUP auspumpen, leerpumpen, WATER TRANS abpumpen

pump[3] *vi* MECHAN ENG, WATER TRANS pumpen

pumped: ~ **storage scheme** *n* FUELLESS Pumpspeicherverfahren *nt*

pumping *n* WATER SUP Pumpen *nt*; ~ **engine** *n* WATER SUP Pumpmaschine *f*; ~ **equipment** *n* WATER SUP Pumpeneinrichtung *f*; ~ **light** *n* ELECTRON *optoelectrics* Pumplicht *nt*; ~**-out** *n* WATER SUP Auspumpen *nt*; ~ **photons** *n pl* ELECTRON *optoelectrics* Pumpfotonen *nt pl*; ~ **pit** *n* COAL TECH Pumpwerksumpf *m*; ~ **plant** *n* WATER SUP Pumpenanlage *f*; ~ **shaft** *n* WATER SUP Pumpenschacht *m*; ~ **sleeper** *n BrE (cf pumping tie AmE)* RAIL lockere Schwelle *f*; ~ **station** *n* WATER TRANS Pumpstation *f*; ~ **test** *n* COAL TECH Pumpprüfung *f*, WATER SUP Entnahmeversuch *m*, Pumpversuch *m*; ~ **tie** *n AmE (cf pumping sleeper BrE)* RAIL lockere Schwelle *f*; ~ **unit** *n* MAR POLL Pumpenstand *m*; ~ **well** *n* PET TECH Pumpensonde *f*

pun *vt* PROD ENG *casting* rammen

punch[1] *n* COMP & DP Locher *m*, CONST Locheisen *nt*, Stanzer *m*, Stempel *m*, MECHAN ENG Ankörner *m*, Körner *m*, Stanzmaschine *f*, *of punching machine* Stempel *m*, MECHANICS Locheisen *nt*, Stanze *f*, Stempel *m*, PACK Stanze *f*, PAPER Papierlocher *m*, PROD ENG Körner *m*, Ziehstempel *m*; ~ **card** *n* COMP & DP Lochkarte *f*; ~ **clock** *n* MECHANICS Kontrolluhr *f*; ~ **holder** *n* MECHAN ENG *in press* Stempelhalter *m*; ~ **mark** *n* MECHAN ENG Körnungspunkt *m*; ~ **plate** *n* MECHAN ENG Stempelhalteplatte *f*; ~ **press** *n* MECHANICS Stanze *f*, Stanzpresse *f*; ~ **tape** *n* COMP & DP Lochstreifen *m*; ~**-through** *n* ELECTRON *semiconductors* Durchgreifspannung *f*, *transistors* Durchgriff *m*

punch[2] *vt* CONST stanzen, zusammenkneifen, MECHAN ENG stanzen, MECHANICS lochen, stanzen; ~ **out** *vt* MECHANICS ausstanzen

punchbutton:[1] ~**-operated** *adj* PROD ENG drucktastengeschaltet

punchbutton:[2] ~ **control** *n* PROD ENG Drucktastensteuerung *f*; ~ **key** *n* PROD ENG Drucktaste *f*; ~ **panel** *n* PROD ENG Drucktastenschalttafel *f*, Drucktastentafel *f*; ~ **pendant** *n* PROD ENG am Schwenkarm hängender Drucktastenschalter *m*

punched[1] *adj* PROD ENG vorgeschmiedet

punched:[2] ~ **card** *n* COMP & DP Lochkarte *f*; ~**-card reader** *n* COMP & DP Lochkartenleser *m*; ~**-card reproducer** *n* COMP & DP Lochkartendoppler *m*; ~ **plate** *n* COAL TECH Stempelaufnahmeplatte *f*, CONST Lochblech *nt*; ~**-plate screen** *n* CONST Siebblech *nt*; ~ **tape** *n* COMP & DP, TELECOM Lochstreifen *m*; ~**-tape reader** *n* COMP & DP Lochstreifenleser *m*; ~**-tape reproducer** *n* COMP & DP Lochstreifendoppler *m*

puncher *n* PROD ENG Körner *m*, Perforierwerkzeug *nt*

punching *n* COMP & DP Lochen *nt*, PROD ENG Ankörnen *nt*, Stanzabfall *m*; ~ **machine** *n* MECHAN ENG Stanzmaschine *f*; ~ **press** *n* PAPER Lochstanze *f*; ~ **tool** *n* MECHAN ENG Stanzwerkzeug *nt*

punctuation: ~ **marks** *n pl* PRINT Interpunktionszeichen *nt pl*, Satzzeichen *nt pl*

puncturability *n* WASTE Durchstoßfestigkeit *f*

puncture *n* ELECTRON *capacitor* Durchschlag *m*, *of dielectric* Spannungsdurchschlag *m*, PAPER Durchschlag

m, WASTE Durchstoß *m*; ~ **point** *n* PAPER Durchschlagpunkt *m*; ~ **resistance** *n* PLAS Sticheinreißfestigkeit *f*, WASTE Durchstoßfestigkeit *f*; ~ **test** *n* ELECT *high voltage equipment* Durchschlagprüfung *f*; ~ **tester** *n* PAPER Durchschlagsprüfer *m*
punicine *n* CHEMISTRY Pelletierin *nt*, Punicin *nt*
punner *n* PROD ENG Ramme *f*, Stampfer *m*
punnet: ~ **tray** *n* PACK Verpackungstablett *nt*
punt *n* CER & GLAS hohler Flaschenboden *m*
punty *n* CER & GLAS Hefteisen *nt*
puntying *n* CER & GLAS Aufnehmen von Glas mit dem Hefteisen *nt*
puppet: ~ **valve** *n* MECHAN ENG Schlotterventil *nt*
PUR *abbr (polyurethane)* PLAS, TEXT PUR *(Polyurethan)*
purchase *n* MECHAN ENG Hebezeug *nt*, WATER TRANS *ropes* Talje *f*
pure: ~ **chance traffic** *n* TELECOM Zufallsverkehr *m*; ~ **coal** *n* COAL TECH Edelkohle *f*; ~ **copper** *n* METALL reines Kupfer *nt*; ~ **mathematics** *n* MATH reine Mathematik *f*; ~ **spectrum** *n* RAD PHYS reines Spektrum *nt*; ~ **tone audiogram** *n* ACOUSTICS Einzeltonaudiogramm *nt*; ~ **water** *n* WATER SUP Reinwasser *nt*
purge: ~ **area** *n* COMP & DP Löschbereich *m*; ~ **cock** *n* WATER SUP Reinigungshahn *m*
purging *n* COMP & DP Löschen *nt*, PET TECH spülen; ~ **cock** *n* WATER SUP Reinigungshahn *m*; ~ **valve** *n* FUELLESS Entleerventil *nt*
purification *n* CHEM ENG Klärung *f*, Läuterung *f*, PET TECH Reinigung *f*; ~ **capacity** *n* WASTE Reinigungsvermögen *nt*; ~ **plant** *n* WASTE Kläranlage *f*, Klärwerk *nt*, WATER SUP Reinigungsanlage *f*
purifier *n* CHEM ENG Reiniger *m*, Reinigungsapparat *m*
purify *vt* CHEM ENG, METALL, WATER SUP reinigen
purifying: ~ **agent** *n* CHEM ENG Läuterungsmittel *nt*, Reinigungsmittel *nt*; ~ **apparatus** *n* CHEM ENG Reinigungsapparat *m*
purine *n* CHEMISTRY Imidazo-Pyrimidin *nt*, Purin *nt*
purlin *n* CONST Dachrahmen *m*, Pfette *f*; ~ **post** *n* CONST Pfettenstützholz *nt*
purpose:[1] **~-designed** *adj* PACK nach Kundenangaben entworfen, speziell entworfen, zweckgestaltet; **~-made** *adj* HEAT & REFRIG speziell angefertigt
purpose:[2] **~-formulated adhesive** *n* PACK Spezialkleber *m*
purpurin *n* CHEMISTRY Purpurin *nt*
purser *n* WATER TRANS *merchant navy* Zahlmeister *m*
push:[1] **~-to-talk** *adj* TELECOM *-button* Sprech- *pref*
push[2] *n* COMP & DP Drücken *nt*, MECHANICS Druck *m*, Schub *m*, Stoß *m*, PHOTO Aufsteck- *pref*; **~-back** *n* AIR TRANS Zurückschieben *nt*; **~-bar conveyor** *n* MECHANICS Schwingförderer *m*; **~-broaching** *n* MECHAN ENG Stoßräumen *nt*; ~ **button** *n* AIR TRANS *engine relight* Druckknopf *m*, COMP & DP Druckknopf *m*, Drucktaste *f*, CONTROL Druckknopf *m*, ELECT Druckknopf *m*, Taster *m*, MECHAN ENG Druckknopf *m*, Drucktaste *f*, MECHANICS Druckknopf *m*, RECORD Taste *f*, TELECOM Druckknopf *m*, Drucktaste *f*; **~-button control** *n* MECHANICS Druckknopfsteuerung *f*; **~-button control panel** *n* ELECT Tastknopf-Befehlstafel *f*, Tastknopf-Steuertafel *f*; **~-button dial** *n* TELECOM Tastenwahl *f*, Tastwahl *f*; **~-button operation** *n* PHOTO Tastschalterbetätigung *f*; **~-button starter** *n* ELECT Druckknopfanlasser *m*; **~-button telephone** *n* TELECOM Tastwahlapparat *m*, Tastwahltelefon *nt*; **~-down list** *n* COMP & DP Umkehrliste *f*; **~-down stack** *n* COMP & DP Kellerspeicher *m*, Puffer *m*, Umkehrstapel *m*; ~ **fit** *n* MECHAN ENG, MECHANICS SS, Schiebesitz *m*; **~-fit fitting** *n* PROD ENG *plastic valves* Steckmuffe *f*; ~ **instruction** *n* COMP & DP Befehl zur Speicherung nach der LIFO-Methode *m*; **~-on mount** *n* PHOTO Aufsteckfassung *f*; ~ **operation** *n* COMP & DP Befehl zur Speicherung nach der LIFO-Methode *m*; ~ **plug** *n* MECHANICS Steckblende *f*; **~-pull** *n* MECHANICS Gegentakt *m*; **~-pull amplifier** *n* ELECTRON Gegentaktverstärker *m*, Push-Pull-Verstärker *m*; **~-pull circuit** *n* RECORD Gegentaktschaltung *f*; **~-pull mixer** *n* ELECTRON Brückenmischer *m*; **~-pull modulator** *n* ELECTRON Gegentaktumsetzer *m*; **~-pull operation** *n* RAD TECH Gegentaktbetrieb *m*; **~-pull scanning** *n* OPT Abtastung im Gegentakt *f*; **~-pull switch** *n* ELECT Gegentaktschalter *m*; **~-pull train** *n* RAIL Wendezug *m*; **~-push operation** *n* RAD TECH Gleichtaktbetrieb *m*; ~ **rod** *n* AUTO Stößelstange *f*, MECHAN ENG Stoßstange *f*, MECHANICS Anhubstange *f*, Antriebsstange *f*, Schubstange *f*; ~ **stick** *n* SAFETY Knüppel *m*, Schieber *m*; **~-through packaging sheet** *n* PACK Durchdrückpackungsfolie *f*; **~-through pill pack** *n* PACK Durchdrückpackung *f*; **~-through winding** *n* ELECT Durchstoßwicklung *f*; **~-to-talk switch** *n* RECORD Sprechtaste *f*; ~ **tow** *n* WATER TRANS Schubverband *m*; **~-towing** *n* TRANS Schubschiffahrt *f*; ~ **tug** *n* WATER TRANS Schubboot *nt*; **~-type broaching machine** *n* PROD ENG Räumpresse *f*; **~-up** *n* CER & GLAS Einstichboden *m*; **~-up list** *n* COMP & DP Eingangsfolgeliste *f*; **~-up stack** *n* COMP & DP Eingangsfolgestapel *f*
push[3] *vt* COMP & DP drücken, MECHANICS drücken, schieben, stoßen; ~ **back** *vt* AIR TRANS zurückschieben
pushed: ~ **punt** *n* CER & GLAS Einstichboden *m*
pusher *n* PROD ENG Vorschubschieber *m*; ~ **locomotive** *n* *AmE (cf banking locomotive BrE)* RAIL Schiebelok *f*, Schiebelokomotive *f*, Schubmaschine *f*; ~ **operation** *n* RAIL Nachschieberfahrt *f*; ~ **propeller** *n* AIR TRANS Druckpropeller *m*; ~ **tug** *n* WATER TRANS Schubboot *nt*, *ship* Schubschlepper *m*
pushing: ~ **down the cullet** *n* CER & GLAS Einschieben der Scherben *nt*
pushpit *n* WATER TRANS *deck equipment* Heckkorb *m*
put:[1] ~ **ashore** *vt* WATER TRANS *passengers* ausschiffen; ~ **on board** *vt* WATER TRANS an Bord bringen; ~ **down in color work** *vt AmE*, ~ **down in colour work** *vt BrE* CER & GLAS farbig verzieren; ~ **on hold** *vt* TELECOM halten; ~ **into gear** *vt* AUTO Gang einlegen, schalten; ~ **out** *vt* WATER SUP *fenders* ausbringen; ~ **out of gear** *vt* AUTO auskuppeln; ~ **out of service** *vt* CONST außer Betrieb setzen, stillegen; ~ **on the punty** *vt* CER & GLAS mit Hefteisen aufnehmen; ~ **through** *vt* TELECOM *call* durchstellen, *caller* durchverbinden; ~ **under cover** *vt* CONST bedecken; ~ **up** *vt* CONST errichten
put:[2] ~ **on the brake** *vi* AUTO die Bremsen, die Bremse anziehen; ~ **the brakes on full** *vi* AUTO die Bremse ganz durchtreten; ~ **the brakes on hard** *vi* AUTO die Bremse fest anziehen; ~ **a call on hold** *vi* TELECOM eine Verbindung halten; ~ **out** *vi* WATER TRANS *mooring* Fender ausbringen; ~ **out a fire** *vi* SAFETY ein Feuer löschen; ~ **a ship into commission** *vi* WATER TRANS Schiff in Dienst stellen; ~ **to sea** *vi* WATER TRANS auslaufen
putlog *n* CONST Gerüststange *f*
putrefy[1] *vt* FOOD TECH zum Verfaulen bringen
putrefy[2] *vi* FOOD TECH verfaulen, verwesen
putrescent *adj* FOOD TECH verfaulend, verwesend
putrescibility *n* WASTE Faulfähigkeit *f*

putrescible: ~ **matter** *n* WASTE fäulnisfähiger Stoff *m*, verrottbarer Stoff *m*; ~ **sludge** *n* WASTE faulfähiger Schlamm *m*
putrid *adj* FOOD TECH verfault
putty[1] *n* CER & GLAS Glaserkitt *m*, CONST Glaserkitt *m*, Kitt *m*, Spachtelmasse *f*; ~ **joint** *n* CONST Spachtelverbindung *f*; ~ **knife** *n* CONST Kittmesser *nt*; ~ **powder** *n* CONST Polierasche *f*
putty[2] *vt* CONST spachteln, verkitten, PROD ENG kitten, spachteln
puzzle: ~ **lock** *n* CONST Kombinationsschloß *nt*
PVAC *abbr (polyvinyl acetate)* PLAS PVAC *(Polyvinylacetat)*
PVAL *abbr (polyvinyl alcohol)* PLAS, PRINT PVAL *(Polyvinylalkohol)*
PVB *abbr (polyvinyl butyral)* PLAS PVB *(Polyvinylbutyral)*
PVC[1] *abbr* COMP & DP *(permanent virtual circuit)* feste virtuelle Verbindung *f*, fester virtueller Schaltkreis *m*, CONST *(polyvinyl chloride)*, ELEC ENG *(polyvinyl chloride)*, PROD ENG *(polyvinyl chloride)* PVC *(Polyvinylchlorid)*, TELECOM *(permanent virtual circuit)* feste virtuelle Verbindung *f*
PVC:[2] ~ **bottle** *n* PACK PVC-Flasche *f*; ~ **insert fitment** *n* PACK PVC-Einsatz *m*; ~ **insulation** *n* ELECT PVC Isolierung *f*; ~ **pressure-sensitive tape** *n* PACK selbstklebendes PVC-Band *nt*; ~ **rigid** *n* PROD ENG *plastic valves* PVC-hart *nt*, weichmacherfreis PVC *nt*; ~ **tape** *n* RECORD PVC-Band *nt*
PVDC *abbr (polyvinylidene chloride)* PLAS PVDC *(Polyvinylidenchlorid)*
PVE *abbr (polyvinyl ether)* PLAS PVE *(Polyvinylether)*
PVF *abbr (polyvinyl fluoride)* PLAS PVF *(Polyvinylfluorid)*
PVFD *abbr (polyvinylidene fluoride)* PLAS PVDF *(Polyvinylidenfluorid)*
PW *abbr (pulse width)* COMP & DP, ELECTRON, PHYS, TELECOM, TELEV PB *(Pulsbreite)*
PWM *abbr (pulse width modulation)* ELECTRON PDM *(Pulsdauermodulation)*, PWM *(Pulsweitenmodulation)*
p-xylene *n* CHEMISTRY p-Xylen *nt*
pycnometer *n* LAB EQUIP *density measuring* Pyknometer *nt*, Wägefläschchen *nt*, PET TECH, PHYS Pyknometer *nt*
pylon *n* AIR TRANS Außenlastträger *m*, Pylon *m*, starre Motoraufhängung *f*, starre Motorhalterung *f*, CONST Brückenpfeiler *m*, Gittermast *m*, Pylon *m*, ELECT Mast *m*, Pylon *m*
pyramid *n* GEOM Pyramide *f*
pyramidal: ~ **horn feeder** *n* RAD TECH Pyramidenhornspeisung *f*; ~ **plane** *n* METALL Pyramidenebene *f*; ~ **slip** *n* METALL Pyramidengleiten *nt*
pyran *n* CHEMISTRY Pyran *nt*
pyranometer *n* FUELLESS Pyranometer *nt*
pyranose *n* CHEMISTRY Pyranose *f*
pyrazine *n* CHEMISTRY Paradiazin *nt*, Piazin *nt*, Pyrazin *nt*
pyrazole *n* CHEMISTRY Pyrazol *nt*
pyrazoline *n* CHEMISTRY Pyrazolin *nt*
pyrazolone *n* CHEMISTRY Oxopyrazolin *nt*, Pyrazolon *nt*
pyrheliometer *n* FUELLESS Pyrheliometer *nt*
pyridazine *n* CHEMISTRY Pyridazin *nt*
pyridine *n* CHEMISTRY Pyridin *nt*
pyridone *n* CHEMISTRY Pyridon *nt*
pyrimidinedione *n* CHEMISTRY Uracil *nt*
pyroacetic: ~ **acid** *n* CHEMISTRY Rohessigsäure *f*
pyroarsenate *n* CHEMISTRY Diarsenat *nt*, Pyroarsenat *nt*
pyroboric *adj* CHEMISTRY Tetrabor- *pref*
pyrocatechin *n* CHEMISTRY Pyrocatechol *nt*
pyrocatechol *n* CHEMISTRY Pyrocatechol *nt*
pyrogallic *adj* CHEMISTRY pyrogallussauer, *acid* Pyrogallus- *pref*
pyrogallol *n* CHEMISTRY Pyrogallol *nt*, Pyrogallussäure *f*
pyrogenic[1] *adj* THERMODYN pyrogen
pyrogenic:[2] ~ **reaction** *n* THERMODYN pyrogene Reaktion *f*
pyrolitic: ~ **coating** *n* CER & GLAS pyrolitische Beschichtung *f*; ~ **decomposition** *n* NUC TECH *of organic moderator* pyrolitische Zersetzung *f*
pyrolysis *n* CHEMISTRY, FOOD TECH Pyrolyse *f*, WASTE Pyrolyse *f*, thermische Zersetzung *f*
pyrolytic *adj* CHEMISTRY pyrolytisch
pyromeconic *adj* CHEMISTRY Pyromekon- *pref*
pyromellitic *adj* CHEMISTRY Pyromellit- *pref*
pyrometer *n* COAL TECH, ELECT Pyrometer *nt*, INSTR Pyrometer *nt*, Strahlungsthermometer *nt*, LAB EQUIP Pyrometer *nt*, Strahlungstemperaturmesser *m*, RAD PHYS Pyrometer *nt*, THERMODYN Hitzestrahlungsmesser *m*, Pyrometer *nt*, Temperaturmesser *m*; ~ **probe** *n* ELECT Pyrometersonde *f*; ~ **protection tube** *n* SAFETY Pyrometerschutzrohr *nt*
pyrometric[1] *adj* THERMODYN pyrometrisch
pyrometric:[2] ~ **cone** *n* PROD ENG Schmelzkegel *m*, Segerkegel *m*
pyrometry *n* THERMODYN Pyrometrie *f*, Temperaturmessung *f*
pyromucic *adj* CHEMISTRY pyroschleimsauer
pyrone *n* CHEMISTRY Pyron *nt*
pyrophosphate *n* CHEMISTRY Diphosphat *nt*, Pyrophosphat *nt*
pyrophosphorous *adj* CHEMISTRY diphosphorig
pyrophyllite *n* PET TECH Pyrophyllit *nt*
pyroscope *n* PHYS Pyroskop *nt*
pyrostat *n* PHYS Pyrostat *m*
pyrosulfate *n AmE see pyrosulphate BrE*
pyrosulfite *n AmE see pyrosulphite BrE*
pyrosulfuric *adj AmE see pyrosulphuric BrE*
pyrosulfuryl *adj AmE see pyrosulphuryl BrE*
pyrosulphate *n BrE* CHEMISTRY Disulfat *nt*
pyrosulphite *n BrE* CHEMISTRY Disulfit *nt*
pyrosulphuric *adj BrE* CHEMISTRY Dischwefel- *pref*
pyrosulphuryl *adj BrE* CHEMISTRY Disulfuryl- *pref*
pyrotechnic: ~ **valve** *n* SPACE *craft* Feuerungsventil *nt*
pyrotechnical: ~ **shock** *n* SPACE Feuerungsstoß *m*
pyrotechnics *n* SPACE Feuerungstechnik *f*, Pyrotechnik *f*
pyrrole *n* CHEMISTRY Pyrrol *nt*
pyrrolidine *n* CHEMISTRY Pyrrolidin *nt*, Tetrahydrid *nt*, Tetrahydropyrrol *nt*, Tetramethylenimin *nt*
pyrroline *n* CHEMISTRY Pyrrolin *nt*
pyruvate *n* CHEMISTRY Pyruvat *nt*
pyruvic[1] *adj* CHEMISTRY Oxopropan- *pref*, Pyruvin- *pref*
pyruvic:[2] ~ **acid** *n* CHEMISTRY Brenztraubensäure *f*
Pythagoras': ~ **theorem** *n* MATH Satz des Pythagoras *m*
Pythagorean: ~ **comma** *n* ACOUSTICS Pythagoreisches Komma *nt*; ~ **theorem** *n* GEOM, MATH Lehrsatz von Pythagoras *m*, Pythagoreischer Lehrsatz *m*

Q

Q[1] *abbr* ACOUSTICS *(ratio of reactance to resistance)* Q *(Verhältnis Reaktanz/Widerstand)*, ELECT *(electric charge)* Q, NUC TECH *(reaction energy)* Q *(Reaktionsenergie)*, NUC TECH *(disintegration energy)* Q *(Zerfallsenergie)*, OPT *(quantity of light)* Q *(Lichtmenge)*

Q:[2] **~ bit** *n (qualifier bit)* TELECOM Q-Bit *nt (Unterscheidungsbit)*; **~ channel** *n* ELECTRON Q-Kanal *m*; **~ demodulator** *n* ELECTRON Q-Demodulator *m*; **~ device** *n* NUC TECH Q-Maschine *f*; **~ electron** *n* NUC TECH Q-Elektron *nt*; **~ factor** *n (quality factor)* MECHANICS, PHYS Q-Faktor *m (Gütefaktor)*, POLL Q-Faktor *m (Qualitätsfaktor)*, QUAL, RAD TECH Q-Faktor *m (Gütefaktor)*; **~ flag** *n* WATER TRANS Flagge-Q *f*; **~ function** *n* PHYS Verteilungsfunktion *f*; **~ meter** *n* PHYS Gütefaktormesser *m*, Q-Meter *nt*; **~ percentile life** *n* QUAL Q-Perzentil-Lebensdauer *f*; **~ shell** *n* NUC TECH *of atom* Q-Schale *f*; **~ shell electron** *n* NUC TECH Q-Elektron *nt*; **~ signal** *n* ELECTRON *video*, TELEV Q-Signal *nt*; **~ switching** *n* ELECTRON *inhibition of lasers* Güteschaltbetrieb *m*; **~ value** *n* PHYS *nuclear heat of reaction* Q-Wert *m*

QA[1] *abbr (quality assurance)* MECHAN ENG, MECHANICS, NUC TECH, PACK, QUAL QS *(Qualitätssicherung)*

QA:[2] **~ manual** *n* QUAL QS-Handbuch *nt*; **~ procedures manual** *n* QUAL QS-Verfahrenshandbuch *nt*; **~ programme module** *n BrE* QUAL QS-Programmmodul *nt*; **~ program module** *n AmE see QA programme module BrE* **~ representative** *n* QUAL Qualitätssicherungsbeauftragter *m*

QAM *abbr* COMP & DP *(quadrature amplitude modulation)* QAM *(Quadratur-Amplitudenmodulation)*, ELECTRON *(quadrature amplitude modulator)* QAM *(Quadratur-Amplitudenmodulator)*, ELECTRON *(quadrature amplitude modulation)*, TELECOM *(quadrature amplitude modulation)* QAM *(Quadratur-Amplitudenmodulation)*

QC[1] *abbr (quality control)* MECHAN ENG, MECHANICS, METROL Q-Kontrolle *f (Qualitätskontrolle)*, NUC TECH Qualitätsüberprüfung *f*, PACK, PRINT, QUAL Q-Kontrolle *f (Qualitätskontrolle)*

QC:[2] **~ aircraft** *n (quick-change aircraft)* AIR TRANS QC-Flugzeug *nt (Quick-Change-Flugzeug)*

QCD *abbr (quantum chromodynamics)* PART PHYS QCD *(Quantenchromodynamik)*

QED *abbr (quantum electrodynamics)* PHYS QED *(Quantenelektrodynamik)*

q-gas *n* THERMODYN Wärmemenge *f*

QL *abbr (query language)* COMP & DP Abfragesprache *f*, Datenbanksprache *f*

QP: **~ device** *n* NUC TECH QP-Maschine *f*

QPSK *abbr (quadriphase shift keying, quaternary phase shift keying)* ELECTRON, TELECOM QPSK *(Vierphasenumtastung)*

QS *abbr (quantized signal)* ELECTRON QZ *(quantisiertes Zeichen)*

QSAM *abbr (queued sequential access method)* COMP & DP QSAM *(erweiterte Zugriffsmöglichkeit für sequentielle Dateien)*

QSCM *abbr (quality system certificate material)* QUAL Qualitätssystem-Bescheinigungsmaterial *nt*

QSG *abbr (quasi-stellar galaxy)* SPACE QSG *(Quasistellargalaxie)*

QSO *abbr (quasi-stellar object)* SPACE QSO *(quasi-stellares Objekt)*

QSS *abbr (quasi-stellar radio source)* SPACE quasi-stellare Radioquelle *f*

QSTOL: **~ aircraft** *n (quiet short takeoff and landing aircraft)* AIR TRANS geräuscharmes Kurzstart- und Landeflugzeug *nt*

Q-switch: **~ laser** *n* ELECTRON Riesenpulslaser *m*

Q-switched: **~ laser** *n* ELECTRON Riesenpulslaser *m*, NUC TECH gütegeschalteter Laser *m*

QTOL: **~ aircraft** *n (quiet takeoff and landing aircraft)* AIR TRANS geräuscharm startendes und landendes Flugzeug *nt*

quad *n* PRINT Ausbringen *nt*, Austreiben *nt*; **~ cable** *n* PHYS vieradriges Kabel *nt*; **~ carburetor** *n AmE*, **~ carburettor** *n BrE* AUTO Doppelregistervergaser *m*; **~-in-line package** *n (QUIP)* ELECTRON QUIL-Gehäuse *nt*; **~-operational amplifier** *n* ELECTRON Vierfach-Verstärker *m*; **~-slope method** *n* INSTR Vierflankenmethode *f*

quadrangle *n* GEOM Viereck *nt*

quadrangular *adj* GEOM viereckig

quadrant *n* GEOM *of circle* Quadrant *m*, Viertelkreis *m*, MECHAN ENG Räderschere *f*, *of compass, callipers* Stellbogen *m*, *sector gear* Segment *nt*, MECHANICS Viertelkreis *m*, Winkelmesser *nt*, PROD ENG Räderschere *f*; **~ angle** *n* MECHANICS Erhebungswinkel *m*; **~ electrometer** *n* ELECT Quadranten-Elektrometer *nt*; **~ level** *n* PROD ENG Zahnsegmenthebel *m*; **~ lever** *n* PROD ENG Zahnsegmenthebel *m*; **~ plate** *n* MECHAN ENG *of screw-cutting lathe*, PROD ENG Räderschere *f*; **~ scale** *n* MECHANICS Gradbogen *m*, Winkelmesserskale *f*

quadrantal: **~ error** *n* AIR TRANS Funkfehlweisung *f*; **~ height rule** *n* AIR TRANS Bestimmung über Höhenstaffelung in bestimmten Quadranten *f*

quadraphony *n* ACOUSTICS Quadrophonie *f*

quadratic[1] *adj* MATH quadratisch

quadratic:[2] **~ equation** *n* MATH quadratische Gleichung *f*; **~ function** *n* MATH quadratische Funktion *f*; **~ profile** *n* OPT quadratisches Profil *nt*

quadrature:[1] **in ~** *adj* PHYS um 90 Grad phasenverschoben

quadrature[2] *n* COMP & DP Quadratur *f*, ELECT *of component* Phasenverschiebung um neunzig Grad *f*, ELECTRON Quadratur *f*, *phase shift* 90° Verschiebung *f*, FUELLESS Flächeninhaltsbestimmung *f*, Quadratur *f*, GEOM *of area*, PHYS Quadratur *f*, TELEV Phasenquadratur *f*; **~ amplitude modulation** *n (QAM)* COMP & DP, ELECTRON, TELECOM Quadratur-Amplitudenmodulation *f (QAM)*; **~ amplitude modulator** *n* ELECTRON Quadratur-Modulator *m*, ELECTRON Quadratur-Amplitudenmodulator *m*; **~ axis** *n* ELECT

Quadraturachse *f*; ~ **axis component** *n* ELECT Quadratur-Achsenkomponente *f*; ~ **component** *n* COMP & DP Queranteil *m*, Querfeldkomponente *f*, ELECT *AC circuits* Blindstromkomponente *f*, Quadraturkomponente *f*, ELECTRON *vector* Blindkomponente *f*; ~ **control** *n* ELECT Quadratursteuerung *f*; ~ **demodulator** *n* ELECTRON Quadratur-Demodulator *m*; ~ **displacement** *n* TELEV Blindverlagerung *f*; ~ **error** *n* TELEV Blindfehler *m*; ~ **mirror filter** *n* TELECOM Quadraturspiegelfilter *nt*; ~ **phase** *n* ELECTRON *video* Rechtwinkelphase *f*; ~ **phase subcarrier signal** *n* TELEV Blindphasen-Nebenträgersignal *nt*; ~ **power** *n* ELECT Blindleistungskomponente *f*, Quadraturleistung *f*; ~ **signal** *n* ELECTRON phasenverschobenes Signal *nt*; ~ **voltage** *n* ELECT Blindspannungskomponente *f*

quadribasic *adj* CHEMISTRY vierbasig, vierwertig

quadric: ~ **surface** *n* GEOM Fläche zweiter Ordnung *f*

quadricone: ~ **bit** *n* PET TECH Vierzahnbohrer *m*

quadrifilar: ~ **winding** *n* RAD TECH vierfädige Wicklung *f*

quadrilateral[1] *adj* GEOM vierseitig

quadrilateral[2] *n* GEOM Viereck *nt*

quadriphase: ~ **shift keying** *n (QPSK)* ELECTRON, TELECOM Vierphasenumtastung *f (QPSK)*

quadripole *n* ELECT Vierpolschaltung *f*, PHYS Vierpol *m*

quadrivalence *n* CHEMISTRY Tetravalenz *f*, Vierwertigkeit *f*

quadrivalent *adj* CHEMISTRY tetravalent, vierwertig

quadruple: ~**-expansion engine** *n* MECHAN ENG *steam engine* Vierfach-Expansionsmaschine *f*; ~ **scanning** *n* TELEV phasenverschobene Abtastung *f*

quadruplex[1] *adj* TELEV Quadruplex- *pref*

quadruplex:[2] ~ **videotape recorder** *n* TELEV Transversal-Spurvideorecorder *m*

quadrupolar: ~ **configuration** *n* NUC TECH Quadrupolanordnung *f*, Vierpolanordnung *f*

quadrupole *n* PHYS Quadrupol *m*; ~ **electrical moment** *n* PHYS elektrisches Quadrupolmoment *nt*; ~ **field** *n* NUC TECH Quadrupolfeld *nt*, Vierpolfeld *nt*; ~ **moment** *n* PHYS Quadrupolmoment *nt*; ~ **potential** *n* NUC TECH Quadrupolpotential *nt*; ~ **resonance** *n* NUC TECH Quadrupolresonanz *f*

qualification: ~ **model** *n* SPACE Abnahmemodell *nt*; ~ **records** *n pl* QUAL Qualifikationsnachweis *m*; ~ **requirement** *n* QUAL Qualifikationsanforderung *f*; ~ **test** *n* NUC TECH *of instrument* Eignungsprüfung *f*

qualified: ~ **name** *n* COMP & DP gekennzeichneter Name *m*, qualifizierter Name *m*; ~ **procedure** *n* QUAL zulässiges Verfahren *nt*; ~ **products list** *n* QUAL Liste zugelassener Erzeugnisse *f*

qualifier: ~ **bit** *n (Q bit)* TELECOM Unterscheidungsbit *nt (Q-Bit)*

qualitative: ~ **analysis** *n* WATER SUP qualitative Analyse *f*; ~ **autoradiography** *n* NUC TECH qualitative Autoradiographie *f*; ~ **characteristic** *n* QUAL qualitatives Merkmal *nt*

quality *n* ACOUSTICS Güte *f*, QUAL Güte *f*, Qualität *f*; ~ **acceptance criteria** *n pl* MECHAN ENG Qualitätskriterien *nt pl*; ~ **achievement** *n* QUAL erzielte Qualität *f*; ~ **of aggregate** *n* CONST Güte des Zuschlagstoffs *f*; ~ **appraisal** *n* QUAL Gütebewertung *f*; ~ **assessment** *n* METROL Qualitätsbeurteilung *f*; ~ **assurance** *n (QA)* MECHAN ENG, MECHANICS, NUC TECH, PACK, QUAL Qualitätssicherung *f (QS)*; ~ **assurance certificate** *n* MECHAN ENG Qualitätssicherungsbescheinigung *f*; ~ **assurance department** *n* QUAL Qualitätssicherungsabteilung *f*; ~ **assurance engineer** *n* QUAL Qualitätsingenieur *m*; ~ **assurance examination** *n* NUC TECH Qualitätssicherungsprüfung *f*; ~ **assurance manual** *n* QUAL Qualitätssicherungshandbuch *nt*; ~ **assurance procedure** *n* MECHAN ENG Qualitätssicherungsverfahren *nt*; ~ **assurance representative** *n* QUAL Qualitätssicherungsbeauftragter *m*; ~ **assurance requirements** *n pl* QUAL Qualitätssicherungsauflagen *f pl*; ~ **assurance surveillance** *n* QUAL Überwachung der Qualitätssicherung des Lieferanten *f*; ~ **audit** *n* QUAL Qualitätsaudit *nt*; ~ **capability** *n* QUAL Qualitätsfähigkeit *f*; ~ **characteristic** *n* QUAL Qualitätsmerkmal *nt*; ~ **class** *n* MECHANICS, QUAL Güteklasse *f*; ~ **control** *n (QC)* MECHAN ENG, MECHANICS, METROL Qualitätskontrolle *f (Q-Kontrolle)*, NUC TECH Qualitätsüberprüfung *f*, PACK, PRINT Qualitätskontrolle *f (Q-Kontrolle)*, QUAL Qualitätskontrolle *f*, Qualitätslenkung *f*, Qualitätssteuerung *f*; ~ **costs** *n pl* QUAL Qualitätskosten *pl*; ~ **criterion** *n* QUAL Gütemerkmal *nt*, Qualitätsmerkmal *nt*; ~ **defect** *n* QUAL Qualitätsmangel *m*; ~ **degradation** *n* TELEV Qualitätsminderung *f*; ~ **documentation** *n* QUAL Qualitätssicherungsdokumentation *f*; ~ **element** *n* QUAL Qualitätselement *nt*; ~ **engineering** *n* QUAL Qualitätstechnik *f*; ~ **factor** *n (Q factor)* MECHANICS, PHYS, POLL, QUAL, RAD TECH Gütefaktor *m*, Qualitätsfaktor *m (Q-Faktor)*; ~ **improvement** *n* QUAL Qualitätsförderung *f*, Qualitätsverbesserung *f*; ~ **index** *n* MECHANICS Gütezahl *f*, Wertziffer *f*; ~ **inspection and test facility** *n* QUAL Qualitätsprüfstelle *f*; ~ **inspection and testing** *n* QUAL Qualitätsprüfung *f*; ~ **label** *n* PACK Qualitätsmarke *f*; ~ **level** *n* QUAL Qualitätslage *f*; ~ **loop** *n* QUAL Qualitätskreis *m*; ~ **management** *n* QUAL Qualitätsmanagement *nt*, Qualitätswesen *nt*; ~ **management system** *n* QUAL Qualitätssicherungssystem *nt*; ~ **manual** *n* QUAL Qualitätssicherungshandbuch *nt*; ~ **mark** *n* PACK Gütezeichen *nt*; ~ **monitoring of ambient air** *n* SAFETY Umgebungsluftüberwachung *f*; ~ **number** *n* QUAL Qualitätszahl *f*; ~ **objective** *n* QUAL Qualitätsziel *nt*; ~ **planning** *n* QUAL Qualitätsplanung *f*; ~ **policy** *n* QUAL Qualitätspolitik *f*; ~ **procedures** *n pl* QUAL QS-Verfahrensanweisungen *f pl*; ~ **product** *n* MECHANICS Qualitätsprodukt *nt*; ~ **records** *n pl* QUAL Qualitätsaufzeichnungen *f pl*; ~**-related costs** *n pl* QUAL Qualitätskosten *pl*; ~ **report** *n* QUAL Qualitätsbericht *m*; ~ **sign** *n* MECHANICS Gütezeichen *nt*; ~ **status** *n* QUAL Qualitätsstand *m*; ~ **subelement** *n* QUAL Qualitätsunterelement *nt*; ~ **surveillance** *n* QUAL Qualitätsüberwachung *f*; ~ **system** *n* QUAL Qualitätssicherungssystem *nt*; ~ **system certificate material** *n (QSCM)* QUAL Qualitätssystem-Bescheinigungsmaterial *nt*; ~ **verification** *n* QUAL Qualitätsfähigkeits-Bestätigung *f*; ~ **of water** *n* WATER SUP Gewässergüte *f*

quantifier *n* MATH *in algebra and logic* Klammerzeichen *nt*, Quantor *m*

quantify *vt* MATH quantitativ bestimmen

quantile *n* QUAL Quantil *nt*; ~ **of a probability distribution** *n* QUAL Quantil einer Wahrscheinlichkeitsverteilung *nt*

quantitative: ~ **analysis** *n* WATER SUP quantitative Analyse *f*; ~ **characteristic** *n* QUAL quantitatives Merkmal *nt*

quantity *n* CONTROL Menge *f*, Quantität *f*, ELECTRON Größe *f*, Menge *f*, Quantität *f*, PROD ENG *physics,* *kinematics* Größe *f*; **~ of assessment** *n* PROD ENG Bewertungsgröße *f*; **~ of heat** *n* PHYS Wärmemenge *f*; **~ of light** *n* OPT *(Q)* Lichtmenge *f (Q)*, PHYS Lichtmenge *f*; **~ of metal removed** *n* PROD ENG Spanmenge *f*; **~ production** *n* PROD ENG Großserienfertigung *f*; **~ surveyor** *n* CONST Kostenplaner *m*

quantization *n* COMP & DP Quantisierung *f*, ELECTRON *physics* Quantelung *f*, PHYS Quantisierung *f*; **~ distortion** *n* ELECTRON Quantenverzerrung *f*; **~ error** *n* COMP & DP, ELECTRON, TELECOM Quantisierungsfehler *m*; **~ interval** *n* TELECOM Quantisierungsintervall *nt*; **~ level** *n* COMP & DP Quantisierungsstufe *f*, ELECTRON Quantisierungspegel *m*; **~ noise** *n* COMP & DP Quantisierungsgeräusch *nt*, SPACE *communications* Quantenrauschen *nt*, TELECOM Quantisierungsgeräusch *nt*; **~ size** *n* COMP & DP Quantisierungsgröße *f*

quantize *vt* COMP & DP, ELECTRON quantisieren

quantized[1] *adj* TELEV diskret

quantized:[2] **~ delay line** *n* TELEV diskrete Verzögerungsleitung *f*; **~ gate** *n* TELEV diskretes Gitter *nt*; **~ pulse modulation** *n* ELECTRON *radio* quantisierte Pulslagemodulation *f*; **~ quantity** *n* ELECTRON quantisierte Größe *f*; **~ signal** *n* ELECTRON *(QS)* quantisiertes Zeichen *nt (QZ)*, IND PROCESS quantisiertes Signal *nt*

quantizer *n* COMP & DP Größenwandler *m*, Quantisierer *m*, ELECTRON, TELECOM Quantisierer *m*

quantum *n* COMP & DP Quant *nt*, Quantum *nt*, OPT, PART PHYS Quant *nt*, PHYS Quant *nt*, Quantum *nt*; **~ of action** *n* PHYS Wirkungsquantum *nt*; **~ chromodynamics** *n (QCD)* PART PHYS Quantenchromodynamik *f (QCD)*; **~ efficiency** *n* OPT, PHYS Quantenwirkungsgrad *m*, RAD PHYS *of laser* Quantenausbeute *f*, Quantenwirkungsgrad *m*, TELECOM Quantenwirkungsgrad *m*; **~ electrodynamics** *n* PART PHYS Quantenelektrodynamik *f*, PHYS *(QED)* Quantenelektrodynamik *f (QED)*; **~ field theory** *n* PHYS Quantenfeldtheorie *f*; **~ Hall effect** *n* PHYS Quanten-Hallscher Effekt *m*; **~ of heat** *n* THERMODYN Wärmemenge *f*; **~ hydrodynamics** *n* PHYS Quantenhydrodynamik *f*; **~ leap** *n* PART PHYS Quantensprung *m*; **~-limited operation** *n* OPT quantenbegrenzter Betrieb *m*, TELECOM quantenrauschbegrenzter Betrieb *m*; **~-mechanical line shape** *n* RAD PHYS *spectral lines* quantenmechanische Linienform *f*; **~ mechanics** *n* PART PHYS, PHYS Quantenmechanik *f*; **~ noise** *n* ELECTRON, OPT, TELECOM Quantenrauschen *nt*; **~-noise-limited operation** *n* OPT, TELECOM durch Quantenrauschen begrenzter Betrieb *m*; **~ number** *n* NUC TECH, PART PHYS, PHYS, RAD PHYS Quantenzahl *f*; **~ state** *n* PART PHYS Quantenzustand *m*, SPACE Quantenstatus *m*; **~ statistics** *n* PHYS Quantenstatistik *f*; **~ theory** *n* NUC TECH, PART PHYS, SPACE Quantentheorie *f*; **~ theory of radiation** *n* RAD PHYS Quantentheorie der Strahlung *f*; **~ transition** *n* ELECTRON Quantensprung *m*; **~ yield** *n* PHYS Quantenausbeute *f*; **~ yield of luminescence** *n* RAD PHYS Quantenausbeute der Luminiszenz *f*

quarantine[1] *n* WATER TRANS Quarantäne *f*; **~ flag** *n* WATER TRANS Quarantäneflagge *f*; **~ period** *n* QUAL Sperrzeit *f*; **~ store** *n* QUAL Sperrlager *nt*

quarantine[2] *vt* QUAL sperren, WATER TRANS unter Quarantäne stellen

quarantining *n* QUAL Sperrung *f*, getrennte Aufbewahrung *f*

quark *n* PART PHYS, PHYS Quark *nt*; **~ bag** *n* PART PHYS Quark-Bag *m*; **~ confinement** *n* PART PHYS Quark-einschluß *m*; **~-gluon plasma** *n* PART PHYS Quark-Gluon-Plasma *nt*

quarry *n* CONST *mine* Steinbruch *m*, *square-shaped stone* Quaderstein *m*

quart *n BrE* METROL Viertelgallone *f*

quartation *n* CHEMISTRY Quartation *f*, Quartierung *f*

quarter *n* MATH *fraction* Viertel *nt*, *of year* Vierteljahr *nt*, METROL Quarter *nt*, Viertel *nt*, WATER TRANS Wohnraum *m*; **~ berth** *n* WATER TRANS Hundekoje *f*; **~ binding** *n* PRINT Halbband *m*; **~-elliptic spring** *n* MECHAN ENG Viertelelliptikfeder *f*; **~ mask** *n* SAFETY Viertelmaske *f*; **~ round** *n* CONST Viertelstab *m*; **~-round milling cutter** *n* MECHAN ENG Viertelkreisfräser *m*; **~ space** *n* CONST Viertelabsatz *m*; **~-track recording** *n* RECORD Vierspur-Aufnahme *f*; **~-turn fastener** *n AmE (cf bayonet socket BrE)* PHOTO Bajonettverschluß *m*; **~ view** *n* ENG DRAW Viertelansicht *f*; **~ wavelength** *n* ELECTRON Viertelwellenlänge *f*; **~-wave line** *n* PHYS Viertelwellenleitung *f*; **~-wave plate** *n* PHYS Lambda/4-Blättchen *nt*; **~-wave whip antenna** *n* TELECOM Viertelwellen-Peitschenantenne *f*; **~ wind** *n* WATER TRANS Backstagswind *m*, Dreiviertelwind *m*

quartermaster *n* WATER TRANS Quartiermeister *m*

quartet *n* PHYS *spectroscopy* Quartett *nt*; **~ model** *n* NUC TECH *four-nucleon structure of nucleus* Quartettmodell *nt*

quartile *n* MATH *statistics* Quartil *nt*, Viertelwert *m*, QUAL *of distribution* Quartil *nt*

quarto *n (4to)* PRINT Quartformat *nt*, Quarto *nt (Quartformat)*

quartz *n* ELECTRON, PHYS Quarz *m*; **~ crystal** *n* COMP & DP Quarzkristall *m*, ELECT Quarzkristall *m*, Schwingquarz *m*, ELECTRON *radio* Schwingquarz *m*; **~ crystal clock** *n* ELECT Quarztaktsteuerung *f*; **~ crystal filter** *n* ELECTRON Schwingquarzfilter *nt*; **~ crystal oscillator** *n* ELECTRON, PHYS Schwingquarz *m*; **~ delay line** *n* ELECTRON Quarzlaufzeitkette *f*, Quarzverzögerungsleitung *f*, TELEV Quarzverzögerungsleitung *f*; **~ frequency source** *n* ELECTRON Quarzfrequenzquelle *f*, Quarzschwingquelle *f*; **~ monochromator** *n* NUC TECH Quarzschwinger *m*; **~ oscillator** *n* ELECT Quarzoszillator *m*, ELECTRON Quarzschwinger *m*, TELECOM Quarzoszillator *m*; **~ resonator** *n* ELECTRON Quarzresonator *m*

quartzite *n* CONST Quarzit *m*

quasi[1] *adj* NUC TECH, PHYS Quasi- *pref*; **~-binary** *adj* PROD ENG quasi-binär; **~-statical** *adj* SPACE *spacecraft* quasi-statisch

quasi:[2] **~-adiabatic calorimeter** *n* NUC TECH quasi-adiabatisches Kalorimeter *nt*; **~-albedo approach** *n* NUC TECH Quasi-Albedo-Methode *f*; **~-breeder reactor** *n* NUC TECH Quasibrüter *m*; **~-chemical approximation** *n* METALL quasi-chemische Annäherung *f*; **~-constant slip** *n* NUC TECH quasi-konstantes Gleiten *nt*; **~-particle** *n* PHYS Quasiteilchen *nt*; **~-peak voltage** *n* TELECOM Quasispitzenspannung *f*; **~-scattering** *n* NUC TECH Quasistreuung *f*; **~-statical loading** *n* SPACE quasi-statische Ladung *f*; **~-steady state** *n* PHYS quasi-stabiler Zustand *m*; **~-steady-state distribution** *n* METALL quasi-konstante Zustandsverteilung *f*; **~-stellar decoupling** *n* SPACE quasi-stellare Entkopplung *f*; **~-stellar galaxy** *n (QSG)* SPACE Quasistellargalaxie *f (QSG)*; **~-stellar object** *n (QSO)* SPACE quasi-stellares Objekt *nt (QSO)*; **~-stellar radio source** *n (QSS)* SPACE quasi-stellare Radioquelle *f*

quassin *n* CHEMISTRY Quassin *nt*

quaternary[1] *adj* CHEMISTRY Vierstoff- *pref*, quartär, quaternär, MATH quaternär
quaternary:[2] ~ **fission** *n* NUC TECH quartäre Spaltung *f*; ~ **phase shift keying** *n (QPSK)* ELECTRON, TELECOM Vierphasenumtastung *f (QPSK)*
Quaternary *n* PET TECH Quartär *nt*
quaternion *n* MATH Quaternion *f*
quay *n* WATER TRANS Kai *m*, Pier *m*; ~ **crane** *n* WATER TRANS Hafenkran *m*
quayside: ~ **conveyor** *n* TRANS Kaibandförderer *m*; ~ **railroad** *n AmE (cf quayside railway BrE)* RAIL Kaibahn *f*; ~ **railway** *n BrE (cf quayside railroad AmE)* RAIL Kaibahn *f*; ~ **roadway** *n* TRANS Kaistraße *f*
quench[1] *n* METALL Abschreck- *pref*, Abschrecken *nt*, NUC TECH Abschreck- *pref*; ~ **ageing** *n BrE* METALL, NUC TECH Abschreckalterung *f*, PROD ENG Aushärtung *f*, Vergütung *f*; ~ **aging** *n AmE see quench ageing BrE* ~ **furnace** *n* PROD ENG Härteofen *m*; ~ **hardening** *n* METALL, NUC TECH Abschreckhärten *nt*; ~ **hardening test** *n* MECHAN ENG Abschreckversuch *m*
quench[2] *vt* CONST *lime* löschen, *metal, glass* abschrecken, MECHANICS abkühlen, abschrecken, löschen, METALL abschrecken, PROD ENG flachspritzen, THERMODYN *cool rapidly* abschrecken, *fire* auslöschen, löschen
quenchant *n* MECHANICS Abschreckflüssigkeit *f*, Abschreckmittel *nt*, PROD ENG Abschreckmittel *nt*
quenched: ~ **cullet** *n* CER & GLAS abgeschreckte Scherben *f pl*
quenching *n* METALL Abschreck- *pref*, PROD ENG Flachspritzen *nt*; ~ **bath** *n* METALL Abschreckbad *nt*, Härtebad *nt*; ~ **liquor** *n* MECHANICS Abschreckflüssigkeit *f*; ~ **and tempering** *n* PROD ENG Vergüten *nt*
quercetin *n* CHEMISTRY Quercetin *nt*
quercitannic *adj* CHEMISTRY Eichengerb- *pref*
quercite *n* CHEMISTRY Eichelzucker *m*
quercitol *n* CHEMISTRY Eichelzucker *m*
quercitrin *n* CHEMISTRY Quercitrin *nt*
query[1] *n* COMP & DP Abfrage *f*, Anforderung *f*, Aufforderung *f*, Stationsaufforderung *f*; ~ **language** *n (QL)* COMP & DP Abfragesprache *f*, Datenbanksprache *f*; ~ **processing** *n* COMP & DP Abfrageverarbeitung *f*, Abfragebearbeitung *f*
query[2] *vt* COMP & DP abfragen, anfordern
questionnaire *n* ERGON Fragebogen *m*
quetsch *n* TEXT Abquetsch- *pref*; ~ **roller** *n AmE* TEXT Abquetschwalze *f*; ~ **unit** *n AmE* TEXT Abquetschvorrichtung *f*
queue *n* COMP & DP Warteschlange *f*, CONTROL Schlange *f*, Warteschlange *f*, TELECOM Warteschlange *f*, TRANS *BrE (cf line AmE) traffic* Fahrzeugschlange *f*; ~ **block** *n* COMP & DP Warteschlangenblock *m*; ~ **control** *n* TELECOM Warteschlangensteuerung *f*; ~ **detector** *n BrE (cf line detector AmE)* TRANS *traffic* Fahrzeugschlangendetektor *m*; ~ **element** *n* COMP & DP Warteschlangenelement *nt*; ~ **length** *n* TRANS Länge der Fahrzeugschlange *f*; ~ **management** *n* COMP & DP Warteschlangenverwaltung *f*; ~ **size** *n* COMP & DP Warteschlangengröße *f*; ~ **time** *n* COMP & DP Wartezeit *f*; ~ **warning sign** *n* TRANS Stauwarngerät *nt*, Stauwarnzeichen *nt*
queued: ~ **access method** *n* COMP & DP Zugriff nach der Warteschlangenmethode *m*, erweiterte Zugriffsmethode *f*; ~ **sequential access method** *n (QSAM)* COMP & DP erweiterte Zugriffsmöglichkeit für sequentielle Dateien *f (QSAM)*; **queued unique index sequential access method** *n (QUISAM)* COMP & DP erweiterte indizierte Zugriffsmöglichkeit für sequentielle Dateien *(QUISAM)*
queueing: ~ **device** *n* TELECOM Warteeinrichtung *f*; ~ **network** *n* TELECOM Warteschlangennetz *nt*; ~ **theory** *n* COMP & DP, ERGON Warteschlangentheorie *f*; ~ **time** *n* COMP & DP, TELECOM, TELEV Wartezeit *f*
quick[1] *adj* PROD ENG ungelöst; ~**-drying** *adj* PACK, TEXT schnelltrocknend; ~**-frozen** *adj* THERMODYN schockgefroren
quick:[2] ~**-action chuck** *n* MECHAN ENG Schnellwechselfutter *nt*; ~**-action valve** *n* MECHAN ENG Schnellschlußventil *nt*; ~**-break switch** *n* ELECT rasch trennender Schalter *m*; ~**-change aircraft** *n (QC aircraft)* AIR TRANS *for passenger or freight operation* Quick-Change-Flugzeug *nt (QC-Flugzeug)*; ~**-change drill chuck** *n* MECHAN ENG Schnellwechselbohrfutter *nt*; ~**-change tool** *n* MECHAN ENG Schnellwechselmeißel *m*; ~ **charge** *n* AIR TRANS Schnelladung *f*; ~**-chilling** *n* HEAT & REFRIG Schnellkühlen *nt*; ~ **clay** *n* COAL TECH Fließton *m*, Quickton *m*; ~**-closing valve** *n* WATER SUP Schnellschlußventil *nt*; ~ **coupler** *n* SPACE *craft* Schnellkupplung *f*, Schnellverbinder *m*; ~ **disconnect** *n* AIR TRANS *hydraulics* Schnelltrennkupplung *f*; ~**-downing oxygen mask** *n* AIR TRANS automatisch herabfallende Sauerstoffmaske *f*; ~ **feed** *n* MECHAN ENG Eilvorschub *m*, Schnellvorschub *m*; ~**-flashing light** *n* WATER TRANS *navigation marks* Funkelfeuer *nt*; ~**-freezer** *n* HEAT & REFRIG Tiefgefrieranlage *f*, THERMODYN Tiefgefriergerät *nt*; ~**-freezing** *n* FOOD TECH schnelles Gefrieren *nt*, HEAT & REFRIG Schnellgefrieren *nt*, Schnelltiefkühlen *nt*, THERMODYN Schockgefrieren *nt*; ~**-freezing installation** *n* MECHAN ENG Schnellgefriereinrichtung *f*; ~**-frozen food** *n* FOOD TECH Tiefkühlkost *f*; ~**-motion shaft** *n* MECHAN ENG *of machine tool* Eilgangwelle *f*, Schnellgangwelle *f*; ~ **release** *n* SPACE *spacecraft* Schnellösung *f*; ~**-release clamping system** *n* MECHAN ENG Schnellösesystem *nt*; ~**-release fastener** *n* MECHAN ENG schnell lösbare Befestigung *f*; ~**-release pipe coupling** *n* MECHAN ENG schnell lösbare Rohrverbindung *f*; ~ **return** *n* MECHAN ENG *machine tools* Eilrücklauf *m*, Schnellrücklauf *m*; ~ **test** *n* TELECOM Geradeaustest *m*
quick:[3] ~**-freeze** *vt* THERMODYN schockgefrieren
quickening *n* ERGON Schnellregelung *f*
quickfit: ~ **connector** *n* LAB EQUIP Schnellanschluß-Verbindungsstück *nt*
quicklime *n* CER & GLAS Branntkalk *m*, ungelöschter Kalk *m*, CHEMISTRY Branntkalk *m*, Löschkalk *m*, Ätzkalk *m*, CONST gebrannter Kalk *m*, MAR POLL Branntkalk *m*, Ätzkalk *m*
quicksand *n* COAL TECH Fließsand *m*, Quicksand *m*, Treibsand *m*
quicksilver: ~ **amalgam** *n* METALL Quecksilberamalgam *nt*
quickwork *n* WATER TRANS *ship design* lebendes Werk *nt*
quiesce:[1] ~ **counter** *n* COMP & DP Wartezeitzähler *m*
quiesce[2] *vt* COMP & DP stillegen
quiesced: ~ **state** *n* COMP & DP interner Wartestatus *m*
quiescent[1] *adj* COMP & DP ruhig
quiescent:[2] ~ **state** *n* COMP & DP Nullzustand *m*, interner Wartestatus *m*
quiescing *n* COMP & DP Nachrichtenauslauf *m*, Stillegung *f*
quiet:[1] ~ **mode** *n* PRINT geräuscharmer Modus *m*; ~

running *n* MECHAN ENG *of engine, machine* ruhiger Lauf *m*; **~ short takeoff and landing aircraft** *n* *(QSTOL aircraft)* AIR TRANS geräuscharmes Kurzstart- und Landeflugzeug *nt*; **~ takeoff and landing aircraft** *n* *(QTOL aircraft)* AIR TRANS geräuscharm startendes und landendes Flugzeug *nt*; **~ water** *n* WATER SUP stilles Wasser *nt*
quiet[2] *vt* PROD ENG beruhigen
quieting *n* PROD ENG Beruhigung *f*
quill *n* MECHAN ENG *of milling machine* Pinole *f*, PROD ENG Hülse *f*, Pinole *f*; **~ tube** *n* MECHAN ENG Faltenrohr *nt*
quilt[1] *n* TEXT Steppdecke *f*
quilt[2] *vt* TEXT absteppen, steppen
quinacrine *n* CHEMISTRY Atebrin *nt*, Chinacrin *nt*, Mepacrin *nt*
quinaldine *n* CHEMISTRY Chinaldin *nt*
quinalizarin *n* CHEMISTRY Chinalizarin *nt*
quinamine *n* CHEMISTRY Chinamin *nt*
quinhydrone *n* CHEMISTRY Chinhydron *nt*
quinic *adj* CHEMISTRY China- *pref*
quinicine *n* CHEMISTRY Chinicin *nt*
quinidine *n* CHEMISTRY Chinidin *nt*, Conchinin *nt*
quinine *n* CHEMISTRY Chinin *nt*, Chininum *nt*
quinitol *n* CHEMISTRY Chinit *m*, Cyclohexandiol *nt*
quinoid *adj* CHEMISTRY chinoid
quinol *n* CHEMISTRY Benzol-1,4-Diol *nt*
quinoline *n* CHEMISTRY Benzopyridin *nt*, Chinolin *nt*
quinolyl *adj* CHEMISTRY Chinolyl- *pref*, Chinoyl- *pref*
quinone *n* CHEMISTRY Benzochinon *nt*, Chinon *nt*, Cyclohexadienon *nt*
quinova: **~ bitter** *n* CHEMISTRY Chinovabitter *nt*, Chinovin *nt*
quinovin *n* CHEMISTRY Chinovabitter *nt*, Chinovin *nt*
quinoxaline *n* CHEMISTRY Benzopyrazin *nt*, Chinazin *nt*, Chinoxalin *nt*
quinquevalence *n* CHEMISTRY Fünfwertigkeit *f*, Pentavalenz *f*
quinquevalent *adj* CHEMISTRY fünfwertig, pentavalent
quintal *n* METROL *AmE* Dezitonne *f*, METROL *BrE* Quintal *nt*
quintet *n* PHYS *spectroscopy* Quintett *nt*
QUIP *abbr (quad-in-line package)* ELECTRON QUIL-Gehäuse *nt*
quire *n* PRINT *paper* Lage Papier *f*
quirk *n* CONST Hohlkehle *f*, Nut *f*
QUISAM *abbr (queued unique index sequential access method)* COMP & DP QUISAM *(erweiterte indizierte Zugriffsmöglichkeit für sequentielle Dateien)* QUISAM
quoin *n* CONST Eckstein *m*, Mauerecke *f*, MECHAN ENG Keil *m*; **~ post** *n* WATER SUP *of lock-gate* Drehsäule *f*
quoins *n pl* PRINT Schließzeug *nt*
quotation *n* PRINT Zitat *nt*
quotient *n* COMP & DP, MATH Quotient *m*
QWERTY: **~ keyboard** *n (cf QWERTZ keyboard)* COMP & DP *English standard* QWERTY-Tastatur *f*
QWERTZ: **~ keyboard** *n (cf QWERTY keyboard)* COMP & DP *German standard* QWERTZ-Tastatur *f*

R

r *abbr* ACOUSTICS *(distance from source)* r *(Entfernung von der Schallquelle)*, NUC TECH *(nuclear radius)* r *(Kernradius)*, OPT *(angle of refraction)*, PHYS *(angle of refraction)* r *(Brechungswinkel)*

R *abbr* ELECT *(reluctance)* R *(Reluktanz)*, ELECT *(resistance)* R *(Widerstand)*, NUC TECH *(dose rate)* R *(Dosis)*, NUC TECH *(Rydberg constant)* R *(Rydberg-Konstante)*, NUC TECH *(linear range)* R *(linearer Bereich)*, PHYS *(gas constant)* R *(Gaskonstante)*, PHYS *(dose rate)* Strahlungsintensität *f*, RAD PHYS *(dose rate)* Dosisleistung *f*, Dosisrate *f*, RAD PHYS *(röntgen)* R *(Röntgen)*, THERMODYN *(gas constant)* R *(Gaskonstante)*

Ra *(radium)* CHEMISTRY Ra *(Radium)*

rabbet[1] *n* CONST Anschlag *m*, Falz *m*, Nut *f*, PROD ENG Falz *m*, Nut *f*, WATER TRANS Sponung *f*; **~ iron** *n* CONST Kröseleisen *nt*; **~ plane** *n* CONST Falzhobel *m*, Nuthobel *m*

rabbet[2] *vt* CONST falzen, nuten, PROD ENG einfalzen, einfügen

rabbeted: **~ joint** *n* CONST gefalzte Verbindung *f*

rabbit *n* NUC TECH Einstufenrückführung *f*; **~ system** *n* NUC TECH Rohrpostanlage *f*

rabble: **~ arm** *n* WASTE Krählarm *m*, Rührarm *m*

rabbling *n* PROD ENG Wirbelung *f*

Racah: **~ coupling** *n* NUC TECH Racah-Kopplung *f*

race *n* MECHAN ENG *of ball joint* Kugelschale *f*, MECHANICS Laufrille *f*, WATER SUP Gerinne *nt*, Graben *m*, WATER TRANS *sea* starke Strömung *f*; **~ track microtron** *n* PART PHYS Rennbahn-Mikrotron *nt*

racemate *n* CHEMISTRY Racemat *nt*

racemic *adj* CHEMISTRY racemisch

racemization *n* CHEMISTRY Racemisierung *f*

racemize *vt* CHEMISTRY racemisieren

racetrack: **~ holding pattern** *n* AIR TRANS Wartebereich für die Gepäckaufbereitung *m*

raceway *n* NUC TECH *channel for enclosing wires* Kabelkanal *m*, PROD ENG Laufring *m*, WATER SUP Gerinne *nt*

racing: **~ fuel** *n* NUC TECH Rennkraftstoff *m*

rack *n* AUTO *steering*, MECHAN ENG Zahnstange *f*, MECHANICS Gestell *nt*, Zahnstange *f*, PAPER Gestell *nt*, PROD ENG Speicher *m*, Zahnstange *f*, Ziehbank *f*, RAIL Gepäcknetz *nt*, TELECOM Gestell *nt*, Gestellrahmen *m*; **~-and-pinion** *n* MECHANICS Rastantrieb *m*, Zahnstange *f*, Zahnstangentrieb *m*; **~-and-pinion drive** *n* MECHAN ENG Zahnstangenantrieb *m*, Zahnstangengetriebe *nt*, PROD ENG Zahnstangentrieb *m*; **~-and-pinion drive gear** *n* NUC TECH Antrieb mit Ritzel und Zahnstange *m*; **~-and-pinion gear** *n* MECHAN ENG Zahnstangengetriebe *nt*; **~-and-pinion jack** *n* MECHAN ENG Zahnstangenwinde *f*; **~-and-pinion railroad** *n AmE (cf rack-and-pinion railway BrE)* RAIL Zahnradbahn *f*; **~-and-pinion railway** *n BrE (cf rack-and-pinion railroad AmE)* RAIL Zahnradbahn *f*; **~-and-pinion steering** *n* AUTO Zahnstangenlenkung *f*; **~ body truck** *n* AUTO Lkw mit offener Ladefläche *m*; **~ cutter** *n* MECHAN ENG Zahnstangenfräser *m*; **~ engine** *n* RAIL Zahnradbahnlokomotive *f*; **~ feed** *n* MECHAN ENG Zahnstangenvorschub *m*; **~ for test tubes** *n* LAB EQUIP Haltegestell für Reagenzgläser *nt*; **~ gearing** *n* RAIL Zahntrieb *m*; **~ locomotive** *n* RAIL Zahnradbahnlokomotive *f*; **~ marks** *n pl* CER & GLAS Regalmarkierungen *f pl*; **~ milling attachment** *n* MECHAN ENG Zahnstangenfräseinrichtung *f*; **~ milling cutter** *n* MECHAN ENG Zahnstangenfräser *m*; **~ milling machine** *n* MECHAN ENG Zahnstangenfräsmaschine *f*; **~-mount** *n* PACK gestellbefestigt; **~ mountain railroad** *n AmE (cf rack mountain railway BrE)* RAIL Zahnradgebirgsbahn *f*; **~ mountain railway** *n BrE (cf rack mountain railroad AmE)* RAIL Zahnradgebirgsbahn *f*; **~ pinion** *n* AUTO Zahnstangenritzel *nt*; **~ rail** *n* RAIL Zahnradstange *f*; **~ rail locomotive** *n* RAIL Lokomotive mit Reibungs- und Zahnradantrieb *f*; **~ railroad** *n AmE (cf rack railway BrE)* RAIL Radzahnbahn *f*, Zahnradbahn *f*; **~ railroad trailer** *n AmE (cf rack railway trailer BrE)* RAIL Radzahnbahnbeiwagen *m*; **~ railway** *n BrE (cf rack railroad AmE)* RAIL Radzahnbahn *f*, Zahnradbahn *f*; **~ railway trailer** *n BrE (cf rack railroad trailer AmE)* RAIL Radzahnbahnbeiwagen *m*; **~ track** *n* RAIL Radzahnbahnschiene *f*; **~ wheel** *n* MECHAN ENG Zahnstangentriebrad *nt*

racking *n* FOOD TECH Abfüllen *nt*, Abstechen *nt*, Abstich *m*, Abziehen *nt*

racon *n* WATER TRANS *navigation marks* Radarantwortbake *f*

rad *abbr (radiation absorbed dose)* RAD PHYS Rad

radar:[1] **~-controlled** *adj* WATER TRANS radargesteuert

radar[2] *n* PHYS, RAD PHYS *with coherent pulse*, RAD TECH *for detection and ranging* Radar *nt*, WATER TRANS *for detection and ranging* Rad *nt*; **~ aerial** *n* TRANS, WATER TRANS Radarantenne *f*; **~ air traffic control** *n* TRANS Radarflugsicherungsdienst *m*; **~ altimeter** *n* AIR TRANS Radarhöhenmesser *m*; **~ antenna** *n* TRANS, WATER TRANS Radarantenne *f*; **~ approach** *n* AIR TRANS Radaranflug *m*; **~ approach control center** *n AmE*, **~ approach control centre** *n BrE* AIR TRANS Radaranflugkontrollzentrum *nt*; **~ approach control equipment** *n* RAD TECH Anflugradaranlage *f*; **~ beacon** *n* AIR TRANS Radarfunkfeuer *nt*, RAD PHYS Radarbake *f*, Radarfeuer *nt*, RAD TECH Radarbake *f*, TELECOM Radarbake *f*, Radarfunkfeuer *nt*, WATER TRANS *navigation marks* Radarbake *f*; **~ beam** *n* WATER TRANS Radarstrahl *m*; **~ bearing** *n* WATER TRANS Radarpeilung *f*; **~ blip** *n* AIR TRANS Radarechoanzeige *f*, WATER TRANS Blip *m*, Echoanzeige *f*; **~ calibration** *n* WAVE PHYS Kalibrierung eines Radars *f*; **~ camouflage** *n* RAD TECH Radartarnung *f*; **~ coast image** *n* WATER TRANS Radarküstenbild *nt*; **~ contact** *n* TRANS Radarerfassung *f*; **~ control** *n* AIR TRANS, TRANS Funkortung *f*, Radarkontrolle *f*; **~ controller** *n* AIR TRANS, TRANS Radarlotse *m*; **~ detection** *n* WATER TRANS Radarortung *f*; **~ dish** *n* AIR TRANS, TRANS Radarparabolreflektor *m*, Radarschüssel *f*; **~ display** *n* AIR TRANS, TRANS Radarschirmbild *nt*; **~ dome** *n*

RAD TECH Radarabdeckung *f*, Rumpfnase *f*, WATER TRANS Radarkuppel *f*; ~ **echo** *n* AIR TRANS, TRANS Radarecho *nt*; ~ **equipment** *n* AIR TRANS, TRANS Radarausrüstung *f*; ~ **heading** *n* AIR TRANS, TRANS Radarsteuerkurs *m*; ~ **homing** *n* AIR TRANS, TRANS Radarzielansteuerung *f*; ~ **homing head** *n* RAD TECH Radarzielsuchkopf *m*; ~ **identification** *n* AIR TRANS, TRANS Radarkennung *f*; ~ **image** *n* WATER TRANS Radarbild *nt*; ~ **interference** *n* WATER TRANS Radarstörung *f*; ~ **marker beacon** *n* WATER TRANS *navigation marks* Radarbake *f*; ~ **marker float** *n* WATER TRANS Radarboje *f*; ~ **mast** *n* WATER TRANS Radarmast *m*; ~ **monitoring** *n* AIR TRANS, TRANS Radarüberwachung *f*; ~ **navigation** *n* AIR TRANS Radarnavigation *f*; ~ **operator** *n* WATER TRANS Radargast *m*; ~ **picket** *n* RAD TECH Radarvorposten *m*, Radarbeobachtung *f*; ~ **picket station** *n* TRANS, WATER TRANS Radarbeobachtungsstation *f*; ~ **pip** *n* WATER TRANS Echoanzeige *f*, Radarpip *nt*; ~ **plotting** *n* AIR TRANS Flugwegzeichnen *nt*, Radarzeichnung *f*, WATER TRANS Radaraufzeichnung *f*, Radarauswertung *f*; ~ **range** *n* AIR TRANS, TRANS, WATER TRANS Radarreichweite *f*; ~ **rating** *n* AIR TRANS, TRANS, WATER TRANS Radareinstufung *f*; ~ **reflectivity** *n* RAD TECH Radarrückstrahlvermögen *nt*; ~ **reflector** *n* AIR TRANS, TRANS, WATER TRANS Radarreflektor *m*; ~ **reflector buoy** *n* WATER TRANS Radarreflektorboje *f*; ~ **relay station** *n* TRANS, WATER TRANS Radarrelaisstation *f*; ~ **resolution** *n* RAD TECH Radarauflösungsvermögen *nt*; ~ **responding beacon** *n* WATER TRANS Radarantwortbake *f*; ~ **response** *n* AIR TRANS Radarantwort *f*, RAD TECH Radarecho *nt*, TRANS, WATER TRANS Radarantwort *f*; ~ **scanner** *n* AIR TRANS Radarabtaster *m*, Radardrehantenne *f*, RAD PHYS Radarscanner *m*, Radarabtaster *m*, RAD TECH Radarantenne *f*, TRANS, WATER TRANS Radarabtaster *m*, Radardrehantenne *f*; ~ **scanning** *n* AIR TRANS, TRANS, WATER TRANS Radarabtastung *f*; ~ **scan pattern** *n* AIR TRANS, TRANS, WATER TRANS Radarabtastschema *nt*; ~ **scope** *n* TRANS, WATER TRANS Radarsichtgerät *nt*; ~ **screen** *n* AIR TRANS, TRANS, WATER TRANS Radarschirm *m*, Radarbildschirm *m*; ~ **sensor** *n* RAD PHYS Radarsonde *f*; ~ **speed meter** *n* TRANS Radargeschwindigkeitsmesser *m*; ~ **station** *n* WATER TRANS Radarstation *f*; ~ **surveillance** *n* TRANS Radarleitdienst *m*, Radarüberwachung *f*; ~ **tracking** *n (RT)* AIR TRANS, RAD TECH, TRANS Radarzielverfolgung *f*; ~ **tracking station** *n* TRANS Zielverfolgungsstation *f*; ~ **tube** *n* ELECTRON Radarröhre *f*; ~ **unit** *n* AIR TRANS, TRANS, WATER TRANS Radarstelle *f*; ~ **vectoring** *n* AIR TRANS, TRANS, WATER TRANS Radarführung *f*; ~ **waves** *n pl* RAD PHYS Radarwellen *f pl*

radarsonde: ~ **observation** *n* AIR TRANS Beobachtung durch Radarsonde *f*

radial[1] *adj* ERGON, GEOM radial, MECHAN ENG Radial- *pref*, MECHANICS Radial- *pref*, radial, PHYS Radial- *pref*, PROD ENG Radial- *pref*, zentrisch

radial[2] *n* RAD TECH Gegengewicht *nt*; ~ **arm** *n* MECHAN ENG *of radial drilling machine*, PROD ENG Ausleger *m*; ~ **arrangement** *n* PROD ENG Sternanordnung *f*; ~ **ball bearing** *n* MECHAN ENG Querkugellager *nt*, Radialkugellager *nt*; ~ **bearing** *n* MECHAN ENG Querlager *nt*, Radiallager *nt*, PAPER Querlager *nt*; ~ **clearance** *n* PROD ENG Ringspalt *m*; ~ **component** *n* PHYS Radialkomponente *f*; ~ **control** *n* OPT Strahlsteuerung *f*; ~ **cylindrical roller bearing** *n* MECHAN ENG Radialzylinderrollenlager *nt*; ~ **deflecting electrode** *n* TELEV radiale Ablenkelektrode *f*; ~ **distribution function** *n* RAD PHYS radiale Verteilungsfunktion *f*; ~ **drill** *n* MECHAN ENG, PROD ENG Radialbohrmaschine *f*; ~ **drilling machine** *n* MECHAN ENG, MECHANICS, PROD ENG Radialbohrmaschine *f*; ~ **electrical fields** *n pl* RAD PHYS radiale elektrische Felder *nt pl*; ~ **engine** *n* AUTO Sternmotor *m*; ~ **fan** *n* ELECT Querstromgebläse *nt*, Radiallüfter *m*, HEAT & REFRIG Radialventilator *m*; ~ **feed** *n* MECHAN ENG Radialvorschub *m*, radialer Vorschub *m*; ~ **feeder system** *n* ELECT *power supply system* sternförmiges Speisesystem *nt*; ~ **feed method** *n* PROD ENG Radialverfahren *nt*; ~ **flow fan** *n* HEAT & REFRIG Radialventilator *m*; ~ **flow turbine** *n* MECHAN ENG Radialturbine *f*; ~ **force** *n* PROD ENG Drehmoment *nt*; ~ **gate** *n* FUELLESS Segmentwehr *nt*; ~ **loading** *n* PROD ENG Radialbelastung *f*; ~ **neutron flux** *n* NUC TECH radialer Neutronenfluß *m*; ~ **part of the wave function** *n* RAD PHYS Radialanteil der Wellenfunktion *m*, radialer Teil der Wellenfunktion *m*; ~ **piston pump** *n* PROD ENG Radialkolbenpumpe *f*; ~ **play** *n* MECHAN ENG, PROD ENG Radialspiel *nt*; ~ **ply tire** *n AmE*, ~ **ply tyre** *n BrE* PLAS Gürtelreifen *m*, Radialreifen *m*; ~ **positioning time** *n* OPT Strahlpositionierzeit *f*; ~ **power distribution** *n* NUC TECH *in reactor core* radiale Leistungsverteilung *f*; ~ **relief** *n* PROD ENG *metal cutting* Hintersetzwinkel *m*; ~ **roller bearing** *n* MECHAN ENG Querrollenlager *nt*; ~ **run-out** *n* MECHAN ENG, PROD ENG Radialschlag *m*; ~ **screw clearance** *n* PLAS Schneckenspiel *nt*; ~ **shift** *n* NUC TECH radiale Verschiebung *f*; ~ **shuffling** *n* NUC TECH *of fuel assemblies* radiales Austauschen *nt*, radiales Umsetzen *nt*; ~ **system** *n* ELECT sternförmiges System *nt*; ~ **tire** *n AmE see radial tyre BrE*; ~ **tooth** *n* PROD ENG Stirnzahn *m*; ~ **tyre** *n BrE* AUTO Gürtelreifen *m*, Radialreifen *m*; ~ **vane wheel** *n* HEAT & REFRIG Radialflügelrad *nt*; ~ **velocity** *n* FUELLESS Radialgeschwindigkeit *f*

radian *n* ELECT *angular frequency* Kreisgrad *m*, Radian *m*, ELECTRON *mathematics* Radiant *m*, GEOM *angle* Radiant *m*, rad, PHYS Radian *m*; ~ **measure** *n* MECHAN ENG Bogenmaß *nt*

radiance *n* METROL *(N)* Strahlung *f (N)*, OPT Strahldichte *f*, OPT *(N)* Strahlung *f (N)*, PHYS Strahldichte *f*, spezifische Lichtausstrahlung *f*, RAD PHYS spezifische Lichtausstrahlung *f*, TELECOM Strahldichte *f*, spezifische Ausstrahlung *f*, TEXT Glanz *m*

radiant[1] *adj* PHYS strahlend, THERMODYN strahlend, *heat, cooler* Strahlungs- *pref*

radiant:[2] ~ **boiler** *n* HEAT & REFRIG Strahlungskessel *m*; ~ **cooler** *n* THERMODYN Strahlungskühler *m*; ~ **cooling** *n* THERMODYN Strahlungskühlung *f*; ~ **density** *n* RAD PHYS Strahlungsdichte *f*; ~ **drier** *n see radiant dryer* ~ **dryer** *n* PAPER Strahlungstrockner *m*; ~ **efficiency** *n* PHYS Strahlungsausbeute *f*, Strahlungswirkungsgrad *m*; ~ **emittance** *n* OPT *(W)* Abstrahlung *f (W)*, Strahlemittanz *f*, TELECOM Strahlungsemission *f*; ~ **energy** *n* OPT *(U)* Strahlungsenergie *f (U)*, PHYS, RAD PHYS, TELECOM Strahlungsenergie *f*; ~ **energy density** *n* PHYS Strahlungsenergiedichte *f*; ~ **energy fluence rate** *n* PHYS Strahlungsdichte *f*; ~ **exitance** *n* PHYS spezifische Ausstrahlung *f*; ~ **exposure** *n* PHYS Strahlenexposition *f*; ~ **flux** *n* OPT, PHYS, RAD PHYS, TELECOM Strahlungsfluß *m*; ~ **flux density** *n* OPT Strahlungsflußdichte *f*, PHYS Strahlungsdichte *f*, RAD PHYS, TELECOM Strahlungsflußdichte *f*; ~ **heat** *n* RAD

PHYS, THERMODYN Strahlungswärme *f*; ~ **heater** *n* HEAT & REFRIG Heizstrahler *m*, Strahlungsheizkörper *m*, Strahlungsheizung *f*, MECHAN ENG, RAD PHYS, THERMODYN Heizstrahler *m*; ~ **heat gain** *n* HEAT & REFRIG Strahlungswärmegewinn *m*; ~ **heating** *n* THERMODYN Strahlungsheizung *f*; ~-**heating system** *n* HEAT & REFRIG Flächenheizung *f*, Strahlungsheizung *f*; ~ **intensity** *n* OPT, PHYS Strahlungsintensität *f*, TELECOM Strahlungsdichte *f*, Strahlungsintensität *f*; ~ **panel** *n* HEAT & REFRIG Strahlungsheizkörper *m*; ~ **panel heating** *n* HEAT & REFRIG Flächenheizung *f*, Strahlungsheizung *f*; ~ **power** *n* OPT Strahlungsenergie *f*, PHYS Strahlungsvermögen *nt*, TELECOM Strahlungsleistung *f*; ~ **superheater** *n* HEAT & REFRIG Strahlungsüberhitzer *m*

radiate[1] *vt* THERMODYN ausstrahlen

radiate[2] *vi* CONST Wärme abstrahlen, RAD PHYS, TELEV strahlen

radiated: ~ **output** *n* RAD PHYS abgegebene Strahlungsmenge *f*; ~ **power** *n* TELECOM abgestrahlte Leistung *f*, TELEV Strahlungsleistung *f*

radiating: ~ **cable** *n* TELECOM abstrahlendes Kabel *nt*; ~ **circuit** *n* TELEV strahlender Kreis *m*

radiation:[1] ~-**induced** *adj* RAD PHYS strahleninduziert, strahlungsinduziert; ~-**proof** *adj* NUC TECH strahlensicher, strahlungssicher, RAD PHYS strahlensicher

radiation[2] *n* ELECT Strahlung *f*, ELECTRON Abstrahlung *f*, Strahlung *f*, HEAT & REFRIG, MECHAN ENG, NUC TECH, OPT, PART PHYS, PHYS Strahlung *f*, POLL Bestrahlung *f*, RAD PHYS, RAD TECH, SPACE, TELECOM, TELEV, THERMODYN Strahlung *f*; ~ **absorbed dose** *n* *(rad)* RAD PHYS Rad; ~ **absorption analysis** *n* NUC TECH Strahlungsabsorptionsanalyse *f*; ~ **angle** *n* OPT, TELECOM Strahlungswinkel *m*; ~ **belt** *n* RAD PHYS, SPACE Strahlungsgürtel *m*; ~ **burns** *n pl* RAD PHYS Strahlungsverbrennungen *f pl*; ~ **catalysis** *n* RAD PHYS Strahlungskatalyse *f*; ~ **chamber** *n* NUC TECH Bestrahlungskammer *f*; ~ **channel** *n* NUC TECH Strahlungsmeßkanal *m*; ~ **chemistry** *n* NUC TECH Strahlenchemie *f*; ~ **coefficient** *n* HEAT & REFRIG Strahlungsbeiwert *m*; ~ **constant** *n* HEAT & REFRIG Strahlungskonstante *f*; ~ **counter** *n* RAD PHYS Strahlungszähler *m*; ~ **counter tube** *n* ELECTRON Strahlenzählrohr *nt*; ~ **cross-linking** *n* PLAS Strahlenvernetzung *f*, Strahlungsvernetzen *nt*, Strahlungsvernetzung *f*; ~ **damage** *n* NUC TECH Bestrahlungsschaden *m*, Strahlenschaden *m*, RAD PHYS Strahlenschaden *m*; ~ **danger zone** *n* NUC TECH strahlungsgefährdeter Bereich *m*; ~ **detector** *n* INSTR Strahlungsdetektor *m*, Strahlungsempfänger *m*, Strahlungsmeßfühler *m*, LAB EQUIP Strahlendetektor *m*, RAD PHYS Strahlungsdetektor *m*; ~ **dose** *n* POLL Strahlendosis *f*, RAD PHYS, SPACE Strahlungsdosis *f*; ~ **dosimeter** *n* INSTR Dosimeter *nt*, Dosismesser *m*; ~ **dosimetry** *n* RAD PHYS Strahlungsdosimetrie *f*; ~ **excitation** *n* ELECTRON Strahlungsanregung *f*; ~ **exposure** *n* NUC TECH Strahlenbelastung *f*, Strahlenexponierung *f*, SAFETY Strahlenbelastung *f*; ~ **field** *n* RAD PHYS *of aerial* Strahlungsfläche *f*; ~ **flux density** *n* NUC TECH Strahlungsflußdichte *f*; ~ **hardening** *n* NUC TECH Strahlungshärtung *f*; ~ **hardness** *n* TELECOM Strahlungsbeständigkeit *f*; ~ **hazard** *n* NUC TECH Strahlengefährdung *f*, SAFETY Strahlungsgefahr *f*; ~ **heating** *n* RAD PHYS Strahlungserwärmung *f*; ~-**induced activation** *n* RAD PHYS strahlungsinduzierte Aktivierung *f*; ~-**induced mutation** *n* RAD PHYS strahlungsinduzierte Mutation *f*; ~-**induced reaction** *n* RAD PHYS strahleninduzierte Reaktion *f*; ~ **intensity** *n* SPACE *communications* Strahlungsintensität *f*; ~ **laws** *n pl* RAD PHYS Strahlungsgesetze *nt pl*; ~ **length** *n* PART PHYS Strahlungslänge *f*; ~ **loss** *n* PART PHYS *of electron* Strahlungsverlust *m*; ~ **measurements** *n pl* RAD PHYS Strahlungsmessung *f*; ~ **mode** *n* OPT Strahlungsmode *f*, TELECOM Strahlungsmodus *m*; ~ **monitoring** *n* RAD PHYS Strahlungskontrolle *f*, Strahlungsüberwachung *f*, SPACE *spacecraft* Strahlungsüberwachung *f*; ~ **pattern** *n* OPT *fibre*, PHYS Strahlungsmuster *nt*, RAD TECH Strahlungsdiagramm *nt*, SPACE *communications* Strahlungsmuster *nt*, TELECOM Strahlungsdiagramm *nt*; ~ **physics** *n* NUC TECH, RAD PHYS Strahlenphysik *f*; ~ **potential** *n* RAD PHYS Strahlungspotential *nt*; ~ **pressure** *n* ACOUSTICS, PART PHYS, PHYS, RAD PHYS Strahlungsdruck *m*; ~ **processing** *n* NUC TECH Strahlungsaufbereitung *f*; ~ **protection** *n* NUC TECH, POLL, RAD PHYS Strahlenschutz *m*, SAFETY Strahlungsschutz *m*; ~ **protection officer** *n* NUC TECH Strahlenschutzbeauftragter *m*; ~ **pyrometer** *n* INSTR, LAB EQUIP, PHYS Strahlungspyrometer *nt*; ~ **reactor** *n* NUC TECH Bestrahlungsreaktor *m*; ~ **resistance** *n* NUC TECH *impedance* Strahlungswiderstand *m*, *of materials* Strahlungsfestigkeit *f*, PHYS, RAD TECH Strahlungswiderstand *m*; ~-**sensitive paper** *n* ENG DRAW strahlungsempfindliches Papier *nt*; ~ **shield** *n* SAFETY Strahlungsabschirmung *f*; ~ **shielding glass** *n* CER & GLAS Strahlenschutzglas *nt*; ~ **sickness** *n* NUC TECH, RAD PHYS Strahlenkrankheit *f*; ~ **source** *n* ELECTRON Strahlungsquelle *f*, NUC TECH Strahlungsquelle *f*, radioaktives Präparat *nt*, RAD PHYS Strahlenquelle *f*, Strahlungsquelle *f*; ~ **treatment** *n* RAD PHYS Strahlenbehandlung *f*; ~ **unit** *n* RAD PHYS Strahlungseinheit *f*

radiationless: ~ **transition** *n* RAD PHYS strahlungsloser Übergang *m*

radiative[1] *adj* RAD PHYS, THERMODYN Strahlungs- *pref*

radiative:[2] ~ **capture** *n* PHYS Strahlungseinfang *m*; ~ **cascade** *n* RAD PHYS Strahlungskaskade *f*; ~ **collision** *n* RAD PHYS Strahlungskollision *f*; ~ **heat transfer** *n* SPACE *spacecraft* Hitzestrahlung *f*; ~ **recombination** *n* ELECTRON Strahlungsrekombination *f*; ~ **transfer** *n* RAD PHYS Strahlungsübertragung *f*; ~ **transition** *n* RAD PHYS Strahlungsübergang *m*

radiator *n* AUTO Kühler *m*, *in vehicle, for cooling* Kühler *m*, HEAT & REFRIG Heizkörper *m*, Kühler *m*, Strahler *m*, Strahlungsquelle *f*, MECHANICS Kühler *m*, Strahler *m*, RAD TECH *aerial* Strahler *m*, SPACE *spacecraft* Kühler *m*, Strahler *m*, THERMODYN *body emitting radiation* Strahler *m*, *heating device* Heizkörper *m*; ~ **blind** *n* AUTO Kühlerjalousie *f*; ~ **cap** *n* AUTO Einfüllverschluß *m*, Kühlerdeckel *m*, Kühlerverschluß *m*; ~ **core** *n* AUTO Kühlerblock *m*, Kühlerkern *m*; ~ **drain cock** *n* AUTO Kühlerablaßhahn *m*; ~ **draining** *n* AUTO Kühlwasserablaß *m*; ~ **drain tap** *n* AUTO Kühlerablaßhahn *m*; ~ **element** *n* AUTO Kühlerteilblock *m*; ~ **filler cap** *n* AUTO Kühlereinfüllverschluß *m*; ~ **filler neck** *n* AUTO Kühlereinfüllstutzen *m*; ~ **fin** *n* AUTO Kühlerrippe *f*; ~ **flange** *n* AUTO Kühlerflansch *m*; ~ **frame** *n* AUTO Kühlergehäuse *nt*; ~ **grill** *n* AUTO *cooling system* Kühlergrill *m*; ~ **header** *n* AUTO Kühlerwasserkasten *m*; ~ **hose** *n* AUTO Kühlerschlauch *m*; ~ **loudspeaker** *n* ACOUSTICS trichterloser Lautsprecher *m*; ~ **pressure cap** *n* AUTO Kühlerdruckverschluß *m*; ~ **support** *n* AUTO Kühlerfuß *m*, Kühlerstütze *f*; ~ **vent**

hose *n* AUTO Kühlerentlüftungsschlauch *m*

radical *n* MATH Wurzel *f*, NUC TECH, PLAS Radikal *nt*; **~ polymerization** *n* PLAS Radikalpolymerisation *f*, radikalische Polymerisation *f*; **~ sign** *n* MATH Wurzelzeichen *nt*

radicand *n* MATH Radikand *m*

radii: **~-forming** *n* PROD ENG *metal cutting* Abrunden *nt*

radio[1] *adj* PHYS drahtlos ausgesandt, gefunkt; **~-controlled** *adj* RAD TECH, TRANS funkgesteuert; **~-frequency** *adj* ELECT, ELECTRON, RAD TECH hochfrequent; **~-opaque** *adj* RAD PHYS funkwellenundurchlässig

radio[2] *n* PHYS, RAD TECH Radio *nt*; **~ aerial** *n* AUTO, RAD TECH, TRANS Funkantenne *f*, Radioantenne *f*; **~ amateur** *n* TELECOM Amateurfunker *m*, Funkamateur *m*; **~ antenna** *n* AUTO, RAD TECH, TRANS Funkantenne *f*, Radioantenne *f*; **~ approach aids** *n pl* AIR TRANS Funkanflughilfen *f pl*; **~ astronomy** *n* PHYS, SPACE Radioastronomie *f*; **~ beacon** *n* AIR TRANS Funkfeuer *nt*, Funkleitstrahl *m*, Funkbake *f*, RAD PHYS Funkfeuer *nt*, WATER TRANS Funkfeuer *nt*, Funkleitstrahl *m*, Funkbake *f*; **~ beam** *n* RAD PHYS Funkleitstrahl *m*; **~ bearing** *n* AIR TRANS, RAD TECH Funkpeilung *f*; **~ broadcasting** *n* TELECOM Rundfunk *m*; **~ cassette** *n* AUTO *accessory* Cassettenradio *nt*; **~ channel** *n* AIR TRANS Funkkanal *m*; **~ communication** *n* RAD TECH, TELECOM, TRANS, WATER TRANS Funkverkehr *m*, Funkverbindung *f*; **~ compass** *n* AIR TRANS, WATER TRANS Funkkompaß *m*, Funkpeilkompaß *m*; **~ contact** *n* WATER TRANS Funkkontakt *m*, Funkverbindung *f*; **~ data transmission** *n* TELECOM Datenfunk *m*; **~ detecting and ranging** *n* RAD TECH Funkmeßverfahren *nt*; **~ determination satellite system** *n (RDSS)* RAD TECH, TRANS, WATER TRANS Satellitenfunkortungssystem *nt (RDSS)*; **~ diagnosis** *n* RAD PHYS Strahlendiagnose *f*; **~ direction finder** *n* PHYS, RAD TECH, TRANS, WATER TRANS Funkpeiler *m*; **~ direction finder antenna** *n* AIR TRANS, TRANS, WATER TRANS Funkpeilgerätantenne *f*; **~ direction finder frame** *n* RAD TECH Funkpeilrahmen *m*; **~ direction finding** *n (RDF)* PHYS, RAD TECH, TRANS, WATER TRANS Funkpeilung *f*, Radiogoniometrie *f*; **~ direction finding antenna** *n* RAD TECH, TRANS, WATER TRANS Funkpeilantenne *f*; **~ direction finding station** *n* AIR TRANS, TRANS, WATER TRANS Funkpeilstelle *f*; **~ engineering** *n* AIR TRANS, RAD TECH, TRANS, WATER TRANS Funktechnik *f*; **~ equipment** *n* AIR TRANS, RAD TECH, TRANS, WATER TRANS Funkgerät *nt*; **~ facility** *n* AIR TRANS, RAD TECH, TRANS, WATER TRANS Funkeinrichtung *f*; **~ fix** *n* AIR TRANS, TRANS, WATER TRANS Funkstandort *m*, Standort *m*; **~ frequency** *n (RF)* ELECT Hochfrequenz *f (HF)*, ELECTRON, RAD TECH, RECORD, TELECOM, TELEV Funkfrequenz *f*, Hochfrequenz *f (HF)*, Radiofrequenz *f (RF)*, WATER TRANS Hochfrequenz *f (HF)*, Radiofrequenz *f (RF)*; **~-frequency alternator** *n* ELEC ENG Hochfrequenzgenerator *m*; **~-frequency carrier** *n* ELECTRON Hochfrequenzträger *m*; **~-frequency current** *n* ELEC ENG Hochfrequenzstrom *m*; **~-frequency heating** *n* PLAS Hochfrequenzerwärmung *f*; **~-frequency interference** *n* ELECTRON, RAD TECH, RECORD, TELECOM Hochfrequenzstörung *f*; **~ guidance** *n* AIR TRANS Funkleitung *f*, Funksteuerung *f*; **~ homing** *n* AIR TRANS Funkzielflug *m*; **~ homing beacon** *n* AIR TRANS Anflugführungssender *m*; **~ interference** *n* ELECTRON HF-Störung *f*, Hochfrequenzstörung *f*; **~ link** *n* AIR TRANS Funksprechanlage *f*, Funkverbindung *f*, Funkverkehrsleitung *f*, Funkbrücke *f*, RAD TECH Funksprechanlage *f*, TELEV Funkverbindung *f*, TRANS, WATER TRANS Funksprechanlage *f*, Funkverbindung *f*, Funkverkehrsleitung *f*, Funkbrücke *f*; **~ marker** *n* AIR TRANS Anflugfunkfeuer *nt*; **~ navigation** *n* AIR TRANS, RAD TECH, TRANS, WATER TRANS Funknavigation *f*; **~ network** *n* TELECOM Funknetz *nt*; **~ noise** *n* ELECTRON Funkgeräusch *nt*, Hochfrequenzstörung *f*; **~ operator** *n* WATER TRANS Funker *m*; **~ path** *n* RAD TECH Funkstrecke *f*; **~ patrol car** *n* TRANS Funkstreifenwagen *m*; **~ position fixing** *n* AIR TRANS, TRANS, WATER TRANS Funkpeilung *f*; **~ range** *n* AIR TRANS, RAD TECH, TRANS Funkfeuer *nt*, Funkfrequenzbereich *m*, Funkreichweite *f*, Funkbereich *m*, WATER TRANS Funkfeuer *nt*; **~ receiver** *n* PHYS Funkempfänger *m*; **~ relay system** *n* TELECOM Richtfunksystem *nt*; **~ remote control** *n* AIR TRANS, RAD TECH, TRANS, WATER TRANS Funkfernsteuerung *f*; **~ room** *n* WATER TRANS Funkraum *m*; **~ sensitivity** *n* RAD PHYS Strahlenempfindlichkeit *f*; **~ signal** *n* ELECTRON Funksignal *nt*, Hochfrequenzsignal *nt*; **~ sonobuoy** *n* WATER TRANS Ortungsboje *f*; **~ source** *n* RAD PHYS Strahlenquelle *f*; **~ spectrum** *n* ELECTRON Funkfrequenzspektrum *nt*, Funkspektrum *nt*, RAD PHYS Radiospektrum *nt*; **~ star** *n* SPACE *communications* Radiostern *m*; **~ steering** *n* AIR TRANS, RAD TECH, TRANS, WATER TRANS Funkfernsteuerung *f*; **~ subscriber** *n* TELECOM Funkteilnehmer *m*; **~ subsystem** *n* TELECOM Funkteilsystem *nt*; **~ taxicab** *n* AUTO Funktaxi *nt*; **~ telecontrol** *n* AIR TRANS, TRANS, WATER TRANS drahtlose Steuerungsautomatik *f*; **~ telescope** *n* PHYS Radioteleskop *nt*; **~ transmitter** *n* PHYS Funksender *m*; **~ wave** *n* ELECT, ELECTRON Radiowelle *f*, PHYS, RAD TECH, TELECOM, WAVE PHYS Funkwelle *f*, WAVE PHYS Radiowelle *f*; **~-wave hazard** *n* SAFETY Gefahr durch Hochfrequenzwellen *f*; **~-wave propagation** *n* RAD PHYS Ausbreitung von Funkwellen *f*; **~ window** *n* PHYS radiofrequenzdurchlässiger Bereich der Atmosphäre *m*

radioactinium *n* RAD PHYS Radioactinium *nt*

radioactivation: **~ analysis** *n* RAD PHYS Aktivierungsanalyse *f*

radioactive[1] *adj* NUC TECH, PART PHYS, PET TECH, PHYS, RAD PHYS radioaktiv

radioactive:[2] **~ body** *n* NUC TECH, RAD PHYS radioaktiver Körper *m*; **~ change** *n* NUC TECH, RAD PHYS radioaktiver Übergang *m*; **~ contamination** *n* NUC TECH, RAD PHYS radioaktive Kontaminierung *f*, radioaktive Verseuchung *f*; **~ dating** *n* NUC TECH, RAD PHYS radioaktive Altersbestimmung *f*; **~ decay** *n* NUC TECH, RAD PHYS radioaktiver Zerfall *m*; **~ decay rate** *n* NUC TECH, RAD PHYS radioaktive Zerfallsrate *f*; **~ decay series** *n* NUC TECH, RAD PHYS radioaktive Zerfallsreihe *f*; **~ disintegration** *n* NUC TECH, RAD PHYS radioaktiver Zerfall *m*; **~ element** *n* NUC TECH, RAD PHYS radioaktives Element *nt*; **~ equilibrium** *n* NUC TECH, RAD PHYS radioaktives Gleichgewicht *nt*; **~ fallout** *n* NUC TECH, POLL, RAD PHYS radioaktiver Niederschlag *m*; **~ ion implantation** *n* PART PHYS Implantation radioaktiver Ionen *f*; **~ isotope** *n* NUC TECH, RAD PHYS Radioisotop *nt*, radioaktives Isotop *nt*; **~ labeling** *n AmE*, **~ labelling** *n BrE* NUC TECH, RAD PHYS radioaktives Markieren *nt*; **~ lifetime** *n* NUC TECH, RAD PHYS radioaktive Halbwertszeit *f*; **~ log** *n* PET TECH Radiolog *nt*, radioaktives Log *nt*; **~ pollution**

n POLL radioaktive Verschmutzung *f*, SAFETY radioaktive Verseuchung *f*; ~ **purity** *n* NUC TECH, RAD PHYS Radionuklidreinheit *f*; ~ **series** *n* NUC TECH, RAD PHYS radioaktive Zerfallsreihe *f*; ~ **standard** *n* NUC TECH, RAD PHYS radioaktives Standardpräparat *nt*; ~ **substance** *n* POLL, SAFETY radioaktiver Stoff *m*; ~ **tracer** *n* NUC TECH, RAD PHYS radioaktive Markierung *f*, radioaktives Spurenelement *nt*; ~ **transmutation** *n* NUC TECH, PART PHYS, PHYS, RAD PHYS Alpha-Zerfall *m*; ~ **waste** *n* NUC TECH, RAD PHYS, WASTE Atommüll *m*, radioaktiver Abfall *m*; ~ **waste evaporator** *n* NUC TECH Aktivabfallverdampfer *m*

radioactivity *n* NUC TECH, PART PHYS, PHYS, RAD PHYS Radioaktivität *f*; ~ **meter** *n* RAD PHYS Radioaktivitätsmeßgerät *nt*, Strahlungsmeßgerät *nt*; ~ **standard** *n* RAD PHYS radioaktives Standardpräparat *nt*

radioastronomical: ~ **antenna** *n* TELECOM Radioastronomieantenne *f*

radiocarbon *n* PHYS radioaktiver Kohlenstoff *m*, RAD PHYS Radiokohlenstoff *m*; ~ **dating** *n* PHYS Altersbestimmung mittels Radiokohlenstoff *f*

radiochemical: ~ **fume cupboard** *n* NUC TECH radiochemischer Abzug *m*

radiochemistry *n* NUC TECH Radiochemie *f*, RAD PHYS Radiochemie *f*, Strahlenchemie *f*

radiochromatography *n* RAD PHYS Strahlenchromatographie *f*

radiocobalt *n* CHEMISTRY Cobalt-60 *nt*, radioaktives Cobalt *nt*, NUC TECH Kobalt 60 *nt*, RAD PHYS Radiokobalt *m*

radiogenic *adj* PHYS, RAD PHYS radiogen, strahlungserzeugt

radiogoniometer *n* PHYS, RAD PHYS Funkkompaß *m*, Radiogoniometer *nt*

radiogoniometry *n* PHYS, RAD PHYS Funkpeiltechnik *f*

radiography *n* PHYS Radiographie *f*, RAD PHYS Röntgenographie *f*

radioguide *vt* RAD TECH, TRANS fernsteuern

radioiodine *n* CHEMISTRY Radiojod *nt*

radioisotope *n* CHEMISTRY Radioisotop *nt*, instabiles Isotop *nt*, radioaktives Isotop *nt*, PART PHYS, PHYS radioaktives Isotop *nt*; ~ **power generator** *n* SPACE *spacecraft* Radioisotopengenerator *m*

radiolocation *n* RAD PHYS Funkortung *f*

radiology *n* RAD PHYS Radiologie *f*

radioluminescence *n* RAD PHYS Radiolumineszenz *f*

radiolysis *n* CHEMISTRY Radiolyse *f*, strahlenchemische Zersetzung *f*, NUC TECH, RAD PHYS Radiolyse *f*

radiolytic *adj* NUC TECH radiolytisch

radiometer *n* FUELLESS Radiometer *nt*, PHYS Lichtmülle *f*, Strahlenmeßgerät *nt*

radiometric: ~ **analysis** *n* RAD PHYS radiometrische Analyse *f*

radiometry *n* CHEMISTRY Radiometrie *f*

radiomimetic *adj* CHEMISTRY Radiomimetikum *nt*

radionuclide *n* PHYS radioaktiver Kern *m*, RAD PHYS Radionuklid *nt*, radioaktives Nuklid *nt*

radiopaging *n* TELECOM Funkruf *m*

radiophone[1] *n* RAD TECH, TRANS Funktelefon *nt*

radiophone[2] *vi* RAD TECH, TRANS funktelefonisch anrufen

radiosonde *n* TELECOM Funksonde *f*, Radiosonde *f*

radiostrontium *n* CHEMISTRY Strontium-90 *nt*, radioaktives Strontium *nt*

radiotelephone *n* RAD TECH, WATER TRANS Funksprechgerät *nt*, Sprechfunkgerät *nt*

radiotelephony *n* TELECOM Funkfernsprechen *nt*

radioteletype *n (RTTY)* RAD TECH Funkfernschreiben *nt (RTTY)*

radiotherapy *n* NUC TECH Strahlentherapie *f*

radiotoxicity *n* RAD PHYS Radiotoxizität *f*

radium *n (Ra)* CHEMISTRY Radium *nt (Ra)*; ~ **emanation** *n* RAD PHYS Radium-Emanation *f*

radius[1] *n* CONST *of crane* Ausladung *f*, MECHAN ENG *under head of bolts, screws*, OPT, PHYS Radius *m*; ~ **arm** *n* AUTO *suspension* Führungslenker *m*; ~ **of curvature** *n* GEOM Krümmungsradius *m*; ~ **form cutter** *n* MECHAN ENG Radiusfräser *m*; ~ **gage** *n AmE*, ~ **gauge** *n BrE* MECHAN ENG Radiuslehre *f*, PROD ENG Halbmesserlehre *f*, Radienschablone *f*; ~ **of gyration** *n* CONST Trägheitsradius *m*, MECHAN ENG Trägheitshalbmesser *m*, PHYS Kreiselradius *m*; ~ **tool** *n* MECHAN ENG Radiusdrehmeißel *m*

radius[2] *vt* MECHAN ENG runden

radix *n* COMP & DP Basis *f*, Radix *f*, Wurzel *f*, MATH *base of numeration system* Grundzahl *f*; ~ **complement** *n* COMP & DP Basiskomplement *nt*, Radixkomplement *nt*; ~**-minus-one complement** *n* COMP & DP Radix-minus-eins-Komplement *nt*; ~ **notation** *n* COMP & DP Radixschreibweise *f*; ~ **point** *n* COMP & DP Radixpunkt *m*

radome *n* AIR TRANS Radarhaube *f*, Radarkuppel *f*, Radarnase *f*, RAD TECH Radarnase *f*, Radarabdeckung *f*, Rumpfnase *f*, SPACE Antennenkuppel *f*, Radarantennenverkleidung *f*, TELECOM Antennenkuppel *f*, Radom *nt*, WATER TRANS Radarhaube *f*, Radarkuppel *f*, Radarnase *f*

radon *n (Rn)* CHEM Radon *nt (Rn)*

radwaste *n* WASTE radioaktiver Abfall *m*

raffinose *n* CHEMISTRY Melezitose *f*, Raffinose *f*

raft *n* COAL TECH Fundamentplatte *f*, WATER TRANS Floß *nt*; ~ **foundation** *n* PROD ENG durchgehende bewehrte Fundamentplatte *f*

rafter *n* CONST Sparren *m*

rag[1] *n* PAPER Lumpen *m*, PROD ENG Grat *m*, Hohlstelle *f*, Kerb *m*; ~ **bolt** *n* CONST Bolzenanker *m*, Steinschraube *f*; ~ **breaker** *n* PAPER Lumpenbrecher *m*; ~ **buffing wheel** *n* PROD ENG Schwabbelscheibe *f*; ~ **duster** *n* PAPER Lumpenentstaubungstrommel *f*; ~ **knife** *n* PAPER Holländermesser *nt*; ~ **paper** *n* PAPER, PRINT Hadernpapier *nt*; ~ **shredder** *n* PAPER Lumpenshredder *m*; ~ **sorter** *n* PAPER Hadernsortierer *m*; ~ **wheel** *n* MECHAN ENG *buffing wheel* Schwabbelscheibe *f*

rag[2] *vt* PROD ENG aufrauhen, grobkonzentrieren

ragged[1] *adj* PROD ENG eingerissen, zackig; ~ **left** *adj* PRINT *setting* links flatternd; ~ **right** *adj* PRINT *setting* rechts flatternd

ragged:[2] ~ **center setting** *n AmE*, ~ **centre setting** *n BrE* PRINT Mittelachsensatz *m*; ~ **right setting** *n* PRINT Flattersatz rechts *m*

ragging *n* PROD ENG Aufrauhen *nt*, Rillenanordnung *f*

rail:[1] ~**-mounted** *adj* TRANS schienengebunden; ~**-road** *adj* RAIL Schiene-Straße- *pref*

rail[2] *n* CONST *window* Sprosse *f*, RAIL Schiene *f*, WATER TRANS *shipbuilding* Reling *f*; **by** ~ *n* RAIL mit der Bahn; ~**-air-rail service** *n* TRANS FLEI-Verkehr *m*, Flugzeug-Eisenbahn-Verkehr *m*; ~ **bed** *n* RAIL Schienenauflager *nt*; ~**-bending device** *n* RAIL Schienenbiegepresse *f*; ~**-bending stress** *n* RAIL Schienenbiegespannung *f*; ~ **bloom** *n* PROD ENG Schienenvorblock *m*; ~ **bore** *n* RAIL Schienenbohrung *f*; ~**-boring machine** *n* RAIL Schienenbohrmaschine *f*;

~ **brake** *n* RAIL Gleisbremse *f*; ~ **break** *n* RAIL Schienenbruch *m*; ~ **carrier wagon** *n* RAIL Tragwagen *m*; ~ **clip** *n* RAIL Klemmplatte *f*; ~ **coach** *n* RAIL Motortriebwagen *m*; ~ **crane** *n* RAIL Schienenkran *m*; ~ **cutting** *n* RAIL Eisenbahnanschnitt *m*; ~**-drilling machine** *n* RAIL Schienenbohrmaschine *f*; ~ **flange** *n* RAIL Schienenfuß *m*; ~ **foot** *n* RAIL Schienenfuß *m*; ~ **gage** *n AmE*, ~ **gauge** *n BrE* RAIL Spurweite *f*; ~**-grinding train** *n* RAIL Schienenschleifzug *m*; ~ **head** *n* CONST Schienenkopf *m*, PROD ENG Quersupport *m*, Schienenkopf *m*, RAIL Kopfbahnhof *m*, Schienenkopf *m*; ~ **inspection** *n* RAIL Schienenuntersuchung *f*; ~ **joint** *n* RAIL Schienenstoß *m*; ~ **junction** *n* RAIL, TRANS Verkehrsknotenpunkt *m*; ~ **junction point** *n* RAIL Anschlußstelle *f*; ~ **laying** *n* RAIL Schienenlegen *nt*; ~**-laying crane** *n* RAIL Schienenverlegekran *m*; ~ **lifter** *n* RAIL Schienenrücker *m*; ~ **motor car** *n* RAIL Motorwagen *m*; ~ **motor coach** *n* RAIL Schienenomnibus *m*; ~ **motor unit** *n* RAIL Treibwageneinheit *f*; ~**-planing machine** *n* RAIL Schienenhobelmaschine *f*; ~ **profile** *n* RAIL Schienenprofil *nt*; ~**-road semitrailer** *n* RAIL, TRANS Schiene-Straße-Sattelauflieger *m*; ~**-road-transport** *n* RAIL, TRANS Schiene-Straße-Verkehr *m*; ~ **safety** *n* SAFETY Eisenbahnsicherheit *f*; ~ **section** *n* RAIL Schienenprofil *nt*, Schienenquerschnitt *m*; ~ **shoulder** *n* RAIL Schienenkopfausrundung *f*; ~ **slipper** *n* RAIL HemmschuhAuswurfvorrichtung *f*; ~ **splice** *n* RAIL Lasche *f*, Stoßlasche *f*; ~ **stress** *n* RAIL Schienenbeanspruchung *f*; ~ **tank car** *n* RAIL Schienentankwagen *m*; ~ **tongs** *n pl* RAIL Schienenrücker *m*, Schienentragzange *f*; ~ **tool head** *n* PROD ENG Quersupport *m*; ~ **track** *n* RAIL Gleis *nt*, Schienenstrang *m*; ~ **transport** *n* RAIL Bahntransport *m*; ~ **transport of road trailers** *n* RAIL Huckepackverkehr *m*; ~ **vehicle** *n* RAIL Schienenfahrzeug *nt*; ~ **wear tolerance** *n* RAIL Schienenverschleißtoleranz *f*; ~ **web** *n* RAIL Schienensteg *m*

railbond *n* RAIL Schienenverbinder *m*

railborne *adj* RAIL spurgeführt

railbus *n* RAIL Schienenomnibus *m*

railcar *n* TRANS Schienenfahrzeug *nt*

railing *n* CONST Brüstung *f*, Geländer *nt*; ~ **stanchion** *n* WATER TRANS Relingsstütze *f*

railroad *n AmE (cf railway BrE)* RAIL Eisenbahn *f*; ~ **bridge** *n AmE (cf railway bridge BrE)* RAIL Eisenbahnbrücke *f*; ~ **car** *n AmE (cf railway carriage BrE)* RAIL Eisenbahnwaggon *m*, Reisezugwagen *m*; ~ **center** *n AmE (cf railway centre BrE)* RAIL Eisenbahnknotenpunkt *m*, Knotenbahnhof *m*; ~ **cutting** *n AmE (cf railway cutting BrE)* RAIL Eisenbahneinschnitt *m*; ~ **depot** *n AmE (cf railway depot BrE, station BrE)* RAIL Bahnhof *m*; ~ **freight car** *n AmE (cf railway freight car BrE)* RAIL Güterwagen *m*; ~ **freight terminal** *n AmE (cf railway freight terminal BrE)* RAIL Eisenbahnfrachtterminal *m*; ~ **gate** *n AmE (cf railway gate BrE)* RAIL Bahnschranke *f*; ~ **guide** *n AmE (cf railway guide BrE)* RAIL Kursbuch *nt*; ~ **junction** *n AmE (cf railway junction BrE)* RAIL Eisenbahnknotenpunkt *m*; ~ **line** *n AmE (cf railway line BrE)* RAIL Eisenbahnstrecke *f*; ~ **map** *n AmE (cf railway map BrE)* RAIL Eisenbahnkarte *f*; ~ **material** *n AmE (cf railway material BrE)* RAIL Eisenbahnmaterial *nt*; ~ **network** *n AmE (cf railway network BrE)* RAIL Schienennetz *nt*; ~ **operation** *n AmE (cf railway operation BrE)* RAIL Eisenbahnbetrieb *m*; ~ **overbridge** *n AmE (cf railway overbridge BrE)* RAIL *road* Eisenbahnüberführung *f*; ~ **regulations** *n pl BrE (cf railway regulations AmE)* RAIL Eisenbahnverkehrsordnung *f*; ~ **schedule** *n AmE (cf railway schedule BrE)* RAIL Eisenbahnfahrplan *m*; ~ **station** *n AmE (cf railway station BrE)* RAIL Bahnhof *m*; ~ **stock** *n AmE (cf railway stock BrE)* RAIL Eisenbahnmaterial *nt*; ~ **system** *n AmE (cf railway system BrE)* RAIL Bahnnetz *nt*, Bahnanlage *f*; ~ **terminus** *n AmE (cf railway terminus BrE)* RAIL Kopfbahnhof *m*; ~ **ticket** *n AmE (cf railway ticket BrE)* RAIL Fahrkarte *f*; ~ **timetable** *n AmE (cf railway timetable BrE)* RAIL Eisenbahnfahrplan *m*; ~ **track** *n AmE (cf railway track BrE)* RAIL Eisenbahnschiene *f*; ~ **traffic** *n AmE (cf railway traffic BrE)* RAIL Eisenbahnverkehr *m*; ~ **transport** *n AmE (cf railway transport BrE)* RAIL Bahntransport *m*, Eisenbahntransport *m*; ~ **underbridge** *n AmE (cf railway underbridge BrE)* RAIL *road* Eisenbahnunterführung *f*; ~ **user** *n AmE (cf railway user BrE)* RAIL Bahnbenutzer *m*; ~ **vehicles** *n pl AmE (cf railway vehicles BrE)* RAIL Eisenbahnfahrzeuge *nt pl*, rollendes Material *nt*

railroadman *n AmE (cf railwayman BrE)* RAIL Eisenbahnbediensteter *m*

railway *n BrE (cf railroad AmE)* RAIL Eisenbahn *f*; ~ **bridge** *n BrE (cf railroad bridge AmE)* RAIL Eisenbahnbrücke *f*; ~ **carriage** *n BrE (cf railroad car AmE)* RAIL Eisenbahnwaggon *m*, Reisezugwagen *m*; ~ **centre** *n BrE (cf railroad center AmE)* RAIL Eisenbahnknotenpunkt *m*, Knotenbahnhof *m*; ~ **cutting** *n BrE (cf railroad cutting AmE)* RAIL Eisenbahneinschnitt *m*; ~ **depot** *n BrE (cf railroad depot AmE)* RAIL Bahnhof *m*; ~ **freight car** *n BrE (cf railroad freight car AmE)* RAIL Güterwagen *m*; ~ **freight terminal** *n BrE (cf railroad freight terminal AmE)* RAIL Eisenbahnfrachtterminal *m*; ~ **gate** *n BrE (cf railroad gate AmE)* RAIL Bahnschranke *f*; ~ **guide** *n BrE (cf railroad guide AmE)* RAIL Kursbuch *nt*; ~ **junction** *n BrE (cf railroad junction AmE)* RAIL Eisenbahnknotenpunkt *m*; ~ **line** *n BrE (cf railroad line AmE)* RAIL Eisenbahnstrecke *f*; ~ **map** *n BrE (cf railroad map AmE)* RAIL Eisenbahnkarte *f*; ~ **material** *n BrE (cf railroad material AmE)* RAIL Eisenbahnmaterial *nt*; ~ **network** *n BrE (cf railroad network AmE)* RAIL Schienennetz *nt*; ~ **operation** *n BrE (cf railroad operation AmE)* RAIL Eisenbahnbetrieb *m*; ~ **overbridge** *n BrE (cf railroad overbridge AmE)* RAIL *road* Eisenbahnüberführung *f*; ~ **regulations** *n pl AmE (cf railroad regulations BrE)* RAIL Eisenbahnverkehrsordnung *f*; ~ **schedule** *n BrE (cf railroad schedule AmE)* RAIL Eisenbahnfahrplan *m*; ~ **station** *n BrE (cf railroad station AmE)* RAIL Bahnhof *m*; ~ **stock** *n BrE (cf railroad stock AmE)* RAIL Eisenbahnmaterial *nt*; ~ **system** *n BrE (cf railroad system AmE)* RAIL Bahnnetz *nt*, Bahnanlage *f*; ~ **terminus** *n BrE (cf railroad terminus AmE)* RAIL Kopfbahnhof *m*; ~ **ticket** *n BrE (cf railroad ticket AmE)* RAIL Fahrkarte *f*; ~ **timetable** *n BrE (cf railroad timetable AmE)* RAIL Eisenbahnfahrplan *m*; ~ **track** *n BrE (cf railroad track AmE)* RAIL Eisenbahnschiene *f*; ~ **traffic** *n BrE (cf railroad traffic AmE)* RAIL Eisenbahnverkehr *m*; ~ **transport** *n BrE (cf railroad transport AmE)* RAIL Bahntransport *m*, Eisenbahntransport *m*; ~ **underbridge** *n BrE (cf railroad underbridge AmE)* RAIL *road* Eisenbahnunterführung *f*; ~ **user** *n BrE (cf railroad user AmE)* RAIL Bahnbenutzer *m*; ~ **vehicles** *n pl BrE (cf railroad vehicles AmE)* RAIL Eisenbahnfahrzeuge *nt pl*, rollendes Material *nt*

railwayman *n BrE (cf railroadman AmE)* RAIL Eisenbahnbediensteter *m*

rain: ~ **clutter** *n* WATER TRANS *radar* Regentrübung *f*; ~-**free period** *n* POLL regenfreie Zeit *f*; ~ **gage** *n AmE*, ~ **gauge** *n BrE* CONST, FUELLESS, LAB EQUIP, WATER SUP Niederschlagsmesser *m*, Pluviometer *nt*, Regenmeßgerät *nt*; ~ **scatter** *n* SPACE *communications* Streuung durch Regen *f*

rainbow: ~ **quartz** *n* METALL Regenbogenquarz *m*

rainfall *n* FUELLESS Niederschlagsmenge *f*; ~ **area** *n* WATER SUP Niederschlagsgebiet *nt*

rainout *n* NUC TECH radioaktiver Niederschlag *m*, POLL Rainout *nt*, radioaktiver Niederschlag *m*, RAD PHYS radioaktiver Niederschlag *m*

rainwater: ~ **catchment** *n* WATER SUP Regenbecken *nt*; ~ **downpipe** *n* CONST Regenwasserfallrohr *nt*; ~ **head** *n* CONST Rinnenkasten *m*; ~ **pipe** *n* CONST Fallrohr *nt*

raise *vt* CONST aufschütten, erhöhen, MATH erheben, PROD ENG rauhen, TEXT aufhellen, aufrauhen, velourieren; ~ **on edge** *vt* CONST hochkanten

raised[1] *adj* PROD ENG gerauht

raised:[2] ~-**cosine pulse** *n* TELECOM Kosinusquadrat-Impuls *m*; ~ **countersunk head** *n* MECHAN ENG *of screw* Linsensenkkopf *m*; ~ **countersunk head screw** *n* MECHAN ENG Linsensenkschraube *f*; ~ **deck** *n* WATER TRANS *ship* Backdeck *nt*; ~-**face tool** *n* PROD ENG Meißel mit hochgekröpftem Schneidkopf *m*; ~ **floor** *n* HEAT & REFRIG Doppelboden *m*, Kriechboden *m*; ~ **head** *n* MECHAN ENG *of rivet* Linsenkopf *m*; ~ **head screw** *n* MECHAN ENG Linsenkopfschraube *f*; ~ **roof van** *n* AUTO Hochdach-Kastenwagen *m*, Hochdach-Transporter *m*

raising *n* CONST *of wall* Aufhöhung *f*, Heben *nt*, Hochheben *nt*, PROD ENG Rauhen *nt*, TEXT Aufrauhen *nt*, Velourisieren *nt*; ~ **agent** *n* FOOD TECH Treibmittel *nt*; ~ **machine** *n* TEXT Rauhmaschine *f*; ~ **screw** *n* PROD ENG Hubspindel *f*; ~ **of temperature** *n* PHYS Temperaturerhöhung *f*

rake *n* ACOUSTICS Stichel *m*, CONST Rechen *m*, MECHAN ENG Spanwinkel *m*, PROD ENG Rechen *m*, Spanfläche *f*, WATER TRANS Fall *m*

raked: ~ **tooth** *n* PROD ENG Räumzahn *m*

raker *n* CONST Kopfband *nt*, Kratzeisen *nt*, Räumlöffel *m*, Schrägbalken *m*, MECHAN ENG Kratzeisen *nt*

raking: ~ **shore** *n* CONST Abstützbohle *f*; ~ **stem** *n* WATER TRANS *shipbuilding* überhängender Vorsteven *m*

Rα *abbr (Rydberg constant)* NUC TECH Rα *(Rydberg-Konstante)*

ram[1] *n* AIR TRANS Auftreff- *pref*, COAL TECH Ramme *f*, CONST Druckkolben *m*, Ramme *f*, Stößel *m*, MECHAN ENG *of broaching machine* Schlitten *m*, *of machine tools* Revolverschlitten *m*, *of press* Stempel *m*, *plunger* Plungerkolben *m*, Tauchkolben *m*, MECHANICS Fallbär *m*, Ramme *f*, Stößel *m*, PHYS Rammen *nt*, Stoßtest *m*, PLAS Kolben *m*, Stempel *m*, Stößel *m*, PROD ENG Pinole *f*, Stößel *m*, WATER TRANS *measurement* Länge über alles *f*; ~ **air** *n* HEAT & REFRIG Staudruckluft *f*; ~ **bow** *n* TRANS *ship*, WATER TRANS *ship* Rammbug *m*; ~ **drag** *n* AIR TRANS Stauwiderstand *m*; ~ **effect** *n* AIR TRANS *aerodynamics* Auftreffwucht *f*; ~ **guard** *n* PROD ENG Stößelschutz *m*; ~ **lever** *n* MECHANICS Schlaghebel *m*; ~ **penetration test** *n* COAL TECH Rammtest *m*; ~ **positioning** *n* PROD ENG Hubverlagerung *f*; ~ **pump** *n* WATER SUP Druckpumpe *f*; ~-**type turret lathe** *n* MECHAN ENG Sattelrevolverdrehmaschine *f*

ram[2] *vt* CONST rammen, stampfen, stoßen, PROD ENG verdichten, WATER TRANS rammen

RAM *abbr (random access memory)* COMP & DP, ELECTRON RAM *(Schreib-/Lesespeicher)*

Raman: ~ **effect** *n* PHYS, RAD PHYS Ramanscher Effekt *m*; ~ **scattering** *n* PHYS Ramansche Streuung *f*; ~ **spectrometry** *n* RAD PHYS Ramansche Spektrometrie *f*; ~ **spectroscopy** *n* PHYS Ramansche Spektroskopie *f*

ramark *n* WATER TRANS *navigation marks* Radarsendebake *f*

ramification *n* PROD ENG Verzweigung *f*

ramify *vt* PROD ENG verzweigen

ramjet *n* AIR TRANS Staustrahltriebwerk *nt*; ~ **engine** *n* THERMODYN, TRANS *aeroplane* Staustrahltriebwerk *nt*

rammability *n* PROD ENG Stampfbarkeit *f*, Verdichtbarkeit *f*

rammable *adj* PROD ENG stampfbar, verdichtbar

rammed: ~ **area** *n* NUC TECH *for storage* gerammter Bereich *m*

rammer *n* CONST, PROD ENG Ramme *f*, Stampfer *m*

ramming *n* CONST Einrammen *nt*, Festklopfen *nt*, Stampfen *nt*, PROD ENG Stampfen *nt*, Verdichten *nt*

ramp *n* AIR TRANS Flugsteig *m*, Vorfeld *nt*, ELEC ENG Abschrägung *f*, Rampe *f*, PAPER Rampe *f*; ~ **change of load** *n* NUC TECH rampenförmiger Lastanstieg *m*; ~ **closure sign** *n* AIR TRANS Zufahrtssperrsignal *nt*; ~ **encoder** *n* INSTR Sägezahnumsetzer *m*, Sägezahnverschlüsseler *m*, Zeitverschlüsseler *m*, Zeitbasisumsetzer *m*; ~ **generator** *n* ELEC ENG Sägezahngenerator *m*; ~ **landfill** *n* WASTE Anböschung *f*; ~ **metering** *n* AIR TRANS Zufahrtdosierung *f*; ~ **response** *n* IND PROCESS Anstiegszeit *f*; ~ **services** *n pl* AIR TRANS Vorfelddienst *m*; ~ **status** *n* AIR TRANS Rampstatus *m*; ~-**to-ramp time** *n* AIR TRANS Zeit zwischen Flugsteig zu Flugsteig *f*, benötigte Zeit von einem Gate zum anderen *f*; ~ **voltage** *n* ELEC ENG linearer Spannungsanstieg *m*; ~ **waveform** *n* ELEC ENG Sägezahnwellenform *f*; ~ **weight** *n* AIR TRANS Rampgewicht *nt*

rampant: ~ **arch** *n* CONST steigender Bogen *m*

Ramsden: ~ **eyepiece** *n* PHYS Ramsdensches Okular *nt*

Rand: ~ **tablet** *n* COMP & DP Grafikblock *m*

random[1] *adj* COMP & DP Zufall- *pref*, wählbar, wahlfrei, ELEC ENG, METALL Zufall- *pref*, METROL zufällig, QUAL Zufall- *pref*

random:[2] ~ **access** *n* COMP & DP Direktzugriff *m*, direkter Zugriff *m*, wahlfreier Zugriff *m*, ELEC ENG Direktzugriff *m*, SPACE *communications* freier Zugriff *m*; ~ **access device** *n* COMP & DP Gerät mit wahlfreiem Zugriff *nt*; ~ **access file** *n* COMP & DP Direktzugriffsdatei *f*; ~ **access memory** *n (RAM)* COMP & DP, ELECTRON Direktzugriffsspeicher *m*, Lese-/Schreibspeicher *m*, Schreib-/Lesespeicher *m (RAM)*; ~ **access storage** *n* COMP & DP Direktzugriffsspeicher *m*; ~ **arrangement** *n* METALL Zufallsanordnung *f*; ~ **dispersion interval** *n* QUAL Zufallsstreubereich *m*; ~ **distribution** *n* METALL regellose Verteilung *f*; ~ **error** *n* COAL TECH Zufallsfehler *m*, COMP & DP Zufallsfehler *m*, statistischer Fehler *m*, INSTR Zufallsfehler *m*, statistischer Fehler *m*, zufälliger Fehler *m*, METROL Zufallsfehler *m*, PHYS zufälliger Fehler *m*, TELECOM Zufallsfehler *m*; ~ **error of result** *n* QUAL zufällige Ergebnisabweichung *f*; ~ **event** *n* ELECTRON Zufallsergebnis *nt*; ~ **excitation** *n* TELECOM stochastische

Anregung *f*; ~ **failure** *n* COMP & DP Zufallsausfall *m*, ELEC ENG Zufallsausfall *m*, Zufallsfehler *m*, TELECOM Zufallsausfall *m*; ~ **file** *n* COMP & DP Datei für wahlfreien Zugriff *f*, Randomdatei *f*; ~ **loading** *n* METALL Zufallsbelastung *f*; ~ **logic** *n* ELECTRON Zufallslogik *f*; ~ **logic chip** *n* ELECTRON Großspeicher-Chip *m*; ~ **logic circuit** *n* ELECTRON Großspeicherschaltung *f*; ~ **multiple access** *n* TELECOM direkter Vielfachzugriff *m*; ~ **noise** *n* ELECTRON Weißrauschen *nt*, statistisches Rauschen *nt*, RECORD, TELECOM weißes Rauschen *nt*; ~ **noise generator** *n* ELECTRON Rauschstörungsgenerator *m*, RECORD Weißrauschgenerator *m*; ~ **noise signal** *n* ELECTRON Rauschstörungssignal *nt*; ~ **noise source** *n* ELECTRON Rauschstörungsquelle *f*; ~ **number** *n* COMP & DP Zufallsnummer *f*, Zufallszahl *f*; ~ **number generator** *n* COMP & DP, TELECOM Zufallszahlengenerator *m*; ~ **observation method** *n* ERGON Bewegungsbereich *m*; ~ **organization** *n* COMP & DP gestreute Speicherungsform *f*; ~ **phase errors** *n pl* TELEV zufällige Phasenfehler *m pl*; ~ **processing** *n* COMP & DP Verarbeitung im Direktzugriff *f*, direkte Verarbeitung *f*, wahlfreie Verarbeitung *f*, wählbare Verarbeitung *f*; ~ **pulse** *n* ELECTRON wählbarer Impuls *m*, TELECOM zufälliger Impuls *m*; ~ **sample** *n* COAL TECH Stichprobenahme *f*, FOOD TECH, QUAL Zufallsstichprobe *f*; ~ **sample test** *n* TEST Stichprobenprüfung *f*; ~ **sampling** *n* CHEMISTRY zufallsgestreutes Stichprobenverfahren *nt*, COAL TECH Stichprobe *f*, MATH zufällige Stichprobenauswahl *f*, zufällige Stichprobenentnahme *f*, QUAL Zufallsprobenahme *f*, Zufallsstichprobenuntersuchung *f*, TELECOM stochastische Abtastung *f*; ~ **scan** *n* COMP & DP Zufallsabtastung *f*; ~**-scan device** *n* COMP & DP Gerät für die Zufallsabtastung *nt*; ~ **scattering** *n* NUC TECH Zufallsstreuung *f*, statistische Streuung *f*; ~ **signal** *n* ELECTRON, TELECOM, WATER TRANS *radar* Zufallssignal *nt*; ~ **solution** *n* METALL Zufallslösung *f*; ~ **thermal motion** *n* RAD PHYS *of emitting atoms* thermische Zufallsbewegung *f*; ~ **variable** *n* COMP & DP, ELECTRON Zufallsvariable *f*, QUAL Zufallsgröße *f*, Zufallsvariable *f*; ~ **voltage** *n* ELEC ENG Zufallsspannung *f*; ~ **walk** *n* COMP & DP Irrfahrt *f*; ~ **walk method** *n* COMP & DP Monte-Carlo-Methode *f*; ~ **winding** *n* ELEC ENG Zufallswicklung *f*, ELECT Zufallswicklung *f*, willkürlich verteilte Wicklung *f*

randomly: ~ **distributed fibers** *n pl AmE*, ~ **distributed fibres** *n pl BrE* PLAS *non-wovens* ungerichtete Fasern *f pl*

range[1] *n* AIR TRANS Reichweite *f*, COMP & DP Bereich *m*, Wertebereich *m*, ELECTRON *distance* Entfernung *f*, *of emitter* Reichweite *f*, *of frequencies* Bereich *m*, INSTR Abstand *m*, Bereich *m*, Einsatzbereich *m*, Entfernung *f*, Meßbereich *m*, Reichweite *f*, Reihe *f*, Skalenbereich *m*, Spannweite *f*, Wertebereich *m*, Wertereihe *f*, PAPER Bereich *m*, PHYS Reichweite *f*, QUAL Spannweite *f*, RAD TECH Bereich *m*, Empfangsbereich *m*, Sendebereich *m*, SPACE Einzugsbereich *m*, Reichweite *f*, TELECOM Baureihe *f*, Bereich *m*, Entfernung *f*, Reichweite *f*, Sortiment *nt*, Strecke *f*, Wellenbereich *m*, TELEV Sendebereich *m*, TEXT Reihe *f*, Sortiment *nt*, WATER TRANS *navigation, communication* Bereich *m*, Entfernung *f*, Reichweite *f*; ~ **of action per charge** *n* TRANS *battery* Reichweite pro Ladung *f*; ~ **chart** *n* QUAL Spannweiten-Kontrollkarte *f*; ~ **collision** *n* NUC TECH *between particles* Teilchenstoßbereich *m*; ~ **of command** *n* IND PROCESS Führungsbereich *m*; ~ **of compensation** *n* NUC TECH Ausgleichbereich *m*; ~ **of desired variable** *n* IND PROCESS Aufgabenbereich *m*; ~ **of feeds** *n* PROD ENG Vorschubbereich *m*; ~ **finding** *n* ELECTRON Entfernungsmessung *f*; ~ **of half-life** *n* RAD PHYS Halbwertszeitbereich *m*; ~ **indicator** *n* AUTO *automatic gearbox controls* Schaltbereichsanzeige *f*; ~ **light** *n* WATER TRANS *navigation* Richtfeuer *nt*; ~ **of measurement** *n* INSTR Meßbereich *m*; ~ **of movement** *n* NUC TECH *of control rod* Hubbereich *m*; ~ **pole** *n* CONST *surveying* Fluchtstab *m*; ~ **rod** *n* CONST *surveying* Fluchtstab *m*; ~ **selector** *n* INSTR Bereichswähler *m*; ~ **of speeds** *n* MECHAN ENG Drehzahlbereich *m*; ~ **switch** *n* ELECT Meßbereichschalter *m*; ~ **of tide** *n* WATER TRANS Gezeitenhub *m*, Tidenhub *m*

range:[2] ~ **from** *vi* TELECOM reichen von, sich erstrecken von

rangeability *n* IND PROCESS Bereichsverhältnis *nt*

rangefinder *n (RF)* INSTR Entfernungsmeßgerät *nt*, PHOTO, WATER TRANS Entfernungsmesser *m*; ~ **window** *n* PHOTO Scharfeinstellfenster *nt*

ranger: ~ **finder** *n* ELECTRON *telegraphics* Empfangssucher *m*

ranging *n* SPACE Entfernungsmessung *f*

rank *vt* ERGON in Rangordnung bringen

Rankine: ~ **cycle engine** *n* AUTO Clausius-Rankine-Prozeß-Motor *m*

rap[1] *n* PROD ENG Bund *m*, Stähne *f*

rap[2] *vt* PROD ENG *casting* abklopfen, losschlagen

rapeseed: ~ **oil** *n* FOOD TECH Rapsöl *nt*, Rüböl *nt*

rapid: ~ **air cooling** *n* THERMODYN schnelle Luftkühlung *f*; ~ **annealing** *n* CER & GLAS schnelles Entspannen *nt*; ~ **automatic transport** *n* TRANS automatischer Schnellverkehr *m*; ~**-change toolholder** *n* MECHAN ENG Schnellwechselwerkzeughalter *m*; ~ **chilling** *n* HEAT & REFRIG Schnellkühlen *nt*; ~ **cooling** *n* THERMODYN Schnellkühlung *f*; ~ **exit taxiway** *n* AIR TRANS Schnellabrollbahn *f*; ~ **fatigue test** *n* METALL Kurzzeitermüdungsversuch *m*; ~ **fermentation** *n* WASTE Schnellkompostierung *f*, beschleunigte Kompostierung *f*, geschlossene Kompostierung *f*; ~ **film advance lever** *n* PHOTO Schnellschalthebel *m*, Schnellspannhebel *m*; ~**-hardening cement** *n* CONST frühhochfester Zement *m*; ~ **heat-up cathode** *n* TELEV Schnellheizelektrode *f*; ~ **loading system** *n* PHOTO Schnelladesystem *nt*; ~ **traffic** *n* TRANS Schnellverkehr *m*; ~ **transit** *n* TRANS Schnellnahverkehr *m*; ~ **transit car** *n* RAIL Schnellbahnwagen *m*; ~ **transit railroad** *n AmE (cf rapid transit railway BrE)* RAIL Stadtschnellbahn *f*; ~ **transit railway** *n BrE (cf rapid transit railroad AmE)* RAIL Stadtschnellbahn *f*; ~ **transit system** *n* RAIL Schnellbahnsystem *nt*; ~ **urban artery** *n* TRANS städtische Schnellstraße *f*

rappage *n* PROD ENG *casting* Übermaß durch Losschlagen des Modells *nt*

rapper *n* PROD ENG *casting* Abklopfer *m*

rapping *n* POLL *of electrodes* Klopfung *f*, PROD ENG *casting* Losschlagen *nt*

rare: ~**-earth glass** *n* CER & GLAS Seltene-Erden-Glas *nt*; ~ **gas tube** *n* ELECTRON Edelgasröhre *f*

rarefaction *n* PHYS, PROD ENG, WAVE PHYS Verdünnung *f*

rarefiable *adj* PROD ENG verdünnbar

rarefied *adj* PROD ENG verdünnt

rarefy *vt* PROD ENG verdünnen

raschel: ~ **knitting machine** *n* TEXT Raschel-Kettenwirkmaschine *f*, Raschel *f*, Raschelmaschine *f*

rasp[1] *n* CONST Raspe *f*, Reibeisen *nt*

rasp[2] *vt* CONST raspeln

raster *n* COMP & DP Punktraster *nt*, Raster *nt*, Rasterfeld *nt*, ELECTRON *video* Bildraster *m*, TELEV Raster *nt*; **~ display** *n* COMP & DP Rasteranzeige *f*; **~ element** *n* COMP & DP Rasterelement *nt*; **~ generator** *n* TELEV Rastergenerator *m*; **~ graphics** *n pl* COMP & DP, PRINT Rastergrafik *f*; **~ pitch** *n* TELEV Rasterabstand *m*; **~ scan** *n* COMP & DP Zeilenabtastung *f*; **~ scan cathode ray tube** *n* ELECTRON Rasterabtastungs-Kathodenstrahlröhre *f*; **~ scan device** *n* COMP & DP Zeilenabtastgerät *nt*; **~ scan electron beam lithography** *n* ELECTRON Rasterabtastungs-Elektronenstrahl-Lithografie *f*; **~-scanned beam** *n* ELECTRON rasterabgetasteter Strahl *m*; **~ scanning** *n* COMP & DP rasterförmige Abtastung *f*, ELECTRON Bildrasterabtastung *f*, Bildrasterscannen *nt*, Rasterabtastung *f*, TELEV Rasterabtastung *f*; **~ screen** *n* COMP & DP Rasterbildschirm *m*; **~ unit** *n* COMP & DP Rastereinheit *f*

rat *n* PROD ENG Großoberflächenfehler *m*; **~ run** *n* TRANS Schleichweg *m*; **~-tail file** *n* MECHAN ENG schmale Rundfeile *f*

ratch *n* MECHAN ENG Zahnstange *f*

ratchet *n* CONST Ratsche *f*, Sperrhaken *m*, Sperrklinke *f*, MECHAN ENG Bohrknarre *f*, Klinkenrad *nt*, Knarre *f*, *pawl, click, detent* Klinke *f*, Sperrklinke *f*, MECHANICS Klinke *f*, Sperrklinke *f*, PROD ENG Klinkenrad *nt*, Sperrad *nt*, *plastic valves* Klinke *f*, Rasterschere *f*; **~-and-pawl** *n* MECHAN ENG Zahnrad und Sperrklinke *nt*; **~-and-pawl mechanism** *n* MECHAN ENG Zahngesperre *nt*; **~-and-pawl motion** *n* MECHAN ENG Sperrwerk *nt*; **~ brace** *n* CONST Schraubstempel *m*, MECHAN ENG *tool* Bohrknarre *f*; **~ drill** *n* MECHAN ENG Bohrknarre *f*; **~ feed** *n* MECHAN ENG Klinkenradvorschub *m*; **~ lever** *n* MECHAN ENG Knarre *f*; **~ mechanism** *n* MECHAN ENG Klinkenschaltwerk *nt*; **~ motion** *n* MECHAN ENG Schaltantrieb *m*; **~-screwing stock** *n* MECHAN ENG Gewindeschneidkluppe mit Ratsche *f*; **~ spanner** *n BrE (cf ratchet wrench)* MECHAN ENG Ratsche *f*; **~ stop** *n* MECHAN ENG *of micrometer* Ratsche *f*; **~ wheel** *n* MECHAN ENG Klinkenrad *nt*; **~ wrench** *n (cf ratchet spanner BrE)* MECHAN ENG Ratsche *f*

rate[1] *n* COMP & DP Geschwindigkeit *f*, Rate *f*, METROL Anteil *m*, Anzahl *f*, Geschwindigkeit *f*, Grad *m*, Menge *f*; **~ of absorption** *n* WATER SUP Absorptionsrate *f*; **~ of air change** *n* HEAT & REFRIG Luftwechselgeschwindigkeit *f*; **~ of air delivered** *n* HEAT & REFRIG geförderte Luftmenge *f*; **~ of air flow** *n* HEAT & REFRIG Luftdurchflußmenge *f*, Luftdurchsatz *m*, Luftleistung *f*; **~ of circulation** *n* PROD ENG Umlaufgeschwindigkeit *f*; **~ of climb** *n* AIR TRANS Steigrate *f*, Steigungsgeschwindigkeit *f*, Steigungsrate *f*; **~ of climb indicator** *n* AIR TRANS Steigungsgeschwindigkeitsanzeige *f*; **~ of clock** *n* METROL Uhrgang *m*; **~ of combustion** *n* THERMODYN Verbrennungsgeschwindigkeit *f*; **~ constant** *n* METALL Geschwindigkeitskonstante *f*; **~ of coolant air flow** *n* HEAT & REFRIG Kühlluftdurchflußmenge *f*, Kühlluftmenge *f*, Kühlluftstrom *m*; **~ of coolant air required** *n* HEAT & REFRIG Kühlluftbedarf *m*; **~ of coolant flow** *n* HEAT & REFRIG Kühlmitteldurchflußmenge *f*, Kühlmittelstrom *m*; **~ of cooling** *n* THERMODYN Abkühlungsgeschwindigkeit *f*; **~ of cure** *n* PLAS *of rubber* Vernetzungsgeschwindigkeit *f*, Vulkanisationsgeschwindigkeit *f*; **~ of curing** *n* CONST Erstarrungsgeschwindigkeit *f*; **~ of current rise** *n* ELEC ENG Stromanstiegsrate *f*; **~ of cut** *n* PROD ENG *metal cutting* Spantiefe *f*; **~ of descent** *n* AIR TRANS Sinkgeschwindigkeit *f*, Sinkrate *f*; **~ of drying** *n* THERMODYN Trocknungsleistung *f*; **~ of flow** *n* COAL TECH Durchflußgeschwindigkeit *f*, HEAT & REFRIG Durchflußgeschwindigkeit *f*, Durchflußmenge *f*, Durchsatz *m*, Durchflußrate *f*, PHYS Durchflußgeschwindigkeit *f*, PLAS Durchflußmenge *f*, Strömungsdurchsatz *m*, WATER SUP Abflußmenge *f*, Durchflußrate *f*; **~ of flow meter** *n* INSTR Strömungsmengenmeßgerät *nt*, METROL Durchflußmengenmesser *m*; **~ gyro** *n* PHYS Meßwendekreisel *m*; **~ of heating** *n* THERMODYN Erhitzungsgeschwindigkeit *f*; **~ of heat release** *n* THERMODYN Wärmebelastung *f*; **~ of loading** *n* METALL Belastungsgeschwindigkeit *f*; **~-measuring instrument** *n* INSTR Geschwindigkeitsmeßgerät *nt*; **~ one-half convolutional coding** *n* TELECOM Faltungscodierung mit halber Geschwindigkeit *f*; **~ of penetration** *n* PET TECH Bohrfortschritt *m*, Bohrgeschwindigkeit *f*; **~ of progress** *n* CONST Bauablaufgeschwindigkeit *f*; **~ of rise** *n* ELEC ENG Anstiegsrate *f*; **~ of rise detector** *n* THERMODYN Thermodifferentialmelder *m*; **~ of sailing** *n* WATER TRANS Fahrtgeschwindigkeit *f*; **~ of shear** *n* PLAS Schergeschwindigkeit *f*; **~ of spread** *n* CONST Ausbreitungsgeschwindigkeit *f*; **~ of spread of flame** *n* THERMODYN Flammenausbreitungsgeschwindigkeit *f*; **~ of travel** *n* NUC TECH *of control rod* Bewegungsgeschwindigkeit *f*, Hubgeschwindigkeit *f*; **~ of turn** *n* AIR TRANS Drehgeschwindigkeit *f*, Winkelgeschwindigkeit *f*; **~ of voltage rise** *n* ELEC ENG Spannungsanstiegsrate *f*

rate[2] *vt* CONST abschätzen, bemessen

rated: **~ accuracy** *n* METROL Nennmeßgenauigkeit *f*; **~ altitude** *n* AIR TRANS Nennleistungshöhe *f*; **~ capacity** *n* COAL TECH Nennleistung *f*, MECHAN ENG Nennleistung *f*, Nominalleistung *f*, WATER SUP Belastungsfähigkeit *f*; **~ conditions** *n pl* ELEC ENG Nennbedingungen *f pl*; **~ current** *n* COMP & DP, ELEC ENG, ELECT Nennstrom *m*; **~ frequency** *n* ELECT Nennfrequenz *f*; **~ heat output** *n* HEAT & REFRIG Nennheizleistung *f*; **~ insulation level** *n* ELECT Nennspannungsfestigkeit der Isolierung *f*; **~ interrupting current** *n* ELECT Nennabschaltstrom *m*; **~ load** *n* ELEC ENG Nennlast *f*, WATER SUP Belastungsfähigkeit *f*; **~ making capacity** *n* ELECT Nennschließstrom *m*, Schließungsbelastbarkeit *f*; **~ output** *n* COMP & DP Nennleistung *f*; **~ power** *n* ELECT Nennleistung *f*, MECHAN ENG Nennleistung *f*, Nominalleistung *f*; **~ power capacity** *n* NUC TECH *of reactor* Nennleistung *f*; **~ range** *n* NUC TECH *of measuring instrument* nomineller Meßbereich *m*; **~ short-time current** *n* ELECT Kurzzeit-Stromnennwert *m*, Nennwert des kurzzeitigen Stromes *m*; **~ step voltage** *n* ELECT Nennwert der Spannungsschritte *m*; **~ through-current** *n* ELECT Nennwert des Durchflußstromes *m*; **~ throughput** *n* COMP & DP Nenndurchlauf *m*; **~ value** *n* ELECT Nennwert *m*, zulässiger Wert *m*; **~ value indicating instrument** *n* INSTR Sollwertanzeigeinstrument *nt*; **~ voltage** *n* ELEC ENG, ELECT Nennspannung *f*; **~ voltage ratio** *n* ELECT Nennwert des Spannungsverhältnisses *m*; **~ voltage of a winding** *n* ELECT zulässige Spannung an einer Wicklung *f*; **~ welding current** *n* CONST Nennschweißstrom *m*; **~ wind speed** *n* FUELLESS

Nennwindgeschwindigkeit *f*

rating *n* ELEC ENG Betriebsdaten *nt pl*, Nennkapazität *f*, Nennwert *m*, ELECT Nennleistung *f*, ERGON Beurteilung *f*, Einstufung *f*, Skalierung *f*, HEAT & REFRIG Nennleistung *f*, MECHAN ENG Nennleistung *f*, Nominalleistung *f*, MECHANICS Gütegrad *m*, METROL Nennmeßbereich *m*, PHYS Betriebsdaten *nt pl*, Nenndaten *nt pl*, TELEV Leistungsmerkmal *nt*, Zuschauerbewertung *f*

ratio *n* HEAT & REFRIG Verhältnis *nt*, MATH Verhältnis *nt*, Verhältniszahl *f*, PHYS Verhältnis *nt*; **~ arm** *n* ELECT Brückenverhältnisarm *m*, INSTR Brückenzweig *m*, Quotientenzweig *m*, Zweig *m*; **~ measurement** *n* INSTR Verhältnismessung *f*; **~ of reactance to resistance** *n* *(Q)* ACOUSTICS Verhältnis Reaktanz/Widerstand *nt* *(Q)*; **~ of specific heats** *n* PHYS Verhältnis der spezifischen Wärmen *nt*; **~ values** *n pl* ACOUSTICS Verhältniswerte *m pl*

ratioed: **~ capacitors** *n pl* ELEC ENG Verhältniskondensatoren *m pl*

rational: **~ number** *n* COMP & DP, MATH rationale Zahl *f*; **~ numbers** *n pl* MATH Rationalzahlen *f pl*

RATO *abbr BrE (rocket-assisted takeoff)* SPACE Raketenstart *m*, Start mit Hilfsrakete *m*

ratter *n* PROD ENG Sieb *nt*

rattle *vt* PROD ENG putzen

rattling *n* PROD ENG Putzen *nt*

raw[1] *adj* COAL TECH, CONST, ENG DRAW, FOOD TECH, PET TECH, PLAS, TELEV, WASTE, WATER SUP Roh- *pref*

raw:[2] **~ coal** *n* COAL TECH Rohkohle *f*; **~ coal screen** *n* COAL TECH Förderkohlesieb *nt*; **~ data** *n* COMP & DP Ausgangsdaten *nt pl*, unformatierte Daten *nt pl*, ELECTRON unaufbereitete Daten *nt pl*; **~ garbage** *n AmE (cf raw refuse BrE)* WASTE Rohmüll *m*; **~ lead** *n* PROD ENG Werkblei *nt*; **~ material** *n* CER & GLAS Rohmaterial *nt*, Rohstoff *m*, COAL TECH Ausgangsmaterial *nt*, Rohstoff *m*, PAPER, PET TECH Rohstoff *m*, PLAS Rohstoff *m*, Rohmaterial *nt*, PROD ENG Rohstoff *m*; **~ materials** *n pl* TEXT ungesponnene Fasern *f pl*; **~ paper** *n* PAPER Rohpapier *nt*; **~ refuse** *n BrE (cf raw garbage AmE)* WASTE Rohmüll *m*; **~ rubber** *n* PLAS Kautschuk *m*; **~ sewage** *n* WATER SUP Rohabwasser *nt*; **~ sludge** *n* WASTE, WATER SUP Rohschlamm *m*; **~ tape** *n* TELEV Rohband *nt*; **~ water** *n* WATER SUP Rohwasser *nt*

ray *n* ELECTRON, OPT, TELECOM Strahl *m*; **~ optics** *n* OPT, TELECOM Strahlenoptik *f*; **~ tracing** *n* PHYS Bahnverfolgung *f*, Spurverfolgung *f*, TELEV Strahlverfolgung *f*

Rayleigh: **~ criterion** *n* PHYS Rayleighsche Auflösungsbedingung *f*; **~ disc** *n BrE* ACOUSTICS Rayleighsche Scheibe *f*; **~ disk** *n AmE see Rayleigh disc BrE*; **~ fading** *n* TELECOM Rayleighscher Schwund *m*; **~-Jeans formula** *n* PHYS Rayleigh-Jeanssche Gleichung *f*; **~ interferometer** *n* PHYS Rayleighsches Interferometer *nt*; **~ refractometer** *n* PHYS Rayleighsches Refraktometer *nt*; **~ scattering** *n* OPT, PHYS, RAD PHYS, TELECOM Rayleighsche Streuung *f*; **~ wave** *n* ACOUSTICS Erdbebenwelle *f*, Rayleighsche Welle *f*

rayon *n* PLAS Acetatseide *f*, Kunstseide *f*, Reyon *nt*, TEXT Viskosefilament *nt*, Viskosefilamentfaser *f*

Rb *(rubidium)* CHEMISTRY Rb *(Rubidium)*

RBA *abbr (relative byte address)* COMP & DP RBA *(relative Byteadresse)*

RC[1] *abbr* ELECTRON *(resistor-capacitor)* RC, *(Widerstands-Kondesator)* TRANS *(reserve capacity)* Reservekapazität *f*

RC:[2] **~ filter circuit** *n* ELECTRON RC-Filterschaltung *f*; **~ ladder filter** *n* ELECTRON RC-Abzweigfilter *nt*; **~ oscillator** *n* ELECTRON RC-Generator *m*, PHYS RC-Oszillator *m*

RCC *abbr (rescue coordination center AmE, rescue coordination centre BrE)* AIR TRANS, WATER TRANS SAR-Leitstelle *f*, Seenotrettungsleitstelle *f*

RCTL: **~ logic** *n (resistor-capacitor-transistor logic)* ELECTRON RCTL-Logik *f (Widerstands-Kondensator-Transistor-Logik)*

RCU *abbr (remote concentration unit)* TELECOM abgesetzte Konzentratoreinheit *f*

RDA *abbr (recommended dietary allowances)* FOOD TECH Empfehlungen für die Nährstoffzufuhr *f pl*

RDB *abbr (relational database)* COMP & DP, TELECOM RDB *(relationale Datenbank)*

RDF[1] *abbr* PHYS *(radio direction finding)* RAD TECH *(radio direction finding)*, TRANS *(radio direction finding)* Funkpeilung *f*, Radiogoniometrie *f*, WASTE *(refuse-derived fuel)* Müllbrennstoff *m*, WATER TRANS *(radio direction finding)* Funkpeilung *f*, Radiogoniometrie *f*

RDF:[2] **~ antenna** *n* RAD TECH, TRANS, WATER TRANS Funkpeilantenne *f*

RDSS *abbr (radio determination satellite system)* RAD TECH, TRANS, WATER TRANS RDSS *(Satellitenfunkortungssystem)*

re *abbr (electron radius)* NUC TECH re *(Elektronenradius)*

re- *pref* COMP & DP, CONTROL, ELEC ENG, MECHAN ENG, METALL, NUC TECH Wieder- *pref*

Re[1] *abbr (Reynolds number)* AIR TRANS, FLUID PHYS, FUELLESS, HYD EQUIP, PHYS Re *(Reynoldszahl)*

Re[2] *(rhenium)* CHEMISTRY Re *(Rhenium)*

reach[1] *n* MECHAN ENG *of hand* Reichweite *f*, OPT *of vision* Sichtweite *f*, WATER SUP Kanalhaltung *f*, *of canal* Kanalabschnitt *m*, Kanalhaltung *f*; **~ envelope** *n* ERGON Reichweitenhüllkurve *f*; **~ of a river** *n* WATER SUP gerader Flußlauf zwischen zwei Biegungen *m*

reach[2] *vt* TELECOM *subscriber* erreichen

reach:[3] **~ a port** *vi* WATER TRANS *navigation* einen Hafen anlaufen

reachable: **~ space** *n* ERGON Reichweite *f*

reactance *n* ELEC ENG Blindwiderstand *m*, Reaktanz *f*, ELECT *(X)* Blindwiderstand *m*, Reaktanz *f (X)*, PHYS ohmscher Widerstand *m*, RAD TECH Blindwiderstand *m*, RECORD Reaktanz *f*; **~ attenuator** *n* ELECTRON Reaktanzdämpfer *m*; **~ bond** *n* RAIL Drosselstoß der Schienen *m*; **~ capacitance** *n* ELEC ENG Kondensatorblindwiderstand *m*; **~ chart** *n* RAD TECH Reaktanzdiagramm *nt*; **~ circuit** *n* ELECT Blindwiderstandsschaltung *f*, Reaktanzschaltung *f*, Reaktanzstromkreis *m*; **~ coil** *n* ELEC ENG Drosselspule *f*, Reaktanzspule *f*; **~ drop** *n* ELEC ENG Reaktanzabfall *m*, Spannungsabfall durch Blindwiderstand *m*, ELECT Spannungsabfall an einer Reaktanz *m*; **~ frequency multiplier** *n* ELECTRON Reaktanzfrequenz-Vervielfacher *m*; **~ relay** *n* ELEC ENG Blindwiderstandsrelais *nt*

reactant *n* CHEMISTRY Ausgangsstoff einer Reaktion *m*, Reaktionspartner *m*, Substrat *nt*

reaction *n* COATINGS Reaktion *f*, Wechselwirkung *f*, Wirkung *f*, chemische Reaktion *f*, PHYS Reaktion *f*, Rückwirkung *f*; **~ bomb** *n* LAB EQUIP Reaktionsbombe *f*; **~ energy** *n (Q)* NUC TECH Reaktionsenergie *f (Q)*; **~ injection molding** *n AmE*, **~ injection moulding** *n BrE*

PLAS RIM-Verfahren *nt*; ~ **jet propulsion** *n* AIR TRANS Reaktionsstrahlschub *m*, Reaktionsstrahlschubkraft *f*; ~ **motor** *n* ELECT Reaktionsmotor *m*; ~ **rail** *n* RAIL Reaktionsschiene *f*; ~ **rate** *n* METALL Reaktionsgeschwindigkeit *f*; ~ **ring** *n* PROD ENG Druckring *m*; ~ **sintering process** *n* NUC TECH *in U-Pu carbide production* Reaktorsinterung *f*; ~ **spectroscopy** *n* NUC TECH Reaktionsspektroskopie *f*; ~ **time** *n* ERGON Reaktionszeit *f*, TRANS *driver performance* Schrecksekunde *f*; ~ **turbine** *n* FUELLESS Reaktionsturbine *f*, Überdruckturbine *f*, MECHAN ENG, MECHANICS Reaktionsturbine *f*; ~ **value** *n* IND PROCESS Anlaufwert *m*; ~ **water wheel** *n* WATER SUP Reaktionsrad *nt*, Segnersches Wasserrad *nt*; ~ **wheel** *n* WATER SUP Reaktionsrad *nt*; ~ **zone** *n* COAL TECH Reaktionsbereich *m*

reactivate *vt* CHEMISTRY reaktivieren, regenerieren

reactivation *n* CHEMISTRY Reaktivierung *f*, Regenerierung *f*, COAL TECH Reaktivierung *f*

reactive[1] *adj* ELECT Blind- *pref*, MECHAN ENG gegenwirkend

reactive:[2] ~ **circuit** *n* ELEC ENG Blindschaltkreis *m*, reaktiver Schaltkreis *m*; ~ **component** *n* ELEC ENG Blindkomponente *f*; ~ **current** *n* ELEC ENG, ELECT Blindstrom *m*; ~ **dye** *n* TEXT Reaktivfarbstoff *m*; ~ **element** *n* ELEC ENG Blindelement *nt*; ~ **energy** *n* ELECT Blindleistungsverbrauch *m*, Blindenergie *f*; ~ **load** *n* ELEC ENG, PHYS, TELECOM Blindlast *f*; ~ **plasma etching** *n* ELECTRON reaktive Plasmaätzung *f*; ~ **power** *n* ELEC ENG, ELECT, PHYS Blindleistung *f*; ~ **solvent** *n* PLAS reaktives Lösemittel *nt*; ~ **voltage** *n* ELECT, PHYS Blindspannung *f*

reactivity *n* NUC TECH *of reactor* , PHYS Reaktivität *f*; ~ **feedback** *n* NUC TECH Reaktivitätsrückkopplung *f*; ~ **loss** *n* NUC TECH Reaktivitätsverlust *m*; ~ **power coefficient** *n* NUC TECH Leistungskoeffizient der Reaktivität *m*; ~ **ramp** *n* NUC TECH Reaktivitätsrampe *f*; ~ **surge** *n* NUC TECH Reaktivitätssprung *m*

reactor *n* AUTO Leitrad *nt*, ELEC ENG Drossel *f*, Drosselspule *f*, Reaktor *m*, ELECT Drossel *f*, Induktanz *f*, NUC TECH Reaktor *m*; ~ **accident** *n* NUC TECH Reaktorunfall *m*; ~ **art** *n* NUC TECH Reaktorbau *m*; ~ **behaviour** *n* NUC TECH Reaktorverhalten *nt*; ~ **cell** *n* NUC TECH Reaktorzelle *f*; ~ **charging face** *n* NUC TECH Beschickungsseite *f*; ~ **component** *n* NUC TECH Reaktorbauteil *nt*; ~ **control board** *n* NUC TECH Steueranlage eines Reaktors *f*; ~ **coolant** *n* NUC TECH Reaktorkühlmittel *nt*; ~ **coolant drain tank** *n* NUC TECH Auffangtank für Reaktorkühlmittel *m*; ~ **coolant inlet nozzle** *n* NUC TECH Einfüllstutzen für Reaktorkühlmittel *m*; ~ **design** *n* NUC TECH Reaktorplanung *f*; ~ **dynamics** *n* NUC TECH Reaktordynamik *f*; ~ **engineering** *n* NUC TECH Reaktortechnik *f*; ~ **formula** *n* NUC TECH Reaktorformel *f*; ~ **hall** *n* NUC TECH Reaktorgebäude *nt*; ~ **loop** *n* NUC TECH Reaktorkreislauf *m*; ~ **period** *n* NUC TECH Reaktorperiode *f*; ~ **pressure vessel** *n* PHYS Druckgefäß *nt*, Kernreaktor *m*; ~ **protection system** *n (RPS)* NUC TECH Havarieschutz *m*; ~ **safety** *n* NUC TECH Reaktorsicherheit *f*; ~ **tank** *n* NUC TECH Reaktortank *m*; ~ **trip** *n* NUC TECH Schnellabschaltung eines Reaktors *f*; ~ **vessel** *n* NUC TECH *non-pressurized* Reaktorbehälter *m*; ~ **wall** *n* NUC TECH Reaktorwand *f*

read:[1] ~**-only** *adj* COMP & DP schreibgeschützt; ~**-write** *adj* COMP & DP Schreib-/Lese- *pref*

read[2] *n* COMP & DP Lesen *nt*; ~ **access time** *n* COMP & DP Lesezugriffszeit *f*; ~ **after write** *n* COMP & DP Lesen nach dem Schreiben *nt*; ~ **amplifier** *n* COMP & DP, ELECTRON Leseverstärker *m*; ~ **back check** *n* COMP & DP Echokontrolle *f*; ~ **beam** *n* OPT Lesestrahl *m*; ~ **error** *n* COMP & DP Lesefehler *m*; ~ **head** *n* COMP & DP, OPT Lesekopf *m*; ~ **laser** *n* OPT Abtastlaser *m*, Leselaser *m*; ~**-mostly memory** *n* COMP & DP vorwiegend zum Lesen geeigneter Speicher *m*; ~**-only bit** *n* COMP & DP Nur-Lese-Bit *nt*; ~**-only disk** *n* COMP & DP schreibgeschützte Platte *f*; ~**-only flag** *n* COMP & DP Schreibsperreanzeiger *m*; ~**-only instruction** *n* COMP & DP Festspeicherinstruktion *f*; ~**-only medium** *n* OPT ROM-Medium *nt*; ~**-only memory** *n (ROM)* COMP & DP, ELEC ENG, ELECT, RAD TECH Festwertspeicher *m*, Nur-Lese-Speicher *m*, ROM-Speicher *m (ROM)*; ~**-out device** *n* INSTR Anzeigeeinrichtung *f*; ~**-out meter** *n* INSTR Anzeigegerät *nt*, anzeigendes Meßgerät *nt*; ~**-out potentiometer** *n* ELECT Potentiometer mit numerischer Anzeige *nt*; ~**-out system** *n* MECHAN ENG Ablesesystem *nt*; ~ **rate** *n* COMP & DP Lesegeschwindigkeit *f*; ~ **time** *n* COMP & DP Lesezeit *f*; ~ **transistor** *n* ELECTRON Lesetransistor *m*; ~ **while write** *n* COMP & DP Lesen beim Schreiben *nt*; ~**-write channel** *n* COMP & DP Lese-/Schreibkanal *m*; ~**-write drive** *n* OPT RAM-Laufwerk *nt*; ~**-write head** *n* COMP & DP Lese-/Schreibkopf *m*, Schreib-/Lesekopf *m*, OPT Lese-und-Schreibkopf *m*

read[3] *vt* COMP & DP abtasten, lesen, INSTR ablesen, einlesen, lesen, METROL anzeigen; ~ **out** *vt* COMP & DP auslesen

reader *n* COMP & DP Eingabeprogramm *nt*, Leser *m*, PRINT Leser *m*

reading *n* CONST Ablesen *nt*, INSTR Ablesewert *m*, Ablesung *f*, Anzeige *f*, Anzeigewert *m*, abgelesener Meßwert *m*, abgelesener Wert *m*, angezeigter Meßwert *m*, angezeigter Wert *m*; ~ **beam** *n* ELECTRON Lesestrahl *m*; ~ **glass** *n* OPT Leseglas *nt*; ~ **gun** *n* ELECTRON Lesegerät *nt*; ~ **lens** *n* OPT Leselupe *f*; ~ **rate** *n* COMP & DP Lesegeschwindigkeit *f*

readjusting: ~ **spring** *n* MECHAN ENG Rückstellfeder *f*

readout *n* COMP & DP Anzeige *f*, Auslesen *nt*, Sichtanzeige *f*, ELECT Anzeige *f*, TELECOM Ablesung *f*

ready[1] *adj* COMP & DP bereit, betriebsbereit; ~ **for operation** *adj* COMP & DP betriebsbereit; ~ **for typesetting** *adj* PRINT satzfertig, satzreif; ~**-made** *adj* PHOTO gebrauchsfertig; ~**-to-send** *adj* COMP & DP sendebereit

ready:[2] ~**-mixed concrete** *n* CONST Fertigbeton *m*, Transportbeton *m*; ~ **state** *n* COMP & DP Bereitzustand *m*

reaeration *n* WATER SUP Wiederbelüftung *f*

reagent *n* CHEMISTRY Prüfstoff *m*, Reagens *nt*, chemisches Nachweismittel *nt*, COAL TECH, PHOTO Reagens *nt*, PLAS Reagens *nt*, Reagenz *nt*; ~ **bottle** *n* LAB EQUIP Reagenzienflasche *f*

real[1] *adj* COMP & DP echt, real; ~**-time** *adj* TELECOM in Echtzeit

real:[2] ~ **address** *n* COMP & DP echte Adresse *f*, reale Adresse *f*; ~ **circular pitch** *n* PROD ENG *kinematics* Stirnteilung *f*; ~ **component** *n* ELEC ENG Wirkwert *m*, reelle Komponente *f*; ~ **gap length** *n* TELEV tatsächliche Spaltlänge *f*; ~ **image** *n* PHYS reelles Bild *nt*; ~ **memory** *n* COMP & DP Realspeicher *m*; ~ **number** *n* COMP & DP, MATH reelle Zahl *f*; ~ **plane** *n* MATH reelle Zahlenebene *f*; ~ **power** *n* ELEC ENG Wirkleistung *f*; ~ **time** *n* COMP & DP, CONTROL, ELECTRON, TELECOM Echtzeit *f*; ~**-time analyser** *n BrE* ACOUSTICS Echtzeitanalysator *m*; **~-time analysis** *n* ELECTRON Echtzeitanalyse *f*; **~-time analyzer** *n AmE see real-time analyser BrE*; **~-time clock** *n* COMP & DP Echtzeituhr *f*, Taktgeber *m*; **~-time control** *n* TRANS Echtzeitsteuerung *f*; **~-time conversion facility** *n* TELECOM Echtzeitumsetzer *m*; **~-time input** *n* COMP & DP Echtzeiteingabe *f*; **~-time language** *n* COMP & DP Echtzeitsprache *f*; **~-time operation** *n* COMP & DP Echtzeitbetrieb *m*, ablaufsynchroner Betrieb *m*; **~-time output** *n* COMP & DP Echtzeitausgabe *f*; **~-time processing** *n* COMP & DP Echtzeitverarbeitung *f*; **~-time repeater satellite** *n* TELEV Real-Time-Umsetzersatellit *m*; **~-time signal processing** *n* ELECTRON Echtzeit-Signalverarbeitung *f*; **~-time simulation** *n* ELECTRON Echtzeitsimulation *f*; **~-time simulator** *n* ELECTRON Echtzeitsimulator *m*; **~-time spectral analyser** *n BrE* ELECTRON Echtzeit-Spektralanalysator *m*; **~-time spectral analysis** *n* ELECTRON Echtzeit-Spektralanalyse *f*; **~-time spectral analyzer** *n AmE see real-time spectral analyser BrE*; **~-time system** *n* COMP & DP Echtzeitsystem *nt*; **~ type** *n* COMP & DP realer Typ *m*

ream[1] *n* CER & GLAS Schliere *f*, PAPER, PRINT Ries *nt*

ream[2] *vt* MECHANICS aufdornen, erweitern, reiben

reamed: **~ bolt** *n* PROD ENG Paßschraube *f*

reamer *n* AUTO *tool* Handreibahle *f*, Reinigungsahle *f*, CER & GLAS Auftreiber *m*, CONST Reibahle *f*, Räumer *m*, MECHAN ENG Handreibahle *f*, Reibahle *f*, MECHANICS Aufdorner *m*, Reibahle *f*, PET TECH Räumer *m*, PROD ENG Reibahle *f*; **~ cutter** *n* MECHAN ENG Reibahlennutenfräser *m*; **~ with spiral flutes** *n* MECHAN ENG Reibahle mit Spiralnuten *f*

reaming *n* MECHAN ENG Aufreiben *nt*, Reiben *nt*; **~ bit** *n* PET TECH Erweiterungsbohrer *m*, Räumbohrer *m*; **~ iron** *n* CONST Aufreibdorn *m*; **~-out** *n* MECHAN ENG Aufreiben *nt*, Reiben *nt*

rear *n* PAPER Rückseite *f*; **~ axle** *n* AUTO *transmission* Hinterachse *f*, MECHANICS Hinterradachse *f*; **~ axle assembly** *n* AUTO Hinterachskörper *m*; **~ axle drive shaft** *n* AUTO *transmission* Hinterachsantriebswelle *f*; **~ axle flared tube** *n* AUTO Hinterachstrichter *m*; **~ axle housing** *n* AUTO *transmission* Hinterachsgehäuse *nt*; **~ axle housing assembly** *n* AUTO Hinterachsgehäusekörper *m*; **~ axle shaft** *n* AUTO Hinterachswelle *f*; **~ boot** *n BrE (cf rear trunk AmE)* AUTO Kofferraum *m*; **~ end** *n* AUTO *body* Heck *nt*; **~ end collision** *n* TRANS Auffahrunfall *m*; **~ end torque** *n* AUTO hinteres Drehmoment *nt*; **~ engine** *n* AUTO Heckmotor *m*; **~ engine rear wheel drive** *n* AUTO Hinterradantrieb beim Heckmotor *m*; **~ focal plane** *n* PHOTO hintere Brennebene *f*; **~ focus** *n* PHOTO bildseitiger Brennpunkt *m*; **~ lamp** *n* AUTO *lighting* Heckleuchte *f*; **~ lip tile** *n* CER & GLAS hintere Kantenplatte *f*; **~-mounted engine** *n* AUTO Heckmotor *m*; **~-mounted ripper** *n* TRANS *for road* Heckaufreißer *m*; **~ pilot** *n* PROD ENG Führungsschaft *m*, hintere Führung *f*; **~ propeller** *n* AIR TRANS Hinterschraube *f*; **~ of the railcar** *n* TRANS Triebwagenende *nt*; **~ reflector** *n* AUTO Rückstrahler *m*; **~ suspension** *n* AUTO Hinterradaufhängung *f*; **~ tipping trailer** *n* TRANS Hinterkipperanhänger *m*; **~ trunk** *n AmE (cf rear boot BrE)* AUTO Kofferraum *m*; **~-view mirror** *n* AUTO *accessory* Innenrückspiegel *m*, Rückspiegel *m*, CER & GLAS Rückspiegel *m*; **~ wheel** *n* AUTO Hinterrad *nt*; **~ wheel drive** *n* AUTO Hinterradantrieb *m*; **~ window** *n* AUTO *body* Heckfenster *nt*, Heckscheibe *f*

rearrangeable: **~ nonblocking network** *n* TELECOM umschaltbares blockierungsfreies Netz *nt*

rearrangement: **~ collision** *n* NUC TECH Umordnungsstoß *m*

rearview: **~ system** *n* TRANS *traffic* Rückblicksystem *nt*

rearward: **~ takeoff** *n* AIR TRANS *helicopter* Rückwärtsstart *m*

reasoning *n* ART INT Inferieren *nt*, Schließen *nt*, Ziehen von Schlüssen *nt*; **~ strategy** *n* ART INT Inferenzstrategie *f*

reassemble *vt* CONST wieder zusammenbauen

reattachment: **~ of eddies** *n* FLUID PHYS Wiederanlegen von Wirbeln *nt*

reaudit *n* QUAL Nachaudit *nt*

reback *vt* PROD ENG nachschleifen

rebalance *vt* INSTR nachabgleichen, neu abgleichen, wiederabgleichen

rebalancing *n* PROD ENG Nachwuchten *nt*

rebate:[1] **~ plane** *n* CONST Falzhobel *m*, Nuthobel *m*

rebate[2] *vt* PROD ENG hohlkehlen, überwalzen

rebated: **~ joint** *n* CONST Falzfuge *f*, überfalzte Fuge *f*

reboil *n* CER & GLAS Aufschäumen *nt*; **~ bubbles** *n pl* CER & GLAS Aufschäumblasen *f pl*

reboiler *n* PET TECH Reboiler *m*, Rückverdampfer *m*

rebore *vt* AUTO aufbohren, ausbohren, nachbohren, MECHAN ENG nachbohren, *widen* aufbohren, ausbohren

reboring *n* AUTO Ausschleifen *nt*, Nachbohrung *f*, MECHAN ENG *boring again* Nachbohren *nt*, *widening* Aufbohren *nt*, Ausbohren *nt*

rebound[1] *n* PLAS Rückfederung *f*, Rückverformung *f*; **~ clip** *n* AUTO Federklammer *f*; **~ elasticity** *n* PLAS Rückprallelastizität *f*, Rückstellfähigkeit *f*, Sprungelastizität *f*

rebound[2] *vi* MECHAN ENG rückfedern, PROD ENG abspringen

rebroadcast *vt* TELEV wiederausstrahlen

rebuild *vt* CONST umbauen, wiederaufbauen

rebuilding *n* CONST Umbauen *nt*, Wiederaufbauen *nt*

rebush *vt* PROD ENG ausbüchsen

recalescence *n* PHYS Haltepunkt *m*

recalibrate *vt* PROD ENG nacheichen, QUAL nacheichen, nachkalibrieren

recalibration *n* NUC TECH Nacheichung *f*, Nachkalibrierung *f*, PROD ENG Nacheichung *f*, QUAL Nachkalibrierung *f*, RAD PHYS Neueichung *f*, Neukalibrierung *f*; **~ range** *n* QUAL Nachkalibrierungsbereich *m*

recall[1] *n* TELECOM Rückruf *m*

recall[2] *vi* ERGON ins Gedächtnis zurückrufen

recapped: **~ tire** *n AmE*, **~ tyre** *n BrE* AUTO rundumerneuerter Reifen *m*

recapping *n AmE* AUTO Runderneuerung *f*

recarburization *n* CHEMISTRY, METALL Wiederaufkohlung *f*

recast *vt* PROD ENG umschmelzen

recaulk *vt* PROD ENG nachstemmen

recaulking *n* PROD ENG Nachstemmen *nt*

receipt *n* COMP & DP Empfang *m*, Empfangsquittung *f*, PAT *for documents* Empfangsbescheinigung *f*

receive:[1] **~ antenna** *n* TELECOM Empfangsantenne *f*; **~ crystal** *n* ELECTRON Empfangsquarz *m*; **~ fiberoptic terminal device** *n AmE*, **~ fibreoptic terminal device** *n BrE* OPT Empfang mit faseroptischem Endgerät *m*, TELECOM optischer Empfänger *m*; **~ filter** *n* ELECTRON Empfangsfilter *nt*; **~ machine** *n* TELECOM Empfangsgerät *nt*; **~-only equipment** *n* COMP & DP

Empfangsanlage *f*

receive[2] *vt* COMP & DP *data* empfangen, SAFETY *sum* erhalten

received: ~ **signal** *n* ELECTRON empfangenes Signal *nt*

receiver *n* ELECTRON Empfänger *m*, LAB EQUIP Sammelgefäß *nt*, MECHAN ENG *of expansion engine* Zwischenkammer *f*, PET TECH Auffangbehälter *m*, Sammelbehälter *m*, PROD ENG Behälter *m*, RAD TECH, SPACE Empfänger *m*, TELECOM Empfänger *m*, Fernhörer *m*, Funkempfänger *m*, Hörer *m*, TELEV, WATER TRANS *communications* Empfänger *m*; ~ **bandpass** *n* TELEV Empfängerbandpaß *m*; ~ **board** *n* ELECTRON Empfangskarte *f*, Empfängerkarte *f*; ~**-dehydrator** *n* AUTO Trockner *m*; ~ **diode** *n* ELECTRON Empfängerdiode *f*; ~**-dryer** *n* AUTO Trockner *m*; ~ **element** *n* IND PROCESS Eingangselement *nt*, Prozeßsignalformer *m*; ~ **gain** *n* ELECTRON Empfängerverstärkung *f*; ~ **incremental tuning** *n (RIT)* RAD TECH Empfängerfeinabstimmung *f (RIT)*; ~ **inset** *n* TELECOM Hörkapsel *f*

receiving: ~ **aerial** *n* PHYS, RAD TECH, TELEV Empfangsantenne *f*; ~ **antenna** *n* PHYS, RAD TECH, TELEV Empfangsantenne *f*; ~ **assembly** *n* NUC TECH *of radioisotope gauge* Aufnahmebehälter *m*; ~ **bin** *n* WASTE Lagerbunker *m*; ~ **boot** *n BrE (cf receiving trunk AmE)* AUTO Kofferraum *m*; ~ **bunker** *n* WASTE Aufnahmebunker *m*, Müllbunker *m*; ~ **dish antenna** *n* TELEV Empfangsschüsselantenne *f*; ~ **earth station** *n* TELEV Bodenstation für Satellitenempfang *f*; ~ **element** *n* INSTR Eingangsglied *nt*, Meßglied *nt*; ~ **gage** *n AmE*, ~ **gauge** *n BrE* METROL Formlehre *f*; ~ **inspection** *n* PROD ENG Abnahmeprüfung *f*, QUAL Eingangsprüfung *f*, Wareneingangsprüfung *f*; ~ **range** *n* TELEV Empfangsbereich *m*; ~ **section** *n* PAT Eingangsstelle *f*; ~ **trunk** *n AmE (cf receiving boot BrE)* AUTO Kofferraum *m*; ~ **tube** *n* ELECTRON Empfängerröhre *f*; ~ **water** *n* WASTE, WATER SUP Vorfluter *m*

receptacle *n* PROD ENG Fassung *f*, Steckdose *f*, RAD TECH Behälter *m*, Buchse *f*, Steckbuchse *f*

reception *n* COMP & DP, RAD TECH Empfang *m*; ~ **frequency** *n* ELECTRON, RAD TECH, TELECOM, TELEV Empfangsfrequenz *f*; ~ **level** *n* ELECTRON Empfangspegel *m*

receptor *n* ERGON Rezeptor *m*, POLL Empfänger *m*; ~ **region** *n* POLL Empfängerbereich *m*

recertification *n* QUAL Neubescheinigung *f*

recertify *vt* QUAL neuzulassen

recess[1] *n* CONST Aussparung *f*, Nische *f*, Rücksprung *m*, MECHAN ENG *by grooving* Auskehlung *f*, *by relieving* Aussparung *f*, Vertiefung *f*, *by turning* Eindrehung *f*, *groove* Einstich *m*, *in screw head* Schlitz *m*, PROD ENG Aussparung *f*, Vertiefung *f*

recess[2] *vt* CONST aussparen, vertiefen, MECHAN ENG *groove* auskehlen, einstechen, *relieve* ausnehmen, vertiefen, PROD ENG aussparen, kehlen

recessed[1] *adj* PROD ENG ausgekehlt, eingestochen, mit Schlitz

recessed:[2] ~ **switch** *n* ELECT einlegbarer Schalter *m*

recessing *n* CONST Aussparen *nt*, Vertiefen *nt*, MECHAN ENG *by countersinking* Einsenken *nt*, Senken *nt*, *by relieving* Aussparen *nt*, *by turning* Einstechdrehen *nt*; ~ **siding** *n* RAIL Sammelgleis *nt*; ~ **tool** *n* MECHAN ENG Einstechmeißel *m*

recession: ~ **curve** *n* WATER SUP Rückgangslinie *f*

rechargable: ~ **cell** *n* PHYS aufladbare Zelle *f*

recharge:[1] ~ **time** *n* PHOTO Aufladezeit *f*, Ladezeit *f*

recharge[2] *vt* CONST *batteries* aufladen, wieder laden, ELEC ENG wiederaufladen

rechargeable[1] *adj* ELEC ENG, PHOTO, RAD TECH wiederaufladbar

rechargeable:[2] ~ **battery** *n* AUTO, COMP & DP, ELEC ENG, ELECT, HEAT & REFRIG, HYD EQUIP, PAPER, PHYSIK, RAD TECH, TELECOM, TELEV Akku *m*, Akkubatterie *f*, Akkumulator *m*, Akkumulatorbatterie *f*

recharging *n* ELEC ENG Neuaufladung *f*, Wiederaufladung *f*

recheck *vt* METROL wiederholt überprüfen

rechuck *vt* PROD ENG umspannen

rechucking *n* PROD ENG Neueinspannung *f*, Umspannung *f*

recipient *n* PROD ENG Sammelherd *m*

reciprocal[1] *adj* COMP & DP, GEOM, MATH reziprok

reciprocal[2] *n* GEOM Kehrwert *m*, reziproker Wert *m*, MATH Reziproke *f*; ~ **bearing** *n* AIR TRANS *navigation* gegenseitige Peilung *f*; ~ **circuit** *n* TELECOM reziproke Schaltung *f*; ~ **course** *n* WATER TRANS *navigation* Gegenkurs *m*; ~ **period** *n* NUC TECH *of reactor* reziproke Periode *f*; ~ **ratio** *n* MECHAN ENG umgekehrtes Verhältnis *nt*; ~ **of shear modulus** *n* MECHAN ENG Schubkoeffizient *m*; ~ **track** *n* WATER TRANS *navigation* Gegenkurs *m*; ~ **transducer** *n* ACOUSTICS reziproker Wandler *m*

reciprocating[1] *adj* MECHAN ENG auf- und abgehend, hin- und hergehend, MECHANICS hin- und herlaufend

reciprocating:[2] ~ **charger** *n* CER & GLAS Pendeleinlegevorrichtung *f*; ~ **compressor** *n* HEAT & REFRIG Kolbenverdichter *m*, MECHAN ENG Hubkolbenverdichter *m*, Kolbenverdichter *m*; ~ **engine** *n* AIR TRANS, AUTO Hubkolbenmotor *m*, Kolbenmaschine *f*, Kolbenmotor *m*, MECHAN ENG Hubkolbenmotor *m*, Kolbenmaschine *f*, WATER TRANS Hubkolbenmotor *m*, Kolbenmaschine *f*, Kolbenmotor *m*; ~ **internal combustion engine** *n* AUTO Hubkolbenverbrennungsmaschine *f*; ~ **motion** *n* MECHAN ENG Auf- und Abbewegung *f*, Hin- und Herbewegung *f*; ~ **piston compressor** *n* MECHAN ENG Hubkolbenverdichter *m*, Kolbenverdichter *m*; ~ **piston-type meter** *n* INSTR Hubkolbenzähler *m*; ~ **pump** *n* MECHAN ENG, WATER SUP Kolbenpumpe *f*; ~ **saw** *n* PROD ENG Säge mit hin- und hergehender Schnittbewegung *f*

reciprocation *n* PROD ENG Doppelhub *m*

reciprocity: ~ **failure** *n* PHOTO Versagen des Reziprozitätsgesetztes *nt*; ~ **theorem** *n* ELEC ENG, PHYS Reziprozitätssatz *m*

recirculate *vt* COAL TECH im Kreislauf umpumpen

recirculated: ~ **air** *n* HEAT & REFRIG Umluft *f*, umgewälzte Luft *f*

recirculating *n* PROD ENG Rückführen *nt*; ~ **ball bushing** *n* PROD ENG Kugelumlaufbuchse *f*; ~ **ball feed screw** *n* PROD ENG Vorschubkugelumlaufspindel *f*; ~ **ball nut** *n* PROD ENG Kugelumlaufmutter *f*; ~ **ball screw** *n* PROD ENG Kugelumlaufspindel *f*; ~ **ball screw and nut** *n* PROD ENG Kugelschraubtrieb *m*; ~ **ball steering gear** *n* AUTO Kugelumlauflenkgetriebe *nt*; ~ **lubrication** *n* MECHAN ENG Kreislaufschmierung *f*, Umlaufschmierung *f*; ~ **pump** *n* FOOD TECH, MECHAN ENG, PROD ENG Umwälzpumpe *f*; ~ **water economy** *n* WATER SUP Kreislaufwasserführung *f*

recirculation *n* CER & GLAS *of currents in glass tank furnace* Rückführung *f*, MECHAN ENG Umwälzung *f*; ~ **of fission products** *n* NUC TECH Rückführung von

Spaltprodukten *f*; ~ **lubrication** *n* MECHAN ENG Kreislaufschmierung *f*, Umlaufschmierung *f*

reclaim *n* PLAS Regenerat *nt*, regenerierter Kautschuk *m*

reclaimed: ~ **area** *n* POLL wiederurbar gemachtes Gebiet *nt*; ~ **rubber** *n* PLAS Regenerat *nt*, regenerierter Kautschuk *m*

reclamation *n* WASTE Weiterverwertung *f*; ~ **of land** *n* POLL Landerschließung *f*, Landgewinnung *f*; ~ **plant** *n* WASTE Rückgewinnungsanlage *f*, Wiedergewinnungsanlage *f*

reclining: ~ **seat** *n* AUTO Liegesitz *m*

reclosable: ~ **pack** *n* PACK Packung mit Wiederversiegelung *f*

recoat *vt* COATINGS neu beschichten

recognition *n* ACOUSTICS, ART INT Erkennung *f*, COMP & DP Dividend *m*, Erkennung *f*, ERGON Erkennen *nt*; ~ **system** *n* ART INT Erkennungssystem *nt*

recoil *n* MECHAN ENG, MECHANICS Rückschlag *m*, Rückstoß *m*; ~ **electron** *n* PHYS *Compton effect* Rückstoßelektron *nt*; ~ **nucleus** *n* PHYS Rückstoßkern *m*

recoilless: ~ **nylon hammer** *n* SAFETY rückschlagfreier Nylonhammer *m*

recombination *n* ELECTRON *transistors*, NUC TECH, PHYS Rekombination *f*; ~ **base current** *n* ELECTRON *transistors* Rekombinationsbasisstrom *m*; ~ **coefficient** *n* PHYS Rekombinationskoeffizient *m*, Wiedervereinigungskoeffizient *m*; ~ **plant** *n* NUC TECH Rekombinationsanlage *f*; ~ **process** *n* ELECTRON *transistors* Rekombinationsvorgang *m*; ~ **rate** *n* ELECTRON *transistors*, PHYS Rekombinationsrate *f*

recommended: ~ **backlash** *n* PROD ENG *kinematics* Richtwerte für das Flankenspiel *m pl*; ~ **dietary allowances** *n (RDA)* FOOD TECH Empfehlungen für die Nährstoffzufuhr *f pl*; ~ **speed** *n* TRANS Richtgeschwindigkeit *f*

recondition *vt* PROD ENG wiederaufbereiten

reconditioned: ~ **sand** *n* PROD ENG wiederaufbereiteter Altsand *m*

reconditioning *n* MECHAN ENG Wiederaufbereitung *f*, SPACE Neukonditionierung *f*, Wiederherstellung *f*

reconfigurable *adj* COMP & DP rekonfigurierbar, umkonfigurierbar

reconfiguration *n* COMP & DP Rekonfigurierung *f*

reconfigure *vt* COMP & DP rekonfigurieren, umkonfigurieren

reconnect *vt* ELEC ENG wiederanschließen

reconnection *n* ELEC ENG, TELECOM *of non-payers* Wiederanschluß *m*

reconstruct *vt* COMP & DP rekonstruieren, CONST umbauen, wiederaufbauen

reconstruction *n* CONST Rekonstruktion *f*, Umbau *m*, Wiederaufbauen *nt*

reconverter *n* ELECTRON Rücktransformator *m*

record[1] *n* ACOUSTICS Aufnahme *f*, Schallplatte *f*, COMP & DP Datensatz *m*, Satz *m*, Verzeichnis *nt*, CONTROL Datensatz *m*, Protokoll *nt*, PHYS Aufzeichnung *f*, RECORD Schallplatte *f*; ~ **amplifier** *n* RECORD Schreibverstärker *m*; ~ **area** *n* COMP & DP Datensatzbereich *m*; ~ **button** *n* RECORD Aufnahmetaste *f*, TELEV Aufnahmeknopf *m*; ~ **changer** *n* ACOUSTICS, RECORD Plattenwechsler *m*; ~ **of changes** *n* QUAL Änderungsnachweis *m*; ~ **class** *n* COMP & DP Datensatzklasse *f*; ~ **count** *n* COMP & DP Satzanzahl *f*; ~ **creation** *n* COMP & DP Datensatzerstellung *f*; ~ **crosstalk** *n* RECORD Plattenkopiereffekt *m*; ~ **current** *n* TELEV Aufnahmestrom *m*; ~ **current optimizer** *n* TELEV Aufzeichnungsstromoptimierer *m*; ~ **defeat tab** *n* RECORD *of cassette* Aufnahmeabstellknopf *m*, TELEV Sicherungslasche *f*; ~ **driver** *n* TELEV Aufnahmetreiber *m*; ~ **format** *n* COMP & DP Datensatzformat *nt*, Satzformat *nt*; ~ **head** *n* COMP & DP Datensatzkopf *m*, Schreibkopf *m*; ~ **layout** *n* COMP & DP Datensatzformat *nt*, Satzformat *nt*; ~ **length** *n* COMP & DP Datensatzlänge *f*, Satzlänge *f*; ~ **library** *n* RECORD Plattenarchiv *nt*; ~ **line** *n* COMP & DP Satzanweisung *f*; ~ **mode** *n* COMP & DP Satzmodus *m*; ~ **playback head** *n* RECORD Plattenwiedergabekopf *m*; ~ **player** *n* RECORD Plattenspieler *m*; ~ **separator** *n* COMP & DP *(RS)* Satztrennzeichen *nt*, Untergruppentrennzeichen *nt*; ~ **set** *n* COMP & DP Satzgruppe *f*; ~ **type** *n* COMP & DP Satzart *f*; ~ **updating** *n* COMP & DP Datensatzaktualisierung *f*, Satzfortschreibung *f*

record[2] *vt* COMP & DP aufzeichnen, CONTROL aufzeichnen, protokollieren, PHYS, PRINT aufzeichnen, RECORD aufnehmen, *grooves on disc* aufzeichnen, TELEV aufnehmen

recordable: ~ **optical disk** *n* OPT aufzeichnungsfähige CD *f*

recorded: ~ **announcement machine** *n* TELECOM Ansagemaschine *f*; ~ **curve** *n* INSTR Registrierkurve *f*; ~ **public information service** *n* TELECOM Fernsprechansagedienst *m*; ~ **surface** *n* COMP & DP beschriebene Oberfläche *f*; ~ **wavelength** *n* ACOUSTICS aufgezeichnete Wellenlänge *f*

recorder *n* COMP & DP Aufnahmegerät *nt*, ELECT Datenaufnehmer *m*, Rekorder *m*, Schreiber *m*, MECHAN ENG Schreiber *m*, RECORD Aufnahmegerät *nt*, Schallplattenaufnahmegerät *nt*, TELECOM Aufnahmegerät *nt*, Recorder *m*, Schreiber *m*; ~-**player** *n* RECORD Aufnahme-/Abspielgerät *nt*

recording *n* ACOUSTICS Aufnahme *f*, Aufzeichnung *f*, COMP & DP Aufzeichnen *nt*, RECORD Aufnahme *f*, TELECOM Aufnahme *f*, Aufzeichnung *f*, Registrierung *f*, TELEV Aufnehmen *nt*; ~ **audio-frequency current** *n* RECORD Tonfrequenzstrom zur Aufnahme *m*; ~ **balance** *n* INSTR Registrierwaage *f*; ~ **barometer** *n* PHYS Barograph *m*; ~ **booth** *n* RECORD Aufnahmekabine *f*; ~ **chain** *n* TELEV Aufnahmekette *f*; ~ **channel** *n* RECORD Aufnahmekanal *m*; ~ **characteristic** *n* ACOUSTICS Aufzeichnungscharakteristik *f*, Bandfluß-Frequenzgang *m*, RECORD Aufzeichnungsfrequenzkurve *f*, TELEV Aufnahmeeigenschaft *f*; ~ **chart** *n* INSTR Diagrammstreifen *m*, Registrierstreifen *m*, Schreiberstreifen *m*; ~ **density** *n* COMP & DP Aufzeichnungsdichte *f*, Schreibdichte *f*; ~ **disc** *n BrE* RECORD Registrierscheibe *f*; ~ **disk** *n AmE see recording disc BrE*; ~ **drum** *n* RECORD Registriertrommel *f*; ~ **head** *n* COMP & DP Schreibkopf *m*, Sprechkopf *m*, RECORD Sprechkopf *m*, TELEV Aufnahmekopf *m*; ~ **instrument** *n* COMP & DP Aufzeichnungsgerät *nt*, INSTR Registriergerät *nt*, Registrierinstrument *nt*, Schreiber *m*, registrierendes Meßgerät *nt*; ~ **level** *n* COMP & DP Aufzeichnungsstufe *f*, RECORD Aufnahmepegel *m*; ~ **loss** *n* RECORD Aufzeichnungsverlust *m*; ~ **magnetic head** *n* ACOUSTICS Aufnahmemagnetkopf *m*; ~ **manometer** *n* INSTR Druckschreiber *m*, Registriermanometer *nt*; ~ **medium** *n* COMP & DP Aufzeichnungsmedium *nt*, Datenträger *m*, RECORD Datenträger *m*; ~ **mode** *n* COMP & DP Aufzeichnungsmodus *m*, Schreibverfahren *nt*; ~ **noise** *n* RECORD Aufnahmegeräusch *nt*; ~ **oscillograph** *n* ACOUSTICS, PHYS, TELECOM aufzeichnender Oszillograph *m*; ~ **output** *n* COMP & DP Protokollausgabe *f*; ~ **pen** *n* INSTR Schreiberfeder *f*, Schreibröhrchen *nt*; ~ **process** *n* RECORD Aufnahmevorgang *m*; ~ **pyrometer** *n* INSTR Temperaturschreiber *m*; **~-reproducing magnetic head** *n* ACOUSTICS Aufnahme/Wiedergabe-Magnetkopf *m*; ~ **room** *n* RECORD Aufnahmeraum *m*; ~ **session** *n* RECORD Aufnahmesession *f*; ~ **slit** *n* RECORD *film* Lichttonspalt *m*; ~ **stage** *n* RECORD Aufnahmebühne *f*; ~ **storage tube** *n* ELECTRON Aufnahme-/Speicherröhre *f*; ~ **studio** *n* RECORD Aufnahmestudio *nt*; ~ **stylus** *n* RECORD Schreibstift *m*, Schneidstichel *m*; ~ **surface** *n* COMP & DP Aufzeichnungsoberfläche *f*; ~ **tape deck** *n* RECORD Tonbandaufnahmegerät *nt*; ~ **thermometer** *n* THERMODYN Registrierthermometer *nt*; ~ **track** *n* ACOUSTICS Aufnahmespur *f*, COMP & DP Aufzeichnungsspur *f*, Schreibspur *f*

recover *vt* COAL TECH wiedergewinnen, zurückgewinnen, POLL aus Altmaterial gewinnen, zurückgewinnen, PROD ENG rückverformen, TELECOM beheben, wiedergewinnen, WASTE wiedergewinnen, zurückgewinnen

recoverable: ~ **error** *n* COMP & DP behebbarer Fehler *m*; ~ **orbiter** *n* SPACE Mehrfacheinsatzorbiter *m*, wiederverwendungsfähiges Raumschiff *nt*; ~ **reserves** *n pl* PET TECH gewinnbare Reserven *f pl*; ~ **thruster** *n* SPACE Mehrfacheinsatztreibsatz *m*, wiederverwertbarer Treibsatz *m*; ~ **waste** *n* WASTE rückgewinnbarer Abfall *m*

recovered: ~ **charge** *n* ELEC ENG wiedergewonnene Ladung *f*; ~ **heat** *n* WASTE rückgewonnene Wärme *f*; ~ **oil** *n* POLL zurückgewonnenes Öl *nt*, WASTE wiedergewonnenes Öl *nt*, Ölregenerat *nt*; ~ **pulp** *n* WASTE rückgewonnene Pulpe *f*

recovery *n* AIR TRANS *flight manoeuvre* Abfangen *nt*, Bergung *f*, Rettung *f*, COAL TECH Wiedergewinnung *f*, Zurückgewinnung *f*, COMP & DP Wiederaufnahme *f*, Wiederherstellung *f*, ELEC ENG *from dynamic loads* Erholung *f*, MAR POLL Regenerierung *f*, Rückgewinnung *f*, Wiederaufbereitung *f*, METALL Erholung *f*, PLAS Regenerierung *f*, Rückgewinnung *f*, Wiedergewinnung *f*, *plasticity test* Rückformung *f*, Rückstellung *f*, POLL Wiederverwertung *f*, SPACE Bergung *f*, TEXT Erholung *f*, THERMODYN, WASTE Wiedergewinnung *f*, WATER TRANS Abfangen *nt*, Bergung *f*, Rettung *f*; ~ **boiler** *n* WASTE Rückgewinnungskessel *m*; ~ **creep** *n* METALL Kriecherholung *f*; ~ **device** *n* MAR POLL Ölabschöpfgerät *nt*, POLL Aufarbeitungsvorrichtung *f*; ~ **factor** *n* PET TECH Ausbeutefaktor *m*; ~ **of gasoline** *n AmE (cf recovery of petrol BrE)* PET TECH Benzingewinnung *f*; ~ **package** *n* SPACE Bergungspaket *nt*; ~ **of petrol** *n BrE (cf recovery of gasoline AmE)* PET TECH Benzingewinnung *f*; ~ **plant** *n* MECHAN ENG Rückgewinnungsanlage *f*; ~ **rate** *n* METALL Erholungsgrad *m*; ~ **system** *n* MAR POLL Ölabschöpfsystem *nt*, NUC TECH *for recovering materials* Wiedergewinnungssystem *nt*; ~ **voltage** *n* ELECT *circuit breaker* Erholspannung *f*, Wiederkehrspannung *f*

recruitment *n* ACOUSTICS Auffrischung *f*

recrystallization *n* METALL Rekristallisation *f*, Umkristallisierung *f*

rectangle *n* GEOM Rechteck *nt*

rectangular[1] *adj* GEOM rechteckig, rechtwinklig, senkrecht

rectangular:[2] ~ **axes** *n pl* MATH rechtwinklige Koordinatenachsen *f pl*; ~ **coordinate system** *n* GEOM rechtwinkliges Koordinatensystem *nt*; ~ **cross-section** *n* CONST rechteckiger Querschnitt *m*; ~ **hysteresis loop** *n* ELEC ENG rechteckige Hystereseschleife *f*; ~ **key** *n* MECHAN ENG Flachkeil *m*, rechteckiger Keil *m*; ~ **pulse** *n* ELECTRON Rechteckimpuls *m*; ~ **wave** *n* ELEC ENG Rechteckwelle *f*; ~ **waveguide** *n* ELEC ENG Kastenleiter *m*, rechtwinkliger Hohlleiter *m*, PHYS rechtwinkliger Hohlleiter *m*; ~ **wiring** *n* RAD Gruppierung im Rechteck *f*

rectangularity *n* GEOM Rechtwinkligkeit *f*

rectification *n* CHEMISTRY Gegenstromdestillation *f*, Justieren *nt*, ELEC ENG, ELECT, RAD TECH Gleichrichtung *f*; ~ **efficiency** *n* ELEC ENG Richtwirkungsgrad *m*

rectified: ~ **alternating current** *n* ELECT gleichgerichteter Wechselstrom *m*; ~ **current** *n* ELEC ENG Richtstrom *m*, gleichgerichteter Strom *m*; ~ **output** *n* ELEC ENG gleichgerichteter Ausgang *m*; ~ **voltage** *n* ELEC ENG Richtspannung *f*

rectifier *n* AUTO *electrical system*, ELEC ENG, ELECT *ac and dc current*, PHYS, RAD TECH, RECORD, TELECOM Gleichrichter *m*; ~ **anode** *n* ELEC ENG Gleichrichteranode *f*; ~ **bridge** *n* ELEC ENG Gleichrichterbrücke *f*; ~ **cell** *n* ELEC ENG Gleichrichterzelle *f*; ~ **diode** *n* ELECTRON Gleichrichterdiode *f*; ~ **filter** *n* RECORD Gleichrichterfilter *nt*; ~ **instrument** *n* INSTR Gleichrichterinstrument *nt*, Gleichrichtermeßgerät *nt*; ~ **locomotive** *n* RAIL Gleichrichterlokomotive *f*; ~ **roll** *n* PAPER Rektifizierwalze *f*; ~ **substation** *n* ELEC ENG Gleichrichterstation *f*; ~ **transformer** *n* ELEC ENG Gleichrichtertrafo *m*, Gleichrichtertransformator *m*, Gleichrichterwandler *m*; ~ **tube** *n* ELEC ENG Gleichrichterröhre *f*; ~ **unit** *n* TELECOM Gleichrichtergerät *nt*

rectify *vt* CONST begradigen, ELEC ENG gleichrichten, ELECT gleichrichten, rektifizieren, RAD TECH gleichrichten

rectifying: ~ **circuit** *n* ELEC ENG Gleichrichterkreis *m*, Gleichrichterschaltung *f*; ~ **junction** *n* ELEC ENG Gleichrichteranschluß *m*

rectilineal[1] *adj* MECHANICS geradlinig

rectilineal:[2] ~ **motion** *n* MECHANICS, PHYS geradlinige Bewegung *f*

rectilinear: ~ **antenna** *n* TELECOM geradlinige Antenne *f*; **~-combing machine** *n* TEXT Flachkämmaschine *f*; ~ **motion** *n* PHYS rechtwinklige Bewegung *f*; ~ **propagation** *n* TELEV, WAVE PHYS *of light waves* geradlinige Ausbreitung *f*; ~ **scanning** *n* TELEV rechtwinklige Abtastung *f*

recto *n* PRINT rechte Seite *f*, ungerade Seite *f*

recultivation *n* POLL *of land or water* Wiederurbarmachung *f*

recuperate *vt* PROD ENG auffrischen, vorwärmen

recuperative: ~ **furnace** *n* CER & GLAS Rekuperativofen *m*

recuperator *n* HEAT & REFRIG Vorwärmer *m*, Wärmeaustauscher *m*

recurrent: ~ **cost** *n* SPACE wiederkehrende Kosten *f pl*; ~ **pulses** *n pl* ELECTRON wiederkehrende Impulse *m pl*

recurring: ~ **decimal** *n* MATH periodische Dezimalzahl *f*

recursion *n* COMP & DP Rekursion *f*; ~ **formula** *n* MATH Rekursionsformel *f*

recursive[1] *adj* COMP & DP rekursiv

recursive:[2] ~ **filter** *n* ELECTRON rekursives Digitalfilter *nt*, TELECOM rekursives Filter *nt*; ~ **filtering** *n* ELECTRON rekursive Digitalfilterung *f*; ~ **function** *n* COMP & DP rekursive Funktion *f*; ~ **procedure** *n* COMP & DP rekursive Prozedur *f*

recut *vt* PROD ENG nachfräsen, nachhauen
recutting *n* PROD ENG Nachfräsen *nt*, Nachhauen *nt*
recyclable *adj* POLL wiederverwertbar, WASTE recyclingfähig, verwertbar
recycle:[1] ~ **sludge** *n* WASTE Rücklaufschlamm *m*; ~ **time** *n* PHOTO Blitzfolgezeit *f*, Wiederaufladezeit *f*
recycle[2] *vt* POLL, WASTE recyceln
recycled: ~ **bottle** *n* PACK Mehrwegflasche *f*, recyclierte Flasche *f*, wiederverwertete Flasche *f*; ~ **paper** *n* WASTE Recyclingpapier *nt*
recycling *n* CER & GLAS Recycling *nt*, COAL TECH Rückgewinnung *f*, Wiederverwendung *f*, ELECT, MECHAN ENG Recycling *nt*, POLL Recycling *nt*, Rückführung *f*, TELECOM Rückführung *f*, Wiederverwertung *f*, WASTE Recycling *nt*, Rückgewinnung *f*, Wiedergewinnung *f*, *of waste* Wiederverwendung *f*, Wiederverwertung *f*; ~ **economy** *n* WASTE Kreislaufwirtschaft *f*; ~ **of inoculated compost** *n* WASTE Impfkompostrückführung *f*; ~ **plant** *n* WASTE Recyclinganlage *f*; ~ **process** *n* WASTE Recyclingprozeß *m*; ~ **rate** *n* WASTE Recyclingquote *f*, Verwertungsquote *f*; ~ **of sludge** *n* WASTE Schlammverwertung *f*; ~ **time** *n* PHOTO *flash* Blitzfolgezeit *f*, Wiederaufladezeit *f*
red[1] *adj* METALL rot; ~**-green-blue** *adj (RGB)* COMP & DP, TELEV rot-grün-blau *(RGB)*; ~**-hot** *adj* METALL glühend, THERMODYN rotglühend
red:[2] ~ **adder** *n* TELEV Rotmischer *m*; ~ **beam** *n* ELECTRON Rotstrahl *m*, roter Strahl *m*, TELEV Rotstrahl *m*; ~ **beam magnet** *n* TELEV Rotstrahlablenkmagnet *m*; ~**-black level** *n* TELEV Rot-Schwarz-Pegel *m*; ~ **brass** *n* PROD ENG Rotguß *m*; ~ **copper** *n* METALL Rotkupfer *nt*; ~ **copper ore** *n* CHEMISTRY Cuprit *m*, Rotkupfererz *nt*, METALL Rotkupfererz *nt*; ~ **edge** *n* CER & GLAS rote Kante *f*; ~ **gun** *n* TELEV Rotkanone *f*; ~ **heat** *n* METALL Rotglut *f*; ~**-hot iron** *n* METALL Eisenglut *f*; ~ **laser** *n* ELECTRON roter Laser *m*; ~ **lead** *n* CER & GLAS Bleimennige *f*, CHEMISTRY Mennige *f*, PLAS Bleimennige *f*; ~ **mud** *n* WASTE Rotschlamm *m*; ~ **peak level** *n* TELEV Rotspitzenpegel *m*; ~ **phase** *n* TRANS *traffic light control* Rotphase *f*; ~ **primary** *n* TELEV Primärrot *nt*; ~ **quark** *n* PHYS Quark mit roter Farbladung *nt*; ~ **rod** *n* FUELLESS roter Stab *m*; ~ **rust** *n* COATINGS Rotrost *m*; ~ **screen grid** *n* TELEV Rotgitter *nt*; ~ **signal** *n* ELECTRON Rotsignal *nt*; ~ **swing filter** *n* PHOTO Einstellfilter *nt*; ~ **tube** *n* ELECTRON Rotröhre *f*
redesign *vt* CONST umarbeiten, umplanen
redirect *vt* IND PROCESS *signal flow* umschalten, TELECOM umleiten, weiterleiten
redistillation *n* CHEMISTRY Redestillation *f*, Zweitdestillation *f*
redistribution *n* COMP & DP *of E-mail* Weiterverteilung *f*, ELEC ENG Neuverteilung *f*, Redistribution *f*
redock *vi* SPACE *spacecraft* wiederandocken
redox: ~ **cell** *n* INSTR Redoxmeßzelle *f*, TRANS Redoxelement *nt*
redraw *vt* ENG DRAW umzeichnen
reduce[1] *vt* COAL TECH reduzieren, CONST verjüngen, MATH *fraction to lowest terms* kürzen, METALL reduzieren, PHOTO abschwächen, PROD ENG zersträuben; ~ **to** *vt* PAT *to claim* sich beziehen auf
reduce:[2] ~ **the bath** *vi* METALL Bad reduzieren; ~ **speed** *vi* MECHAN ENG Geschwindigkeit verringern
reduced: ~ **AQL value** *n* QUAL verschärfter AQL-Wert *m*; ~ **coordinates** *n pl* PHYS reduzierte Koordinaten *f pl*; ~ **inspection** *n* QUAL reduzierte Prüfung *f*; ~ **instruction set computer** *n (RISC)* COMP & DP Computer mit reduziertem Befehlsvorrat *m*; ~ **load configuration** *n* SPACE *spacecraft* Konfigurierung für reduzierte Last *f*; ~ **mass** *n* PHYS reduzierte Masse *f*; ~ **model** *n* TELECOM verkleinertes Modell *nt*; ~ **power tapping** *n* ELECT *transformer* Abzapfpunkt für reduzierte Leistung *m*; ~ **rate** *n* TELECOM ermäßigter Tarif *m*; ~ **scale** *n* ENG DRAW verkleinerter Maßstab *m*; ~ **shaft bolt** *n* MECHAN ENG Dünnschaftschraube *f*; ~ **sodium salt** *n* FOOD TECH natriumarmes Salz *nt*; ~ **takeoff and landing aircraft** *n (RTOL aircraft)* AIR TRANS verkürzt startendes und landendes Flugzeug *nt (RTOL-Flugzeug)*
reducer *n* CHEMISTRY Reduktionsmittel *nt*, Reduktor *m*, abbauender Mikroorganismus *m*, CONST Reduzierstück *nt*, Übergangsstück *nt*, MECHAN ENG *pipe connection* Übergangsstück *nt*, PHOTO Abschwächer *m*
reducible: ~ **polynomial** *n* COMP & DP reduzierbares Polynom *nt*
reducing *n* CONST *board* Verdünnen *nt*; ~ **agent** *n* CHEMISTRY Desoxidationsmittel *nt*, Reduktionsmittel *nt*, Reduktor *m*, COAL TECH Reduktionsmittel *nt*; ~ **diet** *n* FOOD TECH Reduktionskost *f*; ~ **flame** *n* THERMODYN Reduktionsflamme *f*; ~ **gas** *n* THERMODYN Reduziergas *nt*, reduzierendes Gas *nt*; ~ **gear** *n* MECHAN ENG Reduktionsgetriebe *nt*; ~ **pipe** *n* MECHAN ENG Übergangsrohrstück *nt*; ~ **pipe fitting** *n* CONST Reduzierstück *nt*; ~ **product** *n* POLL Reduktionsprodukt *nt*; ~ **socket** *n* MECHAN ENG Reduzierstück *nt*, Übergangsmuffe *f*; ~ **valve** *n* MECHAN ENG Druckminderungsventil *nt*, Reduzierventil *nt*; ~ **zone** *n* METALL Reduzierzone *f*
reduction *n* COAL TECH Reduktion *f*, Reduzierung *f*, PROD ENG Dickenabnahme *f*, Ziehstufe *f*; ~ **furnace** *n* THERMODYN Reduzierofen *m*; ~ **gear** *n* AUTO *gearbox* Untersetzungsgetriebe *nt*, MECHAN ENG Reduktionsgetriebe *nt*, Untersetzungsgetriebe *nt*, PROD ENG *plastic valves* Handgetriebe *nt*; ~ **mask** *n* PHOTO Verkleinerungsmaske *f*; ~ **print** *n* PHOTO Verkleinerung *f*; ~ **ratio** *n* COAL TECH Zerkleinerungsgrad *m*, MECHAN ENG Untersetzung *f*, Untersetzungsverhältnis *nt*; ~ **room** *n* RECORD Reduzierraum *m*; ~ **sleeve** *n* MECHAN ENG Reduziermuffe *f*; ~ **tube** *n* LAB EQUIP Reduktionsröhre *f*; ~ **valve** *n* LAB EQUIP Reduktionsventil *nt*
redundancy *n* COMP & DP, SPACE *communications* Redundanz *f*; ~ **check** *n* COMP & DP Redundanzprüfung *f*
redundant[1] *adj* COMP & DP redundant
redundant:[2] ~ **character** *n* COMP & DP redundantes Zeichen *nt*; ~ **code** *n* COMP & DP redundanter Code *m*; ~ **digitals** *n pl* COMP & DP redundante Ziffern *f pl*; ~ **dimensioning** *n* ENG DRAW maßliche Überbestimmung *f*; ~ **number** *n* COMP & DP redundante Zahl *f*; ~ **routing** *n* TELECOM Mehrwegeführung *f*
reed *n* CONST Rippenmuster *nt*, Rolladenstab *m*, ELECT Reedzunge *f*, TELECOM Kontaktzunge *f*, TEXT Blatt *nt*, Kamm *m*, Riet *nt*, Webblatt *nt*; ~ **contact** *n* TELECOM Zungenkontakt *m*; ~ **contact relay** *n* ELECT ReedRelais *nt*; ~ **frequency meter** *n* INSTR Zungenfrequenzmeßgerät *nt*; ~ **horn** *n* WATER TRANS *navigation* Zungenhorn *nt*; ~ **relay** *n* ELEC ENG, TELECOM Reed-Relais *nt*, Schutzrohrkontaktrelais *nt*; ~ **relay crosspoint** *n* TELECOM Reed-Relais-Koppelpunkt *m*; ~ **relay electronic exchange** *n* TELECOM elektronische Vermittlung mit Reed-Relais *f*; ~ **relay switch** *n* ELEC ENG Reed-Relais-Schalter *m*; ~ **relay switching** *n* ELEC ENG *telephony* Reed-Relais-Schaltung *f*; ~ **relay**

switching network *n* ELEC ENG *telephony* Reed-Relais-Schaltnetz *nt*; ~ **relay system** *n* TELECOM Vermittlungssystem mit Reed-Relais *nt*; ~ **switch** *n* ELEC ENG Reed-Schalter *m*, Schutzrohrkontakt *m*, PHYS Zungenschalter *m*
reeded: ~ **glass** *n* CER & GLAS gerипptes Glas *nt*
reedlyte: ~ **glass** *n* CER & GLAS Reedlyte-Glas *nt*
reef[1] *n* WATER TRANS *sailing, geography* Reff *nt*, Riff *nt*; ~ **cringle** *n* WATER TRANS *sailing* Reffkausch *f*; ~ **knot** *n* WATER TRANS Reffknoten *m*
reef[2] *vt* WATER TRANS *sailing* reffen
reefer: ~ **ship** *n* WATER TRANS Kühlschiff *nt*
reefing: ~ **pennant** *n* WATER TRANS *ropes* Taljereep *nt*
reel:[1] ~**-fed** *adj* PRINT von der Rolle arbeitend; ~**-to-reel** *adj* RECORD Zweirollen- *pref*
reel[2] *n* COMP & DP Spule *f*, PAPER Haspel *f*, Rolle *f*, PRINT *of paper* Rolle *f*, PROD ENG Haspel *f*, Rolle *f*, RECORD Haspel *f*, TELEV Spule *f*; ~ **drum** *n* PAPER Tambourwalze *f*; ~**-fed press** *n* PRINT Rollendruckmaschine *f*; ~ **feed bags** *n pl* PACK Beutel von der Rolle *m pl*; ~ **lifter** *n* PACK Rollenaufnehmer *m*; ~ **overwrapper** *n* PACK Rollenpackmaschine *f*; ~ **of paper** *n* PAPER Papierrolle *f*; ~ **sample** *n* PAPER Rollenprobe *f*; ~ **spindle** *n* RECORD Bandspule *f*; ~ **spool** *n* PAPER Tambour *m*; ~**-to-reel player** *n* RECORD Zweirollen-Abspielgerät *nt*; ~**-to-reel taperecorder** *n* RECORD Tonbandgerät mit zwei Rollen *nt*; ~ **width** *n* PAPER Rollenbreite *f*; ~ **wrapping and handling equipment** *n* PACK Rolleneinschlag- und Packmaschine *f*
reel:[3] ~ **in** *vt* MAR POLL eintrommeln; ~ **out** *vt* MAR POLL austrommeln
reeler *n* PROD ENG Friemelwalzwerk *nt*
reeling *n* ELEC ENG Spulen *nt*, PAPER Aufrollen *nt*; ~ **machine** *n* PLAS Abhaspelmaschine *f*; ~ **off** *n* PAPER Abrollen *nt*
re-embark[1] *vt* WATER TRANS *passengers* wiedereinschiffen
re-embark[2] *vi* WATER TRANS *passengers* sich wieder einschiffen
re-embarkation *n* WATER TRANS *passengers* Wiedereinschiffung *f*
re-engage *vt* MECHAN ENG *clutch* wiedereinkuppeln, *gearwheels* wieder in Eingriff bringen
re-enlargement *n* ENG DRAW Rückvergrößerung *f*
re-enlarging: ~ **process** *n* ENG DRAW Rückvergrößerungsverfahren *nt*
re-entrant[1] *adj* COMP & DP simultan verwendbar, wiederverwendbar, GEOM *angle* einspringend
re-entrant:[2] ~ **beam tube** *n* ELECTRON Strahlwiedereintrittsröhre *f*; ~ **code** *n* COMP & DP simultan verwendbarer Code *m*; ~ **program** *n* COMP & DP simultan verwendbares Programm *nt*; ~ **routine** *n* COMP & DP simultan verwendbare Routine *f*
re-equip *vt* CONST neu ausrüsten, rekonstruieren
reeve[1] *vt* WATER TRANS *ropes* einscheren
reeve[2] *vi* WATER TRANS *rope through block* einziehen
re-extraction *n* COAL TECH Wiedergewinnung *f*
reface *vt* PROD ENG nachschleifen
refacing *n* PROD ENG Ventilnachschleifen *nt*
refer: ~ **to** *vi* PAT *claim* sich beziehen auf
reference *n* COMP & DP Bezugspunkt *m*, Referenz *f*; ~ **address** *n* COMP & DP Bezugsadresse *f*; ~ **atmosphere** *n* SPACE Bezugsatmosphäre *f*; ~ **audio level** *n* RECORD Bezugstonpegel *m*, TELEV Referenztonpegel *m*; ~ **axis** *n* ACOUSTICS Referenzachse *f*; ~ **black** *n* TELEV Referenzschwarz *nt*; ~ **burst** *n* SPACE *communications* Referenzsignal *nt*; ~ **capacitor** *n* ELECT Referenzkondensator *m*; ~ **circle** *n* MECHAN ENG Bezugskreis *m*; ~ **clock** *n* TELECOM Bezugstaktgeber *m*; ~ **conditions** *n pl* METROL Bezugsbedingungen *f pl*; ~ **coupling** *n* ELEC ENG Bezugskopplung *f*; ~ **dimension** *n* MECHAN ENG Bezugsmaß *nt*; ~ **dimensioning** *n* ENG DRAW Bezugsbemaßung *f*; ~ **edge** *n* TELEV Referenzkante *f*; ~ **edge of tape** *n* TELEV Referenzbandrand *m*; ~ **electrode** *n* LAB EQUIP *electrochemistry* Bezugselektrode *f*, Vergleichselektrode *f*; ~ **energy** *n* ACOUSTICS Bezugsenergie *f*; ~ **file** *n* COMP & DP Zuordnungsdatei *f*; ~ **frequency** *n* TELECOM Bezugsfrequenz *f*; ~ **friction condition** *n* AIR TRANS *runway* Bezugsreibungsbedingungen *f pl*; ~ **fuel** *n* PET TECH Referenzenergie *f*; ~ **gage** *n AmE*, ~ **gauge** *n BrE* MECHAN ENG Prüflehre *f*, Vergleichslehre *f*; ~ **instruction** *n* COMP & DP Zuordnungsbefehl *m*; ~ **junction** *n* IND PROCESS Vergleichsstelle *f*; ~ **junction temperature** *n* INSTR Vergleichsstellentemperatur *f*; ~ **landing approach speed** *n* AIR TRANS Bezugslandeanfluggeschwindigkeit *f*; ~ **level** *n* COMP & DP Referenzebene *f*, ELECTRON Referenzpegel *m*; ~ **line** *n* GEOM, MECHAN ENG Bezugslinie *f*; ~ **mark** *n* COMP & DP Bezugspunkt *m*, Hinweiszeichen *nt*, CONST *surveying* Bezugspunkt *m*; ~ **measurement** *n* INSTR Vergleichsmessung *f*, Vergleichsmeßwert *m*; ~ **noise** *n* ELECTRON Bezugsrauschwert *m*; ~ **noise source** *n* RECORD Bezugsgeräuschquelle *f*; ~ **phase** *n* TELEV Referenzphase *f*; ~ **piece** *n* MECHAN ENG *in copy milling* Bezugsstück *nt*, TEST Vergleichsstück *nt*; ~ **point** *n* ACOUSTICS, GEOM, MECHAN ENG Bezugspunkt *m*; ~ **profile** *n* MECHAN ENG Bezugsprofil *nt*; ~ **reactor** *n* NUC TECH Bezugsreaktor *m*; ~ **retrieval system** *n* COMP & DP Wiederauffindungssystem *nt*; ~ **sensibility** *n* TELECOM Bezugsempfindlichkeit *f*; ~ **sensor** *n* AUTO Bezugsmarkensensor *m*; ~ **sign** *n* PAT Bezugszeichen *nt*; ~ **signal** *n* ELECTRON Bezugssignal *nt*; ~ **signal input** *n* ELECTRON Bezugssignaleingang *m*; ~ **signal phase** *n* ELECTRON Bezugssignalphase *f*; ~ **sound** *n* ACOUSTICS Ankerschall *m*, Bezugsschall *m*, Vergleichsschall *m*; ~ **sound acceleration** *n* ACOUSTICS Ankerschallbeschleunigung *f*; ~ **sound intensity** *n* ACOUSTICS Bezugsschallintensität *f*; ~ **sound power** *n* ACOUSTICS Bezugsschalleistung *f*; ~ **sound pressure** *n* ACOUSTICS, POLL Bezugsschalldruck *m*; ~ **sound velocity** *n* ACOUSTICS Bezugsschallgeschwindigkeit *f*; ~ **standard** *n* QUAL Bezugsnormal *nt*, Vergleichsnormal *nt*; ~ **standards** *n pl* METROL Bezugsnormal *nt*; ~ **station** *n* SPACE Bezugsstation *f*; ~ **surface** *n* TELECOM Vergleichsoberfläche *f*; ~ **surface tolerance field** *n* OPT Referenzflächen-Toleranzbereich *m*; ~ **system** *n* MECHAN ENG Bezugssystem *nt*; ~ **table** *n* COMP & DP Bezugstabelle *f*; ~ **tape** *n* ACOUSTICS Bezugsband *nt*, Referenzband *nt*, Referenzleerband *nt*, TELEV Referenzband *nt*; ~ **temperature** *n* HEAT & REFRIG, METROL Bezugstemperatur *f*; ~ **test method** *n* OPT Vergleichsprüfmethode *f*, PLAS *(RTM)* Referenztestmethode-Verfahren *nt (RTM-Verfahren)*, TELECOM Bezugsmeßmethode *f*, Einfügedämpfungsmeßmethode *f*; ~ **time** *n* COMP & DP Bezugszeit *f*; ~ **tone** *n* ACOUSTICS Bezugston *m*, Eichton *m*, Vergleichston *m*; ~ **variable** *n* IND PROCESS Führungsgröße *f*; ~ **voltage** *n* ELEC ENG Bezugsspannung *f*; ~ **volume** *n* ACOUSTICS Bezugspegel *m*, RECORD Bezugslautstärke *f*; ~ **white** *n* TELEV Referenzweiß *nt*
referenced: ~ **documents** *n pl* QUAL mitgeltende Unterlagen *f pl*; ~ **ramp** *n* IND PROCESS bezogene

Anstiegsantwort *f*

refill *n* FOOD TECH, PAPER Nachfüllung *f*

refilling *n* RAIL *of brake air* Nachfüllen *nt*

refine *vt* METALL frischen, raffinieren, veredeln

refined[1] *adj* MAR POLL raffiniert

refined:[2] ~ **petroleum** *n* PET TECH verarbeitetes Erdöl *nt*; ~ **product** *n* MAR POLL raffiniertes Produkt *nt*; ~ **steel** *n* METALL Edelstahl *m*

refiner *n* PAPER Refiner *m*

refinery *n* PET TECH Erdölraffinerie *f*, Raffinerie *f*, Ölraffinerie *f*, PROD ENG Raffinerie *f*; ~ **gas** *n* PET TECH Raffineriegas *nt*, THERMODYN Raffiniergas *nt*; ~ **waste** *n* WASTE Raffinerierückstände *m pl*

refining *n* CER & GLAS Läuterung *f*, PAPER Refinermahlung *f*, PET TECH Verarbeitung *f*, PROD ENG Feinen *nt*, Raffination *f*, Veredelung *f*; ~ **furnace** *n* THERMODYN Raffinierofen *m*; ~ **glass** *n* CHEM ENG Scheideglas *nt*; ~ **plant** *n* PAPER Mahlanlage *f*; ~ **zone** *n* CER & GLAS Läuterungszone *f*

refinish *vt* QUAL nacharbeiten

refinishing *n* PLAS *paint* Neulackieren *nt*; ~ **paint** *n* PLAS Reparaturlack *m*

refit[1] *n* WATER TRANS *ship* Grundüberholung *f*, Neuausstattung *f*

refit[2] *vt* WATER TRANS *ship* grundüberholen, neu ausrüsten

reflect *vt* PHYS reflektieren, zurücksenden, zurückwerfen

reflectance *n* ELEC ENG Reflexionsvermögen *nt*, FUELLESS Rückstrahlungsvermögen *nt*, OPT Reflexionskoeffizient *m*, Reflexionsvermögen *nt*, PHYS *reflection factor* Reflexionsfaktor *m*, Reflexionsgrad *m*, TELECOM Reflexionsvermögen *nt*; ~ **density** *n* OPT Reflexionsdichte *f*

reflected: ~ **beam** *n* PHYS reflektierter Strahl *m*; ~ **beam photo-electric detector** *n* TRANS Reflexstrahlfotodetektor *m*; ~ **heat** *n* THERMODYN reflektierte Wärme *f*; ~ **impedance** *n* ELEC ENG Rückwirkungsimpedanz *f*; ~ **light** *n* OPT reflektiertes Licht *nt*, PHOTO Auflicht *nt*, Reflexlicht *nt*; ~ **power** *n* ELEC ENG Rückwirkungsleistung *f*; ~ **pulse** *n* PROD ENG Echoimpuls *m*; ~ **ray** *n* OPT, PHYS, WAVE PHYS reflektierter Strahl *m*; ~ **resistance** *n* ELEC ENG Rückwirkungswiderstand *m*; ~ **signal** *n* ELECTRON zurückgeworfenes Signal *nt*; ~ **voltage** *n* ELEC ENG Rückwirkungsspannung *f*; ~ **wave** *n* ELEC ENG, PHYS, WAVE PHYS reflektierte Welle *f*

reflecting[1] *adj* OPT reflektierend

reflecting:[2] ~ **antenna** *n* TELECOM Reflektorantenne *f*; ~ **electrode** *n* ELEC ENG Bremselektrode *f*, rückwirkende Elektrode *f*; ~ **mirror** *n* OPT Reflektorspiegel *m*; ~ **mirror galvanometer** *n* ELECT Spiegelgalvanometer *nt*; ~ **prism** *n* OPT Reflektorprisma *nt*; ~ **screen** *n* PHOTO Aufhellschirm *m*, Aufhellungsschirm *m*; ~ **stud** *n* CONST Verkehrsleuchtnagel *m*; ~ **telescope** *n* PHYS Spiegelteleskop *nt*; ~ **viewfinder** *n* PHOTO Brillantsucher *m*

reflection *n* ACOUSTICS Reflexion *f*, Rückstrahlung *f*, ELECTRON Reflexion *f*, GEOM Reflexion *f*, Spiegelung *f*, OPT, PHYS, SPACE, TELECOM Reflexion *f*, WAVE PHYS *from ionosphere* Reflexion *f*, *in mirror* Spiegelung *f*; ~ **coefficient** *n* ELECTRON Reflexionsgrad *m*, PHYS, RAD TECH Reflexionskoeffizient *m*; ~ **electron microscope** *n* ELECTRON Reflexionselektronenmikroskop *nt*; ~ **factor** *n* ELECTRON Reflexionsfaktor *m*, PHYS Reflexionsfaktor *m*, Reflexionsgrad *m*; ~ **grating** *n* PHYS *optics*, WAVE PHYS Reflexionsgitter *nt*; ~ **loss** *n* ELECTRON, RECORD Reflexionsverlust *m*; ~ **meter** *n* PAPER Reflexionsmeter *nt*; ~ **method** *n* NUC TECH Reflexionsverfahren *nt*

reflective: ~ **back coating** *n* ELECTRON reflektierende Rückwandbeschichtung *f*; ~ **clothing** *n* SAFETY reflektierende Kleidung *f*; ~ **disk** *n* OPT reflektierende Scheibe *f*; ~ **LCD** *n* ELECTRON reflektierende Flüssigkristallanzeige *f*, transreflektierende Flüssigkristallanzeige *f*; ~ **radiant heating** *n* HEAT & REFRIG Reflexionsstrahlungsheizung *f*

reflectivity *n* FUELLESS, HEAT & REFRIG Reflexionsvermögen *nt*; ~ **coefficient** *n* SPACE Reflexionskoeffizient *m*

reflectometer *n* PLAS *instrument* , RAD TECH Reflektometer *nt*

reflector *n* AUTO *safety accessory* Katzenauge *nt*, Reflektor *m*, Rückstrahler *m*, ELECTRON, NUC TECH, PHOTO Reflektor *m*, PHYS Reflektor *m*, Richtstrahler *m*, RAD TECH *aerial*, SPACE Reflektor *m*; ~ **antenna** *n* SPACE Antenne mit Reflektor *f*; ~ **electrode** *n* ELEC ENG, TELEV Reflektorelektrode *f*; ~ **space** *n* ELECTRON *klystrons* Reflexionsraum *m*; ~ **stand** *n* PHOTO Reflektorstativ *nt*

reflectorscope *n* PROD ENG Echoimpulsgerät *nt*

reflex: ~ **angle** *n* GEOM überstumpfer Winkel *m*; ~ **baffle** *n* ACOUSTICS reflektierende Schallwand *f*; ~ **bunching** *n* ELECTRON Reflexmodulation *f*, Reflexphasenfokussierung *f*; ~ **housing** *n* PHOTO Spiegelkasten *m*; ~ **klystron** *n* ELECTRON, PHYS Reflexklystron *nt*; ~ **mirror** *n* PHOTO Reflexionsspiegel *m*; ~ **printing method** *n* PHOTO Reflexkopiermethode *f*; ~ **viewfinder** *n* PHOTO Aufsichtssucher mit Mattscheibe *m*, Reflexsucher *m*

refloat *vt* WATER TRANS *ship* wieder flottmachen

reflow: ~ **soldering** *n* ELEC ENG Fließlöten *nt*, SPACE *spacecraft* Rückflußlötung *f*

reflux *n* CHEM ENG Rückfluß *m*, Rücklauf *m*; ~ **boiling** *n* CHEM ENG Rückflußkochen *nt*; ~ **condenser** *n* LAB EQUIP Rückflußkühler *m*, Rücklaufkondensator *m*, NUC TECH Rückflußkühler *m*; ~ **ratio** *n* NUC TECH Rücklaufverhältnis *nt*

reformatting *n* COMP & DP Neuformatierung *f*

reforming *n* PET TECH Reformieren *nt*; ~ **of a train** *n* RAIL Umbilden eines Zuges *nt*

reformulation *n* PLAS Rezepturänderung *f*

refract *vt* PHYS *light beam*, PROD ENG brechen

refracted: ~ **light** *n* OPT gebrochenes Licht *nt*; ~ **near-end method** *n* TELECOM Nahfeldbrechungsmethode *f*; ~ **near-field method** *n* OPT Nahfeldmethode mit Brechung *f*; ~ **ray** *n* PHYS, TELECOM gebrochener Strahl *m*; ~ **ray method** *n* OPT Methode mit gebrochenem Strahl *f*, TELECOM Nahfeldbrechungsmethode *f*; ~ **rayoptical fiber** *n AmE*, ~ **rayoptical fibre** *n BrE* OPT gebrochener Strahl *m*

refracting: ~ **prism** *n* OPT Brechprisma *nt*; ~ **telescope** *n* PHYS Fernrohr *nt*

refraction *n* OPT, PHYS, PROD ENG Brechung *f*, WATER TRANS Refraktion *f*, Strahlenbrechung *f*, WAVE PHYS *light wave* Brechung *f*; ~ **grating** *n* LAB EQUIP *optics* Refraktionsgitter *nt*; ~ **loss** *n* RECORD Brechungsverlust *m*

refractive: ~ **index** *n* OPT *of medium* Brechungsindex *m*, PHOTO Brechungskoeffizient *m*, Brechungsindex *m*, PHYS, SPACE *communications* Brechungsindex *m*, TELECOM Brechungskoeffizient *m*, Brechzahl *f*, WAVE PHYS Brechungsindex *m*; ~ **index contrast** *n* OPT Brechungsindexkontrast *m*, TELECOM Brechzahlunterschied *m*; ~ **index profile** *n* OPT Brechungsindexprofil *nt*; ~ **power** *n* PHOTO Lichtbrechungsvermögen *nt*

refractiveness *n* OPT Refraktivität *f*

refractivity *n* OPT Refraktivität *f*, PHYS Brechvermögen *nt*, RAD TECH Brechungsvermögen *nt*, SPACE Brechung *f*

refractometer *n* LAB EQUIP Brechungsmesser *m*, Refraktometer *nt*, OPT, PHYS, RAD PHYS Refraktometer *nt*

refractor *n* PHYS Fernrohr *nt*

refractoriness *n* OPT *material sciences* Feuerfestigkeit *f*, PROD ENG Feuerbeständigkeit *f*; ~ **under load** *n* PROD ENG Dauerfeuerbeständigkeit *f*

refractory[1] *adj* HEAT & REFRIG feuerfest, SPACE brechend, THERMODYN feuerfest

refractory[2] *n* CER & GLAS Feuerfesterzeugnis *nt*, PROD ENG feuerfester Stoff *m*, THERMODYN feuerfestes Material *nt*; ~ **brick** *n* HEAT & REFRIG Schamottestein *m*, Schamotteziegel *m*, LAB EQUIP Schamottestein *m*; ~ **lining** *n* HEAT & REFRIG feuerfeste Auskleidung *f*, feuerfeste Ausmauerung *f*; ~ **material** *n* COAL TECH Feuerfestmaterial *nt*; ~ **metal** *n* COATINGS Widerstand gegen Metallverbindung *m*, höchstschmelzendes Metall *nt*, METALL feuerfestes Metall *nt*; ~ **period** *n* ERGON Refraktärperiode *f*

refresh[1] *n* COMP & DP Aktualisierung *f*, Neuanzeige *f*, TV *of screen* Bildwiederholung *f*; ~ **cycle** *n* COMP & DP Aktualisierungszyklus *m*; ~ **memory** *n* COMP & DP Aktualisierungsspeicher *m*; ~ **mode** *n* ELECTRON Bildwiederholmodus *m*; ~ **rate** *n* COMP & DP Aktualisierungsrate *f*, Bildwiederholfrequenz *f*; ~ **signal** *n* ELECTRON Bildwiederholsignal *nt*

refresh[2] *vt* COMP & DP aktualisieren, aktualisiert anzeigen, erneut anzeigen, ELECTRON *data* auffrischen, *screen content* neu aufbauen

refreshed: ~ **image** *n* ELECTRON neuaufgebautes Bild *nt*

refrigerant *n* AUTO, HEAT & REFRIG, MECHAN ENG, POLL, THERMODYN Kühlmittel *nt*, Kältemittel *nt*; ~ **circuit** *n* HEAT & REFRIG Kältemittelkreislauf *m*; ~ **compressor** *n* MECHAN ENG Kältemittelverdichter *m*

refrigerate *vt* HEAT & REFRIG kühlen, tiefkühlen, THERMODYN kühlen

refrigerated[1] *adj* HEAT & REFRIG gekühlt, tiefgekühlt

refrigerated:[2] ~ **car** *n* RAIL I-Wagen *m*, Kühlwagen *m*; ~ **cargo** *n* HEAT & REFRIG, WATER TRANS *ship* Kühlraumladung *f*; ~ **cargo ship** *n* WATER TRANS Kühlschiff *nt*; ~ **container** *n* HEAT & REFRIG Gefriercontainer *m*, Kühlcontainer *m*, RAIL, WATER TRANS Kühlcontainer *m*; ~ **oven** *n* LAB EQUIP Kälteofen *m*; ~ **shelf area** *n* HEAT & REFRIG gekühlte Abstellfläche *f*; ~ **transport** *n* FOOD TECH, RAIL Kühltransport *m*; ~ **truck** *n* HEAT & REFRIG *road*, RAIL Kühlwagen *m*; ~ **vehicle** *n* HEAT & REFRIG, MECHAN ENG Kühlfahrzeug *nt*; ~ **wagon** *n* RAIL I-Wagen *m*, Kühlwagen *m*; ~ **warehouse** *n* HEAT & REFRIG Kühlhaus *nt*

refrigerating[1] *adj* MECHAN ENG Kühl- *pref*

refrigerating[2] *n* HEAT & REFRIG, PACK, THERMODYN Kälte *f*; ~ **capacity** *n* HEAT & REFRIG Kühlleistung *f*; ~ **compressor** *n* HEAT & REFRIG Kältekompressor *m*; ~ **engineer** *n* THERMODYN Kältetechniker *m*; ~ **hold** *n* WATER TRANS Kühlraum *m*; ~ **machine** *n* HEAT & REFRIG Kühlmaschine *f*, Kältemaschine *f*, THERMODYN Kältemaschine *f*; ~ **medium** *n* HEAT & REFRIG Kältemittel *nt*; ~ **plant** *n* HEAT & REFRIG Gefrieranlage *f*, Kühlanlage *f*, Kälteanlage *f*, MECHAN ENG Kühlanlage *f*, THERMODYN Kühlanlage *f*, Kälteanlage *f*; ~ **system** *n* MECHAN ENG Kühlsystem *nt*

refrigeration *n* HEAT & REFRIG Kühlung durch Kälteerzeugung *f*, Kältetechnik *f*, THERMODYN Kühlung *f*; ~ **by circulation** *n* HEAT & REFRIG Umlaufkühlung *f*; ~ **cabinet** *n* HEAT & REFRIG Kälteschrank *m*; ~ **control center** *n AmE*, ~ **control centre** *n BrE* HEAT & REFRIG Kältezentrale *f*; ~ **cycle** *n* HEAT & REFRIG Kältekreislauf *m*; ~ **engineer** *n* HEAT & REFRIG Kältetechniker *m*; ~ **engineering** *n* FOOD TECH, HEAT & REFRIG Kältetechnik *f*; ~ **machine** *n* PACK Kälteanlage *f*; ~ **ship** *n* WATER TRANS Kühlschiff *nt*

refrigerator *n* HEAT & REFRIG, THERMODYN Kühlgerät *nt*, *household* Kühlschrank *m*

refringence *n* OPT Brechung *f*, Strahlenbrechung *f*

refringency *n* OPT Brechung *f*, Lichtbrechung *f*

refuel *vt* AIR TRANS, AUTO, WATER TRANS auftanken

refueling *n AmE see refuelling BrE*

refueller *n* AUTO Tankflugzeug *nt*

refuelling *n BrE* AIR TRANS Betankung *f*, AUTO Tanken *nt*, MAR POLL Auftanken *nt*, Kraftstoffaufnahme *f*, MECHAN ENG Auftanken *nt*, WATER TRANS Tanken *nt* ~ **boom** *n BrE* AIR TRANS Betankungsausleger *m*; ~ **craft** *n BrE* AIR TRANS Lufttankflugzeug *nt*; ~ **in flight** *n BrE* AIR TRANS Auftanken in der Luft *nt*; ~ **in-flight system** *n BrE* AIR TRANS Luftauftanksystem *nt*; ~ **tanker** *n BrE* AIR TRANS *in airport* Auftankfahrzeug *nt*

refuge *n* CONST Fußgängerschutzinsel *f*

refund *n* PAT Rückerstattung *f*

refusal *n* PAT Zurückweisung *f*, QUAL Verwerfen *nt*, Verwurf *m*

refuse *n* COAL TECH Bergklein *nt*, PAPER Ausschußpapier *nt*, PROD ENG Ausschuß *m*, WASTE *BrE (cf garbage AmE)* Abfall *m*, Müll *m*, WATER SUP Abfall *m*, Müll *m*; ~ **body** *n* WASTE Müllfahrzeug *nt*, Müllwagen *m*; ~ **bunker** *n* WASTE Lagerbunker *m*; ~ **cell** *n* WASTE Kassette *f*, Polder *m*; ~ **chute** *n BrE (cf garbage chute AmE)* WASTE Müllabwurfschacht *m*, Müllschlucker *m*; ~ **collection** *n BrE (cf garbage collection AmE)* WASTE Müllabfuhr *f*, Müllsammlung *f*; ~ **collection lorry** *n BrE (cf garbage collection truck AmE)* AUTO Müllwagen *m*; ~ **collection service** *n BrE (cf garbage collection service AmE)* WASTE Müllabfuhr *f*; ~ **collection vehicle** *n BrE (cf garbage collection vehicle AmE)* WASTE Müllfahrzeug *nt*, Müllwagen *m*; ~ **deposition technique** *n BrE (cf garbage deposition technique AmE)* WASTE Einbautechnik *f*; ~**-derived fuel** *n (RDF)* WASTE Müllbrennstoff *m*; ~ **disposal** *n BrE (cf garbage disposal AmE)* WASTE Abfallbeseitigung *f*, Müllabfuhr *f*, Sammlung von Hausmüll *f*; ~ **disposal site** *n BrE (cf garbage disposal site AmE)* POLL Müllkippe *f*; ~ **dump** *n* WATER SUP Abfalldeponie *f*; ~ **grinder** *n BrE (cf garbage grinder AmE)* WASTE Müllzerkleinerer *m*; ~ **incineration** *n* WASTE Müllverbrennung *f*; ~ **incineration plant** *n BrE (cf garbage incineration plant AmE)* WASTE MVA, Müllverbrennungsanlage *f*; ~ **incinerator** *n* PACK *BrE (cf garbage incinerator AmE)* MVA, Müllverbrennungsanlage *f*, WASTE Abfallverbrennungsanlage *f*; ~ **sack** *n BrE (cf garbage sack AmE)* PACK Müllbeutel *m*, WASTE Müllsack *m*; ~ **sack collection** *n BrE (cf garbage sack collection AmE)* WASTE Einsammeln von Müllsäcken *nt*; ~ **separation plant** *n BrE (cf garbage separation plant AmE)* WASTE Abfallsortieranlage *f*, Müllsortierungsanlage *f*; ~ **tipping** *n* WATER SUP Müllablagerung *f*; ~ **transfer station** *n BrE (cf garbage transfer station*

AmE) WASTE Zwischenlagerplatz *m*
refusion *n* METALL Umschmelzen *nt*
regelation *n* PHYS Regelation *f*, Wiedergefrieren *nt*
regenerate *vt* COMP & DP regenerieren
regenerated[1] *adj* ELECTRON aufgearbeitet, regeneriert
regenerated:[2] ~ **rubber** *n* PLAS Regenerat *nt*, regenerierter Kautschuk *m*
regenerating: ~ **furnace** *n* METALL Regenerativofen *m*
regeneration *n* COMP & DP Regeneration *f*, ELECTRON Regenerierung *f*, MECHAN ENG *of materials* Aufarbeitung *f*, Wiederaufarbeitung *f*, METALL Regeneration *f*, SPACE Regenerierung *f*, TELECOM Regenerierung *f*, Wiederherstellen der ursprünglichen Form *nt*, WASTE Regeneration *f*, WATER SUP Regenerierung *f*
regenerative[1] *adj* SPACE *communications* regenerativ
regenerative:[2] ~ **airheater** *n* SAFETY Umwälzheizlüfter *m*; ~ **amplification** *n* ELECTRON *radio* Rückkopplungsverstärkung *f*; ~ **amplifier** *n* ELECTRON *radio* Rückkopplungsverstärker *m*; ~ **braking** *n* RAIL Nutzbremsung *f*, Rückarbeitsbremsung *f*; ~ **cell** *n* AUTO, RAIL Regenerativzelle *f*; ~ **circuit** *n* ELECTRON *radio* Rückkopplungskreis *m*; ~ **cooling** *n* HEAT & REFRIG Regenerativkühlung *f*, THERMODYN Regenerativkühlung *f*, Rekuperativkühlung *f*; ~ **feedback** *n* ELECTRON *radio* Mitkopplung *f*; ~ **furnace** *n* CER & GLAS, MECHAN ENG Regenerativofen *m*; ~ **heating** *n* HEAT & REFRIG Regenerativfeuerung *f*; ~ **repeater** *n* ELECTRON *telegraphy* Fernschreib-Entzerrer *m*; ~ **system** *n* MECHAN ENG Regenerativverfahren *nt*
regenerator *n* ELECTRON Impulswiederholer *m*, Regenerator *m*, MECHAN ENG Regenerator *m*, METALL Abhitzeverwerter *m*, Regenerator *m*, TELECOM *transmission line* Regenerator *m*, Zwischenverstärker *m*
regional[1] *adj* AIR TRANS, FUELLESS, RAD TECH, TELEV Regional- *pref*
regional:[2] ~ **airport** *n* AIR TRANS Regionalflughafen *m*; ~ **carrier** *n* AIR TRANS Regionalcarrier *m*, Regionalfluglinie *f*; ~ **express railroad** *n AmE (cf regional express railway BrE)* RAIL S-Bahn *f*, Schnellbahn *f*; ~ **express railway** *n BrE (cf regional express railroad AmE)* RAIL S-Bahn *f*, Schnellbahn *f*; ~ **metamorphism** *n* FUELLESS Regionalmetamorphose *f*; ~ **patent** *n* PAT Regionalpatent *nt*; ~ **processor** *n* TELECOM Hauptprozessor *m*; ~ **radio warning system** *n* RAD TECH, TRANS Regionalwarnfunknetz *nt*; ~ **railroad traffic** *n AmE (cf regional railway traffic BrE)* RAIL Regionalschienenverkehr *m*; ~ **railway traffic** *n BrE (cf regional railroad traffic AmE)* RAIL Regionalschienenverkehr *m*
register:[1] **in** ~ *adj* PRINT registerhaltig; **out of** ~ *adj* PRINT nicht registerhaltig
register[2] *n* COMP & DP Register *nt*, Zählwerk *nt*, CONTROL, ELEC ENG Register *nt*, HEAT & REFRIG Schieber *m*, PRINT Registerhaltung *f*, TELECOM *data, telephone* Register *nt*, Speicher *m*, Zählwerk *nt*; ~ **accuracy** *n* PRINT Paßgenauigkeit *f*; ~ **adjustment** *n* PRINT Paßkorrektur *f*; ~**-controlled system** *n* TELECOM Registersystem *nt*, System mit Registersteuerung *nt*; ~ **file** *n* COMP & DP Registerdatei *f*; ~ **of hazardous substances** *n* POLL Gefahrstoffkataster *nt*; ~ **length** *n* COMP & DP Registerlänge *f*; ~ **mark** *n* PRINT Passer *m*, Passermarke *f*, Paßzeichen *nt*; ~ **name** *n* COMP & DP Registerbezeichnung *f*; ~ **ton** *n* METROL *ships* Nettoregistertonne *f*; ~ **tonnage** *n* METROL Registertonnengehalt *m*; ~ **translator** *n* TELECOM Registerzuordner *m*
register[3] *vt* COMP & DP aufzeichnen, eintragen, registrieren, PHOTO aufzeichnen, PRINT registerhaltig machen
registered: ~ **depth** *n* WATER TRANS *ship design* Raumtiefe *f*, Vermessungstiefe *f*; ~ **trademark** *n* PAT eingetragene Marke *f*, eingetragenes Warenzeichen *nt*; ~ **user** *n* PAT eingetragener Benutzer *m*
registration *n* AIR TRANS Eintragung *f*, Registrierung *f*, Zulassung *f*, COMP & DP Registrierung *f*, PAT Eintragung *f*, PRINT Registerhaltigkeit *f*, Registerhaltung *f*, TELEV Positionierung *f*, TRANS, WATER TRANS Eintragung *f*, Registrierung *f*, Zulassung *f*; ~ **accuracy** *n* TELEV Positionierungsgenauigkeit *f*; ~ **control** *n* TELEV Positionierungssteuerung *f*; ~ **drift** *n* TELEV Positionierungsabweichung *f*; ~ **mark** *n* PRINT Passer *m*, Passermarke *f*, Paßzeichen *nt*
regression *n* COMP & DP Regression *f*; ~ **equation** *n* QUAL Regressionsgleichung *f*
regrind *vt* COAL TECH, MECHAN ENG nachschleifen
regrinding *n* PROD ENG Nachschleifen *nt*, Schärfen *nt*
regular[1] *adj* PRINT *type* gerade, geradestehend
regular:[2] ~ **gasoline** *n AmE (cf regular petrol BrE)* AUTO Normalottokraftstoff *m*, Normalbenzin *nt*; ~**-lay rope** *n* MECHAN ENG Kreuzschlagseil *nt*; ~ **petrol** *n BrE (cf regular gasoline AmE)* AUTO Normalottokraftstoff *m*, Normalbenzin *nt*; ~ **polygon** *n* GEOM regelmäßiges Polygon *nt*
regularization *n* WATER SUP Regularisation *f*
regulated[1] *adj* CONTROL geregelt
regulated:[2] ~ **bus system** *n* SPACE geregeltes Bussystem *nt*; ~ **deposition** *n* POLL geregelte Ablagerung *f*; ~ **output current** *n* ELEC ENG Konstantausgangsstrom *m*; ~ **output voltage** *n* ELEC ENG Konstantausgangsspannung *f*; ~ **power supply** *n* ELEC ENG Konstantstromversorgung *f*, geregeltes Netzgerät *nt*; ~ **voltage** *n* ELEC ENG, ELECT, INSTR Konstantspannung *f*
regulating *n* NUC TECH Regelung *f*; ~ **action** *n* IND PROCESS Stellwirkung *f*; ~ **dynamo** *n* ELECT Reglerdynamo *m*, Spannungsreglerdynamo *m*; ~ **nut** *n* MECHAN ENG Einstellmutter *f*, Stellmutter *f*, Verstellmutter *f*; ~ **point** *n* IND PROCESS Stellort *m*; ~ **range** *n* MECHAN ENG *automatic control* Stellbereich *m*; ~ **resistance** *n* ELEC ENG Regelwiderstand *m*; ~ **screw** *n* MECHAN ENG Einstellschraube *f*, Regulierschraube *f*, Stellschraube *f*; ~ **transformer** *n* ELEC ENG, LAB EQUIP Regeltransformator *m*; ~ **unit** *n* PROD ENG *plastic valves* Stellorgan *nt*; ~ **valve** *n* LAB EQUIP *fluid control*, MECHAN ENG Regelventil *nt*
regulation *n* ELEC ENG Festwertregelung *f*, Regelung *f*, Regulierung *f*, Stabilisierung *f*, absolute Spannungsänderung *f*, MECHAN ENG Einstellung *f*, TELECOM Regelung *f*, Stabilisierung *f*, Verordnung *f*; ~ **range** *n* ELEC ENG Regelungsbereich *m*; ~ **strategy** *n* TRANS Verordnungsstrategie *f*
regulator *n* ELEC ENG, LAB EQUIP, MECHAN ENG Regler *m*, TELECOM Konstanthalter *m*, Regler *m*; ~ **cutout** *n* AUTO, ELECT Laderelais-Ausschalter *m*
regulatory: ~ **agency** *n* WATER TRANS *official body* Durchführungsstelle *f*; ~ **authority** *n* QUAL Aufsichtsbehörde *f*
rehabilitation *n* POLL *of land or water* Wiedernutzbarmachung *f*
reheat[1] *n* AIR TRANS Zusatzschub *m*, WATER TRANS Wiedererhitzer *m*

reheat[2] *vt* CER & GLAS wiedererhitzen, HEAT & REFRIG zwischenüberhitzen
reheater *n* HEAT & REFRIG Zwischenüberhitzer *m*
reheating *n* HEAT & REFRIG Zwischenüberhitzung *f*; ~ **furnace** *n* METALL Nachwärmeofen *m*
reignition *n* SPACE Neuzündung *f*; ~ **voltage** *n* ELEC ENG Wiederzündspannung *f*
reimbursement *n* PAT Erstattung *f*, Rückzahlung *f*
reinforce *vt* WATER SUP *dam* verstärken
reinforced: ~ **concrete** *n* CONST Stahlbeton *m*, bewehrter Beton *m*; ~ **packaging material** *n* PACK Versteifungsmaterial *nt*; ~ **paper** *n* PACK Gazepapier *nt*, PAPER textilverstärktes Papier *nt*; ~ **plastic** *n* PACK armierter Kunststoff *m*, PLAS verstärkter Kunststoff *m*; ~ **rim** *n* CER & GLAS verstärkter Rand *m*
reinforcement *n* CONST Armierung *f*, Bewehrung *f*, Verstärkung *f*, ELECT *cable* Armierung *f*, Verkleidung *f*
reinforcing *n* CONST Bewehren *nt*, Verstärken *nt*; ~ **agent** *n* PLAS Verstärkungsmittel *nt*; ~ **bar** *n* CONST Betoneisen *nt*, Bewehrungsstahl *m*; ~ **crease** *n* PROD ENG Sicke *f*; ~ **filler** *n* PLAS verstärkender Füllstoff *m*; ~ **rib** *n* PROD ENG *plastic valves* Griffrippe *f*
reinjection *n* PET TECH Reinjektion *f*
reject[1] *n* QUAL Ausschußteil *nt*; ~ **gate** *n* PAPER Spuchstoffaustritt *m*
reject[2] *vt* QUAL verwerfen, zurückweisen
rejectable: ~ **quality level** *n* QUAL Ausschußgrenze *f*, zurückzuweisende Qualitätsgrenzlage *f*, rückzuweisende Qualitätslage *f*
rejected: ~ **item** *n* QUAL Ausschußteil *nt*
rejection *n* COMP & DP Zurückweisung *f*, ELECTRON Abnahmeverweigerung *f*, *of differential amplifier* Unterdrückungsfaktor *m*, PAT Verwerfung *f*, QUAL Rückweisung *f*, Zurückweisung *f*; ~ **band** *n* ELECTRON *filter* Sperrbereich *m*; ~ **error** *n* COMP & DP Zurückweisungsfehler *m*; ~ **number** *n* QUAL Zurückweisungszahl *f*
rejector *n* ELECTRON *in parallel-resonant circuit* Parallelschwingkreis *m*, RAD TECH Parallelschwingkreis *m*, Sperre *f*
rejects *n pl* PROD ENG Ausschuß *m*
relation *n* COMP & DP Relation *f*, MATH *between elements of various sets* Beziehung *f*, Relation *f*; ~ **graph** *n* ART INT Beziehungsgraph *m*, relationaler Graph *m*; ~ **pitch** *n* ACOUSTICS Verhältnistonhöhe *f*; ~ **symbol** *n* ART INT *see relational operator* Beziehungssymbol *nt*, Relationssymbol *nt*
relational[1] *adj* COMP & DP relational
relational:[2] ~ **database** *n* *(RDB)* COMP & DP, TELECOM relationale Datenbank *f (RDB)*; ~ **expression** *n* COMP & DP Vergleichsausdruck *m*; ~ **model** *n* COMP & DP Vergleichsmodell *nt*; ~ **operator** *n* ART INT Beziehungssymbol *nt*, Relationssymbol *nt*, COMP & DP Vergleichsoperator *m*, Verhältnisoperator *m*; ~ **processor** *n* COMP & DP relationaler Prozessor *m*; ~ **query** *n* COMP & DP kombinierte Abfrage *f*
relationship: ~ **between quantities** *n* IND PROCESS Größenzusammenhang *m*; ~ **between variables** *n* IND PROCESS Größenzusammenhang *m*
relative: ~ **abundance** *n* PHYS relative Häufigkeit *f*; ~ **addressing** *n* COMP & DP relative Adressierung *f*; ~ **altitude** *n* AIR TRANS relative Flughöhe *f*; ~ **angular deviation gain** *n* ACOUSTICS relativer Winkelabweichungsgewinn *m*; ~ **angular deviation loss** *n* ACOUSTICS relativer Winkelabweichungsverlust *m*; ~ **aperture** *n* PHYS relative Öffnung *f*, Öffnungsverhältnis *nt*; ~ **atomic mass** *n* PHYS relative Atommasse *f*; ~ **bearing** *n* AIR TRANS Funkseitenpeilung *f*, WATER TRANS *navigation* Seitenpeilung *f*; ~ **byte address** *n* *(RBA)* COMP & DP relative Byteadresse *f (RBA)*; ~ **density** *n* COAL TECH Dichteverhältnis *nt*, relative Dichte *f*, PHYS spezifische Dichte *f*, spezifisches Gewicht *nt*, PLAS relative Dichte *f*; ~ **difference limit** *n* ACOUSTICS relative Unterschiedsschwelle *f*; ~ **error** *n* COMP & DP relativer Fehler *m*; ~ **frequency** *n* COMP & DP, QUAL relative Häufigkeit *f*; ~ **harmonic content** *n* ELECTRON Klirrfaktor *m*, Oberschwingungsgehalt *m*; ~ **humidity** *n* HEAT & REFRIG relative Feuchte *f*, relative Feuchtigkeit *f*, relative Luftfeuchte *f*, MECHAN ENG, PAPER relative Feuchtigkeit *f*, PHYS relative Luftfeuchte *f*, PLAS relative Feuchte *f*, TEXT relative Feuchte *f*, relative Feuchtigkeit *f*, WATER SUP, WATER TRANS relative Luftfeuchtigkeit *f*; ~ **key** *n* ACOUSTICS Paralleltonart *f*; ~ **linear stopping power** *n* PHYS relatives lineares Bremsvermögen *nt*; ~ **loudness** *n* ACOUSTICS Verhältnislautheit *f*; ~ **mass stopping power** *n* PHYS relatives Massenbremsvermögen *nt*; ~ **molecular mass** *n* PHYS relative Molekularmasse *f*; ~ **motion** *n* PHYS Relativbewegung *f*; ~ **permeability** *n* ELEC ENG Permeabilitätszahl *f*, relative Permeabilität *f*, ELECT relative Permeabilität *f*, PHYS Permeabilitätszahl *f*, relative Permeabilität *f*; ~ **permittivity** *n* ELEC ENG Dielektrizitätszahl *f*, relative Dielektrizitätskonstante *f*, ELECT Dielektrizitätskonstante *f*, relative Permittivität *f*, PHYS Dielektrizitätszahl *f*, relative Dielektrizitätskonstante *f*; ~ **power** *n* ELEC ENG relative Leistung *f*; ~ **pressure coefficient** *n* PHYS relativer Verdichtungsgrad *m*; ~ **refractive index** *n* OPT Brechungskoeffizient *m*, Brechungszahl *f*, Brechzahl *f*, relativer Brechungsindex *m*, PHYS relativer Brechungsindex *m*; ~ **sensitivity** *n* INSTR Relativempfindlichkeit *f*, relative Empfindlichkeit *f*; ~ **sensitivity of a transducer** *n* ACOUSTICS Relativempfindlichkeit eines Wandlers *f*; ~ **signal amplitude** *n* ELECTRON relative Signalamplitude *f*; ~ **slip** *n* ELECT *machine* relativer Schlupf *m*; ~ **tone** *n* ACOUSTICS Parallelton *m*; ~ **velocity** *n* COAL TECH, PHYS Relativgeschwindigkeit *f*; ~ **viscosity** *n* FLUID PHYS relative Zähigkeit *f*; ~ **water velocity** *n* FUELLESS relative Wassergeschwindigkeit *f*
relativistic[1] *adj* SPACE relativistisch
relativistic:[2] ~ **heavy ion collider** *n* *(RHIC)* PART PHYS RHIC; ~ **mechanics** *n* PHYS, SPACE relativistische Mechanik *f*; ~ **particle** *n* SPACE relativistisches Partikel *nt*
relativity *n* SPACE Relativität *f*; ~ **effect** *n* SPACE Relativitätseffekt *m*
relax *vt* TEXT entspannen
relaxation *n* METALL Entspannung *f*, PLAS Relaxation *f*; ~ **allowance** *n* ERGON Erholpause *f*, Erholungszuschlag *m*; ~ **center** *n* *AmE*, ~ **centre** *n* *BrE* METALL Entspannungszentrum *nt*; ~ **oscillation** *n* ELECT Kippschwingung *f*, Relaxationsschwingung *f*, ELECTRON, PHYS Kippschwingung *f*; ~ **oscillator** *n* ELECTRON *radio, video* Sägezahngenerator *m*; ~ **of stress** *n* PLAS Spannungsabbau *m*, Spannungsrelaxation *f*; ~ **time** *n* ACOUSTICS Relaxationszeit *f*, ELECT *dielectric* Relaxationszeit *f*, METALL Entspannungszeit *f*
relaxed: ~ **fiber** *n* *AmE*, ~ **fibre** *n* *BrE* TEXT entspannte Faser *f*
relay *n* AUTO *electrical system*, COMP & DP, ELECT, LAB EQUIP *electricity*, PHYS, RAD TECH, TELECOM Relais *nt*;

~ **arm** *n* AUTO Lenkzwischenhebel *m*, Umlenkhebel *m*; ~ **armature** *n* ELEC ENG Relaisanker *m*; ~ **coil** *n* ELEC ENG Relaisspule *f*; ~ **contact** *n* ELEC ENG Relaiskontakt *m*; ~ **core** *n* ELEC ENG Relaiskern *m*; ~ **hum** *n* ELEC ENG Relaissummen *nt*; ~ **magnet** *n* ELEC ENG Relaismagnet *m*; ~ **satellite** *n* SPACE, TELEV Umsetzersatellit *m*; ~ **set** *n* TELECOM Relaissatz *m*; ~ **station** *n* TELEV Umsetzerfunkstelle *f*; ~ **switching system** *n* ELEC ENG Relaisschaltsystem *nt*; ~ **system** *n* TELECOM Relaissystem *nt*; ~ **transmitter** *n* TELEV Umsetzersender *m*; ~ **winding** *n* ELECT Relaiswicklung *f*

release[1] *n* COMP & DP Auslöse- *pref*, Freigabe *f*, *program version* Version *f*, CONST Ausklink- *pref*, Auslöse- *pref*, ELEC ENG Auslöser *m*, MECHAN ENG *by cam* Auslösung *f*, *of clutch* Ausrück- *pref*, Ausrücker *m*, *tripping device* Auslöser *m*, PAPER Ablösbarkeit *f*, PHOTO *camera shutter* Auslöser *m*, PROD ENG Abstrahlen *nt*, Lösen *nt*, RECORD Auslöse- *pref*, TELECOM Auslöse- *pref*, *communications* Auslösen *nt*, Freigabe *f*, WASTE Freisetzung *f*; ~ **agent** *n* PLAS Entformungsmittel *nt*, Formtrennmittel *nt*, Trennmittel *nt*; ~ **bearing** *n* AUTO Kupplungsausrücklager *nt*, Kupplungsdrucklager *nt*; ~**-bearing hub** *n* AUTO Kupplungsausrücklagernabe *f*; ~**-bearing sleeve** *n* AUTO Kupplungsausrücklagerbuchse *f*; ~ **button** *n* TELEV Freigabeknopf *m*; ~**-coated paper** *n* PAPER Trennschichtpapier *nt*; ~ **current** *n* ELEC ENG *of switch* Auslösestrom *m*; ~ **lag** *n* ELEC ENG Auslöseverzögerung *f*; ~ **level** *n* COMP & DP Release-Level *m*; ~ **lever** *n* MECHAN ENG *of clutch* Ausrückhebel *m*; ~ **lever pin** *n* AUTO Kupplungsausrückhebelbolzen *m*; ~ **lever spring** *n* AUTO Kupplungsausrückhebelfeder *f*; ~ **paper** *n* PRINT Release-Papier *nt*; ~ **relay** *n* ELECT Abfallrelais *nt*; ~ **rod** *n* AUTO Kupplungsausrückstange *f*; ~ **time** *n* AIR TRANS *traffic* Abfallzeit *f*, ELEC ENG Auslösezeit *f*, RECORD Auslösedauer *f*

release[2] *vt* AUTO *the brake* lösen, MECHAN ENG *latch* ausklinken, MECHANICS auslösen, freigeben

released:[1] ~ **energy** *n* PHYS freigesetzte Energie *f*; ~ **heat** *n* HEAT & REFRIG freigesetzte Wärme *f*, freiwerdende Wärme *f*

released:[2] **to be** ~ *vi* TELECOM freiwerden

releasing: ~ **hook** *n* CONST Ausklinkhaken *m*

releveling *n AmE*, **relevelling** *n BrE* CONST *surveying* Neuaufnahme *f*

reliability *n* COMP & DP Zuverlässigkeit *f*, ELEC ENG Betriebssicherheit *f*, Betriebszuverlässigkeit *f*, Zuverlässigkeit *f*, ELECT Verläßlichkeit *f*, ERGON Reliabilität *f*, Zuverlässigkeit *f*, MAR POLL Betriebszuverlässigkeit *f*, Zuverlässigkeit *f*, MECHAN ENG Zuverlässigkeit *f*, METROL Reliabilität *f*, Zuverlässigkeit *f*, QUAL, TELECOM Zuverlässigkeit *f*; ~ **analysis** *n* SPACE Zuverlässigkeitsanalyse *f*; ~ **assurance** *n* QUAL Zuverlässigkeitssicherung *f*; ~ **characteristic** *n* QUAL Zuverlässigkeitsmerkmal *nt*; ~ **test** *n* ELEC ENG Zuverlässigkeitsprüfung *f*; ~ **testing** *n* ELEC ENG Zuverlässigkeitsprüfung *f*

reliable[1] *adj* PROD ENG funktionssicher

reliable:[2] ~ **transfer server** *n* TELECOM zuverlässiger Transfer-Server *m*

relief[1] *n* MECHAN ENG *by lathe work* Hinterdrehen *nt*, *clearance* Aussparung *f*, Hinterarbeiten *nt*, *grinding* Hinterschliff *m*, *relieving the load* Entlastung *f*, MECHANICS Aussparung *f*, PROD ENG Hinterarbeiten *nt*, Hinterschliff *m*; ~ **angle** *n* MECHAN ENG Freiwinkel *m*, PROD ENG Freiwinkel *m*, Hinterschleifwinkel *m*; ~ **crew** *n* AIR TRANS Ablösungsmannschaft *f*, Unterstützungsmannschaft *f*; ~ **face** *n* PROD ENG *metal cutting* Freifläche *f*; ~ **gap** *n* ELECT Spannungsbegrenzungsstrecke *f*; ~ **milling** *n* MECHAN ENG Hinterfräsen *nt*; ~ **motion** *n* PROD ENG Abhebebewegung *f*, Aushub *m*; ~ **printing** *n* PRINT Hochprägung *f*, Reliefdruck *m*; ~ **track** *n* RAIL Dispositionsgleis *nt*; ~ **train** *n* RAIL Entlastungszug *m*, Verstärkungszug *m*; ~ **valve** *n* AUTO *lubrication* Druckablaßventil *nt*, Sicherheitsventil *nt*, Überdruckventil *nt*, FUELLESS Entlastungsventil *nt*, Sicherheitsventil *nt*, HEAT & REFRIG Entlastungsventil *nt*, Sicherheitsventil *nt*, Überdruckventil *nt*, HYD EQUIP, MECHAN ENG Überdruckventil *nt*, MECHANICS Entlastungsventil *nt*, Überdruckventil *nt*, PET TECH SBV, Sicherheitsabblasearmatur *f*, PROD ENG, RAIL Überdruckventil *nt*; ~ **weave** *n* TEXT Reliefwebart *f*; ~ **well** *n* WATER SUP Entlassungsbrunnen *m*

relief:[2] ~**-grind** *vt* PROD ENG hinterschleifen

relieve[1] *vt* MECHAN ENG *machine* aussparen, hinterarbeiten; ~ **by turning** *vt* MECHAN ENG *machine*, PROD ENG hinterdrehen

relieve:[2] ~ **stress** *vi* THERMODYN entspannen

relieved: ~**-milling cutter** *n* MECHAN ENG Fräser mit hinterdrehten Zähnen *m*, hinterdrehter Fräser *m*; ~ **teeth** *n pl* MECHAN ENG hinterdrehte Zähne *m pl*

relieving *n* MECHAN ENG Hinterdrehen *nt*, *by grinding* Hinterschleifen *nt*, PROD ENG Abheben *nt*, Hinterarbeiten *nt*; ~ **lathe** *n* MECHAN ENG, PROD ENG Hinterdrehmaschine *f*

reline *vt* AUTO *brakes* Bremsbeläge erneuern, neu aufziehen

relining *n* PROD ENG Neubelag *m*, Wiederausgießen *nt*

relinquishment: ~ **requirement** *n* PET TECH Freigabeauflage *f*

reload *vt* COMP & DP neu laden

relocatable[1] *adj* COMP & DP verschiebbar

relocatable:[2] ~ **address** *n* COMP & DP verschiebbare Adresse *f*; ~ **data** *n* COMP & DP verschiebbare Daten *nt pl*; ~ **expression** *n* COMP & DP verschiebbarer Ausdruck *m*; ~ **format** *n* COMP & DP verschiebbares Format *nt*; ~ **program** *n* COMP & DP verschiebbares Programm *nt*

relocate *vt* COMP & DP verschieben

relocation *n* COMP & DP Verschiebung *f*

reluctance *n* *(R)* ELEC ENG, ELECT *(R)* *magnetism* PHYS Reluktanz *f* *(R)*, magnetischer Widerstand *m*; ~ **motor** *n* ELEC ENG, ELECT, TRANS Reluktanzmotor *m*

reluctivity *n* ELECT Reluktivität *f*, PHYS Reluktivität *f*, magnetischer Widerstand *m*, spezifischer magnetischer Widerstand *m*

remachine *vt* PROD ENG *metal cutting* nacharbeiten

remachining *n* MECHAN ENG Nacharbeiten *nt*, Nachbearbeiten *nt*, PROD ENG *metal cutting* Nacharbeiten *nt*

remainder *n* COMP & DP, MATH Rest *m*, WASTE Reststoff *m*

remanence *n* ELEC ENG Remanenz *f*, zurückbleibende Magnetisierung *f*, ELECT Remanenz *f*, PHYS Remanenz *f*, Restmagnetisierung *f*, RECORD Remanenz *f*

remanent: ~ **charge** *n* ELEC ENG remanente Ladung *f*; ~ **flux density** *n* ELECT *magnetization* relative Flußdichte *f*, remanente Feldstärke *f*; ~ **induction** *n* ELEC ENG Remanenzinduktion *f*; ~ **magnetization** *n* PHYS zurückbleibende Magnetisierung *f*

remedial: ~ **maintenance** *n* COMP & DP Bedarfswartung *f*

remedy[1] *n* QUAL Abhilfe *f*, Abhilfemaßnahme *f*

remedy[2] *vt* QUAL beheben

remelting *n* METALL Umschmelzen *nt*; **~ machine** *n AmE (cf burning-off and edge-melting machine BrE)* CER & GLAS Abspreng- und Kantenschmelzmaschine *f*, Umschmelzmaschine *f*
remetaling *n AmE*, **remetalling** *n BrE* CONST *of roads* Aufbringen einer neuen Schotterschicht *nt*
reminder: **~ alarm service** *n* TELECOM Erinnerungsalarmdienst *m*; **~ call** *n* TELECOM Erinnerungsanruf *m*
remodulation *n* ELECTRON Modulationsübertragung *f*
remolded: **~ sample** *n AmE see remoulded sample BrE*; **~ tire** *n AmE see remoulded tyre BrE*
remolding *n AmE see remoulding BrE*
remote[1] *adj* COMP & DP Fern- *pref*, entfernt, CONTROL Fern- *pref* **~-controlled** *adj* MECHAN ENG, TELEV ferngesteuert
remote:[2] **~ access** *n* COMP & DP Fernzugriff *m*; **~ amplifier** *n* ELECTRON externer Verstärker *m*; **~ arming and safety unit** *n* SPACE ferngesteuertes Entsicherungs- und Sicherungsgerät *nt*; **~ batch entry** *n* COMP & DP Stapelferneingabe *f*; **~ batch processing** *n* COMP & DP Stapelfernverarbeitung *f*; **~ batch teleprocessing** *n* COMP & DP Stapelfernverarbeitung *f*; **~ batch terminal** *n* COMP & DP ferne Stapeldatenstation *f*; **~ broadcast** *n* TELEV ferngesteuerte Sendung *f*; **~ concentration unit** *n (RCU)* TELECOM abgesetzte Konzentratoreinheit *f*; **~ concentrator** *n* TELECOM Leitungskonzentrator *m*, abgesetzter Konzentrator *m*; **~ control** *n* CONTROL Fernsteuerung *f*, ELECT Fernkontrolle *f*, Fernsteuerung *f*, MECHANICS Fernsteuerung *f*, PHOTO, RAD TECH Fernbedienung *f*, TELECOM Fernsteuerung *f*, Fernbedienung *f*; **~ control by television camera** *n* TELEV, TRANS Fernseh-Kamerafernsteuerung *f*; **~ control device** *n* RECORD Fernbedienungsgerät *nt*; **~ control focusing** *n* TELEV ferngesteuerte Fokussierung *f*; **~-controlled camera** *n* TELEV ferngesteuerte Kamera *f*; **~ control sign** *n* TRANS fernbetätigtes Zeichen *nt*; **~ control system for industrial applications** *n* SAFETY Industriefernbedienung *f*; **~ cutoff tube** *n* ELECTRON Regelröhre *f*; **~ data processing** *n* COMP & DP Datenfernverarbeitung *f*; **~ detection** *n* TELECOM *radar* Fernerfassung *f*; **~ handling device** *n* SAFETY Fernmanipulation *f*, Fernbedienung *f*; **~ handling tool** *n* NUC TECH Fernbedienungsinstrument *nt*, Fernbedienungsvorrichtung *f*; **~ indicating instrument** *n* INSTR Fernanzeigegerät *nt*; **~ indication** *n* INSTR Fernanzeige *f*; **~ job entry** *n (RJE)* COMP & DP Jobferneingabe *f*, Jobfernverarbeitung *f*; **~ line concentrator** *n* TELECOM abgesetzter Konzentrator *m*; **~ loading** *n* COMP & DP Fernladen *nt*, fernes Laden *nt*, TELECOM Fernladen *nt*; **~ maintenance** *n* TELECOM Fernininstandhaltung *f*; **~ management** *n* TELECOM Fernmanagement *nt*; **~ metering** *n* NUC TECH Fernmessung *f*; **~ monitoring** *n* TELECOM, TELEV Fernüberwachung *f*; **~ operating terminal** *n* TELECOM abgesetztes Betriebs-Terminal *nt*; **~ operation** *n* TELECOM Fernbetrieb *m*; **~ pickup point** *n* TELEV Fernaufnahmepunkt *m*; **~ power supply** *n* ELEC ENG Fernnetzgerät *nt*, Fernstromversorgung *f*, entfernt aufgestelltes Netzgerät *nt*; **~ printing** *n* COMP & DP Ferndrucken *nt*; **~-reading thermometer** *n* HEAT & REFRIG Thermometer mit Fernablesung *nt*, Thermometer mit Fernanzeige *nt*; **~ sensing** *n* COMP & DP Fernabtastung *f*, Istwertferntasten *nt*, INSTR Fernmessung *f*, MAR POLL Fernerkundung *f*, Fernmessung *f*; **~ sensor** *n* CONST Fernfühler *m*; **~ set-point adjuster** *n* IND PROCESS Sollwerteinsteller für Fernbetätigung *m*; **~ switching** *n* TELEV Fernschaltung *f*; **~ switching stage** *n* TELECOM Konzentratorzentrale *f*; **~ switching system** *n* TELECOM Fernschaltanlage *f*; **~ switching unit** *n (RSU)* TELECOM Konzentratorzentrale *f*; **~ temperature gage** *n AmE*, **~ temperature gauge** *n BrE* THERMODYN Fernthermometer *nt*; **~ temperature monitoring** *n* THERMODYN Temperaturfernüberwachung *f*; **~ terminal** *n* COMP & DP ferne Datenstation *f*; **~ test** *n* COMP & DP Ferntest *m*, ferner Test *m*; **~ thermometer** *n* HEAT & REFRIG Fernthermometer *nt*
remoulded: **~ sample** *n BrE* COAL TECH gestörte Bodenprobe *f*; **~ tyre** *n BrE* AUTO rundumerneuerter Reifen *m*
remoulding *n BrE* AUTO Runderneuerung *f*
removable[1] *adj* MECHAN ENG abnehmbar, auswechselbar, OPT abnehmbar, entfernbar, PHOTO abnehmbar, PROD ENG lösbar
removable:[2] **~ back** *n* PHOTO abnehmbare Rückwand *f*; **~ coupling link** *n* RAIL abnehmbare Kupplungslasche *f*; **~ disk** *n* COMP & DP Wechselplatte *f*, auswechselbare Platte *f*; **~ insert** *n* MECHAN ENG *tooling* auswechselbarer Einsatz *m*; **~ part** *n* ELECT entfernbares Teil *nt*
removal *n* CONST Abtransport *m*, Beseitigung *f*, MAR POLL Beseitigen *nt*, Entfernen *nt*, MECHAN ENG *of surface material* Abtragen *nt*, POLL *of organic matter* Beseitigung *f*, *of suspended solids by sedimentation* Beseitigung *f*, RAIL *of rod coupler* Entfernung *f*; **~ of oil by separators** *n* POLL Ölbeseitigung durch Trennmittel *f*; **~ truck** *n AmE (cf removal van BrE)* TRANS Möbelwagen *m*; **~ van** *n BrE (cf removal truck AmE)* TRANS Möbelwagen *m*
removed: **~ section** *n* ENG DRAW Profilschnitt *m*
remover *n* CONST Abbeizer *m*
removing *n* CONST Ausbauen *nt*, Entfernen *nt*, Entlasten *nt*
rendering *n* CONST Anwerfen des Außenputzes *nt*, Unterputz *m*
rendezvous:[1] **~ maneuver** *n AmE*, **~ manoeuvre** *n BrE* SPACE Rendezvousmanöver *nt*; **~ procedure** *n* SPACE Annäherungsverfahren *nt*, Rendezvousverfahren *nt*; **~ radar** *n* SPACE Annäherungsradar *m*, Rendezvousradar *m*; **~ trajectory** *n* SPACE Annäherungsbahn *f*, Rendezvousbahn *f*
rendezvous[2] *vi* SPACE ein Rendezvous durchführen
renewable: **~ energy** *n* FUELLESS regenerative Energie *f*; **~ energy source** *n* ELECT erneuerbare Energiequelle *f*
renewal: **~ fee** *n* PAT Jahresgebühr *f*; **~ of qualification** *n* QUAL Wiederholungsprüfung *f*
rennet *n* FOOD TECH Lab *nt*, Renette *f*; **~ casein** *n* FOOD TECH Labkasein *nt*
rennin *n* FOOD TECH Labferment *nt*, Rennin *nt*
reoxidation *n* CHEMISTRY Reoxidation *f*, Rückoxidation *f*, POLL Rückoxidation *f*
repair[1] *n* WATER TRANS Instandsetzung *f*, Reparatur *f*; **~ link** *n* MECHAN ENG *for chain* Ersatzglied *nt*; **~ manual** *n* AUTO Reparaturanleitung *f*; **~ time** *n* COMP & DP Instandsetzungsdauer *f*, Reparaturdauer *f*; **~ track** *n* RAIL Werkstattgleis *nt*
repair[2] *vt* WATER TRANS instandsetzen, reparieren
repairs *n pl* CONST Instandsetzungsarbeiten *f pl*
repeat *n* TELEV Wiederholung *f*; **~ key** *n* TELEV Wiederholungstaste *f*; **~ test** *n* QUAL Nachprüfung *f*, Wiederholungsprüfung *f*
repeatability *n* INSTR Reproduzierbarkeit *f*, Wiederholbarkeit *f*, QUAL Wiederholpräzision *f*; **~ conditions** *n pl* QUAL Wiederholbedingungen *f pl*; **~ critical dif-**

ference *n* QUAL kritische Wiederholdifferenz *f*; **~ limit** *n* QUAL Wiederholgrenze *f*

repeatable: **~ measurement** *n* METROL reproduzierbare Messung *f*

repeated: **~ call attempt** *n* TELECOM wiederholter Verbindungsversuch *m*; **~ cycle stress** *n* PROD ENG Schwellspannung *f*; **~ loading** *n* METALL Dauerbelastung *f*; **~ signal** *n* ELECTRON wiederholtes Signal *nt*; **~ yield point** *n* METALL Dauerstreckgrenze *f*

repeater *n* COMP & DP Entzerrer *m*, Verstärker *m*, ELECTRON, PHYS Verstärker *m*, RAD TECH Zwischenverstärker *m*, SPACE Umsetzer *m*, TELECOM *telephone* Verstärker *m*; **~ access** *n* RAD TECH Verstärkerzugang *m*; **~ bandplan** *n* RAD TECH Relaisstellen-Frequenzplan *m*; **~ compass** *n* AIR TRANS, WATER TRANS Tochterkompaß *m*; **~ coverage area** *n* RAD TECH Versorgungsbereich einer Relaisstelle *m*; **~ deck** *n* TELECOM Verstärkergestell *nt*; **~ modem** *n* TELECOM *radio relay* Zwischenstellenmodem *nt*; **~ satellite** *n* SPACE Umsetzersatellit *m*; **~ signal** *n* ELECTRON Rückmeldesignal *nt*

repeating: **~ accuracy** *n* METROL Wiederholgenauigkeit *f*; **~ coil** *n* ELEC ENG Fernsprechübertrager *m*, Leitungsübertrager *m*, Übertragerspule *f*; **~ compass** *n* AIR TRANS, WATER TRANS Tochterkompaß *m*; **~ decimal** *n* MATH periodische Dezimalzahl *f*; **~ signal** *n* RAIL Wiederholungssignal *nt*

repeller *n* ELEC ENG Reflektor *m*

repertoire *n* COMP & DP Repertoire *nt*, Vorrat *m*

repetition: **~ rate** *n* TELECOM Rückfragehäufigkeit *f*

repetitive: **~ flight plan** *n* AIR TRANS wiederholter Flugplan *m*; **~ signal** *n* ELECTRON periodisches Signal *nt*; **~ sweep** *n* ELECTRON periodischer Wobbeldurchgang *m*; **~ work** *n* PROD ENG Serienarbeit *f*, Serienfertigung *f*

replaceable: **~ element oil filter** *n* AUTO Ersatzteileölfilter *nt*

replay[1] *n* RECORD Abspiel- *pref*, Wiedergabe *f*, TELEV Replay *nt*; **~ characteristic** *n* RECORD Wiedergabecharakteristik *f*; **~ head** *n* RECORD Abspielkopf *m*

replay[2] *vt* RECORD abspielen

replenisher *n* PHOTO Nachfüllösung *f*

replenishing: **~ ship** *n* WATER TRANS Versorgungsschiff *nt*

replicated: **~ pattern** *n* ELECTRON nachempfundenes Muster *nt*

reply *n* ELECTRON Antwort *f*

repoint *vt* CONST neu verfugen

report[1] *n* COMP & DP Bericht *m*; **~ of findings** *n* QUAL Befundbericht *m*; **~ generation** *n* COMP & DP Berichterstellung *f*, Listenerstellung *f*; **~ program generator** *n* *(RPG)* COMP & DP Listenprogrammgenerator *m*

report:[2] **~ to the port authorities** *vi* WATER TRANS sich bei der Hafenbehörde melden

reportable: **~ nonconformance** *n* QUAL meldepflichtige Abweichung *f*

repository *n* COMP & DP Quelle *f*, Repository *nt*, POLL Deponie *f*, *for radioactive waste* Endlagerstätte *f*, WASTE Lagerstätte *f*

represent: **~ broken** *vt* ENG DRAW abgebrochen darstellen; **~ in section** *vt* ENG DRAW im Schnitt darstellen

representation *n* COMP & DP Darstellung *f*; **~ of a thread** *n* ENG DRAW Gewindedarstellung *f*; **~ to scale** *n* ENG DRAW maßstäbliche Darstellung *f*

representative *n* PAT Vertreter *m*; **~ sample** *n* METALL Probe *f*

reprint[1] *n* PRINT Neudruck *m*

reprint[2] *vt* PRINT nachdrucken

reprocessing *n* NUC TECH *of nuclear fuel* Aufarbeitung *f*, Wiederaufbereitung *f*

reproduce *vt* RECORD reproduzieren, wiedergeben

reproducer *n* ACOUSTICS Tonabnehmer *m*, Tonwiedergabegerät *nt*

reproducibility *n* QUAL Vergleichbarkeit *f*; **~ conditions** *n pl* QUAL Vergleichsbedingungen *f pl*; **~ critical difference** *n* QUAL kritische Vergleichsdifferenz *f*; **~ limit** *n* QUAL Vergleichsgrenze *f*; **~ of measurements** *n* METROL Meßreproduzierbarkeit *f*

reproducing *n* ACOUSTICS, PHOTO, TELEV Wiedergabe *f*; **~ chain** *n* TELEV Wiedergabekette *f*; **~ characteristic** *n* ACOUSTICS Wiedergabecharakteristik *f*; **~ head** *n* TELEV Wiedergabekopf *m*; **~ loss** *n* ACOUSTICS Wiedergabeverlust *m*; **~ magnetic head** *n* ACOUSTICS Magnethörkopf *m*, Wiedergabemagnetkopf *m*

reproduction *n* RECORD Wiedergabe *f*; **~ camera** *n* PRINT Reproduktionskamera *f*, Reprokamera *f*; **~ characteristic** *n* TELEV Wiedergabeeigenschaft *f*; **~ loss** *n* TELEV Wiedergabeverlust *m*; **~ scale** *n* ENG DRAW Abbildungsmaßstab *m*; **~ of tonal values** *n* PHOTO Tonwertwiedergabe *f*, Wiedergabe der Tonwerte *f*

reprofiling *n* CONST Neuprofilieren *nt*

reprographic: **~ technique** *n* ENG DRAW Reprotechnik *f*

reprographics *n* COMP & DP Reprografik *f*

reprography *n* PRINT Reprographie *f*

re-prove *vt* QUAL neu nachweisen

repulpable: **~ adhesive** *n* WASTE einstampfbarer Klebstoff *m*

repulping: **~ equipment** *n* PACK Einstampfgerät *nt*

repulsion *n* ELEC ENG Repulsion *f*, Rückstoß *m*, Rückstoßkraft *f*, ELECT Abstoß *m*, PHYS Abstoß *m*, Abstoßung *f*; **~-induction motor** *n* ELEC ENG kombinierter Repulsions-Induktionsmotor *m*; **~ motor** *n* ELEC ENG, ELECT Repulsionsmotor *m*

repulsive: **~ force** *n* ELEC ENG Abstoßungskraft *f*, Rückstoßkraft *f*, ELECT *electrostatics, magnetism* Abstoßkraft *f*, PHYS abstoßende Kraft *f*; **~ power** *n* METALL Repulsionskraft *f*

requalification *n* QUAL Erneuerung der Qualifikationen *f*, Neuqualifizierung *f*, erneute Qualifizierung *f*

request[1] *n* COMP & DP Abfrage *f*, Anforderung *f*, Anfrage *f*, PAT Antrag *m*; **~ batching** *n* COMP & DP Stapelung von Anforderungen *f*; **~ channel** *n* SPACE Anforderungskanal *m*; **~ for service** *n* TELECOM Dienstanforderung *f*; **~ stack** *n* COMP & DP Anforderungsstapel *m*

request[2] *vt* COMP & DP abrufen, anfordern, auffordern

required: **~ flightpath** *n* AIR TRANS Sollflugbahn *f*, geographische Flugbahn *f*; **~ frequency** *n* FUELLESS erforderliche Frequenz *f*; **~ time** *n* QUAL geforderte Verfügbarkeitszeit *f*

requiring: **~ approval** *phr* QUAL prüfpflichtig; **~ official approval** *phr* QUAL prüfpflichtig; **~ verification** *phr* QUAL nachweispflichtig

requisition *n* QUAL Abruf *m*

rerecording *n* ACOUSTICS Kopie *f*, Umschnitt *m*, RECORD Wiederaufnahme *f*; **~ machine** *n* RECORD *for film* Tonmischapparatur *f*; **~ session** *n* RECORD Tonmischsitzung *f*

reroute *vt* WATER TRANS *sea trade* umleiten

rerouting *n* TELECOM Umleitung *f*, Umweglenkung *f*

rerun[1] *n* CHEMISTRY Redestillation *f*, Zweitdestillation *f*, COMP & DP Wiederholung *f*, Wiederholungslauf *m*,

TELEV Wiederholung *f*
rerun[2] *vt* COMP & DP wiederholen
resave *vt* COMP & DP erneut speichern
resazurin *n* CHEMISTRY Resazurin *nt*
rescue[1] *n* AIR TRANS, WATER TRANS *emergency* Bergung *f*, Rettung *f*; ~ **apparatus** *n* AIR TRANS, WATER TRANS Rettungseinrichtung *f*, Rettungsgerät *nt*; ~ **blanket** *n* SAFETY *first aid* Notdecke *f*; ~ **boat** *n* WATER TRANS Seenotrettungsboot *nt*; ~ **chute** *n* SAFETY Notrutsche *f*; ~ **coordination center** *n AmE*, ~ **coordination centre** *n BrE (RCC)* AIR TRANS, WATER TRANS SAR-Leitstelle *f*, Seenotrettungsleitstelle *f*; ~ **dump** *n* COMP & DP Notspeicherauszug *m*; ~ **equipment** *n* AIR TRANS, SAFETY, WATER TRANS Rettungsgerät *nt*; ~ **and fire-fighting service** *n* AIR TRANS Rettungsdienst und Feuerwehr *m*; ~ **and fire fighting service** *n* WATER TRANS Rettungsdienst und Feuerwehr *m*; ~ **helicopter** *n* AIR TRANS Rettungshubschrauber *m*; ~ **operation** *n* SAFETY Rettungsaktion *f*; ~ **party** *n* SAFETY Rettungstrupp *m*; ~ **service** *n* SAFETY Rettungsdienst *m*; ~ **station** *n* SAFETY Rettungsstation *f*; ~ **vehicle** *n* AUTO Rettungsfahrzeug *nt*
rescue[2] *vt* SAFETY retten
research: ~ **center** *n AmE*, ~ **centre** *n BrE* TELECOM Forschungszentrum *nt*; **~-development engineer** *n* MECHAN ENG F&E-Ingenieur *m*, Forschungs- und Entwicklungsingenieur *m*; ~ **reactor** *n* NUC TECH Forschungsreaktor *m*
Research: ~ **Institute for Nuclear and Particle Physics** *n* PART PHYS Gesellschaft für Schwerionenforschung *f*
reseat *vt* AUTO *the valves*, PROD ENG neu einschleifen
reseating *n* PROD ENG Ventilneueinschleifen *nt*
reserpine *n* CHEMISTRY Reserpin *nt*
reserve: ~ **battery** *n* ELEC ENG Reservebatterie *f*; ~ **buoyancy** *n* WATER TRANS Auftriebsreserve *f*, *ship design* Restauftrieb *m*; ~ **capacity** *n (RC)* TRANS Reservekapazität *f*
reserved: ~ **word** *n* COMP & DP reserviertes Wort *nt*
reserves *n pl* AIR TRANS Ersatz *m*, Nachschub *m*
reservoir *n* AUTO *oil* Behälter *m*, Reservoir *nt*, Tank *m*, FLUID PHYS *of fluid* Vorratsbehälter *m*, PET TECH Lagerstätte *f*, WATER SUP Reservoir *nt*, Staubecken *nt*, Wasserspeicher *m*; ~ **basin** *n* WATER SUP Speicherbecken *nt*, Speichersee *m*; ~ **capacitor** *n* ELEC ENG Speicherkondensator *m*; ~ **lining** *n* WATER SUP Beckenauskleidung *f*; ~ **pressure** *n* PET TECH Lagerstättendruck *m*
reset:[1] **~-set** *adj* ELECTRON Reset-Set- *pref*
reset[2] *n* COMP & DP Grundstellung *f*, Nullstellung *f*, Reset *nt*, Rücksetzen *nt*, Rücksetzung *f*, MECHAN ENG *of machine tools* Wiedereinrichten *nt*; ~ **button** *n* COMP & DP Reset-Taste *f*, Rückstelltaste *f*; ~ **counter** *n* INSTR Rückstellzähler *m*; ~ **key** *n* COMP & DP Rückstelltaste *f*; ~ **knob** *n* TELEV Reset-Knopf *m*, Rücksetzknopf *m*; **~-set flip-flop** *n (RS flip-flop)* ELECTRON Reset-Set-Flipflop *nt (RS-Flipflop)*; **~-set toggle** *n (RS toggle)* ELECTRON Reset-Set-Kippschaltung *f (RS-Kippschaltung)*
reset[3] *vt* COMP & DP *counter* auf Null stellen, zurückstellen, CONTROL nullsetzen, rücksetzen, MECHAN ENG *machine tool* wiedereinrichten, MECHANICS neu einstellen; ~ **to zero** *vt* MECHAN ENG *instrument* auf Null stellen
resharpen *vt* MECHAN ENG nachschleifen
resharpening *n* MECHAN ENG Nachschleifen *nt*, Nachschliff *m*
reshipment *n* WATER TRANS *cargo* Rückfracht *f*, Wiederverladung *f*
reshipping *n* WATER TRANS *cargo* Rückfracht *f*, Wiederverladung *f*
reside *vi* COMP & DP liegen in, sich befinden in
residence *n* COMP & DP, PROD ENG Verweil- *pref*; ~ **time** *n* COMP & DP Verweilzeit *f*, WASTE Verweildauer *f*, Verweilzeit *f*
resident[1] *adj* COMP & DP resident, ständig vorhanden
resident:[2] ~ **program** *n* COMP & DP residentes Programm *nt*; ~ **program storage** *n* COMP & DP residenter Programmspeicher *m*; ~ **software** *n* COMP & DP speicherresidentes Programm *nt*, speicherresidente Software *f*
residual[1] *adj* COATINGS Rest- *pref* COAL TECH zurückbleibend, COMP & DP restlich
residual:[2] ~ **air volume** *n* HEAT & REFRIG Restluftmenge *f*; ~ **capacitance** *n* ELEC ENG Restkapazität *f*; ~ **charge** *n* ELEC ENG Restladung *f*, verbleibende Ladung *f*, ELECT, TELEV Restladung *f*; ~ **current** *n* ELEC ENG, ELECT Reststrom *m*; ~ **discharge** *n* ELEC ENG Restentladung *f*; ~ **error rate** *n* COMP & DP Restfehlerhäufigkeit *f*, Restfehlerrate *f*; ~ **flux density** *n* ELECT *magnetization* Restflußdichte *f*; ~ **fold** *n* ENG DRAW Restfalte *f*; ~ **frequency modulation** *n* ELECTRON Restfrequenzmodulation *f*; ~ **fuel oil** *n* PET TECH schweres Heizöl *nt*; ~ **gap** *n* ELEC ENG Restabstand *m*, verbleibender Abstand *m*; ~ **gas** *n* ELECTRON, POLL Gasrückstand *m*, Restgas *nt*; ~ **hardness** *n* PROD ENG *plastic valves* Resthärte *f*; ~ **magnetism** *n* ELECT Restmagnetismus *m*; ~ **magnetization** *n* RAD PHYS Restmagnetisierung *f*; ~ **moisture** *n* HEAT & REFRIG Restfeuchte *f*, Restfeuchtigkeit *f*, PACK Restfeuchtigkeit *f*; ~ **noise** *n* COMP & DP Restsignal *nt*; ~ **oil** *n* WASTE Altöl *nt*, Ölrückstände *m pl*, Ölabfall *m*; ~ **resistance** *n* ELEC ENG Restwiderstand *m*, verbleibender Widerstand *m*; ~ **set** *n* PLAS Druckverformungsrest *m*; ~ **shrinkage** *n* TEXT Restschrumpf *m*; ~ **sideband** *n* TELECOM Restseitenband *nt*; ~ **silver** *n* PHOTO Restsilber *nt*, Silberrest *m*; ~ **stress** *n* CER & GLAS, CONST Restspannung *f*; ~ **water content** *n* OPT Restwassergehalt *m*
residuary *adj* CHEMISTRY Rest- *pref*, restlich
residue *n* CHEMISTRY *oil tank* Bodenrückstand *m*, Gruppe *f*, Trester *m pl*, COATINGS Bestand *m*, Filterrest *m*, Überbleibsel *nt*, FOOD TECH Rückstand *m*, MAR POLL Residuum *nt*, Rückstand *m*, MECHAN ENG, PET TECH, POLL, PROD ENG, WATER SUP Rückstand *m*; ~ **arithmetic** *n* COMP & DP Residuumarithmetik *f*; ~ **check** *n* COMP & DP Modulon-Kontrolle *f*; ~ **derived energy** *n* WASTE Energie aus Abfall *f*; ~ **landfill** *n* WASTE Reststoffdeponie *f*, Rückstandsdeponie *f*; ~ **refining process** *n* PET TECH Rückstandsraffination *f*
resile *vi* PROD ENG elastisch zurückfedern
resilience *n* COMP & DP Rückstellelastizität *f*, MECHAN ENG Elastizität *f*, Rückfederung *f*, PLAS Rückfederungsvermögen *nt*, Rückprallelastizität *f*, Stoßelastizität *f*, PROD ENG Verformungsenergie *f*, Zurückfedern *nt*, TEXT Elastizität *f*
resiliency *n* MECHAN ENG Elastizität *f*, Rückfederung *f*, PAPER Elastizität *f*
resilient[1] *adj* PLAS federnd, rückstellfähig, PROD ENG elastisch
resilient:[2] ~ **coupling** *n* MECHAN ENG Ausgleichkupplung *f*; ~ **isolator** *n* SAFETY Stoßdämpfer *m*; ~ **rail** *n* RAIL elastische Schiene *f*; ~ **seal** *n* MECHAN ENG

federnde Dichtung *f*; ~ **shaft coupling** *n* MECHAN ENG Wellenausgleichskupplung *f*

resilient:[3] **be** ~ *vi* MECHAN ENG federn

resin *n* PLAS, TEXT Harz *nt*; ~**-bonded plywood** *n* PLAS harzgebundenes Sperrholz *nt*, kunstharzverleimtes Sperrholz *nt*; ~**-bonded wheel** *n* MECHAN ENG Schleifscheibe mit Harzbindung *f*; ~ **transfer moulding** *n* PLAS·RTM-Verfahren *nt*

resist[1] *n* CER & GLAS Schutzlack *m*, ELECTRON Fotolack *m*, PRINT Abdeckmaterial *nt*; ~**-coated wafer** *n* ELECTRON mit Fotolack überzogene Halbleiterscheibe *f*; ~ **coating** *n* PLAS *paint* Abdeckschicht *f*, Schutzschicht *f*

resist[2] *vt* COATINGS widerstehen

resistance *n* COATINGS, MECHAN ENG, PHYS Widerstand *m*, PLAS *electrical property* Widerstand *m*, *physical property* Beständigkeit *f*, Widerstandsfähigkeit *f*, RAD TECH, TELECOM Widerstand *m*, TEXT Beständigkeit *f*, Widerstand *m*, TRANS *to forward motion* Widerstand *m*; **on** ~ *n* ELEC ENG Einschaltwiderstand *m* COATINGS Widerstandsfähigkeit *f*, ELEC ENG Widerstand *m*, ELECT Widerstand *m*; ~ **box** *n* ELEC ENG Widerstandskasten *m*; ~ **bridge** *n* INSTR Widerstandsbrücke *f*, Widerstandsmeßbrücke *f*; ~ **butt welding** *n* CONST Widerstandsstumpfschweißen *nt*; ~ **capacitance** *n* ELEC ENG Kondensatorblindwiderstand *m*; ~ **capacity** *n* ELECTRON Widerstandskapazität *f*; ~ **capacity coupling** *n* ELEC ENG Widerstandskapazitätskopplung *f*; ~ **coil** *n* ELEC ENG Widerstandsspule *f*; ~ **drop** *n* ELECT Widerstandsabfall *m*; ~ **furnace** *n* ELEC ENG Widerstandsofen *m*; ~ **gage** *n AmE*, ~ **gauge** *n BrE* INSTR Widerstandsmanometer *nt*; ~ **heating** *n* ELECT, THERMODYN Widerstandsheizung *f*; ~ **material** *n* ELEC ENG Widerstandsmaterial *nt*; ~ **meter** *n* ELECT Ohmmesser *m*, Widerstandsmesser *m*; ~ **per unit length** *n* PHYS Widerstand pro Einheitslänge *m*; ~ **seam welding** *n* CONST Widerstandsnahtschweißen *nt*; ~ **spot welding** *n* ELECT Widerstandspunktschweißen *nt*, MECHAN ENG Punktschweißen *nt*; ~ **temperature detector** *n* INSTR Widerstandstemperaturmeßfühler *m*; ~ **thermometer** *n* HEAT & REFRIG Widerstandsthermometer *nt*; ~ **to bending** *n* MECHAN ENG Biegefestigkeit *f*; ~ **to crushing** *n* MECHAN ENG Zerdrückfestigkeit *f*; ~ **to erasure** *n* ENG DRAW *paper* Radierfestigkeit *f*; ~ **to flow** *n* FLUID PHYS Strömungswiderstand *m*; ~ **to galling** *n* PROD ENG Notlaufeigenschaften *f pl*; ~ **to heat** *n* THERMODYN Hitzebeständigkeit *f*, Wärmebeständigkeit *f*; ~ **to impact** *n* MECHAN ENG Stoßfestigkeit *f*; ~ **to motion** *n* MECHAN ENG Verschiebewiderstand *m*; ~ **to shattering** *n* PACK unzerbrechlich; ~ **to shearing** *n* MECHAN ENG Scherfestigkeit *f*; ~ **to shock** *n* MECHAN ENG Stoßfestigkeit *f*; ~ **to sliding** *n* MECHAN ENG Gleitfestigkeit *f*; ~ **to soiling** *n* TEXT Schmutzfestigkeit *f*; ~ **to tearing** *n* MAR POLL, MECHAN ENG Reißfestigkeit *f*; ~ **to tension** *n* MECHAN ENG Zugfestigkeit *f*; ~ **to thermal shock** *n* THERMODYN Temperaturwechselbeständigkeit *f*; ~ **to twisting** *n* MECHAN ENG Verdrehfestigkeit *f*; ~ **to washing** *n* ENG DRAW Abwaschfestigkeit *f*; ~ **to wear** *n* MECHAN ENG Verschleißfestigkeit *f*; ~ **welding** *n* CONST, ELECT Widerstandsschweißen *nt*, MECHAN ENG Widerstandsschweißung *f*, THERMODYN Widerstandsschweißen *nt*, Widerstandsschweißung *f*; ~ **wire** *n* ELEC ENG, ELECT Widerstandsdraht *m*, METALL Heizdraht *m*, Widerstandsdraht *m*

resistant *adj* PLAS beständig, widerstandsfähig; ~ **to impact** *adj* METROL stoßfest; ~ **to wear** *adj* MECHAN ENG verschleißfest

resisting: ~ **torque** *n* AUTO Widerstandsdrehmoment *nt*

resistive[1] *adj* ELEC ENG mit Widerstand versehen, ohmisch

resistive:[2] ~ **attenuator** *n* TELECOM Dämpfungsglied aus Ohmschen Widerständen *nt*; ~ **bridge** *n* INSTR Brückenschaltung aus Ohmschen Elementen *f*, Widerstandsbrücke aus Ohmschen Widerständen *f*; ~ **circuit** *n* ELEC ENG, TELECOM Widerstandsschaltung *f*; ~ **coupling** *n* ELEC ENG Widerstandskopplung *f*; ~ **element** *n* ELEC ENG Widerstandselement *nt*; ~ **load** *n* ELEC ENG Belastung durch Widerstand *f*, Widerstandslast *f*, ohmsche Last *f*, ELECT Widerstandslast *f*, TELECOM ohmsche Belastung *f*; ~ **thin film** *n* ELECTRON Widerstandsdünnschicht *f*; ~ **voltage divider** *n* ELECT Widerstandsspannungsteiler *m*

resistivity *n* COAL TECH, ELEC ENG, ELECT, PET TECH, PLAS spezifischer Widerstand *m*; ~ **log** *n* FUELLESS Widerstandsaufzeichnung *f*, PET TECH Widerstandslog *nt*

resistojet *n* SPACE Bremsdüse *f*

resistor *n* AUTO Widerstand *m*, ELEC ENG Widerstand *m*, Widerstandskörper *m*, ELECT, RAD TECH Widerstand *m*; ~**-capacitor** *n (RC)* ELECTRON RC Widerstandskondesator *m*; ~**-capacitor-transistor logic** *n (RCTL logic)* ELECTRON Widerstandskondensator-Transistor-Logik *f (RCTL-Logik)*; ~ **core** *n* ELEC ENG Widerstandskern *m*, Widerstandsträger *m*; ~ **gage** *n AmE*, ~ **gauge** *n BrE* INSTR Widerstandsdehnungsmeßstreifen *m*; ~ **ladder** *n* ELEC ENG Widerstandsleiter *f*; ~ **network** *n* ELEC ENG Widerstandsnetz *nt*; ~ **string** *n* ELEC ENG Widerstandskette *f*; ~ **trimming** *n* ELEC ENG Widerstandsabgleich *m*, Widerstandsjustierung *f*; ~**-type spark plug** *n* AUTO Widerstandszündkerze *f*; ~ **voltage divider** *n* ELEC ENG Widerstandsspannungsteiler *m*

resite *n* PLAS Harz im C-Zustand *nt*, Resit *nt*, PROD ENG Resit *nt*

resitol *n* PROD ENG Resitol *nt*

resol *n* PLAS Harz im A-Zustand *nt*, Harz im Resolzustand *nt*, Resol *nt*

resolution *n* ACOUSTICS Auflösung *f*, Zerlegung *f*, COMP & DP *of ADC* Auflösung *f*, Auflösungsvermögen *nt*, ELECT *measurements*, ELECTRON, TELEV Auflösung *f*

resolved: ~ **shear stress** *n* METALL aufgelöste Scherspannung *f*

resolver *n* PROD ENG Meßwandler *m*

resolving: ~ **power** *n* ELECTRON, METALL, PHOTO, PHYS Auflösungsvermögen *nt*

resonance *n* ELECT *alternating current circuit* Resonanz *f*, ELECTRON Mitschwingen *nt*, Resonanz *f*, PART PHYS *of particle*, PHYS, RECORD, TELECOM, WAVE PHYS Resonanz *f*; ~ **absorption** *n* TELECOM Resonanzabsorption *f*; ~ **bridge** *n* ELECT *measuring bridge* Resonanzbrücke *f*; ~ **broadening of spectral lines** *n* RAD PHYS Resonanzverbreiterung von Spektrallinien *f*; ~ **capture** *n* NUC TECH *of neutrons* Resonanzeinfang *m*; ~ **curve** *n* TELEV Resonanzkurve *f*; ~ **damper** *n* AUTO Schwingungsdämpfer *m*; ~ **escape probability** *n* NUC TECH Bremsnutzung *f*, NUC TECH *(p)* Resonanzfluchtwahrscheinlichkeit *f (p)*; ~ **filter** *n* RAD PHYS, RECORD Resonanzfilter *nt*; ~ **frequency** *n* RAD PHYS Resonanzfrequenz *f*; ~ **line** *n* RAD PHYS Resonanzlinie *f*; ~ **muffler** *n AmE (cf resonance silencer BrE)* SAFETY Resonanzdämpfer *m*; ~ **neutron detector** *n* RAD PHYS Resonanzneutronenzähler *m*; ~ **peak** *n* RAD PHYS Resonanzpeak *m*, RECORD Resonanzspitze *f*; **~ radiation** *n* RAD PHYS Resonanzstrahlung *f*; **~ screen** *n* COAL TECH, WASTE Resonanzsieb *nt*; **~ silencer** *n BrE (cf resonance muffler AmE)* SAFETY Resonanzdämpfer *m*; **~ spectrum** *n* WAVE PHYS Resonanzspektrum *nt*

resonant[1] *adj* PHYS resonant

resonant:[2] **~ burning** *n* THERMODYN pulsierende Verbrennung *f*; **~ cavity** *n* ELECTRON Resonanzkörper *m*, OPT Resonanzhohlraum *m*; **~ circuit** *n* ELECTRON Resonanzkreis *m*, Schwingkreis *m*, PHYS Resonanzschwingkreis *m*, TELECOM Resonanzkreis *m*, Schwingkreis *m*; **~-circuit induction loop detector** *n* TRANS Resonanzkreis-Induktionsschleifendetektor *m*; **~-earthed neutral system** *n BrE (cf resonant-grounded neutral system AmE)* ELECT Kraftsystem mit durch resonanten Schwingungskreis geerdetem Mittel *nt*; **~ energy transfer** *n* RAD PHYS *between atoms* resonante Energieübertragung *f*; **~ frequency** *n (fR)* ACOUSTICS, ELECTRON, TELECOM, WAVE PHYS Resonanzfrequenz *f (fR)*; **~-grounded neutral system** *n AmE (cf resonant-earthed neutral system BrE)* ELECT Kraftsystem mit durch resonanten Schwingungskreis geerdetem Mittel *nt*; **~ line** *n* ELECTRON Resonanzleitung *f*, abgestimmte Leitung *f*; **~-line oscillator** *n* ELECTRON Resonanzleitungsgenerator *m*; **~ modes of optical cavities** *n pl* RAD PHYS Resonanzzustände optischer Hohlraumresonatoren *m pl*; **~ reed relay** *n* ELEC ENG abgestimmtes Reed-Relais *nt*

resonator *n* ELECTRON Resonanzkörper *m*, TELECOM Resonator *m*; **~ grid** *n* ELECTRON Hohlraumgitter *nt*, Resonatorgitter *nt*

resorcin *n* CHEMISTRY Resorcinol *nt*, PLAS Resorcin *nt*

resorcinol *n* CHEMISTRY Resorcinol *nt*, PLAS Resorcin *nt*; **~ formaldehyde resin** *n* PLAS Resorcinharz *nt*; **~ resin** *n* PLAS Resorcinharz *nt*

resorcylic *adj* CHEMISTRY Resorcyl- *pref*

resorufine *n* CHEMISTRY Resorufin *nt*

resource *n* COMP & DP Betriebsmittel *nt*, Einsatzmittel *nt*, Ressource *f*, MAR POLL Ressource *f*, Rohstoff *m*, PROD ENG Hilfsmittel *nt*; **~ allocation** *n* COMP & DP Betriebsmittelzuteilung *f*, Betriebsmittelzuweisung *f*; **~ recovery** *n* WASTE Rohstoffrückgewinnung *f*, Wertstoffrückgewinnung *f*; **~ recovery plant** *n* WASTE Wiedergewinnungsanlage *f*; **~ sharing** *n* COMP & DP gemeinsame Nutzung der Betriebsmittel *f*

respirator *n* SAFETY Beatmungsgerät *nt*; **~ against harmful dust and gases** *n* SAFETY Atemschutz gegen Staub und Gase *m*

respiratory[1] *adj* SAFETY die Atmung betreffend, respiratorisch

respiratory:[2] **~ filter** *n* SAFETY Atemschutzfilter *nt*; **~ protection** *n* SAFETY Atemschutz *m*; **~ protection apparatus** *n* POLL Atemschutzgerät *nt*; **~ protection workshop** *n* SAFETY Atemschutzbereich *m*; **~ protective equipment** *n* SAFETY Atemschutzgerät *nt*

responder *n* AIR TRANS *communications* Antwortsender *m*; **~ beacon** *n* AIR TRANS Antwortfunkfeuer *nt*

response *n* ACOUSTICS Empfindlichkeit *f*, Frequenzgang *m*, Übertragungsfaktor *m*, COMP & DP Antwort *f*, Rückmeldung *f*, Systemantwort *f*, ELECTRON Ansprechverhalten *nt*, ERGON Antwort *f*, Reaktion *f*, RECORD Ansprechverhalten *nt*; **~ characteristic** *n* TELEV Ansprecheigenschaft *f*; **~ curve** *n* ELECTRON *attenuation* Dämpfungsverlauf *m*, *light* Lichtempfindlichkeitskurve *f*, RECORD Dämpfungsverlauf *m*; **~ message** *n* COMP & DP antwortabhängige Nachricht *f*; **~ mode** *n* COMP & DP Antwortmodus *m*; **~ time** *n* COMP & DP Antwortzeit *f*, Einstellzeit *f*, ELECTRON Ansprechzeit *f*, ERGON Antwortzeit *f*, Reaktionszeit *f*, MECHAN ENG *control* Anlaufzeit *f*, METROL Ansprechzeit *f*, Beruhigungszeit *f*, TELECOM Ansprechzeit *f*, TEST Einspielzeit *f*, Einschwingzeit *f*; **~ to current** *n* ACOUSTICS Stromübertragungsfaktor *m*; **~ to power** *n* ACOUSTICS Leistungsübertragungsfaktor *m*; **~ to voltage** *n* ACOUSTICS Spannungsübertragungsfaktor *m*

responsibility *n* QUAL Verantwortung *f*, Zuständigkeit *f*

responsible *adj* QUAL verantwortlich, zuständig

responsivity *n* OPT, TELECOM Ansprechempfindlichkeit *f*

rest[1] *n* ACOUSTICS Fermate *f*, Pause *f*, MECHAN ENG *supporting device* Auflage *f*, Stütze *f*; **~ austenite** *n* METALL Restaustenit *m*; **~ mass** *n* NUC TECH *(mo)* Restmasse *f (mo)*, PART PHYS *of particle* , PHYS, RAD PHYS Ruhemasse *f*; **~ pause** *n* ERGON Erholpause *f*; **~ period** *n* AIR TRANS Einsatzpause *f*, Ruheperiode *f*, Stillstand *m*, außer Betrieb befindlich; **~ position** *n* ELECT Ruhelage *f*, INSTR Ruhelage *f*, Ruhestellung *f*; **~ skids** *n pl* TRANS Ruhekufen *f pl*

rest[2] *vt* CONST auflagern, aufliegen

restackability *n* PACK Neustapelfähigkeit *f*

restart[1] *n* COMP & DP Neuanlauf *m*, Neustart *m*, Wiederanlauf *m*, CONTROL Re-Start *m*, Wiederanlauf *m*; **~ instruction** *n* COMP & DP Wiederanlaufbefehl *m*; **~ point** *n* COMP & DP Wiedereinstiegspunkt *m*

restart[2] *vt* AIR TRANS, AUTO wiederanlassen, COMP & DP neu starten, wiederanlaufen, wiedereinschalten, CONTROL neu starten, MECHAN ENG *the machinery* wiederanlaufen lassen, TELECOM neu beginnen, WATER TRANS wiederanlassen

resting: **~ contact** *n* ELECT Ruhekontakt *m*

restoration *n* COATINGS Wiederherstellung *f*, PROD ENG Rückstellung *f*; **~ mode** *n* SPACE Wiederherstellungsmodus *m*

restore[1] *n* COMP & DP Rückspeicherung *f*, Wiederherstellung *f*, Rückstellung *f*, TELECOM Wiederherstellung *f*

restore[2] *vt* COATINGS wiederherstellen, COMP & DP in Ausgangsstellung bringen, rückstellen, wiederherstellen, zurückspeichern

restoring: **~ force** *n* ERGON, MECHAN ENG Rückstellkraft *f*, MECHANICS, PHYS rücktreibende Kraft *f*; **~ moment** *n* AIR TRANS *aerodynamics*, AUTO, WATER TRANS rückdrehendes Moment *nt*; **~ torque** *n* MECHANICS rücktreibendes Moment *nt*

restrainer *n* PROD ENG Sparbeize *f*

restraining: **~ bath** *n* PHOTO *development* Verzögerungsbad *nt*

restricted: **~ information transfer service** *n* TELECOM beschränkter Informationsübermittlungsdienst *m*; **~ service** *n* TELECOM Teilsperre *f*; **~ solubility** *n* METALL bedingte Löslichkeit *f*; **~ store** *n* QUAL Sperrlager *nt*

restriction *n* TELECOM *switching* Sperre *f*

restrictor *n* PROD ENG Drossel *f*; **~ valve** *n* HEAT & REFRIG Drosselventil *nt*

resubmit[1] *vt* QUAL wiedervorstellen

resubmit[2] *vi* QUAL wiedervorstellen

result *n* QUAL Ergebnis *nt*; **~ of determination** *n* QUAL Ermittlungsergebnis *nt*; **~ of measurement** *n* INSTR Meßergebnis *nt*

resultant *n* MECHAN ENG Resultante *f*, PHYS Resultierende *f*

results: **~ of the inspection** *n pl* METROL Untersu-

chungsergebnisse *nt pl*
resurgent *adj* WATER SUP wiederauflebend
resurvey *n* CONST Nachvermessung *f*
resuscitation: ~ **equipment** *n* SAFETY Wiederbeatmungsgerät *nt*
resuscitator *n* SAFETY Wiederbeatmer *m*
resynchronize *vt* TELECOM Gleichlauf wiederherstellen, resynchronisieren
resynthesis *n* ART INT Wiedersynthese *f*
retail: ~ **package** *n* PACK Einzelhandelpackung *f*
retain *vt* CONST stauen, zurückhalten
retained: ~ **by friction** *adj* PROD ENG selbsthemmend
retainer *n* MECHAN ENG Sprengring *m*, PROD ENG Feststelleinrichtung *f*, Käfig *m*
retaining: ~ **dam** *n* WATER SUP Staudamm *m*, Stauwehr *nt*; ~ **pawl** *n* PROD ENG Sperrklinke *f*; ~ **pin** *n* PROD ENG Haltestift *m*, *plastic valves* Stecksicherung *f*; ~ **plate** *n* MECHAN ENG *injection mould* Halteplatte *f*; ~ **ring** *n* MECHAN ENG Haltering *m*, Schließring *m*, *locking ring* Sicherungsring *m*, MECHANICS Haltering *m*, PHOTO Schließring *m*; ~ **spring** *n* MECHAN ENG Sicherungsfeder *f*; ~ **structure** *n* WATER SUP Staumauer *f*; ~ **wall** *n* CONST Böschungsmauer *f*, Staumauer *f*, Stützmauer *f*; ~ **washer** *n* PROD ENG Sicherungsscheibe *f*
retard *vt* CHEMISTRY abbremsen, retardieren, COATINGS, CONST verzögern, SPACE abbremsen, hindern, verstopfen
retardation *n* MECHAN ENG Verzögerung *f*, SPACE Abbrems- *pref*; ~ **coil** *n* ELECT Verzögerungswicklung *f*; ~ **rocket** *n* SPACE Abbremsrakete *f*
retarded: ~ **acceleration** *n* MECHAN ENG Verzögerung *f*; ~ **elasticity** *n* PLAS elastische Nachwirkung *f*; ~ **motion** *n* MECHAN ENG Verzögerung *f*, verzögerte Bewegung *f*; ~ **potential** *n* PHYS retardiertes Potential *nt*; ~ **velocity** *n* MECHAN ENG verzögerte Geschwindigkeit *f*
retarder *n* AUTO Retarder *m*, PAPER Verzögerer *m*, PLAS Retarder *m*, Verzögerer *m*, Verzögerungsmittel *nt*, Vulkanisationsverzögerer *m*, WASTE Reaktionsverzögerer *m*
retarding: ~ **agent** *n* CONST *concrete, cement* Verzögerungsmittel *nt*, TEXT Verzögerer *m*, WASTE Reaktionsverzögerer *m*
retemper *vt* COATINGS nachhärten, wiederanlassen
retempering *n* METALL Wiederanlassen *nt*
retene *n* CHEMISTRY Reten *nt*
retention *n* CHEMISTRY Beibehaltung *f*, Retention *f*, ELEC ENG Retention *f*, Zurückhaltung *f*, QUAL Aufbewahrung *f*, WATER SUP Zurückhaltung *f*, *as part of precipitation* Gebietsrückhalt *m*, Gebietsspeicherung *f*; ~ **basin** *n* CONST Rückhaltebecken *nt*; ~ **period** *n* QUAL Aufbewahrungsfrist *f*; ~ **time** *n* ELEC ENG Speicherzeit *f*, WASTE Verweildauer *f*; ~ **valve** *n* MECHAN ENG Rückschlagventil *nt*
retentivity *n* PHYS *remanence* Remanenz *f*, TELEV Retentionsfähigkeit *f*
retest[1] *n* QUAL Nachprüfung *f*, Wiederholungsprüfung *f*; ~ **specimen** *n* QUAL Wiederholungsprobe *f*
retest[2] *vt* QUAL einer Wiederholungsprüfung unterziehen, neu nachweisen
rethreading *n* MECHAN ENG Gewindenachschneiden *nt*
reticle *n* ELECTRON Fadenkreuz *nt*, OPT Netzstruktur *f*, Retikulum *nt*, PROD ENG Fadennetz *nt*
reticulated: ~ **mirror** *n* SPACE *spacecraft* Gitterspiegel *m*
reticulation *n* PHOTO *emulsion* Runzelkorn *nt*
reticule *n* OPT Netzstruktur *f*, Retikulum *nt*
retooling *n* MECHAN ENG *of machine tool* Umrüstung *f*, Werkzeugwechsel *m*
retort[1] *n* CHEM ENG, LAB EQUIP, PET TECH Retorte *f*; ~ **clamp** *n* LAB EQUIP Retortenklemme *f*; ~ **coal** *n* COAL TECH Retortenkohle *f*; ~ **stand** *n* LAB EQUIP Stativ *nt*
retort[2] *vt* CHEM ENG in Retorte destillieren
retorting *n* CHEMISTRY Autoklavieren *nt*, Retortenschwelen *nt*
retouch *vt* PHOTO nachbessern, retuschieren
retouching *n* PHOTO, PRINT Retuschieren *nt*; ~ **brush** *n* PRINT Retuschierpinsel *m*
retrace *n* ELECTRON *CRTs* Rücklauf *m*, Rücklaufspur *f*, INSTR Strahlrücklauf *m*
retractable[1] *adj* MECHANICS einziehbar, PROD ENG ausfahrbar
retractable:[2] ~ **antenna** *n* TELEV einziehbare Antenne *f*; ~ **filter** *n* PHOTO einziehbares Filter *nt*; ~ **wheels** *n pl* AUTO einziehbare Räder *nt pl*
retractile: ~ **spring** *n* MECHAN ENG Rückzugfeder *f*
retraction *n* PROD ENG Aushub *m*, Herausziehen *nt*
retransfer *n* PRINT Kontern *nt*
retransmit *vt* TELECOM weitersenden
retransmitting: ~ **slide wire** *n* INSTR Ferngeber *m*, Potentiometergeber *m*, Widerstandsferngeber *m*, Widerstandsgeber *m*
retreaded: ~ **tire** *n AmE*, ~ **tyre** *n BrE* AUTO rundumerneuerter Reifen *m*
retreading *n* AUTO Runderneuerung *f*
retreat[1] *n* CONST Rücksprung *m*
retreat[2] *vt* COAL TECH absetzen, zurückziehen, PROD ENG nachbehandeln
retreating: ~ **blade stall** *n* AIR TRANS *helicopter* Stall am rücklaufenden Blatt *m*, Strömungsabriß am rücklaufenden Blatt *m*
retreatment *n* CONST Nachbehandlung *f*
retrieval *n* COMP & DP Wiederauffinden *nt*, QUAL Wiederauffindbarkeit *f*, TEXT Retrieval *nt*
retrieve *vt* COMP & DP abrufen, lesen, wiederauffinden, CONTROL hervorholen, wiederauffinden, TEXT wiedergewinnen
retro: ~**-reflective marker** *n* AIR TRANS *airport* rückstrahlende Markierung *f*; ~ **rocket** *n* SPACE Bremsrakete *f*, Retro-Rakete *f*
retrofit[1] *n* COMP & DP Nachrüstung *f*, FUELLESS Nachrüsten *nt*
retrofit[2] *vt* FUELLESS nachrüsten
retrogradation *n* FOOD TECH Retro-Gradation *f*
retrograde[1] *adj* SPACE Abbrems- *pref*, abbremsend, rückwärtsbewegend
retrograde:[2] ~ **metamorphism** *n* FUELLESS retrograde Metamorphose *f*; ~ **orbit** *n* SPACE Abbremsorbit *m*
retropack *n* SPACE Retro-Pack *nt*
retrosequence *n* SPACE Retro-Abfolge *f*
retry *n* COMP & DP Neuversuch *m*, Wiederholung *f*
retting *n* PAPER Rotten *nt*, TEXT Rotten *nt*, Rösten *nt*
re-turn *vt* MECHAN ENG, PROD ENG nachdrehen
return[1] *n* COMP & DP Eingabetaste *f*, Return *m*, Rückkehr *f*, HEAT & REFRIG Rücklauf *m*; ~ **action** *n* PROD ENG *plastic valves* Rückstellfeder *f*; ~ **address** *n* COMP & DP Rückkehradresse *f*, Rücksprungadresse *f*; ~ **of assets** *n* PET TECH Kapitalrückfluß *m*; ~ **cargo** *n* WATER TRANS Rückfracht *f*; ~ **channel** *n* COMP & DP Rückkehrkanal *m*, MECHAN ENG Rückkanal *m*, RECORD Hilfskanal *m*; ~ **circuit** *n* ELEC ENG Rücklaufschaltung *f*; ~ **code** *n* COMP & DP Rückkehrcode *m*; ~ **conductor** *n* ELECT Rückleiter *m*; ~ **current** *n* ELEC ENG Echostrom *m*, Rückflußstrom *m*, Rückstrom *m*; ~ **current coeffi-**

cient *n* ELEC ENG Rückstromkoeffizient *m*; ~ **instruction** *n* COMP & DP Rückkehrbefehl *m*; ~ **interval** *n* TELEV Rücklaufintervall *nt*; ~ **key** *n* COMP & DP Eingabetaste *f*, Rückführtaste *f*, Rücklauftaste *f*; ~ **label** *n* PACK Rücksendungsetikett *nt*; ~ **line** *n* PROD ENG Rückflußleitung *f*; ~ **motion mechanism** *n* NUC TECH *for scram rod* Rückholmechanismus *m*; ~ **movement** *n* MECHAN ENG Rücklauf *m*; ~ **path** *n* TELECOM Rückweg *m*, Weg in Gegenrichtung *m*; ~ **pipe** *n* HEAT & REFRIG Rücklaufrohr *nt*, MECHAN ENG Rückleitungsrohr *nt*; ~ **pulley** *n* MECHAN ENG Umkehrrolle *f*, Umlenkscheibe *f*; ~ **scanning beam** *n* TELEV Rück-laufabtaststrahl *m*; ~ **sludge** *n* WASTE Rücklaufschlamm *m*; ~ **spring** *n* AUTO Rückholfeder *f*, Rückstellfeder *f*, MECHAN ENG Rückholfeder *f*, PROD ENG Gegenfeder *f*; ~ **stroke** *n* MECHAN ENG *of cutting tool* Rücklauf *m*, *of piston* Rückwärtshub *m*, PHYS Rückbewegung *f*, Rücklauf *m*; ~ **ticket** *n* TRANS Rückfahrkarte *f*; ~ **to service** *n* TELECOM Wiederinbetriebnahme *f*; ~ **travel** *n* MECHAN ENG Rücklauf *m*; ~ **valve** *n (cf nonreturn valve)* MECHAN ENG Rückschlagventil *nt*; ~ **voyage** *n* WATER TRANS Rückreise *f*; ~ **wall** *n* CONST Flügelwand *f*; ~ **wire** *n* ELEC ENG Rückleitung *f*, ELECT Rückleiter *m*

return[2] *vt* COMP & DP melden, zurückgeben

return[3] *vi* COMP & DP zurückkehren, zurückspringen; ~ **to surface** *vi* WATER TRANS *submarine* wieder auftauchen

returnable: ~ **bottle** *n* PACK Pfandflasche *f*, Rückgabeflasche *f*, WASTE Mehrwegflasche *f*, Pfandflasche *f*; ~ **container** *n* PACK Rückgabebehälter *m*, WASTE Mehrweggebinde *nt*; ~ **pack** *n* WASTE Mehrweggebinde *nt*; ~ **packaging** *n* PACK Mehrwegverpackung *f*, wiederverwertbare Verpackung *f*

reusable[1] *adj* COMP & DP wiederbenutzbar, wiederverwendbar, POLL wiederverwertbar

reusable:[2] ~ **box** *n* PACK Mehrwegkarton *m*, Pfandkasten *m*, wiederverwendbarer Karton *m*; ~ **data set** *n* COMP & DP wiederverwendbarer Datenbestand *m*; ~ **file** *n* COMP & DP wiederverwendbare Datei *f*; ~ **packaging** *n* PACK wiederverwendbares Verpackungsmaterial *nt*; ~ **routine** *n* COMP & DP wiederverwendbares Programm *nt*; ~ **waste product** *n* POLL, WASTE wiederverwertbares Abfallprodukt *nt*

reuse *n* WASTE Wiederverwendung *f*; ~ **distance** *n* TELECOM *land mobile* Wiederbelegungsentfernung *f*; ~ **of industrial waste** *n* WASTE Wiederverwendung gewerblicher Abfälle *f*

rev: ~ **up** *vt* AUTO *engine* auf Touren bringen, aufheulen lassen

reveal *n* CONST *door, window* Leibung *f*

revegetate *vt* WASTE rekultivieren

revegetation *n* CONST Rekultivierung *f*

revenue: ~ **cutter** *n* WATER TRANS *customs* Zollkutter *m*; ~**-earning traffic** *n* TRANS kommerzieller Verkehr *m*

reverb *n* RECORD *reverberant chamber* Hallraum *m*

reverberant: ~ **room** *n* RECORD Hallraum *m*

reverberation *n* ACOUSTICS Nachhall *m*, RECORD Widerhall *m*; ~ **chamber** *n* RECORD Hallraum *m*, SPACE *spacecraft* Reflexionskammer *f*, gedämpfter Schallmessraum *m*; ~ **plate** *n* RECORD Nachhallplatte *f*; ~ **room** *n* ACOUSTICS Hallraum *m*, Nachhallraum *m*; ~ **time** *n (T)* ACOUSTICS, RECORD Nachhallzeit *f (T)*; ~ **unit** *n* RECORD Nachhallmeßgerät *nt*

reverberatory: ~ **furnace** *n* METALL, PROD ENG Flammofen *m*

reversal *n* PRINT, TELECOM *answer signal* Umkehrung *f*; ~ **film** *n* PHOTO Umkehrfilm *m*; ~ **finder** *n* PHOTO Umkehrsucher *m*; ~ **point** *n* MATH *of function* Umkehrpunkt *m*, Wendepunkt *m*; ~ **process** *n* PRINT Umkehrverfahren *nt*; ~ **processing** *n* PHOTO Umkehrentwicklung *f*; ~ **of the propeller** *n* AIR TRANS Umsteuerung des Propellers *f*; ~ **of the propeller pitch** *n* AIR TRANS Umkehrung des Luftschraubengangs *f*; ~**-type color film** *n AmE*, ~**-type colour film** *n BrE* PHOTO Farbumkehrfilm *m*

reverse:[1] ~ **side printed** *adj* PACK rückseitig bedruckt

reverse[2] *n* MECHANICS Rückwärtsgang *m*; ~ **action** *n* IND PROCESS inverses Verhalten *nt*, MECHAN ENG *of drill* Linkslauf *m*, TELEV Gegenlauf *m*; ~ **authentication** *n* COMP & DP Rückwärtsbestätigung *f*; ~ **bias** *n* ELEC ENG Sperrichtungsbetrieb *m*; ~ **braking** *n* TRANS Rückbremsung *f*; ~ **channel** *n* COMP & DP Rückkanal *m*; ~ **charge** *n* COMP & DP Gebührenübernahme *f*; ~ **charge call** *n BrE (cf collect call AmE)* TELECOM R-Gespräch *nt*; ~ **clipping** *n* COMP & DP Ausblenden *nt*; ~ **commute** *n* TRANS Fahrt zur Arbeit gegen den hauptsächlichen Verkehrsstrom *f*; ~ **compatibility** *n* TELEV Umkehrkompatibilität *f*; ~ **current** *n* ELEC ENG Sperrstrom *m*, Strom in Sperrichtung *m*, *current generator* Rückstrom *m*; ~ **current circuit breaking** *n* ELECT Rückstrombremsen *nt*; ~ **current protection** *n* ELECT Rückstromauslösung *f*; ~ **current relay** *n* ELECT Rückstromrelais *nt*; ~ **direction** *n* ELEC ENG Umkehrrichtung *f*; ~ **direction flow** *n* COMP & DP Datenfluß in Rückwärtsrichtung *m*; ~ **dog** *n* PROD ENG Umsteuerknagge *f*; ~ **emission** *n* ELECTRON Umkehremission *f*; ~ **extrusion** *n* MECHAN ENG Rückwärtsfließpressen *nt*; ~ **flow filter** *n* WASTE Gegenstromfilter *nt*; ~ **flow turbine** *n* FUELLESS Rückflußturbine *f*; ~ **frequency position** *n* TELECOM *transmission* Kehrlage *f*; ~ **gear** *n* AUTO Rückwärtsgang *m*, MECHAN ENG Umkehrgetriebe *nt*, Wendegetriebe *nt*; ~ **idler gear** *n* AUTO *gearbox* Rücklaufrad *nt*; ~ **idler shaft** *n* AUTO Rücklaufachse *f*, Rückwärtsgangzwischenwelle *f*; ~ **image** *n* COMP & DP Umkehranzeige *f*; ~ **image switch** *n* TELEV Umkehrbildschalter *m*; ~ **indention** *n* COMP & DP hängender Einzug *m*; ~ **motion** *n* NUC TECH, TELEV Rücklauf *m*; ~ **osmosis** *n* CHEM ENG Reversosmose *f*, CONST, WASTE Umkehrosmose *f*; ~ **phase relay** *n* ELECT Phasenwendungsrelais *nt*; ~ **pitch** *n* AIR TRANS *propeller* negative Steigung *f*; ~ **Polish notation** *n (RPN)* COMP & DP umgekehrte Polnische Notation *f (UPN)*; ~ **power flow protection** *n* ELECT Rücklaufsperre *f*; ~ **printing** *n* PHOTO Umkehrkopieren *nt*; ~ **reaction** *n* NUC TECH Umkehrreaktion *f*; ~ **recovery time** *n* ELECTRON Sperrverzögerungszeit *f*; ~ **roll coater** *n* PAPER gegenläufige Walzenstreichmaschine *f*; ~ **roll coating** *n* PLAS Umkehrbeschichten *nt*; ~ **rotation** *n* PROD ENG Gegenlauf *m*; ~ **scan** *n* INSTR, TELEV Rückwärtsabtastung *f*; ~ **sheer** *n* WATER TRANS *shipbuilding* negativer Sprung *m*; ~ **thrust** *n* AIR TRANS Bremsschub *m*, Retroschub *m*; ~ **traveling-wave** *n AmE*, ~ **travelling-wave** *n BrE* ELEC ENG gegenlaufende Welle *f*; ~ **video** *n* COMP & DP Umkehranzeige *f*, invertierte Darstellung *f*; ~ **voltage** *n* ELEC ENG Gegenspannung *f*; ~ **voltage protection** *n* ELEC ENG Gegenspannungsschutz *m*

reverse[3] *vt* ELECTRON reversieren, umkehren, MECHAN ENG umkehren, wenden

reverse[4] *vi* MECHAN ENG umkehren, wenden, RAIL rückwärts fahren; ~ **the motion** *vi* MECHAN ENG die Bewegung umkehren

reversed: ~ **arch** *n* CONST *architecture* Gegenbogen *m*, Grundbogen *m*; ~ **controls** *n pl* AIR TRANS umgekehrtes Steuerwerk *nt*; ~ **press** *n* PAPER Wendepresse *f*; ~ **press felt** *n* PAPER Wendepressenfilz *m*; ~ **scale** *n* INSTR rückläufige Skale *f*

reversibility *n* PHYS Umkehrbarkeit *f*, RAIL Umsteuermöglichkeit *f*

reversible[1] *adj* PHYS umgekehrt, THERMODYN reversibel, umkehrbar

reversible:[2] ~ **booster** *n* ELEC ENG Zusatzmaschine für Zu- und Gegenschaltung *f*; ~ **counter** *n* INSTR Zweirichtungszähler *m*, umkehrbarer Zähler *m*, umsteuerbarer Zähler *m*; ~ **lane** *n* TRANS Richtungswechselspur *f*; ~ **motor** *n* ELEC ENG Umkehrmotor *m*, Wendemotor *m*, TRANS Umkehrmotor *m*; ~ **pallet** *n* TRANS Doppeldeckpalette *f*; ~ **pitch propeller** *n* AIR TRANS Umkehrluftschraube *f*, WATER TRANS Bremspropeller *m*, Propeller mit umkehrbarer Steigung *m*, Umsteuerpropeller *m*, *shipbuilding* Umsteuerpropeller *m*; ~ **shutdown** *n* NUC TECH reversible Abschaltung *f*, umkehrbare Abschaltung *f*; ~ **switch** *n* ELEC ENG Umkehrschalter *m*; ~ **transducer** *n* ACOUSTICS reversibler Wandler *m*, ELEC ENG reversibler Transducer *m*, reversibler Wandler *m*, umkehrbarer Wandler *m*

reversing[1] *adj* ELECTRON umsteuernd, HEAT & REFRIG, MECHAN ENG Umschalt-

reversing[2] *n* AUTO Rücksetzen *nt*, MECHAN ENG Umkehr *f*, *the direction of rotation* Umkehr *f*, RAIL Rückwärtsfahren *nt*; ~ **bath** *n* PHOTO Umkehrbad *nt*; ~ **contactor** *n* ELECT Wendeschütz *nt*; ~ **drum switch** *n* ELECT Umkehrwalzenschalter *m*; ~ **gear** *n* MECHAN ENG Umkehrgetriebe *nt*, Wendegetriebe *nt*, *of lathe* Umsteuerung *f*, Umsteuerungsvorrichtung *f*; ~ **lever** *n* MECHAN ENG Umschalthebel *m*; ~ **light** *n BrE (cf backup light AmE)* AUTO Rückfahrleuchte *f*, Rückfahrscheinwerfer *m*; ~ **mill** *n* PROD ENG Reversierwalzwerk *nt*; ~ **motion** *n* MECHAN ENG *of lathe* Umsteuerung *f*; ~ **the motion** *n* MECHAN ENG Bewegungsumkehr *f*, Richtungsumkehr *f*; ~ **motor** *n* ELECT Umkehrmotor *m*; ~ **rail** *n* RAIL Wendeschiene *f*; ~ **ring** *n* PHOTO Umkehrring *m*; ~ **screw** *n* MECHAN ENG Spindel für Drehrichtungswechsel *f*; ~ **shaft** *n* MECHAN ENG *valve gear* Umsteuerungswelle *f*, RAIL Umkehrsteuerwelle *f*; ~ **steam** *n* HYD EQUIP Rückdampf *m*, Umkehrdampf *m*, Umsteuerdampf *m*; ~ **switch** *n* ELEC ENG Polwendeschalter *m*, Umkehrschalter *m*, Wendeschalter *m*; ~ **switchgroup** *n* RAIL Fahrtwender *m*; ~ **valve** *n* HYD EQUIP Umkehrventil *nt*, Umsteuerventil *nt*, MECHAN ENG Umsteuerventil *nt*

reversion *n* PLAS *rubber* Reversion *f*

revertive: ~ **control system** *n* TELECOM Rücksteuerungssystem *nt*

revet *vt* CONST *slope, foundation* abdecken

revetment *n* CONST Befestigung *f*, Stützmauer *f*, Verkleidung *f*

review *n* PRINT Besprechung *f*, Rezension *f*, SPACE Überprüfung *f*

revise *vt* PRINT neu bearbeiten, revidieren

revised: ~ **edition** *n* PRINT Neubearbeitung *f*

revisit: ~ **rate** *n* IND PROCESS Abfragerate *f*

revocation *n* PAT Nichtigkeit *f*

revoke *vt* PAT für nichtig erklären

revolution *n* GEOM *of solid* Drehung *f*, Revolution *f*, Rotation *f*, MECHAN ENG, PAPER, PHYS, SPACE Umdrehung *f*; ~ **counter** *n* INSTR Tourenzähler *m*, Umdrehungszähler *m*, Umdrehungszählgerät *nt*, MECHAN ENG Drehzahlmesser *m*; ~ **indication** *n* MECHAN ENG Drehzahlanzeige *f*; ~ **indicator** *n* MECHAN ENG Drehzahlanzeiger *m*; ~ **per minute** *n* AUTO, PHYS Umdrehung pro Minute *f*

revolutions: ~ **per minute** *n pl (RPM)* ELECT Drehzahl *f*

revolving[1] *adj* LAB EQUIP drehbar, MECHAN ENG *centre of lathe* mitlaufend, RAD TECH drehbar

revolving:[2] ~ **armature** *n* ELEC ENG Drehanker *m*; ~ **back** *n* PHOTO *camera* Drehrahmen *m*, schwenkbare Rückwand *f*; ~ **center** *n AmE*, ~ **centre** *n BrE* MECHAN ENG mitlaufende Spitze *f*; ~ **diaphragm** *n* OPT Blendenrevolver *m*, Revolverblende *f*; ~ **drum** *n* WASTE Drehtrommel *f*; ~ **head punch** *n* MECHAN ENG Revolverlochzange *f*; ~ **nose piece** *n* LAB EQUIP *microscope* drehbarer Pfeifenkopf *m*; ~ **radar reflector** *n* RAD TECH drehbare Reflektorantenne *f*; ~ **screen** *n* COAL TECH Siebtrommel *f*; ~ **stage** *n* LAB EQUIP *microscope* drehbare Stellung *f*; ~ **table** *n* MECHAN ENG Drehtisch *m*; ~ **transfer machine** *n* MECHAN ENG Rundtaktmaschine *f*

revs *n* AUTO *engine* Drehzahl *f*

rewind[1] *n* PAPER Umrollen *nt*; ~ **cam** *n* PHOTO Rückspulmitnehmer *m*; ~ **handle** *n* PHOTO Rückspulgabel *f*; ~ **machine** *n* PACK Aufwickelmaschine *f*; ~ **speed** *n* COMP & DP Rücklaufgeschwindigkeit *f*; ~ **tension** *n* RECORD Rückspulspannung *f*; ~ **time** *n* COMP & DP Rückspulzeit *f*

rewind[2] *vt* COMP & DP zurücklaufen lassen, zurückspulen, ELECT *generator, motor* umwickeln, RECORD zurückspulen, TEXT umspulen, umwickeln

rewinder *n* PAPER Umroller *m*, PHOTO Aufrollvorrichtung *f*, Rückspulvorrichtung *f*

rewinding *n* TELEV Rückspulen *nt*, TEXT Umhaspeln *nt*, Umspulen *nt*

rewiring *n* ELECT Neuverdrahtung *f*

rework *n* QUAL nacharbeiten

rewrite[1] *n* COMP & DP erneuter Schreibvorgang *m*

rewrite[2] *vt* COMP & DP neu schreiben

Reynolds: ~ **number** *n (Re)* AIR TRANS *aerodynamics*, FLUID PHYS, FUELLESS, HYD EQUIP, PHYS Reynoldszahl *f (Re)*; ~ **number region** *n* FLUID PHYS Reynoldszahlbereich *m*; ~ **stress** *n* FLUID PHYS Reynoldsspannung *f*

Reynolds': ~ **transport theorem** *n* FLUID PHYS Reynoldstransporttheorem *nt*

Rf *(rutherfordium)* CHEMISTRY Rf *(Rutherfordium)*

RF[1] *abbr* ELECTRON *(radio frequency)* HF *(Hochfrequenz)*, INSTR *(range finder)* Entfernungsmeßgerät *nt*, RAD TECH *(radio frequency)*, RECORD *(radio frequency)*, TELECOM *(radio frequency)*, TELEV *(radio frequency)* HF *(Hochfrequenz)*, WATER TRANS *(range finder)* Entfernungsmesser *m*, WATER TRANS *(radio frequency)* HF *(Hochfrequenz)*

RF:[2] ~ **alternator** *n* ELEC ENG HF-Generator *m*; ~ **amplification** *n* ELECTRON HF-Verstärkung *f*; ~ **amplifier** *n* ELECTRON, TELECOM HF-Verstärker *m*; ~ **carrier** *n* ELECTRON HF-Träger *m*; ~ **coil** *n* ELEC ENG HF-Spule *f*; ~ **current** *n* ELEC ENG HF-Strom *m*; ~ **current source** *n* ELEC ENG HF-Stromquelle *f*; ~ **dub** *n* TELEV HF-Nachsynchronisierung *f*; ~ **generator** *n* ELEC ENG HF-Generator *m*; ~ **interference** *n* TELEV HF-Störung *f*; ~ **linearity** *n* RAD TECH HF-Linearität *f*; ~ **microphone** *n* RECORD HF-Mikrofon *nt*; ~ **oscillator** *n* ELECTRON HF-Oszillator *m*; ~ **pulse** *n* TELEV HF-Puls *m*; ~ **section** *n* ELECTRON HF-Abschnitt *m*, HF-Strecke *f*; ~ **section generator** *n* ELECTRON

HF-Abschnittsgenerator *m*, HF-Streckengenerator *m*; ~ **sensor** *n* SPACE HF-Sonde *f*; ~ **shielding** *n* RECORD, TELEV HF-Abschirmung *f*; ~ **stage** *n* ELECTRON HF-Stufe *f*, *of receiver* HF-Vorstufe *f*; ~ **transformer** *n* ELEC ENG HF-Transformator *m*; ~ **transistor** *n* ELECTRON HF-Transistor *m*

RGB[1] *abbr (red-green-blue)* COMP & DP, TELEV RGB *(rot-grün-blau)*

RGB:[2] ~ **input** *n* TELEV RGB-Eingabe *f*; ~ **monitor** *n* COMP & DP RGB-Monitor *m*, RGB-Bildschirm *m*, TELEV RGB-Monitor *m*; ~ **system** *n* COMP & DP RGB-System *nt*

rh *abbr (right-handed)* MECHAN ENG rechtsgängig

Rh *(rhodium)* CHEMISTRY Rh *(Rhodium)*

RH *abbr (Hall coefficient)* PHYS, RAD TECH RH *(Hallscher Koeffizient)*

rhamnetin *n* CHEMISTRY Methylquercetin *nt*, Rhamnetin *nt*

rhamnite *n* CHEMISTRY Rhamnit *m*

rhamnitol *n* CHEMISTRY Rhamnit *m*

rhamnose *n* CHEMISTRY Rhamnose *f*

rhenic *adj* CHEMISTRY Rhenium- *pref*

rhenium *n (Re)* CHEMISTRY Rhenium *nt (Re)*

rheological: ~ **properties** *n pl* FLUID PHYS rheologische Eigenschaften *f pl*; ~ **variable** *n* METALL rheologische Variable *f*

rheology *n* COAL TECH Fließlehre *f*, Rheologie *f*, FLUID PHYS, PHYS, PLAS Rheologie *f*

rheostat *n* AUTO Reglerwiderstand *m*, ELEC ENG Regelwiderstand *m*, Rheostat *m*, Stellwiderstand *m*, Widerstandsregler *m*, ELECT, LAB EQUIP Rheostat *m*; ~ **slider** *n* ELECT Rheostatgleitschieber *m*, Rheostatkontaktschleifer *m*; ~-**sliding contact** *n* AUTO Widerstandsschleifkontakt *m*; ~ **starter** *n* ELEC ENG Widerstandsanlasser *m*

rheostatic: ~ **brake** *n* RAIL Widerstandsbremse *f*; ~ **braking** *n* RAIL Widerstandsbremsung *f*

RHIC *abbr (relativistic heavy ion collider)* PART PHYS RHIC

rho: ~ **ratio** *n* PROD ENG Querzahl *f*

rhodeorhetin *n* CHEMISTRY Convolvulin *nt*, Rhodeorhetin *nt*

rhodium *n (Rh)* CHEMISTRY Rhodium *nt (Rh)*

rhomb *n* GEOM Raute *f*, Rhombus *m*

rhombic: ~ **aerial** *n* RAD TECH Rhombusantenne *f*; ~ **antenna** *n* RAD TECH Rhombusantenne *f*

rhomboid[1] *adj* GEOM rhomboidisch

rhomboid[2] *n* GEOM Rhomboid *nt*

rhomboidal *adj* GEOM rhomboidisch

rhombus *n* GEOM Raute *f*, Rhombus *m*

rhumb *n* WATER TRANS *compass* Kompaßstrich *m*; ~ **line** *n* WATER TRANS *navigation* Loxodrome *f*; ~ **line navigation** *n* WATER TRANS *navigation* loxodromische Navigation *f*

rhumbatron *n* ELECTRON *microwave* Rhumbatron *nt*

rhythm *n* ACOUSTICS Rhythmus *m*, Takt *m*

rib[1] *n* AIR TRANS *aircraft* Rippe *f*, COAL TECH Grat *m*, Rippe *f*, MECHANICS Rippe *f*, NUC TECH *for cooling* Kühlrippe *f*, PAPER, PRINT Rippe *f*, PROD ENG Versteifungsrippe *f*, SPACE *spacecraft* Vollwandrippe *f*, TEXT Rippe *f*, WATER TRANS *shipbuilding* Spant *m*; ~ **cooling** *n* NUC TECH Rippenkühlung *f*; ~ **mark** *n* CER & GLAS Rippenmarkierung *f*

rib[2] *vt* PROD ENG verrippen, SPACE *spacecraft* mit Rippen versehen, rippen

ribband *n* WATER TRANS *shipbuilding* Sente *f*, Sentlatte *f*

ribbed[1] *adj* MECHANICS, TEXT gerippt

ribbed:[2] ~ **cooler** *n* HEAT & REFRIG Rippenkühler *m*; ~ **glass** *n* CONST Riffelglas *nt*; ~ **plate** *n* METALL Rippenblech *nt*; ~ **radiator** *n* HEAT & REFRIG Rippenheizkörper *m*, Rippenkühler *m*; ~ **stitch** *n* TEXT Rippenstich *m*, Rippmasche *f*

ribbing *n* PAPER Zugfalten *f pl*; ~ **felt** *n* PAPER Markierfilz *m*

ribbon *n* ACOUSTICS Bändchen *nt*, CER & GLAS Band *nt*, COMP & DP Band *nt*, Farbband *nt*, METROL Band *nt*, Streifen *m*, OPT, RECORD Bändchen *nt*; ~ **cable** *n* ELECT Flachkabel *nt*, OPT Bändchenkabel *nt*, TELECOM Bandkabel *nt*, Flachkabel *nt*; ~ **cellular radiator** *n* AUTO Lamellenkühler *m*, Rippenkühler *m*; ~ **guide** *n* INSTR, RECORD Farbbandführung *f*, TELEV Bandführung *f*; ~ **loudspeaker** *n* ACOUSTICS, RECORD Bändchenlautsprecher *m*; ~ **machine** *n* CER & GLAS Bandmaschine *f*; ~ **microphone** *n* ACOUSTICS, RECORD Bändchenmikrofon *nt*; ~ **rails** *n pl* RAIL Langschienen *f pl*

RIC: ~ **molding** *n AmE*, ~ **moulding** *n BrE (runnerless injection compression moulding)* PLAS RIC-Verfahren *nt*

rice: ~ **mill** *n* FOOD TECH Reismühle *f*

rich: ~ **clay** *n* CER & GLAS fetter Ton *m*; ~ **coal** *n* COAL TECH Fettkohle *f*; ~ **mixture** *n* AUTO fettes Gemisch *nt*, kraftstoffreiches Gemisch *nt*

RICH *abbr (ring-imaging Cherenkov counter)* PART PHYS RICH *(ringbildender Tscherenkov-Zähler)*

Richter: ~ **scale** *n* CONST Richterskale *f*

ricochet[1] *n* PROD ENG Abprall *m*

ricochet[2] *vi* PROD ENG abprallen

riddle *n* COAL TECH Rätter *m*, grobes Sieb *nt*

ride:[1] ~ **height corrector** *n* AUTO Höhenkorrektureinrichtung *f*

ride[2] *vi* CONST ausfahren, entlanggleiten; ~ **at anchor** *vi* WATER TRANS vor Anker liegen

rider *n* LAB EQUIP *balance* Reiterchen *nt*; ~ **arch** *n* CER & GLAS Reitergewölbe *nt*; ~ **plate** *n* WATER TRANS *shipbuilding* Obergurtplatte *f*

ridge[1] *n* CONST Kamm *m*, Rücken *m*, *of roof* First *m*, MECHAN ENG Furche *f*, Riefe *f*, Rille *f*, PROD ENG fasenartiger Anschliff *m*, perlartiger Grat *m*, WATER TRANS *barometric pressure* Hochdruckkeil *m*; ~ **beam** *n* CONST Firstbalken *m*; ~ **capping** *n* CONST Firstabdeckung *f*; ~ **line** *n* CONST Firstlinie *f*; ~ **piece** *n* CONST Firstbrett *nt*, Firststück *nt*; ~ **plate** *n* CONST Sattelblech *nt*; ~ **roof** *n* CONST Satteldach *nt*; ~ **tile** *n* CER & GLAS Firstziegel *m*, CONST Firststein *m*, Firstziegel *m*; ~ **waveguide** *n* ELEC ENG, RAD TECH Steghohlleiter *m*

ridge[2] *vt* CONST furchen, mit First versehen, MECHAN ENG, PROD ENG furchen, riefen

riding: ~ **cutoff valve** *n* HYD EQUIP Fahrabschaltventil *nt*; ~ **light** *n* WATER TRANS *signal* Ankerlaterne *f*, Ankerlicht *nt*

Rieke: ~ **diagram** *n* ELECTRON *electronic tubes* Riekediagramm *nt*

Riemannian: ~ **geometry** *n* GEOM Riemannsche Geometrie *f*

riffle: ~ **sampler** *n* COAL TECH Riffelprobenteiler *m*

riffler *n* MECHAN ENG *file* Lochfeile *f*

rifle: ~ **grip** *n* PHOTO Schulterstativ *nt*; ~ **microphone** *n* RECORD verstellbares Mikrofon *nt*

rig[1] *n* PET TECH Bohranlage *f*, WATER TRANS *sailing* Takelage *f*; ~ **floor** *n* PET TECH Bohranlagenetage *f*

rig[2] *vt* PROD ENG aufstellen, verspannen, WATER TRANS abspannen, auftakeln, betakeln; ~ **for** *vi* WATER TRANS klarmachen zum

rigger *n* WATER TRANS Takler *m*

rigging *n* WATER TRANS *ropes* Gut *nt*, Takelage *f*; **~ drawing** *n* WATER TRANS *ropes* Takelplan *m*, Takelriß *m*; **~ position** *n* AIR TRANS *aircraft* Aufrüstposition *f*; **~ screw** *n* WATER TRANS *ropes* Spannschraube *f*, Wantspanner *m*; **~ up** *n* PET TECH Aufbau *m*

right:[1] **at ~ angles** *adj* GEOM *to line* im rechten Winkel; **~-angled** *adj* GEOM, PHYS rechtwinklig; **~-hand** *adj* MECHAN ENG *milling cutter* rechtsschneidend, *thread* rechtsgängig, MECHANICS Rechts- *pref*; **~-handed** *adj* *(rh)* MECHAN ENG *thread* rechtsgängig, *milling cutter* rechtsschneidend

right[2] *n* PAT Recht *nt*, WATER TRANS Steuerbord *nt*; **~ angle** *n* GEOM, PHYS rechter Winkel *m*; **~-angled axonometric projection** *n* ENG DRAW rechtwinklige axonometrische Projektion *f*; **~-angled bend** *n* MECHAN ENG *of pipe* rechtwinkliges Knie *nt*; **~-angled parallel projection** *n* ENG DRAW rechtwinklige Parallelprojektion *f*; **~-angled prism** *n* OPT rechtwinkliges Prisma *nt*; **~-angled triangle** *n* GEOM rechtwinkliges Dreieck *nt*; **~-angle finder** *n* PHOTO Sucher mit einem unter 45° geneigten Spiegel *m*; **~-angle stop cock** *n* MECHAN ENG Eckhahn *m*; **~-angle valve** *n* PROD ENG *plastic valves* Eckventil *nt*; **~ ascension** *n* SPACE Rektaszension *f*; **~ circular cone** *n* GEOM *with a circle base perpendicular to its axis* gerader Kreiskegel *m*; **~ circular cylinder** *n* GEOM gerader Kreiszylinder *m*; **~-hand circular polarization** *n* RAD TECH, SPACE *communications* rechtsdrehende Zirkularpolarisation *f*; **~-handed coordinate system** *n* PHYS rechtshändiges Koordinatensystem *nt*; **~-handed screw** *n* MECHAN ENG Rechtsgewindeschraube *f*, Schraube mit Rechtsgewinde *f*; **~-handed spiral** *n* MECHAN ENG rechtsgängige Spirale *f*; **~-hand lock** *n* CONST Schloß DIN rechts *nt*; **~-hand milling cutter** *n* MECHAN ENG rechtsgängige Fräsmaschine *f*; **~-hand rule** *n* ELECT *electromagnetism* Flemingsche rechtshändige Dreifingerregel *f*, PHYS Rechte-Hand-Regel *f*; **~-hand screw** *n* MECHAN ENG Rechtsgewindeschraube *f*, Schraube mit Rechtsgewinde *f*; **~-hand side of an equation** *n* PHYS rechte Seite einer Gleichung *f*; **~-hand thread** *n* MECHAN ENG Rechtsgewinde *nt*, rechtsgängiges Gewinde *nt*; **~-hand tooth flank** *n* MECHAN ENG Rechtsflanke *f*; **~-hand traffic** *n* TRANS Rechtsverkehr *m*; **~-hand turnout** *n* TRANS Rechtsweiche *f*; **~-hand version** *n* ENG DRAW Ausführung rechts *f*; **~ justification** *n* COMP & DP Rechtsausrichtung *f*, rechtsbündige Ausrichtung *f*; **~ margin** *n* PRINT rechter Rand *m*; **~ margin zero scale** *n* INSTR Skale mit Nullpunkt rechts *f*; **~ shift** *n* COMP & DP Rechtsverschiebung *f*; **~ stereo channel** *n* RECORD rechter Stereokanal *m*; **~ to a patent** *n* PAT Recht auf ein Patent *nt*; **~-turning traffic** *n* TRANS Rechtsabbiegerverkehr *m*; **~ of way** *n* AIR TRANS *airport* Vorfahrtsrecht *nt*, Vorflugsrecht *nt*, TRANS Vorfahrt *f*, Vorfahrtsrecht *nt*, WATER TRANS Vorfahrtsrecht *nt*, Wegerecht *nt*

right:[3] **~ justify** *vt* COMP & DP am rechten Rand ausrichten, rechtbündig ausrichten, rechts ausrichten

right:[4] **~ the helm** *vi* WATER TRANS Ruder mittschiffs legen

righting: **~ lever arm** *n* WATER TRANS *architecture* aufrichtender Hebelarm *m*; **~ moment** *n* MECHAN ENG Rückstellmoment *nt*, WATER TRANS *architecture* aufrichtendes Moment *nt*

rigid[1] *adj* MECHAN ENG starr, PACK Hart- *pref*

rigid:[2] **~ automatic coupling** *n* TRANS automatische Starrkupplung *f*; **~ axle** *n* AUTO Starrachse *f*; **~ body** *n* MECHANICS starrer Körper *m*; **~ box** *n* PACK steifer Karton *m*; **~ coaxial line** *n* ELEC ENG starre Koaxialleitung *f*; **~ construction** *n* CONST steife Konstruktion *f*; **~ coupling** *n* HEAT & REFRIG, MECHAN ENG starre Kupplung *f*; **~ deep-groove ball bearing** *n* MECHAN ENG Hochschulterlager *nt*; **~ and folding cartons** *n pl* PACK Steif- und Faltkartons *m pl*; **~ leg** *n* PHOTO *tripod* starrer Fuß *m*; **~ pipe** *n* MECHAN ENG Rohr *nt*, Röhre *f*; **~ plastic** *n* PLAS harter Kunststoff *m*; **~ PVC** *n* PACK Hart-PVC *nt*; **~ reflector** *n* SPACE *spacecraft* starrer Reflektor *m*; **~ rotor** *n* AIR TRANS *helicopter* starrer Rotor *m*; **~ sidewall air cushion** *n* AIR TRANS Luftkissen mit starren Schürzen *nt*; **~ sidewall hovercraft** *n* WATER TRANS Luftkissenfahrzeug mit festen Schürzen *nt*; **~ skirt** *n* WATER TRANS feste Schürze *f*; **~ skirt hovercraft** *n* WATER TRANS Luftkissenfahrzeug mit starren Schürzen *nt*

rigidity *n* MECHAN ENG Steifheit *f*, Steifigkeit *f*, PHYS Steifigkeit *f*; **~ modulus** *n* COAL TECH Gleitmodul *nt*, Schubmodul *nt*, PHYS *shear modulus* Schermodul *nt*

rigidness *n* MECHAN ENG Steifheit *f*, Steifigkeit *f*

rim[1] *n* AUTO *headlamp* Einfassung *f*, *wheel* Felge *f*, MECHAN ENG *edge, border* Rand *m*, *of teeth, pulley, gear wheel* Kranz *m*; **~ flange** *n* AUTO *wheel* Felgenflansch *m*

rim[2] *vt* PROD ENG unberuhigt vergießen

RIM *n* PLAS RIM-Verfahren *nt*

rimmed *adj* PROD ENG unberuhigt vergossen

rimming *n* PROD ENG unberuhigtes Vergießen *nt*

ring:[1] **~-shaped** *adj* GEOM ringförmig

ring[2] *n* AUTO *piston*, CER & GLAS Ring *m*, COAL TECH Walze *f*, COMP & DP, HYD EQUIP, MECHAN ENG *of rollers, balls* Ring *m*, MECHANICS Reifen *m*, Ring *m*, PROD ENG Wulst *m*, Öse *f*, SPACE Ring *m*; **~ armature** *n* ELECT *generator, motor* Ringanker *m*; **~ balance** *n* INSTR Ringwaage *f*; **~ bolt** *n* MECHAN ENG Ringschraube *f*, WATER TRANS *deck fittings* Ringbolzen *m*; **~ burner** *n* PROD ENG Ringbrenner *m*; **~ collider** *n* PART PHYS Ring-Collider *m*, ringförmiger Collider *m*; **~ configuration** *n* TELECOM Ringstruktur *f*; **~ connection** *n* TELECOM *data communications* Ringanschluß *m*; **~ core** *n* NUC TECH *of reactor* ringförmiger Reaktorkern *m*; **~ counter** *n* INSTR, RAD TECH, TELEV Ringzähler *m*; **~ expander** *n* PROD ENG Ringdehner *m*; **~ feeder** *n* ELECT *supply network* Ringspeiseleitung *f*; **~ flash** *n* PHOTO Ringblitz *m*; **~ frame** *n* AIR TRANS *fuselage* Ringspant *m*; **~ gage** *n AmE*, **~ gauge** *n BrE* CER & GLAS Hülsenlehre *f*, MECHAN ENG Lehrring *m*, Ringlehre *f*, METROL Hülsenlehre *f*, Kaliberlehre *f*, Lehrring *m*, Ringmaß *nt*; **~ gear** *n* AUTO, MECHAN ENG Tellerrad *nt*, Zahnkranz *m*; **~ groove** *n* MECHAN ENG Ringnut *f*; **~ head** *n* RECORD *acoustics*, TELEV Ringkopf *m*; **~-imaging Cherenkov counter** *n (RICH)* PART PHYS ringbildender Tscherenkov-Zähler *m (RICH)*; **~ lubrication** *n* MECHAN ENG Ringschmierung *f*; **~ magnet** *n* PHYS, TELEV Ringmagnet *m*; **~ main** *n* ELECT *power circuit* Ringleitung *f*; **~ main system** *n* ELECT *power circuit* Ringnetzleitungssystem *nt*; **~ modulator** *n* RECORD Ringmodulator *m*; **~ network** *n* COMP & DP Ringnetz *nt*; **~ nozzle** *n* PROD ENG Ringdüse *f*; **~ nut** *n* MECHAN ENG Gewindering *m*, Lochmutter *f*, Ringmutter *f*; **~ and pinion** *n* AUTO Tellerrad und Ritzel *nt*; **~ and pinion gearing** *n* AUTO *differential* Teller- und Kegelradgetriebe *nt*, Winkelgetriebe *nt*;

~-roll crusher *n* COAL TECH Walzenringmühle *f*; **~ spanner** *n BrE (cf ring wrench)* AUTO *tool*, MECHAN ENG, MECHANICS Ringschlüssel *m*; **~ spinning** *n* TEXT Ringspinnerei *f*; **~ spinning frame** *n* TEXT Ringspinnmaschine *f*; **~ spun yarn** *n* TEXT Ringspinngarn *nt*; **~ topology** *n* COMP & DP Ringtopologie *f*; **~-type thrust washer** *n* MECHAN ENG ringförmige Anlaufscheibe *f*; **~ weld** *n* NUC TECH ringförmige Schweißnaht *f*; **~ winding** *n* ELECT Ringspule *f*, Ringwicklung *f*, Toroid *nt*, Torus *m*; **~ wire** *n (R-wire)* TELECOM Ader zum Stöpselhals *f*; **~ wrench** *n (cf ring spanner BrE)* AUTO *tool*, MECHAN ENG, MECHANICS Ringschlüssel *m*

ring[3] *vi* TELECOM anrufen, klingeln, läuten, klingeln, läuten

ringer *n* TELECOM Klingel *f*, Rufsatz *m*, Wecker *m*

ringing *n* ELEC ENG *of telephone bell*, MECHANICS Klingeln *nt*, RECORD *of loudspeaker* Klingen *nt*, TELECOM *oscillation* Anruf *m*, Klingeln *nt*, Ruf *m*, abklingende Schwingung *f*; **~ current** *n* TELECOM Rufstrom *m*; **~ duration** *n* TELECOM Rufdauer *f*; **~ engine** *n* MECHAN ENG *QC* Klingeln des Motors *nt*; **~ machine** *n* TELECOM Rufmaschine *f*; **~ period** *n* TELECOM Rufphase *f*; **~ test** *n* ELECT Läutprobe *f*

rip:[1] **~-in** *n* CER & GLAS Einreißen *nt*; **~-rap** *n* CONST Schüttsteine *m pl*, Steinschüttung *f*; **~ tide** *n* WATER TRANS Ripptide *f*, Stromkabelung *f*; **~ track** *n* RAIL Werkstattgleis *nt*

rip[2] *vt* CONST aufreißen

riparian *adj* WATER SUP am Flußufer lebend

ripening *n* PHOTO *emulsion* Reifung *f*

ripper *n* CONST Aufreißer *m*

ripping *n* CONST Spalten *nt*, Trennen *nt*; **~ saw** *n* MECHAN ENG Spaltsäge *f*

ripple *n* ACOUSTICS Brumm *m*, Welligkeit *f*, ELECT, ELECTRON *filter* Welligkeit *f*, SPACE *communications* Signalschwankung *f*; **~ attenuation** *n* ELECTRON Welligkeitsdämpfung *f*; **~-carry adder** *n* COMP & DP serieller Addierer *m*; **~ factor** *n* ELECTRON Brummfaktor *m*; **~ filter** *n* ELECTRON *for power supply* Siebschaltung *f*, RAD PHYS Brummfilter *nt*; **~ frequency** *n* RAD PHYS Brummfrequenz *f*; **~ measuring equipment** *n* INSTR Welligkeitsmeßgerät *nt*; **~ voltage** *n* ELECTRON Brummspannung *f*

RISC *abbr (reduced instruction set computer)* COMP & DP Computer mit reduziertem Befehlsvorrat *m*

rise[1] *n* CONST Steigungshöhe *f*, Stich *m*, Stufenhöhe *f*; **~ of floor** *n* WATER TRANS *ship design* Aufkimmung *f*; **~ in temperature** *n* PHYS Temperaturanstieg *m*; **~ of tide** *n* WATER TRANS Tidenanstieg *m*; **~ time** *n* AIR TRANS *sonic boom* Aufgangszeit *f*, COMP & DP Anlaufzeit *f*, Anregelzeit *f*, Anstiegszeit *f*, ELECTRON Steigzeit *f*, PHYS, RECORD *of pulse* Anstiegszeit *f*; **~ workings** *n pl* COAL TECH Oberwerkbau *m*

rise[2] *vi* CONST ansteigen, erheben, WATER TRANS *wind, storm, water* auffrischen, aufkommen, steigen

riser *n* CER & GLAS Vorsprung an Gußteil *m*, CONST Setzstufe *f*, Steigleitung *f*, ELECT *power supply* Steigleitung *f*, PET TECH Riser *m*, Steiger *m*, Steigleitung *f*, PROD ENG Steigleitung *f*; **~ pipe** *n* CONST Steigrohr *nt*

risering *n* PROD ENG *casting* Steigersystem *nt*

rising *n* PET TECH Ansteigen *nt*, Anstieg *m*, Aufstieg *m*; **~ arch** *n* CONST abfallender Bogen *m*, steigender Bogen *m*; **~ dimensioning sequence** *n* ENG DRAW steigende Bemaßung *f*; **~ gate** *n* PROD ENG *casting* Steiger *m*; **~ gradient** *n* CONST Steigung *f*; **~ main** *n* CONST Steigleitung *f*, ELECT *water supply* Steigerohr *nt*, Steigrohr *nt*; **~ power** *n* FOOD TECH Trieb *m*; **~ sun magnetron** *n* ELECTRON Sonnenstrahlmagnetron *nt*; **~ tide** *n* FUELLESS Flut *f*, WATER TRANS *tide* auflaufendes Wasser *nt*

risk *n* SAFETY Risiko *nt*; **~ assessment** *n* MAR POLL Risikoabschätzung *f*, Risikobewertung *f*; **~ of suffocation** *n* SAFETY Erstickungsgefahr *f*

RIT *abbr (receiver incremental tuning)* RAD TECH RIT *(Empfängerfeinabstimmung)*

Ritz: **~ combination principle** *n* PHYS Ritzsches Kombinationsprinzip *nt*

river *n* WATER SUP Binnen- *pref*, WATER TRANS Binnen- *pref*, Fluß *m*; **~ authority** *n* WATER SUP Flußaufsichtsbehörde *f*; **~ bank** *n* WATER TRANS Flußufer *nt*; **~ basin** *n* WATER SUP Flußeinzugsgebiet *nt*, Flußgebiet *nt*, WATER TRANS Flußeinzugsgebiet *nt*; **~ bed** *n* WATER SUP Flußbett *nt*; **~ boat** *n* WATER TRANS Flußboot *nt*, Flußschiff *nt*; **~ bus** *n* WATER TRANS Wasserbus *m*; **~ dam** *n* WATER SUP Staudamm *m*, Talsperre *f*; **~ dredge** *n* WATER SUP Naßbagger *m*; **~ ferry** *n* WATER TRANS Flußfähre *f*; **~ fleet** *n* WATER TRANS Binnenflotte *f*; **~ and lake protection** *n* POLL Gewässerschutz *m*; **~ mouth** *n* WATER SUP Flußmündung *f*; **~ navigation** *n* WATER TRANS Flußschiffahrt *f*; **~ port** *n* WATER TRANS Flußhafen *m*; **~ traffic** *n* WATER TRANS Flußschiffahrt *f*; **~ training** *n* WATER SUP Flußkanalisierung *f*, Flußregulierung *f*; **~ tug** *n* WATER TRANS Flußschlepper *m*; **~ wall** *n* WATER SUP Flußufermauer *f*; **~ works** *n pl* WATER SUP Flußbau *m*

rivers: **~ of white** *n pl* PRINT Gassen *f pl*, Gießbäche *m pl*

rivet[1] *n* CONST, MECHANICS Niet *m*, Niete *f*; **~ cold press** *n* MECHAN ENG Nietenkaltpresse *f*; **~ countersink** *n* MECHAN ENG Nietlochsenker *m*; **~ dolly** *n* CONST Gegenhalter *m*; **~ drift** *n* MECHAN ENG Nietentreiber *m*, *driftpin* Splintentreiber *m*; **~ fastening** *n* MECHAN ENG Nietenbefestigung *f*; **~ hammer** *n* CONST, MECHAN ENG Niethammer *m*; **~ head** *n* CONST, MECHAN ENG Nietkopf *m*; **~ header** *n* MECHAN ENG Nietendöpper *m*; **~-hole reamer** *n* MECHAN ENG Nietlochreibahle *f*; **~ joint** *n* CONST, MECHAN ENG Nietverbindung *f*; **~ nut** *n* MECHAN ENG Nietmutter *f*; **~ pin** *n* MECHAN ENG Nietstift *m*; **~ set** *n* CONST Döpper *m*, Nietkopfsetzer *m*; **~ shank** *n* MECHAN ENG Nietschaft *m*; **~ shank diameter** *n* MECHAN ENG Nietschaftdurchmesser *m*; **~ snap** *n* CONST Döpper *m*, MECHAN ENG Nietendöpper *m*; **~ washing** *n* PROD ENG Abtrennen des Nietkopfes *nt*

rivet[2] *vt* PROD ENG nieten, vernieten; **~ up** *vt* PROD ENG nieten, vernieten

riveted: **~ joint** *n* CONST, MECHAN ENG Nietverbindung *f*; **~ lap joint** *n* MECHAN ENG genietete Überlappung *f*; **~ plate** *n* CONST Nietplatte *f*; **~ seam** *n* MECHAN ENG, PACK Nietnaht *f*

riveter *n* CONST Nietmaschine *f*, Nieter *m*, MECHAN ENG Nietmaschine *f*

riveting *n* CONST, MECHAN ENG Nieten *nt*, Nietung *f*; **~ hammer** *n* CONST, MECHAN ENG Niethammer *m*; **~ machine** *n* CONST, MECHAN ENG Nietmaschine *f*; **~ set** *n* CONST Döpper *m*; **~ technique** *n* MECHAN ENG Nietverfahren *nt*

riving: **~ knife** *n* SAFETY Spaltmesser *nt*

RJE *abbr (remote job entry)* COMP & DP Jobferneingabe *f*, Jobfernverarbeitung *f*

rms[1] *abbr (root mean square)* ELECT, ELECTRON, RECORD RMS *(quadratischer Mittel)*

rms:[2] **~ current** *n* ELEC ENG Effektivstrom *m*, Effektivwert des Stromes *m*; **~ frequency deviation** *n* SPACE

communications RMS-Frequenzhub *m*
Rn *(radon)* CHEM Rn *(Radon)*
road *n* TRANS Fahrstraße *f*, Straße *f*; **~ adhesion** *n* AUTO Bodenhaftung *f*; **~-air combined transport** *n* TRANS Landluftwegtransport *m*; **~-based transmitter** *n* TRANS straßengestützter Sender *m*; **~ bead** *n* CER & GLAS Straßenperle *f*; **~ bridge** *n* CONST, TRANS Straßenbrücke *f*; **~ building** *n* TRANS Straßenbau *m*; **~ building machinery** *n* TRANS Straßenbaumaschine *f*; **~ camber** *n* TRANS Straßenneigung *f*; **~ clearance** *n* AUTO Bodenabstand *m*, Bodenfreiheit *f*; **~ communication** *n* TRANS Straßenverbindung *f*; **~ crossing** *n* CONST Straßenkreuzungspunkt *m*; **~ finishing machine** *n* TRANS Straßenfertiger *m*; **~ gas station** *n AmE (cf road petrol station BrE)* TRANS Tankstelle *f*; **~ grader** *n* TRANS Straßenplanierer *m*; **~ haulage** *n* TRANS Güterfernverkehr *m*; **~ haulier** *n* TRANS Fuhrunternehmer *m*; **~ identification sign** *n* TRANS Straßenbezeichnungsschild *nt*; **~ jam** *n AmE (cf tailback BrE, traffic jam BrE)* TRANS Stau *m*, Verstopfung *f*; **~ junction** *n* TRANS Straßengabelung *f*; **~ locomotive** *n* RAIL Streckenlokomotive *f*; **~ making** *n* TRANS Straßenbau *m*; **~ making machine** *n* CONST Straßenbaumaschine *f*; **~ map** *n* TRANS Straßenkarte *f*; **~ marker cone** *n* TRANS Sicherheitsleitkegel *m*; **~ message** *n* TRANS Verkehrsdurchsage *f*; **~ metal** *n* CONST Straßenschotter *m*; **~ metal spreading machine** *n* TRANS Schotterverteilungsmaschine *f*; **~ news** *n* TRANS Straßenzustandsbericht *m*; **~ over railroad** *n AmE (cf road over railway BrE)* RAIL Bahnüberführung *f*; **~ over railway** *n BrE (cf road over railroad AmE)* RAIL Bahnüberführung *f*; **~ painting** *n* CONST Fahrbahnmarkierung *f*; **~ petrol station** *n BrE (cf road gas staion AmE)* TRANS Tankstelle *f*; **~ plough** *n BrE* TRANS Straßenpflug *m*, **~ plow** *n AmE see road plough BrE;* **~ rail** *n* TRANS Schiene *f*, Straße *f*; **~-rail bus** *n* TRANS Straßenschienenbus *m*; **~ resistance** *n* AUTO *of tyre* Fahrwiderstand *m*; **~ ripper** *n* TRANS Straßenaufreißer *m*; **~ safety** *n* SAFETY Sicherheit im Straßenverkehr *f*, TRANS Verkehrssicherheit *f*; **~ safety device** *n* SAFETY Kfz-Sicherheitseinrichtung *f*; **~ safety programme** *n* TRANS Verkehrssicherheitsprogramm *nt*; **~-sea combined transport system** *n* TRANS kombiniertes Straßen-See-Transportsystem *nt*; **~ sign** *n* TRANS Verkehrszeichen *nt*; **~ stone** *n* CONST Pflasterstein *m*; **~-sweeping lorry** *n* WASTE Kehrfahrzeug *nt*; **~ system** *n* TRANS Straßennetz *nt*; **~ tank car** *n (RTC)* AUTO Straßentankfahrzeug *nt*; **~ tanker** *n* MAR POLL Tankwagen *m*; **~ tarring machine** *n* TRANS Straßenteermaschine *f*; **~ tractor** *n* AUTO Straßenzugmaschine *f*; **~ traffic** *n* TRANS Straßenverkehr *m*; **~ traffic control** *n* TRANS Straßenverkehrskontrolle *f*; **~ traffic radar** *n* TRANS Verkehrsradar *m*; **~ train** *n* AUTO Lkw-Zug *m*; **~ transport** *n* TRANS Güterfernverkehr *m*; **~ user** *n* TRANS Verkehrsteilnehmer *m*; **~ vehicle weighing machine** *n* TRANS Straßenfahrzeugwaage *f*; **~ works** *n pl* TRANS Straßenarbeiten *f pl*
roadroller *n* TRANS Straßenwalze *f*
roads *n pl* WATER TRANS Reede *f*
roadside: **~ radio transmitter** *n* RAD TECH, TRANS Verkehrsfunk *m*
roadstead *n* WATER TRANS Reede *f*
roadster *n* AUTO Roadster *m*
roadway *n* TRANS Fahrbahn *f*
roadworthy *adj* AUTO verkehrstüchtig
roaming: **~ capability** *n* TELECOM Roaming-Fähigkeit *f*; **~ indication** *n* TELECOM Umbuchnachricht *f*; **~ subscriber** *n* TELECOM Roaming-Teilnehmer *m*
roaring: **~ forties** *n pl* WATER TRANS Westwindgürtel *m*
roasting *n* COAL TECH Brennen *nt*, Rösten *nt*, FOOD TECH Rösten *nt*
robot *n* ART INT, COMP & DP, CONTROL Roboter *m*; **~ gripping device** *n* MECHAN ENG Greifvorrichtung eines Roboters *f*
robotic: **~ palletizing and stretch system** *n* PACK automatisches Palettenstapel- und Strecksystem *nt*
robotics *n* ART INT, COMP & DP Robotik *f*
robustness *n* COMP & DP Widerstandsfähigkeit *f*, TEST Robustheit *f*, Unempfindlichkeit *f*
Rochelle: **~ salt** *n* ELEC ENG *piezoelectric material*, FOOD TECH Rochellesalz *nt*, Seignettesalz *nt*
rock[1] *n* COAL TECH Fels *m*, Gestein *nt*, WATER TRANS *geography* Felsen *m*, Klippe *f*; **~-and-roll equipment** *n* RECORD Rock & Roll-Ausrüstung *f*; **~-and-roll mixing** *n* RECORD Rock & Roll-Mischung *f*; **~-and-roll recording** *n* RECORD Rock & Roll-Aufnahme *f*; **~ bit** *n* PET TECH Felsbohrmeißel *m*; **~ borer** *n* CONST Gesteinsbohrer *m*; **~ breaker** *n* CONST Steinbrecher *m*; **~ cut** *n* COAL TECH Felshöhle *f*; **~ decay** *n* COAL TECH Gesteinsverwitterung *f*; **~ dowel** *n* COAL TECH, CONST Steindübel *m*; **~ drill** *n* COAL TECH Gesteinsbohrer *m*, Gesteinsbohrmaschine *f*, CONST Bohrhammer *m*, Gesteinsbohrer *m*; **~ fill** *n* CONST Steinschüttung *f*; **~ foundation** *n* COAL TECH Felsgründung *f*; **~ layer** *n* WATER SUP Steinbettung *f*; **~ ledge** *n* COAL TECH Felsband *nt*; **~ mechanics** *n* COAL TECH Felsmechanik *f*; **~ pressure** *n* COAL TECH Felsdruck *m*, Gesteinsdruck *m*; **~ rubble** *n* HYD EQUIP Gesteinsschotter *m*; **~ salt** *n* CHEMISTRY, FOOD TECH Steinsalz *nt*; **~ shaft** *n* MECHAN ENG Schwingwelle *f*
rock[2] *vt* PROD ENG oszillieren
rockbolt *n* CONST Ankerbolzen *m*, Gesteinsanker *m*
rocker *n* AUTO Kipphebel *m*, CER & GLAS Flasche mit unebenem Boden *f*, MECHANICS Kipphebel *m*, Schaukel *f*, PROD ENG Kulisse *f*, Schwinge *f*; **~ arm** *n* AUTO Kipphebel *m*, PROD ENG *kinematics* Kulisse *f*, Schwinge *f*; **~ arm assembly** *n* AUTO Kipphebeleinheit *f*; **~ arm shaft** *n* AUTO Kipphebelwelle *f*; **~ arm support** *n* AUTO Kipphebelbock *m*; **~ bearing** *n* MECHAN ENG Kipplager *nt*; **~ box** *n* AUTO Kipphebelgehäuse *nt*; **~ cover** *n* AUTO Kipphebelabdeckung *f*; **~ switch** *n* ELEC ENG Schwingschalter *m*, Wippschalter *m*, ELECT Kippschalter *m*
rocket *n* SPACE Rakete *f*; **~-assisted takeoff** *n BrE (RATO)* SPACE Raketenstart *m*, Start mit Hilfsrakete *m*; **~ engine** *n* MECHAN ENG, SPACE Raketentriebwerk *nt*; **~ launcher** *n* SPACE Raketenstarter *m*; **~ launching site** *n* SPACE Raketenstartanlage *f*; **~ propulsion** *n* SPACE Raketenantrieb *m*
rocketplane *n* SPACE Raketenflugzeug *nt*
rockfill *n* WATER SUP Steinschüttung *f*
rocking[1] *adj* PROD ENG oszillierend, RECORD schwingend
rocking[2] *n* MECHAN ENG Schaukeln *nt*, PROD ENG Oszillieren *nt*; **~ arm** *n* MECHAN ENG Kipphebel *m*; **~ grate** *n* WASTE Kippstufenrost *m*; **~ table** *n* CER & GLAS Schwingtisch *m*
Rockwell: **~ hardness** *n* PLAS Rockwell-Härte *f*; **~ hardness test** *n* MECHAN ENG Rockwell-Härteprüfung *f*; **~ hardness testing machine** *n* MECHAN ENG Rockwell-Härteprüfmaschine *f*
rod *n* CER & GLAS Stab *m*, CONST Stab *m*, Stange *f*,

surveying Fluchtstange *f*, Meßlatte *f*, HYD EQUIP Schieberstange *f*, Spindel *f*, Stange *f*, LAB EQUIP *stirrer* Stange *f*, MECHAN ENG Gestänge *nt*, Stange *f*, Stab *m*, *bar* Stange *f*, *connecting rod* Pleuel *nt*, Pleuelstange *f*, Schubstange *f*, MECHANICS Pleuel *nt*, Rundstab *m*, Stab *m*, METROL Meßlatte *f*, Rod *nt*, PROD ENG *AmE* Draht *m*, Schaft *m*, WATER SUP *of pump* Stange *f*; **~-and-tube thermometer** *n* INSTR Stabausdehnungs-Thermometer *nt*; **~ antenna** *n* RAD TECH Stabantenne *f*; **~ crack-test instrument** *n* PROD ENG Stangenriß-prüfgerät *nt*; **~ electrode** *n* ELECT *for electric arc welding* Stabelektrode *f*; **~-in-tube technique** *n* TELECOM Stab-Rohr-Methode *f*; **~ iron** *n* METALL Stabeisen *nt*; **~ linkage** *n* MECHAN ENG Gestänge *nt*; **~ mill** *n* COAL TECH Drahtwalzwerk *nt*, Stabmühle *f*, MECHAN ENG Stabmühle *f*, PROD ENG Stabstraße *f*; **~ piston meter** *n* INSTR Wälzkolbenzähler *m*; **~ proof** *n* CER & GLAS Stabprobe *f*; **~ spring** *n* MECHANICS Stabfeder *f*; **~ system** *n* MECHANICS Gestänge *nt*, Stangensystem *nt*

roentgenoluminescence *n* NUC TECH Röntgenlumineszenz *f*

roentgenometallography *n* NUC TECH Röntgenmetallographie *f*

roke *n* PROD ENG Oberflächenlängsriß *m*

roll[1] *adj* CONST, ELEC ENG, MECH, MECHAN ENG, PHYS, PROD ENG, TELECOM Rund- *pref*; **~-forged** *adj* PROD ENG walzgeschmiedet; **~-threaded** *adj* PROD ENG mit gewalztem Gewinde

roll[2] *n* AIR TRANS *acrobatic flight* Rolle *f*, volle Drehung *f*, MECHAN ENG *crushing mill, rolling-mill* Walze *f*, *of belting* Rolle *f*, MECHANICS Rolle *f*, Walze *f*, PAPER Walze *f*, PHYS Rolle *f*, PLAS Walze *f*, PROD ENG Haspel *f*, Trommel *f*, Walze *f*, TEXT Stoffballen *m*; **~ attitude** *n* SPACE *spacecraft* Rollage *f*; **~ axis** *n* AIR TRANS, SPACE Rollachse *f*; **~ bar** *n* AUTO Überrollbügel *m*; **~ bending** *n* PROD ENG Rundbiegen *nt*; **~-bent part** *n* PROD ENG Schuß *m*; **~ channel** *n* AIR TRANS *automatic pilot* Rollkanal *m*; **~ coating** *n* PLAS Walzenbeschichten *nt*, PROD ENG Walzzunder *m*; **~ cogging** *n* PROD ENG Bockwalzen *nt*; **~ feed** *n* MECHAN ENG Walzenvorschub *m*; **~ film** *n* PHOTO Rollfilm *m*; **~ forging** *n* MECHAN ENG Walzschmieden *nt*; **~ head** *n* PAPER Walzenkopf *m*; **~ headbox** *n* PAPER Walzenstoffauflauf *m*; **~ housing** *n* PROD ENG Walzenständer *m*; **~ in** *n* COMP & DP Einspeicherung *f*; **~ in/roll out** *n* COMP & DP Ein-/Ausspeicherung *f*; **~ label printing** *n* PACK Rollenetikettendruck *m*; **~ lathe** *n* MECHAN ENG Walzendrehmaschine *f*; **~ line** *n* PROD ENG Walzstraße *f*; **~ mark** *n* CER & GLAS Walzmarkierung *f*; **~ milling** *n* MECHAN ENG Walzfräsen *nt*; **~-on-roll-off** *n* *(ro-ro)* TRANS Roll-on-Roll-off *nt* *(Ro-Ro)*; **~-on roll-off dock** *n* WATER TRANS Roll-on-Roll-off-Anlage *f*; **~-on roll-off port** *n* WATER TRANS Roll-on-Roll-off-Hafen *m* *(Ro-Ro-Hafen)*; **~-on roll-off ship** *n* WATER TRANS Roll-on-Roll-off-Schiff *nt*; **~-on roll-off system** *n* WATER TRANS Roll-on-Roll-off-System *nt*; **~-on roll-off vessel** *n* WATER TRANS *ship* Roll-on-Roll-off-Frachter *m*, Roll-on-Roll-off-Schiff *nt*; **~ out** *n* COMP & DP Ausspeicherung *f*; **~-out container** *n* WASTE Müllcontainer *m*; **~-out Fourdrinier** *n* PAPER ausfahrbares Langsieb *nt*; **~-over** *n* WATER TRANS Überschlagen *nt*; **~ pocket** *n* PAPER Walzentasche *f*; **~ rate gyro** *n* SPACE Rollkreisel *m*; **~ screen** *n* COAL TECH Rollsichter *m*; **~ sulfur** *n* *AmE*, **~ sulphur** *n* *BrE* CHEMISTRY Stangenschwefel *m*; **~ test** *n* WATER TRANS *ship design* Schlingerversuch *m*; **~ train** *n* PROD ENG Walzstraße *f*; **~-turning lathe** *n* MECHAN ENG Walzendrehmaschine *f*; **~-up door** *n* AUTO Rolltür *f*; **~ wobbler** *n* PROD ENG Walzenkleeblattzapfen *m*

roll[3] *vt* MECHAN ENG aufrollen, aufwickeln, rollen, walzen, walzen, PROD ENG putzen; **~-form** *vt* PROD ENG profilwalzen; **~ in** *vt* COMP & DP einladen, einlagern, einspeichern; **~ off** *vt* RECORD abrollen; **~ out** *vt* COMP & DP ausladen, auslagern, ausspeichern; **~ up** *vt* MECHAN ENG aufrollen, aufwickeln

rolled[1] *adj* METALL gewalzt

rolled:[2] **~ alloy** *n* MECHANICS Walzlegierung *f*; **~ glass** *n* CER & GLAS Walzglas *nt*; **~ section** *n* WATER TRANS *shipbuilding* Walzprofil *nt*

roller *n* COAL TECH Walze *f*, CONST Straßenwalze *f*, Welle *f*, FOOD TECH Walze *f*, MECHAN ENG *round stick* Rolle *f*, MECHANICS, PAPER, PLAS Walze *f*, PRINT Druckwalze *f*, Walze *f*, PROD ENG Zylindermaß *nt*, TEXT Walze *f*, WATER TRANS *sea state* große Sturzwelle *f*; **~ beam** *n* PAPER Walzenträger *m*; **~ bearing** *n* AUTO Rollenlager *nt*, Wälzlager *nt*, MECHAN ENG, MECHANICS Rollenlager *nt*; **~-bearing box** *n* MECHAN ENG Rollenlagergehäuse *nt*; **~ bit** *n* PET TECH Rollenbohrmeißel *m*; **~-blind dark slide** *n* PHOTO Jalousieplattenkassette *f*; **~-blind shutter** *n* PHOTO Schlitzverschluß *m*; **~ box** *n* PROD ENG Rollengegenführung *f*; **~ bridge** *n* CONST Rollbrücke *f*; **~ bump** *n* CER & GLAS Walzenpuffer *m*; **~ burr** *n* PROD ENG Walznaht *f*; **~ cage** *n* MECHAN ENG *of roller bearing* Rollenkorb *m*; **~ chain** *n* MECHAN ENG Rollenkette *f*; **~ clutch** *n* AUTO Freilaufkupplung *f*, Rollenkupplung *f*, MECHAN ENG Rollengesperre *nt*, MECHANICS Freilaufkupplung *f*, Rollenkupplung *f*; **~ coating** *n* PAPER Walzenstreichverfahren *nt*; **~ crusher** *n* COAL TECH Walzenbrecher *m*; **~ fairlead** *n* WATER TRANS *deck fittings* Rollenlippklampe *f*; **~ feed** *n* MECHAN ENG Rollenzuführung *f*; **~ gage** *n* *AmE*, **~ gauge** *n* *BrE* CER & GLAS Meßstift *m*; **~ lever** *n* MECHANICS Rollenhebel *m*; **~ mark** *n* CER & GLAS Walzenmarkierung *f*; **~ mill** *n* CHEM ENG Ringmühle *f*, Walzenmühle *f*, FOOD TECH Walzenstuhl *m*, MECHANICS Walzenmühle *f*; **~ painting** *n* CONST Farbaufrollen *nt*; **~ pallet** *n* TRANS Rollpalette *f*; **~ path** *n* MECHAN ENG Rollenbahn *f*; **~ printing** *n* TEXT Rouleaudruck *m*, Walzendruck *m*; **~ race** *n* PROD ENG Lagerring *m*; **~ reefing boom** *n* WATER TRANS Rollreffbaum *m*; **~ and rotary cutting press** *n* PACK Rollen- und Rotationsstanzpresse *f*; **~ setting** *n* TEXT Walzeneinstellung *f*; **~ shaft** *n* AUTO Rollenstößel *m*; **~ sheet** *n* PROD ENG Feinblechwalzen *nt*; **~ shutter** *n* CONST Rolladen *m*; **~ steady** *n* MECHAN ENG *of lathe* Rollenlünette *f*; **~ tappet** *n* AUTO Rollenstößel *m*; **~ timing chain** *n* AUTO Rollensteuerkette *f*; **~ track** *n* MECHAN ENG Rollenbahn *f*; **~ tray** *n* CER & GLAS Walzentrog *m*; **~ weir** *n* WATER SUP Walzenwehr *nt*

rolling[1] *adj* MECH ENG, PROD ENG Walz- *pref*, Wälz- *pref*

rolling[2] *n* AIR TRANS Roll- *pref*, CER & GLAS Walzen *nt*, CONST Einwalzen *nt*, Walzen *nt*, MECHAN ENG Rollen *nt*, *in press* Walzen *nt*, PAPER Walzen *nt*, PROD ENG Putzen *nt*, Wenden *nt*, SPACE Roll- *pref*, WATER TRANS *ship* Schlingern *nt*; **~ angle** *n* MECHAN ENG Wälzwinkel *m*; **~ axis** *n* PROD ENG Wälzachse *f*; **~ ball** *n* COMP & DP *mouse on notebook* Rollkugel *f*; **~ bearing** *n* MECHAN ENG Wälzlager *nt*; **~ bridge** *n* CONST Rollbrücke *f*; **~ circle** *n* GEOM Rollkreis *m*, MECHAN ENG Wälzkreis *m*; **~ contact** *n* MECHAN ENG Rollkontakt *m*; **~ contact bearing** *n* MECHAN ENG Wälzlager *nt*; **~ contact joint** *n* MECHAN ENG Wälzgelenk *nt*; **~ door** *n*

CONST Rolladentor *nt*, Rolladentür *f*; ~ **friction** *n* MECHAN ENG, PHYS Rollreibung *f*; ~ **hitch** *n* WATER TRANS *knots* Rollstek *m*; ~ **load** *n* CONST Betriebslast *f*, Verkehrslast *f*; ~ **machine** *n* MECHAN ENG Walzmaschine *f*; ~ **meter/element** *n* MECHAN ENG *of roller bearing* Wälzkörper *m;* ~ **mill** *n* PROD ENG Walzwerk *nt*; ~ **mill train** *n* PROD ENG Walzstraße *f*; ~ **moment** *n* AIR TRANS *aircraft*, MECHAN ENG Rollmoment *nt*; ~ **motion** *n* MECHAN ENG Rollbewegung *f*; ~ **over** *n* PROD ENG Wenden *nt*; ~ **and pitching** *n* WATER TRANS *of ship* Schlingern und Stampfen *nt*; ~ **process** *n* CER & GLAS Walzverfahren *nt*; ~ **resistance** *n* MECHAN ENG Rollwiderstand *m*; ~ **stability** *n* AIR TRANS *aircraft* Rollstabilität *f*; ~ **stock** *n* AUTO Fahrzeugpark *m*, rollendes Material *nt*, CONST Fuhrpark *m*; ~ **takeoff** *n* AIR TRANS rollender Start *m*

rollover: ~ **bar** *n* AUTO Überrollbügel *m*

ro-lo: ~ **ship** *n (roll-on lift-off ship)* WATER TRANS Ro-Lo-Schiff *nt*

ROM *abbr (read-only memory)* COMP & DP, ELEC ENG, ELECT, RAD TECH ROM *(ROM-Speicher, Nur-Lese-Speicher)*

Roman: ~ **arch** *n* CONST Rundbogen *m*, römischer Bogen *m*; ~ **numerals** *n pl* MATH römische Zahlen *f pl*, römische Ziffern *f pl*, PRINT römische Ziffern *f pl*; ~ **steelyard** *n* METROL Laufgewichtswaage *f*; ~ **type** *n* PRINT Antiquaschrift *f*

röntgen *n (R)* RAD PHYS Röntgen *nt (R)*

rood *n* METROL Britischer Viertelacker *m*

roof[1] *n* AUTO Dach *nt*, COAL TECH, CONST *of tank, tunnel* Dach *nt*, Decke *f*, PROD ENG Decke *f*, Deckel *m*, RAIL Dach *nt*; ~ **frame** *n* CONST Dachbinder *m*; ~ **light** *n* CER & GLAS Dachfenster *nt*; ~ **pitch** *n* CONST Dachneigung *f*, Dachschräge *f*; ~ **plate** *n* CONST Dachstuhl-Auflageplatte *f*; ~ **prism** *n* PHYS Amici-Prisma *nt*, Dachprisma *nt*, Dreikantprisma *nt*; ~ **rack** *n* AUTO Dachgepäckträger *m*; ~ **shielding plate** *n* NUC TECH Dachschirmplatte *f*, obere Abdeckplatte *f*; ~ **truss** *n* CONST Dachstuhl *m*, Dachbinder *m*

roof[2] *vt* CONST bedachen, eindecken

roofer *n* CONST Dachdecker *m*

roofer's: ~ **hammer** *n* CONST Dachhammer *m*

roofing *n* CONST Dachdeckung *f*, Dachschalung *f*, Überdachung *f*; ~ **felt** *n* CONST Dachpappe *f*; ~ **tile** *n* CONST Dachpfanne *f*; ~ **tiles** *n pl* CONST Dachstein *m*

rooftop: ~ **heliport** *n* AIR TRANS *helicopter* Dachlandeplatz für Hubschrauber *m*

room *n* CONST Zimmer *nt*; ~ **air conditioner** *n* HEAT & REFRIG Raumklimagerät *nt*; ~ **load** *n* HEAT & REFRIG Raumlast *f*; ~ **temperature** *n* PHYS Zimmertemperatur *f*, THERMODYN Raumtemperatur *f*, Zimmertemperatur *f*; ~ **thermostat** *n* HEAT & REFRIG Innenthermostat *m*, Raumthermostat *m*, THERMODYN Raumthermostat *m*

root *n* CER & GLAS Fuß *m*, COMP & DP, MATH *solution of an equation* Lösung *f*, Wurzel *f*, MECHAN ENG *of gear tooth, thread* Grund *m*, *of turbine wheel* Fuß *m*, MECHANICS Nahtbasis *f*, Schweißwurzel *f*, PROD ENG *plastic valves* Muffengrund *m*; ~ **circle** *n* MECHAN ENG Grundkreis *m*; ~ **diameter** *n* MECHAN ENG Fußkreisdurchmesser *m*; ~ **directory** *n* COMP & DP Ausgangsverzeichnis *nt*; ~ **line** *n* MECHAN ENG *straight gearing* Fußkreis *m*; ~ **line mean square water level** *n* FUELLESS quadratischer Wasserstandmittelwert *m*; ~ **mean square** *n (rms)* ELECT, ELECTRON, RECORD quadratisches Mittel *nt (RMS)*; ~ **mean square deviation** *n* ELECT quadratischer Mittelwert der Abweichung *m*; ~ **mean square value** *n* ELECTRON, OPT, PHYS, RECORD Effektivwert *m*, quadratischer Mittelwert *m*; ~ **mean square voltage** *n* ELECT Effektivspannung *f*; ~ **pass** *n* MECHANICS erste Lage der Y-Schweißnaht *f*; ~ **surface** *n* MECHAN ENG Fußfläche *f*; ~ **of weld** *n* CONST Schweißnahtwurzel *f*

Roots: ~ **blower** *n* MECHAN ENG Roots-Gebläse *nt*; ~-**blower member** *n* PROD ENG Roots-Gebläseflügel *m*

rope *n* MECHAN ENG Seil *nt*, MECHANICS, PAPER Seil *nt*, Strang *m*, TEXT Gewebestrang *m*, Seil *nt*, Strick *m*, Warenstrang *m*, WATER TRANS Tau *nt*; ~ **barrel** *n* PROD ENG Seiltrommel *f*; ~ **block** *n* MECHAN ENG Seilkloben *m*; ~ **brake** *n* MECHAN ENG Seilbremse *f*; ~ **carrier** *n* PAPER Seilträger *m*; ~ **clamp** *n* MECHAN ENG Seilschelle *f*; ~ **drive** *n* MECHAN ENG Seiltrieb *m*; ~ **drum** *n* MECHAN ENG Seiltrommel *f*; ~ **hauling** *n* COAL TECH Seilförderung *f*; ~ **kink** *n* MECHAN ENG Seilkinke *f*; ~ **marking** *n* TEXT Streifenmarkierung *f*; ~ **pulley** *n* MECHAN ENG Seilrolle *f*; ~ **skimmer** *n* MAR POLL Bandabschöpfgerät *nt*; ~-**type sling** *n* SAFETY Seilschlaufe *f*; ~ **wheel** *n* MECHAN ENG Seilrolle *f*; ~ **winch** *n* MECHAN ENG Seilwinde *f*; ~ **yarn** *n* TEXT Seilgarn *nt*

ropeway *n* TRANS Drahtseilbahn *f*

ropiness *n* FOOD TECH Dickflüssigkeit *f*, Fadenziehen *nt*, Klebrigkeit *f*

ro-ro *abbr (roll-on-roll-off)* TRANS Ro-Ro *(Roll-on-Roll-off)*

ro-ro: ~-**ro dock** *n* WATER TRANS Ro-Ro-Anlage *f*; ~ **port** *n* WATER TRANS Ro-Ro-Hafen *m*; ~ **ship** *n* WATER TRANS Ro-Ro-Schiff *nt*; ~ **system** *n* WATER TRANS Ro-Ro-System *nt*; ~ **vessel** *n* WATER TRANS Ro-Ro-Frachter *m*, Ro-Ro-Schiff *nt*

rose *n* ELEC ENG Rose *f*, WATER SUP *of pump* Saugkorb *m*; ~ **copper** *n* CHEMISTRY Rosenkupfer *nt*, Scheibenkupfer *nt*; ~ **countersink** *n* MECHAN ENG Kegelsenker *m*; ~-**head countersink bit** *n* MECHAN ENG Kegelsenker *m*; ~ **reamer** *n* PROD ENG Maschinengrundreibahle *f*

rosette *n* CER & GLAS Rosette *f*

rosin *n* CHEMISTRY Colophonium *nt*, Geigenharz *nt*, PLAS *paint, raw material*, PROD ENG Kolophonium *nt*

rot[1] *n* WATER TRANS *wood* Fäule *f*

rot[2] *vi* CONST vermodern, verrotten

rotameter *n* LAB EQUIP, PAPER Rotameter *nt*, PET TECH Rotamesser *m*, Schwebekörper-Durchflußmesser *m*, Schwimmermesser *m*, PHYS Rotationsdurchflußmesser *m*

rotary[1] *adj* METROL drehbar

rotary[2] *n* PROD ENG Rundschalttischmaschine *f*, TRANS *AmE (cf roundabout BrE)* Verkehrskreisel *m*; ~ **abutment pump** *n* PROD ENG Pumpe mit beweglichem Widerlager *f*; ~ **amplifier** *n* ELEC ENG Verstärkermaschine *f*; ~ **armature** *n* ELECT Drehanker *m*; ~ **bearing** *n* PROD ENG *plastic valves* Drehlager *nt*; ~ **bending and torsion fatigue test** *n* TEST Umlaufbiegetorsionsprüfung *f*; ~ **bit** *n* PET TECH Rotarybohrmeißel *m*; ~ **blower** *n* PROD ENG Umlaufgebläse *nt*; ~ **capacitor** *n* ELECT Drehkondensator *m*; ~ **compressor** *n* HEAT & REFRIG Rotationskompressor *m*, Rotationsverdichter *m*, MECHAN ENG Drehkolbenverdichter *m*, Rotationsverdichter *m*; ~ **converter** *n* ELEC ENG Einankerumformer *m*, ELECT Drehumformer *m*; ~ **crane** *n* CONST Drehkran *m*; ~ **disc bit** *n BrE* PET TECH Rotaryscheibenbohrmeißel *m*; ~ **disc valve** *n BrE* AUTO Drehscheibenventil *nt*, Drehschieber *m*; ~ **disk bit** *n AmE see rotary disc bit BrE*; ~ **disk valve** *n AmE see* *rotary disc valve BrE*; ~ **drill** *n* CONST Drehbohrer *m*; ~ **drilling** *n* COAL TECH Drehbohren *nt*, Rotarybohren *nt*, CONST Drehbohren *nt*, PET TECH Rotarybohren *nt*; ~ **drum feeder** *n* MECHAN ENG Drehtrommelzuführung *f*; ~ **engine** *n* AUTO Kreiskolbenmotor *m*, Umlaufmotor *m*, MECHAN ENG Drehkolbenmotor *m*, Rotationskolbenmotor *m*; ~ **exchange** *n* TELECOM Drehwählervermittlungsstelle *f*; ~ **feeder and collecting table** *n* PACK rotierender Zuführ- und Sammeltisch *m*; ~ **field** *n* ELEC ENG, INSTR Drehfeld *nt*; ~ **field converter** *n* ELECT Drehfeldumformer *m*; ~ **filler** *n* PACK Rotationsabfüllmaschine *f*; ~ **filter** *n* COAL TECH, WATER SUP Drehfilter *nt*; ~ **forging** *n* PROD ENG Schrägwalzen *nt*; ~ **frequency converter** *n* ELECT Einanker-Frequenzumformer *m*; ~ **furnace** *n* PROD ENG Kesselofen *m*, WASTE Drehrohrofen *m*, Rotationsofen *m*; ~ **hose** *n* PET TECH Drehschlauch *m*; ~ **indexing machine** *n* MECHAN ENG Rundtischschaltmaschine *f*; ~ **intersection** *n AmE (cf roundabout intersection BrE)* TRANS Kreisverkehrsplatz *m*; ~ **joint** *n* ELEC ENG Drehverbindung *f*; ~ **kiln** *n* CER & GLAS Drehrohrofen *m*, COAL TECH Drehofen *m*, WASTE Drehrohrofen *m*, Rotationsofen *m*; ~ **knob** *n* ELEC ENG Drehknopf *m*; ~ **machine** *n* COAL TECH Drehbohrmaschine *f*; ~ **magazine** *n* PHOTO *slide projector* Rundmagazin *nt*, PROD ENG Scheibenspeicher *m*; ~ **multipoint cutter** *n* PROD ENG Fräser *m*; ~ **oscillation** *n* MECHAN ENG Drehschwingung *f*; ~ **piston** *n* MECHAN ENG Drehkolben *m*, Rotationskolben *m*; ~ **piston engine** *n* AUTO Kreiskolbenmotor *m*; ~ **potentiometer** *n* ELEC ENG, ELECT Drehpotentiometer *nt*; ~ **press** *n* PRINT Rotationsmaschine *f*, Rotationspresse *f*; ~ **printing** *n* PRINT Rotationsdruck *m*; ~ **printing machine** *n* PRINT Rotationsmaschine *f*, Rotationspresse *f*; ~ **printing press** *n* PACK Walzendruckmaschine *f*, PRINT Rotationsmaschine *f*, Rotationspresse *f*; ~ **pump** *n* CONTROL Drehkolbenpumpe *f*, MECHAN ENG Drehkolbenpumpe *f*, Rotationspumpe *f*, PHYS rotierende Pumpe *f*, WATER SUP Drehkolbenpumpe *f*, Rotationspumpe *f*; ~ **screen** *n* CONST Siebtrommel *f*; ~ **shaft seal** *n* MECHAN ENG Radialdichtring *m*; ~ **shear blade** *n* MECHAN ENG Schneidrad *nt*; ~ **swaging die** *n* PROD ENG Hammerbacken *m*; ~ **switch** *n* ELEC ENG Drehschalter *m*; ~ **system** *n* TELECOM Drehwählersystem *nt*; ~ **table** *n* MECHAN ENG Drehtisch *m*, *of machine tools* Rundtisch *m*, METROL drehbarer Tisch *m*, PET TECH Drehtisch *m*; ~ **table machine** *n* PLAS Rundläufer *m*; ~ **table milling machine** *n* MECHAN ENG Rundtischfräsmaschine *f*; ~ **tool** *n* PROD ENG Drehbohrer *m*; ~ **transformer** *n* ELEC ENG Drehtransformator *m*; ~**-type switch** *n* ELECT Drehschalter *m*; ~ **valve** *n* FUELLESS Drehschieber *m*, HYD EQUIP Drehventil *nt*, MECHAN ENG Drehschieber *m*; ~ **video head** *n* TELEV drehender Videokopf *m*; ~ **wafer switch** *n* CONTROL Drehschalter *m*, ELEC ENG Drehscheibenschalter *m*; ~ **wing aircraft** *n* AIR TRANS Drehflügelflugzeug *nt*; ~ **wire brush** *n* PAPER rotierende Siebbürste *f*

rotary:[3] ~**-swage** *vt* PROD ENG hämmern, recken

rotatable[1] *adj* SPACE, TELECOM drehbar

rotatable:[2] ~ **antenna** *n* TELECOM drehbare Antenne *f*; ~ **arm** *n* MAR POLL Dreharm *m*; ~ **nozzle** *n* SPACE drehbare Düse *f*

rotate:[1] ~ **operation** *n* COMP & DP Rotationsoperation *f*

rotate[2] *vt* COMP & DP, MECHAN ENG drehen, rotieren

rotate[3] *vi* COMP & DP, MECHAN ENG drehen, rotieren

rotating[1] *adj* MECHAN ENG rotierend

rotating:[2] ~ **annulus** *n* FLUID PHYS rotierender Ringspalt *m*; ~ **annulus convection** *n* FLUID PHYS Konvektion im rotierenden Ringspalt *f*; ~ **armature** *n* ELECT Drehanker *m*; ~ **beacon** *n* AIR TRANS Drehfeuer *nt*; ~ **bending test** *n* METALL Umlaufbiegeversuch *m*; ~ **blade meter** *n* INSTR Drehflügelzähler *m*; ~ **bowl** *n* CER & GLAS Drehschüssel *f*; ~ **Couette flow** *n* FLUID PHYS zylindersymmetrische Couetteströmung *f*; ~ **Couette flow in an annulus** *n* FLUID PHYS zylindersymmetrische Couetteströmung im Ringspalt *f*; ~ **crystal method** *n* RAD PHYS *in X-ray diffraction* Drehkristallmethode *f*; ~ **cup anemometer** *n* INSTR Flügelradanemometer *nt*; ~ **disc** *n BrE* MECHAN ENG Drehscheibe *f*, rotierende Scheibe *f*; ~ **disk** *n AmE see rotating disc BrE*; ~ **evaporator** *n* LAB EQUIP rotierender Verdampfungsapparat *m*; ~ **field** *n* ELECT, TELECOM Drehfeld *nt*; ~ **field instrument** *n* INSTR Drehfeldinstrument *nt*; ~ **fluids** *n pl* FLUID PHYS rotierende Fluide *nt pl*; ~ **machine** *n* CER & GLAS Rundläufer *m*; ~ **mirror** *n* PHYS Drehspiegel *m*; ~ **part** *n* MECHAN ENG umlaufendes Teil *nt*; ~ **piston engine** *n* AUTO Drehkolbenmotor *m*; ~ **prism** *n* OPT Drehprisma *nt*; ~ **process** *n* NUC TECH Umklappvorgang *m*; ~ **shower** *n* PAPER rotierendes Spritzrohr *nt*; ~ **speed** *n* MECHAN ENG Drehgeschwindigkeit *f*, Umlaufgeschwindigkeit *f*; ~ **sprayer** *n* WATER SUP *for sewage* Rundregner *m*; ~ **table** *n* MECHAN ENG Drehtisch *m*; ~ **vane anemometer** *n* INSTR Flügelradanemometer *nt*; ~ **wing aircraft** *n* AIR TRANS Drehflügelflugzeug *nt*

rotation *n* COMP & DP Rotation *f*, GEOM Drehung *f*, Rotation *f*, *coordinate axes* Drehung *f*, MECHAN ENG *revolving* Drehbewegung *f*, Rotation *f*, *turning on pivot* Drehung *f*, PHYS Drehbewegung *f*, Rotation *f*, PROD ENG *plastic valves* Drehbewegung *f*; ~ **anticlockwise** *n* MECHAN ENG Drehung entgegen dem Uhrzeigersinn *f*; ~ **clockwise** *n* MECHAN ENG Drehung im Uhrzeigersinn *f*; ~ **indicator** *n* INSTR Drehrichtungsanzeiger *m*; ~ **position sensing** *n* COMP & DP Drehpositionsbestimmung *f*, Positionsbestimmung *f*; ~ **rate** *n* PET TECH Bohrgeschwindigkeit *f*; ~ **speed** *n* AIR TRANS Drehungsgeschwindigkeit *f*

rotational: ~ **compliance** *n (CR)* ACOUSTICS Rotationsauslenkung *f (CR)*; ~ **delay** *n* COMP & DP Plattenumdrehungsverzögerung *f*; ~ **inertia** *n* MECHAN ENG Beharrungsmoment *nt*; ~ **mold** *n AmE*; ~ **moment** *n* PHYS *about an axis* Drehmoment *nt*; ~ **mould** *n BrE* MECHAN ENG Rotationsform *f*; ~ **position sensing** *n* COMP & DP Drehpositionsbestimmung *f*; ~ **quantum number** *n* PHYS Rotationsquantenzahl *f*; ~ **spectrum** *n* PHYS, RAD PHYS Rotationsspektrum *nt*; ~ **speed** *n* FUELLESS Umdrehungsgeschwindigkeit *f*, INSTR, MECHAN ENG Drehzahl *f*; ~ **wave** *n* ACOUSTICS Schubwelle *f*

rotator *n* RAD TECH *for aerial* Rotor *m*

rotatory[1] *adj* PHYS drehend

rotatory:[2] ~ **power** *n* PHYS *specific rotation* Drehkraft *f*

rotenone *n* CHEMISTRY Derrin *nt*, Derriswurzelextrakt *m*, Rotenon *nt*

rotogravure *n* PRINT Rotationstiefdruck *m*; ~ **printing** *n* PLAS Rotationstiefdruck *m*

rotor *n* AIR TRANS *helicopter* Rotor *m*, AUTO Laufrad *nt*, Läufer *m*, Verteilerläufer *m*, COAL TECH Rotor *m*, CONTROL Drehkörper *m*, Rotor *m*, ELEC ENG Läufer *m*, Rotor *m*, Verteilerläufer *m*, ELECT Läufer *m*, MECHAN ENG Rotor *m*, *of turbine* Laufrad *nt*, PHYS Rotor *m*; ~ **aircraft** *n* AIR TRANS Drehflügelflugzeug *nt*; ~ **arm** *n* AUTO *ignition* Verteilerfinger *m*, Verteilerläufer *m*; ~ **blade** *n* AIR TRANS *helicopter* Rotorblatt *nt*, Tragschraubenblatt *nt*, MECHAN ENG Laufradschaufel *f*; ~ **diameter** *n* FUELLESS Rotordurchmesser *m*; ~ **disc** *n BrE* AIR TRANS *helicopter* Rotorkreis *m*; ~ **disk** *n AmE see rotor disc BrE*; ~ **efficiency** *n* AIR TRANS *helicopter* Wirkungsgrad des Rotors *m*; ~ **field** *n* ELECT Läuferfeld *nt*; ~ **head** *n* AIR TRANS *helicopter* Rotorkopf *m*; ~ **hub** *n* AIR TRANS *helicopter* Rotornabe *f*; ~ **inflow** *n* AIR TRANS *helicopter* Rotorabwind *m*; ~ **lamination** *n* ELEC ENG Rotorlamellierung *f*; ~ **mast** *n* AIR TRANS *helicopter* Rotorantriebswelle *f*, Rotorbock *m*; ~ **overspeed** *n* AIR TRANS *helicopter* Rotorüberdrehzahl *f*; ~ **plate** *n* ELEC ENG Rotorplatte *f*; ~ **radius** *n* AIR TRANS *helicopter* Rotorradius *m*; ~ **shaft** *n* ELECT Läuferwelle *f*; ~ **speed** *n* AIR TRANS *helicopter* Drehzahl des Rotors *f*; ~ **starter** *n* ELECT Läuferanlasser *m*; ~ **stream** *n* AIR TRANS *helicopter* Rotorstrahl *m*; ~ **thrust** *n* AIR TRANS *helicopter* Rotorschub *m*; ~ **tip velocity** *n* AIR TRANS *helicopter* Anströmgeschwindigkeit an der Rotorspitze *f*; ~ **torque** *n* AIR TRANS *helicopter* Rotordrehmoment *nt*; ~ **weight** *n* FUELLESS Rotorgewicht *nt*; ~ **winding** *n* ELEC ENG Läuferwicklung *f*, Rotorwicklung *f*

rotproof *adj* PAPER fäulnissicher

rotting *n* CER & GLAS Rotten *nt*, CONST Vermodern *nt*

rouge *n* CER & GLAS Polierrot *nt*

rough[1] *adj* COAL TECH Roh- *pref*, COATINGS rauh, roh, ungeglättet, CONST, ENG DRAW, FOOD TECH Roh- *pref*, PAPER rauh, PET TECH, PLAS, TELEV, WASTE, WATER SUP Roh- *pref*; **~-grained** *adj* CONST grobkörnig; **~-hewn** *adj* CONST *wood* baumkantig; **~-machined** *adj* MECHANICS auf Rohmaß vorbearbeitet

rough:[2] ~ **calculation** *n* CONST Überschlagsrechnung *f*; ~ **casting** *n* PROD ENG Vorgießen *nt*; **~-casting dimension** *n* ENG DRAW Rohgußmaß *nt*; ~ **coal** *n* COAL TECH Förderkohle *f*, Rohkohle *f*; ~ **crossing** *n* WATER TRANS stürmische Überfahrt *f*; ~ **cut** *n* MECHAN ENG *files* Grobhieb *m*; **~-cut file** *n* MECHAN ENG Grobfeile *f*, Schruppfeile *f*, PROD ENG Schruppfeile *f*; ~ **cutting** *n* CER & GLAS Vorschneiden *nt*; ~ **dressing** *n* CONST Rohbehauen *nt*; ~ **file** *n* MECHAN ENG Grobfeile *f*; ~ **forging** *n* PROD ENG Grobschmieden *nt*; ~ **grinding** *n* CER & GLAS Vorschleifen *nt*, MECHAN ENG Grobschleifen *nt*; **~-grinding wheel** *n* MECHAN ENG Grobschleifscheibe *f*; ~ **landing** *n* AIR TRANS Hartlandung *f*, harte Landung *f*; ~ **milling** *n* MECHAN ENG Schruppfräsen *nt*; ~ **mix** *n* RECORD Vormischen *nt*; ~ **pea coal** *n* COAL TECH Rohgrießkohle *f*; ~ **rolled** *n* CER & GLAS vorgewalzter Block *m*; ~ **rolling** *n* PROD ENG Vorwalzen *nt*; ~ **sea** *n* WATER TRANS schwere See *f*; ~ **string** *n* CONST untere Treppenwange *f*; ~ **surface** *n* MECHAN ENG rauhe Oberfläche *f*; ~ **turning** *n* PROD ENG Schruppdrehen *nt*; ~ **wood** *n* CONST Grobholz *nt*; ~ **work** *n* CONST Rohbauarbeiten *f pl*, PROD ENG unbearbeitetes Werkstück *nt*

rough[3] *vt* COAL TECH vorwalzen, MECHAN ENG schruppen, PROD ENG vorwalzen; **~-cast** *vt* PROD ENG vorgießen; **~-cut** *vt* MECHAN ENG, PROD ENG schruppen; **~-down** *vt* CONST rauhschleifen, vorwalzen; **~-forge** *vt* PROD ENG grobschmieden; **~-plane** *vt* MECHANICS vorhobeln; **~-polish** *vt* MECHANICS vorpolieren; **~-roll** *vt* PROD ENG vorwalzen; **~-stamp** *vt* PROD ENG im Vorgesenk vorformen

roughage *n* FOOD TECH Ballaststoffe *m pl*

roughcast[1] *adj* PROD ENG vorgegossen

roughcast[2] *n* CONST Anwurf *m*, Rauhputz *m*; ~ **glass** *n* CER & GLAS Rohgußglas *nt*; ~ **plate** *n* CER & GLAS Rohgußspiegelglas *nt*

roughen *vt* MECHAN ENG aufrauhen, rauhen

rougher *n* COAL TECH Vorwalzer *m*, MECHAN ENG *milling cutter* Vorfräser *m*, *tool* Schruppwerkzeug *nt*, PROD ENG Schruppmeißel *m*

roughing *n* COAL TECH Rohbearbeitung *f*, PROD ENG Grobwalzen *nt*, Schruppen *nt*; ~ **block** *n* PROD ENG Grobzug *m*; ~ **cutter** *n* MECHAN ENG *milling cutter* Schruppfräser *m*; **~-down** *n* PROD ENG Vorarbeiten *nt*; ~ **file** *n* MECHAN ENG Schruppfeile *f*; ~ **grade** *n* PROD ENG Schruppsorte *f*; ~ **mill** *n* MECHAN ENG Schruppfräser *m*; ~ **pass** *n* PROD ENG Schruppdurchgang *m*; ~ **reamer** *n* MECHAN ENG Vorreibahle *f*; ~ **roll** *n* PROD ENG Vorwalze *f*; ~ **slot-mill** *n* MECHAN ENG *milling cutter* Vornutenfräser *m*; ~ **stand** *n* PROD ENG *rolling* Vorgerüst *nt*; ~ **tank** *n* WATER SUP Grobklärbecken *nt*, Grobstoffänger *m*; ~ **tool** *n* MECHAN ENG Schruppmeißel *m*; ~ **tooth** *n* MECHAN ENG *broaching* Schruppzahn *m*; ~ **width** *n* PROD ENG Rillenabstand *m*

roughness *n* MECHAN ENG, MECHANICS Rauheit *f*, Rauhigkeit *f*, PAPER Rauhigkeit *f*; ~ **height** *n* MECHAN ENG Rauhtiefe *f*; ~ **tester** *n* PAPER Rauhigkeitsprüfer *m*

roulette *n* GEOM Rollkurve *f*

round:[1] **out of** ~ *adj* AUTO, MECHAN ENG unrund CONST, ELECTRON, MECH, MECHAN ENG, PHYS, PROD ENG, TELECOM Rund- *pref*

round[2] *n* METALL Rundstahl *m*, PROD ENG Beschickung *f*, Triebstock *m*; ~ **arch** *n* CONST Halbkreisbogen *m*, römischer Bogen *m*, Rundbogen *m*; ~ **bar** *n* MECHAN ENG Rundeisen *nt*; ~ **bar iron** *n* METALL Rundeisen *nt*; ~ **of beam** *n* WATER TRANS Balkenbucht *f*; ~ **blank** *n* PROD ENG Ronde *f*; **~-bottomed flask** *n* LAB EQUIP Rundkolben *m*; ~ **component** *n* ENG DRAW Rundkörper *m*; **~-edge file** *n* MECHAN ENG Rundfeile *f*; ~ **edgewise pattern instrument** *n* INSTR Rundprofilinstrument *nt*; ~ **figures** *n pl* MATH gerundete Zahlen *f pl*; ~ **file** *n* MECHAN ENG Rundfeile *f*; ~ **head** *n* MECHAN ENG *of screw* Halbrundkopf *m*, Rundkopf *m*; **~-head bolt** *n* MECHAN ENG Rundkopfschraube *f*; **~-head rivet** *n* MECHAN ENG Halbrundniet *m*; **~-head screw** *n* MECHAN ENG Rundkopfschraube *f*; ~ **hole perforating** *n* PRINT Rundlochperforation *f*; ~ **key** *n* MECHAN ENG Rundkeil *m*; ~ **link chain** *n* MECHAN ENG Rundgliederkette *f*; **~-nose chisel** *n* MECHAN ENG Rundmeißel *m*; **~-nose pliers** *n pl* MECHAN ENG Rundzange *f*; **~-nose tool** *n* MECHAN ENG *lathe* Rundmeißel *m*, Rundstahl *m*; ~ **nut** *n* MECHAN ENG Rundmutter *f*; ~ **scale indicator** *n* INSTR Anzeigegerät mit Kreisskale *nt*, Kreisskalenanzeigegerät *nt*; ~ **specimen** *n* TEST Rundprobe *f*; ~ **thread** *n* MECHAN ENG Rundgewinde *nt*; ~ **tone** *n* RECORD voller Ton *m*; ~ **turn and two half-hitches** *n* WATER TRANS *knots* Rundtörn mit zwei halben Schlägen *m*; **out of** ~ **wear** *n* AUTO durch Verschleiß bedingte Formabweichung vom Kreis *f*

round[3] *vt* COMP & DP runden, MATH runden, *to next lower number* abrunden, *to next higher number* aufrunden, WATER TRANS umfahren, umsegeln; ~ **down** *vt* COMP & DP abrunden; ~ **off** *vt* COMP & DP abrunden, aufrunden; ~ **up** *vt* COMP & DP aufrunden

roundabout *n BrE (cf rotary AmE, traffic circle AmE)* TRANS Verkehrskreisel *m*; ~ **intersection** *n BrE (cf rotary intersection AmE)* TRANS Kreisverkehrsplatz *m*

rounded: ~ **approach orifice** *n* HYD EQUIP Rundzuführdüse *f*, abgerundete Anfahrdüse *f*; ~ **edge** *n* CER &

GLAS abgerundete Kante *f*; ~ **end** *n* MECHAN ENG Rundkuppe *f*
roundhouse *n* RAIL Rundhaus *nt*, Rundschuppen *m*
rounding *n* COMP & DP Runden *nt*, MATH Abrunden *nt*, Runden *nt*; ~ **and backing** *n* PRINT Runden und Rückenbildung *nt*; ~ **and binding** *n* PRINT Runden und Binden *nt*; ~ **error** *n* COMP & DP, MATH Rundungsfehler *m*; ~ **of the rim** *n* CER & GLAS Rundung des Rands *f*
roundness: ~ **measuring instrument** *n* METROL Rundheitsmeßgerät *nt*
rounds *n pl* CONST Rundprofil *nt*, Rundstab *m*
roustabout *n* PET TECH Bohrhilfsarbeiter *m*
rout *vt* PROD ENG ausschneiden, mit Handvorschub ausfräsen
route[1] *n* COMP & DP Leitweg *m*, Richtung *f*, TELECOM Leitweg *m*, Strecke *f*, TRANS Strecke *f*, Weg *m*, WATER TRANS Route *f*; ~ **congestion** *n* TELECOM Streckenüberlastung *f*; ~ **description** *n* AIR TRANS Streckenbeschreibung *f*; ~ **familiarization flight** *n* AIR TRANS Streckeneinweisungsflug *m*; ~ **guidance by radio** *n* TRANS Zielführung per Radio *f*; ~ **licence** *n BrE* AIR TRANS Streckenlizenz *f*; ~ **license** *n AmE see route licence BrE*; ~ **licensing** *n* AIR TRANS Streckenlizenz *f*; ~ **locking** *n* RAIL Fahrstraßensperre *f*
route[2] *vt* CONST trassieren
routeing: ~ **chart** *n* WATER TRANS *navigation* Routing-Chart *nt*; ~ **system** *n* WATER TRANS *navigation* Routing-System *nt*
router *n* COMP & DP Leitwegprogramm *nt*, MECHAN ENG *of centre bit* Schneide *f*, PROD ENG Fräsmaschine mit Handvorschub *f*, Langlochfräser *m*
routine *n* COMP & DP Programm *nt*, Routine *f*, CONTROL Ablauf *m*, Folge *f*, Routine *f*, wiederholbarer Ablauf *m*, QUAL Routine *f*, festgelegtes Verfahren *nt*; ~ **inspection** *n* AIR TRANS Routineinspektion *f*, Routineüberprüfung *f*; ~ **maintenance** *n* HEAT & REFRIG laufende Wartung *f*
routing *n* COMP & DP Leitwegwahl *f*, Umkoppelungsvorgang *m*, Weiterleitung *f*, PROD ENG Ausschneiden *nt*, TELECOM Leitweg *m*, *of lines* Trassierung *f*; ~ **card** *n* QUAL Laufkarte *f*; ~ **code** *n* COMP & DP Leitwegcode *m*; ~ **criterion** *n* COMP & DP Richtungskriterium *nt*; ~ **diagram** *n* RAIL Fahrstraßenmatrix *f*; ~ **directive** *n* COMP & DP Leitbefehl *m*, Leitwegbefehl *m*; ~ **indicator** *n* COMP & DP Leitweganzeiger *m*; ~ **information** *n* COMP & DP Leitweginformationen *f pl*; ~ **path** *n* COMP & DP Leitpfad *m*
roux *n* FOOD TECH Einbrenne *f*, Mehlschwitze *f*
rove *n* TEXT Flyergarn *nt*, Vorgarn *nt*
roving *n* CER & GLAS, PLAS *glass fibre* Roving *nt*, TEXT Glasroving *nt*, Vorgarn *nt*; ~ **frame** *n* TEXT Flyer *m*, Vorspinnmaschine *f*; ~ **mike** *n* RECORD Roving-Mikrofon *nt*; ~ **winder** *n* CER & GLAS Rovingtrommel *f*
row[1] *n* COMP & DP Lochzeile *f*, Sprosse *f*, Zeile *f*; ~ **of piles** *n* COAL TECH Pfahlwerk *nt*; ~ **pitch** *n* COMP & DP Sprossenteilung *f*, Zeilenabstand *m*
row[2] *vi* WATER TRANS rudern
rowing: ~ **boat** *n* WATER TRANS Ruderboot *nt*
Rowland: ~ **circle** *n* PHYS Rowland-Kreis *m*; ~ **mounting** *n* PHYS Rowland-Aufhängung *f*
Rowland's: ~ **experiment** *n* PHYS Rowland-Versuch *m*
rowlock *n BrE (cf oarlock AmE)* WATER TRANS *ship fitting* Dolle *f*
Royal: ~ **Navy** *n* WATER TRANS Königlich Britische Marine *f*
royalties *n pl* PAT Lizenzgebühren *f pl*, Patentgebühren *f pl*, PRINT Tantiemen *f pl*
royalty *n* PET TECH Förderabgabe *f*, Förderzins *m*
RPG *abbr (report program generator)* COMP & DP Listenprogrammgenerator *m*
RPM *abbr (revolutions per minute)* ELECT Drehzahl *f*
RPN *abbr (reverse Polish notation)* COMP & DP UPN *f (umgekehrte Polnische Notation)*
RP-1 *abbr (kerosene AmE, paraffin BrE)* PET TECH, TRANS RP-1 *(Kerosin)*
RPS *abbr (reactor protection system)* NUC TECH Havarieschutz *m*
RS[1] *abbr (record separator)* COMP & DP Untergruppentrennzeichen *nt*
RS:[2] ~ **flip-flop** *n (reset-set flip-flop)* ELECTRON RS-Flipflop *nt (Reset-Set-Flipflop)*; ~ **toggle** *n (reset-set toggle)* ELECTRON RS-Kippschaltung *f (Reset-Set-Kippschaltung)*
RSU *abbr (remote switching unit)* TELECOM Konzentratorzentrale *f*
RT *abbr (radar tracking)* AIR TRANS, RAD TECH, TRANS Radarzielverfolgung *f*
RTC *abbr (road tank car)* AUTO Straßentankfahrzeug *nt*
RTG: ~ **train** *n* RAIL RTG-Zug *m*
RTM *abbr (reference test method)* PLAS RTM-Verfahren *nt (Referenztestmethode-Verfahren)*
RTOL: ~ **aircraft** *n (reduced takeoff and landing aircraft)* AIR TRANS RTOL-Flugzeug *nt (verkürzt startendes und landendes Flugzeug)*
RTTY *abbr (radioteletype)* RAD TECH RTTY *(Funkfernschreiben)*
Ru *(ruthenium)* CHEMISTRY Ru *(Ruthenium)*
rub[1] *n* CER & GLAS Reibstelle *f*; ~ **fastness** *n* PLAS Reibechtheit *f*
rub[2] *vt* CONST abreiben, abziehen, polieren
rubber:[1] ~**-like** *adj* PROD ENG gummielastisch
rubber[2] *n* ELECT Gummi *nt*, Kautschuk *m*, PAPER Schmirgelpapier *nt*, PLAS Gummi *nt*, Kautschuk *m*; ~ **belt** *n* MECHAN ENG Gummigurt *m*; ~ **belting** *n* MECHAN ENG Gummiriemen *m*; ~ **blanket** *n* PRINT Gummituch *nt*; ~ **boat** *n* WATER TRANS Gummiboot *nt*, Schlauchboot *nt*; ~ **buffer** *n* MECHAN ENG Gummipuffer *m*; ~ **bulb** *n* LAB EQUIP *pipette* Gummikolben *m*; ~ **bush** *n* PROD ENG *plastic valves* Gummibuchse *f*; ~ **cable** *n* ELEC ENG Gummikabel *nt*; ~ **delivery hose** *n* WATER SUP Gummidruckschlauch *m*, Gummiförderschlauch *m*; ~ **diaphragm** *n* MECHAN ENG Gummimembran *f*; ~ **dinghy** *n* WATER TRANS Gummiboot *nt*, Schlauchboot *nt*; ~ **ducky antenna** *n* RAD TECH Gummiwendelantenne *f*; ~ **engine mounting** *n* AUTO Gummimotoraufhängung *f*; ~ **gasket** *n* MECHAN ENG, PROD ENG Gummidichtung *f*; ~ **glove** *n* SAFETY *for electrical purposes* Gummihandschuh *m*; ~ **hose** *n* MECHAN ENG, PLAS *rubber* Gummischlauch *m*; ~**-insulated cable** *n* ELEC ENG Gummikabel *nt*, gummiisoliertes Kabel *nt*; ~**-lined canvas hose** *n* WATER SUP Schlauch mit Gummieinlage *m*; ~**-metal spring** *n* MECHAN ENG Metallgummifeder *f*, Schwingmetallfeder *f*; ~ **mold** *n AmE*, ~ **mould** *n BrE* MECHAN ENG Gummiform *f*; ~ **mounting** *n* AUTO *engine*, MECHAN ENG Gummilager *nt*; ~ **pad** *n* AUTO Gummikissen *nt*, Gummiklotz *m*; ~ **scrap recycling** *n* PLAS Gummiabfallverwertung *f*; ~ **spring** *n* MECHAN ENG Gummifeder *f*; ~ **stopper** *n* LAB EQUIP Gummistopfen *m*; ~ **suction-hose** *n* WATER SUP Gummisaugschlauch *m*; ~ **tip** *n* PHOTO *tripod* Gummipuffer *m*; ~**-tired roller**

n AmE see rubber-tyred roller BrE; ~ **tubing** *n* LAB EQUIP Gummischlauch *m*; ~**-tyred roller** *n BrE* CONST Gummiradwalze *f*; ~ **waste** *n* WASTE Gummiabfall *m*; ~ **weatherproof seal** *n* AUTO Scheibengummi *m*, wetterfeste Gummidichtung *f*

rubberized[1] *adj* PLAS gummiert

rubberized:[2] ~ **material** *n* ELECT Gummistoff *m*

rubbing *n* PAPER Glanzschleifen *nt*; ~ **strake** *n* WATER TRANS Schutzkiel *m*; ~ **surface** *n* PROD ENG Gleitfläche *f*

rubbish *n* COMP & DP Müll *m*, PACK, WASTE *BrE (cf garbage AmE)* Abfall *m*, Müll *m*; ~ **bag** *n BrE (cf garbage bag AmE)* WASTE Müllbeutel *m*, Müllsack *m*; ~ **bin** *n BrE (cf garbage can AmE)* WASTE Abfallbehälter *m*, Müllbehälter *m*, Mülleimer *m*, Mülltonne *f*; ~ **collection** *n BrE (cf garbage collection AmE)* COMP & DP Speicherbereinigung *f*; ~ **collector** *n BrE (cf garbage collector AmE)* COMP & DP Speicherbereinigungsprogramm *nt*

rubble *n* CONST Grobkies *m*, Schutt *m*, Steinschüttung *f*, WASTE Abbruchabfall *m*, Abbruchmaterial *nt*; ~ **masonry** *n* CONST Bruchsteinmauerwerk *nt*

rubblestone *n* CONST Bruchstein *m*

ruberythric *adj* CHEMISTRY Ruberythrin- *pref*

rubidium *n (Rb)* CHEMISTRY Rubidium *nt (Rb)*

ruby *n* ELECTRON Rubin *m*; ~ **crystal laser** *n* RAD PHYS Rubinlaser *m*; ~ **laser** *n* ELECTRON Rubinlaser *m*

rudder *n* AIR TRANS Steuerfläche *f*, Steuerruder *nt*, PHYS Seitenruder *nt*, WATER TRANS Ruder *nt*; ~ **angle indicator** *n* WATER TRANS Ruderlagenanzeiger *m*; ~ **bar** *n* AIR TRANS Seitenruderfußhebel *m*, Seitenruderhebel *m*; ~ **blade** *n* WATER TRANS Ruderblatt *nt*; ~ **brace** *n* WATER TRANS Ruderöse *f*; ~ **chain** *n* WATER TRANS Rudersorgkette *f*; ~ **control** *n* AIR TRANS Seitenrudersteuerung *f*; ~ **pedal** *n* AIR TRANS Seitenruderpedal *nt*; ~ **port** *n* WATER TRANS Hennegatt *nt*; ~ **post** *n* AIR TRANS Seitenruderholm *m*, WATER TRANS Ruderpfosten *m*; ~ **power unit** *n* AIR TRANS Seitenruderservoantrieb *m*; ~ **quadrant** *n* WATER TRANS Ruderquadrant *m*; ~ **stock** *n* WATER TRANS Ruderschaft *m*; ~ **travel** *n* AIR TRANS Seitenruderausschlag *m*, Seitenruderbewegung *f*; ~ **trim** *n* AIR TRANS Seitenrudertrimmklappe *f*; ~ **trim light** *n* AIR TRANS Seitenrudertrimmlicht *nt*; ~ **trunk** *n* WATER TRANS *shipbuilding* Ruderkoker *m*

ruffle *n* TEXT Krause *f*, Rüsche *f*

ruins *n pl* CONST Trümmer *nt pl*

rule:[1] ~**-based** *adj* ART INT regelbasiert, regelgestützt

rule:[2] **if-then** ~ *n* ART INT Produktionsregel *f*, Wenn-Dann-Regel *f* ART INT Regel *f*, COMP & DP Formel *f*, Regel *f*, METROL Regel *f*, PRINT Linie *f*, Strich *m*; ~ **base** *n* COMP & DP Regelbasis *f*; ~**-based expert system** *n* ART INT regelbasiertes Expertensystem *nt*; ~**-based system** *n* ART INT regelbasiertes System *nt*, regelgesteuertes System *nt*, COMP & DP regelbasiertes System *nt*; ~ **of three** *n* MATH Dreisatz *m*

rule[3] *vt* PRINT liniieren

ruled: ~ **area** *n* ENG DRAW Netzgebiet *nt*; ~ **line** *n* ENG DRAW Netzlinie *f*

ruler *n* METROL Zeichenlineal *nt*

rules: ~ **of the air** *n pl* AIR TRANS Luftfahrtregeln *f pl*, Luftverkehrsregeln *f pl*

rumble[1] *n* ACOUSTICS Rumpelgeräusch *nt*, PROD ENG Gußputztrommel *f*, Rommeltrommel *f*; ~ **filter** *n* RECORD Rumpelfilter *nt*; ~ **level** *n* RECORD Rumpelpegel *m*

rumble[2] *vt* PROD ENG fertigputzen

run[1] *n* COMP & DP Ablauf *m*, Durchlauf *m*, Programmausführung *f*, MECHAN ENG *machines* Gang *m*, Lauf *m*, PROD ENG Los *nt*, Zug *m*; ~**-around coil** *n* HEAT & REFRIG Umlaufschlange *f*; ~ **ashore** *n* WATER TRANS auf Grund laufen; ~ **bearing** *n* AUTO ausgelaufenes Pleuellager *nt*; ~ **duration** *n* COMP & DP Laufzeit *f*; ~ **of mine coal** *n* COAL TECH Förderkohle *f*, ungesiebte Kohle *f*; ~**-out** *n* MECHAN ENG *of thread* Auslauf *m*, *unbalance* Schlag *m*, Unwucht *f*, PROD ENG Verlaufen *nt*; ~ **of river scheme** *n* FUELLESS Flußprojektierung *f*; ~ **of river station** *n* FUELLESS Laufkraftwerk *nt*; ~ **of sluices** *n* WATER SUP Schleusentreppe *f*; ~**-through** *n* COMP & DP Durchlauf *m*; ~ **time** *n* COMP & DP Bearbeitungszeit *f*, Laufzeit *f*; ~**-time error** *n* COMP & DP Fehler bei der Ausführung *m*; ~**-time output** *n* COMP & DP Laufzeitleistung *f*; ~**-time system** *n* COMP & DP Laufzeitsystem *nt*; ~ **unit** *n* COMP & DP Ausführungseinheit *f*; ~**-up** *n* AIR TRANS *engine* Bremslauf *m*, Hochlaufen *nt*; ~**-up area** *n* AIR TRANS *airport* Run-up-Bereich *m*, Warmlaufbereich *m*; ~**-up time** *n* RECORD Hochfahrzeit *f*

run[2] *vt* COMP & DP *program* ablaufen lassen, laufen lassen, TRANS Strecke zurücklegen; ~ **aground** *vt* WATER TRANS *ship* auf Grund setzen; ~ **down** *vt* WATER TRANS *ship* rammen; ~ **in** *vt* AUTO *engine* einfahren, MECHAN ENG *bearing* einlaufen; ~ **into** *vt* TRANS zusammenstoßen mit; ~ **off** *vt* PROD ENG ablaufen, abspulen, WATER SUP *water from tank* ablaufen; ~ **on** *vt* PRINT anhängen; ~ **out** *vt* WATER SUP auslaufen; ~ **parallel** *vt* GEOM parallel laufen

run[3] *vi* COMP & DP *program* ausführen, in Betrieb sein, laufen, CONST *paint* verlaufen, MECHAN ENG laufen, WATER TRANS *ship* fahren; ~ **aground** *vi* WATER TRANS festkommen, *ship* auf Grund laufen; ~ **before the wind** *vi* WATER TRANS *sailing* vor dem Wind laufen, vor dem Wind segeln; ~ **a drill** *vi* MECHAN ENG *by compressed air* Bohrer betreiben; ~ **dry** *vi* WATER SUP trocken laufen; ~ **an engine to its full capacity** *vi* MECHAN ENG Motor voll ausfahren; ~ **free** *vi* WATER TRANS *sailing* raumschots segeln; ~ **hot** *vi* MECHAN ENG heißlaufen; ~ **light** *vi* MECHAN ENG leerlaufen; ~ **on no load** *vi* MECHAN ENG leerlaufen; ~ **out of true** *vi* MECHAN ENG schlagen, unrundlaufen; ~ **out of the vertical** *vi* MECHAN ENG von der Senkrechten abweichen; ~ **over** *vi* WATER SUP überlaufen; ~ **solder** *vi* ELECT Lot einführen; ~ **under load** *vi* MECHAN ENG unter Last laufen; ~**-up** *vi* AIR TRANS *engine* hochlaufen, warmlaufen

runaround *n* PRINT Formsatz *m*, Konturensatz *m*

runaway *n* RAIL *of wagon* Entlaufen *nt*; ~ **speed** *n* FUELLESS Durchgangsdrehzahl *f*

rungs *n pl* CONST *ladder* Sprossen *f pl*

runnability: ~ **of paper** *n* PAPER Lauffähigkeit von Papier *f*

runner *n* FUELLESS Laufrad *nt*, MECHAN ENG *guide pulley* Laufrolle *f*, *movable ring, ferrule, slider or traveller* Hülse *f*, *movable block of tackle* Laufrolle *f*, *of crane* Laufrad *nt*, *of machinery* Laufschiene *f*, Schiene *f*, *of overhead travelling crane* Brücke *f*, *of turbine* Laufrad *nt*, Turbinenrad *nt*, *travelling wheel of trolley of overhead crane* Laufrad *nt*, MECHANICS Läufer *m*, Schlittenkufe *m*, METALL Rundstahl *m*, PROD ENG Angußkanal *m*, Zulauf *m*, WATER TRANS *rope* Laufrolle *f*; ~ **back** *n* CER & GLAS Rückläufer *m*; ~ **bar** *n* CER & GLAS Läuferbalken *m*; ~ **basin** *n* PROD ENG Gießtümpel *m*; ~ **blade** *n* FUELLESS Laufschaufel *f*, HYD EQUIP

Laufradschaufel *f*, Laufradblatt *nt*; ~ **stick** *n* PROD ENG Holzpflock *m*; ~ **vane** *n* HYD EQUIP Laufradschaufel *f*

runnerless: ~ **injection compression molding** *n AmE*, ~ **injection compression moulding** *n BrE (RIC moulding)* PLAS RIC-Verfahren *nt*; ~ **mold** *n AmE*, ~ **mould** *n BrE* MECHAN ENG angußlose Form *f*

running *n* COMP & DP *of software* Ausführung *f*, Betrieb *m*, Gang *m*, Lauf *m*, CONST Einfluchten *nt*, MECHAN ENG *of machinery* Gang *m*, Lauf *m*, PAPER, PLAS *paint defect* Laufen *nt*, TEXT Lauf *m*, TRANS Fahrt *f*; ~ **accident** *n* SAFETY Unfall beim Laufen *m*; ~ **block** *n* MECHAN ENG *movable block of tackle* laufender Block *m*; ~ **bond** *n* CONST *masonry* Läuferverband *m*; ~ **costs** *n pl* TEXT Betriebskosten *f pl*; ~-**down cutter** *n* MECHAN ENG *hollow milling-cutter* Hohlfräser *m*; ~ **duration** *n* COMP & DP Laufzeit *f*; ~ **fit** *n* MECHAN ENG LS, Laufsitz *m*; ~ **fix** *n* WATER TRANS *navigation* Doppelpeilung *f*; ~ **gear** *n* MECHAN ENG Fahrwerk *nt*, WATER TRANS *ropes* laufendes Gut *nt*; ~ **ground** *n* COAL TECH schwimmendes Gebirge *nt*; ~ **head** *n* PRINT lebender Kolumnentitel *m*; ~-**in** *n* MECHAN ENG *of bearing* Einlaufen *nt*, *of engine* Einfahren *nt*; ~ **jig** *n* COAL TECH Bremsberg *m*; ~ **joint** *n* CONST Dehnungsfuge *f*, Raumfuge *f*; ~ **light** *n* MECHAN ENG Leerlaufen *nt*, RAIL, WATER TRANS auf Leerfahrt *f*; ~ **on no load** *n* MECHAN ENG Leerlaufen *nt*; ~ **out of center** *n AmE*, ~ **out of centre** *n BrE* MECHAN ENG *of drill* Verlaufen *nt*; ~-**out pit** *n* CER & GLAS Auslaufschacht *m*; ~ **perforation** *n* COMP & DP Randperforation *f*; ~ **rail** *n* MECHAN ENG, RAIL Laufschiene *f*; ~ **rigging** *n* WATER TRANS *ropes* laufendes Gut *nt*; ~ **soil** *n* COAL TECH fließender Erdstoff *m*; ~ **speed** *n* RECORD Umlaufgeschwindigkeit *f*, TRANS Fahrgeschwindigkeit *f*; ~ **state** *n* COMP & DP Laufstatus *m*; ~ **surface** *n* RAIL Lauffläche *f*; ~ **test** *n* MECHAN ENG Lauftest *m*; ~ **text** *n* PRINT fortlaufender Text *m*, laufender Text *m*; ~ **time** *n* CER & GLAS, COMP & DP Laufzeit *f*, TRANS Fahrzeit *f*; ~ **title** *n* PRINT lebender Kolumnentitel *m*; ~ **trap** *n* CONST U-Verschluß *m*; ~ **water** *n* WATER SUP Fließwasser *nt*, fließendes Wasser *nt*, fließendes Gewässer *nt*; ~ **wheel** *n* MECHAN ENG Laufrad *nt*; ~ **on wrong line** *n* RAIL Falschfahrt *f*

runoff *n* CONST Oberflächenabfluß *m*, FUELLESS Abfluß *m*, Ablauf *m*, MAR POLL Abfluß *m*, Ablauf *m*, Ausfluß *m*, POLL *rainwater*, WATER SUP Abfluß *m*; ~ **coefficient** *n* WATER SUP Abflußkoeffizient *m*

runout *n* MECHAN ENG *of cutting tool* Auslauf *m*, PROD ENG Rundlaufehler *m*

runway *n* AIR TRANS Piste *f*, Start- und Landebahn *f*, CONST *of crane* Fahrbahn *f*, MECHAN ENG Laufbahn *f*; ~ **alignment** *n* AIR TRANS Pistenrichtung *f*; ~ **alignment indicator** *n* AIR TRANS Pistenrichtungsanzeiger *m*; ~ **basic length** *n* AIR TRANS Grundlänge der Start- und Landebahn *f*; ~ **centerline** *n AmE see runway centreline BrE*; ~ **centerline light** *n AmE see runway centreline light BrE*; ~ **centerline marking** *n AmE see runway centreline marking BrE*; ~ **centreline** *n BrE* AIR TRANS Start- und Landebahnmittellinie *f*; ~ **centreline light** *n BrE* AIR TRANS Start- und Landebahnmittellinienbefeuerung *f*; ~ **centreline marking** *n BrE* AIR TRANS Start- und Landebahnmittellinienmarke *f*; ~ **crossing lights** *n pl* AIR TRANS Start- und Landebahnkreuzungsfeuer *nt pl*; ~ **designator** *n* AIR TRANS Start- und Landebahnbezeichnung *f*; ~ **end light** *n* AIR TRANS Start- und Landebahnendbefeuerung *f*; ~-**end safety area** *n* AIR TRANS Sicherheitszone am Ende der Start- und Landebahn *f*; ~ **gradient** *n* AIR TRANS Start- und Landebahnneigung *f*; ~ **number** *n* AIR TRANS Start- und Landebahnnummer *f*; ~ **shoulders** *n pl* AIR TRANS Start- und Landebahnränder *m pl*; ~ **strips** *n pl* AIR TRANS *airport* Start- und Landebahnstreifen *m pl*; ~ **threshold** *n* AIR TRANS Start- und Landebahnschwelle *f*; ~ **threshold marking** *n* AIR TRANS Schwellenkennzeichnung *f*, Start- und Landebahnschwellenmarkierung *f*; ~ **touch-down zone** *n* AIR TRANS Aufsetzzonenbefeuerung *f*, Touch-Down-bereich der Start- und Landebahn *m*; ~ **visual range** *n* AIR TRANS Landebahnsichtweite *f*

rupture *n* METALL Bruch *m*, PROD ENG Trennbruch *m*; ~ **load** *n* MECHAN ENG Bruchlast *f*; ~ **member** *n* HEAT & REFRIG Bruchelement *nt*; ~ **strength** *n* METALL Bruchfestigkeit *f*

ruptured: ~ **fiber structure** *n AmE*, ~ **fibre structure** *n BrE* PROD ENG *forging* Faserquetschung *f*

rural: ~ **automatic exchange** *n* TELECOM Selbstwähllandzentrale *f*; ~ **district** *n* ELEC ENG ländlicher Bezirk *m*; ~ **exchange** *n* TELECOM Landzentrale *f*; ~ **network** *n* TELECOM Landnetz *nt*; ~ **switch** *n* TELECOM Landvermittlungsstelle *f*; ~ **water supply** *n* WATER SUP Wasserversorgung im ländlichen Raum *f*

rush: ~ **hour** *n* TRANS Rush-Hour *f*; ~ **order** *n* PRINT Eilauftrag *m*

Russell-Saunders: ~ **coupling** *n (l-s coupling)* NUC TECH Russell-Saunders-Kopplung *f (L-S-Kopplung)*

rust[1] *n* AIR TRANS, AUTO Rost *m*, COATINGS Oxidation *f*, Rost *m*, Rotfärbung *f*, FOOD TECH *phytopathology* Brand *m*, Rost *m*, MECHAN ENG *corrosion*, MECHANICS, PAPER, RAIL, WATER TRANS Rost *m*; ~ **flake** *n* COATINGS Rostflocke *f*, Zunder *m*; ~ **inhibitor** *n* AIR TRANS, PAPER, RAIL, WATER TRANS Rostschutzmittel *nt*; ~ **preventive** *n* PACK Rostinhibitor *m*, Rostschutzmittel *nt*; ~ **preventive packaging** *n* PACK Rostschutzverpackung *f*; ~ **protection** *n* MECHAN ENG, PACK Rostschutz *m*; ~ **remover** *n* MECHAN ENG Rostentferner *m*

rust[2] *vt* COATINGS oxidieren, rosten, rötlich verfärben

rust[3] *vi* AIR TRANS, RAIL, WATER TRANS rosten

rustproof *adj* PAPER rostbeständig

rustproofing *n* MECHAN ENG Rostschutz *m*

rut *n* CONST Radspur *f*

ruthenic *adj* CHEMISTRY Ruthenium- *pref*

ruthenium *n (Ru)* CHEMISTRY Ruthenium *nt (Ru)*

Rutherford: ~ **scattering** *n* PHYS Rutherford-Streuung *f*

rutherfordium *n (Rf)* CHEMISTRY Rutherfordium *nt (Rf)*

R-wire *n (ring wire)* TELECOM Ader zum Stöpselhals *f*

R-Y: ~ **axis** *n* TELEV R-Y-Achse *f*; ~ **matrix** *n* TELEV R-Y-Matrix *f*; ~ **signal** *n* TELEV R-Y-Signal *nt*

Rydberg: ~ **constant** *n (R, Rα)* NUC TECH *infinite mass* Rydberg-Konstante *f (Rα)*; ~ **energy** *n* PHYS Rydberg-Energie *f*

S

s *abbr* ELECT *(slip)* s *(Schlupf)*, METROL *(spin quantum number)*, NUC TECH *(spin quantum number)*, PHYS *(spin quantum number)* s *(Spinquantenzahl)*

S *abbr* ELECT *(Poynting vector)* S *(Poyntingscher Vektor)*, HYD EQUIP *(slope)* S *(Gefälle)*, METROL *(siemens)* S *(Siemens)*, NUC TECH *(stopping power)* S *(Anhaltleistung)*, NUC TECH *(source strength)* S *(Quellenstärke)*, NUC TECH *(total spin quantum number)* S *(Spinquantengesamtzahl)*, NUC TECH *(specific ionization)* S *(spezifische Ionisierung)*, PHYS *(Poynting vector)* S *(Poyntingscher Vektor)*

sabinane *n* CHEMISTRY Sabinan *nt*, Thujan *nt*

Sabine : **~ coefficient** *n* ACOUSTICS Sabine- Koeffizient *m*

sabinene *n* CHEMISTRY Sabinen *nt*, Thujen *nt*

sabinol *n* CHEMISTRY Thujenol *nt*

sac *n* PROD ENG Speicherblase *f*

saccadic: **~ movement** *n* ERGON ruckartige Bewegung *f*, sakkadische Bewegung *f*

saccharase *n* FOOD TECH Invertase *f*, Saccharase *f*

saccharate *n* CHEMISTRY Saccharat *nt*

saccharimeter *n* PHYS Polarisationsapparat *m*

saccharin *n* CHEMISTRY Benzoylsulfonimid *nt*, Saccharin *nt*, o-Benzoesäuresulfimid *nt*

sachet *n* PACK Beutel *m*; **~ form fill seal unit** *n* PACK Abfüll- und Versiegelungseinheit für Beutel *f*

sack *n* PACK Sack *m*; **~ barrow** *n* PACK Sackkarre *f*; **~-closing machine** *n* PACK Beutelverschließmaschine *f*; **~-closing sewing machine** *n* PACK Sackzunähmaschine *f*; **~-filling line** *n* PACK Absacklinie *f*; **~-filling machine** *n* PACK Sackfüllmaschine *f*; **~ knife** *n* PACK Sackmesser *nt*; **~-opening machine** *n* PACK Sacköffnungsmaschine *f*; **~ scales** *n pl* PACK Sackwaage *f*; **~ sealer** *n* PACK Sackverschließmaschine *f*

sacking: **~ balance** *n* INSTR Absackwaage *f*

sacrifice *vt* COATINGS opfern

sacrificial[1] *adj* COATINGS galvanisch aktiv, opfernd

sacrificial:[2] **~ anode** *n* PET TECH Opferanode *f*, galvanische Anode *f*

sadden *vt* PROD ENG vorformen

saddening *n* PROD ENG Vorformen *nt*

saddle[1] *n* CONST Auflager *m*, Sattelholz *nt*, MECHAN ENG *of milling machine, grinding machine* Querschlitten *m*, *of machine tool* Sattel *m*, Support *m*, PROD ENG Kreuzschieber *m*, Querschlitten *m*; **~ bag monorail** *n* RAIL Satteleinschienenbahn *f*; **~-bottomed car** *n* RAIL Sattelwagen *m*; **~-bottomed self-discharging car** *n* TRANS Selbstentleerer mit Sattelboden *m*; **~ key** *n* MECHAN ENG Hohlkeil *m*; **~ mount combination** *n* TRANS Sattelkombination *f*; **~ point** *n* MATH, METALL Sattelpunkt *m*; **~ stitching** *n* PRINT Sattelheftung *f*; **~ stone** *n* CONST Dachstein *m*; **~-type turret lathe** *n* MECHAN ENG Schlittenrevolverdrehmaschine *f*

saddle[2] *vt* CONST *load* aufladen, *step* aufsatteln, PROD ENG ringschmieden

saddled: **~ finish** *n* CER & GLAS Sattelverschluß *m*

saddling *n* PROD ENG Ringschmieden *nt*

safe: **~ area generator** *n* TELEV Feldgenerator *m*; **~ concentration** *n* NUC TECH gefahrlose Konzentration *f*; **~ disposal** *n* WASTE geordnete Beseitigung *f*; **~ ground** *n* WATER TRANS sicherer Grund *m*; **~ headway** *n* TRANS Sicherheitsabstand *m*; **~ ironing temperature** *n* TEXT zulässige Bügeltemperatur *f*; **~ keeping** *n* POLL sichere Lagerung *f*; **~ load** *n* TRANS zulässige Belastung *f*; **~ load indicator** *n* SAFETY Anzeige über sichere Last *f*; **~ method of working** *n* SAFETY sichere Arbeitsweise *f*; **~ shutdown earthquake** *n* NUC TECH *maximum design* Auslegungsbeben *nt*; **~ stress** *n* MECHAN ENG zulässige Beanspruchung *f*; **~ stress under bending** *n* MECHAN ENG zulässige Biegebeanspruchung *f*; **~ title area** *n* TELEV Titelfeld *nt*; **~ use** *n* SAFETY sicherer Einsatz *m*; **~ use of explosive** *n* SAFETY *construction* sicherer Einsatz von Sprengstoff *m*; **~ water** *n* WATER TRANS sicheres Gewässer *nt*; **~ water mark** *n* WATER TRANS Markierungeines sicheren Gewässers *f*; **~ working load** *n* SAFETY sichere Arbeitsbelastung *f*, sichere Belastung *f*

safeguarding: **~ of buildings** *n* SAFETY Gebäudeschutz *m*

safelight *n* PHOTO Dunkelkammerbeleuchtung *f*; **~ filter** *n* PHOTO Lichtschutzfilter *nt*

safety[1] *n* MECHANICS, QUAL, RAD TECH, SAFETY Sicherheit *f*; **~ adviser** *n* CONST Sicherheitsberater *m*; **~ apparatus** *n* MECHAN ENG Sicherheitsvorrichtung *f*, SAFETY Sicherheitsgerät *nt*; **~ appliance** *n* MECHAN ENG Sicherheitseinrichtung *f*, SAFETY Sicherheitsgerät *nt*, Sicherheitseinrichtung *f*; **~ arch** *n* CONST Entlastungsbogen *m*, Verstärkungsbogen *m*; **~ barrier** *n* SAFETY Sicherheitsschranke *f*; **~ belt** *n* AUTO Dreipunktgurt *m*, Sicherheitsgurt *m*, Zweipunktgurt *m*, SAFETY Sicherheitsgurt *m*; **~belt anchorage** *n* AUTO Sicherheitsgurtverankerung *f*; **~ bonnet** *n BrE (cf safety hood AmE)* AUTO Schutzplane *f*, Sicherheitsmotorhaube *f*; **~ boot** *n* SAFETY Sicherheitsschuh *m*, Sicherheitsstiefel *m*; **~ catch** *n* AUTO Schnappriegel *m*, MECHAN ENG Sicherungsraste *f*, Sperrraste *f*; **~ chain** *n* MECHAN ENG Sicherheitskette *f*, SAFETY Sicherungskette *f*; **~ clamp** *n* SAFETY Sicherheitsverschluß *m*; **~ class** *n* PROD ENG *plastic valves* Schutzklasse *f*; **~ closure** *n* PACK Sicherheitsverschluß *m*; **~ cock** *n* MECHAN ENG Sicherheitshahn *m*; **~ code** *n* SAFETY Sicherheitsvorschrift *f*; **~ color** *n AmE*, **~ colour** *n BrE* SAFETY Sicherheitsfarbe *f*; **~ committee** *n* SAFETY Sicherheitsausschuß *m*; **~ container** *n* LAB EQUIP Sicherheitsbehälter *m*; **~ coupling** *n* MECHAN ENG Sicherheitskupplung *f*; **~ curtain** *n* SAFETY Sicherheitsvorhang *m*; **~ cutout** *n* HEAT & REFRIG Sicherheitsausschalter *m*, Sicherheitsautomat *m*; **~ device** *n* MECHAN ENG Sicherheitsvorrichtung *f*, SAFETY Arbeitssicherheitseinrichtung *f*, Arbeitssicherheitsgerät *nt*; **~ disc** *n BrE* INSTR Sicherheitsberstscheibe *f*; **~ disk** *n AmE see safety disc BrE* **~ door** *n* CONST Sicherheitstor *nt*, Sicherheitstür *f*; **~ earth** *n BrE (cf safety ground AmE)* ELECT Sicherheitserde *f*; **~ education** *n* SAFETY Sicherheitstraining *nt*; **~ engineering** *n* SAFETY Arbeitssicherheitstechnik *f*, Sicherheitstechnik *f*; ~ **equipment** *n* SAFETY Sicherheitssystem *nt*; ~ **facilities** *n pl* SAFETY Sicherheitseinrichtungen *f pl*; ~ **factor** *n (SF)* COAL TECH, CONST, ELECT, MECHAN ENG, NUC TECH, SAFETY, TRANS Sicherheitsfaktor *m (SF)*; ~ **film** *n* PHOTO, PRINT Sicherheitsfilm *m*; ~ **fitting** *n* SAFETY Sicherheitsanschluß *m*, *for buildings* Sicherheitseinrichtung *f*, *for hot-water systems* Sicherheitsanschluß *m*; ~ **from interception** *n* TELECOM Abhörsicherheit *f*; ~ **funnel** *n* LAB EQUIP Sicherheitstrichter *m*; ~ **gasoline tank** *n AmE (cf safety petrol tank BrE)* AUTO Sicherheitsbenzintank *m*; ~ **glass** *n* AUTO, CER & GLAS, CONST Sicherheitsglas *nt*; ~ **glasses** *n pl* LAB EQUIP Sicherheitsbrille *f*; ~ **ground** *n AmE (cf safety earth BrE)* ELECT Sicherheitserde *f*; ~ **guard** *n* PROD ENG Schutzeinrichtung *f*; ~ **handle for chisels** *n* SAFETY Sicherheitsmeißelgriff *m*; ~ **of hand- operated machines** *n* SAFETY Sicherheit beim Betrieb von Handgeräten *f*; ~ **harness** *n* AIR TRANS, AUTO Sicherheitsgurt *m*, SAFETY Sicherheitsgeschirr *nt*, SPACE *spacecraft* Geschirr *nt*, Gurte *m pl*, Kabelbaum*m*, Sicherheitsgurt *m*, WATER TRANS Sicherheitsgurt *m*; ~ **headway** *n* TRANS *traffic* Sicherheitsabstand *m*; ~ **helmet** *n* SAFETY, TRANS Schutzhelm *m*; ~ **hood***n AmE (cf safety bonnet BrE)* AUTO Schutzplane *f*, Sicherheitsmotorhaube *f*; ~ **hook** *n* MECHAN ENG Sicherheitshaken *m*; ~ **instruction** *n* SAFETY Sicherheitsvorschrift *f*; ~ **ladder** *n* SAFETY Leiter *f*; ~ **lock** *n* CONST Sicherheitsschloß *nt*; ~ **margin** *n* SAFETY Sicherheitsmarge *f*; ~ **measure** *n* SAFETY Sicherheitsmaßnahme *f*; ~ **net** *n* SAFETY Schutznetz *nt*, Sicherheitsnetz *nt*; ~ **nut** *n* MECHAN ENG Sicherheitsmutter *f*; ~ **officer** *n* SAFETY Sicherheitsbeauftragter *m*; ~ **petrol tank** *n BrE (cf safety gasoline tank AmE)* AUTO Sicherheitsbenzintank *m*; ~ **pin** *n* WATER TRANS *deck equipment* Sicherungsbolzen *m*; ~ **placard** *n* LAB EQUIP Sicherheitsplakat *nt*; ~ **plug** *n* HYD EQUIP Wassermangelsicherung *f*; ~ **precaution** *n* SAFETY Sicherheitsvorkehrung *f*; ~ **pulley block** *n* SAFETY Sicherheitsumlenkrolle *f*; ~ **rail** *n* RAIL Gegenschiene *f*, Sicherheitsschiene *f*; ~ **recommendation** *n* AIR TRANS, AUTO, RAIL, TRANS, WATER TRANS Sicherheitsrichtlinie *f*; ~ **record** *n* CONST Sicherheitsprotokoll *nt*; ~ **regulation** *n* SAFETY *issued by authority* Sicherheitsvorschrift *f*; ~ **report** *n* NUC TECH Sicherheitsbericht *m*; ~ **requirement** *n* SAFETY Sicherheitsvorschrift *f*; ~ **requirements** *n pl* ERGON sicherheitstechnische Anforderungen *f pl*; ~ **requirement and supervision** *n* SAFETY Sicherheitsvorschrift und - überwachung *f*; ~ **risk** *n* SAFETY Sicherheitsrisiko *nt*; ~ **rule** *n* SAFETY Sicherheitsregel *f*; ~ **screen** *n* LAB EQUIP Sicherheitsschirm *m*; ~ **sign** *n* SAFETY Sicherheitshinweisschild *nt*; ~ **specification** *n* AIR TRANS, AUTO, RAIL, TRANS, WATER TRANS Sicherheitsvorschrift *f*; ~ **spectacles** *n pl* SAFETY Brille mit Sicherheitsglas *f*; ~ **speed** *n* AIR TRANS, AUTO, RAIL, TRANS, WATER TRANS sichere Geschwindigkeit *f*; ~ **stop** *n* TRANS Abfang *m*; ~ **stop cable** *n* TRANS Abfangseil *nt*; ~ **storage tank** *n* SAFETY Sicherheitstank *m*; ~ **switch** *n* ELEC ENG, ELECT Sicherheitsschalter *m*; ~ **system** *n* NUC TECH Sicherheitssystem *nt*, QUAL sicherheitstechnische Anlage *f*; ~ **tank** *n* NUC TECH *breeder reactor* Sicherheitsbehälter *m*; ~ **tube** *n* LAB EQUIP Sicherheitsrohr *nt*; ~ **unit** *n* SPACE *spacecraft* Sicherheitsgerät *nt*; ~ **valve** *n* HEAT & REFRIG, HYD EQUIP Sicherheitsventil *nt*, MECHANICS Notventil *nt*, Sicherheitsventil *nt*, SAFETY Sicherheitsventil *nt*; ~ **zone** *n* NUC TECH *hot laboratory* Schutzzone *f*

safranin *n* CHEMISTRY Phenosafranin *nt*, Safranin *nt*

safranine *n* CHEMISTRY Phenosafranin *nt*, Safranin *nt*

safrole *n* CHEMISTRY Allylmethylendioxybenzen *nt*, Safrol *nt*

sag[1] *n* CONST Durchhang *m*, NUC TECH Durchbiegung f, PLAS *blow moulding* Auslängung *f*, PROD ENG Durchgang *m*, Durchsacken *nt*

sag[2] *vi* CONST durchhängen, WATER TRANS *ship* durchsacken

SAG *abbr (self-aligned gate)* ELECTRON selbstjustierender Steueranschluß *m*

sagger *n* CER & GLAS Brennkapsel *f*

sagging *n* CER & GLAS Erweichung *f*, Senken *nt*, PLAS *paint defect* Gardinenbildung *f*, Läuferbildung *f*, RAIL Durchbiegung *f*, WATER TRANS *shipbuilding* Durchbiegung *f*, Kielbucht *f*

sagital: ~ **plane** *n* ERGON Saggitalebene *f*

sagitta *n* PROD ENG Scheitel *m*

sagittal: ~ **focal line** *n* PHYS saggitale Brennlinie *f*, saggitale Fokuslinie *f*, äquatoriale Brennlinie *f*, äquatoriale Fokuslinie *f*

sail[1] *n* WATER TRANS Segel *nt*; ~ **area** *n* WATER TRANS Segelfläche *f*; ~ **locker** *n* WATER TRANS Segelkammer *f*; ~ **loft** *n* WATER TRANS Segelboden *m*, Segelmacherwerkstatt *f*; ~ **plan** *n* WATER TRANS Segelriß *m*

sail[2] *vi* WATER TRANS fahren, segeln; ~ **away** *vi* WATER TRANS auslaufen, lossegeln; ~ **on a beam reach** *vi* WATER TRANS mit halbem Wind segeln; ~ **on a broad reach** *vi* WATER TRANS raumschots segeln; ~ **on a close reach** *vi* WATER TRANS raumschots segeln; ~ **free** *vi* WATER TRANS raumschots segeln;~ **in ballast** *vi* WATER TRANS in Ballast fahren; ~ **over the seas** *vi* WATER TRANS die Meere befahren

sailboard *n* WATER TRANS Windsurfingbrett *nt*

sailboat *n AmE (cf sailing boat BrE)* WATER TRANS Segelboot *nt*

sailcloth *n* WATER TRANS Segeltuch *nt*

sailing *n* WATER TRANS Auslaufen *nt*, Segelsport *m*, Segeln *nt*; ~ **boat** *n BrE (cf sailboat AmE)* WATER TRANS Segelboot *nt*; ~ **dinghy** *n* WATER TRANS Segeljolle *f*; ~ **directions** *n pl* WATER TRANS Seehandbuch *nt*; ~ **ship** *n* WATER TRANS Segelschiff *nt*, Segler *m*

sailmaker *n* WATER TRANS Segelmacher *m*

salacetol *n* CHEMISTRY Salacetol *nt*, Salantol *nt*, Salicylacetol *nt*

salamander *n* PROD ENG *casting* Bodensau *f*, Bär *m*

salantol *n* CHEMISTRY Salantol *nt*, Salicylacetol *nt*

salicin *n* CHEMISTRY Salicin *nt*, Saligenin *nt*

salicyl *adj* CHEMISTRY Salicyl- *pref*

salicylaldehyde *n* CHEMISTRY Salicylaldehyd *m*

salicylate *n* CHEMISTRY Salicylat *nt*

salient[1] *adj* PROD ENG vorspringend

salient:[2] ~ **pole** *n* ELEC ENG, ELECT *electrical machine* ausgeprägter Pol *m*; ~ **pole generator** *n* ELECT Generator mit ausgeprägten Polkanten *m*, Generator mit erweitertem Luftspalt *m*; ~ **pole rotor** *n* ELEC ENG Schenkelpolläufer *m*; ~ **pole stator** *n* ELEC ENG Schenkelpolstator *m*

saliferous: ~ **clay** *n* CER & GLAS Salzton *m*

salifiable *adj* CHEMISTRY salzbildend, salzbildungsfähig

salification *n* CHEMISTRY Salzbildung *f*

saligenin *n* CHEMISTRY Salicin *nt*, Saligenin *nt*

saline[1] *adj* COATINGS salzig, WATER SUP salzhaltig

saline:[2] ~ **solution** *n* NUC TECH Salzlösung *f*; ~ **spring** *n*

WATER SUP salinische Quelle *f*; **~ water** *n* WATER SUP Salzwasser *nt*, salzhaltiges Wasser *nt*; **~ water conversion** *n* WATER SUP Salzwasserumwandlung *f*

salinity *n* CHEMISTRY Salinität *f*, Salzgehalt *m*, FUELLESS Salzhaltigkeit *f*, PET TECH Salinität *f*, Salzhaltigkeit *f*, WATER SUP Salzgehalt *m*, Salzhaltigkeit *f*, WATER TRANS Salzgehalt *m*

salinometer *n* COAL TECH Salinometer *nt*

salmanazar *n* CER & GLAS Salmanazar *f*

salol *n* CHEMISTRY Phenylsalicylat *nt*, Salicylsäurephenylester *m*, Salol *nt*

saloon *n* AUTO *BrE (cf sedan AmE)* Innenlenker *m*, WATER TRANS Salon *m*; **~ carriage** *n BrE (cf parlor car AmE)* RAIL Salonwagen *m*, Sonderwagen *m*; **~ coach** *n* RAIL Großraumwagen *m*; **~ deck** *n* WATER TRANS Salondeck *nt*

salt *n* CONST, NUC TECH Salz *nt*; **~ bath brazing** *n* CONST Salzbadlöten *nt*; **~ bubble** *n* CER & GLAS Salzblase *f*; **~ cake** *n* CER & GLAS Natriumsulfat *nt*, FOOD TECH Rohsulfat *nt*, technisches Natriumsulfat *nt*; **~ diapir** *n* PET TECH Salzstock *m*; **~ dome** *n* PET TECH Salzdom *m*; **~-laden atmosphere** *n* HEAT & REFRIG salzhaltige Luft *f*; **~ liquor** *n* NUC TECH Salzlösung *f*; **~ mist** *n* TEST *corrosion test* Salznebel *m*; **~ pillow** *n* PET TECH Salzkissen *nt*; **~ spray** *n* COATINGS Salzsprühnebel *m*; **~ spray test** *n* CER & GLAS Salzsprühtest *m*, COATINGS Salzsprühnebeltest *m*, PLAS *paint test* Salzsprühnebelprüfung *f*, Salzsprühversuch *m*; **~ substitute** *n* FOOD TECH Diätsalz *nt*, Kochsalzersatz *nt*; **~ swamp** *n* WATER SUP Brackwassermoor *nt*; **~ tectonics** *n* PET TECH Salztektonik *f*; **~ water** *n* WATER SUP Salzwasser *nt*; **~ water plant** *n* WATER SUP Entsalzungsanlage *f*

saltern *n* FOOD TECH Saline *f*

salting *n* FOOD TECH Pökeln *nt*, Salzen *nt*; **~ agent** *n* NUC TECH Salzagens *nt*

saltpeter *n AmE see saltpetre BrE*

saltpetre *n BrE* CER & GLAS Salpeter *m*, CHEMISTRY Kalisalpeter *m*, FOOD TECH Salpeter *m* **~ process** *n BrE* NUC TECH Kalisalpeterverfahren *nt*

salvage[1] *n* WATER TRANS Bergung *f*; **~ car** *n AmE (cf salvage lorry BrE)* AUTO Abschleppwagen *m*; **~ crane** *n* AUTO Bergungskran *m*; **~ lorry** *n BrE (cf salvage car AmE)* AUTO Abschleppwagen *m*; **~ money** *n* TRANS Bergelohn*m*; **~ store** *n* QUAL Sperrlager *nt*; **~ tug** *n* TRANS, WATER TRANS Bergungsschlepper *m*; **~ vessel** *n* WATER TRANS Bergungsschiff *nt*

salvage[2] *vt* WATER TRANS bergen

salvaging *n* WATER TRANS Schiffsbergung *f*

salvarsan *n* CHEMISTRY Arsphenamin *nt*, Salvarsan *nt*

samarium *n (Sm)* CHEMISTRY Samarium *nt (Sm)*; **~ effect** *n* NUC TECH Samariumeffekt *m*

sample[1] *n* COAL TECH Muster *nt*, Probe *f*, COMP & DP Beispiel *nt*, Stichprobe *f*, ELECTRON Abtastwert *m*, MECHAN ENG Stichprobe *f*, METALL, PHYS Probe *f*, PLAS Probe *f*, Probekörper *m*, QUAL Ausfallmuster *nt*, Probe *f*, Prüfmuster *nt*, Stichprobe *f*, SPACE Probe *f*, TELECOM Abtastwert *m*, Probe *f*, Stichprobe *f*, WATER SUP Probe *f*; **~ admission vessel** *n* NUC TECH *mass spectrometer* Probenbehälter *m*; **~-and-hold circuit** *n* ELEC ENG Abtast- und Haltekreis *m*; **~ changer** *n* NUC TECH Probenwechsler *m*; **~ fraction defective** *n* QUAL Anteil fehlerhafter Einheiten in der Stichprobe *m*; **~ holder** *n* NUC TECH Probenbehälter *m*; **~ molding** *n AmE*, **~ moulding** *n BrE* PROD ENG *plastic valves* Bemusterung *f*; **~ pulse** *n* INSTR Abtastimpuls *m*; **~ reduction** *n* QUAL Probenverkleinerung *f*; **~ size** *n* ELECTRON Stichprobenumfang *m*, METROL Probengröße *f*, QUAL Stichprobenumfang *m*; **~ stream** *n* INSTR Probenstrom *m*; **~ swivel arm** *n* NUC TECH Probenschwenkarm *m*

sample[2] *vt* COMP & DP, ELECTRON abtasten, PHYS probieren, TELECOM abtasten

sampled: **~ data filtering** *n* ELECTRON Abtastfilterung *f*; **~ data size** *n* ELECTRON Abtastumfang *m*; **~ data system** *n* INSTR Abtastsystem *nt*; **~ signal** *n* ELECTRON Abtastsignal *nt*, TELECOM abgetastetes Signal *nt*; **~ value** *n* ELECTRON Abtastwert *m*

sampler *n* COAL TECH Prober *m*, COMP & DP Abfrageschalter *m*, Abtaster *m*, Sampler *m*, Probenehmer *m*, TELECOM Abtastschaltung *f*, Abtaster *m*, TELEV Abtaster *m*

sampling *n* AIR TRANS Abtastung *f*, COMP & DP Abtasten *nt*, Sampling *nt*, Abtastung *f*, ELECTRON Abtastung *f*, Probenentnahme *f*, ERGON Stichprobenahme *f*, FOOD TECH Probenahme *f*, INSTR Abtastung *f*, MATH *statistics* Auswahl *f*, PET TECH, PHYS Probenahme *f*, PROD ENG Abtastung *f*, QUAL Probenahme*f*, SPACE Probenentnahme *f*, TELECOM Abtastung *f*, Probenahme *f*, Stichprobenentnahme *f*, TELEV Abtastung *f*, TEST Musterprüfung *f*, Probe *f*, Probenentnahme *f*, WASTE Probenahme *f*, WATER SUP Beprobung *f*, Probenentnahme *f*, WATER TRANS, WAVE PHYS Abtastung *f*; **~ action** *n* IND PROCESS Abtastverhalten *nt*; **~ amplifier** *n* ELECTRON Sampling- Verstärker *m*; **~ control** *n* IND PROCESS Abtastregelung *f*; **~ controller** *n* IND PROCESS Abtastregler *m*; **~ cycle** *n* INSTR Abtastzyklus *m*; **~ device** *n* LAB EQUIP Probenahme-Gerät *nt*; **~ element** *n* INSTR Abtastelement *nt*, Abtastglied *nt*; **~ equipment** *n* TEST Ausrüstung zur Probenentnahme *f*; **~ fraction** *n* QUAL Stichprobenauswahlsatz *m*; **~ frequency** *n* TELECOM Abtastfrequenz *f*; **~ inspection** *n* QUAL Stichprobenprüfung *f*; **~ interval** *n* COMP & DP Abtastintervall *nt*; **~ oscilloscope** *n* INSTR Abtastoszilloskop *nt*, Sampling-Oszilloskop *nt*; **~ plan** *n* ERGON Stichprobenplan *m*, METROL Probenplan *m*; **~ point** *n* COAL TECH Probenentnahmestelle *f*; **~ pump** *n* LAB EQUIP Mustersortierpumpe *f*; **~ rate** *n* COMP & DP Abtastgeschwindigkeit *f*, ELECTRON Abtastfrequenz *f*; **~ scheme** *n* QUAL Stichprobenplan *m*; **~ spectrum analyser** *n BrE* ELECTRON Abtast-Spektralanalysator *m*; **~ spectrum analyzer** *n AmE see sampling spectrum analyser BrE* **~ test** *n* QUAL probeweise Prüfung *f*; **~ theorem** *n* COMP & DP Abtasttheorem *nt*, INSTR Abtasttheorem *nt*, Probensatz *m*, Sampling-Theorem *nt*; **~ tube** *n*LAB EQUIP Probenentnahmeröhrchen *nt*; **~ unit** *n* QUAL Auswahleinheit *f*;**~ vertical amplifier** *n* ELECTRON Abtastvertikalverstärker *m*

Samson: **~ post** *n* WATER TRANS *shipbuilding* Ladebaumpfosten *m*

sand[1] *n* COAL TECH Sand *m*; **~ bath** *n* LAB EQUIP *heating* Sandbad *nt*; **~ casting** *n* PROD ENG Sandguß *m*; **~ and clay mold** *n AmE*, **~ and clay mould** *n BrE* PROD ENG Klebesandform *f*; **~ equivalent** *n* CONST Sandäquivalent *nt*; **~ filter** *n* COAL TECH Sandfilter *nt*, WASTE Sandfang *m*, Sandfilter *nt*; **~ line** *n* PET TECH Sandseil *nt*, Schlammseil *nt*; **~ mill** *n* PROD ENG Kollergang *m*; **~ mold** *n AmE*, **~ mould** *n BrE* PROD ENG Sandform *f*; **~ pump** *n* PET TECH Sandpumpe *f*; **~ reel** *n* PET TECH Sandseiltrommel *f*; **~-shale ratio** *n* PET TECH Sand/Ton-Verhältnis *nt*; **~ sifter** *n* PROD ENG Sandsieber *m*; **~ skin** *n* PROD ENG *casting* Sandkruste *f*; ~

trap *n* PET TECH Sandfalle *f*, WASTE Sandfanganlage *f*, Sandfänger *m*, WATER SUP Sandfang *m*; ~ **washing** *n* PET TECH Sandwäsche *f*

sand[2] *vt* CONST mit Sand abdecken, *with sandpaper* abschleifen

sandblast[1] *n* PROD ENG Sandstrahl *m*; ~ **apparatus** *n* CER & GLAS Sandstrahlgebläse *nt*; ~ **obscuring** *n* CER & GLAS Sandstrahlmattierung *f*

sandblast[2] *vt* MECHANICS sandstrahlen

sandblasting *n* CER & GLAS, CONST Sandstrahlen *nt*, MAR POLL Sandstrahlen *nt*, Sandstrahlreinigung *nt*, MECHANICS Sandstrahlbehandlung *f*, PROD ENG, WATER TRANS *ship maintenance* Sandstrahlen *nt*; ~ **nozzle** *n* CER & GLAS Sandstrahldüse *f*

sander *n* PROD ENG Holzschleifmaschine *f*

sanding *n* CER & GLAS Besanden *nt*, PLAS Schleifen *nt*, PROD ENG Holzschleifen *nt*

sandow *n* WATER TRANS elastisches Seil *nt*

sandpaper[1] *n* MECHANICS, PRINT, PROD ENG Sandpapier *nt*

sandpaper[2] *vt* PROD ENG schleifen

sandpapering: ~ **machine** *n* PROD ENG Holzschleifmaschine *f*

sandstone *n* CONST, PET TECH Sandstein *m*

sandwich:[1] ~-**brazed** *adj* PRODENG hart eingelötet

sandwich:[2] ~ **panel** *n* PROD ENG Verbundplatte *f*; ~ **winding** *n* ELECT *coil* Schichtenwicklung *f*

sandy: ~ **bottom** *n* WATER TRANSSandboden *m*, Sandgrund *m*; ~ **clay** *n* CONST Sandton *m*, magerer Ton *m*; ~ **loam** *n* CONST sandiger Lehm *m*

sanitary: ~ **engineering** *n* WATER SUP Sanitärtechnik *f*; ~ **landfill** *n* POLL Mülldeponie *f*, WASTE geordnete Deponie *f*, kontrollierte Müllablagerung *f*; ~ **landfilling** *n* WASTE geordnete Ablagerung *f*; ~ **ware** *n* CER & GLAS Sanitärkeramik *f*; ~ **wastewater** *n* WATER SUP Abwasser aus Sanitäranlagen *nt*

sanitation *n* WATER SUP sanitäre Einrichtungen *f pl*

sans: ~ **serif** *n* ENG DRAW, PRINT *type design* Groteskschrift *f*, serifenlose Schrift *f*; ~ **serif linear antiqua** *n* ENG DRAW, PRINT serifenlose Linear- Antiqua *f*

santonic *adj* CHEMISTRY Santon- *pref*

santonin *n* CHEMISTRY Santonin *nt*, Santoninlacton *nt*:

sapogenine *n* CHEMISTRY Sapogenin *nt*

saponifiability *n* PROD ENG Verseifbarkeit *f*

saponification *n* CHEMISTRY, PROD ENG Verseifung *f*; ~ **number** *n* FOOD TECH Verseifungszahl *f*

saponifier *n* CHEMISTRY Verseifungsmittel *nt*

saponify *vt* PROD ENG verseifen

saponin *n* CHEMISTRY Saponin *nt*

sapphire *n* ELECTRON *phono* Saphir *m*; ~ **substrate** *n* ELECTRON Saphir- Trägermaterial *nt*

sappy *adj* PROD ENG feinkörnig

SAR *abbr (search and rescue)* WATER TRANS *emergency* SAR *(Such- und Rettungsdienst)*

sarcolactic *adj* CHEMISTRY Fleischmilch *f*, Rechtsmilch *f*

sarcosine *n* CHEMISTRY Methylaminoessigsäure *f*, N-Methylglykokoll *nt*, Sarcosin *nt*

sarkine *n* CHEMISTRY Hypoxanthin *nt*, Sarkin *nt*

sash *n* CONST Fensterflügelrahmen *m*, Schiebefensterrahmen *m*; ~ **bar** *n* CONST Fenstersprosse *f*, Fensterstab *m*, Sprosseneisen *nt*; ~ **door** *n* CONST Glasfüllungstür *f*; ~ **fastener** *n* CONST Schiebefensterfeststeller *m*; ~ **gate** *n* WATER SUP Schiebetor *nt*, Schütz *nt*; ~ **hardware** *n* CONST Schiebefensterbeschläge *m pl*; ~ **putty** *n* CONST Glaserkitt *m*; ~ **rail** *n* CONST Fensterriegel *m*; ~ **window** *n* CONST Hubfenster *nt*, Schiebefenster *nt*

satcom *abbr (satellite communication)*, RAD TECH, TELECOM, WATER TRANS Satcom *(Satellitenfunk)*

satellite *n* PHYS, TRANS Satellit *m*; ~-**aided maritime search and rescue system** *n* TELECOM satellitengestützter Such- und Rettungsdienstauf See *m*; ~ **apogee motor combination** *n* SPACE *spacecraft* Satellitenapogäumstriebwerksgruppe *f*; ~ **communication** *n* RAD TECH, TELECOM, WATER TRANS Satellitenfunk *m*; ~ **computer** *n* COMP & DP Satellitenrechner *m*; ~ **coverage area** *n* TELEV Satellitenausleuchtungsbereich *m*; ~ **design** *n* SPACE *spacecraft* Satellitenkonstruktion *f*, Satellitentechnik *f*; ~ **dish** *n* TELEV Satellitenschüssel *f*; ~ **emergency position-indicating radio beacon** *n* TELECOM Satellitennotfunkbake mit Standortangabe *f*; ~ **exchange** *n* TELECOM Satellitenamt *nt*; ~ **link** *n* SPACE Satellitenverbindung *f*, TELEV Satellitenfunkverbindung *f*; ~ **meteorology** *n* SPACE Satellitenmeteorologie *f*; ~ **navigation** *n (satnav)* WATER TRANS Satellitennavigation *f (Satnav)*; ~ **navigator** *n* WATER TRANS Satellitennavigationsgerät *nt*; ~ **payload** *n* SPACE Satellitennutzlast *f*; ~ **radio** *n* RAD TECH, TELECOM, WATER TRANS Satellitenfunk *m*; ~-**switched TDMA** *n* SPACE *communications* satellitengeschalteter TDMA *m*; ~ **switching** *n* SPACE Satellitenschaltung *f*; ~ **system operation guide** *n (SSOG)* SPACE *communications* Satellitensystem-Betriebsanleitung *f (SSOG)*; ~ **telecast** *n* TELEV Satellitenrundfunksendung *f*; ~ **telemetry** *n* INSTR Satellitenfernmeßtechnik *f*; ~ **terminal** *n* COMP & DP Satellitendatenstation *f*; ~ **transmission** *n* TELECOM Satellitenübertragung *f*

Satellite: ~ **Multiservice System** *n* TELECOM *Eutelsat* Satelliten-Mehrdienstsystem *nt*

satin *n* TEXT Baumwollatlas *m*, Baumwollsatin *m*; ~ **etch** *n* CER & GLAS Seidenmattätzen *nt*; ~ **finish glass** *n* CER & GLAS mattgeschliffenes Glas *nt*

satisfactory *adj* CONTROL ausreichend

satnav *abbr (satellite navigation)* WATER TRANS Satnav *(Satellitennavigation)*

saturable: ~ **reactor** *n* ELEC ENG Steuerdrossel *f*, Sättigungsdrossel *f*, PHYS sättigungsfähige Drossel *m*; ~ **transformer** *n* ELEC ENG Sättigungstransformator *m*

saturant *n* CHEMISTRY Imprägniermittel *nt*, Sättigungsmittel *nt*

saturate *vt* CONST *with water* tränken, *wood preservation* vollimprägnieren

saturated[1] *adj* HEAT & REFRIG gesättigt, PRINT *colours* satt; ~ **steam- cooled** *adj* HEAT & REFRIG sattdampfgekühlt

saturated:[2] ~ **boiling** *n* NUC TECH Sättigungssieden *nt*; ~ **core** *n* ELEC ENG gesättigter Kern *m*; ~ **hydrocarbon** *n* PET TECH gesättigter Kohlenwasserstoff *m*; ~ **logic** *n* ELECTRON gesättigte Logik *f*; ~ **mode** *n* ELECTRON Sättigungsbetriebsart *f*; ~ **soil** *n* COAL TECH gesättigte Erde *f*; ~ **steam** *n* HEAT & REFRIG Naßdampf *m*, Sattdampf *m*, MECHAN ENG Sattdampf *m*, THERMODYN Sattdampf *m*, gesättigter Dampf *m*; ~ **steam-cooled reactor** *n* NUC TECH sattdampfgekühlter Reaktor *m*; ~ **toroidal transformer** *n* ELEC ENG gesättigter Ringkerntransformator *m*; ~ **transformer** *n* ELEC ENG gesättigter Transformator *m*; ~ **transistor** *n* ELECTRON Sättigungstransistor *m*; ~ **vapor** *n AmE* see saturated vapour *BrE* ~ **vapor pressure** *n AmE* see saturated vapour pressure *BrE*; ~ **vapour** *n BrE* PHYS gesättigter Dampf *m*; ~ **vapour pressure** *n BrE* HEAT & REFRIG, PHYS Sättigungsdampfdruck *m*

saturation[1] *adj* THERMODYN Sättigungs- *pref*

saturation[2] *n* COMP & DP *transistor*, ELEC ENG, ELECT, ELECTRON, HEAT & REFRIG, NUC TECH, PAPER, PHYS, RAD TECH, TELEV Sättigung *f*; ~ **banding** *n* TELEV Sättigungszeilenbildung *f*; ~ **characteristic** *n* RAD PHYS *laser cavity* Sättigungscharakteristik *f*; ~ **concentration** *n* HEAT & REFRIG, THERMODYN Sättigungskonzentration *f*; ~ **conditions** *n pl* ELEC ENG Sättigungsbedingungen *f pl*; ~ **current** *n (IS)* ELECTRON, PHYS, RAD TECH Sättigungsstrom *m (IS)*; ~ **curve** *n* THERMODYN Sättigungskurve *f*, Sättigungslinie *f*; ~ **diver** *n* PET TECH Dauertaucher *m*, Langzeittaucher *m*; ~ **diving** *n* PET TECH Dauertauchen *nt*, Langzeittauchen *nt*; ~ **hardening** *n* METALL Sättigungshärten *nt*; ~ **induction** *n* ELEC ENG Sättigungsinduktion *f*; ~ **level** *n* RECORD Sättigungsgrad *m*; ~**logic** *n* CONTROL Sättigungslogik *f*; ~ **magnetization** *n* ELEC ENG Sättigungsmagnetisierung *f*, ELECT Sättigungsinduktion *f*; ~ **noise** *n* COMP & DP Sättigungsstörung *f*; ~ **output power** *n* ELECTRON Sättigungs- Ausgangsleistung *f*; ~ **output state** *n* ELECTRON Sättigungs- Ausgangsstatus *m*; ~ **point** *n* HEAT & REFRIG Sättigungspunkt *m*, SPACE *communications* Sättigung *f*; ~ **pressure** *n* THERMODYN Sättigungsdruck *m*; ~ **region** *n* ELECTRON Sättigungsbereich *m*; ~ **signal** *n* ELECTRON Sättigungssignal *nt*; ~ **temperature** *n* HEAT & REFRIG Sättigungstemperatur *f*; ~ **testing** *n* COMP & DP Sättigungstest *m*; ~ **vapor pressure** *n AmE*, ~ **vapour pressure** *n BrE* HEAT & REFRIG, PHYS Sättigungsdampfdruck *m*; ~ **voltage** *n* ELEC ENG Sättigungsspannung *f*

saucer: ~ **head screw** *n* MECHAN ENG Flachrundschraube *f*

save[1] *n* COMP & DP Sichern *nt*, Speichern *nt*; ~-**all** *n* PAPER Stoffänger *m*; ~-**all tray** *n* PAPER Stoffängertrog *m*; ~ **area** *n* COMP & DP Sicherungsbereich *m*; ~ **file** *n* COMP & DP Sicherungsdatei *f*

save[2] *vt* COMP & DP sichern, speichern, PAPER retten

saw[1] *n* MECHAN ENG, MECHANICS Säge *f*; ~ **arbor** *n*, MECHAN ENG Sägewelle *f*; ~ **band** *n* PROD ENG Sägeband *nt*; ~ **bench** *n* CONST Sägebank *f*; ~ **blade** *n* MECHAN ENG, PROD ENG Sägeblatt *nt*; ~ **burr** *n* PROD ENG Sägegrat *m*; ~ **carriage** *n* PROD ENG Sägeschlitten *m*; ~ **clamp** *n* MECHAN ENG Sägespannkluppe *f*; ~ **cut** *n* CONST, PROD ENG Sägeschnitt *m*; ~ **file** *n* MECHAN ENG Sägefeile *f*; ~ **frame** *n* MECHAN ENG Sägebügel *m*; ~ **groove** *n* PROD ENG Sägenut *f*; ~ **guide** *n* MECHAN ENG *sawing machine* Gatterführung *f*; ~ **kerf** *n* MECHAN ENG Sägekerbe *f*, PROD ENG Sägenut *f*; ~ **log** *n* CONST Sägeblock *m*; ~ **pitch** *n* PROD ENG Sägezahnteilung *f*; ~ **set** *n* MECHAN ENG Schränkeisen *nt*; ~-**setting machine** *n* MECHAN ENG Schränkmaschine für Sägen *f*; ~-**sharpening machine** *n* MECHAN ENG Sägeschärfmaschine *f*; ~ **timber** *n* CONST Schneideholz *nt*

saw[2] *vt* MECHANICS sägen

SAW[1] *abbr (surface acoustic wave)* ELECTRON, TELECOM AOW *(akustische Oberflächenwelle)*

SAW:[2] ~ **compression filter** *n* ELECTRON AOW-Kompressionsfilter *nt*; ~ **delay line** *n* ELECTRON AOW-Laufzeitleitung *f*; ~ **device** *n* ELECTRON, TELECOM AOW-Bauelement *nt*, SAW-Bauelement *nt*; ~ **expansion filter** *n* ELECTRON AOW- Expansionsfilter *nt*, SAW-Expansionsfilter *nt*; ~ **filtering** *n* ELECTRON AOW- Filterung *f*, SAW-Filterung *f*

sawbuck *n* CONST Sägebock *m*

sawdust *n* CONST Sägemehl *nt*

sawfly *n* FOOD TECH *phytopathology* Blattwespe *f*

sawhorse *n* CONST Sägebock *m*

sawing *n* CONST Sägen *nt*; ~ **machine** *n* CONST, MECHAN ENG, PROD ENG Sägemaschine *f*; ~ **out** *n* CER & GLAS Aussägen *nt*

sawmill *n* CONST Sägemühle *f*, Sägewerk *nt*, MECHAN ENG Sägewerk *nt*

sawtooth *n* PROD ENG Sägezahn *m*; ~ **conversion** *n* INSTR Sägezahnverschlüsselung *f*, Zeitbasisverschlüsselung *f*; ~ **current** *n* TELEV Sägezahnstrom *m*; ~ **cutter** *n* MECHAN ENG Fräser mit sägeförmigen Zähnen *m*; ~ **generator** *n* TELEV Sägezahngenerator *m*; ~ **hob** *n* PROD ENG Sägeverzahnungswälzfräser *m*; ~ **oscillations** *n pl* ELECT Sägezahnschwingungen *f pl*; ~ **oscillator** *n* RECORD Sägezahnoszillator *m*; ~ **roof** *n* CONST Sheddach *nt*; ~ **signals** *n pl* ELEC ENG Sägezahnsignale *nt pl*; ~ **voltage** *n* ELEC ENG Zeitablenkspannung *f*, PHYS Sägezahnspannung *f*; ~ **waveform** *n* ELEC ENG Sägezahnwellenform *f*

Sb *(antimony, stibium)* CHEMISTRY Sb *(Stibium)*

S-band *n* ELECTRON *1,500 to 5,200 MHz* S-Band *nt*; ~ **diode** *n* ELECTRON S-Banddiode *f*

SBR *abbr (styrene butadiene rubber)* PLAS SBR *(Styrol-Butadien-Kautschuk)*

Sc *(scandium)* CHEMISTRY Sc *(Scandium)*

scab *n* FOOD TECH *phytopathology* Schorf *m*, PROD ENG Schülpe *f*

scaffold *n* CONST *building* Gerüst *nt*; ~ **board** *n* CONST Gerüstbohle *f*; ~ **pole** *n* CONST Gerüststange *f*

scaffolding *n* CONST Einrüsten *nt*, Gerüst *nt*; ~ **protective net** *n* SAFETY Gerüstfangnetz *nt*

scalable: ~ **font** *n* PRINT skalierbare Schrift *f*

scalar[1] *adj* COMP & DP, MATH skalar

scalar[2] *n* MATH, PHYS Skalar *m*; ~ **function** *n* COMP & DP Skalarfunktion *f*; ~ **measurement** *n* ELEC ENG Skalarmessung *f*; ~ **network analyser** *n BrE* ELEC ENG Skalarnetzanalysegerät *nt*; ~ **network analysis** *n* ELEC ENG Skalarnetzanalyse *f*; ~ **network analyzer** *n AmE see scalar network analyser BrE*; ~ **potential** *n* ELEC ENG, PHYS skalares Potential *nt*; ~ **product** *n* MATH *vectors* Skalarprodukt *nt*, skalares Produkt *nt*, PHYS Skalarprodukt *nt*; ~ **resistor** *n* ELEC ENG skalarer Widerstand *m*; ~ **type** *n* COMP & DP Skalartyp *m*

scald[1] *n* SAFETY Verbrühung *f*; ~ **mark** *n* FOOD TECH Braunfleckigkeit *f*

scald[2] *vt* FOOD TECH brühen, nachwärmen, SAFETY verbrühen, THERMODYN abbrühen, brühen

scalding *adj* THERMODYN brühend heiß

scale[1] *adj* PROD ENG maßstabsgerecht; **not to** ~ *adj* ENG DRAW unmaßstäblich

scale[2] *n* ACOUSTICS Skale *f*, Tonleiter *f*, Tonumfang *m*, COMP & DP Maßstab *m*, Skale *f*, CONST Maßstab *m*, ELECT Skale *f*, GEOM Maßstab *m*, Skale *f*, HEAT & REFRIG *technical drawing* Kesselstein *m*, INSTR Maßstab *m*, Skaleneinteilung *f*, Skalenteilung *f*, Skalierung *f*, MECHAN ENG Waagschale *f*, *technical drawing* Maßstab *m*, MECHANICS Abschilferung *f*, Glühspan *m*, Hammerschlag *m*, METROL Kartenmaßstab *m*, Skale *f*, Waage *f*, Waagschale *f*, *map* Maßstab *m*, PRINT Maßstab *m*, Skale *f*, PROD ENG Gußhaut *f*, Kesselstein *m*, Zunder *m*; ~ **accuracy** *n* INSTR Skalengenauigkeit *f*; ~ **beam** *n* MECHAN ENG Waagebalken *m*; ~ **division** *n* ELECT Skalenteilung *f*, INSTR Skalenteilung *f*, Teilstrich *m*, MECHAN ENG

Skaleneinteilung *f*, Skalenstrich *m*; ~ **of the drawing** *n* ENG DRAW Zeichnungsmaßstab *m*; ~ **drawing** *n* GEOM maßstabgetreue Zeichnung *f*; ~ **factor** *n* COMP & DP Maßstabsfaktor *m*, Normierungsfaktor *m*, Skalierfaktor *m*; ~ **illumination** *n* WATER TRANS Instrumentenbeleuchtung *f*; ~ **of image** *n* PHOTO Bildmaßstab *m*; ~ **indication** *n* INSTR Skalenanzeige *f*; ~ **inhibitor** *n* HEAT & REFRIG *condensers, cooling towers* Kesselsteinverhütungsmittel *nt*; ~ **interval** *n* METROL Skalenintervall *nt*; ~ **length** *n* METROL Skalenlänge *f*; ~ **mark** *n* INSTR Skalenmarke *f*, Skalenteilstrich *m*, Teilstrich *m*, METROL Skalenmarkierung *f*; ~ **model** *n* GEOM maßstabgetreues Modell *nt*, WATER TRANS maßstabgetreues Modell *nt*, maßstäbliches Modell *nt*; ~ **numbering** *n* METROL Skalennumerierung *f*; ~ **pan** *n* LAB EQUIP *balance*, MECHAN ENG Waagschale *f*; ~ **paper** *n* PAPER Maßstabpapier *nt*; ~ **particulars** *n pl* ENG DRAW Maßstabsangaben *f pl*; ~ **range** *n* INSTR Skalenbereich *m*; ~ **rates** *n pl* RAIL, WATER TRANS Frachtsatzanzeiger *m*; ~ **spacing** *n* METROL Skaleneinteilung *f*, Skalenteilstrichabstand *m*; ~ **switch** *n* ELECT Bereichschalter *m*, Skalenumschalter *m*; ~ **value** *n* INSTR Skalenwert *m*

scale[3] *vt* COMP & DP Maßstabsfaktor festlegen, normieren, skalieren, INSTR maßstäblich verändern, mit Maßstabsfaktor multiplizieren, PRINT skalieren, PROD ENG abblättern

scale[4] *vi* MECHAN ENG *dynamometry* Feder kalibrieren

scaled[1] *adj* PROD ENG abgeblättert, kalibriert

scaled:[2] ~ **drawing** *n* ENG DRAW maßstabsgerechte Zeichnung *f*

scalene[1] *adj* PROD ENG schiefwinkelig, ungleichseitig

scalene:[2] ~ **cone** *n* GEOM schiefer Kegel *m*; ~ **triangle** *n* GEOM ungleichseitiges Dreieck *nt*

scaler *n* ELECTRON *counter* Vorteiler *m*

scales *n pl* MECHAN ENG Waage *f*; ~ **of loudness** *n* ACOUSTICS Skalen der Lautstärke *f pl*; ~ **of pitch** *n* ACOUSTICS Skalen der Tonhöhe *f pl*

scaling *n* COMP & DP Normierung *f*, Skalierung *f*, PROD ENG Abblättern *nt*, Verzundern *nt*; ~ **circuit** *n* ELECTRON bistabiler Multivibrator *m*; ~ **factor** *n* ELECTRON, GEOM Skalierungsfaktor *m*; ~ **hammer** *n* MECHAN ENG Kesselsteinhammer *m*; ~ **a spring** *n* METROL Maßstabsanpassung einer Feder *f*

scallop *n* PROD ENG Zipfel *m*, TELEV Randverwerfung *f*

scalloped[1] *adj* PROD ENG gekerbt, gezackt

scalloped:[2] ~ **bevel** *n* CER & GLAS bogenförmiger Anschnitt *m*

scalloping *n* TELEV Randverwerfung *f*

scalpel *n* LAB EQUIP Skalpell *nt*; ~ **blade** *n* LAB EQUIP Skalpellklinge *f*

scalping *n* COAL TECH Grobsieben *nt*; ~ **screen** *n* COAL TECH Grobsieb *nt*

scaly *adj* PROD ENG schuppig, zundrig

scan[1] *n* AIR TRANS, ELECTRON Abtastung *f*, IND PROCESS Abfrage *f*, INSTR Abfrage *f*, Ablenkung *f*, Abtastung *f*, PROD ENG, TELECOM, TELEV, WATER TRANS, WAVE PHYS Abtastung *f*; ~ **area** *n* COMP & DP Abtastbereich *m*; ~ **converter** *n* ELECTRON Abtastumsetzer *m*, TELEV Bildrasterwandler *m*; ~ **current generator** *n* TELEV Ablenkstromgenerator *m*; ~ **interval** *n* INSTR Abtastintervall *nt*; ~ **platform** *n* SPACE *spacecraft* Abtastfläche *f*; ~ **rate** *n* COMP & DP Abtastrate *f*; ~ **registration** *n* TELEV Ablenkeinrichtung *f*

scan[2] *vt* AIR TRANS *radar* abtasten, COMP & DP abtasten, durchsuchen, scannen, PRINT scannen, PROD ENG, TELEV, WATER TRANS *radar* abtasten, WAVE PHYS *radar* abtasten, scannen

scandium *n (Sc)* CHEMISTRY Scandium *nt (Sc)*

scanner *n* AIR TRANS *radar* Radarantenne *f*, COMP & DP Abtaster *m*, Scanner *m*, Abtastgerät *nt*, Bildabtaster *m*, CONTROL Abtaster *m*, Bildabtastgerät *nt*, Meßpunktabtaster *m*, Scanner *m*, ELECT Abtaster *m*, ELECTRON Abtaster *m*, Scanner *m*, INSTR Abtastglied *nt*, Abtaster *m*, Meßstellenabtaster *m*, Meßstellenumschalter *m*, PRINT Scanner *m*, RAD PHYS Abtaster *m*, Scanner *m*, TELECOM *data processing* Abtaster *m*, Bildabtaster *m*, Eingabemultiplexer *m*, TELEV Scanner *m*, WATER TRANS *radar* Radarantenne *f*, WAVE PHYS *medical* Abtastgerät *nt*; ~ **distributor** *n* TELECOM *switching* Fühler und Geber *m*

scanning *n* AIR TRANS Abtastung *f*, COMP & DP Abtasten *nt*, Abtastung *f*, Scannen *nt*, ELECT Abtast- *pref*, ELECTRON Abtastung *f*, Scannen *nt*, INSTR Abtast- *pref*, Abtasten *nt*, Abtastung *f*, PHYS Abtasten *nt*, PRINT Scannen *nt*, PROD ENG Abtastung *f*, RAD PHYS Abtasten *nt*, Scannen *nt*, TELECOM *radar* Absuchen *nt*, Abtastung *f*, Bildzerlegung *f*, Bildabtastung *f*, periodische Strahlschwenkung *f*, TELEV Abtasten *nt*, Abtastung *f*, Scannen *nt*, WATER TRANS, WAVE PHYS Abtastung *f*; ~ **aperture** *n* TELEV Lochblende *f*; ~ **area** *n* TELEV Abtastfläche *f*; ~ **Auger microscopy** *n* NUC TECH Raster- Auger-Elektronenspektroskopie *f*; ~ **beam** *n* ELECTRON Abtaststrahl *m*, TELEV Ablenkstrahl *m*, Abtaststrahl *m*; ~ **coil** *n* TELEV Ablenkspule *f*; ~ **cycle** *n* TELEV Abtastzyklus *m*; ~ **density** *n* COMP & DP Zeilendichte *f*; ~ **device** *n* COMP & DP Abtastgerät *nt*, Scanner *m*, TELEV Abtasteinrichtung *f*; ~ **dot** *n* TELEV Abtastpunkt *m*; ~ **drum** *n* TELEV Abtasttrommel *f*; ~ **electron beam** *n* ELECTRON Rasterelektronenstrahl *m*; ~ **electron beam lithography** *n* ELECTRON Raster-Elektronenstrahl-Lithografie *f*; ~ **electron beam system** *n* ELECTRON Raster-Elektronenstrahlsystem *nt*; ~ **electron microscope** *n* ELECT Abtastelektronenmikroskop *nt*, ELECTRON Rasterelektronenmikroskop *nt*, LAB EQUIP Schöpfbecher *m*, Scoop *nt*, PHYS Abtastelektronenmikroskop *nt*, RAD PHYS Rasterelektronenmikroskop *nt*; ~ **error** *n* COMP & DP, TELEV Abtastfehler *m*; ~ **field** *n* TELEV Bildfläche *f*; ~ **gap** *n* TELEV Abtastlücke *f*; ~ **gate** *n* TELEV Kippstromgatter *nt*; ~ **head** *n* PRINT Scannerkopf *m*, TELEV Abtastkopf *m*; ~ **interlace system** *n* TELEV Zwischenzeilenverfahren *nt*; ~ **ion microscopy** *n* RAD PHYS Rasterionenmikroskopie *f*; ~ **laser** *n* OPT Abtastlaser *m*; ~ **laser beam** *n* OPT Abtastlaserstrahl *m*; ~ **light beam** *n* RECORD *film* Abtastlichtstrahl *m*; ~ **line** *n* COMP & DP, ELECTRON *tv*, TELEV Abtastzeile *f*; ~ **pitch** *n* COMP & DP Zeilenteilung *f*; ~ **process** *n* TELEV Abtastverfahren *nt*; ~ **range** *n* INSTR Abtastbereich *m*; ~ **rate** *n* AIR TRANS *radar*, COMP & DP, WATER TRANS Abtastgeschwindigkeit *f*; ~ **slit** *n* RECORD *film* Abtastschlitz *m*; ~ **software** *n* COMP & DP Scanner-Programm *nt*, Scanner-Software *f*; ~ **spectrometer** *n* RAD PHYS Abtastspektrometer *nt*; ~ **speed** *n* AIR TRANS *radar*, COMP & DP, TELEV, WATER TRANS Abtastgeschwindigkeit *f*; ~ **spot** *n* COMP & DP Abtastpunkt *m*, TELEV Lichtpunkt *m*; ~ **spot beam** *n* COMP & DP punktförmige Abtastung *f*; ~ **spot control** *n* TELEV Abtastpunktsteuerung *f*; ~ **standards** *n pl* TELEV Ablenknormen *f pl*; ~ **switch** *n* ELEC ENG Abtastschalter *m*; ~ **yoke** *n* TELEV Ablenkjoch *nt*

scantling *n* CONST Kantholz *nt*, Schnittholz *nt*, WATER

TRANS *shipbuilding* Materialstärke *f*

scarf[1] *n* CONST Fase *f*, *wood* Laschenverbindung *f*, Laschung *f*; **~ joint** *n* CONST Stumpfstoß *m*; **~ jointing** *n* CONST Stumpfstoßen *nt*; **~ weld** *n* PROD ENG Nahtschweißung *f*

scarf[2] *vt* PROD ENG flämmen, zuschärfen

scarfing *n* CER & GLAS Flammstrahlen *nt*, PROD ENG Ausschärfung *f*, Flämmen *nt*

scarification *n* CONST *road* Aufrauhen *nt*, Aufreißen *nt*

scarifier *n* CONST Abschäler *m*, Aufreißer *m*, TRANS *road* Aufreißer *m*

scarify *vt* CONST aufrauhen, aufreißen

scatter[1] *n* COMP & DP, RAD TECH Streuung *f*, SPACE *communications* Scatter *nt*; **~ load** *n* COMP & DP gestreutes Laden *nt*; **~ read** *n* COMP & DP gestreutes Lesen *nt*

scatter:[2] **~-load** *vt* COMP & DP gestreut laden; **~-read** *vt* COMP & DP gestreut lesen

scattered: **~ data** *n pl* INSTR Streuwerte *m pl*; **~ light** *n* OPT Streulicht *nt*, gestreutes Licht *nt*, RAD PHYS Streulicht *nt*; **~ load** *n* COMP & DP gestreutes Laden *nt*; **~ neutron** *n* NUC TECH Streuneutron *nt*; **~ radiation** *n* RAD PHYS Streustrahlung *f*; **~ read** *n* COMP & DP gestreutes Lesen *nt*

scattering[1] *adj* ACOUSTICS, ELEC ENG, ELECTRON, NUC TECH, PHYS Streu- *pref*

scattering[2] *n* ACOUSTICS Streuung *f*, ELECTRON Lichtstreuung *f*, FUELLESS, METALL, NUC TECH, OPT, RAD PHYS *of beams*, TELECOM Streuung *f*; **~ angle** *n* PHYS Streuwinkel *m*; **~ coefficient** *n* TELECOM Streukoeffizient *m*; **~ cross section** *n* PHYS Streuquerschnitt *m*, Streuwirkungsquerschnitt *m*; **~ foil** *n* NUC TECH Streufolie *f*; **~ medium** *n* NUC TECH Streumedium *nt*

scavenger *n* PROD ENG Desoxidationsmittel *nt*, WASTE Lumpensammler *m*; **~ cell** *n* COAL TECH Bergereinigerzelle *f*

scavenging *n* CHEMISTRY *ore* Abfangen *nt*, Ausflockung *f*, MECHANICS Durchspülung *f*, Spülung *f*, NUC TECH, WATER SUP, WATER TRANS *engine* Spülung *f*

SCC *abbr* ELECT *(single cotton covered)* einfach mit Baumwolle isoliert, *wire insulation* einfache Baumwolleisolierung *f*, MECHAN ENG *(secondary combustion chamber)*, WASTE *(secondary combustion chamber)* SCC *(Nachbrennkammer)*

scene: **~ analysis** *n* ART INT Szenenanalyse *f*

schedule[1] *n* COMP & DP Zeitplan *m*, RAIL *AmE (cf timetable BrE)* Fahrplan *m*, Kursbuch *nt*, Zugfahrplan *m*, TELEV Zeitplan *m*; **~ speed** *n* RAIL Reisegeschwindigkeit *f*

schedule[2] *vt* COMP & DP, RAIL, TELECOM, TELEV planen

scheduled: **~ circuit** *n* COMP & DP Datenübertragungsleitung *f*; **~ flight** *n* AIR TRANS Linienflug *m*, planmäßiger Flug *m*; **~ maintenance** *n* COMP & DP, NUC TECH planmäßige Wartung *f*; **~ operating time** *n* TELECOM planmäßige Betriebszeit *f*; **~ outage** *n* QUAL geplante Nichtverfügbarkeit *f*; **~ reporting signal** *n* TELECOM planmäßiges Meldesignal *nt*; **~ service** *n* AIR TRANS Liniendienst *m*, CONST regelmäßige Wartung *f*

scheduler *n* COMP & DP Scheduler *m*, Zeitplanungsprogramm *nt*

scheduling *n* COMP & DP Zeitablaufplanung *f*, CONTROL Reihenfolgeplanung *f*, TELEV Zeitplanung *f*; **~ computer** *n* COMP & DP Betriebsrechner *m*; **~ intent** *n* COMP & DP Initialisierungsabsicht *f*

schellbach: **~ tubing** *n* CER & GLAS Schellbach- Rohr *nt*

schema *n* COMP & DP Schema *nt*

schematic: **~ diagram** *n* RAD TECH Schaltbild *nt*; **~ unit diagram** *n* CONTROL Blockschaltbild *nt*; **~ wiring diagram** *n* NUC TECH schematisches Schaltbild *nt*

scheme *n* MECHAN ENG Schema *nt*; **~ arch** *n* CONST Flachbogen *m*

Schering: **~ bridge** *n* ELEC ENG, PHYS Schering-Brücke *f*

schistous: **~ clay** *n* CER & GLAS Schieferton *m*; **~ coal** *n* COAL TECH Schieferkohle *f*

schlieren: **~ photography** *n* PHYS Schlierenfotografie *f*

Schlueter: **~ equation of motion** *n* NUC TECH Schlueter-Bewegungsgleichung *f*

Schmidt: **~ number** *n* PHYS Schmidt- Zahl *f*

Schmitt: **~ trigger** *n* PHYS Schmitt- Trigger *m*, Schwellwertschalter *m*

Schnabel: **~ car** *n AmE (cf Schnabel wagon BrE)* RAIL Schnabelwagen *m*; **~ wagon** *n BrE (cf Schnabel car AmE)* RAIL Schnabelwagen *m*

schooner *n* WATER TRANS *ship* Schoner *m*

Schottel: **~ propeller** *n* TRANS Schottelpropeller *m*

Schottky: **~ barrier** *n* ELECTRON, PHYS Schottky-Barriere *f*; **~ barrier detector diode** *n* ELECTRON Detektordiode für Schottky- Barriere *f*; **~ barrier diode** *n* ELECTRON, PHYS, RAD TECH Schottky-Diode *f*; **~ barrier FET** *n* ELECTRON Schottky-FET *m*; **~ barrier mixer diode** *n* ELECTRON Schottky-Mischdiode *f*; **~ barrier rectifier diode** *n* ELECTRON Schottky- Gleichrichterdiode *f*; **~ bipolar-integrated circuit** *n* ELECTRON integrierter Schottky- Bipolarschaltkreis *m*; **~ clamped transistor** *n* ELECTRON Schottky- Klemmtransistor *m*; **~ clamping diode** *n* ELECTRON Schottky-Klemmdiode *f*; **~ device** *n* ELECTRON Schottky-Bauelement *m*; **~ diode** *n* ELECTRON, PHYS, RAD TECH Schottky- Diode *f*; **~ effect** *n* ELECTRON Funkeleffekt *m*; **~ noise** *n* PHYS Schottky-Rauschen *nt*; **~ TTL** *n* ELECTRON Schottky-TTL *f*

Schrodinger's: **~ equation** *n* PHYS Schroedinger-Gleichung *f*

schuilingit *n* NUC TECH Schuilingit *m*

Schwarzschild: **~ radius** *n* PHYS Schwarzschild- Radius *m*

scientific: **~ notation** *n* MATH wissenschaftliche Bezeichnung *f*, wissenschaftliche Schreibweise *f*

scintillation *n* PHYS Szintillation *f*, SPACE *communications* Flimmern *nt*, TELECOM *physics, nucleonics* Flimmern *nt*, Szintillation *f*, TEXT Funkeln *nt*; **~ coincidence spectrometer** *n* NUC TECH Szintillationskoinzidenz-Spektrometer *nt*; **~ counter** *n* INSTR, PHYS, RAD PHYS Szintillationszähler *m*; **~ noise** *n* SPACE Flimmerrauschen *nt*; **~ spectrometer** *n* RAD PHYS Szintillations- Spektrometer *nt*

scintillator *n* RAD PHYS Szintillator *m*

scissoring *n* COMP & DP Abschneiden *nt*, Kappen *nt*

scissors *n pl* MECHAN ENG Schere *f*; **~ crossing** *n* RAIL Weichenkreuz *nt*, symmetrische doppelte Gleisverbindung *f*

sclerometer *n* PHYS Ritzhärteprüfer *m*

scleroprotein *n* FOOD TECH Gerüsteiweiß *nt*, Skleroprotein *nt*

scleroscope *n* PROD ENG Skleroskopapparat *m*; **~ hardness** *n* PROD ENG Rücksprunghärte *f*, Skleroskophärte *f*; **~ method of determining hardness** *n* PROD ENG Rücksprunghärteprüfung *f*

SCN *abbr (specification change notice)* TRANS SCN *(Hinweis auf Spezifikationsänderungen)*

scoop *n* MAR POLL Behälter *m*, Container *m*, Frachtbehälter *m*, POLL Schrappergefäß *nt*; **~ dump car** *n* AUTO

Schnabelrundkipper *m*; ~ **tipper** *n* AUTO Schnabelkipper *m*; ~ **water wheel** *n* WATER SUP Schöpfwasserrad *nt*; ~ **wheel** *n* WATER SUP Schöpfrad *nt*; ~ **wheel elevator** *n* TRANS Schöpfschaufelrad *nt*; ~ **wheel feeder** *n* TRANS Schöpfschaufelrad *nt*

scope *n* COMP & DP Gültigkeitsbereich *m*, MECHAN ENG *of standard* Geltungsbereich *m*, PAT *of protection* Umfang *m*, TELEV Bildschirm *m*; ~ **of claims** *n* PAT Rahmen der Ansprüche *m*; ~ **of inspection** *n* QUAL Prüfumfang *m*

scorch[1] *n* PLAS *rubber* Anvulkanisation *f*, Scorch *nt*; ~ **time** *n* PLAS Fließzeit *f*

scorch[2] *vt* THERMODYN anvulkanisieren, rösten, versengen

scorched *adj* THERMODYN versengt

scorching: ~ **tendency** *n* PLAS *rubber* Scorchneigung *f*

score[1] *n* ERGON Einstufung *f*, Punktwert *m*, MECHAN ENG Riefe *f*, RECORD Partitur *f*; ~ **mark** *n* MECHAN ENG *in piston* Riefe *f*

score[2] *vt* CONST einkerben, *concrete* anreißen, *plaster* aufrauhen, PRINT rillen

scoria *n* PROD ENG Schlacke *f*

scorifier *n* METALL Schlackenschale *f*

scoring *n* CER & GLAS Kerbung *f*, MECHAN ENG *of piston* Riefenbildung *f*, PROD ENG Beschädigung *f*, Riefenbildung *f*; ~ **session** *n* RECORD Auswertungs- Session *f*

scotch *n* MECHAN ENG *stopping block* Hemmschuh *m*; ~ **block** *n* RAIL Radvorleger *m*

Scott: ~ **connection** *n* ELECT *transformer* Scott-Schaltung *f*

scour[1] *n* FUELLESS, WATER SUP Spülung *f*

scour[2] *vt* CONST abbeizen, blank reiben, FUELLESS ausspülen, PROD ENG abputzen, entzundern, TEXT entfetten, vorwaschen, waschen, WATER SUP entschlammen, spülen

scouring *n* PAPER Spülung *f*, PROD ENG Entzundern *nt*, Putzen *nt*, TEXT Entfetten *nt*, Entschweißen *nt*, Vorwaschen *nt*, WATER SUP Spülung *f*; ~ **agent** *n* CHEMISTRY Abbeizmittel *nt*, Abkochmittel *nt*, Entbastungsmittel *nt*

SCPC *abbr (single channel per carrier)* SPACE, TELECOM SCPC *(Ein-Kanal-Träger)*

SCR[1] *abbr (silicon-controlled rectifier)* ELEC ENG, ELECTRON SCR *(siliziumgesteuerter Gleichrichter)*

SCR:[2] ~ **amplifier** *n* ELECTRON SCR-Verstärker *m*; ~ **converter** *n* ELEC ENG SCR-Konverter *m*, SCR-Wandler *m*, Thyristorwandler *m*; ~ **crosspoint** *n* TELECOM Thyristor-Koppelpunkt *m*; ~ **preregulation** *n* ELEC ENG SCR-Vorregelung *f*, Thyristor- Vorregelung *f*; ~ **preregulator** *n* ELEC ENG SCR-Vorregler *m*, Thyristor-Vorregler *m*; ~**-regulated power supply** *n* ELEC ENG SCR-geregeltes Netzgerät *nt*; ~ **regulation** *n* ELEC ENG SCR-Regelung *f*, Thyristor-Regelung *f*; ~ **regulator** *n* ELEC ENG SCR-Regler *m*, Thyristor-Regler *m*; ~ **trimmer transformer** *n* ELEC ENG SCR-Abstimmtransformator *m*, Thyristor- Abstimmtransformator *m*

scram *n* NUC TECH Notabschaltung *f*, Schnellschluß *m*, Scram *m*, Zwangsabschaltung *f*; ~ **control** *n* NUC TECH Schnellabschaltungskontrolle *f*; ~ **delay** *n* NUC TECH Abschaltverzögerung *f*; ~ **rod** *n* NUC TECH Schnellabschaltstab *m*

scramble *vt* TELEV zerhacken

scrambler *n* SPACE *communications* Scrambler *m*, TELECOM Scrambler *m*, Verwürfler *m*

scrambling *n* TELEV Zerhacken *nt*; ~ **control** *n* TELECOM Verscrambelungssteuerung *f*; ~ **motor cycle** *n* AUTO Geländemotorrad *nt*

scrammed: ~ **rod** *n* NUC TECH eingefahrener Schnellabschaltstab *m*

scrap[1] *n* COAL TECH Ausschuß *m*, MECHANICS, QUAL Abfall *m*, Ausschuß *m*, Schrott *m*; ~ **baler** *n* WASTE Schrottpaketierpresse *f*; ~**-baling press** *n* WASTE Eisenschrottpresse *f*, Schrottpresse *f*; ~ **bundle** *n* WASTE Schrottballen *m*; ~ **collection** *n* WASTE Schrottsammlung *f*; ~ **dealer** *n* WASTE Schrotthändler *m*; ~ **iron** *n* WASTE Eisenschrott *m*; ~ **lead** *n* WASTE Altblei *nt*; ~ **material** *n* PACK Abfallmaterial *nt*; ~ **metal** *n* WASTE Altmetall *nt*; ~ **metal merchant** *n* WASTE Schrotthändler *m*; ~ **metal separation** *n* WASTE Entschrottung *f*; ~ **motorcar** *n* WASTE Autowrack *nt*; ~ **press** *n* WASTE Schrottpresse *f*; ~ **processing** *n* WASTE Schrottverwertung *f*; ~ **recycling** *n* PLAS *rubber* Gummiabfallverwertung *f*; ~ **re-use** *n* WASTE Schrottverwertung *f*; ~ **shear** *n* WASTE Schrottschere *f*; ~ **smelting** *n* WASTE Schrottverhüttung *f*; ~ **sorting** *n* WASTE Schrottsortierung *f*; ~ **tire** *n AmE*, ~ **tyre** *n BrE* WASTE Altreifen *m*

scrap[2] *vt* QUAL verschrotten

scrape *vt* MAR POLL schaben

scraped: ~**-surface heat exchanger** *n* HEAT & REFRIG Dünnschicht-Wärmeaustauscher *m*

scraper *n* COAL TECH Bohrkratzer *m*, CONST Erdhobel *m*, Erdlader *m*, Kratzeisen *nt*, Kratzhobel *m*, Schaber *m*, FOOD TECH Abstreichvorrichtung *f*, Schaber *m*, MAR POLL Schaber *m*, Schrapper *m*, Scraper *m*, MECHAN ENG Abstreifer *m*, Kratzeisen *nt*, Schabeisen *nt*, Schaber *m*, *conveyor* Kratzbandförderer *m*, Schrappförderer *m*, MECHANICS, PAPER Abstreifer *m*, PET TECH, PROD ENG *plastic valves* Molch *m*; ~ **extractor** *n* WASTE Schaufelentnahmegerät *nt*

scraping *n* PROD ENG Schaben *nt*

scrapyard *n* WASTE Schrottplatz *m*

scratch[1] *n* CER & GLAS Schneideritze *f*, COATINGS Kratzer *m*, Oberflächenverletzung *f*, PAPER Kratzer *m*, PLAS Kratzer *m*, Schramme *f*; ~ **awl** *n* CONST Markiernadel *f*, Reißnadel *f*; ~ **brush** *n* CONST Drahtbürste *f*; ~ **file** *n* COMP & DP Arbeitsdatei *f*, ungeschützte Datei *f*; ~ **filter** *n* RECORD Geräuschfilter *nt*; ~ **gage** *n AmE*, ~ **gauge** *n BrE* CONST Streichmaß *nt*; ~ **pad** *n* COMP & DP Arbeitspuffer *m*; ~ **pad memory** *n* COMP & DP Notizblockspeicher *m*; ~ **resistance** *n* PLAS Kratzfestigkeit *f*, Ritzhärte *f*, TEST Kratzfestigkeit *f*; ~ **tape** *n* COMP & DP Arbeitsband *nt*

scratch[2] *vt* COATINGS kratzen, CONST *plaster* aufkratzen, TEXT kratzen

scratch[3] *vi* COATINGS kratzen, verkratzen

scratched: ~ **mold** *n AmE*, ~ **mould** *n BrE* CER & GLAS verkratzte Form *f*

scratching *n* TEXT Fadenscheinigkeit *f*

screed[1] *adj* CONST Abzieh- *pref*

screed:[2] ~ **board** *n* CONST Abziehbohle *f*; ~ **heating** *n* CONST Fußbodenheizung *f*; ~ **height** *n* CONST Estrichstärke *f*

screen[1] *n* COAL TECH Erdsieb *nt*, Rätter *m*, Sieb *nt*, COMP & DP Bildschirm *m*, CONST Gitter *nt*, Schutzwand *f*, Sieb *nt*, Raster *nt*, Sichtgitter *nt*, Sonnenschutz *m*, ELECT *cable* Schirm *m*, ELECTRON Bildschirm *m*, Schirm *m*, MECHANICS Raster *nt*, Schirm *m*, Sieb *nt*, OPT Lichtschirm *m*, Schirm *m*, PAPER Sortierer *m*, PHYS Schirm *m*, PRINT Raster *nt*, PROD ENG Sieb *nt*, *plastic valves* Siebrohr *nt*, RAD TECH Bildschirm *m*, TELEV Bildschirm *m*, Mattscheibe *f*, TEXT Sieb *nt*, WASTE Sichtschutz *m*; ~ **analysis** *n* CER & GLAS, COAL TECH Siebanalyse *f*; ~ **angle** *n* PRINT Rasterwinkel *m*, Rasterwinkelung *f*; ~ **assembly** *n* PROD ENG *plastic valves* Saugkorb *m*; ~ **bar** *n* CONST Gitterstab *m*; ~ **base** *n* PROD ENG Trägerplatte *f*; ~ **cage** *n* PROD ENG *plastic valves* Siebkäfig *m*; ~ **dump** *n* COMP & DP Bildschirmauszug *m*, Bildschirmausdruck *m*; ~ **editor** *n* COMP & DP Bildschirmeditor *m*; ~ **effect** *n* TELECOM Abschirmungseffekt *m*; ~ **factor** *n* NUC TECH Abschirmfaktor *m*; ~ **format** *n* COMP & DP Bildschirmanzeigeformat *nt*; ~ **grid** *n* ELECTRON Schirmgitter *nt*; ~ **grid tube** *n* ELECTRON Schirmgitterröhre *f*; ~ **holder** *n* OPT Schirmhalter *m*; ~ **image** *n* COMP & DP Anzeigenabbild *nt*, INSTR Schirmbild *nt*; ~ **locking** *n* COMP & DP Feststellen des Bildschirms *nt*; ~ **memory** *n* COMP & DP Bildschirmspeicher *m*; ~ **pattern** *n* COMP & DP Schirmraster *nt*; ~ **perforation** *n* PROD ENG *plastic valves* Siebbohrloch *nt*; ~ **plate** *n* COAL TECH Siebblech *nt*, NUC TECH Abschirmplatte *f*; ~ **printing** *n* CER & GLAS Siebdruck *m*; ~ **printing machine** *n* PACK Siebdruckmaschine *f*; ~ **terminal** *n* TELECOM Bildschirmendgerät *nt*; ~ **wall** *n* CONST Blendmauer *f*, Gittermauer *f*

screen[2] *vt* COAL TECH durchsieben, CONST *ground* durchsieben, sieben, *windows* verblenden, vergittern, MAR POLL *oil* absieben, aussieben, PAPER klassieren, sieben

screened[1] *adj* CONST abgestuft, geschützt, gesiebt

screened:[2] ~ **aerial** *n* TELEV abgeschirmte Antenne *f*; ~ **cable** *n* COMP & DP, ELEC ENG, ELECT, PHYS, RECORD, TELEV abgeschirmtes Kabel *nt*; ~ **core** *n* ELECT abgeschirmte Ader *f*, *transformer* Kernabschirmung *f*

screenful *n* COMP & DP Bildschirminhalt *m*

screening *n* COMP & DP *protection* Abschirmung *f*, CONST Klassierung *f*, Sieben *nt*, ELEC ENG *of network*, ELECT Abschirmung *f*, MAR POLL Durchsieben *nt*, Screening *nt*, Sieben *nt*, NUC TECH, PHYS *shielding* Abschirmung *f*, PROD ENG Sieben *nt*, RAD PHYS, RAD TECH, RECORD, SPACE Abschirmung *f*, TELEV Abschirmen *nt*, *cable* Abschirmung *f*, WASTE Sieben *nt*; ~ **constant** *n* NUC TECH Abschirmkonstante *f*; ~ **effect** *n* ELECT Schirmungseffekt *m*; ~ **efficiency** *n* COAL TECH Siebwirkungsgrad *m*; ~ **equipment** *n* WASTE Sieb *nt*; ~ **inspection** *n* QUAL Sortierprüfung *f*, selektive Prüfung *f*; ~ **mesh** *n* COAL TECH Netzmasche *f*; ~ **number** *n* NUC TECH Abschirmungszahl *f*; ~ **plant** *n* COAL TECH Siebanlage *f*; ~ **surface** *n* COAL TECH Siebfläche *f*; ~ **test** *n* QUAL Sortierprüfung *f*, selektive Prüfung *f*

screenings *n pl* CHEMISTRY Grobstoff *m*, Rechengut *nt*, Schrenzpapier *nt*, Spuckstoff *m*, COAL TECH Siebrückstand *m*, Siebdurchgang *m*, WASTE Siebrest *m*, Siebrückstand *m*

screw[1] *n* AIR TRANS Propeller *m*, Schraube *f*, AUTO Schraube *f*, CONST Bolzen *m*, Schraub- *pref*, Schraube *f*, ELEC ENG, INSTR Schraub- *pref*, MECHAN ENG Schraub- *pref*, Schraube *f*, *of conveyor* Förderschnecke *f*, Schnecke *f*, *spindle* Spindel *f*, MECHANICS Schraube *f*, PACK Förderschnecke *f*, Schraub- *pref*, PAPER, PLAS *extruder* Schnecke *f*, PROD ENG Schraub- *pref*, RAIL Schraube *f*, WATER TRANS Propeller *m*, Schiffsschraube *f*, Schraube *f*; ~ **auger** *n* MECHAN ENG Schlangenbohrer *m*; ~ **base** *n* ELEC ENG *electric lamp* Schraubsockel *m*; ~ **blank** *n* MECHAN ENG, PROD ENG Schraubenrohling *m*; ~ **bolt** *n* MECHAN ENG Schraube ohne Mutter *f*; ~ **brake** *n* AUTO, MECHAN ENG, RAIL Spindelbremse *f*; ~ **brake with crank handle** *n* RAIL Handspindelbremse *f*; ~ **cap** *n* CER & GLAS Verschlußkappe *f*, ELEC ENG *electric lamp* Edison- Sockel *m*, Schraubsockel *m*, MECHAN ENG, PACK Schraubkappe *f*; ~ **cap bottle** *n* PACK Flasche mit Schraubverschluß *f*, Schraubflasche *f*; ~ **channel** *n* PLAS Schneckenkanal *m*; ~ **chaser** *n* MECHAN ENG, PROD ENG Gewindestrehler *m*; ~ **chasing** *n* MECHAN ENG Gewindestrehlen *nt*; ~ **chuck** *n* MECHAN ENG Schraubenfutter *nt*; ~ **clamp** *n* MECHAN ENG Schraubzwinge *f*; ~ **closure** *n* PACK Schraubverschluß *m*; ~ **compressor** *n* MECHAN ENG Schraubenverdichter *m*; ~ **contact** *n* ELECT Schraubenkontakt *m*; ~ **conveyor** *n* MECHAN ENG Förderschnecke *f*, Schneckenförderer *m*, PACK Förderschnecke *f*, Transportschnecke *f*, PAPER Schneckenförderer *m*, WASTE Müllwagen mit Förderschnecke *m*; ~ **coupling** *n* MECHAN ENG Schraubkupplung *f*; ~ **cutting** *n* MECHAN ENG Gewindedrehen *nt*, Gewindeschneiden *nt*; **~-cutting attachment** *n* MECHAN ENG Gewindeschneideinrichtung *f*; **~-cutting lathe** *n* MECHAN ENG Schraubendrehmaschine *f*; ~ **diameter** *n* PLAS Schnecken- Nenndurchmesser *m*; ~ **die** *n* PROD ENG Schneidbacke *f*; ~ **dislocation** *n* METALL Schraubenverschiebung *f*; ~ **dog** *n* MECHAN ENG *lathe* Schraubenführungsklaue *f*; **~-down cock** *n* CONST Niederschraubhahn *m*; **~-down stop valve** *n* CONST Niederschraubabsperrventil *nt*; **~-down valve** *n* CONST Niederschraubventil *nt*; ~ **drive** *n* PLAS *extruder* Schneckenantrieb *m*; ~ **elevator** *n* CONST Förderrohr *nt*, Senkrechtförderschnecke *f*; ~ **extruder** *n* FOOD TECH Schneckenextender *f*; ~ **ferrule** *n* MECHAN ENG Schraubring *m*; ~ **flight** *n* PLAS Schneckensteg *m*; ~ **gage** *n AmE*, ~ **gauge** *n BrE* MECHAN ENG, METROL Schraubenlehre *f*; ~ **head** *n* MECHAN ENG Kopf einer Schraube *m*, Schraubenkopf *m*; ~ **with head** *n* MECHAN ENG Kopfschraube *f*; ~ **head file** *n* MECHAN ENG Schraubenkopffeile *f*; ~ **head slotting** *n* PROD ENG Schraubenkopfschlitzen *nt*; ~ **hole** *n* CONST Schraubloch *nt*; ~ **hook** *n* CONST Hakenschraube *f*; ~ **jack** *n* CONST Schraubenwinde *f*, MECHAN ENG Schraubspindel *f*, Schraubwinde *f*; ~ **joint** *n* MECHAN ENG Schraubverbindung *f*, Verschraubung *f*; ~ **key** *n* MECHAN ENG Stellkeil für Schrauben *m*; ~ **lid** *n* PACK Schraubdeckel *m*; ~ **lifting jack** *n* MECHAN ENG Schraubwinde *f*; ~ **locking device** *n* PACK Schraubsicherung *f*; ~ **machine** *n* MECHAN ENG Schraubendrehautomat *m*, Schraubendrehmaschine *f*, MECHANICS Schraubenautomat *m*; ~ **motion** *n* MECHAN ENG Schraubenbewegung *f*, schraubenförmige Bewegung *f*; **~-on cutter** *n* PROD ENG Aufschraubfräser *m*; **~-on lens cap** *n* PHOTO schraubbarer Linsendeckel *m*; ~ **piece** *n* MECHAN ENG Schraubstück *nt*; ~ **pinch** *n* NUC TECH Schraubquetschung *f*; ~ **pitch** *n* MECHAN ENG Gewindeteilung *f*, PROD ENG Ganghöhe *f*; ~ **pitch gage** *n AmE*, ~ **pitch gauge** *n BrE* MECHAN ENG Gewindelehre *f*, Gewindeschablone *f*; ~ **plate** *n* MECHAN ENG Gewindeschneidkluppe *f*, Kluppe *f*; ~ **plate stock** *n* MECHAN ENG Schneidkluppe *f*; ~ **plug** *n* CONST Gewindestopfen *m*, PROD ENG Schraubverschluß *m*; ~ **press** *n* MECHAN ENG Schraubenpresse *f*, Spindelpresse *f*, PAPER Spindelpresse *f*; ~ **pump** *n* AUTO Schraubenspindelpumpe *f*, Schraubenschaufler *m*, CONST Schraubenpumpe *f*, MAR POLL Schneckenpumpe *f*,

Schraubenpumpe *f*, Schraubenschaufler *m*, Wasserförderschnecke *f*, MECHAN ENG, PROD ENG Schraubenpumpe *f*; **~ push starter** *n* AUTO Schubschraubtriebanlasser *m*; **~ reversing gear** *n* MECHAN ENG Schraubenumsteuerung *f*; **~ socket** *n* MECHAN ENG Schraubstutzen *m*; **~ spike** *n* RAIL Schraubstollen *m*; **~ stock** *n* MECHAN ENG Gewindeschneidkopf *m*; **~ tap** *n* CONST, MECHAN ENG Gewindebohrer *m*; **~ thread** *n* MECHAN ENG Schraubengewinde *nt*; **~ thread gage** *n AmE*, **~ thread gauge** *n BrE* MECHAN ENG, METROL Gewindelehre *f*; **~ thread measuring cylinder** *n* METROL Gewindemeßzylinder *m*; **~ thread profile** *n* MECHAN ENG Schraubengewindeprofil *nt*; **~ thread tolerances** *n pl* MECHAN ENG Schraubengewindetoleranzen *f pl*; **~ tip** *n* PLAS Schneckenspitze *f*; **~ tool** *n* MECHAN ENG Schraubwerkzeug *nt*; **~ top** *n* PACK Schraubdeckel *m*; **~-type oil filter** *n* AUTO Schraubölfilter *nt*; **~ valve** *n* LAB EQUIP *fluids* Schraubventil *nt*; **~ wheel** *n* MECHAN ENG *gearing* Schneckenrad *nt*; **~ wrench** *n* MECHAN ENG Rollgabelschlüssel *m*, Schlüssel *m*, Schraubenschlüssel *m*

screw[2] *vt* MECHAN ENG *thread* mit Gewinde versehen, *tighten* anschrauben, festschrauben, verschrauben, anschrauben, festschrauben, verschrauben, MECHANICS schrauben

screw[3] *vi* MECHAN ENG schrauben

screwdriver *n* AUTO, ELEC ENG, MECHAN ENG Schraubendreher *m*, Schraubenzieher *m*; **~ bit** *n* MECHAN ENG Schraubendrehereinsatz *m*

screwed: **~ bush** *n* PROD ENG Gewindebuchse *f*; **~ fitting** *n* MECHAN ENG Schraubmuffe *f*, *pipes* Fitting *nt*, Rohrverschraubungsstück *nt*, Fitting *nt*, Rohrverschraubungsstück *nt*; **~ flange** *n* MECHAN ENG Schraubflansch *m*; **~ joint** *n* NUC TECH geschraubte Verbindung *f*; **~ pipe coupling** *n* MECHAN ENG Rohrverschraubung *f*

screwing *n* MECHAN ENG *threading* Gewindeinstallation *f*, *tightening* Anschrauben *nt*, Festschrauben *nt*, Verschrauben *nt*, PET TECH Verschraubung *f*; **~ chuck** *n* MECHAN ENG Gewindeschneidkopf *m*; **~ device** *n* NUC TECH *drums* Schraubvorrichtung *f*; **~ die** *n* MECHAN ENG Gewindeschneideisen *nt*, Schneideisen *nt*; **~ head** *n* MECHAN ENG Gewindeschneidkopf *m*; **~ machine** *n* MECHAN ENG Gewindebearbeitungsmaschine *f*; **~ and tapping machine** *n* MECHAN ENG Gewindebohr-und- schneidmaschine *f*

scribe *vt* CONST anreißen, anzeichnen, PROD ENG anzeichnen, reißen

scribed: **~ circle** *n* PROD ENG Lochkreis *m*; **~ line** *n* PROD ENG Rißlinie *f*

scriber *n* ELECTRON *lasers*, MECHAN ENG *centre bit* Anreißer *m*, PROD ENG Reißnadel *f*

scribing *n* ELECTRON *lasers* Anreißen *nt*; **~ awl** *n* CONST Reißspitze *f*; **~ block** *n* MECHAN ENG Höhenreißer *m*, Universalreißer *m*, PROD ENG Parallelreißer *m*; **~ gage** *n AmE*, **~ gauge** *n BrE* CONST Reißlehre *f*; **~ iron** *n* CONST Markierungseisen *nt*; **~ step** *n* ELECTRON *lasers* Anreißschritt *m*

script *n* COMP & DP Daten in maschinenlesbarer Form *nt pl*, Script *nt*; **~ type** *n* PRINT englische Schreibschrift *f*

scriptwriter *n* TELEV Scriptwriter *m*

scroll[1] *n* COMP & DP Blättern *nt*, PROD ENG Schnecke *f*, Spirale *f*; **~ bar** *n* COMP & DP Blätterleiste *f*, Rollbalken *m*, Rolleiste *f*; **~ chuck** *n* MECHAN ENG Universalspannfutter *nt*, selbstzentrierendes Spannfutter *nt*; **~ mode** *n* COMP & DP Blättermodus *m*; **~ saw** *n* MECHAN ENG Laubsäge *f*

scroll[2] *vt* COMP & DP abrollen, aufrollen, blättern, rollen

scrolling *n* COMP & DP Bildschirmblättern *nt*, Blättern *nt*, Rollen *nt*, horizontaler Bilddurchlauf *m*

scrub: **~ mark** *n* CER & GLAS Reibmarkierung *f*

scrubbed: **~ gas** *n* WASTE Abluft *f*, Reingas *nt*

scrubber *n* CHEM ENG Berieselungsturm *m*, Gaswaschturm *m*, COAL TECH Naßreiniger *m*, Schrubber *m*, NUC TECH *gases* Naßreiniger *m*, *mechanical* Schrubber *m*; **~ walls** *n pl* POLL Rieselwände *f pl*

scrubbing *n* CHEM ENG Berieselung *f*, Gaswaschen *nt*, NUC TECH Brennstoffaufbereitung durch Wäsche *f*, PET TECH, POLL *nuclear fuel reprocessing* Wäsche *f*

scuba *n* WATER TRANS Tauchgerät *nt*; **~ diving** *n* WATER TRANS Sporttauchen *nt*

scuff:[1] **~ mark** *n* CER & GLAS Abriebmarkierung *f*

scuff[2] *vt* PROD ENG fressen, schnell verschließen

scuffed *adj* PROD ENG *kinematics* mit Aufrauhungszone

scuffing *n* CER & GLAS Verschleiß *m*, TEXT Schramme *f*

scull[1] *n* CER & GLAS Kellenrückstand *m*, WATER TRANS *rowing* Skullboot *m*, Skullriemen *m*

scull[2] *vi* WATER TRANS *rowing* skullen

scum[1] *n* CER & GLAS Ausblühung *f*, Schaum *m*, CHEMISTRY Scheideschlamm *m*, Schwimmschicht *f*, COAL TECH Schaum *m*, Schlacke *f*, FOOD TECH, METALL, PAPER, PLAS Schaum *m*, PROD ENG Abstrich *m*, Schaum *m*, WATER TRANS Schaum *m*

scum[2] *vt* PROD ENG entschäumen, schlacken

scumble *n* PLAS *paint* Lasur *f*

scumming *n* PROD ENG Entschäumen *nt*, Schlacken *nt*

scummy *adj* PROD ENG mit Oxidschicht, schaumbedeckt

scupper *n* WATER TRANS Speigatt *nt*

scutcheon *n* CONST Schlüsselschild *nt*

scuttle *vt* WATER TRANS versenken

S-distortion *n* TELEV S-Verzerrung *f*

SDLC *abbr (synchronous data link control)* COMP & DP SDLC *(synchrone Datenübertragungssteuerung)*

Se *(selenium)* CHEMISTRY Se *(Selen)*

sea:[1] **~-damaged** *adj* WATER TRANS seebeschädigt

sea: **by ~** *adv* WATER TRANS auf dem Seeweg

sea[2] *n* WATER TRANS Meer *nt*, See *f*; **~ anchor** *n* WATER TRANS *emergency* Seeanker *m*, Treibanker *m*; **~ area** *n* WATER TRANS Meeresgebiet *nt*, Seegebiet *nt*; **~-based pollution** *n* MAR POLL meeresbürtige Verschmutzung *f*; **~ breeze** *n* WATER TRANS Seebrise *f*; **~ buoy** *n* WATER TRANS Ansteuerungstonne *f*; **~ carriage** *n* WATER TRANS Seetransport *m*; **~ carrier** *n* WATER TRANS Seespediteur *m*; **~ chart** *n* TRANS Seekarte *f*; **~ clutter** *n* TELECOM Seegangsecho *nt*, WATER TRANS *radar* Seegangsreflexe *m pl*, Seegangstrübung *f*; **~ conditions** *n pl* WATER TRANS Seeverhältnisse *nt pl*, Seebedingungen *f pl*; **~ damage** *n* WATER TRANS *insurance* Seeschaden *m*; **~ dike** *n AmE*, **~ dyke** *n BrE* WATER SUP Seedeich *m*; **~ fleet** *n* WATER TRANS Hochseeflotte *f*; **~ floor housekeeping** *n* PET TECH Meeresbodenreinigung *f*; **~ ice** *n* WATER TRANS See-Eis *nt*; **~ keeping** *n* WATER TRANS Verhalten eines Schiffes im Seegang *nt*; **~-keeping qualities** *n pl* WATER TRANS See-Eigenschaften *f pl* **~ lane** *n* WATER TRANS Seestraße *f*, Seeweg *m*; **~ level** *n* CONST, FUELLESS, WATER SUP Meeresspiegel *m*, WATER TRANS Meereshöhe *f*, Meeresspiegel *m*, Seehöhe *f*; **~ line** *n* WATER TRANS Kimmlinie *f*, Seehorizont *m*; **~ lock** *n* WATER TRANS Seeschleuse *f*; **~ pilot** *n* WATER TRANS Seelotse *m*; **~ route** *n* WATER TRANS Seeroute *f*, Seeweg *m*; **~ salt** *n* FOOD TECH Meersalz *nt*;

~ **state** *n* WATER TRANS Seezustand *m*, Seegang *m*; ~ **surface temperature** *n* WATER TRANS Seewassertemperatur an der Oberfläche *f*; ~ **temperature** *n* WATER TRANS Seewassertemperatur *f*; ~ **trade** *n* WATER TRANS Seehandel *m*, Seeverkehr *m*; ~ **transport** *n* WATER TRANS Seeschiffahrt *f*, Seetransport *m*; ~ **trials** *n pl* WATER TRANS *shipbuilding* See-Erprobung *f*; ~ **vessel** *n* WATER TRANS Seeschiff *nt*; ~ **voyage** *n* WATER TRANS Seereise *f*; ~ **wall** *n* CONST Strandmauer *f*, WATER TRANS Seedeich *m*

seabed *n* CONST Meeresgrund *m*, FUELLESS, WATER TRANS Meeresboden *m*, Meeresgrund *m*

seabee: ~ **carrier** *n* WATER TRANS Seabeeträgerschiff *nt*

seaboard *n* WATER TRANS Seeküste *f*

seaborne[1] *adj* WATER TRANS auf dem Seeweg befördert, von der See getragen

seaborne:[2] ~ **trade** *n* WATER TRANS Seehandel *m*

seacock *n* WATER TRANS *shipbuilding* Flutventil *nt*

seafarer *n* WATER TRANS Seefahrer *m*

seafaring *adj* WATER TRANS Seefahrer- *pref*, zur See fahrend

seagoing[1] *adj* WATER TRANS seetüchtig

seagoing:[2] ~ **barge** *n* WATER TRANS Seeleichter *m*; ~ **hovercraft** *n* WATER TRANS seetüchtiges Luftkissenfahrzeug *nt*; ~ **salvage tug** *n* TRANS Hochseebergungsschlepper *m*; ~ **tug** *n* WATER TRANS Hochseeschlepper *m*; ~ **vessel** *n* MAR POLL Hochseeschiff *nt*, Seeschiff *nt*, WATER TRANS Hochseeschiff *nt*

seal[1] *n* CER & GLAS, ELECT, LAB EQUIP, MECHAN ENG Dichtung *f*, MECHANICS Abdichtung *f*, Plombe *f*, Verschluß *m*, PACK, PET TECH Dichtung *f*, PROD ENG *plastic valves* Dachmanschette *f*, Dichtung *f*, WATER TRANS *shipbuilding* Dichtung *f*; ~ **assembly** *n* NUC TECH Dichtungsmontage *f*; ~ **block** *n* CER & GLAS Abschlußstein *m*; ~ **coat** *n* CONST *roads* Verschlußdecke *f*; ~ **gas** *n* NUC TECH Dichtgas *nt*; ~ **support ring** *n* PROD ENG *plastic valves* Aufstützring *m*; ~ **unit** *n* NUC TECH Dichtungseinheit *f*; ~ **water** *n* NUC TECH *glanded pump* Sperrwasser *nt*

seal[2] *vt* COATINGS verschließen, versiegeln, CONST abdichten, verkitten, versiegeln, PAPER abdichten, PROD ENG kapseln, plombieren, WASTE *landfill*, WATER TRANS *shipbuilding* abdichten

sealant *n* AUTO *body*, CER & GLAS Dichtmittel *nt*, CHEMISTRY Abdichtmittel *nt*, Dichtmasse *f*, COATINGS Dichtmittel *nt*, Versiegelungsmittel *nt*, CONST Abdichtungsmittel *nt*, HEAT & REFRIG Dichtstoff *m*, PLAS Dichtmasse *f*; ~ **polymer** *n* PET TECH Polymerdichtungsmasse *f*

sealed[1] *adj* MAR POLL abgeschlossen, geschlossen, verschlossen; ~ **for life** *adj* HEAT & REFRIG mit Lebensdauerschmierung *f*

sealed:[2] ~ **contacts** *n pl* ELEC ENG Schutzkontakte *m pl*, gekapselte Kontakte *m pl*; ~ **cooling system** *n* AUTO versiegelter Kühlkreislauf *m*, Überdruckkühlkreislauf *m*; ~ **motor** *n* ELECT gekapselter Motor *m*; ~ **reactor** *n* ELECT gekapselte Induktanz *f*; ~ **rectifier** *n* ELEC ENG geschlossener Gleichrichter *m*; ~ **relay** *n* ELECT Becherrelais *nt*; ~ **source** *n* NUC TECH versiegeltes Präparat *nt*; ~ **transformer** *n* ELECT gekapselter Transformator *m*; ~ **wafer rotary switch** *n* ELEC ENG geschlossener Scheibendrehschalter *m*

sealer *n* PLAS *paint* Porenschließer *m*

sealing[1] *adj* CHEMISTRY, CONST, MECHAN ENG, PROD ENG Abdicht- *pref*; Dicht- *pref*

sealing[2] *n* CER & GLAS Dichtung *f*, CONST Abdichten *nt*, Plombe *f*, Siegel *nt*, Verschließen *nt*, Befestigen *nt*, Einsetzen *nt*, MECHAN ENG Abdichtung *f*, PET TECH Abdichtung *f*, Dichtung *f*, PROD ENG *plastic valves* Abdichtung *f*, WASTE *landfill* Einkapselung *f*; ~ **agent** *n* CONST Abdichtungsmasse *f*; ~ **cap** *n* PACK Siegelkappe *f*; ~ **compound** *n* CONST Dichtungsmasse *f*, Fugenvergußmasse *f*; ~ **edge** *n* CER & GLAS Dichtkante *f*; ~ **groove** *n* MECHAN ENG Dichtnut *f*; ~ **lip** *n* MECHAN ENG Dichtlippe *f*; ~ **machine** *n* PACK Siegelmaschine *f*, Versiegler *m*; ~ **material** *n* NUC TECH Dichtungsmaterial *nt*, PROD ENG *plastic valves* Dichtwerkstoff *m*; ~ **pliers** *n pl* MECHAN ENG Dichtungszange *f*; ~ **plug** *n* MECHAN ENG Verschlußstopfen *m*, PROD ENG *plastic valves* Abdeckscheibe *f*; ~ **ring** *n* AUTO, MECHAN ENG, PAPER Dichtring *m*; ~ **surface** *n* CER & GLAS, MECHAN ENG, PROD ENG *plastic valves* Dichtfläche *f*; ~ **weld** *n* NUC TECH Dichtungsschweißnaht *f*

SEALOSAFE: ~ **process** *n* WASTE SEALOSAFE- Verfahren *nt*

seam[1] *n* CER & GLAS Naht *f*, COAL TECH Ader *f*, Flöz *nt*, CONST Falz *m*, Fuge *f*, *welding* Naht *f*, Saum *m*, MECHAN ENG Naht *f*, MECHANICS Naht *f*, Saum *m*, Schweißnaht *f*, PAPER, PROD ENG *welding* Naht *f*, TEXT Naht *f*, Saum *m*; ~ **line** *n* CER & GLAS Nahtlinie *f*; ~ **of the machine wire** *n* PAPER Naht des Maschinensiebs *f*; ~ **weld** *n* NUC TECH Nahtschweißung *f*; ~ **welding** *n* MECHAN ENG Nahtschweißung *f*; ~ **work** *n* COAL TECH Flözarbeit *f*

seam[2] *vt* MECHAN ENG bördeln, PROD ENG falzen, TEXT säumen

seamanship *n* WATER TRANS Seemannschaft *f*

seamark *n* WATER TRANS Seezeichen *nt*

seamarking *n* WATER TRANS Auslegen von Seezeichen *nt*

seamed: ~ **pipe** *n* MECHAN ENG Rohr mit Naht *nt*

seaming *n* PROD ENG Falzen *nt*, TEXT Säumen *nt*; ~ **machine** *n* MECHAN ENG Bördelmaschine *f*, Falzmaschine *f*

seamless *adj* TEXT nahtlos; ~ **rolled** *adj* MECHAN ENG nahtlos gewalzt

seaplane *n* AIR TRANS, WATER TRANS Wasserflugzeug *nt*

seaport *n* WATER TRANS Hafenstadt *f*, Seehafen *m*

search *n* ART INT, COMP & DP Suche *f*; ~ **algorithm** *n* ART INT Suchalgorithmus *m*; ~ **coil** *n* ELEC ENG Meßspule *f*, Prüfspule *f*, Suchspule *f*, ELECT Suchspule *f*, PHYS Sondenspule *f*, Suchspule *f*, Tastspule *f*, PROD ENG Prüfspule *f*; ~ **depth** *n* ART INT Suchtiefe *f*; ~ **key** *n* COMP & DP Suchbegriff *m*, Suchkriterium *nt*; ~ **pattern** *n* COMP & DP Suchbegriff *m*, Suchmuster *nt*; ~ **program** *n* COMP & DP Suchprogramm *nt*; ~ **report** *n* PAT Recherchenbericht *m*; ~ **and rescue** *n (SAR)* WATER TRANS *emergency* Such- und Rettungsdienst *m (SAR)*; ~ **strategy** *n* ART INT Suchstrategie *f*; ~ **tree** *n* ART INT Suchbaum *m*; ~ **word** *n* COMP & DP Suchwort *nt*

searching *n* COMP & DP Suchen *nt*

searchlight *n* ELEC ENG Scheinwerfer *m*

seasoned: ~ **timber** *n* WATER TRANS *shipbuilding* abgelagertes Holz *nt*; ~ **wood** *n* WATER TRANS *shipbuilding* abgelagertes Holz *nt*

seasoning *n* CONST *concrete* Erhärtung *f*, *wood* Trocknen *nt*

seat[1] *n* AUTO Sitz *m*, CER & GLAS Bankplatte *f*, CONST Auflage *f*, Auflagefläche *f*, HYD EQUIP Sitz *m*, MECHAN ENG Auflagefläche *f*, Befestigungsfläche *f*, Sitzfläche *f*, Sitz *m*, *of gasket* Sitzfläche *f*, MECHANICS Passung *f*, Sitz *m*, NUC TECH *of valve* Ventilsitz *m*, PROD ENG Aufnahme *f*; ~ **back** *n* AUTO Rückenlehne *f*; ~ **belt** *n*

AIR TRANS, AUTO Sicherheitsgurt *m*; **~ belt anchorage** *n* AUTO Sicherheitsverankerung *f*; **~ cushion** *n* AUTO Sitzkissen *nt*; **~ upholstery** *n* AUTO Sitzpolster *nt*

seat[2] *vt* CONST aufliegen, einpassen

seating *n* MECHAN ENG Sitz *m*, Sitzfläche *f*, *support* Auflagefläche *f*, NUC TECH Befestigungsfläche *f*, PROD ENG Vertiefung *f*

seaward[1] *adj* WATER TRANS auf Seeseite, seewärtig

seaward:[2] **~ defence boat** *n BrE* WATER TRANS *navy* Sicherungsboot *nt*; **~ defense boat** *n AmE see seaward defence boat BrE*

seawater: **~-cooled** *adj* THERMODYN meerwassergkühlt

seawards *adv* WATER TRANS seewärts

seawater *n* WATER TRANS Meerwasser *nt*, Salzwasser *nt*, Seewasser *nt* **~-in-crude-oil emulsion** *n* POLL Seewasser-in-Rohöl- Emulsion *f*; **~ intrusion** *n* WATER SUP Meerwassereinbruch *m*

seaweed *n* MAR POLL Algen *f pl*

seaworthiness *n* MAR POLL, WATER TRANS Seetüchtigkeit *f*

seaworthy[1] *adj* WATER TRANS seemäßig, seetüchtig

seaworthy:[2] **~ packaging** *n* PACK seemäßig verpackt

sebacic *adj* CHEMISTRY Sebacin- *pref*

sec *abbr (secant)* GEOM *of angle* sec *(Sekante)*

SECAM: **~ system** *n (Séquentiel à mémoire)* TELEV SECAM-Farbsystem *nt*

secant *n (sec)* GEOM *of angle* Sekans *m*, *of line* Sekante *f (sec)*

second[1] *adj* MATH zweites, PLAS, TELEV, WATER TRANS Zweit- *pref*

second[2] *n* ACOUSTICS Sekunde *f*, zweite, METROL *angle* Bogensekunde *f*, *time* Sekunde *f*, PHYS *time* Sekunde *f*; **~ anode** *n* ELEC ENG Beschleunigungsanode *f*, TELEV Zweitanode *f*; **~ of arc** *n* PHYS Bogensekunde *f*, Winkelsekunde *f*; **~ channel frequency** *n* ELECTRON, RAD TECH, TELECOM, TELEV Frequenz des übernächsten Kanals *f*; **~ choice route** *n* TELECOM Zweitweg *m*; **~ cut** *n* MECHAN ENG *files* Oberhieb *m*; **~ deck** *n* WATER TRANS *ship design* zweites Deck *nt*; **~ differential coefficient** *n* MATH zweite Ableitung *f*; **~ engineer** *n* WATER TRANS *crew* zweiter Ingenieur *m*; **~ face** *n* PROD ENG zweite Spanfläche *f*; **~ flank** *n* PROD ENG zweite Freifläche *f*; **~ generation** *n* COMP & DP zweite Generation *f*; **~ generation computer** *n* COMP & DP Computer der zweiten Generation *m*; **~ hand** *n* MECHAN ENG *of clock, watch* Sekundenzeiger *m*; **~-hand appliance** *n* ELECT Altgerät *nt*; **~ harmonic** *n* ELECTRON zweite Harmonische *f*; **~ harmonic distortion** *n* ELECTRON Verzerrung der zweiten Harmonischen *f*; **~ harmonic injection** *n* ELECTRON zweite harmonische Einspeisung *f*; **~ IF amplifier** *n* ELECTRON Verstärker für zweite ZF *m*; **~ intermediate frequency** *n* ELECTRON, RAD TECH, TELECOM, TELEV zweite Zwischenfrequenz *f*; **~ ionization potential** *n* PHYS zweites Ionisationspotential *nt*, zweite Ionisationsstufe *f*; **~ law of thermodynamics** *n* PHYS zweiter Hauptsatz der Thermodynamik *f*; **~ local oscillator** *n* ELECTRON zweiter Überlagerungsoszillator *m*; **~ mate** *n* WATER TRANS *crew* zweiter Offizier *m*; **~ motion shaft** *n* MECHAN ENG Gegenwelle *f*; **~ order band-pass filter** *n* ELECTRON Bandpaßfilter zweiter Ordnung *nt*; **~ order band-stop filter** *n* ELECTRON Bandsperrfilter zweiter Ordnung *nt*; **~ order filter** *n* ELECTRON Filter zweiter Ordnung *nt*; **~ order high-pass filter** *n* ELECTRON Hochpaßfilter zweiter Ordnung *nt*; **~ order low-pass filter** *n* ELECTRON Tiefpaßfilter zweiter Ordnung *nt*; **~ order prefilter** *n* ELECTRON Vorfilter zweiter Ordnung *nt*; **~ order servo** *n* ELEC ENG Servo zweiter Ordnung *m*; **~ order transition** *n* PHYS Übergang zweiter Ordnung *m*; **~ proof** *n* PRINT zweiter Korrekturabzug *m*; **~ reducing firing** *n* CER & GLAS zweiter Reduktionsbrand *m*; **~ surface mirror** *n (SSM)* SPACE *spacecraft* Zweitflächenspiegel *m (SSM)*; **~ tap** *n* MECHAN ENG, PROD ENG Gewindebohrer Nr. 2 *m*, Mittelschneider *m*; **~ trace echo** *n* WATER TRANS *radar* Zweitauslenkungsecho *nt*, Überlaufecho *nt*; **~ window fiber** *n AmE*, **~ window fibre** *n BrE* OPT Faser mit zweitem Transmissionsfenster *f*

secondary[1] *adj* ERGON, MECHAN ENG Neben- *pref*, RAD PHYS Sekundär- *pref*, sekundär, RAD TECH sekundär

secondary:[2] **~ acetate** *n* TEXT Sekundäracetat *nt*; **~ air** *n* AUTO Sekundärluft *f*, Zusatzluft *f*, HEAT & REFRIG, MECHAN ENG Nebenluft *f*, Zweitluft *f*; **~ barrel** *n* AUTO zweiter Vergaserlufttrichter *m*; **~ battery** *n* ELEC ENG Sekundärbatterie *f*; **~ brake system** *n* AUTO Sekundärbremssystem *nt*; **~ cell** *n* ELEC ENG Sammler *m*, Sekundärelement *nt*, ELECT Sekundärzelle *f*; **~ center** *n AmE*, **~ centre** *n BrE* TELECOM Amt zweiter Ordnung *nt*; **~ checkers** *n pl* CER & GLAS Sekundärgittermauerwerk *nt*; **~ circuit** *n* ELEC ENG Sekundärkreis *m*, Sekundärstromkreis *m*, HEAT & REFRIG Sekundärkreis *m*; **~ clearance angle** *n* PROD ENG Fasenfreiwinkel *m*; **~ coating** *n* OPT Zweitmantel *m*, TELECOM Sekundärbeschichtung *f*; **~ coil** *n* ELEC ENG Sekundärspule *f*; **~ collision** *n* TRANS Sekundärkollision *f*; **~ colors** *n pl AmE*, **~ colours** *n pl BrE* PRINT Sekundärfarben *f pl*; **~ combustion chamber** *n (SCC)* MECHAN ENG Nachbrennkammer *f*, zweiter Brennraum *m (SCC)*, WASTE Nachbrennkammer *f (SCC)*; **~ coolant** *n* HEAT & REFRIG Sekundärkühlmittel *nt*; **~ creep** *n* METALL sekundäres Kriechen *nt*; **~ crusher** *n* COAL TECH Nachbrecher *m*; **~ cup** *n* AUTO Sekundärmanschette *f*; **~ current** *n* ELEC ENG, ELECT Sekundärstrom *m*; **~ curvature** *n* CER & GLAS Sekundärkrümmung *f*; **~ duct** *n* AIR TRANS Sekundärkanal *m*; **~ electrochemical generator** *n* AUTO elektrochemischer Sekundärgenerator *m*; **~ electron** *n* ELECTRON, RAD PHYS Sekundärelektron *nt*; **~ emission** *n* ELECTRON, PHYS Sekundäremission *f*; **~ emission multiplier** *n* TELEV Sekundäremissionsvervielfacher *m*; **~ emission noise** *n* ELECTRON Sekundäremissionsrauschen *nt*; **~ emission ratio** *n* ELECTRON Sekundäremissionsverhältnis *nt*; **~ emission target** *n* ELECTRON Ziel der Sekundäremission *nt*; **~ emission tube** *n* ELECTRON Sekundäremissionsröhre *f*; **~ equipment** *n* PROD ENG *plastic valves* Zusatzgeräte *nt pl*; **~ fermentation** *n* FOOD TECH zweite Gärung *f*; **~ fiber** *n AmE*, **~ fibre** *n BrE* PACK sekundäre Faser *f*; **~ fuel cell** *n* AUTO Sekundärbrennstoffelement *nt*; **~ grid emission** *n* ELECTRON Sekundärgitteremission *f*; **~ grinding** *n* COAL TECH Nachmahlen *nt*; **~ headbox** *n* PAPER Sekundärstoffauflauf *m*; **~ index** *n* COMP & DP Sekundärindex *m*; **~ inductance** *n* ELEC ENG Sekundärinduktanz *f*; **~ ionic emission** *n* TELECOM Sekundärionenemission *f*; **~ ionization** *n* RAD PHYS Sekundärionisierung *f*; **~ ion mass spectrometry** *n (SIMS)* PHYS Sekundärionenmassenspektrometrie *f (SIMS)*; **~ material** *n* WASTE Sekundärrohstoff *m*, wiedergewonnener Rohstoff *m*; **~ maxima** *n pl* OPT, PHYS *optics* sekundäres Maximum *nt*; **~ memory** *n* COMP & DP Hilfsspeicher *m*, Sekundärspeicher *m*, Zusatzspeicher *m*; **~ nozzle** *n* AIR TRANS Sekundärdüse *f*; ~ **nuclear reaction** *n* NUC TECH sekundäre Kernreaktion *f*; ~ **packaging** *n* WASTE Umverpackung *f*; ~ **particle** *n* NUC TECH Sekundärteilchen *nt*; ~ **piston** *n* AUTO hinterer Kolben *m*; ~ **process** *n* NUC TECH Sekundärprozeß *m*; ~ **radiation** *n* RAD PHYS *X-ray* Sekundärstrahlung *f*; ~ **reactor** *n* NUC TECH Sekundärreaktor *m*; ~ **recovery** *n* PET TECH Sekundärförderung *f*; ~ **recrystallization** *n* METALL sekundäre Rekristallisation *f*; ~ **refrigerant** *n* HEAT & REFRIG Sekundärkältemittel *nt*; ~ **relay** *n* ELECT Hilfsrelais *nt*, Sekundärrelais *nt*; ~ **representation** *n* ENG DRAW Nebendarstellung *f*; ~ **resistance** *n* ELEC ENG Sekundärwiderstand *m*; ~ **road** *n* TRANS Landstraße *f*; ~ **sedimentation basin** *n* WASTE Nachklärbecken *nt*; ~ **separation** *n* NUC TECH *steam generator* Sekundärtrennung *f*; ~ **settlement** *n* COAL TECH Sekundärsetzung *f*; ~ **settling tank** *n* WASTE Nachklärbecken *nt*; ~ **sewage treatment** *n* WASTE biologische Nachreinigung *f*; ~ **shutdown system** *n* NUC TECH sekundäres Schnellabschaltsystem *nt*; ~ **side** *n* NUC TECH *steam generator* Sekundärseite *f*; ~ **sleeve** *n* AUTO Sekundärbuchse *f*; ~ **source** *n* PHYS *optics* Sekundärquelle *f*; ~ **standard** *n* PHYS Sekundärnormal *f*; ~ **storage** *n* COMP & DP Hilfsspeicher *m*, Sekundärspeicher *m*; ~ **storage battery** *n* TRANS Sekundärakkumulator *m*; ~ **store** *n* COMP & DP Sekundärspeicher *m*; ~ **stress** *n* NUC TECH *mechanical* Nebenspannung *f*; ~ **structure** *n* SPACE *spacecraft* verstärkendes Zweitgefüge *nt*; ~ **suspension** *n* RAIL Wiegenfederung *f*; ~ **tap** *n* ELEC ENG Sekundärabgriff *m*, Sekundärabzweigung *f*; ~ **task** *n* ERGON Nebenaufgabe *f*; ~ **terminal** *n* ELEC ENG Sekundärklemme *f*; ~ **voltage** *n* ELEC ENG, ELECT Sekundärspannung *f*; ~ **wave** *n* *(S- wave)* PHYS Sekundärwelle *f* *(S- Welle)*; ~ **winding** *n* AUTO Sekundärspule *f*, Sekundärwicklung *f*, ELEC ENG Sekundärwicklung *f*, ELECT sekundäre Wicklung *f*, PHYS Sekundärwicklung *f*

secrecy: ~ **of telecommunications** *n* TELECOM Fernmeldegeheimnis *nt*

section *n* COMP & DP Abschnitt *m*, GEOM Schnitt *m*, MECHAN ENG *of iron, steel* Profil *nt*, *tube or bar* Abschnitt *m*, PRINT *of book* Abschnitt *m*, PROD ENG Schneideneinsatz *m*, RAIL Abschnitt *m*, Teilstrecke *f*, TELECOM Abschnitt *m*, Feld *nt*, Glied *nt*, *of mast antenna* Schuß *m*, TEXT Sektion *f*, WATER SUP *of pipe* Leitungsstrecke *f*, WATER TRANS Sektion *f*; ~ **beam** *n* TEXT *for warp knitting* Teilbaum *m*; ~ **drawing** *n* MECHAN ENG Schnittzeichnung *f*; ~ **enlargement** *n* PHOTO Ausschnittsvergrößerung *f*; ~ **indentation** *n* ENG DRAW Schnittkantenzeichnung *f*; ~ **line** *n* PROD ENG Schnittflächenschraffurlinie *f*; ~ **of maximum intensity of stress** *n* MECHAN ENG *materials* Zone stärkster Beanspruchung *f*; ~ **mill** *n* PROD ENG Walzwerk *nt*; ~ **modulus** *n* PROD ENG Widerstandsmoment *nt*; ~ **steel** *n* MECHAN ENG Profilstahl *m*; ~ **of uniform strength** *n* MECHAN ENG Zone gleichmäßiger Beanspruchung *f*; ~ **warping** *n* TEXT Sektionsschären *nt*, Teilschären *nt*

sectional[1] *adj* GEOM Schnitt- *pref*, MECHAN ENG Profil- *pref*

sectional:[2] ~ **boiler** *n* HEAT & REFRIG Gliederkessel *m*, Teilkammerkessel *m*; ~ **chart** *n* *AmE (cf aeronautical chart BrE)* AIR TRANS Luftnavigationskarte *f*; ~ **diagram** *n* PROD ENG *plastic valves* Schnitt *m*; ~ **drawing** *n* WATER TRANS *ship design* Schnittzeichnung *f*; ~ **drive** *n* PAPER Teilantrieb *m*; ~ **representation** *n* ENG DRAW Schnittdarstellung *f*; ~ **view** *n* ENG DRAW Schnittdarstellung *f*, MECHAN ENG Querschnitt *m*; ~ **warping** *n* TEXT Sektionsschären *nt*, Teilschären *nt*; ~ **warping machine** *n* TEXT Teilschärmaschine *f*

sectionalization *n* ELECT Stromstreckentrennung *f*

sectionalized: ~ **busbar** *n* ELECT geteilte Stromschiene *f*

sectioning: ~ **technique** *n* NUC TECH *diffusion studies* Zerlegung in Abschnitte *f*

sector *n* COMP & DP Sektor *m*, CONST *of circle* Kreissektor *m*, GEOM, PET TECH Sektor *m*; ~ **of a circle** *n* GEOM Kreissektor *m*; ~ **gate** *n* FUELLESS Sektorschütz *nt*; ~ **gear** *n* AUTO Zahnbogen *m*, Zahnsegment *nt*, MECHAN ENG Zahnbogen *m*; ~ **of a light** *n* WATER TRANS *navigation marks* Feuersektor *m*; ~ **shaft** *n* AUTO Segmentwelle *f*; ~**-shaped conductor** *n* ELECT *cable* Formkonduktor *m*, Formleiter *m*, Profilleiter *m*; ~ **weir** *n* WATER SUP Sektorwehr *nt*; ~ **wheel** *n* MECHAN ENG Zahnbogen *m*

secular: ~ **equilibrium** *n* PHYS Dauergleichgewicht *nt*

secure *vt* CONST befestigen, sichern, PROD ENG spannen, WATER TRANS *mooring* befestigen, festmachen

securing: ~ **screw** *n* PROD ENG *plastic valves* Halbrundschraube *f*, Zylinderschraube *f*

security *n* COMP & DP Datensicherheit *f*, Sicherheit *f*; ~ **backup** *n* COMP & DP Sicherheitskopie *f*; ~ **bolt** *n* SAFETY Sicherheitsbolzen *m*; ~ **copy** *n* COMP & DP Sicherungskopie *f*; ~ **door** *n* SAFETY Sicherheitstür *f*; ~ **firm** *n* SAFETY Sicherheitsfirma *f*; ~ **identification** *n* COMP & DP Sicherheitsschlüssel *m*; ~ **officer** *n* SAFETY Werkschutzbeauftragter *m*; ~ **window** *n* SAFETY Sicherheitsfenster *nt*

sedan *n* *AmE (cf saloon BrE)* AUTO Innenlenker *m*

sedentary *adj* COAL TECH ortsgebunden

sediment *n* CHEM ENG Ablagerung *f*, Ausscheidung *f*, COAL TECH, PET TECH Sediment *nt*, WATER SUP Ablagerung *f*, Sediment *nt*; ~ **chamber** *n* AUTO Schlammraum *m*; ~ **discharge** *n* WATER SUP Geschiebefracht *f*, Sedimentablagerung *f*; ~ **space** *n* AUTO Schlammraum *m*

sedimentary: ~ **basin** *n* PET TECH Sedimentbecken *nt*, Sedimentationsbecken *nt*; ~ **rock** *n* COAL TECH, PET TECH Sedimentgestein *nt*; ~ **soil** *n* COAL TECH Sedimentboden *m*

sedimentation *n* CHEM ENG Absetz- *pref*, PET TECH Sedimentation *f*, PHYS Niederschlag *m*, Sedimentation *f*, PLAS Absetzen *nt*, Sedimentation *f*, POLL Sedimentablagerung *f*, WASTE Absetz- *pref*, mechanische Klärung *f*, WATER SUP Absetz- *pref*, Sedimentation *f*; ~ **analysis** *n* COAL TECH Sedimentationsanalyse *f*; ~ **basin** *n* CHEM ENG Absetzbecken *nt*, Klärbecken *nt*, WASTE, WATER TRANS Absetzbecken *nt*; ~ **pond** *n* COAL TECH Baggersumpf *m*; ~ **potential** *n* CHEM ENG Sedimentationspotential *nt*; ~ **rate** *n* PET TECH Sedimentationsgeschwindigkeit *f*; ~ **tank** *n* CHEM ENG Absetzbehälter *m*, Klärbehälter *m*, WATER SUP Sedimentationsbecken *nt*; ~ **test** *n* CONST Absetzprobe *f*, Schlammanalyse *f*

Seebeck: ~ **coefficient** *n* PHYS Seebeck-Koeffizient *m*; ~ **effect** *n* ELEC ENG, ELECT, PHYS Seebeck-Effekt *m*

seed:[1] ~**-free** *adj* CER & GLAS bläschenfrei

seed[2] *n* CER & GLAS *of diameter between 0.2 and 2 mm* Bläschen *nt*, *of diameter less than 0.2 mm* Gispe *f*; ~ **assembly** *n* NUC TECH Saatelement *nt*; ~ **core reactor** *n* NUC TECH Saatelementreaktor *m*; ~ **crystal** *n* PROD ENG Impfkristall *m*, Kristallkeim *m*, Kristallisationskeim *m*, THERMODYN Impfkristall *m*; ~ **element** *n* NUC TECH *reactor* Saatelement *nt*; ~**-free time** *n* CER &

GLAS Ende der Blankschmelze *nt*
seeding *n* NUC TECH *in X-ray crystallography* Einimpfen *nt*; **~ potential** *n* CER & GLAS Bläschenbildungspotential *nt*
seedy: **very ~ glass** *n* CER & GLAS blasenreiches Glas *nt*
seek:[1] **~ area** *n* COMP & DP Suchbereich *m*; **~ arm** *n* COMP & DP Sucharm *m*; **~ error** *n* COMP & DP Suchfehler *m*; **~ time** *n* COMP & DP Positionierzeit *f*, Suchzeit *f*, OPT Suchzeit *f*
seek[2] *vt* COMP & DP suchen, zugreifen
seep *vi* CONST durchsickern
seepage *n* COAL TECH Versickerung *f*, MAR POLL Aussickern *nt*, Durchsickern *nt*, Kuverwasser *nt*, Versickern *nt*, Ölausbiß *m*, WATER SUP Sickern *nt*, Versickerung *f*; **~ water** *n* CHEMISTRY, WASTE Sickerwasser *nt*
seesaw: **~ motion** *n* MECHAN ENG Schaukelbewegung *f*
seesawing *n* MECHAN ENG Schaukelbewegung *f*
see-through[1] *adj* CER & GLAS durchsichtig
see-through:[2] **~ mirror** *n* CER & GLAS Einwegspiegel *m*; **~ packaging** *n* PACK Klarsichtfolienverpackung *f*
Seger: **~ cone** *n* CER & GLAS, PROD ENG Segerkegel *m*
segger: **~ clay** *n* CER & GLAS Kapselton *m*
segment[1] *n* COMP & DP Segment *nt*, GEOM Abschnitt *m*, Segment *nt*, MECHAN ENG, NUC TECH *bearing* Segment *nt*; **~ gear** *n* MECHAN ENG Segmentrad *nt*
segment[2] *vt* COMP & DP segmentieren
segmental: **~ arch** *n* CONST Flachbogen *m*, Segmentbogen *m*, Stichbogen *m*; **~ circular saw** *n* MECHAN ENG Segmentkreissäge *f*; **~ wheel** *n* MECHAN ENG Zahnbogen *m*, Zahnsegment *nt*
segmentation *n* ART INT *of images*, COMP & DP Segmentierung *f*
segmented: **~ approach path** *n* AIR TRANS geteilte Anflugbahn *f*, unterteilte Anflugbahn *f*; **~ fuel rod** *n* NUC TECH mehrteiliger Brennstoffstab *m*; **~ multiprocessor system** *n* TELECOM segmentiertes Multiprozessorsystem *nt*; **~ pile** *n* COAL TECH Segmentpfahl *m*; **~ recording** *n* TELEV segmentierte Aufzeichnung *f*; **~ saw** *n* MECHAN ENG Segmentsäge *f*; **~ scanning** *n* TELEV segmentierte Abtastung *f*
segregate *vt* QUAL aussondern, WASTE abscheiden
segregation *n* CER & GLAS Streifen *m*, NUC TECH *alloys*, PLAS Entmischen *nt*, QUAL Aussonderung *f*, WASTE Abscheidung *f*; **~ berm** *n* WASTE Berme *f*
seiche *n* FUELLESS Schaukelwelle *f*, Seiche *f*
seine: **~ net** *n* WATER TRANS *fishing* Wade *f*
seismic[1] *adj* CONST seismisch
seismic[2] *n* PET TECH Seismik *f*; **~ design** *n* CONST erdbebensichere Bemessung *f*; **~ exploration** *n* COAL TECH seismische Erkundung *f*, PET TECH seismische Erkundung *f*, seismische Exploration *f*; **~ path** *n* PET TECH Weg *m*; **~ survey** *n* CONST seismischer Aufschluß *m*; **~ wave** *n* WAVE PHYS Erdbebenwelle *f*
seismograph *n* CONST Erdbebenmesser *m*, Seismograph *m*, PHYS Erdbebenregistriergerät *m*, Seismograph *m*
seismology *n* PHYS Erdbebenkunde *f*, Seismologie *f*
seize:[1] **~ grip** *n* ERGON Zufassung *f*
seize[2] *vt* WATER TRANS Bändsel aufsetzen, anbändseln
seize[3] *vi* MECHAN ENG *piston* fressen, NUC TECH *valve* sich festfressen
seizing *n* AUTO *bearing, piston* Festfressen *nt*, MECHAN ENG *piston* Fressen *nt*, PROD ENG *plastic valves* Festsetzen *nt*, WATER TRANS Zeising *nt*
seizure *n* MECHAN ENG *piston* Fressen *nt*, TELECOM Belegung *f*, WATER TRANS *ship* Aufbringen *nt*, Aufbringung *f*
SELCAL *abbr (selective calling system)* TELECOM SELCAL *(Selektivrufsystem)*
select *vt* COMP & DP ansteuern, auswählen, PRINT selektieren
selectable *adj* ELEC ENG, ELECTRON wählbar
selected: **~ chunk** *n* CER & GLAS ausgewählter optischer Rohling *m*
selection *n* COMP & DP Ansteuerung *f*, Auswahl *f*; **~ method** *n* ERGON Auswahlmethode *f*, Auswahlverfahren *nt*; **~ rule** *n* NUC TECH, PHYS, RAD PHYS Auswahlregel *f*; **~ stage** *n* TELECOM Wahlstufe *f*
selective: **~ access** *n* COMP & DP selektiver Zugriff *m*; **~ calling** *n* TELECOM Selektivruf *m*; **~ calling system** *n* *(SELCAL)* TELECOM Selektivrufsystem *nt (SELCAL)*; **~ catalytic reduction** *n* POLL selektive katalytische Reduktion *f*; **~ coating** *n* FUELLESS selektive Beschichtung *f*; **~ collection** *n* WASTE getrennte Müllabfuhr *f*, getrennte Müllsammlung *f*; **~ diffusion** *n* ELECTRON selektive Diffusion *f*; **~ diversion of traffic** *n* TRANS selektive Verkehrsumleitung *f*; **~ dump** *n* COMP & DP selektiver Speicherauszug *m*; **~ erasure** *n* COMP & DP selektives Löschen *nt*; **~ fading** *n* TELECOM Selektivschwund *m*, selektives Fading *nt*; **~ feedback** *n* ELECTRON selektive Rückkopplung *f*; **~ feedback amplifier** *n* ELECTRON Verstärker für selektive Rückkopplung *m*; **~ ion electrode** *n* LAB EQUIP *electrochemistry* selektive Ionenelektrode *f*; **~ reducer** *n* PHOTO selektiver Abschwächer *m*; **~ reflection** *n* PHYS selektive Reflexion *f*; **~ sequential access** *n* COMP & DP selektiver sequentieller Zugriff *m*; **~ solvent** *n* PET TECH Selektivsolvens *nt*; **~ sort** *n* COMP & DP Auswahlsortierung *f*; **~ surface** *n* FUELLESS selektive Oberfläche *f*; **~ vehicle detector** *n* TRANS Klassierungsdetektor *m*; **~ voltmeter** *n* ELECT abstimmbares Voltmeter *nt*
selectively: **~ plated contacts** *n pl* ELEC ENG selektiv galvanisierte Kontakte *m pl*, selektiv plattierte Kontakte *m pl*
selectivity *n* COMP & DP Trennschärfe *f*, ELECTRON Selektion *f*, Trennschärfe *f*, PHYS Selektivität *f*, RAD TECH Trennschärfe *f*; **~ Q** *n* RECORD Selektivitätsschlange *f*
selector *n* AUTO *automatic transmission* Wählhebel *m*, COMP & DP, ELEC ENG Selektor *m*, Wähler *m*, INSTR Schalter *m*, Wahlschalter *m*, TELECOM Wahlschalter *m*, Wähler *m*; **~ channel** *n* COMP & DP Selektorkanal *m*; **~ lever** *n* AUTO *automatic transmission* Automatikschalthebel *m*; **~ relay** *n* ELEC ENG Selektorrelais *nt*, Wählrelais *nt*; **~ switch** *n* ELEC ENG Bereichschalter *m*, Betriebsartenschalter *m*, Schrittschalter *m*, Umschalter *m*, Wahlschalter *m*, ELECT Wählschalter *m*
selenate *n* CHEMISTRY Selenat *nt*
selenic *adj* CHEMISTRY Selen- *pref*
selenide *n* CHEMISTRY Selenid *nt*
selenious *adj* CHEMISTRY Selen- *pref*, selenig
selenite *n* CHEMISTRY Blättergips *m*, Marienglas *nt*, Selenit *m*
selenitic *adj* CHEMISTRY Gips- *pref*
selenium *n (Se)* CHEMISTRY Selen *nt*, Selenium *nt (Se)*; **~ cell** *n* ELEC ENG, PHYS Selenzelle *f*; **~ rectifier** *n* ELEC ENG, ELECT, PHYS Selengleichrichter *m*; **~ ruby glass** *n* CER & GLAS Selen-Rubinglas *nt*
selenocyanic *adj* CHEMISTRY Selencyan- *pref*
selenous *adj* CHEMISTRY Selen- *pref*, selenig
self- *pref* CHEMISTRY, COATINGS, INSTR, RAD PHYS Eigen-

pref
self:[1] **~-acting** *adj* MECHAN ENG automatisch, selbsttätig; **~-adapting** *adj* COMP & DP selbstanpassend; **~-cleaning** *adj* MECHAN ENG selbstreinigend; **~-closing** *adj* PACK selbstschließend; **~-contained** *adj* CONST in sich geschlossen, selbsttragend, HEAT & REFRIG für sich allein einsetzbar, in sich abgeschlossen, unabhängig, PHYS abgeschlossen, in sich geschlossen, SPACE *spacecraft* autonom; **~-correcting** *adj* COMP & DP selbstkorrigierend; **~-diagnostic** *adj* COMP & DP selbstdiagnostisch; **~-documenting** *adj* COMP & DP selbstdokumentierend; **~-draining** *adj* WATER TRANS selbstlenzend; **~-feeding** *adj* MECHAN ENG mit automatischer Zuführung; **~-fluxing** *adj* PHYS selbstschmelzig; **~-induced** *adj* PHYS selbstinduziert; **~-locking** *adj* AUTO selbstsichernd, selbstsperrend, PACK selbstverriegelnd; **~-lubricating** *adj* MECHAN ENG selbstschmierend; **~-powered** *adj* ELEC ENG batteriebetrieben, eigenbetrieben; **~-propelled** *adj* WATER TRANS mit Eigenantrieb; **~-propelling** *adj* TRANS mit Selbstantrieb; **~-righting** *adj* WATER TRANS selbstaufrichtend; **~-sealing** *adj* PACK selbstklebend, SPACE selbstdichtend; **~-supporting** *adj* CONST freistehend, selbsttragend, SPACE selbsttragend

self:[2] **~-absorption** *n* CHEMISTRY Eigenabsorption *f*, NUC TECH Selbstabsorption *f*; **~-absorption of radiation** *n* RAD PHYS *Eigenabsorption von Strahlung f*; **~-acting brake** *n* AUTO selbsttätige Bremse *f*; **~-acting regulator** *n* MECHAN ENG selbsttätiger Regler *m*; **~-acting switch** *n* ELEC ENG automatischer Schalter *m*, selbsttätiger Schalter *m*; **~-adhesive film for temporary surface protection** *n* PACK selbstklebende Folie für kurzfristige Schutzabdeckung *f*; **~-adhesive label** *n* PACK Andrücketikette *f*; **~-adhesive laminated tape** *n* PACK beschichtetes Klebeband *nt*; **~-adhesive paper** *n* PACK selbstklebendes Papier *nt*; **~-adhesive tape** *n* PACK Klebeband *nt*, PLAS Klebestreifen *m*, Selbstklebeband *nt*; **~-adjusting brake** *n* AUTO selbstnachstellende Bremse *f*; **~-adjusting clutch** *n* AUTO selbstnachstellende Kupplung *f*; **~-adjusting floating weir** *n* MAR POLL selbstnachstellendes Schwimmwehr *nt*; **~-adjustment** *n* TELEV Selbstjustieren *nt*; **~-aligned gate** *n (SAG)* ELECTRON selbstjustierender Steueranschluß *m*; **~-aligned transistor** *n* ELECTRON selbstjustierender Transistor *m*; **~-aligning ball bearing** *n* MECHAN ENG Pendelkugellager *nt*; **~-aligning bearing** *n* AUTO, MECHAN ENG Pendellager *nt*; **~-aligning roller bearing** *n* MECHAN ENG Pendelrollenlager *nt*; **~-aligning roller thrust bearing** *n* MECHAN ENG Axialpendelrollenlager *nt*; **~-balance** *n* INSTR Eigenabgleich *m*, Selbstabgleich *m*; **~-balancing recorder** *n* INSTR Kompensations- schreiber *m*; **~-balancing switch** *n* ELEC ENG selbstabgleichender Schalter *m*, selbstregelnder Schalter *m*; **~-bias** *n* ELEC ENG Gittervorspannung durch Kathodenwiderstand *f*, automatische Gittervorspannung *f*; **~-biased tube** *n* ELECTRON Röhre mit automatischer Gittervorspannungserzeugung *f*; **~-capacitance** *n* ELECT, PHYS Eigenkapazität *f*; **~-centering chuck** *n AmE see self-centring chuck BrE;* **~-centering vise** *n AmE see self-centring vice BrE;* **~-centring chuck** *n BrE* MECHAN ENG Universalspannfutter *nt*, selbstzentrierendes Spannfutter *nt*; **~-centring vice** *n BrE* MECHAN ENG selbstzentrierender Schraubstock *m*; **~-checking code** *n* COMP & DP Fehlerkorrekturcode *m*, automatischer Prüfcode *m*; **~-cleaning air filter** *n* HEAT & REFRIG selbstreinigendes Luftfilter *nt*; **~-closing cock** *n* CONST automatisches Rohrventil *nt*; **~-closing door** *n* CONST Automatiktür *f*, selbstschließende Tür *f*; **~-closing faucet** *n* CONST *water tap* Selbstschlußbatterie *f*; **~-cocking shutter** *n* PHOTO Automatverschluß *m*; **~-commutated converter** *n* ELECT selbstkommutierender Umformer *m*; **~-contained drive** *n* PROD ENG Einzelantrieb *m*; **~-contained equipment** *n* COMP & DP unabhängiges Gerät *nt*; **~-contained instrument** *n* INSTR geschlossenes Meßgerät *nt*; **~-contained navigational aid** *n* AIR TRANS autonome Navigationshilfe *f*, unabhängige Navigationshilfe *f*; **~-contained power steering system** *n* AUTO in sich geschlossenes Servolenksystem *nt*; **~-contained pressure cable** *n* ELECT geschlossenes Druckgaskabel *nt*; **~-controlling system** *n* TELEV selbstjustierendes System *nt*; **~-cooling** *n* HEAT & REFRIG Eigenkühlung *f*, Selbstkühlung *f*; **~-coring chisel** *n* CONST Automatikmeißel *m*; **~-correcting code** *n* COMP & DP selbstkorrigierender Code *m*; **~-cutting screw** *n* MECHAN ENG Gewindeschneidschraube *f*, Schneidschraube *f*; **~-diffusion** *n* PHYS Selbstdiffusion *f*; **~-discharge** *n* AUTO, ELEC ENG, SPACE Selbstentladung *f*; **~-discharge car** *n AmE (cf self-discharge wagon BrE)* RAIL Selbstentladewaggon *m*; **~-discharge freight car** *n AmE (cf self-discharge freight wagon BrE)* RAIL Selbstentladegüterwagen *m*; **~-discharge freight wagon** *n BrE (cf self-discharge freight car AmE)* RAIL Selbstentladegüterwagen *m*; **~-discharge time constant** *n* ELEC ENG Selbstentladungs-Zeitkonstante *f*; **~-discharge wagon** *n BrE (cf self-discharge car AmE)* RAIL Selbstentladewaggon *m*; **~-discharging car** *n AmE (cf self-discharging wagon BrE)* RAIL Selbstentladewagen *m*; **~-discharging wagon** *n BrE (cf self- discharging car AmE)* RAIL Selbstentladewagen *m*; **~-discharging water bucket** *n* WATER SUP Selbstentladewasserkübel *m*; **~-dumping bucket** *n* CONST Selbstentladeeimer *m*; **~-erecting screen** *n* PHOTO Aufspringbildwand *f*; **~-excitation** *n* ELEC ENG Selbsterregung *f*, NUC TECH Selbstanregung *f*; **~-excited motor** *n* ELECT selbsterregter Motor *m*; **~-excited oscillator** *n* ELECTRON selbsterregender Oszillator *m*; **~-excited power oscillator** *n* ELECTRON selbsterregender Leistungsoszillator *m*; **~-exited vibrations** *n pl* PROD ENG Eigenschwingungen *f pl*, selbsterregte Schwingungen *f pl*; **~-firing** *n* AUTO Selbstzündung *f*; **~-flux** *n* PHYS Eigenfluß *m*; **~-generating transducer** *n* ELEC ENG Meßwandler ohne Hilfsenergie *m*; **~-hardening steel** *n* METALL Selbsthärtestahl *m*; **~-healing** *n* ELEC ENG Selbstheilung *f*; **~-healing capacitor** *n* ELEC ENG selbstheilender Kondensator *m*; **~-heating** *n* ELEC ENG Eigenerwärmung *f*, Selbsterhitzung *f*; **~-heating coefficient** *n* ELEC ENG Selbsterhitzungskoeffizient *m*; **~-identification** *n* TELECOM Eigenidentifizierung *f*; **~-ignition** *n* AUTO, MECHAN ENG Selbstzündung *f*; **~-induced vibrations** *n pl* PROD ENG Eigenschwingungen *f pl*, selbsterregte Schwingungen *f pl*; **~-inductance** *n* ELEC ENG Selbstinduktionskoeffizient *m*, Selbstinduktivität *f*, ELECT Induktanz *f*, PHYS Selbstinduktivität *f*; **~-inductance variation** *n* ELECT Änderung der Induktanz *f*; **~-induction** *n* AUTO, ELEC ENG Selbstinduktion *f*, ELECT Induktanz *f*, PHYS Selbstinduktion *f*; **~-induction current** *n* ELEC ENG Selbstinduktionsstrom *m*; **~-learning machine** *n* COMP & DP selbstlernender Rechner *m*; **~-loading container** *n* TRANS Selbstladenbehälter *m*; **~-location** *n* TELECOM automatische Standorterfassung *f*; **~-locking nut** *n* MECHAN ENG Sicherheitsmutter *f*, selbstsichernde Mutter *f*; **~-loosening** *n* NUC TECH *bolts* Selbstlockerung *f*; **~-lubricating bearing** *n* MECHAN ENG Selbstschmierlager *nt*; **~-luminosity** *n* SPACE Selbstleuchten *nt*; **~-opening diehead** *n* MECHAN ENG *screwing machine* selbstöffnender Gewindeschneidkopf *m*; **~-opening screwing head** *n* MECHAN ENG *screwing machine* selbstöffnender Gewindeschneidkopf *m*; **~-organizing system** *n* COMP & DP selbstorganisierendes System *nt*; **~-orthogonal convolutional coding** *n* TELECOM autoorthogonale Faltungscodierung *f*; **~-oscillation** *n* MECHAN ENG Eigenschwingung *f*; **~-paced work** *n* ERGON ungetaktete Arbeit *f*; **~-potential log** *n* PET TECH Eigenpotentiallog *nt*; **~-priming dirty-water pump** *n* NUC TECH selbstansaugende Schmutzwasserpumpe *f*; **~-priming pump** *n* AUTO selbstansaugende Pumpe *f*; **~-propelled barge** *n* WATER TRANS *type of ship* Selbstfahrer *m*; **~-propelled crane** *n* NUC TECH selbstfahrender Kran *m*; **~-propelled skimmer** *n* MAR POLL motorbetriebenes Abschöpfgerät *nt*; **~-propelled vessel** *n* MAR POLL Selbstfahrer *m*; **~-purification** *n* WATER SUP Selbstreinigung *f*; **~-raising flour** *n* *BrE* FOOD TECH Fertigmehl *nt*; **~-regulating maintenance system** *n* AUTO selbstregelndes Wartungssystem *nt*; **~-reinforcing polymer** *n* PLAS selbstverstärkendes Polymer *nt*; **~-relative address** *n* COMP & DP Selbstrelativadresse *f*; **~-relative addressing** *n* COMP & DP eigenrelative Adressierung *f*; **~-relocating program** *n* COMP & DP selbstverschiebliches Programm *nt*; **~-resetting counter** *n* INSTR selbstrückstellender Zähler *m*; **~-resetting loop** *n* COMP & DP selbstrücksetzende Schleife *f*; **~-resetting relay** *n* ELECT selbstrückfallendes Relais *nt*; **~-sagging temperature** *n* CER & GLAS Eigenerweichungstemperatur *f*; **~-sealing pump** *n* PACK selbstabsichernde Pumpe *f*; **~-seal pocket envelope** *n* PACK selbstklebender Briefumschlag *m*; **~-service** *n* PACK Selbstbedienung *f*; **~-service station** *n* TRANS SB-Tankstelle *f*, Selbstbedienungstankstelle *f*; **~-shielding** *n* NUC TECH Selbstabschirmung *f*; **~-starting synchronous motor** *n* ELEC ENG selbstanlaufender Synchronmotor *m*; **~-sufficiency** *n* PET TECH Autarkie *f*; **~-supporting partition** *n* CONST freistehende Zwischenwand *f*; **~-supporting rigid vehicle** *n* TRANS starres freitragendes Fahrzeug *nt*; **~-sustained discharge** *n* ELEC ENG Selbstentladung *f*; **~-tapping screw** *n* MECHAN ENG Schneidschraube *f*, *for sheet metal* Blechschraube *f*; **~-tapping thread** *n* MECHAN ENG Schneidgewinde *nt*, selbstschneidendes Gewinde *nt*; **~-tensioning winch** *n* WATER TRANS *deck fittings* Konstantzugwinde *f*; **~-time lever** *n* PHOTO Spannhebel für Selbstauslöser *m*; **~-timer** *n* PHOTO Selbstauslöser *m*; **~-tipping wagon** *n* RAIL Selbstkipper *m*; **~-tracing** *n* ELECTRON Selbstnachführung *f*; **~-tracking** *n* ELECTRON *filters* Selbstmitlauf *m*; **~-tracking band-pass filter** *n* ELECTRON selbstmitlaufendes Bandpaßfilter *nt*; **~-venting system** *n* PACK Selbstlüftungssystem *nt*; **~-vulcanization** *n* PLAS *rubber* Selbstvulkanisation *f*

sell-by: **~ date** *n* PACK Haltbarkeitsdatum *nt*, Verkaufsdatum *nt*

Sellers: **~ thread** *n* MECHAN ENG *US standard* Sellersgewinde *nt*

selvage *n* CONST Dachpappenrandstreifen *m*, Webkante *f*, PAPER, TEXT Webkante *f*

selvedge *n* CONST, PAPER, TEXT Webkante *f*; **~ cutting process** *n* TEXT Kantenschneidevorgang *m*

semantic: **~ analysis** *n* COMP & DP semantische Analyse *f*; **~ error** *n* COMP & DP semantischer Fehler *m*

semantics *n* COMP & DP Semantik *f*

semaphore *n* COMP & DP Semaphor *m*; **~ signal** *n* RAIL Formsignal *nt*

semaphoric: **~ program** *n* *AmE*, **~ programme** *n* *BrE* TRANS Semaphorprogramm *nt*

semiactive: **~ landing gear** *n* AIR TRANS halbaktives Fahrwerk *nt*

semiamphibious: **~ air cushion vehicle** *n* WATER TRANS semiamphibisches Luftkissenfahrzeug *nt*; **~ hovercraft** *n* WATER TRANS semiamphibisches Luftkissenfahrzeug *nt*

semianthracite *n* COAL TECH Halbanthrazit *m*

semiautomatic[1] *adj* CER & GLAS, MECHAN ENG, PACK, TELECOM halbautomatisch

semiautomatic:[2] **~ labeling machine** *n* *AmE*, **~ labelling machine** *n* *BrE* PACK halbautomatische Etikettiermaschine *f*; **~ pressing** *n* CER & GLAS halbautomatisches Pressen *nt*; **~ strapping machine** *n* PACK halbautomatische Paketiermaschine *f*; **~ system** *n* TELECOM halbautomatisches System *nt*; **~ transmission** *n* AUTO Halbautomatik *f*; **~ trunk working** *n* TELECOM halbautomatischer Fernbetrieb *m*

semiaxis *n* GEOM Halbachse *f*

semibituminous[1] *adj* COAL TECH mittelbituminös

semibituminous:[2] **~ coal** *n* COAL TECH halbfette Kohle *f*

semibleached: **~ pulp** *n* PAPER halbgebleichter Zellstoff *m*

semibrittle: **~ fracture** *n* METALL halbspröder Bruch *m*

semicarbazide *n* CHEMISTRY Carbamidsäurehydrazid *nt*, Semicarbazid *nt*

semicarbazone *n* CHEMISTRY Semicarbazon *nt*

semichemical: **~ pulp** *n* PAPER Halbzellstoff *m*

semicircle *n* CONST, GEOM Halbkreis *m*

semicircular[1] *adj* GEOM, NUC TECH halbkreisförmig

semicircular:[2] **~ arch** *n* CONST Halbkreisbogen *m*, Rundbogen *m*; **~ beta spectrograph** *n* NUC TECH halbkreisförmiges Betaspektrometer *nt*

semiclassical: **~ approximation** *n* NUC TECH *scattering theory* halbklassische Näherung *f*

semicompiled *adj* COMP & DP halbkompiliert

semiconductive *adj* COATINGS halbleitend

semiconductor *n* COMP & DP, ELECT, ELECTRON, PHYS Halbleiter *m*; **~ amplifier** *n* TELECOM Halbleiterverstärker *m*; **~ chip** *n* ELECTRON Halbleiterchip *m*; **~ component** *n* ELECTRON Halbleiterbauteil *nt*, Halbleiterkomponente *f*; **~ counter** *n* RAD PHYS Halbleiterzähler *m*; **~ crosspoint** *n* TELECOM Halbleiterkoppelpunkt *m*; **~ crystal** *n* ELECTRON Halbleiterkristall *m*; **~ device** *n* COMP & DP, ELECTRON Halbleiterbauelement *nt*; **~ diode** *n* COMP & DP, ELECTRON Halbleiterdiode *f*; **~ doping** *n* ELECTRON Halbleiterdotierung *f*; **~ fabrication** *n* ELECTRON Halbleiterherstellung *f*; **~ integrated circuit** *n* ELECTRON integrierte Halbleiterschaltung *f*; **~ laser** *n* ELECTRON, OPT, RAD PHYS, TELECOM Halbleiterlaser *m*; **~ layer** *n* ELECTRON Halbleiterschicht *f*; **~ layer paper** *n* PHOTO Halbleiterpapier *nt*; **~ material** *n* ELECTRON Halbleitermaterial *nt*, Halbleiterwerkstoff *m*; **~ memory** *n* COMP & DP, ELEC ENG Halbleiterspeicher *m*; **~ microphone** *n* RECORD Halbleitermikrofon *nt*; **~ photodetector** *n* ELECTRON Halbleiterfotodetektor *m*; **~ rectifier** *n* ELEC ENG, ELECT Halbleitergleichrichter *m*; **~ relay** *n* ELEC ENG Halbleiterrelais *nt*; **~ resistor** *n*

ELEC ENG Halbleiterwiderstand *m*; ~ **single crystal** *n* ELECTRON Halbleitereinkristall *m*; ~ **strain gage** *n AmE*, ~ **strain gauge** *n BrE* INSTR Halbleiterdehnungsmeßstreifen *m*; ~ **substrate** *n* ELECTRON Halbleiterträgermaterial *nt*; ~ **switch** *n* ELEC ENG Halbleiterschalter *m*; ~ **switching device** *n* ELECT Halbleiterschaltelement *nt*; ~ **technology** *n* ELECTRON Halbleitertechnik *f*; ~ **thermocouple** *n* INSTR Halbleiterthermoelement *nt*; ~ **wafer** *n* COMP & DP, ELECTRON Halbleiterscheibe *f*

semicontainer: ~ **ship** *n* WATER TRANS Teilcontainerschiff *nt*

semicontinuous: ~ **casting** *n* CER & GLAS halbkontinuierliches Gießen *nt*

semicustom: ~ **chip** *n* ELECTRON Semikundenchip *m*; ~ **circuit** *n* ELECTRON Semikundenschaltung *f*

semidiesel: ~ **engine** *n* AUTO Glühkopfmotor *m*, MECHAN ENG Halbdieselmotor *m*

semidine *n* CHEMISTRY Semidin *nt*

semidirectional: ~ **microphone** *n* RECORD halbgerichtetes Mikrofon *nt*

semidiurnal: ~ **tide** *n* WATER TRANS Halbtagstide *f*

semidry: ~ **method** *n* ENG DRAW Feuchtverfahren *nt*

semielliptic: ~ **spring** *n* MECHAN ENG Halbelliptikfeder *f*

semienclosed: ~ **motor** *n* ELECT halbgekapselter Motor *m*

semifinish *vt* PROD ENG vorfertigbearbeiten

semifinished: ~ **product** *n* ELECT, PLAS Halbzeug *nt*

semifinishing: ~ **tooth** *n* MECHAN ENG *reamer* Vorreibzahn *m*

semifloating: ~ **axle** *n* AUTO halbfliegende Achse *f*

semigantry: ~ **crane** *n* CONST Halbportalkran *m*

semihomogeneous: ~ **fuel element** *n* NUC TECH semihomogenes Brennelement *nt*

semihot: ~ **laboratory** *n* NUC TECH Warmlabor *nt*

semi-infinite: ~ **crack** *n* NUC TECH quasi- unendlich langer Riß *m*

semi-insulating: ~ **substrate** *n* ELECTRON halbisolierendes Trägermaterial *nt*

semimajor: ~ **axis** *n* SPACE *orbit* große Bahnhalbachse *f*

semimatt *adj* TEXT halbmatt

semipermeable: ~ **membrane** *n* PHYS halbdurchlässige Membran *f*, semipermeable Membran *f*

semiportable *adj* MECHAN ENG halbbeweglich

semipositive: ~ **mold** *n AmE*, ~ **mould** *n BrE* PLAS *press* Füllraum- Abquetschwerkzeug *nt*

semireflecting: ~ **plate** *n* PHYS halbdurchlässige Platte *f*, halbdurchlässige Scheibe *f*

semirigid: ~ **automatic coupling** *n* AUTO halbstarre automatische Kupplung *f*; ~ **delivery hose** *n* SAFETY *fire-fighting equipment* halbsteifer Löschschlauch *m*

semirotary: ~ **pump** *n* WATER SUP Flügelpumpe *f*

semisolid[1] *adj* WASTE stichfest

semisolid:[2] ~ **combustible waste** *n* POLL halbfester brennbarer Abfall *m*

semisubmersible: ~ **rig** *n* PET TECH Halbtaucher *m*

semitone *n* ACOUSTICS, PHYS Halbton *m*

semitraffic: ~-**actuated signal** *n* TRANS teilweise verkehrsabhängiges Signal *nt*

semitrailer *n* AUTO Sattelauflieger *m*; ~ **lorry** *n BrE (cf semitrailer truck AmE)* AUTO Sattelzugmaschine *f*; ~ **motor truck** *n AmE (cf semitrailer motor vehicle BrE)* AUTO Sattelkraftfahrzeug *nt*; ~ **motor vehicle** *n BrE (cf semitrailer motor truck AmE)* AUTO Sattelkraftfahrzeug *nt*; ~ **towing truck** *n AmE (cf semitrailer towing vehicle BrE)* AUTO Sattelzugmaschine *f*; ~ **towing vehicle** *n BrE (cf semitrailer towing truck AmE)* AUTO Sattelzugmaschine *f*; ~ **truck** *n AmE (cf semitrailer lorry BrE)* AUTO Sattelzugmaschine *f*

semitrailing: ~ **arm** *n* AUTO *rear axle* Schräglenker *m*

semitransparent: ~ **color** *n AmE*, ~ **colour** *n BrE* CER & GLAS halbdurchlässige Farbe *f*; ~ **photocathode** *n* ELEC ENG halbdurchlässige Fotokathode *f*

semiwet: ~ **sorting** *n* WASTE Halbfeuchttrennung *f*

send *vt* COMP & DP senden, versenden

sender *n* TELECOM Absender *m*, Geber *m*, Sender *m*; ~-**receiver** *n* COMP & DP Sender-Empfänger *m*

sending *n* COMP & DP Senden *nt*

senhouse: ~ **slip** *n* WATER TRANS *deck equipment* Ankerkettenschlipper *m*

sennet *n* WATER TRANS *knots* Platting *f*

sensation *n* ACOUSTICS Empfindung *f*; ~ **steps** *n pl* ACOUSTICS Empfindungsstufen *f pl*

sense[1] *n* COMP & DP Prüfung *f*, Richtung *f*; ~ **amplifier** *n* ELECTRON Leseverstärker *m*; ~ **of rotation** *n* MECHAN ENG Drehrichtung *f*; ~ **switch** *n* COMP & DP Programmschalter *m*

sense[2] *vt* COMP & DP abtasten, prüfen

sensible: ~-**cooling effect** *n* HEAT & REFRIG fühlbare Kühlwirkung *f*; ~ **heat** *n* HEAT & REFRIG fühlbare Wärme *f*; ~ **heat load** *n* HEAT & REFRIG fühlbare Wärmelast *f*

sensing *n* COMP & DP Abfühlen *nt*, Abtasten *nt*, NUC TECH Abtasten *nt*; ~ **device** *n* MAR POLL Meßfühler *m*, Meßgerät *nt*, Meßinstrument *nt*; ~ **electrode** *n* ELEC ENG Abtastelektrode *f*, Meßelektrode *f*; ~ **element** *n* ELECTRON *counter* Wandler *m*, *test probe* Prüfspitze *f*, NUC TECH Abtastelement *nt*; ~ **head** *n* INSTR Meßkopf *m*, Tastkopf *m*; ~ **lead** *n* ELEC ENG Meßleitung *f*; ~ **point** *n* INSTR Meßort *m*, Meßstelle *f*; ~ **relay** *n* ELEC ENG Meßrelais *nt*; ~ **resistor** *n* ELEC ENG Meßwiderstand *m*; ~ **switch** *n* ELEC ENG Meßschalter *m*

sensitive[1] *adj* PROD ENG feinstufig, mit Handhebelvorschub

sensitive:[2] ~ **altimeter** *n* AIR TRANS Feinhöhenmesser *m*; ~ **balance** *n* LAB EQUIP Präzisionswaage *f*; ~ **drill** *n* MECHAN ENG Handhebelbohrer *m*; ~ **feed** *n* PROD ENG Handhebelvorschub *m*; ~ **gang drill** *n* MECHAN ENG Handhebel- Reihenbohrmaschine *f*; ~ **paper** *n* PHOTO empfindliches Papier *nt*

sensitivity *n* COAL TECH, COMP & DP, CONTROL Empfindlichkeit *f*, ELEC ENG Ansprechempfindlichkeit *f*, Ansprechvermögen *nt*, Empfindlichkeit *f*, Parameterempfindlichkeit *f*, ELECT, INSTR, OPT, PHYS, RAD TECH Empfindlichkeit *f*, RECORD Ansprechempfindlichkeit *f*, SPACE *communications*, TELECOM Empfindlichkeit *f*; ~ **level** *n* ERGON Empfindungsniveau *nt*; ~ **to light** *n* RAD PHYS Lichtempfindlichkeit *f*

sensitization *n* PHOTO Sensibilisierung *f*

sensitize *vt* PHOTO empfindlich machen, sensibilisieren

sensitizer *n* PRINT Sensibilisator *m*

sensitizing: ~ **bath** *n* PHOTO Sensibilisierungsbad *nt*

sensitometry *n* ACOUSTICS Sensitometrie *f*

sensor *n* AUTO Meßfühler *m*, Sensor *m*, COMP & DP Meßfühler *m*, Sensor *m*, Meßwertgeber *m*, Sensor *m*, ELECTRON Aufnehmer *m*, Sensor *m*, ERGON Sensor *m*, HEAT & REFRIG Meßaufnehmer *m*, MECHAN ENG Sensor *m*, METROL Meßfühler *m*, NUC TECH Sensor *m*, PHYS Meßfühler *m*, Sensor *m*, SPACE *communications* Fühler *m*, Fühlglied *nt*, Meßfühler *m*, TELECOM Meßfühler *m*, Sensor *m*, WATER TRANS *measuring* Fühler *m*, Sensor *m*; ~ **location** *n* INSTR Meßort *m*; ~ **signal** *n*

ELECTRON Aufnehmersignal *nt*, Sensorsignal *nt*
sensorimotor[1] *adj* ERGON sensomotorisch
sensorimotor:[2] **~ system** *n* ERGON Sensomotorik *f*
sensorineural *adj* ERGON sensorisch-neural
sensory[1] *adj* ERGON sensorisch
sensory:[2] **~ acuity** *n* ERGON sensorische Schärfe *f*; **~ deprivation** *n* ERGON Reizarmut *f*; **~ discrimination** *n* ERGON Diskriminierungsvermögen *nt*, Unterscheidungsvermögen *nt*; **~ physiology** *n* ERGON Sinnesphysiologie *f*
sentence *n* COMP & DP Programmsatz *m*
sentinel *n* COMP & DP Hinweissymbol *nt*
separability *n* NUC TECH *diffractometry* Trennbarkeit *f*
separable[1] *adj* MECHAN ENG *connection* lösbar
separable:[2] **~ ball bearing** *n* MECHAN ENG Schulterkugellager *nt*; **~ bearing** *n* MECHAN ENG Schulterlager *nt*
separate:[1] **~ collection** *n* WASTE getrennte Müllabfuhr *f*, getrennte Müllsammlung *f*; **~ cooling** *n* HEAT & REFRIG Fremdkühlung *f*; **~ drawing of details** *n* ENG DRAW Herauszeichnen von Einzelheiten *nt*; **~ excitation** *n* ELEC ENG fremderregter Dynamo *m*; **~-excited dynamo** *n* ELEC ENG fremderregter Dynamo *m*; **~-excited generator** *n* ELEC ENG fremderregter Generator *m*; **~ make-up** *n* PRINT Detailmontage *f*; **~ parts** *n pl* MECHAN ENG *of lathe* Einzelteil *nt*; **~ sewerage system** *n* WATER SUP Einzelkläranlage *f*, getrennte Klärung von Abwässern *f*; **~ winding transformer** *n* ELECT Transformator mit separater Wicklung *m*
separate[2] *vt* CHEM ENG abscheiden; **~ out** *vt* CHEM ENG brechen
separate:[3] **~ out** *vi* CHEM ENG sich abtrennen
separated: **~ braking circuits** *n pl* TRANS Zweikreisbremsensystem *nt*
separately: **~-elaborated drawing** *n* ENG DRAW getrennt erstellte Zeichnung *f*; **~-excited motor** *n* ELECT extern erregter Motor *m*; **~ lead- sheathed cable** *n* ELECT Kabel mit separater Bleiumhüllung *nt*, Kabel mit separater Bleiummantelung *nt*
separating *n* PROD ENG *particles* Abtrennen *nt*; **~ agent** *n* CHEM ENG Ausscheidungsmittel *nt*, Scheidemittel *nt*; **~ burette** *n* CHEM ENG Scheidebürette *f*; **~ column** *n* CHEM ENG Trennsäule *f*; **~ funnel** *n* CHEM ENG Scheidetrichter *m*, Trenntrichter *m*, LAB EQUIP Schütteltrichter *m*, Trenntrichter *m*; **~ power** *n* NUC TECH Trennvermögen *nt*
separation *n* CHEM ENG Abscheide- *pref*, Abscheiden *nt*, Absondern *nt*, COAL TECH, PET TECH Trennung *f*, PHYS Abtrennung *f*, PROD ENG Klassieren *nt*, SPACE *spacecraft* Abstand *m*, Abtrennung *f*, WASTE Abtrennung *f*, Trennung *f*; **~ by geometry** *n* NUC TECH geometrische Trennung *f*; **~ circuit** *n* TELEV Trennkreis *m*; **~ density** *n* COAL TECH Trenndichte *f*; **~ effect** *n* CHEM ENG Abscheidewirkung *f*, Entmischungseffekt *m*; **~ filter** *n* ELECTRON, TELEV Trennfilter *nt*; **~ layer** *n* CHEM ENG Trennungsschicht *f*; **~ liquid** *n* CHEM ENG Trennflüssigkeit *f*; **~ maneuver** *n AmE*, **~ manoeuvre** *n BrE* SPACE *spacecraft* Trennmanöver *nt*; **~ motor** *n* SPACE Trenntriebwerk *nt*; **~ process** *n* CHEM ENG Entmischungsvorgang *m*, Trennmethode *f*; **~ proofs** *n pl* PRINT Probedrucke für die Farbseparierung *m pl*; **~ rocket** *n* SPACE Trennrakete *f*
separative: **~ effort** *n* NUC TECH Trennversuch *m*
separator *n* CHEM ENG Abscheidevorrichtung *f*, Abscheider *m*, COMP & DP Begrenzungszeichen *nt*, Trennzeichen *nt*, FOOD TECH Trennzentrifuge *f*, MAR POLL Abscheider *m*, Separator *m*, MECHAN ENG *oil* Abscheider *m*, TELECOM Separator *m*, Trennstufe *f*; **~ symbol** *n* COMP & DP Begrenzungssymbol *nt*
sepia: **~ toning** *n* PHOTO Schwefel- Sepia- Tönung *f*
septic: **~ tank** *n* WASTE Abwasserfaulraum *m*, WATER SUP Faulgrube *f*, Faulbecken *nt*
septivalent *adj* CHEMISTRY siebenwertig
septum *n* ELEC ENG Septum *nt*
sequence:[1] **~-controlled** *adj* COMP & DP folgegesteuert
sequence[2] *n* ACOUSTICS Sequenz *f*, COMP & DP Adreß- *pref*, Reihenfolge *f*, Sequenz *f*, CONTROL Abfolge *f*, Sequenz *f*, Ablauffolge *f*, Folge *f*, MATH *of numbers* Folge *f*; **~ of action** *n* IND PROCESS Wirkungsablauf *m*; **~ check** *n* COMP & DP Reihenfolgeprüfung *f*; **~ control** *n* COMP & DP Folgeprüfung *f*, IND PROCESS Folgeregelung *f*; **~ control register** *n* COMP & DP Adreßfolgeregister *nt*, Befehlsfolgeregister *nt*; **~ counter** *n* COMP & DP Adreßfolgeregister *nt*, Befehlsfolgeregister *nt*; **~ of instructions** *n* COMP & DP Befehlsfolge *f*; **~ number** *n* COMP & DP Folgenummer *f*; **~ of operations** *n* COMP & DP Operationsfolge *f*; **~ register** *n* COMP & DP Adreßfolgeregister *nt*, Befehlsfolgeregister *nt*; **~ relay** *n* ELEC ENG Folgerelais *nt*; **~ valve** *n* MECHAN ENG Zuschaltventil *nt*
sequencer *n* COMP & DP Ablaufsteuerung *f*, Sequencer *m*, CONTROL Zuordner *m*, ELEC ENG Arbeitsfolgeregler *m*, Programmgeber *m*, Sortierer *m*, TELECOM Folgesteuerungseinheit *f*
sequencing *n* COMP & DP Ablaufsteuerung *f*, folgegesteuerter Ablauf *m*, Folgesteuerung *f*, sequentielle Steuerung *f*, ELEC ENG Folgesteuerung *f*
sequential[1] *adj* COMP & DP, CONTROL aufeinanderfolgend, sequentiell
sequential:[2] **~ access** *n* COMP & DP Reihenfolgezugriff *m*, sequentieller Zugriff *m*; **~ computer** *n* COMP & DP sequentieller Computer *m*; **~ decoding** *n* TELECOM sequentielle Decodierung *f*; **~ file** *n* COMP & DP sequentielle Datei *f*; **~ interlace** *n* TELEV sequentielles Sprungverfahren *nt*; **~ mode** *n* COMP & DP sequentieller Modus *m*; **~ operation** *n* COMP & DP sequentielle Arbeitsweise *f*; **~ processing** *n* COMP & DP sequentielle Verarbeitung *f*; **~ sampling** *n* QUAL Folgestichprobenentnahme *f*, Reihenstichprobenentnahme *f*; **~-sampling plan** *n* QUAL Folgestichprobenplan *m*, Reihenstichprobenprüfplan *m*; **~ scanning** *n* TELEV sequentielles Abtasten *nt*; **~ search** *n* COMP & DP sequentielle Suche *f*, sequentielles Suchen *nt*; **~ test** *n* QUAL Folgeprüfung *f*, TELECOM sequentielle Prüfung *f*; **~ tone-coded radiopaging system** *n* TELECOM Funkrufsystem mit Tonfolgecodierung *nt*
sequester *vt* CHEMISTRY maskieren
sequestering: **~ agent** *n* CHEMISTRY Maskierungsmittel *nt*, Sequestiermittel *nt*
serial[1] *adj* COMP & DP in Reihe, seriell, CONTROL hintereinandergeschaltet, seriell, PRINT seriell, TELECOM Serien- *pref*, seriell; **~-parallel** *adj* COMP & DP seriell-parallel
serial:[2] **~ access** *n* COMP & DP serieller Zugriff *m*; **~ access device** *n* COMP & DP Gerät mit seriellem Zugriff *nt*; **~ access memory** *n* COMP & DP Speicher mit seriellem Zugriff *m*; **~ access storage** *n* COMP & DP Speicher mit seriellem Zugriff *m*; **~ adder** *n* COMP & DP, ELECTRON Serienaddierer *m*; **~ analog-digital conversion** *n* ELECTRON serielle Analog-Digital-Umsetzung *f*; **~ analog-digital converter** *n* ELECTRON serieller A/D-Wandler *m*; **~ behavior** *n AmE*, **~ behaviour** *n*

BrE ERGON Handlungsfolge *f*; ~ **computer** *n* COMP & DP Computer mit seriellem Anschluß *m*, serieller Computer *m*; ~ **connector** *n* COMP & DP serieller Anschluß *m*; ~ **digital output** *n* COMP & DP serielle digitale Ausgabe *f*; ~ **file** *n* COMP & DP serielle Datei *f*; ~ **form** *n* ELEC ENG serielle Form *f*; ~ **hand tap** *n* PROD ENG Stanzgewindebohrer *m*; ~ **input/output** *n (SIO)* COMP & DP serielle Ein-/Ausgabe *f*; ~ **interface** *n* COMP & DP, PRINT, TELECOM serielle Schnittstelle *f*; ~ **line** *n* ELEC ENG serielle Leitung *f*, serielles Kabel *nt*; ~ **memory** *n* COMP & DP, ELEC ENG serieller Speicher *m*; ~ **number** *n* COMP & DP Seriennummer *f*, MECHAN ENG Fabrikationsnummer *f*, Seriennummer *f*, PAT fortlaufende Nummer *f*, PHOTO Seriennummer *f*, laufende Nummer *f*; ~ **operation** *n* COMP & DP Serienbetrieb *m*, serielle Operation *f*, serieller Betrieb *m*; ~ **printer** *n* COMP & DP, PRINT serieller Drucker *m*; ~ **processing** *n* COMP & DP serielle Verarbeitung *f*; ~ **programming** *n* COMP & DP serielles Programmieren *nt*; ~ **rudders** *n pl* AIR TRANS serienmäßige Seitenruder *nt pl*; ~ **storage** *n* COMP & DP serieller Speicher *m*; ~ **subtracter** *n* ELECTRON serieller Subtrahierer *m*; **~-to-parallel conversion** *n* ELEC ENG seriell-parallele Umwandlung *f*; **~-to-parallel converter** *n* ELEC ENG seriell-parallele Umwandler *m*; ~ **transfer** *n* COMP & DP serielle Übertragung *f*; ~ **transmission** *n* COMP & DP serielle Übertragung *f*

serialize *vt* COMP & DP serialisieren

series:[1] **in ~** *adj* PHYS Serien- *pref*, in Reihen ELEC ENG hintereinandergeschaltet, ELECT hintereinandergeschaltet, reihengeschaltet, seriell; **~-connected** *adj* ELEC ENG hintereinandergeschaltet, in Reihe geschaltet, ELECT hintereinandergeschaltet, INSTR hintereinandergeschaltet, in Reihe geschaltet, in Serie geschaltet

series[2] *n* COMP & DP Folge *f*, Reihe *f*, ELEC ENG Hauptstrom *m*, MATH Reihe *f*, MECHAN ENG Baureihe *f*, Serie *f*, Typenreihe *f*, PRINT *of font* Garnitur *f*; ~ **arrangement** *n* ELEC ENG Hintereinanderschaltung *f*, Reihenanordnung *f*, Reihenschaltung *f*; ~ **capacitance** *n* ELEC ENG Serienkapazität *f*; ~ **capacitor** *n* ELEC ENG Reihenkondensator *m*, Serienkondensator *m*, ELECT reihengeschalteter Kondensator *m*; ~ **circuit** *n* ELEC ENG Reihenschaltung *f*, Serienschaltung *f*, RAD TECH Reihenschaltung *f*, TELECOM Reihenschaltung *f*, Staffelleitung *f*; ~ **coil** *n* ELECT seriengeschaltete Spule *f*; ~ **collector resistance** *n* ELEC ENG Serienkollektorwiderstand *m*; **~-connected resistance** *n* ELECT hintereinandergeschalteter Widerstand *m*; ~ **connection** *n* ELEC ENG Hintereinanderschaltung *f*, Reihenschaltung *f*, Serienschaltung *f*, ELECT Hintereinanderschaltung *f*, Reihenschaltung *f*, PHYS Serienschaltung *f*; ~ **converter** *n* ELEC ENG Serienkonverter *m*, Serienwandler *m*; ~ **dc motor** *n* ELEC ENG in Reihe geschalteter Gleichstrommotor *m*; ~ **dynamo** *n* ELEC ENG Reihenschlußdynamo *m*; ~ **excitation** *n* ELEC ENG Reihenschlußerregung *f*; **~-excited machine** *n* ELECT Hauptschlußmaschine *f*, Reihenschlußmaschine *f*, seriell erregte Maschine *f*; ~ **feed** *n* ELEC ENG Reihenspeisung *f*, Serienspeisung *f*; ~ **feedback** *n* ELEC ENG Reihengegenkopplung *f*, Seriengegenkopplung *f*; ~ **of links** *n* TELECOM *connecting* in Reihe geschaltete Strecken *f pl*; ~ **mode rejection** *n* IND PROCESS Serienstörsignalunterdrückung *f*; ~ **mode rejection ratio** *n* IND PROCESS Serienstörsignalunterdrückungsmaß *nt*; ~ **mode signal** *n* IND PROCESS Serienstörsignal *nt*; ~ **motor** *n* ELEC ENG Serienmotor *m*, ELECT Hauptschlußmotor *m*, Reihenschlußmotor *m*; **~-parallel circuit** *n* ELEC ENG Reihenparallelschaltung *f*, Serienparallel-schaltung *f*; **~-parallel switch** *n* ELEC ENG Reihenparallelschalter *m*, Serienparallelschalter *m*; ~ **pass power transistor** *n* ELECTRON Längsleistungstransistor *m*; ~ **pass transistor** *n* ELECTRON Längstransistor *m*; **~-produced power reactor** *n* NUC TECH serienmäßig hergestellter Leistungsreaktor *m*; ~ **reactance** *n* ELEC ENG Reihenreaktanz *f*, Serienreaktanz *f*, Vorreaktanz *f*; **~-regulated power supply** *n* ELEC ENG hauptstromgeregeltes Netzgerät *nt*, seriengeregelte Stromversorgung *f*; ~ **regulation** *n* ELEC ENG Hauptstromregelung *f*; ~ **regulator** *n* ELEC ENG Hauptstromregler *m*; ~ **resistance** *n* ELEC ENG Reihenwiderstand *m*, Serienwiderstand *m*, *rectifier, junction* Vorschaltwiderstand *m*; ~ **resonance** *n* ELEC ENG Reihenresonanzfrequenz *f*, PHYS Serienresonanz *f*; ~ **resonance frequency** *n* ELECTRON, RAD TECH, TELECOM, TELEV Reihenresonanzfrequenz *f*; **~-resonant circuit** *n* ELEC ENG Reihenresonanzkreis *m*, SR-Schaltung *f*, Serienresonanzkreis *m*; ~ **starter** *n* ELECT Reihenschlußanlasser *m*, Reihenschlußanlaßschalter *m*; ~ **transformer** *n* ELECT hintereinandergeschalteter Transformator *m*; ~ **winding** *n* ELEC ENG Reihenschlußwicklung *f*, Reihenwicklung *f*, Serienwicklung *f*, Wellenwicklung *f*, ELECT serielle Wicklung *f*; **~-wound dynamo** *n* ELEC ENG reihengewickelter Dynamo *m*, seriengewickelter Dynamo *m*, ELECT Reihenschlußdynamo *m*, seriell erregter Dynamo *m*; **~-wound machine** *n* ELECT Reihenschlußmaschine *f*, seriell erregte Maschine *f*; **~-wound motor** *n* ELEC ENG reihengewickelter Motor *m*, seriengewickelter Motor *m*, ELECT Reihenschlußmotor *m*, seriell erregter Motor *m*

serif *n* PRINT Schraffe *f*, Serife *f*, *typeface* Serifenschrift *f*

serigraphy *n* PRINT Filmdruck *m*, Serigraphie *f*, Siebdruck *m*

serotonin *n* CHEMISTRY Hydroxytryptamin *nt*, Serotonin *nt*

serpent: ~ **coil** *n* LAB EQUIP *distillation* Rohrschlange *f*, Rohrspirale *f*

serpentinization *n* FUELLESS Serpentinisierung *f*

serrate[1] *adj* MECHAN ENG kerbverzahnt

serrate[2] *vt* PROD ENG einkerben, riffeln

serrated[1] *adj* PROD ENG gekerbt, gerieft

serrated:[2] ~ **lock washer** *n* MECHAN ENG Fächerscheibe *f*; ~ **pulse** *n* TELEV gezahnter Synchronisationsimpuls *m*

serration *n* MECHAN ENG, PROD ENG Kerbverzahnung *f*; ~ **hackle** *n* CER & GLAS Sägezahnriß *m*; ~ **hob** *n* PROD ENG Kerbverzahnungswälzfräser *m*

server *n* COMP & DP Server *m*, TELECOM Bediener *m*, Server *m*

service[1] *n* COMP & DP, CONST Wartung *f*, MECHAN ENG Service *m*, Wartung *f*, RAIL Bahnverkehr *m*, Bahnbetrieb *m*, SPACE *communications* Funkdienst *m*, TELECOM Dienst *m*; ~ **area** *n* AIR TRANS Versorgungsbereich *m*; ~ **bit** *n* COMP & DP Hilfsbit *nt*; ~ **brake** *n* AUTO, MECHAN ENG Betriebsbremse *f*; ~ **ceiling** *n* AIR TRANS Betriebsgipfelhöhe *f*, Dienstgipfelhöhe *f*; ~ **disruption** *n* TELECOM Dienstunterbrechung *f*; ~ **layer** *n* TELECOM Dienstschicht *f*; ~ **life** *n* COAL TECH Lebensdauer *f*, Nutzungsdauer *f*, CONST Haltbarkeit *f*, ELEC ENG Arbeitsleben *nt*, Betriebserwartung *f*, Betriebslebensdauer *f*, NUC TECH Lebensdauer *f*, Nutzungsdauer *f*, PROD ENG *plastic valves* Lebensdauer *f*, SPACE *spacecraft* Einsatzlebensdauer *f*; ~ **line** *n* ELEC ENG Anschlußleitung *f*; ~ **load** *n* WATER SUP Nutzlast *f*; ~ **mark** *n* PAT Dienstleistungsmarke *f*; ~ **oscillator** *n* ELECTRON Serviceoszillator *m*; ~ **program** *n* COMP & DP Dienstprogramm *nt*, Wartungsprogramm *nt*; ~ **provider** *n* TELECOM Dienstanbieter *m*, Diensterbringer *m*; ~ **staff** *n* NUC TECH Bedienungspersonal *nt*, Dienstpersonal *nt*; ~ **standard** *n* QUAL Gebrauchsnormal *nt*; ~ **station** *n* AUTO Reparaturwerkstatt *f*; ~ **steam** *n* NUC TECH Nutzdampf *m*; ~ **time** *n* TELECOM Dienstzeit *f*; ~ **tool** *n* MECHAN ENG Wartungswerkzeug *nt*; ~ **trolley** *n* AIR TRANS Etagenwagen *m*, Servierwagen *m*; ~ **tunnel** *n* CONST Wartungstunnel *m*; ~ **vehicle** *n* AIR TRANS Versorgungsfahrzeug *nt*; ~ **volume** *n* TRANS Verkehrsaufkommen *nt*; ~ **water calorifier** *n* HEAT & REFRIG Brauchwassererwärmer *m*

service[2] *vt* COMP & DP, MECHAN ENG instandhalten, warten, MECHANIK instandhalten

serviceability *n* NUC TECH *of fuel rod* Funktionstüchtigkeit *f*

serviced *adj* MECHAN ENG gewartet

serving *n* TELECOM *of subscribers* Betreuung *f*; ~ **exchange** *n* TELECOM versorgendes Amt *nt*

servo:[1] ~**-acting** *adj* PROD ENG *plastic valves* servogesteuert

servo[2] *n* AUTO *brakes, steering* Brems- /Lenkkraftverstärker *m*, Servo *m*; ~ **altimeter** *n* AIR TRANS Servohöhenmesser *m*; ~ **amplifier** *n* ELECTRON Servoverstärker *m*; ~**-assisted valve** *n* HEAT & REFRIG vorgesteuertes Ventil *nt*; ~ **brake** *n* AUTO Hilfskraftbremse *f*, Servobremse *f*, MECHAN ENG Servobremse *f*; ~ **capstan** *n* TELEV Servotonrolle *f*; ~ **control** *n* AIR TRANS Servomotorsteuerung *f*, Servosteuerung *f*, CONTROL Folgeregelung *f*, Servoregelung *f*, ELEC ENG Servoregelung *f*; ~**-controlled tape mechanism** *n* TELEV Bandmechanismus mit Servosteuerung *m*; ~ **controller** *n* CONTROL Servoregler *m*, Servosteuerung *f*; ~ **control system** *n* CONTROL Folgeregelungssystem *nt*; ~ **drive** *n* ELECT Servoantrieb *m*; ~ **loop** *n* TELEV Servoschleife *f*; ~ **manipulator** *n* NUC TECH Servomanipulator *m*; ~ **modulator valve** *n* AUTO Hilfskraftmodulatorventil *nt*; ~ **positioner** *n* CONTROL Servopositionierer *m*, Servostellglied *nt*, Stellglied *nt*; ~ **system** *n* CONTROL Folgeregelungssystem *nt*, Servosystem *nt*, TELEV Servosystem *nt*; ~ **system drift** *n* SPACE *communications* Servosystemabweichung *f*; ~ **unit** *n* AIR TRANS Ruderservoantrieb *m*; ~ **valve** *n* HEAT & REFRIG Regelventil *nt*, Stellventil *nt*, MECHAN ENG Servoventil *nt*, PROD ENG *plastic valves* Vorsteuerventil *nt*; ~ **wheel** *n* TELEV Servorad *nt*

servomechanism *n* COMP & DP Folgesteuerungsmechanismus *m*, Servomechanismus *m*, Stellantrieb *m*, ELEC ENG Folgeregelung *f*, Folgeregelungssystem *nt*, Nachlaufregelung *f*, Servomechanismus *m*, MECHAN ENG Servomechanismus *m*, Servoeinrichtung *f*, PHYS, TELEV Servomechanismus *m*

servomotor *n* CONTROL Servomotor *m*, Stellmotor *m*, ELEC ENG Hilfsmotor *m*, Servomotor *m*, FUELLESS, NUC TECH Servomotor *m*

SES *abbr* TELECOM *(severely errored second)* stark fehlerbehaftete Sekunde *f*, WATER TRANS *(ship earth station) navigation* SES *(Bordterminal für Satellitenfunk)*

sesame: ~ **oil** *n* FOOD TECH Sesamöl *nt*

session *n* COMP & DP Arbeitsabschnitt *m*, Sitzung *f*; ~ **layer** *n* COMP & DP *OSI* Kommunikationssteuerungsschicht *f*, Sitzungsschicht *f*

set:[1] ~ **solid** *adj* PRINT ohne Zeildurchschuß gesetzt; ~**-up** *adj* PROD ENG aufgespannt

set[2] *n* COMP & DP Gruppe *f*, Satz *m*, CONST Aggregat *nt*, Anlage *f*, Ausstattung *f*, Garnitur *f*, Nietensetzkopf *m*, *of nail* Handdurchschläger *m*, ELEC ENG *of electrical machines* Apparatesatz *m*, Gerätesatz *m*, ERGON Einstellung *f*, Erwartung *f*, MATH Menge *f*, MECHAN ENG Schränkeisen *nt*, *deflection of saw-tooth point* Schränkung *f*, *of instruments* Satz *m*, PLAS Setzen *nt*, Setzung *f*, bleibende Verformung *f*, PRINT *type* Dicke *f*, PROD ENG Dehnungsrest *m*, Schränkung *f*, TEXT Garnitur *f*, Set *nt*, WATER SUP *of pumps in mine* Pumpenaggregat *nt*, Pumpensatz *m*; ~ **bolt** *n* MECHAN ENG Klemmschraube *f*, Stellschraube *f*; ~ **of change wheels** *n* MECHAN ENG *geared machine* Ersatzrädersatz *m*, *screw cutting lathe* Satz Wechselräder *m*; ~ **of claims** *n* PAT Satz von Patentansprüchen *m*; ~ **collar** *n* MECHAN ENG *shafting* Bund *m*, Stellring *m*; ~ **of cutters** *n* PROD ENG Fräsersatz *m*; ~ **drawing** *n* ENG DRAW Satzzeichnung *f*; ~ **of drawings** *n* ENG DRAW Zeichnungssatz *m*; ~ **of gears** *n* AUTO Getrieberadsatz *m*; ~ **grease** *n* MECHAN ENG Konstantfett *nt*; ~ **head** *n* MECHAN ENG Setzkopf *m*; ~ **of instruments** *n* CONST Besteck *nt*; ~ **of lenses** *n* PHOTO Objektivsatz *m*; ~ **nut** *n* MECHAN ENG Einstellmutter *f*; ~**-off** *n* PRINT *ink* Abfärben *nt*; ~**-on voltage- controlled oscillator** *n* ELECTRON aufgesetzter spannungsgeregelter Oszillator *m*; ~ **pin** *n* MECHAN ENG Einstellstift *m*; ~ **point accuracy** *n* NUC TECH Genauigkeit des Sollwertes *f*; ~ **of rolls** *n* PAPER Walzensatz *m*; ~ **screw** *n* MECHAN ENG Einstellschraube *f*, Justierschraube *f*, Stellschraube *f*, PROD ENG Klemmschraube *f*; ~ **square** *n* MECHAN ENG Zeichendreieck *nt*, Zeichenwinkel *m*, PROD ENG Winkel *m*, Winkelschiene *f*; ~ **of supplementary lenses** *n* PHOTO Satz von Ersatzlinsen *m*; ~ **theory** *n* MATH Mengenlehre *f*; ~ **of tools** *n* CONST Handwerkszeug *nt*; ~**-up channel** *n* TELECOM *mobile* Organisationskanal *m*; ~**-up diagram** *n* TELEV Aufstellungsplan *m*; ~**-up option** *n* COMP & DP Installationsoption *f*, Wahlmöglichkeit beim Einstellen *f*; ~**-up scale** *n* INSTR Skale mit unterdrücktem Nullpunkt *f*; ~**-up scale instrument** *n* INSTR Meßgerät mit unterdrücktem Nullpunkt *nt*; ~**-up time** *n* COMP & DP Installationszeit *f*, Rüstzeit *f*, PROD ENG, TEXT Rüstzeit *f*; ~ **value** *n* MECHAN ENG Sollwert *m*; ~ **of weights** *n* LAB EQUIP Satz Gewichte *m*; ~ **of wells** *n* WATER SUP Brunnensatz *m*; ~ **of wheels** *n* AUTO Rädersatz *m*; ~ **width** *n* PRINT Dicke *f*

set[3] *vt* COMP & DP definieren, einsetzen, einstellen, festlegen, CONST einrichten, einsetzen, einstellen, setzen, CONTROL einstellen, setzen, MECHAN ENG *machine* einrichten, *tools* justieren, PAPER stellen, PRINT setzen, PROD ENG aufspannen, schränken; ~ **down** *vt* MECHAN ENG *diameter* reduzieren; ~ **fire to** *vt* THERMODYN in Brand setzen; ~ **in concrete** *vt* CONST einbetonieren; ~ **in motion** *vt* MECHAN ENG in Bewegung versetzen; ~ **into operation** *vt* NUC TECH inbetriebsetzen, ingangsetzen; ~ **out** *vt* CONST *surveying* abstecken; ~ **taut** *vt* WATER TRANS *ropes* dichtholen, steifsetzen; ~ **to zero** *vt* MECHAN ENG *counter* auf Null stellen; ~ **up** *vt* COMP & DP anorden, aufbauen, definieren, einrichten, installieren; *vt* CONST aufbauen, montieren, MECHAN ENG *machine* einrichten, rüsten, vorbereiten; TELE-

COM *call* herstellen, TELEV aufstellen; anordnen, aufbauen, einrichten; PAPER einstellen

set[4] *vi* CONST *cement, concrete* abbinden, erstarren, verhärten, PET TECH *casing* Futterrohre abhängen, WASTE erstarren; ~ **boards edgewise** *vi* CONST Bohlen hochkant verlegen; ~ **in** *vi* WATER TRANS *tides* einsetzen; ~ **off** *vi* TELECOM *alarm* aufheben; ~ **out** *vi* WATER TRANS *ship* auslaufen; ~ **sail** *vi* WATER TRANS die Segel setzen, unter Segel gehen

sett *n* CONST Meißel *m*, Pflasterstein *m*, PROD ENG Schrobteil *m*, Schrottmeißel *m*

setting *n* AIR TRANS *instrument* Einrichten *nt*, Einstellen *nt*, Justieren *nt*, CHEM ENG Abbinden *nt*, Anstellen *nt*, COAL TECH Setzen *nt*, CONST Abbinden *nt*, Einstellen *nt*, Erstarrung *f*, Verlegen *nt*, MECHAN ENG *instrument* Einstellung *f*, *machine* Einrichten *nt*, Vorbereiten *nt*, *mount* Fassung *f*, *tools* Einrichten *nt*, *value* Einstellwert *m*, PROD ENG Aufspann- *pref*, Aufspannung *f*, Wellen *nt*, WASTE Erstarrung *f*; ~ **angle** *n* MECHAN ENG *of broach* Anstellwinkel *m*; ~ **device** *n* INSTR Einstellelement *nt*; ~ **dimension** *n* ENG DRAW Einstellmaß *nt*; ~ **gage** *n AmE*, ~ **gauge** *n BrE* MECHAN ENG Einstelllehre *f*; ~ **in** *n* CER & GLAS Einschieben *nt*; ~ **out** *n* CONST *surveying* Abstecken *nt*; ~ **position** *n* PROD ENG *plastic valves* Schaltstellung *f*; ~ **pressure** *n* HEAT & REFRIG Einstelldruck *m*; ~ **range** *n* PROD ENG *plastic valves* Stellbereich *m*; ~ **rate** *n* CER & GLAS Erstarrungsgeschwindigkeit *f*; ~ **ring** *n* MECHAN ENG Stellring *m*; ~ **stick** *n* PRINT Winkelhaken *m*; ~ **time** *n* PLAS Erstarrungszeit *f*, Härtezeit *f*, Verfestigungszeit *f*, WASTE Abbindzeit *f*; ~ **up** *n* MECHAN ENG *machine* Rüsten *nt*; ~ **value** *n* INSTR Einstellwert *m*

settle:[1] ~ **blow** *n* CER & GLAS Fertigblasen *nt*; ~ **mark** *n* CER & GLAS Welligkeit *f*; ~ **ring** *n* CER & GLAS Senkring *m*

settle[2] *vt* CHEM ENG abscheiden, absetzen, sedimentieren

settle[3] *vi* CHEM ENG absinken, sedimentieren, COAL TECH anfliegen; ~ **on** *vi* CHEM ENG sich festsetzen

settleable: ~ **solids** *n pl* WASTE Sinkstoffe *m pl*

settled: ~ **sewage** *n* WATER SUP abgesetztes Abwasser *nt*; ~ **volume** *n* CHEM ENG Schlammabsetzvolumen *nt*

settlement *n* COAL TECH Bodensenkung *f*, CONST *building, ground* Setzung *f*, *fresh concrete* Entmischen *nt*, WASTE Bodensetzung *f*, Sackung *f*; ~ **gage** *n AmE*, ~ **gauge** *n BrE* COAL TECH Bodenverdichtungsmesser *m*

settling *n* CHEM ENG Absetz- *pref*, COAL TECH Senkung *f*, Setzen *nt*, CONST *building, ground* Senkung *f*, PHYS Absetzen *nt*, Niederschlagung *f*, WASTE Absetz- *pref*, Absetzklärung *f*, Bodensetzung *f*, Sackung *f*, WATER SUP Absetz- *pref*; ~ **basin** *n* CHEM ENG Absetzbecken *nt*, Klärbecken *nt*, COAL TECH Klärbecken *nt*, WASTE Absetzbecken *nt*, WATER SUP Ablagerungsbecken *nt*, Absetzbecken *nt*; ~ **chamber** *n* WASTE Absetzkammer *f*, Beruhigungskammer *f*; ~ **cistern** *n* CHEM ENG Absetzzisterne *f*; ~ **cone** *n* CHEM ENG Absetzkonus *m*, Sedimentiergefäß *nt*, COAL TECH Klärspitze *f*; ~ **pit** *n* CONST Klärgrube *f*; ~ **pond** *n* COAL TECH Klärteich *m*; ~ **reservoir** *n* CHEM ENG Absetztank *m*; ~ **speed** *n* CHEM ENG Absetzgeschwindigkeit *f*, COAL TECH Sinkgeschwindigkeit *f*; ~ **sump** *n* CHEM ENG Klärsumpf *m*; ~ **tank** *n* CHEM ENG Abscheider *m*, Sedimentationsbehälter *m*, COAL TECH Setzkasten *m*, Setzmaschine *f*, PET TECH Absetztank *m*, WATER SUP Klärsumpf *m*; ~ **time** *n* CHEM ENG Absetzdauer *f*, Sedimentationsdauer *f*, INSTR Ausgleichzeit *f*, Einschwingzeit *f*, Einstellzeit *f*, OPT Abklingzeit *f*; ~ **tub** *n* CHEM ENG Absetzbottich *m*; ~ **vat** *n* CHEM ENG Absetzbottich *m*; ~ **velocity** *n* WASTE Absetzgeschwindigkeit *f*; ~ **vessel** *n* WASTE Absetzgefäß *nt*

setup *n* COMP & DP Anordnung *f*, Aufbau *m*, Definition *f*, Installation *f*, MECHAN ENG *instrument* Einstellung *f*, *machine* Einrichten *nt*, Vorbereiten *nt*, Einrichten *nt*, Vorbereiten *nt*, NUC TECH *regulating* Hochstellen *nt*, TELEV Aufstellung *f*

SEV *abbr (surface effect vehicle)* AUTO LKF *(Luftkissenfahrzeug)*

seven: ~ **layer model** *n* TELECOM *OSI* Sieben-Schichten-Modell *nt*; ~ **layer reference model** *n* COMP & DP *ISO/OSI* Sieben- Schicht-Referenzmodell *nt*

seventh *n* ACOUSTICS Septime *f*

severely: ~ **errored second** *n (SES)* TELECOM stark fehlerbehaftete Sekunde *f*

severity: ~ **of test** *n* QUAL Prüfschärfe *f*; ~ **of testing** *n* ELECT Prüfschärfe *f*

sew *vt* TEXT nähen

sewage *n* WATER SUP Abwasser *nt*; ~ **analysis** *n* WATER SUP Abwasseranalyse *f*; ~ **composition** *n* POLL Abwasserzusammensetzung *f*; ~ **discharge** *n* WASTE Abwassereinleitung *f*; ~ **disposal** *n* WASTE Abwasserbeseitigung *f*; ~ **disposal plant** *n* WATER SUP Abwasserkläranlage *f*; ~ **effluent** *n* WATER SUP Abwasserablauf *m*, Abwassereinleitung *f*, Kläranlagenabfluß *m*; ~ **farm** *n* WATER SUP Rieselfeld *nt*; ~ **flow** *n* WASTE Abwasseranfall *m*, Abwassermenge *f*; ~ **fungus** *n* WASTE Abwasserpilz *m*; ~ **outfall** *n* WASTE Abwassereinleitungsstelle *f*; ~ **oxidation pond** *n* WASTE Oxidationsteich *m*; ~ **purification** *n* WASTE Abwasserklärung *f*, Abwasserreinigung *f*; ~ **sludge** *n pl* WASTE Klärschlamm *m*, *municipal* Abwasserschlamm *m*, WATER SUP Klärschlamm *m*; ~ **treatment** *n* WASTE Abwasseraufbereitung *f*, Abwasserbehandlung *f*, Abwasserklärung *f*, Abwasserreinigung *f*; ~ **treatment plant** *n* WASTE Abwasserbehandlungsanlage *f*, Abwasserkläranlage *f*, Klärwerk *nt*, Kläranlage *f*; ~ **treatment process** *n* WASTE Abwasserbehandlungsverfahren *nt*; ~ **treatment works** *n* WASTE Abwasserreinigungsanlage *f*; ~ **wastewater** *n* WATER SUP Abwasser *nt*; ~ **water disposal** *n* WASTE Abwasserbeseitigung *f*; ~ **works** *n* WASTE Kläranlage *f*, Klärwerk *nt*

sewer *n* CONST Abwasserkanal *m*, Abwasserleitung *f*, Ausguß *m*, WATER SUP Abwasserkanal *m*, Entwässerungskanal *m*; ~ **cleaning** *n* WATER SUP Abwasserkanalreinigung *f*; ~ **system** *n* WASTE Kanalisation *f*

sewerage *n* WATER SUP Abwasserkanalisation *f*, Kanalisation *f*, Kanalisationsnetz *nt*; ~ **system** *n* WASTE Kanalisation *f*, WATER TRANS Kanalisationsnetz *nt*

sewing *n* PRINT *bookbinding* Heften *nt*, TEXT Nähen *nt*, Näherei *f*; ~ **cotton** *n* TEXT Nähgarn *nt*; ~ **machine** *n* PRINT Heftmaschine *f*, TEXT Nähmaschine *f*; ~ **silk** *n* TEXT Nähseide *f*

sewn: ~**-in label** *n* TEXT eingenähtes Etikett *nt*

sexadecimal *adj* COMP & DP hexadezimal

sextant *n* PHYS, WATER TRANS *navigation* Sextant *m*; ~ **altitude** *n* WATER TRANS *navigation* Schäkel *m*

sextet *n* PHYS *spectroscopy* Sextett *nt*

SF *abbr* ACOUSTICS *(standard frequency)* Eichfrequenz *f*, Vergleichsfrequenz *f*, COAL TECH *(safety factor)*, CONST *(safety factor)*, ELECT *(safety factor)* SF *(Sicherheitsfaktor)*, ELECTRON *(sideband fre-*

quency) SF *(Seitenbandfrequenz)*, ELECTRON *(signal frequency)* SF *(Signalfrequenz)*, ELECTRON *(speech frequency)* SF *(Sprachfrequenz)*, MECHAN ENG *(safety factor)*, NUC TECH *(safety factor)* SF *(Sicherheitsfaktor)*, RAD TECH *(sideband frequency)* SF *(Seitenbandfrequenz)*, RAD TECH *(signal frequency)* SF *(Signalfrequenz)*, SAFETY *(safety factor)* SF *(Sicherheitsfaktor)*, TELECOM *(sideband frequency)* SF *(Seitenbandfrequenz)*, TELECOM *(signal frequency)* SF *(Signalfrequenz)*, TELECOM *(speech frequency)* SF *(Sprachfrequenz)*, TELEV *(sideband frequency)* SF *(Seitenbandfrequenz)*, TELEV *(signal frequency)* SF *(Signalfrequenz)*, TRANS *(safety factor)* SF *(Sicherheitsfaktor)*

SFU *abbr (store-and-forward unit)* TELECOM Speichereinheit *f*

SGML *abbr (Standard Generalized Markup Language)* COMP & DP, PRINT SGML *(Standardkorrekturzeichensatz)*

shackle[1] *n* AUTO *leaf spring* Gehänge *nt*, *towing* Schäkel *m*, CONST Bügel *m*, Einspannvorrichtung *f*, Lasche *f*, Schäkel *m*, MAR POLL Bügel *m*, Schäkel *m*, Verbindungsglied *nt*, MECHAN ENG Bügel *m*, *of chain* Schäkel *m*, Verbindungsglied *nt*, MECHANICS Kettenglied *nt*, Lasche *f*; **~ insulator** *n* ELEC ENG Abspannisolator *m*, Schäkelisolator *m*

shackle:[2] **~ on** *vt* WATER TRANS anschäkeln

shade *n* CER & GLAS, PHOTO, PRINT Schattierung *f*, TEXT Farbton *m*, Nuancierung *f*

shaded[1] *adj* CER & GLAS schattiert, PRINT schraffiert

shaded:[2] **~ pole motor** *n* ELEC ENG Spaltpolmotor *m*

shading *n* PLAS *paint* Abtönen *nt*, Abtönung *f*, Nuancierung *f*, TELEV Dunkelsteuerung *f*; **~ compensation signal** *n* TELEV Schattenkompensationssignal *nt*; **~ corrector** *n* TELEV Dunkelkorrektur *f*; **~ paint** *n* PLAS Blendschutzanstrich *m*, Sonnenschutzfarbe *f*; **~ signal** *n* TELEV Dunkelsignal *nt*

shadow *n* PHOTO, PRINT Schatten *m*, TELEV Empfangsloch *nt*; **~ area** *n* PRINT Schattenfläche *f*, TELEV Schattenbereich *m*; **~ detail** *n* PHOTO Zeichnung in den Schatten *f*; **~ mask** *n* ELECTRON *video* Lochmaske *f*, TELEV Schattenmaske *f*; **~ mask tube** *n* ELECTRON *video* Maskenröhre *f*, TELEV Schattenmaskenröhre *f*; **~ wall** *n* CER & GLAS Schattenwand *f*

shadowgraph *n* CER & GLAS Röntgenbild *nt*

shadowing *n* TELECOM, TELEV Abschattung *f*

shafe *vt* PROD ENG abreiben

shaft *n* AUTO *engine, transmission* Welle *f*, CONST Kaminschacht *m*, Spindel *f*, Säulenschaft *m*, Walze *f*, Welle *f*, MECHAN ENG Welle *f*, *of hammer, axe* Schaft *m*, MECHANICS Schaft *m*, Spindel *f*, Stiel *m*, Welle *f*, PROD ENG Welle *f*, WATER SUP Schacht *m*, WATER TRANS *propulsion, engine* Welle *f*; **~ angle** *n* PROD ENG Achsenwinkel *m*; **~ bearing** *n* MECHAN ENG Wellenlager *nt*; **~ casing** *n* PROD ENG Schutzschlauch *m*; **~ collar** *n* MECHAN ENG Wellenbund *m*; **~ coupling** *n* ELEC ENG Wellenkopplung *f*, MECHAN ENG Wellenkuppelung *f*; **~ drive** *n* AUTO *transmission*, MECHAN ENG Wellenantrieb *m*; **~ end** *n* MECHAN ENG Wellenende *nt*; **~ furnace** *n* PROD ENG, WASTE Schachtofen *m*; **~ horse power** *n* MECHAN ENG WPS, Wellenpferdestärke *f*; **~ key** *n* MECHAN ENG Wellenkeil *m*; **~ kiln** *n* COAL TECH Schachtofen *m*; **~ ladder** *n* WATER SUP Schachtleiter *f*; **~-lapping machine** *n* MECHAN ENG Wellenläppmaschine *f*; **~ seal** *n* MECHAN ENG Simmerring *m*, Wellendichtring *m*, Wellendichtung *f*; **~ sealing** *n* MECHAN ENG Wellendichtung *f*; **~-sealing ring** *n* MECHAN ENG Simmerring *m*, Wellendichtring *m*; **~ spillway** *n* WATER SUP Schachtentlastungsanlage *f*; **~ water-bearing ground** *n* WATER SUP wasserführende Schicht *m*

shafting *n* MECHAN ENG Wellenstrang *m*, Wellen *f pl*, *transmission* Transmissionswelle *f*, PROD ENG Transmission *f*, Wellen *f pl*

shake *n* CONST Riß *m*, MECHAN ENG Schüttelbewegung *f*, PROD ENG Riß *m*; **~-out** *n* PROD ENG Rüttelrost *m*, Vibrationsrost *m*

shaker *n* LAB EQUIP Schüttelapparat *m*; **~ barrel** *n* PROD ENG Gußputztrommel *f*; **~ conveyor** *n* PROD ENG Schüttelrutsche *f*

shaking *n* MECHAN ENG Schütteln *nt*; **~ motion** *n* MECHAN ENG Schüttelbewegung *f*

shale *n* PET TECH Schiefer *m*; **~ diapir** *n* PET TECH Schieferstock *m*; **~ dome** *n* PET TECH Schieferdom *m*; **~ shaker** *n* PET TECH Schieferschüttler *m*

shallow[1] *adj* CER & GLAS, COAL TECH flach, WATER TRANS flach, seicht

shallow:[2] **~ descent** *n* AIR TRANS flacher Sinkflug *m*; **~-draft vessel** *n AmE* **~-draught vessel** *n BrE* WATER TRANS Schiff mit geringem Tiefgang *nt*, flachgehendes Schiff *nt*

shallows *n pl* WATER TRANS Flachwasser *nt*, Untiefen *f pl*

shank *n* CER & GLAS Tragschere *f*, CONST Schaft *m*, Säulenschaft *m*, Werkzeuggriff *m*, MECHAN ENG *of bolt, nail, tool*, PRINT *of letter*, PROD ENG Schaft *m*; **~ ladle** *n* PROD ENG *casting* Gabelpfanne *f*; **~ length** *n* MECHAN ENG *screws, bolts* Schaftlänge *f*; **~-type cutting tool** *n* PROD ENG Schaftmeißel *m*

shape[1] *n* METALL, TEXT Form *f*; **~ change** *n* METALL Formänderung *f*; **~-cutting machine** *n* CER & GLAS Formfräsmaschine *f*; **~ rolling** *n* MECHAN ENG Walzprofilieren *nt*

shape[2] *vt* PROD ENG stoßen; **~ on the return stroke** *vt* PROD ENG rückwärts hobeln

shaped[1] *adj* MECHAN ENG geformt

shaped:[2] **~ beam** *n* ELECTRON gerichteter Strahl *m*; **~ beam antenna** *n* SPACE Richtantenne *f*; **~ beam tube** *n* ELECTRON Richtstrahlröhre *f*; **~ bevel** *n* CER & GLAS Formschräge *f*; **~ conductor** *n* ELECT Formkonduktor *m*; **~ pulse** *n* ELECTRON geformter Impuls *m*; **~ reflector** *n* SPACE *communications* geformter Reflektor *m*

shaper *n* MECHAN ENG *gearwheels* Wälzstoßmaschine *f*, MECHANICS Shapingmaschine *f*, PROD ENG Waagerechtstoßmaschine *f*, Zahnradstoßmaschine *f*; **~ head** *n* MECHAN ENG Stoßkopf *m*; **~ tool** *n* MECHAN ENG Stoßmeißel *m*

shaping *n* MECHAN ENG *cold forming* Umformen *nt*, umformende Bearbeitung *f*, *metal cutting* Waagrechtstoßen *nt*, PROD ENG Stoßen *nt*; **~ amplifier** *n* ELECTRON Formungsverstärker *m*; **~ block** *n* CER & GLAS Wulcherblock *m*; **~ die** *n* MECHAN ENG Umformwerkzeug *nt*; **~ machine** *n* MECHAN ENG *sheet metal* Shapingmaschine *f*, Waagrechtstoßmaschine *f*; **~ network** *n* TELEV Ausgleichschaltung *f*; **~ planer** *n* MECHAN ENG Shapingmaschine *f*, Waagrechtstoßmaschine *f*; **~ tool** *n* CER & GLAS Wulchereisen *nt*, MECHAN ENG Stoßmeißel *m*

share *vt* COMP & DP gemeinsam benutzen, gemeinsam nutzen

shared: **~ access** *n* COMP & DP gemeinsamer Zugriff *m*; **~ file** *n* COMP & DP gemeinsam benutzte Datei *f*; **~ mem-**

ory *n* COMP & DP gemeinsam benutzter Speicher *m*; ~ **memory system** *n* COMP & DP gemeinsam benutztes Speichersystem *nt*; ~ **service line** *n* TELECOM Gemeinschaftsleitung *f*; ~ **virtual area** *n (SVA)* COMP & DP gemeinsam benutzbarer virtueller Bereich *m (SVA)*

shareware *n* COMP & DP *program* Shareware *f*

sharing *n* COMP & DP gemeinsame Nutzung *f*

sharp[1] *adj* MECHAN ENG scharf, *pointed* spitz, *sharp-edged* scharfkantig; **~-edged** *adj* MECHAN ENG scharfkantig

sharp[2] *n* ACOUSTICS Erhöhungszeichen *nt*, Kreuz *nt*; **~-contoured impression** *n* ENG DRAW konturenscharfes Zeichnen *nt*; **~-crested weir** *n* HYD EQUIP scharfkantiges Wehr *nt*, scharfkantiges Überlaufwehr *nt*, WATER SUP scharfkantiges Wehr *nt*; ~ **curve** *n* GEOM scharfe Krümmung *f*, scharfe Kurve *f*; ~ **cutoff filter** *n* ELECTRON scharf begrenzendes Filter *nt*; ~ **cutoff tube** *n* ELECTRON Röhre ohne Regelkennlinie *f*; ~ **cutting filter** *n* ELECTRON steiles Filter *nt*; ~ **edge** *n* CER & GLAS scharfe Kante *f*; **~-edged orifice** *n* HYD EQUIP scharfkantige Düse *f*, scharfkantige Meßblendenbohrung *f*, scharfkantige Mündung *f*; **~-edged tool** *n* MECHAN ENG scharfkantiges Werkzeug *nt*; ~ **finish** *n* CER & GLAS scharfe Oberfläche *f*; ~ **fire** *n* CER & GLAS Glattbrand *m*; ~ **pulse** *n* ELECTRON scharf begrenzter Impuls *m*; ~ **thread** *n* MECHAN ENG Spitzgewinde *nt*; ~ **yield point** *n* METALL scharfe Streckgrenze *f*

sharpen *vt* MECHAN ENG *knives* schleifen, schärfen, wetzen, *tools* schärfen, PROD ENG aufrauhen, griffig machen

sharpener *n* MECHAN ENG Schleifmaschine *f*, Schleifer *m*

sharpening *n* MECHAN ENG Schleifen *nt*, Schärfen *nt*; ~ **machine** *n* MECHAN ENG Schleifmaschine *f*, Schärfmaschine *f*; ~ **steel** *n* FOOD TECH Schleifstahl *m*

sharply: ~ **bounded line** *n* ENG DRAW scharf begrenzte Linie *f*

sharpness *n* ACOUSTICS, GEOM *of angle*, MECHAN ENG *of cutting edge, of point* Schärfe *f*, OPT *of image* Bildschärfe *f*, Schärfe *f*, PHOTO Schärfe *f*; ~ **control** *n* TELEV Schärfeeinstellung *f*; ~ **of resonance** *n* PHYS Resonanzschärfe *f*

shatter: ~ **crack** *n* PROD ENG Flocke *f*, Haarriß *m*, Innenriß *m*; **~-proof glass** *n* AUTO splitterfreies Glas *nt*; ~ **test** *n* TEST Splitterprüfung *f*

shave:[1] ~ **hook** *n* CONST Bleifeile *f*, Schab *nt*; ~ **tooth** *n* MECHAN ENG *of broach* Schabezahn *m*

shave[2] *vt* MECHAN ENG, PROD ENG nachschaben, schaben

shaving *n* CONST Hobelspan *m*, MECHAN ENG *gearwheels* Schaben *nt*, PAPER Papierspan *m*, PROD ENG Nachschaben *nt*, Schaben *nt*, Span *m*

SHC *abbr (super high cube)* TRANS *container* Supergroßraumcontainer *m*

sheaf *n* PROD ENG Garbe *f*

shear[1] *n* ACOUSTICS, CER & GLAS Scher- *pref*, MECHAN ENG Scher- *pref*, Schneidemaschine *f*, Schneider *m*, *materials* Scheren *nt*, Schub *m*, MECHANICS Scherkraft *f*, Scherung *f*, PHYS, PLAS *rheology* Scherung *f*, PROD ENG Scher- *pref*; **~-action cutting tool** *n* PROD ENG Scherschneidwerkzeug *nt*; ~ **alignment** *n* CER & GLAS Scherenausrichtung *f*; ~ **blade** *n* CER & GLAS Schermesser *nt*, MECHAN ENG Scherblatt *nt*; ~ **draft** *n* PROD ENG Aufriß *m*, Längsriß *m*; ~ **elasticity** *n (m)* ACOUSTICS Scherelastizität *f (m)*; ~ **flow** *n* FLUID PHYS Scherströmung *f*; ~ **flow instability** *n* FLUID PHYS Scherschichtinstabilität *f*; ~ **force** *n* CONST Scherkraft *f*, Schubkraft *f*, MECHAN ENG Scherkraft *f*; ~ **fracture** *n* METALL Scherbruch *m*; ~ **heating** *n* PLAS Schererwärmung *f*; ~ **joint** *n* PROD ENG Überlappstoß *m*; ~ **layers** *n pl* FLUID PHYS Scherschichten *f pl*; ~ **leg** *n* CONST Dreibeinkran *m*, PET TECH Dreibeinbohrbühne *f*; ~ **lip** *n* METALL Scherschnabel *m*; ~ **mark** *n* CER & GLAS Scherenmarkierung *f*; ~ **modulus** *n (G)* MECHAN ENG, PHYS, PLAS Schubmodul *nt (G)*; ~ **pin** *n* MECHAN ENG Abscherbolzen *m*, Abscherstift *m*, Scherstift *m*, PROD ENG Abscherbolzen *m*; ~ **plane** *n* PROD ENG Scherebene *f*; ~ **plane angle** *n* PROD ENG Scherwinkel *m*; ~ **plane perpendicular force** *n* PROD ENG Scherkraft *f*; ~ **rate** *n* PLAS Geschwindigkeitsgefälle *nt*, Schergefälle *nt*, Schergeschwindigkeit *f*; ~ **spray** *n* CER & GLAS Scherenspray *nt*; ~ **steel** *n* METALL Scherstahl *m*; ~ **strain** *n* PHYS Scherdehnung *f*; ~ **strength** *n* COAL TECH Scherfestigkeit *f*, Schubfestigkeit *f*, MECHANICS Abscherfestigkeit *f*, Scherfestigkeit *f*, METALL, PLAS, PROD ENG Scherfestigkeit *f*; ~ **stress** *n* FLUID PHYS Scherspannung *f*, PHYS Scherspannung *f*, Scherbeanspruchung *f*, PLAS Scherspannung *f*, Schubspannung *f*; ~ **test** *n* MECHAN ENG Abscherversuch *m*, Scherversuch *m*, *rivets* Abscherversuch *m*; ~ **viscosity** *n* MECHAN ENG Scherviskosität *f*; ~ **wave** *n* ACOUSTICS Schubwelle *f*

shear[2] *vt* CONST abscheren, auf Schub beanspruchen, MECHAN ENG scheren, *clip* abschneiden, TEXT scheren

shear:[3] ~ **off** *vi* PROD ENG *plastic valves* abscheren

shearcut *n* CER & GLAS Scherschnitt *m*

sheared *adj* PROD ENG abgeschert, abgeschnitten, schräggeschliffen

shearing *n* MECHAN ENG Abscherung *f*, Scheren *nt*, WASTE Zerkleinern *nt*, Zerschneiden *nt*; ~ **die** *n* MECHAN ENG *press tools* Schnittplatte *f*; ~ **force** *n* MECHAN ENG, PHYS Scherkraft *f*; ~ **machine** *n* COAL TECH Schermaschine *f*, MECHAN ENG Maschinenschere *f*, Schneidmaschine *f*, TEXT Schermaschine *f*; **~-off** *n* CER & GLAS Abscheren *nt*; ~ **strain** *n* MECHAN ENG Scherbeanspruchung *f*; ~ **strength** *n* MECHAN ENG Scherfestigkeit *f*, Schubfestigkeit *f*; ~ **stress** *n* CONST Scherspannung *f*, Schubspannung *f*, MECHAN ENG Scherbeanspruchung *f*, Schubbeanspruchung *f*, Schubspannung *f*; ~ **tenacity** *n* MECHAN ENG Abscherfestigkeit *f*

shears *n pl* CER & GLAS Schere *f*, MECHAN ENG *machine* Schneidemaschine *f*, Schneider *m*, *of lathe* Wange *f*, *scissors* Schere *f*, MECHANICS Schere *f*, PROD ENG Schere *f*, Wange *f*

sheath *n* ELECT *cable* Armierung *f*, Ummantelung *f*, MECHANICS Hülse *f*, Scheide *f*, OPT Beschichtung *f*

sheathe *vt* CONST, ELEC ENG *cable* umhüllen, ummanteln

sheathed: ~ **cable** *n* ELEC ENG Mantelkabel *nt*, bewehrtes Kabel *nt*; ~ **deck** *n* WATER TRANS Deck mit Decksbelag *nt*; ~ **thermocouple** *n* NUC TECH ummanteltes Thermoelement *nt*

sheathing *n* ELEC ENG *cable* Umhüllung *f*, Ummantelung *f*, Überzug *m*, PLAS Ummanteln *nt*

sheave *n* MECHAN ENG Blockscheibe *f*, Riemenscheibe *f*, Seilscheibe *f*, *of eccentric* Scheibe *f*, *pitched chain* Rolle *f*, *pulley* Rillenscheibe *f*, WATER TRANS *fittings* Scheibe *f*; ~ **block** *n* MECHAN ENG Blockscheibe *f*

shed *n* CONST Halle *f*, Schuppen *m*, Schutzdach *nt*, TEXT Webfach *nt*; ~ **roof** *n* CONST Pultdach *nt*, Satteldach *nt*

sheen *n* MAR POLL Reflex *m*, Schimmer *m*, TEXT Glanz *m*

sheepsfoot: ~ **roller** *n* CONST Schaffußwalze *f*

sheepshank *n* WATER TRANS *knots* Trompete *f*

sheer[1] *adj* TEXT durchscheinend; ~ **aft** *adj* WATER TRANS *ship design* Sprung hinten; ~ **forward** *adj* WATER TRANS *ship design* Sprung vorn

sheer[2] *n* WATER TRANS *shipbuilding* Sprung *m*; ~ **drawing** *n* WATER TRANS *ship design* Längsriß *m*, Seitenriß *m*; ~ **line** *n* WATER TRANS *shipbuilding* Deckstrak *m*; ~ **plan** *n* WATER TRANS *ship design* Längsriß *m*, Seitenriß *m*

sheer:[3] ~ **off** *vi* WATER TRANS *navigation* abscheren

sheerstrake *n* WATER TRANS *shipbuilding* Schergang *m*

sheet:[1] ~**-fed** *adj* PRINT mit Bogenanlage

sheet[2] *n* MECHANICS Blech *nt*, Platte *f*, METALL Blech *nt*, Feinblech *nt*, NUC TECH Blech *nt*, Tafel *f*, PAPER Papierbogen *m*, PLAS Folie *f*, Platte *f*, PRINT Bogen *m*, Druckbogen *m*, *of paper* Blatt *nt*, WATER TRANS *sailing* Blech *nt*, Schot *f*; ~ **bend** *n* WATER TRANS *knots* Schotstek *m*; ~ **bending** *n* PROD ENG Blechbiegen *nt*; ~**-bending machine** *n* PROD ENG Blechbiegemaschine *f*; ~ **boiling** *n* NUC TECH Schichtsieden *nt*; ~ **border** *n* ENG DRAW Blattkante *f*; ~**-bordering machine** *n* PROD ENG Blechbördelmaschine *f*; ~ **calender** *n* PAPER Bogenkalender *m*; ~ **copper** *n* METALL Kupferblech *nt*; ~**-cutting machine** *n* PACK Bogenschneider *m*, Querschneider *m*; ~ **die** *n* PLAS Breitschlitzdüse *f*; ~ **dissection system** *n* ENG DRAW Zerschneideblattsystem *nt*; ~ **of a drawing** *n* PAT Zeichnungsblatt *nt*; ~ **drill** *n* PROD ENG Blechbohrer *m*; ~ **edge** *n* ENG DRAW Blattkante *f*; ~**-fed carton printer** *n* PACK Kartondrucker mit Einzelblatteinzug *m*; ~**-fed machine** *n* PRINT Bogenpresse *f*, Druckpresse für einzelne Bogen *f*; ~ **feeder** *n* PRINT Bogenzuführungsapparat *m*; ~ **feeding** *n* COMP & DP Einzelblattzuführung *f*; ~ **film** *n* PHOTO *reproduction* Blattfilm *m*; ~ **gage** *n* *AmE*, ~ **gauge** *n* *BrE* MECHAN ENG, PROD ENG Blechlehre *f*; ~ **glass** *n* CER & GLAS Tafelglas *nt*; ~ **iron** *n* METALL, PROD ENG Eisenblech *nt*; ~ **iron gage** *n* *AmE*, ~ **iron gauge** *n* *BrE* MECHAN ENG Blechlehre *f*; ~ **iron pipe** *n* CONST Blechrohr *nt*; ~ **knot** *n* WATER TRANS Schotstek *m*; ~ **lead** *n* CONST Bleiblech *nt*, Tafelblei *nt*; ~ **machine** *n* PACK Bogenzuführmaschine *f*; ~ **metal** *n* PROD ENG Blech *nt*; ~ **metal- bending machine** *n* PROD ENG Blechbiegemaschine *f*; ~ **metal-bending roll** *n* PROD ENG Blechrundbiegemaschine *f*; ~ **metal screw** *n* MECHAN ENG Blechschraube *f*; ~ **metal stencil** *n* ENG DRAW Blechschablone *f*; ~ **mill** *n* PROD ENG Feinblechwalzwerk *nt*; ~ **pile** *n* COAL TECH, CONST Spundbohle *f*; ~ **piling** *n* COAL TECH, CONST Spundwand *f*; ~ **resistance** *n* ELEC ENG Flächenwiderstand *m*, Schichtwiderstand *m*; ~ **rolling** *n* PROD ENG Feinblechwalzen *nt*; ~ **scrap** *n* PROD ENG Blechschrott *m*; ~ **shears** *n pl* MECHAN ENG Tafelschere *f*; ~ **steel** *n* AUTO *body*, MECHAN ENG, METALL Stahlblech *nt*; ~ **stock** *n* PROD ENG Blechmaterial *nt*; ~ **tin** *n* PROD ENG verzinntes Blech *nt*; ~ **zinc** *n* PROD ENG Zinkblech *nt*

sheet:[3] ~ **out** *vt* CONST *civil engineering* auswalzen

sheeted *adj* PROD ENG ausgewalzt

sheeting *n* CONST Absteifung *f*, Spundwand *f*, Verkleidungsmaterial *nt*, Straßendecke *f*, TEXT Bahn *f*, Bettuchstoff *m*; ~ **pile** *n* CONST Spundbohle *f*

sheetwise: ~ **form** *n* PRINT Schön- und Wiederdruckform *f*

shelf *n* CONST, LAB EQUIP Regal *nt*, WATER TRANS Küstensockel *m*, Schelf *nt*; ~ **impact** *n* PACK Haltbarkeit *f*, Lagerbeständigkeit *f*; **off the** ~ **information** *n* PACK Lieferinformation *f*; ~ **life** *n* FOOD TECH Haltbarkeitsdauer *f*, PLAS *storage* Haltbarkeit *f*, Lagerungsbeständigkeit *f*, TEST Lagerbeständigkeit *f*; ~ **life test** *n* PACK Haltbarkeitsprüfung *f*; ~ **space** *n* PACK Regalplatz *m*; ~ **stability** *n* PACK Lagerfestigkeit *f*

shelfback *n* PRINT *bookbinding* Buchrücken *m*

shell *n* CER & GLAS Ofenmantel *m*, COAL TECH Gehäuse *nt*, Schale *f*, COMP & DP *program shell* Shell *f*, MECHAN ENG Aufsteck- *pref*, Schale *f*, *of pulley* Gehäuse *nt*, NUC TECH *of heat exchanger, pressure vessel* Mantel *m*, Ummantelung *f*, PAPER Schale *f*, PET TECH Erweiterungsbohrer *m*, PROD ENG Maske *f*, *plastic valves* Hülse *f*, SPACE *spacecraft* Hülle *f*, Schale *f*, WATER TRANS *shipbuilding* Außenhaut *f*; ~ **auger** *n* CONST Löffelbohrer *m*; ~ **casing** *n* NUC TECH Mantel *m*; ~ **construction** *n* CONST Schalenbauweise *f*; ~ **coupling** *n* PROD ENG *plastic valves* Schalenkupplung *f*; ~ **drill** *n* MECHAN ENG Aufstecksenker *m*; ~**-end mill** *n* MECHAN ENG Walzenstirnfräser *m*; ~**-end milling** *n* MECHAN ENG Stirnwalzenfräsen *nt*, Walzstirnfräsen *nt*; ~ **gimlet** *n* CONST Schneckenhandbohrer *m*; ~ **mill** *n* MECHAN ENG *milling cutter* Aufsteckfräser *m*; ~ **model** *n* PHYS *nuclear* Schalenmodell *nt*; ~**-molding process** *n* *AmE see shell- moulding process BrE* ~**-molding resin** *n* *AmE see shell- moulding resin BrE* ~**-moulding process** *n* *BrE* PROD ENG *casting* Formmaskenverfahren *nt*; ~**-moulding resin** *n* *BrE* PLAS Harz für Formmaskenverfahren *nt*; ~ **plating** *n* WATER TRANS *shipbuilding* Außenhautbeplattung *f*; ~ **reamer** *n* MECHAN ENG Aufsteckreibahle *f*; ~ **section** *n* NUC TECH Teil der Ummantelung *m*; ~ **strength** *n* FOOD TECH Schalenfestigkeit *f*; ~ **tool** *n* PROD ENG Aufsteckwerkzeug *nt*; ~ **and tube heat exchanger** *n* HEAT & REFRIG, NUC TECH Röhrenwärmeaustauscher *m*; ~**-type transformer** *n* ELEC ENG Manteltrafo *m*, Manteltransformator *m*, ELECT Manteltransformator *m*

shellac *n* CONST Lackfirnis *m*, Schellack *m*, ELECT Schellack *m*, PROD ENG Blätterlack *m*, Schellack *m*

shelling *n* FOOD TECH Schälen *nt*

shelter[1] *n* CONST Schutzdach *nt*, Schutzraum *m*, Überdeckung *f*, TRANS Wartehalle *f*, WATER TRANS Liegeplatz *m*, Wetterschutz *m*

shelter[2] *vt* WATER TRANS Schutz gewähren

shelter[3] *vi* WATER TRANS *submarine* Schutz suchen, sich verborgen halten

sheltered: ~ **installation** *n* HEAT & REFRIG geschützte Anlage im Freien *f*, überdachte Anlage *f*

SHF[1] *abbr (superhigh frequency)* COAL TECH, CONST, ELECTRON, MECH, PHYS, PLAS, THERMODYN SHF *(superhohe Frequenz)*

SHF:[2] ~ **signal generator** *n* ELECTRON SHF-Signalgenerator *m*, SHF- Signalerzeuger *m*

shield[1] *n* CONST Schild *m*, Vortriebsschild *m*, ELEC ENG *lamp* Schirm *m*, ELECT *cable* Schirmung *f*, ELECTRON, LAB EQUIP Schirm *m*, MECHAN ENG Schild *m*, Schutzschild *m*, PROD ENG Schutzmantel *m*, SPACE Schutzschirm *m*; ~ **cooling system** *n* NUC TECH Kühlsystem für die Abschirmung *nt*, Schildkühlung *f*; ~ **heat- up** *n* NUC TECH Schilderwärmung *f*; ~ **tunneling** *n* *AmE*, ~ **tunnelling** *n* *BrE* RAIL Schildvortrieb *m*

shield[2] *vt* CONST, RAD TECH abschirmen, SPACE abschirmen, schützen

shielded[1] *adj* PROD ENG sehr dick umhüllt, verdeckt

shielded:[2] ~ **cable** *n* COMP & DP abgeschirmtes Kabel *nt*, ELEC ENG Abschirmkabel *nt*, abgeschirmtes Kabel *nt*, gepanzertes Kabel *nt*, ELECT, PHYS, RECORD, TELEV abgeschirmtes Kabel *nt*; ~ **enclosure** *n* ELEC ENG abgeschirmtes Gehäuse *nt*; ~ **metal arc welding** *n* *(SMAW)* NUC TECH Sigmaschweißung *f (SMAW)*; ~ **pair** *n* ELEC ENG abgeschirmte symmetrische Leitung *f*; ~ **transformer** *n* ELEC ENG abgeschirmter Transformator *m*, gepanzerter Transformator *m*; ~ **transmission** *n* ELEC ENG abgeschirmte Übertragung *f*; ~ **wire** *n* ELEC ENG abgeschirmter Draht *m*

shielding *n* COMP & DP *protection*, ELEC ENG Abschirmung *f*, ELECT *cable* Abschirm- *pref*, Abschirmung *f*, NUC TECH, PHYS Abschirmung *f*, PROD ENG Umhüllung *f*, RAD PHYS, RAD TECH, RECORD *radio*, SAFETY *spectrometer* Abschirmung *f*, SPACE Abschirmung *f*, Mantel *m*, TELEV Abschirmung *f*; ~ **conductor** *n* ELECT *cable* Abschirmleiter *m*; ~ **effect** *n* ELECT Abschirmeffekt *m*

shift[1] *n* COMP & DP Stellenverschiebung *f*, Umschaltung *f*, MECHAN ENG *gearshift* Schaltung *f*, NUC TECH *spectroscopy* Verschiebung *f*, PROD ENG Gußfehler *m*, SPACE *communications*, TELEV Verschiebung *f*, TEXT Sackkleid *nt*; ~ **character** *n* COMP & DP Umschaltzeichen *nt*; ~ **control** *n* TELEV Bildzentrierung *f*; ~**-in character** *n (SI character)* COMP & DP DBCS-Endezeichen *nt*, Rückschaltzeichen *nt*; **on ~ operator** *n* NUC TECH diensthabender Operator *m*; ~ **out** *n (SO)* COMP & DP Dauerumschaltung *f*; ~**-out character** *n* COMP & DP DBCS-Startzeichen *nt*, Umschaltzeichen für Dauerumschaltung *nt*; ~ **pulse** *n* ELECTRON *data* Schiebeimpuls *m*; ~ **register** *n* COMP & DP Verschieberegister *nt*, ELECTRON, RAD TECH, TELECOM Schieberegister *nt*

shift[2] *vt* COMP & DP umschalten, verschieben

shift[3] *vi* WATER TRANS *cargo* sich verschieben, *wind* umspringen

shifted: ~ **finish** *n* CER & GLAS verschobene Oberfläche *f*

shifting *n* MECHAN ENG *gears* Schalten *nt*, WATER TRANS *shipbuilding* Verlagerung *f*; ~ **link** *n* MECHAN ENG Schaltglied *nt*; ~ **spanner** *n BrE (cf shifting wrench)* MECHAN ENG Engländer *m*, verstellbarer Schraubenschlüssel *m*; ~ **wrench** *n (cf shifting spanner BrE)* MECHAN ENG Engläder *m*, verstellbarer Schraubenschlüssel *m*

shiftwork *n* ERGON Schichtarbeit *f*

shim[1] *n* MECHAN ENG Abstandscheibe *f*, Ausgleichscheibe *f*, Beilagscheibe *f*, Distanzscheibe *f*, Paßscheibe *f*, Unterlegscheibe *f*, MECHANICS Beilagefolie *f*, NUC TECH *spacer* Unterlegscheibe *f*, PROD ENG Beilage *f*, RAIL Schienenstoßfutterblech *nt*; ~ **assembly** *n* NUC TECH Trimmelement *nt*; ~ **element** *n* NUC TECH Trimmelement *nt*; ~ **member** *n* NUC TECH Trimmelement *nt*; ~ **rod** *n* NUC TECH Trimmstab *m*; ~ **rod bank** *n* NUC TECH Trimmstabblock *m*; ~ **safety rod** *n* NUC TECH Trimm- Abschaltstab *m*; ~ **safety rod suspension** *n* NUC TECH Aufhängung eines Trimm-Abschaltstabes *f*

shim[2] *vt* MECHAN ENG, PROD ENG unterbauen, unterlegen

shimming *n* MECHAN ENG Ausgleichen mit Scheiben *nt*, Unterlegen von Scheiben *nt*, PROD ENG Unterbauen *nt*, Unterlegen *nt*

shimmy: ~ **damper** *n* AIR TRANS *aircraft* Flatterdämpfer *m*

shin *n* PROD ENG Lasche *f*

shingle[1] *n* CONST Schindel *f*, WATER TRANS *sea* Kiesstrand *m*

shingle[2] *vt* METALL verdichten

shingling *n* METALL Verdichten *nt*

ship:[1] ~ **breaking** *n* WATER TRANS Abwracken *nt*; ~ **broker** *n* WATER TRANS Schiffsmakler *m*; ~ **canal** *n* WATER TRANS Fahrrinne *f*, Schiffskanal *m*, Schifffahrtskanal *m*; ~ **chandler** *n* WATER TRANS Schiffsausrüster *m*, Schiffsbedarfshändler *m*; ~ **chandlery** *n* WATER TRANS Schiffsausrüster *m*; ~ **designer** *n* WATER TRANS Schiffskonstrukteur *m*; ~ **earth station** *n (SES)* WATER TRANS *navigation* Bordterminal für Satellitenfunk *m (SES)*; ~ **girder** *n* WATER TRANS *shipbuilding* Schiffsträger *m*; ~ **handling** *n* WATER TRANS Schiffsführung *f*; ~ **in distress** *n* WATER TRANS *emergency* Schiff in Seenot *nt*; ~ **loading** *n* WATER TRANS Beladen eines Schiffs *nt*, Schiffsbeladung *f*; ~ **model test tank** *n* WATER TRANS *shipbuilding* Schleppversuchstank *m*; ~ **polling** *n* TELECOM Schiffsabfrage *f*; ~ **reporting system** *n* TELECOM Schiffsmeldesystem *nt*; ~ **station identity** *n* TELECOM Kennung der Schiffsfunkstelle *f*; ~ **station number** *n* TELECOM Nummer der Schiffsfunkstelle *f*; ~**-to-ship alerting** *n* TELECOM Bord-Bord-Alarmierung *f*; ~**-to-shore alerting** *n* TELECOM Bord-Land-Alarmierung *f*; ~**-to- shore radio communication** *n* WATER TRANS Bord-Land-Funkverbindung *f*

ship[2] *vt* WATER TRANS befördern, transportieren, *passengers* an Bord nehmen, verladen

ship[3] *vi* WATER TRANS *passengers* sich einschiffen; ~ **the oars** *vi* WATER TRANS *rowing* die Riemen einlegen

shipboard: **on** ~ *prep* WATER TRANS auf dem Schiff

shipborne: ~ **earth station** *n* SPACE *communications* Erdfunkstelle auf einem Schiff *f*; ~ **lighter** *n* TRANS Trägerschiffleuchter *m*

shipbuilder *n* WATER TRANS Schiffbauer *m*

shipbuilding *n* WATER TRANS Schiffbau *m*

shipload *n* WATER TRANS Schiffsladung *f*

shipmaster *n* WATER TRANS *merchant navy* Schiffsführer *m*

shipment *n* WATER TRANS Verschiffung *f*, *cargo* Seefracht *f*, Seeversand *m*

shipowner *n* WATER TRANS Reeder *m*, Schiffseigner *m*

shipper *n* WATER TRANS *sea trade* Verfrachter *m*

shipping *n* WATER TRANS Anbordnahme *f*, Versand *m*, Verschiffungskosten *pl*; ~ **agency** *n* WATER TRANS Spedition *f*; ~ **agent** *n* WATER TRANS Verschiffungsspediteur *m*; ~ **bill** *n* WATER TRANS Zollfreischein *m*; ~ **charges** *n pl* WATER TRANS Speditionsgebühren *f pl*; ~ **company** *n* WATER TRANS Reederei *f*; ~ **documents** *n pl* WATER TRANS Versandpapiere *nt pl*; ~ **inspection** *n* QUAL Versandkontrolle *f*; ~ **lane** *n* WATER TRANS Schiffahrtsroute *f*; ~ **line** *n* WATER TRANS Schifffahrtslinie *f*; ~ **note** *n* WATER TRANS Verladeschein *m*; ~ **office** *n* WATER TRANS Heuerbüro *nt*, Seemannsamt *nt*; ~ **order** *n* WATER TRANS Speditionsauftrag *m*; ~ **port** *n* WATER TRANS Ausfuhrhafen *m*; ~ **route** *n* WATER TRANS Schiffahrtsroute *f*; ~ **sample** *n* QUAL Versandprobe *f*; ~ **terms** *n pl* WATER TRANS Versandbedingungen *f pl*; ~ **ton** *n* WATER TRANS Shippington *f*; ~ **trade** *n* WATER TRANS Seehandel *m*; ~ **weight** *n* WATER TRANS *cargo* Verschiffungsgewicht *nt*

ship's: ~ **article** *n* PET TECH Schiffsartikel *m*; ~ **boat** *n* WATER TRANS Beiboot *nt*; ~ **books** *n pl* WATER TRANS Bordpapiere *nt pl*; ~ **hands** *n pl* WATER TRANS *crew* Schiffsmannschaft *f*; ~ **log** *n* WATER TRANS Logbuch *nt*, Schiffstagebuch *nt*; ~ **papers** *n pl* WATER TRANS Schiffspapiere *nt pl*; ~ **passport** *n* WATER TRANS

Schiffsbrief *m*, Seebrief *m*; ~ **position** *n* WATER TRANS Schiffsposition *f*, Schiffsstandort *m*; ~ **protest** *n* WATER TRANS *insurance* Verklarung *f*; ~ **register** *n* WATER TRANS Schiffsregister *nt*

shipwreck *n* WATER TRANS Schiffbruch *m*, gestrandetes Schiff *nt*

shipwrecked *adj* WATER TRANS gestrandet, schiffbrüchig

shipwright *n* WATER TRANS Schiffbauer *m*

shipyard *n* WATER TRANS Schiffswerft *f*

shirt *n* PROD ENG Hochofenausmauerung *f*

shirting *n* TEXT Hemdenstoff *m*, Shirting *m*

shoal *n* WATER TRANS *geography* Untiefe *f*, Wattenmeer *nt*

shock *n* MECHAN ENG Schlag *m*, Stoß *m*, PROD ENG Verdichtungsstoß *m*, SPACE *spacecraft* Erschütterung *f*, Stoß *m*; ~ **absorber** *n* AUTO *suspension*, CONST, MECHAN ENG, MECHANICS, PROD ENG, SAFETY Stoßdämpfer *m*; ~-**absorbing wagon** *n* RAIL Schutzwagen *m*; ~ **excitation** *n* TELECOM Stoßerregung *f*; ~ **hazard voltage** *n* ELECT Berührungsspannung *f*; ~ **mount** *n* SPACE Stoßaufhängung *f*; ~ **resistance** *n* MECHAN ENG Stoßfestigkeit *f*, PLAS Erschütterungsfestigkeit *f*, Stoßfestigkeit *f*; ~ **wave** *n* PHYS, WAVE PHYS Stoßwelle *f*; ~-**wave initiator** *n* SPACE Stoßwellenauslöser *m*

Shockley: ~ **diode** *n* ELECTRON Shockley-Diode *f*; ~ **dislocation** *n* METALL Shockley-Versetzung *f*

shockproof[1] *adj* PACK bruchsicher, schlagfest

shockproof:[2] ~ **socket** *n* ELECT berührungssichere Buchse *f*, berührungssichere Steckverbindung *f*

shoddy: ~ **fabrics** *n pl* TEXT Shoddygewebe *nt*

shoe *n* AUTO *brake* Bremsschuh *m*, Bremsbacke *f*, CONST *downpipe* Fallrohrauslauf *m*, MECHANICS Hemmschuh *m*, PROD ENG Gleitschuh *m*, Grundplatte *f*, TELEV Schuh *m*; ~ **brake** *n* AUTO Backenbremse *f*, MECHAN ENG Backenbremse *f*, Klotzbremse *f*, RAIL Klotzbremse *f*; ~ **nog plate** *n* CER & GLAS Holzplatte für Anwärmgefäß der Pfeife *f*

shoed: ~ **bar** *n* CONST angeschuhte Stange *f*

S-hook *n* MECHAN ENG S-förmiger Haken *m*

shoot *vt* CONST abkippen, glatthobeln, sprengen, PET TECH schießen, sprengen

shooting: ~ **brake** *n BrE (cf shooting break AmE)* AUTO Kombiwagen *m*; ~ **break** *n AmE (cf shooting brake BrE)* AUTO Kombiwagen *m*; ~ **distance** *n* PHOTO Aufnahmeentfernung *f*

shop *n* CER & GLAS *place of work* Werkstatt *f*, *team of workers* Gruppe von Glasmachern *f*, MECHAN ENG Werkstatt *f*, MECHANICS Betrieb *m*, Werkstatt *f*, PROD ENG Werkstatt *f*; ~ **rivet** *n* MECHAN ENG Werkstattniet *m*; ~ **test** *n* QUAL Fabrikprüfung *f*, Werkprüfung *f*, Werkstattprüfung *f*

shore:[1] **on** ~ *adv* WATER TRANS an Land

shore[2] *n* CONST Strebe *f*, Stütze *f*, WATER TRANS Land *nt*, Ufer *nt*, Stapelstütze *f*; ~ **end cable** *n* ELEC ENG Küstenendkabel *nt*; ~ **leave** *n* WATER TRANS Landurlaub *m*; ~ **protection** *n* WATER SUP Küstenschutz *m*; ~ **reception facility** *n* MAR POLL Entsorgungsanlage an Land *f*; ~-**to-ship alerting** *n* TELECOM Land-Bord-Alarmierung *f*

shore[3] *vt* CONST absteifen, stützen, verstreben; ~ **up** *vt* WATER TRANS *shipbuilding* stützen

Shore: ~ **hardness** *n* PLAS Shore-Härte *f*; ~ **hardness tester** *n* LAB EQUIP Shore-Härteprüfer *m*

shoreline *n* CER & GLAS Strandlinie *f*, MAR POLL Küstenlinie *f*, Uferlinie *f*, WATER TRANS Küstenlinie *f*, Uferlinie *f*, Küstenstreifen *m*; ~ **cleanup** *n* MAR POLL Säuberung der Küstenlinie *f*

shoreward *adv* WATER TRANS küstenwärts

shoring *n* CONST Absteifen *nt*, Stützen *nt*, Stützpfähle *m pl*

short[1] *adj* ELECT, ELECTRON kurz; ~-**circuited** *adj* ELEC ENG, ELECT, PHYS kurzgeschlossen; ~-**stroke** *adj* MECHAN ENG kurzhubig; ~-**term** *adj* ART INT, ELECTRON kurzzeitig PLAS Kurzzeit- *pref*

short[2] *n* ELEC ENG Kurzschluß *m*; ~ **blast** *n* WATER TRANS kurzer Ton *m*; ~ **channel** *n* ELECTRON Kurzkanal *m*; ~ **channel transistor** *n* ELECTRON Kurzkanaltransistor *m*; ~ **chip** *n* PROD ENG Kurzspan *m*; ~ **circuit** *n* COMP & DP, ELEC ENG, ELECT, PHYS, TELECOM Kurzschluß *m*; ~ **circuit armature** *n* ELECT kurzgeschlossener Anker *m*; ~-**circuited armature** *n* ELEC ENG Kurzschlußanker *m*, kurzgeschlossener Anker *m*; ~-**circuited rotor** *n* ELECT kurzgeschlossener Rotor *m*; ~-**circuited slip-ring rotor** *n* ELECT kurzgeschlossener Schleifringanker *m*; ~ **circuit flux** *n* ACOUSTICS Kurzschlußfluß *m*, TELEV Kursschlußstrom *m*; ~ **circuit impedance** *n* ELEC ENG Kurzschlußimpedanz *f*, Kurzschlußwiderstand *m*, ELECT Kurzschlußimpedanz *f*; ~-**circuiting device** *n* ELECT Kurzschließer *m*; ~ **circuit protection** *n* ELEC ENG Kurzschlußschutz *m*; ~ **code dialing** *n AmE*, ~ **code dialling** *n BrE* TELECOM Kurzwahl *f*; ~ **distance transport** *n* TRANS Kurzstreckentransport *m*; ~ **finish** *n* CER & GLAS Spiegelglasfehler durch unvollständiges Schleifen *m*; ~-**focus lens** *n* PHOTO kurzbrennweitiges Objektiv *nt*; ~ **glass** *n* CER & GLAS kurzes Glas *nt*; ~ **haul airliner** *n* TRANS Kurzstreckenverkehrsflugzeug *nt*; ~ **haul cable** *n* ELEC ENG Nahbereichskabel *nt*; ~ **haul skidder** *n* TRANS Kurzstreckengleiter *m*; ~ **interaction tube** *n* ELECTRON Röhre mit kurzer Wechselwirkung *f*; ~ **letter** *n* PRINT Buchstabe ohne Ober- und Unterlängen *m*; ~ **link chain** *n* MECHAN ENG kurzgliedrige Kette *f*; ~ **neck projection tube** *n* ELECTRON Kurzhals- Projektionsröhre *f*; ~-**nosed pliers** *n pl* MECHAN ENG Kurzzange *f*; ~ **oil alkyd** *n* PLAS *paint resin* kurzöliges Alkydharz *nt*, mageres Alkydharz *nt*; ~ **page** *n* PRINT Spitzkolumne *f*; ~ **pipe** *n* HYD EQUIP Kurzrohr *nt*; ~ **pulse** *n* ELECTRON Kurzimpuls *m*, WATER TRANS kurzer Impuls *m*; ~-**pulsed laser** *n* WAVE PHYS mit kurzen Impulsen gepulster Laser *m*; ~ **radius** *n* GEOM *polygon* Inkreisradius *m*; ~ **range particle** *n* NUC TECH Teilchen mit kurzer Reichweite *nt*; ~ **run** *n* MECHAN ENG Kleinserienproduktion *f*, PACK Kleinauflage *f*; ~ **stroke engine** *n* AUTO Kurzhubmotor *m*; ~ **takeoff and landing aircraft** *n (STOL aircraft)* AIR TRANS Fastsenkrechtstarter *m*, Kurzstart-Kurzlande-Flugzeug *nt*, Kurzstartflugzeug *nt (STOL- Flugzeug)*; ~-**term drift** *n* ELECTRON *oscillator* kurzzeitige Drift *f*; ~-**term frequency stability** *n* ELECTRON, RAD TECH, TELECOM, TELEV kurzzeitige Frequenzstabilität *f*; ~-**term memory** *n (STM)* ART INT, ERGON Kurzzeitgedächtnis *nt (KZG)*; ~-**term protection** *n* ELEC ENG Kurzzeitschutz *m*; ~ **time rating** *n* ELECT Kurzzeitleistung *f*; ~ **time test** *n* ELECT Kurzzeitprüfung *f*, METALL Kurzprüfung *f*; ~ **ton** *n* METROL kleine Tonne *f*; ~ **vision segment** *n* CER & GLAS Nahteil *nt*; ~ **wall coal-cutting machine** *n* COAL TECH Stoßbau-Kohlenschrämmaschine *f*; ~ **wave** *n* ELECT *radio communications*, RAD TECH Kurzwelle *f*; **very** ~ **wave** *n (VSW)* RAD TECH, WAVE PHYS Ultrakurzwelle *f (UKW)*; ~ **wavelength laser** *n* ELECTRON Laser mit kurzer Wellenlänge *m*; ~ **wavelength noise** *n* ELEC-

TRON Rauschen kurzer Wellenlänge *nt*; **~ weight** *n* METROL kleines Gewicht *nt*, PACK Mindergewicht *nt*

short:[3] **~-circuit** *vt* TELECOM kurzschließen

shortcut *n* TRANS Abkürzung *f*

shorted: **~ turn** *n* ELEC ENG kurzgeschlossene Windung *f*

shorten *vt* PAPER kürzen

shortening *n* ENG DRAW Verkürzung *f*; **~ of fibers** *n AmE*, **~ of fibres** *n BrE* PAPER Kürzen von Fasern *nt*

shortest: **~ path program** *n AmE*, **~ path programme** *n BrE* TRANS Kürzester-Weg- Programm *nt*; **~ route program** *n AmE*, **~ route programme** *n BrE* TRANS Streckenforschungsprogramm *nt*

shorting *n* ELEC ENG Kurzschließen *nt*; **~ contact** *n* ELEC ENG Kurzschlußkontakt *m*; **~ contact switch** *n* ELEC ENG Kurzschlußkontaktschalter *m*; **~ switch** *n* ELEC ENG Kurzschlußschalter *m*

shot:[1] **~-peened** *adj* COATINGS kugelgestrahlt, metallkiesgestrahlt

shot[2] *n* METALL *granulated* Granalie *f*, PET TECH Schuß *m*, Sprengung *f*, PHOTO Aufnahme *f*, PROD ENG Gießakt *m*, Stahlschrot *m*; **~ bag test** *n* CER & GLAS Kugelsacktest *m*; **~ blasting** *n* CONST Strahlreinigen *nt*; **~ drilling** *n* PET TECH Schrotbohren *nt*; **~ hole drilling** *n* PET TECH Sprenglochbohren *nt*; **~ hole plug** *n* PET TECH Sprenglochstopfen *m*; **~ noise** *n* OPT, PHYS, TELECOM Schrotrauschen *nt*; **~ peening** *n* CER & GLAS Kugelstrahlen *nt*, PROD ENG Kugelstrahlen *nt*, Metallkiesstrahlen *nt*; **~ weight** *n* PLAS Schußgewicht *nt*

shot:[3] **~-peen** *vt* PROD ENG metallkiesstrahlen

shotcrete *n* CONST Spritzbeton *m*

shoulder[1] *n* CER & GLAS Schulter *f*, CONST *roads* Straßenbankett *nt*, MECHAN ENG *of shaft* Ansatz *m*, Vorsprung *m*, *of screw* Schulter *f*, PROD ENG Angelwurzel *f*, angeschliffener Grat *m*; **~ grinding** *n* PROD ENG Anschlagschleifen *nt*; **~ height** *n* PRINT *of letter* Achselhöhe *f*, Schulterhöhe *f*; **~ pad** *n* TEXT Schulterpolster *nt*; **~ turning** *n* PROD ENG Absatzdrehen *nt*, Ansatzdrehen *nt*; **~ wing** *n* AIR TRANS *aircraft* Schulterdeckerflügel *m*

shoulder[2] *vt* PROD ENG absetzen

shouldered: **~ hole** *n* PROD ENG abgesetzte Bohrung *f*; **~ tenon** *n* CONST Zapfenspannglied *nt*

shovel *n* MAR POLL Löffel *m*, Schaufel *f*, MECHAN ENG Schaufel *f*; **~ dredge** *n* AUTO Schaufelbagger *m*; **~ dredger** *n* AUTO Schaufelbagger *m*; **~ work** *n* CONST Handschachten *nt*, Schaufeln *nt*

shovelful *adj* CONST Schaufel voll

show[1] *n* PET TECH Anzeichen von Kohlenwasserstoffen *nt*

show:[2] **~ in black** *vt* ENG DRAW geschwärzt darstellen

shower *n* PAPER Spritzrohr *nt*, PART PHYS Schauer *m*; **~ particle** *n* PART PHYS Schauerteilchen *nt*; **~ screen** *n* CER & GLAS Rieselsieb *nt*; **~ of sparks** *n* CONST Funkenregen *m*

shredded: **~ refuse landfill** *n* WASTE Shredderabfälle-Deponie *f*

shredder *n* PAPER Shredder *m*

shredding *n* WASTE Shredding *nt*; **~ machine** *n* PACK Papierhäckselmaschine *f*, Papierzerreißmaschine *f*, Reißwolf *m*, Shredder *m*

shrink:[1] **~-proof** *adj* PAPER schrumpfecht, TEXT krumpfecht; **~-wrapped** *adj* PACK *product* schrumpfverpackt

shrink:[2] **~ capsule** *n* PACK Schrumpfschachtel *f*; **~-film** *n* FOOD TECH, PACK, THERMODYN Schrumpffolie *f*; **~-film with perforated overlap** *n* PACK Schrumpffolie mit perforierter Überlappung *f*; **~ fit** *n* MECHAN ENG Schrumpfpassung *f*, Schrumpfsitz *m*, MECHANICS Schrumpfsitz *m*; **~ flow line wrappers** *n pl* PACK Fließlinien- Schrumpfverpackungen *f pl*; **~ head** *n* PROD ENG verlorener Kopf *m*; **~ hole** *n* PROD ENG Lunker *m*, Schwindungshohlraum *m*; **~ mark** *n* PROD ENG *casting* Einfallstelle *f*; **~ overwrapping machine** *n* PACK Schrumpfverpackungsmaschine *f*; **~ pack** *n* PACK Blisterpack *nt*, Schrumpfpackung *f*; **~ rule** *n* PROD ENG Schwindmaßstab *m*; **~ sleeve** *n* PAPER Schrumpfrohr *nt*; **~ sleeve wrapping machine** *n* PACK Schrumpfschlauchbeutel- Verpackungsmaschine *f*; **~ tunnel for sleeve sealing** *n* PACK Schrumpftunnel für Schlauchverschweißung *m*; **~ tunnel for sleeving** *n* PACK Schrumpftunnel für Schlauchverpackung *m*; **~-wrap** *n* FOOD TECH *in foil* Folieneinschweißung *f*, Schrumpfverpackung *f*; **~-wrapped pallet cover** *n* PACK Schrumpfpalettenabdeckung *f*; **~ wrapping** *n* PACK Einschrumpfen *nt*

shrink[3] *vi* CER & GLAS schrumpfen, schwinden, PAPER schrumpfen, TEXT eingehen, krumpfen, schrumpfen

shrinkable *adj* THERMODYN schrumpfbar

shrinkage *n* CER & GLAS Schwindung *f*, CONST Schrumpfen *nt*, Schwinden *nt*, MECHAN ENG Schrumpfen *nt*, Schrumpfung *f*, *allowance* Schrumpftoleranz *f*, Schwindmaß *nt*, *shrinking-on* Aufschrumpfen *nt*, METALL Schwinden *nt*, PAPER, PHYS, PLAS Schrumpfung *f*, PROD ENG Schwindmaß *nt*, TELECOM Schwinden *nt*, TEXT Eingehen *nt*, Einlaufen *nt*, Krumpfen *nt*; **~ allowance** *n* MECHAN ENG Schrumpftoleranz *f*, Schrumpfzugabe *f*, Schwindmaß *nt*; **~ crack** *n* CONST Schwindriß *m*, PROD ENG Schrumpfriß *m*; **~ in cement** *n* CONST Zementwinden *nt*; **~ limit** *n* COAL TECH Schrumpfgrenze *f*; **~ on solidification** *n* PACK Schrumpfung bei Verhärtung *f*

shrinking *n* CONST Schrumpfen *nt*, Schwinden *nt*, METALL Schwinden *nt*, PROD ENG Lunkern *nt*, Stauchen *nt*, TELECOM Schrumpfung *f*, Schwinden *nt*; **~-on** *n* MECHAN ENG, PROD ENG Aufschrumpfen *nt*

shroud *n* HEAT & REFRIG Luftleitblech *nt*, Lüfterhaube *f*, Schutzkragen *m*, MECHAN ENG Umhüllung *f*, *of fan* Haube *f*, SPACE *spacecraft* Umhüllung *f*, WATER TRANS *rigging* Want *nt*; **~ ring** *n* AIR TRANS *turbine engine* Turbinendeckband *nt*, Ummantelungsring *m*

shrouded: **~ coupling** *n* MECHAN ENG Schutzkontaktkupplung *f*; **~ propeller** *n* AIR TRANS ummantelte Schraube *f*, TRANS *ship* Düsenpropeller *m*; **~ screw** *n* MECHAN ENG ummantelte Schraube *f*

shrouding *n* MECHAN ENG Umhüllung *f*

shuilingit *n* NUC TECH Schuilingit *m*

shunt[1] *adj* ELEC ENG Nebenschluß- *pref*, parallel

shunt[2] *n* ACOUSTICS Nebenschluß *m*, Shunt *m*, ELEC ENG Nebenschluß *m*, Nebenschlußwiderstand *m*, Parallelschaltung *f*, Shunt *m*, ELECT Nebenschlußwiderstand *m*, Shunt *m*, PHYS Parallelwiderstand *m*, Shunt *m*, RAIL Ausweichstelle *f*; **~ capacitance** *n* ELEC ENG Parallelkapazität *f*; **~ capacitator** *n* PHYS Parallelkondensator *m*, Überbrückungskondensator *m*; **~ circuit** *n* ELEC ENG Nebenschlußstromkreis *m*; **~ coil** *n* ELEC ENG Nebenschlußspule *f*; **~ current** *n* ELEC ENG Nebenschlußstrom *m*; **~ dynamo** *n* ELEC ENG Nebenschlußdynamo *m*; **~ excitation** *n* ELEC ENG Nebenschlußerregung *f*; **~ feed** *n* ELEC ENG, ELECT Parallelspeisung *f*; **~ feedback** *n* ELEC ENG Parallelgegenkopplung *f*; ~ **line** *n* PROD ENG Abzweigleitung *f*, Rückleitung *f*; ~ **motor** *n* ELEC ENG, ELECT Nebenschlußmotor *m*; ~ **regulator** *n* ELEC ENG Nebenschlußregler *m*; ~ **resistance** *n* ELEC ENG Nebenschlußwiderstand *m*; ~ **resistor** *n* ELEC ENG Nebenschlußwiderstand *m*; ~ **switch** *n* ELECT Nebenschlußschalter *m*; ~ **winding** *n* ELEC ENG, ELECT *motor* Nebenschlußwicklung *f*; ~**-wound dynamo** *n* ELEC ENG als Nebenschluß gewickelter Dynamo *m*, parallelgewickelter Dynamo *m*; ~**-wound motor** *n* ELEC ENG als Nebenschluß gewickelter Motor *m*, parallelgewickelter Motor *m*

shunt[3] *vt* PHYS überbrücken

shunted: ~ **instrument** *n* INSTR Instrument mit Nebenwiderstand *nt*, Instrument mit Shunt *nt*, Meßinstrument mit Nebenwiderstand *nt*, Meßinstrument mit Shunt *nt*

shunter *n* RAIL Nebenschlußeinrichtung *f*, Verschiebelok *f*, *person* Kuppler *m*, Rangierer *m*

shunter's: ~ **pole** *n* RAIL Entkupplungsstange *f*

shunting *n* RAIL Rangier- *pref*, Rangieren *nt*, Verschiebedienst *m*; ~ **device** *n* ELECT Nebenschlußelement *nt*; ~ **engine** *n* CONST Rangierlok *f*, RAIL, TRANS Rangierlokomotive *f*; ~ **on level tracks** *n* RAIL Rangieren durch Umsetzen *nt*; ~ **locomotive** *n* RAIL, TRANS Rangierlokomotive *f*; ~ **siding** *n* RAIL Rangiergleis *nt*; ~ **switch** *n* ELECT Nebenschlußschalter *m*; ~ **track** *n* RAIL Rangiergleis *nt*; ~ **winch** *n* CONST Rangierwinde *f*; ~ **yard** *n* RAIL Rangierbahnhof *m*, Umstellbahnhof *m*, Verschiebebahnhof *m*

shut:[1] ~**-off** *adj* MECHAN ENG Abschalt- *pref*, Absperr- *pref*

shut[2] *n* PROD ENG Kaltschweißstelle *f*; ~**-in pressure** *n* PET TECH Schließdruck *m*; ~**-off** *n* CER & GLAS Absperrvorrichtung *f*; ~**-off pressure** *n* MECHAN ENG Abschaltdruck *m*; ~**-off slide** *n* MECHAN ENG Absperrschieber *m*; ~**-off valve** *n* MECHAN ENG Abspeerarmatur *f*, Absperrklappe *f*, WATER SUP *sluice-gate* Absperrklappe *f*

shut[3] *vt* CONST absperren, schließen; ~ **down** *vt* AIR TRANS *engine* abstellen, außer Betrieb setzen, SPACE abschalten; ~ **off** *vt* PROD ENG absperren, SPACE abschalten, WATER SUP *water, water-bearing strata* absperren

shutdown *n* CER & GLAS Stillstand *m*, NUC TECH *reactor* Abschaltung *f*, SPACE *spacecraft* Abschalt- *pref*, Abschaltung *f*; ~ **circuit** *n* ELEC ENG Abschaltstromkreis *m*; ~ **procedure** *n* SPACE Abschaltanweisung *f*, Abschalten *nt*; ~ **of a reactor** *n* NUC TECH Reaktorabschaltung *f*; ~ **sensor** *n* SPACE Abschaltfühler *m*

shute: ~ **wire** *n* PROD ENG Schußdraht *m*

shutter *n* CONST Fensterladen *m*, Riegel *m*, Rolladen *m*, Verschluß *m*, *board* Schalungsbrett *nt*, HYD EQUIP Klappe *f*, Verriegelung *f*, Verschluß *m*, PHOTO *camera* Verschluß *m*, PROD ENG Blende *f*, SPACE *spacecraft* Zugklappe *f*; ~ **blade** *n* PHOTO Verschlußlamelle *f*; ~ **with B setting** *n* PHOTO Verschluß mit B- Einstellung *m*; ~**-cocking knob** *n* PHOTO Verschlußspannknopf *m*; ~ **release** *n* ELECT Auslöser *m*, PHOTO Verschlußauslöser *m*, Verschlußauslösung *f*; ~ **release button** *n* PHOTO Auslöseknopf *m*; ~ **speed** *n* PHOTO Verschlußzeit *f*; ~ **speed control** *n* PHOTO Verschlußzeitkontrolle *f*; ~ **speed setting** *n* PHOTO Verschlußzeiteinstellung *f*; ~ **speed setting knob** *n* PHOTO Verschlußzeiteinstellknopf *m*; ~ **system** *n* SPACE *spacecraft* Schiebersystem *nt*

shuttering *n* CONST Schalung *f*

shutting: ~ **off** *n* HYD EQUIP *steam* Sperrung *f*; ~ **post** *n* CONST Schließpfosten *m*

shuttle *n* AIR TRANS Shuttle *nt*, HYD EQUIP verstellbares Schleusentor *nt*, SPACE Fähre *f*, TEXT Webschützen *m*, Weberschiffchen *nt*; ~ **armature** *n* ELECT *generator* Doppel-T-Anker *m*, I-Anker *m*; ~ **haulage** *n* COAL TECH Pendelförderung *f*; ~ **helicopter** *n* PET TECH Shuttlehubschrauber *m*; ~ **plate** *n* HYD EQUIP Pendelplatte *f*, Shuttleplatte *f*; ~ **search** *n* TELEV Sprungsuche *f*; ~ **service** *n* AIR TRANS Pendelverkehr *m*, Zubringerverkehr *m*; ~ **spindle** *n* TEXT Schützenspindel *f*; ~ **tanker** *n* PET TECH Shuttletanker *m*; ~ **traffic** *n* AIR TRANS Pendelverkehr *m*; ~ **valve** *n* MECHAN ENG Wechselventil *nt*

Si *(silicon)* CHEMISTRY Si *(Silizium)*

SI: ~ **character** *n (shift-in character)* COMP & DP DBCS-Endezeichen *nt*, Rückschaltzeichen *nt*; ~ **unit** *n (international system of units)* ELECT, METROL, PHYS SI-Einheit *f (internationales Einheitensystem)*

sibilance *n* RECORD Zischen *nt*

siccative[1] *adj* THERMODYN trocknend

siccative[2] *n* FOOD TECH Trockenmittel *nt*, THERMODYN Sikkativ *nt*, Trockenmittel *nt*

side *n* CONST Schenkel *m*, Seite *f*, Seitenfläche *f*, GEOM *of angle* Schenkel *m*, *of triangle, cube* Seite *f*, MECHAN ENG Seite *f*, *flank* Flanke *f*, PROD ENG Flanke *f*, Schenkel *m*; ~**-and-face milling cutter** *n* MECHAN ENG Scheiben- und Planfräser *m*; ~ **board** *n* CONST Stirnbrett *nt*, Windbrett *nt*; ~ **buffer screw coupling** *n* AUTO Seitenpufferschraubenkupplung *f*; ~**-by-side cylinders** *n pl* MECHAN ENG nebeneinanderliegende Zylinder *m pl*; ~ **car** *n* AUTO Beiwagen *m*; ~ **changing** *n* ERGON Umgreifen *nt*; ~ **circuit** *n* TELECOM Stamm *m*, Stammleitung *f*; ~ **clearance** *n* MECHAN ENG Seitenabstand *m*, seitlicher Abstand *m*, *play* Seitenspiel *nt*; ~ **collision** *n* TRANS seitlicher Zusammenstoß *m*; ~ **construction** *n* WATER TRANS *shipbuilding* Seitenfestigkeitsverband *m*, Seitenverbandkonstruktion *f*; ~**-cutting nippers** *n pl* MECHAN ENG Seitenschneider *m*; ~**-cutting pliers** *n pl* MECHAN ENG Seitenschneider *m*; ~**-dump car** *n* RAIL Seitenkipper *m*; ~ **effect** *n* COMP & DP Nebeneffekt *m*; ~ **elevation** *n* MECHAN ENG Seitenriß *m*; ~ **frame** *n* PACK Seitenrahmen *m*; ~ **frequency** *n* ELECTRON, RAD TECH, TELEV Seitenfrequenz *f*; ~ **gear** *n* AUTO Kegelrad für den Radantrieb *nt*, Seitenrad *nt*; ~ **girder** *n* WATER TRANS *shipbuilding* Seitenträger *m*; ~**-grooved specimen** *n* METALL Probe mit Seiteneinschnitt *f*; ~**-hung window** *n* CONST Drehflügelfenster *nt*; ~ **index** *n* PRINT Daumeneinschnitt *m*; ~ **lever press** *n* CER & GLAS Handhebelpresse *f*; ~ **light** *n* AUTO Seitenleuchte *f*; ~ **lobe** *n* ELECTRON Nebenzipfel *m*, PHYS *aerial* Nebenkeule *f*, Nebenzipfel *m*, SPACE *communications* Nebenkeule *f*, WATER TRANS *radar* Nebenkeule *f*, Seitenzipfel *m*; ~ **lobe cancellation** *n* ELECTRON Nebenzipfelunterdrückung *f*; ~ **lock** *n* TELEV Seitenverriegelung *f*; ~ **marker light** *n* AUTO seitliche Begrenzungsleuchte *f*; ~ **member** *n* AUTO *chassis* Längsträger *m*; ~ **mill** *n* MECHAN ENG Scheibenfräser *m*; ~ **milling cutter** *n* MECHAN ENG Scheibenfräser *m*; ~ **mirror** *n* AUTO *accessory* Außenspiegel *m*; ~**-mounted terminal** *n* AUTO seitlich angebrachte Anschlußklemme *f*, seitlich angebrachter Pol *m*; ~ **note** *n* PRINT Marginalie *f*, Randbemerkung *f*, Randnote *f*;

~-on collision *n* TRANS Seitenaufprall *m*; ~ **panel** *n* AUTO *body* Seitenverkleidung *f*, PACK Seitenklappen *f pl*; ~ **plate** *n* CONST Seitenblech *nt*, Wange *f*; ~ **plating** *n* WATER TRANS *shipbuilding* Seitenbeplattung *f*; ~ **play** *n* MECHAN ENG Seitenspiel *nt*, seitliches Spiel *nt*; ~ **pocket** *n* CER & GLAS Seitenanbau *m*; ~ **post** *n* CONST Kehlbalkenstütze *f*; ~ **pulley** *n* CONST Seitenwinde *f*; ~ **rabbet plane** *n* CONST Simshobel *m*; ~ **rail** *n* CONST Leitplanke *f*; ~ **slip** *n* PHYS Seitenrutsch *m*; ~ **stitching** *n* PRINT Seitlichheftung *f*, seitliche Heftung *f*; ~ **thrust** *n* ACOUSTICS seitliche Auslenkkraft *f*, FUELLESS Seitenschub *m*; ~ **thruster** *n* WATER TRANS *propulsion* Querstrahlruder *nt*, Seitenstrahlpropeller *m*; ~ **tool** *n* MECHAN ENG Seitenmeißel *m*; ~ **valve engine** *n (sv engine)* AUTO seitengesteuerter Motor *m (sv-Motor)*; ~ **wall** *n* WATER SUP *of canal lock* Kammermauer *f*, Kammerwand *f*

sideband *n* COMP & DP, ELECTRON, PHYS, RAD TECH, RECORD, TELECOM, TELEV Seitenband *nt*; ~ **alloy** *n* METALL Seitenbandlegierung *f*; ~ **attenuation** *n* ELECTRON Seitenbanddämpfung *f*; ~ **frequency** *n (SF)* ELECTRON, RAD TECH, TELECOM, TELEV Seitenbandfrequenz *f (SF)*; ~ **interference** *n* ELECTRON Seitenbandinterferenz *f*; ~ **suppression** *n* ELECTRON Seitenbandunterdrückung *f*

sidedraft: ~ **carburetor** *n AmE*, ~ **carburettor** *n BrE* AUTO Flachstromvergaser *m*

sidehill: ~ **cut** *n* CONST Hangeinschnitt *m*

sidelight *vt* PHOTO von der Seite beleuchten

sidepit *n* OPT seitliche Vertiefung *f*

sideplate *n* PROD ENG Lasche *f*

sidereal: ~ **day** *n* PHYS siderischer Tag *m*; ~ **time** *n* SPACE siderische Zeit *f*; ~ **year** *n* PHYS siderisches Jahr *nt*

siderite *n* METALL Siderit *m*

sideromagnetic *adj* METALL sideromagnetisch

siderurgy *n* METALL Siderurgie *f*

sideswipe *n* TRANS seitlicher Zusammenstoß *m*

sidetone *n* TELECOM Nebengeräusch *nt*, Rückhörgeräusch *nt*

sidetrack: ~ **drilling** *n* PET TECH Ablenkbohren *nt*

sidetracking *n* PET TECH Ablenkung *f*

sidewalk *n AmE (cf pavement BrE)* CONST Befestigung *f*, Pflasterbelag *m*, Bürgersteig *m*, Gehweg *m*; ~ **design** *n AmE (cf pavement design BrE)* CONST *roads* Deckenbemessung *f*; ~ **light** *n AmE (cf pavement light BrE)* CER & GLAS Pflasterglasbaustein *m*; ~-**quality concrete** *n AmE (cf pavement-quality concrete BrE)* CONST Straßendeckenbeton *m*; ~ **surface evenness** *n AmE (cf pavement surface evenness BrE)* CONST Ebenheit der Straßendecke *f*

sidewall: ~ **air cushion** *n* AIR TRANS Luftkissen mit eingegangenen Lufblasen *nt*; ~ **core** *n* PET TECH Sekundärkern *m*; ~ **hovercraft** *n* AIR TRANS Seitenwandluftkissenfahrzeug *nt*; ~-**type hovercraft** *n* TRANS Seitenwandluftkissenfahrzeug *nt*; ~ **with ventilation flaps** *n* AUTO Seitenwand mit Lüftungsklappen *f*

sideways: ~ **extrusion** *n* MECHAN ENG Querfließpressen *nt*; ~-**looking airborne radar** *n (SLAR)* MAR POLL Seitensichtradar *nt (SLAR)*

siding *n* CER & GLAS Abschrägen *nt*, CONST Anschlußgleis *nt*, Gleisanschluß *m*, RAIL Aufstell- und Abstellgleis *nt*, Ausweichgleis *nt*; ~ **for splitting up trains** *n* RAIL Zerlegungsgleis *nt*

siemens *n (S)* METROL Siemens *nt (S)*

Siemens-Martin: ~ **process** *n* METALL Herdfrischverfahren *nt*, Siemens-Martin-Verfahren *nt*; ~ **steel** *n* METALL Siemens-Martin-Stahl *m*

sieve[1] *n* COAL TECH, CONST, LAB EQUIP Sieb *nt*; ~ **analysis** *n* CHEM ENG, COAL TECH, NUC TECH Siebanalyse *f*; ~ **bottom** *n* CHEM ENG Siebboden *m*; ~ **classification** *n* CHEM ENG Siebanalyse *f*, Siebklassierung *f*; ~ **cloth** *n* CHEM ENG Gesiebe *nt*, Siebgewebe *nt*; ~ **drier** *n see sieve dryer*; ~ **drum** *n* CHEM ENG Siebtrommel *f*; ~ **dryer** *n* CHEM ENG Siebtrockner *m*; ~ **fraction** *n* CER & GLAS Siebfraktion *f*; ~ **frame** *n* CHEM ENG Siebrahmen *m*, Siebbüchse *f*; ~ **grate** *n* CHEM ENG Siebrost *m*; ~ **mesh** *n* COAL TECH Siebgeflecht *nt*; ~ **plate** *n* CHEM ENG Siebboden *m*; ~ **set** *n* CHEM ENG Siebsatz *m*; ~ **shaker** *n* LAB EQUIP Siebschüttler *m*; ~ **table** *n* COAL TECH Siebtisch *m*; ~ **test** *n* CHEM ENG Siebtest *m*; ~ **tray** *n* CHEM ENG Siebboden *m*

sieve[2] *vt* CHEM ENG sieben, siebklassieren, FOOD TECH sieben

Sievert *n (Sv)* PART PHYS, PHYS, RAD PHYS Sievert *m (Sv)*

sieving *n* CHEM ENG Absieben *nt*, Durchsieben *nt*, CONST Sieben *nt*, MAR POLL Siebung *f*, MECHAN ENG Siebdurchgang *m*, POLL Siebung *f*; ~ **rate** *n* CHEM ENG Siebgeschwindigkeit *f*

sift *vt* FOOD TECH sieben, MAR POLL absieben, durchsieben, sieben

sifted: ~ **coal** *n* COAL TECH Siebkohle *f*

sifter *n* PROD ENG Sieb *nt*

sifting *n* PROD ENG Siebdurchgang *m*; ~ **belt** *n* MAR POLL Lochband *nt*

sight[1] *n* AIR TRANS, AUTO Sicht *f*, CONST *surveying* Einstellung *f*, Visiereinrichtung *f*, RAIL, TRANS, WATER TRANS Sicht *f*; ~ **distance** *n* AIR TRANS, AUTO, CONST, RAIL, TRANS, WATER TRANS Sichtweite *f*; ~ **feed glass** *n* MECHAN ENG Schauglas *nt*; ~ **feed lubricator** *n* MECHAN ENG Schautropföler *m*, Öltropfgefäß *nt*; ~ **feed oiler** *n* MECHAN ENG Sichtglasöler *m*; ~ **glass** *n* HEAT & REFRIG Schauglas *nt*; ~ **hole** *n* MECHAN ENG Sichtloch *nt*; ~ **rule** *n* AIR TRANS, AUTO, RAIL, TRANS, WATER TRANS *navigation* Alhidade *f*; ~ **vane** *n* CONST Kompaßdiopter *m*

sight[2] *vt* PHOTO *camera* ausrichten

sighted: ~ **alidade** *n* CONST anvisierte Dioptrie *f*; ~ **level** *n* CONST anvisierte Höhe *f*

sighting *n* CONST Anvisieren *nt*, Zielen *nt*, RAIL Sichtverhältnisse *nt pl*; ~ **distance** *n* RAIL Sichtweite *f*; ~ **rod** *n* CONST *surveying* Nivellierlatte *f*; ~ **telescope** *n* CONST Visierfernrohr *nt*, Zielfernrohr *nt*

sigma *n* MATH Sigma *nt*, Summenzeichen *nt*; ~ **amplifier** *n* NUC TECH Sigmaverstärker *m*; ~ **particle** *n* PHYS Sigmateilchen *nt*; ~ **welding** *n* PROD ENG Inertgasschweißen *nt*

σ *abbr* COAL TECH *(Poisson's ratio)* σ *(Poissonsche Zahl)*, CONST *(Poisson's ratio)* σ, MECHANICS *(Poisson's ratio)* σ *(Poissonsches Verhältnis)*, PHYS *(Stefan-Boltzmann constant)* σ *(Stefan-Boltzmannsche-Konstante)*, PLAS *(Poisson's ratio)* σ *(Poissonsche Zahl)*, THERMODYN *(Stefan-Boltzmann constant)* σ *(Stefan-Boltzmannsche-Konstante)*

sign[1] *n* COMP & DP, MATH *plus or minus* Vorzeichen *nt*, TRANS Schild *nt*, Verkehrszeichen *nt*; ~ **bit** *n* COMP & DP Vorzeichenbit *nt*, Zeichenbit *nt*; ~ **digit** *n* COMP & DP Vorzeichenziffer *f*

sign:[2] ~ **off** *vi* COMP & DP beenden, sich abmelden; ~ **on** *vi* COMP & DP anfangen, anmelden

signal[1] *n* ACOUSTICS Signal *nt*, COMP & DP Impuls *m*, Signal *nt*, PHYS, RAIL Signal *nt*, RECORD Zeichen *nt*,

WATER TRANS Signal *nt*; ~ **adjuster** *n* IND PROCESS Signaleinsteller *m*; ~ **agility** *n* ELECTRON Signalagilität *f*; ~ **amplitude** *n* ELECTRON Signalamplitude *f*; ~ **amplitude sequencing control** *n* IND PROCESS Bereichsaufspaltung *f*, amplitudenabhängige Folgesteuerung *f*; ~ **analyser** *n BrE* ELECTRON Signalanalyseeinrichtung *f*, RAD PHYS, TELECOM Signalanalysator *m*; ~ **analysis** *n* ELECTRON, TELECOM Signalanalyse *f*; ~ **analyzer** *n AmE see signal analyser BrE* ~ **averaging** *n* ELECTRON Mitteln von Signalen *nt*, INSTR Mittelwertbildung *f*, Signalmittelung *f*; ~ **bandwidth** *n* ELECTRON Signalbandbreite *f*; ~ **book** *n* WATER TRANS Signalbuch *nt*; ~ **box** *n BrE (cf signal tower AmE)* RAIL Stellwerk *nt*, Weichenstellwerk *nt*; ~ **buried in noise** *n* ELECTRON verrauschtes Signal *nt*; ~ **clipping** *n* ELECTRON Signalbegrenzung *f*; ~ **common** *n* IND PROCESS Bezugspotential *nt*; ~ **comparator** *n* ELECTRON *telegraphy* Zeichenkontrollgerät *nt*; ~ **comparison** *n* ELECTRON Signalvergleich *m*; ~ **complex** *n* TELEV Signalkomplex *m*; ~ **component** *n* ELECTRON *telephone* Zeichenelement *nt*; ~ **compression** *n* TELECOM Signalkompression *f*; ~ **conditioning** *n* ELECTRON Signalaufbereitung *f*; ~ **conversion** *n* TELECOM Signalumsetzung *f*, Zeichenumsetzung *f*; ~ **converter** *n* IND PROCESS, TELECOM Signalumsetzer *m*, Signalwandler *m*; ~ **delay** *n* ELECTRON Signalverzögerung *f*, TELECOM Signallaufzeit *f*, Signalverzögerung *f*; ~ **detection** *n* TELECOM Signalerfassung *f*; ~ **detector** *n* TELECOM Signaldemodulator *m*, Signaldetektor *m*; ~ **digitization** *n* ELECTRON Digitalisierung von Signalen *f*; ~ **digitizer** *n* ELECTRON Signal-Digitalisierer *m*; ~ **distortion** *n* ELECTRON Signalverzerrung *f*, TELECOM *telegraphy* Signalverzerrung *f*, Zeichenverzerrung *f*; ~ **distributor** *n* TELECOM Signalverteiler *m*; ~ **edge** *n* ELECTRON Signalflanke *f*; ~ **electrode** *n* ELECTRON Signalelektrode *f*; ~ **envelope** *n* TELECOM Signaleinhüllende *f*; ~ **expansion** *n* TELECOM Signalexpandierung *f*; ~ **extension** *n* TELECOM Signaldehnung *f*; ~ **flag** *n* RAIL Signalflagge *f*; ~ **flow path** *n* IND PROCESS Wirkungsweg *m*; ~ **frequency** *n (SF)* ELECTRON, RAD TECH, TELECOM, TELEV Signalfrequenz *f (SF)*; ~ **generation** *n* ELECTRON Signalbildung *f*; ~ **generator** *n* ELECTRON Signalgeber *m*, PHYS Signalerzeuger *m*, Signalgenerator *m*, RAD TECH Meßsender *m*, TELECOM Meßsender *m*, Signalgenerator *m*; ~ **generator calibration** *n* ELECTRON Kalibrierung des Signalgebers *f*; ~ **glass** *n* CER & GLAS Alarmglas *nt*; ~ **indication** *n* RAIL Rückmeldung der Signalstellung *f*; ~ **injection** *n* RAD TECH Signaleinspeisung *f*; ~ **installation** *n* RAIL Signalanlage *f*; ~ **interlocking** *n* RAIL Signalabhängigkeit *f*; ~ **lamp** *n* RAIL Signallaterne *f*; ~ **level** *n* ELECTRON Signalpegel *m*, TELECOM Feldstärkepegel *m*, Signalpegel *m*; ~ **level meter** *n* INSTR Pegelmeßgerät *nt*, Signalpegelmeßgerät *nt*; ~ **light** *n* CONTROL Signallampe *f*, Signalleuchte *f*; ~ **line** *n* ELEC ENG Signalleitung *f*; ~ **locker** *n* WATER TRANS *flags* Flaggenkasten *m*, Flaggenspind *m*; ~ **mast** *n* WATER TRANS *flags* Flaggenmast *m*; ~ **modeling** *n AmE*, ~ **modelling** *n BrE* ELECTRON Signalmodellierung *f*; ~ **multiplexing** *n* ELECTRON Multiplexen von Signalen *nt*; ~ **operating gear** *n* RAIL Signalantrieb *m*; ~ **phase** *n* ELECTRON Signalphase *f*; ~ **plate** *n* ELECTRON *tv* Signalplatte *f*; ~ **power** *n* ELECTRON Signalleistung *f*; ~ **processing** *n* ART INT, COMP & DP, ELECTRON, IND PROCESS, TELECOM Signalverarbeitung *f*; ~ **processing chip** *n* ELECTRON Signalverarbeitungschip *m*; ~ **processor** *n* ELECTRON, TELECOM, TELEV Signalprozessor *m*; ~ **pulse** *n* ELECTRON Impuls eines Schaltkennzeichens *m*; ~ **quantization** *n* TELECOM Zeichenquantisierung *f*; ~ **receiver** *n* TELECOM Zeichenempfänger *m*; ~ **regeneration** *n* ELECTRON Signalauffrischung *f*; ~ **regenerator** *n* ELECTRON Signalregenerator *m*; ~ **restoration** *n* TELECOM Wiederherstellung des Signals *f*, Zeichenwiederherstellung *f*; ~ **shaping** *n* COMP & DP, ELECTRON Signalformung *f*; ~**-shaping filter** *n* TELECOM Signalformungsfilter *nt*; ~ **simulation** *n* ELECTRON Signalsimulierung *f*; ~ **spacing** *n* RAIL Signalteilung *f*; ~ **splitter** *n* TELEV Signalaufteiler *m*; ~ **station** *n* RAIL Signalstation *f*; ~ **strength** *n* RAD TECH Feldstärke *f*; ~ **structure** *n* IND PROCESS Signalstruktur *f*; ~ **synthesis** *n* ELECTRON Signalsynthese *f*; ~ **threshold** *n* TELECOM Signalschwelle *f*; ~**-to-crosstalk ratio** *n* ELECTRON Nebensprechabstand *m*; ~**-to-hum ratio** *n* ELECTRON Brummabstand *m*; ~**-to-noise and distortion ratio** *n (SINAD)* TELECOM Störabstand einschließlich Verzerrungen *m (SINAD)*; ~**-to-noise ratio** *n* ACOUSTICS Rauschabstand *m*, Störabstand *m*, COMP & DP, ELECTRON Rauschabstand *m*, INSTR Signal-Rausch-Verhältnis *nt*, Verhältnis Signal zu Rauschen *nt*, PHYS Signal-Rausch-Verhältnis *nt*, RECORD Rauschabstand *m*, TELECOM Geräuschabstand *m*, Rauschabstand *m*, Signal-Rausch-Abstand *m*, TELEV Rauschabstand *m*, Störabstand *m*; ~ **tower** *n AmE (cf signal box BrE)* RAIL Stellwerk *nt*, Weichenstellwerk *nt*; ~ **tracing** *n* RAD TECH Signalverfolgung *f*; ~ **transmission** *n* RAIL Signalübermittlung *f*, TELECOM Signalübertragung *f*

signal[2] *vt* WATER TRANS Zeichen geben, signalisieren

signaling *n AmE see signalling BrE*

signalling *n BrE* COMP & DP Signalisierung *f*, SPACE Funksignal *nt*, TELECOM Kennzeichengabe *f*, Signalgabe *f*, Signalisierung *f*, Zeichengabe *f*, WATER TRANS Signalisieren *nt* ~ **channel** *n BrE* TELECOM Zeichengabekanal *m*; ~ **distance** *n BrE* TRANS Signalgabeentfernung *f*; ~ **generator** *n BrE* ELEC ENG Zeichengabe-Generator *m*; ~ **information** *n BrE* TELECOM Zeichengabeinformation *f*; ~ **network** *n BrE* TELECOM Zeichengabenetz *nt*; ~ **protocol** *n BrE* COMP & DP Signalisierungsprotokoll *nt*; ~ **reliability** *n BrE* TELECOM Zuverlässigkeit der Zeichengabe *f*; ~ **system** *n BrE* COMP & DP Signaltechnik *f*, TELECOM Zeichengabesystem *nt*; ~ **unit** *n BrE* PROD ENG *plastic valves* Rückmeldung *f*; ~ **wiring diagram** *n BrE* RAIL Sicherungsschaltung *f*

signature *n* COMP & DP Unterschrift *f*, PRINT Bogen *m*, Druckbogen *m*; ~ **number** *n* PRINT Bogensignatur *f*, Signaturnummer *f*

signed: ~ **magnitude representation** *n* COMP & DP Größendarstellung *f*

significance *n* QUAL wesentliche Abweichung *f*; ~ **test** *n* COMP & DP Signifikanzprüfung *f*, Signifikanztest *m*

significant: ~ **figures** *n pl* MATH signifikante Ziffern *f pl*; ~ **nonconformance** *n* QUAL wesentliche Abweichung *f*; ~ **test result** *n* QUAL signifikantes Prüfergebnis *nt*

silane *n* PLAS Silan *nt*

silencer *n BrE (cf muffler AmE)* ACOUSTICS Schalldämpfer *m*, AUTO *exhaust* Auspufftopf *m*, Schalldämpfer *m*, CONST Schalldämpfer *m*, HEAT & REFRIG Geräuschdämpfer *m*, MECHANICS Auspuff *m*; ~ **for pipelines** *n BrE (cf muffler for pipelines AmE)* SAFETY Schalldämpfer für Rohrleitungen *m*; ~ **jacket**

n BrE (cf muffler jacket AmE) AUTO Auspuffummantelung *f*; ~ **shell** *n BrE (cf muffler shell AmE)* AUTO Auspuffgehäuse *nt*

silent: ~ **ratchet** *n* MECHAN ENG Klemmgesperre *nt*

silhouette: ~ **shadow** *n* PROD ENG Schattenbild *nt*

silica *n* CER & GLAS Silika *f*, CHEMISTRY Silikamasse *f*, Silicamaterial *nt*, Siliziumdioxid *nt*, Siliziumoxid *nt*, ELECTRON, PHYS, SAFETY Kieselerde *f*; ~ **abrasive** *n* COATINGS Poliermittel *nt*, Scheuersand *m*; ~ **coating** *n* TELECOM Quarzglasbeschichtung *f*, Quarzglasprimärbeschichtung *f*; ~ **dust** *n* SAFETY Kieselerdestaub *m*; ~ **fiber** *n AmE*, ~ **fibre** *n BrE* TELECOM Quarzglasfaser *f*, Silikatglasfaser *f*; ~ **gel** *n* FOOD TECH, PACK Kieselgel *nt*; ~ **glass** *n* METALL Hartglas *nt*, Quartz *m*; ~ **scum** *n* CER & GLAS Silikaschaum *m*; ~ **scum line** *n BrE (cf batch-melting line AmE)* CER & GLAS Gemengeschmelzgrenze *f*, Silikaschaumgrenze *f*

silicate *n* CHEMISTRY Silicat *nt*

siliceous *adj* CHEMISTRY Kiesel- *pref*, silicatisch, siliziumdioxidhaltig

silicic[1] *adj* CHEMISTRY Tetroxo- *pref*

silicic:[2] ~ **acid** *n* CHEMISTRY Kieselsäure *f*, Orthokieselsäure *f*, Tetroxokieselsäure *f*

silicide *n* CHEMISTRY Silicid *nt*

silicofluoride *n* CHEMISTRY Silicofluorid *nt*

silicomethane *n* CHEMISTRY Monosilan *nt*, Silan *nt*, Siliziumwasserstoff *m*

silicon:[1] ~-**killed** *adj* PROD ENG mit Silizium beruhigt

silicon[2] *n* CHEMISTRY *(Si)* Silizium *nt (Si)*, COMP & DP, ELEC ENG, ELECT, ELECTRON, PHYS, WATER TRANS Silizium *nt*; ~ **avalanche diode** *n* ELECTRON Silizium-Lawinenfotodiode *f*; ~ **avalanche photodiode** *n* ELECTRON Silizium-Lawinenfotodiode *f*; ~ **bipolar integrated circuit** *n* ELECTRON bipolare integrierte Siliziumschaltung *f*; ~ **bipolar transistor** *n* ELECTRON Silizium-Bipolartransistor *m*; ~ **bronze** *n* METALL Siliziumbronze *f*; ~ **carbide** *n* CHEMISTRY Carborundum *nt*, Siliziumkarbid *nt*, ELEC ENG, PHYS, PROD ENG Siliziumkarbid *nt*; ~ **carbide varistor** *n* ELEC ENG Siliziumkarbidvaristor *m*; ~ **cell** *n* ELEC ENG Siliziumzelle *f*, FUELLESS Silikonzelle *f*; ~ **checker** *n AmE (cf silicon counter BrE)* RAD PHYS Siliziumzähler *m*; ~ **chip** *n* COMP & DP Silizium-Miniaturschaltung *f*, Siliziumchip *m*, ELECT, ELECTRON, RAD PHYS Siliziumchip *m*; ~-**controlled rectifier** *n (SCR)* ELEC ENG, ELECTRON siliziumgesteuerter Gleichrichter *m (SCR)*; ~-**controlled rectifier crosspoint** *n* TELECOM Thyristor-Koppelpunkt *m*; ~-**controlled switch** *n* ELEC ENG steuerbarer Siliziumschalter *m*; ~ **counter** *n BrE (cf silicon checker AmE)* RAD PHYS Siliziumzähler *m*; ~ **crystal** *n* ELECTRON Siliziumkristall *m*; ~ **crystal mixer** *n* ELECTRON Siliziumkristallmischer *m*; ~ **detector** *n* ELECTRON Siliziumdetektor *m*, PHYS Siliziumgleichrichter *m*, RAD PHYS *particle scattering* Siliziumzähler *m*; ~ **detector diode** *n* ELECTRON Siliziumdetektordiode *f*; ~ **device** *n* ELEC ENG Siliziumgerät *nt*, Siliziumvorrichtung *f*; ~ **diode** *n* ELECTRON Siliziumdiode *f*; ~ **dioxide** *n* ELECTRON Siliziumoxid *nt*; ~ **dioxide layer** *n* ELECTRON Siliziumoxidschicht *f*; ~ **doping** *n* ELECTRON Siliziumdotierung *f*; ~ **epitaxial layer** *n* ELECTRON Silizium-Epitaxialschicht *f*; ~ **epitaxial planar transistor** *n* ELECTRON epitaxialer Siliziumplanartransistor *m*; ~ **FET** *n* ELECTRON Silizium FET *m*; ~ **foundry** *n* ELECTRON Silizium-Gießerei *f*; ~ **gate** *n* ELECTRON Siliziumgatter *nt*; ~ **gate technology** *n* ELECTRON Silizium-Steuerelektronen-Technologie *f*, Siliziumgattertechnologie *f*; ~ **gate transistor** *n* ELECTRON Silizium-Gate-Transistor *m*; ~ **integrated circuit** *n* ELECTRON integrierte Siliziumschaltung *f*; ~ **intensifier target** *n* ELECTRON Silizium-Nachbeschleunigungs-Fangelektrode *f*; ~ **junction diode** *n* ELECTRON Silizium-Flächendiode *f*; ~ **layer** *n* ELECTRON Siliziumschicht *f*; ~ **mixer diode** *n* ELECTRON Silizium-Mischdiode *f*; ~ **nitride** *n* ELECTRON Siliziumnitrid *nt*; ~-**on-sapphire** *n (SOS)* ELECTRON Silizium auf Saphir *nt (SOS)*; ~ -**on-sapphire technology** *n* RAD TECH Silizium auf Saphir-Substrat *nt*; ~ **oxide** *n* ELECTRON Silizimoxid *nt*; ~ **photodiode** *n* ELECTRON Silizium-Fotodiode *f*; ~ **phototransistor** *n* ELECTRON Silizium-Fototransistor *m*; ~ **rectifier** *n* ELEC ENG, ELECT, PHYS Siliziumgleichrichter *m*; ~ **solar cell** *n* ELEC ENG Siliziumsolarzelle *f*; ~ **steel** *n* ELEC ENG, METALL Siliziumstahl *m*; ~ **steel core** *n* ELEC ENG Siliziumstahlkern *m*; ~ **steel lamination** *n* ELEC ENG Laminierung aus Siliziumstahl *f*, Siliziumstahlbeschichtung *f*; ~ **substrate** *n* ELECTRON Silizium-Trägermaterial *nt*; ~ **wafer** *n* ELECTRON Kristallscheibe *f*

silicone *n* ELEC ENG, ELECT, PLAS, WATER TRANS Silikon *nt*; ~ **cladding** *n* ELEC ENG Silikonauskleidung *f*, Silikonverkleidung *f*; ~ **compound** *n* WATER TRANS Silikonmasse *f*; ~ **elastomer** *n* PLAS Siliconelastomer *nt*; ~ **fluid** *n* ELECT Silikonflüssigkeit *f*; ~ **rubber** *n* ELECT Silikongummi *nt*, PLAS Siliconkautschuk *m*; ~ **steel sheet** *n* METALL Elektroblech *nt*

siliconing *n* CER & GLAS Silikonisieren *nt*

siliconizing *n* CER & GLAS Silizieren *nt*

silicotungstate *n* CHEMISTRY Wolframatosilicat *nt*

silicotungstic *adj* CHEMISTRY Kieselwolfram- *pref*

silk *n* CER & GLAS Seide *f*, TEXT Seide *f*, Seidenstoff *m*; ~-**like handle** *n* TEXT Seidengriff *m*; ~ **screen** *n* CER & GLAS Seidenraster *nt*, Sieb *nt*; ~ **screen printing** *n* PACK Siebdruck *m*; ~ **spinning** *n* TEXT Seidenspinnerei *f*

silking *n* PLAS *paint* Runzelbildung *f*

sill *n* CONST Grundschwelle *f*, Sohlbank *f*, Türschwelle *f*, Unterzug *m*, WATER SUP Grundschwelle *f*, *of canal-lock* Schleusenschwelle *f*, WATER TRANS *port* Grundschwelle *f*; ~ **plate** *n* CONST Grundschwelle *f*, Schwellholz *nt*

silo: ~ **pressure** *n* COAL TECH Silodruck *m*

siloxane *n* CHEMISTRY Oxosilan *nt*, Siloxan *nt*

silt *n* COAL TECH Schluff *m*, Silt *m*, WATER SUP Schlamm *m*, Schlick *m*; ~ **block** *n* CER & GLAS Siltstein *m*; ~ **container** *n* WASTE Schlammsammelbehälter *m*; ~ **field** *n* CER & GLAS Siltfeld *nt*; ~ **storage space** *n* WATER SUP Schlammlagerraum *m*; ~ **trap** *n* WATER SUP Schlammabscheider *m*, Schlammfang *m*

silting *n* CHEMISTRY Verschlammung *f*, Verschlickung *f*; ~-**up** *n* WATER SUP Verschlammung *f*

silver:[1] ~-**clad** *adj* PROD ENG silberplattiert; ~-**plated** *adj* PROD ENG versilbert

silver[2] *n (Ag)* CHEMISTRY Silber *nt (Ag)*; ~ **alloy** *n* PROD ENG Silberlegierung *f*; ~ **battery** *n* ELEC ENG Silberbatterie *f*; ~-**bromide collodion plate** *n* PHOTO Bromsilberkollodiumplatte *f*; ~ **bullion** *n* METALL Münzsilber *nt*; ~-**cadmium battery** *n* ELEC ENG Silber-Kadmium-Batterie *f*; ~-**cadmium cell** *n* ELEC ENG Silber-Kadmium-Element *nt*, Silber-Kadmium-Zelle *f*; ~ **case tantalum capacitor** *n* ELEC ENG Silbergehäuse-Tantalkondensator *m*; ~ **cell** *n* ELEC ENG Silberelement *nt*, Silberzelle *f*; ~ **chloride** *n* ELEC ENG Silberchlorid *nt*; ~ **chloride emulsion** *n* PHOTO Silberchloridemulsion *f*; ~ **contact** *n* ELEC ENG Silberkontakt *m*; ~ **content** *n* PHOTO Silbergehalt *m*; ~ **electrode** *n* LAB EQUIP *electrochemistry* Silberelektrode *f*; ~ **filler** *n* MECHAN ENG *brazing* Silberlot *nt*; ~ **halide** *n* PHOTO Silberhalogenid *nt*; ~ **halide emulsion** *n* PHOTO Halogensilberemulsion *f*, Silberhalogenidschicht *f*; ~ **halide paper** *n* PHOTO Halogensilberpapier *nt*, Silberhalogenidpapier *nt*; ~ **iodide** *n* PHOTO Jodsilber *nt*, Silberjodid *nt*; ~ **mica capacitor** *n* ELEC ENG Silber-Glimmer-Kondensator *m*; ~ **oxide** *n* ELEC ENG Silberoxid *nt*; ~ **oxide battery** *n* ELEC ENG Silberoxidbatterie *f*; ~ **oxide cell** *n* ELEC ENG Silberoxidelement *nt*, Silberoxidzelle *f*; ~ **oxide storage battery** *n* AUTO Silberoxidakkumulator *m*; **~-plated contact** *n* ELEC ENG silberplattierter Kontakt *m*; ~ **plating** *n* PROD ENG Versilbern *nt*; ~ **solder** *n* PROD ENG Silberlot *nt*; ~ **staining** *n* CER & GLAS Silberbeizen *nt*; ~ **steel** *n* MECHAN ENG Silberstahl *m*; ~ **voice** *n* ACOUSTICS silberhelle Stimme *f*; **~-zinc battery** *n* ELEC ENG Silber-Zink-Batterie *f*; **~-zinc cell** *n* ELEC ENG Silber-Zink-Element *nt*, Silber-Zink-Zelle *f*; **~-zinc primary battery** *n* ELEC ENG Silber-Zink-Primärbatterie *f*; **~-zinc primary cell** *n* ELEC ENG Silber-Zink-Primärelement *nt*, Silber-Zink-Primärzelle *f*; **~-zinc storage battery** *n* AUTO, ELEC ENG Silber-Zink-Akkumulator *m*; **~-zinc storage cell** *n* ELEC ENG Silber-Zink-Akkuelement *nt*, Silber-Zink-Akkuzelle *f*

silvering *n* CER & GLAS Verspiegelung *f*, PROD ENG Spiegelbelegung *f*, Versilberung *f*

silverware *n* FOOD TECH Silbergeschirr *nt*

SIMD: ~ **machine** *n* *(single instruction multiple-data machine)* COMP & DP SIMD-Rechner *m* *(Parallelrechner)*

similar: ~ **figures** *n pl* GEOM ähnliche Figuren *f pl*

similarity: ~ **relation** *n* GEOM Ähnlichkeitsverhältnis *nt*

SIMM *abbr* *(single in-line memory module)* COMP & DP SIMM *(einfaches schritthaltendes Speichermodul)*

simmer *vi* FOOD TECH köcheln

simple: ~ **acoustic source** *n* ACOUSTICS nicht gerichtete Schallquelle *f*; ~ **beam** *n* CONST Einfeldträger *m*; ~ **equation** *n* MATH Gleichung ersten Grades *f*, lineare Gleichung *f*; ~ **expansion engine** *n* MECHAN ENG Einfachexpansionsmaschine *f*; ~ **harmonic motion** *n* PHYS, WAVE PHYS einfache harmonische Bewegung *f*; ~ **hybrid circuit** *n* ELECTRON einfache Hybridschaltung *f*; **~-packaged crystal oscillator** *n* ELECTRON Kompakt-Quarzoszillator *m*; ~ **pendulum** *n* PHYS einfaches Pendel *nt*, mathematisches Pendel *nt*; ~ **random sample** *n* QUAL ungeschichtete Zufallsstichprobe *f*; ~ **shear stress** *n* METALL einfache Scherspannung *f*

simplex[1] *adj* COMP & DP, TELECOM Simplex- *pref*

simplex:[2] ~ **operation** *n* COMP & DP Simplexbetrieb *m*; ~ **pump** *n* MECHAN ENG Simplexpumpe *f*; ~ **transmission** *n* COMP & DP Simplexübertragung *f*

simplified: ~ **view** *n* ENG DRAW vereinfachte Ansicht *f*

simplify *vt* MATH vereinfachen

simply: **~-supported** *adj* CONST frei aufliegend

SIMS *abbr* *(secondary ion mass spectrometry)* PHYS SIMS *(Sekundärionenmassenspektrometrie)*

simulate *vt* COMP & DP simulieren

simulated: ~ **event** *n* RAD PHYS simuliertes Ereignis *nt*; ~ **speech** *n* TELECOM künstliche Sprache *f*

simulation *n* COMP & DP Nachahmung *f*, Simulation *f*, ELECT, ELECTRON, ERGON, TEST Simulation *f*; ~ **equipment** *n* TEST Simulationsanlage *f*; ~ **language** *n* COMP & DP Simulationssprache *f*; ~ **program** *n* COMP & DP Simulationsprogramm *nt*; ~ **of traffic** *n* TRANS Verkehrssimulation *f*

simulator *n* AIR TRANS, COMP & DP, ELECTRON, TELECOM Simulator *m*

simulcast: ~ **broadcasting** *n* TELEV Simultanrundfunk *m*

simultaneity *n* PHYS Gleichzeitigkeit *f*

simultaneous[1] *adj* COMP & DP, CONTROL gleichzeitig, simultan

simultaneous:[2] ~ **equations** *n pl* MATH gekoppelte Gleichungen *f pl*, simultane Gleichungen *f pl*; ~ **peripheral operations on- line** *n pl* *(SPOOL)* COMP & DP Ein-/-Ausgabe parallel zu Rechenprogramm *f* *(Spool-Programm)*; ~ **system** *n* TRANS *traffic control* Synchronsystem *nt*

sin *abbr* *(sine)* COMP & DP, GEOM sin *(Sinus)*

SIN: ~ **curve** *n* PROD ENG Wöhlerkurve *f*

SINAD[1] *abbr* *(signal-to-noise and distortion ratio)* TELECOM SINAD *(Störabstand einschließlich Verzerrungen)*

SINAD:[2] ~ **ratio** *n* TELECOM SINAD-Abstand *m*

sinapic *adj* CHEMISTRY Sinapin- *pref*

sinapine *n* CHEMISTRY Sinapin *nt*

sine *n* *(sin)* COMP & DP, GEOM Sinus *m* *(sin)*; ~ **bar** *n* METROL Sinuslineal *nt*; ~ **curve** *n* MATH Sinuskurve *f* ~ **galvanometer** *n* METROL, PHYS Sinusbussole *f*; ~ **rule** *n* GEOM Sinussatz *m*; ~ **table** *n* GEOM Sinustabelle *f*, MECHANICS Sinustabelle *f*, Sinustafel *f*, METROL Sinusaufspannplatte *f*; ~ **wave** *n* ACOUSTICS Sinuswelle *f*, COMP & DP Sinuskurve *f*, ELECT, ELECTRON, GEOM, PHYS, RAD TECH, WAVE PHYS Sinuswelle *f*; ~ **wave convergence** *n* TELEV Sinuswellenkonvergenz *f*; ~ **wave modulation** *n* ELECTRON Sinuswellenmodulation *f*; ~ **wave oscillator** *n* ELECTRON Sinuswellenoszillator *m*; ~ **wave tuning** *n* ELECTRON Sinuswellenabstimmung *f*

singe *vt* TEXT abflammen, sengen

singeing *n* TEXT Abflammen *nt*, Gasen *nt*, Sengen *nt*; ~ **machine** *n* TEXT Sengmaschine *f*

singing *n* ELECTRON *amplifier* Pfeifen *nt*; ~ **point** *n* ELECTRON Pfeifpunkt *m*

single[1] *adj* AUTO, COAL TECH Einzel- *pref*, COMP & DP Einfach- *pref*, einfach, einzeln, Einzel- *pref*, CONTROL, ELEC ENG, ENG DRAW, PACK, PRINT, PROD ENG, TELECOM, TELEV, TEXT Einzel- *pref*; **~-acting** *adj* HEAT & REFRIG einfachwirkend; ~ **cotton covered** *adj* *(SCC)* ELECT *conductor* einschichtig mit Baumwolle bedeckt; **~-edge** *adj* PROD ENG einprofilig, einschneidig; **~-end** *adj* PROD ENG einmäulig; **~-hull** *adj* WATER TRANS einzelhüllig; **~-layer** *adj* CONST einlagig, einschichtig; **~-level** *adj* COMP & DP einstufig; ~ **mode** *adj* ELEC ENG, ELECTRON, OPT, PHYS, TELECOM, TELEV Einmoden- *pref*; **~-paper-covered** *adj* ELECT einfach mit Papier isoliert; **~-phase** *adj* CONTROL, ELEC ENG, ELECT einphasig; **~-ply** *adj* PROD ENG einlagig; **~-point** *adj* MECHAN ENG *tool* einschneidig; **~-pole** *adj* ELECT, TELEV einpolig; **~-row** *adj* MECHAN ENG *bearing* einreihig; **~-rubber- covered** *adj* ELECT einfach mit Gummi isoliert; **~-shaft** *adj* MECHAN ENG einwellig; **~-shear** *adj* MECHAN ENG *materials* einschnittig; **~-start** *adj* MECHAN ENG eingängig; **~-thread** *adj* MECHAN ENG eingängig

single:[2]

~ a **~-acting compressor** *n* HEAT & REFRIG einfachwirkender Verdichter *m*; **~-acting engine** *n* MECHAN ENG einfachwirkende Maschine *f*; **~-acting pump** *n*

HYD EQUIP einfachwirkende Pumpe *f*; **~-acting servomotor** *n* FUELLESS einfachwirkender Servomotor *m*; **~ action engine** *n* MECHAN ENG einfachwirkende Maschine *f*; **~ address code** *n* COMP & DP Einadreßcode *m*, Einzeladreßcode *m*; **~ address instruction** *n* COMP & DP Einadreßbefehl *m*, Einzeladreßcode *m*; **~ address message** *n* COMP & DP Einzeladreßnachricht *f*; **~ aisle aircraft** *n* AIR TRANS Flugzeug mit nur einem Mittelgang *nt*; **~ angle cutter** *n* MECHAN ENG Winkelfräser *m*, PROD ENG Winkelstirnfräser *m*; **~ anode rectifier** *n* ELEC ENG Einanodengleichrichter *m*; **~ anode tube** *n* ELECTRON Einanodenröhre *f*; **~-armed lever handle** *n* PROD ENG *plastic valves* Einarmhebel *m*;

~ b **~-balanced mixer** *n* ELECTRON einfache Gegentaktmischstufe *f*; **~ bath developer** *n* PHOTO Einbadentwickler *m*; **~ beam cathode ray tube** *n* ELECTRON Einstrahl- Kathodenstrahlröhre *f*; **~ beam oscilloscope** *n* INSTR Einstrahloszilloskop *nt*; **~ beam spectrophotometer** *n* RAD PHYS Einstrahlspektrometer *nt*; **~ beam tube** *n* ELECTRON Einstrahlröhre *f*; **~ bevel groove weld** *n* PROD ENG HV-Naht *f*; **~ bit error** *n* COMP & DP Einzelbitfehler *m*; **~ bituminous surface treatment** *n* CONST einfache bituminöse Oberflächenbehandlung *f*; **~ board computer** *n* COMP & DP Einplatinenrechner *m*; **~ break contact** *n* ELEC ENG einfacher Öffnungskontakt *m*; **~ buoy mooring** *n* PET TECH Eintonnenvertäuung *f*, Einzeltonnenfestmachen *nt*;

~ c **~ camera extension** *n* PHOTO einfacher Kameraauszug *m*; **~ channel amplifier** *n* ELECTRON Einkanalverstärker *m*; **~ channel carrier** *n* SPACE Einkanalträger *m*; **~ channel per carrier** *n* *(SCPC)* SPACE *communications*, TELECOM Ein-Kanal-Träger *m* *(SCPC)*; **~ channel protocol** *n* COMP & DP Einkanalprotokoll *nt*; **~-coated paper** *n* PAPER einmal gestrichenes Papier *nt*; **~ coil latching relay** *n* ELEC ENG einspuliges Stromstoßrelais *nt*, einspuliges Stützrelais *nt*; **~ color point recorder** *n* *AmE*, **~ colour point recorder** *n* *BrE* INSTR Einfarbenpunktschreiber *m*; **~ conductor cable** *n* ELEC ENG Einleiterkabel *nt*, einadriges Kabel *nt*, ELECT einadriges Kabel *nt*; **~ cord switchboard** *n* TELECOM Einschnurvermittlungsschrank *m*; **~-core cable** *n* ELECT einadriges Kabel *nt*; **~ crystal** *n* ELECTRON Einkristall *m*; **~ crystal growth** *n* ELECTRON Einkristallzüchtung *f*; **~ crystal semiconductor** *n* ELECTRON Einkristallhalbleiter *m*; **~-cut file** *n* MECHAN ENG Einhiebfeile *f*, einhiebige Feile *f*; **~ cylinder engine** *n* MECHAN ENG Einzylindermotor *m*;

~ d **~-decked pallet** *n* TRANS Eindeckpalette *f*; **~-decked ship** *n* WATER TRANS Eindeckschiff *nt*; **~ diffusion process** *n* ELECTRON Einzeldiffusionsvorgang *m*; **~ digit dialing** *n* *AmE*, **~ digit dialling** *n* *BrE* TELECOM Einfingerwahl *f*; **~ dry plate clutch** *n* AUTO Einscheibentrockenkupplung *f*;

~ e **~ earth** *n* *BrE* *(cf single ground AmE)* ELECT einfache Erde *f*; **~ effect evaporator** *n* FOOD TECH Einkörperverdampfer *m*, Einstufenverdampfer *m*; **~ element shipping cask** *n* NUC TECH Versandfaß für Einzelelemente *nt*; **~-ended amplifier** *n* ELECTRON Eintaktverstärker *m*; **~-ended crystal mixer** *n* ELECTRON Einzelkristalldiodenmischer *m*; **~-ended output** *n* ELEC ENG *quadripole* unsymmetrischer Ausgang *m*; **~-ended spanner** *n* MECHAN ENG Einfachschlüssel *m*, Einfachschraubenschlüssel *m*; **~-ended tube** *n* ELECTRON Eintaktröhre *f*; **~ end sizing** *n* TEXT Einzelfaden-Schlichten *nt*; **~ escape peak** *n* RAD PHYS einzelner Escape-Peak *m*; **~ expansion engine** *n* MECHAN ENG Einfachexpansionsmaschine *f*;

~ f **~-faced pallet** *n* TRANS Eindeck- Flachpalette *f*; **~ feeder** *n* ELECT einfache Einspeisung *f*, einfache Speiseleitung *f*; **~ fiber cable** *n* *AmE see single fibre cable BrE* **~ fiber line** *n* *AmE see single fibre line BrE* **~ fibre cable** *n* *BrE* ELEC ENG Einfaserkabel *nt*; **~ fibre line** *n* *BrE* ELEC ENG Einfaserleitung *f*; **~ flotation** *n* COAL TECH Einzelflotation *f*; **~ footing** *n* CONST Einzelfundament *nt*; **~ frequency laser** *n* ELECTRON, RAD TECH, TELECOM, TELEV Einmodenlaser *m*; **~ frequency operation** *n* ELECTRON, RAD TECH, TELECOM, TELEV Betrieb auf einer Frequenz *m*;

~ g **~ gob feeding** *n* CER & GLAS Einlegen von nur einem Glasposten *nt*; **~ gob process** *n* CER & GLAS Verarbeitung von nur einem Glasposten *f*; **~ grid tube** *n* ELECTRON Eingitterröhre *f*; **~ ground** *n* *AmE (cf single earth BrE)* ELECT einfache Erde *f*; **~ gun storage tube** *n* ELECTRON Speicherröhre mit einem Elektronenstrahl *f*;

~ h **~ heterojunction laser diode** *n* ELECTRON Laserdiode mit Einfach-Heteroübergang *f*; **~ hull** *n* WATER TRANS einfacher Bootskörper *m*; **~ hull ship** *n* WATER TRANS Einkörperschiff *nt*;

~ i **~ impression mold** *n* *AmE*, **~ impression mould** *n* *BrE* MECHAN ENG Einfachform *f*; **~ indexing** *n* MECHAN ENG Einfachteilen *nt*; **~ in-line memory module** *n* *(SIMM)* COMP & DP einfaches schritthaltendes Speichermodul *nt* *(SIMM)*; **~ in-line package** *n* *(SIP)* COMP & DP, ELECTRON einfaches schritthaltendes Paket *nt* *(SIP-Paket)*; **~ instruction multiple-data machine** *n* *(SIMD machine)* COMP & DP Parallelrechner *m* *(SIMD-Rechner)*; **~ instruction single-data machine** *n* *(SISD machine)* COMP & DP serieller Rechner *m* *(SISD-Rechner)*;

~ j **~ jersey** *n* TEXT Single- Jersey *m*; **~ jet injection nozzle** *n* AUTO Einlocheinspritzdüse *f*;

~ l **~ layer ceramic capacitor** *n* ELEC ENG Einschicht-Keramikkondensator *m*; **~ leaf damper** *n* HEAT & REFRIG einteiliger Schieber *m*; **~ lens** *n* PHOTO einfaches Objektiv *nt*; **~ lens reflex camera** *n* *(SLR)* PHOTO einäugige Spiegelreflexkamera *f* *(SLR)*; **~ level masking structure** *n* ELECTRON Einfachabdeckstruktur *f*; **~ level polysilicon process** *n* ELECTRON einfacher Polykristallinprozeß *m*; **~ level resonance** *n* NUC TECH Einzelresonanz *f*; **~ linear inductor motor** *n* *(SLIM)* TRANS Einzellinearinduktionsmotor *m*; **~ line diagram** *n* ELECT Strichplan *m*, Strichzeichnung *f*; **~ line token** *n* RAIL Zugstab *m*; **~ line turnout** *n* RAIL eingleisige Gleisabzweigung *f*;

~ m **~ Matthew Walker** *n* WATER TRANS *knots* einfacher Taljereepsknoten *m*; **~ mode cable** *n* ELEC ENG Einmodenkabel *nt*; **~ mode fiber** *n* *Ame* **~ mode fibre** *n* *BrE* OPT Einmodenfaser *f*, TELECOM *BrE* Einmodenfaser *f*, Einmodenlichtwellenleiter *m*, Monomodefaser *f*; **~ mode optical fiber** *n* *AmE*, **~ mode optical fibre** *n* *BrE* ELEC ENG Einmodenglasfaser *f*; **~ mode optical integrated circuit** *n* ELECTRON einwellige integrierte Optikschaltung *f*; **~ and multilayer glass** *n* SAFETY ein- und mehrschichtiges Glas *nt*;

~ o **~ operation** *n* COMP & DP Einzeloperation *f*; **~ output power supply** *n* ELEC ENG Netzgerät mit einem Ausgang *nt*, Stromversorgung mit nur einem Ausgang *f*; **~ output switching power supply** *n* ELEC ENG Schaltnetzgerät mit nur einem Ausgang *nt*; **~ overlap** *n* MECHAN ENG Einfachüberlappung *f*;

~ p **~ pair cable** *n* ELEC ENG Single-Pair- Kabel *nt*; **~ parameter digital signal** *n* IND PROCESS einparametrisches digitales Signal *nt*; **~ phase** *n* CONTROL Einphasen *nt*; **~ phase bridge rectifier** *n* ELECT einphasiger Brückengleichrichter *m*; **~ phase current** *n* ELEC ENG Einphasenstrom *m*, einphasiger Strom *m*; **~ phase electric current** *n* CONST Einphasenstrom *m*; **~ phase induction motor** *n* ELEC ENG einphasiger Induktionsmotor *m*; **~ phase machine** *n* ELEC ENG einphasige Maschine *f*; **~ phase motor** *n* ELEC ENG, ELECT einphasiger Motor *m*; **~ phase supply** *n* ELEC ENG, ELECT einphasige Stromversorgung *f*; **~ phase transformer** *n* ELEC ENG einphasiger Transformator *m*; **~ phase winding** *n* ELEC ENG einphasige Wicklung *f*; **~ pilot instrument rating** *n* AIR TRANS Instrumentenflugberechtigung für Piloten *f*; **~ pipe brake** *n* RAIL Einleitungsbremse *f*; **~ pitch roof** *n* CONST freitragendes Pultdach *nt*; **~ plate rudder** *n* WATER TRANS Einplattenruder *nt*; **~ platform pallet** *n* AUTO einseitige Palette *f*; **~ ply board** *n* PAPER Simplexkarton *m*; **~ point bonding** *n* ELECT *shield bonding* Einpunktverbindung *f*; **~ point boring tool** *n* PROD ENG Bohrmeißel *m*; **~ point cutter** *n* PROD ENG Einzahnschlagfräser *m*; **~ point cutting tool** *n* MECHAN ENG Einstahlschneidwerkzeug *nt*, einschneidiges Werkzeug *nt*; **~-pole double-throw relay** *n (SPDT relay)* ELEC ENG einpoliges Umschaltrelais *nt*; **~- pole double-throw switch** *n (SPDT switch)* ELEC ENG einpoliger Umschalter *m (SPDT-Schalter)*, ELECT einpoliger Wechselschalter *m (SPDT- Schalter)*; **~ pole single-throw relay** *n (SPST relay)* ELEC ENG einpoliges Einschaltrelais *nt*; **~ pole single-throw switch** *n (SPST switch)* CONTROL einpoliger Ein-/Ausschalter *m*, ELEC ENG, ELECT einpoliger Ein-/Ausschalter *m*; **~ pole switch** *n* ELEC ENG Trennschalter *m*, einpoliger Schalter *m*, ELECT einpoliger Schalter *m*; **~ precision** *n* COMP & DP einfache Genauigkeit *f*; **~ primary type linear motor** *n* AUTO Primäreinzellinearmotor *m*; **~ processor common-control system** *n* TELECOM zentralgesteuertes System mit Einzelprozessor *nt*; **~ pulley drive** *n* MECHAN ENG Einscheibenantrieb *m*; **~ pulse** *n* ELECTRON Einfachimpuls *m*; **~ pulse signal** *n* ELECTRON Einfachimpulssignal *nt*; **~ purpose machine** *n* MECHAN ENG Einzweckmaschine *f*;

~ r **~ range instrument** *n* INSTR Einbereichinstrument *nt*; **~-riveted joint** *n* CONST einreihige Nietverbindung *f*; **~-riveted lap joint** *n* CONST einreihige Nietüberlappung *f*; **~ rotor** *n* AIR TRANS *helicopter* einrotorig;

~ s **~ sample** *n* QUAL Einfachstichprobe *f*; **~ sampling** *n* QUAL Einfachstichprobenentnahme *f*; **~ sampling inspection** *n* QUAL Einfachstichprobenprüfung *f*; **~ sampling plan** *n* QUAL Einfachstichprobenprüfplan *m*; **~ scale integration** *n (SSI)* COMP & DV, ELECTRON Kleinstintegration *f (SSI- Schaltung)*; **~ screw ship** *n* WATER TRANS Einschraubenschiff *nt*; **~-seated valve** *n* HYD EQUIP einsitziges Ventil *nt*; **~ section filter** *n* ELECTRON Einfachfilter *nt*; **~ server queue** *n* TELECOM Warteschlange mit einer Bedieneinheit *f*; **~ shot instrument** *n* INSTR Instrument für Einzelmessungen *nt*; **~ sideband** *n (SSB)* ELECTRON, RAD TECH, TELECOM, TELEV, WATER TRANS Einseitenband *nt (SSB)*; **~ sideband filter** *n* ELECTRON Einseitenbandfilter *nt*; **~ sideband modulation** *n* ELECTRON Einseitenbandmodulation *f*; **~ sideband modulator** *n* ELECTRON Einseitenbandmodulator *m*; **~ sideband transmission** *n* PHYS Einseitenbandübertragung *f*, TELEV Einseitenbandsendung *f*; **~-sided disc** *n BrE* OPT einseitige Diskette *f*; **~-sided disk** *n AmE see single- sided disc BrE* **~-sided diskette** *n* COMP & DP einseitig beschreibbare Diskette *f*; **~-sided distribution frame** *n* TELECOM einseitiges Verteilergestell *nt*; **~-sided printed circuit** *n* ELECTRON einseitige Leiterplatte *f*; **~ size gravel aggregate** *n* CONST gleichkörniger Kieszuschlagstoff *m*; **~ speed floating action** *n* IND PROCESS Verhalten mit fester Stellgeschwindigkeit *nt*; **~ spindle automatic** *n* MECHAN ENG Einspindelautomat *m*; **~ spindle boring machine** *n* MECHAN ENG Einspindelbohrmaschine *f*; **~ spindle lathe** *n* MECHAN ENG Einspindeldrehmaschine *f*; **~ stage amplifier** *n* ELECT einstufiger Verstärker *m*, ELECTRON, FOOD TECH, MECHAN ENG, NUC TECH Einstufenverstärker *m*; **~ stage compressor** *n* HEAT & REFRIG einstufiger Verdichter *m*, HYD EQUIP einstufiger Kompressor *m*, MECHAN ENG Einstufenkompressor *m*, einstufiger Verdichter *m*; **~ stage turbine** *n* HYD EQUIP einstufige Turbine *f*; **~ staple- fiber yarn** *n AmE*, **~ staple- fibre yarn** *n BrE* CER & GLAS Einfachstapelfasergarn *nt*; **~ step operation** *n* COMP & DP Einschrittoperation *f*, Einschrittbetrieb *m*; **~ stroke** *n* MECHAN ENG Einzelhub *m*; **~ stroke lever** *n* PHOTO Schnellaufzughebel *m*, Schnellspannhebel *m*; **~ supply** *n* ELEC ENG Einzelnetzgerät *nt*, Einzelstromversorgung *f*, ELECT Eindrahtspeisung *f*; **~ supply voltage** *n* ELEC ENG Einzelstromversorgungsspannung *f*;

~ t **~ thickness sheet glass** *n* CER & GLAS Einfachtafelglas *nt*; **~ thickness window glass** *n* CER & GLAS Einscheibenfensterglas *nt*; **~ thread** *n* MECHAN ENG eingängiges Gewinde *nt*; **~-threaded screw** *n* MECHAN ENG Schraube mit eingängigem Gewinde *f*; **~ throw relay** *n* ELEC ENG Hebelrelais *nt*; **~ throw switch** *n* ELEC ENG Hebelausschalter *m*, PHYS Ausschalter *m*; **~ ticket** *n BrE (cf one-way ticket AmE)* TRANS Einfachfahrschein *m*; **~ toggle switch** *n* CONTROL, ELEC ENG, ELECT einpoliger Ein-/Ausschalter *m*; **~ track line** *n* RAIL eingleisige Strecke *f*; **~ track recording** *n* RECORD Einspuraufnahme *f*; **~ trip bottle** *n* CER & GLAS Einwegflasche *f*; **~-type composing and casting machine** *n* PRINT Einzelbuchstabensetz- und - gießmaschine *f*;

~ u **~ user access** *n* COMP & DP Einzelbenutzerzugriff *m*, Einzelplatzzugriff *m*; **~ user system** *n* COMP & DP Einzelbenutzersystem *nt*, Einzelplatzsystem *nt*;

~ w **~ wall-corrugated fiberboard** *n AmE*, **~ wall-corrugated fibreboard** *n BrE* PACK Einzelschicht-Wellfaserplatte *f*; **~ wave rectifier** *n* ELECT einphasiger Gleichrichter *m*; **~ weight paper** *n* PHOTO papierstarkes Papier *nt*; **~ wire system** *n* ELECT Eindrahtsystem *nt*

single:[3] **~ up** *vi* WATER TRANS *mooring* alle Trossen bis auf eine loswerfen

singlet *n* PHYS *spectroscopy* Singulett *nt*

singularity *n* PHYS Singularität *f*

sinistrality *n* ERGON Linkshändigkeit *f*

sinistrin *n* CHEMISTRY Alantin *nt*, Dahlin *nt*

sink[1] *n* ELEC ENG Ableitvorrichtung *f*, Senke *f*, HYD EQUIP Abfluß *m*, Abflußschleuse *f*, Abflußbecken *nt*, LAB EQUIP Abflußbecken *nt*, METALL Senke *f*, POLL Ausguß *m*, Einlaufschacht *m*, Gully *m*

sink[2] *vt* CONST absenken, ausheben, PROD ENG spitzsenken, WATER TRANS *ship* versenken

sink[3] *vi* CONST *terrain* abfallen, neigen, sinken, *well*

absenken, WATER TRANS sinken, untergehen
sinkage *n* WATER TRANS Senkung *f*
sinker *n* FOOD TECH Senkkörper *m*, TEXT Platine *f*; **~ bar** *n* TEXT Platinenbarre *f*
sinkhead *n* PROD ENG *casting* verlorener Kopf *m*
sinking *n* PROD ENG Einarbeiten *nt*; **~ agent** *n* MAR POLL Sinkgut *nt*, Sinkmaterial *nt*; **~ point** *n* CER & GLAS Einsinkpunkt *m*; **~ trestle** *n* COAL TECH Abteufgerüst *nt*
sinter *vt* MECHAN ENG, METALL sintern
sintered[1] *adj* CHEM ENG, MECHAN ENG, MECHANICS gesintert
sintered:[2] **~ anode** *n* ELEC ENG Sinteranode *f*; **~ glass** *n* CER & GLAS Sinterglas *nt*; **~ glass filter crucible** *n* LAB EQUIP Glassinterfiltertiegel *m*; **~ glass filter funnel** *n* LAB EQUIP Glassinterfiltertrichter *m*; **~ material** *n* MECHAN ENG Sintermaterial *nt*; **~ metal** *n* MECHAN ENG Sintermetall *nt*; **~ metal material** *n* MECHAN ENG Sintermetallwerkstoff *m*; **~ refractory** *n* CER & GLAS Sintererzeugnis *nt*
sintering *n* CER & GLAS Sinter- *pref*, Sintern *nt*, COAL TECH Sintern *nt*, CONST, ELEC ENG Sinter- *pref*, METALL Sintern *nt*, PROD ENG Sinter- *pref*, Sinterstück *nt*, RAIL Zusammensintern *nt*, TELECOM Sinterung *f*; **~ coal** *n* COAL TECH Sinterkohle *f*; **~ sand coal** *n* COAL TECH sinternde Sandkohle *f*; **~ technique** *n* CHEM ENG Sintertechnik *f*, Sinterverfahren *nt*; **~ under pressure** *n* CHEM ENG Drucksintern *nt*, Preßsintern *nt*
sinuous: **~ flow** *n* PROD ENG turbulente Strömung *f*
sinusoid *n* COMP & DP Sinus *m*, Sinuskurve *f*, GEOM Sinuslinie *f*, Sinusoide *f*
sinusoidal[1] *adj* ELECT *wave* sinusförmig, PROD ENG sinodisch, sinusförmig
sinusoidal:[2] **~ conditions** *n pl* ELEC ENG Sinusbedingungen *f pl*; **~ current** *n* ELEC ENG Sinusstrom *m*, PHYS sinusförmiger Strom *m*; **~ field** *n* ELEC ENG Sinusfeld *nt*; **~ function** *n* ELEC ENG Sinusfunktion *f*; **~ motion** *n* PHYS sinusförmige Bewegung *f*; **~ oscillation** *n* ELECTRON Sinusschwingung *f*; **~ quantity** *n* ELEC ENG Sinusmenge *f*, Sinusquantität *f*, ELECTRON Sinusgröße *f*; **~ signal** *n* ELECTRON Sinussignal *nt*, sinusförmiges Signal *nt*, TELECOM Sinussignal *nt*; **~ signal generator** *n* ELECTRON Sinussignalgeber *m*; **~ voltage** *n* ELEC ENG Sinusspannung *f*, PHYS sinusförmige Spannung *f*
SIO *abbr (serial input/output)* COMP & DP serielle Ein-/Ausgabe *f*
SIP *abbr (single in-line package)* COMP & DP, ELECTRON SIP-Paket *nt (einfaches schritthaltendes Paket)*
siphon[1] *n see syphon*
siphon[2] *vt see syphon*
siren *n* SAFETY, WATER TRANS Sirene *f*
sisal: **~ hemp** *n* WATER TRANS *ropes* Sisalhanf *m*; **~ rope** *n* MECHAN ENG Sisalseil *nt*
SISD: **~ machine** *n (single instruction single-data machine)* COMP & DP SISD- Rechner *m (serieller Rechner)*
site:[1] **on ~** *adv* CONST auf der Baustelle
site[2] *n* CONST Baugrund *m*, Baustelle *f*, Lage *f*; **~ code** *n* PACK Platzcode *m*; **~ concrete** *n* CONST Ortbeton *m*; **~ criteria** *n pl* NUC TECH, POLL Standortkriterien *nt pl*; **~ diversity** *n* SPACE *communications* standortabhängige Streuung *f*; **~ installations** *n pl* CONST Baustelleneinrichtung *f*; **~ meeting** *n* CONST Baustellenbesprechung *f*; **~ rivet** *n* MECHAN ENG Montageniet *m*; **~ weld** *n* NUC TECH Schweißung an der Baustelle *f*, Schweißung vor Ort *f*
siting *n* NUC TECH Standortwahl *f*
sitosterol *n* CHEMISTRY Sitosterin *nt*, Sitosterol *nt*
situation: **~ calculus** *n* ART INT Situationskalkül *m*
six *n* MATH Sechs *f*; **~-phase current** *n* ELEC ENG Sechsphasenstrom *m*; **~-phase rectifier** *n* ELEC ENG Sechsphasengleichrichter *m*; **~-spindle automatic screw machine** *n* PROD ENG Sechsspindelhalbautomat *m*; **~-tool capstan** *n* MECHAN ENG *lathe* Sechsfachrevolverkopf *m*
sixteenmo *n* PRINT Sedezformat *nt*
sixth[1] *adj* MATH sechste
sixth[2] *n* ACOUSTICS Sext *f*, MATH *fraction* Sechstel *nt*
sixty: **~-four kbps restricted bearer service** *n* TELECOM *ISDN* beschränkter Übermittlungsdienst mit 64 kbit/s *m*; **~-four kbps restricted service** *n* TELECOM *ISDN* eingeschränkter Dienst mit 64 kbit/s *m*; **~-four kbps unrestricted service** *n* TELECOM *ISDN* unbeschränkter Dienst mit 64 kbit/s *m*
size[1] *n* CER & GLAS Schlichte *f*, PAPER Leim *m*, PLAS *glass fibre* Schlichte *f*, PRINT Leim *m*, PROD ENG Grundiermasse *f*, Leim *m*, TEXT Garnnummer *f*, Größe *f*, Schlichte *f*, Schlichtemittel *nt*; **~ bath** *n* TEXT Schlichtebad *nt*; **~ of bore** *n* MECHAN ENG Bohrungsdurchmesser *m*; **~ fraction** *n* COAL TECH Korngrößenanteil *m*; **~ grading** *n* COAL TECH Korngrößenbestimmung *f*, Kornklassierung *f*; **~ limit** *n* MECHAN ENG Grenzmaß *nt*; **~ margin** *n* MECHAN ENG Maßtoleranz *f*; **~ press** *n* PAPER Leimpresse *f*; **~ roll** *n* PAPER Leimwalze *f*; **~ take- up** *n* TEXT Schlichtaufnahme *f*; **~ threshold** *n* ERGON Größenschwelle *f*; **~ tolerance** *n* MECHAN ENG Maßtoleranz *f*
size[2] *vt* COAL TECH sortieren, CONST bemessen, dimensionieren, zurichten, kalibrieren, nach Korngrößen trennen, PROD ENG kalibrieren, TEXT appretieren, schlichten
sized: **~ warp** *n* TEXT geschlichtete Kette *f*
sizing *n* CER & GLAS Schlichten *nt*, COAL TECH Nachklassierung *f*, COMP & DP Einpassen *nt*, Skalieren *nt*, MECHAN ENG Aufweite- *pref*, Dimensionierung *f*, PACK Anleimen *nt*, PAPER Leimung *f*, PROD ENG Meßsteuerung *f*, Prägen *nt*, TEXT Appretieren *nt*, Schlichte *f*, Schlichten *nt*; **~ agent** *n* CHEMISTRY *paper* Leim *m*, Schlichtemittel *nt*, PLAS Schlichte *f*, TEXT Schlichtemittel *nt*; **~ machine** *n* TEXT Schlichtanlage *f*, Schlichtmaschine *f*; **~ tester** *n* PAPER Leimungsprüfer *m*; **~ tool** *n* MECHAN ENG Aufweitewerkzeug *nt*
skatole *n* CHEMISTRY Methylindol *nt*, Skatol *nt*
skeen: **~ arch** *n* CONST verkürzter Bogen *m*
skeg *n* WATER TRANS *shipbuilding* Ruderhacke *f*
skeletal: **~ coding** *n* COMP & DP Rahmencodierung *f*
skeleton *n* CONST Skelett *nt*, MECHAN ENG Gerüst *nt*, Skelett *nt*, PROD ENG Abfallstreifen *m*; **~ coding** *n* COMP & DP Rahmencodierung *f*; **~ container** *n* TRANS Drahtgittercontainer *m*; **~ girder** *n* CONST Skelett-Träger *m*
skene: **~ arch** *n* CONST verkürzter Bogen *m*
sketch[1] *n* CONST Grundriß *m*, Schema *nt*
sketch[2] *vt* CONST grob entwerfen, skizzieren
skew[1] *adj* CONST schiefwinkelig
skew[2] *n* COMP & DP Schrägstellung *f*, CONST Giebelfußstein *m*, TELEV Bandschräglauf *m*; **~ block** *n* CER & GLAS abgeschrägter Stein *m*; **~ bridge** *n* CONST schiefe Brücke *f*; **~ error** *n* TELEV Schrägverzerrung *f*; **~ ray** *n* CER & GLAS schräge Strahlung *f*, OPT schräger Strahl *m*, TELECOM schiefer Strahl *m*

skewback *n* CER & GLAS Widerlager *nt*, PROD ENG Keilstein *m*; ~ **block** *n* CER & GLAS Widerlagerstein *m*
skewed: ~ **distribution** *n* QUAL schiefe Verteilung *f*
skewing *n* CONST Schrägstellung *f*
skiatron *n* ELECTRON Schwärzungsröhre *f*
skid[1] *n* MECHANICS Hemmschuh *m*, Ladegestell *nt*, PROD ENG Gleitkufe *f*, Gleitschiene *f*; ~ **base** *n* PACK Untergestell *nt*; ~ **car** *n* AUTO Gleitwagen *m*; ~ **number** *n* MECHAN ENG Gleitzahl *f*; ~ **track** *n* CONST Hemmschiene *f*; ~ **wire** *n* ELECT Schlittendraht *m*
skid[2] *vi* AUTO schleudern; ~ **the rig** *vi* PET TECH den Bohrturm auf Schlitten versetzen
skidder *n* TRANS Gleiter *m*
skidding *n* AIR TRANS Rutschen *nt*, TRANS Rutschen *nt*, Schleudern *nt*; ~ **conditions** *n pl* TRANS Straßenglätte *f*
skidpad *n* AUTO Gelände für Schleudertraining *nt*
skids *n pl* TRANS *ship* Lade- und Löschbord *m*
skill *n* ERGON Fertigkeit *f*
skills: ~ **analysis** *n* ERGON Fertigkeitsanalyse *f*
skim[1] *n* CER & GLAS Abschäum- *pref*; ~ **bar** *n* CER & GLAS Abschäumbalken *m*; ~ **bob** *n* PROD ENG *casting* Schaumfänger *m*; ~ **gate** *n* PROD ENG Gießtrichter *m*, Schlackenlauf *m*; ~ **pocket** *n* CER & GLAS Abschäumvorbau *m*; ~ **rubber** *n* PLAS Skim-Kautschuk *m*
skim[2] *vt* CER & GLAS abfeimen, abschäumen, CONST abtragen, glätten, *ground* planieren, PROD ENG abheben, entschäumen; ~ **off** *vt* POLL, PROD ENG abschöpfen
skimmed: ~-**milk powder** *n* FOOD TECH Magermilchpulver *nt*
skimmer *n* CER & GLAS Abschäumer *m*, MAR POLL Abschöpfeinrichtung *f*, Skimmer *m*, PET TECH Skimmer *m*, POLL *oil* Skimmer *m*, Ölaufsauger *m*, PROD ENG Kratze *f*, Schaumlöffel *m*; ~ **block** *n* CER & GLAS Dammstein *m*
skimming *n* CER & GLAS Abfeim- *pref*, Abfeimen *nt*, Abschäum- *pref*, Skimming *nt*, MAR POLL Abschöpf- *pref*, PROD ENG Abheben *nt*, Entschäumen *nt*; ~ **barge** *n* MAR POLL Abschöpfbarke *f*; ~ **barrier** *n* MAR POLL Abschöpfölsperre *f*; ~ **dough** *n* PLAS *rubber* Teiglösung *f*; ~ **head** *n* MAR POLL Abschöpfkopf *m*, Saugkopf *m*; ~ **hole** *n* CER & GLAS Abschäumloch *nt*; ~ **off the dross** *n* METALL Abziehen von Schlacke *f*; ~ **pocket** *n* CER & GLAS Abfeimnische *f*; ~ **rod** *n* CER & GLAS Abfeimstange *f*; ~ **tank** *n* MAR POLL Fettfänger *m*, Fettabscheider *m*, WASTE Ölabscheider *m*
skin:[1] ~-**dried** *adj* PROD ENG mit Gasflamme getrocknet, oberflächengetrocknet
skin[2] *n* AIR TRANS *aircraft* Außenhaut *f*, Oberfläche *f*, COAL TECH Haut *f*, FOOD TECH Haut *f*, Hülle *f*, Schale *f*, PLAS Haut *f*, WATER TRANS *shipbuilding* Außenhaut *f*; ~ **blemish** *n* FOOD TECH Schalenfehler *m*; ~ **blister** *n* CER & GLAS Hautblase *f*; ~ **cream** *n* SAFETY Hautsalbe *f*; ~ **depth** *n* PHYS Hauttiefe *f*; ~ **effect** *n* ELEC ENG Hauteffekt *m*, Skineffekt *m*, Stromverdrängungseffekt *m*, ELECT Hauteffekt *m*, PHYS Hauteffekt *m*, Skineffekt *m*, RAD TECH Skineffekt *m*, TEST Hauteffekt *m*, Skineffekt *m*; ~ **film** *n* PACK Skinfolie *f*; ~ **friction** *n* MECHANICS Oberflächenreibung *f*, Wandreibung *f*; ~ **pack** *n* PACK Klarsichtkartonage *f*, Skinpack *nt*; ~ **resistance** *n* COAL TECH Hautwiderstand *m*
skin[3] *vt* FOOD TECH abziehen
skip[1] *n* COMP & DP Auslassung *f*, Überspringen *nt*, Sprung *m*, MAR POLL Kippkübel *m*, Müllcontainer *m*, PROD ENG Kübel *m*, TRANS Förderkorb *m*, WASTE Abfuhrwagen *m*, Kipper *m*; ~ **distance** *n* RAD TECH Sprungentfernung *f*; ~ **extraction** *n* COAL TECH Gefäßförderanlage *f*; ~ **instruction** *n* COMP & DP Überspringbefehl *m*; ~ **lorry** *n BrE (cf skip truck AmE)* AUTO Muldenkipper *m*, MAR POLL Muldenkippwagen *m*; ~ **truck** *n AmE (cf skip lorry BrE)* AUTO Muldenkipper *m*, MAR POLL Muldenkippwagen *m*; ~ **wagon** *n* RAIL Muldenkipper *m*
skip[2] *vt* COMP & DP überspringen
skirt *n* CONST Kante *f*, Rand *m*, MAR POLL Einfassung *f*, Ummantelung *f*, MECHAN ENG *of piston* Mantel *m*, WATER TRANS Schürze *f*
skirting *n* CONST Einfassung *f*, Fußleiste *f*; ~ **board** *n BrE (cf baseboard AmE, mopboard AmE)* CONST Fußleiste *f*, Scheuerleiste *f*
skiving *n* PROD ENG Wälzschälen *nt*; ~ **wheel** *n* PROD ENG Schälrad *nt*
sky: ~ **noise temperature** *n* SPACE *communications* Hintergrundsrauschtemperatur *f*; ~ **wave** *n* PHYS Raumwelle *f*, atmosphärische Welle *f*, RAD TECH Raumwelle *f*
skybus *n* AIR TRANS Passagierflugzeug ohne Service *nt*
skyjack[1] *n* AIR TRANS Flugzeugentführung *f*
skyjack[2] *vt* AIR TRANS entführen
skylight *n* CONST Dachfenster *nt*, WATER TRANS *deck equipment* Oberlicht *nt*
skyphone® *n* TELECOM *BT* Telefondienst für Flugzeugpassagiere *m*
skyway *n AmE (cf flyover BrE)* RAIL Gleisüberführung *f*, TRANS Hochstraße *f*, erhöhte Straße *f*
slab[1] *n* CER & GLAS, COAL TECH Platte *f*, CONST Fliese *f*, Platte *f*, *wood* Platte *f*, METALL Bramme *f*, PROD ENG Bramme *f*, Walzbarren *m*; ~ **interferometry** *n* OPT Platteninterferometrie *f*; ~ **milling cutter** *n* PROD ENG Schälfräser *m*, Walzfräser *m*; ~ **pile** *n* NUC TECH Plattenstapel *m*; ~ **reactor** *n* NUC TECH Reaktor mit Plattenelementen *m*; ~ **shears** *n pl* PROD ENG Brammenschere *f*
slab[2] *vt* PROD ENG Flächen bearbeiten, flachwalzen; ~-**mill** *vt* PROD ENG walzfräsen
slabbing *n* PROD ENG Brammenherstellung *f*, Flächen *nt*; ~ **cut** *n* PROD ENG *milling* Schälschnitt *m*; ~ **mill** *n* PROD ENG Brammenwalzwerk *nt*
slack *n* MECHAN ENG Lose *f*, TELECOM Kabelzuschlag *m*, Vorratslänge *f*, WATER TRANS *ropes* Durchhang *m*; ~ **coal** *n* COAL TECH Grus *m*, Gruskohle *f*, Kohlengrus *m*; ~ **traffic period** *n* TELECOM verkehrsschwache Zeit *f*; ~ **water** *n* WATER TRANS *tides* Stauwasser *nt*, Stillwasser *nt*
slacken *vt* MECHAN ENG *screw* lockern, WATER TRANS *ropes* fieren
slackening *n* MECHAN ENG Lockern *nt*
slacking *n* MECHAN ENG *nut* Lockern *nt*
slackness *n* MECHAN ENG *nut* Spiel *nt*
slag[1] *n* CER & GLAS Schlacke *f*, COAL TECH Kohlenschlacke *f*, Schlacke *f*, CONST, METALL, PAPER, PROD ENG Schlacke *f*, WASTE Müllschlacke *f*; ~ **brick** *n* METALL Schlackenstein *m*; ~ **cement** *n* METALL Hüttenzement *m*; ~ **glass** *n* CER & GLAS Herdglas *nt*; ~ **wool** *n* METALL Schlackenwolle *f*
slag[2] *vt* PROD ENG ausschlacken, sintern
slagging *n* NUC TECH Verschlackung *f*
slake *vt* CHEMISTRY ablöschen, zerfallen, PROD ENG löschen
slaked: ~ **lime** *n* CHEMISTRY Löschkalk *m*, FOOD TECH gelöschter Kalk *m*

slamming *n* WATER TRANS *motion of ship* Aufschlagen *nt*
slant[1] *n* AIR TRANS Schräg- *pref*, CONST Gefälle *nt*, Neigung *f*, Schräg- *pref*, FOOD TECH Schräg- *pref*, GEOM, PRINT Schräglage *f*, PROD ENG Neigung *f*, Schräg- *pref*; **~ course line** *n* AIR TRANS Meßkurslinie *f*, Schrägkurslinie *f*; **~ fracture** *n* METALL Schrägbruch *m*; **~ height** *n* GEOM *of cone* Länge der Erzeugenden *f*; **~ polarization** *n* ELEC ENG Schrägpolarisation *f*
slant[2] *vt* CONST abböschen
slanter: **~ engine** *n* AUTO Schrägmotor *m*
slanting *adj* CONST schief, schräg
SLAR *abbr (sideways-looking airborne radar)* MAR POLL SLAR *(Seitensichtradar)*
slashed: **~ zero** *n* PRINT durchgestrichene Null *f*
slasher:[1] **~ dyed** *adj* TEXT kettschlichtgefärbt
slasher:[2] **~ sizing** *n* TEXT Kettschlichten *nt*
slat: **~ dryer** *n* PAPER Plattentrockner *m*; **~ of the leading edge** *n* AIR TRANS Flügelvorderklappenkante *f*, Vorflügel *m*
slate *n* CONST Schiefer *m*, Schieferplatte *f*; **~ ax** *n AmE*, **~ axe** *n BrE* CONST Dachhammer *m*, Dachschieferlatte *f*; **~-foliated lignite** *n* COAL TECH Blätterkohle *f*; **~ knife** *n* CONST Dachhammer *m*; **~ nail** *n* CONST Schiefernagel *m*; **~ roof cladding** *n* CONST Schieferbedachung *f*
slater *n* CONST Dachdecker *m*
slater's: **~ hammer** *n* CONST Vorschlaghammer *m*
Slatis-Siegbahn: **~ spectrometer** *n* NUC TECH Slatis-Siegbahn-Spektrometer *nt*
slaughter *vt* FOOD TECH schlachten
slaughterer *n* FOOD TECH Schlächter *m*
slaughtering *n* FOOD TECH Schlachten *nt*
slave *n* COMP & DP Nebencomputer *m*, Slave *m*, untergeordneter Computer *m*, CONTROL Folgegerät *nt*; **~ application** *n* COMP & DP Slave- Anwendung *f*, untergeordnete Anwendung *f*; **~ cache** *n* COMP & DP Nebenspeicher *m*; **~ cylinder** *n* AUTO *brakes, clutch* Nehmerzylinder *m*; **~ processor** *n* COMP & DP untergeordneter Prozessor *m*; **~ relay** *n* COMP & DP Hilfsrelais *nt*; **~ station** *n* COMP & DP untergeordnete Datenstation *f*; **~ store** *n* COMP & DP Nebenspeicher *m*; **~ unit** *n* TELEV Tochtergerät *nt*; **~ VCR** *n* TELEV Tochtervideorecorder *m*
slavelock *n* TELEV Anschlußverriegelung *f*
slaving: **~ unit** *n* TELEV Fremdsynchronisierungseinrichtung *f*
SLC *abbr* PART PHYS *(Stanford Linear Collider)* SLC *(Stanford Linear Collider)*, TELECOM *(subscriber line circuit)* TNS *(Teilnehmersatz)*
SLD *abbr (superluminescent LED)* OPT, TELECOM SLD *(superlumineszierende Diode)*
sledge[1] *n* CONST Vorschlaghammer *m*; **~ hammer** *n* CONST Pflasterhammer *m*, Vorschlaghammer *m*, MECHAN ENG Vorschlaghammer *m*
sledge[2] *vt* CONST hämmern
sleek[1] *n* CER & GLAS Polierkratzer *m*
sleek[2] *vt* PROD ENG *casting* glattstreichen
sleeker *n* PROD ENG *casting* Streichblech *nt*
sleeking *n* PROD ENG *casting* Glattstreichen *nt*
sleep *n* WATER TRANS Schlaf *m*
sleeper *n* RAIL *BrE (tie AmE)* Eisenbahnschwelle *f*, Schwelle *f*, WATER TRANS *BrE (cf cross tie AmE)* Traverse *f*; **~-adzing machine** *n BrE (cf tie-adzing machine AmE)* RAIL Schwellendechselmaschine *f*; **~ bed** *n BrE (cf tie bed AmE)* RAIL Schwellenbett *nt*; **~-drilling machine** *n BrE (cf tie-drilling machine AmE)* RAIL Schwellenbohrmaschine *f*; **~ screw** *n BrE (cf tie screw AmE)* RAIL Schwellenschraube *f*; **~ screwdriver** *n BrE (cf tie screwdriver AmE)* RAIL Schwellenschraubeneindrehmaschine *f*; **~ station** *n BrE (cf tie station AmE)* RAIL Trennstelle *f*
sleeping: **~ car** *n* RAIL Schlafwagen *m*; **~ car attendant** *n* RAIL Schaffner *m*
sleeve *n* CER & GLAS Laufbuchse *f*, MECHAN ENG Muffe *f*, *bushing* Buchse *f*, Hülse *f*, *packing* Stulpe *f*, MECHANICS Buchse *f*, Muffe *f*, PACK Hülse *f*, PROD ENG Hülse *f*, *plastic valves* Manschette *f*; **~ balun** *n* RAD TECH Koaxialbalun *m*; **~ coupling** *n* MECHAN ENG Muffenkupplung *f*; **~ joint** *n* MECHAN ENG Muffenverbindung *f*; **~ nut** *n* MECHAN ENG Überwurfmutter *f*; **~ packing** *n* MECHAN ENG Stulpmanschette *f*; **~ valve engine** *n* AUTO Hülsenschiebermotor *m*, Rohrschiebermotor *m*
slenderness: **~ ratio** *n* CONST Schlankheitsgrad *m*
slew *vti BrE* MECHAN ENG, MECHANICS schwenken
slewing *n BrE* CONST *crane* Drehen *nt*, Schwenken *nt*; **~ crane** *n BrE* CONST, NUC TECH Drehkran *m*, Schwenkkran *m*; **~ gear** *n* MECHAN ENG *crane* Schwenkwerk *nt*
slice *n* COMP & DP Scheibe *f*, PAPER Stoffauflauflippe *f*; **~ architecture** *n* COMP & DP Slice- Aufbau *m*
slicer *n* FOOD TECH Schneidmaschine *f*
slick[1] *adj* PROD ENG glatt
slick[2] *n* MAR POLL Teppich *m*, Ölfleck *m*, PET TECH Teppich *m*, POLL Slick *m*, PROD ENG Lanzette *f*
slick[3] *vt* PROD ENG glätten
slicker *n* PROD ENG Lanzette *f*
slide[1] *n* COAL TECH Gleitschiene *f*, Rutschung *f*, HEAT & REFRIG Schieber *m*, LAB EQUIP *microscope* Objektträger *m*, MATH *slide rule* Schieber *m*, MECHAN ENG *conveying material* Förderrutsche *f*, Rutsche *f*, *machine tool* Schlitten *m*, *sliding piece* Gleitstück *nt*, *slip* Gleiten *nt*, MECHANICS Rutsche *f*, Schieber *m*, Schiebevorrichtung *f*, PHOTO Dia *nt*, Diapositiv *nt*, PROD ENG Schieber *m*, Stößel *m*; **~ bar** *n* MECHAN ENG *guide rod* Führungsstange *f*, Leitstange *f*, *piston* Führung *f*, Geradführung *f*, *sliding bar* Gleitschiene *f*; **~ bar carrier** *n* MECHAN ENG Gleitschienenträger *m*; **~ block** *n* MECHAN ENG Gleitstück *nt*, *valve* Führungsstein *m*, Kulissenstein *m*; **~ box** *n* HYD EQUIP Schieberkasten *m*, PHOTO Diakasten *m*; **~ bridge** *n* ELEC ENG Brücke mit Gleitkontakt *f*; **~ changer** *n* PHOTO Diawechsler *m*; **~ control** *n* RECORD stufenlose Regelung *f*; **~ copying** *n* PHOTO Diakopieren *nt*; **~ copying attachment** *n* PHOTO Diakopieraufsatz *m*; **~ copying device** *n* PHOTO Diakopiergerät *nt*; **~ coupling** *n* PROD ENG *plastic valves* Überschiebmuffe *f*; **~ damper** *n* HEAT & REFRIG Rauchschieber *m*, Schieber *m*, Schieberklappe *f*, Zugklappe *f*, Zugregister *nt*; **~ duplication** *n* PHOTO Diakopieren *nt*; **~ head** *n* MECHAN ENG *lathe* Planschlitten *m*, Querschlitten *m*; **~ holder** *n* PHOTO Diarähmchen *nt*; **~ lathe** *n* MECHAN ENG Supportdrehmaschine *f*; **~ mounting** *n* PHOTO Diarahmung *f*; **~ pick-up** *n* TELEV Diapositivaufnahme *f*; **~ potentiometer** *n* ELEC ENG Gleitpotentiometer *nt*; **~ projector** *n* PHOTO Diaprojektor *m*; **~ rail** *n* MECHAN ENG Gleitschiene *f*, RAIL Gleitschiene *f*, Laufschiene *f*; **~ rest** *n* MECHAN ENG *lathe* Planschlitten *m*, Querschlitten *m*, *machine tool* Schlitten *m*, Support *m*; **~ rest lathe** *n* MECHAN ENG Supportdrehmaschine *f*; **~ rheostat** *n* ELECT Schiebe-Potentiometer *nt*, Schiebewiderstand *m*; **~ rod** *n* HYD EQUIP Schieberstange *f*; **~ rule** *n* COMP & DP Rechenschieber *m*, MATH Rechenschieber *m*, Rechenstab *m*, MECHAN ENG Re-

chenschieber *m*; ~ **scanner** *n* TELEV Diapositivabtaster *m*; ~ **switch** *n* ELEC ENG, ELECT Schiebeschalter *m*; ~ **throttle valve** *n* HYD EQUIP Schieberdrosselventil *nt*; ~ **unit** *n* MECHAN ENG *machine tool* Schlitteneinheit *f*; ~ **valve** *n* AUTO Schieberventil *nt*, HYD EQUIP Schieber *m*, Steuerkolbenventil *m*, Steuerschieber *m*, Steuerschieberventil *nt*, Steuerkolben *m*, MECHAN ENG Schieber *m*; ~ **valve gear** *n* HYD EQUIP Schiebersteuerung *f*; ~ **wire bridge** *n* ELEC ENG, INSTR Schleifdrahtmeßbrücke *f*

slide^2 *vt* MECHANICS schieben

slide^3 *vi* MECHAN ENG, MECHANICS gleiten

slider *n* MATH Schieber *m*, MECHAN ENG Laufgewicht *nt*, *ferrule* Schiebering *m*, *instrument* Schieber *m*; ~ **crank** *n* MECHAN ENG Schubkurbel *f*

slideway *n* MECHAN ENG Gleitbahn *f*

sliding *n* MECHAN ENG Gleiten *nt*; ~ **block** *n* MECHAN ENG Gleitschuh *m*; ~ **bolt** *n* MECHAN ENG Schieberiegel *m*; ~ **bottom** *n* PACK Schiebeboden *m*; ~ **calipers** *n pl AmE*, ~ **callipers** *n pl BrE* MECHAN ENG Schieblehre *f*; ~ **cam** *n* MECHAN ENG Schiebenocken *m*; ~ **contact** *n* ELEC ENG Gleitkontakt *m*, Schiebekontakt *m*, Schleifkontakt *m*, PHYS Schleifkontakt *m*; ~ **door** *n* CONST Schiebetür *f*; ~ **filter drawer** *n* PHOTO Steckfilterfassung *f*; ~ **fit** *n* MECHAN ENG, MECHANICS Gleitsitz *m*, SS, Schiebesitz *m*; ~ **formwork** *n* CONST Gleitschalung *f*; ~ **fracture** *n* NUC TECH Gleitbruch *m*; ~ **frequency** *n* ELECTRON, RAD TECH, TELECOM, TELEV Gleitfrequenz *f*; ~ **frequency generator** *n* ELECTRON, RAD TECH, TELECOM, TELEV Gleitfrequenzgenerator *m*; ~ **friction** *n* ERGON, MECHAN ENG, PHYS Gleitreibung *f*; ~ **gate** *n* CONST Schiebetor *nt*; ~ **gear** *n* AUTO, MECHAN ENG Schieberad *nt*; ~ **gear drive** *n* MECHAN ENG Schieberadgetriebe *nt*; ~ **gear train** *n* MECHAN ENG Schieberädergetriebe *nt*; ~ **gear transmission** *n* AUTO Schieberadgetriebe *nt*, Schubwechselgetriebe *nt*; ~ **headstock** *n* MECHAN ENG beweglicher Spindelstock *m*; ~ **key** *n* MECHAN ENG Gleitfeder *f*; ~ **lathe** *n* MECHAN ENG Langdrehmaschine *f*, Zugspindeldrehmaschine *f*; ~ **leg** *n* PHOTO *tripod* zusammenschiebbares Bein *nt*; ~ **lid** *n* PACK Schiebedeckel *m*; ~ **load** *n* ELEC ENG gleitende Last *f*; ~ **poppet** *n* MECHAN ENG beweglicher Spindelstock *m*; ~ **and rolling friction** *n* MECHAN ENG Wälzreibung *f*; ~ **sash** *n* CONST Schiebefenster *nt*; ~ **shaft** *n* MECHAN ENG Schiebewelle *f*; ~ **shuttering** *n* CONST Gleitschalung *f*; ~ **sleeve** *n* AUTO Schiebehülse *f*; ~ **sluice** *n* FUELLESS Ziehschütze *f*; ~ **speed** *n* RAIL *wheel* Gleitgeschwindigkeit *f*; ~ **switch** *n* ELEC ENG Schiebeschalter *m*; ~ **tube** *n* OPT *instrument* Schieberohr *nt*; ~ **weight** *n* MECHAN ENG Laufgewicht *nt*

slim: ~ **hole** *n* PET TECH enge Bohrung *f*

SLIM *abbr (single linear inductor motor)* TRANS Einzellinearinduktionsmotor *m*

slime *n* CER & GLAS Schlamm *m*, COAL TECH Schlamm *m*, Schlick *m*, PAPER Schlamm *m*, WATER SUP Schlamm *m*, Schleim *m*

sling^1 *n* CER & GLAS Ziegeldraht *m*, MAR POLL Stropp *m*, WATER TRANS *ropes* Schlinge *f*, Stropp *m*; ~ **chain** *n* PROD ENG Wendekette *f*; ~ **identification tag** *n* SAFETY Ausweisanhänger *m*

sling^2 *vt* PROD ENG schleudern

slinger *n* PROD ENG *casting* Schleuderformmaschine *f*

slingshot *n* SPACE *spacecraft* Schleudern *nt*

slip^1 *n* CER & GLAS Schlicker *m*, ELEC ENG Abgleitung *f*, Gleitbewegung *f*, Gleiten *nt*, Gleitung *f*, Rutschen *nt*, Schlupf *m*, ELECT *(s)* Schlupf *m (s)*, MECHAN ENG Schlupf *m*, PAPER Blatt Papier *nt*, PET TECH Abfangkeil *m*, Rohrklemmkeil *m*, PROD ENG Dübel *m*, Emaillemischung *f*, Schlicker *m*, RAIL Kreuzungsweiche *f*, WATER TRANS *shipbuilding* Helling *f*; ~ **case** *n* PACK Schuber *m*; ~ **casting** *n* CER & GLAS Schlickerguß *m*; ~**-cast pot** *n* CER & GLAS Schlickergußtiegel *m*; ~ **circle** *n* CONST *soil mechanics* Bruchkreis *m*, Gleitkreis *m*; ~ **clutch** *n* MECHAN ENG Rutschkupplung *f*; ~ **cylinder** *n* METALL Gleitzylinder *m*; ~ **gage** *n AmE*, ~ **gauge** *n BrE* MECH, MECHAN ENG, METROL Parallelendmaß *nt*; ~ **joint** *n* AUTO Schiebegelenk *nt*, MECHAN ENG Gleitgelenk *nt*, *expansion joint* Ausdehnungskupplung *f*, Expansionskupplung *f*; ~ **kiln** *n* CER & GLAS Schlickerofen *m*; ~ **marking** *n* METALL Gleitmarkierung *f*; ~ **mount** *n* PHOTO Passepartout *nt*; ~**-on sleeve** *n* PHOTO Aufsteckfassung *f*; ~ **partition** *n* CONST Harmonikatrennwand *f*; ~ **proof** *n* PRINT Fahnenabzug *m*, Spaltenabzug *m*; ~ **of a propeller** *n* AIR TRANS Luftschraubenschlupf *m*; ~**-resistant sole** *n* SAFETY *footwear* Antirutschsohle *f*; ~ **ring** *n* AUTO *generator* Schleifring *m*, ELEC ENG Gleitring *m*, Schleifring *m*, PHYS Kollektorring *m*, Schleifring *m*; ~ **ring induction motor** *n* ELEC ENG Schleifringankermotor *m*; ~ **ring motor** *n* ELECT Schleifringmotor *m*, HEAT & REFRIG Schleifringläufermotor *m*, Schleifringmotor *m*; ~ **ring rotor** *n* ELECT Schleifringrotor *m*; ~ **road census** *n BrE* **slip road** *n BrE (cf access road AmE)* TRANS Autobahnzubringer *m* TRANS Autobahnzubringerverkehrszählung *f*; ~ **road control** *n BrE (cf access road control AmE)* TRANS Autobahnzubringerkontrolle *f*; ~ **road count** *n BrE* TRANS Autobahnzubringerverkehrszählung *f*; ~ **road metering** *n BrE (cf access road metering AmE)* TRANS Autobahnzubringerverkehrszählung *f*; ~ **step height** *n* METALL Gleitstufenhöhe *f*; ~ **surface** *n* COAL TECH Gleitfläche *f*; ~ **tongue joint** *n* CONST Federverbindung *f*

slip^2 *vt* MECHAN ENG schieben, WATER TRANS *shipbuilding, ropes* slippen, slippen lassen

slip^3 *vi* MECHAN ENG *belt* Schlupf haben

slippage *n* CONST Rutschen *nt*, Schlupf *m*

slipper *n* MECHAN ENG Gleitstück *nt*, PROD ENG Gleitschuh *m*

slipperiness *n* TRANS Glätte *f*

slipping *n* PROD ENG Gleitung *f*, Kleister *m*

slipshod: ~ **work** *n* PROD ENG Pfusch *m*

slipstream *n* AIR TRANS Luftschraubenstrahl *m*, Nachstrom *m*

slipway *n* WATER TRANS *shipbuilding* Helling *f*

slit *n* PHYS Schlitz *m*, PROD ENG Blende *f*, SPACE *aerial* Riß *m*, Schlitz *m*, WAVE PHYS Schlitz *m*, Spalt *m*; ~ **of cassette** *n* PHOTO Kassettenschlitz *m*; ~ **diaphragm** *n* PHOTO Schlitzblende *f*, Spaltblende *f*; ~ **machine** *n* PACK Schneidemaschine *f*; ~ **scanning** *n* TELEV Schlitzabtastung *f*; ~ **shutter** *n* TELEV Schlitzverschluß *m*; ~ **system** *n* SPACE Schlitzsystem *nt*

slitter *n* CER & GLAS Streifenschneider *m*, PAPER Tellermesser *nt*, PRINT Längsschneidemaschine *f*, PROD ENG Rollschere *f*, Schlitzmaschine *f*; ~**-rewinder** *n* PAPER Rollenschneidmaschine *f*

slitting *n* MECHAN ENG Schlitzen *nt*, PROD ENG Rollscheren *nt*, Schlitzen *nt*; ~ **disc** *n BrE* CER & GLAS Trennscheibe *f*; ~ **disk** *n AmE see slitting disc BrE* ~ **and printing machine** *n* PACK Schlitz- und Druckmaschine *f*; ~ **and rewinding machine** *n* PACK Schneid-

und Wickelmaschine *f*

sliver *n* CER & GLAS Splitter *m*, TEXT Faserband *nt*

sloop *n* WATER TRANS Schaluppe *f*

slop: **~ tank** *n* WASTE Altöltank *m*

slope[1] *n* COAL TECH Böschung *f*, Hang *m*, CONST Abhang *m*, Böschung *f*, Gefälle *nt*, Querneigung *f*, Steigung *f*, *roof* Neigung *f*, GEOM *of surface* Gefälle *nt*, Neigung *f*, HYD EQUIP *(S) sine of inclination* Gefälle *nt (S)*, PHYS Anstieg *m*, Steigung *f*; **~ failure** *n* COAL TECH Böschungsversagen *nt*; **~ landfill** *n* WASTE Anböschung *f*; **~ level** *n* CONST Neigungsmesser *m*; **~ method** *n* WASTE Anböschung *f*; **~ protection** *n* CONST Böschungssicherung *f*; **~ stability** *n* COAL TECH Böschungsstandfestigkeit *f*; **~ toe** *n* COAL TECH Böschungsfuß *m*; **~ top** *n* COAL TECH Böschungskrone *f*

slope[2] *vt* CONST abböschen, abschrägen, anschütten

slope[3] *vi* CONST *terrain* abfallen

sloping: **~ line** *n* ENG DRAW geneigte Linie *f*; **~-style standard lettering** *n* ENG DRAW schräge Normschrift *f*

slot[1] *n* ART INT *frame* Element *nt*, Slot *m*, CER & GLAS Ziehdüsenschlitz *m*, ELEC ENG Nut *f*, Schlitz *m*, Spalt *m*, *waveguides* Nut *f*, MECHAN ENG *screw head*, NUC TECH *gas generator rotor*, PRINT Schlitz *m*, PROD ENG Nut *f*, SPACE Schlitz *m*, TELECOM Aufnahme *f*, Schlitz *m*, Zeitschlitz *m*, TELEV Schlitz *m*, *programming* Sendetermin *m*; **~ antenna** *n* TELECOM Schlitzantenne *f*; **~ cutter** *n* MECHAN ENG Schlitzfräser *m*; **~ drill** *n* MECHAN ENG Langlochfräser *m*; **~ drilling machine** *n* MECHAN ENG Langlochfräsmaschine *f*; **~ file** *n* MECHAN ENG Schlitzfeile *f*; **~ flap** *n* AIR TRANS Schlitzklappe *f*, Spaltklappe *f*; **~ liner** *n* PHYS Spaltauskleidung *f*; **~ lips** *n pl* CER & GLAS Düsenlippen *f pl*; **~ mill** *n* MECHAN ENG Langlochfräser *m*, Nutenschaftfräser *m*; **~ milling** *n* MECHAN ENG Nutenfräsen *nt*; **~ milling machine** *n* MECHAN ENG Nutenfräsmaschine *f*, PROD ENG Langlochfräsmaschine *f*; **~ mortise joint** *n* CONST Zapfenlochverbindung *f*; **~ pipe** *n* CONST Schlitzrohr *nt*

slot[2] *vt* MECHAN ENG schlitzen

slotline *n* PHYS Schlitzleitung *f*

slotted[1] *adj* PROD ENG genutet

slotted:[2] **~ ALOHA system** *n* TELECOM ALOHA-Zugriffssystem mit festen Zeitschlitzen *nt*, Slotted-ALOHA-Zugriffssystem *nt*; **~ armature** *n* ELEC ENG Nutanker *m*, genuteter Anker *m*, ELECT *generator, motor* Nutenanker *m*; **~ cheese-head screw** *n* MECHAN ENG Zylinderschraube mit Schlitz *f*; **~ core cable** *n* OPT Schlitzkernkabel *nt*; **~ countersunk-head screw** *n* MECHAN ENG Senkschraube mit Schlitz *f*; **~ fillister head screw** *n* CONST Linsenschraube *f*; **~ head** *n* MECHAN ENG Schlitzkopf *m*; **~ headless screw** *n* MECHAN ENG Schaftschraube mit Schlitz *f*; **~ head screw** *n* MECHAN ENG Schlitzschraube *f*; **~ line** *n* ELEC ENG Meßleitung *f*; **~ line probe** *n* ELEC ENG Meßleitungssonde *f*; **~ nut** *n* MECHAN ENG Nutmutter *f*, Schlitzmutter *f*; **~ oil control ring** *n* AUTO Ölschlitzring *m*; **~ rivet** *n* CONST Schlitzniet *m*; **~ round-head bolt** *n* MECHAN ENG Rundkopfschraube mit Schlitz *f*; **~ screw** *n* MECHAN ENG Schlitzschraube *f*, Schraube mit Schlitz *f*; **~ system** *n* TELECOM System mit Zeitschlitzen *nt*; **~-type screwdriver** *n* MECHAN ENG Schlitzmutterndreher *m*, Schlitzmutternschlüssel *m*; **~ waveguide** *n* ELEC ENG geschlitzter Wellenleiter *m*; **~ wing** *n* AIR TRANS Schlitzflügel *m*, Spaltflügel *m*

slotter *n* MECHAN ENG *metal working* Stoßmaschine *f*

slotting *n* MECHAN ENG Schlitzen *nt*, PROD ENG Langlochfräsen *nt*; **~ cutter** *n* MECHAN ENG Schlitzfräser *m*; **~ file** *n* MECHAN ENG Schlitzfeile *f*; **~ machine** *n* MECHAN ENG Stoßmaschine *f*, PROD ENG Senkrechtstoßmaschine *f*; **~ side and face cutter** *n* MECHAN ENG Nutenscheibenfräser *m*; **~ tool** *n* MECHAN ENG Nutenmeißel *m*, Stoßmeißel *m*, PROD ENG Nutenstoßmeißel *m*

slough *n* CER & GLAS Abrutschen *nt*

sloughed: **~ yarn** *n* CER & GLAS abgeschlagenes Garn *nt*

slow:[1] **~-helix** *adj* PROD ENG schlankgenutet

slow:[2] **~ ahead** *adv* WATER TRANS *engine* langsam voraus; **~ astern** *adv* WATER TRANS *engine* langsam zurück

slow:[3] **~-acting relay** *n* ELECT Verzögerungsrelais *nt*; **~ blow fuse** *n* ELEC ENG träge Sicherung *f*; **~ break switch** *n* ELECT verzögerter Trennschalter *m*; **~ combustion** *n* AUTO schleichende Verbrennung *f*, stille Verbrennung *f*; **~ composting** *n* WASTE langsame Kompostierung *f*; **~ fermentation** *n* WASTE langsame Gärung *f*; **~ freezing** *n* FOOD TECH langsames Gefrieren *nt*; **~ motion disc** *n BrE* TELEV Zeitlupendisc *f*; **~ motion disk** *n AmE see slow motion disc BrE* **~ neutron** *n* PHYS langsames Neutron *nt*, thermisches Neutron *nt*; **~ operate relay** *n* ELEC ENG Langzeitrelais *nt*; **~ quenching** *n* METALL langsames Abschrecken *nt*; **~-running diesel engine** *n* TRANS, WATER TRANS langsam laufender Dieselmotor *m*; **~ sand filter** *n* WATER SUP Langsamfilter *nt*; **~ sand filtration** *n* WATER SUP Langsamsandfiltration *f*; **~ scan television** *n (SSTV)* RAD TECH Schmalbandfernsehen mit langsamer Abtastung *nt (SSTV)*, TELEV Fernsehen mit langsamer Abtastung *nt*, Schmalbandfernsehen *nt*, Slow-Scan-Television *f (SSTV)*; **~ scan television system** *n* TELEV Schmalbandfernsehsystem *nt*; **~ scan video conferencing** *n* TELECOM Slow- Scan- Videokonferenz *f*; **~-setting glass** *n* CER & GLAS langsam erstarrendes Glas *nt*; **~ speed** *n* AUTO kleine Fahrt *f*, niedrige Drehzahl *f*, niedrige Geschwindigkeit *f*; **~ speed compressor** *n* HYD EQUIP langsamlaufender Kompressor *m*; **~ train** *n BrE (cf stopping train AmE)* RAIL Personenzug *m*; **~ wave** *n* ELEC ENG langsame Welle *f*; **~ wave structure** *n* ELEC ENG Langsamwellenstruktur *f*; **~ wave tube** *n* ELECTRON Verzögerungsröhre *f*

slow:[4] **~ down** *vi* TRANS Geschwindigkeit verringern

slowing: **~ down** *n* TRANS Verlangsamung *f*; **~-down area** *n* NUC TECH Bremsfläche *f*; **~-down density** *n* NUC TECH Bremsdichte *f*; **~-down length** *n* NUC TECH Bremslänge *f*; **~-down power** *n* NUC TECH Bremsvermögen *nt*

slowly: **~ varying voltage** *n* ELEC ENG langsam variierende Spannung *f*

slowness *n* TRANS Langsamkeit *f*

SLR *abbr (single lens reflex camera)* PHOTO SLR *(einäugige Spiegelreflexkamera)*

slub *n* TEXT Fadenverdickung *f*, Noppe *f*

slubbing:[1] **~ dyed** *adj* TEXT als Lunte gefärbt

slubbing:[2] **~ frame** *n* TEXT Grobflyer *m*

sludge *n* FOOD TECH Bodensatz *m*, Schlamm *m*, Trub *m*, PROD ENG Butzen *m*, Rohling *m*, WASTE, WATER SUP Schlamm *m*; **~ accumulation** *n* WASTE Verschlammung *f*; **~ bulking** *n* WATER SUP Schlammkonditionierung *f*; **~ cake** *n* WASTE Schlammkuchen *m*; **~ composting** *n*

WASTE Schlammkompostierung *f*; ~ **conditioning** *n* WATER SUP Schlammkonditionierung *f*; ~ **contact process** *n* WASTE Kontaktschlammverfahren *nt*; ~ **dewatering** *n* WASTE Schlammentwässerung *f*, Schlammverdickung *f*; ~ **digestion** *n* WASTE Schlammfaulung *f*; ~ **digestion tank** *n* WASTE Schlammfaulbehälter *m*; ~ **disposal** *n* WATER SUP Schlammbeseitigung *f*; ~ **drying** *n* WASTE Schlammtrocknung *f*; ~ **drying bed** *n* WASTE Schlammtrockenbett *nt*; ~ **formation test** *n* ELECT *transformer oil* Schlammbildungsprüfung *f*; ~ **incineration** *n* WATER SUP Schlammverbrennung *f*; ~ **liquor** *n* WATER SUP Schlammwasser *nt*; ~ **petrification** *n* WASTE Versteinerung von Schlämmen *f*; ~ **processing** *n* WASTE Schlammaufbereitung *f*, Schlammbehandlung *f*; ~ **rake** *n* WASTE Schlammräumer *m*; ~ **removal** *n* WASTE Schlammbeseitigung *f*; ~ **ripening** *n* WATER SUP Schlammeindickung *f*; ~ **stabilization** *n* WASTE Schlammstabilisierung *f*; ~ **sump** *n* WASTE Schlammfang *m*, Schlammsammelbehälter *m*; ~ **thickening** *n* WASTE, WATER SUP Schlammeindickung *f*

slue *vti AmE see slew BrE*

slug *n* CER & GLAS Schmelzperle *f*, COAL TECH Slug *nt*, ELEC ENG Spulenkern *m*, Verzögerer *m*, *condenser* Spulenkern *m*, *waveguide, winding* Kern *m*, PRINT Setzmaschinenzeile *f*, gegossene Zeile *f* ~ **in neck** *n* CER & GLAS Perle im Flaschenhals *f*; ~ **tuning** *n* ELEC ENG Abstimmung *f*

slugged: ~ **bottom** *n* CER & GLAS ungleichmäßiger Boden *m*

sluice *n* FUELLESS, WATER SUP Schleuse *f*, WATER TRANS Wasserschleuse *f*; ~ **box** *n* WATER SUP Abflußrinne *f*, Gerinne *nt*; ~ **valve** *n* WATER SUP Keilschieber *m*

sluicegate *n* FUELLESS oberes Schleusentor *nt*, WATER SUP Obertor *nt*, Schleusentor *nt*, WATER TRANS Schleusentor *nt*

sluiceway *n* WATER SUP Schleusenkanal *m*

sluicing *n* WATER SUP Durchschleusen *nt*, Schleusung *f*

sluing *n AmE see slewing BrE*

slump *n* CONST Absackung *f*, Ausbreitmaß *nt*, Senkung *f*, Setzmaß *nt* ~ **cone** *n* CONST Setzbecher *m*; ~ **test** *n* CONST Ausbreitmaßprüfung *f*, Setzprobe *f*

slur *n* PROD ENG Schlichte *f*

slurried *adj* COATINGS angeschlämmt, in verdünnt Form

slurry *n* CER & GLAS Schlamm *m*, COAL TECH Aufschlämmung *f*, Brei *m*, Schlamm *m*, COATINGS Schlämme *f*, FOOD TECH Aufschlämmung *f*, Brei *m*, MECHAN ENG Aschebrei *f*, PROD ENG Aufschlämmung *f*, Brei *m*, WASTE Brei *m*, Flüssigschlamm *m*, Naßschlamm *m*, Schlamm *m*, Flüssigmist *m*, Gülle *f*, Jauche *f*; ~ **pond** *n* COAL TECH Ausschlagbecken *nt*, Schlammbecken *nt*; ~ **screen** *n* COAL TECH Schlammsieb *nt*; ~ **seal** *n* CONST Schlämmeversiegelung *f*; ~ **tanker** *n* AUTO Slurry-Tanker *m*; ~ **trenching** *n* WASTE Schlitzwandverfahren *nt*; ~ **wall** *n* WASTE Dichtungswand *f*, Sperrwand *f*, Trennwand *f*

slush: ~ **molding** *n AmE*, ~ **moulding** *n BrE* PLAS Slush-Moulding *nt*; ~ **pump** *n* PET TECH Bohrschlammpumpe *f*

Sm *(samarium)* CHEMISTRY Sm *(Samarium)*

small: ~-**angle prism** *n* PHYS Kleinwinkelprisma *nt*; ~ **caps** *n pl* PRINT Kapitälchen *nt pl*; ~ **coal** *n* COAL TECH Kohlengrieß *m*, Kohlenklein *nt*; ~ **coal without fines** *n* COAL TECH Grießkohle ohne Feinkohle *f*; ~ **end** *n* AUTO Pleuelkopf *m*, kleines Pleuelauge *nt*, kolbenseitiges Pleuelstangenende *nt*, oberes Pleuelauge *nt*, MECHAN ENG *connecting rod* kolbenbolzenseitiges Ende *nt*; ~ **end bush** *n* AUTO *connecting rod* Pleuelaugenbuchse *f*; ~ **end bushing** *n* AUTO Kolbenbolzenbuchse *f*, Pleuelbuchse *f*; ~-**gain amplifier** *n* ELECTRON Verstärker mit niedriger Verstärkungsleistung *m*; ~ **hoists** *n pl* MECHAN ENG Kleinhebezeug *nt*; ~ **offset print** *n* PRINT Kleinoffset *nt*, Kleinoffsetdruck *m*; ~-**scale integration** *n (SSI)* COMP & DP *f*, ELECTRON Kleinstintegration *f (SSI- Schaltung)*; ~-**scale representation** *n* ENG DRAW Kleindarstellung *f*; ~ **signal** *n* ELECTRON Kleinsignal *nt*; ~ **signal amplification** *n* ELECTRON Kleinsignal-Verstärkung *f*; ~ **signal amplifier** *n* ELECTRON Kleinsignal- Verstärker *m*; ~ **signal parameter** *n* ELECTRON Kleinsignal-Parameter *m*; ~ **signal transistor** *n* ELECTRON Kleinsignal-Transistor *m*; ~ **tip wagon** *n BrE (cf spoil car AmE)* RAIL Lore *f*; ~ **tools** *n pl* MECHAN ENG Kleinwerkzeuge *nt pl*

smalls *n pl* COAL TECH Erbskohle *f*, Grießkohle *f*

smart: ~ **card** *n* COMP & DP Chipkarte *f*; ~ **card reader** *n* TELECOM Chipkartenleser *m*; ~ **terminal** *n* COMP & DP intelligente Datenstation *f*

SMAW *abbr (shielded metal arc welding)* NUC TECH SMAW *(Sigmaschweißung)*

SMC *abbr (surface-mounted component)* ELECTRON SMC *(SMD-Bauteil)*, TELECOM SMC *(Aufsetzbauelement)*

SMD *abbr (surface mounting device)* ELECT SMD *(Flachbauelement)*

smearing *n* TELEV Nachziehen *nt*

smectic: ~ **liquid crystals** *n pl* ELECTRON smektische Flüssigkristalle *m pl*

smectite *n* CHEMISTRY Fetton *m*, Seifenerde *f*, Seifenton *m*, COAL TECH, PET TECH Smektit *m*

smelter *n* METALL *furnace* Schmelzofen *m*

smeltery *n* METALL Hütte *f*, Hüttenwerk *nt*

smelting *n* COAL TECH Schmelzen *nt*, ELEC ENG Abschmelzung *f*, Schmelzung *f*, METALL Schmelzvorgang *m*; ~ **furnace** *n* METALL Schmelzofen *m*; ~ **and refining works** *n* METALL Umschmelzwerk *nt*

S-meter *n* RAD TECH S-Meter *nt*

smiley *n* COMP & DP *character* Smiley- Männchen *nt*

Smith: ~ **chart** *n* PHYS Dauerfestigkeitsdiagramm *nt*, Smith- Diagramm *nt*

smithery *n* CONST Schmiedearbeit *f*, Schmiedehandwerk *nt*

smith's: ~ **bellows** *n pl* PROD ENG Blasebalg *m*; ~ **pliers** *n pl* CONST Schmiedezange *f*

smithy *n* CONST Schmiede *f*

smog *n* POLL Smog *m*

smoke *n* CER & GLAS Rauch *m*; ~ **alarm** *n* SAFETY Rauchalarm *m*; ~ **chart** *n* SAFETY Rauchdiagramm *nt*; ~ **control** *n* SAFETY Rauchbegrenzung *f*; ~ **detector** *n* SAFETY Rauchmelder *m*; ~ **duct** *n* HEAT & REFRIG Rauchkanal *m*; ~ **flue** *n* HEAT & REFRIG Rauchfang *m*; ~ **gas** *n* HEAT & REFRIG Rauchgas *nt*; ~ **and gas alarm installation** *n* SAFETY Rauch- und Gasalarmanlage *f*; ~ **and heat exhaust installation** *n* SAFETY Rauch- und Hitzeabzugsanlage *f*; ~ **helmet** *n* SAFETY rauchdichter Helm *m*; ~ **mask** *n* AIR TRANS Rauchmaske *f*; ~ **point** *n* MECHAN ENG *oil* Rußpunkt *m*; ~ **protection door** *n* SAFETY Rauchschutztür *f*; ~ **tube** *n* HEAT & REFRIG Feuerrohr *nt*, Rauchrohr *nt*; ~ **tube boiler** *n* HEAT & REFRIG Rauchrohrkessel *m*

smokebox *n* CONST, RAIL Rauchkammer *f*; ~ **tube plate** *n* RAIL Rauchkammerrohrwand *f*

smoked: ~ **glass** *n* CER & GLAS Rauchglas *nt*

smokeless[1] *adj* SAFETY rauchlos
smokeless:[2] **~ zone** *n* SAFETY rauchfreier Bereich *m*
smoking *n* FOOD TECH Räuchern *nt*
smolder *vi AmE see smoulder BrE*
smoldering: **~ fire** *n AmE see smouldering fire BrE*
smooth[1] *adj* COATINGS glatt, gleichmäßig verteilt, MECHAN ENG *running* ruhig, PAPER glatt
smooth:[2] **~ braking** *n* RAIL weiche Bremsung *f*; **~-core armature** *n* AUTO Vollpolläufer *m*; **~-cut file** *n* PROD ENG Schlichtfeile *f*; **~ finish** *n* PAPER Glättung *f*; **~ grinding** *n* CER & GLAS Blankschleifen *nt*; **~ plain packing** *n* CER & GLAS Glattschachtpackung *f*; **~ plane** *n* PROD ENG Schlichthobel *m*; **~ roller** *n* CONST Glattmantelwalze *f*, Stahlmantelwalze *f*; **~ roller mill** *n* PROD ENG Glattwalzenstuhl *m*; **~ running** *n* MECHAN ENG gleichmäßiger Lauf *m*, ruhiger Lauf *m*; **~ tire** *n AmE see smooth tyre BrE* **~ traffic** *n* TRANS geglätteter Verkehr *m*; **~ tyre** *n BrE* AUTO Reifen ohne Profil *m*
smooth[3] *vt* CONST abziehen, ausspachteln, glätten
smoothed: **~ edge** *n* CER & GLAS geglättete Kante *f*
smoothing *n* CER & GLAS *hollow glass* Glätten *nt*, *polished glass* Blankschleifen *nt*, COMP & DP Glätten *nt*, ELECTRON Glättung *f*, INSTR Glättung *f*, Meßwertglättung *f*; **~ capacitor** *n* ELEC ENG, ELECT Glättungskondensator *m*; **~ choke** *n* ELEC ENG, ELECT Glättungsdrossel *f*; **~ circuit** *n* ELEC ENG, ELECT Glättungskreis *m*; **~ filter** *n* ELECT, ELECTRON Glättungsschaltung *f*; **~ press** *n* PAPER Glättpresse *f*; **~ resistor** *n* ELEC ENG, ELECT Glättungswiderstand *m*; **~ roll** *n* PAPER Glättwalze *f*
smoothness *n* PAPER Glätte *f*; **~ tester** *n* PAPER Glätteprüfer *m*
smother *vt* THERMODYN *fire* ersticken
smoulder *vi BrE* THERMODYN glimmen, schwelen
smouldering: **~ fire** *n BrE* THERMODYN Schwelbrand *m*, schwelendes Feuer *nt*
SMPTE: **~ time code** *n (Society of Motion Pictures and Television Engineers time code AmE)* TELEV SMPTE-Zeitcode *m (Zeitcode der Gesellschaft für Kino- und Fernsehtechniker)*
smut *n* FOOD TECH Getreidebrand *m*
SNA *abbr (systems network architecture)* COMP & DP SNA *(Systemnetzwerkarchitektur)*
snag[1] *n* TEXT Ziehfaden *m*
snag[2] *vt* PROD ENG abgraten, putzen
snake *n* CER & GLAS Schlange *f*
snaking *n* AIR TRANS *aerodynamics* Gierschwingung *f*, Snaking *nt*, CER & GLAS Schlangenbildung *f*
snap[1] *n* CER & GLAS Haken *m*, PROD ENG Döpper *m*; **~-action switch** *n* ELEC ENG Federschalter *m*, Schnappschalter *m*, ELECT Schnappschalter *m*; **~ cap** *n* PACK Andrückdeckel *m*; **~ die** *n* MECHAN ENG *rivets* Döpper *m*; **~ gage** *n AmE*, **~ gauge** *n BrE* MECHAN ENG, METROL Rachenlehre *f*; **~ head** *n* MECHAN ENG Setzkopf *m*; **~ hinge closure** *n* PACK Schnappverschluß *m*; **~ hook** *n* MECHAN ENG Karabinerhaken *m*; **~-in socket** *n* ELEC ENG Federfassung *f*, Schnappfassung *f*, Snap-In- Fassung *f*; **~-in switch** *n* ELEC ENG Schnappschalter *m*; **~-off closure** *n* PACK Abreißverschluß *m*; **~-off diode** *n* ELECTRON Speicherschaltdiode *f*; **~-on closure** *n* PACK Einschnappverschluß *m*; **~-on lid** *n* PACK Rastdeckel *m*, Schnappverschluß *m*; **~ ring** *n* MECHAN ENG Sicherungsring *m*, Sprengring *m*; **~ shackle** *n* WATER TRANS *fittings* Patentschäkel *m*, Schnappschäkel *m*
snap[2] *vt* PROD ENG Nietköpfe machen, anreißen
snappiness *n* PLAS *rubber* Schnappigkeit *f*
snapping *n* CER & GLAS Aufnehmen von geformtem Glas zur Endbearbeitung *nt*
snappy *adj* PLAS *rubber* schnappig
snapshot *n* COMP & DP Momentaufnahme *f*, selektives Bildschirmspeichern *nt*, selektiver Bildschirmspeicher *m*, selektives Protokollprogramm *nt*; **~ dump** *n* COMP & DP dynamischer Speicherauszug *m*
snarl *n* PROD ENG Schleife *f*, Schlinge *f*, TEXT Überzwirnung *f*
Snell's: **~ law** *n* PHYS Snelliussches Gesetz *nt*
SNG *abbr (synthetic natural gas)* PET TECH SNG *(Erdgasaustauschgas)*
snow *n* TELEV Schnee *m*; **~ detector** *n* TRANS Schneedetektor *m*; **~ guard** *n* CONST Schneefanggitter *nt*; **~ loading** *n* CONST Schneebelastung *f*; **~ tire** *n AmE*, **~ tyre** *n BrE* AUTO Schneereifen *m*, Winterreifen *m*; **~ water** *n* WATER SUP Schneewasser *nt*
snowflake: **~ curve** *n* GEOM Schneeflockenkurve *f*; **~ topology** *n* COMP & DP Kennzeichen *nt*, Schneeflockentopologie *f*
snubber *n* MECHANICS Anschlag *m*, SPACE *spacecraft* Stoßdämpfer *m*; **~ capacitor** *n* ELEC ENG Reibungskondensator *m*, Snubber- Kondensator *m*; **~ circuit** *n* ELEC ENG Reibungsschaltkreis *m*, Snubber-Schaltkreis *m*; **~ network** *n* RAD TECH RC- Schaltklickfilter *nt*; **~ resistor** *n* ELEC ENG Fassung *f*, Reibungswiderstand *m*
snubbing *n* PET TECH Bohrgestängeeinbau *m*
SO[1] *abbr (shift out)* COMP & DP Dauerumschaltung *f*
SO:[2] **~ character** *n* COMP & DP DBCS-Startzeichen *nt*, Umschaltzeichen für Dauerumschaltung *nt*
soak[1] *vt* CER & GLAS Temperatur halten, durchwärmen, FOOD TECH durchtränken, einweichen, METALL Temperatur halten, durchwärmen, PAPER, TEXT einweichen; **~ through** *vt* TEXT einweichen
soak[2] *vi* FOOD TECH sich vollsaugen
soakage: **~ water** *n* METALL Sickerwasser *nt*
soaking *n* CER & GLAS Absteh- *pref*, CONST *lime* Durchfeuchten *nt*, Einsumpfen *nt*, Imprägnieren *nt*, PAPER, TEXT Einweichen *nt*, Tränken *nt*, Wässern *nt*; **~ period** *n* CONST Dampfaufsaugzeit *f*, Einsumpfzeit *f*; **~ pit** *n* CER & GLAS *cast and optical glass* Abstehofen *m*, METALL Tiefofen *m*
soap *n* CHEMISTRY Seife *f*; **~ solution** *n* PROD ENG *plastic valves* Seifenlösung *f*; **~ and water solution** *n* SAFETY Seifenwasser *nt*
Society: **~ of Motion Pictures and Television Engineers time code** *n AmE (SMPTE time code)* TELEV Zeitcode der Gesellschaft für Kino- und Fernsehtechniker *f (SMPTE-Zeitcode)*
socket *n* CONST Muffe *f*, Rohrstutzen *m*, Sockel *m*, ELEC ENG *lamps* Fassung *f*, ELECT Sockel *m*, Steckdose *f*, MECHAN ENG Muffe *f*, Rohrstutzen *m*, *drill* Einsatz *m*, MECHANICS Sockel *m*, Steckdose *f*, PROD ENG Zwischenhülse *f*, TELEV Buchse *f*, Sockel *m*; **~ adaptor** *n* ELEC ENG *tubes* Zwischenfassung *f*, Zwischensockel *m*; **~ board** *n* ELEC ENG Anschlußplatte *f*, Buchsenleiste *f*, Steckdosenleiste *f*; **~ cap** *n* CER & GLAS Steckverschluß *m*; **~ contact** *n* ELEC ENG Buchsenkontakt *m*; **~ coupler** *n* ELECT Buchsenverbindung *f*; **~ fusion jointing** *n* PROD ENG *plastic valves* Muffenschweißen *nt*; **~ head screw** *n* MECHAN ENG Inbusschraube *f*; **~ joint** *n* MECHAN ENG Kugelgelenk *nt*, *pipes* Muffenverbindung *f*, MECHANICS Steckverbindung *f*; **~ outlet** *n* TELECOM Steckdose *f*; **~ pipe** *n*

CONST Hülsenrohr *nt*, Muffenrohr *nt*, PROD ENG Muffenrohr *nt*; ~ **plug** *n* ELECT Buchsenstecker *m*; ~ **with shrouded contacts** *n* ELECT Buchse mit berührungsgeschützten Kontakten *f*; ~ **spanner** *n BrE (cf socket wrench)* MECH Aufsteckschlüssel *m*, MECHAN ENG, PROD ENG Steckschlüssel *m*; ~ **wrench** *n (cf socket spanner BrE)* MECHAN ENG Steckschlüssel *m*, MECHANICS Aufsteckschlüssel *m*, PROD ENG Steckschlüssel *m*

soda *n* CER & GLAS, PAPER Natron *nt*; ~ **ash** *n* PAPER wasserfreies Natriumkarbonat *nt*; ~ **niter** *n AmE*, ~ **nitre** *n BrE* CER & GLAS Natronsalpeter *m*; ~ **pulp** *n* PAPER Natronzellstoff *m*

sodamide *n* CHEMISTRY Natriumamid *nt*

sodium *n (Na)* CHEMISTRY Natrium *nt (Na)*; ~ **alginate** *n* FOOD TECH Natriumalginat *nt*; ~ **arc lamp** *n* RAD PHYS Natriumbogenlampe *f*; ~ **bicarbonate** *n* FOOD TECH Natriumbicarbonat *nt*, Natriumhydrogencarbonat *nt*; ~ **borate** *n* CHEMISTRY Natriumtetraborat *nt*; ~ **carbonate** *n* PAPER Natriumkarbonat *nt*; ~ **caseinate** *n* FOOD TECH Natriumcaseinat *nt*; ~-**cooled reactor** *n* NUC TECH natriumgekühlter Reaktor *m*; ~-**cooled valve** *n* AUTO natriumgekühltes Ventil *nt*; ~ **D-line** *n* PHYS Natrium-D-Linie *f*; ~ **hydrate** *n* CHEMISTRY Ätznatron *nt*; ~ **hydroxide** *n* CHEMISTRY Ätznatron *nt*; ~ **lamp** *n* ELECT Natriumlampe *f*; ~ **nitrate** *n* CER & GLAS Natronsalpeter *m*; ~ **polyphosphate** *n* FOOD TECH Natriumpolyphosphat *nt*; ~ **sulfur storage battery** *n AmE*, ~ **sulphur storage battery** *n BrE* TRANS Natrium-Schwefel-Akkumulator *m*

soffit *n* CONST Scheitel *m*, Unterseite *f*, Untersicht *f*

soft[1] *adj* C&G Weich- *pref*, COMP & DP weich, CONST Weich- *pref*, ELECTRON, METALL, PAPER weich, PHOTO Weich- *pref*, weich, PHYS weich, PROD ENG Weich- *pref*, entkohlt, RAD PHYS weich, TEXT Weich- *pref*, WATER TRANS weich; ~-**sectored** *adj* COMP & DP weichsektoriert

soft:[2] ~ **anneal** *n* THERMODYN Weichglühen *nt*; ~ **annealing** *n* METALL Weichglühen *nt*; ~ **bromide paper** *n* PHOTO weiches Bromsilberpapier *nt*; ~ **cast iron** *n* METALL weicher Grauguß *m*; ~ **coal** *n* COAL TECH Weichkohle *f*; ~ **contrast developer** *n* PHOTO weicharbeitender Entwickler *m*; ~ **copy** *n* COMP & DP Bildschirmausgabe *f*, Bildschirmdarstellung *f*, Soft-Copy *f*; ~ **cover** *n* PRINT Soft-Cover *m*, flexibler Einband *m*; ~ **decision decoding** *n* TELECOM Decodierung mit weicher Entscheidung *f*; ~ **effect developer** *n* PHOTO weicharbeitender Entwickler *m*; ~ **error** *n* COMP & DP Soft-Error *m*, normaler Fehler *m*; ~ **fail** *n* COMP & DP Soft-Fail *m*, weicher Fehler *m*; ~ **fire** *n* CER & GLAS Weichfeuer *nt*; ~-**focus lens** *n* PHOTO Weichzeichnerlinse *f*; ~ **glass** *n* CER & GLAS Weichglas *nt*; ~ **handle** *n* TEXT weicher Griff *m*; ~ **hyphen** *n* COMP & DP Silbentrennstrich *m*, weiche Trennfuge *f*; ~ **iron** *n* ELEC ENG, INSTR, METALL, PHYS Weicheisen *nt*; ~ **iron core** *n* ELEC ENG Weicheisenkern *m*; ~ **iron instrument** *n* INSTR Dreheiseninstrument *nt*, Weicheiseninstrument *nt*; ~ **key** *n* COMP & DP Programmfunktionssymbol *nt*, frei belegbare Funktionstaste *f*; ~ **keyboard** *n* COMP & DP frei belegbare Tastatur *f*; ~ **magnetic material** *n* ELEC ENG, PHYS weichmagnetisches Material *nt*; ~ **metal** *n* METALL Weichmetall *nt*; ~ **packing seal** *n* MECHAN ENG Weichpackung *f*, Weichstoffpackung *f*; ~ **pig iron** *n* METALL Weichroheisen *nt*; ~ **plastic eraser** *n* ENG DRAW Weichplastikradierer *m*; ~ **porcelain** *n* CER & GLAS Weichporzellan *nt*; ~ **radiation** *n* RAD PHYS weiche Strahlen *m pl*, weiche Strahlung *f*; ~ **reset** *n* COMP & DP Warmstart *m*, Weichrückstellung *f*; ~ **rot** *n* FOOD TECH Weichfäule *f*; ~ **rubber** *n* PLAS Weichgummi *nt*; ~-**sectored disk** *n* COMP & DP weichsektorierte Platte *f*; ~ **sectoring** *n* COMP & DP Weichsektorierung *f*; ~ **solder** *n* CONST Weichlot *nt*, ELECT, MECHAN ENG Bleilot *nt*, Weichlot *nt*; ~ **solder alloy** *n* MECHAN ENG Legierung für das Weichlöten *f*; ~ **soldering** *n* CONST, ELECT, MECHAN ENG Weichlöten *nt*; ~ **start facility** *n* ELECT Softstarteinrichtung *f*; ~ **superconductor** *n* ELECTRON weicher Supraleiter *m*; ~ **tube** *n* ELECTRON gasgefüllte Röhre *f*, weiche Röhre *f*; ~ **water** *n* WATER SUP enthärtetes Wasser *nt*, weiches Wasser *nt*; ~ **wheat** *n* FOOD TECH Weichweizen *m*; ~ **X-rays** *n pl* PHYS, RAD PHYS weiche Röntgenstrahlen *m pl*, weiche Röntgenstrahlung *f*

soften *vt* PAPER weich machen

softener *n* PLAS *rubber additive* Weichmacher *m*, TEXT Enthärter *m*, Weichmacher *m*, Weichspülmittel *nt*; ~ **water** *n* PAPER Weichmacherlösung *f*

softening *n* METALL Enthärten *nt*, Weichglühen *nt*, Weichmachen *nt*; ~ **agent** *n* TEXT Enthärtungsmittel *nt*, Weichmacher *m*; ~ **furnace** *n* CER & GLAS Erweichungsofen *m*; ~ **point** *n* HEAT & REFRIG Erweichungspunkt *m*, PLAS Erweichungspunkt *m*, Erweichungstemperatur *f*, TEXT Erweichungspunkt *m*; ~ **range** *n* CER & GLAS Erweichungsintervall *nt*

softness *n* PAPER Weichheit *f*

software:[1] ~-**driven** *adj* COMP & DP programmgesteuert

software[2] *n* COMP & DP Programm *nt*, Programmausrüstung *f*, Software *f*, ELECT, PHYS, TELEV Software *f*; ~ **adaptation** *n* COMP & DP Softwareanpassung *f*; ~ **configuration** *n* COMP & DP Softwarekonfiguration *f*; ~ **design** *n* COMP & DP Software-Entwurf *m*, Softwaredesign *nt*; ~ **development** *n* COMP & DP Software-Entwicklung *f*; ~ **engineering** *n* COMP & DP Software-Engineering *nt*; ~ **methodology** *n* COMP & DP Softwaremethodik *f*; ~ **package** *n* COMP & DP, PHYS Softwarepaket *nt*; ~ **product** *n* TELECOM Softwareprodukt *nt*; ~ **resources** *n pl* COMP & DP Softwarebetriebsmittel *nt*; ~ **tool** *n* COMP & DP Programmierentwicklungssystem *nt*, Programmierhilfe *f*, Programmierwerkzeug *nt*, Tool *nt*

softwood *n* CONST Nadelholz *nt*, Weichholz *nt*, WATER TRANS Weichholz *nt*

soggy *adj* PAPER durchweicht

SOH *abbr (start of header)* COMP & DP Kennsatzanfang *m*, Kopfanfangszeichen *nt*

soil *n* COAL TECH Boden *m*; ~ **atmosphere concentration** *n* POLL Bodenluftkonzentration *f*; ~ **exploration** *n* COAL TECH Bodenuntersuchung *f*; ~ **filter** *n* WASTE Bodenfilter *nt*; ~ **mechanics** *n* COAL TECH, CONST Bodenmechanik *f*; ~ **pipe** *n* WATER SUP Fallrohr *nt*; ~ **pollutant** *n* POLL bodenverschmutzender Stoff *m*; ~ **pollution** *n* POLL Bodenverunreinigung *f*; ~ **pressure** *n* COAL TECH Erddruck *m*; ~ **science** *n* COAL TECH, WATER SUP Bodenkunde *f*; ~ **stabilization** *n* CONST Bodenvermörtelung *f*; ~ **structure** *n* COAL TECH Erdstoffstruktur *f*; ~ **water** *n* WATER SUP Bodenwasser *nt*

solanidine *n* CHEMISTRY Solanidin *nt*

solar[1] *adj* CONST Sonnen- *pref*, ELEC ENG, RAD TECH Solar- *pref*; ~-**powered** *adj* ELEC ENG, FUELLESS mit Sonnenenergie betrieben

solar:[2] ~ **absorber** *n* SPACE *spacecraft* Sonnenlichtabsorber *m*; ~ **absorption coefficient** *n* FUELLESS

Sonnenabsorptionskoeffizient *m*; ~ **absorptivity** *n* FUELLESS Sonnenabsorptionsvermögen *nt*; ~ **activity** *n* PHYS Sonnenaktivität *f*; ~ **altitude** *n* FUELLESS Sonnenhöhe *f*, Sonnenstand *m*; ~ **altitude angle** *n* FUELLESS Erhebungswinkel der Sonne *m*; ~ **array** *n* SPACE Solarzellengruppe *f*; ~ **azimuth** *n* FUELLESS Sonnenazimut *m*; ~ **battery** *n* FUELLESS, TELEV Sonnenbatterie *f*; ~ **cell** *n* ELECT Solargenerator *m*, fotovoltaische Zelle *f*, FUELLESS, PHYS, RAD PHYS, SPACE, TELECOM, THERMODYN Solarzelle *f*; ~ **cell panel** *n* ELEC ENG Solarbatterie *f*, Solarelement *nt*, Solarzelle *f*, Sonnenzelle *f*; ~ **collector** *n* FUELLESS Sonnenwärmekollektor *m*, MECHAN ENG Solarkollektor *m*; ~ **concentrator** *n* FUELLESS Sonnenwärmekonzentrator *m*, Strahlungsbündler *m*; ~ **constant** *n* FUELLESS Solarkonstante *f*; ~ **control glass** *n* CER & GLAS nachdunkelndes Sonnenschutzglas *nt*; ~ **distillation** *n* FUELLESS Destillation mittels Sonnenenergie *f*; ~ **dynamics** *n* FUELLESS Solardynamik *f*; ~ **electricity** *n* ELEC ENG Solarelektrizität *f*, Solarstrom *m*; ~ **energy** *n* ELEC ENG, FUELLESS, MECHAN ENG, PHYS Solarenergie *f*, Sonnenenergie *f*; ~ **energy conversion** *n* ELEC ENG Solarenergiekonversion *f*, Solarenergieumwandlung *f*, Sonnenenergiekonversion *f*; ~ **engineering** *n* FUELLESS Solartechnik *f*; ~ **farm** *n* FUELLESS Sonnenfarm *f*; ~ **flare** *n* RAD TECH Sonnenprotuberanz *f*, SPACE Protuberanz *f*, Sonneneruption *f*; ~ **furnace** *n* FUELLESS Sonnenofen *m*; ~ **generator** *n* ELEC ENG, SPACE Solargenerator *m*; ~ **heat** *n* FUELLESS Sonnenwärme *f*; ~ **heating system** *n* FUELLESS Solarheizungssystem *nt*; ~ **panel** *n* FUELLESS Solarzellenplatte *f*, SPACE Sollarzellenflügel *m*, Sonnenkollektorplatte *f*, TELECOM Solarzellenausleger *m*, Sonnenpaddel *nt*; ~ **pond** *n* FUELLESS Solarpond *m*; ~ **power farm** *n* ELEC ENG Sonnenkraftanlage *f*; ~ **power generator** *n* ELECT Solargenerator *m*; ~ **power plant** *n* ELEC ENG Sonnenkraftwerk *nt*; ~ **power station** *n* ELEC ENG Sonnenkraftwerk *nt*; ~ **radiation** *n* FUELLESS, POLL, RAD PHYS Sonnenstrahlung *f*; ~ **radiation pressure** *n* SPACE Sonnenstrahlungsdruck *m*; ~ **radiation test** *n* TEST Prüfung bei Sonneneinstrahlung *f*; ~ **sail** *n* SPACE Sonnensegel *nt*; ~ **spot** *n* RAD TECH Sonnenfleck *m*; ~ **technology** *n* FUELLESS Solartechnik *f*; ~ **thermoelectric conversion** *n* FUELLESS thermoelektrische Sonnenenergieumwandlung *f*; ~ **tower** *n* FUELLESS Sonnenturm *m*; ~ **wind** *n* PHYS, SPACE Sonnenwind *m*

solarimeter *n* FUELLESS Solarimeter *nt*

solarization *n* PHOTO Solarisation *f*

solder[1] *n* CONST Lot *nt*, ELEC ENG Lot *nt*, Lötmittel *nt*, MECHAN ENG Lot *nt*, PROD ENG Lot *nt*, Lötnaht *f*, RAD TECH Lot *nt*, Lötzinn *nt*; ~ **bath** *n* PROD ENG Lötbad *nt*; ~ **embrittlement** *n* PROD ENG Lötbrüchigkeit *f*; ~ **flux** *n* PROD ENG Lötflußmittel *nt*; ~ **glass** *n* CER & GLAS Glaslot *nt*, CER & GLAS *AmE (cf intermediate sealing glass BrE)* Zwischendichtungsglas *nt*; ~ **lug** *n* RAD TECH Lötöse *f*; ~ **wire** *n* PROD ENG Lötdraht *m*

solder[2] *vt* CONST weichlöten, MECHAN ENG, PROD ENG, RAD TECH löten

solderability *n* ELECT Lötbarkeit *f*

solderable *adj* ELECT, PROD ENG lötbar

soldered: ~ **fitting** *n* MECHAN ENG Lötanschluß *m*; ~ **joint** *n* MECHAN ENG Lötverbindung *f*; ~ **seam** *n* FOOD TECH *cans* Lötnaht *f*; ~ **side** *n* TELECOM *printed circuit* Lötseite *f*

soldering *n* CONST Weichlöten *nt*, Zinnlöten *nt*, ELECT Löten *nt*, Weichlöten *nt*, MECHAN ENG Löten *nt*, Lötung *f*, Weichlöten *nt*, PROD ENG Löten *nt*; ~ **bath** *n* MECHAN ENG Lötbad *nt*; ~ **bit** *n* PROD ENG Lötkolben *m*; ~ **blowpipe** *n* CONST Lötrohr *nt*; ~ **copper** *n* PROD ENG Lötkolben *m*; ~ **ear** *n* PROD ENG Lötfahne *f*, Lötöse *f*; ~ **flux** *n* ELEC ENG Flußmittel *nt*, Lötmittel *nt*, ELECT Lötfluß *m*; ~ **gun** *n* ELECT Lötpistole *f*; ~ **iron** *n* CONST, MECHAN ENG, PROD ENG, RAD TECH Lötkolben *m*; ~ **joint** *n* MECHAN ENG Lötstelle *f*; ~ **joint gap** *n* PROD ENG *clearance* Lötfuge *f*; ~ **tag** *n* PROD ENG Lötfahne *f*

solderless *adj* RAD TECH lötfrei, unverlötet

soldier: ~ **block** *n* CER & GLAS Palisadenstein *m*

sole *n* CONST Sohlplatte *f*, *plane* Unterseite *f*, PROD ENG Sohle *f*; ~ **inventor** *n* PAT alleiniger Erfinder *m*; ~ **piece** *n* CONST Fußholz *nt*, Schwelle *f*; ~ **plate** *n* CONST Fußbalken *m*, Fußplatte *f*, untere Gurtplatte *f*, SPACE Bodenplatte *f*

solenoid[1] *adj* PROD ENG Solenoid- *nt*, elektromagnetisch

solenoid[2] *n* AUTO *starter* Magnetspule *f*, Solenoid *nt*, ELEC ENG Solenoid *nt*, Zylinder *m*, ELECT Magnetspule *f*, Solenoid *nt*, PHYS Solenoid *nt*, gestreckte Spule *f*, PROD ENG *plastic valves* Schwingzapfen *m*, TELEV Schaltmagnet *m*; ~ **actuation** *n* ELEC ENG Solenoidbetätigung *f*; ~ **angle seat valve** *n* PROD ENG *plastic valves* Schrägsitzmagnetventil *nt*; ~ **coil** *n* HEAT & REFRIG Magnetspule *f*; ~ **relay** *n* ELEC ENG, ELECT Solenoidrelais *nt*; ~ **stepper motor** *n* ELEC ENG Solenoidschrittmotor *m*; ~ **valve** *n* ELECT, HEAT & REFRIG Magnetventil *nt*, HYD EQUIP Magnetventil *nt*, Solenoidventil *nt*, elektromagnetisches Ventil *nt*, PROD ENG *plastic valves* Magnetventil *nt*

solenoidal: ~ **field** *n* PHYS Solenoidfeld *nt*

solid[1] *adj* AUTO kompakt, COATINGS fest, kompakt, undurchdringlich, CONST fest, massiv, ELECT kompakt, PRINT ohne Durchschuß, PROD ENG beruhigt vergossen, einteilig, mit festen Zähnen, RECORD kompakt; ~ **-state** *adj* CONTROL transistorisiert, TELEV integriert

solid[2] *n* COATINGS Feststoff *m*, Vollmaterial *nt*, COMP & DP *state* Festkörper *m*, Halbleiter *m*, GEOM Körper *m*, MECHAN ENG Feststoff *m*, PART PHYS *state* Festkörper *m*, PHYS Festkörper *m*, festes Material *nt*, RAD PHYS *state* Festkörper *m*, RAD TECH *state* Halbleiter *m*; ~ **aluminium capacitor** *n BrE* ELEC ENG Aluminiumkondensator mit Festelektrolyt *m*; ~ **aluminum capacitor** *n AmE see solid aluminium capacitor BrE* ~ **angle** *n* GEOM, PHYS Raumwinkel *m*; ~ **bank** *n* PROD ENG Rohling *m*; ~ **bifocals** *n pl* CER & GLAS einteilige Bifokallinsen *f pl*; ~ **brick** *n* CONST Vollziegel *m*; ~ **casting** *n* PROD ENG massiver Guß *m*; ~ **conductor** *n* ELEC ENG massiver Leiter *m*, ELECT *single wire conductor* Voll-Leiter *m*; ~ **core-type insulator** *n* ELEC ENG Vollkernisolator *m*; ~ **coupling** *n* MECHAN ENG feste Kupplung *f*; ~ **die** *n* MECHAN ENG ungeteiltes Schneideisen *nt*; ~ **dielectric** *n* ELEC ENG Festdielektrikum *nt*, festes Dielektrikum *nt*; ~ **-drawn steel tube** *n* MECHAN ENG nahtlos gezogenes Stahlrohr *nt*; ~ **electrolyte capacitor** *n* ELEC ENG Kondensator mit Festelektrolyt *m*; ~ **error** *n* COMP & DP bleibender Fehler *m*; ~ **exchanger** *n* COAL TECH Feststoffaustauscher *m*; ~ **expansion thermometer** *n* HEAT & REFRIG Stabausdehnungs-Thermometer *nt*; ~ **fiber board** *n AmE*, ~ **fibre board** *n BrE* PACK Vollpappe *f*; ~ **fuel** *n* HEAT & REFRIG, MECHAN ENG fester Brennstoff *m*; ~ **fuel booster** *n* SPACE Feststoffschubtriebwerk *nt*; ~ **geometry** *n* GEOM räumliche Geometrie *f*; ~ **injection** *n* MECHAN ENG luftlose Einspritzung *f*; ~ **letter** *n* PRINT *typeface* Ganzzeichen *nt*; ~ **liner** *n* MECHAN ENG *bearing* Massivschale *f*; ~ **lubrication** *n* MECHAN ENG Feststoffschmierung *f*; ~ **matter** *n* PRINT Fließsatz *m*; ~ **measure** *n* METROL Volumen von Feststoffen *nt*; ~ **newel stair** *n* CONST Spindeltreppe *f*; ~ **nuclear fuel** *n* NUC TECH fester Kernbrennstoff *m*; ~ **oxide fuel cell** *n* ELECT Festoxidbrennstoffzelle *f*; ~ **particle** *n* CHEM ENG, POLL Feststoffteilchen *nt*; ~ **phase** *n* THERMODYN feste Phase *f*; ~ **piston** *n* HYD EQUIP Scheibenkolben *m*; ~ **piston pump** *n* HYD EQUIP Scheibenkolbenpumpe *f*; ~ **propellant** *n* SPACE Festtreibstoff *m*; ~ **propellant rocket engine** *n* MECHAN ENG Feststoffrakete *f*; ~ **propellant system** *n* SPACE Feststoffsystem *nt*; ~ **pulley** *n* MECHAN ENG Vollscheibe *f*; ~ **punch** *n* MECHAN ENG Durchschläger *m*; ~ **of revolution** *n* GEOM Rotationskörper *m*; ~ **shaft** *n* MECHAN ENG Vollwelle *f*; ~ **spinning upper stage** *n* *(SSUS)* SPACE rotierende obere Feststufe *f (SSUS)*; **~-state** *n* ELECT Solidstate *m*, ELECTRON *of matter* fester Aggregatzustand *m*, PART PHYS fester Aggregatzustand *m*, fester Zustand *m*; **~-state amplifier** *n* TELECOM Festkörperverstärker *m*; **~-state camera** *n* ELECTRON Halbleiterkamera *f*; **~-state detector** *n* RAD PHYS Festkörperzähler *m*; **~-state device** *n* COMP & DP Halbleiterbauteil *nt*, ELECT Festkörperbauelement *nt*, ELECTRON Halbleiterbauelement *nt*, PHYS Festkörperbauelement *nt*, TELECOM Festkörperbauelement *nt*, Halbleiterbauelement *nt*; **~-state effect** *n* NUC TECH Festkörpereffekt *m*; **~-state laser** *n* ELECTRON Halbleiterlaser *m*; **~-state maser** *n* ELECTRON Halbleitermaser *m*; **~-state memory device** *n* COMP & DP Festkörperspeicher *m*, ELEC ENG Festkörperspeicher *m*, Solidstate-Speicher *m*; **~-state physics** *n* PART PHYS, PHYS Festkörperphysik *f*; **~-state relay** *n* ELEC ENG Festkörperrelais *nt*, Solidstate-Relais *nt*, kontaktloses Relais *nt*; **~-state signal** *n* ELECTRON Solidstate-Signal *nt*; **~-state surge arrester** *n* ELEC ENG Festkörperspannungsableiter *m*; ~ **tantalum capacitor** *n* ELEC ENG Festtantalkondensator *m*; ~ **vee** *n* PROD ENG Prisma *nt*; ~ **vee-belt** *n* PROD ENG Vollkeilriemen *m*; ~ **waste** *n* POLL Feststoffabfall *m*, WASTE fester Abfall *m*, fester Abfallstoff *m*; ~ **wheel** *n* RAIL Monoblockrad *nt*, Vollrad *nt*; ~ **wire** *n* ELECT Volldraht *m*

solidification *n* PHYS Verfestigung *f*; ~ **point** *n* HEAT & REFRIG, MECHAN ENG, PLAS Stockpunkt *m*, THERMODYN Erstarrungspunkt *m*; ~ **technique** *n* WASTE Verfestigungsverfahren *nt*

solidified: ~ **fat** *n* FOOD TECH fest gewordenes Fett *nt*; ~ **material** *n* WASTE Umsetzungsprodukt *nt*, Verfestigungsprodukt *nt*; ~ **product** *n* WASTE Umsetzungsprodukt *nt*, Verfestigungsprodukt *nt*; ~ **waste** *n* WASTE Umsetzungsprodukt *nt*, Verfestigungsprodukt *nt*

solidifier *n* MAR POLL Verfestigungsmittel *nt*

solidify *vt* WASTE verfestigen

solidifying: ~ **agent** *n* WASTE Reaktionsmittel *nt*, Verfestigungsmittel *nt*; ~ **waste** *n* WASTE Verfestigung von Abfällen *f*

solidity *n* AIR TRANS *propeller* Ausfüllungsgrad *m*, FUELLESS Dichtigkeit *f*, Festigkeit *f*

solidly: ~ **earthed neutral system** *n* *BrE (cf solidly grounded neutral system AmE)* ELECT Stromsystem mit fest geerdetem Nulleiter *nt*; ~ **grounded neutral system** *n* *AmE (cf solidly earthed neutral system BrE)* ELECT Stromsystem mit fest geerdetem Nulleiter *nt*

solids: ~ **content** *n* WASTE Feststoffgehalt *m*

solidus *n* MATH Schrägstrich *m*

soling: ~ **material** *n* PLAS *rubber* Sohlenmaterial *nt*

solo: ~ **time** *n* AIR TRANS Alleinflugzeit *f*

solstice *n* SPACE Sonnenwende *f*

solstitial: ~ **period** *n* SPACE Zeit zwischen Sonnenwenden *f*; ~ **point** *n* SPACE Sonnenwendepunkt *m*

solubility *n* CHEMISTRY, COAL TECH, PLAS Löslichkeit *f*

soluble *adj* MECHAN ENG löslich, PACK in Wasser löslich, PET TECH löslich

solute *n* FOOD TECH aufgelöster Stoff *m*

solution *n* MATH *of equation* Auflösung *f*, THERMODYN *chemical* Lösung *f*; ~ **annealing** *n* METALL Lösungsglühen *nt*; ~ **from the control systems** *n* IND PROCESS regelungstechnische Lösung *f*; ~ **gas drive** *n* PET TECH Gasentölungstrieb *m*; ~ **graph** *n* ART INT Lösungsgraph *m*; ~ **polymerization** *n* PLAS Lösungspolymerisation *f*; ~ **of a problem** *n* PAT Lösung einer Aufgabe *f*

solutizer *n* CHEMISTRY Löslichkeitsverbesserer *m*, Lösungsvermittler *m*

solvent *n* COAL TECH, COATINGS, FOOD TECH, METALL, PLAS, POLL, TEXT Lösungsmittel *nt*; ~ **cement socket** *n* PROD ENG *plastic valves* Klebmuffe *f*; ~ **extraction** *n* FOOD TECH Lösungsmittelextraktion *f*; ~ **recovery** *n* FOOD TECH, PRINT Lösungsmittelrückgewinnung *f*; ~ **recovery plant** *n* WASTE Lösungsmittelrückgewinnungsanlage *f*; ~ **recovery unit** *n* WASTE Lösungsmittelrückgewinnungsanlage *f*; ~ **refining** *n* PET TECH Solventraffination *f*; ~ **resistance** *n* COATINGS Lösungsmittelresistenz *f*; ~ **retention** *n* PLAS Lösungsmittelretention *f*; ~ **vapor** *n* *AmE*, ~ **vapour** *n* COAL TECH Lösungsmitteldampf *m*; ~ **welding** *n* PLAS Lösungsschweißen *nt*, Quellschweißen *nt*

SOM *abbr (start of message)* COMP & DP SOM *(Anfang der Nachricht)*

somatic *adj* ERGON somatisch

somatology *n* ERGON Somatik *f*

somatotype *n* ERGON Körperbautyp *m*, Somatotyp *m*

Sommerfeld: ~ **number** *n* FUELLESS Sommerfeldsche Zahl *f*

sonar *n* RAD PHYS, WATER TRANS *navigation* Echolot *nt*, Sonargerät *nt*

sone *n* ACOUSTICS, PHYS Sone *nt*

sonic[1] *adj* PET TECH, PHYS, RECORD akustisch

sonic:[2] ~ **bang** *n* SAFETY *aircraft* Schallknall *m*; ~ **boom** *n* AIR TRANS Schallknall *m*, PHYS Überschallknall *m*; ~ **detector** *n* TRANS Schalldetektor *m*; ~ **fatigue** *n* METALL Schallermüdung *f*; ~ **log** *n* PET TECH Akustiklog *nt*

sonics *n* RECORD Tonlehre *f*

sonim *n* PROD ENG nicht metallischer Einschluß *m*

sonometer *n* PHYS Sonometer *nt*, WAVE PHYS Gehörmeßgerät *nt*, Schallmeßgerät *nt*

soot *n* CER & GLAS Ruß *m*; ~ **number** *n* HEAT & REFRIG Ruzahl *f*

sophorine *n* CHEMISTRY Sophorin *nt*

sorbent *n* MAR POLL Sorbens *nt*, Sorptionsmittel *nt*

sorbite *n* METALL Sorbit *m*, Temperit *m*

sorbose *n* CHEMISTRY Sorbinose *f*, Sorbose *f*

sorption *n* WATER SUP Sorption *f*

sort[1] *n* COMP & DP Sortierung *f*; ~ **field** *n* COMP & DP Sortierfeld *nt*; ~ **file** *n* COMP & DP Sortierdatei *f*; ~ **generator** *n* COMP & DP Sortiergenerator *m*; ~ **key** *n* COMP & DP Sortierbegriff *m*, Sortierschlüssel *m*, Sortiertaste *f*; ~ **program** *n* COMP & DP Sortierprogramm *nt*

sort[2] *vt* COMP & DP, PRINT sortieren

sorter *n* CER & GLAS Sortiermaschine *f*

sorting *n* COAL TECH Scheiden *nt*, Scheidung *f*, COMP & DP Sortieren *nt*; **~ by hand** *n* COAL TECH Klaubarbeit *f*; **~ line** *n* RAIL Rangiergleis *nt*, Verschiebegleis *nt*; **~ machine** *n* PACK Sortiermaschine *f*; **~ plant** *n* WASTE Abfallsortieranlage *f*, Müllsortierungsanlage *f*; **~ siding** *n* RAIL Richtungsgleis *nt*

sorts *n pl* PRINT *matrices* Handmatrizen *f pl*

SOS[1] *abbr (silicon-on-sapphire)* ELECTRON SOS *(Silizium auf Saphir)*

SOS:[2] **~ logic** *n* RAD TECH SOS-Schaltkreis *m*

sound[1] *adj* CONST *concrete* raumbeständig, *metal* blank, *quality* einwandfrei

sound[2] *n* ACOUSTICS Schall *m*, Ton *m*, PROD ENG Sonde *f*, RAD TECH, RECORD Ton *m*, WATER TRANS Meerenge *f*, Sund *m*; **~ absorber** *n* ACOUSTICS Schallschlucker *m*; **~-absorbing ceiling** *n* SAFETY Schallschluckdecke *f*; **~-absorbing material** *n* RECORD schalldämmendes Material *nt*; **~ absorption** *n* ACOUSTICS Schallabsorbierung *f*, Schalldämpfung *f*, RECORD Schallabsorbierung *f*; **~ acceleration** *n* ACOUSTICS Schallbeschleunigung *f*; **~ acceleration level** *n* ACOUSTICS Schallbeschleunigungspegel *m*; **~ alarm radiation dosimeter** *n* RAD PHYS Strahlendosimeter mit akustischem Alarm *nt*; **~ analyser** *n BrE* ACOUSTICS Klanganalysator *m*, Schallanalysegerät *nt*; **~ analyzer** *n AmE see sound analyser BrE* **~ archive** *n* RECORD Tonarchiv *nt*; **~ attenuation** *n* HEAT & REFRIG Schalldämpfung *f*; **~ bar** *n* RECORD *picture* Tonbalken *m*; **~ blanket** *n* RECORD Tondecke *f*; **~ boom** *n* RECORD Toneffekt *m*; **~ booth** *n* RECORD schalldichte Kabine *f*; **~ broadcasting** *n* RAD TECH Hörfunk *m*, Hörrundfunk *m*; **~ broadcast transmitter** *n* RAD TECH Hörrundfunksender *m*, Rundfunksender *m*; **~ carrier** *n* RECORD, TELEV TT, Tonträger *m*; **~ channel** *n* RECORD, TELEV Tonkanal *m*; **~ code** *n* ACOUSTICS, RECORD Klangcode *m*; **~ column** *n* ACOUSTICS, RECORD Tonsäule *f*; **~ console** *n* RECORD Tonmischpult *nt*; **~ control room** *n* RECORD *film* Tonmischraum *m*; **~ diffuser** *n* RECORD Klangdiffusor *m*; **~ disposal** *n* WASTE geordnete Ablagerung *f*; **~ distortion** *n* RECORD Klangverzerrung *f*; **~ distribution** *n* RECORD Tonverteilung *f*; **~ drum** *n* RECORD Signaltrommel *f*; **~ effects** *n pl* RECORD Geräuschkulisse *f*, TELEV Geräuscheffekte *m pl*; **~ energy** *n* ACOUSTICS, ELEC ENG Schallenergie *f*; **~-energy density** *n* ACOUSTICS, PHYS Schalldichte *f*, Schallenergiedichte *f*; **~-energy density level** *n* ACOUSTICS Schalldichtepegel *m*; **~-energy flux** *n (J)* ACOUSTICS Schallenergiefluß *m (J)*, PHYS Schallenergiefluß *m*, momentane Schalleistung *f*; **~ equipment** *n* RECORD Geräusch-Instrumentarium *nt*; **~ excitation** *n* ACOUSTICS Schallerregung *f*; **~ exposure meter** *n* SAFETY Schallbelastungsmesser *m*; **~ field** *n* ACOUSTICS Schallfeld *nt*; **~ frequency** *n* ELECTRON, RAD TECH, RECORD, TELEV Tonfrequenz *f*; **~ head** *n* TELEV Tonkopf *m*; **~-insulated door** *n* SAFETY schalldichte Tür *f*; **~ insulation** *n* ACOUSTICS Schalldämmung *f*, Schallisolation *f*, AUTO, RECORD Schalldämmung *f*, WATER TRANS Schallisolierung *f*; **~ intensity** *n* ACOUSTICS Schallintensität *f*, ERGON Lautstärke *f*, Schallintensität *f*, PHYS Schallintensität *f*, Schallstärke *f*; **~ intensity density** *n* ACOUSTICS Schallintensitätsdichte *f*; **~ intensity level** *n* ACOUSTICS Schallintensitätspegel *m*, PHYS Schallstärkepegel *m*, RECORD Schallintensitätspegel *m*; **~ isolation** *n* ACOUSTICS Schallisolation *f*; **~ level** *n* ACOUSTICS, HEAT & REFRIG Schallpegel *m*; **~-level difference** *n* ACOUSTICS Schallpegeldifferenz *f*; **~-level distribution** *n* ACOUSTICS Schallpegelverteilung *f*; **~-level meter** *n* ACOUSTICS Lautstärkemesser *m*, Schallpegelmesser *m*, ERGON Schallpegelmesser *m*, INSTR Geräuschmeßgerät *nt*, Schallpegelmeßgerät *nt*, RECORD Schallpegelmesser *m*, SAFETY Schallmesser *m*; **~ locator** *n* ACOUSTICS Horchgerät *nt*, Schallortungsgerät *nt*; **~ loop** *n* RECORD Tonschleife *f*; **~ modulation** *n* ACOUSTICS, RECORD Tonmodulierung *f*; **~ particle velocity** *n* ACOUSTICS Schallschnelle *f*; **~ perspective** *n* RECORD Tonperspektive *f*; **~ pollution** *n* POLL Lärmbelästigung *f*; **~ power** *n* ACOUSTICS mittlere Schallintensität *f*, PHYS Schalleistung *f*; **~ power concentration** *n* ACOUSTICS Bündelungsgrad *m*; **~ power level** *n* ACOUSTICS, HEAT & REFRIG, PHYS Schalleistungspegel *m*; **~ power of a source** *n* ACOUSTICS Schallquellenleistung *f*; **~ pressure** *n (p)* ACOUSTICS Schalldruck *m (p)*, PHYS Schalldruck *m*, *(p)*, Druck *m*, RECORD, SPACE *spacecraft* Schalldruck *m (p)*; **~ pressure level** *n* ACOUSTICS, ERGON, HEAT & REFRIG, PHYS, POLL Schalldruckpegel *m*; **~ pressure spectrum** *n* POLL Schalldruckspektrum *nt*; **~ propagation** *n* RECORD Schallausbreitung *f*; **~ pulse** *n* RECORD *film* Schallimpuls *m*; **~ quality** *n* TELECOM Tonqualität *f*; **~ ranging** *n* WAVE PHYS Horchortung *f*, Schallortung *f*; **~ reader** *n* RECORD Wiedergabegerät *nt*; **~ recording** *n* ACOUSTICS Schallaufzeichnung *f*, RECORD Tonaufnahme *f*, TELECOM Tonaufnahme *f*, Tonaufzeichnung *f*; **~ recording system** *n* RECORD Tonaufnahmesystem *nt*; **~ reduction index** *n* PHYS *transmission loss* Schalldämmkoeffizient *m*, Schalldämmzahl *f*; **~ reproduction system** *n* RECORD Tonwiedergabesystem *nt*; **~ screen** *n* RECORD Schallschutzwand *f*; **~ signal** *n* RAIL Schallsignal *nt*, akustisches Signal *nt*, TELECOM Tonsignal *nt*, akustisches Signal *nt*, WATER TRANS Schallsignal *nt*; **~ on sound** *n* RECORD Mehrfachbespielung *f*; **~ source** *n* ACOUSTICS Schallgeber *m*, Schallsender *m*, ELECTRON Tonquelle *f*, POLL Schallquelle *f*; **~ spectrograph** *n* ACOUSTICS Klangspektrograph *m*, Schallspektrograph *m*; **~ stage** *n* RECORD Tonstufe *f*; **~ studio** *n* RECORD Tonstudio *nt*; **~ system** *n* RECORD Tonsystem *nt*; **~ transmission** *n* ACOUST Schallübertragung *f*, Tonübertragung *f*; **~ velocity** *n* ACOUSTICS Schallgeschwindigkeit *f*; **~ on vision** *n* TELEV Vertonung *f*; **~ wave** *n* ACOUSTICS, PHYS, RAD TECH, TELECOM, WAVE PHYS Schallwelle *f*

sound[3] *vt* COAL TECH sondieren, untersuchen, RAD TECH *navigation* loten

sound[4] *vi* WATER TRANS Schall aussenden, Schallerzeuger betätigen, peilen

Sound: **~ Reduction Index** *n (SRI)* ACOUSTICS Dämmzahl *f*, Dämmungswert *m*, COMP & DP, TELECOM Übertragungsdämpfung *f*

sounding *n* WATER TRANS Lotung *f*, Peilung *f*; **~ lead** *n* WATER TRANS Lotblei *nt*; **~ line** *n* WATER TRANS Lotleine *f*; **~ pole** *n* WATER TRANS *deck equipment* Peillatte *f*; **~ record** *n* COAL TECH Sondierungsbericht *m*

soundings *n pl* WATER TRANS *sea* lotbarer Grund *m*

soundproof: **~ room** *n* RECORD schalldichter Raum *m*; **~ tile** *n* SAFETY schalldichte Fliese *f*, schalldichte Kachel *f*

soundproofed: **~ booth** *n* RECORD schalldichte Kabine *f*

soundproofing *n* ELECT Lärmschutz *m*

soundtrack *n* ACOUSTICS, RECORD Tonspur *f*, TELEV

Soundtrack *nt*
sour[1] *adj* FOOD TECH sauer
sour:[2] **~ crude** *n* PET TECH saures Rohöl *nt*, schwefelhaltiges Rohöl *nt*; **~ dough** *n* FOOD TECH Sauerteig *m*; **~ gas** *n* PET TECH Sauergas *nt*, saures Erdgas *nt*
sour[3] *vt* PAPER säuren
source *n* COMP & DP Ausgangs- *pref*, Herkunft *f*, Quelle *f*, Ursprung *m*, ELEC ENG Energiequelle *f*, Herkunft *f*, Lichtquelle *f*, Quelle *f*, Quellenelektrode *f*, Source-Elektrode *f*, Spannungsquelle *f*, Strahlungsquelle *f*, Stromquelle *f*, Ursprung *m*, HYD EQUIP Quelle *f*, Ursprung *m*, PHYS *field effect transistor electrode* Source *f*; **~ address** *n* COMP & DP Quellenadresse *f*, Ursprungsadresse *f*; **~ area** *n* POLL Quellbereich *m*; **~ code** *n* COMP & DP Ausgangscode *m*, Quellencode *m*; **~ contact** *n* ELEC ENG Quellelektrodenkontakt *m*, Source-Kontakt *m*; **~ document** *n* COMP & DP Originaldokument *nt*, Quellendokument *nt*; **~ of emf** *n* PHYS Quelle der EMK *f*, Ursprung der EMK *m*; **~ file** *n* COMP & DP Quellendatei *f*; **~ impedance** *n* ELEC ENG Quellenimpedanz *f*, Quellwiderstand *m*, Source-Impedanz *f*; **~ language** *n* COMP & DP Ausgangssprache *f*, Quellensprache *f*; **~ machine** *n* COMP & DP Übersetzungsanlage *f*; **~ power efficiency** *n* OPT, TELECOM Wirkungsgrad der Quelle *m*; **~ program** *n* COMP & DP Quellenprogramm *nt*; **~ range** *n* NUC TECH *reactor* Quellenbereich *m*; **~ reactor** *n* NUC TECH Meßreaktor *m*; **~ rock** *n* PET TECH Muttergestein *nt*; **~ separation** *n* WASTE Abfallsortierung am Anfallsort *f*; **~ strength** *n* *(S)* NUC TECH Quellenstärke *f (S)*
sourish *adj* CHEMISTRY angesäuert, säuerlich
south[1] *adj* WATER TRANS Süd- *pref* südlich; **~-southeast** *adj* WATER TRANS südsüdöstlich; **~-southwest** *adj* WATER TRANS südsüdwestlich
south[2] *adv* WATER TRANS südwärts; **~ by east** *adv* WATER TRANS Süd zu Ost; **~ by west** *adv* WATER TRANS Süd zu West
south[3] *n* WATER TRANS Süden *m*; **~-southeast** *n* WATER TRANS Südsüdosten *m*; **~-southwest** *n* WATER TRANS Südsüdwesten *m*
South: **~ Pole** *n* PHYS Südpol *m*
southeast[1] *adj* WATER TRANS Südost- *pref* südöstlich
southeast[2] *adv* WATER TRANS südostwärts; **~ by east** *adv* WATER TRANS Südost zu Ost; **~ by south** *adv* WATER TRANS Südost zu Süd
southeast[3] *n* WATER TRANS Südosten *m*; **~ wind** *n* WATER TRANS Südostwind *m*
southeaster *n* WATER TRANS *wind* Südoster *m*
southeasterly *adv* WATER TRANS südostwärts
southerly[1] *adj* WATER TRANS südlich
southerly[2] *adv* WATER TRANS südwärts
southern: **~ latitude** *n* WATER TRANS *navigation* südliche Breite *f*
southwest[1] *adj* WATER TRANS Südwest *pref* südwestlich
southwest[2] *adv* WATER TRANS südwestwärts; **~ by south** *adv* WATER TRANS Südwest zu Süd; **~ by west** *adv* WATER TRANS Südwest zu West
southwest[3] *n* WATER TRANS Südwesten *m*; **~ wind** *n* WATER TRANS Südwestwind *m*
southwester *n* WATER TRANS Südwester *m*
southwesterly *adv* WATER TRANS südwestwärts
sow *n* PROD ENG Abstichgraben *m*, Ofensau *f*
Soxhlet: **~ extractor** *n* LAB EQUIP Soxhlet- Apparat *m*, Soxhlet-Extraktor *m*
space:[1] **~-bound** *adj* SPACE mit Ziel Weltraum, raumfest; **~-centered** *adj AmE*, **~-centred** *adj BrE* METALL räumlich zentriert; **~-saving** *adj* PACK platzsparend; **~-sick** *adj* SPACE raumkrank
space[2] *n* COMP & DP Leerstelle *f*, Leerzeichen *nt*, GEOM Raum *m*, HYD EQUIP Abstand *m*, Spiel *nt*, MECHAN ENG Raum *m*, PRINT Spatium *nt*, Zwischenraum *m*, SPACE Raumfahrt *f*, Welt *f*, Weltall *nt*, Weltraum *m*, TELECOM Weltraum *m*; **~ age** *n* SPACE Weltraumzeitalter *nt*; **~ agency** *n* SPACE Weltraumfahrtbehörde *f*; **~ astronomy** *n* SPACE kosmische Astronomie *f*; **~ bar** *n* COMP & DP Leertaste *f*; **~ between rails** *n* RAIL Gleiszwischenraum *m*; **~ bottom** *n* PROD ENG *kinematics* Lückengrund *m*; **~ capsule** *n* SPACE Raumkapsel *f*, Weltraumkapsel *f*; **~ center** *n AmE*, **~ centre** *n BrE* SPACE Weltraumzentrum *nt*; **~ character** *n* COMP & DP Leerzeichen *nt*; **~ charge** *n* PHYS Raumladung *f*; **~ charge compensation** *n* PHYS Raumladungskompensation *f*; **~ coherence** *n* TELECOM räumliche Kohärenz *f*; **~ communications** *n pl* TELECOM Weltraumnachrichtentechnik *f*, Weltraumtelekommunikation *f*; **~ coordinate** *n* GEOM Raumkoordinate *f*; **~ curve** *n* GEOM Raumkurve *f*; **~ division multiplex** *n* COMP & DP Raum- Multiplex- Betrieb *m*; **~ division switching** *n* TELECOM raumgeteilte Vermittlung *f*; **~ division switching system** *n* TELECOM raumgeteiltes Vermittlungssystem *nt*; **~ division system** *n* TELECOM Raumvielfachsystem *nt*; **~ engineering** *n* SPACE Weltraumtechnik *f*; **~ environment** *n* SPACE Weltraumumgebung *f*; **~ flight** *n* SPACE Raumflug *m*; **~ inside** *n* GEOM Innenvolumen *nt*; **~ launch** *n* SPACE Weltraumstart *m*; **~ occupied** *n* MECHAN ENG Raumbedarf *m*; **~ perception** *n* ERGON räumliche Wahrnehmung *f*; **~ probe** *n* SPACE Weltraumsonde *f*; **~ program** *n*, **~ programme** *n* SPACE Weltraumprogramm *nt*; **~ qualification** *n* SPACE Weltraumeignung *f*; **~ rendezvous** *n* SPACE Weltraumrendezvous *nt*; **~ research** *n* SPACE Weltraumforschung *f*; **~ segment** *n* SPACE *communications* Raumsegment *nt*; **~ shot** *n* SPACE Weltraumschuß *m*; **~ shuttle** *n* SPACE, TELECOM Raumfähre *f*; **~ sickness** *n* SPACE Weltraumkrankheit *f*; **~ simulation chamber** *n* SPACE Raumsimulator *m*; **~ stage** *n* TELECOM Raumstufe *f*; **~ station** *n* SPACE Raumstation *f*; **~ switch** *n* TELECOM raumgeteilte Vermittlung *f*, raumgeteilte Vermittlungsstelle *f*; **~ taken up** *n* MECHAN ENG Raumbedarf *m*; **~ technology** *n* SPACE Weltraumtechnik *f*; **~-time continuum** *n* SPACE Raum-Zeit-Kontinuum *nt*; **~-time correlation** *n* TELECOM räumlich-zeitliche Korrelation *f*; **~-time relation** *n* PHYS Raum-Zeit-Beziehung *f*; **~-time-space network** *n* TELECOM Raum-Zeit-Raum-Koppelnetz *nt*; **~ tracking** *n* SPACE Raumnachführung *f*; **~ transportation system** *n* *(STS)* SPACE Raumfahrttransportsystem *nt (STS)*; **~ travel** *n* SPACE Reisen im Weltall *nt*; **~ tug** *n* SPACE *spacecraft* Raumschlepper *m*, Weltraumschlepper *m*; **~ walk** *n* SPACE Spacewalk *m*; **~ workshop** *n* SPACE Raumwerkstatt *f*
space[3] *vt* PRINT spatiieren, spationieren
spaceband *n* PRINT Spatienkeil *m*
spacecraft *n* SPACE Raumfahrzeug *nt*
spacelab *n* SPACE Spacelab *nt*
spaceport *n* SPACE Weltraumbahnhof *m*, Weltraumhafen *m*
spacer *n* CER & GLAS Abstandsstück *nt*, MECHAN ENG Distanz *f*, PROD ENG Abstandsring *m*, *plastic valves* Zwischenplatte *f*; **~ block** *n* CONST Abstandshalter *m*, Zwischenstück *nt*, MECHAN ENG *injection mould*

Distanzblock *m*

spaceship *n* SPACE Raumschiff *nt*

spacesuit *n* SPACE Raumanzug *m*

spacial: ~ **frequency** *n* ELECTRON, RAD TECH, TELECOM, TELEV Ortsfrequenz *f*, räumliche Frequenz *f*

spacing *n* AIR TRANS Abstand *m*, COMP & DP Sperrschrift *f*, Wortabstand *m*, Zeilenabstand *m*, Zwischenraum *m*, PHYS *grating* Teilstrichabstand *m*, PROD ENG Gefüge *nt*, Zahnteilung *f*, TRANS, WATER TRANS Abstand *m*; ~ **loss** *n* RECORD, TELEV Abstandsverlust *m*; ~ **reed** *n* TEXT Ausgleichriet *nt*; ~ **ring** *n* PROD ENG *plastic valves* Einlegering *m*

spade:[1] ~ **drill** *n* PROD ENG Spitzbohrer *m*; ~ **rudder** *n* WATER TRANS Spatenruder *nt*

spade[2] *vt* CONST *concrete* von Hand mischen, *soil* umgraben

spall[1] *vt* CONST Kanten abschlagen

spall[2] *vi* CONST abblättern, abplatzen

spalling *n* CER & GLAS Spalling *nt*, COATINGS Abplatzen *nt*, CONST Abplatzen *nt*, Abschlagen *nt*, *concrete, masonry* Abplatzen *nt*, Absplittern *nt*

span *n* AIR TRANS Spannweite *f*, CONST Feld *nt*, Hallenschiff *nt*, Spannweite *f*, Stützlänge *f*, METROL Spanne *f*, PHYS *of wing* Spannweite *f*; ~ **error** *n* IND PROCESS Meßspannenfehler *m*; ~ **piece** *n* CONST Kehlbalken *m*; ~ **pole** *n* ELECT *power supply network* Abspannmast *m*; ~ **roof** *n* CONST gleichseitiges Giebeldach *nt*; ~ **shift** *n* IND PROCESS Meßspannenverschiebung *f*

spandrel *n* CONST Fensterbrüstung *f*, Zwickel *m*; ~ **glass** *n* CER & GLAS Dekorationsflachglas *nt*

spangle *n* PROD ENG Metallfolie *f*, Zinkblume *f*

Spanish: ~ **burton** *n* WATER TRANS *ropes* Staggarnat *nt*

spanner *n BrE (cf wrench)* AUTO *tool* Schraubenschlüssel *m*, MECHAN ENG Schlüssel *m*, Schraubenschlüssel *m*, MECHANICS Schraubenschlüssel *m*, PROD ENG Schraubenschlüssel *m*, *plastic valves* Gabelschlüssel *m*; ~ **for hexagon nuts** *n BrE (cf wrench for hexagon nuts)* MECHAN ENG Sechskantschlüssel *m*; ~ **opening** *n BrE (cf wrench opening)* MECHAN ENG Maulweite *f*

spar *n* AIR TRANS *aircraft* Holm *m*, PET TECH Spat *m*, PROD ENG Flügelholm *m*, Rundholz *nt*, SPACE *spacecraft* Holm *m*, WATER TRANS *shipbuilding* Spiere *f*; ~ **buoy** *n* WATER TRANS *navigation mark* Spierentonne *f*

spardeck *n* WATER TRANS Spardeck *nt*

spare: ~ **bulb** *n* PHOTO Ersatzlampe *f*; ~ **can** *n* AUTO Reservekanister *m*; ~ **line** *n* TELECOM Reserveleitung *f*; ~ **number** *n* TELECOM Reservenummer *f*; ~ **part** *n* AIR TRANS, AUTO, MECHAN ENG, PROD ENG *plastic valves*, RAIL, WATER TRANS Ersatzteil *nt*; ~ **tool** *n* MECHAN ENG Ersatzwerkzeug *nt*; ~ **track** *n* COMP & DP Reservespur *f*; ~ **wheel** *n* AUTO Ersatzrad *nt*

spares *n pl* MECHAN ENG Ersatzteile *nt pl*

sparge: ~ **pipe** *n* FOOD TECH perforiertes Spülrohr *nt*

sparger *n* PET TECH Sprenggerät *nt*

sparging *n* CHEMISTRY *brewing* Anschwänzen *nt*

spark[1] *n* AUTO Zündfunke *m*, CER & GLAS Funke *m*, ELEC ENG Funke *m*, Zündfunke *m*, ELECT Funke *m*, Funken *m*, PHYS Funke *m*; ~ **absorber** *n* ELECT Funkenstrecke *f*; ~ **advance** *n* AIR TRANS Frühzündung *f*; ~ **arrester** *n* ELECT Funkenlöscher *m*; ~ **blow out** *n* ELECT Funkenlöscher *m*; ~ **capacitor** *n* ELEC ENG Funkenkondensator *m*; ~ **chamber** *n* PART PHYS, PHYS Funkenkammer *f*; ~ **coil** *n* ELEC ENG Funkeninduktor *m*; ~ **counter** *n* RAD PHYS Funkenzähler *m*; ~ **discharge** *n* PHYS Funkenentladung *f*; ~ **erosion** *n* MECHAN ENG Funkenerosion *f*; ~ **extinguisher** *n* ELECT Funkenlöscher *m*; ~ **gap** *n* ELEC ENG Elektrodenabstand *m*, Funkenstrecke *f*, ELECT, PHYS Funkenstrecke *f*; ~ **ignition** *n* AUTO Funkenzündung *f*; ~ **ignition engine** *n* MECHAN ENG Ottomotor *m*, Vergasermotor *m*; ~ **machining** *n* MECHAN ENG Funkenerosionsbearbeitung *f*; ~ **plug** *n* AUTO Kerze *f*, Zündkerze *f*, ELECT *automotive* Zündkerze *f*; ~ **plug body** *n* AUTO Zündkerzengehäuse *nt*; ~ **plug cable** *n* AUTO Zündkerzenkabel *nt*; ~ **plug electrode** *n* AUTO Zündkerzenelektrode *f*; ~ **plug gap** *n* AUTO Elektrodenabstand *m*, Funkenstrecke *f*; ~ **plug gasket** *n* AUTO Zündkerzendichtung *f*; ~ **plug hole** *n* AUTO Zündkerzenloch *nt*; ~ **plug point** *n* AUTO Zündkerzenspitze *f*; ~ **plug shell** *n* AUTO Zündkerzengehäuse *nt*; ~ **plug socket** *n* AUTO Kerzenfuß *m*; ~ **plug terminal** *n* AUTO Zündkerzenklemmschraube *f*; ~ **plug wire** *n* AUTO Zündkerzenkabel *nt*; ~ **quencher** *n* ELECT Funkenlöscher *m*; ~ **quenching** *n* ELEC ENG Funkenlöschung *f*; ~ **spectrum** *n* RAD PHYS Funkenspektrum *nt*; ~ **suppression** *n* ELEC ENG Funkenlöschung *f*, Funkenunterdrückung *f*; ~ **suppressor** *n* ELEC ENG Funkenlöscher *m*; ~ **timing** *n* AUTO Zündzeitpunkteinstellung *f*

spark:[2] **~-erode** *vt* ELECT funkenerodieren

sparker *n* AUTO Zündkerze *f*

sparking *n* ELEC ENG Bürstenfeuer *nt*, Funkenbildung *f*, PROD ENG, TELEV Funkenbildung *f*, TRANS *internal combustion engine* Zündung *f*; ~ **distance** *n* ELEC ENG Funkenlänge *f*; ~ **plug** *n* AUTO *motor vehicle* Zündkerze *f*

sparkover: ~ **voltage** *n* ELECT Überschlag *m*

sparse: ~ **array** *n* COMP & DP leerer Bereich *m*; ~ **matrix** *n* COMP & DP schwach besetzte Matrix *f*

sparteine *n* CHEMISTRY Lupinidin *nt*, Spartein *nt*

spatial: ~ **coherence** *n* PHYS, TELECOM räumliche Kohärenz *f*; ~ **distribution** *n* POLL räumliche Verteilung *f*; ~ **domain** *n* ELECTRON räumlicher Bereich *m*; ~ **frequency** *n* ELECTRON, RAD TECH, TELECOM, TELEV räumliche Frequenz *f*; ~ **grid** *n* PHYS Raumgitter *nt*; ~ **modulation** *n* ELECTRON räumliche Modulation *f*; ~ **pattern** *n* POLL räumliche Struktur *f*; ~ **period** *n* ELECTRON räumliche Periode *f*; ~ **quantization** *n* PHYS räumliche Quantisierung *f*; ~ **relativity** *n* SPACE räumliche Relativität *f*; ~ **resolution** *n* NUC TECH räumliche Auflösung *f*; ~ **response** *n* ELECTRON räumliches Verhalten *nt*; ~ **trend** *n* POLL räumliche Tendenz *f*; ~ **variability** *n* POLL räumliche Veränderlichkeit *f*

spatter *n* CONST *welding* Spritzer *m*

spatula *n* LAB EQUIP Spatel *m*

SPC *abbr (stored program control)* COMP & DP SPS *(Programmspeichersteuerung)*

SPDT: ~ **relay** *n (single-pole-double-throw relay)* ELEC ENG einpoliges Umschaltrelais *nt*; ~ **switch** *n (single-pole double-throw switch)* ELEC ENG SPDT-Schalter *m (einpoliger Umschalter)*, ELECT SPDT-Schalter *m (einpoliger Wechselschalter)*

speaker *n* RAD TECH Lautsprecher *m*; ~ **independent recognition system** *n* ART INT sprecherunabhängiges Erkennungssystem *nt*

speaking: ~ **clock** *n* TELECOM Zeitansage *f*; ~ **rod** *n* CONST *surveying* Meßlatte *f*

spec *abbr (specification)* COMP & DP, CONST, MECHAN ENG Spezifikation *f*, PAT Spezifizierung *f*, TEXT Güteanforderung *f*

special[1] *adj* COMP & DP, PACK, PROD ENG, TELECOM,

WATER TRANS Spezial- *pref*

special:[2] ~ **accuracy weighing machine** *n* METROL Feinwaage *f*; ~ **character** *n* COMP & DP Sonderzeichen *nt*; ~ **edition** *n* PRINT Sonderausgabe *f*; ~ **effects bus** *n* TELEV Spezialeffektbus *m*; ~ **effects generator** *n* TELEV Trickgenerator *m*; ~ **note** *n* ENG DRAW Sondervermerk *m*; ~ **nut** *n* PROD ENG *plastic valves* Spezialmutter *f*; ~ **process** *n* QUAL Sonderverfahren *nt*; ~ **purpose computer** *n* COMP & DP Spezialrechner *m*; ~ **purpose machine** *n* MECHAN ENG Sondermaschine *f*; ~ **requirements** *n pl* MECHAN ENG besondere Anforderungen *f pl*; ~ **rubber lining** *n* SAFETY Spezialgummibeschichtung *f*; ~ **steel** *n* METALL Edelstahl *m*, Sonderstahl *m*; ~ **theory** *n* PHYS *relativity* spezielle Relativitätstheorie *f*; ~ **turnout** *n* RAIL Sonderweiche *f*; ~ **waste** *n* WASTE Sonderabfall *m*, Sondermüll *m*

specific[1] *adj* PHYS spezifisch

specific:[2] ~ **acoustic compliance** *n* ACOUSTICS spezifische akustische Auslenkung *f*; ~ **acoustic impedance** *n* ACOUSTICS, PHYS spezifische Schallimpedanz *f*; ~ **acoustic susceptance** *n* ACOUSTICS spezifischer Blindleitwert *m*; ~ **activity** *n* PHYS spezifische Aktivität *f*; ~ **address** *n* COMP & DP absolute Adresse *f*; ~ **adhesion** *n* PLAS spezifische Haftkraft *f*, stoffspezifische Haftung *f*; ~ **attenuation** *n* SPACE *communications* spezifische Dämpfung *f*; ~ **capacitance** *n* ELECT spezifische Kapazität *f*; ~ **capacity of a well** *n* FUELLESS spezifischer Brunnenkapazität *m*; ~ **charge** *n* PART PHYS, PHYS, RAD PHYS spezifische Ladung *f*; ~ **code** *n* COMP & DP absoluter Code *m*; ~ **conductance** *n* ELECT spezifischer Leitwert *m*; ~ **detectivity** *n* OPT spezifische Nachweisbarkeit *f*, TELECOM spezifische Nachweisfähigkeit *f*; ~ **emission** *n* ELEC ENG spezifische Emission *f*; ~ **enthalpy** *n* PHYS spezifische Enthalpie *f*; ~ **entropy** *n* PHYS spezifische Entropie *f*; ~ **Gibbs function** *n* PHYS spezifische Gibbsche Funktion *f*; ~ **gravity** *n* PET TECH Dichteverhältnis *nt*, PHYS spezifische Dichte *f*, spezifisches Gewicht *nt*, PLAS relative Dichte *f*, RAD PHYS, TEXT Dichte *f*; ~ **gravity curve** *n* COAL TECH Wichtekurve *f*; ~ **gravity fraction** *n* COAL TECH Wichtestufe *f*; ~ **gravity of seawater** *n* WATER TRANS *ship design* Seewasserwichte *f*; ~ **heat** *n* HEAT & REFRIG Eigenwärme *f*, spezifische Wärme *f*, PLAS, SPACE *spacecraft*, THERMODYN spezifische Wärme *f*; ~ **heat capacity** *n (c)* PHYS spezifische Wärme *f (c)*, THERMODYN spezifische Wärmekapazität *f (c)*; ~ **heat output** *n* HEAT & REFRIG spezifische Heizleistung *f*; ~ **Helmholtz function** *n* PHYS spezifische Helmholtzfunktion *f*; ~ **impulse** *n* SPACE *spacecraft* spezifischer Impuls *m*; ~ **inductive capacity** *n* ELEC ENG relative Dielektrizitätskonstante *f*, TELEV Dielektrizitätskonstante *f*; ~ **internal energy** *n* PHYS spezifische innere Energie *f*; ~ **ionization** *n (S)* NUC TECH spezifische Ionisierung *f (S)*; ~ **latent heat** *n* PHYS spezifische Schmelzwärme *f*; ~ **loudness** *n* ACOUSTICS spezifische Lautheit *f*; ~ **resistance** *n* ELEC ENG, ELECT spezifischer Widerstand *m*; ~ **rotation** *n* PHYS *rotatory power* spezifisches Drehvermögen *nt*; ~ **sensitivity** *n* ACOUSTICS spezifische Empfindlichkeit *f*; ~ **speed** *n* FUELLESS spezifische Drehzahl *f*; ~ **stiffness** *n* SPACE *spacecraft* spezifische Steife *f*; ~ **surface area** *n* PLAS spezifische Oberfläche *f*; ~ **volume** *n* PHYS Eigenvolumen *nt*, spezifisches Volumen *nt*

specification *n* COMP & DP Spezifikation *f*, CONST Baubeschreibung *f*, Spezifikation *f*, Vorschrift *f*, ELECT Pflichtenheft *nt*, MECHAN ENG Spezifikation *f*, PAT Patentschrift *f*, *goods, services* Spezifizierung *f*, TEXT Güteanforderung *f*; ~ **change notice** *n (SCN)* TRANS Hinweis auf Spezifikationsänderungen *m (SCN)*; ~ **and description language** *n* TELECOM Spezifikations- und Beschreibungssprache *f*; ~ **language** *n* COMP & DP Spezifikationssprache *f*; ~ **sheet** *n* TELEV Spezifikationsblatt *nt*

specifications *n pl* CONST Baubedingungen *f pl*, Leistungsverzeichnis *nt*, Vertragspflichtenheft *nt*, Vorschriften *f pl*, WATER TRANS Vorschriften *f pl*, technische Daten *nt pl*; ~ **sheet** *n* AUTO technisches Datenblatt *nt*

specimen *n* COAL TECH, INSTR Muster *nt*, Probe *f*, Probestück *nt*, Prüfling *m*, MECHAN ENG *sample* Muster *nt*, Probe *f*, Probestück *nt*, *testing* Prüfling *m*, MECHANICS, PLAS, QUAL Muster *nt*, Probe *f*, Probestück *nt*, Prüfling *m*; ~ **holder** *n* NUC TECH Probenhalter *m*

speck *n* PAPER Schmutzpunkt *m*

specking *n* CER & GLAS Fleckenbildung *f*

speckle[1] *n* PRINT, TEXT Fleck *m*; ~ **noise** *n* TELECOM Granulationsrauschen *nt*

speckle[2] *vt* TEXT sprenkeln

spectral[1] *adj* COMP & DP, INSTR, METALL, PHYS Spektral- *pref*

spectral:[2] ~ **analyser** *n BrE* INSTR Spektralanalysator *m*; ~ **analysis** *n* COMP & DP, PHYS, TELECOM Spektralanalyse *f*; ~ **analyzer** *n AmE see spectral analyser BrE* ~ **bandwidth** *n* TELECOM Spektralbreite *f*; ~ **characteristic** *n* ELECTRON Spektralverteilungscharakteristik *f*, Spektralverteilungskurve *f*; ~ **density** *n* ACOUSTICS, ELECTRON, PHYS Spektraldichte *f*; ~ **distribution** *n* ACOUSTICS Spektraldarstellung *f*; ~ **emissivity** *n* PHYS Spektralemissionsvermögen *nt*; ~ **energy distribution** *n* FUELLESS Strahlungsfunktion *f*, relative spektrale Strahlenverteilung *f*; ~ **irradiance** *n* OPT, TELECOM Spektralbeleuchtungsstärke *f*, Spektralbestrahlungsstärke *f*; ~ **line** *n* PHYS, RAD PHYS, TELECOM Spektrallinie *f*; ~ **line profile** *n* RAD PHYS Spektrallinienprofil *nt*; ~ **line width** *n* OPT, RAD PHYS, TELECOM Spektrallinienbreite *f*; ~ **luminance** *n* PHYS Spektralleuchtvermögen *nt*; ~ **luminous efficiency** *n* PHYS Spektrallichtausbeute *f*; ~ **occupancy** *n* TELECOM Belegung des Spektrums *f*, Spektralbelegungsgrad *m*; ~ **pitch** *n* ACOUSTICS Spektraltonhöhe *f*; ~ **pyranometer** *n* FUELLESS Spektralpyranometer *nt*; ~ **radiance** *n* TELECOM Spektralstrahldichte *f*, spezifische spektrale Ausstrahlung *f*; ~ **range** *n* PHYS Spektralbereich *m*; ~ **reflectance** *n* PHYS Spektralreflexionsgrad *m*; ~ **responsivity** *n* OPT Spektralansprechgeschwindigkeit *f*, TELECOM Spektralempfindlichkeit *f*; ~ **term** *n* PHYS Spektralterm *m*; ~ **transmittance** *n* PHYS Spektraldurchlaßgrad *m*; ~ **width** *n* TELECOM Spektralbreite *f*; ~ **window** *n* OPT Spektralfenster *nt*, Spektraltransmissionsfenster *nt*, TELECOM Spektralfenster *nt*

spectrally: ~ **selective pyrometer** *n* INSTR Teilstrahlungs-Pyrometer *nt*

spectrograph *n* PHYS, RAD PHYS Spektrograph *m*

spectrographic: ~ **analysis** *n*, METALL Spektralanalyse *f*, RAD PHYS spektrographische Analyse *f*

spectrometer *n* FUELLESS, PHYS, TELECOM, WAVE PHYS Spektrometer *nt*

spectrometric: ~ **analysis** *n* RAD PHYS spektrometrische Analyse *f*

spectrometry *n* PET TECH, TELECOM Spektrometrie *f*

spectrophotometer *n* PHYS Spektralfotometer *nt*

spectrophotometry *n* PHYS Spektralfotometrie *f*

spectroradiometer *n* FUELLESS Infrarot-Spektrometer *nt*

spectroscope *n* PHYS, WAVE PHYS Spektroskop *nt*

spectroscopy *n* PHYS, RAD PHYS Spektroskopie *f*

spectrum *n* ELECT, ELECTRON, PHYS, RAD PHYS, RECORD, SPACE Spektrum *nt*; **~ allocation** *n* RAD TECH Zuweisung eines Frequenzspektrums *f*; **~ analyser** *n BrE* TELECOM Spektrumanalysator *m*; **~ analysis** *n* RAD PHYS Spektralanalyse *f*; **~ analyzer** *n AmE see spectrum analyser BrE* **~ efficiency** *n* TELECOM Frequenzökonomie *f*; **~ of turbulence** *n* FLUID PHYS Spektrum der Turbulenz *nt*

specular: **~ reflection** *n* PHYS Spiegelreflexion *f*, ordentliche Reflexion *f*, TELECOM Normalreflexion *f*, Spiegelreflexion *f*; **~ reflection coefficient** *n* TELECOM Spiegelreflexionskoeffizient *m*

speech *n* ACOUSTICS, COMP & DP, TELECOM Sprach- *pref*; **~ analysis** *n* TELECOM Sprachanalyse *f*; **~ audiogram** *n* ACOUSTICS Sprachaudiogramm *nt*; **~ audiometer** *n* ACOUSTICS Sprachaudiometer *nt*; **~ audiometry** *n* ACOUSTICS Sprachaudiometrie *f*; **~ channel** *n* COMP & DP Sprachkanal *m*; **~ chip** *n* COMP & DP Sprach-Chip *m*; **~ circuit** *n* TELECOM Sprechkreis *m*; **~ clipper** *n* RECORD Sprachschneidegerät *nt*; **~ clipping** *n* RAD TECH Sprachspitzenbegrenzung *f*; **~ coding** *n* TELECOM Sprachcodierung *f*; **~ data network** *n* TELECOM Sprach-Datennetz *nt*; **~ detection** *n* SPACE *communications* Sprachdemodulation *f*; **~ encoding** *n* SPACE *communications*, TELECOM Sprachcodierung *f*; **~ filter** *n* RECORD Sprachfilter *nt*; **~ frequency** *n (SF)* ELECTRON, TELECOM Sprachfrequenz *f (SF)*; **~ generation** *n* TELECOM Spracherzeugung *f*; **~-grade private wire** *n* TELECOM Mietleitung mit Fernsprechqualität *f*; **~ interpolation** *n* SPACE Sprachinterpolation *f*; **~ level** *n* RECORD Sprechpegel *m*; **~ memory** *n* TELECOM Sprachspeicher *m*; **~ processing** *n* ART INT Sprechdatenverarbeitung *f*, COMP & DP, RAD TECH, TELECOM Sprachverarbeitung *f*; **~ recognition** *n* ART INT, COMP & DP Spracherkennung *f*; **~ service** *n* TELECOM Sprachdienst *m*; **~ signal** *n* TELECOM Sprachsignal *nt*; **~ synthesis** *n* ART INT, COMP & DP, ELECTRON Sprachsynthese *f*; **~ synthesizer** *n* COMP & DP Sprachsynthesizer *m*; **~ track** *n* RECORD Sprachspur *f*; **~ understanding** *n (SU)* ART INT Sprachverstehen *nt (SU)*

speed[1] *n* MECHAN ENG Drehzahl *f*, Geschwindigkeit *f*, PAPER Geschwindigkeit *f*, PHYS Drehzahl *f*, Geschwindigkeit *f*, TEXT, TRANS Geschwindigkeit *f*; **~ brake** *n* AIR TRANS Luftbremse *f*; **~-changing device** *n* MECHAN ENG Gangschaltung *f*; **~-changing mechanism** *n* MECHAN ENG Gangschaltung *f*; **~ cone** *n* MECHAN ENG, PROD ENG Stufenscheibe *f*; **~ control** *n* CONTROL Geschwindigkeitsregelung *f*, Geschwindigkeitssteuerung *f*, ELECT Drehzahlregelung *f*, Geschwindigkeitsregelung *f*, RAIL Geschwindigkeitsregelung *f*, TEXT Drehzahlregelung *f*, TRANS Geschwindigkeitsregelung *f*; **~ control device** *n* FUELLESS Drehzahlregler *m*; **~ controller** *n* MECHAN ENG Drehzahlregler *m*; **~ counter** *n* MECHAN ENG Drehzahlmesser *m*; **~ density relationship** *n* TRANS Verhältnis zwischen Geschwindigkeit und Verkehrsdichte *nt*; **~ detector** *n* TRANS Geschwindigkeitsdetektor *m*; **~ of flow** *n* PROD ENG *plastic valves* Durchflußgeschwindigkeit *f*; **~ flow diagram** *n* TRANS Verhältnis zwischen Geschwindigkeit und Verkehrsfluß *nt*; **~ flow relationship** *n* TRANS Verhältnis zwischen Geschwindigkeit und Verkehrsfluß *nt*; **~ governor** *n* MECHAN ENG Drehzahlregler *m*; **~ indicator** *n* INSTR Drehzahlanzeigegerät *nt*, Geschwindigkeitsmeßgerät *nt*, Tachometer *nt*, MECHAN ENG Geschwindigkeitsanzeige *f*, PAPER Geschwindigkeitsanzeiger *m*; **~ lathe** *n* MECHAN ENG Schnelldrehmaschine *f*; **~ of light** *n* PHYS, WAVE PHYS Lichtgeschwindigkeit *f*; **~ of light in empty space** *n (c)* OPT Lichtgeschwindigkeit *f (c)*; **~ limit** *n* RAIL Streckenhöchstgeschwindigkeit *f*, TRANS Höchstgeschwindigkeit *f*, Tempolimit *nt*; **~ limiter** *n* AUTO Drehzahlbegrenzer *m*, Geschwindigkeitsbegrenzer *m*; **~ of perception** *n* ERGON Wahrnehmungsgeschwindigkeit *f*; **~ of propagation** *n* WAVE PHYS Ausbreitungsgeschwindigkeit *f*; **~ range** *n* MECHAN ENG Drehzahlbereich *m*; **~ ratio** *n* MECHAN ENG Drehzahlverhältnis *nt*; **~ recorder** *n* AUTO, RAIL Geschwindigkeitsschreiber *m*; **~ reducer** *n* MECHAN ENG Drehzahlminderer *m*, PAPER Reduktionsgetriebe *nt*; **~-restricting signal** *n* RAIL Langsamfahrsignal *nt*; **~ restriction board** *n* RAIL Langsamfahrsignal *nt*; **~ selector** *n* RAIL Geschwindigkeitswählschalter *m*; **~ of sound** *n (c)* PHYS Schallgeschwindigkeit *f (c)*; **~ supervision** *n* RAIL Geschwindigkeitsüberwachung *f*; **~ torque characteristic** *n* HEAT & REFRIG Drehzahldrehmomentkennlinie *f*; **~-up** *n* CONTROL Beschleunigung *f*, Voreilung *f*; **~ variation frequency** *n* ACOUSTICS geschwindigkeitsabhängige Frequenz *f*; **~ volume curve** *n* TRANS Geschwindigkeit-Verkehrsaufkommen-Kurve *f*

speed:[2] **~ up** *vti* PAPER, PHYS beschleunigen

speedometer *n* AUTO *accessory* Geschwindigkeitsmesser *m*, Tachometer *nt*, MECHAN ENG Geschwindigkeitsanzeiger *m*, Tachometer *nt*, WATER TRANS Fahrtmeßanlage *f*; **~ drive gear** *n* AUTO Geschwindigkeitsmesserantrieb *m*, Tachometerantrieb *m*

spelling: **~ checker** *n* COMP & DP Rechtschreibüberprüfung *f*

spelter *n* METALL Hüttenzink *nt*, PROD ENG Rohzink *nt*

spent: **~ acid** *n* TEXT Abfallsäure *f*

spermidine *n* CHEMISTRY Spermidin *nt*

spermin *n* CHEMISTRY Spermin *nt*

spermine *n* CHEMISTRY Spermin *nt*

spew[1] *n* PROD ENG herausgequetschter Rand *m*

spew[2] *vt* PROD ENG auswerfen, herausquetschen

sphenoid *adj* PROD ENG keilförmig

sphere *n* GEOM, PHYS Kugel *f*, Sphäre *f*, PROD ENG Kugel *f*; **~ gap** *n* ELEC ENG Kugelfunkenstrecke *f*; **~ wave** *n* ELEC ENG Kugelfunkenwelle *f*

spherical[1] *adj* MECHAN ENG, PROD ENG kugelförmig

spherical:[2] **~ aberration** *n* OPT, PHOTO, PHYS, TELECOM sphärische Aberration *f*; **~ antenna** *n* TELECOM Kugelstrahler *m*; **~ baffle** *n* RECORD sphärische Dämmplatte *f*; **~ coordinates** *n pl* GEOM, PHYS Kugelkoordinaten *f pl*; **~ depression** *n* PROD ENG Mulde *f*; **~ geometry** *n* GEOM sphärische Geometrie *f*; **~ harmonic** *n* SPACE Kugeloberwelle *f*; **~ indentation** *n* PROD ENG Kugelkalotte *f*; **~ joint** *n* PROD ENG Kugelgelenk *nt*; **~ lens** *n* PHYS Kugellinse *f*, sphärische Linse *f*; **~ lune** *n* PROD ENG sphärisches Zweieck *nt*; **~ mirror** *n* LAB EQUIP Kugelspiegel *m*, PHYS sphärischer Spiegel *m*, TELECOM Kugelspiegel *m*; **~ plain bearing** *n* MECHAN ENG kugeliges Gelenklager *nt*; **~ roller bearing** *n* MECHAN ENG Tonnenlager *nt*; **~ sector** *n* GEOM Kugelsektor *m*;

~ **shell** *n* PROD ENG Kugelschale *f*; ~ **surface** *n* PROD ENG Kalotte *f*, ballige Fläche *f*; ~ **tank** *n* SPACE *spacecraft*, WATER TRANS Kugeltank *m*; ~ **triangle** *n* GEOM sphärisches Dreieck *nt*, PROD ENG Kugeldreieck *nt*, Polygon *nt*; ~ **turning** *n* MECHAN ENG Kugeldrehen *nt*; ~ **valve** *n* MECHAN ENG Kugelventil *nt*; ~ **vessel** *n* PROD ENG Kugelbehälter *m*; ~ **wave** *n* ACOUSTICS, PHYS, WAVE PHYS Kugelwelle *f*; ~ **wedge** *n* PROD ENG Kugelkeil *m*

spherically: ~**-seated** *adj* PROD ENG kugelig gelagert

sphericity *n* GEOM Sphärizität *f*, PROD ENG Kugelgestalt *f*

spheroid *n* GEOM Rotationsellipsoid *nt*, Sphäroid *nt*, PHYS Sphäroid *nt*, PROD ENG Rotationsellipsoid *nt*

spheroidal[1] *adj* PROD ENG kugelig, sphärolithisch

spheroidal:[2] ~ **form** *n* PROD ENG Kugelform *f*; ~ **graphite** *n* PROD ENG Kugelgraphit *m*; ~ **graphite cast iron** *n* PROD ENG Kugelgraphitguß *m*

spheroidize:[1] ~ **annealing** *n* PROD ENG Weichglühen *nt*

spheroidize[2] *vt* PROD ENG Kugelgraphit bilden, weichglühen

spheroidized: ~ **structure** *n* METROL Kugelgefüge *nt*

spheroidizing *n* METROL Kugelglühen *nt*

spherometer *n* PHYS Sphärometer *nt*, Wölbungsmeßgerät *m*

sphingosine *n* CHEMISTRY Sphingosin *nt*

spider *n* AUTO *universal joint* Gelenkkreuz *nt*, CER & GLAS sternförmiger Riß im Porzellan *m*, MECHAN ENG *machine tools* Katzenkopf *m*, Zwischenfutter *nt*, *star handle* Kreuzgriff *m*, PROD ENG Speichenkreuz *nt*; ~ **lines** *n pl* OPT Fadenkreuz *nt*; ~ **spanner** *n BrE (cf spider wrench)* MECHAN ENG Kreuzschlüssel *m*; ~**-type armature** *n* ELECT Sternanker *m*; ~ **unit** *n* AIR TRANS *helicopter* Drehkreuz *nt*; ~ **wheel** *n* MECHAN ENG Drehkreuz *nt*; ~ **wrench** *n (cf spider spanner BrE)* MECHAN ENG Kreuzschlüssel *m*

spiegel: ~ **iron** *n* METALL Spiegelroheisen *nt*

spigot *n* CONST Einsteckende *nt*, Spitzende *nt*, Wasserhahn *m*, Zapfen *m*, MECHAN ENG Hahn *m*, Zapfen *m*, PROD ENG Zapfen *m*, Zentrieransatz *m*, *plastic valves* Anschluß-Stutzen *m*, Klebstutzen *m*; ~ **joint** *n* CONST Muffenrohrverbindung *f*, Rohrsteckverbindung *f*; ~ **and socket joint** *n* CONST Muffenverbindung *f*; ~ **and socket joint pipes** *n pl* CONST Muffenverbindungsrohre *nt pl*

spike *n* AIR TRANS Spike *m*, CER & GLAS Dorn *m*, CONST Hakennagel *m*, Mauerhaken *m*, ELEC ENG Spitze *f*, Zacke *f*, Überschwingspitze *f*, MECHAN ENG Nagel *m*, Stift *m*, NUC TECH *fuel element* Saatelement *nt*, Spickelement *nt*, TELEV Impuls *m*; ~ **driver** *n* RAIL Schwellenschraubeneindrehmaschine *f*; ~ **puller** *n* RAIL Schwellenschraubenausreißgerät *nt*

spile *n* CONST Holzpfahl *m*, Holzpflock *m*, Spund *m*, kleiner Holzpfropfen *m*

spiling *n* CONST Rammen *nt*

spill *n* ELEC ENG Rückstreuverlust *m*, Spill *nt*, Streuung *f*, MAR POLL ausgeflossenes Öl *nt*, treibendes Ölfeld *nt*, Öllache *f*, Ölverschüttung *f*, Ölteppich *m*

spillage *n* PET TECH Austritt *m*, WATER SUP Abfall *m*

spillover *n* TELEV Elektronenüberlauf *m*; ~ **loss** *n* SPACE Einfüllverlust *m*, Überflußverlust *m*

spillway *n* CONST Entlastungsanlage *f*, Überlauf *m*, FUELLESS Überfallwehr *nt*, WATER SUP Entlastungswehr *nt*, Hochwasserentlastungsanlage *f*, Streichwehr *nt*, Überfallwehr *nt*; ~ **canal** *n* HYD EQUIP Entlastungskanal *m*, Überlaufkanal *m*; ~ **channel** *n* FUELLESS Überlaufkanal *m*

spin[1] *n* AIR TRANS Trudeln *nt*, PART PHYS Drehimpulsquantenzahl *f*, Spin *m*, PHYS Spin *m*, SPACE Drall *m*, Spin *m*; ~ **angular momentum** *n* PHYS Spindrehimpuls *m*; ~ **axis** *n* SPACE Spinachse *f*; ~**-down** *n* SPACE Abtrudeln *nt*; ~ **etching** *n* MECHAN ENG Schleuderätzen *nt*; ~ **exchange force** *n* NUC TECH Spinaustauschkraft *f*; ~ **flight testing** *n* AIR TRANS Trudelflugerprobung *f*; ~ **orbit coupling** *n* PHYS Spin- Bahn-Kopplung *f*; ~ **quantum number** *n (s)* METROL, NUC TECH, PHYS Spinquantenzahl *f (s)*; ~ **stabilization** *n* SPACE *communications* Spinstabilisierung *f*; ~ **temperature** *n* PHYS Spintemperatur *f*; ~ **thruster** *n* SPACE *spacecraft* Spinschubtriebwerk *nt*; ~**-up** *n* SPACE Auftrudeln *nt*; ~ **wave** *n* PHYS Spinwelle *f*

spin[2] *vt* MECHAN ENG *sheet metal* drücken, TEXT spinnen

spin[3] *vi* SPACE rotieren

spinasterol *n* CHEMISTRY Spinasterin *nt*

spindle *n* AUTO Spindel *f*, *wheel* Achszapfen *m*, Radzapfen *m*, CER & GLAS *cutting hollow glass* Schleifspindel *f*, *glass fibre manufacture* Spindel *f*, CONST Spindel *f*, Spindelstab *m*, MECHAN ENG *of capstan*, MECHANICS Spindel *f*, PROD ENG Achsenschenkel *m*, Meßbolzen *m*, *plastic valves* Spindel *f*; ~ **arm** *n* AUTO Spindelarm *m*; ~ **head** *n* MECHAN ENG *lathe* Spindelkopf *m*; ~ **molding machine** *n AmE*, ~ **moulding machine** *n BrE* CONST *carpentry* Spindelfräsmaschine *f*; ~ **nose** *n* MECHAN ENG *lathe* Spindelkopf *m*; ~ **sleeve** *n* MECHAN ENG *boring, milling machine* Pinole *f*; ~ **stairs** *n pl* CONST Wendeltreppe *f*; ~ **unit** *n* MECHAN ENG *machine tools* Spindelaggregat *nt*

spine *n* PRINT Rücken *m*, PROD ENG Keilnut *f*, Keilwellenprofil *nt*

spinel: ~ **refractory** *n* CER & GLAS Spinellerzeugnis *nt*

spinnaker *n* WATER TRANS *sailing* Spinnaker *m*; ~ **boom** *n* WATER TRANS *sailing* Spinnakerbaum *m*

spinner *n* AIR TRANS *propeller* Luftschraubenhaube *f*, CER & GLAS Trennschleuder *f*, PROD ENG Drücker *m*, Schleuder *f*

spinning *n* CER & GLAS Verspinnen *nt*, MECHAN ENG *sheet metal* Drücken *nt*, TEXT Erspinnen *nt*, Spinnen *nt*, Verspinnen *nt*; ~ **bodies** *n pl* FLUID PHYS um die Achse rotierende Körper *m pl*; ~ **lathe** *n* MECHAN ENG Drückbank *f*, Drückmaschine *f*, PROD ENG Metalldrückbank *f*; ~ **line** *n* PET TECH Drehseil *nt*, Spinnseil *nt*, Wirbelseil *nt*; ~ **lubricate** *n* PROD ENG Drückfett *nt*; ~ **mandrel** *n* MECHAN ENG Drückfutter *nt*; ~ **reserves** *n pl* FUELLESS Spinning-Reserve *f*, ständig mitlaufende Reserve *f*; ~ **system** *n* TEXT Spinnverfahren *nt*; ~ **tool** *n* MECHAN ENG Drückwerkzeug *nt*; ~ **wheel** *n* TEXT Spinnrad *nt*; ~ **of the wheel** *n* AUTO Durchdrehen des Rades *nt*

spinodal: ~ **decomposition** *n* METALL spinodale Auflösung *f*

spiral[1] *adj* GEOM spiralförmig, spiralig, MECHAN ENG Spiral- *pref*, spiralig

spiral[2] *n* GEOM Spirale *f*, MECHAN ENG Spirale *f*, Wendel *f*, PROD ENG Drall *m*; ~ **angle** *n* MECHAN ENG *gearwheels* Spiralwinkel *m*; ~ **antenna** *n* TELECOM Wendelantenne *f*; ~ **balance** *n* METROL Federwaage *f*; ~ **bevel gear** *n* MECHAN ENG Spiralkegelrad *nt*, Spiralzahnkegelrad *nt*; ~ **bevel gearing** *n* AUTO Spiralkegelradgetriebe *nt*; ~ **binding** *n* PRINT Spiralbindung *f*; ~ **bit** *n* PET TECH Spiralbohrer *m*; ~ **classifier** *n* COAL TECH Spiralklassierer *m*; ~ **coiled spring** *n* MECHAN ENG Wendelfeder *f*; ~ **conveyor** *n* MECHAN

ENG, PROD ENG Schneckenförderer *m*; ~ **dive** *n* AIR TRANS Sturzspirale *f*; ~ **fluted tap** *n* MECHAN ENG spiralgenuteter Gewindebohrer *m*; ~ **fracture** *n* CER & GLAS spiralförmiger Bruch *m*; ~ **gear** *n* MECHAN ENG Schrägzahnrad *nt*; ~ **gearing** *n* MECHAN ENG Schraubenradgetriebe *nt*, Schrägverzahnung *f*; ~ **milling** *n* MECHAN ENG Schraubfräsen *nt*, Spiralfräsen *nt*; ~ **milling attachment** *n* MECHAN ENG Schraubfräseinrichtung *f*, Spiralfräseinrichtung *f*; ~ **milling cutter** *n* MECHAN ENG Spiralfräser *m*; ~ **pump** *n* MECHAN ENG Schneckenpumpe *f*; ~ **ratchet screwdriver** *n* MECHAN ENG Drillschraubendreher *m*; ~ **spring** *n* MECHAN ENG Spiralfeder *f*; ~ **stairs** *n pl* CONST Schneckentreppe *f*, Wendeltreppe *f*; ~ **track** *n* OPT Wendelspur *f*; ~ **turbulence** *n* FLUID PHYS spiralige Turbulenz *f*; ~ **waveguide** *n* TELECOM Wendelhohlleiter *m*; ~ **wheel** *n* MECHAN ENG Schneckenrad *nt*, Schraubenrad *nt*; ~ **worm** *n* MECHAN ENG Spiralschnecke *f*

spiral[3] *vt* PROD ENG Schaftfräserumfang schleifen

spirally: ~**-wound tube** *n* PACK Spiralhülse *f*

spiran *n* CHEMISTRY Spiran *nt*, Spiranverbindung *f*, spirozyklische Verbindung *f*

spire *n* MECHAN ENG *turn* Windung *f*

spirit *n* FOOD TECH Spiritus *m*; ~ **lacquer** *n* CONST Spirituslack *m*; ~ **lamp** *n* LAB EQUIP Spirituslampe *f*; ~ **level** *n* CONST Nivellierwaage *f*, MECHAN ENG Wasserwaage *f*, METROL Nivellierwaage *f*, Richtwaage *f*, PROD ENG Richtwaage *f*

spirits *n pl* FOOD TECH Spirituosen *f pl*

spit *vi* METALL spratzen

spittings *n pl* METALL Auswurf *m*

splash:[1] ~**-proof** *adj* PROD ENG *plastic valves* spritzwasserdicht

splash:[2] ~ **guard** *n* MECHAN ENG Spritzschutz *m*, PROD ENG Spritzer *m*; ~ **lubrication** *n* AUTO, MECHAN ENG, RAIL Spritzschmierung *f*, Tauchschmierung *f*; ~**-proof vent cap** *n* AUTO spritzwassergeschützte Entlüftungskappe *f*

splashback *n* CONST Spritzwand *f*

splat: ~ **cooling** *n* CER & GLAS Spritzkühlung *f*

splay[1] *n* PROD ENG Abschrägung *f*, Neigung *f*

splay[2] *vt* CONST abschrägen

splayed[1] *adj* CONST *carpentry* abgeschrägt, verjüngt

splayed:[2] ~ **joint** *n* CONST Schrägverblattung *f*; ~ **mitre joint** *n* CONST abgeschrägte Gehrungsfuge *f*; ~ **scarf** *n* CONST schräges Blatt *nt*; ~ **window** *n* CONST Winkelfenster *nt*

splice[1] *n* CER & GLAS Verbindungsstelle *f*, OPT Spleißstelle *f*, TELECOM Spleiß *m*, TELEV Klebestelle *f*, Spleißung *f*, WATER TRANS *ropes* Spleiß *m*; ~ **bar** *n* RAIL Schienenlasche *f*; ~ **box** *n* ELECT Spleißkasten *m*, Spleißdose *f*; ~ **joint** *n* CONST Blattung *f*, Laschenverbindung *f*, RAIL Verspleißung *f*; ~ **loss** *n* TELECOM Spleißdämpfung *f*

splice[2] *vt* TELECOM spleißen, TEXT spleißen, verdoppeln, verstärken

spliced: ~ **cable** *n* TELECOM gespleißtes Kabel *nt*; ~ **rope** *n* WATER TRANS gespleißtes Tau *nt*

splicer *n* TELECOM Spleißer *m*

splicing *n* TEXT Spleißung *f*, Verstärkung *f*

spline[1] *n* MECHAN ENG *connecting shafts* Keilwellenverbindung *f*, *groove* Keilnut *f*, MECHANICS Keil *m*, Splint *m*, PROD ENG Keilprofil *nt*, Kerbverzahnung *f*; ~ **broach** *n* PROD ENG Keilprofilräumnadel *f*; ~ **gage** *n* *AmE*, ~ **gauge** *n* *BrE* METROL Keillehre *f*; ~ **milling machine** *n* PROD ENG Keilverzahnungsfräsmaschine *f*; ~ **profile** *n* MECHAN ENG Keilwellenprofil *nt*, Polygonprofil *nt*; ~ **shaft** *n* MECHAN ENG, PROD ENG Keilwelle *f*

spline[2] *vt* PROD ENG keilprofilfräsen, längsnuten

splined[1] *adj* MECHANICS gesichert, verkeilt, PROD ENG kerbverzahnt, mit Keilprofil

splined:[2] ~ **hub** *n* PROD ENG Keilnabe *f*; ~ **pin** *n* MECHAN ENG KS, Kerbnagel *m*, Kerbstift *m*, PROD ENG KS, Kerbstift *m*; ~ **shaft** *n* MECHAN ENG, PROD ENG Keilwelle *f*

splining *n* PROD ENG Keilverzahnung *f*; ~ **tool** *n* MECHAN ENG Keilnutfräser *m*

splint: ~ **pin** *n* PROD ENG Vorsteckkeil *nt*

splinter *n* CONST Span *m*, Splitter *m*

splintery: ~ **fracture** *n* COAL TECH splittriger Bruch *m*

split[1] *adj* CER & GLAS mehrteilig

split[2] *n* CER & GLAS Plättchen *nt*, CONST Spaltriß *m*, *rafter* Spaltfuge *f*; ~ **anode magnetron** *n* ELECTRON Schlitzanodenmagnetron *nt*; ~ **beam cathode-ray tube** *n* TELEV Schlitzstrahlkathodenstrahlröhre *f*; ~ **bearing** *n* MECHAN ENG geteiltes Lager *nt*; ~ **bushing** *n* PROD ENG Spreizbuchse *f*; ~ **collar** *n* MECHAN ENG geteilte Muffe *f*; ~ **cotter pin** *n* MECHAN ENG Splint *m*; ~ **die** *n* MECHAN ENG offenes Schneideisen *nt*; ~ **flap** *n* AIR TRANS *aircraft* unterteilte Klappe *f*; ~ **friction disc** *n* *BrE* RAIL geteilte Reibscheibe *f*; ~ **friction disk** *n* *AmE see split friction disc BrE* ~ **housing** *n* AUTO *rear axle assembly* geteiltes Gehäuse *nt*; ~ **image** *n* TELEV Bildvervielfachung *f*; ~ **image rangefinder** *n* PHOTO Schnittbildentfernungsmesser *m*; ~ **mold** *n* *AmE*, ~ **mould** *n* *BrE* CER & GLAS mehrteilige Form *f*, PLAS Backenwerkzeug *nt*, mehrteiliges Werkzeug *nt*; ~ **phase motor** *n* ELEC ENG Spaltphasenmotor *m*; ~ **pin** *n* MECHAN ENG Splint *m*; ~ **pin extracting tool** *n* MECHAN ENG Splintzieher *m*; ~ **pin hole** *n* MECHAN ENG Splintloch *nt*; ~ **pulley** *n* MECHAN ENG geteilte Riemenscheibe *f*; ~ **ranging** *n* IND PROCESS Bereichsaufspaltung *f*; ~ **rim** *n* MECHAN ENG geteilte Felge *f*; ~ **ring** *n* MECHAN ENG Spaltring *m*; ~ **rod** *n* TEXT Teilrute *f*; ~ **rollers** *n pl* CER & GLAS mehrteilige Walzen *f pl*; ~ **screen** *n* COMP & DP geteilter Bildschirm *m*; ~ **skirt piston** *n* AUTO Schlitzmantelkolben *m*; ~ **sleeper** *n* *BrE (cf split tie AmE)* RAIL gerissene Schwelle *f*; ~ **sleeve** *n* MECHAN ENG geteilte Muffe *f*; ~ **stator variable capacitor** *n* ELEC ENG Doppelstatordrehkondensator *m*; ~ **tie** *n* *AmE (cf split sleeper BrE)* RAIL gerissene Schwelle *f*; ~ **washer** *n* MECHAN ENG Federring *m*

split[3] *vt* CONST aufspalten, schlitzen, teilen, zerspalten, TEXT aufschlitzen, schlitzen, spalten; ~ **into** *vt* CONST aufteilen, unterteilen; ~ **into thin sheets** *vt* CONST verschiefern; ~ **with wedges** *vt* CONST spalten mit einem Keil, zerkeilen

split[4] *vi* CONST aufsplittern

splitter *n* COAL TECH Spalter *m*; ~ **box** *n* ELECT *cable accessory* Teilerdose *f*

splitting *n* CONST Aufspaltung *f*, Spaltung *f*, PROD ENG Trennschneiden *nt*; ~ **ax** *n* CONST Spaltaxt *f*; ~ **of the cylinder** *n* CER & GLAS Auftrennen des Zylinders in Längsrichtung *nt*; ~ **electrode** *n* TELEV Splittelektrode *f*; ~ **of multiplet** *n* PHYS Aufspaltung eines Multipletts *f*; ~ **up trains** *n* RAIL Zugauflösung *f*

spoil[1] *n* CONST Aushubboden *m*, überschüssiger Boden *m*, *civil engineering* überschüssiger Aushubboden *m*; ~ **area** *n* CONST Abraumkippe *f*, Seitenablagerung *f*; ~ **car** *n* *AmE (cf small tip wagon BrE)* RAIL Lore *f*; ~ **heap** *n* CONST Halde *f*

spoil[2] *vi* FOOD TECH schlecht werden, verderben

spoiler *n* AIR TRANS *aircraft* Spoiler *m*, Störklappe *f*, Unterbrecherklappe *f*, AUTO *body* Luftleitblech *nt*, Spoiler *m*
spoke *n* MECHAN ENG Speiche *f*; ~ **wheel** *n* AUTO Speichenrad *nt*, MECHAN ENG *lathe* Sternrad *nt*; ~ **wheel center** *n AmE*, ~ **wheel centre** *n BrE* AUTO Radstern *m*
spokeshave *n* CONST Lederhobel *m*, Ziehklinge *f*
spondee *n* ACOUSTICS Spondeus *m*
sponge: ~ **lead** *n* AUTO Bleischwamm *m*; ~ **rubber** *n* PLAS Schwammgummi *m*
spongin *n* CHEMISTRY Spongin *nt*
spontaneous: ~ **activity** *n* ACOUSTICS Spontanaktivität *f*; ~ **brake application** *n* RAIL spontane Bremsbetätigung *f*; ~ **breaking** *n* CER & GLAS Spontanbruch *m*; ~ **combustion** *n* SAFETY spontane Verbrennung *f*; ~ **decay** *n* RAD PHYS spontaner Zerfall *m*; ~ **emission** *n* ELECTRON selbständige Emission *f*, PHYS *laser* spontane Emission *f*, TELECOM Spontanemission *f*; ~ **emission of radiation** *n* RAD PHYS spontane Emission von Strahlung *f*, spontane Strahlungsemission *f*; ~ **excitation** *n* NUC TECH spontane Anregung *f*; ~ **fission** *n* PHYS, RAD PHYS spontane Spaltung *f*; ~ **fission probability** *n* RAD PHYS spontane Spaltungswahrscheinlichkeit *f*; ~ **ignition** *n* SPACE Selbstentzündung *f*; ~ **log** *n* FUELLESS autonome Aufzeichnung *f*; ~ **magnetization** *n* PHYS spontane Magnetisierung *f*, RAD PHYS Spontanmagnetisierung *f*; ~ **nucleation** *n* METALL spontane Kernbildung *f*; ~ **potential log** *n* PET TECH Eigenpotentiallog *nt*; ~ **transitions** *n pl* RAD PHYS spontane Übergänge *m pl*
spool[1] *n* ACOUSTICS, CER & GLAS Spule *f*, PROD ENG Haspel *f*, ringförmige Auskehlung *f*, RECORD Spule *f*, TELEV Bandspule *f*; ~ **of films** *n* PHOTO Filmrolle *f*
spool[2] *vt* TELEV spulen
SPOOL *abbr (simultaneous peripheral operations online)* COMP & DP Spool-Programm *nt (Ein- / Ausgabe parallel zu Rechenprogramm)*
spooler *n* COMP & DP Spooler *m*
spooling *n* COMP & DP Spool-Betrieb *m*, Spooling *nt*, PHOTO Spulvorgang *m*, TELEV Spulen *nt*; ~ **device** *n* COMP & DP Spool-Einheit *f*
spoon: ~ **auger** *n* CONST *civil engineering* Löffelbohrer *m*, Probelöffel *m*; ~ **bow** *n* WATER TRANS *shipbuilding* Löffelbug *m*; ~ **dredge** *n* WATER SUP Löffelbagger *m*; ~ **dredger** *n* WATER SUP Löffelbagger *m*; ~ **sampler** *n* COAL TECH Bohrschrappe *f*
sporadic: ~ **E** *n* RAD TECH *propagation* Ausbreitung über sporadische E-Schicht- Reflektionen *f*
sports: ~ **car** *n* AUTO *vehicle type* Sportwagen *m*; ~ **finder** *n* PHOTO Sportsucher *m*
spot:[1] **on the ~** *adv* CONST vor Ort
spot[2] *n* AIR TRANS Hubschrauber-Landeplatz *m*; ~ **beam** *n* SPACE *communications* Punktstrahl *m*; ~ **beam antenna** *n* SPACE Punktstrahlrichtantenne *f*; ~ **beam coverage** *n* TELECOM Punktstrahlbedeckung *f*; ~ **check** *n* COAL TECH Stichprobe *f*; ~ **drilling** *n* MECHAN ENG Anbohren *nt*; ~ **face cutter** *n* MECHAN ENG Senker *m*; ~ **facing** *n* MECHAN ENG Flachsenken *nt*, Plansenken *nt*; ~ **shape corrector** *n* TELEV Lichtpunktkorrektur *f*; ~ **speed** *n* TRANS lokal gemessene Geschwindigkeit *f*; ~ **train** *n* RAIL Streckenprüfzug *m*; ~ **welding** *n* CONST, ELECT Punktschweißen *nt*, MECHAN ENG Punktschweißung *f*
spot[3] *vt* PHOTO ausflecken; **~-face** *vt* MECHAN ENG ansenken
spotlight *n* AUTO Suchscheinwerfer *m*, ELECT Punktleuchte *f*, PHOTO Scheinwerfer *m*, Stativscheinwerfer *m*
spotter: ~ **plane** *n* MAR POLL Luftaufklärungsflugzeug *nt*
spotting *n* PHOTO Ausflecken *nt*, PROD ENG Aussenken *nt*; ~ **drill** *n* MECHAN ENG, PROD ENG Anbohrer *m*; ~ **plate** *n* LAB EQUIP Tüpfelplatte *f*
spout *n* CER & GLAS Auslaufrückstand *m*, *Owen's machine* Halsring *m*, *rolling process* Auslauf *m*, LAB EQUIP Ausguß *m*, Schnabel *m*, PROD ENG Gießrinne *f*, Schnauze *f*, WATER SUP *pump* Ausguß *m*; ~ **cover** *n AmE (cf cover tile BrE)* CER & GLAS Auslaufabdeckung *f*; ~ **hole** *n* WATER SUP *pump* Versprühen eines Wasserstrahls *nt*
spray[1] *n* CONST, PACK, PHOTO, PLAS Spritz- *pref*, PROD ENG Spritzgußteile mit Angußspritze *f pl*, WATER TRANS *sea* Gischt *f*, Spritzwasser *nt*; ~ **aperture** *n* MAR POLL Sprühöffnungen *f pl*; ~ **boom** *n* MAR POLL Sprühausleger *m*; ~ **booth** *n* COATINGS Lackierkabine *f*, Spritzkabine *f*; ~ **coater** *n* PAPER Sprühstreichmaschine *f*; ~ **cooler** *n* HEAT & REFRIG Berieselungskühler *m*; ~ **cooling** *n* HEAT & REFRIG Oberflächenberieselung *f*, Sprühkühlung *f*, PROD ENG Ölnebelkühlung *f*; ~ **drag** *n* AIR TRANS *take-off* Diffusionswiderstand *m*; ~ **gun** *n* COATINGS Spritzpistole *f*, MAR POLL Sprühkanone *f*; ~ **hood** *n* WATER TRANS Spritzkappe *f*, Spritzverdeck *nt*; ~ **mask** *n* COATINGS Spritzschutzmaske *f*; ~ **painting** *n* COATINGS Farbspritzen *nt*, Farbsprühen *nt*, Spritzlackieren *nt*, CONST Spritzauftrag *m*; ~ **path** *n* MAR POLL Sprühpfad *m*
spray[2] *vt* MAR POLL, PAPER besprühen
sprayer *n* PAPER Zerstäuber *m*; ~ **nozzle** *n* MECHAN ENG Spritzdüse *f*
spraying *n* MECHAN ENG Sprühen *nt*; ~ **paint** *n* PLAS Anstrichstoff zum Spritzen *m*, Spritzlack *m*; ~ **screen** *n* COAL TECH Brausesieb *nt*
spread[1] *n* CER & GLAS Breitenausdehnung *f*, SPACE Ausbreitung *f*, Verbreitung *f*; ~ **coating** *n* PLAS Streichverfahren *nt*; ~ **roll** *n* PAPER Auftragswalze *f*; ~ **spectrum modulation** *n* ELECTRON Streuspektrum-Modulation *f*, TELECOM Spreizmodulation *f*; ~ **spectrum modulator** *n* ELECTRON Streuspektrum-Modulator *m*; ~ **spectrum multiple access** *n (SSMA)* SPACE *communications* Breitbandmehrfachzugriff *m (SSMA)*; ~ **spectrum technique** *n* WATER TRANS *electronics* Bandspreizverfahren *nt*
spread[2] *vt* CONST auftragen, verteilen, WATER SUP versprühen
spread[3] *vi* CONST *paint* verlaufen, MAR POLL sich ausbreiten
spreader *n* MECHANICS Spreizkörper *m*, PROD ENG Aufstreichmaschine *f*, Verteilerstück *nt*, TRANS *loading, cranes* automatische Lasttraverse *f*, *road making* Spreader *m*; ~ **jet** *n* WATER SUP *branch-pipe* Sprühdüse *f*; ~ **roll** *n* METALL Auftragwalze *f*
spreading *n* MAR POLL Verbreitung *f*
spreadsheet *n* COMP & DP Rechenblatt *nt*, Spreadsheet *nt*, Tabelle *f*, Tabellenkalkulation *f*, elektronisches Arbeitsblatt *nt*
sprig *n* PROD ENG Kernnagel *m*; ~ **bolt** *n* CONST Hakenstift *m*
spring:[1] **~-loaded** *adj* MECHAN ENG gefedert
spring[2] *n* AUTO Feder *f*, CONST Brunnen *m*, Feder *f*, Quelle *f*, MECHAN ENG Feder *f*, MECHANICS Feder *f*, Federkraft *f*, PHYS Feder *f*; ~ **acid shock** *n* POLL

Frühlingssäureschock *m*; ~ **balance** *n* MECHAN ENG *weighing* Federwaage *f*, METROL Federdynamometer *nt*, Federwaage *f*, PHYS Federwaage *f*; ~ **band** *n* MECHAN ENG *leaf spring* Federbügel *m*; ~ **band clutch** *n* MECHAN ENG Federbandkupplung *f*; ~ **bolt** *n* CONST Federbolzen *m*; ~ **bolt lock** *n* CONST Schnäpperschloß *nt*; ~ **bow compass** *n* MECHAN ENG, PROD ENG Nullenzirkel *m*; ~ **bow divider** *n* MECHAN ENG Spitzenteilzirkel *m*; ~ **buckle** *n* MECHAN ENG Federbügel *m*; ~ **buffer** *n* RAIL Federpuffer *m*; ~ **cage press** *n* CER & GLAS Federkorbpresse *f*; ~ **characteristic** *n* MECHAN ENG Federcharakteristik *f*, Federkennlinie *f*; ~ **clip** *n* MECHAN ENG Federring *m*, Sprengring *m*; ~ **collet** *n* MECHAN ENG Spannbüchse *f*; ~ **collet chuck** *n* PROD ENG Zangenspannfutter *nt*; ~ **commutator** *n* ELECT Federkommutator *m*; ~ **constant** *n* MECHAN ENG Federkonstante *f*; ~ **cotter** *n* MECHAN ENG Federvorsteckstift *m*, PROD ENG *plastic valves* Schwerspannstift *m*; ~ **dividers** *n pl* MECHAN ENG Federteilzirkel *m pl*; ~ **force** *n* MECHAN ENG Federkraft *f*; ~ **governor** *n* MECHAN ENG Federkraftregler *m*; ~ **hanger pin** *n* CONST Federbolzen *m*; ~ **hook** *n* MECHAN ENG Federhaken *m*; ~ **jack** *n* ELEC ENG Federbuchse *f*; ~ **line** *n* WATER TRANS *mooring* Springleine *f*; ~**-loaded valve** *n* HYD EQUIP federbelastetes Ventil *nt*; ~ **lock** *n* CONST Fallschloß *nt*, Federschloß *nt*; ~ **lock washer** *n* MECHAN ENG Federringdichtung *f*; ~ **manometer** *n* PHYS Federmanometer *nt*; ~ **maximum of fallout** *n* POLL Frühlingsmaximum *nt*; ~**-mounted pressure plate** *n* PHOTO gefederte Andruckplatte *f*; ~ **neap cycle** *n* FUELLESS Springnipptide-Zyklus *m*; ~ **plate** *n* MECHAN ENG Federteller *m*; ~ **rate** *n* MECHAN ENG Federrate *f*; ~ **release device** *n* SPACE *spacecraft* Federlösemechanismus *m*; ~ **retainer** *n* AUTO Federhaltebügel *m*; ~ **return mechanism** *n* PROD ENG *plastic valves* Federrückstellung *f*; ~ **return switch** *n* ELECT Federrückstellschalter *m*; ~ **reverberation unit** *n* RECORD Nachhallspirale *f*; ~ **ring** *n* MECHAN ENG Sprengfeder *f*; ~ **seat** *n* AUTO Federauflage *f*, Federsitz *m*; ~ **shackle** *n* MECHAN ENG Federbügel *m*; ~ **steel** *n* METALL Federstahl *m*; ~ **stop** *n* MECHAN ENG federnder Anschlag *m*; ~ **subjected to bending** *n* MECHAN ENG Biegefeder *f*; ~ **subjected to torsion** *n* MECHAN ENG Torsionsfeder *f*, Verdrehungsfeder *f*; ~ **suspension** *n* MECHAN ENG Federung *f*; ~ **switch** *n* ELECT Federschalter *m*; ~**-tensioned pressure lever** *n* PHOTO federgespannter Spannhebel *m*; ~ **tide** *n* FUELLESS Springtide *f*, WATER TRANS Springflut *f*; ~ **tube manometer** *n* INSTR Rohrfedermanometer *nt*; ~ **unit** *n* PROD ENG *plastic valves* Federpaket *nt*; ~ **valve** *n* HYD EQUIP Federventil *nt*; ~ **washer** *n* MECHAN ENG Federscheibe *f*; ~ **washer set** *n* PROD ENG *plastic valves* Tellerfederpaket *nt*; ~ **water** *n* FOOD TECH, WATER SUP Quellwasser *nt*; ~ **zone** *n* CER & GLAS Verbindungszone zwischen Gewölbe und Widerlager *f*

spring[3] *vi* CONST reißen, zerbrechen; ~ **back** *vi* MECHAN ENG zurückfedern

springer *n* CONST *arch* Kämpfer *m*; ~ **stone** *n* CONST Kämpferstein *m*

springing *n* CONST Bogenanfang *m*; ~ **course** *n* CONST Kämpferschicht *f*; ~ **line** *n* CONST Kämpferlinie *f*

sprinkle *vt* WATER SUP besprengen

sprinkler *n* SAFETY, WATER SUP Sprinkler *m*; ~ **and water spray fire-extinguishing installation** *n* SAFETY Feuerlöschanlage mit Sprinkler und Wassersprühanlage *f*

sprinkling *n* WATER SUP Besprengen *nt*; ~ **filter** *n* WASTE Tropfkörper *m*

sprint: ~ **mission** *n* SPACE *spacecraft* Sprintmission *f*

sprite *n* COMP & DP Kobold *m*, Sprite *m*

sprocket *n* AUTO *motorcycle transmission* Antriebskettenrad *nt*, Kettenrad *nt*, Raupenrad *nt*, COMP & DP Stachelradwalze *f*, MECHAN ENG Kettenrad *nt*, *wheel* Zahn *m*, PROD ENG Kettenrad *nt*; ~ **chain** *n* MECHAN ENG Laschenkette *f*, MECHANICS Gelenkkette *f*; ~ **and chain timing** *n* AUTO Gelenkketteneinstellung *f*; ~ **drum** *n* MECHAN ENG Zahntrommel *f*; ~ **feed** *n* COMP & DP Stachelbandführung *f*; ~ **hob** *n* PROD ENG Kettenradwalzfräser *m*; ~ **hole** *n* COMP & DP Führungsloch *nt*, PHOTO Perforationsloch *nt*, Perforation *f*; ~ **hole control track system** *n* RECORD Spurhaltesystem *nt*; ~ **wheel** *n* COMP & DP Stachelradwalze *f*, MECHAN ENG Kettenkranz *m*, Kettennuß *f*, MECHANICS Kettenrad *nt*, Kettengetriebe *nt*

sprue[1] *n* MECHAN ENG *injection mould* Anguß *m*, Einguß *m*, METALL Gießtrichter *m*, PLAS *moulding* Anguß *m*, PROD ENG Gießtrichteransatz *m*; ~ **bush** *n* MECHAN ENG *injection mould* Angußbuchse *f*; ~ **cutter** *n* PROD ENG Eingußabschneider *m*, Truffel *f*; ~ **ejector pin** *n* MECHAN ENG *injection mould* Angußdruckstift *m*; ~ **gate** *n* PLAS Stangenanguß *m*; ~ **hole** *n* PROD ENG Einströmkanal *m*; ~ **opening** *n* PLAS *injection mould* Angußöffnung *f*; ~ **pin** *n* MECHAN ENG *diecasting* Eingußbolzen *m*; ~ **puller** *n* MECHAN ENG *injection mould* Angußzieher *m*

sprue[2] *vt* PROD ENG *casting* enttrichtern

spruing *n* PROD ENG Enttrichtern *nt*

sprung: ~ **gear** *n* AUTO gefedertes Rad *nt*; ~ **weight** *n* AUTO *body* gefedertes Gewicht *nt*

SPST: ~ **relay** *n (single-pole single-throw relay)* ELEC ENG einpoliges Einschaltrelais *nt*; ~ **switch** *n (single-pole single-throw switch)* CONTROL SPST-Schalter *m*, ELEC ENG, ELECT SPST- Schalter *m*

spud: ~ **mud** *n* PET TECH Schlagbohrschlamm *m*, Vorbohrschlamm *m*

spudding: ~ **bit** *n* PET TECH Blattbohrmeißel *m*; ~ **in** *n* PET TECH Einbringen der ersten Rohrtour *nt*

spun[1] *adj* PROD ENG gedrückt, im Schleudergußverfahren hergestellt; ~**-dyed** *adj* TEXT spinngefärbt

spun:[2] ~ **concrete** *n* CONST Schleuderbeton *m*; ~ **glass** *n* CER & GLAS Glaswolle *f*; ~ **part** *n* PROD ENG Drückteil *m*, Schleudergußteil *m*; ~ **pipe** *n* PROD ENG Schleudergußrohr *nt*; ~ **roving** *n* CER & GLAS Glasseidenzwirn *m*; ~ **yarn** *n* TEXT Spinnfasergarn *nt*

spunbonded: ~ **fabric** *n* TEXT Spinnvlies *nt*

spung *vt* PROD ENG spunden

spur *n* CONST Dorn *m*, Mauervorsprung *m*, Steigeisen *nt*, Strebe *f*, Stütze *f*, ELECT Abzweigung *f*, PROD ENG Sporn *m*, Strebe *f*; ~ **gear** *n* MECHAN ENG Geradstirnrad *nt*, Stirnrad *nt*, Stirnradgetriebe *nt*, Stirnrädergetriebe *nt*; ~ **gear cutting machine** *n* MECHAN ENG Stirnradverzahnungsmaschine *f*; ~ **line** *n* PET TECH Spurlinie *f*, Spurstrecke *f*; ~ **post** *n* CONST Radabweiser *m*; ~ **teeth** *n pl* MECHAN ENG Geradverzahnung *f*; ~ **tenon joint** *n* CONST Kurzzapfverbindung *f*; ~ **track** *n* CONST Nebengleis *nt*; ~ **wheel** *n* MECHAN ENG Geradstirnrad *nt*, Geradzahnrad *nt*, Stirnrad *nt*

spurious[1] *adj* RAD TECH unerwünscht

spurious:[2] ~ **emission level** *n* SPACE *communications* Störstrahlungspegel *m*

spurt *n* SPACE *communications* Spratzen *nt*

sputtering *n* ELEC ENG Sprühen *nt*, Zerstäubung *f*

spy: ~ **satellite** *n* SPACE Spionagesatellit *m*

spyhole *n* MECHAN ENG Guckloch *nt*
squalane *n* CHEMISTRY Squalan *nt*
squalene *n* CHEMISTRY Spinacen *nt*, Squalen *nt*
squall *n* WATER TRANS *type of wind* Bö *f*
square:[1] **out of ~** *adj* MECHAN ENG nicht rechtwinklig GEOM quadratisch, PROD ENG flachgängig; **~-edged** *adj* CONST *wood* besäumt; **~-headed** *adj* CONST *door opening* gerade, gestreckt; **~-law** *adj* PHYS quadratisch abhängig
square[2] *n* GEOM, MATH Quadrat *nt*, MECHAN ENG *drawing instrument* Winkel *m*, METALL Vierkantstahl *m*, METROL Anlegewinkel *m*, Quadrat *nt*, *building* Square *nt*; **~ back** *n* PRINT *bookbinding* gerader Rücken *m*; **~ bag with gussets** *n* PACK Beutel mit Seitenfalten *m*; **~ bellows camera** *n* PHOTO Kamera mit eckigen Balgen *f*; **~ bolt** *n* CONST Vierkantschraube *f*; **~ bracket** *n* MATH eckige Klammer *f*; **~ centimeter** *n AmE*, **~ centimetre** *n BrE* METROL Quadratzentimeter *m*; **~ cutting tool** *n* PROD ENG Vierkantendrehmeißel *m*; **~ decimeter** *n AmE*, **~ decimetre** *n BrE* METROL Quadratdezimeter *m*; **~ dimension** *n* ENG DRAW Quadratmaß *nt*; **~ edge preparation** *n* CONST *welding* Steilkantenvorbereitung *f*; **~ end** *n* PROD ENG gerade Stirn *f*, *plastic valves* Vierkant *m*; **~ file** *n* MECHAN ENG Vierkantfeile *f*; **~ foot** *n* METROL Quadratfuß *m*; **~ forming tool** *n* PROD ENG Vierkantformmeißel *m*; **~ guide** *n* PROD ENG Flachführung *f*; **~ head** *n* MECHAN ENG *of screw* Vierkantkopf *m*; **~ head bolt** *n* MECHAN ENG Vierkantschraube *f*; **~ inch** *n* METROL Quadratzoll *m*; **~ joint** *n* CONST rechtwinklige Verbindung *f*; **~ key** *n* MECHAN ENG Quadratkeil *m*, quadratischer Keil *m*; **~ law** *n* NUC TECH quadratisches Entfernungsgesetz *nt*; **~ law detector** *n* ELEC ENG quadratischer Gleichrichter *m*; **~ loop** *n* ELEC ENG viereckiger Dipolrahmen *m*; **~ loop ferrite** *n* ELEC ENG Ferrit mit rechteckiger Magnetisierungsschleife *nt*, Rechteckferrit *nt*; **~ measure** *n* METROL Quadratmaß *nt*; **~ measures** *n pl* METROL Flächenmaße *nt pl*; **~ meter** *n AmE*, **~ metre** *n BrE* METROL Quadratmeter *m*; **~ mile** *n* METROL Quadratmeile *f*; **~ neck bolt** *n* MECHAN ENG Schraube mit Vierkantansatz *f*; **~-nosed tool** *n* PROD ENG Flachmeißel *m*, Meißel mit gerader Schneidkante *m*; **~ nut** *n* MECHAN ENG Vierkantmutter *f*; **~ parallel keys** *n pl* MECHAN ENG Parallelvierkantkeile *nt pl*; **~ potential** *n* PHYS Rechteckpotential *nt*; **~ rabbet plane** *n* CONST rechtwinkliger Falzhobel *m*; **~ root** *n* MATH Quadratwurzel *f*; **~ root extracting device** *n* METROL Radiziereinrichtung *f*; **~ shank drill** *n* MECHAN ENG Bohrer mit Vierkantschaft *m*; **~ spanner** *n (cf square wrench)* MECHAN ENG Vierkantschlüssel *m*; **~ splice** *n* CONST rechteckige Verblattung *f*; **~ staff** *n* CONST Rechteckdeckleiste *f*; **~ thread** *n* MECHAN ENG *of screw* Flachgewinde *nt*; **~-threaded screw** *n* MECHAN ENG Schraube mit Flachgewinde *f*; **~ thread screw** *n* MECHAN ENG Schraube mit Flachgewinde *f*; **~ thread tool** *n* PROD ENG Flachgewindemeißel *m*; **~ timber** *n* CONST Kantholz *nt*; **~ tongs** *n pl* PROD ENG Kastenzange *f*; **~ transom stern** *n* WATER TRANS *shipbuilding* Plattgatt *nt*, Spiegelheck *nt*; **~ washer** *n* MECHAN ENG Vierkantscheibe *f*; **~ wave** *n* ELECTRON, PHYS, RECORD Rechteckwelle *f*; **~ waveform** *n* TELECOM Rechteckwelle *f*; **~ wave generation** *n* ELECTRON Rechteckwellengenerierung *f*; **~ wave generator** *n* ELECTRON Rechteckwellengeber *m*, RECORD Rechteckwellengenerator *m*, TELEV Rechteckgenerator *m*; **~ wave voltage** *n* TELEV Rechteckspannung *f*; **~ wrench** *n (cf square spanner BrE)* MECHAN ENG Vierkantschlüssel *m*; **~ yard** *n* METROL Quadratyard *nt*
square[3] *vt* CONST *stones* behauen, *wood* rechtwinklig schneiden, MATH hoch zwei nehmen, quadrieren
squaring[1] *adj* CONST, PROD ENG Besäum- *pref*
squaring[2] *n* CONST Besäumen *nt*, Rechtwinkligschneiden *nt*; **~ the circle** *n* GEOM Quadratur des Kreises *f*; **~ circuit** *n* TELEV Quadrierschaltung *f*
squat *n* WATER TRANS Fahrttrimm *f*
squawkbox *n* RECORD Quakbox *f*
squealing *n* ACOUSTICS Pfeifton *m*
squeegee[1] *n* CER & GLAS *enamelling* Abstreifer *m*, - *optical glass* Gummiwalze *f*, PHOTO Gummiquetschwalze *f*, Quetschwalze *f*, Rollenquetscher *m*, PRINT Rakel *f*, Schaber *m*, PROD ENG Gummiwalze *f*, Wischer *m*, TEXT Rakel *f*
squeegee[2] *vt* PHOTO abquetschen
squeeze[1] *n* PAPER ausdrücken; **~ head** *n* METALL Preßplatte *f*; **~ roll** *n* PAPER Abquetschwalze *f*; **~ roll coater** *n* PAPER Streichmaschine mit Abquetschwalze *f*; **~ track** *n* RECORD Tonspur *f*
squeeze[2] *vt* PROD ENG anstauchen
squeezer *n* PROD ENG Preßformmaschine *f*, TEXT Quetschwerk *nt*, Quetsche *f*
squeezing *n* PAPER Quetschen *nt*
squelch *n* RAD TECH Rauschsperre *f*, TELECOM Geräuschsperre *f*, Rauschsperre *f*; **~ circuit** *n* TELECOM Rauschsperre *f*
SQUID *n (superconductive quantum interference device)* PHYS SQID *(supraleitfähiger Quanteninterferenzmechanismus)*
squirrel: **~ cage** *n* ELEC ENG Kurzschlußkäfig *m*, Käfig *m*, ELECT Käfig *m*; **~ cage motor** *n* ELEC ENG Kurzschlußläufermotor *m*, Käfigläufermotor *m*, ELECT Käfigläufermotor *m*; **~ cage rotor** *n* ELEC ENG Kurzschlußläufer *m*, Kurzschlußanker *m*, Käfiganker *m*, Käfigläufer *m*; **~ cage winding** *n* ELEC ENG Käfigwicklung *f*
squirt[1] *n* PAPER Spritzer *m*; **~ hose** *n* WATER SUP Spritzschlauch *m*; **~ oiler** *n* PROD ENG Ölkännchen *nt*
squirt[2] *vt* PROD ENG herausspritzen
Sr *(strontium)* CHEMISTRY Sr *(Strontium)*
SRAM *abbr (static RAM)* COMP & DP SRAM *(statischer RAM)*
SRD *abbr (superradiant diode)* OPT superstrahlende Diode *f*, TELECOM SLD *(superlumineszierende Diode)*
SRF: **~ carbon black** *n* PLAS SRF- Ruß *m*
SRI *abbr (Sound Reduction Index)* ACOUSTICS Dämmzahl *f*, Dämmungswert *m*, COMP & DP, TELECOM Übertragungsdämpfung *f*
SS *abbr (supersonic)* ELECT US *(ultrasonisch)*
SSA *abbr (Swiss Standards Association)* ELECT SNV *(Schweizerische Normenvereinigung)*
SSB *abbr (single sideband)* ELECTRON, RAD TECH, TELECOM, TELEV, WATER TRANS SSB *(Einseitenband)*
SSC *abbr (superconducting super collider)* PART PHYS SSC *(supraleitfähiges Supracollider)*
S-shaped: **~ hook** *n* MECHAN ENG S- förmiger Haken *m*; **~ spanner** *n BrE (cf S- shaped wrench)* MECHAN ENG gebogener Schraubenschlüssel *m*; **~ wrench** *n (cf S-shaped spanner BrE)* MECHAN ENG gebogener Schraubenschlüssel *m*
SSI *abbr (single scale integration, small-scale integration)*, COMP & DP, ELECTRON SSI-Schaltung *f (Kleinstintegration)*

SSM *abbr (second surface mirror)* SPACE SSM *(Zweitflächenspiegel)*
SSMA *abbr (spread spectrum multiple access)* SPACE *communications* SSMA *(Breitbandmehrfachzugriff)*
SSOG *abbr (satellite system operation guide)* SPACE *communications* SSOG *(Satellitensystem-Betriebsanleitung)*
SST *abbr (supersonic transport)* AIR TRANS SST *(Überschalltransport)*
SSTV *abbr (slow scan television)* RAD TECH SSTV *(Schmalbandfernsehen mit langsamer Abtastung)*, TELEV SSTV *(Schmalbandfernsehen)*
SSUS *abbr (solid spinning upper stage)* SPACE SSUS *(rotierende obere Feststufe)*
stab: ~ **stitching** *n* PRINT Seitlichheftung *f*, seitliche Heftung *f*
stabbing *n* PET TECH Einfahren *nt*; ~ **board** *n* PET TECH Verrohrungsbühne *f*
stabide *n* CHEMISTRY Antimonid *nt*
stability *n* AIR TRANS Stabilität *f*, COAL TECH Stabilität *f*, Standfestigkeit *f*, COMP & DP, RAD TECH Stabilität *f*, TELECOM *mechanics* Festigkeit *f*, Konstanz *f*, Stabilität *f*, WATER TRANS Stabilität *f*; ~ **analysis** *n* FLUID PHYS Stabilitätsuntersuchung *f*; ~ **calculation** *n* MECHAN ENG Festigkeitsberechnung *f*; ~ **curtain** *n* WATER TRANS Stabilisierungsgardine *f*; ~ **curve** *n* WATER TRANS *ship design* Stabilitätskurve *f*; ~ **diagram** *n* FLUID PHYS Stabilitätsdiagramm *nt*; ~ **skirt** *n* WATER TRANS Stabilisierungsschürze *f*
stabilization *n* COAL TECH, ELECT, PLAS, SPACE *communications*, WATER TRANS *ship design* Stabilisierung *f*; ~ **device** *n* WATER TRANS Stabilisierungsvorrichtung *f*; ~ **pond** *n* WASTE Abwasserbecken *m*, Schlammfaulbecken *nt*; ~ **rail** *n* RAIL Stabilisierungsschiene *f*; ~ **of rotation** *n* SPACE *spacecraft* Rotationsstabilisierung *f*; ~ **technique** *n* WASTE Verfestigungsverfahren *nt*
stabilized[1] *adj* CONTROL geregelt
stabilized:[2] ~ **latex** *n* PLAS *rubber* stabilisierter Latex *m*; ~ **material** *n* CONST verfestigtes Material *nt*
stabilizer *n* AIR TRANS *aircraft* Stabilisator *m*, Stabilisierungsflügel *m*, Stabilisierungsfläche *f*, AUTO, CER & GLAS, COAL TECH Stabilisator *m*, ELECT Stabilisierungseinrichtung *f*, PET TECH Distanzblech *nt*, Stabilisator *m*, PHOTO, PLAS, WATER TRANS Stabilisator *m*; ~ **bar** *n* AUTO *suspension* Drehstab *m*, Stabilisator *m*; ~ **tower** *n* PET TECH Stabilisierkolonne *f*, Stabilisierturm *m*
stabilizing: ~ **fin** *n* WATER TRANS Stabilisierungsflosse *f*; ~ **wheel** *n* TRANS Stützrad *f*; ~ **winding** *n* ELECT Stabilisierungswicklung *f*
stabilotron *n* PHYS Stabilotron *nt*
stable:[1] ~ **to light** *adj* PACK lichtbeständig, lichtfest
stable:[2] ~ **equilibrium** *n* PHYS stabiles Gleichgewicht *nt*; ~ **flow** *n* TRANS *traffic* konstanter Verkehrsfluß *m*; ~ **isotope** *n* PHYS stabiles Isotop *nt*; ~ **state** *n* COMP & DP Grundzustand *m*, Ruhezustand *m*
stable[3] *vt* RAIL unterbringen
stabling *n* RAIL Abstellen *nt*
stachydrine *n* CHEMISTRY Stachydrin *nt*
stachyose *n* CHEMISTRY Stachyose *f*
stack[1] *n* CER & GLAS *of discs* Stapel *m*, *of flat glass* Stapel *m*, COMP & DP Stapelspeicher *m*, *computer architecture* Stapel *m*, CONST Industrieschornstein *m*, Kamin *m*, Schacht *m*, Schornstein *m*, Stapel *m*, Stoß *m*, senkrechte Rohrleitung *f*, MECHAN ENG Stapel *m*, PROD ENG Schacht *m*; ~ **address** *n* COMP & DP Stapeladresse *f*; ~ **architecture** *n* COMP & DP Pufferarchitektur *f*; ~ **base** *n* COMP & DP Kellerbasis *f*; ~ **gas** *n* NUC TECH Gichtgas *nt*; ~ **job processing** *n* COMP & DP Stapeljobverarbeitung *f*; ~ **overflow** *n* COMP & DP Stapelspeicherüberlauf *m*; ~ **of paper** *n* PAPER Papierstapel *m*; ~ **pipe** *n* CONST Regenfallrohr *nt*; ~ **plume** *n* CER & GLAS Stapelsäule *f*
stack[2] *vt* COMP & DP stapeln, CONST aufschichten, stapeln, PACK stapeln; ~ **up** *vt* PACK aufstapeln, hochstapeln, PAPER stapeln
stackable[1] *adj* PACK stapelbar
stackable:[2] ~ **container** *n* TRANS Stapelcontainer *m*
stacked: ~ **dryer section** *n* PAPER Etagentrockenpartie *f*; ~ **heads** *n pl* TELEV gestockte Köpfe *m pl*; ~ **presses** *n pl* PAPER übereinander angeordnete Pressen *f pl*; ~ **sheets** *n pl* PROD ENG Blechpaket *nt*
stacker *n* CER & GLAS Stapler *m*; ~ **arm** *n* CER & GLAS Staplerarm *m*; ~ **truck** *n* PROD ENG Hubstapler *m*
stacking *n* CER & GLAS *warehouse, lehr*, COMP & DP, PAPER Stapeln *nt*, RAD TECH *Yagi antennas* Stocken *nt*; ~ **box** *n* PACK Stapelkasten *m*; ~ **conveyor** *n* PACK Stapelförderer *m*; ~ **fold** *n* ENG DRAW Stapelfalte *f*; ~ **height** *n* PACK Stapelhöhe *f*; ~ **pallet** *n* PACK, TRANS Stapelpalette *f*
stadia *n* CONST Vermessungsstange *f*; ~ **surveying** *n* CONST tachometrische Vermessung *f*
stadiometer *n* CONST *surveying* Stadiometer *nt*
staff *n* CONST *surveying*, PROD ENG Meßlatte *f*; ~ **calling installation** *n* SAFETY Personenrufanlage *f*; ~ **gage** *n AmE*, ~ **gauge** *n BrE* CONST Pegellatte *f*; ~ **holder** *n* CONST Meßlattenträger *m*
stage *n* CONST Arbeitsbühne *f*, Gerüstboden *m*, Plattform *f*, *of construction* Bauabschnitt *m*, CONTROL Stufe *f*, LAB EQUIP *microscope* Schritt *m*, PAPER Stufe *f*; ~ **coupling** *n* ELEC ENG Stufenkopplung *f*; ~ **of decomposition** *n* WASTE Abbaustufe *f*; ~ **efficiency** *n* ELECTRON Stufenausbeute *f*; ~ **separation retro-rocket** *n* SPACE Stufentrenn- Retrorakete *f*
stagger: ~**-tuned amplifier** *n* ELECTRON gestaffelt abgestimmter Verstärker *m*
staggered[1] *adj* MECHAN ENG *offset* versetzt
staggered:[2] ~ **heads** *n pl* RECORD, TELEV versetzte Köpfe *m pl*; ~ **packing** *n* CER & GLAS Zickzackpackung *f*
staggering *n* TELEV Versatz *m*
staging *n* COMP & DP Abstufen *nt*, Zwischenspeichern *nt*, CONST Arbeitsbrücke *f*, Gerüstbau *m*; ~ **library** *n* COMP & DP Zwischenspeicherbibliothek *f*
stagnant: ~ **space** *n* NUC TECH toter Raum *m*; ~ **water** *n* WATER SUP stagnierendes Gewässer *nt*
stagnation: ~ **point** *n* AIR TRANS *aerodynamics*, FLUID PHYS Staupunkt *m*, PHYS Totlage *f*; ~ **pressure** *n* FLUID PHYS Staudruck *m*
stain[1] *n* PAPER Farbstoff *m*, PROD ENG Beize *f*, Rost *m*
stain[2] *vt* PAPER grundieren, PLAS *defect* verfärben
stained[1] *adj* CER & GLAS Bunt- *pref*
stained:[2] ~ **glass window** *n* CER & GLAS Buntglasfenster *nt*
staining *n* CER & GLAS *atmospheric attack on glass* Fleckenbildung *f*, *decorating glass* Farbbeizen *nt*; ~ **class** *n* CER & GLAS *optical glass* Fleckempfindlichkeitsklasse *f*
stainless[1] *adj* COATINGS, METALL rostfrei, PAPER fleckenfrei, PHOTO rostfrei
stainless:[2] ~ **steel** *n* AUTO Edelstahl *m*, rostfreier Stahl *m*, COATINGS Nirosta *m*, nicht rostender Stahl *m*,

METALL, PAPER rostfreier Stahl *m*; ~ **steel beaker** *n* LAB EQUIP Edelstahlbecher *m*; ~ **steel tube** *n* MECHAN ENG Rohr aus nichtrostendem Stahl *nt*

staircase *n* TELEV Graukeil *m*; ~ **signal** *n* TELEV Graukeilsignal *nt*

stairs *n pl* CONST *buildings* Treppe *f*

stake *n* CONST Pfahl *m*, *surveying* Absteckpfahl *m*, PROD ENG Amboß *m*, Pflock *m*

staking *n* CONST *surveying* Abstecken *nt*

stalagmometer *n* PHYS Tropfenzähler *m*

staling *n* FOOD TECH Altbackenwerden *nt*

stall[1] *n* AIR TRANS *aircraft* Durchsacken *nt*, Überziehen *nt*, *compressor, turbine engine* Abdrosselung *f*, Abwürgen *nt*, Blockieren *nt*, AUTO Absterben *nt*, Abwürgen *nt*, FUELLESS Anhalten *nt*; ~ **spin characteristics** *n pl* AIR TRANS Abkipptrudelverhalten *nt*; ~ **warning device** *n* AIR TRANS Durchsackwarngerät *nt*; ~ **working** *n* COAL TECH Örterbau *m*

stall[2] *vt* AUTO *engine* abwürgen

stall[3] *vi* FUELLESS festfahren, steckenbleiben

stalling *n* MECHAN ENG *engine* Stehenbleiben *nt*

stamina *n* PROD ENG Ausdauer *f*, Widerstandskraft *f*

stamp *n* PROD ENG Gesenkschmiedehammer *m*, Patrize *f*, QUAL Stempel *m*; ~ **authorization** *n* QUAL Stempelberechtigung *f*; ~ **control** *n* QUAL Stempelüberwachung *f*; ~ **etching paste** *n* CER & GLAS Stempelätzpaste *f*; ~ **holder** *n* QUAL Stempelberechtigter *m*; ~ **mill** *n* COAL TECH Brechwerk *nt*; ~ **pad ink** *n* ENG DRAW Stempelfarbe *f*

stamped: ~ **bucket** *n* CONST geeichter Eimer *m*; ~ **steel** *n* METALL gestanzter Stahl *m*

stamper *n* ACOUSTICS Sohn *m*, Sohnplatte *f*, MECHAN ENG Preßstempel *m*

stamping *n* ELEC ENG Kernblech *nt*, Lamellenblech *nt*, Preßteil *nt*, gestanztes Blech *nt*, MECHAN ENG Stanzteil *nt*, PRINT Einprägen *nt*, PROD ENG Gesenkschmiedeteil *nt*, Stanzen *nt*; ~ **plant** *n* PROD ENG Gesenkschmiedeanteil *nt*; ~ **press** *n* PRINT Prägemaschine *f*, Prägepresse *f*, PROD ENG Gesenkpresse *f*, Stanze *f*; ~ **tool** *n* MECHAN ENG Stanzwerkzeug *nt*

stanchion *n* CONST Pfosten *m*, Stahlstütze *f*, RAIL Runge *f*, WATER TRANS Deckstütze *f*; ~ **deck fitting** *n* WATER TRANS Relingsstützenfuß *m*

stand:[1] ~-**alone** *adj* COMP & DP autonom, eigenständig, selbständig, selbständig

stand[2] *n* AUTO *motorcycle* Stütze *f*, Ständer *m*, LAB EQUIP Stativ *nt*, PROD ENG Bock *m*; ~-**alone device** *n* CONTROL Einzelgerät *nt*, freistehendes Gerät *nt*; ~-**alone exchange** *n* TELECOM abgesetzte Vermittlung *f*; ~-**alone system** *n* CONTROL unabhängiges System *nt*, SPACE *communications* autonomes System *nt*; ~-**by** *n* COMP & DP Bereitschaft *f*, Reserve *f*, CONTROL *operation* Bereitschaftsbetrieb *m*, Standbybetrieb *m*, MAR POLL Bereitschaft *f*, Bereitschaftsdienst *m*, Reserve *f*, TELECOM Reserve *f*; ~-**by battery power supply** *n* CONTROL Batterienotstromversorgung *f*, USV, batteriegestützte Reservestromversorgung *f*, unterbrechungsfreie Stromversorgung *f*; ~-**by boat** *n* PET TECH Ersatzboot *nt*; ~-**by boiler** *n* HEAT & REFRIG Reservekessel *m*; ~-**by compass** *n* AIR TRANS Hilfskompaß *m*, Notkompaß *m*; ~-**by cooling system** *n* NUC TECH Reservekühleinrichtung *f*; ~-**by equipment** *n* COMP & DP Reserveausrüstung *f*; ~-**by mode** *n* CONTROL Bereitschaftsbetrieb *m*, Ruhezustandsbetrieb *m*, Standbymodus *m*, SPACE *spacecraft* Standbymodus *m*; ~-**by processor** *n* TELECOM Reserveprozessor *m*; ~-**by set** *n* ELEC ENG Bereitschaftsaggregat *nt*, Notaggregat *nt*; ~-**by supply** *n* ELECT Hilfsstromversorgung *f*; ~-**by system** *n* TELECOM Reservesystem *nt*, System mit Ersatzschaltung *nt*; ~-**by time** *n* COMP & DP Bereitschaftszeit *f*; ~-**by unit** *n* ELEC ENG Bereitschaftsgerät *nt*, Notgerät *nt*; ~-**by working** *n* TELECOM Bereitschaftsbetrieb *m*, Betrieb mit Ersatzschaltung *m*; ~ **of tide** *n* WATER TRANS Stauwasser *nt*, Stillstand der Gezeiten *m*

stand:[3] ~ **for** *vt* WATER TRANS *navigation* Kurs haben auf

stand:[4] ~ **inshore** *vi* WATER TRANS *navigation* auf die Küste zusteuern, die Küste anlaufen; ~ **to the north** *vi* WATER TRANS *navigation* nordwärts anliegen

standard[1] *adj* COMP & DP standardmäßig, CONTROL Standard- *pref*, PHYS normal, PROD ENG *plastic valves* serienmäßig

standard[2] *n* COMP & DP Norm *f*, Standard *m*, CONST Gerüstpfosten *m*, CONTROL Norm *f*, Standard *m*, MECHAN ENG *rolling mill* Walzenständer *m*, *standardization* Norm *f*, *support* Ständer *m*, METALL Norm *f*, METROL Eichmaß *nt*, PHYS Bezugssystem *nt*, Eichmaß *nt*, Etalon *nt*, Urmuster *nt*, PROD ENG Maßverkörperung *f*, Ständer *m*, QUAL Normal *nt*, TELECOM Eichmaß *nt*, Norm *f*, Normal *nt*, TELEV Norm *f*; ~ **altimeter setting** *n* AIR TRANS Standardhöhenmessereinstellung *f*; ~ **assembly** *n* CONTROL Standardbaugruppe *f*; ~ **capacitor** *n* ELEC ENG Normalkondensator *m*; ~ **cell** *n* ELEC ENG Normalelement *nt*, Normalzelle *f*, Normalbatterie *f*, ELECT Normalelement *nt*, PHYS Normalelement *nt*, Standardelement *nt*; ~ **compass** *n* WATER TRANS Regelkompaß *m*; ~ **container** *n* TRANS Regelcontainer *m*; ~ **deviation** *n* COMP & DP Standardabweichung *f*, ELECTRON Variabilitätsindex *m*, mittlere Abweichung *f*, ERGON, MATH *statistics* Standardabweichung *f*, METALL mittlere Abweichung *f*, PHYS, QUAL Standardabweichung *f*; ~ **diameter** *n* MECHAN ENG Standarddurchmesser *m*; ~ **document** *n* COMP & DP Standarddokument *m*; ~ **error** *n* QUAL Standardfehler *m*; ~ **form** *n* MATH *algebra* Normalform *f*; ~ **frequency** *n (SF)* ACOUSTICS Eichfrequenz *f*, Vergleichsfrequenz *f*; ~ **frequency compensation characteristics** *n pl* ACOUSTICS Normalfrequenz-Vergleichscharakteristik *f*; ~ **function** *n* COMP & DP Standardfunktion *f*; ~ **gage** *n AmE see standard gauge BrE* ~ **gage railroad** *n AmE (cf standard gauge railway BrE)* RAIL Normalspurbahn *f*, Regelspurbahn *f*, Vollbahn *f*; ~ **gauge** *n BrE* CONST *railway* Normalspur *f*, MECHAN ENG Normallehre *f*, Normalmaß *nt*, RAIL Normalspur *f*, Regelspur *f*, Vollspur *f*; ~ **gauge railway** *n BrE (cf standard gage railroad AmE)* RAIL Normalspurbahn *f*, Regelspurbahn *f*, Vollbahn *f*; ~ **height** *n* PRINT Normalhöhe *f*; ~ **inks** *n pl* PRINT Normalfarben *f pl*; ~ **interface** *n* COMP & DP Standardschnittstelle *f*, TELECOM genormte Schnittstelle *f*; ~ **lens** *n* PHOTO Normalobjektiv *nt*; ~ **lettering** *n* ENG DRAW Normschrift *f*; ~ **light source** *n* ELEC ENG Normallichtquelle *f*, Standardlichtquelle *f*; ~ **measure** *n* METROL Standardmaßeinheit *f*; ~ **measuring range** *n* INSTR Normalmeßbereich *m*; ~ **measuring signal** *n* TELEV Standardmeßsignal *nt*; ~ **meter** *n AmE*, ~ **metre** *n BrE* PHYS Urmeter *m*; ~ **microphone** *n* ACOUSTICS Eichmikrofon *nt*, Meßmikrofon *nt*, RECORD Normalmikrofon *nt*; ~ **milling** *n* MECHAN ENG Gegenlauffräsen *nt*; ~ **model** *n* PART PHYS Standardmodell *nt*; ~ **multigaging element** *n AmE*, ~ **multigauging ele-**

ment *n BrE* METROL Standardmehrfachmeßelement *nt*; **~ nozzle** *n* INSTR Normdüse *f*; **~ nut** *n* MECHAN ENG Standardmutter *f*; **~ ohm** *n* ELECT Standard Ohm *nt*; **~ orifice** *n* HYD EQUIP Normblende *f*, Standardblende *f*; **~ overall length** *n* PROD ENG *plastic valves* Normalbaulänge *f*; **~ part** *n* MECHAN ENG Normteil *nt*; **~ pattern** *n* TELEV Standardmuster *nt*; **~ pitch** *n* AIR TRANS *propeller* Bezugssteigung *f*, RECORD Kammerton *m*; **~ play tape** *n* RECORD Bezugsband *nt*; **~ population** *n* QUAL Bezugsgesamtheit *f*; **~ pressure** *n* HEAT & REFRIG Normaldruck *m*; **~ protocol** *n* CONTROL Standardprotokoll *nt*; **~ of quality** *n* METROL Qualitätsnorm *f*; **~ range** *n* INSTR Normalmeßbereich *m*, Normalbereich *m*; **~ ratings** *n pl* HEAT & REFRIG genormte Bemessungswerte *m pl*; **~ reference intensity** *n* RECORD Leitintensität *f*; **~ signal** *n* IND PROCESS Einheitsignal *nt*; **~ silver** *n* METALL Probesilber *nt*; **~ size specimen** *n* QUAL Normalprobe *f*; **~ sound** *n* ACOUSTICS Standardschall *m*; **~ source** *n* OPT Normallichtquelle *f*, Strahlungsnormal *nt*; **~ specification** *n* MECHAN ENG Normvorschrift *f*; **~ tape** *n* TELEV Standardband *nt*; **~ taper** *n* MECHAN ENG Normkegel *m*; **~ temperature** *n* HEAT & REFRIG Bezugstemperatur *f*, Normtemperatur *f*, Normaltemperatur *f*, PHYS Normaltemperatur *f*; **~ time** *n* WATER TRANS *navigation* Normalzeit *f*, Zonenzeit *f*; **~ tone generator** *n* RECORD Kammertongenerator *m*; **~ tuning frequency** *n* ACOUSTICS Vergleichsabstimmfrequenz *f*; **~ value** *n* QUAL Richtwert *m*; **~ volume indicator** *n* RECORD Standardlautstärkeanzeige *f*; **~ weight** *n* METROL Normgewicht *nt*; **~ wire gage** *n AmE*, **~ wire gauge** *n BrE (SWG)* MECHAN ENG Drahtlehre *f*

Standard: **~ Generalized Markup Language** *n (SGML)* COMP & DP, PRINT Standardkorrekturzeichensatz *m (SGML)*

standardization *n* COMP & DP, MECHAN ENG, PHYS, TELECOM Normung *f*, Standardisierung *f*, TELEV Normierung *f*

standardized: **~ impact sound** *n* ACOUSTICS standardisierter Trittschall *m*; **~ level difference** *n* ACOUSTICS standardisierte Pegeldifferenz *f*; **~ threshold hearing** *n* ACOUSTICS standardisierte Hörschwelle *f*

standards: **~ conversion** *n* TELEV Normenwandlung *f*, Normumformung *f*; **~ converter** *n* TELEV Bildnormkonverter *m*; **~ selector** *n* TELEV Normwahlschalter *m*

standing: **~ block** *n* WATER TRANS *fittings* fester Block *m*; **~ matter** *n* PRINT Stehsatz *m*; **~ rigging** *n* WATER TRANS *ropes* stehendes Gut *nt*, stehendes Tauwerk *nt*; **~ step ladder** *n* SAFETY Stehleiter *f*; **~ timber** *n* CONST Stammholz *nt*; **~ type** *n* PRINT Stehsatz *m*; **~ wave** *n* ACOUSTICS, ELEC ENG, PHYS, RECORD, TELECOM, WAVE PHYS Stehwelle *f*, stationäre Welle *f*, stehende Welle *f*; **~-wave ratio** *n (SWR)* PHYS, RAD TECH, TELECOM Stehwellenverhältnis *nt*, *(SWV)* Welligkeitsfaktor *m*

standpipe *n* PET TECH Standrohr *nt*, SPACE *spacecraft* Entlüftungsrohr *nt*, Standrohr *nt*; **~ adaptor** *n* PROD ENG *plastic valves* Standrohrstopfen *m*; **~ adaptor seal** *n* PROD ENG *plastic valves* Stopfendichtung *f*; **~ plug** *n* PROD ENG *plastic valves* Standrohrstopfen *m*

standstill *n* MECHAN ENG Stillstand *m*

Stanford: **~ Linear Accelerator Center** *n* PART PHYS Zentrum für Linearbeschleunigung in Stanford *nt*; **~ Linear Collider** *n (SLC)* PART PHYS Stanford Linear Collider *m (SLC)*

stannic[1] *adj* CHEMISTRY Zinn- *pref*

stannic:[2] **~ oxide** *n* CHEMISTRY Zinndioxid *nt*, Zinnoxid *nt*, Zinnsäureanhydrid *nt*

Stanton: **~ number** *n* NUC TECH Stantonzahl *f*

staple *n* CONST Haspe *f*, Klammer *f*, Krampe *f*, FOOD TECH Haupterzeugnis *nt*, Rohstoff *m*, PACK Drahtheftklammer *f*, Heftklammer *f*, PAPER Stärke *f*, PROD ENG Klammer *f*, Rohstoff *m*; **~ fiber** *n AmE*, **~ fibre** *n BrE* CER & GLAS, TEXT Stapelfaser *f*; **~ food** *n* FOOD TECH Grundnahrungsmittel *nt*; **~ length** *n* TEXT Faserlänge *f*, Stapellänge *f*; **~ tissue** *n* CER & GLAS Stapelfasergewebe *nt*

stapled: **~ yarn** *n* TEXT Stapelgarn *nt*

stapling: **~ equipment** *n* PACK Heftapparat *m*; **~ machine** *n* PACK Drahtheftmaschine *f*; **~ pliers** *n pl* PACK Ziehzange zur Entfernung von Heftklammern *f*; **~ wire** *n* PACK Heftdraht *m*

star *n* PROD ENG Putzstern *m*, SPACE Stern *m*; **~ bit** *n* PET TECH Kreuzbohrmeißel *m*, Sternbohrmeißel *m*, PROD ENG Kreuzbohrmeißel *m*; **~ chart** *n* WATER TRANS *navigation* Sternkarte *f*; **~ configuration** *n* TELECOM Sternkonfiguration *f*; **~-connected armature** *n* ELECT *generator, motor* sterngeschalteter Anker *m*; **~ connection** *n* COMP & DP, ELEC ENG, ELECT, PHYS Sternschaltung *f*; **~ coupler** *n* OPT, TELECOM Sternkoppler *m*; **~ crack** *n* CER & GLAS Sternriß *m*; **~ delta** *n* ELEC ENG, ELECT, PHYS Sterndreieck *nt*; **~ delta connection** *n* ELEC ENG Sterndreieckschaltung *f*; **~ delta starter** *n* ELEC ENG Sterndreieckanlasser *m*, Sterndreieckschalter *m*, ELECT Sterndreieckanlasser *m*; **~ delta starting switch** *n* ELECT Sterndreieckanlasserschalter *m*; **~ delta switch** *n* ELEC ENG Sterndreieckschalter *m*; **~ delta transformation** *n* PHYS Sterndreiecktransformation *m*; **~ distribution** *n* TELECOM Sternverteilung *f*; **~ fracture** *n* CER & GLAS Sternbruch *m*; **~ gear** *n* MECHAN ENG Sternrad *nt*; **~ handle** *n* MECHAN ENG Griffkreuz *nt*, Kreuzgriff *m*; **~ network** *n* COMP & DP Sternnetz *nt*, Sternnetzwerk *nt*, SPACE *communications* Sternschaltung *f*, TELECOM Sternnetz *nt*; **~ program** *n* COMP & DP fehlerloses Programm *nt*; **~ quad** *n* ELEC ENG Sternvierer *m*; **~ quad cable** *n* ELEC ENG, PHYS Sternviererkabel *nt*; **~ sensor** *n* SPACE Sternfühler *m*; **~ shake** *n* CONST *wood* Sternriß *m*; **~-star connection** *n* ELECT Stern-Stern-Schaltung *f*; **~ structure** *n* TELECOM Sternstruktur *f*; **~-to-delta conversion** *n* ELECT Sterndreieckumformung *f*; **~-to-delta transformation** *n* ELECT Sterndreiecktransformierung *f*; **~ topology** *n* COMP & DP Sterntopologie *f*; **~ tracker** *n* SPACE Sternverfolger *m*; **~ transit detector** *n* SPACE Sterndurchgangsdetektor *m*; **~ turret** *n* MECHAN ENG *machine tool* Sternrevolver *m*; **~ voltage** *n* ELECT Sternspannung *f*; **~ wheel** *n* AUTO Sternrad *nt*, MECHAN ENG Sternrad *nt*, *handle* Sterngriff *m*

starboard[1] *adv* SPACE steuerbord

starboard[2] *n* WATER TRANS Steuerbord *nt*

starch *n* FOOD TECH, PAPER, TEXT Stärke *f*

starchy *adj* FOOD TECH stärkehaltig

Stark: **~ effect** *n* PHYS Stark- Effekt *m*

starred: **~ roll** *n* PAPER Sternwalze *f*

start[1] *n* COMP & DP Anlassen *nt*, Anreizen *nt*, Beginn *m*, Start *m*, PROD ENG Gang *m*; **~ bit** *n* COMP & DP Anfangsbit *nt*, Startbit *nt*; **~ element** *n* COMP & DP Startbit *nt*; **~ of header** *n (SOH)* COMP & DP Kennsatzanfang *m*, Kopfanfangszeichen *nt*; **~ mark** *n* TELEV Startsignal *nt*; **~ of message** *n (SOM)* COMP & DP Anfang der

Nachricht *m (SOM)*; ~ **routine** *n* CONTROL Startprogramm *nt*; **~-stop operation** *n* CONTROL Start-Stopp Betrieb *m*; ~ **of text** *n (STX)* COMP & DP Textanfang *m (STX)*; ~ **time** *n* COMP & DP Anlaufzeit *f*, Startzeit *f*; **~-up** *n* CONTROL Start *m*, MECHAN ENG Anfahren *nt*, Anlaufen *nt*, PAPER Anlaufzeit *f*; **~-up accident** *n* NUC TECH Startunfall *m*; **~-up burner** *n* CER & GLAS Anfahrbrenner *m*; **~-up circuit** *n* TELECOM Anlaßschaltung *f*; **~-up flap** *n* HEAT & REFRIG Anheizklappe *f*; **~-up procedure** *n* MECHAN ENG Anfahrvorgang *m*; **~-up zero power test** *n* NUC TECH Anfangstest ohne Last *m*

start[2] *vt* COMP & DP anfangen, starten, CONTROL anfahren, starten, MECHAN ENG *engine, vehicle* anlassen, *machine* anfahren, anlaufen lassen; ~ **up** *vt* CONTROL *engine* starten, MECHAN ENG *machine* anfahren, anlassen, anlaufen lassen

start[3] *vi* COMP & DP anfahren, anfangen, starten; ~ **a cut** *vi* CER & GLAS anschleifen; ~ **up** *vi* CONTROL anfahren, anlaufen, starten

starter *n* AUTO Anlasser *m*, Anlaßmotor *m*, Starter *m*, CONTROL Anlasser *m*, ELEC ENG Anlasser *m*, Anlaßschalter *m*, Zündelektrode *f*, ELECT Anlasser *m*, Anlasserschalter *m*, ELECT *BrE (cf line starter AmE)* Netzanlasser *m*, FOOD TECH Säurewecker *m*, SPACE Starter *m*; ~ **bar** *n* CONST Anschlußbewehrungsstab *m*; ~ **battery** *n* AUTO Starterbatterie *f*, ELEC ENG, ELECT Anlasserbatterie *f*; ~ **brush** *n* AUTO Anlasserkohlebürste *f*; ~ **button** *n* AUTO *engine* Anlasserknopf *m*, Starterknopf *m*; ~ **cable** *n* AUTO Anlasserkabel *nt*; ~ **collector ring** *n* AUTO Anlasserschleifring *m*; ~ **commutator** *n* AUTO Anlasserkollektor *m*; ~ **control** *n* AUTO Anlasserstarterzug *m*; ~ **drive assembly** *n* AUTO Anlasserantriebseinheit *f*; ~ **electrode** *n* ELEC ENG Anlasserelektrode *f*, Zündelektrode *f*; ~ **field coil** *n* AUTO Anlasserfeldspule *f*; ~ **field winding** *n* AUTO Anlasserfeldwicklung *f*; ~ **jet** *n* AUTO Anlasserdüse *f*; ~ **motor** *n* AUTO *engine*, ELEC ENG Anlassermotor *m*, MECHAN ENG Anlasser *m*; ~ **motor pinion** *n* AUTO *engine* Anlasserritzel *nt*, Starterritzel *nt*; ~ **pole shoe** *n* AUTO Anlasserpolschuh *m*; ~ **ring gear** *n* AUTO *engine* Anlasserzahnkranz *m*; ~ **slip ring** *n* AUTO *engine* Anlasserschleifring *m*

starting *n* CER & GLAS Anfahren *nt*, ELECT Anlaß- *pref*, MECHAN ENG Anlaß- *pref*, *engine* Starten *nt*, *machine* Anfahren *nt*, Anlauf *m*; ~ **capacitor** *n* ELECT Anlaßkondensator *m*; ~ **changeover switch** *n* ELECT Anlaßumschalter *m*; ~ **crank** *n* AUTO *engine* Anlasserkurbel *f*; ~ **current** *n* HEAT & REFRIG Anlaufstrom *m*, Einschaltstrom *m*; ~ **device** *n* ELECT Anlaßeinrichtung *f*; ~ **friction** *n* MECHAN ENG Anlaufreibung *f*; ~ **gear** *n* MECHAN ENG Anlasserritzel *nt*; ~ **handle** *n* MECHAN ENG Anlaßhebel *m*, *manual* Andrehkurbel *f*; ~ **hum** *n* TELEV Startbrummen *nt*; ~ **jet** *n* AUTO Anlaßkraftstoffdüse *f*; ~ **lever** *n* MECHAN ENG Anlaßhebel *m*; ~ **motor** *n* ELECT Anlaßmotor *m*, MECHAN ENG Anlasser *m*; ~ **rheostat** *n* ELEC ENG Regelanlasser *m*, ELECT Anlasserrheostat *m*, Anlaß- widerstand *m*; ~ **size** *n* ENG DRAW *drawing* Ausgangsformat *nt*; ~ **torque** *n* HEAT & REFRIG Anlaufdrehmoment *nt*, Anlaufmoment *nt*, MECHAN ENG Anlaßdrehmoment *nt*, PROD ENG Anlaufdrehmoment *nt*, *plastic valves* Anlaufdrehmoment *nt*; ~ **transformer** *n* ELEC ENG Anfahrtransformator *m*

starved: ~ **gold** *n* CER & GLAS dünne transparente Goldschicht *f*

state:[1] **~-of-the-art** *adj* CONTROL auf neuestem technischen Stand

state[2] *n* COMP & DP Status *m*, Zustand *m*, CONTROL, PAT Stand *m*; ~ **of aggregation** *n* MECHAN ENG Aggregatzustand *m*; ~ **of the art** *n* CONTROL, PAT neuester technischer Stand *m*; Stand der Technik *m*; ~ **change** *n* CONTROL Zustandswechsel *m*; ~ **diagram** *n* COMP & DP Statusdiagramm *nt*; ~ **equation** *n* THERMODYN Zustandsgleichung *f*; ~ **of equilibrium** *n* THERMODYN Gleichgewichtszustand *m*; **~-of-the-art technique** *n* CONST neuester Stand der Technik *m*; ~ **quantity** *n* THERMODYN Zustandsgröße *f*; ~ **of rest** *n* PHYS Ruhezustand *m*; ~ **road** *n* TRANS Landesstraße *f*; ~ **of technology** *n* CONTROL Stand der Technik *m*, Technologiestand *m*, neuester Stand der Technik *m*; ~ **transition** *n* CONTROL Zustandsübergang *m*; ~ **transition diagram** *n* TELECOM Zustandsübergangsdiagramm *nt*

statement *n* COMP & DP *in program* Anweisung *f*; ~ **label** *n* COMP & DP Anweisungskennsatz *m*; ~ **number** *n* COMP & DP Anweisungsnummer *f*

stateroom *n* WATER TRANS Kabine *f*

static[1] *adj* COMP & DP fest, statisch, ELEC ENG statisch

static[2] *n* COMP & DP Rauschen *nt*, ELEC ENG Statik *f*, luftelektrische Störung *f*, PHYS Statik *f*, RECORD statische Störung *f*; ~ **air cushion** *n* WATER TRANS Festluftkissen *nt*; ~ **air layer** *n* POLL ruhende Luftschicht *f*; ~ **allocation** *n* COMP & DP statische Zuordnung *f*; ~ **balance** *n* MECHAN ENG statisches Gleichgewicht *nt*; ~ **balancer** *n* ELEC ENG Mittelpunktstransformator *m*, Spannungsteiler *m*; ~ **balancing** *n* MECHAN ENG statisches Auswuchten *nt*; ~ **characteristic** *n* ELEC ENG statische Kennlinie *f*; ~ **charge** *n* ELEC ENG statische Aufladung *f*; ~ **conditions** *n pl* ELEC ENG statische Bedingungen *f pl*; ~ **converter** *n* ELEC ENG Stromrichter *m*, Stromrichteranlage *f*, Stromrichtergruppe *f*, ELECT Wechselrichter *m*, statischer Umformer *m*; ~ **current** *n* TELEV Ruhestrom *m*; ~ **discharge head** *n* WATER SUP statische Förderhöhe *f*; ~ **dump** *n* COMP & DP statischer Speicherauszug *m*; ~ **electrical machine** *n* ELEC ENG Elektrisiermaschine *f*; ~ **electric field** *n* ELEC ENG statisches Elektrizitätsfeld *nt*; ~ **electricity** *n* CONST, TEXT Reibungselektrizität *f*, statische Elektrizität *f*; ~ **eliminator** *n* TEXT Antistatikgerät *nt*; ~ **error** *n* TELEV elektrostatischer Fehler *m*; ~ **field** *n* ELEC ENG, TELECOM statisches Feld *nt*; ~ **on film** *n* PHOTO Verblitzen des Films *nt*; ~ **focus** *n* TELEV Ruhefokussierung *f*; ~ **friction** *n* ERGON Haftreibung *f*, MECHAN ENG Haftreibung *f*, Reibung der Ruhe *f*, statische Reibung *f*, PHYS Standreibung *f*, statische Reibung *f*; ~ **head** *n* HYD EQUIP Druckhöhe *f*, Förderhöhe *f*, statische Höhe *f*, WATER SUP statischer Auftrieb *m*; ~ **hovering** *n* WATER TRANS *hovercraft* statisches Schweben *nt*; ~ **input** *n* COMP & DP statischer Eintrag *m*; ~ **inverter** *n* ELEC ENG statischer Wechselrichter *m*, ELECT statischer Umformer *m*, SPACE *spacecraft* statischer Konverter *m*; ~ **leaching test** *n* WASTE statischer Elutionstest *m*; ~ **lift** *n* WATER SUP statischer Auftrieb *m*; ~ **memory** *n* COMP & DP, ELEC ENG statischer Speicher *m*; ~ **meter** *n* ELECT Elektrostatikladungsmeßgerät *nt*; ~ **operation** *n* ELEC ENG Statikbetrieb *m*; ~ **picture transmission** *n* TELECOM Standbildübertragung *f*; ~ **pressure** *n* ACOUSTICS, HEAT & REFRIG statischer Druck *m*; ~ **RAM** *n (SRAM)* COMP & DP statischer RAM *m (SRAM)*; ~ **relay** *n* ELECT Halbleiterrelais *nt*, TELECOM statisches Relais *nt*; ~ **screen** *n* ELECT elektrostatische Abschirmung *f*; ~ **stability** *n* AIR TRANS *airworthiness* statische Stabilität *f*; ~ **storage** *n* COMP & DP statischer Speicher *m*; ~ **strain** *n* MECHAN ENG statische Beanspruchung *f*; ~ **subroutine** *n* COMP & DP statisches Unterprogramm *nt*; ~ **test** *n* TEST statische Prüfung *f*; ~ **thrust** *n* AIR TRANS Standschub *m*, statischer Schub *m*; ~ **transformer** *n* ELEC ENG Statiktransformator *m*

statical: ~ **moment** *n* MECHAN ENG statisches Moment *nt*

station *n* COMP & DP Anlage *f*, Endstelle *f*, ELEC ENG *power station* E-Werk *nt*, Station *f*, RAIL *BrE (cf railroad depot AmE)* Bahnhof *m*, Station *f*, SPACE Funkstation *f*, WATER TRANS *ship* Station *f*; ~ **area** *n* RAIL Bahnhofsanlage *f*; ~ **coverage** *n* TELEV Sendebereich *m*; ~ **identification** *n* TELEV Pausenzeichen *nt*; ~ **sync generator** *n* TELEV Synchrongenerator *m*; ~ **time** *n* TELEV Senderzeit *f*; ~ **timing** *n* TELEV Senderzeitsteuerung *f*; ~ **wagon** *n* AUTO *AmE* Kombiwagen *m*, RAIL Stückgutkurswagen *m*

stationary: ~ **aerial waves** *n pl* WAVE PHYS stationäre Wellen in der Luft *f pl*; ~ **armature** *n* ELEC ENG ruhender Anker *m*, ELECT *generator, motor* stillstehender Anker *m*; ~ **blade** *n* HYD EQUIP Leitblatt *nt*; ~ **charger** *n* TRANS stationäres Aufladegerät *nt*; ~ **emission source** *n* POLL ortsfeste Emissionsquelle *f*; ~ **field** *n* ELEC ENG stationäres Feld *nt*; ~ **fire-fighting installation** *n* SAFETY feste Feuerlöschanlage *f*; ~ **light waves** *n pl* WAVE PHYS stationäre Lichtwellen *f pl*; ~ **longitudinal waves** *n pl* WAVE PHYS stationäre Longitudinalwellen *f pl*; ~ **orbit** *n* SPACE stationäre Umlaufbahn *f*; ~ **phase** *n* TELECOM stationäre Phase *f*; ~ **point** *n* SPACE stationärer Punkt *m*; ~ **state** *n* PHYS, RAD PHYS, THERMODYN stationärer Zustand *m*; ~ **traffic** *n* TRANS ruhender Verkehr *m*, stillstehender Verkehr *m*; ~ **transversal waves** *n pl* WAVE PHYS stationäre Transversalwellen *f pl*; ~ **vane** *n* HYD EQUIP Leitschaufel *f*; ~ **wave** *n* ACOUSTICS, ELEC ENG, PHYS, RECORD, TELECOM, WAVE PHYS Stehwelle *f*, stationäre Welle *f*, stehende Welle *f*; ~ **wave pattern** *n* WAVE PHYS stationäres Wellenmuster *nt*

statistical: ~ **analysis** *n* COMP & DP statistische Analyse *f*; ~ **check** *n* METROL statistische Prüfung *f*; ~ **data** *n pl* COMP & DP Statistikdaten *nt pl*, statistische Daten *nt pl*; ~ **distribution** *n* QUAL statistische Verteilung *f*; ~ **multiplexer** *n (statmux)* COMP & DP, TELECOM statistischer Multiplexer *m*; ~ **physics** *n* PHYS statistische Physik *f*; ~ **quality control** *n* QUAL statistische Qualitätslenkung *f*; ~ **quality inspection** *n* QUAL statistische Qualitätsprüfung *f*; ~ **test** *n* TEST Signifikanztest *m*, statistische Prüfung *f*; ~ **weight** *n (g)* PHYS statistisches Gewicht *nt (g)*

statistics *n* COMP & DP, MATH Statistik *f*

statmux *abbr (statistical multiplexer)* COMP & DP, TELECOM statistischer Multiplexer *m*

stator *n* AUTO Leitrad *nt*, Stator *m*, Ständer *m*, ELEC ENG Stator *m*, Ständer *m*, ELECT *electrical machine* Stator *m*, PHYS Stator *m*, feststehendes Teil *nt*; ~ **coil** *n* ELEC ENG Statorspule *f*; ~ **frame** *n* ELEC ENG Statorgehäuse *nt*; ~ **lamination** *n* ELEC ENG Ständerblech *nt*; ~ **plate** *n* ELEC ENG Ständerplatte *f*; ~ **rotor starter motor** *n* ELECT Stator-Rotor- Anlassermotor *m*; ~ **vane** *n* AIR TRANS *compressor* Leitschaufel *f*, Richtungsschaufel *f*; ~ **winding** *n* ELEC ENG Ständerwicklung *f*

status *n* COMP & DP, CONTROL Status *m*, Zustand *m*; ~ **bit** *n* COMP & DP Statusbit *nt*, Zustandsbit *nt*; ~ **character** *n* COMP & DP Statuszeichen *nt*; ~ **data** *n pl* TELECOM Zustandsdaten *nt pl*; ~ **lamp** *n* TELECOM Zustandsanzeigelampe *f*; ~ **register** *n* COMP & DP Statusregister *nt*; ~ **report** *n* QUAL Tätigkeits- und Fehlerbericht *m*; ~ **word** *n* COMP & DP Statuswort *nt*

statutory: ~ **regulation** *n* SAFETY gesetzliche Vorschrift *f*

stave *n* PROD ENG Daube *f*

stay[1] *n* CONST Bolzen *m*, Spannseil *nt*, Strebe *f*, Stütze *f*, Zuganker *m*, Zugseil *nt*, PROD ENG Anker *m*, Setzstock *m*, WATER TRANS *ropes* Stag *nt*; ~ **bolt** *n* CONST Spange *f*, Stehbolzen *m*, MECHAN ENG, RAIL Stehbolzen *m*; ~ **bolt tap** *n* PROD ENG Stehbolzengewindebohrer *m*; ~ **pole** *n* ELECT Stützstange *f*; ~ **rod** *n* CONST Ankerstab *m*; ~ **wire** *n* CONST Abspanndraht *m*

stay[2] *vt* CONST stützen, verankern

stays: **be in** ~ *vi* WATER TRANS *sailing* im Wenden begriffen sein

STD *abbr BrE (subscriber trunk-dialling)* TELECOM Fernwahl *f*, SWFD *(Selbstwählferndienst)*

steady:[1] ~-**state** *adj* PHYS dauernd

steady[2] *n* MECHAN ENG Setzstock *m*; ~ **approach** *n* AIR TRANS Gleichgewichtsanflug *m*, gleichmäßiger Anflug *m*; ~ **bearing** *n* PROD ENG Bohrstangenführungslager *nt*, WATER TRANS *navigation* gleichbleibende Peilung *f*, stehende Peilung *f*; ~ **current** *n* PHYS Dauerstrom *m*; ~ **flight** *n* AIR TRANS stationärer Flug *m*; ~ **flow** *n* AIR TRANS *aerodynamics*, FLUID PHYS stationäre Strömung *f*, PHYS Dauerfluß *m*, ständiger Fluß *m*; ~ **noise** *n* ACOUSTICS gleichmäßiges Rauschen *nt*; ~ **state** *n* COMP & DP Dauerbetrieb *m*, eingeschwungener Zustand *m*, ELEC ENG Beharrungszustand *m*, Dauerbetrieb *m*, ELECT Ruhezustand *m*, PHYS Dauerzustand *m*, Gleichgewichtszustand *m*, TELECOM *oscillation* eingeschwungener Zustand *m*, stationärer Zustand *m*; ~ **state condition** *n* ELEC ENG Bedingung für gleichbleibenden Zustand *f*, Beharrungszustand *m*, Dauerzustand *m*, Dauerbetriebsbedingung *f*, stationärer Zustand *m*, OPT Gleichgewichtsbedingung *f*, PHYS Dauerzustand *m*, TELECOM Stationaritätsbedingung *f*, stationäre Modenleistungsverteilung *f*, stationäre Modenverteilung *f*, stationärer Zustand *m*; ~ **state creep** *n* METALL stationäres Kriechen *nt*; ~ **state deviation from the desired value** *n* IND PROCESS bleibende Regeldifferenz *f*; ~ **state launching condition** *n* TELECOM Einkoppungsbedingung bei stationärer Modenverteilung *f*; ~ **state value** *n* ELECT Ruhewert *m*

steadying *n* MECHAN ENG Stabilisierung *f*

steadyrest *n* MECHAN ENG *lathe* Setzstock *m*; ~ **rest** *n* PROD ENG Lünette *f*; ~ **follower** *n* MECHAN ENG Stehsetzstock *m*

steam[1] *n* CHEM ENG Dampf *m*, Wasserdampf *m*, CHEMISTRY Dampf *m*, FUELLESS, HEAT & REFRIG, HYD EQUIP Dampf *m*, Wasserdampf *m*, NUC TECH Dampf *m*, PAPER, PHYS, TEXT Dampf *m*, Wasserdampf *m*; ~ **accumulator** *n* HYD EQUIP Dampfsammler *m*, Dampfspeicher *m*, PAPER Dampfspeicher *m*; ~ **admission port** *n* HYD EQUIP Dampfeintrittskanal *m*; ~ **balance** *n* HYD EQUIP Dampfausgleich *m*, Dampfstabilität *f*; ~ **blowing** *n* CER & GLAS Dampfblasen *nt*; ~ **boiler** *n* HEAT & REFRIG Dampfkessel *m*, HYD EQUIP Dampfboiler *m*, Dampfkessel *m*, INSTR, MECHAN ENG, THERMODYN Dampfkessel *m*; ~ **boiler plant** *n* MECHAN ENG Dampfkesselanlage *f*; ~ **box** *n* HYD EQUIP Dampfkasten *m*; ~ **brake** *n* HYD EQUIP Dampfbremse *f*; ~ **bronze** *n* PROD

ENG Rotguß *m*; ~ **calender** *n* TEXT Dämpfkalander *m*; ~ **car** *n* AUTO Dampfwagen *m*; ~ **case** *n* HYD EQUIP Dampfbehälter *m*, Dampfkasten *m*; ~ **chamber** *n* HYD EQUIP Dampfkammer *f*; ~ **chest** *n* HYD EQUIP Dampfbüchse *f*, Dampfkasten *m*, Schieberkasten *m*; ~ **cock** *n* HYD EQUIP Dampfhahn *m*; ~ **coil** *n* HEAT & REFRIG Dampfheizschlange *f*, Dampfschlange *f*; ~ **consumption meter** *n* INSTR Dampfverbrauchszähler *m*; ~ **cracking** *n* PET TECH Steamkracken *nt*; ~ **cylinder** *n* HYD EQUIP Dampfzylinder *m*; ~ **distillation** *n* CHEM ENG Dampfdestillation *f*, Wasserdampfdestillation *f*; ~ **dome** *n* HYD EQUIP Dampfdom *m*; ~ **drier** *n*; ~ **dryer** *n* HYD EQUIP Dampftrockner *m*; ~ **dumping system** *n* NUC TECH Dampfabgabesystem *nt*; ~ **edge** *n* HYD EQUIP Dampfkante *f*; ~ **ejector** *n* HYD EQUIP Dampfstrahlpumpe *f*; ~ **electric generating set** *n* ELEC ENG Dampfkraftgenerator *m*; ~ **electric power plant** *n* ELEC ENG Dampfkraftwerk *nt*; ~ **electric power station** *n* ELEC ENG Dampfkraftwerk *nt*; ~ **engine** *n* AUTO, HYD EQUIP, MECHAN ENG, PHYS, THERMODYN Dampfmaschine *f*; ~ **engineering** *n* MECHAN ENG Dampftechnik *f*; ~ **engine indicator** *n* HYD EQUIP Dampfmaschinenindikator *m*, Dampfmaschinenanzeigegerät *nt*, Dampfmaschinenanzeiger *m*; ~ **extraction** *n* FOOD TECH Dampfextraktion *f*; ~ **flowmeter** *n* PAPER Dampfdurchflußmesser *m*; ~ **gage** *n* *AmE*, ~ **gauge** *n* *BrE* HYD EQUIP Dampfmeßgerät *nt*, PHYS Dampfdruckmanometer *nt*; ~ **generation** *n* WATER TRANS *engine* Dampferzeugung *f*; ~ **generator** *n* HEAT & REFRIG Dampferzeuger *m*, Dampfgenerator *m*, NUC TECH Dampfgenerator *m*; ~ **governor** *n* HYD EQUIP Dampfregler *m*, Dampfregulator *m*; ~ **hammer** *n* MECHAN ENG Dampfhammer *m*; ~ **header** *n* PAPER Dampfverteiler *m*; ~ **heating** *n* HEAT & REFRIG Dampfheizung *f*, Dampfheizungsanlage *f*; ~ **hose** *n* HYD EQUIP Dampfschlauch *m*; ~ **inlet** *n* HYD EQUIP, MECHAN ENG Dampfeinlaß *m*, Dampfeintritt *m*; ~ **jacket** *n* HEAT & REFRIG Dampfmantel *m*, HYD EQUIP Dampfmantel *m*, Zylinderheizraum *m*; ~ **jet** *n* HYD EQUIP Dampfdüse *f*, MECHAN ENG, POLL Dampfstrahl *m*; ~ **jet burner** *n* HEAT & REFRIG Dampfstrahlbrenner *m*; ~ **jet cleaning** *n* MAR POLL Dampfstrahlen *nt*; ~ **jet pump** *n* MECHAN ENG Dampfstrahlpumpe *f*; ~ **joint** *n* PAPER Dampfverbindung *f*; ~**-laden emissions** *n pl* POLL Dampfemissionen *f pl*; ~ **lap** *n* HYD EQUIP Dampfüberdeckung *f*, Dampfüberlappung *f*; ~ **loop** *n* HYD EQUIP Dampfkreis *m*; ~ **nozzle** *n* HYD EQUIP Dampfstutzen *m*, MECHAN ENG Dampfdüse *f*; ~ **outlet** *n* HYD EQUIP, MECHAN ENG Dampfauslaß *m*, Dampfaustritt *m*; ~ **packing** *n* HYD EQUIP Dampfdichtung *f*, Dampfpackung *f*; ~ **pipe** *n* HYD EQUIP, MECHAN ENG Dampfrohr *nt*; ~ **pipeline** *n* HYD EQUIP Dampfpipeline *f*, Dampfrohrleitung *f*; ~ **piston** *n* HYD EQUIP Dampfkolben *m*; ~ **point** *n* MECHAN ENG Dampfpunkt *m*; ~ **port** *n* HYD EQUIP Dampfauslaßöffnung *f*, Dampfeinlaßöffnung *f*, Dampfkanal *m*; ~ **ports** *n pl* MECHAN ENG Dampföffnungen *f pl*; ~ **power** *n* HYD EQUIP Dampfkraft *f*; ~ **pressure** *n* HEAT & REFRIG Dampfspannung *f*, MECHAN ENG, THERMODYN Dampfdruck *m*; ~ **raising** *n* HYD EQUIP Dampfaufmachen *nt*, Dampferzeugung *f*, WATER TRANS *engine* Dampferzeugung *f*; ~ **relief valve** *n* HYD EQUIP Dampfabblaseventil *nt*, Dampfentlastungsventil *nt*; ~ **separator** *n* HYD EQUIP Dampfabscheider *m*, Dampfseparator *m*, MECHAN ENG Dampfabscheider *m*; ~ **space** *n* HYD EQUIP Dampfraum *m*; ~ **stop valve** *n* HYD EQUIP Dampfabsperrventil *nt*; ~ **stripping** *n* WASTE Ausstrippen mit Dampf *nt*; ~ **superheater** *n* HEAT & REFRIG Dampfüberhitzer *m*; ~ **supply pipe** *n* HYD EQUIP Dampfzufuhrrohr *nt*; ~ **tension** *n* MECHAN ENG Dampfspannung *f*; ~ **throttle** *n* MECHAN ENG Dampfeinlaßventil *nt*; ~ **trap** *n* HEAT & REFRIG Kondenstopf *m*, Kondenswasserabscheider *m*, HYD EQUIP Dampftopf *m*, Kondensattopf *m*, PAPER Kondenstopf *m*, PET TECH Kondensatabscheider *m*; ~ **turbine** *n* HYD EQUIP, MECHAN ENG, THERMODYN, WATER TRANS Dampfturbine *f*; ~ **valve** *n* HYD EQUIP, MECHAN ENG Dampfventil *nt*; ~ **way** *n* HYD EQUIP Dampfweg *m*

steam[2] *vt* FOOD TECH dünsten, dämpfen, TEXT dekatieren, dämpfen, mit Dampf behandeln; ~**-set** *vt* TEXT dampffixieren

steamboat *n* WATER TRANS *type of ship* Dampfer *m*

steambus *n* AUTO Dampfomnibus *m*

steamer *n* WATER TRANS Dampfschiff *nt*, Dampfer *m*

steaming *n* PAPER, TEXT Dampfbehandlung *f*

steamship *n* WATER TRANS Dampfschiff *nt*

steamtight *adj* HEAT & REFRIG, HYD EQUIP, MECHAN ENG dampfdicht

stearin *n* CHEMISTRY, FOOD TECH Stearin *nt*

stearyl *adj* CHEMISTRY Stearyl- *pref*

Steckel: ~ **mill** *n* PROD ENG Steckelwalzwerk *nt*

steel[1] *adj* METALL Stahl- *pref*

steel[2] *n* MECHAN ENG, METALL Stahl *m*; ~ **alloy** *n* COAL TECH Legierungsmetall *nt*; ~ **band chain** *n* CONST *surveying* Stahlbandkette *f*; ~ **band conveyor** *n* MECHAN ENG Stahlbandförderer *m*; ~ **band strapping** *n* PACK Stahlbandumreifung *f*; ~ **beam** *n* CONST Stahlträger *m*; ~ **casting** *n* METALL Stahlguß *m*, WATER TRANS *shipbuilding* Stahlgußstück *nt*; ~ **chimney** *n* CONST Blechschornstein *m*; ~ **construction** *n* CONST Stahlbau *m*, Stahlkonstruktion *f*; ~ **cord conveyor belt** *n* MECHAN ENG Stahlseilfördergurt *m*; ~ **core** *n* PROD ENG *plastic valves* Stahlkern *m*; ~ **fixing** *n* CONST Bewehrungsarbeiten *f pl*; ~ **forging** *n* METALL Stahlschmieden *nt*; ~ **forms** *n pl* CONST Stahlschalung *f*; ~ **foundry** *n* METALL Stahlgießerei *f*; ~ **ingot** *n* METALL Stahlblock *m*, PROD ENG Stahlrohrblock *m*; ~ **locker** *n* LAB EQUIP *furniture* Stahlschrank *m*; ~ **measuring tape** *n* METROL Stahlmaßband *nt*; ~ **pile** *n* COAL TECH, CONST Stahlpfahl *m*; ~ **piling** *n* CONST Spundwand *f*; ~ **platform** *n* PET TECH Stahlplattform *f*; ~ **rail system** *n* RAIL Stahlschienensystem *nt*; ~ **reusable CKD container** *n* PACK Stahl- Mehrwegcontainer zu Demontagezwecken *m*; ~ **scrap** *n* WASTE Stahlschrott *m*; ~ **section** *n* WATER TRANS *shipbuilding* Profilstahl *m*; ~ **spring** *n* MECHAN ENG Stahlfeder *f*; ~ **straightedge** *n* METROL Stahlanreißlineal *nt*; ~ **tendon** *n* NUC TECH Stahlvorspannglied *nt*; ~ **toe cap** *n* SAFETY *footwear* Stahlkappe *f*; ~ **vessel** *n* WATER TRANS *shipbuilding* Stahlschiff *nt*; ~ **wheel** *n* RAIL Stahlrad *nt*; ~ **wire** *n* WATER TRANS *shipbuilding* Stahldraht *m*; ~ **wire rope** *n* MECHAN ENG Stahldrahtseil *nt*; ~ **works** *n pl* PROD ENG Stahlwerk *nt*

steel[3] *vt* METALL verstählen

steelfixer *n* CONST Stahlflechter *m*

steeling *n* METALL Verstählen *nt*

steely *adj* PROD ENG niedriggekohlt

steelyard *n* PHYS Laufgewichtswaage *f*, Schnellwaage *f*

steep[1] *adj* CER & GLAS steil

steep:[2] ~ **bevel** *n* CER & GLAS Steilanschnitt *m*; ~ **gradient** *n* CONST steiler Abhang *m*; ~ **road** *n* CONST steile Straße *f*; ~ **roof** *n* CONST Steildach *nt*; ~ **slope** *n* CONST

Steilböschung *f*; ~ **turn** *n* AIR TRANS steile Kehrtkurve *f*

steep[3] *vt* FOOD TECH durchtränken, einweichen, TEXT eintauchen, einweichen

steeple: ~ **head rivet** *n* CONST Spitzkopfniet *m*

steepness *n* CONST Steilheit *f*

steer:[1] ~ **angle** *n* AUTO Lenkeinschlag *m*

steer[2] *vt* AIR TRANS führen, lenken, steuern, CONTROL steuern, TRANS, WATER TRANS führen, lenken, steuern; ~ **clear** *vt* WATER TRANS *navigation* freisteuern von, sich freihalten von; ~ **for** *vt* WATER TRANS *navigation* Kurs nehmen auf, ansteuern

steer[3] *vi* AIR TRANS führen, lenken, steuern, CONTROL steuern, TRANS, WATER TRANS führen, lenken, steuern; ~ **a course** *vi* TRANS einen Kurs steuern

steerable: ~ **antenna** *n* TELECOM Antenne mit schwenkbarer Charakteristik *f*

steered: ~ **wheel** *n* AUTO gelenktes Rad *nt*

steering *n* AUTO Lenkung *f*, TELECOM Steuerung *f*; ~ **angle** *n* WATER TRANS *navigation* Steuerwinkel *m*; ~ **arm** *n* AUTO Lenkhebel *m*; ~ **axis inclination** *n* AUTO Achsschenkelbolzenspreizung *f*, Lenkzapfensturz *m*; ~ **axle** *n* AUTO *wheels* Lenkachse *f*; ~ **chain** *n* WATER TRANS Ruderkette *f*, Steuerkette *f*; ~ **circle** *n* AUTO Lenkkreis *m*; ~ **column** *n* AUTO Lenksäule *f*; ~ **column lock** *n* AUTO Lenkradschloß *nt*; ~ **compass** *n* WATER TRANS Steuerkompaß *m*; ~ **gear** *n* AUTO Lenkgetriebe *nt*, WATER TRANS *propulsion* Rudermaschine *f*; ~ **gearbox** *n* AUTO Lenkgehäuse *nt*, Lenkgetriebe *nt*; ~ **geometry** *n* AUTO Lenkgeometrie *f*; ~ **head** *n* AUTO *motorcycle* Lenkkopf *m*; ~ **knuckle** *n* AUTO Achsschenkel *m*; ~ **knuckle pin** *n* AUTO Lenkzapfen *m*; ~ **linkage** *n* AUTO Lenkgestänge *nt*; ~ **lock** *n* AUTO Lenkanschlag *m*, Volleinschlag *m*; ~ **play** *n* AUTO Lenkungsspiel *nt*; ~ **shaft** *n* AUTO Lenkwelle *f*; ~ **system** *n* AUTO Lenkung *f*, WATER TRANS Steueranlage *f*; ~ **wheel** *n* AUTO Lenkrad *nt*, WATER TRANS *shipbuilding* Steuerrad *nt*

Stefan-Boltzmann: ~ **constant** *n* (σ) PHYS, THERMODYN Stefan-Boltzmannsche-Konstante *f* (σ); ~ **law** *n* PHYS Stefan- Boltzmannsches Gesetz *nt*

Stefan's: ~ **law** *n* RAD PHYS Stefan-Boltzmannsches Strahlungsgesetz *nt*

Steinmetz: ~ **coefficient** *n* PHYS Steinmetzscher Koeffizient *m*; ~ **law** *n* PHYS Steinmetzsches Gesetz *nt*

stellar[1] *adj* SPACE Sterne betreffend, stellar

stellar:[2] ~ **guidance** *n* SPACE Astroführung *f*

stellite: ~ **valve** *n* AUTO Stellitventil *nt*

St: ~ **Elmo's fire** *n* WATER TRANS *meteorology* Elmsfeuer *nt*

stem *n* CER & GLAS *glass* Stiel *m*, CONST Spindel *f*, Stamm *m*, Steg *m*, HYD EQUIP Schieberstange *f*, Spindel *f*, Stange *f*, MECHAN ENG *screw, key* Schaft *m*, PHYS *thermometer* Thermometerröhre *f*, PROD ENG Kolbenstange *f*, Rippe *f*, *plastic valves* Spindel *f*, Zapfen *m*, WATER SUP *sluice gate* statische Saughöhe *f*, WATER TRANS *shipbuilding* Vorsteven *m*; ~ **carrier** *n* CER & GLAS Stielträger *m*; ~ **head fitting** *n* WATER TRANS *shipbuilding* Vorstevenbeschlag *m*; ~ **neck** *n* PROD ENG *plastic valves* Zapfenhals *m*; ~ **rake** *n* WATER TRANS *ship design* Ausfall des Vorstevens *m*; ~ **seal** *n* PROD ENG *plastic valves* Zapfendichtung *f*; ~ **sleeve** *n* PROD ENG *plastic valves* Zapfenbüchse *f*

stemflow *n* POLL Stammabfluß *m*

stemware *n* CER & GLAS Stengelglas *nt*

stench: ~ **trap** *n* CONST Geruchsverschluß *m*

stencil *n* CER & GLAS Schablone *f*, PRINT Matrize *f*, Schablone *f*, PROD ENG Schablone *f*; ~ **silk** *n* CER & GLAS Schablonenseide *f*

stenter: ~ **frame** *n* *BrE* (*cf tenter frame AmE*) TEXT Spannrahmen *m*

step:[1] **in** ~ *adj* ELEC ENG gleichlaufend; **~-by-step** *adj* CONTROL schrittweise; **~-up** *adj* ELEC ENG, ELECT Aufwärts- *pref*

step:[2] **~-by-step** *adv* CONTROL schrittweise

step[3] *n* CER & GLAS Stufe *f*, COMP & DP Ablaufschritt *m*, Schritt *m*, CONST Treppenstufe *f*, IND PROCESS Schritt *m*, MECHAN ENG *of cone, cone pulley*, METALL Stufe *f*, PROD ENG Überhöhung *f*, RAIL Trittbrett *nt*; ~ **bearing** *n* MECHAN ENG Spurlager *nt*; ~ **bit** *n* PET TECH Stufenbohrmeißel *m*; ~ **block** *n* MECHAN ENG Spurlager *nt*; **~-by-step control** *n* ELECT Stufenregelung *f*, schrittweise Regelung *f*; **~-by-step operation** *n* CONTROL Einzelschrittbetrieb *m*, schrittweiser Betrieb *m*; **~-by-step system** *n* TELECOM Schrittschaltsystem *nt*, Schrittwählersystem *nt*; ~ **cone drive** *n* MECHAN ENG Stufenrädergetriebe *nt*; ~ **cone pulley** *n* MECHAN ENG Stufenscheibe *f*; ~ **counter** *n* COMP & DP, CONTROL Schrittzähler *m*; ~ **difference limen** *n* ACOUSTICS Frequenzstufe *f*; **~-down autotransformer** *n* ELEC ENG automatischer Abspanntransformator *m*; **~-down gear** *n* MECHAN ENG Untersetzungsgetriebe *nt*; **~-down station** *n* ELECT Abspannungs- Unterwerk *nt*, Abwärtsunterwerk *nt*; **~-down transformer** *n* ELEC ENG Abspanntransformator *m*, ELECT Abwärtstransformator *m*, PHYS Abwärtstransformator *m*, Abwärtswandler *m*; ~ **drill** *n* MECHAN ENG Stufenbohrer *m*; **~-enabling condition** *n* IND PROCESS Weiterschaltbedingung *f*; ~ **function** *n* COMP & DP Schrittfunktion *f*, ELECTRON Sprungfunktion *f*, Übergangsfunktion *f*; ~ **function generator** *n* ELECTRON Sprungfunktionsgeber *m*; ~ **function response** *n* ELECTRON Sprungfunktionsverhalten *nt*; ~ **height** *n* IND PROCESS *input signal* Sprunghöhe *f*; ~ **index fiber** *n* *AmE*, ~ **index fibre** *n* *BrE* OPT Stufenindexfaser *f*, PHYS Lichtleitfaser mit abgestuftem Brechungsindex *f*, Stufenindexfaser *f*, TELECOM Stufenindex-LWL *m*, Stufenindex-Lichtwellenleiter *m*, Stufenindexfaser *f*; ~ **index profile** *n* OPT Stufenindexprofil *nt*, TELECOM Stufenindexprofil *nt*, Stufenprofil *nt*; ~ **iron** *n* CONST Steigeisen *nt*; ~ **joint** *n* CONST Überlappung *f*; ~ **milling** *n* MECHAN ENG Stufenfräsen *nt*; ~ **motor** *n* MECHAN ENG Schrittmotor *m*; **~-on grille** *n* HEAT & REFRIG begehbarer Gitterrost *m*; ~ **piston** *n* MECHAN ENG Stufenkolben *m*; ~ **recovery diode** *n* ELECTRON Schritt-Wiederholungs-Diode *f*; ~ **scale** *n* INSTR Stufenskale *f*; ~ **size** *n* CONTROL Schrittweite *f*; ~ **switch** *n* ELECT Schrittschalter *m*; ~ **time** *n* CONTROL Schrittzeit *f*; ~ **tooth gear** *n* MECHAN ENG Stufenrad *nt*; ~ **track system** *n* SPACE *communications* Schrittnachführungssystem *nt*; **~-up autotransformer** *n* ELEC ENG automatischer Aufwärtstransformator *m*, automatischer Transformator zur Spannungserhöhung *m*; **~-up gear** *n* MECHAN ENG Übersetzungsgetriebe *nt*; **~-up transformer** *n* ELEC ENG Aufwärtstransformator *m*, Transformator zur Spannungserhöhung *m*, ELECT Aufwärtstransformator *m*, PHYS Aufwärtstransformator *m*, Aufwärtswandler *m*, TELEV Aufspanntransformator *m*; ~ **wedge** *n* PHOTO Stufenkeil *m*

step:[4] ~ **the mast** *vi* WATER TRANS *shipbuilding* den Mast einsetzen

stepless: **~ control** *n* ELECT stufenfreie Regelung *f*

stepout: **~ well** *n* PET TECH Erweiterungsbohrung *f*

stepped[1] *adj* CONST abgestuft, abgetreppt, MECHAN ENG gestuft, PROD ENG gebrochen

stepped:[2] **~ climb** *n* AIR TRANS abgestufter Steigflug *m*; **~ dimension** *n* ENG DRAW Absatzmaß *nt*; **~ drill** *n* PROD ENG Stufenbohrer *m*; **~ gear** *n* MECHAN ENG Stufenrad *nt*; **~ hardening** *n* PROD ENG Warmbadhärten *nt*; **~ hole** *n* PROD ENG Ansatzbohrung *f*; **~ limiting value** *n* QUAL abgestufter Grenzwert *m*; **~ lower limiting value** *n* QUAL abgestufter Mindestwert *m*; **~ pulley** *n* MECHAN ENG Stufenscheibe *f*; **~ roll** *n* METALL Staffelwalze *f*; **~ tolerance** *n* QUAL abgestufte Toleranz *f*; **~ upper limiting value** *n* QUAL abgestufter Höchstwert *m*

stepper *n* CONTROL Schrittmotor *m*; **~ motor** *n* COMP & DP *disk drive*, CONTROL, ELEC ENG, ELECT, MECHAN ENG Schrittmotor *m*

stepping *n* CONTROL schrittweises Positionieren *nt*; **~ motor** *n* ELECT, MECHAN ENG Schrittmotor *m*; **~ relay** *n* ELECT Fortschaltrelais *nt*; **~ switch** *n* ELECT Fortschaltrelais *nt*, TELECOM Schrittschalter *m*, Schrittwähler *m*

stepwise: **~ change** *n* IND PROCESS sprungartige Änderung *f*; **~ change of the manipulated variable** *n* IND PROCESS Stellgrößensprung *m*; **~ refinement** *n* COMP & DP stufenweise Reinigung *f*

steradian *n* ELECTRON Steradiant *m*, GEOM, PHYS Steradiant *m*

stere *n* METROL Ster *nt*

stereo[1] *adj* RECORD stereo

stereo:[2] **~ decoder** *n* RECORD Stereodecoder *m*; **~ effect** *n* RECORD Stereoeffekt *m*; **~ headphone** *n* RECORD Stereokopfhörer *m*; **~ recording** *n* RECORD Stereoaufnahme *f*; **~ seat** *n* RECORD Stereositzplatz *m*; **~ separation** *n* RECORD Stereotrennung *f*; **~ subcarrier** *n* RECORD Stereohilfsträger *m*; **~ subchannel** *n* RECORD Stereounterkanal *m*; **~ tape recorder** *n* RECORD Stereotonbandgerät *nt*; **~ tape recording** *n* RECORD Stereobandaufnahme *f*; **~ tuner** *n* RECORD Stereoabstimmgerät *nt*; **~ VCR** *n* TELEV Stereovideorecorder *m*; **~ viewer** *n* PHOTO Stereobetrachter *m*

stereographic: **~ projection** *n* METALL stereographische Projektion *f*

stereoisomer *n* CHEMISTRY Raumisomer *nt*, Stereoisomer *nt*, Stereomer *nt*

stereomicroscope *n* LAB EQUIP Stereomikroskop *nt*

stereophonic: **~ microgroove** *n* RECORD stereophonische Mikrorille *f*; **~ pick-up** *n* ACOUSTICS Stereotonabnehmer *m*; **~ record** *n* RECORD Stereoschallplatte *f*; **~ recording** *n* ACOUSTICS stereophonische Aufnahme *f*, RECORD Stereoaufnahme *f*; **~ reproduction** *n* RECORD stereophone Tonwiedergabe *f*; **~ sound** *n* RECORD Stereoton *m*

stereophony *n* ACOUSTICS, RECORD Stereophonie *f*

stereoscope *n* PHOTO Raumbildbetrachter *m*, Stereobetrachter *m*

stereoscopic: **~ camera** *n* PHOTO Stereokamera *f*; **~ pair** *n* PHOTO Stereobildpaar *nt*

stereoscopy *n* PHOTO Stereoskopie *f*

stereotype: **~ drymat** *n* PRINT Matrizenpappe *f*; **~ plate** *n* PRINT Stereo *nt*, Stereotypieplatte *f*

stereotyping *n* PRINT Stereotypie *f*

stereovision *n* TELEV Stereofernsehen *nt*

steric *adj* CHEMISTRY räumlich, sterisch

sterile[1] *adj* COAL TECH steril

sterile:[2] **~ dressing** *n* SAFETY Sterilverband *m*

sterilized *adj* FOOD TECH entkeimt, sterilisiert

stern *n* WATER TRANS *shipbuilding* Achter- *pref*, Heck *nt*; **~ flag** *n* WATER TRANS Heckflagge *f*; **~ frame** *n* WATER TRANS *shipbuilding* Achtersteven *m*, Hintersteven *m*; **~ light** *n* WATER TRANS *navigation* Hecklaterne *f*; **~ line** *n* WATER TRANS *mooring* Heckleine *f*; **~ pulpit** *n* WATER TRANS *deck equipment* Heckkanzel *f*; **~ thruster** *n* WATER TRANS *propulsion* Heckstrahlpropeller *m*; **~ tube** *n* WATER TRANS *shipbuilding* Stevenrohr *nt*

Stern-Gerlach: **~ experiment** *n* PHYS Stern- Gerlach-Versuch *m*

sternpost *n* WATER TRANS *shipbuilding* Achtersteven *m*, Hintersteven *m*

steroid *n* CHEMISTRY Steroid *nt*

sterol *n* CHEMISTRY Sterin *nt*, Sterol *nt*

stevedore *n* WATER TRANS *port* Stauer *m*; **~-type pallet** *n* TRANS Rücksprungpalette *f*

stibate *n* CHEMISTRY Antimonat *nt*

stibic *adj* CHEMISTRY Antimon *nt*

stibious *adj* CHEMISTRY antimonig

stibium *n (Sb)* CHEMISTRY Antimon *nt*, Stibium *nt (Sb)*

stibnite *n* CHEMISTRY Antimonglanz *m*, Antimonit *m*, Stibnit *m*

stick[1] *n* CER & GLAS Klumpen *m*, PROD ENG Haftung *f*

stick[2] *vt* CONST kleben, verkleben

stick[3] *vi* CONST festkleben, haften

sticker *n* QUAL Aufklebezettel *m*

sticking *n* CER & GLAS Haften *nt*, ELEC ENG Haften *nt*, Kleben *nt*, *switch* Sperren *nt*, PROD ENG Festklemmen *nt*; **~ contact** *n* ELECT klebender Kontakt *m*; **~ mark** *n* CER & GLAS Haftmarkierung *f*; **~ up iron** *n* CER & GLAS Hefteisen *nt*; **~ voltage** *n* PHYS Sperrspannung *f*

sticky *adj* FOOD TECH, PLAS klebrig

stiction *n* MECHAN ENG Haftreibung *f*

stiff[1] *adj* TEXT steif

stiff:[2] **~ finish** *n* TEXT Steifappretur *f*

stiffen *vt* TEXT absteifen

stiffener *n* MECHAN ENG Versteifungselement *nt*, TEXT steife Einlage *f*, WATER TRANS *shipbuilding* Versteifungsprofil *nt*

stiffening *n* CONST Aussteifung *f*, Verstärkung *f*, MECHAN ENG Versteifung *f*, PROD ENG Absteifung *f*, SPACE *spacecraft* Versteifen *nt*; **~ agent** *n* TEXT Steifmittel *nt*; **~ member** *n* HEAT & REFRIG Versteifungselement *nt*; **~ plate** *n* MECHAN ENG Versteifungsblech *nt*; **~ rib** *n* PROD ENG Stützrippe *f*; **~ sheet** *n* PROD ENG Versteifungsblech *nt*

stiffness *n* ACOUSTICS Nadelsteifheit *f*, Steifheit *f*, MECHAN ENG Steifheit *f*, Steifigkeit *f*, PAPER Steifigkeit *f*, PHYS Steifheit *f*, TEXT Steife *f*, Steifigkeit *f*

stigmasterol *n* CHEMISTRY Stigmasterin *nt*, Stigmasterol *nt*

stigmatic: **~ lens** *n* PHOTO stigmatische Linse *f*

stilbene *n* CHEMISTRY Stilben *nt*

stile *n* CONST Pfosten *m*, Senkrechtstab *m*, *door* Höhenfries *m*

still *n* CHEM ENG Destillationsanlage *f*, Destillationsapparat *m*, Destillationsgerät *nt*, LAB EQUIP Destillationsapparat *m*, Destillieranlage *f*; **~ air** *n* FUELLESS Windstille *f*, stillstehende Luft *f*; **~ camera** *n* PHOTO Stehbildkamera *f*; **~ frame** *n* TELEV Standbild *nt*; **~ life photography** *n* PHOTO Stillebenfotografie *f*; **~ picture** *n* PHOTO Standbild *nt*; **~ water** *n* FOOD TECH stilles Wasser *nt*, WATER SUP stillstehendes Gewässer *nt*

stillage *n* PROD ENG Plattform *f*
stilted: ~ **arch** *n* CONST Stelzbogen *m*, byzantinischer Bogen *m*
stimulated: ~ **absorption of radiation** *n* RAD PHYS stimulierte Strahlungsabsorption *f*; ~ **emission** *n* ELECTRON erzwungene Emission *f*, induzierte Emission *f*, OPT stimulierte Emission *f*, PHYS *laser* erzwungene Emission *f*, TELECOM erzwungene Emission *f*, stimulierte Emission *f*; ~ **emission of radiation** *n* RAD PHYS stimulierte Strahlungsemission *f*
stimulus: ~**-sensation relation** *n* ACOUSTICS Empfindungsfunktion *f*
sting: ~**-out** *n* CER & GLAS Heißluft- und Flammenausstoß des Ofens *m*
stinger *n* PET TECH Stinger *m*
stink: ~ **trap** *n* CONST Geruchsverschluß *m*
stippling *n* CER & GLAS Stippen *nt*
Stirling: ~ **engine** *n* MECHAN ENG Stirlingmotor *m*
stirrer *n* LAB EQUIP, PLAS Rührer *m*; ~ **blade** *n* LAB EQUIP Rührschaufel *f*
stirring *n* CER & GLAS Rühren *nt*
stirrup *n* CONST Bügel *m*, *reinforcement* Bügeleisen *nt*, MECHAN ENG U-Bügel *m*, PROD ENG Bügel *m*; ~ **bolt** *n* MECHAN ENG U- Bügel *m*; ~ **hanger** *n* MECHAN ENG Hängebügel *m*; ~ **pump for water** *n* SAFETY Handwasserspritze *f*; ~**-shaped bed** *n* MECHAN ENG U-förmige Grundplatte *f*
stitch[1] *n* TEXT Masche *f*, Stich *m*
stitch[2] *vt* TEXT nähen; ~ **down** *vt* TEXT absteppen
stitch[3] *vi* TEXT nähen
stitched[1] *adj* PRINT *book* broschiert, geheftet
stitched:[2] ~ **box** *n* PACK geheftete Schachtel *f*
stitching: ~ **wire** *n* PACK Heftdraht *m*
STM *abbr (short-term memory)* ART INT, ERGON KZG *(Kurzzeitgedächtnis)*
stochastic[1] *adj* COMP & DP, ERGON, MATH stochastisch, zufällig
stochastic:[2] ~ **cooling** *n* PART PHYS stochastische Kühlung *f*; ~ **loading** *n* METALL stochastische Belastung *f*; ~ **model** *n* COMP & DP Zufallsmodell *nt*; ~ **process** *n* PHYS stochastischer Prozess *m*
stock:[1] ~**-dyed** *adj* TEXT flockengefärbt
stock[2] *n* MECHAN ENG *screw, die* Schneideisen *nt*, PAPER Papierstoff *m*, PET TECH Lagerbestand *m*, PROD ENG Grundkörper *m*, fester Schenkel *m*; ~ **anchor** *n* WATER TRANS Stockanker *m*; ~ **blender** *n* PLAS Stockblender *m*; ~ **chest** *n* PAPER Stoffbütte *f*; ~ **coal** *n* COAL TECH Haldenkohle *f*; ~ **control** *n* RAIL Lagerkontrolle *f*; ~ **diameter** *n* TELECOM vorrätiger Durchmesser *m*; ~ **and dies** *n* MECHAN ENG Schneidkluppe *f*; ~ **feeding device** *n* PROD ENG Stangenzuführung *f*; ~ **inlet** *n* PAPER Stoffeinlauf *m*; ~ **preparation** *n* PAPER Stoffaufbereitung *f*; ~ **removal** *n* MECHAN ENG *machining* Materialabnahme *f*; ~ **sheet** *n* CER & GLAS Materialplatte *f*; ~ **size** *n* CER & GLAS Materialgröße *f*; ~ **sound** *n* RECORD Archivton *m*
stock[3] *vt* CONST abstellen, lagern
stockade *n* HYD EQUIP Pfahlwerk *nt*
stockless: ~ **anchor** *n* WATER TRANS Patentanker *m*, stockloser Anker *m*
stockpile[1] *n* CONST Halde *f*, Lager *nt*
stockpile[2] *vt* COAL TECH aufhalden, CONST auf Halde lagern, stapeln
stockyard *n* CONST Lagerplatz *m*
stoichiometric[1] *adj* CHEMISTRY stöchiometrisch
stoichiometric:[2] ~ **composition** *n* METALL stöchiometrische Zusammensetzung *f*
stoichiometry *n* CHEMISTRY Stöchiometrie *f*
Stokes': ~ **law** *n* PHYS Stokessches Gesetz *nt*; ~ **theory** *n* FLUID PHYS Stokessche Theorie *f*; ~ **velocity** *n* CER & GLAS Stokes- Geschwindigkeit *f*
STOL: ~ **aircraft** *n (short takeoff and landing aircraft)* AIR TRANS STOL-Flugzeug *nt (Fastsenkrechtstarter, Kurzstart-Kurzlande-Fluggeug, Kurzstartflugzeug)*
stone[1] *n* METROL Stone *nt*; ~ **band** *n* COAL TECH Bergmittel *nt*; ~ **bed** *n* COAL TECH Steinbettung *f*; ~ **bolt** *n* MECHAN ENG Steinschraube *f*; ~ **breaker** *n* CONST Schotterbrecher *m*; ~ **chipping** *n* CONST Splitt *m*; ~ **crusher** *n* CONST Schotterbrecher *m*; ~ **dresser** *n* CONST Steinmetz *m*; ~ **drift** *n* COAL TECH Gesteinsstrecke *f*; ~ **dust** *n* COAL TECH Gesteinsmehl *nt*, Gesteinsstaub *m*; ~ **fruit** *n* FOOD TECH Steinfrucht *f*, Steinobst *nt*; ~ **mill** *n* CONST Steinfräse *f*; ~ **pit** *n* CONST Steinbruch *m*; ~**-splitting hammer** *n* COAL TECH Keillochhammer *m*; ~ **spreader** *n* TRANS Splittstreuer *m*; ~ **tubbing** *n* COAL TECH Schachtausmauerung *f*
stone[2] *vt BrE (cf pit AmE)* FOOD TECH entkernen
stonemason *n* CONST Steinmetz *m*
stonewall *n* COAL TECH Steinwand *f*
stoneware *n* CER & GLAS Steinzeug *nt*
stoneworking *n* COAL TECH Gesteinsabbau *m*, CONST Steinbearbeitung *f*
stoning *n* CER & GLAS Abschleifen von Porzellanemail *nt*
stony[1] *adj* CONST steinig
stony:[2] ~ **ground** *n* CONST steiniger Untergrund *m*
stool *n* PROD ENG Untersatz *m*
stop[1] *n* AUTO Anschlag *m*, Halt *m*, Stillstand *m*, Stopp *m*, COMP & DP Stopp *m*, CONST Anschlag *m*, Sperre *f*, Sperrschicht *f*, MECHAN ENG Arretierung *f*, Halt *m*, Stillstand *m*, *catch* Einrastung *f*, *lock* Sperrvorrichtung *f*, Sperre *f*, *screw* Anschlag *m*, MECHANICS Anschlag *m*, Halt *m*, Haltepunkt *m*, PHOTO Blendeneinstellung *f*, PROD ENG Hubbegrenzer *m*, TEXT Anhalten *nt*, TRANS Haltestelle *f*; ~**-and-go traffic** *n* TRANS Stop-and-Go-Verkehr *m*; ~ **bath** *n* PHOTO Stoppbad *nt*, Unterbrecherbad *nt*; ~ **belt** *n* CER & GLAS Sperrband *nt*; ~ **bit** *n* COMP & DP Stoppbit *nt*; ~ **board** *n* RAIL Haltsignal *nt*; ~ **code** *n* COMP & DP Haltecode *m*, Stoppcode *m*; ~ **collar** *n* MECHAN ENG Anschlagbund *m*; ~ **condition** *n* COMP & DP Haltebedingung *f*; ~ **cylinder press** *n* PRINT Stoppzylinderpresse *f*; ~ **drill** *n* MECHAN ENG Bohrer mit Tiefenanschlag *m*; ~ **element** *n* COMP & DP Stoppbit *nt*, Stoppelement *nt*; ~ **instruction** *n* COMP & DP Haltebefehl *m*; ~ **key** *n* TELEV Stopptaste *f*; ~ **lamp** *n* AUTO Bremsleuchte *f*, Bremslicht *nt*; ~ **log** *n* CONST Staubalken *m*; ~ **motion on creel** *n* TEXT Fadenwächter am Gatter *m*; ~ **motion** *n* MECHAN ENG *gears* Ausrücker *m*; ~ **note** *n* QUAL Sperrvermerk *m*; ~ **pin** *n* PHOTO Anschlagstift *m*; ~ **plank** *n* WATER SUP *of dam, sluicegate* Wehrnadel *f*; ~ **plate** *n* PHOTO Abschlußplatte *f*, PROD ENG *plastic valves* Anschlagplatte *f*; ~ **screw** *n* CONST Arretierschraube *f*, PHOTO Anschlagschraube *f*; ~ **signal** *n* RAIL Haltscheibe *f*, Haltsignal *nt*; ~ **time** *n* COMP & DP Abbremszeit *f*, CONTROL Stoppzeit *f*; ~ **valve** *n* CONST, FUELLESS, MECHAN ENG, MECHANICS, PAPER Absperrventil *nt*, PROD ENG Absperrventil *nt*, *plastic valves* Absperrventil *nt*, SPACE *spacecraft*, WATER SUP, WATER TRANS *engine* Absperrventil *nt*
stop[2] *vt* CONST absperren, dichten, *moisture protection* dichten, sperren, MECHAN ENG abschalten, ausschalten, PHYS Stoppen *nt*, PROD ENG stopfen, TEXT

abstellen, anhalten; ~ **with putty** *vt* CONST auskitten

stop[3] *vi* COMP & DP anhalten, stoppen; ~ **a crack** *vi* CER & GLAS einen Riß zukitten; ~ **down** *vi* PHOTO Blende schließen, abblenden; ~ **engines** *vi* WATER TRANS *propulsion* Maschinen anhalten, Maschinen stoppen; ~ **and examine a ship** *vi* WATER TRANS Schiff anhalten und durchsuchen; ~ **a leak** *vi* WATER SUP ein Leck stopfen; ~ **machines** *vi* CER & GLAS Maschinenabschalten

stopcock *n* CONST, LAB EQUIP, MECHAN ENG Absperrhahn *m*

stoplist *n* COMP & DP Stoppliste *f*

stoplog: ~ **weir** *n* WATER SUP Dammbalkenwehr *nt*

stopover *n* AIR TRANS Stoppover *m*, Umsteigeaufenthalt *m*

stoppage *n* PROD ENG Stopfen *m*; ~ **of a water pipe** *n* WATER SUP Verstopfung *f*

stopped: ~ **lens** *n* PHYS Linse mit Begrenzungsblende *f*

stopper[1] *n* CER & GLAS Vorsatzkuchen *m*, MECHAN ENG Stopfen *m*, Stöpsel *m*, Verschlußstopfen *m*, PROD ENG Stopfen *m*; ~ **knot** *n* WATER TRANS Stopperknoten *m*

stopper[2] *vt* WATER TRANS *ropes* abstoppen

stoppered: ~ **bottle** *n* LAB EQUIP verstöpselte Flasche *f*; ~ **flask** *n* LAB EQUIP verstöpselter Kolben *m*; ~ **measuring cylinder** *n* LAB EQUIP verstöpselter Meßzylinder *m*

stopping *n* CONST Absperren *nt*, Dichten *nt*, Verspachteln *nt*; ~ **distance** *n* TRANS Bremsweg *m*; ~ **knife** *n* CONST Kittmesser *nt*, Spachtelmesser *nt*; ~ **mark** *n* TEXT Haltestelle *f*; ~ **potential** *n* PHYS Bremspotential *nt*; ~ **power** *n* NUC TECH *(S)* Anhaltleistung *f (S)*, PHYS Bremsvermögen *nt*; ~ **sight distance** *n* TRANS *traffic* Bremssichtweite *f*; ~ **train** *n AmE (cf slow train BrE)* RAIL Nahverkehrszug *m*

stopwatch *n* LAB EQUIP, PHYS Stoppuhr *f*

stopway *n* AIR TRANS Stoppbahn *f*; ~ **light** *n* AIR TRANS Stoppbahnfeuer *nt*

storage *n* COMP & DP Lagerung *f*, Speichervorgang *m*, Speichern *nt*, Speicherung *f*, MAR POLL Lagerung *f*, Speicherung *f*, NUC TECH Aufbewahrung *f*, PART PHYS Speicherung *f*, PHOTO *materials* Lagerung *f*, RAIL Abstell- *pref*; ~ **allocation** *n* COMP & DP Speicherplatzzuteilung *f*, Speicherzuordnung *f*; ~ **area** *n* WASTE Ablagerungsplatz *m*; ~ **basin** *n* FUELLESS Sammelbecken *nt*, Speicherbecken *nt*; ~ **battery** *n* AUTO Akku *m*, Akkubatterie *f*, Akkumulator *m*, Akkumulatorbatterie *f*, Sammelbatterie *f*, COMP & DP Akku *m*, Akkubatterie *f*, Akkumulator *m*, ELEC ENG Akku *m*, Akkubatterie *f*, Akkumulator *m*, Akkumulatorbatterie *f*, Sekundärbatterie *f*, ELECT Akku *m*, Akkubatterie *f*, Akkumulator *m*, Sekundärbatterie *f*, HEAT & REFRIG, HYD EQUIP, PAPER Akku *m*, Akkubatterie *f*, Akkumulator *m*, PHYS Akku *m*, Akkubatterie *f*, Akkumulator *m*, Speicherbatterie *f*, RAD TECH Akku *m*, Akkubatterie *f*, Akkumulator *m*, TELECOM Akkumulatorbatterie *f*, TELEV Akku *m*, Akkubatterie *f*, Akkumulator *m*; ~ **camera** *n* PHOTO Speicherkamera *f*; ~ **canister** *n* NUC TECH Aufbewahrungskanister *m*; ~ **capacitor** *n* ELEC ENG Speicherkondensator *m*; ~ **capacity** *n* COMP & DP Speicherkapazität *f*, WATER SUP Speicherungsvermögen *nt*; ~ **cell** *n* ELEC ENG Akkumulatorzelle *f*, Sammlerzelle *f*, Speicherzelle *f*, PRINT Speicherzelle *f*; ~ **chamber** *n* WASTE Lagerkammer *f*; ~ **configuration** *n* SPACE *spacecraft* Lagerkonfiguration *f*, Speicherkonfiguration *f*; ~ **cupboard** *n* LAB EQUIP Vorratsschrank *m*; ~ **of dangerous materials** *n* SAFETY Gefahrstofflager *nt*; ~ **density** *n* COMP & DP Aufzeichnungsdichte *f*, Speicherdichte *f*; ~ **device** *n* COMP & DP Speicher *m*, Speichereinheit *f*, Speichergerät *nt*; ~ **disk** *n* COMP & DP Speicherplatte *f*; ~ **dump** *n* COMP & DP Speicherauszug *m*; ~ **durability** *n* PACK Lagerbeständigkeit *f*; ~ **effect** *n* ELEC ENG Speichereffekt *m*; ~ **efficiency** *n* COMP & DP Speicherausnutzung *f*; ~ **element** *n* COMP & DP, ELEC ENG Speicherelement *nt*; ~ **entry** *n* COMP & DP Speichereintrag *m*; ~ **expansion** *n* COMP & DP Speicher- und Adreßerweiterung *f*, Speichererweiterung *f*; ~ **facility** *n* POLL Lagermöglichkeit *f*, WASTE Lagerstätte *f*; ~ **fragmentation** *n* COMP & DP Speicherfragmentierung *f*; ~ **of gas cylinders** *n* SAFETY Gasflaschenlager *nt*; ~ **heater** *n* HEAT & REFRIG Speicherheizkörper *m*, MECHAN ENG Speicherheizung *f*; ~ **heating** *n* HEAT & REFRIG Speicherheizung *f*; ~ **hierarchy** *n* COMP & DP Speicherhierarchie *f*; ~ **level regulation** *n* WATER SUP Niederschlagswasser *nt*; ~ **location** *n* COMP & DP Speicheradresse *f*, Speicherplatz *m*, Speicherstelle *f*; ~ **map** *n* COMP & DP Speicherabbildung *f*; ~ **medium** *n* COMP & DP Datenträger *m*, Speichermedium *nt*; ~ **mesh** *n* ELECTRON Speichermasche *f*; ~ **oscilloscope** *n* INSTR, PHYS Speicheroszilloskop *nt*; ~ **out** *n* COMP & DP Speicherabgabe *f*; ~ **period** *n* PHOTO Lagerdauer *f*; ~ **protection** *n* COMP & DP Speicherschutz *m*, Speichersicherung *f*; ~ **rack** *n* CER & GLAS Lagergestell *nt*; ~ **requirement** *n* COMP & DP Speicherbedarf *m*; ~ **ring** *n* PART PHYS Speicherring *m*; ~ **scan** *n* COMP & DP Speicherprüfung *f*; ~ **scheme** *n* FUELLESS Speicherschema *nt*; ~ **screen** *n* ELECTRON Speicherbildschirm *m*; ~ **siding** *n* RAIL Abstellgleis *nt*; ~ **site** *n* WASTE Deponie *f*; ~ **space** *n* PACK Lagerraum *m*; ~ **stack** *n* COMP & DP Speicherstapel *m*; ~ **tank** *n* HEAT & REFRIG Lagerbehälter *m*, PET TECH Lagertank *m*, POLL Sammelbehälter *m*, SPACE Lagertank *m*; ~ **time** *n* ELEC ENG *data* Speicherzeit *f*; ~ **tube** *n* COMP & DP Speicherröhre *f*, ELECTRON Bildspeicherröhre *f*; ~ **type** *n* COMP & DP Speichertyp *m*; ~ **usage map** *n* COMP & DP Speicheraufteilungsübersicht *f*; ~ **utilization** *n* COMP & DP Speicherausnutzung *f*, Speicherbelegung *f*; ~ **water heater** *n* HEAT & REFRIG Vorratswassererhitzer *m*

store[1] *n* COMP & DP Datenspeicher *m*, Speicher *m*, Lagern *nt*, Speichern *nt*; ~**-and-forward** *n* COMP & DP Speicherdatenübermittlung *f*, CONTROL Speichern und Befördern *nt*; ~**-and-forward line** *n* TELECOM Teilvermittlungsleitung *f*; ~**-and-forward mode** *n* TELECOM Speicherbetrieb *m*; ~**-and-forward switching network** *n* TELECOM Speichervermittlungsnetz *nt*; ~**-and-forward transmission** *n* TELECOM Teilstreckenübertragung *f*; ~**-and-forward unit** *n (SFU, SU)* TELECOM Speichereinheit *f*

store[2] *vt* COAL TECH lagern lassen, COMP & DP, CONTROL, ELEC ENG speichern

stored: ~ **energy** *n* METALL, PHYS, RAD PHYS gespeicherte Energie *f*; ~ **program** *n* COMP & DP gespeichertes Programm *nt*; ~ **program computer** *n* CONTROL speicherprogrammierter Rechner *m*, TELECOM programmgesteuerter Rechner *m*; ~ **program control** *n* TELECOM Programmspeichersteuerung *f*, speicherprogrammierte Steuerung *f*; ~ **program control exchange** *n* TELECOM programmgesteuerte Vermittlungsstelle *f*, speicherprogrammierte Vermittlungsstelle *f*; ~ **program control PABX** *n* TELECOM programmgesteuerte Selbstwählnebenstelle *f*; ~ **program switching system** *n* TELECOM speicherprogrammiertes Vermittlungssystem *nt*

storeroom *n* WATER TRANS *cargo* Hellegatt *nt*, Lagerraum *m*
storey *n* CONST *of building* Stockwerk *nt*
storing: ~ **shelf** *n* PACK Lagerregal *nt*
storm: ~ **choke** *n* PET TECH Sturmklappe *f*; ~ **drain** *n* CONST Straßenablauf *m*; ~ **sail** *n* WATER TRANS Sturmsegel *nt*; ~ **sewage** *n* WATER SUP Niederschlagswasser *nt*; ~ **water** *n* COAL TECH Regenwasser *nt*
stoving: ~ **enamel** *n* PLAS *paint* Einbrennlack *m*; ~ **finish** *n* PLAS Einbrennlack *m*, ofentrocknender Lack *m*; ~ **varnish** *n* PLAS *paint* Einbrennlack *m*, ofentrocknender Lack *m*
stow *vt* SPACE, WATER TRANS *cargo* verstauen
stowage *n* WATER TRANS *cargo* Stauung *f*
stowing: ~ **tool** *n* CER & GLAS Bindeeisen *nt*
straddle:[1] ~ **milling** *n* MECHAN ENG Planparallelfräsen *nt*
straddle[2] *vt* PROD ENG spreizen
straddling *n* MECHAN ENG Planparallelfräsen *nt*
straight[1] *adj* CER & GLAS Glatt- *pref*, MECHAN ENG *gear* geradverzahnt, PAPER, WATER TRANS Glatt- *pref*; ~-**tooth** *adj* MECHAN ENG *saw* geradzahnig, mit geraden Zähnen
straight:[2] ~ **back tooth** *n* MECHAN ENG *milling cutter* Winkelzahn *m*; ~ **common crossing** *n* RAIL gerades einfaches Herzstück *nt*; ~ **edge** *n* CER & GLAS gerade Kante *f*, MECHAN ENG Haarlineal *nt*, METROL Lineal *nt*; ~-**faced pulley** *n* MECHAN ENG geradegedrehte Riemenscheibe *f*; ~ **flank gear** *n* MECHAN ENG Zahnrad mit geraden Flanken *nt*; ~ **flow valve** *n* FUELLESS Durchgangsventil *nt*; ~-**fluted drill** *n* MECHAN ENG Bohrer mit geraden Nuten *m*; ~ **gear cutting** *n* PROD ENG Geradverzahnung *f*; ~-**grinding wheel** *n* MECHAN ENG gerade Schleifscheibe *f*; ~ **guide** *n* MECHAN ENG *machine tools* Geradführung *f*; ~-**in approach** *n* AIR TRANS Anflug ohne Verfahrenskurve *m*, Geradeausanflug *m*; ~ **joint** *n* CONST *masonry* Fuge auf Fuge *f*, *wood* Stoßfuge *f*, ELECT gerader Spleiß *m*, MECHAN ENG stumpfer Stoß *m*; ~ **knurl** *n* PROD ENG Rändelwerkzeug *nt*; ~ **knurling** *n* PROD ENG Rändeln *nt*; ~ **knurling tool** *n* PROD ENG Rändelmeißel *m*; ~ **line** *n* GEOM Gerade *f*, PHYS gerade Linie *f*; ~ **line capacitance** *n* ELEC ENG proportionale Kapazität *f*; ~ **line frequency** *n* ELEC ENG gerade Frequenz *f*; ~ **milling** *n* PROD ENG Zeilenfräsen *nt*; ~ **negative** *n* PHOTO Glattnegativ *nt*; ~ **packing** *n* CER & GLAS gerade Packung *f*; ~-**pane hammer** *n* CONST Hammer mit gerader Finne *m*; ~-**peen hammer** *n* CONST Hammer mit gerader Finne *m*; ~ **pin** *n* MECHAN ENG Zylinderstift *m*; ~ **pincers** *n pl* CER & GLAS Zylinderzange *f*; ~ **pressing** *n* CER & GLAS klassisches Pressen *nt*; ~ **rough turning** *n* PROD ENG *lathe* Längsschruppen *nt*; ~ **run product** *n* PET TECH Direktdestillat *nt*, direkte Destillatfraktion *f*; ~ **shank** *n* MECHAN ENG *drill* Zylinderschaft *m*; ~ **shank twist drill** *n* MECHAN ENG Spiralbohrer mit Zylinderschaft *m*; ~ **stem** *n* WATER TRANS *shipbuilding* gerader Vorsteven *m*; ~ **text matter** *n* PRINT glatter Satz *m*; ~ **throat** *n* CER & GLAS gerader Durchlaß *m*; ~-**through can washer** *n AmE (cf straight-through tin washer BrE)* FOOD TECH Durchlaufdosenreiniger *m*; ~-**through press** *n* PAPER Liegepresse *f*; ~-**through tin washer** *n BrE (cf straight-through can washer AmE)* FOOD TECH Durchlaufdosenreiniger *m*; ~-**through traffic** *n* TRANS Geradeausverkehr *m*; ~-**toothed gearbox** *n* AUTO Schubwechselgetriebe *nt*, Zahnradwechselgetriebe *nt*; ~ **tooth wheel** *n* MECHAN ENG geradverzahntes Rad *nt*; ~ **track** *n* RAIL gerader Strang *m*; ~ **turning** *n* MECHAN ENG *lathe* Langdrehen *nt*, PROD ENG Geraddrehen *nt*, Längsdrehen *nt*; ~-**way valve** *n* MECHAN ENG Durchgangsventil *nt*; ~ **wheel** *n* MECHAN ENG gerade Schleifscheibe *f*
straight:[3] ~-**knurl** *vt* PROD ENG rändeln
straighten *vt* CONST begradigen, richten, MECHAN ENG *sheet metal* richten
straightener *n* MECHAN ENG Richtmaschine *f*
straightening *n* CONST, MECHAN ENG Richten *nt*; ~ **by bending** *n* MECHAN ENG Biegerichten *nt*; ~ **machine** *n* MECHAN ENG Richtmaschine *f*
straightforward *adj* CONTROL einfach
straightness: ~-**measuring instrument** *n* METROL Geradlinigkeitsprüfinstrument *nt*; ~ **tolerance** *n* MECHAN ENG Geradheitstoleranz *f*
strain[1] *n* CER & GLAS, ERGON Beanspruchung *f*, Spannung *f*, INSTR Dehnung *f*, MECHAN ENG *deformation* Verformung unter Last *f*, MECHANICS Beanspruchung *f*, Spannung *f*, METALL, METROL Dehnung *f*, PHYS Beanspruchung *f*, Dehnung *f*, PLAS Dehnung *f*, Formänderung *f*, WATER TRANS Dehnung *f*, Stauchung *f*; ~ **ageing** *n BrE* PROD ENG Reckalterung *f*; ~ **aging** *n AmE see strain ageing BrE*; ~ **disc** *n BrE* CER & GLAS Spannungsscheibe *f*; ~ **disk** *n AmE see strain disc BrE*; ~ **gage** *n AmE see strain gauge BrE*; ~ **gage bridge** *n AmE see strain gauge bridge BrE*; ~ **gauge** *n BrE* CONST Dehnungsmesser *m*, ELEC ENG Dehnungsmesser *m*, Dehnungsmeßfühler *m*, Dehnung smeßstreifen *m*, INSTR Dehnungsmeßfühler *m*, LAB EQUIP Verspannungsmeßgerät *nt*, MECHAN ENG Dehnungsmesser *m*, MECHANICS, METROL Dehnungsmeßstreifen *m*, PHYS Dehnungsspannungsmeßgerät *nt*, PLAS Dehnungsmesser *m*, Dehnungsmeßstreifen *m*; ~ **gauge bridge** *n BrE* ELEC ENG Dehnungsmeßbrücke *f*, INSTR Dehnungsstreifenbrücke *f*; ~ **hardenability** *n* PROD ENG Kalthärtbarkeit *f*; ~ **hardening** *n* METALL Kalthärtung *f*, Kaltverfestigung *f*, PROD ENG Kaltverfestigung *f*; ~ **modulus** *n* CONST Dehnungskoeffizient *m*; ~ **rate** *n* COATINGS Belastungswert *m*, Filtrationsverhältnis *nt*; ~ **tensor** *n* PHYS Dehnungstensor *m*; ~ **viewer** *n* CER & GLAS Spannungsbeobachter *m*
strain[2] *vt* CONST beanspruchen, dehnen, PROD ENG durchgießen, sieben
strainer *n* AUTO, HEAT & REFRIG Sieb *nt*, MAR POLL Saugkorb *m*, Siebfilter *nt*, MECHAN ENG Streckvorrichtung *f*, *sieve* Sieb *nt*, PET TECH Filter *nt*, Sieb *nt*, Strainer *m*, PROD ENG Filter *nt*, Filtereinsatz *m*, *plastic valves* Abscheider *m*, WATER SUP *rose, pump* Saugkorb *m*, Sugkopf *m*
straining: ~ **beam** *n* CONST Sprengstrebe *f*, Verstrebungsbalken *m*; ~ **piece** *n* CONST Jochbalken *m*, Verstrebungsbalken *m*; ~ **screw** *n* MECHAN ENG Spannschraube *f*; ~ **work** *n* COAL TECH Strebbau *m*
strait *n* WATER TRANS *geography* Meerenge *f*, Straße *f*
strake *n* COAL TECH Waschbühne *f*, WATER TRANS *shipbuilding* Plattengang *m*, Strak *m*
strand[1] *n* CER & GLAS Glasfaserstrang *m*, MECHAN ENG *of rope*, PHYS *bundle of filaments*, PROD ENG Litze *f*, WATER TRANS *ropes* Kardeel *nt*; ~ **break detector** *n* CER & GLAS Strangbruchdetektor *m*; ~ **wire** *n* MECHAN ENG Drahtlitze *f*
strand[2] *vt* PROD ENG verlitzen
stranded[1] *adj* WATER TRANS gestrandet
stranded:[2] ~ **cable** *n* ELEC ENG verseiltes Kabel *nt*, ELECT gelitzter Draht *m*; ~ **conductor** *n* ELEC ENG Hochfre-

quenzlitze *f*, Litzendraht *m*, gelitzter Draht *m*, ELECT gelitzter Leiter *m*; **~ rope** *n* MECHAN ENG Litzenseil *nt*

stranding *n* PROD ENG Verlitzung *f*, WATER TRANS Stranden *nt*

strangeness *n* PART PHYS Seltsamkeit *f*, Strangeness *f*

strap[1] *n* CONST Querriegel *m*, Scharnierband *nt*, MECHAN ENG Federbügel *m*, *fastening* Bügel *m*, Lasche *f*, *strengthening* Gurt *m*, PAPER Band *nt*, PHOTO Tragriemen *m*, PROD ENG Spannpratze *f*; **~ bolt** *n* CONST Bügelschraube *f*; **~ brake** *n* MECHAN ENG Bandbremse *f*; **~ fork** *n* MECHAN ENG Riemengabel *f*; **~ hinge** *n* CONST Bandscharnier *nt*; **~-on booster** *n* SPACE *spacecraft* seitlich zugeschnalltes Zusatzschubtriebwerk *nt*; **~ rail** *n* RAIL Flachschiene *f*

strap[2] *vt* PROD ENG verlaschen

S-trap *n* CONST *plumbing* S-förmiger Geruchverschluß *m*, Schwanenhalsverschluß *m*, Siphonverschluß *m*

strapdown:[1] **~-mounted** *adj* SPACE *spacecraft* festgezurrt und aufgehängt

strapdown:[2] **~ equipment** *n* SPACE *spacecraft* festzuzurrende Gerätschaft *f*; **~ inertial platform** *n* SPACE *spacecraft* festzuzurrende Trägheitsplattform *f*; **~ system** *n* SPACE *spacecraft* Befestigungssystem *nt*

strapping *n* PHYS *magnetron* Koppelleitung *f*; **~ equipment** *n* PACK Umreifungsgeräte *nt pl*; **~ machine** *n* PACK Banderoliermaschine *f*; **~ plug** *n* CONTROL Brückenstecker *m*; **~ seal** *n* PACK Verschlußhülse *f*; **~ steel** *n* PACK Umreifungsstahl *nt*

stratification *n* COAL TECH Lagerung *f*, PET TECH, QUAL Schichtung *f*; **~ of waters** *n* FUELLESS Wasserstratifikation *f*

stratified[1] *adj* COAL TECH geschichtet

stratified:[2] **~ charge engine** *n* AUTO Schichtlademotor *m*; **~ flow** *n* FLUID PHYS geschichtete Strömung *f*; **~ random sample** *n* QUAL geschichtete Zufallsstichprobe *f*; **~ sample** *n* QUAL geschichtete Stichprobe *f*; **~ sampling** *n* COAL TECH geschichtete Probenahme *f*, QUAL Gruppenauswahl *f*, SAFETY geschichtete Probe *f*

stratify[1] *vt* COAL TECH stratifizieren

stratify[2] *vi* COAL TECH Schichten bilden

stratigraphic: **~ trap** *n* PET TECH stratigraphische Falle *f*

stratigraphy *n* COAL TECH Formationskunde *f*, Stratigraphie *f*

stratocumulus *n* AIR TRANS *meteorology* Stratocumulus *m*

stratum *n* COAL TECH Schicht *f*

straw *n* PAPER Stroh *nt*; **~ pulp** *n* PAPER Strohzellstoff *m*; **~ stem** *n* CER & GLAS aus der Schale gezogener Glasstiel *m*

strawboard *n* PACK Strohpappe *f*, Strohzellstoffpappe *f*, PRINT Strohpappe *f*

stray[1] *adj* ACOUSTICS, ELEC ENG, ELECTRON, NUC TECH, PHYS Streu- *pref*

stray:[2] **~ capacitance** *n* PHYS Streukapazität *f*; **~ coupling** *n* ELEC ENG Streukopplung *f*; **~ current** *n* ELEC ENG Streustrom *m*; **~ current corrosion** *n* ELEC ENG Leckstromkorrosion *f*; **~ field** *n* ELECT *electrical machine, transformer* Leckfeld *nt*; **~ oscillation** *n* PHYS Streuschwingung *f*; **~ radiation** *n* RAD PHYS Streustrahlung *f*; **~ signal pick-up** *n* INSTR Aufnahme von Streuspannungen *f*, Streusignalaufnahme *f*

straying *adj* PHYS streuend

streak *n* OPT Schliere *f*, PAPER Maserung *f*, Streifen *m*, PROD ENG Maserung *f*, Schliere *f*

streaklines *n pl* FLUID PHYS Streichlinien *f pl*

stream[1] *n* COMP & DP Datenreihe *f*, Datenstrom *m*, Strom *m*, FLUID PHYS Strömung *f*, PHYS Ausström- *pref*; **~ function** *n* FLUID PHYS Stromfunktion *f*

stream:[2] **~ a warp** *vi* WATER TRANS *mooring* Trosse nachschleppen

streamer *n* COMP & DP Datenstromeinheit *f*, Magnetstreifen-Streamer *m*, Magnetbandeinheit *f*, Streamer *m*, PHYS Startfunke *m*; **~ chamber** *n* PART PHYS Streamerkammer *f*, PHYS Startfunkenkammer *f*

streaming: **~ tape drive** *n* COMP & DP Datenstrombandlaufwerk *nt*, Magnetband-Streamer *m*, Streamer *m*

streamline *n* FLUID PHYS, PHYS Stromlinie *f*; **~ pattern** *n* FLUID PHYS Stromlinienbild *nt*

streamlined[1] *adj* AUTO *body*, FLUID PHYS stromlinienförmig, MECHAN ENG stromlinienförmig, windschnittig, PHYS, SPACE stromlinienförmig

streamlined:[2] **~ form** *n* MECHAN ENG Stromlinienform *f*

street: **~ cleaner** *n* AUTO, WASTE Kehrfahrzeug *nt*; **~-cleaning lorry** *n BrE (cf street-cleaning truck AmE)* AUTO, WASTE Kehrfahrzeug *nt*; **~-cleaning truck** *n AmE (cf street-cleaning lorry BrE)* AUTO, WASTE Kehrfahrzeug *nt*

streetcar *n AmE (cf tram BrE)* TRANS Straßenbahnwagen *m*, Straßenbahn *f*; **~ metro** *n AmE (cf tramway metro BrE)* RAIL Stadtstraßenbahn *f*; **~ motor coach** *n AmE (cf tramway motor coach BrE)* RAIL Straßenbahntriebwagen *m*; **~ schedule** *n AmE (cf tram timetable BrE)* RAIL Straßenbahnfahrplan *m*; **~ stop** *n AmE (cf tram stop BrE)* RAIL Straßenbahnhaltestelle *f*; **~ tracks** *n pl AmE (cf tram tracks BrE)* RAIL Straßenbahnschienen *f pl*

strength *n* COAL TECH, MECHAN ENG Festigkeit *f*, METALL Festigkeit *f*, Stärke *f*, PAPER Festigkeit *f*, PHYS *resistance* Festigkeit *f*, Stärke *f*, TEXT Festigkeit *f*, Konzentration *f*; **~ of single source** *n (A)* ACOUSTICS Schallstärke *f*

strengthened: **~ passenger compartment** *n* TRANS verstärktes Passagierabteil *nt*

stress[1] *n* CER & GLAS Spannung *f*, COAL TECH Beanspruchung *f*, Belastung *f*, Spannung *f*, ERGON Belastung *f*, MAR POLL Beanspruchung *f*, mechanische Spannung *f*, MECHANICS Beanspruchung *f*, Festigkeit *f*, METALL Beanspruchung *f*, Spannung *f*, PAPER, PET TECH Spannung *f*, PHYS elastische Spannung *f*, PLAS, PROD ENG Spannung *f*, TEST, WATER TRANS *material* Beanspruchung *f*; **~ analysis** *n* SPACE *spacecraft* Belastungsanalyse *f*, Festigkeitsprüfung *f*; **~ corrosion** *n* TEST Spannungskorrosion *f*; **~ crack** *n* TEST Spannungsriß *m*; **~ cycle** *n* PROD ENG Lastspiel *nt*, Lastwechsel *m*; **~ expansion** *n* RAIL Spannungsdehnung *f*; **~ in the bar** *n* PROD ENG Stabspannung *f*; **~-number curve** *n* PROD ENG Wöhlerkurve *f*; **~ optical coefficient** *n* CER & GLAS spannungsoptischer Koeffizient *m*; **~ pattern** *n* PROD ENG Isochromatenbild *nt*; **~ relaxation** *n* CER & GLAS Entspannung *f*, PLAS Spannungsabbau *m*, Spannungsrelaxation *f*; **~ relief** *n* MECHAN ENG Spannungsverringerung *f*, TEST Entspannung *f*, Spannungsentlastung *f*; **~-relieving anneal** *n* THERMODYN Entspannungsglühen *nt*; **~-strain curve** *n* PLAS Spannungsdehnungsdiagramm *nt*; **~-strain diagram** *n* WATER TRANS *architecture* Spannungsdehnungsschaubild *nt*; **~ tensor** *n* PHYS Spannungstensor *m*

stress[2] *vt* MECHAN ENG beanspruchen, PHYS belasten, PROD ENG spannen

stressed: **~ zone** *n* CER & GLAS Spannungszone *f*

stretch[1] *n* PAPER Dehnung *f*, PLAS Dehnung *f*, elastische Dehnung *f*, PROD ENG Anspannung *f*, elastischer Schlupf *m*, TEXT Dehnbarkeit *f*, Recken *nt*, Strecken *nt*, Stretch *m*; **~ at breaking point** *n* PAPER Bruchdehnung *f*; **~ blow molding** *n AmE*, **~ blow moulding** *n BrE* PLAS Streckblasformen *nt*; **~ film** *n* PACK Streckfolie *f*, PLAS Stretchfolie *f*; **~ forming** *n* MECHAN ENG Streckformen *nt*; **~ roll** *n* PAPER Spannwalze *f*; **~ wrapping** *n* PACK Streckverpackung *f*; **~ wrapping film** *n* PLAS Streckfolie *f*

stretch[2] *vt* CONST dehnen, strecken, verlängern, MECHAN ENG strecken, PAPER dehnen, TEXT recken, spannen, strecken; **~-form** *vt* PROD ENG streckformen, streckziehen; **~-squeeze form** *vt* PROD ENG zudruckumformen

stretchable *adj* PAPER dehnbar

stretched: **~ aircraft** *n* AIR TRANS verlängertes Flugzeug *nt*

stretcher *n* CONST Läuferstein *m*, Zugbalken *m*, MECHAN ENG Streckvorrichtung *f*, PAPER Spannvorrichtung *f*, SAFETY Krankenbahre *f*, Tragbahre *f*, TEXT Ausbreiter *m*, Breithalter *m*; **~ cart** *n* SAFETY *first aid* Wagen für Krankenbahre *m*; **~ ring** *n* PART PHYS Stretcherring *m*

stretching *n* CONST Einspannen *nt*, Festspannen *nt*; **~ bond** *n* CONST Läuferverband *m*; **~ course** *n* CONST Läuferschicht *f*; **~ wire** *n* CONST Spanndraht *m*

stretchy *adj* TEXT dehnbar

stria *n* PROD ENG Riefe *f*, Schliere *f*

striated *adj* PROD ENG gerieft

striation *n* METALL Rillen *f pl*, Schrammen *f pl*, PROD ENG Riefung *f*

strickle[1] *n* PROD ENG *casting* Schablone *f*; **~ board** *n* CONST Abstreichplatte *f*, Schablone *f*; **~ molding** *n AmE*, **~ moulding** *n BrE* PROD ENG Schablonenformerei *f*

strickle[2] *vt* PROD ENG abstreichen, schablonenformen

strickling *n* PROD ENG Schablonenformen *nt*

strictly: **~ non-blocking network** *n* TELECOM völlig blockierungsfreies Netz *nt*

striding: **~ level** *n* MECHAN ENG Setzlibelle *f*

strike[1] *n* PROD ENG Abstreichlineal *nt*, Vorgalvanisierbad *nt*; **~ note** *n* ACOUSTICS Schlagtonhöhe *f*; **~ off sample** *n* TEXT Stoffmuster *nt*

strike[2] *vt* CONST *concrete* ausschalen, *forms* ausschalen, *joints* glattstreichen, PROD ENG prägen, zünden; **~ off** *vt* CONST *surfaces* abziehen

strike:[3] **~ colors** *vi AmE*, **~ colours** *vi BrE* WATER TRANS *flags* die Flagge streichen; **~ oil** *vi* PET TECH Öl entdecken

striker *n* PROD ENG Mitnehmer *m*, Zuschläger *m*

striking *n* ELEC ENG *arc* Zündung *f*, ELECTRON *electrode* Schlaggalvanisierung *f*, PROD ENG Ziehbrettformen *nt*, Zündung *f*; **~ plate** *n* CONST Schließblech *nt*

string *n* CER & GLAS Faden *m*, COMP & DP Zeichenkette *f*, Zeichenfolge *f*, CONST Gesimsband *nt*, Mauerband *nt*, Treppenwange *f*, MECHAN ENG *of pipes* Strang *m*, PRINT Schnur *f*, *of characters* String *m*, Zeichenkette *f*; **~ bead** *n* PROD ENG Zugraupe *f*; **~ concatenation** *n* COMP & DP Zeichenfolgenverkettung *f*; **~ construction** *n* RAD PHYS *theoretical physics* Stringkonstruktion *f*; **~ function** *n* COMP & DP Zeichenfolgenfunktion *f*; **~ length** *n* COMP & DP Länge der Zeichenfolge *f*; **~ manipulation** *n* COMP & DP Zeichenfolgenbearbeitung *f*; **~ name** *n* COMP & DP Name der Zeichenfolge *m*; **~ operation** *n* COMP & DP Zeichenfolgenoperation *f*; **~ piece** *n* CONST Streckbalken *m*; **~ variable** *n* COMP & DP Zeichenfolgenvariable *f*

stringer *n* CONST Holzgurtgesims *nt*, Längsbalken *m*, Stützbalken *m*, Treppenwange *f*, RAIL Langschwelle *f*, SPACE *spacecraft* Längsspant *m*, Längsversteifung *f*, Stringer *m*, WATER TRANS *shipbuilding* Stringer *m*; **~ angle** *n* WATER TRANS *shipbuilding* Stringerwinkel *m*

stringy: **~ floppy** *n* COMP & DP Magnetband-Streamer *m*; **~ knot** *n* CER & GLAS fadenförmiger Knoten *m*

strip[1] *n* AIR TRANS Start- und Landestreifen *m*, COATINGS Auffang *m*, COMP & DP Streifen *m*, CONST Leiste *f*, METALL Streifen *m*, PROD ENG Bandstahl *m*, TEXT Streifen *m*; **~ chart** *n* ELECT Registrierstreifen *m*, INSTR Diagrammstreifen *m*, Registrierstreifen *m*, Schreibband *nt*; **~ chart line recorder** *n* INSTR Linienschreiber *m*; **~ chart potentiometric recorder** *n* INSTR Kompensationsbandschreiber *m*; **~ chart recorder** *n* ELECT Streifenschreiber *m*; **~ coating** *n* PLAS Teilflächenbeschichtung *f*; **~ filling** *n* CER & GLAS Streifenfüllung *f*; **~ gumming** *n* PRINT Streifengummierung *f*; **~ heating** *n* HEAT & REFRIG Lamellenheizung *f*; **~ line** *n* ELEC ENG Bandleiter *m*, Bandleitung *f*, Streifenleiter *f*, PHYS *transmission line* Bandleiter *m*, Bandleitung *f*, Streifenleitung *f*; **~ size** *n* ENG DRAW Streifenformat *nt*; **~ solder** *n* MECHAN ENG Lotband *nt*; **~ tank** *n* COATINGS Abbeizbehälter *m*, Auffangtank *m*, Auffangwanne *f*; **~-type detector** *n* SPACE *spacecraft* Streifendetektor *m*; **~ window** *n* COMP & DP Einzeilenfenster *nt*

strip[2] *vt* AUTO *wire* abisolieren, COATINGS *paint* abbeizen, CONST *forms* ausschalen, MECHAN ENG zerlegen, METALL abstreifen, NUC TECH *pressure vessel* demontieren, zerlegen, PROD ENG lockern, überdrehen; **~ in** *vt* PRINT *illustrations* einstrippen

strip:[3] **~ formwork** *vi* CONST ausschalen

stripe *n* COMP & DP Streifen *m*, TEXT Bande *f*, Streifen *m*

striped[1] *adj* PAPER streifig

striped:[2] **~ fabric** *n* TEXT Streifenware *f*; **~ silvering** *n* CER & GLAS Streifenversilberung *f*

striping *n* RECORD Striping *nt*

strippable *adj* PROD ENG abisolierbar, lockerbar

stripper *n* COAL TECH Abstreifer *m*; **~ plate** *n* MECHAN ENG *injection mould* Abstreifer *m*

stripping *n* CER & GLAS Entfernen von Glastafeln von den Tischen nach dem Schleifen, COAL TECH Abräumen *nt*, POLL *nuclear fuel reprocessing* Wäsche *f*, PRINT *film pages* Strippen *nt*, PROD ENG Abziehen *nt*; **~ press** *n* PROD ENG Abgratpresse *f*; **~ pump** *n* MAR POLL Restmengenpumpe *f*

strobe:[1] **~ light** *n* SPACE Stroboskoplicht *nt*; **~ pulse** *n* TELECOM Markierimpuls *m*, stroboskopischer Impuls *m*

strobe[2] *vt* CONTROL auftasten, markieren

stroboscope *n* PHYS, WAVE PHYS Stroboskop *nt*

stroboscopic: **~ tape** *n* RECORD Stroboskopband *nt*

stroke *n* AUTO Hub *m*, HYD EQUIP Arbeitstakt *m*, Hub *m*, MECHAN ENG *file* Strich *m*, *piston* Hub *m*, *press* Hubweg *m*, *spring* Weg *m*, NUC TECH *assembly* Hubhöhe *f*, PHYS Blitzschlag *m*, Hub *m*, Takt *m*, PROD ENG Hub *m*, *plastic valves* Hub *m*; **~ counter** *n* INSTR Hubzähler *m*, Hubzählgerät *nt*; **~ density** *n* PRINT Strichdichte *f*; **~ limiter** *n* PROD ENG *plastic valves* Hubbegrenzung *f*

strong[1] *adj* OPT *lens* stark

strong:[2] **~ force** *n* PART PHYS starke Kraft *f*; **~ interaction** *n* NUC TECH, PART PHYS starke Wechselwirkung *f*; **~**

inversion *n* ELECTRON *video* starkes Negativbild *nt*; ~ **nuclear force** *n* PART PHYS starke Kraft *f*
strontic *adj* CHEMISTRY Strontium- *pref*
strontium *n (Sr)* CHEMISTRY Strontium *nt (Sr)*; ~ **oxide** *n* CHEMISTRY Strontiumoxid *nt*
strophanthin *n* CHEMISTRY Strophanthin *nt*
Strouhal: ~ **number** *n* FLUID PHYS Strouhalzahl *f*
Strowger: ~ **system** *n* TELECOM Hebdrehwählersystem *nt*
struck *adj* CONST *scaffold* abgebaut, angelaufen, erblindet
structural[1] *adj* CONST konstruktiv
structural:[2] ~ **analysis** *n* CONST Statik *f*; ~ **analysis software** *n* SPACE *spacecraft* Software zur Strukturanalyse *f*; ~ **angle** *n* PROD ENG Stahlwinkel *m*; ~ **change** *n* PROD ENG Gefügeumwandlung *f*; ~ **channel** *n* PROD ENG U-Stahl *m*; ~ **element next in line** *n* IND PROCESS *measuring transducer* nachgeschaltetes Bauglied *nt*; ~ **engineering** *n* CONST Baustatistik *f*, Ingenieurhochbau *m*; ~ **fire** *n* SAFETY Gebäudebrand *m*; ~ **glass** *n* CER & GLAS Bauglas *nt*; ~ **iron** *n* CONST Baueisen *nt*, Flußeisen *nt*; ~ **model** *n* SPACE Strukturmodell *nt*; ~ **stability** *n* TEST Gefügebeständigkeit *f*; ~ **steel** *n* CONST Baustahl *m*; ~ **tap** *n* PET TECH strukturelle Falle *f*
structure *n* COMP & DP Struktur *f*, CONST Bauwerk *nt*, Konstruktion *f*, CONTROL Aufbau *m*, Gebäude *nt*, Struktur *f*, RAIL *building* Gebäude *nt*, *constitution* Struktur *f*, Zusammensetzung *f*; ~ **of the atom** *n* PHYS Atomstruktur *f*; ~**-borne noise** *n* ACOUSTICS Körperschall *m*; ~**-borne sound** *n* ACOUSTICS Körperschall *m*; ~ **index** *n* SPACE *spacecraft* Strukturindex *m*
structured: ~ **design** *n* COMP & DP strukturierte Entwicklung *f*; ~ **programming** *n* COMP & DP strukturierte Programmierung *f*, strukturiertes Programmieren *nt*; ~ **type** *n* COMP & DP strukturierter Typ *m*
strut[1] *n* AUTO Federbein *nt*, Strebe *f*, COAL TECH Stempel *m*, CONST Druckglied *nt*, Druckstab *m*, Stütze *f*, Stützsäule *f*, *purlin roof* Stiel *m*, *wood* Bug *m*, Kopfband *nt*, Sprengstrebe *f*, MECHANICS Druckstab *m*, Strebe *f*, PROD ENG Vertikalstab *m*; ~ **angle** *n* WATER TRANS *shipbuilding* Stützwinkel *m*
strut[2] *vt* CONST abstützen, verstreben, PROD ENG versteifen
strutting *n* CONST Versteifen *nt*, Verstreben *nt*, *purlin roof* Unterstützung *f*; ~ **board** *n* CONST Spannbohle *f*; ~ **head** *n* CONST Strebenkopf *m*
STS *abbr (space transportation system)* SPACE STS *(Raumfahrttransportsystem)*
stub[1] *n* CONST Baumstumpf *m*, Stumpf *m*, Stutzen *m*, ELEC ENG Abzweig *m*, Blindleitung *f*, Stichleitung *f*, MECHAN ENG Stummel *m*, PHYS *waveguide* Stumpf *m*, Stutzen *m*, PROD ENG *welding* Stumpf *m*, RAD TECH *antenna* Stichleitung *f*; ~ **arbor** *n* PROD ENG fliegend aufgespannter Dorn *m*; ~ **axle** *n* AUTO *wheel* Achsschenkel *m*, Faustachse *f*; ~ **drill** *n* MECHAN ENG kurzer Spiralbohrer *m*; ~ **frame** *n* AUTO *body* Ansatzrahmen *m*; ~ **mortise** *n* CONST kurzes Zapfenloch *nt*; ~ **shaft** *n* AIR TRANS *helicopter* Stummelwelle *f*; ~ **tenon** *n* CONST kurzer Zapfen *m*; ~ **tooth** *n* MECHAN ENG, PROD ENG Stumpfzahn *m*
stub[2] *vt* CONST *trees* roden
stuck: ~ **shank** *n* CER & GLAS blockierte Tragschere *f*
stud[1] *n* AUTO Nase *f*, Schaftschraube *f*, Stehbolzen *m*, Stift *m*, CONST Gerippe *nt*, MECHAN ENG Gewindebolzen *m*, *chain* Steg *m*, *short pin* Stiftschraube *f*, MECHANICS Stift *m*, PROD ENG Stiftbolzen *m*; ~ **bolt** *n* CONST Gewindestift *m*, MECHAN ENG Gewindebolzen *m*; ~ **chain** *n* MECHAN ENG Stegkette *f*; ~**-inserting machine** *n* PROD ENG Bolzenlochbohrmaschine *f*; ~ **link** *n* CONST Steg *m*; ~ **link cable chain** *n* CONST Stegkette *f*; ~ **partition** *n* CONST Ständerwand *f*; ~ **union** *n* CONST Ständerverbindung *f*; ~ **wall** *n* CONST Fachwerkwand *f*; ~ **welding** *n* CONST Bolzenschweißen *nt*, PROD ENG Bolzenaufschweißen *nt*; ~ **welding gun** *n* CONST Bolzenschweißpistole *f*; ~ **wheel** *n* MECHAN ENG *gearing* Zwischenrad *nt*
stud[2] *vt* PROD ENG verstiften
studded[1] *adj* PROD ENG verstiftet
studded:[2] ~ **chain** *n* MECHAN ENG Stegkette *f*; ~ **link cable chain** *n* CONST Stegkette *f*; ~ **tire** *n AmE*, ~ **tyre** *n BrE* AUTO Spikereifen *m*
studding *n* PROD ENG Verstiften *nt*
studio *n* PHOTO Atelier *nt*; ~ **address system** *n* RECORD Studioansprechsystem *nt*; ~ **broadcast** *n* TELEV Studiosendung *f*; ~ **camera** *n* PHOTO Atelierkamera *f*, Studiokamera *f*; ~ **control room** *n* TELEV Regieraum *m*; ~ **facilities** *n pl* TELEV Studioeinrichtung *f*; ~ **lining** *n* RECORD Studioauskleidung *f*; ~ **manager** *n* TELEV Studioleiter *m*; ~ **monitor** *n* TELEV Studiomonitor *m*; ~ **work** *n* PHOTO Atelierarbeit *f*
stuff[1] *n* PAPER Stoffbütte *f*; ~ **chest** *n* PAPER Ganzstoffkasten *m*; ~ **sizing** *n* PAPER Stoffleimung *f*
stuff[2] *vt* CONST verkitten, TRANS *containers* beladen
stuffing *n* FOOD TECH Füllung *f*, PROD ENG Ausschlagen *nt*, RAIL Stopf- *pref*, TELECOM Stopf- *pref*, Stopfen *nt*, TEXT Stopf- *pref*, TRANS *containers* Beladen *nt*; ~ **box** *n* FOOD TECH, MECHAN ENG, PROD ENG Stopfbüchse *f*; ~ **box gland** *n* MECHAN ENG Stopfbüchsenbrille *f*; ~ **box lid** *n* NUC TECH Stopfbüchsendeckel *m*; ~ **character** *n* TELECOM Stopfzeichen *nt*; ~ **device** *n* TELECOM Stopfeinrichtung *f*; ~ **digit** *n* TELECOM Stopfbit *nt*, Stuffing-Bit *nt*; ~ **rate** *n* TELECOM Stopfgeschwindigkeit *f*, Stopfrate *f*
stum *n* FOOD TECH Most *m*
stump *n* COAL TECH Stummel *m*, Stumpf *m*, CONST Baumstumpf *m*, Stubben *m*, Turmansatz *m*
S-twist *n* TEXT Linksdrehung *f*, Linksdraht *m*, S-Draht *m*, S-Drehung *f*
STX *abbr (start of text)* COMP & DP STX *(Textanfang)*
style[1] *n* CONST Fries *m*, TEXT Schnitt *m*; ~ **of lettering** *n* ENG DRAW Schriftart *f*
style[2] *vt* TEXT entwerfen
styling *n* TEXT Entwerfen *nt*
stylus *n* ACOUSTICS Stichel *m*, RECORD Nadel *f*; ~ **crosstalk** *n* RECORD Nadel-Nebengeräusch *nt*; ~ **drag** *n* RECORD Rückstellkraft *f*; ~ **force** *n* ACOUSTICS Stichelkraft *f*
styphnic: ~ **acid** *n* CHEMISTRY Styphninsäure *f*
styracitol *n* CHEMISTRY Styracit *m*
styrene *n* CHEMISTRY Styren *nt*, Styrol *nt*, Vinylbenzol *nt*, PET TECH Styrol *nt*; ~ **butadiene rubber** *n (SBR)* PLAS Styrol-Butadien-Kautschuk *m (SBR)*
styrol: ~ **copolymer** *n* ELECT *insulation* Styrol-Copolymer *nt*
styrolene *n* CHEMISTRY Styren *nt*, Styrol *nt*, Vinylbenzol *nt*
SU *abbr* ART INT *(speech understanding)* SU *(Sprachverstehen)*, TELECOM *(store-and-forward unit)* Speichereinheit *f*
SUB: ~ **character** *n* COMP & DP Substitutionszeichen *nt*
subaddress *n* TELECOM Subadresse *f*, Unteradresse *f*
subaddressing *n* TELECOM Subadressierung *f*

subambient: ~ **temperature** *n* MECHAN ENG Temperatur unterhalb Umgebungstemperatur *f*
subaqueous: ~ **pump** *n* WATER SUP Unterwasserpumpe *f*
subassemble *vt* PROD ENG Untergruppen zusammenbauen
subassembling *n* PROD ENG Teilmontage *f*
subassembly *n* MECHAN ENG Teilzusammenbau *m*
subatomic: ~ **particle** *n* PHYS Teilchen kleiner als Atome *nt*
subband: ~ **coding** *n* TELECOM Teilbandcodierung *f*
subbase *n* CONST Sauberkeitsschicht *f*, *civil engineering* Frostschutzschicht *f*, Unterbau *m*
subcarbonate *n* CHEMISTRY basisches Carbonat *nt*
subcarrier *n* SPACE *communications* Subträger *m*, TELEV Unterträger *m*; ~ **component** *n* TELEV Unterträgerkomponente *f*; ~ **frequency** *n* ELECTRON, RAD TECH, TELECOM, TELEV Hilfsträgerfrequenz *f*, Unterträgerfrequenz *f*; ~ **lock** *n* TELEV Unterträgereinrastung *f*; ~ **modulation** *n* TELEV Unterträgermodulation *f*; ~ **offset** *n* TELEV Unterträgerabstand *m*; ~ **oscillator** *n* TELEV Unterträgeroszillator *m*; ~ **phase** *n* TELEV Unterträgerphase *f*; ~ **rectification** *n* TELEV Unterträgergleichrichtung *f*
subcell *n* WASTE Kassette *f*
subchannel *n* ELECTRON Teilkanal *m*
subchloride *n* CHEMISTRY Subchlorid *nt*, basisches Chlorid *nt*
subcontractor *n* QUAL Unterlieferant *m*, Zulieferer *m*; ~ **source inspection** *n* QUAL Außenabnahme beim Zulieferanten *m*
subcool *vt* THERMODYN *steam* unterkühlen
subcooled *adj* HEAT & REFRIG unterkühlt
subcooler *n* HEAT & REFRIG Unterkühler *m*
subcritical[1] *adj* NUC TECH subkritisch, unterkritisch
subcritical:[2] ~ **reaction** *n* RAD PHYS subkritische Reaktion *f*, unterkritische Reaktion *f*
subdominant *n* ACOUSTICS Quart *nt*, Quarte *f*, Subdominante *f*
subduction *n* PET TECH Absinken *nt*, Subduktion *f*; ~ **zone** *n* PET TECH Absinkzone *f*
suberate *n* CHEMISTRY Suberat *nt*
suberic *adj* CHEMISTRY Suberin- *pref*
suberification *n* CHEMISTRY Verkorkung *f*
suberin *n* CHEMISTRY Korkstoff *m*, Suberin *nt*
suberone *n* CHEMISTRY Cycloheptanon *nt*, Suberon *nt*
suberyl *n* CHEMISTRY Suberyl- *pref*
subgoal *n* ART INT Subziel *nt*, Teilziel *nt*, Unterziel *nt*
subgrade: ~ **reaction modulus** *n* COAL TECH Sohlpressungsmodul *m*
subgraph *n* ART INT Teilgraph *m*, Untergraph *m*
subharmonic *n* ACOUSTICS, ELECTRON Subharmonische *f*
subject: ~ **matter** *n* PAT Gegenstand *m*
subjective: ~ **test** *n* TELECOM subjektiver Test *m*; ~ **tone** *n* ACOUSTICS subjektiver Ton *m*
subjective: ~ **loudness** *n* ACOUSTICS *sound* subjektiv empfundene Lautheit *f*
subland: ~ **drill** *n* PROD ENG Mehrlippenbohrer *m*; ~ **twist drill** *n* MECHAN ENG Mehrphasenstufenbohrer *m*
sublayer *n* TEXT Unterschicht *f*
sublethal: ~ **dose** *n* POLL subletale Dosis *f*; ~ **effect** *n* POLL subletaler Effekt *m*
sublevel *n* PHYS Unterniveau *nt*, Unterzustand *m*
sublicence *n* *BrE* PAT Unterlizenz *f*
sublicense *n* *AmE see sublicence BrE*
sublimate[1] *n* CHEMISTRY Quecksilber- Chlorid *nt*, Sublimat *nt*, PET TECH Sublimat *nt*
sublimate[2] *vti* THERMODYN sublimieren
sublimated: ~ **oxide of zinc** *n* METALL sublimiertes Zinkoxid *nt*
sublimating: ~ **vessel** *n* CHEMISTRY Sublimiergefäß *nt*
sublimation *n* PHYS Sublimation *f*, THERMODYN Sublimation *f*, Sublimieren *nt*; ~ **heat** *n* THERMODYN Sublimationswärme *f*
subliminal *adj* ERGON subliminal, unterschwellig
submarine[1] *adj* WATER TRANS Untersee- *pref*, unterseeisch
submarine[2] *n* WATER TRANS U-Boot *nt*, Unterseeboot *nt*; ~ **cable** *n* ELEC ENG, PHYS Unterseekabel *nt*, TELECOM Ozeankabel *nt*, Seekabel *nt*, WATER TRANS Tiefseekabel *nt*, Unterwasserkabel *nt*; ~ **pen** *n* WATER TRANS *navy* U-Boot-Bunker *m*; ~ **tanker** *n* WATER TRANS Unterseetanker *m*
submediant *n* ACOUSTICS Oberdominante *f*, Sexte *f*, Superdominante *f*
submerge *vt* WATER SUP überfluten
submerged: ~ **arc-welding** *n* CONST Unterpulverschweißen *nt*, verdecktes Lichtbogenschweißen *nt*; ~ **concrete** *n* CONST Unterwasserbeton *m*; ~ **condenser** *n* HEAT & REFRIG Unterwasserkondensator *m*; ~ **optical repeater** *n* TELECOM optischer Seekabelverstärker *m*; ~ **orifice** *n* HYD EQUIP Unterwasserblende *f*, Unterwasserdüse *f*, Unterwassermündung *f*; ~ **pump** *n* WATER SUP Unterwasserpumpe *f*; ~ **repeater** *n* TELECOM Seekabelverstärker *m*; ~ **speed** *n* WATER TRANS *submarine* Unterwassergeschwindigkeit *f*; ~ **spring** *n* WATER SUP Unterwasserquelle *f*; ~ **turbine** *n* HYD EQUIP Unterwasserturbine *f*; ~ **weir** *n* HYD EQUIP, WATER SUP Grundwehr *nt*
submersible: ~ **pump** *n* HEAT & REFRIG Tauchpumpe *f*
submicron: ~ **particulate airfilter** *n* SAFETY Luftfilter für Submikronstaub *nt*
subminiature: ~ **camera** *n* PHOTO Kleinstbildkamera *f*; ~ **relay** *n* ELEC ENG Kleinstrelais *nt*
submit *vt* PAT unterbreiten
submodule *n* CONTROL Teilmodul *nt*
submultiple *n* METROL *unit* Teiler *m*
submultiplex *vt* TELECOM teilmultiplexen
subnetwork *n* TELECOM Teilnetz *nt*
subnitrate *n* CHEMISTRY Subnitrat *nt*, basisches Nitrat *nt*
subnormal *n* GEOM Subnormale *f*
subpopulation *n* QUAL Teilgesamtheit *f*; ~ **collective dose** *n* POLL Bevölkerungsteildosis *f*
subpreset: ~ **master** *n* TELEV Subvorwahlsteuerung *f*; ~ **switch** *n* TELEV Subvorwahlschalter *m*
subpress *n* PROD ENG Kleinpresse *f*; ~ **die** *n* PROD ENG Führungsschnitt *m*
subproblem *n* ART INT Teilproblem *nt*, Unterproblem *nt*
subprogram *n* COMP & DP Unterprogramm *nt*
subreflector *n* SPACE *communications* Subreflektor *m*
subroutine *n* COMP & DP Subroutine *f*, Unterprogramm *nt*; ~ **call** *n* COMP & DP Unterprogrammaufruf *m*; ~ **library** *n* COMP & DP Unterprogrammbibliothek *f*
subsalt *n* CHEMISTRY basisches Salz *nt*
subsatellite: ~ **point** *n* SPACE Subsatellitenpunkt *m*
subscriber *n* COMP & DP, ELECT, TELECOM Teilnehmer *m*; ~ **calling rate** *n* TELECOM Teilnehmergesprächsdichte *f*; ~ **line circuit** *n* *(SLC)* TELECOM Teilnehmersatz *m* *(TNS)*; ~ **service** *n* TELECOM Teilnehmerentstörung *f*, Teilnehmerdienst *m*; ~ **trunk dialling** *n* *BrE (cf STD, direct distance dialing AmE)* TELECOM Selbst-

wählferndienst *m*, (SWFD) Fernwahl *f*; **~ trunk-dialling access code** *n BrE (cf direct distance-dialing access code AmE)* TELECOM Fernwahlzugangskennzahl *f*

subscriber's: **~ line** *n* TELECOM *telegraphy* AL, Anschlußleitung *f*, TNL, Teilnehmeranschlußleitung *f*; **~ meter** *n* TELECOM Gebührenzähler *m*, Gesprächszähler *m*; **~ private meter** *n* TELECOM Gebührenanzeiger beim Teilnehmer *m*; **~ store** *n* TELECOM Anschlußspeicher *m*

subscript *n* COMP & DP Indexliste *f*, tiefgestelltes Zeichen *nt*, PRINT tiefstehendes Zeichen *nt*

subscripted: **~ variable** *n* COMP & DP indexierte Variable *f*

subsea: **~ completion** *n* PET TECH Unterwasserkomplettierung *f*; **~ well** *n* POLL Unterwasserbohrloch *nt*; **~ wellhead** *n* PET TECH Unterwasserbohrlochkopf *m*

subsegment *n* COMP & DP Subsegment *nt*

subsequent: **~ failure** *n* QUAL Folgeausfall *m*

subset *n* COMP & DP Teilmenge *f*, Teilsatz *m*, Untermenge *f*, MATH Teilmenge *f*

subshell *n* PHYS *atom* Unterschale *f*

subside *vi* CONST *ground* sacken, setzen

subsidence *n* CONST Bodensenkung *f*, Setzung *f*, *ground* Absacken *nt*, PET TECH Absenkung *f*, Setzung *f*, POLL *ground* Einsinken *nt*, Zusammenfallen *nt*, RAIL Einsenkung *f*

subsident: **~ basin** *n* PET TECH Senkungsbecken *nt*

subsoil: **~ exploration** *n* CONST Bodenuntersuchung *f*; **~ water** *n* WATER SUP Grundwasser *nt*

subsonic[1] *adj* AIR TRANS, ELECTRON, RAD PHYS Unterschall- *pref*

subsonic:[2] **~ aircraft** *n* AIR TRANS Unterschall-Luftfahrzeug *nt*; **~ frequency** *n* ELECTRON, RAD PHYS Unterschallfrequenz *f*

subspace *n* PHYS Unterraum *m*

substance *n* CER & GLAS Substanz *f*, PAPER Flächengewicht *nt*

substandard: **~ ship** *n* WATER TRANS Substandardschiff *nt*

substation *n* ELECT Trafostation *f*, Unterwerk *nt*, TELECOM Teilnehmersprechstelle *f*, Unterstation *f*, Unterwerk *nt*; **~ for frequency conversion** *n* ELECT Frequenzumformer-Unterwerk *nt*

substitute:[1] **~ character** *n* COMP & DP Ersatzzeichen *nt*, Substitutionszeichen *nt*

substitute[2] *vt* MATH einsetzen, ersetzen

substitution *n* MATH Einsetzen *nt*, Substitution *f*; **~ character** *n* COMP & DP Substitutionszeichen *nt*

substrate *n* COATINGS Grundmaterial *nt*, Trägermaterial *nt*, COMP & DP Substrat *nt*, ELECTRON Trägermaterial *nt*, PHYS Unterlage *f*, PLAS Substrat *nt*, Träger *m*, TELECOM Substrat *nt*, Trägerkörper *m*

substratum *n* PET TECH Liegendes *nt*

substring *n* COMP & DP Teilzeichenfolge *f*, Unterkette *f*, Unterzeichenkette *f*

substructure *n* CONST Fundamentkonstruktion *f*, Unterkonstruktion *f*, *road* Unterbau *m*, PET TECH Unterbau *m*

subsurface: **~ conditions** *n pl* PET TECH Untergrundbedingungen *f pl*; **~ erosion** *n* WATER SUP unterirdische Erosion *f*; **~ irrigation** *n* WATER SUP Einstaubewässerung *f*, Unterflurbewässerung *f*, unterirdische Bewässerung *f*; **~ repository** *n* WASTE Untertagedeponie *f*

subswitcher *n* TELEV Subschalter *m*

subsynchronous: **~ satellite** *n* SPACE subsynchroner Satellit *m*

subsystem *n* COMP & DP Subsystem *nt*, Untersystem *nt*, SPACE Subsystem *nt*, TELECOM Subsystem *nt*, Teilsystem *nt*

subtangent *n* GEOM Subtangente *f*

subtask *n* COMP & DP Subtask *nt*

subtend *vt* GEOM abschneiden

subterranean: **~ propagation** *n* TELECOM unterirdische Ausbreitung *f*; **~ water** *n* WATER SUP Grundwasser *nt*, unterirdisches Wasser *nt*

subtitler *n* TELEV Untertitelerzeuger *m*

subtitles *n pl* TELEV Untertitel *m pl*

subtitling *n* TELEV Untertitelung *f*

subtract *vt* COMP & DP subtrahieren, MATH abziehen, subtrahieren

subtracter *n* COMP & DP Subtrahierer *m*, Subtrahierglied *nt*

subtraction *n* COMP & DP, MATH Subtraktion *f*

subtractive: **~ method** *n* ELECTRON Subtraktivmethode *f*; **~ primaries** *n pl* TELEV subtraktive Primärfarben *f pl*; **~ synthesis** *n* PHOTO subtraktive Farbmischung *f*

subtrahend *n* COMP & DP Subtrahend *m*

subtype *n* COMP & DP Subtyp *m*, untergeordneter Typ *m*

subunit *n* CONTROL Untereinheit *f*

suburban: **~ traffic** *n* TRANS Randzonenverkehr *m*

subway *n AmE (cf underground BrE)* RAIL Tunnel *m*, Unterführung *f*

successful: **~ call** *n* TELECOM erfolgreich abgewickelter Anruf *m*

successive[1] *adj* CONTROL aufeinanderfolgend, fortlaufend, sukzessiv

successive:[2] **~ approximation** *n* INSTR schrittweise Näherung *f*, sukzessive Approximation *f*

successor: **~ in title** *n* PAT Rechtsnachfolger *m*

suck: **~-and-blow process** *n* CER & GLAS Saug-Blas-Verfahren *nt*

sucker: **~ rod** *n* FUELLESS, MECHAN ENG *pump* Pumpstange *f*

sucking *adj* CER & GLAS, CONST, MAR POLL, WATER SUP, WATER TRANS Saug- *pref*

sucrase *n* FOOD TECH Invertase *f*, Saccharase *f*

sucrate *n* CHEMISTRY Saccharat *nt*

suction *n* HEAT & REFRIG Ansaugen *nt*, Einsaugen *nt*, Saugen *nt*, HYD EQUIP Ansaug- *pref*, MECHAN ENG Ansaugung *f*, MECHANICS Ansaugen *nt*, Einsaugen *nt*, Sog *m*, PAPER Ansaugung *f*, SAFETY Absaug- *pref*, TEXT Absaugung *f*, Saugen *nt*; **~ air** *n* HEAT & REFRIG Saugluft *f*; **~ box** *n* PAPER Saugkasten *m*; **~ box cover** *n* PAPER Saugkastenbelag *m*; **~ capacity** *n* HEAT & REFRIG Ansaugleistung *f*; **~ carburetor** *n AmE*, **~ carburettor** *n BrE* AUTO Gleichdruckvergaser *m*; **~ chamber** *n* AUTO Saugkammer *f*, Vergaserglocke *f*; **~ couch roll** *n* PAPER Sauggautsche *f*; **~ dredge** *n* WATER SUP, WATER TRANS Saugbagger *m*; **~ dredger** *n* WATER TRANS Saugbagger *m*; **~ fan** *n* HEAT & REFRIG Saugzuglüfter *m*, MECHAN ENG Sauglüfter *m*; **~ feeding** *n* CER & GLAS Saugspeisen *nt*; **~ filter** *n* PROD ENG, WASTE, WATER SUP Saugfilter *nt*; **~ and filter installation** *n* SAFETY *dust, chippings* Absaug- und Filtervorrichtung *f*; **~ head** *n* HEAT & REFRIG Ansaughöhe *f*, WATER SUP Saughöhe *f*; **~ hopper dredge** *n* WATER TRANS Saugbagger mit Laderaum *m*, Saughopperbagger *m*; **~ hopper dredger** *n* WATER TRANS Saugbagger mit Laderaum *m*, Saughopperbagger *m*; **~ hose** *n* SAFETY *firefighting equipment* Saugleitung *f*, WATER SUP

Saugschlauch *m*; ~ **lift** *n* WATER SUP Saughöhe *f*; ~ **line** *n* PROD ENG Saugleitung *f*; ~ **machine** *n* CER & GLAS Saugmaschine *f*; ~ **mold** *n AmE*, ~ **mould** *n BrE* CER & GLAS Saugform *f*; ~ **pipe** *n* AUTO Ansaugrohr *nt*, Saugrohr *nt*, MECHAN ENG Saugrohr *nt*, WATER SUP Saugleitung *f*, Saugrohr *nt*, WATER TRANS Ansaugrohr *nt*, Saugrohr *nt*; ~ **pit** *n* PET TECH Ansauggrube *f*; ~ **port** *n* PROD ENG Saugkammer *f*, WASTE Saugmund *m*; ~ **pump** *n* FOOD TECH Saugpumpe *f*, HYD EQUIP Ansaugpumpe *f*, Saugpumpe *f*, PAPER, TEXT, WATER SUP Saugpumpe *f*; ~ **roll** *n* PAPER Siebsaugwalze *f*; ~ **roll felt** *n* PAPER Saugwalzenfilz *m*; ~ **side** *n* MECHAN ENG *pump* Saugseite *f*; ~ **strainer** *n* CHEM ENG Saugfilter *nt*, PROD ENG Saugkorb *m*; ~**-suspended vehicle** *n* AUTO Fahrzeug mit Unterdruckaufhängung *f*; ~ **tank** *n* HYD EQUIP Ansaugbehälter *m*, Ansaugtank *m*; ~ **throttling valve** *n* AUTO Saugdrosselventil *nt*; ~**-type governor** *n* AUTO Membranregler *m*, Unterdruckregler *m*, pneumatischer Drehzahlregler *m*; ~ **valve** *n* AUTO Einlaßventil *nt*, Saugventil *nt*, HEAT & REFRIG, HYD EQUIP Ansaugventil *nt*, Saugventil *nt*, MECHAN ENG Saugventil *nt*

sud *n* PROD ENG Schmiermittel *nt*

sudden: ~ **change of wind direction** *n* WATER TRANS Umspringen des Windes *nt*; ~ **contraction of cross section** *n* HYD EQUIP plötzliche Querschnittskontraktion *f*; ~ **enlargement of cross section** *n* HYD EQUIP plötzliche Querschnittsvergrößerung *f*; ~ **short-circuit test** *n* ELECT Prüfung auf plötzlichen Kurzschluß *f*

suds *n pl* CHEMISTRY Seifenlauge *f*, Seifenschaum *m*

suffer: ~ **damage** *vi* PAT Schaden erleiden; ~ **shipwreck** *vi* WATER TRANS Schiffbruch erleiden

suffix *n* COMP & DP Nachwahlkennstelle *f*, Suffix *nt*; ~ **notation** *n* COMP & DP Suffixnotation *f*, Suffixschreibweise *f*

suffocate[1] *vt* SAFETY ersticken

suffocate[2] *vi* SAFETY ersticken

suffocation *n* SAFETY *fumes* Erstickung *f*

sugar *n* FOOD TECH Zucker *m*; ~ **of lead** *n* FOOD TECH Bleizucker *m*

sugaring *n* FOOD TECH Zuckern *nt*

sugary: ~ **cut** *n* CER & GLAS körniger Schliff *m*

suite *n* COMP & DP Folge *f*, TELECOM Reihe *f*; ~ **of programs** *n* COMP & DP Programmgruppe *f*, Programmfolge *f*; ~ **of switchboards** *n* TELECOM Vermittlungsschrankreihe *f*

suiting *n* TEXT Anzugstoff *m*

sulf- *AmE*, **sulph-** *pref BrE* CHEMISTRY Sulf- *pref*

sulfa *AmE*, **sulpha** *BrE*: ~ **drug** *n* CHEMISTRY Sulfonamidpräparat *nt*

sulfaguanidine *AmE*, **sulphaguanidine** *BrE n* CHEMISTRY Sulfaguanidin *nt*, Sulfanilguanidin *nt*

sulfamate *AmE*, **sulphamate** *BrE n* CHEMISTRY Sulfamat *nt*, Sulfamidat *nt*

sulfamic *AmE*, **sulphamic** *BrE adj* CHEMISTRY Amidoschwefel *m*, Sulfamid- *pref*

sulfamide *AmE*, **sulphamide** *BrE n* CHEMISTRY Schwefelsäurediamid *nt*, Sulfamid *nt*

sulfanilamide *AmE*, **sulphanilamide** *BrE n* CHEMISTRY Sulfanilamid *nt*

sulfanilic *AmE*, **sulphanilic** *BrE adj* CHEMISTRY Sulfanil- *pref*

sulfapyridine *AmE*, **sulphapyridine** *BrE n* CHEMISTRY Sulfapyridin *nt*, p- Aminobenzensulfonamido-Pyridin *nt*

sulfarsenide *AmE*, **sulpharsenide** *BrE n* CHEMISTRY Arsenosulfid *nt*

sulfate *AmE*, **sulphate** *BrE n* CHEMISTRY, POLL Sulfat *nt*; ~ **attack** *n* CONST Sulfatangriff *m*; ~ **pulp** *n* PAPER Sulfatzellstoff *m*

sulfathiazole *AmE*, **sulphathiazole** *BrE n* CHEMISTRY Sulfathiazol *nt*

sulfene *AmE*, **sulphene** *BrE*: ~ **amide accelerator** *n* PLAS Sulfenamidbeschleuniger *m*

sulfhydryl *AmE*, **sulphhydryl** *BrE adj* CHEMISTRY Mercapto- *pref*, Sulfhydryl- *pref*

sulfide *AmE*, **sulphide** *BrE*: ~ **glass** *n* CER & GLAS Sulfidglas *nt*; ~ **soil** *n* COAL TECH schwefelhaltiger Boden *m*; ~ **toning** *n* PHOTO Schwefelbad *nt*

sulfinic *AmE*, **sulphinic** *BrE adj* CHEMISTRY Sulfin- *pref*

sulfinyl *AmE*, **sulphinyl** *BrE adj* CHEMISTRY Sulfinyl- *pref*

sulfite *AmE*, **sulphite** *BrE n* CHEMISTRY Sulfit *nt*, schwefligsaures Salz *nt*

sulfocarbonate *AmE*, **sulphocarbonate** *BrE n* CHEMISTRY Thiocarbonat *nt*

sulfolane *AmE*, **sulpholane** *BrE n* CHEMISTRY, PET TECH Sulfolan *nt*

sulfolene *AmE*, **sulpholene** *BrE n* PET TECH Sulfolen *nt*

sulfaonamide *AmE*, **sulphonamide** *BrE n* CHEMISTRY Sulfonsäureamid *nt*, Sulfonamid *nt*

sulfonate *AmE*, **sulphonate** *BrE n* CHEMISTRY Sulfonsäureester *m*, Sulfonat *nt*

sulfonated *AmE*, **sulphonated** *BrE adj* CHEMISTRY sulfoniert

sulfonation *AmE*, **sulphonation** *BrE n* CHEMISTRY Sulfonierung *f*, Sulfurierung *f*

sulfone *AmE*, **sulphone** *BrE n* CHEMISTRY Sulfon *nt*

sulfonyl *AmE*, **sulphonyl** *BrE adj* CHEMISTRY Sulfonyl- *pref*, Sulfuryl- *pref*

sulfur *AmE*, **sulphur** *BrE n* PET TECH, PLAS Schwefel *m*; ~ **blooming** *n* PLAS *rubber* Ausschwefeln *nt*; ~ **budget** *n* POLL Schwefelhaushalt *m*; ~ **chloride** *n* CHEMISTRY Schwefelchlorid *nt*; ~ **content** *n* PET TECH Schwefelgehalt *m*; ~ **cycle** *n* POLL Schwefelkreislauf *m*; ~ **dioxide** *n* CHEMISTRY, FOOD TECH, POLL Schwefeldioxid *nt*; ~ **dioxide reduction** *n* POLL Schwefeldioxidreduktion *f*; ~ **oxide** *n* POLL Schwefeloxid *nt*; ~ **recovery plant** *n* WASTE Anlage zur Schwefelrückgewinnung *f*, Schwefelrückgewinnungsanlage *f*; ~ **trioxide** *n* CHEMISTRY Schwefeltrioxid *nt*

sulfurated *AmE*, **sulphurated** *BrE*: ~ **hydrogen** *n* FOOD TECH Schwefelwasserstoff *m*

sulfuric *AmE*, **sulphuric** *BrE*: ~ **acid** *n* CHEMISTRY, POLL, PROD ENG *plastic valves* Schwefelsäure *f*; ~ **anhydride** *n* POLL Schwefelsäurenanhydrid *nt*

sulfuring *AmE*, **sulphuring** *BrE n* CER & GLAS Auskristallisieren *nt*

sulfurization *AmE*, **sulphurization** *BrE n* COAL TECH Schwefelung *f*

sulfurize *AmE*, **sulphurize** *BrE vt* CHEMISTRY mit Schwefel behandeln

sulfurous[1] *AmE*, **sulphurous** *BrE adj* CHEMISTRY Schwefel- *pref*, schwefelhaltig

sulfurous[2] *AmE*, **sulphurous** *BrE*: ~ **acid** *n* POLL schweflige Säure *f*; ~ **combustible** *n* POLL schwefelhaltiger Brennstoff *m*

sulfuryl *AmE*, **sulphuryl** *BrE adj* CHEMISTRY Sulfonyl- *pref*, Sulfuryl- *pref*

sulfydrate *AmE*, **sulphydrate** *BrE n* CHEMISTRY Hydrosulfid *nt*, Hydrogensulfid *nt*, Sulfohydrat *nt*

sum *n* COMP & DP Betrag *m*, Gesamtbetrag *m*, Summe *f*;

~-and-difference technique *n* RECORD *stereo broadcasting* Summen-Differenz-Technik *f*
sumatrol *n* CHEMISTRY Sumatrol *nt*
summary *n* COMP & DP Zusammenfassung *f*; **~ punch** *n* COMP & DP Summenstanzer *m*; **~ punching** *n* COMP & DP Summenstanzen *nt*
summation: **~ hydrograph** *n* FUELLESS Summenganglinie *f*
summer *n* CONST Balken *m*, Geschoßquerbalken *m*, Trägerschwelle *f*; **~ beam** *n* CONST Rähmstück *nt*, Sturzbalken *m*; **~ load waterline** *n* WATER TRANS *ship design* Sommertiefladelinie *f*; **~ tree** *n* CONST Geschoßquerbalken *m*
summing: **~ point** *n* IND PROCESS Additionsstelle *f*, Summierstelle *f*
summit: **~ canal** *n* WATER SUP *navigation* Scheitelkanal *m*
sump *n* LAB EQUIP Anstrichmittelwanne *f*, PET TECH Pumpensaugbecken *nt*, Rückstandsammelbehälter *m*, Spülbecken *nt*, Sumpf *m*, PROD ENG Pumpensumpf *m*, Ölfangschale *f*, WATER SUP Schlammstapelteich *m*, Schlammteich *m*, Sumpf *m*; **~ guard** *n* AUTO *engine lubrication* Ölwannenschutz *m*; **~ pan** *n* CONST Sammelbehälter *m*, Wanne *f*; **~-type lubrication** *n* AUTO *engine lubrication* Ölsumpfschmierung *f*
sun: **~-and-planet gearing** *n* MECHAN ENG Planetengetriebe *nt*, Umlaufgetriebe *nt*; **~-dried brick** *n* CONST Grünling *m*, Lehmbaustein *m*; **~ gear** *n* AUTO, MECHAN ENG Sonnenrad *nt*; **~ gear control plate** *n* AUTO Sonnenradsteuerplatte *f*; **~ gear lockout teeth** *n* AUTO Sonnenradsperrverzahnung *f*; **~ interference** *n* SPACE Sonnenstörung *f*; **~ roof** *n* AUTO *body* Schiebedach *nt*, Sonnendach *nt*; **~ sensor** *n* SPACE Sonnenfühler *m*; **~ synchronous orbit** *n* SPACE sonnensynchrone Umlaufbahn *f*; **~ wheel** *n* MECHAN ENG Sonnenrad *nt*
sunglass *n* CER & GLAS Sonnenschutzglas *nt*
sunglasses: **~ for welding protection** *n pl* SAFETY getönte Schweißschutzbrille *f*
S-universal: **~ access** *n* TELECOM *ISDN* universeller S-Anschluß *m*; **~ interface** *n* TELECOM *ISDN* universelle S-Schnittstelle *f*; **~ interface card** *n* TELECOM *ISDN* universelle S- Schnittstellenkarte *f*
sunk: **~ key** *n* MECHAN ENG Einlegekeil *m*, Nutenkeil *m*; **~ mount** *n* PHOTO versenkte Fassung *f*, versenktes Einsetzen *nt*; **~ setting** *n* PHOTO *camera lens* versenkte Fassung *f*, versenktes Einsetzen *nt*; **~ well** *n* COAL TECH Schachtbrunnen *m*
sunken: **~ road** *n* CONST Straße in Tieflage *f*
sunlight: **~ resistance** *n* PLAS Beständigkeit gegen Sonnenlicht *f*
super: **~-blanking pulse** *n* TELEV Superaustastimpuls *m*; **~-clean coal** *n* COAL TECH Reinstkohle *f*; **~ group** *n* COMP & DP Übergruppe *f*; **~ high cube** *n (SHC)* TRANS Supergroßraumcontainer *m*; **~ high-speed rail vehicle** *n* RAIL Hochgeschwindigkeitsschienenfahrzeug *nt*; **~ high-speed steel** *n* MECHAN ENG Schnellstahl *m*; **~ high-speed traffic** *n* TRANS Hochgeschwindigkeitsverkehr *m*
supercalender *n* PAPER Superkalander *m*
supercargo *n* WATER TRANS *merchant navy* Frachtaufseher *m*, Superkargo *m*
supercavitating: **~ propeller** *n* WATER TRANS superkavitierender Propeller *m*
supercharge *n* AIR TRANS Aufladung *f*, Vorverdichtung *f*
supercharged: **~ engine** *n* RAIL aufgeladener Motor *m*
supercharger *n* AUTO Aufladegebläse *nt*, Lader *m*, MECHANICS Auflader *m*, Vorverdichtung *f*
supercharging *n* AUTO Aufladung *f*, Vorverdichtung *f*
superchilling *n* HEAT & REFRIG Tiefkühlung *f*
supercomputer *n* COMP & DP Großrechner *m*, Superrechner *m*, Höchstleistungsrechner *m*
supercomputing *n* COMP & DP Rechnen mit einem Großrechner *nt*, Rechnen mit einem Superrechner *nt*
superconducting[1] *adj* PART PHYS supraleitend
superconducting:[2] **~ coil** *n* TRANS Supraleitrolle *f*, supraleitende Spule *f*; **~ device** *n* ELECTRON supraleitendes Bauteil *nt*; **~ magnet** *n* TRANS supraleitender Magnet *m*; **~ magnet levitation** *n* TRANS Supraleitmagnetschwebesystem *nt*; **~ memory** *n* COMP & DP supraleitender Speicher *m*; **~ super collider** *n (SSC)* PART PHYS supraleitfähiges Supracollider *nt (SSC)*
superconductive: **~ quantum interference device** *n (SQUID)* PHYS supraleitfähiger Quanteninterferenzmechanismus *m (SQID)*
superconductivity *n* COMP & DP Supraleitfähigkeit *f*, Supraleitung *f*, ELECT, ELECTRON Supraleitfähigkeit *f*, PART PHYS, PHYS Supraleitung *f*, RAD PHYS Supraleitfähigkeit *f*, Supraleitung *f*
superconductor *n* ELECT Superleiter *m*, Supraleiter *m*, ELECTRON, PHYS, TELECOM Supraleiter *m*; **~ cable** *n* TELECOM Supraleiterkabel *nt*; **~ line** *n* TELECOM Supraleitfähigkeitsleitung *f*
supercooled *adj* PHYS unterkühlt
supercooling *n* METALL Unterkühlung *f*, PHYS Supercooling *nt*, Unterkühlung *f*
supercritical: **~ reaction** *n* RAD PHYS überkritische Reaktion *f*
superelevation *n* CONST *rails, roads* Überhöhung *f*; **~ of the outer rail** *n* RAIL Schienenerhöhung *f*; **~ of track** *n* RAIL Schienenüberhöhung *f*
superfinish:[1] **~ grinding** *n* PROD ENG Schwingschleifen *nt*; **~ turning** *n* PROD ENG Feinstdreharbeit *f*
superfinish[2] *vt* PROD ENG zerspanend feinstbearbeiten
superfinisher *n* PROD ENG Feinstdrehmaschine *f*
superfinishing *n* MECHAN ENG Kurzhubhonen *nt*, Superfinieren *nt*; **~ honing stone** *n* MECHAN ENG Kurzhubhonstein *nt*; **~ stone** *n* MECHAN ENG Kurzhubhonstein *nt*
superfluid *n* PHYS Suprafüssigkeit *f*
superfluidity *n* CHEMISTRY Suprafluidität *f*, Supraflüssigkeit *f*, PHYS Suprafluidität *f*
supergroup *n* COMP & DP, TELECOM Sekundärgruppe *f*, Übergruppe *f*
superheat:[1] **~ assembly** *n* NUC TECH *fuel element* Überhitzerelement *nt*
superheat[2] *vt* HEAT & REFRIG zwischenüberhitzen, überhitzen
superheated: **~ steam** *n* HEAT & REFRIG, MECHAN ENG, PHYS, THERMODYN Heißdampf *m*, überhitzter Dampf *m*
superheater *n* HEAT & REFRIG, NUC TECH *of steam generator* Überhitzer *m*; **~ coil** *n* HEAT & REFRIG Überhitzerschlange *f*
superheating *n* METALL, PHYS Überhitzung *f*
superheavy: **~ nucleus** *n* PHYS superschwerer Kern *m*
superheterodyne: **~ receiver** *n* RAD TECH Überlagerungsempfänger *m*
superhigh: **~ frequency** *n (SHF)* COAL TECH, CONST superhohe Frequenz *f (SHF)*, ELECTRON Höchstfre-

quenz *f*, superhohe Frequenz *f*, MECH, PHYS, PLAS, THERMODYN superhohe Frequenz *f (SHF)*
superhighway *n AmE (cf motorway BrE)* TRANS Autostraße *f*, Autobahn *f*
superimpose *vt* TELEV übereinanderlagern
superimposed: ~ **interference** *n* TELEV Überlagerungsstörung *f*
superimposition *n* ERGON Überlagerung *f*
superlattice *n* PROD ENG Überstruktur *f*; ~ **structure** *n* PROD ENG Überstruktur *f*
superluminescence *n* OPT, TELECOM Superlumineszenz *f*; ~ **LED** *n* OPT superlumineszierende Leuchtdiode *f*
superluminescent: ~ **LED** *n (SLD)* OPT, TELECOM superlumineszierende Diode *f (SLD)*
supermini *n* COMP & DP Superminicomputer *m*
supernatant *adj* CHEMISTRY *liquid* auf der Oberfläche schwimmend
supernova *n* SPACE Supernova *f*
superphosphate *n* CHEMISTRY Superphosphat *nt*
superplastisizer *n* CONST *concrete* starker Weichmacher *m*
superposition: ~ **principle** *n* ELECTRON *synthetic testing*, PHYS Überlagerungsprinzip *nt*
superradiance *n* OPT Superstrahlung *f*, TELECOM Superlumineszenz *f*
superradiant: ~ **diode** *n (SRD)* OPT superstrahlende Diode *f*, TELECOM superlumineszierende Diode *f (SLD)*
superrefraction *n* SPACE Superbrechung *f*
supersaturate *vt* CHEMISTRY übersättigen
supersaturated *adj* POLL übersättigt
superscript *n* COMP & DP Hochstellung *f*, hochgestelltes Zeichen *nt*, PRINT hochgestelltes Zeichen *nt*
supersonic[1] *adj* ELECT *(SS)* ultrasonisch *(US)*, WAVE PHYS im Überschallbereich, Überschall- *pref*
supersonic:[2] ~ **aircraft** *n* AIR TRANS Überschallflugzeug *nt*; ~ **frequency** *n* ELECTRON, RAD PHYS Überhörfrequenz *f*, Überschallfrequenz *f*; ~ **radar** *n* RAD PHYS *sonar* Echolot *nt*; ~ **speed** *n* PHYS Überschallgeschwindigkeit *f*; ~ **transport** *n (SST)* AIR TRANS Überschalltransport *m (SST)*
superstrings *n pl* RAD PHYS Superstrings *m pl*
superstructure *n* WATER TRANS *shipbuilding* Aufbau *m*, Decksaufbau *m*
supersymmetrical: ~ **particles** *n pl* RAD PHYS supersymmetrische Teilchen *nt pl*
supersync: ~ **signal** *n* TELEV Sypersynchro- Signal *nt*
supertanker *n* WATER TRANS Supertanker *m*
supertonic *n* ACOUSTICS zweite Stufe *f*
supertweeter: ~ **loudspeaker** *n* RECORD Superhochtonlautsprecher *m*
supervising: ~ **system** *n* CONTROL Ablaufüberwachungssystem *nt*, Überwachungssystem *nt*, QUAL, RAD PHYS Überwachungssystem *nt*
supervision *n* TELECOM Aufsicht *f*, Überwachung *f*
supervisor *n* COMP & DP Aufsichtsperson *f*, Supervisor *m*, CONTROL Überwacher *m*, MAR POLL Aufsichtsorgan *nt*, Inspektor *m*; ~ **call** *n* COMP & DP Supervisoraufruf *m*
supervisory: ~ **aid** *n* TELECOM Überwachungshilfe *f*; ~ **message** *n* TELECOM Überwachungsmeldung *f*; ~ **system** *n* QUAL, RAD PHYS Überwachungssystem *nt*; ~ **timer** *n* TELECOM Überwachungszeitgeber *m*; ~ **tone** *n* TELECOM Überwachungston *m*
supination *n* ERGON Supination *f*
supine *adj* ERGON supin
supplementary[1] *adj* PAT ergänzend, zusätzlich
supplementary:[2] ~ **angles** *n pl* GEOM Supplementärwinkel *m pl*; ~ **drawing** *n* ENG DRAW Ergänzungszeichnung *f*; ~ **lens** *n* PHOTO Vorsatzlinse *f*, Zusatzlinse *f*; ~ **purification** *n* POLL Zusatzreinigung *f*; ~ **service** *n* TELECOM *ISDN* Zusatzdienst *m*
supplied: ~ **air breathing apparatus** *n* SAFETY Atemgerät mit externer Luftversorgung *nt*
supplier's: ~ **quality performance** *n* QUAL Qualitätsfähigkeit des Lieferanten *f*
supply[1] *n* NUC TECH Beschickung *f*; ~ **air** *n* HEAT & REFRIG Zuluft *f*; ~ **air fan** *n* HEAT & REFRIG Zuluftventilator *m*; ~ **base** *n* PET TECH Versorgungsbasis *f*; ~ **boat** *n* WATER TRANS Versorgungsschiff *nt*; ~ **current** *n* ELEC ENG Netzstrom *m*, Speisestrom *m*; ~ **duct** *n* HEAT & REFRIG Zuluftkanal *m*; ~ **main** *n* ELEC ENG Versorgungshauptleitung *f*; ~ **network** *n AmE (cf mains BrE)* ELEC ENG Lichtnetz *nt*, Netz *nt*, Stromnetz *nt*, Stromversorgungsnetz *nt*, ELECT Stromnetz *nt*, Stromversorgungsnetz *nt*, TELEV Netz *nt*, WATER SUP Hauptwasserleitung *f*; ~ **pipe** *n* CONST Grundstücksleitung *f*, Verbrauchsleitung *f*, Versorgungsleitung *f*; ~ **pump** *n* MAR POLL Versorgungspumpe *f*; ~ **pylon** *n* ELECT Trägermast *m*; ~ **reel** *n* INSTR Abwickelspule *f*, TELEV ablaufende Bandspule *f*; ~ **roll** *n* TELEV ablaufende Filmrolle *f*; ~ **tank** *n* AUTO Versorgungsbehälter *m*; ~ **vessel** *n* WATER TRANS *type of ship* Tender *m*, Versorger *m*, Versorgungsschiff *nt*; ~ **voltage** *n* PHYS Spannungsversorgung *f*, PROD ENG *plastic valves* Speisespannung *f*
supply[2] *vt* CONST einspeisen, versorgen, zuführen, ELECT liefern, versorgen; ~ **with water** *vt* WATER SUP mit Wasser versorgen
support[1] *n* COMP & DP Auflager *m*, Unterstützung *f*, CONST Auflager *m*, Auflagerung *f*, Konsole *f*, Säule *f*, Unterlage *f*, MECHAN ENG Gestell *nt*, Halterung *f*, Stütze *f*, Ständer *m*, Träger *m*, *bearing* Auflager *m*; ~ **bracket** *n* PROD ENG Stützwinkel *m*; ~ **element** *n* COMP & DP Unterstützungselement *nt*; ~ **plate** *n* SPACE Trägerplatte *f*; ~ **program** *n* COMP & DP Unterstützungsprogramm *nt*; ~ **vehicle with non-contact suspension** *n* AUTO Tragfahrzeug mit berührungsloser Aufhängung *nt*; ~ **vessel** *n* WATER TRANS Versorgungsschiff *nt*, *ship* Hilfsschiff *nt*, Versorger *m*, Versorgungsschiff *nt*
support[2] *vt* COMP & DP tragen, unterstützen
supported: ~ **beam** *n* CONST Stützbalken *m*; ~ **monorail** *n* RAIL Einschienensattelbahn *f*
supporting[1] *adj* CONST stützend, tragend
supporting:[2] ~ **cable** *n* MECHAN ENG Tragseil *nt*; ~ **column** *n* RAIL Vertikaltragsäule *f*; ~ **rack** *n* RAIL Stützgleis *nt*; ~ **rail** *n* RAIL Stützschiene *f*; ~ **roller** *n* MECHAN ENG Stützrolle *f*; ~ **rope** *n* CONST Tragseil *nt*; ~ **structure** *n* CONST Tragkonstruktion *f*; ~ **wall** *n* CONST Stützmauer *f*
suppress *vt* COMP & DP unterdrücken
suppressed: ~ **carrier system** *n* TELEV System mit unterdrücktem Träger *nt*; ~ **carrier transmission** *n* ELECTRON Übertragung mit unterdrücktem Träger *f*; ~ **carrier transmitter** *n* ELECTRON Übermittler mit unterdrücktem Träger *m*; ~ **zero scale** *n* INSTR Skale mit unterdrücktem Nullpunkt *f*
suppression *n* COMP & DP, ELEC ENG Unterdrückung *f*; ~ **factor** *n* SPACE Unterdrückungsfaktor *m*; ~ **grid** *n* ELEC ENG Bremsgitter *nt*, Fanggitter *nt*; ~ **of range** *n* INSTR Bereichsunterdrückung *f*, Meßbereichsunter-

drückung *f*

suppressor *n* ELEC ENG, ELECT *anti- interference*, ELECTRON *radio*, TELECOM Entstörvorrichtung *f*, Entstörer *m*; **~ capacitor** *n* ELECT *anti-interference* Entstörkondensator *m*; **~ choke** *n* ELECT *anti- interference* Entstördrossel *f*; **~ grid** *n* ELECTRON *electronic tubes* Bremsgitter *nt*

supraliminal *adj* ERGON supraliminal, überschwellig

surcharge *n* CONST *price* Aufschlag *m*; **~ load** *n* COAL TECH Überlast *f*

surd *n* MATH irrationale Zahl *f*

surface:[1] **~-active** *adj* CHEMISTRY grenzflächenaktiv, kapillaraktiv, oberflächenaktiv

surface[2] *n* COATINGS Oberfläche *f*, GEOM Fläche *f*, PAPER, PAT *drawing* Oberfläche *f*, PHYS Grenzfläche *f*, WATER TRANS *sea* Wasseroberfläche *f*; **~ acoustic wave** *n (SAW)* ELECTRON, TELECOM akustische Oberflächenwelle *f (AOW)*; **~ acoustic wave device** *n* TELECOM Oberflächenwellenbauelement *nt*; **~ active agent** *n* MAR POLL Detergens *nt*, Tensid *nt*, oberflächenaktiver Stoff *m*; **~ application** *n* PAPER Oberflächenbehandlung *f*; **~ area** *n* POLL *of land, water* Oberflächenbereich *m*, *of reservoir* Staufläche *f*; **~ bonding strength** *n* PAPER Oberflächenfestigkeit *f*; **~ broach** *n* PROD ENG Außenräumwerkzeug *nt*; **~ broaching** *n* PROD ENG Außenflächenräumen *nt*; **~ broaching machine** *n* PROD ENG Außenflächenräummaschine *f*; **~ channel** *n* ELECTRON Oberflächenkanal *m*; **~ charge** *n* ELECT *electrostatics*, PHYS Oberflächenladung *f*; **~ charge density** *n* ELECT *electrostatics*, PHYS Oberflächenladungsdichte *f*; **~ coloring** *n AmE*, **~ colouring** *n BrE* PAPER Oberflächenfärbung *f*; **~ connection** *n* TELECOM Oberflächenverbindung *f*; **~ of contact** *n* MECHAN ENG Berührungsfläche *f*; **~ cooling** *n* HEAT & REFRIG Außenkühlung *f*, Oberflächenkühlung *f*; **~ current** *n* TELECOM Oberflächenstrom *m*, WATER TRANS *sea* Oberflächenströmung *f*; **~ damping** *n* RECORD Randdämpfung *f*; **~ demarcation** *n* CONST *surveying* Oberflächenvermarkung *f*; **~ density** *n* ELEC ENG Flächenladungsdichte *f*; **~ drainage** *n* WATER TRANS Oberflächenentwässerung *f*; **~ dressing** *n* CONST *roads* Oberflächenbehandlung *f*, Verschleißschicht *f*; **~ earthing connection** *n BrE (cf surface grounding connection AmE)* ELECT Oberflächenerdungskontakt *m*; **~ effect ship** *n* WATER TRANS LKF, Luftkissenfahrzeug *nt*; **~ effect vehicle** *n (SEV)* AUTO Bodeneffektfahrzeug *nt*, Luftkissenfahrzeug *nt*, Oberflächeneffektfahrzeug *nt (LKF)*; **~-emitting light-emitting diode** *n* OPT oberflächenemittierende Leuchtdiode *f*, oberflächenemittierende Lumineszenzdiode *f*, TELECOM Flächenemitter-Lumineszenzdiode *f*; **~ energy** *n* PHYS Oberflächenenergie *f*; **~ finish** *n* COATINGS Güte der Oberfläche *f*, Oberflächenvergütung *f*, MECHAN ENG, PAPER, PROD ENG Oberflächenbeschaffenheit *f*, Oberflächengüte *f*; **~ float** *n* WATER TRANS *oceanography* Treibkörper *m*; **~ gage** *n AmE*, **~ gauge** *n BrE* MECHAN ENG, MECHANICS Parallelreißer *m*, METROL Höhenreißer *m*, Parallelreißer *m*, PROD ENG Parallelreißer *m*; **~ geometry meter** *n* METROL Höhenreißer *m*, Parallelreißer *m*; **~ grinder** *n* MECHAN ENG Flachschleifmaschine *f*, Planschleifmaschine *f*; **~ grinding** *n* MECHAN ENG Flachschleifen *nt*, Planschleifen *nt*, PROD ENG Außenschleifen *nt*, Planschleifen *nt*; **~-grinding machine** *n* MECHAN ENG Flachschleifmaschine *f*, Planschleifmaschine *f*, PROD ENG Flächenschleifmaschine *f*; **~ grounding connection** *n AmE (cf surface earthing connection BrE)* ELECT Oberflächenerdungskontakt *m*; **~-hardened rail** *n* RAIL oberflächengehärtete Schiene *f*; **~ hardening** *n* METALL, PROD ENG Oberflächenhärtung *f*; **~ hardness** *n* MECHAN ENG Oberflächenhärte *f*; **~ heat flux** *n* NUC TECH Wärmestromdichte *f*; **~ imperfection** *n* PROD ENG Oberflächenfehler *m*; **~ induction** *n* TELEV Oberflächeninduktion *f*; **~ integral** *n* PHYS Oberflächenintegral *nt*; **~ irrigation** *n* WATER SUP Oberflächenbewässerung *f*; **~ lathe** *n* MECHAN ENG Plandrehmaschine *f*; **~ layer** *n* MAR POLL Oberflächenschicht *f*; **~ length** *n* PROD ENG *rolling* Ballenlänge *f*; **~ load** *n* MECHAN ENG Flächenlast *f*; **~ measuring instrument** *n* METROL Oberflächenmeßgerät *nt*, Rauheitmeßgerät *nt*; **~ method** *n* WASTE Oberflächenmethode *f*; **~ milling** *n* MECHAN ENG Flächenfräsen *nt*; **~-milling machine** *n* MECHAN ENG Flächenfräsmaschine *f*; **~-mounted component** *n (SMC)* ELECTRON SMD-Bauteil *nt (SMC)*, TELECOM Aufsetzbauelement *nt (SMC)*; **~-mounted socket** *n* ELECT oberflächenmontierte Steckdose *f*; **~ mounting** *n* COMP & DP Aufputzmontage *f*, Oberflächenmontage *f*, ELECT Oberflächenmontage *f*, ELECTRON Haftbestükkung *f*; **~ mounting device** *n (SMD)* ELECT Flachbauelement *nt*, oberflächenmontiertes Element *nt (SMD)*; **~ noise** *n* ELECTRON Nadelgeräusch *nt*, RECORD Abspielgeräusch *nt*; **~ piercing craft** *n* WATER TRANS halbgetauchtes Tragflächenboot *nt*; **~ planing** *n* MECHAN ENG *wood working* Abrichthobeln *nt*; **~ plate** *n* MECHAN ENG, MECHANICS Anreißplatte *f*, METROL Deckplatte *f*; **~ preparation** *n* CONST Oberflächenvorbehandlung *f*; **~ pressure** *n* MECHAN ENG Flächenpressung *f*, RAIL Flächendruckkraft *f*; **~ pressure chart** *n* WATER TRANS *meteorology* Oberflächendruckkarte *f*; **~ probe coil** *n* PROD ENG Tastspule *f*; **~ profile** *n* MECHAN ENG Flächenprofil *nt*, Oberflächenform *f*; **~ protection film** *n* PACK Oberflächenschutzfilm *m*; **~ protection tape** *n* PACK Abdeckband *nt*; **~ quality** *n* MECHAN ENG, PROD ENG Oberflächengüte *f*; **~ removal** *n* MECHAN ENG Oberflächenabtragung *f*; **~ resistance** *n* TEST Oberflächenwiderstand *m*; **~ resistivity** *n* ELEC ENG spezifischer Oberflächenwiderstand *m*; **~ of revolution** *n* GEOM Rotationsfläche *f*; **~ roughness** *n* CONST, MECHAN ENG Oberflächenrauheit *f*; **~ roughness standard** *n* METROL Rauheitsnorm *f*; **~ runoff** *n* WASTE Abfluß im Oberflächenbereich *m*; **~ rust** *n* CONST Oberflächenrost *m*; **~ search radar** *n* WATER TRANS *navy* Seeaufklärungsradar *nt*; **~ sensor** *n* INSTR Oberflächensensor *m*; **~ sizing** *n* PAPER Oberflächenleimung *f*; **~ socket** *n* ELECT oberflächenmontierte Steckdose *f*; **~ speed** *n* WATER TRANS *submarine* Überwassergeschwindigkeit *f*; **~ symbol** *n* ENG DRAW Oberflächenzeichen *nt*; **~ temperature limit** *n* SAFETY *equipment* Oberflächenhöchsttemperatur *f*; **~ temperature sensor** *n* INSTR Anlegethermometer *nt*, Berührungsthermometer *nt*, Oberflächenthermometer *nt*; **~ tension** *n* COAL TECH Grenzflächenspannung *f*, Oberflächenspannung *f*, CONST, FLUID PHYS, MECHAN ENG Oberflächenspannung *f*, PHYS Oberflächenspannung *f*, Surfactant *m*, PLAS Oberflächenspannung *f*; **~ tension instabilities** *n pl* FLUID PHYS Instabilität aufgrund der Oberflächenspannung *f*; **~ tension meter** *n* LAB EQUIP Oberflächenspannungsmesser *m*; **~ tension modifier** *n*

MAR POLL Mittel *nt*; ~ **tension tank** *n* SPACE Oberflächenspannungstank *m*; ~ **texture** *n* MECHAN ENG Oberflächenstruktur *f*; ~ **treatment** *n* CER & GLAS Oberflächenbehandlung *f*; ~ **water** *n* COAL TECH Oberflächenwasser *nt*, Tagwasser *nt*, CONST Oberflächenwasser *nt*, Straßenabwasser *nt*, POLL Oberflächenwasser *nt*, WATER SUP Oberflächenwasser *nt*, oberirdisches Wasser *nt*; ~ **water erosion** *n* COAL TECH Oberflächenwassererosion *f*; ~ **water management** *n* WATER SUP Oberflächenwasserbewirtschaftung *f*; ~ **wave** *n* OPT Oberflächenwelle *f*; ~ **wear** *n* MECHAN ENG Oberflächenverschleiß *m*; ~ **working** *n* CER & GLAS Flächenbearbeitung *f*; ~**-written videodisc** *n BrE* OPT oberflächenbeschriebene CD *f*; ~**-written videodisk** *n AmE see surface-written videodisc BrE*

surface[3] *vt* CONST *material* beschichten, verkleiden, überziehen, *wood* glatthobeln, MECHAN ENG abrichthobeln, *lathe work* plandrehen, TEXT glätten ~ **grind** *vt* PROD ENG außenschleifen

surface[4] *vi* WATER TRANS *submarine* auftauchen

surfacing *n* MECHAN ENG *lathe work* Plandrehen *nt*, *wood working* Abrichthobeln *nt*; ~ **alloy** *n* PROD ENG Aufschweißlegierung *f*; ~ **lathe** *n* PROD ENG Plandrehmaschine *f*; ~ **mat** *n* PLAS *glass fibre* Oberflächenmatte *f*

surfactant *n* CHEMISTRY Surfactant *m*, Tensid *nt*, grenzflächenaktives Mittel *nt*, oberflächenwirksame Substanz *f*, COAL TECH oberflächenaktives Mittel *nt*, COATINGS Benetzungsmittel *nt*, Entspannungsmittel *nt*, FOOD TECH Tensid *nt*, oberflächenaktiver Stoff *m*, MAR POLL Detergens *nt*, Tensid *nt*, oberflächenaktiver Stoff *m*, PLAS *additive* Tensid *nt*, POLL grenzflächenaktiver Stoff *m*; ~ **mud** *n* PET TECH oberflächenaktiver Bohrschlamm *m*

surfing *n* WAVE PHYS Wellenreiten *nt*

surge[1] *n* AIR TRANS *turbine engine* gestörte Verdichterförderung *f*, ELEC ENG Spannungsstoß *m*, ELECT Stoß *m*, FLUID PHYS Ansteigen *nt*, PET TECH Druckstoß *m*, Stoß *m*, Sturzsee *m*, Woge *f*, PROD ENG momentaner Druckanstieg *m*, RAD TECH Spannungsspitze *f*; ~ **absorber** *n* ELECT Überspannungsschutz *m*; ~ **arrester** *n* ELEC ENG Blitzableiter *m*, Überspannungsableiter *m*, ELECT Überspannungsableiter *m*; ~ **baffle system** *n* SPACE Dämpfungssystem *nt*; ~ **characteristic** *n* TELEV Impulscharakteristik *f*; ~ **diverter** *n* ELECT Überspannungsableiter *m*; ~ **generator** *n* ELECT Stromstoßgenerator *m*, NUC TECH *electrical pulse* Impulsgeber *m*; ~ **impedance** *n* ELECT Wellenwiderstand *m*, charakteristische Impedanz *f*; ~ **protection** *n* ELEC ENG Überspannungsschutz *m*; ~ **relay** *n* ELECT Impulsrelais *nt*; ~ **shaft** *n* FUELLESS Ausgleichschacht *m*; ~ **tank** *n* FUELLESS Ausgleichbecken *nt*, Druckausgleichbehälter *m*, HYD EQUIP, WATER TRANS Wasserschloß *nt*

surge[2] *vt* PROD ENG schwingen

surplus: ~ **water** *n* WATER SUP Freiwasser *nt*, Überwasser *nt*

surrogate *n* FOOD TECH Ersatzmittel *nt*

surroundings *n pl* PHYS Umgebung *f*

surveillance *n* QUAL Beobachtung *f*, SAFETY Überwachung *f*; ~ **satellite** *n* SPACE Überwachungssatellit *m*; ~ **of workers exposed to health risks** *n* SAFETY Überwachung von Arbeitern in Risikobereichen *f*

survey[1] *n* CONST Aufnahme *f*, Baugutachten *nt*, Vermessung *f*, Übersicht *f*, METROL Vermessung *f*, QUAL Begutachtung *f*, WATER TRANS Bauaufsicht *f*, Vermessung *f*

survey[2] *vt* MAR POLL vermessen

surveying *n* CONST Besichtigung *f*, Meßkunde *f*, Vermessung *f*, METROL Vermessung *f*, WATER TRANS Inspektion *f*, Vermessung *f*, Vermessungswesen *nt*; ~ **aneroid barometer** *n* CONST Metallbarometer *nt*

surveyor *n* CONST Landmesser *m*, Vermesser *m*, amtlicher Inspektor *m*

surveyor's: ~ **chain** *n* CONST Absteckkette *f*; ~ **compass** *n* CONST Stativkompaß *m*; ~ **level** *n* CONST Nivelliergerät *nt*; ~ **staff** *n* CONST Absteckpfahl *m*; ~ **tape** *n* CONST Meßband *nt*; ~ **transit** *n* CONST Vermessungsinstrument *nt*

survival: ~ **wind speed** *n* FUELLESS funktionsfähige Windgeschwindigkeit *f*

survivals *n pl* QUAL Bestand *m*

susceptance *n* ELEC ENG Blindleitwert *m*, Suszeptanz *f*, ELECT Leitwert *m*, PHYS Blindleitwert *m*, Suszeptanz *f*

susceptibility *n* ELECT *magnetic property* Magnetisierungs- Koeffizient *m*, Suszeptibilität *f*, PHYS Empfindlichkeit *f*

susceptible: **to be ~ of industrial application** *vi* PAT gewerblich anwendbar sein

suspend *vt* COATINGS aufschlämmen, aufschwemmen, in Lösung schwimmen

suspended[1] *adj* COMP & DP ausgesetzt

suspended:[2] ~**-body level measurement** *n* INSTR Schwebekörper-Füllstandsmessung *f*; ~ **ceiling** *n* CONST abgehängte Decke *f*; ~ **curtain wall** *n* CER & GLAS Schleier *m*; ~ **joint** *n* CONST schwebender Schienenstoß *m*; ~ **liquid droplet** *n* POLL schwebendes Tröpfchen *nt*; ~ **monorail** *n* RAIL Einschienenhängebahn *f*; ~ **particle** *n* POLL Schwebstoff *m*; ~ **railroad** *n AmE (cf suspended railway BrE)* RAIL Hängebahn *f*, Schienenschwebebahn *f*; ~ **railway** *n BrE (cf suspended railroad AmE)* RAIL Hängebahn *f*, Schienenschwebebahn *f*; ~ **scaffold** *n* CONST Hängegerüst *nt*; ~ **span** *n* CONST *bridge* Einhängefeld *nt*; ~ **system** *n* RAIL Schwebesystem *nt*; ~ **vehicle system** *n (SVS)* RAIL Fahrzeugschwebesystem *nt*

suspension *n* ELEC ENG Aufhängung *f*, Lagerung *f*, Sperrung *f*, MECHAN ENG Aufhängung *f*, PHYS Aufhängung *f*, Auflösung *f*, PLAS Suspension *f*; ~ **arm** *n* AUTO Querlenkerarm *m*, Schwingarm *m*; ~ **bracket** *n* CONST Traverse *f*; ~ **bridge** *n* CONST Hängebrücke *f*; ~ **crane** *n* MECHAN ENG Hängekran *m*; ~ **hook** *n* MECHAN ENG Aufhängehaken *m*, Hängehaken *m*; ~ **insulator** *n* ELEC ENG Hängeisolator *m*; ~ **polymerization** *n* PLAS Suspensionspolymerisation *f*; ~ **rod** *n* RAIL senkrechte Zugstange *f*; ~ **spring** *n* MECHAN ENG Tragfeder *f*; ~ **system** *n* AUTO Radaufhängung *f*

sustained: ~ **oscillation** *n* ELECTRON ungedämpfte Schwingung *f*

Sutton: ~ **equation** *n* NUC TECH Suttonsche Gleichung *f*

sv: ~ **engine** *n (side valve engine)* AUTO sv-Motor *m (seitengesteuerter Motor)*

Sv *abbr (Sievert)* PART PHYS, PHYS, RAD PHYS Sv *(Sievert)*

SVA *abbr (shared virtual area)* COMP & DP SVA *(gemeinsam benutzbarer virtueller Bereich)*

SVS *abbr (suspended vehicle system)* RAIL Fahrzeugschwebesystem *nt*

swab *n* PET TECH Pistonierkolben *m*, Reinigungskolben *m*, PROD ENG Pinsel *m*

swabbing *n* CER & GLAS Schrubben *nt*, PET TECH Pistonierung *f*, Reinigung *f*
swage[1] *n* MECHAN ENG, MECHANICS Gesenk *nt*, Schmiedegesenk *nt*, PROD ENG Gesenk *nt*, Matrize *f*; **~ block** *n* MECHAN ENG Gesenkplatte *f*, MECHANICS, PROD ENG *forging* Lochplatte *f*
swage[2] *vt* MECHANICS spreizen
swaging *n* PROD ENG Fassonschmieden *nt*, Hämmern *nt*, Recken *nt*
swallowtail: **~ joint** *n* CONST Schwalbenschwanzverbindung *f*
swamp *n* WATER SUP Moor *nt*, Morast *m*
swampy: **~ soil** *n* CONST Sumpfboden *m*
swan:[1] **~-necked** *adj* MECHAN ENG *cutting tool* gekröpft
swan:[2] **~ neck** *n* CONST Schwanenhals *m*, Sprungrohr *nt*, Schwanenhals *m*; **~ neck fly press** *n* MECHAN ENG einarmige Spindelpresse *f*; **~ neck screw press** *n* MECHAN ENG einarmige Spindelpresse *f*
swap[1] *n* TELECOM Dienstewechsel *m*; **~-in** *n* COMP & DP Einlagern *nt*; **~-out** *n* COMP & DP Auslagern *nt*; **~ rate** *n* COMP & DP Ein- /Auslagerungsrate *f*
swap[2] *vt* COMP & DP auslagern, austauschen
swapping *n* COMP & DP Auslagerungsfunktion *f*, dynamischer Programmaustausch *m*
Sward: **~ hardness test** *n* PLAS *coatings* Sward-Härteprüfung *f*; **~ rocker hardness test** *n* PLAS *coatings* Sward- Härteprüfung *f*
swarf *n* PROD ENG Späne *m pl*
swash *n* WATER TRANS *sea* Spritzsee *f*; **~ letter** *n* PRINT Zierbuchstabe *m*; **~ plate** *n* MECHAN ENG, PROD ENG Taumelscheibe *f*
swatch *n* TEXT Stoffmuster *nt*
swatchbook *n* PRINT Musterbuch *nt*
swath *n* MAR POLL Schwade *f*, Schwaden *m*
S-wave *n (secondary wave)* PHYS S- Welle *f (Sekundärwelle)*
sway: **~ stabilization** *n* TRANS Schlingerstabilisierung *f*
sweat[1] *n* WATER TRANS Schwitzwasser *nt*; **~ roll** *n* PAPER Kühlzylinder *m*
sweat[2] *vt* FOOD TECH *foundry* ausschwitzen, schwitzen, METALL ausschwitzen, PROD ENG löten, seigern
sweat[3] *vi* FOOD TECH *oven* ausschwitzen, schwitzen
sweating *n* HEAT & REFRIG Schwitzen *nt*, METALL *soft soldering* weichlöten
sweep[1] *n* ELECTRON Wobbeln *nt*, TELEV Strahlhinlauf *m*; **~ angle** *n* AIR TRANS *airframe* Pfeilstellungswinkel *m*; **~ antenna** *n* TELECOM Antenne mit periodischer Strahlschwenkung *f*; **~ circuit** *n* TELEV Kippkreis *m*; **~ deflection amplifier** *n* INSTR Ablenkverstärker *m*, Horizontalablenkverstärker *m*, Kippverstärker *m*, X-Ablenkverstärker *m*, Zeitablenkverstärker *m*; **~ frequency** *n* ELECTRON, INSTR *oscilloscope*, TELECOM, TELEV Kippfrequenz *f*, Wobbelfrequenz *f*; **~ mode** *n* ELECTRON Wobbelbetrieb *m*; **~ rate** *n* TELECOM Wobbelfrequenz *f*
sweep[2] *vt* CONST *chimney* kehren, PROD ENG schablonieren
sweeper *n* WASTE Kehrmaschine *f*
sweeping *n* PROD ENG Schablonieren *nt*
sweet[1] *adj* CHEMISTRY *petrol* doktornegativ
sweet:[2] **~ crude** *n* PET TECH schwefelarmes Rohöl *nt*, süßes Rohöl *nt*
sweetened *adj* FOOD TECH gesüßt
sweetener *n* FOOD TECH Süßstoff *m*
swell[1] *n* FOOD TECH Auftreiben *nt*, Bombage *f*, WATER TRANS *sea* Dünung *f*
swell[2] *vi* PHYS anschwellen, TEXT anquellen, quellen
swelling *n* PLAS Aufquellen *nt*, Quellen *nt*, Quellung *f*, PROD ENG *plastic valves* Quellung *f*, TEXT Anquellen *nt*, Quellen *nt*; **~ clay** *n* PET TECH Quellton *m*; **~ soil** *n* COAL TECH aufquellender Boden *m*
swept: **~ back wing** *n* AIR TRANS pfeilförmiger Flügel *m*; **~ volume** *n* PROD ENG *plastic valves* Steuervolumen *nt*; **~ wing** *n* AIR TRANS pfeilförmiger Flügel *m*
SWG *abbr (standard wire gage AmE, standard wire gauge BrE)* MECHAN ENG Drahtlehre *f*
swift *n* TEXT Haspeltrommel *f*
swimsuit: **~ fabric** *n* TEXT Badeanzugstoff *m*
swing[1] *n* MECHAN ENG Drehdurchmesser *m*, Umlaufdurchmesser *m*, PAPER Schwingen *nt*; **~ arm** *n* PROD ENG *plastic valves* Federbogen *m*; **~ axle** *n* AUTO Schwingachse *f*; **~ of the bed** *n* MECHAN ENG Umlaufdurchmesser über Bett *m*; **~ bridge** *n* CONST, WATER TRANS Drehbrücke *f*; **~-by** *n* SPACE Vorbeipendeln *nt*; **~ crane** *n* CONST Schwenkkran *m*; **~ door** *n* CONST Drehtür *f*, Pendeltür *f*; **~ frame** *n* MECHAN ENG Schwingrahmen *m*; **~ front** *n* PHOTO schwenkbares Objektivbrett *nt*; **~ gate** *n* CONST Drehtor *nt*, Pendeltor *nt*; **~-in filter** *n* PHOTO einschwenkbarer Filter *nt*; **~ nose crossing** *n* RAIL nasenförmige Kreuzung *f*; **~-over bed** *n* MECHAN ENG *lathe* Umlaufdurchmesser über Bett *m*; **~-over gap** *n* MECHAN ENG *lathe* Umlaufdurchmesser über Kröpfung *m*; **~-over saddle** *n* MECHAN ENG Umlaufdurchmesser über Schlitten *m*; **~ of the rest** *n* MECHAN ENG Umlaufdurchmesser über Schlitten *m*; **~ sieve** *n* COAL TECH Schwingsieb *nt*; **~ stopper finish** *n BrE (cf wired stopper finish AmE)* CER & GLAS Schwingverschluß *m*; **~ support** *n* MECHAN ENG Gelenklager *nt*; **~ ticket** *n* PACK Anhängsel *nt*; **~-type check valve** *n* PROD ENG *plastic valves* Rückschlagklappe *f*; **~-up mirror** *n* PHOTO Hubspiegel *m*
swing[2] *vt* MECHAN ENG schwenken, schwingen
swing[3] *vi* WATER TRANS *ship* schwojen
swinging *n* MECHAN ENG Schaukeln *nt*, Schwingen *nt*; **~ arm** *n* MECHAN ENG Schwenkarm *m*; **~ back** *n* PHOTO neigbarer Mattscheibenrahmen *m*, schwenkbare Rückwand *f*; **~ brick** *n* CER & GLAS Schwenkstein *m*; **~ choke** *n* ELEC ENG Schwingdrossel *f*, Siebdrossel *f*; **~ chute** *n* CONST Schwenkrinne *f*; **~ door** *n* CONST Drehtür *f*, Pendeltür *f*; **~ movement** *n* MECHAN ENG Schwenkbewegung *f*; **~ of the pipe** *n* CER & GLAS Schwenken der Pfeife *nt*; **~ pit** *n* CER & GLAS Schwenkgrube *f*; **~ post** *n* CONST Torpfosten *m*; **~ round** *n* CONST *crane* Schwenkradius *m*
swirl *n* COAL TECH, ELECT, FLUID PHYS, LAB EQUIP, MECH, MECHAN ENG, NUC TECH, PHYS, RAIL, SPACE, TELEV, TEST, WATER TRANS Wirbel *m*
Swiss: **~ Standards Association** *n (SSA)* ELECT Schweizerische Normenvereinigung *f (SNV)*; **~-type automatic** *n* MECHAN ENG *lathe* Langdrehautomat *m*
switch[1] *n* AUTO Schalt- *pref*, COMP & DP Befehlsparameter *m*, Schalt- *pref*, Schalter *m*, Verteiler *m*, Verzweigung *f*, CONTROL Schalter *m*, ELEC ENG Leistungsschalter *m*, Schalt- *pref*, Schalter *m*, *branching* Schalter *m*, *change* Umschalter *m*, ELECT Schalt- *pref*, Schalter *m*, *circuit breaker* Stromunterbrecher *m*, MECHAN ENG Schalt- *pref*, PHYS Schalter *m*, RAIL *AmE (cf points BrE)* Weiche *f*, TELECOM *telephone* Schalter *m*, Vermittlungsstelle *f*, TELEV Schalter *m*; **~ clock** *n* ELECT Schaltuhr *f*; **~ cock** *n* CONST Schalthahn *m*; **~ diamond** *n* RAIL bewegliches Herzstück *nt*; **~ engine** *n* CONST Rangierlok *f*, RAIL *AmE*, TRANS *AmE* Rangier-

lokomotive *f*; ~ **fuse** *n* ELEC ENG Schalter mit Sicherung *m*, Schaltersicherung *f*; ~ **handle** *n* ELEC ENG Schaltgriff *m*; ~ **lever** *n* ELEC ENG Schalthebel *m*, RAIL Weichenhebel *m*; ~ **lock** *n* TELEV Schaltschloß *nt*; ~ **panel** *n* WATER TRANS *electrics* Schalttafel *f*; ~ **rail** *n* RAIL Weiche *f*; ~ **relay** *n* ELECT Schaltrelais *nt*; ~ **valve** *n* HYD EQUIP Umschaltventil *nt*

switch[2] *vt* COMP & DP, CONTROL schalten, TELECOM schalten, vermitteln; ~ **in** *vt* ELEC ENG *close circuit* zuschalten; ~ **off** *vt* CONTROL abschalten, ausschalten, ELEC ENG abschalten, TELEV ausschalten; ~ **on** *vt* CONTROL, ELECT, TELEV einschalten; ~ **over** *vt* CONTROL umschalten

switch:[3] ~ **to air** *vi* TELEV auf Sendung gehen

switchable *adj* TELEV schaltbar

switchboard *n* ELEC ENG Schaltfeld *nt*, Schalttafel *f*, Vermittlungsschrank *m*, TELECOM Klappenschrank *m*, Schalttafel *f*, Vermittlungsschrank *m*, TELEV Schalttafel *f*; ~ **operator** *n AmE (cf telephonist BrE)* TELECOM Telefonist *m*; ~ **panel** *n* TELECOM Schalttafelfeld *nt*; ~ **panel instrument** *n* INSTR Schalttafelinstrument *nt*; ~ **plug** *n* TELECOM Klinkenstecker *m*; ~**-type meter** *n* INSTR Schalttafelmeßinstrument *nt*

switched[1] *adj* TELECOM geschaltet, über Vermittlung hergestellt

switched:[2] ~ **circuit** *n* TELECOM vermittelte Leitung *f*; ~ **current** *n* ELECT geschalteter Strom *m*; ~ **loop console** *n* TELECOM Platz für konzentrierte Abfrage *m*; ~ **network** *n* COMP & DP Wählnetz *nt*, TELECOM Netz mit Vermittlung *nt*, Vermittlungsnetz *nt*; ~ **network layer** *n* TELECOM Vermittlungsschicht *f*; ~**-off time** *n* NUC TECH Abschaltzeit *f*; ~ **service** *n* TELECOM leitungsvermittelter Dienst *m*; ~ **star** *n* COMP & DP sternförmiges Verteilungssymbol *nt*; ~ **virtual circuit** *n* TELECOM gewählte virtuelle Verbindung *f*

switcher *n AmE* RAIL, TRANS Rangierlokomotive *f*

switchgear *n* ELEC ENG Schaltanlage *f*, Schaltgerät *nt*, Schaltvorrichtung *f*, ELECT Schaltanlage *f*, RAIL Weichen und Kreuzungen

switching *n* COMP & DP Vermitteln *nt*, Vermittlung *f*, ELEC ENG Schaltvorgang *m*, Schalten *nt*, Schaltung *f*, RAIL *AmE train* Rangieren *nt*, Verschieben *nt*, SPACE Schalten *nt*, TELECOM Schaltung *f*, Vermittlung *f*; ~ **bar** *n* TELEV Schaltbalken *m*; ~ **call- in- progress** *n* TELECOM laufendes Gespräch in Vermittlung *nt*; ~ **center** *n AmE*, ~ **centre** *n BrE* TELECOM Vermittlungsstelle *f*, TELEV Speichervermittlung *f*; ~ **chain** *n* IND PROCESS Schaltkette *f*; ~ **circuit** *n* ELEC ENG Schaltkreis *m*; ~ **delay** *n* CONTROL, TELECOM Schaltverzögerung *f*; ~ **device** *n* ELEC ENG Schaltgerät *nt*, TELECOM Schaltelement *nt*, Vermittlungseinrichtung *f*; ~ **diode** *n* ELECTRON, TELECOM Schaltdiode *f*; ~ **equipment** *n* COMP & DP Vermittlungseinrichtung *f*; ~ **gate** *n* IND PROCESS Schalttor *nt*; ~ **in** *n* ELEC ENG Zuschaltung *f*; ~ **loss** *n* ELEC ENG Schaltverlust *m*; ~ **matrix** *n* SPACE Schaltmatrix *f*, TELECOM Koppelmatrix *f*, Koppelvielfach *nt*, TELEV Schaltmatrix *f*; ~ **multiplexer** *n* TELECOM Schaltmultiplexer *m*; ~ **mux** *n* TELECOM Schaltmultiplexer *m*; ~ **network** *n* ELEC ENG Durchschaltnetzwerk *nt*, Schaltnetz *nt*, Sprechwegenetzwerk *nt*, TELECOM Koppelfeld *nt*, Koppelnetz *nt*; ~ **network complex** *n* TELECOM Koppelfeld *nt*; ~ **point** *n* TELECOM Koppelpunkt *m*, Koppelstelle *f*; ~ **power supply** *n* ELEC ENG Schaltstromversorgung *f*, Schaltnetzgerät *nt*; ~ **processor** *n* TELECOM *data* Vermittlungsrechner *m*; ~ **program** *n* TELECOM Vermittlungsprogramm *nt*; ~ **regulation** *n* ELEC ENG Sperrwandlung *f*; ~ **regulator** *n* ELEC ENG Sperrwandler *m*; ~ **sequence** *n* ELECT Schaltfolge *f*; ~ **speed** *n* ELEC ENG Schaltgeschwindigkeit *f*; ~ **stage** *n* TELECOM Koppelfeld *nt*, Wahlstufe *f*; ~ **station** *n* ELECT Schaltwerk *nt*, RAIL *AmE* Rangierbahnhof *m*, Verschiebebahnhof *m*; ~ **substation** *n* ELEC ENG Schaltunterstation *f*; ~ **system** *n* COMP & DP Vermittlungssystem *nt*, TELECOM Vermittlungsrechner *m*, Vermittlungssystem *nt*, TELEV Schaltsystem *nt*; ~ **system processor** *n* TELECOM Steuerrechner für Vermittlungssysteme *m*; ~ **theory** *n* COMP & DP Vermittlungstheorie *f*; ~ **threshold** *n* CONTROL Schaltschwelle *f*; ~ **time** *n* ELEC ENG Schaltdauer *f*, Schaltzeit *f*; ~ **track** *n AmE* RAIL Rangiergleis *nt*; ~ **tube** *n* ELECTRON Schaltröhre *f*; ~ **unit** *n* TELECOM Durchschalteeinheit *f*, Vermittlungseinheit *f*; ~ **winch** *n AmE* CONST Rangierwinde *f*

switchman *n AmE (cf pointsman BrE)* RAIL Rangierer *m*

switchpoint: ~ **light** *n* RAIL Weichenlaterne *f*

switchyard *n AmE (cf marshalling yard BrE)* RAIL Rangierbahnhof *m*, Verschiebebahnhof *m*

swivel[1] *n* MECHANICS Dreharm *m*, Drehring *m*, PET TECH Spülkopf *m*, PROD ENG Drehscheibe *f*, WATER TRANS *fittings* Wirbel *m*; ~ **arm** *n* MECHAN ENG Schwenkarm *m*; ~ **axis** *n* MECHAN ENG Drehachse *f*, Schwenkachse *f*; ~ **bearing** *n* MECHAN ENG Pendellager *nt*; ~ **bearing motor** *n* ELECT Pendelmotor *m*; ~ **bridge** *n* CONST Schwenkbrücke *f*; ~ **head** *n* MECHAN ENG *lathe* Drehsupport *m*; ~ **hook** *n* WATER TRANS *rigging, fittings* Drehhaken *m*, Wirbelhaken *m*; ~ **joint** *n* MECHAN ENG Drehgelenkverbindung *f*; ~**-mounted reflector** *n* PHOTO schwenkbarer Reflektor *m*; ~ **pin** *n* MECHAN ENG Drehzapfen *m*; ~ **plummer block** *n* MECHAN ENG Pendellager *nt*; ~ **slide rest** *n* MECHAN ENG Drehsupport *m*; ~ **toolholder** *n* MECHAN ENG Schwenkmeißelhalter *m*; ~ **vice** *n BrE* MECHAN ENG Drehschraubstock *m*; ~ **vise** *n AmE see swivel vice BrE*

swivel[2] *vt* MECHAN ENG schwenken

swiveling: ~ **lever** *n AmE see swivelling lever BrE* ;~ **roof** *n AmE see swivelling roof BrE*; ~ **table** *n AmE see swivelling table BrE*

swivelling: ~ **lever** *n BrE* MECHAN ENG Schwenkhebel *m*; ~ **roof** *n BrE* WATER TRANS Schwenkdach *nt*; ~ **table** *n BrE* MECHAN ENG Schwenktisch *m*

SWR *abbr (standing-wave ratio)* PHYS, RAD TECH, TELECOM SWV *(Stehwellenverhältnis)*

swung: ~ **baffle** *n* CER & GLAS geschwungener Deckel *m*

syenite *n* CHEMISTRY Syenit *m*

syllabic: ~ **companding** *n* TELECOM Silbenkompandierung *f*

syllable: ~ **articulation test** *n* TELECOM Silbenverständlichkeitstest *m*

sylvestrene *n* CHEMISTRY Sylvestren *nt*

symbiosis *n* ERGON Symbiose *f*

symbol *n* COMP & DP Piktogramm *nt*, Symbol *nt*; ~ **indicator tube** *n* INSTR Zeichenanzeigeröhre *f*; ~ **key** *n* COMP & DP Symboltaste *f*; ~ **set** *n* COMP & DP Symbolsatz *m*; ~ **table** *n* COMP & DP Symboltabelle *f*

symbolic: ~ **address** *n* COMP & DP symbolische Adresse *f*; ~ **addressing** *n* COMP & DP symbolische Adressierung *f*; ~ **code** *n* COMP & DP symbolischer Befehl *m*, symbolischer Code *m*; ~ **debugging** *n* COMP & DP symbolisches Testen *nt*; ~ **instruction** *n* COMP & DP symbolischer

Befehl *m*; ~ **language** *n* COMP & DP symbolische Programmiersprache *f*; ~ **logic** *n* COMP & DP mathematische Logik *f*, MATH symbolische Logik *f*; ~ **name** *n* COMP & DP symbolischer Name *m*; ~ **processing** *n* COMP & DP symbolische Verarbeitung *f*

symmetric[1] *adj* COMP & DP, GEOM symmetrisch

symmetric:[2] ~ **anastigmat** *n* PHOTO symmetrischer Anastigmat *m*; ~ **difference** *n* COMP & DP Antivalenz *f*; ~ **matrix** *n* COMP & DP symmetrische Matrix *f*; ~ **wave function** *n* PHYS symmetrische Wellenfunktion *f*

symmetrical[1] *adj* COMP & DP, GEOM symmetrisch

symmetrical:[2] ~ **anastigmat** *n* PHOTO symmetrischer Anastigmat *m*; ~ **arrangement** *n* ELEC ENG symmetrische Anordnung *f*; ~ **matrix** *n* COMP & DP symmetrische Matrix *f*; ~ **pair cable** *n* TELECOM Kabel mit symmetrischen Adernpaaren *nt*; ~ **protective relay** *n* ELECT symmetrisches Schutzrelais *nt*; ~ **soundtrack** *n* ACOUSTICS symmetrische Tonspur *f*; ~ **transducer** *n* ELEC ENG symmetrischer Wandler *m*

symmetry *n* GEOM Symmetrie *f*; ~ **axis** *n* MECHAN ENG Symmetrieachse *f*; ~ **plane** *n* GEOM, MECHAN ENG Symmetrieebene *f*

SYN *abbr (synchronous idle character)* COMP & DP Synchronisationszeichen *nt*, Synchronisierung *f*, Synchronisierungszeichen *nt*

synanthrose *n* CHEMISTRY Lävulin *nt*, Synanthrose *f*

sync:[1] **in** ~ *adj* TELEV synchronisiert; **out of** ~ *adj* TELEV fehlsynchronisiert

sync:[2] ~ **amplifier** *n* TELEV Synchronverstärker *m*; ~ **bit** *n* COMP & DP Synchronisationsbit *nt*, Synchronisierungsbit *nt*; ~ **blanking** *n* TELEV Synchronisationsaustastung *f*; ~ **feedback** *n* TELEV Synchronisierrückkoppelung *f*; ~ **generator** *n* TELEV Synchrongenerator *m*; ~ **input** *n* TELEV Synchroninput *m*; ~ **line** *n* CONTROL Synchronisierleitung *f*; ~ **line-up** *n* TELEV Synchronisieraufstellung *f*; ~ **loss** *n* TELEV Synchronverlust *m*; ~ **pulse** *n* COMP & DP, CONTROL Synchronisationsimpuls *m*, Synchronisierungsimpuls *m*; ~ **pulse generator** *n* TELEV Synchronpulsgenerator *m*; ~ **separator** *n* TELEV Synchronteiler *m*; ~ **sound** *n* RECORD Synchronton *m*; ~ **tip frequency** *n* ELECTRON, RAD TECH, TELECOM, TELEV Impulsspitzenfrequenz *f*

sync[3] *vt* TELEV synchronisieren

synchro: ~ **compur shutter** *n* PHOTO Synchrocompurverschluß *m*, Synchrozentralverschluß *m*; ~ **torque receiver** *n* INSTR Synchrodrehmomentempfänger *m*; ~ **torque transmitter** *n* INSTR Drehmelder für Drehmomente *m*; ~ **transformer** *n* ELEC ENG Funktionsempfänger *m*, Synchrotransformator *m*

synchrocyclotron *n* PHYS Synchrozyklotron *nt*

synchromesh *n* AUTO Synchrongetriebe *nt*; ~ **gear** *n* MECHAN ENG Gleichlaufgetriebe *nt*; ~ **transmission** *n* AUTO Synchrongetriebe *nt*

synchronism *n* CONTROL Gleichlauf *m*, ELECTRON Gleichlauf *m*, Synchronismus *m*, MECHAN ENG Gleichlauf *m*, Synchronität *f*, RECORD Synchronismus *m*

synchronization *n* AUTO Gleichlauf *m*, Synchronisierung *f*, COMP & DP Synchronisation *f*, Synchronisieren *nt*, CONTROL Gleichlaufsteuerung *f*, Synchronisierung *f*, MECHAN ENG Synchronisation *f*, RECORD, TELECOM Synchronisierung *f*, TRANS *traffic lights* Einstellung *f*; ~ **network** *n* TELECOM Synchronisationsnetz *nt*; ~ **pulses** *n pl* TELEV Synchronisierimpulse *m pl*; ~ **window** *n* SPACE Synchronisierungsfenster *nt*

synchronize *vt* TELEV synchronisieren

synchronized: ~ **lights** *n pl AmE (cf phased traffic lights BrE)* TRANS grüne Welle *f*; ~ **transmission** *n* AUTO synchronisiertes Getriebe *nt*

synchronizer *n* AUTO Synchronisator *m*, Synchronisierungsvorrichtung *f*, COMP & DP Synchronisierer *m*, ELEC ENG Synchronkontaktgeber *m*, Synchronisationsglied *nt*, Synchronisator *m*, Synchronisierer *m*, ELECT *electrical power system* Synchronisiervorrichtung *f*

synchronizing: ~ **line** *n* CONTROL Synchronisierleitung *f*; ~ **relay** *n* ELECT Synchronisierrelais *nt*

synchronous[1] *adj* COMP & DP Synchro- *pref*, Synchron- *pref*, synchron, ELECTRON Synchro- *pref*, Synchron- *pref*, synchron, taktgleich

synchronous:[2] ~ **alternator** *n* ELECT Synchronalternator *m*; ~ **belt** *n* MECHAN ENG Synchronriemen *m*; ~ **belt drive** *n* MECHAN ENG Synchronriemenantrieb *m*; ~ **capacitor** *n* ELEC ENG Phasenschieber *m*, Synchronkondensator *m*; ~ **circuit** *n* TELECOM Synchronschaltung *f*; ~ **computer** *n* COMP & DP Synchronrechner *m*; ~ **converter** *n* ELEC ENG Einankerumformer *m*, ELECT Synchronumformer *m*; ~ **counter** *n* INSTR Synchronzähler *m*; ~ **data link control** *n (SDLC)* COMP & DP synchrone Datenübertragungssteuerung *f (SDLC)*; ~ **detection** *n* COMP & DP Synchronisationsdemodulation *f*, ELECTRON Synchronleichrichtung *f*; ~ **drive** *n* TELEV Synchronantrieb *m*; ~ **generator** *n* ELEC ENG, ELECT Synchrongenerator *m*; ~ **idle** *n* COMP & DP Synchronisationsleerzeichen *nt*; ~ **idle character** *n (SYN)* COMP & DP Synchronisationszeichen *nt*, Synchronisierung *f*, Synchronisierungszeichen *nt*; ~ **induction motor** *n* ELEC ENG synchronisierter Induktionsmotor *m*, ELECT Synchronmotor auf Asynchronprinzip *m*; ~ **inverter** *n* ELEC ENG Einankerumformer *m*; ~ **machine** *n* ELEC ENG, ELECT Synchronmaschine *f*; ~ **mode** *n* COMP & DP Synchronmodus *m*, Synchronverfahren *nt*; ~ **modem** *n* ELECTRON Synchron-Modem *nt*; ~ **motor** *n* ELEC ENG, ELECT, PHYS, TRANS Synchronmotor *m*; ~ **port** *n* TELECOM synchroner Port *m*; ~ **satellite** *n* SPACE Synchronsatellit *m*; ~ **speed** *n* ELECT, FUELLESS Synchrongeschwindigkeit *f*; ~ **transmission** *n* COMP & DP Synchronübertragung *f*, TELECOM synchrone Übertragung *f*

synchroton *n* PHYS Synchroton *nt*

synchrotron *n* PART PHYS Synchrotron *nt*; ~ **emission** *n* RAD PHYS Synchrotronstrahlung *f*; ~ **radiation** *n* PART PHYS, PHYS Synchrotronstrahlung *f*

syncline *n* PET TECH Mulde *f*, Synklinale *f*

syncword *n* TELECOM Synchronwort *nt*

syneresis *n* FOOD TECH, PLAS Synärese *f*

synergetic: ~ **effect** *n* POLL Synergismus *m*

synergism: ~ **effect** *n* PLAS Zweitbeschleunigereffekt *m*, synergistischer Effekt *m*

synergist *n* FOOD TECH Synergist *m*

synergistic: ~ **effect** *n* PLAS Zweitbeschleunigereffekt *m*, synergistischer Effekt *m*

synergy *n* POLL Synergismus *m*

synoptical: ~ **switchboard** *n* ELECT synoptische Schalttafel *f*, Übersichtsschalttafel *f*

syntactic[1] *adj* CHEMISTRY syntaktisch

syntactic:[2] ~ **analyser** *n BrE* TELECOM syntaktischer Analysator *m*; ~ **analysis** *n* TELECOM syntaktische Analyse *f*; ~ **analyzer** *n AmE see syntactic analyser BrE*

syntax *n* COMP & DP Syntax *f* ~ **analyser** *n BrE* COMP & DP Syntaxanalyseprogramm *nt*; ~ **analysis** *n* COMP & DP Syntaxanalyse *f*; ~ **analyzer** *n AmE see syntax analyser BrE;* ~ **checking** *n* COMP & DP Syntaxprüfung *f*; ~ **error** *n* COMP & DP Syntaxfehler *m*

synthesized: ~ **local oscillator** *n* ELECTRON Empfangsoszillator mit Frequenzaufbereitung *m*; ~ **music** *n* ELECTRON synthetisierte Musik *f*; ~ **signal generator** *n* ELECTRON Signalgeber mit Frequenzaufbereitung *m*

synthesizer *n* RECORD Normalfrequenzgenerator *m*, TELECOM Frequenzdekade *f*, Synthesegenerator *m*; ~ **setting time** *n* TELECOM Einstellzeit einer Frequenzdekade *f*

synthetic: ~ **crude** *n* PET TECH Syntheseöl *nt*, synthetisches Öl *nt*; ~ **elastomer** *n* PET TECH Syntheseelastomer *nt*, synthetisches Elastomer *nt*; ~ **fiber** *n AmE,* ~ **fibre** *n BrE* TEXT synthetische Faser *f*; ~ **flight trainer** *n* AIR TRANS künstlicher Flugsimulator *m*; ~ **gasoline** *n AmE (cf synthetic petrol BrE)* AUTO synthetisches Benzin *nt*; ~ **latex** *n* PLAS *rubber* synthetischer Latex *m*; ~ **lining** *n* WASTE künstliche Abdichtung *f*; ~ **membrane** *n* CONST Kunststoffmembran *f*; ~ **natural gas** *n (SNG)* PET TECH Erdgasaustauschgas *nt*, synthetisch hergestelltes Gas *nt (SNG)*; ~ **oil** *n* MECHAN ENG synthetisches Öl *nt*; ~ **petrol** *n BrE (cf synthetic gasoline AmE)* AUTO synthetisches Benzin *nt*; ~ **resin** *n* PET TECH, PLAS, PROD ENG Kunstharz *nt*; ~ **rubber** *n* PET TECH, PLAS Synthesekautschuk *m*; ~ **size** *n* TEXT synthetische Schlichte *f*; ~ **speech** *n* ART INT künstlich erzeugte Sprache *f*, synthetische Sprache *f*

synthol *n* CHEMISTRY Synthol *nt*

syntonin *n* CHEMISTRY Muskelfibrin *nt*, Parapepton *nt*, Syntonin *nt*

syntonous: ~ **comma** *n* ACOUSTICS syntonisches Komma *nt*

syphon[1] *n* FUELLESS Siphon *m*, LAB EQUIP Ejektor *m*, Heber *m*, Saugstrahlpumpe *f*, PHYS Heber *m*

syphon[2] *vt* FUELLESS, LAB EQUIP, PHYS hebern

syringe *n* LAB EQUIP Spritze *f*

syringic *adj* CHEMISTRY Syringa- *pref*

syrupy *adj* PROD ENG zähflüssig

sysgen *abbr (system generation)* COMP & DP Systemgenerierung *f*

system *n* COMP & DP System *nt*, CONST *pipes, wires* Netz *nt*, System *nt*, RAIL System *nt*, TELECOM Anlage *f*, System *nt*; ~ **analyser program** *n BrE* COMP & DP Systemanalyseprogramm *nt*; ~ **analysis** *n* COMP & DP Systemanalyse *f*; ~ **analyzer program** *n AmE see system analyser program BrE;* ~ **building construction** *n* CONST Fertigteilbau *m*; ~ **check** *n* COMP & DP, QUAL Systemprüfung *f*; ~ **configuration** *n* COMP & DP Systemkonfiguration *f*, ELECT Systemarchitektur *f*; ~ **control** *n* CONTROL Systemsteuerung *f*; ~ **control panel** *n* COMP & DP Bedienungspult *nt*, Systemsteuerkonsole *f*; ~ **of coordinates** *n* GEOM Achsensystem *nt*; ~ **crash** *n* COMP & DP Systemabsturz *m*; ~ **design** *n* COMP & DP Systemplanung *f*, ERGON Systemgestaltung *f*; ~ **designer** *n* COMP & DP Systemdesigner *m*, TELECOM Systementwurfsingenieur *m*; ~ **deviation** *n* IND PROCESS Regeldifferenz *f*; ~ **diagram** *n* ELECT Systemplan *m*; ~ **disk** *n* COMP & DP Systemplatte *f*; ~ **earth** *n BrE (cf system ground AmE)* ELECT Systemerde *f*; ~ **error** *n* CONTROL Systemfehler *m*; ~ **failure** *n* CONTROL Systemausfall *m*; ~ **generation** *n (sysgen)* COMP & DP Systemgenerierung *f*; ~ **ground** *n AmE (cf system earth BrE)* ELECT Systemerde *f*; ~ **with intermediate stops** *n* TRANS System *nt*; ~ **library** *n* COMP & DP Systembibliothek *f*; ~ **load** *n* TELECOM Systembelastung *f*; ~ **log** *n* COMP & DP Systemprotokoll *nt*; ~ **management application entity** *n* TELECOM Instanz des Systemmanagements *f*; ~ **motor** *n* CONTROL Gerätemotor *m*; ~ **operational diagram** *n* ELECT Systemfunktionsbild *nt*, Systemfunktionsplan *m*; ~ **of pipes** *n* CONST Rohrnetz *nt*; ~ **provider** *n* TELECOM Systemanbieter *m*; ~ **of quality assessment** *n* QUAL Gütebestätigungssystem *nt*; ~**-rating constant** *n (Gx)* ACOUSTICS Systemkonstante *f (Gx)*; ~ **security** *n* COMP & DP Systemsicherheit *f*; ~ **software** *n* COMP & DP Systemsoftware *f*; ~ **testing** *n* COMP & DP Systemprüfung *f*; ~ **of units** *n* ELECT, MECHAN ENG Einheitensystem *nt*

systematic: ~ **arrangement of drawings** *n* ENG DRAW Zeichnungssystematik *f*; ~ **error** *n* METROL sytemsbedingter Fehler *m*, PHYS systematischer Fehler *m*; ~ **error of result** *n* QUAL systematische Ergebnisabweichung *f*; ~ **sample** *n* QUAL systematische Stichprobe *f*; ~ **sampling** *n* COMP & DP systematische Probenentnahme *f*, QUAL systematische Stichprobenentnahme *f*; ~ **symbol** *n* ENG DRAW Oberflächenzeichen *nt*

systems: ~ **building** *n* CONST Systembau *m*; ~ **engineering** *n* COMP & DP Anlagentechnik *f*, Systemtechnik *f*; ~ **library** *n* COMP & DP Systembibliothek *f*; ~ **network architecture** *n (SNA)* COMP & DP SNA- Kommunikationskonzept *nt*, Systemnetzwerkarchitektur *f*; ~ **programming** *n* COMP & DP Systemprogrammierung *f*; ~ **software** *n* COMP & DP Systemsoftware *f*

systolic: ~ **architecture** *n* TELECOM systolische Architektur *f*; ~ **array** *n* COMP & DP systolische Matrix *f*

syzygy *n* FUELLESS Syzygie *f*

T

t *abbr (triton)* PART PHYS t *(Triton)*

T[1] *abbr* ACOUSTICS *(reverberation time)* T *(Nachhallzeit)*, AUTO *(torque)*, ELEC ENG *(torque)*, ELECT *(torque)* T *(Drehmoment)*, HYD EQUIP *(transpiration)* T *(Transpiration)*, MECHAN ENG *(torque)* T *(Drehmoment)*, MECHAN ENG *(T-piece)* T-Stück *nt*, T-förmiges Stück *nt*, MECHANICS *(torque)* T *(Drehmoment)*, METROL *(tera-)* T *(Tera-)*, METROL *(Tesla)* T *(Tesla)*, METROL *(absolute temperature)* T *(absolute Temperatur)*, PET TECH *(torque)* T *(Drehmoment)*, PHYS *(Tesla)* T *(Tesla)*, PHYS *(thermodynamic temperature)* T *(thermodynamische Temperatur)*, PROD ENG *(torque)* T *(Drehmoment)*, RECORD *(reverberation time)* T *(Nachhallzeit)*

T[2] *(tritium)* CHEMISTRY T *(Tritium)*

Ta *(tantalum)* CHEMISTRY Ta *(Tantal)*

tab[1] *abbr (tabulator)* COMP & DP Tab *m (Tabulator)*

tab[2] *n* COMP & DP *marker* Markierung *f*, MECHANICS Lasche *f*, Stützklappe *f*, PACK Lasche *f*; **~ rack** *n* COMP & DP Tabulatorgitter *nt*; **~ stop** *n* COMP & DP Tabulatorstopp *m*; **~ washer** *n* MECHANICS Sicherungsblech mit Nase *nt*

Tabakin: **~ potential** *n* NUC TECH Tabakin-Potential *nt*

Taber: **~ abrader** *n* PLAS Tafel-Abriebmaschine *f*

table[1] *n* COMP & DP Tabelle *f*, MECHAN ENG *machine* Bank *f*, Tisch *m*; **~ beam** *n* PROD ENG *rolling* Rollgangsrahmen *m*; **~ casting** *n* CER & GLAS Tischgußverfahren *nt*; **~ dog** *n* PROD ENG Tischanschlag *m*; **~ feed** *n* PROD ENG axialer Tischvorschub *m*; **~ feed motion** *n* PROD ENG Tischvorschubbewegung *f*; **~ header** *n* COMP & DP Tabellenüberschrift *f*; **~ infeed** *n* PROD ENG radialer Tischvorschub *m*; **~ lookup** *n* COMP & DP Tabellensuchoperation *f*; **~ mike** *n* RECORD Tischmikrofon *nt*; **~ output** *n* COMP & DP Tabellenausgabe *f*; **~ of prices** *n* CONST Preistabelle *f*; **~ of revision** *n* QUAL Änderungsverzeichnis *nt*; **~ search** *n* COMP & DP Tabellensuche *f*; **~ space** *n* COMP & DP Tabellenbereich *m*; **~ tripod** *n* PHOTO Tischstativ *nt*; **~ vice** *n BrE* MECHAN ENG Bankschraubstock *m*; **~ vise** *n AmE see table vice BrE*

table[2] *vt* COAL TECH aufbereiten

tablet *n* COMP & DP Tablett *nt* **~ bottle** *n* CER & GLAS Tablettenfläschchen *nt*; **~ sorting and inspection machine** *n* PACK Tablettensortier- und Kontrollmaschine *f*

tableware: **~ and domestic glass industry** *n* CER & GLAS Geschirrkeramik- und Haushaltsglasindustrie *f*

tabloid: **~ format** *n* PRINT Zeitungsformat *nt*

tabular[1] *adj* COMP & DP tabellarisch; **in ~ form** *adj* COMP & DP in Tabellenform

tabular:[2] **~ dimension** *n* ENG DRAW Tabellenmaß *nt*; **~ drawing** *n* ENG DRAW Tabellenzeichnung *f*; **~ work** *n* PRINT Tabellensatz *m*

tabulate *vt* COMP & DP tabellieren, tabulieren

tabulation *n* COMP & DP Tabellieren *nt*, Zählstatistik *f*, tabellarische Aufstellung *f*

tabulator *n (tab)* COMP & DP Spaltensteller *m*, Tabulator *(Tab) m*; **~ dimension** *n* ENG DRAW Tabellenmaß *nt*; **~ key** *n* COMP & DP Tabulatortaste *f*, Tabuliertaste *f*

tach: **~ pulse** *n* TELEV Flachspitzenimpuls *m*

tacheometer *n* CONST *surveying* Tachymeter *nt*

tacheometry *n* CONST *surveying* Tacheometrie *f*

tachograph *n* AUTO Fahrtenschreiber *m*

tachometer *n* AUTO, PHYS *speed* Geschwindigkeitsmesser *m*, Tachometer *nt*, TELEV Tachometer *nt*; **~ lock** *n* TELEV Tachometereinrastung *f*

tachometric: **~ relay** *n* INSTR Fliehkraftschalter *m*

tachyon *n* PHYS Tachyon *nt*

tack[1] *n* MECHAN ENG *nail* Stift *m*, Zwecke *f*, PLAS Konfektionsklebrigkeit *f*, WATER TRANS *sailing* Hals *m*, Wende *f*; **~ coat** *n* CONST *roads* Bindeschicht *f*; **~ free time** *n* PLAS Antrocknungszeit *f*; **~ level** *n* PACK Klebrigkeitsniveau *nt*; **~ welding** *n* MECHANICS Haftschweißen *nt*

tack[2] *vt* CONST befestigen, heften

tack[3] *vi* WATER TRANS *sailing* wenden

tackifier *n* PLAS Klebrigmacher *m*

tackifying: **~ agent** *n* PLAS *rubber, adhesives* Klebrigmacher *m*

tackiness *n* PAPER Haftvermögen *nt*; **~ agent** *n* CHEMISTRY Klebrigmacher *m*

tackle *n* AIR TRANS Hebezeug *nt*, CONST Flaschenzug *m*, Hebezeug *nt*, ELECT Hebezeug *nt*, MECHAN ENG *gear, apparatus* Gerät *nt*, *hoist* Hebezeug *nt*, MECHANICS Flaschenzug *m*, Hebezeug *nt*, PROD ENG Flaschenzug *m*, Geschirr *nt*, Hebezeug *nt*, WATER TRANS Hebezeug *nt*, *ropes* Talje *f*

tacky *adj* PACK, PLAS klebrig

tacticity *n* PLAS Taktizität *f*

tactile[1] *adj* ERGON taktil, tastbar

tactile:[2] **~ sensor** *n* INSTR Berührungssensor *m*, Fühlsensor *m*

TACV *abbr (tracked air cushion vehicle)* WATER TRANS spurgebundenes Luftkissenfahrzeug *nt*

taffeta *n* TEXT Taft *m*

taffrail *n* WATER TRANS *shipbuilding* Heckreling *f*

tag[1] *n* COMP & DP Formatierungsanweisung *f*, Formatierungssequenz *f*, Identifikationskennzeichen *nt*, Kennung *f*, Markierung *f*, TEXT Anhänger *m*, Etikett *nt*

tag[2] *vt* COMP & DP kennzeichnen, markieren, TEXT etikettieren

tagged: **~ atom** *n* NUC TECH radioaktiv markiertes Atom *nt*; **~ variable** *n* ART INT typisierte Variable *f*

tagging *n* ART INT Attribuierung *f*, Markierung mit typisierender Information *f*, TEXT Etikettieren *nt*

tail[1] *n* AUTO *body* Heck *nt*, COMP & DP Endcode *m*, Schluß *m*, Nachsatz *m*, CONST Dachziegelende *nt*, ELECTRON hinteres Ende *nt*, *of pulse* hintere Flanke *f*, PRINT *of page* unterer Seitenrand *m*; **~ assay** *n* NUC TECH *cascade* Endgehalt *m*; **~ bay** *n* WATER SUP Unterhaupt *nt*; **~ beam** *n* CONST Stichbalken *m*; **~ box** *n* WATER SUP *sluices* Unterkasten *m*; **~ disposal** *n* COAL TECH Haldenabfallbeseitigung *f*; **~ end** *n* PAPER umlaufendes Ende *nt*; **~ end marker lamp** *n* RAIL Schlußlaterne *f*; **~ end process** *n* NUC TECH Endreinigungsvorgang *m*; ~ **fin** *n* AIR TRANS Seitenleitwerksflosse *f*, Vertikalflosse *f*; ~ **first configuration aircraft** *n* AIR TRANS Entenflugzeug *nt*; ~ **gate** *n* WATER SUP *canal lock* Ebbetor *nt*, Untertor *nt*; ~ **heaviness** *n* AIR TRANS Schwanzlastigkeit *f*; ~ **lamp** *n* AUTO *lighting* Heckleuchte *f*, Rückleuchte *f*; ~ **lift truck** *n* AUTO Lkw mit Hubladeklappe *m*; ~ **light** *n* AUTO Heckleuchte *f*, Schlußleuchte *f*; ~ **miter sill** *n AmE* ~ **mitre sill** *n BrE* WATER SUP *canal lock* Unterschleusendrempel *m*, Unterschleusenwelle *f*; ~ **pipe** *n* AUTO Abgasrohr *nt*, Endrohr *nt*, CONST Saugrohr *nt*, Strahlrohr *nt*, WATER SUP *pump* Fußrohr *nt*, Saugrohr *nt*; ~ **pipe extension** *n* AUTO Endrohrverlängerung *f*; ~ **propeller** *n* AIR TRANS Heckluftschraube *f*; ~ **pulley** *n* MECHAN ENG hintere Scheibe *f*; ~ **rotor** *n* AIR TRANS *helicopter* Heckrotor *m*, Heckschraube *f*; ~ **sheave** *n* PROD ENG Umlenkrolle *f*; ~ **shock wave** *n* AIR TRANS Heckstoßwelle *f*; ~ **skid** *n* AIR TRANS Hecksporn *m*, Schneekufe *f*, Schwanzsporn *m*; ~ **sluice** *n* WATER SUP Untertor *nt*; ~ **spindle** *n* MECHAN ENG *lathe* Reitstockpinole *f*; ~ **unit** *n* AIR TRANS Leitwerk *nt*; ~ **vice** *n BrE* MECHAN ENG Feilkolben *m*; ~ **vise** *n AmE see tail vice BrE*; ~ **water** *n* FUELLESS Rückwasser *nt*, Stauwasser *nt*, HYD EQUIP, WATER SUP Unterwasser *nt*; ~ **water level** *n* FUELLESS Rückwasserstand *m*; ~ **wheel** *n* AIR TRANS Spornrad *nt*

tail[2] *vt* CONST befestigen, verbinden; ~ **in** *vt* CONST einbinden

tailback *n BrE (cf road jam AmE)* TRANS *traffic* Stau *m*, Verstopfung *f*

tailgate *n* AUTO Heckklappe *f*, Hecktür *f*, MECHANICS Heckklappe *f*, TRANS *motorcar* Heckklappe *f*, Hecktür *f*

tailing: ~ **pond** *n* COAL TECH Bergeteich *m*

tailings *n pl* CONST Abfall *m*, Rückstände *m pl*, Schottersteine *m pl*, FOOD TECH Kleie *f*, Siebrückstände *m pl*, PAPER Rückstände *m pl*, WASTE Restmüll *m*; ~ **dam** *n* CONST Staumauer aus übergroßen Schottersteinen *f*; ~ **pond** *n* WASTE Becken für Rückstände *nt*

tailpiece *n* CONST Muffenverbindung *f*, unterbrochener Träger *m*, PRINT Schlußvignette *f*

tailplane *n* AIR TRANS Höhenflosse *f*, Höhenleitwerk *nt*

tailrace *n* WATER SUP Abflußkanal *m*, *water mill* Ablaufgerinne *nt*; ~ **tunnel** *n* WATER SUP Abflußkanal *m*, Ablaßstollen *m*

tails *n pl* COAL TECH Haldenabfall *m*

tailstock *n* MECHAN ENG *lathe*, PROD ENG Reitstock *m*; ~ **barrel** *n* PROD ENG Reitstockoberteil *nt*; ~ **base** *n* PROD ENG Reitstockunterteil *nt*; ~ **body** *n* PROD ENG Reitstockkörper *m*; ~ **center** *n AmE*, ~ **centre** *n BrE* MECHAN ENG, PROD ENG Reitstockspitze *f*; ~ **quill** *n* MECHAN ENG, PROD ENG Reitstockpinole *f*

taint *vi* FOOD TECH schlecht werden, verderben

take:[1] ~**-away mechanism** *n* TEXT Abführmechanismus *m*; ~**-down** *n* CER & GLAS Abnehmen *nt*; ~**-out** *n* CER & GLAS *action* Entformen *nt*, *device* Entformer *m*; ~**-out with push-up** *n* CER & GLAS Entformen mit Einstechen *nt*; ~**-up** *n* PHOTO Aufwickel- *pref*, TEXT Aufwinde- *pref*; ~**-up cassette** *n* PHOTO Aufwickelcassette *f*; ~**-up motion** *n* TEXT Aufwindevorrichtung *f*; ~**-up reel** *n* COMP & DP Aufwickelspule *f*; ~**-up spool** *n* PHOTO Aufwickelkassette *f*, RECORD Aufwickelspule *f*, TELEV Aufnahmebandspule *f*; ~**-up system** *n* TEXT Aufwindesystem *nt*

take[2] *vt* PROD ENG ansaugen; ~ **advantage of** *vt* PAT in Anspruch nehmen; ~ **down** *vt* MECHAN ENG demontieren, zerlegen; ~ **out of service** *vt* CONST außer Betrieb nehmen

take:[3] ~ **a diagram** *vi* MECHAN ENG Diagramm aufnehmen; ~ **down scaffolding** *vi* CONST Gerüst abbauen, ausrüsten; ~ **an edge** *vi* PROD ENG eine Schneide bilden; ~ **on hands** *vi* WATER TRANS *crew* Mannschaft anheuern; ~ **a sample** *vi* PHYS Probe nehmen; ~ **on water** *vi* WATER TRANS Wasser übernehmen

takeoff *n* AIR TRANS Start *m*; ~ **ability** *n* AIR TRANS Startfähigkeit *f*, Startkapazität *f*; ~ **area** *n* AIR TRANS Startbereich *m*; ~ **distance available** *n* AIR TRANS verfügbare Startstrecke *f*; ~ **distance required** *n* AIR TRANS benötigte Startstrecke *f*; ~ **flight path** *n* AIR TRANS Startflugbahn *f*, Startbahn *f*; ~ **funnel** *n* AIR TRANS Startlufttrichter *m*; ~ **monitoring system** *n* AIR TRANS Startkontrollsystem *nt*; ~ **phase** *n* AIR TRANS Startphase *f*; ~ **power rating** *n* AIR TRANS Startnennleistung *f*; ~ **run** *n* AIR TRANS Startrollstrecke *f*; ~ **speed** *n* AIR TRANS Startgeschwindigkeit *f*

taker: ~**-in** *n* CER & GLAS Glasmacherlehrling *m*

taking: ~ **lens** *n* PHOTO Aufnahmeobjektiv *nt*; ~ **to pieces** *n* MECHAN ENG Zerlegen *nt*

talc *n* CER & GLAS Talkum *nt*

talk: ~**-listen switch** *n* RECORD Hör-Sprech-Schalter *m*

talkback *n* RECORD Gegensprechanlage *f*, Gegensprechen *nt*; ~ **circuit** *n* TELEV Kommandokreis *m*; ~ **microphone** *n* RECORD Gegensprechmikrofon *nt*

tall: ~ **oil** *n* CHEMISTRY, PLAS *paint* Tallöl *nt*

tallow *n* CHEMISTRY, PROD ENG, TEXT Talg *m*; ~ **oil** *n* CHEMISTRY Härteöl *nt*, Talgöl *nt*

tallowy *adj* FOOD TECH talgig

tally *n* COMP & DP Rechenstreifen *m*, Zähler *m*, Zählstrich *m*, MATH Zählstrich *m*, QUAL Fünfermarkierung *f*, Markierung *f*; ~ **diagrams** *n pl* MATH *statistics* Strichlistendiagramme *nt pl*; ~ **light** *n* TELEV Signallampe *f*

talonic *adj* CHEMISTRY Talon- *pref*

tamed: ~ **frequency modulation** *n* ELECTRON, RAD TECH, TELECOM, TELEV gezähmte Frequenzmodulation *f*

tamp[1] *n* PROD ENG Stampfer *m*

tamp[2] *vt* CONST, RAIL feststampfen, stampfen, stopfen

tamped[1] *adj* CHEMISTRY Stampf- *pref*

tamped:[2] ~ **density** *n* PLAS Stampfdichte *f*

tamper:[1] ~**-proof** *adj* PACK verfälschungssicher

tamper[2] *n* PROD ENG Stampfer *m*; ~**-evident closure** *n* PACK originalsicher Verschluß *m*; ~**-proof closure** *n* PACK verfälschungssicherer Verschluß *m*; ~**-proof seal** *n* SAFETY Klebesiegel *nt*, Versiegelung *f*

tamper:[3] ~**-proof** *vt* PACK gegen Eingriff sichern; ~ **with** *vt* SAFETY herumhantieren an, unbefugt eingreifen in

tamping *n* PROD ENG Aufstampfen *nt*, Verstopfen *nt*; ~ **clay** *n* CER & GLAS Stampfmasse *f*; ~ **machine** *n* RAIL Stopfmaschine *f*; ~ **rod** *n* CONST Stampfstange *f*; ~ **unit** *n* RAIL Stopfaggregat *nt*

tan *abbr (tangent)* GEOM tan *(Tangens)*, MATH tan *(Tangente)*

TAN *abbr (total acid number)* CHEMISTRY GSZ *(Gesamtsäurezahl)*

tandem[1] *adj* AUTO Doppel- *pref*

tandem:[2] ~ **accelerator** *n* NUC TECH Tandembeschleuniger *m*; ~ **arrangement** *n* ELEC ENG Kaskadenanordnung *f*; ~ **axle** *n* AUTO *truck* Doppelachse *f*, Tandemachse *f*; ~ **connection** *n* ELEC ENG Kaskadenschaltung *f*, ELECT Hintereinanderschaltung *f*, Reihenschaltung *f*, Tandemschaltung *f*,

Kaskadenschaltung *f*, NUC TECH Kaskadenschaltung *f*; **~ construction** *n* MECHAN ENG Tandembauart *f*; **~ engine** *n* MECHAN ENG Tandemmaschine *f*; **~ exchange** *n* TELECOM Durchgangsamt *nt*, Durchgangsvermittlungsstelle *f*; **~ generator** *n* PHYS Tandembeschleuniger *m*; **~ motor** *n* CONTROL Doppelmotor *m*, Tandemmotor *m*; **~ rotor helicopter** *n* AIR TRANS Tandemhubschrauber *m*; **~ table** *n* PROD ENG Kuppeltisch *m*; **~ vibrating roller** *n* CONST *road construction* Tandemvibrationswalze *f*

tang[1] *n* MECHAN ENG *of file* Angel *f*, *of knife, chisel* Schaft *m*, PROD ENG Lappen *m*

tang[2] *vt* PROD ENG lappenförmig absetzen, mit Zapfen versehen

tanged *adj* PROD ENG lappenförmig abgesetzt, mit Austreiberlappen

tangency *n* GEOM Berührung *f*

tangent *n (tan)* GEOM *line, curve* Berührungslinie *f*, Tangente *f (tan) of angle* Tangens *m (tan)*, MATH *line, curve* Berührungslinie *f*, Tangente *f (tan)*; **~ circles** *n pl* GEOM tangierende Kreise *m pl*; **~ compass** *n* PHYS Tangentenbussole *f*; **~ galvanometer** *n* ELEC ENG Tangentenbussole *f*, ELECT Tangenten-Galvanometer *nt*, PHYS Tangentenbussole *f*; **~ key** *n* MECHAN ENG Tangentkeil *m*; **~ keyway** *n* MECHAN ENG Tangentkeilnut *f*; **~ to the circle** *n* GEOM Kreistangente *f*

tangential[1] *adj* GEOM tangential, MECHAN ENG Tangential- *pref*, MECHANICS tangential, PHYS Tangential- *pref*, tangential

tangential:[2] **~ acceleration** *n* MECHAN ENG Tangentialbeschleunigung *f*, MECHANICS Tangentialbeschleunigung *f*; **~ component** *n* PHYS Tangentialkomponente *f*; **~ control** *n* OPT Tangentialsteuerung *f*; **~ feed** *n* MECHAN ENG tangentialer Vorschub *m*; **~ focal line** *n* PHYS Meridionalschnitt *m*, Tangentialschnitt *m*; **~ hobbing** *n* PROD ENG Tangentialwälzfräsen *nt*; **~ key** *n* MECHAN ENG Tangentkeil *m*; **~ signal sensitivity** *n* PHYS Grenzempfindlichkeit *f*; **~ strain** *n* MECHAN ENG Tangentialbelastung *f*; **~ stress** *n* MECHAN ENG Tangentialbeanspruchung *f*; **~ threading die** *n* MECHAN ENG Tangentialschneidbacke *f*; **~ turning tool** *n* MECHAN ENG, PROD ENG Tangentialdrehmeißel *m*; **~ velocity** *n* FUELLESS Tangentialgeschwindigkeit *f*

tank *n* AUTO Kraftstofftank *m*, CER & GLAS Schmelzwanne *f*, Wannenofen *m*, CONST Gründungswanne *f*, HEAT & REFRIG, MECHANICS, PET TECH, POLL Behälter *m*, Tank *m*, PROD ENG Windkessel *m*, *plastic valves* Behälter *m*, SPACE Tank *m*, WATER TRANS *shipbuilding* Zelle *f*; **~ adaptor** *n* PROD ENG *plastic valves* Behälteranschluß *m*; **~ barge** *n* WATER TRANS Tankfrachtkran *m*; **~ block** *n* CER & GLAS Wannenstein *m*; **~ cap** *n* AUTO Tankdeckel *m*; **~ car** *n AmE (cf tank wagon BrE)* AUTO Kesselwagen *m*, RAIL Behälterwagen *m*, Kesselwagen *m*; **~-cleaning plant** *n* CONST Gefäßreinigungsanlage *f*; **~ container** *n* AUTO Tankcontainer *m*; **~ development** *n* PHOTO Tankentwicklung *f*; **~ furnace** *n* CER & GLAS Wannenofen *m*; **~ gaging system** *n AmE*, **~ gauging system** *n BrE* INSTR Behältermeßanlage *f*, Behältermeßsystem *nt*; **~ hatch** *n* WATER TRANS Tankluke *f*; **~ heater** *n* PHOTO Tankwärmer *m*; **~ lining glass** *n* CER & GLAS Wannenauskleidungsglas *nt*; **~ lorry** *n BrE (cf tank truck AmE)* AUTO Tankfahrzeug *nt*; **~ neck** *n* CER & GLAS Wannenofenmund *m*; **~ reactor** *n* NUC TECH Tankreaktor *m*; **~ reel** *n* PHOTO Einsatzspirale *f*; **~ semitrailer** *n* AUTO Tanksattelanhänger *m*; **~ top** *n* WATER TRANS *shipbuilding* Tankdecke *f*; **~ truck** *n AmE (cf tank lorry BrE)* AUTO Tankfahrzeug *nt*; **~ valve** *n* HYD EQUIP Tankventil *nt*; **~ vent** *n* SPACE *spacecraft* Tankentlüftung *f*; **~ wagon** *n BrE (cf tank car AmE)* AUTO Kesselwagen *m*, RAIL Behälterwagen *m*, Kesselwagen *m*; **~ wall** *n* PROD ENG *plastic valves* Behälterwand *f*

tanker *n* AUTO Tankfahrzeug *nt*, Tankwagen *m*, MAR POLL Tankfahrzeug *nt*, PET TECH, WATER TRANS Tanker *m*; **~ lorry** *n BrE (cf tanker truck AmE)* WATER TRANS Tankwagen *m*, Tankwaggon *m*; **~ terminal** *n* WATER TRANS Tanker-Terminal *m*; **~ truck** *n AmE (cf tanker lorry BrE)* WATER TRANS Tankwagen *m*, Tankwaggon *m*

tanking *n* CONST Wannendichtung *f*

tannate *n* CHEMISTRY Tannat *nt*

tanned *adj* PROD ENG lohgar

tannic *adj* CHEMISTRY gerbstoffartig

tannin *n* CHEMISTRY Tannin *nt*, Tanningerbstoff *m*

tantalate *n* CHEMISTRY Tantalat *nt*

tantalic *adj* CHEMISTRY Tantal- *pref*

tantalum[1] *adj* CHEMISTRY Tantal- *pref*

tantalum[2] *n (Ta)* CHEMISTRY Tantal *nt (Ta)*; **~ anode** *n* ELEC ENG Tantalanode *f*; **~ capacitor** *n* ELEC ENG Tantalkondensator *m*; **~ foil capacitor** *n* ELEC ENG Tantalfilmkondensator *m*, Tantalschichtkondensator *m*; **~ oxide** *n* ELEC ENG Tantaloxid *nt*; **~ oxide capacitor** *n* ELEC ENG Tantaloxidkondensator *m*; **~ slug** *n* ELEC ENG Tantalkern *m*; **~ slug capacitor** *n* ELEC ENG Tantalkernkondensator *m*; **~ solid capacitor** *n* ELEC ENG Tantalfestkondensator *m*; **~ wet capacitor** *n* ELEC ENG Tantalnaßkondensator *m*

tap[1] *n* CONST *BrE (cf faucet AmE)* Gewindebohrer *m*, Wasseranschluß *m*, Zapfstelle *f*, ELECT *transformer* Anzapfung *f*, LAB EQUIP *BrE (cf faucet AmE)* Hahn *m*, MECHAN ENG *thread cutting* Gewindebohrer *m*, MECHAN ENG *BrE (cf faucet AmE)* Hahn *m*, Zapfhahn *m*, MECHANICS *BrE (cf faucet AmE)* Hahn *m*, PROD ENG Gewindebohrer *m*, Gewindeschneidbohrer *m*; **~ bolt** *n* MECHAN ENG Stiftschraube *f*; **~ change operation** *n* ELECT *transformer* Anzapfungswechsel *m*; **~ changer** *n* ELEC ENG Stufenschalter *m*, Trafostufenschalter *m*, ELECT Anzapfungswechsler *m*; **~ funnel** *n* LAB EQUIP Tropftrichter *m*; **~ holder** *n* MECHAN ENG Gewindebohrerhalter *m*; **~ ladle** *n* PROD ENG Abstichpfanne *f*; **~ No1** *n* MECHAN ENG, PROD ENG *threads* Gewindebohrer Nr. 1 *m*, Vorschneider *m*; **~ No3** *n* MECHAN ENG, PROD ENG *threads* Gewindebohrer Nr. 3 *m*; **~ No2** *n* MECHAN ENG, PROD ENG *threads* Gewindebohrer Nr. 2 *m*, Mittelschneider *m*; **~ out block** *n* CER & GLAS Auslaufstein *m*; **~ plate** *n* MECHAN ENG Gewindeschneidkluppe *f*; **~ position indicator** *n* ELECT Anzapfungsanzeige *f*; **~ selector** *n* ELECT Anzapfungswähler *m*; **~ switch** *n* ELECT Anzapfungswähler *m*; **~ water** *n* CONST Leitungswasser *nt*; **~ wrench** *n* MECHAN ENG Windeisen *nt*

tap[2] *vt* COAL TECH klopfen, CONST Gewinde bohren, anbohren, FOOD TECH anstechen, zapfen, MECHAN ENG *threads* Innengewinde schneiden, PHYS anzapfen, klopfen, PROD ENG Innengewinde schneiden, anzapfen

tap[3] *vi* CER & GLAS *glass melting furnace* den Anstich machen

tape[1] *n* COMP & DP Band *nt*, Magnetband *nt*, Streifen *m*, ELECT *insulation* Band *nt*, METROL Bandmaß *nt*, PLAS Band *nt*, RECORD Magnetband *nt*, Tonband *nt*; **~**

advance *n* RECORD Bandvorschub *m*; ~ **alignment guide** *n* TELEV Bandführung *f*; ~ **backing** *n* RECORD Bandbelag *m*, Bandrückseite *f*; ~ **base** *n* RECORD Bandbasis *f*; ~ **cartridge** *n* COMP & DP Magnetbandkassette *f*; ~ **cassette** *n* RECORD Bandkassette *f*; ~**-coating material** *n* RECORD Bandbeschichtungsmaterial *nt*; ~ **condenser** *n* TEXT Florteiler *m*; ~**-controlled linecasting** *n* PRINT bandgesteuerter Zeilenguß *m*; ~ **counter** *n* RECORD, TELEV Bandzählwerk *nt*; ~ **cupping** *n* RECORD Bandwölbung *f*; ~ **curling** *n* TELEV Bandverformung *f*; ~ **curvature** *n* RECORD Bandverdehnung *f*, TELEV Bandbiegung *f*; ~ **deck** *n* ACOUSTICS Laufwerk *nt*, Tonbanddeck *nt*, COMP & DP Bandlaufwerk *nt*, Magnetbandgerät *nt*, RECORD Tonbandgerät *nt*; ~ **drive** *n* COMP & DP Bandlaufwerk *nt*, RECORD, TELEV Bandantrieb *m*; ~ **dump** *n* COMP & DP Bandauszug *m*, Banddatenauszug *m*; ~ **file** *n* COMP & DP Banddatei *f*; ~ **format** *n* COMP & DP Bandformat *nt*; ~ **guide** *n* COMP & DP, RECORD Bandführung *f*, TELEV Bandführungslineal *nt*; ~ **hanging display reinforcement** *n* PACK Verstärkung für Hängedisplays *f*; ~ **header** *n* COMP & DP Vorspann *m*; ~ **input guide** *n* TELEV Bandeinführungsstift *m*; ~ **label** *n* COMP & DP Bandetikett *nt*, Bandkennsatz *m*, Bandkennzeichnung *f*; ~ **leader** *n* COMP & DP Vorspann *m*, TELEV Bandführung *f*; ~ **length indicator** *n* TELEV Bandlängenanzeige *f*; ~ **library** *n* COMP & DP Bandbibliothek *f*, Magnetothek *f*; ~ **lifter** *n* RECORD, TELEV Bandheber *m*; ~ **line** *n* METROL Band *nt*; ~ **loop** *n* RECORD Bandschleife *f*, TELEV Bandschlaufe *f*; ~ **loop cassette** *n* TELEV Bandschlaufencassette *f*; ~ **mark** *n* COMP & DP Bandmarke *f*, Bandanfangsmarke *f*; ~ **measure** *n* MECHANICS Bandmaß *nt*, METROL Bandmaß *nt*, Maßband *nt*; ~**-moisturizing device** *n* PACK Bandbefeuchtungsvorrichtung *f*; ~ **neutral plane** *n* TELEV Bandlineal *nt*; ~ **output guide** *n* TELEV Bandführung *f*; ~ **oxide layer** *n* TELEV Bandoxidschicht *f*; ~ **player** *n* RECORD Bandabspielgerät *nt*; ~ **punch** *n* COMP & DP Lochstreifenstanzer *m*, Streifenlocher *m*; ~ **reader** *n* COMP & DP Lochstreifenleser *m*; ~ **recorder** *n* ACOUSTICS Bandgerät *nt*, Tonbandgerät *nt*, RECORD Bandaufnahmegerät *nt*; ~ **recording** *n* RECORD Bandaufnahme *f*; ~ **reel** *n* COMP & DP Bandspule *f*, RECORD Bandhaspel *f*; ~ **roller** *n* RECORD Bandrolle *f*, TELEV Andruckrolle *f*; ~ **run** *n* RECORD, TELEV Bandlauf *m*; ~ **scrape** *n* RECORD Bandschaben *nt*; ~ **sealer** *n* PACK Bandabdichtung *f*; ~ **skew** *n* RECORD Bandschräglauf *m*; ~ **skip** *n* COMP & DP Bandvorschub *m*; ~ **slippage** *n* RECORD Durchrutschen des Bandes *nt*, TELEV Bandschlupf *m*; ~ **sorting** *n* COMP & DP Bandsortieren *nt*; ~ **speed** *n* ACOUSTICS Banddurchlauf-Geschwindigkeit *f*, RECORD, TELEV Bandgeschwindigkeit *f*; ~ **speed control** *n* TELEV Bandgeschwindigkeitsregelung *f*; ~ **spill** *n* RECORD Bandsalat *m*; ~ **splice** *n* RECORD Bandverspleißung *f*; ~ **splicer** *n* RECORD Bandspleißer *m*; ~ **tension** *n* RECORD, TELEV Bandspannung *f*; ~ **tension arm** *n* RECORD Bandspannarm *m*; ~ **tension control** *n* RECORD, TELEV Bandspannungsregelung *f*, Bandspannungsregler *m*; ~ **threading** *n* RECORD Bandeinführung *f*; ~**-to-film transfer** *n* TELEV Band-Film-Übertragung *f*; ~ **transport** *n* COMP & DP Bandtransport *m*, Bandantrieb *m*, RECORD Bandtransport *m*; ~ **transport geometry** RECORD Bandtransportgeometrie *f*; ~ **unit** *n* COMP & DP Bandeinheit *f*, Bandgerät *nt*; ~ **width** *n* RECORD Breite des Bandes *f*; ~**-wound core** *n* ELEC ENG bandgewickelter Kern *m*; ~ **wrap** *n* OPT Bandumwickelung *f*

tape[2] *vt* RECORD auf Band aufnehmen, TELEV auf Band aufzeichnen

taped: ~ **closure** *n* PACK umwickelter Verschluß *m*

taper[1] *adj* PROD ENG konisch; ~**-threaded** *adj* MECHAN ENG mit kegeligem Gewinde

taper[2] *n* CER & GLAS Kegel *m*, MECHANICS Konizität *f*, Verjüngung *f*, Zuspitzung *f*, *ratio* Kegelverhältnis *nt*, PROD ENG Kegel *m*; ~ **bevel** *n* CER & GLAS Kegelanschnitt *m*; ~ **boring** *n* PROD ENG Kegelbohren *nt*; ~ **dowel** *n* MECHAN ENG Kegelstift *m*; ~ **grinding** *n* PROD ENG Kegelschleifen *nt*; ~ **key** *n* MECHAN ENG Keil *m*, PROD ENG Austreiber *m*; ~ **milling** *n* PROD ENG Kegelfräsen *nt*; ~ **parallel** *n* PROD ENG Keilstück *nt*; ~ **pin** *n* MECHAN ENG Kegelstift *m*, MECHANICS Kegelstift *m*, Keilstift *m*; ~ **pipe** *n* MECHAN ENG konisches Rohrstück *nt*; ~ **pipe thread** *n* MECHAN ENG kegeliges Rohrgewinde *nt*; ~ **plug** *n* PROD ENG Hahnküken *nt*; ~ **reamer** *n* MECHAN ENG Kegelreibahle *f*; ~ **roller bearing** *n* AUTO Kegelrollenlager *nt*; ~ **rolling bearing** *n* MECHAN ENG Kegelrollenlager *nt*; ~ **shank** *n* MECHAN ENG Kegelschaft *m*; ~ **sleeve** *n* MECHAN ENG Kegelhülse *f*; ~ **tap** *n* PROD ENG Vorschneider *m*; ~ **thread** *n* MECHAN ENG Kegelgewinde *nt*; ~ **turning** *n* MECHAN ENG Kegeligdrehen *nt*, Konischdrehen *nt*; ~**-turning attachment** *n* MECHAN ENG Kegeldrehvorrichtung *f*, Konischdrehvorrichtung *f*; ~ **washer** *n* MECHAN ENG konische Unterlegscheibe *f*

taper[3] *vi* PROD ENG konisch zulaufen, sich verjüngen

tapered[1] *adj* MECHAN ENG kegelig verjüngt, konisch; ~**-ended** *adj* PROD ENG *metal cutting* mit kegeligem Anschnitt

tapered:[2] ~ **axle end** *n* AUTO kugelförmiges Achsende *nt*; ~ **compression ring** *n* AUTO kegelförmiger Kompressionsring *m*; ~ **fiber** *n AmE*, ~ **fibre** *n BrE* OPT zugespitzte Faser *f*, TELECOM Fasertaper *m*, Lichtwellenleitertaper *m*; ~ **hub** *n* AUTO *wheel* Kegelnabe *f*, Konusnabe *f*; ~ **needle** *n* MECHAN ENG konische Nadel *f*; ~ **pad** *n* CER & GLAS Kegelpolster *nt*; ~ **pin** *n* MECHAN ENG Kegelstift *m*; ~ **plug** *n* PROD ENG Spreizkegel *m*; ~ **punch** *n* PROD ENG Lochdorn *m*; ~ **roller bearing** *n* AUTO, MECHAN ENG Kegelrollenlager *nt*; ~ **section** *n* ELEC ENG kegelförmiger Abschnitt *m*, kegelförmiger Bestandteil *m*, verjüngter Abschnitt *m*; ~ **stop bevel** *n* CER & GLAS Kegelanschlagschräge *f*; ~ **teeth** *n pl* MECHAN ENG konische Verzahnung *f*; ~ **wing** *n* AIR TRANS Trapezflügel *m*; ~ **worm** *n* MECHAN ENG Kegelschnecke *f*

tapering *n* MECHAN ENG Verjüngung *f*

taphole *n* MECHAN ENG Gewindeloch *nt*, PROD ENG Abstichloch *nt*, Gewindebohrung *f*, Gewindeloch *nt*

taping *n* PROD ENG Bandwickeln *nt*, Lochstreifensteuerung *f*

tapped: ~ **coil** *n* ELEC ENG Abzweigspule *f*; ~ **control** *n* ELEC ENG Abzweigregler *m*, Regelung mit Anzapfung *f*; ~ **delay elements** *n pl* ELECTRON Verzögerungsglieder mit Abgriffen *nt pl*; ~ **delay line** *n* ELECTRON Verzögerungsleitung mit Abgriffen *f*; ~ **fitting** *n* MECHAN ENG Rohrfitting *nt*, Rohrverschraubungsstück *nt*; ~ **hole** *n* MECHAN ENG Gewindeloch *nt*, PROD ENG Gewindebohrung *f*; ~ **primary winding** *n* ELEC ENG Primärwicklung mit Anzapfung *f*; ~ **resistor** *n* ELEC ENG Anzapfwiderstand *m*, Widerstand mit Anzapfung *m*; ~ **secondary winding** *n* ELEC ENG Sekundärwicklung mit Anzapfung *f*; ~ **transformer** *n*

ELEC ENG Anzapftransformator *m*, Transformator mit Anzapfungen *m*, ELECT Transformator mit Abzapfpunkten *m*; ~ **valve drill** *n* CONST Gesteinsbohrer *m*, Innengewindebohrer *m*; ~ **winding** *n* ELEC ENG Wicklung mit Anzapfung *f*

tappet *n* AUTO Stößel *m*, Ventilstößel *m*, MECHAN ENG *cam* Mitnehmer *m*, Nocken *m*, *valves* Stößel *m*; ~ **stem** *n* AUTO Stößelschaft *m*

tapping *n* CER & GLAS Abstich *m*, ELEC ENG Abzweig *m*, Abzweigung *f*, Anzapfung *f*, ELECT *transformer* Abzapf- *pref*, Abzapfpunkt *m*, MECHAN ENG Gewindebohren *nt*, PHYS Abgriff *m*, Anzapfung *f*, Klopfen *nt*, PROD ENG Abstich *m*, Innengewindeschneiden *nt*, WATER SUP Entnahme von Wasser *f*, Versuchsbecken *nt*; ~ **attachment** *n* MECHAN ENG Gewindebohreinrichtung *f*; ~ **current of winding** *n* ELECT *transformer* Abzapfstrom aus einer Wicklung *m*; ~ **drill** *n* MECHAN ENG gewindeschneidender Bohrer *m*; ~ **hole** *n* CER & GLAS Stichloch *nt*; ~ **ladle** *n* PROD ENG Abstichpfanne *f*; ~ **machine** *n* MECHAN ENG Gewindebohrmaschine *f*; ~ **point** *n* ELEC ENG Abgreifpunkt *m*; ~ **range** *n* ELECT Abzapfbreite *f*; ~ **saddle** *n* PROD ENG *plastic valves* Anbohrschelle *f*; ~ **screw** *n* MECHAN ENG Blechschraube *f*; ~ **screw thread** *n* MECHAN ENG Blechschraubengewinde *nt*; ~ **step** *n* ELECT *transformer* Abzapfintervall *nt*; ~ **tee** *n* PROD ENG *plastic valves* Anbohrschelle *f*; ~ **unit** *n* MECHAN ENG Gewindebohreinheit *f*; ~ **water** *n* WATER SUP Quellenfassung *f*

tar[1] *n* CONST, PLAS *paint*, WATER TRANS Teer *m*; ~ **boiler** *n* CONST Teerkessel *m*; ~ **coating** *n* PLAS *paint* Teeranstrich *m*; ~ **sand** *n* PET TECH Teersand *m*, Ölsand *m*; ~ **sprayer** *n* CONST Teerspritzmaschine *f*; ~ **sprinkler** *n* CONST Teerspritzgerät *nt*

tar[2] *vt* CONST, WATER TRANS teeren

tarball *n* MAR POLL Teerklumpen *m*

tare *n* PACK *weight*, TEXT, TRANS Tara *nt*

target *n* COMP & DP Ziel *nt*, CONST *surveying* Fluchtstange *f*, ERGON Ziel *nt*, PART PHYS Target *nt*, Zielscheibe *f*, QUAL Endwert *m*, Ziel *nt*, SPACE Ziel- *pref*, TELEV Ziel *nt*; ~ **burn up** *n* NUC TECH *fuel* Sollabbrand *m*; ~ **computer** *n* COMP & DP Zielcomputer *m*, Zielrechner *m*; ~ **detection** *n* ERGON Zielerkennung *f*; ~ **electrode** *n* ELEC ENG, TELEV Zielelektrode *f*; ~ **flow transducer** *n* IND PROCESS Stauscheiben-Durchflußmeßumformer *m*; ~**-illuminating laser** *n* ELECTRON zielbeleuchtender Laser *m*; ~ **irradiation** *n* NUC TECH Targetbestrahlung *f*; ~ **language** *n* COMP & DP Objektsprache *f*, Zielsprache *f*; ~ **layer** *n* TELEV Zielschicht *f*; ~ **level** *n* COMP & DP Zielebene *f*; ~ **leveling rod** *n AmE see target levelling rod BrE*; ~ **leveling staff** *n AmE see target levelling staff BrE*; ~ **levelling rod** *n BrE* CONST *surveying* Nivellierlatte mit Anzeige *f*; ~ **levelling staff** *n BrE* CONST *surveying* Nivellierlatte mit Anzeige *f*; ~ **mesh** *n* TELEV Zielgitter *nt*; ~ **phase** *n* COMP & DP Bearbeitungszeit *f*; ~**-shooting** *n* RAIL Scheibenschießen *nt*; ~ **signal** *n* ELECTRON Zielsignal *nt*

tariff *n* TELECOM Tarif *m*; ~ **structure** *n* TELECOM Tarifstruktur *f*

tarmac *n* CONST *civil engineering* Teermakadam *m*

tarmacadam *n* CONST *civil engineering* Teermakadam *m*

tarnish *vt* PROD ENG anlaufen

tarpaulin *n* CONST Segeltuchplane *f*, Teerleinwand *f*, WATER TRANS Persenning *f*; ~**-covered container** *n* TRANS Behälter mit Plane *m*

tarred: ~ **board** *n* PACK Teerpapier *nt*, Teerpappe *f*; ~ **brown paper** *n* PAPER Bitumenpapier *nt*; ~ **felt** *n* CONST Teerpappe *f*; ~ **rope** *n* WATER TRANS geteertes Tau *nt*

tarring *n* CONST Teerung *f*

tartar *n* CHEMISTRY Kaliumhydrogentartrat *nt*, Weinstein *m*

tartrate *n* CHEMISTRY Tartrat *nt*

tartronic *adj* CHEMISTRY Tartron- *pref*

tartronoylurea *n* CHEMISTRY Dialursäure *f*, Hydroxybarbitursäure *f*, Tartronoylharnstoff *m*

TAS *abbr (true air speed)* AIR TRANS *aircraft* wahre Eigengeschwindigkeit *f*, wahre Fluggeschwindigkeit *f*

task *n* COMP & DP Aufgabe *f*, Verarbeitungsvorgang *m*; ~ **analysis** *n* ERGON Aufgabenanalyse *f*; ~ **description** *n* ERGON Aufgabenbeschreibung *f*; ~ **force** *n* WATER TRANS *navy* Kampfverband *m*; ~ **hierarchy** *n* ERGON Aufgabenhierarchie *f*; ~ **management** *n* COMP & DP Aufgabensteuerung *f*, Tasksteuerung *f*

tasting *n* FOOD TECH Sinnenprüfung *f*, sensorische Analyse *f*

tau: ~ **neutrino** *n* PART PHYS Tau-Neutrino *nt*; ~ **particle** *n* PART PHYS Tau-Teilchen *nt*

τ *abbr (relaxation time)* ACOUSTICS τ *(Relaxationszeit)*

tauon *n* PHYS Tauon *nt*; ~ **neutrino** *n* PHYS Tau-Neutrino *nt*

taurine *n* CHEMISTRY Taurin *nt*

taurocholate *n* CHEMISTRY Taurocholat *nt*

taurocholic *adj* CHEMISTRY Taurochol- *pref*

taut[1] *adj* PROD ENG straff gespannt

taut:[2] ~**-band movement** *n* INSTR Spannbandmeßwerk *nt*

tauten *vti* PROD ENG spannen

tautomer *n* CHEMISTRY Tautomer *nt*, Tautomeres *nt*

tautomeric *adj* CHEMISTRY tautomer

tautomerization *n* CHEMISTRY Tautomerisierung *f*

taxi: ~ **holding position** *n* AIR TRANS Rollhalteort *m*

taxiing *n* AIR TRANS Rollen *nt*

taxiway *n* AIR TRANS Rollbahn *f*; ~ **centerline light** *n AmE see taxiway centreline light BrE*; ~ **centerline marking** *n AmE see taxiway centreline marking BrE*; ~ **centreline light** *n BrE* AIR TRANS Rollbahnmittellinienfeuer *nt*; ~ **centreline marking** *n BrE* AIR TRANS Rollbahnmittellinienmarkierung *f*; ~ **edge marker** *n* AIR TRANS Rollbahnrandmarkierung *f*; ~ **intersection marking** *n* AIR TRANS Rollbahnkreuzungsmarkierung *f*; ~ **light** *n* AIR TRANS Rollbahnfeuer *nt*

Taylor: ~ **cone** *n* RAD PHYS Taylorscher Kegel *m*; ~ **expansion** *n* MATH Taylorsche Entwicklung *f*, Taylorsche Reihe *f*; ~ **number** *n* FLUID PHYS Taylorsche Zahl *f*

Tb *(terbium)* CHEMISTRY Tb *(Terbium)*

T-beam *n* CONST Plattenbalken *m*, T-Träger *m*

TBF *abbr (traveling belt filter AmE, travelling belt filter BrE)* NUC TECH Förderbandfilter *nt*

T-bolt *n* MECHAN ENG T-Nutenschraube *f*

TBP[1] *abbr (tributyl phosphate)* NUC TECH TBP *(Tributylphosphat)*

TBP:[2] ~ **process** *n* NUC TECH TBP-Verfahren *nt*

Tc *(technetium)* CHEMISTRY Tc *(Technetium)*

T-coupler *n (tee coupler)* OPT, TELECOM T-Koppler *m (T-förmiger Koppler)*

TCR *abbr (telemetry command and ranging subsystem)* SPACE *communications* TCR *(Telemetriesteuer-und Meßsystem)*

T-cramp *n* CONST Ankereisen *nt*

TD *abbr (theoretical density)* NUC TECH TD *(theoreti-*

sche Dichte)

TDC *abbr (top dead center AmE, top dead centre BrE)* AUTO OT *(oberer Totpunkt)*

TDF *abbr (trunk distribution frame)* TELECOM FHV *(Fernleitungshauptverteiler)*

TDI *abbr (toluene diisocyanate)* PLAS TDI *(Toluendiisocyanat)*

TDM *abbr (time division multiplex)* COMP & DP, ELECTRON, *PHYS, SPACE, TELECOM,* TDM *(Zeitmultiplexverfahren, Zeitstaffmultiplexing)*

TDMA[1] *abbr (time division multiple access)* COMP & DP, ELECTRON, SPACE *communications*, TELECOM TDMA *(Mehrfachzugriff im Zeitmultiplex)*

TDMA:[2] ~ **terminal** *n* SPACE *communications* TDMA-Terminal *nt*

Te *(tellurium)* CHEMISTRY Te *(Tellur)*

TE[1] *abbr (transverse electric)* ELEC ENG, TELECOM TE *(transversal elektrisch)*

TE:[2] ~ **mode** *n* ELEC ENG, TELECOM H-Modus *m*, TE-Modus *m*; ~ **wave** *n* ELEC ENG, TELECOM H-Welle *f*, TE-Welle *f*

tear:[1] **~-off** *adj* PACK Aufreiß- *pref*

tear[2] *n* CER & GLAS Tropfen *m*, PLAS Einreißen *nt*; ~ **initiation** *n* PLAS Anreißen *nt*; **~-off closure** *n* PACK Abreißverschluß *m*; **~-off pack** *n* PACK Aufreißpackung *f*; ~ **propagation** *n* PLAS Weiterreißen *nt*; ~ **resistance** *n* PLAS Einreißfestigkeit *f*, Reißfestigkeit *f*, Zerreißfestigkeit *f*; ~ **strength** *n* PLAS Einreißfestigkeit *f*, Reißfestigkeit *f*, TEXT Reißfestigkeit *f*, Zerreißfestigkeit *f*; ~ **strip** *n* PACK Aufreißstreifen *m*; ~ **tab lid** *n* PACK Aufreißdeckel *m*; ~ **tape** *n* PACK Reißband *nt*

tear[3] *vt* PAPER zerreißen; ~ **down** *vt* MECHAN ENG abreißen

tear[4] *vi* PLAS reißen

tearing[1] *adj* PLAST Weiterreiß- *pref*

tearing[2] *n* CER & GLAS Riß *m*, CONST, FOOD TECH, PACK Reiß- *pref*, PAPER Zerreißen *nt*, TELEV Reißen *nt*, TEXT, WATER TRANS Reiß- *pref*; ~ **test** *n* PLAS Weiterreißprüfung *f*, Weiterreißversuch *m*; ~ **tester** *n* PAPER Weiterreißbarkeitsprüfer *m*; ~ **wire** *n* PAPER Reißdraht *m*

teaser *n* CER & GLAS Ofenbediener *m*

teat *n AmE* PROD ENG Führungszapfen *m*

technetium *n (Tc)* CHEMISTRY Technetium *nt (Tc)*

technical: ~ **breakdown** *n* TELECOM technische Störung *f*; ~ **instructions** *n pl* RAIL technische Beschreibung *f*; ~ **and office protocol** *n (TOP)* TELECOM Bürokommunikationsprotokoll *nt (TOP)*; ~ **product documentation** *n* SAFETY technische Produktdokumentation *f*; ~ **report** *n* TELEV technischer Bericht *m*; ~ **requirement** *n* METROL technische Anforderung *f*; ~ **safety requirement** *n* SAFETY technische Sicherheitsvorschrift *f*, technische Sicherheitsanforderung *f*; ~ **stop** *n* AIR TRANS Zwischenlandung aus technischen Gründen *f*, technische Zwischenlandung *f*; ~ **viewpoint** *n* TELECOM technischer Gesichtspunkt *m*

Technical: ~ **Instruction on Waste Management** *n* WASTE TAA, Technische Anleitung Abfall *f*; ~ **and Operational Control Center** *n AmE (TOCC)* SPACE *communications* Technisches- und Betriebskontrollzentrum *nt (TBKZ)*

technological: ~ **breakthrough** *n* SPACE technologischer Durchbruch *m*; ~ **restriction** *n* SPACE technische Einschränkung *f*

tectogenesis *n* PET TECH Tektogenese *f*

tectonic[1] *adj* PET TECH tektonisch

tectonic:[2] ~ **process** *n* PET TECH tektonischer Prozeß *m*

tectonics *n pl* PET TECH Tektonik *f*

tee *n (T)* MECHAN ENG T-förmiges Teil *nt*; ~ **bolt** *n* MECHAN ENG T-förmige Nutenschraube *f*; ~ **coupler** *n (T-coupler)* OPT, TELECOM T-förmiger Koppler *m (T-Koppler)*; ~ **joint** *n* ELECT *cable joint* T-förmiges Spleiß *nt*; ~ **piece union** *n (T-piece union)* CONST T-förmige Verbindung *f (T-Verbindung)*; ~ **slot** *n (T-slot)* MECHAN ENG, PROD ENG T-förmiges Nut *nt (T-Nut)*; ~ **square** *n* ENG DRAW Zeichenschiene *f*

teem *vt* CER & GLAS, PROD ENG vergießen

teeming *n* PROD ENG Vergießen *nt*

teetered: ~ **rotor** *n* FUELLESS suspendierter Rotor *m*

teeth *n pl* MECHAN ENG *of gear wheel* Zähne *m pl*, *of saw, file* Zähne *m pl*

Teflon® *n* CHEMISTRY, PLAS Teflon® *nt*

tele[1] *adj* TELECOM Tele- *pref*

tele:[2] **~-lens** *n* PHOTO Teleobjektiv *nt*; **~-working** *n* TELECOM Telearbeit *f*

telecast *vt* TELEV im Fernsehen senden

telecine: ~ **machine** *n* TELEV Telecine-Maschine *f*; ~ **scan** *n* TELEV Filmabtastung *f*

telecommand *n* RAD TECH Fernsteuern *nt*

telecommunication *n* PHYS Fernsprechverbindung *f*; ~ **cable** *n* TELECOM Fernmeldekabel *nt*; ~ **network** *n* TELECOM Fernmeldenetz *nt*, Nachrichtennetz *nt*; ~ **operator** *n* TELECOM Fernmeldegesellschaft *f*

telecommunications *n* TELECOM Fernmeldetechnik *f*, Fernmeldewesen *nt*; ~ **engineering** *n* ELECT Nachrichtentechnik *f*; ~ **line** *n* TELECOM Fernmeldeleitung *f*, Fernmeldeverbindung *f*

telecommuting *n* COMP & DP Heimarbeit am Computer *f*

teleconference *n* COMP & DP, TELECOM Telekonferenz *f*

telecounter *n* INSTR Fernzähler *m*

teledynamic *adj* MECHAN ENG teledynamisch

telegraph: ~ **cable** *n* ELEC ENG Telegrafenkabel *nt*; ~ **exchange** *n* ELEC ENG Telegrafenamt *nt*; ~ **installation** *n* TELECOM Telegrafenanlage *f*; ~ **line** *n* ELEC ENG Telegrafleitung *f*

telegraphy *n* RAD TECH Telegrafie *f*

teleinformatics *n* TELECOM Datenfernverarbeitung *f*, Teleinformatik *f*

telemarketing *n* TELECOM Telemarketing *nt*

telematics *n* TELECOM Telematik *f*

telemechanics *n* MECHAN ENG Telemechanik *f*

telemeter *n* MECHAN ENG Fernmeßgerät *nt*

telemetering: ~ **system** *n* INSTR Fernmeßsystem *nt*

telemetry *n* COMP & DP Fernmeßtechnik *f*, ELECT *measurement* Fernmessung *f*, MECHAN ENG Telemetrie *f*, NUC TECH Fernmessung *f*, Telemetrie *f*, PHYS Telemetrie *f*, RAD TECH Fernmessung *f*, SPACE *communications* Telemetrie *f*, TELECOM Fernmessung *f*, Telemetrie *f*; ~ **command and ranging subsystem** *n (TCR)* SPACE *communications* Telemetriesteuer- und Meßsystem *nt (TCR)*

telephone *n* TELECOM Fernsprech- *pref*, Fernsprecher *m*, Telefon *nt*; ~ **bell** *n* TELECOM Telefonklingel *f*, Wecker *m*; ~ **box** *n* TELECOM Fernsprechzelle *f*, Telefonzelle *f*; ~ **cable** *n* ELEC ENG Telefonkabel *nt*; ~ **cable pair** *n* ELEC ENG Telefonkabelpaar *nt*; ~ **call** *n* TELECOM Anruf *m*, Telefongespräch *nt*; ~ **conference** *n* TELECOM Audiokonferenz *f*, Telefonkonferenz *f*; ~ **directory** *n* TELECOM Fernsprechverzeichnis *nt*, Telefonbuch *nt*; ~ **earphone** *n* ACOUSTICS Telefonhörkapsel *f*; ~ **exchange** *n* TELECOM Fernsprechamt *nt*, Fernsprechvermittlungsstelle *f*; ~ **extension** *n* TELE-

COM Fernsprechnebenstelle *f*, Nebenstelle *f*; ~ **induction coil** *n* ELEC ENG Telefoninduktionsspule *f*; ~ **instrument** *n* TELECOM Fernsprechapparat *m*; ~ **line** *n* ELEC ENG Fernsprechkabel *nt*, Fernsprechleitung *f*, Telefonkabel *nt*, Telefonleitung *f*; ~ **network** *n* TELECOM Fernsprechnetz *nt*, Telefonnetz *nt*; ~ **number list** *n* TELECOM Telefonnummernverzeichnis *nt*; ~ **operator** *n AmE (cf telephonist BrE)* TELECOM Telefonbeamter *m*; ~ **relay** *n* ELEC ENG Telefonrelais *nt*; ~ **switch** *n* ELEC ENG Telefonschalter *m*, Telefonumschalter *m*; ~ **switchboard** *n* TELECOM Fernsprechschrank *m*, Vermittlungsschrank *m*; ~ **switchgear** *n* ELEC ENG Telefonanlage *f*, Telefonvermittlungsschrank *m*, Telefonzentrale *f*; ~ **terminal** *n* TELECOM Fernsprechendgerät *nt*; ~ **transmitter** *n* ACOUSTICS Telefonsprechkapsel *f*; ~ **wire** *n* ELEC ENG Telefonleitung *f*, Telefondraht *m*

telephonist *n BrE (cf switchboard operator AmE, telephone operator AmE)* TELECOM Telefonbeamter *m*

telephony *n* TELECOM Fernsprechwesen *nt*, Fernsprechen *nt*; ~**-rated device** *n* TELECOM Gerät zu Fernsprechgebühr *nt*

telephoto: ~ **lens** *n* PHOTO Teleobjektiv *nt*

Telepoint® *n* TELECOM Telepoint® *BT m*

teleprinter *n BrE (TTY, teletypewriter AmE)* COMP & DP, TELECOM Fernschreiber *m (FS)*, Schriftfernübertrager *m*

teleprocessing *n (TP)* COMP & DP *data* Datenfernverarbeitung *f*, Fernverarbeitung *f*; ~ **connection** *n* COMP & DP Datenfernverarbeitungsverbindung *f*

telerecorder *n* TELEV Videogerät mit Tuner *nt*

telerecording *n* TELEV Fernsehaufzeichnung *f*

telesales *n* TELECOM Televertrieb *m*

telescope *n* SPACE, WATER TRANS Fernrohr *nt*, Teleskop *nt*; ~ **jack** *n* MECHAN ENG Teleskopheber *m*; ~ **joint** *n* MECHAN ENG Teleskopverbindung *f*

telescopic[1] *adj* MECHAN ENG ausziehbar

telescopic:[2] ~ **cylinder** *n* MECHAN ENG Teleskopzylinder *m*; ~ **erector arm** *n* MECHAN ENG Teleskopmontagearm *m*; ~ **forks** *n pl* AUTO *motorcycle suspension* Teleskopgabeln *f pl*; ~ **guard** *n* SAFETY Teleskopschutz *m*; ~ **leg** *n* PHOTO *tripod* zusammenschiebbares Stativbein *nt*; ~ **lens** *n* PHOTO Fernrohrlinse *f*; ~ **shaft** *n* MECHAN ENG Teleskopwelle *f*; ~ **shock absorber** *n* AUTO *suspension* Teleskopstoßdämpfer *m*; ~ **tube** *n* PHOTO zusammenschiebbarer Tubus *m*

telescoping *adj* MECHAN ENG ausziehbar, zusammenschiebbar

teleservice *n* TELECOM Teledienst *m*

telesoftware *n* COMP & DP Telesoftware *f*

teletext *n* COMP & DP Bürofernschreiben *nt*, Teletext-Dienst *m*, TELECOM Bildschirmtext *m*, Btx, Teletext *m*, Videotext *m*, TELEV Bildschirmtext *m*, Teletext *m*, Videotext *m*

Teletype® *n* COMP & DP, TELECOM Fernschreiber *m*, Schriftfernübertrager *m*

teletypesetting *n* PRINT Fernsatz *m*

teletypewriter *n AmE (TTY, teleprinter BrE)* COMP & DP, TELECOM Fernschreiber *m (FS)*, Schriftfernübertrager *m*

televise *vt* TELEV als Fernsehsendung ausstrahlen

television *n (TV)* TELEV Fernseh- *pref*, Fernsehen *nt*; ~ **broadcasting** *n* TELEV Fernsehfunk *m*, Fernsehrundfunk *m*; ~ **cable** *n* TELEV Fernsehkabel *nt*, TV-Kabel *nt*; ~ **camera** *n* TELEV Fernsehkamera *f*; ~ **camera tube** *n* TELEV Fernsehkamera-Röhre *f*; ~ **interference** *n (TVI)* TELEV Fernsehempfangsstörung *f*, Fernsehstörung *f (TVI)*; ~ **picture tube** *n* TELEV Fernseh-Bildröhre *f*; ~ **receiver** *n* TELEV Fernsehempfänger *m*; ~ **relay** *n* TELEV Fernsehrelais *nt*; ~ **rights** *n pl* TELEV Fernsehübertragungsrechte *nt pl*; ~ **set** *n* TELEV Fernsehgerät *nt*; ~ **standard** *n* TELEV Fernsehnorm *f*; ~ **transmitter** *n* TELEV Fernsehsender *m*; ~ **tube** *n* CER & GLAS Fernsehröhre *f*, Kathodenstrahlröhre *f*, TELEV Fernsehröhre *f*; ~ **viewer** *n* TELEV Fernsehzuschauer *m*

televoltmeter *n* INSTR Spannungsfernmeßgerät *nt*

telewattmeter *n* INSTR Leistungsfernmeßgerät *nt*

telewriting *n* TELECOM Fernzeichnen *nt*, Teleschreiben *nt*

telex *n* COMP & DP, TELECOM Telex *nt*; ~ **exchange** *n* TELECOM Telexvermittlungsstelle *f*; ~ **message** *n* TELECOM Fernschreiben *nt*; ~ **position** *n* TELECOM Telexplatz *m*

telltale *n* MECHAN ENG *instrument* Anzeige *f*, Anzeigeeinrichtung *f*; ~ **lamp** *n* RAIL Kontrollampe *f*

tellurate *n* CHEMISTRY Tellurat *nt*

telluric *adj* CHEMISTRY Tellur- *pref*, FUELLESS tellur

telluride *n* CHEMISTRY Tellurid *nt*, Weissit *nt*

tellurite *n* CHEMISTRY Tellurit *m*, Tellurocker *m*

tellurium[1] *adj* CHEMISTRY Tellur- *pref*

tellurium[2] *n (Te)* CHEMISTRY Tellur *nt (Te)*; ~ **nitrate** *n* CHEMISTRY Tellurnitrit *nt*; ~ **nitride** *n* ELEC ENG Tellurnitrit *nt*; ~ **nitride resistor** *n* ELEC ENG Tellurnitrit-Widerstand *m*

tellurometer *n* CONST Tellurmesser *nt*

tellurous *adj* CHEMISTRY Tellur- *pref*, tellurig

TEM[1] *abbr (transverse electromagnetic)* ELEC ENG, TELECOM TEM *(transversal elektromagnetisch)*

TEM:[2] ~ **mode** *n* ELEC ENG, TELECOM TEM-Mode *f*; ~ **wave** *n* ELEC ENG, TELECOM TEM-Welle *f*

temper[1] *n* CER & GLAS, METALL Härtegrad *m*, PROD ENG Anlassen *nt*; ~ **annealing** *n* PROD ENG Spannungsfreiglühen *nt*; ~ **brittleness** *n* METALL Anlaßsprödigkeit *f*; ~ **screw** *n* MECHAN ENG Einstellschraube *f*, Stellschraube *f*; ~ **test** *n* METALL Anlaßprobe *f*

temper[2] *vt* COATINGS *alloys* besänftigen, härten, tempern, CONST anfeuchten, anmachen, *mortar* anmachen, *sand* anfeuchten, *steel* tempern, vergüten, *wood* imprägnieren, tränken, METALL ausglühen, tempern, anlassen, *harden* aushärten, PROD ENG anfeuchten, anlassen, kneten

temperament *n* ACOUSTICS Temperatur *f*

temperature:[1] ~**-controlled** *adj* THERMODYN temperaturgeregelt; ~**-dependent** *adj* THERMODYN temperaturabhängig; ~**-stable** *adj* THERMODYN temperaturstabil

temperature[2] *n* PET TECH, PHYS, TEXT, THERMODYN Temperatur *f*; ~ **balance** *n* THERMODYN Temperaturausgleich *m*; ~ **coefficient** *n* THERMODYN Temperaturkoeffizient *m*; ~ **coefficient of capacitance** *n* THERMODYN Temperaturkoeffizient der Kapazität *m*; ~ **coefficient of resistance** *n* THERMODYN Temperaturkoeffizient des Widerstandes *m*; ~**-compensated crystal oscillator** *n* ELECTRON Quarzoszillator mit Temperaturkompensation *m*; ~**-compensated shadow mask mount** *n* TELEV temperaturkompensierte Schattenmaskenaufhängung *f*; ~**-compensated Zener diode** *n* ELECTRON Z-Diode mit Temperaturkompensation *f*; ~**-compensating capacitor** *n* ELEC ENG Temperaturausgleichkondensator *m*, temperaturkompensierender Kondensator *m*;

~-**compensating network** *n* ELEC ENG Temperaturausgleichnetz *nt*, temperaturkompensierendes Netzwerk *nt*; ~ **compensation** *n* THERMODYN Temperaturausgleich *m*, Temperaturkompensation *f*; ~ **control** *n* THERMODYN Temperaturregelung *f*; ~-**controlled crystal** *n* ELECTRON temperaturgeregelter Quarzoszillator *m*; ~-**controlled crystal oscillator** *n* ELECTRON Quarzoszillator mit Temperaturregelung *m*; ~-**controlled inspection room** *n* MECHAN ENG klimatisierter Inspektionsraum *m*; ~-**controlled switch** *n* ELEC ENG temperaturgeregelter Schalter *m*; ~ **of cooling medium** *n* THERMODYN Kühlmitteltemperatur *f*; ~ **curve** *n* THERMODYN Temperaturkurve *f*; ~ **cycle** *n* NUC TECH Temperaturdiffusionsverfahren *nt*; ~-**dependent resistor** *n* ELEC ENG temperaturabhängiger Widerstand *m*; ~ **difference** *n* THERMODYN Temperaturdifferenz *f*, Temperaturgefälle *nt*; ~ **difference rating** *n* HEAT & REFRIG Kühlergrädigkeit *f*; ~ **distribution** *n* THERMODYN Temperaturverteilung *f*; ~ **drop** *n* THERMODYN Temperaturabfall *m*; ~ **equalization** *n* THERMODYN Temperaturausgleich *m*; ~ **equalizing** *n* THERMODYN Temperaturausgleich *m*; ~ **fluctuation** *n* THERMODYN Temperaturschwankung *f*; ~ **gradient** *n* THERMODYN Temperaturgefälle *nt*; ~ **indication** *n* INSTR Temperaturanzeige *f*; ~ **inversion** *n* THERMODYN Temperaturumkehr *f*; ~ **lag** *n* THERMODYN Wärmeleitwiderstand *m*; ~ **logging** *n* THERMODYN Temperaturlogging *nt*, Temperaturmeßverfahren *nt*; ~ **measuring instrument** *n* INSTR Temperaturmeßgerät *nt*, Temperaturmeßinstrument *nt*; ~ **pressure coefficient** *n* THERMODYN *gas* Spannungskoeffizient *m*; ~ **probe** *n* THERMODYN Temperaturfühler *m*, Thermofühler *m*; ~ **profile** *n* THERMODYN Temperaturprofil *nt*; ~ **range** *n* THERMODYN Temperaturbereich *m*; ~ **ratio** *n* THERMODYN Temperaturverhältnis *nt*; ~ **recorder** *n* INSTR Temperaturschreiber *m*; ~ **resistance** *n* THERMODYN Hitzebeständigkeit *f*, Kältebeständigkeit *f*, Widerstand *m*; ~ **response** *n* THERMODYN Temperaturabhängigkeit *f*; ~ **rise** *n* POLL Temperaturanstieg *m*, THERMODYN Erwärmung *f*, Temperaturanstieg *m*; ~ **scale** *n* INSTR Temperaturskale *f*; ~ **sensor** *n* INSTR Temperaturfühler *m*, Thermofühler *m*; ~ **shock test** *n* TEST Temperaturschockprüfung *f*; ~ **of touchable surfaces** *n* SAFETY *machinery* Temperatur von Berührungsflächen *f*; ~ **valve** *n* THERMODYN Thermoventil *nt*; ~ **well logging** *n* PET TECH Bohrlochtemperatur-Logging *nt*, Bohrlochtemperatur-Meßverfahren *nt*

tempered[1] *adj* MECHANICS getempert

tempered:[2] ~ **glass** *n* CER & GLAS Hartglas *nt*

tempering *n* CER & GLAS Vorspannen *nt*, MECHAN ENG Tempern *nt*, METALL Anlaß- *pref*; ~ **bath** *n* METALL Anlaßbad *nt*; ~ **color** *n AmE*, ~ **colour** *n BrE* METALL Anlaßfarbe *f*; ~ **furnace** *n* METALL Anlaßofen *m*

template *n* AUTO *tool* Schablone *f*, COMP & DP Muster *nt*, Schablone *f*, ENG DRAW *based on drawings* Rißlehre *f*, MECHAN ENG Schablone *f*, PET TECH Lehre *f*, Schablone *f*, PROD ENG Kopierschablone *f*, Lehrenform *f*, WATER TRANS *shipbuilding* Mallbrett *nt*; ~ **command** *n* COMP & DP Schablonenbefehl *m*; ~ **matching** *n* COMP & DP Schablonenvergleich *m*, direkter Mustervergleich *m*

temple *n* TEXT Breithalter *m*

templet *n see template*

tempo *n* ACOUSTICS Tempo *nt*, Zeitmaß *nt*

temporal: ~ **coherence** *n* OPT, PHYS, TELECOM vorübergehende Kohärenz *f*, zeitliche Kohärenz *f*; ~ **dose distribution** *n* POLL zeitliche Dosisverteilung *f*; ~ **fluctuation** *n* POLL zeitliche Schwankung *f*; ~ **partial masking** *n* ACOUSTICS Folgedrosselung *f*; ~ **resolution** *n* POLL zeitliche Auflösung *f*, zeitliches Auflösungsvermögen *nt*; ~ **variation** *n* POLL zeitliche Schwankung *f*

temporally: ~ **partial-masked loudness** *n* ACOUSTICS folgegedrosselte Lautheit *f*

temporarily: ~ **unavailable** *adj* TELECOM *operator* vorübergehend nicht erreichbar

temporary[1] *adj* PROD ENG Behelfs- *pref*

temporary:[2] ~ **bridge** *n* CONST Behelfsbrücke *f*; ~ **dam** *n* WATER SUP temporärer Staudamm *m*; ~ **deposit for hazardous waste** *n* WASTE Sonderabfallzwischenlager *nt*; ~ **load** *n* COAL TECH zeitweilige Belastung *f*; ~ **memory** *n* ELEC ENG Zwischenspeicher *m*; ~ **register** *n* COMP & DP Zwischenregister *nt*; ~ **storage** *n* COMP & DP Zwischenspeicher *m*, WASTE vorläufige Lagerung *f*; ~ **stress** *n* CER & GLAS Kurzzeitspannung *f*; ~ **structure** *n* CONST Behelfsbau *m*; ~ **threshold shift** *n* ACOUSTICS zeitliche Schwellwertverschiebung *f*

ten: ~ **digit keyboard** *n* CONTROL Zehnertastatur *f*; ~ **pole filter** *n* ELECTRON zehnpoliges Filter *nt*

tenacity *n* COATINGS Zugfestigkeit *f*, Zähigkeit *f*, MECHAN ENG Zähigkeit *f*, TEXT Festigkeit *f*; ~ **behavior** *n AmE*, ~ **behaviour** *n BrE* PROD ENG Zähigkeitsverhalten *nt*

tendency: ~ **to reboil** *n* CER & GLAS Aufkochneigung *f*

tender[1] *n* CONST Kostenanschlag *m*, Lieferangebot *nt*, MAR POLL Tender *m*, RAIL Kohlenwagen *m*, Tender *m*, WATER TRANS Tender *m*, Versorgungsschiff *nt*; ~ **side** *n* PAPER weiche Seite *f*

tender[2] *vt* CONST anbieten

tenderizer *n* FOOD TECH Zartmacher *m*

tenderometer *n* FOOD TECH Reifegradmesser *m*

tendon *n* NUC TECH *prestressed concrete* Vorspannglied *nt*

tenon *n* CONST Dübel *m*, Zapfen *m*, MECHAN ENG Zapfen *m*; ~ **joint** *n* CONST Verzapfung *f*; ~ **saw** *n* CONST Ansatzsäge *f*, Fuchsschwanz *m*

tenoning: ~ **machine** *n* MECHAN ENG Zapfenschneidemaschine *f*

tenor *n* MECHAN ENG *grade* Gehalt *m*

tensile[1] *adj* MECHAN ENG Zerreiß- *pref*, Zug- *pref*, dehnbar, streckbar

tensile:[2] ~ **axis** *n* METALL Zugachse *f*; ~ **bond strength** *n* COATINGS Biegezugfestigkeit *f*; ~ **force** *n* MECHAN ENG, PHYS Zugkraft *f*; ~ **impact test** *n* METALL Schlagzerreißversuch *m*, Schlagzugversuch *m*; ~ **specimen** *n* MECHAN ENG Zerreißprobe *f*, Zerreißprüfstück *nt*; ~ **strain** *n* MECHAN ENG, METALL Zugbelastung *f*; ~ **strength** *n* MECHAN ENG, MECHANICS Zerreißfestigkeit *f*, Zugfestigkeit *f*, PAPER Reißlänge *f*, PHYS Reißfestigkeit *f*, Zugfestigkeit *f*, PLAS Zerreißfestigkeit *f*, Zugfestigkeit *f*, PROD ENG *plastic valves* Zugspannung *f*, Zugfestigkeit *f*, TELECOM Zugfestigkeit *f*, TEXT Zerreißfestigkeit *f*, Zugfestigkeit *f*; ~ **strength tester** *n* PAPER Reißlängenprüfer *m*; ~ **stress** *n* MECHAN ENG Zugbeanspruchung *f*, MECHANICS Zugbeanspruchung *f*, Zugspannung *f*, METALL Dehnungsbeanspruchung *f*, Zugbeanspruchung *f*, PHYS Zugspannung *f*; ~ **test** *n* COATINGS Zugfestigkeitstest *m*, MECHAN ENG Zerreißprüfung *f*, Zugversuch *m*, METALL Zerreißversuch *m*, Zugversuch *m*, PHYS Dehnungstest *m*, Zerreißprobe *f*, TEST Zugprüfung *f*; ~

test equipment *n* MECHAN ENG Zerreißprüfgerät *nt*, Zugfestigkeitsprüfgerät *nt*; ~ **tester** *n* PLAS Zugprüfmaschine *f*; ~ **test piece** *n* MECHAN ENG Zerreißprobe *f*, Zerreißprüfstück *nt*

tension *n* CONST Spannung *f*, Zug *m*, ELEC ENG Spannung *f*, MECHAN ENG Spannung *f*, *spring* Spannung *f*, *stretching or straining* Spannen *nt*, *strength of materials* Zug *m*, METALL, PHYS, TEXT Spannung *f*; ~ **arm** *n* COMP & DP Zugarm *m*; ~ **bar** *n* TEXT Zugstange *f*; ~ **device** *n* TEXT Spannungsregler *m*; ~ **member** *n* MAR POLL Zugglied *nt*, zugbeanspruchtes Glied *nt*, MECHAN ENG Zugglied *nt*, zugbeanspruchtes Element *nt*; ~ **pulley** *n* MECHAN ENG Spannscheibe *f*; ~ **rod** *n* MECHAN ENG Zuganker *m*; ~ **roller** *n* MECHAN ENG, PAPER Spannrolle *f*; ~ **screw** *n* MECHAN ENG Spannschraube *f*; ~ **sensitivity** *n* ACOUSTICS Bandzugempfindlichkeit *f*, Zugspannungsempfindlichkeit *f*; ~ **servo** *n* TELEV Bandzugregler *m*; ~ **set** *n* PLAS *elastomers* Zugverformungsrest *m*, bleibende Dehnung *f*; ~ **spring** *n* MECHAN ENG Spannfeder *f*, Zugfeder *f*; ~ **testing machine** *n* MECHAN ENG Zerreißprüfmaschine *f*, Zugfestigkeitsprüfmaschine *f*

tension/compression: ~ **testing** *n* TEST Zug-Druck-Wechselversuch *m*

tensioner *n* AUTO *chain* Spanner *m*

tensioning: ~ **device** *n* MECHAN ENG *rope* Spannvorrichtung *f*

tension/torsion: ~ **testing** *n* TEST Zug-Torsionsversuch *m*

tensor *n* MATH Tensor *m*; ~ **calculus** *n* MATH Tensorrechnung *f*

tenter *n* CONST Spannrahmen *m*; ~ **frame** *n AmE (cf stenter frame BrE)* TEXT Spannrahmen *m*

tentering *n* TEXT Aufspannen *nt*

tenuity *n* CHEMISTRY Dünne *f*

tepid *adj* THERMODYN lauwarm

tera: ~ **electron volt** *n (TeV)* PART PHYS Teraelektronenvolt *nt (TeV)*

tera- *pref (T)* METROL Tera- *pref (T)*

terabyte *n* OPT Terabyte *nt*

terbium *n (Tb)* CHEMISTRY Terbium *nt (Tb)*

terebic: ~ **acid** *adj* CHEMISTRY Terpentinsäure *f*

terephthalate *n* CHEMISTRY Terephthalat *nt*

terephthalic *adj* CHEMISTRY Terephthal- *pref*

term *n* COMP & DP Ausdruck *m*, Glied *nt*, Term *m*, MATH *equation*, PHYS Term *m*; ~ **of patent** *n* PAT Laufzeit eines Patents *f*

terminal *n* AUTO Anschlußklemme *f*, Pol *m*, COMP & DP Datenstation *f*, Endeinrichtung *f*, Endgerät *nt*, Terminal *nt*, ELEC ENG *connection* Anschlußklemme *f*, Kabelschuh *m*, Klemmschraube *f*, Pol *m*, Schraubklemme *f*, ELECT Klemme *f*, PET TECH Terminal *nt*, PROD ENG Klemme *f*, TELECOM Endeinrichtung *f*, Endgerät *nt*, Terminal *nt*, TRANS Umschlagplatz *m*; ~ **adaptor** *n* COMP & DP Datenstationsadapter *m*, TELECOM Endgeräteanpassung *f*; ~ **area** *n* AIR TRANS Terminalbereich *m*; ~**-based conformity** *n* IND PROCESS Festpunkteinstellung *f*; ~**-based linearity** *n* IND PROCESS Linearität bei Festpunkteinstellung *f*; ~ **block** *n* AUTO Reihenklemme *f*, CONTROL Anschlußblock *m*, Klemmenblock *m*, ELEC ENG Anschlußleiste *f*, Klemmenblock *m*, Klemmenleiste *f*, ELECT Klemmenblock *m*, Klemmenleiste *f*; ~ **box** *n* ELEC ENG Kabelverzweiger *m*, Verteilerkasten *m*, ELECT Anschlußkasten *m*, Klemmenkasten *m*; ~ **call forwarding** *n* TELECOM Anrufweiterschaltung *f*; ~ **component** *n* COMP & DP Datenstationskomponente *f*; ~ **control** *n* COMP & DP Datenstationssteuerung *f*; ~ **device** *n* COMP & DP Endeinheit *f*, Endgerät *nt*, Terminaleinheit *f*; ~ **equipment** *n* COMP & DP, TELECOM *ISDN* Endeinrichtung *f*; ~ **extension** *n* COMP & DP Anschlußerweiterung *f*; ~ **impedance** *n* CONTROL Klemmenimpedanz *f*; ~ **insulator** *n* ELEC ENG Überführungsisolator *m*; ~ **interface** *n* COMP & DP Geräteschnittstelle *f*; ~ **job** *n* COMP & DP Datenstationsjob *m*; ~ **log** *n* COMP & DP Datenstationsprotokoll *nt*; ~ **mode** *n* COMP & DP Datenstationsmodus *m*; ~ **node** *n* ART INT *of tree* Blatt *nt*, Endknoten *m*, Terminalknoten *m*; ~ **pad** *n* CONTROL Anschlußkontaktstelle *f*; ~ **pin** *n* CONTROL Anschlußstift *m*; ~ **port** *n* COMP & DP Datenstationsanschluß *m*; ~ **printer** *n* COMP & DP Ausgabedrucker *m*; ~ **server** *n* COMP & DP Datenstationsserver *m*, Terminalserver *m*; ~ **station** *n* RAIL Endbahnhof *m*; ~ **strip** *n* CONTROL Klemmenleiste *f*, ELEC ENG Klemmenbrett *nt*, Klemmenleiste *f*, Klemmenstreifen *m*, ELECT, PROD ENG *plastic valves*, TELECOM Klemmenleiste *f*; ~ **sub-addressing** *n* TELECOM Endgerätesubadressierung *f*; ~ **symbol** *n* COMP & DP Endsymbol *nt*; ~ **tower** *n* ELECT *supply network* Abschlußmast *m*, Endmast *m*

terminate *vt* TELECOM abbrechen, abschließen

terminating *n* ELEC ENG Abschließen *nt*; ~ **element** *n* ELEC ENG Abschlußelement *nt*; ~ **exchange** *n* TELECOM EVS, Endvermittlungsstelle *f*, Endamt *nt*; ~ **impedance** *n* ELEC ENG Abschlußimpedanz *f*; ~ **junction** *n* TELECOM Endknoten *m*; ~ **resistor** *n* ELEC ENG Abschlußwiderstand *m*; ~ **stage** *n* TELECOM Endstufe *f*; ~ **traffic** *n* TELECOM Endverkehr *m*, TRANS Zielverkehr *m*

termination *n* COMP & DP Abbruch *m*, CONTROL Abschluß *m*, Terminierung *f*; ~ **procedure** *n* CONTROL Abschlußprozedur *f*

terminator *n* COMP & DP Abschlußstecker *m*, Abschlußwiderstand *m*, Abschlußzeichen *nt*, Endmarke *f*

termolecular *adj* CHEMISTRY termolekular, trimolekular

ternary[1] *adj* CHEMISTRY dreifach, ternär, trivalent, MATH ternär

ternary:[2] ~ **alloy** *n* METALL ternäre Legierung *f*

terne: ~ **coating** *n* PROD ENG Überziehen von Stahlblech *nt*; ~ **plate** *n* PROD ENG Mattblech *nt*; ~ **plating** *n* PROD ENG galvanisches Verbleien *nt*

ternitrate *n* CHEMISTRY Trinitrat *nt*

teroxide *n* CHEMISTRY Trioxid *nt*

terpinene *n* CHEMISTRY Terpinen *nt*

terpineol *n* CHEMISTRY Terpineol *nt*

terpinolene *n* CHEMISTRY Terpinolen *nt*

terpolymer *n* CHEMISTRY Terpolymer *nt*, Terpolymeres *nt*, PLAS Terpolymer *nt*

terraplane *n* AIR TRANS Landflugzeug *nt*

terrestrial: ~ **magnetism** *n* PHYS Erdmagnetismus *m*; ~ **surface** *n* SPACE Erdoberfläche *f*

territorial: ~ **waters** *n pl* WATER TRANS Hoheitsgewässer *nt pl*

tertiary: ~ **creep** *n* METALL Tertiärkriechen *nt*; ~ **crushing** *n* COAL TECH tertiäres Brechen *nt*; ~ **fuel** *n* AUTO Tertiärkraftstoff *m*; ~ **recovery** *n* PET TECH tertiäre Förderung *f*; ~ **recrystallization** *n* METALL tertiäre Rekristallisation *f*; ~ **sewage treatment** *n* WASTE dritte Reinigungsstufe *f*; ~ **winding** *n* ELECT *transformer* Tertiärwicklung *f*

Tertiary: ~ **era** *n* PET TECH Tertiär *nt*

tervalence *n* CHEMISTRY Dreiwertigkeit *f*, Trivalenz *f*

Terylene® *n BrE (cf Dacron® AmE)* CHEMISTRY Terylene® *nt*, WATER TRANS *sailing* Dacron® *nt*, Terylene® *nt*
Tesla *n (T)* METROL, PHYS Tesla *nt (T)*; **~ coil** *n* ELEC ENG Teslaspule *f*
tessera *n* CER & GLAS Mosaikstein *m*
tesseral: **~ harmonic** *n* SPACE Rechteckoberwelle *f*
test[1] *n* AIR TRANS Test *m*, COMP & DP Prüf- *pref*, Prüfung *f*, Test *m*, ELEC ENG Prüf- *pref*, HYD EQUIP Test *m*, INSTR Prüf- *pref*, NUC TECH Test *m*, PHYS Versuch *m*, QUAL Probe *f*, Prüf- *pref*, Prüfung *f*, Test *m*, RECORD, SPACE, TELEV Test *m*, TEST Prüf- *pref*, TEXT Prüfung *f*; **~ assembly** *n* NUC TECH *fuel element* Testelement *nt*; **~ bar** *n* MECHAN ENG Probestab *m*, Prüfstab *m*; **~ bay** *n* NUC TECH Versuchsstand *m*; **~ bed** *n* COMP & DP Testumgebung *f*, ELECT, MECHAN ENG, MECHANICS Prüfstand *m*, SPACE Testgerüst *nt*; **~ bench** *n* MECHAN ENG Prüfstand *m*; **~ board** *n* ELECT Prüfbrett *nt*, INSTR Meßschrank *m*, Prüfschrank *m*; **~ box** *n* COMP & DP Testfenster *nt*; **~ bridge** *n* INSTR Meßbrücke *f*; **~ center** *n AmE*, **~ centre** *n BrE* PROD ENG *plastic valves* Versuchswerkstatt *f*; **~ certificate** *n* QUAL Prüfbescheinigung *f*, Prüfbestätigung *f*; **~ cock** *n* WATER SUP Probierhahn *m*; **~ code** *n* QUAL Prüfvorschrift *f*; **~ condition** *n* QUAL Testbedingung *f*; **~ conditions** *n pl* PACK Prüfbedingungen *f pl*, QUAL Prüfbedingungen *f pl*, Versuchsbedingungen *f pl*; **~ cube** *n* CONST *concrete* Probewürfel *m*; **~ customer** *n* QUAL Testkunde *m*; **~ cylinder** *n* CONST *concrete* Probezylinder *m*; **~ data** *n pl* COMP & DP Prüfdaten *nt pl*; **~ data generator** *n* COMP & DP Prüfdatengenerator *m*; **~ department** *n* QUAL Prüfungsabteilung *f*; **~ equipment** *n* COMP & DP Prüfgerät *nt*, INSTR Prüfeinrichtung *f*, Prüfgerät *nt*; **~ and examination sequence plan** *n* QUAL Prüfanordnung *f*; **~ firing** *n* SPACE Testabbrand *m*, Testschuß *m*; **~ flight** *n* AIR TRANS Erprobungsflug *m*, Testflug *m*, SPACE Testflug *m*; **~ flume** *n* WATER SUP Versuchsablaufkanal *m*; **~ frequency** *n* TEST Prüffrequenz *f*; **~ gage** *n AmE*, **~ gauge** *n BrE* INSTR Prüfgerät *nt*, Prüflehre *f*, Prüfmanometer *nt*; **~ ground** *n* AIR TRANS Testgelände *nt*; **~ instruction** *n* QUAL Prüfanweisung *f*; **~ item** *n* QUAL Härte einer Prüfung *f*, Prüfschärfe *f*; **~ jack** *n* ELEC ENG Meßbuchse *f*, Prüfklinke *f*; **~ lead** *n* ELEC ENG Meßkabel *nt*, Meßleitung *f*, Prüfkabel *nt*, Prüfleitung *f*; **~ liner board** *n* PACK Testliner *m*; **~ load** *n* MECHAN ENG Prüflast *f*; **~ loading** *n* MECHAN ENG Probebelastung *f*, Probelast *f*; **~ log** *n* QUAL Testprotokoll *nt*; **~ lot** *n* QUAL Prüflos *nt*; **~ method** *n* QUAL Prüfmethode *f*; **~ model** *n* TEST Versuchsmodell *nt*; **~ needle** *n* MECHAN ENG Prüfnadel *f*; **~ oscillator** *n* ELECTRON Prüfoszillator *m*; **~ pattern** *n* COMP & DP, ELECTRON *logic analyzers* Testmuster *nt*, TELEV Testbild *nt*; **~ piece** *n* MECHAN ENG, PHYS Prüfstück *nt*; **~ pile** *n* COAL TECH Probepfahl *m*; **~ pilot** *n* AIR TRANS Testpilot *m*; **~ pit** *n* COAL TECH Schürfgrube *f*; **~ plate** *n* CER & GLAS Prüfschild *nt*, HYD EQUIP Prüfblech *nt*, Testblech *nt*; **~ point** *n* TELECOM Meßpunkt *m*, Prüfpunkt *m*; **~ position** *n* TELECOM Prüfplatz *m*; **~ pressure** *n* HYD EQUIP Prüfdruck *m*, Testdruck *m*; **~ print** *n* PHOTO Probeabzug *m*; **~ probe** *n* INSTR Prüfsonde *f*; **~ procedure** *n* MECHAN ENG *braking systems* Testverfahren *nt*, QUAL Prüfverfahren *nt*; **~ prod** *n* INSTR Meßspitze *f*, Prüfspitze *f*; **~ program** *n* COMP & DP Testprogramm *nt*; **~ pump** *n* WATER SUP Versuchspumpe *f*; **~ quantity** *n* QUAL Prüfmenge *f*; **~ record** *n* QUAL Prüfbericht *m*, Prüfprotokoll *nt*, RECORD Meßplatte *f*, Testplatte *f*; **~ reliability** *n* QUAL Prüfzuverlässigkeit *f*; **~ report** *n* QUAL Prüfbericht *m*, Prüfprotokoll *nt*; **~ requirements** *n pl* TEST Prüfungsanforderungen *f pl*; **~ results** *n pl* QUAL Prüfergebnisse *nt pl*; **~ rig** *n* MECHAN ENG Testeinrichtung *f*, NUC TECH Versuchsplatz *m*, SPACE Testanlage *f*, TEST Prüfanlage *f*, Prüfstand *m*; **~ room** *n* TELECOM Prüffeld *nt*; **~ routine** *n* COMP & DP Prüfprogramm *nt*, QUAL Prüfroutine *f*; **~ run** *n* COMP & DP Prüflauf *m*, Versuchslauf *m*, MECHAN ENG Probelauf *m*, QUAL Prüfablauf *m*; **~ sample** *n* QUAL Prüfprobe *f*, Prüfstück *nt*; **~ schedule** *n* MECHAN ENG Prüfprogramm *nt*, Testprogramm *nt*; **~ section** *n* PHYS *wind tunnel* Untersuchungsabschnitt *m*, TRANS Teststrecke *f*; **~ sequence** *n* QUAL Prüfablauf *m*, Prüffolge *f*, Prüfreihenfolge *f*; **~ set-up** *n* QUAL Prüfanordnung *f*; **~ shot** *n* PHOTO Probeaufnahme *f*, Versuchsaufnahme *f*; **~ sieve** *n* MECHAN ENG Prüfstab *m*; **~ signal** *n* TEST Prüfsignal *nt*; **~ signal generator** *n* ELECTRON Prüfsignalgeber *m*; **~ specification** *n* QUAL Prüfvorschrift *f*, SPACE Testanforderung *f*, Versuchsbeschreibung *f*; **~ specimen** *n* MECHAN ENG Probe *f*, Prüfstück *nt*, QUAL Prüfstück *nt*; **~ speed** *n* TEST Prüfgeschwindigkeit *f*; **~ stand** *n* NUC TECH Prüfstand *m*, Versuchsstand *m*; **~ strip** *n* PHOTO Probestreifen *m*, Teststreifen *m*; **~ switch** *n* ELEC ENG Prüfschalter *m*; **~ tape** *n* RECORD Testband *nt*; **~ terminal** *n* ELEC ENG Meßklemme *f*, Prüfklemme *f*; **~ track** *n* AUTO Versuchsstrecke *f*; **~ train** *n* RAIL Versuchszug *m*; **~ transformer** *n* TELECOM Meßübertrager *m*; **~ transmission** *n* TELEV Testsendung *f*; **~ tube** *n* LAB EQUIP Proberöhrchen *nt*, Reagenzglas *nt*; **~ tube holder** *n* LAB EQUIP Proberöhrchenhalter *m*, Reagenzglashalter *m*; **~ tube rack** *n* LAB EQUIP Proberöhrchengestell *nt*, Reagenzglasgestell *nt*; **~ value** *n* INSTR Meßwert *m*, Prüfwert *m*, Testwert *m*; **~ voltage** *n* ELECT Prüfspannung *f*
test[2] *vt* QUAL erproben, prüfen, testen
tested *adj* QUAL geprüft, getestet
tester *n* QUAL Prüfgerät *nt*, Prüfmaschine *f*, Tester *m*
testing *n* COMP & DP Prüfen *nt*, Prüfung *f*; **~ agency** *n* QUAL Prüfstelle *f*; **~ apparatus** *n* QUAL Prüfgerät *nt*, Prüfmaschine *f*, Tester *m*; **~ bed** *n* QUAL Prüfstand *m*; **~ bench** *n* QUAL Prüfstand *m*; **~ instrument** *n* INSTR Prüfgerät *nt*, Prüfinstrument *nt*; **~ laboratory** *n* QUAL Prüfanstalt *f*, Prüflaboratorium *nt*; **~ machine** *n* QUAL Prüfmaschine *f*; **~ of materials** *n* QUAL Materialprüfung *f*; **~ shop** *n* QUAL Prüfbetrieb *m*; **~ under service loading conditions** *n* TEST Betriebslasten-Simulation *f*
tether *n* SPACE *spacecraft* Fessel *f*
TE/TM: **~ mode** *n* PHYS TE/TM-Schwingungsmodus *m*
tetra- *pref* CHEMISTRY Tetra- *pref*
tetrabasic *adj* CHEMISTRY vierbasig
tetrabromide *n* CHEMISTRY Tetrabromid *nt*
tetrabromoethane *n* CHEMISTRY Tetrabromethan *nt*
tetrabromoethylene *n* CHEMISTRY Tetrabromethylen *nt*
tetrabromofluoresceine *n* CHEMISTRY Eosin *nt*
tetrachloride *n* CHEMISTRY Tetrachlorid *nt*
tetrachloroethylene *n* CHEMISTRY Perchlorethen *nt*, Perchlorethylen *nt*, Tetrachlorethylen *nt*
tetrachloromethane *n* CHEMISTRY Kohlenstofftetrachlorid *nt*, Tetrachlorkohlenstoff *m*, Tetrachlormethan *nt*
tetrachloroplatinate *n* CHEMISTRY Chloroplatinat *nt*, Tetrachloroplatinat *nt*
tetrachord *n* ACOUSTICS Tetrachord *m*
tetradecanoic *adj* CHEMISTRY *acid* Tetradecan- *pref*
tetraethyl[1] *adj* CHEMISTRY Tetraethyl- *pref*

tetraethyl:[2] **~ lead** *n* AUTO, CHEMISTRY Bleitetraethyl *nt*, Tetraethylblei *nt*
tetraethylplumbane *n* CHEMISTRY Bleitetraethyl *nt*, Tetraethylblei *nt*
tetragon *n* GEOM Viereck *nt*
tetragonal: **~ system** *n* METALL tetragonales System *nt*
tetrahedral *adj* GEOM vierflächig
tetrahedron *n* GEOM Tetraeder *nt*, Vierflächner *m*
tetrahydride *n* CHEMISTRY Tetrahydrid *nt*
tetrahydrooxazine *n* CHEMISTRY Morpholin *nt*, Tetrahydrooxazin *nt*
tetrahydropyrrol *n* CHEMISTRY Pyrrolidin *nt*, Tetrahydrid *nt*, Tetrahydropyrrol *nt*
tetraiod *adj* CHEMISTRY Tetraiod- *pref*
tetraiodoaurate *n* CHEMISTRY Iodoaurat *nt*, Tetraiodoaurat *nt*
tetraiodofluorescein *n* CHEMISTRY Erythrin *nt*, Iodeosin *nt*, Tetraiodfluorescein *nt*
tetralin *n* CHEMISTRY Tetralin *nt*
tetralite *n* CHEMISTRY Tetryl *nt*
tetrameric *adj* CHEMISTRY tetramer
tetramethyl *n* CHEMISTRY Tetramethyl- *pref*
tetramethylene *n* CHEMISTRY Cyclobutan *nt*
tetramethylnimine *n* CHEMISTRY Pyrrolidin *nt*, Tetramethylenimin *nt*
tetramethylethyleneglycol *n* CHEMISTRY Pinakol *nt*, Pinakon *nt*, Tetramethylethylenglycol *nt*
tetramine *n* CHEMISTRY Tetramin *nt*
tetranitrol *n* CHEMISTRY Erythrittetranitrat *nt*
tetraoxodisulfuric *AmE*, **tetraoxodisulphuric** *BrE*: **~ acid** *n* CHEMISTRY dithionige Säure *f*
tetraoxomolybdate *n* CHEMISTRY Molybdat *nt*, Tetraoxomolybdat *nt*
tetraoxoosmate *n* CHEMISTRY Osmat *nt*, Tetroxoosmat *nt*
tetraoxosilicate *n* CHEMISTRY Orthosilicat *nt*, Tetroxosilicat *nt*
Tetra Pack® *n* FOOD TECH, PACK Tetra Pack® *m*
tetraphonic: **~ recording** *n* ACOUSTICS Vierspur-Tonaufzeichnung *f*
tetrasilicic: **~ acid** *n* CHEMISTRY Orthokieselsäure *f*, Tetroxokieselsäure *f*
tetrasulfide *n AmE*, **tetrasulphide** *n BrE* CHEMISTRY Tetrasulfid *nt*
tetrathionic *adj* CHEMISTRY Tetrathion- *pref*
tetratomicity *n* CHEMISTRY Vieratomigkeit *f*
tetravalence *n* CHEMISTRY Tetravalenz *f*, Vierwertigkeit *f*
tetravalency *n* CHEMISTRY Tetravalenz *f*, Vierwertigkeit *f*
tetravalent *adj* CHEMISTRY tetravalent, vierwertig
tetrazene *n* CHEMISTRY Tetracen *nt*
tetrazine *n* CHEMISTRY Tetrazin *nt*
tetrazole *n* CHEMISTRY Tetrazol *nt*
tetrode *n* ELECTRON, PHYS, RAD TECH Tetrode *f*; **~ thyristor** *n* ELECTRON Triac *nt*; **~ transistor** *n* ELECTRON Transistor-Tetrode *f*; **~ tube** *n* ELECTRON Tetrode *f*
tetrolic *adj* CHEMISTRY Tetrol- *pref*
tetrose *n* CHEMISTRY Tetrose *f*
tetroxide *n* CHEMISTRY Tetroxid *nt*
tetryl *n* CHEMISTRY Tetranitro-N-Methylanilin *nt*
TeV *abbr (tera electron volt)* PART PHYS TeV *(Teraelektronenvolt)*
text *n* COMP & DP *in all contexts, including E-mail*, PRINT Text *m*; **~ area** *n* PRINT Satzfläche *f*, Satzspiegel *m*; **~ compression** *n* COMP & DP, PRINT Textkomprimierung *f*; **~ editing** *n* COMP & DP, PRINT Textaufbereitung *f*, Textbearbeitung *f*; **~ editor** *n* COMP & DP, PRINT Textaufbereitungsprogramm *nt*, Texteditor *m*; **~ file** *n* COMP & DP, PRINT Textdatei *f*; **~ formatter** *n* COMP & DP, PRINT Textformatierer *m*; **~ mailbox** *n* TELECOM Textpostfach *nt*; **~ management** *n* COMP & DP Textanwendung *f*; **~ manipulation** *n* COMP & DP, PRINT Textbearbeitung *f*; **~ pointer** *n* COMP & DP, PRINT Textzeiger *m*; **~ processing** *n* COMP & DP Textverarbeitung *f*; **~ retrieval** *n* COMP & DP Abrufen von Text *nt*; **~ screen** *n* COMP & DP, PRINT Textbildschirm *m*; **~ segment** *n* COMP & DP, PRINT Textbaustein *m*; **~ storage** *n* COMP & DP, PRINT Textspeicher *m*
textile[1] *adj* TEXT Textil- *pref*
textile:[2] **~ glass fiber** *n AmE*, **~ glass fibre** *n BrE* TEXT Textilglasfaser *f*; **~ labeling** *n AmE*, **~ labelling** *n BrE* TEXT Textiletikettierung *f*; **~ waste** *n* WASTE Textilabfall *m*
texture *n* ART INT *of object, image* Textur *f*
textured: **~ carpet** *n* TEXT Strukturteppich *m*; **~ vegetable protein** *n (TVP)* FOOD TECH texturiertes Pflanzeneiweiß *nt*, texturiertes Pflanzenprotein *nt (TPP)*; **~ yarn** *n* CER & GLAS Texturgarn *nt*
TFEL[1] *abbr (thin film electroluminescence)* ELECTRON TFEL *(Dünnschicht-Elektrolumineszenz)*
TFEL:[2] **~ display technology** *n* ELECTRON TFEL-Anzeigetechnik *f*
T-flip-flop *n (toggle flip-flop)* ELECTRON T-Flipflop *nt*
Th *(thorium)* CHEMISTRY Th *(Thorium)*
T$^1/_2$ *abbr (half-life)* NUC TECH, PART PHYS, PHYS, RAD PHYS HWZ *(Halbwertszeit)*, T$^1/_2$
thallic *adj* CHEMISTRY Thallium- *pref*
thallium[1] *adj* CHEMISTRY Thallium- *pref*
thallium[2] *n (Tl)* CHEMISTRY Thallium *nt (Tl)*
T-handle *n* CONST, MECHANICS, PROD ENG Knebelgriff *m*
thaw[1] *vt* FOOD TECH auftauen, schmelzen, HEAT & REFRIG abtauen
thaw[2] *vi* FOOD TECH auftauen, schmelzen
thawing: **~ point** *n* FOOD TECH Taupunkt *m*
T-head: **~ bolt** *n* MECHAN ENG Hammerkopfschraube *f*, Hammerschraube *f*; **~ engine** *n* AUTO Motor mit T-förmigem Verbrennungsraum *m*, Motor mit Ventilen zu beiden Seiten *m*; **~ valve train** *n* AUTO Ventilsteuerung beim Motor mit T-förmigem Verbrennungsraum *f*
thebaine *n* CHEMISTRY Dimethylmorphin *nt*, Paramorphin *nt*, Thebain *nt*
theelin *n* CHEMISTRY Estron *nt*, Östron *nt*
theft *n* SAFETY Diebstahl *m*; **~ alarm installation** *n* SAFETY Diebstahlalarmanlage *f*; **~ prevention device** *n* SAFETY Diebstahlverhütung *f*
theobromine *n* CHEMISTRY Dimethylxanthin *nt*, Theobromin *nt*
theodolite *n* CONST *surveying* Theodolit *m*
theophylline *n* CHEMISTRY Theophyllin *nt*
theorem *n* MATH, PHYS Lehrsatz *m*, Theorem *nt*; **~ prover** *n* ART INT Theorembeweiser *m*, theorembeweisendes Programm *nt*
theoretical: **~ cut-off frequency** *n* ELECTRON theoretische Grenzfrequenz *f*; **~ density** *n (TD)* NUC TECH theoretische Dichte *f (TD)*
theory: **~ of effective radius** *n* NUC TECH Atomradiustheorie *f*; **~ of numbers** *n* MATH Zahlentheorie *f*; **~ of transcendental numbers** *n* MATH Theorie transzendenter Zahlen *f*

thermal[1] *adj* ELECTRON, SPACE Thermo- *pref*, THERMODYN Thermo- *pref*, Wärme- *pref*, thermisch

thermal:[2]

~ a ~ **activation** *n* METALL Wärmeaktivierung *f*; ~ **agitation** *n* METALL Wärmebewegung *f*; ~ **ammeter** *n* ELECT Hitzdrahtstrommeßgerät *nt*; ~ **analysis** *n* THERMODYN Thermoanalyse *f*;

~ b ~ **balance** *n* THERMODYN Wärmebilanz *f*, Wärmegleichgewicht *nt*, Wärmehaushalt *m*; ~ **barrier** *n* AIR TRANS Hitzemauer *f*, COATINGS Hitzebarriere *f*, Hitzemauer *f*, HEAT & REFRIG Wärmesperre *f*; ~ **battery** *n* ELEC ENG Thermobatterie *f*; ~ **black** *n* PLAS Thermalruß *m*; ~ **blooming** *n* ELECTRON Thermoausblühen *nt*; ~ **bonding** *n* THERMODYN Wärmekapazität *f*; ~ **breakdown** *n* ELECTRON *semiconductors* Thermodurchbruch *m*; ~ **breeding reactor** *n* NUC TECH Thermobrutreaktor *m*; ~ **bulb** *n* AUTO Thermoglühbirne *f*; ~ **burst** *n* PROD ENG Flocke *f*;

~ c ~ **capacitance** *n* FUELLESS Thermokapazitanz *f*; ~ **capacity** *n* HEAT & REFRIG, THERMODYN Wärmekapazität *f*, Wärmespeichervermögen *nt*; ~ **carbon black** *n* PLAS Thermalruß *m*; ~ **characteristic** *n* TELECOM Temperaturcharakteristik *f*; ~ **circuit breaker** *n* ELECT Übertemperatur-Stromunterbrecher *m*, THERMODYN Thermoschutzschalter *m*; ~ **column** *n* NUC TECH Thermosäule *f*; ~ **comfort zone** *n* ERGON thermische Behaglichkeitszone *f*; ~ **compensation** *n* INSTR Temperaturkompensation *f*; ~ **component** *n* METALL Thermokomponente *f*; ~ **conductance** *n* HEAT & REFRIG Wärmeleitwert *m*, Wärmeleitzahl *f*, PHYS Wärmeleitfähigkeit *f*; ~ **conductibility** *n* THERMODYN Wärmeleitfähigkeit *f*; ~ **conduction** *n* HEAT & REFRIG Wärmefortleitung *f*, Wärmeleitung *f*, THERMODYN Wärmeleitung *f*; ~ **conductivity** *n* HEAT & REFRIG Wärmeleitvermögen *nt*, Wärmeleitfähigkeit *f*, INSTR Wärmeleitfähigkeit *f*, THERMODYN Wärmeleitvermögen *nt*; ~ **conductivity coefficient** *n* HEAT & REFRIG, PLAS Wärmeleitzahl *f*; ~ **conductivity detector** *n* INSTR Wärmeleitfähigkeitsdetektor *m*; ~ **conductivity gas analyser** *n BrE* INSTR Wärmeleitfähigkeits-Analysengerät *nt*, Wärmeleitfähigkeits-Analysenmeßgerät *nt*; ~ **conductivity gas analyzer** *n AmE see thermal conductivity gas analyser BrE*; ~ **content** *n* THERMODYN Wärmegehalt *m*, Wärmeinhalt *m*; ~ **contraction** *n* THERMODYN Wärmekontraktion *f*; ~ **control** *n* SPACE Thermosteuerung *f*; ~ **convection** *n* HEAT & REFRIG, THERMODYN Wärmemitführung *f*; ~ **converter** *n* ELEC ENG Wärmewandler *m*; ~ **converter reactor** *n* NUC TECH Konverterreaktor *m*; ~ **crack** *n* MECHAN ENG Warmriß *m*; ~ **cracking** *n* PET TECH Thermokracken *nt*, Thermospaltung *f*; ~ **cycle** *n* THERMODYN Temperatur-Zeit-Test *m*; ~ **cycling** *n* PLAS thermische Wechselbeanspruchung *f*;

~ d ~ **decomposition** *n* PLAS Thermoabbau *m*, Thermozersetzung *f*, THERMODYN Thermodissoziation *f*, Thermolyse *f*, WASTE Thermoabbau *m*, Thermozersetzung *f*; ~ **diffusion** *n* PHYS Thermodiffusion *f*; ~ **diffusion coefficient** *n* PHYS Thermodiffusions-Koeffizient *m*; ~ **diffusion constant** *n* *(aT)* PHYS Thermodiffusionskonstante *f (aT)*; ~ **diffusion factor** *n* PHYS Thermodiffusionszahl *f*; ~ **diffusion process** *n* PHYS Thermodiffusionsverfahren *nt*; ~ **diffusion ratio** *n* PHYS Thermodiffusionsfaktor *m*; ~ **diffusivity** *n* FLUID PHYS Temperaturleitzahl *f*, HEAT & REFRIG Temperaturleitzahl *f*, Thermodiffusivität *f*, PHYS Wärmeausbreitungsvermögen *nt*, THERMODYN Wärmeleitfähigkeit *f*; ~ **diode** *n* ELECTRON Thermodiode *f*; ~ **discharge** *n* WASTE Abwärme *f*; ~ **dissociation** *n* THERMODYN Thermodissoziation *f*, Thermolyse *f*;

~ e ~ **efficiency** *n* PHYS, THERMODYN Wärmewirkungsgrad *m*; ~**-electric power plant** *n* ELEC ENG Wärmekraftwerk *nt*, thermoelektrisches Kraftwerk *nt*; ~**-electric power station** *n* ELEC ENG Wärmekraftwerk *nt*, thermoelektrisches Kraftwerk *nt*; ~ **emission** *n* PHYS Thermoemission *f*; ~ **emissivity** *n* THERMODYN Wärmeenergie *f*; ~ **energy** *n* HEAT & REFRIG, THERMODYN Wärmeenergie *f*; ~ **energy storage system** *n* THERMODYN Wärmeenergiespeichersystem *nt*; ~ **engine** *n* THERMODYN Wärmemaschine *f*; ~ **equilibrium** *n* THERMODYN Thermogleichgewicht *nt*; ~ **equivalent** *n* THERMODYN Wärmeäquivalent *nt*, mechanisches Wärmeäquivalent *nt*; ~ **etching** *n* METALL Wärmeätzen *nt*; ~ **evaporation** *n* METALL Wärmeverdampfung *f*; ~ **exchange** *n* CONTROL Wärmeaustausch *m*; ~ **exhaust manifold reactor** *n* AUTO Thermoreaktor *m*; ~ **expansion** *n* INSTR, MECHAN ENG Wärmeausdehnung *f*, THERMODYN Wärmeausdehnung *f*, Wärmedehnung *f*; ~ **expansion coefficient** *n* MECHAN ENG, THERMODYN Wärmeausdehnungskoeffizient *m*; ~ **expansion instrument** *n* INSTR Hitzdrahtinstrument *nt*; ~ **expansion joint** *n* THERMODYN Wärmedehnungsfuge *f*; ~ **expansion measuring element** *n* INSTR Wärmeausdehnungssonde *f*;

~ f ~ **fatigue** *n* THERMODYN Wärmeermüdung *f*; ~ **fission factor** *n* PHYS Koeffizient der Thermospaltung *m*; ~ **flash** *n* NUC TECH Temperaturblitz *m*, Wärmeblitz *m*; ~ **flows** *n pl* FLUID PHYS thermisch angeregte Strömungen *f pl*;

~ g ~ **gradient** *n* THERMODYN Temperaturgefälle *nt*, Temperaturgradient *m*; ~ **gravimetric analysis** *n* THERMODYN Thermogravimetrie *f*;

~ h ~ **head** *n* THERMODYN Wärmegefälle *nt*;

~ i ~ **imaging** *n* PHYS, THERMODYN Thermographie *f*; ~ **imaging sight** *n* THERMODYN Thermobild *nt*; ~ **imaging tube** *n* ELECTRON Wärmebildröhre *f*; ~ **imbalance** *n* THERMODYN thermisches Ungleichgewicht *nt*; ~ **indifference zone** *n* ERGON thermische Indifferenzzone *f*; ~ **inertia** *n* HEAT & REFRIG, THERMODYN Wärmeträgheit *f*; ~ **instability** *n* THERMODYN Thermoinstabilität *f*, Wärmeinstabilität *f*; ~ **instrument** *n* INSTR Temperaturmeßgerät *nt*; ~ **insulation** *n* HEAT & REFRIG, THERMODYN *against heat loss* Wärmedämmung *f*, Wärmeisolierung *f*; ~ **insulation index** *n* THERMODYN Wärmeschutzwert *m*;

~ j ~ **jet engine** *n* AIR TRANS Heißstrahltriebwerk *nt*;

~ l ~ **lagging** *n* THERMODYN Wärmedämmung *f*, Wärmeschutz *m*; ~ **link** *n* THERMODYN Temperatursicherung *f*, Thermosicherung *f*; ~ **load** *n* POLL Wärmebelastung *f*;

~ m ~ **mass** *n* THERMODYN thermisch wirksame Masse *f*; ~ **mixing** *n* NUC TECH Wärmemischung *f*; ~ **model** *n* SPACE Temperaturmodell *nt*;

~ n ~ **neutral zone** *n* ERGON thermische Neutralzone *f*; ~ **neutron** *n* NUC TECH, PHYS, RAD PHYS Thermoneutron *nt*; ~ **neutron fission** *n* NUC TECH Spaltung mit Thermoneutronen *f*; ~ **neutron yield** *n* NUC TECH Ausbeute an Thermoionen *f*; ~ **noise** *n* ELECTRON, PHYS Wärmerauschen *nt*; ~ **noise generator** *n* ELECTRON Wärmerauschgenerator *m*; ~ **noise ratio** *n* TELECOM *carrier-to-receiver* thermisches Empfängerrauschen *nt*;

~ o ~ output *n* HEAT & REFRIG, NUC TECH *reactor*, THERMODYN Wärmeleistung *f*;

~ p ~ pollution *n* POLL, THERMODYN Wärmebelastung *f*, Wärmebelästigung *f*; **~ post-combustion** *n* AUTO thermische Nachverbrennung *f*; **~ power** *n* THERMODYN Heizwert *m*; **~ power plant** *n* NUC TECH Wärmekraftwerk *nt*; **~ power station** *n* NUC TECH Wärmekraftwerk *nt*; **~ printer** *n* PRINT Thermodrucker *m*; **~ properties** *n pl* THERMODYN Wärmeverhalten *nt*, thermische Eigenschaften *f pl*; **~ protection shield** *n* SPACE *spacecraft* Hitzeschild *m*;

~ r ~ radiation *n* INSTR, NUC TECH, PHYS, THERMODYN Wärmestrahlung *f*; **~ radiation detector** *n* INSTR Wärmestrahlungdetektor *m*; **~ rail welding** *n* RAIL Thermit-Schienenschweißung *f*; **~ reforming** *n* PET TECH Thermoreformierung *f*; **~ relay** *n* ELEC ENG Thermorelais *nt*, Wärmerelais *nt*, Übertemperaturrelais *nt*; **~ resistance** *n* (θ) HYD EQUIP, PHYS, THERMODYN Wärmewiderstand *m* (θ); **~ resistivity** *n* PHYS, THERMODYN Wärmebeständigkeit *f*, spezifischer Wärmewiderstand *m*; **~ runaway** *n* THERMODYN Thermoinstabilität *f*;

~ s ~ shield *n* NUC TECH Thermoschild *m*, Wärmeabschirmung *f*; **~ shock** *n* COATINGS Temperaturschock *m*, THERMODYN Wärmestoß *m*; **~ shock resistance** *n* COATINGS Temperaturschockresistenz *f*, Widerstandsfähigkeit gegen Temperaturschock *f*; **~ shock test** *n* TEST Abschreckprüfung *f*; **~ shutdown** *n* ELECTRON Thermoabschalten *nt*; **~ soaring** *n* AIR TRANS Thermosegelflug *m*; **~ spectrum** *n* THERMODYN Wärmespektrum *nt*; **~ spring** *n* THERMODYN Thermalquelle *f*; **~ stability** *n* THERMODYN Dauerwärmebeständigkeit *f*, Thermostabilität *f*, Wärmestabilität *f*; **~ steam generator output** *n* NUC TECH Leistung des Turbogenerators *f*; **~ storage floor heating** *n* HEAT & REFRIG Fußbodenspeicherheizung *f*; **~ storage water heater** *n* HEAT & REFRIG Heißwasserspeicher *m*; **~ stress** *n* THERMODYN Wärmebeanspruchung *f*, *materials* Wärmespannung *f*; **~ switch** *n* ELEC ENG Thermoschalter *m*, Wärmeschalter *m*;

~ t ~ transfer printer *n* PACK Thermodrucker *m*; **~ transmittance** *n* HEAT & REFRIG Wärmedurchgangszahl *f*; **~ tuning** *n* ELECTRON Thermoabstimmung *f*;

~ u ~ unit *n* THERMODYN Wärmeeinheit *f*; **~ utilization factor** *n* PHYS thermischer Nutzfaktor *m*;

~ v ~ value *n* THERMODYN Wärmewert *m*; **~ velocity** *n* PHYS Thermogeschwindigkeit *f*;

~ w ~ wrap *n* OPT Wärmeumhüllung *f*

thermalize *vt* CHEMISTRY thermalisieren

thermally: **~-induced buoyancy** *n* POLL thermisch erzeugter Auftrieb *m*; **~-pumped laser** *n* ELECTRON thermisch gepumpter Laser *m*

thermic[1] *adj* THERMODYN thermisch

thermic:[2] **~ lance** *n* THERMODYN thermische Schneidspitze *f*

thermion *n* THERMODYN Thermion *nt*

thermionic[1] *adj* THERMODYN thermionisch

thermionic:[2] **~ cathode** *n* ELEC ENG Glühkathode *f*; **~ conversion** *n* ELEC ENG Glühemissionswandlung *f*, thermische Konversion *f*, thermische Wandlung *f*, NUC TECH *energy* thermionische Umwandlung *f*; **~ converter** *n* ELEC ENG Glühemissionskonverter *m*, thermischer Konverter *m*; **~ emission** *n* ELEC ENG Glühemission *f*, thermische Emission *f*, PHYS Elektronenverdampfung *f*, glühelektrische Elektronenemission *f*, RAD PHYS thermionische Emission *f*, thermionische Strahlung *f*; **~ generator** *n* ELEC ENG Röhrensender *m*, thermischer Generator *m*; **~ rectification** *n* ELEC ENG thermische Gleichrichtung *f*; **~ rectifier** *n* ELEC ENG Wärmegleichrichter *m*, thermischer Gleichrichter *m*; **~ triode** *n* ELECTRON Glühkathodentriode *f*; **~ tube** *n* ELECTRON Glühkathodenröhre *f*, RAD TECH Elektronenröhre *f*; **~ vacuum gage** *n* *AmE*, **~ vacuum gauge** *n* *BrE* INSTR Ionisationsvakuummeter *nt*; **~ valve** *n* RAD TECH Elektronenröhre *f*, Röhre *f*

thermistor *n* ELEC ENG Thermistor *m*, PHYS, TELECOM Heißleiter *m*, Thermistor *m*; **~ bridge** *n* ELEC ENG Thermistorbrücke *f*; **~ control** *n* ELEC ENG Thermistorregler *m*; **~ mount** *n* ELEC ENG Thermistormeßkopf *m*

thermit: **~ welding** *n* CONST aluminothermisches Schweißen *nt*

thermite *n* CHEMISTRY, METALL Thermit *nt*

thermoamperemeter *n* ELECT Thermostrommeßgerät *nt*

thermoanalysis *n* THERMODYN Thermoanalyse *f*

thermobalance *n* CHEMISTRY Thermowaage *f*

thermobonding: **~ fiber** *n* *AmE*, **~ fibre** *n* *BrE* TEXT Thermofusionsfaser *f*

thermochemistry *n* CHEMISTRY Thermochemie *f*

thermocopying: **~ process** *n* ENG DRAW Thermokopierverfahren *nt*

thermocouple *n* ELECT, LAB EQUIP, NUC TECH, PHYS, THERMODYN Thermoelement *nt*; **~ converter** *n* ELECT, LAB EQUIP, NUC TECH, PHYS, THERMODYN Thermokonverter *m*, Thermowandler *m*; **~ instrument** *n* INSTR Thermoelementinstrument *nt*, Thermoumformerinstrument *nt*; **~ potentiometer** *n* INSTR Thermospannungskompensator *m*, Thermoelementanschluß-Kompensator *m*; **~ pyrometer** *n* INSTR Strahlungspyrometer mit Thermoelement *nt*; **~ thermometer** *n* INSTR Temperaturmeßgerät mit Thermoelement *nt*, Thermoelement-Thermometer *nt*; **~-type temperature measurement system** *n* INSTR Temperaturmeßkreis mit Thermoelement *m*

thermocurrent *n* NUC TECH Thermostrom *m*

thermodiffusion *n* THERMODYN Wärmediffusion *f*, thermische Diffusion *f*

thermodynamic[1] *adj* THERMODYN thermodynamisch

thermodynamic:[2] **~ equation of state** *n* THERMODYN thermodynamische Zustandsgleichung *f*; **~ function** *n* THERMODYN thermodynamische Funktion *f*; **~ potential** *n* THERMODYN thermodynamisches Potential *nt*; **~ probability** *n* THERMODYN thermodynamische Wahrscheinlichkeit *f*; **~ process** *n* THERMODYN thermodynamischer Vorgang *m*; **~ system** *n* THERMODYN thermodynamisches System *nt*; **~ temperature** *n* PHYS thermodynamische Temperatur *f*, THERMODYN absolute Temperatur *f*, thermodynamische Temperatur *f*; **~ transformation** *n* THERMODYN thermodynamische Zustandsänderung *f*

thermodynamics *n* THERMODYN Thermodynamik *f*, Wärmelehre *f*

thermoelastic: **~ distortion** *n* SPACE thermoelastische Verzerrung *f*; **~ martensite** *n* METALL thermoelastischer Martensit *m*

thermoelectric[1] *adj* ELEC ENG, PHYS, THERMODYN thermoelektrisch

thermoelectric:[2] **~ conversion** *n* ELEC ENG thermoelektrische Konversion *f*, thermoelektrische Wandlung *f*;

~ **cooling** *n* HEAT & REFRIG thermoelektrische Kühlung *f*, thermoelektrische Kälteerzeugung *f*; ~ **cooling couple** *n* HEAT & REFRIG thermoelektrisches Kühlelement *nt*; ~ **effect** *n* ELECT thermoelektrischer Effekt *m*; ~ **generator** *n* ELECT thermoelektrischer Generator *m*; ~ **pile** *n* THERMODYN Thermosäule *f*; ~ **power** *n* ELECT thermoelektrische Kraft *f*; ~ **thermometer** *n* INSTR Temperaturmeßgerät mit Thermoelement *nt*, Thermoelement-Thermometer *nt*

thermoelectrical *adj* ELECT thermoelektrisch

thermoelectricity *n* ELECT, PHYS Thermoelektrizität *f*

thermoelectromotive: ~ **force** *n* ELECT thermoelektrische Kraft *f*

thermoelement *n* MECHAN ENG Thermoelement *nt*

thermoform: ~ **machinery** *n* PACK Thermoform-Maschine *f*

thermoforming *n* PLAS Thermoformen *nt*, Warmformen *nt*; ~ **packaging system** *n* PACK Thermoform-Verpackungssystem *nt*

thermograph *n* LAB EQUIP Temperaturschreiber *m*, Thermograph *m*, NUC TECH Thermograph *m*, registrierendes Temperaturmeßgerät *nt*, PHYS Registrierthermometer *nt*, THERMODYN Thermographie *f*

thermogravimetric: ~ **analyser** *n BrE* LAB EQUIP thermogravimetrisches Analysiergerät *nt*; ~ **analyzer** *n AmE see thermogravimetric analyser BrE*

thermogravimetry *n* PLAS Thermogravimetrie *f*

thermoluminescence *n* RAD PHYS, THERMODYN Thermolumineszenz *f*

thermoluminescent[1] *adj* THERMODYN thermolumineszent

thermoluminescent:[2] ~ **dosimeter** *n* RAD PHYS Thermolumineszenz-Dosimeter *nt*

thermolysis *n* THERMODYN Thermolyse *f*

thermomagnetic *adj* THERMODYN thermomagnetisch

thermomagnetism *n* THERMODYN Thermomagnetismus *m*

thermomechanical: ~ **effect** *n* THERMODYN thermomechanischer Effekt *m*

thermometer *n* HEAT & REFRIG, LAB EQUIP Thermometer *nt*; ~ **glass** *n* LAB EQUIP Thermometerglas *nt*

thermometric *adj* THERMODYN thermometrisch

thermometry *n* THERMODYN Thermometrie *f*, Wärmemessung *f*

thermonuclear[1] *adj* NUC TECH thermonuklear

thermonuclear:[2] ~ **combustion wave** *n* NUC TECH Fusionswelle *f*; ~ **power generation** *n* NUC TECH thermonukleare Stromerzeugung *f*; ~ **reaction** *n* NUC TECH Fusionsreaktion *f*, thermonukleare Reaktion *f*

thermophone *n* ACOUSTICS Thermophon *nt*, thermisches Telefon *nt*

thermophosphorescence *n* THERMODYN Thermophosphoreszenz *f*

thermopile *n* ELEC ENG Thermokette *f*, Thermosäule *f*, thermoelektrische Säule *f*, PHYS Thermosäule *f*, SPACE Thermobatterie *f*, Thermosäule *f*

thermoplastic[1] *adj* MECHANICS, PLAS thermoplastisch, WATER TRANS *shipbuilding* thermoplastisch, warmverformbar

thermoplastic[2] *n* PLAS, SAFETY Thermoplastkunststoff *m*; ~ **mold** *n AmE*, ~ **mould** *n BrE* MECHAN ENG Form für thermoplastischen Guß *f*; ~ **rubber** *n* PLAS thermoplastischer Kautschuk *m*; ~ **solidification** *n* WASTE Plasmabehandlung *f*

thermoplasticity *n* PLAS Thermoplastizität *f*

thermoset *n* PLAS Duroplast *m*

thermosetting[1] *adj* MECHANICS aushärtbar, in Wärme aushärtend, wärmehärtbar, PRINT wärmehärtbar, THERMODYN aushärtbar, in Wärme aushärtend, wärmehärtbar

thermosetting:[2] ~ **compound** *n* PLAS duroplastische Kunststoffmasse *f*; ~ **ink** *n* PRINT wärmehärtbare Farbe *f*; ~ **plastic** *n* PLAS, PROD ENG *plastic valves* Duroplast *m*

thermosiphon *n* FUELLESS Thermosiphon *m*

thermosoftening: ~ **contaminants** *n pl* WASTE aufheizende und enthärtende Schadstoffe *m pl*

thermostable *adj* PET TECH hitzebeständig, wärmebeständig, THERMODYN thermostabil, wärmebeständig

thermostat *n* AUTO Thermostat *nt*, HEAT & REFRIG Raumtemperaturregler *m*, Thermostat *nt*, PHYS, THERMODYN Thermostat *nt*; ~ **control** *n* HEAT & REFRIG Thermostatregelung *f*

thermostatic[1] *adj* THERMODYN thermostatisch

thermostatic:[2] ~ **valve** *n* HEAT & REFRIG direktwirkender Temperaturregler *m*, MECHAN ENG Thermostatventil *nt*

thermostatically: ~-**controlled bath** *n* LAB EQUIP thermostat-gesteuertes Bad *nt*; ~-**controlled developing dish** *n* PHOTO thermostat-gesteuerte Entwicklungsschale *f*; ~-**controlled valve** *n* HEAT & REFRIG thermostatgeregeltes Ventil *nt*

thermostatics *n pl* THERMODYN Gleichgewichtsthermodynamik *f*, Thermostatik *f*

thermovalve *n* MECHAN ENG Thermoventil *nt*

thermowell *n* METROL, PET TECH Temperaturtasche *f*

θ *abbr* HYD EQUIP *(absolute temperature, thermal resistance)* θ *(absolute Temperatur)*, PHYS *(thermal resistance)*, RAD TECH *(thermal resistance)* θ *(Wärmewiderstand)*, THERMODYN *(absolute temperature)* θ *(absolute Temperatur)*

θD *abbr (Debye temperature)* PHYS, THERMODYN θD *(Debyesche Temperatur)*

θK *abbr (Einstein temperature)* THERMODYN θK *(Einsteinsche Temperatur)*

Thévenin's: ~ **theorem** *n* PHYS Théveninscher Satz *m*

thevetin *n* CHEMISTRY Thevetin *nt*

thialdine *n* CHEMISTRY Thialdin *nt*

thiambutosine *n* CHEMISTRY Diphenylsulfoharnstoff *m*

thiamin *n* CHEMISTRY Aneurin *nt*, Thiamin *nt*

thiazine *n* CHEMISTRY Thiazin *nt*

thiazole *n* CHEMISTRY Thiazol *nt*

thiazoline *n* CHEMISTRY Dihydrothiazol *nt*, Thiazolin *nt*

thick[1] *adj* PROD ENG Dick- *pref*

thick:[2] ~ **film** *n* ELECTRON, SPACE Dickschicht *f*; ~ **film capacitor** *n* ELECTRON Dickschichtkondensator *m*; ~ **film conductor** *n* ELECTRON Dickschichtleiter *m*; ~ **film device** *n* ELECTRON Dickschichtbauelement *nt*; ~ **film hybrid circuit** *n* ELECTRON Dickschichthybridschaltung *f*; ~ **film hybrid circuit substrate** *n* ELECTRON Trägermaterial für Dickschicht-Hybridschaltung *nt*; ~ **film lubrication** *n* MECHAN ENG Vollschmierung *f*, vollkommene Schmierung *f*; ~ **film material** *n* ELECTRON Dickschichtmaterial *nt*; ~ **film resistor** *n* ELECTRON Dickschichtwiderstand *m*; ~ **film technology** *n* ELECTRON, SPACE Dickschichttechnik *f*; ~ **layer integrated circuit** *n* TELECOM integrierte Dickschichtschaltung *f*; ~ **oxide** *n* ELECTRON Dickoxid *nt*; ~ **oxide metal-gate MOS circuit** *n* ELECTRON Dickoxid-Metall-gate-MOS-Schaltung *f*; ~ **polished plate glass** *n* CER &

GLAS Dickspiegelglas *nt*; ~ **rough cast plate glass** *n* CER & GLAS Plattengußglas *nt*; ~ **sheet glass** *n BrE (cf crystal sheet glass AmE)* CER & GLAS Dicktafelglas *nt*, Kristalltafelglas *nt*; ~ **space** *n* PRINT Drittelspatium *nt*

thicken: ~ **by boiling** *vt* CHEM ENG einkochen

thickened: ~ **slime** *n* COAL TECH eingedickter Schlamm *m*

thickener *n* CHEM ENG Absetzgefäß *nt*, Eindickapparat *m*, Verdickungsmittel *nt*, FOOD TECH, PLAS Eindicker *m*, Verdickungsmittel *nt*

thickening *n* CER & GLAS Verstärkung *f*, FOOD TECH Verdicken *nt*; ~ **agent** *n* CHEM ENG, FOOD TECH, PLAS Verdickungsmittel *nt*; ~ **cone** *n* COAL TECH Eindickkegel *m*

thickness *n* COATINGS Dicke *f*, MECHAN ENG Dickten- *pref*, MECHANICS, PAPER, PLAS Dicke *f*; ~ **calender** *n* PAPER Glättwerk *nt*; ~ **of cut** *n* PROD ENG Spanungsdicke *f*; ~ **gage** *n AmE*, ~ **gauge** *n BrE* INSTR Dickenlehre *f*, Dickenmeßeinrichtung *f*, Dickensensor *m*, MECHAN ENG Fühlerlehre *f*, PAPER, PLAS Dickenmesser *m*; ~ **of lines** *n* METROL Liniendicke *f*; ~ **loss** *n* RECORD, TELEV Dickenverlust *m*; ~ **ratio** *n* AIR TRANS Dickenverhältnis *nt*

thicknessing *n* MECHAN ENG Dicktenhobeln *nt*; ~ **machine** *n* MECHAN ENG Dicktenhobelmaschine *f*

Thiele: ~ **melting-point tube** *n* LAB EQUIP Schmelzpunktapparat nach Thiele *m*, Thiele Rohr *nt*; ~ **tube** *n* LAB EQUIP Schmelzpunktapparat nach Thiele *m*, Thielesches-Rohr *nt*

thimble *n* CER & GLAS Fingerhut *m*, Rührer *m*, NUC TECH Fingerhutrohr *nt*, PROD ENG Hülse *f*, WATER TRANS *fitting* Kausch *f*

thin[1] *adj* ELECTRON, PRINT, TELECOM Dünn- *pref*; ~-**walled** *adj* MECHAN ENG dünnwandig

thin:[2] ~-**edged weir** *n* HYD EQUIP scharfkantiges Wehr *nt*; ~ **film** *n* ELECTRON, TELECOM Dünnschicht *f*; ~ **film capacitor** *n* ELECTRON Dünnschichtkondensator *m*; ~ **film conductor** *n* ELECTRON Dünnschichtleiter *m*; ~ **film device** *n* ELECTRON Dünnschichtbauelement *nt*; ~ **film electroluminescence** *n (TFEL)* ELECTRON Dünnschicht-Elektrolumineszenz *f (TFEL)*; ~ **film hybrid circuit** *n* ELECTRON Dünnschichthybridschaltung *f*; ~ **film hybrid circuit substate** *n* ELECTRON Trägermaterial für Dünnschicht-Hybridschaltung *nt*; ~ **film material** *n* ELECTRON Dünnschichtmaterial *nt*; ~ **film memory** *n* COMP & DP Dünnschichtspeicher *m*, Filmspeicher *m*; ~ **film optical waveguide** *n* ELECTRON optischer Dünnschicht-Wellenleiter *m*; ~ **film resistor** *n* ELECTRON Dünnschichtwiderstand *m*; ~ **film technology** *n* ELECTRON Dünnschichttechnik *f*; ~ **film transistor** *n* ELECTRON Dünnschichttransistor *m*; ~ **film waveguide** *n* TELECOM Dünnschichtwellenleiter *m*; ~ **layer** *n* ELECTRON, TELECOM Dünnschicht *f*; ~ **layer capacitor** *n* TELECOM Dünnschichtkondensator *m*; ~ **layer chromatography** *n* ELECTRON Dünnschicht-Chromatographie *f*; ~ **lens** *n* PHYS dünne Linse *f*; ~ **paper** *n* PRINT Bibeldruckpapier *nt*, Dünndruckpapier *nt*; ~ **plate** *n* METALL dünnes Blech *nt*; ~ **sheet** *n* METALL Feinblech *nt*; ~ **sheet glass** *n* CER & GLAS Dünntafelglas *nt*; ~ **source** *n* NUC TECH dünnes Präparat *nt*, schwache Quelle *f*; ~ **space** *n* PRINT *typesetting* dünnes Spatium *nt*; ~ **spot detector** *n* CER & GLAS Detektor für dünne Stellen *m*; ~-**walled cylinder** *n* MECHAN ENG dünnwandiger Zylinder *m*; ~-**walled half-bearing** *n* MECHAN ENG dünnwandige Lagerschale *f*; ~ **ware** *n* CER & GLAS Dünnware *f*

thin[3] *vt* CONST verdünnen, PROD ENG ausspitzen

thindown *n* NUC TECH Verdünnung *f*

T-hinge *n* CONST Kegelband *nt*, Zungenband *nt*, gerades Band *nt*

thinner *n* CHEMISTRY Verdünner *m*

thinning *n* CHEMISTRY Verdünnung *f*, PROD ENG Ausspitzen *nt*

thio- *pref* CHEMISTRY Thio- *pref*

thioacetic *adj* CHEMISTRY Thioessig- *pref*

thioacetol *n* CHEMISTRY Mercaptol *nt*

thioacid *n* CHEMISTRY Thiosäure *f*

thioaldehyde *n* CHEMISTRY Thioaldehyd *m*

thioamide *n* CHEMISTRY Thioamid *nt*

thioarsenic *adj* CHEMISTRY Thioarsen- *pref*

thiocarbamide *n* CHEMISTRY Thiocarbamid *nt*, Thioharnstoff *m*

thiocarbanilide *n* CHEMISTRY Thiocarbanilid *nt*

thiocarbonate *n* CHEMISTRY Thiocarbonat *nt*

thiocarbonic *adj* CHEMISTRY Thiokohlen- *pref*

thiocyanate *n* CHEMISTRY Rhodanid *nt*, Sulfocyanat *nt*, Thiocyanat *nt*

thiocyanic *adj* CHEMISTRY Thiocyan- *pref*

thiodiphenylamine *n* CHEMISTRY Thiodiphenylamin *nt*

thioether *n* CHEMISTRY Thioether *m*, organisches Sulfid *nt*

thioflavin *n* CHEMISTRY Thioflavin *nt*

thioglycolic *adj* CHEMISTRY Mercaptoessig- *pref*, Thioglycol- *pref*

thioindigo *n* CHEMISTRY Thioindigo *nt*, Thioindigorot *nt*

thioketone *n* CHEMISTRY Thioketon *nt*

thiol *n* CHEMISTRY Mercaptan *nt*, Thioalkohol *m*, Thiol *nt*

thionaphthene *n* CHEMISTRY Benzothiophen *nt*, Thionaphthen *nt*

thionation *n* CHEMISTRY Schwefeln *nt*, Schwefelung *f*

thionic *adj* CHEMISTRY Thion- *pref*

thionine *n* CHEMISTRY Thionin *nt*

thionyl *adj* CHEMISTRY Sulfinyl- *pref*, Thionyl- *pref*

thiopental *n* CHEMISTRY Thiopental- *pref*

thiophene *n* CHEMISTRY Thiofuran *nt*, Thiophen *nt*

thiophenol *n* CHEMISTRY Phenylmercaptan *nt*, Thiophenol *nt*

thiophosgene *n* CHEMISTRY Thiocarbonyldichlorid *nt*, Thiophosgen *nt*

thioplast *n* CHEMISTRY Polysulfidplast *m*

thiosulfate *n AmE see thiosulphate BrE*

thiosulfuric *adj AmE see thiosulphuric BrE*

thiosulphate *n BrE* CHEMISTRY Thiosulfat *nt*

thiosulphuric *adj BrE* CHEMISTRY Thioschwefel- *pref*

thiourea *n* CHEMISTRY Thiocarbamid *nt*, Thioharnstoff *m*

thioxanthone *n* CHEMISTRY Thioxanthon *nt*

thioxene *n* CHEMISTRY Thioxen *nt*

third[1] *adj* MATH dritte

third[2] *n* ACOUSTICS Terz *f*, MATH *fraction* Drittel *nt* ~ **angle projection method** *n* ENG DRAW Projektionsmethode 3 *f*; ~ **angle system** *n* PROD ENG amerikanische Projektion *f*; ~ **firing** *n* CER & GLAS dritter Brand *m*; ~ **generation computer** *n* COMP & DP Computer der dritten Generation *m*; ~ **harmonic** *n* ELECTRON dritte Harmonische *f*, dritte Oberwelle *f*; ~ **harmonic distortion** *n* ELECTRON Verzerrung durch die dritte Harmonische *f*; ~ **law of thermodynamics** *n* PHYS dritter Hauptsatz der Thermodynamik *m*; ~ **motion shaft** *n* AUTO Abtriebswelle *f*, Getriebehauptwelle *f*; ~

order active filter *n* ELECTRON aktives Filter dritter Ordnung *nt*; ~ **order band-pass filter** *n* ELECTRON Bandpaßfilter dritter Ordnung *nt*; ~ **order band-stop filter** *n* ELECTRON Bandsperrfilter dritter Ordnung *nt*; ~ **order filter** *n* ELECTRON Filter dritter Ordnung *nt*; ~ **party** *n* PAT Dritte-Partei *f*; ~ **party charging** *n* TELECOM Belastung an Drittperson *f*; ~ **rail** *n* RAIL Stromschiene *f*, dritte Schiene *f*; ~ **tap** *n* MECHAN ENG Fertigschneider *m*, Gewindebohrer Nr. 3 *m*, PROD ENG Gewindebohrer Nr. 3 *m*

thirty: ~**-two-mo** *n* PRINT Zweiunddreißigerformat *nt*

thistle: ~ **funnel** *n* LAB EQUIP Glockentrichter *m*, Trichterrohr *nt*

thixotropic *adj* CHEMISTRY, PHYS, PLAS thixotrop

thixotropy *n* CHEMISTRY, COAL TECH, PHYS Thixotropie *f*

Thomas's: ~ **slag** *n* METALL Thomas-Schlacke *f*

Thomson: ~ **bridge** *n* ELEC ENG, ELECT Thomsonsche Brücke *f*; ~ **coefficient** *n* PHYS Thomsonscher Koeffizient *m*; ~ **cross-section** *n* PHYS Thomsonscher Wirkungsquerschnitt *m*; ~ **effect** *n* PHYS Thomsonscher Effekt *m*; ~ **scattering** *n* PHYS Thomsonsche Streuung *f*

thoria *n* CHEMISTRY Thoriumdioxid *nt*

thorianite *n* CHEMISTRY Thorianit *m*

thoriated: ~ **tungsten filament** *n* ELEC ENG thorierter Wolframfaden *m*

thoric *adj* CHEMISTRY Thorium- *pref*

thorite *n* NUC TECH Thorit *m*

thorium *n (Th)* CHEMISTRY Thorium *nt (Th)*; ~**-fueled reactor** *n AmE*, ~**-fuelled reactor** *n BrE* NUC TECH Thoriumreaktor *m*; ~ **series** *n* RAD PHYS Thoriumreihe *f*

thoroughfare *n BrE (cf thruway AmE)* CONST Schnellstraße *f*, TRANS Durchfahrtstraße *f*, Hauptverkehrsader *f*

thought: ~**-stream analysis** *n* ERGON Gedankenflußanalyse *f*

thousand *n* MATH Tausend *nt*; ~ **million** *n pl* MATH Milliarde *f*

thousandfold *adj* MATH tausendfach

thousandth *n* MATH *fraction* Tausendstel *nt*

thrashing *n* COMP & DP Systemüberlastung *f*

thread[1] *n* CER & GLAS Faden *m*, COMP & DP Thread *m*, gekettetes Programm *nt*, MECHAN ENG Gewinde *nt*, *of nut* Gewinde *nt*, *turn* Windung *f*, PAPER Faden *m*, PROD ENG Gewinde *nt*, TEXT Faden *m*, Zwirn *m*; ~ **angle** *n* MECHAN ENG, PROD ENG Flankenwinkel *m*; ~ **axis** *n* PROD ENG Gewindeachse *f*; ~ **bulging** *n* MECHAN ENG Gewindedrücken *nt*; ~ **chaser** *n* MECHAN ENG, PROD ENG Gewindestrehler *m*; ~ **chasing** *n* MECHAN ENG, PROD ENG Gewindestrehlen *nt*; ~ **counter** *n* PAPER Fadenzähler *m*; ~ **cutting** *n* MECHAN ENG, PROD ENG Gewindeschneiden *nt*; ~**-cutting attachment** *n* MECHAN ENG, PROD ENG Gewindeschneideinrichtung *f*; ~**-cutting screw** *n* MECHAN ENG gewindeschneidende Schraube *f*; ~ **depth** *n* CONST, MECHAN ENG, PROD ENG Gewindetiefe *f*; ~ **dial indicator** *n* MECHAN ENG Gewindeganganzeiger *m*; ~ **diameter** *n* MECHAN ENG Gewindedurchmesser *m*; ~ **dimensioning** *n* ENG DRAW Gewindebemaßung *f*; ~ **flank** *n* MECHAN ENG Gewindeflanke *f*; ~ **form** *n* MECHAN ENG Gewindeform *f*; ~**-forming screw** *n* MECHAN ENG gewindeformende Schraube *f*; ~ **gage** *n BrE*, ~ **gauge** *n BrE* MECHAN ENG Gewindelehre *f*; ~ **grinding** *n* MECHAN ENG, MECHANICS, PROD ENG Gewindeschleifen *nt*; ~**-grinding wheel** *n* PROD ENG Gewindeschleifmaschine *f*; ~ **groove** *n* PROD ENG Gewinderille *f*; ~ **hobbing** *n* PROD ENG Gewindewälzen *nt*; ~ **insert** *n* MECHAN ENG Gewindeeinsatz *m*; ~ **lead angle** *n* MECHAN ENG Gewindesteigungswinkel *m*; ~ **length** *n* MECHAN ENG Gewindelänge *f*; ~ **micrometer** *n* PROD ENG Gewindemeßschraube *f*; ~ **milling** *n* MECHAN ENG, PROD ENG Gewindefräsen *nt*; ~**-milling cutter** *n* MECHAN ENG, PROD ENG Gewindefräser *m*; ~**-milling hob** *n* PROD ENG Gewindewälzfräser *m*; ~**-milling machine** *n* PROD ENG Gewindefräsmaschine *f*; ~ **peeling** *n* PROD ENG Gewindeschälen *nt*; ~ **pitch** *n* AUTO Gewindesteigung *f*, MECHAN ENG Gewindeteilung *f*; ~ **profile** *n* MECHAN ENG, PROD ENG Gewindeprofil *nt*; ~ **ridge** *n* PROD ENG Gewindezahn *m*; ~ **ridging** *n* MECHANICS Gewindefurchen *nt*; ~ **rolling** *n* MECHAN ENG Gewinderollen *nt*, Gewindewalzen *nt*; ~ **turning** *n* MECHAN ENG Gewindedrehen *nt*; ~ **undercut** *n* MECHAN ENG Gewindefreistich *m*; ~ **whirling** *n* MECHAN ENG Gewindeschälen *nt*, Gewindewirbeln *nt*, Schlagzahnfräsen *nt*

thread[2] *vt* MECHAN ENG Gewinde fertigen, Gewinde herstellen, PRINT mit Faden heften, PROD ENG Gewinde herstellen, RECORD *tape* einlegen

threaded[1] *adj* MECHAN ENG, PROD ENG mit Gewinde, mit Gewindezapfen

threaded:[2] ~ **bolt** *n* AUTO Gewindebolzen *m*, Schraubenbolzen *m*; ~ **bush** *n* MECHAN ENG Hülse mit Außengewinde *f*, Schraubhülse *f*, PROD ENG *plastic valves* Gewindebuchse *f*; ~ **components** *n pl* MECHAN ENG Verschraubungsteile *nt pl*; ~ **fastener** *n* MECHAN ENG Gewindebolzen *m*; ~ **fasteners** *n pl* MECHAN ENG Befestigungsschrauben *f pl*; ~ **file** *n* COMP & DP, TELECOM gekettete Datei *f*; ~ **fitting** *n* MECHAN ENG Rohrverschraubungsstück *nt*, Schraubfitting *nt*; ~ **hole** *n* NUC TECH *reactor pressure vessel* Bohrung mit Gewinde *f*, PROD ENG *plastic valves* Gewindeloch *nt*; ~ **joint** *n* MECHAN ENG Schraubverbindung *f*, PROD ENG *plastic valves* Gewindeanschluß *m*; ~ **language** *n* COMP & DP gekettete Programmiersprache *f*; ~ **nipple** *n* MECHAN ENG Gewindenippel *m*; ~ **nut** *n* MECHAN ENG Gewindemutter *f*; ~ **pipe** *n* MECHAN ENG Gewinderohr *nt*; ~ **sleeve** *n* MECHAN ENG Gewindemuffe *f*; ~ **socket end** *n* PROD ENG *plastic valves* Gewindemuffe *f*; ~ **tree** *n* COMP & DP gekettete Baumstruktur *f*

threader *n* MECHAN ENG Gewindeschneider *m*

threading *n* PROD ENG Gewindeherstellung *f*, Gewindeschneiden *nt*; ~ **die** *n* PROD ENG Gewindeschneidbacke *f*; ~ **lathe** *n* MECHAN ENG Gewindedrehmaschine *f*; ~ **machine** *n* MECHAN ENG Gewindeschneidmaschine *f*; ~ **of paper** *n* PAPER Einfädeln von Papier *nt*; ~ **tool** *n* MECHAN ENG, PROD ENG Gewindemeißel *m*

three[1] *adj* MATH dritt- *pref*; ~**-axis** *adj* SPACE Dreiachs- *pref*; ~**-beam** *adj* ELECTRON Dreifarben- *pref*; ~**-color** *adj AmE*, ~**-colour** *adj BrE* PHOTO Dreifarben- *pref*; ~**-dimensional** *adj* MECHAN ENG dreidimensional, PHYS *(3-D)* dreidimensional *(3-D)*; ~**-gun** *adj* ELECTRON Dreistrahl- *pref*; ~**-phase** *adj* CHEMISTRY dreiphasig, ELEC ENG, ELECT Drehstrom- *pref*, Dreiphasen- *pref*, dreiphasig, PHYS dreiphasig; ~**-point** *adj* AIR TRANS, MECHAN ENG Dreipunkt- *pref*; ~**-sided** *adj* GEOM dreiseitig; ~**-square** *adj* MECHAN ENG Dreikant- *pref*; ~**-start** *adj* MECHAN ENG, PROD ENG dreigängig; ~**-state** *adj* ELECTRON Dreizustand- *pref*; ~**-step** *adj* METROL Dreipunkt- *pref*; ~**-stranded** *adj* WATER TRANS *rope* dreischäftig; ~**-way** *adj* CONST, MECHANICS, RECORD Dreiwege- *pref*; ~**-wheeled** *adj*

MECHAN ENG dreirädrig

three[2] *n* CONST Drei- *pref*; **~-address instruction** *n* COMP & DP Dreiadreßbefehl *m*; **~-axis gyro unit** *n* SPACE Dreiachsenkreisel *m*; **~-axis indicator** *n* SPACE Dreiachsenanzeige *f*; **~-axis stabilization** *n* SPACE Dreiachsenstabilisierung *f*; **~-beam color picture tube** *n AmE*, **~-beam colour picture tube** *n BrE* ELECTRON Dreifarben-Bildröhre *f*; **~-button mouse** *n* COMP & DP Dreitastenmaus *f*; **~-cavity klystron** *n* ELECTRON Klystron mit drei Resonanzkammern *nt*; **~-centered arch** *n AmE*, **~-centred arch** *n BrE* CONST Korbbogen *m*, elliptisches Gewölbe *nt*; **~-circuit nuclear power plant** *n* NUC TECH Dreikreis-Kernkraftwerk *nt*; **~-color photography** *n AmE see three-colour photography BrE*; **~-color plate** *n AmE see three-colour plate BrE*; **~-colour photography** *n BrE* PHOTO Dreifarbenfotografie *f*; **~-colour plate** *n BrE* PHOTO Dreifarbenplatte *f*; **~ component alloy** *n* METALL Dreikomponentenlegierung *f*; **~-conductor cable** *n* ELEC ENG Dreileiterkabel *nt*, Dreifachkabel *nt*, dreiadriges Kabel *nt*; **~-cone bit** *n* PET TECH Dreirollenbohrmeißel *m*; **~-cylinder engine** *n* MECHAN ENG Dreizylindermotor *m*; **~-dimensional graphics** *n pl* COMP & DP dreidimensionale Grafik *f*; **~-dimensional image** *n* TELECOM dreidimensionales Bild *nt*, räumliches Bild *nt*; **~-dimensional integrated circuit** *n* ELECTRON dreidimensionaler IC *m*; **~-dimensional integration** *n* ELECTRON dreidimensionale Integration *f*; **~ dimensionality** *n* GEOM Dreidimensionalität *f*; **~-dimensional tracer milling** *n* PROD ENG Raumformfräsen *nt*; **~-electrode tube** *n* ELECTRON Dreielektrodenröhre *f*; **~-electrode valve** *n* CHEMISTRY Dreielektrodenröhre *f*, Triode *f*; **~-grid tube** *n* ELECTRON Dreigitterröhre *f*; **~-gun color picture tube** *n AmE*, **~-gun colour picture tube** *n BrE* ELECTRON Dreistrahl-Farbfernsehröhre *f*; **~-high mill** *n* MECHAN ENG Triowalzwerk *nt*; **~-high rolls** *n pl* MECHAN ENG Triowalzwerk *nt*; **~-high train** *n* MECHAN ENG Triowalzwerk *nt*; **~-hinged arch** *n* CONST Dreigelenkbogen *m*; **~-hole torus** *n* GEOM Torus mit drei Öffnungen *m*; **~-in-one stereo component system** *n* RECORD Stereokompaktanlage *f*; **~-input NAND gate** *n* ELECTRON NAND-Gatter mit drei Eingängen *nt*; **~-jaw chuck** *n* MECHAN ENG Dreiaxialprüfung *f*; **~-jaw steady** *n* MECHAN ENG *of lathe* Dreibackensetzstock *m*; **~-jaw steadyrest** *n* MECHAN ENG *of a lathe* Dreibackensetzstock *m*; **~-layer board** *n* PAPER Tripelkarton *m*; **~-level laser** *n* ELECTRON Dreiniveaulaser *m*; **~-level maser** *n* ELECTRON Dreiniveaumaser *m*; **~-level signal** *n* ELECTRON Dreipunktsignal *nt*; **~-necked flask** *n* LAB EQUIP Dreihalskolben *m*; **~-phase alternator** *n* ELECT Drehstromalternator *m*; **~-phase alternomotor** *n* AUTO Dreiphasenwechselstrommotor *m*; **~-phase circuit** *n* TELECOM Dreiphasenschaltung *f*; **~-phase current** *n* ELEC ENG Dreiphasenstrom *m*, ELECT Drehstrom *m*; **~-phase current armature** *n* ELECT *motor, alternator* Drehstromanker *m*; **~-phase earthing transformer** *n BrE (cf three-phase grounding transformer AmE)* ELECT Dreiphasen-Erdungstransformator *m*; **~-phase four-wire system** *n* ELECT Vierdraht-Drehstromsystem *nt*; **~-phase generator** *n* ELECT Drehstromgenerator *m*; **~-phase grounding transformer** *n AmE (cf three-phase earthing transformer BrE)* ELECT Dreiphasen Erdungstransformator *m*; **~-phase induction motor** *n* AUTO Drehstrominduktionsmotor *m*, ELEC ENG Dreiphasen-Induktionsmotor *m*; **~-phase machine** *n* ELEC ENG, ELECT Dreiphasenmaschine *f*; **~-phase motor** *n* ELEC ENG Dreiphasenmotor *m*, ELECT Drehstrommotor *m*; **~-phase neutral reactor** *n* ELECT Drehstromschutzleiterdrossel *f*; **~-phase rectifier** *n* ELECT Drehstromgleichrichterbrücke *f*; **~-phase rotor** *n* ELEC ENG Dreiphasenläufer *m*, Dreiphasenrotor *m*; **~-phase rotor winding** *n* ELEC ENG Dreiphasenrotorwicklung *f*; **~-phase stator** *n* ELEC ENG Dreiphasenstator *m*; **~-phase stator winding** *n* ELEC ENG Dreiphasen-Statorwicklung *f*; **~-phase stepper motor** *n* ELEC ENG Drehstromschrittmotor *m*; **~-phase supply** *n* ELEC ENG Drehstromversorgung *f*, Dreiphasen-Stromversorgung *f*; **~-phase supply network** *n* ELECT Drehstromnetz *nt*; **~-phase synchronous motor** *n* ELEC ENG Drehstromsynchronmotor *m*, Dreiphasen-Synchronmotor *m*; **~-phase system** *n* ELEC ENG Dreiphasensystem *nt*; **~-phase transformer** *n* ELEC ENG Drehstromtransformator *m*; **~-piece oil control ring** *n* AUTO dreiteiliger Ölabstreifring *m*; **~-pin socket** *n* ELECT Dreistift-Steckbüchse *f*; **~-ply wood** *n* CONST Dreilagenholz *nt*; **~-point bending** *n* METALL Dreipunktbiegen *nt*; **~-point bending specimen** *n* NUC TECH Dreipunktbiegeprobe *f*; **~-point landing** *n* AIR TRANS Dreipunktlandung *f*; **~-point seat belt** *n* AUTO Dreipunktsicherheitsgurt *m*; **~-point support** *n* MECHAN ENG Dreipunktlager *nt*; **~-pole filter** *n* ELECTRON dreipoliges Filter *nt*; **~-pole switch** *n* ELEC ENG dreipoliger Schalter *m*; **~-port two-stroke engine** *n* AUTO Dreikanalzweitaktmotor *m*, Motor mit Querstromspülung *m*; **~-position switch** *n* ELECT Dreistellungsschalter *m*; **~-pronged chuck** *n* MECHAN ENG Dreiklauenfutter *nt*; **~-sided cutting machine** *n* PRINT Dreimessermaschine *f*, Dreiseitenbeschneidemaschine *f*; **~-slot winding** *n* ELECT *motor, alternator* Wicklung für drei Nuten *f*; **~-square file** *n* MECHAN ENG Dreikantfeile *f*; **~-stage amplifier** *n* ELECTRON dreistufiger Verstärker *m*; **~-start thread** *n* MECHAN ENG dreigängiges Gewinde *nt*; **~-state gate** *n* ELECTRON Dreizustandsgatter *nt*; **~-state logic** *n* ELECTRON Dreizustandslogik *f*; **~-state output** *n* ELECTRON Dreizustandsausgang *m*, Tristate-Ausgang *m*; **~-step control** *n* IND PROCESS Dreipunktregelung *f*; **~-step relay** *n* ELECT Dreischritt-Relais *nt*; **~-step signal** *n* IND PROCESS Dreipunktsignal *nt*; **~-throw crank** *n* MECHAN ENG dreifach gekröpfte Kurbel *f*; **~-throw crankshaft** *n* MECHAN ENG dreifach gekröpfte Kurbelwelle *f*; **~-throw pump** *n* WATER SUP Drillingspreßpumpe *f*; **~-to-em space** *n* PRINT *typesetting* Drittelgeviert *nt*; **~-track stereo** *n* RECORD Dreispur-Stereo *nt*; **~-tube camera** *n* TELEV Dreiröhrenkamera *f*; **~-way ball valve** *n* PROD ENG *plastic valves* Dreiwegekugelhahn *m*; **~-way call** *n* TELECOM Drei-Teilnehmer-Gespräch *nt*, Dreierverbindung *f*; **~-way cock** *n* CONST, MECHAN ENG Dreiwegehahn *m*; **~-way switch** *n* ELECT Dreistellungsschalter *m*; **~-way system** *n* RECORD *of loudspeaker system* Dreiwegesystem *nt*; **~-way valve** *n* HYD EQUIP, MECHAN ENG Dreiwegeventil *nt*; **~-winding transformer** *n* ELEC ENG Dreiwicklungstransformator *m*; **~-wire generator** *n* ELECT Dreidrahtgenerator *m*; **~-wire mains** *n* ELEC ENG Dreileiternetz *nt*, Dreiphasennetz *nt*; **~-wire system** *n* ELEC ENG Dreiphasensystem *nt*, ELECT Dreidrahtsystem *nt*; **~-zeros antialiasing filter** *n* ELECTRON Dreinullen-Antialiasing-Filter *nt*; **~-zeros filter** *n* ELECTRON Filter mit drei Nullstellen *nt*

3-D *abbr (three-dimensional)* PHYS 3-D *(dreidimensional)*

threose *n* CHEMISTRY Threose *f*

threshold *n* ACOUSTICS Schwelle *f*, COMP & DP Schwelle *f*, Schwellenwert *m*, CONST Schwelle *f*, Türschwelle *f*, CONTROL Schwellwert *m*, ELEC ENG, ELECT Ansprech-*pref*, ELECTRON Ansprechgrenze *f*, Schwelle *f*, ERGON Grenzwert *m*, Schwelle *f*, INSTR, RECORD Ansprech-*pref*, SAFETY, SPACE Schwellwert *m*, TELECOM Ansprech-*pref*; **~ of audibility** *n* ACOUSTICS Hörschwelle *f*, POLL Hörbarkeitsschwelle *f*; **~ audiometry** *n* SAFETY Schwellwertaudiometrie *f*; **~ circuit** *n* CONTROL Schwellwertschaltung *f*; **~ control** *n* CONTROL Schwellwertsteuerung *f*; **~ current** *n* ELEC ENG, RAD PHYS, TELECOM Schwellenstrom *m*; **~ current laser diode** *n* OPT Schwellenstrom *m*; **~ detector** *n* INSTR Grenzwertsensor *m*, Schwellenwertsensor *m*, Schwellwertsensor *m*; **~ energy** *n* METALL, RAD PHYS Schwellenenergie *f*; **~ extension demodulator** *n* SPACE *communications* Demodulator mit Schwellwerterhöhung *m*, TELECOM Schwellenerweiterungsdemodulator *m*; **~ of feeling** *n* ERGON Empfindungsschwelle *f*; **~ frequency** *n* ELECTRON Grenzfrequenz *f*; **~ gate** *n* ELECTRON Grenzgatter *nt*; **~ in quiet** *n* ACOUSTICS Ruhehörschwelle *f*; **~ limit** *n* INSTR Ansprechgrenze *f*, Ansprechschwelle *f*, Ansprechwert *m*; **~ limit value** *n* *(TLV)* NUC TECH maximale Arbeitsplatzkonzentration *f (MAK)*, POLL höchstzulässige Konzentration *f (HZK)*; **~ limit value in the free environment** *n* POLL höchstzulässige Konzentration in der Umwelt *f*; **~ limit value in the workplace** *n* POLL maximal zulässige Arbeitsplatzkonzentration *f*; **~ operation** *n* COMP & DP Schwellenoperation *f*; **~ of pain** *n* ACOUSTICS Schmerzgrenze *f*, PHYS Schmerzschwelle *f*; **~ of sensitivity** *n* INSTR Empfindlichkeitsschwelle *f*, Grenzempfindlichkeit *f*; **~ shift** *n* ERGON Schwellenänderung *f*; **~ signal** *n* ELECTRON Schwellwertsignal *nt*, INSTR Ansprechsignal *nt*, Schwellenwertsignal *nt*, Schwellwertsignal *nt*; **~ value** *n* ACOUSTICS Grenzwert *m*, ELECTRON Schwellenwert *m*; **~ voltage** *n* ELEC ENG Schwellenspannung *f*, TELEV Schwellspannung *f*; **~ wavelength** *n* ELECTRON Grenzwellenlänge *f*, *photoelectric effect* obere Grenzwellenlänge *f*

thresholding *n* ELECTRON Schwellwertoperation *f*

throat *n* ACOUSTICS Kehle *f*, Kehlkopf *m*, CER & GLAS Durchlaß *m*, CONST Eintrittsöffnung *f*, Halsstück *nt*, Wasserschenkel *m*, MECHAN ENG Hals *m*, *of gauge* Rachen *m*, PROD ENG Armausladung *f*, Kehle *f*, Nahtdicke *f*, Durchgang *m*; **~ cheek** *n* CER & GLAS Durchlaßseitenstein *m*; **~ cover** *n* CER & GLAS Durchlaßabdeckstein *m*; **~ distance** *n* PROD ENG Ausladung *f*; **~ microphone** *n* ACOUSTICS, RECORD Kehlkopfmikrofon *nt*; **~ of nozzle** *n* SPACE *spacecraft* Düsenhalsquerschnitt *m*; **~ thickness** *n* PROD ENG Nahtdicke *f*

throatless *adj* PROD ENG ohne Ausladung

throttle[1] *n* AIR TRANS *aircraft* Drossel *f*, Drosselklappenventil *nt*, AUTO *carburettor* Drosselklappe *f*, HYD EQUIP Schnellschlußventil *nt*; **~ boost pressure valve** *n* AUTO Drosselladedruckventil *nt*; **~ control** *n* SPACE *spacecraft* Drosselwirkung *f*, Gashebel *m*; **~ control lever** *n* AUTO Drosselklappenhebel *m*; **~ control rod** *n* AUTO Gasgestänge *nt*; **~ dashpot** *n* AUTO *carburettor* Drosselklappendämpfer *m*; **~ lever** *n* HYD EQUIP Drosselventilhebel *m*; **~ linkage** *n* AUTO *carburettor* Gasgestänge *nt*; **~ pintle nozzle** *n* AUTO Drosselzapfendüse *f*; **~ plate** *n* AUTO Drosselklappe *f*; **~ reach-rod** *n* HYD EQUIP Schnellschlußgriffstange *f*; **~ rod** *n* HYD EQUIP Drosselventilstange *f*; **~ slide** *n* AUTO *carburettor* Drosselschieber *m*; **~ stem** *n* HYD EQUIP Drosselventilstange *f*; **~ stop screw** *n* AUTO *carburettor* Drosselanschlagschraube *f*; **~ valve** *n* AUTO Drosselventil *nt*, Drosselklappe *f*, HEAT & REFRIG, HYD EQUIP Drosselventil *nt*, MECHAN ENG Drosselklappe *f*, PROD ENG Drosselventil *nt*, *plastic valves* Drosselklappe *f*; **~ valve switch** *n* AUTO Drosselklappenschalter *m*

throttle[2] *vt* MECHAN ENG, PROD ENG *plastic valves* drosseln; **~ back** *vt* AIR TRANS Gas wegnehmen, drosseln

throttling *n* MECHAN ENG, RAIL Drosseln *nt*, Drosselung *f*

through: **~ band** *n* TRANS durchgehendes Zeitband *nt*; **~ binder** *n* CONST *masonry* Zugbinder *m*; **~ bolt** *n* MECHAN ENG Durchgangsschraube *f*; **~ connection** *n* CONTROL Durchkontaktierung *f*, TELECOM Durchkontaktierung *f*, Durchschaltung *f*; **~ deck cable fitting** *n* WATER TRANS *ropes* Kabelgarnitur für Deckdurchführung *f*; **~-feed grinding** *n* PROD ENG Durchlaufschleifen *nt*; **~ freight train** *n* *AmE (cf through goods train BrE)* RAIL Durchgangseilgüterzug *m*; **~ goods train** *n* *BrE (cf through freight train AmE)* RAIL Durchgangseilgüterzug *m*; **~ hole** *n* MECHAN ENG Durchgangsbohrung *f*, durchgehendes Loch *nt*, PROD ENG Durchgangsbohrung *f*; **~ line** *n* TELECOM Durchgangsleitung *f*; **~ mortice** *n* CONST Zapfenschlitz *m*; **~ station** *n* TRANS Durchgangsbahnhof *m*; **~ stone** *n* CONST Binderstein *m*; **~ tenon** *n* CONST Vollzapfen *m*; **~-the-lens metering** *n (TTL metering)* PHOTO Objektivmessung *f (TTL-Messung)*; **~ traffic** *n* TRANS Durchgangsverkehr *m*; **~ wagon** *n* RAIL Kurswagen *m*

throughput *n BrE* COMP & DP Datendurchlauf *m*, Datendurchsatz *m*, CONTROL Durchsatz *m*, MECHAN ENG Durchsatz *m*, Leistung *f*, PET TECH Durchsatz *m*, PROD ENG *plastic valves* Durchfluß *m*; **~ rate** *n* CONTROL Durchsatzgeschwindigkeit *f*, Durchsatzrate *f*; **~ time** *n* CONTROL Durchsatzzeit *f*

throw[1] *n* MECHAN ENG *crankshaft* Hub *m*, *eccentricity* Exzentrizität *f*, Exzentrizitätsmaß *nt*; **~-away oil filter** *n* AUTO Einwegölfilter *nt*, Wegwerfölfilter *nt*; **~-away pack** *n* WASTE Einwegverpackung *f*; **~-away product** *n* WASTE Einwegprodukt *nt*, Wegwerfprodukt *nt*; **~ conveyor** *n* MECHAN ENG Wurfförderer *m*; **~-out bearing sleeve** *n* AUTO Kupplungsausrücklagerbuchse *f*; **~-out fork pivot** *n* AUTO Kupplungsausrückgabelzapfen *m*; **~-out fork strut** *n* AUTO Kupplungsausrückgabelstrebe *f*; **~ rod** *n* RAIL Weichenstange *f*

throw[2] *vt* CER & GLAS drehen; **~ back into alignment** *vt* CONST *wall* wieder ausrichten; **~ back to waste** *vt* CONST als Abfall zurückhalten; **~ into action** *vt* MECHAN ENG einrücken; **~ into gears** *vt* MECHAN ENG einrücken; **~ out** *vt* MECHAN ENG abkuppeln, ausklinken; **~ out of action** *vt* MECHAN ENG ausrücken; **~ out of gear** *vt* MECHAN ENG ausrücken

throw:[3] **~ a belt off** *vi* MECHAN ENG einen Riemen ausrücken; **~ a bridge over river** *vi* CONST Brücke über einen Fluß schlagen; **~ a line** *vi* WATER TRANS *ropes* Ende werfen, Leine werfen

thrower *n* CER & GLAS Dreher *m*

throwing *n* TEXT Zwirnen *nt*; **~ chain** *n* PET TECH Wurfkette *f*; **~ wheel** *n* CER & GLAS Drehscheibe *f*

thruput *n AmE see throughput BrE*

thrust *n* AIR TRANS Schub *m*, CONST Bodenstoß *m*, Druck *m*, Schubkraft *f*, Widerlager *nt*, MAR POLL Druck *m*, Schub *m*, Schubkraft *f*, MECHAN ENG Längsdruck *m*, Schub *m*, Schubkraft *f*, PHYS, PROD ENG, SPACE *spacecraft* Schub *m*; ~ **augmenter** *n* AIR TRANS Schubkraftverstärker *m*, Schubvergrößerer *m*; ~ **axis** *n* SPACE Schubachse *f*; ~ **ball-bearing** *n* MECHAN ENG Axialkugellager *nt*, Längskugellager *nt*; ~ **bearing** *n* FUELLESS Axiallager *nt*, MECHAN ENG Axialdrucklager *nt*, Axiallager *nt*, Drucklager *nt*, Längslager *nt*, MECHANICS Axialdrucklager *nt*, PROD ENG Längslager *nt*, WATER TRANS *engine* Drucklager *nt*; ~ **block** *n* MECHAN ENG Längslager *nt*, *bearing* Tragring *m*, WATER TRANS *engine* Drucklager *nt*; ~ **collar** *n* AUTO Druckring *m*, Tragring *m*, MECHAN ENG Druckring *m*; ~ **cone** *n* SPACE Schubbug *m*; ~ **cut-off** *n* SPACE Schubabschaltung *f*; ~ **cylindrical roller bearing** *n* MECHAN ENG Axialzylinderrollenlager *nt*; ~ **decay** *n* SPACE Schubabnahme *f*; ~ **die** *n* PROD ENG Druckstempel *m*; ~ **force** *n* PROD ENG Radialkraft *f*; ~ **load** *n* PROD ENG Axialbeanspruchung *f*; ~ **misalignment** *n* SPACE Schubfehleinstellung *f*; ~ **modulation** *n* SPACE Schubmodulation *f*; ~ **nozzle** *n* SPACE Schubdüse *f*, Schubkonus *m*; ~ **plate** *n* MECHAN ENG Druckplatte *f*; ~ **program** *n* *AmE*, ~ **programme** *n* *BrE* SPACE Schubsteuerprogramm *nt*; ~ **reverser** *n* AIR TRANS Schubumkehrvorrichtung *f*, Schubumkehrer *m*; ~ **roller bearing** *n* MECHAN ENG Axialrollenlager *nt*; ~ **strip** *n* PROD ENG Druckleiste *f*; ~ **subsystem** *n* SPACE Schubsubsystem *nt*; ~**-to-weight ratio** *n* SPACE Verhältnis Schub/Gewicht *nt*; ~ **vector** *n* SPACE Schubvektor *m*; ~ **vector control** *n* SPACE Schubvektorsteuerung *f*; ~ **vectoring nozzle** *n* AIR TRANS *aircraft* Düse mit Strahlumlenkung *f*, strahlumlenkende Düse *f*, SPACE Schubvektordüse *f*; ~ **washer** *n* AUTO Druckunterlegscheibe *f*, Stoßring *m*, MECHAN ENG Anlaufscheibe *f*, PROD ENG Druckscheibe *f*

thruster *n* SPACE Schubtriebwerk *nt*

thruway *n* *AmE* (*cf thoroughfare BrE*) CONST Durchfahrtstraße *f*, Hauptverkehrsader *f*, Schnellstraße *f*

thujane *n* CHEMISTRY Sabinan *nt*, Thujan *nt*

thujene *n* CHEMISTRY Sabinen *nt*, Thujen *nt*

thujenol *n* CHEMISTRY Thujenol *nt*

thujol *n* CHEMISTRY Thujenol *nt*

thujone *n* CHEMISTRY Oxosabinan *nt*, Thujon *nt*

thujyl: ~ **alcohol** *n* CHEMISTRY Thujylalkohol *m*

thulium *n* (*Tm*) CHEMISTRY Thulium *nt* (*Tm*)

thumb: ~ **bolt** *n* CONST, MECHAN ENG, PROD ENG Flügelschraube *f*; ~ **index** *n* PRINT Daumenindex *m*; ~ **nut** *n* AUTO, CONST, MECHAN ENG Flügelmutter *f*; ~ **screw** *n* CONST, MECHAN ENG, PROD ENG Flügelschraube *f*; ~ **wheel switch** *n* ELECT Ziffernradschalter *m*

thumbtack *n* PROD ENG Reißzwecke *f*

thymol *n* CHEMISTRY Thymiancampher *m*, Thymol *nt*

thymolphthalein *n* CHEMISTRY Thymolphthalein *nt*

thyratron *n* CHEMISTRY, PHYS Thyratron *nt*; ~ **inverter** *n* ELECTRON Stromtor-Inverter *m*

thyristor *n* ELEC ENG, ELECT, PHYS, TELECOM Thyristor *m*; **off** ~ *n* ELECTRON abgeschalteter Thyristor *m* ELECTRON Thyristor *m*; ~**-controlled locomotive** *n* RAIL Stromrichterlokomotive *f*; ~ **inverter** *n* ELECT Thyristor-Wechselrichter *m*

thyroiodine *n* CHEMISTRY Levothyroxin *nt*

thyronine *n* CHEMISTRY Deiodothyroxin *nt*, Thyronin *nt*

thyroxine *n* CHEMISTRY Tetraiodthyronin *nt*, Thyroxin *nt*

Ti (*titanium*) CHEMISTRY Ti (*Titan*)

tick *n* ENG DRAW Bezugshaken *m*

tidal: ~ **basin** *n* FUELLESS Flutbecken *nt*; ~ **capacity** *n* TRANS *traffic control* Richtungsspurkapazität *f*; ~ **chart** *n* WATER TRANS *navigation* Gezeitentabelle *f*, Gezeitentafel *f*; ~ **current** *n* FUELLESS, WATER SUP, WATER TRANS Gezeitenstrom *m*; ~ **dock** *n* WATER TRANS *port* Tidenbecken *nt*; ~ **energy** *n* PHYS Gezeitenenergie *f*; ~ **flow** *n* TRANS *traffic control* Richtungswechsel *m*, WATER SUP, WATER TRANS Gezeitenstrom *m*; ~ **flow lane** *n* TRANS Richtungswechselspur *f*; ~ **flow system** *n* TRANS Richtungswechselbetrieb *m*; ~ **harbor** *n* *AmE*, ~ **harbour** *n* *BrE* WATER TRANS Fluthafen *m*; ~ **movement** *n* FUELLESS Gezeitenbewegung *f*; ~ **port** *n* WATER TRANS Fluthafen *m*; ~ **power** *n* FUELLESS Gezeitenenergie *f*, Gezeitenkraft *f*; ~ **power plant** *n* ELEC ENG Gezeitenkraftwerk *nt*; ~ **power station** *n* FUELLESS Flutkraftwerk *nt*, Gezeitenkraftwerk *nt*; ~ **prism** *n* FUELLESS Gezeitenprisma *nt*; ~ **range** *n* FUELLESS Gezeitenbereich *m*, WATER TRANS Tidenhub *m*; ~ **signals** *n pl* WATER TRANS Gezeitensignale *nt pl*, Tidensignale *nt pl*; ~ **stream** *n* WATER SUP, WATER TRANS Gezeitenstrom *m*; ~ **stream atlas** *n* WATER TRANS Gezeitenstromatlas *m*; ~ **wave** *n* WATER TRANS Flutwelle *f*

tide *n* FUELLESS Gezeit *f*, WATER TRANS Flut *f*, Gezeit *f*, Tide *f*; ~ **chart** *n* WATER TRANS Gezeitentabelle *f*, Gezeitentafel *f*; ~ **gage** *n* *AmE see tide gauge BrE*; ~ **gate** *n* WATER TRANS Tidenstrich *m*; ~ **gauge** *n* *BrE* FUELLESS Gezeitenmesser *m*; ~ **mill** *n* FUELLESS Gezeitenmühle *f*; ~ **race** *n* WATER TRANS Gezeitenstromschnelle *f*; ~ **signals** *n pl* WATER TRANS Gezeitensignale *nt pl*, Tidensignale *nt pl*; ~ **tables** *n pl* WATER TRANS Gezeitentafeln *f pl*, Tidentafeln *f pl*

tideway *n* WATER TRANS Priel *m*

tie[1] *n* MECHAN ENG *flexible bond, fastening* Verbindung *f*, PROD ENG Zuganker *m*, RAIL *AmE* (*cf sleeper BrE*) Eisenbahnschwelle *f*, Schwelle *f*; ~**-adzing machine** *n* *AmE* (*cf sleeper-adzing machine BrE*) RAIL Schwellendechselmaschine *f*; ~ **back** *n* TEXT Raffhalter *m*; ~ **bar** *n* AIR TRANS *helicopter* Ankerstange *f*, Zugstange *f*, CONST Zuganker *m*, Zugstab *m*, *road construction* Ankereisen *nt*, MECHAN ENG Verbindungsstange *f*, RAIL Spurstange *f*; ~ **beam** *n* CONST Querriegel *m*, Zugbalken *m*; ~ **bed** *n* *AmE* (*cf sleeper-bed BrE*) RAIL Schwellenbett *nt*; ~ **bolt** *n* MECHAN ENG Ankerbolzen *m*; ~ **circuit interface** *n* TELECOM Querverbindungsschnittstelle *f*; ~ **coat** *n* COATINGS Bindeschicht *f*; ~**-down point** *n* ELECTRON *receiver* Abgleichfrequenz *f*; ~**-drilling machine** *n* *AmE* (*cf sleeper-drilling machine BrE*) RAIL Schwellenbohrmaschine *f*; ~ **line** *n* METALL Verbindungslinie *f*, TELECOM Querverbindungsleitung *f*; ~ **plate** *n* NUC TECH *fuel assembly* Verbindungsplatte *f*, WATER TRANS *shipbuilding* Längsband *nt*; ~ **rod** *n* AUTO Spurstange *f*, CER & GLAS Zugstange *f*, CONST Zuganker *m*, Zugstab *m*, MECHAN ENG Verbindungsstange *f*, MECHANICS Ankerbolzen *m*, Riegel *m*, Strebe *f*, PROD ENG Anker *m*, Zugband *nt*, WATER TRANS Zuganker *m*, Zugstange *f*; ~ **screw** *n* *AmE* (*cf sleeper screw BrE*) RAIL Schwellenschraube *f*; ~ **screwdriver** *n* *AmE* (*cf sleeper screwdriver BrE*) RAIL Schwellenschraubeneindrehmaschine *f*; ~ **station** *n* *AmE* (*cf sleeper station BrE*) RAIL Trennstelle *f*; ~ **wire** *n* ELEC ENG Bindedraht *m*

tie[2] *vt* CONST befestigen, verbinden; ~ **up** *vt* WATER TRANS zusammenbändeln

TIG: ~ **welding** *n (tungsten inert-gas welding)* MECHANICS Wolframinertschweißen *nt*

tight[1] *adj* OPT kompakt, PROD ENG satt

tight:[2] ~ **buffer** *n* OPT Kompaktader *f*; ~ **buffering** *n* OPT Kabelkompaktierung *f*; ~ **construction cable** *n* OPT Kompaktkabel *nt*; ~ **corner** *n* CONST geschlossene Ecke *f*; ~ **coupling** *n* ELEC ENG enge Kopplung *f*, feste Kopplung *f*, PHYS enge Kopplung *f*; ~ **end** *n* TEXT Spannkette *f*; ~ **gravel** *n* CONST dichtgelagerter Kies *m*; ~ **hole** *n* PET TECH dichtes Bohrloch *nt*, undurchlässiges Bohrloch *nt*; ~**-jacketed cable** *n* OPT kompaktes Mantelkabel *nt*, TELECOM Festaderkabel *nt*; ~ **pick** *n* TEXT Spannfaden *m*; ~ **sheathing** *n* CONST Spundschalung *f*; ~ **spooling** *n* PHOTO festes Aufspulen *nt*

tighten[1] *vt* CONST spannen, MECHAN ENG anziehen, festziehen

tighten:[2] ~ **a belt** *vi* MECHAN ENG einen Riemen spannen; ~ **a screw** *vi* MECHAN ENG Schraube anziehen

tightened: ~ **inspection** *n* NUC TECH verschärfte Inspektion *f*, QUAL erschwerte Prüfung *f*, verschärfte Prüfung *f*

tightener *n* MECHAN ENG Spannrolle *f*, *of belt, chain* Spanner *m*, PAPER Spannwalze *f*

tightening *n* MECHAN ENG Anziehen *nt*, Festziehen *nt*, Anzug *m*, RAIL Anziehen *nt*; ~ **cord** *n* MECHAN ENG Spannseil *nt*; ~ **nut** *n* MECHAN ENG Anzugmutter *f*; ~ **pulley** *n* MECHAN ENG Spannrolle *f*; ~ **screw** *n* MECHAN ENG Spannschraube *f*; ~ **torque** *n* MECHAN ENG Anziehdrehmoment *nt*; ~ **wedge** *n* MECHAN ENG Nachstellkeil *m*

tightness *n* MECHAN ENG *of joint*, SAFETY Dichtigkeit *f*

tiglic *adj* CHEMISTRY Tiglin- *pref*

til: ~**-top container** *n* TRANS Oben-Top Container *m*

tile[1] *n* CER & GLAS Ziegel *m*, CONST *roof* Bodenplatte *f*, Dachziegel *m*, Fliese *f*, Kachel *f*, SPACE Hitzekachel *f*; ~ **burner** *n* CER & GLAS Ziegelbrenner *m*; ~ **cramp** *n* CER & GLAS Ziegelklammer *f*; ~ **factory** *n* CER & GLAS Ziegelfabrik *f*; ~ **floor** *n* CONST Fliesenfußboden *m*; ~ **flooring** *n* CONST Fliesenfußboden *m*; ~ **maker** *n* CER & GLAS Ziegelhersteller *m*; ~ **press** *n* CER & GLAS Ziegelpresse *f*

tile[2] *vt* CONST belegen, fliesen, kacheln, *roof* decken

tiled: ~ **window** *n* COMP & DP gerahmtes Fenster *nt*, unterlegtes Fenster *nt*, nebeneinander geordnetes Fenster *nt*

tiling *n* CER & GLAS Fliesenboden *m*

till *n* COAL TECH Blocklehm *m*, Geschiebelehm *m*

tiller *n* PROD ENG Gleitstange *f*, WATER TRANS *shipbuilding* Ruderpinne *f*; ~ **rope** *n* WATER TRANS *shipbuilding* Ruderleine *f*

tilt[1] *n* PROD ENG Neigung *f*, TELEV Kippen *nt*; ~ **bucket elevator** *n* TRANS Pendelbecherwerk *nt*; ~ **container** *n* TRANS Planencontainer *m*; ~ **hammer** *n* PROD ENG Hebelhammer *m*; ~ **head** *n* PHOTO Kameraneiger *m*; ~ **mixer** *n* TELEV Kippmischer *m*; ~ **table** *n* CER & GLAS Wipptisch *m*; ~**-type semitrailer** *n* TRANS Sattelauflieger mit Plane *m*; ~ **wing plane** *n* AIR TRANS Kippflügelflugzeug *nt*

tilt[2] *vt* CONST kippen, schrägstellen

tilt[3] *vi* CONST umkippen

tiltable: ~ **tower** *n* FUELLESS kippbarer Turm *m*

tiltainer *n* TRANS Planencontainer *m*

tiltdozer *n* AUTO Planierraupe mit hebbarem Schild *f*

tilted: ~ **turret** *n* PROD ENG Schrägrevolverkopf *m*

tilting[1] *adj* AUTO, CONST Kipp- *pref*

tilting[2] *n* PROD ENG Kippen *nt*; ~ **baseboard** *n* PHOTO schwenkbares Grundbrett *nt*; ~ **basket** *n* NUC TECH *fuel assembly* Kippbehälter *m*; ~ **body** *n* AUTO Kipperaufbau *m*, PROD ENG schrägstellbare Stößelführung *f*; ~ **body coach** *n* RAIL Reisezugwagen mit schwenkbarem Wagenkasten *m*; ~ **box** *n* PROD ENG Schwenkscheibe *f*; ~ **device** *n* NUC TECH Kippvorrichtung *f*; ~ **dozer** *n* TRANS Dozer mit neigbarem Schild *m*; ~ **gate** *n* FUELLESS Klappschütz *nt*; ~ **head** *n* PHOTO *enlarger* Neigekopf *m*; ~ **lever** *n* PROD ENG *plastic valves* Kipphebel *m*; ~ **mold** *n AmE*, *see tilting mould BrE*; ~ **moment** *n* MECHAN ENG Kippmoment *nt*; ~ **mould** *n BrE* CER & GLAS Kippform *f*; ~ **rotor helicopter** *n* AIR TRANS Schwenkrotorhubschrauber *m*; ~ **skip** *n* TRANS Kippkübel *m*; ~ **table** *n* MECHAN ENG, PROD ENG Kipptisch *m*; ~ **wagon** *n* TRANS Kipplore *f*; ~ **yoke** *n* PROD ENG Schwenkkörper *m*

timber[1] *n* COAL TECH *for mining* Grubenholz *nt*, Stollenholz *nt*, CONST Bauholz *nt*, Nutzholz *nt*, WATER TRANS *shipbuilding* Bespantung *f*, Schiffbauholz *nt*; ~ **bridge** *n* CONST Holzbrücke *f*; ~ **dog** *n* CONST Holzklammer *f*; ~ **frame** *n* CONST Holzrahmen *m*; ~ **framing** *n* CONST Holzfachwerk *nt*; ~ **hitch** *n* WATER TRANS *knots* Zimmermannsstek *m*; ~ **jack** *n* CONST Holzbock *m*; ~ **pillar** *n* CONST *framework* Ständer *m*; ~ **raft** *n* CONST Holzfloß *nt*; ~ **rafter** *n* CONST Holzsparren *m*; ~ **splitting wedge** *n* CONST Holzspaltkeil *m*; ~ **truss** *n* CONST Holzfachwerkträger *m*; ~ **wagon** *n* RAIL Langholzwagen *m*; ~ **yard** *n* CONST Bauhof *m*, Holzplatz *m*

timber[2] *vt* CONST abvieren, mit Holz verkleiden, verschalen

timbered[1] *adj* CONST eingeschalt

timbered:[2] ~ **shaft** *n* CONST abgesteifter Schacht *m*

timbering *n* COAL TECH Grubenzimmerung *f*, Schachtzimmerung *f*, CONST Holzverkleidung *f*, Verschalung *f*

timbre *n* ACOUSTICS Klangfarbe *f*, Timbre *nt*; ~ **of sound** *n* ACOUSTICS Klangfarbe *f*

time[1] *n* ACOUSTICS Gleichmaß *nt*, Takt *m*, Zeit *f*, COMP & DP, PHYS Zeit *f*; ~ **averaging** *n* INSTR Zeitbereichsfilterung *f*, Zeitmittelung *f*, zeitliche Mittelwertbildung *f*; ~ **base** *n* ELECTRON Zeitachse *f*, Zeitbasis *f*, PHYS Zeitbasis *f*, TELECOM X-Achse *f*, Zeitablenkschaltung *f*, Zeitbasis *f*, TELEV Zeittakt *m*; ~ **base circuit** *n* PHYS Zeitablenkschaltung *f*; ~ **base corrector** *n* TELEV Zeitkorrekturschaltung *f*; ~ **base error** *n* TELEV Zeitfehler *m*; ~ **base error correction** *n* TELEV Zeitfehlerkorrektur *f*; ~ **base frequency** *n* ELECT *cathode ray oscilloscope* Zeitablenkungsfrequenz *f*; ~ **base generator** *n* TELEV Zeittaktgenerator *m*; ~ **base generator** *n* ELECTRON Zeitablenkgenerator *m*; ~ **base signal** *n* INSTR Zeitablenksignal *nt*; ~ **characteristic** *n* TELECOM Zeitverhalten *nt*; ~ **charter** *n* PET TECH, WATER TRANS *sea trade* Zeitcharter *f*; ~ **code** *n* RECORD, TELEV Zeitcode *m*; ~ **code editing** *n* TELEV Zeitedieren *nt*; ~ **code generator** *n* TELEV Zeittaktgeber *m*; ~ **coherence** *n* OPT zeitliche Kohärenz *f*, TELECOM Zeitkohärenz *f*; ~ **compression** *n* TELECOM Zeitkompression *f*; ~**-consistent busy hour** *n* TELECOM zeitlich festgelegte Hauptverkehrsstunde *f*; ~ **constant** *n* ELECT, PHYS Zeitkonstante *f*; ~ **control** *n* CONTROL Zeitsteuerung *f*; ~ **coordinate** *n* PHYS Zeitkoordinate *f*; ~ **correlation** *n* TELECOM Zeitkorrelation *f*; ~ **correlation analysis** *n* NUC TECH *reactor noise* zeitliche Korrelationsanalyse *f*; ~ **delay** *n* ELECTRON *of signal* Laufzeit *f*, *of switch* Schaltverzögerung *f*, TELECOM Laufzeit *f*, Schaltverzögerung *f*; ~ **delay circuit** *n* ELECTRON Laufzeitschaltung *f*, Verzögerungsschaltung *f*; ~ **delay distortion** *n* ELECTRON Laufzeitverzerrung *f*; ~ **delay generation** *n* ELECTRON Laufzeiterzeugung *f*; ~ **delay relay** *n* ELEC ENG Zeitverzögerungsrelais *nt*, ELECT Verzögerungsrelais *nt*; ~ **delay starter** *n* ELECT Anlasser mit Verzögerung *m*; ~ **derivative** *n* PHYS Zeitableitung *f*; ~ **dilation** *n* PHYS Zeitdehnung *f*; ~ **diversity reception** *n* TELECOM Zeit-Diversity-Empfang *m*; ~ **division** *n* ELECTRON Zeitteilung *f*; ~ **division demultiplexing** *n* ELECTRON Zeit-Demultiplextechnik *f*; ~ **division exchange** *n* TELECOM Vermittlungszentrale mit Zeitteilung *f*; ~ **division multiple access** *n* *(TDMA)* COMP & DV, ELECTRON, SPACE *communications*, TELECOM Mehrfachzugriff im Zeitmultiplex *m* *(TDMA)*; ~ **division multiplex** *n* *(TDM)* COMP & DP, ELECTRON, PHYS, SPACE, TELECOM Zeitstaffelmultiplexing *nt*, Zeitmultiplexverfahren *nt* *(TDM)*; ~ **division multiplexed signal** *n* ELECTRON Zeitmultiplexsignal *nt*; ~ **division multiplexer** *n* ELECTRON Zeitmultiplexer *m*; ~ **division network** *n* TELECOM Zeitmultiplexnetz *nt*; ~ **division switching** *n* COMP & DP Zeitmultiplexdurchschaltung *f*, TELECOM Zeitmultiplexvermittlung *f*; ~ **division switching system** *n* TELECOM Zeitmultiplexvermittlungssystem *nt*; ~ **division system** *n* TELECOM Zeitvielfachsystem *nt*; ~ **domain** *n* ELECTRON Zeitbereich *m*; ~ **domain reflectometer** *n* INSTR Zeitbereichs-Reflektometer *nt*; ~ **domain signal processing** *n* ELECTRON Signalverarbeitung in der Zeitebene *f*; ~ **drift** *n* ELECTRON Zeitdrift *f*; ~ **of event** *n* PHYS Ereigniszeit *f*; ~ **exposure** *n* PHOTO Zeitaufnahme *f*; ~ **headway** *n* TRANS *traffic control* Fahrzeugfolgezeit *f*; ~ **indicator** *n* RAIL Zeitdrucker *m*; ~ **interval** *n* ELECTRON Zeitintervall *m*; ~ **interval measuring instrument** *n* INSTR Kurzzeitmeßgerät *nt*, Zeitintervallmeßgerät *nt*, Zeitmeßgerät *nt*; ~ **interval recorder** *n* INSTR Kurzzeitregistriergerät *nt*; ~-**invariant signal** *n* ELECTRON zeitinvariantes Signal *nt*; ~ **jitter** *n* ELECTRON zeitliches Zittern *nt*; ~ **lag** *n* CONTROL Zeitverzögerung *f*, ELECTRON Verzögerungszeit *f*, Zeitverzögerung *f*; ~ **lag relay** *n* ELECT Verzögerungsrelais *nt*; ~ **lapse survey** *n* TRANS *traffic control* Zeitrafferübersicht *f*; ~ **limit** *n* PAT Frist *f*; ~-**locking relay** *n* ELECT Relais mit Zeitverriegelung *nt*; ~ **marker** *n* ELECTRON Zeitmarkengeber *m*; ~ **marker pulse** *n* INSTR Zeitmarkenimpuls *m*; ~ **mark generator** *n* INSTR Zeitmarkengeber *m*, Zeitmarkengenerator *m*; ~ **meter** *n* INSTR Betriebsstundenzähler *m*; ~ **modulation** *n* ELECTRON Zeitmodulation *f*; ~ **multiplex** *n* TELEV Zeitmultiplex *m*; ~ **multiplexing** *n* TELECOM Zeitmultiplexverfahren *nt*; ~-**of-flight data analysis** *n* RAD PHYS *experiments* Flugzeitdatenanalyse *f*; ~-**of-flight method** *n* RAD PHYS Flugzeitmethode *f*; ~-**of-flight velocity selector** *n* NUC TECH Geschwindigkeitswähler nach Flugzeitmessung *m*; ~-**out** *n* COMP & DP Zeitauslösung *f*, Zeitsperre *f*, Zeitlimit *nt*, TELECOM Zeitüberwachung *f*; ~-**out supervision** *n* TELECOM Kontrolle der Zeitüberwachung *f*; ~ **per cut** *n* PROD ENG Maschinenzeit *f*; ~ **period** *n* ELECTRON Zeitdauer *f*; ~ **periodic field** *n* ELEC ENG zeitperiodisches Feld *nt*; ~ **recorder** *n* INSTR Ereignisschreiber *m*, Zeitschreiber *m*; ~-**resolved radiography** *n* NUC TECH zeitlich aufgelöste Radiographie *f*; ~-**resolved spectrum** *n* RAD PHYS zeitaufgelöstes Spektrum *nt*; ~ **scaling** *n* INSTR Zeitdehnung *f*, Zeitraffung *f*; ~ **schedule controller** *n* CONTROL Zeitablaufsteuereinrichtung *f*; ~ **series** *n* COMP & DP Zeitfolge *f*; ~ **series analysis** *n* ELECTRON *statistics* Zeitreihenanalyse *f*; ~-**shared control** *n* IND PROCESS Zeitmultiplexabtastregelung *f*; ~-**sharing** *n* COMP & DP Timesharing *nt*; ~ **shift** *n* ELECTRON Zeitverschiebung *f*; ~ **signal** *n* ELECTRON Zeitzeichen *nt*, WATER TRANS Zeitsignal *nt*, Zeitzeichen *nt*; ~ **slice** *n* COMP & DP, ELECTRON Zeitscheibe *f*; ~ **slicing** *n* COMP & DP Zeitschachtelung *f*, Zeitscheibenverfahren *nt*, ELECTRON *time sharing operation*, TELECOM Teilnehmerbetrieb *m*; ~ **slot** *n* ELECTRON Zeitschlitz *m*, SPACE Zeitfenster *nt*, TELECOM Zeitintervall *m*, Zeitschlitz *m*, Zeitkanal *m*, Zeitlage *f*, Zeitschlitz *m*, TELEV Zeitbereich *m*; ~ **slot interchanger** *n* TELECOM Zeitlagenwechsler *m*; ~ **slot pattern** *n* NUC TECH Zeitraster *m*; ~-**space diagram** *n* TRANS Zeit-Raum-Diagramm *nt*; ~-**space-time network** *n* TELECOM Zeit-Raum-Zeit-Koppelnetz *nt*; ~ **stage** *n* TELECOM Zeitstufe *f*; ~ **switch** *n* ELEC ENG, ELECT Zeitschalter *m*, INSTR Schaltuhr *f*, Zeitschalter *m*, Zählerschaltuhr *f*, TELECOM *electric device* Zeitschalter *m*, *timer* Schaltuhr *f*, Vermittlungsstelle mit Zeitteilung *f*; ~ **switching** *n* TELECOM zeitgeteilte Vermittlung *f*; ~ **synthesis** *n* ELECTRON Zeitsynthese *f*; ~ **synthesizer** *n* ELECTRON Zeitsynthesizer *m*; ~ **to fracture curve** *n* PLAS Zeitbruchkurve *f*, Zeitstandsfestigkeitslinie *f*; ~ **to rupture** *n* METALL Bruchzeit *f*; ~ **trend** *n* POLL Zeittrend *m*; ~-**varying filter** *n* ELECTRON zeitabhängiges Filter *nt*; ~-**varying signal** *n* ELECTRON zeitabhängiges Signal *nt*; ~ **zone** *n* WATER TRANS Zeitzone *f*

time:[2] ~-**tag** *vt* TELECOM mit Zeitmarkierung versehen

time/light: ~-**output curve** *n* PHOTO *flash* Zeit-Licht-Leistungskurve *f*

timer *n* COMP & DP Zeitnehmer *m*, CONTROL Taktgeber *m*, LAB EQUIP Zeitmesser *m*, Zeituhr *f*, PHOTO Schaltuhr *f*, PHYS Zeitgeber *m*, TELECOM Taktgeber *m*, Zeitgeber *m*; ~-**controlled magnet valve** *n* CONTROL zeitgesteuertes Magnetventil *nt*

timescale *n* INSTR Zeitmaßstab *m*, Zeitskale *f*

timetable *n* *BrE (cf schedule AmE)* RAIL Fahrplan *m*, Kursbuch *nt*, Zugfahrplan *m*; ~ **compilation** *n* RAIL Fahrplankonstruktion *f*

timing *n* AUTO Zeitsteuerung *f*, Zündverstellung *f*, COMP & DP Zeitberechnung *f*, Zeitmessung *f*, CONTROL Takt *m*, Timing *nt*, Zeitsetzung *f*, Zeitsteuerung *f*, ELECTRON Taktgebung *f*, *control* Zeitregelung *f*, *telephone* Zeitzählung *f*; ~ **adjustment** *n* AUTO Zeitsteuerungseinstellung *f*; ~ **analysis** *n* COMP & DP Zeitdiagrammessung *f*; ~ **angle** *n* AUTO *ignition* Zündstellwinkel *m*; ~ **belt** *n* AUTO *camshaft drive*, MECHAN ENG Synchronriemen *m*, MECHANICS Steuerriemen *m*; ~ **chain** *n* AUTO Steuerkette *f*; ~ **cycle** *n* COMP & DP, CONTROL, ELECTRON Taktzyklus *m*, INSTR Taktzyklus *m*, Zeitzyklus *m*; ~ **diagram** *n* AUTO Zeitablaufdiagramm *nt*, COMP & DP Steuerungsdiagramm *nt*, Taktdiagramm *nt*; ~ **drum** *n* CER & GLAS Steuertrommel *f*; ~ **equipment** *n* COMP & DP Zeitgeber *m*; ~ **gear** *n* AUTO Motorsteuerung *f*, Ventiltriebsritzel *nt*; ~ **gear cover** *n* AUTO Steuergehäusedeckel *m*; ~ **gear housing** *n* AUTO Nockenwellenantriebsgehäuse *nt*, Steuergehäuse *nt*; ~ **generator** *n* COMP & DP Synchronisiereinheit *f*, ELECTRON Taktgeber *m*, Zeitgeber *m*; ~ **of ignition** *n* AUTO Zündzeitpunkteinstellung *f*; ~ **mark** *n* AUTO Zündeinstellmarke *f*, Zündzeitpunktmarke *f*; ~ **pulse** *n* ELECTRON Taktimpuls *m*, TELEV Zeitimpuls *m*;

~ **signal** *n* ELECTRON Taktsignal *nt*; ~ **tape** *n* RECORD Zeitregulierband *nt*; ~ **track** *n* RECORD Taktspur *f*
timken: ~ **bearing** *n AmE* MECHAN ENG Kegelrollenlager *nt*
tin[1] *n* CHEMISTRY *(Sn)* Zinn *nt (Sn)*, PACK *BrE (cf can AmE)* Büchse *f*, Dose *f*, WASTE *BrE (cf can AmE)* Konservenbüchse *f*; ~ **body** *n BrE (cf can body AmE)* PROD ENG Zarge *f*; ~ **closing machine** *n BrE (cf can closing machine AmE)* PACK Dosenverschließmaschine *f*; ~ **delabelling** *n BrE (cf can delabeling AmE)* PACK Dosenhüllenentfernung *f*; ~ **filling line** *n BrE (cf can filling line AmE)* PACK Dosenabfüllinie *f*; ~ **filling machine** *n BrE (cf can filling machine AmE)* PACK Dosenabfüllautomat *m*; ~**-lead solder** *n* MECHAN ENG Lötzinn *nt*; ~ **packing machine** *n BrE (cf can packing machine AmE)* PACK Dosenverpackungsmaschine *f*; ~ **plate** *n* METALL Weißblech *nt*; ~**-plated can** *n* WASTE Weißblechdose *f*; ~ **plate waste** *n* WASTE Weißblechabfall *m*; ~ **relabelling** *n BrE (cf can relabeling AmE)* PACK Dosenneuetikettierung *f*; ~ **sealing compound** *n BrE (cf can sealing compound AmE)* PACK Dosendichtungsmasse *f*; ~ **streak** *n* CER & GLAS Zinnstreifen *m*
tin[2] *vt* METALL, PROD ENG verzinnen
tine *n* CONST *of fork* Zacke *f*, Zinke *f*
tinfoil *n* METALL Zinnfolie *f*, PROD ENG Stanniol *nt*
tinfoiling: ~ **machine** *n* PACK Stanniolverpackungsmaschine *f*
tinman's: ~ **shear** *n* PROD ENG Blechschere *f*
tinned[1] *adj BrE (cf canned AmE)* CHEMISTRY eingedost, verzinnt, FOOD TECH in Büchsen, in Dosen konserviert, verzinnt
tinned:[2] ~ **conductor** *n* ELECT verzinnter Leiter *m*; ~ **food** *n BrE (cf canned food AmE)* PACK Konserven *f pl*; ~ **sheet iron** *n* METALL verzinntes Blech *nt*; ~ **wire** *n* ELEC ENG verzinnter Draht *m*
tinning *n* CER & GLAS, CONST Verzinnen *nt*, ELECT Verzinnung *f*, METALL Verzinnen *nt*
tinnitus *n* ACOUSTICS Ohrton *m*, Tinnitus *m*
tinsel: ~ **conductor** *n* ELECT *flexible cable* Drahtlitzenleiter *m*
tint[1] *n* CER & GLAS, PHOTO, PRINT Farbton *m*; ~ **plate** *n* CER & GLAS Rauchspiegelglas *nt*
tint[2] *vt* CONST *colour* abtönen, aufhellen
tintack *n* MECHAN ENG Tapeziernagel *m*
tinted: ~ **glass** *n* CER & GLAS Buntglas *nt*; ~**-laminated glass** *n* CER & GLAS gefärbtes Verbundglas *nt*
tinting *n* PLAS Abtönen *nt*, Abtönung *f*, Nuancierung *f*
tip[1] *n* COAL TECH Halde *f*, Kippe *f*, CONST Bodenkippe *f*, Brennermundstück *nt*, Brennerspitze *f*, Wagenkipper *m*, PROD ENG Bestückung *f*, Düse *f*, WASTE Standort der Deponie *m*; ~ **box car** *n* COAL TECH Kastenkipper *m*; ~ **chute** *n* PROD ENG Schurre *f*, Sturzrinne *f*; ~ **engagement** *n* TELEV Spitzenzuschaltung *f*; ~**-filling method** *n* WASTE Füllart der Deponie *f*; ~ **height** *n* TELEV Spitzenhöhe *f*; ~ **loss** *n* FUELLESS Spitzenverlust *m*; ~ **penetration** *n* TELEV Spitzendurchdringung *f*; ~ **projection** *n* TELEV Spitzenprojektion *f*; ~ **protrusion** *n* TELEV Spitzenherausragen *nt*; ~ **speed** *n* HEAT & REFRIG *fan* Lüfterumfangsgeschwindigkeit *f*; ~ **speed ratio** *n* FUELLESS Blattspitzen-Geschwindigkeitsverhältnis *nt*; ~ **of switch tongue** *n* RAIL Zungenspitze *f*; ~**-up car** *n* RAIL kippfähiger Wagen *m*; ~**-up seat** *n* AUTO Klappsitz *m*; ~**-up wagon** *n* RAIL kippfähiger Wagen *m*; ~ **wire** *n* TELECOM Ader zur Stöpselspitze *f*
tip[2] *vt* CONST kanten, kippen, zuspitzen, PROD ENG bestücken, WASTE ablagern; ~ **in** *vt* PRINT einkleben
tip[3] *vi* CONST abkippen, ausschütten, umkippen; ~ **up** *vi* CONST umkippen
tipped: ~**-in** *adj* PRINT eingeklebt
tipper *n* AUTO Kippwagen *m*, COAL TECH Kipper *m*, Wipper *m*, CONST Kippfahrzeug *nt*, Kipper *m*; ~ **truck** *n* WASTE Abfuhrwagen *m*, Kipper *m*
tipping *n* CONST Kippen *nt*, Umkippen *nt*; ~ **bucket** *n* CONST Kippkübel *m*; ~ **bucket conveyor** *n* TRANS Kippbecherwerk *nt*; ~ **with compaction** *n* WASTE Verdichtungsdeponie *f*; ~ **device** *n* CONST Kippvorrichtung *f*; ~ **platform** *n* TRANS Kippbühne *f*; ~ **site** *n* WASTE Deponiegelände *nt*
tire *n AmE see tyre BrE*
T-iron *n* METALL T-Eisen *nt*
tissue: ~ **machine** *n* PAPER Tissuepapiermaschine *f*; ~ **paper** *n* PACK Seidenpapier *nt*, Tissue *nt*, PAPER Tissuepapier *nt*
tit *n* CER & GLAS kleine Vorwölbung auf Glas *f*
titanate *n* CHEMISTRY Titanat *nt*
titanic *adj* CHEMISTRY Titanium- *pref*
titanium *n (Ti)* CHEMISTRY Titan *nt (Ti)*; ~ **alloy** *n* COATINGS, SPACE Titanlegierung *f*; ~ **dioxide** *n* CHEMISTRY Titanoxid *nt*, Titansäureanhydrid *nt*, Titandioxid *nt*, PLAS *pigment* Titandioxid *nt*; ~ **dioxide waste** *n* WASTE Titandioxidabfall *m*; ~ **forging** *n* SPACE Schmiedestück aus Titan *nt*, Titanschmieden *nt*
titanyl *n* CHEMISTRY Titanyl *nt*
title *n* PRINT Titel *m*, Überschrift *f*; ~ **block** *n* ENG DRAW Zeichnungsschriftfeld *nt*; ~ **of the invention** *n* PAT Bezeichnung der Erfindung *f*; ~ **keyer** *n* TELEV Titelschalter *m*; ~ **page** *n* PRINT Titelblatt *nt*
titling: ~ **font** *n* PRINT Titelschrift *f*
titrate *vt* CHEMISTRY, COAL TECH titrieren
titration *n* CHEMISTRY Titration *f*, Titrierung *f*, COAL TECH Titrierung *f*, COATINGS Titration *f*, portionsweise Zugabe *f*
titrimeter *n* CHEMISTRY Titrimeter *nt*
titre *n* CHEMISTRY Titer *m*
titrimetry *n* INSTR Maßanalyse *f*, Titrimetrie *f*
T-joint *n* CONST *plumbing* T-Muffe *f*, T-Stoß *m*, ELECT T-Spleiß *nt*, T-Verbindung *f*, MECHAN ENG T-Verbindung *f*
T-junction *n* CONST T-Abzweig *m*
Tl *(thallium)* CHEMISTRY Tl *(Thallium)*
TL *abbr (transmission loss)* ACOUSTICS Dämmzahl *f*, Dämmungswert *m*, COMP & DP Übertragungsdämpfung *f*, OPT, SPACE Übertragungsverlust *m*, TELECOM Übertragungsdämpfung *f*, Übertragungsverlust *m*
TLV[1] *abbr (threshold limit value)* NUC TECH MAK *m (maximale Arbeitsplatzkonzentration)*, POLL HZK *(höchstzulässige Konzentration)*
TLV:[2] ~ **in the free environment** *n* POLL HZK in Umwelt *f*; ~ **in the workplace** *n* POLL HZK am Arbeitsplatz *f*
Tm *(thulium)* CHEMISTRY Tm *(Thulium)*
TM[1] *abbr* ELEC ENG *(transverse magnetic)* TM *(transversal magnetisch)*, PAT *(trademark)* Wz *(Warenzeichen)* TELECOM *(transverse magnetic)* TM *(transversal magnetisch)*
TM:[2] ~ **mode** *n* ELEC ENG, OPT, TELECOM E-Modus *m*, TM-Modus *m*; ~ **wave** *n* ELEC ENG, PHYS, TELECOM E-Welle *f*, TM-Welle *f*
TMUX *abbr (transmultiplexer)* TELECOM TMUX *(Transmultiplexer)*
T-network *n* ELEC ENG T Netz *nt*, PHYS T-Schaltung *f*, TELECOM T-Glied *nt*

TNT *abbr (trinitrotoluene)* CHEMISTRY TNT *(Trinitrotoluol)*

TOCC *abbr (Technical and Operational Control Center AmE)* SPACE *communications* TBKZ *(Technisches- und Betriebskontrollzentrum)*

tocopherol *n* FOOD TECH Tocopherol *nt*

toe *n* CONST Knagge *f*, RECORD Spur *f*; **~ bearing** *n* MECHAN ENG Spitzenlagerung *f*; **~ dog** *n* PROD ENG Spannfinger *m*; **~-in** *n* AUTO *front wheels* Vorspur *f*; **~-in angle** *n* AIR TRANS *landing gear* Achssturzwinkel *m*; **~-out** *n* AUTO *front wheels* Nachspur *f*, negative Vorspur *f*; **~ recording** *n* RECORD Spuraufzeichnung *f*; **~ region of characteristic curve** *n* PHOTO Durchhang einer Schwärzungskurve *m*; **~ wall** *n* CONST Büschungsmauer *f*

toeboard *n* CONST *scaffolds* Fußbrett *nt*, Laufbrett *nt*

TOFC *abbr (trailers on flat cars)* TRANS Huckepackverkehr *m*

toggle[1] *n* CER & GLAS Kniehebel *m*, COAL TECH Knebel *m*, COMP & DP Flip-Flop *m*, Umschalter *m*, Umschaltung *f*, MECHAN ENG, PLAS Kniehebel *m*, WATER TRANS Knebel *m*; **~ joint** *n* MECHAN ENG Kniehebel *m*; **~ press** *n* CER & GLAS, MECHAN ENG Kniehebelpresse *f*; **~ switch** *n* CONTROL, ELEC ENG Kippschalter *m*, ELECT Hebelschalter *m*

toggle[2] *vt* COMP & DP hin- und herschalten, umschalten

tokamak *n* PHYS Tokamak *m*

token *n* COMP & DP Kennzeichen *nt*, Platzhalterzeichen *nt*, Token *nt*; **~ bus** *n* COMP & DP Token-Bus *m*; **~-passing ring network** *n* COMP & DP Token-Ring-Netz *nt*; **~ ring** *n* COMP & DP Token-Ring *m*; **~ ring network** *n* COMP & DP Token-Ring-Netz *nt*

tolerable: **~ gap between vehicles** *n* TRANS *traffic control* zulässige Fahrzeugfolgezeit *f*

tolerance:[1] **out of ~** *adj* MECHAN ENG nicht maßhaltig

tolerance[2] *n* ACOUSTICS Toleranz *f*, COATINGS Toleranz *f*, zulässige Abweichung *f*, MECHAN ENG Toleranz *f*, zulässiges Abmaß *nt*, MECHANICS, METROL, QUAL Toleranz *f*, TEXT Abmaß *nt*; **~ class** *n* MECHAN ENG Toleranzklasse *f*; **~ on the diameter** *n* MECHAN ENG Durchmessertoleranz *f*; **~ of fit** *n* MECHAN ENG Paßtoleranz *f*; **~ in size** *n* PROD ENG Maßtoleranz *f*; **~ limit** *n* MECHAN ENG Toleranzgrenze *f*, QUAL Grenzwert *m*, Toleranzgrenze *f*; **~ of position** *n* MECHAN ENG Lagetoleranz *f*; **~ zone** *n* QUAL Toleranzbereich *m*

toleranced: **~ dimension** *n* ENG DRAW toleriertes Maß *nt*

toll: **~ bridge** *n* CONST Mautbrücke *f*; **~ call** *n AmE (cf trunk call BrE)* TELECOM Ferngespräch *nt*; **~ exchange** *n AmE (cf trunk exchange BrE)* TELECOM, Fernamt *nt*, Fernvermittlung *f*, Fernvermittlungsstelle *f* FVSt; **~-free call** *n AmE (cf Freephone call BrE)* TELECOM gebührenfreier Anruf *m*; **~-free number** *n AmE (cf Freefone number BrE)* TELECOM gebührenfreie Rufnummer *f*; **~ payment** *n* TRANS Mautentrichtung *f*; **~ road** *n (cf turnpike AmE)* TRANS Mautstraße *f*, gebührenpflichtige Autobahn *f*; **~ switch** *n* TELECOM Fernamt *nt*

toluene *n* CHEMISTRY Methylbenzol *nt*, Toluol *nt*, PET TECH Toluol *nt*; **~ diisocyanate** *n (TDI)* PLAS Toluendiisocyanat *nt*, Toluoldiisocyanat *nt (TDI)*

toluic *adj* CHEMISTRY Toluyl- *pref*

toluidine *n* CHEMISTRY Aminotoluol *nt*, Toluidin *nt*

toluol *n* CHEMISTRY Handelstoluol *nt*, Rohtoluol *nt*

toluonitrile *n* CHEMISTRY Cyantoluol *nt*, Toluonitril *nt*

toluquinoline *n* CHEMISTRY Toluchinolin *nt*

toluylene *n* CHEMISTRY Stilben *nt*, Toluyliden *nt*

tolyl *adj* CHEMISTRY Methylphenyl- *pref*, Tolyl- *pref*

tombac *n* METALL Rotmessing *nt*

tommy: **~ screw** *n* MECHAN ENG Knebelschraube *f*

tomography *n* MECHAN ENG Tomographie *f*, NUC TECH Schichtbildaufnahme *f*, Tomographie *f*

ton *n* METROL *measurement* Tonne *f*; **~ of displacement** *n* WATER TRANS Verdrängungstonne *f*

tonal: **~ gradation** *n* PHOTO Tonabstufung *f*; **~ note** *n* ACOUSTICS tonaler Klang *m*; **~ value** *n* PHOTO Tonwert *m*

tonality *n* RECORD Tonalität *f*

tone *n* ACOUSTICS Klang *m*, Laut *m*, Ton *m*, PHOTO, PRINT Ton *m*, RECORD Klang *m*, TELECOM Ton *m*; **~ arm** *n* RECORD Tonabnehmerarm *m*; **~ band frequency record** *n* RECORD Tonband-Frequenzschallplatte *f*; **~ burst** *n* ACOUSTICS Tonimpuls *m*; **~ control** *n* RECORD Klangfarbenregler *m*; **~ disabler** *n* SPACE Tonabschaltung *f*; **~ generator** *n* RECORD, TELECOM Tongenerator *m*; **~ pager** *n* TELECOM akustischer Anrufmelder *m*; **~ reproduction** *n* RECORD Tonwiedergabe *f*; **~ signal** *n* ELECTRON Tonsignal *nt*; **~ signaling** *n AmE*, **~ signalling** *n BrE* ELECTRON Tonsignalisierung *f*

toner *n* ENG DRAW, PRINT Toner *m*

tong: **~ line** *n* PET TECH Zangenseil *nt*; **~ marks** *n pl* CER & GLAS Zangenmarkierungen *f pl*; **~ test instrument** *n* ELECT Stromzangeninstrument *nt*

tongs *n pl* MECHAN ENG Beißzange *f*, Drahtzange *f*, Zange *f*

tongue[1] *n* CER & GLAS Zunge der Glasmacherpfeife *f*, CONST Feder *f*, Lasche *f*, Zugdeichsel *f*, Zunge *f*, MECHAN ENG *of scale* Zunge *f*, PROD ENG Dorn *m*, Leiste *f*; **~-and-groove joint** *n* CONST Federverbindung *f*, Spundverbindung *f*; **~ plane** *n* CONST Spundhobel *m*

tongue[2] *vt* PROD ENG lappen, vernuten

tongued:[1] **~-and-grooved** *adj* CONST gespundet

tongued:[2] **~ flooring** *n* CONST gefederter Dielenfußboden *m*

tonguing: **~-and-grooving** *n* CONST Spundung *f*; **~-and-grooving machine** *n* CONST Spundmaschine *f*; **~ iron** *n* CONST Spundeisen *nt*; **~ plane** *n* CONST Spundhobel *m*

toning *n* PHOTO Tonung *f*; **~ solution** *n* PHOTO Tonlösung *f*

tonnage *n* METROL Tonnage *f*, Tonnagegebühr *f*, PROD ENG Druckkraft *f*, WATER TRANS *measurements* Tonnage *f*

tool *n* CER & GLAS *flat blade* Werkzeug *nt*, COMP & DP Hilfsprogramm *nt*, Tool *nt*, Werkzeug *nt*, MECHAN ENG Meißel *m*, Werkzeug *nt*, MECHANICS, PROD ENG Werkzeug *nt*; **~ angle** *n* MECHAN ENG *cutting tool*, PROD ENG Werkzeugwinkel *m*; **~ angle convention** *n* PROD ENG Festlegung der Werkzeugwinkel *f*; **~ approach angle** *n* PROD ENG Werkzeug-Einstellergänzungswinkel *m*; **~ back clearance** *n* PROD ENG Werkzeugrückfreiwinkel *m*; **~ back plane** *n* PROD ENG Werkzeugrückebene *f*; **~ back rake** *n* PROD ENG Werkzeugrückspanwinkel *m*; **~ back wedge angle** *n* PROD ENG Werkzeugrückkeilwinkel *m*; **~ base clearance** *n* PROD ENG Werkzeugbasisfreiwinkel *m*; **~ bit** *n* MECHAN ENG Werkzeugeinsatz *m*, PROD ENG Drehzahn *m*; **~ bore** *n* PROD ENG Werkzeugbohrung *f*; **~ box** *n* MECHAN ENG Werkzeugkasten *m*, *shaper, planing machine* Werkzeugträger *m*; **~ carriage** *n* MECHAN ENG *machine tool* Werkzeugschlitten *m*; **~ carrier** *n* MECHAN ENG Werkzeughalter *m*; **~ carrier slide** *n* MECHAN ENG Meißelhalterschlitten *m*; **~ changing system** *n* MECHAN ENG Werkzeugwechseleinrichtung *f*; ~ **chuck** *n* PROD ENG Werkzeugfutter *nt*; ~ **clearance** *n* PROD ENG Werkzeugfreiwinkel *m*; ~ **corner** *n* PROD ENG Schneidenecke *f*; ~ **crib** *n* PROD ENG Werkzeugausgabe *f*; ~ **cutting-edge angle** *n* PROD ENG Werkzeugeinstellwinkel *m*, Werkzeugneigungswinkel *m*; ~ **cutting-edge inclination** *n* PROD ENG Werkzeugneigungswinkel *m*; ~ **cutting-edge plane** *n* PROD ENG Werkzeugschneidenebene *f*; ~ **edge** *n* MECHAN ENG Werkzeugschneide *f*; ~ **edge normal plane** *n* PROD ENG Schneiden-Normalebene *f*; ~ **element** *n* PROD ENG Werkzeugbestimmungsgröße *f*, Werkzeugteil *nt*; ~ **engagement point-of-cutting action** *n* PROD ENG Schneideneingriff *m*; ~ **face** *n* PROD ENG Spanfläche *f*; ~ **face orthogonal plane** *n* PROD ENG Spanflächen-Orthogonalebene *f*; ~ **face tangential force** *n* PROD ENG Spanflächen-Tangentialkraft *f*; ~ **feed** *n* PROD ENG Meißelvorschub *m*; ~ **fitting dimension** *n* PROD ENG Einbaumaß *nt*; ~ **flank** *n* PROD ENG Freifläche *f*; ~ **flank chamfer** *n* PROD ENG Freiflächenfase *f*; ~ **flank orthogonal plane** *n* PROD ENG Freiflächen-Orthogonalebene *f*; ~ **flank orthogonal plane orientation angle** *n* PROD ENG Lagewinkel der Freiflächen-Orthogonalebene *m*; ~ **geometrical rake** *n* PROD ENG geometrischer Werkzeugspanwinkel *m*; ~ **geometry** *n* PROD ENG Werkzeuggeometrie *f*; ~ **grinder** *n* MECHAN ENG Werkzeugschleifmaschine *f*; ~ **grinding** *n* MECHAN ENG Werkzeugschleifen *nt*; ~ **head** *n* MECHAN ENG *shaping machine* Meißelhalter *m*; ~ **holder** *n* MECHAN ENG Werkzeughalter *m*; ~ **holder bit** *n* PROD ENG Drehling *m*, Einsteckmeißel *m*; ~ **holding fixture** *n* MECHAN ENG Werkzeugspannvorrichtung *f*; ~ **holding slide** *n* MECHAN ENG Werkzeugschlitten *m*; ~**-included angle** *n* PROD ENG Werkzeugeckenwinkel *m*; ~ **life** *n* MECHAN ENG Werkzeugstandzeit *f*; ~ **life testing** *n* MECHAN ENG Standzeitversuch *m*; ~ **post** *n* MECHAN ENG *lathe* Stahlhalter *m*, Werkzeughalter *m*; ~ **ram** *n* MECHAN ENG *slotting machine* Stößel *m*; ~ **rest** *n* MECHAN ENG Support *m*, Werkzeugauflage *f*; ~ **set** *n* MECHAN ENG Satz Werkzeuge *m*, Werkzeugsatz *m*; ~ **shank** *n* MECHAN ENG Meißelschaft *m*, Werkzeugschaft *m*; ~ **sharpener** *n* MECHAN ENG *machine* Werkzeugschleifmaschine *f*; ~ **sharpening** *n* MECHAN ENG Werkzeugschleifen *nt*; ~ **shed** *n* CONST Geräteschuppen *m*; ~ **slide** *n* MECHAN ENG Werkzeugschlitten *m*; ~ **steel** *n* METALL Werkzeugstahl *m*; ~ **tip** *n* PROD ENG Werkzeugschneide *f*

tooling *n* PROD ENG Aufspannen der Werkzeuge *nt*, Bestückung *f*, Werkzeugeinstellung *f*; ~ **allowance** *n* PROD ENG Bearbeitungszugabe *f*

toolkit *n* COMP & DP Toolkit *m*

toolmaker *n* MECHAN ENG Werkzeugmacher *m*

toolmaker's: ~ **lathe** *n* MECHAN ENG Werkzeugmacherdrehmaschine *f*; ~ **microscope** *n* METROL Werkstattmikroskop *nt*

toolpusher *n* PET TECH Bohrvormann *m*, Bohrarbeiter *m*

tooth *n* MECHAN ENG Zahn *m*; ~ **contact** *n* MECHAN ENG Zahneingriff *m*; ~ **crest** *n* MECHAN ENG Zahnkopf *m*; ~ **distance** *n* MECHAN ENG Zahnweite *f*; ~ **engagement** *n* MECHAN ENG Zahneingriff *m*; ~ **flank** *n* MECHAN ENG Zahnflanke *f*; ~ **form** *n* MECHAN ENG Zahnform *f*; ~ **gap** *n* MECHAN ENG Zahnlücke *f*; ~ **height** *n* MECHAN ENG Zahnhöhe *f*; ~ **interference** *n* PROD ENG Eingriffsstörung *f*; ~ **lock washer** *n* MECHAN ENG Zahnscheibe *f*; ~ **plane** *n* CONST Zahnhobel *m*; ~ **profile** *n* MECHAN ENG Zahnprofil *nt*; ~ **root** *n* MECHAN ENG Zahnfuß *m*; ~ **thickness** *n* MECHAN ENG Zahndicke *f*; ~**-type chain** *n* MECHAN ENG Zahnkette *f*

toothed[1] *adj* MECHAN ENG gezahnt

toothed:[2] ~ **drive belt** *n* MECHAN ENG gezahnter Treibriemen *m*; ~ **lock washer** *n* MECHAN ENG Zahnscheibe *f*; ~ **rack** *n* NUC TECH *control rod drive* Zahnstange *f*; ~ **ring armature** *n* ELECT *generator, motor* Zahnringanker *m*; ~ **segment** *n* MECHAN ENG Zahnsegment *nt*; ~ **V-belt** *n* MECHAN ENG Zahnkeilriemen *m*; ~ **wheel** *n* MECHAN ENG, PROD ENG Zahnrad *nt*

toothing *n* CONST *masonry* Verzahnung *f*, MECHAN ENG *gearwheel* Verzahnung *f*, *providing with teeth* Verzahnen *nt*; ~ **plane** *n* CONST Zahnhobel *m*; ~ **stone** *n* CONST *masonry* Zahnstein *m*

top:[1] ~**-down** *adj* COMP & DP Top-Down- *pref*; ~**-dyed** *adj* TEXT kammzuggefärbt

top[2] *n* PROD ENG Gicht *f*, Scheitel *m*, TEXT Kammzug *m*, Oberteil *nt*; ~ **assembly** *n* FUELLESS Aufsatzzusammenbau *m*; ~ **beam** *n* PROD ENG Traverse *f*; ~ **bearing** *n* PROD ENG Lagerdeckel *m*; ~ **blanket** *n* PRINT Deckbogen *m*; ~**-bottom diffusion** *n* ELECTRON *epitaxial impurities* Bodendiffusion *f*; ~ **and bottom stapling** *n* PACK obere und untere Heftung *f*; ~ **cap** *n* ELECTRON Kopfanschlußkappe *f*; ~ **cementing plug** *n* PET TECH Topzementierung *f*; ~ **chisel** *n* PROD ENG Schrotmeißel *m*; ~ **coat** *n* COATINGS Deckschicht *f*, CONST Deckanstrich *m*, PLAS *paint* Deckanstrich *m*, Schlußanstrich *m*; ~ **compression ring** *n* AUTO *piston* oberer Kompressionsring *m*, oberer Verdichtungsring *m*; ~ **course of tank blocks** *n* CER & GLAS Deckplatte der Wannensteine *f*; ~ **dead center** *n AmE*, ~ **dead centre** *n BrE (TDC)* AUTO *piston* oberer Totpunkt *m (OT)*; ~ **of descent** *n* AIR TRANS Beginn des Sinkflugs *m*, höchster Punkt vor Sinkflug *m*; ~ **die** *n* PROD ENG Obergesenk *nt*; ~**-down methodology** *n* COMP & DP Top-Down-Methode *f*, Top-Down-Verfahren *nt*; ~**-down programming** *n* COMP & DP Top-Down-Programmierung *f*; ~**-down strategy** *n* ART INT Top-Down-Strategie *f*; ~ **dyeing** *n* TEXT Kammzugfärben *nt*; ~ **fitting** *n* NUC TECH *fuel assembly* oberer Anschluß *m*; ~ **flame furnace** *n* CER & GLAS Oberflammofen *m*; ~ **flange** *n* CONST Obergurt *m*; ~ **floor** *n* CER & GLAS oberstes Stockwerk *nt*; ~ **fuller** *n* PROD ENG Kehlhammer *m*; ~ **layer** *n* TEXT Nutzschicht *f*; ~ **leaf** *n* AUTO Hauptblatt *nt*; ~ **man** *n* CER & GLAS Ofenbediener *m*; ~ **plate** *n* MECHAN ENG *punch* Kopfplatte *f*; ~ **plenum** *n* NUC TECH oberer Druckraum *m*; ~ **ply** *n* TEXT Oberlage *f*; ~ **pouring** *n* PROD ENG fallender Guß *m*; ~ **quark** *n* PHYS Quark mit Topeigenschaft *nt*; ~ **rail** *n* CONST *door frame* oberer Türriegel *m*, MECHAN ENG *machine tools* Querhaupt *nt*, Traverse *f*; ~ **rake** *n* PROD ENG *metal cutting* Spanfläche *f*, Spitzenspanwinkel *m*; ~ **rib** *n* AIR TRANS *fin stub* oberste Rippe *f*; ~ **roll** *n* MECHAN ENG *rolling mill*, PAPER Oberwalze *f*; ~ **rounding tool** *n* MECHAN ENG Rundgesenkoberteil *nt*; ~ **side** *n* PAPER Oberseite *f*; ~ **slide** *n* MECHAN ENG *machine tools* Oberschlitten *m*; ~ **slide rest** *n* MECHAN ENG *lathe* Obersupport *m*; ~ **soil** *n* COAL TECH Muttererde *f*; ~**-stabilized rapid transit system** *n* TRANS dachstabilisiertes Schnellverkehrssystem *nt*; ~ **station** *n* TRANS *cableway* Gipfelstation *f*; ~ **of stroke of piston** *n* MECHAN ENG oberes Hubende *nt*; ~ **swage** *n* MECHAN ENG Gesenkoberteil *nt*; ~ **tin** *n* CER & GLAS Einfallstellentropfen *nt*

top[3] *vt* CONST bedecken, *paint* überstreichen

TOP *abbr (technical and office protocol)* TELECOM TOP *(Bürokommunikationsprotokoll)*
topmark *n* WATER TRANS *navigation mark* Toppzeichen *nt*
topographical: ~ **representation** *n* ENG DRAW lagerichtige Darstellung *f*; ~ **survey** *n* CONST Vermessung *f*
topological: ~ **properties** *n pl* GEOM topologische Eigenschaften *f pl*
topology *n* COMP & DP, GEOM Topologie *f*
topotactical *adj* NUC TECH *crystals* topotaktisch
topping *n* FOOD TECH Überzug *m*; ~ **charge** *n* ELEC ENG Auffülladung *f*; ~ **lift** *n* WATER TRANS *rope* Hanger *m*, Toppnant *f*
topsides *n pl* WATER TRANS *shipbuilding* Überwasserteile *nt pl*
topsoil *n* COAL TECH, CONST Mutterboden *m*; ~ **stripping** *n* CONST Mutterbodenabtrag *m*
torbernite *n* NUC TECH Torbernit *m*
torch[1] *n* CONST *welding*, MECHAN ENG Brenner *m*, MECHANICS Brenner *m*, Fackel *f*, PROD ENG Brenner *m*; ~ **brazing** *n* CONST Brennerlöten *nt*, Gaslöten *nt*, PROD ENG Flammenlötung *f*; ~ **flame** *n* PROD ENG Brennerflamme *f*; ~ **for MIG-MAG welding** *n* CONST MIG-MAG-Schweißbrenner *m*; ~ **for plasma welding** *n* CONST Plasmaschweißbrenner *m*; ~ **for TIG welding** *n* CONST TIG-Schweißbrenner *m*; ~ **head** *n* PROD ENG Brennereinsatz *m*; ~ **hose** *n* PROD ENG Brennerschlauch *m*
torch[2] *vt* CONST verputzen; ~**-cut** *vt* PROD ENG brennschneiden; ~**-deseam** *vt* PROD ENG brennputzen; ~**-gouge** *vt* PROD ENG fugenhobeln, sauerstoffhobeln
toroid *n* ELECT Ringkern *m*, Torus *m*, NUC TECH Toroid *nt*
toroidal[1] *adj* PROD ENG ringförmig
toroidal:[2] ~ **antenna** *n* TELECOM Torusantenne *f*; ~ **coil** *n* ELECT Ringkernspule *f*, NUC TECH Ringspule *f*; ~ **core** *n* ELEC ENG, NUC TECH *coil* Ringkern *m*; ~ **electron gun** *n* TELEV Ringkanone *f*; ~ **pinch effect** *n* NUC TECH Ringquetschung *f*; ~ **ring** *n* PROD ENG Dichtungsring *m*; ~ **sealing ring** *n* MECHAN ENG Rundschnurring *m*; ~ **transformer** *n* ELEC ENG Ringtransformator *m*
torpedo *n* PLAS Torpedo *m*, RAIL Alarmpatrone *f*, Knallsignal *nt*, WATER TRANS *navy* Torpedo *m*; ~ **boat** *n* WATER TRANS *navy* Torpedoboot *nt*
torque *n (T)* AUTO *engine*, ELEC ENG, ELECT, MECHAN ENG, MECHANICS, PET TECH, PROD ENG Drehmoment *nt (T)*; ~ **arm** *n* AUTO Dreharm *m*, Torsionsstrebe *f*, *wheel suspension* Schubstrebe *f*; ~ **ball** *n* AUTO Schubkugel *f*; ~ **converter** *n* AUTO *transmission*, MECHAN ENG Drehmomentwandler *m*; ~ **converter housing** *n* AUTO Drehmomentwandlergehäuse *nt*; ~ **indicator** *n* INSTR Drehmomentanzeiger *m*; ~ **link** *n* AIR TRANS *landing gear* Drehmomentenstückegabel *f*; ~ **motor** *n* ELECT Schaltmotor *m*; ~ **rectifier** *n* AUTO *transmission* Momentgleichrichter *m*; ~ **spanner** *n BrE (cf torque wrench)* NUC TECH Drehmomentschlüssel *m*; ~ **stabilizer** *n* AUTO Drehstabstabilisator *m*; ~ **tube** *n* AUTO Verdrehrohr *nt*; ~ **tube drive** *n* AUTO *transmission* Schubrohrantrieb *m*; ~ **wrench** *n (cf torque spanner BrE)* AUTO *tool*, MECHAN ENG Drehmomentschlüssel *m*
torquemeter *n* MECHAN ENG Drehmomentmesser *m*
torsiograph *n* METROL schreibender Drehschwingungsmesser *m*
torsiometer *n* MECHAN ENG Drehmomentmesser *m*
torsion *n* MECHAN ENG Torsion *f*, Verwindung *f*, METALL Torsion *f*, Verdrehung *f*, PHYS Torsion *f*; ~ **balance** *n* MECHAN ENG, METROL, PHYS Torsionswaage *f*; ~ **bar** *n* AUTO Drehstab *m*; ~ **meter** *n* LAB EQUIP Torsionsmesser *m*, MECHAN ENG Torsionsmesser *m*, Verdrehungsmesser *nt*; ~ **resistance** *n* MECHAN ENG Torsionsfestigkeit *f*, Torsionssteifigkeit *f*; ~ **spring** *n* MECHAN ENG Torsionsfeder *f*, Verdrehungsfeder *f*; ~ **string** *n* ELEC ENG Torsionsfaden *m*; ~ **string galvanometer** *n* ELECT Torsionsfaden-Galvanometer *nt*; ~ **test** *n* MECHAN ENG Torsionsversuch *m*, Verwindungsversuch *m*, METALL Drehversuch *m*
torsional[1] *adj* MECHANICS Dreh- *pref*
torsional:[2] ~ **constant** *n* PHYS Torsionskonstante *f*; ~ **elasticity** *n* MECHAN ENG Drehelastizität *f*; ~ **moment** *n* MECHAN ENG Torsionsmoment *nt*; ~ **oscillation** *n* PHYS Torsionsschwingung *f*; ~ **pendulum** *n* PHYS Torsionspendel *nt*; ~ **strain** *n* MECHAN ENG Torsionsbeanspruchung *f*; ~ **strength** *n* MECHAN ENG Verwindungssteifigkeit *f*; ~ **strength tester** *n* PAPER Torsionsfestigkeitsprüfer *m*; ~ **stress** *n* MECHAN ENG Torsionsbeanspruchung *f*; ~ **test** *n* MECHAN ENG Torsionsversuch *m*, Verwindungsversuch *m*
torsionally: ~ **elastic** *adj* MECHAN ENG drehelastisch
torus *n* ELECT *coil core, ring core* Ringkern *m*, Torus *m*, GEOM Ring *m*, Torus *m*, MECHAN ENG Kreisring *m*, PROD ENG Ringkörper *m*, RAD PHYS *nuclear fusion* Torus *m*
tosyl- *pref* CHEMISTRY Tosyl- *pref*, p-Toluolsulfonyl- *pref*
total[1] *adj* MECHAN ENG Gesamt- *pref*
total:[2] ~ **absorption target** *n* RAD PHYS völlig absorbierendes Target *nt*; ~ **acid number** *n (TAN)* CHEMISTRY Gesamtsäurezahl *f (GSZ)*; ~ **acoustic absorption** *n (a)* ACOUSTICS akustische Absorption *f (a)*; ~ **adherence train** *n* RAIL Adhäsionszug *m*; ~ **angular momentum** *n* PHYS Gesamtdrehimpuls *m*; ~ **angular momentum quantum number** *n* NUC TECH *(J)* Winkelmomentquantenzahl *f (J)*, PHYS Gesamtdrehimpulsquantenzahl *f*; ~ **appearance of waste** *n* POLL Gesamtabfallaufkommen *nt*; ~ **area** *n* CONST Gesamtfläche *f*; ~**-atomic stopping power** *n* PHYS gesamtes atomares Bremsvermögen *nt*; ~ **charge** *n* NUC TECH *reactor* Gesamtbeladung *f*; ~ **composite error** *n* PROD ENG *kinematics* Wälzfehler *m*; ~ **configuration** *n* TELECOM Gesamtkonfiguration *f*; ~ **contact ratio** *n* PROD ENG *kinematics* Gesamtüberdeckungsgrad *m*; ~ **denier** *n* TEXT Gesamttiter *m*; ~ **deposition** *n* POLL Gesamtablagerung *f*; ~ **drag** *n* AIR TRANS Gesamtwiderstand *m*; ~ **energy** *n* MECHAN ENG Gesamtenergie *f*; ~ **energy per unit volume** *n* ACOUSTICS Gesamtenergiedichte *f*; ~ **error** *n* INSTR Gesamtfehler *m*; ~ **height** *n* NUC TECH Gesamthöhe *f*; ~ **internal reflection** *n* CER & GLAS Totalreflexion *f*, OPT, WAVE PHYS innere Totalreflexion *f*; ~ **lift** *n* AIR TRANS Gesamtauftrieb *m*; ~**-linear stopping power** *n* PHYS gesamtes lineares Bremsvermögen *nt*; ~ **losses** *n pl* ELECT Gesamtverluste *m pl*; ~ **loss lubrication** *n* MECHAN ENG Frischölschmierung *f*, Verlustschmierung *f*; ~ **loudness** *n* ACOUSTICS Gesamtlautheit *f*; ~ **magnetic quantum number** *n* NUC TECH Magnetquantenzahl *f*; ~ **mass stopping power** *n* PHYS Gesamtmassenbremsvermögen *nt*; ~ **mean free path** *n* NUC TECH gesamte mittlere freie Weglänge *f*; ~ **orbital angular momentum number** *n (L)* NUC TECH Orbitalwinkelmomentzahl *f (L)*; ~ **oscillation amplitude** *n* ACOUSTICS Schwingungsbreite *f*; ~ **permissible**

laden weight *n* AUTO zulässiges Gesamtgewicht *nt*; ~ **permissible weight** *n* AUTO *regulations* zulässiges Gesamtgewicht *nt*; ~ **pitch** *n* MECHAN ENG *of screw* Gesamtteilung *f*; ~ **radiation pyrometer** *n* INSTR, THERMODYN Gesamtstrahlungs-Pyrometer *nt*; ~ **reflection** *n* OPT, PHYS, TELECOM Totalreflexion *f*; ~ **size** *n* METROL Gesamtgröße *f*; ~ **spin quantum number** *n* *(S)* NUC TECH Spinquantengesamtzahl *f (S)*; ~ **sulfur** *n AmE*, ~ **sulphur** *n BrE* PLAS Gesamtschwefelgehalt *m*; ~ **volumetric flow** *n* HEAT & REFRIG Gesamtvolumenstrom *m*; ~ **wheelbase** *n* RAIL Gesamtachsstand *m*

Total: ~ **Quality Management System** *n (TQMS)* QUAL abteilungsübergreifendes Qualitätssicherungssystem *nt (TQMS)*

totalizing: ~ **counter** *n* INSTR Aufsummierzähler *m*, integrierender Zähler *m*

tote: ~ **box** *n* PROD ENG Förderkasten *m*, Transportkasten *m*

totem: ~ **pole arrangement** *n* ELECTRON *amplifier* Totem-Pole-Aufbau *m*

touch[1] *adj* CONTROL, TELECOM, TELEV Tast- *pref*

touch:[2] ~**-and-go landing** *n* AIR TRANS Landung mit anschließendem Durchstarten *f*; ~ **contact switch** *n* ELECT Berührungsschalter *m*; ~ **dry time** *n* PLAS Zeit bis zur Berührungstrockenheit *f*; ~ **input** *n* CONTROL Berührungseingabe *f*; ~ **needle** *n* MECHAN ENG Probierstift *m*; ~ **screen** *n* COMP & DP Touchscreen *nt*, berührungsempfindlicher Bildschirm *m*; ~**-sensitive screen** *n* COMP & DP Kontaktbildschirm *m*, Sensorbildschirm *m*, berührungsempfindlicher Bildschirm *m*; ~ **sensor** *n* INSTR Berührungssensor *m*; ~ **switch** *n* CONTROL Berührungsschalter *m*, ELEC ENG Berührungsschalter *m*, Kontaktschalter *m*

touch:[3] ~ **bottom** *vi* WATER TRANS *ship* den Grund berühren; ~ **down** *vi* SPACE aufsetzen, landen

touchdown *n* AIR TRANS Aufsetz- *pref*, Aufsetzen *nt*, SPACE Aufsetz- *pref*; ~ **point** *n* SPACE Aufsetzpunkt *m*, Landepunkt *m*; ~ **speed** *n* AIR TRANS Aufsetzgeschwindigkeit *f*; ~ **zone** *n* AIR TRANS Aufsetzzone *f*

touching: ~ **key** *n* INSTR Berührungstaste *f*; ~**-up** *n* CER & GLAS Nacharbeiten *nt*, PRINT Ausbessern *nt*

touchpad *n* COMP & DP Cursorsteuerungsfeld *nt*, Tastfeld *nt*, CONTROL Tastfeld *nt*

tough: ~**-at-subzero steel** *n* METALL kaltzäher Stahl *m*; ~**-brittle transition** *n* METALL zähspröde Umwandlung *f*; ~ **polyethylene self-adhesive tape** *n* PACK selbstklebendes Band aus starkem Polyäthylen *nt*

toughened: ~ **glass** *n* CER & GLAS vorgespanntes Glas *nt*, CONST Hartglas *nt*, TRANS vorgespanntes Glas *nt*

toughness *n* MECHAN ENG, METALL Zähigkeit *f*, NUC TECH *pressure vessel* Festigkeit *f*, Zähigkeit *f*, PHYS, PLAS Zähigkeit *f*, TEXT Zähfestigkeit *f*

tourmaline *n* PHYS Turmalin *nt*

tow:[1] ~**-dyed** *adj* TEXT kabelgefärbt

tow[2] *n* TEXT Hede *f*, Spinnkabel *nt*, Werg *nt*, WATER TRANS geschlepptes Wasserfahrzeug *nt*; ~ **car** *n* TRANS Schleppwagen *m*; ~ **hook** *n* AUTO *trailer* Abschlepphaken *m*, Zughaken *m*; ~**-to-top converter** *n* TEXT Kabel-Kammzug-Konverter *m*; ~ **train** *n* WATER TRANS Schleppverband *m*; ~ **vehicle** *n* AUTO Zugmaschine *f*

tow[3] *vt* MAR POLL schleppen, tauen, TRANS abschleppen, WATER TRANS *ship* bugsieren, schleppen

towage *n* WATER TRANS *ship* Bugsieren *nt*, Schleppen *nt*

towbar *n* AUTO *trailer* Zugstange *f*, MECHANICS Schleppstange *f*

towboat *n* MAR POLL Schleppboot *nt*, Schlepper *m*, WATER TRANS Schleppschiff *nt*

towed: ~ **convoy** *n* WATER TRANS Schleppschiffzug *m*

towelling *n* TEXT Handtuchstoff *m*

tower *n* CONST Gittermast *m*, Turmgerüst *nt*, ELECT Mast *m*; ~ **bolt** *n* CONST Schubriegel *m*; ~ **crane** *n* CONST Turmdrehkran *m*, Turmkran *m*, MECHAN ENG Turmkran *m*; ~ **door** *n* CER & GLAS Turmtür *f*; ~ **pier** *n* CONST Turmpfeiler *m*; ~ **section** *n* CER & GLAS Turmbereich *m*; ~ **slewing crane** *n* MECHAN ENG Turmdrehkran *m*; ~ **system** *n* WASTE Turmsystem *nt*; ~ **tank** *n* CONST Hochbehälter *m*

towing *n* TRANS Abschlepp- *pref*, Schleppen *nt*; ~ **bracket** *n* AUTO Abschleppöse *f*; ~ **gear** *n* MAR POLL Schleppgeschirr *nt*; ~ **vehicle** *n* AUTO Abschleppwagen *m*

towline *n* MAR POLL, WATER TRANS *ropes* Schleppleine *f*

town *n* RAIL, TRANS, WATER SUP Stadt *f*; ~**-and-country tire** *n AmE*, ~**-and-country tyre** *n BrE* AUTO Allterrain-Reifen *m*, Stadt-Land-Reifen *m*; ~ **gas** *n* PET TECH Stadtgas *nt*; ~ **water** *n* WATER SUP Stadtwasser *nt*, kommunales Wasser *nt*

Townsend: ~ **discharge** *n* ELECTRON Townsend-Entladung *f*

towrope *n* WATER TRANS Schlepptrosse *f*

toxic[1] *adj* COAL TECH giftig, toxisch, COATINGS giftig, PET TECH giftig, toxisch

toxic:[2] ~ **agent** *n* CHEMISTRY Giftstoff *m*, POLL Giftstoff *m*, chemischer Kampfstoff *m*; ~ **degradation product** *n* POLL toxisches Abfallprodukt *nt*; ~ **effect** *n* POLL toxische Wirkung *f*; ~ **substance** *n* POLL Schadstoff *m*; ~ **waste** *n* WASTE Giftmüll *m*, toxische Abfälle *m pl*; ~ **waste disposal plant** *n* WASTE Giftmüllentsorgungsanlage *f*

toxicant *n* CHEMISTRY, POLL Giftstoff *m*

toxicity *n* CHEMISTRY Giftigkeit *f*, Toxizität *f*, MAR POLL, NUC TECH Toxizität *f*, PET TECH, PLAS Giftigkeit *f*, Toxizität *f*, SAFETY Giftigkeit *f*

toxicology *n* SAFETY Toxikologie *f*

TP[1] *abbr (teleprocessing)* COMP & DP DFV *(Datenfernverarbeitung)*

TP:[2] ~ **connection** *n* COMP & DP DFV-Verbindung *f*

T-peel: ~ **test** *n* PLAS Winkelschälversuch *m*

TPI *abbr (tracks per inch)* COMP & DP Spuren pro Inch *f pl*

T-piece *n* LAB EQUIP *connector* T-Verbindungsstück *nt*, MECHAN ENG *(T)* T-Stück *nt*, T-förmiges Stück *nt*; ~ **connector** *n* LAB EQUIP T-Verbindungsstück *nt*; ~ **union** *n* CONST *(tee piece union)* T-Anschluß *m*, T-Verbindung *f (T-förmige Verbindung)*

TQMS *abbr (Total Quality Management System)* QUAL TQMS *(abteilungsübergreifendes Qualitätssicherungssystem)*

TR[1] *abbr (transmit-receive, transmitting-receiving)* ELECTRON Sende-Empfangs- *pref*

TR:[2] ~ **cell** *n* RAD TECH, TELEV TR-Zelle *f*; ~ **tube** *n* ELECTRON Empfängersperröhre *f*

trace[1] *n* COMP & DP Ablaufverfolgung *f*, Programmablaufverfolgung *f*, Protokoll *nt*, ELEC ENG *conductor* Spur *f*, ELECTRON *on screen* Bildspur *f*; ~ **analysis** *n* WATER SUP Spurenanalyse *f*; ~ **blanking** *n* ELECTRON Ausblenden der Bildspur *nt*; ~ **element** *n* FOOD TECH, POLL Spurenelement *nt*; ~ **integration** *n* ELECTRON Bildspur-Integration *f*; ~ **intensification** *n* ELECTRON Bildspur-Intensivierung *f*; ~ **interval** *n* TELEV Ablenkweite *f*, Zeilenabtastdauer *f*; ~ **line** *n* INSTR Registrierkurve *f*, Schreibkurve *f*; ~ **program** *n* COMP & DP Ablaufverfolgungsprogramm *nt*, Programm zur Ablaufverfolgung *nt*

trace[2] *vt* COMP & DP verfolgen, CONST nachzeichnen, MECHAN ENG *copy* abpausen, pausen

traceability *n* METROL Verfolgbarkeit *f*, QUAL Nachvollziehbarkeit *f*, Rückverfolgbarkeit *f*

tracer *n* CER & GLAS Indikator *m*, NUC TECH Tracer *m*; ~ **atom** *n* NUC TECH Markierungsatom *nt*; ~ **line** *n* ENG DRAW Begleitlinie *f*; ~ **milling** *n* MECHAN ENG Kopierfräsen *nt*, Nachformfräsen *nt*; ~ **pin** *n* MECHAN ENG Fühler *m*, Taststift *m*

tracing *n* MECHAN ENG *contours* Nachziehen *nt*, RAD TECH *signals* Verfolgen *nt*; ~ **distortion** *n* ACOUSTICS Rillenverzerrung *f*; ~ **paper** *n* MECHAN ENG Pauspapier *nt*; ~ **speed** *n* INSTR Schreibgeschwindigkeit *f*

track[1] *n* COMP & DP Magnetspur *f*, Spur *f*, CONTROL Spur *f*, ENG DRAW Begleit- *pref*, MECHAN ENG *lathe* Gleitbahn *f*, MECHANICS Gleiskette *f*, NUC TECH *track detector*, OPT Spur *f*, RAIL Gleis *nt*, Schienengleis *nt*, RECORD *tape* Spur *f*, SPACE Begleit- *pref*, TELEV Spur *f*, WATER TRANS Kurs *m*, Schiffsweg *m*, Zielweg *m*; ~ **adjustment** *n* TELEV Spureinstellung *f*; ~ **assembly** *n* RAIL Gleismontage *f*; ~ **ball** *n* COMP & DP Rollkugel *f*, Trackball *m*, Steuerungsball *m*; ~ **ballast** *n* RAIL Gleisschotter *m*; ~ **bed** *n* RAIL Gleislage *f*, Gleislagerung *f*; ~ **cable** *n* RAIL Tragseil *nt*; ~ **chart** *n* WATER TRANS Kurskarte *f*, Übersegler *m*; ~ **circuit** *n* RAIL Gleichstromkreis *m*; ~ **configuration** *n* TELEV Spurfestlegung *f*; ~ **density** *n* OPT Spurdichte *f*; ~ **diagram** *n* RAIL Gleistafel *f*, Gleisbild *nt*; ~ **gage** *n BrE*, ~ **gauge** *n BrE* RAIL Spurweite *f*; ~ **girder** *n* TRANS Fahrbalken *m*; ~**-guided transport system** *n* TRANS spurgeführtes Transportsystem *nt*; ~**-guided vehicle** *n* TRANS spurgeführtes Fahrzeug *nt*; ~ **in service** *n* RAIL Gleis in Betrieb *nt*; ~ **layer** *n* RAIL Gleisarbeiter *m*; ~ **laying** *n* CONST Gleisverlegung *f*, RAIL Gleisarbeiten *nt*, Schienenlegen *nt*; ~**-laying foreman** *n* RAIL Gleisvorarbeiter *m*; ~**-laying machine** *n* RAIL Schienenlegemaschine *f*; ~ **out of service** *n* RAIL Gleis außer Betrieb *nt*; ~**-panel laying machine** *n* RAIL Gleisjochlegemaschine *f*; ~ **pitch** *n* OPT Spursteigung *f*, RECORD Spurteilung *f*, TELEV Spurabstand *m*; ~ **relay** *n* RAIL Gleisrelais *nt*; ~ **rod** *n* AUTO *steering* Spurstange *f*; ~ **section** *n* RAIL Gleisabschnitt *m*; ~ **selector** *n* TELEV Spurwähler *m*; ~ **spacing** *n* RECORD Spurabstand *m*; ~ **spike** *n* MECHAN ENG Schienennagel *m*; ~ **spreading** *n* RECORD Spurspreizung *f*; ~ **width** *n* AUTO Spurweite *f*, RECORD Spurbreite *f*

track[2] *vi* COMP & DP spurgenau laufen

tracked: ~ **air cushion vehicle** *n (TACV)* WATER TRANS spurgebundenes Luftkissenfahrzeug *nt*; ~ **hovercraft** *n* WATER TRANS spurgebundenes Luftkissenfahrzeug *nt*; ~ **tractor** *n* CONST Kettenzugmaschine *f*; ~ **vehicle** *n* AUTO Kettenfahrzeug *nt*

tracking *n* AIR TRANS Begleitung *f*, AUTO Achsparallelität *f*, ELECT *insulator fault* Kriechwegbildung *f*, RAD TECH *satellites* Bahnverfolgung *f*, RECORD Nachlauf *m*, SPACE *spacecraft* Bahnvermessung *f*, Nachführung *f*, Verfolgung *f*, TELECOM Lokalisierung *f*, Nachführung *f*, Verfolgung *f*, TELEV Gleichlauf *m*; ~ **accuracy** *n* SPACE *communications* Nachführungsgenauigkeit *f*; ~ **antenna** *n* SPACE Nachführungsantenne *f*, Verfolgungsantenne *f*; ~ **configuration** *n* RECORD Nachlauf-Konfiguration *f*; ~ **control** *n* TELEV Gleichlaufregler *m*; ~ **distortion** *n* RECORD Abtastverzerrung *f*; ~ **error** *n* METROL Nachführungsfehler *m*, RECORD Abtastfehler *m*, Rillenfehler *m*, TELECOM Nachführungsfehler *m*; ~ **filter** *n* ELECTRON Nachlauffilter *nt*; ~ **filter demodulator** *n* SPACE *communications* Verfolgungsfilterdemodulator *m*; ~ **generator** *n* ELECTRON Mitlaufgenerator *m*, TELEV Gleichlaufgenerator *m*; ~ **local oscillator** *n* ELECTRON Nachlauf-Empfangsoszillator *m*; ~ **mechanism** *n* OPT Spurmechanismus *m*; ~ **oscillator** *n* ELECTRON Nachlaufoszillator *m*; ~ **radar** *n* SPACE Begleitradar *m*, Verfolgungsradar *nt*; ~ **station** *n* SPACE Nachführstation *f*, Verfolgungsstation *f*; ~ **telemetry and command** *n (TTC)* SPACE *communications* Verfolgungstelemetrie und -steuerung *f*

tracks: ~ **per inch** *n pl (TPI)* COMP & DP Spuren pro Inch *f pl*

traction *n* CONST Kraftschluß *m*, Zugkraft *f*, MECHAN ENG Traktion *f*, Zugkraft *f*, RAIL Traktion *f*, Zugförderung *f*; ~ **cable** *n* RAIL Förderseil *nt*, Zugseil *nt*; ~ **differential** *n* AUTO Fahrzeugantriebsdifferential *nt*; ~ **engine** *n* AUTO Kraftschlepper *m*, Traktor *m*, Zugmaschine *f*, MECHAN ENG Zugmaschine *f*; ~ **motor** *n* RAIL Bahnmotor *m*; ~ **network** *n* ELECT *railway* Traktionsnetz *nt*, RAIL Bahnstromnetz *nt*, Bahnstromsystem *nt*; ~ **power supply** *n* RAIL Bahnstromversorgung *f*; ~ **rope** *n* MECHAN ENG, RAIL Zugseil *nt*

tractive: ~ **force** *n* METROL Zugkraft *f*; ~ **unit** *n* RAIL Triebfahrzeug *nt*

tractor *n* AUTO Schlepper *m*, Traktor *m*, Zugmaschine *f*, COMP & DP Stachelrad *nt*, Traktor *m*, Transportraupe *f*; ~ **feed** *n* COMP & DP Stachelbandführung *f*, PRINT Traktorzuführung *f*; ~ **propeller** *n* AIR TRANS Zugpropeller *m*, Zugschraube *f*; ~ **unit** *n* AUTO Zugmaschine *f*

trade *n* CONST Baugewerbe *nt*, Gewerk *nt*; ~ **name** *n* PAT Firmenname *m*, Markenname *m*; ~ **waste** *n* WASTE gewerblicher Abfall *m*; ~ **winds** *n pl* WATER TRANS Passatwinde *m pl*

trademark *n (TM)* PAT Marke *f*, Warenzeichen *nt (Wz)*

trading: ~ **port** *n* WATER TRANS Handelshafen *m*, Seehafen *m*

traditional: ~ **telephone network** *n* TELECOM herkömmliches Telefonnetz *nt*

traffic *n* COMP & DP Datenverkehr *m*, TRANS Verkehr *m*; ~ **accident** *n* TRANS Verkehrsunfall *m*; ~**-actuated signal** *n* TRANS verkehrsabhängig gesteuertes Signal *nt*; ~**-adjusted controller** *n* TRANS verkehrsangepaßtes Steuergerät *nt*; ~ **analyser** *n BrE* TRANS Verkehrsanalysator *m*; ~ **analysis detector** *n* TRANS Verkehrsanalysedetektor *m*; ~ **analyzer** *n AmE see traffic analyser BrE*; ~ **assignment** *n* TRANS Verkehrsumlegung *f*; ~ **assignment model** *n* TRANS Verkehrsaufteilungsmodell *nt*; ~ **assignment program** *n AmE*, ~ **assignment programme** *n BrE* TRANS Verkehrsaufteilungsprogramm *nt*; ~ **carried** *n* TELECOM Verkehrswert *m*; ~ **census** *n* TRANS Verkehrszählung *f*; ~ **center** *n AmE*, ~ **centre** *n BrE* TRANS Verkehrsknotenpunkt *m*; ~ **circle** *n AmE (cf roundabout BrE)* TRANS Verkehrskreisel *m*; ~ **circuit** *n* TELECOM Dienstleitung *f*; ~ **computer** *n* TRANS Verkehrsrechner *m*; ~ **concentration** *n* TRANS Verkehrskonzentration *f*; ~ **conditions** *n pl* TRANS Verkehrsbedingungen *f pl*; ~ **cone** *n* CONST Leitkegel *m*; ~ **control** *n* TELECOM Verkehrslenkung *f*, TRANS Verkehrskontrolle *f*; ~ **control**

installation *n* TRANS Verkehrskontrollanlage *f*; ~ **controller** *n* RAIL Zugleiter *m*, Zugüberwacher *m*; ~ **control program** *n AmE*, ~ **control programme** *n BrE* TRANS Verkehrskontrollprogramm *nt*; ~ **count** *n* TRANS Verkehrszählung am Querschnitt *f*; ~ **counter** *n* TRANS Verkehrszähler *m*; ~ **cut** *n* TRANS Verkehrsabschnitt *m*; ~ **demand** *n* TRANS Verkehrsnachfrage *f*; ~ **density** *n* RAIL Streckenbelastung *f*, Verkehrsdichte *f*; ~ **detector** *n* TRANS Verkehrsdetektor *m*; ~ **distribution imbalance** *n* TELECOM ungleichmäßige Verkehrsverteilung *f*; ~ **diversion** *n* TRANS Verkehrsumleitung *f*; ~ **division system** *n* TELECOM Verkehrsaufteilungssystem *nt*; ~ **engineering** *n* TRANS Verkehrstechnik *f*; ~ **flow** *n* TELECOM Verkehrsabwicklung *f*, Verkehrsfluß *m*, TRANS Verkehrsablauf *m*, Verkehrsfluß *m*; ~ **flow diagram** *n* TRANS Verkehrsbelastungsplan *m*; ~ **forecast** *n* TRANS Verkehrsprognose *f*; ~ **forecasting** *n* TRANS Verkehrsvorhersage *f*; ~**-forecasting program** *n AmE*, ~**-forecasting programme** *n BrE* TRANS Verkehrsprognoseprogramm *nt*; ~**-handling capability** *n* TELECOM Verkehrskapazität *f*; ~ **information** *n* TRANS Verkehrsinformation *f*; ~ **information identification signal** *n* TRANS Verkehrsinformationserkennungszeichen *nt*; ~ **jam** *n BrE (cf road jam AmE)* TRANS Stau *m*, Verkehrsstau *m*, Verstopfung *f*; ~ **lane** *n* WATER TRANS *navigation* Verkehrsweg *m*; ~ **lights** *n pl* TRANS Verkehrsampel *f*; ~ **load** *n* TELECOM, TRANS Verkehrslast *f*; ~ **load imbalance** *n* TELECOM ungleichmäßige Verkehrsbelastung *f*; ~ **management** *n* TRANS Straßenmeisterei *f*; ~ **master plan** *n* TRANS Generalverkehrsplan *m*; ~ **offered** *n* TELECOM Verkehrsangebot *nt*; ~ **parameter** *n* TRANS Verkehrsparameter *m*; ~ **planning** *n* TRANS Verkehrsplanung *f*; ~ **police** *n* TRANS Verkehrspolizei *f*; ~ **radio transmitter** *n* RAD TECH, TRANS Verkehrsfunksender *m*; ~ **region** *n* TRANS Verkehrsregion *f*; ~ **regulation** *n* TRANS Verkehrsregelung *f*; ~ **regulations** *n pl* TRANS Verkehrsvorschrift *f*; ~ **restraint area** *n* TRANS verkehrsberuhigte Zone *f*; ~ **rotary** *n AmE (cf traffic roundabout BrE)* TRANS Kreisverkehr *m*; ~ **roundabout** *n BrE (cf traffic rotary AmE)* TRANS Kreisverkehr *m*; ~**-routing program** *n AmE*, ~**-routing programme** *n BrE* TRANS Verkehrsleitungsprogramm *nt*; ~**-routing strategy** *n* TELECOM Verkehrslenkungsstrategie *f*; ~ **schedule** *n* TRANS Verkehrsplanung *f*; ~ **separation scheme** *n* WATER TRANS *navigation* Verkehrstrennungsgebiet *nt*; ~ **sign** *n* TRANS Verkehrszeichen *nt*; ~ **signal** *n* ELECTRON Verkehrsampelanlage *f*, TRANS Verkehrssignal *nt*; ~ **signal controller** *n* TRANS Verkehrssignalsteuereinheit *f*; ~ **signals program** *n AmE*, ~ **signals programme** *n BrE* TRANS Verkehrssignalprogramm *nt*; ~ **simulation** *n* TRANS Verkehrssimulation *f*; ~ **simulation program** *n AmE*, ~ **simulation programme** *n BrE* TRANS Verkehrssimulationsprogramm *nt*; ~ **simulator** *n* TRANS Verkehrssimulator *m*; ~ **situation** *n* TRANS Verkehrslage *f*; ~ **stream** *n* TRANS Verkehrsstrom *m*; ~ **supervision** *n* TELECOM Verkehrsüberwachung *f*; ~ **surveillance** *n* TRANS Verkehrsüberwachung *f*; ~ **survey** *n* TRANS Verkehrserhebung *f*; ~ **violation** *n* TRANS Verkehrsverstoß *m*; ~ **volume** *n* TRANS Verkehrsaufkommen *nt*; ~ **volume meter** *n* TRANS Verkehrsvolumenzähler *m*

trafficator *n* TRANS Fahrtrichtungsanzeiger *m*

tragacanth *n* FOOD TECH Tragant *nt*

trail *n* SPACE Schweif *m*; ~ **car** *n* AUTO Anhänger *m*

trailer *n* AUTO *AmE (cf bogie BrE)* Anhänger *m*, AUTO *AmE (cf caravan BrE)* Caravan *m*, Lastkraftwagen *m*, Wohnwagen *m*, Wohnwagenanhänger *m*, COMP & DP Dateiendekennsatz *m*, Nachsatz *m*, CONST *AmE (cf bogie BrE)* Anhänger *m*, Sattelschlepper *m*, Untergestell *nt*, MECHANICS Sattelauflieger *m*, RAIL *AmE (cf bogie BrE)* Anhänger *m*, Bogie *m*, TRANS *AmE (cf bogie BrE)* Fahrgestell *nt*, Laufgestell *nt*; ~ **bogie** *n* RAIL Beiwagendrehgestell *nt*; ~ **brake** *n* AUTO Anhängerbremse *f*; ~ **label** *n* COMP & DP Marke auf der Abschlußseite *f*; ~ **page** *n* COMP & DP Abschlußseite *f*; ~ **record** *n* COMP & DP Nachfolgesatz *m*, Nachsatz *m*; ~ **towing machine** *n* AUTO Straßenzugmaschine *f*; ~ **train** *n* RAIL Lastzug *m*; ~ **wagon** *n* TRANS Anhänger *m*

trailers: ~ **on flat cars** *n pl (TOFC)* RAIL Huckepackverkehr *m*

trailing *n* AIR TRANS Abström- *pref*, TELEV Nachlaufen *nt*; ~ **arm** *n* AUTO *wheel suspension* Längslenker *m*; ~ **axle** *n* AUTO *truck* Nachlaufachse *f*; ~ **cable** *n* ELEC ENG Steuerleitung *f*; ~ **edge** *n* AIR TRANS *wing* Abströmkante *f*, Flügelhinterkante *f*, ELECTRON Hinterflanke *f*, *signal* abfallende Flanke *f*, PHYS Hinterflanke *f*, Schleppkante *f*, TELEV Hinterflanke *f*; ~ **edge flap** *n* AIR TRANS *aircraft* angelenkte Hinterkantenklappe *f*; ~ **edge video track** *n* TELEV Videospurhinterflanke *f*; ~ **load** *n* TRANS Anhängelast *f*; ~ **shoe** *n* AUTO *brake* Ablaufbacke *f*; ~ **suction dredge** *n* WATER TRANS Schleppsaugbagger *m*; ~ **suction dredger** *n* WATER TRANS Schleppsaugbagger *m*; ~ **vortices** *n pl* FLUID PHYS Hinterkantenwirbel *m pl*

train *n* Zug; ~**-announcing signal** *n* RAIL Abläutesignal *nt*; ~ **of bubbles** *n* CER & GLAS Blasenauftrieb *m*; ~ **conductor** *n* RAIL Schaffner *m*; ~ **crew** *n* RAIL Zugpersonal *nt*; ~ **describer** *n* RAIL Zugnummernmelder *m*, Zugregistriereinrichtung *f*; ~ **driver** *n* RAIL Zugfahrer *m*; ~ **engineer** *n* RAIL Lokomotivführer *m*; ~ **ferry dock** *n* TRANS Eisenbahnfährdock *nt*; ~ **of gearing** *n* MECHAN ENG Rädergetriebe *nt*; ~ **of gears** *n* AUTO Räderwerk *nt*, Triebwerk *nt*, MECHAN ENG Räderwerk *nt*; ~ **path** *n* RAIL Fahrplantrasse *f*; ~ **printer** *n BrE (cf chain printer AmE)* COMP & DP Kettendrucker *m*; ~ **protection** *n* RAIL Zugsicherung *f*; ~ **rake** *n* RAIL Zugverband *m*; ~ **of rolls** *n* MECHAN ENG Walzenstraße *f*; ~ **schedule** *n* RAIL Zugfahrplan *m*; ~ **set** *n* RAIL Wagenzug *m*; ~ **spacing** *n* RAIL Zugabstand *m*

trainer *n* ELECTRON Ausbilder *m*

training *n* MECHAN ENG, NUC TECH, WATER TRANS Ausbildung *f*; ~ **flight** *n* AIR TRANS Übungsflug *m*; ~ **reactor** *n* NUC TECH Ausbildungsreaktor *m*, Unterrichtsreaktor *m*; ~ **scheme** *n* MECHAN ENG Ausbildungsplan *m*; ~ **ship** *n* WATER TRANS *navy* Ausbildungsschiff *nt*, Schulschiff *nt*

trajectography *n* RAD PHYS *particle tracking* Bahnaufzeichnung *f*, SPACE Bahnschreibung *f*

trajectory *n* PHYS, SPACE Bahn *f*

tram *n* RAIL Grubenwagen *m*, TRANS *BrE (cf streetcar AmE, trolley car AmE)* Straßenbahnwagen *m*; ~ **lines** *n pl* PHOTO Telegrafendrähte *m pl*; ~ **stop** *n BrE (cf streetcar stop AmE)* RAIL Straßenbahnhaltestelle *f*; **timetable** *n BrE (cf streetcar schedule AmE)* RAIL Straßenbahnfahrplan *m*; ~ **track** *n* CONST Schienengleis *nt*; ~ **tracks** *n pl BrE (cf streetcar tracks AmE)* RAIL Straßenbahnschienen *f pl*

trammel *n* CER & GLAS, MECHAN ENG Ellipsenzirkel *m*; ~ **point** *n* PROD ENG Ellipsenzirkel *m*

tramping *n* CER & GLAS Verunreinigung *f*

tramway *n BrE (cf streetcar AmE)* RAIL Straßenbahn *f*; **~ metro** *n BrE (cf streetcar metro AmE)* RAIL Stadtstraßenbahn *f*; **~ motor coach** *n BrE (cf streetcar motor coach AmE)* RAIL Straßenbahntriebwagen *m*

trang: **~ roll** *n* CER & GLAS Trangwalze *f*

transaction *n* COMP & DP Arbeitsgang *m*, Datenbewegung *f*, Eingabevorgang *m*, Transaktion *f*; **~ file** *n* COMP & DP Bewegungsdatei *f*, Transaktionsdatei *f*, Änderungsdatei *f*; **~ management software** *n* COMP & DP Transaktionsverwaltungssoftware *f*; **~ processing** *n* COMP & DP Transaktionsverarbeitung *f*; **~ record** *n* COMP & DP Bewegungssatz *m*, Transaktionssatz *m*

transatlantic: **~ liner** *n* WATER TRANS *ship* Überseedampfer *m*

transboundary: **~ movement of waste** *n* WASTE grenzüberschreitende Abfallverbringung *f*

transceiver *n* COMP & DP Sender-Empfänger *m*, RAD TECH Sende-Empfangs-Gerät *nt*, Sender-Empfänger *m*, TELECOM Sende-Empfangs-Gerät *nt*

transcendence *n* MATH *numbers* Transzendenz *f*

transcendental: **~ number** *n* MATH *complex number* transzendentale Zahl *f*

transcoder *n* TELECOM Codewandler *m*, Transcoder *m*, TELEV Transcoder *m*

transcoding *n* TELECOM Codeumsetzung *f*, Umcodierung *f*

transconductance *n* ELEC ENG Gegenwirkleitwert *m*, PHYS Steilheit *f*

transcontainer *n* TRANS Transcontainer *m*

transcribe *vt* COMP & DP umschreiben

transducer *n* ACOUSTICS Wandler *m*, COMP & DP Meßumformer *m*, Meßwertgeber *m*, Meßwertumformer *m*, CONTROL Umformer *m*, Umwandler *m*, Wandler *m*, ELEC ENG Meßumformer *m*, Meßwandler *m*, Meßwertumformer *m*, Signalgeber *m*, Transducer *m*, Umformer *m*, ELECT Transducer *m*, Umformer *m*, ELECTRON Umformer *m*, INSTR Meßumformer *m*, Meßwandler *m*, Transducer *m*, Umformer *m*, Wandler *m*, MECHAN ENG Meßwandler *m*, PHYS Meßwertwandler *m*, Wandler *m*, TELECOM Wandler *m*; **~ dissipation loss** *n* ACOUSTICS Streuverlust *m*; **~ loss factor** *n* ACOUSTICS Wandlerverlustfaktor *m*; **~ sensitivity** *n* ACOUSTICS Wandlerempfindlichkeit *f*

transductor *n* ELEC ENG Transduktor *m*, PHYS Transduktor *m*, *saturable reactor* steuerbare Drossel *f*

transfer[1] *n* CER & GLAS *BrE (cf decal AmE)* Abziehpref, Abziehbild *nt*, Transfer *m*, COMP & DP Übertragung *f*, CONTROL Übergabe *f*, Übertragung *f*, ELECT, MECH, MECHAN ENG Übertragung *f*, PAT *of rights* Rechtsübergang *m*, PHYS Übertragung *f*, PRINT Umdruck *m*, SPACE *spacecraft* Pumpen *nt*, Überführen *nt*, TELECOM Transfer *m*, Umlegung *f*, Umschaltung *f*, Übermittlung *f*, Übertragung *f*; **~ acoustic impedance** *n* ACOUSTICS akustische Kernimpedanz *f*; **~ canal** *n* NUC TECH Entladungskanal *m*; **~ characteristic** *n* ELECTRON Übertragungskennlinie *f*, PHYS Übertragungscharakteristik *f*; **~ coefficient** *n* IND PROCESS *of controlled system* Übertragungsbeiwert *m*; **~ efficiency** *n* ELEC ENG Transportfaktor *m*; **~ function** *n* OPT, TELECOM Übertragungsfunktion *f*; **~ gate** *n* ELEC ENG Transfer-Gate-Schaltung *f*; **~ glass** *n* CER & GLAS Transferglas *nt*; **~ impedance** *n* TELECOM Kernleitwert *m*; **~ instruction** *n* CONTROL Übergabeanweisung *f*, Übertragungsanweisung *f*; **~ line** *n* MECHAN ENG Transferstraße *f*; **~ machine** *n* MECHAN ENG Transfermaschine *f*; **~ matrix** *n* PHYS *network theory* Übertragungsmatrix *f*; **~ mechanical impedance** *n* ACOUSTICS mechanische Kernimpedanz *f*; **~ mold** *n AmE see transfer mould BrE*; **~ molding** *n AmE see transfer moulding BrE*; **~ mould** *n BrE* MECHAN ENG Spritzpreßform *f*; **~ moulding** *n BrE* PLAS Spritzpressen *nt*; **~ orbit** *n* SPACE Übergangsorbit *m*; **~ port** *n* AUTO *two-stroke engine* Überströmkanal *m*, NUC TECH *glove box* Durchlaßöffnung *f*, Schleuse *f*; **~ pump** *n* MAR POLL Umschlagpumpe *f*; **~ rate** *n* COMP & DP Übertragungsgeschwindigkeit *f*; **~ ratio** *n* TELEV Übertragungsverhältnis *nt*; **~ reaction** *n* NUC TECH Transferreaktion *f*; **~ station** *n* WASTE Müllumladeanlage *f*, Müllumschlagstation *f*; **~ tails** *n pl* TEXT Reservefäden *m pl*; **~ track** *n* RAIL Umladegleis *nt*

transfer[2] *vt* COMP & DP übertragen, CONST abtragen, übertragen, CONTROL übergeben, übertragen, PRINT umdrucken, RECORD übertragen

transferred: **~ charge call** *n* TELECOM R-Gespräch *nt*; **~-electron diode** *n* ELECTRON Elektronentransportdiode *f*

transfinite *adj* MATH transfinit, überendlich

transform[1] *n* COMP & DP Umcodierung *f*, Umsetzung *f*, Umwandlung *f*

transform[2] *vt* COMP & DP transformieren, umwandeln

transformation *n* ELEC ENG Transformation *f*, Transformierung *f*, Umsetzung *f*, Umspannung *f*, Umwandlung *f*, GEOM Transformation *f*; **~ of electricity** *n* ELECT Elektrizitätstransformierung *f*; **~ point** *n* CER & GLAS Transformationstemperatur *f*; **~ range** *n* CER & GLAS Transformationsbereich *m*; **~ rate** *n* POLL Umwandlungsrate *f*

transformer:[1] **~-coupled** *adj* ELECT transformator-gekoppelt

transformer[2] *n* ELEC ENG, ELECT Transformator *m*, PHYS Transformator *m*, Übertrager *m*, RAD TECH Transformator *m*, TELECOM Transformator *m*, Übertrager *m*; **~ core** *n* ELEC ENG, ELECT Transformatorkern *m*; **~ coupling** *n* ELEC ENG Transformatorkopplung *f*; **~ efficiency** *n* ELECT Transformator-Leistungsfaktor *m*; **~ emf** *n* ELECT, PHYS Transformator-EMK *f*; **~ hum** *n* RECORD Summen des Transformators *nt*; **~ isolation** *n* ELEC ENG Transformatorisolierung *f*; **~ loss** *n* ELEC ENG Transformatorverlust *m*; **~ oil** *n* ELECT Transformatorenöl *nt*; **~ substation** *n* ELEC ENG, ELECT Transformator-Umspannwerk *nt*, Transformatorenstation *f*; **~ tap** *n* ELEC ENG Transformatoranzapfung *f*

transformerless: **~ output stage** *n* RECORD Ausgangsstufe ohne Transformator *f*; **~ power supply** *n* ELECT transformerlose Stromversorgung *f*

transforms *n pl* MATH Transformationen *f pl*

transfusion: **~ bottle** *n* CER & GLAS Transfusionsflasche *f*

transient[1] *adj* CONTROL vorübergehend, ELEC ENG flüchtig, instabil, nicht stabil, schnellvergehend, PHYS flüchtig, vorübergehend, PROD ENG kurzzeitig

transient[2] *n* ACOUSTICS Einschwingvorgang *m*, CONTROL Einschwingvorgang *m*, Übergangsvorgang *m*, ELEC ENG Einschaltstoß *m*, PHYS Einschaltstoß *m*, Einschwingvorgang *m*, PROD ENG vorübergehender Vorgang *m*, zeitweiliger Vorgang *m*; **~ analysis** *n* ELECTRON Analyse von Einschwingvorgängen *f*; **~ area** *n* COMP & DP Übergangsbereich *m*; **~ behavior** *n AmE*, **~ behaviour** *n BrE* IND PROCESS Übergangsverhalten *nt*, INSTR Ausgleichverhalten *nt*, Einschwingverhalten *nt*; **~ conditions** *n pl* ELEC ENG Einschwingbedingungen *f pl*, transiente Bedingungen *f pl*; **~ creep** *n*

METALL Übergangskriechen *nt*; ~ **currents** *n pl* TRANS *traffic* Durchgangsverkehr *m*; ~ **deviation** *n* IND PROCESS vorübergehende Abweichung *f*; ~ **deviation from desired set point** *n* IND PROCESS vorübergehende Sollwertabweichung *f*; ~ **distortion** *n* RECORD Sprungverzerrung *f*; ~ **equilibrium** *n* PHYS Übergangsgleichgewicht *nt*; ~ **error** *n* COMP & DP kurzzeitiger Fehler *m*, Übergangsfehler *m*; ~ **network analyser** *n* *BrE* ELECTRON Analysator für Einschwingungsvorgänge *m*; ~ **network analyzer** *n* *AmE see transient network analyser BrE*; ~ **oscillation** *n* PHYS Ausgleichschwingung *f*, Einschwingen *nt*; ~ **overshoot** *n* IND PROCESS Überschwingweite *f*; ~ **phase** *n* METALL Übergangsphase *f*; ~ **response** *n* ELEC ENG Einschaltantwort *f*, Einschwingverhalten *nt*, Übergangsfunktion *f*, TELEV Einschwingverhalten *nt*, Zeitverhalten *nt*, Übergangsverhalten *nt*; ~ **state** *n* ELECT Einschwingzustand *m*; ~ **suppression** *n* ELEC ENG Spannungsbegrenzung *f*, Unterdrückung von Einschaltstößen *f*; ~ **suppressor** *n* ELEC ENG Spannungsbegrenzer *m*; ~ **time** *n* INSTR Ausregelzeit *f*, Beruhigungszeit *f*, Einschwingzeit *f*; ~ **voltage** *n* ELECT Einschwingspannung *f*, flüchtige Spannung *f*

transistor *n* COMP & DP, ELECT, PHYS Transistor *m*; **off** ~ *n* ELECTRON abgeschalteter Transistor *m*; ~ **amplification** *n* ELECTRON Transistorverstärkung *f*; ~ **amplifier** *n* ELECTRON Transistorverstärker *m*; ~ **base** *n* TELECOM Basis des Transistors *f*; ~ **base circuit** *n* ELECTRON Transistorbasisschaltung *f*; ~ **bias** *n* ELECTRON Transistorvorspannung *f*; ~ **characteristics** *n pl* ELECTRON Transistor-Charakteristik *f*; ~ **chip** *n* ELECTRON Transistorchip *m*; ~ **collector** *n* TELECOM Kollektor des Transistors *m*; ~ **control unit** *n* AUTO Transistorschaltgerät *nt*; ~ **emitter** *n* TELECOM Emitter des Transistors *m*; ~ **ignition unit** *n* AUTO Transistorzündanlage *f*; ~ **modulator** *n* ELECTRON Transistor-Modulator *m*; ~ **oscillator** *n* ELECTRON Transistor-Oszillator *m*; ~ **pair** *n* ELECTRON Transistorpaar *nt*; ~ **power amplifier** *n* ELECTRON Transistor-Leistungsverstärker *m*; ~ **power gain** *n* RECORD Transistor-Leistungsverstärkung *f*; ~ **saturation** *n* ELECTRON Transistorsättigung *f*; **~-transistor logic** *n (TTL)* COMP & DP, ELECTRON TT-Logik *f*, Transistor-Transistor-Logik *f*

transistorized: ~ **ignition system** *n* AUTO Transistorzündanlage *f*; ~ **regulator** *n* AUTO Transistorregler *m*, elektronischer Regler *m*

transit *n* CONST *surveying* Nivellierinstrument *nt*, Theodolit *m*, NUC TECH *charged particle* Durchgang *m*, TELECOM, TRANS Transit *m*, WATER TRANS *astronomical navigation* Kulmination *f*; ~ **exchange** *n* TELECOM Durchgangsvermittlungsstelle *f*, Transitamt *nt*; ~ **fiberoptic** *n AmE*, ~ **fibreoptic** *n BrE* OPT Faseroptik zur Lichtübertragung *f*; ~ **line** *n* CONST Vermessungsgrundlinie *f*; ~ **passenger** *n* TRANS Transitpassagier *m*; ~ **rub** *n* CER & GLAS Übergangsreibstelle *f*; ~ **switching center** *n AmE*, ~ **switching centre** *n BrE* TELECOM Durchgangsfernamt *nt*; ~ **time** *n* ELEC ENG Durchgangszeit *f*, Elektronenlaufzeit *f*, Umschlagzeit *f*, ELECT *relay* Umschlagzeit *f*, NUC TECH *charged particles* Durchgangszeit *f*, PHYS Übergangszeit *f*, Übertragungszeit *f*; ~ **time device** *n* ELEC ENG Laufzeitgerät *nt*; ~ **time diode** *n* ELECTRON Laufzeitdiode *f*; ~ **time filter** *n* ELECTRON Laufzeitfilter *nt*; ~ **time filtering** *n* ELECTRON Laufzeitfiltern *nt*; ~ **time tube** *n* SPACE Verzögerungsröhre *f*; ~ **traffic** *n* TELECOM Durchgangsverkehr *m*, Transitverkehr *m*

transition: ~ **curve** *n* TRANS Übergangskurve *f*; ~ **element** *n* METALL Übergangselement *nt*; ~ **enthalpy** *n* NUC TECH Übergangsenthalpie *f*; ~ **fit** *n* MECHAN ENG Übergangspassung *f*; ~ **fitting** *n* PROD ENG *plastic valves* Übergangsarmatur *f*; ~ **impedance** *n* ELECT *resistor, reactance* Übergangsimpedanz *f*, Übergangswiderstand *m*; ~ **lake** *n* POLL Übergangssee *m*; ~ **loss** *n* ACOUSTICS Stoßdämpfung *f*; ~ **metal** *n* METALL Übergangsmetall *nt*; ~ **piece** *n* PROD ENG *plastic valves* Zwischenstück *nt*; ~ **point** *n* NUC TECH Umschlagpunkt *m*, Übergangspunkt *m*; ~ **probability** *n* PHYS Übergangswahrscheinlichkeit *f*; ~ **segment** *n* AIR TRANS *landing* Übergangsabschnitt *m*; ~ **temperature** *n* HEAT & REFRIG, METALL Umwandlungstemperatur *f*, NUC TECH *supraconductivity* Sprungtemperatur *f*, PHYS Phasenübergangstemperatur *f*; ~ **time** *n* INSTR Beruhigungszeit *f*; ~ **to turbulence** *n* FLUID PHYS Übergang zur Turbulenz *m*; ~ **value** *n* IND PROCESS Anlaufwert *m*; ~ **zone** *n* PET TECH Übergangszone *f*

translate *vt* COMP & DP umsetzen, umwandeln, zuordnen, übersetzen

translating: ~ **wheel** *n* MECHAN ENG *screw-cutting lathe* Übersetzungsrad *nt*

translation *n* COMP & DP Übersetzung *f*, Übertragung *f*, CONTROL, ELECT Übertragung *f*, GEOM *geometric figure* Translation *f*, parallele Verschiebung *f*, MECH Übertragung *f*, MECHAN ENG Schubbewegung *f*, Translationsbewegung *f*, Übertragung *f*, PHYS *displacement* Verschiebung *f*, Übertragung *f*, TELECOM Übertragung *f*; ~ **speed** *n* AIR TRANS Vorwärtsgeschwindigkeit *f*; ~ **store** *n* TELECOM Umwertespeicher *m*

translator *n* COMP & DP Umsetzungsprogramm *nt*, Übersetzerprogramm *nt*, TELECOM Umsetzer *m*, Umwerter *m*, Zuordner *m*; ~ **station** *n* TELEV Umsetzer *m*

translatory: ~ **motion** *n* MECHAN ENG Schubbewegung *f*, Translationsbewegung *f*

transliterate *vt* COMP & DP transliterieren

transliteration *n* COMP & DP Transliteration *f*

translucence *n* RAD PHYS Durchscheinen *nt*

translucent: ~ **glass** *n* CER & GLAS Milchglas *nt*; ~ **medium** *n* PHYS durchscheinendes Medium *nt*; ~ **substances** *n pl* RAD PHYS durchscheinende Materialien *nt pl*, durchsichtige Materialien *nt pl*

transmission *n* ACOUSTICS Durchlässigkeit *f*, AUTO Getriebe *nt*, Kraftübertragung *f*, Triebstrang *m*, COMP & DP, CONTROL, ELECT Übertragung *f*, ELECTRON, LAB EQUIP Durchstrahlung *f*, MECHAN ENG *belt transmission* Transmission *f*, *gear* Vorgelege *nt*, *of forces* Übertragung *f*, MECHANICS Transmission *f*, Übertragung *f*, NUC TECH Durchstrahlung *f*, OPT Durchlässigkeit *f*, PHYS Durchstrahlung *f*, Übertragung *f*, TELECOM Durchlässigkeit *f*, Rundfunkübertragung *f*, Sendung *f*, Übertragung *f*, TELEV Sendung *f*; ~ **bearer** *n* TELECOM Übermittlungsträger *m*; ~ **belt** *n* MECHAN ENG Antriebsriemen *m*, Treibriemen *m*; ~ **belting** *n* PAPER Transmissionsriemen *m*; ~ **block** *n* COMP & DP Übertragungsblock *m*; ~ **brake** *n* MECHAN ENG Getriebebremse *f*; ~ **breakdown** *n* TELECOM Übertragungsstörung *f*; ~ **bridge** *n* TELECOM Speisebrücke *f*; ~ **chain** *n* MECHAN ENG Antriebskette *f*, Transmissionskette *f*, Treibkette *f*; ~ **channel** *n* COMP & DP, TELECOM Übertragungskanal *m*; ~ **characteristic** *n* TELECOM Durchlaßcharakteristik *f*, Übertragungscharakteristik *f*; ~ **code** *n* COMP & DP Übertragungscode *m*; ~ **coefficient** *n* PHYS *sound*

Durchlässigkeitsfaktor *m*; ~ **control** *n* COMP & DP Übertragungssteuerung *f*; ~ **control protocol** *n* COMP & DP Übertragungsprotokoll *nt*; ~ **copy** *n* TELEV Sendekopie *f*; ~ **of electricity** *n* ELECT Elektrizitätsübertragung *f*; ~ **electron microscope** *n* ELECTRON, LAB EQUIP, NUC TECH, PHYS Durchstrahlungselektronenmikroskop *nt*, Transmissions-Elektronenmikroskop *nt*; ~ **electron microscopy** *n* RAD PHYS Transmissions-Elektronenmikroskopie *f*; ~ **error** *n* COMP & DP, TELECOM Übertragungsfehler *m*; ~ **of forces** *n* MECHAN ENG Kraftübertragung *f*; ~ **function** *n* COMP & DP Übertragungsfunktion *f*, NUC TECH Durchlaßfunktion *f*; ~ **gain** *n* ACOUSTICS Verstärkung *f*; ~ **gear** *n* MECHAN ENG *intermediate gearing* Zwischengetriebe *nt*, Zwischenvorgelege *nt*, *mechanism* Getriebe *nt*; ~ **grating** *n* OPT Transmissionsgitter *nt*; ~ **header** *n* COMP & DP Übertragungskopf *m*; ~ **highway** *n* TELECOM Übertragungs-Highway *m*; ~ **impairment measuring set** *n* INSTR Störpegelmeßplatz *m*; ~ **layer** *n* TELECOM Übertragungsschicht *f*; ~ **limit** *n* COMP & DP Übertragungslimit *nt*; ~ **line** *n* COMP & DP Leitung *f*, Übertragungsleitung *f*, CONST Hochspannungsleitung *f*, Stromleitung *f*, ELEC ENG Energieleitung *f*, Leitung *f*, Übertragungsleitung *f*, ELECTRON, PHYS, RAD TECH Übertragungsleitung *f*, TELECOM Übertragungsleitweg *m*; ~ **line network** *n* ELECT Energieleitungsnetz *nt*, Übertragungsnetz *nt*; ~ **loss** *n* *(TL)* ACOUSTICS Durchgangsdämpfung *f*, Dämmzahl *f*, Dämmungswert *m*, Schalldämmung *f*, COMP & DP Übertragungsdämpfung *f*, OPT, SPACE *communications* Übertragungsverlust *m*, TELECOM Durchgangsdämpfung *f*, Funkfelddämpfung *f*, Übertragungsdämpfung *f*, Übertragungsverlust *m*; ~ **main** *n* PET TECH Transportleitung *f*; ~ **medium** *n* COMP & DP, OPT Übertragungsmedium *nt*; ~ **mode** *n* ELECTRON Übertragungsverfahren *nt*; ~ **network** *n* TELECOM Übertragungsnetz *nt*; ~ **node** *n* TELECOM Übertragungsnetzknoten *m*; ~ **path** *n* COMP & DP Sendeweg *m*, Übertragungsweg *m*, TELECOM Übertragungsweg *m*; ~ **pinion** *n* AUTO Kraftübertragungsritzel *nt*; ~ **power** *n* PHYS Durchlässigkeit *f*, Transmissionsfähigkeit *f*; ~ **quality** *n* TELECOM Übertragungsgüte *f*; ~ **rate** *n* COMP & DP Übertragungsgeschwindigkeit *f*, ELEC ENG Übertragungsrate *f*, TELECOM Übertragungsgeschwindigkeit *f*; ~ **ratio** *n* AUTO Übersetzungsverhältnis *nt*; ~ **reduction** *n* AUTO Getriebeuntersetzung *f*, Übersetzung ins Langsame *f*; ~ **rod** *n* MECHAN ENG Übertragungsstange *f*; ~ **security** *n* COMP & DP Übertragungssicherheit *f*; ~ **sequence** *n* COMP & DP Übertragungsfolge *f*; ~ **shaft** *n* MECHAN ENG Antriebswelle *f*; ~ **spectrum** *n* NUC TECH Durchlässigkeitsspektrum *nt*; ~ **system** *n* ELEC ENG Sendesystem *nt*, Übertragungssystem *nt*, MECHAN ENG Antriebssystem *nt*; ~ **technique** *n* NUC TECH *X-ray crystallography* Durchstrahlverfahren *nt*; ~ **tower** *n* ELECT *supply line* Leitungsmast *m*; ~ **window** *n* OPT Transmissionsfenster *nt*, Übertragungsfenster *nt*, TELECOM Übertragungsfenster *nt*

transmissive: ~ **disc** *n BrE* OPT durchlässige Scheibe *f*; ~ **disk** *n AmE see transmissive disc BrE*; ~ **LCD** *n* ELEC ENG transmissive LCD-Anzeige *f*

transmit:[1] ~**-receive** *adj (TR)* ELECTRON Sende-Empfangs-*pref*

transmit:[2] ~ **antenna** *n* TELECOM Sendeantenne *f*; ~ **fiber optic terminal device** *n AmE*, ~ **fibre optic terminal device** *n BrE* TELECOM optischer Sender *m*; ~ **machine** *n* TELECOM *telex* Sendefernschreiber *m*

transmit[3] *vt* COMP & DP senden, RAD TECH senden, übertragen, TELEV senden

transmittance *n* OPT Durchlässigkeitsgrad *m*, Lichtdurchlässigkeit *f*, Strahlendurchlässigkeitsgrad *m*, Transmissionsgrad *m*, PHYS Durchlässigkeit *f*, TELECOM Durchlaßgrad *m*, WAVE PHYS Durchlässigkeit *f*, Durchsichtigkeit *f*; ~ **density** *n* OPT Transmissionsdichte *f*

transmitted: ~ **beam** *n* PHYS durchgelassener Strahl *m*; ~ **light** *n* METROL, PHOTO, RAD PHYS Durchlicht *nt*; ~ **wave** *n* PHYS durchgelassene Welle *f*

transmitter *n* RAD TECH, TELECOM, TELEV Sender *m*; ~ **failure** *n* RAD TECH, TELEV Senderausfall *m*; ~ **identification signal** *n* RAD TECH, TELEV Senderfunkerkennungssignal *nt*; ~ **power** *n* RAD TECH, TELEV Sendeleistung *f*; ~**-receiver** *n* RAD TECH, TELEV Sender-Empfänger *m*; ~**-receiver cell** *n* RAD TECH, TELEV Sender-Empfänger-Zelle *f*; ~ **turn-on signal** *n* RAD TECH, TELEV Sendebeginnzeichen *nt*; ~ **turn-on time** *n* RAD TECH, TELEV Sendebeginnzeit *f*

transmitting:[1] ~**-receiving** *adj (TR)* ELECTRON Sende-Empfangs-*pref*

transmitting:[2] ~ **aerial** *n* PHYS Sendeantenne *f*; ~ **antenna** *n* TELEV Sendeantenne *f*; ~ **frequency** *n* TELEV Sendefrequenz *f*; ~ **microphone** *n* RECORD Sendemikrofon *nt*

transmultiplexer *n (TMUX)* TELECOM Transmultiplexer *m (TMUX)*

transmutation *n* NUC TECH, PHYS Umwandlung *f*

transom *n* CONST Unterzug *m*, *door, sash* Kämpfer *m*, WATER TRANS *shipbuilding* Heckspiegel *m*; ~ **plate** *n* WATER TRANS *shipbuilding* Transomplatte *f*; ~ **stern** *n* WATER TRANS *shipbuilding* Spiegelheck *nt*

transonic[1] *adj* PHYS schallnah

transonic:[2] ~ **aircraft** *n* AIR TRANS Transsonikflugzeug *nt*, Überschallflugzeug *nt*; ~ **speed** *n* PHYS, TRANS schallnahe Geschwindigkeit *f*

transparency *n* PHOTO Dia *nt*, Diapositiv *nt*, PLAS, PRINT Transparenz *f*, TELECOM Durchlässigkeit *f*, Transparenz *f*

transparent[1] *adj* COMP & DP durchsichtig, transparent, PHYS, RAD PHYS durchsichtig, TELECOM durchlässig, transparent

transparent:[2] ~ **bearer service** *n* TELECOM transparenter Trägerdienst *m*; ~ **disc** *n BrE* OPT lichtdurchlässige Scheibe *f*; ~ **disk** *n AmE see transparent disc BrE*; ~ **enamel** *n* CER & GLAS Transparentemail *nt*; ~ **film** *n* ENG DRAW Sichtfolie *f*, PACK Klarsichtfolie *f*; ~ **glaze** *n* CER & GLAS Transparentglasur *f*; ~ **medium** *n* PHYS durchsichtiges Material *nt*, durchsichtiges Medium *nt*; ~ **paper** *n* ENG DRAW Transparentpapier *nt*; ~ **substances** *n pl* RAD PHYS durchsichtige Materialien *nt pl*

transpiration *n (T)* HYD EQUIP Schwitzung *f*, Transpiration *f*; ~ **cooling** *n* HEAT & REFRIG Schwitzkühlung *f*, Transpirationskühlung *f*

transplutonium: ~ **element** *n* NUC TECH Transplutonium-Element *nt*

transponder *n* PHYS Antwortsender *m*, RAD TECH, SPACE, TELECOM Transponder *m*

transport[1] *n* COMP & DP Transport *m*, TRANS Beförderung *f*, Transport *m*; ~ **and communications aircraft** *n* AIR TRANS Transport- und Verbindungsflugzeug *nt*; ~ **helicopter** *n* AIR TRANS Transporthubschrauber *m*; ~ **in low-pressure tube** *n* TRANS Transport in Niedrigdruckröhren *m*; ~ **mechanism** *n* TELEV Antrieb *m*, Transportmechanismus *m*; ~ **model** *n* POLL Transportmodell *nt*; ~ **protocol** *n* COMP & DP Transportprotokoll *nt*, Übertragungsprotokoll *nt*; ~ **and rescue helicopter** *n* AIR TRANS Transport- und Rettungshubschrauber *m*

transport[2] *vt* TRANS transportieren; ~ **by rail and road** *vt* TRANS auf Straße und Schiene transportieren

transportable[1] *adj* COMP & DP tragbar, transportierbar

transportable:[2] ~ **earth station** *n* SPACE tragbare Bodenstation *f*; ~ **gas container** *n* SAFETY Gasflasche *f*, transportierbare Gasflasche *f*; ~ **reactor** *n* NUC TECH Huckepackreaktor *m*

transportation: ~ **safety** *n* SAFETY Transportsicherheit *f*; ~ **source** *n* POLL Transportquelle *f*; ~ **system** *n* CONST Transportsystem *nt*

transporter *n* MECHAN ENG *conveyor* Förderanlage *f*

transpose *vt* MATH *matrix* transponieren

transposing: ~ **frame** *n* PHOTO *printing stereo pairs* Stereokopierrahmen *m*; ~ **instrument** *n* ACOUSTICS transponierendes Instrument *nt*

transposition *n* ACOUSTICS Transposition *f*, Versetzung *f*; ~ **of formulae** *n* MATH Umstellen von Formeln *nt*; ~ **of insulated cables** *n* ELECT Leitungskreuzung *f*, Leitungsversetzung *f*; ~ **tower** *n* ELECT *supply line* Kreuzungsmast *m*, Versetzungsmast *m*

transputer *n* COMP & DP, CONTROL Transputer *m*

transship:[1] ~ **facilities** *n pl* TRANS Umschlaganlagen *f pl*

transship[2] *vt* WATER TRANS *cargo* umladen

transshipment *n* PET TECH Umschlag *m*, WATER TRANS Umladung *f*; ~ **of hazardous goods** *n* POLL Gefahrgutumschlag *m*; ~ **track** *n* RAIL Umladegleis *nt*

transtainer *n* TRANS Transtainer *m*; ~ **crane** *n* TRANS Containerumschlagkran *m*

transuranic: ~ **elements** *n pl* RAD PHYS Transurane *nt pl*; ~ **nuclide** *n* NUC TECH Transuran *nt*; ~ **waste** *n (TRU)* NUC TECH Transuranabfall *m*

transversal *n* GEOM Transversale *f*; ~ **section** *n* TELECOM Transversalglied *nt*

transverse[1] *adj* WATER TRANS *ship design* Quer- *pref*, querverlaufend; ~ **electric** *adj (TE)* ELEC ENG, TELECOM querelektrisch, transversal elektrisch *(TE)* ~ **electromagnetic** *adj (TEM)* ELEC ENG, TELECOM querelektromagnetisch, transversal elektromagnetisch *(TEM)*; ~ **magnetic** *adj (TM)* ELEC ENG, TELECOM quermagnetisch, transversal magnetisch *(TM)*

transverse:[2] ~ **axis** *n* MECHAN ENG Querachse *f*; ~ **beam** *n* WATER TRANS *shipbuilding* Decksbalken *m*; ~ **bulkhead** *n* WATER TRANS *ship design* Querschott *nt*; ~ **chromatic aberration** *n* PHYS transversale chromatische Aberration *f*; ~ **component** *n* PHYS Transversalkomponente *f*; ~ **contact ratio** *n* MECHAN ENG *gears* Profilüberdeckung *f*; ~ **control arm** *n* AUTO *wheel suspension* Querlenker *m*; ~ **current** *n* CER & GLAS Querstrom *m*; ~ **electric mode** *n* ELEC ENG, TELECOM transversaler elektrischer Modus *m*; ~ **electric wave** *n* ELEC ENG, TELECOM transversale elektrische Welle *f*; ~ **electromagnetic mode** *n* ELEC ENG, TELECOM transversaler elektromagnetischer Modus *m*; ~ **electromagnetic wave** *n* ELEC ENG, TELECOM elektromagnetische Querwelle *f*, transversale elektromagnetische Welle *f*; ~ **energy distribution** *n* RAD PHYS transversale Energieverteilung *f*; ~ **feed** *n* MECHAN ENG *lathe* Quervorschub *m*; ~ **filter** *n* TELECOM Transversalfilter *nt*; ~ **flux linear motor** *n* TRANS Querflußlinearmotor *m*; ~ **flux machine** *n* TRANS Querflußmaschine *f*; ~ **framing** *n* WATER TRANS *shipbuilding* Querbespantung *f*, Querspanten *nt pl*; ~ **interferometry** *n* OPT Transversal-Interferometrie *f*, transversale Interferometrie *f*, TELECOM transversale Interferometrie *f*; ~ **load** *n* MECHAN ENG Querbelastung *f*; ~ **magnetic mode** *n (E mode)* ELEC ENG, TELECOM transversaler magnetischer Modus *m*; ~ **magnetic wave** *n* ELEC ENG, TELECOM transversale magnetische Welle *f*; ~ **magnetization** *n* ACOUSTICS transversale Magnetisierung *f*; ~ **magnification** *n* PHYS Quervergrößerung *f*; ~ **member** *n* WATER TRANS *shipbuilding* Querverbandsteil *nt*; ~ **metacenter** *n AmE*, ~ **metacentre** *n BrE* WATER TRANS *ship design* Breitenmetazentrum *nt*; ~ **offset loss** *n* OPT Verlust durch transversalen Versatz *m*, TELECOM Dämpfung durch seitlichen Versatz *f*; ~ **recording** *n* RECORD, TELEV Queraufzeichnung *f*; ~ **scanning recorder** *n* TELEV Studiorecorder *m*; ~ **section** *n* WATER TRANS *ship design* Querschnitt *m*; ~ **slot** *n* TELECOM Querschlitz *m*; ~ **stability** *n* WATER TRANS *ship design* Querstabilität *f*; ~ **vibration** *n* MECHAN ENG Querschwingung *f*; ~ **wave** *n* ACOUSTICS, ELEC ENG, PHYS, TELECOM, WAVE PHYS Transversalwelle *f*

transverter *n* RAD TECH Transverter *m*

trap *n* CHEM ENG Abscheider *m*, Geruchsverschluß *m*, COMP & DP Fangstelle *f*, Trap *m*, CONST Geruchsverschluß *m*, Rückstauklappe *f*, Schlußstein *m*, HEAT & REFRIG Abscheider *m*, Klappe *f*, PET TECH Falle *f*, RAD TECH *aerials* Sperrkreis *m*; ~ **door** *n* CONST Bodenluke *f*, Falltür *f*; ~ **for vacuum pump** *n* LAB EQUIP Siphon für Vacuumpumpe *m*

trapatt: ~ **diode** *n* ELECTRON *(trapped plasma avalanche time transit diode)*, PHYS *(trapped plasma avalanche time transit diode)* Trapatt-Diode *f*

trapezoid *n* GEOM Trapez *nt*; ~ **arm-type suspension** *n* AUTO Trapezquerlenkeraufhängung *f*

trapezoidal[1] *adj* GEOM trapezförmig

trapezoidal:[2] ~ **distortion** *n* ELECTRON Trapezverzerrung *f*; ~ **spring** *n* MECHAN ENG Trapezfeder *f*; ~ **thread** *n* MECHAN ENG *Acme* Acmetrapezgewinde *nt*, *screws* Trapezgewinde *nt*

trapped: ~ **particle** *n* NUC TECH eingeschlossenes Teilchen *nt*; ~ **plasma avalanche time transit diode** *n (trapatt diode)* PHYS Trapatt-Diode *f*; ~ **plasma avalanche time transit diode** *n (trapatt diode)* ELECTRON Trapatt-Diode *f*

trapping *n* PROD ENG Quetschflüssigkeit *f*; ~ **site** *n* ELEC ENG Fangort *m*, Fangstelle *f*

trash *n* TEXT Spinnereiabfall *m*; ~ **burning** *n* WASTE Müllverbrennung *f*

trashing *n* COMP & DP Überlastung *f*

travel *n* MECHAN ENG *of carriage, valve* Weg *m*, *of piston* Hub *m*, NUC TECH *shift* Verschiebung *f*

traveler *n AmE see traveller BrE*

traveling[1] *adj AmE see travelling BrE*

traveling[2] *n AmE see travelling BrE*

traveller *n BrE* MECHAN ENG *crane* Brücke *f*, QUAL Laufkarte *f*

travelling[1] *adj BrE* CONST Wander- *pref*, MECHAN ENG *steadyrest* mitlaufend, PROD ENG verschiebbar, TELECOM Wander- *pref*

travelling[2] *n BrE* TELECOM Wandern *nt* ~ **belt filter** *n BrE (TBF)* NUC TECH Förderbandfilter *nt*; ~ **block** *n BrE* PET TECH Seilrollenblock *m*; ~ **crab** *n BrE* WATER TRANS *crane* Laufkatze *f*; ~ **cradle** *n BrE* CONST Hängegerüst *nt*, Umziehgerüst *nt*; ~ **crane** *n BrE* CONST, MECHAN ENG Laufkran *m*, MECHANICS Fahrkran *m*, Laufkran *m*; ~ **field** *n BrE* ELECTRON Wanderfeld *nt*; ~ **field motor** *n BrE* TRANS Wanderfeldlinearmotor *m*; ~ **gantry crane** *n BrE* WATER TRANS *port* fahrbarer Portalkran *m*; ~ **grate** *n BrE* WASTE Wanderrost *m*; ~ **ladder** *n BrE* CONST Schiebeleiter *f*; ~ **load** *n BrE* CONST Verkehrslast *f*; ~ **manipulator** *n BrE* NUC TECH Fahrmanipulator *m*; ~ **microscope** *n BrE* LAB EQUIP Reisemikroskop *nt*; ~ **platen** *n BrE* PROD ENG Stauchschlitten *m*; ~ **platform** *n BrE* CONST Schiebebühne *f*; ~ **stay** *n BrE* MECHAN ENG *lathe* mitlaufender Setzstock *m*; ~ **steadyrest** *n BrE* MECHAN ENG Laufsetzstock *m*, mitlaufender Setzstock *m*; ~ **table** *n BrE* MECHAN ENG *rolling mill* Lauftisch *m*; ~ **time** *n BrE* ELECT *relay* Hubzeit *f*; ~ **wave** *n BrE* ACOUSTICS Wanderwelle *f*, fortschreitende Welle *f*, ELECTRON, PHYS Wanderwelle *f*, TELECOM Wanderwelle *f*, fortschreitende Welle *f*, WAVE PHYS fortschreitende Welle *f*; ~ **wave acoustic amplifier** *n BrE* RECORD Wanderfeldverstärker *m*; ~ **wave aerial** *n BrE* TELEV Wanderwellenantenne *f*; ~ **wave amplifier** *n BrE* TELECOM Wanderfeldverstärker *m*; ~ **wave antenna** *n BrE* TELECOM Wanderwellenantenne *f*; ~ **waveguide** *n BrE* TELECOM Wanderwellenleiter *m*; ~ **wave magnetron** *n BrE* ELECTRON Wanderfeldmagnetfeldröhre *f*; ~ **wave maser** *n BrE (TWM)* ELECTRON Wanderfeldmaser *m*; ~ **wave motor** *n BrE* ELECT Wanderwellenmotor *m*; ~ **wave tube** *n BrE (TWT)* PHYS Kräftedreieck *nt*, RAD TECH Wanderfeldröhre *f*, SPACE Wanderwellenröhre *f*, TELECOM Wanderfeldröhre *f*; ~ **wave tube amplifier** *n BrE (TWTA)* ELECTRON, SPACE *communications* Wanderwellenröhrenverstärker *m (WWRV)*; ~ **winch** *n BrE* CONST Laufkatze *f*

traverse *n* CONST Kämpfer *m*, Querbalken *m*, *surveying* Polygon *nt*, TEXT Hub *m*; ~ **grinding** *n* MECHAN ENG Längsschleifen *nt*; ~ **motion** *n* MECHAN ENG Querbewegung *f*

traversing *n* PROD ENG Verschieben *nt*; ~ **mechanism** *n* NUC TECH *thickness gauge* Fahrvorrichtung *f*

travertine *n* FUELLESS Travertin *m*

trawl[1] *n* WATER TRANS *fishing* Schleppnetz *nt*; ~ **net** *n* MAR POLL Grundnetz *nt*, Grundschleppnetz *nt*, Trawl *nt*, WATER TRANS *fishing* Schleppnetz *nt*

trawl[2] *vi* WATER TRANS *fishing* trawlen

trawler *n* WATER TRANS *type of ship* Schleppnetzfischer *m*, Trawler *m*

tray *n* CER & GLAS Trog *m*, LAB EQUIP Schale *f*, Trog *m*, MECHAN ENG *lathe* Wanne *f*, PHOTO Entwicklerrahmen *m*, Entwicklerschale *f*; ~ **bar** *n* CER & GLAS Trogstange *f*; ~ **de-nesting, filling and lidding machine** *n* PACK Maschine zum Herausheben, Packen und Abdecken von Trays *f*; ~ **erector** *n* PACK Halbkartonaufrichter *m*, Steigeaufrichter *m*; ~ **erector and loader** *n* PACK Trayaufrichter und -belader *m*; ~ **evaporator** *n* HEAT & REFRIG Scheibenverdampfer *m*; ~ **packing** *n* PACK Abpackung in Steigen *f*; ~ **packing machine** *n* PACK Packmaschine für Trays *f*; ~ **sealer** *n* PACK Steigenabdichtung *f*; ~ **thermometer** *n* PHOTO Badthermometer *nt*

treacle: ~ **stage** *n* PROD ENG viskoser Zustand *m*

tread *n* AIR TRANS *landing gear* Fahrfläche *f*, Laufkranz *m*, AUTO *tyre* Profil *nt*, CONST Sprosse *f*, Trittstufe *f*, RAIL *wheel* Lauffläche *f*, Laufkranz *m*; ~ **clay** *n* CER & GLAS Profilton *m*; ~ **depth gage** *n AmE*, ~ **depth gauge** *n BrE* AUTO *tyre* Profiltiefenmesser *m*; ~ **design** *n* AUTO *tyre* Reifenmuster *nt*, Reifenprofil *nt*; ~ **pattern** *n* AUTO Reifenprofil *nt*

treadle *n* MECHAN ENG Fußhebel *m*, Pedal *nt*, RAIL Schienenkontakt *m*; ~ **brake valve** *n* AUTO Trittplattenbremsventil *nt*

treat *vt* WASTE aufbereiten

treatment *n* PET TECH Aufbereitung *f*, TEXT Behandlung *f*; ~ **process** *n* WASTE Aufbereitungsverfahren *nt*; ~ **of sewage sludge** *n* WASTE Behandlung von Klärschlamm *f*

treble[1] *adj* RECORD hochtonig

treble:[2] ~ **boost** *n* RECORD Höhenanhebung *f*; ~ **compensation** *n* RECORD Hochtonausgleich *m*; ~ **control** *n* RECORD Höhenregler *m*; ~ **jet burner** *n* HEAT & REFRIG Dreilochbrenner *m*; ~ **roll-off** *n* RECORD Höhendämpfung *f*

tree *n* ART INT Baum *m*, COMP & DP Baumstruktur *f*, binärer Baum *m*; ~ **distribution** *n* TELECOM Verteilung mit Baumstruktur *f*; ~ **network** *n* COMP & DP Baumnetzwerk *nt*, TELECOM Baumnetz *nt*; ~ **search** *n* COMP & DP strukturierte Suche *f*; ~ **structure** *n* COMP & DP, TELECOM Baumstruktur *f*; ~ **topology** *n* COMP & DP Baumtopologie *f*

trehalose *n* CHEMISTRY Trehalose *f*

trellis *n* CONST Flechtwerk *nt*, Gitter *nt*; ~ **post** *n* CONST Gitterpfosten *m*; ~ **work** *n* CONST Flechtwerk *nt*, durchbrochenes Mauerwerk *nt*

trembler *n* ELEC ENG Hammerunterbrecher *m*, Kontakthammer *m*, Selbstunterbrecher *m*, Unterbrecher *m*; ~ **bell** *n* ELECT Selbstunterbrecherglocke *f*

tremolo *n* ACOUSTICS Tremolo *nt*

trenail *n* CONST Dübel *m*, Holznagel *m*

trench *n* COAL TECH Graben *m*, CONST Baugrube *f*, Graben *m*, Rinne *f*, MAR POLL Graben *m*, Tiefseegraben *m*, PET TECH Graben *m*; ~ **excavator** *n* CONST Grabenbagger *m*; ~ **landfill** *n* WASTE Grube *f*; ~ **method** *n* WASTE Grabenmethode *f*; ~ **sheeting** *n* CONST Grabenverbau *m*

trenching *n* CONST Grabenaushub *m*, Grabenherstellung *f*

trenchwork *n* CONST Grabenarbeiten *f pl*

trend *n* TEXT Trend *m*; ~ **recorder** *n* INSTR Trendschreiber *m*

trepan *vt* PROD ENG kernbohren

trepanning *n* MECHAN ENG, PROD ENG Kernbohren *nt*

trestle *n* CONST Gerüstbock *m*, Gestell *nt*, PROD ENG Bock *m*; ~ **bridge** *n* CONST Bockbrücke *f*; ~ **shore** *n* CONST Bockstütze *f*

tri: ~ **square file** *n* MECHAN ENG Dreikantfeile *f*

triac *n* ELEC ENG Triac *nt*, Zweirichtungs-Thyristordiode *f*, ELECT Triac *nt*

triacetate *n* TEXT Triacetat *nt*

triacetin *n* CHEMISTRY Glycerintriacetat *nt*, Triacetin *nt*

triacetonamin *n* CHEMISTRY Triacetonamin *nt*

triacetonamine *n* CHEMISTRY Triacetonamin *nt*

triacid *n* CHEMISTRY dreibasige Säure *f*, dreiprotonige Säure *f*

triad *n* CHEMISTRY *periodic table* Elementtriade *f*, Triade *f*

trial *n* COAL TECH Experiment *nt*, Prüfung *f*, Versuch *m*, INSTR Erprobung *f*, Versuch *m*, NUC TECH *plant components* Erprobung *f*, TEXT Probe *f*, Versuch *m*; ~ **boring** *n* PET TECH Versuchsbohrung *f*; ~ **equipment** *n* CONTROL Versuchsanlage *f*, Versuchseinrichtung *f*; ~ **run** *n* CONST Probelauf *m*, CONTROL Versuchslauf *m*, NUC TECH *boiler* Probelauf *m*

triamyl *n* CHEMISTRY Triamyl- *pref*
triangle *n* GEOM Dreieck *nt*, MECHAN ENG Zeichendreieck *nt*; **~ of forces** *n* CONST, PHYS Kräftedreieck *nt*; **~ test** *n* FOOD TECH Dreieckstest *m*; **~ testing** *n* FOOD TECH Dreieckstest *m*
triangular[1] *adj* CONST Dreikant- *pref*, GEOM dreieckig
triangular:[2] **~ arch** *n* CONST Dreieckbogen *m*, Giebelbogen *m*; **~ cam** *n* MECHAN ENG dreieckiger Nocken *m*; **~ file** *n* MECHAN ENG Dreikantfeile *f*; **~ fillet** *n* CONST Dreikantleiste *f*; **~ matrix** *n* COMP & DP Dreiecksmatrix *f*, dreiseitige Matrix *f*
triangularity *n* CER & GLAS Dreieckigkeit *f*
triangulate *vt* GEOM triangulieren
triangulation *n* CONST *surveying* Dreiecksvermessung *f*, GEOM Triangulation *f*, Triangulierung *f*, SPACE Triangulation *f*; **~ point** *n* CONST Triangulationspunkt *m*
triaxial: **~ pinch experiment** *n* NUC TECH Dreiachsen-Pinchversuch *m*; **~ stress** *n* METALL dreiachsige Spannung *f*; **~ test** *n* CONST *roads* Dreiaxialprüfung *f*
triazole *n* CHEMISTRY Triazol *nt*
tribasic *adj* CHEMISTRY dreiwertig
tribo: **~-corrosion** *n* CHEMISTRY Tribokorrosion *f*
triboelectric: **~ detector** *n* TRANS reibungselektrischer Detektor *m*
triboelectricity *n* PHYS Reibungselektrizität *f*
triboluminescence *n* PHYS Reibungslumineszenz *f*
tribometer *n* PHYS Reibungsmeßgerät *nt*
tributary: **~ of river** *n* WATER TRANS *geography* Nebenfluß *m*
tributyl: **~ phosphate** *n (TBP)* NUC TECH Tributylphosphat *nt (TBP)*
tributyrin *n* CHEMISTRY Glycerintributyrat *nt*, Tributyrin *nt*
tricarballylic *adj* CHEMISTRY Tricarballyl- *pref*
trichloride *n* CHEMISTRY Trichlorid *nt*
trichloroacetic *adj* CHEMISTRY Trichloressig- *pref*
trichloroethylene *n* CHEMISTRY Trichlorethen *nt*, Trichlorethylen *nt*
trichloronitromethane *n* CHEMISTRY Nitrochloroform *nt*, Trichlornitromethan *nt*
trichroic *adj* PHYS trichroitisch
trichroism *n* PHYS Trichroismus *m*
trick: **~ valve** *n* MECHAN ENG Trickschieber *m*
trickle: **~ charge** *n* ELEC ENG Kleinladung *f*, Langsamladung *f*, Pufferladung *f*; **~ charger** *n* ELEC ENG Kleinlader *m*, Ladegerät für langsames Aufladen *nt*, ELECT Pufferladegerät *nt*
trickling: **~ filter** *n* POLL *chemicals*, WASTE Tropfkörper *m*
triclinic[1] *adj* CHEMISTRY triklin
triclinic:[2] **~ system** *n* METALL triklines System *nt*
tricone: **~ bit** *n* PET TECH Dreirollenbohrmeißel *m*
tricosane *n* CHEMISTRY Tricosan *nt*
tricresol *n* CHEMISTRY Tricresol *nt*
tricresyl *adj* CHEMISTRY Tricresyl- *pref*
tricycle: **~ landing gear** *n* AIR TRANS Dreibeinfahrwerk *nt*
tricyclic *adj* CHEMISTRY dreiringig, tricyclisch
trifocal: **~ glass** *n* CER & GLAS Trifokalglas *nt*
trifurcate *adj* ELECT, MECHAN ENG, PLAS Dreiwege- *pref*
trifurcating: **~ box** *n* ELECT *supply cable* Dreiwegexpansionskasten *m*; **~ joint** *n* ELECT *supply cable* Dreiwegexpansionsspleiß *m*
trifurcator *n* ELECT *cable accessory* Dreiwegexpander *m*
trigger[1] *n* COMP & DP Auslöseimpuls *m*, Trigger *m*, ELECT Auslöser *m*, Trigger *m*, MECHAN ENG, PHOTO Auslöser *m*; **~ box** *n* AUTO Schaltgerät *nt*, Steuergerät *nt*; **~ circuit** *n* ELECT Triggerkreis *m*, Triggerschaltung *f*, ELECTRON, PHYS Triggerschaltung *f*; **~ contacts** *n pl* AUTO Auslösekontakte *m pl*; **~ diode** *n* ELECTRON Triggerdiode *f*; **~ pulse** *n* ELECTRON Triggerimpuls *m*; **~ relay** *n* PHOTO Auslöserrelais *nt*; **~ release** *n* PHOTO *camera shutter* Drückerauslöser *m*; **~ wheel** *n* AUTO Blendenrotor *m*, Impulsgeberrad *nt*, Rotor *m*
trigger[2] *vt* COMP & DP auslösen, starten, ELECT, PHYS auslösen, triggern
trigger:[3] **~ an alarm** *vi* TELECOM Alarm auslösen
triggering *n* COMP & DP Auslösen *nt*, Starten *nt*; **~ circuit** *n* PHOTO Auslöserstromkreis *m*; **~ lead pulse** *n* TELECOM Auslöseimpuls *m*, Triggerimpuls *m*; **~ pulse** *n* TELEV Triggerimpuls *m*; **~ systems** *n pl* RAD PHYS *activation* Triggersysteme *nt pl*; **~ voltage** *n* TELEV Triggerspannung *f*
triglyceride *n* CHEMISTRY Neutralglycerid *nt*, Triglycerid *nt*
trigonometric *adj* GEOM trigonometrisch
trigonometrical[1] *adj* GEOM trigonometrisch
trigonometrical:[2] **~ functions** *n pl* GEOM Winkelfunktionen *f pl*, trigonometrische Funktionen *f pl*, MATH trigonometrische Funktionen *f pl*
trigonometry *n* GEOM Trigonometrie *f*
trihedral *adj* GEOM dreiflächig
trihedron *n* GEOM Trieder *nt*
trihydrate *n* CHEMISTRY Trihydrat *nt*
trihydric: **~ acid** *n* CHEMISTRY Triol *nt*, dreiwertiger Alkohol *m*
trihydroxyflavanone *n* CHEMISTRY Naringenin *nt*, Trihydroxyflavon *nt*
triiodide *n* CHEMISTRY Triiodid *nt*
triiodomethan *n* CHEMISTRY Iodoform *nt*, Triiodmethan *nt*
trilene *n* CHEMISTRY Tri *nt*
trill *n* ACOUSTICS Triller *m*
trillion *n BrE (cf billion AmE)* MATH Billion *f*
trim[1] *n* SPACE *spacecraft* Trimmung *f*, WATER TRANS *ship* Lastigkeit *f*, Trimmlage *f*; **~ control** *n* AIR TRANS Trimmsteuerung *f*; **~ marks** *n pl* PRINT Beschnittmarken *f pl*; **~ removal** *n* PAPER Entfernen von Randbeschnitt *nt*; **~ shower** *n* PAPER Randspritzer *m*; **~ size** *n* PRINT beschnittenes Format *nt*; **~ stability** *n* AIR TRANS Trimmstabilität *f*; **~ width** *n* PRINT Beschnittbreite *f*
trim[2] *vt* CONST abgleichen, *beams* auswechseln, *road* ausgleichen, planieren, *wood* besäumen, zurichten, MECHANICS abgleichen, ausbalancieren, trimmen, PAPER, PRINT beschneiden, PROD ENG Grat abscheren, putzen, SPACE, WATER TRANS *ship* trimmen
trimellitic *adj* CHEMISTRY Trimellith- *pref*
trimer *n* CHEMISTRY, PLAS Trimer *nt*, Trimerisat *nt*
trimerize *vt* CHEMISTRY trimerisieren
trimesic *adj* CHEMISTRY Trimesin- *pref*
trimetallic: **~ plate** *n* PRINT Trimetallplatte *f*
trimethylbenzene *n* CHEMISTRY Trimethylbenzol *nt*
trimethylbutane *n* CHEMISTRY Neohexan *nt*, Triptan *nt*
trimethylcarbinol *n* CHEMISTRY tert-Butylalkohol *m*
trimethylene *n* CHEMISTRY Cyclopropan *nt*, Trimethylen *nt*
trimetric: **~ projection** *n* ENG DRAW trimetrische Projektion *f*
trimmed:[1] **~ by the head** *adj* WATER TRANS vorlastig; **~ by the stern** *adj* WATER TRANS achterlastig
trimmed:[2] **~ blueprint sheet** *n* ENG DRAW beschnittene

Lichtpause *f*; ~ **drawing sheet** *n* ENG DRAW beschnittene Zeichnung *f*; ~ **edges** *n pl* PRINT Beschnittrand *m*; ~ **size** *n* PACK beschnittenes Format *nt*, PAPER Endformat *nt*, PRINT beschnittenes Format *nt*
trimmer *n* CONST Formkachel *f*, Streichbalken *m*, Wechselbalken *m*, MECHAN ENG *wood trimmer* Beschneidemaschine *f*, Besäummaschine *f*, PHOTO, PRINT Schneidemaschine *f*; ~ **beam** *n* CONST Streichbalken *m*, Wechselbalken *m*; ~ **capacitor** *n* ELEC ENG Trimmerkondensator *m*
trimming[1] *adj* ELEC ENG, NUC TECH Trimm- *pref*
trimming[2] *n* AIR TRANS Trimmung *f*, INSTR Abgleich *m*, TEXT Besatz *m*, Borde *f*; ~ **edge** *n* ENG DRAW Beschnittrand *m*, PRINT Beschnitt *m*; ~ **element** *n* INSTR Abgleichelement *nt*, Justierelement *nt*; ~ **kit** *n* INSTR Abgleichbesteck *nt*; ~ **machine** *n* MECHAN ENG *foundry* Abgratpresse *f*, *sheet metal* Beschneidemaschine *f*; ~ **potentiometer** *n* ELEC ENG Justierpotentiometer *nt*, Trimmpotentiometer *nt*, ELECT Trimmpotentiometer *nt*; ~ **resistor** *n* INSTR Abgleichwiderstand *m*, Justierwiderstand *m*; ~ **resolution** *n* ELEC ENG Trimmauflösung *f*; ~ **screw** *n* INSTR Justierschraube *f*; ~ **tab** *n* AIR TRANS Trimmruder *nt*
trimmings *n pl* PAPER Randbeschnitt *m*
trimolecular *adj* CHEMISTRY termolekular, trimolekular
trimorphic *adj* CHEMISTRY dreigestaltig, trimorph
trimorphism *n* CHEMISTRY Dreigestaltigkeit *f*, Trimorphie *f*
trimorphous *adj* CHEMISTRY dreigestaltig, trimorph
trinitrate *n* CHEMISTRY Trinitrat *nt*
trinitrated *adj* CHEMISTRY trinitriert
trinitrobenzene *n* CHEMISTRY Trinitrobenzol *nt*
trinitroresorcinol *n* CHEMISTRY Styphninsäure *f*
trinitrotoluene *n (TNT)* CHEMISTRY Trinitrotoluol *nt (TNT)*
trinomial[1] *adj* MATH dreigliedrig
trinomial[2] *n* MATH Trinom *nt*
triode *n* CHEMISTRY *valve* Dreielektrodenröhre *f*, Triode *f*, ELECTRON, PHYS Triode *f*; ~ **action** *n* ELECTRON Triodenverhalten *nt*; ~-**hexode** *n* ELECTRON Triode-Hexode *f*; ~ **oscillator** *n* ELECTRON Trioden-Oszillator *m*; ~ **tube** *n* ELECTRON Röhrentriode *f*
triol *n* CHEMISTRY Triol *nt*, dreiwertiger Alkohol *m*
triolein *n* CHEMISTRY Glycerintrioleat *nt*
triose *n* CHEMISTRY Triose *f*
trioxide *n* CHEMISTRY Trioxid *nt*
trioxobromate *n* CHEMISTRY Bromat *nt*
trip[1] *n* MECHAN ENG Ausklink- *pref*, Ausklinkmechanismus *m*, NUC TECH *to low power level* Leistungseinbruch *m*, PET TECH Bohrtour *f*; ~ **counter** *n* AUTO *instrument* Tageskilometerzähler *m*; ~ **device** *n* SAFETY Auslöser *m*; ~ **dog** *n* MECHAN ENG Anschlagbolzen *m*, PROD ENG Auslöseanschlag *m*, Sperrklinke *f*; ~-**free release** *n* ELECT *circuit breaker* auslösungsfreies Abschalten *nt*; ~ **gas** *n* PET TECH Gasaustritt *m*; ~ **gear** *n* ELECT Auslösevorrichtung *f*, MECHAN ENG Ausklinkmechanismus *m*, *of steam engine* Ventilsteuerung *f*; ~ **guard** *n* SAFETY Schutz mit Auslöser *m*; ~ **lever** *n* CONST Auslösehebel *m*; ~ **mileage indicator** *n* AUTO Kurzstreckenzähler *m*, Tageskilometerzähler *m*; ~ **purpose** *n* TRANS Fahrtzweck *m*; ~ **recorder** *n* AUTO Fahrtenschreiber *m*; ~ **report analysis** *n* TRANS Fahrtbericht *m*
trip[2] *vt* PHYS auslösen, schalten, PROD ENG anschlagdrehen
trip:[3] ~ **anchor** *vi* WATER TRANS Anker schlippen, Anker vom Grund lösen
tripack: ~ **film** *n* PHOTO Dreischichtenfilm *m*
tripalmitin *n* CHEMISTRY Glycerintripalmitin *nt*, Glycerintripalmitinsäureester *m*, Tripalmitin *nt*
triphenylmethane *n* CHEMISTRY Triphenylmethan *nt*, Tritan *nt*
triplane *n* AIR TRANS Dreidecker *m*
triple[1] *adj* CHEMISTRY Dreifach- *pref*, dreifach, ternär, trivalent, METALL Drillings- *pref*; ~ **beam** *adj* NUC TECH Dreistrahl- *pref*
triple:[2] ~ **alpha process** *n* NUC TECH dreifacher Alphaprozeß *m*; ~ **beam coincidence spectrometer** *n* NUC TECH Dreistrahl-Koinzidenzspektrometer *nt*; ~ **cavity mould** *n* CER & GLAS Dreifachform *f*; ~ **core cable** *n* ELECT Dreiadern-Kabel *nt*; ~ **jaw concentric chuck** *n* MECHAN ENG konzentrisches Dreibackenfutter *nt*; ~ **jaw concentric gripping chuck** *n* MECHAN ENG konzentrisches Dreibackenfutter *nt*; ~ **junction** *n* METALL Drillingsverbindung *f*; ~ **pack** *n* PACK Dreierpackung *f*; ~ **point** *n* METALL, PHYS, THERMODYN Tripelpunkt *m*; ~ **scalar product** *n* MATH Spatprodukt *nt*, gemischtes Produkt *nt*; ~ **standard** *n* TELEV Dreifachnorm *f*; ~ **wall corrugated board** *n* PACK dreischichtige Wellpappe *f*; ~-**wound transformer** *n* ELECT dreifach gewickelter Transformator *m*
triplet *n* NUC TECH *spectrometry*, PHYS *spectroscopy* Triplett *nt*; ~ **lens** *n* PHOTO Triplettlinse *f*
triplex: ~-**coated particle** *n* NUC TECH dreifach beschichtetes Teilchen *nt*
tripling: ~ **voltage** *n* RAD TECH Spannungsverdreifachung *f*
tripod *n* LAB EQUIP Dreifuß *m*, PHOTO, PROD ENG Stativ *nt*; ~ **bush** *n* PHOTO Stativanschluß *m*, Stativgewinde *nt*; ~ **extension** *n* PHOTO Stativverlängerung *f*; ~ **head** *n* PHOTO Stativkopf *m*; ~ **leg** *n* PHOTO Stativbein *nt*
tripper *n* MECHAN ENG Auslösevorrichtung *f*, *belt conveyor* Abwurfeinrichtung *f*, PROD ENG Auslöser *m*
tripping *n* ELECT *of relay* Auslösen *nt*, PROD ENG Anschlagdrehen *nt*; ~ **bracket** *n* WATER TRANS *shipbuilding* Stegblech *nt*; ~ **circuit** *n* ELECT Auslöseschaltung *f*; ~ **coil** *n* ELECT Auslösespule *f*; ~ **device** *n* MECHAN ENG Auslösevorrichtung *f*; ~ **line** *n* WATER TRANS Abzugsleine *f*; ~ **mechanism** *n* MECHAN ENG Auslösevorrichtung *f*; ~ **relay** *n* ELECT Auslöserrelais *nt*
triptane *n* CHEMISTRY Neohexan *nt*, Triptan *nt*
TRISEC: ~ **ship** *n* TRANS Trisecschiff *nt*
trisection *n* GEOM *of angle* Dreiteilung *f*
trisilicate *n* CHEMISTRY Trisilikat *nt*
trisodium *adj* CHEMISTRY Trinatrium- *pref*
tristate: ~ **logic** *n* ELECTRON dreiwertige Logik *f*
tristearin *n* CHEMISTRY Glyceryltristearat *nt*, Stearin *nt*, Tristearin *nt*
tristimulus: ~ **signal** *n* TELEV Normfarbsignal *nt*; ~ **value** *n* PHYS Farbwert *m*
trisubstituted *adj* CHEMISTRY trisubstituiert
trithionic *adj* CHEMISTRY Trithion- *pref*
tritiated: ~ **compound** *n* NUC TECH mit Tritium markierte Verbindung *f*
tritium *n (T)* CHEMISTRY Tritium *nt (T)*, überschwerer Wasserstoff *m*; ~ **extraction** *n* NUC TECH *heavy water* Tritiumtrennung *f*
triton *n (t)* PART PHYS Triton *nt (t)*
triturate *vt* CHEMISTRY pulverisieren
triturating *adj* CHEMISTRY Reib- *pref*
triturator *n* MECHAN ENG Labormühle *f*

trityl *n* CHEMISTRY Triphenylmethyl *nt*
trivalence *n* CHEMISTRY Dreiwertigkeit *f*, Trivalenz *f*
trivalency *n* CHEMISTRY Dreiwertigkeit *f*, Trivalenz *f*
trivalent *adj* CHEMISTRY dreiwertig, tervalent, trivalent
trochoid *n* GEOM Trochoide *f*
trochoidal: ~ **mass spectrometer** *n* NUC TECH Trochoiden-Massenspektrometer *nt*
trolley *n* COAL TECH Förderwagen *m*, Lore *f*, LAB EQUIP Förderwagen *m*, NUC TECH *refuelling machine* Transportwagen *m*, PROD ENG Flaschenwagen *m*, RAIL *BrE mining* Förderwagen *m*, Lore *f*, TRANS *hand cart* Handwagen *m*; ~ **bus** *n* AUTO Oberleitungsbus *m*; ~ **car** *n AmE (cf tram BrE)* TRANS *overhead system* Straßenbahnwagen *m*; ~ **pole** *n* TRANS Rollenstromabnehmer *m*; ~ **system** *n* TRANS *electric traction* O-System *nt*, Oberleitungssystem *nt*
trommel *n* COAL TECH Laufkranztrommel *f*; ~ **washer** *n* COAL TECH Trommelscheider *m*
troostite *n* METALL Hartperlit *m*, Troostit *m*
tropical: ~ **packaging** *n* PACK Tropenverpackung *f*; ~ **revolving storm** *n* WATER TRANS tropischer Wirbelsturm *m*
tropine *n* CHEMISTRY Tropin *nt*
troposphere *n* SPACE Troposphäre *f*
tropospheric[1] *adj* RAD TECH troposphärisch
tropospheric:[2] ~ **scatter** *n* TELECOM troposphärische Streuung *f*
troptometer *n* PROD ENG Verdrehungsmesser *nt*
trotyl *n* CHEMISTRY Trotyl *nt*
troubleshooter *n* MECHAN ENG Störungssucher *m*
troubleshooting *n* CONTROL Fehlerortung *f*, Fehlersuche *f*
trough *n* CER & GLAS *container glass* Wanne *f*, *rolled glass* Gießrinne *f*, LAB EQUIP Bottich *m*, Mulde *f*, Trog *m*, Wanne *f*, MECHAN ENG Mulde *f*, Trog *m*, PROD ENG Spänetrog *m*, WATER TRANS *meteorology* Tiefdruckrinne *f*, *sea* Wellental *nt*; ~ **bridge** *n* CONST Trogbrücke *f*; ~ **conveyor** *n* MECHAN ENG Trogbandförderer *m*, Troggurtförderer *m*; ~ **gutter** *n* CONST *roof* Kastenrinne *f*; ~ **lip** *n* CER & GLAS Gießrinnenlippe *f*; ~ **mixer** *n* CER & GLAS Trogmischer *m*
trowel[1] *n* CONST Kelle *f*, Spachtel *m*, PROD ENG *casting* Truffel *f*
trowel[2] *vt* CONST glätten, spachteln; ~ **off** *vt* CONST *mortar* mit Kelle abreiben
troy: ~ **weight** *n* METROL Troy-Gewicht *nt*
TRU *abbr (transuranic waste)* NUC TECH Transuranabfall *m*
truck *n* AUTO *AmE (cf bogie BrE)* Anhänger *m*, AUTO *AmE (cf lorry BrE)* Lastkraftwagen *m*, RAIL *wagon* offener Güterwagen *m*, TRANS *BrE (cf bogie BrE, cart AmE)* Förderwagen *m*, Lastfuhrwerk *nt*, WATER TRANS *flags* Flaggenknopf *m*; ~ **factor** *n* TRANS *traffic* Lkw-Faktor *m*; ~ **pin** *n AmE (cf bogie pin BrE)* AUTO Drehzapfen *m*; ~ **pivot** *n AmE* AUTO Drehpfanne *f*; ~ **pooling** *n AmE (cf lorry pooling BrE)* AUTO Lastkraftwagen-Pooling *nt*; ~**-to-truck handling** *n AmE* TRANS Gabelstapler an Gabelstapler Umschlag *m*; ~**-to-truck operation** *n AmE* TRANS Gabelstapler an Gabelstapler Umschlag *m*; ~**-to-truck system** *n AmE* WATER TRANS Truck-to-Truck-System *nt*; ~ **wheel** *n AmE (cf lorry wheel BrE)* AUTO *hand truck* Wagenrad *nt*
trucker *n AmE* TRANS Lkw-Fahrer *m*
trucking *n AmE* TRANS Lastwagentransport *m*
true[1] *adj* AIR TRANS, COMP & DP, ELECT wahr, MECHAN ENG *wheel* rundlaufend, METALL, NUC TECH, SPACE wahr; ~**-running** *adj* MECHAN ENG rundlaufend; ~**-to-size** *adj* MECHAN ENG maßgenau, maßhaltig
true:[2] ~ **air speed** *n (TAS)* AIR TRANS wahre Fluggeschwindigkeit *f*; ~ **anomaly** *n* SPACE wahre Anomalie *f*; ~ **class limits** *n pl* QUAL echte Klassengrenzen *f pl*; ~ **colors** *n pl AmE*; ~ **colours** *n pl BrE* PRINT natürliche Farben *f pl*; ~ **course** *n* WATER TRANS *navigation* rechtweisender Kurs *m*; ~ **density** *n* NUC TECH wahre Dichte *f*; ~ **fracture stress** *n* METALL wahre Bruchspannung *f*; ~ **half-width** *n* RAD PHYS *spectral line* echte Halbwertsbreite *f*; ~ **middlings** *n pl* COAL TECH Verwachsenes *nt*; ~ **motion radar** *n* RAD TECH True Motion Radar *nt*; ~ **north** *n* WATER TRANS *navigation* rechtweisend Nord; ~ **perspective** *n* GEOM Fluchtpunktperspektive *f*; ~ **running** *n* MECHAN ENG *wheel* Rundlauf *m*; ~ **solvent** *n* PLAS aktives Lösemittel *nt*, echtes Lösemittel *nt*; ~ **strain** *n* METALL wahre Dehnung *f*; ~ **stress** *n* METALL wahre Beanspruchung *f*; ~**-to-scale representation** *n* ENG DRAW maßstabgetreue Darstellung *f*; ~ **wind** *n* WATER TRANS *navigation* wahrer Wind *m*
true[3] *vt* MECHAN ENG *grinding wheels* abrichten, PROD ENG abdrehen, auswuchten; ~ **up** *vt* CER & GLAS ausrichten, MECHAN ENG *grinding wheels* abrichten
trueness *n* QUAL Richtigkeit *f*
truer *n* PROD ENG Abrichter *m*
truing *n* CER & GLAS Einschleifen *nt*, MECHAN ENG *of grinding wheels* Abrichten *nt*, PROD ENG Abdrehen *nt*, Auswuchten *nt*; ~ **attachment** *n* MECHAN ENG Abdrehvorrichtung *f*; ~ **wheel** *n* MECHAN ENG Abrichtscheibe *f*
truncate *vt* COMP & DP abschneiden, abstreifen, GEOM abschneiden, PROD ENG abstechen
truncated: ~ **cone** *n* GEOM abgeschnittener Kegel *m*, PROD ENG Kegelstumpf *m*; ~ **cone point** *n* MECHAN ENG *screw* Kegelspitze *f*; ~ **pyramid** *n* GEOM abgeschnittene Pyramide *f*, abgestumpfte Pyramide *f*
truncating *n* GEOM Abschneiden *nt*
truncation *n* COMP & DP Abschneide- *pref*, Abschneiden *nt*, MATH Abrundung *f*, Diskretisierung *f*, Quantisierung *f*, Rundung *f*; ~ **condition** *n* CONTROL Abbruchbedingung *f*, Abbruchzustand *m*; ~ **error** *n* COMP & DP Abbruchfehler *m*, Abschneidefehler *m*, Verfahrensfehler *m*
trundle: ~ **wheel** *n* PROD ENG Triebstockzahnrad *nt*
trunk *n* AIR TRANS *AmE (cf boot BrE)* Schutzmanschette *f*, AUTO *AmE (cf boot BrE)* Kofferraum *m*, COMP & DP *AmE (cf bus BrE)* Bus *m*, Multiplexleitung *f*, Vielfachleitung *f*, Übertragungsweg *m*, TELECOM Amtsleitung *f*, Amtsverbindungsleitung *f*, Fernmeldelinie *f*; ~ **cable** *n* ELEC ENG Fernverbindungskabel *nt*, Verbindungsleitungskabel *nt*, TELECOM *telephone* Fernkabel *nt*, Fernverbindungskabel *nt*, Programmzuführungskabel *nt*; ~ **call** *n BrE (cf toll call AmE)* TELECOM Ferngespräch *nt*; ~ **distribution frame** *n (TDF)* TELECOM Fernleitungshauptverteiler *m (FHV)*; ~ **exchange** *n BrE (cf toll exchange AmE)* TELECOM FVSt, Fernamt *nt*, Fernvermittlung *f*, Fernvermittlungsstelle *f*; ~ **feeder** *n* ELECT *supply* Verbindungsspeiseleitung *f*; ~ **line** *n* ELECT Verbindungsleitung *f*, RAIL Fernstrecke *f*; ~ **main** *n* ELECT Hauptnetzleitung *f*; ~ **network** *n* TELECOM Fernleitungsnetz *nt*, Fernnetz *nt*; ~ **offer** *n* TELECOM Aufschalten *nt*; ~ **piston engine** *n* AUTO, WATER TRANS Tauchkolbenmotor *m*; ~ **road** *n BrE* TRANS Bundes-

straße *f*; ~ **switching** *n* TELECOM Fernvermittlung *f*; ~ **switching center** *n AmE*, ~ **switching centre** *n BrE* TELECOM FVSt, Fernvermittlungsstelle *f*; ~ **switching exchange area** *n* TELECOM Bereich eines Fernamts *m*; ~ **transit exchange** *n* TELECOM Transitfernamt *nt*

trunking *n* ELEC ENG Fernleitungsbetrieb *m*, TELECOM Bündelfunk *m*, Kanalbündelung *f*; ~ **network** *n* TELECOM Fernnetz *nt*

trunks: **all ~ busy** *phr (ATB)* TELECOM alle Leitungen belegt

trunnion *n* AUTO *universal joint* Drehzapfen *m*, Lagerzapfen *m*, COAL TECH Drehzapfen *m*, MECHANICS Achse *f*, Lagerzapfen *m*, Schildzapfen *m*, Tragzapfen *m*, NUC TECH *pin* Drehzapfen *m*, PROD ENG Zapfen *m*; ~ **mounting** *n* MECHAN ENG Zapfenlagerung *f*

truss[1] *n* CONST Dachstuhl *m*, Dachbinder *m*, Fachwerk *nt*; ~ **bridge** *n* CONST Fachwerkbrücke *f*; ~ **head** *n* PROD ENG Flachrundkopf *m*

truss[2] *vt* PROD ENG absteifen

trussed: ~ **beam** *n* CONST Fachwerkträger *m*, unterspannter Balken *m*; ~ **girder** *n* CONST Fachwerkträger *m*; ~ **roof** *n* CONST Fachwerkbinderdach *nt*; ~ **wooden beam** *n* CONST Fachwerkholzträger *m*

trussing *n* CONST Fachwerk *nt*, Unterzug *m*

truth *n* COMP & DP Wahrheit *f*; ~ **table** *n* COMP & DP Funktionstabelle *f*, Wahrheitstabelle *f*

truxillic *adj* CHEMISTRY Truxill- *pref*

truxilline *n* CHEMISTRY Truxillin *nt*

try:[1] ~ **cock** *n* WATER SUP Probierhahn *m*, Wasserstandshahn *m*; **~-out facility** *n* MECHAN ENG Einrichtung für Probebetrieb *f*, Versuchseinrichtung *f*; ~ **square** *n* MECHAN ENG Anschlagwinkel *m*

try[2] *vt* CONST ausprobieren, prüfen

trying: ~ **iron** *n* CER & GLAS Hakeneisen *nt*; ~ **plane** *n* CONST Langhobel *m*

tryptic *adj* CHEMISTRY tryptisch

trysail *n* WATER TRANS *sailing* Treisegel *nt*, Trysegel *nt*

T-screw *n* MECHANICS Knebelschraube *f*

T-slot *n (tee slot)* MECHAN ENG, PROD ENG T-Nut *f (T-förmige Nut)*; ~ **bolt** *n* PROD ENG Anschlagbolzen *m*; ~ **cutter** *n* MECHAN ENG Nutenfräser *m*

T-square *n* ENG DRAW Zeichenschiene *f*, MECHAN ENG Reißschiene *f*

T-tail *n* AIR TRANS *aircraft* T-Leitwerk *nt*

TTC *abbr (tracking telemetry and command)* SPACE *communications* Verfolgungstelemetrie und -steuerung *f*

TTL[1] *abbr (transistor-transistor logic)* COMP & DP, ELECTRON TTL *(Transistor-Transistor-Logik)*

TTL:[2] ~ **metering** *n (through-the-lens metering)* PHOTO TTL-Messung *f (Objektivmessung)*

TTY *abbr (teleprinter BrE, teletypewriter AmE)* COMP & DP, TELECOM FS *(Fernschreiber)*

tub *n* PACK Bottich *m*, PROD ENG Kübel *m*

tube[1] *n* CONST Hülse *f*, Rohr *nt*, Röhre *f*, ELECTRON Röhre *f*, FUELLESS Rohr *nt*, Schlauch *m*, LAB EQUIP Röhrchen *nt*, MECHAN ENG Schlauch *m*, *pipe* Rohr *nt*, Röhre *f*, PHYS *of flow* Flußröhre *f*, RAD TECH Röhre *f*, RAIL *London* U-Bahn *f*; ~ **bend** *n* MECHAN ENG Rohrbogen *m*; ~ **brush** *n* LAB EQUIP Röhrchenbürste *f*, Röhrchenreinigungsbürste *f*; ~ **bundle** *n* NUC TECH *of steam generator* Rohrbündel *nt*; ~ **clip** *n* CONST Rohrschelle *f*; **~-closing machine** *n* PACK Tubenverschließmaschine *f*; ~ **coupling** *n* MECHAN ENG Rohrkupplung *f*; ~ **cutter** *n* LAB EQUIP Röhrchenschneider *m*, MECHAN ENG Rohrabschneider *m*; **~-drawing mandrel** *n* MECHAN ENG Rohrziehdorn *m*; ~ **expander** *n* CONST Rohraufweiter *m*; ~ **extrusion** *n* MECHAN ENG Rohrstrangpressen *nt*; ~ **filling and cleaning machine** *n* PACK Tubenfüll- und-Ausspritzmaschine *f*; ~ **and fin radiator** *n* RAIL Rippenröhrenkühler *m*; ~ **fitting** *n* CONST Rohrverschraubung *f*; ~ **heat exchanger** *n* MECHAN ENG Röhrenwärmeaustauscher *m*; ~ **holder** *n* LAB EQUIP Röhrchenhalter *m*; ~ **mill** *n* COAL TECH Rohrmühle *f*; ~ **neck** *n* TELEV Röhrenhals *m*; ~ **nest** *n* CONST Rohrbündel *nt*, NUC TECH Rohrsatz *m*; ~ **plate** *n* MECHAN ENG Rohrplatte *f*, NUC TECH Rohrboden *m*; ~ **socket** *n* ELEC ENG Röhrenfassung *f*; ~ **steel** *n* METALL Rohrstahl *m*; ~ **thickness gage** *n AmE*, ~ **thickness gauge** *n BrE* NUC TECH Röhrenwanddickenmesser *m*; ~ **train** *n* RAIL Röhren-U-Bahn-Zug *m*; ~ **transportation** *n* RAIL Röhren-U-Bahn-Verkehr *m*; ~ **vehicle** *n* RAIL Röhrenbahnfahrzeug *nt*; ~ **vehicle system** *n (TVS)* RAIL Röhrenbahn *f*; ~ **vice** *n BrE* MECHAN ENG Rohrschraubstock *m*; ~ **vise** *n AmE see tube vice BrE*; ~ **welding** *n* CONST Rohrschweißung *f*; ~ **wrench** *n* MECHAN ENG Rohrschlüssel *m*

tube[2] *vt* PET TECH verrohren

tubeless: ~ **tire** *n AmE*, ~ **tyre** *n BrE* AUTO schlauchloser Reifen *m*

tubing *n* CONST Rohrleitung *f*, Verrohrung *f*, FUELLESS Rohrnetz *nt*, Rohrleitung *f*, MECHAN ENG Schlauchleitung *f*, PET TECH Steigrohr *nt*, Tubing *nt*; ~ **anchor** *n* PET TECH Rohranker *m*, Rohrverankerung *f*; ~ **glass** *n* CER & GLAS Rohrglas *nt*

tubular[1] *adj* PROD ENG rohrförmig

tubular:[2] ~ **air heater** *n* HEAT & REFRIG Röhrenluftvorwärmer *m*; ~ **boiler** *n* FOOD TECH Röhrenkessel *m*; ~ **carbon arc** *n* NUC TECH ringförmiger Kohlelichtbogen *m*; ~ **ceramic capacitor** *n* ELEC ENG keramischer Rohrkondensator *m*; ~ **cooler** *n* FOOD TECH Röhrenkühler *m*; ~ **dryer** *n* TEXT Schlauchtrockenmaschine *f*; ~ **frame** *n* AUTO *motorcycle* Rohrrahmen *m*; ~ **furnace boiler** *n* HYD EQUIP Rohrdampfboiler *m*, Rohrdampfkessel *m*; ~ **heating element** *n* NUC TECH Rohrheizkörper *m*; ~ **incandescent lamp** *n* ELECT Leuchtstoffröhre *f*; ~ **motor** *n* AUTO Polysolenoidmotor *m*; ~ **radiator** *n* AUTO Röhrenkühler *m*; ~ **rivet** *n* MECHAN ENG Rohrniet *nt*; ~ **scaffolding** *n* CONST Stahlrohrgerüst *nt*; ~ **shaft** *n* MECHAN ENG Rohrwelle *f*; ~ **tip** *n* ENG DRAW Zeichenohr *nt*

tubulated *adj* MECHAN ENG mit Ansatzrohr

tuck: **~-in closure** *n* PACK Faltverschluß *m*; **~-in flap** *n* PACK Umschlagklappe *f*

tuckstone *n* CER & GLAS Abschlußstein *m*

tue: ~ **iron** *n* PROD ENG Düse *f*

tufa *n* CONST Kalktuff *m*

tuft *n* TEXT Faserbart *m*, Quaste *f*

tufted: ~ **carpet** *n* TEXT Tufting-Teppich *m*

tug *n* WATER TRANS *type of ship* Schlepper *m*; ~ **boat** *n* MAR POLL Schleppboot *nt*, Schlepper *m*; ~ **and tow** *n* WATER TRANS Schleppzug *m*

tumble *vt* TEXT schnelltrocknen

tumblehome *n* WATER TRANS *shipbuilding* Seiteneinfall *m*

tumbler *n* CONST *lock* Zuhaltung *f*, ELEC ENG Kipphebel *m*, PROD ENG Gußputztrommel *f*; ~ **gear** *n* MECHAN ENG *lathe* Wendeherz *nt*; ~ **lever** *n* MECHAN ENG Kipphebel *m*; ~ **lock** *n* CONST Zuhaltungsschloß *nt*; ~ **switch** *n* ELEC ENG Kippschalter *m*, Kipphebelschalter *m*, Tumblerschalter *m*

tumbling *n* PLAS Trommeln *nt*, PROD ENG Gußputzen *nt*;

~ **station** *n* WASTE Rüttelplatte *f*
tunable: ~ **klystron** *n* SPACE abstimmbarer Klystron *m*; ~ **magnetron** *n* ELECTRON abstimmbares Magnetron *nt*; ~ **oscillator** *n* ELECTRON abstimmbarer Oszillator *m*
tundish *n* PROD ENG Gießwanne *f*
tune *vt* ACOUSTICS stimmen, ELECTRON abstimmen, stimmen, RAD TECH *frequency* abstimmen, TELECOM *receiver* abgleichen, abstimmen, WAVE PHYS *frequency* abstimmen
tuned: ~ **amplifier** *n* ELECTRON Resonanzverstärker *m*; ~ **circuit** *n* ELECTRON abstimmbarer Schwingungskreis *m*, WAVE PHYS abgestimmter Schwingkreis *m*; ~ **filter** *n* ELECTRON abgestimmtes Filter *nt*; ~ **relay** *n* ELECT Tonfrequenzrelais *nt*; ~ **transformer** *n* ELEC ENG Resonanztransformator *m*
tuner *n* RAD TECH Tuner *m*, TELECOM Kanalwähler *m*, Tuner *m*, TELEV Tuner *m*
tungstate *n* CHEMISTRY Wolframat *nt*
tungsten *n (W)* CHEMISTRY Wolfram *nt (W)*; ~ **carbide** *n* MECHAN ENG Hartmetall *nt*, Wolframkarbid *nt*, PET TECH Wolframkarbid *nt*; ~ **carbide tip** *n* MECHAN ENG Hartmetallspitze *f*; ~ **carbide tool** *n* MECHAN ENG Hartmetallwerkzeug *nt*; ~ **filament** *n* ELECT Wolframheizfaden *m*; ~ **inert-gas welding** *n (TIG welding)* MECHANICS Wolframinertgasschweißen *nt*; ~ **spatter** *n* CONST *welding* Wolframspritzer *m*; ~ **steel** *n* METALL Wolframstahl *m*
tungstosilicate *n* CHEMISTRY Wolframatosilicat *nt*
tuning *n* ACOUSTICS Stimmen *nt*, AUTO Motoreinstellung *f*, ELECTRON *music* Stimmen *nt*, *radio* Abstimm- *pref*, Abstimmen *nt*, RAD TECH Abstimmung *f*, TELECOM *receiver* Abgleich *m*, Abstimmung *f*; ~ **capacitor** *n* ELEC ENG Abstimmkondensator *m*; ~ **characteristics** *n pl* RAD PHYS *single frequency laser* Abstimmeigenschaften *f pl*; ~ **circuit** *n* ELEC ENG Abstimmkreis *m*, ELECTRON Abstimmschaltung *f*, TELECOM Abstimmkreis *m*; ~ **dial** *n* RECORD Stimmskale *f*; ~ **fork** *n* ACOUSTICS, PHYS, RECORD, WAVE PHYS Stimmgabel *f*; ~ **indicator** *n* ELECTRON Abstimmanzeige *f*; ~ **range** *n* RAD PHYS *laser dyes* Abstimmbereich *m*; ~ **screw** *n* ELEC ENG, PHYS *waveguide* Abstimmschraube *f*, Einstellschraube *f*
tunnel *n* FUELLESS Tunnel *m*; ~-**boring machine** *n* CONST Tunnelbohrmaschine *f*; ~ **diode** *n* ELECTRON Tunneldiode *f*, PHYS Esaki-Diode *f*, Tunneldiode *f*; ~ **diode amplifier** *n* SPACE Tunneldiodenverstärker *m*; ~ **effect** *n* AIR TRANS Windkanaleinfluß *m*, ELECTRON, PHYS Tunneleffekt *m*; ~ **gate** *n* PLAS Tunnelanguß *m*; ~ **lehr** *n* CER & GLAS Tunnelkühlofen *m*; ~ **vault** *n* CONST Tonnengewölbe *nt*
tunneling *n AmE see tunnelling BrE*
tunnelling *n BrE* CONST Tunnelbau *m*, Untertunnelung *f*, ELECTRON *semiconductors* Tunnelung *f*, TELECOM Tunnelung *f*, Tunnelvorgang *m* ~ **machine** *n BrE* CONST Tunnelbaumaschine *f*; ~ **mode** *n BrE* OPT Tunnelmode *f*, TELECOM Leckmodus *m*; ~ **ray** *n BrE* OPT Tunnelstrahl *m*, TELECOM Leckstrahl *m*; ~ **technique** *n BrE* CONST Tunnelbauverfahren *nt*
tup *n* PROD ENG Fallhammer *m*
turbid: ~ **atmosphere** *n* FUELLESS trübe Atmosphäre *f*; ~ **water** *n* POLL trübes Wasser *nt*
turbidimetry *n* CHEMISTRY Trübungsanalyse *f*, Turbidimetrie *f*
turbidity *n* CHEMISTRY Trübstoffe *m pl*, FUELLESS Trübheit *f*, Trübung *f*, PLAS Trübung *f*; ~ **coefficient** *n* FUELLESS Trübungskoeffizient *m*; ~ **meter** *n* LAB EQUIP Trübungsmesser *m*
turbine *n* AUTO, ELECT, FUELLESS, MECHAN ENG, MECHANICS, WATER TRANS Turbine *f*; ~ **blade** *n* AUTO, FUELLESS, MECHAN ENG Turbinenschaufel *f*, PROD ENG Turbinenlaufschaufel *f*, Turbinenschaufel *f*, WATER TRANS Turbinenschaufel *f*; ~ **building** *n* NUC TECH *power station* Turbinengebäude *nt*, Turbinenhaus *nt*; ~ **bypass system** *n* NUC TECH Bypass-Turbinensystem *nt*; ~ **casing** *n* AUTO, WATER TRANS Turbinengehäuse *nt*; ~ **chamber** *n* HYD EQUIP Turbinenkammer *f*; ~ **chamber of the closed system** *n* HYD EQUIP Turbinenkammer des geschlossenen Typs *f*; ~ **drilling** *n* PET TECH Turbinenbohren *nt*, Turbobohren *nt*; ~ **efficiency** *n* FUELLESS Turbinenleistungsvermögen *nt*; ~ **engine** *n* AUTO, WATER TRANS Turbinenmotor *m*, Turbomotor *m*; ~ **flow meter** *n* INSTR Turbinenzähler *m*, Turbinendurchflußmesser *m*; ~ **house** *n* NUC TECH Turbinenhaus *nt*; ~ **output** *n* FUELLESS Turbinenleistung *f*; ~ **pit** *n* HYD EQUIP Turbinengrube *f*; ~ **propulsion** *n* AUTO, WATER TRANS Turbinenantrieb *m*; ~ **pump** *n* HYD EQUIP, MECHAN ENG Turbinenpumpe *f*; ~ **seating** *n* AUTO, WATER TRANS Turbinenfundament *nt*, Turbinenlagerung *f*; ~ **stage** *n* MECHAN ENG Turbinenstufe *f*; ~ **stop valve** *n* NUC TECH Turbinenabschlußventil *nt*; ~ **vane** *n* MECHAN ENG Turbinenschaufel *f*; ~ **wheel** *n* AUTO, HYD EQUIP, MECHAN ENG, WATER TRANS Turbinenrad *nt*
turbo[1] *adj* AIR TRANS, ELECT, PHYS Turbo- *pref*
turbo:[2] ~-**alternator** *n* ELEC ENG Turbo-Wechselstromgenerator *m*, ELECT Turbo-Alternatorsatz *m*; ~-**electric motor coach** *n* RAIL turboelektrischer Triebwagen *m*; ~-**molecular pump** *n* MECHAN ENG Turbomolekularpumpe *f*
turboblower *n* MECHAN ENG Turbogebläse *nt*
turbocharged: ~ **engine** *n* AUTO, WATER TRANS Motor mit Turboaufladung *m*
turbocharger *n* AUTO, MECHAN ENG, WATER TRANS Turbolader *m*
turbocompressor *n* AUTO Turbokompressor *m*, Turbolader *m*, MECHAN ENG Turboverdichter *m*, WATER TRANS Turbokompressor *m*, Turbolader *m*
turbocruiser *n* WATER TRANS Turbokreuzer *m*
turbodrill *n* PET TECH Turbinenbohranlage *f*, Turbobohranlage *f*
turbofan *n* AIR TRANS Ventilator *m*, Zweistromtriebwerk *nt*; ~ **engine** *n* THERMODYN Zweikreistriebwerk *nt*
turbogenerator *n* ELEC ENG, PHYS Turbogenerator *m*
turbojet *n* AIR TRANS Strahlturbine *f*, TL-Triebwerk *nt*, Turbojet-Flugzeug *nt*, Turbostrahltriebwerk *nt*; ~ **engine** *n* THERMODYN Turboluftstrahltriebwerk *nt*
turboprop *n* AIR TRANS Turbopropflugzeug *nt*
turbopropeller *n* AIR TRANS *engine* Propellerturbine *f*
turbopump *n* MECHAN ENG, SPACE *spacecraft* Turbopumpe *f*, WATER SUP Turbinenpumpe *f*, Turbopumpe *f*
turboramjet *n* AIR TRANS Turbinenstaustrahltriebwerk *nt*
turboseparation *n* FOOD TECH Turboabscheidung *f*
turboshaft: ~ **engine** *n* THERMODYN Turbomotor *m*
turbostapler *n* TEXT Turbostapler *m*
turbosupercharger *n* AUTO Abgasturbolader *m*
turbotop *n* TEXT Turbokammzug *m*
turbotrain *n* RAIL Turbinenzug *m*
turbulence *n* AUTO, FLUID PHYS Turbulenz *f*, FUELLESS Turbulenz *f*, Wirbelströmung *f*, SPACE Turbulenz *f*; ~

chamber *n* AUTO Wirbelkammer *f*; ~ **combustion chamber** *n* AUTO Wirbelkammer *f*; ~**-generating grid** *n* FLUID PHYS turbulenzerzeugendes Gitter *nt*

turbulent[1] *adj* FLUID PHYS turbulent

turbulent:[2] ~ **boundary layer** *n* FLUID PHYS turbulente Grenzschicht *f*; ~ **diffusion** *n* NUC TECH turbulente Diffusion *f*; ~ **energy** *n* FLUID PHYS turbulente Energie *f*; ~ **flow** *n* FLUID PHYS, PHYS turbulente Strömung *f*; ~ **plug** *n* FLUID PHYS Turbulenzballen *m*; ~ **re-attachment** *n* FLUID PHYS turbulentes Wiederanlegen *nt*; ~ **separation** *n* FLUID PHYS turbulente Ablösung *f*; ~ **spot** *n* FLUID PHYS turbulenter Fleck *m*

turgor *n* FOOD TECH Turgordruck *m*

Turing: ~ **machine** *n* COMP & DP Turingmaschine *f*; ~ **test** *n* COMP & DP Turingtest *m*

turmeric *n* CHEMISTRY Curcuma *f*

turn:[1] ~**-off** *adj* CONTROL Ausschalt- *pref*; ~**-on** *adj* COMP & DP, ELEC ENG, PROD ENG, TELEV Einschalt- *pref*

turn[2] *n* ELEC ENG *coil, winding* Umlage *f*, *rotation* Drehung *f*, ELECT Windung *f*, *coil* Wicklung *f*, MECHAN ENG Umdrehung *f*, *winding* Windung *f*, PAPER Umdrehung *f*, PHYS Drehung *f*, Umdrehung *f*, Windung *f*, SPACE Umdrehung *f*, WATER TRANS *ropes* Törn *m*, Windung *f*; ~**-and-bank indicator** *n AmE (cf bank-and-pitch indicator BrE)* AIR TRANS kombinierter Querneigungs- und Steigungsanzeiger *m*; ~ **bridge** *n* CONST, MECHAN ENG Drehbrücke *f*; ~ **mold blowing** *n AmE*, ~ **mould blowing** *n BrE* CER & GLAS Wendeformblasverfahren *nt*; ~**-off** *n* ELEC ENG *lamp* Ausschalten *nt*, *power supply* Abschaltung *f*; ~**-off delay** *n* CONTROL Abschaltverzögerung *f*, Ausschaltverzögerung *f*; ~**-off pulse** *n* ELECTRON Abschaltimpuls *m*; ~**-off time** *n* CONTROL Abschaltzeit *f*, Ausschaltzeit *f*, ELEC ENG Abschaltzeit *f*; ~**-on** *n* ELEC ENG *lamp* Einschalten *nt*, *power supply* Anschalten *nt*, *transition to on state* Anschalten *nt*; ~**-on delay** *n* CONTROL Einschaltverzögerung *f*; ~**-on pulse** *n* ELECTRON Einschaltimpuls *m*; ~**-on time** *n* CONTROL, ELEC ENG, ELECTRON Einschaltzeit *f*; ~**-over** *n* CER & GLAS Wenden *nt*; ~ **pin** *n* CONST Drehstift *m*; ~ **of the tide** *n* WATER TRANS Flutwechsel *m*, Gezeitenwechsel *m*

turn[3] *vt* MECHAN ENG drehen, rotieren, *wood* drechseln, WATER TRANS *ship* drehen, wenden; ~ **off** *vt* ELEC ENG *lamp* ausschalten, *power supply* abschalten, WATER SUP *tap* abdrehen; ~ **on** *vt* ELEC ENG *lamp* einschalten, *power supply* anschalten, WATER SUP *tap* aufdrehen, *water* aufdrehen

turn[4] *vi* WATER TRANS *ship* drehen, wenden; ~ **turtle** *vi* WATER TRANS voll durchkentern

turnaround *n AmE see turnround BrE*

turnbuckle *n* CONST Spannschloß *nt*, Vorreiber *m*, MECHAN ENG Spannschloß *nt*, MECHANICS Spannschraube *f*, Spannwirbel *m*, PROD ENG Spannschloß *nt*, WATER TRANS *rigging* Spannschraube *f* ~ **sleeve** *n* MECHAN ENG Spannschloßmutter *f*

turned: ~ **comma** *n* PRINT Hochkomma *nt*, einzelnes Anführungszeichen *nt*; ~ **part** *n* MECHAN ENG Drehteil *nt*, gedrehtes Teil *nt*; ~ **rim** *n* CER & GLAS gedrehter Rand *m*; ~ **washer** *n* MECHAN ENG gedrehte Scheibe *f*

turner *n* MECHAN ENG *person operating lathe* Dreher *m*, *wood turner* Drechsler *m*

turning *n* CONST *crane* Drehen *nt*, MECHAN ENG *lathe* Drehen *nt*, *wood* Drechseln *nt*, TRANS Abbiege- *pref*, Abbiegespur *f*, Kurve *f*, Schleife *f*, Wenden *nt*, Wendung *f*; ~ **attachment** *n* MECHAN ENG *lathe* Abdrehvorrichtung *f*; ~ **basin** *n* WATER TRANS *port* Wendebecken *nt*; ~ **between centers** *n AmE*, ~ **between centres** *n BrE* MECHAN ENG Spitzendrehen *nt*; ~ **bridge** *n* CONST Drehbrücke *f*; ~ **circle** *n* WATER TRANS *ship* Drehkreis *m*; ~ **diamonds** *n pl* MECHAN ENG Drehdiamanten *m pl*; ~ **gear** *n* NUC TECH *turbine rotor* Drehvorrichtung *f*, WATER TRANS *engine* Drehvorrichtung *f*, Törnvorrichtung *f*; ~ **lathe** *n* MECHAN ENG Drehmaschine *f*; ~ **moment** *n* MECHAN ENG Drehmoment *nt*; ~ **movements** *n pl* TRANS Abbiegeströme *m pl*; ~ **point** *n* CONST Wendepunkt *m*, GEOM *of curve* Extrempunkt *m*; ~ **rest** *n* MECHAN ENG *lathe* Handauflage *f*; ~ **saw** *n* MECHAN ENG Schweifsäge *f*; ~ **tool** *n* MECHAN ENG *lathe* Drehmeißel *m*; ~ **tool with carbide tip** *n* MECHAN ENG hartmetallbestückter Drehstahl *m*; ~ **traffic** *n* TRANS abbiegender Verkehr *m*

turnings *n pl* MECHAN ENG Drehspäne *m pl*

turnkey[1] *adj* CONST schlüsselfertig

turnkey:[2] ~ **installation** *n* MECHAN ENG schlüsselfertiger Einbau *m*; ~ **project** *n* MECHAN ENG schlüsselfertiges Projekt *nt*; ~ **system** *n* COMP & DP schlüsselfertiges System *nt*

turnout *n* CONST Abzweigung *f*, Ausweichstelle *f*, RAIL Ausweichgleis *nt*, Ausweichstelle *f*, Weiche *f*; ~ **side** *n* RAIL Weichenseite *f*

turnpike *n AmE (cf toll road)* TRANS Zollschranke *f*, gebührenpflichtige Autobahn *f*, gebührenpflichtige Straße *f*

turnround *n BrE* AIR TRANS Umdrehung *f*, Wenden *nt*; ~ **document** *n BrE* COMP & DP Kreisverkehrsdokument *nt*; ~ **time** *n BrE* COMP & DP Durchlaufzeit *f*, Umschaltzeit *f*, CONTROL Durchlaufzeit *f*, NUC TECH Abschaltzeit *f*, RAIL Umlaufzeit *f*, TELECOM Durchlaufzeit *f*

turns: ~ **per inch** *n pl* TEXT Drehungen pro Zoll *f pl*; ~ **per meter** *n pl AmE*, ~ **per metre** *n pl BrE* TEXT Drehungen pro Meter *f pl*; ~ **per unit length** *n pl (n)* ELECT Windungszahl pro Längeneinheit *f (n)*; ~ **ratio** *n* AUTO Wicklungsverhältnis *nt*, Windungszahlverhältnis *nt*, ELEC ENG Windungszahlverhältnis *nt*, Übersetzungsverhältnis *nt*, ELECT Windungsverhältnis *nt*, PHYS Windungsverhältnis *nt*, Windungsübersetzung *f*

turnscrew *n* MECHAN ENG *screwdriver* Schraubendreher *m*, Schraubenzieher *m*; ~ **bit** *n* MECHAN ENG Schraubendrehereinsatz *m*

turnstile *n* PROD ENG Drehkreuz *nt*

turntable *n* ACOUSTICS Drehteller *m*, Plattenteller *m*, CONTROL Drehkranz *m*, Drehplatte *f*, Drehtisch *m*, MECHANICS Drehtisch *m*, RAIL Drehscheibe *f*, RECORD Plattenteller *m*; ~ **bridge** *n* TRANS schwenkbares Brückenteil *nt*; ~ **feed** *n* PACK Drehtischzuführung *f*; ~ **wow** *n* RECORD Jaulen des Plattentellers *nt*

turpentine *n* PLAS *paint raw material* Terpentin *nt*

turret *n* MECHAN ENG *lathe* Revolverkopf *m*, *machine tool* Mehrmeißelhalter *m*, MECHANICS Drehkopf *m*, Revolverkopf *m*, PROD ENG Drehkuppel *f*, Revolverkopf *m*; ~ **head** *n* MECHAN ENG *lathe* Revolverkopf *m*; ~ **head indexing position** *n* PROD ENG Revolverkopfschaltstellung *f*; ~ **lathe** *n* MECHAN ENG Revolverdrehmaschine *f*, Revolverkopfdrehmaschine *f*, MECHANICS Revolverdrehbank *f*; ~ **slide** *n* MECHAN ENG Revolverschieber *m*; ~**-type drilling machine** *n* MECHAN ENG Revolverbohrmaschine *f*, Revolverkopfbohrmaschine *f*

tusk *n* CONST Brustzapfenaufwölbung *f*, eingezapfter Mauerstein *m*; ~ **tenon joint** *n* CONST Brustzapfenverbindung *f*

tutorial *n* COMP & DP *part of computer program* Lernprogramm *nt*

tuyere *n* PROD ENG Düse *f*

TV *abbr (television)* TELEV TV *(Fernsehen)*

TVI *abbr (television interference)* TELEV TVI *(Fernsehstörung)*

TVP *abbr (textured vegetable protein)* FOOD TECH TPP *(texturiertes Pflanzenprotein)*

TVS *abbr (tube vehicle system)* RAIL Röhrenbahn *f*

tweel: ~ **block** *n* CER & GLAS Verschlußstein *m*

tweendeck *n* WATER TRANS *shipbuilding* Zwischendeck *nt*

tweeter *n* RECORD Hochtonlautsprecher *m*

tweezers *n pl* CER & GLAS, LAB EQUIP Pinzette *f*

twilight: ~ **shot** *n* PHOTO Halbdunkelaufnahme *f*

twill *n* TEXT Köper *m*, Twill *m*

twin[1] *adj* AIR TRANS, ELEC ENG, PACK Doppel- *pref*; ~**-engined** *adj* MECHAN ENG zweimotorig

twin[2] *n* METALL Doppelkristall *m*, Zwilling *m*; ~ **bagging system** *n* PACK Doppelabsacksystem *nt*; ~**-barreled carburetor** *n AmE*, ~**-barrelled carburettor** *n BrE* AUTO Doppelkörpervergaser *m*; ~ **bore** *n* MECHAN ENG Doppelbohrung *f*; ~ **boundary** *n* METALL Zwillingsgrenze *f*; ~ **broaching** *n* MECHAN ENG Zwillingsräumen *nt*; ~ **cable** *n* ELEC ENG Zwillingskabel *nt*, paarverseiltes Kabel *nt*; ~ **carburetor** *n AmE*, ~ **carburettor** *n BrE* AUTO Doppelvergaser *m*; ~**-choke carburetor** *n AmE*, ~**-choke carburettor** *n BrE* AUTO Doppelvergaser *m*; ~ **cock** *n* WATER SUP Zwillingshahn *m*; ~ **ends** *n pl* TEXT Doppelkettfäden *m pl*; ~ **engine** *n* AIR TRANS Zwillingstriebwerk *nt*; ~**-engine jet aircraft** *n* AIR TRANS Zwillingstriebwerksdüsenjet *m*; ~ **engines** *n pl* MECHAN ENG Zwillingsmotor *m*; ~ **grinder** *n* CER & GLAS Doppelbandschleifmaschine *f*; ~**-ground plate** *n* CER & GLAS zweiseitig geschliffenes Tafelglas *nt*; ~**-hull ship** *n* WATER TRANS Katamaran *m*; ~**-interlaced scanning** *n* TELEV Doppelzeilensprungabtastung *f*; ~**-jet injection nozzle** *n* AUTO zweistrahlige Einspritzdüse *f*; ~ **lamella** *n* METALL Zwillingslamelle *f*; ~**-lens reflex** *n* PHOTO zweiäugige Spiegelreflexkamera *f*; ~**-lens reflex camera** *n* PHOTO zweiäugige Spiegelreflexkamera *f*; ~**-line brake** *n* AUTO Zweileitungsbremse *f*; ~ **magazine** *n* PHOTO Doppelkassette *f*; ~ **pack** *n* PACK Doppelpackung *f*; ~ **paradox** *n* PHYS Zwillingsparadoxon *nt*; ~ **piston** *n* AUTO, MECHAN ENG Doppelkolben *m*; ~**-piston engine** *n* AUTO Doppelkolbenmotor *m*; ~ **polisher** *n* CER & GLAS Doppelbandpoliermaschine *f*; ~ **polishing** *n* CER & GLAS Doppelbandpolieren *nt*; ~ **propellers** *n pl* WATER TRANS *propulsion* Doppelschrauben *f pl*; ~**-reactor station** *n* NUC TECH Zwillingsreaktoranlage *f*; ~**-ribbon cable** *n* AUTO Zweibandkabel *nt*; ~**-screw extruder** *n* PLAS, WASTE Doppelschneckenextruder *m*; ~**-screw lathe** *n* MECHAN ENG Zweispindeldrehmaschine *f*; ~**-screw steamer** *n* WATER TRANS Doppelschraubendampfer *m*; ~**-spar vertical fin** *n* SPACE *spacecraft* zweiholmige Seitenflosse *f*; ~**-spindle lathe** *n* MECHAN ENG Zweispindeldrehmaschine *f*; ~**-stroke engine** *n* MECHAN ENG Zweitaktmotor *m*, Zweitakter *m*; ~**-tail unit** *n* AIR TRANS Doppelleitwerk *nt*; ~**-T network** *n* ELEC ENG Doppel-T-Netz *nt*; ~ **track** *n* RECORD Doppelspur *f*; ~**-track recorder** *n* RECORD Doppelspur-Aufnahmegerät *nt*; ~ **tunnel** *n* RAIL Zwillingstunnel *m*; ~ **wheels** *n pl* AIR TRANS *undercarriage* Zwillingsräder *nt pl*

twine *n* TEXT Bindfaden *m*, einfacher Zwirn *m*

twinning *n* METALL Zwillingsbildung *f*; ~ **plane** *n* METALL Zwillingsfläche *f*; ~ **shear** *n* METALL Zwillingsscheren *nt*; ~ **system** *n* METALL Zwillingssystem *nt*

twins *n pl* CER & GLAS Doppellinse *f*

twist[1] *n* MECHAN ENG Drall *m*, Verdrehung *f*, Verdrillung *f*, TEXT Drall *m*, Zwirn *m*; ~ **bit** *n* MECHAN ENG Spiralbohrer *m*; ~ **drill** *n* MECHAN ENG, MECHANICS Spiralbohrer *m*; ~ **drill grinder** *n* MECHAN ENG Spiralbohrerschleifmaschine *f*; ~ **drill with parallel shank** *n* MECHAN ENG Spiralbohrer mit Zylinderschaft *m*; ~ **drill with straight shank** *n* MECHAN ENG Spiralbohrer mit Zylinderschaft *m*; ~ **factor** *n* TEXT Drehungsbeiwert *m*; ~ **of the field lines** *n* NUC TECH Verdrehung der Feldlinien *f*; ~ **gimlet** *n* CONST Drehbohrer *m*; ~ **grip** *n* AUTO *motorcycle* Drehgriff *m*; ~ **with shear** *n* NUC TECH Verdrehung mit Scherung *f*

twist[2] *vt* CONST verdrehen, verdrillen

twisted:[1] ~ **pair** *adj* COMP & DP verdrillt; ~ **together** *adj* TELECOM zusammengedreht

twisted:[2] ~ **pair** *n* ELEC ENG Twisted-Pair *nt*; ~ **pair cable** *n* COMP & DP Torsionkabel *nt*, Torsionskabel *nt*, verdrilltes Adernpaar *nt*, TELECOM paarverseiltes Kabel *nt*; ~ **pair flat cable** *n* ELEC ENG Twisted-Pair Flachkabel *nt*; ~ **waveguide** *n* ELEC ENG verdrillter Hohlleiter *m*

twister *n* AUTO Gelenkfahrzeug *nt*, TEXT Zwirnmaschine *f*

twisting *n* CER & GLAS *glass fibres* Zwirnen *nt*, *tubes* Biegen *nt*, FLUID PHYS *background vorticity* Verwinden *nt*, MECHAN ENG Verdrehen *nt*; ~ **closure** *n* PACK Schraubverschluß *m*; ~ **moment** *n* MECHAN ENG Verdrehmoment *nt*; ~ **strain** *n* METALL Drehbeanspruchung *f*, Verdrehverformung *f*

TWM *abbr (traveling wave maser AmE, travelling wave maser BrE)* ELECTRON Wanderfeldmaser *m*

two:[1] ~**-color** *adj AmE*, ~**-colour** *adj BrE* ELECTRON, OPT Zweifarbe- *pref*, PRINT Zweifarbe- *pref*, zweifarbig; ~**-cylinder** *adj* AUTO, MECHAN ENG Zweizylinder- *pref*; ~**-dimensional** *adj* COMP & DP, GEOM, PHYS zweidimensional; ~**-disc** *adj BrE* AUTO, PROD ENG Zweischeiben- *pref*; ~**-disk** *adj AmE see two-disc BrE*; ~**-frequency** *adj* RAD TECH, TELECOM Zweifrequenz- *pref*; ~**-pack** *adj* PLAS, SPACE Zweikomponenten- *pref*; ~**-phase** *adj* AIR TRANS Zweiphasen- *pref*, ELEC ENG Zweiphasen-*pref*, zweiphasig, ELECT zweiphasig, NUC TECH, TRANS Zweiphasen- *pref*; ~**-step** *adj* AUTO, IND PROCESS Zweipunkt- *pref*; ~**-way** *adj* AUTO, MECHAN ENG, PHYS, WATER SUP Zweiweg- *pref*; ~**-wheeled** *adj* MECHAN ENG zweirädrig

two[2] *n* MATH Zwei *f*; ~**address instruction** *n* COMP & DP Zweiadreßbefehl *m*; ~**-axis plotter** *n* INSTR Koordinatenschreiber *m*, xy-Schreiber *m*; ~**-bath method of decontamination** *n* NUC TECH Zweibadverfahren der Dekontaminierung *nt*; ~**-bath process** *n* PRINT Zweibadverfahren *nt*; ~**-bath toning** *n* PHOTO Zweibadtonung *f*; ~**-bolted flange** *n* MECHAN ENG Zweischraubflansch *m*; ~**-button mouse** *n* COMP & DP Maus mit zwei Tasten *f*; ~**-cell capacitor** *n* ELECT Doppelzellenkondensator *m*; ~**-circle instrument** *n* NUC TECH *X-ray crystallography* Zweikristall-Spektrometer *nt*; ~**-circuit ignition system** *n* AUTO Zweikreiszündanlage *f*; ~**-circuit nuclear power plant** *n* NUC TECH Kernkraftwerk mit zwei Kühlkreisen *nt*; ~**-color press** *n AmE*, ~**-colour press** *n BrE* PRINT

Zweifarbendruckmaschine *f*; **~-contact connector** *n* ELECT Doppelstift-Steckverbindung *f*; **~-contact regulator** *n* AUTO Zweikontaktregler *m*; **~-cylinder press** *n* PRINT Zweizylinderdruckmaschine *f*; **~-disc clutch** *n BrE* AUTO Zweischeibenkupplung *f*; **~-disk clutch** *n AmE see two-disc clutch BrE*; **~-electron innermost shell** *n* NUC TECH innerste Schale mit zwei Elektronen *f*; **~-electron problem** *n* NUC TECH Zwei-Elektronen-Problem *nt*; **~-element relay** *n* ELECT Doppelelementrelais *nt*, Doppelkontaktrelais *nt*; **~-frequency channel** *n* TELECOM Duplex-Sprechweg *m*; **~-frequency channeling plan** *n AmE*, **~-frequency channelling plan** *n BrE* TELECOM Zweifrequenzkanalbelegungsplan *m*; **~-frequency radio relay system** *n* TELECOM Zweifrequenzrichtfunksystem *nt*; **~-frequency signaling** *n AmE*, **~-frequency signalling** *n BrE* TELECOM Zweifrequenztonwahl *f*; **~-frequency simplex** *n* TELECOM Simplex auf zwei Frequenzen *nt*; **~-high mill** *n* PROD ENG Duowalzwerk *nt*; **~-jaw chuck** *n* MECHAN ENG, PROD ENG Zweibackenfutter *nt*; **~-leg manometer** *n* INSTR zweischenkliges Manometer *nt*; **~-nucleon system** *n* NUC TECH Zwei-Nukleonen-System *nt*; **~-pack adhesive** *n* PLAS Reaktionskleber *m*; **~-pack primer** *n* PLAS *paint* Zweikomponenten-Primer *m*; **~-phase alternator** *n* ELECT zweiphasiger Alternator *m*; **~-phase carburetor** *n AmE*, **~-phase carburettor** *n BrE* AUTO Zweistufenvergaser *m*; **~-phase controller** *n* TRANS *traffic* Zweiphasenkontrollgerät *nt*; **~-phase cooling** *n* NUC TECH Zweiphasenkühlung *f*; **~-phase current** *n* ELEC ENG Zweiphasenstrom *m*; **~-phase flow** *n* FLUID PHYS Zweiphasenströmung *f*; **~-phase machine** *n* ELEC ENG Zweiphasenmaschine *f*; **~-phase motor** *n* ELEC ENG, ELECT Zweiphasenmotor *m*; **~-phase network** *n* ELECT zweiphasiges Netz *nt*; **~-phase reactor** *n* NUC TECH Zweiphasenreaktor *m*; **~-phase rotor** *n* ELEC ENG Zweiphasenläufer *m*, Zweiphasenrotor *m*; **~-phase rotor winding** *n* ELEC ENG Zweiphasenrotorwicklung *f*; **~-phase stator** *n* ELEC ENG Zweiphasenstator *m*; **~-phase stator winding** *n* ELEC ENG Zweiphasenstatorwicklung *f*; **~-phase system** *n* ELEC ENG Zweiphasensystem *nt*, ELECT zweiphasiges System *nt*; **~-piece connector** *n* ELEC ENG zweiteiliger Steckverbinder *m*, zweiteiliger Verbinder *m*; **~-piece drive shaft** *n* AUTO zweiteilige Antriebswelle *f*; **~-piece propeller shaft** *n* AUTO zweiteilige Kardanwelle *f*; **~-pin plug** *n* ELEC ENG Zweipolstecker *m*, zweipoliger Stecker *m*; **~-plate clutch** *n* AUTO Zweischeibenkupplung *f*; **~-plus-one address instruction** *n* COMP & DP Zwei-plus-Eins-Adreßbefehl *m*; **~-ply yarn** *n* TEXT Doppelgarn *nt*; **~-pole motor** *n* ELECT Zweipolmotor *m*; **~-pole switch** *n* ELEC ENG zweipoliger Schalter *m*; **~-pole system** *n* ELECT *electric motor* Zweipolsystem *nt*; **~-port network** *n* ELEC ENG Vierpol *m*; **~-position controller** *n* IND PROCESS Zweipunktregler *m*; **~-revolution press** *n* PRINT Zweitourenmaschine *f*, Zweitourenpresse *f*; **~-sided disc** *n BrE* OPT doppelseitige Scheibe *f*; **~-sided disk** *n AmE see two-sided disc BrE;* **~ sidedness** *n* PAPER Zweiseitigkeit *f*; **~-speed filling** *n* PACK Zweigangabfüllung *f*; **~-speed final drive** *n* AUTO Zweigangachsantrieb *m*; **~-stage compressor** *n* MECHAN ENG zweistufiger Kompressor *m*, zweistufiger Verdichter *m*; **~-stage fuel filter** *n* AUTO Kraftstoffdoppelfilter *nt*; **~-stage relay** *n* ELECT Zweistufenrelais *nt*; **~-start screw** *n* MECHAN ENG Schraube mit zweigängigem Gewinde *f*; **~-start thread** *n* MECHAN ENG doppelgängiges Gewinde *nt*, zweigängiges Gewinde *nt*; **~-state register** *n* TELECOM Binärspeicherelement *nt*; **~-step action** *n* IND PROCESS Zweipunktverhalten *nt*; **~-step action element** *n* IND PROCESS Zweipunktglied *nt*; **~-step control** *n* IND PROCESS Zweipunktregelung *f*; **~-step signal** *n* IND PROCESS Zweipunktsignal *nt*; **~-stream instability** *n* NUC TECH zweiteilige Instabilität *f*; **~-stroke engine** *n* AUTO Zweitaktmotor *m*, MECHANICS Zweitaktmotor *m*, Zweitakter *m*, WATER TRANS Zweitaktmotor *m*; **~-stroke oil** *n* AUTO Zweitaktöl *nt*; **~-system contact breaker** *n* AUTO Zweisystemkontaktunterbrecher *m*; **~-table machine** *n* CER & GLAS Doppeltischmaschine *f*; **~-terminal network** *n* PHYS Zweipol *m*; **~-throw pump** *n* MECHAN ENG Zwillingspumpe *f*; **~-to-four wire transition point** *n* TELECOM Gabelpunkt *m*; **~-way cock** *n* MECHAN ENG, WATER SUP Zweiweghahn *m*; **~-way damper valve** *n* AUTO Zweiwegdämpfungsventil *nt*; **~-way feed** *n* ELECT Doppelwegspeisung *f*; **~-way mirror** *n* CER & GLAS Zweiwegspiegel *m*; **~-way pallet** *n* TRANS Zweiwegpalette *f*; **~-way switch** *n* ELECT Wechslerschalter *m*; **~-way tap** *n* LAB EQUIP Zweiweghahn *m*; **~-way valve** *n* HEAT & REFRIG Durchgangsventil *nt*, Zweiwegventil *nt*; **~-wheel grinding machine** *n* MECHAN ENG Zweischeibenschleifmaschine *f*; **~-wire circuit** *n* COMP & DP Zweidrahtleitung *f*, ELECT Doppeldrahtschaltung *f*; **~-wire crosspoint** *n* TELECOM Zweidrahtkoppelpunkt *m*; **~-wire delta network** *n* ELECT zweidrähtiges Dreieck-Stromnetz *nt*; **~-wire network** *n* ELECT zweidrähtiges Stromnetz *nt*; **~-wire switch** *n* TELECOM Zweidrahtvermittlung *f*; **~-wire switching system** *n* TELECOM Zweidraht-Vermittlungssystem *nt*; **~-wire system** *n* ELEC ENG, ELECT, TELECOM Zweidrahtsystem *nt*; **~-zone reactor** *n* NUC TECH Zweizonenreaktor *m*

two's: **~ complement** *n* COMP & DP Zweierkomplement *nt*

two-sided *adj* OPT doppelseitig

TWT[1] *abbr (traveling wave tube AmE, travelling wave tube BrE)* PHYS Kräftedreieck *nt*, RAD TECH Wanderfeldröhre *f*, SPACE Wanderwellenröhre *f*, TELECOM Wanderfeldröhre *f*

TWT:[2] **~ transfer coefficient** *n* SPACE *communications* Übertragungsbeiwert einer Wanderwellenröhre *m*

TWTA *abbr (traveling wave tube amplifier AmE, travelling wave tube amplifier BrE)* ELECTRON, SPACE *communications* WWRV *(Wanderwellenröhrenverstärker)*

tying: **~ closure** *n* PACK Schnürverschluß *m*

tympan *n* PRINT *letterpress* Deckel *m*

tympanus *n* HYD EQUIP Becherschöpfrad *nt*

Tyndall: **~ effect** *n* PHYS Tyndall-Effekt *m*

type:[1] **~-high** *adj* PRINT schrifthoch

type[2] *n* COMP & DP Art *f*, Typ *m*, Type *f*; **~ approval** *n* SPACE Typenabnahme *f*, Typenfreigabe *f*; **~ area** *n* PRINT Satzfläche *f*, Satzspiegel *m*; **~ caster** *n* PRINT Gießmaschine *f*; **~ casting** *n* PRINT Schriftgießen *nt*; **~ family** *n* PRINT Schriftfamilie *f*; **~ form** *n AmE*, **~ forme** *n BrE* PRINT Druckform *f*; **~ foundry** *n* PRINT Schriftgießerei *f*; **~ height** *n* PRINT Schrifthöhe *f*; **~ height gage** *n AmE*, **~ height gauge** *n BrE* PRINT Druckstockhöhenprüfer *m*, Klischeeprüfer *m*; **~ metal** *n* PRINT Letternmetall *nt*, Schriftmetall *nt*; **~ of pile** *n* COAL TECH Pfahlart *f*; **~ planer** *n* PRINT Schrifthobel *m*; **~ sample** *n* QUAL Ausfallmuster *nt*; **~ sample inspection and test report** *n* QUAL Ausfallmuster-Prüfbericht *m*; ~

scale *n* PRINT Typometer *m*, Zeilenmaß *nt*; ~ **size** *n* PRINT *typeface* Schriftgrad *m*, Schriftgröße *f*; ~ **of soil** *n* COAL TECH Bodenart *f*; ~ **test** *n* AIR TRANS *turbine engines* Typenprüfung *f*, QUAL Typprüfung *f*, SPACE Typenprüfung *f*; ~ **test quantity** *n* QUAL Typprüfmenge *f*; ~ **test report** *n* QUAL Typprüfbericht *m*, Typprüfungsprotokoll *nt*; ~ **test sample** *n* QUAL Typprüfmuster *nt*; ~ **verifications and tests** *n pl* QUAL Typprüfungen *f pl*

type[3] *vt* COMP & DP eingeben, schreiben, tippen, PROD ENG Gravuren einsenken

typeface *n* COMP & DP Schriftbild *nt*, Schriftart *f*, PRINT Schrifttype *f*, Schriftart *f*

typeset *vt* PRINT setzen

typesetter *n* PRINT Schriftsetzer *m*, Setzer *m*

typesetting *n* PRINT Satz *m*, Setzen *nt*; ~ **company** *n* PRINT Satzfirma *f*; ~ **galleys** *n pl* PRINT Satzfahnen *f pl*

typestyle *n* COMP & DP Schriftbild *nt*, Schriftart *f*

typewriter *n* COMP & DP Schreibmaschine *f*; ~ **face** *n* PRINT Schreibmaschinenschrift *f*; ~ **paper** *n* PRINT Schreibmaschinenpapier *nt*; ~ **spacing** *n* ENG DRAW Schreibmaschinenzeilenabstand *m*

typo *n* COMP & DP Tippfehler *m*, PRINT Druckfehler *m*, Schreibfehler *m*

typographic: ~ **point** *n* PRINT typographischer Punkt *m*

typography *n* PRINT Typographie *f*

tyre *n BrE* AUTO, RAIL, TRANS Reifen *m*; ~ **groove** *n BrE* RAIL Hohlkehle *f*; ~ **profile** *n BrE* RAIL Reifenprofil *nt*; ~ **tread** *n BrE* AUTO, PLAS Reifenlauffläche *f*; ~ **yarn** *n BrE* TEXT Reifengarn *nt*

tyrosine *n* CHEMISTRY Tyrosin *nt*

U

U[1] *abbr* ACOUSTICS *(volume current)* U *(Volumenstrom)*, OPT *(radiant energy)* U *(Strahlungsenergie)*, THERMODYN *(overall heat transfer coefficient)* U *(Wärmeübertragungskoeffizient)*

U[2] *(uranium)* CHEMISTRY U *(Uran)*

û *abbr (most probable speed)* PHYS û *(wahrscheinlichste Geschwindigkeit)*

UA *abbr* COMP & DP (*user attribute*) Benutzerattribut *nt*, TELECOM (*user agent*) Endsystemteil *nt*

UAX *abbr (unit automatic exchange)* TELECOM Kleinwählerzentrale *f*

U-bar *n* METALL U-Stab *m*

ubitron *n (undulating beam interaction electron tube)* ELECTRON Ubitron *nt*

U-bolt *n* AUTO *suspension, leaf spring* U-Bolzen *m*, CONST Bügelschraube *f*, Bügelbolzen *m*, Hakenbügel *m*, WATER TRANS *shipbuilding* U-Bolzen *m*

U-clamp *n* PROD ENG Gabelspanneisen *nt*

UCV *abbr (upper calorific value)* WASTE höhere Energieleistung *f*

UFO *abbr (unidentified flying object)* SPACE UFO *(nicht identifiziertes Flugobjekt)*

UFR *abbr (urea formaldehyde resin)* ELECT, PLAS, PROD ENG UFH *(Harnstoff-Formaldehydharz)*

UF_6 *abbr (uranium hexafluoride)* NUC TECH UF_6 *(Uranhexafluorid)*

UHF[1] *abbr (ultrahigh frequency)* ELECTRON, RAD TECH, TELECOM, TELEV, WAVE PHYS UHF *(Ultrahochfrequenz)*

UHF:[2] ~ **broadcasting** *n* TELEV UHF-Rundfunk *m*; ~ **converter** *n* TELEV UHF-Konverter *m*; ~ **signal** *n* ELECTRON UHF-Signal *nt*; ~ **signal generator** *n* ELECTRON UHF-Signalgenerator *m*; ~ **tuner** *n* TELEV UHF-Tuner *m*

UHT *abbr (ultrahigh temperature)* FOOD TECH UHT *(Ultrahochtemperatur)*

UIC *abbr (International Railway Union)* RAIL UIC *(Internationaler Eisenbahnverband)*

U-iron *n* METALL U-Eisen *nt*

UJT *abbr (unijunction transistor)* ELECTRON UJT *(Zweizonentransistor)*

ULCC *abbr (ultralarge crude carrier)* PET TECH Ultra-Supertanker *m*

ulexine *n* CHEMISTRY Laburnin *nt*, Sophorin *nt*, Ulexin *nt*

ullage *n* CHEMISTRY Flüssigkeitsverlust *m*, Leckage *f*, FOOD TECH Fehlmenge *f*, Leckage *f*, PET TECH Dampfraum *m*, Freibord *m*, SPACE *spacecraft* Flüssigkeitsschwund *m*

ulmic *adj* CHEMISTRY Ulmin- *pref*

ulmin *n* CHEMISTRY Ulmin *nt*

ulnar *adj* ERGON ulnar

ULSI[1] *abbr (ultralarge-scale integration)* ELECTRON ULSI *(Ultragroßintegration)*

ULSI:[2] ~ **circuit** *n* TELECOM ULSI-Schaltkreis *m*

ultimate[1] *adj* AIR TRANS, INSTR, NUC TECH, PROD ENG, TELECOM, WASTE End- *pref*

ultimate:[2] ~ **bending strength** *n* MECHAN ENG Biegefestigkeit *f*; ~ **breaking strength** *n* MECHAN ENG Bruchfestigkeit *f*, Bruchgrenze *f*; ~ **burn up** *n* NUC TECH Endabbrand *m*; ~ **crushing strength** *n* MECHAN ENG Quetschfestigkeit *f*; ~ **elongation** *n* PLAS Bruchdehnung *f*; ~ **heat sink** *n* NUC TECH totale Wärmesenke *f*; ~ **installation** *n* NUC TECH Endinstallation *f*, Endmontage *f*; ~ **load** *n* COAL TECH Traglast *f*; ~ **magnification** *n* METALL Höchstvergrößerung *f*; ~ **position** *n* INSTR Endstellung *f*; ~ **shearing strength** *n* MECHAN ENG Scherfestigkeit *f*; ~ **storage** *n* WASTE Endlagerung *f*; ~ **strength** *n* CONST Bruchfestigkeit *f*, Bruchzugkraft *f*, MECHAN ENG Zerreißfestigkeit *f*, Zerreißgrenze *f*; ~ **tensile strength** *n* MECHAN ENG Reißfestigkeit *f*, Zugfestigkeit *f*, MECHANICS Zugfestigkeit *f*, METALL Reißfestigkeit *f*, spezifische Bruchfestigkeit *f*, PLAS Zugfestigkeit *f*; ~ **tensile stress** *n* NUC TECH maximale Zugspannung *f*; ~ **vacuum** *n* THERMODYN Endvakuum *nt*; ~ **waste disposal** *n* NUC TECH Endlagerung *f*

ultra[1] *adj* CHEMISTRY, NUC TECH Ultra- *pref*

ultra:[2] ~ **filtration** *n* CHEM ENG Ultrafiltration *f*, CHEMISTRY Ultrafiltration *f*, Ultrafiltrieren *nt*

ultracentrifugation *n* CHEMISTRY, NUC TECH Ultrazentrifugieren *nt*

ultracentrifuge *n* CHEMISTRY, LAB EQUIP Superzentrifuge *f*, Ultrazentrifuge *f*, NUC TECH, PHYS Ultrazentrifuge *f*; ~ **enrichment plant** *n* NUC TECH Anreicherungsanlage mit Ultrazentrifuge *f*

ultracold: ~ **neutron** *n* NUC TECH subthermisches Neutron *nt*

ultrafilter *n* CHEMISTRY Ultrafilter *nt*

ultrafiltrate *n* CHEMISTRY Ultrafiltrat *nt*

ultrafine: ~ **focus** *n* NUC TECH *of X-ray tube* Ultrafeinfokus *m*

ultrahigh[1] *adj* ELECTRON, TELECOM, TRANS Ultrahoch- *pref*

ultrahigh:[2] ~ **accuracy weighing** *n* PACK Präzisionswiegen *nt*, hochgenaue Abwiegung *f*; ~ **frequency** *n (UHF)* ELECTRON, RAD TECH, TELECOM, TELEV, WAVE PHYS Dezimeterwelle *f*, Ultrahochfrequenz *f (UHF)*; ~ **frequency wave** *n* WAVE PHYS Dezimeterwelle *f*, Ultrahochfrequenzwelle *f*; ~ **speed traffic** *n* TRANS Ultrahochgeschwindigkeitsverkehr *m*; ~ **temperature** *n (UHT)* FOOD TECH Ultrahochtemperatur *f (UHT)*; ~ **vacuum** *n* HEAT & REFRIG, PHYS Ultrahochvakuum *nt*

ultralarge: ~ **crude carrier** *n (ULCC)* PET TECH Ultra-Supertanker *m*; **~-scale integration** *n (ULSI)* ELECTRON Ultragroßintegration *f (ULSI)*; **~-scale integration circuit** *n* TELECOM Ultragroßintegration-Schaltkreis *m*

ultralight: ~ **alloy** *n* SPACE Ultraleichtlegierung *f*

ultramarine *n* CHEMISTRY Ultramarin *nt*

ultramicroanalysis *n* NUC TECH Ultramikroanalyse *f*

ultramicroscope *n* CHEMISTRY Ultramikroskop *nt*

ultramicroscopic *adj* CHEMISTRY ultramikroskopisch

ultramicroscopy *n* CHEMISTRY Ultramikroskopie *f*

ultrapasteurization *n* THERMODYN Ultrapasteurisierung *f*

ultrashort: ~ **wave** *n (USW)* RAD TECH, WAVE PHYS Ultrakurzwelle *f (UKW)*
ultrasmooth *adj* COATINGS höchst eben, höchst glatt
ultrasonic[1] *adj (US)* COATINGS Ultraschall- *pref*, ELECT ultrasonisch *(US)*
ultrasonic:[2] ~ **bath** *n* ELECT, LAB EQUIP Ultraschallbad *nt*; ~ **cleaning** *n* RECORD, TELEV Ultraschallreinigung *f*; ~ **detector** *n* TRANS Ultraschalldetektor *m*; ~ **drilling** *n* MECHAN ENG Ultraschallbohren *nt*; ~ **drilling machine** *n* PROD ENG Ultraschallbohrmaschine *f*; ~ **engineering** *n* MECHAN ENG Ultraschalltechnik *f*; ~ **examination** *n* MECHAN ENG Ultraschallprüfung *f*, MECHANICS, NUC TECH Ultraschallprüfung *f*, Ultraschalluntersuchung *f*; ~ **frequency** *n* ACOUSTICS, PHYS Ultraschallfrequenz *f*, Überschallfrequenz *f*; ~ **fuel atomizer** *n* TRANS Ultraschallkraftstoffzerstäuber *m*; ~ **generator** *n* RAD PHYS Ultraschallgenerator *m*; ~ **hazard** *n* SAFETY Gefahr durch Ultraschall *f*; ~ **machining** *n* MECHAN ENG *of metals*, NUC TECH Ultraschallbearbeitung *f*, PROD ENG Ultraschallzerspanung *f*, RAD PHYS Ultraschallbearbeitung *f*; ~ **materials testing** *n* MECHAN ENG Ultraschallmaterialprüfung *f*; ~ **probe** *n* CONST Ultraschallsonde *f*, RAIL Ultraschallprüfung *f*; ~ **removal** *n* MECHAN ENG Ultraschallabtragung *f*; ~ **sealing** *n* THERMODYN Ultraschallschweißen *nt*; ~ **soldering** *n* MECHAN ENG Ultraschallötung *f*; ~ **sounding** *n* WAVE PHYS Ultraschallortung *f*; ~ **testing** *n* MECHAN ENG, MECHANICS, NUC TECH Ultraschallprüfung *f*; ~ **thickness gage** *n AmE*, ~ **thickness gauge** *n BrE* INSTR Ultraschalldickenmeßgerät *nt*; ~ **transducer** *n* ELECT Ultraschalltransducer *m*; ~ **wave** *n* ELECT, WAVE PHYS Ultraschallwelle *f*; ~ **welding** *n* ELECT, PLAS, THERMODYN Ultraschallschweißen *nt*
ultrasonics *n* ELECT Ultraschall *m*, WAVE PHYS Ultraschalltechnik *f*
ultrasound *n* PHYS Ultraschall *m*, Überschall *m*, RAD PHYS Ultraschall *m*; ~ **generator** *n* LAB EQUIP Ultraschallgenerator *m*; ~ **scan** *n* RAD PHYS Ultraschalluntersuchung *f*
ultratrace *n* CHEMISTRY *analysis* kleinste nachweisbare Spur *f*
ultravacuum *n* THERMODYN Ultrahochvakuum *nt*
ultraviolet[1] *adj (UV)* OPT, PHYS ultraviolett *(UV)*
ultraviolet[2] *n* SPACE Ultraviolett *nt*; ~ **catastrophe** *n* PHYS Ultraviolettkatastrophe *f*; ~ **erasing** *n* COMP & DP Ultraviolettlöschen *nt*; ~ **filter** *n* PHOTO, SAFETY Ultraviolettfilter *nt*; ~ **lamp** *n* LAB EQUIP Ultraviolettlampe *f*; ~ **light** *n* PLAS, RAD PHYS ultraviolettes Licht *nt*; ~ **microscope** *n* RAD PHYS Ultraviolett-Mikroskop *nt*; ~ **mirror** *n* RAD PHYS Ultraviolettspiegel *m*; ~ **photography** *n* RAD PHYS Ultraviolettfotografie *f*; ~ **radiation** *n* FUELLESS, OPT, PHYS, POLL, RAD PHYS, SPACE Ultraviolettstrahlung *f*; ~ **rays** *n pl* OPT, WAVE PHYS Ultraviolettstrahlen *m pl*; ~**visible spectrophotometer** *n* LAB EQUIP ultraviolett sichtbares Spektrofotometer *nt*
umbellic *adj* CHEMISTRY Umbell- *pref*
umbilical: ~ **cable** *n* SPACE Nabelschnur *f*, Versorgungsleitung *f*; ~ **connector** *n* SPACE Nabelschnuranschluß *m*, Versorgungsanschluß *m*; ~ **mast** *n* SPACE Versorgungsmast *m*
umbra *n* OPT Schatten *m*, PHYS Kernschatten *m*, Schatten *m*
umbrella: ~ **isolator** *n* ELECT Pilzisolator *m*; ~ **roof** *n* CONST Pilzdach *nt*
unacceptable[1] *adj* QUAL unannehmbar
unacceptable:[2] ~ **quality** *n* TELECOM inakzeptable Qualität *f*
unambiguously: ~ **marked** *adj* QUAL verwechslungsfrei gekennzeichnet
unamplified: ~ **circuit** *n* TELECOM Leitung ohne Verstärker *f*
unanswered: ~ **call** *n* TELECOM unbeantworteter Anruf *m*
unary[1] *adj* COMP & DP einstellig, monadisch, unär
unary:[2] ~ **operation** *n* COMP & DP einstellige Operation *f*, unäre Operation *f*
unattended[1] *adj* SPACE unbemannt
unattended:[2] ~ **exchange** *n* TELECOM unbemanntes Amt *nt*; ~ **mode** *n* COMP & DP unüberwachter Modus *m*; ~ **operation** *n* COMP & DP automatischer Betrieb *m*, CONTROL unbeaufsichtigter Betrieb *m*; ~ **printing** *n* COMP & DP unüberwachtes Drucken *nt*; ~ **receive** *n* COMP & DP unüberwachtes Empfangen *nt*; ~ **transmit** *n* COMP & DP unüberwachtes Senden *nt*
unauthorized: ~ **access** *n* CONTROL unbefugter Zugang *m*, unbefugter Zugriff *m*
unavailability *n* QUAL Nichtverfügbarkeit *f*; ~ **time** *n* NUC TECH Ausfallzeit *f*
unbalance *n* AUTO Unwucht *f*, MECHAN ENG Ungleichgewicht *nt*, MECHANICS Gleichgewichtsfehler *m*, Unwucht *f*, PROD ENG Wuchtfehler *m*; ~ **voltage** *n* INSTR Brückendiagonalspannung *f*
unbalanced[1] *adj* ELECT unsymmetrisch, MECHAN ENG *wheels* nicht ausgewuchtet, unwuchtig, PROD ENG unausgewuchtet, SPACE unsymmetrisch
unbalanced:[2] ~ **bridge** *n* INSTR unabgeglichene Brücke *f*; ~ **channel** *n* RECORD unausgeglichener Kanal *m*; ~ **filter** *n* RECORD unsymmetrisches Filter *nt*; ~ **input** *n* ELEC ENG unsymmetrischer Eingang *m*; ~ **line** *n* ELEC ENG unsymmetrische Leitung *f*; ~ **output** *n* ELEC ENG, SPACE unsymmetrischer Ausgang *m*; ~ **rudder** *n* WATER TRANS nicht ausgeglichenes Ruder *nt*; ~ **system** *n* TELECOM unsymmetrisches System *nt*; ~ **three-phase system** *n* ELECT unsymmetrisches Drehstromsystem *nt*
unbeveled *adj AmE*, **unbevelled** *adj BrE* PROD ENG nicht abgeschrägt
unbiased[1] *adj* COMP & DP nicht vormagnetisiert, unverzerrt
unbiased:[2] ~-**polarized relay** *n* ELECT gepoltes Relais ohne Vorspannung *nt*
unblanking *n* ELECTRON *cathode ray tube* Hellsteuerung *f*; ~ **circuit** *n* TELEV Nichtaustastschaltung *f*; ~ **pulses** *n pl* TELEV nicht austastende Impulse *m pl*
unbolt *vt* NUC TECH aufschrauben
unbolting *n* MECHAN ENG Losschrauben *nt*
unbonded: ~ **skin** *n* SPACE *spacecraft* Nichtverbundhülle *f*, unverklebte Außenhaut *f*
unbound: ~ **mode** *n* OPT freie Mode *f*, unbeschränkte Mode *f*, ungebundene Mode *f*, TELECOM nicht geführter Modus *m*
unbreakable: ~ **glass** *n* CER & GLAS unzerbrechliches Glas *nt*
unburned: ~ **uranium** *n* NUC TECH nicht verbranntes Uran *nt*
unburnt: ~ **brick** *n* THERMODYN ungebrannter Ziegel *m*
UNC *abbr (Unified National Coarse screw thread AmE)* MECHAN ENG UNC-Grobgewinde *nt*
uncanned: ~ **fuel element** *n* NUC TECH enthülstes Brennelement *nt*

uncertainty *n* COMP & DP Unsicherheit *f*; **~ of measurement** *n* INSTR Meßunsicherheit *f*; **~ principle** *n* PHYS Unbestimmtheitsprinzip *nt*, Unschärferelation *f*; **~ relation** *n* PART PHYS Unbestimmtheitsrelation *f*
uncharged *adj* CHEMISTRY elektrisch neutral, ELECT ungeladen
unclamp *vt* MECHAN ENG ausspannen
unclocked: **~ flip-flop** *n* ELECTRON nicht taktzustandsgesteuerte Kippschaltung *f*
unclutch *vt* AUTO, MECHAN ENG auskuppeln, PROD ENG ausrücken
unclutching *n* MECHAN ENG Auskuppeln *nt*
uncoated[1] *adj* COATINGS unbeschichtet, ungestrichen
uncoated:[2] **~ fuel particle** *n* NUC TECH nicht beschichtetes Brennstoffteilchen *nt*
uncoded *adj* TELECOM *language* offen
uncoiler *n* PROD ENG Abrollhaspel *f*
uncollapsed: **~ cake** *n* TEXT Spulkranz *m*
uncollided: **~ neutron** *n* NUC TECH jungfräuliches Neutron *nt*, unkollidiertes Neutron *nt*
uncommitted: **~ transistor** *n* ELECTRON unspezifischer Transistor *m*
uncompacted: **~ tip** *n* WASTE nicht verdichtete Deponie *f*
unconditional[1] *adj* COMP & DP unbedingt
unconditional:[2] **~ branch** *n* COMP & DP unbedingte Verzweigung *f*; **~ jump** *n* COMP & DP unbedingter Sprungbefehl *m*; **~ statement** *n* COMP & DP unbedingte Anweisung *f*
unconfined: **~ ground water** *n* COAL TECH ungespanntes Grundwasser *nt*; **~ water** *n* WATER SUP ungespanntes Grundwasser *nt*
unconformity *n* PET TECH Diskordanz *f*; **~ trap** *n* PET TECH Diskordanzfalle *f*
uncontrolled: **~ disposal** *n* WASTE ungeordnete Ablagerung *f*; **~ dumping** *n* WASTE ungeordnete Ablagerung *f*; **~ tipping** *n* WASTE ungeordnete Deponie *f*, wilde Müllablagerung *f*
uncorking: **~ machine** *n* PACK Entkorkmaschine *f*
uncorrected: **~ result** *n* METROL unkorrigiertes Ergebnis *nt*
uncouple *vt* RAIL auskuppeln
uncoupling *n* NUC TECH *of control rod* Ausklinken *nt*, RAIL Auskopplung *f*
uncured[1] *adj* PLAS ungehärtet, unvernetzt, unvulkanisiert
uncured:[2] **~ mat** *n* CER & GLAS Rohvlies *nt*
uncut: **~ length** *n* TELECOM ungekürzte Länge *f*; **~ pile** *n* TEXT Schlingenflor *m*
undecanoic *adj* CHEMISTRY Undecan- *pref*
undecomposed *adj* CHEMISTRY unzersetzt
undecylenic *adj* CHEMISTRY Undecen- *pref*, Undecylen- *pref*
undefined: **~ coefficient** *n* METALL unbenannter Koeffizient *m*; **~ error** *n* COMP & DP undefinierter Fehler *m*; **~ key** *n* COMP & DP nicht definierte Taste *f*, undefinierte Taste *f*; **~ record** *n* COMP & DP undefinierter Satz *m*; **~ statement** *n* COMP & DP unbestimmter Befehl *m*, undefinierte Anweisung *f*
under:[1] **~ load** *adj phr* AUTO *engine*, MECHAN ENG unter Last; **not ~ command** *adj (NUC)* WATER TRANS *shiphandling* manövrierunfähig; **~ way** *adj* WATER TRANS auf See, in Fahrt, in See; **~ White Ensign** *adj* WATER TRANS *flags* unter weißer Flagge
under:[2] **~ canvas** *adv* WATER TRANS *sailing* unter Segel; **~ control** *adv* MECHAN ENG unter Kontrolle; **~ steam** *adv* MECHAN ENG unter Dampf; **~ vacuum** *adv* PHYS, THERMODYN evakuiert, unter Vakuum
under:[3] **not-~-command light** *n* WATER TRANS *signal* Fahrtstörungslaterne *f*
underbake *vt* PROD ENG untertrocknen
underbead: **~ crack** *n* NUC TECH Unternahtriß *m*
underbody *n* AUTO Unterboden *m*; **~ protection** *n* AUTO Unterbodenschutz *m*
underbridge *n* CONST Unterführung *f*
underbunching *n* ELECTRON unterkritische Ballung *f*
undercarriage *n* AIR TRANS Fahrwerk *nt*, AUTO *lorries, trucks* Fahrgestell *nt*, MECHAN ENG, SPACE *spacecraft* Untergestell *nt*
underclearance *n* PROD ENG Bodenfreiheit *f*
undercoat *n* CONST *paint* Grundierung *f*, Unterputzschicht *f*
undercompacted[1] *adj* PET TECH unterverdichtet
undercompacted:[2] **~ zone** *n* PET TECH unterverdichtete Zone *f*
undercompaction *n* PET TECH Unterverdichtung *f*
undercool *vt* THERMODYN *steam* unterkühlen
undercurrent *n* FUELLESS Unterstrom *m*, Unterströmung *f*, WATER SUP *of sluice* , WATER TRANS *of sea* Unterströmung *f*; **~ relay** *n* ELECT Unterstromrelais *nt*
undercut[1] *n* CER & GLAS Unterschnitt *m*, MECHAN ENG Hinterschneidung *f*, Unterschneiden *nt*, Unterschneidung *f*, Unterschnitt *m*, *of thread* Auslaufrille *f*, Freistich *m*, PLAS Hinterschneidung *f*, PROD ENG Grundhieb *m*, Kerbe *f*; **~ angle** *n* PROD ENG Spanwinkel *m*
undercut[2] *vt* MECHAN ENG hinterschneiden, unterschneiden
underdamped *adj* INSTR unterdämpft, unterkritisch gedämpft
underdesign *vt* CONST unterdimensionieren
underdevelop *vt* PHOTO unterentwickeln
underexpose *vt* PHOTO unterbelichten
underexposed: **~ picture** *n* PHOTO unterbelichtetes Bild *nt*
underexposure *n* PHOTO Unterbelichtung *f*
underfloor: **~ condenser** *n* NUC TECH *below turbine* Unterflurkondensator *m*; **~ engine** *n* AUTO U-Motor *m*, Unterflurmotor *m*; **~ heating** *n* HEAT & REFRIG, THERMODYN Fußbodenheizung *f*; **~ ventilation** *n* HEAT & REFRIG Unterflurbelüftung *f*
underflow *n* COAL TECH Siebdurchfall *m*, Unterwasser *nt*, COMP & DP Bereichsunterschreitung *f*, Unterlauf *m*, WATER SUP *of sluice* Unterlauf *m*
underframe *n* MECHAN ENG, NUC TECH *of reactor coolant pump*, RAIL Untergestell *nt*
undergrade: **~ crossing** *n* CONST Wegunterführung *f*
underground *n BrE (cf subway AmE)* RAIL Tunnel *m*, U-Bahn *f*, Unterführung *f*; **~ bus** *n* TRANS Untergrundbus *m*; **~ cable** *n* ELEC ENG, ELECT Erdkabel *nt*; **~ cable railroad** *n AmE (cf underground cable railway BrE)* TRANS Standseilbahn *f*; **~ cable railway** *n BrE (cf underground cable railroad AmE)* TRANS Standseilbahn *f*; **~ cabling** *n* CONST Erdverkabelung *f*; **~ chamber** *n* TELECOM *cable* Kabelkeller *m*; **~ depot** *n* WASTE Untertagedeponie *f*; **~ drainage** *n* WATER SUP unterirdische Dränage *f*; **~ gasification** *n* THERMODYN Lagerstättenvergasung *f*; **~ line** *n* ELEC ENG Erdleitung *f*, TELECOM unterirdische Leitung *f*; **~ storage** *n* THERMODYN unterirdische Lagerung *f*, WATER SUP unterirdische Speicherung *f*; **~ tramway** *n* TRANS Unterpflasterstraßenbahn *f*; **~ trolley bus** *n* TRANS Unterpflaster-Omnibus *m*; **~ wastewater disposal** *n*

WATER SUP Abwassereinleitung *f*, Abwasserversenkung *f*; **~ water** *n* POLL Grundwasser *nt*, unterirdisches Wasser *nt*; **~ water flow** *n* POLL Grundwasserstrom *m*
underhung: **~ rudder** *n* WATER TRANS Hängeruder *nt*
underinflation *n* AUTO Reifenunterdruck *m*
underlap *n* TELEV Bildbreiteschrumpfung *f*
underlay *n* TEXT Teppichunterlage *f*
underline *vt* PRINT unterstreichen
underload *n* MECHAN ENG, NUC TECH *of power station* Unterlast *f*; **~ relay** *n* ELECT Unterlastrelais *nt*
undermanned *adj* TRANS personell unterbesetzt
undermining *n* CONST Unterspülung *f*, Unterwaschung *f*
undermoderated[1] *adj* NUC TECH untermoderiert
undermoderated:[2] **~ blanket** *n* NUC TECH *of breeder* untermoderiertes Schutzgas *nt*
undermodulation *n* ELECTRON, RECORD Untermodulation *f*
underpass *n* CONST Unterführung *f*
underpinning *n* CONST Unterfangung *f*
underpressure *n* AUTO, MECHAN ENG, PHYS Unterdruck *m*
under-run: **~ bar** *n* AUTO Unterfahrstoßstange *f*; **~ bumper** *n* AUTO Unterfahrstoßstange *f*; **~ guard** *n* AUTO Unterfahrschutz *m*
undersaturation *n* METALL Untersättigung *f*
undersea: **~ pipeline** *n* TRANS unterseeische Rohrleitung *f*
undersealant *n* AUTO *body* Unterbodenschutz *m*
undershoot[1] *n* AIR TRANS Zukurzkommen *nt*
undershoot[2] *vt* ELECTRON unterschwingen
undersize *n* COAL TECH Untergröße *f*, Untermaß *nt*, *of grain* Unterkorn *nt*, MECHAN ENG Untermaß *nt*, *of sieve* Durchgang *m*
understeer *n* AUTO *steering* Untersteuerung *f*
underswing *n* TELEV Unterschwingen *nt*
undertow *n* WATER TRANS *of sea* Unterstrom *m*, Unterströmung *f*
underwater: **~ atomic explosion** *n* POLL Unterwasser-Atomexplosion *f*; **~ camera** *n* PHOTO Unterwasserkamera *f*; **~ cutting blowpipe** *n* CONST Unterwasserschneidbrenner *m*; **~ housing** *n* PHOTO Unterwassergehäuse *nt*; **~ hull** *n* WATER TRANS *ship design* Unterwasserschiff *nt*; **~ loudspeaker** *n* RECORD Unterwasserlautsprecher *m*; **~ photography** *n* PHOTO Unterwasserfotografie *f*; **~ propagation** *n* TELECOM Unterwasserausbreitung *f*; **~ reactor** *n* NUC TECH Schwimmbadreaktor *m*; **~ welding** *n* THERMODYN Unterwasserschweißen *nt*
underwriting *n* WATER TRANS *insurance* Seeversicherungsgeschäft *nt*
undetected: **~ failure time** *n* NUC TECH Zeit vor Entdecken eines Fehlers *f*
undiluted *adj* CHEMISTRY unverdünnt
undimensioned *adj* ENG DRAW unbemaßt
undipped: **~ fabric** *n* TEXT nicht imprägniertes Gewebe *nt*
undirected: **~ graph** *n* ART INT nicht gerichteter Graph *m*, ungerichteter Graph *m*
undissociated: **~ dislocation** *n* METALL undissoziierte Versetzung *f*
undistorted *adj* ELECTRON unverzerrt
undisturbed: **~ sample** *n* COAL TECH ungestörte Probe *f*
undriven *adj* PROD ENG ohne Antrieb
unducted: **~ fan** *n* AIR TRANS *engine* unverkleideter Ventilator *m*
undulating[1] *adj* PROD ENG, TELECOM wellig
undulating:[2] **~ beam interaction electron tube** *n (ubitron)* ELECTRON Ubitron *nt*; **~ surface** *n* TELECOM wellige Oberfläche *f*
undulation *n* PROD ENG Kurvenwelle *f*
undyed *adj* TEXT ungefärbt
unenriched: **~ uranium** *n* NUC TECH nicht angereichertes Uran *nt*
unequal *adj* MATH ungleich
uneven: **~ temper** *n* CER & GLAS ungleichmäßige Härtung *f*
unevenness: **~ of trackway** *n* RAIL Fahrbahnunstetigkeit *f*
unexposed: **~ film** *n* PHOTO unbelichteter Film *m*
unextruded: **~ butt** *n* PROD ENG Rohlingsrest *m*
UNF *abbr (Unified National Fine screw thread AmE)* MECHAN ENG UNF-Feingewinde *nt*
unfair: **~ competition** *n* PAT unlauterer Wettbewerb *m*
unfavorable *adj AmE*, **unfavourable** *adj BrE* NUC TECH nachteilig, schädlich, ungünstig
unfenced *adj* CONST nicht eingezäunt
unfinished *adj* COATINGS unfertig, unvergütet, MECHAN ENG grob, roh, unbearbeitet
unfired[1] *adj* CER & GLAS, THERMODYN *ceramics* ungebrannt
unfired:[2] **~ tube** *n* ELECTRON nicht gezündete Röhre *f*
unfissioned: **~ nuclear fuel** *n* NUC TECH nicht gespaltener Kernbrennstoff *m*
unfit: **~ for respiration** *adj* SAFETY *air* zu Atemzwecken ungeeignet
unflavored *adj AmE*, **unflavoured** *adj BrE* FOOD TECH fade
unfolding *n* NUC TECH *of spectrum* Auffächern *nt*
unforeseen: **~ interruptions** *n pl* TELECOM unvorhergesehene Unterbrechungen *f pl*
unfurlable: **~ aerial** *n* TELECOM ausfaltbare Antenne *f*; **~ antenna** *n* SPACE entfaltbare Antenne *f*, TELECOM ausfaltbare Antenne *f*
unglazed *adj* CHEMISTRY unglasiert
ungula *n* PROD ENG schief abgeschnittener Zylinder *m*
unhewn *adj* PROD ENG unbehauen
unhook *vt* TELECOM *telephone handset* abnehmen
unhooking *n* MECHAN ENG Aushaken *nt*
uniconductor: **~ waveguide** *n* ELEC ENG Hohlleiter mit nur einem Leiter *m*, einadriger Hohlleiter *m*
unidentified: **~ flying object** *n (UFO)* SPACE nicht identifiziertes Flugobjekt *nt (UFO)*
unidirectional[1] *adj* TELECOM einseitig gerichtet, unidirektional
unidirectional:[2] **~ conduction** *n* ELEC ENG unipolare Leitung *f*; **~ current** *n* ELEC ENG gleichgerichteter Strom *m*, ELECT einseitig gerichteter Strom *m*, einseitiger Strom *m*; **~ microphone** *n* ACOUSTICS, RECORD Richtmikrofon *nt*; **~ transducer** *n* ELEC ENG einseitig gerichteter Transducer *m*
unification *n* ART INT *of variables* Unifikation *f*, Unifizierung *f*
unified: **~ architecture** *n* COMP & DP einheitlicher Aufbau *m*; **~ atomic mass constant** *n (mu)* NUC TECH Atommassenkonstante *f (mu)*; **~ bolt** *n* MECHAN ENG *with Unified screw thread* Schraube mit UN-Gewinde *f*; **~ propulsion** *n* SPACE *spacecraft* vereinter Antrieb *m*
Unified: **~ coarse thread** *n* MECHAN ENG UNC-Grobgewinde *nt*; **~ fine thread** *n* MECHAN ENG UNF-Feingewinde *nt*; **~ National Coarse screw thread** *n AmE (UNC)* MECHAN ENG UNC-Grobge-

winde *nt*; ~ **National Fine screw thread** *n AmE (UNF)* MECHAN ENG UNF-Feingewinde *nt*; ~ **Screw Thread** *n AmE (UST)* MECHAN ENG UST-Gewinde *nt*

unifilar: ~ **suspension** *n* ELECT Einfadenaufhängung *f*, Unifilaraufhängung *f*

unifining *n* CHEMISTRY Unifining *nt*

uniflow: ~ **compressor** *n* HEAT & REFRIG Gleichstromverdichter *m*; ~ **preheater** *n* HEAT & REFRIG Gleichstromvorwärmer *m*

uniform[1] *adj* CHEMISTRY einförmig, uniform

uniform:[2] ~ **acceleration** *n* PAPER gleichmäßige Beschleunigung *f*; ~ **corrosion** *n* METALL gleichmäßige Korrosion *f*; **~-exciting noise** *n* ACOUSTICS gleichmäßig anregendes Rauschen *nt*; ~ **field** *n* PHYS einheitliches Feld *nt*; **~-index fiber** *n AmE*, **~-index fibre** *n BrE* OPT Faser mit einheitlichem Brechungsindex *f*; **~-layer winding** *n* ELECT gleichmäßige Lagenwicklung *f*; ~ **line** *n* ELEC ENG einheitliche Leitung *f*; **~-masking noise** *n* ACOUSTICS gleichmäßig verdeckendes Rauschen *nt*; ~ **motion** *n* PHYS gleichförmige Bewegung *f*

uniformity: ~ **coefficient** *n* COAL TECH Gleichmäßigkeitskoeffizient *m*

uniformly: **~-excited column of gas** *n* RAD PHYS *spectrometric tests* gleichförmig angeregte Gassäule *f*

unijunction: ~ **transistor** *n (UJT)* ELECTRON Zweizonentransistor *m (UJT)*

unilateral: ~ **track** *n* ACOUSTICS halbseitige Spur *f*

unimolecular *adj* CHEMISTRY einmolekular, monomolekular

uninstrumented: ~ **fuel assembly** *n* NUC TECH instrumentloses Brennelement *nt*

uninterrupted: ~ **duty** *n* ELECT Dauerbeanspruchung *f*, Dauerbetrieb *m*; ~ **flow** *n* TRANS *traffic* ununterbrochener Fluß *m*

union:[1] **with ~ ends** *adj* PROD ENG *plastic valves* radial ausbaubar

union[2] *n* CONST Anschlußstück *nt*, Schraubmuffe *f*, Verschraubung *f*, *pipe* Rohrverschraubung *f*, Stutzen *m*, PROD ENG *plastic valves* Verschraubung *f*; ~ **bush** *n* PROD ENG *plastic valves* Einschraubteil *m*; ~ **cloth** *n* TEXT Mischgewebe *nt*; ~ **cock** *n* CONST Anschlußhahn *m*; ~ **dyeing** *n* TEXT Mischgewebefärben *nt*; ~ **elbow** *n* CONST Überwurfkrümmer *m*; ~ **nut** *n* MECHAN ENG Überwurfmutter *f*; ~ **of sets** *n* MATH Vereinigungsmenge *f*

unionmelt *n* PROD ENG Schweißpulver *nt*

union-T *n* CONST T-Stück *nt*

uniphase *adj* ELEC ENG, ELECT einphasig

unipolar[1] *adj* COMP & DP Unipolar- *pref*, einpolig, ELEC ENG Unipolar- *pref*, einpolar, ELECT einpolig, homopolar, TELEV einpolig

unipolar:[2] ~ **dynamo** *n* ELECT Unipolardynamo *m*; ~ **IC** *n* ELECTRON Unipolar-IC *m*; ~ **integrated circuit** *n* ELECTRON Unipolar-IC *m*; ~ **transistor** *n* ELECTRON unipolarer Transistor *m*

unipole: ~ **aerial** *n* TELECOM Monopolantenne *f*; ~ **antenna** *n* TELECOM Monopolantenne *f*

unipotential: ~ **cathode** *n* ELEC ENG Äquipotentialkathode *f*; ~ **lens** *n* NUC TECH Gleichpotential-Linse *f*

unique: ~ **record** *n* ENG DRAW Unikat *nt*; ~ **word** *n (UW)* SPACE *communications* eindeutiges Wort *nt*; ~ **word detection** *n* SPACE eindeutige Worterkennung *f*

uniselector *n* ELEC ENG Drehwähler *m*

unison *n* ACOUSTICS Gleichklang *m*

unit *n* AUTO Aggregat *nt*, Baugruppe *f*, Einheit *f*, COMP & DP Aggregat *nt*, Baustein *m*, Einheit *f*, ELECT Einheit *f*, MECHAN ENG Aggregat *nt*, Einheit *f*, *plant* Anlage *f*, NUC TECH *turbine, boiler* Kraftwerksteilanlage *f*, OPT, PHYS Einheit *f*, PROD ENG Aggregat *nt*, *plastic valves* Anwendungseinheit *f*, TELECOM *equipment* Einheit *f*, Einrichtung *f*, Gerät *nt*, Telegrafierstromschritt *m*; ~ **of absorbed dose** *n* RAD PHYS Einheit der absorbierten Strahlungsdosis *f*; ~ **of area** *n* METROL Flächeneinheit *f*; ~ **assembly system** *n* PROD ENG Baukastensystem *nt*; ~ **automatic exchange** *n (UAX)* TELECOM Kleinwählerzentrale *f*; ~ **auxiliary transformer** *n* NUC TECH Werkshilfstransformator *m*; ~ **capacity** *n* NUC TECH Leistungsvermögen *nt*; ~ **cell** *n* NUC TECH Elementarzelle *f*; ~ **conductance** *n* THERMODYN Strahlungszahl *f*; ~ **construction** *n* PROD ENG Baukastenbauweise *f*; ~ **construction body** *n* AUTO selbsttragende Karosserie *f*; ~ **dose container** *n* PACK Behälter für Meßeinheit *m*; ~ **of dose equivalent** *n* RAD PHYS *as measure for biological damage* Einheit des Dosisäquivalents *f*; ~ **dose sachet** *n* PACK Beutelchen für Maßeinheit *nt*; ~ **element** *n* COMP & DP Einheitsschritt *m*; ~ **of energy** *n* THERMODYN Energieeinheit *f*; ~ **of entropy** *n* THERMODYN Einheit der Entropie *f*; ~ **of exposure** *n* RAD PHYS Einheit der Bestrahlung *f*; ~ **fraction** *n* MATH Stammbruch *m*; ~ **heater** *n* THERMODYN Luftheizgerät mit Gebläse *nt*; ~ **of length** *n* METROL, PROD ENG Längeneinheit *f*; ~ **of measurement** *n* METROL Meßeinheit *f*, PET TECH Maßeinheit *f*; ~ **output** *n* NUC TECH Anlagenleistung *f*; ~ **pack** *n* PACK Einzelpackung *f*; ~ **separative power** *n* NUC TECH *one stage* Trennvermögen eines Anlagenteils *nt*; ~ **string** *n* COMP & DP Einheitenfolge *f*; ~ **thrust** *n* SPACE *spacecraft* Einheitsschub *m*; **~-type cable** *n* OPT einheitliches Kabel *nt*; ~ **under test** *n* QUAL Prüfobjekt *nt*, zu prüfende Einheit *f*; ~ **vector** *n* MATH, PHYS Einheitsvektor *m*; ~ **weight** *n* COAL TECH spezifisches Gewicht *nt*

united: ~ **injector** *n* AUTO Pumpendüse *f*

unitization *n* PET TECH Vereinigung *f*

unitized: ~ **body** *n* AUTO Karosserie nach dem Baukastenprinzip *f*

unity: ~ **gain** *n* ELECTRON Eins-Verstärkung *f*; ~ **gain amplifier** *n* ELECTRON Eins-Verstärker *m*; ~ **of invention** *n* PAT Einheitlichkeit der Erfindung *f*

univalence *n* CHEMISTRY Einwertigkeit *f*

univalency *n* CHEMISTRY Einwertigkeit *f*

univalent *adj* CHEMISTRY einwertig, monovalent

universal: ~ **bevel protractor** *n* METROL Universalwinkelmesser *m*; ~ **boring tool** *n* PROD ENG Universalbohrmeißel *m*; ~ **bridge** *n* ELECT Universalbrücke *f*, INSTR Universalbrücke *f*, Universalmeßbrücke *f*; ~ **character set** *n* COMP & DP Universalzeichensatz *m*; ~ **chuck** *n* MECHAN ENG Universalspannfutter *nt*; ~ **cutter** *n* MECHAN ENG Universalschneider *m*; ~ **cutter and tool grinding machine** *n* PROD ENG Universalwerkzeugschleifmaschine *f*; ~ **cylindrical grinder** *n* PROD ENG Universalrundschleifmaschine *f*; ~ **developing tank** *n* PHOTO Universalentwicklungstank *m*; ~ **drive** *n* PROD ENG Kardanantrieb *m*; ~ **grinder** *n* CER & GLAS, MECHAN ENG Universalschleifmaschine *f*; ~ **joint** *n* AUTO *transmission*, MECHAN ENG Kardangelenk *nt*, Kreuzgelenk *nt*, Universalgelenk *nt*; ~ **joint coupling** *n* MECHAN ENG Gelenkkupplung *f*; ~ **joint yoke** *n* PROD ENG Kreuzgelenkgabel *f*; ~ **lathe** *n* MECHAN ENG Universaldrehmaschine *f*, PROD ENG Mehrzweckdrehmaschine *f*; ~ **manipulator** *n* NUC TECH

Universalmanipulator *m*; ~ **measuring instrument** *n* INSTR Universalmeßgerät *nt*, Universalmeßinstrument *nt*; ~ **milling machine** *n* MECHAN ENG Universalfräsmaschine *f*; ~ **motion** *n* FLUID PHYS *in turbulent boundary layer* universelles Wandgesetz *nt*; ~ **motor** *n* ELEC ENG Universalmotor *m*, ELECT Mehrspannungsmotor *m*, Universalmotor *m*; ~ **number** *n* TELECOM einheitliche Rufnummer *f*; ~ **planer** *n* MECHAN ENG Universalhobelmaschine *f*; ~ **set** *n* COMP & DP Universalmenge *f*, MATH *set theory* Allmenge *f*, Universalmenge *f*; ~ **shaft** *n* PROD ENG Gelenkwelle *f*; ~ **shunt** *n* ELECT Universalnebenwiderstand *m*, Universalshunt *m*; ~ **switch** *n* ELECT Universalschalter *m*; ~ **tap wrench** *n* MECHAN ENG Universalwindeisen *nt*; ~ **time** *n* *(UT)* RAD TECH, SPACE Standardweltzeit *f (UTC)*; ~ **time coordinated** *n (UTC)* RAD TECH, SPACE Standardweltzeit *f (UTC)*; ~ **vice** *n BrE* MECHAN ENG Universalschraubstock *m*; ~ **viewfinder** *n* PHOTO Universalsucher *m*; ~ **vise** *n AmE see universal vice BrE*

unkilled *adj* PROD ENG unberuhigt vergossen

unladen[1] *adj* MAR POLL nicht beladen

unladen:[2] ~ **weight** *n* AUTO Leergewicht *nt*

unlagged *adj* PROD ENG unisoliert

unlapped *adj* COATINGS faltenfrei, ohne Überlappung

unlatching *n* NUC TECH *of moderator element* Ausklinken *nt*, Entriegelung *f*

unleaded: ~ **gasoline** *n AmE (cf unleaded petrol BrE)* AUTO bleifreies Benzin *nt*, unverbleites Benzin *nt*; ~ **petrol** *n BrE (cf unleaded gasoline AmE)* AUTO bleifreies Benzin *nt*, unverbleites Benzin *nt*

unlike: ~ **poles** *n pl* ELECT ungleiche Pole *m pl*, PHYS ungleichnamige Pole *m pl*

unload *vt* COMP & DP entladen, MAR POLL, WATER TRANS *cargo* löschen

unloaded: ~ **cable** *n* TELECOM unbespultes Kabel *nt*

unloading *n* COMP & DP, METALL Entladung *f*, PHYS Entladung *f*, Entlastung *f*, Unterbelastung *f*, TRANS Entladung *f*; ~ **hopper** *n* WASTE Entladebunker *m*; ~ **rod** *n* NUC TECH Entladestab *m*; ~ **valve** *n* MECHAN ENG Entlastungsventil *nt*

unlock: ~ **key** *n* CONTROL Entriegelungstaste *f*

unlocking *n* COMP & DP Entriegeln *nt*, Entsperren *nt*

unmachined: ~ **work** *n* PROD ENG unbearbeitetes Werkstück *nt*

unmake: ~ **a joint** *vi* MECHAN ENG Verbindung lösen

unmanned[1] *adj* SPACE unbemannt

unmanned:[2] ~ **exchange** *n* TELECOM unbemanntes Amt *nt*; ~ **lander** *n* SPACE unbemanntes Landefahrzeug *nt*; ~ **train** *n* RAIL fahrerloser Zug *m*, unbemannter Zug *m*; ~ **turnout** *n* RAIL unbemannte Ausweichstelle *f*

unmoderated: ~ **fission neutron** *n* NUC TECH nicht moderiertes Spaltneutron *nt*

unmodulated[1] *adj* SPACE *communications* unmoduliert

unmodulated:[2] ~ **track** *n* RECORD Ruhestreifen *m*

unmolded *adj AmE see unmoulded BrE*

unmoor *vi* WATER TRANS Vertäuung loswerfen, losmachen

unmooring *n* WATER TRANS Losmachen *nt*

unmoulded *adj BrE* CER & GLAS ungeformt

unordered: ~ **tree** *n* COMP & DP nicht strukturierter Baum *m*

unoxidizable *adj* CHEMISTRY nicht oxidierbar

unoxidized *adj* CHEMISTRY nicht oxidiert

unpack *vt* COMP & DP auspacken, entkomprimieren, entpacken, entpaketieren

unpacked *adj* COMP & DP ungepackt

unpaired: ~ **electron** *n* PHYS ungepaartes Elektron *nt*; ~ **neutron** *n* NUC TECH ungepaartes Neutron *nt*; ~ **proton** *n* NUC TECH ungepaartes Proton *nt*

unperforated: ~ **tape** *n* TELECOM ungelochter Streifen *m*

unpinning *n* METALL Ausnadeln *nt*

unplasticized[1] *adj* PLAS nicht weichgemacht, unplastifiziert, weichmacherfrei

unplasticized:[2] ~ **PVC** *n (U-PVC)* PLAS weichmacherfreies PVC *nt*, PVC-hart *nt* (PVC-U)

unplug *vt* ELECT Stecker herausziehen, Steckverbindung unterbrechen, RAD TECH, TELECOM Stecker herausziehen, TELEV ausstöpseln

unpressurized: ~ **line** *n* NUC TECH *pipe* drucklose Leitung *f*

unrectified: ~ **ac** *n* ELECT nicht gleichgerichteter Wechselstrom *m*

unrefined *adj* FOOD TECH naturbelassen, roh

unregistered: ~ **mark** *n* PAT nicht eingetragene Marke *f*

unregulated: ~ **bus system** *n* SPACE *spacecraft* ungeregeltes Bussystem *nt*; ~ **voltage** *n* ELEC ENG ungeregelte Spannung *f*

unrestricted: ~ **bearer service** *n* TELECOM *ISDN* uneingeschränkter Übermittlungsdienst *m*; ~ **information transfer service** *n* TELECOM *ISDN* uneingeschränkter Informationsübermittlungsdienst *m*

unrig *vt* WATER TRANS *sailing* abtakeln

unsafe: ~ **environmental condition** *n* SAFETY unsichere Umweltbedingung *f*

unsatisfactory *adj* CONTROL unzureichend

unsaturate *n* CHEMISTRY ungesättigter Stoff *m*

unsaturated[1] *adj* CHEMISTRY nicht völlig abgesättigt, unabgesättigt, ungesättigt

unsaturated:[2] ~ **carbon-to-carbon bond** *n* PET TECH ungesättigte Kohlenstoff-Kohlenstoff-Bindung *f*; ~ **fat** *n* FOOD TECH ungesättigtes Fett *nt*; ~ **hydrocarbon** *n* PET TECH ungesättigter Kohlenwasserstoff *m*; ~ **polyester** *n (UP)* PLAS ungesättigter Polyester *m (UP)*; ~ **steam** *n* THERMODYN ungesättigter Dampf *m*

unscheduled: ~ **withdrawal** *n* NUC TECH *of control rod* außerplanmäßiges Ausfahren *nt*

unscramble *vt* TELEV entschlüsseln

unscrambler *n* PROD ENG Ordner *m*, TELEV Entschlüsselung *f*

unscreened: ~ **coal** *n* COAL TECH Förderkohle *f*, Rohkohle *f*, ungesiebte Kohle *f*

unscrew *vt* MECHAN ENG abschrauben, aufschrauben, losschrauben, NUC TECH aufschrauben

unscrewing *n* MECHAN ENG Abschrauben *nt*, Aufschrauben *nt*, Losschrauben *nt*; ~ **pipe** *n* PET TECH Abschraubbohrrohr *nt*, Abschraubrohr *nt*

unseaworthy *adj* WATER TRANS *ship* nicht seetüchtig, seeuntüchtig

unserviceable: ~ **areas** *n pl* AIR TRANS *airport* gesperrte Flächen *f pl*

unsewn: ~ **binding** *n* PRINT *bookbinding* Klebebindung *f*, Klebeheftung *f*

unshielded: ~ **source** *n* NUC TECH nicht abgeschirmte Strahlungsquelle *f*

unship *vt* WATER TRANS *cargo* ausladen, löschen

unsignalized: ~ **junction** *n* TRANS ungeregelte Kreuzung *f*

unslaked *adj* CHEMISTRY *lime* ungelöscht

unsolder *vt* MECHAN ENG entlöten

unsoldering *n* MECHAN ENG Entlöten *nt*

unsplit: ~ **bush** *n* MECHAN ENG ungeteilte Lagerbüchse *f*

unsplittable: ~ **train** *n* RAIL geschlossene Zugeinheit *f*
unspoilt: ~ **land** *n* POLL gewachsener Boden *m*
unspool *vt* PHOTO abspulen
unsprung: ~ **weight** *n* AUTO *wheels, tyres, brakes* ungefedertes Gewicht *nt*
unstable[1] *adj* ELECT instabil, PHYS unstabil
unstable:[2] ~ **equilibrium** *n* PHYS labiles Gleichgewicht *nt*; ~ **flow** *n* TRANS *traffic* unbeständiger Verkehrsfluß *m*; ~ **flows** *n pl* FLUID PHYS instabile Strömungen *f pl*; ~ **fracture** *n* METALL unstabiler Bruch *m*; ~ **metal cutting** *n* PROD ENG instabile Zerspanung *f*; ~ **nucleus** *n* PART PHYS instabiler Kern *m*
unsteady: ~ **flow** *n* NUC TECH schwankende Strömung *f*; ~ **flows** *n* FLUID PHYS instationäre Strömungen *f pl*
unstep: ~ **the mast** *vi* WATER TRANS Mast herausnehmen
unstick: ~ **speed** *n* AIR TRANS Abhebegeschwindigkeit *f*
unstop *vt* CONST *pipe* ausstöpseln
unstuff *vt* TRANS *containers* entladen
unstuffing *n* TRANS *containers* Entladen *nt*
unsupercharged: ~ **engine** *n* AUTO Saugmotor *m*
unsupported: ~ **beam** *n* CONST strebenloser Balken *m*; ~ **shrink wrapping** *n* PACK ungelagerte Schrumpfverpackung *f*
unsymmetrical[1] *adj* GEOM unsymmetrisch
unsymmetrical:[2] ~ **arrangement** *n* ELEC ENG unsymmetrische Anordnung *f*
untapped *adj* ELECT *coil, transformer* abzapfungslos
untreated: ~ **refuse** *n* WASTE Rohmüll *m*
untrussed: ~ **roof** *n* CONST binderlose Dachkonstruktion *f*
untwisting *n* MECHAN ENG Aufdrehen *nt*
unvulcanized *adj* THERMODYN unvulkanisiert
unwanted: ~ **emission** *n* TELECOM unerwünschte Aussendung *f*
unwashed: ~ **coal** *n* COAL TECH Rohmittelkohle *f*, ungewaschene Kohle *f*
unweighted: ~ **noise level** *n* RECORD unbewerteter Rauschpegel *m*
unwind *vt* PHOTO abwickeln
unwinder *n* TEXT Abwickelvorrichtung *f*
unwinding *n* MECHAN ENG Abspulen *nt*, Abwickel- *pref*, Abwickeln *nt*, PROD ENG Abwickel- *pref*; ~ **machine** *n* PACK Auf- und Abwickelmaschine *f*
up: ~**-and-down motion** *n* MECHAN ENG Auf- und Abbewegung *f*, Auf- und Niedergang *m*; ~ **counter** *n* ELECTRON Aufwärtszähler *m*, INSTR Vorwärtszähler *m*; ~**-down counter** *n* ELECTRON, INSTR Vorwärts-Rückwärtszähler *m*; ~**-draw process** *n* CER & GLAS Senkrechtziehverfahren *nt*; ~**-grinding** *n* PROD ENG Gegenlaufschleifen *nt*; ~**-milling** *n* PROD ENG Gegenlauffräsen *nt*; ~**-quark** *n* PHYS Quark mit Upeigenschaft *nt*
UP[1] *abbr (unsaturated polyester)* PLAS UP *(ungesättigter Polyester)*
UP:[2] ~ **resin** *n* CHEMISTRY UP-Harz *nt*
upcut: ~ **milling** *n* MECHAN ENG, PROD ENG Gegenlauffräsen *nt*
update[1] *n* COMP & DP Aktualisierung *f*, aktuelle Datei *f*, neueste Version *f*; ~ **file** *n* COMP & DP Aktualisierungsdatei *f*; ~ **mode** *n* COMP & DP Aktualisierungsmodus *f*; ~ **run** *n* COMP & DP Aktualisierungslauf *m*; ~ **statement** *n* COMP & DP Änderungsanweisung *f*
update[2] *vt* COMP & DP aktualisieren, fortschreiben, MECHAN ENG aktualisieren, auf den neuesten Stand bringen
updating *n* TELECOM Aktualisierung *f*
updip *adj* PET TECH schwebend
updraft*AmE*, **updraught** *BrE*: ~ **carburettor** *n BrE* AUTO Aufstromvergaser *m*, Steigstromvergaser *m*
upender *n* NUC TECH Kippstuhl *m*
uperization *n* FOOD TECH Ultrapasteurisierung *f*, Uperisation *f*
upflow *n* NUC TECH Aufwärtsströmung *f*
upgrade[1] *n* COMP & DP Aufrüstung *f*, Erweiterung *f*, Berichtigung *f*, CONST Steigung *f*
upgrade[2] *vt* COMP & DP aufrüsten, erweitern
uphand: ~ **welding** *n* MECHANICS Steignahtschweißen *nt*
uphill[1] *adj* CONST *road* ansteigend
uphill:[2] ~ **casting** *n* PROD ENG steigender Guß *m*
upholstery *n* TEXT Polsterstoff *m*
upkeep *n* COMP & DP Instandhaltung *f*
uplift *n* FLUID PHYS Auftrieb *m*
uplink *n* SPACE *communications* Uplink-Verbindung *f*; ~ **block** *n* TELECOM Aufwärtsblock *m*; ~ **frequency** *n* SPACE *communications* Uplink-Frequenz *f*; ~ **transmission phase** *n* TELECOM Übertragungsphase über Aufwärtsstrecke *f*
upload *vt* COMP & DP hochladen
uploading *n* COMP & DP Hochladen *nt*
upper: ~ **annealing temperature** *n* CER & GLAS obere Kühltemperatur *f*; ~ **bainite** *n* METALL obere Zwischenstufe *f*; ~ **calorific value** *n (UCV)* WASTE höhere Energieleistung *f*; ~ **case** *n* PRINT Großbuchstabe *m*; ~ **containment pool** *n* NUC TECH oberes Auffangbecken *nt*; ~ **control limit** *n* QUAL obere Entscheidungsgrenze *f*; ~ **core** *n* NUC TECH *guide structure* obere Spaltzone *f*; ~ **deck** *n* WATER TRANS Oberdeck *nt*; ~ **die** *n* MECHAN ENG Obergesenk *nt*; ~ **end fitting** *n* NUC TECH oberer Anschluß *m*; ~ **end plug** *n* NUC TECH *of fuel can* oberer Verschluß eines Brennelements *m*; ~ **grid** *n* NUC TECH oberes Raster *nt*; ~ **ionosphere** *n* TELECOM obere Ionosphäre *f*; ~ **limit** *n* TELECOM Obergrenze *f*; ~ **limiting deviation** *n* QUAL obere Grenzabweichung *f*; ~ **limiting proportion** *n* QUAL Höchstanteil *m*; ~ **limiting quantile** *n* QUAL Höchstquantil *nt*; ~ **limiting value** *n* QUAL Höchstwert *m*; ~ **millstone** *n* FOOD TECH oberer Mühlstein *m*; ~ **plenum** *n* NUC TECH oberer Druckraum *m*; ~ **roll** *n* MECHAN ENG *of rolling mill* obere Walze *f*; ~ **shell assembly** *n* NUC TECH *of steam generator above reactor floor* Montage oberhalb des Reaktorbodens *f*; ~ **sideband** *n (USB)* ELECTRON, RAD TECH, TELECOM oberes Seitenband *nt (OSB)*; ~ **storage basin** *n* FUELLESS Sammelbecken *nt*, oberes Speicherbecken *nt*; ~ **surface** *n* AIR TRANS *of wing* Oberseite *f*, Unterdruckseite *f*; ~ **surface of wing** *n* PHYS Flügeloberseite *f*; ~ **tie plate** *n* NUC TECH *of fuel assembly* obere Verbindungsplatte *f*; ~ **works** *n pl* WATER TRANS *ship design* Oberwerk *nt*
upper: **in ~ case** *phr* COMP & DP in Großbuchstaben;
uprange *vt* INSTR auf höheren Meßbereich umschalten
upright[1] *adj* CONST senkrecht, stehend
upright[2] *n* CONST Senkrechtstab *m*, Säule *f*, MECHAN ENG *of planing machine* Ständer *m*, *post* Pfosten *m*, PROD ENG Runge *f*, Ständer *m*, RAIL Runge *f*; ~ **course** *n* CONST *masonry bricks* Rollschicht *f*; ~ **drilling machine** *n* MECHAN ENG Senkrechtbohrmaschine *f*; ~ **freezer** *n* HEAT & REFRIG Tiefgefrierschrank *m*; ~ **radiator** *n* AUTO Fallstromkühler *m*, Standkühler *m*; ~ **shaft** *n* MECHAN ENG senkrechte Welle *f*; ~ **unit** *n* HEAT & REFRIG Standgerät *nt*
uprighter *n* CER & GLAS Aufrichter *m*
upset[1] *n* PROD ENG Stauchung *f*; ~ **point** *n* PROD ENG

Schließkopf *m*; ~ **welding** *n* PROD ENG Druckschweißung *f*, THERMODYN Widerstandsstumpfschweißen *nt*
upset[2] *vt* PROD ENG stauchen
upsetting: ~ **press** *n* MECHAN ENG Stauchpresse *f*
upstream[1] *adj* CONST oberhalb, stromaufwärts, FLUID PHYS, FUELLESS stromaufwärts, HEAT & REFRIG vorgeschaltet, übergeordnet, TELEV in Strömungsrichtung
upstream[2] *adv* FLUID PHYS, FUELLESS stromaufwärts, MECHAN ENG vorgeschaltet, SPACE stromaufwärts, WATER TRANS gegen den Strom, stromaufwärts
upstream:[3] ~-**downstream symmetry** *n* FLUID PHYS Symmetrie bezüglich Anströmung und Abströmung *f*; ~ **head** *n* FUELLESS Oberwasser *nt*; ~ **wake** *n* FLUID PHYS stromaufwärts gelegenes Totwasser *nt*; ~ **water gate** *n* WATER SUP Obertor *nt*, oberes Schleusentor *nt*
upstroke *n* AUTO Aufwärtsgang *m*, Aufwärtshub *m*, *engine, piston* Aufwärtshub *m*, MECHAN ENG Aufwärts- *pref*, Aufwärtshub *m*, Aufwärtstakt *m*; ~ **press** *n* PLAS *moulding* Unterkolbenpresse *f*
uptake *n* WATER SUP Verwerfung aufwärts *f*; ~ **crown** *n* CER & GLAS Zuggewölbe *nt*
upthrust *n* PHYS *fluid* Auftrieb *m*
uptime *n* COMP & DP Betriebszeit *f*, Nutzzeit *f*, QUAL Klardauer *f*, Verfügbarkeitszeit *f*
U-Pu: ~ **cycle** *n* (*uranium-plutonium cycle*) NUC TECH Uran-Plutonium-Kreislauf *m*
U-PVC *abbr (unplasticized PVC)* PLAS PVC-U (PVC-hart, weichmacherfreis PVC)
upward[1] *adj* AUTO, COMP & DP Aufwärts- *pref*; ~ **compatible** *adj* COMP & DP aufwärtskompatibel
upward:[2] ~ **compatibility** *n* COMP & DP Aufwärtskompatibilität *f*; ~ **drilling** *n* CER & GLAS Aufwärtsbohren *nt*; ~ **flow** *n* NUC TECH Aufwärtsströmung *f*; ~ **heave of ground** *n* NUC TECH Bodenbewegung nach oben *f*
upwash *n* AIR TRANS *airworthiness* Aufströmung *f*, Aufwind *m*
upwind *adv* WATER TRANS gegen den Wind
uracil *n* CHEMISTRY Uracil *nt*
uranate *n* CHEMISTRY Uranat *nt*
urania: ~-**gadolinia pellet** *n* NUC TECH Uran-Gadolinit-Pellet *nt*
uranic[1] *adj* CHEMISTRY Uran- *pref*
uranic:[2] ~ **fluoride** *n* NUC TECH Uranfluorid *nt*, Uranhexafluorid *nt*
uranide *n* CHEMISTRY Uranoid *nt*
uraninite *n* NUC TECH Uraninit *m*
uranium[1] *adj* CHEMISTRY Uran- *pref*; ~-**bearing** *adj* CHEMISTRY, RAD PHYS uranführend
uranium[2] *n (U)* CHEMISTRY Uran *nt (U)*; ~ **aluminide fuel** *n* NUC TECH aluminiumhaltiger Uranbrennstoff *m*; ~-**bearing mineral** *n* NUC TECH uranhaltiges Mineral *nt*; ~ **black** *n* NUC TECH Pechblende *f*; ~ **compound** *n* NUC TECH Uranverbindung *f*; ~ **concentrate** *n* NUC TECH Urankonzentrat *nt*; ~ **conversion plant** *n* NUC TECH Urankonversionsanlage *f*; ~ **dicarbide** *n* NUC TECH Urandikarbid *nt*; ~ **dioxide fuel** *n* NUC TECH Urandioxid-Brennstoff *m*; ~ **dioxide pellet** *n* NUC TECH Urandioxid-Pellet *nt*; ~ **free from its daughters** *n* NUC TECH Uran ohne Tochternuklide *nt*; ~ **fuel element** *n* NUC TECH Uranbrennelement *nt*; ~-**galena** *n* NUC TECH Uran-Galinit *nt*; ~ **heavy-water reactor** *n* NUC TECH schwerwassermoderierter Uranreaktor *m*; ~ **hexafluoride** *n (UF6)* NUC TECH Uranhexafluorid *nt (UF6)*; ~ **ingot** *n* NUC TECH Uranbarren *m*; ~ **isotope separation plant** *n* NUC TECH Anlage zur Trennung von Uranisotopen *f*; ~ **milling** *n* NUC TECH Uranzerkleinern *nt*; ~ **nucleus** *n* NUC TECH Urankern *m*; ~ **oxide** *n* CHEMISTRY Uranoxid *nt*; ~ **oxide fuel** *n* NUC TECH Uranoxid-Brennstoff *m*; ~ **oxide pellet** *n* NUC TECH Brennstoff-Pellett mit Uranoxid *nt*; ~-**plutonium cycle** *n* (*U-Pu cycle*) NUC TECH Uran-Plutonium-Kreislauf *m*; ~ **preconcentrate** *n* NUC TECH Uranvorkonzentrat *nt*; ~ **reactor** *n* NUC TECH Natururanreaktor *m*; ~ **refining** *n* NUC TECH Uranreinigung *f*; ~ **scrap** *n* NUC TECH Uranabfall *m*; ~ **slug** *n* NUC TECH Uranblock *m*
uranous *adj* CHEMISTRY Uran- *pref*
urazole *n* CHEMISTRY Urazol *nt*
urban: ~ **catchment** *n* WATER SUP städtisches Einzugsgebiet *nt*; ~ **cycle** *n* AUTO *driving* Stadtverkehr *m*; ~ **electric vehicle** *n* TRANS Elektrofahrzeug für den Stadtverkehr *nt*; ~ **network** *n* TELECOM städtisches Netz *nt*; ~ **and regional metropolitan railroad** *n AmE (cf urban and regional metropolitan railway BrE)* RAIL Stadt- und Regional-S-Bahn *f*; ~ **and regional metropolitan railway** *n BrE (cf urban and regional metropolitan railroad AmE)* RAIL Stadt- und Regional-S-Bahn *f*; ~ **road network** *n* TRANS städtisches Straßennetz *nt*; ~ **solid waste** *n* WASTE Siedlungsabfall *m*, kommunaler Abfall *m*; ~ **traffic** *n* TRANS Stadtverkehr *m*; ~ **waste** *n* WASTE Siedlungsabfall *m*, kommunaler Abfall *m*; ~ **water management** *n* WATER SUP städtische Wasserbewirtschaftung *f*
urea *n* CHEMISTRY Carbamid *nt*, Harnstoff *m*, Kohlensäurediamid *nt*; ~ **adduct** *n* FOOD TECH Harnstoffadditionsverbindung *f*, Harnstoffaddukt *nt*; ~ **formaldehyde resin** *n (UFR)* ELECT, PLAS, PROD ENG Harnstoff-Formaldehydharz *nt (UFH)*; ~ **resin** *n* ELECT, PLAS, PROD ENG Harnstoffharz *nt*
ureide *n* CHEMISTRY Ureid *nt*
ureido- *pref* CHEMISTRY Ureido- *pref*
ureotelic *adj* CHEMISTRY harnstoffausscheidend, ureotel
urethane *n* COATINGS Urethan *nt*
uric *adj* CHEMISTRY Harn- *pref*
uridine *n* CHEMISTRY Uracil-D-Ribosid *nt*, Uridin *nt*
urobilin *n* CHEMISTRY Hydrobilirubin *nt*, Urobilin *nt*
urobilinogen *n* CHEMISTRY Urobilinogen *nt*
uronic *adj* CHEMISTRY Uron- *pref*
urotropine *n* CHEMISTRY Hexamethylentetramin *nt*, Hexamin *nt*, Methenamin *nt*, Urotropin *nt*
uroxanic *adj* CHEMISTRY Uroxan- *pref*
US[1] *abbr (ultrasonic)* ELECT US *(ultrasonisch)*
US:[2] ~ **standard thread** *n* MECHAN ENG US-Standard-Schraubengewinde *nt*; ~ **transducer** *n* ELECT US-Transducer *m*; ~ **welding** *n* ELECT, PLAS, THERMODYN US-Schweißen *nt*
usable[1] *adj* COMP & DP nutzbar, verwendbar
usable:[2] ~ **by-products** *n pl* POLL verwendbare Nebenprodukte *nt pl*
USB *abbr (upper sideband)* ELECTRON, RAD TECH, TELECOM OSB *(oberes Seitenband)*
use:[1] **out of** ~ *adj* MECHAN ENG außer Gebrauch
use[2] *n* COMP & DP Benutzen *nt*, Gebrauch *m*, PAT *of mark* Benutzung *f*, *of patent* Benutzung *f*; ~ **by date** *n* PACK Verbrauchsdatum *nt*
use[3] *vt* COMP & DP benutzen, verwenden
use:[4] ~ **as is** *phr* QUAL Belassung *f*
U-section *n* METALL U-Profil *nt*
used: ~ **car dump** *n* WASTE Autofriedhof *m*; ~ **foundry**

sand *n* PROD ENG *casting* Altsand *m*; ~ **oil** *n* POLL Altöl *nt*

useful: ~ **effect** *n* HEAT & REFRIG Nutzeffekt *m*; ~ **heat** *n* HEAT & REFRIG Brennwert *m*; ~ **life** *n* PROD ENG Standzeit *f*; ~ **surface** *n* MECHAN ENG Nutzfläche *f*; ~ **working range** *n* TRANS Aktionsradius *m*

user:[1] ~-**defined** *adj* COMP & DP benutzerdefiniert; ~-**friendly** *adj* COMP & DP benutzerfreundlich

user[2] *n* COMP & DP Benutzer *m*, TELECOM Anwender *m*, Benutzer *m*, Teilnehmer *m*; ~ **access** *n* TELECOM Benutzerzugang *m*; ~ **access mode** *n* COMP & DP Benutzerzugriffsmodus *m*; ~ **agent** *n (UA)* TELECOM *messaging* Endsystemteil *nt*, elektronischer Briefkasten *m*; ~ **area** *n* COMP & DP Benutzerbereich *m*; ~ **attribute** *n (UA)* COMP & DP Benutzerattribut *nt*; ~ **authorization** *n* COMP & DP Benutzerberechtigung *f*; ~ **data** *n* COMP & DP Benutzerdaten *nt pl*; ~ **environment** *n* COMP & DP benutzerdefinierte Systemumgebung *f*; ~ **group** *n* COMP & DP Benutzergruppe *f*; ~ **guide** *n* TELECOM Benutzerführung *f*; ~ **ID** *n* COMP & DP Benutzerkennzeichen *nt*; ~ **interface** *n* COMP & DP Benutzeroberfläche *f*, Benutzerschnittstelle *f*, TELECOM Benutzerschnittstelle *f*; ~ **manual** *n* COMP & DP Benutzerhandbuch *nt*; ~ **menu** *n* COMP & DP Benutzermenü *nt*; ~ **name** *n* COMP & DP Benutzername *m*; ~-**network interface** *n* TELECOM *ISDN* Teilnehmer-Netz-Schnittstelle *f*; ~-**operating environment** *n* COMP & DP Anwender-Betriebsumgebung *f*, benutzerdefinierte Systemumgebung *f*; ~ **program** *n* COMP & DP Benutzerprogramm *nt*; ~ **query** *n* COMP & DP Benutzerabfrage *f*; ~-**signaling bearer service** *n AmE*, ~-**signalling bearer service** *n BrE* TELECOM *ISDN* Teilnehmer-Zeichengabe-Übermittlungsdienst *m*; ~-**to-user information** *n (UUI)* TELECOM *ISDN* Teilnehmer-Teilnehmer-Information *f (TNI)*; ~-**to-user signaling** *n AmE*, ~-**to-user signalling** *n BrE (UUS)* TELECOM *ISDN* Teilnehmer-Teilnehmer-Zeichengabe *f*

user's: ~ **inspection** *n* QUAL Ablieferungsprüfung *f*

U-shaped: ~ **base** *n* MECHAN ENG U-förmige Grundplatte *f*; ~ **track girder** *n* TRANS U-förmiger Fahrbalken *m*

USS: ~ **screw thread** *n* MECHAN ENG Sellersgewinde *nt*

UST *abbr (Unified Screw Thread AmE)* MECHAN ENG UST-Gewinde *nt*

USW *abbr (ultrashort wave)* RAD TECH, WAVE PHYS UKW *(Ultrakurzwelle)*

UT *abbr (universal time)* RAD TECH, SPACE UT *(Standardweltzeit)*

UTC *abbr (universal time coordinated)* RAD TECH, SPACE UTC *(Standardweltzeit)*

utensil *n* CONST Gerät *nt*, Werkzeug *nt*

utility[1] *adj* AUTO Mehrzweck- *pref*, Nutzfahrzeug- *pref*

utility[2] *n* COMP & DP Hilfsprogramm *nt*, CONST Versorgungseinrichtung *f*, PROD ENG Installation *f*, SPACE Versorgungseinrichtung *f*; ~ **certificate** *n* PAT Gebrauchszertifikat *nt*; ~ **line** *n* CONST Versorgungsleitung *f*; ~ **model** *n* PAT Gebrauchsmuster *nt*; ~ **program** *n* COMP & DP Dienstprogramm *nt*; ~ **satellite** *n* SPACE Versorgungssatellit *m*; ~ **trench** *n* CONST Leitungsgraben *m*; ~ **vehicle** *n* AUTO Nutzfahrzeug *nt*

utilization: ~ **curve** *n* FUELLESS Ausnutzungskurve *f*; ~ **cycle of materials** *n* WASTE Werkstoffnutzungszyklus *m*; ~ **factor** *n* MECHAN ENG Ausnutzungsfaktor *m*; ~ **of rainwater** *n* POLL Regenwassernutzung *f*

U-tube *n* LAB EQUIP U-Rohr *nt*; ~ **manometer** *n* HEAT & REFRIG U-Rohr Manometer *nt*

U-type: ~ **engine** *n* AUTO U-Motor *m*

UUI *abbr (user-to-user information)* TELECOM TNI *(Teilnehmer-Teilnehmer-Information)*

UUS *abbr (user-to-user signaling AmE, user-to-user signalling BrE)* TELECOM Teilnehmer-Teilnehmer-Zeichengabe *f*

UV[1] *abbr (ultraviolet)* OPT, PHYS UV *(ultraviolett)*

UV:[2] ~-**absorbing glass** *n* CER & GLAS UV-absorbierendes Glas *nt*; ~ **catastrophe** *n* PHYS UV-Katastrophe *f*; ~ **erasing** *n* COMP & DP UV-Löschen *nt*; ~ **filter** *n* PHOTO, SAFETY UV-Filter *nt*; ~ **lamp** *n* LAB EQUIP UV-Lampe *f*; ~ **light** *n* PLAS, RAD PHYS UV-Licht *nt*; ~ **microscope** *n* RAD PHYS UV-Mikroskop *nt*; ~ **mirror** *n* RAD PHYS UV-Spiegel *m*; ~ **photography** *n* RAD PHYS UV-Fotografie *f*; ~ **radiation** *n* FUELLESS, PHYS, POLL, RAD PHYS, SPACE UV-Strahlung *f*; ~ **rays** *n pl* OPT, WAVE PHYS UV-Strahlen *m pl*; ~-**transmitting glass** *n* CER & GLAS UV-durchlässiges Glas *nt*; ~-**visible spectrophotometer** *n* LAB EQUIP UV-sichtbares Spektrofotometer *nt*

uvitic *adj* CHEMISTRY Uvitin- *pref*

UW *abbr (unique word)* SPACE *communications* eindeutiges Wort *nt*

U-wrap *n* TELEV U-Ablauf *m*

V

v *abbr* COMP & DP *(volume)* v *(Volumen)*, NUC TECH *(vibrational quantum number)* v *(Vibrationsquantenzahl)*, PHYS *(volume)*, TEXT *(volume)*, THERMODYN *(volume)* v *(Volumen)*

V[1] *abbr* ELECT *(voltage)* U *(Spannung)*, ELECT *(volt)*, ELECTRON *(volt)*, METROL *(volt)*, OPT *(volt)*, RAD TECH *(volt)*, RECORD *(volt)* V *(Volt)*

V[2] *(vanadium)* CHEMISTRY V *(Vanadium)*

VA *abbr (vertical amplifier)* ELECTRON Vertikalverstärker *m*

vacancy *n* METALL *crystals* Gitterlücke *f*, PHYS Leerstelle *f*; **~ diffusion** *n* METALL Leerstellendiffusion *f*; **~ migration** *n* METALL Leerstellenwanderung *f*

vacate *vt* CONST *building* räumen

vacuum[1] *pref* PHYS Vakuum- *pref*

vacuum:[2] **~-encapsulated** *adj* ELEC ENG vakuumgekapselt; **~-formed** *adj* PACK vakuumgeformt; **~-insulated** *adj* ELEC ENG vakuumisoliert; **~-packed** *adj* FOOD TECH vakuumverpackt

vacuum[3] *n* AUTO, MECHAN ENG, MECHANICS Unterdruck *m*, Vakuum *nt*, PAPER, PET TECH Vakuum *nt*, PHYS Unterdruck *m*, Vakuum *nt*, SPACE, TELEV Vakuum *nt*; **~ advance mechanism** *n* AUTO Unterdruckzündverstellung *f*, *ignition* Unterdruckregler *m*, Unterdruckversteller *m*; **~ air pump** *n* FOOD TECH Vakuumluftpumpe *f*; **~ annealing plant** *n* METALL Vakuumglühanlage *f*; **~ arc** *n* ELEC ENG Vakuum-Lichtbogen *m*; **~-assisted power brake** *n* AUTO Unterdruckbremskraftverstärker *m*; **~ blowing** *n* CER & GLAS Vakuumformen *nt*; **~ box** *n* PAPER Saugkasten *m*; **~ brake** *n* AUTO Unterdruckbremse *f*, MECHAN ENG, RAIL Saugluftbremse *f*, Vakuumbremse *f*; **~ brazing** *n* CONST Vakuumhartlöten *nt*; **~ bubble** *n* CER & GLAS Vakuumblase *f*; **~ capacitor** *n* ELEC ENG Vakuum-Kondensator *m*; **~ capstan** *n* RECORD, TELEV Vakuumtonrolle *f*; **~ casting** *n* NUC TECH Vakuumgießen *nt*; **~ chamber** *n* TELEV Vakuumkammer *f*; **~ check valve** *n* AUTO Unterdruckregulierventil *nt*; **~ closing machine** *n* PACK Vakuum-Verschlußmaschine *f*; **~ contact plate process** *n* FOOD TECH Vakuum-Kontaktplattenverfahren *nt*; **~ cooling** *n* HEAT & REFRIG Vakuumkühlung *f*; **~-deposited film** *n* ELECTRON im Vakuum aufgedampfte Schicht *f*; **~ deposition** *n* ELECTRON Vakuumaufdampfung *m*; **~ desiccator** *n* LAB EQUIP Vakuumexsikkator *m*; **~ diode** *n* ELECTRON Vakuumdiode *f*; **~ discharge** *n* ELEC ENG Vakuum-Entladung *f*; **~ distillation** *n* CHEM ENG Destillation im Vakuum *f*, Vakuumdestillation *f*, FOOD TECH, PHYS Vakuumdestillation *f*; **~ dryer** *n* COAL TECH, FOOD TECH Vakuumtrockner *m*; **~ drying** *n* FOOD TECH Vakuumtrocknung *f*; **~ drying cabinet** *n* MECHAN ENG Vakuumtrockenschrank *m*; **~ drying oven** *n* FOOD TECH Vakuumtrockenofen *m*; **~ engineering** *n* MECHAN ENG Vakuumtechnik *f*; **~ evaporation** *n* HEAT & REFRIG Vakuumverdampfung *f*; **~ evaporator** *n* FOOD TECH, WATER SUP Vakuumverdampfer *m*; **~ factor** *n* NUC TECH Vakuumfaktor *m*; **~ filling** *n* FOOD TECH Vakuumabfüllung *f*; **~ filling machine** *n* PACK Vakuum-Abfüllmaschine *f*; **~ film transport system** *n* PACK Vakuum-Folientransportsystem *nt*; **~ filter** *n* COAL TECH Saugfilter *nt*, Vakuumfilter *nt*, WASTE, WATER SUP Vakuumfilter *nt*; **~ filtration** *n* COAL TECH, FOOD TECH, LAB EQUIP, WASTE Vakuumfiltration *f*; **~ flask** *n* CER & GLAS Vakuumgefäß *nt*, LAB EQUIP Vakuumkolben *m*; **~-formed package** *n* PACK vakuumgeformte Verpackung *f*; **~ forming** *n* PLAS Vakuumformen *nt*, Vakuumtiefziehen *nt*; **~ freeze-dryer** *n* PACK Vakuum-Gefriertrockner *m*; **~ fuel pump** *n* AUTO Unterdruckförderpumpe *f*; **~ furnace** *n* MECHAN ENG Vakuumofen *m*; **~ gage** *n AmE*, **~ gauge** *n BrE* FOOD TECH Vakuummeter *nt*, Vakuummeßinstrument *nt*, MECHAN ENG Unterdruckmesser *m*, Vakuummeter *nt*, METROL Vakuummeßgerät *nt*, PHYS Vakuummeßzelle *f*; **~ grating spectrograph** *n* WAVE PHYS Vakuumgitterspektrograph *m*; **~ guide** *n* TELEV Vakuumführung *f*; **~ guide system** *n* RECORD Bandführungssystem *nt*, TELEV Vakuumführungssystem *nt*; **~ heat sealer** *n* PACK Vakuum-Hitzeversiegler *m*; **~ heat treatment** *n* METALL Vakuum-Wärmebehandlung *f*; **~ hose** *n* MECHAN ENG Unterdruckschlauch *m*; **~ insulation** *n* ELEC FNG Vakuumisolierung *f*; **~ jacket** *n* NUC TECH *of calorimeter* Vakuum-Umhüllung *f*; **~ line** *n* FOOD TECH Vakuumleitung *f*; **~ melting** *n* METALL Vakuumschmelzen *nt*; **~ metalization** *n AmE see vacuum metallization BrE*; **~ metalizing** *n AmE see vacuum metallizing BrE*; **~ metallization** *n BrE* ELECTRON Metallbedampfung *f*; **~ metallizing** *n BrE* CER & GLAS Vakuummetallisierung *f*; **~ mold** *n AmE*, **~ mould** *n BrE* MECHAN ENG Vakuumform *f*; **~ oven** *n* LAB EQUIP Trockenofen *m*; **~ pack** *n* PACK Vakuumverpackung *f*; **~ packaging** *n* MECHAN ENG, PACK Vakuumverpackung *f*; **~ packaging machine** *n* PACK Vakuumverpackungsmaschine *f*; **~ pan** *n* FOOD TECH Vakuumpfanne *f*; **~ phototube** *n* ELECTRON Hochvakuumfotozelle *f*; **~ plate holder** *n* PRINT pneumatischer Plattenhalter *m*; **~ polarization** *n* NUC TECH *free polarization of space* Vakuumpolarisierung *f*; **~ pump** *n* FOOD TECH, LAB EQUIP, MAR POLL, MECHAN ENG, PHYS Vakuumpumpe *f*; **~ seal** *n* MECHAN ENG Vakuumdichtung *f*; **~ sealing machine** *n* PACK Vakuum-Siegelmaschine *f*; **~ shelf dryer** *n* FOOD TECH Vakuumplattentrockner *m*; **~ sintering** *n* METALL Vakuumsintern *nt*; **~ street sweeper** *n* WASTE Saugfegmaschine *f*; **~ suspension** *n* TRANS Vakuumaufhängung *f*; **~ switch** *n* ELECT *of circuit breaker* Vakuumschalter *m*; **~ technology** *n* MECHAN ENG Vakuumtechnik *f*; **~ thermoforming machine** *n* PACK Vakuum-Thermoformungsmaschine *f*; **~ thrust** *n* SPACE Vakuumschub *m*; **~ triode** *n* ELECTRON Vakuumtriode *f*; **~ truck** *n* MAR POLL Vakuumsaugwagen *m*; **~ tube** *n* COMP & DP, ELECTRON, PHYS Vakuumröhre *f*, TELEV Hochvakuumröhre *f*; **~ tube amplificaton** *n* ELECTRON Vakuumröhrenverstärkung *f*; **~ tube amplifier** *n* ELECTRON Röhrenverstärker *m*; **~ tube modulator** *n* ELECTRON Röhrenmodulator *m*; **~ tube oscillator** *n* ELECTRON Röhrenoszillator *m*; **~ ultra-**

violet *n* SPACE Vakuumultraviolett *nt*; ~ **valve** *n* AUTO Sicherheitsluftventil *nt*, Unterdruckventil *nt*, Vakuumröhre *f*
vacuum:[4] ~**-deposit** *vt* PROD ENG vakuumbedampfen
VAD *abbr (vapor phase axial deposition technique AmE, vapour-phase axial deposition technique BrE)* OPT, TELECOM VAD *(Axialabscheideverfahren aus Dampfphase)*
vadose: ~ **water** *n* WATER SUP vadoses Grundwasser *nt*
valence *n* CHEMISTRY, METALL Valenz *f*, PHYS Valenz *f*, Wertigkeit *f*; ~ **band** *n* PHYS Valenzband *nt*; ~ **electron** *n* METALL äußeres Elektron *nt*, PHYS Valenzelektron *nt*; ~ **electron concentration** *n* NUC TECH Valenzelektronenkonzentration *f*; ~ **state** *n* NUC TECH Valenzzustand *m*
valency *n* CHEMISTRY Valenz *f*, PHYS Valenz *f*, Wertigkeit *f*
valeramide *n* CHEMISTRY Valeramid *nt*
valerate *n* CHEMISTRY Valerat *nt*
valeric *adj* CHEMISTRY Valerian- *pref*
valeryl *adj* CHEMISTRY Valeryl- *pref*
valerylene *n* CHEMISTRY Pentin *nt*, Valerylen *nt*
validate *vt* COMP & DP für gültig erklären, SPACE bestätigen, validieren
validation *n* COMP & DP, TELECOM Gültigkeitsprüfung *f*
validity *n* TELECOM Gültigkeit *f*; ~ **check** *n* COMP & DP, TELECOM Gültigkeitsprüfung *f*; ~ **period** *n* CONST Geltungsdauer *f*
valley *n* CONST Dachkehle *f*, Kehle *f*; ~ **gutter** *n* CONST Dachkehle *f*; ~ **station** *n* TRANS *cableways* Talstation *f*
valuable: ~ **element** *n* NUC TECH *in spent fuel element* Wertstoffelement *nt*; ~ **substance** *n* WASTE Wertstoff *m*
value:[1] ~**-added** *adj* COMP & DP Mehrwert- *pref*
value[2] *n* COMP & DP, ERGON, IND PROCESS Wert *m*, MATH Kennwert *m*, PROD ENG Größe *f*, TELECOM Kennwert *m*, Wert *m*; ~**-added network** *n (VAN)* COMP & DP, TELECOM Mehrwertdienstnetz *nt*, Mehrwertnetz *nt (VAN)*; ~**-added services** *n pl* TELECOM Mehrwertdienste *m pl*; ~ **analysis engineering** *n* ERGON Wertanalyse *f*; ~ **band** *n* IND PROCESS Werteverlauf *m*; ~ **pattern** *n* IND PROCESS Werteverlauf *m*
values: ~ **of sensation** *n pl* ACOUSTICS Empfindungsgrößen *f pl*
valve *n* AUTO Schlauchventil *nt*, Ventil *nt*, CONST Klappe *f*, Ventil *nt*, ELECTRON *electron tubes* Röhre *f*, HEAT & REFRIG Schieber *m*, HYD EQUIP Absperrorgan *nt*, Klappe *f*, Schieber *m*, Ventil *nt*, LAB EQUIP Ventil- *pref*, MAR POLL, MECHAN ENG Ventil *nt*, MECHANICS, NUC TECH Hahn *m*, Klappe *f*, Ventil *nt*, PET TECH Armatur *f*, PROD ENG Ventil *nt*, *plastic valves* Absperrorgan *nt*, Armatur *f*, Hahn *m*, Klappe *f*, Ventil *nt*, SPACE Ventil *nt*; ~ **amplifier** *n* ELECTRON Röhrenverstärker *m*; ~ **body** *n* AUTO Ventilgehäuse *nt*, MECHAN ENG Ventilkörper *m*; ~ **box** *n* MECHAN ENG Ventilgehäuse *nt*; ~ **cap** *n* AUTO *tyre* Ventilklappe *f*; ~ **chamber** *n* MECHAN ENG Ventilkammer *f*; ~ **chest** *n* HYD EQUIP Schieberkasten *m*, Steuerschiebergehäuse *nt*, Ventilgehäuse *nt*, Ventilkörper *m*; ~ **clearance** *n* AUTO, MECHAN ENG Ventilspiel *nt*; ~ **cock** *n* HYD EQUIP, MECHAN ENG Ventilhahn *m*; ~ **cone** *n* MECHAN ENG Ventilkegel *m*; ~ **with conical seat** *n* HYD EQUIP Ventil mit konischem Sitz *nt*; ~ **control** *n* AUTO Ventilsteuerung *f*; ~ **diagram** *n* MECHAN ENG Ventildiagramm *nt*; ~ **disc** *n BrE* AUTO Ventilteller *m*, PROD ENG *plastic valves* Klappenteller *m*; ~ **disk** *n AmE see valve disc BrE*; ~ **eccentric** *n* HYD EQUIP Ventilexzenter *m*; ~ **end** *n* PROD ENG *plastic valves* Einlegeteil *nt*; ~ **face** *n* AUTO Ventilsitzfläche *f*; ~ **flap** *n* NUC TECH Ventilklappe *f*; ~ **gear** *n* AUTO Ventiltrieb *m*, HYD EQUIP Steuergestänge *nt*, Steuerung *f*, Ventilbewegung *f*, Ventillauf *m*, Ventilgetriebe *nt*, Ventilsteuerung *f*; ~ **gear mechanism** *n* AUTO Ventiltrieb *m*; ~ **guide** *n* AUTO Ventilführung *f*; ~ **head** *n* AUTO Ventilteller *m*; ~ **lap** *n* AUTO Ventilüberdeckung *f*, Ventilüberschneidung *f*; ~ **lift** *n* MECHAN ENG Ventilhub *m*; ~ **lifter** *n* AUTO Ventilstößel *m*; ~ **mating surface** *n* AUTO Ventildichtfläche *f*, Ventilsitzfläche *f*; ~ **motion** *n* HYD EQUIP Ventilbewegung *f*, Ventilgang *m*, Ventilhub *m*, Ventillauf *m*; ~ **nut** *n* PROD ENG *plastic valves* Verschlußmutter *f*, Überwurfmutter *f*; ~ **off** *n* NUC TECH Dampfkondensierung *f*; ~ **outlet** *n* MECHAN ENG Ventilöffnung *f*; ~ **push rod** *n* AUTO Ventilhubstange *f*, Ventilstößelstange *f*; ~ **rod** *n* HYD EQUIP Steuerkolbenstange *f*, Steuerschieberstange *f*, Ventilspindel *f*, Ventilstange *f*, RAIL Ventilstange *f*; ~ **rotator** *n* AUTO Ventildrehvorrichtung *f*; ~ **seat** *n* AUTO Ventilsitz *m*, HYD EQUIP Ventilschiebersitz *m*, Ventilsitz *m*; ~ **seat grinder** *n* PROD ENG Ventilschleifmaschine *f*; ~ **seat ring** *n* MECHAN ENG Ventilsitzring *m*; ~ **setting** *n* AUTO Ventilspieleinstellung *f*; ~ **shaft** *n* AUTO Ventilschaft *m*; ~ **shaft seal** *n* AUTO Ventilabdichtring *m*, Ventilschaftabdeckung *f*; ~ **spring** *n* AUTO, MECHAN ENG Ventilfeder *f*; ~ **stem** *n* AUTO Ventilschaft *m*, HYD EQUIP Ventilspindel *f*, Ventilstange *f*; ~ **tappet** *n* AUTO Ventilstößel *m*; ~ **timing diagram** *n* AUTO Ventilsteuerzeitendiagramm *nt*; ~ **train** *n* RAIL Ventilsteuerung *f*; ~ **travel** *n* HYD EQUIP Ventilhub *m*
valveless: ~ **engine** *n* AUTO ventilloser Motor *m*
van *n* AUTO Lieferwagen *m*, RAIL Güterwagen *m*, Lieferwagen *m*; ~ **Allen belt** *n* PHYS, SPACE Van-Allenscher Gürtel *m*; ~ **de Graaff generator** *n* ELEC ENG, ELECT Van-de-Graaffscher Generator *m*, PHYS Van-de-Graaffscher Beschleuniger *m*, Van-de-Graaffscher Generator *m*; ~ **der Waals equation** *n* PHYS Van-der-Waalssche Gleichung *f*; ~ **der Waals radius** *n* PHYS Van-der-Waalsscher Radius *m*
VAN *abbr (value-added network)* COMP & DP, TELECOM VAN *(Mehrwertdienstnetz)*
vanadate *n* CHEMISTRY Vanadat *nt*
vanadiate *n* CHEMISTRY Vanadat *nt*
vanadic *adj* CHEMISTRY Vanadium- *pref*, vanadiumhaltig
vanadiferous *adj* CHEMISTRY vanadiumhaltig
vanadium *n* CHEMISTRY *(V)* Vanadium *nt (V)*; ~ **steel** *n* METALL Vanadiumstahl *m*
vanadous *adj* CHEMISTRY Vanadium- *pref*
vanadyl *adj* CHEMISTRY Vanadyl- *pref*
vane *n* AIR TRANS *of turbine engine* Schaufel *f*, CONST Wetterfahne *f*, Windflügel *m*, *surveying* Diopter *nt*, HEAT & REFRIG Flügel *m*, Schaufel *f*, MECHAN ENG *of ventilating fan* Flügel *m*, MECHANICS Rippe *f*, Schaufel *f*, Stellglied *nt*, PROD ENG Flügel *m*, Schaufel *f*; ~ **meter** *n* INSTR Flügelradzähler *m*, Turbinenzähler *m*; ~ **pump** *n* MECHAN ENG Flügelzellenpumpe *f*, WATER SUP Flügelpumpe *f*; ~ **relay** *n* RAIL Scheibenrelais *nt*; ~**-type anode** *n* ELEC ENG Flügelanode *f*; ~**-type relay** *n* ELECT Flügelrelais *nt*; ~ **velocity** *n* FUELLESS Flügelgeschwindigkeit *f*; ~ **wattmeter** *n* ELECT Flügelradwattmeßgerät *nt*; ~ **wheel** *n* HEAT & REFRIG Flügelrad *nt*
vanishing: ~ **point** *n* ENG DRAW *in perspective drawing*, GEOM *in perspective drawing* Fluchtpunkt *m*, Ver-

schwindungspunkt *m*; ~ **point projection** *n* ENG DRAW Fluchtpunktprojektion *f*

vapor[1] *n AmE see vapour BrE*

vapor:[2] **~-blast** *vt AmE see vapour-blast BrE*; **~-degrease** *vt AmE see vapour-degrease BrE*; **~-deposit** *vt AmE see vapour-deposit BrE*

vaporization *n* AUTO Verdampfung *f*, CHEM ENG Abdampfen *nt*, Verdampfen *nt*, PHYS Verdampfung *f* ~ **dish** *n* CHEM ENG Verdampfschale *f*

vaporize *vt* CHEM ENG abdampfen, verdampfen, CHEMISTRY verdampfen, THERMODYN verdampfen, verdampfen lassen

vaporized *adj* THERMODYN verdampft

vaporizer *n* CHEM ENG Eindampfkessel *m*, Verdampfer *m*, CHEMISTRY Verdampfungsapparat *m*, NUC TECH *of steam generator*, THERMODYN Verdampfer *m*

vaporizing: ~ **burner** *n* THERMODYN Verdampfungsbrenner *m*

vaporous *adj* CHEMISTRY dampfförmig

Vapotron *n* ELECTRON Vapotron *nt*

vapour[1] *n BrE* AUTO, CER & GLAS, CHEM ENG, CHEMISTRY, ELECTRON, MECHAN ENG, METALL, NUC TECH, PET TECH, PHYS, THERMODYN Dampf *m* ~ **bath** *n BrE* CHEM ENG Dampfbad *nt*; **~-blast cutting** *n BrE* PROD ENG Strahlspanen *nt*; ~ **blasting** *n BrE* PROD ENG Strahlläppen *nt*; ~ **bubble** *n BrE* CHEM ENG Dampfblase *f*; ~ **compression** *n BrE* CHEM ENG Brüdenverdichtung *f*; ~ **compression cycle** *n BrE* THERMODYN umgekehrter Carnotscher Kreisprozeß *m*; ~ **density** *n BrE* CHEMISTRY, PHYS, THERMODYN Dampfdichte *f*; ~ **density recorder** *n BrE* INSTR Dampfdichteschreiber *m*; **~-deposited layer** *n BrE* CHEM ENG aufgedampfte Schicht *f*; ~ **depositing** *n BrE* PROD ENG Aufdampfen *nt*; ~ **deposition** *n BrE* CER & GLAS Vakuumbedampfung *f*, ELECTRON Dampfabscheidung *f*, THERMODYN Aufdampfen *nt*; ~ **deposition technique** *n BrE* CHEM ENG Aufdampfverfahren *nt*; ~ **discharge lamp** *n BrE* ELEC ENG, THERMODYN Dampfentladungslampe *f*, Dampflampe *f*; ~ **generator** *n BrE* NUC TECH *other than steam* Dampferzeuger *m*; ~ **lock** *n BrE* AUTO Dampfblasenbildung *f*, Dampfsperre *f*; ~ **permeability** *n BrE* HEAT & REFRIG, THERMODYN Dampfdurchlässigkeit *f*; ~ **phase** *n BrE* CHEM ENG, ELECTRON Dampfphase *f*, THERMODYN Dampfzustand *m*, dampfförmige Phase *f*; ~ **phase axial deposition technique** *n BrE (VAD)* OPT, TELECOM Axialabscheideverfahren aus Dampfphase *nt (VAD)*; ~ **phase chemical deposition** *n BrE* TELECOM chemische Abscheidung aus der Dampfphase *f*; ~ **phase epitaxy** *n BrE* CHEM ENG Dampfphasenepitaxie *f*, epitaktisches Abscheiden aus Dampfphase *nt*, ELECTRON Dampfphasenepitaxie *f*; ~ **phase grown epitaxial layer** *n BrE* ELECTRON mit Dampfphase aufgebrachte Epitaxialschicht *f*; ~ **phase nitration** *n BrE* CHEM ENG Dampfphasennitrierung *f*, Gasphasennitrierung *f*; ~ **phase reaction** *n BrE* ELECTRON Dampfphasenreaktion *f*; ~ **phase verneuil method** *n BrE* OPT Verneuil-Methode *f*; ~ **plume** *n BrE* WASTE Dampffahne *f*; ~ **pressure** *n BrE* PET TECH, PHYS, THERMODYN Dampfdruck *m*; ~ **pressure diagram** *n BrE* THERMODYN Dampfdruckkurve *f*; ~ **pressure thermometer** *n BrE* HEAT & REFRIG Dampfdruckthermometer *nt*; ~ **quenching** *n BrE* METALL Dampfabschrecken *nt*; ~ **return line** *n BrE* AUTO Dampfrückleitung *f*

vapour:[2] **~-blast** *vt BrE* PROD ENG strahlläppen; **~-degrease** *vt BrE* COATINGS mit Dampf entfetten; **~-deposit** *vt BrE* PROD ENG aufdampfen

var[1] *abbr (volt-amperes reactive)* INSTR var *(Blindleistungseinheit)*

var:[2] **~-hour meter** *n* INSTR Blindverbrauchszähler *m*

varactor® *n* ELECTRON Varaktor® *m*; ~ **chip** *n* ELECTRON Varaktorchip *m*; ~ **diode** *n* PHYS Kapazitätsdiode *f*, Varaktordiode *f*, TELEV Varaktordiode *f*; **~-tuned oscillator** *n* ELECTRON varaktorabgestimmter Oszillator *m*; ~ **tuning** *n* ELECTRON Varaktorabstimmung *f*

variable[1] *adj* CONTROL variabel, veränderlich, ELECT einstellbar, MATH variabel, veränderlich, MECHAN ENG regelbar

variable[2] *n* COMP & DP, CONTROL Variable *f*, MATH Variable *f*, Veränderliche *f*, QUAL Variable *f*; ~ **amplitude test** *n* METALL variabler Amplitudentest *m*; ~ **area flowmeter** *n* INSTR Schwebekörper-Durchflußmeßgerät *nt*; ~ **area recording** *n* ACOUSTICS Amplitudenschrift *f*, TELEV variable Flächenaufzeichnung *f*; ~ **area sound track** *n* RECORD Transversaltonspur *f*; ~ **attenuation** *n* ELECTRON variable Dämpfung *f*; ~ **attenuator** *n* ELECTRON variables Dämpfungsglied *nt*; ~ **audio level** *n* RECORD variabler Hörfrequenzpegel *m*; ~ **binding** *n* ART INT Variablenbindung *f*; ~ **capacitor** *n* ELEC ENG, ELECT Drehkondensator *m*, veränderlicher Kondensator *m*, PHYS veränderlicher Kondensator *m*; ~ **capacitor sector** *n* ELEC ENG Drehkondensatorbereich *m*; ~ **carrier modulation** *n* ELECTRON *radio* Trägersteuerungsmodulation *f*; ~ **coaxial attenuator** *n* ELECTRON variabler Koaxialdämpfer *m*; ~ **crystal oscillator** *n (VXO)* RAD TECH variabler Quarzoszillator *m (VCO)*; ~ **data** *n* COMP & DP variable Daten *nt pl*; ~ **delivery pump** *n* PROD ENG Verstellpumpe *f*; ~ **density recording** *n* ACOUSTICS Intensitätsschrift *f*, Sprossenschrift *f*; ~ **density sound track** *n* RECORD Intensitätstonspur *f*; ~ **density track** *n* TELEV Spur mit variabler Dichte *f*; ~ **displacement pump** *n* INSTR verstellbare Verdrängungspumpe *f*; ~ **field** *n* COMP & DP, ELEC ENG Variablenfeld *nt*; ~ **focal length** *n* PHOTO veränderliche Brennweite *f*; ~ **focus reflector** *n* PHOTO Reflektor mit veränderlicher Brennweite *m*; ~ **format** *n* COMP & DP Variablenformat *nt*, variables Format *nt*; ~ **gain amplifier** *n* ELECTRON Regelverstärker *m*; ~ **geometry** *n (VG)* AIR TRANS veränderliche Geometrie *f*, veränderliche Tragflügelgeometrie *f (VG)*; **~-geometry aircraft** *n* AIR TRANS Flugzeug mit variabler Geometrie *nt*; ~ **geometry inlet** *n* AIR TRANS gewölbter Luftansaugekanal *m*; **~-geometry intake** *n* AIR TRANS Lufteinlaß mit variabler Geometrie *m*; **~geometry skirt** *n* WATER TRANS Schürze mit veränderlicher Geometrie *f*; ~ **inductance** *n* ELEC ENG, ELECT veränderliche Induktanz *f*; ~ **length** *n* COMP & DP Variablenlänge *f*; **~length code** *n* TELECOM Entropiecode *m*; **~length record** *n* COMP & DP Satz mit variabler Länge *m*; ~ **message sign** *n* TRANS Wechselverkehrszeichen *nt*; ~ **microwave attenuator** *n* ELECTRON variables MikrowellenDämpfungsglied *nt*; ~ **mixture** *n* AUTO veränderliche Mischung *f*; ~ **moment of inertia model** *n* NUC TECH Kernmodell mit variablem Kernträgheitsmoment *nt*; ~ **mutual conductance tube** *n* ELECTRON Regelröhre *f*; ~ **mu tube** *n* ELECTRON Regelröhre *f*; ~ **name** *n* COMP & DP Variablenname *m*; ~ **persistence** *n* ELECTRON *cathode ray tube* veränderbare Nachleuchtdauer *f*; **~persistence**

storage *n* ELECTRON Speicher mit veränderlichem Nachleuchten *m*; **~-persistence storage tube** *n* ELECTRON Speicherröhre mit veränderlichem Nachleuchten *f*; **~-pitch air propeller** *n* AIR TRANS, WATER TRANS Propeller mit veränderlicher Steigung *m*, Verstellpropeller *m*; **~-pitch inlet vanes** *n pl* NUC TECH *of centrifugal pump or turbo-compressor* variabel einstellbare Einlaßschieber *m pl*; **~-pitch propeller** *n* AIR TRANS Verstellpropeller *m*, MAR POLL Verstellpropeller *m*, Verstelluftschraube *f*, WATER TRANS Verstellpropeller *m*, Verstellschraube *f*; **~ quantity** *n* ELEC ENG veränderliche Menge *f*, veränderliche Quantität *f*; **~ range marker** *n* WATER TRANS *radar* verstellbarer Meßring *m*; **~ ratio transformer** *n* ELEC ENG Regeltrafo *m*, Regeltransformator *m*, Regelumspanner *m*; **~ relay** *n* TELECOM einstellbares Relais *nt*; **~ reluctance motor** *n* AUTO variabler Reluktanzmotor *m*; **~ reluctance stepper motor** *n* ELEC ENG elektromagnetischer Schrittmotor *m*; **~ resistance** *n* ELEC ENG veränderlicher Widerstand *m*; **~ resistor** *n* ELEC ENG Regelwiderstand *m*, Stellwiderstand *m*, veränderlicher Widerstand *m*, ELECT, PHYS veränderlicher Widerstand *m*; **~ route sign** *n* TRANS Wechselstraßenzeichen *nt*; **~-slope delta modulation** *n* SPACE *communications* Deltamodulation mit variablen Flanken *f*; **~ slow motion** *n* TELEV variable Zeitlupe *f*; **~ space** *n* PRINT variabler Zwischenraum *m*; **~ speed control** *n* TELEV variabler Geschwindigkeitsregler *m*; **~-speed conveyor belt** *n* TRANS Förderer mit veränderlicher Geschwindigkeit *m*; **~-speed drive** *n* MECHAN ENG verstellbarer Antrieb *m*; **~-speed message sign** *n* TRANS Wechselverkehrszeichen *nt*; **~-speed motor** *n* ELEC ENG Motor mit veränderlicher Drehzahl *m*; **~-speed scanning** *n* TELEV Abtastung mit variabler Geschwindigkeit *f*; **~ transformer** *n* ELEC ENG Regeltrafo *m*, Regeltransformator *m*; **~ valve timing** *n* TRANS variable Steuerzeiteinstellung *f*, variable Ventileinstellung *f*; **~ velocity** *n* MECHAN ENG regelbare Geschwindigkeit *f*, variable Geschwindigkeit *f*; **~ venturi carburetor** *n AmE*, **~ venturi carburettor** *n BrE (VV-carburettor)* AUTO variabler Venturi-Vergaser *m (VV-Vergaser)*; **~ voltage generator** *n* ELECT einstellbarer Spannungserzeuger *m*; **~-width sound track** *n* RECORD breitenvariable Tonspur *f*; **~-word-length computer** *n* COMP & DP Computer mit variabler Wortlänge *m*

variance *n* COMP & DP Abweichung *f*, MATH *statistics* Varianz *f*, PHYS Freiheitsgradzahl *f*, Varianz *f*, QUAL Varianz *f*; **~ of distribution** *n* QUAL Streuung der Verteilung *f*; **~ of a variate** *n* QUAL Varianz einer Wahrscheinlichkeitsverteilung *f*

variant: **~ drawing** *n* ENG DRAW Variantenzeichnung *f*

variate *n* QUAL Zufallsgröße *f*

variation *n* MATH Variation *f*, Veränderung *f*, MECHAN ENG Abweichung *f*; **~ order** *n* CONST Projektänderun *f*

variational: **~ calculus** *n* MATH Variationsrechnung *f*

variator *n* PROD ENG *plastic valves* Wechsler *m*

varied: **~ pitchblende** *n* NUC TECH variiertes Uranpecherz *nt*

variocoupler *n* ELEC ENG Variokoppler *m*, veränderliche Kopplungsspule *f*

variometer *n* ELEC ENG Variometer *nt*

varistance *n* ELEC ENG Regelwiderstand *m*

varistor *n* ELECT Varistor *m*, PHYS Varistor *m*, spannungsabhängiger Widerstand *m*

varnish *n* CONST Lackfarbe *f*, ELECT Lack *m*, PLAS Klarlack *m*, Lack *m*, PRINT Lack *m*; **~ waste** *n* WASTE Lackabfall *m*, Lackrest *m*

varnishing *n* CONST Lackieren *nt*, Lackierung *f*

varying: **~ loading** *n* METALL wechselnde Ladung *f*

vasopressin *n* CHEMISTRY Adiuretin *nt*, Vasopressin *nt*

vat *n* FOOD TECH Bottich *m*, Faß *nt*, PAPER Rundsieb *nt*, PROD ENG Bottich *m*, TEXT Bottich *m*, Kufe *f*, Küpe *f*; **~ dye** *n* TEXT Küpenfarbstoff *m*

vault[1] *n* CONST Gewölbe *nt*, Wölbung *f*

vault[2] *vt* CONST auswölben, wölben

Vauxhall: **~ bevel** *n* CER & GLAS Vauxhall-Facette *f*

V-belt *n* AUTO *cooling system*, HEAT & REFRIG, MECHANICS, PLAS *rubber*, PROD ENG Keilriemen *m*; **~ drive** *n* MECHAN ENG Keilriemenantrieb *m*, Keilriementrieb *m*; **~ pulley** *n* MECHAN ENG Keilriemenscheibe *f*; **~ tension** *n* MECHAN ENG Keilriemenspannung *f*

V-block *n* MECHAN ENG *draughtsman's* Prüfprisma *nt*, PROD ENG Prismenstück *nt*

V-C: **~ ratio** *n (volume-capacity ratio)* TRANS Volumen-Kapazitätsverhältnis *nt*

VCO *abbr (voltage-controlled oscillator)* ELECTRON spannungsgesteuerter Oszillator *m*, SPACE *communications* spannungsgeregelter Oszillator *m*, TELECOM spannungsgesteuerter Oszillator *m*

V-connection *n* ELECT V-Schaltung *f*

VCR *abbr (video cassette recorder)* TELEV VCR *(Videorecorder)*

VCS *abbr (virtual-circuit switch)* TELECOM Vermittlung über virtuelle Verbindung *f*

V-cylinder: **~ engine** *n* MECHAN ENG Motor mit Zylindern in V-Anordnung *m*, V-Motor *m*

V- drive *n* MECHAN ENG Winkeltrieb *m*

VDU *abbr* COMP & DP *(visual display unit)* CONTROL *(visual display unit)*, PHYS *(visual display unit)*, TELECOM *(visual display unit)*, TELEV *(video display unit)* Bildschirmgerät *nt*, Datensichtgerät *nt*, Monitor *m*

vector *n* COMP & DP, ELEC ENG, ELECT, GEOM, MATH Vektor *m*; **~ analysis** *n* MATH Vektoranalysis *f*; **~ coupling** *n* RAD PHYS *of electron orbits* Vektorkopplung *f*; **~ field** *n* ELEC ENG, ELECT *electromagnetism* Vektorfeld *nt*; **~ graphics** *n* COMP & DP Vektorbild *nt*, Vektorgrafik *f*; **~ group** *n* ELECT Vektorgruppe *f*; **~ meson** *n* PART PHYS *mediating particle of vector field* Vektormeson *nt*; **~ model of the atom** *n* PHYS Vektormodell des Atoms *nt*; **~ network analyser** *n BrE* ELEC ENG Vektornetzanalysator *m*; **~ network analysis** *n* ELEC ENG Vektornetzanalyse *f*; **~ network analyzer** *n AmE see vector network analyser BrE*; **~ potential** *n* ELEC ENG Vektorpotential *nt*; **~ processing** *n* COMP & DP Vektorverarbeitung *f*; **~ processor** *n* COMP & DP Vektorprozessor *m*; **~ product** *n* MATH, PHYS Vektorprodukt *nt*, äußeres Vektorprodukt *nt*; **~ resultant** *n* MATH *diagonal of vector parallelogram* Resultierende einer Vektoraddition *f*, Vektorsumme *f*; **~-scan cathode-ray tube** *n* ELECTRON Vektorbildschirm *m*; **~-scan electron-beam lithography** *n* ELECTRON Vektor-Elektronenstrahl-Lithographie *f*; **~-scanned beam** *n* ELECTRON Vektorstrahl *m*; **~ scanning** *n* ELECTRON Vektorabtastung *f*; **~ space** *n* MATH Vektorraum *m*; **~ sum** *n* MATH Vektorsumme *f*

vectored[1] *adj* SPACE in Vektoren umgesetzt, vektoriert

vectored:[2] **~ interrupt** *n* COMP & DP Vektorunterbrechung *f*, zeigergesteuerte Unterbrechung *f*; **~ thrust** *n* SPACE Vektorschub *m*; **~-thrust engine** *n* SPACE Vektorschubtriebwerk *nt*

vectorscope *n* TELEV Vektorskop *nt*

vee *n* PROD ENG Prisma *nt*; ~ **belt** *n* HEAT & REFRIG, MECHAN ENG, PROD ENG Keilriemen *m*; ~ **block** *n* METROL Prismenblock *m*; ~ **die** *n* PROD ENG Biegeprisma *nt*; ~ **sett** *n* PROD ENG Kehleisen *nt*; ~ **thread** *n* MECHAN ENG Spitzgewinde *nt*

VEE: ~ **foil craft** *n* WATER TRANS V-Tragflächenboot *nt*

veer *vi* WATER TRANS *wind, ropes* fieren, rechtsdrehen, sich drehen; ~ **aft** *vi* WATER TRANS *wind* raumen; ~ **off course** *vi* WATER TRANS *ship* vom Kurs abdrehen

vees *n pl* PROD ENG Führungsprismen *nt pl*

vegetable: ~ **fat** *n* FOOD TECH Pflanzenfett *nt*; ~ **oil** *n* FOOD TECH Pflanzenöl *nt*; ~ **protein** *n* FOOD TECH Pflanzeneiweiß *nt*; ~ **resin** *n* PROD ENG Naturharz *nt*; ~ **waste** *n* WASTE pflanzlicher Abfall *m*

vegetate *vi* METALL vegetieren

vegetation *n* METALL Vegetation *f*

vehicle *n* MECHANICS Fahrzeug *nt*; ~**-actuated control** *n* TRANS verkehrsabhängige Signalsteuerung *f*; ~**-actuated signalization** *n* TRANS verkehrsabhängige Signalgebung *f*; ~**-actuated traffic signals** *n pl* TRANS verkehrsabhängige Signale *nt pl*; ~ **characteristic detector** *n* TRANS Detektor für Fahrzeugeigenschaften *m*; ~ **extension period** *n* TRANS *traffic control* Fahrzeugfolgezeit *f*; ~ **ferry** *n* WATER TRANS Fahrzeugfähre *f*; ~ **intercept survey** *n* TRANS Fahrzeugerfassung *f*; ~ **location subsystem** *n* TELECOM Fahrzeugortungssubsystem *nt*; ~**-mounted short primary linear motor** *n* AUTO fahrzeugmontierter kurzer Primärlinearmotor *m*; ~ **ramp** *n* TRANS Fahrzeugzufahrt *f*; ~ **shredder** *n* WASTE Schredderanlage *f*; ~ **straddling the guideway** *n* RAIL Sattelbahnfahrzeug *nt*; ~ **tagging** *n* TRANS Fahrzeugmarkierung *f*; ~ **tanker** *n* WATER TRANS Fahrzeugtanker *m*

vehicular: ~ **flow at the peak hour** *n* TRANS Fahrzeugfluß zur Hauptverkehrszeit *m*; ~ **gap** *n* TRANS Fahrzeugabstand *m*

V-eight: ~ **engine** *n* AUTO Achtzylinder-V-Motor *m*

vein *n* CONST *wood, stone* Maserung *f*

Veitch: ~ **diagram** *n* COMP & DP Karnaugh-Diagramm *nt*, Veitch-Diagramm *nt*

velocimeter *n* PHYS Geschwindigkeitsmeßgerät *nt*

velocimetry *n* PHYS Geschwindigkeitsmessung *f*

velocity *n* ACOUSTICS Geschwindigkeit *f*, Schnelle *f*, ELECTRON, FLUID PHYS, MECHAN ENG, MECHANICS, PHYS Geschwindigkeit *f*, PROD ENG lineare Geschwindigkeit *f*; ~ **coefficient** *n* FUELLESS Geschwindigkeitskoeffizient *m*; ~ **control servo** *n* TELEV Geschwindigkeitsregler *m*; ~ **depth curve** *n* PET TECH Geschwindigkeitstiefenkurve *f*; ~ **diagram** *n* FUELLESS, MECHAN ENG Geschwindigkeitsdiagramm *nt*; ~ **error** *n* TELEV Laufzeitfehler *m*; ~ **of flow** *n* HEAT & REFRIG Strömungsgeschwindigkeit *f*; ~ **fluctuations** *n pl* FLUID PHYS *on mean flow* Geschwindigkeitsschwankungen *f pl*; ~ **head** *n* HEAT & REFRIG dynamische Druckhöhe *f*, HYD EQUIP Geschwindigkeitsdruckhöhe *f*; ~ **increment** *n* SPACE Geschwindigkeitseinheit *f*, Geschwindigkeitszunahme *f*; ~ **of light** *n (c)* METROL Lichtgeschwindigkeit *f (c)*; ~ **of longitudinal waves** *n (cl)* ACOUSTICS Geschwindigkeit von Längswellen *f (cl)*; ~ **loss** *n* NUC TECH Geschwindigkeitsverlust *m*; ~ **meter** *n* ACOUSTICS Schnellemesser *m*; ~ **microphone** *n* ACOUSTICS Druckgradientenmikrofon *nt*, RECORD Geschwindigkeitsempfänger *m*; ~**-modulated beam** *n* ELECTRON Laufzeitstrahl *m*; ~**-modulated oscillator** *n* ELECTRON Laufzeitoszillator *m*; ~**-modulated tube** *n* ELECTRON Laufzeitröhre *f*; ~ **modulation** *n* ELECTRON Geschwindigkeitsmodulation *f*, PHYS Geschwindigkeitsmodulation *f*, Geschwindigkeitssteuerung *f*, TELEV Geschwindigkeitsmodulation *f*; ~ **potential** *n* ACOUSTICS Schnellepotential *nt*, ACOUSTICS Geschwindigkeitspotential *nt*, FUELLESS Potential der Schallschnelle *nt*; ~ **profile** *n* PHYS Geschwindigkeitsprofil *nt*; ~ **resonance** *n* PHYS Phasenresonanz *f*; ~ **of sound** *n* WAVE PHYS *in a medium* Schallgeschwindigkeit *f*; ~ **stage turbine** *n* HYD EQUIP Geschwindigkeitsstufenturbine *f*; ~ **of transversal waves** *n (ct)* METROL Geschwindigkeit von Transversalwellen *f (ct)*; ~ **of vibration** *n* HEAT & REFRIG Schwingungsgeschwindigkeit *f*

velvet *n* TEXT Samt *m*; ~ **trap** *n* PHOTO Samtdichtung *f*

vending: ~ **machine** *n* PACK Automaten- *pref*

vendor *n* QUAL Lieferfirma *f*; ~ **appraisal** *n* QUAL Lieferantenbeurteilung *f*; ~ **assessment** *n* QUAL Lieferantenbeurteilung *f*; ~ **inspection** *n* QUAL Lieferantenbeurteilung *f*; ~ **rating** *n* QUAL Lieferantenbeurteilung *f*

veneer *n* CONST Furnier *nt*, Furnierholz *nt*, dünne Verblendung *f*, nicht tragende Mauerverkleidung *f*, *road surface* Decke *f*, Verschleißschicht *f*; ~ **saw** *n* PROD ENG Furniersäge *f*

veneering *n* CONST Beplankung *f*, Furnieren *nt*; ~ **press** *n* MECHAN ENG Furnierpresse *f*

venetian: ~**-blind effect** *n* TELEV Jalousieeffekt *m*

V-engine *n* AUTO, MECHAN ENG V-Motor *m*

Venn: ~ **diagram** *n* COMP & DP Venn-Diagramm *nt*

vent[1] *n* CER & GLAS Entlüftung *f*, CONST Entlüftungsöffnung *f*, HEAT & REFRIG Entlüfter *m*, Entlüftungsöffnung *f*, LAB EQUIP Entlüftung *f*, Entlüftungsöffnung *f*, Oberflächenriß *m*, MECHAN ENG Entlüftung *f*, Entlüftungsöffnung *f*, MECHANICS Abzug *m*, Entlüftung *f*, NUC TECH, PLAS *press* Entlüftung *f*, Entlüftungsöffnung *f*; ~ **cap** *n* CONST Entlüftungsklappe *f*; ~ **hole** *n* MECHAN ENG Belüftungsloch *nt*, Entlüftungsöffnung *f*, PROD ENG Gaskanal *m*; ~ **nozzle** *n* NUC TECH *of tank* Lüftungsstutzen *m*; ~ **pipe** *n* CER & GLAS, CONST, HEAT & REFRIG, LAB EQUIP, MECHAN ENG, MECHANICS, NUC TECH *pressure supression system*, PLAS Abzugsrohr *nt*, Entlüftungsrohr *nt*; ~ **plug** *n* CONST Entlüfterstutzen *m*; ~ **port** *n* HEAT & REFRIG Entlüftungsöffnung *f*, Luftabzugsöffnung *f*; ~ **valve** *n* AIR TRANS *air-no-fuel* Entlüftungsventil *nt*

vent[2] *vt* CONST belüften, entlüften, lüften, HEAT & REFRIG entlüften, lüften, MECHAN ENG belüften, entlüften, lüften, PROD ENG Flüssigkeit rückführen, luftspießen

vented: ~ **fuel assembly** *n* NUC TECH entgastes Brennelement *nt*; ~ **fuel rod** *n* NUC TECH entgaster Brennstab *m*

ventiduct *n* CONST Lüftungskanal *m*

ventilate[1] *vt* CONST, HEAT & REFRIG, THERMODYN belüften, lüften, ventilieren

ventilate:[2] ~ **a workshop** *vi* SAFETY eine Werkstatt belüften, eine Werkstatt entlüften

ventilated[1] *adj* HEAT & REFRIG, THERMODYN belüftet, gelüftet, ventiliert

ventilated:[2] ~ **ceiling** *n* HEAT & REFRIG Klimadecke *f*; ~ **motor** *n* AUTO Motor mit Eigenkühlung *m*; ~ **nappe** *n* WATER SUP belüftete Wasserlamelle *f*; ~ **propeller** *n* AIR TRANS, WATER TRANS belüfteter Propeller *m*

ventilating: ~ **and cooling loss** *n* HEAT & REFRIG Verlust im Kühlsystem *m*; ~ **door** *n* CONST Lüftungstür *f*; ~ **fan**

n CONST Gebläse *nt*, Ventilator *m*, HEAT & REFRIG Umwälzventilator *m*, MECHAN ENG Lüfter *m*, Ventilator *m*; **~ passage** *n* HEAT & REFRIG Belüftungsweg *m*, Kühlluftweg *m*

ventilation *n* AUTO, HEAT & REFRIG, MECHAN ENG, THERMODYN, WATER TRANS Belüftung *f*, Entlüftung *f*; **~ and air conditioning** *n* HEAT & REFRIG Raumlufttechnik *f*; **~ breakdown** *n* HEAT & REFRIG Belüftungsstörung *f*; **~ circuit** *n* HEAT & REFRIG Kühlkreislauf *m*, Luftkreislauf *m*; **~ control center** *n AmE*, **~ control centre** *n BrE* HEAT & REFRIG Lüftungszentrale *f*; **~ door opener** *n* SAFETY Türlüftungsöffner *m*; **~ duct** *n* CONST Lüftungskanal *m*, HEAT & REFRIG Lüftungsleitung *f*; **~ system** *n* AUTO Lüftungsanlage *f*, SAFETY Lüftung *f*, WATER TRANS Lüftungsanlage *f*; **~ valve** *n* HEAT & REFRIG, MECHAN ENG Belüftungsventil *nt*

ventilator *n* AIR TRANS regelbarer Lüfter *m*, AUTO Lüfter *m*, HEAT & REFRIG Fächer *m*, Lüfter *m*, Ventilator *m*, SAFETY Lüfter *m*, Ventilator *m*, WATER TRANS Lüfter *m*; **~ cowl** *n* AUTO, WATER TRANS *deck fittings* Lüfterhaube *f*; **~ socket** *n* AUTO, WATER TRANS Lüftungsstutzen *m*

ventimeter *n* WATER TRANS Ventimeter *nt*

venting *n* HEAT & REFRIG Entlüften *nt*, Lüftung *f*, MECHAN ENG Entlüftung *f*, Lüftung *f*, NUC TECH *of air from pipe* Entlüften *nt*; **~ slot** *n* HEAT & REFRIG Lüftungsschlitz *m*

ventral *adj* ERGON ventral

venturi *n* AUTO *carburettor* Lufttrichter *m*, Venturi-Rohr *nt*; **~ meter** *n* MECHAN ENG Venturi-Meßdüse *f*, PHYS Venturi-Rohr *nt*; **~ nozzle** *n* MECHANICS Venturi-Düse *f*; **~ scrubber** *n* COAL TECH Venturi-Schrubber *m*, POLL *gas cleaning* Venturi-Wäscher *m*; **~ sludge** *n* COAL TECH Venturi-Schlamm *m*; **~ tube** *n* MECHAN ENG *used for measuring flow rate* Venturi-Meßrohr *nt*, Venturi-Rohr *nt*

veratramine *n* CHEMISTRY Veratramin *nt*

veratric *adj* CHEMISTRY Veratrin- *pref*

veratrine *n* CHEMISTRY Veratrin *nt*, Veratrinum *nt*

veratrole *n* CHEMISTRY Veratrol *nt*

verb *n* COMP & DP *COBOL* Verb *nt*

verbal: **~ notes** *n pl* ENG DRAW *on a drawing* Wortangaben *f pl*

verdigris *n* CHEMISTRY Grünspan *m*, PROD ENG Grünspan *m*, Patina *f*

verifiable: **~ limit** *n* QUAL nachzuweisende Qualifikation *f*

verification *n* COMP & DP, CONTROL, MECHAN ENG, QUAL Bestätigung *f*, Prüfung *f*, Verifizierung *f*; **~ by means of limit gages** *n AmE*, **~ by means of limit gauges** *n BrE* MECHAN ENG Verifizierung mittels Grenzlehren *f*

verifier *n* COMP & DP Prüfer *m*

verify *vt* COMP & DP prüfen, QUAL beweisen, nachweisen

vernal: **~ equinox** *n* SPACE Frühjahrs-Tagundnachtgleiche *f*

vernier *n* MECHAN ENG Nonius *m*, MECHANICS Gradteiler *m*, Nonius *m*, METROL, PROD ENG Nonius *m*; **~ adjustment** *n* INSTR Feineinstellung *f*, Noniuseinstellung *f*, PROD ENG Feineinstellung *f*; **~ caliper** *n AmE*, **~ calliper** *n BrE* MECHANICS Schublehre *f*, METROL Meßschieber *m*, Schieblehre *f*, PHYS Schublehre *f*; **~ depth gage** *n AmE*, **~ depth gauge** *n BrE* MECHAN ENG, METROL Tiefenmeßschieber *m*; **~ gage** *n AmE*, **~ gauge** *n BrE* MECHAN ENG Schieblehre *f*, Schublehre *f*; **~ height gage** *n AmE*, **~ height gauge** *n BrE* METROL Höhenreißer *m*, Parallelreißer *m*; **~ motor** *n* SPACE *spacecraft* Meßskalenantrieb *m*, Steuertriebwerk *nt*; **~ potentiometer** *n* ELECT Noniuspotentiometer *nt*; **~ scale** *n* INSTR Feineinstellskale *f*, MECHAN ENG Noniusskale *f*

vernine *n* CHEMISTRY Guanosin *nt*, Vernin *nt*

versatility *n* SPACE Vielseitigkeit *f*

version *n* COMP & DP *of programme* Version *f*, MECHAN ENG Ausführung *f*, Bauform *f*, Version *f*

verso *n* PRINT gerade Seite *f*, linke Seite *f*

vertex *n* GEOM *of angle* Scheitel *m*, *of polyhedron* Ecke *f*, Spitze *f*, PHYS Scheitel *m*, Scheitelpunkt *m*

vertical[1] *adj* ELECTRON Vertikal- *pref*, GEOM senkrecht, vertikal, PHYS, TELEV Vertikal- *pref*

vertical[2] *n* GEOM Senkrechte *f*, Vertikale *f*, MATH Vertikale *f*; **~ alignment** *n* CONST Vertikalanordnung *f*; **~ amplifier** *n (VA)* ELECTRON Vertikalverstärker *m*; **~~ amplifier bandwidth** *n* ELECTRON Bandbreite des Vertikalverstärkers *f*; **~~amplifier dynamic range** *n* ELECTRON Aussteuerungsbereich des Vertikalverstärkers *m*; **~~amplifier input** *n* ELECTRON Vertikalverstärker-Eingang *m*; **~~amplifier output** *n* ELECTRON Vertikalverstärkerausgang *m*; **~ amplitude** *n* TELEV Vertikalamplitude *f*; **~~amplitude control** *n* TELEV Vertikalamplitudenregler *m*; **~ angles** *n pl* GEOM Scheitelwinkel *m pl*; **~ axis** *n (y-axis)* MATH Ordinate *f*, Vertikalachse *f*, PHYS vertikale Axe *f (Y-Achse)*; **~~axis wind turbine** *n* FUELLESS Hochachsewindturbine *f*; **~ bipolar transistor** *n* ELECTRON Vertikalbipolartransistor *m*; **~ blanking** *n* COMP & DP Vertikalunterdrückung *f*, ELECTRON, TELEV Vertikalaustastung *f*; **~ blanking interval** *n* TELEV Vertikalaustastlücke *f*; **~ blanking pulse** *n* TELEV Vertikalaustastimpuls *m*; **~ boring machine** *n* MECHAN ENG Senkrechtbohrmaschine *f*; **~ boring mill** *n* MECHAN ENG Senkrechtbohrmaschine *f*; **~ boring and turning mill** *n* MECHAN ENG Karusseldrehmaschine *f*; **~ box-column drill** *n* PROD ENG Ständerbohrmaschine *f*; **~ box-column drilling machine** *n* PROD ENG Ständerbohrmaschine *f*; **~ broaching machine** *n* MECHAN ENG Senkrechträummaschine *f*; **~ cartoner** *n* PACK Vertikalkartoniermaschine *f*; **~ centering** *n AmE see vertical centring BrE*; **~ centering control** *n AmE see vertical centring control BrE*; **~ centring** *n BrE* ELECTRON Vertikalbildlageregelung *f*; **~ centring control** *n BrE* TELEV Vertikalmittenabgleich *m*; **~ component** *n* PHYS senkrechte Komponente *f*; **~ control** *n* OPT Vertikalsteuerung *f*; **~ convergence** *n* ELECTRON Vertikalkonvergenz *f*; **~ curve radius** *n* CONST Ausrundungshalbmesser *m*; **~ cylinder grinding machine** *n* MECHAN ENG Vertikalzylinderschleifmaschine *f*; **~ deflection** *n* ELECTRON Y-Ablenkung *f*, TELEV Vertikalablenkung *f*; **~ deflection coil** *n* ELEC ENG Vertikalablenkungsspule *f*; **~ deflection plate** *n* ELECTRON *cathode ray tube*, PHYS Vertikalablenkplatte *f*; **~ dispersion** *n* POLL Vertikalverteilung *f*; **~ drainage** *n* COAL TECH senkrechte Entwässerung *f*; **~ drilling machine** *n* MECHAN ENG Senkrechtbohrmaschine *f*; **~ drill press** *n* MECHAN ENG Senkrechtbohrmaschine *f*; **~ engine** *n* AUTO Motor mit stehenden Zylindern *m*, senkrecht eingebauter Motor *m*, stehender Motor *m*, MECHAN ENG stehender Motor *m*; **~ evaporation** *n* HEAT & REFRIG Aufwärtsverdampfung *f*; **~ field-effect transistor** *n* ELECTRON Vertikal-FET *m*; **~ format** *n* COMP & DP Vertikalformat *nt*; **~ gyro** *n* AIR TRANS, SPACE Vertikalkreisel *m*; **~ hold control** *n* TELEV Bildlaufregler *m*; ~ **interval** *n* TELEV Vertikallücke *f*; ~ **interval test signal** *n* TELEV Vertikalpausenzeichen *nt*; ~ **lathe** *n* MECHAN ENG Senkrechtdrehmaschine *f*; ~ **linearity control** *n* TELEV Vertikallinearitätsregler *m*; ~ **lock** *n* TELEV Vertikalsynchronisierung *f*; ~ **metal oxide semiconductor** *n* (*VMOS*) ELECTRON Halbleiterband-Elementekonstruktion *f*; ~ **milling attachment** *n* MECHAN ENG Senkrechtfräsvorrichtung *f*; ~ **milling machine** *n* MECHAN ENG Senkrechtfräsmaschine *f*, Vertikalfräsmaschine *f*; ~ **mode** *n* TELEV Vertikalmodus *m*; ~ **MOS transistor** *n* ELECTRON vertikaler MOS-Transistor *m*; ~ **output stage** *n* ELECTRON Vertikalendstufe *f*; ~ **parity** *n* COMP & DP Querparität *f*; ~ **planes** *n pl* GEOM senkrechte Ebenen *f pl*, senkrechtstehende Ebenen *f pl*; ~ **polarization** *n* ELEC ENG, PHYS, TELECOM Vertikalpolarisation *f*; ~ **power MOS transistor** *n* ELECTRON vertikaler MOS-Leistungstransistor *m*; ~ **push-cut shaper** *n* PROD ENG Stoßmaschine *f*; ~ **rabbit** *n* NUC TECH Vertikalrohrpost *f*; ~ **recording** *n* ACOUSTICS Tiefenschrift *f*; ~ **redundancy check** *n* (*VRC*) COMP & DP Querparitätsprüfung *f*; ~ **reference unit** *n* SPACE Vertikalbezugssystemeinheit *f*; ~ **scale** *n* MATH Vertikalmaßeinteilung *f*; ~ **scanning** *n* TELEV Vertikalabtastung *f*; ~ **scrolling** *n* COMP & DP Vertikalblättern *nt*; ~ **section** *n* CONST Senkrechtschnitt *m*, ENG DRAW Höhenschnitt *m*; ~ **seismic profile** *n* (*VSP*) PET TECH vertikales seismisches Profil *nt* (*VSP*); ~ **sensitivity** *n* INSTR Vertikalempfindlichkeit *f*; **~-shaft Pelton wheel** *n* FUELLESS Peltonrad mit senkrechter Welle *nt*; ~ **shaper** *n* PROD ENG Stoßmaschine *f*; ~ **shoring** *n* CONST Unterfangung *f*; ~ **slotting machine** *n* MECHAN ENG Senkrechtstoßmaschine *f*; ~ **speed** *n* SPACE Vertikalgeschwindigkeit *f*; **~-speed indicator** *n* SPACE Vertikalgeschwindigkeitsanzeige *f*; **~-spindle milling machine** *n* PROD ENG Senkrechtfräsmaschine *f*; **~-spindle rotary-table miller** *n* PROD ENG Rundlaufsenkrechtfräsmaschine *f*; ~ **stability** *n* TRANS Seitenstabilität *f*, Vertikalstabilität *f*; ~ **surface-type broaching machine** *n* MECHAN ENG Senkrechtaußenräummaschine *f*; ~ **sweep** *n* TELEV Bildablenkung *f*; ~ **sync pulse** *n* TELEV Vertikalsynchronisierimpuls *m*; ~ **tab** *n* COMP & DP Senkrechttabulator *m*, Vertikalsynchronisierung *f*; ~ **tabulator** *n* COMP & DP Vertikaltabulator *m*; ~ **takeoff and landing aircraft** *n* (*VTOL aircraft*) AIR TRANS senkrecht startendes und landendes Flugzeug *nt* (*VTOL-Flugzeug*); ~ **tool thrust** *n* PROD ENG Senkrechtschnittkraft *f*; ~ **turret lathe** *n* PROD ENG Karusseldrehmaschine *f*; ~ **vacuum sealer** *n* PACK senkrecht arbeitende Vakuum-Siegelmaschine *f*

verticality: ~ **tolerance** *n* CER & GLAS Vertikalitätstoleranz *f*

Very: ~ **light** *n* WATER TRANS Leuchtkugel *f*, Signalstern *m*; ~ **pistol** *n* WATER TRANS Leuchtkugelpistole *f*

vessel *n* LAB EQUIP Behälter *m*, Gefäß *nt*, Küvette *f*, MAR POLL Schiff *nt*, TEXT Behälter *m*, WATER TRANS Wasserfahrzeug *nt*; ~ **location** *n* WATER TRANS Schiffsortung *f*; ~ **penetration** *n* NUC TECH Gefäßdurchdringen *nt*

vestibular: ~ **mechanism** *n* ERGON Vestibularapparat *m*

vestibule *n* RAIL Gepäckraum *m*

vestigial: ~ **sideband** *n* (*VSB*) ELECTRON, TELECOM, TELEV Restseitenband *nt* (RSB); ~ **sideband filter** *n* ELECTRON Restseitenbandfilter *nt*; ~ **sideband signal** *n* ELECTRON Restseitenbandsignal *nt*

VF *abbr* ELECTRON (*voice frequency*), TELECOM (*voice frequency*) SF (*Sprachfrequenz*), TELEV (*video frequency*) VF (*Videofrequenz*)

V-form: ~ **cutter** *n* MECHAN ENG Prismenfräser *m*

V-four: ~ **engine** *n* AUTO Vierzylinder-V-Motor *m*

VG *abbr* (*variable geometry*) AIR TRANS VG (*veränderliche Geometrie*)

V-gage *n AmE*, **V-gauge** *n BrE* CER & GLAS Keillehre *f*

V-gear *n* MECHAN ENG V-Rad *nt*

V-groove *n* ELECTRON *transistors* V-förmige Rille *f*, MECHAN ENG Keilrille *f*, Keilnut *f*; ~ **etching** *n* ELECTRON *transistors* Rillenätzung *f*

VHD *abbr* (*very high density*) OPT VHD (*sehr hohe Dichtigkeit*)

VHF[1] *abbr* (*very high frequency*) RAD TECH, TELECOM VHF (*Meterwellen-Hochfrequenz*)

VHF:[2] ~ **band** *n* TELEV VHF-Band *nt*; ~ **omnidirectional radio range** *n* RAD TECH UKW-Rundstrahlkursfunkfeuer *nt*; ~ **radio** *n* TELEV UKW-Radio *nt*; ~ **radio telephone** *n* RAD TECH UKW-Sprechfunk *m*, UKW-Sprechfunkgerät *nt*; ~ **signal** *n* ELECTRON VHF-Signal *nt*; ~ **signal generator** *n* ELECTRON VHF-Signalgeber *m*; ~ **and UHF tuner** *n* TELEV VHF- und UHF-Tuner *m*

VHFO *abbr* (*very-high-frequency omnirange*) AIR TRANS UKW-Drehfunkfeuer *nt* (*Ultrakurzwellen-Drehfunkfeuer*)

VHS *abbr* (*video home system*) TELEV VHS (*Heimvideosystem*)

VHS-C *abbr* (*video home system-compact*) TELEV VHS-C (*Heimvideo-Aufzeichnungssystem*)

VI[1] *abbr* (*viscosity index*) AUTO, FLUID PHYS, MECHAN ENG, THERMODYN VI (*Viskositätsindex*)

VI:[2] ~ **meter** *n* TELEV Aussteuerungsanzeige *f*

viable: ~ **bacteria** *n pl* WATER SUP lebensfähige Bakterien *nt pl*

vial *n AmE* (*cf phial BrE*) CER & GLAS Glasfläschchen *nt*, CHEMISTRY Phiole *f*, LAB EQUIP Fläschchen *nt*

vibrate *vt* CONST *concrete* rüttelverdichten

vibrated: ~ **concrete** *n* CONST Rüttelbeton *m*

vibrating: ~ **ball mill** *n* LAB EQUIP *grinding* Schwingmühle *f*, schwingende Kugelmühle *f*; ~ **conveyor** *n* MECHAN ENG Schwingförderer *m*; ~ **feeders and conveyors** *n pl* MECHAN ENG Schwingspeiser und Schwingförderer *m pl*; ~ **grizzly** *n* COAL TECH Rüttelsiebrost *m*; **~-reed frequency meter** *n* INSTR Zungenfrequenzmesser *m*, Zungenfrequenzmeßgerät *nt*; ~ **rod mill** *n* COAL TECH Stabschwingmühle *f*; ~ **roller** *n* CONST Vibrationswalze *f*; ~ **sample magnetometer** *n* NUC TECH Schwingproben-Magnetometer *nt*; ~ **screen** *n* CHEMISTRY Rüttelsieb *nt*, Vibrationssieb *nt*, COAL TECH Schwingsieb *nt*, Schüttelsieb *nt*; ~ **sheepsfoot roller** *n* CONST Rüttelschaffußwalze *f*; ~ **stirrer** *n* LAB EQUIP Schwingungsrührwerk *nt*, Vibrationsrührwerk *nt*; ~ **string** *n* PHYS schwingende Saite *f*; ~ **system** *n* WAVE PHYS schwingungsfähiges System *nt*; ~ **table** *n* CER & GLAS Vibrationstisch *m*

vibration *n* MECHANICS Schwingung *f*, METALL Oszillation *f*, Schwingung *f*, PHYS Erschütterung *f*, Schwingung *f*, Vibration *f*, SAFETY Vibration *f*; ~ **analysis** *n* MECHANICS Schwingungsanalyse *f*; ~ **antinode** *n* PROD ENG Schwingungsbauch *m*; ~ **conveyor** *n* FOOD TECH Schwingförderer *m*; ~ **damper** *n* AIR TRANS *aircraft* Erschütterungsdämpfer *m*, Vibrationsdämpfer *m*, AUTO *engine*, HEAT & REFRIG, MECHAN ENG Schwingungsdämpfer *m*, SAFETY Vibrationsdämpfer *m*; ~ **emitted by portable hand-held machines** *n*

SAFETY Handmaschinenvibration *f*; ~ **galvanometer** *n* ELECT Saitengalvanometer *nt*, Vibrations-Galvanometer *nt*, PHYS Vibrations-Galvanometer *nt*; ~ **generator** *n* SPACE Vibrationsgenerator *m*; ~ **hazard** *n* SAFETY Vibrationsgefahr *f*; ~ **measurement** *n* HEAT & REFRIG Schwingungsmessung *f*; ~**-measuring equipment** *n* INSTR Schwingungsmeßeinrichtung *f*; ~ **reed frequency meter** *n* INSTR Zungenfrequenzmesser *m*, Zungenfrequenzmeßgerät *nt*; ~ **rotation spectrum** *n* PHYS Schwingungs-Rotations-Spektrum *nt*; ~ **severity** *n* SAFETY Vibrationsstärke *f*; ~ **test** *n* METROL Schwingungstest *m*, TEST Schwingungsversuch *m*, Vibrationsprüfung *f*

vibrational: ~ **energy** *n* NUC TECH *of molecule* Schwingungsenergie *f*; ~ **entropy** *n* METALL Schwingungsentropie *f*; ~ **quantum number** *n* NUC TECH *(v)* Vibrationsquantenzahl *f (v)*, PHYS Schwingungsquantenzahl *f*; ~ **severity** *n* IND PROCESS Schwingschärfe *f*; ~ **spectrum** *n* PHYS Schwingungsspektrum *nt*

vibrato *n* ACOUSTICS Vibrato *nt*

vibrator *n* CONST Rüttler *m*, Verdichter *m*, ELEC ENG Vibrator *m*, Zerhacker *m*, MECHAN ENG Schwingungserzeuger *m*, Vibrator *m*; ~ **screen** *n* WASTE Vibriersieb *nt*

vibratory: ~ **feeder** *n* MECHANICS Schüttelzuführer *m*, PACK, PROD ENG Vibrationsförderer *m*; ~ **hopper** *n* PACK Materialzuführungstrommel *f*, PROD ENG Vibrationsförderer *m*; ~ **sifter** *n* PACK Schüttelsieb *nt*

vibrocompaction *n* NUC TECH Vibrationsverdichtung *f*

vibrometer *n* PHYS Schwingungsmeßgerät *nt*, Vibrometer *nt*

vice *n BrE* CONST, MECHAN ENG Schraubstock *m*, MECHANICS Schraubstock *m*, Spannstock *m*, Zwinge *f*, PROD ENG Schraubstock *m*; ~ **chuck** *n BrE* MECHAN ENG Spannstockfutter *nt*; ~ **clamp** *n BrE* MECHAN ENG Spannkluppe *f*; ~ **jaw** *n BrE* MECHAN ENG Schraubstockbacke *f*

vicinal *adj* CHEMISTRY Nachbar- *pref*

vicinity *n* CHEMISTRY Nachbarschaft *f*

Vickers: ~ **hardness** *n* MECHAN ENG Vickershärte *f*; ~ **hardness testing machine** *n* MECHAN ENG Vickershärtetestgerät *nt*

video *n* TELEV Bild *nt*, Video *nt*, Videoband *nt*; ~ **amplification** *n* TELEV Videoverstärkung *f*; ~ **amplifier** *n* TELEV Bildverstärker *m*, Videoverstärker *m*; ~ **bandwidth** *n* TELEV Videobandbreite *f*; ~ **cable** *n* TELEV Videokabel *nt*; ~ **card** *n* COMP & DP Bildschirmkarte *f*, Videokarte *f*; ~ **carrier** *n* TELEV Bildträger *m*; ~ **cassette** *n* TELEV Videokassette *f*; ~ **cassette recorder** *n (VCR)* TELEV Videorecorder *m (VCR)*; ~ **channel** *n* TELEV Bildkanal *m*; ~ **conference** *n* TELEV Videokonferenz *f*; ~ **confidence head** *n* TELEV Sicherheitskopf *m*; ~ **control room** *n* TELEV Bildregieraum *m*; ~ **display unit** *n (VDU)* TELEV Bildschirmgerät *nt*, Monitor *m*; ~ **distribution amplifier** *n* TELEV Bildverteilerverstärker *m*; ~ **feedback circuit** *n* TELEV Videorückkoppelungskreis *m*; ~ **frequency** *n (VF)* TELEV Videofrequenz *f (VF)*; ~**-frequency converter** *n* TELEV Videofrequenzwandler *m*; ~ **head** *n* TELEV Videokopf *m*; ~ **head alignment** *n* TELEV Videokopfjustierung *f*; ~ **head assembly** *n* TELEV Videokopfbaugruppe *f*; ~ **head optimizer** *n* TELEV Videokopfoptimierer *m*; ~ **high-density disc** *n BrE* TELEV Scheibe mit hochdichter Aufzeichnung *f*; ~ **high-density disk** *n AmE see video high-density disc BrE*; ~ **home system** *n (VHS)* TELEV Heimvideosystem *nt (VHS)*; ~ **home system-compact** *n (VHS-C)* TELEV Heimvideo-Aufzeichnungssystem *nt (VHS-C)*; ~ **input** *n* TELEV Videoeingabe *f*; ~ **level** *n* TELEV Videopegel *m*; ~ **level indicator** *n* TELEV Bildpegelanzeige *f*; ~ **long play** *n (VLP)* TELEV Video-Langspiel *nt (VLP)*; ~ **output** *n* TELEV Videoausgabe *f*; ~ **phase reversal** *n* TELEV Bildphasenumkehr *f*; ~ **pre-emphasis** *n* TELEV Bildvorverstärkung *f*; ~ **projector** *n* TELEV Bildprojektor *m*; ~ **record current** *n* TELEV Bildaufzeichnungsstrom *m*; ~ **recorder** *n* TELEV Videorecorder *m*; ~ **recording** *n* TELEV Videoaufzeichnung *f*; ~ **signal** *n* PHYS Bildsignal *nt*, Videosignal *nt*, TELECOM Videosignal *nt*, TELEV Bildsignal *nt*, Videosignal *nt*; ~ **signal with blanking** *n* TELEV Bildsignal mit Austastung *nt*; ~ **signal pulse** *n* TELEV Bildsignalimpuls *m*; ~ **switch** *n* TELEV Videoschaltverteiler *m*; ~ **switching matrix** *n* TELEV Bildschaltmatrix *f*; ~ **synthesizer** *n* TELEV Bildsynthesizer *m*; ~ **tape library** *n* TELEV Videothek *f*; ~ **tape recorder** *n (VTR)* TELEV Videomagnetbandgerät *nt (VCR)*; ~ **terminal** *n* TELEV Datensichtgerät *nt*, Videoterminal *nt*; ~ **track** *n* TELEV Videospur *f*; ~ **transmission** *n* TELEV Videoübertragung *f*

videoclip *n* TELEV Video-Clip *nt*

videodisc *n BrE* TELEV Bildplatte *f*; ~ **player** *n BrE* TELEV Bildplattenspieler *m*; ~ **recording** *n BrE* TELEV Bildplattenaufzeichnung *f*

videodisk *n AmE see videodisc BrE*

videography *n* TELEV Videographie *f*

videophone *n* TELEV Bildfernsprecher *m*, Bildtelefon *nt* ~ **switching system** *n* TELEV Bildtelefonvermittlungssystem *nt*

videotape *n* TELEV Videomagnetband *nt*; ~ **dubbing** *n* TELEV Nachvertonen auf Videomagnetband *nt*; ~ **facilities** *n pl* TELEV Videomagnetbandeinrichtungen *f pl*; ~ **player** *n* TELEV Videobandabspielgerät *nt*; ~ **recorder** *n* TELEV Videomagnetbandrecorder *m*

videotaping *n* TELEV Aufzeichnung auf Videomagnetband *f*

videotex *n* TELEV Bildschirmtext *m*, Btx, Videotex *nt*; ~ **gateway** *n* TELEV Videotex-Gateway *m*; ~ **information provider** *n* TELEV Btx-Anbieter *m*; ~ **server** *n* TELEV Videotex-Server *m*

videoware *n* TELEV Videozubehör *nt*

vidicon *n* ELECTRON *video* Vidikon *nt*; ~ **camera** *n* TELEV Vidikon-Kamera *f*; ~ **tube** *n* ELECTRON Bildaufnahmeröhre *f*

viewdata: ~ **terminal** *n* TELEV Datenmonitor *m*

viewer *n* TELEV Zuschauer *m*

viewfinder *n* PHOTO *camera*, SPACE Sucher *m*; ~ **eyepiece** *n* PHOTO Sucherokular *nt*; ~ **eyepiece with correcting lens** *n* PHOTO Sucherokular mit Korrekturlinse *nt*

viewing *n* PHOTO Betrachtung *f*; ~ **lens** *n* PHOTO Betrachtungsobjektiv *nt*; ~ **magnifier** *n* PHOTO Betrachtungsvergrößerer *m*; ~ **port** *n* SPACE Bullauge *nt*; ~ **transformation** *n* COMP & DP Änderung der Betrachtungsweise *f*; ~ **window** *n* COMP & DP Sichtfenster *nt*, Sichtscheibe *f*

vigilance *n* ERGON, RAIL Wachsamkeit *f*; ~ **control** *n* RAIL Wachsamkeitskontrolle *f*

vignetting *n* PHOTO Vignettierung *f*

vine *n* FOOD TECH Rebe *f*, Weinstock *m*

vinegar: ~ **generator** *n* FOOD TECH Essigerzeuger *m*

vinic *adj* CHEMISTRY Ethylschwefel- *pref*

vinyl[1] *adj* CHEMISTRY Ethenyl- *pref*, Vinyl- *pref*

vinyl:[2] ~ **lacquer** *n* CONST Vinyllack *m*
vinylacetylene *n* CHEMISTRY Monovinylacetylen *nt*, Vinylacetylen *nt*, Vinylethin *nt*
vinylation *n* CHEMISTRY Vinylierung *f*, Vinylation *f*
vinylbenzene *n* CHEMISTRY Styrol *nt*, Vinylbenzen *nt*
vinylidene *n* CHEMISTRY Ethenyliden- *pref*, Vinyliden- *pref*
vinylog *n* CHEMISTRY Vinylhomologes *nt*, Vinyloges *nt*
vinylogous *adj* CHEMISTRY vinylhomolog, vinylog
vinylpyridine *n* CHEMISTRY Vinylpyridin *nt*
violent: ~ **boiling** *n* NUC TECH heftiges Sieden *nt*
violuric *adj* CHEMISTRY Violur- *pref*
virgin[1] *adj* COMP & DP jungfräulich, unbespielt
virgin:[2] ~ **medium** *n* COMP & DP unbespielter Datenträger *m*; ~ **neutron** *n* NUC TECH jungfräuliches Neutron *nt*
virial[1] *adj* PHYS Virial- *pref*
virial:[2] ~ **theorem** *n* PHYS Virialsatz *m*, Virialtheorem *nt*
viridine *n* CHEMISTRY Viridin *nt*
virtual[1] *adj* COMP & DP virtuell
virtual:[2] ~ **address** *n* COMP & DP virtuelle Adresse *f*; ~ **call service** *n* COMP & DP virtueller Rufdienst *m*; ~ **circuit** *n* COMP & DP, TELECOM virtuelle Verbindung *f*; ~-**circuit bearer service** *n* TELECOM Übermittlungsdienst über virtuelle Verbindung *m*; ~-**circuit switch** *n* *(VCS)* TELECOM Vermittlung über virtuelle Verbindung *f*; ~-**circuit switching node** *n* TELECOM Vermittlungsknoten über virtuelle Verbindung *m*; ~ **connection** *n* COMP & DP virtuelle Verbindung *f*; ~ **disk** *n* COMP & DP virtuelle Platte *f*; ~ **image** *n* OPT virtuelles Bild *nt*, PHOTO scheinbares Bild *nt*, virtuelles Bild *nt*, WAVE PHYS *of hologram* virtuelles Bild *nt*; ~ **machine** *n* COMP & DP virtuelle Maschine *f*; ~ **memory** *n* COMP & DP virtueller Speicher *m*; ~ **memory specification** *n* *(VMS)* COMP & DP virtuelle Speicherverwaltung *f* *(VMS)*; ~ **memory system** *n* COMP & DP virtuelles Speichersystem *nt*; ~ **particle** *n* PART PHYS virtuelles Teilchen *nt*; ~ **pitch** *n* ACOUSTICS virtuelle Tonhöhe *f*; ~ **sound source** *n* ACOUSTICS virtuelle Schallquelle *f*; ~ **storage** *n* COMP & DP virtueller Speicher *m*; ~ **terminal** *n* COMP & DP virtuelle Datenstation *f*, virtuelles Terminal *nt*
viscid *adj* FLUID PHYS zäh, PROD ENG dickflüssig
viscidity *n* FLUID PHYS Zähigkeit *f*, PROD ENG Dickflüssigkeit *f*
viscin *n* CHEMISTRY Viscin *nt*
viscoelasticity *n* PLAS Viskoelastizität *f*
viscometer *n* FLUID PHYS Viskometer *nt*, Zähigkeitsmeßgerät *nt*, LAB EQUIP, MECHAN ENG Viskosimeter *nt*, PLAS Viskosimeter *nt*, Viskositätsmeßgerät *nt*
viscose *n* CHEMISTRY Viscose *f*
viscosimeter *n* FLUID PHYS Viskosimeter *nt*, PHYS Dichtemesser *m*, PLAS Viskosimeter *nt*, Viskositätsmeßgerät *nt*, PROD ENG Viskosimeter *nt*
viscosity *n* CHEMISTRY Viskosität *f*, Zähflüssigkeit *f*, COAL TECH, FLUID PHYS, MECHAN ENG, PET TECH, PHYS, PLAS, PROD ENG, THERMODYN Viskosität *f*, Zähigkeit *f*; ~ **coefficient** *n* THERMODYN Viskositätskoeffizient *m*; ~ **gravity constant** *n* THERMODYN Viskositäts-Dichte-Konstante *f*; ~ **index** *n* *(VI)* AUTO *oil*, FLUID PHYS, MECHAN ENG, THERMODYN Viskositätsindex *m*, Viskositätszahl *f* *(VI)*; ~ **index improver** *n* PET TECH Viskositätsverbesserer *m*; ~ **measurement** *n* FLUID PHYS Zähigkeitsmessung *f*; ~ **meter** *n* THERMODYN Viskosimeter *nt*; ~ **temperature characteristics** *n pl* THERMODYN Viskositäts-Temperaturverhalten *nt*; ~ **temperature coefficient** *n* THERMODYN Viskositäts-Temperatur-Koeffizient *m*
viscous[1] *adj* CHEMISTRY, FOOD TECH, MECHAN ENG, PHYS viskos, zähflüssig
viscous:[2] ~ **action** *n* FLUID PHYS Zähigkeitswirkung *f*; ~ **clutch** *n* AUTO *transmission* Viscokupplung *f*; ~ **damping** *n* MECHANICS Zähigkeitsdämpfung *f*; ~ **flow** *n* FOOD TECH, MECHAN ENG, PHYS Reibungsströmung *f*, viskose Strömung *f*; ~ **flow equations** *n pl* PHYS Gleichungen für reibungsbehaftete Strömungen *f pl*; ~ **fluid** *n* FOOD TECH, MECHAN ENG, PHYS viskose Flüssigkeit *f*; ~ **force** *n* FOOD TECH, MECHAN ENG, PHYS Zähigkeitskraft *f*; ~ **force per unit volume** *n* FOOD TECH, MECHAN ENG, PHYS Zähigkeitskraft bezogen auf Volumeneinheit *f*; ~ **friction** *n* FOOD TECH, MECHAN ENG, PHYS Flüssigkeitsreibung *f*; ~ **incompressible flow** *n* FLUID PHYS reibungsbehaftete inkompressible Strömung *f*; ~ **stress** *n* FLUID PHYS Reibungsspannung *f*; ~ **sublayer** *n* FLUID PHYS viskose Unterschicht *f*
vise *n AmE see vice BrE*
visibility *n* AIR TRANS, Sicht *f* Sichtweite *f*, PHYS Sichtbarkeit *f*, TRANS, WATER TRANS Sicht *f*, Sichtweite *f* ~ **distance** *n* AIR TRANS, TRANS, WATER TRANS Sichtweite *f*; ~ **distance measuring equipment** *n* AIR TRANS, TRANS, WATER TRANS Sichtweitenmeßinstrument *nt*; ~ **limit** *n* AIR TRANS, TRANS, WATER TRANS Sichtgrenze *f*
visible: ~ **face** *n* GEOM *of figure* sichtbare Seite *f*; ~ **horizon** *n* WATER TRANS *celestial navigation* Kimm *f*, sichtbarer Horizont *m*; ~ **laser lines** *n pl* RAD PHYS *emitted by excited atomic states* sichtbare Laserlinien *f pl*; ~ **light** *n* TELECOM sichtbares Licht *nt*; ~ **light spectrum** *n* WAVE PHYS Spektrum des sichtbaren Lichtes *nt*; ~ **radiation** *n* OPT, TELECOM sichtbare Strahlung *f*; ~ **region** *n* FUELLESS sichtbares Gebiet *nt*; ~ **spectrum** *n* PHYS sichtbares Spektrum *nt*
vision: ~ **acuity** *n* ERGON Sehschärfe *f*; ~ **carrier** *n* TELEV Bildträger *m*; ~ **control room** *n* TELEV Bildregieraum *m*; ~ **input module** *n* CONTROL Bildaufnahmemodul *m*; ~ **mixer** *n* TELEV Bildmischer *m*
visor *n* SAFETY Gesichtsschutz *m*, Visier *nt*
visual: ~ **acuity** *n* ERGON Sehschärfe *f*; ~ **alarm** *n* TELECOM optischer Alarm *m*; ~ **appearance** *n* TEST Aussehen *nt*; ~ **approach** *n* SPACE Sichtanflug *m*; ~-**carded packaging** *n* PACK kardierte Display-Verpackung *f*; ~ **display** *n* INSTR Sichtanzeige *f*, Sichtgerät *nt*; ~ **display unit** *n* *(VDU)* COMP & DP Bildschirmgerät *nt*, Datensichtgerät *nt*, PHYS Sichtanzeige *f*, TELECOM Bildschirmanzeige *f*, Sichtgerät *nt*; ~ **effects** *n pl* TELEV optische Effekte *m pl*; ~ **examination** *n* QUAL Augenscheinprüfung *f*, Sichtkontrolle *f*, Sichtprüfung *f*; ~ **field** *n* ERGON Gesichtsfeld *nt*, Sehfeld *nt*, OPT Sichtfeld *nt*, sichtbares Feld *nt*; ~ **inspection** *n* METROL, QUAL, TEST Sichtprüfung *f*; ~ **inspection result** *n* QUAL äußerer Befund *m*; ~ **pack** *n* PACK Schauverpackung *f*; ~ **perception** *n* ERGON visuelle Wahrnehmung *f*; ~ **testing** *n* *(VT)* QUAL Sichtprüfung *f*
visual/audible: ~ **signal** *n* COMP & DP optisches/akustisches Signal *nt*
visualization *n* COMP & DP Sichtbarmachung *f*, Visualisierung *f*
vitellin *n* CHEMISTRY Vitellin *nt*
Viterbi: ~ **decoding** *n* TELECOM Viterbi-Decodierung *f*
vitiate *vt* PROD ENG verunreinigen
vitiated: ~ **air** *n* HEAT & REFRIG Abluft *f*, verbrauchte Luft *f*

vitrea: ~ **cutter** *n* CER & GLAS Glasschneider *m*
vitreous[1] *adj* CHEMISTRY, PROD ENG glasartig
vitreous:[2] ~ **enamel** *n* CER & GLAS Glasemail *nt*; ~ **enamel label** *n* CER & GLAS Glasemailschild *nt*; ~ **silica** *n* CER & GLAS, OPT, TELECOM Quarzglas *nt*, Silicaglas *nt*, Silikatglas *nt*; ~ **state** *n* CER & GLAS Glaszustand *m*
vitrifiable: ~ **colors** *n pl AmE*, ~ **colours** *n pl BrE* CER & GLAS Schmelzfarben *f pl*
vitrification *n* CER & GLAS Verglasung *f*, CHEMISTRY Frittung *f*, Gammaumwandlung *f*, Vitrifikation *f*, PROD ENG Sintern *nt*, Verglasung *f*; ~ **process** *n* WASTE Endlager *nt*, Endlagerungsstätte *f*
vitrified *adj* PROD ENG keramisch
vitrify *vt* PROD ENG sintern, verglasen
vitriolic: ~ **acid** *n* CHEMISTRY Schwefelsäure *f*
vitriolization *n* CHEMISTRY Vitriolbildung *f*
VLCC *abbr (very large crude carrier)* PET TECH VLCC *(Supertanker)*
VLP *abbr (video long play)* TELEV *VLP (Video-Langspiel)*
VLSI[1] *abbr (very large-scale integration)* COMP & DP, ELECTRON VLSI *(Übergroßintegration)*, TELECOM VLSI *(Höchstintegration)*
VLSI:[2] ~ **chip** *n* COMP & DP VLSI-Chip *m*; ~ **circuit** *n* PHYS, TELECOM VLSI-Schaltkreis *m*
VMOS[1] *abbr (vertical metal oxide semiconductor)* ELECTRON Halbleiterband-Elementekonstruktion *f*
VMOS:[2] ~ **transistor** *n* ELECTRON VMOS-Transistor *m*
VMS *abbr (virtual memory specification)* COMP & DP VMS *(virtuelle Speicherverwaltung)*
V-notch *n* MECHAN ENG Spitzkerbe *f*
V-number *n* OPT V-Zahl *f*
vocation *n* ERGON Beruf *m*
vocational: ~ **aptitude test** *n* ERGON Berufseignungstest *m*
vocoder *n* COMP & DP *voice recorder* Sprachverschlüsseler *m*, Vocoder *m*, RECORD *voice coder*, TELECOM Vocoder *m*
vocoding *n* TELECOM Sprachcodierung *f*
voice *n* COMP & DP Stimme *f*; ~ **channel** *n* COMP & DP Sprachkanal *m*; ~ **coder** *n* TELECOM Sprachcodierer *m*; ~**-controlled operation** *n* TELECOM sprachgesteuerter Betrieb *m*; ~ **data entry** *n* COMP & DP Sprachdateneingabe *f*, Spracheingabedaten *nt pl*; ~ **detector** *n* SPACE Stimmerkennung *f*; ~ **dialing** *n AmE*, ~ **dialling** *n BrE* TELECOM sprachgesteuertes Wählen *nt*; ~ **frequency** *n (VF)* ELECTRON, TELECOM Sprachfrequenz *f (SF)*; ~ **level test** *n* RECORD Sprechpegeltest *m*; ~ **mailbox** *n* TELECOM Sprachbox *f*; ~ **message processor** *n* TELECOM Sprachmitteilungsprozessor *m*; ~ **messaging** *n* TELECOM Sprachspeicherdienst *m*; ~ **network** *n* TELECOM Fernsprechnetz *nt*, Sprachnetz *nt*; ~**-operated relay** *n* TELECOM sprachgesteuertes Relais *nt*; ~**-operated robot** *n* ART INT sprachgesteuerter Roboter *m*; ~**-operated switch** *n (VOX)* RAD TECH sprachgesteuerter Schalter *m (VOX)*; ~**-operated transmitter keyer** *n* TELECOM sprachgesteuerter Sende-Empfangsumschalter *m*; ~ **output** *n* COMP & DP Sprachausgabe *f*; ~ **privacy** *n* TELECOM Gesprächsgeheimhaltung *f*; ~ **processing** *n* ART INT Sprachverarbeitung *f*; ~ **recorder** *n* TELECOM Stimmaufzeichnung *f*; ~ **response** *n* TELECOM Sprachausgabe *f*; ~ **track** *n* RECORD Sprachspur *f*
voiceband *n* COMP & DP Sprechfrequenzband *nt*, Tonfrequenzband *nt*
voice/data: ~ **packet switch** *n* TELECOM Sprach- und Datenpaketvermittlung *f*; ~ **PBX** *n* TELECOM Sprach- und Daten-Nebenstellenanlage *f*
void *n* CER & GLAS Lunker *m*, CHEMISTRY Blase *f*, Fehlstelle *f*, Vakuole *f*, Void *nt*, COAL TECH Hohlraum *m*, Pore *f*, METALL Fehlstelle *f*, Hohlraum *m*, Pore *f*, PLAS Lunker *m*, Vakuole *f*; ~ **coefficient** *n* NUC TECH *of reactivity* Leerraumkoeffizient *m*; ~ **formation** *n* METALL Lückenbildung *f*; ~ **growth** *n* METALL Lückenwachstum *nt*; ~ **ratio** *n* COAL TECH Porenziffer *f*; ~ **volume** *n* TEXT Hohlraumvolumen *nt*
voids: ~ **fraction** *n* METALL Lückengrad *m*
voile *n* TEXT Voile *m*
volatile[1] *adj* CHEMISTRY flüchtig, volatil, ätherisch, COMP & DP, PLAS, TEXT flüchtig
volatile:[2] ~ **body** *n* COAL TECH flüchtige Masse *f*; ~ **memory** *n* COMP & DP, ELEC ENG flüchtiger Speicher *m*, nicht permanenter Speicher *m*
volatility *n* CHEMISTRY Flüchtigkeit *f*, METALL Selbstlöschung *f*, PLAS, TEXT Flüchtigkeit *f*
volatilization *n* CHEMISTRY Verdampfung *f*, Verdunstung *f*
volatilize *vi* TEXT verflüchtigen
volatize *vt* CHEMISTRY verdampfen, verdunsten
volcanic *adj* PET TECH vulkanisch
volt *n (V)* ELECT, ELECTRON, METROL, OPT, RAD TECH, RECORD Volt *nt (V)*; ~**-amperes reactive** *n (var)* INSTR Blindleistungseinheit *f (var)*
voltage:[1] ~**-free** *adj* ELECT spannungsfrei
voltage[2] *n* AUTO *electrical system, ignition* Spannung *f*, ELECT *(V)* Spannung *f (U)*; PHYS Spannung *f*, elektrische Spannung *f*, PROD ENG *plastic valves* Betriebsspannung *f*, TELECOM Spannung *f*; **no** ~ *n* ELEC ENG Spannungslosigkeit *f*, ELECT Nullspannung *f*; ~ **amplification** *n* ELECTRON Spannungsverstärkung *f*; ~ **amplifier** *n* ELECTRON Spannungsverstärker *m*; ~ **balance** *n* ELECT Spannungsausgleich *m*; ~ **comparison** *n* ELEC ENG Spannungsvergleich *m*; ~ **control** *n* ELECT Spannungsregelung *f*; ~**-controlled capacitor** *n* ELEC ENG spannungsgeregelter Kondensator *m*; ~**-controlled input** *n* ELEC ENG spannungsgeregelter Eingang *m*; ~**-controlled oscillator** *n (VCO)* ELECTRON Oszillator mit Spannungssteuerung *m*, spannungsgesteuerter Oszillator *m*, SPACE *communications* spannungsgeregelter Oszillator *m*, TELECOM spannungsgesteuerter Oszillator *m*; ~ **current characteristic** *n* ELEC ENG Spannung-Strom Charakteristik *f*, Spannung-Strom Kennlinie *f*; ~**-dependent resistor** *n* ELEC ENG spannungsabhängiger Widerstand *m*; ~ **difference** *n* ELECT Spannungsunterschied *m*; ~ **divider** *n* ELEC ENG, ELECT, PHYS, TELECOM, TELEV Spannungsteiler *m*; ~ **divider network** *n* INSTR Spannungsteilerschaltung *f*; ~ **doubler** *n* ELECT, PHYS Spannungsverdoppler *m*; ~ **drop** *n* ELEC ENG, ELECT, PHYS, PROD ENG Spannungsverlust *m*, Spannungsabfall *m*; ~ **dropping resistor** *n* ELEC ENG Spannungsabfallwiderstand *m*; ~ **feedback** *n* ELEC ENG negative Spannungsgegenkopplung *f*; ~ **fluctuation** *n* ELECT Spannungsschwankung *f*; ~ **gain** *n* ELEC ENG Spannungsverstärkungsfaktor *m*, PHYS Spannungsverstärkung *f*; ~ **generator** *n* PHYS Generator *m*, Spannungserzeuger *m*; ~ **gradient** *n* ELECT Spannungsgefälle *nt*, Spannungsgradient *m*; ~ **indicator** *n* ELEC ENG Spannungsanzeiger *m*; ~ **jump** *n* ELECT Spannungssprung *m*; ~ **limiter** *n* ELECT Spannungsbegrenzer *m*; ~ **loss** *n* ELECT Spannungsverlust *m*; ~ **measuring instrument** *n* INSTR Spannungsmeßgerät

nt; ~ **measuring range** *n* INSTR Spannungsmeßbereich *m*; ~ **multiplier** *n* ELEC ENG Spannungsvervielfacher *m*, *resistor* Präzisionswiderstand *m*, Vorschaltwiderstand *m*, Vorwiderstand *m*, ELECT Spannungsvervielfacher *m*; ~ **polarity** *n* ELEC ENG Spannungspolarität *f*; ~ **pulse** *n* ELECT Spannungsimpuls *m*; ~ **range** *n* INSTR Spannungsbereich *m*; ~ **reference** *n* ELEC ENG Spannungsreferenz *f*; ~ **reference diode** *n* ELECTRON Spannungsreferenzdiode *f*; ~ **reference tube** *n* ELEC ENG Spannungsreferenzröhre *f*, Stabilisator *m*; ~**-regulated power supply** *n* ELEC ENG spannungsgeregeltes Netzgerät *nt*; ~**-regulating transformer** *n* ELEC ENG Spannungsregeltransformator *m*; ~ **regulation** *n* ELEC ENG Spannungsgleichhaltung *f*, Spannungsregelung *f*, Spannungsstabilisierung *f*; ~ **regulator** *n* AUTO, COMP & DP, CONTROL Spannungsregler *m*, ELEC ENG Netzspannungsregler *m*, Spannungskonstanthalter *m*, ELECT, PROD ENG, TELEV Spannungsregler *m*; ~ **regulator diode** *n* ELECTRON Spannungsstabilisatordiode *f*; ~ **regulator tube** *n* ELEC ENG Stabilisator *m*; ~ **relay** *n* ELEC ENG Spannungsrelais *nt*; ~ **selector** *n* ELEC ENG Spannungswähler *m*, Spannungswählschalter *m*; ~ **source** *n* ELEC ENG, PHYS Spannungsquelle *f*; ~ **span** *n* INSTR Spannungsmeßbereich *m*; ~ **spike** *n* ELEC ENG Spannungsspitze *f*; ~**-stabilized power supply** *n* ELECT spannungsgeregelte Stromversorgung *f*; ~ **stabilizer** *n* ELEC ENG Spannungsstabilisator *m*; ~ **stabilizer tube** *n* ELEC ENG Stabilisator *m*; ~ **standing wave ratio** *n (VSWR)* PHYS, RAD TECH, TELECOM Stehwellenverhältnis *nt (SWV)*, Welligkeitsfaktor *m (VSWR)*; ~ **step** *n* PHYS Spannungsstufe *f*; ~ **surge** *n* ELEC ENG Spannungsstoß *m*, TELECOM Spannungssprung *m*; ~ **to earth** *n BrE (cf voltage to ground AmE)* ELEC ENG Spannung gegen Erde *f*; ~**-to-frequency conversion** *n* ELEC ENG Spannung/Frequenz-Umwandlung *f*; ~**-to-frequency converter** *n* ELEC ENG Spannung/Frequenz-Wandler *m*; ~ **to ground** *n AmE (cf voltage to earth BrE)* ELEC ENG Spannung gegen Erde *f*; ~ **to neutral** *n* ELECT Spannung zum Nullleiter *f*; ~ **transformer** *n* ELEC ENG Spannungstransformator *m*, ELECT Spannungsumformer *m*

voltaic: ~ **cell** *n* CHEMISTRY galvanisches Element *nt*, ELEC ENG Voltasche Zelle *f*, galvanisches Element *nt*, ELECT Primärelement *nt*, galvanisches Element *nt*; ~ **pile** *n* ELEC ENG Voltasche Säule *f*

voltaization *n* CHEMISTRY Galvanisation *f*

voltameter *n* CHEMISTRY Coulometer *nt*, Voltameter *nt*, ELEC ENG Coulometer *nt*, Ladungsmengenmesser *m*, Voltameter *nt*, Spannungsstrommeßgerät *nt*, Voltameter *nt*, PHYS Coulometer *nt*, Voltameter *nt*

voltampere *n* ELECT Voltampere *nt*

Volterra: ~ **dislocation** *n* METALL Volterra-Versetzung *f*

voltmeter *n* ELEC ENG, PHYS Spannungsmeßgerät *nt*, Voltmeter *nt*

volume *n* ACOUSTICS Lautstärke *f*, COMP & DP Datenträger *m*, Lautstärke *f*, COMP & DP *(v)* Volumen *nt (v)*, GEOM *of solid* Inhalt *m*, Rauminhalt *m*, Volumen *nt*, PHYS *(v)* Volumen *nt (v)*, RECORD Lautstärke *f*, TEXT *(v)*, THERMODYN *(v)* Volumen *nt (v)*, WATER TRANS Fassungsvermögen *nt*, Inhalt *m*; ~**-capacity ratio** *n (V-C ratio)* TRANS Volumen-Kapazitätsverhältnis *nt*; ~ **change** *n* METALL Volumenveränderung *f*; ~ **charge density** *n* PHYS räumliche Ladungsdichte *f*; ~ **compression** *n* ELECTRON *microphone signals* Dynamikkompression *f*; ~ **compressor** *n* RECORD Dynamikpresser *m*; ~ **control** *n* RECORD Lautstärkeregler *m*; ~ **control damper** *n* HEAT & REFRIG Mengenregelklappe *f*; ~ **counting** *n* INSTR Mengenzählung *f*; ~ **current** *n (U)* ACOUSTICS Volumengeschwindigkeit *f*, Volumenstrom *m (U)*; ~**-density relationship** *n* TRANS Raum-Dichte-Verhältnis *nt*; ~ **diffusion** *n* METALL Volumendiffusion *f*; ~ **displacement** *n (X)* ACOUSTICS Volumenverdrängung *f (X)*; ~ **dosage** *n* INSTR Mengendosierung *f*; ~ **dosing** *n* PACK Volumendosierung *f*; ~ **emission and absorption coefficient** *n* RAD PHYS Volumenemissions- und Absorptionskoeffizient *m*; ~ **equalizer** *n* RECORD Lautstärkeentzerrer *m*; ~ **filling** *n* PACK Volumenfüllung *f*; ~ **flow** *n* HEAT & REFRIG Volumenstrom *m*; ~ **flow rate** *n* HEAT & REFRIG Volumenstrom *m*; ~ **fraction** *n* METALL Volumenfraktion *f*; ~ **fraction of particles** *n* METALL Volumenfraktion von Teilchen *f*; ~ **indicator** *n* RECORD Lautstärkeanzeige *f*; ~ **in phase space** *n* PHYS Volumen in Phase *nt*; ~ **integral** *n* PHYS Volumenintegral *nt*; ~ **label** *n* COMP & DP Datenträgerkennsatz *m*; ~**-limiting amplifier** *n* ELECTRON Verstärker mit Lautstärkebegrenzung *m*; ~ **of metal removed** *n* PROD ENG zerspantes Volumen *nt*; ~ **of metal removed by cutting** *n* PROD ENG Zerspanungsvolumen *nt*; ~ **of metal worn away** *n* PROD ENG Verschleißvolumen *nt*; ~ **meter** *n* INSTR Lautstärkemeßgerät *nt*; ~ **model** *n* GEOM Volumenmodell *nt*; ~ **range** *n* ACOUSTICS Dynamikumfang *m*, Lautstärkenbereich *m*, RECORD Dynamikbereich *m*; ~ **rate** *n* PHYS *of flow* Durchflußvolumen *nt*; ~ **resistivity** *n* ELEC ENG, PLAS spezifischer Durchgangswiderstand *m*; ~ **of rotation** *n* GEOM Rotationsvolumen *nt*; ~ **of sewage** *n* WASTE Abwasseranfall *m*, Abwassermenge *f*; ~ **size factor** *n* METALL Volumengrößenfaktor *m*; ~ **speech** *n* ACOUSTICS Lautstärke der Sprache *f*; ~ **unit** *n (VU)* ACOUSTICS Volumeinheit *f*; ~ **unit meter** *n* INSTR Aussteuerungsmeßgerät *nt*, Schallpegelmeßgerät *nt*; ~ **velocity** *n* ACOUSTICS *across surface element* Schallfluß *m*; ~ **of wheel grain wear** *n* PROD ENG Schleifscheibenverschleißvolumen *nt*

volumeter *n* ACOUSTICS Volumeter *nt*

volumetric: ~ **displacement flow meter** *n* INSTR Verdrängungszähler *m*; ~ **efficiency** *n* AUTO volumetrischer Wirkungsgrad *m*, ELEC ENG *of plate in commutators* volumetrische Effizienz *f*, FUELLESS, MECHAN ENG volumetrischer Wirkungsgrad *m*; ~ **equation** *n* METALL volumetrische Gleichung *f*; ~ **filling unit** *n* PACK Abmeßeinheit *f*; ~ **flask** *n* LAB EQUIP Maßkolben *m*, Meßflasche *f*, Meßkolben *m*; ~ **flow** *n* HEAT & REFRIG Volumenstrom *m*; ~ **flow calculator** *n* INSTR Durchflußrechner für den Volumenstrom *m*, Volumenstromrechner *m*; ~ **flow meter** *n* INSTR Durchflußzähler *m*, Volumendurchflußmeßgerät *nt*, Volumenstrommeßgerät *nt*, Volumenzähler *m*

volute[1] *adj* PROD ENG spiralig

volute[2] *n* MECHAN ENG *of rotary pump* Spiralgehäuse *nt*, PROD ENG Spirale *f*; ~ **casing** *n* AUTO Spiralgehäuse *nt*; ~ **chamber** *n* WATER SUP *of centrifugal pump* Ausströmraum *m*, Diffusor *m*; ~ **spring** *n* MECHAN ENG Bandfeder *f*, Schraubenbandfeder *f*, PROD ENG Kegelfeder *f*

volution *n* PROD ENG Spiraldehnung *f*

von: ~ **Neumann machine** *n* COMP & DP Von-Neumann-Maschine *f*

vortex *n* COAL TECH Strudel *m*, Wirbel *m*, ELECT, FLUID PHYS, IND PROCESS, MECHAN ENG, MECHANICS, NUC

TECH, PHYS Wirbel *m*, PROD ENG Winkel *m*, RAIL, SPACE, TELEV, TEST Wirbel *m*, WATER TRANS Wirbel *m*, *meteorology* Windhose *f*; ~ **chamber** *n* MECHAN ENG Wirbelstromgehäuse *nt*; ~ **core** *n* FLUID PHYS Wirbelkern *m*; ~ **decay** *n* FLUID PHYS Wirbelzerfall *m*; ~ **distribution** *n* FLUID PHYS Wirbelverteilung *f*; ~ **generator** *n* WATER TRANS Wirbelerzeuger *m*; ~ **line** *n* FLUID PHYS Wirbellinie *f*; ~ **pair** *n* FLUID PHYS Wirbelpaar *nt*; ~ **ring** *n* FLUID PHYS Wirbelring *m*; ~**-shedding device** *n* IND PROCESS Wirbeldurchflußmesser *m*; ~ **skimmer** *n* MAR POLL Wirbelabschöpfgerät *nt*; ~ **street** *n* FLUID PHYS *in the wake of flat plate* Wirbelstraße *f*; ~ **stretching** *n* FLUID PHYS Wirbeldehnung *f*, Wirbelstreckung *f*; ~ **trailing** *n* FLUID PHYS Wirbelschleppe *f*; ~ **train** *n* FLUID PHYS Wirbelzug *m*; ~ **tube** *n* FLUID PHYS Wirbelröhre *f*

vortical *adj* FLUID PHYS wirbelbehaftet

vortices: ~ **in jet instability** *n pl* FLUID PHYS Wirbel bei Strahlinstabilität *m pl*

vorticity *n* FLUID PHYS *Wirbelstärke f*, PHYS Verwirbelung *f*; ~ **equation** *n* FLUID PHYS Wirbeltransportgleichung *f*

votator *n* FOOD TECH Votatoranlage *f*

voussoir *n* CONST Bogenziegel *m*, Keilstein *m*

VOX *abbr (voice-operated switch)* RAD TECH VOX *(sprachgesteuerter Schalter)*

voyage: ~ **charter** *n* PET TECH, WATER TRANS *sea trade* Reisecharter *m*

V-pulley *n* MECHAN ENG V-Scheibe *f*

VRC *abbr (vertical redundancy check)* COMP & DP Querparitätsprüfung *f*

VSB *abbr (vestigial sideband)* ELECTRON RSB *(Restseitenband)*

V-shaped[1] *adj* MECHAN ENG V-förmig

V-shaped:[2] ~ **antenna** *n* TELECOM V-Antenne *f*; ~ **cylinders** *n pl* AUTO Zylinder in V-Anordnung *m pl*; ~ **notch** *n* NUC TECH V-Kerbe *f*

V-six: ~ **engine** *n* AUTO Sechszylinder-V-Motor *m*

VSP *abbr (vertical seismic profile)* PET TECH VSP *(vertikales seismisches Profil)*

VSW *abbr (very short wave)* RAD TECH, WAVE PHYS UKW *(Ultrakurzwelle)*

VSWR *abbr (voltage standing wave ratio)* PHYS, RAD TECH, TELECOM VSWR *(Welligkeitsfaktor)*, SWV *(Stehwellenverhältnis)*

VT *abbr (visual testing)* QUAL Sichtprüfung *f*

V-tail *n* AIR TRANS V-Leitwerk *nt*

V-thread *n* MECHAN ENG Spitzgewinde *nt*

V-threaded: ~ **screw** *n* MECHAN ENG Schraube mit Spitzgewinde *f*

VTOL: ~ **aircraft** *n (vertical takeoff and landing aircraft)* AIR TRANS VTOL-Flugzeug *nt (senkrecht startendes und landendes Flugzeug)*

VTR *abbr (video tape recorder)* TELEV VCR *(Videomagnetbandgerät)*

V-type: ~ **engine** *n* AUTO V-Motor *m*

VU[1] *abbr (volume unit)* ACOUSTICS Volumeinheit *f*

VU:[2] ~**-meter** *n* INSTR VU-Meter *nt*

vuggy *adj* PET TECH drusenreich, drusig

vugular *adj* PET TECH drusenreich, drusig

vulcanite *n* ELECT Hartgummi *nt*, Vulkanit *m*, PLAS Ebonit *nt*, Hartgummi *nt*, Hartkautschuk *m*

vulcanization *n* MECHAN ENG *of rubber* Vulkanisierung *f*, Vulkanisation *f*, PLAS *of rubber* Vulkanisation *f*, THERMODYN Vulkanisierung *f*, Vulkanisation *f*

vulcanize *vt* THERMODYN vulkanisieren

vulcanized[1] *adj* THERMODYN vulkanisiert

vulcanized:[2] ~ **fiber disk** *n AmE*, ~ **fibre disc** *n BrE* MECHAN ENG *abrasives* Vulkanfiberscheibe *f*

vulgar: ~ **fraction** *n* MATH gemeiner Bruch *m*

VV: ~**-carburetor** *n AmE*, ~**-carburettor** *n BrE (variable venturi carburettor)* AUTO VV-Vergaser *m (variabler Venturi-Vergaser)*

VXO *abbr (variable crystal oscillator)* RAD TECH VCO *(variabler Quarzoszillator)*

W[1] *abbr* ELEC ENG *(watt)* W *(Watt)*, ELECT *(electric energy)* W *(elektrische Energie)*, HYD EQUIP *(Weber number)* W *(Webersche Zahl)*, METROL *(watt)* W *(Watt)*, NUC TECH *(average energy)* W *(durchschnittliche Energie)*, OPT *(radiant emittance)* W *(Abstrahlung)*

W[2] *(tungsten, wolfram)* CHEMISTRY W *(Wolfram)*

wabbling: ~ **disc** *n BrE* PROD ENG Taumelscheibe *f*; ~ **disk** *n AmE see wabbling disc BrE*

wad[1] *n* PROD ENG Werkstoffzylinder *m*, TEXT *of cotton wool* Watte *f*

wad[2] *vt* TEXT wattieren

wadding *n* PACK Wattierung *f*, PAPER Zellstoffwatte *f*, TEXT Wattierung *f*

wafer *n* COMP & DP Chip *m*, Plättchen *nt*, Scheibe *f*, Wafer *m*, ELEC ENG Halbleiterkristallscheibe *f*, Plättchen *nt*, Wafer *m*, ELECTRON Chip *m*, Plättchen *nt*, Wafer *m*, *semiconductors* Scheibe *f* ~ **distortion** *n* ELECTRON *semiconductors* Plättchenverzerrung *f*; ~ **fabrication** *n* ELECTRON *semiconductors* Scheibenherstellung *f*; ~ **mask** *n* ELECTRON *semiconductors* Scheibenmaske *f*; ~ **processing** *n* ELECTRON *semiconductors* Plättchenverarbeitung *f*; ~ **scale integration** *n* *(wsi)* COMP & DP, ELECTRON Wafer-Integration *f* *(WS-Integration)*; ~ **switch** *n* ELEC ENG Waferschalter *m*; ~ **yield** *n* ELECTRON Wafer-Ausbeute *m*

waffle: ~ **slab** *n* HEAT & REFRIG Betonrippenkonstruktion *f*

wagon *n* RAIL *for internal yard use* Bahnhofswagen *m*, RAIL *BrE (cf freight car AmE)* Eisenbahnwagen *m*, gedeckter Güterwagen *m*; ~ **hoist** *n* RAIL Wagenhebewerk *nt*; ~ **humping** *n* RAIL Wagenablauf *m*; ~ **lift** *n* RAIL Wagenhebewerk *nt*; ~ **load** *n BrE (cf car load AmE)* RAIL Wagenladung *f*, TRANS Frachtgutwagenladung *f*; ~ **shed** *n* RAIL Wagenschuppen *m*; ~ **vault** *n* CONST Tonnengewölbe *nt*

waist: ~ **band** *n* TEXT Bund *m*; ~ **dart** *n* TEXT Taillenabnäher *m*; ~ **longeron** *n* SPACE Mittelrumpflängsträger *m*

wait: ~ **condition** *n* COMP & DP Wartestatus *m*, CONTROL Wartezustand *m*; ~ **control** *n* CONTROL Wartesteuerung *f*; ~ **cycle** *n* CONTROL Wartezyklus *m*; ~ **loop** *n* COMP & DP Warteschleife *f*; ~ **state** *n* COMP & DP Wartestatus *m*

waiting: ~ **call** *n* TELECOM wartende Belegung *f*

waiver *n* QUAL *production permit* Sonderfreigabe *f*

waiving *n* PAT Verzicht *m*

wake *n* FLUID PHYS Kielwasser *nt*, Totwasser *nt*, *of cylinder* Nachlauf *m*, MAR POLL Kielwasser *nt*, Schraubenwasser *nt*, Sog *m*, PHYS *turbulent flow* turbulente Nachströmung *f*, WATER TRANS *ship* Kielwasser *nt*; ~ **area** *n* NUC TECH Wirbelstrombereich *m*; ~ **depression** *n* FLUID PHYS Nachlaufdelle *f*; ~ **field** *n* PHYS Folgefeld *nt*; ~ **intensity** *n* FLUID PHYS Nachlaufintensität *f*; ~ **space** *n* NUC TECH Wirbelstromraum *m*

wale *n* COAL TECH Gurt *m*, Riegel *m*, TEXT Rippe eines Gewebes *f*

wales: ~ **of face stitches** *n pl* TEXT Reihen mit rechten Maschen *f pl*; ~ **of reverse stitches** *n pl* TEXT Reihen mit linken Maschen *f pl*

waling *n* COAL TECH Gurt *m*, Riegel *m*, CONST Gurtholz *nt*

walings *n* CONST *wood construction* Brusthölzer *nt pl*

walk: ~**-in freezer** *n* HEAT & REFRIG begehbare Gefrieranlage *f*

walkaround: ~ **inspection** *n* SPACE Besichtigung *f*, Überprüfung durch Rundgang *f*

walking: ~ **beam** *n* MECHAN ENG Schwingbalken *m*; ~ **line** *n* CONST *staircase* Gehlinie *f*

walkthrough *n* COMP & DP Durchgang *m*

walkway *n* MECHANICS Laufsteg *m*, Laufweg *m*, SPACE Zugangsrampe *f*

wall *n* CONST Mauer *f*, Wand *f*, ELECT, FLUID PHYS *of channel or pipe*, INSTR Wand *f*, MECHAN ENG, PROD ENG Wand *f*, Wandung *f*; ~ **box** *n* CONST Balkenaussparung *f*; ~ **bracket** *n* CONST, TELECOM Wandkonsole *f*; ~ **crane** *n* CONST Wandkran *m*; ~ **cupboard** *n* LAB EQUIP Wandschrank *m*; ~ **duct** *n* CONST Wanddurchführung *f*; ~ **effect** *n* COAL TECH Wandeffekt *m*, FLUID PHYS Wandeinfluß *m*; ~ **entrance insulator** *n* ELEC ENG Wandeinführungsisolator *m*; ~ **friction** *n* MECHAN ENG Wandreibung *f*; ~ **holdfast** *n* CONST Wandhalterung *f*; ~ **inlet fitting** *n* PROD ENG *plastic valves* Wanddurchführung *f*; ~ **lamp** *n* ELECT Wandlampe *f*; ~**-mounted instrument** *n* INSTR Wandinstrument *nt*; ~ **outlet** *n* ELECT Wandnetzstecker *m*, Wandsteckdose *f*; ~ **plate** *n* CONST Balkenauflagerplatte *f*, Fußpfette *f*; ~ **socket** *n* ELECT Wandsteckdose *f*; ~ **string** *n* CONST Wandwange *f*; ~ **temperature** *n* FLUID PHYS Wandtemperatur *f*; ~ **thickness** *n* MECHAN ENG Wanddicke *f*, Wandstärke *f*; ~ **thickness gaging** *n AmE*, ~ **thickness gauging** *n BrE* NUC TECH Wanddickenmessung *f*

walled: ~ **enclosure** *n* CONST ummauerter Raum *m*

wallet: ~**-type envelope** *n* PACK Versandtasche *f*

walling *n* CONST Mauerung *f*, Mauerwerk *nt*, Wandbaustoffe *m pl*, Wandsystem *nt*

WAN *abbr (wide area network)* COMP & DP WAN, Grobraumnetzwerk *nt*

wand *n* COMP & DP Lesestift *m*; ~ **scanner** *n* COMP & DP Lesestiftscanner *m*

wandering *n* MECHAN ENG *of drill* Verlaufen *nt*

Wankel: ~ **engine** *n* AUTO, MECHAN ENG, THERMODYN Wankelmotor *m*

wanted: ~ **emission** *n* TELECOM Nutzaussendung *f*; ~ **signal** *n* ELECTRON Nutzsignal *nt*; ~**-to-unwanted carrier power ratio** *n* TELECOM Nutzträger-Störträger-Abstand *m*

WAO *abbr (wet air oxidation)* WASTE Naßoxidation *f*

warble *n* TELECOM Wobbeln *nt*; ~ **tone** *n* ACOUSTICS Wobbelton *m*

ward *n* CONST Schlüsselformblech *nt*

warded: ~ **lock** *n* CONST Buntbartschloß *nt*

warding: ~ **file** *n* MECHAN ENG Schlüsselfeile *f*

Ward-Leonard: ~ **set** *n* ELEC ENG Ward-Leonard-Satz *m*

ware: ~ **pusher** *n* CER & GLAS Geschirreinschiebevorrichtung *f*

warehouse *n* RAIL *BrE (cf freight house AmE)* Lagerhaus *nt*, WATER TRANS Packhaus *nt*, Speicher *m*
warfarin *n* CHEMISTRY Warfarin *nt*
warhead *n* SPACE Gefechtskopf *m*
warm[1] *adj* PLAST Warm- *pref*, THERMODYN Warm- *pref*, Wärm- *pref*, warm; **~-up** *adj* THERMODYN Anwärm- *pref*
warm:[2] **~-air heater** *n* HEAT & REFRIG Warmlufterzeuger *m*; **~ forming** *n* MECHAN ENG Warmumformen *nt*; **~ front** *n* WATER TRANS *meteorology* Warmluftfront *f*; **~ laboratory** *n* NUC TECH *low activity* Warmlabor *nt*; **~ start** *n* COMP & DP Warmstart *m*; **~-up time** *n* THERMODYN Anwärmzeit *f*, Einlaufzeit *f*
warm:[3] **~ up** *vt* THERMODYN anwärmen, *engine, motor* warmlaufen lassen
warming: **~-in** *n* CER & GLAS Wiederaufwärmen von Glas zur Weiterverarbeitung *nt*; **~-in hole** *n* CER & GLAS Aufwärmloch *nt*
warning: **~ bell** *n* SAFETY Alarmglocke *f*; **~ distance** *n* AIR TRANS, RAIL, TRANS, WATER TRANS Vorsignalabstand *m*; **~ label** *n* SAFETY Warnung *f*; **~ light** *n* AIR TRANS Warnlicht *nt*, ELEC ENG Warnanzeige *f*, Warnleuchte *f*, MECHAN ENG Warnlampe *f*, RAIL Warnlicht *nt*, SAFETY Warnlampe *f*, Warnleuchte *f*, TRANS, WATER TRANS Warnlicht *nt*; **~ limits** *n pl* QUAL Warngrenzen *f pl*; **~ message** *n* AIR TRANS, RAIL, TRANS, WATER TRANS Warnmeldung *f*; **~ sign** *n* SAFETY Warnschild *nt*; **~ signal** *n* AIR TRANS, RAIL, TRANS, WATER TRANS Warnsignal *nt*; **~ triangle** *n* SAFETY Warndreieck *nt*
warp[1] *n* ACOUSTICS Formänderung *f*, CER & GLAS *of optical glass* Krümmung *f*, PAPER, PROD ENG Kette *f*, TEXT Kette *f*, Webkette *f*, WATER TRANS *ropes* Verholleine *f*; **~ beam** *n* TEXT Kettbaum *m*; **~ break** *n* TEXT Kettfadenbruch *m*; **~ knitting** *n* TEXT Kettenwirken *nt*, Kettstuhlwirkerei *f*, Kettenwirkerei *f*; **~ knitting machine** *n* TEXT Kettenwirkmaschine *f*; **~ stop motion** *n* TEXT Kettfadenwächter *m*; **~ streaks** *n* TEXT Kettstreifen *m pl*; **~ yarn** *n* PAPER Kettgarn *nt*
warp[2] *vt* PROD ENG verwölben, TEXT scheren, zetteln, WATER TRANS *ship* verholen
warp[3] *vi* MECHAN ENG sich verwerfen
warpage *n* CER & GLAS Wölbung *f*, PLAS Verzug *m*
warped[1] *adj* MECHANICS verwunden, verzogen
warped:[2] **~ finish** *n* CER & GLAS gewölbte Oberfläche *f*; **~ sheet** *n BrE (cf bow and warp AmE)* CER & GLAS Krümmung und Verdrehung *f*, gewölbtes Tafelglas *nt*; **~ timber** *n* CONST verworfenes Holz *nt*
warper *n* TEXT Kettenschärmaschine *f*
warping *n* CONST Verwerfen *nt*, Verziehen *nt*, ELECTRON *useless data* Verwerfen *nt*, PROD ENG Verwölbung *f*, TEXT Kettschären *nt*, Zetteln *nt*, WATER TRANS *ropes* Verholen *nt*, Warpen *nt*; **~ creel** *n* TEXT Spulengatter *nt*; **~ drum** *n* WATER TRANS *deck fittings* Verholtrommel *f*; **~ head** *n* WATER TRANS *deck equipment* Verholkopf *m*; **~ of track** *n* RAIL Gleisverwerfung *f*
Warren: **~ engine** *n* AUTO Warren-Motor *m*
warted: **~ plate** *n* PROD ENG Warzenblech *nt*
wash[1] *n* PET TECH Spül- *pref*, PROD ENG Schlichte *f*, WATER TRANS Spül- *pref*; **~ boring** *n* COAL TECH Probebohrung mit Spülung *f*, PET TECH Spülbohren *nt*, Spülbohrverfahren *nt*; **~ bottle** *n* LAB EQUIP Gaswaschflasche *f*, Spritzflasche *f*, Waschflasche *f*; **~ primer** *n* PLAS *paint* Haftgrund *m*, Reaktionsprimer *m*, Washprimer *m*; **~ tank** *n* PHOTO Wässerungstank *m*
wash[2] *vt* PAPER waschen, PROD ENG entlaugen, läutern; **~ overboard** *vt* WATER TRANS über Bord spülen
wash[3] *vi* TEXT waschen
washability *n* TEXT Waschbarkeit *f*
washable *adj* PAPER abwaschbar
washback *n* NUC TECH *in underwater cratering* Auswurf *m*
washboard *n* CER & GLAS Sockelleiste *f*, CONST Scheuerleiste *f*, WATER TRANS *shipbuilding* Setzbord *nt*, Waschbord *nt*, Spülbord *nt*
washed: **~ smalls** *n* COAL TECH Waschgrieß *m*; **~ and squashed consumer waste cartons** *n pl* PACK gewaschene und ausgepreßte Pappartikel *m pl*
washer *n* AUTO *screw, bolt* U-Scheibe *f*, Unterlegscheibe *f*, *windscreen* Scheibenwaschanlage *f*, CHEM ENG Naßabscheider *m*, Turmwäscher *m*, Wäscher *m*, CONST Dichtungsgummiring *m*, Unterlegscheibe *f*, MECHAN ENG Scheibe *f*, U-Scheibe *f*, Unterlegscheibe *f*, PROD ENG Dichtungsring *m*, Unterlegscheibe *f*, *plastic valves* Druckscheibe *f*, U-Scheibe *f*
washfast *adj* CHEMISTRY, TEXT *colour* waschecht
washing[1] *adj* COAL TECH, TEXT Wasch- *pref*
washing[2] *n* CER & GLAS Spülung *f*, PROD ENG Entlaugen *nt*, TEXT Waschen *nt*, Wäsche *f*; **~ column** *n* CHEM ENG Berieselungsturm *m*, Waschturm *m*; **~ drum** *n* PAPER Waschtrommel *f*; **~ instructions** *n pl* TEXT Waschanleitung *f*; **~ machine** *n* TEXT Waschmaschine *f*; **~ out** *n* CHEM ENG Ausspülung *f*, Auswaschen *nt*; **~ tower** *n* CHEM ENG Rieselkolonne *f*, Skrubber *m*; **~ tube** *n* LAB EQUIP Waschröhrchen *nt*
washings *n* CHEM ENG Waschflüssigkeit *f*
washout *n* POLL Auswaschung *f*, Washout *nt*; **~ rate** *n* POLL Waschout-Rate *f*
washover: **~ string** *n* PET TECH Spülrohrtour *f*
washup *n* PAPER Wäsche *f*
wasp: **~-waisted tank** *n* CER & GLAS zweihäusige Wanne *f*
wastage *n* NUC TECH *of tubes* Abnutzung *f*
waste[1] *n* CER & GLAS Fehlguß *m*, CONST Bauschutt *m*, MECHAN ENG Alt- *pref*, PAPER Abfall *m*, QUAL Ausschuß *m*, WASTE Alt- *pref*, Deponie *f*; **~ acid** *n* WASTE Abfallsäure *f*; **~ avoidance** *n* WASTE Abfallvermeidung *f*; **~ bale** *n* WASTE Müllballen *m*; **~ bottle** *n* WASTE Pfandflasche *f*; **~ canister** *n* NUC TECH *for ultimate storage* Abfallbehälter *m*; **~ chute** *n* CONST Müllschacht *m*; **~ collection** *n* WASTE Müllabfuhr *f*; **~ compaction** *n* WASTE Müllverdichtung *f*; **~ composition** *n* WASTE Hausmüllzusammensetzung *f*; **~ concentration** *n* NUC TECH Abfallkonzentration *f*; **~ condensate pump** *n* NUC TECH Abfallkondensatpumpe *f*; **~ container** *n* WASTE Abfallbehälter *m*, Müllbehälter *m*, *dustbin* Mülltonne *f*; **~ crusher** *n* WASTE Abfallzerkleinerer *m*; **~ denitrification** *n* WASTE Denitrierung des Abfalls *f*; **~ disinfection** *n* WASTE Abfalldesinfektion *f*; **~ disintegrator** *n* WASTE Abfallzerkleinerer *m*; **~ disposal** *n* POLL Müllbeseitigung *f*, WASTE Abfallbeseitigung *f*, Abfallentsorgung *f*, WATER SUP Abfallbeseitigung *f*; **~ disposal by nuclear transmutation** *n* NUC TECH Atomabfallbeseitigung durch Kernumwandlung *f*; **~ disposal company** *n* WASTE Abfallbeseitigungsunternehmen *nt*; **~ drum** *n* NUC TECH *for transportation or storage* Faß für Atommüll *nt*; **~ dump** *n* WASTE Deponie *f*, Müllkippe *f*; **~-economical planning** *n* POLL abfallwirtschaftliche Planung *f*; **~ energy** *n* THERMODYN Leerlaufenergie *f*; **~ of energy** *n* POLL, THERMODYN Energieverschwendung *f*; **~ exchange market** *n* WASTE Abfallbörse *f*; **~**

extraction system *n* PACK Abfallextraktionssystem *nt*; **~ formation** *n* WASTE Abfallerzeugung *f*, Anfall von Abfällen *m*, Müllanfall *m*; **~ fuel** *n* WASTE Abfallbrennstoff *m*; **~ gas** *n* NUC TECH, POLL, PROD ENG Abgas *nt*; **~ gas cleaning** *n* WASTE Abgasreinigung *f*; **~ gas desulfurization** *n AmE*, **~ gas desulphurization** *n BrE* WASTE Abgasentschwefelung *f*; **~ gas heat** *n* THERMODYN Abgaswärme *f*; **~ gas heat recovery** *n* THERMODYN Abgaswärmerückgewinnung *f*; **~ gas meter** *n* INSTR Abgasmeßgerät *nt*; **~ generation** *n* WASTE Abfallerzeugung *f*, Abfallzeugung *f*; **~ generator** *n* WASTE Abfallerzeuger *m*; **~ glass** *n* WASTE Altglas *nt*; **~ glass container** *n* WASTE Altglasbehälter *m*; **~ heap** *n* CONST Abfallhaufen *m*; **~ heat** *n* HEAT & REFRIG Abhitze *f*, Abwärme *f*, MECHAN ENG Abhitze *f*, NUC TECH, POLL Abwärme *f*, THERMODYN Abhitze *f*, Abwärme *f*, WASTE Abwärme *f*; **~ heat boiler** *n* HEAT & REFRIG, THERMODYN Abhitzekessel *m*; **~ heat recovery** *n* THERMODYN Abhitzerückgewinnung *f*; **~ incineration plant** *n* WASTE MVA, Müllverbrennungsanlage *f*; **~ incinerator** *n* WASTE MVA, Müllverbrennungsanlage *f*; **~ injection** *n* WASTE Befüllung *f*; **~ layer** *n* WASTE Abfallschicht *f*; **~ lubricants** *n pl* WASTE Schmiermittelrückstände *m pl*; **~ lye** *n* WASTE Ablauge *f*; **~ mass** *n* WASTE Deponiegut *nt*, Lagergut *nt*; **~ neutralization** *n* WASTE Abfallneutralisation *f*; **~ oil** *n* POLL Altöl *nt*; **~ oil lubrication** *n* MECHAN ENG Altölschmierung *f*; **~ oil preparation** *n* WASTE Altölaufbereitung *f*; **~ oil recovery** *n* WASTE Altölrückgewinnung *f*, *recycling* Altölwiederverwertung *f*; **~ outlet** *n* NUC TECH *of processing plant* Abfallablauf *m*; **~ paper** *n* PAPER, WASTE Altpapier *nt*; **~ paper collection** *n* WASTE Altpapiersammlung *f*; **~ paper compressing press** *n* WASTE Altpapierkompressor *m*; **~ paper preparation** *n* WASTE Altpapieraufbereitung *f*; **~ paper recycling** *n* WASTE Altpapierrecycling *nt*; **~ pipe** *n* CONST Abwasserrohr *nt*; **~ processing** *n* WASTE Abfallbehandlung *f*, Abfallverwertung *f*, Umwandlung von Abfallstoffen *f*; **~ producer** *n* WASTE Abfallerzeuger *m*, Abfallverursacher *m*; **~ product** *n* POLL *non-usable* Abfallprodukt *nt*, *recycleable* Sekundärrohstoff *m*, WASTE nicht verwertbarer Rückstand *nt*; **~ production** *n* WASTE Abfallerzeugung *f*, Anfall von Abfällen *m*, Müllanfall *m*; **~ products of civilization** *n* WASTE Zivilisationsmüll *m*; **~ pulp** *n* WASTE Abfallzellstoff *m*; **~ recovery** *n* POLL, WASTE Abfallaufbereitung *f*; **~ rubber** *n* WASTE Gummiabfall *m*; **~ segregation** *n* WASTE getrennte Abfallagerung *f*; **~ sheet** *n* PRINT Makulaturbogen *m*; **~ site closure** *n* WASTE Deponieschluß *m*; **~ site operation** *n* WASTE Deponiebetrieb *m*; **~ sorting** *n* WASTE Sortierung von Abfällen *f*; **~ sorting plant** *n* WASTE Abfallsortieranlage *f*; **~ space** *n* HYD EQUIP Verlustraum *m*; **~ steam** *n* FOOD TECH, HYD EQUIP, MECHAN ENG Abdampf *m*; **~ storage** *n* WASTE Abfallagerung *f*; **~ stream** *n* WASTE Abfallerzeugung *f*, Anfall von Abfällen *m*, Müllanfall *m*; **~ tip** *n* WASTE Deponie *f*, Müllkippe *f*; **~ tourism** *n* WASTE Mülltourismus *m*; **~ treatment** *n* WASTE Abfallbehandlung *f*, Abfallverwertung *f*; **~ treatment plant** *n* WASTE Abfallverwertungsanlage *f*; **~ utilization plant** *n* POLL Abfallverwertungsanlage *f*; **~ weir** *n* WATER SUP Enlastungswehr *nt*, Entlastungswehr *nt*, Überfallwehr *nt*

waste[2] *vt* PROD ENG abreiben

Waste: **~ Avoidance and Management Act** *n* WASTE AbfG, Abfallgesetz *nt*; **~ Disposal Act** *n* WASTE AbfG, Abfallgesetz *nt*; **~ Management Officer** *n* WASTE BfA, Betriebsbeauftragter für Abfall *m*; **~ Oil Act** *n* WASTE Altölgesetz *nt*

wastewater *n* POLL Schmutzwasser *nt*, WASTE Abwasser *nt*; **~ analysis** *n* WASTE Abwasseranalyse *f*; **~ collection tank** *n* WASTE Abwassersammeltank *m*; **~ control** *n* POLL Abwasserkontrolle *f*; **~ discharge** *n* POLL Abwassereinleitung *f*; **~ disposal** *n* POLL Abwasserbeseitigung *f*; **~ fishpond** *n* WASTE Abwasserfischteich *m*; **~ outfall** *n* WATER SUP Abwassereinlauf *m*; **~ purification** *n* WATER SUP Abwasserbehandlung *f*, Abwasserreinigung *f*; **~ purification plant** *n* WASTE Kläranlage *f*; **~ recycling operation** *n* NUC TECH Abwasserrückführung *f*; **~ renovation** *n* WASTE Abwassersanierung *f*; **~ sludge** *n* WASTE Klärschlamm *m*; **~ stripper** *n* WASTE Abwasserstripper *m*; **~ treatment** *n* POLL Abwasseraufbereitung *f*; **~ treatment plant** *n* WASTE Kläranlage *f*, Klärwerk *nt*; **~ treatment works** *n* WASTE Klärwerk *nt*

watch: **~ glass** *n* LAB EQUIP Uhrglas *nt*

watchdog: **~ timeout** *n* COMP & DP Zeitlimitüberschreitung *f*; **~ timer** *n* COMP & DP Überwachungszeitgeber *m*

water:[1] **~-based** *adj* COATINGS wasserbasiert, wassergelöst; **~-cooled** *adj* AUTO, ELECT, ELECTRON, HEAT & REFRIG, NUC TECH, THERMODYN wassergekühlt; **~-hardened** *adj* THERMODYN wassergehärtet; **~-repellent** *adj* TEXT wasserabweisend; **~-resistant** *adj* PACK wasserbeständig, TEXT wasserbeständig, wasserfest; **~-soluble** *adj* CONST, FOOD TECH, MECHAN ENG, TEXT wasserlöslich

water[2] *n* PHYS, TEXT Wasser *nt*; **by ~** *n* WATER TRANS zu Wasser

~ a **~ absorption** *n* TEST Wasseraufnahme *f*; **~ accumulator** *n* HYD EQUIP, NUC TECH *of hydraulic control rod drive* Wasserspeicher *m*; **~-activated battery** *n* ELEC ENG wasseraktivierte Batterie *f*; **~ adit** *n* WATER SUP Entwässerungsstollen *m*, Wasserstollen *m*; **~ analysis kit** *n* LAB EQUIP Wasseranalyseausrüstung *f*; **~ atomizer** *n* WATER SUP Wasserzerstäuber *m*; **~ authority** *n* WATER SUP Wasserbehörde *f*;

~ b **~ baffle** *n* NUC TECH Wasserablenkplatte *f*; **~ balance** *n* WATER SUP Wasserbilanz *f*; **~-based backing adhesive** *n* PACK Tapeziererleim auf Wasserbasis *m*; **~-based mud** *n* PET TECH Bohrschlamm auf Wasserbasis *m*, Wasserbohrschlamm *m*; **~-based paint** *n* CONST Binderfarbe *f*, Dispersionsfarbe *f*, Wasserfarbe *f*; **~ bath** *n* LAB EQUIP Wasserbad *nt*; **~ bath evaporator** *n* NUC TECH Wasserbadverdampfer *m*; **~-bearing stratum** *n* WATER SUP grundwasserführende Schicht *f*; **~-borne slurry** *n* COATINGS Wasserschlämme *f*, wassergelöster Feststoff *m*; **~ bosh** *n* PROD ENG *forging* Löschtrog *m*; **~ box** *n* CER & GLAS Wasserkasten *m*; **~ bus** *n* WATER TRANS Flußdampfer *m*; **~ butt** *n* CONST Regentonne *f*, Wasserfaß *nt*;

~ c **~ catchment** *n* WATER SUP Wassergewinnung *f*; **~-cement ratio** *n* CONST Wasser-Zement-Faktor *m*; **~ cock** *n* CONST Wasserhahn *m*; **~ conditioning** *n* WATER SUP Wasseraufbereitung *f*; **~-conditioning process** *n* NUC TECH Wasseraufbereitung *f*; **~ container** *n* TEXT Wasserbehälter *m*; **~ content** *n* COAL TECH, CONST, OPT Wassergehalt *m*, PHYS Wasserinhalt *m*; **~-cooled air conditioning unit** *n* HEAT & REFRIG wassergekühltes Klimagerät *nt*; **~-cooled engine** *n* AUTO wassergekühlter Motor *m*; **~-cooled heat exchanger** *n* HEAT & REFRIG Wasserrückkühler *m*; **~-cooled rating** *n* HEAT & REFRIG Bemessungsdaten für Wasserkühlung *nt pl*,

Leistung bei Wasserkühlung *f*; **--cooled reactor** *n* NUC TECH wassergekühlter Reaktor *m*; **--cooled system** *n* MECHAN ENG wassergekühltes System *nt*; **--cooled transformer** *n* ELECT wassergekühlter Transformator *m*; **--cooled tube** *n* ELECTRON wassergekühlte Röhre *f*; **~ cooler** *n* HEAT & REFRIG Wasserkühler *m*; **~ cooling** *n* AUTO, MECHAN ENG Wasserkühlung *f*; **~ course** *n* CONST Spülkanal *m*, Wasserlauf *m*, POLL Wasserlauf *m*;

~ d **~ decomposition under irradiation** *n* NUC TECH Zersetzung von Wasser durch Bestrahlung *f*; **~ deficiency** *n* WATER SUP Wassermangel *m*; **~ delivery** *n* WATER SUP Wasserabgabe *f*, Wasserbelieferung *f*; **~ depth** *n* FUELLESS Pegelstand *m*, Wassertiefe *f*; **~ distribution** *n* CONST, WATER SUP Wasserverteilung *f*; **~ drive** *n* PET TECH Wassertrieb *m*;

~ e **~ electrolysis** *n* NUC TECH *for tritium separation* Elektrolyse von Wasser *f*; **~ equivalent** *n* PHYS Wärmeinhalt *m*; **~ extraction structure** *n* CONST Wasserabscheidebauwerk *nt*;

~ f **~ filter** *n* MECHAN ENG, WATER SUP, WATER TRANS Wasserfilter *nt*; **--finished paper** *n* PRINT feuchtgeglättetes Papier *nt*; **~ fire extinguisher** *n* SAFETY Wasserlöscher *m*; **~ flow rate** *n* HEAT & REFRIG Wasserströmungsgeschwindigkeit *f*;

~ g **~ gage** *n AmE see water gauge BrE*; **~ galleries** *n pl* AUTO Kühlwassermantel *m*; **~ gap** *n* NUC TECH *between fuel assemblies or in BWR core* Wasserzwischenraum *m*; **~ gauge** *n BrE* MECHAN ENG *of boiler* Wasserstandsanzeiger *m*; **~ glass** *n* CER & GLAS Wasserglas *nt*; **~ guttering** *n* RAIL Regenleiste *f*;

~ h **~ hammer** *n* FLUID PHYS Wasserhammer *m*, PET TECH Druckstoß *m*, PROD ENG *plastic valves*, WATER TRANS Wasserschlag *m*; **~ hardness** *n* WATER SUP Wasserhärte *f*; **~ heater** *n* LAB EQUIP Wasserheizvorrichtung *f*, MECHAN ENG *hot water heater* Boiler *m*; **~ hydrant** *n* WATER SUP Hydrant *m*, Wasserstock *m*;

~ i **~ inflow** *n* WATER SUP Wassereinlaß *m*; **~ ingress** *n* NUC TECH *into repository or reactor core* Wassereinbruch *m*; **~ injection** *n* PET TECH Wassereinspritzung *f*, Wasserinjektion *f*; **~ inlet** *n* HEAT & REFRIG Wassereinlaß *m*, Wassereintrittsöffnung *f*, MECHAN ENG Wasserzufluß *m*, WATER SUP Wassereintritt *m*; **~ intake** *n* CONST Wasserzulauf *m*, FUELLESS Wassereintritt *m*, Wasserzulauf *m*, WATER SUP Wasserzulauf *m*;

~ j **~ jacket** *n* PROD ENG Kühlwassermantel *m*, THERMODYN Wassermantel *m*; **~ jet** *n* WATER SUP Wasserstrahl *m*; **~ jet propulsion** *n* TRANS Wasserstrahlantrieb *m*; **~ jet pump** *n* MECHAN ENG, WATER TRANS Wasserstrahlpumpe *f*;

~ k **~ knock-out** *n* PET TECH Entwässerung *f*;

~ l **~ law** *n* WATER SUP Wasserhaushaltsgesetz *nt*; **~ level** *n* CONST Wasserwaage *f*; **~ level gage** *n AmE*, **~ level gauge** *n BrE* WATER SUP Pegel *m*, Wasserstandsmesser *m*, Wasserstandsanzeiger *m*, Wasserstandsmarke *f*; **~ level indicator** *n* WATER SUP Wasserstandsanzeiger *m*, Wasserstandsmesser *m*; **~ line** *n* CONST Wasserleitung *f*, MAR POLL, WATER TRANS Wasserlinie *f*; **~ logging** *n* NUC TECH Eindringen von Wasser in ein Brennelement *nt*;

~ m **~ main** *n* WATER SUP Hauptwasserleitung *f*, Hauptwasserrohr *nt*; **~ meter** *n* PROD ENG *plastic valves*, TEXT, WATER SUP Wasserzähler *m*;

~ n **~ nozzle** *n* PROD ENG Wasserdüse *f*;

~ o **~ outlet** *n* HEAT & REFRIG Wasseraustritt *m*, Wasseraustrittsöffnung *f*, WATER SUP Wasserzapfstelle *f*; **~ outlet port** *n* WATER SUP Wasserzapfstelle *f*;

~ p **~ permeability** *n* PLAS Wasserdurchlässigkeit *f*; **~ pipe** *n* WATER SUP *for conveying water* Wasserleitungsrohr *nt*; **~ plug** *n* WATER SUP Hydrant *m*; **~ pollutant** *n* POLL wasserverunreinigender Stoff *m*; **~ pollution** *n* POLL Wasserverunreinigung *f*, WATER SUP Gewässerverschmutzung *f*, Gewässerverunreinigung *f*; **~ power** *n* ELECT, FUELLESS, THERMODYN, WATER SUP Wasserkraft *f*; **~ power station** *n* ELEC ENG, ELECT, FUELLESS Wasserkraftwerk *nt*; **~ preheater** *n* HEAT & REFRIG Wasservorwärmer *m*; **~ pressure** *n* CONST, HEAT & REFRIG, TEXT, WATER SUP Wasserdruck *m*; **--propelled hovercraft** *n* WATER TRANS Luftkissenfahrzeug mit Wasserschrauben *nt*; **~ propeller** *n* WATER TRANS Schiffsschraube *f*; **~ protection** *n* POLL Gewässerschutz *m*; **~ pump** *n* AUTO Wasserpumpe *f*; **~ pump housing** *n* AUTO Wasserpumpengehäuse *nt*; **~ purification** *n* CHEM ENG Wasserreinigung *f*, WASTE Wasseraufbereitung *f*, WATER SUP Wasseraufbereitung *f*, Wasserreinigung *f*; **~ purification filter** *n* CHEM ENG Wasserreinigungsfilter *nt*; **~ purifier** *n* TEXT Wasserreiniger *m*;

~ q **~ quality** *n* FUELLESS, POLL Wasserqualität *f*, WATER SUP Wasserbeschaffenheit *f*, Wassergüte *f*, Wasserqualität *f*; **~ quality monitoring** *n* WATER SUP Überwachung der Wasserbeschaffenheit *f*; **~ quenching** *n* METALL Wasserabschrecken *nt*;

~ r **~ radiolysis** *n* NUC TECH Radiolyse von Wasser *f*; **~ ratio** *n* COAL TECH Wasserquotient *m*, Wasserverhältnis *nt*; **~ reclamation** *n* POLL Wassererschließung *f*, Wassergewinnung *f*; **~ repellent** *n* TEXT Hydrophobiermittel *nt*; **--repellent finish** *n* TEXT wasserabweisende Imprägnierung *f*; **~ retention** *n* WATER SUP Wasserbindung *f*, Wasserzurückhaltung *f*;

~ s **~ sampler** *n* LAB EQUIP Wasserprobe-Entnahmevorrichtung *f*; **~ screw** *n* WATER TRANS Schiffsschraube *f*; **~ separator** *n* MECHAN ENG, WATER SUP *of water* Wasserabscheider *m*; **~ softener** *n* CHEM ENG, CONST Wasserenthärter *m*, TEXT Wasserenthärter *m*, Wasserenthärtungsmittel *nt*; **~ softening** *n* CHEM ENG Wasserenthärten *nt*; **--softening plant** *n* PROD ENG *plastic valves* Enthärtungsanlage *f*, Wasserenthärtungsanlage *f*; **--soluble flux** *n* CONST wasserlösliches Flußmittel *nt*; **~ spray system** *n* NUC TECH Sprühwassersystem *nt*; **~ string** *n* PET TECH wassersperrende Rohrtour *f*; **~ supplier** *n* POLL, WATER TRANS Wasserversorger *m*; **~ supply** *n* POLL Wasserversorgung *f*, WATER SUP Wasserangebot *nt*, Wasserbelieferung *f*, Wasserversorgung *f*; **~ supply pipe** *n* WATER SUP Wasserversorgungsleitung *f*; **~ supply system** *n* WATER SUP *system* Wasserversorgungssystem *nt*; **~ surface width** *n* HYD EQUIP Wasseroberflächenbreite *f*; **~ suspension** *n* NUC TECH wäßrige Suspension *f*; **~ system** *n* WATER TRANS *river* Stromgebiet *nt*;

~ t **~ table** *n* PET TECH Grundwasserspiegel *m*, Wasserspiegel *m*, WATER TRANS Wasserspiegel *m*; **~ tank** *n* RAIL Wasserbehälter *m*, Wassertank *m*, WATER SUP Reservoir *nt*, Wasserbehälter *m*, WATER TRANS Wasserbehälter *m*, Wassertank *m*; **~ tanker** *n* CONST Wassertanker *m*; **~ tap** *n* LAB EQUIP, WATER SUP Wasserhahn *m*; **~ tempering** *n* METALL Wasserhärten *nt*; **~ thermostat** *n* THERMODYN Wasserthermostat *m*; **--to-water heat exchanger** *n* HEAT & REFRIG Wasser-Wasser-Wärmeaustauscher *m*; **~ tower** *n* CONST Wasserturm *m*; **~ transport** *n* WATER TRANS

Wassertransport *m*; ~ **treatment** *n* COAL TECH, NUC TECH Wasseraufbereitung *f*; ~ **treatment plant** *n* CONST Wasseraufbereitungsanlage *f*, WATER SUP Wasseraufbereitungsanlage *f*, Wasserbehandlungsanlage *f*; ~ **truck** *n* CONST Wasserwagen *m*; ~ **tube** *n* HEAT & REFRIG, WATER TRANS Wasserrohr *nt*; ~ **tube boiler** *n* HEAT & REFRIG Siederohrkessel *m*, Wasserrohrkessel *m*; ~ **turbine** *n* FUELLESS, MECHAN ENG, THERMODYN Wasserturbine *f*;

~ u ~ **under pressure** *n* WATER SUP Druckwasser *nt*;

~ v ~ **valve** *n* CONST Wasserventil *nt*; ~ **vapor barrier** *n AmE*, ~ **vapour barrier** *n BrE* PACK Wasserdampfhemmung *f*;

~ w ~ **wheel** *n* MECHAN ENG Wasserrad *nt*

water[3] *vt* CONST befeuchten, wässern

waterage *n* WATER TRANS *sea trade* Wasserfracht *f*

waterfall: ~ **height** *n* HYD EQUIP Wasserfallhöhe *f*

waterfront *n* WATER TRANS Ufer *nt*

waterless *adj* POLL wasserfrei

waterlogged *adj* WATER TRANS vollgelaufen

waterman *n* WATER TRANS Bootsführer *m*

watermark *n* CER & GLAS Wasserstandsmarke *f*, PAPER, PRINT Wasserzeichen *nt*; ~ **roll** *n* PAPER Wasserzeichenzylinder *m*

waterplane *n* WATER TRANS *architecture* Schwimmebene *f*, Wasserlinienebene *f*

waterproof[1] *adj* HEAT & REFRIG *roof, window*, PAPER, PLAS *paint*, TEXT *clothes* wasserdicht, wasserundurchlässig

waterproof:[2] ~ **abrasive paper** *n* MECHAN ENG wasserbeständiges Schleifpapier *nt*; ~**-sealed camera** *n* PHOTO wasserdicht versiegelte Kamera *f*; ~ **sheet** *n* TEXT wasserdichte Folie *f*

waterproof[3] *vt* HEAT & REFRIG wasserdicht machen

waterproofing *n* CONST *layer, seal* Sperrschicht *f*, Wasserabdichtung *f*, TEXT *process* Wasserdichtmachen *nt*

waters *n pl* WATER TRANS Gewässer *nt pl*

watershed *n* WATER SUP Wasserscheide *f*

waterspout *n* WATER TRANS Wasserhose *f*

watertight[1] *adj* CONST wasserundurchlässig, HEAT & REFRIG wasserdicht, wasserundurchlässig, PACK wasserfest, PHYS, TEXT, WATER TRANS wasserdicht

watertight:[2] ~ **socket outlet** *n* ELECT wasserdichter Stecker *m*, wasserdichter Steckkontakt *m*

watertightness *n* CONST Wasserundurchlässigkeit *f*

waterway *n* WATER TRANS Wasserstraße *f*

watt *n (W)* ELEC ENG Watt *nt (W)*, ELECT Watt *nt*, METROL Watt *nt (W)*; ~**-hour** *n* ELEC ENG, ELECT, PHYS Wattstunde *f*; ~**-hour meter** *n* PHYS Wattstundenmeßgerät *nt*

wattage *n* CHEMISTRY Wattzahl *f*

wattless[1] *adj* ELECT *alternating current* energielos, wattlos

wattless:[2] ~ **component** *n* ELECT *alternating current* Blindkomponente *f*, wattlose Komponente *f*; ~ **current** *n* ELEC ENG Blindstrom *m*, Querstrom *m*, ELECT *alternating current* Blindstrom *m*, wattloser Strom *m*

wattmeter *n* ELECT Wattmesser *m*, Wattmeter *nt*, PHYS Leistungsmeßgerät *nt*, Wattmeßgerät *nt*

Watt's: ~ **fission spectrum** *n* NUC TECH Wattsches Fissionsspektrum *nt*

wattsecond *n* ELECT Wattsekunde *f*

wave *n* ACOUSTICS, ELEC ENG, ELECT, ELECTRON, PHYS, TELECOM, WATER TRANS Welle *f*, WAVE PHYS Woge *f*; ~ **amplification** *n* TELECOM Wellenverstärkung *f*; ~ **analyser** *n BrE* ELECTRON Frequenzanalysator *m*; ~ **analyzer** *n AmE see wave analyser BrE*; ~ **celerity** *n (c)* HYD EQUIP Wellenausbreitungsgeschwindigkeit *f (c)*; ~ **coherence** *n* TELECOM Wellenkohärenz *f*; ~ **constant** *n (k)* ACOUSTICS Wellenkonstante *f (k)*; ~ **coupling** *n* TELECOM Wellenkopplung *f*; ~ **crest** *n* FUELLESS Wellenkamm *m*, Wellenberg *m*; ~ **diffraction** *n* TELECOM Wellenbeugung *f*; ~ **dispersion** *n* TELECOM Wellenstreuung *f*; ~ **drag** *n* AIR TRANS Wellenwiderstand *m*; ~ **duct** *n* ELEC ENG Hohlleiter *m*, Leitschicht *f*, Wellenleiter *m*; ~ **energy** *n* WAVE PHYS Wellenenergie *f*; ~ **equation** *n* PHYS, RAD PHYS Wellengleichung *f*; ~ **filter** *n* ELECT Wellenfilter *nt*, WAVE PHYS Wellenfilter *nt*, Wellensieb *nt*; ~ **function** *n* PART PHYS, PHYS, WAVE PHYS Wellenfunktion *f*; ~ **generation** *n* TELECOM Wellenerzeugung *f*; ~ **generator** *n* WATER TRANS *ship design* Wellenerzeuger *m*, WAVE PHYS Wellengenerator *m*; ~ **group** *n* PHYS Wellengruppe *f*; ~ **height** *n* WATER TRANS Wellenhöhe *f*; ~ **interference** *n* ACOUSTICS, TELECOM Welleninterferenz *f*; ~ **loop** *n* ACOUSTICS Wellenbauch *m*; ~ **mechanics** *n pl* ELEC ENG, PHYS, WAVE PHYS Wellenmechanik *f*; ~ **momentum per meter of crest** *n AmE*, ~ **momentum per metre of crest** *n BrE* FUELLESS Wellenbewegungsenergie pro Meter Woge *f*; ~ **motion** *n* WAVE PHYS Wellenbewegung *f*; ~ **number** *n* ACOUSTICS, WAVE PHYS Wellenzahl *f*; ~ **optics** *n* OPT, TELECOM Wellenoptik *f*; ~ **packet** *n* PHYS Wellenpaket *nt*; ~ **particle duality** *n* PHYS Welle-Teilchen-Dualität *f*, WAVE PHYS Welle-Teilchen-Dualismus *m*; ~ **period** *n* WATER TRANS *ship design* Wellenperiode *f*; ~ **polarization** *n* TELECOM Wellenpolarisation *f*; ~ **power** *n* WAVE PHYS Wellenenergie *f*; ~ **propagation** *n* FUELLESS Wellenfortpflanzung *f*, Wellenausbreitung *f*, PHYS, RAD TECH, WAVE PHYS Wellenausbreitung *f*; ~ **resistance** *n* WATER TRANS *ship design* Wellenwiderstand *m*; ~**-shadowing effects** *n pl* TELECOM Wellenabschattungseffekte *m pl*; ~ **spectrum** *n* WAVE PHYS Wellenspektrum *nt*; ~ **surface** *n* ELEC ENG Wellenoberfläche *f*; ~ **theory of light** *n* WAVE PHYS Wellentheorie des Lichtes *f*; ~ **train** *n* ACOUSTICS Wellenfolge *f*, Wellengruppe *f*, Wellenzug *m*, PHYS, WAVE PHYS Wellenzug *m*; ~ **transmission** *n* TELECOM Wellenübertragung *f*; ~ **vector** *n* ELEC ENG, PHYS Wellenvektor *m*; ~ **velocity** *n* WAVE PHYS Wellengeschwindigkeit *f*

waveband *n* RAD PHYS Wellenband *nt*, RAD TECH Frequenzband *nt*, Wellenbereich *m*, WAVE PHYS Frequenzbereich *m*, Wellenband *nt*; ~ **switching** *n* TELEV Bereichsumschaltung *f*

waveform *n* COMP & DP Schwingungsverlauf *m*, Wellenform *f*, ELEC ENG, ELECT *alternating current, sound*, PHYS, WAVE PHYS Wellenform *f*; ~ **monitor** *n* TELEV Hüllkurvenmonitor *m*; ~ **synthesis** *n* ELECTRON *signal generation* Wellenformsynthese *f*

wavefront *n* ACOUSTICS Wellenfront *f*, Wellenkopf *m*, COMP & DP, ELEC ENG, OPT, PHYS, TELECOM, WAVE PHYS Wellenfront *f*; ~ **array** *n* COMP & DP Wellenfrontbereich *m*

waveguide *n* ELEC ENG Hohlleiter *m*, Wellenleiter *m*, ELECTRON, PHYS Wellenleiter *m*, RAD TECH, TELECOM Hohlleiter *m*, Wellenleiter *m*, WAVE PHYS Wellenleiter *m*; ~ **antenna** *n* TELECOM Hohlleiterantenne *f*; ~ **component** *n* ELEC ENG Hohlleiterkomponente *f*; ~ **coupling** *n* ELEC ENG Hohlleiterkopplung *f*; ~ **dispersion** *n* OPT, TELECOM Wellenleiterdispersion *f*; ~ **filter** *n* ELECTRON Wellenleiterfilter *nt*; ~ **fixed load** *n* ELEC ENG Hohlleiterfestlast *f*; ~ **isolator** *n* ELEC ENG

Hohlleiterisolator *m*; **~ load** *n* ELEC ENG Hohlleiterlast *f*; **~ mode** *n* TELECOM Wellenleitermodus *m*; **~ phase shifter** *n* ELEC ENG Hohlleiterphasenregler *m*; **~ plunger** *n* ELEC ENG Hohlleiterkolben *m*; **~ section** *n* ELEC ENG Hohlleiterbereich *m*; **~ sliding load** *n* ELEC ENG Hohlleitergleitlast *f*; **~ slotted section** *n* ELEC ENG Hohlleiterbereich mit Schlitz *m*; **~ transformer** *n* ELEC ENG Hohlleitertransformator *m*; **~ transition** *n* ELEC ENG Hohlleiterübergang *m*

wavelength *n* ACOUSTICS, ELECT, ELECTRON, METALL, OPT, PHYS, RAD PHYS, RAD TECH, TELECOM, WATER TRANS *sea state*, WAVE PHYS Wellenlänge *f*; **~ division multiplexing** *n (WDM)* OPT, TELECOM Wellenlängenmultiplex *nt (WDM)*; **~ switching** *n* TELECOM Wellenlängenumschaltung *f*

wavelengths: **~ of spectral lines** *n pl* RAD PHYS Wellenlängen der Spektrallinien *f pl*

wavelet *n* PROD ENG Elementarwelle *f*, WAVE PHYS Wavelet *nt*

wavemeter *n* PHYS Frequenzkontrollgerät *nt*, Frequenzmesser *m*, Wellenmesser *m*, WATER TRANS *radio* Frequenzmesser *m*, Wellenmesser *m*, WAVE PHYS Wellenmesser *m*

waveshape *n* TELECOM Wellenform *f*

waviness *n* MECHAN ENG Welligkeit *f*

wavy[1] *adj* CER & GLAS gewellt, wellig

wavy:[2] **~ cord** *n* CER & GLAS wellige Schliere *f*; **~ selvedge** *n* TEXT Zipfelkante *f*

wax *n* CER & GLAS, MECHAN ENG, PACK Wachs *nt*, PET TECH Paraffin *nt*, Wachs *nt*, TEXT Wachs *nt*; **~ investment molds** *n pl AmE*, **~ investment moulds** *n pl BrE* MECHAN ENG Wachsgießformen *f pl*; **~ master** *n* RECORD *vinyl records* Wachsplatte *f*; **~ paper** *n* PACK Wachspapier *nt*; **~ resist** *n* CER & GLAS Wachsschutzschicht *f*

waxing *n* FOOD TECH Wachsen *nt*

way: **~ freight train** *n AmE (cf pick-up goods train BrE)* RAIL Sammelgüterzug *m*; **~ of ship** *n* WATER TRANS Fahrt *f*

Way: **~ and Structures Department** *n* TRANS Baudienst *m*

waybill *n* AIR TRANS, TRANS, WATER TRANS Frachtbrief *m*, Passagierliste *f*

waypoint *n* WATER TRANS *navigation* Wegpunkt *m*

ways *n pl* MECHAN ENG Führungsbahn *f*, Führungen *f pl*, *of machine tools* Bettführung *f*, Bettführungsbahn *f*

Wb *abbr (weber)* ELEC ENG, ELECT, METROL Wb *(Weber)*

W-boson *n* PART PHYS W-Boson *nt*

WDM *abbr (wavelength division multiplexing)* OPT, TELECOM WDM *(Wellenlängenmultiplex)*

weak: **~ coupling** *n* NUC TECH schwache Kopplung *f*; **~ force** *n* PART PHYS *responsible for beta decay* schwache Kraft *f*; **~ interaction** *n* NUC TECH, PHYS *nuclear* schwache Wechselwirkung *f*; **~ inversion** *n* ELECTRON *MOS transistors* schwache Wechselrichtung *f*; **~ nuclear force** *n* PART PHYS *responsible for beta decay* schwache Kraft *f*; **~-point analysis** *n* QUAL Schwachstellenanalyse *f*; **~ positron transition** *n* NUC TECH schwacher Positronenübergang *m*

weakly: **~ guiding fiber** *n AmE*, **~ guiding fibre** *n BrE* OPT schwach leitende Faser *f*, TELECOM schwach führender Lichtwellenleiter *m*

wear:[1] **~-resistant** *adj* MECHAN ENG verschleißbeständig, verschleißfest, PACK strapazierfähig, PROD ENG verschleißfest

wear[2] *n* MAR POLL Abnutzung *f*, Abtragung *f*, Verschleiß *m*, MECHAN ENG, MECHANICS Abnutzung *f*, Verschleiß *m*, PAPER Verschleiß *m*, TEXT Abnutzung *f*; **~ behavior** *n AmE*, **~ behaviour** *n BrE* PROD ENG Verschleißverhalten *nt*; **~ compensation** *n* PROD ENG Abnutzungsausgleich *m*; **~ indicator** *n* MECHAN ENG Verschleißanzeige *f*; **~-in failure** *n* CONTROL Frühausfall *m*; **~ land value** *n* PROD ENG Verschleißmarkenbreite *f*; **~ limit** *n* MECHAN ENG Verschleißgrenze *f*, PROD ENG Abnutzungsgrenze *f*; **~ mark** *n* PROD ENG Verschleißmarke *f*; **~ measurement** *n* PROD ENG Verschleißmessung *f*; **~ part** *n* MECHAN ENG Verschleißteil *nt*; **~ plate** *n* MECHAN ENG Verschleißblech *nt*; **~ process** *n* MECHAN ENG Verschleißprozeß *m*; **~ rate** *n* CONST Verschleißwert *m*; **~ resistance** *n* MECHAN ENG Verschleißbeständigkeit *f*, Verschleißfestigkeit *f*, PROD ENG Verschleißfestigkeit *f*, TEXT Strapazierfähigkeit *f*; **~ strip** *n* MECHAN ENG Scheuerleiste *f*; **~ and tear** *n* MECHAN ENG natürliche Abnutzung *f*, TEXT Verschleiß *m*

wear[3] *vt* MECHAN ENG verschleißen, PROD ENG verschleißend wirken, TEXT tragen; **~ down** *vt* MECHAN ENG verschleißen; **~ off** *vt* MECHAN ENG verschleißen; **~ out** *vt* MECHAN ENG verschleißen, TEXT abnutzen

wear[4] *vi* WATER TRANS *sailing* halsen, vor dem Wind drehen

wearable *adj* TEXT tragfähig

wearing: **~ course** *n* CONST Deckschicht *f*, Verschleißschicht *f*; **~ detail** *n* NUC TECH Verschleißteil *nt*; **~ element** *n* NUC TECH Verschleißkomponente *f*; **~ part** *n* COAL TECH, MECHAN ENG Verschleißteil *nt*; **~ plate** *n* MECHAN ENG Verschleißblech *nt*, PROD ENG Verschleißplatte *f*; **~ surface** *n* MECHAN ENG Abnutzungsfläche *f*, Verschleißschicht *f*, TEXT Abnutzungsfläche *f*

wearless *adj* PROD ENG verschleißfrei

wearout *n* ELECT Abnutzung *f*, Verschleiß *m*; **~ defect** *n* NUC TECH *of fuel element* Verschleißfehler *m*; **~ failure** *n* CONTROL Alterungsausfall *m*, Ermüdungsausfall *m*

weather:[1] **~-beaten** *adj* WATER TRANS vom Wetter mitgenommen, wetterhart; **~-bound** *adj* WATER TRANS witterungsbedingt

weather[2] *n* WATER TRANS Wetter *nt*; **~ helm** *n* WATER TRANS *tiller position* Luvruder *nt*; **~ pattern** *n* SPACE Wettermuster *nt*, vorgezeichnetes Wetterverhalten *nt*; **~ report** *n* WATER TRANS Wetterbericht *m*; **~ report for landing** *n* AIR TRANS *meteorology* Wetterbericht für Landung *m*; **~ report for takeoff** *n* AIR TRANS Wetterbericht für Start *m*; **~ ship** *n* WATER TRANS Wetterbeobachtungsschiff *nt*; **~ side** *n* WATER TRANS Luvseite *f*, Wetterseite *f*, Windseite *f*; **~ station cabinet** *n* WATER TRANS Wetterstationsschrank *m*

weather[3] *vt* CONST Witterungseinflüssen aussetzen

weather[4] *vi* CONST altern, verwittern; **~ a cape** *vi* WATER TRANS *sailing, storm* von einem Kap freikommen

weathered: **~ oil** *n* MAR POLL verwittertes Öl *nt*

weathering *n* COAL TECH Verwitterung *f*, CONST *window* Wetterschutzabdeckung *f*, MAR POLL Verwitterung *f*, PLAS *coatings, plastics*, TEXT Bewitterung *f*; **~ resistance** *n* CONST Klimafestigkeit *f*, MECHAN ENG Klimafestigkeit *f*, Wetterfestigkeit *f*

weatherly *adj* WATER TRANS luvgierig

weatherproof *adj* PAPER wetterfest

weatherproofness *n* MECHAN ENG Wetterfestigkeit *f*

weave[1] *n* TEXT Bindungsmuster *nt*; **~ of a fabric** *n* TEXT

Gewebebindung *f*
weave[2] *vt* PROD ENG pendelnahtschweißen
weave[3] *vti* TEXT weben
weaver's: ~ **beam** *n* TEXT Kettbaum *m*
weaving[1] *adj* TEXT Web- *pref*
weaving[2] *n* TEXT Weben *nt*, TRANS Verflechtung *f*; ~ **factor** *n* TRANS Verflechtungsfaktor *m*; ~ **maneuver** *n AmE*, ~ **manoeuvre** *n BrE* AUTO Einfädelung *f*
web *n* AIR TRANS *of spar* Wand *f*, AUTO *crankshaft* Flansch *m*, Wange *f*, CONST Rippe *f*, Schenkel *m*, Steg *m*, Versteifung *f*, MECHAN ENG *of crank* Wange *f*, MECHANICS *of beam* Steg *m*, PAPER Papierbahn *f*, PROD ENG Kern *m*, Versteifung *f*, TEXT Gewebe *nt*; ~-**fed offset rotary press** *n* PRINT Offset-Rollenrotationsmaschine *f*; ~-**fed rotary press** *n* PRINT Rollenrotationsmaschine *f*, Rollenrotationspresse *f*; ~ **formation** *n* PAPER Bahnbildung *f*; ~ **frame** *n* WATER TRANS *shipbuilding* Rahmenspant *nt*; ~ **offset** *n* PRINT Rollenoffset *f*; ~ **offset printing** *n* PRINT Rollenoffsetdruck *m*; ~ **width** *n* PRINT *of paper* Bahnbreite *f*
webbed: ~ **eyepiece** *n* OPT Okular mit Fadenkreuz *nt*
webbing *n* MAR POLL Schwimmhaut *f*, Webbing *nt*, TEXT Gurtband *nt*
weber *n (Wb)* ELEC ENG *unit of magnetic flux*, ELECT, METROL, PHYS Weber *nt (Wb)*
Weber: ~ **number** *n (W)* HYD EQUIP Webersche Zahl *f (W)*
webspider: ~ **line** *n* OPT Fadenkreuzlinie *f*
wedge[1] *n* CONST, MECHAN ENG, MECHANICS, PROD ENG Keil *m*; ~ **angle** *n* MECHAN ENG *of cutting tool* Keilwinkel *m*, Seitenkeilwinkel *m*, PROD ENG Keilwinkel *m*; ~ **brake** *n* MECHAN ENG Konusbremse *f*; ~ **crack** *n* METALL Keilriß *m*; ~ **densitometer** *n* PHOTO Keildensitometer *nt*; ~ **draw test** *n* METALL Keilzugprobe *f*; ~ **measurement plane** *n* PROD ENG Keilmeßebene *f*; ~-**type combustion chamber** *n* AUTO keilförmiger Brennraum *m*; ~-**type fracture** *n* METALL Keilbruch *m*; ~-**type valve** *n* MECHAN ENG Keilschieber *m*
wedge[2] *vt* MECHANICS, PROD ENG verkeilen
wedged: ~ **mortice and tenon joint** *n* CONST Keilzapfenverbindung *f*
wedging *n* MECHAN ENG Verkeilung *f*
weephole *n* CONST Entwässerungsloch *nt*, Sickerschlitz *m*
weevil *n* FOOD TECH Getreidekäfer *m*
weft *n* PAPER Schuß *m*, TEXT Einschuß *m*, Einschußfaden *m*; ~ **break** *n* TEXT Schußbruch *m*; ~ **density** *n* TEXT Schußdichte *f*; ~-**knitted fabric** *n* TEXT Kulierware *f*; ~ **stop motion** *n* TEXT Schußfadenwächter *m*; ~ **yarn** *n* PAPER Schußgarn *nt*
Wehnelt: ~ **cylinder** *n* PHYS *electrode* Wehnelt-Zylinder *m*
weigh:[1] ~ **office** *n* WASTE Eingangskontrolle *f*
weigh:[2] ~ **down** *vt* CONST niederdrücken
weigh:[3] ~ **anchor** *vi* WATER TRANS Anker lichten
weighbridge *n* CONST Brückenwaage *f*
weighing *n* PAPER Wiegen *nt*; ~ **boat** *n* LAB EQUIP Waagschale *f*; ~ **bottle** *n* CHEMISTRY, LAB EQUIP Wägeglas *nt*; ~ **dish** *n* LAB EQUIP Waagschale *f*; ~ **scale** *n* METROL Gewichtsskale *f*
weight[1] *n* MATH *statistics* Gewicht *nt*, *statistics* Gewichtung *f*, METROL Gewicht *nt*, Gewichtskraft *f*, Gewichtung *f*, Masse *f*, PHYS Gewicht *nt*, Gewichtskraft *f*, PRINT Gewicht *nt*, *of font* Größe *f*; ~ **on bit** *n (WOB)* PET TECH Bohrmeißelauflast *f (WOB)*; ~ **of face** *n* PRINT Schriftstärke *f*, Strichstärke *f*; ~-**filling machine** *n* PACK Schweißnaht *f*; ~ **fraction** *n* NUC TECH Gewichtsanteil *m*; ~ **optimization** *n* SPACE *spacecraft* Gewichtsoptimierung *f*; ~ **of paper** *n* PAPER Papiergewicht *nt*; ~ **penetration test** *n* COAL TECH Gewichtsversuch *m*; ~ **of type** *n* PRINT Schriftstärke *f*, Strichstärke *f*, Stärke *f*; ~ **unit** *n* METROL Gewichtseinheit *f*
weight[2] *vt* ERGON bewerten, gewichten
weighted: ~ **average** *n* QUAL gewichteter Durchschnitt *m*, gewichteter Mittelwert *m*; ~ **graph** *n* ART INT gewichteter Graph *m*; ~ **mean** *n* MATH *statistics* gewichtetes Mittel *nt*, gewogenes Mittel *nt*, PHYS gewichtetes Mittel *nt*; ~ **noise level indicator** *n* POLL Geräuschpegelanzeiger *m*; ~ **signal-to-noise ratio** *n* RECORD *video* visueller Störabstand *m*; ~ **sound level** *n* ACOUSTICS bewerteter Schalldruckpegel *m*; ~ **summing unit** *n* IND PROCESS Summierer mit bewerteten Eingängen *m*
weighting *n* COMP & DP Gewichtung *f*; ~ **factor** *n* SPACE *communications* Gewichtungsfaktor *m*
weightlessness *n* PHYS Gewichtslosigkeit *f*, SPACE Schwerelosigkeit *f*
weights: ~ **and measures** *n pl* METROL Gewichte und Maße *nt pl*
weir *n* CER & GLAS Überlauf *m*, FUELLESS Wehr *nt*, HYD EQUIP Wehr *nt*, Überlaufwehr *nt*, MAR POLL, POLL Wehr *nt*, WATER SUP Damm *m*, Wehr *nt*; ~ **boom** *n* MAR POLL Wehrölsperre *f*; ~ **skimmer** *n* MAR POLL Wehrabschöpfgerät *nt*, POLL Wehrabschöpfer *m*
Weiss: ~ **domain** *n* PHYS Weißscher Bezirk *m*
weld:[1] ~-**on** *adj* MECHAN ENG Anschweiß- *pref*
weld[2] *n* MECHANICS Schweißstelle *f*, Schweißnaht *f*, METALL, NUC TECH *seam* Schweißstelle *f*, Schweißung *f*, PROD ENG Schweißnaht *f*, THERMODYN Schweißnaht *f*, Schweißung *f*; ~ **decay** *n* PROD ENG Kornzerfall *m*; ~-**deposited cladding** *n* NUC TECH geschweißte Hülse *f*; ~ **joint** *n* MECHAN ENG Schweißverbindung *f*; ~ **metal** *n* METALL Schweißmetall *nt*; ~ **nut** *n* MECHAN ENG Anschweißmutter *f*; ~ **overlay cladding** *n* NUC TECH überlappend geschweißte Hülse *f*; ~ **region** *n* NUC TECH Schweißbereich *m*; ~ **seam** *n* MECHAN ENG Schweißnaht *f*; ~ **spatter** *n* COATINGS Schweißperle *f*, Schweißspritzer *m*; ~ **steel** *n* METALL Schweißstahl *m*; ~ **strength** *n* PROD ENG Schweißnahtfestigkeit *f*
weld[3] *vt* COATINGS schweißen, verbinden, MECHANICS, PAPER, THERMODYN schweißen
weldability *n* MECHAN ENG, METALL Schweißbarkeit *f*; ~ **test** *n* TEST Schweißbarkeitsversuch *m*
welded[1] *adj* MECHAN ENG, THERMODYN geschweißt
welded:[2] ~ **body seam** *n* MECHAN ENG Schweißnaht *f*; ~ **seam** *n* METALL, PAPER Schweißnaht *f*
welder: ~ **identification** *n* QUAL Schweißerkennzeichen *nt*; ~ **qualification** *n* QUAL Schweißerprüfung *f*
welder's: ~ **handshield** *n* SAFETY Schweißhandschutz *m*; ~ **hood** *n* SAFETY Schweißhaube *f*; ~ **protective clothing** *n* SAFETY Schweißanzug *m*, Schweißschutzanzug *m*; ~ **protective curtain** *n* SAFETY Schweißschutzvorhang *m*, Schweißvorhang *m*; ~ **shield** *n* SAFETY Schweißschutzschild *nt*
welding *n* MECHAN ENG Schweiß- *pref*, Schweißen *nt*, MECHANICS Schweißen *nt*, *of two parts* Zusammenschweißen *nt*, METALL, NUC TECH Schweiß- *pref*, PLAS Schweißen *nt*, PROD ENG Schweiß- *pref*, Schweißen *nt*, SAFETY *smoke exhaust system* Absaugung *f*, TEST Schweiß- *pref*, THERMODYN Schweißen *nt*; ~ **arc** *n* MECHANICS Schweißbogen *m*; ~ **blowpipe** *n*

CONST, MECHANICS Schweißbrenner *m*; ~ **burner** *n* MECHANICS Schweißbrenner *m*; ~ **capacity** *n* MECHANICS Schweißleistung *f*; ~ **cinder** *n* MECHANICS Schweißschlacke *f*; ~ **circuit** *n* CONST, MECHANICS Schweißstromkreis *m*; ~ **compound** *n* MECHANICS Schweißmittel *nt*; ~ **current** *n* MECHANICS Schweißstrom *m*; ~ **cycle** *n* CONST Schweißtakt *m*, Schweißzyklus *m*; ~ **defect** *n* MECHANICS Schweißfehler *m*; ~ **die** *n* MECHANICS Schweißform *f*; ~ **electrode** *n* MECHAN ENG Schweißelektrode *f*; ~ **flux** *n* COATINGS Schweißflußmittel *nt*, Schweißmittel *nt*; ~ **handshield** *n* CONST Handschutzschild *m*, Schweißerhandschirm *m*; ~ **heat** *n* MECHANICS Schweißglut *f*, Schweißhitze *f*, Schweißwärme *f*; ~ **helmet** *n* CONST Schweißhelm *m*; ~ **jaw** *n* PROD ENG Spannbacke *f*; ~ **machine** *n* MECHANICS Schweißmaschine *f*; ~ **material documentation** *n* QUAL Schweißunterlagen *f pl*; ~ **nozzle** *n* MECHANICS Schweißdüse *f*; ~ **nut** *n* MECHAN ENG Anschweißmutter *f*; ~ **paste** *n* MECHAN ENG Schweißpaste *f*; ~ **procedure** *n* CONST Schweißverfahren *nt*; ~ **procedure qualification** *n* QUAL Schweißverfahrensprüfung *f*; ~ **process** *n* CONST Schweißprozeß *m*, MECHAN ENG Schweißverfahren *nt*; ~ **program** *n AmE*, ~ **programme** *n BrE* CONST Schweißprogramm *nt*; ~ **rod** *n* MECHANICS Schweißdraht *m*, Schweißstab *m*; ~ **seam** *n* MECHANICS, NUC TECH Schweißnaht *f*; ~ **sequence** *n* CONST Schweißfolge *f*; ~ **stock** *n* MECHANICS Schweißgut *nt*; ~ **table** *n* SAFETY *with vacuum apparatus* Absaugeschweißtisch *m*; ~ **tip** *n* MECHANICS Schweißspitze *f*; ~ **torch** *n* MECHAN ENG, MECHANICS, THERMODYN Schweißbrenner *m*; ~ **transformer** *n* ELEC ENG Schweißtransformator *m*; ~ **wire** *n* CONST, MECHAN ENG, MECHANICS Schweißdraht *m*

weldless *adj* MECHAN ENG, PROD ENG nahtlos

weldment *n* MECHANICS Schweißkonstruktion *f*

well:[1] ~**-behaving** *adj* COMP & DP gut funktionierend; ~**-bonded** *adj* COATINGS bindefest, gut verbunden, haftfest

well[2] *n* CONST *for water* Brunnen *m*, *stairwell* Treppenschacht *m*, PET TECH *for oil, gas* Bohrloch *nt*, Bohrung *f*; ~ **bore** *n* PET TECH Bohrungsdurchmesser *m*; ~ **boring** *n* PET TECH Niederbringung einer Bohrung *f*; ~ **casing** *n* COAL TECH, FUELLESS Brunnenring *m*, Schachtring *m*; ~ **drill hole** *n* COAL TECH Großbohrloch *nt*, Tiefbohrloch *nt*; ~ **drilling** *n* PET TECH Niederbringung einer Bohrung *f*; ~ **head** *n* FUELLESS Brunnenkopf *m*; ~**-known mark** *n* PAT notorisch bekannte Marke *f*; ~ **logging** *n* FUELLESS radiometrische Bohrlochvermessung *f*, PET TECH Bohrlochmessung *f*; ~**-logging equipment** *n* NUC TECH Gerät zur radiologischen Bohrlochvermessung *nt*; ~**-moderated core** *n* NUC TECH *of breeder reactor* gutmoderierter Reaktorkern *m*; ~ **sinking** *n* FUELLESS Brunnenbau *m*, PET TECH Niederbringung einer Bohrung *f*; ~**-type planchet** *n* NUC TECH *for radioactive assay* tiefes Probenschälchen *nt*; ~ **wagon** *n* RAIL Tiefladewagen *m*

wellhead *n* PET TECH Bohrlochkopf *m*, Förderkopf *m*; ~ **pressure** *n* FUELLESS Brunnenkopfdruck *m*; ~ **temperature** *n* FUELLESS Brunnenkopftemperatur *f*; ~ **valve** *n* FUELLESS Brunnenkopfventil *nt*

welt *vt* PROD ENG falzen

west[1] *adj* WATER TRANS West- *pref*, nach Westen, westlich

west[2] *adv* WATER TRANS westwärts

west[3] *n* WATER TRANS Westen *m*

Westcott: ~ **model** *n* NUC TECH *for calculating effective thermal cross section* Westcott-Modell *nt*

westerly[1] *adj* WATER TRANS westlich

westerly[2] *adv* WATER TRANS westwärts

westerly:[3] ~ **wind** *n* WATER TRANS Westwind *m*

Weston: ~ **standard cell** *n* ELEC ENG, ELECT Weston-Element *nt*

westward *adj* WATER TRANS westlich, westwärts

wet[1] *adj* COAL TECH Naß- *pref*, PAPER naß, POLL Naß- *pref*, TEXT feucht, naß, THERMODYN naß, WATER SUP Naß- *pref*; ~ **on wet** *adj* PLAS *paint application* naß in naß

wet:[2] ~ **acidic fallout** *n* POLL nasser saurer Niederschlag *m*; ~ **air filter** *n* HEAT & REFRIG Naßluftfilter *nt*; ~ **air oxidation** *n (WAO)* WASTE Naßoxidation *f*; ~ **aluminium capacitor** *n BrE* ELEC ENG Naßaluminiumkondensator *m*; ~ **aluminum capacitor** *n AmE see wet aluminium capacitor BrE*; ~ **assay** *n* CHEMISTRY, COAL TECH Naßprobe *f*; ~ **bath** *n* PROD ENG Magnetflüssigkeitsbad *nt*; ~**-beaten pulp** *n* PAPER hochgemahlener Zellstoff *m*; ~**-board machine** *n* PAPER Wickelpappenmaschine *f*; ~ **break** *n* PAPER Bahnriß in der Naßpartie *m*; ~ **broke** *n* PAPER Naßausschuß *m*; ~**-bulb thermometer** *n* HEAT & REFRIG Naßthermometer *nt*, THERMODYN Feuchtkugelthermometer *nt*; ~ **cell** *n* ELEC ENG Füllelement *nt*, Naßelement *nt*; ~ **clutch** *n* MECHAN ENG Naßkupplung *f*; ~ **collodion process** *n* PHOTO, PRINT Naßkollodiumverfahren *nt*; ~ **cylinder liner** *n* AUTO Naßzylinderlaufbuchse *f*; ~ **deposition** *n* POLL Naßablagerung *f*; ~ **desulfurization process** *n AmE*, ~ **desulphurization process** *n BrE* POLL Naßentschwefelungsprozeß *m*; ~ **dock** *n* WATER TRANS *port* geschlossenes Hafenbecken *nt*; ~ **and dry polishing** *n* CER & GLAS Naß- und Trockenschleifen *nt*; ~ **dust removal installation** *n* SAFETY Feuchtstaubabsaugung *f*; ~ **end** *n* PAPER Naßpartie *f*; ~ **glue label** *n* PACK naßanzufeuchtendes Etikett *nt*; ~ **grinder** *n* PROD ENG Naßschleifmaschine *f*; ~ **grinding** *n* COAL TECH Naßmahlung *f*, MECHAN ENG Naßschleifen *nt*; ~**-grinding machine** *n* MECHAN ENG Naßschleifmaschine *f*; ~ **machine** *n* PAPER Zellstoffentwässerungsmaschine *f*; ~ **natural gas** *n* PET TECH Naßerdgas *nt*, Naßgas *nt*; ~ **period** *n* POLL Naßperiode *f*; ~**-plate process** *n* PRINT Naßplattenverfahren *nt*; ~ **polishing** *n* CER & GLAS Naßschleifen *nt*; ~ **precipitation** *n* POLL Naßabscheidung *f*; ~ **press** *n* PAPER Naßpresse *f*; ~ **radome** *n* TELECOM Naßradom *m*; ~ **rot** *n* CONST *wood* Naßfäule *f*; ~ **screening** *n* COAL TECH Naßsieberei *f*; ~ **scrubber** *n* POLL Naßabscheider *m*, WASTE Naßwäscher *m*, Naßabscheider *m*, Naßabsorber *m*; ~ **scrubbing** *n* POLL Naßreinigung *f*; ~ **scrubbing device** *n* WASTE Naßwäscher *m*, Naßabscheider *m*, Naßabsorber *m*; ~**-slug tantalum capacitor** *n* ELEC ENG Naßspulen-Tantalkondensator *m*; ~ **sorting** *n* WASTE Naßtrennverfahren *nt*; ~ **steam** *n* FUELLESS Naßdampf *m*, Sattdampf *m*, MECHAN ENG, THERMODYN Naßdampf *m*; ~ **strength** *n* PLAS Naßfestigkeit *f*; ~**-strength paper** *n* PAPER naßfestes Papier *nt*; ~ **treatment** *n* COAL TECH, MECHAN ENG Naßbehandlung *f*; ~ **tree** *n* PET TECH Naßeruptionskreuz *nt*; ~ **washer** *n* SAFETY Naßwaschanlage *f*

wet[3] *vt* CONST anfeuchten, annässen, PHYS befeuchten, benetzen, nässen, PROD ENG verzinnen, THERMODYN benetzen, naßmachen

wettability *n* PLAS Benetzbarkeit *f*

wetted: ~ **surface** *n* WATER TRANS *ship design* benetzte Oberfläche *f*

wetting *n* MECHAN ENG Benetzen *nt*; ~ **agent** *n* CER & GLAS Benetzungsmittel *nt*, FOOD TECH Netzmittel *nt*, MAR POLL Benetzungsmittel *nt*, Netzmittel *nt*, MECHAN ENG Benetzungsmittel *nt*, PHOTO, PHYS Netzmittel *nt*, PLAS *additive* Benetzungsmittel *nt*, Netzmittel *nt*, TEXT Netzmittel *nt*; **~-off** *n* CER & GLAS Abspreng- *pref*; **~-off iron** *n BrE (cf crack-off iron AmE)* CER & GLAS Absprenghaken *m*, Streicheisen *nt*

wharf *n* WATER TRANS Kai *m*

what:[1] **~-if capability** *n* ART INT *of expert system* Fähigkeit zu Was-wäre-wenn-Folgerungen *f*, Prognostizierungsfähigkeit *f*

what:[2] ~ **you see is what you get** *phr (WYSIWYG)* COMP & DP originalgetreue Darstellung der Druckausgabe am Bildschirm *f (WYSIWYG)*

wheat *n* FOOD TECH Weizen *m*

wheatmeal *n* FOOD TECH Weizenfuttermehl *nt*

Wheatstone: ~ **bridge** *n* ELEC ENG, ELECT, PHYS Wheatstonesche Brücke *f*

wheel *n* AUTO Lenkrad *nt*, Steuerrad *nt*, MECHAN ENG Rad *nt*, Scheibe *f*, Rolle *f*, *disc* Schleifscheibe *f*, PROD ENG *gearwheel* Zahnrad *nt*; ~ **alignment** *n* AUTO Radeinstellung *f*; ~ **and axle drive** *n* AUTO Achsantrieb *m*; ~ **balancing** *n* AUTO Radauswuchtung *f*; ~ **bearing** *n* AUTO Radlager *nt*; ~ **bearing clearance** *n* AUTO Radlagerspiel *nt*; ~ **blank** *n* PROD ENG Zahnradrohling *m*; ~ **bond** *n* RAIL Radverbinder *m*; ~ **carriage** *n* MECHAN ENG *of grinding machine* Schleifsupport *m*; ~ **clamp** *n* AUTO Radblockierer *m*, Radkralle *f*; ~ **cover** *n* AUTO Zierscheibe *f*; ~ **cylinder** *n* AUTO Radzylinder *m*; ~ **dresser** *n* MECHAN ENG Schleifscheibenabziehwerkzeug *nt*; ~ **flange** *n* AUTO Radflansch *m*, RAIL Radkranz *m*; ~ **flange friction** *n* RAIL Spurkranzreibung *f*; ~ **flange lubricant** *n* RAIL Spurkranzschmiermittel *nt*; ~ **guard** *n* MECHAN ENG Radschutz *m*; ~ **head** *n* PROD ENG Schleifspindelstock *m*; ~ **head slide** *n* PROD ENG Schleifspindelschlitten *m*; ~ **house** *n* WATER TRANS Ruderhaus *nt*; ~ **hub** *n* PROD ENG, TRANS Radnabe *f*; ~ **imbalance** *n* PROD ENG Scheibenunwucht *f*; ~ **load** *n* CONST, MECHAN ENG Radlast *f*; ~ **mark** *n* PROD ENG Riefe *f*; ~ **marks** *n pl* PROD ENG Schleifspuren *f pl*; ~ **nut** *n* AUTO Radmutter *f*; ~ **rim** *n* AUTO Radfelge *f*, MECHAN ENG Radkranz *m*; ~ **segment** *n* PROD ENG Schleifsegment *nt*; **~-slide detection** *n* RAIL Radgleitenanzeige *f*; ~ **slip** *n* AUTO Radschlupf *m*; ~ **spindle** *n* MECHAN ENG *of grinding machine* Schleifspindel *f*; ~ **suspension lever** *n* AUTO Radschwingarm *m*; ~ **truing** *n* PROD ENG Schleifkörperabrichtung *f*; ~ **wear** *n* RAIL Radabnutzung *f*; ~ **web** *n* RAIL Radsteg *m*; ~ **well** *n* AIR TRANS *landing gear* Radschacht *m*

wheelbarrow *n* CONST Schubkarre *f*, PROD ENG, TRANS Schubkarren *m*

wheelbase *n* AUTO, RAIL Achsstand *m*, Radstand *m*

wheels *n pl* AUTO, MECH Räder *nt pl*; **~-up landing** *n* AIR TRANS Landung mit eingefahrenem Fahrwerk *f*

wheelset *n* RAIL Radsatz *m*

whetstone *n* PROD ENG Wetzstein *m*

whip: ~ **antenna** *n* RAD TECH Peitschenantenne *f*

whiplash: ~ **effect** *n* TRANS Peitschenhiebeffekt *m*

whipping *n* NUC TECH *of fuel element* Abfederung *f*, WATER TRANS *ropes* Takling *m*

whipstock *n* PET TECH Ablenkkeil *m*, Whipstock *m*

whirling *n* PROD ENG *threading* Wirbeln *nt*; ~ **tool** *n* PROD ENG Wirbelmeißel *m*

whirlwind *n* WATER TRANS Wirbelsturm *m*

whisker *n* ELECTRON *point-contact diodes*, METALL Haarkristall *m*, PLAS Einkristallfaden *m*, Haarkristall *m*, Whisker *m*

whistle *n* ELECTRON Pfeifen *nt*; ~ **buoy** *n* WATER TRANS Heultonne *f*, Pfeifboje *f*

whistler *n* PROD ENG *casting* Entlüftungsöffnung *f*

whistling *n* RECORD Pfeifen *nt*

white[1] *adj* PHOTO, PRINT weiß; ~ **hot** *adj* THERMODYN weißglühend

white[2] *n* PHOTO, PRINT Weiß *nt*; ~ **balance** *n* TELEV Weißabgleich *m*; ~ **clip** *n* TELEV Weißwertbegrenzung *f*; ~ **compression** *n* TELEV Weißpegelkompression *f*; ~ **drawing film** *n* ENG DRAW Zeichenfolie *f*; ~ **heat** *n* METALL, THERMODYN Weißglut *f*; ~ **level** *n* TELEV Weißpegel *m*; ~ **level frequency** *n* TELEV Weißpegelfrequenz *f*; ~ **light** *n* PHYS weißes Licht *nt*; ~ **light fringe** *n* PHYS Weißlichtinterferenz *f*; ~ **limiter** *n* TELEV Weißwertbegrenzung *f*; **~-lined board** *n* PACK weißkaschierte Pappe *f*; ~ **metal** *n* MECHAN ENG Weißmetall *nt*; ~ **mica** *n* PLAS weißer Glimmer *m*; ~ **noise** *n* ACOUSTICS, COMP & DP weißes Rauschen *nt*, ELECTRON Weißrauschen *nt*, weißes Rauschen *nt*, PHYS weißes Rauschen *nt*, RECORD Weißrauschen *nt*, weißes Rauschen *nt*, SPACE, TELECOM weißes Rauschen *nt*; ~ **noise generator** *n* ELECTRON Weißrauschgenerator *m*; ~ **noise signal** *n* ELECTRON Weißrauschsignal *nt*; ~ **noise source** *n* ELECTRON Weißrauschquelle *f*; ~ **peak** *n* TELEV Weißspitze *f*; ~ **phosphate opal** *n* CER & GLAS weißes Phosphat-Opalglas *nt*; ~ **product** *n* MAR POLL farbloses Produkt *nt*; ~ **radiation** *n* SPACE weiße Strahlung *f*; ~ **recording** *n* RECORD Weißaufnahme *f*; ~ **reference** *n* TELEV Referenzweiß *nt*; ~ **room** *n* SPACE White Room *m*

whitecap *n* WATER TRANS schaumgekrönte Welle *f*

whiten *vt* PROD ENG eintauchmetallisieren

whiteness *n* PAPER Weißgrad *m*

whitewash[1] *n* CONST Kalkmilch *f*, Schlämme *f*, Tünche *f*, PROD ENG Kalkmilch *f*

whitewash[2] *vt* PROD ENG anreißen

whitewashing *n* CONST Kalken *nt*, Schlämmen *nt*, Weißen *nt*

whiting *n* PROD ENG Schlämmkreide *f*

Whitworth: ~ **screw thread** *n* MECHAN ENG Whitworth-Gewinde *nt*

whole:[1] **~-body** *adj* NUC TECH Ganzkörper- *pref*; **~-bound** *adj* PRINT vollgebunden

whole:[2] **~-body counter** *n* NUC TECH Ganzkörperspektrometer *nt*, Ganzkörperzähler *m*; **~-body irradiation** *n* NUC TECH Ganzkörperbestrahlung *f*; ~ **tone** *n* ACOUSTICS ganzer Ton *m*

wholefood *n* FOOD TECH Vollwertkost *f*

wicket: ~ **wall** *n* CER & GLAS Ofenwand *f*

wide[1] *adj* IND PROCESS, PHOTO Weit- *pref*, PROD ENG Breit- *pref*, TELECOM Weit- *pref*, Weiter- *pref*; **~-bodied** *adj* AIR TRANS Großraum- *pref*

wide:[2] **~-angle converter** *n* PHOTO Weitwinkelvorsatz *m*; **~-angle lens** *n* PHOTO Weitwinkelobjektiv *nt*; **~-angle scattering** *n* NUC TECH Streuung mit großen Streuwinkeln *f*; ~ **area network** *n (WAN)* COMP & DP WAN, Grobraumnetzwerk *nt*; **~-area system** *n* TELECOM großflächiges System *nt*; **~-bodied aircraft** *n* AIR TRANS Großraumjet *m*; **~-bore tube** *n* LAB EQUIP Weithalsröhrchen *nt*; **~-face square-nose tool** *n* PROD ENG breiter Drehmeißel *m*; ~ **finishing** *n* PROD ENG

Breitschlichten *nt*; **~-finishing tool** *n* PROD ENG Breitschlichtmeißel *m*; **~-mouth bottle** *n* LAB EQUIP Weithalsflasche *f*; **~-mouth container** *n* CER & GLAS Weithalspackung *f*; **~-mouth neck** *n* PACK weiter Flaschenhals *m*; **~-necked flask** *n* LAB EQUIP Weithalskolben *m*; **~ strip** *n* PROD ENG Breitband *nt*, Breitbandstahl *m*; **~-strip mill** *n* PROD ENG Breitbandwalzwerk *nt*; **~ track gage** *n AmE*, **~ track gauge** *n BrE* RAIL vergrößerte Spurweite *f*

wideband[1] *adj* TELECOM breitbandig

wideband[2] *n* COMP & DP, TELECOM Breitband *nt*; **~ amplifier** *n* ELECTRON BBV, Breitbandverstärker *m*; **~ antenna** *n* SPACE Breitbandantenne *f*; **~ axis** *n* TELEV Breitbandachse *f*; **~ band-pass filter** *n* ELECTRON Breitband-Bandpaßfilter *nt*; **~ beams** *n* RAD PHYS *emission* Breitbandstrahlen *m pl*; **~ circuit** *n* TELECOM Breitband-Schaltkreis *m*, Breitbandverbindung *f*; **~ filter** *n* ELECTRON Breitbandfilter *nt*; **~ filtering** *n* ELECTRON Breitbandfiltern *nt*; **~ high-pass filter** *n* ELECTRON Breitband-Hochpaßfilter *nt*; **~ integrated services digital network** *n* TELECOM diensteintegrierendes digitales Breitbandnetz *nt*; **~ interference** *n* ELECTRON Breitbandstörung *f*; **~ ISDN** *n* TELECOM Breitband-ISDN *nt*; **~ low-pass filter** *n* ELECTRON Breitband-Tiefpaßfilter *nt*; **~ measurement** *n* ELECTRON Breitbandmessung *f*; **~ modem** *n* ELECTRON, TELECOM Breitbandmodem *nt*; **~ modulation** *n* ELECTRON Breitband-Modulation *f*; **~ noise** *n* ELECTRON Breitbandrauschen *nt*, TELECOM breitbandiges Rauschen *nt*; **~ power amplifier** *n* ELECTRON Breitband-Leistungsverstärker *m*; **~ receiver** *n* TELECOM Breitbandempfänger *m*; **~ signal** *n* ELECTRON, TELECOM Breitbandsignal *nt*; **~ switching network** *n* TELECOM Breitbandkoppelnetz *nt*; **~ transmission** *n* TELECOM Breitbandübertragung *f*; **~ tube** *n* ELECTRON Breitbandröhre *f*; **~ tunable oscillator** *n* ELECTRON abstimmbarer Breitband-Oszillator *m*

Widmannstätten: **~ plate** *n* METALL Widmannstätten-Platte *f*; **~ structure** *n* METALL Widmannstätten-Struktur *f*

width *n* COMP & DP, GEOM, PAPER Breite *f*, PRINT Breite *f*, Dickten- *pref*, *of type* Dicke *f*, TEXT Bahn *f*; **~ across corners** *n* MECHAN ENG *of screw* Eckenmaß *nt*, Übereckmaß *nt*; **~ across flats** *n* MECHAN ENG *of screws* Schlüsselweite *f*; **~ choke** *n* TELEV Bildbreitendrossel *f*; **~ coding** *n* ELECTRON Pulslängencodierung *f*, Pulsbreitenmodulation *f*; **~ of cut** *n* PROD ENG Spanungsbreite *f*; **~ jitter** *n* ELECTRON Breitenjitter *m*; **~-modulated pulse signal** *n* IND PROCESS breitenmoduliertes Impulssignal *nt*; **~ of reduced face** *n* PROD ENG Breite der reduzierten Spanfläche *f*; **~ of reed** *n* TEXT Blattbreite *f*; **~ of splitting** *n* METALL Rißbreite *f*; **~ table** *n* PRINT Dicktentabelle *f*; **~ of wear mark** *n* PROD ENG Verschleißmarkenbreite *f*

Wiedemann-Franz: **~ law** *n* PHYS Wiedemann-Franzsches Gesetz *nt*

Wien: **~ bridge** *n* ELECTRON *measurement*, PHYS Wiensche Brücke *f*; **~ bridge oscillator** *n* ELECTRON Oszillator mit Wien-Brücke *m*; **~ displacement law** *n* PHYS Wiensches Verschiebungsgesetz *nt*; **~ law** *n* RAD PHYS Wiensches Strahlungsgesetz *nt*

wig: **~-wag signal** *n* RAIL Pendelsignal *nt*

Wigner: **~ effect** *n* PHYS Wigner-Effekt *m*

wild: **~ recording** *n* RECORD unkontrollierte Aufzeichnung *f*; **~ well** *n* PET TECH ausgebrochene Bohrung *f*

wildcard: **~ character** *n* COMP & DP Jokerzeichen *nt*, Platzhalterzeichen *nt*; **~ characters** *n pl* COMP & DP Stellvertreterzeichen *nt pl*

wildcat: **~ drilling** *n* PET TECH Aufschlußbohrung *f*

Willison: **~ coupling** *n* AUTO Willison-Kupplung *f*

Wilson: **~ cloud chamber** *n* PHYS Wilsonsche Nebelkammer *f*

Wimshurst: **~ machine** *n* ELEC ENG Wimshurstmaschine *f*

winch[1] *n* CONST Kurbel *f*, Winde *f*, MAR POLL Winsch *f*, MECHAN ENG Winde *f*, PROD ENG Kurbel *f*, TEXT Haspel *f*, WATER TRANS Winde *f*; **~ drum** *n* WATER TRANS Windentrommel *f*

winch:[2] **~ up** *vt* WATER TRANS hochwinden

Winchester: **~ disk** *n* COMP & DP Festplatte *f*, Winchesterplatte *f*

wind:[1] **~-rode** *adj* WATER TRANS *mooring* vor dem Anker aufgedreht, windrecht; **~-up** *adj* PAPER Aufroll- *pref*

wind:[2] **off the ~** *adv* WATER TRANS *sailing* mit rauhem Wind

wind[3] *n* TEXT Spulfeld *nt*; **~-and-sea state capability handling** *n* WATER TRANS Wind- und Seetauglichkeit *f*; **~ brace** *n* CONST Querträger *m*, Windstrebe *f*; **~ bracing** *n* CONST Windverband *m*; **~ chart** *n* WATER TRANS Windkarte *f*; **~ cone** *n* AIR TRANS, WATER TRANS Windsack *m*; **~-driven generator** *n* ELEC ENG Windgenerator *m*, windbetriebener Generator *m*, ELECT Windgenerator *m*; **~ eddy** *n* AIR TRANS, WATER TRANS Windwirbel *m*; **~-electric power station** *n* ELEC ENG Windkraftwerk *nt*; **~ energy** *n* FUELLESS, PHYS Windenergie *f*; **~ gage** *n AmE*, **~ gauge** *n BrE* FUELLESS Windgeschwindigkeitsmesser *m*; **~ generator** *n* ELEC ENG Windgenerator *m*, ELECT Windgenerator *m*, Windkraftanlage *f*; **~ power** *n* FUELLESS Windkraft *f*; **~-powered generator** *n* ELEC ENG, ELECT Windgenerator *m*, windgetriebener Stromgenerator *m*, windgetriebener Generator *m*; **~ pressure** *n* AIR TRANS, WATER TRANS Winddruck *m*; **~ resistance** *n* FLUID PHYS Windwiderstand *m*; **~ rose** *n* FUELLESS Windrose *f*; **~ sail** *n* WATER TRANS Windsack *m*; **~ sock** *n* AIR TRANS, WATER TRANS Windsack *m*; **~ speed** *n* AIR TRANS, WATER TRANS Windstärke *f*, Windgeschwindigkeit *f*; **~ tunnel** *n* AIR TRANS Strömungskanal *m*, Windkanal *m*, aerodynamischer Windkanal *m*, CONST, MECHAN ENG, PHYS, SPACE Windkanal *m*, WATER TRANS Strömungskanal *m*, Windkanal *m*, aerodynamischer Windkanal *m*; **~ tunnel balance** *n* AIR TRANS, WATER TRANS Windkanalwaage *f*, aerodynamische Waage *f*; **~ tunnel test** *n* TEST Prüfung im Windkanal *f*; **~ tunnel testing** *n* SPACE *spacecraft* Windkanaltest *m*; **~ turbine** *n* FUELLESS, MECHAN ENG Windturbine *f*; **~ turbine generator** *n* FUELLESS Windturbinengenerator *m*; **~-up** *n* TEXT Wickelwerk *nt*; **~-up stand** *n* PAPER Aufrollvorrichtung *f*; **~ velocity** *n* FUELLESS Windgeschwindigkeit *f*; **~ velocity cubed** *n* FUELLESS Kubikwindgeschwindigkeit *f*

wind[4] *vt* CONST spulen, wickeln, MECHAN ENG wickeln, winden, *spring* aufwickeln, PAPER aufwickeln, PHYS aufspulen, wickeln, TEXT haspeln, spulen; **~ up** *vt* MECHAN ENG *spring* aufwickeln

wind[5] *vi* MECHAN ENG sich winden

windage: **~ losses** *n pl* ELECT Luftreibungsverluste *m pl*

winder *n* CER & GLAS Haspel *f*, CONST Haspel *f*, Wendelstufe *f*, PAPER Aufrollmaschine *f*, PHOTO Aufroll- *pref*

winding *n* AUTO *generator* Wicklung *f*, CONST Haspeln *nt*, Verdrehen *nt*, Verziehen *nt*, Winden *nt*, ELEC ENG, ELECT Wicklung *f*, MECHAN ENG Winden *nt*, Windung *f*, *of springs* Wickeln *nt*, PAPER Wicklung *f*, PHYS Aufspulen *nt*, Bewicklung *f*, Wicklung *f*; ~ **capacitance** *n* ELEC ENG, ELECT *coil* Wicklungskapazität *f*; ~ **drum** *n* MECHAN ENG Seiltrommel *f*, PAPER Wickelwalze *f*; ~ **insulation** *n* ELECT *coil* Wicklungsisolierung *f*; ~ **machine** *n* PACK Aufwickelmaschine *f*; ~-**on machine** *n* PACK Aufwickelmaschine *f*; ~ **pitch** *n* ELECT *coil* Wicklungsdrahtabstand *m*, Wicklungsschritt *m*; ~ **process** *n* TEXT Spulvorgang *m*; ~ **tackle** *n* WATER TRANS *deck equipment* Gientalje *f*

windlass *n* CONST Ankerwinde *f*, Hebewinde *f*, MECHAN ENG Winde *f*, WATER TRANS *deck equipment* Ankerwinde *f*

windmill *n* FUELLESS Windmühle *f*, Windmühlenrad *nt*, Windrad *nt*; ~ **pump** *n* FUELLESS Windmotorpumpe *f*, Windturbinenpumpe *f*; ~ **torque** *n* AIR TRANS Propellerschleppdrehmoment *nt*; ~-**type anemometer** *n* HEAT & REFRIG Flügelradanemometer *nt*; ~ **vane** *n* FUELLESS Windmühlenflügel *m*

windmilling: ~ **propeller** *n* AIR TRANS frei umlaufende vom Fahrtwind getriebene Luftschraube *f*; ~ **restart** *n* AIR TRANS wiederholter Start mit durch Fahrtwind angetriebenem Propeller *m*

window *n* AUTO Fenster *nt*, COMP & DP Ausschnitt *m*, Fenster *nt*, MECHAN ENG *of vernier*, WATER TRANS *shipbuilding* Fenster *nt*; ~ **bar** *n* CONST Abdichtleiste *f*, Fenstersprosse *f*, Glasleiste *f*; ~ **bars** *n pl* CONST Fenstergitter *nt*; ~ **catch** *n* CONST Fensterriegel *m*; ~ **clipping** *n* COMP & DP Fenstertechnik *f*; ~ **fastener** *n* CONST Fensterschließer *m*; ~ **filter** *n* ELECTRON Fensterfilter *nt*; ~ **frame** *n* AUTO Fensterrahmen *m*, CONST Fensterblendrahmen *m*; ~ **glass** *n* CONST Fensterglas *nt*; ~ **opening** *n* CONST Fensteröffnung *f*; ~ **packaging** *n* PACK Schaustück *nt*; ~ **regulator** *n* AUTO Fensterheber *m*; ~ **sash** *n* CONST Schieberahmen *m*; ~ **seal** *n* AUTO Fensterdichtung *f*, Fenstergummi *nt*; ~ **transformation** *n* COMP & DP Fenstertransformation *f*

windowing *n* COMP & DP Fenstertechnik *f*

windscreen *n BrE (cf windshield AmE)* AUTO Frontscheibe *f*, Windschutzscheibe *f*, CER & GLAS, RAIL Windschutzscheibe *f*, SPACE Frontscheibe *f*; ~ **washer** *n BrE (cf windshield washer AmE)* AUTO Wisch-Waschanlage *f*; ~ **wiper** *n BrE (cf windshield wiper AmE)* AUTO Scheibenwischer *m*

windshield *n* AUTO *AmE (cf windscreen BrE)* Frontscheibe *f*, Windschutzscheibe *f*, CER & GLAS *AmE (cf windscreen BrE)*, RAIL *AmE (cf windscreen BrE)* Windschutzscheibe *f*, RECORD Windschutz *m*, SPACE *AmE (cf windscreen BrE)* Frontscheibe *f*; ~ **washer** *n AmE (cf windscreen washer BrE)* AUTO Wisch-Waschanlage *f*; ~ **wiper** *n AmE (cf windscreen wiper BrE)* AUTO Scheibenwischer *m*

wind/unwind: ~ **equipment** *n* PACK Auf- und Abwickelvorrichtungen *f pl*

windward[1] *adj* WATER TRANS luvwärtig, windwärtig

windward[2] *adv* WATER TRANS luvwärts, windwärts

wing *n* AUTO *BrE (cf fender AmE)* Kotflügel *m*, CONST *of building* Gebäudeflügel *m*, *of door* Türflügel *m*, MECHAN ENG *of fan* Flügel *m*, *of thumb screw* Flügel *m*, PHYS Flügel *m*, Tragfläche *f*; ~ **base** *n* MECHAN ENG *machine tools* Seiteneinheit *f*; ~ **bolt** *n* CONST, MECHAN ENG, PROD ENG Flügelschraube *f*; ~ **compasses** *n pl* MECHAN ENG Bogenzirkel *m*; ~ **fillet** *n* AIR TRANS Flügelausrundung *f*, Flügelübergang *m*; ~ **flap** *n* AIR TRANS Flügelklappe *f*, Querruder *nt*, Wölbungsklappe *f*; ~ **loading** *n* AIR TRANS Tragflächenbelastung *f*; ~ **nut** *n* AUTO, CONST, MECHAN ENG Flügelmutter *f*; ~ **rail** *n* RAIL Flügelschiene *f*, Hornschiene *f*; ~ **root** *n* AIR TRANS Tragflügelansatz *m*, Tragflügelwurzel *f*; ~ **screw** *n* CONST, MECHAN ENG, PROD ENG Flügelschraube *f*; ~ **slot** *n* AIR TRANS Flügelspalt *m*; ~ **span** *n* AIR TRANS Spannweite *f*; ~ **tank** *n* AIR TRANS Flügelstützschwimmer *m*, Tragflügelbehälter *m*; ~ **tip** *n* AIR TRANS Flügelspitze *f*, Tragflächenende *nt*; ~ **tip vortex** *n* AIR TRANS Flügelspitzenwirbel *m*, Randwirbel *m*; ~ **velocity field** *n* AIR TRANS Geschwindigkeitsfeld *nt*; ~ **wall** *n* CONST Flügelmauer *f*

Winston: ~ **collector** *n* FUELLESS Winston-Kollektor *m*

winter: ~ **storage** *n* WATER TRANS *ship* Winterlagerung *f*

winterize *vt* CHEMISTRY entstearinisieren

wipe[1] *n* TELEV rollender Schnitt *m*

wipe[2] *vt* CONST abstreifen, abwischen

wiped: ~ **joint** *n* CONST Lötstelle *f*, PROD ENG Schmierlötverbindung *f*

wiper *n* AUTO Wischer *m*, CONST Abstreifer *m*, Bürste *f*, MECHAN ENG Wischer *m*, PROD ENG Hebedaumen *m*; ~ **arm** *n* AUTO Wischerarm *m*; ~ **blade** *n* AUTO Wischerblatt *nt*; ~ **shaft** *n* MECHAN ENG Wischerwelle *f*

wiping: ~ **contact** *n* ELECT *in relay, in switch* Wischkontakt *m*

wire[1] *n* ELEC ENG Ader *f*, Draht *m*, Leiter *m*, PAPER Sieb *nt*; ~ **aerial** *n* TELECOM Drahtantenne *f*; ~ **bag tie** *n* PACK Drahtverschnürung für Beutel *f*; ~ **bonding** *n* ELEC ENG Drahtkontaktieren *nt*, Drahtbonden *nt*; ~ **brush** *n* PROD ENG Drahtbürste *f*; ~ **bundle** *n* ELEC ENG Drahtbündel *nt*; ~ **chamber** *n* PART PHYS *gas-filled chamber with many wire electrodes* Drahtkammer *f*; ~ **cloth** *n* PAPER Siebgewebe *nt*, PROD ENG Drahtgewebe *nt*; ~ **core** *n* ELEC ENG Drahtkern *m*; ~ **drawing** *n* MECHAN ENG Drahtziehen *nt*, PROD ENG Drahtzug *m*; ~-**drawing bench** *n* PROD ENG Drahtziehbank *f*; ~-**drawing die** *n* MECHAN ENG Drahtzieheisen *nt*; ~ **drive roll** *n* PAPER Siebantriebswalze *f*; ~ **edge** *n* MECHAN ENG *tool sharpening* Grat *m*; ~ **electrode** *n* ELECT *electric arc welding* Drahtelektrode *f*; ~ **end** *n* ELEC ENG Drahtende *nt*, PAPER Siebpartie *f*; ~ **fence** *n* CONST Drahtzaun *m*; ~ **frame** *n* PAPER Siebrahmen *m*; ~ **frame representation** *n* COMP & DP Drahtmodelldarstellung *f*; ~ **fuse** *n* ELECT Schmelzdrahtsicherung *f*; ~ **gage** *n AmE*, ~ **gauge** *n BrE* MECHAN ENG Drahtstärke *f*, Drahtdicke *f*, *for measuring thickness of wire* Drahtlehre *f*, METROL Drahtquerschnitt *m*; ~ **gauze** *n* LAB EQUIP Drahtnetz *nt*; ~ **glass** *n* CER & GLAS Drahtglas *nt*; ~ **guide** *n* CER & GLAS Drahtzuführung *f*, PAPER Sieblaufregler *m*; ~ **guide roll** *n* PAPER Siebleitwalze *f*; ~ **mark** *n* PRINT Wasserlinie *f*; ~ **mesh** *n* CER & GLAS Drahtgitter *nt*, PLAS Drahtgewebe *nt*; ~ **mesh reinforcement** *n* CER & GLAS Drahtgitterverstärkung *f*, CONST Bewehrungsmatte *f*, Mattenbewehrung *f*; ~ **mesh target** *n* RAD PHYS Drahttarget *nt*; ~ **mill** *n* MECHAN ENG *rolling* Drahtstraße *f*; ~ **nail** *n* MECHAN ENG Drahtnagel *m*; ~ **netting** *n* CONST Drahtgeflecht *nt*, Maschendraht *m*; ~ **pair** *n* ELEC ENG Drahtpaar *nt*; ~ **race ball bearing** *n* MECHAN ENG Drahtkugellager *nt*; ~ **race roller bearing** *n* MECHAN ENG Drahtrollenlager *nt*; ~ **recorder** *n* RECORD Drahtspeichergerät *nt*; ~ **reel** *n* CONST Drahtrolle *f*; ~-**reinforced hose** *n* MECHAN ENG, PLAS *rubber* drahtverstärkter Schlauch *m*; ~ **return roll** *n* PAPER Siebumlenkwalze *f*; ~ **roll** *n* PAPER Siebwalze *f*; ~ **rope** *n* MECHAN ENG, PROD ENG, SAFETY Drahtseil *nt*; ~ **rope sling** *n* SAFETY Drahtseilschlaufe *f*; ~ **side** *n* PAPER Siebseite *f*, PRINT *of paper* Siebseite *f*,

Unterseite *f*; ~ **stacking machine** *n* PACK Drahtzusammenstapelmaschine *f*; ~ **staple** *n* CONST Drahtheftklammer *f*; ~ **strainer** *n* RAIL Nachspannvorrichtung *f*; ~ **strapping equipment** *n* PACK Drahtumschnürungsapparat *m*; ~ **stretcher** *n* PAPER Siebspannvorrichtung *f*; ~ **wheel** *n* AUTO Drahtspeichenrad *nt*; ~**-wound armature** *n* ELECT drahtgewickelter Anker *m*; ~**-wound coil** *n* ELECT drahtgewickelte Spule *f*; ~**-wound potentiometer** *n* ELECT Drahtpotentiometer *nt*; ~**-wound resistor** *n* ELEC ENG drahtgewickelter Widerstand *m*, ELECT, PHYS Drahtwiderstand *m*; ~ **wrap technique** *n* MECHAN ENG *electronics* Wire-Wrap-Verfahren *nt*

wire[2] *vt* TELEV verdrahten

wired: ~ **broadcasting** *n* TELEV Kabelrundfunk *m*; ~ **cast glass** *n* CER & GLAS Drahtgußglas *nt*; ~ **glass** *n* CER & GLAS Drahtglas *nt*; ~ **logic system** *n* TELECOM System mit festverdrahteter Logik *nt*; ~ **program control system** *n AmE*, ~ **programme control system** *n BrE* TELECOM Steuersystem mit festverdrahtetem Programm *nt*; ~ **stopper finish** *n AmE (cf swing stopper finish BrE)* CER & GLAS Drahtstöpselverschluß *m*; ~ **television** *n* TELEV Kabelfernsehen *nt*

wireless: ~ **headset** *n* RECORD drahtlose Kopfgarnitur *f*; ~ **hearing aid receiver** *n* TELECOM drahtloses Schwerhörigengerät *nt*; ~ **infrared headphones** *n* RECORD drahtloser Infrarot-Kopfhörer *m*; ~ **telephony** *n* TELECOM Funkfernsprechen *nt*

wireline: ~ **log** *n* PET TECH Wireline-Log *nt*

wiring *n* ELEC ENG, ELECT, SPACE *spacecraft* Verdrahtung *f*; ~ **board** *n* ELECTRON Verdrahtungsplatte *f*; ~ **diagram** *n* AUTO Stromlaufplan *m*, ELECT Installationsplan *m*, Schaltbild *nt*, Verdrahtungsplan *m*, TELECOM Schaltplan *m*, Verdrahtungsplan *m*; ~ **harness** *n* SPACE *spacecraft* Kabelbaum *m*

witch: ~ **mirror** *n* CER & GLAS Hexenspiegel *m*

withdraw *vt* MECHAN ENG abziehen

withdrawal: ~ **current** *n* CER & GLAS Rückströmung *f*; ~ **eye** *n* PROD ENG *plastic valves* Abzugsöse *f*; ~ **sleeve** *n* MECHAN ENG Abziehhülse *f*; ~ **tool** *n* MECHAN ENG Abziehvorrichtung *f*

withdrawing *n* PROD ENG Ausheben *nt*, Rücklauf *m*

withered *adj* FOOD TECH welk

without: ~ **interacting** *adv* RAD PHYS wechselwirkungslos

withstand: ~ **voltage** *n* ELECT Überschlagspannung *f*; ~**-voltage test** *n* ELECT Überschlagspannungsprüfung *f*

witness: ~ **point** *n* QUAL Abnahmepunkt *m*, Nachweispunkt *m*

WOB *abbr (weight on bit)* PET TECH WOB *(Bohrmeißeleauflast)*

wobble[1] *n* SPACE Wackeln *nt*; ~ **plate** *n* MECHAN ENG, PROD ENG Taumelscheibe *f*; ~ **plate engine** *n* MECHAN ENG Taumelscheibenmotor *m*

wobble[2] *vi* MECHAN ENG taumeln, PROD ENG schlagen, SPACE wackeln, wobbeln

wobbler *n* ELECTRON *measurement* Wobbler *m*, PROD ENG Kleeblattzapfen *m*, Kupplungszapfen *m*

wobbling *n* ELECTRON Frequenzwobbelung *f*

wolfram *n (W)* CHEMISTRY Wolfram *nt (W)*; ~ **steel** *n* METALL Wolframstahl *m*

wolframate *n* CHEMISTRY Wolframat *nt*

wolframic *adj* CHEMISTRY Wolfram- *pref*

wolframite *n* CHEMISTRY Wolframit *m*

wood *n* CER & GLAS, PAPER Holz *nt*; ~ **alcohol** *n* THERMODYN Holzspiritus *m*; ~ **brick** *n* CONST Holzziegel *m*; ~ **charcoal** *n* COAL TECH, PROD ENG Holzkohle *f*; ~**-containing paper** *n* PAPER, PRINT holzhaltiges Papier *nt*; ~ **die** *n* PROD ENG Formholz *nt*; ~ **flour** *n* PLAS *filler* Holzmehl *nt*; ~ **lagging** *n* HYD EQUIP Holzverkleidung *f*, Holzverschalung *f*; ~ **mallet** *n* PROD ENG Holzhammer *m*; ~ **preservative** *n* CONST Holzschutzmittel *nt*; ~ **pulp** *n* PAPER Holzzellstoff *m*; ~ **reinforcement** *n* WATER TRANS *shipbuilding* Holzverstärkung *f*; ~ **saw** *n* CONST Holzsäge *f*; ~ **shavings** *n pl* CONST Hobelspäne *m pl*; ~ **turner** *n* MECHAN ENG Drechsler *m*; ~**-turning lathe** *n* CONST Drechslerbank *f*, Holzdrehbank *f*; ~**-turning tools** *n pl* CONST Drechslerwerkzeug *nt*; ~ **waste** *n* WASTE Holzabfall *m*; ~ **wool** *n* PACK Holzwolle *f*

wooden: ~ **pile** *n* COAL TECH Holzpfahl *m*; ~ **plug** *n* WATER TRANS *shipbuilding* Holzstopfen *m*; ~ **sleeper** *n* CONST Holzschwelle *f*

woodfree[1] *adj* PACK holzfrei

woodfree:[2] ~ **paper** *n* PAPER, PRINT *AmE* holzfreies Papier *nt*

woodpulp *n* PACK Zellstoff *m*

Woodruff: ~ **key** *n* AUTO, MECHAN ENG Scheibenfeder *f*, Woodruff-Keil *m*, PROD ENG Scheibenfeder *f*; ~ **key cutter** *n* MECHAN ENG Fräser für Scheibenfedern *m*

Wood's: ~ **glass** *n* CER & GLAS Wood-Glas *nt*

woodscrew *n* CONST Holzschraube *f*

woodtypes *n pl* PRINT Holzbuchstaben *m pl*, hölzerne Typen *f pl*

woodwork *n* CONST Holzarbeiten *f*, Holzbau *m*

woody[1] *adj* PAPER holzhaltig

woody:[2] ~ **fracture** *n* PROD ENG Holzfaserbruch *m*

woofer *n* RECORD Tieftonlautsprecher *m*

wool *n* PAPER, TEXT Wolle *f*

woollen: ~ **spinning** *n* TEXT Streichgarnspinnerei *f*

woollens *n pl* TEXT Wollwaren *f pl*

woolliness *n* TEXT Wolligkeit *f*

woolly *adj* TEXT wollartig, wollig

word:[1] ~**-oriented** *adj* COMP & DP wortorientiert

word[2] *n* COMP & DP Wort *nt*; ~ **count** *n* COMP & DP Ermittlung der Wortzahl *f*; ~ **delimiter** *n* COMP & DP Wortbegrenzungszeichen *nt*; ~ **generation** *n* ELECTRON Worterzeugung *f*; ~ **generator** *n* ELECTRON *measurement* Wortgenerator *m*; ~ **length** *n* COMP & DP Wortlänge *f*; ~ **mark** *n* PAT Wortzeichen *nt*; ~ **plane** *n* COMP & DP Wortebene *f*; ~ **processing** *n (WP)* COMP & DP, PRINT Textverarbeitung *f*; ~ **processing package** *n* COMP & DP *program* Textverarbeitungsprogramm *nt*; ~ **processor** *n* COMP & DP, PRINT Textverarbeitungssystem *nt*; ~ **recognition** *n* ART INT Worterkennung *f*; ~ **size** *n* COMP & DP Wortlänge *f*; ~ **time** *n* COMP & DP Wortzeit *f*, Wortübertragungszeit *f*; ~ **wrap** *n* COMP & DP Wortumbruch *m*, Zeilenumbruch *m*

work[1] *n* MECHAN ENG Arbeit *f*, *of machine* Gang *m*, Lauf *m*, PROD ENG Werk *nt*; ~ **area** *n* COMP & DP Arbeitsbereich *m*; ~ **barge** *n* PET TECH Arbeitsschiff *nt*; ~ **boot** *n* SAFETY Arbeitsstiefel *m*; ~ **card** *n* QUAL *traveller* Arbeitskarte *f*; ~ **center** *n AmE*, ~ **centre** *n BrE* PROD ENG Aufnahmespitze *f*; ~ **certificate** *n* QUAL Werksprüfzeugnis *nt*; ~ **content** *n* ERGON Arbeitsinhalt *m*; ~ **cycle** *n* PROD ENG Ablauf *m*, Arbeitstakt *m*; ~ **design** *n* ERGON Arbeitsgestaltung *f*; ~ **disk** *n* COMP & DP Arbeitsplatte *f*; ~ **energy expenditure** *n* ERGON Arbeitsenergieumsatz *m*; ~ **environment** *n* ERGON Arbeitsumgebung *f*; ~ **equipment** *n* ERGON Arbeitsmittel *nt pl*, Betriebsmittel *nt pl*; ~ **file** *n* COMP & DP Arbeitsdatei *f*, ungeschützte Datei *f*; ~ **function** *n* ELEC ENG Arbeitsfunktion *f*, Austrittsarbeit *f*, PHYS *of electron* Austrittsarbeit *f*; ~ **handling** *n* PACK Arbeitsverwaltung *f*, Transport *m*; ~ **hardening** *n* PROD ENG Kaltverfestigung *f*; ~-**hardening coefficient** *n* METALL Kaltverfestigungskoeffizient *m*; ~ **item** *n* COMP & DP Arbeitselement *nt*; ~ **mode** *n* COMP & DP Arbeitsmodus *m*; ~ **plate** *n* MECHAN ENG *of machine* Auflageschiene für das Werkstück *f*; ~ **record** *n* COMP & DP Arbeitsdatensatz *m*; ~ **recording clock** *n* SAFETY Werksuhr *f*; ~ **rest blade** *n* MECHAN ENG *for centreless grinding* Führungsleiste *f*, Führungsschiene *f*; ~ **safety** *n* SAFETY Arbeitssicherheit *f*; ~ **session** *n* COMP & DP Arbeitssitzung *f*; ~ **shoe** *n* SAFETY Arbeitsschuh *m*; ~ **softening** *n* METALL Weichmachen *nt*; ~ **standard** *n* PHYS Arbeitslehre *f*, Werkstattprüfgerät *nt*; ~ **station** *n* COMP & DP Arbeitsplatz *m*, Arbeitsplatzrechner *m*, Workstation *f*, Datenstation *f*, CONTROL Workstation *f*, MECHAN ENG Arbeitsplatz *m*, PACK Arbeitsstation *f*, PROD ENG Arbeitsstelle *f*; ~ **surface** *n* ERGON Arbeitsfläche *f*, PROD ENG Hauptschnittfläche *f*; ~ **system** *n* ERGON Arbeitssystem *nt*; ~ **table** *n* MECHAN ENG Werktisch *m*, PROD ENG Aufspanntisch *m*; ~ **task** *n* ERGON Arbeitsaufgabe *f*; ~ **test report** *n* QUAL Werksprüfprotokoll *nt*, Werkzeugnis *nt*; ~ **and turn** *n* PRINT *sheets* Umschlagen *nt*; ~ **volume** *n* COMP & DP Arbeitsdatenträger *m*

work[2] *vt* MECHAN ENG bearbeiten, *machine* betreiben; ~ **against the grain** *vt* CONST *wood* gegen die Faser arbeiten

work[3] *vi* MECHAN ENG funktionieren, gehen; ~ **an engine to its full capacity** *vi* MECHAN ENG den Motor voll ausfahren; ~ **loose** *vi* MECHAN ENG sich lockern; ~ **to full capacity** *vi* MECHAN ENG mit voller Auslastung arbeiten; ~ **with a tripod** *vi* PHOTO mit Stativ arbeiten

workability *n* CER & GLAS Verformbarkeit *f*, CONST *concrete, mortar* Verarbeitbarkeit *f*

workable *adj* CONST *concrete, mortar* verarbeitungsfähig

workbench *n* CONST Werkbank *f*, MECHAN ENG Arbeitstisch *m*, Werkbank *f*, PROD ENG Werkbank *f*

workers': ~ **protective clothing** *n* SAFETY Arbeitsschutzkleidung *f*; ~ **protective tent** *n* SAFETY Arbeitsschutzzelt *nt*

workholder *n* PROD ENG Aufnahme für Werkstücke *f*

workholding *n* MECHAN ENG *machine tools* Werkstückaufnahme *f*; ~ **device** *n* MECHAN ENG Werkstückspannvorrichtung *f*, PROD ENG Aufnahmevorrichtung *f*, Spannvorrichtung *f*; ~ **fixture** *n* PROD ENG Aufnahmevorrichtung *f*, Spannvorrichtung *f*; ~ **table** *n* PROD ENG Arbeitstisch *m*

working[1] *adj* TRANS Aktions- *pref*; **in ~ order** *adj* MECHAN ENG betriebsbereit

working[2] *n* MECHAN ENG *of machine* Betrieb *m*, Gang *m*, Lauf *m*, *of parts* Arbeiten *nt*; ~ **angle** *n* MECHAN ENG *of tool*, PROD ENG Wirkwinkel *m*; ~ **angle convention** *n* PROD ENG Festlegung der Wirkwinkel *f*; ~ **approach angle** *n* PROD ENG Wirk-Einstellergänzungswinkel *m*; ~ **area** *n* COMP & DP Arbeitsbereich *m*, PROD ENG Arbeitsfläche *f*; ~ **back clearance** *n* PROD ENG Wirkrückfreiwinkel *m*; ~ **back plane** *n* PROD ENG Wirkrückebene *f*; ~ **back rake** *n* PROD ENG Wirkrückspanwinkel *m*; ~ **back wedge angle** *n* PROD ENG Wirkrückkeilwinkel *m*; ~ **on blown post** *n* CER & GLAS Bearbeitung des geblasenen Glaspostens *f*; ~ **capacity** *n* MECHAN ENG Arbeitsvermögen *nt*; ~ **channel** *n* TELECOM Arbeitskanal *m*, Sprechkanal *m*; ~ **clearance** *n* PROD ENG Wirkfreiwinkel *m*; ~ **clothes** *n pl* TEXT Arbeitskleidung *f*; ~ **conditions** *n pl* SAFETY Arbeitsbedingungen *f pl*; ~ **current relay** *n* ELECT Arbeitsstromrelais *nt*; ~ **cutting edge** *n* PROD ENG Hauptschneide *f*; ~ **cutting-edge angle** *n* PROD ENG Wirkeinstellwinkel *m*; ~ **cutting-edge inclination** *n* PROD ENG Wirkneigungswinkel *m*; ~ **cutting-edge normal plane** *n* PROD ENG Wirkschneidennormalebene *f*; ~ **cutting-edge plane** *n* PROD ENG Wirkschneidenebene *f*; ~ **cycle** *n* AUTO Arbeitsspiel *nt*, MECHAN ENG Arbeitszyklus *m*, Bearbeitungszyklus *m*, *of engine* Arbeitsspiel *nt*; ~ **depth of teeth** *n* MECHAN ENG *gearing* Eingriffstiefe *f*; ~ **distance** *n* METALL Reichweite *f*; ~ **drawing** *n* MECHAN ENG Fertigungszeichnung *f*, Werkzeichnung *f*; ~ **end** *n* CER & GLAS Arbeitsende *nt*; ~ **energy** *n* PROD ENG Wirkenergie *f*; ~ **engagement** *n* PROD ENG Arbeitseingriff *m*, Schnittiefe *f*; ~ **face** *n* WASTE Deponieoberfläche *f*; ~ **feed** *n* PROD ENG Arbeitsvorschub *m*; ~ **force** *n* PROD ENG Wirkkraft *f*; ~ **gloves** *n pl* SAFETY Arbeitshandschuhe *m pl*, *of rubber* *Gummiarbeitshandschuhe m pl*; ~ **hours counter** *n* SAFETY Arbeitsstundenzähler *m*, Betriebsstundenzähler *m*; ~ **lead angle** *n* PROD ENG Wirkeinstellergänzungswinkel *m*; ~ **life** *n* MECHAN ENG Gebrauchsdauer *f*, Lebensdauer *f*, Verwendbarkeitsdauer *f*, PHOTO *solution* Lebensdauer bei Gebrauch *f*; ~ **load** *n* MECHAN ENG Betriebslast *f*; ~ **major cutting edge** *n* PROD ENG Wirkhauptschneide *f*; ~ **mechanism** *n* MECHAN ENG Arbeitsmechanismus *m*; ~ **memory** *n* COMP & DP Arbeitsspeicher *m*; ~ **minor-cutting edge** *n* PROD ENG Wirknebenschneide *f*; ~ **minor cutting edge angle** *n* PROD ENG Wirkeinstellwinkel *m*; ~ **normal clearance** *n* PROD ENG Wirknormalfreiwinkel *m*; ~ **normal rake** *n* PROD ENG Wirknormalspanwinkel *m*; ~ **order** *n* PROD ENG Betriebszustand *m*; ~ **orientation angle** *n* PROD ENG Wirklagewinkel *m*; ~ **orthogonal clearance** *n* PROD ENG Wirkorthogonalfreiwinkel *m*; ~ **orthogonal plane** *n* PROD ENG Wirkorthogonalebene *f*; ~ **orthogonal wedge angle** *n* PROD ENG Wirkorthogonalkeilwinkel *m*; ~ **pair** *n* PROD ENG Wirkpaar *nt*; ~ **part** *n* MECHAN ENG arbeitendes Teil *nt*, NUC TECH *wearing part* Verschleißteil *nt*; ~ **perpendicular force** *n* PROD ENG Wirknormalkraft *f*; ~ **plane** *n* PROD ENG Arbeitsebene *f*; ~ **platform** *n* CER & GLAS, CONST Arbeitsbühne *f*; ~ **power** *n* PROD ENG Wirkleistung *f*; ~ **pressure** *n* MECHAN ENG Arbeitsdruck *m*, Betriebsdruck *m*, PROD ENG *plastic valves* Betriebsdruck *m*; ~ **range** *n* CER & GLAS Verarbeitungsbereich *m*; ~ **reference plane** *n* PROD ENG Wirkbezugebene *f*; ~ **section** *n* PHYS *wind tunnel* Meßstrecke *f*; ~ **side clearance** *n* PROD ENG Wirkseitenfreiwinkel *m*; ~ **side wedge angle** *n* PROD ENG Wirkseitenkeilwinkel *m*; ~ **speed** *n* MECHAN ENG Arbeitsgeschwindigkeit *f*; ~ **standard** *n* QUAL Arbeitsnormal *nt*, Gebrauchsnormal *nt*; ~ **storage** *n* COMP & DP Arbeitsspeicher *m*; ~ **stress** *n* METALL Belastbarkeit im Gebrauch *f*; ~ **stroke** *n* MECHAN ENG, PROD ENG Arbeitshub *m*; ~ **surface** *n* PROD ENG Arbeitsfläche *f*; ~ **temperature** *n* CER & GLAS Verarbeitungstemperatur *f*; ~ **traverse** *n* PROD ENG Arbeitsgang *m*, Tischbewegung *f*; ~ **voltage** *n* ELECT Arbeitsspannung *f*; ~ **wedge angle** *n* PROD ENG Wirkkeilwinkel *m*

workload *n* COMP & DP, ERGON Arbeitsbelastung *f*

workmanship *n* CONST Ausführung *f*, Verarbeitung *f*

workmen's: ~ **compensation** *n* SAFETY Arbeitsvergütung *f*

workover *n* PET TECH Aufwältigung *f*, Überarbeitung *f*

workpiece *n* MECHAN ENG Werkstück *nt*, MECHANICS Arbeitsstück *nt*, Werkstück *nt*, PROD ENG Werkstück *nt*; **~ cam contour** *n* PROD ENG Werkstücknocken *m*; **~ diameter** *n* PROD ENG Werkstückdurchmesser *m*; **~ dimensions** *n pl* MECHAN ENG Werkstückabmessungen *f pl*; **~ motion** *n* PROD ENG Werkstückbewegung *f*

workplace *n* COMP & DP, ERGON Arbeitsplatz *m*; **~ air** *n* SAFETY Werkstattluft *f*; **~ regulations** *n pl* SAFETY Arbeitsplatzvorschriften *f pl*

workshop *n* MECHANICS Arbeitsraum *m*, Werkstatt *f*; **~ drawing** *n* ENG DRAW Werkstattzeichnung *f*

workspace *n* COMP & DP Arbeitsbereich *m*, ERGON Arbeitsraum *m*

worldwide: **~ communications** *n pl* TELECOM Weltfernmeldewesen *nt*; **~ network** *n* SPACE weltumspannendes Funknetz *nt*

worm *n* LAB EQUIP *distillation* Schnecke *f*, MECHAN ENG *endless screw, screw thread* Schnecke *f*, *of conveyor* Förderschnecke *f*, MECHANICS Schnecke *f*, Schraubgewinde *nt*, PACK Förderschnecke *f*, PROD ENG Fließfigur *f*, Schnecke *f*; **~ conveyor** *n* MECHAN ENG Förderschnecke *f*, Schneckenförderer *m*, PACK Förderschnecke *f*; **~ cutting** *n* MECHAN ENG Verzahnung von Schneckenrädern *f*; **~ drive clamp** *n* MECHAN ENG *hose clip* Schelle mit Schneckengewinde *f*; **~ gear** *n* MECHAN ENG Schneckenrad *nt*, Schraubenrad *nt*, MECHANICS Schneckengetriebe *nt*, WATER TRANS Schneckenrad *nt*; **~ gear final drive** *n* AUTO Schneckenradachsantrieb *m*; **~ gear hobbing** *n* PROD ENG Schneckenradwälzfräsen *nt*; **~ gearing** *n* MECHAN ENG Schneckenverzahnung *f*, PROD ENG *plastic valves* Schneckengetriebe *nt*; **~ gear pair** *n* MECHAN ENG Schneckengetriebe *nt*, Schneckenradgetriebe *nt*; **~ milling cutter** *n* MECHAN ENG Schneckenfräser *m*; **~ rack** *n* MECHAN ENG Schneckenzahnstange *f*; **~ roll** *n* PAPER Schneckenwalze *f*; **~ screw** *n* PROD ENG *plastic valves* Schnecke *f*; **~ segment** *n* PROD ENG *plastic valves* Schneckensegment *nt*; **~ wheel** *n* MECHAN ENG Schneckenrad *nt*; **~ wheel cutting** *n* MECHANICS Verzahnen von Schneckenrädern *nt*

WORM *abbr (write once read many times)* OPT WORM *(Einmalbeschreibung-Mehrfachlesen)*

worn[1] *adj* MECHANICS abgenutzt; **~ out** *adj* TEXT abgenutzt, abgetragen

worn:[2] **~ bit** *n* PET TECH verschlissener Bohrmeißel *m*; **~ part** *n* PROD ENG *plastic valves* Verschleißteil *nt*; **~ tool** *n* SAFETY abgenutztes Werkzeug *nt*

worsted: **~ count** *n* TEXT Kammgarnnumerierung *f*; **~ suiting** *n* TEXT Kammgarnanzugstoff *m*; **~ yarn** *n* TEXT Kammgarn *nt*, Kammgarnnumerierung *f*, Kammgarnanzugstoff *m*

wort *n* FOOD TECH Bierwürze *f*

wound:[1] **~ onto the beam** *adj* TEXT auf den Kettbaum gewickelt

wound:[2] **~ core** *n* ELECT *transformer* Spiralkern *m*, Wikkelkern *m*; **~ rotor** *n* ELEC ENG Schleifringanker *m*, Schleifringläufer *m*, Schleifringrotor *m*; **~-rotor induction motor** *n* ELEC ENG Induktionsmotor mit Schleifringläufer *m*; **~-rotor motor** *n* ELEC ENG Motor mit Schleifringläufer *m*; **~ stator** *n* ELEC ENG gewickelter Stator *m*; **~-stator motor** *n* ELEC ENG Motor mit gewickeltem Stator *m*

wove *n* PAPER Velinpapier *nt*; **~ paper** *n* PRINT Velinpapier *nt*

woven: **~ carpet** *n* TEXT Webteppich *m*; **~ fabric** *n* TEXT Gewebe *nt*, Stoff *m*, Tuch *nt*; **~ fabric belt** *n* PROD ENG Textilriemen *m*

wow *n* ACOUSTICS Frequenzschwankungen *f pl*, Jaulen *nt*, RECORD Tonhöhenschwankung *f*, TELEV Geschwindigkeitsschwankung *f*; **~ and flutter** *n* TELEV Gleichlaufschwankungen *f pl*

WP *abbr (word processing)* COMP & DP, PRINT Textverarbeitung *f*

W-particle *n* PART PHYS *mediating particle of weak force* W-Teilchen *nt*, PHYS W-Boson *nt*

WPC-VRS: **~ process** *n* WASTE VRS-Verfahren *nt*, Verfestigungsverfahren für Sonderabfälle *nt*

wrap:[1] **~ fiber** *n AmE*, **~ fibre** *n BrE* TEXT Umwindefaser *f*

wrap[2] *vt* MECHAN ENG wickeln, PAPER verpacken, TEXT umspinnen, umwickeln

wraparound[1] *adj* PACK, PAPER, PRINT Wickel- *pref*

wraparound[2] *n* COMP & DP Bildumlauf *m*, Hauptplatine *f*, zyklische Aufeinanderfolge *f*, PACK loser Umschlag *m*; **~ label** *n* PACK Manteletikett *nt*, Rundumetikett *nt*; **~ sleeving machine** *n* PACK Wraparound-Banderolemaschine *f*

wrapped: **~ yarn** *n* TEXT umwickeltes Garn *nt*

wrapper *n* TEXT Mitläufer *m*

wrapping *n* MECHAN ENG *coiling* Wickeln *nt*, PAPER Packpapier *nt*, PRINT, TEXT Umhüllung *f*; **~ machine** *n* PACK Einschlagmaschine *f*; **~ paper** *n* PACK, WASTE Packpapier *nt*

wrapround: **~ plate** *n* PRINT Wickelplatte *f*

wreath *n* CONST *staircase* Handlaufkrümmling *m*, Kranz *m*

wreck[1] *n* WATER TRANS Wrack *nt*

wreck[2] *vt* CONST abtragen

wrecker *n* AUTO *AmE* Abschleppwagen *m*, WATER TRANS Bergungsschiff *nt*, Wracker *m*

wrecking: **~ bar** *n* PROD ENG Brechstange *f*; **~ crane** *n* RAIL Hilfskran *m*

wrench *n (cf spanner BrE)* MECHAN ENG Schlüssel *m*, Schraubenschlüssel *m*, MECHANICS Schraubenschlüssel *m*, PROD ENG Gabelschlüssel *m*, Schraubenschlüssel *m*; **~ for hexagon nuts** *n (cf spanner for hexagon nuts BrE)* MECHAN ENG Sechskantschlüssel *m*; **~ opening** *n (cf spanner opening BrE)* MECHAN ENG Maulweite *f*

wring *vt* MAR POLL ansprengen, TEXT wringen

wringer *n* POLL Scheidepresse *f*; **~ roll** *n* PAPER Wringwalze *f*

wringing *n* PAPER Wringen *nt*

wrinkle *n* PAPER Falte *f*; **~ paint** *n* PLAS *paint* Kräusellack *m*, Runzellack *m*

wrinkled: **~ rim** *n* CER & GLAS unebener Rand *m*

wrist: **~ pin** *n AmE (cf gudgeon pin BrE)* AUTO, MECHAN ENG, MECHANICS Kolbenbolzen *m*; **~ pin lock** *n AmE (cf gudgeon pin lock BrE)* AUTO Kolbenbolzensicherung *f*; **~ protector** *n* SAFETY Handgelenkschutz *m*

writable: **~ disk** *n* OPT beschreibbare Scheibe *f*; **~ optical disk** *n* OPT beschreibbare CD *f*; **~ optical disk drive** *n* OPT Laufwerk für beschreibbare Scheiben *nt*; **~ optical drive** *n* OPT Laufwerk für beschreibbare CD *nt*

write:[1] **~-once read many times** *adj* OPT nur einmal beschreibbar mehrfach lesbar

write:[2] **~-enable ring** *n* COMP & DP Schreibring *m*; **~ error** *n* COMP & DP Schreibfehler *m*; **~ head** *n* COMP & DP Schreibkopf *m*; **~ instruction** *n* COMP & DP Schreibbefehl *m*; **~-once data disk** *n* OPT nur einmal beschreibbare Datenscheibe *f*; **~-once disk** *n BrE* OPT nur einmal beschreibbare Scheibe *f*; **~-once medium** *n* OPT nur einmal beschreibbares Medium *nt*; **~-once optical medium** *n* OPT nur einmal beschreibbares optisches Medium *nt*; **~-once optical storage** *n* OPT nur einmal beschreibbarer optischer Speicher *m*; **~ once read many times** *n (WORM)* OPT Einmalbeschreibung-Mehrfachlesen *nt (WORM)*; **~-once read many times disk** *n* COMP & DP WORM-Platte *f*, einmal beschreibbare Platte *f*; **~-permit ring** *n* COMP & DP Schreibring *m*; **~ protect** *n* COMP & DP Schreibschutz *m*; **~ protection** *n* COMP & DP Schreibschutz *m*; **~-protect label** *n* COMP & DP Schreibschutzetikett *nt*; **~-protect notch** *n* COMP & DP Schreibschutzkerbe *f*; **~ pulse** *n* COMP & DP Einspeicherungsimpuls *m*, Schreibimpuls *m*; **~ ring** *n* COMP & DP Schreibring *m*, Schreibsperre *f*; **~-through capability** *n* ELECTRON Durchschreibmöglichkeit *f*; **~ time** *n* COMP & DP Einspeicherungszeit *f*, ELEC ENG *magnetic media* Schreibzeit *f*

write[3] *vt* COMP & DP schreiben

writing: **~ gun** *n* ELECTRON *oscillators* Schreibstrahlerzeuger *m*; **~ paper** *n* PAPER Schreibpapier *nt*; **~ speed** *n* ELECTRON *storage tubes* Schreibgeschwindigkeit *f*; **~ time** *n* ELECTRON *resists* Beschreibzeit *f*

written: **~-state** *adj* ELECTRON *storage tubes* beschrieben

wrong: **~ capacity** *n* CER & GLAS Überkapazität *f*; **~ number** *n* TELECOM falsche Nummer *f*

wrongly: **~-connected** *adj* TELECOM falsch verbunden

wrought[1] *adj* MECHANICS geschmiedet; **~-iron** *adj* METALL schmiedereisern

wrought:[2] **~ copper alloy** *n* MECHAN ENG Kupferknetlegierung *f*; **~ iron** *n* CONST Schmiedeeisen *nt*, Schweißstahl *m*

wsi *abbr (wafer scale integration)* COMP & DP, ELECTRON WS-Integration *f (Wafer-Integration)*

W-type: **~ engine** *n* AUTO W-Motor *m*

wye: **~ connection** *n* ELECT Sternschaltung *f*

WYSIWYG *abbr (what you see is what you get)* COMP & DP WYSIWYG *(originalgetreue Darstellung der Druckausgabe am Bildschirm)*

X

X *abbr* ACOUSTICS *(volume displacement)* X *(Volumenverdrängung)*, ELECT *(reactance)* X *(Blindwiderstand)*, NUC TECH *(exposure)* X *(Belastung)*
xanthate *n* CHEMISTRY Xanthat *nt*, Xanthogenat *nt*
xanthein *n* CHEMISTRY Xanthein *nt*
xanthene *n* CHEMISTRY Dibenzopyran *nt*, Xanthen *nt*
xanthic *adj* CHEMISTRY Xanthogen- *pref*
xanthine *n* CHEMISTRY Xanthin *nt*
xanthogenic *adj* CHEMISTRY Xanthogen- *pref*
xanthone *n* CHEMISTRY Dibenzopyron *nt*, Xanthenon *nt*, Xanthon *nt*
xanthophyll *n* CHEMISTRY Lutein *nt*, Xanthophyll *nt*
xanthoproteic *adj* CHEMISTRY Xanthoprotein- *pref*
xanthosine *n* CHEMISTRY Xanthosin *nt*
xanthotoxin *n* CHEMISTRY Xanthotoxin *nt*
xanthoxylene *n* CHEMISTRY Xanthoxylen *nt*
xanthoxylin *n* CHEMISTRY Xanthoxylin *nt*
xanthydrol *n* CHEMISTRY Xanthenol *nt*, Xanthydrol *nt*
xanthyl *n* CHEMISTRY Xanthenyl *nt*, Xanthyl *nt*
x-arm: **~ machine** *n* CER & GLAS Querträgermaschine *f*
x-axis *n* CONST, GEOM X-Achse *f*, MATH Abzisse *f*, X-Achse *f*, PHYS, SPACE *spacecraft*, TELEV X-Achse *f*
X-band *n* ELECTRON *radar* X-Band *nt*; **~ magnetron** *n* ELECTRON X-Band-Magnetron *nt*; **~ traveling wave tube** *n AmE*, **~ travelling wave tube** *n BrE* ELECTRON Wanderfeldröhre für X-Band *f*, X-Band-Wanderfeldröhre *f*; **~ TWT** *n* ELECTRON X-Band-Wanderfeldröhre *f*
XC *abbr (capacitive reactance)* ELECT XC *(kapazitiver Blindwiderstand)*
x-coordinate *n* PHYS *abscissa* Abzisse *f*, X-Koordinate *f*
X-deflection *n* TELEV X-Ablenkung *f*
Xe *(xenon)* CHEMISTRY Xe *(Xenon)*
X-emitter *n* NUC TECH Röntgenstrahler *m*
xenon *n (Xe)* CHEMISTRY Xenon *nt (Xe)*; **~ buildup after shutdown** *n* NUC TECH Xenonspitze nach Abschaltung *f*; **~ chloride laser** *n* ELECTRON Xenon-Chloridlaser *m*; **~ effect** *n* NUC TECH Xenoneffekt *m*; **~ peak** *n* NUC TECH Xenongipfel *m*, Xenonspitze *f*; **~ poisoning effect** *n* NUC TECH Xenonvergiftung *f*; **~ reactivity** *n* NUC TECH Xenon-Reaktivität *f*
xerography *n* COMP & DP, ELECT, ELECTRON Xerographie *f*
x-height *n* PRINT *of letters* Mittellänge *f*, m-Höhe *f*
xi: **~ particle** *n* PHYS Kaskadenteilchen *nt*, xi-Teilchen *nt*
XL *abbr (inductive reactance)* ELECT XL *(induktiver Blindwiderstand)*
XLR: **~ connector** *n* TELEV XLR-Anschluß *m*
XM: **~ synchronized shutter** *n* PHOTO XM-Synchronverschluß *m*, XM-synchronisierter Verschluß *m*
X-motor *n* NUC TECH *of rectilinear manipulator* X-Motor *m*
XMS *abbr (extended memory specification)* COMP & DP XMS *(Erweiterungsspeicher)*
XPE *abbr (cross-linked polyethylene)* PLAS VPE *(vernetztes Polyethylen)*
X-plate *n* TELEV Horizontalablenkplatte *f*
XPS *abbr* COMP & DP *(expert system)* XPS *(Expertensystem)*, PHYS *(X-ray photoelectron spectroscopy)* XPS *(röntgenstrahlangeregte Photoelektronenspektroskopie)*
X-radiation *n* RAD PHYS Röntgenstrahlung *f*
X-raser *n* NUC TECH Röntgenlaser *m*
X-ray: **~ absorption** *n* RAD PHYS Absorption von Röntgenstrahlen *f*; **~ absorption analysis** *n* RAD PHYS Röntgenabsorptionsanalyse *f*; **~ absorption spectrum** *n* NUC TECH, PHYS Röntgenabsorptionsspektrum *nt*; **~ analysis** *n* INSTR, RAD PHYS Röntgenanalyse *f*; **~ background radiation** *n* RAD PHYS Röntgenhintergrundstrahlung *f*; **~ beam** *n* ELECTRON Röntgenstrahl *m*; **~ camera** *n* NUC TECH, RAD PHYS Röntgenkamera *f*; **~ coloration** *n AmE*, **~ colouration** *n BrE* NUC TECH Röntgenfarberscheinung *f*; **~ crystallography** *n* RAD PHYS Röntgenkristallographie *f*; **~ diffraction** *n* ELECTRON Röntgenbeugung *f*, SPACE, WAVE PHYS Röntgenstrahlenbrechung *f*; **~ diffraction analysis** *n* RAD PHYS Röntgenbeugungsanalyse *f*; **~ diffraction camera** *n* NUC TECH Röntgenbeugungskamera *f*; **~ diffractometer** *n* RAD PHYS Röntgendiffraktometer *nt*, Röntgenspektrograph *m*; **~ dosimeter** *n* INSTR Röntgendosismesser *m*, Röntgendosismeßgerät *nt*; **~ escape peak** *n* RAD PHYS *in spectrum* Röntgen-Escape-Peak *m*; **~ examination** *n* MECHANICS Röntgenstrahlprüfung *f*, Röntgenstrahltest *m*; **~ fluorescence** *n* RAD PHYS *secondary radiation* Röntgenfluoreszenz *f*; **~ fluorescence analysis** *n* RAD PHYS Röntgenfluoreszenzanalyse *f*; **~ inspection** *n* NUC TECH, SPACE Röntgenuntersuchung *f*; **~ irradiation** *n* NUC TECH Röntgenbestrahlung *f*; **~ laser** *n* ELECTRON, NUC TECH, RAD PHYS Röntgenlaser *m*; **~ lithography** *n* ELECTRON Röntgenstrahllithographie *f*; **~ luminescence** *n* NUC TECH Röntgenluminiszenz *f*; **~ mask** *n* ELECTRON Röntgenstrahlmaske *f*; **~ metallography** *n* NUC TECH, RAD PHYS Röntgenmetallographie *f*; **~ microscope** *n* NUC TECH Röntgenstrahlmikroskop *nt*, RAD PHYS Röntgenmikroskop *nt*; **~ microstructure investigation** *n* NUC TECH Untersuchung von Mikrostrukturen mit Röntgenstrahlen *f*; **~ photoelectron spectroscopy** *n (XPS)* PHYS röntgenstrahlangeregte Photoelektronenspektroskopie *f (XPS)*; **~ photoelectron spectrum** *n* NUC TECH röntgenstrahlinduziertes Fotoelektronenspektrum *nt*; **~ photograph** *n* PHOTO Röntgenbild *nt*, RAD PHYS Röntgenaufnahme *f*; **~ photon** *n* NUC TECH Röntgenphoton *nt*; **~ powder camera** *n* NUC TECH Pulverbeugungskamera *f*; **~ powder diffractometer** *n* NUC TECH Pulverdiffraktometer *nt*; **~ protective glass** *n* CER & GLAS, SAFETY Röntgenschutzglas *nt*; **~ proximity printing** *n* ELECTRON Röntgenstrahlen-Näherungsdrucktechnik *f*; **~ pulse** *n* ELECTRON Röntgenstrahlimpuls *m*; **~ quantum** *n* NUC TECH Röntgenquant *nt*; **~ reflection** *n* RAD PHYS Reflexion von Röntgenstrahlen *f*; **~ resist** *n* ELECTRON Röntgenstrahlen-Resist *f*; **~ source** *n* NUC TECH *other than cosmic*

Röntgenquelle *f*; ~ **spectrograph** *n* RAD PHYS Röntgenspektrograph *m*; ~ **spectrography** *n* NUC TECH Röntgenspektrographie *f*; ~ **spectrometer** *n* RAD PHYS Röntgenspektrometer *nt*; ~ **spectrometry** *n* NUC TECH Röntgenspektrometrie *f*; ~ **spectroscopy** *n* NUC TECH Röntgenspektroskopie *f*; ~ **spectrum** *n* RAD PHYS Röntgenspektrum *nt*; ~ **testing** *n* NUC TECH Röntgentesten *nt*, Röntgenprüfung *f*; ~ **topography** *n* METALL Röntgentopographie *f*; ~ **tube** *n* ELECTRON, RAD PHYS Röntgenröhre *f*; ~ **yield** *n* NUC TECH Röntgenausbeute *f*

X-rays *n* ELECT, METALL Röntgenstrahlen *m pl*, PHYS Röntgenstrahlung *f*, RAD PHYS Röntgenstrahlen *m pl*, Röntgenstrahlung *f*, SPACE, WAVE PHYS Röntgenstrahlen *m pl*

X-type: ~ **engine** *n* AUTO X-Motor *m*

X-Y: ~ **alignment** *n* TELEV X-Y Abgleich *m*; ~ **plotter** *n* SPACE Koordinatenplotter *m*; ~ **plotting table** *n* INSTR Koordinatenzeichentisch *m*; ~ **recorder** *n* ELECT X-Y Schreiber *m*, SPACE Koordinatendrucker *m*

xylene *n* CHEMISTRY, PET TECH Xylol *nt*, PLAS *solvent* Xylen *nt*, Xylol *nt*

xylenol *n* CHEMISTRY Dimethylhydroxybenzol *nt*, Xylenol *nt*

xylidine *n* CHEMISTRY Aminoxylen *nt*, Dimethylanilin *nt*, Xylidin *nt*

xylitol *n* CHEMISTRY Xylit *nt*, Xylitol *nt*, FOOD TECH *confectionery* Xylit *nt*

xylol *n* CHEMISTRY Dimethylbenzol *nt*, Xylol *nt*

xylonite *n* PLAS *plastics* Celluloid *nt*

xylyl *adj* CHEMISTRY Xylyl *pref*

xylylene *adj* CHEMISTRY Xylylen *pref*

x-y-z: ~ **coordinates** *n pl* GEOM dreidimensionale Koordinaten *f pl*

Y

Y *(yttrium)* CHEMISTRY Y *(Yttrium)*
YA *abbr (acoustic admittance)* ACOUSTICS, ELECTRON YA *(akustische Admittanz)*
yacht *n* WATER TRANS *type of ship* Jacht *f*
YAG[1] *abbr (yttrium-aluminium garnet BrE, yttrium-aluminum garnet AmE)* CHEMISTRY YAG *(Yttrium-Aluminium-Granat)*
YAG:[2] **~ laser** *n* ELECTRON YAG-Laser *m*
yageine *n* CHEMISTRY Harmin *nt*, Yagein *nt*
Yagi: **~ antenna** *n* TELECOM Yagi-Antenne *f*
yankee: **~ cylinder** *n* PAPER Trockenzylinder der Selbstabnahmepapiermaschine *m*; **~ dryer** *n* PAPER Einzylindertrockner *m*
yard *n* CONST Lagerplatz *m*, METROL, TEXT Yard *nt*
yardage *n* METROL Länge *f*, TEXT Lauflänge *f*
yardarm *n* WATER TRANS *sailing* Rahnock *f*
yardstick *n* TEXT Zollstock *m*
yarn[1] *n* CER & GLAS, PAPER, PLAS Garn *nt*, TEXT Faden *m*, Garn *nt*; **~ applicator** *n* CER & GLAS Garnapplikator *m*; **~ carrier** *n* TEXT Fadenführer *m*; **~ dyeing** *n* TEXT Garnfärben *nt*; **~ end** *n* TEXT Fadenende *nt*; **~ feed control** *n* TEXT Fadenzufuhrregelung *f*; **~ roller** *n* TEXT Kettbaum *m*
yarn:[2] **~-dye** *vt* TEXT im Garn färben
yaw[1] *n* AIR TRANS Gier- *pref*, Gierbewegung *f*, Gieren *nt*, FUELLESS Gier- *pref*, Gieren *nt*, MECHAN ENG Gier- *pref*, PHYS Gierung *f*, Kursabweichung *f*, SPACE *spacecraft* Gier- *pref*, Gieren *nt*; **~ adjustment** *n* FUELLESS Gierjustierung *f*; **~ angle** *n* SPACE Gierungswinkel *m*, WATER TRANS Scherwinkel *m*, Windwinkel *m*; **~ axis** *n* AIR TRANS Gierachse *f*, SPACE Gierungsachse *f*; **~ control** *n* FUELLESS Gierkontrolle *f*; **~ rate** *n* SPACE Gierung *f*
yaw[2] *vi* FUELLESS, SPACE *spacecraft*, WATER TRANS *ship* gieren
yawing: **~ moment** *n* AIR TRANS, FUELLESS, MECHAN ENG Giermoment *nt*
yawl *n* WATER TRANS *type of ship* Yawl *f*
y-axis *n* CONST, GEOM Y-Achse *f*, MATH Ordinate *f*, Y-Achse *f*, PHYS, TELEV Y-Achse *f*
Yb *(ytterbium)* CHEMISTRY Yb *(Ytterbium)*
Y-branch *n* CONST Abzweigstück *nt*, Gabelstück *nt*
Y-cable *n* TELEV Y-Kabel *nt*
Y-connection *n* ELEC ENG Y-Anschluß *m*, Y-Verbindung *f*, ELECT, PHYS Sternschaltung *f*
y-coordinate *n* PHYS Y-Koordinate *f*
Y-coupler *n* OPT Verzweigungsstück *nt*, Y-Koppler *m*, TELECOM Y-Koppler *m*
Y-deflection *n* TELEV Y-Ablenkung *f*
Y-delta: **~ starter** *n* ELECT Sterndreieckanlasser *m*; **~ starting switch** *n* ELECT Sterndreieckanlaßschalter *m*
yearly *adj* WATER SUP Jahres- *pref*
yeast: **~ extract** *n* FOOD TECH Hefeextrakt *m*
yellow[1] *n* PHOTO Gelb *nt*; **~ cake** *n* NUC TECH Uranoxidgemisch nach Kalzinierung *nt*; **~ filter adjustment** *n* PHOTO Gelbfiltereinstellung *f*; **~ flag** *n* WATER TRANS Quarantäneflagge *f*; **~ straw paper** *n* PAPER Gelbstrohpapier *nt*; **~ straw pulp** *n* PAPER Gelbstrohstoff *m*
yellow[2] *vi* TEXT vergilben
yellowing *n* PAPER Vergilben *nt*
yellowish *adj* TEXT gelblich, gelbstichig
yellowness *n* TEXT Gelbstich *m*
yeoman: **~ of signals** *n* WATER TRANS *navy* Signalmeister *m*
yield[1] *n* CHEMISTRY *chemical reaction* Ausbeute *f*, Ertrag *m*, COMP & DP Ausbeute *f*, Leistungsrate *f*, Erfolgsrate *f*, ELECTRON Ausbeute *f*, Ertrag *m*, FUELLESS Ertrag *m*, Gewinn *m*, Produktion *f*, MECHAN ENG Formänderung *f*, NUC TECH *of neutron source*, PAPER, PET TECH Ausbeute *f*, PROD ENG Anfall *m*, Ausbeute *f*, TEXT Ausbeute *f*, Ertrag *m*; **~ point** *n* MECHANICS Fließgrenze *f*, Streckgrenze *f*, METALL Streckgrenze *f*, NUC TECH Elastizitätsgrenze *f*, Fließgrenze *f*, PHYS Bruchpunkt *m*, Fließgrenze *f*; **~ strength** *n* COATINGS Fließgrenze *f*, Streckgrenze *f*, MECHAN ENG Formänderungsfestigkeit *f*, MECHANICS Fließgrenze *f*, Streckgrenze *f*, NUC TECH *limit* Verformungsfestigkeit *f*, PLAS Streckgrenze *f*, TEST Fließgrenze *f*, Streckgrenze *f*; **~ stress** *n* METALL Streckgrenze *f*, PHYS Fleißspannung *f*, Streckspannung *f*, PLAS Streckspannung *f*
yield[2] *vi* MECHAN ENG nachgeben
yielding *n* METALL Nachgiebigkeit *f*, NUC TECH *especially in metals* Nachgeben *nt*
YIG[1] *abbr (yttrium-iron garnet)* CHEMISTRY YIG *(Yttrium-Eisen-Granat)*
YIG:[2] **~ band-pass filter** *n* ELECTRON YIG-Bandpaßfilter *nt*; **~ filter** *n* ELECTRON YIG-Filter *nt*; **~-tuned oscillator** *n* ELECTRON Oszillator mit YIG-Abstimmung *m*; **~-tuned transistor oscillator** *n* ELECTRON Oszillator mit YIG-abgestimmten Transistoren *m*; **~ tuning** *n* ELECTRON YIG-Abstimmung *f*
Y-joint *n* PROD ENG Abzweigmuffe *f*
Y-lead *n* RECORD Y-Ader *f*
Y-level *n* CONST Vermessungsinstrument *nt*
Y-network *n* PHYS Y-Admittanzschaltung *f*, Y-Schaltung *f*
yoke *n* AUTO *universal joint* Gabel *f*, Joch *nt*, ELECT *of relay* Joch *nt*, MECHAN ENG Joch *nt*, *of riveting machine* Bügel *m*, *of vehicle frame* Gabelkopf *m*, MECHANICS Bügel *m*, Gabelkopf *m*, Joch *nt*, NUC TECH *magnet* Joch *nt*, PROD ENG Traglager *nt*; **~ coil** *n* ELEC ENG Jochspule *f*; **~ of magnet** *n* PHYS Magnetjoch *nt*; **~ valve** *n* MECHAN ENG Aufsatzventil *nt*
yoop *n* RAD TECH Jaulen *nt*
Yorkshire: **~ light** *n* CONST Schiebefenster *nt*
Young's: **~ modulus** *n (E)* COAL TECH, HYD EQUIP, METALL, PET TECH, PHYS, PLAS *of elasticity* Youngscher Modul *m (E)*; **~ slits** *n pl* PHYS Youngscher Doppelspalt *m*
yoyo: **~ despin** *n* SPACE *spacecraft* Jojo-Entspinnen *nt*, Verringerung des Jojo-Effekts *f*
Y-parameters *n pl* ELECTRON *admittance parameters of quadrupole* Y-Vierpolparameter *m pl*
Y-piece *n* LAB EQUIP *connecting tube* Y-Verbindungsstück *nt*

Y-pipe *n* PROD ENG Hosenrohr *nt*
yrast: ~ **radiation** *n* NUC TECH Yrast-Strahlung *f*
Y-sensitivity *n* INSTR Vertikalempfindlichkeit *f*
Y-signal *n* TELEV Y-Signal *nt*
ytterbium *n (Yb)* CHEMISTRY Ytterbium *nt (Yb)*; ~ **oxide** *n* CHEMISTRY Ytterbiumoxid *nt*
yttrium *n (Y)* CHEMISTRY Yttrium *nt (Y)*; ~**-aluminium garnet** *n BrE (YAG)* CHEMISTRY Yttrium-Aluminium-Granat *nt (YAG)*; ~**-aluminum garnet** *n AmE see yttrium-aluminium garnet BrE*; ~**-iron garnet** *n (YIG)* CHEMISTRY Yttrium-Eisen-Granat *nt (YIG)*; ~ **oxide** *n* CHEMISTRY Yttriumoxid *nt*
yttrocerite *n* CHEMISTRY Cerfluorit *m*
Y-tube *n* MECHANICS Gabelrohr *nt*
Yukawa: ~ **potential** *n* PHYS Yukawa-Potential *nt*; ~ **well** *n* NUC TECH Yukawapotentialtopf *m*

Z

z *abbr (compressibility factor)* THERMODYN z *(Kompressibilitätsfaktor)*

Z *abbr* ELECT *(impedance)* Z *(Impedanz)*, NUC TECH *(atomic number)* Z *(Atomzahl)*, PHYS *(partition function)* Z *(Teilfunktion)*

ZA *abbr (acoustic impedance)* ACOUSTICS AI *(Schallimpedanz)*, ELEC ENG, PHYS, RECORD ZA *(Schallimpedanz)*

zapon: ~ **foil** *n* NUC TECH Zaponfolie *f*; ~ **lacquer** *n* NUC TECH Zaponlack *m*

z-axis *n* GEOM Z-Achse *f*, PHYS z-Achse *f*

Z-bar *n* METALL Z-Stab *m*

Z-boson *n* PART PHYS Z-Boson *nt*

z-coordinate *n* PHYS Z-Koordinate *f*

Z-crank *n* PROD ENG Taumelscheibe *f*; ~ **pump** *n* PROD ENG Taumelscheibenpumpe *f*

Z-diode *n* ELECT Z-Diode *f*

zeaxanthin *n* CHEMISTRY Zeaxanthin *nt*

Zeeman: ~ **component** *n* PHYS Zeeman-Komponente *f*; ~ **effect** *n* NUC TECH, PHYS Zeeman-Effekt *m*

zees *n pl* METALL Z-Stahl *m*

Z-effect *n* ELECTRON Zenereffekt *m*

zein *n* CHEMISTRY, PLAS *natural polymer* Zein *nt*

Zener: ~ **breakdown** *n* ELECTRON Z-Durchbruch *m*; ~ **diode** *n* PHYS Z-Diode *f*, Zenerdiode *f*, TELECOM Zenerdiode *f*; ~ **voltage** *n* PHYS Z-Spannung *f*

Zener-Hollomon: ~ **parameter** *n* METALL Zener Hollomonscher Parameter *m*

zenith *n* WATER TRANS Zenit *m*; ~ **angle** *n* FUELLESS Zenitwinkel *m*; ~ **carburetor** *n AmE*, ~ **carburettor** *n BrE* AUTO Zenithvergaser *m*; ~ **distance** *n* SPACE Zenitentfernung *f*; ~ **point** *n* SPACE Zenitalpunkt *m*; ~ **reduction** *n* SPACE Zenitreduktion *f*; ~ **telescope** *n* SPACE Zenitfernrohr *nt*

zero[1] *n* MATH Null *f*, *of function* Nullstelle *f*, THERMODYN *of temperature scale* Nullpunkt *m*; ~-**address instruction** *n* COMP & DP Nulladreßbefehl *m*; ~ **adjustment** *n* MECHAN ENG Nulleinstellung *f*, Nullstellung *f*, NUC TECH Nulljustierung *f*; ~-**backlash mating** *n* PROD ENG spielfreie Paarung *f*; ~ **band** *n* NUC TECH *in electron spectrum* Nullband *nt*; ~-**based linearity** *n* IND PROCESS Linearität bei Nullpunkteinstellung *f*; ~ **beat** *n* TELEV Schwebungsnull *f*; ~ **beat indicator** *n* RAD TECH Abstimmanzeige *f*; ~-**bias modulator** *n* RAD TECH Modulator mit Null-Vorspannung *m*; ~ **carrier** *n* TELEV Nullträger *m*; ~ **creep** *n* METALL langsame Nullpunktsveränderung *f*; ~-**deviation cylindrical gears** *n pl* PROD ENG abweichungsfreie Stirnräder *nt pl*; ~ **displacement** *n* CER & GLAS Nullpunktverlagerung *f*; ~ **elevation** *n* IND PROCESS Nullpunktanhebung *f*; ~ **elimination** *n* COMP & DP Nullenunterdrückung *f*; ~-**energy level** *n* NUC TECH Nullpunktenergie *f*; ~-**energy reactor** *n* NUC TECH Null-Leistungsreaktor *m*, Nullenergiereaktor *m*; ~ **error** *n* COMP & DP Nullpunktfehler *m*; ~ **insert** *n* COMP & DP Nulleinsteuerung *f*; ~ **insertion force connector** *n* ELECTRON steckkraftloses Bauelement *nt*; ~ **level** *n* RECORD Nullpegel *m*; ~-**level address** *n* COMP & DP unmittelbare Adresse *f*; ~-**lift angle** *n* AIR TRANS Anstellwinkel für Nullauftrieb *m*, Nullauftriebswinkel *m*; ~ **line** *n* MECHAN ENG Nullinie *f*; ~-**loss circuit** *n* TELECOM verlustlose Leitung *f*; ~ **luminance** *n* TELEV Null-Luminanz *f*; ~-**luminance plane** *n* TELEV Null-Luminanzebene *f*; ~ **of a measuring instrument** *n* METROL Nullstellung eines Meßinstrumentes *f*; ~ **neutron-absorption cross section** *n* NUC TECH Neutronenabsorptionsquerschnitt Null *m*; ~ **point** *n* GEOM *of coordinates*, MATH Nullpunkt *m*; ~-**point energy** *n* PHYS, RAD PHYS *in quantum electrodynamics* Nullpunktenergie *f*; ~-**point fluctuations** *n pl* RAD PHYS Nullpunktschwankungen *f pl*; ~ **potential** *n* ELECT Nullspannung *f*; ~-**power-factor test** *n* ELECT Null-Leistungsfaktorprüfung *f*, Prüfung bei Null-Leistungsfaktor *f*; ~-**power reactor** *n* NUC TECH Nulleistungsreaktor *m*, Nullenergiereaktor *m*; ~-**power test** *n* NUC TECH Test bei Nullast *m*, Test ohne Last *m*; ~ **pressure gradient** *n* FLUID PHYS *study of boundary layers* Druckgradient null *m*; ~ **rake angle** *n* PROD ENG Null-Grad-Spanwinkel *m*; ~ **setting** *n* MECHAN ENG Nulleinstellung *f*, Nullstellung *f*, NUC TECH *point*, PROD ENG Nulleinstellung *f*; ~ **shift** *n* COMP & DP Nullpunktverschiebung *f*; ~ **suppression** *n* COMP & DP Nullenunterdrückung *f*; ~ **twist** *n* TEXT Nulldrehung *f*; ~-**volt adjustment** *n* TELEV Nullspannungsabgleich *m*; ~ **voltage** *n* ELECT Nullspannung *f*

zero[2] *vt* MATH *instrument* auf Null setzen, nullen, RECORD nullstellen, TELEV nullen

zerofill *vt* COMP & DP mit Nullen auffüllen

zeroize *vt* COMP & DP auf Null stellen, nullstellen, löschen

zeroizing *n* MECHAN ENG Einstellung auf Null *f*, Nullstellung *f*

zerovalent *adj* CHEMISTRY nullwertig

z-height *n* PRINT Mittellänge *f*, m-Höhe *f*

zigzag *n* ENG DRAW *in dimension line* Abknickung *f*; ~ **connection** *n* ELECT Zickzackverbindung *f*; ~ **dislocation** *n* METALL Zickzackversetzung *f*; ~ **line** *n* ENG DRAW geknickter Linienzug *m*

zinc[1] *n (Zn)* CHEMISTRY Zink *nt (Zn)*; ~-**air storage battery** *n* AUTO Zink-Luft-Akkumulator *m*; ~ **coating** *n* PLAS Verzinkung *f*, Zinküberzug *m*; ~ **condensation** *n* COAL TECH Zinkkondensation *f*; ~ **etching** *n* PRINT Zinkätzung *f*; ~ **oxide** *n* PLAS *filler* Zinkoxid *nt*; ~ **plate** *n* PRINT Schriftstärke *f*, Strichstärke *f*, Zinkplatte *f*; ~ **vapor** *n AmE*, ~ **vapour** *n BrE* COAL TECH Zinkdampf *m*

zinc[2] *vt* CONST, METALL verzinken

zincate *n* CHEMISTRY Hydroxozinkat *nt*, Zinkat *nt*

zingiberene *n* CHEMISTRY Zingiberen *nt*

zip:[1] ~ **lock bag** *n* PACK Beutel mit Reißverschluß *m*

zip[2] *vi* TEXT sich mit Reißverschluß schließen lassen, sich mit Reißverschluß öffnen lassen

zircaloy *n* NUC TECH Zircaloy *nt*; ~ **cladding** *n* NUC TECH Zircaloy-Hülse *f*; ~ **hull** *n* NUC TECH *cladding* Zircaloy-Hülse *f*

zircon *n* CER & GLAS Zirkon *m*; ~ **refractory** *n* CER & GLAS Zirkonerzeugnis *nt*

zirconate *n* CHEMISTRY Zirconat *nt*
zirconia *n* CER & GLAS Zirkonerde *f*, CHEMISTRY Zirconiumdioxid *nt*, Zirconiumoxid *nt*; **~ refractory** *n* CER & GLAS Zirkonoxiderzeugnis *nt*
zirconic *adj* CHEMISTRY Zirconium- *pref*
zirconifluoride *n* CHEMISTRY Fluorozirconat *nt*
zirconium *n (Zr)* CHEMISTRY Zirconium *nt (Zr)*; **~ base alloy** *n* NUC TECH Zirkaloy *nt*; **~ sponge** *n* NUC TECH Zirkonschwamm *m*
zirconyl *n* CHEMISTRY Zirconyl- *pref*
Z-iron *n* METALL Z-Eisen *nt*
Zn *(zinc)* CHEM Zn *(Zink)*
zone *n* COAL TECH Gebiet *nt*, Zone *f*, COMP & DP Zone *f*, METALL Gebiet *nt*, Zone *f*, RAD TECH Zone *f*; **~ of action** *n* PROD ENG Eingriffsfeld *nt*; **~ bit** *n* COMP & DP Zonenbit *nt*; **~ formation** *n* METALL Zonenformation *f*; **~ melting** *n* METALL, NUC TECH Zonenschmelzverfahren *nt*; **~ of petroleum accumulation** *n* PET TECH höffiges Gebiet *nt*; **~ refining** *n* METALL Zonenreinigung *f*; **~ of shear** *n* PROD ENG Scherzone *f*; **~ of silence** *n* RECORD *radio* Schweigezone *f*; **~ time** *n* WATER TRANS Zonenzeit *f*; **~-toughened glass** *n* CER & GLAS zonengehärtetes Glas *nt*; **~ toughening** *n* CER & GLAS Zonenhärtung *f*
zoned: **~ fuel loading** *n* NUC TECH abschnittsweise Beladung *f*
zoning: **~ plan** *n* WATER SUP Flächennutzungsplan *m*
zoom[1] *n* COMP & DP Zoom *nt*, Zoomen *nt*; **~-in** *n* COMP & DP Vergrößerung *f*; **~ lens** *n* PHOTO Zoomobjektiv *nt*; **~ lever** *n* TELEV Zoomhebel *m*; **~ picture** *n* PHOTO Zoomaufnahme *f*
zoom:[2] **~ in** *vt* COMP & DP vergrößern; **~ out** *vt* COMP & DP verkleinern
zooming *n* COMP & DP Vergrößern *nt*, Zoomen *nt*
zoosterine *n* CHEMISTRY Zoosterin *nt*
zoosterol *n* CHEMISTRY Zoosterin *nt*
Z-parameters *n pl* ELECTRON Z-Vierpolparameter *nt pl*
Z-particle *n* PART PHYS *mediating particle of weak force* Z-Teilchen *nt*, PHYS Z-Boson *nt*
Zr *(zirconium)* CHEMISTRY Zr *(Zirconium)*
Z-twist *n* TEXT Rechtsdrehung *f*, Z-Draht *m*, Z-Drehung *f*
zwitterion *n* CHEMISTRY Zwitterion *nt*
zymase *n* CHEMISTRY Zymase *f*
zymology *n* CHEMISTRY Zymologie *f*
zymosis *n* CHEMISTRY Fermentation *f*
zymotic *adj* CHEMISTRY zymotisch

Abkürzungen/Abbreviations

a ACOUSTICS *(total acoustic absorption)* a *(akustische Absorption)*, METROL *(are)* a *(Ar)*

A ACOUSTICS *(amplitude)* A *(Amplitude)*, CHEMISTRY *(affinity)* A *(Affinität)*, COMP & DP *(amplitude)* A *(Amplitude)*, ELEC ENG *(ampere)* A *(Ampere)*, ELEC ENG *(anode)* A *(Anode)*, ELECT *(ampere)* A *(Ampere)*, ELECT *(amplitude)* A *(Amplitude)*, ELECT *(linear current density)* A *(lineare Stromdichte)*, ELECT *(amplification)* V *(Verstärkung)*, ELECTRON *(amplitude)* A *(Amplitude)*, ELECTRON *(amplification)* V *(Verstärkung)*, METROL *(ampere)* A *(Ampere)*, METROL *(amplification)* V *(Verstärkung)*, NUC TECH *(activity)* A *(Aktivität)*, NUC TECH *(mass number)* A *(Massenzahl)*, OPT *(amplification)* V *(Verstärkung)*, PART PHYS *(mass number)* A *(Massenzahl)*, PHYS *(activity)* A *(Aktivität)*, PHYS *(ampere)* A *(Ampere)*, PHYS *(amplitude)* A *(Amplitude)*, PHYS *(anode)* A *(Anode)*, PHYS *(mass number)* A *(Massenzahl)*, PROD ENG *(ampere)*, RAD TECH *(ampere)* A *(Ampere)*, RAD TECH *(amplitude)* A *(Amplitude)*, RAD TECH *(anode)* A *(Anode)*, RAD TECH *(amplification)* V *(Verstärkung)*, RECORD *(amplitude)* A *(Amplitude)*, RECORD *(amplification)* V *(Verstärkung)*, TELEV *(anode)* A *(Anode)*, WATER TRANS *(amplitude)* A *(Amplitude)*, WATER TRANS *(anode)* A *(Anode)*, WAVE PHYS *(amplitude)* A *(Amplitude)*

Å *(angstrom)* METROL Å *(Angström)*

a_0 *(Bohr radius)* PHYS a_0 *(Bohrscher Radius)*

AA *(author's alterations)* PRINT Autorenkorrektur *f*

AACS *(airways and air communications service)* SPACE AACS *(Luftfahrtfunkdienst)*

AADT *(annual average daily traffic)* TRANS AADT *(durchschnittliches Tagesverkehrsaufkommen pro Jahr)*

ABC *(automatic brightness control)* TELEV ABC *(automatische Helligkeitsregelung)*

ABn *(aerodrome beacon BrE, airdrome beacon AmE)* AIR TRANS, SPACE FB *(Flughafenbake)*

ABS AUTO *(antiblocking system, antiskid braking system)* ABS *(Antiblockiersystem)*, PLAS *(acrylonitrile butadiene styrene)* ABS *(Acrylnitril-Butatien-Styrol)*

AC ACOUSTICS *(acoustic capacitance)* AK *(akustische Kapazität)*, ELEC ENG *(alternating current)* AC, WS *(Wechselstrom)*, ELEC ENG *(adaptive control)* Adaptivsteuerung *f*, Bestwertsteuerung *f*, PROD ENG *(adaptive control)* AC *(Adaptivsteuerung)*

ACC *(automatic chrominance control)* TELEV ACC *(automatische Chrominanzregelung)*

ACD *(automatic call distributor)* TELECOM automatischer Anrufverteiler *m*

AC-DC *(alternating current-direct current)* ELEC ENG AC-GS, WS-GS *(Wechselstrom-Gleichstrom)*

ACI ACOUSTICS *(acoustic comfort index)* AAP *(akustischer Akzeptanzpegel)*, AUTO *(automatic car identification AmE)* automatische KFZ-Identifizierung *f (automatische Kraftfahrzeug-Identifizierung)*, TRANS *(automatic car identification AmE, automatic wagon identification BrE)* automatische Waggonidentifikation *f*

ACIA *(asynchronous communications interface adaptor)* CONTROL ACIA *(Asynchron-Übertragungs-Schnittstellenanpasser)*

ACK *(acknowledgement)* COMP & DP Bestätigung *f*, Quittung *f*, Rückmeldung *f*, PRINT Danksagung *f*, TELECOM Bestätigung *f*, Quittung *f*, Rückmeldung *f*

ACN *(automatic celestial navigation)* SPACE ACN *(automatische Himmelsnavigation)*

ACNA *(analog computer for net adjustment)* COMP & DP ACNA *(Analogrechner für Netzabgleich)*

ACO *(adaptive control optimization)* IND PROCESS ACO *(Anpassungssteuerung mit Optimierung)*

ACR *(approach control radar)* SPACE ACR *(Anflugradar)*

ACSS *(amplitude-compandered single sideband)* RAD TECH ACSR *(Einseitenband mit kompandierter Amplitude)*

ACT *(air-cooled triode)* ELECTRON LKT *(luftgekühlte Triode)*

ACU *(automatic calling unit)* SPACE, TELECOM ACU *(automatisches Rufgerät)*

ACV *(air cushion vehicle)* TRANS LKF *(Luftkissenfahrzeug)*

A/D *(analog-digital)* ELECTRON, PROD ENG, TELEV A/D *(Analog-Digital-)*

ADC *(analog-digital converter)* COMP & DP, ELECTRON, PROD ENG, TELEV ADU *(Analog-Digital-Umsetzer)*

ADF *(automatic direction finder)* AIR TRANS *radio navigation*, RAD TECH ADF *(Funkpeilgerät)*, TELECOM ADF *(automatischer Funkkompaß)*

ADI *(acceptable daily intake)* FOOD TECH ADI *(duldbare tägliche Aufnahmemenge)*

ADP *(automatic data processing)* COMP & DP ADV *(automatische Datenverarbeitung)*

ADPCM *(adaptive differential pulse code modulation)* TELECOM ADPCM *(adaptive Differenz-Pulscodemodulation)*

ADT *(average daily traffic)* TRANS durchschnittliches Tagesverkehrsaufkommen *nt*

AEC *AmE (Atomic Energy Commission)* NUC TECH AEC *(Amerikanischer Atomenergieverband)*

AES *(Auger electron spectroscopy)* PHYS, RAD PHYS AES *(Augersche Elektronenspektroskopie)*

AF *(audio frequency)* COMP & DP, ELECTRON, RAD TECH, RECORD, TELEV Nf *(Niederfrequenz)*, Tf *(Tonfrequenz)*

AFC *(automatic frequency control)* ELECTRON, RAD TECH, TELEV AFR *(automatische Frequenzregelung)*

AFD *(accelerated freeze-drying)* FOOD TECH schnelle Gefriertrocknung *f*, schnelle Lyophilisation *f*

AFGC *(automatic frequency and gain control)* ELECTRON, RAD TECH, TELEV AFGC *(automatische Frequenz- und Verstärkungsregelung)*

AFI *(audio-frequency interference)* ELECTRON, RAD TECH, TELECOM Nf-Störung *(Niederfrequenzstörung)*, TF-Störung *(Tonfrequenzstörung)*

AFS *(aeronautical-fixed service BrE)* AIR TRANS AFS *(fester Flugfunkdienst)*

AFT *(automatic fine tuning)* RAD TECH AFT *(automatische Scharfabstimmung)*

AFTN *(aeronautical-fixed telecommunication network)* AIR TRANS AFTN *(festes Flugfunknetz)*

AG *(American gage AmE, American gauge BrE)* MECHAN ENG AG *(amerikanisches Maß)*

AGC *(automatic gain control)* ELECTRON, RAD TECH, TELECOM AVR *(automatische Verstärkungsregelung)*

AGCA *(automatic ground-controlled approach)* SPACE AGCA *(automatische Anflugsteuerung vom Boden)*

AGCL *(automatic ground-controlled landing)* SPACE AGCL *(automatische Landesteuerung vom Boden)*

AGE *(allyl glycidyl ether)* PLAS AGE *(Allylglycidether)*

AGR *(advanced gas-cooled reactor)* NUC TECH AGR *(fortgeschrittener Gas-Graphit-Reaktor)*

AIA *(Aerospace Industries Association)* SPACE AIA *(Amerikanischer Luft- und Raumfahrtverband)*

AIR *(air injection reactor)* TRANS Reaktor mit Lufteinblasung *m*

AIS *(aeronautical information service)* SPACE AIS *(aeronautischer Informationsdienst)*

ALC *(automatic level control)* AUTO ALC *(automatischer Niveauausgleich)*, RAD TECH ALC *(automatische Pegelregelung)*

α ACOUSTICS *(absorption coefficient)* α *(Absorptionskoeffizient)*, MATH *(alpha)* α *(Alpha)*, MECHANICS *(angular acceleration)* α *(Winkelbeschleunigung)*, OPT *(absorption factor)* α *(Absorptionsfaktor)*, OPT *(angle of optical rotation)* α *(optischer Drehwinkel)*, PHYS *(absorption coefficient)*, RAD PHYS *(absorption coefficient)*, RAD TECH *(absorption coefficient)* α *(Absorptionskoeffizient)*

ALU *(arithmetic logic unit)* COMP & DP Rechenwerk *nt*

AM ACOUSTICS *(acoustic mass)* AM *(akustische Masse)*, COMP & DP *(amplitude modulation)*, ELECT *(amplitude modulation)*, ELECTRON *(amplitude modulation)*, PHYS *(amplitude modulation)*, RAD TECH *(amplitude modulation)*, RECORD *(amplitude modulation)*, TELECOM *(amplitude modulation)*, TELEV *(amplitude modulation)*, WAVE PHYS *(amplitude modulation)* AM *(Amplitudenmodulation)*

AMI *(alternate mark inversion)* TELECOM AMI *(bipolare Schrittinversion)*

AMS *(aeronautical material standard)* SPACE AMS *(aeronautische Werkstoffnorm)*

amu *(atomic mass unit)* NUC TECH amu *(atomare Masseneinheit)*

ANI *(authorized nuclear inspector)* QUAL kerntechnischer Prüfsachverständiger *m*

ANIS *(authorized nuclear inspector supervisor)* NUC TECH kerntechnische Prüfaufsicht *f*

ANL *(automatic noise limiter)* RAD TECH ARU *(automatische Rauschunterdrückung)*

ANN *(artificial neural net, artificial neural network)* ART INT KNN *(künstliches neuronales Netzwerk)*

AOCS *(attitude and orbit control system)* SPACE AOCS *(Fluglage- und Umlaufbahnkontrollsystem)*

AOQ *(average outgoing quality)* QUAL AOQ *(durchschnittliche Fertigproduktqualität)*

AOQL *(average outgoing quality limit)* QUAL AOQL *(durchschnittlicher Fertigproduktqualitätsgrenzwert)*

AOS *(automatic over signal)* TELECOM AOS *(automatisches Signal zur Mikrofonübergabe)*

AP *(annealing point)* METALL GP *(Glühpunkt)*

APC *(automatic phase control)* ELECTRON APR *(automatische Phasenregelung)*, TELEV APR *(automatische Phasensteuerung)*

APD *(avalanche photodiode)* ELECTRON, OPT APD *(Avalanchefotodiode)*

APEX *(advance purchase excursion fare)* AIR TRANS APEX *(im voraus bezahlter Sondertarif)*

API *(American Petroleum Institute)* PET TECH API *(Amerikanisches Erdölinstitut)*

APT COMP & DP *(automatically programmed tools)* APT *(programmierte Werkzeuge)*, PROD ENG *(aspiration point temperature)* Haltepunkt bei Abkühlung *m*, RAIL *(advanced passenger train BrE)* Hochgeschwindigkeitszug *m*

AQL *(acceptable quality level)* QUAL AQL *(akzeptabler Qualitätspegel)*

ARGOS *(Automatic Remote Geomagnetic Observatory System)* WATER TRANS ARGOS *(automatische Satellitenerfassung von geomagnetischen Daten)*

ARL *(acceptable reliability level)* QUAL ARL *(akzeptabler Zuverlässigkeitspegel)*

ARPA *(automatic radar plotting aid)* WATER TRANS ARPA *(automatische Radaraufnahmehilfe)*

ARQ *(automatic repeat request)* RAD TECH, TELECOM ARQ *(automatische Wiederholanforderung)*

ARRL *(American Radio Relay League)* RAD TECH ARRL *(Amerikanischer Amateurdachverband)*

ARSR *(air route surveillance radar)* SPACE ARSR *(Flugüberwachungsradar)*

ARU *(audio response unit)* COMP & DP ARU *(Sprachausgabe-Einheit)*

asb *(apostilb)* OPT asb *(Apostilb)*

ASCII *(American Standard Code for Information Interchange)* COMP & DP, PRINT ASCII *(Amerikanische Datenübertragungs-Codenorm)*

ASD *(antiskid device, antislip device)* AUTO ASD *(Rutschsicherung)*

ase *(air standard efficiency)* SPACE ase *(Flugnormwirkungsgrad)*

ASE *(automatic stabilizing equipment)* TRANS ASE *(Selbststabilisierungsgerät)*

ASG *(aeronautical standards group)* SPACE ASG *(Flugnormengruppe)*

ASI *(airspeed indicator)* AIR TRANS ASI *(Eigengeschwindigkeitsanzeiger)*, SPACE ASI *(Geschwindigkeitsanzeiger)*

ASK *(amplitude-shift keying)* ELECTRON ASK *(Amplitudenumtastung)*

asl *(above sea level)* WATER TRANS üNN *(über Normalnull)*

ASL *(atomic safety line)* NUC TECH ASL *(atomare Sicherheitslinie)*

ASLT *(advanced solid logic technology)* ELECTRON ASLT *(fortschrittliche Festkörperlogik)*

ASME *(American Society of Mechanical Engineers)* QUAL ASME *(Amerikanische Gesellschaft der Maschinenbau-Ingenieure)*

ASR AIR TRANS *(airport surveillance radar)* ASR *(Flughafen-Überwachungsradar)*, ART INT *(automatic speech recognition)* ASE *(automatische Spracherkennung)*, COMP & DP *(automatic send-receive)* ASR *(automatischer Sender-Empfänger)*

ASTM *(American Society for Testing Materials)* MECHAN ENG, QUAL ASTM *(Amerikanische Gesellschaft für Werkstoffprüfung)*

aT *(thermal diffusion constant)* PHYS aT *(Thermodiffusionskonstante)*

AT *(advanced technology)* COMP & DP AT *(fortschrittliche Technologie)*

ATB *(all trunks busy)* TELECOM alle Leitungen belegt

ATC AIR TRANS *(air traffic control)* FS *(Flugsicherung)*, COMP & DP *(authorization to copy)* Kopiergenehmigung *f*, METALL *(automatic tool changer)* ATC *(automatischer Werkzeugwechsler)*, RAD TECH *(aerial-tuning capacitor, antenna-tuning capacitor)* ATC *(kapazitive Antennenanpassung)*, RAIL *(automatic train control)* ATC *(automatische Zugsteuerung)*

ATDM *(asynchronous time-division multiplexing)* TELECOM asynchrones Zeitmultiplexverfahren *nt*

ATE *(automatic test equipment)* COMP & DP ATE *(automatische Prüfeinrichtung)*

ATF *(automatic transmission fluid)* AUTO ATF *(Automatikgetriebeöl)*

ATI *(aerial-tuning inductance, antenna-tuning inductance)* RAD TECH ATI *(Antennenabstimmspule)*

ATK *(aviation turbine kerosene)* PET TECH Flugturbinenkerosin *nt*

ATM COMP & DP *(automatic teller machine)* Geldausgabeautomat *m*, OPT *(azimuthal transversal mode)* *optical fibres* ATM *(Azimutal-Transversal-Mode)*

ATO *(automatic train operation)* RAIL ATC *(automatische Zugsteuerung)*

ATOMIC *(automatic train operation by mini computer)* RAIL automatische Zugsteuerung per Minicomputer *f*

ATP FOOD TECH *(adenosine triphosphate)* ATP *(Adenosintriphosphat)*, RAIL *BrE* *(automatic train protection)* automatische Zugdeckung *f*

ATU *(aerial-tuning unit)* RAD TECH ATU *(Antennenanpassung)*

ATV *(amateur television)* TELEV ATV *(Amateurfernsehen)*

AU *(astronomical unit)* METROL AE *(astronomische Einheit)*

AUTOPROMT *(automated programming of machine tools)* PROD ENG AUTOPROMT *(automatisierte Maschinenwerkzeugprogrammierung)*

AUTOSPOT *(automated system for positioning tools)* PROD ENG AUTOSPOT *(automatisierte Werkzeugpositionierung)*

AUW *(all-up weight)* AIR TRANS Gesamtfluggewicht *nt*, Gesamtflugmasse *f*

AV *(acid value)* CHEMISTRY AV *(Säurewert)*

AVC *(automatic volume control)* ELEC ENG, MECHANICS, RAD TECH, TELEV ALR *(automatische Lautstärkeregelung)*

AVI *(automatic vehicle identification)* TRANS AFI *(automatische Fahrzeugidentifikation)*

AVL *(automatic vehicle location)* TRANS AFO *(automatische Fahrzeugortung)*

AWACS *(airborne warning and control system)* AIR TRANS AWACS *(Überwachungs- und Leitsystem im Flugzeug)*

AWG *(American wire gage AmE, American wire gauge BrE)* METROL AWG *(Amerikanische Einheit für Drahtdurchmesser)*

AWU *(atomic weight unit)* NUC TECH AME *(Atommasseneinheit)*

b COAL TECH *(bar)* b *(Bar)*, METROL *(bar)* *air pressure* b *(Bar)*, SPACE *(galactic latitude)* b *(Raumbreite)*

B ACOUSTICS *(bel)*, ELEC ENG *(bel)* B *(Bel)*, ELEC ENG *(magnetic induction)*, ELECT *(magnetic induction)* B *(Magnetinduktion)*, NUC TECH *(binding energy)*, PART PHYS *(binding energy)* B *(Bindungsenergie)*, PHYS *(bel)* B *(Bel)*, PHYS *(magnetic induction)* B *(Magnetinduktion)*, RAD PHYS *(binding energy)* B *(Bindungsenergie)*, RECORD *(magnetic induction)* B *(magnetischer Scheinwiderstand)*, TELECOM *(magnetic induction)* B *(Magnetinduktion)*, THERMODYN *(modulus of volume elasticity)* B *(Volumenelastizitätsmodul)*

BA *(acoustic susceptance)* ACOUSTICS AB *(akustischer Blindleitwert)*

BAPTA *(bearing and power transfer assembly)* SPACE Baugruppe zur Peilung und Kraftübertragung *f*

BASIC *(beginner's all-purpose symbolic instruction code)* PRINT *programming language* BASIC *(Beginner's All-purpose Symbolic Instruction Code)*

BAW *(bare aluminium wire BrE, bare aluminum wire AmE)* ELEC ENG blanker Aluminiumdraht *m*

bb *(bulletin board)* COMP & DP *E-mail* M-box

BB *(baseband)* ELEC ENG BB *(Basisband)*

BBD *(bucket brigade device)* ELEC ENG, TELECOM BBD *(Eimerkettenschaltung)*

BBL *(beacons and blind landing)* SPACE BBL *(Blindlandung mit Bakeunterstützung)*

BC *(bit change)* PET TECH Bohrmeißelwechsel *m*

BCC *(block check character)* TELECOM BCC *(Blockprüfzeichen)*

BCD COMP & DP *(binary-coded decimal)* BCD *(binärcodierte Dezimalzahl)*, PET TECH *(barrels per calendar day)* B/d *(Barrel pro Tag)*, RAD TECH *(binary-coded decimal)* BCD *(binärcodierte Dezimalzahl)*

BCI *(broadcast interference)* RAD TECH BCI *(Rundfunkstörung)*

BCS *(British Computer Society)* COMP & DP BCS *(Britischer Computerverband)*

BDC *(bottom dead center AmE, bottom dead centre BrE)* MECHANICS unterer Totpunkt *m*

BDP *(bonded double paper)* PAPER BDP *(Verbundpapier)*

BDV *(breakdown voltage)* ELECTRON UZ *(Zenerspannung)*

BE *(electric susceptance)* ELECT BE *(elektrischer Blindleitwert)*

bemf *(back electromotive force)* AIR TRANS, ELEC ENG, ELECT, RAIL Gegen-EMK *f* *(gegenelektromotorische Kraft)*

BEPC *(Beijing Electron Positron Collider)* PART PHYS BEPC *(Beijing Electron Positron Collider)*

BER *(binary error rate, bit error rate)* COMP & DP BER *(Bitfehlerrate)*

β ACOUSTICS *(phase constant)*, ELECT *(phase constant)* β *(Phasenkonstante)*, MATH *(beta)* β *(Beta)*

BF *(basic frequency)* ELECTRON, RAD TECH, TELECOM, TELEV Grundfrequenz *f*

BFO *(beat frequency oscillator)* ELECTRON, PHYS, RAD TECH BFO *(Schwebungsfrequenzoszillator)*

Bg *(geometric buckling)* NUC TECH Bg *f* *(geometrisches Buckling)*

BHA FOOD TECH *(butylated hydroxyanisole)* BHA *(Butylhydroxyanisol)*, PET TECH *(bottom hole assembly)* BSA *(Bohrlochsohlenausrüstung)*

BHCA *(busy hour call attempts)* TELECOM Anrufversuche zur Hauptverkehrsstunde *m pl*

BHN *(Brinell hardness number)* MECHAN ENG Brinellhärte *f*

BHP *(brake horsepower)* AUTO, MECHANICS, PROD ENG BPS *(Bremspferdestärke)*

BHT *(butylated hydroxytoluene)* FOOD TECH BHT *(Butylhydroxytoluol)*

BIGFET *(bipolar-insulated gate field-effect transistor)*

ELECTRON BIGFET *(Feldeffekttransistor mit bipolarisoliertem Gatter)*

BMOSFET *(back-gate metal-oxide semiconductor field-effect transistor)* ELECTRON BMOSFET *(Halbleiter-Feldeffekttransistor mit Rückgatter)*

BNC *(bayonet nut connector)* ELECTRON BNC-Stecker *m* *(Bajonettsteckverbinder mit Überwurfmutter)*

BOD *(biological oxygen demand)* FOOD TECH, POLL, WASTE BSB *(biologischer Sauerstoffbedarf)*

BOP *(blowout preventer)* PET TECH BOP *(Blow-out-Preventer)*

BOT *(beginning of tape)* COMP & DP BOT *(Bandanfang)*

BPF *(band-pass filter)* ELECTRON, PHYS, RAD TECH, RECORD, TELECOM, TELEV BPF *(Bandpaßfilter)*

bpi *(bits per inch)* COMP & DP bpi *(Bits pro Zoll)*

bps *(bits per second)* COMP & DP bps *(Bits pro Sekunde)*

BPSK *(binary phase shift keying)* TELECOM BPSK *(binäre Phasenumtastung)*

Bq *(becquerel)* METROL, PHYS Bq *(Becquerel)*

BRA *(basic rate access)* TELECOM Anschluß zum Grundtarif *m*

BS *(Bessemer steel)* MECHAN ENG BS *(Bessemerstahl)*, PROD ENG BS *(Windfrischstahl)*

BSC *(binary synchronous communication)* COMP & DP BSC-Übertragung *f* *(binärsynchrone Übertragung)*

BSP *(British standard pipe thread)* MECHAN ENG BSP-Gewinde *nt* *(Gewinde nach britischem Standard)*

BSS *(British Standard Specification)* MECHAN ENG BSS *(Britische Normenspezifikation)*

BThU *(British Thermal unit)* LAB EQUIP, MECHAN ENG BThU *(Britische Wärmeeinheit)*

BTU AmE (British Thermal unit) LAB EQUIP, MECHAN ENG BTU *(Britische Wärmeeinheit)*

BU *(base unit)* TELECOM BE *(Basiseinheit)*

BW *(bandwidth)* COMP & DP, ELECTRON, OPT, RAD TECH BW *(Bandbreite)*, RECORD BW *(Bandweite)*, TELECOM, TELEV BW *(Bandbreite)*

BWA *(backward-wave amplifier)* ELECTRON Rückwärtswellenverstärker *m*

BWG *(Birmingham Wire Gauge)* PROD ENG Schraubzwinge *f*

BWO *(backward-wave oscillator)* ELECTRON, PHYS, TELECOM RWO *(Rückwärtswellenoszillator)*

BWR *(boiling water reactor)* NUC TECH, PHYS SWR *(Siedewasserreaktor)*

BWT *(backward-wave tube)* ELECTRON Rückwärtswellenoszillatorröhre *f*

c COAL TECH *(concentration)*, ELECT *(concentration)*, ELECTRON *(concentration)* c *(Konzentration)*, HYD EQUIP *(wave celerity)* c *(Wellenausbreitungsgeschwindigkeit)*, METROL *(velocity of light)* c *(Lichtgeschwindigkeit)*, METROL *(centi)* c *(Zenti-)*, OPT *(speed of light in empty space)* c *(Lichtgeschwindigkeit)*, PHYS *(speed of sound)* c *(Schallgeschwindigkeit)*, PHYS *(specific heat capacity)* c *(spezifische Wärme)*, PLAS *(concentration)*, POLL *(concentration)*, TELECOM *(concentration)* c *(Konzentration)*, THERMODYN *(specific heat capacity)* c *(spezifische Wärmekapazität)*

C CONST *(capacitance, capacity)* C *(Kapazität)*, ELEC ENG *(coulomb)* C *(Coulomb)*, ELEC ENG *(capacity)* C *(Kapazität)*, ELECT *(coulomb)* C *(Coulomb)*, ELECT *(capacitance, capacity)* C *(Kapazität)*, FUELLESS *(discharge coefficient)* C *(Schüttkoeffizient)*, HEAT & REFRIG *(capacitance, capacity)* C *(Kapazität)*, HYD EQUIP *(discharge coefficient)* C *(Ausflußkoeffizient)*, HYD EQUIP *(Cauchy coefficient)* C *(Cauchysche Zahl)*, HYD EQUIP *(Chezy coefficient)* C *(Chezy-Koeffizient)*, METROL *(centigrade)* C *(Celsius)*, METROL *(coulomb)* C *(Coulomb)*, PET TECH *(capacitance, capacity)* C *(Kapazität)*, PHYS *(coulomb)* C *(Coulomb)*, PHYS *(capacitance, capacity)*, RAD TECH *(capacitance)*, RAD TECH *(capacity)*, TELECOM *(capacitance, capacity)* C *(Kapazität)*

CA HEAT & REFRIG *(controlled atmosphere)*, PACK *(controlled atmosphere)* CA *(kontrollierte Atmosphäre)*, PLAS *(acetate, cellulose acetate)*, TEXT *(cellulose acetate)* CA *(Celluloseacetat)*

CAD *(computer-aided design)* COMP & DP CAD *(computergestützter Entwurf)*, CONTROL, ELECT, MECHANICS CAD *(computergestützte Konstruktion)*, TELECOM CAD *(computergestützter Entwurf)*, TRANS CAD *(computergestützte Konstruktion)*

CADCAM *(computer-aided design and manufacturing)* COMP & DP CADCAM *(computergestützte Konstruktion und Anfertigung)*

CAI *(computer-aided instruction, computer-assisted instruction)* COMP & DP CAL *(computergestützter Unterricht)*

CAL *(computer-aided learning, computer-assisted learning)* COMP & DP CAL *(computergestütztes Lernen)*

CAM COMP & DP *(content-addressable memory)* CAM *(Assoziativspeicher)*, COMP & DP *(computer-aided manufacturing)* CAM *(computergestützte Fertigung)*, ELECT *(computer-aided manufacturing)* CAM *(computergestützte Produktion)*

CAP PACK *(controlled-atmosphere packaging)* CA-Verpackung *f* *(Verpackung in geregelter Atmosphäre)*, PRINT *(computer-aided publishing)* CAP *(computergestütztes Publizieren)*

CAR *(Civil Air Regulations)* SPACE CAR *(Zivilflugvorschriften)*

CARS *(coherent anti-Stokes Raman scattering)* RAD PHYS, WAVE PHYS KARS *(kohärente Antistokes-Raman-Streuung)*

CASE *(computer-aided software engineering)* COMP & DP CASE *(computergestützte Softwareentwicklung)*

CAT AIR TRANS *(cold air turbulence)* CAT *(Kaltluftturbulenzen)*, COMP & DP *(computer-assisted translation)* CAT *(computerunterstützte Übersetzung)*, ELECTRON *(cooled-anode transmitting valve)* CAT *(Senderöhre mit gekühlter Anode)*

CATV *(community antenna television system)* TELEV CATV *(Fernsehen über Gemeinschaftsantenne)*

CATVI *(cable television interference)* RAD TECH CATVI *(störende Beeinflussung des Kabelfernsehdienstes)*, TELEV CATVI *(Kabelfernsehstörung)*

CAW *(channel address word)* COMP & DP KAW *(Kanaladreßwort)*

CB *(CB radio, citizens' band radio)* RAD TECH CB *(Jedermann-Funk)*

cc *(cubic centimeter AmE, cubic centimetre BrE)* METROL Kubikzentimeter *m*

CCD *(charge-coupled device)* ELECTRON CCD *(ladungsgekoppeltes Bauelement)*, PHYS, TELECOM CCD *(Ladungsverschiebeelement)*

CCITT *(International Telegraph and Telephone Consultative Committee)* TELECOM CCITT *(Internationaler Fernmeldeberatungsausschuß)*

CCTV *(closed-circuit TV, closed-circuit television)* TELEV

CCTV *(Kabelfernsehen zu Überwachungszwecken)*
ccw *(counterclockwise)* INSTR gegen den Uhrzeigersinn, linksdrehend
cd *(candela)* ELEC ENG, METROL, OPT, PHYS cd *(Candela)*
CD ART INT *(conceptual dependency)* Begriffsabhängigkeit *f*, konzeptuelle Dependenz *f*, AUTO *(center distance AmE, centre distance BrE)* MA *(Mittabstand)*, COMP & DP *(compact disk)* CD *(Compact Disk)*, COMP & DP *(collision detection)* CD *(Kollisionserkennung)*, COMP & DP *(carrier detection)* CD *(Trägererkennung)*, COMP & DP *(cash discount)* Skonto *m*, ELECTRON *(carrier detection)* CD *(Trägererkennung)*, MECHAN ENG *(center distance AmE, centre distance BrE)* MA *(Mittabstand)*, OPT *(compact disc BrE, compact disk AmE)* CD *(Compact Disk)*, PROD ENG *(center distance AmE, centre distance BrE)* MA *(Mittabstand)*, TELECOM *(collision detection)* CD *(Kollisionserkennung)*, TELECOM *(carrier detection)* CD *(Trägerdetektion)*
CDF *(combined distribution frame)* TELECOM KV *(kombinierter Verteiler)*
CD-I *(compact disc-interactive BrE, compact disk-interactive AmE)* OPT CD-i *(beschreibbare CD)*
CDM TELECOM *(code-division multiplexing)* C-Multiplex *m (Codemultiplex)*, TELECOM *(companded delta modulation)* CDM *(kompandierte Deltamodulation)*
CDO *(community dial office)* TELECOM kleines unbemanntes Wählamt *nt*
CD-ROM *(compact disk read-only memory)* COMP & DP, OPT CD-ROM *(Compact-Disk ohne Schreibmöglichkeit)*
CDU *(control and display unit)* SPACE Steuer- und Anzeigegerät *nt*
CE *(electric capacitance)* ACOUSTICS CE *(elektrische Kapazität)*
CEB *(consecutive error block)* TELECOM aufeinanderfolgender Fehlerblock *m*
CEBAF *(continuous electron beam facility)* PART PHYS CEBAF *(Gleichstromelektronenbeschleuniger)*
CELP *(codebook-excited linear predictive coder)* TELECOM linearer Prädiktionscodierer mit Codebuch-Erregung *m*
cemf *(counter electromotive force)* AIR TRANS, ELEC ENG, ELECT, RAIL Gegen-EMK *f (gegenelektromotorische Kraft)*
CERN *(European Organization for Nuclear Research)* PART PHYS CERN *(Europäisches Kernforschungszentrum)*
CES *(coast earth station)* SPACE Erdfunkstelle *f*
CF ART INT *(certainty factor, confidence factor)* KF *(Konfidenzfaktor)*, ELECTRON *(carrier frequency)*, RAD TECH *(carrier frequency)*, RECORD *(carrier frequency)*, TELEV *(carrier frequency)* Tf *(Trägerfrequenz)*
CFC *(chlorofluorocarbon)* PACK, POLL FCKW *(Fluorchlorokohlenwasserstoff)*
CGA *(color graphics adaptor AmE, colour graphics adaptor BrE)* COMP & DP CGA *(Farbgrafikadapter)*
CHPS *(combined heat and power station)* THERMODYN Heizkraftwerk *nt*
Ci *(curie)* PHYS, RAD PHYS Ci *(Curie)*
cim *(cubic inches per minute)* METROL cim *(Kubikzoll pro Minute)*
CIM COMP & DP *(CompuServe Information manager®)* CIM *(CompuServe Information Manager®)*, COMP & DP *(computer-integrated manufacture)* CIM *(computerintegrierte Fertigung)*
CIP *(cleaning in place)* FOOD TECH Umlaufreinigung *f*, automatische Anlagen *f*
CISC *(complex instruction set computer)* COMP & DP CISC *(Prozessor mit komplettem Befehlssatz)*
cl *(velocity of longitudinal waves)* ACOUSTICS cl *(Geschwindigkeit von Längswellen)*
CL AIR TRANS *(lift coefficient)* CL *(Auftriebszahl)*, COMP & DP *(command language)* CL *(Befehlssprache)*, COMP & DP *(control language)* Steuersprache *f*, FUELLESS *(lift coefficient)*, HYD EQUIP *(lift coefficient)* CL *(Auftriebszahl)*, PHYS *(lift coefficient)* CL *(Auftriebsbeiwert)*, WATER TRANS *(lift coefficient)* CL *(Auftriebszahl)*
CLASS *(containerized lighter aboard ship system)* TRANS Containerleichter-Mutterschiff-System *nt*
CLI *(calling line identification)* TELECOM Identifizierung des rufenden Anschlusses *f*
CLID *(calling line identification display)* TELECOM Anzeige der rufenden Leitung *f*
CLIP *(calling line identification presentation)* TELECOM Anzeige der Nummer des rufenden Teilnehmers *f*
CLIR *(calling line identification rectification)* TELECOM Berichtigung der Anzeige der rufenden Nummer *f*
CM ACOUSTICS *(mechanical compliance)* CM *(mechanische Auslenkung)*, COMP & DP *(central memory)* Zentralspeicher *m*
CMC *(carboxymethylcellulose)* FOOD TECH, PLAS CMC *(Carboxymethylcellulose)*
CMOS *(complementary metal oxide semiconductor)* COMP & DP CMOS *(komplementärer Metalloxid-Halbleiter)*, ELECTRON CMOS *(Komplementär-Metalloxid-Halbleiter)*
CMS *(center-of-mass system AmE, centre-of-mass system BrE)* MECHANICS, PHYS Schwerpunktsystem *nt*
CMTR *(certified material test report)* QUAL bescheinigter Werkstoff-Prüfbericht *m*
CNC *(computerized numeric control)* MECHAN ENG CNC *(computernumerische Steuerung)*
COBOL *(common business oriented language)* COMP & DP COBOL *(problemorientierte Programmiersprache für Geschäftsbetrieb)*
COC *(certificate of compliance)* QUAL Konformitätsbescheinigung *f*
COD *(chemical oxygen demand)* POLL CSB *(chemischer Sauerstoffbedarf)*
COR *(character output reduction)* COMP & DP COR *(Druckausgabeverkleinerung)*
COSHH *(control of substances hazardous to health)* SAFETY Vorschriften zur Überwachung von gesundheitsgefährdenden Stoffen *f pl*, Überwachung von gesundheitsgefährdenden Stoffen *f*
COSMOS *(complementary-symmetrical metal oxide semiconductor)* ELECTRON COSMOS *(Komplementär-Symmetrischer Metalloxid-Halbleiter)*
cot *(cotangent)* GEOM cot *(Kotangens)*
Cp *(heat capacity at constant pressure)* METROL Cp *(Wärmekapazität bei konstantem Druck)*
CP MECHAN ENG *(circular pitch)* Circular-Pitch *m*, Zahnteilung im Teilkreis *f*, PLAS *(cellulose proprionate)* Celluloseproprionat *nt*
CPE *(chlorinated polyethylene)* PLAS PE-C *(chloriertes Polyethylen)*
CPFSK *(continuous phase frequency shift keying)* ELECTRON, RAD TECH, TELECOM CPFSK

(phasenkontinuierliche Frequenzumtastung)

cph *(characters per hour)* PRINT Z/Std *(Zeichen pro Stunde)*

cpi *(characters per inch)* PRINT Zeichen pro Zoll *nt pl*

CPM *(critical path method)* COMP & DP CPM *(Methode des kritischen Weges)*

cps *(characters per second)* COMP & DP, PRINT Z/Sek *(Zeichen pro Sekunde)*

CPSK *(coherent phase shift keying)* TELECOM kohärente Phasenumtastung *f*

CPT *(capacitive-pressure transducer)* PHYS kapazitiver Druckwandler *m*

CPU *(central processing unit)* COMP & DP CPU *(zentrale Rechnereinheit)*, TELECOM CPU *(Zentraleinheit)*

cpvc *(critical pigment volume concentration)* PLAS KPK *(kritische Pigmentvolumenkonzentration)*

CPVC *(chlorinated polyvinyl chloride)* PLAS PVC-C *(chloriertes Polyvinylchlorid)*

CR ACOUSTICS *(rotational compliance)* CR *(Rotationsauslenkung)*, PLAS *(chloroprene rubber)* CPK *(Chloroprenkautschuk)*

CRC COMP & DP *(cyclic redundancy check)*, ELECTRON *(cyclic redundancy check)*, IND PROCESS *(cyclic* redundancy check) CRC *(zyklische Blockprüfung)*, PACK *(child-resistant closure)* Kindersicherungsverschluß *m*, PRINT *(camera ready copy)* druckreife Vorlage *f*, reprofähige Vorlage *f*, TELECOM *(cyclic redundancy check)* CRC *(zyklische Blocksicherung)*

CRCA *(cold-rolled and annealed)* METALL CRCA *(kalt* gewalzt und ausgeglüht)

CRT *(cathode-ray tube)* COMP & DP, ELECT, ELECTRON, PRINT, RAD TECH, TELEV KSR *(Kathodenstrahlröhre)*

CS COMP & DP *(circuit switching)* CS *(Durchschaltevermittlung)*, ELECTRON *(carrier sense)* Trägerabfrage *f*, TELECOM *(circuit switching)* CS *(Durchschaltevermittlung)*

CSG *(constructive solid geometry)* GEOM Festkörpergeometrie *f*, Volumengeometrie *f*

CSI *(chlorosulfonyl isocyanate)* POLL CSI *(Chlorschwefelisocyanat)*

CSM *(command and service module)* SPACE CSM *(Kommando- und Servicemodul)*

CSMA *(carrier sense multiple access)* COMP & DP CSMA *(Mehrfachzugriff durch Trägerprüfung)*

CSMA/CD *(carrier sense multiple access with collision detection)* COMP & DP CSMA/CD *(CSMA/CD-Verfahren)*

CSN *(circuit-switched network)* COMP & DP, TELECOM CSN *(Durchschalte-Vermittlungsnetz)*

CSPDN *(circuit-switched public data network)* TELECOM CSPDN *(öffentliches Datenpaketvermittlungsnetz)*

ct *(velocity of transversal waves)* METROL ct *(Geschwindigkeit von Transversalwellen)*

CTA *(cellulose triacetate)* PLAS CTA *(Cellulosetriacetat)*

CTCSS *(continuous tone-coded squelch system)* RAD TECH CTCSS *(Hilfsträgergeräuschsperre)*

CTD *(charge transfer device)* ELEC ENG CTD *(Ladungsverschiebeschaltung)*, PHYS CTD *(ladungsgekoppeltes Bauelement)*, SPACE CTD *(Ladungsübertragungsgerät)*, TELECOM CTD *(Ladungstransferelement)*

CTR *(controlled thermonuclear reactor)* NUC TECH TNR *(gesteuerter Thermonuklearreaktor)*

CTS *(container ship)* WATER TRANS CTS *(Containerschiff)*

CUG *(closed user group)* COMP & DP CUG *(geschlossener Benutzerkreis)*, TELECOM CUG *(geschlossene Benutzergruppe)*

cu.m. *(cubic meter AmE, cubic metre BrE)* METROL Kubikmeter *m*

CVD *(chemical vapor deposition AmE, chemical vapour deposition BrE)* ELECTRON, TELECOM CVD *(Gasphasenabscheidung)*

CVS *(constant volume sampling)* POLL *motor vehicles* CVS *(Teilstromentnahme nach Verdünnung)*

cw *(carrier wave)* PHYS, RAD TECH, TELEV, WAVE PHYS Trägerwelle *f*

CW *(continuous wave)* ELEC ENG, ELECTRON, RECORD, TELEV CW *(ungedämpfte Welle)*

cwt *(hundredweight)* METROL Zentner *m*

d CHEMISTRY *(deuteron)* d *(Deuteron)*, HYD EQUIP *(depth)* t *(Tiefe)*, METROL *(deci-)* d *(Dezi-)*, PART PHYS *(deuteron)*, PHYS *(deuteron)* d *(Deuteron)*

D ACOUSTICS *(optical density)* D *(Schwärzung)*, ELECT *(displacement)* D *(Verschiebung)*, ELECTRON *(diffusion coefficient)* D *(Diffusionskoeffizient)*, GEOM *(diameter)*, MECHAN ENG *(diameter)* D *(Durchmesser)*, NUC TECH *(absorbed dose)* D *(Absorptionsdosis)*, OPT *(optical density)* D *(optische Dichte)*, PHYS *(diffusion coefficient)* D *(Diffusionskoeffizient)*, PHYS *(displacement)* D *(Versetzung)*, PROD ENG *(diameter)* D *(Durchmesser)*, PROD ENG *(displacement)* D *(Versetzung)*, RAD PHYS *(absorbed dose)* D *(absorbierte Dosis)*, RAD TECH *(diffusion coefficient)* D *(Diffusionskoeffizient)*, THERMODYN *(fourth virial coefficient)* D *(vierter Virialkoeffizient)*

da *(deca-)* METROL da *(Deka-)*

D/A *(digital-analog)* COMP & DP, ELECTRON, INSTR, RECORD, TELECOM, TELEV D/A *(Digital-Analog-)*

DA *(direct access)* COMP & DP DA *(direkter Zugriff)*

DAC *(digital-analog converter)* COMP & DP, ELECTRON, TELECOM, TELEV DAU *(Digital-Analog-Umsetzer)*

DAMA *(demand-assigned multiple access)* TELECOM DAMA *(bedarfsgesteuerter Vielfachzugriff)*

DAT *(digital audio tape)* RECORD DAT *(Digital-Audio-Tape)*

dB *(decibel)* ACOUSTICS, ELECTRON, PHYS, POLL, RAD PHYS, RAD TECH, RECORD dB *(Dezibel)*

DBA *(database administrator)* COMP & DP DBA *(Datenbankverwalter)*

dBi *(decibels over isotropic)* RAD PHYS dBi *(Dezibel über Isotropstrahler)*

DBM *(database management)* COMP & DP Datenbankverwaltung *nt*

DBS *(delayed blanking signal)* TELEV verzögertes Austastsignal *nt*

DC COMP & DP *(direct current)* GS *(Gleichstrom)*, COMP & DP *(device controller)* Gerätesteuerung *f*, ELEC ENG *(direct current)*, ELECT *(direct current)* GS *(Gleichstrom)*, MECHAN ENG *(direct control)* Direktsteuerung *f*, PHYS *(direct current)*, PROD ENG *(direct current)*, RAD TECH *(direct current)*, RAIL *(direct current)*, RECORD *(direct current)*, TELECOM *(direct current)* GS *(Gleichstrom)*, TELECOM *(device controller)* Gerätesteuerung *f*, TELEV *(direct current)* GS *(Gleichstrom)*

DCC ELECT *(double-cotton-covered)* doppelt mit Baumwolle umhüllt, TELECOM *(data communication channel)* DCC *(Datenübermittlungskanal)*, TELECOM *(direct-current coupler)* Gleichstromkoppler *m*

DCD *(data carrier detector)* TELECOM DCD *(Daten-*

trägerdetektor)

DCE COMP & DP *(data communication terminating equipment)*, TELECOM *(data circuit terminating equipment)* DÜE *(Datenübertragungseinrichtung)*

DCS *(digital command signal)* TELECOM digitales Befehlszeichen *nt*

DCTL *(direct-coupled transistor logic)* ELECTRON DCTL *(direktgekoppelte Transistorlogik)*

DD COMP & DP *(double density)* doppelte Schreibdichte *f*, FUELLESS *(coefficient of drag)* DD *(Luftwiderstandsbeiwert)*, HYD EQUIP *(coefficient of drag)* DD *(Strömungswiderstand)*

DDD *AmE (direct distance dialing)* TELECOM SWFD *(Selbstwählferndienst)*

DDE *(direct data entry)* COMP & DP DDE *(direkte Dateneingabe)*

DDI *BrE (direct dialling-in)* TELECOM direkte Einwahl *f*

DDP COMP & DP *(distributed data processing)* verteilte Datenverarbeitung *f*, ELECTRON *(double diode pentode)* DDP *(Doppeldiodenpentode)*

DDT *(dichlordiphenyltrichlorproethane)* CHEMISTRY DDT *(Dichlordiphenyltrichlorproäthan)*

DESY PART PHYS *Hamburg* DESY, Deutsches Elektronensynchroton *nt*

DFT *(discrete Fourier transform)* ELECTRON DFT *(diskrete Fourier-Transformation)*

DGPS *(differential global positioning system)* WATER TRANS *satellite navigation* DGPS *(Differential-GPS)*

Di *(directivity index)* ACOUSTICS Di *(Richtwirkungsindex)*

diac *(diode alternating-current switch)* ELECTRON, RAD TECH Diac *(bidirektionale Triggerdiode)*

DIP *(dual-in-line package)* ELEC ENG, ELECTRON, RAD TECH DIL-Gehäuse *(Doppelreihenanschlußgehäuse)*

dl *(deciliter AmE, decilitre BrE)* METROL dl *(Deziliter)*

DM *(delta modulation)* ELECTRON, SPACE, TELECOM DM *(Deltamodulation)*

DMA *(direct memory access)* COMP & DP DMA *(Direkt-Speicherzugriff)*, RAD TECH Speicherdirektzugriff *m*

DMC *(dough-molding compound AmE, dough-moulding compound BrE)* PLAS DMC *(kittartige Formmasse)*

DME *(distance-measuring equipment)* AIR TRANS, INSTR Entfernungsmeßeinrichtung *f*

DMNSC *(digital main network switching center AmE, digital main network switching centre BrE)* TELECOM digitale Hauptvermittlungsstelle *f*

DNIC *(data network identification code)* TELECOM Datennetzkennzahl *f*

D_2O *(deuterium oxide)* CHEMISTRY D_2O *(Deuteriumoxid)*

DOP *(dioctylphthalate)* PLAS DOP *(Dioctylphthalat)*

DOS® *(disk operating system®)* COMP & DP DOS®-*Betriebssystem nt*

DP COMP & DP *(data processing)*, CONTROL *(data processing)*, ELECTRON *(data processing)* DV *(Datenverarbeitung)*, MECHAN ENG *(diametral pitch)* DP *(Diametral-Pitch)*, TELECOM *(data processing)* DV *(Datenverarbeitung)*

dpc *(damp-proof course)* CONST Feuchtigkeitsdämmschicht *f*, Sperrschicht *f*

DPC *(data processing center AmE, data processing centre BrE)* COMP & DP, TELECOM Rechenzentrum *nt*

DPCM *(differential pulse code modulation)* ELECTRON DPCM *(Differenz-Pulscodemodulation)*

DPDT *(double-pole double-throw)* ELEC ENG DPDT *(zweipoliger Wechselschalter)*

DPSK *(differential phase shift keying)* ELECTRON DPSK *(Phasendifferenzmodulation)*

DPST *(double-pole single-throw)* ELEC ENG DPST *(zweipoliger Ein/Aus-Schalter)*

dpt *(diopter AmE, dioptre BrE)* OPT dpt *(Dioptrie)*

DRAM *(dynamic random access memory)* COMP & DP DRAM *(dynamischer RAM)*

DSB *(double sideband)* ELECTRON, RAD TECH DSB *(Doppelseitenband)*

DSC *(digital selective calling)* TELECOM digitaler Selektivruf *m*

DSE *(data switching exchange)* COMP & DP Datenaustauschvermittlung *f*, TELECOM Datenvermittlungsstelle *f*

DSI *(digital speech interpolation)* SPACE, TELECOM DSI *(digitale Sprachinterpolation)*

DTA *(differential thermal analysis)* PLAS, POLL, THERMODYN DTA *(Differentialthermoanalyse)*

DTE *(data terminal equipment)* COMP & DP, TELECOM DEE *(Datenendeinrichtung)*

DTI *(digital trunk interface)* TELECOM Schnittstelle der digitalen Verbindungsleitung *f*

DTL *(diode transistor logic)* ELECTRON DTL *(Dioden-Transistor-Logik)*

DTMF *(dual-tone multifrequency)* RAD TECH MFW *(Mehrfrequenzwahl)*

DTP *(desktop publishing)* COMP & DP, PRINT DTP *(Desktop-Publishing)*

DVE *(digital video effects)* TELEV digitale Videoeffekt *m pl*

dyn *(dyne)* METROL Dyn *nt*

e *(electron)* ELEC ENG, PART PHYS, PHYS, RAD TECH e *(Elektron)*

E COAL TECH *(Young's modulus) of elasticity* E *(Youngscher Modul)*, ELEC ENG *(energy)* E *(Energie)*, ELEC ENG *(electric field vector)* E *(elektrischer Feldvektor)*, ELEC ENG *(electric field strength)* E *(elektrische Feldstärke)*, ELECT *(energy)* E *(Energie)*, ELECT *(electric field strength)* E *(elektrische Feldstärke)*, FUELLESS *(evaporation)*, HEAT & REFRIG *(evaporation)*, HYD EQUIP *(evaporation)* E *(Evaporation)*, HYD EQUIP *(Young's modulus) of elasticity* E *(Youngscher Modul)*, MECHAN ENG *(evaporation)* E *(Evaporation)*, MECHANICS *(energy)* E *(Energie)*, METALL *(Young's modulus) of elasticity* E *(Youngscher Modul)*, METROL *(energy)*, NUC TECH *(energy)* E *(Energie)*, PET TECH *(evaporation)* E *(Evaporation)*, PET TECH *(Young's modulus) of elasticity* E *(Youngscher Modul)*, PHYS *(energy)* E *(Energie)*, PHYS *(evaporation)* E *(Evaporation)*, PHYS *(electric field strength)* E *(elektrische Feldstärke)*, PHYS *(Young's modulus) of elasticity* , PLAS *(Young's modulus) of elasticity* E *(Youngscher Modul)*, PRINT *(evaporation)* E *(Verdampfung)*, THERMODYN *(energy)* E *(Energie)*, THERMODYN *(evaporation)* E *(Evaporation)*

EAF *(electric-arc furnace)* COAL TECH Lichtbogenofen *m*, ELECT elektrischer Lichtbogenschmelzofen *m*

EAS *(equivalent airspeed)* AIR TRANS EAS *(äquivalente Fluggeschwindigkeit)*

EB *(electron beam, electronic beam)* COMP & DP, ELECT, ELECTRON, FLUID PHYS, NUC TECH, TELECOM, TELEV, WAVE PHYS ES *(Elektronenstrahl)*

EBCDIC *(extended binary-coded decimal interchange*

code) COMP & DP, ELECTRON EBCDIC-Code *m (erweiterter Binärcode für Dezimalziffern)*

EBCS *(European barge carrier system)* WATER TRANS EBCS-System *nt (europäisches Leichterträgersystem)*

EBL *(electronic bearing line)* WATER TRANS PS *(Peilstrahl)*

EC *(ethyl cellulose)* PLAS EC *(Ethylcellulose)*

ECD PET TECH *(equivalent circulating density)* äquivalente Zirkulationsdichte *f*, TELECOM *(error control device)* Fehlersicherungsgerät *nt*

ECL *(emitter-coupled logic)* COMP & DP, ELECTRON ECL *(emittergekoppelte Logik)*

EDM *(electro-discharge machining)* MECHAN ENG EEB *(elektroerosive Bearbeitung)*

EDP *(electronic data processing)* COMP & DP, CONTROL, ELECT, ELECTRON EDV *(elektronische Datenverarbeitung)*

EDTV *(extended definition television)* TELEV EDTV *(hochauflösendes Fernsehen)*

EEPROM *(electrically-erasable programmable read-only memory)* ELECTRON EEPROM *(elektrisch löschbarer programmierbarer Lesespeicher)*

EEROM *(electronically erasable read-only memory)* COMP & DP EEROM *(elektronisch löschbarer Lesespeicher)*

EFA *(essential fatty acid)* FOOD TECH EFS *(essentielle Fettsäure)*

EFT *(electronic funds transfer)* COMP & DP elektronischer Zahlungsverkehr *m*, TELECOM elektronische Geldanweisung *f*

EFTPOS *(electronic funds transfer at point of sale)* TELECOM elektronische Geldüberweisung am Verkaufsort *f*

EHF *(extremely high frequency)* RAD TECH EHF *(Millimeterwellen)*

EHP *(effective horse-power)* MECHAN ENG Nutzpferdestärke *f*

EHT *(extra-high tension, extremely high tension)* TELEV E.h.t. *(Höchstspannung)*

8vo *(octavo)* PRINT Oktav *nt*, Oktavformat *nt*

EIRP *(effective isotropically-radiated power)* RAD TECH, SPACE EIRP *(äquivalente Isotropenstrahlungsleistung)*

EL ELECTRON *(electroluminescent display)* EL *(Elektrolumineszenz-Anzeige)*, TRANS *(east longitude)* Ostlänge *f*

ELED *(edge-emitting light-emitting diode)* TELECOM ELED *(Kantenemitter-Lumineszenzdiode, kantenstrahlende Lumineszenzdiode)*

ELF *(extremely low frequency)* RAD TECH ENF *(extrem niedrige Frequenz)*

ELSBM *(exposed location single buoy mooring)* PET TECH ELSBM *(ungeschützte Einzeltonnenvertänung)*

ELT *(emergency locator transmitter)* TELECOM NOS *(Notrufortungssender)*

EMC *(electromagnetic compatibility)* ELECT, RAD TECH, SPACE *spacecraft* EMV *(elektromagnetische Verträglichkeit)*

EMF *(electromotive force)* CONST, ELEC ENG, ELECT, PHYS, RAD TECH, RAIL, TELEV EMK *(elektromotorische Kraft)*

EMI *(electromagnetic interference)* COMP & DP elektromagnetische Störung *f*, ELEC ENG elektromagnetische Interferenz *f*, elektromagnetische Störung *f*, SPACE *spacecraft* elektromagnetische Störung *f*

EMS *(expanded memory specification)* COMP & DP EMS *(Expansionsspeicher-Spezifikation)*

EMW *(equivalent mud weight)* PET TECH äquivalentes Bohrschlammgewicht *nt*

ENG *(electronic noise generator)* TELEV RG *(elektronischer Rauschgenerator)*

EOB *(end of block)* COMP & DP EOB *(Blockende)*

EOD *(end of data)* COMP & DP EOD *(Datenende)*

EOF *(end of file)* COMP & DP EOF *(Dateiende)*

EOJ *(end of job)* COMP & DP Jobende *nt*

EOM *(end of message)* COMP & DP EOM *(Nachrichtenende)*

EOR *(enhanced oil recovery)* PET TECH Tertiärförderung *f*

EOT *(end of tape)* COMP & DP EOT *(Bandende)*

ep *(expanded polystyrene)* PACK Schaum-PS *nt (geschäumtes Polysterol)*

EP MECHAN ENG *(extreme pressure)* EP *(Höchstdruck)*, RECORD *(extended-play record)* LP *(Langspielplatte)*

EPIRB *(emergency position-indicating radio beacon)* WATER TRANS EPIRB *(Satellitennetzwerk zur Ortung von Schiffen in Seenot)*

EPM *(equivalent per million)* POLL EPM *(Äquivalent je Million)*

EPNS *(electroplated nickel silver)* METALL EPNS *(versilberte Gegenstände)*

EPR *(electron paramagnetic resonance)* PHYS paramagnetische Elektronenspinresonanz *f*

EPROM *(erasable programmable read-only memory)* COMP & DP, RAD TECH EPROM *(löschbarer programmierbarer Lesespeicher)*

EPS *(electronic point-of-sale)* COMP & DP elektronisches Kassenterminal *nt*

ε HYD EQUIP *(kinematic eddy viscosity)* ε *(kinematische Wirbelzähigkeit)*, PHYS *(average molecular kinetic energy)* ε *(durchschnittliche kinetische Molekularenergie)*

Erl *(Erlang)* TELECOM Erl *(Erlang)*

erp *(equivalent radiated power)* TELECOM äquivalente Strahlungsleistung *f*

Es *(einsteinium)* CHEMISTRY, RAD PHYS Es *(Einsteinium)*

ES *(expert system)* ART INT ES *(Expertensystem)*

ESA *(European Space Agency)* SPACE ESA *(Europäische Raumfahrtbehörde)*

ESCA *(electron spectroscopy for chemical analysis)* PHYS ESCA *(Fotoelektronen-Spektroskopie)*

ESI *(equivalent step index)* TELECOM äquivalenter Stufenindex *m*

ESP *(electrostatic precipitator)* POLL ESA *(elektrostatischer Staubabscheider)*

ESPRIT *(European Semiconductor Production Research Initiative)* ELECT ESPRIT

ESR *(electron spin resonance)* PART PHYS, PHYS, RAD PHYS ESR *(Elektronenspinresonanz)*

ESV *(experimental safety vehicle)* AUTO Experimentalsicherheitsauto *nt*

ETA *(estimated time of arrival)* AIR TRANS, WATER TRANS ETA *(voraussichtliche Ankunftszeit)*

ETD *(estimated time of departure)* AIR TRANS, WATER TRANS ETD *(voraussichtliche Abflugszeit)*

EURATOM *(European Organization for Nuclear Research)* PART PHYS EURATOM *(Europäische Atomgemeinschaft)*

eV *(electronvolt)* ELEC ENG, ELECT, PHYS, RAD PHYS eV *(Elektronenvolt)*

EVA *(ethylene vinyl acetate)* PLAS EVA *(Ethylenvinylacetat)*

f ACOUSTICS *(frequency)*, COMP & DP *(frequency)*, ELECTRON *(frequency)* F, f *(Frequenz)*, METROL *(femto-)* F, f *(Femto-)*, PHYS *(frequency)*, RAD TECH *(frequency)*, RECORD *(frequency)* F, f *(Frequenz)*

F ELEC ENG *(farad)*, ELECT *(farad)* F *(Farad)*, ELECTRON *(noise figure)* F *(Rauschzahl)*, HYD EQUIP *(Froude number)* F *(Froudensche Zahl)*, METALL *(force)* F *(Kraft)*, METALL *(free energy)* F *(freie Energie)*, METROL *(Fahrenheit)* F *(Fahrenheit)*, METROL *(farad)* F *(Farad)*, NUC TECH *(hyperfine quantum number)* F *(hyperfeine Quantenzahl)*, PHYS *(farad)* F *(Farad)*, PHYS *(Froude number)* F *(Froudensche Zahl)*, PHYS *(force)* F *(Kraft)*, PHYS *(free energy)* F *(freie Energie)*, RAD TECH *(noise figure)* F *(Rauschzahl)*

fA *(antiresonant frequency)* ACOUSTICS, ELECTRON fA *(Antiresonanzfrequenz)*

fas *(free alongside ship)* WATER TRANS fas *(frei Längsseite Schiff)*

fax *(facsimile)* COMP & DP, RAD TECH, TELECOM Fax *nt* *(Faksimile)*

FBR *(fast breeder reactor)* NUC TECH SB *(schneller Brüter)*, PHYS SB *(schneller Brutreaktor)*

FCNE *(flight control and navigational equipment)* AIR TRANS FCNE *(Flugüberwachungs- und Navigationsausrüstung)*

FCS *(frame-checking sequence)* TELECOM Blockprüfzeichenfolge *f*

FD *(floppy disk)* COMP & DP, PRINT Floppy *f*

FDHM *(full duration half maximum)* TELECOM HWZ *(Halbwertszeit)*

FDM *(frequency division multiplexing)* ELECTRON, RAD TECH, TELECOM Frequenzmultiplexverfahren *nt*

FDMA *(frequency division multiple access)* ELECTRON, RAD TECH, TELECOM Frequenzvielfach-Zugriffsverfahren *nt*

FDR *(final design review)* SPACE Konstruktionsendprüfung *f*, technische Endabnahmeprüfung *f*

FEM *(finite elements method)* MECHAN ENG FEM *(Finite-Elemente-Methode)*

FET *(field effect transistor)* COMP & DP, ELECTRON, OPT, PHYS, RAD TECH, SPACE FET *(Feldeffekttransistor)*

FFT *(fast Fourier transform)* ELECTRON FFT *(schnelle Fourier-Transformation)*

FGC *(fifth generation computer)* COMP & DP Computer der fünften Generation *m*, Rechner der fünften Generation *m*

FIFA *(fissions per initial fissile atom)* NUC TECH FIFA *(Spaltstoffabbrand)*

FIFO *(first-in-first-out)* COMP & DP FIFO-Prinzip *nt* *(zuerst Abgelegtes wird als erstes bearbeitet)*

FIR *(finite impulse response)* ELECTRON FIR *(begrenztes Ansprechen auf einen Impuls)*

FLOP *(floating-point operation)* COMP & DP FKO *(Fließkommaoperation)*

FM *(frequency modulation)* COMP & DP, ELECTRON, PHYS, RAD TECH, TELECOM FM *(Frequenzmodulation)*

fob *(free on board)* PET TECH, WATER TRANS fob *(frei an Bord)*

4to *(quarto)* PRINT Quartformat *nt*, Quarto *nt*

FPP *(floating-point processor)* COMP & DP FKP *(Fließkommaprozessor)*

FPS *(fast packet server)* TELECOM FPS *(schnelle Paketvermittlung)*

fR *(resonant frequency)* ACOUSTICS, ELECTRON, TELECOM, WAVE PHYS fR *(Resonanzfrequenz)*

FRC *(fault reception center AmE, fault reception centre BrE)* TELECOM Störungsannahme *f*

FRR *(flight readiness review)* SPACE Flugfreigabeüberprüfung *f*

FSK *(frequency shift keying)* COMP & DP, ELECTRON, RAD TECH, TELECOM FSK *(Frequenzumtastung)*

FSR *(flowable solids reactor)* NUC TECH FMR *(Flüssigmetallreaktor)*

FSTV *(fast-scan television)* TELEV FSTV *(Breitbandfernsehen)*

FWHM *(full width at half maximum)* OPT Halbwertsbreite *f*

g CHEMISTRY *(gram)*, METROL *(gram)* g *(Gramm)*, NUC TECH *(gyromagnetic ratio)* g *(gyromagnetisches Verhältnis)*, PHYS *(gram)* g *(Gramm)*, PHYS *(gyromagnetic ratio)* g *(gyromagnetisches Verhältnis)*, PHYS *(statistical weight)* g *(statistisches Gewicht)*, SPACE *(gravitational acceleration)* g *(Erdbeschleunigung)*

G ELECT *(gauss)* G *(Gauß)*, ELECTRON *(gain)*, ERGON *(gain)* G *(Gewinn)*, MECHAN ENG *(shear modulus)* G *(Schermodul)*, METROL *(giga)* G *(Giga-)*, PHYS *(Gibbs function)* G *(Gibbssche Funktion)*, PHYS *(shear modulus)* G *(Schermodul)*, RAD TECH *(gain)* G *(Gewinn)*, RECORD *(gauss)* G *(Gauß)*, SPACE *(gain)*, TELECOM *(gain)*, TELEV *(gain)* G *(Gewinn)*, THERMODYN *(Gibbs function)* G *(Gibbssche Funktion)*

GA *(acoustic conductance)* ACOUSTICS AL *(akustischer Leitwert)*

GaAs *(gallium arsenide)* ELECTRON, OPT, PHYS, RAD TECH GaAs *(Galliumarsenid)*

GB *(gigabyte)* COMP & DP, OPT GB *(Gigabyte)*

GCBR *(gas-cooled breeder reactor)* NUC TECH gasgekühlter Brutreaktor *m*

GCR *(group code recording)* COMP & DP Gruppenverschlüsselung *f*, gruppencodiertes Aufzeichnen *nt*

GEM *(ground effect machine)* AUTO BEG *(Bodeneffektgerät)*

gentex *(general telegraph exchange)* TELECOM Gentex *nt* *(Telegrammwähldienst)*

GIGO *(garbage in, garbage out)* COMP & DP GIGO *(Müll rein, Müll raus)*

GII *(Global Information Infrastructure)* COMP & DP GII *(globale Informations-Infrastruktur)*

GLC *(ground level concentration)* POLL Konzentration auf Bodenhöhe *f*

GMDSS *(global marine distress and safety system)* WATER TRANS GMDSS *(System zur Rettung von Menschenleben bei Seenotfällen)*

GMSK *(Gaussian filtered minimum shift keying)* TELECOM Gauß-Filter-Minimalphasenumtastung *f*

GMT *(Greenwich Mean Time)* MECHANICS WEZ *(Westeuropäische Zeit)*

GOR *(gas-to-oil ratio)* PET TECH GÖV *(Gas-Öl-Verhältnis)*

GP *(general-purpose)* COMP & DP Universal- *pref*, ELEC ENG Allzweck- *pref*, Universal- *pref*, universal, MECHANICS Mehrzweck- *pref*

GPC *(gel permeation chromatography)* LAB EQUIP, PLAS GPC *(Gel-Permeations-Chromatographie)*

GPS *(global-positioning system)* WATER TRANS *satellite* *navigation* GPS *(globales Positionsbestimmungssystem)*

GRP *(glass fiber-reinforced plastic AmE, glass fibre-reinforced plastic BrE)* PACK, PLAS, WATER TRANS *shipbuilding* GFK *(glasfaserverstärkter Kunststoff)*

GSC *(group-switching center AmE, group-switching centre BrE)* TELECOM GrVST *(Gruppenvermittlungsstelle)*

gsm *(grams per square meter AmE, grams per square metre BrE)* PRINT *paper weight* g/m^2 *(Gramm pro Quadratmeter)*

G/t *(gain-to-noise temperature ratio)* SPACE Verhältnis Gewinn zu Rauschtemperatur *nt*

GUT *(grand unified theory)* PHYS Theorie der Großen Vereinigung aller Kräfte *f*

Gx *(system-rating constant)* ACOUSTICS Gx *(Systemkonstante)*

gy *(gray AmE)* PART PHYS, PHYS gy *(Gray)*

h COMP & DP *(height)*, GEOM *(height)* h *(Höhe)*, METROL *(hecto-)* h *(Hekto-)*, METROL *(hour)* h *(Stunde)*, PART PHYS *(Planck's constant)*, PHYS *(Planck's constant)* h *(Plancksche Konstante)*, RAD PHYS *(Planck's constant)* h *(Plancksches Wirkungsquantum)*, RAD TECH *(height)* h *(Höhe)*

H COAL TECH *(enthalpy)* H *(Enthalpie)*, ELEC ENG *(henry)* H *(Henry)*, ELEC ENG *(magnetic field strength)* H *(magnetische Feldstärke)*, ELECT *(henry)* H *(Henry)*, ELECT *(magnetic field strength)* H *(magnetische Feldstärke)*, FUELLESS *(enthalpy)*, HEAT & REFRIG *(enthalpy)* H *(Enthalpie)*, HYD EQUIP *(Hamiltonian function)* H *(Hamiltonsche Funktion)*, MECHANICS *(enthalpy)* H *(Enthalpie)*, METROL *(henry)* H *(Henry)*, OPT *(irradiance)* H *(Bestrahlungsstärke)*, PHYS *(enthalpy)* H *(Enthalpie)*, PHYS *(henry)* H *(Henry)*, PHYS *(magnetic field strength)* H *(Magnetfeldstärke)*, RAD TECH *(henry)* H *(Henry)*, SPACE *(enthalpy)*, THERMODYN *(enthalpy)* H *(Enthalpie)*

h&j *(hyphenation and justification)* PRINT Trennen und Ausschließen *nt*

ha *(hectare)* METROL ha *(Hektar)*

HADES *(high acceptance di-electron spectrometer)* PART PHYS HADES *(Dielektronen-Spektrometer mit hoher Akzeptanz)*

HAW *(highly-active waste)* NUC TECH hochaktiver Abfall *m*

HBC *(human-body counter)* NUC TECH Ganzkörperzähler *m*

HC *(High Cube)* TRANS HC *(Großraumcontainer)*

HCF *(highest common factor)* MATH ggT *(größter gemeinsamer Teiler)*

HD COMP & DP *(hard disk)* HD *(Festplatte)*, MECHAN ENG *(heavy duty)* HD *(Hochleistung)*, TELECOM *(hard disk)* HD *(Festplatte)*

HDLC *(high-level data link control)* COMP & DP HDLC-Prozedur *f*, HDLC-Verfahren *nt*, TELECOM HDLC-Prozedur *f*

HDPE *(high-density polyethylene)* PACK, PLAS Polyethylen hoher Dichte *nt*

HDTV *(high-definition television)* TELEV HDTV *(hochauflösendes Fernsehen)*

HDX *(half-duplex)* COMP & DP HD *(halbduplex)*

HERA *(hadron-electron ring collider)* PART PHYS HERA *(Hadron-Elektron-Ring-Anlage)*

hex COMP & DP *(hexadecimal)* HEX *(hexadezimal)*, GEOM *(hexagon)* HEX *(Hexagon)*, MATH *(hexadecimal)* HEX *(hexadezimal)*, MATH *(hexagon)* Sechskant *m*

HF *(high frequency)* ELECT, ELECTRON, RAD TECH, RECORD, TELECOM, TELEV, WATER TRANS HF *(Hochfrequenz)*

HGV *(heavy goods vehicle)* AUTO Lkw *(Lastkraftwagen)*

HHSV *(high hypothetical speed vehicle)* AUTO Hochgeschwindigkeitsfahrzeug *nt*

HIS *(heavy-ion synchrotron)* PART PHYS *accelerator at GSI* SIS *(Schwerionensynchrotron)*

hl *(hectoliter AmE, hectolitre BrE)* LAB EQUIP hl *(Hektoliter)*

HLL *(high-level language)* COMP & DP, TELECOM HPS *(höhere Programmiersprache)*

HLLV *(heavy-lift launch vehicle)* SPACE *spacecraft* SL-Rakete *f* *(Schwerlastträgerrakete)*

HLR *(home location register)* TELECOM AR *(Ausgangsregister)*

hp *(horsepower)* MECHAN ENG PS *(Pferdestärke)*

HPLC *(high-pressure liquid chromatography)* FOOD TECH, LAB EQUIP HPLC *(Hochdruckflüssigchromatographie)*

HRC *(hypothetical reference connection)* TELECOM Bezugsverbindung *f*

HSS *(high-speed steel)* MECHAN ENG Schnellschnittstahl *m*, Schnellstahl *m*, MECHANICS Schnellstahl *m*

HT COMP & DP *(horizontal tabulation)* Horizontaltabulator *m*, Sprechfunkgerät *nt*, ELECT *(high tension)* Hochspannung *f*

HTR *(high-temperature reactor)* NUC TECH HTR *(Hochtemperaturreaktor)*

HTST *(high-temperature short time pasteurization)* FOOD TECH Hochkurzzeiterhitzung *f*

HWOST *(high-water ordinary spring tide)* FUELLESS normale Springzeitflut *f*

HWR *(heavy-water-moderated reactor)* NUC TECH SWR *(schwerwassermoderierter Reaktor)*

Hz *(hertz)* ELEC ENG, ELECT, METROL, PHYS, RAD TECH, TELEV Hz *(Hertz)*

I ACOUSTICS *(intensity)*, ELECT *(intensity)* I *(Intensität)*, ELECT *(electric current)* I *(elektrischer Strom)*, NUC TECH *(energy flux density)* I *(Energieflußdichte)*, NUC TECH *(nuclear spin quantum number)* I *(nukleare Spinquantenzahl)*, OPT *(intensity)* I *(Intensität)*, PHYS *(electric current)*, TELECOM *(electric current)* I *(elektrischer Strom)*

IAR *(instruction address register)* COMP & DP Befehlsadreßregister *nt*

IAS AIR TRANS *(indicated airspeed)* angezeigte Fluggeschwindigkeit *f*, COMP & DP *(immediate access store)* Schnellspeicher *m*

IBG *(interblock gap)* COMP & DP Blockzwischenraum *m*, Zwischenraum zwischen zwei Bandblöcken *m*

IC *(integrated circuit)* COMP & DP, CONTROL IS *(integrierte Schaltung)*, ELECT IS *(integrierter Schaltkreis)*, ELECTRON, PHYS IS *(integrierte Schaltung)*, RAD TECH IS *(integrierter Schaltkreis)*, TELECOM IS *(integrierte Schaltung)*

ICAO *(International Civil Aviation Organization)* AIR TRANS ANC *(Luftfahrt-Navigationsausschuß)*

ICAS *(Intermittent Commercial and Amateur Services)* RAD TECH ICAS *(Kommerzieller und Amateurfunkdienst)*

ICB *(incoming-calls-barred)* TELECOM ankommende Anrufe gesperrt, ankommender Zugang verhindert
ICRP *(International Commission on Radiological Protection)* RAD PHYS ICRP *(Internationale Strahlenschutzkommission)*
ID *(inner diameter, inside diameter)* MECHAN ENG, MECHANICS, PROD ENG Innendurchmesser *m*
IDA *(integrated digital access)* COMP & DP integrierter Digitalzugriff *m*
IDD *(international direct dialing AmE, international direct dialling BrE)* TELECOM Auslandsfernwahl *f*, ISW *(internationale Selbstwahl)*
IDDD *(international direct distance dialing AmE, international direct distance dialling BrE)* TELECOM Auslandsfernwahl *f*, ISW *(internationale Selbstwahl)*
IDF *(intermediate distribution frame)* TELECOM Zwischenverteiler *m*
IF *(intermediate frequency)* ELECTRON, RAD TECH, TELECOM Zf *(Zwischenfrequenz)*
IFM *(intermediate frequency modulation)* ELECTRON, RAD TECH, TELECOM Zfm *(Zwischenfrequenzmodulation)*
IFR *(instrument flight rules)* AIR TRANS IFR *(Instrumentenflugregeln)*
IFRB *(International Frequency Registration Board)* SPACE IFRB *(Internationale Frequenz-Zuweisungsbehörde)*
IGFET *(insulated gate field-effect transistor)* ELECTRON, RAD TECH IGFET *(Isolierschicht-Feldeffekttransistor)*
IGN *(international gateway node)* TELECOM Auslands-Kopfvermittlungsstelle *f*
IHS *(integrated home system)* COMP & DP integrierte Quellenfindung *f*
IIR *(infinite impulse response)* ELECTRON IIR *(unbegrenztes Ansprechen auf Impuls)*
I^2L *(integrated injection logic)* ELECTRON I^2L-Logik *f* *(integrierte Injektionslogik)*
ILD *(injection laser diode)* OPT, TELECOM Injektionslaserdiode *f*
ILS *(instrument landing system)* AIR TRANS ILS *(Blindfluglandesystem durch Eigenpeilung)*, SPACE ILS *(Instrumentenlandesystem)*
IM PACK *(injection molding AmE, injection moulding BrE)*, PLAS *(injection molding AmE, injection moulding BrE)* IM *(Injection-Moulding)*, PLAS *(injection molding AmE, injection moulding BrE) rubber* IM *(Spritzgießmaschine)*, PROD ENG *(injection molding AmE, injection moulding BrE)* IM *(Injection-Moulding)*, TELECOM *(interface module)* Schnittstellenmodul *nt*
IMD *(intermodulation distortion)* ELECTRON IMD *(Zwischenmodulationsverzerrung)*, RAD TECH, RECORD IMD *(Intermodulationsverzerrung)*
IMEI *(international mobile station equipment identity)* TELECOM internationale Gerätekennung *f*
IMO *(International Maritime Organization)* WATER TRANS IMO *(Internationale Schifffahrtorganisation)*
in *(inch)* METROL Zoll *m*, PROD ENG *plastic valves* Inch *m*, Zoll *m*
INS *(inertial navigation system)* AIR TRANS, SPACE *spacecraft*, WATER TRANS Inertialnavigationssystem *nt*, Trägheitsnavigationssystem *nt*
I/O *(input/output)* COMP & DP, ELECT E/A *(Eingabe/Ausgabe)*
IOC *(integrated optical circuit)* ELECTRON, OPT IOS *(integrierter optischer Schaltkreis)*, TELECOM IOS *(integrierte optische Schaltung)*
IOP *(input/output processor)* COMP & DP Eingabe/Ausgabeprozessor *m*
IOS *(input/output system)* COMP & DP Eingabe/Ausgabesystem *nt*
IP *(input)* COMP & DP IP *(Eingabe)*,
IPL *(initial program loader)* COMP & DP IPL *(Initialprogrammlader)*
IPS *(inches per second)* COMP & DP, RECORD Zoll pro Sekunde *m pl*
IR COMP & DP *(information retrieval)* IR *(Wiederauffinden von Informationen)*, OPT *(infrared)*, PHYS *(infrared)*, PLAS *(infrared)*, RAD PHYS *(infrared)* IR *(Infrarot)*, SAFETY *(industrial robot)* Industrieroboter *m*
IRB *(industry reference black)* PLAS IRB-Ruß *m* *(internationaler Standardrubß)*
IRPTC *(International Register of Potentially Toxic Chemicals)* POLL IRPTC *(Internationales Verzeichnis für potentiell toxische Chemikalien)*
IRS *(International Referral System)* POLL IRS *(Internationales Referenzsystem)*
IS COMP & DP *(indexed sequence)* Indexsequenz *f*, COMP & DP *(information system)* Informationssystem *nt*, ELECTRON *(saturation current)*, PHYS *(saturation current)*, RAD TECH *(saturation current)* IS *(Sättigungsstrom)*, TELECOM *(information system)* Informationssystem *nt*
ISB *(independent sideband)* RAD TECH ISB *(unabhängiges Seitenband)*
ISD *(international subscriber dialing AmE, international subscriber dialling BrE)* TELECOM internationale Teilnehmerselbstwahl *f*, internationaler Selbstwählferndienst *m*
ISDN *(integrated service digital network)* TELECOM ISDN *(integriertes digitales Fernmeldenetz)*
ISM *(in-service monitoring)* TELECOM ISM *(Betriebsüberwachung)*
ISO *(International Standards Organization)* ELECT, MECHAN ENG ISO *(Internationale Normungsorganisation)*
ISR *(information storage and retrieval)* COMP & DP Informationsspeicherung und -abfrage *f*, Informationsspeicherung und -wiederauffindung *f*
ITA *(international telegraph alphabet)* AIR TRANS, WATER TRANS ITA *(internationales Telegraphenalphabet)*
ITT *(integrated transit time)* PET TECH integrierte Laufzeit *f*
ITU *(International Telecommunications Union)* RAD TECH, WATER TRANS ITU *(Internationale Fernmeldeunion)*
IUC *(instrumentation and control)* ELECTRON IUC *(Meß- und Regeltechnik)*

j *(height of hydraulic jump)* HYD EQUIP j *(Sprunghöhe)*
J ACOUSTICS *(sound-energy flux)* J *(Schallenergiefluß)*, ELECT *(joule)*, FOOD TECH *(joule)*, MECHANICS *(joule)* J *(Joule)*, MECHANICS *(mechanical equivalent of heat)* J *(mechanisches Wärmeäquivalent)*, METROL *(joule)* J *(Joule)*, NUC TECH *(total angular momentum quantum number)* J *(Winkelmomentquantenzahl)*, PHYS *(joule)* J *(Joule)*, PHYS *(sound-energy flux)* J *(Schallenergiefluß)*, THERMODYN *(joule)* J *(Joule)*, THERMODYN *(mechanical equivalent of heat)* J *(me-*

chanisches Wärmeäquivalent)

JATO *AmE (jet-assisted takeoff)* SPACE Raketenstart *m*, Start mit Hilfsrakete *m*

JCL *(job control language)* COMP & DP Jobsteuersprache *f*

JDF *(junction distribution frame BrE)* TELECOM Knotenverteiler *m*

JET *(Joint European Torus)* RAD PHYS JET

JFET *(junction field effect transistor)* ELECTRON, RAD TECH Sperrschichtfeldeffekttransistor *m*

k ACOUSTICS *(wave constant)* k *(Wellenkonstante)*, ELECT *(coupling coefficient)* k *(Kopplungskoeffizient)*, LAB EQUIP *(kilo, kilogram, kilogramme)* k *(Kilo)*, NUC TECH *(multiplication constant for an infinite system)* k *(Multiplikationskonstante für infinite Systeme)*, NUC TECH *(neutron multiplication constant)* k *(Neutronenmultiplikationskonstante)*, PHYS *(Boltzmann constant)* k *(Boltzmannsche Zahl)*, PHYS *(coupling coefficient)* k *(Kopplungskoeffizient)*, THERMODYN *(Boltzmann constant)* k *(Boltzmannsche Zahl)*

K ACOUSTICS *(magnetostriction constant)* K *(Magnetostriktionskonstante)*, ELECT *(kelvin)* K *(Kelvin)*, HYD EQUIP *(bulk modulus of elasticity)* K *(Elastizitätsmodul)*, HYD EQUIP *(bulk modulus of compression)* K *(Kompressionsmodul)*, METROL *(kelvin)* K *(Kelvin)*, NUC TECH *(kerma)* K *(Kerma)*, PHYS *(kelvin)* K *(Kelvin)*, PHYS *(kerma)* K *(freigesetzte kinetische Energie geladener Teilchen in Materie)*, THERMODYN *(equilibrium constant)* K *(Gleichgewichtskonstante)*, THERMODYN *(kelvin)* K *(Kelvin)*

KB COMP & DP *(kilobyte)* KB *(Kilobyte)*, COMP & DP *(knowledge base)* WB *(Wissensbasis)*, TELECOM *(kilobyte)* KB *(Kilobyte)*

KBS *(knowledge-based system)* COMP & DP WBS *(wissensbasiertes System)*

kcal *(kilocalorie, kilogram calorie, kilogramme calorie)* FOOD TECH kcal *(Kilokalorie)*

KE *(knowledge engineering)* COMP & DP Wissenstechnik *f*

keff *(effective neutron multiplication constant)* NUC TECH keff *(effektive Neutronen-Multiplikationskonstante)*

kg *(kilo, kilogram, kilogramme)* LAB EQUIP, PHYS kg *(Kilogramm)*

kHz *(kilohertz)* ELECT, RAD TECH kHz *(Kilohertz)*

KR *(knowledge representation)* COMP & DP WR *(Wissensrepräsentation)*

KRL *(knowledge representation language)* COMP & DP Wissensdarstellungssprache *f*

KSR *(keyboard send-receive)* COMP & DP Tastatursende-Empfangsmodus *m*

kV *(kilovolt)* ELEC ENG kV *(Kilovolt)*

kW *(kilowatt)* ELECT kW *(Kilowatt)*

kWh *(kilowatt hour)* ELEC ENG, ELECT, PHYS kWh *(Kilowattstunde)*

KWIC *(keyword in context)* COMP & DP KWIC *(Stichwortanalyse mit Text)*

KWOC *(keyword out of context)* COMP & DP KWOC-Index *m Stichwortanalyse*

l COMP & DV *(length)*, GEOM *(length)* l *(Länge)*, KERNTECH *(effective neutron lifetime)* l *(effektive Neutronenlebensdauer)*, NUC TECH l, PHYS *(length)*, TELECOM *(length)* l *(Länge)*

L ACOUSTICS *(loudness)* L *(Lautstärke)*, ELEC ENG *(inductance)*, ELECT *(inductance)* L *(Induktivität)*, MECHANICS *(Lagrangian function, angular momentum)* L *(Lagrangesche Funktion)*, METROL *(inductance)* L *(Induktivität)*, NUC TECH *(diffusion length)* L *(Diffusionslänge)*, NUC TECH *(total orbital angular momentum number)* L *(Orbitalwinkelmomentzahl)*, NUC TECH *(linear energy transfer)* L *(lineare Energieübertragung)*, OPT *(luminance)* L *(Luminanz)*, PHYS *(inductance)* L *(Induktivität)*, RAD PHYS *(linear energy transfer)* L *(lineare Energieübertragung)*, RAD TECH *(inductance)*, RECORD *(inductance)*, TELECOM *(inductance)* L *(Induktivität)*, THERMODYN *(Lorenz unit)* L *(Lorenzsche Einheit)*

LADR *(linear accelerator-driven reactor)* NUC TECH Fusionsreaktor mit Linearbeschleuniger *m*

LAN *(local area network)* COMP & DP, TELECOM LAN *(lokales Netz)*

lb *(pound)* METROL Pfund *nt*

LB *(local battery)* COMP & DP LB *(Ortsbatterie)*, ELEC ENG LB *(lokale Batterie)*

lc *(lower case)* PRINT Kleinbuchstaben *m pl*

LC *(liquid crystal)* COMP & DP, ELECT LC *(Flüssigkristall)*

LCD COMP & DP *(liquid crystal display)*, ELECT *(liquid crystal display)*, ELECTRON *(liquid crystal display)*, INSTR *(liquid crystal display)* LCD *(Flüssigkristallanzeige)*, MATH *(least common denominator, lowest common denominator)* kgN, kgT *(kleinster gemeinsamer Nenner)*, TELECOM *(liquid crystal display)*, TELEV *(liquid crystal display)*, THERMODYN *(liquid crystal display)* LCD *(Flüssigkristallanzeige)*

LCM *(least common multiple, lowest common multiple)* COMP & DP, MATH kgV *(kleinstes gemeinsames Vielfaches)*

LCP *(location cancellation procedure)* TELECOM Standortlöschung *f*

LCV *(lower calorific value)* WASTE untere Heizleistung *f*

LD *(laser diode)* ELECTRON, OPT, PHYS, RAD PHYS, TELECOM Laserdiode *f*

LD$_{50}$ *(median lethal dose)* RAD PHYS *of ionizing radiation* LD$_{50}$ *(mittlere letale Dosis)*

LEAR *(Low-Energy Antiproton Ring)* PART PHYS *storage ring at CERN* LEAR *(Antiprotonenring mit geringer Energie)*

LED *(light-emitting diode)* COMP & DP LED *(Leuchtdiode)*, ELECT LED *(lichtemittierende Diode)*, ELECTRON LED *(Lumineszenzdiode)*, OPT, PHYS LED *(Leuchtdiode)*, TELECOM LED *(Lumineszenzdiode)*, TELEV LED *(Leuchtdiode)*

LEM *(lunar excursion module)* SPACE *spacecraft* LEM *(Mondlandefahrzeug)*

LEP *(large electron-positron collider)* PART PHYS *ring collider LEP (Elektronen-Positronen-Kollideranlage)*

LF *(low frequency)* ELECTRON, RAD TECH, RECORD, TELECOM, TELEV Nf *(Niederfrequenz)*

LHC *(large hadron collider)* PHYS LHC *(Hadronkollideranlage)*

LHCP *(left-hand circular polarization)* RAD TECH, SPACE linksdrehende Zirkularpolarisation *f*

LIFO *(last-in-first-out)* COMP & DP LIFO *(Last-in First-out)*

LINAC *(linear accelerator)* ELEC ENG, PHYS LINEAC *(Linearbeschleuniger)*

LINEAC *(linear accelerator)* PART PHYS LINEAC *(Li-*

nearbeschleuniger)

LISP *(list-programming language)* COMP & DP LISP *(Listenprogrammiersprache)*

LLL *(low-level language)* COMP & DP maschinenorientierte Programmiersprache *f*, niedere Programmiersprache *f*

LLV *(lunar logistics vehicle)* SPACE *spacecraft* Mondversorgungsfahrzeug *nt*

lm *(lumen)* METROL, PHYS, TELEV lm *(Lumen)*

LM *(lunar module)* SPACE *spacecraft* LM *(Lunar-Modul)*

LNG *(liquefied natural gas)* PET TECH, THERMODYN LNG *(Flüssigerdgas)*

LOI *(limiting oxygen index)* PLAS LOI *(Sauerstoffindex)*

loran *(long-range navigation)* AIR TRANS, WATER TRANS LORAN *(Langstreckennavigationskette)*

LOT *(leak-off test)* PET TECH DT *(Dichtigkeitstest)*

lox *(liquid oxygen)* SPACE, THERMODYN LOX *(Flüssigsauerstoff)*

LP *(long-playing record)* RECORD LP *(Langspielplatte)*

LPC *(linear predictive coding)* ELECTRON, TELECOM LPC *(lineare Prädiktionscodierung)*

LPG *(liquefied petroleum gas)* AUTO, HEAT & REFRIG, PET TECH, THERMODYN, WATER TRANS LPG *(Flüssiggas)*

LPM *(lines per minute)* COMP & DP LPM *(Zeilen pro Minute)*

LQ COMP & DP *(letter-quality)*, PRINT *(letter quality)* LQ *(Korrespondenzqualität)*

LR *(location register)* TELECOM Standortdatei *f*

LRC COMP & DP *(longitudinal redundancy check)* Blockprüfung *f*, Longitudinalprüfung *f*, Längssummenkontrolle *f*, RAIL *(light-rapid-comfortable)* Leichtbauschnelltriebzug *m*

LSB COMP & DP *(least significant bit)* LSB *(niederwertigstes Bit)*, ELECTRON *(lower sideband)*, RAD TECH *(lower sideband)*, TELEV *(lower sideband)* LSB *(unteres Seitenband)*

LSD COMP & DP *(large-screen display)* Großbildschirm *m*, COMP & DP *(least significant digit)* niederwertigste Ziffer *f*

LSI *(large-scale integration)* COMP & DP, ELECTRON, PHYS, TELECOM LSI *(Großintegration)*

LTM *(long-term memory)* ERGON LZG *(Langzeitgedächtnis)*

LUF *(lowest usable frequency)* RAD TECH NNF *(niedrigste nutzbare Frequenz)*

LUT *(local user terminal)* TELECOM Ortsteilnehmerendstelle *f*, WATER TRANS *satellite navigation* LUT *(Bodenstation)*

LW *(long wave)* RAD TECH LW *(Langwelle)*

LWHR *(light water hybrid reactor)* NUC TECH leichtwassergekühlter Hybridreaktor *m*

lx *(lux)* METROL, OPT, PHOTO, PHYS lx *(Lux)*

m ACOUSTICS *(shear elasticity)* m *(Scherelastizität)*, ACOUSTICS *(flare coefficient of horn)* m *(Streukoeffizient)*, MECHAN ENG *(mass)* m *(Masse)*, METROL *(meter AmE, metre BrE)* m *(Meter)*, METROL *(milli)* m *(Milli-)*, PHYS *(mutual inductance)* m *(Gegeninduktivität)*, PHYS *(mass)* m *(Masse)*, PHYS *(molecular mass)* m *(Molekularmasse)*, THERMOD *(mass)* m *(Masse)*

M AIR TRANS *(Mach number)*, HYD EQUIP *(Mach number)* M *(Machzahl)*, METROL *(mega-)* M *(Mega-)*, NUC TECH *(multiplication of a reactor)* M *(Reaktormultiplikation)*, PET TECH *(molecular weight)* M *(Molekulargewicht)*, PHYS *(Mach number)* M *(Machzahl)*, PHYS *(molecular weight)*, THERMODYN *(molecular weight)* M *(Molekulargewicht)*

Ma *(atomic mass)* NUC TECH Ma *(Atommasse)*

MAC NUC TECH *(maximum allowable concentration)* MAK *m (maximale Arbeitsplatzkonzentration)*, PART PHYS *(magnetic calorimeter)* MAC *(magnetisches Kalorimeter)*, POLL *(maximum allowable concentration)* HZK *(höchstzulässige Konzentration)*

magamp *(magnetic amplifier)* ELEC ENG Magnetverstärker *m*, Transduktor *m*, magnetischer Verstärker *m*, PHYS, SPACE magnetischer Verstärker *m*

MAP *(manufacturing automation protocol)* CONTROL MAP *(Manufacturing Automation Protocol)*

MAR *(memory address register)* COMP & DP Speicheradreßregister *nt*

maser *(microwave amplification by stimulated emission of radiation)* ELECTRON, PHYS, SPACE *communications*, TELECOM Maser *m (Mikrowellenverstärkung durch stimulierte Strahlungsabgabe)*

MB ART INT *(measure of belief)* Glaubensmaß *nt*, Maß der Glaubwürdigkeit *nt*, COMP & DP *(megabyte)* MB *(Megabyte)*

MBE *(molecular-beam epitaxy)* ELECTRON, RAD PHYS MBE *(Molekularstrahlepitaxie)*

MC AUTO *(motorcar)* Kfz *(Kraftfahrzeug)*, COMP & DP *(marginal check)* Grenzwertprüfung *f*, Toleranzprüfung *f*

MCA ELECTRON *(microchannel architecture)* 32-Bit-Busarchitektur *f*, NUC TECH *(maximum credible accident)* GAU *(größter anzunehmender Unfall)*

MCP *(master control program)* COMP & DP Steuerprogramm *nt*

MCW *(modulated continuous wave)* TELEV modulierter Dauerträger *m*

MDF *(main distribution frame)* TELECOM HVt *(Hauptverteiler)*

MDI *(diphenylmethane diisocyanate)* PLAS MDI *(Diphenylmethandiisocyanat)*

MDR COMP & DP *(memory data register)* MDR *(Speicherdatenregister)*, COMP & DP *(miscellaneous data recording)* gemischte Datenaufzeichnung *f*

me *(electron mass)* CHEMISTRY, NUC TECH, PART PHYS me *(Elektronenmasse)*

MEFP *(minimum error-free PAD)* TELECOM minimale fehlerfreie Paketierung/Depaketierung *f*

MEK *(methyl ethyl ketone)* PLAS MEK *(Methylethylketon)*

mep *(mean effective pressure)* AIR TRANS, MECHAN ENG MEP *(mittlerer Nutzdruck)*

MESFET *(metal semiconductor field effect transistor)* ELECTRON MESFET *(Metallhalbleiter-Feldeffekttransistor)*

MeV *(million electron volts)* PART PHYS MeV *(Million Elektronenvolt)*

MF ELECT *(melamine resin)* MF *(Melamin-Formaldehydharz)*, ELECTRON *(multiple frequency)* MF *(Mehrfachfrequenz)*, ELECTRON *(medium frequency)* MF *(Mittelfrequenz)*, PLAS *(melamine formaldehyde resin)* MF *(Melaminharz)*, RAD TECH *(multiple frequency)* MF *(Mehrfachfrequenz)*, RAD TECH *(medium frequency)* MF *(Mittelfrequenz)*, TELECOM *(multiple frequency)* MF *(Mehrfachfrequenz)*, TELECOM *(medium frequency)* MF *(Mittelfrequenz)*

MFC *(multifrequency code)* TELECOM MFC *(Multifrequenzcode)*

MFD *(multifrequency dialing AmE, multifrequency dialling BrE)* TELECOM MFW *(Mehrfrequenzwahl)*, TW *(Tonwahl)*

MFI *(melt flow index)* PLAS Schmelzindex *m*

MFM *(modified frequency modulation)* ELECTRON, RAD TECH, TELECOM MFM *(modifizierte Frequenzmodulation)*

Mg *(magnesium)* CHEMISTRY Mg *(Magnesium)*

MGD *(magnetogasdynamics)* NUC TECH MGD *(Magnetogasdynamik)*

MHS *(message handling system)* TELECOM Mitteilungs-Übermittlungsdienst *m*

MHz *(megahertz)* ELEC ENG, ELECT, RAD TECH, TELEV MHz *(Megahertz)*

MIC ELECTRON, WAVE PHYS *(microwave integrated circuit)* MIC *(integrierter Mikrowellenschaltkreis)*

MICR *(magnetic ink character recognition)* COMP & DP MICR *(Magnetschrifterkennung)*

MIPS *(millions of instructions per second)* COMP & DP MIPS *(Millionen Befehle pro Sekunde)*

MIS COMP & DP *(management information system)* MIS *(Management-Informationssystem)*, ELECTRON *(metal insulator semiconductor)* MIS *(Metallisolator-Halbleiter)*

MISFET *(metal insulator semiconductor field effect transistor)* ELECTRON MISFET *(Metallisolator-Feldeffekttransistor)*

MLD *(mean lethal dose)* RAD PHYS mittlere letale Dosis *f*

mmf *(magnetomotive force)* ELECT, FLUID PHYS, PHYS MMK *(magnetomotorische Kraft)*

MMI *(man-machine interface)* COMP & DP MMI *(Mensch-Maschine-Interface)*, CONTROL, SPACE MMI *(Mensch-Maschine-Schnittstelle)*

mn *(neutron mass)* NUC TECH, PART PHYS, RAD PHYS mn *(Neutronenmasse)*

MN *(nuclear mass)* NUC TECH MN *(Kernmasse)*

m_0 *(rest mass)* NUC TECH m_0 *(Restmasse)*

m-o *(magneto-optic, magneto-optical)* OPT magnetooptisch

mol *(mole)* CHEMISTRY, METROL, PHYS mol *(Mole)*

MOL *(manned orbiting laboratory)* SPACE bemanntes Orbitallabor *nt*

MOS COMP & DP *(metal oxide semiconductor)*, ELECTRON *(metal oxide semiconductor)* MOS *(Metalloxid-Halbleiter)*, TELECOM *(mean opinion score)* Punktzahl für durchschnittliche Meinung *f*

MOSFET *(metal oxide silicon field effect transistor)* RAD TECH MOSFET *(Metalloxid-Silizium-Feldeffekttransistor)*

mp CHEM ENG *(melting point)* Schmelzpunkt *m*, NUC TECH *(proton mass)* mp *(Protonenmasse)*, PAPER *(melting point)*, PLAS *(melting point)*, TEXT *(melting point)*, THERMODYN *(melting point)* Schmelzpunkt *m*

MP COMP & DP *(microprocessor)*, ELECT *(microprocessor)*, MECHAN ENG *(microprocessor)* MP *(Mikroprozessor)*, PACK *(metalized paper AmE, metallic paper, metallized paper BrE)* MP *(Metallpapier)*MPP *(massively parallel processing)* ART INT Massenparallelverarbeitung *f*, massive Parallelität *f*

MPP *(massively parallel processing)* ART INT Massenparallelverarbeitung *f*, massive Parallelität *f*

MPSK *(modulated phase shift keying)* ELECTRON verzögerte modulierte Phasenumtastung *f*

MPU *(microprocessor unit)* COMP & DP Mikroprozessoreinheit *f*

MS TELECOM *(message storing)* MS *(Mitteilungsspeicherung)* TELECOM *(mobile station)* MS *(Mobilstation)*

MSB *(most significant bit)* COMP & DP höchstwertige Binärstelle *f*, höchstwertiges Bit *nt*

MSC TELECOM *(mobile switching center AmE, mobile switching centre BrE)* MSC *(Funkvermittlungsstelle)*, TELECOM *(maritime switching center AmE, maritime switching centre BrE)* Seefunkvermittlungsstelle *f*

MSG *(monosodium glutamate)* FOOD TECH Mononatriumglutamat *nt*

MSI *(medium-scale integration)* COMP & DP MSI *(mittlerer Integrationsgrad)*, ELECTRON MSI *(mittlere Integrationstechnik)*, TELECOM MSI *(mittlerer Integrationsgrad)*

MSK *(minimum-shift keying)* COMP & DP MSK *(Minimalphasenumtastung)*, ELECTRON MSK *(kleinste Umtastung)*, RAD TECH, TELECOM MSK *(Minimalphasenumtastung)*

msl *(mean sea level)* WATER TRANS NN *(Normalnull)*

MSN *(message switching network)* TELECOM Nachrichtenvermittlungsnetz *nt*

MSW *(municipal solid waste)* WASTE fester Siedlungsabfall *m*

MTBF *(mean time between failures)* COMP & DP mittlere fehlerfreie Betriebszeit *f*, mittlerer Ausfallabstand *m*, ELEC ENG mittlere Lebensdauer *f*, mittlerer Ausfallabstand *m*, MECHANICS mittlere Zeit zwischen Ausfällen *f*, SPACE mittlere Zeitdauer zwischen Ausfällen *f*, TELECOM mittlerer Ausfallabstand *m*

MTBR *(mean time between removals)* SPACE mittlere Zeitdauer zwischen Entnahmen *f*

MTL *(merged transistor logic)* ELECTRON MTL-Logik *f* *(integrierte Transistorlogik)*

MTR *(materials-testing reactor)* NUC TECH MTR *(Materialprüfreaktor)*

MTTF *(mean time to failure)* COMP & DP mittlere Lebensdauer *f*

MTTR *(mean time to repair)* COMP & DP MTTR *(mittlere Reparaturdauer)*, ELEC ENG MTTR *(mittlere Zeit bis zur Reparatur)*, MECHANICS MTTR *(mittlere Instandsetzungszeit)*, QUAL, SPACE MTTR *(mittlere Reparaturdauer)*

mu *(unified atomic mass constant)* NUC TECH mu *(Atommassenkonstante)*

μ ELECT *(permeability)* μ *(Permeabilität)*, RAD TECH *(amplification factor)* μ *(Verstärkung)*, THERMODYN μ

MUF *(maximum usable frequency)* RAD TECH HNF *(höchste nutzbare Frequenz)*

μH *(Hall mobility)* RAD TECH μH *(Hallsche Mobilität)*

μV *(microvolt)* ELEC ENG, ELECT μV *(Mikrovolt)*

MUX *(multiplexer)* COMP & DP, ELECTRON, TELECOM, TELEV MUX *(Multiplexer)*

MW *(medium wave)* RAD TECH MW *(Mittelwelle)*

Mx *(maxwell)* ELEC ENG, ELECT Mx *(Maxwell)*

n ELECT *(neutron)* n *(Neutron)*, ELECT *(turns per unit length)* n *(Windungszahl pro Längeneinheit)*, METROL *(principal quantum number)* n *(Quantenzahl)*, NUC TECH *(neutron)* n *(Neutron)*, NUC TECH *(principal quantum number)* n *(Quantenzahl)*, PART PHYS *(neutron)* n *(Neutron)*, PHYS *(molecular density)* n *(Molekulardichte)*, RAD PHYS *(neutron)* n *(Neutron)*, THERMODYN *(molecular density)* n *(Molekular-*

dichte)

N ELECT *(newton)* N *(Newton)*, ELECT *(number of turns in a winding)* N *(Windungszahl)*, ELECTRON *(noise power)* N *(Rauschleistung)*, FLUID PHYS *(newton)*, HYD EQUIP *(newton)*, METROL *(newton)* N *(Newton)*, METROL *(radiance)* N *(Strahlung)*, NUC TECH *(noise power)* N *(Rauschleistung)*, OPT *(radiance)* N *(Strahlung)*, PHYS *(number of molecules)* N *(Molekülzahl)*

N_A *(Avogadro's number, Loschmidt number)* PHYS, THERMODYN N_A *(Avogadrosche Zahl, Loschmidtsche Zahl)*

NA *(numerical aperture)* ELEC ENG, OPT, PHYS, TELECOM numerische Apertur *f*

NAD *(noise amplitude distribution)* TELECOM Rauschamplitudenverteilung *f*

NAK *(negative acknowledgement)* COMP & DP, TELECOM negative Quittung *f*, negative Rückmeldung *f*

NASA *(National Aeronautics and Space Administration)* SPACE NASA *(Nordamerikanische Weltraumbehörde)*

NB *(nominal bore)* NUC TECH Nennbohrung *f*, PROD ENG *plastic valves* Nennweite *f*

NBFM *(narrow-band frequency modulation)* ELECTRON, RAD TECH, TELECOM SBFM *(Schmalbandfrequenzmodulation)*

NBPSK *(narrow band phase shift keying)* TELECOM Schmalband-Phasenumtastung *f*

NBVM *(narrow-band voice modulation)* TELECOM Schmalband-Sprachmodulation *f*

NC *(numerical control)* COMP & DP, CONTROL *machine tools*, ELECT, MECHAN ENG, MECHANICS NC *(numerische Steuerung)*

NCC *(network control center AmE, network control centre BrE)* TELECOM Netzkontrollzentrum *nt*

NDR *(normalized drilling rate)* PET TECH normalisierte Bohrrate *f*

NDT MECHAN ENG *(nondestructive testing system)* zerstörungsfreie Prüfverfahren *f*, SPACE *(nondestructive testing) spacecraft* zerstörungsfreie Prüfung *f*

NEP *(noise equivalent power)* OPT, TELECOM äquivalente Rauschleistung *f*

NEXT *(near-end crosstalk)* ELEC ENG, TELECOM Nahnebensprechen *nt*

NGL *(natural gas liquid)* PET TECH Erdgaskondensat *nt*

NiCd *(nickel-cadmium)* PHOTO, RAD TECH NiCd *(Nickel-Cadmium)*

NID *(nationality identification digits)* TELECOM Nationalitätskennungsziffern *f pl*

NL *(natural language)* COMP & DP natürliche Sprache *f*

NLP *(natural language processing)* ART INT natürliche Sprachverarbeitung *f*

NLQ *(near-letter quality)* COMP & DP, PRINT NLQ-Druckmodus *m*, korrespondenzfähiges Schriftbild *nt*

NMC *(network management center AmE, network management centre BrE)* TELECOM Netzführungszentrum *nt*, Netzverwaltungszentrale *f*

NMI *(nonmaskable interrupt)* COMP & DP nicht maskierbare Unterbrechung *f*

NMOS *(n-channel metal-oxide semiconductor)* ELECTRON NMOS

NMR *(nuclear magnetic resonance)* PART PHYS, PET TECH NMR *(magnetische Kernresonanz)*

NN *(neural net, neural network)* ART INT, COMP & DP NN *(neurales Netz)*

NNSS *(Navy Navigation Satellite System)* WATER TRANS NNSS *(Navigationssatellitensystem)*

NO-OP *(no-operation)* COMP & DP NO-OP *(Nulloperation)*

Np *(neper)* PHYS *unit of attenuation* Np *(Neper)*

NR *(natural rubber)* PLAS NK *(Naturkautschuk)*

NTSC *(National Television Standards Committee AmE)* TELEV NTSC *(Amerikanischer Fernsehnormungsausschuß)*

NUC *(not under command)* WATER TRANS manövrierunfähig

NUT *(number-unobtainable tone)* TELECOM NU-Ton *m* *(kein Anschluß unter dieser Nummer)*

NVM *(nonvolatile memory)* COMP & DP Strukturspeicher *m*

NWT *(nonwaste technology)* WASTE abfallfreie Technologie *f*, saubere Technologie *f*, umweltfreundliche Technologie *f*

OA *(office automation)* COMP & DP Büroautomatisierung *f*

OACSU *(off-air call setup)* TELECOM sprechkanalfreier Verbindungsaufbau *m*

OB *(outside broadcast)* TELEV Außenreportage *f*, Außenübertragung *f*

OBI *(omnibearing indicator)* AIR TRANS Rundsichtpeilanzeiger *m*, automatischer Azimutanzeiger *m*

OBO *(ore-bulk oil)* WATER TRANS OBO *(Flüssigkeitsmassengut)*

OC *(operating characteristic)* QUAL OC *(Operationscharakteristik)*

OCO *(ore-coal-oil)* TRANS OCO *(Erz-Kohle-Öl)*

OCP *(order code processor)* COMP & DP Befehlscodeprozessor *m*

OCR *(optical character recognition)* COMP & DP OCR *(optische Zeichenerkennung)*

OD *(outside diameter)* MECHAN ENG, MECHANICS *(outside diameter)* Außendurchmesser *m*, POLL *(overdose)* Überdosis *f*, PROD ENG *(outside diameter) plastic valves* Außendurchmesser *m*

OEM *(original equipment manufacturer)* MECHAN ENG Fabrikabnehmer *m*, OEM-Hersteller *m*

OHC *(overhead camshaft)* AUTO, MECHANICS obenliegende Nockenwelle *f*

OHV *(overhead valve)* AUTO hängendes Ventil *nt*, obengesteuertes Ventil *nt*

OLRT *(online real time)* COMP & DP OLRT *(Online-Echtzeit)*

OLT *(online test program)* COMP & DP Online-Testprogramm *nt*

OLTS *(online test system)* COMP & DP Online-Testsystem *nt*

OMC *(operations and maintenance center AmE, operations and maintenance centre BrE)* TELECOM Betriebs- und Wartungszentrum *nt*

Ω *(volume in phase space)* PHYS *(Volumen in Phase)*

OMR COMP & DP *(optical mark recognition)* OMR *(optische Markierungserkennung)*, COMP & DP *(optical mark reading)* optisches Markierungslesen *nt*

ONR *(octane number rating)* AUTO Oktanzahlbestimmung *f*, Oktanzahlwert *m*

OOP *(object-oriented programming)* ART INT OOP *(objektorientierte Programmierung)*

op amp *(operational amplifier)* COMP & DP, ELECTRON, PHYS, RAD TECH, TELECOM OA *(Operationsverstärker)*

OPEC *(Organization of Petroleum-Exporting Countries)* PET TECH OPEC *f* *(Organisation ölexportierender Länder)*

OR *(operations research)* COMP & DP OR *(Operations-Research)*

ORE *(Office for Research and Experiments)* RAIL Eisenbahnforschungs- und Versuchsamt *nt*

OROM *(optical read-only memory)* COMP & DP, OPT OROM *(optischer Festwertspeicher)*

OS *(operating system)* COMP & DP, TELECOM Betriebssystem *nt*

OSA *(open systems architecture)* TELECOM Architektur offener Systeme *f*

OSC *(on-scene commander)* MAR POLL Vor-Ort-Einsatzleiter *m*

OSCAR *(Orbiting Satellite Carrying Amateur Radio)* RAD TECH, SPACE *communications* OSCAR *(Bahnsatellit für Amateurfunkzwecke)*

OSI *(open systems interconnection)* COMP & DP, TELECOM OSI *(Kommunikation offener Systeme)*

OSN *(optical switching network)* TELECOM optisches Koppelfeld *nt*

OSO *(ore-slurry-oil)* WATER TRANS OSO *(Erz-Schlamm-Öl)*

OSR *(optical solar reflector)* SPACE optischer Solarreflektor *m*

OTSG *(once-through steam generator)* NUC TECH Durchlaufdampfgenerator *m*

p ACOUSTICS *(acoustic pressure, sound pressure)* p *(Schalldruck)*, METROL *(pico-)* p *(Piko-)*, NUC TECH *(proton)* p *(Proton)*, NUC TECH *(resonance escape probability)* p *(Resonanzfluchtwahrscheinlichkeit)*, PART PHYS *(proton)*, PHYS *(proton)* p *(Proton)*, PHYS *(acoustic pressure, sound pressure)* p *(Schalldruck)*, RAD TECH *(proton)* p *(Proton)*, RECORD *(acoustic pressure, sound pressure)*, SPACE *(acoustic pressure, sound pressure)* p *(Schalldruck)*

P ELECT *(power)* P *(Leistung)*, ELECT *(permeance)* P *(magnetischer Leitwert)*, NUC TECH *(proton number)* P *(Protonenzahl)*

Pa *(pascal)* METROL, PHYS *hydrostatics* Pa *(Pascal)*

PA AIR TRANS *(public address)* Ansage *f*, CHEMISTRY *(polyamide)* PA *(polyamid)*, ELEC ENG *(power amplifier)*, ELECTRON *(power amplifier)*, PHYS *(power amplifier)* PA *(Endstufe, Endverstärker, Leistungsverstärker)*, PLAS *(polyamide)* PA *(polyamid)*, RAD TECH *(power amplifier)*, RECORD *(power amplifier)*, SPACE *(power amplifier)*, TELECOM *(power amplifier)* PA *(Endstufe, Endverstärker, Leistungsverstärker)*, TEXT *(polyamide)* PA *(polyamid)*

PAA *(polyacrylate)* CHEMISTRY, PLAS PAA *(Polyacrylat)*

PAD *(packet assembler-disassembler)* COMP & DP Paketierungs-Depaketierungseinrichtung *f*, TELECOM Paketierer-Depaketierer *m*

PAL COMP & DP *(programmable array logic)* PAL *(programmierbare logische Anordnung)*, COMP & DP *(phase alternation line)*, TELEV *(phase alternation line)* PAL-System *nt*

PAM *(pulse amplitude modulation)* COMP & DP, ELECTRON, RAD TECH, TELECOM PAM *(Pulsamplitudenmodulation)*

PAN POLL *(peroxoacetylnitrate)* PAN *(Peroxyacetylnitrat)*, POLL *(polyacrylonitrile)* PAN *(Polyacrylnitril)*

PB *(polybutene, polybutylene)* PLAS PB *(Polybutylen)*

PBT *(polybutylene ephtalate)* ELECT *insulating material*, PLAS PBT *(Polybutylenterephthalat)*

PBX *(private branch exchange)* TELECOM PBX *(private Selbstwählnebenstelle)*

PC COMP & DP *(personal computer)* PC *(Personal Computer)*, ELECT *(polycarbonate)*, PLAS *(polycarbonate)* PC *(Polycarbonat)*

PCB *(printed circuit board)* COMP & DP, ELECT PCB *(Leiterplatte)*, ELECTRON PCB *(gedruckte Schaltung)*, RAD TECH, TELECOM, TELEV PCB *(Leiterplatte)*

PCM *(pulse code modulation)* COMP & DP, ELECTRON, RAD PHYS, RAD TECH, RECORD, TELECOM, TELEV PCM *(Pulscodemodulation)*

PCT *(peak cladding temperature)* NUC TECH Höchsttemperatur in der Brennelementhülse *f*

PCU AUTO *(passenger car unit)* PKW-E, COMP & DP *(peripheral control unit)* PCU *(externe Steuereinheit)*

PCV *(positive crankcase ventilation)* AUTO PCV-Ventilation *nt* *(Kurbelgehäusezwangseentlüftung)*

PCVD *(pulse code voice data)* ELECTRON Pulscode-Sprachdaten *nt pl*

PD *(potential difference)* ELEC ENG, ELECT, PHYS Potentialdifferenz *f*, Spannungsdifferenz *f*

PDAP *(polydiallylphthalate)* PLAS PDAP *(Polydiallyphthalat)*

PDM *(pulse delta modulation)* COMP & DP PDM *(Pulsdeltamodulation)*

PDN *(public data network)* COMP & DP PDN *(öffentliches Datennetz)*

PDR *(preliminary design review)* SPACE PDR *(vorläufige technische Prüfung)*

PE *abbr* CHEMISTRY *(polyethylene AmE, polythene BrE)* PET *(Polyethylen)*, COMP & DP *(phase encoding)* Richtungstaktschrift *f* *(PM)*, ELECTRICITY *(polyethylene AmE, polythene BrE)*, PACK *(polyethylene AmE, polythene BrE)*, PETROL *(polyethylene AmE, polythene BrE)*, PLAST *(polyethylene AmE, polythene BrE)*, TEX *(polyethylene AmE, polythene BrE)*

PEC *(photoelectric cell)* ELECT, ELECTRON, PHOTO, PHYS, PRINT, RAD PHYS, TELEV PEC *(Fotozelle)*

PEP *(peak envelope power)* RAD TECH, TELECOM Spitzenleistung *f*

PERT *(program evaluation and review technique)* COMP & DP, SPACE PERT *(Programmbewertungs- und Überprüfungsverfahren)*

PES *(polyester)* CHEMISTRY, ELECT, PLAS, TEXT PES *(Polyester)*

PET *(polyethylene AmE, polythene BrE)* CHEMISTRY, ELECT, PACK, PET TECH, PLAS, TEXT PET *(Polyethylen)*

PETP *(polyethylene terephthalate)* PLAS PETP *(Polyethylenterephthalat)*

PEV *(peak envelope voltage)* RAD TECH SS-Spannung *f* *(Spitzenspannung eines Senders)*

PFM *(pulse frequency modulation)* COMP & DP, ELECTRON PFM *(Pulsfrequenzmodulation)*

PFR *(power fail restart)* COMP & DP Neustart nach Netzausfall *m*

Pg *(grid dissipation power)* RAD TECH Pg *(Gitterverlustleistung)*

PG *(pulse generator)* COMP & DP, ELECT, TELECOM Impulsgenerator *m*

ϕ ACOUSTICS *(velocity potential)* ϕ *(Geschwindigkeitspotential)*, ACOUSTICS *(angular displacement)* ϕ

(Winkelverdrängung)

PI *(polyimide)* ELECT, ELECTRON, PLAS PI *(Polyimid)*

PIB *(polyisobutylene)* PLAS PIB *(Polyisobutylen)*

PL *(predicate logic)* ART INT PL *(Prädikatenlogik)*

PLA *(programmable logic array)* COMP & DP PLA *(programmierbare Logikanordnung)*

PLC *(programmable logic control)* CONTROL, IND PROCESS SPS *(speicherprogrammierbare Steuerung)*

PLL *(phase-locked loop)* ELECTRON, RAD TECH, SPACE *spacecraft*, TELECOM, TELEV PLL *(Phasenregelkreis)*

PLMN *(public land mobile network)* TELECOM öffentliches Mobilfunknetz *nt*

PM *(phase modulation)* COMP & DP, ELECTRON, PHYS, RAD TECH, RECORD, TELECOM, TELEV PM *(Phasenmodulation)*

PMBX *(private manual branch exchange)* TELECOM Nebenstellenanlage mit Handvermittlung *f*

PMC *(powder mold coating AmE, powder mould coating BrE)* PLAS PMC-Verfahren *nt (Pulverlack-Beschichtungstechnik)*

PMMA *(polymethyl methacrylate)* PLAS PMMA *(Polymethylmethacrylat)*

PMOS *(positive metal oxide semiconductor)* COMP & DP P-Kanal-MOS *nt*

PN *(pseudonoise)* TELECOM Pseudorauschen *nt*

p-n-p *(positive-negative-positive)* ELECTRON pnp *(positiv-negativ-positiv)*

PO PLAS *(polyolefin)* PO *(Polyolefin)*, TEXT *(polynosic fiber AmE, polynosic fibre BrE)* PO *(Polynosic-Faser)*, TEXT *(polyolefin)* PO *(Polyolefin)*

POM *(polyoxymethylene)* CHEMISTRY, PLAS POM *(Polyoxymethylen)*

pp PRINT *(pages)* Sn *(Seiten)*, RAD TECH *(peak-to-peak)*, TELEV *(peak-to-peak)* SS *(Spitze-Spitze-)*

PP *(polypropylene)* CHEMISTRY, ELECT, PET TECH, PLAS, TEXT PP *(Polypropylen)*

PPI *(plan position indicator)* PHYS *radar* PPI-Anzeige *f (Panoramaanzeige)*

PPM COMP & DP *(pulse phase modulation)* PPM *(Pulsphasenmodulation)*, ELECTRON *(pulse phase modulation)* PPM *(Pulsphasenmodulation)*, ELECTRON *(pulse position modulation)* PPM *(Pulslagenmodulation)*, TELECOM *(pulse phase modulation)* PPM *(Pulsphasenmodulation)*, TELECOM *(pulse position modulation)* PPM *(Pulslagenmodulation)*

PPU *(peripheral processing units)* COMP & DP PPU *(Peripherietechnik)*

PRA *(primary rate access)* TELECOM Primärmultiplexanschluß *m*, Primärratenanschluß *m*

PRF *(pulse repetition frequency)* COMP & DP, ELECTRON, PHYS, TELECOM Impulsfolgefrequenz *f*, Pulswiederholfrequenz *f*

PROM *(programmable read-only memory)* COMP & DP, RAD TECH PROM *(programmierbarer Lesespeicher)*

PRR *(pulse repetition rate)* PHYS Pulswiederholrate *f*

PRT *(personal rapid transit)* TRANS Personenschnellverkehrssystem *nt*

PS CHEMISTRY *(polystyrene)* PS *(Polystyren)*, ELECT *(polystyrene)* PS *(Polystyrol)*, ELECT *(packet switch)* Paketvermittlungseinrichtung *f*, PLAS *(polystyrene)* PS *(Polystyren)*, TELECOM *(packet switch)* Paketvermittlungseinrichtung *f*

PSA *(particle size analyser BrE, particle size analyzer AmE)* CHEM ENG, NUC TECH Teilchengrößenanalysator *m*

psi *(pounds per square inch)* METROL Pfund pro Quadratzoll *nt*

PSK *(phase-shift keying)* COMP & DP PSK *(Phasensprungtastung)*, ELECTRON, RAD TECH, SPACE, TELECOM PSK *(Phasenumtastung)*

PSN *(packet-switched network)* COMP & DP paketweiser Datenservice *m*, TELECOM paketvermitteltes Netz *nt*

PSW COMP & DP *(program status word)* Programmstatuswort *nt*, COMP & DP *(processor status word)* Prozessorstatuswort *nt*

PT *(pulse transformer)* TELECOM Impulsübertrager *m*

PTC *(passive thermal control)* SPACE PTC *(passive Thermosteuerung)*

PTFE *(polytetrafluoroethylene)* PLAS, PROD ENG PTFE *(Polytetrafluorethen)*

PTM *(pulse time modulation)* ELECTRON Pulszeitmodulation *f*

PUR *(polyurethane)* PLAS, TEXT PUR *(Polyurethan)*

PVAC *(polyvinyl acetate)* PLAS PVAC *(Polyvinylacetat)*

PVAL *(polyvinyl alcohol)* PLAS, PRINT PVAL *(Polyvinylalkohol)*

PVB *(polyvinyl butyral)* PLAS PVB *(Polyvinylbutyral)*

PVC COMP & DP *(permanent virtual circuit)* feste virtuelle Verbindung *f*, fester virtueller Schaltkreis *m*, CONST *(polyvinyl chloride)*, ELEC ENG *(polyvinyl chloride)*, PROD ENG *(polyvinyl chloride)* PVC *(Polyvinylchlorid)*, TELECOM *(permanent virtual circuit)* feste virtuelle Verbindung *f*

PVDC *(polyvinylidene chloride)* PLAS PVDC *(Polyvinylidenchlorid)*

PVE *(polyvinyl ether)* PLAS PVE *(Polyvinylether)*

PVF *(polyvinyl fluoride)* PLAS PVF *(Polyvinylfluorid)*

PVFD *(polyvinylidene fluoride)* PLAS PVDF *(Polyvinylidenfluorid)*

PW *(pulse width)* COMP & DP, ELECTRON, PHYS, TELECOM, TELEV PB *(Pulsbreite)*

PWM *(pulse width modulation)* ELECTRON PDM *(Pulsdauermodulation)*, PWM *(Pulsweitenmodulation)*

Q ACOUSTICS *(ratio of reactance to resistance)* Q *(Verhältnis Reaktanz/Widerstand)*, ELECT *(electric charge)* Q, NUC TECH *(reaction energy)* Q *(Reaktionsenergie)*, NUC TECH *(disintegration energy)* Q *(Zerfallsenergie)*, OPT *(quantity of light)* Q *(Lichtmenge)*

QA *(quality assurance)* MECHAN ENG, MECHANICS, NUC TECH, PACK, QUAL QS *(Qualitätssicherung)*

QAM COMP & DP *(quadrature amplitude modulation)* QAM *(Quadratur-Amplitudenmodulation)*, ELECTRON *(quadrature amplitude modulator)* QAM *(Quadratur-Amplitudenmodulator)*, ELECTRON *(quadrature amplitude modulation)*, TELECOM *(quadrature amplitude modulation)* QAM *(Quadratur-Amplitudenmodulation)*

QC *(quality control)* MECHAN ENG, MECHANICS, METROL Q-Kontrolle *f (Qualitätskontrolle)*, NUC TECH Qualitätsüberprüfung *f*, PACK, PRINT, QUAL Q-Kontrolle *f (Qualitätskontrolle)*

QCD *(quantum chromodynamics)* PART PHYS QCD *(Quantenchromodynamik)*

QED *(quantum electrodynamics)* PHYS QED *(Quantenelektrodynamik)*

QL *(query language)* COMP & DP Abfragesprache *f*, Datenbanksprache *f*

QPSK *(quadriphase shift keying, quaternary phase shift keying)* ELECTRON, TELECOM QPSK *(Vierphasenum-*

tastung)

QS *(quantized signal)* ELECTRON QZ *(quantisiertes* Zeichen)

QSAM *(queued sequential access method)* COMP & DP QSAM *(erweiterte Zugriffsmöglichkeit für sequentielle Dateien)*

QSCM *(quality system certificate material)* QUAL Qualitätssystem-Bescheinigungsmaterial *nt*

QSG *(quasi-stellar galaxy)* SPACE QSG *(Quasistellargalaxie)*

QSO *(quasi-stellar object)* SPACE QSO *(quasi-stellares* Objekt)

QSS *(quasi-stellar radio source)* SPACE quasi-stellare Radioquelle *f*

QUIP *(quad-in-line package)* ELECTRON QUIL-Gehäuse *nt*

QUISAM *(queued unique index sequential access method)* COMP & DP QUISAM *(erweiterte indizierte Zugriffsmöglichkeit für sequentielle Dateien)*

r ACOUSTICS *(distance from source)* r *(Entfernung von der Schallquelle)*, NUC TECH *(nuclear radius)* r *(Kernradius)*, OPT *(angle of refraction)*, PHYS *(angle of refraction)* r *(Brechungswinkel)*

R ELECT *(reluctance)* R *(Reluktanz)*, ELECT *(resistance)* R *(Widerstand)*, NUC TECH *(dose rate)* R *(Dosis)*, NUC TECH *(Rydberg constant)* R *(Rydberg-Konstante)*, NUC TECH *(linear range)* R *(linearer Bereich)*, PHYS *(gas constant)* R *(Gaskonstante)*, PHYS *(dose rate)* Strahlungsintensität *f*, RAD PHYS *(dose rate)* Dosisleistung *f*, Dosisrate *f*, RAD PHYS *(röntgen)* R *(Röntgen)*, THERMODYN *(gas constant)* R *(Gaskonstante)*

rad *(radiation absorbed dose)* RAD PHYS Rad

Rα *(Rydberg constant)* NUC TECH Rα *(Rydberg-Konstante)*

RAM *(random access memory)* COMP & DP, ELECTRON RAM *(Schreib-/Lesespeicher)*

RATO *BrE (rocket-assisted takeoff)* SPACE Raketenstart *m*, Start mit Hilfsrakete *m*

RBA *(relative byte address)* COMP & DP RBA *(relative Byteadresse)*

RC ELECTRON *(resistor-capacitor)* RC, TRANS *(reserve capacity)* Reservekapazität *f*

RCC *(rescue coordination center AmE, rescue coordination centre BrE)* AIR TRANS, WATER TRANS SAR-Leitstelle *f*, Seenotrettungsleitstelle *f*

RCU *(remote concentration unit)* TELECOM abgesetzte Konzentratoreinheit *f*

RDA *(recommended dietary allowances)* FOOD TECH Empfehlungen für die Nährstoffzufuhr *f pl*

RDB *(relational database)* COMP & DP, TELECOM RDB *(relationale Datenbank)*

RDF PHYS *(radio direction finding)* Radiogoniometrie *f*, RAD TECH *(radio direction finding)*, TRANS *(radio direction finding)* Funkpeilung *f*, Radiogoniometrie *f*, WASTE *(refuse-derived fuel)* Müllbrennstoff *m*, WATER TRANS *(radio direction finding)* Funkpeilung *f*

RDSS *(radio determination satellite system)* RAD TECH, TRANS, WATER TRANS RDSS *(Satellitenfunkortungssystem)*

re *(electron radius)* NUC TECH re *(Elektronenradius)*

Re *(Reynolds number)* AIR TRANS, FLUID PHYS, FUELLESS, HYD EQUIP, PHYS Re *(Reynoldszahl)*

RF ELECTRON *(radio frequency)* HF *(Hochfrequenz)*, RF *(Radiofrequenz)*, INSTR *(range finder)* Entfernungsmeßgerät *nt*, RAD TECH *(radio frequency)*, RECORD *(radio frequency)*, TELECOM *(radio frequency)*, TELEV *(radio frequency)* HF *(Hochfrequenz)*, RF *(Radiofrequenz)*, WATER TRANS *(range finder)* Entfernungsmesser *m*, WATER TRANS *(radio frequency)* HF *(Hochfrequenz)*, RF *(Radiofrequenz)*

RGB *(red-green-blue)* COMP & DP, TELEV RGB *(rot-grün-blau)*

rh *(right-handed)* MECHAN ENG rechtsgängig

RH *(Hall coefficient)* PHYS, RAD TECH RH *(Hallscher Koeffizient)*

RHIC *(relativistic heavy ion collider)* PART PHYS RHIC

RICH *(ring-imaging Cherenkov counter)* PART PHYS RICH *(ringbildender Tscherenkov-Zähler)*

RISC *(reduced instruction set computer)* COMP & DP Computer mit reduziertem Befehlsvorrat *m*

RIT *(receiver incremental tuning)* RAD TECH RIT *(Empfängerfeinabstimmung)*

RJE *(remote job entry)* COMP & DP Jobferneingabe *f*, Jobfernverarbeitung *f*

rms *(root mean square)* ELECT, ELECTRON, RECORD RMS *(quadratischer Mittel)*

Rn *(radon)* PHYS Rn *(Radon)*

ROM *(read-only memory)* COMP & DP, ELEC ENG, ELECT, RAD TECH ROM *(ROM-Speicher, Nur-Lese-Speicher)*

ro-ro *(roll-on-roll-off)* TRANS Ro-Ro *(Roll-on-Roll-off)*

RPG *(report program generator)* COMP & DP Listenprogrammgenerator *m*

RPM *(revolutions per minute)* ELECT Drehzahl *f*

RPN *(reverse Polish notation)* COMP & DP UPN *f (umgekehrte Polnische Notation)*

RP-1 *(kerosene AmE, paraffin BrE)* PET TECH, TRANS RP-1 *(Kerosin)*

RPS *(reactor protection system)* NUC TECH Havarieschutz *m*

RS *(record separator)* COMP & DP Untergruppentrennzeichen *nt*

RSU *(remote switching unit)* TELECOM Konzentratorzentrale *f*

RT *(radar tracking)* AIR TRANS, RAD TECH, TRANS Radarzielverfolgung *f*

RTC *(road tank car)* AUTO Straßentankfahrzeug *nt*

RTM *(reference test method)* PLAS RTM-Verfahren *nt (Referenztestmethode-Verfahren)*

RTTY *(radioteletype)* RAD TECH RTTY *(Funkfernschreiben)*

s ELECT *(slip)* s *(Schlupf)*, METROL *(spin quantum number)*, NUC TECH *(spin quantum number)*, PHYS *(spin quantum number)* s *(Spinquantenzahl)*

S ELECT *(Poynting vector)* S *(Poyntingscher Vektor)*, HYD EQUIP *(slope)* S *(Gefälle)*, METROL *(siemens)* S *(Siemens)*, NUC TECH *(stopping power)* S *(Anhaltleistung)*, NUC TECH *(source strength)* S *(Quellenstärke)*, NUC TECH *(total spin quantum number)* S *(Spinquantengesamtzahl)*, NUC TECH *(specific ionization)* S *(spezifische Ionisierung)*, PHYS *(Poynting vector)* S *(Poyntingscher Vektor)*

SAG *(self-aligned gate)* ELECTRON selbstjustierender Steueranschluß *m*

SAR *(search and rescue)* WATER TRANS *emergency* SAR *(Such- und Rettungsdienst)*

satcom *(satellite communication)* RAD TECH, TELECOM, WATER TRANS Satcom *(Satellitenfunk)*

satnav *(satellite navigation)* WATER TRANS Satnav *(Sa-*

tellitennavigation)

SAW *(surface acoustic wave)* ELECTRON, TELECOM AOW *(akustische Oberflächenwelle)*

SBR *(styrene butadiene rubber)* PLAS SBR *(Styrol-Butadien-Kautschuk)*

SCC ELECT *(single cotton covered)* einfach mit Baumwolle isoliert, *wire insulation* einfache Baumwolleisolierung *f*, MECHAN ENG *(secondary combustion chamber)*, WASTE *(secondary combustion chamber)* SCC *(Nachbrennkammer)*

SCN *(specification change notice)* TRANS SCN *(Hinweis auf Spezifikationsänderungen)*

SCPC *(single channel per carrier)* SPACE, TELECOM SCPC *(Ein-Kanal-Träger)*

SCR *(silicon-controlled rectifier)* ELEC ENG, ELECTRON SCR *(siliziumgesteuerter Gleichrichter)*

SDLC *(synchronous data link control)* COMP & DP SDLC *(synchrone Datenübertragungssteuerung)*

sec *(secant)* GEOM *of angle* sec, *of line* sec *(Sekante)*

SELCAL *(selective calling system)* TELECOM SELCAL *(Selektivrufsystem)*

SES TELECOM *(severely errored second)* stark fehlerbehaftete Sekunde *f*, WATER TRANS *(ship earth station) navigation* SES *(Bordterminal für Satellitenfunk)*

SEV *(surface effect vehicle)* AUTO LKF *(Luftkissenfahrzeug)*

SF ACOUSTICS *(standard frequency)* Eichfrequenz *f*, Vergleichsfrequenz *f*, COAL TECH *(safety factor)*, CONST *(safety factor)*, ELECT *(safety factor)* SF *(Sicherheitsfaktor)*, ELECTRON *(sideband frequency)* SF *(Seitenbandfrequenz)*, ELECTRON *(signal frequency)* SF *(Signalfrequenz)*, ELECTRON *(speech frequency)* SF *(Sprachfrequenz)*, MECHAN ENG *(safety factor)*, NUC TECH *(safety factor)* SF *(Sicherheitsfaktor)*, RAD TECH *(sideband frequency)* SF *(Seitenbandfrequenz)*, RAD TECH *(signal frequency)* SF *(Signalfrequenz)*, SAFETY *(safety factor)* SF *(Sicherheitsfaktor)*, TELECOM *(sideband frequency)* SF *(Seitenbandfrequenz)*, TELECOM *(signal frequency)* SF *(Signalfrequenz)*, TELECOM *(speech frequency)* SF *(Sprachfrequenz)*, TELEV *(sideband frequency)* SF *(Seitenbandfrequenz)*, TELEV *(signal frequency)* SF *(Signalfrequenz)*, TRANS *(safety factor)* SF *(Sicherheitsfaktor)*

SFU *(store-and-forward unit)* TELECOM Speichereinheit *f*

SGML *(Standard Generalized Markup Language)* COMP & DP, PRINT SGML *(Standardkorrekturzeichensatz)*

SHC *(super high cube)* TRANS *container* Supergroßraumcontainer *m*

SHF *(superhigh frequency)* COAL TECH, CONST, ELECTRON, MECH, PHYS, PLAS, THERMODYN SHF *(superhohe Frequenz)*

σ COAL TECH *(Poisson's ratio)* σ *(Poissonsche Zahl)*, CONST *(Poisson's ratio)* σ, MECHANICS *(Poisson's ratio)* σ *(Poissonsches Verhältnis)*, PHYS *(Stefan-Boltzmann constant)* σ *(Stefan-Boltzmannsche-Konstante)*, PLAS *(Poisson's ratio)* σ *(Poissonsche Zahl)*, THERMODYN *(Stefan-Boltzmann constant)* σ *(Stefan-Boltzmannsche-Konstante)*

SIMM *(single in-line memory module)* COMP & DP SIMM *(einfaches schritthaltendes Speichermodul)*

SIMS *(secondary ion mass spectrometry)* PHYS SIMS *(Sekundärionenmassenspektrometrie)*

sin *(sine)* COMP & DP, GEOM sin *(Sinus)*

SINAD *(signal-to-noise and distortion ratio)* TELECOM SINAD *(Störabstand einschließlich Verzerrungen)*

SIO *(serial input/output)* COMP & DP serielle Ein-/Ausgabe *f*

SIP *(single in-line package)* COMP & DP, ELECTRON SIP-Paket *nt (einfaches schritthaltendes Paket)*

SLAR *(sideways-looking airborne radar)* MAR POLL SLAR *(Seitensichtradar)*

SLC PART PHYS *(Stanford Linear Collider)* SLC *(Stanford Linear Collider)*, TELECOM *(subscriber line circuit)* TNS *(Teilnehmersatz)*

SLD *(superluminescent LED)* OPT, TELECOM SLD *(superlumineszierende Diode)*

SLIM *(single linear inductor motor)* TRANS Einzellinearinduktionsmotor *m*

SLR *(single lens reflex camera)* PHOTO SLR *(einäugige Spiegelreflexkamera)*

SMAW *(shielded metal arc welding)* NUC TECH SMAW *(Sigmaschweißung)*

SMC *(surface-mounted component)* ELECTRON SMC *(SMD-Bauteil)*, TELECOM SMC *(Aufsetzbauelement)*

SMD *(surface mounting device)* ELECT SMD *(Flachbauelement)*

SNA *(systems network architecture)* COMP & DP SNA *(Systemnetzwerkarchitektur)*

SNG *(synthetic natural gas)* PET TECH SNG *(Erdgasaustauschgas)*

SO *(shift out)* COMP & DP Dauerumschaltung *f*

SOH *(start of header)* COMP & DP Kennsatzanfang *m*, Kopfanfangszeichen *nt*

SOM *(start of message)* COMP & DP SOM *(Anfang der Nachricht)*

SOS *(silicon-on-sapphire)* ELECTRON SOS *(Silizium auf Saphir)*

SPC *(stored program control)* COMP & DP SPS *(Programmspeichersteuerung)*

spec *(specification)* COMP & DP, CONST, MECHAN ENG Spezifikation *f*, PAT Spezifizierung *f*, TEXT Güteanforderung *f*

SPOOL *(simultaneous peripheral operations on-line)* COMP & DP Spool-Programm *nt (Ein-/Ausgabe parallel zu Rechenprogramm)*

SRAM *(static RAM)* COMP & DP SRAM *(statischer RAM)*

SRD *(superradiant diode)* OPT superstrahlende Diode *f*, TELECOM SLD *(Superlumineszierende Diode)*

SRI *(Sound Reduction Index)* ACOUSTICS Dämmzahl *f*, Dämmungswert *m*, COMP & DP, TELECOM Übertragungsdämpfung *f*

SS *(supersonic)* ELECT US *(ultrasonisch)*

SSA *(Swiss Standards Association)* ELECT SNV *(Schweizerische Normenvereinigung)*

SSB *(single sideband)* ELECTRON, RAD TECH, TELECOM, TELEV, WATER TRANS SSB *(Einseitenband)*

SSC *(superconducting super collider)* PART PHYS SSC *(supraleitfähiges Supracollider)*

SSI *(single scale integration, small-scale integration)* COMP & DP, ELECTRON SSI-Schaltung *f (Kleinintegration)*

SSM *(second surface mirror)* SPACE SSM *(Zweitflächenspiegel)*

SSMA *(spread spectrum multiple access)* SPACE *communications* SSMA *(Breitbandmehrfachzugriff)*

SSOG *(satellite system operation guide)* SPACE *communications* SSOG *(Satellitensystem-Betriebsanleitung)*

SST *(supersonic transport)* AIR TRANS SST *(Überschalltransport)*
SSTV *(slow scan television)* RAD TECH SSTV *(Schmalbandfernsehen mit langsamer Abtastung)*, TELEV SSTV *(Schmalbandfernsehen)*
SSUS *(solid spinning upper stage)* SPACE SSUS *(rotierende obere Feststufe)*
statmux *(statistical multiplexer)* COMP & DP, TELECOM statistischer Multiplexer *m*
STD *BrE (subscriber trunk-dialling)* TELECOM Fernwahl *f*, SWFD *(Selbstwählferndienst)*
STM *(short-term memory)* ART INT, ERGON KZG *(Kurzzeitgedächtnis)*
STS *(space transportation system)* SPACE STS *(Raumfahrttransportsystem)*
STX *(start of text)* COMP & DP STX *(Textanfang)*
SU ART INT *(speech understanding)* SU *(Sprachverstehen)*, TELECOM *(store-and-forward unit)* Speichereinheit *f*
Sv *(Sievert)* PART PHYS, PHYS, RAD PHYS Sv *(Sievert)*
SVA *(shared virtual area)* COMP & DP SVA *(gemeinsam benutzbarer virtueller Bereich)*
SVS *(suspended vehicle system)* RAIL Fahrzeugschwebesystem *nt*
SWG *(standard wire gage AmE, standard wire gauge BrE)* MECHAN ENG Drahtlehre *f*
SWR *(standing-wave ratio)* PHYS, RAD TECH, TELECOM SWV *(Stehwellenverhältnis)*
SYN *(synchronous idle character)* COMP & DP Synchronisationszeichen *nt*, Synchronisierung *f*, Synchronisierungszeichen *nt*
sysgen *(system generation)* COMP & DP Systemgenerierung *f*

t *(triton)* PART PHYS t *(Triton)*
T ACOUSTICS *(reverberation time)* T *(Nachhallzeit)*, AUTO *(torque)*, ELEC ENG *(torque)*, ELECT *(torque)* T *(Drehmoment)*, HYD EQUIP *(transpiration)* T *(Transpiration)*, MECHAN ENG *(torque)* T *(Drehmoment)*, MECHAN ENG *(T-piece)* T-Stück *nt*, T-förmiges Stück *nt*, MECHANICS *(torque)* T *(Drehmoment)*, METROL *(tera-)* T *(Tera-)*, METROL *(Tesla)* T *(Tesla)*, METROL *(absolute temperature)* T *(absolute Temperatur)*, PET TECH *(torque)* T *(Drehmoment)*, PHYS *(Tesla)* T *(Tesla)*, PHYS *(thermodynamic temperature)* T *(thermodynamische Temperatur)*, PROD ENG *(torque)* T *(Drehmoment)*, RECORD *(reverberation time)* T *(Nachhallzeit)*
tab *(tabulator)* COMP & DP Tab *m (Tabulator)*
TACV *(tracked air cushion vehicle)* WATER TRANS spurgebundenes Luftkissenfahrzeug *nt*
tan *(tangent)* GEOM tan *(Tangens)*, MATH tan *(Tangente)*
TAN *(total acid number)* CHEMISTRY GSZ *(Gesamtsäurezahl)*
TAS *(true air speed)* AIR TRANS *aircraft* wahre Eigengeschwindigkeit *f*, wahre Fluggeschwindigkeit *f*
τ *(relaxation time)* ACOUSTICS τ *(Relaxationszeit)*
TBF *(traveling belt filter AmE, travelling belt filter BrE)* NUC TECH Förderbandfilter *nt*
TBP *(tributyle phosphate)* NUC TECH TBP *(Tributylphosphat)*
TCR *(telemetry command and ranging subsystem)* SPACE *communications* TCR *(Telemetriesteuer- und Meßsystem)*
TD *(theoretical density)* NUC TECH TD *(theoretische Dichte)*
TDC *(top dead center AmE, top dead centre BrE)* AUTO OT *(oberer Totpunkt)*
TDF *(trunk distribution frame)* TELECOM FHV *(Fernleitungshauptverteiler)*
TDI *(toluene diisocyanate)* PLAS TDI *(Toluendiisocyanat)*
TDM *(time division multiplex)* COMP & DP, ELECTRON TDM *(Zeitmultiplexverfahren)*, TELECOM TDM *(Multiplexen mit Zeitteilung)*
TDMA *(time division multiple access)* COMP & DP, ELECTRON, SPACE *communications*, TELECOM TDMA *(Mehrfachzugriff im Zeitmultiplex)*
TE *(transverse electric)* ELEC ENG, TELECOM TE *(transversal elektrisch)*
TEM *(transverse electromagnetic)* ELEC ENG, TELECOM TEM *(transversal elektromagnetisch)*
TeV *(tera electron volt)* PART PHYS TeV *(Teraelektronenvolt)*
TFEL *(thin film electroluminescence)* ELECTRON TFEL *(Dünnschicht-Elektrolumineszenz)*
$T^1/_2$ *(half-life)* NUC TECH, PART PHYS, PHYS, RAD PHYS HWZ, *(Halbwertszeit)* $T^1/_2$
θ HYD EQUIP *(absolute temperature, thermal resistance)* θ *(absolute Temperatur)*, PHYS *(thermal resistance)*, RAD TECH *(thermal resistance)* θ *(Wärmewiderstand)*, THERMODYN *(absolute temperature)* θ *(absolute Temperatur)*
θD *(Debye temperature)* PHYS, THERMODYN θD *(Debyesche Temperatur)*
θK *(Einstein temperature)* THERMODYN θK *(Einsteinsche Temperatur)*
3-D *(three-dimensional)* PHYS 3-D *(dreidimensional)*
TL *(transmission loss)* ACOUSTICS Dämmzahl *f*, Dämmungswert *m*, COMP & DP Übertragungsdämpfung *f*, OPT, SPACE Übertragungsverlust *m*, TELECOM Übertragungsdämpfung *f*, Übertragungsverlust *m*
TLV *(threshold limit value)* NUC TECH MAK *m (maximale Arbeitsplatzkonzentration)*, POLL HZK *(höchstzulässige Konzentration)*
TM ELEC ENG *(transverse magnetic)* TM *(transversal magnetisch)*, PAT *(trademark)* Wz *(Warenzeichen)*, TELECOM *(transverse magnetic)* TM *(transversal magnetisch)*
TMUX *(transmultiplexer)* TELECOM TMUX *(Transmultiplexer)*
TNT *(trinitrotoluene)* CHEMISTRY TNT *(Trinitrotoluol)*
TOCC *(Technical and Operational Control Center AmE)* SPACE *communications* TBKZ *(Technisches- und Betriebskontrollzentrum)*
TOFC *(trailers on flat cars)* TRANS Huckepackverkehr *m*
TOP *(technical and office protocol)* TELECOM TOP *(Bürokommunikationsprotokoll)*
TP *(teleprocessing)* COMP & DP DFV *(Datenfernverarbeitung)*
TPI *(tracks per inch)* COMP & DP Spuren pro Inch *f pl*
TQMS *(Total Quality Management System)* QUAL TQMS *(abteilungsübergreifendes Qualitätssicherungssystem)*
TR *(transmit-receive, transmitting-receiving)* ELECTRON Sende-Empfangs- *pref*
TRU *(transuranic waste)* NUC TECH Transuranabfall *m*
TTC *(tracking telemetry and command)* SPACE *communications* Verfolgungstelemetrie und -steuerung *f*
TTL *(transistor-transistor logic)* COMP & DP, ELECTRON

TTL *(Transistor-Transistor-Logik)*

TTY *(teleprinter BrE, teletypewriter AmE)* COMP & DP, TELECOM FS *(Fernschreiber)*

TV *(television)* TELEV TV *(Fernsehen)*

TVI *(television interference)* TELEV TVI *(Fernsehstörung)*

TVP *(textured vegetable protein)* FOOD TECH TPP *(texturiertes Pflanzenprotein)*

TVS *(tube vehicle system)* RAIL Röhrenbahn *f*

TWM *(traveling wave maser AmE, travelling wave maser BrE)* ELECTRON Wanderfeldmaser *m*

TWT *(traveling wave tube AmE, travelling wave tube BrE)* PHYS Kräftedreieck *nt*, RAD TECH Wanderfeldröhre *f*, SPACE Wanderwellenröhre *f*, TELECOM Wanderfeldröhre *f*

TWTA *(traveling wave tube amplifier AmE, travelling wave tube amplifier BrE)* ELECTRON, SPACE *communications* WWRV *(Wanderwellenröhrenverstärker)*

U ACOUSTICS *(volume current)* U *(Volumenstrom)*, OPT *(radiant energy)* U *(Strahlungsenergie)*, THERMODYN *(overall heat transfer coefficient)* U *(Wärmeübertragungskoeffizient)*

û *(most probable speed)* PHYS û *(wahrscheinlichste Geschwindigkeit)*

UA COMP & DP *(user attribute)* Benutzerattribut *nt*, TELECOM *(user agent)* Endsystemteil *nt*

UAX *(unit automatic exchange)* TELECOM Kleinwählerzentrale *f*

UCV *(upper calorific value)* WASTE höhere Energieleistung *f*

UFO *(unidentified flying object)* SPACE UFO *(nicht identifiziertes Flugobjekt)*

UFR *(urea formaldehyde resin)* ELECT, PLAS, PROD ENG UFH *(Harnstoff-Formaldehydharz)*

UF_6 *(uranium hexafluoride)* NUC TECH UF_6 *(Uranhexafluorid)*

UHF *(ultrahigh frequency)* ELECTRON, RAD TECH, TELECOM, TELEV, WAVE PHYS UHF *(Ultrahochfrequenz)*

UHT *(ultrahigh temperature)* FOOD TECH UHT *(Ultrahochtemperatur)*

UIC *(International Railway Union)* RAIL UIC *(Internationaler Eisenbahnverband)*

UJT *(unijunction transistor)* ELECTRON UJT *(Zweizonentransistor)*

ULCC *(ultralarge crude carrier)* PET TECH Ultra-Supertanker *m*

ULSI *(ultralarge-scale integration)* ELECTRON ULSI *(Ultragroßintegration)*

UNC *(Unified National Coarse screw thread AmE)* MECHAN ENG UNC-Grobgewinde *nt*

UNF *(Unified National Fine screw thread AmE)* MECHAN ENG UNF-Feingewinde *nt*

UP *(unsaturated polyester)* PLAS UP *(ungesättigter Polyester)*

U-PVC *(unplasticized PVC)* PLAS PVC-U, PVC-hart *nt*, weichmacherfreis PVC *nt*

US *(ultrasonic)* ELECT US *(ultrasonisch)*

USB *(upper sideband)* ELECTRON, RAD TECH, TELECOM OSB *(oberes Seitenband)*

UST *(Unified Screw Thread AmE)* MECHAN ENG UST-Gewinde *nt*

USW *(ultrashort wave)* RAD TECH, WAVE PHYS UKW *(Ultrakurzwelle)*

UT *(universal time)* RAD TECH, SPACE UT *(Standardweltzeit)*

UTC *(universal time coordinated)* RAD TECH, SPACE UTC *(Standardweltzeit)*

UUI *(user-to-user information)* TELECOM TNI *(Teilnehmer-Teilnehmer-Information)*

UUS *(user-to-user signaling AmE, user-to-user signalling BrE)* TELECOM Teilnehmer-Teilnehmer-Zeichengabe *f*

UV *(ultraviolet)* OPT, PHYS UV *(ultraviolett)*

UW *(unique word)* SPACE *communications* eindeutiges Wort *nt*

v COMP & DP *(volume)* v *(Volumen)*, NUC TECH *(vibrational quantum number)* v *(Vibrationsquantenzahl)*, PHYS *(volume)*, TEXT *(volume)*, THERMODYN *(volume)* v *(Volumen)*

V ELECT *(voltage)* U *(Spannung)*, ELECT *(volt)*, ELECTRON *(volt)*, METROL *(volt)*, OPT *(volt)*, RAD TECH *(volt)*, RECORD *(volt)* V *(Volt)*

VA *(vertical amplifier)* ELECTRON Vertikalverstärker *m*

VAD *(vapor phase axial deposition technique AmE, vapour phase axial deposition technique BrE)* OPT, TELECOM VAD *(Axialabscheideverfahren aus Dampfphase)*

VAN *(value-added network)* COMP & DP, TELECOM VAN *(Mehrwertdienstnetz)*

var *(volt-amperes reactive)* INSTR var *(Blindleistungseinheit)*

VCO *(voltage-controlled oscillator)* ELECTRON spannungsgesteuerter Oszillator *m*, SPACE *communications* spannungsgeregelter Oszillator *m*, TELECOM spannungsgesteuerter Oszillator *m*

VCR *(video cassette recorder)* TELEV VCR *(Videorecorder)*

VCS *(virtual-circuit switch)* TELECOM Vermittlung über virtuelle Verbindung *f*

VDU COMP & DP *(visual display unit)*, CONTROL *(visual display unit)*, PHYS *(visual display unit)*, TELECOM *(visual display unit)*, TELEV *(video display unit)* Bildschirmgerät *nt*, Datensichtgerät *nt*, Monitor *m*

VF ELECTRON *(voice frequency)*, TELECOM *(voice frequency)* SF *(Sprachfrequenz)*, TELEV *(video frequency)* VF *(Videofrequenz)*

VG *(variable geometry)* AIR TRANS VG *(veränderliche Geometrie)*

VHD *(very high density)* OPT VHD *(sehr hohe Dichtigkeit)*

VHF *(very high frequency)* RAD TECH, TELECOM VHF *(Meterwellen-Hochfrequenz)*

VHFO *(very-high-frequency omnirange)* AIR TRANS UKW-Drehfunkfeuer *nt* *(Ultrakurzwellen-Drehfunkfeuer)*

VHS *(video home system)* TELEV VHS *(Heimvideosystem)*

VHS-C *(video home system-compact)* TELEV VHS-C *(Heimvideo-Aufzeichnungssystem)*

VI *(viscosity index)* AUTO, FLUID PHYS, MECHAN ENG, THERMODYN VI *(Viskositätsindex)*

VLCC *(very large crude carrier)* PET TECH VLCC *(Supertanker)*

VLP *(video long play)* TELEV VLP *(Video-Langspiel)*

VLSI *(very large-scale integration)* COMP & DP, ELECTRON VLSI *(Übergroßintegration)*, TELECOM VLSI *(Höchstintegration)*

VMOS *(vertical metal oxide semiconductor)* ELECTRON Halbleiterband-Elementekonstruktion *f*

VMS *(virtual memory specification)* COMP & DP VMS

(virtuelle Speicherverwaltung)

VOX *(voice-operated switch)* RAD TECH VOX *(sprachgesteuerter Schalter)*

VRC *(vertical redundancy check)* COMP & DP Querparitätsprüfung *f*

VSB *(vestigial sideband)* ELECTRON RSB *(Restseitenband)*

VSP *(vertical seismic profile)* PET TECH VSP *(vertikales seismisches Profil)*

VSW *(very short wave)* RAD TECH, WAVE PHYS UKW *(Ultrakurzwelle)*

VSWR *(voltage standing wave ratio)* PHYS SWV *(Stehwellenverhältnis)*, RAD TECH VSWR *(Welligkeitsfaktor)*, TELECOM SWV *(Stehwellenverhältnis)*

VT *(visual testing)* QUAL Sichtprüfung *f*

VTR *(video tape recorder)* TELEV VCR *(Videomagnetbandgerät)*

VU *(volume unit)* ACOUSTICS Volumeinheit *f*

VXO *(variable crystal oscillator)* RAD TECH VCO *(variabler Quarzoszillator)*

W ELEC ENG *(watt)* W *(Watt)*, ELECT *(electric energy, watt)* W *(elektrische Energie)*, HYD EQUIP *(Weber number)* W *(Webersche Zahl)*, METROL *(watt)* W *(Watt)*, NUC TECH *(average energy)* W *(durchschnittliche Energie)*, OPT *(radiant emittance)* W *(Abstrahlung)*

WAN *(wide area network)* COMP & DP WAN

WAO *(wet air oxidation)* WASTE Naßoxidation *f*

Wb *(weber)* ELEC ENG, ELECT, METROL Wb *(Weber)*

WDM *(wavelength division multiplexing)* OPT, TELECOM WDM *(Wellenlängenmultiplex)*

WOB *(weight on bit)* PET TECH WOB *(Bohrmeißelauflast)*

WORM *(write once read many times)* OPT WORM *(Einmalbeschreibung-Mehrfachlesen)*

WP *(word processing)* COMP & DP, PRINT Textverarbeitung *f*

wsi *(wafer scale integration)* COMP & DP, ELECTRON WS-Integration *f (Wafer-Integration)*

WYSIWYG *(what you see is what you get)* COMP & DP WYSIWYG *(originalgetreue Darstellung der Druckausgabe am Bildschirm)*

X ACOUSTICS *(volume displacement)* X *(Volumenverdrängung)*, ELECT *(reactance)* X *(Blindwiderstand)*, NUC TECH *(exposure)* X *(Belastung)*

XC *(capacitive reactance)* ELECT XC *(kapazitiver Blindwiderstand)*

XL *(inductive reactance)* ELECT XL *(induktiver Blindwiderstand)*

XMS *(extended memory specification)* COMP & DP XMS *(Erweiterungsspeicher)*

XPE *(cross-linked polyethylene)* PLAS VPE *(vernetztes Polyethylen)*

XPS COMP & DP *(expert system)* XPS *(Expertensystem)*, PHYS *(X-ray photoelectron spectroscopy)* XPS *(röntgenstrahlangeregte Photoelektronenspektroskopie)*

YA *(acoustic admittance)* ACOUSTICS, ELECTRON YA *(akustische Admittanz)*

YAG *(yttrium-aluminium garnet BrE, yttrium-aluminum garnet AmE)* CHEMISTRY YAG *(Yttrium-Aluminium-Granat)*

YIG *(yttrium-iron garnet)* CHEMISTRY YIG *(Yttrium-Eisen-Granat)*

z *(compressibility factor)* THERMODYN z *(Kompressibilitätsfaktor)*

Z ELECT *(impedance)* Z *(Impedanz)*, NUC TECH *(atomic number)* Z *(Atomzahl)*, PHYS *(partition function)* Z *(Teilfunktion)*

ZA *(acoustic impedance)* ACOUSTICS AI *(Schallimpedanz)*, ELEC ENG, PHYS, RECORD ZA *(Schallimpedanz)*

Umrechnungstabellen/ Conversion tables

1 Längenmaße / Length

		Meter *metre*	Zoll† *inch*	Fuß*† *foot*	Yard*† *yard*	Rod*† *rod*	Meile*† *mile*
1 Meter *metre*	=	1	39,37	3,281	1,093	0,1988	$6{,}214 \times 10^{-4}$
1 Zoll *inch*	=	$2{,}54 \times 10^{-2}$	1	0,083	0,02778	$5{,}050 \times 10^{-3}$	$1{,}578 \times 10^{-5}$
1 Fuß *foot*	=	0,3048	12	1	0,3333	0,0606	$1{,}894 \times 10^{-4}$
1 Yard *yard*	=	0,9144	36	3	1	0,1818	$5{,}682 \times 10^{-4}$
1 Rod *rod*	=	5,029	198	16,5	5,5	1	$3{,}125 \times 10^{-3}$
1 Meile *mile*	=	1609	63360	5280	1760	320	1

1 Yard† (gesetzlicher Standard) = 0,914 398 41 Meter / 1 imperial standard yard = 0.914 398 41 metre
1 Yard† (wissenschaftlich) = 0,9144 Meter (genau) / 1 yard (scientific) = 0.9144 metre (exact)
1 Yard US† = 0,914 401 83 Meter / 1 US yard = 0.914 401 83 metre
1 englische Seemeile = 6080 Fuß = 1853,18 Meter / 1 English nautical mile† = 6080 ft = 1853.18 metres
1 internationale Seemeile† = 1852 Meter = 6076,12 Fuß / 1 international nautical mile = 1852 metres = 6076.12 ft

† = keine SI-Einheit / not a SI-unit
* = im deutschen Sprachraum nicht gebräuchlich / not used in German-speaking countries

2 Flächenmaße / Area

		m^2 *sq. metre*	$(Zoll)^2$† *sq. inch*	$(Fuß)^2$*† *sq. foot*	$(Yard)^2$*† *sq. yard*	Acre*† *acre*	$(Meile)^2$*† *sq. mile*
1 m^2 *sq. metre*	=	1	1550	10,76	1,196	$2{,}471 \times 10^{-4}$	$3{,}861 \times 10^{-7}$
1 $(Zoll)^2$ *sq. inch*	=	$6{,}452 \times 10^{-4}$	1	$6{,}944 \times 10^{-3}$	$7{,}716 \times 10^{-4}$	$1{,}594 \times 10^{-7}$	$2{,}491 \times 10^{-10}$
1 $(Fuß)^2$ *sq. foot*	=	0,0929	144	1	0,1111	$2{,}296 \times 10^{-5}$	$3{,}587 \times 10^{-8}$
1 $(Yard)^2$ *sq. yard*	=	0,8361	1296	9	1	$2{,}066 \times 10^{-4}$	$3{,}228 \times 10^{-7}$
1 Acre *acre*	=	$4{,}047 \times 10^{3}$	$6{,}273 \times 10^{6}$	$4{,}355 \times 10^{4}$	4840	1	$1{,}563 \times 10^{-3}$
1 $(Meile)^2$ *sq. mile*	=	$259{,}0 \times 10^{4}$	$4{,}015 \times 10^{9}$	$2{,}788 \times 10^{7}$	$3{,}098 \times 10^{6}$	640	1

1 Are† = 100 m^2 = 0,01 Hektar / 1 are = 100 sq. metres = 0.01 hectare
1 runder Querschnitt†* von 1/1000 Zoll Durchmesser = $5{,}067 \times 10^{-10}$ m^2 = $7{,}854 \times 10^{-7}$ $(Zoll)^2$ / 1 circular mil = 5.067×10^{-10} sq. metre = 7.854×10^{-7} sq. in
1 Acre†* (gesetzlicher Standard) = 0,4047 Hektar / 1 acre (statute) = 0.4047 hectare

3 Raummaße / Volume

		m^3 *cubic metre*	$(Zoll)^3$*† *cubic inch*	$(Fuß)^3$*† *cubic foot*	Gallone UK*† UK gallon	Gallone US*† *US gallon*
1 m^3 *cubic metre*	=	1	$6{,}102 \times 10^{4}$	35,31	220,0	264,2
1 $(Zoll)^3$ *cubic in*	=	$1{,}639 \times 10^{-5}$	1	$5{,}787 \times 10^{-4}$	$3{,}605 \times 10^{-3}$	$4{,}329 \times 10^{-3}$
1 $(Fuß)^3$ *cubic ft*	=	$2{,}832 \times 10^{-2}$	1728	1	6,229	7,480
1 Gallone UK[1] *UK gallon*	=	$4{,}546 \times 10^{-3}$	277,4	0,1605	1	1,201
1 Gallone US[2] *US gallon*	=	$3{,}785 \times 10^{-3}$	231,0	0,1337	0,8327	1

[1] Volumen von 10 britischen Pfund H_2O bei 62 ° F / volume of 10 lb of water at 62 ° F
[2] Volumen von 8,328 britischen Pfund H_2O bei 60 ° F / volume of 8.328 28 lb of water at 60 ° F
1 m^3 = 1000 Liter / 1 cubic metre = 1000 litres
1 Acre-Fuß† = 271 328 Gallonen UK = 1233 m^3 (Kubikmeter) / 1 acre foot = 271 328 UK gallons = 1233 cubic metres
Bis 1976 war der Liter als 1000,028 cm^3 definiert (das Volumen von 1 kg H_2O bei maximaler Dichte), wurde dann aber als exakt 1000 cm^3 umdefiniert
Until 1976 the litre was equal to 1000.028 cm^3 (the volume of 1 kg of water at maximum density) but then it was revalued to be 1000 cm^3 exactly

† = keine SI-Einheit / not a SI-unit
* = im deutschen Sprachraum nicht gebräuchlich / not used in German-speaking countries

4 Winkelmaße / Angle

		Grad *degree*	Minute minute	Sekunde *second*	Radian *radian*	Umdrehung *revolution*
1 Grad *degree*	=	1	60	3600	$1{,}745 \times 10^{-2}$	$2{,}778 \times 10^{-3}$
1 Minute *minute*	=	$1{,}677 \times 10^{-2}$	1	60	$2{,}909 \times 10^{-4}$	$4{,}630 \times 10^{-5}$
1 Sekunde *second*	=	$2{,}778 \times 10^{-4}$	$1{,}667 \times 10^{-2}$	1	$4{,}848 \times 10^{-6}$	$7{,}716 \times 10^{-7}$
1 Radian *radian*	=	57,30	3438	$2{,}063 \times 10^{5}$	1	0,1592
1 Umdrehung *revolution*	=	360	$2{,}16 \times 10^{4}$	$1{,}296 \times 10^{6}$	6,283	1

1 Mil†* (Artilleriemaß) = 1/64,000 von 360° = 10^{-3} Radian / 1 mil = 10^{-3} radian

5 Zeit / Time

		Jahr *year*	mittlerer (Sonnen)tag *solar day*	Stunde *hour*	Minute *minute*	Sekunde *second*
1 Jahr *year*	=	1	365,24[1]	$8{,}766 \times 10^{3}$	$5{,}259 \times 10^{5}$	$3{,}156 \times 10^{7}$
1 mittlerer (Sonnen)tag *solar day*	=	$2{,}738 \times 10^{-3}$	1	24	1440	$8{,}640 \times 10^{4}$
1 Stunde *hour*	=	$1{,}141 \times 10^{-4}$	$4{,}167 \times 10^{-2}$	1	60	3600
1 Minute *minute*	=	$1{,}901 \times 10^{-6}$	$6{,}944 \times 10^{-4}$	$1{,}667 \times 10^{-2}$	1	60
1 Sekunde *second*	=	$3{,}169 \times 10^{-8}$	$1{,}157 \times 10^{-5}$	$2{,}778 \times 10^{-4}$	$1{,}667 \times 10^{-2}$	1

1 Jahr = 366,24 siderische Tage / 1 year = 366.24 sidereal days
1 siderischer Tag= 86 164,090 6 Sekunden / 1 sidereal day = 86 164.090 6 seconds
[1] genaue Zahl =365,242 192 64 im Jahr 2000 AD / exact figure = 365.242 192 64 in AD 2000

† = keine SI-Einheit / not a SI-unit
* = im deutschen Sprachraum nicht gebräuchlich / not used in German-speaking countries

6 Masse / Mass

		Kilogramm *kilogram*	britisches Pfund*† *pound*	Slug*† *slug*	metrisches Slug *† *metric slug*	UK-tonne*† *UK ton*	US-Tonne*† *US ton*	u*† *u*
1 Kilogramm *kilogram*	=	1	2,205	$6{,}852 \times 10^{-2}$	0,1020	$9{,}842 \times 10^{-4}$	$11{,}02 \times 10^{-4}$	$6{,}024 \times 10^{26}$
1 britisches Pfund *pound*	=	0,4536	1	$3{,}108 \times 10^{-2}$	$4{,}625 \times 10^{-2}$	$4{,}464 \times 10^{-4}$	$5{,}000 \times 10^{-4}$	$2{,}732 \times 10^{26}$
1 Slug *slug*	=	14,59	32,17	1	1,488	$1{,}436 \times 10^{-2}$	$1{,}609 \times 10^{-2}$	$8{,}789 \times 10^{27}$
1 metrisches slug *metric slug*	=	9,806	21,62	0,6720	1	$9{,}652 \times 10^{-3}$	$1{,}081 \times 10^{-2}$	$5{,}907 \times 10^{27}$
1 UK-Tonne *UK ton*	=	1016	2240	69,62	103,6	1	1,12	$6{,}121 \times 10^{29}$
1 US-Tonne *US ton*	=	907,2	2000	62,16	92,51	0,8929	1	$5{,}465 \times 10^{29}$
1 u *u*	=	$1{,}660 \times 10^{-27}$	$3{,}660 \times 10^{-27}$	$1{,}137 \times 10^{-28}$	$1{,}693 \times 10^{-28}$	$1{,}634 \times 10^{-30}$	$1{,}829 \times 10^{-30}$	1

1 britisches Pfund† (gesetzlicher Standard) = 0,453 592 338 Kilogramm / 1 imperial standard pound = 0.453 592 338 kilogram
1 US-Pfund= 0,453 592 427 7 Kilogramm† / 1 US pound= 0.453 592 427 7 kilogram
1 internationales Pfund† = 0,453 592 37 Kilogramm / 1 international pound = 0.453 592 37 kilogram
1 Tonne† = 10^{3} Kilogramm / 1 ton = 10^{3} kilograms
1 Troypfund = 0,373 242 Kilogramm / 1 troy pound = 0.373 242 kilogram

7 Kraft / Force

		Dyn *dyne*	Newton *newton*	Pound-Force*† *pound force*	Poundal*† *poundal*	Gram-Force*† *gram force*
1 Dyn *dyne*	=	1	10^{-5}	$2{,}248 \times 10^{-6}$	$7{,}233 \times 10^{-5}$	$1{,}020 \times 10^{-3}$
1 Newton *newton*	=	10^{5}	1	0,2248	7,233	102,0
1 Pound-Force *pound force*	=	$4{,}448 \times 10^{5}$	4,448	1	32,17	453,6
1 Poundal *poundal*	=	$1{,}383 \times 10^{4}$	0,1383	$3{,}108 \times 10^{-2}$	1	14,10
1 Gram-Force *gram force*	=	980,7	$980{,}7 \times 10^{-5}$	$2{,}205 \times 10^{-3}$	$7{,}093 \times 10^{-2}$	1

† = keine SI-Einheit / not a SI-unit
* = im deutschen Sprachraum nicht gebräuchlich / not used in German-speaking countries

8 Leistung / Power

		Btu / h*	Fuß-Pfund / s*	Kg m / s	Kalorie / s*	PS*†[1]	Watt
		Btu per hr	*ft lb s^{-1}*	*kg metre s^{-1}*	*cal s^{-1}*	*HP*[2]	*watt*
1 Btu / h *Btu per hour*	=	1	0,2161	2,987 x 10^{-2}	6,999 x 10^{-2}	3,929 x 10^{-4}	0,2931
1 Fuß-Pfund / s *ft lb per second*	=	4,628	1	0,1383	0,3239	1,818 x 10^{-3}	1,356
1 Kg m / s *kg metre per second*	=	33,47	7,233	1	2,343	1,315 x 10^{-2}	9,807
1 Kalorie / s *cal per second*	=	14,29	3,087	4,268 x 10^{-1}	1	5,613 x 10^{-3}	4,187
1 PS *HP*	=	2545	550	76,04	178,2	1	745,7
1 Watt *watt*	=	3,413	0,7376	0,1020	0,2388	1,341 x 10^{-3}	1

1 Watt international = 1,000 19 Watt absolut / 1 international watt = 1.000 19 absolute watt
[1] 1 PS = europäische Einheit, 1 PS = 735,498 Watt / PS (Pferdestärke) = European unit, 1 PS = 735.498 watt
[2] 1 HP = britische Einheit, 1 HP = 745,7 Watt / HP (Horsepower) = British unit, 1 HP = 745.7 watt

† = keine SI-Einheit / not a SI-unit
* = im deutschen Sprachraum nicht gebräuchlich / not used in German-speaking countries

9 Energie, Arbeit, Wärme / Energy, work, heat

		Btu*† *Btu*	Joule *joule*	Fuß-Pfund*† *ft lb*	cm^{-1} *cm^{-1}*	Kalorie *cal*	Kilowattstunde *kW h*	Elektronenvolt *electron volt*
1 Btu *Btu*	=	1	$1,055 \times 10^{3}$	778,2	$5,312 \times 10^{25}$	252	$2,930 \times 10^{-4}$	$6,585 \times 10^{21}$
1 Joule *joule*	=	$9,481 \times 10^{-4}$	1	$7,376 \times 10^{-1}$	$5,035 \times 10^{22}$	$2,389 \times 10^{-1}$	$2,778 \times 10^{-7}$	$6,242 \times 10^{18}$
1 Fuß-Pfund *ft lb*	=	$1,285 \times 10^{-3}$	1,356	1	$6,828 \times 10^{22}$	$3,239 \times 10^{-1}$	$3,766 \times 10^{-7}$	$8,464 \times 10^{18}$
1 cm^{-1} *cm^{-1}*	=	$1,883 \times 10^{-26}$	$1,986 \times 10^{-23}$	$1,465 \times 10^{-23}$	1	$4,745 \times 10^{-24}$	$5,517 \times 10^{-30}$	$1,240 \times 10^{-4}$
1 Kalorie bei 15°C *cal 15°C*	=	$3,968 \times 10^{-3}$	4,187	3,088	$2,108 \times 10^{23}$	1	$1,163 \times 10^{-6}$	$2,613 \times 10^{19}$
1 Kilowattstunde *kW h*	=	3412	$3,600 \times 10^{6}$	$2,655 \times 10^{6}$	$1,813 \times 10^{29}$	$8,598 \times 10^{5}$	1	$2,247 \times 10^{25}$
1 Elektronenvolt *electron volt*	=	$1,519 \times 10^{-22}$	$1,602 \times 10^{-19}$	$1,182 \times 10^{-19}$	$8,066 \times 10^{3}$	$3,827 \times 10^{-20}$	$4,450 \times 10^{-26}$	1

† = keine SI-Einheit / not a SI-unit
* = im deutschen Sprachraum nicht gebräuchlich / not used in German-speaking countries

10 Druck / Pressure

		Normal-atmosphäre† *standard atmosphere*	Kg / cm $^{-2}$† *kg force cm $^{-2}$*	Dyn / cm $^{-2}$† *dyne cm $^{-2}$*	Pascal *pascal*	Fuß-Pfund / (Zoll) $^{-2}$ *† *pound force in $^{-2}$*	Fuß-Pfund / (Fuß) $^{-2}$ *† *pound force ft $^{-2}$*	Millibar† *millibar*	Torr† *torr*	Zoll Quecksilbersäule† *barometric in Hg*
1 Normalatmosphäre *standard atmosphere*	=	1	1,033	1,013 x 10^{6}	1,013 x 10^{5}	14,70	2116	1013	760	29,92
1 Kg / cm $^{-2}$ *kg force cm $^{-2}$*	=	0,9678	1	9,804 x 10^{5}	9,804 x 10^{4}	14,22	2048	980,7	735,6	28,96
1 Dyn / cm $^{-2}$ *dyne cm $^{-2}$*	=	9,869 x 10^{-7}	10,20 x 10^{-7}	1	0,1	14,50 x 10^{-6}	2,089 x 10^{-3}	10^{-3}	750,1 x 10^{-6}	29,53 x 10^{-6}
1 Pascal *pascal*	=	9,869 x 10^{-6}	10,20 x 10^{-6}	10	1	14,50 x 10^{-5}	2,089 x 10^{-2}	10^{-2}	750,1 x 10^{-5}	29,53 x 10^{-5}
1 Fuß-Pfund / (Zoll) $^{-2}$ *pound force in $^{-2}$*	=	6,805 x 10^{-2}	7,031 x 10^{-2}	6,895 x 10^{4}	6,895 x 10^{3}	1	144	68,95	51,71	2,036
1 Fuß-Pfund / (Fuß) $^{-2}$ pound force ft $^{-2}$	=	4,725 x 10^{-4}	4,882 x 10^{-4}	478,8	47,88	6,944 x 10^{-3}	1	47,88 x 10^{-2}	0,3591	14,14 x 10^{-3}
1 Millibar *millibar*	=	0,9869 x 10^{-3}	1,020 x 10^{-3}	10^{3}	10^{2}	14,50 x 10^{-3}	2,089	1	0,7500	29,53 x 10^{-3}
1 Torr *torr*	=	1,316 x 10^{-3}	1,360 x 10^{-3}	1,333 x 10^{2}	1,333 x 10^{3}	1,934 x 10^{-2}	2,784	1,333	1	3,937 x 10^{-2}
Zoll Quecksilbersäule *barometric in, Hg*	=	3,342 x 10^{-2}	3,453 x 10^{-2}	3,386 x 10^{4}	3,386 x 10^{3}	4,912 x10^{-1}	70,73	33,87	25,40	1

1 Torr = 1mm Quecksilber Zu Normalbedingungen bei 13,5951 g / cm $^{-3}$ Dichte, bei 0 °C und Schwerebeschleunigung von 980,665 cm / s $^{-2}$ / 1 torr = 1 barometric mmHg density 13.5951 g cm $^{-3}$ at 0 ° C and acceleration due to gravity 980.665 cm/s $^{-2}$

1 Dyn cm $^{-2}$ = 1 Barad / 1 dyne cm $^{-2}$ = 1 barad

† = keine SI-Einheit / not a SI-unit

* = im deutschen Sprachraum nicht gebräuchlich / not used in German-speaking countries

11 Magnetfluß / Magnetic flux

		Maxwell (Line)†[1] *maxwell*	Kiloline †[1] *kiloline*	Weber *weber*
1 Maxwell (1 Line) *maxwell*	=	1	10^{-3}	10^{-8}
1 Kiloline *kiloline*	=	10^{3}	1	10^{-5}
1 Weber *weber*	=	10^{8}	10^{5}	1

[1] veraltet / obsolete

12 Magnetische Flußdichte / Magnetic flux density

		Gauß *gauss*	Weber / m^{-2} (Tesla) *weber m^{-2} (tesla)*	Gamma *gamma*	Maxwell / cm^{-2}† *maxwell cm^{-2}*
1 Gauß *gauss (line cm^{-2})*	=	1	10^{-4}	10^{5}	1
1 Weber / m^{-2} (Tesla) *weber m^{-2} (tesla)*	=	10^{4}	1	10^{9}	10^{4}
1 Gamma *gamma*	=	10^{-5}	10^{-9}	1	10^{-5}
1 Maxwell / cm^{-2} *maxwell cm^{-2}*	=	1	10^{-4}	10^{5}	1

13 Magneto-EMK / Magnetomotive force

		Ab-Amperewicklung† *abamp turn*	Amperewindung AW *amp turn*	Gilbert†[2] *gilbert*
1 Ab-Amperewicklung *abampere turn*	=	1	10	12,57
1 Amperewindung AW *ampere turn*	=	10^{-1}	1	1,257
1 Gilbert *gilbert*	=	$7{,}958 \times 10^{-2}$	0,7958	1

[2] veraltet / obsolete

† = keine SI-Einheit / not a SI-unit

14 Magnetische Feldstärke / Magnetic field strength

		Amperewindung / cm^{-1} *amp turn* cm^{-1}	Amperewindung / m^{-1} *amp turn* m^{-1}	Oersted *oersted*
1 Amperewindung / cm^{-1} *amp turn* cm^{-1}	=	1	10^{2}	1,257
1 Amperewindung / m^{-1} *amp turn* m^{-1}	=	10^{-2}	1	$1{,}257 \times 10^{-2}$
1 Oersted *oersted*	=	0,7958	79,58	1

15 Ausleuchtung / Illumination

		Lux *lux*	Phot†* *phot*	Footcandle*† *footcandle*
1 Lux lm / m^{-2} *lux (1m* m^{-2}*)*	=	1	10^{-4}	$9{,}29 \times 10^{-2}$
1 Phot lm / cm^{-2} *phot (1m cm* $^{-2}$)	=	10^{4}	1	929
1 Footcandle lm / Fuß $^{-2}$ *foot-candle (1m ft* $^{-2}$*)*	=	10,76	$10{,}76 \times 10^{-4}$	1

† = keine SI-Einheit / not a SI-unit
* = im deutschen Sprachraum nicht gebräuchlich / not used in German-speaking countries

16 Leuchtdichte / Luminance

		Nit†*[1] *nit*	Stilb†*[1] *stilb*	Candela / Fuß $^{-2}$†* *cd ft*$^{-2}$	Apostilb* *apostilb*	Lambert *lambert*	Foot-Lambert† *foot-lambert*
1 Nit (Candela / m $^{-2}$) *nit (cd m*$^{-2}$)	=	1	10^{-4}	$9{,}29 \times 10^{-2}$	π	$\pi \times 10^{-4}$	0,292
1 Stilb (Candela / cm $^{-2}$) *stilb (cd cm*$^{-2}$)	=	10^4	1	929	$\pi \times 10^4$	π	2920
1 (Candela / Fuß $^{-2}$) *cd ft*$^{-2}$	=	10,76	$1{,}076 \times 10^{-3}$	1	33,8	$3{,}38 \times 10^{-3}$	π
1 Apostilb (lm / m $^{-2}$) *Apostilb (1 m m*$^{-2}$)	=	$1/\pi$	$1/(\pi \times 10^4)$	$2{,}96 \times 10^{-2}$	1	10^{-4}	$9{,}29 \times 10^{-2}$
1 Lambert (lm / cm $^{-2}$) *lambert (1 m cm*$^{-2}$)	=	$1/(\pi \times 10^{-4})$	$1/\pi$	296	10^4	1	929
1 Foot-Lambert *foot lambert or equivalent foot candle*	=	3,43	$3{,}43 \times 10^{-4}$	$1/\pi$	10,76	$1{,}076 \times 10^{-3}$	1

Leuchtkraft Candela = 98,1% der internationalen Candela / Luminous intensity of candela = 98.1% that of international candle

1 Lumen = Lichtstrom, der von 1 Candela Leuchtkraft in den Einheitsraumwinkel abgegeben wird / 1 lumen = flux emitted by 1 candela into unit solid angle

[1] veraltet / obsolete

† = keine SI-Einheit / not a SI-unit

* = im deutschen Sprachraum nicht gebräuchlich / not used in German-speaking countries

Chemische Elemente/Chemical elements

Symbol/Symbol	Element	Element	Atomic number/ Ordnungszahl
Ac	Actinium	Actinium	89
Ag	Silver	Silber	47
Al	Aluminium	Aluminium	13
Am	Americium	Americium	95
Ar	Argon	Argon	18
As	Arsenic	Arsen	33
At	Astatine	Astatin	85
Au	Gold	Gold	79
B	Boron	Bor	5
Ba	Barium	Barium	56
Be	Beryllium	Beryllium	4
Bi	Bismuth	Wismut	83
Bk	Berkelium	Berkelium	97
Br	Bromine	Brom	35
C	Carbon	Kohlenstoff	6
Ca	Calcium	Kalzium	20
Cd	Cadmium	Cadmium	48
Ce	Cerium	Cerium	58
Cf	Californium	Californium	98
Cl	Chlorine	Chlor	17
Cm	Curium	Curium	96
Co	Cobalt	Kobalt	27
Cr	Chromium	Chrom	24
Cs	Caesium	Caesium	55
Cu	Copper	Kupfer	29
Dy	Dysprosium	Dysprosium	66
Er	Erbium	Erbium	68
Es	Einsteinium	Einsteinium	99
Eu	Europium	Europium	63
F	Fluorine	Fluor	9
Fe	Iron	Eisen	26
Fm	Fermium	Fermium	100
Fr	Francium	Francium	87
Ga	Gallium	Gallium	31
Gd	Gadolinium	Gadolinium	64
H	Hydrogen	Wasserstoff	1
He	Helium	Helium	2
Hf	Hafnium	Hafnium	72
Hg	Mercury	Quecksilber	80
Ho	Holmium	Holmium	67
I	Iodine	Iod	53
In	Indium	Indium	49
Ir	Iridium	Iridium	77
K	Potassium	Kalium	19

Kr	Krypton	Krypton	36
La	Lanthanum	Lanthan	57
Li	Lithium	Lithium	3
Lr	Lawrencium	Lawrencium	103
Lu	Lutetium	Lutetium	71
Md	Mendelevium	Mendelevium	101
Mg	Magnesium	Magnesium	12
Mn	Manganese	Mangan	25
Mo	Molybdenum	Molybden	42
N	Nitrogen	Stickstoff	7
Na	Sodium	Natrium	11
Nb	Niobium	Niob	41
Nd	Neodymium	Neodym	60
Ne	Neon	Neon	10
Ni	Nickel	Nickel	28
No	Nobelium	Nobelium	102
Np	Neptunium	Neptunium	93
O	Oxygen	Sauerstoff	8
Os	Osmium	Osmium	76
P	Phosphorus	Phosphor	15
Pa	Protactinium	Protactinium	91
Pb	Lead	Blei	82
Pd	Palladium	Palladium	46
Pm	Promethium	Promethium	61
Po	Polonium	Polonium	84
Pr	Praseodymium	Praseodym	59
Pt	Platinum	Platin	78
Ra	Radium	Radium	88
Rb	Rubidium	Rubidium	37
Re	Rhenium	Rhenium	75
Rh	Rhodium	Rhodium	45
Rn	Radon	Radon	86
Ru	Ruthenium	Ruthenium	44
S	Sulphur	Schwefel	16
Sb	Antimony	Antimon	51
Sc	Scandium	Scandium	21
Se	Selenium	Selen	34
Si	Silicon	Silicium	14
Sm	Samarium	Samarium	62
Sn	Tin	Zinn	50
Sr	Strontium	Strontium	38
Ta	Tantalum	Tantal	73
Tb	Terbium	Terbium	65
Tc	Technetium	Technetium	43
Te	Tellurium	Tellur	52
Th	Thorium	Thorium	90
Ti	Titanium	Titan	22
Tl	Thallium	Thallium	81
Tm	Thulium	Thulium	69
U	Uranium	Uran	92
V	Vanadium	Vanadium	23
W	Tungsten	Wolfram	74
Xe	Xenon	Xenon	54
Y	Yttrium	Yttrium	39

Yb	Ytterbium	Ytterbium	70
Zn	Zinc	Zink	30
Zr	Zirconium	Zirkon	40

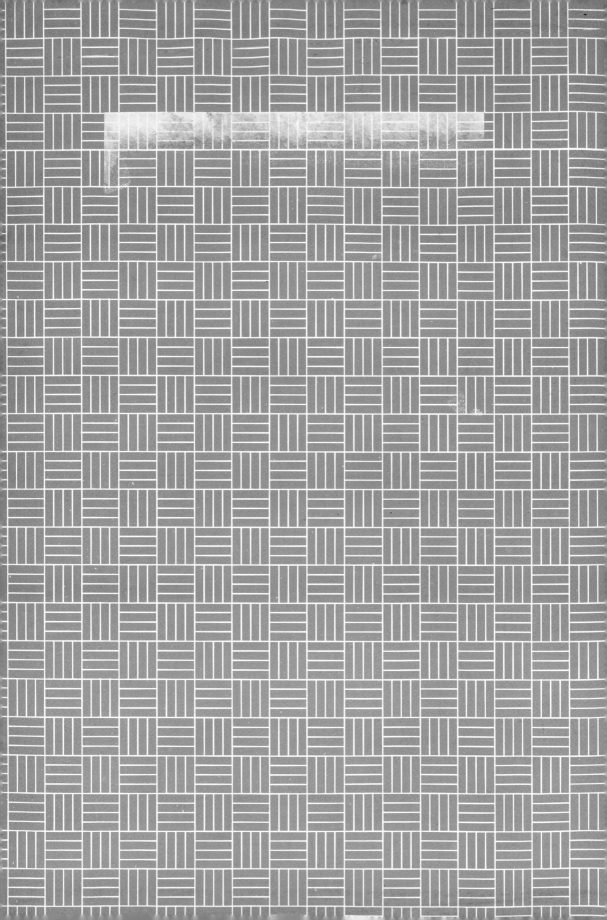